Dorsch
Psychologisches Wörterbuch
11., ergänzte Auflage

Dorsch
Psychologisches Wörterbuch

Herausgegeben von
Prof. Dr. phil. Friedrich Dorsch †
Prof. Dr. phil. Hartmut Häcker
Prof. Dr. rer. nat. Kurt-Hermann Stapf

Redaktion:
Dipl.-Psych. Horst Ries

11., ergänzte Auflage

Verlag Hans Huber, Bern Stuttgart Toronto

CIP-Kurztitelaufnahme der Deutschen Bibliothek

Dorsch, Friedrich:
Psychologisches Wörterbuch / Dorsch. Hrsg. von Friedrich Dorsch . . . Red.: Horst Ries. – 11., erg. Aufl. – Bern ; Stuttgart ; Toronto : Huber, 1987.
ISBN 3-456-81614-6
NE: HST

Gesamtherstellung: Kösel, Kempten
Printed in Germany

Autoren

PD Dr. Klaus Antons
Dr. Elisabeth Ardelt
Dr. Karoline Artner
Prof. Dr. Christian Becker-Carus
Dr. Friedrich Beese †
Prof. Dr. Hellmuth Benesch
Prof. Dr. Rudolf Bergius
Prof. Dr. Nils Birbaumer
Dipl.-Psych. Werner Bohleber
Prof. Dr. Jürgen Bredenkamp
Prof. Dr. Helmut Breuninger
Prof. Dr. Willi Butollo
Dr. Peter Day
Dipl.-Psych. Reinhard Derow
Prof. Dr. Dietrich Dörner
Prof. Dr. Friedrich Dorsch †
Dipl.-Biol. Petra Drüge
Dr. Hans-Henning Eckhardt
Karin Elias
PD Dr. Heiner Ellgring
Prof. Dr. Johannes Engelkamp
Dr. Alwin Engemann
Prof. Dr. Suitbert Ertel
Prof. Dr. Michael Ermann
Prof. Harald A. Euler Ph. D.
Dr. Barbara Feger M. A.
Dr. Hans G. Feindt
Dipl.-Psych. Herta Flor
Prof. Dr. Hartmut Gabler
Dr. Helmut Gachowetz
PD Dr. Wilhelm Glaser Dipl.-Ing.
Dr. Klaus-Martin Goeters
Dipl.-Psych. Johannes Graichen
Prof. Dr. Siegfried Greif
Prof. Dr. Hannelore Grimm
Dr. Paul Groner
Prof. Dr. Hartmut Häcker
Dr. Leo Heiss-Krachenfels
Prof. Dr. Hans-Jörg Herber
Dipl.-Psych. Reinhold Horvath
Dr. Oswald Huber
Dr. Walter Jacobsen †
Prof. Dr. Wilhelm Janke
Prof. Dr. Gerhard Kaminski
Mag. Dr. Bernhard Kettemann M. A.
Prof. Dr. Richard Kienzle †
Prof. Dr. Dieter Klebelsberg
Dr. Wolfgang Klimesch
Prof. Dr. Max J. Kobbert
Dr. Ludwig R. Krysl
PD Dr. Wolfgang Larbig
Prof. Dr. Reinhart Lempp
Dr. Stephan Lermer
PD Dr. Maria Limbourg
Prof. Dr. Gudula List
Prof. Dr. Gerd Lüer
Prof. Dr. Heinz Mandl
Dr. Martha Schendl-Mayrhuber
Prof. Dr. Gerold Mikula
Prof. Dr. Erich Mittenecker
Dr. Wilhelm Mitze
Prof. Dr. Günther Mühle
Prof. Dr. Klaus Mutschler
Dipl.-Psych. Peter Nickel †
Dr. Thomas Pechmann
Prof. Dr. Andreas Ploeger
Dipl.-Psych. Mechthild Pouplier
Dipl.-Biol. Volker Preuss
Prof. Dr. Hans Reinecker
Prof. Dr. Dirk Revensdorf
Dr. Manfred Richter
Dipl.-Psych. Horst Ries
Prof. Dr. Erwin Roth
Dipl.-Psych. Bernd Rothenberger
Dr. Joachimn Sauer
Prof. Dr. Peter Schendl
Pfarrer Dr. Dr. Werner Schilling
Franz E. Schloss
Prof. Dr. Peter F. Schlottke
Prof. Dr. Hans-Dieter Schmalt
Dr. Helmut Schmalfuss
Prof. Dr. Lothar Schmidt
Prof. Dr. Gerhard Schusser
Prof. Dr. Kurt H. Stapf
Dr. Konrad Steininger
Dr. Hans-Joachim Strüber
Prof. Dr. Peter Teigeler
Dr. Rolf Ulrich
Prof. Dr. Udo Undeutsch
Dr. Heinz Wimmer
PD Dr. Gerhard Winter
Dr. Richard Winkelmann
Prof. Dr. Wilhelm Witte †
Dipl.-Psych. Hans Eberhard Zahn
Prof. Dr. Adolf Zimmer
Prof. Dr. Dirk Zimmer
Dr. Friederike Zimmer

Vorwort

Am 11. März 1987 ist Friedrich DORSCH im Alter von 90 Jahren gestorben. Seit dem Tode seines Lehrers Fritz GIESE im Jahre 1935, als er das von GIESE 1921 begründete »Psychologische Wörterbuch« übernahm, hat es Friedrich DORSCH in unermüdlicher Arbeit über mehr als 50 Jahre betreut und stetig weiterentwickelt. Seither ist das »Psychologische Wörterbuch« – oft kurz ›der Dorsch‹ genannt – in der deutschsprachigen Fachliteratur unter Beteiligung namhafter Mitherausgeber bei den zahlreichen Auflagen zu einem Standardwerk geworden.
Als im vergangenen Jahr seine Arbeitskraft spürbar nachließ, hat uns Friedrich DORSCH um die Mitarbeit als Herausgeber bei der 11. Auflage gebeten. Wir haben diese ehrenvolle Aufgabe in der Hoffnung übernommen, gemeinsam mit dem Senior die neue Auflage aufzubauen und fertigstellen zu dürfen. Nun müssen wir diese Aufgabe ohne ihn, doch in seinem Namen und im Gedenken an ihn bewältigen und hoffen, den von ihm gesetzten Anspruch realisieren zu können. Und so behält auch Gültigkeit, was Friedrich DORSCH im Vorwort zur 10. Auflage 1982 schrieb: »Es bleibt Ziel dieses Wörterbuches, den Bedürfnissen der allgemein psychologisch Interessierten und aller Studierenden der Psychologie, Medizin, Pädagogik, Soziologie und der Kulturwissenschaften zu dienen. Es will aber auch den Interessen und Wünschen der spezialisierten Fachkollegen entsprechen, wenn diese sich über Probleme aus ihnen fremden Bereichen oder aus Randgebieten der Psychologie rasch orientieren wollen.«
Schneller als ursprünglich erwartet, war die 10. Auflage des Wörterbuches vergriffen. Die Fertigstellung einer vollständig überarbeiteten Neuauflage war frühestens für das Jahr 1988 terminiert worden. In dieser schwierigen Situation entschlossen sich Verlag und Herausgeber zu einem Kompromiß: Die 11. Auflage erscheint – preislich unverändert – mit einem Ergänzungsteil bereits im Herbst 1987. Immerhin kamen gegenüber der 10. Auflage über 500 neue Stichwörter hinzu, so daß das »Psychologische Wörterbuch« jetzt mehr als 10000 Stichwörter umfaßt.
Zu allererst gebührt an dieser Stelle Friedrich DORSCH der Dank des Faches Psychologie für seine jahrzehntelange unschätzbare Arbeit an diesem Wörterbuch, das durch ihn zu einem psychologischen Standardwerk wurde. Wir danken ihm für sein Vertrauen, welches er in uns setzte, als er uns zur Mitarbeit einlud. Wir danken ebenso allen früheren und neu gewonnenen Autoren für ihre wertvolle wissenschaftliche Mitarbeit und für ihr Verständnis gegenüber der sehr knappen Terminlage. Unser Dank gilt insbesondere Herrn Dipl.-Psych. Horst RIES, der mit großem Engagement und unter erheblichem Zeitdruck die Redaktionsaufgaben wahrnahm und die Korrekturarbeit leistete.
Schließlich danken wir der Verlagsleitung, Herrn Dr. Walter JÄGER und Herrn Dr. Jürgen HOGREFE jun. vom HUBER-Verlag, für ihre fachkundige Unterstützung bei der Realisierung der vorliegenden Auflage.

Wuppertal und Tübingen,
im Sommer 1987

Hartmut HÄCKER und Kurt-Hermann STAPF

Hinweise zum Gebrauch des Wörterbuches

Zur Schreibweise: ä(ae), ö(oe), ü(ue), äu(aeu) sind wie a, o, u, au eingeordnet. Bei Eigennamen sind jedoch nur ä, ö, ü wie a, o, u eingereiht, dagegen ae, oe, ue wie es die Buchstabenfolge verlangt. **Sprachliche Ableitungen:** Den sehr zahlreichen Begriffen in der Psychologie, die fremdsprachlicher Herkunft sind, ist die sprachliche Ableitung beigefügt, die die Begriffsbildung meist auch etymologisch einsichtig werden läßt, ohne dabei stets letzte philologische Akribie bieten zu können. **Verweiszeichen:** Die bei den Stichwörtern vorhandenen Zeichen bedeuten:

Ⓔ = Etymologie	– Hinweis auf Silben u. a., die als Vor- oder Nachsilben bestimmte Bedeutung haben.
Ⓛ = Literatur	– →bibliographischen Anhang
Ⓣ = Testanhang	– →dort

Im Signaturenverzeichnis bedeuten:

A–S usw.	= Signatur der Autoren aus dem ersten und letzten Buchstaben des Namens.
T = Thema	– bearbeitetes Fachgebiet
E = Einzelstichwort	– bearbeitete Stichwörter

Bibliographie: Die bei den Stichwörtern jeweils nach Ⓛ aufgeführte Literatur (Autor und zumeist Erscheinungsjahr) ist im bibliographischen Anhang zu finden. Mit Ausnahmen gilt dies auch für Literaturangaben, die innerhalb des Stichworts mit Autor und Jahreszahl genannt sind. Der bibliographische Anhang enthält die Abschnitte: Bibliographien und Referatenorgane – Titelverzeichnis – Abkürzungen von Zeitschriften und Periodica.

Ab S. 883 enthält die 11. Auflage neu einen Ergänzungsteil mit Literaturverzeichnis.

Signaturen

Signatur	Name	Tätigkeitsort Thema der Mitarbeit (**T**) oder einzelne(s) Stw. (**E**)
A-S	PD Dr. Klaus Antons	Büsingen (**T**) Gruppendynamik, Alkoholismusforschung
A-T	Dr. Elisabeth Ardelt	U. Salzburg – Inst. f. Ps. (**E**) abnorme Persönlichkeit, ego-involvement, Image, tiefenps. Persönlichkeitsmodelle
A-R	Dr. Karoline Artner	München – Max-Planck-Inst. f. Psychiatrie (Klinik-Kinderabt.) (**E**) Fallstudie
B-D	Prof. Dr. Christian Becker-Carus	U. Münster – Ps. Inst. (**T**) Physiolog. Ps.
B-E	Dr. Friedrich Beese †	Stuttgart – Psychiater, Psychotherapeut (**T**) Psychotherapie
B-H	Prof. Dr. Hellmuth Benesch	U. Mainz – Ps. Inst. (**T**) Klinische u. Angew. Ps.

Signatur	Name	Tätigkeitsort Thema der Mitarbeit (**T**) oder einzelne(s) Stw. (**E**)
Bi-R	Prof. Dr. Nils BIRBAUMER	U. Tübingen – Ps. Inst. (**T**) Klinische Ps.
B-R	Dipl.-Psych. Werner BOHLEBER	Stuttgart – psychotherap. Praxis (**E**) nichtverbale Kommunikation, Kinesik, Proxemik
B-K	Prof. Dr. Jürgen BREDENKAMP	U. Bonn – Ps. Inst. (**T**) Lernen
Br-R	Prof. Dr. Helmut BREUNINGER †	U. Tübingen – HNO-Klinik (**T**) Wahrnehmung, auditive
B-O	Prof. Dr. Willi BUTOLLO	U. München – Inst. f. Ps.-Klinische Abt. (**E**) Klinische Ps.
D-Y	Dr. Peter DAY	U. Tübingen – Ps. Inst. (**T**) Psychomotorik
D-W	Dipl.-Psych. Reinhard DEROW	Nürnberg – Bundesanstalt f. Arbeit (**E**) Beratung, Beratungsps.
D-R	Prof. Dr. Dietrich DÖRNER	U. Bamberg – Ps. Inst. (**E**) 36 × (Additionssatz . . . ZIPF'sches Gesetz)
D-H	Prof. Dr. Friedrich DORSCH †	U. Tübingen – Ps. Inst. Herausgeber
D-E	Dipl.-Biol. Petra DRÜGE	U. Essen – Inst. f. Zellbiologie (**T**) Biologie, Genetik
E-T	Dr. Hans Henning ECKHARDT	Nürnberg – Bundesanstalt f. Arbeit (**T**) Arb.- u. Berufsps. (**E**) Computerdiagnostik
E-S	Karin ELIAS	Stuttgart – Psychotherap. Klinik C. G. Jung-Inst. (**E**) Ps.-Drama
E-G	PD Dr. Heiner ELLGRING	München – Max-Planck-Inst. Sektion Sozialps. (**T**) Ausdrucksps., nichtverbale Kommunikation
E-P	Prof. Dr. Johannes ENGELKAMP	U. Saarbrücken – Fachrichtung Ps. (**T**) Psycholinguistik
En-N	Dr. Alwin ENGEMANN	U. Tübingen – Ps. Inst. (**T**) Computersimulation (**E**) Prüfungsforschung
E-L	Prof. Dr. Suitbert ERTEL	U. Göttingen – Inst. f. Ps. (**T**) Psycholinguistik
E-N	Prof. Dr. Michael ERMANN	U. München – U. Klinik-Abt. Ps.-therapie u. Ps.-somatik (**E**) Gruppentherapie, Ehepaarth., Familienth., Transaktionsanalyse
E-R	Prof. Harald A. EULER PH. D.	Gesamthochsch. Kassel – FB Ps. (**T**) Emotionsps.
F-R	Dr. Barbara FEGER M. A.	RWTH Aachen – Inst. f. Erz.-wiss. (**T**) Red. fremdsprachl. Bez. u. etymologische Hinweise
F-T	Dr. Hans G. FEINDT	Düsseldorf (**T**) Wertpsychologie
Fl-R	Dipl.-Psych. Herta FLOR	U. Tübingen – Ps. Inst.-z. Zt. USA (**E**) Psychosyndrome, psychosom. Störungen
Ga-R	Prof. Dr. Hartmut GABLER	U. Tübingen – Inst. f. Sportwiss. (**T**) Sportps.-

Signatur	Name	Tätigkeitsort Thema der Mitarbeit (T) oder einzelne(s) Stw. (E)
G-Z	Dr. Helmut GACHOWETZ	U. Salzburg – Inst. f. Ps. (E) Persönlichkeitstypen, Typologie
G-R	PD Dr. Wilhelm GLASER, DIPL.-ING.	U. Tübingen – Ps. Inst. (T) Kognitionsps., Methodenlehre
G-S	Dr. Klaus-Martin GOETERS	Hamburg – Dtsch. Forsch.- u. Versuchsanstalt f. Luft- u. Raumfahrt (E) Taucherps.
G-N	Dipl.-Psych. Johannes GRAICHEN	U. Tübingen – Nervenklinik – Abt. Kinder- u. Jugendpsychiatrie (T) Sprachstörungen
G-F	Prof. Dr. Siegfried GREIF	U. Osnabrück – FB Ps. (T) Arb.- u. Organisationsps.
G-M	Prof. Dr. Hannelore GRIMM	U. Bielefeld – Allg. u. Angew. Entwicklungsps. (T) Entwicklungsps., Sprachps.
Gr-R	Dr. Paul GRONER	Koblenz – Bundesamt f. Wehrtechn. (E) Ergonomie
Hä-R	Prof. Dr. Hartmut HÄCKER	U. Wuppertal – FB Ps. (T) Testanhang d. Wtb. (T) ps. Diagn. Herausgeber
H-K	Dr. Leo HEISS-KRACHENFELS	Stuttgart – Unternehmensberater (T) Graphologie
He-R	Prof. Dr. Hans-Jörg HERBER	U. Linz – Pädagog. Ps. (E) Selbst, Selbsttheorien, philos. Persönlichkeitsth.
H-H	Dipl.-Psych. Reinhold HORVATH	Seelen über Lauterecken – psych. Praxis (E) Organisationsps.
Hu-R	Dr. Oswald HUBER	U. Salzburg – Inst. f. Ps. (E) Beobachtung, Beobachtungsfehler, Beschreibung, Disposition
J-N	Dr. Walter JACOBSEN †	Hamburg (T) Politische Ps.
J-E	Prof. Dr. Wilhelm JANKE	U. Würzburg – Inst. f. Ps. (T) Psychopharmakologie, Pharmakops.
K-I	Prof. Dr. Gerhard KAMINSKI	U. Tübingen – Ps. Inst. (T) Psycholinguistik (T) Kognitions-, Handlungs-, ökologische Ps.,
K-N	Mag. Dr. Bernhard KETTEMANN M. A. M. I. L.	U. Graz – Inst. f. Anglistik (E) Psycholinguistik
K-E	Prof. Dr. Richard KIENZLE †	U. Tübingen (T) Ausdruckskunde
K-G	Prof. Dr. Dieter KLEBELSBERG	U. Innsbruck – Inst. f. Ps. (T) Verkehrsps., Unfallps.
K-H	Dr. Wolfgang KLIMESCH	U. Salzburg – Inst. f. Ps. (E) Persönlichkeitsfaktor
K-T	Prof. Dr. Max J. KOBBERT	Münster – Abt. d. Kunstakademie Düsseldorf (T) optische Täuschungen
K-L	Dr. Ludwig R. KRYSL	U. Salzburg – Inst. f. Ps. (E) Musikps.

Signatur	Name	Tätigkeitsort Thema der Mitarbeit (**T**) oder einzelne(s) Stw. (**E**)
La-G	PD Dr. Wolfgang LARBIG	U. Tübingen – Ps. Inst.-Klin. Abt. (**E**) Akupunktur, Schmerz, katathymes Bilderleben
L-P	Prof. Dr. Reinhard LEMPP	U. Tübingen – Nervenklinik – Abt. Kinder- u. Jugendpsychiatrie (**E**) Kinder- u. Jugendpsychiatrie
L-R	Dr. Stephan LERMER	München – Psychotherapeutische Praxis (**T**) Psychotherapie
L-G	PD Dr. Maria LIMBOURG	U. Tübingen – Ps. Inst. – Klin. Abt. (**T**) Verhaltenstherapien
L-T	Prof. Dr. Gudula LIST	Landau – Erz.-wiss. Hochschule (**T**) Psycholinguistik
Lü-R	Prof. Dr. Gerd LÜER	U. Göttingen – Inst. f. Ps. (**E**) 40 × (bivariat . . . Zeitprobentechnik d. Beobachtung)
M-L	Prof. Dr. Heinz MANDL	U. Tübingen – Dtsch. Inst. f. Fernstudien (**E**) selbstgesteuertes Lernen
Ma-R	Dr. Martha SCHENDL-MAYRHUBER	Braunau a. Inn – Psychotherap. Praxis (**T**) Persönlichkeitsps. (Datenerhebung, Dominanzstreben, Frustrationstoleranz, Funktionsreifung, Modalpersönlichkeit)
Mi-A	Prof. Dr. Gerold MIKULA	U. Graz – Inst. f. Ps. (**T**) Statistik
M-R	Prof. Dr. Erich MITTENECKER	U. Graz – Inst. f. Ps. (**T**) Mathemat. Ps., Statistik
Mi-E	Dr. Wilhelm MITZE	Dortmund, ehem. Bonn – Bundesmin. d. Verteidig. (**E**) Wehrps., ps. Kriegführung
Mü-E	Prof. Dr. Günther Mühle	U. Osnabrück – Fachbereich 3 (**T**) Pädagog. Ps. (**E**) Kunstps.
Mu-R	Prof. Dr. Klaus MUTSCHLER	Osnabrück – Kath. Fachhochsch. Norddtschl. (**T**) Pädagog. Ps.
N-L	Dipl.-Psych. Peter NICKEL †	U. Tübingen – Ps. Inst. (**T**) visuelle Wahrnehmung (**E**) Intelligenzquotient
P-N	Dr. Thomas PECHMANN	U. Saarbrücken – Fachrichtung Ps. (**T**) Psycholinguistik
Pl-R	Prof. Dr. Andreas PLOEGER	RWTH Aachen – Med. Fakultät – Abt. Med. Ps. (**E**) Psychotherapie, Hypnose, Suggestion
P-R	Dipl.-Psych. Mechthild POUPLIER	Stuttgart – Psychotherapeut. Praxis (**T**) Ps. von C. G. Jung
P-S	Dipl.-Biol. Volker PREUSS	U. Bremen – Bibliothek (**T**) Biologie, Ethologie
R-R	Prof. Dr. Hans REINECKER	U. Bamberg (**E**) Konstrukt
R-F	Prof. Dr. Dirk REVENSDORF	U. Tübingen – Ps. Inst.-Klin. Abt. (**T**) klinisch-ps. Interventionsmethoden

Signatur	Name	Tätigkeitsort Thema der Mitarbeit (T) oder einzelne(s) Stw. (E)
Ri-R	Dr. Manfred RICHTER	Kaufbeuren – Bezirkskrankenhaus (T) Musiktherapie, Akustik
R-S	Dipl.-Psych. Horst RIES	Stuttgart – Landesst. d. Ev. Berat. Redaktion
R-H	Prof. Dr. Erwin ROTH	U. Salzburg – Inst. f. Ps. (T) Persönlichkeitsps.
Ro-R	Dipl.-Psych. Bernd ROTHENBERGER	Reutlingen – Pädagog. Hochschule (E) Moralps. u. ä.
S-R	Dr. Joachim SAUER	U. Salzburg – Inst. f. Ps. (E) Faktorentheorien der Persönlichkeit
S-L	Prof. DDr. Peter SCHENDL	Braunau a. Inn – Psychotherap. Praxis (E) Selbstbeobachtung, Selbsterkenntnis
S-G	Pfarrer Dr. Dr. Werner SCHILLING	Hof (Saale) (T) Religionsps.
Sch-L	Franz E. SCHLOSS	Nürnberg – Bundesanstalt f. Arbeit (T) Berufsorientierung
S-E	Prof. Dr. Peter F. SCHLOTTKE	U. Tübingen – Ps. Inst. – Klin. Abt. (T) Verhaltensstörungen, Veränderung von Verhalten
Sch-T	Prof. Dr. H-Dieter SCHMALT	U. Wuppertal – FB Erz.-wiss./Allg. Ps. II (T) Motivation
Sch-S	Dr. Helmut SCHMALFUSS	Ludwigsburg – Staatl. Museum f. Naturkunde (T) Zoologie
S-T	Prof. Dr. Lothar SCHMIDT	U. Trier – Fachbereich Ps. (T) Medizinische Ps.
Sch-R	Prof. Dr. Gerhard SCHUSSER	U. Osnabrück – Fachbereich Ps. (T) Pädagog. Ps.
S-F	Prof. Dr. Kurt H. STAPF	U. Tübingen – Ps. Inst. Herausgeber
Ste-R	Dr. Konrad STEININGER	Hamburg – Dtsch. Forsch.- u. Versuchsanstalt f. Luft- u. Raumfahrt (T) Luft- und Raumfahrtps.
Str-R	Dr. Hans-Joachim STRÜBER	U. Osnabrück – Fachbereich Mathematik (T) ps. Farbenlehre (E) Behaviorismus, Gestaltps., bed. Reflex
T-R	Prof. Dr. Peter TEIGELER	TU Berlin – Inst. f. Sozialw. i. Erz. u. Ausb. (T) Kommunikations- u. Sprachps.
Ul-H	Dr. Rolf ULRICH	U. Tübingen – Ps. Inst. (E) Exponentialverteilung, Wettlaufmodell
U-H	Prof. Dr. Udo UNDEUTSCH	U. Köln – Ps. Inst. (T) Forensische Ps.
W-R	Dr. Heinz WIMMER	U. Salzburg – Inst. f. Ps. (E) Differentielle Ps., Erbe-Umwelt-Problematik, Zwillingsforschung
Wi-R	PD Dr. Gerhard WINTER	U. Tübingen – Ps. Inst. (E) Austauschforschung, Wertwandel, Arbeitslosigkeit
W-N	Dr. Richard WINKELMANN	Hannover – Pädagog. Hochsch. Niedersachsen (E) Rorschach-Test, Theorie der Spiele, Theorien, physikalische; Identität

Signatur	Name	Tätigkeitsort Thema der Mitarbeit (**T**) oder einzelne(s) Stw. (**E**)
W-E	Prof. Dr. Wilhelm WITTE †	U. Regensburg – Lehrst. f. Ps. II (**E**) Bezugssystem, Narkolepsie, Wahrscheinlichkeit
Z-N	Dipl.-Psych. Hans Eberhard ZAHN	FU Berlin – Inst. f. Ps. (**T**) Psycholinguistik
Z-R	Prof. Dr. Adolf ZIMMER	U.Regensburg – Inst. f. Ps. (**T**) Mathem.-statist. Methoden, Wahrnehmung
Zi-R	Prof. Dr. Dirk ZIMMER	U. Freiburg – Ps. Inst. (**T**)Verhaltens- u. Kommunikationstherapie
Zim-R	Dr. Friederike ZIMMER	U. Tübingen – Nervenklinik (**E**) Depression

Abkürzungen

AA	Anwendungsalter bei Tests
Abk., abgk.	Abkürzung, abgekürzt
ags.	angelsächsisch
ahd.	althochdeutsch
ak.	akustisch
allg.	allgemein
amerik.	amerikanisch
anat.	anatomisch
Anat.	Anatom (Berufsbez.)
Bed.	Bedeutung
Begr.	Begriff
ben.	benannt
Beob.	Beobachter, Beobachtung
bes.	besonders, besondere
best.	bestimmte
Bew., bew.	Bewußtsein, bewußt
Bez., bez.	Bezeichnung, bezeichnet
bzw.	beziehungsweise
Darb., darb.	Darbietung, darbieten
Def.	Definition
dgl.	desgleichen
dt., dtsch.	deutsch
ebd.	ebenda, ebendort
Ed., Eds.	editor(s), Herausgeber
ehem.	ehemals, ehemalig
Emer., emer.	Emeritus, emeritiert
Empf.	Empfindung
empir.	empirisch
engl.	englisch
Ersch.	Erscheinung
et al.	und andere, weitere (et alii)
Exp. exp.	Experiment, experimentell
ff.	folgend(e)
frz.	französisch
gebr.	gebraucht, gebräuchlich
Gef.	Gefühl
gen.	genannt
Ges.	Gesetz
Ggs., ggs.	Gegensatz, gegensätzlich
gr.	griechisch
Hdb.	Handbuch
hist.	historisch
Hrsg., hrsg.	Herausgeber, herausgegeben
IA	Intelligenzalter
i. allg.	im allgemeinen
i.a.S.	im angegebenen Sinne
i.e.S.	im engeren Sinne
ind.	indisch, sanskrit
Inh.	Inhalt
Inst.	Institut
IQ	Intelligenzquotient
it.	italienisch
i.U.	im Unterschied
i.ü.S.	im übertragenen Sinne
i.w.S.	im weiteren Sinne (Bedeutung)
Jh., Jhd.	Jahrhundert
LA	Lebensalter
lat., lt.	lateinisch
Lbj.	Lebensjahr
ling.	linguistisch
M	Mittelwert
math.	mathematisch
m.d.B.	mit der Bedeutung
med.	medizinisch
Med.	Mediziner, Arzt (Berufsbez.)
Meth., meth.	Methode, methodisch
min.	Minute
mot.	motorisch
musik.	musikalisch
naturwiss.	naturwissenschaftlich
Neurol.	Neurologe (Berufsbez.)
NS	Nervensystem
Obj., obj.	Objekt, objektiv
opt.	optisch
org.	organisch
östr., österr.	österreichisch
Päd., päd.	Pädagogik, pädagogisch
Päd.	Pädagoge (Berufsbez.)
Pb, Pbn	Proband, Probanden
path.	pathologisch
philos.	philosophisch
Philos.	Philosoph (Berufsbez.)
phys.	physisch
physk.	physikalisch
Physk.	Physiker (Berufsbez.)
physiol.	physiologisch
Physiol.	Physiologe (Berufsbez.)
Prinz.	Prinzip
Prüf.	Prüfung
Ps., ps.	Psychologie, psychologisch, psychisch
Psychol.	Psychologe (Berufsbez.)
Psa., psa.	Psychoanalyse, psychoanalytisch
PsA.	Psychoanalytiker (Berufsbez.)
Psth., psth.	Psychotherapie, psychotherapeutisch
PsTh.	Psychotherapeut
PUF	Presses Universitaires de France
Red.	Redaktion
resp.	respektiv
RNS	Ribonucleinsäure
russ.	russisch

Schol.	Scholastik(er)
schw.	schweizerisch
sec, s	Sekunde
s.d.	siehe dort
Sex., sex.	Sexualität, sexuell
span.	spanisch
stat.	statistisch
Stat.	Statistiker
stud.	studiert(e)
Stw.	Stichwort, Stichwörter
s.u.	siehe unten
Subj., subj.	Subjekt, subjektiv
svw.	soviel wie
syn.	synonym
theol.	theologisch
Theol.	Theologe (Berufsbez.)
theor.	theoretisch
therap.	therapeutisch
tschech.	tschechisch
u.a.O.	und anderen Ortes
U., Univ.	Universität, university
UE	Unterschiedsempfindlichkeit
ugs.	umgangssprachlich
Unters.	Untersuchung
UP	University Press
UProf.	Universitätsprofessor
u.U.	unter Umständen
v.a.	vor allem
Verf.	Verfahren
Verh.	Verhalten
Vers.	Versuch
Vl	Versuchsleiter
VNS	vegetatives Nervensystem
Vorr.	Vorrichtung
Vorst.	Vorstellung
Vp, Vpn	Versuchsperson(en)
v.a.	vor allem
vs	versus (svw.: gegen[über])
Wahrn.	Wahrnehmung
wiss.	wissenschaftlich
wörtl.	wörtlich
Wtb.	Wörterbuch
Wtvb.	Wortverbindung
Z.	Zeitschrift
zit.	zitiert
ZNS	Zentralnervensystem
z. T.	zum Teil
zus.	zusammen
zw.	zwischen

A

Ⓔ **a…, ab…, abs…** [lat.] in Wtvb. weg, ab-, ent-, miß-

A.A. →Anonyme Alkoholiker

AAM, angeborener auslösender Mechanismus →Auslösemechanismus

A.A.S., allg. Adaptationssyndrom (s. d.)

Abasie, Astasie, [gr. *basis* Gang, *stasis* Stehen], Unfähigkeit zu gehen oder zu stehen (zumeist kombiniert). Die Begr. werden vorwiegend bei Unfähigkeit als Folge ps. Konfliktsituationen (Neurose, Hysterie) gebraucht. →Dysbasie

Abbau →Gerontologie, →Ps. des Alterns

Abbau-Quotient, Abbau-Index, nach WECHSLER ein Maß für den Abfall bzw. den Verlust der intellektuellen Fähigkeiten, welcher mit Faktoren der altersbedingten Beeinträchtigungen verbunden ist. →Intelligenz-Abbau Ⓛ WECHSLER 1964 *Hä-R*

Abbildung, math. eine Regel R, die jedem x ε X (lies: »x ist Element der Menge X«) genau ein y ε Y zuordnet. Man nennt diese Regel auch rechtseindeutige Relation. Ein Element x wird auch als Urbild oder Argument von R, ein durch R x zugeordnetes y auch als Bild oder Wert von R für x bezeichnet. Ist jedes y ε Y Bild für wenigstens ein x, spricht man von einer surjektiven A. oder einer A. von X auf Y; gibt es wenigstens ein y ε Y, das nicht Bild für ein x ist, nennt man R nicht surjektiv oder A. von X in Y. Surjektive oder nicht surjektive A. heißen injektiv, wenn jedem Bild y maximal ein Urbild x zugeordnet ist. Eine zugleich surjektive und injektive A. wird bijektiv genannt.

● Nahezu alle A.begriffe der empirischen Wissenschaften lassen sich als Spezialisierungen des math. A.begriffes interpretieren (z. B. die A. des Gesichtsfeldes durch Hornhaut, Linse und Glaskörper auf die Netzhaut des Auges). Die Kognitionsps. versteht Wahrnehmung und Verhalten als A.prozesse zwischen Organismus und Umwelt (KLIX 1971); die Interpretation des Verhältnisses von Theorie oder Modell und Realität als A. spielt eine erhebliche Rolle in der →Wissenschaftstheorie. *G-R*

abdominal [lat. *abdomen,* Bauch], im oder am Unterleib gelegen

abdominaler Typus →Typologie (Sprechtypen)

Abdrängung →Verdrängung

Abduktion [lat. *abducere* wegführen], Wegführen von der Medianebene, z. B. Heben des Armes nach außen, Abspreizen eines Fingers. Ggs. →Adduktion

Aberglaube, der Glaube an Kräfte, Zusammenhänge, Übernatürliches, das den wissenschaftl. Erkenntnissen wie auch den religiösen Anschauungen nicht entspricht. Der Begr. wurde erst im 15. Jhd. eingeführt. Der A. äußert sich in geistigen Einstellungen und Handlungen, meist verbunden mit der Vorst., damit ein Unheil abwehren oder das Heil herbeiholen zu können. Wurzeln des A. sind Reste von Vorstellungen aus vergangenen Kulturstufen und Religionen, aber auch eine im Menschen angelegte Bereitschaft. →Glauben, →mythologische Theorien. Ⓛ BÄCHTOLD-STÄUBLI 1927–41, P. SCHMIDT 1958[2]

abergläubisches Verhalten, *superstitious behavior,* nach SKINNER (1961) ein Verhalten, das nach einem →Verstärkungsplan mit festen Intervallen gehäuft auftritt, weil es zufällig vor einer Verstärkung eingetreten ist, und das relativ lange ohne weitere Verstärkungen beibehalten wird. Es ist also ein →Operant-Verhalten im Sinne des Operant-Konditionierens. Der Ausdruck soll u. a. exzessiven Widerstand gegen das Auslöschen beschreiben. Kritiker (FRANKEL 1971) haben darauf hingewiesen, daß der Ausdruck im Bezugssystem des deskriptiven Behaviorismus inkonsequent ist, weil in ihm keine andere Kriterien für Verstärkerwirkungen gelten als das Häufigerwerden von Verhaltenseinheiten. Man könne also nicht entscheiden, ob ein Verhalten instrumentell oder abergläubisch sei. *B-S*

Aberration [lat. *aberratio* Abirren, Abweichen] (allg.) Abweichung von der normalen Art (z. B. Chromosomena.) ● (opt.) Lichtstrahlenabweichung bei Instrumenten u. Linsen: chromatische, sphärische A.

Abfuhr, nach den von FREUD entwickelten physikalisch-ökonomischen Modellvorstellungen des ps. Geschehens ist die A. (der Affekte) die notwendige Entladung von Energie, die dem ps. Apparat durch äußere oder innere Reize zugeführt worden ist. Die Spannung wird dadurch verringert und das ps. Gleichgewicht hergestellt. Dabei helfen Konstanzprinzip, Trägheitsprinzip und

→Lustprinzip, das ökonomische Funktionieren zu regeln. Störungen in der A. können zu →Aktualneurosen und zu Libidostauungen führen.

Abgewöhnen →Verlernen

Abhängigkeit, (allg.) Bez. für das unausweichliche Angewiesensein eines Individuums, einer Sache, eines Zustandes auf andere Individuen usw. z. B. die A. des Kleinkindes, die A. bei der →Sucht

● (stat.) bei der A. zwischen Ereignissen oder Merkmalen (Variablen) das Bestehen eines Zusammenhangs zwischen dem Eintreffen oder Auftreten dieser Ereignisse oder Merkmale. Es werden zwei Arten unterschieden: (1) funktionale A.: Bei nur zwei Variablen ist eine von ihnen sog. »unabhängige Variable«. Jedem ihrer Werte entspricht ein und nur ein Wert der anderen, sog. »abhängigen Variablen«. Statt einer einzigen unabhängigen Variablen kann es auch mehrere geben. Die funktionale A. ist die vollkommenste Art von A. – (2) korrelative A.: Hier kann die abhängige Variable verschiedene Werte annehmen, die aber eine bestimmte, durch die unabhängige Variable bedingte, Verteilung haben. In der Ps. haben wir es meist mit dieser zweiten Art von A. zu tun. – (3) faktorielle A. →Faktorenanalyse.

Abhängigkeit, soziale, *dependency,* wird durch ein Verhalten gekennzeichnet, das geeignet ist, bei anderen Personen erhöhte Aufmerksamkeit und Hilfeleistung zu veranlassen. Der Prozeß der →Sozialisation soll s. A. des Säuglings und Kleinkinds in altersangemessener Weise fortschreitend abbauen und zu ihrem Gegenteil, der sozialen Selbständigkeit oder Unabhängigkeit, entwickeln. Bezugspersonen, Modellverhalten, Nachahmung und Erziehungsverhalten sind bei der Entwicklung der s. A. beteiligt.

Sie wird von SEARS als sekundärer (erworbener) Antrieb bezeichnet und ist eines der am meisten behandelten Themen der Sozialisierungsforschung. Bevorzugt sind die Frage der Schichtenspezifität der s. A. (BRONFENBRENNER), die Beziehung zu Geschlechtsrollen (KAGAN u. MOSS 1962) und die Bedeutung der Selbständigkeitserziehung für die Genese der →Leistungsmotivation (HECKHAUSEN 1972 971–980). →Konformität, →Suggestion, vgl. BISCHOF 1975 *B-S*

Abhärtung, Kennzeichnung der Bemühungen, durch Steigerung der Anpassungsfähigkeit an bestimmte Anforderungen die körperliche und seelisch-geistige Leistung zu verbessern, →systematische Desensibilisierung.

Abhebung, methodischer Grundbegr. W. STERNS. →Einbettung

Abhimāna [Pāli], Wahn des Ichbewußtseins. Es gibt für den Buddhisten kein Ich oder Mein im Sinne von Persönlichkeit. *S-G*

ability [engl.], syn. →Eignung, →Fähigkeit, →Talent, →Begabung im Sinne aller empirisch unterscheidbaren Begabungen, wie die sprachliche, mathematische, motorische. Der Begriff a. hat in verschiedenen Sprachen versch., wenn auch ähnliche Bedeutungen. Das französische *»aptitude«* entspricht ihm semantisch am ehesten. Das englische *»aptitude«* wird als anlagemäßige Begabung verstanden. Oberbegr. zu a. und *aptitude* ist *capacity* im Sinne der einem Menschen von Natur aus eigenen »Ausstattung«. →Fertigkeit *Ma-R*

ability-test, engl. Bez. für Begabungstests, die sowohl zur Prüfung der Allgemeinbegabung = *general ability* (z. B. Test zum Faktor g nach SPEARMAN) als auch zur Feststellung der Ausprägung von Sonderbegabungen = *special abilities* dienen.

Abklingen, farbiges, die nach Reizung durch weißes Licht im →Nachbild (bes. bei Dunkelbeobachtung) in bestimmter Folge und Anordnung auftretenden bunten Farben. Ⓛ BERRY *Str-R*

Ablation, [zu lat. *ablegere, ablatus* entfernen, fortgetragen] Beseitigung. ● (med.) operative Entfernung eines Organs oder Körperteils z. B. A. der Netzhaut. →Exstirpation. ● In der Ps. und Psa. die Auflösung seelischer Bindungen, →Ablösung.

Ablationshypnose (auch Ablösungshypnose), die unabhängig vom Psychotherapeuten erfolgende Hypnotisierung über Schallplatte, Tonband oder Bildschirm.

Ablegeprobe Ⓣ COUVE, KLEMM

Ablehnungsbereich →soziales Urteil

Ablehnung, soziale, Zurückweisung *(rejection).* Ggs. von Akzeptierung, *acceptance,* Annahme. In der Persönlichkeitsforschung wird A. durch wichtige Bezugspersonen als →Prädiktor für spätere Unangepaßtheit angesehen. Insbesondere ROGERS hat die Bedeutung des unbedingten Akzeptierens für die Persönlichkeitsentwicklung betont (vgl. auch ERIKSON).

A. ist selten total, sie äußert sich in häufiger Kritik, feindlichen Akten oder im Ignorieren. A. wird soziometrisch durch einen besonderen A.-Index oder durch einen kombinierten Wahl-A.-Index (PROCTOR u. LOOMIS 1951, zit. bei LINDZEY u. BYRNE 1968 465) gemessen. ● Bei der Einstellungsmessung nach THURSTONE und in manchen Persönlichkeitsinventaren führen A. von Aussagen (»stimmt nicht«) und ihre Akzeptierung (»stimmt«) zur Messung von Einstellungen und Persönlichkeitsdimensionen. Zum Ablehnungsbereich: →Assimilations-Kontrast-Theorie (HOVLAND u. SHERIF 1952). • Vermehrte A. von Überzeugungssystemen *(belief systems)* (z. B. von Nichtmitgliedern einer Gruppe durch ein Gruppenmitglied) kennzeichnet nach ROKEACH (1960 80) das geschlossene Meinungssystem *(closed mind);* er nennt *opinionated rejection* die gleichzeitige Ablehnung von Personen, mit deren Überzeugungen man nicht übereinstimmt. Akzeptierung ist das Kennzeichnen des offenen Systems von Meinungen *(open mind, open mindedness).* *B-S*

Ablenkung [engl. *distraction*], ein äußerer Reiz, der die Aufmerksamkeit auf sich zieht. • A. steht im Zusammenhang mit dem Konzentrationsverlauf (A. als Pause, die dann positive Effekte zeigen kann oder auch negative als »Aus-dem-Geleise-werfen«), sowie der →Vigilanz und den →Selbstinstruktionsverfahren. *R-S*

Ablösung, svw. Auflösung einer seelischen Bindung, d. h. einer seelischen Abhängigkeitsbeziehung zwischen zwei Menschen (z. B. des Jugendlichen von den Eltern). • In der Psa. die Auflösung der seelischen Bindung des →Analysanden an den Analytiker (scherzhaft die »Abnabelung« des Analysanden).

ABNEY →BEZOLD-BRÜCKE-Phänomen

abnorm, nicht einem Standard (statistischem oder idealem) entsprechend, auch svw. krankhaft. →abnormes Verhalten

abnorme Persönlichkeit, grundsätzlich jede vom Durchschnitt abweichende Persönlichkeit. Das wesentliche Unterscheidungsmerkmal zwischen der a. P. »die nur eine vom Durchschnitt abweichende Veranlagung, eine extreme Variation menschlicher Art« darstellt und der »eigentlich kranken Persönlichkeit« wird üblicherweise (so nach K. JASPERS) darin gesehen, daß letztere »infolge eines hinzukommenden Prozesses entstanden« anzusehen ist. In neueren Untersuchungen wird diese – statistisch, sozial oder ethisch definierte – →Norm, die zumeist auf eine bestimmte Kultur bezogen ist und die in den Begr. »abnorm« häufig eingehende Bewertung stärker problematisiert. • Unter a. P. lassen sich folgende psychopathologische Phänomene subsumieren: Psychose, Neurose und psychosomatische Erkrankungen, Charakterstörungen und geistige Defekte, bei denen fast stets eine Wechselwirkung zw. Anlage und Umwelt feststellbar ist. →Norm, →Normalität *A-T*

abnormes Verhalten, von der Norm abweichendes Verhalten. Naiv psychologisch und teils auch in klinischen Klassifikationssystemen wird oft von einer bimodalen (normal-abnormal) Verteilung ausgegangen. Die Ps. geht dagegen von einer kontinuierlichen Verteilung im Hinblick auf statistische, funktionale (Abweichung von der persönlichen Zielsetzung, der Idealnorm) und soziale Normen aus. Sie spricht meist von Verhaltens- und Erlebensstörungen anstelle von a. V. und/oder abweichendem Verhalten.

Die Kritik am medizinischen Modell (KEUPP 1972, 1979; ULLMANN u. KRASNER 1969) wird verstärkt durch die Verbindung zum diagnostischen Etikettieren und durch die prinzipielle Ablehnung der Diagnose. Um den Bezug auf die gesellschaftliche Setzung (und den möglichen Wandel) der Norm zu kennzeichnen, schlägt KEUPP statt abnorm abweichend vor. Welche Bedeutung soziale Faktoren bei der Entstehung ps. Störungen haben, wie sich die Merkmale verteilen, welche Basiswahrscheinlichkeiten bestehen, welche Notwendigkeit/Fragwürdigkeit von Grenzwerten – das sind Fragen, die nach dieser Diskussion wieder gestellt werden. Darüber hinaus wird die Unterscheidung zwischen Prädisposition, auslösenden und unterscheidenden Bedingungen beim a. V. gefordert. Ⓛ WETZEL 1980 *R-S*

Abreaktion, abreagieren, (allg.) die Entladung von aufgestauten (auch unbewußten) Affekten, i. Ggs. zu deren allmählichem Abklingen mit bewußter Verarbeitung. • (psa.) Als therapeut. Maßnahme wurde der Begr. »abreagieren« von BREUER u. FREUD um 1890 eingeführt. A. ist hierbei Teil der →kathartischen Methode. Der Patient wird durch die Erinnerung an das traumatische Ereignis und die damit eingeleitete ps. Verarbeitung vom Affekt befreit. Die Psa. entwickelte weitere Wege des Abreagierens, wie die Begr. →Übertragung, →Durcharbeiten und →Agieren belegen.

Abruf [engl. *retrieval*], in der Gedächtnisforschung angenommener Vorgang, durch den gespeicherte Informationen wieder in den Verarbeitungsprozeß gerufen werden (nach der Spurentheorie werden die Gedächtnisspuren wieder aktiviert). Selbstproduzierte Abrufsignale sind z. B. Suchmodelle, die beim Suchen nach »vergessenen« Namen zuerst einfallen (WITTE 1960); spezifisch signalisierter Abruf *(cued retrieval)* und unspezifisch signalisierter Abruf *(non-cued retrieval)* werden unterschieden, je nach Art der von außen gebotenen Abrufreize oder Hilfen *(promptings)*. →Besinnen, →Ekphorie Ⓛ J. JUNG 1967 *B-S*

Abschwächung (psth.), Verhaltenshäufigkeit reduzieren. →Auslöschung

absence [frz.], Abwesenheit. Kurzzeitiger Bewußtseinsausfall bei →Epilepsie, →petit mal oder auch zerebralen Krampfleiden. Ⓛ BLEULER

Absoluteindruck, Grundlage für das →absolute Urteil. Von MÜLLER u. MARTIN eingeführte Bez. für die Tatsache, daß – nach Umgang mit der Stimulusreihe – Urteile über Werte auf einer Beurteilungsdimension ohne Vergleich mit einem Standardreiz abgegeben werden können. Genau genommen ist der Eindruck jedoch nicht »absolut«, sondern abhängig von der Klassenzugehörigkeit der Stimuli. →Bezugssystem *B-S*

absolutes Gehör →Gehör, absolutes

absolutes Urteil, bei der →Skalierung gelegentlich gefordertes →Kategorialurteil mit der Vorgabe von Kategorien, wie z. B. »sehr klein«, »klein«, »groß«, »sehr groß« oder anderen. Der Ausdruck ist irreführend, weil das Urteil stets durch ein subjektives →Bezugssystem mitbestimmt wird (WEVER u. ZENER). Ggs. →Vergleichsurteil. Ⓛ EISER u. STROEBE 1971, SARRIS 1971 *B-S*

absolute Koordination →relative Koordination

Absorption des Schalls erfolgt in Räumen mit weichen Baustoffen stark, mit harten schwach. Zur Verbesserung der »Hörsamkeit« können die akustischen Verhältnisse unter Berücksichtigung von Raumgröße, Raumform und Nachhallzeit den jeweiligen Anforderungen angepaßt werden. *Ri-R*

absolute Schwelle, obere, *terminal limen, (threshold)*, der stärkste, höchste Reiz, auf den adäquat reagiert wird. Z. B. bei der Tonhöhe etwa 20000 Schwingungen/Sek. Mit dem Alter absinkend. Vgl. Schmerzschwelle *B-S*

Absolutschwelle →Reizschwelle

Abstammungslehre, Deszendenztheorie, eine Hypothese, die die einzige plausible Erklärung für die Ähnlichkeit der Organismen untereinander liefert. Zum erstenmal konsequent durchdacht und formuliert von Ch. DARWIN (1859). Die Theorie besagt, daß die heutige Artenfülle im Laufe der Erdgeschichte durch sukzessive Artaufspaltungen aus wenigen oder einer einzigen Organismen-Art entstanden ist. Unter Evolution versteht man den Ablauf dieses Geschehens. Die Evolution arbeitet mit den drei fundamentalen Mechanismen Mutation, Selektion und Artaufspaltung.

Eine Mutation ist eine ungerichtete Änderung des Erbgutes (eine Veränderung der Basensequenz in der DNS, →Genetik). Der Streit darüber, ob es »Mikro«- und »Makro«mutationen gibt, ist unwissenschaftlich, da es kein stichhaltiges Argument für die letzteren gibt und da zur Erklärung der gesamten Stammesgeschichte das Auftreten von »Mikro«mutationen genügt. Der Begr. Selektion (Auslese der für eine jeweilige ökologische Situation Geeignetsten) besagt nicht, daß der Geeignete den Ungeeigneten umbringt oder ihn seiner Lebensgrundlage beraubt (wie dies oft – unreflektiert – in bezug auf menschliche Gesellschaften ausgelegt wurde), sondern lediglich, daß der Geeignetere mit dem gleichen Gesamtenergieaufwand mehr zur Fortpflanzung kommende Nachkommen hervorbringt. Zur Artaufspaltung siehe Art und Artbildung.

Neben bzw. vor der DARWINschen Abstammungslehre gab es die Theorie des LAMARCKismus, die ebenfalls eine Evolution annahm, jedoch mit Hilfe einer Weitervererbung von Eigenschaften, die während des Individuallebens erworben werden, sowie die CUVIERsche Katastrophentheorie, die eine periodische Vernichtung aller Lebewesen und eine anschließende Neuschöpfung postulierte. Beide Theorien heute widerlegt. Aus heutiger biologischer Sicht finden sich nur dafür Belege, daß die Evolution »zufällig« verläuft. *Sch-S*

absteigendes Verfahren →Grenzverfahren

Abstinenz, Enthaltsamkeit. Sprachgebräuchlich bei der Enthaltung von Rausch- und Suchtmitteln, sexueller Betätigung u. a. →A.erscheinungen.

Abstinenzerscheinungen, syn. Entziehungserscheinungen, ein Sammelbegr. für die körperlichen und ps. Veränderungen beim Entzug von Sucht- und Rauschmitteln i. w. S. schwere vegetative Gleichgewichtsstörungen und Kreislaufstörungen bis zum »Entzugskollaps« mit Erbrechen, Unruhe und Verstimmungen oder Aggressivität bis zu Halluzinationen oder deliranten Erregungszuständen treten auf (die sog. Abstinenzdelirien und Abstinenzsyndrome) (→Alkoholismus) ● Der Begr. A. wird auch für die Folgen von Enthaltsamkeit (ohne Entziehung) gebraucht.

Abstinenzregel → Therapeut-Patient-Beziehung

Abstinenzsyndrom, (= Entzugssyndrom), ein bei fehlender Zufuhr einer über längere Zeit verwendeten, körperliche und/oder ps. Abhängigkeit hervorrufenden psychotropen

Substanz (Alkohol, Psychopharmaka, Morphin etc.) auftretendes Syndrom mit Schlaflosigkeit, psychomotorischer Unruhe, psychovegetativer Erregung, depressiven Zuständen. Kann in einem Entzugdelir enden. Als Therapie wird heute überwiegend Distraneurin verwendet. – Die scharfe Unterscheidung zwischen körperlicher und ps. Abhängigkeit ist heute fraglich geworden. Ⓛ SOLMS 1960 *A-S*

abstract [engl.], kurze, nicht wertende Zusammenfassung (z. B. einer Veröffentlichung).

abstraktes Denken Ⓣ GOLDSTEIN, ZILIAN

abstraktes und konkretes Verhalten, Unterscheidung wurde von GOLDSTEIN und GELB anläßlich der Untersuchung hirnpathologischer Fälle eingeführt und auf das Verhalten von Gesunden, Kindern ausgedehnt.

Konkret verhält sich z. B. ein Mensch, der bei der Darbietung einer einfachen geometrischen Figur in dieser unmittelbar einen konkreten Gegenstand sieht. Bei der Figur Rechteck würde die Reaktion etwa »Spiegel« sein. Dagegen löst sich das abstrakte Verhalten vom konkreten Gegenstand in einer bestimmten Situation und faßt ihn als Repräsentanten eines Allgemeineren, seiner Gattung oder Kategorie, auf. Der Gesunde ist in der Lage, je nach Anforderung von beiden Verhaltensweisen Gebrauch zu machen, während Kranke, Kinder und »Primitive« weitgehend auf die konkrete beschränkt seien. Ⓛ GOLDSTEIN-SCHEERER (1941)

Abstraktion [lat. *abstrahere* abziehen], der gedankliche Prozeß, der Teilinhalte vom Ganzen des Bew.inhaltes ablöst, heraushebt oder zurückdrängt, das sog. abstrakte Denken.

● Herausheben = *positive,* Zurückdrängen = *negative A.* Das positiv Abstrahierte kann bloß isoliert worden sein = *isolierende A.*, wobei nur der Vorgang des Isolierens beachtet wird. Wird jedoch das Ergebnis beachtet, zudem das Allgemeine und Gemeinsame angestrebt, so ist dies die *generalisierende A.* Zielt die A. auf ideale Modelle, spricht man von *idealisierender A.* Jede A. ist gegensätzlich zu *konkretem* Denken und Verhalten (vgl. voranstehendes Stichwort). Die A.leistung ist abhängig vom Willen bzw. von der Aufmerksamkeit. ● In der Entwicklungsps. versteht man unter A. den Prozeß, durch den das Kleinkind von seinen ursprünglichen, triebnahen, vorbegrifflichen Ganzheiten abläßt und zu Allgemeinbegriffen gelangt. ● Mit der Bezeichnung »gegenständliche A.« ⟨WERNER⟩ soll dem Vorgang Rechnung getragen werden, daß bei der Diffusität von kindlichem und primitivem Wahrnehmen und Denken eine einzelne Eigenschaft der Anschauungsdinge so sehr in den Vordergrund treten kann, daß das Ganze davon bestimmt wird, ohne daß diese Eigenschaft sich ablöst. Ⓛ KÜLPE, WERNER

Abstraktion des Gleichen und Ungleichen Ⓣ GRÜNBAUM

Abstraktionsvermögen, die Fähigkeit (z. B. beim Problemlösen) abstrakte, d. h. nichtgegenständliche Vorstellungen verwenden zu können. →Abstraktion, →Denken, →Intelligenzfaktoren

Abstumpfung, das Absinken der (insbesondere emotionalen) Reaktion. Ursachen sind: Gewöhnung, Anpassung, Erschöpfung, psychische Übersättigung, alters- oder schicksalsbedingte seelische Veränderungen, Frontalhirnschäden

A-B-Typologie, eine von HEBB (1948) getroffene Unterscheidung zwischen der Intelligenz A (die genetisch bestimmte Fähigkeit des Gehirns) und der Intelligenz B (das derzeitige Intelligenzniveau, abhängig von der Stimulation). ● (psth.) Gliederung der Therapeuten nach problemlösungsorientierten (A-Typ) und praktisch interessierten (B-Typ) vgl. Typ A, Typ B. Ⓛ BERZINS *R-S*

Abulie [gr. *bule* Wille], Willenslosigkeit, Unfähigkeit, Entschlüsse zu fassen. Tritt u. a. auf bei depressiven Gemütszuständen, →Hysterie, →Demenz, →Stupor und versch. org. Hirnschädigungen (bes. Stirnhirn).

Abusus [lat.], Mißbrauch, besonders von Genuß-, Arznei-, Betäubungsmitteln. →Sucht

Abwehr, eine Form der Auseinandersetzung mit der Umwelt – hier der Bedrohung. Ob als Ausweichen (→Fluchtbewegung, Verstecken, →Totstellreflex) oder aktiv als Angriff bzw. Kampf, stets liegen dem komplizierte Verhaltens- u. Erregungsmuster (→patterns) zugrunde und steuern den spezifischen Ablauf. →Furcht und →Angst integrieren mehr oder minder die A. Beim Menschen treten vielerlei erworbene Reaktionen hinzu (auch angenommene Praktiken, z. B. magische) bzw. eigenartige »Mechanismen«.

Abwehrbewegung, meist reflektorische Bewegung zum Schutz des eigenen Körpers.

Abwehrmechanismen des Ich, *defense mechanism,* ein von S. FREUD 1894 zuerst nur mit der Bez. »Abwehr« eingeführter Begr. für das Sich-Sträuben gegen peinliche oder unerträgliche Triebregungen, Affekte und Vorstellungen, der im weiteren von FREUD ausgeweitet wurde zu einer allgemeinen Bezeichnung für alle beschränkt-bewußten

Techniken, »deren sich das Ich in seinen eventuellen, zur Neurose führenden Konflikten bedient«. Die wichtigsten sind: Verdrängung – Regression – Konversion – Reaktion – Projektion – Introjektion – Kompensation – Autoaggression – Sublimation – Rationalisation – Substitution – Isolation – Skotomisation. Für die Gesamtheit dieser »Techniken« prägte Anna FREUD 1936 den Begr. Abwehrmechanismen. Das Gelingen der Abwehr ist nach der FREUDschen Theorie an bestimmte Voraussetzungen geknüpft: funktionstüchtige A. müssen vorhanden sein, sie müssen rechtzeitig ins Spiel kommen, lange genug wirksam sein u. a. Auch gilt, daß dem einzelnen Individuum nicht alle A. gleichermaßen zur Verfügung stehen, sondern jeweils nur eine für das Individuum kennzeichnende Anzahl. Ⓛ A. FREUD 1936

Abwehrpsychoneurosen (identisch mit →Psychoneurosen), Bez. von FREUD

Abwehrstoffe, vom Organismus gebildete Stoffe (meistens Proteinkörper), die in der Lage sind, Fremdstoffe (Gifte, Krankheitserreger) unschädlich zu machen. →Antigen-Antikörper-Reaktion *P-S*

Abweichung, mittlere und durchschnittliche →Streuungsmaß

Abweichungs-IQ-Skala →Normskalen

Abweichung, soziale, syn. soziale Devianz, das Nicht-Konformsein zu sozialen Normen oder zu der zugedachten Rolle entsprechend seiner Position. Sanktionen bleiben unwirksam. Ⓛ LEON 1984 *R-S*

Abwertungshinweis, *discounting cue,* von der geringen Glaubwürdigkeit eines Senders (Kommunikators) ausgehende Minderung der Wirkung von Argumenten, die zur →Einstellungsänderung vorgetragen worden sind. →*sleeper*-Effekt *B-S*

Abwicklungsmethode Ⓣ POPPELREUTER, RUPP

Abzeichnen-Test Ⓣ BUSEMANN, ZIEHEN

acceleration →Akzeleration

accessibility [engl.], Zugänglichkeit →*availability*

Acedia [gr. ursprüngliche Bedeutung: jede Art von Sorglosigkeit], im mittelalterlichen Mönchtum ein Begr. für Unlust, Unrast, Erschlaffung der Seele und Entkräftung des Geistes. Die A. bringe Widerwille gegen die Meditation und Vernachlässigung der Askese. • Der Begr. kommt bei der Analyse unserer Zeit wieder auf (HEIDEGGER u. a.): Unrast, Unlust, satte Trägheit, Verzweiflung, selbstquälerische Verdrossenheit.

Acetylcholin (Abk. ACH), Neurohormon, das als Transmittersubstanz im Parasympathikus, in den präganglionären Fasern des Sympathikus und im motorischen System fungiert. ACH kommt auch als Transmittersubstanz im Gehirn vor. Es soll eine wichtige Rolle beim Lernen und Behalten spielen. • Stoffe, die der Wirkung von ACH ähneln, bezeichnet man als cholinerge, Stoffe mit entgegengesetzter Wirkung als anticholinerge (z. B. Atropin). Viele Psychopharmaka haben als Nebenwirkungen anticholinerge Effekte (z. B. Mundtrockenheit bei Antidepressiva). *J-E*

ACH, Abk. für →Acetylcholin.

achievement [engl.] →Leistung

achievement-test, engl. Bez. für Leistungstest, Schulleistungstest (dem ein Training vorausgeht), Wissenstest (zu unterscheiden von Fähigkeitstest →*ability*).

Achloropsie [gr. *chlorós* grün, *ópsis* Sehen], Grünblindheit, →Farbenblindheit

Achromasie [gr. *chroma* Farbe] →Farbenblindheit

achromatisch, farblos, frei von Farbenfehlern, farbenecht. Bei Linsen (Achromaten) ohne bzw. annähernd ohne →Aberration.

Achromatopsie →Farbenblindheit

ACH-VIGOTSKY-Methode, syn. VIGOTSKY-Test, Bez. für den von ACH eingeführten und von VIGOTSKY modifizierten Versuch zur Begriffsbildung. Stereometrische Körper (verschieden nach Gestalt, Farbe, Gewicht usw.) werden mit sinnlosen Silben belegt (z. B. GAZUN, CEV) und damit wird im weiteren erreicht, daß diese Bezeichnungen »Sinn« bekommen (z. B. GAZUN = großer, schwerer Körper). →Begriff, →Psycholinguistik, →SAPIR-WHORF-Hypothese. Ⓛ ACH 1921, VIGOTSKY 1969, PAULI-ARNOLD 1972

*

ACH, Narziss Kaspar / 1871–1946 / Psych. u. Med. / Willens- u. Begriffsforschung / Berlin, Königsberg, Göttingen

*

WIGOTSKY(VYGOTSKY), Leo Semenovich / 1896–1934 / Psych. / Moskau

Acht-Faktoren-Theorie der Intelligenz →Intelligenzfaktoren

Acoasma →Akusma

acquiescence, Akquieszenz, in der Testps. die Reaktionstendenz des spontanen, unreflektierten Zustimmens bei Testfragen, Aufgaben etc. Stört und verfälscht das Ergebnis. →*response set*

Acro →Akra u. ff.

ACTH, Abk. für das adrenocorticotrope Hormon (Corticotropin, Corticotrophin) des Hypophysenvorderlappens, das die Nebennierenrindenfunktion mit Sekretion der Corticoide stimuliert. →Hormone

acting out, ein in der Psa. verwendeter, nicht eindeutiger Ausdruck. Nach LAPLANCHE (1972 34) dient er »zur Bezeichnung von Handlungen meist impulsiven Charakters, die im Vergleich mit dem gewöhnlichen Motivationssystem des Subjekts einen Bruch darstellen, im Laufe seiner Handlungen relativ isolierbar sind und oft eine auto- oder heteroaggressive Form annehmen«. Das a. o. wird als Hervortreten von Verdrängtem gewertet. →kathartische Methode, →Psychodrama

action research, Aktionsforschung (→Handlungsforschung), nach LEWIN (1946, 1948) die systematische (mit Standardmethoden der Sozialps. eingeführte) Erfolgskontrolle bei Maßnahmen, die von sozialen Agenten (Erziehungsinstitutionen, Leitung industrieller Firmen, Strafvollzugbehörden etc.) zur Verhaltens- oder Einstellungsänderung vorgenommen werden.

Als Forschung der Angew. Sozialps. soll a. r. Lernprozesse bei den sozialen Agenten ermöglichen, weil die Erfolge ihres Handelns mit Normen verglichen werden. Als Methode der Grundlagenforschung hat a. r. nur begrenzten Wert, weil meistens die unabhängigen Variablen (Maßnahmen der sozialen Agenten) unüberschaubar komplex sind und Kontrollgruppen oft fehlen. Neuerdings vorkommende Verfälschung der Methode: der engagierte Sozialwissenschaftler verfolgt selbst beide Ziele, sowohl eine (propagandistisch intendierte) Verhaltensänderung als auch die Kontrolle. Aus diesem Grund wird a. r. von Kritikern nicht als Alternative, sondern als Ergänzung zur herkömmlichen Forschungsstrategie verstanden. Zunehmende Bedeutung erhält der Ansatz in der klinischen Ps., sowohl in systematischen Einzelfallstudien aber auch bei der bedarfsgerechten Weiterentwicklung klinischer Institutionen und Angebote. →Feldstudie, →Feldforschung, →Begleitforschung Ⓛ HAAG, u. a. 1972, SCHUSSER 1981

activities index Ⓣ STERN, George G.

Acyanop(s)ie [gr. *kyanos* blaue Farbe], Blaublindheit, →Farbenblindheit

AD, Abk. für *average deviation,* die durchschnittliche absolute Abweichung; sie gibt den Durchschnitt der in Absolutbeträgen gemessenen Abweichung vom arithmetischen Mittel an. →mittlere Variation. *F-R*

Adaptation, Adaption [lat. *adaptáre* anpassen], i. w. S. Anpassung von →Aufmerksamkeit, und selbst von Denken, Fühlen und Wollen an einen Inhalt, ferner eines Sinnesorgans an einen einwirkenden Reiz (→Anpassungsniveau). Das Auge paßt sich z. B. durch →Akkommodation an die Entfernung, durch →Konvergenz an den beobachteten Punkt, durch Irisabblendung an die →Intensität des Reizes, durch Netzhautadaptation an Licht und Farben an.

• I. e. S. bezeichnet A. diese letztere. Sie ist vor allem hinsichtlich der Lichtstärke von Bedeutung (Hell- und Dunkel-A). Der Vorgang benötigt eine gewisse Zeit. Bekannteste Anzeichen der A. sind das »Geblendetsein« (positive Blendung) und das Nichtsehenkönnen (negative Blendung); ferner die Veränderung der Erregbarkeit des Auges, insbesondere im Dunklen, höhere Empfindlichkeit für farblose Reize, Änderung der Farbenempfindlichkeit. Hierhin gehört das →PURKINJEsche Phänomen. • Der Vorgang der A. beruht darauf, daß die Erregung von Sinneszellen einen gegenläufigen Stoffwechselprozeß auslöst, dem durch Einstellung eines Fließgleichgewichts begegnet wird. Z. B.: Lichtreiz – Zerfall von Rhodopsin – Resynthese bei den Rezeptoren der Retina (→Farbensehen). Erregungssprünge (z. B. Blendung) bedingen eine gewisse Dauer des Prozesses. Es werden zur Erklärung statt photochemischer auch elektrophysiologische Prozesse herangezogen. Ⓛ HAMBURGER, SCHOBER

Adaptation, chromatische, die beim längeren Fixieren einer bestimmten Farbe oder Wechsel der vorherrschenden Beleuchtungsfarbe eintretenden Helligkeits-, Sättigungs- und Farbtonänderungen in ähnlicher Weise wie beim →BEZOLD-ABNEYschen Phänomen (V. I. FEDEROWA, 1941). Diese sich auch auf die Farbe eines nachfolgend betrachteten Feldes auswirkende Anpassung an eine bestimmte Farbe wird auch als Umstimmung (E. HERING) des Auges bezeichnet, die HELMHOLTZ als Ermüdung der Netzhautelemente (farbige Ermüdung) deutete. Die zu einer Farbwandlung *(color conversion)* führende Umstimmung ist im Zusammenhang mit dem Farbenkontrast für die Farbkonstanz von Bedeutung (H. HELSON, 1938). Für die Adaptions- und Umstimmungsvorgänge werden (R. M. BOYTON, 1964) statt photochem. elektrophysiologische Prozesse an den Synapsen verantwortlich gemacht (H. TERSTIEGE, 1967). →Farbensehen *Str-R*

adaptation-level (AL) →Anpassungsniveau

Adaptation, lokale ⟨v. KRIES⟩, im Ggs. zur Totaladaptation die Umstimmung auf einer umschriebenen Netzhautstelle

Adaptation, negative, Bez. von SMITH und GUTHRIE für die Erscheinung, daß die Wiederholung eines Reizes zur Senkung des Schwellenwertes führt, der Reiz nach mehreren Wiederholungen also kleiner gewählt werden kann und trotzdem noch die gleiche Empfindungsstärke hervorruft. Im Ggs. zu den gewöhnlich mit Adaptation bezeichneten Phänomenen, bei denen wiederholte Reizung zum Ausbleiben der Empf. führen und den Schwellenwert heraufsetzen. Ⓛ GUTHRIE

Adaptationsniveau →Anpassungsniveau

Adaptation, soziale →Anpassung

Adaptationssyndrom, die von SELYE in enger Verknüpfung mit der Bedeutung des →Streß aufgewiesene biologische Umstimmung des Organismus. Das A. (abgekürzt: AAS = Allg. A.syndrom) wird durch Faktoren ausgelöst, die Streß verursachen und Abwehrerscheinungen hervorrufen. Ablauf in drei Stufen: Alarmreaktion mit Initialschock – Phase der Resistenz – Phase der Erschöpfung, die Adaptationsreaktion bricht zusammen. Ⓛ SELYE

Adaption →Adaptation

Adaptionsbrett Ⓣ SEGUIN

adäquat [lat. *adaequare* gleichmachen], entsprechend, angemessen. • Adäquate Reize sind die dem Bau der Sinnesorgane angemessenen Reize, i. ü. S. auch die einer seelischen Struktur entsprechenden Reize. Ggs.inadäquate Reize.Syn.: homologe, spezifische Reize. →spezifische Sinnesenergien.

ADCLUS, *additive clustering,* Verfahren (bzw. Computer-Programm) der multidimensionalen Skalierung, das darauf abzielt, auf Ähnlichkeitsurteilen beruhende Daten als überlappende Cluster (Kategorien) darzustellen. *M-R*

Addiermethode, das fortlaufende Rechnen (Zusammenzählen) in der von KRAEPELIN eingeführten Methode zur Feststellung (Erforschung) von Übung, Ermüdung, Störung u. a. PAULI hat diese Methode zu einem »Charaktertest« weiterentwickelt. Ⓣ KRAEPELIN, PAULI.

Addiktion [engl. *addiction*], zwanghaftes Streben nach etwas. Extreme Abhängigkeit von Drogen (Alkohol, Haschisch etc.), Tabak und auch Personen (bis zum Grenzfall Hörigkeit). *R-S*

ADDISON-Krankheit, auf Unterfunktion der Nebennierenrinde beruhende, auch als Bronzekrankheit bezeichnete Erkrankung, mit vermehrter Hautpigmentierung, →Hypotonie, nervöser Reizbarkeit, Stoffwechsel- und Verdauungsstörungen, ps. →Adynamie, schweren Störungen im Elektrolythaushalt sowie starker Ermüdbarkeit und Trägheit des Denkens. →Hormone.

*

ADDISON, Thomas / 1793–1860 / Med. / London

Additionssatz, die Wahrscheinlichkeit für das Auftreten eines beliebigen Ereignisses a_i aus einer Menge einander wechselseitig ausschließender Ereignisse $a_1, \ldots, a_n$ ist gleich der Summe der Wahrscheinlichkeiten der einzelnen Ereignisse. Beispielsweise ist die Wahrscheinlichkeit für das Auftreten der 1, bzw. 2, bzw. 3 bei einem Würfel: $1/6 + 1/6 + 1/6 = 1/2$.

additive clustering →ADCLUS

additive Größe, ein durch Summierung der Teilwerte gewonnenes Ganzes. Die Auffassung des Psychischen als einer a. G. steht im Ggs. zur Auffassung als einem nichtadditiven Ganzen in der →Gestaltpsychologie.

Adduktion [lat. *adducere* heranführen], Heranführen nach der Mittellinie des Körpers. Ggs. →Abduktion

Adenohypophyse, drüsiger Teil der →Hypophyse. →Drüsen, →Hormone

ADH, antidiuretisches Hormon, →Hormone

Adiadochokinese [gr. *diádochos* Nachfolger, *kínesis* Bewegung], Unfähigkeit zu schnell aufeinander folgenden Gegen- (antagonistischen) Bewegungen. Z. B. schnelles Beugen und Strecken der Finger. Ursache: Kleinhirnschädigung. Ggs.: Diadochokinese

Adiaphora, das Nichtunterschiedene, Gleichgültige im ethischen Sinne

ADIE-Syndrom, ein mit Störungen der Pupillenreaktionen und Hypo- bzw. Areflexie der Beine verbundenes Syndrom. Auch WEILL-REYS-ADIE-Syndrom oder pupillotonische Pseudotabes genannt. Ätiologisch wird eine vegetative Störung des Reflexverhaltens auf heredo-degenerativer Grundlage oder eine Läsion im Hypothalamus angenommen. →Tabes.

*

ADIE, William John / 1886–1935 / Neurologe / London

Adjektiv-Check-Liste (ACL), Liste von Eigenschaftswörtern zur Beschreibung von

Stimmungen, Befindlichkeiten, Personen und Ereignissen.

adjustment [engl. Anpassung] →Anpassung

administrieren, Administration, gelegentliche Bez. für anwenden (Anwendung) von diagnostischen, beraterischen, therapeutischen und statistischen Techniken.

Adoleszenz [lat. *adolēscere* heranwachsen], das Jünglings- bzw. Jungfrauenalter nach eingetretener Geschlechtsreife, aber noch nicht abgeklungener ps. →Pubertät. Periode der Nachpubertät mit zunehmender Persönlichkeitsfestigung. Ⓛ Ch. BÜHLER, HURLOCK, SPRANGER, WATTENBERG

Adoleszenz-Maximum-Hypothese →Psychologie des Alterns

Adrenalin, (1) Hormon des Nebennierenmarks und (2) sympathikusaktivierender Stoff. Chemisch gehört A. zu den →Katecholaminen. A. wirkt erregend auf Sympathikus (→Sympathikotonie). Als Hormon ist A. ein Gegenspieler des Insulins und erhöht Blutzuckerspiegel und Stoffwechsel. Bei allen Arten von →Aktivierung wird A. verstärkt produziert und ist im Urin und Blut nachweisbar. Verabreichung von A. führt zu →Aktivation und →Sympathikotonie. Angst tritt in der Regel nur bei Vorliegen situativer Reize auf. *J-E*

adrenergisch, in der Wirkung dem →Adrenalin, Noradrenalin nahekommend. Beispiel: Die adrenergische Funktion von Fasern des →Sympathikus (Adrenalin, Noradrenalin als Mittler, →Transmittersubstanz). →cholinergisch, →Ergotropie

adrenocorticotropes Hormon →ACTH

adulthood [engl. Erwachsenenalter], das Stadium in der Individualentwicklung eines Organismus, in dem dieser zur Fortpflanzung befähigt ist *Sch-S*

Adultomorphismus, syn. Enelicomorphismus, die Erklärung (Interpretation) des kindlichen Verhaltens in Analogie zum Verhalten des Erwachsenen. →Anthropomorphismus

advance organizers [engl.], »Orientierer«, Text oder Zeichen, die die Einordnung nachfolgender Lernaufgaben erleichtern. Die a. o. verwenden bekannte Schlüsselbegriffe und geben Abgrenzungen an. Diese Verankerung in übergeordnete Wissensstrukturen soll die Integration des Neuen fördern und auch die »spätere Widerstandskraft gegen Löschung« stärken (AUSUBEL, 1974, 223). *R-S*

Adversionsreflex, Zuwendungsreflex

Adynamie [gr. *dynamis* Kraft], Kraftlosigkeit bei Alter, Krankheit usw. Vgl. Asthenie

Affekt [lat. *affectus* »Stimmung«, Leidenschaft, Begierde]: Der Begriff wird sehr unterschiedlich definiert. Meist versteht man darunter ein intensives, relativ kurz dauerndes →Gefühl. In der weitesten Bedeutung wird jede emotionale Regung als affektiver Prozeß bezeichnet. Die äußeren Begleiterscheinungen bestehen oft in starken Ausdrucksbewegungen. A. sind mit Organempfindungen verknüpft. Man definiert deshalb den A. auch als periphernervöse Bewegung bei zentralnervöser Erregung.

Die Theorien von LANGE und JAMES sehen in diesen Ausdruckssymptomen das Wesen der A. LERSCH sieht in den A. Erregungsformen des Lebensgefühls, die in umgekehrtem Verhältnis zur Festigkeit des noetisch-willensmäßigen Oberbaus der Persönlichkeit stehen (vgl. Charakteraufbau). Zugleich ruht in den A. meist instinktive Zielstrebigkeit. Beispiele: Jubel, Zorn, Wut, Haß, Ekstase, Hoffnung, Sorge, Schreck, Begeisterung, Freude, Leid, Angst, Ärger, Scham, Kummer, Trauer. – Eine dynamische Theorie des A., besonders exemplifiziert am Ärger, liefern LEWIN und DEMBO. Danach beruht der A. auf einem Konflikt zwischen Feldkräften (→Feldtheorie) in einer Situation, die ein Aus-dem-Felde-gehen unmöglich macht. Der Übergang vom Normalzustand bis zum A.ausbruch geht kontinuierlich mit dem Ansteigen der Spannung, die sich auf Grund von →Barrieren nicht ausgleichen kann, vor sich. Die →Wandfestigkeit der →gespannten Systeme des Ichs hält dem wachsenden Druck nicht mehr stand, so daß sich die Spannungsenergie weitgehend über alle Bereiche des Ichs ausbreiten kann. Ebenso verwischen sich die Grenzen zwischen dem Ich und dem übrigen Feld. Ergebnis ist das Abfallen der Differenziertheit bis auf einen minimalen Grenzwert.

Nach der Theorie der objektiven Selbstaufmerksamkeit von DUVAL und WICKLUND (1972) erlebt man einen (positiven oder negativen) A., wenn bei der auf das Subjekt gelenkten Aufmerksamkeit eine Diskrepanz zwischen dem Ergebnis der Selbstwahrnehmung einerseits und den idealen oder →sozialen Normen andererseits besteht (SCHEIER, CARVER 1977). – Dauernde Neigungen zu A.ausbrüchen nähern sich den Leidenschaften, die von den A. dann zu unterscheiden sind, wenn die dauernde Richtung eines intensiven Begehrens auf einen Gegenstand Merkmal ist. Leidenschaft gehört zum »Wollen« mit Gefühlen von großer Motivationskraft als Grundlage.

● Unters. zur psychophysischen Festlegung

des Ursprunges von A. wurden zahlreich unternommen. Einspritzungen von Adrenalin ⟨Maranon, Cantril u. Hunt⟩ führen zwar zu allen körperlichen Begleiterscheinungen von A., aber in den meisten Fällen nicht zu eigentlichen A. Dasselbe gilt von elektrischen Reizungen des →Hypothalamus ⟨Masserman u. a.⟩. Man kann also weder die Wirkung des Adrenalins noch die Tätigkeit des Hypothalamus als den eigentlichen Ursprung von A. ansehen. Fröhlich (1965) meint, daß dem A.zustand (→Angst) keine eindeutigen physiologischen Korrelate zugeordnet werden könnten. Schachter und Singer (1962) zeigen die Abhängigkeit des A. sowohl von der physiol. Erregung (→*arousal*), als auch von der Interpretation des situativen Kontextes. →Emotion. Vgl. nachstehende Stichwörter sowie Ambivalenz, Katathymie. Ⓛ Bollnow, Dembo, Ewert, Hunt, Lersch, Lewin, Masserman, Meili/Rohracher, Wundt *B-S*

Affektabstumpfung →Affektstörungen

Affektausbruch, das mehr oder minder explosionsartige Anspringen des Affektes

Affektausdruck, die bei den Affekten als Begleiterscheinungen auftretenden Ausdrucksphänomene der Mimik, Gestik, Motorik, von vegetativen Reaktionen u. a. Z. B. das Ballen der Faust im Zorn, Schreien, Weinen, die Gänsehaut bei Angst (nach Darwin ein Rest des ursprünglichen, zweckvollen Sträubens der Haare, um den Gegner abzuschrecken).

Affektaustausch, die besondere Wechselbeziehung in den Affekten (Gefühlen) von Person zu Person, Gruppe zu Gruppe usw. →Ansteckung, ps. • Le Bon vertrat die Auffassung, daß A. besonders in der →Masse erfolge. →Gefühlsansteckung, →Echothymie

Affektbetonung, das »Ausstrahlen« von Affekten auf Empfindungen und Vorstellungen. Diese erhalten damit auch Farbe, Richtung, Hemmung oder Kraft, Positives oder Negatives. →Affekt, →Motivation

Affektbetrag, von Freud benützte Bez., um das zu kennzeichnen, was an den Affekten »... alle Eigenschaften einer Quantität hat – wenngleich wir kein Mittel besitzen, dieselbe zu messen – etwas, das der Vergrößerung, Verminderung, der Verschiebung und der Abfuhr fähig ist ... etwa wie eine elektrische Ladung ...« (Laplanche 1972)

Affektdämmerzustand, die bei tiefgreifender affektiver Erregung (etwa ausgelöst durch bedrohliche Erlebnisse) erfolgende Aufhebung der Besinnung und Einengung des Bew.

Affektdelikt, die im Affekt begangene strafbare Handlung

Affektdisposition →Affektivität

Affektdissoziation →Affektstörungen

Affektentzugssyndrom →Depression, anaklitische

Affektepilepsie, diejenige Ausprägung der →Epilepsie, bei der Anfälle nach heftigen emotionalen Erregungen im Vordergrund stehen

Affektfixierung, Bez. für das Verharren eines →Affektes bzw. dessen Auswirkungen. Z. B. kann ein infantiler Erlebnisinhalt als Affekt fixiert bleiben.

Affektgewinnung, nach Kretschmer der insbes. bei Hysterikern zu beobachtende Vorgang, aus jederart Erregung einen affektiven Gewinn zu ziehen.

Affekthandlung, die unkontrollierte, nur vom Affekt gesteuerte Handlung, z. B. Kurzschlußhandlung als Entladung einer Affektstauung. Das →Affektdelikt ist zumeist extreme A.

Affektillusion, die i. Ggs. zur →Halluzination (Pseudohalluzination) stehende »Trugwahrnehmung« (illusionäre Verkennung), die verursacht ist durch Affekte (Affektspannung). Die Wahrnehmung und deren korrekte Verarbeitung wird affektiv überlagert. →Illusion

Affektinkontinenz →Affektstörungen

Affektinversion →Affektstörungen

Affektion [lat. *afféctio* Einwirkung], Zustandsänderung durch äußere Einwirkung, psychische Erregung durch äußere Reize (Sinnesaffektion, Gemütsaffektion), auch svw. Krankheitsbefall. • Zuneigung, Gewogenheit.

Affektirridation →Affektstörungen

affektiv, affekthaft, im Wortgebrauch teils svw. »gefühlsbetont«, teils svw. »affektbedingt« (durch Affekt verursacht). →Affekt

affektive Ambivalenz →Ambivalenz

affektive Nivellierung →Affektstörungen

affektive Psychose, Affektpsychose ältere Bez. für →manisch-depressives Irresein

affektive Reaktionsbereitschaft →Affektstörungen

affektive Verblödung, Bez. von Kleist für die →Hebephrenie.

affektive Verödung →Affektstörungen

Affektivität, von Bleuler eingeführte Bez. für die Gesamtheit des emotionalen Geschehens, des Gefühls-, Gemütslebens; i. e. S. die Gefühlsansprechbarkeit eines Menschen →Emotionalität. • Je nach Ausprägung der A. (Affektdisposition) können unterschiedliche Affekttypen (→Typologie) abgegrenzt werden.

Affektivität, (allg.) Gefühlsansprechbarkeit, wobei der Ausdruck »Gefühl« mißverständlich sein kann. • E. BLEULER sah im Begr. A. die Zusammenfassung von →Affekt, →Emotion, →Gefühl von Lust und Unlust. • H. RORSCHACH benützte A.testdiagnostisch in Anlehnung an BLEULER zur Ermittlung von →Labilität, →Stabilität, Stärke, Schwäche der Affekte, sowie deren »Beherrschtheit, Unbeherrschtheit, Verdrängtheit oder Freiheit«. Ⓛ E. BLEULER 1966, RORSCHACH 1921

Affektivlogik, syn. Affektlogik, die durch starke Affekte bewirkte Störung des logischen Denkens. →Autismus

Affektkrampf, die mit krampfartigen Erscheinungen verbundene Übersteigerung von affektiven →Ausdrucksbewegungen (Hysterie?). • Die respiratorische Verkrampfung des Kleinkindes, wobei sich das Schreien in Atemnot (-stillstand) und Bewußtlosigkeit steigert.

Affektkrise, nach TRAMER u. a. der in der kindlichen Entwicklung (Trotzphase) und in der Pubertät auftretende Widerstreit zwischen dem ichbezogenen, affektiv gesteuerten Denken (Handeln) und der zugleich erstrebten sozialen Anpassung und Angleichung. Ⓛ TRAMER 1960

Affektlabilität →Affektstörungen

Affektlahmheit →Affektstörungen

Affektleere →Emotionsstupor

Affektmattigkeit →Affektstörungen

Affektmensch →Typologie (Affekttypen)

Affektologik →Affektivlogik

Affektothymie, Grundwesenszug (A +) der 15 Persönlichkeitsdimensionen Ⓣ CATTELL, 16 PF). Er charakterisiert ein nach außen gerichtetes, warmherziges, teilnehmendes Verhalten. Der Gegenpol (A –) wird als Sizothymie bezeichnet und ist gekennzeichnet durch kühles zurückhaltendes Verhalten. CATTELL verläßt absichtlich die gängige Bez. →Schizothymie der klinisch orientierten Persönlichkeitsforscher, um zu demonstrieren, daß es sich dabei um einen Persönlichkeitszug der »normalen Person« handelt. Ⓛ CATTELL et al. 1970 *Hä-R*

affektprimitiv →Typologie (Affekttypen)

Affektprojektion, die Verlegung der emotionalen Anmutung in Lebewesen, Dinge und Vorgänge der Außenwelt, wodurch diese so erlebt werden, als ob sie selbst Träger emotionaler Äußerungen wären. A. findet sich besonders bei Primitiven und Kindern. Sie wird als Ursprung des →Tabu und des →Animismus betrachtet. →auch: Projektion

Affektpsychosen, Psychosen mit abnormer Gemüts- und Affektlage als vorwiegendem Krankheitsbild, auch Bez. für manisch-depressives Irresein. Ⓛ BLEULER, HOFF

Affektpumpen, unechtes Aufblähen eines Affektes, Sichhineinsteigern. Hysteriker neigen zum A.

Affektsperre →Affektstörungen

Affektstauung →Affektstörungen

Affektsteifigkeit →Affektstörungen

Affektstörungen, Sammelbegr. für die von der Norm abweichenden Veränderungen in der Ansprechbarkeit und Äußerung der Affekte, vor allem deren Steigerung und Herabsetzung, sowie deren »Auseinanderfallen« (Affektdissoziation), sei es innerhalb des Affektablaufes oder zwischen den Affekten, Vorstellungen und Denkinhalten. A. sind nach BLEULER Störungen der affektiven Synthonie, d. h. der Übereinstimmung und des Ausgewogenseins der Affekte. Es gehören hierzu die mit vielfältiger Abwandlung der Bez. vorkommenden Zustände wie:

Affektabstumpfung als geringe Erregbarkeit der Affekte und der Gefühlsansprechbarkeit (affektive Nivellierung, Affektlahmheit, Affektmattigkeit, Affektverflachung, Affektverödung). Weiter zugehörig zu den als Erscheinung sehr verschiedenartigen A. sind die Affektlabilität als überaus leicht auslösbarer Wechsel in der Gefühlsgrundstimmung (z. B. unvermittelter Übergang vom Weinen zum Lachen, wie bei der sog. Affektinkontinenz). Dann die Affektinversion als der Umschlag des Affektes in eine Gegenrichtung, die Affektirridation als Ausdehnung eines Affektes auf primär Unbeteiligtes, der inadäquate Affekt, der Affektsturm als übermäßig starke affektive Reaktionsbereitschaft. Zudem sind zugehörig: die Affektsperre (Bez. von BLEULER für die besondere Art von Gefühlsarmut, Starrheit und Gefühlsdistanzierung bei Schizophrenen. Nach der Psa. eine neurotische Hemmung der emotionalen Ansprechbarkeit, wobei lust- wie unlustvolle Gefühle nicht in einer ihrem Anlaß angemessenen Stärke erlebt, sondern aus einem unbewußten Selbstschutzbedürfnis unterdrückt werden), die Affektsteifigkeit (charakterologisches Merkmal für den schizoiden Aristokratentyp nach KRETSCHMER), affektive Verödung, Affektstauung, Affektverdrängung, Affektverflachung, Affektverhaltung.

Affektstupor →Emotionsstupor

Affektsturm →Affektstörungen

Affekttypus →Typologie (Affekttypen)

Affektverdrängung →Affektstörungen

Affektverflachung →Affektstörungen

Affektverhaltung →Affektstörungen

Affektverödung →Affektstörungen

Affektverschiebung ⟨FREUD⟩ →Verschiebung

Affenfurche, syn. Vierfingerfurche, die bei Affen und als Abart auch beim Menschen (z. B. →DOWN-Syndrom) vorkommende Querfurche der Innenhand

afferente Nerven →Efferenz, →Nerv

Afferenz →Efferenz, →Nerv

Afferenzsynthese, Begr. von P. K. ANOCHIN. Die physiologische wie psychologische Reaktion zu einem bestimmten Zeitpunkt hängt von allen Reizen ab, die in einem bestimmten Zeitraum vorher in das Nervensystem gelangt sind. Die A. bringt alle diese Reize in Beziehung zueinander und zur Erfahrung des Individuums. Unter den Reizen werden Anlasser- und Situationsreize unterschieden. Die ersteren bestimmen die Reaktion, die ausgeführt werden soll, die anderen bestimmen die situationsspezifische Modifikation der Reaktion.

Affiliation, *affiliation,* Gesellung, die Wahrscheinlichkeit des Beginns einer →Interaktion mit einer oder mehreren anderen Personen ohne ausdrückliche Bezugnahme auf ihren Zweck (Zusammenarbeit, Zusammensein, Liebe, geschlechtliche Befriedigung). Neben einem interindividuell variierend starken A.bedürfnis (MCCLELLAND: *need affiliation* = Anschlußmotiv) werden verschiedene Bedingungen für dessen intraindividuelle Variation angenommen: Schwankungen des Selbstwertgefühls *(self esteem),* Angst, Unsicherheit über emotionale Reaktionen oder über Meinungen. Weitere Bedingungen sind Kontakte mit anderen Personen, die – als Funktion von Eigenschaften der beteiligten Personen und von Interaktion zwischen ihnen – »Sympathie« oder Attraktion erzeugen (HOMANS, SCHACHTER 1959). →Bedürfnis. Ⓛ BERKKOWITZ 1969 *B-S*

Affinität, affin [lat. *affinis* benachbart, verwandt, zueinander passend] Verwandtschaft. Vorwiegend in der Chemie gebräuchlicher Begriff, der in die Ps. (etwa für die Art, wie bestimmte Gefühle andere Gefühle auslösen, wie bestimmte Reize nur bestimmte Personen anziehen, wie sozialps. Bindungen u. Gefühle entstehen u. a. m.) Eingang gefunden hat. • Bei LERSCH Bez. für den »Integrationszusammenhang der abhebbaren Einzelzüge des Charakters«. So sind z. B. Strebertum und Hartherzigkeit im Hinblick auf ihr Vorkommen in einem Charakter affin. Ggs. →diffug. • HELLPACH bez. das Hingezogensein von Mensch zu Mensch als holotrope A. bzw. monotrope A. je nachdem die Gesamterscheinung oder ein einzelnes Merkmal entscheidend sind. Ggs. Diffugität

affizieren [lat. *afficere* mit etwas ausstatten], erregen, eine →Affektion verursachen, beeinflussen

affordance [engl. Neubildung von *to afford* anbieten], nach J. J. GIBSON (1979) Bez. für den unmittelbar in der Wahrnehmung gegebenen handlungsauffordernden Charakter bestimmter Umweltgegebenheiten *(ecological events).* Affordancen sind als invariante Eigenschaftskomplexe auf ökologischer Ebene definiert, wobei die Angepaßtheit des sensorischen und lokomotorischen Systems eines Organismus an seine Umwelt beachtet wird, sowie seine biologischen und evtl. sozialen Bedürfnisse. Feste, horizontale Oberflächen affordieren einem Landtier Begehbarkeit, rote, runde Oberflächen bestimmter Größe affordieren Eßbarkeit. →Aufforderungscharakter *D-Y*

AFS (Angstfragebogen für Schüler) Ⓣ WIECZERKOWSKI

Agamie [gr. *gamos* Ehe], Fortpflanzung ohne Befruchtung (Parthenogenese = Jungfernzeugung). • regellose Geschlechtsbeziehung bei Naturvölkern, Promiskuität.

Agape →Eros

AGCT Ⓣ US-Army

Ageusie, Aufhebung des Geschmacksvermögens.

Agglutination [lat. *agglutináre* ankleben] Anleimung. • Sprachps. (W. v. HUMBOLDT) Bez. für Aneinanderreihen von Wörtern zu einem neuen Gesamtbegr., etwa wie in Eisen-Bahn, Tauf-Stein. • Wortagglutination ist auch Symptom bei Schizophrenie. Unsinnige Wortverdichtungen aus zwei oder mehreren nicht-zusammengehörigen Begr. →Kontamination. • Zusammenballung von Bakterien und roten Blutkörperchen bei Zuführung bestimmter Serumarten.

Aggravation, aggravieren [lat. *grávis* schwer], absichtliche Übertreibung oder Verstärkung, besonders bei bestehenden Krankheitssymptomen. Während man von →Simulation eher bei der Vortäuschung von Symptomen im verbalen Bereich spricht, liegt A. dann vor, wenn sich die Täuschung im Verhaltens- und Ausdrucksbereich bemerkbar macht.

Aggregat, Anhäufung von Teilen ohne innere Beziehung im Ggs. zum Organismus. Soziales A. ist die Ansammlung von Menschen, die keine differenzierte Gruppengliederung zeigt (Aufläufe, Zusammenrottungen, Theaterpublikum usw.). Gerade durch ihre Ungegliedertheit bieten solche A. die wesentliche Bedingung für die affektive Übersteigerung, wie sie in der Massenps. beachtet wird.

Aggression [lat. *aggredi* angreifen], viele verschiedene Verhaltensweisen, die mit der Absicht ausgeführt werden, ein Individuum direkt oder indirekt zu schädigen (MERZ 1965). Es gibt andere Definitionen, die wie diese nicht allgemein anerkannt sind. Die A. tritt oft als Reaktion auf eine wirklich oder auch nur scheinbar drohende Minderung der eigenen Macht in Erscheinung. Sie richtet sich primär gegen andere Personen und Gegenstände, kann sich aber nach Ansicht mancher A.forscher auch sekundär gegen die eigene Person zurückwenden, wenn sie durch äußere Widerstände gehemmt bzw. auf Grund der Forderung der Gesellschaft und zum Zwecke der sozialen Anpassung verdrängt wird (Selbsthaß, Selbstschädigung, Selbstmord, Masochismus). Die A. kann von den primitivsten Reaktionen (beißen, schlagen, treten usw.) bis zu den sublimsten Reaktionen (entwerten, herabsetzen usw.) in Erscheinung treten. Der Anteil und die Bedeutung der A. im Verhalten des Menschen wurde von der Psychoanalyse betont. Im Zusammenhang mit den sexuellen Beziehungen kann A. als Lust an der Grausamkeit und als Lust an der Zufügung von Schmerz auftreten (Sadismus). BERKOWITZ empfiehlt zwischen impulsiver (spontaner) A., die als konditionierte Response von Schlüsselreizen ausgelöst wird, und instrumenteller A., die anderen Zielen dient (Machtgewinn, Besitz, Verteidigung des Territoriums, der Jungen usw.), zu unterscheiden.

Über den Ursprung der A. stehen sich drei Auffassungen gegenüber:

(1) die Trieb- oder Instinkttheorie im engeren Sinne der Psychoanalyse oder Ethologie (FREUD, LORENZ);
(2) die Frustrations-Aggressions-Hypothese (DOLLARD u. MILLER);
(3) die Aggressions-Theorie des sozialen Lernens (BANDURA u. WALTERS).

Die psa. Annahme, daß die vielen verschiedenen Verhaltensweisen, die als A. oder Ableitungen der A. definiert werden, aus einer gemeinsamen »primären« Energiequelle gespeist werden, die sich (periodisch?) anstaut und die entladen werden muß (A.trieb, Todestrieb), unterscheidet sich nicht grundsätzlich von der Instinkttheorie der Ethologen. Die Frustrations-A.theorie ist diesen Annahmen insofern verwandt, als nach ihr die Nichtbefriedigung eines Triebes A. zur Folge hat. Eine Annäherung zwischen (2) und (3) vollzieht BERKOWITZ, der die Möglichkeit der angeborenen »Passung« zwischen Schlüsselreizen und impulsiven A.akten einräumt. Er modifiziert die Frustrations-A.hypothese aber wesentlich und betont, daß die meisten A. gelernt (konditioniert) werden.

Um 1950 begann vornehmlich die experimentelle A.forschung, welche u.a. mit bestimmten Anordnungen (→Reaktionssimulator) A. zu messen versucht. Die Masse der empirischen Forschung belegt die Annahme, daß A., d.h. aggressives Verhalten, wie anderes auch im Beobachtungs- und Verstärkungs-Lernen erworben wird, ohne gänzlich auszuschließen, daß es angeborene Verbindungen zwischen aversiven Reizen und bestimmten Verhaltensmustern geben könnte.

Für das Problem der Verminderung der A.tendenzen sind die Forschungen zur →Katharsis durch »Entladen« der angeblich aufgestauten Energie in entsprechenden Akten oder durch bloßes Zuschauen bei A. entscheidend. Nach experimentellen Untersuchungen (u.a. von HOKANSON et al. 1968, STONE u. HOKANSON 1969) kann die Minderung der oft mit A. verbundenen Wut (oder des Ärgers) auch durch freundliches oder selbstbestrafendes Verhalten erfolgen, wenn diese Akte zur Reduzierung der aversiven Reize führt. A. dagegen erzeugt eher neue A. statt einer kathartischen Befriedigung (BERKOWITZ). Ob kathartische oder Vorbild-Wirkung aus Darstellung von Gewaltszenen in Medien (bes. in Film und Fernsehen) gegeben ist, wird unterschiedlich beurteilt; MACCOBY (1968) glaubte an erstere, BERKOWITZ zeigte, daß dargestellte Gewalttaten oft nachgeahmt werden. LIEBERT et al. (1973) und LIEBERT (1974) berichten über eine →Feldstudie zur Wirkung des Fernsehens auf Kinder und Jugendliche. Ⓛ BANDURA 1973, BERKOWITZ 1969, DE WIT/HARTUP 1974, MERZ 1965, SELG 1971, SCHMIDBAUER 1972, SCHMIDT-MUMMENDEY u. SCHMIDT 1971, WERBIK 1974, KORNADT 1981 *B-S*

Aggression (biol.), Angriffs-, Droh- bzw. →Kampfverhalten mit dem Ziel der Dominanz . gegenüber einem Gegner der gleichen oder einer anderen Art. →Territorialverhalten *P-S*

Aggression-Frustration-Hypothese, die von DOLLARD u. a. (1939) aufgestellte Hypothese besagt, daß unter bestimmten Umständen →Frustrationen aggressives Verhalten zur Folge haben.

Aggressionsmaschine →Reaktionssimulator

Aggressions-Test Ⓣ ROSENZWEIG, SELG

Aggressionstraining →Selbstsicherheitstraining

Aggressionstrieb, der als Ursache der Aggression angenommene Antrieb. Nach FREUD handelt es sich hierbei um eine im Biologischen wurzelnde einheitliche Triebquelle, den Todestrieb. ADLER dagegen sieht die einheitliche Antriebsquelle der Aggression im Willen zur Macht. Andere Autoren, z. B. KUNZ und HORNEY, bestreiten eine einheitliche Antriebsquelle und sind der Auffassung, daß aus mehreren Elementartrieben ein Antriebsganzes entsteht, und zwar jeweils als Reaktion auf die spezifische äußere Hemmung und Bedrohung. →Aggression, →Aggression (biol.)

Aggressivität, Bez. für die habituell gewordene aggressive Haltung. →Aggression

Agieren [lat. *ágere* handeln], Handeln, insbes. ausdrucksvolles Handeln. • In der Psa. besagt A. das Wiederholen einer früheren Verhaltensweise an Stelle des Erinnerns. Besondere Bedeutung gewinnt das A. in der psychotherapeut. Behandlung, da der Patient hier seine verdrängten Verhaltensweisen gegenüber dem Analytiker u. U. bis zum Eintritt der Wiedererinnerung agiert.

Agilität [lat. *ágilis* beweglich], Beweglichkeit, Flinkheit, Rührigkeit

Agitation [zu lat. *agitare* antreiben, aufregen], Handeln bes. als Aufreizen. • (med).) Unruhe, Erregung, erregte Bewegung, wie z. B. bei *paralysis agitans* (Schüttellähmung) oder agitierte Depression (hochgradige motorische Unruhe mit klagend-anklagender Verstimmung). • Agitiert-sein svw. in Erregung sein mit best. Zeichen innerer und äußerlicher Unruhe.

agitiert →Agitation

Aglossie, angeborenes Fehlen der Zunge; behindert die Artikulation, führt aber nicht zu Stummheit. →Stammeln, →Dysglossie *G-N*

Agnosie [gr. *gnosis* Erkennung], syn. agnostische Störung, die Unfähigkeit, trotz erhaltener Funktionstüchtigkeit der Sinnesorgane, Wahrnehmbares zu erkennen und einzuordnen. A. ist Folge einer Hirnschädigung, →Assoziationsfelder. Sonderformen sind:

akustische A., syn. auditorische Amnesie, Aphasia auditoria, Aphasia acustica, Seelentaubheit;
literale A., Wortblindheit, gedruckte oder geschriebene Buchstaben werden nicht erkannt;
optische A., syn. visuelle Amnesie, Seelenblindheit, *Asymbolie* (Fehlen des Verstehens von Symbolen und konventionellen Zeichen);
pragmatische A., fehlendes Wiedererkennen;
räumliche A., Entfernungen oder Strecken können nicht erfaßt werden;
taktile A., Tastblindheit, Tastlähmung, Stereoagnosie, Seelenanästhesie, Gegenstände können durch Betasten nicht erkannt werden.

Agnosie, akustische, zentrale Hörstörung, bei der gehörte Sprachlaute (Lautagnosie), Geräusche wie Schlüsselklappern, Geldzählen etc. oder Tierlaute nicht unterschieden werden können. Gestört ist ferner das →Richtungshören und das Hören von Entfernungen sowie das Erkennen von Melodien und Rhythmen (→Amusie); ferner findet sich häufig eine auditive →Unaufmerksamkeit. Die A. verursacht bei Erwachsenen →Aphasie, bei Kindern, besonders wenn angeboren oder früh erworben, schwere Verzögerungen der Sprachentwicklung (s. d.) mit →Dysphasien (→Hörstummheit). *G-N*

Agnostizismus, Lehre, nach der das Wesen der Welt unergründlich ist. →Pragmatismus

Agogik [gr. *agoge* Tempo der Musik], Lehre von der individuellen Gestaltung des musikalischen Tempos.

Agonie [zu gr. *agonia* Kampf, Angst], Todesqual, Seelenqual, Todeskampf

Agonist-Antagonist [gr. *agonistes* Wettkämpfer], die paarweise entgegengesetzt wirkenden Muskeln. • I. w. S. allg. Bezeichnung für »Wirker« und »Gegenwirker«, z. B. bei Drogen, Nerven (Sympathikus – Parasympathikus).

agonistisches Verhalten, Sammelbez. für (offensives wie defensives) kämpferisches Verhalten, insbes. bei sozialen Auseinandersetzungen

Agoraphobie [gr. *agorá* Markt, *phobos* Furcht], Platzfurcht. Angst beim Überschreiten von Straßen, Plätzen u. a., verbunden mit Schwindelgefühl. →Phobie

Agrammatismus, das völlige Fehlen syntaktisch-grammatikalischer (→Syntax, →Grammatik) Strukturen in sprachlichen Äußerungen; entweder ihr noch fehlender Aufbau – kurzdauernd in der normalen kindlichen Sprachentwicklung (physiologischer A.), anhaltender bei verzögerter Sprachentwicklung (→S., verzögerte, →Hörstummheit) oder Oligophrenie – oder aber der Verlust grammatikalischer Strukturen durch Hirnverletzungen und -erkrankungen (→Aphasie), auch bei Psychosen (→Dysphrasie)

In ungenauer Weise wurde die Bez. A. in der älteren neurologischen und phoniatrischen Literatur (wie viele andere der mit einem Alpha privativum gebildeten Begr., z. B. Aphasie – Dysphasie) auch auf sprachliche Äußerungen mit nur fehlerhafter oder unvollständiger syntaktisch-grammatikalischer Struktur (→Dysgrammatismus) ausgedehnt. Als A. können in strenger Unterscheidung nur manche →holophrastischen Äußerungen, nicht einmal in einem Wort gegebene Befehle, oder psychotische Dysphrasien und Wortsalat (z. B. »Elefant vergrün lamperstift«) angesehen werden. Selbst →Echolalien sind zwar immer aus ihrer semantischen und pragmatischen Zeichenverankerung gelöst, weisen aber doch gelegentlich noch syntaktische Oberflächenstrukturen auf. *G-N*

Agraphie, syn. Akatagraphie, Unfähigkeit, die zum Schreiben erforderlichen →Bewegungsvorstellungen zu bilden, bei voller Bewegungsfähigkeit der Hände und normaler Intelligenz. →Aphasie. Sonderformen der A. sind:

literale A., voller Verlust des Schreibens oder Schreiben entstellter Buchstaben;
verbale A., dasselbe gegenüber Worten;
motorische A., Betonung des motorischen Verlustes.

Agrypnie [gr. *agrypnia*], Schlaflosigkeit

Aha-Erlebnis (K. BÜHLER), ein eigenartiges im Denkverlauf auftretendes lustbetontes Erlebnis, das sich bei plötzlicher Einsicht in einen zuerst undurchsichtigen Zusammenhang einstellt.

Ahnenerbe →Regressionsprinzip

Ahnenkult →Manismus

Ähnlichkeit, Ähnlichkeitsgesetz, eine eigentümlich ausgezeichnete Beziehung zwischen zwei oder mehreren Objekten (Sachen, Personen, Eigenschaften). Ä. kann von vollständiger Gleichartigkeit ausgehend alle Abstufungen durchlaufen bis zu entferntester Ä.

So besitzen zwei eben noch unterscheidbare Nuancen des Farbtons gelb einen Höchstwert an Ä., der (bezogen auf den →Farbenkreis) nach beiden Seiten hin stetig abnimmt bis zu dem Grenzwert an den beiden Polen rot und grün. Ebenso kann z. B. zwischen einem Gemälde, einem Musikstück und einem Vers spontan Ä. erlebt werden. – Da unter wechselnden Bedingungen offenbar zwischen nahezu beliebigen Dingen Ä. auftreten kann, ist dies nicht mit den Dingen selbst innewohnenden Eigenschaften begründbar, wie etwa durch →»identische Elemente« ⟨MACH u. a.⟩ oder gleiche Strukturen. Dagegen spricht auch, daß Ä. auftreten kann bei strukturlosen Komplexqualitäten ⟨KRUEGER⟩. TERNUS (1926) konnte experimentell Bedingungen erzeugen, unter denen sich »phänomenale Identität« gegen »objektive Identität« durchsetzt, und konnte zeigen, daß die »homologe Funktion« zweier Momente in verschiedenen Situationen den Identitätseindruck hervorruft. →Identität.

● Das Ähnlichkeitsgesetz (→Assoziationsgesetze, →Gestaltgesetze) besagt, daß Ä. nicht nur phänomenal in Erscheinung tritt, sondern auch funktional wirksam wird. Zwischen ähnlichen Elementen treten Kräfte auf, die einzelnes zu höheren Einheiten zusammenschließen (Assoziationen, Gestalten, Systeme)

Das Ä.gesetz gilt für alle Bereiche der Ps.: Wahrnehmung (untereinander ähnliche Elemente sondern sich aus und schließen sich zu einer Gestalt zusammen); Gedächtnis (→Spurenfeld organisiert sich nach Ä., aktueller Wahrnehmungsprozeß und Spur ebenso); Sozialps. (Gruppenbildung nach Ä. hinsichtlich Bildungsstand, Einkommen, Alter usw.); Typologie (Charakterstrukturen schließen sich nach Ä. zusammen zu einem Typus). Eine bestimmte Reiz-Reaktionsverbindung *(habit)* bleibt erhalten trotz Variation der Reizsituationen (→Generalisation, →äquivalente Reize), wobei alle die als ähnlich (äquivalent) bezeichnet werden, die die ursprüngliche Reaktion noch hervorrufen können. Die →Reaktionszeit ist dabei dem Abfall des Ä.grades proportional und kann somit als Maß des letzteren angesehen werden ⟨SCHLOSBERG u. SOLOMON 1943⟩. Auch kann das Ausmaß, in dem durch das Erlernen einer Tätigkeit →Mitübung *(transfer)* anderer Tätigkeiten erfolgt, als Ausdruck des Ä.grades zwischen diesen angesehen werden. Die Ä. von Begriffen bzw. ihren Bedeutungen läßt sich mittels einer von OSGOOD (1952) entwickelten Methode messen, indem man ihre Polaritäts-Profile (→semantisches Differential) herstellt und die Distanz zwischen diesen ermittelt. Ferner bedient man sich der Korrelationsrechnung, um Ä. festzustellen. Interpersonelle Ä.korrelationen in bezug auf bestimmte Merkmalsgruppen können zu empirischen Typenlehren führen ⟨Hofstätter⟩. Die für die Psychotherapie z. B. wichtige Frage nach Ä. von Wunsch und Selbstbild kann mit Hilfe der →Q-Sortierung ⟨Rogers u. Stephenson⟩ durchgeführt werden, indem man die Korrelation zwischen den unter beiden Gesichtspunkten erhaltenen Sortierungen errechnet. Ⓛ Hofstätter, Koffka, Krueger, Woodworth u. Schlosberg *Str-R*

Ähnlichkeitshemmung →Ranschburgsches Phänomen

Ähnlichkeitsindex, statistischer Kennwert für die Beurteilung der Ähnlichkeit bzw. Unterschiedlichkeit von Profilen, speziell von →Testprofilen. Ein Maß, bei dem der Abstand zwischen den Profilen nicht berücksichtigt wird, stellt der Korrelationskoeffizient dar. Osgood und Suci haben als Ähnlichkeitsindex das D-Maß entwikkelt, bei dem Profilhöhe und Profilverlauf berücksichtigt wird. Da dieses D-Maß nicht standardisiert ist, wurden standardisierte Ähnlichkeitsindices durch Umformung des D-Maßes in ein Korrelationsmaß entwikkelt. *Hä-R*

AI, Abk. für (1) *artificial intelligence,* künstliche, d. h. computer-simulierte Intelligenz (→artifizielle Intelligenz); (2) *adjustment inventory* Ⓣ Bell.

Aichmophobie [gr. *aichmé* Lanzenspitze], Angst, mit spitzen oder scharfen Instrumenten (Gegenständen) sich oder andere verletzen bzw. töten zu können. →Phobie

AIDA-Modell, in den USA entwickeltes Stufenmodell der Werbewirkung, bei dem zwischen *attention* (Aufmerksamkeit), *interest* (Interesse), *desire* (Kaufverlangen) und *action* (Kaufdurchführung) unterschieden wird. Diese und ähnliche Modellvorstellungen dienen der Abschätzung der Werbewirkung. *B-H*

Aidoiomanie →Sexualität (Tabelle)

Air Crew Classification Battery Ⓣ US Air Force

AIT Ⓣ Meili

Akalkulie, Störung oder Verlust der bereits erworbenen Rechenfähigkeit; z. B. nach Hirnverletzungen (→Aphasie). Als sehr hoch integriertes, funktionelles System (Anochin 1967), kann das Lösen mathem. Aufgaben durch verschiedene Teilleistungsschwächen des ZNS gestört werden (Luria 1970); dementsprechend vielgestaltige Charakteristik der Störung u. syndromatische Überschneidungen mit →Sprachstörungen, körperlichen (→Gerstmann-Syndrom) und räumlichen Orientierungsschwierigkeiten, mit →Apraxien oder Planzerfall im Handeln, Rechenschwächen in der kindl. Entwicklung (→Dyskalkulie). *G-N*

Akatagraphie [gr. *katá* hinterher, herab], seltene Bez. für →Agraphie

Akatamathesie [gr. *katamantháno* erlerne], seltene Bez. für →Aphasie, sensorische

Akataphasie [gr. *katáphemi* bejahen, bestimmen], Bez. für sprachliche Entgleisungen (ähnlich →Agrammatismus) infolge Hirnschädigung oder Schizophrenie. Beim Sprechen werden für fehlende zutreffende Ausdrücke bloß ähnlich klingende Wendungen oder ganz abwegige Äußerungen gebraucht.

Akathisie [gr. *káthisis* Sitzen], Sitzangst bzw. die hierdurch hervorgerufene Unfähigkeit, längere Zeit zu sitzen

Akinesie [gr. *kinesis* Bewegung], Akinese, Bewegungsarmut, Unbeweglichkeit. Ggs. →Hyperkinese. Vgl. Parkinsonsche Erkrankung

Akklimatisation, Anpassung von Lebewesen an veränderte klimatische Einflüsse. I. w. S. Anpassung an neue Umwelteinflüsse (→Akkomodation, →Konformität). →Domestikation. Ⓛ Huntington, Missenard, Rudder, Sayers

Akkommodation [lat. *accommodáre* anpassen], Anpassung. I. e. S. die Anpassung des Auges an die auf der Netzhaut abzubildenden Gegenstände. Sie wird erreicht durch Veränderung der Brechkraft der Linse (zuerst beschrieben von Th. Young 1793). Bei Entfernung unter 10 bis 15 cm ist meist keine A. mehr vorhanden = Nahepunkt; ebenso bei Entfernungen, die etwa 10 m überschreiten = Fernpunkt.

Akkommodation, kognitive, von Piaget aus der Biologie übernommener Ausdruck für die Veränderung von sensumotorischen und kognitiven Schemata durch äußere Inhalte. Das Saugschema akkommodiert sich z. B. an verschieden geformte Nippel oder an einen Finger. Im Unterschied dazu wird in der →Assimilation nach Piaget der vom Organismus erfaßte Inhalt an vorhandene Schemata angeglichen. • Riedel (1967) meint mit informationeller A. die Angleichung der subjektiven Erwartungswahrscheinlichkeit von Ereignissen an die tatsächliche Auftretenswahrscheinlichkeit. →Information *B-S*

Akkommodationsbreite, die im Laufe des Lebens meist abnehmende Akkommodationsfähigkeit der Augen (→Akkommodation): z. B. im Alter von 10 J. 15 Dioptrien, von 60 J. 2 D.

Akkord [aus lat. *ad* zu, *cor* Herz entstand mlat. *accordium* u. frz. *accord*], Übereinkunft, Übereinstimmung, Vertrag. • (musikps.) Mehrklang von drei u. mehr Einzeltönen, wobei vollkommene u. unvollkommene Konsonanzen und Dissonanzen entstehen, je nach Tonverschmelzung. • (arb. ps.) Eine Lohngestaltung, bei der für die Leistung eine durch →Zeitstudie ermittelte Arbeitszeit (pro Stück, Arbeitsgang u. a.) zugrunde liegt.

Akkulturation ⟨H. S. SULLIVAN⟩, das Hineinwachsen in die kulturelle Gemeinschaft. • A. ist auch Bezeichnung für die Anpassung an ein fremdes Milieu (z. B. beim Wechsel in ein anderes Land, in eine andere soziale Klasse u. dgl.). →Assimilation, →Enkulturation

Akoasma →Akusma

akoluthe Phase, die Spanne, bei der eine Erregung (z. B. Trieb) noch nicht abgeklungen ist und die neue Erregung noch gehemmt wird.

Akoluthie [gr.], das notwendige Abfolgen, Aufeinanderfolgen (z. B. Ursache u. Wirkung)

Ⓔ **akra…, akro…** [gr.] in Wtvb. spitz, hoch

Akra, Akren, die »gipfelnden« Körperteile wie Nase, Kinn, Hände-Finger, Füße-Zehen usw.

Akranie [gr. *a-kranios* ohne Schädel] →Anenzephalie

Akrenzephalon [gr. *enképhalon* Hirn], Endhirn, Telenzephalon, →Gehirn

Akroanästhesie, Störungen der →Sensibilität in den Akren

Akrodynie [gr. *odyné* Schmerz], Schmerzen in den Enden der Körperglieder

Akrodystonie [gr. *tónos* Spannung], Störungen im Spannungszusammenspiel (Tonusgleichgewicht) in den Enden der Körperglieder

Akromegalie [gr. *mégas* groß], als Spitzenwachstum bezeichnete, nach Beendigung des allgemeinen Wachstums eintretende Verlängerung und Verdickung »gipfelnder« Teile (Nase, Kinn, Hände-Finger, Füße-Zehen usw.). Ursache ist Überproduktion an Wachstumshormonen des Hypophysenvorderklappens. →Hormone

Akroneurosen, funktionelle Störungen der Gefäße (Angioneurosen) bzw. der Sensibilität an den Enden der Gliedmaßen. →Parästhesie

Akroparästhesie [gr. *para* neben, *aísthesis* Wahrnehmung], Sensibilitätsstörungen im Bereich der Hände und Füße. →Parästhesie

Akrophobie, die der Agoraphobie verwandte Furcht beim Besteigen von Höhen und Türmen. →Phobie

Akt, ein einzelner, einziger, d. h. zeitlich begrenzter und qualitativ bestimmter Teilvorgang im Strom des Erlebens. Wahrnehmungs-, Vorstellungs-, Erinnerungs-, Gefühls-, Willens- oder Denkakt.

Fraglich ist die jeweilige Abgrenzung eines Aktes, er muß jedenfalls eine relative Geschlossenheit und Abtrennbarkeit besitzen. Der A. ist nur im Bew'vollzug (Aktbewußtheit) faßbar und wirklich und hat stets intentionalen Gegenstandsbezug (→Intention), SPRANGER sieht im geistigen A. »die aus verschiedenen seelischen Funktionen strukturell zusammengewobene Tätigkeit des Ich, wodurch es eine geistige Leistung von überindividuellem Sinn hervorbringt«. Ein philos. zentraler Begriff ist A. bei HUSSERL und SCHELER. Bei den Psychologen hat er grundlegende Bedeutung in der Gegenüberstellung von A. und Inhalt (→Aktpsychologie). BRENTANO, MEINONG, HÖFLER, STUMPF sind hierzu besonders zu nennen.

Aktionsakzeptor, im »funktionellen System« von ANOCHIN ein Glied, das den Handlungsentwurf bewertet in Abhängigkeit vom Handlungsspielraum und dem Funktionswert alternativer Ziele oder Wege der Handlung. *R-S*

Aktionsforschung, Handlungsforschung. →*action research,* →Feldstudie

Aktionsgefühl →Tätigkeitsgefühl

Aktionskatalog, Bez. für die zur Durchführung von Verhaltensanalysen erforderliche Verhaltens-Bestandsaufnahme. →Ethogramm

Aktionspotential, Membranpotentiale der Nervenzelle bei überschwelliger Reizung, die eine vollständige Ausbildung der elektrochemischen Gesamtreaktion der Zelle mit Initialsegment, Overshoot, und Nachpotential auslöst, bis das Ruhepotential wieder erreicht wird. Während der Dauer des Aktionspotentials ist die Zelle absolut refraktär, d. h. unfähig auf eine zweite Reizung zu reagieren, kurz danach relativ refraktär. →Nerv, →Spitzenpotential Ⓛ MÖRIKE 1973[7] *B-S*

Aktionsprogramm, Informations- und Aufklärungsaktion. →Handlungsforschung

Aktionsprüfer →Sinnesfunktionen (5b)

Aktionsquotient, Begr. von A. BUSEMANN für das Verhältnis von den aktionalen zu den qualitativen Aussagen im sprachlichen Ausdruck. Erstere sind alle Worte, die eine Tätigkeit ausdrücken, bei letzterem überwiegen die Eigenschaften. Ⓛ BUSEMANN 1948

aktionsspezifische Energie, in der Instinktlehre (der →Ethologie) angenommene Triebkräfte für die verschiedenen Instinkthandlungsketten, die in Handlungspausen angestaut wird und spezifisch in der zugehörigen Instinkthandlung entladen wird. (Gegenvorstellung: allgemeines Antriebsreservoir.) Ⓛ P. LEYHAUSEN 1965 *B-S*

aktionsspezifisches Potential (ASP), ein Begr., der dem der aktionsspezifischen Energie entspricht und ebenso bei bestimmten Voraussetzungen den Energie-Aufstau zur Auslösung von Handlungen als erforderlich annimmt.

Aktionsstadium →Apperzeptionskategorien

Aktionsstrom, bioelektrischer Strom, der im tätigen Muskel, Nerven, Herzen entsteht. Ps. von bes. Interesse die Aktionsströme der Hirnrinde (Alpha- und Beta-Wellen von H. BERGER). →Elektrophysiologie

Aktionszeit, Bez. von ZIEHEN für →Reaktionszeit

Aktivation, Aktivierung [nach engl. *activation = arousal*], Erregung von neuralen und ps. Prozessen durch innere und äußere Reize, die Aktionen vorausgeht, diese begleitet und durch folgende Beobachtungen gemessen wird:

(1) Steigerung der Frequenz und Abnahme der Amplitude von EEG-Rhythmen (Desynchonisierung);
(2) Erregungssyndrom des autonomen Systems mit Erhöhung der Herz- und Atemfrequenz, Pupillenerweiterung und elektr. Hautwiderstandsänderung etc.;
(3) mit dem Stabilimeter gemessene Verhaltensaktivierung;
(4) psychische (affektive) Erregung von der allgemeinen Aufmerksamkeit mit Orientierungsfunktion bis zu allen Erscheinungsweisen der Angst oder der Wut.

Nach älterer Auffassung sollte die (Gefühls-)A. von der Intensität der Reize abhängen (WUNDT-Kurve; DOLLARD u. MILLER). Richtiger ist es, verschiedene Reizmerkmale, insbesondere auch Beziehungen von Reizen untereinander und zu dem Empfänger, für ihr sog. *A.potential* verantwortlich zu machen, wie Komplexität, Neuheit, Abweichung von der Erwartung und den so oder anders erzeugten Konflikten (BERLYNE). In der Persönlichkeitsps. und Psychopathologie werden Unterschiede der A. zum Konstrukt *A.niveau* (FISKE u. MADDI). EYSENCK vertritt die Auffassung, daß Extravertierte höhere A.potentiale der Reize benötigen als Introvertierte, weil bei ersteren die Hemmung größer ist als bei letzteren. Mechanismen der A. sind Funktionen des Retikulärsystems des Hirnstamms (ARAS) und des Thalamus (MORUZZI u. MAGOUN, DUFFY, HEBB). Für A steht im engl. auch *»energy mobilisation«*. Das Konstrukt der A. ersetzt in neuerer Zeit Konstrukte wie Trieb, Spannung, Emotion, Libido u. ä. und bietet ihnen gegenüber den Vorteil, daß es, da operational definiert, experimentell besser untersucht werden kann. Von KLING u. RIGGS (1971 831ff.) wird diskutiert, ob A. nicht den Konstrukt des allgemeinen Antriebs (D) in HULLS Verhaltenstheorie ersetzen könnte, wenn zusätzlich angenommen wird, daß der Organismus nicht A.reduktion, sondern ein gewohnheitsmäßiges A.niveau sucht. Im Ggs. zu der meist vorgenommenen Gleichsetzung von A. und Erregung (→arousal) wird auch unter A. ausschließlich das Ingangsetzen spezifischer Mechanismen (z. B. von Gedächtnisinhalten) oder Handlungen verstanden. In der →Motivationsforschung bedeutet A. jedoch, insbesondere bei WOODWORTH und SCHLOSBERG, die In-Bereitschaftsetzung des gesamten Organismus zum Handeln. Ⓛ MALMO 1959, HECKHAUSEN 1967, 1980, SCHÖNPFLUG 1969. DUFFY 1962, MORUZZI u. MAGOUN 1949, HEBB 1949 *B-S*

aktive Therapie, von SIMON in die Anstaltstherapie eingeführte Bez. für die Erzeugung einer Heilatmosphäre, die verhindert, daß der Kranke durch den Anstaltsaufenthalt kränker wird als es seiner Grundkrankheit entspricht. Dazu gehören →Arbeitstherapie, →Gruppentherapie, Lockerung von Zwang und Sicherungsmaßnahmen bis zur Aufhebung geschlossener Abteilungen. →Hospitalismus

Aktivhypnose, gestufte ⟨KRETSCHMER⟩ →Hypnoseübung, fraktionierte

Aktivierung, assoziative →*priming*

Aktivierung, Gesetz der funktionalen, nach ROHRACHER besagt dieses Gesetz, daß Wahrnehmung, Gedächtnis und Denken nur in Funktion treten, wenn sie von äußeren Reizen oder von Trieben, Interessen, Gefühlen oder Willenserlebnissen aktiviert werden. Ⓛ SCHÖNPFLUG

Aktivierungszustand, der Grad der Erregung eines Organismus durch Reizung von außen, durch ein →Bedürfnis oder durch einen →Affekt (= Störung des Gleichgewichts, →Homöostase). Nach dem →YERKES-DODSON-Gesetz bestimmt die Schwierigkeit der Lernaufgabe oder des Problemlöseprozesses den je optimalen A. (→Aktivation). *B-S*

Aktivität →Aktivation

Aktivitätsgefühl, Bez. für ein mit jeder Tätigkeitsentfaltung einhergehendes Gefühlserleben. →Tätigkeitsgefühl

Aktivitätsperiodik, die wohl →phylogenetisch erworbene und mit dem Tages- wie Jahresgang verbundene Abfolge von Phasen der Aktivität und des Ruhebedürfnisses, sowie den zugehörigen (durch regelmäßig sich wiederholende Schwankungen der Umwelt verursachten) Abwandlungen in der Leistung, im Befinden etc. Die Tagesperiodik wird auch als diurnaler Rhythmus [lat. *diurnus* täglich] bzw. circadianer Rhythmus [lat. *circa* und *dies* um den Tag herum] bezeichnet.

Aktpsychologie, allgemein jede Deutung des Seelischen als nur der »inneren Wahrnehmung« zugängig und als verlaufend in Akten, d. h. in funktionsabhängigen, zeitlich begrenzten und qualitativ bestimmten Teilvorgängen. • Bez. für eine von Franz BRENTANO ausgehende und von dessen Schüler Carl STUMPF vertretene ps. Richtung. Das Gerichtetsein (die →Intention) auf etwas hin ist grundlegendes und wichtigstes Merkmal der ps.Prozesse. Die A. wird daher auch als Intentionalismus bezeichnet. Beziehungen bestehen zur Phänomenologie (→Phänomen), sowie zur →geisteswissenschaftl. Ps. Die Annahmen der A. sind gegensätzlich zu denen des →Empirismus und des →Sensualismus. →Akt

Aktualangst ⟨FREUD⟩, erlebnis- oder triebbedingter und momentan auftretender Angstanfall (Zustand von Angst). →Aktualneurose

Aktualgenese, auf SANDER zurückgehender Begr. der →Gestaltpsychologie für das Entstehen einer Gestaltwahrnehmung aus komplexhaft-ganzheitlichen Vorgestalten. Allgemeiner auch der Prozeß vom ersten, diffusen Eindruck bis zum vollausgegliederten Erlebnis. Die aus pathologischen Gründen unvollständig bleibende A. bei Hirngeschädigten beachteten GELB und GOLDSTEIN. Zur besonderen Bedeutung der A. bei der Besinnung hat WITTE eingehende Untersuchungen durchgeführt. Ⓛ Bericht zum Internat. Psycholog. Kongreß, Bonn 1960, SANDER, WITTE

aktualgenetische Methode, die stufenweise Darbietung von Figuren im Sinne der →Aktualgenese. Es wird festgestellt, wann der Proband die Figur, die ihm zuerst in diffusen »Vorgestalten« und von Stufe zu Stufe deutlicher geboten wird, erkennt.

aktualisieren, vergegenwärtigen von Erinnerungen, seelischen Inhalten, auch von Bereitschaften emotionaler oder affektiver Natur. Ⓛ DUNCKER, SELZ, WERTHEIMER

Aktualität der Gefühle ⟨KÜLPE⟩, Bez. für die kennzeichnende Eigenart der Gefühle, daß sie nicht durch Erinnerung reproduziert werden können, ohne selbst wieder anzuklingen und aktuell zu werden. →Gefühl. Ⓛ KÜLPE

Aktualitätstheorie, in der Philosophie die Lehre von der Veränderlichkeit, vom Werdenscharakter des Seins. • In der Ps. die Auffassung, daß die Wirklichkeit der Seele in der seelischen Aktivität, dem seelischen Geschehen liegt. Die Seele existiert nicht unabhängig von den seelischen Vorgängen. Ggs. ist die →Substantialitätstheorie. Der →Voluntarismus von WUNDT ist z. B. aktualistisch.

Aktualneurosen, Bez. von FREUD für diejenige Gruppe von Neurosen, deren Symptome Ausdruck einer aktuellen Affekterregung sind. Die Genese der Symptome besteht also in einer unmittelbaren Auswirkung des aktuellen auslösenden Affektreizes (Schreckneurose, Angstneurose, Neurasthenie). Die A. wurden von FREUD den Abwehrpsychoneurosen bzw. Psychoneurosen gegenübergestellt.

aktuarisch [zu lat. *actuarius* Schreiber, der Verhandlungen schnell nachschreibt, Gerichtsschreiber], zur Wahrscheinlichkeitsstatistik gehörend. →Probabilismus • Aktuar = Versicherungs-, Wirtschaftsmathematiker

aktuarische Psychologie, svw. probabilistische Ps., in der nur Wahrscheinlichkeits-Aussagen gemacht werden. →Wahrscheinlichkeit

aktuelles Ich, psa. Bez. für das zwischen Trieb-Ich und Über-Ich der Außenwelt gegenüberstehende Ich

Aktverbindung, im Ggs. zur assoziativen (mechanischen) die sinnvolle Verbindung von Erlebnis- und Bew.akten. →Aktpsychologie

Akuität [zu lat. *acutus* spitz, scharf], rascher, akuter Verlauf, z. B. eines Prozesses (Krankheit). Ggs.: Chronizität

Akumeter [gr. *akúein* hören], Gerät zur Bestimmung der Hörschärfe. Ein kleiner Hammer schlägt aus gleichbleibender Höhe auf eine Unterlage. Die Hörschärfe wird aus der Entfernung bestimmt, aus der der Hammer noch gehört wird. Vgl. Audiometer, Sonometer

Akupunktur, wird in China seit 5000 Jahren zur Therapie verschiedener Erkrankungen (u. a. Arthritis, gastrointestinale Störungen) angewendet, seit 1959 auch bei der intraoperativen Schmerzbekämpfung. Zur Akupunktur-Analgesie werden spezifische Körperpunkte durch Nadeln manuell oder elektrisch gereizt. Nach ca. 20 min. tritt die Analgesie ein. Ps. Faktoren verstärken den analgetischen Effekt: hohe positive Erwartungen, Vorbereitung und Information, Suggestionen. Der Akupunktureffekt wird meist durch Lokal-Anaesthesie und Sedativa verstärkt. Vermutlich spielen die Endorphine eine Rolle bei der Schmerzunterdrükkung. Ⓛ POMERANZ 1978, LARBIG 1980, CHAVES et al. 1976 *La-G*

Akusma [gr. *akousma* das Gehörte], Bez. der ps. Phonetik für die Vorstellung (sinnl. Erfassung) des gehörten Lautes. • Auch Hörhalluzination.

Akusmatagnosie, Unfähigkeit, Klänge zu erkennen, infolge Hirnschädigung bei erhaltener Funktionstüchtigkeit des Hörapparates

Akustik, Lehre vom Schall mit den Teilbereichen physikalische Schallquellen und -dimensionen (physikalische A.), Schallerzeugung und -aufnahme durch den Organismus (physiol. A.), ps. Schallbewertung und -verarbeitung (Psychoakustik, Ton- oder Gehörps).

Physikalische Dimensionen der auf das Ohr einwirkenden bedeutungshaltigen Schallereignisse (→Signale) und der akustischen Störungen (→Lärm, →Rauschen) sind insbesondere die Intensität (Maßeinheit: →Phon) und die Frequenz (Maßeinheit: →Hertz). Ihnen entsprechen komplexe physiol. Erregungsmuster, die in Wechselwirkung mit anderen Funktionen (Gedächtnis, Antrieb usw.) der auditiven Wahrnehmung stehen. Psychol. und physiol. bedingte situations- und individuumspezifische Unterschiede in der gehörseitigen Aufnahmeleistung werden durch akust. Verf. (→Audiometrie) erfaßt. Weil Schall der physikalische Träger lautsprachlicher Information ist, enthält das Bedingungsgefüge von →Sprachproduktion und →Sprachrezeption wesentliche akust. Komponenten (z. B. →Formanten). Ⓛ STEVENS 1938 *Z-N*

Akustiker, akustischer Typ →Typologie (Vorstellungstypen)

Akustomotoriker →Typologie (Vorstellungstypen)

Akzeleration [zu lat. *accelerare* beschleunigen], Beschleunigung. In der Neurologie der beschleunigende Einfluß bestimmter Nerven, z. B. der des *nervus accelerans* auf die Herzfunktion. • Entwicklungsbeschleunigung, das frühere Eintreten der körperlichen (auch der sexuellen) Reifung im Vergleich zu früheren Generationen oder bei Mädchen gegenüber Jungen oder bei Großstadtkindern im Vergleich zu Landkindern oder auch bei einzelnen Individuen im Vergleich zur Norm. Das Phänomen wird auf veränderte Umwelteinflüsse (Ernährung, Sport, sog. Freiluftkultur, Reizüberflutung, u. ä.) zurückgeführt. In einzelnen Fällen kommt es zu abnormen Frühleistungen auf geistigem Gebiet (»Wunderkinder«). →Frühreife. Ggs. →Retardation

Akzeleration, intraverbale, die in einer Zunahme der Silbenzahl pro Zeiteinheit meßbare Beschleunigung des →Sprechtempos innerhalb längerer Wörter. Auffälligstes Symptom beim →Poltern (→Tachylalie). Hingegen bleibt bei der →Tachyphemie i. S. SEEMANS (1969) das Sprechtempo gleichmäßig. *G-N*

Akzentuierung, Überbetonung, Hervorhebung eines Gedankens, einer Sache. • (linguistisch) →Prosodie.

Akzeptierung, Akzeptanz, Annahme →Ablehnung, soziale

AL (1) *absolute limen,* Absolutschwelle →Reizschwelle. (2) *adaptation-level* →Anpassungsniveau. (3) *aspiration-level* →Anspruchsniveau

Alalie [gr. *lalein* sprechen], Unvermögen, artikulierte Laute hervorzubringen, verursacht durch Defekte äußerer Sprechwerkzeuge (Lippen, Mundhöhle, Zunge usw.) oder durch Störungen ihrer leitenden Nervenbahnen. • idiopathische A. [gr. *idios* eigen, *páthos* Leiden] →Hörstummheit. • mentale (relative) A., Sprechscheu und damit scheinbares Stummwerden von Kindern, bes. Stotterern nach mißglückten Sprechversuchen.

Albedo [lat. *albus* weiß], Bez. für den Reflexionsgrad des Lichts bezogen auf das unter gleichen Beleuchtungsbedingungen stehende Normalweiß (MgO), dem die Albedo 100 zugeordnet ist. A. ist der Anteil des Lichts, der nicht absorbiert wird. Ⓛ RICHTER

Albinismus, angeborener Pigmentmangel bei Haut, Haaren und Augen

Aldosteron, →Hormone, →Kortikoide

alertness [engl.] (allg.), Wachsamkeit, Wachheit, Flinkheit, Munterkeit, Aufgeschlossensein. • faktorenanalytisch (CATTELL) ermittelter Faktor der Wachsamkeit vs. Unaufmerksamkeit gegenüber Umweltreizen. Dieser Faktor ist unabhängig von der Leistungsdimension der Aufmerksamkeit, er steht aber in enger Beziehung zur →Extraversion-Introversion.

Alexie, Wortblindheit, Verlust der Lesefähigkeit durch (kortikale) Hirnverletzungen oder -erkrankungen; je nach Lokalisation und Ausdehnung der Verletzung in Verbindung mit →Aphasien, mit Störungen der Raumlageerfassung und →Akalkulie (GERSTMANN-Syndrom) und/oder mit →Agraphie (LURIA 1970, BROWN 1975, HECAEN u. ALBERT 1978, DIMOND 1980). Graduelle Unterschiede werden gelegentlich mit der Bez. Dyslexie angedeutet. Sonst ist →Dyslexia die heute übliche engl. Bez. für die angeborenen Formen der *reading disability,* →Lese-Rechtschreib-Schwäche. *G-N*

Alexithymie, [gr. *a...*, *lexis* Sprechen, *thymos* Gemüt, Gefühl], Unvermögen, Gefühle angemessen wahrnehmen und beschreiben zu können. A. wird besonders von einer frz. Schule als wichtiger Faktor für die Entwicklung psychosomat. Störungen betrachtet. Ⓛ FREYBERGER 1977 *R-S*

Algesie [gr. *álgos* Schmerz], Schmerzempfindlichkeit →Schmerz

Algesimeter, Algometer, Gerät zur Prüfung der Schmerzempfindlichkeit durch Auslösen eines bestimmten (dosierten) Schmerzreizes (mechanisch, thermisch, elektrisch). Ⓛ PAULI-ARNOLD

alghedonisch [gr. *algos* Schmerz, *hedoné* Lust], svw. Lust-Unlust-Bezogensein →Gefühlstheorie (WUNDT)

Algie, Schmerzempfindung, meist in Zusammensetzungen (z. B. Neuralgie)

ALGOL, Algorithmic **L**anguage. Programmiersprache für Rechenautomaten. Sie ist vorwiegend für wissenschaftliche Probleme, die sich numerisch fassen lassen, geeignet. Wegen ihrer Formalisierung wird sie bevorzugt zur Beschreibung von →Algorithmen verwendet. Ⓛ BAUMANN, MCCRACKEN, NICKEL

Algolagnie →Sexualität (Tabelle)

Algometer →Algesimeter

Algopareunie →Dyspareunie

Algophobie [gr. *phobos* Furcht, krankhafte Angst], Schmerzangst. →Phobie

Algorithmentheorie, Theorie der maschinellen Realisierung von →Algorithmen (deren Konstruktion, Programmierung etc.). Die Anwendungsmöglichkeiten der A. mit entsprechenden elektronisch-kybernetischen Maschinen (→Lehrmaschinen, lehrende Automaten) sind heute groß, insbes. gehören dazu auch organische und ps. Prozesse. Ⓛ KLAUS

algorithmische Diagnostik, Bez. von LANGE (1971) für das computerunterstützte Auffinden von Diagnosen. Die Computerunterstützung umfaßt dabei hauptsächlich den Vergleich von Befundlisten, die Befundgewichtung und die Wahrscheinlichkeitsaussagen. →Computerdiagnostik *Hä-R*

Algorithmus [*algo* abgeleitet aus dem verzerrten Namen eines arabischen Mathematikers, *rithmus* in Anlehnung an gr. *rithmos* Zahl], allg. formuliertes, eindeutiges Verfahren zur Lösung von Aufgaben der gleichen Art. • Vorschrift (Beschreibung) für ein System von Ausführungs- und Prüfoperationen, um in bestimmter Reihenfolge und bei Aufgaben gegebenen Typs Lösungen zu erreichen (HACKER, 1973). →heuristische Regeln

Alice-im-Wunderland-Syndrom →Depersonalisationssyndrom

Alienation [lat. *alienare* entfremden], Bez. für das Fremd-(Fremdartig-)Werden von Personen, Dingen, Situationen. Auch seltene Bez. für Psychose. • →Entfremdung

Alienationskoeffizient (k), Maß für das Fehlen einer statistischen Beziehung (→Korrelationskoeffizient) zwischen 2 oder mehreren Variablen. Der A. wird aus dem Korrelationskoeffizienten r berechnet: $k = \sqrt{1-r^2}$. Aus der Bedeutung von r als einem Maß für die gemeinsame Varianz beider Variablen (→Determinationskoeffizient) geht hervor, daß bei $r = 0.50$ der A. nicht etwa ebenso groß ist, sondern einen wesentlich höheren Wert erreicht. Erst bei $r = 0.7071$ ist k ebenfalls 0.7071. • In der Testtheorie ist A. Maß für den Anteil der Standardabweichung der Schätzfehler an der Gesamtstreuung des Kriteriums. *Hä-R*

Alkohol(in)toleranz, allgemein gilt: nach einem ersten Stadium mit 0,5–1,5‰ Blutalkoholkonzentration setzt in einem zweiten Stadium von etwa 1–2‰ Schlaf ein, der zwischen 2 und 3‰ in eine Narkose übergeht. Über 3‰ setzt Lähmung ein, die bei 4–5‰ mit der Lähmung des Atemzentrums tödlich endet. • Die individuelle Toleranz ist abhängig von konstitutionellen Faktoren; sie wird beeinflußt durch Schäden, Erkrankungen, Pharmaka, aber auch Ermüdung, Erregung, Alkoholkonzentration und Füllzustand des Magens. Frühe Stadien des Alkoholismus: Toleranzsteigerung, späte: T.-senkung. *A-S*

Alkoholismus, Alkoholiker, syn. chron. Alkoholmißbrauch, Alkoholsucht, Trunksucht u. a. m. Ursachen und Folgen dieser seit 1968 in der BRD als Krankheit anerkannten Komplexerkrankung sind im körperlichen, seelischen, sozialen und wirtschaftlichen Bereich zu suchen: nach der Definition der WHO sind Alkoholiker exzessive Trinker, deren Abhängigkeit vom Alkohol einen solchen Grad erreicht hat, daß sie deutliche seelische Störungen, gesundheitliche Schäden, eine Beeinträchtigung der mitmenschlichen Beziehungen sowie sozialer und wirtschaftlicher Funktionen aufweisen bzw. daß Vorläufer solcher Erscheinungen zu beobachten sind.

Die WHO unterscheidet zwischen gewohnheitsmäßigem exzessivem (nichtsüchtigem) Alkoholmißbrauch und süchtigem Alkoholismus. Letzterem, der sich nach dem Vorliegen eines Kontrollverlustes (Unfähigkeit mit dem Trinken aufzuhören, wenn man einmal begonnen hat) oder einer Unfähigkeit zur Abstinenz (Gamma- bzw. Delta-Alkoholismus nach JELLINEK) bestimmt, kommt Krankheitswert zu. Nichtsüchtiger Alkoholismus wird heute mit dem Begriff des Problemtrinkens (d. h. daß das Trinken Probleme schafft) belegt. – Als Ursachen des A. können, je nach Erscheinungsbild in unterschiedlichem Maße beteiligt, gelten: Heredität im Sinne einer unspezifischen Vulnerabilität, individuell oder kulturell bedingt; frühkindliche Prägung einer ichschwachen und für Formen psychischer Fehlanpassung anfälligen Persönlichkeit; Lernen von Trinkmustern durch innere und soziale Verstärker in der früheren und späteren Jugend; die sozialen Reaktionen gegenüber dem beginnenden Alkoholismus, die den sich autonomisierenden Krankheitsprozeß, das Süchtigwerden unterstützen. – Die Gefährlichkeit des Alkoholismus liegt darin, daß die herrschenden Trinksitten die beginnende Süchtigkeit verschleiern und unentdeckt bleiben lassen, bis ein relativ spätes Stadium des Prozesses erreicht ist. Die Häufigkeit des A. wird in den meisten industrialisierten Ländern auf 1–2% der Bevölkerung geschätzt; dabei nimmt der Anteil an Frauen und Jugendlichen in den letzten Jahren rapide zu. Die Gründe für die steigenden Alkoholismusziffern sind noch nicht erforscht; die Lebensbedingungen der industrialisierten Gesellschaft dürften eine wesentliche Rolle spielen. Ⓛ JELLINEK 1960, FEUERLEIN 1975, ANTONS 1976 *A-S*

Alkoholpsychosen, neben den internistischen und neurologischen (Fettleber, Leberzirrhose, Pankreatitis, Gastritis, Ulcus, Polyneuropathie u. a.) Spätschäden nach jahrelangem chronischem Alkoholmißbrauch die psychiatrischen Komplikationen. Man unterscheidet (1) Delirium tremens (Alkoholdelir, Säuferwahnsinn), (2) Alkoholhalluzinose (akustische Halluzinationen), (3) KORSAKOFF-Syndrom (Merkfähigkeitsschwäche, Desorientiertheit, Konfabulationen), (4) Alkoholparanoia (Eifersuchtswahn), (5) Alkoholische Demenz. – Die Alkoholepilepsie ist ein Auftreten epileptischer Phänomene im Zusammenhang mit chronischem Alkoholmißbrauch. Ⓛ SOLMS 1960 *A-S*

Ⓔ **all…, allo…** [gr.] in Wtvb. anders, verschieden, fremd, gegensätzlich

Allachästhesie [gr. *allaché* anderswo, *aisthésis* Gefühl], die Lokalisation eines Reizes an einer anderen als der gereizten Körperstelle →Allocheirie

Allbeseelung →Panpsychismus

Allegorie, Sinnbild, Gleichnis, Umschreibung eines Sachverhaltes, »Vertretungssymbol«, →Symbol

Alleinkind, Einzelkind, vielfach sollen mit diesem Begr. nicht so sehr die Vereinzelung des Kindes und die fehlenden Geschwister hervorgehoben werden, als vielmehr die Möglichkeiten der ps. Schädigung im Kontakt und im Antrieb. Ⓛ HERMANN

Allele [gr. *allelon* gegenseitig], bei →diploiden Organismen ein Genpaar, das an derselben Stelle auf dem homologen Chromosomenpaar lokalisiert ist und dessen Partner eine verschiedene Ausprägung desselben Merkmals bewirken. Dabei können dominant-rezessive und intermediäre Erbgänge auftreten (→Genetik). Wenn mehr als zwei verschiedene Gene am selben Genort vorkommen, spricht man von multipler Allelie (z. B. Blutgruppen). *Sch-S*

allelomimetisches Verhalten, *allelomimetic behavior,* von J. P. SCOTT (1950) verwendeter Ausdruck für die »Handlungsangleichung« (TEMBROCK 1961 199) zwischen

Tieren; eine Form der →Nachahmung bei Tieren, syn. mit *»sympathetic induction«*. →Verhaltenssysteme *B-S*

Allergie [gr. *állos* ein anderer, *érgon* Werk, Ding], veränderte Reaktionsfähigkeit, speziell Überempfindlichkeit gegenüber körperfremden Stoffen (Allergenen), nach vorausgegangener →Sensibilisierung. Die hierdurch ausgelösten Erkrankungen (Allergosen), wie Heufieber, Asthma, sind auch psychogen mitbestimmt. Vgl. Idiosynkrasie. Ⓛ DOERR, SCHWÖBEL

Alles-oder-Nichts-Gesetz, das erstmals 1871 von H. P. BOWDITCH am Herzmuskel beobachtete und 1912 von ADRIAN aufgestellte Gesetz (besser Regel), das besagt, daß jedes Neuron auf einen Reiz entweder überhaupt nicht (bei unterschwelligen Reizen) oder aber mit der vollen ihm eigenen Impulsgröße reagiert. Verstärkt man den Reiz, bleibt die Impulsgröße gleich, aber es folgen sich mehr Impulse pro Zeiteinheit. M. a. W. ist die Amplitude einer Erregungswelle von der Reizgröße unabhängig, nicht aber die Frequenz. • In der →Lerntheorie von GUTHRIE besagt das Gesetz, daß bei kontingentem Auftreten von Reiz und Response entweder die Assoziation zwischen beiden in voller Stärke gebildet wird oder gar nicht. Kontinuierliche Zunahme von Lernerfolgen wird nicht als Zunahme von Assoziationsstärken erklärt, sondern als Vermehrung der einzelnen Assoziationen der Response mit Stimuli aus der Reizstichprobe. Ggs.: inkrementelles Lernen.

Allgemeine Persönlichkeitspsychologie, ein Teil der Allg. Psychologie, in dem die allgemeinen Gesetze für die Erklärung der individuellen Organisation (Persönlichkeitsstruktur) und des individuellen Verhaltens gesucht werden. Methoden, Bildung der Konstrukte und Vorstellungen über den Aufbau der Person sind ihre Themen. Vielen Verhaltenstheoretikern genügen dagegen die Fragestellungen der Allg. Psychologie, weil fast alles Verhalten und die sog. Persönlichkeitszüge aus nichts anderem als allgemein ps. zu erklärenden Lernergebnissen resultiere. *B-S*

Allgemeine Psychologie, der wichtigste Forschungsbereich der Ps. mit dem Ziel, Theorien des Verhaltens von Organismen einer bestimmten Organisationshöhe und seiner Voraussetzungen (auch der Bewußtseinserscheinungen) zu entwickeln. A. Ps. ist Grundwissenschaft der →Angewandten Ps. und z. T. identisch mit der Experimentellen Ps. Als →Gesetzeswissenschaft (nomothetische W.) gibt es die A. Ps. vorläufig nur in Teilgebieten und Ansätzen: Psychophysik, Wahrnehmungs-, Denk-, Lern-, Motivations-, Handlungs-, Physiologische P., Allg. Persönlichkeitsps. und Allg. Sozialps. Die Allg. Entwicklungsps. wird oft nur zur A. Ps. *(general psychology)* hinzugerechnet, obwohl sie den genetischen Aspekt der Allg. Persönlichkeitsps. enthält. Einerseits ist A. Ps. also eine Sammlung spezifischer Informationsbruchstücke, andererseits besteht sie aus mehreren von den Einzelheiten abstrahierten vereinfachten und organisierten, zusammenhängenden begrifflichen Strukturen, wissenschaftlichen Modellen oder Partialtheorien (DEMBER u. JENKINS 1970).

In den ältesten ps. Aussagen von Philosophen findet man allgemeinps. und individualps. Themen (Geist und Materie, Leib und Seele, Seelenteile, Charaktere). Die Weiterentwicklung der philosophischen Ansätze zur empirischen Wissenschaft (FECHNER, v. HELMHOLTZ, WUNDT) ist eine Entwicklung zur A. Ps., ohne daß die Vorläufer den Ausdruck gebraucht hätten. So erschienen z. B. 1833 und 1849 je ein »Lehrbuch der Ps. als Naturwissenschaft« (F. E. BENEKE, Th. WAITZ) noch ganz ohne die Bez. A. Ps. Erst W. STERN hat die A. Ps. den Sondergebieten der Ps. wie Psychophysik, Differentielle Ps., Entwicklungsps. usw. gegenübergestellt. In seinem Vorwort zu »Allgemeine Psychologie auf personalistischer Grundlage«, das er 1934 geschrieben hat, sagt er, daß es bisher lauter Psychologien (Elementenps. und Gestaltps., verstehende und erklärende Ps., Tiefenps., Bewußtseinsps., Verhaltensps. usw.) gegeben habe, aber nicht die A. Ps. Eine von allen Psychologen anerkannte Definition der A. Ps. gibt es auch heute nicht. Vertreter der Humanistischen Ps. halten die exakten Methoden der an Partialtheorien arbeitenden exp. Psychologen für unangemessen. Von ihnen wird Ps. definiert als die Wissenschaft vom Erleben und von der erlebenden Person, nicht dagegen als die Wissenschaft vom meßbaren Verhalten und seinen meßbaren Voraussetzungen, was eher eine Definition der gesamtwissenschaftlich orientierten Forscher ist. Traditionell werden innerhalb der A. Ps. auch übergreifende Themen behandelt, wie Methoden der Messung und Versuchsplanung (Methodenlehre), Geschichte der Ps. und philosophisch-anthropologische Probleme (Leib-Seele-Problem), Fragen der Quantifizierung von Psychischem, wissenschaftstheoretische Begründungen der ps. Forschung und Probleme der Übernahme von Modellen aus anderen Wissenschaften, z. B. aus der Nachrichtentheorie (Informationstheorie) und der Biologie (Kybernetik).

Wenn A. Ps. als Geisteswissenschaft verstanden wird, ist ihre Aufgabe auf diese Randprobleme und auf die Diskussion »idiographischer« (personologischer) Begriffe für die Beschreibung des Individuellen beschränkt. Aber wenn auch in der Theorie der personologischen A. Ps. das Bewußtsein und Verhalten aus der »zentralen Idee« eines Gesamtsystems (einer Einzelpersönlichkeit) verstanden werden, könnte es allgemeine Gesetze geben, die das Individuelle erklären (K. LEWIN). Wenn diese Gesetze in Formeln aufgeschrieben wären, brauchten in ihnen nur entsprechende Konstanten für das Individuelle enthalten zu sein.

Der gegenwärtige Stand der A. Ps. ist einerseits durch viele Teilinformationen über Verhaltensbruchstücke unter eng umschriebenen Bedingungen gekennzeichnet und andererseits durch Ansätze zu Teiltheorien (des Lernens, der Motivation, der kognitiven Prozesse, der Entscheidungen, des Sprechens, des Handelns, des sozialen Interagierens etc.). Außerdem stehen Forschungen zur Erklärung kurzfristiger Prozesse neben Bemühungen um das Verständnis der über lange Zeit – bis lebenslänglich – nachweisbaren Konstanten des Verhaltens (→Dispositionsvariablen). Besonders intensive Forschungsansätze gibt es zur Zeit in der Physiologischen Ps. des Lernens und der Motivation, in der Grundlagenforschung für die Verhaltenstherapie und in der Entwicklung kybernetischer Modelle des Handelns, des Lernens, des Wahrnehmens, des Kognizierens im weitesten Sinne. Die historischen Schulen haben zu existieren aufgehört, viele ihrer Annahmen, Begriffe und Erkenntnisse werden in den neuen Ansätzen verwendet und umformuliert (z. B. statt des »Feldes«: »Multidimensionale Wechselwirkung«). Die Bemühung um exakte Formulierung bedient sich gelegentlich des Mittels der Computer-Simulierung.

Der wichtigste Trend neben der Einbeziehung der Neurophysiologie ist die Vermehrung der Probleme, die eine theoretische Behandlung mit quantitativen Methoden erfahren. Die Weiterentwicklung der A. Ps. zur abstrakten Darstellung wird durch Unverständnis und ideologische Kritik behindert, weil die Umsetzung in Probleme der Angewandten Ps. Schwierigkeiten macht. Praktische Psychologen orientieren sich z. Z. noch oft an subjektiven Überzeugungen, seltener an →falsifizierbaren exakten Theorien.

Die A. Ps. – wie jede Wissenschaft – bietet unterschiedliche »Landkarten« ihres Forschungsgebietes für verschiedene Genauigkeits- und inhaltliche Orientierungsansprüche (DEMBER u. JENKINS) mit verschieden vielen Details und unter Berücksichtigung verschiedener Inhalte. Jährliche Übersichten über die A.-Ps.-Forschung findet man u. a. in »Annual Review of Psychology«. Ⓛ (histor. EBBINGHAUS, FRÖBES, LINDWORSKY, HENNING, STERN), Handb. d. Ps. I, 1+2, II, KLING u. RIGGS 1971², THOMAE u. FEGER 1969 *B-S*

allgemeiner Faktor, ein aus der →Faktorenanalyse gewonnener Faktor, der alle Variablen substantiell lädt, d. h. deren Korrelationen mit dem Faktor sich wesentlich von 0 unterscheiden. ● →g-Faktor *Hä-R*

Allgemeine Semantik →Semantik, allgemeine

Allgemeingefühl, Totalgefühl, Gemeingefühl (s. d.)

Allgemeingegebenheit, Bez. nach J. v. ALLESCH für endogene Faktoren in der Wahrnehmung. Begriffe, die auf ähnliche innere Kräfte hinweisen, sind z. B. die Tendenz zur charakteristischen Gestalt (FUCHS), zur guten Gestalt (KÖHLER), zur prägnanten Gestalt (WERTHEIMER) oder auch die Richtungskonstanten (SANDER), die dauernden Einstellungen (MARBE). Ⓛ ALLESCH, TIPPELT

Allgemeinvorstellung, ein umstrittener Begr., da mit ihm zugleich die Frage gestellt ist, ob Allgemeines als Vorstellungsinhalt gegeben sein kann. Im 19. Jhd. wurde diese Frage ausgiebig erörtert. BAIN, BENEKE, HERBART, HÖFFDING beteiligten sich, nachdem von BERKELEY, HUME u. a. das Problem vorbehandelt worden war. Im Ergebnis ist der Begr. A. abgelehnt worden. Auch heute gilt dies, da als Grundlage allen Sich-Vorstellens nur die anschauliche Einzelvorstellung in Betracht kommt. Doch als Vorstufe bei der Begriffsbildung (dabei unvollkommen und unbestimmt) wird die A. begrenzt bejaht.

allocation [engl.], Allokation, Einordnung, Verteilung. →Aufteilungsgerechtigkeit

Allocheirie [gr. *cheír* Hand], Verlagerung der Empfindung eines Reizes in das entsprechende Glied der anderen Körperseite, z. B. in die linke statt in die gereizte rechte Hand, bei →Tabes dorsalis, →multipler Sklerose, →Hysterie

allochthone Dynamik, syn. extrinsische Motivation, →autochthone Dynamik

Allolalie, Fehlsprechen Geisteskranker

Allomnesie, Gedächtnisstörung, insbes. die Umwertung, Veränderung, Verfälschung von Gedächtnisinhalten. Der Begr. soll nicht das illusionäre Hinzufügen als vielmehr das Abändern (z. B. durch Verdrängung) belegen.

Allomorphe sind →Morpheme gleicher →Bedeutung, aber unterschiedlicher phonematischer Realisation; so ist z. B. das englische Pluralmorphem »s« in *»cats«* und *»boys«* einmal als stimmloses und bei *boys* als stimmhaftes *»s«* realisiert. Welches von mehreren A. im konkreten Fall gewählt wird, wird durch den vorangehenden Kontext bestimmt. Analog den A. werden →Allophone, nicht signifikante Lautvariationen einer Sprache, unterschieden (→Phonetik, →Phonologie). *E-P*

Allophasie, svw. Sprechverwirrung (auch die deliriöse). →Inkohärenz

Allophone. Derselbe Sprachlaut (→Phon) wird selbst von derselben Person nicht immer gleich ausgesprochen (→Laut). Er hat einen gewissen Streubereich, bis die Grenze zum nächsten →Phonem erreicht wird. Die verschiedenen Realisationen eines abstrakten Sprachlauts innerhalb seines Streubereichs heißen A. eines Phonems. Diese Klasse von Lauten wird zu Phonemvarianten und zu Phonemen zusammengefaßt: Die A. können in soziale, kombinatorische (durch Nachbarlaute bedingte), dialektale, stilistische usw. Varianten gruppiert werden. *K-N*

Alloplastie, alloplastisch, eine Bez. von FREUD für diejenige Form der (mißglückten) Realitätsverarbeitung, bei der die »Eigenwelt« zerschlagen und durch »Objektivierung der Libido« die Anpassung an die Umwelt vollzogen wird. A. bedeutet auch Überanpassung an die Umwelt. Ggs. →Autoplastie, autoplastisch.

Allopsyche ⟨WERNICKE 1881⟩, das Insgesamt aller Bew.inhalte, die die Umwelt betreffen i. Ggs. zum Bew. vom Ich (Autopsyche) und zur Bewußtheit des eigenen Körpers (Somatopsyche).

Allopsychosen ⟨WERNICKE 1881⟩, Psychosen mit gestörter Orientierung über die Außenwelt im Ggs. zu den →Autopsychosen mit Verfälschung der Vorstellungen über die eigene Person.

Allotriogeusie [gr. *allótrios* fremd, *geúsis* Geschmack], →Halluzination bzw. Täuschung des Geschmackssinnes

Allotriophagie [gr. *phageín* essen], Genuß ungewöhnlicher, als Nahrung ungeeigneter Stoffe, z. B. Erde (→Geophagie).

Alltagstheorie →naive Verhaltenstheorie, →implizite Persönlichkeitstheorie, →Populärps.

Alogie, Unfähigkeit zu sprachlicher Verständigung (Sprechunvermögen), weil keine ausreichend logischen Sätze gebildet werden können. Urs.: Intelligenzmangel, psychot. Störung, mot. →Aphasie

Alp, syn. Alptraum, Alpdrücken, Angstgefühle beim Schlaf, die einem Unwesen (Alp = Elfe) zugeschrieben werden, das auf dem Schläfer hockt und die Brust zusammenpreßt. Incubus ist die Vorstellung eines männlichen Dämons, der mit Frauen, Succubus die eines weiblichen Dämons, der mit Männern geschlechtlich umgeht.

Alpha-Bewegung →Scheinbewegung

Alpha-Fehler →Fehler erster Art.

alphanumerisch, nach DIN 44300 »sich auf einen Zeichenvorrat beziehend, der aus den Dezimalziffern und den Buchstaben des gewöhnlichen Alphabets besteht«

Alpharhythmus →Elektrodiagnostik

Alpha-Test Ⓣ YERKES

Alphawellen →Elektrodiagnostik

alpine Rasse, eine der europäischen (und darüber hinaus verbreiteten) Hauptrassen. Vgl. Rasse

Alter, das hohe Alter, Gerontologie, →Psychologie des Alterns.

Alter (Testps.), die testps. Bedeutung des A. ist früh erkannt worden. Vor allem das durch BINET zu breiter Beachtung gekommene Intelligenzalter *(âge mental, mental age)* belegt dies. Mit der Ausweitung der Testforschung und -anwendung wurde 1926/27 der Begr. →Entwicklungsalter von K. PENNING in Deutschland und P. H. FURFEY in USA *(developmental age)* eingeführt. Alsbald setzte eine differenzierte Testforschung ein, womit neue, aber auch alte Begr. neu aufkamen: Lernalter, Sprachalter, Sprechalter, Lesealter, Zeichnenalter, Maturationsalter, emotionales Alter, motorisches Alter, Wahrnehmungsalter, Sozialalter, *age of responsibility* u. a. m. Auch für die Testmethodik wurden Begr. geprägt wie Schlüsselalter (bestimmte Altersstufen bei GESELL). Altersnorm (Normalter) ist die für eine Altersstufe kennzeichnende Leistung. ● (entwicklungsps.) →Ps. des Alterns

Alteration, alterieren [lat. von *álter* der andere], Veränderung, besonders zum

Schlimmeren, und i. w. S. Erregung, Gemütsaufregung

alter ego [lat.], das andere, zweite Ich. Auch Doppelgänger. Bei FREUD das →Es, bei JUNG die →Anima (Animus)

Alternativantwort, wird bei der gebundenen Aufgabenbeantwortung eines Tests (→Antworttyp) die Form der Mehrfach-Wahl-Aufgabe oder z. B. bei der Einschätzung verschiedener Grade von Persönlichkeitsausprägungen verschiedene Stufen-Antworten vorgegeben, so gibt es eine Antwort, welche als die zutreffendste gelten kann. Die übrigen angebotenen Antw. werden als A. bezeichnet. *Hä-R*

Alternativhypothese [abgk. H_1], die Hypothese, die der →Nullhypothese gegenübergestellt wird und z. B. besagt, daß zwischen zwei Maßzahlen eine reale Differenz besteht.

Alternativmerkmal, ein qualitatives Merkmal, das in zwei miteinander unvereinbaren Ausprägungsarten (Klassen) vorkommt. Z. B.: männlich – weiblich. *Mi-A*

Alternativmethode ⟨LIPMANN⟩, das Verfahren der Einteilung von Daten (Testergebnissen, Meßwerten u. dgl.) in zwei Gruppen, also unter Verzicht auf feinere, gradweise Einstufung, z. B. nach den Gesichtspunkten: über- oder unterdurchschnittlich, gut – schlecht, groß – klein, vorhanden – nicht vorhanden.

Alternativ-Tests, Bez. für diejenigen Tests, die für die Aufgabenerledigung eine Entscheidung nach entweder-oder, ja-nein usw. verlangen. • A.-T. auch Bez. für →Paralleltest.

alternder Mensch →Entwicklungsphasen

alternierend, abwechselnd, z. B. alternierende Psychosen mit regelmäßigem Wechsel zwischen Besserung und Verschlimmerung.

Alternsforschung →Psychologie des Alterns

Altersblödsinn →Demenz

Altersperioden →Entwicklungsphasen

Alterspsychologie →Psychologie des Alterns

Altruismus [lat. *alter* der andere], im Ggs. zum →Egoismus stehende Rücksichtnahme auf andere. Selbstlosigkeit in Denken, Fühlen und Handeln. In den meisten ps. Systemen, die Selbsterhaltung als zentrales Motiv allen Verhaltens annehmen, ist A. im Sinne der Definition unmöglich. Die sozialps. exp. Forschung hat dagegen zu zeigen versucht, daß →»helfendes Verhalten« keineswegs immer auf unmittelbar triebabhängige Belohnung zurückgeführt werden kann. Kognitivistische und mediationstheoretische Erklärungsversuche verweisen auf die Wirksamkeit von Normen und verschiedenen sozialen und nicht-sozialen Situationsvariablen (→Rezipientenvariablen und Persönlichkeitsvariablen). Neben dem »Teilen« *(sharing)* von Gewinnen und dem Spenden hat das Problem des nicht-helfenden Zuschauerverhaltens *(bystander-behavior)* exp. Bearbeitung erfahren (LATANÉ u. DARLEY). →prosoziales Verhalten Ⓛ MACAULAY u. BERKOWITZ 1970, BERKOWITZ 1972, KAUFMANN 1972, BAR-TAL 1976 *B-S*

ALZHEIMER-Krankheit →Demenz

*

ALZHEIMER, Alois / 1864–1915 / Psychiater / Frankfurt, Heidelberg, München, Breslau

Ⓔ **am…, amb…, ambi…** [lat.] in Wtvb. um, herum, beidseitig

Amalgamierung, Amalgamation, eine Störung der normalen Vorstellungsbildung und des Sprachverlaufs, Verbindung nicht zusammengehöriger Teile zu sinnlosen Scheinbegriffen. Vorkommen bei gesunden Menschen im Traum, im Wachzustand z. B. bei Schizophrenen. • In der Chemie die Verbindung eines Elements mit Quecksilber.

Amaurose [gr. *amaurós* dunkel], vollständige Erblindung

amaurotische Idiotie →Idiotie, amaurotische

ambiäqual Ⓣ RORSCHACH

ambidexter [lat. *déxter* rechts], mit beiden Händen gleich geschickt. Ggs. Rechts- bzw. Linkshändigkeit.

ambiente Umwelt, solche Umweltanteile, die nicht oder nicht gut lokalisierbar erscheinen, sondern den Organismus eher diffus-ganzheitlich umgeben, wie Umgebungstemperatur, Lärm, Gerüche u. ä. m. (BELL, FISHER, LOOMIS 1978). Als »Ambiente« wird das Atmosphärische eines Ortes, einer Stadt, was Gefühle, Stimmungen, assoziative Anklänge weckt, bezeichnet (ITTELSON, PROSHANSKY et al. 1974). *K-I*

Ambiguität [lat. *ambiguitas* Doppelsinn], Mehrdeutigkeit

Ambiguitätstoleranz, Vieldeutigkeit und Unsicherheit zur Kenntnis nehmen und ertragen können. Die A. ist Dimension der Einstellungsmessung und Persönlichkeitsvariable (FRENKEL-BRUNSWIK 1949). • Soziologisch ist A. (nach KRAPPMANN 1971) ein notwendiges Sozialisierungsergebnis in einer Gesellschaft mit versch. Wertgeltungen und Bedürfnissen. • Kognitiv ist A. ein Denkmuster *(patterns of thought),* die das

Differenzierungsniveau der Reduktionsschemata bestimmt. • Der Zusammenhang von A. mit anderen Konzepten wurde untersucht: Kooperation (PILISUK 1965), widerspruchsfreie Anteile des Selbstkonzepts (NEUBAUER 1976). →Toleranz *R-S*

Ambitendenz svw. →Ambivalenz

ambivalentes Verhalten, auch »Pendeln« genannt, Intentionsbewegungen zweier Tendenzen, die zu einer einzigen Verhaltensweise kombiniert werden. A. AMBROSE (1963) deutet das →Lachen als a. V., das aus gleichzeitig erweckten Tendenzen der Zu- und Abwendung entsteht. So kann leichter Kitzelreiz beim Baby Zuwendung, starkes Kitzeln Abwendung und ein mittelstarker Reiz Lachen hervorrufen. →Konfliktverhalten. *P-S*

Ambivalenz, Doppelgerichtetheit. • Affektive A. ⟨BLEULER⟩, gleichzeitiges Bestehen entgegengesetzter Gefühle (Abneigung – Zuneigung) und Willensrichtungen in bezug auf denselben Gegenstand, z.B. Trieb zum sexuellen Erlebnis und gleichzeitig Scham oder Ekel. Auch Merkmal bei Schizophrenie.

Ambivalenzkonflikt, bei LEWIN Bez. für einen Appetenz-Aversions-Konflikt (→Annäherungskonflikt)

Amblyopie [gr. *amblys* stumpf, *ops* Gesicht], Schwachsichtigkeit, die nicht ausgeglichen werden kann.

Amelarthrie →Amelie

Amelie [gr. *a.... melos* Glied], von Th. ZIEHEN eingeführte Bez. für falsches (mangelhaftes) Sprechen. Die A. in der Artikulation heißt Amelarthrie, in der Silben- und Wortkoordination Amelophasie. Vgl. Aphasie, Allolalie. • Auch das angeborene Fehlen von Extremitäten wird als A. bezeichnet.

Amelophasie →Amelie

Amenomanie →Amoenomanie

Amentia, [lat.], Amenz, ein mehrdeutiger Begr., der noch in der Renaissance jederart seelische Störung bedeutete. • Ausgehend von der Wiener Schule MEYNERT (1890), wurde A. zum Inbegriff des Irreseins schlechthin; heute nur noch wenig gebräuchlich. • Im engl. Sprachgebrauch hat A. die Bedeutung von →Oligophrenie.

AMESsche Räume, auch AMESsche Zimmer genannte verzerrte *(distorted)* Räume mit geneigtem Boden, versch. trapezförmigen Fenstern und – infolge versch. langer Seitenwände – schrägstehender Hinterwand. Da solcher Raum unter best. Umständen für normal gebaut gehalten wird, erscheinen – wegen der Überlagerung widersprechender Informationen – zwei Gesichter in den versch. entfernten Fenstern der Hinterwand deutlich unterschiedlich groß. Die A.R. und das rotierende trapezförmige Fenster werden zu den AMES-Demonstrationen benutzt, mit denen die transaktionalistische Wahrnehmungstheorie (Transaktionalismus) illustriert wird. Sie besagt, daß im Prinzip jedes Reizmuster durch eine unendliche Vielzahl von →distalen Objekten bedingt sein kann, während die Wahrnehmung in lebenslangen Lernprozessen durch Umgang mit den Dingen meist auf wenige Muster festgelegt sei. Wahrnehmen ist von der Aktion abhängig. Ⓛ KILPATRICK 1961, DEMBER 1966², GRAUMANN 1966, 1056–1061 *B-S*

*

AMES, Adelbert Jr. / 1880–1955 / amerik. Ophthalmologe / Princeton Univ.

Ametropie, Fehlsichtigkeit, fehlerhafter Brechungszustand des Auges. →Myopie, →Hypermetropie, →Astigmatismus

Amimie [gr. *mimema* Nachahmung], Unfähigkeit zu Mimik oder Gestik trotz erhaltener Funktionstüchtigkeit der Sinne und der Motorik. Folge von Hirnschädigung (u.a. →PARKINSON). Sonderformen sind:

ataktische A., Fehlen jeder Mimik;

motorische A., Unfähigkeit, durch Gestik etwas auszudrücken;

sensorische A., Unfähigkeit, die Gestensprache anderer zu verstehen.

Aminosäuren, Bauelemente der →Proteine

Ammensprache, im Engl. *baby-talk.* Als »Regression im Dienste des Kindes« (LORENZER) kann die mütterliche Sprach- und Sprechweise gegenüber ihrem kleinen Kind bezeichnet werden (Mutter i.S. von primärer Bezugsperson). Die A. stellt ein vereinfachtes Register mit universellem Charakter dar, dessen Hauptmerkmale sind (FERGUSON 1977): Erhöhte Tonlage (sog. Ammenton), Übertreibung der Intonationskontur, überdehnte Morpheme, Morphemvereinfachungen, Silben-Reduplikationen, einfache und kurze Sätze, kindsgemäße Bezeichnungen (z.B. Wau-wau), Gebrauch von Diminutiven, Teilphrasen- und Wortwiederholungen. *G-M*

Amnesie [gr. *mnesis* Gedächtnis], Sammelbez. für teilweisen oder gänzlichen, zeitlich begrenzten oder dauernden Gedächtnisverlust als Folge der Beeinträchtigung der

Aufnahmefähigkeit oder infolge von Hemmungsvorgängen bei der Reproduktion (Hirnschädigung). Sonderformen der A. sind:

anterograde A., Gedächtnisverlust bei einem schädigenden Ereignis mit Bew.verlust für eine Zeitspanne nach dem Ereignis;

retrograde A., gleiches für eine Zeitspanne vor dem Ereignis;

congrade A., gleiches für die Dauer des Ereignisses;

auditorische A., syn. akustische Agnosie;

autohypnotische A., von JUNG eingeführte Bez. für Vergessen durch Verdrängen;

epochale A., Gedächtnisverlust für bestimmte Zeitabschnitte;

graphokinetische A., Gedächtnisverlust für Schreibbewegungen, →Agraphie;

hysterische A., →katathyme A.;

infantile A., das Vergessen der Ereignisse der ersten Lebensjahre aus funktioneller Unfähigkeit des Kleinkindes zur Erinnerungsregistrierung. Nach FREUD Folge der Verdrängung der infantilen Sexualität mit Ausbreitung auf alle Ereignisse.

katathyme A., Gedächtnisverlust als Folge unbewußter (innerps.) Vorgänge. Das weite Feld der →Verdrängung. Weitgehend syn. mit psychogener u. hysterischer A.;

kindliche A., →infantile A.;

kongrade A., →congrade A.;

lakunäre A., auf umgrenzte Ereignisse beschränkter Gedächtnisverlust;

logophonische A., Gedächtnisverlust für Worte (Worttaubheit). Vgl. amnestische Aphasie;

logosemantische A., Gedächtnisverlust für graphische Zeichen (Schriftblindheit);

mimokinetische A., Gedächtnisverlust für Mimik u. Gestik. Vgl. Amimie;

partielle A., unvollständiger, begrenzter Gedächtnisverlust;

periodische A., nach RIBOT die Abfolge von zwei Gedächtnissen, die sich gegenseitig auslöschen (»doppeltes Bewußtsein«);

phonokinetische A., Erinnerungsverlust für die zur Lautbildung erforderliche Motorik;

posthypnotische A., Gedächtnisverlust für das Geschehen in der Hypnose;

posttraumatische A., Gedächtnisverlust nach einem Trauma (Hirnerschütterung bzw. Commotio, Hirnprellung bzw. Contusio, Hirnquetschung bzw. Compressio);

progressive A., der allmählich und kontinuierlich sich steigernde Gedächtnisverlust (z. B. bei seniler Demenz und bei Paralyse). →RIBOTsches Gesetz;

psychogene A., →katathyme A.;

totale A., bis zur restlosen Gedächtnisaufhebung fortschreitender Verlust;

transitorisch-globale A., vorübergehender, dabei vollständiger Verlust;

verbale A., syn. amnestische Aphasie;

visuelle A., syn. optische Agnosie;

zeitliche A., von GRUHLE eingeführte Bez. für den zeitlich begrenzten, dabei vollständigen Verlust.

amnestisches Syndrom →KORSAKOW-Syndrom

amodal, Ausdruck von MICHOTTE (1951) für Wahrnehmungsformen, denen keine Sinnesreizung zugrunde liegt, wie z. B. der →Tunneleffekt.

Amoenomanie [lat. *amóenus* lieblich], krankhafte heitere Stimmungslage bei Psychosen

Amok, Eingeborenenwort für die auf den malaiischen Inseln vorkommende plötzlich einsetzende Bew.störung mit Mordtrieb. Die Befallenen laufen meist bewaffnet umher und töten sinnlos. Als Ursache werden →Epilepsie, Malaria oder →Katatonie angenommen.

amorpher Typus →Typologie (Primär-Sekundär-Funktionstypen)

Amphetamine, Pharmaka, die zur Gruppe der →Stimulantien gehören. A. führen zu →Sucht. →Psychopharmaka *J-E*

Ⓔ **amphi...** [gr.] in Wtvb. beid-, doppel-, um herum, ringsum

Amphimixis [gr. *mixis* Mischung], Vereinigung der väterlichen und mütterlichen Erbanlagen beim Befruchtungsvorgang.

Ampliation [lat. *ampliare* vermehren, verschieben i. ü. S. die Ursache], Bez. von E. MICHOTTE. Unter best. Voraussetzungen nimmt der Mensch ein kausales Aufeinanderfolgen auch dann wahr, wenn dieses fehlt. Zur A. gehört nach MICHOTTE eine A.struktur. →Kausalitätswahrnehmung, →Kausalität, phänomenale

Amplifikation [lat. *amplificáre* erweitern, mehren], Bez. von JUNG für die – im Ggs. zum analytischen Vorgehen von FREUD stehende – Methode der Erweiterung. Z. B. durch freies Assoziierenlassen oder durch freies Ausdeutenlassen von Trauminhalten.

Amplitude [lat. *amplitudo* Weite], Schwingungsweite bzw. bei einer Schwingung die größte Entfernung von der Ruhelage.

AMP-System, Dokumentationssystem, welches auf dem Gebiet der →Psychopathologie international vereinbarte einheitliche Definitionen anstrebt.

Das System dient der internationalen Vereinheitlichung der psychiatrischen Diagnostik und Forschung. Es baut auf der traditionellen Psychopathologie auf: Allgemeine Anamnese, Krankheitsanamnese und psychischer Befund. Dieser umfaßt die Kategorien Bewußtseinsstörung, Orientierungsstörung, Aufmerksamkeits- und Gedächtnisstörung, überwertige Ideen, Zwänge, Phobien, Wahn, Sinnestäuschung, Ich- und Persönlichkeitsstörungen, Verstimmungen, Gefühlsstörungen, psychomotorische Störungen, Störungen des Trieb- und Sozialverhaltens. Weitere Erhebungsabschnitte befassen sich mit dem somatischen Befund, der Medikation und der Gesamtbeurteilung der Therapie. Um die einheitliche Zuordnung der Symptome zu den Krankheitsbildern zu erreichen, werden bei den einzelnen Störungen jeweils die Symptome beschrieben. Das AMP-System ist über →Markierungsbelege für die maschinelle Datenverarbeitung aufbereitet. Ⓛ Arbeitsgemeinschaft für Methodik und Dokumentation in der Psychiatrie 1972 *Hä-R*

Amputationstäuschung [lat. *amputáre* ringsum beschneiden], Fehlempfindungen von Amputierten, →Phantomglied

Amulett [arab.], ein Gegenstand, der am Körper getragen wird und als Schutz gegen Unglück, Zauberei, Feinde, Dämonen, Krankheit dienen soll. →Fetisch

Amusie [gr.], Unfähigkeit, trotz erhaltener Funktionstüchtigkeit der Sinnesorgane Melodien zu erkennen *(sensorische A.)* bzw. zu singen oder auf einem Instrument zu spielen *(motorische A.)*. Zur sensorischen A. kann das Unvermögen gezählt werden, trotz erhaltenem Sehvermögen Noten zu verstehen. A. geht häufig mit sensorischer oder motorischer →Aphasie einher.

Ⓔ **an..., ana...** [gr.] in Wtvb. auf, hinauf, wieder, gemäß, entsprechend

AN, Abk. für →Anspruchsniveau

Anábasis [gr. das Aufsteigen], das für das Erleben des Mystikers beglückende Gef. des Emporschreitens.

anabol [gr.], zum Aufbau, Aufbaustoffwechsel gehörig. Anabolika, den Stoffwechsel fördernde Drogen (Steroide)

Anabolismus →Metabolismus

Anachorese →Ich-Anachorese

anagog, anagogisch [gr.], (allg.) hinaufführend zum Geistigen. • Bez. JUNGS für das Unbewußte, soweit es zugleich moralische, geistige und allegorische (d.h. bewußte) Züge trägt.

anagogische Deutung, nach H. SILBERER (1914) die Deutungsweise der Symbolbildung, die (da das Symbol die Ausrichtung auf Ideale besitzt) im Gegs. steht zur analytischen Deutung

anagogische Methode, die psychotherapeut. Behandlung (Gesprächsführung), bei der nach JUNG mehr die erhebenden, erfreulichen Aspekte in den Schwierigkeiten des Patienten analytisch angegangen werden als die belastenden, wie bei FREUD

Anagramm [gr. *anagramma* entsprechend Geschriebenes], Buchstabenversetzrätsel. Durch Umstellen von Buchstaben wird aus einem Wort ein anderes (Basel – Salbe), werden Pseudonyme gebildet oder Wortspiele geschaffen. • In der Intelligenzdiagnostik und Denkps. wird als Anagramm-Methode die Aufgabe bezeichnet, in Buchstabenfolgen Regelmäßigkeiten zu entdekken (analog den →Zahlenreihen) oder aus einer zufällig angeordneten Buchstabenreihe ein oder mehrere Wörter zu bilden. Bei der Regelentdeckung in Symbolfolgen gibt es manchmal unter mehreren Lösungen eine optimale. Mit der A.-Methode soll u.a. →Wortflüssigkeit und →divergentes Denken untersucht werden. *B-S*

anaklitisch [gr. anlehnen], durch Anlehnen abhängig. Nach FREUD ist z.B. das Kleinkind a. beim Drängen zur Mutterbrust als Objekt seines Selbsterhaltungs- wie seines Sexualtriebes.

anaklitische Depression, Bez. von R. SPITZ für die Zustandswandlung bei einem Kind, das über die ersten sechs Lebensmonate eine normale Beziehung zur Mutter hat und dann von dieser getrennt wird. Das Kind zeigt Züge der Erwachsenendepression. Vgl. Hospitalismus

Anakoluthie [gr.], das Auslassen oder Umstellen von Wörtern oder Silben oder auch die Stilwidrigkeit bei der Satzbildung. A. tritt auf bei der Alltagssprache, im. bes. ist sie ein Symptom ps. Anomalie.

Analcharakter, Bez. für ein Bündel von Persönlichkeitseigenschaften, die nach FREUD und bes. nach ABRAHAM als eine der Folgen der →Regression auf die →analsadistische Phase – anstelle spezieller neurotischer Symptome – entstehen können. Als →Abwehrmechanismen sollen Personen mit analem Charakter Rationalisierung, Reaktionsbildung, Isolation und Skotomisierung bevorzugen. Zu den von FREUD weiter genannten Eigenschaften Ordnungsliebe (bis zur Pedanterie), Geiz und Eigensinn kommen Pünktlichkeit, Sauberkeit, Genauigkeit und sonstige zwangsartige Verhaltenseigenschaften hinzu. • KIENER (1978, 1220) zitiert Untersuchungsergebnisse, die besagen, daß die betr. Verhaltensweisen zwar korrelieren können, die psa. Theorie ihrer Entstehung aber nicht haltbar sei. *B-S*

anale Phase →analsadistische Phase

Analeptika [gr. *analeptikos* erfrischend, wiederbelebend], anregende Stoffe →Psychopharmaka

analer Charakter →Analcharakter

Analerotik [lat. *anus* After], bei FREUD und dessen →Libidotheorie bedeutet A. Fixierung auf die →analsadistische Phase und deren Auswirkungen. • (sexualps.) →Sexualität (Tabelle)

Analgesie [gr. *an* ... *algesis* Schmerz], Schmerzunempfindlichkeit ohne Beeinträchtigung der übrigen Sinnesempfindungen im Gefolge von →Anästhesie (Drogen, Akupunktur etc.) oder als Krankheitssymptom

Analgesiemeter, Gerät für die Bestimmung der Schmerzempfindlichkeit (Schwelle, Intensität). Analgetika können damit in ihrer Wirksamkeit beurteilt werden.

Analgetika, schmerzlindernde (-beseitigende) psychotrope Mittel. Als zentrale A. werden solche Stoffe bezeichnet, die ihren Einfluß über schmerzverarbeitende Strukturen des Gehirns (Thalamus insb.) entfalten (Beispielstoffe: Morphin und Verwandte). Periphere A. sind Stoffe, die die Entstehung und Leitung von Schmerz beeinflussen (Beispielstoffe: Acetyl-Salicylsäure = Aspirin). Zentrale A. führen zur Drogenabhängigkeit. →Psychopharmaka *J-E*

analog, Kennzeichnung einer grundlegenden Form, Information für die Verarbeitung, Übertragung oder Speicherung zu codieren; Alternative zu →digital. Bei a. Codierung wird der Wert einer quantitativen (meist auch kontinuierlichen) Variablen (z. B. elektrisches Hirnpotential im →EEG) durch die in der Regel proportionale Ausprägung einer stetigen physikalischen Variablen (z. B. Spannung oder Strom in einer elektrischen Schaltung, Zeigerausschlag eines Meßinstrumentes, Auslenkung der Schreibfeder eines →Polygraphen aus der Nullinie, Intensität der Magnetisierung einer Bandstelle) wiedergegeben. *G-R*

Analog-Digital-Wandler, A/D-Wandler, Umkehrung des →Digital-Analog-Wandlers, also Codierer, der dem →analog repräsentierten Wert einer quantitativen Variablen einen äquivalenten →digitalen Wert zuordnet. In der exp. Ps. werden A. überall da angewandt, wo Analogsignale (z. B. elektrische oder elektrisch gemessene physiol. Variablen) digital weiterverarbeitet werden, meist im →Digitalrechner. Technisch als Einschub in Digitalrechner- oder Versuchssteuersysteme ausgeführt. Der A. ist nicht durch ein einfaches physikalisches Prinzip wie der D/A-Wandler elektronisch realisierbar. Oft wird er zusammengesetzt aus einem D/A-Wandler und einer Regelung, die die Ausgangsspannung des D/A-Wandlers dem Wert des zu digitalisierenden Signals angleicht. Die dazu notwendige Einstellung der digitalen Seite ist dann das gesuchte Äquivalent zum gegebenen Analogsignal. *G-R*

analoge Kommunikation werden von WATZLAWICK u. a. (1967) – unter Bezugnahme auf eine in der Computertechnologie geläufige Unterscheidung – solche Darstellungs- bzw. →Kommunikationsweisen genannt, bei denen zwischen den zu kommunizierenden Inhalten und den Ausdrucksformen Ähnlichkeiten bestehen (→Symbol, →Zeichen; Gegenbegriff: →digitale Kommunikation). Sie entsprechen weitgehend der sog. →nichtverbalen Kommunikation. →Verstehen soll hierbei auf generell gültigen, phylogenetisch früheren Kommunikationssystemen basieren (→Tiersprache)

Im menschlichen Sozialkontakt werden (nach WATZLAWICK u. a.) gedankliche Inhalte digital kommuniziert, während die aktuelle Beziehung der Kommunizierenden vermittels a. K. definiert wird. Da der Mensch beide Kommunikationsweisen einsetzen und sie sogar gleichzeitig verwenden kann, vermag er auch gleichzeitig einander widersprechende Botschaften zu übermitteln, was dem Empfänger ein konfliktfreies Reagieren erschweren oder unmöglich machen kann, →*double bind hypothesis.* *K-I*

Analogie [gr. *analogos* der Vernunft gemäß], ursprünglich aus der pythagoräischen Math. stammender Begr., der philosophisch von PLATO bis KANT eine vielseitige Entwicklung um die Bedeutungen: Annäherung, Gleichheit, Erklärung durch Vergleich, Proportion, Proportionalität u. ä. durchlaufen hat. • (ps.) svw. →Ähnlichkeit, wobei jedoch strukturelle und funktionale A. zu trennen sind.

Analogiebildung, Bilden einer sprachlichen Angleichform. • Sprachps. Bez. für Fehlformen (z. B. in der Sprache des Kindes, das Amaus statt Ameise sagt).

Analogiemethode, ⟨MEUMANN⟩, Verf., um das sog. logische Denken (zumal beim Kinde) festzustellen. Als Aufgabe müssen best. Beziehungen erkannt werden (z. B. Auge verhält sich zu Sehen wie Ohr zu?).

Analogieschluß, das Schließen vom eigenen auf fremdes Erleben. Ebenso das Schließen von einzelnen Persönlichkeitsvariablen einer Person auf die gleichen Variablen bei ähnlichen Personen. In der Ausdruckskunde die These, daß fremdseelische Ausdruckserscheinungen nur in Analogie zu eigenen Ausdruckserscheinungen erfaßbar sind. →Ausdruckstheorien

Analogie-Test Ⓣ STERN, WYATT, YERKES

Analogiezauber, eine magische Praxis, durch die Ähnliches durch Ähnliches, d. h. durch symbolische Handlungen, erreicht werden soll. →Magie *B-S*

Analogon das einem anderen in best. Hinsicht Ähnliche, Vergleichbare (z. B. ist die Sorge des Tieres für das Junge ein A. zur menschlichen Mutterliebe).

Analogrechner, elektronische Rechenanlage, in der die miteinander zu verknüpfenden Variablen und Konstanten →analog codiert sind. Der A. hat durch die techn. Entwicklung der 70er Jahre zugunsten des universeller verwendbaren →Digitalrechners stark an Bedeutung verloren. *G-R*

Analogstudie, Untersuchung bei der die kontrollierte →Variable und (oder) die →Stichprobe von dem Bereich abweicht, über den etwas ausgesagt wird: Beispiele: Unters. an Tieren mit →Drogen, die für den Menschen vorgesehen sind. Erprobung von psth. Methoden an »gesunden« Vpn. Generalisierbarkeit bzw. →Reduktionismus sind bei der A. eine offene Frage. *R-S*

analsadistische Phase, Bez. von FREUD für die sich etwa über das zweite und dritte Lebensjahr erstreckende Phase der seelischen Entwicklung des Kindes, die geprägt wird durch die Tatsache der besonderen erogenen Reizbarkeit der Afterregion und die dadurch bedingte Lustempfindung bei den Ausscheidungsvorgängen.

Die a. Ph. schließt sich an die →orale Phase an und wird durch die →genitale Phase abgelöst. Durch die während der a. Ph. einsetzende Reinlichkeitserziehung wird die a. Ph. in eine frühe und in eine späte Phase geteilt. Die erste ist durch eine Lust an der Ausstoßung der eigenen Exkremente gekennzeichnet, die zweite durch die mit der Beherrschung der Ausscheidungsfunktionen gewonnene Möglichkeit der Zurückhaltung der Exkremente. Der ersten entspricht in ps. Hinsicht lustbetonte Abstoßung und Vernichtung, der zweiten dagegen der lustbetonte Widerstand gegenüber den Forderungen der Umgebung und die Zurückhaltung. Durch Fixierung auf einer der beiden Phasen können die dort vorherrschenden Haltungen den späteren Charakter prägen. →Analcharakter, →oraler Charakter

Analysand ⟨PFISTER⟩, psa. die Person, die psychologisch analysiert wird, sich einer psychoanalytischen Behandlung unterzieht.

Analysator, das Informationsverarbeitungssystem in Sinnesorgan (→Rezeptor) und Großhirnrinde. →Informationsverarbeitung

Analyse, Zerlegung, insbes. in die Elemente oder Einzelteile, beispielsweise in der Persönlichkeits-A. das Herauslösen der die Persönlichkeit bestimmenden Einzelzüge. A. ist das notwendige methodische Vorgehen zur Erkenntnisgewinnung, um in Zusammenhänge einzudringen, die als einheitliche Erscheinung auftreten. Ggs. zur A. die →Synthese. Als Hilfsmittel dient für die A. in den empirischen Wissenschaften das Experiment. In der Bedingungs-A. werden die Voraussetzungen aufgesucht, unter denen das fragliche Ereignis zustande kommt. Die Funktions-A. hat die Aufgabe, die einzelnen Funktionen und ihre gegenseitige Abhängigkeit aufzuspüren, was im günstigen Fall das Auffinden der →Struktur und die Einsicht in den Gesamtzusammenhang ermöglicht. • Eine bes. Aufwertung und Richtung erhielt der Begr. A. durch die von FREUD begründete →Psychoanalyse. Und auch JUNG nannte sein System →Analytische Psychologie.

Analytiker-Rolle →Therapeut-Patient-Beziehung

Analyse durch Synthese, *analysis by synthesis,* von einem Verfahren beim Programmieren von Rechenautomaten abgeleiteter Prozeß zur Erklärung der aktiven verbalen Speicherung, des gerichteten Denkens, der Wahrnehmung von Rhythmen und Sätzen, des schnellen Lesens und des selektiven Hörens: es werde »innere Sprache« produziert und man versuche, sie – oder Teile von ihr – mit der eingehenden Information – oder Teilen von ihr – zur Deckung zu bringen. →präattentiver Prozeß Ⓛ NEISSER 1974 *B-S*

Analysenzwang, krankhafte Neigung zur Beobachtung und Zergliederung der eigenen Erlebnisse, wodurch ein natürliches, unbefangenes Erleben unmöglich wird.

analytische Auffassung, die »Denkrichtung«, die das Herauslösen einzelner Teilgebilde aus einem größeren Zusammenhang von ähnlichen Teilgebilden ermöglicht.

analytische Psychologie, Bez. für jede Ps., die sich der Analyse als Methode bedient und nach naturwissenschaftl.-analytischem Vorbild durch »Zergliedern«, d. h. Teiluntersuchung und Suchen nach Elementen und Teilstrukturen vorgeht.

Analytische Psychologie, Bez. für die Ps. C. G. JUNGS, auch »Komplexe Psychologie« (T. WOLFF) genannt. JUNG ist Empiriker und geht vom erfahrbar Psychischen aus. Psyche ist die Gesamtheit aller bewußten und unbewußten Regungen. Die Psyche zerfällt in Bewußtes und Unbewußtes.

(1) Struktur: Das Ich macht das Zentrum des Bewußtseinsfeldes aus, wobei die Persona als Hülle des Ich dieses nach außen hin vertritt und einen Kompromiß zwischen Individuum und Sozietät bildet. Das Bewußtsein ist die Funktion, welche die Beziehung ps. Inhalte zum Ich unterhält. Es ist strukturiert nach 2 Einstellungstypen: extra- und introvertiert, und nach 4 Funktionstypen: Denken, Fühlen, Empfinden und Intuieren. Die eine Einstellung und 2 Funktionen stehen in der Regel dem Bew. zur Verfügung; die 2. Einstellung und die 2 anderen Funktionen verhalten sich dazu kompensatorisch und sind unbewußt. Das Unbewußte zerfällt in ein persönliches Unbewußtes (Vergessenes, Verdrängtes, unterschwellig Wahrgenommenes, Abgesunkenes) und in ein kollektives Unbewußtes, das der Mutterboden allen Bewußtseins ist. Das kollektive Unbewußte enthält ererbte Möglichkeiten des ps. Funktionierens überhaupt (→Archetyp). Dieses Erbgut ist allgemein menschlich und bildet die Grundlage alles individuell Psychischen.

(2) Dynamik: Das in Strukturen eingeteilte ps. System wird lebendig durch die Libido = allgemeine ps. Energie. Die Psyche ist ein in sich geschlossenes System und gleichzeitig ein System mit Selbstregulierung. Intensitätsdifferenzen werden ausgeglichen. Aus dem Bewußtsein abgezogene Energie ist im Unbewußten und umgekehrt (Kompensation). Beim gesunden Individuum ist die Libido progressiv, d.h., sie paßt sich den ständig wechselnden Umweltbedingungen an. Im Falle einer Neurose wird die Libido regressiv. Progression und Regression sind Formen der Energieumsetzung nach außen (Umwelt) oder innen (archetypische Bilder). Als Energietransformator wirkt das →Symbol.

(3) Prozeß: Da die Psyche sich selbst reguliert, treten für alle exzessiven Vorgänge sofort und zwangsläufig Kompensationen ein. Gibt es im menschlichen Leben einen Konflikt, für den die bisherige Anpassung nicht mehr ausreicht, so wird ein Teil des Konfliktes verdrängt, sinkt ins Unbewußte, bildet einen →Komplex und saugt ps. Energie an. Diese Energie fehlt dem Bewußtsein. Es entsteht eine Neurose. Ein der Notlage entsprechender →Archetyp wird kompensatorisch im Unbewußten konstelliert. Er ist stark energetisch besetzt und zieht dadurch das Bewußtsein an. Der Libidofluß wendet sich regressiv den bisher unbewußten Bildern zu, belebt diese archetyp. Bilder und vermag sie mit Hilfe der Assimilation dem Bewußtsein anzugliedern und diesem damit wieder Energie zuzuführen. Das Individuum kann sich mit der so gewonnenen Neuorientierung wieder progressiv der Außenwelt zuwenden. →Tiefenps. Ⓛ JACOBI 1959, JUNG 1954, 1964, 1967, WOLFF 1959 *P-R*

Analytischer Intelligenz-Test Ⓣ MEILI

analytischer Typus →Typologie (Denktypen)

analytische Situation, in der Psa. die sich aus der affektiven Beziehung zwischen Analytiker und Patient ergebende Situation, in der spezifische Faktoren wirksam sind wie →Übertragung, →Widerstand.

Anamnese [gr. *anamnesis* Erinnerung], (allg.) Vorgeschichte eines Tatbestandes, insbes. einer Erkrankung, einer Störung. • (philosoph.) Wiedererinnerung an Ideen, von denen die »Seele« im Zustand ihrer Präexistenz erfahren haben soll. PLATO führte alle Erkenntnis auf A. zurück. • (ps.-diagnost.) Darstellung der Vorgeschichte einschl. Beschreibung der aktuellen Situation und das Sammeln, Systematisieren sowie diagnostische Verarbeiten der Informationen. Diese von SCHMIDT und KESSLER (1976) vorgeschlagene Definition bringt eine wesentliche Erweiterung des A.begriffs.

Nach SCHRAML (1975) kann man zwischen somatischer A., welche die Vorgeschichte betrifft und die biologische Entwicklung sowie die der Familie mit einschließt, biographischer A. und sozioökonomischer A. unterscheiden. Da die anamnestischen Daten Bestandteil des diagnost. Prozesses sind und im ps., medizinischen wie psychiatrischen Bereich Wesentliches zur diagnost. Urteilsfindung beitragen, muß die A. im Hinblick auf die Testgütekriterien wie ein Test behandelt werden. *Hä-R*

Ananda, Glückseligkeit, Zustand höchster Wonne, eines der Wesensattribute des Brahman. • Name des Lieblingsschülers BUDDHAS. *S-G*

Anankasmus, Anankast [gr. *ananke* Zwang, Notwendigkeit], zwanghaft, skrupulös, pedantisch, Krankheitsfurcht, in der Neurosenlehre Bezeichnung für Zwangsneurose und Zwangsneurotiker. →Zwangsneurose.

anankastischer Reaktionstyp →Typologie (Reaktionstypen)

anankotrop svw. zur Zwangsneurose neigend

Anaphrodisie →Sexualität (Tabelle)

Anarthrie, der schwerste Ausprägungsgrad der →Dysarthrie, bei dem nur unverständliches Lallen oder Grunzen hervorgebracht werden kann:

Bei Erwachsenen mit Erkrankungen des extrapyramidalen Systems oder der Hirnnervenkerngebiete in der *medulla oblongata;* bei Kindern auch nach frühkindlicher Hirnschädigung mit zerebraler Kinderlähmung. Wenn keine tiefe →Oligophrenie hinzukommt (→*mutitas oligophrenica*), wird durch eine A. zwar die Sprachentwicklung erheblich gestört und verzögert, aber die Sprachbenutzung ebensowenig verhindert wie bei angeborener Gehörlosigkeit (LENNEBERG 1972). Sprachdiagnostisch muß die A. unterschieden werden von der motorischen →Hörstummheit. Ⓛ BAUER 1973, BÖHME 1973, FOURCIN 1975, SEEMAN 1969 *G-N*

Anästhesie, Unempfindlichkeit, Empfindungslosigkeit. Physiologisch unterscheidet man nach Art und Ort der Beschädigung sensibler Nervenbahnen: örtliche (lokale), allgemeine (totale), periphere, Leitungs- und zentrale A. Bei partieller A. sind nur einzelne Empf.arten aufgehoben. Bei künstlich herbeigeführter A. unterscheidet man allg. A. (Narkose) und Lokalanästhesien. • (psych.) Die Bez. A. wird für das Fehlen bestimmter Funktionen oder Verhaltensformen herangezogen, z. B. taktile A. (Störung der Berührungswahrnehmung), sexuelle A., psychische A. (Gefühl des Totseins). →Hypästhesie, →Hyperästhesie

Anästhetiker, anästhetischer Typus →Typologie

Anastole, apathische, die von C. v. MONAKOW auch als Diaschisis bezeichnete Funktionshemmung beim Ausbleiben von Erregungen (sofern im Gehirn verursacht, dann auch als Folge fehlender oder zerstörter Verbindungen der Zentren). Ⓛ MONAKOW

ANCOVA, Abk. für *analysis of covariance.* →Kovarianzanalyse

Andragogik [gr. Menschenführung], eine Sammelbez. für Erwachsenenbildung

Ⓔ **andro . . .** [gr.] in Wtvb. Mann-, männlich

Androgene, männliche Sexualhormone, Hormone, die die männlichen Geschlechtsmerkmale fördern: Testosteron und Androsteron (u. a.). Bildungsorte in den →Keimdrüsen und in der →Nebennierenrinde. • Blockierung der Sexualität mit Verminderung bzw. Aufhebung von Libido und Potenz bewirken die sog. Antiandrogene (z. B. Cyprosteronacetat)

Androglottie →Stimmstörung

Androgynie →Sexualität (Tabelle)

Andromanie →Sexualität (Tabelle)

Andropause →Sexualität (Tabelle)

Aneignung, nach LEONTJEW ein »Grundmechanismus« der ps. Entwicklung des Menschen. →Assimilation bei PIAGET.

Anencephalie, Mißgeburt mit rudimentärem Schädel und Gehirn

An(en)ergie, Energielosigkeit bei →Psychosen und →Neurosen, bes. →Melancholie, bei bisweilen beobachtbarer Unterdrückung der noch vorhandenen Willensimpulse. Fehlende körperliche Widerstandskraft. →Abulie

Anerosie →Sexualität (Tabelle)

Anerythropsie [gr. *erythrós* rot], Rotblindheit, →Farbenblindheit

Anfall, *attack, seizure,* ein plötzlich und unerwartet (selbst bei vorhersehbarer Wiederholung) eintretender, meist kurzdauernder, den normalen Zustand unterbrechender Ablauf. – Der Begr. A. wird überwiegend krankheitsbezogen (krankheitssymptomatisch) verwendet, wenn auch Bez. wie A. von Freude, Güte, Selbstlosigkeit gängig sind. Bedeutsame A.arten sind: corticale, epileptische, hypoglykämische, motorische, paralytische, respiratorische, tetanische, psychogene A., sowie A. als Abstinenzfolge, nach Vergiftung, bei Kreislaufschäden. Der Begr. A. tritt in engster Wortbedeutung bei Anfalleiden (→Epilepsie) hervor.

Anfall-Phase-Periode, das Leben wird unterbrochen »durch Phasen veränderten Seelenlebens«. »Sind solche Phasen kurz (Minuten bis Stunden), so sprechen wir von Anfällen, kehren sie mit regelmäßigen, zeitlichen Intervallen in gleicher Form wieder, so sprechen wir von Perioden« (Abgrenzung nach JASPERS).

angeboren, *innate,* von Geburt an bestehend (bes. bei Anlagen, Eigenschaften). Nicht svw. ererbt, da auch äußere Einwirkungen bei der Embryonalentwicklung das Angeborensein bewirken können.

angeborener auslösender Mechanismus (AAM), von v. UEXKÜLL und LORENZ als »angeborenes auslösendes Schema« eingeführter und von TINBERGEN als AAM bez. Begr. →Auslösemechanismus *P-S*

Angefangene Sätze vollenden Ⓣ ZIEHEN

Angelpunkt →Pivot-Grammatik

Angemutetsein, -werden, Audruck für die Beteiligung der intimen Sphäre unserer Innerlichkeit an den Akten des Wahrnehmens, Vorstellens und Denkens. Ⓛ LERSCH

Angetroffenes, im Ggs. zum →Vergegenwärtigten das leibhaft Begegnende, das Sichtbare, Tastbare, Riechbare usw. und entsprechend erlebnismäßig Faßbare.

Angewandte Psychologie, *applied psychology,* ein Begr., dem auch seine breite heutige Benützung noch keine ausreichende Eindeutigkeit gebracht hat. Grundsätzlich belegt er alle ps. Bemühungen, die der nicht-angewandten, d. h. allgemeinen, bzw. theoretischen Ps. (einschl. Grundlagenforschung) gegenüberstehen. Da aber diese Grenzen immer fließend bleiben und zugleich die A.Ps. nicht als identisch mit →praktischer Ps. bzw. →Psychotechnik anzusehen ist, wird man A. Ps. am besten als Oberbegr. zur praktischen Ps. und Psychotechnik nehmen und als zuständig bei der Kontaktnahme der Ps. mit jeder Berufsarbeit, mit Industrie und Wirtschaft, mit Pädagogik, Medizin, Justiz, Politik, Sport u. a. betrachten. Nach Teilgebieten umfaßt demzufolge die A. Ps.: 1. Ps. der Auslese (ps. Eignung einschl. ps. Berufskunde) und Ps. der Ausbildung. 2. Ps. der Arbeit (Arb.methoden, Arb.bedingungen, Arb.platzgestaltung). 3. Wirtschaftps. (Kauf, Verkauf, Werbung). 4. Klinische Ps. (Diagnose, Therapie). 5. Ps. der Beratung (Berufs-, Betriebs-, Erziehungs-, Eheberatung, Rehabilitation u. ä.). 6. Ps. im unmittelbaren Fachbereich von Erziehung, Rechtsprechung, Medizin, Pharmakologie, Politik, Wehrmacht, Verkehr, Sport u. a. m. – Die A. Ps. vermag aber letztlich nicht mehr als das auszuwirken, was die ps. Grundlagenforschung an Erkenntnissen, Methoden usw. bereitstellt. Der Begr. wurde durch W. STERN (1903) als Programm eingeführt. MÜNSTERBERG gab der Psychotechnik die gleiche Bedeutung, wie sie heute die A. Ps. hat. Ⓛ ANASTASI, BIÄSCH, BLUM-NAYLOR, DORSCH (zur Gesch.), MÜNSTERBERG, POFFENBERGER, W. STERN, Handb. d. Ps. Bd. 9, Handb. d. Angew. Ps., 3 Bde, 1981

Angiasthenie [gr. *angeíon* Gefäß], funktionelle Übererregbarkeit und Labilität der Gefäßnerven. →Angioneurose

Ⓔ **angio...** [gr.] in Wtvb. Gefäß

Angioneurose, funktionell bedingte, gesteigerte Gefäßerregbarkeit.

Angiotensin, syn. Hypertensin, →Hormon mit stark blutdrucksteigernder Wirkung. Wahrscheinlich spielt A. eine bedeutende Rolle bei der Entstehung des Bluthochdrucks. *J-E*

Angleichung, das Einander-ähnlich-Werden zweier Vorstellungen, die gleichzeitig miteinander assoziiert wurden. • Die allmähliche unwillkürliche Anpassung des Individuums an die soziale Gruppe. • Farb- und Helligkeitsangleichung (W. FUCHS, 1923), auch Assimilation genannt (H. HELSON), ist ein dem Farb- und Helligkeitskontrast engegengesetztes, 1874 von W. v. BETZOLD als »Farbenmischung« beschriebenes Phänomen. Anstelle des Kontrastes erfolgt unter best. Helligkeits- und Gestaltbedingungen A. in dem Sinne, daß der Unterschied zwischen räumlich aneinander grenzenden Flächen von verschiedener Farbe und Helligkeit vermindert wird. Z. B. nimmt eine neutrale Fläche die Farbe des sie umgebenden Feldes an. Vgl. Assimilation, Kontrast. *Str-R*

Angophrasie ⟨KUSSMAUL⟩, nicht mehr gebräuchliche Bez. für →Embolophrasie

Angst [ahd. *angust,* verwandt mit lat. *angustus* engl. *anxiety, apprehension*], ein mit Beengung, Erregung, Verzweiflung verknüpftes Lebensgefühl, dessen besonderes Kennzeichen die Aufhebung der willensmäßigen und verstandesmäßigen »Steuerung« der Persönlichkeit ist. Man sieht in der A. auch einen aus dem Gefahrenschutzinstinkt erwachsenden →Affekt, der, teils in akutem Ausbruch (dem Schreck verwandt), teils in schleichend-quälender Form eine elementare Erschütterung bewirkt. A. dürfte eine der ursprünglichsten Triebkräfte sein. A. und Haß sind Affekte, die sich ablösen (umschlagen) können, so wie Flucht und Aggression. Andere Bedeutung hat die A. als die stets objektbezogene Furcht oder Befürchtung (z. B. Examensangst), da hier rational der Fehlschlag als möglich erkannt wird. KLAGES, HEIDEGGER u. a. sehen in der A. stets Todesangst. • In der Psa. stellt A. die erste Erfahrung dar, die der Mensch bei der Geburt macht. Sie ist nach FREUD Realangst, neurotische Angst oder moralische Über-Ich-Angst. • Neuere →Persönlichkeitstheorien führen A. meist auf Assoziationen zwischen neutralen und schmerzenden bzw. bedrohenden, unangenehmen Reizen zurück. Am eindruckvollsten sind Verallgemeinerungen solcher Assoziationen, die mit lebensbedrohenden Gefahren oder Traumata begannen. Angstbereitschaft als Persönlichkeitszug wird aus der mehr oder weniger großen Häufigkeit und Stärke solcher Erfahrungen sowie aus der vielleicht konstitutionellen Erregbarkeit erklärt. Für letztere glaubt MEILI frühkindliche Symptome erkannt zu haben. Ungewißheit (BERLYNE), Konflikt und Abweichung der Wahrnehmungen von der Erwartung oder von persönlichen Konstrukts (KELLY) werden als weitere Quellen der A. genannt. • Messungen der A. werden mit Fragebogen (→Angst als Testdimension) und mit physiologischen Aktivierungsmeßmethoden versucht. • A. ist vielfach verwendete unabhängige Variable in Lern- und Leistungsversuchen. • A. ist auch fundamentaler Persönlichkeitsfaktor (→Faktorentheorien der Persönlichkeit), der u. a. die Disposition zu hoher Triebspannung (→Triebdynamik) und Neigung zu Schulderlebnissen und physiologischen Erscheinungen wie Herzklopfen, Atembeschleunigung etc. repräsentiert. Ⓛ FRÖHLICH, GRAY, NEUMANN, RIEMANN, BIRBAUMER 1977, BUTOLLO 1979, KUTASH u. SCHLESINGER 1981 *Red./B-S*

Angst als Eigenschaft, Trait-Angst (Eigenschaftsangst) ist nach SPIELBERGER eine erworbene, zeitstabile Verhaltensdisposition, welche bei einem Individuum zu Erlebens- und Verhaltensweisen führt, eine Vielzahl von objektiv wenig gefährlichen Situationen als Bedrohung wahrzunehmen. Auch wenn diese objektive Bedrohlichkeit nicht besteht, wird mit einem Anstieg der Zustandsangst (→Angst als Zustand) reagiert. *Hä-R*

Angst als Testdimension, die Tests, welche zur Messung der individuellen →Angst, Ängstlichkeit bzw. Angstneigung konstruiert wurden, basieren auf unterschiedlichen Angsttheorien und benutzen sehr verschiedene Testdesigns.

Eine weit verbreitete Testform zur Messung der A. ist der →Persönlichkeitsfragebogen. In Übereinstimmung mit der Angsttheorie als einer allgemeinen Motivation konstruierte TAYLOR die sog. *Manifest Anxiety Scale* (MAS). Die MAS wurde aus Items des MMPI entwickelt. Sie umfaßt 50 Fragen. Die Skala trennt zwischen klinisch definierten und normalen Gruppen. Ebenfalls auf der Basis von Fragebogen wurde das TAQ *(Test Anxiety Questionnaire)* von MANDLER und SARASON entwickelt. Die Autoren gehen jedoch davon aus, daß es ein einheitliches Konstrukt »Angst« noch nicht gibt. Sie untersuchen die mehr spezifische, situationsbedingte und bei Leistungsprüfungen beobachtbare Test-A. CATTELL und Mitarbeiter haben auf der Basis von Fragebogen (→16 PF) einen Sekundärfaktor der A. identifiziert. Er setzt sich aus 5 16PF-Faktoren zusammen. Die Autoren konstruierten zur Messung dieses Faktors die →IPAT-A.skala. Unter Verwendung der faktorenanalytischen Technik, aber auf der Basis von objektiven Tests haben CATTELL und Mitarbeiter die Objektive-Analytische-Testbatterie entwikkelt. Diese Testbatterie mißt den Faktor erster Ordnung →U. I. 24 und weist eine hohe Übereinstimmung mit der durch Fragebogen gemessenen A. auf. Die mit Hilfe von projektiven Verfahren gemessene A. ist in viel geringerem Maße operationalisierbar und validiert. Beim RORSCHACH-Verfahren gelten z. B. Hd-Reaktionen oder die Anzahl von Verweigerungen als Anzeichen für erhöhte A. Auch beim TAT wird relativ direkt von Schreckdeutungen auf A. geschlossen.

Bei hinreichender Standardisierung der exp. Anordnungen (z. B. Wahrnehmungs- und Konditionierungsexperimente) läßt sich die individuelle A.neigung indirekt messen. In neuerer Zeit wird die Messung physiol. Korrelate der A. für therapeutische und diagnostische Zwecke vorgenommen. Ⓛ LEVITT 1967, COHEN 1965, SPIELBERGER 1972, BIRBAUMER 1973 *Hä-R*

Angst als Zustand, nach SPIELBERGER stellt diese Art der Angst einen emotionalen Zustand dar, welcher durch Anspannung, Besorgtheit, Nervosität, innere Unruhe und Furcht vor zukünftigen Ereignissen gekennzeichnet ist. Physiol. Korrelat dieser Zustandsangst ist eine erhöhte Aktivität des autonomen Nervensystems. *Hä-R*

Angsthierarchie, Bez. für das beim aktiven Desensibilisieren (→sensibilisieren) zur Anwendung kommende Operieren mit angstauslösenden Reizen (Situationsschilderungen, Film etc.). Begonnen wird mit Auslösen geringer Angst ansteigend bis zu »großer Angst«.

Angstneurose →Neurose

Anhedonie [gr. *hedone* Lust], Fehlen des sexuellen Wollustgefühles, i. w. S. auch das Hervortreten einer affektiven Verödung (z. B. bei einer Psychose)

Anhormie →Antriebsstörung

Anima, Animus, in der →Analytischen Ps. folgt auf das Bewußtmachen des →Schattens als der 1. Stufe der Individuation (→Individuationsprozeß) als 2. Stufe die Assimilation der gegengeschlechtlichen Seelenbilder: Anima (beim Mann) und Animus (bei der Frau). Das gegengeschlechtliche Seelenbild setzt sich zusammen: (1) aus Erlebnissen an gegengeschlechtlichen Personen der Umgebung, (2) aus meist verdrängten gegengeschlechtlichen Eigenschaften, (3) aus Erfahrungen, die die gesamte Menschheit von jeher am anderen Geschlecht gemacht hat, den ererbten kollektiven Bildern (→Archetypen von Anima und Animus).

Zu (1) Die Anima (beim Mann) erscheint in folgenden persönlichen Gestalten: Schwester, Schulkameradin, Lehrerin, Freundin, Geliebte, Ehefrau. Der Animus (bei der Frau) erscheint in folgenden persönlichen Gestalten: Bruder, Schulkamerad, Lehrer, Priester, Freund, Ehemann. Zu (2) Die Anima umfaßt folgende, meist verdrängte Züge im Manne: negativ: Launen, Reizbarkeit, Sentimentalität und Hypochondrie; positiv: Einfühlungsvermögen, Eros, künstlerische Neigungen, Anerkennung des Irrationalen, Kreativität. Der Animus umfaßt folgende meist verdrängte Züge in der Frau: negativ: starre Meinungsverbohrtheit, Brutalität, kollektives Urteilen; positiv: Initiative, Gedankentiefe, Konsequenz, Sinn für das Wesentliche, Mut. Zu (3) Die Anima erscheint als →Archetyp in folgenden Gestalten: Jungfrau, Hetäre, Conduiramour (aus der Parzival-Sage) – Hure, Bettelweib, Hexe. Sie kann auch in Tierform als Kuh, Katze, Tigerin erscheinen. Der Animus erscheint als Archetyp in folgenden Gestalten: Siegfried, Rattenfänger, Flieger – Ritter Blaubart, Teufel, Dionysos. Er kann auch in Tierform als Stier, Löwe, Adler erscheinen.

Die Assimilation des Seelenbildes macht das Individuum vollständiger im Sinne der bewußten Einbeziehung der gegengeschlechtlichen Eigenschaften in die Persönlichkeit unter Zurücknahme der projizierten Bilder von Anima und Animus auf das andere Geschlecht. Ⓛ JACOBI 1959, JACOBI 1965, JUNG 1976, JUNG, E. 1967. *P-R*

animal, animalisch [lat. *animal* Lebewesen, Tier, *animalis* lebendig] belebt, urwüchsig, kreatürlich, tierisch, triebhaft. • Auf das Leben, auf Sinnesreize eingestellt, der Willkür unterstellt. Z. B. animales (i. Ggs. zu vegetatives) Nervensystem.

animales Nervensystem →animal, →Nervensystem

Animalismus, Tierverehrung bei den Primitiven.

Animateur, [lat. *animare* anregen], (allg.) Anreger, Unterhalter z. B. bei der Freizeitgestaltung. • (ps.) Anreger im gruppendynamischen Prozeß. →Psychodrama *S-G*

Animismus, Beseeltheit aller Dinge, in Kulturen geringerer Naturbeherrschung das Gesamtgebiet primitiven Seelenglaubens. A. ist die erste Stufe des Versuchs, das Übernatürliche zu verstehen. Mit der →Körperseele beginnt der Seelenglaube; es folgt der Glaube an die →Hauch- oder Schattenseele, zusammen damit die Verehrung des Blutes als Träger des Lebens, der Nieren und Geschlechtsorgane als Sitz der Körperseele. Daraus entsteht in entwickelteren Kulturen der Phalluskult. Die Lehre von der Hauchseele führt zur Auffassung einer Seelenwanderung, der Verwandlung in Tiere, die heilig und →Tabu werden, zu den Gebräuchen der Leichenverbrennung, der sonstigen Bestattungsformen, den Opferkulten.

Animistische Hypothese ist die Annahme, daß für alle körperstofflichen Vorgänge psychische Parallelen vorliegen. Man sieht die animistische Phase als älteste an. Ein präanimistischer Zustand wird als dem A. vorausgehend angenommen. Nach den Vorstellungen der Tiefenps. und besonders JUNGS weisen gewisse Traumbilder und geistig-seelische Sonderzustände (Archetypen) auf ihn hin. Auf animistische Züge in der Intelligenzentwicklung machte PIAGET aufmerksam. →Anthropomorphismus Ⓛ BORCHERT, GRAEBENER, HELLPACH, LEVY-BRUHL, MARETT, PIAGET

animistisches Denken, eine qualitative Vorstufe des kausalen Denkens. So in der Entwicklungspsychologie PIAGETS. Syn. →magisches Denken. *B-S*

Animosität [lat. *animosus* leidenschaftlich], feindschaftliche Abneigung, Gereiztheit. • Bei C. G. JUNG Haltung, die an der →Anima (Animus) sich orientiert und aus Ungenügen Abneigung entwickelt.

Animus →Anima

Anisometropie, ungleicher Brechungszustand beider Augen

Anisotropie, dreidimensionale, beim erlebten →Raum sind im Unterschied zum euklidischen die drei Hauptrichtungen des Raums funktional nicht gleichwertig. So wird z. B. die Senkrechte gegenüber der Horizontalen überschätzt. Ⓛ KOFFKA, 1950³

Anker, Bezugspunkt für die Einordnung einzelner Eindrücke. Ausgezeichnete Stelle eines Bezugsystems.

Ankerreiz, Bezugsreiz, Reiz, der zum Bezugsrahmen *(frame of reference)* oder Adaptationsniveau *(adaptation level)* wird. Fragestellung der Ⓛ → Psychophysik seit GELB. HELSON definierte Adaptationsniveau als das gewichtete geometrische Mittel aus dem aktuell zu beurteilenden Reiz, dem A. und den sich irgendwie auswirkenden früheren Reizen. SARRIS stellte komplexere Beziehungen fest: Kontrasteffekte, wenn sich A. und zu beurteilender Reiz sehr stark unterscheiden. →Anpassungsniveau, →Bezugsgruppe →Bezugssystem Ⓛ GELB 1937, HELSON 1964, SARRIS 1975², LAUTERBACH u. SARRIS 1980 *R-S*

Anklammerungsreflex, optischer, Bez. für besondere Verhaltensweisen, wie die, daß im Verkehr der unsichere Fahrer bei

Schrecksituationen auf dasjenige Objekt (Baum, Lichtmast, Fußgänger) zufährt, das er meiden müßte.

Anklingen, Bez. dafür, daß die Empfindungen (auch Emotionen) nicht mit der Einwirkung des Reizes sofort, sondern erst im Verlauf einer kurzen Zeit (¼ bis 1/80 sec; verschieden bei den einzelnen Sinnesgebieten) die volle Stärke erreichen, die der Intensität des Reizes entspricht.

Ankyloglossie, das angewachsene Zungenbändchen; spielt als angeborene Mißbildung kaum eine Rolle für eine verzögerte →Sprachentwicklung oder gar →Stottern. Die als Behandlung hierzu früher durchgeführte operative Lösung d. Zungenbändchens wird heute als zwecklos abgelehnt. Ⓛ KITTEL 1973 *G-N*

Anlage, (biol.) in den →Chromosomen gelegene Information, die die Ausprägung morphologischer und psychischer Merkmale steuert. →Erbe-Umwelt-Problem *D-E*

Anlage-Umwelt →Erbe-Umwelt-Problem

Anlasserreiz →Afferenzsynthese

Anlehnungstypus, psa. Bez. für einen Menschen, dessen frühkindliche Bindungen an Mutter, Kindermädchen o. ä. als Modell die erotische Partnerwahl bestimmen. »Die Objektfindung ist eigentlich eine Wiederfindung« (FREUD).

Anlernverfahren, nach Art der auszuübenden Tätigkeit unterschiedliche Verfahren, um ungelernte Arbeiter zu schulen. Verwendet werden zweckmäßige Arbeitsanweisungen, Übungen an eigens dafür konstruierten Geräten, Beispiele richtiger und falscher Handhabung u. dgl.

Anmutung, die Weise, wie Wahrnehmungen und Vorstellungen emotional beeindrucken, Gefühle auslösen. • Die von einem Objekt ausgehende A. bezeichnete von DÜRCKHEIM als dessen Anmutungsqualität.

Annäherungskonflikt, von K. LEWIN eingeführter Begr. zur Kennzeichnung von Konfliktsituationen, die bei der »Annäherung« an bestimmte Gegebenheiten (Entscheidungsalternativen) möglich sind: (1) Annäherungs-Annäherungs-Konflikt, syn. Appetenzkonflikt oder Appetenz-Appetenz-Konflikt (engl. *approach-approach conflict*) mit dem Zwang zur Entscheidung gegenüber zwei gleich attraktiven Zielen. Der bekannte Konflikt des Esels im moralphilosoph. Gleichnis von BURIDAN, der zwischen zwei Heubündeln verhungert. (2) Vermeidungs-Vermeidungs-Konflikt, syn. Aversionskonflikt oder Aversions-Aversions-Konflikt (engl. *avoidance-avoidance conflict*), die gegenüber (1) gegenteilige Lage, die entsteht, wenn »die Vermeidung des einen Übels die Nichtvermeidung des anderen nach sich zieht« (BERGIUS 1965). (3) Annäherungs-Vermeidungs-Konflikt, syn. Ambivalenzkonflikt, Appetenz-Aversions-Konflikt (engl. *approach-avoidance conflict*) mit gleichzeitigem Ja und Nein zu einer Gegebenheit. (4) Doppelter Annäherungs-Vermeidungs-Konflikt (engl. *double approach-avoidance conflict*) kann vorliegen gegenüber zwei (oder mehr) gleich attraktiven und zugleich unattraktiven Gegebenheiten.

Annäherungs-, Vermeidungs-Gradient →Konflikt, →Gradient

Annahmebereich →soziales Urteil

anoia [gr. *nóos, nus* Verstand], Unverstand, Stumpfsinn

anomal, Anomalie [gr. *homalós* gleich], ungleich, von einem Gesetz, einer Regel abweichend, regelwidrig, Abweichung vom Durchschnitt, körperlich oder seelisch.

Anomaloskop ⟨NAGEL, 1907⟩, Vorr. zur genaueren Bestimmung von →Farbenblindheit. Das Rot und Grün zweier Spektren wird gemischt mit dem gleichzeitig gegebenen Gelb einer Natriumflamme verglichen. Ähnlich Chromatoptometer. →pseudoisochromatische Tafeln.

Anomie [gr.], Gesetzlosigkeit, Normlosigkeit. • (ps.) Zustand der Vereinsamung, der Isoliertheit, innerer Orientierungslosigkeit, der Macht- und Hilfslosigkeit. • (soziolog.) Zustand wachsender →Desintegration, z. B. durch Zunahme der Arbeitsteilung, Übersteigerung zivilisatorischer Ansprüche u. ä. • Der Begr. A. ist ursprünglich von DURKHEIM eingeführt worden und wurde von MERTON 1957 als eine Voraussetzung für abweichendes Verhalten genannt.

Die Mittel zur Erreichung kultureller Ziele sind nicht für alle Mitglieder eines Sozialwesens verfügbar oder es gibt solche Mittel ohne Begründung ihrer Zwecke. Der Verlust der Orientierung an sozialen Normen (→Normen, soziale) soll eintreten, wenn der einzelne nicht mehr einer gerechten Behandlung seines Verhaltens sicher ist. In der empirischen Entfremdungsforschung wird eine von SROLE 1956 entwickelte A.-Skala verwendet, die eigentlich nur die soziale Unzufriedenheit mißt. Ⓛ FISCHER 1970 *B-S*

Anonyme Alkoholiker *(Alcoholics Anonymous,* A. A.), von ehemaligen Alkoholikern

1935 in den USA gegründete, heute in zahlreichen Ländern vertretene Selbsthilfeorganisation. Nur Alkoholiker können Mitglieder werden, eine zentrale Organisation wird vermieden, die Mitglieder bleiben weitgehend anonym. Über soziotherapeutische, stark weltanschaulich fundierte Arbeit mit missionarischem Charakter helfen sie relativ erfolgreich, anderen Alkoholikern aus ihrer Suchtentwicklung herauszukommen. Ⓛ Antons u. Schulz 1976 *A-S*

Anop(s)ie, Nichtsehen, Untätigkeit (trotz funktionsfähiger Netzhaut) des einen Auges beim Schielen.

anorexia nervosa, syn. psychogene Anorexie, *a. mentalis,* endogene Magersucht, Pubertätsmagersucht, Form einer →Dysorexie. Bei Mädchen in und nach der Pubertät zu beobachtende Erscheinung. Das Essen wird abgelehnt. Es handelt sich vorwiegend um eine Reifungsneurose (Angst vor dem Erwachsenwerden und vor der weibl. Rolle?). Ⓛ Schlottke u. Wetzel 1980

Anorexie [gr. *órexis* Verlangen], Fehlen des Nahrungstriebes →Dysorexie

anormal, nicht normal, ungewöhnlich, eigentlich →abnorm.

Anosmie [gr. *osmé* Geruch], Fehlen des Geruchssinnes

Anosognosie, Nichterkennen (Nichtwahrhabenwollen) eines krankmachenden Vorganges am eigenen Körper. • Babinski führte die Bez. für das Nichterkennenkönnen einer Halbseitenlähmung ein.

Anova, *analysis of variance,* gebräuchliche Abkürzung für →Varianzanalyse, bzw. für entsprechende Computer-Programme. *M-R*

Anpassung, (ps.) die harmonische, aber nicht spannungslose Beziehung zwischen Organismus und Umwelt, durch die Bedürfnisbefriedigungen effektiv (d. h. mit ökonomischem Aufwand) erzielt werden können. Die A. (Adjustierung, *adjustment*) ist immer realtiv, da eine vollständige und spannungslose Beziehung zwischen einem Organismus und seiner Umwelt (völliges Gleichgewicht zwischen Assimilation und Akkomodation) praktisch nie erreicht wird. • Besonders in der amerik. Ich-Psychologie wird unterschieden zwischen

(a) persönlicher A. (intraps. A., interps. A.), die einen rationalen Prozeß *(adaptation)* bedeutet, in dem das von Triebkräften relativ unbedrohte Ich entwickelt wird (Hartmann 1958),
(b) emotionaler A., die für die geistigseelische Gesundheit (emotionale Stabilität) wichtig ist, und
(c) sozialer A., die u. a. durch den soziometrischen Status angezeigt wird, das heißt auch durch die Beliebtheit. Sie soll mit der persönlichen, intraps. A. korrelieren, was allerdings nach Mann (1959) exp. nicht erwiesen sei (zit. nach Marlowe u. Gergen 1969 633).

• Schlechte Angepaßtheit *(maladjustment)* ist gleichbedeutend mit asozialem oder neurotischem Verhalten. Auch die Persönlichkeitsvariablen »emotionaler Anpassung« differenzieren auf der Basis zwischen normalem und neurotischem Verhalten. • Eine anspruchsvolle Untersuchung der Prädikatoren für die persönliche A. veröffentlicht Anderson, der meint, daß Intelligenz eine signifikante Rolle für die spätere Angepaßtheit spiele. • In naturalistischen Theorien ist der Anpassungswert der alleinige Grund für den Erwerb von artspezifischen Verhaltensweisen gewesen.

Unter diesem Gesichtspunkt revidiert z. B. Berlyne (1969 715) die Literatur über Humor und Spiel und ihren Beitrag zur A. im Laufe der Entwicklung der Arten. *B-S*

Anpassung (biol.), die morphologische u./o. physiologische Reaktion auf die Umwelt, die zu bleibenden Veränderungen führen kann. Die Fähigkeit zur A. gibt den Organismen die Möglichkeit, eine sich verändernde Umwelt optimal auszunutzen. *D-E*

Anpassungsniveau [engl. *adaptation level*], eine psychophysische Theorie von H. Helson für die Beurteilung von Reizgrößen. Das A. bzw. das *adaptation level* (AL) wird als Bezugssystem *(frame of reference)* für die stattfindenden Urteile angesehen. Von hier bekommt die Theorie ihre besondere Bedeutung, indem sie für den Bezugspunkt *(neutral point)* eine exakte und experimentell gesicherte Formulierung gefunden hat.

Das AL. wird ausgedrückt in Maßwerten der jeweils vorkommenden Reizgrößen. Läßt man z. B. eine Serie von Gewichten (etwa 200, 250, 300, 350, 400 Gramm) in ungeordneter Reihenfolge (bunte Streuung) in mehreren Durchgängen beurteilen, so zeichnet sich ein bestimmter Gewichtswert dadurch aus, daß er durchschnittlich als »mittel« (je nach Versuchsanordnung und Sinnesgebiet auch »indifferent«, »gleich«, »zweifelhaft« usw.) beurteilt wird. Ein solcher Reiz wird als am AL. liegend bezeichnet *(»at adaptation level«)*. Die Theorie blieb nicht unkritisiert, so von Sarris.

● HELSON (1964) hat seine Theorie mathematisch formuliert. Die logarithmische Form seiner Gleichung lautet:

$$\log AL = p \log \overline{S} + q \log C + r \log U$$

(p, q, r sind empirisch zu bestimmende Gewichtsfaktoren; $\overline{S}$ = geometr. Mittel der Serienreize; C = →Ankerreiz; U = im Experiment nicht gemessene Residualreize). SARRIS (1971) entwickelte für die Kontexteffekte als Alternative zum AL-Modell ein Ähnlichkeits-Klassifikations-Modell.

Anregung, Bez. für einen leistungsfördernden Faktor z. B. im Arbeitsprozeß

Anregung, soziale →Erleichterung, soziale

Anreiz [engl. *incentive* Köder, *instigation* Reiz], für die Ausführung von Handlungen wichtige Motivationsvariable. Der Anreizwert eines Objekts ist oft als Funktion des Bedürfnisses beschrieben worden (von LEWIN →Aufforderungscharakter oder →Valenz genannt). HULL nahm noch an, daß der Anreiz (K) Funktion des Gewichts der Futtermenge sein könnte. CRESPI u. ZEAMAN zeigten u. a. experimentell, daß A. (K) in Relation zur Erwartung steht (Kontrast-Effekt, auch →CRESPI-Effekt genannt). Erwartung des A. wird objektiv mit dem Mechanismus der antizipierten Ziel-Teilresponse (→antizipatorische Reaktion) erklärt (HULL 1952). *B-S*

ANS, autonomes (vegetatives) Nervensystem →Nervensystem

anschauliches Denken, in weiterem Sinn umständliches, wahrnehmungsnahes Denken mit geringem Abstraktionsgrad, Umformung von Problemen in anschauliche Schemata. Es kann das Lösen der Probleme erleichtern, wenn nicht für einen unbekannten Sachverhalt ein anders strukturiertes vertrautes Bild eingesetzt wird. ● Informationsverarbeitung formaler und farbiger Merkmale eines Stimulusgesamts, die ästhetische Dimension des Auffassens von Bildern, zu trennen von der semantischen Dimension (Zeichenfunktion der Stimuli) und von der affektiven Dimension (gefühlsmäßige Beurteilung) (GÖTZ u. GÖTZ). →Denken Ⓛ PAIVIO 1971 *B-S*

anschaulich-geometrisches Denken Ⓣ VOIGT

Anschauung, im eigentlichen Sinn die Wahrnehmung mit dem Gesichtssinn, in besonderer Bedeutung unmittelbares Erfassen eines Gegenstandes im Ggs. zu der mittelbaren Erfassung durch das Denken (Urteile und Begriffe), also intuitives Erkennen (im Ggs. zum →diskursiven). Intellektuelle A. svw. unmittelbare Selbsterfassung des Geistigen.

Anschauungsbilder, nach E. R. JAENSCH die Wiedergabe namentlich visueller Wahrnehmungsinhalte, die in ihrer Erscheinungsweise zwischen Nachbildern und Vorstellungen stehen. Wie Nachbilder sollen sie empfindungsmäßig gegeben und im Raum lokalisierbar, dabei aber wie Vorstellungen von der Anwesenheit eines Objekts unabhängig sein. Insofern sind die Anschauungsbilder nach KROH echten Halluzinationen zu vergleichen, gehen jedoch meist nicht mit einer Störung des Realitätsbewußtseins einher. →Eidetik. Ⓛ E. R. JAENSCH (1927–31), KROH (1922), TRAXEL (1962)

Anschauungstypen →Typologie (Anschauungstypen)

Anschauungsunterricht basiert als unterrichtliches Prinzip auf der Annahme, daß die multisensorische Erfassung bzw. Erfahrung von Objekten, Subjekten, Prozessen usw. der monosensorischen Erfassung sowohl unter motivationalen Aspekten als auch unter dem Aspekt der objektiven Effizienz (Grad der Lernzielerreichung) überlegen ist. Umstritten ist hierbei die Frage, ob bzw. inwieweit durch Anschauung allein die Ausbildung z. B. abstrakter Begriffe möglich ist. Ⓛ FLÜGGE, J. 1963, LOSER, F. 1969 *Mu-R*

Anschlagprüfer →Sinnesfunktionen (5)

Anschlußmotiv [engl. *need affiliation*] →Affiliation

Anspannung, psychische, (1) Vorgang der →Aktivierung von Kräften z. B. zum Zweck der Leistungssteigerung; (2) daraus resultierender Zustand erhöhter Leistungs- bzw. Einsatzbereitschaft. Durch ps.A. kann willentlich oder, bedingt durch (bedrohliche) externe Reize, ein durch Müdigkeit bedingter Leistungs- oder Aufmerksamkeitsabfall vorübergehend behoben werden. →Leistungssteigerung, reaktive *B-C*

Anspannungssteigerung, reaktive →Leistungssteigerung, reaktive

Ansprechbarkeit, Grad der Einwirkungsmöglichkeit auf ein Individuum. ● Bei LERSCH der Grad der Leichtigkeit der Entstehung von Gef.regungen, gemessen an der Größe des Anlasses. ● KLAGES nennt denselben Tatbestand die persönliche →Gef.erregbarkeit. ● Zur Bedeutung des Begr. bei CATTELL, GUILFORD und EYSENCK →Faktorentheorien der Persönlichkeit. Ⓛ KLAGES, 1952, LERSCH, 1962

Anspruch, das, was sich ein Mensch an notwendigen Bedürfnis- und Strebungserfüllungen selbst zuspricht und was er von der Um- und Mitwelt fordert. →Anspruchsniveau. Ⓛ LERSCH, 1962

Anspruchsniveau, *aspiration level,* aus der Schule LEWINS (DEMBO 1931) stammender Begr., der 1935 von J. D. FRANK als *»level of aspiration«* in die amerik. Literatur übernommen wurde. A. ist definiert durch den Schwierigkeitsgrad einer Leistung, die sich ein Mensch abverlangt. Nach ATKINSON (1964) ist die typische Sequenz für A.vorgänge: 1. letzte Leistung, 2. Setzen des A., 3. neue Leistung, 4. Reaktion auf die neue Leistung.

Zwischen 1 und 2 ergibt sich die Zieldiskrepanz, zwischen 2 und 3 die Leistungsdiskrepanz und zwischen 3 und 4 die Response auf Erfolg- u. Mißerfolg-Faktoren, die das A. beeinflussen. Sie wurden zunächst von LEWINS Schülern untersucht: HOPPE, FRANK, JUCKNAT u. a., dann (unter dem Titel Leistungsmotivation) von ATKINSON, MCCLELLAND, HECKHAUSEN, WEINER. Entscheidend ist die Einstellung zu Erfolg und Mißerfolg. Vorhergehender Erfolg läßt das A. ansteigen, Mißerfolg abfallen. Umgekehrt hängt vom A. ab, was als Erfolg oder Mißerfolg erlebt wird, indem Versagen bei Schwierigkeitsgraden erheblich oberhalb des A. nicht mehr als Mißerfolg erlebt wird. Das A. steigt mit dem tatsächlichen Leistungsniveau. Das Verhältnis von Leistungsniveau und A. ist hinsichtlich verschiedener Betätigungen bei einem Menschen relativ konstant und kann als charakteristisch angesehen werden. Anstieg des Leistungsniveaus auf einem Gebiet kann zu einem höheren A. auch auf anderen Gebieten führen. Menschen, die relativ häufig Mißerfolg erlebt haben, neigen zu unrealistisch hohem oder zu extrem niedrigem A. Die einer Gruppe eigenen Leistungsmaßstäbe wirken sich auf das A. ihrer Mitglieder aus. In der Theorie des Lernens ist der Begr. A. wichtig als Ausdruck für das Maß an Anstrengung, das ein Mensch aufzubieten bereit ist, und bildet einen wichtigen eigenständigen Aspekt der motivierenden Kräfte beim Lernen neben Begr. wie →Wiederverstärkung. • LERSCH spricht von A. in einem anderen Sinne: »Wir reden von Anspruch da, wo ein Mensch das, was er zur Erfüllung seiner an das individuelle Selbst gebundenen Strebungen braucht, mit dem Bewußtsein eines selbstverständlichen und unanfechtbaren Rechtes von der Umwelt und Mitwelt fordert«. →Leistungsmotivation, →Anstrengung Ⓛ HOPPE, HUNT, 1944, LERSCH, 1962, LEWIN-DEMBO, HECKHAUSEN 1980

Ansteckung, emotionale, ein Modell zur Erklärung kollektiven Verhaltens: Kurzgeschlossene Emotionalität entsteht durch ansteckende Massenhysterie (LE BON 1895) oder Massenekstase – eine hohe Erwartung wird allmählich gesteigert – der Einzelne fühlt sich durch die Masse getragen, verliert seine kritische Distanz und wird rauschhaft entrückt (BENESCH u. SCHMANDT 1979). →Manipulation, →kollektives Verhalten *R-S*

Ansteckung, psychische, das Übergreifen (in Analogie zur Infektionskrankheit) von Denken, Verhalten, Einstellung, Emotionen etc. von Individuum zu Individuum bzw. Individuum zur Gruppe und umgekehrt. Mit dem Begr. ps. A. werden verschiedenartige und z. T. noch wenig geklärte Prozesse belegt, so auch der Mitvollzug von Bewegungen (→CARPENTER-Effekt), die Vorgänge, die HELLPACH mit der Bez. →Ideo-Realgesetz zusammenfaßte und nicht zuletzt die mit →Induktion (Suggestion) zu belegenden Vorgänge, z. B. Ausbreitung der Drogensucht.

Anstieg einer Empfindung →Anklingen

Anstrengung *effort,* in der Attribuierungsforschung neben Begabung, Aufgelegtheit, Geduld, Konzentration u. a. eine sog. internale, zugeschriebene (attribuierte) Ursache von Erfolg oder Mißerfolg, unterschieden von den sog. externalen Ursachen (Aufgabenschwierigkeit, Zufall, Pech oder Glück, Vorurteil des Bewerters der Leistung u. a.). A. gehört außerdem zu den variablen Ursachen (wie auch Aufgelegtheit, Pech oder Glück), während Begabung und Aufgabenschwierigkeit als invariabel gelten. →Attribuierung *B-S*

Anstrengungsbereitschaft, nach LERSCH die charakterologisch wichtige Einsatzwilligkeit zu Willensakten, die über das normale Kraftmaß hinausgehen und einer Anstrengung bedürfen.

Antabus ®, Warenname für Disulfiram, wird bei Alkoholentziehung gelegentlich verwendet.

Antagonismus [gr. *agonizomai* kämpfen], Gegensatz, Widerstreit, gegenseitiges Sichausschließen, wechselweises Wirken (z. B. sind bei den Muskeln die Beuger und die Strecker Antagonisten).

anterograd [lat. *ad anteriora* nach vorne, *grádi* schreiten], vorangehend. Z. B. wird der Erinnerungsverlust für alle neuen Eindrücke anterograd genannt. Ggs. →retrograd, →Amnesie

Anthropobiologie [gr. *ánthropos* Mensch], Bez., die die biologische Forschungsweise (im Ggs. zur vorwiegend systematischen und anthropometrischen) in der Anthropologie betont.

Anthropogenese, Anthropogenie, Entwicklungsgeschichte des Menschen seit der Urzeit. Insbesondere auch HAECKELS Theorie der →Phylogenie (Stammesgeschichte) und →Ontogenie (Einzelentwicklung). Vgl. →biogenetisches Grundgesetz

anthropogone Mythen, Mythen von der Entstehung des Menschengeschlechts. Bestandteil der →kosmogonischen Mythen.

Anthropoiden, veraltete Bez. für die Menschenaffen *(pongidae);* dazu gehören Gorilla, Schimpanse und Orang-Utan. Da es sich dabei um die dem Menschen am nächsten verwandten Tierarten handelt, sind Verhaltensstudien an Menschenaffen für die Humanps. von Bedeutung. • Klassische Untersuchungen: KÖHLER (1917, während des Ersten Weltkrieges auf Teneriffa) – Freilanduntersuchungen am Gorilla: SCHALLER (1963) – Desgleichen am Schimpansen: van LAWICK-GOODALL (1971) – Sprachfähigkeit des Schimpansen: Ehepaar GARDNER (1972/74), PREMACK (1974). →Tiersprache *Sch-S*

Anthropologie, Lehre vom Menschen. Begr. geht auf ARISTOTELES zurück. Der Breite des Begr. entsprechend gibt es keine feste Abgrenzung, vielmehr lassen sich mehrere Wissenschaften zu ihrem Bereich rechnen. Insbesondere ist eine natur- und sozialwissenschaftliche von einer philosophischen A. zu unterscheiden. Zur naturwissenschaftl. A. gehören die Art- und Rassenlehre des Menschen einschließlich Abstammungs-, Erb- und Konstitutionslehre. Ihre Aufgabe ist die Erforschung der Entstehung des Menschen sowie der Bedingungen von Formwandlungen. Hierzu gehört auch die Kenntnis vor- und urgeschichtlicher Menschenformen und ihrer geographischen Verbreitung. Man hat dieses Gebiet als *physische A.* bezeichnet. • Die Sozial- und Kulturanthropologie untersucht die Wirkungen der Gesellschaft im weitesten Sinn auf die Individuen und deren Verhalten. Hier bestehen viele Überschneidungen mit Soziologie, Völkerkunde, Sozialpsychologie sowie allgemeiner und Entwicklungspsychologie. Dieser Bereich wurde auch *psychische A.* genannt, wobei sich noch besonders zwei Richtungen unterscheiden lassen, die von der Soziologie bestimmte Sozial-Anthropologie und die am stärksten mit der Psychologie verbundene Psycho-Anthropologie bzw. psychologische A. (Kultur-A. deshalb, weil sie in den versch. Äußerungen der Kultur die Beziehungen zum Individuum beachtet). →Kulturanthropologie, →Kulturpsychologie

• Die *philosophische A.*, ein Zweig der Naturphilosophie, bemüht sich um die Erkenntnis vom Wesen des Menschen, seinen Aufgaben und seiner Stellung in der Welt. Besonders in der neueren deutschen Philosophie finden sich Versuche, die Psychologie durch das Menschenbild einer philosophischen A. zu ergänzen oder auch auf diesem zu begründen. SCHELER sprach davon, daß »die Probleme einer philosoph. A. heute geradezu in den Mittelpunkt aller philosoph. Problematik getreten« seien. • Auch eine medizinische A. wurde entwickelt, die weitgehend zur psychol. A. interessengleich ist, denn auch sie sucht das eigentlich »Menschliche des Menschen«, nur beschränkt auf die Krankheit in ihrer Menschlichkeit. • Schließlich ist auch eine praktisch-angewandte A. entstanden (z. B. beim Vaterschaftsnachweis).

Anthropometrie, die Lehre und die Anwendung exakter Messungen am Menschen – wichtigste Untersuchungsmethode der morphologischen →Anthropologie. Sie dient zur Feststellung körperlicher Merkmale, insbesondere unterschiedlicher Rassenmerkmale und zur exakten Erfassung der körperlichen Konstitution. →Körperbautypen, →Psychometrie

anthropomorph, nach dem Menschen gestaltet, dem Menschen faßbar gemacht, damit aber zumeist auch vermenschlicht.

Anthropomorphismus, Auffassung der Gottheit in menschenähnlichem Sinne. • In erweiterter Bedeutung die über ihre Natur nicht hinauskommende menschl. Denkweise. • In der Tierps. die Deutung der bei den Tieren beobachtbaren Verhaltensweisen in Analogie zum menschlichen Erleben. Vgl. Adultomorphismus

Anthropophagie, Menschenfresserei. Beruht meist auf Anschauungen des →Animismus, der Vorstellung, durch Einverleibung des Erschlagenen (seines Herzens oder Blutes) dessen Kräfte zu gewinnen. Syn. Kannibalismus.

Anthropophobie, Furcht vor Menschen bei Neurose. →Phobie

Anthropotechnik, Bez. für die mit der Anpassung des (arbeitenden) Menschen an technische Gegebenheiten und Funktionen verbundenen Aufgaben konstruktiver und regulierender Art: optimale Ausgestaltung,

Anordnung, Formgebung etc. der techn. Elemente – optimale Abstimmung auf die menschl. Verhaltensweisen und Bedürfnisse im Verhältnis Mensch-Maschine. Weiteres →Mensch-Maschine-System, →Ergonomie, →*human engineering*

anthropozentrisch, den Menschen in den Mittelpunkt stellend, jede Einstellung zur Welt und den Dingen, die alles auf den Menschen bezieht.

Antiandrogene →Androgene

anticholinergisch, die Parasympathikus-Aktivität blockieren (parasympathikolytisch wirken). Das →Acetylcholin wird beeinträchtigt. Substanzen, die eine a. Wirkung zeigen, sind u. a. Atropin und bei den →Psychopharmaka z. B. Antidepressiva. *J-E*

anticipation error [engl.] →Erwartungsfehler

Antidepressiva, Bez. für Arzneimittel zur Therapie von Depressionen. Die wichtigste Untergruppe sind die trizyklischen Stoffe (wichtigster Vertreter: Imipramin). Die historisch ältesten A., die MAO-Hemmer, haben heute nur noch eine geringe klinische Bedeutung. →Psychopharmaka *J-E*

Antidot [gr.], Gegenmittel

Antiemetika, Pharmaka, die bei Brechneigung, Reise- und Seekrankheit angewendet werden. Die meisten A. wirken müdemachend und leistungsbeeinträchtigend. →Psychopharmaka *J-E*

Antikonvulsiva, Pharmaka gegen Krampfanfallsleiden (insbes. Epilepsien).

Antikonzeption →Sexualität (Tabelle)

Antipathie →Sympathie

Antipsychiatrie →therapeutische Gemeinschaft

Antisemtismus, eigentlich irreführende Bez., weil nicht die Feindseligkeit gegenüber allen eine semitische Sprache sprechenden Völkern, sondern nur die gegen die Juden gemeint wird. Über die Geschichte der Judenfeindlichkeit, die schon im Altertum begann, gibt THIEME (1963) Auskunft. In der Ps. wird A. im Zusammenhang mit dem →Autoritarismus (autoritäre Persönlichkeit) und den nationalen →Vorurteilen behandelt. →Sündenbock-Theorie. *B-S*

Antitestbewegung, die durch die weite Verbreitung und Anwendung von Tests vorgebrachte Kritik gegen die Anwendung von ps. Tests. Die Antitestbewegung richtet sich z. T. gegen die Verletzung der Privat- bzw. Intimsphäre, wie auch gegen den Mißbrauch von Tests und deren z. T. mangelhafte →Testgütekriterien. Ⓛ ANASTASI 1967 *Hä-R*

Antizipation [lat. *anticipere* vorwegnehmen], das Vorziehen, die gedankliche Vorwegnahme. • Bei SELZ ein Begr. seiner Denkps. Jedes Denken ist mit einer »Zielvorstellung« verbunden, die antizipiert wird. • A. bez. auch die prospektive Komponente jedes Erlebens und Verhaltens. • In der Sprachps. gilt A. als wichtige Voraussetzung für fließendes Lesen. Sie ist wesentlich bedingt durch die Erfassung der Regeln, denen jede bedeutungshaltige Abfolge von Sprachzeichen (Satzteile, Wörter, Silben, Buchstaben) unterliegt. Die Regelhaftigkeit ergibt sich aus der Grammatik, der Häufigkeitsverteilung der Zeichen und der Zeichenkombinationen. Niedrige A.leistungen können Symptom oder Ursache von →Sprachstörungen sein. *Z-N*

Antizipationszeit →Reaktionszeit

antizipatorische Reaktion, *anticipatory goal response,* behavioristischer Begr. (GUTHRIE, HULL) für die Teile der Zielhandlung, die zusammen mit der vorausgehenden instrumentellen Handlung auftreten können (mit ihr kompatibel sind). Meist innersekretorische Veränderungen, Kau- oder Schluckbewegungen oder Ansätze von Innervationen der Zielhandlungen. Mit dem Mechanismus der antizipatorischen partiellen Zielreaktion werden zielgerichtete Handlungsketten mechanistisch erklärt; er ist also funktional gleichbedeutend mit Erlebnissen wie Erwartung, Zwecke, Zielvorstellung. *B-S*

Antonymie, antonyme oder »gegensätzliche Bedeutung« ist ein Spezialfall der →Synonymie, insofern sich hier zwei →Bedeutungen bis auf ein semantisches Merkmal, das bei beiden entgegengesetzt ist, gleichen. Stellt man sich vor, daß das entgegengesetzte Bedeutungsmerkmal auf einer bipolaren Dimension angesiedelt ist, dann lassen sich zwei Fälle von A. unterscheiden (LYONS 1968): die eigentliche A. und die Komplementarität. Ein Beispiel für die eigentliche A. ist das Adjektivpaar groß/klein. Etwas ist nur klein bzw. groß in bezug auf etwas anderes. Eigentliche Antonyme stehen deshalb in enger Beziehung zum Komparativ und sind graduierbar. Bei der Komplementarität geht es nicht um einen relativen, sondern um einen taxonomischen Gegensatz. Solche Antonyme sind nicht graduierbar und bilden keinen Komparativ. Das Gegensatzpaar männlich/weiblich ist ein Beispiel. *E-P*

Antrieb, Impuls, *drive,* im Sprachgebrauch der Psychologie: Eine Funktion der emotionalen Prozesse, die darin besteht, daß diese auf die Ausführung einer bestimmten Handlung hinwirken. So ist z. B. mit dem Affekt der Angst der Antrieb zur Flucht vor der Quelle der Angst gegeben. LERSCH unterscheidet Antriebserlebnisse des lebendigen Daseins (von mehr vital-endothymem Charakter), Antriebserlebnisse des individuellen Selbstseins (ans Ich und Selbst gebundene Strebungen) und Antriebserlebnisse des »Über-sich-hinaus-Seins«, der Strebungen der Teilhabe an überindividuellen Bezügen. • Drive (D) im Sinne der S-R-Theorie wird am besten nicht mit Trieb, sondern mit A. übersetzt, der ebenfalls ein Konstrukt für eine allgemeine, nicht aktionsspezifische Energie und z. T. mit Aktivierung identisch ist. Vgl. Motivation, Trieb, Drang, Begierde. Ⓛ KLAGES, LERSCH, HULL

Antriebsmangel, der noch nicht als →Antriebsstörung zu bezeichnende, sondern als →Aspontaneität (fehlende Unmittelbarkeit) hervortretende Mangel mit vielfältiger Verursachung.

Antriebspsychologie →Psychologie, Richtungen (Dynam.Ps.)

Antriebsstörung, Anhormie, jede Art Abweichung vom normalen Antriebsverlauf. I. e. S. die bei Psychopathen und auch Hirnverletzten auftretende Enthemmung oder auch Verarmung der Antriebsseite bis zur völligen Charakterveränderung. • Nach KRETSCHMER lassen sich unterscheiden: »Anhormien mit Schwäche und Verlangsamung der Leistungen (auf psychomotorischem Gebiet als akinetische Bilder der Bewegungsverarmung hervortretend), Hyperhormien mit überstarken und beschleunigten Reaktionen (psychomotorisch ›Hyperkinesen‹) und Dyshormien, d. h. Unebenmäßigkeiten der Antriebsfunktionen ...«. Ⓛ KRETSCHMER.

Antworttendenz →response-set

Antworttyp, Bez. für eine Antwortgebung. Bei Antworten auf die Fragen eines Tests unterscheidet man den offenen (freien) und den gebundenen A. Im ersten Fall hat der Proband die Antwort selbst zu formulieren, im zweiten dagegen lediglich zwischen mehreren vorgegebenen Antworten zu wählen (sog. Wahlantworten).

Anwärm-Effekt, *warming-up,* vorübergehende Leistungszunahme während der ersten Anlaufzeit einer Tätigkeit, ohne →Lernen oder spezifischen →Transfer *B-S*

Anwärm-Verlust, Leistungsabfall nach einer Pause im Vergl. zur Leistungshöhe vor dem Intervall. Ⓛ HÖRMANN 1964, HERON *B-S*

Anwendungsexperiment, der auch als Feldexperiment bezeichnete und z. B. der Überprüfung eines Laborexperiments in »externer« Situation dienende wiss. Versuch. →Experiment, →Wirklichkeitsversuch

Anxiety-Scale, Anxiety-Battery Ⓣ CATTELL

Anxiolytika →Tranquillantien

Anziehung, Attraktion [engl. *attraction*], auch interpersonale A., ein hypothetisches Konstrukt für »... eine auf einen anderen Menschen gerichtete Orientierung oder Einstellung, die durch eine positive Wertigkeit charakterisiert ist« (MIKULA u. STROEBE 1977, 15). In der Theorie des sozialen Austausches (→Interaktion) wird betont, daß die positive Einstellung sich stets auf Personen beziehe, deren Eigenschaften und Handlungen Belohnungswert für den Einstellungsträger haben (→Komplementärbedürfnis). BYRNE u. GRIFFIT 1973 berichten über Meßmethoden der interpersonalen A. →Attraktivität, →Liebe *B-S*

APA, American Psychological Association

A.P.A., American Psychiatric Association

Apalliker, apallisches Syndrom [gr. *a* ohne, lat. *pallium* Mantel], Bez. für einen (z. B. nach Unfall) noch vegetierenden (z. B. mittels der Herz-Lungen-Maschine) zugleich aber »hirntoten« Organismus. • Zustand bei funktioneller Trennung von Hirnmantel und Hirnstamm bei tiefer Bewußtlosigkeit.

Apathie, emotionale, in Teilnahmslosigkeit, Gleichgültigkeit, geringer Gefühlsansprechbarkeit sich äußernde Störung. →Abulie, →Gefühle

apathischer Typus →Typologie (Reaktionstypen)

Aphanisis [gr., Verschwinden, Verschwindenmachen], psa. Begr. für das Verschwinden (Ausbleiben) des sexuellen Bedürfnisses. Nach E. JONES, der den Begr. in die Psa. eingeführt hat, ist die A. bei beiden Geschlechtern eine Angst, die – akut geworden – tiefer geht als die Kastrationsangst. →Kastrationskomplex. Ⓛ LAPLANCHE 1972

Aphasie, *aphasia,* Verlust unterschiedlicher Teilfunktionen der gesprochenen Sprache nach kortikalen Hirnverletzungen vornehmlich der dominanten Hemisphäre; heute auch Beachtung der Beteiligung subkortikaler Zentren, z. B. einzelner Thalamus-Kerne (DIMOND 1980) und breite Erforschung der Mitwirkung auch der rechten, nichtdominanten Hemisphäre seit Aufnehmen der →*split-brain*-Studien (SPERRY, GAZZANIGA, BOGEN 1969; GAZZANIGA u. LEDOUX 1978). Nicht zur A. zählen psychotische →Sprachstörungen (→Dysphrasie), obschon in einzelnen Teilphänomenen vergleichbar (BROWN 1975), sowie Störungen von peripheren Funktionen der Sprachbenutzung (Hörbehinderung, Dysglossie, Anarthrie, Dysarthrie, Aphonie, Dysphonie). Hingegen kann eine A. alle drei Stufen von OSGOODS *three-stage-mediation-integration model* (1963) beeinträchtigen; Sprachgebilde können nicht mehr verstanden werden, obwohl sie noch gehört werden, oder Mitteilungen können nicht mehr in Sprache gefaßt werden, obwohl die Ausführungsorgane noch intakt und beweglich sind. Der Begriff der A. läßt den Ausprägungsgrad der Störung unberücksichtigt. Dagegen werden angeborene Dysphasien [engl. früher häufig *developmental aphasia* (MORLEY 1972), heute *developmental dysphasia* (WYKE 1978)] von der deutschsprachigen Neurologie aus dem Begriff der A. ausgeklammert.

Unterformen lassen sich nicht immer scharf gegeneinander abgrenzen. Nach der bahnbrechenden Darstellung einer motorischen A. (Unfähigkeit zu flüssiger Artikulation eines ganzen Wortes oder gar eines Satzes, Telegrammstil, Agrammatismus), zunächst Aphemie genannt, durch den frz. Anatomen BROCA (1861) folgte 1873 von dem dtsch. Psychiater WERNICKE die ebenso klassische Beschreibung einer sensorischen A. (fehlende oder ungenügende Erfassung der phonematischen und/oder semantischen Wortgestalten u. damit der Bedeutung sowie in der eigenen Produktion gehäuft literale (phonemische) u. verbale (semantische) →Paraphasien bei allgemeiner Armut an →Inhaltswörtern, während sprachstatistisch häufigere →Funktionswörter und bedeutungsarme oder situativ unpassende Redewendungen (auch Jargon-A. genannt) flüssig und reichlich artikuliert werden; bei Erwachsenen auch →Logorrhoe). Schwere Ausfallerscheinungen in allen Teilbereichen nennt man totale oder globale A. (bei schwer beeinträchtigtem Sprachverständnis ist die Produktion beschränkt auf einige wenige, häufig wiederholte Silben); WERNICKE/LICHTHEIMS transkortikale (Verlust des willkürlichen Sprechens, während Nachsprechen, lautes Lesen, auch Echolalien möglich sind) und die Leitungs-A. (engl. *conduction a.*) (Nachsprechen nicht möglich, phonemische Paraphasien, gestörtes lautes Lesen und Buchstabieren bei intaktem Sprachverständnis); die semantische A. von HEAD (Unfähigkeit zur Sinnerfassung bei Geschichten, Sprichwörtern, Szenenbildern oder Bildergeschichten) oder die amnestische oder akustisch-mnestische A. (Störung des Wortgedächtnisses). Eine Einteilung nach unterschiedlichem Ausprägungsgrad (Aphasie-Quotient) bietet KERTESZ (1979). Psycholinguistisch (GOODGLASS u. BLUMSTEIN 1973) unterschied man nach Fehlern der Selektion vs. Kombination (Paraphasie vs. Dysgrammatismus) (JAKOBSON u. HALLE 1956), nach der Auftretenshäufigkeit einzelner Wortarten (GESCHWIND u. HOWES 1964; WEPMAN u. JONES 1966), nach unterschiedlicher Flüssigkeit und Reichlichkeit der Produktion *fluent* vs. *nonfluent* oder nach linguistischen Strukturebenen (WEIGL u. BIERWISCH 1970) und deren Bezugssetzung zu neurops. Verarbeitungsprozessen (WEIGL 1980), z. B. auch nach unterschiedlicher Verarbeitung von Items eines lexikalischen vs. grammatikalischen Vokabulars (FRIDERICI u. SCHOENLE 1980).

A.-Theorien: (1) »Enge Lokalisation« komplexer ps. Funktionen in einzelnen histologisch-neuroanatomisch abgenzbaren Hirnarealen (kaum mehr vertreten). (2) Im nur holistisch, ganzheitlich funktionierenden Gehirn und der ebenso ganzheitlichen Persönlichkeit ist der Verlust isolierter Teilfunktionen unwahrscheinlich; Denk- und Wahrnehmungsleistungen sind in ihrem Abstraktionsniveau (GOLDSTEIN 1927) ebenso erniedrigt wie die Sprachbenutzung der Aphatiker und eher vom Ausmaß der Schädigung als von deren Lokalisation abhängig (BAY 1962); zu bedenken sind häufig gleichzeitig auftretende, jedoch keinesfalls obligatorisch verbundene Apraxien, Agnosien und Denkstörungen verschiedener Art. (3) Auf dem neurops. Konzept von WYGOTSKI (1965) revidiert LURIA (1970, 1973) die Begr. »Funktion« u. »Lokalisation«; danach werden alle ps. Funktionen realisiert in der aufgabenadaequaten Konstellierung von stets komplexen »funktionellen (Hirn-)Systemen«, d. h. im funktionellen Zusammenschluß eines ganzen Netzwerkes

A

wechselseitig integrierter, teilweise austauschbarer Hirnareale und -zentren mit einer »dynamischen«, d.h. im Verlauf der Entwicklung wechselnden, Lokalisation. Daraus ergibt sich eine anatomo-psycholinguistische Einteilung in sechs funktionale Unterformen der A., die ihrerseits auch als Teilglieder in anderen Störungssyndromen der Wahrnehmung, Handlungssteuerung und Motorik wie auch des Gedächtnisses und des Denkens gesehen werden. Auch die Unterschiede in den Auswirkungen umschriebener Hirnverletzungen und im Rehabilitationsverlauf bei Kindern und Erwachsenen (LENNEBERG 1967, BROWN 1975) lassen sich hier einordnen. Ⓛ HECAEN u. ALBERT 1978 *G-N*

Aphemästhesie, Unfähigkeit, Sprache zu verstehen

Aphemie, von BROCA eingeführte, ältere Bez. für motorische →Aphasie. Sonderbez.: *A. pathematica,* affektiv bedingter Sprachverlust (z.B. bei Angst); *A. plastica,* vorsätzliches Schweigen.

Aphonie, Stimmlosigkeit (tonlose Sprache) durch Beeinträchtigung der Stimmbänder, psychogen u.a. • Sonderbez.: funktionelle A., spastische A. →Stimmstörung

Aphrasie, völlig sprach- und stimmloses Verhalten bei schizophrenen Psychosen. Hier nur Begleitsymptom der insgesamt unterbrochenen Kommunikation und des insgesamt gestörten Kontaktverhaltens, während beim →Mutismus die nonverbale Kommunikation, z.B. in gemeinsamen Spielen, und körperliches Kontaktverhalten möglich sind. Ggs. →Logorrhoe. *G-N*

Aphrodisiaca, Drogen zur Anregung bzw. Steigerung der (sexuellen) Aktivität.

Aphrodisie →Sexualität (Tabelle)

Aphtenexie, artikulierte Laute können nicht hervorgebracht werden.

Apht(h)ongie, Störung der Sprechmuskulatur

Aplasie [gr. *plasso* bilden], mangelhafte Entwicklung von Geweben. Auch das Fehlen von Organen.

Apnoe [zu gr. *apnoia* Windstille, Atemstillstand], Versagen der Atmung.

apodiktisch [gr. *apodeixis* Beweis], unumstößlich, streng notwendig, unbedingt

apollinischer Typus →Typologie (Lebensgefühl)

apopathetisch, Bez. für ein Verhalten, das durch die Gegenwart anderer Personen stimuliert wird, z.B. im Sinne von »sich aufspielen«, ohne eigentliche mitmenschliche Beziehung zu den anderen.

Apophänie, Vorgang beim Ausbruch des Wahnes. Der Kranke (Schizophrene) vermag sein Bezugssystem nicht mehr zu wechseln. So kann er das Ich als Bezugspunkt nicht mehr zugunsten eines außerpersonalen Bezugspunktes aufgeben →Appersonierung. Ⓛ CONRAD

Apoplexie [gr. *apoplexia* Schlagfluß], plötzliche, schlagartige Funktionsunfähigkeit von Organen, insbes. des Gehirns (Hirnblutung, Gefäßverschluß). • Als apoplektischen Typus bezeichnet man den vollblütigen, fettleibigen, zum »Schlagfluß« neigenden Menschen.

Apostilb →lichttechnische Maße

apparative Tests, wenig gebräuchliche Bez. für Tests oder Proben, bei denen im Unterschied zu den sog. →Papier-Bleistift-Tests Geräte verwendet werden oder ein bestimmtes Material zu verarbeiten ist. Sie werden vor allem für psychomotorische Leistungsprüfungen verwendet. In der Persönlichkeitsforschung von EYSENCK spielen solche Verfahren für die Messung von Eigenschaften eine große Rolle (→pursuit-rotor). Da die apparativen Anordnungen meist sehr heterogen sind, stellen die a.T. häufig keine standardisierten und genormten Verfahren dar. *Hä-R*

Apparat, psychischer, Ausdruck, der insbesondere in der Tiefenps. (FREUD) für die Differenzierung des Psychischen in →Systeme und →Instanzen gebräuchlich ist. →Es, →Ich, →Über-Ich Ⓛ LAPLANCHE

appeal [engl.], Appell, Aufforderungscharakter, Anreiz in der Reklame- und Verkaufsps., *short-circuit-appeal* = kurz dauernder A., durch Suggestion oder Ansprechen von Trieben, speziell tiefenps. Motivdynamik, *long-circuit-appeal* = lang dauernder A., durch Ansprechen der Vernunft oder durch Information.

Appersonierung, Appersonation, Symptom bei Psychosen, die Abgrenzung (Zuständigkeit) zwischen der Person und der Umgebung geht verloren. Fremdes wird auf die eigene Person übertragen. Man ist der Fremde.

Apperzeption [lat. *appercípere* etwas hinzu bemerken], bei HERBART im Sinne von →Auffassung als einer bewußten, geistigaktiven Tätigkeit des Aneignens eines Bew.inhaltes und seiner Eingliederung in die »Apperzeptionsmasse«. Bei WUNDT dagegen gleichsam eine Bew.steigerung, ein Vorrükken aus dem »Blickfeld des Bew.« (dort ist alles nur im Rahmen der überblickenden Perzeption vorhanden) in den »Blickpunkt des Bew.«. Die beiden Grundbedeutungen der A. sind somit gesteigerte (fixierende) Aufmerksamkeitsfunktion und gewollte und erstrebte klare Auffassung eines Inhaltes (GIESE: die Intelligenzfunktion des Verstehens und Begreifens, der Akt der auffassenden Aneignung). →Aufmerksamkeit • (philosoph.) Seit LEIBNIZ wird als empirische A. das wandelbare, inhaltlich wechselnde, jeweilige Ichbew. und als transzendentale A. die durchgängige und bleibende Einheit des Selbstbew. (= reine A.) bezeichnet.

Apperzeptionskategorien, syn. Apperzeptionsstadien (Aussage-, Assoziationsstadien und -kategorien).

In der seelischen Entwicklung des Kindes bestehen nach STERN folgende Stadien: Bis zum 8. Jahr Bevorzugung unzusammenhängender A. von Personen und Sachen (Substanzstadium). Im 9. bis 10. Jahr apperzipierende Beob. vorzüglich von Handlungen, Tätigkeiten (Aktionsstadium). Im 10. bis 13. Jahr Bevorzugung aller räumlichen, zeitlichen und innerlich begründeten Beziehungen (Relationsstadium). Vom 14. Jahr an gleichmäßige Verteilung der A. auf alle Gebiete (Qualitätsstadium). Die Bevorzugung der A. findet sich z. B. widergespiegelt im kindlichen Bericht, in der Erzählung, wie im gesamten Gedankenkreis.

Apperzeptionspsychologie, die der →Assoziationsps. entgegenstehende Richtung. Die Verknüpfung der Vorstellungen erfolgt nach der A. nicht mechanisch-assoziativ, sondern durch apperzipierende Bew.tätigkeit, d. h. mehr willensbestimmt. In diesem Sinne vertritt WUNDT eine A.

apperzipieren, ins Bew. aufnehmen, bewußt machen.

Appetenz [lat.], Verlangen, Trachten nach ..., Begehrlichkeit

Appetenz-Appetenz-Konflikt →Annäherungskonflikt

Appetenz-Aversions-Konflikt →Annäherungskonflikt

Appetenzverhalten, (biolog.) nach W. CRAIG (1918) das spezifische Suchverhalten nach der auslösenden Reizsituation. Es wird durch die →Endhandlung *(consummatory act)* im Verhaltensablauf abgelöst. Beim Stichling z. B. wird die Frühjahrswanderung (Appetenzverhalten) durch das Nestbauverhalten (Endhandlung) abgelöst. →Ethologie *P-S*

Appetitzügler, Pharmaka, die Appetit und Hunger bei Übergewicht verringern sollen. Die meisten A. haben aktivierende Wirkungen, viele können zu →Sucht führen. *J-E*

Apport, in der →Paraps. die angebliche, durch übernatürliche Kräfte bewirkte Fortbewegung von Objekten.

appraisal →Einschätzung

approach [engl.], Annäherung • Bez. für den Forschungsansatz, d. h. die Art der Annäherung an ein wissenschaftliches Problem.

approach-approach-conflict →Annäherungskonflikt

approach-avoidance-conflict →Annäherungskonflikt

Approximation, Annäherung (stetig oder diskret) – auch Angenähertheit – eines Zustandes/Prozesses an einen definierten anderen (→Lernen, →Adaptation, →Akkommodation). In der Sprachstatistik: nach Ordnungsgraden abgestufte A. an die quantifizierte Strukturiertheit der Gebrauchssprache.

Derartige A., die nach bestimmten Verfahren (SHANNON/WEAVER) hergestellt werden, haben die Form von Sprachzeichen-Abfolgen (Kunsttexten), in denen die relativen Auftretenshäufigkeiten von Zeichen (Buchstaben, Wörtern) und Zeichenkombinationen an deren Auftretenswahrscheinlichkeiten im normalen Text angeglichen sind. Zwischen dem Ordnungsgrad von A. und der Wahrnehmbarkeit, →Lesbarkeit, Lernbarkeit etc. der zugehörigen Kunsttexte bestehen systematische Beziehungen (→Grammatikalität, →Diagramm). Ⓛ SHANNON u. WEAVER 1949, SALZINGER 1962, TREISMAN 1965 *Z-N*

approximatives Bewußtsein ⟨C. G. JUNG⟩, »angenähertes« Bew. zwischen bewußt und unbewußt

Apraktagnosie →Apraxie

Apraxie, durch Hirnerkrankung oder -verletzung erworbene Unfähigkeit zur zielorientierten Ausführung von Bewegungen oder Bewegungshandlungen bei erhaltener Kapazität zur Erfassung der Bewegungsaufgabe (keine →Agnosie; keine →Demenz) und trotz erhaltener Kraft, koordinativer Beweglichkeit und normaler Reflexivität der einzelnen, intakten Körperteile (keine oder nur geringfügige Paresen und Koordinationsstörungen; keine Verletzungen, Verstümmelungen der zu bewegenden Körperteile). Angeborene Formen nennt man Dyspraxie. Hingegen umfaßt der Begr. A. alle Ausprägungsgrade der Verlust-Syndrome.

Unterformen: klassische Unterscheidung (LIEPMANN) einer ideatorischen A. (Störung der aufgabenorientierten Selektion von Teilbewegungen und in deren reihenfolge- und sinngemäßer Integration zu komplexen Handlungen, z. B. »Kerze auf Halter stellen und mit Streichhölzern anzünden«; einzelne Bewegungen können aber willkürlich ausgeführt werden und laufen auch reichlich ab) neben einer ideomotorischen, auch ideokinetischen A. (Unfähigkeit zu willkürlicher Ausführung einzelner, einfacher Bewegungen oder Beschränkung dieser Störungen auf einzelne Körperteile wie Hand, Finger, Gesicht (gliedkinetische A.), während komplexe Handlungen geordnet ablaufen); diese beiden Formen wurden in einen funktionalen Bezug gesetzt zu den *fluent-* (WERNICKE) und *nonfluent* -Formen (BROCA) unter den →Aphasien (BROWN 1975). Andere neurops. Einteilung in kinaesthetisch-afferente A. (metrisch sichere Ausführung der Einzelbewegungen gelingt nicht mangels kinaesthetischer Reafferentation) und kinetisch-efferente A. (Verlust der kinetischen Schemata zur sequentiellen, zeitgeregelten Reihenfolge- und Ablaufordnung von ganzen Bewegungsfolgen) LURIA (1970). In enger funktionaler Beziehung zur ideomotor. A. wie auch zur motor.-expressiven Aphasie steht die faciobuccolinguale A. (Unfähigkeit, Stirn, Backen, Kiefer, Lippen oder Zunge willkürlich in eine bestimmte Stellung zu bringen, obwohl alle beteiligten Muskelgruppen im mimischen Ausdruck, beim Essen, Sprechen oder anderen Synergismen beweglich sind). Die konstruktive A. (KLEIST), auch konstr. Apraktagnosie (engl. *constructional apraxia*) (Unfähigkeit zur Lösung von räumlich-figürlichen Formungsaufgaben) steht im Übergangsbereich zu den →Agnosien. Eine *dressing apraxia* (dtsch. Ankleide-A.) wird nicht überall als isoliertes Syndrom angesehen (POECK 1969). Hingegen müssen die einseitigen, nur in einer Körperseite wirksamen A. funktional gesondert betrachtet werden.

Diagnostik mittels (1) Nachahmenlassen von Bewegungen, Gesten, Körperteilstellungen; (2) sprachl. Instruktion; (3) Hantierenlassen mit Gebrauchsgegenständen; (4) Konstruktionsaufgaben wie Puzzles, Mosaikwürfel, Streichholzbauen, Zeichnen. Ⓛ HECAEN u. ALBERT 1978. *G-N*

A.P.S., American Psychopathological Society

apsychisch, apsychonom, entsprechend der verneinenden Vorsilbe bedeuten beide Begr., daß etwas nicht-psychisch oder außerhalb des ps. Bereiches ist. G. E. MÜLLER hat das Wort apsychonom noch zur besonderen Bez. derjenigen Faktoren eingeführt, die psychische Wirkungen hervorrufen, ohne selbst psychischer Natur zu sein (z. B. Stimulantien, Rauschgifte).

aptitude [engl.] →Fähigkeit, →*ability*

Aptitude-Tests, Bez. für Begabungstests

aptitude-treatment interaction, ATI, Wechselwirkung zwischen Schülermerkmal und Lehrmethode bzw. Schülermerkmal und Unterrichtsmethode (WSU). Ⓛ KLAUER 1978 *F-R*

AQ, *achievement quotient* →Leistungsquotient

Äquationsteilung, zweite Reifeteilung der →Meiose. →Reduktionsteilung

Äquilibration, Equilibration [zu lat. *aequilibrium* Gleichgewicht], nach PIAGET die Herstellung eines Gleichgewichts zwischen zwei kognitiven Tätigkeiten (meist zwei widersprechenden Schlüssen aus Wahrnehmungen). Ä. führt (bei Kindern angeblich erst nach dem 6. Lebensjahr) bei der Menge, der Zahl, der Zeit, des Raumes etc. zum →Invarianz- oder →Identitäts-Urteil (trotz der Veränderung anschaulicher Daten).

Beispiel: Verformung einer »Wurst« aus Knetmasse oder Umschütten von Perlen in Gläser mit versch. Durchmesser. Der Ä.-prozeß soll hier in vier Schritten ablaufen: (1) Zentrierung auf die Eigenschaft A (z. B. die Länge oder die Höhe), (2) Zentrierung auf die Eigenschaft B (z. B. die Dicke oder den Durchmesser), (3) Schwanken zwischen beiden Eigenschaften, (4) gemeinsames Erfassen beider in einem kognitiven Akt (Herstellung des Gleichgewichts, Invarianz-Urteil). Ä. hängt also nicht nur von der Erfahrung, sondern auch von der Aktivität des Individuums ab und soll auch andere widersprechende Kognitionen als die genannten betreffen. Die Ä.-theorie ist in gezieltem Gegensatz zur S-R-Lerntheorie konzipiert worden und hat gewisse Ähnlichkeit mit FESTINGERS Theorie der →kognitiven Dissonanz und mit HEIDERS →Balance-Theorie. →Gruppierung Ⓛ PIAGET 1976 *B-S*

Äquilibrismus, scholastische Lehre vom Gleichgewicht der Motive des freien Willens.

Äquipotentialität, äquipotentiell [lat.], von gleicher Fähigkeit. Bez. für die Möglichkeit, ausfallende Organfunktionen zu ersetzen

(z. B. ist ein Hirn-Rindenfeld ä., wenn es für ein verletztes anderes eintritt). • DRIESCH bezeichnete organ. Systeme als ä., wenn Teile das Ganze entwickeln können (z. B. beim Seeigelei; auch Teile davon können den ganzen Organismus aufbauen).

äquivalent [lat.], gleichwertig, etwas anderem entsprechend. Vgl. nachstehende Stichwörter. →assoziatives Ä.

Äquivalente, epileptische →epileptische Ä., →Ä., psychische

Äquivalente, Methode der, eine von E. H. WEBER im Zusammenhang mit seinen Untersuchungen über Unterschiedsschwellen entwickelte Meth. Danach bekommt die Vp einen konstanten Reiz dargeboten, dem sie einen variablen Reiz anzupassen hat, bis ihr beide gleich erscheinen.

Äquivalente, psychische, Bez. für ps. Störungen mit Bewußtseinsveränderungen, wenn diese an Stelle eines epileptischen Krampfanfalles auftreten. Es sind dies in gradweiser Steigerung Verstimmungen, Dämmerzustände, Delirien, →epileptische Ä.

äquivalente Reize, Bez. für Reize, auf die gleiche Empfindung (Reaktion) folgt.

äquivalente Reize, Methode der, Bez. für eine 1931 von KLÜVER eingeführte Methode zur Untersuchung der Frage, welche Teilmomente einer Reizsituation in Lernexperimenten eigentlich wirksam sind und welche auswechselbar.

Äquivalentnormen, Normwerte eines standardisierten Tests, die sich am Mittelwert von Gruppennormen orientieren. Der im Test gewonnene Wert eines Probanden wird äquivalent zu einem mittleren Testwert einer Gruppe in Beziehung gesetzt. →Normskalen *Hä-R*

Äquivalenz, Objekte heißen äquivalent, wenn zwischen ihnen eine Äquivalenzrelation besteht. Eine Relation heißt Äquivalenzrelation, wenn sie folgenden Gesetzen gehorcht: 1. Jedes Objekt ist äquivalent mit sich selbst (Reflexivität). 2. Sind zwei Objekte einem dritten äquivalent, so sind sie untereinander äquivalent (Transitivität). 3. Ist ein Objekt einem zweiten äquivalent, so auch das zweite dem ersten (Symmetrie).

Äquivalenz (testps.), die Gleichwertigkeit von Testaufgaben. Vgl. Paralleltest

Äquivalenz, funktionale, zwei Reize haben f. Ä., wenn sie, obwohl phänomenal verschieden, mit gleichen Reaktionen beantwortet werden (→äquivalente Reize) *B-S*

Äquivalenzprinzip ⟨V. v. WEIZSÄCKER⟩, Bez. für ein Grundverhältnis von Reizmannigfaltigkeit und Erscheinung. Ein Prinzip der Vertretung oder Stellvertretung bei der Einordnung des biologischen Subjekts in seine Umwelt. METZGER nennt es »Gesetz der gegabelten Wirkung«.

Z. B. ist das Netzhautbild Grundlage für anschauliche Nähe und Größe eines Wahrnehmungsdinges. Beim Größerwerden des Netzhautbildes unter Beständigkeit der übrigen Bedingungen kann entweder eine Vergrößerung des Gesehenen oder ein Näherkommen oder ein Verhältnis dazwischen vorliegen. Was der einen Teilerscheinung zugute kommt, geht der anderen verloren und umgekehrt. Das Gesamt der Teilwirkungen bleibt konstant in dem System, in dem es auftaucht. Ⓛ METZGER, WEIZSÄCKER

Äquivalenztheorie ⟨MEUMANN⟩, Lehre, daß beim Kunstgenuß das Kunstwerk zwar nicht für wirklich gehalten, wohl aber als Wirklichkeitsersatz erlebt wird.

Äquivokation, Gleichheit der Namen zweier Begriffe, z. B. Strauß = Vogel und Strauß = Blumenbukett. • In der Informationstheorie wird der Begr. auf fehlübertragene Information angewendet. Information, die bei der Sendung über einen →Kanal verlorengeht, heißt Sendeäquivokation. Information, die falsch empfangen wird, heißt Empfangsäquivokation.

arachnoidea →Gehirn

ARAS bzw. ARS bzw. RAS, Abk. für »aufsteigendes retikuläres aktivierendes System«, lokalisiert in der →*formatio reticularis*. Erregung bewirkt allg. →Aktivierung. Die Bez. RAS stammt von den amerik. Hirnphysiologen H. W. MAGOUN u. G. MORUZZI. →Aufmerksamkeit, →arousal

Arbeit [gr. *ponos,* mhd. *arebeit,* beides Not, Mühsal; das frz. *travail* kommt vom lat. *tripalium* (*palus* Pfahl), dem aus Pfählen bestehenden Joch der Zugtiere], i. allg. die auf ein Ziel (Ausführung einer Aufgabe) ausgerichtete, durch systematischen und planmäßigen körperlichen, geistigen und seelischen Einsatz gekennzeichnete, der Sicherung des Lebensunterhaltes und der Bedarfsbefriedigung dienende Tätigkeit. Das Arbeitsziel erfordert: spezifische Motivierung – besonderen Willenseinsatz – kognitive Anforderungen – Antizipation des Zieles, das rückwirkend als regulative Funktion für die gesamte Arbeit wirkt – laufende Planung und Kontrolle – Sonderbedingungen wie Zeit, Umwelt, Mitwirkende, Material, Sicherheit u. a. m.

Jede A. kann als Handlung angesehen werden, die, mit individuellem wie überindividuellem Sinngehalt ausgestattet, von z. B. Affekthandlungen wohl zu unterscheiden ist (HACKER 1973). Die Variablen Fähigkeit und Eignung differenzieren das Gegenüber von Mensch und Arbeit entscheidend weiter, und nicht zuletzt steht der Mensch sehr verschiedenartigen A. gegenüber: z. B. handwerkliche A., industrielle Fertigung, Hilfsarbeit, angelernte A. und A. mit Lehrzeit, wissenschaftl. A. Weiteres →Arbeitspsychologie. Ⓛ bei Arbeitsps. • Berufsarbeit ist als eine »Kollektiv-Dauerform der menschl. Arbeit« (MOSER 1953) zu bezeichnen, die, durch Tradition geprägt, mehr oder weniger von der Gesellschaft legalisiert und organisiert, dazu dient, gegen geregelte Entlohnung bestimmte Bedürfnisse der Gesellschaft zu befriedigen. →Beruf

Arbeitsanalyse, bei der Arbeits- und Eignungsdiagnose ist eine vorausgehende Analyse derjenigen Arbeit, auf die hin untersucht werden soll, erforderlich.

Die Analyse umfaßt Tätigkeitsbeschreibung (Anforderung nach Art und Umfang der muskulären bzw. geistigen Arbeit. Beanspruchung aus den versch. »Umfeldern« der Arbeit: physisches Umfeld wie Lärm, Vibration, Temperatur – psychosoziales Umfeld wie Arbeitsgruppe, Mitarbeiter, Vorgesetzte, Betriebsform, Institution – wirtschaftliches Umfeld wie Verdienst, Aufstieg). Für viele Arbeiten (Berufe) sind solche A. erstellt, doch bleibt meist die Analyse des besonderen Arbeitsfeldes im einzelnen Diagnosefall noch zu berücksichtigen. Ⓛ SCHMIDTKE

Arbeitsbelastung, die psycho-physische Belastung durch die Arbeit, die man zumeist als Funktion des Energieverbrauches (Umfang der eingesetzten Muskelarbeit, Grad der statischen Beanspruchung, Grad der Ermüdung), damit aber unzureichend zu bestimmen (»messen«) sucht. In der Herzbelastung sieht man ein (zusätzlich) besser geeignetes Globalmaß. →Arbeitsbewertung, →Arbeitsperiode. Ⓛ GRANDJEAN

Arbeitsbewertung, ein Verf., um für alle vorkommenden Tätigkeiten Arbeitswerte zu bestimmen und diese für wissenschaftliche (arbeitsps., arbeitsmed.) Zwecke, wie praktische Belange (Gehalts- und Lohneinstufungen) zu klassifizieren, Anforderungen und Beanspruchungen werden dabei meist durch gestufte Merkmale näher umschrieben. →Arbeitsbelastung. Ⓛ BLOCH

Arbeitscharakter, (allg.) das die Arbeit spezifisch charakterisierende Moment (Schwer-, Erd-, Kopfarbeit etc.). • Die Gesamtheit derjenigen Persönlichkeitszüge, die das Arbeitsverhalten bestimmen, wie Wille, persönl. Tempo, Ausdauer, Zuverlässigkeit, Monotonieeignung u. a. m. →Arbeitstypen

Arbeitsgedächtnis, Arbeitsspeicher. →Gedächtnis

Arbeitshand, die werkgestaltende Hand (im Ggs. zur Ausdruckshand) als Grundlage für die Anforderungen bei bestimmten Tätigkeiten. →Hand, →Fertigkeit Ⓛ F. GIESE 1928

Arbeitshypothese, eine Annahme, die der Forschung (Untersuchung u. a.) als Grundlage dient. →Datenerhebung, →Falsifikation

Arbeitskasten Ⓣ GIESE

Arbeitskurve, graphische Darstellung des »Leistungswegs« bei Arbeitsleistungen. Der Verlauf der Kurve wird vor allem beeinflußt durch die bei jeder fortlaufenden Arbeit auftretenden Erscheinungen der →Ermüdung, →Arbeitsschwankungen, Übung, Gewöhnung, Ablenkung, Neuantrieb. • Die A. wurde durch den Psychiater KRAEPELIN entwickelt mit fortlaufendem Addieren (→Addiermethode). PAULI baute die A. zu einem das Arbeitsverhalten, wie auch die Charakterstruktur aufdeckenden Testmittel aus (vgl. Testanhang). Ⓛ KRAEPELIN, PAULI/ARNOLD

Arbeitsmotivation, (allg.) die Gesamtheit der Beweggründe für die Ausführung einer Arbeit. • A. ist Erwartungshaltung gegenüber der Arbeit. Ein Ist-Zustand wird auf einen Soll-Zustand bezogen. Die A. entsteht durch wahrgenommene Gefälle zwischen den beiden Zuständen. *F-R*

Arbeitsmotorik →Arbeitsstudie, →Bewegungsentwurf, →Bewegungsstudie, →GILBRETH-Bewegungsstudie

Arbeitspädagogik, die Gestaltung der erzieherischen Aufgabe, die mit der Arbeit i. allg. und besonders der Ausbildung und Arbeitsschulung (Lehre, Anlernen usw.) verbunden ist. Als wichtig sind die verstärkte Anwendung ps. Verfahren bei der Berufsausbildung sowie die Entwicklung von Anlernverfahren auf ps. Grundlage und ebenso die ps. Ausrichtung der Schulungskurse (Training) für Vorgesetzte aller Grade hervorzuheben. →Refa, →TWI

Arbeitspause →Arbeitsperiode, →Pause

Arbeitsperiode, die bei laufend sich wiederholenden Arbeiten durch Zeit und Leistung sich ergebende Einteilung. Die A. ist abhängig von Zahl und Art der Arbeitsgänge, von der Arbeitsweise und den Arbeitsbedingungen. Insbesondere lassen (im Unterschied zur vollautomatischen Produktion) die menschlichen Faktoren Ermüdung und Erholung keine gleichmäßigen Abläufe der A. zu. →Arbeitszeit. Ⓛ LEHMANN, SCHMIDTKE

Arbeitsphysiologie, der Zweig der Physiologie und der Arbeitsmedizin, der sich mit den (normalen) Organfunktionen bei der Berufsarbeit befaßt (z. B. Atmung, Ermüdung, Stoffwechsel bei den versch. Arbeitsverrichtungen und körperlichen Beanspruchungen). Aufgabe der A. ist zugleich, Verbesserungen für den Arbeitsprozeß (z. B. zur Schaden- wie Unfallverhütung, zur Ernährung und Kleidung, zur →Arbeitszeit und Pausengebung) zu ermitteln und zu empfehlen. Zentralstelle in Deutschland: MAX-PLANCK-Institut für Arbeitsphysiologie in Dortmund. Ⓛ GRANDJEAN

Arbeitsprobe, ein Test, der auf die Diagnose des Arbeitsverhaltens zielt (z. B. Drahtbiegeprobe). Im Vergleich zur Probearbeit ist die Auswirkung der Arbeitserfahrung auf ihr Ergebnis relativ gering. Sie bietet gute Möglichkeiten zur Beobachtung des Arbeitsverhaltens und wird deshalb vorwiegend zur Beurteilung der Eignung für praktische Berufe angewandt.

Arbeitspsychologie (Aps.), der Teilbereich der Psychologie (insbesondere der angewandten, doch auch der theoretischen Ps.), der sich mit den verzweigten und mehr/minder hochdifferenzierten Beziehungen zwischen Mensch und Arbeit und ihren psychol. Belangen befaßt. Im einzelnen sucht dabei die Aps. eine Reihe von »Schwerpunktaufgaben« (nach HACKER 1973 25) zu lösen:

(1) optimale Aufgabenverteilung »vermittels ps. Analyse, formalisierter Beschreibung sowie technischer Nachbildung von besonders zweckmäßigen menschlichen Zuordnungs-, Klassifizierungs- und Problemlösungsleistungen«;
(2) ps. Bestgestaltung der Arbeitsmittel (einschl. →Mensch-Maschine-Systemen), Arbeitsverfahren und organisatorischen Lösungen;
(3) lernps. Bestgestaltung der Ausbildungsverfahren und Ausbildungsmittel für Berufsausbildung, Anlernung, Umschulung, Rehabilitation, Arbeitstherapie;
(4) Bereitstellung von ps. Grundlagen zur Entwicklung von Arbeitseinstellungen und Bestgestaltung der industriellen Arbeitsgemeinschaften;
(5) ps. Arbeitskräftezuordnung einschl. der zugehörigen psychodiagnostischen Aufgaben;
(6) Bestimmung von Art, Ausmaß und Wirkung ps. Anforderungen bis hin zur Zumutbarkeit ps. Beanspruchung als Grundlage aller Arbeitsgestaltungs-, Qualifizierungs-, Arbeitszuordnungs-, Arbeitsbemessungs- (Normungs-), Entlohnungs- und Erholungsregimelösungen.

Bei allem ist nicht zu übersehen, daß ohne Mitwirkung weiterer Diszipline (Technik, Medizin, Individual- wie Sozialrecht u. a. m.) diese aps. Ziele nicht realisierbar sind.

Die Arbeitszufriedenheit als »Grad der Übereinstimmung zwischen den (variablen) Ansprüchen des Arbeitenden einerseits und der Erfüllung, die ihm andererseits aus der (Arbeits-)Tätigkeit zuteil wird« (LÖSSL 1978, 55), ist von der Aps. sowohl durch Befragung, wie auch durch »Messung« mit Arbeitsbeschreibungsbogen (NEUBERGER u. ALLERBECK 1978) oder mit Skalen (FISCHER u. LUCK 1972) untersucht worden. FRANKE (1980, 45) zitiert neun Faktoren: Zufriedenheit mit (1) dem Arbeitsinhalt, (2) dem Forderungsniveau, (3) der sozialen Eingliederung, (4) der Bezahlung, (5) der Arbeitsumgebung, (6) der Beachtung der Persönlichkeit, (7) der Zukunftssicherung, (8) dem Führungsverhalten und (9) dem Firmenstil.

Als ps. Basis dafür, daß der Mensch überhaupt »Arbeit« ausüben kann, gelten nach HELLPACH (1933, 1951^3) Bewegungslust, Spieltrieb, Leistungsstreben, Erlebnisdrang, Genußstreben und zusätzlich die Möglichkeit zur »Projektion« von Liebe, Aggression und Kompensation in den Arbeitsvorgang. Geschichtlich ist die Aps. weit zurückzuverfolgen, zumal dann, wenn man solche schon »vorzeitige« Ansätze beachtet, wie die Arbeitsverteilung auf Mann und Frau und nach brauchbarer »Eignung« sowie die Leistungsverbesserung durch Arbeitsrhythmisierung mit Gesang oder Trommeln etc. (z. B. bei der Feldarbeit, beim Rudern, beim Teppichknüpfen – BÜCHNER 1899). Dennoch hat die systematische Beachtung solcher Zusammenhänge und damit die Aps. in heutiger Bedeutung eine recht junge Geschichte: der Psychiater E. KRAEPELIN (1856–1926) und der Mediziner und Psychologe H. MÜNSTERBERG (1863–1916) gelten als ihre Begründer. Ersterer mit seinem Bemühen, eine Arbeit (fortlaufendes Rechnen) systematisch nach den Einflüssen von Übung, Ermüdung, Spannung etc. zu analysieren (→Arbeitskurve), letzterer ausgehend vom Problem der Arbeits- und Berufseignung mit Ausweitung über die gesamte praktische Kultur (→Psychotechnik). Über F. W. TAYLOR (1856–1915, →Arbeitsrationalisierung) und F. B. GILBRETH (1868–1924, →Bewegungsstudie) entwickelte sich die Aps. dann rasch mit zunehmender Beachtung in Wirtschaft und Technik. Das infolge der voraufgegangenen (zweite Hälfte 19. Jhd.), einseitigen,

»proletarisierend« wirkenden Industrialisierung verständliche Drängen nach Humanisierung der Arbeit (Probleme wie Ermüdung, Arbeitszeit, -pausen, -platzgestaltung standen im Vordergrund) rief die Aps. zur Mitwirkung auf, wenn diese damals auch, durch die Arbeitsrationalisierung mit ihren Zeitstudien (der gefürchteten Stoppuhr!) etwas ins »Zwielicht« geriet. Dies besonders in der Industrie und hier am neu aufgekommenen Fließband. Doch Großuntersuchungen in den zwanziger und dreißiger Jahren wie das →Hawthorne-Experiment oder die Bata-Untersuchung (tschechische Schuhindustrie) konsolidierten rasch die Aps., zumal sie zeigen konnte, wie sehr und vielfältig Mensch und Arbeit sich bedingen. Unter Wissenschaftern wie E. MAYO in den USA, C. S. MYERS in England, G. FRIEDMANN in Frankreich, F. GIESE, B. HERWIG, W. MOEDE in Deutschland, E. CLAPAREDE in der Schweiz (andere wären noch zu nennen!) wurde die Aps. dann auch Lehrfach an den Hochschulen. • Eine Einheitlichkeit in der Frage, ob das Aufgabengebiet besser als Arbeitsps., als Betriebsps. oder als Wirtschaftsps. zu bezeichnen ist, ist bis heute noch nicht erreicht Ⓛ MAYER u. HERWIG 1970[2] (dort eingehende Lit.angaben)

Arbeitsrationalisierung, damit sollen am Arbeitsplatz die einzelnen Arbeitsgänge sachlich und zeitlich zwingend aufeinander abgestimmt werden, um einen wirtschaftlichen Arbeitsablauf zu erzielen. Die A. wurde von TAYLOR als *»scientific management«* eingeführt (→Taylorismus). →Arbeits-, →Zeit- und →Bewegungsstudien, dazu die Verwertung aller Ergebnisse aus der Ermüdungsforschung, sowie der →Monotonie-, →Unfall- und →Lärmforschung und schließlich aus weiteren subjekt- und objekt-ps. Forschungen (wie Investitionsplanungen) bestimmen das Bild der modernen A. (z. B. Refa-Verfahren).

Arbeitsschauuhr ⟨POPPELREUTER⟩, Vorr. zur Veranschaulichung des zeitlichen bzw. in Einheiten unterteilten Ablaufs beliebiger Arbeitsleistungen

Arbeitsschreiber →Dynamometer

Arbeitsschwankungen, die menschl. bedingten Abweichungen der Arbeits-Teilleistungen vom Mittelwert (positiv wie negativ). Ursache: Übung, →Ermüdung, Gewöhnung, Anregung bei Beginn, Antrieb, Übungsverlust nach Arbeitsunterbrechung, Erholung, u. ä., →Arbeitskurve. →Arbeitspsychologie Ⓛ SCHMIDTKE 1965

Arbeitssicherheit, Sammelbez. für die gegenüber den Arbeitsgefahren erforderlichen Maßnahmen: gesetzliche und organisatorische Anordnungen zur Unfallverhütung, Verbesserung und Neueinführung technischer Vorrichtungen zum Körperschutz, Aufklärung, Schulung, Training u. a. m. Ⓛ VALENTIN

Arbeitsstudie, mit weiter gestecktem Ziel als die →Zeitstudie stellt die A. sich die Aufgabe, Arbeitsvorgänge auf ihre Anpassung an die psycho-physische Natur des Menschen zu untersuchen und Verbesserungen objektpsychotechnischer Art zu ermöglichen. Kann auch zu rein ökonomischen Zwecken der →Arbeitsrationalisierung (möglicherweise zum Nachteil des arbeitenden Menschen) gebraucht werden. Als Schöpfer der A. gilt TAYLOR (→Taylorismus), auch GILBRETH verdient Erwähnung. →Arbeitspsychologie

Arbeitsteilung, die mit der kulturellen Entwicklung fortschreitende Aufgliederung der menschlichen Arbeit in einzelne Berufe. Auch auf primitiven Kulturstufen findet sich schon eine Art A. innerhalb der Familie oder nach Altersklassen. • Die Zerlegung des Arbeitsprozesses in einem Betrieb in einzelne Teilvorgänge, die von verschiedenen Arbeitskräften ausgeführt werden. • (biolog.) Die Ausübung der einzelnen Lebenstätigkeiten durch die verschiedenen Organe des Körpers oder (bei Tierstöcken) durch die einzelnen Individuen. →auch Differenzierung

Arbeitstherapie – Beschäftigungstherapie, die Anwendung der Arbeit bzw. Beschäftigung zu Heilzwecken, sei es bei ps. Krankheiten oder Störungen, sei es zur Wiedergewinnung der Arbeitsfähigkeit, z. B. bei Körperbeschädigten. Nach JANZ (1974) ist B. »eine Behandlung mit sinngebundener und zweckbezogener Tätigkeit, A. eine Behandlung mit zweckgebundener und sinnbezogener Tätigkeit … Unter ›Sinngehalt‹ ist alles zu verstehen, was dem Bereich des Ästhetischen zugehört. Mit ›Zweckbestimmung‹ ist alles gemeint, was auf eine nützliche Verwendung hinzielt.« • Neuerdings werden die Begr. Ergotherapie und Werktherapie benützt, wohl auch um dem Wandel in der Einschätzung von Arbeit und Beschäftigung zu begegnen.

• Die Methoden der A. und B. sind vielfältig und anpassungsfähig. Dennoch bestehen Grenzen. Die Therapiearbeit dürfe kein beschäftigter Müßiggang sein, sie müsse ernst sein und sich an der oberen Grenze der Leistungsfähigkeit des Patienten orientieren. (SIMON 1927, 1929), andererseits ist jeder Leistungsdruck zu vermeiden. Bei der

Therapiebeschäftigung sind durch die Einbeziehung des Ästhetischen und Schöpferischen andere Grenzen gezogen. Ⓛ JANZ 1974, JENTSCHURA 1974, SIMON 1927

Arbeitstypen, eine Unterscheidung von Personen nach den Hauptmerkmalen ihrer Arbeitsleistung, z. B. nach der Art der Tätigkeit, die sie bevorzugen bzw. für die sie am besten geeignet sind, oder nach der Art des Verlaufs ihrer Arbeitsleistung (z. B. der unterschiedlichen Lage der Höchstleistung, Anstieg und Abfall im Arbeitsverlauf).

Arbeitsunfall →Unfall

Arbeitsversuch, allg. und bes. in der →Rehabilitation angewandtes Verf. zur Ermittlung der Leistungsfähigkeit (→Leistungsexperiment). • Experiment zur Erforschung der Arbeit und ihrer ps. Faktoren. Solche Versuche können als →Arbeitsstudie mit dem Ziel der Verbesserung von Arbeitsvorgängen und -situationen aufgebaut, oder auch als →Arbeitskurve ausgewertet werden.

Arbeitswerte →Arbeitsbewertung

Arbeitswissenschaft, Inhalt ist die »Analyse und Gestaltung von Arbeitssystemen und Arbeitsmitteln, wobei der arbeitende Mensch in seinen individuellen und sozialen Beziehungen zu den übrigen Elementen des Arbeitssystems Ausgang und Ziel der Betrachtungen ist, Arbeitswissenschaft ist deswegen die Wissenschaft von (1) der menschlichen Arbeit, speziell unter den Gesichtspunkten der Zusammenarbeit von Menschen und des Zusammenwirkens von Mensch und Arbeitsmitteln bzw. Arbeitsgegenständen, (2) den Voraussetzungen und Bedingungen, unter denen sich die Arbeit vollzieht, (3) den Wirkungen und Folgen, die sie auf Menschen, ihr Verhalten und damit auch auf ihre Leistungsfähigkeit hat sowie (4) den Faktoren, durch die Arbeit, ihre Bedingungen und Wirkungen menschengerecht beeinflußt werden können.« (Def. der Gesellschaft für Arbeitswissenschaft: Denkschrift »Arbeitswissenschaft in der Gesetzgebung«, 1974). →Ergonomie

Arbeitszeit, Verteilung (Einteilung) der Arbeit. Von besonderem Interesse ist die Auswirkung von Ermüdung und Erholung auf die A. Da beide nicht geradlinig, sondern progressiv verlaufen (je länger eine Tätigkeit ohne Unterbrechung anhält, um so steiler wächst die Ermüdung – die Erholung sinkt nach größter Anfangsauswirkung rasch ab), steht die vermehrte Kurzpause statt weniger Langpausen im Vordergrund heutiger A-Einteilung. →Arbeitsperiode. →Freizeit, →Pause Ⓛ LEHMANN, SCHMIDTKE

Arbeitszufriedenheit →Arbeitspsychologie

arc de cercle [frz. Kreisbogen], Bez. von CHARCOT für eine als hysterische Reaktion ausgelöste Körperstellung (Brückenstellung mit Stützen auf Hinterkopf, Schultern u. Füße)

archaisch [gr. *arche* Anfang], altertümlich, ursprünglich, auch infantil, im Sinne der ps. Vorstellungen und Denkweisen des vorgeschichtlichen und antiken Menschen früher Kulturen, aber auch heutiger Menschen in Clan, Sippe oder Stamm von (primitiven) Naturvölkern. Der Ausdruck enthält kein Werturteil, sondern weist nur darauf hin, daß sich die betr. Vorst. bereits in frühen Stadien, bes. auch in alten Mythen (→Mythus), findet. JUNG spricht von »archaischen Bildern« und Archetyp. →Unbewußtes *S-G*

archaisches Denken, urtümliches Denken, z. B. Glaube an Dämonen, Geister, Vorzeichen usw. Auch in den Wahnideen Geisteskranker sind archaische Denkinhalte erkennbar. →Atavismus, →Totemismus, →Archetyp. Ⓛ STORCH

Archetyp, Urbild, urtümliches Bild. • Von der Struktur der →Analyt. Ps. her sind die A. die »Dominanten des Kollektiven Unbewußten« (JUNG 1916) oder des Objektiv-Psychischen. Der A. ist ein a priori vorhandener unanschaulicher typischer Anordner formaler Natur, der inhaltlich von den archetypischen Bildern einer bestimmten Kultur und des Einzelmenschen angefüllt wird.

Die A. sind zu vergleichen dem Achsensystem eines Kristalls, welches die Kristallbildung in der Mutterlauge präformiert, ohne selber stoffliche Existenz zu besitzen. Das Archetypische wird aus dem Effekt erkannt. Das Kristallgitter bestimmt, welche Kristalle möglich sind, die Umwelt entscheidet, welche dieser Möglichkeiten verwirklicht werden. A.bilder enthalten zugleich Bild und Emotion. Das kollektive Unbewußte enthält die Gesamtheit aller A. als Niederschlag allgemeinmenschlicher Erfahrungen. Die Formen der a. Vorstellungen (nicht ihr Inhalt) sind vererbbar und den bei Tieren angeborenen Schemata (K. LORENZ) wie Nestbau, Bienentanz, Werbung vergleichbar. • A. können spontan und während eines psychotherapeutischen Prozesses auftreten. Sie haben heilende Wirkung, weil sie infolge ihrer Gegensatzstruktur die Einseitigkeit der bewußten Einstellung ergänzen können. Ⓛ JACOBI 1957, JUNG 1954, 1967, LORENZ 1943, PORTMANN 1950 *P-R*

Architekturpsychologie →ökologische Ps.

A-R-D-System, *attitude-reinforcer-discriminative system,* Hypothese von Staats (1968), die besagt, daß →Einstellungen je eine affektive, verstärkende und (kognitive) unterscheidende (diskrimierende) Funktion hätten. *B-S*

Areflexie, Reflexlosigkeit. Bez. für das Fehlen der normalen Reflexe

Argument, als A. bezeichnet man semantische Konzepte, die ein Prädikat in einer →Prädikat-Argument-Struktur oder Proposition mit sich führen. Die wichtigsten Argumenttypen sind nach Chafe (1970) und Fillmore (1968) der Initiator einer Handlung (Agent), das Konzept, das von einer Handlung oder einem Prozeß betroffen wird (Patient bzw. Objekt), das Konzept, mit dem eine Handlung ausgeführt wird (Instrument), und der Empfänger eines Handlungobjektes (Rezipient). Gelegentlich werden auch Ursprung und Ziel sowie Zeit und Ort einer Handlung bzw. eines Prozesses als A. aufgefaßt. →Kasusgrammatik Ⓛ Engelkamp 1976 *E-P*

Argyll-Robertsonsches Phänomen, die von A.-R. 1869 beschriebene reflektorische Pupillenstarre, besonders bei →progressiver Paralyse und →Tabes dorsalis. Im Ggs. zur absoluten Pupillenstarre (bei lues cerebri) ist die Konvergenzreaktion (→Konvergenz) vorhanden. Vgl. Adie-Syndrom

*

Argyll-Robertson, Douglas / 1837–1909 / Ophthalmologe / Edinburgh

Arima, Abk. für *autoregressive-integrative-moving-average,* Verfahren der →Zeitreihenanalyse nach Box u. Jenkins (1970).

Aristotelischer Versuch, eine angeblich von Aristoteles stammende Beobachtung. Kreuzt man über einer kleinen Kugel Mittel- und Zeigefinger der Hand so, daß die sonst abgekehrten Fingerseiten sich gegenüberstehen, so hat man die Empf., zwei Kugeln in normaler Fingerstellung zu berühren.

arithmetisches Mittel →Mittelwert

Arithmomanie [gr. *arithmós* Zahl], zwanghaftes Zählen →Zwang

Arkadenschrift →Graphologie (Tabelle)

arm-chair-psychology [engl. Lehnstuhl-Psychologie], abschätzige Bez. von E. W. Scripture für die ps. Richtungen, die keine empirischen oder experimentellen Ergebnisse zur Grundlage haben.

Army-Alpha-Test Ⓣ Yerkes

Army-Beta-Test Ⓣ Yerkes

Army General Classification Test Ⓣ US Army

arousal [Wachheit, Erregung], allg. Zustand diffuser kortikaler Anregung, der auf sensorische Stimulation folgt. →Aktivation, →Aufmerksamkeit, →Emotion, →Orientierungsreaktion Ⓛ Moruzzi/Magoun 1949

Arrangement [frz. Anordnung, Vergleich], in der →Individualpsychologie Adlers die unbewußt tätigen, sinnhaften, aber künstlichen seelischen Sicherungen. Eine »Technik« der Konfliktumgehung u. ein →Abwehrmechanismus des Ich. Ⓛ Adler

ARS, *arousal reaction system, →formatio reticularis*

Art (Spezies), in der biologischen Systematik definiert man heute eine A. als eine Gruppe von Populationen, zwischen denen ein Austausch von Erbanlagen (Genfluß) durch Verpaarung stattfindet oder zumindest theoretisch möglich ist. Sog. Isolationsmechanismen (z. B. Verschiedenheit der Auslöser zum Paarungsverhalten) verhindern eine Verpaarung mit Individuen anderer Arten. Dadurch ist die A. (als nach außen abgeschirmte genetische Einheit) die einzige objektiv in der Natur vorhandene systematische Kategorie (i. Ggs. zu Gattung, Ordnung, Klasse etc.). Ⓛ Mayr, Hennig *Sch-S*

Artbildung, fundamentaler Evolutionsprozeß, mit dessen Hilfe es zur heutigen Artenvielfalt gekommen ist. Der Begr. ist an sich irreführend, da es keine Neubildung von →Arten gibt, sondern immer nur eine Aufspaltung schon vorhandener Arten durch sog. Isolationsfaktoren (z. B. geographische Isolation) in 2 oder mehr »neue« Arten. →Abstammungslehre. Ⓛ Mayr, Hennig *Sch-S*

Artefakt [lat.], Kunstprodukt. Von Menschenhand hergestellt im Unterschied zum Naturgebilde. • Bei →Ausdruckssymptomen solche Erscheinungen, die nicht die zu erfassenden Verhaltensmerkmale wiedergeben, sondern durch Nebeneinflüsse oder (apparative) Störungen entstanden sind.

Arterhaltungstrieb, ungenauer Sammelbegriff, mit dem sämtliche arterhaltenden Verhaltensweisen (es handelt sich dabei immer um Appetenzhandlungen) zusammengefaßt werden können. *Sch-S*

Arteriosklerose [gr. *artereia* von *aér* Luft und *teréo* bewahre auf – man nahm früher an, daß die Gefäße lufthaltig seien –, *sklerós*

hart, spröde], Entartungs-(Alterungs-)Vorgänge in den Schlagaderwandungen, die zu Verhärtungen führen (daher die volkstümliche Bez. Arterien»verkalkung«), mit Störungen des Kreislaufs, Blutdrucks, des Herzens, psychischen Veränderungen (arteriosklerotische →Demenz) u. a. m.

artifizielle Intelligenz (AI), künstliche, maschinelle Intelligenz; Teilgebiet der Computerwissenschaft, Informatik. Ziel ist die Programmierung von →Computern für Aufgaben, deren Bewältigung durch Menschen als intelligente Leistung bezeichnet würde.

Wichtige Anwendungsgebiete der AI sind maschinelles →Problemlösen, Bedeutungsanalyse und Übersetzung natürlicher Sprachen, optische Erfassung und Erkennung von Gegenständen und Mustern, Ablegen und Zugriff auf Wissen, Steuerung und Kontrolle von Robotern (z. B. in der industriellen Fertigung), intelligente Spiele (z. B. Schach), automatische Programmierung und Fehlerkontrolle von Computerprogrammen, logische Beweisführung (z. B. Mathematik). Obwohl in der AI-Forschung die intelligente Leistung als solche, nicht das Nachbilden des menschlichen Denkens, im Vordergrund steht, gibt es breite Überschneidungen und Ähnlichkeiten mit der →Simulation kognitiver Prozesse. Beide bedienen sich bei der Lösung komplexer Probleme weitgehend ähnlicher Heuristiken. Ⓛ BODEN 1977 *En-N*

Artikulation, Tätigkeit der Sprechorgane zum Zweck der Stimm- und Lautbildung. →Phonation, →Sprachproduktion *L-T*

Artikulem, kleinste theoretische Einheit der →Artikulation von Sprachlauten. →Laut

Artseele, eine die Individuen einer Art umfassende, überindividuelle Seele. →Gruppenseele, →Sozialps.

Artung, das die Art, aber auch das Individuum Kennzeichnende. ● Bei L. KLAGES ein für die Persönlichkeit bezeichnendes Merkmalsgefüge in den Richtungseigenschaften. →Charakteraufbau

Ascendance-Submission-Skala Ⓣ ALLPORT

Aseität, die in sich ruhende, vollkommene Unabhängigkeit Gottes. ● SCHOPENHAUER sprach von der A. des Willens und E. v. HARTMANN von der des Unbewußten.

Asemie [gr. *séma* Zeichen], Unvermögen, Zeichen zu bilden oder sich durch solche mit der Umwelt zu verständigen, vgl. Aphasie

Asexualität →Sexualität (Tabelle)

Askese, Aszese [gr. *askesis* Übung, Lebensweise], freiwilliger Verzicht auf sinnlichen Genuß aller Art, enthaltsame Lebensweise, Willensübung in der Beherrschung der Leidenschaften und Triebe.

Asomnie [lat. *sómnus* Schlaf], Schlaflosigkeit

ASO-Skore, *assumed similarity of opposites,* →LPC-Skore

Asozialität, die Unfähigkeit einzelner Menschen und bestimmter Gruppen, sich in die gegebene Gesellschaftsordnung bzw. in einzelne Teilbereiche sozialen Lebens einzufügen. Die Ursachen sind teils in angeborenen, teils in umweltbedingten ps. Schädigungen (meist in der Jugend) zu sehen. Im einzelnen kommen z. B. in Betracht: Intelligenzdefekte, Psychopathien, erworbene emotionale Fehlhaltungen, Ablehnung der Gesellschaft, vereinzelt auch endokrine Störungen sowie Persönlichkeitsveränderungen nach Gehirnverletzungen. Vgl. Verwahrlosung. Ⓛ AICHHORN, ELLIOT, GÖBBELS, v. HENTIG, KRANZ, ZULLIGER

Aspekt, Anblick, Sichtweise, Gesichtspunkt, i. w. S. Ausschnitt oder Teilansicht eines Ganzen, Komplexen. ● In der Ps. unterschied K. BÜHLER drei Aspekte der Forschung: Erlebnis-, Verhaltens- und Werk-Leistungsaspekt. Dem entsprechen die Methoden der Selbstbeobachtung, Fremdbeobachtung und Leistungsuntersuchung. Von E. ROTHACKER wurde mit A. die mit einem bestimmen Lebens- oder Kulturstil zusammenhängende Art des Gewahrens und Begreifens (»subjektiver A.«) bzw. des Weltbildes und der Weltauslegung (»objektiver A.«) bezeichnet. →Paradigma, →Abbildung Ⓛ K. BÜHLER, ROTHACKER

Aspiration [engl.] →Anspruchsniveau *(level of aspiration)*

Aspontaneität, Mangel an →Spontaneität, fehlende Unmittelbarkeit bei der Handlungsauslösung

A-S scale, *anti-semitism scale,* Antisemitismusskala

Assimilation [lat. *símilis* ähnlich], in allg. Bedeutung Angleichung, »Verähnlichung«, auch Verschmelzung. ● Als biologischer Begr. der Vorgang der Aufnahme von Stoffen bei Pflanzen und Tieren und deren chem. Umsetzung in körpereigene Bestandteile. Ggs. →Dissimilation.

● Sinnesps. ist A. im besonderen die Verschmelzung früher wahrgenommener Elemente mit einem neu Dazutretenden. Es scheiden sich dabei induzierte und induzierende Teile, je nachdem der betr. Bestandteil beeinflußt wird oder selbst beeinflußt. Vgl. auch Kontrast, geometrisch-opt. Täuschungen. ● Nach der Farbentheorie von HERING werden die drei Sehsubstanzen fortwährend ab- und aufgebaut. Dem Aufbauvorgang, der Assimilation, entspricht jeweils die Empf. des Schwarz, Grün oder Blau je nach betroffener Sehsubstanz. • Im ethnologisch-völkerps.-soziologischen Sinne: der Prozeß des mehr oder minder zwangsläufigen Angeglichenwerdens von Menschen, die für dauernd oder lange Zeit inmitten einer andersartigen Bevölkerung leben, in Gehaben, Sprache und Wesensart an deren Seins- und Kulturform. Gleichzeitig vollzieht sich der umgekehrte Prozeß, nämlich die Abstreifung der angestammten Lebens- und Wesensart (»Dissimilation«). Statt A. verwendet man öfter auch Begr. wie Adaptation, Amalgamation oder kennzeichnet sie nach ihrem Ergebnis als Amerikanisierung, Eindeutschung, Russifizierung usw. • In der Lehre von C. G. JUNG sind A. und Dissimilation Grundvorgänge in der Seele.

• In der genetischen Kognitionsps. von PIAGET ist A. zusammen mit →Akkomodation ein Teilprozeß bei der Interaktion zwischen Organismus und Inhalten der Umwelt. Durch die A. soll die empirische Tatsache erklärt werden, daß der Organismus die aus der Umwelt aufgenommenen Stoffe seinen Strukturen anpaßt. Analog dem Vorgang des Stoffwechsels werden auch die intellektuellen (kognitiven) Austauschprozesse aufgefaßt: Der Organismus verhält sich beim Erwerb von Erfahrungen nicht passiv, sondern verändert die Inhalte der Umwelt, indem er ihnen seine ihm eigentümliche Struktur aufprägt. »Die gedankliche A. besteht aus der Einverleibung der Objekte in die Schemata des Verhaltens, Schemata, welche nichts anderes sind, als Gerippe von Handlungen, die der Mensch in der Wirklichkeit aktiv wiederholen kann« (PIAGET 1948). *Red./B-S*

Assimilation-Kontrast-Theorie, von SHERIF u. HOVLAND (1961) (Yale-Gruppe) auf den Prozeß der Attitüden-Änderung angewendete Erklärung, derzufolge Informationen im Bereich der Annahmetoleranz des Empfängers zur Stützung der eigenen Meinung in Richtung auf diese verzerrt werden, dagegen außerhalb dieses Bereichs (und in einer Indifferenzzone) liegende Information als zu unterschiedlich angesehen wird, so daß die eigene Meinung noch weiter in entgegengesetzter Richtung verschoben werden kann (»Bumerang-Effekt«). Vgl. soziales Urteil *B-S*

Assoziate, alle Inhalte, die durch →Assoziation miteinander verknüpft sind

Assoziation [neulat. Vergesellschaftung, J. LOCKE], eine Verknüpfung seelischer Inhalte, die sich darin zeigt, daß das Auftreten des einen das Bewußtwerden des anderen (mit ihm assoziierten) nach sich zieht oder wenigstens begünstigt. Ursprünglich und i. e. S. bezieht sich der Begriff A. auf die Verbindung von Vorstellungen (»Ideenassoziation«), es können sich aber auch andere seelische Vorgänge bzw. Inhalte miteinander verbinden, z. B. Vorstellungen mit Gefühlen. Die →bedingte Reaktion kann als A. zwischen seelischen und körperlichen Vorgängen aufgefaßt werden. Die A. ist nach Auffassung der A.s-theoretiker Grundlage jeder Gedächtnisleistung, die Vorbedingung der Reproduktion von früher Erlebtem. OFFNER verwies auf die Beobachtung, daß es auch mittelbare (überspringende) A. gebe. EBBINGHAUS untersuchte als erster die Gesetzmäßigkeiten der Bildung von A. im Experiment (»Über das Gedächtnis«, 1885). →Assoziationsgesetze

• Theoretisch wurde der Begr. der A. auch zur Definition der sog. assoziativen Bedeutung (*associative meaning,* →Begriff) herangezogen. Ähnlich wurde das A.konzept *(associative concept)* zur Beschreibung von →Wortfeldern als assoziativen Strukturen *(associative structures)* zwischen mehreren Wörtern herangezogen (DEESE 1962). A.strukturen finden ihren Ausdruck u. a. im sog. →*clustering.* Beides rückt die A. in größte Nähe zum →Denken. Die intersubjektive Übereinstimmung von A.verläufen wird als Kommunalität bezeichnet. →Assoziationstheorie *E-P*

Assoziationen, freie, die von keiner bewußten Absicht gelenkten Gedankengänge. • Die unmittelbare Äußerung der unwillkürlich einfallenden Gedanken ist Grundlage der psychoanalytischen Behandlung im Sinne FREUDS. In diesen f. A. kommen die verdrängten und darum unbewußten Regungen in mehr oder weniger entstellter Form zum Vorschein. Die f. A. stellen darum den unmittelbarsten Zugangsweg zum Unbewußten dar.

Assoziationen, gerichtete, nach JUNG die von einer gegebenen Traumsituation ausgehenden und hierauf bezüglichen, unwillkürlichen Gedankeneinfälle.

Assoziationsbahnen →Gehirn

Assoziationsexperimente →Assoziationsversuche

Assoziationsfelder [lat. Verbindung, Vergesellschaftung], Areale der Hirnrinde, denen nicht, wie den primären Projektionszentren, motorische und sensorische Funktionen direkt zugeordnet werden konnten (→Lokalisation) und von denen man ursprünglich annahm, daß hier neue »Assoziationen«, d.h. Lernvorgänge, stattfänden. Erst beim Menschen haben die A. ihre außerordentlich starke Entwicklung erfahren.

Man unterscheidet drei Hauptassoziationsareale: (1) frontales (vor dem motorischen Cortex), (2) temporales (zwischen dem oberen Gyrus temporalis und dem limbischen Cortex) und (3) parietooccipitales (zwischen dem somatästhetischen und dem visuellen Cortex). Diese A. beeinflussen die Willkürmotorik. Sie sind Teile eines komplexeren Assoziationssystems, in das auch andere Gehirnteile, z. B. das →limbische System, einbezogen sind. Die A. beider Seiten des Cortex sind miteinander mit motorischen und sensorischen Feldern, mit entsprechenden Arealen auf der gegenüberliegenden Seite und mit tieferen Teilen des Gehirns verbunden. Bei Ausfall eines A. im frühen Kindesalter kann seine Funktion im Laufe der Zeit von anderen Gehirnstrukturen weitgehend übernommen werden. Beim Erwachsenen besteht nur bei systematischer Übung und nur teilweise Kompensierbarkeit (= Plastizität der Assoziationsgebiete). Vgl. Agnosie, Aphasie, Gehirn, Abb. 3. Ⓛ MÖRIKE u. a. 1981[11] *B-C*

Assoziationsflüssigkeit, *associational fluency,* Faktoren des →divergenten Denkens. Mit Hilfe von Assoziationsversuchen kann dieser Faktor gemessen werden: auf ein vorgegebenes Reizwort sollen möglichst viele Synonyme genannt werden. →konvergentes Denken. Ⓛ GUILFORD 1956 *Hä-R*

Assoziationsformen, man unterscheidet 1. *Wortassoziation:* Verbindung durch Wortklang; 2. *homosensorielle A.:* A. aus gleichem Sinnesgebiet; 3. *partialisierende A.:* zum Ganzen wird ein (begrifflicher) Teil gefügt; 4. *heterosensorielle A.:* aus fremdem Sinnesgebiet erfolgt eine A.; 5. *totalisierende A.:* zu einem Teil wird ein übergeordneter Begriff gefügt; 6. *äußerliche Berührungs-A.;* 7. *Beziehungs-A.* – Diese Formen lassen sich exp. nachweisen, indem die Vp ein Reizwort (durch Zuruf oder opt. Darb.) erhält und unmittelbar angeben muß, was ihr dabei in den Sinn kommt. Läßt man zwangsläufig die Vp in einer dieser Arten assoziieren, so nehmen die A.zeiten an Länge von 1–7 zu.

Assoziationsgesetze, seit der Antike (ARISTOTELES) und dem engl. →Empirismus (LOCKE) überlieferte Regeln, nach denen →Assoziationen entstehen und →Reproduktionen von Vorstellungen (urspr. von »Ideen«) möglich sein sollen. Den primären A. der Ähnlichkeit, des Kontrasts, der Kontiguität(Berührung in Zeit oder Raum) und (nach HUME) auch der Ursache-Wirkung hat Thomas BROWN (1778–1820) sekundäre A. hinzugefügt, die begünstigende Bedingungen für die Bildung von Assoziationen benennen: Lebhaftigkeit *(vivacity),* Neuheit *(recentness)* und häufige Wiederholung. ● In der ps.Lernforschung haben die A. zunächst eine große Rolle gespielt, sind dann aber modifiziert oder durch andere Regeln ersetzt worden (→Lernen). Gestaltpsychologen bestritten ihre Gültigkeit grundsätzlich und die frühen Behavioristen behielten nur das A. der Kontiguität bei, allerdings nicht auf Vorstellungen bezogen, sondern auf die Verbindung von Reiz und Reaktion. *B-S*

Assoziationspsychologie, die von den Philosophen HOBBES, HUME und den beiden MILL begründete, im Anfang des 19. Jhd. besonders durch J. F. HERBART geförderte und schließlich noch in der 2. Hälfte des 19. Jhd. führende ps. Richtung. Die →Assoziationsgesetze sind Erklärungsprinzip für den gesamten Aufbau des Seelenlebens. Durch das damit einhergehende Suchen nach unabhängigen, elementaren Bew.inhalten ist die A. weitgehend →Elementenps. oder →atomistische Ps. Auch dem →Sensualismus steht sie nahe.

Assoziationsquotient, Kennwert für den Grad des Zusammenhanges von →Alternativmerkmalen. A. hat zu Ehren des Mathematikers QUETELET das Symbol Q erhalten.

Assoziationstäuschung, in der Sinnesps. sind Erscheinungen wichtig, bei denen durch Assoziation Kontrast, Angleichung usw. gegebener räumlicher Gebilde erzielt werden können.

Assoziationstheorie. Die →Assoziation ist als zu erklärendes Phänomen untersucht und als Erklärungsprinzip herangezogen worden. Die Assoziationstheorie betrachtet die Assoziation als Erklärungsprinzip. Das Assoziationskonzept wurde u. a. verwendet, um die Entstehung von Wortbedeutung, bestimmter Phänomene des verbalen Lernens und gewisse Regelhaftigkeiten der Sprachproduktion zu erklären. Zur Erklärung der Entstehung von Wortbedeutungen wurde im Rahmen der Konditionierungstheorie vornehmlich das Prinzip der Kontiguität (→Assoziationsgesetz) herangezogen. Nach einer eingeschränkteren Position wird durch Konditionierung nur die affektive Bedeutung erworben.

Phänomene des verbalen Lernens wurden sowohl durch das Prinzip der →Kontiguität als auch durch das der Ähnlichkeit erklärt. Die Kontiguität wurde besonders zur Erklärung des seriellen Lernens herangezogen. Das Erlernen einer Reihe nicht durch Sinnbezüge verbundener sinnloser Silben läßt sich z. B. als systematische und kontrollierte Realisation von Kontiguitäten zwischen Silben interpretieren. Jedes Glied der Kette ist sowohl Reaktion auf das vorangehende als auch Reiz für die Produktion des folgenden Gliedes. Zwischen den Gliedern der Kette bilden sich assoziative Verbindungen. Die Erforschung der hierbei auftretenden Gesetzmäßigkeiten beginnt bei EBBINGHANS (1885) und reicht bis zu der komplizierten Theorie des seriellen Lernens von HULL (1943).

Im Mittelpunkt der Erforschung des Paar-Assoziationslernens steht die Frage, ob sich Assoziationen allmählich oder nach dem Alles-oder Nichts-Prinzip herausbilden (ESTES 1960). Die Erklärung des verbalen Lernens durch das Prinzip der Ähnlichkeit bereitete lange Zeit Schwierigkeiten, da man die Ähnlichkeit der Wörter einer Liste über die Stärke ihrer assoziativen Verbindungen operationalisierte. Hinsichtlich der Vorhersage von Lerneffekten bei variierten assoziativen Eigenschaften des zu lernenden Materials weist TULVING (1968) deshalb zu Recht darauf hin, daß Lerneffekte hierdurch nicht erklärt werden, sondern daß nur gezeigt wird, daß bestimmte in freien →Assoziationsversuchen zu beobachtende Phänomene auch im Lernexperiment beobachtet werden können. Die Erklärung von bestimmten Phänomenen des verbalen Lernens durch das Prinzip der Ähnlichkeit ist dagegen solchen Ansätzen gelungen, die das Konzept des →semantischen Merkmals heranziehen. Bei diesem Erklärungsansatz werden die alten Prinzipien von Ähnlichkeit und Kontrast (→Assoziationsgesetze) wieder aufgegriffen, jetzt aber im Rahmen der Merkmalstheorie der Wortbedeutung schärfer definiert. Zwei Wörter sind hiernach um so ähnlicher, je mehr semantische Merkmale sie teilen. Auch assoziative Regelhaftigkeiten wie sie sich bei der Sprachproduktion und in Assoziationsversuchen zeigen, werden aus den Merkmalsstrukturen der beteiligten Wörter vorhergesagt (CLARK 1970). Über das Merkmalskonzept wird ferner jener Vorgang präziser gefaßt, der als *priming*, bzw. assoziative Aktivierung bezeichnet wird. Ⓛ HÖRMANN 1977. *E-P*

Assoziationsversuche, zu wissenschaftlichen oder diagnostischen Zwecken geeignete experimentelle Verfahren. GALTON, WUNDT, KRAEPELIN, WERTHEIMER, JUNG u. a. haben damit experimentiert.

Der Vp wird eine Reihe von Reizwörtern dargeboten, auf jedes soll sofort mit dem Wort geantwortet werden, das als erstes dazu einfällt. Für die Auswertung dieser Assoziationsreaktionen wird ihr Inhalt sowie die Reaktionszeit (Assoziationszeit) verwendet. Die Methode dient in der Allgemeinen Ps. z. B. zur Untersuchung der →Assoziationsgesetze und verschiedener Gesetzmäßigkeiten des Denkens, in der Psychotherapie zur Aufdeckung verdrängter Komplexe; in der Forensischen Ps. wird sie in manchen Ländern zur Tatbestandsdiagnostik verwendet, indem einem Verdächtigen bestimmte Reizworte, die mit der Tat in Zusammenhang stehen, genannt und seine Reaktionen hierauf beobachtet werden. →Assoziationen, freie; →Assoziationen, gerichtete. Reizwortlisten: Ⓣ JUNG, Ⓣ KENT-ROSANOFF, Ⓣ ZIEHEN

assoziative Aktivierung →priming

assoziative Hemmung, generative Hemmung, Bildungshemmung; die Erschwerung der Stiftung einer Assoziation zwischen zwei Inhalten, wenn einer von ihnen schon mit einem dritten Inhalt assoziiert ist. Auf der a. H. beruht z. B. die Tatsache, daß eine bestimmte Tätigkeit schwerer richtig zu erlernen ist, wenn sie vorher auf falsche Weise zu lernen versucht wurde. Die a. H. steht in Zusammenhang mit der reproduktiven →Hemmung.

assoziatives Äquivalent, diejenige Assoziationsstärke, die einer Willensanspannung von gleicher Größe entspricht ⟨ACH⟩. Es läßt sich etwa feststellen, daß der Grad einer Willensanspannung meßbar wird im Vergleich zur Stärke der Assoziation zwischen Silben, wenn man diese so ausführen läßt, daß die erforderliche Assoziation einer gewohnten Assoziation zuwiderläuft. Die sog. →determinierende Tendenz wird künstlich unterdrückt. Beispiel: Silbenreihen werden bis zur völlig gewohnheitsmäßigen Verbindung der Einzelteile gelernt. Alsdann muß Vp beim Nennen eines der Reizglieder die gewohnte Assoziation unterdrücken und eine anders geforderte bringen. Die ACHsche Auffassung hat sich angesichts der Untersuchungen von LEWIN (1917–22) nicht halten lassen. Ⓛ ACH, LEWIN

Assoziativität, Eigenschaft bestimmter Operationen mit Zahlen, Mengen oder logischen Ausdrücken. Assoziativ ist beispielsweise die Addition.

Astasie →Abasie

Astereognosie, Tastlähmung, Unfähigkeit, Gegenstände nur durch Betasten zu erkennen.

asterisk [engl.], »Sternchen«, Symbol*. Das Zeichen hat sich vor allem in der Psycholinguistik durchgesetzt; hier werden sprachliche Einheiten (wie Wörter oder Sätze) mit dem *a.* gekennzeichnet, die grammatische Regeln verletzen. *F-R*

Asthenie [zu gr. *astheneia* Kraftlosigkeit], Schwäche, körperl. wie geistige Kraftlosigkeit u. rasche Ermüdbarkeit. Der Begr. stammt von J. BROWN (→BROWNianismus).

Astheniker, asthenischer Typus, (allg.) die durch →Asthenie gezeichnete Persönlichkeit. • (typol.) der ausgeprägt Leptosome, →Körperbautypen

Asthenopie, Sehschwäche, beruhend auf rascher Ermüdbarkeit der Augen beim Nahesehen.

Ästhesie →Psychästhesie

Ästhesiodermie [gr. *aísthesis* Empf., *derma* Haut], nervöse Hauterkankung

Ästhesiometer [gr. »Empfindungsmesser«], Gerät mit zwei verschieblichen Spitzen zur Bestimmung der →Raumschwelle, in Form eines Tasterzirkels oder einer Schublehre. Ⓛ PAULI-ARNOLD

Ästhesioneurosen, funktionelle Störungen im Gebiet des sensiblen Nervensystems

Ästhetik, Lehre vom Schönen. Als Wissenschaft (auch in Verbindung mit der Ps.) das Bemühen, die allgemeinen und individuellen Ursachen des Gefallens bzw. Mißfallens zu klären. FECHNER und LIPPS gelten als Begründung der ps. Ä. Vgl. Kunstpsychologie.

Ästhetik, experimentelle, empirische Erforschung der Wohlgefälligkeit von Gegenständen, Raumverhältnissen, von Figuren, Farbenzusammenstellungen, Teilungsgesetzen, baulichen Raumgrößen u.a. ⟨FECHNER⟩. Verf.: Befragung, Wahlmeth., paarweise Vergleichung, Ausdrucksmeth., dazu zergliedernde Selbstbeobachtung der Vp. Ⓛ LIPPS, WOODWORTH, WERBIK 1971

ästhetischer Typus →Typologie (Lebensformen)

ästhetisches Urteil Ⓣ GRAVES, Ⓣ MEIER

Astigmatismus [gr. *stigma* Punkt], Sehfehler, der die Verzerrung gesehener Obj. hervorruft. Die dem Auge zugehenden Strahlen vereinigen sich infolge abnormer Krümmung der Hornhaut (seltener der Linse) nicht wieder auf einem Punkt der Netzhaut. Gewisser Ausgleich wird durch entsprechend geschliffene (zylindrische) Brillengläser erzielt.

Astigmometer, syn. Ophthalmometer ⟨HELMHOLTZ⟩, Vorrichtung zum Feststellen des Astigmatismus d. h. zur Bestimmung der Krümmungsradien am Auge in versch. Ebenen.

Astralleib [lat. *ástrum* Gestirn], Bez. für den (von →Medien angeblich wahrnehmbaren) nebelähnlichen Körper, der die Grundlage des sog. →Doppelichs darstellen soll. Für die Existenz des A. trat PARACELSUS ein, der ihn als unsichtbar, unangreifbar und als Spender der seelischen Kraft bezeichnete. →Aura

Astraphobie [gr. *astrapé* Blitz], krankhafte Furcht vor Gewittern. →Phobie

Astrologie [gr. »Sternlehre«], Sterndeutekunst, Lehre von der angeblichen Abhängigkeit des Schicksals des einzelnen Menschen (auch ganzer Völker und Staaten) von der Stellung und dem Lauf der Gestirne. Grundlage der Deutung ist das Horoskop, das nach der Konstellation der Sterne (z. B. in der Geburtsstunde eines Menschen) gebildet wird. Aus ihm werden auf Grund traditionell angenommener Regeln oder gefühlsmäßig gebildeter Analogien Aussagen über die Zukunft eines Menschen, wie auch über seinen Charakter, gemacht.

astropsychische Erscheinungen, die (fraglichen) Einflüsse der Gestirne auf das Seelenleben. So soll z. B. der Mond einen Einfluß auf die Menstruation und die →Libido sowie auf →Noctambulie und Epilepsie ausüben. Vgl. Geopsychologie

ASW, →außersinnliche Wahrnehmung

Asymbolie, Sonderform der →Agnosie

Asyllabie, Sonderform der →Aphasie, →Agraphie (keine Silbenbildung)

Asymmetrie, (stat.) im Zusammenhang mit Verteilungen, Bez. für die →Schiefe einer Verteilung. • A. der Organfunktionen etc. →funktionelle A., →Lateralität

Asynchronie [gr.], Fehlen oder Störung eines zeitlichen Zusammenhangs (z. B. zwischen körperlicher und geistiger Entwicklung)

ataktisch [gr. *táxis* Ordnung, *tássein* ordnen], ungeordnet, →Ataxie

Ataraktika [gr. *ataraktos* nicht verwirrt, ruhig], beruhigende Pharmaka. Der Begriff wird heute zu Gunsten der →Tranquillantien meist nicht mehr verwendet. →Psychopharmaka *J-E*

Ataraxie [gr. *ataraxia* Unerschütterlichkeit], die von EPIKUR, DEMOKRIT u. a. gepriesene Seelenruhe und Leidenschaftslosigkeit als Lebensideal

Atavismus [lat. *atavus* Ahne], Wiedervorkommen von Eigenschaften (Anlagen), i. ü. S. auch Anschauungen und Vorstellungen vergangener Geschlechter. Entwicklungsrückschlag. • Als atavistische Regression ⟨FREUD, JUNG⟩ wird die eigenartige Erscheinung aufgefaßt, daß im →Traume, bei →Neurosen, bei Geisteskrankheiten Vorst. auftauchen, die völkerps. erfahrungsgemäß zu den →Mythen, Sagen primitiver Menschen gehören. Angebliches Neuerscheinen ehemaliger Gedächtnisspuren. Vgl. Unbewußtes, Archetypen

Ataxiameter, Apparat, der alle unwillkürlichen Bewegungen einer Person, die bemüht ist, bewegungslos zu stehen, registriert

Ataxie [gr. *ataxia* Unordnung, Verwirrung], Störung des geordneten Ablaufs bei Muskelbewegungen bzw. deren Koordination und ohne Lähmung der Muskeln. Meist führt das Mißverhältnis zwischen Kraftaufwand und Erfolg zum Verfehlen des Bewegungszieles (unsichere, schleudernde, schwankende etc. Bewegungen). Sonderformen sind (nach Verursachung):

cerebellare A. mit Schädigungen im Kleinhirn (Atrophie, Tumor u. a.);
cerebrale A. mit Schädigungen im Stirn- und Schläfenhirn, dem Thalamus und der Vierhügelregion;
spinale A., Schäden in den Leitungsbahnen und Nervensträngen des Rückenmarks;
erbliche A., syn. Heredoataxie;
teleangiectatische A., angeborenes, fortschreitendes Leiden bei Kleinhirnatrophie;
literale A. mit Schädigung des Sprechvorganges (Silbenstolpern);
intrapsychische A. (E. STRANSKY) mit Störungen der Koordination ps. Funktionen, z. B. im Denken, der Affektivität u. ä. (Diskordanz).

Ateleiosis [gr. *teleiosis* Vollendung], ⟨GUILFORD⟩, entwicklungsmäßiges Zurückbleiben auf infantiler Stufe, evtl. mit gleichzeitig altersgemäßer Reifung der Geschlechtsorgane.

A-Test, ein exaktes inferenzstatistisches Kurzverfahren zur Signifikanzprüfung von Mittelwertsunterschieden im Falle zweier abhängiger Stichproben

Äthanol, chem. Bez. für Äthylalkohol

Atman, das Selbst, der Kern des Menschen (im altindischen Denken), identisch mit der innersten Kraft der Welt, dem Brahman. *S-G*

Atmung →Ausdrucksmethode

Athetose [gr. *áthetos* ohne feste Stellung], Athetosis, Erkrankung mit (i. Ggs. zu choreatischen Störungen) auffällig langsamen, unaufhörlichen, ungewollten, verzerrten Bewegungen der Gliedmaßenenden, auch verkrampfte Haltungsstörungen. Die Intelligenz bleibt unbeteiligt. →LITTLE-Syndrom, →Ataxie, →Dysarthrie

Athletiker, athletischer Typus →Körperbautypen, →Typologie (Konstitutionstypen)

Athymie [gr. *athymia*], Schwermut. Mutlose Lebensstimmung, bei der vor allem Antriebe und Strebungen stark vermindert sind.

ATI, *aptitude treatment interaction,* Merkmal-Methoden-Interaktion, versucht die Wechselwirkung zwischen Schülermerkmal und Unterrichtsmethode so zu nutzen, daß für jeden Schüler die optimale Lernumwelt geschaffen wird. Z. B. hilft der klar strukturierte Unterricht eher unsicheren, wenig leistungsmotivierten Schülern. Ⓛ SCHWARZER u. STEINHAGEN 1975 *R-S*

Ätiologie [gr. *aitía* Ursache], Lehre von den Krankheitsursachen

atomistische Psychologie →Psychologie (Richtungen)

Atonie, atonisch [gr. *tónos* Spannung], Spannungs- bzw. Tonusmangel mit entsprechender Schlaffheit bei Muskeln und Organen. I. w. S. auch Bez. für die schlaffe Gesamthaltung eines Menschen.

Atrophie, atroph [gr. *trépho* ernähren], Schrumpfung, Schwund, bei Geweben und Organen

Atropin, in der Tollkirsche *(atropa belladonna)* vorkommender Stoff mit hemmender Wirkung auf das →cholinerge System. A. führt in niedrigen Dosen zu Desaktivierung. In höheren Dosen treten Erregungszustände und Halluzinationen auf. *J-E*

attensity ⟨E. B. TITCHENER⟩, Bewußtseinsklarheit als Dimension der Wahrnehmung und der Bewußtseinsstruktur (BORING 1933). *F-R*

attenuation paradox, die Tatsache, daß die Erhöhung der Reliabilität von Tests unter bestimmten Bedingungen ein zwangsläufiges Absinken der Validität zur Folge hat. Ⓛ FISCHER 1974 *F-R*

Attenuationskorrektur →Minderungskorrektur

attitude [engl. Haltung, Werthaltung] →Einstellung. – Der engl. Begr. wird auch mit Attitüde übersetzt und soll ursprünglich eine erworbene und zugleich überdauernde und komplexe Disposition zu Stellungnahmen gegenüber meist sozialen Objekten und Handlungen bedeuten, sowie deren Bewertungen und gelegentlich auch zu bestimmtem Verhalten. ALLPORT (1935) hielt *a.* für einen zentralen Begr. der Sozialps.;

neuerdings gibt es nach LEMON (1973) keine allgemein anerkannte Definition. Ⓛ TRIANDIS 1975 *B-S*

attitude inventory (scale) →Einstellungs-Tests

Attraktivität [engl. *attraction*], funktionales Interaktionsmerkmal von Tätigkeiten, Objekten, Personen oder Gruppen, das diesen zugeschrieben wird, wenn bei anderen Personen eine Tendenz zur Aufnahme der entsprechenden Tätigkeit, zur Annäherung oder zum Umgang mit ihnen beobachtet wird. Syn. →Aufforderungscharakter, →Valenz (LEWIN). In der Soz. Ps. wird A. der Gruppe für ihre Mitglieder (manchmal) mit Gruppenzusammenhalt gleichgesetzt (FEGER 1972 1604). →Anziehung Ⓛ MIKULA u. STBOEBE 1977 *B-S*

Attraktivität, Gewinn- und Verlust-Effekte, von ARONSON u. LINDNER (1965) wird nachgewiesen, daß attribuierte Hochschätzung eines anderen (O) nach zugeschriebener Kälte des anderen (Gewinn) die Attraktivität dieses anderen für einen Partner (P) mehr erhöht als gleichbleibende Freundlichkeit oder als Freundlichkeit mit nachfolgender Unfreundlichkeit (Verlust). Die letztere Verhaltensabfolge bei O ist außerdem in negativer Richtung wirkungsvoller als gleichbleibende Unfreundlichkeit von O. Vgl. CLORE et al. 1975. *B-S*

Attrappe, Nachbildung eines Reizmusters. →AAM. Im Attrappenversuch wird dieses Muster schrittweise aufgelöst, um die einzelnen Faktoren eines Verhaltensmusters zu analysieren. Beim Rotkehlchen z. B. genügt ein rotes Federbüschel, um →Territorialverhalten auszulösen, das sonst nur gegenüber dem männlichen Rivalen geäußert wird. *P-S*

Attribuierung, Attribution [engl. *attribution* Zuschreibung], der meist unbewußte Prozeß, durch den Wirkungen von proximalen Reizen unmittelbar erlebnismäßig den →distalen Objekten zugeschrieben werden (z. B. Farbe: dem Objekt selbst und den umgebenden Lichtverhältnissen).

Im Anschluß an DUNCKER dehnt HEIDER den Gedanken auf die ursächliche Zuschreibung für Wohltat und Schaden, Erfolg und Mißerfolg, Wünsche und Gefühle aus. Ursachen werden also dem subjektiven oder objektiven Pol zugeschrieben, ein Mißerfolg hat äußere Gründe (Aufgabe, Pech) oder innere (Fähigkeit, Anstrengung), d. h. externale Kausalattribution von Faktoren außerhalb von →P oder internale Kausalattribuierung von Faktoren innerhalb von P ist kognitive Deutung des eigenen oder fremden Handelns mit Hilfe von naiv-psychol. Annahmen.

● Die Attributionsforschung hat diese Ursachenzuschreibung für eigene und fremde Handlungen zum Gegenstand. Bei der Finalattribution handelt es sich um die Zuschreibung eines oder mehrerer Ziele für die Handlungen. Oft ist eine Unterscheidung zwischen Kausal- und Finalattribution schwierig. Die →Verstärkerkontrolle *(locus of control)* ist insofern Kausalattribution als Verstärkungen entweder dem eigenen Tun oder äußeren Ereignissen (Glück, Zufall, willkürlichem Handeln von →O) zugeschrieben werden. →Vertrauen *(trust)* ist ein Fall der Finalattribution: dem O werden wohlwollende (oder bei Mißtrauen schädigende) Ziele seiner Handlung zugeschrieben. Ⓛ HEIDER 1958, HECKHAUSEN 1965, JONES et al. 1971, TRIANDIS 1977, GÖRLITZ et al. 1978, KELLEY u. MICHELA 1980, HERKNER 1980 *B-S*

Atypie, Abweichung von einem Typus, Regelwidrigkeit

AUBERT-FÖRSTERscher Satz, bei gleichem Gesichtswinkel werden nahe befindliche (kleinere) opt. Zeichen auf größerem Netzhautteil (Gesichtsfeld) abgebildet und damit besser erkannt als fernliegende größere.

*

AUBERT, Hermann / 1826–1892 / Physiol. / Berlin, Rostock

AUBERTsches Phänomen, fixiert man im dunklen Zimmer eine leuchtende senkrechte Linie, so scheint sie sich bei seitlicher Kopfneigung nach der Gegenseite zu biegen.

Audimutitas [lat. *audire* hören, *mutus* stumm] →Hörstummheit

Audiogramm [zu lat. *audire* hören, ... *gramm*], syn. Hörschwellenkurve, das in Form eines Diagramms gewonnene Ergebnis einer Untersuchung (Messung) des Gehörs

Audiologie, Wissenschaft, die sich mit dem Hörvorgang befaßt. →Audiometrie *Br-R*

Audiometer, Hörschwellenmeßgerät, elektroakustisches Gerät wie →Akumeter und →Sonometer. →Audiometrie

Audiometrie [lat. Gehörmessung], Messung der Hörschwelle für einzelne Töne, früher mit Stimmgabeln, jetzt mit Audiometern (Frequenzgeneratoren). Differenzierung zwischen Mittelohr- und Innenohrschwerhörigkeit erfolgt durch Anbieten der einzelnen Töne über Gehörgang und Trommelfell einerseits und über Schädelknochen andererseits. Überschwellige A. dient zur Differenzierung der verschiedenen Formen der Innenohrschwerhörigkeit. Sprach-A. mit Wort- und Zahlengruppen auf Tonband oder Schallplatte erlaubt einen Vergleich mit statistischen Normwerten.

• Kinder-A. (Pädaudiometrie): Besondere Verfahren, die zur Bestimmung des Gehörs bei Kindern im Vorschulalter dienen. Beobachtung der Kinder bei Anbieten von Tönen und Geräuschen (Spiel-A.). Beobachtung akustisch ausgelöster Reflexe wie →MORO-Reflex, Pupillenreaktion u. a. Objektive Hörmessung vorwiegend im Kindesalter durch Reflex-(Impedanz-)Audiometrie (Registrierung des Stapediusreflexes), EEG-Audiometrie (syn. E. R. A. Computer-A.) und Cochleographie (Messung der Erregung an Gehirn oder Schnecke, Auswertung mit Computer).

• WEBERscher Versuch: Lateralisation des Klangs der auf der Scheitelmitte aufgesetzten Stimmgabel. →LEE-Effekt, →LOMBARD-Effekt *Br-R*

audiovisuelle Lehr- und Lernmittel, zu Unterrichtszwecken geschaffene oder eingesetzte technische Medien mit auditiver, visueller oder audio-visueller Kommunikationsmöglichkeit. I. e. S. werden darunter Informationsträger in Verbindung mit Informationen *(software)* verstanden, also bespielte Filme, Tonbänder etc.; i. w. S. fallen darunter auch die zum Abspielen notwendigen Geräte *(hardware)* wie Film- und Dia-Projektoren, Tonbandgeräte. *Mu-R*

audition colorée [frz.] →Farbenhören, →Synästhesie

auditiv, das →Hören betreffend.

auditiver Typus →Typologie (Vorstellungstypen)

auditorisch, das Gehör betreffend

Auffassung, *apprehension, comprehension,* bewußtes Aufnehmen und Eingliedern von Wahrnehmungs- und Vorstellungsmaterial in das Gesamt der vorhandenen analogen Erfahrungsinhalte. Vgl. Apperzeption. Mit A. wird aber auch der Akt momentaner Aufnahme bezeichnet, der Auffassungsakt. Zu unterscheiden sind ganzheitliche und analytische A. Erleichtert wird die A. durch eine vorhandene Prägnanz des Aufzunehmenden. • In der Unterrichtslehre heißt A. die erste Stufe der Aneignung eines Sachverhalts. • Entwicklungsps. ist die um das 8. Lebensjahr erfolgende Ausweitung zugunsten des analytischen Auffassens wichtig. • Der Begr. A. ist auch für Meinung, Einstellung oder Anschauung gebräuchlich.

Auffassungsstufen →Apperzeptionskategorien

Auffassungs-Test Ⓣ WARTEGG-VETTER

Auffassungsumfang →Aufmerksamkeitsumfang

Auffassungstypen →Typologie (Vorstellungstypen)

Auffassungs- und Kombinations-Test Ⓣ ARNOLD

Aufforderungscharakter, Valenz, ein durch LEWIN eingeführter Begriff. Gegenstände, ethische Werte usw. »fordern dazu auf«, etwas zu tun, zu unterlassen usw. Zudem ist der Begr. A. korrelativ zu dem Begr. →»gespanntes System«. Einem A. zusammen mit einem gespannten System entspricht eine gerichtete Kraft. →Topologische und Vektor-Psychologie , →*affordance.* • In weiterer Bedeutung hat STERN den Begr. A. verwandt, →Materialcharakter. • Einen Aufforderungsgradienten mit sozialps. Bedeutung (durch Einbeziehung der räumlichen, zeitlichen oder semantischen Distanz) hat SPIEGEL (1961) beschrieben.

Aufgabe, Aufgegebensein. Die Aufforderung zur Lösung einer Fragestellung, zur Ausführung einer Leistung, z. B. bei Tests. Eine vom →Problem unterscheidbare geistige Anforderung. • Bei Experimenten zur Denkps. mit der Meth. der →Fraktionierung stellte WATT (1905) fest, daß der einleitenden Periode (Auffassung der A.) entscheidende Bedeutung zukommt. Die A. errichtet in der Vp eine →Einstellung, welche den Ablauf des unanschaulich verlaufenden Denkprozesses (→Würzburger Schule) wesentlich bestimmt. In der Arbeits- und der Problemlösungsps. können damit auch die objektiven Gegebenheiten gemeint sein, die Anforderungen an den Handelnden stellen (*»task environment«*, NEWELL u. SIMON 1972; HOYOS 1974), im Unterschied zur jeweiligen subjektiven kognitiven Strukturierung der Anforderungssituation (→Problemraum).

Aufgabenanalyse →Itemanalyse

Aufgabenbewußtsein, nach Befunden der exp. Denkforschung ein das Bemühen um die Lösung eines Problems begleitendes charakteristisches Erleben, das nicht auf Vorstellungen zurückführbar sein soll. →Aufgabe

Aufgabentyp, Modus der Aufgabenformulierung, welcher die Beantwortung einer

Testaufgabe bestimmt. Unter gebundener Aufgabenbeantwortung versteht man alle Antwortmodalitäten, bei denen auf eine Testfrage bereits vorformulierte Antworten vorliegen. Beim Richtig-Falsch-Antworttyp hat die Vp zwischen zwei Alternativen auszuwählen. Beim Mehrfach-Wahl-Aufgabentyp *(multiple choice)* sind mehrere Antwortmöglichkeiten vorgegeben. Bei →Leistungstests werden häufig Zuordnungsaufgaben formuliert. Bei der freien Aufgabenbeantwortung wählt der Pb seine Form (z. B. verbal oder zeichnerisch) der Lösung. *Hä-R*

Aufgabenverständnis, das Verständnis für gestellte Aufgaben. Es wird zur Beurteilung der Schulreife mitherangezogen.

aufgeschobene Reaktion, syn. aufgeschobene Handlung. *→delayed reaction*

Aufhellung, strukturelle, nach Lersch die Grundaufgabe jeder empirischen Charakterbestimmung. Ihr Weg ist die Ermittlung der Wertigkeit und Stellung der aufgefundenen Eigenschaften im ganzen des Charakters. Ihr Ziel ist die Zurückführung auf ein letztes »organisierendes Prinzip«. →Primeigenschaften, →Radikal, →Charakterradikale Ⓛ Lersch

Aufklärung, sexuelle →Sexualpädagogik

Auflösungsgrad, meint, in bildlicher Verwendung einer Variablen der physikalischen Optik, die mehr oder weniger feine gedankliche oder perzeptuelle Durchgliederung, die ein bestimmter →Realitätsbereich erfährt. Das intendierte Wechseln des A. (→recodieren) kann im Problemlösungsprozeß u. U. erforderlich oder mindestens zweckmäßig sein. Mit dem A. ändert sich die Merkmalsstruktur der →Problemraum-Gegenstände und damit das Repertoire der jeweils verwendeten →Operatoren. Ⓛ Dörner 1976 *K-I*

Aufmerksamkeit, *attention,* die auf die Beachtung eines Objekts (Vorgang, Gegenstand, Idee usw.) gerichtete Bewußtseinshaltung, durch die das Beobachtungsobjekt apperzipiert wird. Dabei tritt auf der Objektseite ein Herausheben bestimmter Teilinhalte (Jodl), auf der Subjektseite ein erhöhter, konzentrierter Einsatz des »Aufnahme- und Verarbeitungsapparates« ein. Oft ist A. mit →Apperzeption gleichgesetzt worden (Wundt).

Herbart definierte A. als Fähigkeit zum Vorstellungszuwachs; Fries als innere Wahrnehmung; Ribot als Fixierung auf Teilinhalte bei gleichzeitiger Hemmung anderer Bewußtheiten; Stumpf als Lust am Bemerken des Folgenden; Ebbinghaus als lebhaftes Hervortreten und Wirksamwerden einzelner seelischer Gebilde auf Kosten anderer; Stern als unmittelbare Vorbedingung (Energiekonzentration) zum Zustandekommen einer personalen Leistung. Rohracher versteht unter A. den gradweise verschiedenen »bewußten Einsatz der seelisch-geistigen Funktionen« und »das Erleben ihres Funktionierens«. A. wird geleugnet von den Gestaltpsychologen oder umgewertet in die »Figur-Grund-Differenzierung des Bew.« (Ehrenstein). Köhler benutzte A. aber wieder zur Erklärung von Strukturierungsphänomenen.

Heute sieht man die A. vorwiegend im Rahmen neuerer Konzepte wie →Aktivierung, →Vigilanz und →Motivation. Der Unterschied zwischen Untersuchungen der A. und Vigilanzuntersuchungen besteht darin, daß A. als selegierendes Bemerken dauernd vorhandener Stimuli operational definiert wird, während Vigilanz (rel. seltene) Reaktionen auf zeitlich und räumlich meist unregelmäßig auftretende Stimuli fordert. Als meßbare Dimensionen der A. sind der Umfang der A., A.schwankungen, Spaltbarkeit und Umstellbarkeit der A. benutzt worden.

Der A.umfang wird auch A.spanne genannt und durch die Anzahl bemerkter und reproduzierter Elemente aus einer Stichprobe kurzfristig dargebotener Einheiten (Figuren, Buchstaben, Wörter etc.) gemessen; deshalb wird er auch oft vom Umfang des unmittelbaren Behaltens (→Gedächtnis) nicht unterschieden (Hieden-Sommer 1972). In der sog. Bewußtseinspsychologie wird schließlich unwillkürliche und willkürliche A. unterschieden, was bedeutet, daß a) physikalische Stimuluseigenschaften (und ihre Bedeutung im Lebensraum) und b) aktuelle Wahrnehmungseinstellungen und Vornahmen die Selektion von Information bedingen können. • Erklärende A.theorien sind (1) physiologische, z. B. die Annahme G. E. Müllers eines »attentionellen Prozesses«, der eine Steigerung der Reizbarkeit von Gehirnteilen einschließt oder die Annahme von Bahnungsprozessen im ZNS (Dürr und Ebbinghaus). Die Alarmfunktion des retikulären Systems (→RAS) ist ein ähnliches Erklärungsprinzip wie das von G. E. Müller. In diese Gruppe gehört auch die Lehre vom Orientierungsreflex (Pawlow, →Orientierungsreaktion); (2) psychophysiologische Theorien, z. B. von Hennings oder von Rohracher, bei denen die Sensibilisierung oder funktionale Leistungssteigerung auch durch motivationale Faktoren (Wille, Interesse) betont wird und (3) psychologische A.theorien in der älteren sog. Bewußtseinspsychologie.

Neuerdings werden die A.theorien durch informationstheoretisch-kybernetische Modelle ersetzt, die man formal-neutrale Theorien nennen könnte, wie z. B. das Filtermodell von BROADBENT (1958) mit Einbeziehung informationstheoretischer Vorstellungen wie Kanalkapazität, in- und output. Eine Variante liefert A. TREISMAN, die in Ergänzung zu BROADBENTS Theorie die Filterwirkung durch unterschiedliche Schwellen der Ansprechbarkeit von *dictionary units* in einem Muster-Erkennungssystem, also mit Rückgriff auf die Sensibilisierungsannahme, zu erklären versucht →Kapazitätstheorien der Aufmerksamkeit Ⓛ BERLYNE 1974, FLORU u. FRÖHLICH 1979. *B-S*

Aufmerksamkeit, distributive svw. verteilte Aufmerksamkeit

Aufmerksamkeitsreflex ⟨PILTZ⟩, der Vorgang, daß Konzentration, wie auch die Vorstellung von Licht, Dunkelheit oder Schmerz eine Pupillenverengung bzw. -erweiterung hervorrufen. →HAAB-Reflex

Aufmerksamkeitsschwankungen, bei anhaltender Konzentration, z. B. auf ein Geräusch, treten Veränderungen (Schwankungen) auf.

Die ersten exp. Untersuchungen über diese führte URBANTSCHITSCH 1875 in Wien durch. Die A. erfolgten in seinen Versuchen mit tickenden Uhren im Durchschnitt im Rhythmus von 5 bis 8 sec. Nachfolgende Versuche haben die A. bei Tätigkeiten mit ihren Leistungsschwankungen ermittelt. Dabei hat sich gezeigt, daß die Dauer der A. stark variiert. – Zur Erklärung der A. wurde zumeist (so von EBBINGHAUS) die →Ermüdung herangezogen. ROHRACHER hat den »Regenerationszyklus« durch die Ableitung von Gehirnströmen näher untersucht und die Theorie der Alpha-Wellen (H. BERGER →Elektrodiagnostik) aufgenommen.

Aufmerksamkeitstests – Konzentrationstests, Gruppe von Testverfahren, welche den Grad der →Aufmerksamkeit bzw. Konzentration erfassen und auch als allgemeine Leistungstests bezeichnet werden. Unter Aufmerksamkeit versteht man dabei i. allg. das Vorliegen einer Reaktionsbereitschaft und das Nichtvorhandensein von Ermüdung. Testaufgaben bei dieser Gruppe von Tests sind so konzipiert, daß zur Lösung keine spezifischen Fähigkeiten wie Intelligenz, verbale Fähigkeiten usw. erforderlich sind. Es handelt sich häufig um den Aufgabentyp von einfachen Additionsaufgaben, das Erkennen von graphischen Details etc. Diese Aufgaben müssen unter hohen Speed-Bedingungen bearbeitet werden. Die Durchführungszeit dieser Tests variiert von ca. 10 Minuten bis 2 Stunden. Die Reliabilität solcher Tests ist hoch. Die Validität liegt im mittleren Bereich. Meßwerte zeigen also substantielle Beziehungen zu Verhaltenskriterien, bei denen aufmerksames Verhalten erforderlich ist. *Hä-R*

Aufmerksamkeitstypen, man kann trennen nach den Typen fixierender Aufmerksamkeit, die sich auf einen relativ engen Bereich von Erlebnisinhalten konzentrieren und diesen längere Zeit im Bew. festhalten, und Typen fluktuierender Aufmerksamkeit, die in raschem Wechsel der Beachtung ein größeres Feld überblicken (KROH, PFAHLER). Neuere Deutungen typischer Enge – bzw. Weite der Aufmerksamkeit sind aus exp. Untersuchungen der Wahrnehmungsabwehr abgeleitete kognitive Stile (→Denkstil) und zwar die Dimension Vermeider-Sensibilisierer. →Typologie (Aufmerksamkeitstypen) Ⓛ BYRNE 1964, HERRMANN 1969 *B-S*

Aufmerksamkeitsumfang, die Zahl der »Elemente«, die in einem Moment wahrgenommen oder beachtet werden. Ⓛ HIEDENSOMMER, PAULI/ARNOLD

Aufmerksamkeitswanderung, die Zeit, die die Aufmerksamkeit benötigt, um bei gleichzeitiger Beanspruchung durch mehrere Aufgaben von der einen auf die andere sich umzustellen.

Aufmunterung, svw. Anregung zu frischerem, gesteigertem Tun durch Worte, Gebärden und Handlungen. A. ist mehr auf Augenblickswirkung angelegt. • Im Ggs. hierzu stehen andere Verfahren, so das aus der Individualps. ⟨ADLER⟩ stammende der Ermutigung. Diese greift wesentlichere Seiten der Person an. Sie will innere Ausrichtung, Stabilisierung und Festigung der Lebenshaltung.

Aufrechtsehen, Bez. für das Phänomen, trotz der Drehung des Netzhautbildes im Auge um 180 Grad eine der Realität angepaßte Raumwahrnehmung vollziehen zu können. →Störungsexperimente

Aufsatzanalyse, Auswertung von Aufsätzen hinsichtlich ihres Gehaltes an personal wichtigen Faktoren, die der Persönlichkeitsdiagnose dienen. Formen des Prüfungsaufsatzes sind z. B.: der Begriffsaufsatz, der freie Aufsatz, der Problemaufsatz, der Bild- und Filmaufsatz, die Stellungnahme u. a. m. BUSEMANN begründete die Stilanalyse (→Inhaltsanalyse). Ⓛ BUSEMANN, KEILHACKER

Aufsatzkritik-Test Ⓣ STERN

aufsteigendes Verfahren →Grenzverfahren

Auftauen, *unfreezing,* aktives Überwinden von Anfangsschwierigkeiten in Tests, Unterrichts- und Gruppensituationen durch →*advance organizer,* Spannungsbrecher wie Unsinns- und Scherzaufgaben, Übungsaufgaben, Ansprechen der Situation, u. a. *R-S*

Aufteilungsgerechtigkeit, nach dem Prinzip der Gerechtigkeit wird die Aufteilung *(allocation)* von Gewinn und Belohnungen zwischen mehreren Personen, die bei der Lösung einer Aufgabe zusammenwirken, oder zwischen Arbeitern und Auftraggebern proportional zu dem »Einsatz« der einzelnen vorgenommen. Dem Erkennen der A. liegt ein sozialer →Vergleichsprozeß zugrunde (ADAMS 1965), d. h. das Verhältnis von Einsatz und Nettoeffekt der einen Person muß dasselbe wie das von anderen Personen sein, mit denen sie sich vergleicht. Verglichen werden die Behandlung, die die Personen erfahren und die Merkmalsdimensionen, die für die Behandlung relevant sind. In der Ressourcen-Theorie von FOA u. FOA (1976) werden versch. Behandlungsdimensionen unterschieden (Geld, Zuwendung, Anerkennung, Information, Güter, Dienstleistungen, die die sich vergleichenden Personen erhalten).

Untersuchungen der Probleme der A. beziehen sich u. a. auf die Frage, unter welchen Umständen welche Personen sich für die normgerechte Aufteilung oder für die egoistische Nutzenmaximierung entscheiden (→soziales Dilemma). In experimentellen Situationen neigen Vpn oft zur Gleichverteilung der Gewinne, bes. die Leistungsstärkeren. →*equity-Theorie,* →Interaktion Ⓛ MIKULA 1980, KAYSER 1980 *B-S*

Auftragskasten →Problemkasten

Auftragsorganisation Ⓣ GIESE

Auftrags-Test, Auftragserledigung Ⓣ BINET

Aufzählversuch, das von F. GIESE (1925) als Test benützte Aufzählenlassen z. B. von Werkzeugen, Berufen, wichtigen Leistungen aus Kultur und Technik usw. Der Versuch gestattet die Beurteilung des Bildungsstandes, der Interessen, des Lebenskreises, der personalen Bedeutsamkeitsstufung von Umweltgegebenheiten u. a. m.

Auge, Sinnesorgan zur Licht- (Farben-), Raum- und Bewegungswahrn. »Photorezeptor« im physiolog. Sinn.

Das Sinnesepithel ist die netzartige Sehnervenausbreitung der Retina (= Netzhaut – ursprünglich ein Hirnwandteil), die aus zehn Schichten besteht. Die innere bildet das eigentliche Sehnervenende; die der Chorioidea (= Aderhaut) zunächstliegende besteht aus den nebeneinander gelagerten »Zapfen« und »Stäbchen«, den eigentlichen lichtempfindlichen Elementen. Vgl. Sehpurpur. Die Lichtstrahlen treten ins Auge durch das Sehloch der Iris, die Pupille, die sich selbsttätig nach Lichtstärke erweitert oder verengt. Der Raum zwischen Hornhaut, Irisvorderfläche und Linse ist die vordere Augenkammer, der zwischen Linse, Irishinterfläche und Linsenhalteband die hintere Augenkammer. Durch die Linse (→Akkommodation) u. den Glaskörper trifft der Strahl auf die Stäbchen und Zapfen. Eintrittstelle des Sehnerven ist der sog. blinde Fleck (= MARIOTTEscher Fleck). Gegenüber dem Pupillenloch der gelbe Fleck (= *macula lutea*), dessen kleine Vertiefung, die f o v e a c e n t r a l i s, die Stelle des deutlichsten Sehens darstellt. Beim Fixieren wird das Auge so eingestellt, daß das Licht durch die Pupillenmitte auf die *fovea centralis* fällt. Das beidäugige Sehen wird wesentlich gestützt dadurch, daß die Reizung der Netzhautpunkte des einen Auges zugleich »korrespondierende« (identische) Netzhautpunkte des anderen Auges in Aktion setzt. Dadurch wirkt der »blinde Fleck« sich im Sehen nicht aus, da es für ihn korrespondierende und sehfähige Punkte auf der anderen Netzhaut gibt. Stäbchen und Zapfen unterscheiden sich nach Form und Verbindung der Zellen mit den Nervenästen des Sehnerven und dienen wohl zur Helligkeits- bzw. Farbenwahrnehmung. (→Farbentheorie). Vgl. Sehbahn, Sinne. Ⓛ GRANIT, REIN, SCHOBER

Augenachsen, drei als durch den Drehpunkt des Auges gehend gedachte, aufeinander senkrecht stehende Achsen. 1. Sagittale (Seh-) Achse. Sie verläuft von der Mitte der *fovea centralis* durch den Drehpunkt. 2. Transversale, horizontale Achse (Querachse); sie steht senkrecht zur Sehachse, verbindet die Drehpunkte beider Augäpfel (Grundlinie der Blickebene). 3. Vertikale (Höhen-)Achse; sie steht im Drehpunkt des Auges senkrecht auf den beiden anderen Achsen.

Augenbewegung, die Änderungen der Augenlage beim Sehen und im →Schlaf (→Traum). Erkannt wurde, wie »ruhelos« das Auge ist. So treten beim Betrachten eines Bildes 3 bis 5 Blickwechsel pro Sekunde ein, was nach Abzug der »Sprungbewegung« der Augen (→Sakkade), der Nervenleitung etc. auf eine »zentrale Verarbeitungszeit« des einzelnen Augenblicks von 0,1 Sek. schließen läßt. Beim Schlafen ist vor allem der eindeutige Zusammenhang von Traum und A. zu beachten (REM-Phase)

● Messung der A. (Blickregistrierung) ist möglich durch: (a) Filmen eines oder beider Augen mit geeigneter Position der aufnehmenden Kamera,

(b) Aufnahme der Bewegung eines Lichtstrahles, der auf das Auge projiziert und dort reflektiert wird, (c) Registrierung der die Augenmuskeln steuernden elektrischen Impulse. Die Registrierung der A. erweist sich als vorteilhaft zur Klärung vieler angewandt-ps. Fragen, z. B. für die Verdeutlichung des Sehverhaltens beim Steuern (Auto), für die optimale Anordnung von Registrier-Instrumenten, für werbepsychologische Entscheidungen (Blickverlauf bei Packungen, Anzeigen) u. a. m. In der Grundlagenforschung dient die A. u. a. zu Untersuchungen des Lesens und des Problemlösens. Ⓛ MONTY u. SENDERS 1976

Augenbewegung, Gesetz der →LISTINGsches Gesetz

Augen(bewegungs)kamera →Augenbewegung

Augengrau, in vollkommener Dunkelheit scheint sich in einiger Entfernung vor den Augen eine neblige, trübgraue Schicht von etwa 30–50 cm Tiefe auszudehnen. Meist von konkaver bis trichterförmiger Form. Ⓛ LINSCHOTEN (1956)

Augenkammer, *camera oculi* →Auge

Augenmaß, die Schätzung von Größen auf Grund des sinnlichen Eindrucks. Diese erfolgt vergleichend (am genauesten bei gleicher Entfernung der zu schätzenden Objekte, Strecken usw. vom Auge) oder über bestimmte, erworbene Bezugsgrößen. →Bezugssystem

Augenschein-Validität →*face validity*

Augenspiegel, Hohlspiegel mit einem Loch in der Mitte, der von einer seitlichen Lichtquelle Licht in das zu untersuchende Auge wirft. Durch das Loch kann man den Augenhintergrund sehen. Der A. wurde von HELMHOLTZ 1851 eingeführt.

Aura [lat.-gr. *aura* Hauch, Schimmer], verschiedenartige Vorzeichen epileptischer Anfälle. Zumeist abnorme Wahrnehmungen (Mißempfindungen, aber auch Glücksgefühle, Verkennungen, Verwirrungen, vegetative Sensationen u. ä.) von kurzer Dauer. • Die von Medien angeblich beobachtbaren Ausstrahlungen des menschlichen Körpers.

aus-dem-Felde-gehen, ein von K. LEWIN in seiner →Feldtheorie geprägter Begr. für das Ausweichen aus Konfliktsituationen, Zuständen der Reizsättigung, der Monotonie u. ä.

Ausdruck, die Gesamtheit derjenigen körperlichen (bzw. gegenständlichen) Erscheinungen, aus denen seelische (auf Grund eines Zusammenhangs) erkennbar (deutbar) sind. Ausdruckserscheinungen sind Äußerungen für Seelisches. Während im 19. Jhd. ein vorwiegend naturwissenschaftlich orientierter A.begriff verwendet wurde (BELL, DUCHENNE, PIDERIT, DARWIN), versteht man A. heute sowohl als Bewegungsausdruck wie als statisch-morphologisches Phänomen (KRETSCHMER, SHELDON).

Zu unterscheiden sind folgende Arten: 1. Unmittelbarer A., der an eine Person gebundene, an ihr beobachtete A. Er ist sowohl a) als Geschehen gegeben (aktueller A., z. B. Mienenspiel, Gebärden, Körperbewegungen, Sprache) wie auch b) als Zustand (habitueller A., z. B. A.gehalt der Gesichtszüge, der Körpergestalt, der Handform). 2. Objektivierter, übertragener, d. h. von der Person losgelöster A., der also von seinem Träger unabhängig geworden ist. Hierzu gehören z. B. der A.gehalt der Handschrift und aller objektiven Gestaltungen (Zeichnungen, Kunstwerke, Musik u. a. m.). Vgl. nichtverbale Kommunikation und folgende Stichwörter. Ⓛ K. BÜHLER, KLAGES, KIRCHHOFF, LERSCH *K-E*

Ausdrucksbewegungen, die im Ggs. zum Morphologischen, zum Gestaltbild des Körpers stehenden Bewegungsformen als Begleiterscheinungen psychischen Geschehens. LERSCH trennt nach Ausdrucksbewegungen und Ausdrucksvorgängen. Erstere sind zentralnervös bedingt, mit Innervation der quergestreiften Muskulatur. Letztere sind vegetativ gesteuerte Ausdruckserscheinungen von Gefühls- und Trieberlebnissen. Sie sind A. im eigentlichen Sinne. – Beim Kinde erste Anzeichen seelischen Lebens überhaupt: Lächeln, Abwehrbewegungen, Schreiweinen, Mundspitzen. Als A. stehen beim Erwachsenen →Gebärde, →Mimik, →Gestik, →Gang, →Sprache, Handschrift an erster Stelle. Es lassen sich unterscheiden: impulsive Bewegungen, →Reflex- oder automatische Bewegungen, →Mitbewegungen, reine A., →Instinkthandlungen, Trieb- und Willkürbewegungen und -handlungen.

Man erklärt sie theoretisch: 1. ⟨SPENCER⟩ rein körperlich (physiologisch) a) im Gesetz »der wachsenden Ausbreitung und Entladung bei zunehmender Erregung«; b) durch Annahme, daß bei diffusen Entladungen kleine Muskeln leichter beweglicher Organe schneller ergriffen werden als solche schwerer beweglicher; 2. ⟨DARWIN⟩ durch den Grundsatz der »zweckmäßigen Assoziation von Gewohnheiten«, die von früheren Generationen ererbt worden sein soll. 3. ⟨WUNDT⟩ aus dem Allgemeingrundsatz, daß mit jeder Veränderung seelischer Zustände als körperliches Gegenstück auch A. verbunden sind; 4. Ausdrucksprinzip nach KLAGES: »Jede ausdrückende Körperbewegung verwirklicht das Antriebserlebnis des in ihr ausgedrückten Gefühls«. Ⓛ BUYTENDIJK, KLAGES, ROHRACHER *K-E*

Ausdrucksbewegung (Tierverhalten), oft aus anderen Verhaltensweisen entstandenes Bewegungsmuster, das der innerartlichen oder zwischenartlichen →Kommunikation dient. Hunde z. B. äußern ihre Zuneigung bei der Begrüßung durch Belecken und Beknabbern. *P-S*

Ausdrucksdeutung, das Ausdrucksverstehen beruht auf einer ursprünglich vorhandenen Fähigkeit, auf dem Vorgang der Reifung und auf dem Ineinander von Lernen und Reifung. Ausdrucksdeutung ist demgegenüber das methodische Vorgehen zur Erkennung der Beziehungen zwischen Erscheinungsbild des Ausdrucks und bestimmten ps. Merkmalen mit dem Ziel der Charaktererfassung einer Person. Nach LERSCH vollzieht sich das Verfahren der Deutung (Ausdrucksdiagnostik) in 5 Stufen: Eindrucksklärung, physiologisch-anatomische Reduktion, ps. aktuelle Deutung, charakterologisch dispositionelle Deutung, Abstecken des charakterologischen Umfeldes. Vgl. Eindruckswert (Findewert). →Eindruckscharakter, →FAST *K-E*

Ausdrucksdiagnostik →Ausdrucksdeutung, →Ausdruckstheorien

Ausdrucksfähigkeit, die Vollkommenheit und Leichtigkeit des Ausdrucks, die von Begabung, Erfahrung und Übung abhängig ist. • Das Ausmaß, in dem sich bei einem Menschen emotionale Erlebnisse als Ausdruckserscheinungen (insbesondere als mimische, →Mimik) zeigen; auch seine Fähigkeit, den Ausdruck solcher Erlebnisse willentlich darzustellen. *K-E*

Ausdrucksfelder, die »Felder«, auf denen sich Seelisches auszudrücken vermag, wie: 1. die Gestalt im ganzen und ihre Teilregionen (Kopf, Gesicht, Rumpf, Extremitäten); 2. Haltung und Bewegungsweisen der Gesamtgestalt (Konstitution, Pantomimik) und der versch. Regionen (Gesten, Gebärden, Mimik); 3. Stimme und Sprechweise; 4. außer diesen, im Medium Körper erscheinenden Ausdrucksweisen noch »Abdrucks-Phänomene« wie Schrift, Zeichnung, Werkgestaltung. Zu unterscheiden sind: Ausdrucks-Feld, Ausdrucks-Erscheinung. Ausdrucks-Subjekt und Ausdrucks-Medium. *K-E*

Ausdrucksflüssigkeit, *expressional fluency,* Faktor des →divergenten Denkens. Er stellt die Fähigkeit dar, Sachverhalte in versch. sprachliche Formulierungen zu bringen. →konverg. Denken. Ⓛ GUILFORD 1956 *Hä-R*

Ausdrucksformen, Bez. für die Arten des Ausdrucks. Je nach enger oder weiter Koppelung zwischen körperlicher Erscheinungsform u. seelischem Erlebnis werden Primär-, Sekundär-, Tertiär- und Rudimentärformen unterschieden. Ⓛ STREHLE

Ausdrucksforschung, experimentelle, die e. A. sichert durch Zuordnen (z. B. der Handschrift zur Sprechweise einer Person) die Eindeutigkeit des Eindrucks und prüft seinen Findewert durch Zuordnen des Personencharakters (z. B. zur Sprechweise. →Sprachtypen) ⟨ARNHEIM⟩. Eine wesentliche Rolle spielt der Abstand des zuzuordnenden Materials voneinander (schwerer oder leichter verwechselbar, was durch einen Distanzkoeffizienten ausgeglichen wird).

BRUNSWIK hat durch planmäßige Variation von Einzelzügen bei in Strichen schematisierten Gesichtern, die hinsichtlich Intelligenz, Schönheit, Willensstärke, Alter, Stimmung u. a. m. zu ordnen sind, wesentliche physiognomische Kriterien gefunden (z. B. ein intelligentes Gesicht sieht auch willensstark aus usw. →Eindruckscharakter). WOLFF unterschied dominierende und untergeordnete Ausdruckszüge durch die Vertauschung von Photographieteilen bei eineiigen Zwillingen (Untergesicht – Obergesicht, linke und rechte Gesichtshälfte) oder durch teilweises Abdecken. Situative Ausdrucksmerkmale (z. B. der Lüge) werden im qualitativen Experiment durch Herbeiführen einer kontrollierten Situation untersucht, wobei typische Veränderungen (z. B. Steilerwerden der Schrift usw.) zu verzeichnen sind. →FAST Ⓛ ARNHEIM, BRUNSWIK-REITER, WOLFF *K-E*

Ausdruckshand →Arbeitshand, →Hand

Ausdruckskunde →Ausdruckspsychologie

Ausdrucksmedium, Bez. für das, wo (worin) sich der Ausdruck manifestiert. →Ausdrucksfelder

Ausdrucksmethode, alle Verfahren zur Erforschung psychischer Vorgänge, besonders der Gefühle, auf mittelbarem Wege durch Feststellung charakteristischer körperlicher Begleiterscheinungen. Verwendet werden z. B. folgende Meßinstrumente: der →Pneumograph für die Atmung, der →Plethysmograph für das Blutvolumen, der Sphygmograph für den Puls, Galvanometer, Kathodenstrahloszillograph für Aktionsströme und das psychogalvanische Phänomen, die →Schriftwaage für den Schreibdruck. I. w. S. gehören zu den A. auch die Funktionsprüfungen des vegetativen Nervensystems. Ggs.

die →Eindrucksmethode. Ⓛ MEILI-ROHRACHER

Ausdrucksprinzip, Ausdrucksgesetz, Grundgesetz des (Bewegungs-)Ausdrucks, Bez. von L. KLAGES (1936, 1950[7]) zu den von ihm aufgestellten Thesen. Z. B. »Der Ausdruck ist ein Gleichnis der Handlung«, »Jede ausdrückende Körperbewegung verwirklicht das Antriebserlebnis des in ihr ausgedrückten Gefühls«.

Ausdruckspsychologie, Ausdruckskunde, die Lehre vom →Ausdruck in seiner Erscheinung und psychologischen Bedeutung. Sie stand in engem Zusammenhang mit der psychologischen Diagnostik und der Persönlichkeitskunde und umfaßt die folgenden Ausdrucksgebiete: Mimik (die Bewegungsabläufe im Gesicht), Gestik (die Ausdrucksbewegungen der Hände). Pantomimik, Motorik (die Bewegungen des übrigen Körpers, z. B. der Gang), Physiognomik (die nur über längere Zeit veränderlichen Ausdrucksmerkmale, d. s. Gesichtszüge, Eigenart der Körperhaltung), Phonognomik (der Ausdrucksgehalt von Stimme und Sprechweise), Handschrift (→Graphologie). →Mimik, →Physiognomik Ⓛ KIRCHHOFF, RUDERT, STREHLE

Ausdruckssprache, Teil der →nichtverbalen Kommunikation.

Ausdruckssubjekt, Bez. für den Träger des Ausdrucks. →Ausdrucksfelder

Ausdruckssymptome, körperliche Begleiterscheinungen affektiver Prozesse, z. B. Veränderung der Pulsfrequenz und Pulshöhe, des Armvolumens, der Atmungsfrequenz und -tiefe, des Blutdrucks, des elektrischen Hautwiderstandes u. a. Während eine Zuordnung von A.en zu einzelnen Gefühlsqualitäten (Lust, Unlust) nicht mit Sicherheit möglich ist, kann aus bestimmten A.en, vor allem aus der Hautwiderstandsänderung, wenigstens auf das Vorhandensein affektiver Veränderungen und auch auf ihre Stärke geschlossen werden. →Ausdrucksforschung, →physiolog. Ps. Ⓛ WOODWORTH-SCHLOSBERG, TRAXEL, MEILI-ROHRACHER

Ausdruckstheorien, Theorien über das Entstehen und Verstehen der Ausdruckserscheinungen. 1. Zum E n t s t e h e n : DARWINS phylogenetische Theorie führt die »assoziierten Gewohnheiten«, die »konservierten habits« und direkte Wirkungen des Nervensystems (z. B. sei das Muskelzittern durch Kraftüberschuß im Energieeinsatz erklärbar) zur Begründung heran. WUNDTS psychophysisches Prinzip sieht den Grund der Ausdruckserscheinungen darin, daß »mit jeder Veränderung psychischer Zustände Veränderungen physischer Korrelatvorgänge verbunden sind«. 2. Zum V e r s t e h e n : a) Die A n a l o g i e s c h l u ß t h e o r i e meint, daß der beobachtete Ausdruck beim anderen nur in Analogie zum eigenen Erleben verstanden werden kann. b) Die A s s o z i a t i o n s t h e o r i e behauptet die feste Assoziation zwischen Ausdruck und Vorstellung. c) Die R u d i m e n t e n t h e o r i e nimmt rudimentäre Mitbewegungen als Grundlage des Ausdrucksverstehens an (→CARPENTER-Effekt). d) Die E i n f ü h l u n g s t h e o r i e besagt, daß die Wahrnehmung fremden Ausdrucks das Nach- und Miterleben auslöse ⟨LIPPS⟩. e) Die E v i d e n z t h e o r i e verneint, daß der Ausdruck mittelbar zum Verstehen fremden Seelenlebens beitrage – sondern unmittelbar werde im Ausdruck dessen Bedeutungsgehalt miterfaßt. f) N a c h a h m u n g s- und L e r n t h e o r i e. g) Personzentrierte, organisationstheoretische Betrachtung (KRUEGER, LEWIN, BÜHLER, KAFKA, KIRCHHOFF): Ausdrucksbewegungen sind nach ihrem Ausmaß, ihrer Gerichtetheit und nach ihrer P o s i t i o n a l i t ä t zu beachten und zu deuten. Nach KIRCHHOFF ist »Positionalität« das spezifische »Wie«, das »besondere In-Position-Sein des Menschen zu sich selbst und seiner Welt« (HOLZKAMP). Hinsichtlich der Positionalität ist also die jeweilige Funktion und Wertigkeit des Ausdrucks zu beachten (expressiv, kommunikativ, reaktiv). *K-E*

Ausdrucksverstehen →Ausdruckstheorien

Ausfallserscheinungen, Bez. für die Aufhebung oder Abschwächung der normalen physiologischen oder ps. Abläufe als Zeichen krankhafter Störungen (Hirnschädigung, Schäden im Nervensystem, der innersekretorischen Drüsen u. a.). Markante A. →Aphasie, →Agnosie, →Amnesie

Ausfragemethode, von KÜLPE eingeführtes Verfahren zur exp. Untersuchung der Denk- und Willensvorgänge. Der Vp werden Aufgaben gestellt, meistens als Fragen, gleichzeitig wird sie zur Selbstbeobachtung der dabei eintretenden Erlebnisse angehalten und später darüber befragt.

Ausgang →output

Ausgangslage, in der →Pharmakopsychologie Bez. für den ps. Zustand der Vp vor einer Präparatverabreichung. →Psychopharmaka

Ausgangswertgesetz, auch WILDERS A. genannt, AWG, in der →psychophysiologischen Forschung gefundene Abhängigkeit des Ausgangswertes der Veränderung autonomer Variablen unter sonst gleichen Änderungsbedingungen von den Basiswerten des Organismus (WILDER 1931). Ⓛ FAHRENBERG 1967 77 ff (vgl. HORD, JOHNSON, LUBIN 1964) *B-S*

Ausgeprägtheit von Oberflächenfarben ⟨KATZ⟩, eine Eigenschaft der Oberflächenfarben, die von der Farbqualität unabhängig ist. Eine weniger stark beleuchtete weiße Fläche scheint z. B. den gleichen Weißlichkeitscharakter zu besitzen wie eine stärker beleuchtete, das Weiß erscheint nur weniger »ausgeprägt«.

Ausgliederungsannahme ⟨METZGER⟩ →Zusammensetzungsannahme

Auslese, svw. Auswählen nach bestimmten Qualitäten (→Selektion). Unterschieden wird nach Bestauslese, Breitenauslese, Quotenauslese und Schlechtestauslese, je nach dem Ziel, dem die A. dienen soll. →Stichprobe, →Quoten-System, →*screening*

Ausleseverhältnis, engl. *selection ratio,* das Verhältnis der Anzahl der für einen Arbeitsplatz auszulesenden bzw. anzustellenden Bewerber zu der Anzahl der Bewerber für diesen Arbeitsplatz. In Prozentwerten ausgedrückt ist das A. der Prozentsatz der ausgelesenen Bewerber. Von der Höhe des A. hängt es ab, wie effektiv die Anwendung eines Tests für die Auslese ist. Ist der Prozentwert hoch, so kann auch ein sehr valider Test den Ausleseprozeß kaum verbessern, während bei einem niedrigen A. ein Test mit mittlerer Validität eine Steigerung der Vorhersagevalidität erreichen kann. Diesen Zuwachs an Validität nennt man →inkrementelle Validität. →TAYLOR-RUSSELL-Tafeln *Hä-R*

auslöschende Hemmung →Hemmung

Auslöschung [engl. *extinction,* zu lat. *extinguere*], der bedingte Reiz verliert die Fähigkeit, die →bedingte Reaktion auszulösen, wenn nach bestimmten Intervallen keine neue →Verstärkung (Bekräftigung, *reinforcement*) geboten wird. Der Widerstand gegen die A. wird meist durch die Anzahl der unverstärkten Versuche bis zur A. gemessen und als ein Maß für das Lernen verwendet. SKINNER beschreibt unterschiedliche Wirkungen verschiedener →Verstärkerpläne auf den Widerstand gegen die A. (früher: Reflex-Reserve). →Verhaltenstherapie, →bedingter Reflex.

● Die A. wird von PAWLOW und HULL mit innerer bzw. reaktiver Hemmung, Zerfall wegen Nichtverstärkung und von GUTHRIE mit dem Ersatz der einen Response durch eine andere inkompatible, d. h. durch assoziative Hemmung, erklärt. ● Besonders großen Widerstand gegen die A. haben LAWRENCE und FESTINGER mit der Theorie der →kognitiven Dissonanz zu erklären versucht. Die A. ist bei Vermeidungsreaktionen erschwert, die durch das ständige Ausbleiben des aversiven Reizes (oder der Angst) gekennzeichnet sind. →Vermeidungslernen *B-S*

Auslösemechanismus, bez. die Fähigkeit von Lebewesen, selektiv auf bestimmte Außenreize (Schlüsselreize wie Farben, Körperformen, Bewegungsweise) sinnvoll zu antworten, und zwar mit nur einer festgelegten Reaktion. Angeborener Auslösemechanismus (AAM), früher angeborenes auslösendes Schema, von K. LORENZ (→Verhaltensforschung) eingeführter Begriff, bezeichnet den (zunächst nicht weiter spezifizierten) physiologischen Mechanismus, der angeborenermaßen bei einer spezifischen Reizsituation selektiv eine normalerweise adäquate Verhaltensweise (Erbkoordination) auslöst.

So wird z. B. durch den Anblick des Sperrens der Jungvögel und zum Teil ihres charakteristischen Rachenmusters bei dem Elternvogel in dieser Zeit die Verhaltensweise des Fütterns ausgelöst. Der AAM wird als ein auf die Auslösung einer jeweils bestimmten Verhaltensreaktion hin ausgelegter Reizfilterungsprozeß verstanden, der in unterschiedlich vielen Schritten auf verschiedenen Stufen zwischen der Reizaufnahme und dem Anstoß der Verhaltensreaktion erfolgen kann. Angeborene Verhaltensweisen können auch schon bei niederen Tieren durch Erfahrung, Gewöhnung oder Lernen überlagert werden: EAAM (durch Erfahrung abgeänderter AAM). Kommt es zur Entwicklung von Auslösemechanismen durch Lernprozesse, wie sie speziell in der frühen menschlichen Sozialisationsphase stattfinden, spricht man von erworbenen Auslösemechanismen (EAM). Mit Hilfe von Attrappenversuchen läßt sich experimentell feststellen, ob eine Verhaltensweise angeboren oder erworben ist. So löst z. B. eine sich bewegende Kugel bei erfahrungsfrei aufgezogenen Jungfischen von *Tilapia nilotica* →Kontaktverhalten aus. Eine klare Zuordnung ist aber beim Menschen aus methodischen Gründen (Aufwachsen unter Erfahrungsentzug) schwer zu treffen.

Auslösende Reize sind zu unterscheiden von der Menge der überhaupt wahrgenommenen Reize, von denen nur relativ wenige entweder angeborener- oder erlerntermaßen Reaktionen auslösen. Ein und dasselbe Sinnesorgan kann dabei im Dienste ganz verschiedener →Funktionskreise stehen, für die es oft unterschiedliche Diskriminationsleistungen (»Erkennen«) eines Schlüsselreizes vollbringt. Als Auslöser werden in diesem Zusammenhang ganz allgemein Reize oder Reizkombinationen bezeichnet, die eine bestimmte Verhaltensweise in Gang setzen. Als Auslöser werden nach LORENZ und EIBL-EIBELSFELD speziell die eigens als Reizsender differenzierten Strukturen und Verhaltensweisen (= Ausdrucksbewegungen) der eigenen oder auch anderen Arten bezeichnet. Sie können sich aus mehreren (zumindest allen notwendigen) Schlüsselreizen zusammensetzen. →Schlüsselreiz, Signalreiz, heißen nach TINBERGEN (1951) die mittels Attrappenexperimenten erfaßbaren handlungsauslösenden Einzelelemente (= wirksame Reize) einer handlungsauslösenden Gesamt-Reizsituation, wobei die Summation der Wirksamkeit der Einzelelemente noch zur Diskussion steht (→Reizsummen-Regel).

So sperren nach TINBERGEN 10 Tage alte Drosselnestlinge nur dann die Schnäbel, wenn der mit Futter herankommende Altvogel ihnen ein Objekt entgegenhält, das sich bewegt, größer als 3 mm ist und oberhalb der Ebene erscheint, in der die Augen der Jungtiere liegen. Zeigt man die bestwirksame Attrappe unterhalb der Augenhöhe, so blicken die Jungen danach, sperren aber nicht. Ⓛ BECKER-CARUS 1981, LORENZ 1943 65[11], PLOOG 1964 291–443, SCHLEIDT 1961, TINBERGEN 1956 *B-C*

Auslöser, *eliciter, releaser,* endogenes oder exogenes Reizmuster, das bestimmte Verhaltensweisen auslösen kann. →Schlüsselreiz, →Auslösemechanismus *P-S*

Ausreißerwert, Bez. für einen Meßwert, der im Rahmen der Verteilung anderer Meßwerte, denen er hinzugehört, eine Extremposition einnimmt *Mi-A*

Aussagekategorien →Apperzeptionsstadien

Aussage, svw. Wiedergabe eines beobachteten Tatbestands. Dabei von Interesse: die Fehlangaben (Erinnerungstäuschungen), die Einflüsse der persönlichen Beziehungen zum Tatbestand, die Zeitdauer zwischen Beobachtung und Aussage u. a. m. Mit →Aussageps. bezeichnet man ein besond. Teilgebiet der →Forensischen Ps. Ⓛ ARNTZEN

Aussagenlogik, elementarster Teil der formalen Logik. Die Sätze der A. werden durch Verknüpfung von Aussagen durch logische Junktoren wie »und«, »oder«, »wenn ... dann«, »nicht« gebildet. Sätze der Aussagenlogik sind wahr oder falsch. Die Wahrheit oder Falschheit von Sätzen der A. ergibt sich aus der Wahrheit oder Falschheit der Aussagen, aus denen sie zusammengesetzt sind, und der Art ihrer Verknüpfung durch Junktoren. Sind z. B. die Aussagen A und B wahr, so auch die zusammengesetzte Aussage »A und B«. Dagegen ist dann die zusammengesetzte Aussage »wenn A, dann nicht B« falsch. Ⓛ HILBERT-ACKERMANN 1959[4], FREUDENTHAL

Aussagepsychologie, ein von W. STERN, A. BINET u. a. um 1903 begründetes Teilgebiet der Ps., dessen Bedeutung vor allem die →Forensische Ps. erkannt hat. Aufgabe der A. ist die ps. Analyse der Aussagen und zugleich die Beurteilung der Aussagenden, dazu besonders die Feststellung des Wahrheitswertes (in Relation zur Wahrhaftigkeit des Aussagenden) bei Zeugenaussagen. Als Methoden werden Tests, Apparate (→Lügendetektor), Exploration und Verhaltensbeobachtung angewendet. • Die Zeugenaussage von Kindern und Jugendlichen, die vorwiegend bei Sexualdeliktprozessen eine entscheidende Rolle spielen kann, ist in bezug auf ihre Glaubwürdigkeit und Zuverlässigkeit seit je umstritten. Doch zeigt man sich gegenwärtig aufgeschlossener gegenüber kindlich-jugendlichen Aussagen. →Erinnerungsfälschung. Ⓛ STERN 1903, HELLWIG 1951, MÜLLER-LUCKMANN 1962, UNDEUTSCH 1967, TRANKELL 1971

Ausschleifungstheorie →Bahnung

Ausschneideprobe →Sinnesfunktionen (5c)

Außenseele, die in ein Tier verlegte Lebenskraft eines Menschen, so daß dieser Mensch seine Kraft verliert und stirbt, sobald das Tier getötet wird. →Totemismus *S-G*

äußere Hemmung →Hemmung

außersinnliche Wahrnehmung, Bez. für Telepathie, Hellsehen, Telästhesie u. ä. »mentale Phänomene« ⟨DRIESCH⟩. →Parapsychologie

Auswertung, die Verarbeitung von Rohdaten mit Hilfe statistischer Methoden. Die Datenerhebung kann über sehr unterschiedliche Techniken erfolgen (z. B. Interview, Beobachtung, Befragung). Experimente und Tests stellen eine besondere, standardisierte Technik der Datengewinnung für die empirische Ps. dar.

Einerseits erfolgt die Anwendung von stat. Methoden mit dem Ziel, die Rohwerte durch stat. →Parameter zusammenfassend zu beschreiben (z. B. Mittelwert und Streuung), andererseits ermöglichen die stat. Methoden eine Aussage über die Generalisierbarkeit der bei der Datenerhebung gewonnenen Resultate (→Deskriptionsstatistik, →Inferenzstatistik, →Signifikanztest). Die Veranschaulichung und die Übersicht über die versch. Auswertungsschritte kann in Form von graphischen Darstellungen bzw. Tab. erfolgen (→Häufigkeitsverteilung, →Testprofil). *Hä-R*

Auszahlungsmatrix →Entscheidungstheorie, →Signaldetektionstheorie, →Interaktion

Ⓔ **aut..., auto...** [gr.] in Wtvb. selbst, eigen, persönlich, unmittelbar

Autia, Grundwesenszug (M +) der 15 Persönlichkeitsdimensionen (Ⓣ CATTELL, 16 PF). Er kennzeichnet eine allgemeine →autistische Neigung, eine Unbekümmertheit den praktischen Dingen gegenüber und ein →introvertiertes, phantasievolles Innenleben. Der Gegenpol (M −) wird als Praxernia bezeichnet. Dieser kennzeichnet praktisches, gewissenhaftes Verhalten. Ⓛ CATTELL et al. 1970 *Hä-R*

Autismus, syn. autistisches, dereistisches Denken. Im allg. Sprachgebrauch »in Gedanken und Tagträumen versponnen sein«. • E. BLEULER hat den Begr. in die Psychiatrie eingeführt für das besonders bei der Schizophrenie auftretende phantastische, traumhafte, affektiv-impulsive, undisziplinierte, auch unlogische Denken bei vorwiegend in sich gekehrten, umweltabgewandten Verhalten. • Zur Kennzeichnung eines affektiven Wunschdenkens hat BLEULER später (1917 – in einer beachteten Streitschrift zu psychiatr. Fragen) den Begr. auf nicht-psychotische Verhaltensweisen ausgeweitet.

Autismus, frühkindlicher, seltene Verhaltensstörung bei Kleinstkindern und im Kindesalter. Von kindlicher Schizophrenie diagnostisch abgrenzbar, wenngleich Überlappungen auftreten. Weniger als 10% der kindlichen Schizophrenen sind Autisten. Symptome: Ablehnung von Zuwendung bereits im Babyalter, sozialer Rückzug, isolierte (motorische) Fertigkeiten *(»idiot savant«),* häufig keine Sprachentwicklung, Aufmerksamkeitsstörung, oft attraktives Äußeres und hoher IQ bei Familienangehörigen.

Ursachen unbekannt, organische Störung des Zentralnervensystems wahrscheinlich. Sind möglicherweise im Mutterleib frühreif und damit sensorisch depriviert, was zu Atrophie retikulärer und thalamischer Aufmerksamkeitsstrukturen führt. Behandlung mit Verhaltenstherapie (operantes Lernen, LOVAAS 1967) indiziert, Prognose des Erwerbs von Sprache viel besser als vor Einführung verhaltenstherapeut. Methoden. Ⓛ DAVISON u. NEALE 1979, KEHRER 1978 *Bi-R*

autistische Sprache tritt vorwiegend bei →Schizophrenie auf und zeigt die folgenden Charakteristika: primär auf den Sprecher selbst bezogen, fungiert nicht als interindividuell verbindliches Kommunikationsmittel; die Name-Begriff-Objekt-Beziehung ist gelockert; bizarr-verschrobene Sprachspiele treten auf (KAINZ 1943). →Sprachstörungen, →Autismus, →Echolalie. Ⓛ GOLDFARB 1970 *G-M*

Autobiographie, Darstellung des eigenen Lebenslaufes und damit Hinwendung der →Biographie und der →biographischen Methode auf die eigene Person. Die A. verlangt eine Selbstanalyse, bei der die typischen Persönlichkeitsmerkmale von dessen Träger richtig erkannt werden müssen.

Aus dieser Frage erwachsen denn auch die unterschiedlichen Bewertungen der A. für die ps. Diagnostik und die Therapie. Während H. A. MURRAY (1963[2]) sie an die Spitze aller Untersuchungsmethoden stellt, meint dagegen G. W. ALLPORT: »Biographien, bes. Autobiographien, sind oft nichts anderes als ein charakterologischer Palimpsest. Das Bild, das die Wünsche des Bearbeiters befriedigt, ist nicht das wahre Bild.« • In der Geschichte der Ps. bedeuten A. als sog. »Bekenntnisse« bedeutsame Entwicklungsstufen. So die Bekenntnisse des Aurelius AUGUSTINUS mit einem Seelenverständnis, das weitgehend das Mittelalter bestimmt hat. Auch die bekenntnisartigen Lebenslaufschilderungen, wie sie LAVATER (1771), ROUSSEAU (1767ff.), MORITZ (1785–1799) u.a. geboten haben, sind für die Gesch. der Ps. wichtig. Für Ch. BÜHLER war eine Sammlung von Tagebüchern wertvolle Grundlage bei ihrer Arbeit zur Ps. der Jugendlichen und zum menschlichen →Lebenslauf.

autochthone Dynamik, die »selbst-entstandenen« Organisationstendenzen, die nach gestaltps. Auffassung quasi automatisch infolge von Beziehungsmerkmalen der aufgefaßten Inhalte beim Denken und Lernen wirksam sind. Beispiele sind die Tendenz zur Schließung von Lücken oder die Erinnerung an Problemlösungshilfen oder sonstige Gedächtnisinhalte infolge geeigneter Abrufsignale. Die a.D. hält Denk-, Lern- und Reproduktionsprozesse von »innen« aus dem Material heraus in Gang und wird deshalb auch als intrinsische →Motivation bezeichnet. Im Ggs. dazu bedeutet allochthone Dynamik die Gesamtheit der »fremd-entstandenen« Energiemobilisierungen, z.B. durch Zeitdruck, Angst vor Strafe oder Anreiz durch Belohnung oder sonstige irrelevante, nicht zur Aufgabe gehörende Reize, auch extrinsische Motivation genannt. Ⓛ GUTJAHR 1959, BERGIUS 1964 208ff. und 1971 139f., HUNT 1965 *B-S*

autochthone Handlungen, Handlungen mit Eigenmotivation

autochthone Ideen, syn. Zwangsideen, Bez. für Gedanken, die als »von außen eingegeben« erlebt werden. Gesteigert bei Neurosen und Psychosen, wobei die a. I. ohne allen Zusammenhang mit dem weiteren Denkverlauf sich geltend machen.

Autoerotismus, die beim Kinde oder bei auf Kindstufe narzißtisch fixierten Erwachsenen vorliegende Tendenz, Lust am eigenen Körper, also ohne Partnerbezug, zu gewinnen. Begr. stammt von HAVELOCK-ELLIS und wurde von FREUD (→Narzißmus) übernommen.

autogenes Training ⟨J. H. SCHULTZ⟩, syn. konzentrative Selbstentspannung. Eine Methode der →Entspannung auf autosuggestivem Wege. Durch genau abgestufte Konzentrationsübungen kommt man zu einer immer größeren Beherrschung auch der »automatisch« ablaufenden Körperfunktionen, zu gesteigerter Leistung sowie zu einer Stufe der Versenkung, in der eine wirksame psychotherapeutische Selbstbeeinflussung durch »formelhafte Vorsatzbildung« möglich ist. Das a.T. ist verwandt mit der →Hypnose sowie mit den Übungen der Yogi zur religiösen Versenkung. Ⓛ SCHULTZ 1979[16], KLEINSORGE 1962

Autographismus, selten gebräuchl. Bez. für →Dermographismus

Autohypnose [zu gr. *hypnos* Schlaf], Bez. für Selbstversenkung in einen hypnotischen Zustand, der rein autosuggestiv, aber auch (unterstützend) durch optische, akustische oder sensible Reize erreicht werden kann. Ggs. Heterohypnose. →autogenes Training, →Yoga-Lehre, →Meditation, →Hypnose

Autokinese, autokinetisches Phänomen, betrachtet man im dunklen Raum einen in Ruhe befindlichen Lichtpunkt, so scheint sich dieser nach kurzer Zeit zu bewegen (sog. Punktschwankungen). Die schon von W. B. CARPENTER und von H. AUBERT beschriebene Erscheinung ist auch der Suggestion zugänglich und wurde in neuerer Zeit dazu herangezogen, die Beeinflussung des Urteils, die →Suggestibilität des einzelnen Beobachters durch die Urteile einer Gruppe zu untersuchen (M. SHERIF u. a.).

Autokorrelation, Bez. für den inneren Zusammenhang einer (z. B. zeitlich geordneten) Reihe von Meßwerten. Konkrete Verfahren zur Bestimmung eines A.koeffizienten bestehen in der Berechnung der →Korrelationen der Meßwertreihe, A, B, C, D, E, ... mit der um eine Position verschobenen Reihe B, C, D, E, F, ... (so daß die Maßzahlpaare A/B, B/C, C/D usw. in die Korrelationsrechnung eingehen) bzw. mit der um 2, 3 oder mehr Positionen verschobenen Reihen C, D, E, F, G, ..., D, E, F, G, H, ... usw. ● A.funktion ist die Abhängigkeit des Maßes der A. von der Größe der Verschiebung. *M-R*

Automat, schon bei ARISTOTELES vorkommender Ausdruck für »sich selbst bewegende« und meist Staunen erregende, vom Menschen geschaffene Gegenstände (Wasserspender mit Münzeinwurf oder mechanisches Spielzeug). Heute Bezeichnung für ein meist komplexes elektronisch und/oder mechanisch realisiertes System, das auf bestimmte Eingaben (Knopfdruck, Ziffern, Zeichen, →Programm) mit der Ausführung mechanischer Vollzüge oder der Ausgabe von Zeichen reagiert. Zwischen Eingabe und Ausgabe liegt eine innere Verarbeitung der Eingangssignale, die weitere Informationsbeschaffung über die physikalische oder semantische Außenwelt enthalten kann.

Die mathematische Automatentheorie abstrahiert von mechanischen oder elektronischen Realisierungen und liefert eine allgemeine formale Beschreibung der Interaktion des abstrakten A. mit seiner Umwelt. Dabei wird von den Mengen der Eingabesignale, der Ausgabesignale und der Zustände des A. ausgegangen. Die Elemente dieser Mengen werden durch Funktionen aufeinander abgebildet. Beim deterministischen A. werden eindeutige (nicht notwendig ein-eindeutige) Abbildungen zugrunde gelegt, beim stochastischen A. sind einzelne Zuordnungen zufallsgesteuert mehrdeutig. (Beispiele: Warenautomat, Spielautomat.) Die physikalischen Eigenschaften der Teile, aus denen das Modell eines abstrakten A. gebaut wird, dienen der Realisierung der abstrakten Funktionen. Sind die Mengen der Eingangssignale, Ausgangssignale und Zustände endlich, spricht man vom finiten A. Die Leistungen eines deterministischen, finiten A. nennt man TURING-berechenbar (nach dem engl. Mathematiker A. M. TURING).

Lernende A. können in Abhängigkeit von der Außenwelt ihre inneren Funktionen ändern. Prozesse, die dem klassischen und dem operanten Konditionieren entsprechen, können in elektromechanischen Schaltungen ablaufen. Auch Computerprogramme können so aufgebaut werden, daß sie zunächst nur die Regeln etwa des Schachspiels enthalten, dann aber auf Grund von »Erfahrungen« im Spiel gegen menschliche Partner erfolgreiche Züge speichern und häufiger abrufen.

Automaten zur Simulation des operanten Konditionierens benötigen einen Zufallsgenerator zur Auswahl möglicher Ausgänge und eine Bewertungsschaltung, die die Antwort der Außenwelt auf die gewählten Ausgänge im Sinne eines Zieles positiv oder negativ gewichtet. Mit der Speicherung dieser Gewichtungen baut der A. ein internes Modell der Außenwelt auf. Ⓛ STEINBUCH 1961 *G-R*

Automatie [gr. *automatos* aus eigenem Antrieb, selbsttätig], das vom Willen bzw. der Bew.kontrolle unabhängig (oder sehr beschränkt abhängig) Ablaufende.

automatisches Schreiben →Automatismen

Automatisierung, die durch Wiederholung bzw. →Übung erreichte und oft auch beabsichtigte →Automatie körperlicher wie seelischer Abläufe. Viele Handlungen und Abläufe werden so zu →Automatismen. →Kybernetik

Automatismen, willensunabhängige Handlungen. Allgemein ⟨FLOURNOY⟩ solche, die einen bestimmten sinnvollen Zweck verfolgen, ohne daß ihr Träger diesen bei ihrem Eintreten erkannte. Den A. stehen die →»bedingten Reflexe« nahe. • Beim automatischen Schreiben in der Hypnose handelt es sich um die Beantwortung von Fragen durch die Vp, ohne daß diese darauf achtet, sogar eine gänzlich andere Tätigkeit ausübt. • In der Psychiatrie sind A. ⟨E. BLEULER⟩ die vom Willen und Bew. krankhaft abgeschirmten und auch mehr oder minder unmotivierten, fremdartigen, spontanen Handlungen. →Instinkt, Instinktlehre. • In der →Parapsychologie bezeichnet man als A. die unbewußten Bewegungen, die über Vorgänge wie Pendeln, Tischrücken u. a. registriert und gedeutet werden.

Automatismen, hypobulische, Bez. von E. KRETSCHMER für die »unterhalb des Willens« ablaufenden Ausdrucksbewegungen wie Sichschütteln, Aufschreien, Schreckhaltung

Automatograph, Vorr. zum Aufzeichnen unwillkürlicher Bewegungen.

Automorphismus, die (einseitig-subjektive) Beurteilung des Verhaltens Anderer nach eigenem Maßstab

Autonomasie, Sonderform der →Aphasie

autonomes Nervensystem →Nervensystem

Autonomie, funktionelle, Unabhängigkeit eines Motivsystems von dem →Primärtrieb, der es früher einmal entstehen ließ. Der Begr. wurde von G. W. ALLPORT eingeführt. Syn.: Motiv-Autonomie *B-S*

Autophonomanie [gr. *phonos* Mord], seltene Bez. für Selbstmordtrieb

Autoplastie, autoplastisch [gr. *plassein* bilden, formen], Selbstformung • Bez. von FREUD für diejenige Realitätsverarbeitung, bei der die reale äußere Umwelt abgewiesen bzw. zu einer inneren Ersatzwelt umgearbeitet wird. A. ist nur sich selbst verhaftet sein. Ggs. →Alloplastie, alloplastisch. Ⓛ LAPLANCHE. • autoplastisches Krankheitsbild, das »Eigenbild« des Patienten über sein Kranksein bzw. die psychogene Überformung einer Krankheit durch den Patienten.

Autopsyche →Allopsyche

Autopsychosen, die von C. WERNICKE eingeführte, heute nicht mehr gebräuchliche, Bez. für Psychosen mit Verlust der Orientierung und Verfälschung der Vorstellung über das eigene Ich. →Allopsychosen

autoritäre Atmosphäre, Deskription eines Gruppen-Führungsstils, in dem dirigierende Anordnungen (häufige Befehle) die Tätigkeiten unterbrechen, sowie persönliches Lob und Tadeln, insbesondere in Form unkonstruktiver Kritik, vorherrschen. Ⓛ LEWIN, LIPPIT u. WHITE 1939 *B-S*

autoritäre Persönlichkeit →Autoritarismus

Autorität, Bez. für eine Beziehung zwischen Personen, in der eine (oder mehrere) Person(en) durch Befehle, Vorschläge od. Wünsche wiederholt einen Einfluß in der von ihr (ihnen) gewünschten Richtung ausübt (ausüben). • A. bezeichnet auch die Person, die A. hat, d. h. die Macht besitzt zum Beeinflussen durch (a) Kompetenz, (b) überkommenes Ansehen, (c) Machtmittel (Möglichkeit zur Verhängung von Sanktionen). Die Quellen (a) und (b), (c) bezeichnen manchmal »innere« bzw. »äußere« A. →Macht *B-S*

Autoritarismus, (allg.) Bez. für die betont autoritäre Einstellung. (spez.) Bez. für das von ADORNO et al. über Interviews und projektive Verfahren ermittelte und mit der F-(Faschismus-)Skala definierte Einstellungssyndrom des Antisemitismus, Ethnozentrismus, Faschismus und politischen Konservativismus. Versuche, ein Syndrom A. in Form von konstanten Korrelationen und Konstanz von Persönlichkeitseigenschaften wie Konformität, Abhängigkeit von der Autorität, überdurchschnittliche Kontrolle der Gefühle und Impulse (→Konventionalismus), Rigidität des Denkens und Ethnozentrismus zu finden, haben zu widersprüchlichen Ergebnissen geführt. Ⓛ ADORNO et al. 1950, CHRISTIE u. JAHODA 1954 *B-S*

autoshaping, (lerntheor.) Selbstformung (→shaping).

Autostereotyp →Stereotyp

Autosuggestion [lat. *suggérere* eingeben], Selbsteinredung. Eine Beeinflussung des Urteils und der Vorstellungen, die vom Individuum selbst bewußt oder unbewußt hervorgerufen wird. A. wird auch zur psychotherapeutischen Behandlung angewendet. →Suggestion, →Couéismus, →autogenes Training

Autotelie, Heterotelie, zwei Bez. von W. STERN (gebildet entsprechend Autonomie, Heteronomie) zur Kennzeichnung der Ausrichtung der Person auf »Selbstzweck« *(telos),* Selbstentfaltung, oder auf »Fremdzwecke« (übergeordnete, von außen kommende reale oder ideale Aufgaben)

autotelisch [gr. *telos,* Ziel], das a. Verhalten ist sich selbst Zweck, a. ist ein Merkmal des Verhaltens, das auf WOODWORTHS (1918) Verhaltensprimat zurückführt; es bedeutet, daß mit der a. Aktivität kein sekundärer Zweck erreicht wird, sondern allein der Ablauf dieser Aktivität selbst das Ziel ist. In Persönlichkeitstheorien der Selbstverwirklichung ist a. Verhalten von den auf das Selbst gerichteten Strebungen bestimmt, es dient der Selbstbehauptung, Selbstverteidigung und Selbstentwicklung und ist trotzdem der Sozialisierung nützlich (funktionelle →Autonomie und →Proprium nach ALLPORT). →intrinsische Motivation Ⓛ CSIKSZENTMIHALYI 1979, MOORE u. ANDERSON 1960 *B-S*

Autotomie [gr. *tómos* Schnitt], bei Menschen durch Geisteskrankheit, Lebensgefahr, evtl. auch durch Angst veranlaßte Selbstverstümmelung • (biol.) bei Tieren die mögliche Selbstamputation, um einem Feind zu entkommen (z. B. Eidechse, die ihren Schwanz abstößt).

Aux, Auxiliarkomplex →Lexikon

AV, abhängige Variable

availability [engl.] Verfügbarkeit. In der Gedächtnisps. u. Psycholinguistik wird zwischen a., d. h. dem Vorhandensein eines Items im Speicher, ohne daß es auch abrufbar ist, und der *accessibility* oder Zugänglichkeit, d. h. daß es vom Abruf erreicht wird, unterschieden. *B-S*

Aversionstherapie, Anwendung aversiver Reize mit dem Ziel, unerwünschte Verhaltensweisen auszumerzen oder abzuschwächen. Aversive Reize finden in der →Verhaltenstherapie sowohl im Rahmen klassischer als auch im Rahmen operanter Konditionierung Verwendung.

In der aversiven Konditionierung nach dem klassischen Modell (aversive Gegenkonditionierung) sind die aversiven Reize stimuluskontingent; ein bestimmter Reiz (z. B. Zigarette) soll durch die zeitliche Koppelung mit einem unangenehmen Reiz (z. B. elektrischer Schlag) selbst negativ affektbesetzt werden. Die beiden am häufigsten gebrauchten aversiven Reize sind übelkeitserregende Drogen und elektrische Schocks. Eine neuere Entwicklung der klassischen aversiven Konditionierung stellt die »symbolische aversive Konditionierung« dar: unerwünscht attraktive Reize werden nicht mit direkten externen aversiven Reizen, sondern mit unlustvollen Vorstellungen gekoppelt. Anwendungsbereiche: Alkoholiker- und Rauchertherapie, Modifikation sexueller Störungen. • In der aversiven Konditionierung nach dem operanten Modell (→operante Konditionierungstherapien) sind die aversiven Ereignisse reaktionskontingent; sie sollen als Konsequenzen einer bestimmten Verhaltensweise eben diese Verhaltensweise eliminieren. Anwendungsbereiche: Enuresis-Behandlung, Modifikation von selbstzerstörerischen Verhaltensweisen. Ⓛ BRUSH *L-G*

aversiver Reiz, widriges Ereignis, das eine Vermeidungsreaktion auslöst. • Negativer Verstärker, dessen Aufhören ein verstärkendes Ereignis für die Reaktion ist, die das Entkommen (oder Meiden) ermöglicht hat. *B-S*

avoidance-avoidance-conflict →Annäherungskonflikt

awareness [engl. Bewußtheit], wache Bewußtheit (zu inneren wie umweltbezogenen Ereignissen), Gewahrsein. • In der →Gestalttherapie von F. S. PERLS ist a. »integraler Teil der organismischen Selbstregulation« (SÜSS et al. 1978, S. 2729). Sie ermöglicht die Wahrnehmung vorherrschender Bedürfnisse und damit erhöhte Differenzierung zw. Organismus und Umwelt. PERLS unterscheidet drei Zonen: interne a. (sensorischer Kontakt zu den inneren Ereignissen der Person), externe a. (sens. Kontakt zu Objekten und Ereignissen der Umwelt), intermediäre a. (alle mentalen Prozesse).

AWG →Ausgangswertgesetz von WILDER (1931)

Axiom, Axiomatik [gr. *axíoma* Wertschätzung, als wahr angenommener Grundsatz], Lehre von den Sätzen, die weder auf einen anderen zurückgeführt noch bewiesen werden können, aber auch keines Beweises bedürfen, da sie in sich selbst einsichtig (evident) sind.

● In der mathemat. Logik entfällt die Evidenz, und es genügt eine Reihe von Sätzen, die voneinander unabhängig sowie aus dem System nicht ableitbar sind. Gefordert wird der Beweis, daß im System kein Widerspruch auftreten kann. ● In der →geisteswissenschaftlichen Ps. die Lehre von der objektiven Ordnung der Werte, die als ideelle Ordnung objektiv-geistiger Gebilde der Kultur zeitlose, richtungweisende Gesetze für den subjektiven Geist sind, der die Fähigkeit hat, sie zu erleben (SPRANGER, 1950[8], OELRICH, 1950).

axiomatisch, ohne Beweis vorausgesetzt, weil keines Beweises bedürftig

axiomatische Methode, die Ordnung der Begriffe und Aussagen einer Wissenschaft derart, daß bestimmte Aussagen – die →Axiome – an den Anfang gestellt werden und die übrigen Aussagen durch rein logische Ableitung gewonnen werden können.

Axon [gr.], der der nervlichen Erregungsleitung dienende, meist lange (1 m und darüber) Achsenzylinderfortsatz der Nervenzelle (= Neurit). →Neuron, →Dendrit

Azyano(ble)psie, Blaublindheit →Farbenblindheit

B

BABINSKI-Reflex, Erkennungszeichen für eine Schädigung der Pyramidenbahn. Nach festem Bestreichen der Fußsohle (bes. des Randes) kommt es zur Beugung der Großzehe nach oben. Beim Kleinkind bis 2. Lebensjahr noch normal. Syn. Fußsohlenreflex, Großzehenreflex.

*

BABINSKI, Joseph François Félix / 1857–1932 / Neurol. poln. Herkunft, Schüler u. Nachfolger CHARCOTS / Paris

background [engl.], Hintergrund, meistens gebraucht als Gesamtheit der Erlebnisse, der Erfahrungen und des allg. soz. Milieus einer Person. *F-R*

backward time perspective, rückwärts gerichtete →Zeitperspektive

Bahnung, [engl. *facilitation*], (allg.) durch Wiederholung bzw. Einübung werden die dem Menschen (auch dem Tier) zukommenden Eindrücke zunehmend beherrscht, gleichsam vertrauter.

(neurophysiolog.) Im Zentralnervensystem erfahren die Erregungsabläufe durch weitere, zusätzliche Erregung eine »Förderung«, es erfolgt sozusagen ein »Einschleifen« von Spuren in Gehirn und Nervenbahnen. Der Vorg. ist bedeutsam beim →Lernen, →bedingten Reflex und der →Summation der Reize. ● Bei FREUD ist B. der zentrale Begr. bei der Beschreibung des Neuronenapparates. Im Übergang von einem Neuron zum anderen besteht ein bestimmter Widerstand, der durch B. verminderbar ist. FREUD vertrat zudem die Auffassung, daß bei jeder nervösen Erregung der gebahnte Weg vor dem ungebahnten bevorzugt werde.

Bahnungstheorie →Aufmerksamkeit

Balance-Theorien, Gleichgewichtstheorien, betonen, daß wir ausgeglichene, konsistente Meinungen und Systeme bevorzugen. Explizite B.-T. (sonst wäre z. B. auch FREUD zu nennen) gehen auf den phänomenologisch-gestaltps. Ansatz von HEIDER (1946, 1958) zurück.

Er betrachtet die sozialen Beziehungen in der Triade (mit Beurteilungsgegenstand: p (wahrnehmende und erkennende Person = Ich), o *(the other)* und x (ein Gegenstand in der sozialen Umwelt von p). Gleichgewicht herrscht immer dann, wenn das algebraische Produkt der gegenseitigen Urteile (+ Mögen, Einheit; − Abneigung, Trennung), bzw. deren Vorzeichen, positiv ist (z. B. + + + oder + − −). Erweiterungen dieses Ansatzes: ABELSON und ROSENBERG (1958), NEWCOMB (1959, 1968), OSGOOD u. TANNENBAUM (1955). Im Hinblick auf die Vermeidung von Ungleichgewichtszuständen ergibt sich – ebenso wie in LEWINS Einfluß auf HEIDER und FESTINGER – eine Verbindung zur Theorie der →kognitiven Dissonanz und dem →Reaktanz-Prinzip. IRLE (1975) betont dagegen die »fundamentalen Differenzen«. →Konsonanztheorien, →Äquilibration *R-S*

Balbuties [lat. *balbutire*] →Stottern

BALINT-Gruppe, ursprünglich Gruppen für Ärzte mit dem Ziel, die Arzt-Patient-Beziehung der Teilnehmer zu verbessern. Die Gruppenarbeit geht von Fallbesprechungen aus der eigenen Praxis aus und ist überwiegend analytisch orientiert. Mittlerweile gibt es BALINT-Gruppen für viele andere, vorwiegend soziale Berufsgruppen und Studenten. *S-T*

*

BALINT, Michael / 1896–1970 / ungar. Psychoanalytiker / London

Balken →Gehirn

BALLARD-WILLIAMS-Phänomen, Bez. dafür, daß Gelerntes nach längerem zeitlichen Abstand besser reproduziert wird. →Reminiszenz

*

BALLARD, Philip Boswood / 1865–1950 / Psychol. / London

Ball-im-Feld-Test Ⓣ TERMAN

Ballismus [gr. *ballein* werfen, schleudern], syn. ballistisches Syndrom, plötzliche, unwillkürliche, heftige →Hyperkinese und Schleuderbewegungen der Arme oder Beine, beruht auf Erkrankung des extrapyramidalen Systems

Balzverhalten, (biol.) Bestandteil des →Fortpflanzungsverhaltens; durch Werbezeremonien wird die Aggression der Geschlechtspartner herabgesetzt und die Paarungsbereitschaft erhöht. *P-S*

Bandbreite, Maß für das Verhältnis von Informationsmenge und -güte je Zeiteinheit. Es können über einen Kanal entweder sehr viele »Nachrichten« nur ungenau oder aber wenige, diese sehr genau übertragen werden. CRONBACH u. GLESER (1957) haben den aus der Informationstheorie übernommenen Begr. und den komplementären Begr. der Wiedergabegenauigkeit (→*fidelity*) auf die psychodiagnostische Datensammlung angewendet.

Bei der Auswahl der Verfahren für eine diagnostische Datensammlung hat sich der Untersucher für ein angemessenes Verhältnis zwischen B. und Genauigkeit zu entscheiden. Sollen z. B. für die Berufsberatung in einer zur Verfügung stehenden Zeit die berufsbezogenen, allgemeinen Leistungen getestet werden, so kann entweder eine Leistung mit mehreren Tests sehr genau, oder mehrere Leistungen (sprachliche, rechnerische) mit nur je einem Test ungenau erfaßt werden.

Die →psychometrischen Testverfahren sind in der Regel auf große Genauigkeit hin konzipiert, während die →projektiven Verfahren eher eine große Bandbreite besitzen. Ⓛ CRONBACH u. GLESER 1957 *Hä-R*

bandwagon-Effekt [engl. *bandwagon* Musik-Wagen an der Spitze des Zuges, erfolgversprechende Sache], Gewinner-Effekt, auch (ungenau) Mitläufer-Effekt genannt, also Konformitätsdruck, der durch die Mehrheit der Personen ausgeübt wird, mit denen man sich identifiziert oder identifizieren möchte. Der b-E. wird z. B. bei Wählern beobachtet, die nach Bekanntwerden von demoskopischen Umfrageergebnissen den Kandidaten der Majorität wählen. Ggs. →*underdog*-Effekt: der vermutlich verlierende Kandidat wird gewählt. *B-S*

Bandzauber, Vorst., daß durch ein Band, eine Schnur, etwas geheimnisvoll gesichert und verzaubert sei. Beispiel: Lendenschnur der Naturvölker. Der Eheringwechsel geht auf ähnliche Anschauungen zurück.

Barbiturate, Barbitursäurederivate, als Sedativa oder Schlafmittel oder Narkotika verwendete psychotrope Substanzen. →Psychopharmaka

bargaining games [engl.], Verhandlungsspiele. →Verhandeln

Barriere, in LEWINS →topologischer Psychologie (1969) eine Region im →Lebensraum, die →Lokomotion behindert; in der Problemlösungspsychologie die Beschaffenheit desjenigen Anteils der Problemsituation, der das Zustandekommen der Problemlösung zunächst verhindert. Danach können Problemtypen als B.typen unterschieden werden (DÖRNER 1976), etwa »Interpolationsb.«, »Syntheseb.«, »dialektische B.«. *K-I*

BARTLETT-Test, ein statistisches Verfahren zur gleichzeitigen Prüfung der Homogenität der Varianzen von zwei oder mehreren unabhängigen Stichproben. *Mi-A*

*

BARTLETT, Maurice Stevenson / *1910 / Prof. für Biomathematik / Univ. of Oxford

barykinetischer Typus [zu gr. *barys* schwer] →Typologie (Konstitutionstypen)

Basalganglien →Gehirn

Basalhirn →Gehirn

BASEDOW-Krankheit, die auf Überfunktion der Schilddrüse beruhende Krankheit mit Augenvortreibung (Exophthalmus), Kropf (Struma) und Herzjagen (Tachykardie), der sog. Merseburger Trias. Die ps. Begleitsymptome sind: Gespannte Erregtheit, Angstzustände, zunehmende Nervosität, verminderte Leistungsfähigkeit. Krankheitsauslöser können u. a. auch ps. Belastungen sein (Schreck- bzw. Schock-BASEDOW).

basedowoid, unvollständige Ausprägung der BASEDOW-Krankheit. ● (ps.) auch svw. →B-Typ

Basedow-Psychose, die zur Geisteskrankheit gesteigerten ps. Begleiterscheinungen der Basedow-Erkrankung mit Verwirrtheitszuständen und Delirien

*

Basedow, Karl Adolph v. / 1799–1854 / Arzt / Merseburg

baseline [engl. Grundlinie], Ausgangswert, Ausgangsniveau. →Basisrate

basilar, svw. zur Basis gehörig, basal

Basilarmembran →Ohr

Basisrate, die Häufigkeit des Vorkommens eines »Merkmals« (z. B. einer Verhalteneinheit) in der Grundgesamtheit (→Population) oder bei einer Vp oder einer Klientengruppe vor Beginn einer Behandlung (→*treatment*). *B-S*

Basophobie [gr. *básis* Gang], Gehfurcht aus organisch bedingter Unsicherheit oder auch durch Zwangsvorstellungen. Vgl. Phobie

Bastard [lat. *bástum* der Packsattel als Ort der Zeugung des Unehelichen], Nachkommen zweier rasseverschiedener Eltern

Bastard, (biolog.) in der →Genetik bezeichnet der Begriff Bastard oder Hybrid ein Individuum, das ein oder mehrere unterschiedliche →allele Gene hat. Vgl. Homozygotie und Heterozygotie. *P-S*

Bastel-Test Ⓣ Giese, Hanselmann

batch, exp. Gruppe (in Abhebung von *group,* soziale Gruppe).

Bathophobie [gr. *báthos* Tiefe, Höhe], Angst vor Schwindelgef. gegenüber Höhen und Tiefen

Bathyästhesie [gr. *bathýs* tief, *aísthesis* Empfindung], Tiefenempfindlichkeit. Sensibilität der in der Tiefe (unter der Haut) liegenden Muskeln, Gelenke, Organe usw.

Battarismus [gr. *battarízein* stammeln], Stottern durch überstürzte, polternde Sprache

Baumdiagramm [gr. *diagramma* Umriß, geometrische Figur], Baumgraph, Strukturbaum, in der →Grammatik Mittel zur graphischen Darstellung der hierarchischen →Struktur von →Sätzen. Häufig verwendet in der →Phrasenstruktur-Grammatik sowie der →generativen Transformations-Grammatik, aber auch in der Dependenz-Grammatik (→Valenz). Beispiel (nach der Phrasenstr.-G.):

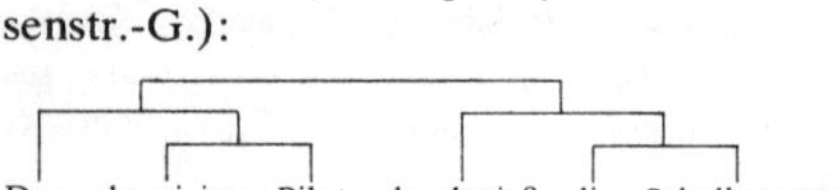

T-R

Baum-Test Ⓣ Koch

Bauprobe Ⓣ Klemm

Bayes-Theorem, auch Bayes-Gesetz, Bayes-Formel genannt, wurde von dem englischen Geistlichen Th. Bayes aufgestellt und 1763, 2 Jahre nach seinem Tode, veröffentlicht. Das Theorem gestattet die Berechnung einer A-posteriori-Wahrscheinlichkeit p(B/A) – das ist die Wahrscheinlichkeit für das Eintreten des Ereignisses B unter der Bedingung, daß A bereits eingetreten ist – auf Grund von gegebenen a-priori-Wahrscheinlichkeiten.

Wenn B_1, B_2 ... B_n n einander ausschließende Ereignisse sind, wobei $p(B_1) + p(B_2) + \ldots p(B_n) = 1$, ist die bedingte Wahrscheinlichkeit $p(B_i/A)$ für jedes der Ereignisse B_i, bei bereits eingetretenem A, gegeben durch

$$p(B_i/A) = \frac{p(B_i)\, p(A/B_i)}{p(B_1)\, p(A/B_1) + p(B_2)\, p(A/B_2) + \ldots + p(B_n)\, p(A/B_n)} = p(B_i)\frac{p(A/B_i)}{p(A)}.$$

Die induktive →Statistik macht neuerdings zunehmenden Gebrauch vom B. als Basis für die Revision von Wahrscheinlichkeiten auf Grund von Beobachtungsdaten u. damit für die Optimierung von Entscheidungen. *M-R*

*

Bayes, Thomas / 1702–1761 / Mathematiker u. Statistiker / Geistlicher in Royal-Tunbridge-Wells (Kent)

Bazillophobie [lat. *bacíllum* Stäbchen, gr. *phóbos* Furcht], krankhafte Furcht vor Bazillen. Vgl. Phobie

BDR, Bauchdeckenreflex

Beachtungswahn, krankhafte Vorstellung, als Person besonders beachtet zu werden. Verwandt →Beziehungswahn

Beanspruchung, (allg.-ps.) durch exogen oder endogen einwirkende Kräfte belastet werden. ● Nach Bartenwerfer (1961, 63) ein »biologischer Vorgang der allmählichen Schwächung der psychophysischen Struktur des Individuums infolge anhaltender psychischer Aktivität. Die Schwächung pflegt sich in der Verschlechterung bestimmter Leistungen auszudrücken oder in der Vergrößerung der nötigen psychischen →Anstrengung je Leistungseinheit. Außerdem pflegen physiologische Reaktionen verändert zu sein, und es kommt in der Regel zu bestimmten Erlebnissen (z. B. Müdigkeitsempfindungen)«. Vgl. Stress

Becherkeim →Gastrula

Becking-Kurve →Taktieren, →Lichtspurverfahren

*

Becking, Gustav / 1894–1945 / Musikforscher / Prag

Bedeutung, dasjenige, was ein Wort, Begr., Zeichen usw. zum Ausdruck bringt für den Sachverhalt, auf den das Wort usw. hinweist. Vorwiegend durch Vorstellungen gegeben. ● B. ist der willkürliche (konventionsgebundene) Zusammenhang zwischen einem Zeichen (Begriff, Namen) und dem Gegenstand selbst. In diesem Sinne sind B. und Bezeichnung äquivalent. ● »Bedeutung an sich« ist das So-Sein eines Dinges unter Absehung vom subjektiven Akt des B.erfassens ⟨HUSSERL⟩. ● B. ist eine biologische Qualität im Merkwelt- Wirkweltzusammenhang eines Lebewesens ⟨v. UEXKÜLL⟩. ● B. kann ein Ding unabhängig von seiner Eigenheit durch seine Stellung in einem bestimmten Funktions-, Zweck- oder Wirkungszusammenhang bekommen. Man spricht dann auch von dem »Sinn« eines Dinges. *Red.*
● B. ist der Zentralbegr. des semiotischen Teilbereichs →Semantik (→Semiotik). Wortb. ist der Schlüsselbegr. der linguistischen Semantik. Sie wird im sog. Lexikon (→Wörterbuch) abgehandelt. Der Satzbedeutung wird erst seit ca. 20 Jahren Beachtung geschenkt (KATZ u. FODOR 1963).

Bei dem Versuch, B. zu analysieren, haben Linguisten und andere Forscher sich stets mit den Beziehungen zwischen →Sprache, →Denken und →Umwelt zu befassen, wie sie z.B. in dem semiotischen Dreieck von OGDEN u. RICHARDS (1923) dargestellt werden. Es basiert auf dem Zeichenkonzept der Semantik (→Zeichen).

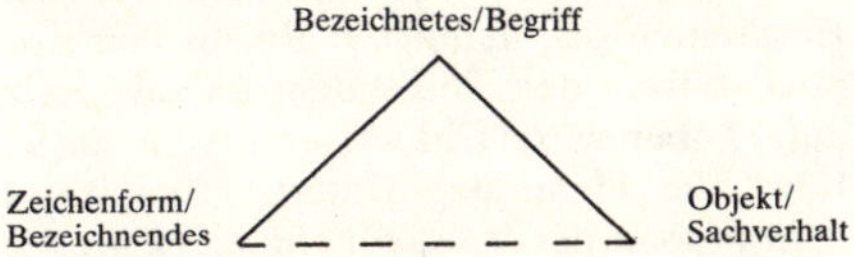

Die gestrichelte Linie deutet an, daß die Zeichenform als solche keine direkte Beziehung zum Objekt oder Umweltsachverhalt hat, sondern nur über das Bezeichnete bzw. den Begriff.

So ist z.B. die Buchstabenfolge »Baum« die Zeichenform, d. Begriff Baum das Bezeichnete und ein bestimmter Baum der Umweltsachverhalt. Mit B. wird teils die Beziehung aller drei Konzepte, teils der Begr. bezeichnet. Der Begr. ist das, was die Zeichenform bedeutet. Das Bezeichnete läßt sich als Bündel semantischer Merkmale (B.elemente) konzipieren. Begriffe in diesem Sinne sind intensional, d. h. es werden Merkmale benannt, die den Begr. konstituieren. Extension bezieht sich dagegen auf den Umfang der durch den Begr. erfaßten Objekte oder Sachverhalte. Dem Bezeichneten wird dann arbiträr ein Lautzeichen, das Bezeichnende, zugeordnet, das jedoch, nachdem es einmal zugeordnet ist, die Wahrnehmung der Welt beeinflussen kann. B.ähnlichkeit oder →Synonymie bezieht sich danach auf das Bezeichnete oder den Begr. Die →Antonymie erscheint dann als ein Sonderfall der Synonymie. →Homonymie bezieht sich dagegen auf die Zuordnung von Bezeichnendem und Bezeichnetem. Diese Zuordnung ist oft nicht eindeutig. →Symbol wird das Bezeichnende kraft seiner Beziehung zu Gegenständen und Sachverhalten, d. h. durch Umweltreferenz über den Begr. Mit assoziativer B. bezeichnet man die mit einem Wort assoziierten Begriffe (→Assoziation), mit →meaningfulness (B.haltigkeit) die Anzahl der mit einem Wort assoziierten Begriffe.

Das B.konzept, wie es bisher dargestellt wurde, ist von rein →behavioristisch orientierten Forschern in den dreißiger Jahren scharf angegriffen worden. Für sie verschloß sich alles Nichtbeobachtbare dem wissenschaftlichen Zugriff. So definierte BLOOMFIELD (1933) die B. eines Zeichens als die Situation, in der der Sprecher es äußert, und als die Reaktion, die es beim Hörer auslöst. Neben der bisher behandelten →denotativen (kognitiven oder konzeptuellen) B. existieren weitere B.begr. Die →konnotative B. betrifft die Beziehung zwischen Zeichen und Zeichenbenutzer und gehört somit zur →Pragmatik. Ⓛ BREKLE 1972, HÖRMANN 1967 *E-P*

Bedeutungserlebnis, nach K. BÜHLER ein eigenartiges Erlebnis von unanschaulichen Beziehungsrichtungen, entsprechend den Zusammenhängen der bedeutungsmäßigen Gehalte. Die B. sind meist emotionale.

Bedeutungshaltigkeit, nach R. BERGIUS (1964) die »mit dem Begriff mitgegebenen Beziehungen zu anderen Gegebenheiten derselben oder anderer Klassen«. ● →*meaningfulness*

Bedeutungsumwertung, -verlust, das Zerfallen der gewohnten Bindung von Bedeutung und Gedachtem bzw. Wahrgenommenem. Auffällig ist dieser Vorgang bei Psychosen als Unheimlichwerden der Bedeutungen (Bedeutungswahn).

bedingte Hemmung, syn. konditionierte →Hemmung

bedingter Reflex, bedingte Reaktion, *conditioned reflex, conditioned reaction,* Konditionierung wurde erstmals beschrieben von den russischen Physiologen PAWLOW und BECHTEREW. Letzterer fand, daß Hunde ihr Bein »automatisch« auf ein Summerzeichen hin anhoben, nachdem dies vorher häufig zusammen mit einem dem Bein zugefügten elektrischen Schock vorgekommen war. Die Erscheinung wurde »Assoziativer Motorreflex« genannt. Sie stellte die Grundlage dar für sein System der →Objektiven Psychologie. PAWLOW fand bei seinen Forschungen über die Arbeitsweise der Verdauungsdrüsen, daß seine Versuchstiere nicht erst beim Anblick oder Duft des Futters Speichel sezernierten, sondern manchmal schon auf Reize hin, die mit dem Futter selbst nichts zu tun hatten, aber vorher häufig mit dem Futter zusammen aufgetreten waren. Diese von ihm zunächst »psychische Sekretion« genannte Erscheinung bezeichnete er später als b. R. • WATSON führte den Begriff in Amerika ein und machte ihn zu einem der Grundbegriffe des →Behaviorismus. Die Herstellung eines b. R. wird von vielen als Prototyp des Lernens angesehen.

Grundlegendes Merkmal des b. R. ist, daß ein angeborener, d. i. unbedingter Reflex (Reflexe der Nahrungsaufnahme, Pupillenreflex usw.) mit einem beliebigen anderen Ereignis in der Weise verknüpft wird, daß dieses entweder den ursprünglichen Reflex selbst oder einen damit eng verbundenen Vorgang auslöst. Bedingungen seines Zustandekommens sind vor allem zeitliches Zusammentreffen beider Ereignisse und Wiederholung. Im klassischen Fall des PAWLOWschen Experimentes wird z. B. ein Klingelzeichen jedesmal unmittelbar vor Verabreichung des Futters geboten. Das Versuchstier sezerniert zunächst nur beim Anblick oder Geruch des Futters Speichel (unb. R.). Nach mehreren Wiederholungen setzt die Speichelabsonderung bereits beim Ertönen der Klingel ein (b. R.). Der Klingelton ist damit zum bedingten Reiz geworden, im Gegensatz zum Geruch oder Anblick des Futters, welches den unbedingten Reiz darstellt. Es gelten für den b. R. die bereits von PAWLOW formulierten Gesetze der Wiederverstärkung (engl. *reinforcement*) und Auslöschung (engl. *extinction*). Ersteres besagt, daß jedes Vorkommen eines unb. R. in zeitlichem Zusammentreffen mit einem b. R. diesen verstärkt. Nach dem Gesetz der Auslöschung wird der b. R. geschwächt oder inaktiviert, wenn keine Wiederverstärkung durch den unb. R. erfolgt. Das Versuchstier würde also nicht mehr auf das Klingelzeichen hin Speichel sezernieren, wenn dieses häufig genug ohne Verabreichung des Futters geblieben ist. – Ein anderer Typus von Experimenten zur Herstellung eines b. R: sind solche, bei denen das Versuchstier lernt, bestimmte Handlungen auszuführen, um zu seinem Futter zu kommen (SKINNERscher Kasten) oder einen schädlichen Reiz zu vermeiden. Man spricht von instrumentalem Konditionieren (engl. *instrumental conditioning*, HILGARD und MARQUIS), weil das Tier gewisse zweckgerichtete Bewegungen ausführen muß. Die SKINNERsche Versuchsanordnung heißt operantes Konditionieren (engl. *operant conditioning*). Experimente, in denen ein schädlicher Reiz vermieden werden muß, wie z. B. ein elektrischer Schock, heißen Vermeidungskonditionieren (engl. *avoiding conditioning*). Diesen Versuchen ist gemein, daß das Tier nach Versuch und Irrtum (→*trial and error*) lernt, wobei die richtigen Bewegungen das Erscheinen des unbedingten Reizes zur Folge haben (z. B. Herausfallen des Futters bei Druck auf einen Hebel im SKINNERschen Kasten), also verstärkt werden, während die übrigen nicht von einem solchen gefolgt werden und somit eine Schwächung erfahren. Solche Vorgänge entsprechen dem vorher schon von THORNDIKE formulierten Lerngesetz (*law of effect* = Gesetz der Wirkung). Da sie aber auch alle für den b. R. einschlägigen Erscheinungen aufweisen, können sie als solche interpretiert werden.

Je nachdem, ob von dem klassischen PAWLOWschen oder dem Wirkungsgesetz ausgegangen wird, haben sich verschiedene Theorien über das Lernen durch b. R. ausgebildet. Geht man von ersterem aus, steht die zeitliche Kontingenz im Vordergrund (Kontingenztheorien). Der konsequenteste Vertreter dieser Art ist GUTHRIE. HULL ging vorwiegend von dem Lernen auf Grund des Effektes aus. Als wirksames Agens (unb. R.) der Wiederverstärkung postulierte er triebreduzierende Wirkungen. – Mehrere Erklärungen sind für die Auslöschung des b. R. beim Ausbleiben des unb. R. gegeben worden. PAWLOW nahm einen hemmenden Vorgang im Nervensubstrat an, der bei Erscheinen des bedingten Reizes einsetzt, aber durch den folgenden unbed. Reiz aufgehoben wird. Tritt letzterer nicht ein, so führt die Hemmung (interne Inhibition) zum Abbau des b. R. GUTHRIE erklärt die Auslöschung durch Umlernen, indem jetzt die neue Abfolge: bedingter Reiz – Ausbleiben des unbed. Reflexes gelernt wird. Unter gewissen Umständen kann der Prozeß der Auslöschung aufgehalten werden. So zeigt sich nach Unterbrechung der zur Extinction führenden Versuchsreihe bei Wiederaufnahme nach gewisser Zeit eine spontane Wiederherstellung des b. R. Außerdem kann der die Auslöschung bewirkende Prozeß der Inhibition selbst gehemmt werden (Disinhibition), wenn das Versuchstier durch einen äußeren Reiz abgelenkt wird. Der u. U. bereits nahezu verschwundene b. R. erfährt dadurch ein deutliches Wiederaufleben. – Sonderfälle des Konditionierens ergeben sich durch Veränderung der zeitlichen Abfolge von bedingtem Reiz zu unbedingtem. Läßt man das Klingelzeichen erheblich vor dem unbedingten Reiz einsetzen und läßt es sich bis zu diesem hin erstrecken, spricht man von verzögertem Konditionieren *(delayed conditioning)*, gibt man es vorher und läßt dann eine Pause eintreten, von Spurkonditionieren (engl. *trace conditioning*). Entstehung eines b. R. dort, wo der bedingte Reiz nach dem unbedingten Reflex dargeboten wurde, konnte bisher nicht eindeutig nachgewiesen werden. Die beschriebene Versuchsanordnung heißt rückwirkendes Konditionieren (engl. *backward conditioning*). Die optimalen Verhältnisse der zeitlichen Abfolge liegen vor, wenn der bedingte Reiz dem unbedingten unmittelbar vorausgeht.

Über die physiologischen Grundlagen des b. R. ist wenig bekannt. Versuche am decerebrierten Tier ergaben widersprechende Ergebnisse darüber, ob es rein spinale b. R. gäbe. Der normale morphologische Ort der Nervenprozesse für die b. R. ist die Großhirnrinde. Jedoch ergaben Versuche mit herabgesetzter Erregbarkeit der Rindensubstanz durch Curareinjektion, daß die Herstellung von b. R. wahrscheinlich auch im subkortikalen Bereich möglich ist. Ein unter Curare konditionierter Reflex funktioniert nur unter denselben physiologischen Bedingungen, d. h. er läßt sich am curarefreien Tier nicht hervorrufen. – Seitens der →Kybernetik wurden Modelle entwickelt, die gewisse Hypothesen über die Vorgänge im Nervensystem während des Bedingens zulassen (WIENER 1968). Auch ist es möglich, an elektronischen Apparaten Vorgänge hervorzurufen, die viele wesentliche Merkmale mit dem b. R. gemeinsam haben. – HUMPHREY (1956) setzte die Vorgänge bei der Entstehung des b. R. in Beziehung zu denen, die der WERTHEIMERschen →Scheinbewegung zugrunde liegen. Er geht davon aus, daß den beiden in erheblicher zeitlicher Nähe dargebotenen Reizen (bedingter und unbedingter Reiz) zwei neurale Impulsstrukturen entsprechen, die in ähnlicher Weise einen ganzheitlichen Prozeß bilden, wie man es sich bei den nervösen Vorgängen im Falle der Scheinbewegung vorzustellen hat. Die dabei entstehende Gesamtstruktur ist etwas Neues und entspricht weder genau den Vorgängen im Gefolge des isolierten ersten noch denen des isolierten zweiten Reizes. Dies ist mit den Tatsachen durchaus vereinbar, da selbst ein optimaler bedingter Reiz eine bedingte Reaktion hervorruft, die sich qualitativ und quantitativ von der auf den unbedingten unterscheidet ⟨HILGARD und MARQUIS, 1940⟩. *Str-R*

Bedingung(en) [lat. *conditio*], dasjenige, von dem etwas anderes (das Bedingte) in seinem Dasein oder seiner Geltung abhängig ist. Die logische B. wird als »Grund«, das logisch Bedingte als »Folge« bezeichnet; die reale B. ist die »Ursache«, das real Bedingte die »Wirkung«. Meistens ist ein Bedingtes nicht von einer, sondern von mehreren B.en abhängig, die in ihrer Gesamtheit die »vollständige« oder »hinreichende« B. bilden, jede einzelne von ihnen ist eine Teil- oder Partialbedingung. Nur mit der vollständigen B. ist auch das Bedingte gegeben.

Die »notwendige« B. *(conditio sine qua non)* ist Voraussetzung für das Bedingte, ohne die dieses nicht sein kann, durch sie allein ist aber das Bedingte noch nicht gegeben. Die wissenschaftliche Untersuchung eines Abhängigkeitsverhältnisses (eines logischen oder eines kausalen Zusammenhangs) ist mit der Aufdeckung der notwendigen und der hinreichenden B. abgeschlossen. Auch in der Ps. spielt die B. eine bedeutsame Rolle bei jeder Beobachtung, Beschreibung, Analyse und Gesetzesfindung. Mindestens eine B. muß bei reduktiv erklärenden Aussagen für ein Phänomen angegeben werden. ● KOFFKA spricht von Außenb., wenn vom Zustand der Sinnesfläche bei Reizeinwirkungen, und von Innenb., wenn von der Struktur des nervösen Systems (anatomisch und physiologisch) selbst die Rede ist. Ⓛ BOCHENSKI, KOFFKA

Bedingungskontrolle, Kontrolle (störender) Bedingungen. ● (therap.): Einschränkung von Bedingungen, die unerwünschtes Verhalten fördern; bzw. Unterstützung von Bedingungen, die das erwünschte Verhalten stabilisieren (durch organisatorische Verringerung der Störbedingungen sowie lokale und zeitliche Reizkontrolle). Anwendungsbeisp.: →shaping des Arbeitsverhaltens. ● (exp.): Verfahren der →Dependenzanalyse wie Randomisierung (Zufallszuweisung) und Konstanz von Störvariablen. →Versuchsplanung *R-S*

Bedürfnis [engl. *need*], der Zustand eines Mangels, des Fehlens von etwas, dessen Behebung verlangt wird. B. ist der Ausdruck dessen, was ein Lebewesen zu seiner Erhaltung und Entfaltung notwendig braucht. Ps. ist B. das mit dem Erlebnis eines Mangels und mit dem Streben nach der Beseitigung dieses Mangels (der Befriedigung) verbundene Gefühl. Je nach Einteilungsgesichtspunkten hat man unterschieden: primäre (physiologische) und sekundäre (gelernte, erworbene) B., Trieb-(vitale) B. und geistige (intellektuelle) B., bzw. primitive und kulturelle, oder natürliche und künstliche oder, nach verschiedenen Lebensgebieten klassifiziert, z. B. soziale, künstlerische, religiöse usw. B. Die Abgrenzung von

B., →Trieb und →Motiv ist unscharf. Von Kollektivbedürfnissen spricht man, wenn die B. von Gruppen oder →Kollektiven ausgehen (z. B. das B. nach Sicherheit, nach Stabilität). Pathologische B. sind z. B. die Süchte, manche Zwangshandlungen. • LEWIN ordnet jedem B.zustand ein →gespanntes System im Ich zusammen mit einem →Aufforderungscharakter in der Umwelt zu. Beiden Momenten entspricht eine ps. Kraft. LEWIN unterscheidet weiterhin zwischen »objektiven B.« (Hunger, Durst usw.) und Quasibedürfnissen, die Vornahmen (z. B. bei Gelegenheit einen Brief einzustecken) und abgeleiteten Motiven entsprechen. • In C. L. HULLS (1952) System ist ein B.zustand *(needstate)* die Bedingung für den Antrieb *(condition of drive* – C_D) eine Input-Variable insofern, als Hunger (B.) z. B. als Zeitdauer des Nahrungsentzuges gemessen wird. Alle momentan vorhandenen spezifischen B.zustände kombiniert führen zu dem Konstrukt der verallgemeinerten Antriebsstärke (D). Vgl. auch SPENCE (1956, 1964^4, 192 ff.), →Homöostase. • Im Ggs. zu HULL benutzt MURRAY den Begr. Bedürfnis *(need)* syn. mit Antrieb *(drive)* und gibt eine lange Liste von B. statt Antrieben oder Motiven. Daraus entnehmen MCCLELLAND, ATKINSON und Mitarbeiter hauptsächlich die Bezeichnungen Leistungsmotiv *(need-achievement)*, Gesellungsmotiv *(need-affiliation)* und fügen das Machtmotiv *(need-power)* hinzu. →Motivation, →need *B-S*

Bedürfnisabweichung, Prinzip der geringsten 〈STERN〉, bei Unterbindung der Befriedigung eines Bedürfnisses sucht die ihm innewohnende »Kraft« (Triebdynamik) nach einer von der Ausgangsform möglichst wenig abweichenden Befriedigungsweise. Ⓛ STERN (1935)

Bedürfnisanalyse →Verhaltensanalyse

Bedürfnisbefriedigung, Handlung zur Lösung einer durch ein →Bedürfnis hervorgerufenen Spannung bzw. der Zustand der bewirkten Spannungslösung

Bedürnishierarchie, hierarchische Anordnung angeborener Bedürfnisse des Menschen nach MASLOW (1971), der zwischen Mangelmotivation *(deficiency motivation)* und Wachstumsmotivation *(growth motivation)* als Hauptklassen unterscheidet. Sind die Bedürfnisse einer Stufe einigermaßen befriedigt, hat das Bedürfnis auf der nächsten Stufe Vorrang (Abb.).

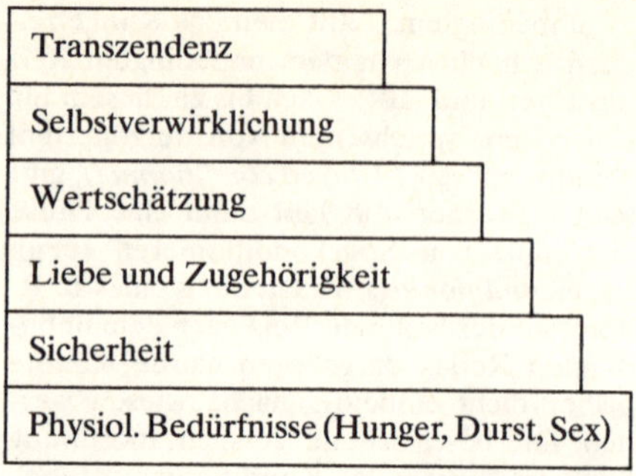

R-S

Beeinflussung, Beeinflußbarkeit, *persuasion,* Überredung, Überzeugung bzw. Überredbar-(Überzeugbar-)Sein. Die Veränderung von Einstellungen, Meinungen, Verhaltensweisen usw. mit Hilfe von sog. »besseren« Argumenten. • B. bedeutet auch →Suggestion, Suggestibilität als das vorwiegend passive Hinnehmen von Einstellungsänderungen etc. gegenüber dem mehr aktiven Überzeugen oder Sich-Überzeugen-Lassen.

Befehlsautomatie, das bei Geisteskranken und in der Hypnose auftretende, dabei automatenhaft wirkende Folgeleisten auf Befehle oder auch bloße Anregungen. Keine Gegentendenz, die im mitmenschlichen Kontakt normalerweise mitschwingt, tritt hervor. Übergänge zur →Echolalie und zur →Echopraxie können eintreten.

Befehlsreihe Ⓣ RIEFFERT

Befindlichkeit 〈HEIDEGGER〉, als »fundamentales Existential« das grundlegende Sichbefinden des Menschen (vor aller ps. Differenzierung in Stimmungen und Gefühle). Das Geworfensein in und Angewiesensein auf diese Welt. Die Angst ist z. B. eine solche Grundbefindlichkeit.

Befragung →Interview, →Meinungsforschung

Befriedigung →Bedürfnis

Befriedigungsprinzip, Satisfizierungsprinzip. →Entscheidungstheorie

Befruchtung, Verschmelzung einer männlichen mit einer weibl. Geschlechtszelle. Das Verschmelzungsprodukt (Zygote) entwickelt sich zu einem neuen Individuum *Sch-S*

Befunderhebung [engl. *behavior assessment*] →Verhaltensanalyse

Befund, psychologischer →Gutachten

Begabtenauslese, ein Begr. der Angew. Ps., der besonders aufkam mit der Anwendung von Testuntersuchungen zur Erkennung begabter Jugendlicher und zur Klärung des schulischen Aufstieges. Historisch erwähnenswert sind die erste von MOEDE u. PIORKOWSKI durchgeführte B. an 13jährigen Volksschülern (einschl. Errichtung einer Begabtenschule) 1917 in Berlin und von W. STERN u. R. PETER an 10jährigen Volksschülern 1918 in Hamburg.

● Pädagogisch und bildungspolitisch sind nicht die Auslesefunktion als solche – alle Formen der weiterführenden Bildung sind mit Auslese verbunden –, sondern die Zuweisungs- und Dirigierungsfunktionen der Schule (im Hinblick auf künftige Aufstiegschancen, sozioökonomischen Status und soziale Sicherheit) und damit die Ausleseverfahren umstritten. B. setzt, wenn sie »gerechte« Auslese sein soll, (1) die Unabhängigkeit der Merkmalsbestimmungen und der Meßkriterien von (z. B. schichtspezifischen, schulpolitischen, ökonomischen und dergl.) Interessen und (2) die Konstruktion von an diesen Kriterien validierten und zuverlässigen Meßinstrumenten voraus.

Da die 1. Forderung auf prinzipielle Schwierigkeiten stößt, ist die 2. nur annäherungsweise als Verbesserung der jeweiligen Verfahren im Erziehungssystem unter Berücksichtigung sozial-strukturell bedingter Unterschiede zu erreichen. Im Sinne der pädagogischen Diagnostik ist auch für die B. von Bedeutung, ob es sich um den Normalfall einer selektiven Laufbahnentscheidung oder um eine auf die Optimierung des Lernverhaltens zielende didaktische Differenzierungsentscheidung handelt. →Differenzierung, →Pädagogische Diagnostik Ⓛ KRAPP 1979, UNDEUTSCH 1980 *Mü-E*

Begabtenförderung, Sammelbegr. für alle Planungen und Maßnahmen zur Förderung begabter Menschen (nicht nur der Jugendlichen), mit dem idealen Ziele, jedem zu einer seiner Begabung entsprechenden Entfaltung im beruflichen und privaten Bereich zu verhelfen. Heute eine wichtige Aufgabe jeder Kultur- bzw. Bildungspolitik. Begabungsauslese, →Chancengleichheit beim Zugang zu den Bildungseinrichtungen und beim Aufstieg, entsprechende Anpassung der versch. Ausbildungswege sind nur einige der wichtigsten Mittel zur B. ● B. meint sowohl Breitenförderung (zur Herstellung der Chancengleichheit) als auch Eliteförderung.

Die Breitenförderung sollte bereits in der Familien- und →Vorschulerziehung als den pädagogisch fruchtbaren Phasen beginnen und sich in der Schule als Individual- und Gruppenförderung (→Differenzierung) und in den Institutionen des tertiären Bildungsbereichs und der Erwachsenenbildung fortsetzen. Die Förderung überdurchschnittlich begabter Menschen (Eliteförderung) ist im deutschen Bildungssystem nicht explizit vorgesehen, wohl aber in Frankreich, den UdSSR und den USA. *Mü-E*

Begabung, Begabungsforschung, das Wort Begabung (B.) wird im alltäglichen Sprachgebrauch für angeborene Befähigung oder Veranlagung verwendet und dient vorwiegend zur Erklärung von überdurchschnittlichen Leistungen bzw. Leistungsunterschieden im Wissenschaftlichen, Praktisch-Technischen und Künstlerischen sowie bei deren Vorformen im schulischen Bereich (in einer nicht weiter rückführbaren bedingungsmäßigen Letztheit). Dieser naiven Auffassung entspricht eine jahrhundertelang das Denken der Philosophen, Pädagogen und Psychologen beherrschende Überzeugung, daß eine größere oder geringere Anzahl von selbständigen und voneinander unabhängigen Grundkräften oder »Vermögen« die Ausprägung der Leistung und des Verhaltens in Richtung und Ausmaß bestimme (→Seelenvermögen), deren Klassifikation und Zahl zunehmend Gegenstand spekulativer Willkür wurde. Eine ähnliche Fehlentwicklung wurde in der B.forschung durch die seit Ende des 19. Jahrhunderts konkurrierend einsetzende und bald dominierende Erforschung der →Intelligenz verhindert, die die Ansätze der B.forschung aufnahm, wenn auch nicht vollständig absorbierte.

Allerdings stellt sich mit der neueren →Kreativitätsforschung die Frage, ob und wie das Konzept der B. von seiner einseitigen Bindung an die Intelligenzmessung gelöst werden könne.

Die Verwendung des IQ bei der Kennzeichnung der B. ist mehr oder weniger »nur historischer Zufall« (EYSENCK 1980), nämlich Folge der anfänglichen Verknüpfung mit unterrichtsbezogenen Fähigkeiten und Leistungen. Schon eine Erweiterung des Lernkriteriums (z. B. in Richtung »entdeckendes Lernen«), erst recht eine Definition von B. durch andere als Schul- oder Unterrichtssituationen eröffnet der B.forschung neue Möglichkeiten und Perspektiven.

Phänomenologisch-deskriptiv scheint um so mehr eine Unterscheidung von B. und Intelligenz geboten, ebenso wie sozialps. und gesellschaftspolitisch die Bestimmung ihres gemeinsamen Nenners. Bereits W. STERN (1916) hob Intelligenz als »geistige Allgemeinbegabung« (= »Fähigkeit, auf den verschiedensten Gebieten neuartigen Anforderungen denkend gerecht zu werden«) von

→»Talent« als einer auf ein umschreibbares Gebiet beschränkten »Spezialbegabung« ab, eine bereichsmäßige Umgrenzung, die sich vielerorts, besonders bei O. KROH (1939) und A. WELLEK (1966), wiederfindet. Zielorientierte Unterscheidungen betonen die (stabilisierende) Anpassungsfunktion der Intelligenzleistung gegenüber der (Veränderungen bewirkenden) Gestaltungsfunktion der B.leistung im Sinne produktiver und kreativer Tätigkeit (MÜHLE 1980), womit der Terminus Allgemeinbegabung nicht nur entbehrlich, sondern als irreführende Zuordnung erscheint. H. ROTH (1969) unterscheidet zwischen einer relativ konstant bleibenden (Test-)Intelligenz (»Anfangsleistung« bei neuartigen Aufgaben und Situationen) und einer davon unterschiedenen, in Richtung auf eine »Endleistung« sich ausbauenden B. als Lern- und Leistungsfähigkeit auf einem bestimmten Kulturgebiet. Strukturierende Rückwirkungen formen in der Ausprägung spezifischer Antriebe, Interessen und Motive die Leistungsstufen, die durch die Bereitschaft, zuvor erlernte Instrumente und Wege des Problemlösens adäquat und generalisiert einzusetzen, gekennzeichnet sind.

Die Frage nach den Bedingungen der B.entwicklung hat über die simplen Gegenpositionen der Anlage: Umwelt-Kontroverse zu differenzierteren, wenn auch noch immer vorläufigen Antworten geführt. Im deutschen Bereich herrschte zunächst die nativistische Auffassung vor, B. sei eine »anlagemäßig vorgegebene Leistungsdisposition« (SCHENK-DANZINGER 1959). Der Dispositionsbegriff bot sich vor allem deshalb an, weil er hinsichtlich der Reifikationsproblematik mehrdeutig ist (vgl. WELLEK 1953, GRAUMANN 1960). Die entgegengesetzte empiristische Einstellung, etwa in Form des →Behaviorismus, kennt nicht nur in den orthodoxen, sondern auch in den differenzierteren Theorieprägungen nur erlernte, mehr oder weniger überdauernde Reaktionsbereitschaften, →Gewohnheiten oder →Habits (vgl. BERGIUS 1964), interpretiert mithin individuelle wie gruppenspezifische Unterschiede der Leistung als durch verschiedenartige Lernvorgänge und -bedingungen bewirkt. Die Rezeption und Verarbeitung der behavioristisch-lerntheoretischen Ansätze durch H. ROTH, der B. als auf bestimmte Kulturbereiche gerichtete menschliche Lernfähigkeit definiert, erscheint durch einen der behavioristischen Position eher entgegengesetzten anthropologischen Standpunkt modifiziert: er sieht den Kern der menschlichen (unendlichen) Lernfähigkeit in der »Übertragungsfähigkeit von Einsichten« und der Fähigkeit zur »aktiven Gestaltung« der Umwelt und des Lebens und nicht nur der Anpassungsfähigkeit.

Somit erscheint B. nicht als eine feste Größe, durch die ein für allemal über Fähigkeiten, soziale Unterschiede, Führungsqualitäten und Lebenserfolg entschieden ist (statischer B.begriff), sondern als ein sich nach Maßgabe der Lern- und Erfahrungsmöglichkeiten wie der pädagogischen Anregungen in einer zugeordneten Umwelt entfaltendes und veränderndes Produkt kumulativen Lernens (dynamischer B.begriff). • Kulturspezifische Bedingungen für B. findet O. KROH (1939) im Isolierungsgrad von Leistungsgebieten und dem Grad der Aussonderung zugehöriger B.: funktions- wie gebietsmäßig deutlicher isolierte und isolierbare B. (z. B. mathematische, musikalische, weniger schon dichterische, bildkünstlerische, technisch-konstruktive B.) stehen komplexeren B.formen und Leistungsbereichen (z. B. naturwissenschaftliche B.) und solchen mit ausgesprochenem Gefügecharakter (z. B. philologisch-historische, philosophische B.) gegenüber, wobei der Grad der Abgehobenheit, mit der die einzelnen B. aus der menschlichen Persönlichkeit hervortreten, sich in der Schärfe der Abgrenzung der Kulturgebiete gegenüber anderen spiegeln soll.

• Soziale Bedingungen der B.entwicklung sind in Strukturen, Sozialisationsformen, Wertorientierungen und →Erziehungsstilen verschiedenartiger Gesellschaften, aber auch von Sozialschichten, Klassen- und Rassengruppen gegeben. Sie werden in ihrem Anregungs- und Steuerungswert für die B.entwicklung unterschiedlich eingeschätzt (SKOWRONEK 1973). Die von A. R. JENSEN (1969) anhand der Kritik an den Ergebnissen der amerikanischen kompensatorischen Erziehung ausgelöste Kontroverse mit ihren ins Persönliche und Politische reichenden Konsequenzen kennzeichnet die verdeckte Unversöhnlichkeit der Nativisten und »Environmentalisten«.

Daß es »empirisch unentscheidbar« sei, ob den nativistischen oder den empiristischen Theorien der größere wissenschaftliche Wert zukomme, betont K. HOLZKAMP. Zu beachten ist jedoch, daß die jeweilige Ausgangsthese in der Regel in die moderierte Fassung einer sog. Interaktionstheorie eingeht, für die die dynamische Selbstregulation des Person-Umwelt-Systems im Sinne von Wechselwirkungen und Rückkoppelungen der Anlage- und Umweltfaktoren die Entwicklung der B.bestimmt. • Auch die dialektisch-materialistische Auffassung geht von solchen Wechselprozessen aus, setzt aber voraus, daß man »Begabungen als das Resultat der Rückwirkung gegenständlicher gesellschaftlicher Tätigkeit des Menschen auf seine Persönlichkeitsformung verstehen«

müsse und somit in der »bürgerlichen Begabungs-Ideologie« Ursache und Wirkung vertauscht würden, wenn die Lage der ausgebeuteten Klassen mit ihrem Mangel an Fähigkeiten begründet werde, der wiederum auf die Behinderung der B.entwicklung durch die herrschenden Klassen zurückzuführen sei (RUBINSTEIN 1970, HOLZKAMP 1978). Grundsätzlich gelte: Je höher das technische und materiell-produktive Niveau der Gesellschaft, desto vielfältiger die menschlichen B. und Fähigkeiten. Indem der Mensch sich die überlieferten sozialen und kulturellen Errungenschaften der gesellschaftlich-historischen Entwicklung aneignet und zum Ausgangspunkt seines Tuns und Handelns macht, ermöglicht er eine verändernde, umgestaltende und schöpferische Zielsetzung und Realisierung gesellschaftlichen Fortschritts (ROSEMANN 1979). →Intelligenz, →Kreativität, →Erbe-Umwelt-Problem Ⓛ HUSEN 1975, ROSEMANN 1979 *Mü-E*

Begabtenauslese-Test Ⓣ BOBERTAG-HYLLA, HORN, KRETSCHMER-HÖHN, KUNZE, LIENERT, MOEDE-PIORKOWSKI-WOLFF, PETER-STERN, SCHULTZE-HECHT-SICKERT

Begabungsreserve (Bildungsreserve), Anzahl der Individuen, die vor allem aus Gründen sozialer, ökonomischer und schichtspezifischer Hemmnisse nicht in weiterführende Schulen gelangen, obwohl sie begabungsmäßig die Voraussetzungen für solche Schulsysteme mitbringen. Die Zahlenangaben der darauf bezogenen Untersuchungen schwanken beträchtlich, weil sie von den angesetzten Kriterien und der Art der Erhebungstechniken abhängen und ein allgemeinverbindlicher Maßstab für Grenzziehungen zwischen Schuleignungsstufen und Bildungsstufen fehlt. *Mü-E*

Begabungs-Test-System (BTS) Ⓣ HORN

Begierde, der mit der Vorstellung eines Ziels verbundene Antrieb. Ein durch einen Mangel bedingtes Unlustgefühl (z. B. Hunger) wird zur Begierde, wenn die Vorstellung des Zustandes oder Gegenstandes hinzukommt, der diesen Mangel beseitigen kann, also zur Befriedigung führt. Ⓛ LERSCH

Begleitforschung, wissenschaftliche Begleitung von Innovationen bes. zur Bewertung päd. Maßnahmen und Institutionen. Die Bez. hat sich dort für das sonst übliche →*action research* (Handlungsforschung) eingebürgert. Ⓛ SCHUSSER 1981 *B-S*

Begreifen [vom Greifen der Hand hergeleitet], nach Grund, Zweck, Zusammenhang durchdringen und in seinem Wesen erfassen.

Begriff, eine durch das →Denken gewonnene, umgrenzte Allgemeinvorstellung, in der eine Summe von Einzelvorstellungen zusammengefaßt ist. Nach KANT entspringt der (empirische) B. »aus den Sinnen durch Vergleichung der Gegenstände der Erfahrung und erhält durch den Verstand bloß die Form der Allgemeinheit«. Der reine B. hingegen sei Produkt des Verstandes. »Vorstellung einer Vorstellung« nennt SCHOPENHAUER den B. SIGWART definiert ihn als »eine Vorstellung, die die Forderung durchgängiger Konstanz, vollkommener Bestimmtheit, allgemeiner Übereinstimmung und unzweideutiger sprachlicher Bezeichnung erfüllt«, und WUNDT sieht darin die durch »aktive Apperzeption vollzogene Verschmelzung« von Vorstellungen. Insoweit sind die B. zugleich Denkwerkzeuge und »Kunstgriffe des Denkens« (VAIHINGER), ganz im Gegensatz etwa zu HEGELS Auffassung, daß der B. geradezu das objektive Wesen des Dinges selbst ist. Am B. sind zu unterscheiden: I n h a l t (das mit dem B. und durch ihn gemeinte, auch →Bedeutung genannt), G e g e n s t a n d (das Objekt, auf das der B. zielt), U m f a n g (alles was unter den B. fällt). Mit steigendem Umfang wird der Inhalt kleiner. *Red.*

Das Verhältnis zwischen Wort (Bezeichnung) und B. ist sowohl ein logisches wie ein ps. Problem. Wörter, die Eigennamen sind, haben (nach FREGE) die Bedeutung, die dem durch sie vertretenen Gegenstand gleicht. Ein Wort, das kein Eigenname oder dessen Stellvertreter ist (Prädikat), wird einem Gegenstand zu- oder abgesprochen und seine Bedeutung ist ein B. Regeln bestimmen, wie Prädikate gebraucht werden, d. h. was B. sind. (KAMLAH u. LORENZEN 1967) Auch in der Ps. ist B. als »Zusammenfassung von Objekten oder Ereignissen zu Klassen auf Grund von Merkmalen« (KLIX 1971) definiert worden und diese Klassenbegriffe sind überwiegend Gegenstand der B.forschung geblieben. KANTS Unterscheidung von empirischen und reinen B. führt in der Ps. gelegentlich zu den mißverständlichen Bezeichnungen »konkrete« und »abstrakte« B. Es werden also nicht nur Objekte und Ereignisse nach Merkmalen zusammengefaßt sondern auch ohne Bezug auf bestimmte Objekte B. von einzelnen oder mehreren Merkmalen gebildet (Dauer, Folge, Röte, Süße etc.). Die →Kategorien »Raum«, »Zeit«, »Konstanz«, »Erhaltung« und ähnliche »abstrakte« B. sind in der genetischen →Epistemologie PIAGETS besonders berücksichtigt worden.

Der möglichen Abweichung der begrifflichen Ordnungsstrukturen im Individuum von logischen B. und Kategorien wird in der modernen Ps. dadurch Rechnung getragen, daß für B. auch andere Bezeichnungen gebräuchlich sind: Schema, Konzept, Kognition, Konstrukt und gelegentlich auch Idee *(idea)*. Neuerdings ist der →unscharfe Begriff thematisiert worden. B. ist demnach eine kognitive Einheit, die nicht direkt durch die sinnliche Wahrnehmung gegeben ist, sondern Verarbeitung von Informationen voraussetzt. Das Denken in B. und damit die Begriffsbildung, wie das Erleben des begr. Denkens ist »inhaltsärmer«, »unanschaulicher«, »prägnanter«, »in die Struktur tiefer eindringend« als das Wahrnehmen und Vorstellen, zugleich ist es aber einfacher als →Urteil und →Schluß (in streng logischem Gebrauch). Ⓛ BARTLETT 1952, BOCHENSKI 1956, KAMINSKI 1964, KAMLAH u. LORENZEN 1967, KLIX 1971. *B-S*

Begriffliche Reihenbildung Ⓣ STERN

Begriff, natürlicher, im Unterschied zum Klassenbegr. der Logik mit bestimmten Merkmalen repräsentiert der n. B. eine anschaulich gegliederte Erlebniswelt. Die Anschauung bildet »kategoriale Geformtheiten« ⟨METZGER⟩. Beim n. B. können Merkmale ausfallen bzw. besser oder schlechter realisiert sein. Er ist abhängig von →Prägnanzstufen. Sein Aufbau bringt ihn dem →Typus nahe. Beim Primitiven kann der n. B. besondere Formen annehmen, was logische Schlüsse erlaubt, die beim Kulturmenschen unmöglich sind (→prälogisches Denken). Ⓛ METZGER

Begriffsarten, nach CARNAP gibt es drei Arten: klassifikatorische Begr. (dienen zur Einteilung von Objekten in zwei oder mehrere Klassen), komparative Begr. (dienen zur Charakterisierung einer Relation zwischen zwei Objekten, z. B. »härter«, »größer« u. ä.) und als präziseste die quantitativen oder metrischen Begr. (mit welchen die Eigenschaften von Objekten oder Beziehungen zwischen Objekten mit Hilfe von Zahlenwerten charakterisiert werden). Die klassifikatorischen Begr. sind entweder konjunktiv (zwei oder mehrere Merkmale sind zur Bestimmung notwendig) oder disjunktiv (das eine oder andere Merkmal bestimmt den Begr. →Disjunktion). *B-S*

Begriffsbestimmung →Definition

Begriffsbildung, in der exp. Psychologie werden als Begriffsbildungsexperimente solche bezeichnet, in welchen von der Vp gefordert wird, die Zuordnung einer bestimmten Menge von Reizen zu einer Reaktion (z. B. einer sprachlichen Benennung) zu erlernen. Begriffsbildung besteht in solchen Experimenten also im Erlernen einer Zuordnungsregel, nach der multidimensionale Reize einem bestimmten »Namen« zugeordnet sind. →Denken. ACH-VIGOTSKY-Methode Ⓛ ACH, BRUNER, HULL, HUNT, KAMINSKI (1964)

Begriffsentwicklung, neben der älteren →Abstraktionstheorie von HANSEN ist durch die Gestaltps. eine Theorie der B. aufgestellt worden. Die natürlichen Begriffe entstehen hiernach über die Bildung von →Prägnanzstufen einer in der Entwicklung sich gliedernden Welt. Bei der geringen Differenzierung der Erlebniswelt zeigen die Begriffe zunächst große Weite und erfahren erst mit der Vermehrung der Prägnanzstufen Einengung, Verschiebung und in Ausnahmefällen Erweiterung. Ⓛ METZGER

Begriffserkennung, indirektes Verf. zur Analyse der Strategien der Begriffsbildung (BRUNER et. al.)

Begriffszentren, Orte der Hirnrinde, in denen Erinnerungsbilder von Gegenständen lokalisiert sein sollen. Vgl. Gehirn

Behalten, Speicherung von Gedächtnisinhalten. Neben Einprägen und Reproduzieren wichtige Phase der Gedächtnisleistung. Man unterscheidet zwischen kurz- und langfristigem B., letzteres ist →Gedächtnis i. e. S.

Behaltenskurve →Vergessen

Behandlungsdauer →Therapieerfolg

Behandlung, seelische →Psychotherapie, →Psychagogik

behavioral [engl.], verhaltensbestimmt, zum Verhalten zugehörig sein.

behavior(al) mapping →Verhaltenskartographie

behavioral medicine →Verhaltensmedizin

Behaviorismus, die verbreitetste und einflußreichste Schule der amerikanischen Ps. Sie wurde 1913 durch WATSON begründet. Dieser entwarf in seinem Artikel *»Psychology as the behaviorist views it«* (1913) ein Programm, nach dem die Ps. sich auf das objektiv beobachtbare und meßbare Verhalten beschränken sollte unter vollständigem Verzicht auf die Beschreibung von Bewußtseinsinhalten. Ebenso sollten ps. Theorien nur Begriffe enthalten, die sich auf Objektives im physikalischen Sinn beziehen und Inhalte vermeiden, die nur durch Introspektion (Denken, Fühlen, Wahrnehmen) gegeben sind. Der frühe B. lehnte sich stark an die russische Reflexologie an (BECHTEREW, PAWLOW) und übernahm von dort als einen ihrer wichtigsten Begriffe den →bedingten Reflex. Als unmittelbare Vorgänger des B. können der amerikanische Funktionalismus und die experimentelle Tierps. angesehen werden (Yerkes, Morgan, Thorndike). Dem empirischen Charakter des B. entspricht die zentrale Stellung des Lernens dort. Das Verhalten wird als durch Erfahrung entstanden, d.i. gelernt angesehen. Die wichtigste Methode des B. ist das Tierexperiment. An diesem werden die grundlegenden Gesetze des Verhaltens dargestellt, die dann auch für den Menschen gelten sollen. Die bekanntesten Vertreter der Schule sind: Guthrie, Holt, Hull, Hunter, Lashley, Skinner, Tolman, Watson, Weiss.

Die einzelnen Forscher unterscheiden sich in der Art und Weise ihrer Theorienbildung wesentlich voneinander. Allen gemeinsam ist der ausschließliche Ansatz bei physikalisch beobachtbaren Dingen, d.h. Reizen und Reaktionen. Daher wird der B. auch als Reiz-Reaktions-Ps. *(stimulus-response)* bezeichnet. Was nach dem Auftreten des Reizes und vor der Reaktion im Organismus geschieht, ist nicht direkt beobachtbar und Gegenstand der Theorie. Ist diese physiologisch und erklärt sie alle Vorgänge durch Reflexe bzw. durch Assoziationen von Reflexen (→bedingter Reflex), so spricht man von einer molekularen Theorie (→molar, molekular). Solche Theorien sind z.B. die von Guthrie, Watson u.a. Die Unmöglichkeit extrem mechanistischer Erklärungen konnte Lashley (1929) zeigen, indem er durch Zerstörung eines Teiles der Hirnsubstanz die physiologische Grundlage der angenommenen Reflexbahnen beseitigte, und es sich erwies, daß die Versuchstiere vorher gelernte Reaktionen trotzdem ausführten. Diese Ergebnisse legten Erklärungen durch Feldwirkungen (→Feld) nahe, wie sie bereits von der Gestalttheorie entwickelt worden waren. – Tolman verzichtete vollständig auf physiologische Erklärungen. Er geht von der beobachtbaren Tatsache aus, daß Verhalten zweckgerichtet ist *(purposive behavior)* und daher auch nicht durch ein einfaches Reflexschema erklärbar. Als erklärende Begriffe führt er »dazwischentretende Variable« *(intervening variables)* ein. Diese beziehen sich nur scheinbar auf Gegenstände des subjektiven Erlebens wie Zielerwartung, Vorstellung u.a. Der behaviorale Ansatz bleibt aber auch bei Tolman bestehen, da diese Begriffe keine Unterstellungen direkten Erlebens (Bewußtseinsinhalte) bedeuten, sondern Konstrukta, die sämtlich operational definiert sind (→operationale Definition). Tolman bezeichnet seinen B. als molar, da er nicht von den kleinsten möglichen Verhaltenseinheiten ausgeht (Reflexen), sondern von ganzheitlichen und psychologisch sinnvollen Aspekten. Dies äußert sich in der Annahme, daß auf einen Reiz hin nicht bloß eine bestimmte Bewegung gelernt wird. Die Reize sollen statt dessen als Zeichen mit einer bestimmten Bedeutung vom Tier erfaßt werden. Hier machen sich Einflüsse der →Gestaltpsychologie geltend, und der B. von Tolman wird entsprechend auch als Zeichen-Gestalt-Theorie bezeichnet. – Ein anderes großes System ist der B. von Hull. Es zeichnet sich durch seine Form der Darstellung aus, welche durch die Mathematiko-Deduktive Methode gegeben ist. Dies bedeutet, daß alle zur Erklärung notwendigen Annahmen in Form von Postulaten (Axiomen) niedergelegt werden, aus denen sich Konsequenzen (Theoreme) deduzieren lassen. Letztere müssen empirisch verifizierbar sein. Widersprechen die empirischen Feststellungen den Postulaten, müssen letztere so lange geändert werden, bis das System widerspruchslos ist. Hull strebt durch diese Methode ein geschlossenes und lückenloses System der einfachen Verhaltensweisen an *(rote learning)*. Ein weiteres wesentliches Merkmal ist die quantitative Fassung aller Variablen. Dadurch ist jeder Vorgang in Form von kovariierenden Funktionen ausdrückbar. Die meisten von Hulls Postulaten lassen sich als dazwischentretende Variable im Sinne von Tolman bezeichnen. Ebenso bezeichnet er seinen B. als molar, wenn er auch einen molekularen B., in dem jeder Vorgang bis in die kleinsten Verhaltenssegmente hinein darstellbar ist, als fernes Ziel ansieht. Als eine besonders extreme Form des B. wird der deskriptive B. *(descriptive behaviorism)* von Skinner angesehen. Hier wird auf jede Form von erklärenden Begriffen vom Status der dazwischentretenden Variablen, gleich ob es sich um physiologische oder psychologische *(mentalistic)* Konstrukta handelt, verzichtet. Skinner geht gewissermaßen vom »leeren Organismus« aus. Er beschränkt sich auf die Feststellung von Korrelationen zwischen Reizgrößen und Verhaltensdaten. Dies entspricht der Auffassung von Kausalität bei Hume. Gesetze sind demgemäß Verallgemeinerungen von funktionalen Abhängigkeiten. In einer späteren Arbeit (1953) legt Skinner seine Ansichten als allgemeine Regeln für ps. Theorienbildung vor. Danach soll ein Vorgang nur mit Begriffen aus derselben Domäne, in der er beobachtbar ist, erklärt werden. Für den B. würde auf Grund seines physikalistischen Ansatzes eine Theorie in rein physikalischen Begriffen unter Ausschluß von neurologischen und psychologischen Entitäten gefordert sein.

Eine wesentliche Entwicklung nahm der B. durch das Eindringen der operationalen Logik. Während Watson den Reflex einführte als etwas physikalisch genauso Wirkliches wie Reiz und Reaktion, war der Reflex für spätere Behavioristen ein Konstruktum bzw. eine dazwischentretende Variable, die nur durch operationale Definition gegeben ist. Letztere ermöglicht auf objektive Weise solche Begriffe wieder einzuführen, die der frühe B. als subjektiv verbannt hatte. Der so erweiterte B. wird häufig als Neo-B. bezeichnet. Einflüsse der Gestaltpsychologie äußern sich bei LASHLEY durch die Übernahme feldtheoretischer Begriffe in physiologische Zusammenhänge und bei TOLMAN in der Einführung des Gestaltbegriffes in die Lerntheorie. Ⓛ BORING, FLUGEL, HILGARD, HULL, LASHLEY, TOLMAN, WATSON *Str-R*

behavior ratings, Verhaltensbeurteilungen, die quantifizierten Angaben (z.B. Häufigkeiten) im System der CATTELLschen Datengewinnung für das Verhalten, welches Pbn in natürlichen Lebenssituationen zeigen. →L-Daten. Ⓛ CATTEL 1973 *Hä-R*

behavior setting, von BARKER u. WRIGHT eingeführte Bez. für »natürliche«, d.h. nicht »künstlich« für die Forschung hergestellte oder ausgegrenzte Einheiten von zeitlich-räumlich-dinglichen »Verhaltens-Objekten« *(ecological environment)* und Verhaltensmustern, die unabhängig von der Teilnahme ganz bestimmter Individuen immer wieder ähnlich anzutreffen sind. Stationäre Beispiele: Unterricht in der Schulklasse, Gottesdienst in der Kirche, Sprechstunde beim Arzt; mobile Beispiele: Angelpartie, Ballspiel der Kinder auf der Straße. Zwischen den beiden Komponenten des *b.s.*, den Verhaltens-Objekten und den Verhaltensmustern, bestehe eine synomorphe Beziehung: im Seminarraum sind die Stühle auf das Pult hin ausgerichtet und die Hörer blicken den Vortragenden (meistens) an (→Synomorphie, →*affordance*). Sechs Beschreibungsdimensionen werden genannt: Aufenthaltszeit (*occupancy time*), personaler Teilnahmegrad (*penetration*, vom bloßen Zuschauer bis zum zentralen Leiter), für *b.s.* typische Handlungsmuster *(action patterns)*, Verhaltensmechanismen (*molecular behavior mechanisms*, nach Häufigkeit und Dauer des Vorkommens und nach Intensität geschätzt), Reichtum (*richness*, Variation) und Zentralität (*centrality*, Grad der Interdependenz eines *b.s.* mit anderen *b.s.* in der Gemeinde). Vgl. *undermanning* Ⓛ BARKER u.a. 1978 *B-S*

Behindertenpsychologie, Sammelbez. für die wissenschaftlich und praktisch-ps. Beschäftigung mit Behinderten (→Behinderung) und ihren Umweltbedingungen. B. ist eher der Teilbereich von Prävention und →Rehabilitation, in dem Psychologen tätig sind, als ein eigenes theoretisch fundiertes Gebiet der Ps. Eigenständige Versuche, die »Behindertenpersönlichkeit« zu erklären, legten ADLER (Schädigung führt zu →Machtstreben) und BARKER (marginale Persönlichkeit) vor.

Ein intensiv bearbeitetes Feld ist die Untersuchung von Einstellungen gegenüber Behinderten. Große uneinheitliche Gruppen von Behinderungsformen, die z.T. aus organisatorischen Gründen zusammengefaßt werden (Sozial- u. Schulgesetzgebung, Fördervereine u. -einrichtungen) sind u.a.: Körperbehinderte, Hörbehinderte (Taube), Sehbehinderte (Blinde), geistig Behinderte (z.B. →DOWN-Syndrom), Sprachbehinderte. Auf Grund von z.T. sehr schwer interpretierbaren Angaben muß man davon ausgehen, daß es in der BRD mindestens 4 Mio. Behinderte (ca. 7% der Bevölkerung) gibt. Ⓛ HENSLE 1979 *D-Y*

Behinderung, *disability,* bezeichnet die personalen und sozialen beeinträchtigenden Folgen einer Schädigung *(impairment).* Schädigung ist jede Abweichung eines Individuums von funktionalen oder körperlichen (Ideal-, Durchschnitts-)Normen. Benachteiligung *(handicap)* bezeichnet die Schwierigkeiten, die einem Behinderten durch die Umwelt widerfahren. Schädigung bezeichnet i. Ggs. zu Krankheit einen irreversiblen Zustand (z.B. Gliedmaßenfehlbildung versus Knochenbruch). Die Bez. sind idealtypische Abgrenzungen. →Behindertenpsychologie *D-Y*

Beidhändigkeit, manuelle Geschicklichkeit mit der rechten wie der linken Hand. →Hand

beiläufiges Lernen, syn. inzidentelles L. →Lernen, inzidentelles

Bekanntheitsqualität ⟨HÖFFDING⟩, das beim Wiedererkennen vormals wahrgenommener Inhalte hinzutretende qualitative Besondere, gegenüber solchen Inhalten, die völlig neuartig und fremd ins Bewußtsein gelangen. Der Begr. der »Ähnlichkeit« eines Inhaltes X mit einem zeitlich vorangehenden Y beruht auf dieser vermutlich hinzukommenden Qualität.

Bekanntheitstäuschung →Déjà-vu-Erlebnis

Bekräftigung →Verstärkung

Bekräftigungsschema →Verstärkungsplan

Belastung →Beanspruchung, →Stress

Belastung, erbliche, Anlage zu Nerven- und Geisteskrankheiten, besonders psychopathischer Art, aus der Abstammung. Ⓛ BAUR

Belegleser, Gerät zur Eingabe von Daten bzw. Zeichen in die Rechenanlage ohne den Umweg über einen Datenträger wie z.B. Lochkarte oder Lochstreifen. Es gibt B., welche Hell-Dunkel-Unterschiede zwischen Papier und Schriftzeichen erkennen. →Markierungsleser *Hä-R*

Beliebtheit nach dem Divergenztheorem →Führung

belief [engl.] Annahme, Meinung, Überzeugung; auf Aussagen über Sachverhalte bezogene (emotional gefärbte) Zustimmung. FISHBEIN u. AJZEN (1975) definierten b. als die Information, die eine Person über ein Objekt hat (insbes. die Verbindung des Objekts mit irgendeinem Attribut). Die emotionale Färbung und Bewertung werde dagegen mit →Einstellung bezeichnet. *B-S*

belief – value – matrix →Überzeugungswert-Matrix

Bellevue, Bellevue-Hospital in New York. Ⓣ WECHSLER

BELL-MAGENDIEsches Gesetz, 1811 stellte B. den Satz auf, daß die vorderen Wurzeln der Rückenmarksnerven motorische, die hinteren sensible Fasern enthalten. 1822 beschrieb der frz. Physiologe M. die beiden Wurzelarten eingehend.

*

BELL, Sir Charles / 1774–1842 / Anat., Physiol., Chirurg / London, Edinburgh

*

MAGENDIE, François / 1783–1855 / Physiol. / Paris

Belohnung, *reward,* allgemein Wertung, Anerkennung, Vergeltung. ●LEWIN hat die ps. Situation bei →Lohn und Strafe einer dynamisch-topologischen Interpretation unterzogen. ● In Lernexperimenten ist B. →Verstärkung oder Bekräftigung oder der Anreiz, der ein Versuchstier oder ein Kind motivieren soll, eine bestimmte Aufgabe auszuführen. Beim klassischen Konditionieren nennt man den unbedingten Reiz B. [engl. *reward*]. Von Bestrafung [engl. *punishment*] spricht man dann, wenn es sich um einen aversiven oder »strafenden« Reiz handelt wie z. B. ein elektrischer Schlag (unbedingter Reiz), der eine unbedingte Reaktion wie z. B. »Pfote heben« beim Versuchstier auslöst. Entscheidender Sinn des Begr. B. ist das Moment der ursprünglichen Motivation. Ist die Assoziation zwischen bedingtem Reiz und Reaktion einmal hergestellt, so entsteht durch die Wiedereinführung von B. eine Wiederverstärkung [engl. *reinforcement*] der bedingten Reaktion, deren Ausbleiben über einen bestimmten Zeitraum hinweg zu ihrer Auslöschung [engl. *extinction*] führt. Vgl. bedingter Reflex. Ⓛ BERLYNE u. MADSEN 1973

Belohnungsaufschub, Befriedigungsaufschub [engl. *delay of gratification*], was in der älteren Ps. und Päd. als »innere Willenshaltung« oder »Willensstärke« ein wichtiges Erziehungsziel war, ist bes. seit 1965 von BANDURA u. MISCHEL unter der Bez. B. systematisch untersucht worden. Im Versuchsplan zum B. werden meist Kinder vor die Wahl gestellt, entweder ein kleineres Geschenk sofort oder ein größeres später zu bekommen. Bedingungen für den B. sind in solchen Versuchen Alter und Geschlecht der Kinder, Geschlecht des Vl, die Bewertung der in Aussicht gestellten Güter durch das Kind, die Folgen des Nichtwartens, Vorbilder in Aufschubsituationen, frühere Erfahrungen mit dem Vl und bes. das Vertrauen in die tatsächliche Gewährung der zu erwartenden zukünftigen Belohnung.

Nach Auffassung der Verhaltenstheoretiker ist B. erlernbar, kaum abhängig von Persönlichkeitsmerkmalen wie z. B. »Ichstärke«, »Willensstärke« oder »asketische Haltung«. ● MISCHEL hat 1974 ein Zweistufenmodell des B. dargestellt: Die erste Stufe ist die Wahl des später zu erhaltenden Gutes und die zweite besteht in den Verhaltensweisen, durch die das Warten auf die Belohnung unterstützt und aufrechterhalten wird. Ein weniger untersuchter Fall des B. ist die Anforderung, für in der ferneren Zukunft gewährte Güter längere Anstrengungen auf sich zu nehmen. Ⓛ UTZ 1979 *B-S*

Bemerken, jenes seelische Vernehmen und Innewerden, das LERSCH, ROTHACKER u. a. als einen Angelpunkt des Erlebens bezeichnen. Das Suchen und Fragen als Drang und das B. als Innewerden bedeuten ein zweipoliges Grundschema, innerhalb dessen sich seelisches Leben vollzieht.

Benachteiligung →Behinderung

BENHAM →FECHNER-BENHAM-Farben

Benennungsmethode Ⓣ PREYER

Benommenheit. Zustand der Bewußtseinsminderung, der aber noch nicht Bewußtseinstrübung ist. Die Bewußtseinsinhalte sind dunkel, die Bewußtseinstätigkeit ist verlangsamt. Daneben besteht eine allgemeine Apathie und Aspontaneität.

Beobachtung, *observation,* Bez. für zielgerichtete und methodisch kontrollierte Wahrnehmung von Objekten, Ereignissen und Prozessen. B. ist die grundlegende Methode der Datengewinnung in den Erfahrungswissenschaften (z. B. Ablesen von Meßgeräten). Beim B.prozeß sind mehrere Aspekte zu unterscheiden: (1) der Beobachter, (2) das Objekt, (3) die Umstände, (4) die Mittel (Sinnesorgane, Hilfsmittel, Hilfstätigkeiten), (5) das theoretische Wissen, mit denen die Aspekte (1)–(4) aufeinander bezogen werden. Zu dieser allgemeinen Art der B. kommen in der Ps. noch die Verhaltensb. (Fremdb.) und die →Selbstb. (Erlebnisb., Introspektion). Verhaltensb. ist auf das Verhalten von menschlichen oder tierischen Individuen oder Gruppen von Individuen gerichtet.

Die Systematik der Verhaltensb. wird nach mehreren Gesichtspunkten vorgenommen: (1) systematische (wissenschaftliche) B. – unsystematische (naive, unwissenschaftliche) B.; (2) natürliche B. – künstliche B. (diese Unterscheidung bezieht sich auf den Grad der Kontrolle, die der Beobachter über die Variablen der Situation hat. So kann das Experiment als künstliche B. aufgefaßt werden, bei der der Experimentator mindestens eine Bedingung variiert); (3) direkte B. – indirekte B. (indirekte B. bezieht sich nicht direkt auf das Verhalten, sondern auf dessen Spuren und Auswirkungen, z. B. Dokumentenanalyse); (4) vermittelte B. – unvermittelte B. (bei der vermittelten B. wird dem Beobachter ein technisches Aufnahmegerät vorgeschaltet, z. B. Filmkamera, Tonbandgerät. Neben dem Vorteil der beliebigen Wiederholbarkeit besteht häufig die Möglichkeit, das Material mit Hilfe technischer Hilfsmittel weiter aufzubereiten, z. B. Frequenzfilter, Zeitlupe, -raffer. Nachteile ergeben sich aus den durch die technischen Geräte bedingten Einschränkungen); (5) teilnehmende B. – nicht teilnehmende B. (bei der teilnehmenden B. ist der Beobachter Mitglied der beobachteten Gruppe. Teilnehmende B. wird weiter untergliedert in aktive und passive); (6) wissentliche (offene) B. – unwissentliche (verdeckte) B. (diese Unterscheidung bezieht sich darauf, ob das beobachtete Individuum weiß, daß es beobachtet wird, oder nicht. Bei der wissentlichen B. muß man zumindest in den Anfangsphasen mit Verhaltensänderungen rechnen, bei der unwissentlichen B. treten ethische Probleme auf). • Damit das, was beobachtet wird, zu einem kommunizierbaren wissenschaftl. Datum wird, muß ihm eine sprachliche Formulierung zugeordnet werden. B. des Verhaltens und Beschreibung des Beobachteten sind nicht unabhängig voneinander, einerseits hängt die verwendete Sprache von vorangegangenen B. ab, andererseits werden auch B. anhand von vorgegebenen B.kategorien vorgenommen. Eine Verhaltensb., die nicht der Voruntersuchung dient, verlangt Festsetzung dessen, was beobachtet werden soll (Objekt, Ereignis etc.), des Ortes und des Zeitraumes, der B.frequenz (Zeitstichprobe, fraktionierte B., *time-sampling*), der angewendeten B.technik, der B.kategorien und der Technik der Aufzeichnung. Dabei ist die Leistungsfähigkeit der Beobachter zu berücksichtigen. Ⓛ Atteslander, Bunge, Graumann, Hasemann, König, Phillips, Pinther *Hu-R*

Beobachtungsbogen, in der Ps. deshalb von Bedeutung, da ohne »katalogisierte Zielfragen«, die repräsentativ sind für die Individualität, Gruppe, Masse usw. (Charakter, Struktur, Verhaltensweisen, Wahrnehmung usw.), Einsichten schwer zu gewinnen sind. Die Brauchbarkeit des B. hängt ganz von der Auswahl der Fragen (ihrer Formulierung usw.) ab. Störend macht sich besonders der →Hof-Effekt bemerkbar. →Beobachtungs-Fehler, →Beschreibung

Beobachtungs-Fehler, Fehler, die bei der →Beobachtung auf Grund der Leistungsgrenzen des Beobachters vorkommen (→persönliche Gleichung, →Aufmerksamkeitsschwankungen, →Ermüdung). Wie aber die Beurteilung kaum von der Beobachtung zu trennen ist, werden meist auch die Beurteilungsfehler zu den Beobachtungsfehlern gerechnet. Wichtige Beurteilungsfehler sind: (1) Halo-Effekt (→Hof-Effekt); (2) Zentrale Tendenz: Tendenz des Beurteilers, extreme Skalenwerte zu vermeiden; (3) zu frühe Interpretation und Wertung. Die Häufigkeit von Fehlern kann durch Beobachterschulung und Verwendung von technischen Hilfsmitteln wie z. B. Filmkamera vermindert werden. *Hu-R*

Beobachtungs-Lernen, Erklärung für das →Lernen im sozialen Kontext durch Nachahmung; auch Modell-Lernen oder →soziales Lernen genannt. ⓁBandura u. Walters 1963

Beobachtungstypus →Typologie (Aufmerksamkeitstypen)

Beratung, Beratungspsychologie, *counseling,* ist ein vom Berater nach methodischen Gesichtspunkten gestalteter Problemlösungsprozeß (→Problemlösen), durch den die Eigenbemühungen des Ratsuchenden (Rs.) unterstützt/optimiert bzw. seine Kompetenzen zur Bewältigung der anstehenden Aufgabe/des Problems verbessert werden. B. vollzieht sich im Medium sozialer Interaktion und wird daher i. w. S. als Kommunikationsprozeß zwischen zwei (Individualb.) oder mehr (Gruppenb., Systemb.) Interaktionspartnern verstanden. B. ist ggf. auch Ergänzung von Einzelgesprächen durch die Teilnahme des Rs. an einem Interventionsprogramm oder einer Selbsthilfegruppe. Von Psychotherapie ist B. nur schwer abgrenzbar.

B

Unter dem Einfluß des →Behaviorismus und der durch ihn ausgelösten Erforschung und Entwicklung von Methoden zur Verhaltensänderung wurde B. auch als Lernsituation aufgefaßt (DUHM 1965; KRUMBOLTZ 1966; KANFER u. GRIMM 1980), in der ein Rs. durch (gemeinsam mit ihm) geplante und kontrollierte Anwendung weitgehend experimentell fundierter Methoden der Verhaltenssteuerung/änderung sich wirksamere Strategien zur Bewältigung seiner Schwierigkeiten aneignen kann (Verbesserung oder Aufbau spezifischer Fertigkeiten; Einstellungsänderungen; Förderung von Motivation; Beeinflussung von ungünstigen Umweltbedingungen u. a. m.). Nach KRUMBOLTZ (1980) rückt B. dann in die Nähe von Erziehung *(counseling as experimental education)*.

Das allgemeine Ziel von B., z. B. Einstellungen und Verhalten zur Verwirklichung bestimmter Vorhaben verändern zu helfen, Lösung von Konflikten zu erleichtern, zu selbständig begründeten Entscheidungen zu befähigen (Orientierungs-, Planungs- und Entscheidungshilfe), setzt B. eindeutig von Führung (zielgerichtete Beeinflussung von außen) ab.

In der →Gemeindepsychologie ist das Moment der Prophylaxe in der B. besonders wichtig. Die beherrschende Rolle der Psychodiagnostik in der B. wird dadurch zurückgedrängt, daß die formalisierte Erhebung von Daten (z. B. durch Tests) oder die Verhaltensanalyse in die B. integriert sind und der Überprüfung von Hypothesen zur Planung und Steuerung beraterischer Interventionen und zur Vorhersage ihres Wirkungsgrades dienen (JANIS 1981). Auch die Erstellung und entscheidungsbezogene Verarbeitung beruflicher Prognosen erfolgt im Kontext eines klientenzentrierten Beratungs- und Problemlösungsprozesses. Konkret wird B. durch B.theorie und das jeweils (z. B. in einer Institution) geltende und praktizierte B.konzept und den Problembereich bestimmt, sowie durch die Entwicklung der →sozialen Interaktion zwischen den B.partnern. Eine allgemein gültige B.theorie gibt es nicht; in den verschiedenen Anwendungsbereichen der B. haben sich jedoch im Verlauf der Zeit B.ansätze herausgebildet, die teilweise durch wissenschaftl. Forschung überprüft werden und die durch gesellschaftliche/politische/wirtschaftliche Entwicklungen und deren Auswirkungen neuen Zielsetzungen angepaßt werden müssen.

Ziele und Ergebnisse der Beratung

Inhaltlich: Klärung von Zielen, Wertrangreihen und anderen Entscheidungskriterien bei Konfliktlösungen, persönlichen und beruflichen Entscheidungen und der Kontrolle verhaltenssteuernder Bedingungen durch die Gewinnung und Verarbeitung von Informationen auf den *»pre-choice«* und *»decision-making steps«* (JUNGERMANN 1980). Der Br. kann informieren (oder mit dem Rs. eine Strategie zur Informationsgewinnung erarbeiten) und/oder für die Problemlösung und Entscheidung wichtige Aspekte erfragen und/oder allgemein Voraussetzungen herbeiführen, welche die Lösung der Probleme des Rs. erleichtern helfen; evtl. auch auf andere Hilfsmöglichkeiten verweisen oder darauf vorbereiten.

Prozessual: Br. liefert dem Rs. ein Modell dafür, wie er seine Probleme analysieren, Entscheidungen treffen und möglichst selbständig und selbstkontrolliert Lösungen herbeiführen kann (Selbstmanagement-Ansatz, KANFER 1980[2]). Für diese Zielsetzung ist das Ingangkommen und die Förderung des Prozesses von größerer Bedeutung als dessen aktuelles Ergebnis (Motivation zur Mitarbeit und Selbstvertrauen stärken; eigene Bemühungen des Rs. unterstützen; Interessen, Wertvorstellungen und Überzeugungen (→*attitude*) bewußt machen; eingeschliffene Reaktionen des Rs. zugunsten lösungsorientierten Verhaltens unterbrechen u. a. m.).

Person- und aufgabenorientiert: Beraterisches Vorgehen ist person- und aufgabenorientiert und läßt sich entsprechend der Zielsetzung bestimmten Interventionskategorien zuordnen (Informationsdefizite beseitigen; Problemlösungs- und Entscheidungsverhalten verbessern; Aktivierung und Motivierung; Abbau von Hemmnissen z. B. durch Modifikation von Verhalten, Einstellungen usw.). Die Motivation des Rs. zur Mitarbeit wird dann zum Problem, wenn die B.situation unangenehm, die Rollenverteilung unklar, der Anstoß zur B. belastend und die Erwartung an die B. nicht zu den Möglichkeiten des Br. passen. Spezifische Anforderungen an die B., besonders hinsichtlich der Einstellung und des Wissens von Br. sowie des Vorgehens und der Methodik, stellen Rs. mit Behinderungen oder Rs., die anderen Kulturkreisen angehören oder die unter extrem ungünstigen Lebens- und Milieubedingungen leben.

Beratung aus verhaltenstheoretischer Sicht

(1) Informationsgewinnung (Hypothesenbildung, Erstellung einer Diagnose). (2) Erhebung von Verhaltensstichproben. (3) Diagnose von Verhaltens- und kognitiven Strukturen und emotionalen Anteilen des Verhaltens (Denkmuster, Überzeugungen, Wertvorstellungen, Angemessenheit von Verhalten im Hinblick auf soziale Normen und

Erwartungen der Umwelt usw.). (4) Instrument zur Beeinflussung von Verhalten (Einflußnahme auf Verlauf, Inhalt und Auswirkung des Gesprächs auf den Rs. Z.B. Modell-Lernen; Problemanalyse und Vorbereitung von Entscheidungen; Förderung der Gesprächsbereitschaft; verbale Konditionierung; kognitiv ausgerichtete Methoden; Rollenspiel; Kreativitätstechniken). (5) Übermittlung von Informationen an den Rs. (6) Verhaltensmodifikation (a) in der dyadischen Situation (b) in der Gruppe (Beispiele: Förderung der beruflichen Selbstentwicklung; Optimierung des Bewerbungsprozesses durch Verbesserung instrumenteller Fertigkeiten; Beseitigung von Lern- und Arbeitsstörungen, Umstellungs- und/oder Kontaktschwierigkeiten; Bewältigung von Übergangssituationen u. a. m.). – Form: Selbsthilfegruppen mit und ohne Anleitung; Gruppenarbeit mit (teil-)standardisierten Programmen; interaktionelle Problemlösegruppen (GRAWE 1980). (7) Motivierung (Verstärkung des Interesses beim Rs., bestimmte Vorhaben in Angriff zu nehmen oder verfügbare Anregungen aufzugreifen). (8) Realisierung eines strukturierten und methodisch geleiteten Ablaufs im Sinne von sich ggf. wiederholenden Phasen/Abschnitten mit jeweils unterschiedlichen inhaltlichen Schwerpunkten/Zielen und Vorgehensweisen (SCHULTE 1976).

Felder der Beratung

Erziehung, Schule, Ehe/Partnerschaft, Gesundheit, Behinderung, Abhängigkeit, Schwangerschaft, Wirtschaft, Städtebau-Architektur, Umwelt, Rechtswesen, Politik.

Notwendigkeit von Beratung

Die zunehmende Komplexität der Wirklichkeit, der Berufsfelder, Wertpluralismus, Notwendigkeit beruflicher und sozialer Mobilität, erfordern vom Einzelnen ein hohes Maß an Orientierungs-, Umstellungs- und Lernfähigkeit, aber auch Mut und Geschick zur Lösung von Konflikten und zur Bewältigung von ungewohnten Aufgaben oder Schwierigkeiten, die er häufig nur mit Unterstützung seiner engeren sozialen Umwelt oder bestimmter privater/öffentlicher Einrichtungen (z. B. B.institutionen) wirksamer meistern kann.

Der bildungsmäßige bzw. berufliche Werdegang mit seinen vom Bildungssystem und durch die Entwicklung des Individuums und durch den Wandel der gesellschaftlichen Anforderungen determinierten Übergangs- und Entscheidungssituationen stellt die Einzelperson vor eine Reihe von Aufgaben, die mit Unterstützung sachkundiger Br. auf der Basis gegenseitigen Vertrauens und unter Achtung der Entscheidungsfreiheit des Rs. zu seinem größeren persönlichen Nutzen (im weiteren auch zum Nutzen der Gemeinschaft) besser bewältigt werden können. Aber selbst bei einer Entscheidung, die bewußt unter Ablehnung/Verharmlosung einschlägiger Informationen erfolgte (z. B. gegen die Meinung der Öffentlichkeit oder gegen den Rat und die Erfahrung eines professionellen Br. oder gegen einen prognostizierten Trend in der Entwicklung von Angebot und Nachfrage auf dem Arbeitsmarkt), kann es sich im Verlauf der Zeit ergeben, daß beispielsweise die Art, wie jemand seinen Beruf ausfüllt und damit Erfolg erringt, mehr Vorteile für den Einzelnen und für die Allgemeinheit bringt, als wenn der Rs. seine Wertungen unreflektiert den Wertungen anderer angeglichen hätte und auf Dauer mit sich unzufrieden gewesen wäre. Dies setzt natürlich auch voraus, daß es möglich ist, den Rs. zu einer selbständigen und kreativen Problemlösung hinzuführen und ihn zu befähigen, das Ausmaß an Risiko bei der Verwirklichung seiner Entscheidung im Hinblick auf seine Potentiale/Ressourcen einschätzen zu können und ihn evtl. sogar darauf vorzubereiten, aufkommende Krisen und schwierige Situationen durchzustehen (präventiver Charakter der B.).

Die Evaluierung (Prozeß der Planung, Entwicklung und Durchführung beraterischer Interventionen) verschiedener Formen ps. B. setzt ein Theoriegerüst voraus, das u. a. die Ergebnisse der Analyse verschiedener Parameter der B. berücksichtigt, z. B. gesellschaftliche, organisatorische, personelle, situative usw. Bedingungen und Folgen (Systeme) von B. →Verhaltensdiagnose, →Berufsberatung, →berufliche Gruppenberatung. Ⓛ HORNSTEIN u. a. 1977, JANIS 1981, KANFER u. NAY 1981, LANGE 1979 *D-W*

Beratungslehrer, Lehrer, die zusätzlich für Beratungsaufgaben im Rahmen der Schule qualifiziert sind. Hauptaufgaben: Laufbahnberatung, Systemberatung und Beratung bei Lernschwierigkeiten, persönlichen und sozialen Problemen. Die Ausbildung ist länderspezifisch. →Beratung, Beratungsps., vgl. Erziehungsberatung, →Schulpsychologe Ⓛ K. HELLER 1976–79 *R-S*

Bereichsbildung →Spurenfeld

Bereich →topologische und Vektorpsychologie

Berliner Begabtenauslese 1917 Ⓣ MOEDE-PIORKOWSKI-WOLFF

Berliner Schule, Bez. für die von K. KOFFKA, W. KÖHLER, K. LEWIN, M. WERTHEIMER u. a. begründete bzw. vertretene gestaltps. Richtung (→Gestaltpsychologie).

Berliner Schultest Ⓣ INGENKAMP

BERNOULLI-Verteilung, auch »Binomialverteilung«, ist die (diskrete) theoretische Verteilung der Wahrscheinlichkeiten p_k für die Häufigkeit des Auftretens einer Klasse einer

Alternativvariablen in einer Stichprobe von n voneinander unabhängigen Wiederholungen der Beobachtung der Alternativvariablen.

Sie ist gegeben durch

$$p(k) \doteq \binom{n}{k} p_e^{\,k} \cdot q_e^{\,n-k} = \frac{n!}{k!\,(n-k)!}\, p_e^{\,k} \cdot q_e^{\,n-k}$$

Mittelwert der Verteilung ist $\mu = p_e$ (p_e = theoretisch bekannte oder »erwartete« Wahrscheinlichkeit für das Auftreten der einen der beiden Klassen bei einer Beobachtung der Alternativvariablen), die Varianz beträgt $\sigma^2 = p_e \cdot q_e$ (wobei $q_e = 1 - p_e$). Beispiel: Die Wahrscheinlichkeit für $k = 2$ Kopfwürfe bei $n = 6$ Würfen einer Münze (oder einmaligem Werfen von 6 Münzen gleichzeitig) beträgt (da $p_e = 0{,}5$):

$$p(2) = \frac{6!}{2!\,4!}\left(\frac{1}{2}\right)^2 \cdot \left(\frac{1}{2}\right)^4 = \frac{15}{64} = 0{,}234\,.$$

Bei großem n nähert sich die diskrete B. der kontinuierlichen →Normalverteilung. *M-R*

*

BERNOULLI. Jakob / 1654–1705 / Mathematiker – förderte d. Wahrscheinlichkeitsrechnung / Basel

Bero-Test Ⓣ BEHN-ESCHENBURG

Beruf, eine durch die Tradition geprägte, mehr oder weniger von der Gesellschaft legalisierte und organisierte Kollektiv-Dauerform der menschlichen Arbeit, durch die gegen Entlöhnung bestimmte Bedürfnisse befriedigt werden.

BÜLOW (1955) unterscheidet: 1. B. im Sinne göttlicher Berufung; 2. B. als sozialethischer Begr. der mittelalterlich-hierarchischen Sozialordnung; 3. als protestantisch-calvinistischer Begr. des erwachenden religiösen und wirtschaftlichen Individualismus; 4. als verabsolutierte B.pflicht (KANT); 5. als liberalistischer-individualistischer Begr. in Nachwirkung der franz. Revolution; 6. als sozialer oder sozialistischer Begr. der Gegenwart. ● B. ist nicht Arbeit schlechthin – doch sind die bei der Arbeit wichtigen Antriebsmomente hier ebenfalls wirksam. →Arbeit, →Arbeitspsychologie. Ⓛ BOLTE, DIRKS, DUNKMANN, JAIDE, MOSER, SCHARMANN

berufliche Gruppenberatung, eine Erweiterung der Kommunikationsformen der →Berufsberatung. Wirksamkeit und Attraktivität werden erhöht. Ziel ist es, die Leistungsvorteile einer Gruppe zur Lösung individueller Fragestellungen zu nutzen. Die b.G. wird z. T. als qualifizierte Vorbereitung auf eine gezielte, alle individuellen Aspekte berücksichtigende Einzelberatung angesehen. →Berufsorientierung, →berufliche Selbstinformation *Sch-L*

berufliche Selbstinformation, Bez. für Einrichtungen der →Berufsberatung (sog. Berufsinformationszentren bzw. -stellen) zur objektivierten und vertieften Berufsinformation, die durch einen für den Benutzer vorgegebenen funktionellen Informationsablauf erreicht wird, der sehr viel Eigeninitiative verlangt. Das vielseitige audiovisuelle Medienangebot zwingt den Benutzer, durch eigene Überlegungen seine Informationswünsche selbst zu artikulieren, die Quellen der Information selbst zu suchen, zu finden und die Ergebnisse – deren Umfang und Qualität von seinen Aktivitäten abhängt – selbst zusammenzutragen und auszuwerten. Ein zusätzlicher Gewinn ist die mit diesen Selbstinformationseinrichtungen gewährte Anonymität des Benutzers, die von vielen geschätzt und gerne angenommen wird. →Berufsorientierung, →berufliche Gruppenberatung *Sch-L*

Berufsarbeit →Arbeit

Berufsberatung, eine in der BRD durch Gesetz der »Bundesanstalt für Arbeit« und ihren Dienststellen übertragene Aufgabe (AFG §§ 4, 25–32), durch die Jugendliche und Erwachsene vor Eintritt in das Berufsleben und während des Berufslebens in allen Fragen der Berufswahl und des beruflichen Fortkommens zu beraten sind. Dabei hat die B. die Lage und Entwicklung des Arbeitsmarktes und der Berufe angemessen zu berücksichtigen, sowie die Belange einzelner Wirtschaftszweige und Berufe den allgemeinen wirtschaftlichen und sozialen Gesichtspunkten unterzuordnen.

Bei der B. sind die körperlichen, geistigen und die persönlichen Verhältnisse der Ratsuchenden zu beachten. Ebenso hat die B. darauf hinzuwirken, daß geeignete Ratsuchende in fachlich, gesundheitlich und erzieherisch einwandfreie Ausbildungsstellen untergebracht werden. Die B. wird ergänzt durch →Berufsorientierung und durch Förderung der beruflichen Bildung. →Berufsorientierung, →berufliche Gruppenberatung, →berufliche Selbstinformation Sch-L

Berufsbild, Darstellung aller wichtigen Merkmale eines bestimmten Berufs sowie aller ihn betreffenden wissenswerten Tatsachen, wie Eignungsanforderungen, Ausbildungsgang, Aufstiegsmöglichkeiten, Lage am Arbeitsmarkt, rechtliche Stellung, Geschichte u. a. m.

Berufseignung, Bez. dafür, ob und in welchem Umfang die bei einem Individuum gegebenen Voraussetzungen dem Anforderungskomplex eines Berufes entsprechen. »Grad der Wahrscheinlichkeit, mit dem ein Individuum auf Grund der bei ihm gegebenen Voraussetzungen (Eignungsdisposition)

bestimmte Berufsanforderungen bewältigen wird«. Ⓛ JÄGER 1970

Berufseignungsprüfung →Eignungspsychologie

Berufseignungs-Tests, Tests, welche die Berufseignung eines Pb feststellen. Nach MERZ (1971³) spricht man bei der Anwendung von B. von Konkurrenzauslese, wenn man für einen bestimmten Beruf die am besten geeigneten Bewerber aussucht, von Eignungsdiagnose, wenn man für einen bestimmten Pb den geeignetsten Beruf oder die Tätigkeit finden will. Nach einer Schätzung von JÄGER (1966) werden in der BRD jährlich einige hunderttausend solcher Eignungsurteile gefällt. *Hä-R*

berufsethische Verpflichtungen des Psychologen →Testgütekriterien, →Testkuratorium

Berufsforschung, psychologische →Berufspsychologie

Berufsinteressen-Test Ⓣ BAUMGARTEN, BEMELMANS, IRLE, KUDER, STRONG, TRAMER

Berufskunde, das Wissen um die Gesamtheit der beruflichen Ausübungsformen und Möglichkeiten. Als theoretische B umfaßt sie Berufsbegriffe und objektive Tatbestände, wie Aufgabe, Tätigkeit, Arbeitsplatz, Ausbildung, Fortbildung, Aussicht, Herkunft, subjektive Tatbestände, wie Eignung und Neigung (psychologisch), Mobilität und Akkomodation (soziologisch), Belastbarkeit und Anforderungen an die Sinnesorgane (medizinisch). Auch die Ordnung der Berufe (Hochschulberufe, Fachhochschulberufe, Verwaltungsberufe, Fachschulberufe, Ausbildungsberufe, Anlernberufe und sonstige) ist Thema der B. Die angewandte B. sucht alle berufskundlichen Erkenntnisse aufzubereiten für informatorische oder beraterische Zwecke, z. B. Arbeitsberatung, Berufsberatung, Berufsorientierung, Berufswahlvorbereitung. →Beratung, Beratungsps. *Sch-L*

Berufsorientierung, ein noch nicht eindeutig definierter Begr., der als Vermittlung bzw. Aneignung eines Überblicks über Ausbildungs- und Berufsmöglichkeiten verstanden werden kann. In dieser allg. Bedeutung deckt sich B. in etwa mit der Berufsaufklärung.

Im Hinblick auf den Prozeß der Ausbildungs- und Berufswahl Jugendlicher spricht man von Berufswahlvorbereitung. Alle diese Begr. werden in den rechtlichen und didaktischen Grundlagen von Schule und Berufsberatung mit unterschiedlicher Nuancierung verwendet. B. als Teillernbereich der »Hinführung zur Wirtschafts- und Arbeitswelt« ist Aufgabe der Schule, als didaktische Umsetzung des gesetzlichen Auftrages zur Berufsaufklärung Aufgabe der von der »Bundesanstalt für Arbeit« getragenen Berufsberatung. Über die Zusammenarbeit dieser Institutionen im Bereich der B. gibt es verbindliche Rechtsgrundlagen (z. B. Arbeitsförderungsgesetz der BRD). Zur Erfüllung ihrer Aufgabe führt die Berufsberatung Vortragsveranstaltungen und berufsorientierende Ausstellungen durch oder bietet berufskundliche Schriften, Filme, Dia-Serien sowie Lern- und Informationsprogramme an; diese insbesondere in Selbstinformationseinrichtungen wie Berufsinformationszentren in Großstädten, Berufsinformationsstellen in Arbeitsämtern oder in ›Mobilen Berufsinformationsstellen‹, die in Schulen oder ähnlichen Institutionen eingesetzt sind. *Sch-L*

Berufspsychologie, das Teilgebiet der Ps, das (a) die Erforschung der einzelnen Berufe unter psychologischem Aspekt, (b) die berufliche Entwicklung des Individuums zum Gegenstand hat.

Die an erster Stelle genannte Betrachtungsweise geht von den »Berufen« als relativ homogenen »Kollektiv-Dauerformen der menschlichen Arbeit« (→Arbeit) aus. Sie sieht sich dabei allerdings mit der Tatsache konfrontiert, daß die Berufe zwar im allgemeinen Bewußtsein (und damit auch dem der Berufswähler und Berufswechsler) gegeneinander relativ gut abgegrenzte Einheiten darstellen, daß aber die tatsächliche berufliche Tätigkeit am konkreten Arbeitsplatz durch die jeweilige Berufsbezeichnung häufig nur ungenau, u. U. sogar irreführend, gekennzeichnet wird. Dennoch stellen für die B. die »Berufe« – ihre Inhalte sind immerhin, was die Ausbildungsinhalte anbelangt, durch gesetzliche Bestimmungen fixiert – die sozusagen »natürlichen« Analyseeinheiten dar. Die B. bemüht sich darum, diesen zunächst soziologisch, wirtschaftlich-technisch und juristisch definierten Einheiten ihren Platz in einer psychologischen Berufsklassifikation zuzuweisen.

Eine solche ps. Berufsklassifikation orientiert sich an den Ähnlichkeiten und Unähnlichkeiten zwischen den Berufen im Hinblick auf die typischen Merkmalskonstellationen der Berufsangehörigen, auf die »Anforderungen« der Berufe (Voraussetzungen für beruflichen Erfolg) und auf die »Befriedigungsangebote« der Berufe (Voraussetzungen für berufliche Zufriedenheit).

Die an zweiter Stelle genannte Betrachtungsweise nimmt ihren Ausgangspunkt beim Individuum und stellt dessen berufliche Entwicklung über das ganze Leben hinweg in den Mittelpunkt. Die Berufslaufbahn *[career]* wird hier vor allem unter

B

den Gesichtspunkten der beruflichen Verwirklichung des »Selbstbildes« (SUPER 1957) des Individuums gesehen und der Kompromisse, die bei seiner Verwirklichung in aller Regel geschlossen werden müssen angesichts in der Person und in der gesellschaftlichen Umwelt liegender begrenzender und einengender Realitäten. • Im einzelnen befaßt sich die B. mit

- der subjektiven Bedeutung, die die Berufstätigkeit für den Menschen hat, den Kognitionen und Einstellungen gegenüber den einzelnen Berufen (u. a. Berufsimage, Berufsprestige) sowie mit den individuellen Unterschieden und epochalen Veränderungen in diesen Kognitionen, Einstellungen und Wertungen
- den psychologisch bedeutsamen Charakteristika der einzelnen Berufe (den Anforderungen und Befriedigungsangeboten der Berufe) und ihren Veränderungen im Zuge von Änderungen in der Arbeits- und Berufswelt, den Charakteristika der in den Berufen vorzugsweise anzutreffenden Personen und den hierfür verantwortlichen Bedingungen (Selbstselektion, Fremdselektion, Prägung), den Personmerkmalen, die Erfolg und Zufriedenheit in der einzelnen beruflichen Laufbahn (mit)determinieren, den Veränderungen von Personmerkmalen (z. B. Interessen, Werteinstellungen) während der Tätigkeit in einem bestimmten Beruf
- den Erscheinungsformen und Determinanten beruflicher Laufbahnen und ihrer Teilabschnitte (der »Berufswahl« ebenso wie späterer beruflicher Weiterentwicklungen, Spezialisierungen und Berufswechsel). →Berufskunde

Ⓛ CRITES 1969, SEIFERT 1977 *E-T*

Berufsverband Deutscher Psychologen →Psychologe

Berufswahl, eine zentrale Frage der Berufsps. Hierzu wurden unterschiedliche theor. Konzepte entwickelt, die sich im historischen Werdegang zunehmend differenzierten. Durch rasche gesellschaftl. Veränderung, die immer neue Berufe hervorbrachte, wurden wirtschaftliche, soziale und psychodynamische Verflechtungen deutlicher, so daß es heute absurd erscheint, B. als eine einmalige Entscheidung vor Eintritt in das Berufsleben zu betrachten.

Determinanten der B. können grob in anlagebedingte, umweltbedingte oder systemabhängige Faktoren zusammengefaßt werden. Sie finden Ausdruck in stark differierenden Theorien: (1) Zufallstheorie. Zufall als Hauptfaktor bei der B. Dies würde bedeuten, daß Berufsentwicklungen ohne Planung rein zufällig abliefen. SUPER (1957) schließt bei ausreichendem Wissen den Zufall aus. (2) Theorie der Charakterzüge und Arbeitsfaktoren. Fähigkeiten, Interessen und Einstellungen des Individuums finden nach dieser Theorie in Arbeitsplatzanforderungen ihre Entsprechung. Diese Theorie geht auf PARSONS (1900) zurück und entspricht weithin der berufsps. Vorgehensweise der deutschen Arbeitsämter (→Berufsberatung). (3) Typentheorie. HOLLAND (1966) entwickelte 6 abgrenzbare Berufsumgebungs- und Persönlichkeitstypen. Seine Hypothese lautet, daß Personen sich für den Beruf entscheiden, der ihrem persönlichen Typ entspricht. Intelligenz und Selbsteinschätzung bestimmen lediglich die Wahl des Niveaus innerhalb der Bereiche realistischer, intellektueller, sozialer, konventioneller, unternehmender und künstlerischer Tätigkeiten. (4) Entwicklungstheorie. B. ist nicht eine einzige Entscheidung, sie hängt von zeitlich ablaufenden Entwicklungsprozessen ab. Wichtige Entscheidungsperioden sind nach SUPER (1957) Wachstum (unter 14), Entdeckung (15–24), Etablierung (25–44), Erhaltung (45–64) und Abbau (nach 65). Die erfolgreiche Bewältigung der Phasen bestimmt den weiteren Verlauf. (5) Psychoanalytische Theorie. Unbewußte Wünsche und Impulse werden durch den Beruf sublimiert. Die B. entspricht daher diesen verdrängten Regungen. Chirurg oder Fleischer sind Beispiele für die erfolgreiche Sublimierung sadistischer Impulse (→Tropismus). (6) Bedürfnistheorie. Diese Theorie postuliert, daß der Beruf Wünsche und Bedürfnisse des Individuums befriedigt. Man bezieht sich hierbei auf die Bedürfnishierarchie MASLOWS, wobei B. jedoch mehr vom Niveau der Bedürfnisse abhängig sei als von der Art des Bedürfnisses, da die meisten Menschen ähnliche Bedürfnisse besitzen. (7) Entscheidungstheorie. Diese Theorie geht davon aus, daß durch Informationsselektion sich allmählich die Berufsentscheidung konstituiert. In dem Maße, wie die Wahl des Berufes eingeengt wird, steigt ihre Sicherheit (ROTH 1966). (8) Interdisziplinäre Theorie. Mehrere Faktoren beeinflussen die B. Während der Entwicklung können biol., ps., wirtschaftliche und soziologische Faktoren dominant sein (SUPER 1957). Dieser interdisziplinäre Ansatz ist wegen seiner Variablenvielfalt schwierig zu erforschen, für eine allgemeine Theorie der Berufe und der B. dürfte er jedoch bei zusätzlicher Berücksichtigung ökolog. Faktoren am geeignetsten sein. Ⓛ CRITES 1969, GINZBERG 1951 *H-H*

Berührungsassoziation →Assoziationsformen

Berührungsempfindung →Tastempfindung

Beschäftigungsdelir, Bewegungsunruhe und meist stummes Herumwirtschaften in alltäglicher Umgebung und bei gewohnter Tätigkeit unter Verkennung der Situation (→Desorientiertheit, →Halluzination) bei →Delirium tremens

Beschäftigungstherapie →Arbeitstherapie

Beschneidung →Sexualität (Tabelle)

beschreibende Psychologie, die sich vorwiegend der Beschreibung als Forschungsmeth. bedienende Ps. Sie kann sich auf Einzelerscheinungen (= individuelle Deskription) oder auf das Allgemeine richten (= generelle Deskription). Auf den Unterschied der beschreibenden und zergliedernden Ps. wies zuerst DILTHEY hin. Für die b. Ps. wurde die →Phänomenologie fruchtbar (phänomenologische Deskription von HUSSERL und seiner Schule, insbesondere von HEIDEGGER und SCHELER). ● SKINNER versteht unter deskriptiver Ps. eine streng positivistische Ps. →Behaviorismus

Beschreibung, Deskription, Aufzählung der Eigenschaften (Prädikate beliebiger Ordnung) von Objekten, Ereignissen oder Prozessen. B. gründet sich auf →Beobachtung und ist zu unterscheiden von der →Erklärung. Im Zusammenhang mit der Verhaltensbeobachtung ist die bewährteste Methode der B. die anhand von Beobachtungs-(Verhaltens-)Kategorien. Hier werden die zu beobachtenden Verhaltensweisen in disjunkte und erschöpfende Klassen (Kategorien) eingeteilt und sprachliche Formulierungen zugeordnet.

Je nachdem, ob es sich um differenzierte und detaillierte Kategoriensysteme oder eher grobe handelt, spricht man von größerer oder geringerer Strukturierung. Brauchbare Beobachtungskategorien sind derart, daß (geschulte) Beobachter gleiche Verhaltensweisen in gleiche Kategorien einordnen (Beurteilerreliabilität), und daß keine Interpretationen vorgenommen oder durch die Wahl der sprachlichen Formulierungen provoziert werden. Die Entwicklung eines derartigen Kategoriensystems erfordert vorangehende Beobachtungen und kann sehr aufwendig sein. ● Bei der Verwendung von Beobachtungsbögen gibt es zwei Haupttechniken: (1) Eintragen von Häufigkeiten in eine Liste von Beobachtungskategorien und (2) Beantworten gezielter Fragen nach bestimmten Verhaltensweisen. Der Nachteil der Verwendung von Beobachtungsbögen besteht darin, daß der zeitliche Verlauf nur schwierig detailliert registriert werden kann. Dies gelingt bequem mit Geräten analog den →Polygraphen, bei denen jedem Kanal eine Beobachtungskategorie zugeordnet ist. Wird die Aufzeichnung auf Magnetband vorgenommen, kann das Protokoll mit dem Computer ausgewertet werden. Ⓛ ATTESLANDER, GRAUMANN, HASEMANN, HINDE, PHILLIPS, PINTHER *Hu-R*

Beschreibungsmethode →Gedächtnismethoden

Beschwichtigungsgebärde, die im Ggs. zum →Imponiergehaben stehende ritualisierte Ausdrucksbewegung bei wehrhaften Tieren (z. B. Federn, Haare dicht anlegen; Schnabel, Zähne abwenden). B. ist noch keine →Demutsgebärde, die die völlige Unterwerfung anzeigt.

Beseelung →Animismus

Besessenheit, das vermeintliche Ergriffensein eines Menschen von einem Dämon, einem bösen Geist. Für Besessene hielt man früher vor allem die Kranken, die an →Epilepsie und schweren hysterischen →Anfällen leiden. Ⓛ OESTERREICH, RINGGER

Besinnen, Sichbesinnen, die mit einer Zielvorstellung verbundene Konzentration auf einen nicht im Bewußtsein befindlichen Gedächtnisinhalt, mit dem Zweck, ihn zu reproduzieren. Das B. auf Eigennamen ist eingehender untersucht worden ⟨GIESSLER, WENZL⟩. Dabei wurde erkannt, daß »Stütznamen« die Vorstufen zur Wortfindung sind und Rhythmus, Komplexqualität der Klangphysiognomie sowie Wortanfang in Zusammenhang mit dem gesuchten Wort stehen. Nachprüfungen ⟨WITTE⟩ ergaben eine statistisch signifikante Übereinstimmung zwischen Stützwort und gesuchtem Wort bei den Vokalen, Anfangsbuchstaben und der Anzahl der richtig getroffenen Buchstaben. →Abruf, →Gedächtnis Ⓛ GIESSLER, WENZL, WITTE

Besinnlichkeit, die Haltung des in Beschaulichkeit Nachdenkenden als →Habitus verstanden

Besonnenheit, Zustand mit geordneter und zielgerichteter Bewußtseinstätigkeit und durchschnittlicher Klarheit und Deutlichkeit der Bewußtseinsinhalte, bei Abwesenheit intensiverer Affekte. Der Zustand der Besonnenheit ist also durch eine ausgeglichene Gefühlslage und durch überlegte, d. h. in ihren Folgen bedachte Handlungen gekennzeichnet. ● Bei den Griechen war die Besonnenheit in der Form der Sophrosyne (Platon) eine Kardinaltugend (Lebensführung im Sinne der Mäßigung).

Besorgungs-Test Ⓣ GIESE

Bestätigungsfähigkeit, von CARNAP eingeführter Begriff der Wissenschaftstheorie. Ein Satz heißt bestätigungsfähig, wenn er auf Beobachtungssätze zurückgeführt werden kann. Ⓛ STEGMÜLLER

Bestialismus, rohes, viehisches Betragen, auch geschlechtlicher Umgang von Menschen mit Tieren

Bestimmtheitsmaß, statistische →Maßzahl, welche die Präzision der Abhängigkeit zweier oder mehrerer Meßreihen voneinander angibt. Das B. entspricht dem Quadrat des →Korrelationskoeffizienten.

Bestimmungsgleichung, syn. Spezifikationsgleichung, Gleichung, die darstellt, in welcher Weise Variablen funktional miteinander in Beziehung stehen. In der →Faktorenanalyse zeigt die B. an, in welcher Weise Faktoren ein Merkmal bestimmen. In der faktorenanalytischen Persönlichkeitsforschung gibt die B. an, in welcher Weise ein Verhalten oder eine Reaktion funktional mit Wesenszügen in Beziehung steht. CATTELL vor allem hat solche B. aufgestellt. In allgemeiner Form lautet die Formel:

$$x = a_1 \cdot f_1 + a_2 \cdot f_2 + \ldots + a_n \cdot f_n$$

Für ein spezielles Verhalten kann sie so dargestellt werden:

$$R = -0.1A + 0.6B - 0.4C + 0.8T$$

Die Formel zeigt, daß das faktorenanalytische Modell mathematisch sehr einfache Beziehungen gewählt hat. Additivität und Linearität sind dabei Postulate und nicht etwa Resultate der empirischen Forschung. Die faktorenanalytischen Forscher sind jedoch der Ansicht, daß man zunächst dieses einfache Modell benutzen kann, um Verhalten beschreiben und erklären zu können. CATTELL hat versucht, der Komplexität des Verhaltens dadurch gerecht zu werden, daß er in die B. verschiedene Gruppen von Beschreibungsdimensionen einführt:

$$R_i = s_{ia} \cdot A + s_{it} \cdot T + s_{ie} \cdot E + s_{im} \cdot M + s_{ir} \cdot R + s_{is} \cdot S$$

In dieser Formel bedeuten: A = Beschreibungsdimensionen für Fähigkeiten, T = Persönlichkeitsfaktoren, E = Motivdimensionen, die physiologisch determiniert sind, M = Motivdimensionen i. S. von Einstellungen, R = Merkmale des Rollenverhaltens, S = Zustandsdimensionen, welche innerhalb der Zeit sich verändern. *Hä-R*

Bestrafung, *punishment,* ein unangenehmes Ereignis (aversiver Reiz), das (der) auf eine Handlung (Response) folgt und die Wahrscheinlichkeit des Auftretens dieser Handlung in ähnlichen Situationen herabsetzen soll. Im Gegensatz zu der Auffassung, daß die B. die Auftretenswahrscheinlichkeit unmittelbar (direkt) abschwächt, wird meist eine indirekte Wirkung angenommen: Reaktionen auf die B. sind mit der bestraften Handlung unvereinbar (inkompatibel), wodurch eine assoziative Hemmung erzeugt und damit die Auftretenswahrscheinlichkeit der bestraften Handlung verringert wird. Die Beantwortung der Frage, ob B. oder Belohnung für das Lernen förderlicher sei, hat eine lange Geschichte. Sie ist kaum für das Erlernen neuer Reaktionen, sondern nur für das Unterscheidenlernen zwischen zwei Alternativen (richtige Wahl belohnt, falsche bestraft) möglich. Bei stärkeren B.en sind oft die durch sie ausgelösten (und länger andauernden) affektiven Erregungen störende Nebenwirkungen für benachbarte Lernprozesse, die von der spezifischen B. nicht betroffen werden sollten. Der Lernerfolg kann dadurch herabgesetzt werden. →aversiver Reiz, →Belohnung, →bedingter Reflex, →Effekt-Gesetz, →Aversionstherapie, →time out Ⓛ BLÖSCHL 1972, REINECKER 1980 *B-S*

Bestrahlungsaufgabe, eine von K. DUNCKER 1935 eingeführte Problemlösungsaufgabe (Denkaufgabe).

BET, Abk. für *body-ego-technique,* Körper-Ich-Technik. Bez. für die nichtverbale therapeutische Technik, die über eine Einflußnahme auf Körper und Bewegungsgefühle das Ichgefühl aufzubauen sucht.

Beta-Bewegung →Scheinbewegung

Beta-Fehler →Fehler zweiter Art

Beta-Koeffizient, syn. Beta-Gewicht, Standard-Partial-Regressionskoeffizient. Als B.-K. werden jene standardisierten Koeffizienten bezeichnet, die als optimale Gewichtungsfaktoren der einzelnen Variablen in die multiple →Regressionsgleichung eingehen. *Mi-A*

Beta-Test Ⓣ YERKES

Beta-Wellen →Elektrodiagnostik

Betragenseigenschaften, von KLAGES eingeführter Begr., der die die »Außenseite« des Charakters betreffenden Eigenschaften zusammenfaßt. Zugehörig ist alles, was mit dem Betragen und Benehmen zusammenhängt. Auch Haltungseigenschaften genannt. Ⓛ KLAGES

Betriebsklima →Betriebspsychologie, →Hawthorne-Untersuchung

Betriebspsychologie, das Teilgebiet der →Arbeitsps. bzw. der →Angewandten Ps., das die ps. Zusammenhänge im Betriebsleben erhebt, analysiert und zu verbessern sucht. Als Betrieb steht hierbei der Produktionsbetrieb im Vordergrund, wenn auch andere Betriebe, wie Handelsbetriebe oder Verkehrsbetriebe, zugehörig sind. Doch ist dort der Mensch vorrangiges Objekt der →Wirtschaftsps. und →Verkehrsps. Zu den Aufgaben der B. gehören neben den subjektiven Fragen der Auslese, Beratung, Betreuung, Konfliktbereinigung, Einflußnahme auf das Betriebsklima, auch vielerlei objektps. Probleme, die vom Arbeitsplatz bis zum Lärm, von der Maschine bis zur Pause u. a. m. reichen und insbesondere auch auf sozialps. Zusammenhänge der Belegschaft, der Arbeitsgruppe u. a. sich ausdehnen.

Die Beachtung betriebsps. Fragen erhielt vor dem ersten Weltkrieg ihren Anstoß durch die amerik. Bemühungen um →Rationalisierung der Industriearbeit (TAYLOR, GILBRETH). Nach dem Krieg zwang die wirtschaftliche Situation, die Arbeitsprozesse zu analysieren. Der Begr. B. stammt von E. LYSINSKI (Psychologie des Betriebes, 1923). Auch der Beruf des Betriebspsychologen kam im Rahmen der damaligen →Psychotechnik zur Bedeutung. Die von MAYO in den 30er Jahren durchgeführte →Hawthorne-Untersuchung förderte intensiv die Einsicht in die Bedeutung des Betriebsklimas, wozu alsbald auch die Bedeutung der Leistungsmotivation kam. Die im Verlauf dieser Entwicklung öfter geäußerte Kritik, daß die B. zu einer riskanten »Psychologisierung« des Betriebsgeschehens führe, ist inzwischen als unbegründet erkannt. Ⓛ MAYER, HERWIG, HACKER, FRANKE 1980

Bettnässen →Enuresis

Beurteilungsfehler →Beobachtungsfehler

Beurteilungsskala →Schätzskala

Bewährungshilfe, eine aus der neuzeitlichen Strafrechtspflege hervorgegangene pädagogisch-psychologische Betätigung für die Wiedereingliederung entlassener Gefangener in die Gesellschaft. Die B. dient der Resozialisierung. Ⓛ MIDDENDORF

Bewährungskontrolle, syn. Erfolgskontrolle, die Überprüfung der Gültigkeit ps. Diagnosen (besonders bei Eignungsuntersuchungen) sowie die Kontrolle des späteren Berufserfolgs der Ausgelesenen durch repräsentative, systematische und methodisch einwandfreie Erhebungen.

Entsprechend dem mehrstufigen Prozeß der →Auslese hat die B. nicht nur die Überprüfung der prognostischen →Validität der verwendeten Verfahren zum Ziel, sondern soll auch die Ausleseanforderungen, die Entscheidungsverfahren und die definierten Eignungsgrade kontrollieren. Eine Hauptschwierigkeit der Durchführung von B. liegt in der Gewinnung und Festlegung der Kriterien für die Berufsbewährung, denn, da diese nicht als vollgültig betrachtet werden können, sind auch die gewonnenen Validitätskoeffizienten nicht nur auf mangelnde Gültigkeit der Tests zurückzuführen. Häufig verwendete Kriterien zur Berufsbewährung sind Maßstäbe, welche von der Institution, in welcher der Pb beschäftigt ist, festgelegt sind (sog. objektive Kriterien wie z. B. Dauer der Betriebszugehörigkeit). Ⓛ JÄGER 1970 *Hä-R*

Bewältigungsstrategien, *coping strategies,* →Stress

Beweggrund →Motiv

Bewegungsanalyse, ps. Analyse von an Skelettmuskulatur gebundener (menschlicher) Bewegung und Haltung. Die B. erfordert eine Beschreibung des Bewegungsablaufs und/oder der Haltung. Als methodische Hilfen werden je nach Fragestellung verschiedene Verf. eingesetzt, u. a.: verbale Beschreibung aufgrund von →Beobachtung, graphische Zeichensysteme (BIRDWHISTELL 1971), filmische Registrierung (PLAGENHOFF 1971), speziell z. B. mittels Blickbewegungskamera (NICKEL et al. 1975), Elektromyographie (→EMG) (BASMAJIAN 1974). Ein grundlegendes Problem bei der B. ist die Einheitenbildung (FOWLER 1978). Die beschreibende Gliederung von Bewegungsablauf und Haltung ermöglicht die Analyse der logisch strukturellen Beziehungen dieser Einheiten. Die B. wird vervollständigt durch eine Prozeßanalyse der Bedingungen von Bewegung und Haltung (HACKER 1978). Die Entwicklungsps. leistet bedeutsame Beiträge zur B. (BOWER 1979; WELFORD 1958). Wichtige Erkenntnisse für die B. erbringt die Untersuchung pathologischer Bewegungssysteme (GAZZANIGA 1979).

Die Forschung beschäftigt sich neben der Untersuchung isolierter Bewegungen zunehmend mit Bewegungshandlungsanalyse (KAMINSKI 1973; NEWELL 1978) und Arbeitsbewegungsanalyse (HACKER 1978). Hierbei wird der B. eine Aufgabenanalyse zugeordnet. • Eine besondere Art der B. ist die Taxonomierung von Bewegungsleistungen, die mit statistisch-korrelativer Methodik erfolgt (→psychomotorische Faktoren). • Die kommunikative Funktion von Bewegung und Haltung wird in der →Ausdruckspsychologie und in der Psychologie →nicht-verbaler Kommunikation (→Kinesik) analysiert. • Die ps. B. wird ergänzt und erweitert durch Analysen anderer Disziplinen, z. B.: →Biomechanik, Physiologie (BASMAJIAN 1975), Biologie (WEISS 1942; von HOLST 1939). *D-Y*

Bewegungsausdruck →Ausdrucksbewegungen

Bewegungsbild →Graphologie (Tabelle)

Bewegungsdiagnostik, die Feststellung klinisch bedeutsamer Zustände durch Erfassung der Motorik mittels →Beobachtung und/oder →psychomotorischer Tests. • Bei der →Eignungsuntersuchung für Berufe, die Bewegungsfertigkeiten erfordern, wird B. verwendet. • In der →Sportpsychologie wird B. zur Feststellung von →Fertigkeiten (z. B. Talentfeststellung) oder als Förderdiagnostik bei der Vermittlung von Bewegungen eingesetzt. *D-Y*

Bewegungsempfindungen, diejenigen Empfindungen, die das Erleben von Bewegungen des eigenen Körpers oder am eigenen Körper vermitteln. →Kinästhesie

Bewegungsempfindungen, induzierte →Bewegungstäuschungen

Bewegungsentwurf ⟨SCHILDER⟩, virtuelle Vorwegnahme von Willkürbewegungen (speziell solcher mit Leistungscharakter), wobei aber von ihnen kein detailliertes Bewußtsein vorhanden ist. Dieser B. ist unausgegliedert und ist eine komplexe Vorstellung der Stimmigkeit der Bewegung.

Bewegungsformel ⟨LIEPMANN⟩, die Gesamtheit der kaum bewußten Bewegungsaufeinanderfolgen, die zur Ausführung einer Handlung notwendig sind.

Bewegungsgedächtnis, ein eher alltagssprachlicher Begriff für Einspeichern, Bewahren/Vergessen und Abrufen von bewegungsbezogenen Inhalten, die in verschiedenen →Modalitäten gegeben sein können. Ein Bewegungsmuster, z. B. für einen Greifvorgang wird in verschiedenen Komponenten, wie motorischen oder sensorischen, gespeichert, wobei zur Ausführung eine situationsgerechte Zusammenstellung der Komponenten erfolgen muß (HACKER 1978, SCHMIDT 1975). Für selbstausgeführte Bewegungen gibt es offenbar einen speziellen →Kurzzeitspeicher, der relativ unabhängig vom verbalen und optischen funktioniert (MINAS 1977, BAIRSTOW et al. 1978). Über Charakteristika des Langzeitgedächtnisses für Bewegungen liegen kaum Untersuchungen vor (RÜSSEL 1976). →Gedächtnis *D-Y*

Bewegungskontrolle (engl. *motor control, control of movement*), Haltungskontrolle (engl. *postural control*) bezeichnet die organismischen/ps. Vorgänge, die eine Veränderung oder Beibehaltung der Position (Haltung), der Geschwindigkeit oder der Beschleunigung von Gliedmaßen oder des Gesamtorganismus bedingen. Nicht gemeint sind Vorgänge, die einem Organismus von außen Bewegungen auferlegen, z. B. indem einem Kind die Hand mit dem Löffel zum Munde geführt wird *(physical guidance).*

B. bezieht sich – nicht immer deutlich getrennt – auf Planung, Überwachung und Effektauswertung einer Bewegung. Nach verschiedenen Kriterien werden B.vorgänge unterschieden, z. B. willentliche B., dem Subjekt ist in Selbsterfahrung gegeben, daß es die Bewegung auslöst und steuert; intentionale B., die Bewegungen werden als zielgerichtet interpretiert. WOODWORTH (1899) spricht von automatischen Bewegungen, wenn während des Bewegungsablaufs nicht mehr korrigierend in diesen eingegriffen werden kann (ballistische Bewegungen). B. wird heute häufig (quasi-)kybernetisch (→Kybernetik), bzw. nach dem Modell eines →Regelkreises interpretiert.

Faktorenanalytische Studien (→psychomotorische Faktoren) erbrachten verschiedene Bewegungskontrollfaktoren, z. B. *rate control:* Die Fähigkeit, fortlaufend antizipatorisch Bewegungsanpassungen vorzunehmen in bezug auf Geschwindigkeits- und Richtungsänderungen eines sich bewegenden Zielobjekts (→*tracking, tracing*). *D-Y*

Bewegungslineal Ⓣ BRUNNER

Bewegungsnachbild, entsprechend den →Nachbildern bei längerer Einwirkung eines unbewegten optischen Reizes löst auch der bewegte, dabei gleichförmige Reiz Nachbilder aus. Meist sind diese »negativ« zur Bewegungsrichtung des Reizes.

Gut verdeutlicht wird der Vorgang durch die EXNERsche Spirale, eine rotierende, in breitem, schwarzem Strich ausgezeichnete Spirale auf weißem Grund, die je nach Drehung zusammen- oder auseinanderzulaufen scheint und bei Stillstand (nach Rotation) als Nachbild den Gegenlauf erkennen läßt. Diese Spirale (früher Archimedische Spirale genannt) wurde von S. EXNER und PLATEAU mit Verbesserungen durch EHRENSTEIN als →Wahrnehmungstest in die Forschung eingeführt. Sie wird auch als Test zur Feststellung von Persönlichkeitseigenschaften verwendet.

Bewegungsparallaxe, auch monokulare Parallaxe, →Parallaxe.

Bewegungsregulation →Bewegungskontrolle

Bewegungssehen, die visuelle Wahrnehmung von Bewegung entsteht dadurch, daß die vom bewegten Gegenstand ausgehenden Strahlen nacheinander benachbarte Stellen der Netzhaut treffen. Umgekehrt wird aber in der Regel keine Bewegung wahrgenommen, wenn sich der Wahrnehmende bzw. das Auge selbst bewegt und die Umwelt in Ruhe ist, obwohl dann ebenfalls Reize über die Netzhaut wandern. →Geschehenswahrnehmung, →Bewegungstäuschungen, →LISSAJOUS-Figuren Ⓛ ROHRACHER

Bewegungsstereotypie, starres Haften an bestimmten Bewegungen (z. B. »Knöpfe drehen«). Bei Psychosen das ständige Wiederholen sinnloser Bewegungen. →Automatismen, →Tic

Bewegungsstudie, die von J. MAREY eingeführte Untersuchung der Form und Geschwindigkeit von Arm-, Bein- und sonstigen Körperbewegungen durch photographische Reihenaufnahmen. Die Bewegungen werden heute teils kinematographisch – unter Zuhilfenahme von Zeitmessern (→GILBRETH-Uhren) – aufgenommen oder photographisch auf ihre Zweckmäßigkeit dadurch geprüft, daß man am bewegten Körperteil kleine Glühlampen anbringt (→Lichtspurverfahren). Sie zeichnen dann eine entsprechende Helligkeitslinie, aus deren Verlauf man Art, Zweckmäßigkeit, individuelle Unterschiede usw. ersieht. Wichtig zur Erforschung der →Psychomotorik und für die →Arbeitsstudie. Ⓛ KAMINSKY, DORSCH 1963

Bewegungssturm, plötzliches Auftreten wilder, sinn- und planloser Bewegungen infolge eines starken Affektes bei Panik, im hysterischen Anfall und in der Ekstase

Bewegungstäuschungen, beim Bewegungssehen gibt es zahlreiche Täuschungsphänomene, z. B. werden zwei Punkte, die in bestimmtem Abstand rasch abwechselnd dargeboten werden, als ein einziger, hin- und herspringender Punkt wahrgenommen (→Scheinbewegung).

In der sog. Hexenschaukel (Attrappe eines Zimmers, die sich dreht, während der Beobachter darin still sitzt) entsteht der Eindruck der Bewegung des eigenen Körpers, meist mit Schwindelgefühl. • Als »induziert« wird die Täuschung bezeichnet, wenn z. B. der Mond hinter rasch ziehenden Wolken sich bewegt und diese stillzustehen scheinen. • Täuschung liegt auch vor, wenn z. B. ein Druckreiz, der sich gleichmäßig schnell über die Hautoberfläche bewegt, an Stellen mit reicher Nervenversorgung schneller zu wandern scheint als an anderen Stellen. →auch Bewegungsnachbild

Bewegungstherapie, auf Heilung bzw. Funktionsverbesserung krankhaft gestörter Bewegung und Haltung gerichtete Behandlung (Physiotherapie/Krankengymnastik. KLEIN-VOGELBACH 1977; FELDKAMP u. a. 1974). Auf Verbesserung von Bewegungs- und Haltungsschwächen ausgerichtete Förderung und Vorsorge (KIPHARD; VOLCK u. a. 1977). • Behandlung von Verhaltens- und Erlebnisweisen durch Bewegung. Sport, Spiel, Tanz u. a. Bewegungsformen sollen die (Selbst-)Heilungstendenzen des ps. Systems aktivieren und/oder seine bessere Entfaltung fördern (RIEDER 1971; KOHLER u. a. 1972; WILLKE 1976). • Die Wirkungsmechanismen der unterschiedlichen Verfahren sind weitgehend ungeklärt. Neben unmittelbaren Effekten der Bewegungsausführung, wie erhöhter Erregung oder Ermüdung mit ihren ps. Korrelaten und verbesserter Geschicklichkeit, dürften die kommunikativen Aspekte verbaler und →nichtverbaler Art sowie die Selbstinterpretation der bewegungstherapeutischen Situation entscheidend sein für Verhaltens- und Erlebensveränderungen. *D-Y*

Bewegungsübertragung, Mitübung einer Bewegung durch eine andere, wird mittels →Transferprinzipien zu erklären versucht. Eine spezielle B. ist bilateraler Transfer, die Übungsübertragung von einer Körperseite auf die andere (SINGER 1968). →Mitübung *D-Y*

Bewegungsvorstellung, kognitive Repräsentation einer Bewegung, speziell Antizipation einer Bewegung (-sausführung), Phase beim →Bewegungsentwurf. Anschauliches Gegebensein einer nicht unmittelbar in der Wahrnehmung gegebenen Bewegung, (induzierte Bewegung: →Ideomotorische Vorstellung). B. ist wichtig beim →mentalen Training. *D-Y*

Bewertungsanalyse →Inhaltsanalyse

Bewußtheit, »unanschauliches Gegebensein eines Wissens« (ACH 1910 I 204, 244), wie z. B. die Vornahme, keinen Fehler zu machen, und damit die Antizipation eines Zieles, das nur als ein Wissen im Sinne einer unanschaulichen Beurteilung ohne konkrete Zielvorstellung gegeben ist. ACH (1905) weist die (später auch häufig vorkommende) Verwechslung der B. mit der →Bewußtseinslage (MARBE) zurück. Die englische Übersetzung ist meist *»awareness«* (HUMPHREY 1951). *B-S*

Bewußtlosigkeit, der Zustand, in dem das Bewußtsein aufgehoben ist (oft nur mehr oder weniger starke Bewußtseinseinschränkung) und geordnetes Denken sowie willentliches Handeln nicht mehr möglich sind. Tiefste B. wird als Koma, B. mittleren Grades als Sopor, leichte Einschränkung des Bewußtseins als Somnolenz bezeichnet. B. kann hervorgerufen werden durch eine große Anzahl von Giften, die teilweise als Narkotika Verwendung finden (Alkohol, Opium, Chloroform, Äther u. a.); auch viele Krankheitszustände (hohes Fieber, Epilepsie, Gehirnerschütterung) können mit B. einhergehen.

Bewußtsein, in der Ps. die eigenartige Weise, in der Erlebnisse gegeben sind, das Haben von Erlebnissen, von seelischen Prozessen, die unmittelbar vom Subjekt erfahren werden, also von Wahrnehmungen, Erinnerungen, intellektuellen Vorgängen,

Gefühlen, Strebungen, Willensprozessen u. dgl.

Nach LEIBNIZ ist das B. der Gesamtinhalt unserer Ich-Erfahrung, nach HERBART die Summe aller wirklichen oder gleichzeitig gegenwärtigen Vorstellungen. B. heißt für WUNDT zunächst »bewußt werden, d.h. aus dem dunklen Hintergrund der Seele aufsteigen« (→unbewußte Schlüsse, vgl. GRAUMANN 1980, 77). • Die Bedeutung des Begriffs B. und die theoretisch bestimmten Anschauungen hierüber sind in der Ps. nicht einheitlich. Ein Teil der Autoren betrachtet alle Erlebnisse als bewußt, andere nur solche, auf die die Aufmerksamkeit gerichtet ist, die also »klar bewußt« sind. Man unterscheidet demgemäß auch verschiedene Klarheitsgrade des B.s. • Ein weiterer grundsätzlicher Unterschied ist der, ob man der Ansicht ist, daß das Psychische nur das Bewußte ist und es daher kein unbewußtes Psychisches gibt (sog. Bewußtseinsps. besonders des 19. Jhd.) oder die Existenz unbewußter seelischer Prozesse anerkennt bzw. sogar (wie die →Tiefenps.) als den wichtigsten Forschungsgegenstand der Ps. betrachtet. – Im einzelnen hat man unterschieden: a) Ichbewußtsein: Das Wissen des Ich um sich selbst als das Subjekt des Erlebens. b) Gegenstandsbewußtsein: Das Wissen des Ich um das Objekt des Erlebens. c) Selbstbewußtsein: Das Wissen des Bewußtseins um sich selbst. – Man unterscheidet am Bewußtsein die Bewußtseinstätigkeit (die Hinwendung des Subjekts zum Objekt) und den Bewußtseinsinhalt (das Objekt). • Je nach Stärke und Geschwindigkeit der Bewußtseinstätigkeit und je nach Klarheit und Deutlichkeit der Bewußtseinsinhalte unterscheidet man verschiedene Bewußtseinszustände. Hierbei läßt sich eine Skala aufstellen vom Zustand der völligen →Bewußtlosigkeit (Tiefschlaf, Ohnmacht, Koma) über eine Reihe von Zuständen der Bewußtseinstrübung (→Benommenheit, →Verwirrtheit, →Dämmerzustand usw.) bis zum Zustand höchster Bewußtseinsklarheit. Im Ggs. zur Bewußtlosigkeit bei Ohnmacht und Koma ist der Schlafende stets aufweckbar. Über veränderte (alterierte) B.zustände, zu denen außer dem Dämmerzustand Traum, Meditation, Hypnose, Wirkungen psychodelischer Drogen gehören, gibt u.a. TART (1969) Auskunft. Innerhalb eines gegebenen Bewußtseinszustandes unterscheidet man das Zentrum oder den Blickpunkt des Bewußtseins und das von diesem sich in Richtung der Peripherie des Bewußtseins erstreckende sphärische Blickfeld des Bewußtseins. Vom Zentrum zur Peripherie des Bewußtseins nimmt die Helligkeit und Klarheit des Bewußtseins immer mehr ab. Je nach der Anzahl der Bewußtseinsinhalte, die gleichzeitig ins Bewußtsein treten können, gibt es verschiedene Grade des Bewußtseinsumfanges (Enge bzw. Weite des B.). • In der Erkenntnistheorie ist »Bewußtsein überhaupt« ⟨KANT⟩ das erkenntnistheoretische Subjekt, das als Gegenglied zu jedem gewußten oder denkbaren Inhalt anzusehen ist, dasjenige, was erfährt und denkt. Dieses B. wird frei von irgendwelchen empirischen Eigenschaften gedacht, also unpersönlich, unzeitlich, unabhängig vom Körperlichen usw., von ihm kann nur ausgesagt werden, daß es erkennt. • In allgemeiner und populärer Bedeutung ist B. svw. das Wissen, die Überzeugung von etwas, z.B. Bewußtsein, jemandem Unrecht getan zu haben. Unter Gruppen-, Klassen-, Standes-, Norm- oder →Umweltbewußtsein versteht man auch Systeme von gemeinsamen Anschauungen, →Einstellungen und Handlungsbereitschaften. Ⓛ GRAUMANN 1966, 1974², HILGARD 1980 *Red./B-S*

Bewußtsein, alternierendes, syn. alternierende Persönlichkeit, doppeltes Bewußtsein, Doppel-Ich; die Verdoppelung des Persönlichkeitsbewußtseins, zeitlich nacheinander und mit erheblichen Abweichungen in den wechselnden Persönlichkeitsstrukturen, jedoch mit mehr oder weniger erhaltenem Gefühl für die Identität mit dem eigenen Ich. Dämmerzustände versch. Art (vorab →Hysterie und schizophrene Zustände) sind wohl Auslöser dieser Erscheinungen, die bei ihrer relativen Seltenheit und den einhergehenden →Amnesien für das jeweils »andere« Ich auch schwer zu fassen bzw. in ihrer ps. Bedeutung festzulegen sind.

Bewußtseinsenge, die Tatsache, daß der Umfang dessen, was gleichzeitig bewußt erfaßt werden kann, begrenzt ist. Bei Versuchen mit dem →Tachistoskop zeigte sich, daß nicht mehr als 7 ± 2 einfache optische Wahrnehmungsinhalte zugleich aufgefaßt werden. Bewußtseinsumfang, →Moment, →Aufmerksamkeitsumfang

Bewußtseinslage, (allg.) die im Anschluß an Wortvorstellungen gegebene Repräsentation des ganzen Bedeutungsumfanges des Wortes; ebenso Bedeutungen ohne Worte. »Sie werden vielleicht erst gesucht, aber schon ehe sie sich einstellen, weiß man, was man sagen will« (MESSER 1906 180). • Der Ausdruck ist nach den Befunden von MAYER u. ORTH (1901) sowie von MARBE (1901) für unanschauliche Denkinhalte geschaffen worden, um der Beobachtung Rechnung zu tragen, daß bei Denkexperimenten bisweilen die aus der Introspektion stammenden Berichte zu dürftig sind, daß man annehmen müsse, die Unanschaulichkeit der Denkinhalte bedinge eine besondere »Lage«.

B. wird von TITCHENER (1909) mit *»conscious attitude«* übersetzt, erscheint im Engl. aber auch unübersetzt. Nähere Analysen der zunächst für nicht weiter analysierbar gehaltenen Bewußtseinstatsachen, die im Anschluß an Reizwörter auftreten, ergeben z. B. auch das Bewußtsein von »etwas Großem« oder »etwas Kleinem«, das Wissen über das Fortschreiten der Zeit, über ein Mißlungensein oder das Erlebnis des Sinnvollen, Passenden, Zweifelns, des Nicht-Wissens, des Unbehagens etc. Die Verwechslung mit der →Bewußtheit weist ACH zurück. *B-S*

Bewußtseinsschwelle, die Grenze, von der ab ein unbewußter Prozeß zu einem bewußten wird

Bewußtseinsstörung, ein Sammelbegriff, Störung in der Klarheit des Bew. i. S. der Einschränkung. Von den oberflächlichen Graden der Benommenheit, der mangelnden Wachheit und ungenügenden Orientierung bis zur →Bewußtlosigkeit. • Störung durch Verschiebungen in den Bewußtseinsinhalten (→Wahn, Zwangsvorstellungen, →Halluzinationen). →Bewußtsein

Bewußtseinsstrom ⟨JAMES⟩ [engl. *stream of consciousness*], Erscheinung des ununterbrochenen Durchzugs von Bewußtseinsinhalten im Erleben. Hierbei gewinnt man u. a. den Eindruck eines willensunabhängigen, fast passiven Geschehens.

Bewußtseinsumfang, die Menge dessen, was zugleich in das Bew. treten kann. →Bewußtseinsenge

Bewußtseinszustände, Bez. für die Bewußtseinsgrade von der Bewußtlosigkeit (Tiefschlaf, Ohnmacht, Koma) über versch. Formen der Bew.trübung, wie der Herabsetzung oder Einengung der Aufmerksamkeit, Orientierungsstörungen und Verlangsamung des Denkens (beim →Stupor mit psychomotorischer Hemmung verbunden) bis zu der höchsten Stufe der Bew.Klarheit. • Über alterierte Bew.zustände →Bewußtsein.

bewußt-unbewußt, Pole des Wissensstandes über Vorhandenes und dessen Mitteilbarkeit. Dazwischen liegen viele Klarheitsgrade, die im Zusammenhang stehen mit Absicht (Handlungsentwurf), Konzentration, kritischem Selbstbezug, Wachheit, Vorerfahrungen, Einordnungs-, Unterscheidungsfähigkeit und Affektstrebungen. Ⓛ NEISSER 1974, MERLEAU-PONTY 1974, LEONTJEW 1973 *R-S*

Beziehungsassoziation →Assoziationsformen

Beziehungswahn, Wahn, bei welchem die in der Umwelt wahrgenommenen Vorgänge (Gebärden, Äußerungen usw. anderer Menschen) als in offensichtlicher Beziehung zur eigenen Person erlebt werden. • KRETSCHMER bezeichnet mit →sensitivem B. eine krankhafte Steigerung des sensitiven Reaktionstypus, die bis zur →Paranoia auslaufen kann. Ⓛ KRETSCHMER

BEZOLD-ABNEYsches Phänomen →BEZOLD-BRÜCKE-Phänomen

BEZOLD-BRÜCKE-Phänomen, die von A. v. BEZOLD (1873), E. BRÜCKE (1878) und W. ABNEY (1913) beschriebene Abhängigkeit der im →Spektrum sichtbaren Farben von der →Helligkeit (Leuchtdichte) bei Helladaptation und fovealem Sehen.

Bei Abnahme der Helligkeit (nach L. T. TROLAND, 1930, unter 10 mL) breiten sich die Rot-, Grün- und Violettgebiete des Spektrums über die benachbarten aus, z. B. wird das Gelb teils rötlich, teils grünlich. Umgekehrt werden bei Vergrößerung der Leuchtdichte und gleichzeitiger Abnahme der Sättigung die rötlichen und grünlichen Farbtöne zunehmend gelb, während die blaugrünen und violetten zunehmend blau werden (BEZOLD-ABNEYsches Phänomen). – Bei vier Farben (Blau von 474 nm, Grün von 506 nm, Gelb von 571 nm und einem im Spektrum nicht vertretenen Rot) bleibt nach D. M. PURDY (1937) die Farbtonverschiebung aus (invariante Farbtöne). Die Farbtonverschiebung ist ferner von den geometrischen Abmessungen des Sehfeldes abhängig, wobei eine Abnahme des Sehfelddurchmessers den gleichen Effekt bewirkt wie ein Anwachsen der Helligkeit (G. VAN DER WILDT, 1968). →Farbensehen, →Adaptation, chromatische, →PURKINJEsches Phänomen. Ⓛ PURDY, VAN DER WILDT and BOUMAN *Str-R*

*

BEZOLD, Wilhelm Joh. Friedr. v. / 1837–1907 / Meteorologe / Univ. Berlin

*

ABNEY, Sir William / 1847–1921 / Physiker / London

*

BRÜCKE, Ernst Wilhelm v. / 1819–1892 / Med. / Physiologie, Univ. Wien

Bezugsgruppe, *reference group,* diejenige →Gruppe, die ein Individuum zur Identifikation und zum »Wir« wählt. In der Regel verfügt der Einzelne über mehrere solcher B., die in ihren Eigenschaften meist mehr konstruiert als realisiert bestehen. →Nachahmung

Bezugssystem, *frame of reference,* ein nicht nur in der Mathematik (Koordinatensystem) und Physik (cm-g-sec-System), sondern seit KOFFKAS *»framework«* (1935) auch in der Psychologie üblich gewordener Begr. METZGER faßte 1940 das Problem als das des Ortes und des Maßes.

Schon WERTHEIMER hatte 1912, ohne bereits von B. zu sprechen, diese Idee angesprochen mit der

Bemerkung, daß genaue Lokalisation auf dem »Zueinander von Mehrerem« oder auf »Verhältnissen in ausgedehnten Bereichen« beruhe. Dieser Sachverhalt bleibt aber meistens »unscheinbar«. In diesem Hauptfall sprach BISCHOF 1966 von »funktionalem Bezugssystem«. Hiervon unterschied er als »evidentes Bezugssystem« den Fall, wo »Eigenschaften oder Zustände anschaulicher Objekte als wesenhaft ›abhängig von‹, ›verankert an‹, ›bezogen auf‹ oder ›orientiert an‹ anderen phänomenalen Gegebenheiten erlebt werden«. – METZGER gab 1940 eine systematische Übersicht über Klassen solcher B.: »Von der Lage und der Stellung zu einem wirklich vorhandenen seelischen Bezugssystem sind bestimmt und haben außerdem keinen Sinn: (1) Alle sogenannten ›absoluten‹ Eigenschaften: klein (winzig), groß (riesig); nahe, fern, oben, unten; früh, spät; schnell, langsam; laut, leise; fleißig, faul; klug, dumm; usw. Wenn ein Ding ›größer als‹ ein anderes und doch ›klein‹ erscheint, so bezieht sich die zweite Angabe auf die Stellung in dem augenblicklich wirksamen Bezugssystem. (2) Bestimmte, ebenfalls absolut erscheinende Zustände: aufrechtstehend, liegend, schräg; ruhend, bewegt; beständig, veränderlich usw. (3) Bestimmte Teilfunktionen: Basis, Sockel, Fuß, Gipfel, Flanke usw.; Grundton, Leitton, Auftakt, Synkope usw.«

METZGER berichtete besonders eingehend von B. der räumlichen und zeitlichen Orientierung. Seitdem sind die in seiner oben genannten Dreiteilung sogen. absoluten Eigenschaften empirisch eingehender studiert worden, so von HELSON, SARRIS u. WITTE. →Ankerreiz Ⓛ BISCHOF 1974, HELSON 1964, LAUTERBACH u. SARRIS 1980, METZGER 1954², SARRIS 1971, WITTE 1955, 1960, 1971 *W-E*

B = f (P, E), Formel nach LEWIN für: Verhalten (B = *behavior*) ist die Funktion der Person (P) und der Umwelt (E = *environment*). Syn.: V = f (P, U)

BHKT Ⓣ BÜHLER-HETZER

BHR, Bauchhautreflex

bias [engl. Schrägneigung, Verzerrung], ein bei unzureichender Versuchsplanung möglicher systematischer Verzerrungseffekt. Die durch ein b. entstandene systematische Varianz läßt sich nicht von der evtl. durch experimentelle Bedingungen entstandenen Varianz trennen. Dadurch können tatsächlich vorhandene Wirkungen der durch das Experiment eingeführten Einflüsse verschleiert oder nicht vorhandene vorgetäuscht werden. ● In der math. Statistik wird der Begr. dann gebraucht, wenn bei der Schätzung von →Parametern aus Statistiken systematisch Über- oder Unterschätzungen vorkommen. ● *bias* i. w. S. Voreingenommenheit, →Vorurteil, →*response set*

Bibliomanie, krankhafte Bücherliebhaberei, die des Buches wegen selbst zu Verbrechen führen kann.

bijektiv →Abbildung

Bilanzselbstmord →Suicid

Bild, als »Abbild« die anschauliche, adäquate Wiedergabe eines Gegenstandes oder Sachverhaltes. →image. Des weiteren die emotional betonten Phantasien. ●Bei KLAGES die schauend erfaßbaren, wirkenden Bedeutungseinheiten der Dinge, die in unmittelbarem Kontakt mit der Seele stehen. Vgl. auch JUNG, →Anima, →Animus, →Archetypen, →Imago. Ⓛ KLAGES, METZGER

Bildabsurditäten Ⓣ BINET, ROSSOLIMO

Bildbetrachtung, Bildbeschreibung Ⓣ BINET, STERN

Bilderkennungs-Test Ⓣ BRENGELMANN

Bilderkombinationen Ⓣ FRANKEN, STERN

Bilderordnen Ⓣ KRAMER, MEILI, WECHSLER

Bilderreihenmethode, Bilderserienverfahren Ⓣ DECROLY, HEILBRONNER, MEILI, STERN

Bildgeschichtenmethode, Thematische Apperzeptionsverfahren, (→projektive Verf.), in der ps. Diagnostik diejenigen Verf., die die unbew. Themenstruktur aus Geschichten zu erschließen suchen, zu denen der Pb Bilder als Anreiz vorgelegt bekommt: z. B. der heute weitverbreitete Thematic-Apperception-Test (TAT) von MORGAN u. Ⓣ MURRAY (1935).

Den Erfolg dieses Verf. sichert nach MURRAY die menschl. Tendenz, bei der Interpretation einer mehrdeutigen sozialen Situation die eigene Person bzw. unbew. Wünsche, Ängste, Spuren kindl. Erfahrungen usw. nachzuzeichnen. Das Erwecken von »Phantasien« durch Bilder reicht weit zurück: GALTON, 1880, BINET, 1905, BRITTAIN, 1907, LIBBY, 1908, CLARK, 1926. Namhafte ähnliche und parallele Verf. zum TAT sind: Four Picture Test Ⓣ VAN LENNEP; Blacky Pictures Test Ⓣ BLUM; Picture Arrangement Test Ⓣ TOMKINS; Children's Apperception Test Ⓣ BELLAK; Picture Story Test ⓉSYMONDS; Michigan Picture Test Ⓣ ANDREW; Vocational Apperception Test Ⓣ AMMONS. ● Die B. als Beschreibung zu einem Bild (oder nach Auswahl aus vorgelegten Bildern) ist auch oft angewandt worden. ● Die deutsche Wehrmachtps. der dreißiger Jahre ließ, als Test für das Verhalten in der Gruppe, Bilder (tendenzlose Darstellungen) vor einer Pbn-Gruppe beschreiben. Auf der Grenze zwischen B. und verbaler Ergänzungsmethode steht Ⓣ ROSENZWEIG. Vgl. Erzählmethode. Weiteres Ⓣ BINET, BRENGEL-

MANN, DECROLY, FRANKEN, MEUMANN, ROSSOLIMO, STERN. Ⓛ KORNADT

Bildlückenergänzen Ⓣ BINET, FRANKEN, HEALY, MEILI, WECHSLER

Bildpostkarten-Test →Bildwahlverfahren

Bildsamkeit, durch J. F. HERBART (1835) in die Pädagogik eingeführter Grundbegriff, Korrelat zum pädagogischen Begriff der Erziehungsbedürftigkeit des Menschen.

Bedeutet nicht nur →Plastizität im Sinne von Anpassungsfähigkeit und Entwicklung von →Dispositionen (z. B. →Begabungen), sondern individuell abgestufte Veränderbarkeit von Verhaltensweisen, →Einstellungen und Werthaltungen durch in der Regel planmäßige, an bestimmten →Erziehungszielen orientierte Beeinflussungen (→Erziehung). B. ist allgemein mitbestimmt durch das jeweilige gesellschaftliche Verständnis von →Bildung und die daraus abgeleiteten Forderungen, aber auch speziell durch die unterschiedlichen begünstigenden oder behindernden Lebenssituationen und sozialen Konstellationen. *Mü-E*

Bildung, pädagogisch besteht über den Grundbegriff B. kein Konsens. Die klassische Humanitätsidee des deutschen Idealismus und Neuhumanismus meint Ausgestaltung und Vervollkommnung des »höheren Selbst« der Menschlichkeit. In der Gegenwart unterscheidet man materiale, formale, kategoriale und dialogische Bildungstheorien.

Materiale B. erschließt objektive Kulturinhalte, die als an sich wertvoll angesehen werden. Formale B. verwendet Inhalte um der allseitigen Ausbildung der Funktionen des Menschen willen (funktionale B.) und als Material zum Erlernen von Methoden (methodische B.). Die vermittelnde und diesen Gegensatz überwindende Theorie der kategorialen B. geht vom Wechselbezug von Gegenstands- und Selbsterkenntnis bzw. -bemeisterung aus, die Theorie der dialogischen B. vom Sich-Auslegen der B. in Sachlichkeit und Menschlichkeit. • Psychologisch meint B. das Verfügen über Verhaltensweisen und Einstellungen, die Leistungen hervorzubringen sowie Veränderungen herbeizuführen vermögen. Kriterium der B. in diesem Sinne ist »richtiges«, d. h. in sich widerspruchsfreies und der Wirklichkeit adäquates kognitives Verhalten (AEBLI 1969). →Intelligenz *Mü-E*

Bildungschancen, die Relation zwischen individuellen Fähigkeiten, soziokulturellem Milieu und Bildungsmöglichkeit bzw. erreichbarem Ausbildungsniveau. →Begabungsreserve, →Bildungsdichte, →Chancengleichheit *Mü-E*

Bildungsdefizit, geringere, nicht dem Anteil an der Gesamtbevölkerung entsprechende Repräsentation bestimmter Bevölkerungsgruppen in weiterführenden Bildungseinrichtungen, bes. Gymnasien und Hochschulen (z. B. Arbeiterkinder, Landkinder, Mädchen, katholische Kinder, neuerdings auch Gastarbeiterkinder), nicht als Folge mangelnder Begabung, sondern sozioökonomischer, -kultureller und -geographischer Bedingungen. →Begabungsreserve, →Bildungschancen, →Bildungsdichte, →Chancengleichheit *Mü-E*

Bildungsdichte, Meßgröße der Bildungsstatistik, durch die Bildungsangebot und →Bildungschancen bestimmter Bevölkerungsgruppen in Beziehung gesetzt werden (wie z. B. generell der Fünfzehn- bis Neunzehnjährigen in allgemein- oder berufsbildenden Vollzeitschulen, oder speziell der Arbeiterkinder, Landbevölkerung, Mädchen, konfessionellen Gruppen in weiterführenden Schulen). *Mü-E*

Bildungsfähigkeit, sonderpädagogische Kategorie, in der Regel nach Graden oder Stufen unterteilt, die durch IQ-Bereiche definiert sind. Diese Bereiche decken sich bei verschiedenen Einteilungsversuchen nicht völlig.

Man unterscheidet Lernbehinderte (Hilfsschulbedürftige, IQ über 60) von geistig Behinderten (praktisch Bildbaren, IQ unter 60), diese wiederum von Schwerstbehinderten (Pflegebedürftigen). Der Krankheitenkatalog der Weltgesundheitsorganisation (1968) unterscheidet in Anlehnung an die Amer. Assoc. on Mental Deficiency fünf Grade der Minderbegabung von leicht bis schwer: *borderline* (70–85), *mild* (56–69), *moderate* (40–55), *severe* (25–39) und *profound* (25 und darunter). Überschneidungen finden sich besonders im Grenzbereich zum Normalen. Z. B. bei W. STERN: 50–70 imbezill, 71–80 debil, 81–85 fraglich debil; bei WECHSLER: unter 70 schwachsinnig, zwischen 70 und 80 Grenzfälle des Schwachsinns, 80–90 schwache Intelligenz. Ⓛ WEGENER 1969 *Mü-E*

Bildungsforschung, moderner interdisziplinärer Forschungszweig, der als Gegenstand das gesamte Bildungswesen im Elementarbereich (Kindergarten, Vorschule), im Primar- und Sekundarschulbereich, im tertiären (Fachhochschule, Universität) und quartären Bereich (Erwachsenenbildung verschiedener Trägergruppen und Institutionen) als Grundlage für Bildungsplanung und Bildungspolitik erforscht. Sie führt qualitative und quantitative Analysen der für den strukturellen, inhaltlichen, personellen und sachlichen Ausbau wichtigen Faktoren durch, die ihrerseits sachliche, fachliche, psychologische und soziale Bedingungen darstellen, durch die der Bildungsprozeß beeinflußt wird. →Bildungsplanung Ⓛ Roth u. Friedrich 1975 *Mü-E*

Bildungsökonomie, Teildisziplin der →Bildungsforschung. Untersucht (1) die Wirtschaftlichkeit der Ausgaben für das Bildungswesen unter betriebswirtschaftlichen Gesichtspunkten, um eine optimale Verwendung der Finanzmittel sicherzustellen (laufende Personal- und Sachkosten, einmalige Investitionskosten unter Berücksichtigung internationaler Vergleichswerte); (2) die Rentabilität dieser Ausgaben unter gesamtwirtschaftlichen Gesichtspunkten: Faktoren von Kapital und Arbeit, ergänzt durch den Residualfaktor »Humankapital«, womit der Stand der wissenschaftlichen und technologischen Entwicklung und die Höhe des allgemeinen Niveaus an formaler →Bildung der Gesamtbevölkerung gemeint ist, darunter (3) die Rentabilität der Bildungsausgaben für das Individuum: Einkommensverluste infolge langer Ausbildung und Aufwand des Einzelnen für anspruchsvolle Bildung (sog. Opportunitätskosten), die in Beziehung zum Lebenszeiteinkommen gesetzt werden. Die Bildungsökonomie sieht Bildung als Ertragsfaktor von individueller und gesamtwirtschaftlicher Bedeutung an. *Mü-E*

Bildungsplanung übernimmt, gestützt auf die →Bildungsforschung, die Überprüfung der kultur- und gesellschaftspolitischen Zielsetzungen auf ihre Realisierungsmöglichkeiten, Entwicklungstendenzen und Alternativen hin und versucht die Vorausschätzung des personellen, sachlichen, finanziellen und zeitlichen Bedarfs für bildungspolitische →Innovationen und Revisionen. Ⓛ Bildungsplan 1970, Bericht '75, Bildungsgesamtplan 1973 *Mü-E*

Bildungsreserve →Begabungsreserve

Bildvergleich, ästhetischer Ⓣ Binet

Bildverständnismethode, das Beschreibenlassen eines Bildes ist ein altes Prüfmittel bei Kindern. Meumann (s. Ⓣ) entwickelte dies dadurch zu einem Test, daß er Bilder mit steigenden Anforderungen an das kindliche Verständnis benutzte. Das Testverfahren wird auch als Entstehungsmethode bezeichnet.

Bildwahlverfahren, in der ps. Diagnostik das Auswählenlassen von Bildern, wobei die Auswahl Persönlichkeitsvariable aufzeigen soll. Dafür wird z. B. dem Pb eine Anzahl Bildpostkarten vorgelegt mit dem Auftrag, eine oder mehrere auszuwählen und den Bildinhalt mündlich oder schriftlich zu beschreiben. Der physiognomische Test von Ⓣ Thomae und der Triebtest von Ⓣ Szondi stellen ein solches B. dar. →Schicksalsanalyse

Bilingualismus, *bilingualism,* Zweisprachigkeit. Zwei Formen des B. lassen sich nach Ervin et Osgood (1954) unterscheiden: der koordinierte *(combined)* und der zusammengesetzte *(compound).*

Beim zusammengesetzten System wird die Zweitsprache der Muttersprache zeitlich nachgeordnet gelernt, so daß die sprachlichen Zeichen der Zielsprache den →Bedeutungen der Erstsprache ankonditioniert werden (→bedingte Reaktion). Das koordinierte System resultiert dagegen aus der gleichzeitigen →Spracherlernung von zwei Sprachen, so daß hier die Sprachzeichen mit jeweils eigenen Bedeutungen →assoziiert sind. Voraussetzung für das koordinierte System ist, daß die Kinder in einer sog. »eine Person – eine Sprache« häuslichen Umgebung aufwachsen. Nach neueren Befunden sollen solcherart echt bilinguale Kinder früher als monolinguale fähig sein, die willkürliche Natur der Wort-Objekt-Relation zu erkennen sowie eine Trennung von Wortlaut und Wortbedeutung vorzunehmen. Diese Ergebnisse sind von großer pädagogischer Relevanz und haben sich auf die Didaktik des Fremdsprachenunterrichts in Vorschulen und Schulen ausgewirkt. *G-M*

bimodal, zweigipflig (bei einer Häufigkeitsverteilung)

binär [lat. *bini* je zwei], zweiwertig, zweiteilig. • Eine Variable ist b., wenn sie nur zwei, gewöhnlich durch 0 und 1 symbolisierte Werte annehmen kann. Solche Variablen sind beispielsweise die der →Aussagenlogik. Binäre Systeme sind Systeme, deren sämtliche Glieder b. Elemente sind, auch solche, deren Eingangs- und Ausgangsvariablen b. sind. Digitale Rechenautomaten sind meistens b. Systeme. →Dualsystem. • Binäre Stammesgliederung ist der Vorgang der zweiteiligen Stammesspaltung im Zeitalter des →Totemismus.

Binär-Code →Code

binary digit →bit

binaural, beidohrig. Ggs. monaural, einohrig

Bindungsformen →Graphologie (Tabelle)

Binet-Simon-Intelligenzprüfung, Binetarium, Methode, das Kind zwischen 3 und 15 Jahren und gestaffelt nach den einzelnen Lebensjahren in seinem geistigen (intellektuellen) Entwicklungsstand zu beurteilen.

Die erforderlichen Tests wurden zuerst 1894 zur Unterscheidung normaler und hilfsschulbedürftiger Kinder entwickelt (Auftrag des frz. Unterrichtsministeriums) und später zur Beurteilung des Intelligenzstandes mit Hilfe von Testreihen ausgebaut (Binetarium 1908). Weiteres Ⓣ BINET

*

BINET, Alfred / 1857–1911 / Exp.-Psych., päd. Psych. / Paris (Sorbonne)

*

SIMON, Theodore / 1873–1961 / Med. Psych. / Paris

Binnenkontrast →Kontrast

binokular, beidäugig. Ggs. monokular, einäugig. →räuml. Sehen

binokulare Parallaxe →Parallaxe

Binomial-Verteilung, Binomische Verteilung →BERNOULLI-Verteilung

Bioanalyse, nach FREUD die Anwendung psa. Verfahren und Theorien auf biophysische bzw. physiologische Vorgänge.

Biodynamismus [engl. *biodynamics*], (allg.) die in allem Lebendigen enthaltene Entfaltungskraft. • eine von dem amerikanischen Psychiater J. H. MASSERMAN (1946) entwikkelte Theorie, die die Grundbegr. der behavioristischen sowie der psychoanalytischen Schule und der Psychobiologie von MEYER zu einem einheitlichen System von Grundsätzen zusammenzufassen sucht.

Bioenergetik, therapeutischer Ansatz, der den Organismus als labiles Energieverarbeitungssystem ansieht (Bezug auf W. REICH →Orgon-Theorie). Nach LOWEN (1979) soll die B. den Einklang (Integrität) zwischen Körperhaltung, Bewegung, Atmung, Gefühl und Worten (verbale Äußerungen) wieder herstellen. B. versucht durch Arbeit mit dem Körper, im Körper eingefrorene, blockierte Gefühle zu befreien (»den Charakterblock schmelzen«). Ⓛ LOWEN, PETZOLD 1979 *R-S*

Biofeedback, eine Rückmeldung der Aktivität physiologischer Vorgänge wie z.B. Hirnströme, Herzfrequenz etc. in Form von Signalen optischer, akustischer oder anderer Art mit dem Ziel, die eigene bewußte Steuerung scheinbar autonomer körperlicher und seelischer Vorgänge zu ermöglichen. Anwendung vor allem in der →Verhaltenstherapie. →psychophysiologische Methodik, →langsame kortikale Potentiale Ⓛ BIRBAUMER, LEGEWIE *L-R*

biogene Amine, im Organismus produzierte und wirkende Stoffe aus der Gruppe der Amine. Eine Reihe von b.A. hat wichtige Funktionen im Nervensystem, so etwa Serotonin, Noradrenalin, Dopamin. *J-E*

biogenetisches Grundgesetz, von E. HAEKKEL formulierte Regel, nach der in der Ontogenese (Individualentwicklung) oft ein Teil der Phylogenese (Stammesgeschichte) rekapituliert wird (z. B. werden beim Menschen embryonal Kiemenspalten angelegt). →psychogenetisches Grundgesetz *Sch-S*

Biographie, Lebensbeschreibung. In umfassenderem Sinne als die →Psychographie eine Darstellung des Lebensablaufs und der Lebensleistung. Vgl. Autobiographie, Lebenslauf

biographische Methode, die allgemeine Methode, den →Lebensablauf und seine erlebnismäßige Spiegelung zu erfassen und für die psychologische Diagnostik und Therapie zu verwerten (→Autobiographie, Testanhang). • Der hauptsächlich von der Tiefenpsychologie beschrittene Weg zur psychologischen Erfassung eines Menschen, im Ggs. zur beobachtenden und zur experimentellen Methode. Die b. M. zielt auf das Historisch-Einmalige, im Ggs. zur experimentellen Methode, welche die Erkenntnis des Gesetzmäßig-Allgemeinen anstrebt. Ⓛ G. W. ALLPORT, FREUD, SCHOTTLAENDER, THOMAE

biographisch-literarische Methode ⟨MEUMANN⟩, Verfahren, auf Grund von Lebensgeschichten, Familienforschung, Vererbungslehre u. a. die Psychographien bedeutender Persönlichkeiten zu erstellen

Bioklimatik →Geopsychologie

Biologie, die Lehre von der belebten Natur mit ihrer klassischen Einteilung in die Pflanzenlehre (Botanik) und Tierlehre (Zoologie). Während die B. in ihrer Vergangenheit das systematische Ordnen der Formenmannigfaltigkeit im Vordergrund sah, befaßt sie sich seit Beginn des 20. Jhds. vorwiegend mit der Aufklärung funktioneller und entwicklungsgeschichtlicher Zusammenhänge. Dabei werden chemische, mathematische, physikalische und spezifisch biologische Methoden angewandt. Nach dem Schwerpunkt der Betrachtensweise läßt sich die B. in die folgenden wichtigsten Teilgebiete einteilen: Anatomie der Pflanzen bzw. der Tiere, biologische Kybernetik (Regel- und Steuertechniken bei Pflanze und Tier), →Ethologie (vergleichende Verhaltenslehre), →Genetik (Vererbungslehre), Humanbiologie (B. des Menschen), Mikrobiologie (Lehre von den Einzellern, Pilzen, Bakterien und Viren), Molekularbiologie (Lehre von biologischen Vorgängen auf molekularer Stufe), Ökologie (Lehre vom Zusammenwirken von Organismus und Umwelt),

Physiologie der Pflanzen und Tiere (weiter zu unterteilen in die Funktionszusammenhänge von →Stoffwechsel, Entwicklung, Bewegung, Sinne), Systematik der Pflanzen und Tiere, Zytologie (Lehre von der →Zelle). Ein Hauptaspekt nahezu jeder biologischen Betrachtungsweise ist das Klären stammesgeschichtlicher Zusammenhänge, d. h. der Versuch, die Entwicklung der heute lebenden Organismen aus den ersten biologischen Strukturen abzuleiten. →Evolution. *P-S*

Biologismus, Erklärung alles Seins, auch des psychischen, vom biologischen Standpunkt aus. Im Extrem ist B. eine einseitige Überbetonung des biologischen Prinzips. Ⓛ BERTALANFFY

Biom, (biol.) eine Lebensgemeinschaft verschiedener Organismen, die ein →Biotop bewohnt *P-S*

Biomasse, die Gesamtmasse einer →Population *P-S*

Biomechanik, Bewegungsanalyse organismischer Bewegung auf Grundlage der physikalischen mechanischen Gesetze. Insbesondere wird der Kraftfluß zwischen an der Bewegung beteiligten Massen (Körpergliedern) und die Krafteinwirkung auf vom Körper bewegte Massen (z. B. Werkzeug, Sportgerät) untersucht (DONSKOI 1975). *D-Y*

Biometrie, Anwendung der math.-stat. Methoden in den biologischen und ihnen verwandten Wissenschaften. F. GALTON und K. PEARSON, aber auch der belgische Astronom L. A. J. QUETELET, der erstmals eine Sozialstatistik in Angriff nahm, sowie G. MENDEL und G. TH. FECHNER gelten als Begründer.

Biomorphose 〈BÜRGER〉, ein für den gesamten Wandel des Organismus (Gestalt wie Funktionen) ausgegebener Begr., der besonders auch in die Geriatrie und Gerontologie Eingang fand.

Bionik [gr., Kurzw. aus Biologie u. Technik], beachtet vergleichend die biol. mit den techn. Funktionsweisen (und umgekehrt), sucht die Prinzipien beider wechselseitig zu nutzen. Ergänzungswissenschaft zu →Kybernetik

bionom, bionome Ordnung 〈ROTHSCHUH〉, die lebensgesetzliche Ordnung. Bez. für die allen Lebenserscheinungen innewohnende biologisch-gesetzmäßige Ausrichtung (neben der physikalischen bzw. psychologischen).

Biopsychismus, die Erklärung aller Lebenserscheinungen als biopsychisch, d. h.: kein Leben ist ohne zugeordneten ps. Prozeß.

Biorhythmus, Lebensrhythmus (i. w. S. auch Perioden, Phasen, Zyklen), gesetzmäßig wiederkehrende physiologische Abläufe bei Pflanze und Tier, die endogen (»innere Uhr«) oder exogen ausgelöst werden können; der Mensch besitzt in seinen Aktivitäts- und Ruhephasen einen inneren Rhythmus, der nur geringfügig von der normalen, astronomischen 24-Stunden-Periodik abweicht (ASCHOFF 1962). Vermutet werden ein physischer (mit 23), emotionaler (mit 28) und intellektueller (mit 33 Tagen) B. von der Geburt an. Simulierte mütterliche Herzschläge beruhigen Säuglinge; Musik mit mehr oder weniger Taktschlägen als der Pulsschlag erregen bzw. beruhigen; die Rhythmik des Schaukelns beruhigt (insbes. auch bei →Hospitalismus und nach →Stress). *P-S/R-S*

biotische Beobachtung (Experiment), in der Ps. die Beobachtung und das Experiment, die bestmöglich auf ein lebensbezügliches Versuchsgeschehen ausgerichtet sind. ● B. SPIEGEL (1965) stellte dem b. E. das quasibiotische Experiment an die Seite, bei dem die Vp zwar weiß, daß es sich um ein Experiment handelt, aber nicht erkennen kann, wann und wo das Entscheidende im Versuchsgeschehen abläuft. →Wirklichkeitsversuch, →naturalistische Forschung

Biotonus, der ursprünglich von M. VERWORN für die dem physiologischen Status entsprechende Lebensenergie eingeführte Begr. wurde von G. EWALD auf die temperamentabhängige Spannungslage neu ausgerichtet und damit eine eigene →Temperamentenlehre geschaffen: straffer – durchschnittlicher – schlaffer B. Temperament ist Funktion der Anlage, also erbbedingter B. Ⓛ EWALD

Biotop, Lebensraum. →Ökologie

Biotypus, biologischer Typus i. U. etwa zum Funktionstypus, geistigen Typus. ●Erbtypus einer »reinen« Erblinie. Auch svw. Konstitutionstypus.

biozentrisch, von KLAGES eingeführter Begriff, der dem Begriff des Logozentrischen entgegengesetzt, vom Seelischen ausgeht und im Gegensatz zu einem rationalen Denken mehr symbolisch und verstehend ist.

Biozönose →Ökologie

bipolar, zweipolig, i. ü. S. gegensätzlich

Bipolarität von Eigenschaften, die Annahme, daß Persönlichkeitseigenschaften in Gegensätzen auftreten. Z. B. die Dimension Extraversion/Introversion. →Persönlichkeitsfaktor, →semantisches Differential *R-S*

biseriale Korrelation →Zweizeilen-Korrelation
Bisexualität, Doppelgeschlechtigkeit (biol.) Das Vorhandensein von Geschlechtsorganen bzw. Geschlechtsmerkmalen beider Geschlechter bei einem Individuum. Zwittertum (→Hermaphroditismus), bei höheren Tieren und beim Menschen Mißbildung. • (ps.) Auf beide Geschlechter gerichteter Sexualtrieb.
B-I-T Ⓣ IRLE
bit, Abkürzung für **bi**nary digi**t**. Maß für die →Entropie eines Ereignisses oder eines Ereignisfeldes in der →Informationstheorie.
Die Entropie H einer Menge einander ausschließender Ereignisse $a_1 \ldots a_n$ beträgt

$$H = -\sum_{i=1}^{n} p(a_i) \log_2 p(a_i) \text{ bit.}$$

Bei Gleichwahrscheinlichkeit vereinfacht sich dieser Ausdruck. H beträgt dann $\log_2 n$ bit. Die Entropie H (a_i) eines Ereignisses a_i beträgt $\log_2$ p (a_i) bit. Die Entropie eines Ereignisfeldes in bit kann interpretiert werden als die minimale durchschnittliche Anzahl binärer Fragen, die notwendig sind, um zu erraten, welches Ereignis stattgefunden hat, oder als minimale Anzahl von Binärziffern *(binary digits),* die man braucht, um die Ereignisse zu codieren (→Code).
Bivalenz, Doppelwertigkeit. Z. B. ist ein Test bivalent, wenn er in 2 Richtungen reizwirkend ist. →Ambivalenz
bivariat, zwei Variablen enthaltend, in zwei Dimensionen variierend. Der Terminus wird gebraucht, wenn eine Verteilung von einem Paar von Variablen x_1 und x_2 vorliegt und beide Variate in Beziehung gesetzt werden sollen. • Die b. Binomial-Verteilung ist eine Ausweitung der Binomial-Verteilung (→BERNOULLI-Verteilung). →multivariate Statistik
BKT Ⓣ TRAMER
black-box [engl.] schwarzer Kasten, Begr. stammt von W. R. ASHBY. Modell, das im Zusammenhang mit hypothetischen Konstrukten verwendet wird; ein Kasten, bei dem Eingabe *(input)* und Ausgabe *(output)* bekannt sind, nicht aber der Inhalt bzw. die Prozesse, die in dem Kasten ablaufen. In der Ps. läßt sich die Analogie zwischen der b-b. und dem Organismus bzw. dem Gehirn ziehen. Die b-b. stand im frühen →Behaviorismus (WATSON) für die Annahme, daß über die Reizverarbeitung (Prozeß zwischen Reiz und Reaktion) keine überprüfbaren Aussagen gemacht werden können. Der Standpunkt (streng genommen eine Fiktion) erwies sich als fruchtbar, wenn er auch kritisiert bzw. relativiert werden mußte: so durch die Verstehende Ps., durch SKINNER, KANFER (Verhaltensgleichung), durch die kognitive Verhaltenstherapie. →Verhalten und Erleben, →S-R-Theorie
Blacky-Pictures-Test Ⓣ BLUM
Bläschenkeim →Blastula
Blastula, bei vielen vielzelligen Tieren entsteht aus der befruchteten Eizelle durch Zellteilung eine einschichtige Hohlkugel, die als B. bezeichnet wird. →Keimesentwicklung, →Morula *Sch-S*
Bleche ordnen Ⓣ LIPMANN-STOLZENBERG
BLED Ⓣ BRUNET
Blendung, Störung der Sehleistung dadurch, daß die Anpassungs-(→Adaptations-)Möglichkeiten des Gesichtssinnes überfordert werden.

B.ursachen sind z. B.: zu hohe Leuchtdichten – abrupte Änderung des Leuchtdichteniveaus – zu große Kontraste. Ausgang können hierbei sein (u. a.): die Lichtquelle, Reflexionen, Streumedien wie Nebel, Rauch, Schneefall. – Man unterscheidet zw. physiologischer und psycholog. B. (erstere mit objektiver, letztere mit subjektiver Einschränkung der Sehleistung bzw. Sehbefindlichkeit). Oft wirken aber beide zusammen, wie z. B. die B. des Autofahrers bei tiefstehender Sonne und feuchter (reflektierender) Straße belegt. Ⓛ SCHOBER 1964

BLEULERsches Psychosyndrom →Psychosyndrom, organisches

*

BLEULER, Paul Eugen / 1857–1939 / Psychiater / Zürich

Blickebene, jede durch die →Blicklinien (→Blickfeld) beider Augen gelegte Ebene. Die Grundlinie dieser Blickebene ist die Verbindungslinie der beiden Drehpunkte, die transversale Augenachse.
Blickeinstellung, beim Neugeborenen entwickelt sich die B. in vier Abschnitten bis zur bewußten Fixation. a) planloses Umherschauen; b) Anstarren heller Flächen (2. bis 5. Woche); c) reflektorische Blickeinstellung; d) willkürliche Blickeinstellung und Suchen eines Objekts.
Blickfeld, Gesamtraum, den das bewegte Auge bei unbewegtem Kopfe fixieren kann. Blickpunkt ist der auf der Blicklinie liegende Mittelpunkt des fixierten Objekts. Blicklinie ist die Verbindung zwischen Fixationspunkt und Drehpunkt des Auges. Blickfeld daher auch Gesamtheit aller derjenigen Punkte, die im allgemeinen das

Sehfeld des ruhenden und bewegten Auges ausmachen. – B. spielt i. ü. S. eine Rolle bei der Aufmerksamkeit, ebenso der →Apperzeption und →Perzeption.

Blinddiagnose, eine Diagnose ohne Kenntnis einer spezielleren Fragestellung und der untersuchten (bzw. getesteten) Person, wobei nur auf das Testprotokoll (oder bei graphologischen B. auf die Schrift ohne Kenntnis des Schreibers) zurückgegriffen wird. B. weisen sehr große Mängel auf und sollten von einem verantwortungsbewußten Diagnostiker nicht gestellt werden. Auch für die Bewährungsuntersuchungen von Testverfahren sind B. nicht zu empfehlen. →Diagnose *Hä-R*

Blindenpsychologie, hilft einerseits, die individuelle Lage des Blinden und dabei besonders auch die Grenzen der Leistungsfähigkeit zu erkennen (Intelligenz, sensorische, motorische, persönlichkeitsspezifische Begabung), andererseits sucht sie dem Blinden bei der »Verarbeitung« seiner →Mindersinnigkeit zu helfen.

Weiterhin bemüht sich die B., die generellen Abweichungen im ps. Funktionsgefüge des Blinden gegenüber dem normalen Organismus zu erforschen, etwa die räumliche Orientierung, die besondere Leistung des Tastens und Hörens oder die spezifische Beeinträchtigung der Sprachentwicklung bei Blind-Geborenen (z. B. Verspätung in der Ausbildung der sensumotorischen Schemata) oder den Verlust des Erlebens jeder Art visuell-künstlerischer Impression. ●Auf den Ergebnissen der Forschung baut die Blindenpädagogik ihre pädagogischen und didaktischen Maßnahmen auf, mit dem Ziel, durch besondere Bildungsarbeit (wozu heute weitgehend technische Hilfsmittel gehören wie Lesegeräte, Lichtprothesen, elektronische Blindenführgeräte) den Blinden an die Welt der Sehenden anzupassen. →Behinderung Ⓛ ZAHL 1950

blinder Fleck →MARIOTTEscher Fleck

Blindverfahren →Blinddiagnose

Blindversuch, auch Probedurchlauf gen., Versuch, der vorgenommen wird, um die äußeren Bedingungen eines Versuchs zu kontrollieren oder um die Vp an die Versuchssituation anzupassen. ● Eine in Arzneimittelversuchen verwendete Bez. für den Umstand, daß die Vp über die Art der verabreichten Pharmaka nichts weiß. Wenn weder die Vp noch der Vl bei einem solchen Versuch wissen, welches Pharmakon verabreicht wird, so bezeichnet man das Verfahren als Doppelblindversuch (z. B. BERGIUS 1954). Damit sollen mögliche Suggestionseinflüsse ausgeschlossen werden. →Leerpräparat

Block, Blockierung, Bez. für Sperre, →Hemmung, Unterbrechung. B.dauer meist 0,5–10 s. ● Psychologie: (a) Mentaler B.: scheinbar unmotivierte (unbewußte) Unterbrechung einer Gedankenkette bzw. einer S-R-Folge. (b) Erinnerungs-B.: momentane Nicht-Verfügbarkeit erlernter Inhalte. (c) Affekt-B.: psychopathologische Emotionshemmung. (dagegen:) (d) emotionaler B.: kurzzeitige Leistungshemmung (bzw. Hemmung d. Wahrnehmens, Denkens) durch emotionale Erregung. ● Physiologie: Unterbrechung einer normalen Reizleitung (z. B. Synapsenb., Herzb.) ● Statistik: Stichprobe homogener Einheiten; durch →Diskriminanzanalyse wird der Intrablockeffekt (Variation innerhalb der B.) vom Interblockeffekt (Variation zwischen d. B.) getrennt. Ⓛ BÄUMLER 1967 *L-R*

Block-Counting Test Ⓣ KRAMER, YERKES

Block-Design Test Ⓣ KOHS, WECHSLER

Blockdiagramm →Kybernetik, →Regelkreis

Blödsinn, erworbener, höherer Grad von Geistesschwäche. In der älteren Psychiatrie benützte Bez. für Geisteskrankheiten mit Wahn und Halluzinationen. →Dementia

BLUMENFELD-Allee, BLUMENFELDsche Distanzallee, Bez. für den von W. BLUMENFELD (1913) im Anschluß an Beobachtungen von F. HILLEBRAND entwickelten sog. Alleenversuch: Sollen von einer Vp im verdunkelten Raum zwei Reihen von Lämpchen so angeordnet werden, daß sie geradlinig und parallel erscheinen, so ist das Ergebnis anders, als wenn paarweise einander entsprechende Lämpchen jeweils auf gleichen anschaulichen Abstand geordnet werden sollen. Das Phänomen hat eine eingehende Erörterung über die Raumwahrnehmung (nichteuklidische Struktur des visuellen Raumes?) ausgelöst. Ⓛ BISCHOF, DRÖSLER

*

BLUMENFELD, Walter / 1882–1967 / Psychologe / Dresden, Lima (Peru)

Blutdruck →physiolog. Ps., →psycho-physiol. Methodik, →Ausdruckssymptome

Blut-Hirn-Schranke (Abk. BHS), Begriff zur Kennzeichnung eines Systems, das den Übergang von Pharmaka in das Gehirn erschwert. Viele Stoffe passieren die BHS nicht. *J-E*

BMDP, *biomedical computer programs,* Paket von Computer-Programmen vieler in der biomedizinischen Forschung gebräuchlicher statistischer Verfahren. *M-R*

body-sway-test, objektiver Test zur Messung von Persönlichkeitseigenschaften. Den Vpn wird in der Grundstellung suggeriert, ihr Körper bewege sich nach vorne. EYSENCK hat diesen Test häufig verwendet. Hohe Suggestibilität korreliert mit →Neurotizismus. *Hä-R*

BOGARDUS-Skala, eine von E. S. BOGARDUS, 1925, entwickelte Meßmethode zur Bestimmung d. sozialen →Distanz. Diese wird auf 7 Umgangsdimensionen bezogen und reicht von »würde ich heiraten« bis »würde ich nicht in meinem Lande wohnen lassen«. Ⓛ BOGARDUS

*

BOGARDUS, Emory Stephen / 1882–1973 / Soziologe, Sozialpsychologe / Los Angeles

Bogengänge →Ohr

bogus-pipeline (BPL) [engl. *bogus* falsch, Schwindel, *pipeline* Versorgungsleitung], Schein-Direktleitung, vorgetäuschter Zugang zum Erleben der Vp insbes. zu geheimgehaltenen Einstellungen und dazugehörigen emotionalen Reaktionen. Mit einer dem →Lügendetektor scheinbar ähnlichen apparativen Anordnung oder angeblicher Messung der Muskelmikrovibration wird versucht, verfälschende Reaktionstendenzen der Vp auszuschalten (→soziale Erwünschtheit). Die Versuchsanordnung hat ernstzunehmende Kritik erhalten (BRACKWEDE 1980). Vgl. aber MUMMENDEY u. BOLTEN 1981. Ⓛ JONES u. SIGALL 1971 *B-S*

BONHOEFFERsches Psychosyndrom →Psychosyndrom

*

BONHOEFFER, Karl / 1868–1948 / Psychiater / Königsberg, Heidelberg, Breslau, Berlin

borderline [engl.], Grenzlinie, am Rande an der Grenze stehend, z. B. zwischen normal und defekt. • b.case = Grenz-(Rand-) Fall, z. B. Randpsychose.

Borderline-Syndrom, obgleich S. FREUD schon 1925 die Bez. Borderline (Borderline-Patient) für die »Grenzfälle«, d. h. die zwischen den Neurosen und den Psychosen stehenden Krankheitsbilder aufgegriffen hat, kommt nach vielfältigen Begr. wie »Als-ob-Persönlichkeiten«, »Identitätsstörungen«, »narzißtische Neurosen« u. a. die Bez. B-S erst neuerdings zur Anerkennung als Krankheitsbild sui generis (O. KERNBERG, Christa ROHDE-DACHSER). In der →ICD-Klassifikation ist das B-S erst in die 9. Revision als Borderline-Schizophrenie aufgenommen. Grob gefaßt handelt es sich um eine Krankheit, die zugleich durch Elemente der Neurose, der Psychose und der Psychopathie charakterisiert ist. Ⓛ Ch. ROHDE-DACHSER 1979

BOURNEVILLE-Syndrom, tuberöse Hirnsklerose; erbliche, im Kindesalter auftretende Sonderform der Idiotie.

*

BOURNEVILLE, Désiré-Magloire / 1840–1909 / franz. Neurologe / Paris

BPI Ⓣ BERNREUTER

BPT Ⓣ BLUM

Brachycephalus [gr. *brachýs* kurz, *kephalé* Kopf]: Kurzkopf. Ggs. Langkopf = Dolichocephalus. Mesocephalus = Mittelkopf. Vgl. cephal

Ⓔ **brady...** [gr.] in Wtvb. langsam

Bradyarthrie [gr. *arthron* Gelenk], abnorm verlangsamte Artikulationsbewegungen, die zu verlangsamtem →Sprechtempo (→Bradylalie) führen *G-N*

Bradykardie [gr. *kardía* Herz], langsame Herztätigkeit

Bradykinesie, syn. Hypokinese, motorische Antriebsstörung, verlangsamte Bewegung

Bradylalie, abnorm verlangsamtes →Sprechtempo; ebenso wie das Gegenteil (→Propulsion, →Tachylalie, intraverbale →Akzeleration) ein häufiges Symptom von →dysarthrischen →Sprachstörungen *G-N*

Bradyphrasie, verlangsamtes Sprechen als Folge zentraler Störungen

Bradyphrenie, syn. Bradypsychie, Hypophrenie, ausgeprägte Verlangsamung aller ps. Abläufe, die überwiegend od. nur zusätzlich durch hirnorgan. Störungen ausgelöst sein kann.

Bradyteleokinese, Symptom bei Kleinhirnerkrankungen, wobei beabsichtigte und in der Ausführung begonnene Bewegungen vorzeitig abbrechen

BRAIDismus, Bez. für die 1841 von BRAID bekanntgegebene Beobachtung, daß das längere Anstarren von glänzenden Flächen bzw. Gegenständen schlafartige Zustände hervorzubringen vermag. BRAID wurde mit der weiteren Erforschung und der therapeutischen Anwendung dieses Zustandes (→Faszinationsmethode) zu einem der Entdecker der →Hypnose

*

BRAID, James / 1795–1860 / Med. u. Chirurg / Leads-Hill (Lanarkshire)

BRAILLE-Schrift, nach ihrem Erfinder benannte Punktschrift für Blinde. Für jeden

Buchstaben wird eine Anordnung von einem bis zu fünf Punkten gewählt, die erhaben auf die Papieroberfläche gepreßt sind und vom Blinden abgetastet werden.

*

BRAILLE, Louis / 1809–1852 / Blindenlehrer (selbst blind) / Paris

brainstorming [von amerik. *brainstorm* Geistesblitz, glänzende, verrückte Idee], auf A. F. OSBORNS Vorschlag zurückgehende, die kreativen Einfälle begünstigende Diskussionstechnik, bei der die Gruppe versucht, für ein spezifisches Problem Lösungen dadurch zu finden, daß zunächst alle spontanen Einfälle (im Zustand intellektueller Hochstimmung erzeugte Ideen gleich welcher Qualität) gesammelt und erst später gesichtet und kritisch beurteilt werden. →Kreativität. Ⓛ OSBORN 1957[2] *Mü-E*
● Zur Kritik: TAYLOR et al. (1958) belegen exp., daß in der Einzelsituation mehr alternative und qualitativ bessere Lösungen von nominalen Gruppen zu viert als von realen Vierergruppen erzeugt werden (zit. nach VROOM 1969 232). Ⓛ DUNNETTE 1963, LAMM u. TROMMSDORF 1973 *B-S*

brainwashing [engl.] →Gehirnwäsche

branching [engl. Verzweigen], die Konstruktion (Technik) von Lehrprogrammen, bei der das Hauptprogramm mit Unterprogrammen (Schleifen, zusätzlichen Lernwegen) versehen wird.

BRAVAIS-PEARSONscher Korrelationskoeffizient →PEARSONscher Korrelationskoeffizient

Breitband →Bandbreite

Bremsfahrtprobe Ⓣ HERWIG

BRENTANOsche Täuschung, bei der Gegenüberstellung von zwei gleich großen Kreisen erscheint der eine Kreis dann größer, wenn er von einem größeren, konzentrischen Kreis umschlossen wird. →geometrisch-optische Täuschung

*

BRENTANO, Franz v. / 1838–1917 / Philos., Psych., kath. Priester / Würzburg, Wien, Zürich

BRETONsches Gesetz, eine Formel, die als Substitut für das WEBERsche Gesetz vorgeschlagen wurde und besagt, daß eine parabolische Beziehung zwischen Reiz und ebenmerklichem Unterschied besteht.

Briefumschlag-Schneiden Ⓣ POPPELREUTER

Brillen-Versuche →Störungsexperimente

BROCAsche Windung, Sprachregion, die 1861 von B. entdeckte Region der dritten linken Stirnwindung (an der sog. Sylvischen Furche) des Großhirns, deren Läsion zu einem Sprachversagen (Aphasie) führt, bei dem das Sprachverständnis noch intakt ist, die Kranken aber spontan fast nichts sprechen. Motorische →Aphasie. Dagegen ist für das Sprachverständnis (sensorische Aphasie) das →WERNICKEsche Zentrum verantwortlich. →Lokalisation, →Gehirn *B-C*

*

BROCA, Paul / 1824–1880 / Anthropologe u. Chirurg / Paris

Bronzekrankheit →ADDISONsche Krankheit

BROWNianismus, die im 18. Jhd. lebhaft diskutierte Anschauung (von J. BROWN 1780 begründet), nach der sich die lebenden Organismen von den leblosen Stoffen nur durch die »Reizbarkeit« unterscheiden, also alles Leben auf Reiz und Reizbeantwortung beruht. Das Gleichgewicht bewirkt Gesundheit, Verminderung der Reize führt zu Asthenie, Vermehrung zu Sthenie.

*

BROWN, John / 1735–1788 / Med. / London

Brücke, Pons, Teil des Hirnstamms zwischen verlängertem Mark und Gehirnschenkeln (Vierhügel →Gehirn).

BRÜCKE →BEZOLD-BRÜCKE-Phänomen

Brunst, Bez. für den Rhythmus (Schwankungen) bzw. die Kulmination in der sexuellen Aktivität. Bei fast allen höheren Tieren vorhanden, fehlt sie beim Menschen und Menschenaffen oder ist hier nur über den Monatszyklus im Ansatz zu erkennen.

Brutpflegeverhalten, (biol.) Verhaltensweisen adulter Tiere gegenüber ihrer Nachkommenschaft. Das B. kann bereits kurze Zeit nach Geburt der Jungtiere enden oder noch anhalten, wenn diese schon selbständig sind. *P-S*

BSET Ⓣ BAAR

BSR, Bizeps-Sehnenreflex

B-TAT Ⓣ BACHRACH

B-T-S Ⓣ HORN

B-Typ, nach W. JAENSCH eine (im Grenzfall in der →Basedow-Erkrankung konkretisierte) konstitutionelle Spielform, die durch lebhaftes Mienenspiel, glänzenden Blick und bestimmte eidetische Verhaltensweisen auffällt. Innere Sekretion soll mitwirken. →T-Typ, →Eidetik. Ⓛ W. JAENSCH

Bücherkatalog-Test Ⓣ TRAMER-BAUMGARTEN

Buchstaben zu Worten kombinieren Ⓣ TERMAN, WHIPPLE

Bulbus, bulbär [lat. Zwiebel, Anschwellung], *búlbus spinális* = *medulla oblongáta* = verlängertes Mark, bzw. damit in Beziehung stehend (→Gehirn). • *bulbus oculi* = Augapfel.

Bulbärsprache, die gestörte, schlecht artikulierte Sprache (wie mit einem Kloß im Munde) bei Erkrankungen von →Brücke und →*medulla oblongata.*

Bulimie [gr. *bús* Ochse, *limós* Hunger], krankhafter Heißhunger

Bumerang-Effekt, Auswirkung einer zur Meinungs-, Einstellungs- oder Verhaltensänderung gegebenen Nachricht in einer der Absicht des Senders entgegengesetzten Richtung. Der B. tritt nach SHERIF u. HOVLAND (1961) ein, wenn die Nachricht in des Adressaten *latitude of rejection* fällt. →Einstellungsänderung, →Assimilation-Kontrast-Theorie. Ⓛ GRAUMANN 1972 1162 *B-S*

BUNSEN-ROSCOEsches Gesetz, die →Unterschiedsschwelle hängt für kleine Reizdauer (unter 50 ms) auch von dieser Reizdauer ab. Für eine Reizdauer über 500 ms besteht keine Abhängigkeit. →FECHNERsches Gesetz. *R-S*

Bündel →chunk

bystander-behavior →Altruismus

C

CAI, *computer assisted instruction,* computerunterstützter Unterricht

California Test (verschiedene) Ⓣ BAYLEY, GOUGH, TIEGS

Cannabis *[cannabis indica],* Hanf, Maulbeergewächs, aus dem →Haschisch (Indien) und →Marihuana (Südamerika) zubereitet wird. →Pharmakopsychologie, →Psychopharmaka

Cannabismus [gr. *kánnabis* Hanf], Sucht, →Haschisch zu genießen, auch Cannabinomanie genannt

CANNON-Syndrom →Notfallsfunktion.

*

CANNON, Walter Bradfort / 1871–1945 / Physiol. / Cambridge (Harvard-Univ.)

capacity [engl.] →ability

Carzinophobie [gr. *karkínos* Krebs], Angst, krebskrank zu werden

Cardiazolschock →Schocktherapie

CARPENTER-Effekt, der Vorgang, daß das Wahrnehmen (auch Vorstellen) von Bewegungen zum Mitvollzug der Bewegungen treibt, →Ideo-Realgesetz

*

CARPENTER, William Benjamin / 1813–1885 / Med. Physiol. u. Zologe / London

carry over effect [engl.], sequentieller Übertragungseffekt, Sequenzeffekt.

case-history →case-study-method

case-study →Fallstudie

case-study-method [engl. Fallstudienmeth.], in Amerika entwickelte Meth. zur Feststellung und Ordnung aller erfaßbaren Lebensdaten, Umweltverhältnisse und deren Einflüsse auf den Entwicklungsvorgang eines Individuums. Die Bez. *case-study* meint mehr die Technik der Erhebung – die Bez. *case-history* die zusammengefaßte Beschreibung. →Fallstudie Ⓛ G. W. ALLPORT

case-work, amerikanischer Ausdruck für die fürsorgerische Betreuungsarbeit am einzelnen Fall. Ⓛ H. KRAUS

CAT, *Computer Assisted Testing,* die in Analogie zu CAI *(Computer Assisted Instruction)* benutzte Abkürzung für die Verwendung von elektronischen Rechenanlagen für die Testdiagnostik. Dabei kann der Computer für die Testdurchführung (Schreibmaschine – Konsole) wie für die Berechnung der Testwerte und die Testinterpretationen verwendet werden. Für die Persönlichkeitsfragebogen und die Leistungstests ist das CAT schon weit entwikkelt. Beim MMPI werden z. B. die individuellen Testprofile von Pbn automatisch mit gespeicherten Profilen verglichen. Im Computer ist die Interpretation der Testprofile gespeichert und wird als Befund abgerufen. →Computerdiagnostik. Ⓛ BÜRLI 1973 *Hä-R*

CAT Ⓣ BELLAK

C-A-T, *College Ability Tests*

CATTELL →FULLERTON-CATTELLsches Gesetz

Caucasian, Weißer, Weißhäutiger, Mitglied der weißen Rasse; diese Variable der Rassenzugehörigkeit wird in amerik. Untersuchungen häufig miterhoben. Die vielfach anzutreffende Übersetzung »kaukasisch«, »Kaukasier« ist falsch. *F-R*

caudal [lat. *cauda* Schwanz], schwanzwärts, dem Hinterende zu gerichtet. Ggs. →cephal

CAVD-Test Ⓣ THORNDIKE

CCC, *consonant trigram,* in Lernversuchen verwendete Folgen von 3 Konsonanten

CE, Abk. für *constant error,* Konstanter (systematischer) Fehler (s. d.).

ceiling-Effekt, [engl. *ceiling* Decke, Höchstes], tritt auf, wenn die Schwierigkeit eines Tests so gering ist, daß auch Individuen mit einer nicht extremen Ausprägung des im Test gemessenen Merkmals den maximalen Testwert erzielen. Daraus resultiert, daß zwischen diesen Individuen und solchen mit einer extremeren Merkmalsausprägung auf Grund dieses Tests nicht differenziert werden kann, weil die »Testdecke« oder die Testobergrenze zu niedrig ist. Vgl. floor-Effekt *Mi-A*

Centil →Zentil

centrifugale Nerven [lat. *fugere* fliehen] →Efferenz, →Nerv

centripetale Nerven [lat. *pétere* hinstreben] →Efferenz, →Nerv

Centroid-Methode, von L. L. THURSTONE (1935) eingeführte relativ einfache Rechenmethode zur Extraktion eines »Faktors«, dessen Ladungssumme maximal ist (→Faktorenanalyse). Die C. wird sukzessiv auf die Korrelationsmatrix und die jeweiligen Restkorrelationsmatrizen angewendet, wobei die Variablen so definiert (umgepolt, »reflektiert«) werden müssen, daß vor jeder Extraktion eines Faktors möglichst viele positive Korrelationen in der Matrix entstehen. *M-R*

cephal [gr. *kephale* Kopf], das Kopfende betreffend. Als Nachwort »Kopf«, z. B. Brachycephalus = Breitkopf, Dolichocephalus = Langkopf, Mesocephalus = Mittelkopf. In gleicher Wortbildung zahlreiche Unterarten wie Klino- (Sattel-), Lepto- (Schmal-), Makro-(Groß-), Mikro-, Nano- (Klein-), Oxy- (Spitz-), Pachy- (Dick-), Plagio-(Schief-), Platy- (Flach-), Spheno- (Keil-), Trochocephalus (Rundkopf). Ggs. →caudal

Cephalisation →Enzephalisation

CER, Abk. für *conditioned emotional response,* Konditionierte, bedingte Gefühlsreaktion, z. B. konditionierte Furcht, gemessen an Reaktionen des autonomen Nervensystems, z. B. Herzschlagfrequenz

Cerebellum →Gehirn

cerebral, zum Gehirn gehörig, das Großhirn betreffend. Vgl. zerebral...

cerebraler Typus ⟨SIGAUD⟩, Gehirntyp, Körperbautyp, der durch das Vorherrschen der Hirnfunktion gekennzeichnet ist. →Typologie u. Tafel zu Körperbautypen. Ⓛ SIGAUD

Cerebralparese →Zerebralparese

Cerebralsklerose →Zerebralsklerose

Cerebration →Enzephalisation

cerebrospinales Nervensystem →Nervensystem

Cerebrum →Gehirn

CFF, Abk. für *critical frequency of fusion,* →Flimmerverschmelzungsfrequenz

CFT 3, Abk. für *Culture Fair Test* Ⓣ CATTELL et al.

Chaeromanie [gr. *chaíro* sich freuen], krankhafte Heiterkeit

Cha-Do, der »Teeweg«, eine ps. Methode des Zen-Buddhismus in der Zubereitung und dem Genuß des Tees. Gehört zu jenen japanischen Traditionen, die vom Praktischen her zur Findung des innersten Selbst führen wollen. *S-G*

Chakra, [ind. Kreis, Rad, auch Lotusblume], Zentren übersinnlicher Wahrnehmung und Lebensenergien nach Vostellungen des Hinduismus. Die Hauptchakras liegen im Körper des Menschen entlang dem Rückenmark. Sie können im Wege des →Yoga geweckt werden und werden in Beziehung zu best. Gottheiten vorgestellt. *S-G*

Chancengleichheit, bildungs- und sozialpolitisches Postulat: jeder solle unabhängig von seiner sozialen Herkunft und wirtschaftlichen Lage eine seinen Fähigkeiten entsprechende Ausbildung erhalten bzw. die Möglichkeit dazu garantiert bekommen.

Für die praktische Realisierung im Bildungssystem ist zu unterscheiden zwischen (a) Startchancengleichheit, d. h. Gleichheit der äußeren Bedingungen bei Aufbruch von einer Startlinie (z. B. bei Schuleintritt), was zuvor einen Chancenausgleich voraussetzt (z. B. durch →Vorschulerziehung); (b) Zielchancengleichheit, d. h. Erreichbarkeit eines Bildungs- oder Ausbildungsziels (z. B. Abitur) muß für möglichst viele gewährleistet sein; was überleitet zur (c) Entwicklungschancengleichheit, d. h. um gleiche Bildungsresultate zu erreichen, müssen verschiedene Schüler während Schullaufbahn oder Studiengang ungleich behandelt werden (→Differenzierung). →Bildungschancen. Ⓛ HECKHAUSEN 1975 Mü-E

Charakter [gr. *charássein* ritzen, prägen], ursprünglich svw. eingeprägtes Zeichen, dann Kennzeichen, Merkmal, an dem etwas erkannt wird. • In der Ps. vor allem im deutschsprachigen Raum das Gesamtgefüge der die individuelle Besonderheit eines Menschen kennzeichnenden →Eigenschaften; die Wissenschaft davon, die →Charak-

Charakteraufbau nach Klages

Der Charakterbestand gliedert sich in:	Zusammenstimmung ergibt:
Charakter-Stoff oder *Materie* — *Charakter-Artung* oder *Qualität* — *Charakter-Gefüge* oder *Struktur*	*Charakter-Aufbau* oder *Tektonik*
Stoffliches = *Mengeneigenschaften* (das Mehr oder Weniger entscheidet) z. B.: Fähigkeiten und Begabungen, elementare Inhalte jedes Erlebens, deren Armut oder Reichtum an Gehalt, an Aufnahmefähigkeit, an Gedächtnis, Aufmerksamkeit, Klarheit, Willensstärke, Feinfühligkeit, Musikalität	z. B.: harmonisch, disharmonisch, einheitlich, widerspruchsvoll, zerrissen, reif, unreif, labil, geprägt, abgewogen, gegensätzlich usw.
Artung = *Richtungseigenschaften* (die Richtung der Strebungen wird damit gegeben) z. B.: Dauerstrebungen, Neigungen, Interessen und *Triebfedern* Hingebungstriebfedern, z. B.: Heimatliebe, Güte, Mitleid, Treuherzigkeit Behauptungstriebfedern, z. B.: Unternehmungsgeist, Ehrgeiz, Berechnung, Kritiksucht, Neid	dazu kommt *Charakter-Haltung* oder *Aspekt*
Gefüge = *Verhältniseigenschaften* (Gefüge ist das Verhältnis von Antrieb und Hemmung) z. B.: Flüchtigkeit, Oberflächlichkeit, Ablenkbarkeit, Gehemmtheit, Unentschlossenheit, Sprunghaftigkeit, Redseligkeit, Wortkargheit, Schweigsamkeit. Ebenso die Unterschiede in persönlichem Tempo, Temperament, Erregbarkeit des Gefühls und Willens	z. B.: höflich, bescheiden, taktvoll, liebenswürdig, keck, frech, unverträglich, derb, plump, schüchtern usw.

Die Wurzeln der Charaktereigenschaften sind:

	Leibliches	*Seelisches*	*Geistiges*
sensorisch (von außen empfangend)	Empfindungsvorgang	Schauen	Auffassungsakt
motorisch (nach außen wirkend)	Bewegungsantrieb	Gestalten	Willensakt
	nicht an ein »Ich« gebundene, Mensch und Tier zukommende vitale Funktionen, auch ohne Bewußtsein möglich		setzt ein »Ich« voraus; damit das Bewußtsein nötig

Charakteraufbau nach Lersch

Endothymer Grund- Triebe u. Strebungen, Anmutungserlebnisse Stationäre Gestimmtheiten	gegenwartsgerichtet	*Das Lebensgefühl*	Leibliche Gefühle (Primitivformen): Hunger, Durst, Lust, Schmerz, Behagen, Unbehagen, Frische, Müdigkeit u.a.m.	Stimmungen (Lebensgrundstimmung): Heiterkeit Lustigkeit (Vergnügtheit) Traurigkeit (Schwermut) Mißmut (Verdrossenheit)	Affekte (Erregungsformen): Wut Aufregung Angst Ekstase
		Das Selbstgefühl	Eigenmachtgefühl (Selbstvertrauen)	Eigenwertgefühl (Geltungsbewußtsein)	
		Die gerichteten Gefühle	Rückbezogene Formen: Freude, Trauer, Zorn, Vergnügen, Erwartung, Ärger, Erschrecken, Hoffnung, Resignation, Furcht, Verzweiflung	Mitmenschlich gerichtete Formen: Mitfreude und Mitleid, Schadenfreude, Neid, mitmenschliche Liebe, Haß, Achtung, Verachtung, Verehrung, Spott	
Oberbau- Denken und bewußtes Wollen	zukunfts-	*Die Strebungen*	Daseinsdrang: Tätigkeits-, Genuß-, Erlebnisdrang Die Egoismen: Selbstsucht, Selbstlosigkeit, Geltungs- und Machtstreben	Transitive Strebungen: Schaffensdrang, Interessen, Liebe zu etwas, normative Strebungen, soziale Strebungen	
		Der Wille / *Der noëtische Oberbau*	*Der Wille* mit: Willenskraft Selbständigkeit der Zielsetzung Entschlußfähigkeit Anstrengungsbereitschaft u.a.m.	*Der noëtische Oberbau* mit: Abstraktionsfähigkeit Urteilsfähigkeit Kombinationsfähigkeit folgerichtiges Denken u.a.m.	

terologie, ging in der →Persönlichkeitspsychologie auf. ● Die Hauptvertreter, die sich um den sog. Charakteraufbau (→Tabellen) bemühten, sind: KLAGES, LERSCH, ROTHAKKER, WELLEK. Sie unterschieden auch unter drei Bedeutungen von C.: (1) der phänomenologisch-ästhetischen im Sinne der allgemeinen Charakterisierung von Gegebenem, (2) der ethischen mit C. als Wert, (3) der ps., mit der die indiv. Eigenart gemeint ist. *R-H*

character-education-inquiry, eine um 1920 von der *Religious Education Association* angeregte, von HARTSHORNE und MAY geleitete und unter Supervision von E. L. THORNDIKE durchgeführte Untersuchung zur charakterlichen Erziehung von Kindern.

Diese Untersuchung, die unter dem Aspekt der Methoden und des Erfolgs der religiösen Erziehung von Kindern inauguriert war, wurde zu einer bedeutsamen Untersuchung zur objektiven Persönlichkeitsmessung und zur Frage der Konsistenz vs. Situationsabhängigkeit von Persönlichkeitseigenschaften. Mit einer größeren Batterie von Untersuchungsverfahren (Beobachtung, Fragebogen, Lebenslauf, Rating-Verfahren, Tests, Experimenten) haben die Untersucher Aspekte des moralischen Verhaltens (Ehrlichkeit, Stehlen, Lügen, Hilfsbereitschaft usw.) bei Kindern in verschiedenen Lebenssituationen untersucht. Die Autoren kommen zu der Folgerung, daß die Konsistenz des Verhaltens von einer Situation zur anderen mehr durch die Ähnlichkeit der Situationen als durch konsistente Persönlichkeitseigenschaften bestimmt wird. Die vorgelegten Resultate wurden von verschiedenen Seiten einer kritischen Analyse unterzogen: z. B. sei die Untersuchung an Kindern durchgeführt worden, bei denen der soziale Lernprozeß noch nicht abgeschlossen war. BURTON (1963) hat die Ergebnisse faktoriell reanalysiert und kommt zu dem Schluß, daß ein substantieller Anteil des moralischen Verhaltens situationsunabhängig sei. Die *c. e. i.* wurde auf Grund der bei der Untersuchung verwendeten Verfahren zur Persönlichkeitsmessung für die gesamte Persönlichkeitsforschung bedeutsam. Die Autoren haben nämlich versucht, Persönlichkeitseigenschaften mittels →objektiver Tests zu erfassen. Ⓛ HARTSHORNE et al. 1929 *Hä-R*

Charaktereigenschaften →Eigenschaften

Charakterkunde, Bez. wie Charakterologie. ● (speziell) Bez. für die von F. KÜNKEL (1889–1956) entwickelte tiefenps.-psychoanalytische Lehre mit dem betonten Ziel, aus der Polarität von Ich-Haftigkeit und Wir-Haftigkeit helfend zugunsten des Wir, des Ur-Wir zu wirken und dem Zerfall im Wir-Bruch zu steuern.

Charakterologie, Charakterkunde. Das Teilgebiet der Ps., das sich mit der Beschreibung der Erscheinungsformen des Charakters und mit der Erforschung seiner Entwicklung (Verhältnis von Anlage und Umwelt) befaßt.

Weiterhin gehören zur Ch. die theoretischen und spekulativen Deutungen des Charakters, die sich insbesondere auf seinen »Aufbau«, den Aufweis verschiedener Charaktertypen und das Wesen des Charakters beziehen. Als Beschreibung typischer Charakterformen gab es schon im Altertum eine Ch. Neben verschiedenen Philosophen war es THEOPHRAST von Eresus auf Lesbos, der um 319 v. Chr. Charaktere beschrieb. Auch die Lehre von den Körpersäften als der Grundlage der Temperamente ⟨HIPPOKRATES, GALEN⟩ gehört zur Ch. des Altertums. Im 17. Jhd. erneuerte Jean DE LA BRUYÈRE die Ch.beschreibungen des THEOPHRAST. Auch die seinerzeit stark beachtete Menschenkunde von LA CHAMBRE ist zu nennen. Ebenso die Bemühungen von THOMASIUS, der den Ch. in Graden bestimmen wollte. Im 18. Jhd. sind die breiten Ansätze einer Erfahrungsseelenkunde und Bekenntnisliteratur ⟨MORITZ, LAVATER, ROUSSEAU⟩ wie auch die aphoristischen Anmerkungen LICHTENBERGS Vorläufer einer Ch. Die Ausdruckslehre des Charakters geht auf die →Physiognomik und die →Phrenologie zurück. Das Wort verwendete zuerst Julius BAHNSEN (1830–1881) in seinen »Beiträgen zur Charakterologie« (1867). Der Unterschied von Innen- und Außenaspekt geht auf ihn zurück. Für die deutsche Ch. waren Ludwig KLAGES (1872–1956) und Philipp LERSCH (1898–1972) die besonderen Wegbereiter neben R. ALLERS, G. EWALD, P. HÄBERLIN, R. HEISS, A. KRONFELD, H. NOHL, G. PFAHLER, A. PFÄNDER, H. PRINZHORN, O. TUMLIRZ, E. UTITZ, der ab 1925 auch Jahrbücher der Ch. herausgab, und O. WEININGER.

Während zur geisteswissenschaftlichen Ps. (DILTHEY u. SPRANGER) noch Querverbindungen bestanden, ist die Ch. für die empirische Ps. heute nur mehr von historischer Bedeutung. Die Beschreibung von Persönlichkeitsmerkmalen erfolgt mit neuen Methoden: →Dimension, →Faktorenanalyse, →Faktorentheorien der Persönlichkeit, →Persönlichkeitsfaktor.

Charakterologischer Intelligenz-Test Ⓣ WARTEGG-SACHER

Charakterradikale, fiktive »seelische« Grundfunktionen, auf die sich die Charaktereigenschaften (der »Charakter«) zurückführen lassen.

G. EWALD hat sechs solcher C. aufgestellt: die Eindrucksfähigkeit für Erlebnisse – die Retentionsfähigkeit (das Nachschwingenlassen) für gefühlsbetonte Erlebnisse – die Beeindruckbarkeit für Erlebnisse und Zustände des primitiven Trieb-

Ichs – die Retentionsfähigkeit für solche Erlebnisse – die intellektuelle Steuerung der Erlebnisse (sachliches Nachdenken) – die Ableitungsfähigkeit von Erlebnissen, die mehr sthenische oder asthenische Einstellung bedingt. →Radikal, →Aufhellung, strukturelle. Vgl. Typologie

Charakterstörungen, In der älteren Ps. benützte Sammelbez. für Abweichungen vom charakterlichen »Normalverhalten« aus verschiedensten Ursachen. Im besonderen wurden unter Ch. die psychopathischen Abartigkeiten verstanden. →Psychopathie

Charakter-Tests →Persönlichkeitstests

Charisma [gr. Begnadung, Gnadengeschenk], nach Max WEBER (1956[4]) die Qualität einer Persönlichkeit, um deretwillen sie als mit außeralltäglichen, nicht jedem andern zugänglichen Kräften oder Eigenschaften, als »gottgesandt« gewertet wird.

Charkow-Test Ⓣ DUNAJEWSKI

Charme [frz.], Zauber, Reiz, die anziehende Wirkung einer Person auf ihre Mitwelt ● Auch →Hypotaxie [gr. *hypotaxis* Unterwürfigkeit] genannt ⟨FOREL⟩ als Bez. für einen leicht hypnotischen Zustand, in dem bereits →Suggestionen angenommen werden. Ⓛ FOREL

CHARPENTIERsches Gesetz, besagt, daß für die Größe des optischen Schwellenreizes das Produkt von Lichtintensität und Größe des Netzhautbildes konstant ist.

*

CHARPENTIER, Augustin / 1852–1916 / Physiol., Neurologe / Nancy

CHARPENTIERsche Täuschung, Simultan-Schwere-Kontrast, hebt man mit einem Arm ein leichtes und zugleich mit dem anderen Arm ein schwereres Gewicht, dann erscheint das leichte noch leichter, als wenn es allein gehoben wird. →Ankerreiz

CHARPENTIER-KOSELEFF-Täuschung, Größen-Gewichts-Täuschung, von 2 Gegenständen versch. Größe und objektiv gleichem Gewicht (gleich ob sie optisch oder taktil erfaßt werden) erscheint der kleinere Gegenstand schwerer. →Ankerreiz

*

KOSELEFF, Paul / *1911 Dresden / Kopenhagen (Universität)

checklist, Checkliste, Kontrolliste, Prüfliste, Merkliste; meistens eine Liste mit Variablen, deren Vorhandensein bei einzelnen Personen überprüft wird. *F-R*

Cheirologie [gr. *cheir* Hand], Hand- oder Fingersprache der Taubstummen, die sich nach der frz. Lehrweise durch Stellung der Finger Zeichen geben. ● Handlesekunst, →Chiromantik

Chemorezeptoren, Sinnesorgane für chemische Reize (z. B. Geruch und Geschmack). Vgl. Sinne.

Chemotaxis, gerichtete freie Ortsbewegung, die durch einen chemischen Reiz ausgelöst wird. →Taxis, →Tropismus *P-S*

CHEVREULsches Pendel, Suggestibilitätsprobe, bei der die Vp versucht, einen Pendel bewegungslos über einem Punkt zu halten. Der Vl suggeriert dabei eine kreisende Bewegung, instruiert aber die Person, trotzdem ruhig zu halten. Die maximale Pendelbewegung in horizontale Richtung gilt als Maß für motorische Suggestibilität (→Suggestion). Vgl. Pendelversuch *Bi-R*

Chiaroscuro [ital. hell-dunkel], Begriff stammt aus der Malerei und bezeichnet eine Verteilung von Licht und Schatten in der Weise, daß eine räumliche Illusion entsteht. RORSCHACH bezeichnete räumliche Deutungen, die durch Schattierungsverhältnisse zustande gekommen waren, als Ch.

chiasma opticum [gr. *chíasma* Kreuzung, lat. *opticum* hier so viel wie zum Sehen gehörig], die Sehnervenkreuzung hinter der vorderen Schädelgrube vor der Hypophyse →Sehbahn

Chicago-School →Funktionalismus

Chiffre-Test, *code test* Ⓣ GIESE, GODDARD-TERMAN

child guidance, die in USA und England entwickelte, heute weit verbreitete Methode für Interventionen bei kindlichen Verhaltens- und Entwicklungsstörungen einschl. Elternberatung. Zur c. g. gehört die Zusammenarbeit von Kinderarzt (evtl. Kinderpsychiater), klinischem Psychologen und Fürsorger. →guidance. Ⓛ LÜCKERT

child guidance clinic, die Institution der →*child guidance,* sei es, daß diese stationär oder in ambulanter Form bei Beratungsstellen (evtl. verknüpft mit Behandlung) durchgeführt wird. Die erste c. g. c. wurde von WITMER 1896 in Philadelphia eingerichtet.

Children's Apperception Test Ⓣ BELLAK

Chi-Quadrat-Tests, eine Gruppe statistischer Prüfverfahren, die auf der Chi-Quadrat-Verteilung beruhen. Zu den bekanntesten von ihnen zählt die Signifikanzprüfung der Abweichungen einer beobachteten (empirischen) von einer erwarteten (theoretischen) Häufigkeitsverteilung und die zweier empirischer Verteilungen, die nach der Formel

$$\chi^2 = \sum \frac{(o-e)^2}{e}$$

erfolgt, wobei o die beobachteten und e die erwarteten Häufigkeiten bezeichnen. *Mi-A*

Chi-Quadrat-Verteilung, Verteilungsgesetz für die Summe von Abweichungsquadraten. *Mi-A*

Chirognomik, Chirologie, Chiromantik [aus gr. *cheir* Hand, *gnome* Erkenntnis, *logos* Lehre, *manteia* Weissagung], drei Bez. zum gleichen Thema Handlesekunst, d. h. aus der Form, Beschaffenheit und den Linien der Hand den Charakter, die Begabungen und den körperlichen Status bestimmen (auch die Zukunft weissagen) zu können.

Die Chiromantik ist als Volksglaube in Indien und China seit Jahrtausenden verbreitet. Auch in Europa reicht sie weit zurück und hatte eine Blütezeit im 16. bis 18. Jhd. Die Grundlagen der Deutung sind meist ähnlich denen der Astrologie (Einteilung der Hand in Planetengebiete, Verteilung der Handlinien auf Verstand, Leben, Gemüt, Herz, Leber etc.). Mit Chiromantik wird vorwiegend das bloße Wahrsagen, mit Chirognomik und Chirologie das um Systematik bemühte Ausdeuten der Hand bezeichnet.

Chirospasmus [gr. *spasmós* Krampf], Schreibkrampf

Chitismus, fehlerhafte Artikulation der ch-Laute. →Sigmatismus

Chlordiazepoxyd, eine zur Gruppe der →Tranquilantien zählende psychotrope Substanz. →Pharmakopsychologie, →Psychopharmaka

Chloropsie, Grünsehen →Chromopsie

Chlorpromazin, psychotrope Substanz (Neuroleptikum), →Psychopharmaka

Choleriker, cholerisch →Typologie

Cholinergika, Substanzen mit cholinergischer Wirkung.

cholinergisch, svw. in der Wirkung dem →Acetylcholin entsprechen (nahekommen), d. h. wirksam sein (erregend wirken) bei Nerven bzw. nervösen Systemen (mit Acetylcholin als Wirkstoff). →adrenergisch, →Ergotropie

Cholinesterase, Enzym, das den Abbau von Acetylcholin fördert.

Chorea [gr. *choreía* Reigen, Tanz], Veitstanz nach dem Schutzpatron St. VITUS. Infolge Hirnschädigung im extrapyramidalen System kommt es zu ungewollten, ausfahrenden, schleudernden Bewegungen, besonders an Arm, Schultern und Gesicht. Sie stellen sich regellos ein und laufen rasch ab. Durch →Hyperkinesen wird der Gang gestört, die Sprache (→Dysarthrie) beeinträchtigt und das Schreiben erschwert. Die Bewegungen sind willentlich nicht zu unterdrücken, steigern sich bei affektiver Erregung und hören im Schlaf auf. • *ch. chronica progressiva hereditaria, HUNTINGTONsche ch.* (1872 beschrieben), beruht auf degenerativen Prozessen des extrapyramidalen Systems und der Hirnrinde. Sie setzt zwischen dem 30. und 45. Lebensjahr ein, ist fortschreitend und führt zu ps. Veränderungen wie Halt-, Takt- und Kritiklosigkeit. Die Krankheit ist dominant vererbbar, sie führt zu →Demenz und einem →organischen Psychosyndrom. • *ch. major, ch. germanorum* ist heute nicht mehr übliche Bez. des hysterischen Anfalls mit seinen motorischen Erscheinungen. Im Mittelalter ist sie als Tanzwut endemisch aufgetreten. • *ch. minor, ch. infectiosa, ch. angelorum, ch. SYDENHAM* (1686 beschrieben). Bei ihr besteht neben den anderen choreatischen Symptomen eine Muskelhypotonie mit Reizbarkeit und Weinerlichkeit bis zu symptomatischen Psychosen (vorübergehend).

Chorioidea [gr. *chorion* Haut, *eidos* Aussehen], Aderhaut des Auges. Die Bez. zielt auf die Ähnlichkeit mit dem gleich gefäßreichen Chorion (= Zottenhaut, mittlere Eihaut).

Chromatid, Bestandteil der →Chromosomen. →Mitose

chromatisch [gr. *chróma* Farbe], gefärbt, auf Farben bezüglich. →Spektrum. • musikalisch: aus Halbtonschritten aufgebaute Tonleiter.

chromatische Aberration →Aberration

Chromatismen →Synästhesie

Chromatodysopsie, Farbenblindheit

Chromatoptometer, Vorr. zur Bestimmung der Farbenblindheit. Ähnlich dem →Anomaloskop.

Chromomeren, [gr. *meros* Teil], sichtbare knotenartige Verdickungen auf den →Chromosomen, die in der Prophase der Zellteilungen sichtbar werden *D-E*

Chromopsie, farbiges Sehen nicht gefärbter (bzw. für das normale Auge anders gefärbter) Gegenstände, zumeist hervorgerufen durch Vergiftung, z. B. Botulismus. Gelbsehen = Xanthopsie [aus gr. *xanthos* gelb], Grünsehen = Chloropsie [aus gr. *chloros* grün], Rotsehen = Erythropsie [aus gr. *erythros* rot]

Chromosom, Träger der Erbanlagen für alle →mendelnden Merkmale. Die Ch., auch Kernfäden oder Kernschleifen, die aus →Proteinen und →Nukleinsäuren bestehen, sind Hauptbestandteil des →Nucleus. Zu Beginn der →Mitose werden die Chromosomen als Einzelfäden sichtbar.

Jedes Individuum (Pflanze und Tier) besitzt in jeder seiner Körperzellen eine für seine →Art charakteristische Zahl von Ch. Diese Ch. bilden den Ch.satz, jeweils zwei davon sind identisch bezüglich ihrer Morphologie, sie bilden ein Paar. Ein Ch.satz, der aus Paaren besteht, ist diploid (doppelt). Bei der Bildung der →Gameten werden die Paare getrennt, und es entstehen identische haploide (einfache) Sätze, die bei der Verschmelzung der Geschlechtszellen dann wieder einen diploiden Satz bilden. Die Ausprägung der Geschlechtsmerkmale wird durch ein besonderes Chromosomenpaar, die Geschlechtschromosomen, bestimmt: Von den 46 Chromosomen des Menschen bestimmt ein Paar die Geschlechtsvererbung. Die Frau besitzt zwei X-Chromosomen, der Mann besitzt ein X-Chromosom und ein Y-Chromosom. →DOWN-Syndrom →KLINEFELTER-Syndrom, →TURNER-Syndrom *D-E*

Chromosomen-Aberration, syn. chromosomale Anomalie, die in einem Genverlust oder -überschuß mit somatischen und ps. Folgen bestehende Abweichung von der Norm. Wichtigste Formen: →TURNER-Syndrom (XXY statt XY u. a.) und das →DOWN-Syndrom.

Chromosomenmutation →Mutation

Chromosomentheorie, die theoret. Annahmen über die Bedeutung der Chromosomen als Träger der mendelnden Erbanlagen. →Chromosom

Chronaxie [gr. *chrónos* Zeit, *axía* Wert], ein zeitlicher Kennwert für die Erregbarkeit eines Organs, definiert als diejenige Mindestzeit, während der ein Strom von der doppelten Stärke des elektrischen Schwellenreizes (der →Rheobase) auf einen Nerven oder Muskel einwirken muß, um eine Reaktion hervorzurufen.

Chronizität [zu gr. *chronos* Zeit, *chronikos* zeitlich, lang], langsamer Verlauf z. B. eines Prozesses (Krankheit). Ggs. Akuität

Chronograph, Vorrichtung zur Aufzeichnung kleinster Zeiten, für zwei oder mehr aufeinanderfolgende Vorgänge bei Reaktionsvers. →Chronoskop. Heute meist elektronische Geräte.

Chronopsychologie, die Lehre von der erlebten Dauer, Gleichzeitigkeit und zeitlichen Folge sowie von den Zeitcharakteristika aller ps. Prozesse und der Zeitorientierung. →Zeit, psychische, →Zeitperspektive, →Zeitschwelle, →Zeittäuschung. →Zukunftserleben. Ⓛ BERGIUS 1969

Chronoskop ⟨WHEATSTONE, HIPP u. a.⟩, eine Uhr zur Messung kleinster Zeiten, die besonders bei Reaktionsversuchen verwendet wurde.

chthonisch [gr.] erdhaft, dem Unterirdischen und seinen Kräften, wie seinen Gottheiten, verbunden, rauschhaft, fruchtbar.

chunk [engl. Bündel], akustische (oder visuelle) Einheit aus mehreren Elementen bei der Speicherung im Gedächtnis (G. A. MILLER 1956)

CIA, *Coefficient of Intellectual Ability.* Von YERKES u. Mitarbeitern für die Intelligenzmessung eingeführter Quotient aus individuellem Punktwert (Summe der Punktzahlen der gelösten Aufgaben) und Punktwert der Altersgruppe.

CIE (Commission Internationale de l'Eclairage) →Kolorimetrie

circadian [zu lat. *circa* ungefähr, *dies* Tag], tagesperiodisch.

circadianer Rhythmus →Aktivitätsperiodik

circulus vitiosus →Teufelskreis

CIT Ⓣ WARTEGG-SACHER

Clairvoyance [frz.], auch Luzidität [lat. *lúcidus* leuchtend], →Hellsehen, →Parapsychologie

Clan [Begriff aus der Stammesverfassung des schottischen Hochlands], eine engere Stammesgemeinschaft bei Naturvölkern, innerhalb der bestimmte Gebote und Verbote in bezug auf soziales und sexuelles Zusammenleben gelten. Ⓛ THURNWALD

Claustrophilie [lat. *claustrum* Schloß], krankhafter Drang, sich einzuschließen

Claustrophobie, Angst vor dem Aufenthalt in verschlossenen Räumen. Auch Klitrophobie genannt. →Phobie

Clownismus, hysterische Körper- und Gliederverdrehungen

cloze-Technik, in Anlehnung an SHANNON, von TAYLOR 1953 entwickelte Methode zur Bestimmung der Lesbarkeit von Texten: Durch Weglassen von Wörtern in dem zu prüfenden Text werden Lücken geschaffen, in die Vpn Wörter einsetzen, die ihnen in den Kontext zu passen scheinen. Aus der Anzahl der Treffer sowie aus dem Informationsgehalt (→Sprachstatistik) der eingesetzten Wörter schließt man auf die mittlere relative Geläufigkeit der Text-Bestandteile sowie auf die Kontext-→Redundanz. Die c. läßt sich auch in der Sprachdiagnostik zur Erfassung von individuellen Unterschieden und von Vorgängen bei der →Sprachentwicklung anwenden. Ⓛ TAYLOR 1953 *Z-N*

cluster [engl.] Klumpen, Traube, Büschel.

Cluster-Analyse, von TRYON (1939) eingeführte, inzwischen vielfältig weiterentwickelte Methode der Isolierung weniger allgemeiner Eigenschaften von Variablen (z. B. Tests, Personen) aufgrund ihrer Sortierung in miteinander korrelierenden Untergruppen (→cluster). Ziel der C. ist es, Cluster so zu bestimmen, daß die Korrelationen der Variablen eines Cluster zu den Variablen aller anderen Cluster möglichst niedrig sind.

Vertreter der C. halten jedoch, zum Unterschied von vielen Verfechtern der →Faktorenanalyse, die Ergebnisse der C. in erster Linie für deskriptiv zweckmäßige, aber mehr oder weniger willkürliche operationale Zusammenfassungen von Variablen in Gruppen, die nicht zur Annahme realer, zugrundeliegender Dimensionen oder Faktoren zwingen.

Zur C. zählen auch sog. Klassifikations- oder taxometrische Methoden zur Auffindung »natürlicher« Gruppierungen, die rechnerisch nicht von der Interkorrelationsmatrix, sondern von der Matrix irgendwelcher metrischer oder nichtmetrischer Distanzen einer jeden Variablen zu jeder anderen Variablen ausgehen. Ein schrittweises Vorgehen durch Zusammenfassung von kleinsten zu immer größeren Gruppen (bzw. umgekehrt durch Aufteilung größter in kleinere Gruppen) zusammengehöriger Variablen wird als »hierarchische C.« bezeichnet. Ⓛ STEINHAUSEN u. LANGER *M-R*

cluster, clustering, Tendenz zur Gruppierung. Stellt man einer Person die Aufgabe, sich Wörter aus einem bestimmten Bereich (z. B. Tiernamen) einfallen zu lassen, so kommen die Einfälle nicht in völlig ungeordneter Abfolge, sondern nach Untergruppen zusammengehörender Wörter (z. B. Haustiere, Hunderassen usw.) geordnet.

Dieses Phänomen nennt man c. Es findet sich auch, wenn man Vpn Wörter in zufälliger Reihenfolge vorliest und nach einiger Zeit bittet, zu reproduzieren. c. zeigt sich u. a. sowohl bei begrifflich bedeutungsähnlichen Wörtern als auch bei solchen Wörtern, deren assoziativer Zusammenhang empirisch ermittelt wurde. Obwohl der assoziative und begriffliche Zusammenhang zwischen Wörtern korreliert, sind beide Arten von Zusammenhang nicht identisch. Beim assoziativen Zusammenhang spielen affektive und konnotative Faktoren (→Konnotation) eine zusätzliche Rolle. c. wurde zuerst von BOUSFIELD (1953) untersucht. Ⓛ HÖRMANN 1967 *E-P*

cluttering →Poltern

CMAS (Children Manifest Anxiety Scale) Ⓣ TAYLOR

C-Norm →Standardwert

CNV, Abk. für *contingent negative variation,* ereignisbezogene, negative EEG-Abweichung.

Cocktailpartyphänomen, die Fähigkeit, aus einer Fülle akustischer Signalfolgen, die nach ihren physikalischen Charakteristika nur schwer trennbar sind, eine Signalfolge auszuwählen und selektiv wahrzunehmen, also z. B. einem Gespräch auf einer Cocktailparty zuzuhören. Ⓛ CHERRY

codability, Kodabilität, für einen →Code charakteristisches Ausmaß der Umsetzbarkeit des zu Bezeichnenden in →Zeichen. In einer →Sprache wird die c. vom Umfang und von der Differenziertheit des Zeichenvorrates (→Sprachstatistik) sowie von der Eindeutigkeit (Namen-Determinanz) der Zuordnung von Zeichen zu Bezeichnetem bestimmt. Empirisch untersuchte man die c. am Beispiel der »Farb-Codierung«: Es zeigten sich kultur-, umwelt- und entwicklungsabhängige Unterschiede in der verbalen Präzision, mit der verschiedene Sprachen Farbabstufungen beschreiben können. Die mit einer Sprache erreichbare Kommunikationsgenauigkeit hängt von der für sie geltenden c. ab. Ⓛ BROWN u. LENNEBERG 1954, WHORF 1963 *Z-N*

Code, Kode [engl. *code* Chiffrierschlüssel], (1) Verschlüsselungsvorschrift für Information, zugleich Regelsystem der Verknüpfung von →Zeichen oder das verwendete Zeichensystem selbst. Die Tätigkeit des Verschlüsselns nennt man codieren (auch: →encodieren), die des Entschlüsselns decodieren.

Der sprachliche C. eines Sprechers ist die Menge der ihm aus dem gesamten Zeichensystem der →Sprache zur Verfügung stehenden Zeichen samt Verknüpfungsmöglichkeiten und -regeln als Grundlage für die nachrichtliche Übermittlung von Inhalten (→Kommunikation). Die C. zweier Sprecher sind nur teilweise deckungsgleich und bilden eine Durchschnittsmenge, die zweier Gruppen (z. B. Schichten) ebenfalls (→Sprachbarrieren, →Soziolinguistik). Man unterscheidet beim Sprach-Code bzw. der sprachlichen (linguistischen) Codierung und Decodierung drei Ebenen: die individuelle Vorstellung, Meinung usw. wird durch den Sprecher (Sender) in den durch Konvention festgelegten Inhalt einer Sprache umgesetzt (semantische Codierung), anhand der festgelegten Kombinationsregeln untereinander verknüpft (syntaktische Codierung) und in Laute/Buchstaben ausdrucksmäßig umgeformt und übermittelt. Vorausgesetzt ist dabei, daß der Hörer (Empfänger) entsprechend den konventionellen Regeln in umgekehrter Reihenfolge die Nachricht zu decodieren imstande ist. Handelt es sich bei den Zeichen, welche durch das Regelsystem einander zugeordnet werden, um abstrakte →Symbole, so spricht man von einem symbolischen C.

Besondere Bedeutung für →Rechenautomaten hat der Binär-C., der nur die beiden Zustände »0« und »1« kennt. Durch deren Kombination werden alle Zahlen, Buchstaben und Zeichen ausgedrückt.

Beim Binärsystem entspricht der Stellenwert der Ziffern »0« und »1« den Potenzen zur Basiszahl 2. So gilt z. B. folgende Entsprechung: $1001 = 1.2^3 + 0.2^2 + 0.2^1 + 1.2^0 = 9$. Von einem alphanumerischen C. spricht man, wenn dieser sich aus Buchstaben, Ziffern und Sonderzeichen zusammensetzt. Die Ziffern sind in diesem Fall durch die numerischen Lochungen im Zahlenlochfeld repräsentiert. Die Buchstaben werden durch Kombinationen von Lochungen in der Zone (Überlochungen) und Ziffernlochungen dargestellt. *Mü-E/Hä-R*

(2) In der Gedächtnisforschung und Psycholinguistik wird C. auch als Übersetzung »externer Information in eine interne Information« verstanden (MELTON u. MARTIN 1972).

Wenn der Umfang der Information dadurch geringer wird, spricht man von reduziertem C., in dem z. B. *chunking* (→*chunk*) oder →*clustering* (Kategorisierung-BOUSFIELD) benutzt wird. Als elaborierter C. wird die Erweiterung der kognitiven Struktur durch Erzeugung von Vorstellungsbildern (PAIVIO 1971) bezeichnet (→recodieren). BERNSTEIN (1964) stellt dem elaborierten C. (in anderer Bedeutung) den restringierten C. gegenüber und meint damit (umstrittene) schichtspezifische Eigentümlichkeiten des Sprachgebrauchs, die in der →Soziolinguistik beschrieben werden (vgl. OEVERMAN 1972, 1980). *B-S*

Codein, psychotrope Substanz. →Psychopharmaka

Codierbarkeit →Codabilität

Codierung, die Umsetzung von Nachrichten in solche von anderer Form nach der Vorschrift eines →Code.

Coffein, psychotrope Substanz mit aktivierender Wirkung. Bestandteil von Kaffee. →Psychopharmaka

cognitive map →kognitive Landkarte

College Characteristics Index Ⓣ STERN

Commissura, Verbindung, Bez. für verbindende Faserstränge innerhalb des Nervensystems

commitment, in der Ps. meist i. S. von Verpflichtung oder Engagement gebraucht; c. zugunsten des einstellungskonträren Verhaltens ist z. B. eine wichtige Variable in Experimenten zur →Einstellungsänderung durch →kognitive Dissonanz (BREHM; COHEN 1962). IRLE (1975) übersetzt c. mit »Ergebenheit in eine Handlung«. *B-S*

common sense [lat. *sensus communis*], allgemeiner Verstand, »gesunder Menschenverstand« oder, wie WEBSTER (1967) definiert, die unreflektierten Meinungen des gewöhnlichen *(ordinary)* Menschen. Alltagswissen und naive Erklärungen von physikalischen Zusammenhängen (naive Physik, physikalische Theorien bei Kindern – PIAGET, ZIETZ) sind ebenso gemeint, wie vorwissenschaftliche Annahmen über Krankheiten, ihre Heilungen und Körperfunktionen (naive Medizin), über Gruppenprozesse (naive Soziologie), über interpersonale Beziehungen, Persönlichkeitsmerkmale und andere ps. Phänomene (→implizite Persönlichkeitstheorien, naive Ps., →Populärpsychologie).

● Gelegtl. wird unter c.s.-Psychologie die wissenschaftliche Beschäftigung mit allen Bereichen des Alltagswissens verstanden. HEIDER (1958, 4) meint damit aber nur die naive Ps. Die künstliche Intelligenz *(artificial intelligence)* in Form von simulierenden Computerprogrammen soll das Alltagswissen und -denken in Beziehung zum naiven Handeln setzen (SCHANK; ABELSON 1977). ● Von HEIDER oder SMEDSLUND (1972) u. a. wird die Auffassung vertreten, daß c. s. die Grundlage aller Wahrheitserkenntnis sei, andrerseits gilt aber, daß viele sog. Selbstverständlichkeiten, die mit dem c. s. gegeben sind, die Wahrheitsfindung erschweren, weil sie neue Fragen verhindern. *B-S*

Commotio [lat.], Erschütterung. C. cerebri ist die Gehirnerschütterung mit Bew.störungen, Erbrechen, ps. Beeinträchtigungen, retrograder Amnesie, die im Ggs. zur Compressio cerebri nach ihrem Auftreten abklingen. Nachwirkende Psychosen = Commotionspsychosen. Vgl. Compressio, Contusio

community-mental-health →Gemeindepsychologie

compensatory-engagement-Hypothese, Modifikation der Disengagementtheorie in der →Psychologie des Alterns, die zwischen dieser und der Aktivitätstheorie vermittelt (HAVIGHURST et al. 1969). Ⓛ LEHR

Compiler, »Übersetzer«-Programm, das ein in einer maschinenunabhängigen →Programmiersprache geschriebenes Programm in eine Maschinensprache überträgt. Für jeden Typ von Rechenautomaten und für jede Programmiersprache ist ein besonderer C. erforderlich. Wichtige C. sind der →ALGOL-C. und der →FORTRAN-C.

compliance, [engl.], Willfährigkeit, Nachgiebigkeit. ● In der Sozialps. vielfältig verwendete Bez. ● Als Patienten-*compliance* in der med. Psychologie und in der Medizin Bez. für die Befolgung ärztlicher Verordnungen, Ratschläge und Maßnahmen. Die im Zusammenhang mit der Medikamenteneinnahme und anderen ärztlichen Verordnungen festzustellende *noncompliance* kann gravierende negative Auswirkungen auf die Genesung des Patienten haben. Die →Medizinische Psychologie hat sich deshalb um die Erfassung der Bedingungen der Befolgung von Maßnahmen und Ratschlägen bemüht (LEY 1977, SCHNELLER u. WILDGRUBE 1980). • In der Medizin Maß für die Dehnbarkeit von Lunge und Thorax. *S-T*

Compressio [lat.], Druck. C. cerebri ist der Gehirndruck mit vom Auftreten an zunehmenden Bew.störungen, hervorgerufen durch Drucksteigerungen, die traumatisch, entzündlich usw. bedingt sind. Nachwirkende Psychosen = Compressionspsychosen. →Commotio, Contusio

Computer →Analogrechner, →Digitalrechner

Computerdiagnostik, die elektronische Datenverarbeitungstechnik wird bisher von der ps. Diagnostik in zweifacher Weise genutzt: zum einen für Auszählungen und einfache Berechnungen im Zusammenhang mit der Auswertung ps. Untersuchungsverfahren, zum andern für die Umsetzung von Individualdaten in ps. Aussagen, d. h. für eine ps. Dateninterpretation, die zu Entscheidungshilfen in numerischer Form oder zu maschinell erstellten verbalen Gutachten führt.

Die maschinelle Testwertauszählung *(automated scoring),* meist mit einer Transformation der Ergebnisse in Standardwerte verbunden, erfolgt im allg. über optisch-elektronische Strichmarkierungsleser und ersetzt das manuelle Auswerten von Testunterlagen mit Hilfe von Schablonen oder ähnlichen Hilfsmitteln sowie das Ablesen von Tabellen und das Übertragen der Ergebnisse. Vorteile des Verf.: Ökonomie und größere Genauigkeit. Nachteile: Unterlagen und Ergebnisse müssen in den meisten Fällen an den Standort der Rechenanlage versandt werden. Die Untersuchungsdurchführung mit Hilfe von Testgeräten, die die Bedienung einer Tastatur durch den Pb verlangen und an eine auswertende Zentraleinheit angeschlossen sind, befindet sich noch im Experimentierstadium.

Eine maschinelle Interpretation von Testdaten *(automated test interpretation)* wird in der klinisch-ps. und psychiatrischen Diagnostik in breitem Umfang betrieben, besonders im Zusammenhang mit dem MMPI (Ⓣ HATHAWAY). Zu diesem Test befinden sich in den USA Interpretationsprogramme in Verwendung, die verbal formulierte maschinelle Gutachten liefern. Seit kurzem auch ein Programm für deutschsprachige Benutzer. Neueren Datums ist die Anwendung auf andere klinisch-ps. und psychiatrische Daten (so im *Missouri Automated Standard System of Psychiatry)* und auf dem Gebiet der Laufbahnberatung (*ACT-Career Planning Program; Comparative Guidance and Placement Program; DAT-Career Planning Program; Test-Validierungs- und -Interpretations-System* Ⓣ Bundesanstalt für Arbeit). Diese Systeme liefern Eignungsaussagen (z. B. Ähnlichkeit des Ratsuchenden mit den erfolgreichen und zufriedenen Angehörigen der betreffenden Berufs- und Ausbildungsgruppe und/oder Erfolgswahrscheinlichkeiten). Bei der maschinellen Testbefundinterpretation erfolgt die Verarbeitung der Daten entweder über ein probabilistisches Verf. (Regressionsanalyse, Diskriminanzanalyse, BAYES-Verfahren), oder es dienen (bei halbautomatischem Vorgehen) die Aussagen eines oder mehrerer Experten als Grundlage für die Erstellung von Rechenprogrammen, wobei die Daten nach dem deterministischen Verf. (Kette von Ja-Nein-Entscheidungen) verarbeitet werden.

Für die Beurteilung aller Verf. der C. ist wesentlich, daß sie keineswegs grundsätzlich die Nutzung solcher Informationen ausschließen, die der Diagnostiker im unmittelbaren zwischenmenschlichen Kontakt mit dem Pb gewinnt. Im Gegenteil stützen sich einige der erwähnten Systeme vorzugsweise auf direkte Beobachtungen, die klinische Psychologen, Ärzte und Pflegepersonal im Umgang mit den Patienten anstellen. →Automat, →Maschinensprache, →Programmiersprache. Ⓛ BÜRLI 1973, CRAWFORD et al. 1974, ECKARDT 1976 *E-T*

Computersimulation →Simulation

concept →Konzept, →Begriff, →confact

Concept Formation Test Ⓣ HANFMANN-KASANIN.

conceptio →Konzeption

Condensation →Verdichtung

conditionieren, conditioning [engl.], Konditionieren, d. h. einen →bedingten Reflex (conditioned →response) setzen

confact, eine von SYMONDS geprägte Wortbildung für die Übertragung einer Verhaltensweise (→ Transfer), die hinsichtlich einer bestimmten Situation gelernt wurde (im Sinne der Ausbildung eines →habit), auf eine andere Situation. Nach SYMONDS ist eine solche Übertragung nur möglich, wenn zwischen der ursprünglichen Situation und der späteren →identische Elemente bestehen. Der korrespondierende Begr. ist *concept* und bezieht sich auf die Fähigkeit, feinste Teilidentitäten zu perzipieren. Zugrunde liegt die Auffassung, daß transfer nur stattfinden kann, wenn Teilidentitäten vorliegen. Ⓛ SYMONDS

confederates, »Vertraute«, »Verbündete« des Versuchsleiters in einem ps. Experiment. Üblicherweise soll festgestellt werden, wieweit die übrigen Vpn, die über die Rolle des *confederate* nicht informiert worden sind, sich durch diesen beeinflussen lassen. *F-R*

conjoint measurement, *additive c. m.*, Addition von Meßwerten soll das Enthaltensein von mehreren Eigenschaften in einem Objekt abbilden. →Meßtheorie

conservative focusing, [engl.], Selektionsstrategie bei der Begriffsbildung. →Fokussieren

construct [engl.] →Konstrukt

constructional apraxia, Konstruktive →Apraxie

consumer research →Wirtschaftspsychologie

Contamination →Kontamination

Contentanalyse →Inhaltsanalyse

Contentvalidität, svw. inhaltliche Validität, →Validität

Contrectationstrieb →Sexualität (Tabelle)

Contusio [lat.], Quetschung. C. cerebri ist die Gehirnquetschung bzw. Zertrümmerung von Gehirngewebe mit schwerer Bewußtlosigkeit, die, im Ggs. zu der bei Commotio oder Compressio auftretenden Beeinträchtigung, gleichbleibend längere Zeit anhält. Vgl. Commotio, Compressio

Cooperative School and College Ability Tests Ⓣ Educational Testing Service

coping [engl. *cope* handeln, kämpfen mit], Auseinandersetzung, Bewältigung. Bez. für vorwiegend kognitive Strategien der Auseinandersetzung mit Stressoren und belastenden Situationen. Als Oberbegriff kann die Adaptation (DAVIES-OSTERKAMP 1980) gelten. Eine sehr breite Coping-Dimension ist →Repression-Sensitization. *S-T*

coping-Modell, vom →Modell wird ein Bewältigungsverhalten gezeigt, das ausdrücklich die Schwierigkeiten zu erkennen gibt, die einem erfolgreichen Umgang mit einer bestimmten Anforderung im Wege stehen. →*mastery*-Modell *S-E*

cornea [lat. *corneus* aus Horn], Hornhaut →Auge

CORNELL-Methode, CORNELL-Technik [benannt nach der CORNELL-University], die von L. A. GUTTMAN entwickelte Meth. zur Einstellungsmessung. →Einstellungsskalen. Ⓛ GUTTMAN

corpus callosum →Gehirn

corpus luteum, gelber Körper (GRAAFscher Follikel) →Hormone

correction for attenuation →Minderungskorrektur

cortex cerebri →Gehirn

cortical, svw. den →Cortex betreffend. Zudem Bez. für Gehirnvorgänge, die wie Denken, kognitives Verhalten usw. bewußt und rational ablaufen i. Ggs. zu den subcortical (unbewußt) ablaufenden Vorgängen.

Corticosteron, Nebennierenrinden-Hormon, →Hormone

corticotropes Hormon →Hormone

Corticotropin, syn. ACTH, adrenocorticotropes Hormon, →Hormone

CORTIsches Organ, ein auf dem häutigen Stück der Schneckenquerleiste des Ohres, der sog. Grundmembran, befindliches kleines Gebilde, in das die Haarsinneszellen eingebaut sind.

*

CORTI, Alfonso, Marchese / 1822–1876 / Med. u. Anat. / Pavia, Wien, Utrecht

Cortisol, svw. Hydrocortisol, →Hormone

Cortison, aus der Nebennierenrinde isoliertes Hormon, →Hormone

cosπ-Formel, eine Formel zur Schätzung des korrelativen Zusammenhanges zwischen zwei kontinuierlichen Variablen, die mittels Medianhalbierung in zweiklassige Variablen umgewandelt wurden *Mi-A*

COUÉismus, das von COUÉ (angeregt durch die Arbeiten der Nancyer Schule, LIÉBAULT und BERNHEIM), entwickelte und popularisierte Autosuggestionsverfahren. Beziehungen zum autogenen Training von J. H. SCHULTZ sind zu erkennen. Eine Besonderheit der zur Konzentrationsübung benützte Satz: Mit jedem Tag geht es mir in jeder Hinsicht besser und besser. Ⓛ BAUDOUIN, COUÉ

*

COUÉ, Emile / 1857–1926 / Apotheker, Psychotherapeut / Nancy

counseling, [engl.], diejenige →Beratung, die unspezifische Verfahren und Denkkonstrukte aus gängigen Psychotherapieverfahren entnimmt und zu einer Behandlungsstrategie verbindet. Neben dieser Eingrenzung sind aber auch gebräuchlich: *guidance counseling* (Führung, Wegweisung) und auch Therapie im engeren und weiteren Sinne. Ⓛ TRUAX 1966 *R-S*

Couvade [frz. *couver* brüten], Männerkindbett. Aus →Tabuvorstellungen stammende

Sitte, daß der Mann zugleich mit der Wöchnerin oder an deren Stelle im Kindbett liegt.

covert response, covert behavior [engl. verborgene Reaktion, verdecktes Verhalten] Begr. des →Behaviorismus für nicht direkt beobachtbare, doch indirekt (z. B. über Blutdruck, Drüsensekretion, Tonus u. a.) erschließbare Vorgänge. →*response.* ● Das Denken wird von WATSON in seine behavioristische Theorie als c. r. aufgenommen, insofern allen Denkprozessen kaum wahrnehmbare Bewegungen der Muskulatur der Sprechorgane korrespondieren sollen *(implicit speech)*. Letzeres befindet sich mit der motorischen Theorie des Bewußtseins in Einklang *(→motor theory of consciousness)*. Ⓛ WATSON

CPI Ⓣ GOUGH

CR, Abk. für *conditioned response (reaction)* →bedingter Reflex

Creativität →Kreativität

CRESPI-Effekt, CRESPI-Phänomen. Kontrasteffekt bei der Veränderung von Belohnungen (Verstärkungen). Eine kleine Belohnung (→Anreiz) vor einer größeren verstärkt die Verhaltenswahrscheinlichkeiten mehr, als wenn die gleiche kleine Belohnungsmenge nach Lernversuchen *(trials)* mit größeren Belohnungen gegeben wird. Letzteres wirkt u. U. als Bestrafung Ⓛ CRESPI 1942 *B-S*

*

CRESPI, Leo Paul / * 1916 (Aurora, Ill.) / Sozialps., Kommunikationsps. /Princeton Univ.

cri du chat-Syndrom →Stimmstörung

CRONBACH →Konsistenzkoeffizient

*

CRONBACH, Lee Joseph / *1916 (Fresno, Calif.) / Psychologe / Stanford Univ.

crossed aphasia, gekreuzte Aphasie, seltener auftretende Sprachstörungen bei Rechtshändern nach Verletzung der rechten, nichtdominanten Hemisphäre (→Aphasie). Ⓛ HECAEN u. ALBERT 1978 *G-N*

cross-cultural-research, kulturvergleichende Forschung. →Kulturpsych.

crossing-over, Überkreuzung, →Faktorenaustausch

crowding [von engl. *crowd* Menschenmenge, Masse], eine Form des →kollektiven Verhaltens, Verursachen von Gedränge, Massenbildung, ursprünglich in der Tierps. beobachtet. Bei Affen z. B. mit Herabsetzung der Schwelle zum aggressiven Verhalten verbunden. Nach HALL 1966 ist c. jedoch nicht einfach die Dichte von Menschen auf der Raumeinheit, sondern ein spezifisches Gefühl der Beeinträchtigung durch zu enge Berührung mit anderen Personen (Unterschreitung der →Individualdistanz). In den versch. Kulturen soll es unterschiedliche Toleranzen für das c. geben. →Masse, →Grenzkontrolle *B-S*

CS, Abk. für *conditioned stimulus,* bedingter Reiz, →bedinger Reflex

CSMD Ⓣ BAYLAY

CTMM Ⓣ TIEGS

Cube-Test Ⓣ KNOX

cue, Hinweis-Merkmal von Reizkonstellationen, das beim →Konditionieren die reaktionsauslösende Fähigkeit erlangt hat oder das die Unterscheidung von einer anderen Reizkonstellation ermöglicht. ● In der Lerntheorie von E. R. GUTHRIE ein beliebiger, konditionierter (unkonditionierter) Stimulus für die Reaktion. *B-S*

cultural lag [engl. *lag* Verzögerung, kulturelle Verschiebung], ein von dem amerikanischen Soziologen OGBURN geprägter Begr. für »partielle Kulturrückständigkeit«, d. h. für das Zurückbleiben bestimmter Einrichtungen hinter anderen kulturellen Errungenschaften (Diskrepanz zwischen unserer immateriellen Kultur, unseren sozialen Institutionen und dem Fortschritt der materiellen Kultur, der Technik bzw. der modernen Naturwissenschaft). Ⓛ BARNES, OGBURN

culture-fair-Test (bzw. *culture-free*), Tests, deren Aufgabenstellung weitgehend unabhängig vom kulturellen Hintergrund und den Sozialisierungsbedingungen der Versuchsperson sein sollen. Wichtige kulturabhängige Einflüsse auf die Testresultate sind die Sprache, die Testmotivation und die Reaktion auf die Testinhalte. Als erster →sprachfreier Test wurde von YERKES der *Army-Examination-Beta* Gruppentest entwickelt. Er enthielt Untertests wie z. B. Labyrinthe, Zeichenergänzungstests, Zahlensymboltests usw. Als kulturunabhängige Tests zur Messung der intellektuellen Leistungsfähigkeit sind heute der CFT (Ⓣ CATTELL) und die Progressiven Matrizen (Ⓣ RAVEN) verbreitet *Hä-R*

culture-free Tests →culture-fair-Test

Curare, Nervengift, das zu vollständiger Bewegungsunfähigkeit führen kann.

Curriculum ähnlich wie die herkömmlichen Lehrpläne stellt ein C. zunächst einen Katalog von Zielen und Inhalten eines Faches, eines Schultyps oder Studiengangs dar. Mit C. ist aber – über die Lehrpläne alten Stils hinausgehend – der Anspruch verbunden, daß das C. auch die zur Realisierung der Inhalte notwendigen Materialien (Texte, Geräte usw.) und Methoden bereitstellt oder nennt sowie Verfahren zur Überprüfung des Erreichens der Lernziele enthält. Solche *»teacher-proof«*-C., die den Lehrer nur noch als Verwaltungsorgan benötigen, treten immer mehr in den Hintergrund zugunsten von »offenen« C., die dem Unterricht nur die Ziele vorgeben und dem Lehrer die Auswahl von Inhalten, Methoden und Materialien überlassen bzw. ihm verschiedene Wahlmöglichkeiten anbieten.

Ein weiteres Charakteristikum des C. gegenüber dem Lehrplan ist, daß eine weitestmögliche Transparenz bei der Auswahl von Zielen und Inhalten angestrebt wird. Sofern nicht intersubjektiv nachprüfbare Begründungen der jeweiligen Schritte möglich sind, wird zumindest die intersubjektive Nachvollziehbarkeit der Entscheidungsprozesse verlangt. Der Prozeß der C.entwicklung geht aus von der Prämisse, daß jeder Unterricht dazu beitragen soll, zu erwartende Lebenssituationen zu bewältigen. In einem ersten Schritt müssen also solche möglichen Situationen analysiert und antizipiert werden; danach müssen Qualifikationen definiert werden, die zur Bewältigung dieser Situationen von Nutzen sind; auf einer dritten Ebene werden dann Inhalte ausgewählt, die diese Qualifikationen vermitteln. Dieses Konzept (ROBINSOHN 1972) steht – mehr oder weniger eindeutig – hinter jeder theoretischen Begründung curricularer Arbeit. Weiterhin impliziert – idealtypisch gesehen – der Begriff C. eine Überprüfung hinsichtlich der Erreichung der von ihm verfolgten Ziele. Der C.evaluation kommt daher die Aufgabe zu, zu ermitteln, in welchem Maß die im C. aufgeführten Inhalte in Verbindung mit den Materialien und Methoden zur Erreichung der Ziele des C. beitragen. Formative Evaluation überprüft das C. während seiner Entwicklungsphase und parallel hierzu, während summative Evaluation das fertige C. nach abgeschl. Entwicklungsprozeß einer Überprüfung unterzieht. Ⓛ ACHTENHAGEN *Mu-R*

Curriculumforschung, im weitesten Sinn kann jeder Beitrag zur Analyse von künftigen Lebenssituationen bereits als C. gelten. Dies hätte jedoch eine begriffliche Unklarheit zur Folge, so daß jetzt unter C. Verfahren zur Herbeiführung eines rationalen Konsensus bei der Ziel- und Inhaltsfindung einerseits und Evaluation des →Curriculums andererseits verstanden werden sollen.

Im Zuge der Entwicklung der C. kommen als Forschungsmethoden vor allem Befragungs- und Interviewtechniken in den verschiedensten Ausprägungen in Frage. Eine besondere Rolle spielen mehrstufige Befragungen, bei denen den Befragten die Ergebnisse der je vorhergehenden Befragung bekanntgegeben werden (→Delphi-Technik). Als Adressaten solcher Befragungen im Rahmen der C.entwicklung kommen in erster Linie Vertreter der jeweiligen fachlichen Disziplin, Vertreter der Sozialwissenschaften sowie Vertreter der künftigen »Abnehmer« von Schülern und Studenten – also Wirtschaft, Behörden, Universitäten, Politiker – in Frage. Es sei darauf hingewiesen, daß Erhebungen dieser Art in den meisten C.projekten jedoch nur als Forderung auftreten. Im Rahmen der Curriculumevaluation kommen hauptsächlich informelle und standardisierte Testverfahren sowie Verfahren der Einstellungsmessung zur Anwendung. Praktisch nicht durchführbar sind experimentelle Vergleiche alternativer Curricula oder Teile von Curricula, dies wäre – auch wenn vergleichbare Curriculumalternativen zur Verfügung gestellt werden könnten – aus methodologischen Gründen nur als Fallstudie bzw. im Rahmen von Handlungsforschung möglich. *Mu-R*

CUSHING-Syndrom, durch Störung in der Funktion des Hypophysenvorderlappens oder der Nebennierenrinde ausgelöste Erkrankung mit Fettsucht (besonders Leib und Gesicht), Erlöschen der Keimdrüsenfunktion, Bartwuchs bei Frauen, Blutdruckerhöhung und absinkender allg. Vitalität. →Hormone

*

CUSHING, Harvey / 1869–1939 / Neurochirurg / Baltimore (Johns-Hopkins-U.), Boston (Harvard-U.), New Haven (Yale-U.)

cut-off point, cutting score, Trennpunkt, kritischer Wert beim diagnostischen Test; Personen mit Werten oberhalb des *c.* erhalten eine andere diagnostische Zuweisung (und Behandlung) als die Personen mit Werten unterhalb des *c.* *F-R*

CVC-Trigramm, bzw. KVK, Abk. für Konsonant-Vokal-Konsonant →Trigramm

CVS Ⓣ WECHSLER

Cycl... →Zykl...

Cyklopenauge [gr. *kyklos* Kreis], →identische Sehrichtung

Cyklopie →Monophthalmie

Cypridophobie →Sexualität (Tabelle)

D

D, *drive,* Antrieb in HULLS Verhaltenstheorie

D̄, Symbol für den generalisierten Antrieb in HULLS Verhaltenstheorie

d 2 Ⓣ BRICKENKAMP

D 48 Ⓣ ANSTEY

Daedaleum ⟨HORNER⟩, Wundertrommel, einfachste stroboskopische Vorrichtung. Auch als Lebensrad bekannt ⟨STAMPFER⟩. →Stroboskop u. Praxinoskop

DAF, Abk. für *delayed auditory feedback,* verzögerte akustische Rückmeldung, →LEE-Effekt

Daktylologie [gr. *daktylos* Finger], Fingersprache der Taubstummen, →Cheirologie

Daktylonomie, das primitive Rechnen durch Abzählen an den Fingern

Daktyloskopie, die Fixierung der feinen Relieflinien (Tastleisten) der Hand, besonders der Fingerspitzen durch Abdrücke; ein Hilfsmittel des kriminalistischen Erkennungsdienstes und zum Vaterschaftsnachweis. →Papillarlinien

DALTONismus, Rot-Grün-Blindheit, benannt nach DALTON, der diese Anomalie an sich entdeckte und beschrieb. →Farbenblindheit

*

DALTON, John / 1766–1844 / Naturforscher / Kendal, Manchester

DAM Ⓣ GOODENOUGH

Dämmerschlaf, Bewußtseinszustand des Halbschlafs, in dem zwar noch Wahrnehmungen vorhanden sind, aber nicht mehr klar erfaßt werden; insbesondere durch Narcotica hervorgerufener Halbschlaf mit starker Herabsetzung der Schmerzempfindlichkeit. Vgl. Heilschlaf

Dämmerungssehen, das Sehen mit dem dunkeladaptierten Auge (→Adaptation), das durch den Stäbchenapparat des Auges vermittelt wird. Im D. werden nur Helligkeitsunterschiede, keine Farben wahrgenommen.

Dämmerzustand, zeitweilige Bewußtseinstrübung mit Einschränkung der Klarheit des Erlebens (unvollkommene oder falsche Wahrnehmungen), des willentlichen Handelns und Verminderung des Selbstbewußtseins, wobei aber Orientierung und zweckmäßiges zielgerichtetes Handeln noch vorhanden sein kann. Nach Aufhören des D. besteht oft keine Erinnerung mehr daran (→Amnesie). D. kommen vor: als →epileptisches Äquivalent, bei →Hysterie, Neurasthenie, →Alkoholismus, →Dementia paralytica, ferner in der →Hypnose, in religiöser →Ekstase, in →Rauschzuständen. Auch den Traum hat man zu den D.en gerechnet. →auch: GANSERsches Syndrom, Trance, Somnambulismus. Ⓛ TART 1969

Dämonenglaube [gr. *daimon* Gottheit, böser Geist], gleich dem Zauberglauben die Anschauung von unsichtbaren Wesen, die durch bestimmte, meist geheim gehaltene Mittel in Beziehung zu den Menschen treten und den Einflüssen der Menschen zugänglich sind (verhext-sein, Hexenglaube). Auch die Toten sind Dämonen, welche unsichtbar durch Krankheit und Tod ins Menschendasein eingreifen. Ⓛ DANZEL

Dämonomanie, der Wahnglaube, vom Teufel oder Geistern besessen zu sein, oder der Glaube, mit solchen in Kontakt zu stehen; hauptsächlich bei Paranoia, auch bei →Paralyse und als hysterische Erscheinung.

Dämpfung (ps., psth.) Erregungsminderung, z. B. durch →Entspannung

DAP Ⓣ MACHOVER

Darbietung, im psychologischen Versuch Bezeichnung für das Einwirkenlassen von Reizen oder auch komplexeren Reizkonstellationen auf die Wahrnehmungsorgane und damit auf das Bewußtsein der Vp. Das systemat. Abwandeln der D. (Methoden der Darbietungsweise) ist eine Grundlage des ps. Experiments.

Darstellung, Darstellungsdrang, »Alle sinnhafte Objektivierung geschieht aus einem Drang der Seele« (JASPERS): Ausdrucksdrang, Darstellungsdrang, Mitteilungsdrang, Tätigkeitsdrang. Aber während im →Ausdruck das Unwillkürliche herrscht, zeigt die D. Halbwillkürliches mit allen Folgemöglichkeiten des Täuschens, Sichtäuschens, des Scheins u. a. Ⓛ JASPERS, KLAGES

Darstellungsprinzip, von KLAGES formuliertes Deuteprinzip für Ausdruckserscheinungen, besonders bei der Handschrift: »Jede Spontanbewegung eines Menschen wird unbewußt mitbestimmt von seinem persönlichen Leitbild.« →Graphologie Ⓛ KLAGES

Darstellungsversuch, Beschaffenheitsversuch, Experimente, deren Ziel es hauptsächlich ist, ein Erlebnis oder seinen Ausdruck bzw. eine damit verbundene Leistung hervorzurufen, um diese der Beschreibung auf Grund von Selbst- oder Fremdbeobachtung zugänglich zu machen. Vgl. Verlaufsversuch

DARWINismus, Begr., mit dem häufig die von Charles DARWIN entwickelte →Abstammungslehre bezeichnet wird. *Sch-S*

*

DARWIN, Charles Robert / 1809–1882 /Naturforscher / bewirkte von seinem Landsitz (Down, Kent) aus eine weltweite Wende im naturw. Denken

Dasein, die Existenz, das Vorhandensein schlechthin, das Leben des Menschen in seiner Welt.

In HEIDEGGERS Existentialphilosophie: das »Seiende, das wir je selbst sind«, also die Seinsweise, die durch das Zu-sich-selbst-verhalten-Können und Sich-selbst-verstehen-Können ausgezeichnet ist. Das Sosein meint dagegen die spezifische Beschaffenheitsweise eines Gegebenen, sein Dies-und-nichts-anderes-Sein. Bei JASPERS ist D. das »Umgreifende, das ich als lebendiges Wesen mit Anfang und Ende bin, als solches der Wirklichkeitsraum, in dem alles ist, was ich bin und was für mich ist«.

Daseinsanalyse, in engerer Bedeutung – gegenüber der breiteren der →daseinsanalytischen Ps. – ist D. eine Bez. von Ludwig BINSWANGER für die von ihm entwickelte tiefenps. Konzeption.

An HUSSERLS »Phänomenologie« und HEIDEGGERS »Sein und Zeit« orientiert, handelt es sich um »ein Geschehen, in dem es dem Dasein in seinem Sein wesenhaft um sich selbst geht«, nicht um ein Erlebnis, sondern um Wesensschau. BINSWANGER sucht auf die »Gefügeordnung des Daseins«, die allerdings »hinter« dem, was sich an Symptomen zeigt, »verborgen« bleibt, durchzudringen. Mit der Anwendung dieser Konzeption auf die Psychiatrie will er den schizophrenen Menschen aus »wissenschaftlichem« Impuls aus den Begriffssystemen der Psychopathologie und der klinischen Psychiatrie »in das Menschsein als Dasein oder In-der-Welt-Sein zurückholen«. Nach seinen Interpretationen handelt es sich um »versagende Momente« im Daseinsgeschehen.
Dabei widerspricht die Erfahrung der »verstiegenen Idealbildung« und führt zur »Aufspaltung des Daseinsvollzuges«. Hinter den »mißglückten« Daseinsformen (in Verstiegenheit, Verschrobenheit, Manieriertheit) lauert die »Daseinsangst«, die Angst, nicht mit dem Leben fertig zu werden. Ⓛ BINSWANGER

daseinsanalytische Psychologie (Existentialanalyse), die an die Existentialphilosophie anschließenden Richtungen der Tiefenpsychologie. Die seelischen Störungen werden als existentielle, als Störungen des menschlichen Daseinsaufbaus interpretiert, werden also unter anthropologischem Aspekt als »Daseinsstörungen« gesehen. Vertreter sind: BINSWANGER, FRANKL, V. GEBSATTEL, E. STRAUS, H. KUNZ, STORCH, M. BOSS, A. MAEDER, J. HERZOG-DÜRCK. →Existenz, dort auch Ⓛ

Daseinstechnik, Lebenstechnik (THOMAE), Reaktionsmechanismus zur Erreichung der von der Daseinsthematik vorgeschriebenen Zustände. THOMAE (1968) unterscheidet 5 Gruppen solcher Techniken: Leistung, Anpassung, defensive, evasive (vermeidende) und aggressive Techniken. *B-S*

Daseinsthematik, von der Frage ausgehend, ob sich die aufweisbaren menschlichen Strebungen und Triebkräfte zu Gruppen zusammenfassen lassen, »in denen eine je besondere Thematik des menschlichen Daseins erkennbar wird«, stellt LERSCH eine dreifache Thematik auf: die des lebendigen Daseins – die des individuellen Selbstseins – die des Über-sich-hinaus-Seins.

DAT Ⓣ BENNETT

Datei, Zusammenfassung sachlich aufeinander bezogener Daten *Hä-R*

Daten, »Zeichen oder kontinuierliche Funktionen, die zum Zweck der Weitergabe Information auf Grund bekannter oder unterstellter Abmachungen darstellen« (Def. nach DIN 44300). • Quantitative D.: Informationen (Ereignisse ...), denen definierte, begrenzte numerische Werte zugeschrieben werden (qualitative D. werden dabei zu quantitativen). • Qualitative D.: Merkmale, die eine Gliederung in inhaltlich unterschiedene Klassen ermöglichen (z. B. Mädchen und Jungen / Autofahrer und Fußgänger / Radfahrer).

Daten, analoge, Bez. für Daten, die nur aus kontinuierlichen Funktionen bestehen

Datenbank, Zusammenfassung von →Daten zum Zwecke ihrer systematischen Benutzung. Die D. benutzt heute die Einrichtungen der elektronischen Datenverarbeitung. In den Sozialwissenschaften wird sie für Umfrageergebnisse eingesetzt. Bei speziell ps. Fragestellungen wird die D. für die Speicherung und Datenrückgewinnung von experimentellen Daten und diagnostischen Daten zur Testentwicklung häufig benutzt. *Hä-R*

D

Datenbasis, Art und Umfang der einer empirischen Untersuchung zugrundeliegenden Daten. • Gesamtheit der durch ein informationsverarbeitendes System (z. B. →Digitalrechner) zugreifbaren Daten. • Gesamtheit der bei der Computersimulation (→Simulation) zugreifbaren Daten. Ⓛ HARBORDT 1974 *En-N*

Daten, digitale →digital

Datenerhebung, um in einer Erfahrungswissenschaft Aussagen zu einem bestimmten Sachverhalt machen zu können, müssen Daten erhoben werden, die den entsprechenden Sachverhalt zu beschreiben imstande sind. Ziel der wissenschaftlichen Forschung ist einerseits, zu →Hypothesen, Gesetzen und →Theorien zu gelangen, andererseits diese ständig zu überprüfen.

D. und Theorienbildung können somit als Wechselspiel verstanden werden. Da man eine zielgerichtete, methodisch einwandfreie D. nicht voraussetzungslos beginnen kann, ist die Erstellung einer →Arbeitshypothese notwendig. Darunter versteht man eine vorläufige Annahme, die nicht zur Klärung eines Sachverhaltes dient, sondern die vielmehr einen Leitfaden für die Forschungsarbeit bildet und Anregung für die Untersuchung spezieller Probleme gibt, so lange, bis sie entweder bestätigt oder nicht mehr gebraucht und aufgegeben werden kann (TRAXEL 1974).

Die Hauptfunktion der D. dient der Überprüfung von (a) Hypothesen (noch nicht untersuchte bzw. unbeobachtbare Fakten), (b) Gesetzen (durch Wissen korrigierte Aussagenkomplexe = sachverhaltsbezogene Aussagen), (c) Theorien (den Kern einer Theorie bilden die in einem Systemzusammenhang stehenden Gesetze; BUNGE 1967; WEINGARTNER 1971).

Eine Theorie wird durch die Erfahrung geprüft. Die D.methoden selbst führen zur Theorienbildung und testen sie; Daten testen somit die Theorien. Konsequenterweise können Theorien nicht direkt mit Beobachtungsdaten verglichen werden, sondern: die empirischen Befunde werden in die Sprache der Theorie übersetzt. Für die D. muß ferner berücksichtigt werden, daß für den Aufbau ps. Untersuchungen 2 Hauptgesichtspunkte entscheidend sind, nämlich die materielle oder inhaltliche Seite und die formale Seite. Die inhaltlichen Gesichtspunkte ergeben sich aus der Besonderheit des jeweiligen Untersuchungsgegenstandes, der, einer Theorie entsprechend, auf Untersuchungen in der Literatur gestützt ist. Die formalen Gesichtspunkte ergeben sich, weitgehend unabhängig vom einzelnen Untersuchungsgegenstand, aus Anforderungen, welche die Logik der Erfahrungswissenschaften aufstellt. Sie müssen erfüllt sein, damit einzelne Beobachtungen sinnvoll miteinander verglichen werden können. Außerdem dient die formale Planung auch der Ökonomie der Untersuchung.

Weiter ist die Vorbereitung des Untersuchungsmaterials, die Wahl des Versuchsmaterials, die Zusammenstellung der Versuchspersonen und die Bewertung ihrer Leistungen, die Auswahl der →Stichprobe und ihrer Repräsentativität, der Aufbau des Untersuchungsplans von Bedeutung (TRAXEL 1974). Versuchsplan (s. d.) und D. müssen aufeinander abgestimmt sein; ohne ein gezieltes statistisches Design ist die →Datenverarbeitung und Interpretation des erhobenen Materials nicht möglich. Eine sorgfältige Auswahl von Randomisierungsverfahren (→Zufallsauswahl) präzisiert die Gültigkeit von Vorhersagen. Auch ist die D. unterschiedlich bei einem Experiment, wo die Untersuchungsbedingungen willkürlich, variierbar und wiederholbar sind, und einer →Feldstudie, die einen Sachverhalt unter gegebenen Bedingungen der Realität beschreibt. Die Wahl des Verfahrens richtet sich nach der Fragestellung; die wichtigsten Methoden der empirischen D. sind: →Beobachtung (→Selbst- und Fremdbeobachtung), Befragung, Erhebung (→Interview, postalische und schriftliche Befragung durch →Fragebogen u. a.), →Experiment und →Test. *Ma-R*

Datenschutz, durch die moderne →Datenverarbeitung notwendig gewordene Maßnahme zum Schutz von Personen und Gruppen vor dem unbefugten Zugriff zu personbezogenen Informationen, die bei Behörden aller Art gespeichert sind. I. w. S. dient D. auch der Vorbeugung vor unerwünschten Folgen der Datenverarbeitung. Für den Ps. sind Kenntnisse der dem D. dienenden Gesetze Pflicht, weil er häufig personbezogene Daten erhebt und verarbeitet. Die *Ethical Standards of Psychologists* der APA (Ausg. von 1979) enthalten einschlägige Verpflichtungen. Ⓛ DAMANN 1974 *B-S*

Datentheorie, *data theory,* unter einer D. sind überprüfbare Axiome über empirische Relationen zu verstehen, durch die eine eindeutige Abbildung der empirischen Relationen in numerische Relationen gewährleistet wird.

Durch die D. wird somit definiert, was als Datum zu interpretieren ist. Entsprechend den Axiomen sind geometrische (z. B. ein- und mehrdimensionale Skalierung, TOGERSON 1956 und COOMBS 1965), stochastische (z. B. MARKOV-Modelle des Lernens – ATKINSON et al. 1966), probabilistische Testtheorie (RASCH 1960 und BIRNBAUM 1967), algebraische und andere Modelle im numerischen Relational möglich. • Unter Datenanalyse ist in diesem Sinne die optimale Schätzung von Modell-Parametern zu verstehen mit dem Ziel, Entscheidungen zwischen konkurrierenden Modellen fällen zu können. *Z-R*

Datenträger, nach DIN 44300 »ein Mittel, auf dem Daten aufbewahrt werden können. Bsp. sind Lochkarten, Magnetbänder, Papier für Druckausgabe«

Datenverarbeitung, die auf die →Datenerhebung folgende Verarbeitung von Daten (Zahlen, Buchstaben, Zeichen) mit Hilfe maschineller Hilfsmittel (→EDV), →Digitalrechner, →Analogrechner

Datum, etwas unmittelbar Gegebenes im Ggs. zum Konstruktum als mittelbar Gegebenem. →Konstrukt

Dauermodifikation, die Abwandlung eines Merkmals wie bei der einfachen →Modifikation, die jedoch über mehrere Generationen in Erscheinung bleibt und dann erst zurückgeht. Keine Veränderung der Erbanlage wie bei der →Mutation.

Dauer-Rechenversuch Ⓣ DÜKER, KRAEPELIN, PAULI

Day Top →Synanon-Gruppen

dB, Dezibel →Lautstärke

D-B-P Ⓣ LIENERT

Debilität [lat. *debílitas* Schwäche], geringer Grad von angeborenem →Schwachsinn (→Oligophrenie). →Schwachsinn, →Intelligenzquotient

Deblockierungseffekt, höhere ps. Funktionen, die infolge von kortikalen Hirnverletzungen gestört sind, können wieder in Gang gesetzt (deblockiert) werden, indem Abläufe von ähnlichen und noch intakten Funktionen vorausgeschickt werden; z. B. kann eine Blockierung der Wortselektion bei der Benennung eines bekannten Gegenstandes aufgehoben sein nach dem Lesen oder Anhören eines Satzrahmens, dessen semantische Struktur (ENGELKAMP 1973) durch die gesuchte Bildbezeichnung passend ergänzt wird. Systematisch zur Behandlung bei →Aphasien eingesetzt von WEIGL (in LURIA 1970). *G-N*

debriefing, Aufklärungsgespräch nach Abschluß eines Experiments, in dem die Versuchsteilnehmer über die Ziele und die Verfahren des Experiments unterrichtet werden. *F-R*

deceit-test →Lügentest, →Moraltest

Deckeneffekt →*ceiling effect*

Deckerinnerung, bei FREUD eine infantile Erinnerung, die durch besondere Deutlichkeit (bei inhaltlicher Bedeutungslosigkeit) gekennzeichnet ist.

Sie deckt verdrängte sex. Erfahrungen oder Phantasien ab, wobei die →Verschiebung vorherrschender »Mechanismus« ist. Gerade deshalb sind die D. analytisch wichtig, denn in ihnen ist (nach FREUD) »nicht nur einiges Wesentliche aus dem Kindheitsleben erhalten, sondern eigentlich alles Wesentliche«. Ⓛ LAPLANCHE. ● Als D. wird auch diejenige Erinnerung bezeichnet, die einen Teil des erinnerten Ereignisses »abdeckt«. In diesem Sinne gilt für viele, wenn nicht die meisten Erinnerungen, daß sie D. sind.

Deckpunkte, korrespondierende Netzhautpunkte. →Auge

Deckungsmethode, ein einfaches Verfahren, um bei Kindern, Behinderten u.a. Verständnis, Aufmerksamkeit usw. zu prüfen. Eine Reihe gleicher, ähnlicher und ungleicher Objekte wird dargeboten. Die Vp soll alle zusammengehörigen ordnen. Vgl. Ⓣ BONDY

Decodierung, Dekodierung, im Bezug auf sprachliche →Kommunikation das Aufnehmen und →Verstehen sprachlicher Mitteilungen durch den Empfänger (→Sprachrezeption, →Code; Gegenbegriff →Encodierung) *K-I*

Découpage Ⓣ BINET

Dédoublement [frz.], Vorgang der Verdoppelung einer Person im okkulten Sinne, nicht im Sinne der Spaltung als Doppel-Ich.

DEDUC [lat. *deducere* ableiten], ein Computerprogramm zur Simulation des (komplexen) Konzeptsystems eines Entscheiders in Form eines Sachmoduls (für sein Faktenwissen) und eines Orientorenmoduls (für seine gültigen Normen und Werte). Ein Vorteil von D. soll die große Kapazität der →Informationsverarbeitung sein. →informationsverarbeitendes System Ⓛ MÜLLER-REISSMANN u. BOSSEL 1979 *B-S*

Deduktion [lat. *deducere* ableiten, herleiten], wahrheitsdefinite, nach den Regeln der formalen Logik mechanisch beweisbare Ableitung von Sätzen aus anderen, gegebenen Sätzen. Haben die abgeleiteten Sätze einen kleineren Geltungsbereich als die gegebenen Sätze, so ist die D. der Schluß vom Allgemeinen auf das Besondere (Ggs. →Induktion). Die deduktive Prüfung ist ein Grundbestandteil moderner Lösungen des Induktionsproblems. *G-R*

Defekt [lat. *deféctus* Mangel], geistiger oder körperlicher Mangel. Irreversibler Zustand nach Abschluß eines Entwicklungs- oder Krankheitsprozesses (z. B. ausgefallene Sinnesfunktion, Fehlen best. intellektueller Fähigkeiten, anormale Gefühle, Willensimpulse u. a.). →Defektpsychosen, →Defekthandlung, →*moral insanity*.

D

Defekthandlung, die als Folge eines →Defektes auftretende Handlung, besonders als Teil eines im ganzen normalen Gesamtverhaltens.

Defektpsychosen, Bez. für die zu →Defekten tendierenden →Psychosen. I. w. S. (als Bez. z. T. veraltet) mit Defekten einhergehende Zustände: Debilität, Imbezillität, Idiotie, Defektschizophrenie, Defekthebephrenie, Defektkatatonie.

Defemination →Sexualität (Tabelle)

defensible space, von O. NEWMAN (1976²) geprägter Begriff, faßt bestimmte Prinzipien der architektonischen Gestaltung von Wohneinheiten zusammen, wonach durch klarere Gliederung von privaten, halbprivat/halböffentlichen und öffentlichen Verkehrsflächen erreicht werden soll, daß die Auftretenshäufigkeit von Vandalismus und anderen Straftaten gesenkt wird. *K-I*

defensives Verhalten, Meidungsverhalten, →Abwehrmechanismen des Ich

Definition [lat. *definitio* Abgrenzung], Begriffsbestimmung. Die Darstellung eines Begriffs durch vollständige Aufzählung seiner wesentlichen Merkmale.

Die klassische, aristotelische D. besteht in der Angabe der nächsthöheren Gattung *(genus proximum)* und des artbildenden Unterschieds *(differentia specifica)*. Z. B.: Psychische Vorgänge sind Lebensvorgänge *(genus proximum)*, die subjektiv gegeben sind *(differentia specifica)*. Zu unterscheiden sind analytische D. (in erklärender Form) und synthetische (konstruktive) D., außerdem Nominaldefinition (Wortfestlegung) und Realdefinition (Sacherklärung). ● In der Testpsychologie zielt das Definieren (eines Wortes, Begriffs, Sachlage) auf die Feststellung der intellektuellen Leistung beim Erfassen des »Wesentlichen«. Ⓣ BINET, MEILI, POHLMANN, STERN

Definition, operationale, eine Bez., die nicht auf das Wesen einer Sache abzielt, sondern diese nur soweit definiert, als sie sich rein empirisch fassen läßt (ähnlich der Realdefinition), d. h. es werden in ihr die Operationen angegeben, mit denen ein Konstrukt gemessen werden kann. Z. B.: »Hunger« als »x Stunden ohne Nahrung« oder »Altruismus« als »jemandem aufhelfen, der gefallen ist«. Problem: Vielzahl möglicher o. D. eines Konstrukts.

Defizithypothese, Annahme, daß ungenügende Umweltanregungen zu kognitiven, sprachlichen und emotionalen Mängeln führen, die für die weitere Entwicklung eine ungünstige Vorhersage bedingen. Längsschnittuntersuchungen weisen sogar auf einen Schereneffekt (Zunahme der Unterschiede mit dem Alter) hin. →Entwicklungsstörung, vgl. Differenzhypothese Ⓛ MANDL 1975 *R-S*

Defizitmotivation, Defizitmotive, nach MASLOW »Störreize«, die einen Organismus bei gestörtem Gleichgewicht (→Homöostase) auf die Beseitigung des Defizites (z. B. Nahrungsmangel) ausrichten (motivieren). Ggs.: Wachstumsmotive →Motivation, →Bedürfnishierarchie

Deflation Ggs.: →Inflation

Defloration →Sexualität (Tabelle)

déformation professionelle, [frz.], Veränderung des Verhaltens und Erlebens durch den Beruf: z. B. in Richtung Berufsstereotyp Pfarrer, Lehrer, Soldat, Beamter etc. *R-S*

Degeneration [von lat. *genus* Art], Entartung, Ausartung. Krankhafte Abweichung von der Norm, bedingt durch Vererbung oder Umwelteinflüsse im Sinne einer Verfallserscheinung.

Verschlechterung eines ehemals normalen oder übernormalen Zustandes; insbesondere der körperliche, intellektuelle, charakterliche und kulturelle Niedergang von Völkern, Rassen, Ständen, Familien im Lauf von Generationen sowie das Ergebnis dieses Niedergangs. Als Ursachen der D. werden teils erbbiologische Gründe (Inzucht, Kontraselektion), teils besondere Umwelteinflüsse (namentlich kultureller Art, wie Verwöhnung, Übersättigung) vermutet. ● Die krankhafte Umwandlung von funktionstüchtigen Zellen und Geweben (z. B. Nervenzellen) in weniger leistungsfähige oder leistungsunfähige Gebilde. Ggs.: →Regeneration.

Degenerationszeichen, Mißbildungen oder Entwicklungsstörungen, die Symptome eines Niedergangs der Erblinie sind. Auch ps. Erscheinungen wurden früher dazu gerechnet. Treten D. gehäuft auf, kann eine allg. Störung der Erbanlagen, wie z. B. Veranlagung zu Psychosen, vorliegen.

Körperliche D. sind (nach JASPERS): Vom Durchschnitt stark abweichende Körperproportion (z. B. im Verhältnis zum Oberkörper zu lange Beine); Schädelformen wie Turmschädel, abweichende Knochenformen wie mangelndes Kinn, übermäßige Kleinheit des »Warzenfortsatzes« (*processus mastoidei* Fortsatz des Schläfenbeins am Ohr); Zahnverbildungen, hoher Gaumen; Hemmungsmißbildungen wie Hasenscharte; übermäßige oder fehlende Behaarung, besondere Haarbüschel; besondere Nasen- und Ohrenformen, Hervortreten des DARWINschen Höckers am Ohr, bewegliche Ohren. Ⓛ JASPERS

degenerativer Charakter svw. psychopathischer Charakter. →Psychopathie

degeneratives Irresein, durch erbliche Belastung entstandene Geistesstörung

De-Individuation, Entpersönlichung, Nivellierung interindividueller Unterschiede, die nach kulturpessimistischen Anschauungen in der Massengesellschaft (→Masse, →Massenpsychologie) als Folge der »Vermassung« entstehen soll. ZIMBARDO (1969, 251) beschreibt D. als einen »komplexen hypothetischen Prozeß, in dem eine Reihe antezedenter sozialer Bedingungen zu Änderungen in der Wahrnehmung des Selbst und anderer führt und dadurch eine Schwellenerniedrigung für sonst unterdrücktes Verhalten hervorruft«. Vgl. Individuation. →Depersonalisation *B-S*

Deismus, Weltanschauung, nach der Gott wohl der Schöpfer alles Seins ist, dieses aber den mitgegebenen Naturgesetzen überläßt. Keine Offenbarung Gottes wird angenommen.

déjà-vu-Erlebnis [frz. schon gesehen], falsches Wiedererkennen, Bezeichnung für eine beim Gesunden selten, bei Neurotikern und organischen Hirnleiden häufiger auftretende Gedächtnistäuschung, die darin besteht, daß man in einer bisher unbekannten Umgebung oder völlig neuen Situation den Eindruck hat, sie schon früher erlebt zu haben. Erklärt wird diese Täuschung als teilweise Übereinstimmung oder Ähnlichkeit mit früheren tatsächlichen Erlebnisinhalten oder als Übereinstimmung mit verdrängten oder vergessenen Phantasievorstellungen.

Dekadenz [frz.], Verfall, Niedergang nach Höhepunkten der kulturellen, geistigen Entwicklung eines Volkes oder einer familiären Generationsfolge. →Degeneration

dekodieren →Code

delayed auditory feedback, verzögerte akustische Rückmeldung. →LEE-Effekt

delayed conditioning →bedingter Reflex

delayed reaction, die mit zeitlicher Verzögerung eintretende Reaktion (z. B. auf einen bedingten Reiz nach verzögertem Konditionieren, →bedingter Reflex).

delay of gratification →Belohnungsaufschub, Befriedigungsaufschub.

DELBŒUF-Täuschung, Erweiterung der BRENTANO-Täuschung dahin, daß gleichgroße Kreise verschieden groß erscheinen, wenn sie mit konzentrischen Kreisen (innen oder außen) versehen werden. →geometrisch-optische Täuschung

DELBŒUF, Joseph Remi Leopold / 1831–1896 / Philos., Psych., Mathematiker / Liège, Genf

Delinquenz [lat. *delinquere* sich vergehen], Straffälligkeit, →Forensische Psychologie.

Delirium [lat. *deliráre* irresein, von der Furche *(de lira)*, der geraden Linie abweichen], bei Infektion, Vergiftung und Psychosen auftretende, kurzfristige Bewußtseinstrübung mit traumartiger →Verwirrtheit, Wahnerlebnissen, Halluzinationen u. a. Bekanntestes Beispiel: *D. tremens* [lat. *tremere* zittern] durch Alkoholmißbrauch hervorgerufener extremer Rauschzustand mit Sinnestäuschungen und motorischer Unruhe bis Tobsucht. Ⓛ BONHOEFFER

Delphi-Technik, Sammlung von Expertenmeinungen als Grundlage für die Voraussage kommender Entwicklungen in der Wirtschaft oder Politik. *B-S*

Delta-Bewegung →Scheinbewegung

demand characteristics (ORNE), Anforderungsmerkmale, Aufforderungsmerkmale, Reize, die der Vp bestimmte Hypothesen über das durchgeführte Experiment vermitteln und bestimmte Reaktionen auslösen: die Wahrnehmung von Zweck und Bedeutung des Exp. durch die Vp. ● Durch d. c. kann die Validität von Exp. gefährdet sein. *F-R*

Dematerialisation →Materialisation

Demenz, Dementia [lat. *mens* Verstand], erworbene, dauernde Intelligenzminderung, im Ggs. zum angeborenen Intelligenzmangel (Schwachsinn) und im Ggs. zu vorübergehenden Intelligenzstörungen.

Je nach Lebensalter und vorhergehender Krankheit wird D. eingeteilt in: Frühkindliche, progrediente D. (HELLER) mit Sprechstörungen, Verlust des Sprachverständnisses, Unruhe und Bewegungsstereotypien. Ps. fällt Hemmungslosigkeit und Neigung zu Gewalttätigkeit mit verstärkter Introversion auf. – Präsenile D. (PICK-Atrophie) wurde 1892 von A. PICK beschrieben. Der Beginn ist meist im 5. Dezennium und äußert sich in asozialem Verhalten, Hemmungslosigkeit und allgemein in Senkung des Persönlichkeitsniveaus, wobei aber die Intelligenz länger erhalten bleibt. Während es sich hier um eine umschriebene Großhirnatrophie bestimmter Bezirke (so auch Sprachstörungen) handelt, hat KRAEPELIN 1910 die von ALZHEIMER 1906 beschriebene allgemeine Großhirnatrophie als ALZHEIMER-Krankheit bezeichnet. – Von gewöhnlicher seniler D. hat K. WERNICKE eine besondere Form, die mit Merkfähigkeitsstörungen und hypomanischer Grundstimmung einhergeht, abgegrenzt. – O. L. BINSWANGER beschrieb 1895 eine arteriosklerotische D. mit Sprachstörungen, Epilepsie, Größenwahn und Stimmungsschwankungen. Davon hat Th. FAHR 1931 eine progrediente D. infolge nichtarteriosklerotischer, intrazerebraler Gefäßverkalkung unterschieden. – Nach Krankheiten wie Paralyse, Epilepsie und nach Apoplexie sind ebenfalls demente Zustände häufig. – E. BLEULER hat die Gruppe der Schizophrenie früher als D. praecox bezeichnet. Dabei sind die Vorbedingungen für intelligentes Verhalten gestört (→Schizophrenie). Unter Pseudodemenz wird eine situationsbedingte Störung der Intelligenz auf Grund emotionaler Faktoren verstanden. – Je nach der intellektuellen Funktion, welche herabgesetzt wird, unterscheidet man: 1. Mnestische D.: Verfall der Merkfähigkeit und des Gedächtnisses. 2. Strukturelle D.: Verlust des logischen Aufbaus des Denkens. 3. Apperzeptive D.: Verlust der Fähigkeit zum Festhalten einer Zielvorstellung beim Denken und zur Trennung des Wesentlichen vom Unwesentlichen. Ⓛ ALZHEIMER, BLEULER, HOFF

Demographie [gr. *demos* Volk als politisches Gebilde], Volks- bzw. Bevölkerungswissenschaft, besonders ausgerichtet auf statist. Erhebungen z. B. zum sozialen Status, dem Bildungsstand u. ä.

Demoskopie, wörtlich Volksbetrachtung. →Meinungsforschung

Demutsgebärde, (biol.) Verhaltensäußerung des Unterlegenen beim →Kommentkampf, die beim Sieger eine →Tötungshemmung auslöst. →Beschwichtigungsgebärde. *P-S*

Dendrit [gr. *déndron* Baum], ein der nervlichen Erregungsleitung dienender (meist kurzer) verästelter Fortsatz der Nervenzelle. →Neuron, →Axon

Denkantriebe, nach STERN die das Denken in Gang setzenden äußeren Reize (= reaktives Denken) oder inneren Einstellungen (= spontanes Denken). Ⓛ STERN

Denken, Denkforschung, die interpretierende und ordnungstiftende Verarbeitung von Informationen; auch Bez. für den Einsatz der intellektuellen Funktionen oder für kognitives Verhalten, wie Begriffsbildung und versch. Operationen mit Begr. oder anderen Schemata unterschiedlichen Abstraktionsgrades (Kognitionen, kognitive Strukturen) zum Wiedererkennen, Entdekken, Erfinden von Beziehungen, die zw. ihnen gelten; Bez. für →Problemlösen.

Die sehr weite umgangssprachliche Bedeutung (vgl. GRIMMS Wörterbuch) wird in der Ps. auf folgende eher elementare Denkoperationen eingeengt:

Kognition i.e.S. (Erkennen, Identifizieren);

Gedächtnisleistung;

konvergente Produktion (Finden einer logisch notwendigen Folgerung);

divergente Produktion (Finden verschiedener logisch möglicher Folgerungen);

Bewertung oder Evaluation (die im D. erkannte oder hergestellte Ordnung, d.h. eine entsprechende Hypothese, wird hinsichtlich ihrer Anwendbarkeit auf die geforderte Überführung des Istzustandes in den Sollzustand – auf das Problem – geprüft und bewertet. GUILFORD 1964).

Es wird zwischen der Ordnung von Oberflächenstrukturen (der in der Wahrnehmung unmittelbar zugänglichen Signale) und der Ordnung von Tiefenstrukturen (den Bedeutungen der Signale) unterschieden (KLIX).

Obwohl D. ohne die Leistungen des Gedächtnisses nicht vorkommt, zählt man die Gedächtnisforschung nicht zur D.forschung i. e. S. Vom Problemlösen, das reproduktiv und produktiv sein kann, das kreative oder schöpferische D. abzutrennen, ist in der Pädagogischen Ps. üblich, wird aber wegen der außerps. Definition (das Ergebnis soll ein neuer, für die Kultur bedeutungsvoller Wert sein), allgemeinps. meist nicht anerkannt.

In der Geschichte der D.forschung treten etwa folgende Fragestellungen nacheinander in den Vordergrund des Interesses: Vorstellungsverlauf (Assoziationsps.), abstrakte Beziehungserlebnisse und Begriffsbildung (Würzburger Schule), Problemlösen und produktives D. (Gestaltpsychologie), →Informationsverarbeitung (Bio-Informatik, Kybernetik).

W. WUNDT hielt eine experimentelle Denkps., in der, über die Apperzeption hinausgehend, komplexere Vorgänge erforscht werden, für undurchführbar. Er versuchte, Aufschluß über höhere geistige Prozesse, die stets Gemeinschaftsleistungen seien, in dem zu finden, was er Völkerps. nannte. Noch G. E. MÜLLER war der Meinung, daß die Beurteilung der von assoziativen Konstellationen bestimmten Vorstellungsverläufe bezüglich ihrer Richtigkeit zur Beschreibung des D. gehöre, aber Sache der normativen, axiomatischen Wissenschaften vom D. (Logik, Erkenntnistheorie) sei.

»Eine eingehende Erörterung der Verstandestätigkeit kann ohne eine nähere Untersuchung darüber, was unter Wahrheit und unter Wirklichkeit zu verstehen sei und was das Wesen des ... Erkennens sei, nicht gegeben werden und bleibt im wesentlichen der Erkenntnistheorie überlassen« (G. E. MÜLLER 1924 40). Er unterscheidet im übrigen sprachliches und nichtsprachliches D. mit guten Argumenten.

Anfänge der D. waren das Werk von A. BINET und das der Würzburger Schule (KÜLPE), zu Beginn des 20. Jahrhunderts. Obwohl die Erörterungen über Erlebnisberichte der Würzburger, ihre Entdeckung der Bewußtheiten und Bewußtseinslagen, der Gedanken (BÜHLER), der determinierenden Tendenz (ACH) und der Aufgabe (WATT) heute kaum noch beachtet werden, lebt der in diesen Begriffen zum Ausdruck kommende Gegensatz gegenüber der assoziativen (einschl. der mediativen) Denktheorie heute noch in den kognitivistischen Theorien fort (Hypothesen-Theorie; Informationsverarbeitung).

Während bei den Würzburgern (KÜLPE, BÜHLER, ACH, SELZ) noch die erlebnismäßige Seite des Denkprozesses den Vorrang hatte, wurde durch die einschlägigen Forschungen der Gestaltpsychologen D. zu einem Verhaltensbegriff, und zwar als →Problemlösen (W. KÖHLER, K. DUNCKER, M. WERTHEIMER). BÜHLER nannte das plötzliche Erkennen einer Tiefenstruktur, die von der Oberflächenstruktur eines Textes vermittelt wurde, Aha-Erlebnis. Eine ähnliche Funktion hatte das von der Gestaltps. vielfach beschriebene →Umstrukturieren und →Umzentrieren von Sachverhalten, durch das – oft plötzlich – ganz neue Beziehungen und Bedeutungen von Gegebenem erfaßt werden. Ein viel später verwandtes Beispiel des Umstrukturierens sind Lösungen von →Anagrammen.

Häufig untersuchte Problemarten waren Umwegprobleme, Werkzeuggebrauch, Werkzeugherstellung, praktisch-technische Aufgaben, logisches Schließen mit Syllogismen und mathematische Aufgaben. Nachdem bereits SELZ, das produktive Denken analysierend, heuristische Begr. wie »antizipierendes →Schema«, »determinierte Komplexergänzung«, »determinierte Abstraktion von Sachverhältnissen« usw. eingeführt hatte, beschrieb DUNCKER (1935) von Lösungsstammbäumen abgeleitete heuristische Prinzipien des Problemlösens: Materialanalyse, Zielanalyse und Konfliktanalyse. Behinderungen des Umstrukturierens durch situative und persönlichkeitsspezifische Bedingungen wurden experimentell untersucht. So wurden Fixierungen von Verwendungsmöglichkeiten (Funktionalwerten) von Gegenständen während des Problemlösens auf den Gebrauch der Gegenstände für Verrichtungen in der Vorphase, die von dem Problem ablenkten, zurückgeführt. Das Fehlen der Disponibilität von Situationsmomenten kann aber auch durch Rigidität des D. verursacht sein, die ihrerseits wieder situationsspezifisch (Zeitdruck, Angst etc.) oder persönlichkeitsspezifisch ist.

Unabhängig davon, eher in der Nachfolge der Würzburger, werden Phasen des Problemlösens introspektiv beschrieben: (1) Präparation (Problemidentifizieren, Sachverhalte differenzieren), (2) Inkubation (ruhen lassen), (3) Illumination (Aha-Erlebnis), (4) Evaluation und (5) Ausführung (POINCARÉ).

Während im Behaviorismus zunächst ein Rückschritt zur assoziativen Denktheorie erfolgte, indem D. nichts als inneres Sprechen sein sollte (periphere oder motorische Denktheorie: Assoziation und Konditionieren erklären alles Verhalten, auch die Begriffsbildung und das Problemlösen, intelligentes Verhalten ist angepaßtes Verhalten), entwickelte sich die neuere assoziative und mediative Denktheorie aus dem neobehavioristischen Ansatz. Die Mediationstheorie (OSGOOD 1953) als Lerntheorie zunächst aus den Beobachtungen über vermittelnde Assoziationen (A–B, B–C, A–C) hervorgegangen, hatte ihre zweite Wurzel in dem von HULL postulierten Mechanismus der →antizipatorischen Ziel-Teilreaktion. Vorstellungsmäßige Vermittlerprozesse *(representational mediation processes)* wurden (ebenso wie PAWLOWS Funktionen des sog. zweiten Signalsystems) die theoretischen Bindeglieder zwischen der ursprünglichen Annahme der Stimulus-Response Theoretiker (auf S folgt R) und den kognitivistischen Theorien (Gestaltps., TOLMAN etc.), in denen die aktive Interpretation der Stimulussituation betont wurde (auf S folgt die implizite Response – r –, die als reiner Stimulusakt eine propriozeptive Rückmeldung – s – verursacht, von der erst die offene Response – R – ausgelöst wird). Schematisch und abgekürzt hieß die Reiz-Verhaltenssequenz nun S–r–s–R. Auf diese Weise war – unter Einbeziehung von Wahrscheinlichkeitsannahmen – auch eine Erklärung für die Entdeckung von Regeln versucht worden (BOURNE, RESTLE), die aber dem Transfer von Lösungen zwischen verschiedenen Problemen nicht ganz gerecht wird.

Die korrelationistische Denkps. schloß sich an die Intelligenzforschung an. Diese mit der gestaltps. Theorie verbindend nannte MEILI Faktoren, die aus Korrelationsmatrizen der Ergebnisse mehr oder weniger komplexer Denkaufgaben extrahiert sind: Plastizität, Flüssigkeit, Ganzheit. GUILFORDS Analyse des intelligenten Verhaltens bei der Bearbeitung von Tests führte zu den oben genannten 5 Operationen mit 4 Inhalten (Bedeutungen, Zeichen, Figuren, Verhalten), die zu 6 Produkten verarbeitet werden (Einheiten, Klassen, Beziehungen, Systeme, Implikationen und Transformationen).

Viele neuere Untersuchungen zum Erkennen und Herstellen von Begriffen (→Begriffsbildung) können auf die Begriffsforschung von N. ACH zurückgeführt werden (vgl. KAMINSKI 1964).

Zur Abhebung von der Wahrnehmung wird D. als ein Sekundärprozeß beschrieben, der in Raum und Zeit beweglicher und flexibler als Wahrnehmungsprozesse ist. In phänomenalistischen Einteilungen werden unterschieden

(1) inhaltlich (nach der Abstraktion vom sinnlich Gegebenen) anschauliches, konkretes und abstraktes D.,
(2) nach der Strategie diskursives und intuitives, oder systematisch absuchendes und sprunghaftes D.,

(3) nach dem Ergebnis reproduktives und produktives D. und
(4) nach der Rationalität magisches, autistisches (Wunscherfüllungs-) und rationales D.

Eine z. T. abweichende Einteilung gibt es für sog. kognitive Stile (→Denkstile): (1) Feldabhängigkeit vs. Feldunabhängigkeit (WITKIN), (2) Ort der Steuerung des Ds. *(locus of control, L. C.),* d. h. als äußere Kontrolle wird die Abhängigkeit des Problemlösens von unmittelbar gegebenen Verstärkungen (Belohnung oder Bestrafung, Glück) genannt, innere Kontrolle ist die Steuerung durch Selbstverstärkungen und Erwartungen (ROTTER 1966), (3) Impulsivität vs. Reflexivität (vgl. KAGAN 1965), (4) Weite des Äquivalenz-Umfangs, d. h. die Toleranz bzw. Intoleranz gegenüber dem Einschluß von Merkmalen bei der Bildung von Kategorien für Personen, Dinge oder Ereignisse, also auch die Einengung oder Ausweitung konnotativer Bedeutungen, (5) Toleranz gegenüber unrealistischen Erfahrungen und (6) Tendenz zur Akzentuierung oder Nivellierung (GARDNER u. LONG 1962.

Die kognitiven Stile und Auffassungs-Strategien sind Konzepte, die in der Denkforschung und in der Persönlichkeitsforschung gebraucht werden. Die Dynamik des D. soll in dem Begriff der →intrinsischen Motivation (HUNT 1965) berücksichtigt werden, der auf gestaltps. Ansätze zurückführt (LEWIN). Zwischen allgemeineren Faktoren und dynamischen Denkstilen stehen die von ERTEL (1966) identifizierten Operationsmodi (1) erhöhte Anspannung vs. mäßige Anspannung, (2) Variabilität vs. Stetigkeit und (3) Unifizierung vs. Diversifizierung.

Einige kognitive Stile nehmen Bezug auf die Entwicklung des D., in der nach PIAGET (1) die sensumotorische Intelligenz als Vorstufe, (2) des symbolischen, (3) des anschaulichen (wahrnehmungsnahen, weniger beweglichen) D. und schließlich (4) der (rationalen) konkreten und (5) formalen Operationen gilt.

In der modernen Kognitionsforschung wird D. als (ein wesentlicher Teil der) Informationsverarbeitung aufgefaßt. Das Problemlösen erfolgt nach Plänen im →TOTE-Schema, d. h. auf das Testen oder Perzipieren des Unterschieds zwischen dem Zustand des Organismus, der aus den äußeren Informationen folgt (Istwert), und dem Zustand, der gestestet werden soll (Sollwert), folgt die Operation zur Verminderung des Abstands zwischen beiden Zuständen und wenn der darauffolgende Test Übereinstimmung zeigt, führt die Endreaktion zur Lösung des Problems (MILLER, GALANTER, PRIBRAM 1960).

Heute ist D. nach dem Verdikt der Neobehavioristen, die meinen, daß D. keine eigenartigen, über das Prinzip des Konditionierens hinaus gehenden Qualitäten habe, wieder Gegenstand intensiver Forschungen. Allerdings werden nur relativ wenige Probleme des D. behandelt:

Begriffsbildung oder Analyse der verschiedenen kognitiven Strategien, die zum Erkennen von Begriffen führen; dazu gehört das Identifizieren von Regeln, nach denen Begriffe gebildet werden, das Selegieren von Stimulusdimensionen, die für einen Begriff relevant bzw. irrelevant sind, die Strategien für diesen Prozeß, die Verwertung von positiven und negativen Beispielen, die Rolle der Gedächtnisprozesse; Untersuchungen des Schließens nach den Schlußfiguren der Logik, die Erforschung von Denkstrategien bei relativ einfachen, jedenfalls mit festgelegten Schritten zu lösenden Problemen (z. B. →Turm von Hanoi) und der Übergangsbereich zur Psycholinguistik, die Untersuchung zum Problem Sprache und D. (Codieren von Sachverhalten und Sprache, Vermittlerprozesse).

Zur Zeit gibt es neben der noch existierenden assoziativen und mediativen Denktheorie vorherrschend die Hypothesen-Theorie und die verschiedenen Modelle der Informationsverarbeitung. Die Hypothesen-Theorien setzen voraus, daß rein assoziatives Lernen allein nur mit großem Aufwand zum denkps. relevanten Ziel führt. Nach ihnen werden bei der Erfassung von Begriffen Hypothesen verschiedener Art mit verschiedenen Strategien geprüft (BRUNER et al.). Entsprechende Prozesse lassen sich auf alle Operationen der Ordnungssuche anwenden. Die Informations-Verarbeitungstheorien stellen noch kein geschlossenes System dar; vielmehr gibt es verschiedene (kybernetische) Modelle, nach denen D. mit Operationen gleichgesetzt wird, die den Input (vom Organismus aufgenommene Information aus der Umwelt) in den Output (Vollzüge, Leistungen des Organismus) umwandeln. Die Art, wie das geschieht, ist den Computern nachgebildet. (NEWELL u. SIMON, HUNT). Auch in der Denkps. besteht z. Zt. eine ausgeprägte Tendenz zur Bildung mathematischer Modelle. →divergentes Denken, →konvergentes Denken Ⓛ ACH 1905, 1921, BRUNER, GOODNOW, AUSTIN 1956, BÜHLER 1908, DÖRNER 1976, DUNKKER 1935, GUILFORD 1967, KAMINSKI 1964, KLIX 1971, KÖHLER 1917, KÜLPE 1904, 1919, LÜER 1973, NEISSER 1974, OERTER 1972[3], SEIDEL 1973, SELZ 1913, 1923 *B-S*

Denken, heuristische Methoden, Prinzipien, die Problemlösungen erleichtern sollen.

DUNCKER (1935) unterscheidet 1. Situationsanalyse und dabei zwischen Konfliktanalyse (warum geht es nicht so?) und Materialanalyse (welcher Teil des Materials kann für die Lösung gebraucht werden?) und 2. Zielanalyse (was erfordert die Zielerreichung und was nicht?), die eingeschliffene Lösungstransformationen lösen soll (Richtungswechsel im Lösungsstammbaum). *R-S*

Denkentwicklung →kognitive Entwicklung

Denkfunktion, bei JUNG die der →Fühlfunktion entgegengesetzte, aber mit ihr zusammen als rational bezeichnete →Grundfunktion. Ihr obliegt die Lebensorientierung, d. h. die Ordnung der ps. Inhalte nach rationalen Gesichtspunkten. Dabei unterscheidet JUNG zwischen dem aktiv-zielgerichteten und dem passiv-phantasiegetragenen Denken.

Denkgesetze, die allgemeinen Regelmäßigkeiten, in denen sich das normale →Denken als psychischer Vorgang vollzieht.

● In der Logik die vier Grundgesetze des richtigen Denkens: a) Der Satz der Identität: Jeder Gegenstand ist mit sich selbst identisch. Er verlangt, daß jeder Begriff im Verlauf eines Denkaktes seine Bedeutung beibehält. b) Der Satz des Widerspruchs besagt, daß kontradiktorisch einander entgegengesetzte Urteile, von denen also das eine bejaht, was das andere verneint, nicht beide zugleich wahr sein können, sondern daß das eine wahr, das andere falsch sein muß. c) Der Satz des ausgeschlossenen Dritten. Zwei kontradiktorische Urteile können nicht beide falsch sein, sondern eines ist wahr, das andere falsch, das bedeutet: Neben wahr und falsch gibt es kein Mittleres. d) Der Satz vom zureichenden Grund. Jedes Urteil bedarf, um wahr zu sein, eines Grundes, jede Erkenntnis muß begründet sein.

Denkprobe G Ⓣ CATTELL

Densport-Test Ⓣ LIENERT

Denkstil, kognitiver Stil, die Art, mit Informationen umzugehen als Persönlichkeitseigenschaft (in psychodynamischen und kognitiven Persönlichkeitstheorien). Analytisch, feldunabhängig vs. global, feldabhängig (JAENSCH, SELINKA, WITKIN), impulsiv vs. reflektierend (KAGAN), Interferenzneigung (HÖRMANN), Nivellieren vs. Akzentuieren (Äquivalenz, Umfang) und Toleranz vs. Intoleranz gegenüber Instabilität, physiognomisches vs. realistisches Erfassen (KLEIN, GARDNER), Verdrängen *(repress)* vs. Sensitivieren *(sensitize)* (BYRNE), sind einige Bezeichnungen aus dem noch unübersichtlichen Forschungsgebiet, das die Verbindung zwischen Wahrnehmungs-, Denk- und Persönlichkeits-Ps. herstellt. →Denken *B-S*

Denkstörung →Ideen, überwertige, →Katathymie, →Schizophrenie, →Wahn, →Zwang

Denkstrategie, Vorgehensweise bei der →Begriffsbildung und beim →Problemlösen (BRUNER, GOODNOW u. AUSTIN, KLIX) z. B. simultanes Zerlegen, konservatives, negatives →Fokussieren. ● Zur D. gehören auch die von den heuristischen Prinzipien DUNKKERS abgeleiteten Operationen. →Denken, heuristische Methoden *B-S*

Denktemperament, die Lebhaftigkeit und Beweglichkeit, Intensität und Energie, Aktivität und Bereitschaft, die das Denken im Vollzug bestimmen und charakterisieren. WENZL (1934) prägte den Ausdruck »Intelligenztemperament«.

Denktypen →Typologie

Denotation, denotative Bedeutung wird meist syn. zu kognitiver und konzeptueller (manchmal auch zu referentieller) →Bedeutung gebraucht in Abhebung von anderen Bedeutungen, insbesondere von der sog. →konnotativen B. Innerhalb der Ps. steht die d. B. in enger Beziehung zu den Konzepten →Begriffsbildung und Begriffsfindung, so daß Begriff und d. B. oft syn. gebraucht werden.

Ein Begr. (z. B. Ball) entsteht, wenn die ihn definierenden Merkmale gelernt werden. Diese begriffs- bzw. bedeutungsdefinierenden Merkmale können dabei sowohl statisch beschreibender (z. B. rund oder bunt) wie auch dynamisch funktionaler Art (z. B. rollt oder stößt gegen) sein. In der →Semiotik bezeichnet d. B. die Abbildungsbeziehung zwischen Umweltsachverhalten bzw. sie vermittelnden Begriffen (z. B. dem Objekt bzw. auch Begr. Ball) und →Zeichenformen (z. B. der Buchstabenfolge B-a-l-l); sie ist ein Bestandteil der semantischen Komponente. *E-P*

Deontologie [gr. *deon* das Seinsollende], Pflichtenlehre

Dependenzanalysen, Bez. für Verfahren, um gesetzmäßige Beziehungen zwischen unabhängigen und abhängigen Variablen zu ermitteln.

Depersonalisation [lat. Entpersönlichung], Zustand der Selbstentfremdung, Verlust oder Beeinträchtigung des Persönlichkeitsbewußtseins, wobei sowohl das eigene Ich wie die Umwelt traumhaft unwirklich erscheinen und das Ichbewußtsein im Handeln fehlt. Auch der eigene Körper oder einzelne Körperteile können fremdartig sein. D. kommt vor als Begleiterscheinung der Reifung (Reifungskrise, Pubertätsneurose), als neurotisches (anankastisches und hysterisches) Symptom und als akute Erlebnisreaktion. →De-Individuation

Depersonalisations-Syndrom, psychiatr. Begr., Zustand mit Vorherrschen der Erscheinungen der →Depersonalisation, insbesondere mit illusionärer Verkennung von Raum und Zeit. Engl. Bez.: *syndrome of Alice in wonderland* – nach der für Kinder geschriebenen Nonsenserzählung von Lewis CARROLL.

Depolarisation, Entladung, Abnahme des Ruhepotentials zwischen Nervenmembran und Umgebung. →Nerv

Depression [lat. *depressus* herabgedrückt], komplexer Begr. für vielfältige Symptomatik. (1) emotional: gedrückte, traurige Verstimmung (2) kognitiv: negatives Selbstkonzept, -vorwürfe und -beschuldigungen, Grübeln, Konzentrationsverlust (3) motorisch: Veränderung im Aktivitätsniveau (retardiert vs. agitiert) (4) motivational: Interesse- und Antriebsverlust, Entschlußunfähigkeit (5) vegetativ: Schlaflosigkeit, Appetit- und Libidoverlust.

Keine einheitliche Definition, jedoch verschiedene Subklassifikationen nach unterschiedlichen Variablen. (a) Ätiologie: somatische, endogene, psychogene D. (b) Schweregrad: neurotisch vs. psychotisch (c) Alter: Involutionsd. (d) Verlauf: unipolar vs. bipolar (e) Bedeutung von Umweltereignissen, z. B. Erschöpfungsd. (→Entlastungsdepression) (f) Schwangerschaftsd.

Kontinuität vs. Diskontinuität von ›normalem‹ zu pathologischem Phänomen viel diskutiert, nicht gelöst. D. treten bei verschiedenen psychiatrischen Krankheiten hinzu. Therapie in der Psychiatrie (entsprechend biochemischer Sicht) vor allem Psychopharmaka. Ausgehend von der Hypothese der D. als Desynchronisation der →circadianen Rhythmen (PFLUG), vor allem bei endogenen D., wird der Schlafentzug für die Dauer einer Nacht therapeutisch eingesetzt.

Zunehmend mehr Bedeutung erhalten seit den 60er Jahren Erklärungsansätze der sozialen Lerntheorie, die empirisch abgeleitet und überprüft wurden und zu einer Reihe von Therapieverfahren geführt haben. Im Verstärkerverlust-Konzept sieht LEWINSOHN die D. als Folge mangelnder verhaltenskontingenter positiver Verstärkung. Erklärung der sog. Jammer-D. als aktives Verhalten, um soziale Verstärkung zu erlangen. Im Konzept der gelernten Hilflosigkeit (SELIGMAN) wird der Unkontrollierbarkeit von Ereignissen und inadäquater Attribution von Ursachen wesentliche Bedeutung zugemessen. BECK (1981) sieht D. als Folge kognitiver Verzerrungen und irrationaler Gedanken, ausgehend von der ›kognitiven Triade‹ (negative Sicht von sich, der Welt und der Zukunft). Verwandt mit den genannten Ansätzen sieht REHM in seinem Selbstregulations-Modell die D. als Störung der Selbstbeobachtung, Selbstbewertung und Selbstverstärkung. Entsprechend zielen therapeutische Interventionen auf den Wiederaufbau verstärkender Aktivitäten, Vermittlung sozialer Fertigkeiten, Identifizierung und Abbau negativ verzerrter Kognitionen, sowie Aufbau positiver Selbstbewertungen. →Melancholie Ⓛ HEIMANN u. GIEDKE 1980, DE JONG u. a. 1980, LINDEN u. a. 1979 *Rö-R*

Von der Ps. werden auch die Zusammenhänge von D. und Geschlecht, Gesellschaft, Alter, Landschaft, Kultur, ebenso die unterschiedliche, im religiösen Konnex stehende Schuldthematik beachtet und untersucht. Ⓛ PFEIFFER 1978

Depression, anaklitische, Bez. von R. SPITZ (1946) für das bei Säuglingen mit länger dauernder Trennung von der Mutter und mangelnder emotionaler Beziehung (z. B. bei Klinikaufenthalt, →Hospitalismus) aufkommende Krankheitssyndrom. Das Kind nimmt von seiner Umgebung kaum noch Notiz, ist bewegungsarm, teilnahms- und in der Mimik ausdruckslos.

Deprezzeitmarke, ein kleiner Elektromagnet mit Schreibborste, die auf das →Kymographion, je nach Stromschluß, Zeichen setzt.

Deprivation, Entzug oder Vorenthalten von bedürfnisbefriedigenden Objekten oder Reizen. Vor allem beachtet wird die D. als »soziale D.« bzw. als »soziale Isolation«.

Zur Klärung der Bedeutung werden mit Deprivationsexperimenten (bes. bei Tieren) die Auswirkungen von Hunger und Durst (z. B. bei Lernexperimenten), der Schlafentzug, die langfristige Wirkung sozialer Isolation z. B. an verwaisten, hospitalisierten Kindern oder in bes. Arbeitssituationen, die Reizarmut in versch. Phasen der Entwicklung erforscht.

• Sensorische D. führt beim Menschen nach wenigen Tagen zu schweren Störungen (HERON 1956). Vgl. aber REST • maternal deprivation [engl.] der Mangel an mütterlicher Zuwendung u. Pflege. →Hospitalismus *B-S*

Derealisation [zu lat. *de* ... u. *realis* sachlich stofflich, wirklich], »Entwirklichung«, dasjenige Erleben, bei dem die Umwelt als unwirklich, fremd erscheint. →Entfremdungserlebnis, →Depersonalisation

Dereflexion, ein Begr. von V. E. Frankl. Während die →paradoxe Intention den Patienten instand setzt, die Neurose zu ironisieren, ist er mit Hilfe der D. imstande, die Symptome zu »ignorieren« und »sie endlich vollends zu vergessen«.

dereierendes, dereistisches Denken [lat. *dereor* (ratio) nicht-logisch denken], von Bleuler eingeführte Bez. für unlogisches, autistisches Denken

Dermatozoenwahn, die wahnhafte Vorstellung, Dermatozoen (Insekten) in oder auf der Haut zu spüren. Wurde nosologisch früher unter die →Phobien oder unter →Hypochondrie eingereiht, als Symptom einer →Depression, einer präsenilen Hirnveränderung oder als Ausdruck einer →Psychose aufgefaßt. K. Conrad, der den Begr. der chronischen, taktilen Halluzinose prägte, weist auf das gleiche Syndrom bei Intoxikationen und →Medikamentenabusus insbesondere bei Kokain hin.

Dermographismus, [zu gr. *derma* Haut, *graphein* schreiben, »Hautschrift«], Auftreten rötlicher oder weißer Streifen auf der Haut nach Bestreichen mit einem harten Gegenstand (oder Fingernagel). Reizung der Hautkapillaren. Meist in starkem Grad bei Vegetativ-Labilen.

Densensibilisierung, systematische, von J. Wolpe entwickelte verhaltenstherapeutische Behandlungsmethode zur Reduktion von Ängsten und neurotischen Störungen. Gilt als die empirisch am besten untersuchte ps. Methode (Florin u. Tunner 1975). Der Patient stellt sich in tiefer muskulärer und kognitiver →Entspannung (nach E. Jacobson) in hierarchischer Abfolge die wichtigsten Angstsituationen möglichst realitätsnah vor. Eine angstauslösende Vorstellung wird so lange wiederholt, bis sie wenig oder keine subjektive Erregung mehr auslöst; danach wird die nächst schwierige Situation vorgestellt, usw. Die Erfolge sind bei leichteren Ängsten (z. B. Prüfungsangst) deutlich den Placebotherapien, anderen verbalen Psychotherapieformen (z. B. Gesprächstherapie) und der Entspannung allein überlegen. Weniger gute Effekte wurden bei extremen Ängsten und Zwangsneurosen erzielt; bei diesen erwies sich direkte länger anhaltende Konfrontation mit dem realen Vorbild als wirksamer. In beiden Fällen spielt das Modell des Therapeuten eine wichtige Rolle. Die Effektivität ist auch ohne Entspannung und ohne hierarchische Anordnung der Angstreize gegeben. Wesentlich für den Erfolg ist das Auftreten der Angst auf allen drei Verhaltensebenen (subjektiv, physiologisch, motorisch) gleichzeitig während der Vorstellung. Zur Theorie der D.: Birbaumer 1976. →systematische Desensibilisierung Ⓛ Butollo 1979, Florin u. Tunner 1975 *Bi-R*

design, auch *experimental d.* oder experimentelles d., →Versuchsplan

Desintegration, Desintegrierter [lat. *integer* unversehrt, Aufhebung des Zusammenhangs], D. wurde von Jaensch zur Bez. des dem Integrierten ggs. Typus eingeführt. Integration. →Typologie • In der →Tiefenps. wird der Begriff D. für die analytische Auflösung gebraucht. Vgl. Katharsis. • Auch die Spaltung der Persönlichkeit in der →Schizophrenie wird bisweilen als D. bezeichnet.

Desirabilität, soziale →soziale Erwünschtheit

Deskriptionsstatistik [zu lat. *descriptio* Beschreibung], derjenige Teil der Statistik, dessen Aufgabe in der Charakterisierung von Ergebnissen durch bestimmte Kennwerte (Mittelwert, Streuung, Korrelation u. a.) besteht. Auch als darstellende oder beschreibende Statistik bezeichnet. →Inferenzstatistik

deskriptive Psychologie, beschreibende Ps. Die Beschreibung und Klassifikation der seelischen Vorgänge nach ihrer phänomenalen Eigenart. • (auch: Reine Ps.) Eine ps. Richtung, die im Ggs. zur exp. Ps. nur die Beschreibung und das Verstehen (→verstehende Ps.), nicht die Erklärung der psychischen Erscheinungen als Aufgabe der Ps. betrachtet. Begründer und Hauptvertreter sind Brentano, Dilthey, Jaspers, Spranger.

deskriptiver Behaviorismus →Behaviorismus (Skinner)

deskriptives Konstrukt →Konstrukt

Deskriptoren, in der Dokumentationssprache ausgewählte Bez. (Fachbegriffe), die im →Thesaurus zusammengefaßt sind. Mit Hilfe von D. werden Sachverhalte beschrieben, die über ein Dokumentationssystem gespeichert u. wiederaufgefunden werden können. *Hä-R*

Desmologie [gr. *desmós* Fessel], von H. Schultz-Hencke eingeführter Begriff für

D

seine Lehre von der Bedeutung der Hemmung. – Desmolyse, vom gleichen Autor eingeführte Bez. für die ps.-therapeutische Lösung neurotischer »Hemmungen«.

Desorientierung, das Fehlen der Orientierung, Verwirrtheit. Teilsymptom aller Bew.-störungen mit Ausfällen der zeitlichen, örtlichen oder sonst situationsangepaßten Orientierung.

Desoxyribonucleinsäuren, DNS, (DNA), die Träger der Erbinformation in den →Chromosomen. Sie sind Riesenmoleküle, die sich aus einzelnen Nukleotiden zusammensetzen, wobei die unterschiedliche Anordnung der Nukleotide für die Erbinformation bestimmend ist. *D-E*

Destruktion, das auf Zerstörung gerichtete Verhalten.

Destruktionstrieb, bei FREUD als *thanatos* der Gegenpol zum Sexualtrieb *(eros)*. In seiner dualistischen Triebauffassung ist D. aber auch der im Gegenüber von Sadismus und Masochismus dem letzteren nahestehende Gegenspieler aller Lebenstriebe. Zugleich steht er als Todestrieb dem Aggressionstrieb gegenüber. D. steht bisweilen gleichsinnig für den →Todestrieb.

Deszendenztheorie →Abstammungslehre

desurgency →surgency

Det →Lexikon

Detektion [lat. *detegere* aufdecken, enthüllen, engl. *detection*], in der Psychophysiol. und Wahrnehmungsps. die Anwesenheit eines Reizes bemerken oder feststellen, daß ein vorher definiertes Ereignis eingetreten ist.

Die D.schwelle, ein Begr. der →Signaldetektions-Theorie, unterscheidet sich von der absoluten Empfindungsschwelle (→Reizschwelle) durch die Berücksichtigung eines Entscheidungsvorgangs. Sie wird als der kleinste Energiebetrag definiert, auf den ein Informationssystem ansprechen kann, wenn der zu bemerkende Reiz vor einem »Null-Hintergrund« *(zero-background)* geboten wird (DEMBER 1966). Die →Unterschieds- oder Differenz- oder relative Schwelle wird in der Signaldetektions-Theorie durch die Differenz-Detektionsschwelle ersetzt. In beiden Fällen handelt es sich jedoch um die Entdeckung minimaler Änderungen der Reizsituation. Nach gestaltps. Auffassung sind solche Änderungen (Inhomogenitäten) Grenzen oder Konturen, ohne die nichts wahrgenommen wird. →Ganzfeld *B-S*

Detektor, die angenommenen und z.T. nachgewiesenen rezeptiven Zellen und rezeptiven Zellfelder, durch die differenzierte visuelle Wahrnehmung (→Detektion) möglich ist. Adaptation vermindert ihre Leistung. Es gibt D. für Richtungen (HAJOS u. MAUL 1969; LÜCKE 1968), die auf senkrechte oder waagerechte Streifen ansprechen, Konturdetektoren für versch. einfache Formen und Bewegungsdetektoren. Ⓛ BETZ 1974 *B-S*

Determinanten, Bedingungen. In der Ps. Faktoren, die ein Geschehen (z.B. eine Entwicklung) bestimmen. • In der Biologie Bezeichnung für kleinste Partikel im Keimplasma, welche die spezielle Ausbildung der einzelnen Organe bestimmen.

In der Tiefenpsychologie die von F. SCHOTTLAENDER eingeführte Bezeichnung für alle Gegebenheiten, welche für das Leben des einzelnen eine Grenze darstellen, die nicht überschritten werden kann und mit welchem sich das Ich auseinandersetzen muß: bewußte und unbewußte, äußere und innere, körperliche und soziale D. (körperliche D. sind etwa das Geschlecht, der Körperbau, der Gesundheitszustand usw.) • D. in der Testps. Ⓣ RORSCHACH

Determination [lat. *determinâre* abgrenzen], Bestimmung, Bestimmtheit. In der Ps. der bestimmende und regelnde Einfluß einerseits von →Determinanten, andererseits von Zielvorstellungen und des Wollens auf den Verlauf psychischen Geschehens, →derminierende Tendenz (ACH).

D. wurde der →Perseveration gegenübergestellt. Erstere besitzt →intentionalen Sinn, ist gewollt und nimmt z.B. im ermüdeten Zustand ab; Perseveration dagegen ist nicht gewollt und steigt in der Ermüdung an. • In der Logik das Hinzufügen einzelner Merkmale zu einem allgemeineren Begriff, wodurch ein engerer Artbegriff entsteht. Eine Bestimmung durch Begrenzung, aber nicht durch →Abstraktion. • In der Statistik ist der Begr. D. eingeführt als Determinations-Index und als →Determinations-Koeffizient.

Determination, sozial-figurale, nach HELLPACH die Abhängigkeit des Handelns von der Anzahl der anwesenden Personen. Z.B. ist eine Person energisch in der Gegenwart vieler und schüchtern, unbeholfen, wenn nur ein einzelner Mitmensch da ist, oder umgekehrt. →Erleichterung, soziale

Determination, sozial-organische, nach HELLPACH die Abhängigkeit des gesamten Verhaltens von biologischen Tatbeständen: Biogone D. (vererbte Anlagen), biochrone D. (zeitlicher Abstand), biotope D. (Angewiesensein auf Nähe der Mutter).

Determinationsgerät Ⓣ MIERKE

Determinationskoeffizient, syn. D.index, Bestimmtheitsmaß. Der D., als Quadrat des Korrelationskoeffizienten bestimmt, gibt die relative Größe jener Varianzanteile an, die zwei miteinander korrelierenden Variablen gemeinsam ist. *Mi-A*

determinierende Tendenz ⟨ACH⟩, die von einer Zielvorst. ausgehende und auf die Bezugsvorst. übergreifende Wirkung. Die d. T. kann dabei auch unbewußt bleiben. →Würzburger Schule, Denken. Ⓛ ACH

Determinismus, die Lehre von der Vorbestimmung alles Geschehens. Nichts ist zufällig, sondern alles notwendige Wirkung bestimmter Ursachen. Willensdeterminismus ist die Auffassung, daß auch der Willensakt äußeren oder inneren Ursachen unterworfen und insofern →Willensfreiheit nicht möglich ist. *Red.*

● Speziell wird mit D. die Auffassung bezeichnet, nach der das Denken bzw. das Weltbild von Mitgliedern einer Sprachgemeinschaft mehr oder weniger durch ihre →Sprache festgelegt, vorherbestimmt sei (→SAPIR-WHORF-Hypothese). *K-I*

Detumeszenztrieb →Sexualität (Tabelle)

Deuteranop(s)ie [gr. *deúteros* der zweite] →Farbenblindheit

Deuteroskopie [gr. *skopein* betrachten], zweite Betrachtung, svw. →Zweites Gesicht

Deutsche Gesellschaft für Psychologie →Psychologe

Deutsche Gesellschaft für Psychotherapie und Tiefenpsychologie →Psychologe

Deutung, das zielgerichtete Schließen von einer Beobachtung oder Tatsache auf deren Ursache bzw. deren Grund, oder der Schluß von einer Vermutung auf eine andere, der aber, mangels genügend gesicherter Erkenntnis der Beziehungen, keine volle Beweiskraft besitzt; auch das Herstellen von Sinnzusammenhängen, die sich in Sachverhalten mittelbar oder symbolisch auszudrücken scheinen.

● In der Ps. kann man von der D. das →Verstehen unterscheiden. Das Verstehen beruht auf einer annähernd vollständigen Erfaßbarkeit des Zusammenhangs, während die Deutung nur auf einigen Anhaltspunkten beruht und daher weniger sicher ist. Die D. spielt z. B. in der Diagnostik eine Rolle, wenn aus Schriftmerkmalen oder anderen Ausdruckserscheinungen (heute noch bei Verwendung von →entfaltenden Tests) der Charakter eines Menschen erdeutet wird. ● In der Psychoanalyse bezeichnet man als D. die Klärung des verborgenen Zusammenhangs zwischen den Inhalten des Bewußtseins und dem Unbewußten.

Deutungs-Tests, projektive Tests, mit ungegenständlicher Reizgrundlage. Ⓣ RORSCHACH, WARTEGG-VETTER, ZULLIGER. ● D. mit gegenständlicher, aber vieldeutiger Reizgrundlage werden als entfaltende Tests bezeichnet. Ⓣ BELLAK, LENNEP, MURRAY, ROSENZWEIG.

Devianz, Deviation [engl. *deviance*] (allg.) Abweichung. ● (spez.) Bez. für das diskreditierende (diskriminierende) Abweichen vom normativ erwarteten bzw. erwartbaren Verhalten des Individuums in der Gesellschaft. – Der Begr.inhalt hängt davon ab, was als Abweichung angesehen wird. →abnorm

Dezerebrierung, Beseitigung des Großhirns bei Tieren zu experimentellen Zwecken

Dezibel (dB) oder Phon ist ein Maß für die subjektiv empfundene Stärke des Schalls, bezogen auf den Normaltonpegel bei 1000 Hz. Die Lautstärkeskala beginnt mit 0 dB (→Hörschwelle) und endet bei 130 dB (→Schmerzschwelle).

In der psychotherapeutischen Praxis können durch verbale Maßnahmen (Rufen, Schreien) oder enthemmendes Instrumentalspiel (Pauken, Amboß u. a.) zum Zwecke der Spannungsabfuhr und Regression Lautstärken bis zur Schmerzschwelle entstehen, die nicht den Immissionswerten des BAnz. Nr. 134 (1968) entsprechen. *Ri-R*

Dhamma [pāli, mask., im Sānscrit *Dharma*], das »Feste«, das »Dauernde«, die ursprüngliche Lehre des historischen GAUTAMA BUDDHA, die Anweisung über den Heilsweg. →Hinayana *S-G*

Ⓔ **di...** [gr.] in Wtvb. zweimal, doppelt

Ⓔ **dia...** [gr.] in Wtvb. durch, zwischen, auseinander

diachronisch, in der Sprachwissenschaft von DE SAUSSURE (1916) eingeführte Bez. für die Betrachtungsweise, in der Veränderungen von →Sprachen in der Zeit analysiert werden. Diese ältere, traditionelle Betrachtungsweise wurde durch die →synchronische ergänzt. Ⓛ LYONS 1970 *K-I*

Diadochokinese [gr. *diadochos* abwechselnd, *kinesis* Bewegung], Bewegungsfolge, die Fähigkeit, eine Folge von sehr einfachen gleichen oder wenig versch. Einzelbewegungen ausführen zu können. Ggs. →Adiadochokinese. Ⓛ BABINSKI 1903 *B-S*

Diagnose [gr. *diágnosis* das Unterscheiden], Erkennung, Feststellung, Prüfung des körperlichen wie auch des ps. Bestandes mittels Anamnese, Exploration und Untersuchung. Zu unterscheiden sind: Arten der D., wie monosymptomatische, multi- oder polysymptomatische und Blinddiagnosen (Blindverfahren, wo nur mit Test ohne

Person diagnostiziert wird); Richtungen der D. wie Begabungs-, Charakter-, Eignungsdiagnosen. Dann Kinder-, Jugendlichen-, Erwachsenendiagnosen. Jede D. ist ätiologisch, auf Ursache und (oder) prognostisch, auf zukünftige Leistung, späteren Zustand usw. gerichtet (Prozeß-D.).

Zudem gibt es D., die die verschiedensten Aufgaben zur Klärung einzelner Teilfragen und Probleme bei Forschungsexperimenten zu erfüllen haben. Differentialdiagnose (Diakrise) ist die Unterscheidung einander ähnlicher Erscheinungen (insbesondere Krankheitsbilder) auf Grund bestimmter, kennzeichnender Symptome. Die Diagnose ist mehrdimensional, wenn z. B. Erbkreis, Milieu und nichtvererbte endogene Faktoren zugleich das Geschehen bestimmen. →psycholog. Diagnostik, Eignungsuntersuchung

Diagnoseschlüssel psychiatr. Krankheiten →ICD

Diagnostik, die Lehre von der sachgemäßen Durchführung der →Diagnose; auch die Ausübung der Diagnose. →psycholog. Diagnostik

Diagnostikum für Cerebralschädigung Ⓣ HILLERS

Diagnostische Aufgabenreihe Ⓣ ARNTZEN

diagnostische Psychologie →psycholog. Diagnostik

diagnostische Valenz, ältere und wenig gebräuchliche Bez. für →Validität. *Hä-R*

Diagramm →graphische Darstellung

Diagramm-Test Ⓣ GODDARD-TERMAN, HEALY

Diakrise, Diakrisis [gr.], Trennung, Unterscheidung

Dialektik [gr. *dialektiké téchne* Unterredungskunst], die Kunst der Beweisführung – die Wissenschaft der Logik.

So wurde der Begr. bis zur Neuzeit gebraucht. KANT entwertete ihn: D. ist Pseudophilosophieren. HEGEL bahnte den Weg zum heutigen Gebrauch des Begriffs: Er machte die D. zur Methode seines Philosophierens (Thesis – Antithesis – Synthesis) und zum Inhalt seiner Philosophie (etwa: Subjektiver Geist – Objektiver Geist – Absoluter Geist). Über KARL MARX wurde der Dialektische Materialismus (Thesis = Kapitalismus – Antithesis = Diktatur des Proletariats – Synthesis = Klassenlose Gesellschaft) zum politischen Begriff. Über KIERKEGAARD hat sich eine Dialektische Theologie entwickelt ⟨KARL BARTH u. a.⟩.

● Auch in der Ps. ist die D. von Bedeutung – vor allem als »dialektisches Verfahren«, d. h. als eine unter weitgehendem Verzicht auf vorgefaßte Theorien und Methoden sich rein aus dem Pro und Kontra entwickelnde Auseinandersetzung zur Klärung offener Fragen und Probleme. →Wissenschaftstheorie

dialektisches Geistgesetz, in Anlehnung an HEGEL formulierte HELLPACH 1951, 1953 ein d. G., das den Entfaltungsprozeß geistiger Gemeinschaftsbewegungen aufzeigt. Beispiel: These ist die Aufklärung – deren Antithese die Romantik. Beide führen später zu einer Synthese. In der Hyperthese wird die These überspitzt. So dominierte die Gewalt über den Vernunftglauben in der Durchsetzung der Aufklärung. Später traf die Antithese in einer radikalen Variante auf: Kirche und Staat als Mächte der Tradition und Reaktion bis 1848. Ⓛ HELLPACH

dialektisches Scheindenken, in Anlehnung an K. O. ERDMANN nannte POPPELREUTER d. Sch., wenn subjektive Ansichten als objektiv gültig kundgetan werden. Zumindest werden nicht beweisbare Ansichten so dargestellt, als kämen sie einem Beweis gleich. →psychokritische Pädagogik. Ⓛ POPPELREUTER

Dialog, Gespräch zwischen gleichberechtigten Partnern mit der Absicht, durch These und Antithese die »Wahrheit« zu entdekken. In der neueren Philosophie ist die Wahrheit »dialogisch«, dramatisch, nicht »apodiktisch«. →Gesprächspsychotherapie, →Interaktion. Ⓛ JASPERS, HEIDEGGER, BUBER *S-G*

Diaphragma [gr. *diáphragma* Zwischenwand], eine Anordnung für verschiedenartige psychologische Experimente, bei der die Vp durch einen Schlitz hindurchblickt. ● Bei optischen Geräten die Blende. ● Anatomisch das Zwerchfell.

Diaschisis →Anastole

Diastole [gr. *diastolé* von *diastéllo* ausdehnen], rhythmische Erweiterung eines Organes. ● Beim Herzen die Phase der Inaktivität, in der der Herzmuskel erschlafft und eine Pause der Erholung (mit 0,3–0,8 sec.) durchläuft. →psychophysiologische Methodik (Abb.)

Diathese [gr. *diáthesis* Verfassung, Zustand], in der Konstitution (angeboren) begründete Bereitschaft für bestimmte Krankheiten und ps. Anfälligkeiten. Formen u. a.: neuropathische D. (→Neuropathie), angiospastische D. (→Angioneurose), exsudative D. [lat. *exsudare* ausschwitzen]. Vgl. Disposition, Habitus, Konstitution.

diathetische Proportion ⟨KRETSCHMER⟩, das Verhältnis zwischen manischer und depressiver Bereitschaft beim Zyklothymen gegenüber der →psychästhetischen Proportion beim Schizothymen.

Diazepam, eine zur Gruppe der →Tranquillantien gehörende psychotrope Substanz. D. ist das am häufigsten in der ganzen Welt verbreitete Tranquillans. (Valium^R) *J-E*

dichotisch [gr. *dichothen* von zwei Seiten her], Darbietungsart, bei der zwei unterschiedliche akustische, z. B. sprachliche Informationen von zwei verschiedenen Schallquellen den beiden Ohren über Kopfhörer getrennt, aber gleichzeitig zugeleitet werden; z. B. bei Experimenten zur Aufmerksamkeit (BROADBENT 1958). →stereophonisch *G-N*

Dichotomie [gr. *dicha* zweigeteilt, *tómos* Schnitt, abgeschnittenes Stück], Zweiteilung. Einteilung in zwei Gruppen.

Dichromaten →Farbenblindheit

Dichtemittel →Modus

Didaktik, befaßt sich mit Theorien des Unterrichts im weitesten Sinn. Gemeinsames Ziel der einzelnen didaktischen Ansätze ist es – bei unterschiedlicher Gewichtung –, das Gesamt der den Unterricht bedingenden Faktoren zu ermitteln und das zwischen diesen Faktoren bestehende Interdependenzverhältnis zu berücksichtigen.

Die »bildungstheoretische« Didaktik (KLAFKI) legt den Schwerpunkt auf die Begründung und Auswahl der Bildungsinhalte, unter weitgehender Vernachlässigung der Fragen der Unterrichtsmethode; die »kybernetische« D. (v. CUBE, FRANK) befaßt sich ausschließlich mit Fragen der Vermittlung vorgegebener Inhalte; die »lerntheoretische« D. (SCHULZ/HEIMANN) betont das Gleichgewicht und die Interdependenz aller am Unterricht beteiligten Faktoren und hebt zwei Bedingungsfelder (soziokulturelle und anthropogene Voraussetzungen des Unterrichts) und vier Entscheidungsfelder (Intentionen des Unterrichts, Wahl der Inhalte, der Methoden und der Medien) innerhalb der Unterricht konstituierenden Faktoren heraus. Diese Ansätze stützen sich u. a. auf Theorien und Ergebnisse der Lernpsychologie und der Entwicklungspsychologie. →Curriculum, →Unterrichtstechnologie. Ⓛ BLANKERTZ 1973⁷, NIPKOW 1968. *Mu-R*

Diencephalon →Gehirn

DIFF, Deutsches Institut für Fernstudien, Tübingen

Differential-Aptitude-Test Ⓣ BENNET

Differentialdiagnose, werden unterschiedliche Diagnosen gestellt und diese dann durch besondere Abgrenzungen gegeneinander ausgeschlossen, so bezeichnet man die aus diesem Vorgehen resultierende Diagnose als D. ● Ziel der D. ist auch, mit möglichst geringer Irrtumswahrscheinlichkeit differentielle →Klassifikationen nach relevanten Untergruppen zu bilden. *Hä-R*

Differential, semantisches →semantisches Differential

Differentielle Psychologie (D. Ps.) befaßt sich wesentlich mit individuellen Unterschieden (Differenzen) im Verhalten und Erleben, die sie zu beschreiben und auf Bedingungen zurückzuführen versucht. Sie übergreift damit in ihrem Gegenstandsbereich die empirische →Persönlichkeitsps. und ergänzt die →Allgemeine Psychologie, die auf die Erfassung von allgemeinen statistischen Gesetzmäßigkeiten ps. Geschehens zielt, indem sie die individuellen Abweichungen von statistischen →Normen zum Gegenstand hat.

Historisch ist die Fragestellung der D. Ps. von W. STERN erstmals 1900 (1911) explizit formuliert worden, dessen Methodenschema (→Persönlichkeitspsychologie) im Ansatz alle grundlegenden Forschungsrichtungen der D. Ps. beinhaltet. Die gleichzeitig einsetzende, von A. BINET initiierte Testbewegung lieferte der D. Ps. die wichtigsten Forschungsinstrumente, und der großangelegte Einsatz von Tests im Rahmen von militärischen Eignungs- sowie bei Einwanderuntersuchungen in den USA stimulierte die Bearbeitung von Berufs-, Berufsgruppen-, Rassen- und Nationalitätenunterschieden vorwiegend im Intelligenzbereich. Weitere wesentliche Impulse erhielt die D. Ps. aus der Biologie, der Genetik, der Kulturanthropologie und der Statistik. Über die Entwicklung der Fragestellungen und Methoden sowie über Ergebnisse der D. Ps. informieren die zusammenfassenden Veröffentlichungen von ANASTASI (1958³) und HOFSTÄTTER (1971).

Methodische Voraussetzung für exakte Beschreibung und Analyse von Unterschieden zwischen Individuen und Gruppen sind meßbare Merkmale. Die Merkmalsgewinnung und Merkmalsmessung wirft bei den meisten ps. Merkmalen eine Vielfalt nicht vollständig geklärter theoretischer und meßtheoretischer Probleme auf. Aus der Vielzahl der zum Vergleich zwischen Individuen und Gruppen herangezogenen Merkmale sei auf Wahrnehmungs-, Gedächtnis- und Intelligenzleistungen, auf Persönlichkeitsmerkmale (z. B. →Extraversion – Introversion) und auf Motivationsmerkmale (z. B. →Leistungsmotivation, →Aggressivität) verwiesen. Eine Methode der Merkmalsgewinnung durch statistische Klassifikation zusammengehöriger Merkmale stellt die →Faktorenanalyse dar (→Faktorentheorien der Persönlichkeit). Die zur Messung ps. Merkmale notwendigen Verfahren (→Test, →Testtheorie) sind so konstruiert, daß – wie bei einigen körperlichen Merkmalen (z. B. Körpergewicht) – die Häufigkeiten der Individuen einer Population über die möglichen Merkmalsausprägungen annähernd eine →Normalverteilung bilden. In der Interpretation von individuellen Unterschieden ist u. a. der Standardmeßfehler des verwendeten Tests, bei Gruppenunterschieden ist neben der statistischen →Signifikanz der Unterschiede die Größe der Gruppenunterschiede zu berücksichtigen, da bei großen Gruppen auch minimale Unterschiede statistische Signifikanz erreichen. Aber auch die Angemessenheit der Testverfahren für die angestellten Vergleiche ist jeweils zu prüfen, da z. B. gegen manche Intelligenztests eingewandt werden kann, daß sie »unfair« gegenüber Angehörigen der sozialen Unterschicht seien. Eine wichtige methodische Ergänzung zur Untersuchung von Unterschieden auf Einzelmerkmalen liegt in simultanen Vergleichen von Individuen und Gruppen auf mehreren Merkmalen, z. B. in →Profil-Vergleichen, deren Voraussetzung ist, daß von jedem Individuum Messungen mehrerer Merkmale vorliegen.

In der Analyse von individuellen und Gruppenunterschieden haben die komplexen Bedingungsgrößen Erbe und Umwelt (→Erbe) große Beachtung gefunden. Das Zusammenwirken von Erbausstattung und Umwelt wird als komplizierte Wechselwirkung gesehen. Die Gewichtung des Einflusses der beiden Bedingungsgrößen auf die →Varianz (Variabilität) eines Merkmals in der Population erfolgt häufig durch statistische Analyse der →Korrelationen zwischen getrennt und gemeinsam aufwachsenden ein- und zweieiigen Zwillingen (→Zwillingsforschung). Hierzu sind allerdings schwerwiegende methodische Einwände vorgebracht worden.

Eine große Zahl von Untersuchungen im Rahmen der D. Ps. ist individuellen und Gruppenunterschieden im Intelligenzbereich gewidmet, deren Problematik und Ergebnisse exemplarisch angedeutet werden sollen. Die gebräuchlichen Meßinstrumente des Merkmals Intelligenz beanspruchen, über die Erfassung von Teilaspekten (z. B. Allgemeinwissen, räumliches Denken, Schlußfolgern) und deren Kombination hinaus, die Intelligenz von Individuen in Relation zur jeweiligen Population zu messen. Einschlägige Arbeiten haben nun gezeigt, daß zwischen den Geschlechtern im Global-IQ (→Intelligenzquotient) keine Unterschiede bestehen, allerdings schneiden Frauen bei Wortflüssigkeit und Gedächtnisaufgaben im Durchschnitt besser ab als Männer, während dies bei rechnerischen Aufgaben und räumlichem Vorstellen umgekehrt ist. Ein gutgesichertes Ergebnis ist weiter, daß Mittelwertsunterschiede im IQ zwischen sozialen Schichten bestehen, wobei die Rangreihe der Mittelwerte dem sozialen Gefälle entspricht. Ebenso werden IQ-Mittelwertsunterschiede zwischen Nationalitäten und Rassen berichtet, hier ist jedoch wie bereits bei den Unterschieden zwischen sozialen Schichten die Angemessenheit der Testinstrumente fraglich. Es ist naheliegend anzunehmen, daß jede Kultur oder Subkultur die Ausprägung unterschiedlicher Fähigkeitsmuster begünstigt. In Zwillingsuntersuchungen zur Bedeutsamkeit von Erbe und Umwelt für Intelligenzunterschiede werden relativ hohe Anteile der Vererbung an der IQ-Varianz berichtet, z. B. gibt BURT (1970) einen Erbanteil von über 70% an. Allerdings wurden gegen diese Ergebnisse schwerwiegende methodische Bedenken angebracht. In Widerspruch dazu stehen auch die Ergebnisse von experimentellen Intelligenzförderungsprogrammen, die beträchtliche IQ-Steigerungen (durchschnittlich 1 Standardabweichung) ausweisen.

Die Weiterentwicklung der D. Ps. in der Beschreibung von individuellen und Gruppenunterschieden scheint in methodischer Hinsicht durch verfeinerte Meßmethoden und durch mehrdimensionale Vergleiche und inhaltlich durch größere Beachtung der kulturellen und sozialen Einbettung von Merkmalsausprägungen und Merkmalsmustern zu liegen. Fortschritte in der Bedingungsanalyse der Unterschiede sind u. a. durch Konzentration auf den Einfluß von Kultur-, Subkultur- und Gruppenzugehörigkeit sowie durch Beobachtung von Sozialisationspraktiken zu erwarten. Ⓛ ANASTASI 1976, STRUBE 1977 *W-R*

differentieller Eignungstest →Test zur Vorhersage der Eignung unter Verwendung der Profilmethode. Bei einer Stichprobe von erfolgreichen Berufsinhabern wird ein typisches Profil erstellt. Die zur Auslese anstehenden Bewerber werden mit diesem Profil verglichen. *Hä-R*

Differentieller Leistungstest Ⓣ KLEBER

differentielle Validität, Bez. für die spezifische Validität von Tests für bestimmte Stichproben. Während längere Zeit angenommen wurde, daß die Beziehung zwischen Test und Kriterium auch an größeren Stichproben einheitlich sei und nur durch den Meßfehler beeinträchtigt werde, konnte empirisch nachgewiesen werden, daß →Validitätskoeffizienten für spezifisch gebildete Untergruppen durchaus verschieden sein können. Ein Test kann z. B. für eine in mehreren Variablen heterogene Stichprobe nicht valide sein. Für die bezüglich der Variablen Alter, Geschlecht oder Persönlichkeitsmerkmalen gebildeten Untergruppen kann Validität jedoch vorliegen. Diese

Beobachtung hat dazu geführt, daß man spezielle Vorhersagbartests entwickelte, welche die Validität von Tests bei bestimmten Pbn-Gruppen vorhersagt. CRONBACH hat zur Berechnung der d. V. eine Formel vorgeschlagen. Ⓛ GHISELLI 1963 *Hä-R*

Differenzhypothese, Annahme, daß in der Unter- und Mittelschicht verschiedene Fähigkeiten ausgebildet werden, die als gleichwertige Andersartigkeiten zu deuten sind und nur bei unfairen Intelligenztests und Schulen als Mittelschichtinstitution zur Auswirkung kommen. Vgl. Defizithypothese *R-S*

Differenzierung, (allg.) Unterscheidung, Abstufung, Sonderung. • allgemeinps. meint D. den Prozeß und die Fähigkeit, wahrnehmungsmäßig / erkenntnismäßig / denkend verschiedene Bestandteile (Reize), (Ursache- u. Wirk-) Faktoren sowie Strukturen der Gegenstandswelt zu unterscheiden und entsprechend unterschiedlich (auf sie) zu reagieren bzw. zu handeln. Insofern ist D. der Komplementärbegriff zu →Generalisation. • Persönlichkeitsps. wird D. gebraucht zur Beschreibung wesentlicher Aspekte der →Individuation, im Gegensatz etwa zu dem mit dem Begr. des Kollektiven Gemeinten.

• Entwicklungsps. ist D. Ausdruck für das allg. Prinzip aller Entwicklungsvorgänge, sowohl physischer wie auch psychischer Art, die stets vom Einfachen zum Ausgestalteten verlaufen und deshalb, soll die Einheit/Identität des sich entwikkelnden Organismus nicht zerstört werden, des Gegenstücks/der Ergänzung durch die Prozesse der →Integration und →Zentrierung bedürfen. • Erziehungswissenschaftl. meint D. die Maßnahmen der Abstimmung von Bildungsinhalten, Unterrichtsmethoden und Organisationsformen sowohl auf die Fähigkeiten und Interessen der Lernenden/Schüler als auch auf die Mannigfaltigkeit gesellschaftlicher Anforderungen an Bildungs- und Ausbildungsniveaus (Qualifikationen). Dabei unterscheidet man die äußere D. (nach Schulzweigen, Klassen, Kursgruppen) von der inneren D. (nach Lehr-/Lerninhalten, Medien, Unterrichtsmethoden innerhalb von Klassen und sonst. Lerngruppen). Äußere D. kann fächerübergreifend *(streaming)* oder fachspezifisch *(setting)* erfolgen und ist meist jahrgangsbezogen (horizontale D.), während die innere D. auch jahrgangsübergreifend (vertikale D.) sein kann. Alle diese Differenzierungsformen im päd. Bereich zielen letztlich auf die Erreichung individuellerer Lernbedingungen. Ⓛ WERNER 1959, LEWIN 1954, HOPF 1974 *Sch-R*

Differenzierungshemmung →Hemmung

Differenzierungshypothese, die Annahme einer zunehmenden Differenzierung der Intelligenz mit steigendem Alter (nach GARRETT, 1951³, u. a.). Sie ergibt sich aus der Abnahme der Interkorrelationen von Intelligenztests mit steigendem Alter. Die D. scheint jedoch nur bis zum 25.–30. Lebensjahr gültig zu sein. Ihre empirischen Grundlagen werden von MERZ und KALVERAM (1965) für methodische Artefakte gehalten. Ⓛ MANDL u. ZIMMERMANN 1976. →Divergenzhypothese

Differenz-, Kombinationston von G. TARTINI und G. A. SORGE am Violin- und Orgelklang im 18. Jh. entdeckt, wird der dritte Ton genannt, der bei gleichzeitigem Erklingen von zwei verschiedenen, ausreichend stark intonierten Tönen hörbar werden kann. Seine Tonhöhe ergibt sich aus der Differenz der Schwingungszahlen der beiden Intervalltöne. Bei diesem Hörphänomen wird angenommen, daß die Transformation der Klangreize im Ohr nichtlinear erfolgt und dadurch die originalen Schallkurven verzerrt werden. In Konzerten und bei Schallplattenaufnahmen können Differenztöne störend wirken. *Ri-R*

diffug, Diffugität [lat. *diffúgium* Auseinanderfliehen], wesensgegensätzlich. Von LERSCH herangezogene Bez. für das sich gegenseitige Ausschließen bestimmter Charakterzüge. So sind z. B. Strebertum und Mitleidsfähigkeit, Gutmütigkeit und Verlogenheit, Haß und phlegmatisches Temperament »diffug«. →affin, Affinität. Ⓛ LERSCH

diffus [lat. *diffúndere* ausgießen, ausbreiten], ausgedehnt, zerstreut. Nach WERNER ist d. ein Begr. für denjenigen formalen Aufbau (speziell der kindlichen Wahrnehmung), der im Ggs. zur Gliederung steht: also einförmige Ganzheiten, aus denen sich keine Teile abheben. Ⓛ WERNER

digestiver Typus [lat. *digérere* verdauen] ⟨SIGAUD⟩, Ernährungstyp, Körperbautyp, der durch das Vorherrschen der Ernährungsfunktion gekennzeichnet ist. →Körperbautypen. Ⓛ SIGAUD

digital [lat. *digitus* Finger; engl. *digit* Finger, Ziffer], ziffernmäßig; Kennzeichnung einer grundlegenden Form, Information für die Verarbeitung, Übertragung oder Speicherung zu codieren; Alternative zu →analog. Die d. Codierung bedeutet die Repräsentation des Wertes einer quantitativen Variablen durch nach Raum und/oder Zeit geordnete n-Tupel diskreter Zeichen (z. B. Zif-

D

fern, deren Folgen Zahlen darstellen) oder Zustände physikalischer Träger. Enthält die Menge zugrundeliegender Zeichen oder Zustände nur zwei Elemente (z. B. Loch/kein Loch auf der Lochkarte, Strom/kein Strom in einem elektrischen Schaltkreis, positive/negative Magnetisierungsrichtung in Ringkernen oder an definierten Orten auf Magnetplatten, -bändern oder -trommeln), nennt man das D.system →binär. *G-R*

Digital-Analog-Wandler, D/A-Wandler, logisch-begriffliche Zuordnungsregel →digital codierter Werte einer quantitativen Variablen zu →analog codierten Äquivalenten. In der exp. Ps. werden D. meist in der technischen Form von Einschüben in →Digitalrechner oder Versuchssteueranlagen verwendet. Sie bilden hier zu Variablenwerten, die im System digital vorliegen, eine elektrische Spannung als Analogsignal, das z. B. ein Bild auf einem Oszilloskop, die Frequenz eines akustischen Reizes, die Intensität eines Elektroschocks o. ä. steuern kann.

Im Prinzip besteht ein D. aus einem als Konstantstromquelle geschalteten Transistor T und einem mit Schaltern wie S_0 ... S_3 verknüpften Widerstandsnetzwerk R_0 ... R_3 zwischen den Polen einer Versorgungsspannung U. Die einzelnen Schalter und Widerstände sind den einzelnen Stellen der →binären Digitalzahl zugeordnet. Bei 1 ist der Schalter offen, bei 0 geschlossen. Der eingeprägte Strom I_e fließt durch das Widerstands-Schalternetzwerk, so daß zwischen Punkt A und Masse das zu bildende Analogsignal entsteht. Seine Spannung ist nach dem Ohmschen Gesetz gleich dem Produkt von I_e mal der Summe der nicht durch einen geschlossenen Schalter überbrückten Widerstände. Durch geeignete Wahl der Widerstandswerte (Beispiel in der Abbildung) läßt sich erreichen, daß U_a stets der durch die Kombination geöffneter und geschlossener Schalter repräsentierten Binärzahl entspricht (gezeichnet für dezimal U_a = 12 Volt, entspricht binär U_a = 1100 Volt). • Die hohen Geschwindigkeits-, Genauigkeits- und Konstanzanforderungen, die in der Praxis an die D. zu stellen sind, verlangen einen z. T. erheblichen Schaltungsaufwand und weniger übersichtliche, jedoch im Prinzip wie dargestellt wirkende Widerstandsnetzwerke. Ⓛ HAWEL *G-R*

digitale Kommunikation nennen WATZLAWICK u. a. (1967) solche Kommunikationsweisen, bei denen das zu Kommunizierende mittels diskreter, willkürlich zugeordneter →Zeichen (→Symbol) benannt wird (engl. *digit* = Zahl. Gegenbegriff: →analoge Kommunikation).

Wissensinhalte werden weitgehend digital, z. B. mittels natürlicher Wortsprachen, übermittelt; d. K.systeme seien im allg. mit einer komplexen logischen →Syntax (→Semiotik) ausgestattet, was präzises, eindeutiges Kommunizieren ermöglicht, sie entbehrten jedoch hinsichtlich des Gegenstandsbereiches sozialer Beziehungen einer zulänglichen →Semantik. Dieser Mangel werde durch analoge Kommunikation wettgemacht, die wiederum ihrer syntaktischen Primitivität wegen relativ uneindeutig sei. *K-I*

Digitalrechner, elektronische Datenverarbeitungsanlage, in der die bearbeiteten Informationen (→Programme, →Konstanten,

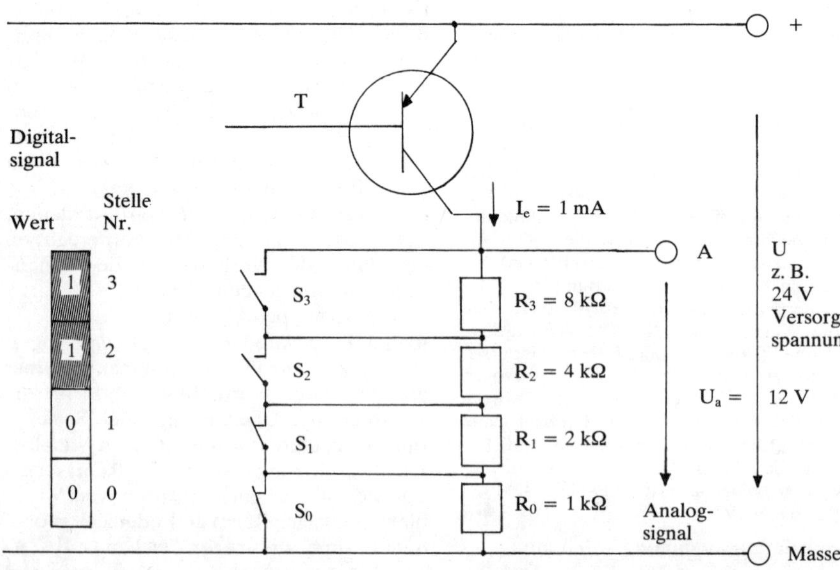

→Variablen, Verknüpfungen) →digital codiert sind. Heute weitaus gebräuchlichste Rechnertechnik. *G-R*

Digramm, als →Zeichen höherer Ordnung aufgefaßte Paarkombination von Einzelzeichen, die einer begrenzten Menge von möglichen Zeichen (Zeichenvorrat) entnommen sind.

Aus dem Vorrat von 26 Buchstaben zuzüglich Leerstelle (Lücke) lassen sich $27^2 = 729$ D. bilden (→Sprachstatistik). Durch »überlappende« Auszählung (z. B. BUCH ergibt BU, UC, CH) ermittelt man die von der Gleichverteilung stark abweichenden Auftretenshäufigkeiten der D., bestimmt daraus die sprach- und textspezifische →Redundanz auf D.ebene und dadurch die Strukturiertheit. Eine künstlich hergestellte Buchstaben-Abfolge, in der sich die Häufigkeiten der D. so verteilen wie in sinnvollem Text, heißt →Approximation 2. Ordnung. →Trigramm *Z-N*

dilatiert, dilatierter Typus, [lat. *dilatáre* ausdehnen], nach RORSCHACH ist der d. T. die Kombination von introvertiertem, extratensivem und ambiäqualem Erlebnistyp. →Typologie (Erlebnistypen)

Dimension, (allg.) Ausdehnungs- oder Meßrichtung. • In der Ps. ist der Begr. unterschiedlich gebräuchlich: (1) Man spricht von D. des Erlebens und des Verhaltens. Letzteres mit D. zu beschreiben, zählt zu den gängigsten Beobachtungsmethoden, da es hier in ein Kontinuum eingereiht wird (z. B. autoritär-sozialintegrativ). (2) D. ersetzt Begriffe wie Eigenschaft und Wesensmerkmal. (3) D. ist Bez. für die entwicklungsmäßigen Entfaltungsrichtungen (z. B. sinnliche Rezeption, Körperbeherrschung). (4) D. ist persönlichkeitstheoretisches Konstrukt (*dimensions of personality* bei EYSENCK). (5) W. STERN entwarf eine ps.-personalistische Dimensionslehre, wonach D. diejenigen richtungsbestimmten Erstrekkungen sind, in denen die Person sich und ihre Welt verwirklicht (räumliche D., zeitliche D., Eigen- und Welt-D.). (6) WUNDT bezeichnete als D. die Attribute von Bew.inhalten wie Qualität, Intensität, Extensität, Dauer u. Klarheit. WUNDT spricht auch von einer Dreidimensionalität der Gefühle: Qualität mit Lust/Unlust, Intensität mit Erregung/Beruhigung, Zeit mit Spannung/Lösung. (7) In der Gestaltps. hat D. Bedeutung als »überzählige D. im Wahrnehmungsfeld«, als Faktor zur spontanen Verbesserung von Wahrnehmungsgebilden (METZGER 1954).

Dimorphismus, man spricht von D., wenn die Individuen einer Art in zwei deutlich verschiedenen Erscheinungsformen (Phänotypen) vorkommen. Weit verbreitet ist Sexual-D. Bei mehr als zwei verschiedenen Erscheinungsformen spricht man von Polymorphismus. *Sch-S*

DIN-Farbenkarte →Farbsysteme, anschauliche

Dingkonstanz →Konstanz

Dinophobie [gr. *dinos* Wirbel], Höhenangst aus Furcht vor Schwindel

dionysischer Typus →Typologie (Lebensgefühl)

Dionysos-Kult ⟨BENEDICT⟩, Kultformen primitiver Völker, wobei Zustände der →Ekstase, →Trance und →Besessenheit eintreten

Dioptrie [gr. *dioptron* alles, wodurch man etwas sieht oder erkennt], Brechkraft einer Linse, z. B. eines Brillenglases. Sie ist umgekehrt proportional der Brennweite. Linse mit 1 m Brennweite hat Dioptrie 1.

DIPF, Deutsches Institut f. internationale pädagogische Forschung in Frankfurt a. M.

Diplakusis [gr. *diplóo* verdoppeln], Doppelhören. *d. binauralis* [lat. *auris* Ohr] liegt vor, wenn derselbe Ton von einem Ohr höher oder tiefer wahrgenommen wird als vom anderen. *d. echotica,* wenn ein wahrgenommener Ton echoartig nachhallt.

diploid, Diploidie, enthält eine Zelle zwei sich entsprechende Chromosomensätze, wird sie als d. bezeichnet. Für jedes auszubildende Merkmal liegen also zwei Erbanlagen (→Allele) vor, die verschieden sein können; bei der Ausbildung der betreffenden Merkmale kann es dann zu dominant-rezessiven oder intermediären Erbgängen kommen.

Die Diploidie bietet die Möglichkeit, nicht ausgebildete Merkmale als rezessive Erbanlagen in einer Population »vorrätig« zu halten, die bei einer Änderung der Umweltanforderungen z. B. durch Rekombination (→Genetik) sofort zum Einsatz kommen können. Eine d.e Art ist also viel schneller zu neuen Anpassungen befähigt als ein haploider Organismus, der in einem solchen Fall erst auf entsprechende zufällige Mutationen »warten« muß. Darüber hinaus können mit Hilfe der Diploidie offenbar höhere Stoffwechselleistungen vollbracht werden; alle »höheren« Organismen (mehrzellige Tiere, Farne und Blütenpflanzen) besitzen diploide Zellen. *Sch-S*

Diplom-Psychologe →Psychologe

Diplopie, Doppeltsehen

Dipodie [gr. *dipus* zweifüßig], Doppelfußverbindung zweier Versfüße zu einem Versglied. Bei Takteindrücken die natürlichste und einfachste Form des →Rhythmus, ebenso Grundlage der Gehbewegung (kurz – lang, betont – unbetont).

Dipsomanie [gr. *dipsa* Durst], in Perioden auftretender Alkoholmißbrauch bei →Psychopathen, →Epileptikern, →Manisch-Depressiven. Quartalssäufertum.

direktes Sehen, die Wahrnehmung der fixierten Stelle des Gesichtsfeldes, deren Strahlen auf die →Fovea centralis retinae, die Stelle schärfsten Sehens, fallen. Ggs. →indirektes Sehen

Ⓔ **dis...** [lat.] in Wtvb. zwischen, auseinander, hinweg (auch in verneinendem Sinn)

disengagement [engl.] Befreiung, Entpflichtung. →engagement

Disengagementtheorie →Psychologie des Alterns

Disinhibition →bedingter Reflex

Disjektion [lat. *disicere* zerstreuen, zerspalten], ein Trauminhalt erscheint in doppelter Gestalt, z. B. man sieht sich selbst und ist zugleich als Zuschauer anwesend.

Disjunktion [lat. *disiungere* trennen, auseinanderbinden], das begriffliche Einanderausschließen. • Trennungsvorgang bei Chromosomen.

Diskordanz [lat. *discordare* nicht übereinstimmen, uneinig sein], Unstimmigkeit. →Konkordanz

diskrete Maßstäbe, Bez. für Maßstäbe, die eine diskontinuierliche (diskrete) Messung von ursprünglich zumeist kontinuierlichen, quantitativen Variablen ermöglichen. Einen d. M. stellt z. B. die Zahl der Fehler beim Lösen einer Aufgabe als Maß einer Leistung dar. *Mi-A*

Diskriminanzanalyse, ein Klassifikationsverfahren der →multivariaten Statistik. Sind k Stichproben von Vpn hinsichtlich derselben Merkmale gemessen worden, so kann mit der D. die Frage untersucht werden, ob die gemessenen Ausprägungen der Merkmale zur Klassifikation der Vpn in k Stichproben geeignet sind.

Hierzu wird eine sog. Trennfunktion berechnet, die die Gewichtung der zur Klassifizierung verwendeten Merkmale angibt und die es erlaubt, auch jede später gemessene Vp einer der unterschiedenen Gruppen zuzuordnen. • Neben der parametrischen linearen D. für zwei und mehrere Kriteriumsgruppen nach R. A. FISHER gibt es auch die sog. quadratische D. (nach B. L. WELCH, 1939), die die Voraussetzung der Normalverteilung der Meßwerte und die Homogenität der Varianz-Kovarianz-Matrizen nicht macht. Ⓛ COOLEY u. LOHNES, E. WEBER

Diskrimination [lat. *discriminare* absondern trennen], syn. Reizdifferenzierung, Bez. für die Unterscheidungsleistung beim Auseinanderhalten von Reizen. Auf den diskriminierenden Reiz folgt die diskriminierende Reaktion. →Differenzierung, →Diskriminierung

Diskriminationsaufgabe, Diskriminierungsaufgabe, mit ihr soll gelernt werden, nur auf eine von zwei verschiedenen Reizkonstellationen zu reagieren: Diskriminationslernen, Diskriminationstraining. • Mit D. kann man in Tierversuchen z. B. Unterschiedsschwellen des Erkennens feststellen. *B-S*

Diskriminieren-Lernen, Theorien, (1) in der »absoluten Theorie« des D.-L. (SPENCE) wird angenommen, daß Zu- und Abnahmen der Responsestärken im Lauf des Unterscheidenlernens kumulieren und daß folglich die Unterscheidung von Reizmustern kontinuierlich gelernt wird. Für alle dargebotenen Merkmale (Stimuli) der Objekte werden bei Verstärkung die Responses wahrscheinlicher, bei Nicht-Verstärkung unwahrscheinlicher. (2) Die »relationale Theorie« (LASHLEY) besagt, daß Beziehungen zwischen den vorhandenen Stimuli und Auswahlen aus ihnen die für die Unterscheidung effektiven Merkmale sein können. Änderungen der Aufmerksamkeitshaltung können hierbei diskontinuierliche Effekte haben, so daß plötzlich Stimuli, die vorher unbeachtet gewesen sind, die Kontrolle über die Response erhalten; SPENCE erklärt das D.-L. also mit den S-R-Verstärkermechanismen (→Lernen IV) und LASHLEY als einen kognitiven Vorgang der Selektion durch Aufmerksamkeitszuwendung. (3) MACKINTOSH (1965) hält die beiden Theorien für falsch und meint, daß kontinuierliches oder diskontinuierliches D.-L. durch die Versuchsanordnung manipuliert werden könne. (4) HARLOW(1950 959) versucht eine Erklärung des D.-L. durch die Unterscheidung von fehlerhaften Hypothesen *(uniprocess learning theory)*. Ⓛ bei KLING u. RIGGS 1971, OSGOOD 1953. *B-S*

Diskriminierung, das Absondern mit abwertender Bedeutung, z. B. rassische, soziale u. a. D. Im Engl. umfaßt *discrimination*

sowohl →Diskrimination wie Diskriminierung.

diskursives Denken [lat. *discurrere* geschäftig hin- und herlaufen], das planmäßig mit steter Überprüfung der Denkschritte fortschreitende Denken. I. w. S. das begriffliche Denken schlechthin i. Ggs. zum intuitiven, einfallsartigen Denken.

disparat [lat. *disparare* trennen], getrennt, auseinander strebend. Bez. für Begr. ohne gemeinsame (bzw. widersprüchliche) Merkmale

disparate Netzhautpunkte, sämtliche Punkte der Netzhäute beider Augen, die in ihrer Lage einander nicht entsprechen. Wird ein Objekt auf d. N. abgebildet, so erscheint es doppelt, was aber meist nicht bemerkt wird. Ggs.: →identische Netzhautpunkte. →Doppelbilder, →Querdisparation

Disparation →Querdisparation

displacement [engl. →Verschiebung] →Übersprung, →Übertragung

Dispersion, die →Streuung, das Ausmaß der Verschiedenheit von Einzelbeobachtungen in einer →Population (→Stichprobe)

Disponibilität, Lockerheit. →Flexibilität, →Denken, →Verfügbarkeit

display [engl. *to display,* in den Blick rücken] (1) räumliche Anordnung von Schaltern und Kontrollinstrumenten; die Auswirkung unterschiedlichen d. (Übersichtlichkeit, Fehlerquote, Reaktionszeit) untersucht die →Ergonomie. (2) Öffnung und Mitteilung persönlicher Erfahrungen, Meinungen und Gefühle (auch: übertriebene Darstellung). →Selbsterkenntnis *R-S*

Disposition [lat. *dispónere* aufstellen], Anordnung, Einteilung, Entwurf. • An Stelle des früheren Vermögensbegriffs (→Seelenvermögen) trat der Begriff der D., der eine Anlage im Sinne einer Bereitschaft und Fähigkeit, d. h. die Möglichkeit, bestimmte seelische oder auch körperliche Inhalte (Leistungen, Erlebnisweisen, Erkrankungen, Reaktionsbereitschaften usw.) auszuleben, meint. Oder in dem Sinne, daß durch Außenreize im Individuum mehr oder minder nachdrücklich eine sog. Bahnung für jene Reize vorbereitet wird, die das Wiedererleben derselben erleichtert.

Man unterscheidet (so JASPERS und STERN) zwischen erworbener D. und angeborener →Anlage. D. sind also durch Erfahrungen, die auf Umwelteinflüsse zurückgehen, spezialisierte Anlagemodulationen mit der Möglichkeit jeweils geforderter Aktualisierung in einer gewissen Spielraumbreite. »In jeder D. steckt zugleich Potenz und Tendenz« ⟨STERN⟩. Wird das Potenzmerkmal herausgestellt, so haben wir die Rüstungsdispositionen, die sich sondern von den Richtungsd., welche bei Hervorhebung der Tendenzseite entstehen. Zu ersteren gehört z. B. die Intelligenz, zu letzteren das Interesse. Ferner sind die D. »variabel nach Zeit, Potenz und Tendenz«. LERSCH versteht, in charakterologischem Gebrauch, unter D. »die Bereitschaft und die Neigung zum Vollzug bestimmter seelischer Erlebnisse, sofern die Bereitschaft nicht von Augenblick zu Augenblick wechselt, sondern eine jedenfalls relative Dauer hat«. Insofern stellen sie eine entweder angeborene oder erworbene Reaktionsbasis dar (genauer müßte es heißen: sowohl als auch), die sich aber nur aus dem aktuellen Leben erschließen lassen.

In ihrer Bedeutung für die Formung der Persönlichkeit hat G. W. ALLPORT drei Gruppen von D. unterschieden: allgemein lebensnotwendige (reflex-, trieb-, instinktgebundene) Anlagen – besondere und die Persönlichkeit in ihrer Einmaligkeit bestimmende Anlagen – zusätzliche Fähigkeiten (wie z. B. Lernfähigkeit), die die Persönlichkeit weitergehend akzentuieren. Ⓛ G. W. ALLPORT, LERSCH, STERN

Disposition (konditional definiert), wenn x der Bedingung B_i ausgesetzt wird, dann zeigt x das Verhalten V_j dann und nur dann, wenn es die Eigenschaft D_k hat. B_i sei z. B. die Bedingung, daß mit der Person x ein bestimmter ps. Test durchgeführt wird, dann hat sie die Eigenschaft D_k genau dann, wenn sie im Test das Verhalten V_j (ein bestimmtes Testergebnis) zeigt. Die Beziehung zwischen V_j und D_k kann gegebenenfalls auch zu einer statistischen Gesetzmäßigkeit abgeschwächt werden. Der Vorteil der Einführung einer D. durch konditionale Definitionen besteht darin, daß ein D.begr. durch viele verschiedene konditionale Definitionen spezifiziert werden kann. Ⓛ CARNAP, STEGMÜLLER, SUPPES *Hu-R*

Dispositionsvariable, nicht direkt beobachtbare Eigenschaft, die als überdauernde Bedingung für Beobachtetes gilt (CARNAP 1937) *B-S*

Dissimilation [lat. *símilis* ähnlich], Un-ähnlich-Werden, Auflösung. • Biolog. auch Atmung, Abbau und Verbrauch von Körpersubstanz beim Stoffwechsel, der Abbau der zuvor durch die →Assimilation zur Körpersubstanz umgewandelten Stoffe (unter Freisetzung gebundener chemischer Energie). • D. im völkerps.-soziologischen Sinne →Assimilation.

Dissimulation [lat. *dissimuláre* verheimlichen], Verheimlichung von Tatbeständen insbesondere ps. und körperl. Art (Krankheiten). • Die D. kann sich bei der Beantwortung von Persönlichkeitsfragebogen auswirken und über besondere Skalen, →Lügen-Skalen, quantitativ erfaßt werden. Ggs.: →Simulation, →Aggravation

Dissimulations-Test Ⓣ EYSENCK

Dissipation [lat. *dissipáre* zerstreuen], Zerstreuung

Dissonanz →Akkord, Ggs.: →Konsonanz

Dissonanz, kognitive →kognitive Dissonanz

Dissonanztheorie →kognitive Dissonanz

Dissoziation [lat. *dissociáre* verunreinigen, trennen], Zerteilung, Trennung, Auflösung, z. B. das Zerfallen von assoziativen Vorstellungsverbindungen unter dem Einfluß neuer Eindrücke

Dissoziation von Empfindungen →Empfindungsdissoziation

distal, nach außen, vom Körper weg gerichtet. Ggs. proximal. Beispiel: Das distale Ende des Unterarmes ist mit der Handwurzel, das proximale Ende mit dem Oberarm verbunden. *Sch-S*

distales Objekt, fälschlich als distaler Reiz bezeichnet. Quelle von Sinnesreizen. Als solche nicht in unmittelbarem Kontakt mit dem Organismus befindlich, sondern durch Proximalreize (»Netzhautbild«) vermittelt. Ⓛ HEIDER, BRUNSWIK, KOFFKA

Distanz [lat. *distantia* Abstand, Unterschied], die räumliche Entfernung zwischen zwei Punkten; auch der Zeitabstand zwischen zwei Ereignissen; insbesondere auch der Abstand zwischen Meßwerten und ihrer Repräsentation in einer graphischen Darstellung. • I. ü. S. der Grad der Unabhängigkeit, Vorurteilsfreiheit, persönlichen Selbständigkeit eines Menschen gegenüber einer Person, Sache oder Idee.

Distanzmaß, Maß für die Ähnlichkeitsbeziehung, z. B. von 2 Begriffen im →semantischen Differential

Distanz, soziale, der Grad von Nähe oder Ferne im sozialen Raum. Nach v. WIESE (1933) der eigentliche Grundbegriff der Soziologie. • Im Unterschied zu v. WIESES Definition wird mit der Sozialen-Distanz-Skala von →BOGARDUS der Grad der Intimität gemessen, den eine Person mit einer anderen oder mit einer Gruppe zu haben wünscht oder duldet. • Auch der Ähnlichkeitsabstand zwischen Selbstbild und Fremdbild (HOFSTÄTTER 1967) oder zwischen Selbstbild u. vermutetem Fremdbild des oder der anderen (SODHI u. a. 1957) wird als s. D. bezeichnet. • Im Kommunikationsnetz ist s. D. die Zahl der Kommunikationsglieder, die benutzt werden müssen, um auf dem kürzesten Weg von einer Position zur anderen zu gelangen (LEAVITT 1951, 38). →Individualdistanz, →Territorialverhalten *B-S*

distinctive feature, distinktives Merkmal, ein →Phonem wird als Segment erkannt, wenn es die minimale Anzahl d. M. enthält, die erforderlich sind, um es von einem anderen Phonem zu unterscheiden.

In der strukturellen →Phonologie unterscheiden sich zwei Phoneme durch mindestens ein Merkmal (z. B. [p] und [t] sind zwar beide stimmlose Explosivlaute, sie unterscheiden sich jedoch durch das Merkmal Artikulationsort: bilabial/dental). Dieses Unterscheidungsmerkmal wird daher d. M. genannt.

In der Theorie der binären Distinktion werden alle in einer bestimmten Sprache relevanten Merkmale systematisch dargestellt (Merkmalsmatrix). Diese Darstellungen beruhen auf den (öfters veränderten) zwölf d. M. von JAKOBSON/FANT/HALLE (1952) und JAKOBSON/HALLE (1956). Diese überwiegend akustisch definierten Merkmale sind z. B. vokalisch/nicht vokalisch, stimmhaft/stimmlos. Jedes Merkmal ist ein physikalisches Kontinuum, das durch seine beiden Endpunkte spezifiziert wird (binär; *binary feature system*). Die Summe der Merkmale repräsentiert die universellen menschlichen →Artikulationsmöglichkeiten. Die einzelnen Sprachen unterscheiden sich durch die unterschiedliche Auswahl der Merkmale. Werden die Merkmale in einer bestimmten Hierarchie angeordnet, können die Phoneme einer Sprache in einem Abhängigkeitssystem erfaßt werden. In der strukturellen Phonologie bilden sie dagegen unabhängige Teilsysteme. Die überwiegend artikulatorisch definierten d. M. der generativen Phonologie (CHOMSKY/HALLE 1968, HALLE 1964) lassen sich trennen nach Artikulationsort: *coronal, anterior, high, low, back, rounded, distributed;* und Artikulationsart: *nasal, continuant, strident, lateral, delayed release* (LADEFOGED 1971). *K-N*

Distraktoren, die vorgegebenen Falsch-Alternativen in einer Mehrfachwahl-Aufgabe *(multiple-choice)* *Mu-R*

Distribution [lat. *distribúere* verteilen], Spaltung, Verteiltsein, Verbreitetsein. • Zur Prüf. der Verteilung der Aufmerksamkeit auf gleichzeitig einwirkende →Reize und der davon abhängigen Willensäußerungen bedient man sich verwickelter, den →Reaktionsversuchen angepaßter Apparate.

Es sind z. B. hintereinander aufleuchtende Lampen zu zählen, gleichzeitig ist auf farbige Lichter zu reagieren und das Geräusch eines Motors zu beachten. So wird die Abhängigkeit der Reaktionen von Hand und Fuß geprüft, die Geschwindigkeit bei Greifbewegungen nach fallenden Gegenständen (z. B. →Fallstab) untersucht und die Verteilung der Aufmerksamkeit auf mehrere nebeneinander auszuführende Befehle beobachtet. →Serienhandlung, →Mehrfachhandlung ● Die D. von Meßgrößen ist eine weitere Bez. für Verteilung (Anordnung der Funktionswerte einer Variablen). →Häufigkeitsverteilung ● In der →Wirtschaftsps. spricht man von D. bei der Verteilung der Produktionsmittel (ökonom. Verhältnis der Produzenten zu den Produktionsmitteln und den Bedingungen der Produktion). *D-H*

distributive justice →Aufteilungsgerechtigkeit

Distributivität, Eigenschaft bestimmter Operationen mit Zahlen, Mengen oder logischen Ausdrücken. Distributiv ist beispielsweise die Multiplikation $a \times (b + c) = a \times b + a \times c$.

diurnaler Rhythmus →Aktivitätsperiodik

divergentes Denken, divergente Produktion von Lösungsvorschlägen für Probleme. Von GUILFORD postulierte Operation des →Denkens, die sich durch die Vielfalt verschiedenartiger Lösungsmöglichkeiten von der Operation unterscheidet, durch die nur die eine richtige Lösung hervorgebracht wird (→konvergentes Denken). Die gelegentlich vorkommende Gleichsetzung des d. D. mit der →Kreativität ist unpraktisch, weil zur letzteren noch das Kriterium der Brauchbarkeit oder des Wertes der Produktionen gehört, ein Kriterium, das beim d. D. nicht angewandt wird. *B-S*

Divergenzhypothese, nach WEWETZER (1958) ist die Faktorenstruktur der Intelligenzleistung nicht nur abhängig vom Alter (→Differenzierungshypothese), sondern auch vom Begabungsniveau. Nach der D. werden mit zunehmendem Intelligenzgrad die Leistungsstrukturen differenzierter, komplexer und prägnanter. Dieses zeigt sich in der Abnahme der Interkorrelationen von Intelligenztestergebnissen bei steigender Intelligenzhöhe.

Divergenztheorem, Divergenztheorie →Führung

Diversifikationsquotient, ein Maß für die Komplexität von sprachl. Texten, und zwar das Verhältnis der Anzahl der versch. Wörter zu der Gesamtzahl der im Text vorkommenden Wörter. Auch *type-token-ratio* (TTR) genannt (JOHNSON 1941). *B-S* ● Der D. gibt Aufschluß über die einer Sprache eigene Mannigfaltigkeit ihrer Ausdrucksmöglichkeiten sowie über die Fähigkeit oder Bereitschaft des Sprechenden (Schreibenden), diese Möglichkeiten zu nutzen. Der individuelle D. steht deshalb auch im Zusammenhang mit Intelligenz, Schichtzugehörigkeit etc. (→Sprachdiagnostik). *Z-N*

Divination [lat. *divinare* ahnen, weissagen], in der heutigen Religionswissenschaft der irrationale Akt der Entzündung religiösen Lebens an bestimmten Gegebenheiten, die existenzbestimmend sind (an den »Objekten« der D.) – Z. B. Erde, Feuer, Wasser, Tod, Fruchtbarkeit, Vitalgemeinschaft. →heilig, →numinos. Vgl. Hellsehen. Ⓛ HEILER, MENSCHING *S-G*

DL, engl. *difference limen,* →Unterschiedsschwelle

DNS, Desoxyribonukleinsäure (s. d.)

Dogmatismus, (allg.) das mehr oder minder unkritische, unbelehrbare Verharren auf einer bestimmten Meinung oder Lehre. Ggs. Kritizismus. ● (ps.) Das besondere Merkmal einer Persönlichkeitsstruktur mit mehr »geschlossenem« statt »offenem« Denkverlauf: *closed-mindedness* vs. *open-mindedness* nach M. ROKEACH (1960). ERTEL (1972) entwickelte ein Textauswertungsverfahren (→Inhaltsanalyse), mit dem D. – allerdings nicht als Persönlichkeitsmerkmal – gemessen werden soll..

Dolichocephalus [gr. *dolichos* lang], Langkopf, →Brachycephalus.

Domestikation [lat. *domesticus* zum Hause gehörig], Änderungen im Erscheinungsbild und Verhalten von Organismen, die durch Gefangenschaft bzw. Zucht hervorgerufen wurden.

Durch D. des Wolfes z. B. entstand die Vielzahl der Hunderassen. Der fehlende Druck der natürlichen →Selektion, sowie die menschliche →Zuchtwahl können die Sinne verkümmern und unphysiologische Körperformen entstehen lassen. Nach LORENZ (1943) erfolgt beim Menschen durch D. ein Abbau instinktiver Verhaltensweisen. Dadurch gewinnt sein Verhalten mehr Plastizität – eine der Voraussetzungen zur Menschwerdung. *P-S*

Dominante, charakterologische, die phänomenologisch hervortretende Eigenschaft oder Eigenschaftsgruppe, durch die die Person ihr charakterliches Gepräge erfahre.

Dominanz, Vorherrschen, Überlegensein

● (biol.) In der Genetik die vorherrschende Ausprägung eines →Allels gegenüber einem anderen. Besitzt ein Mensch z. B. das dominante Allel der Blutgruppe 0 (→Heterozygotie), so hat er im Phänotyp die Blutgruppe A. ● D. bedeutet soziale oder territoriale Überlegenheit von Individuen/Gruppen über andere. D. kann durch Geburt erworben werden, ist jedoch meistens die Folge von →Kampfverhalten. Es entstehen →Rangordnungen, soziale →Hierarchien z. B. bei Nahrungsaufnahme, →Körperpflege (mutuelle), →Fortpflanzungsverhalten. D. ist arterhaltend. ● Bei CATTELL ist D. ein Grundwesenszug (E+) der 15 Persönlichkeitsdimensionen. Er charakterisiert unabhängiges, zuversichtliches, eigensinniges Verhalten. Der Wesenszug im Gegenpol (E−) steht für unsicheres, unterwürfiges, bescheidenes Verhalten. Ⓣ CATTELL et al. 1970 *D-E/Hä-R*

Dominanzstreben eine in der →Persönlichkeitspsychologie selbständige →Dimension, die das Streben einer Person nach einer Macht→position innerhalb einer →Bezugsgruppe zum Ausdruck bringt. GUILFORD und CATTELL konnten D. auch →faktorenanalytisch absichern. Als Charakteristika für D. gelten u. a. machtorientiert, direktiv, hart, bestimmend, befehlsgebend, selbstbehauptend... (→Macht, Machtstreben). *Ma-R*

Dominator-Modulator-Theorie ⟨GRANIT⟩ →Farbensehen

Domino-Test Ⓣ ANSTEY

DONATismus →Faszination (nach Alfred d'HONT, gen. DONATO, einem Hypnotiseur)

DONDERSsche Subtraktionsmethode, auf DONDERS (1868, 1969²) zurückgehendes Verfahren, den Zeitbedarf für einen Teilprozeß der inneren Abläufe zwischen Reiz und Reaktion durch Reaktionszeitmessung (→Reaktionszeit) zu gewinnen und damit Teilprozesse zu isolieren. Die Vpn bearbeiten zwei verschiedene Reaktionszeitaufgaben, die in jeder Hinsicht einander gleichen, ausgenommen, daß die eine den fraglichen Teilprozeß impliziert, die andere nicht. Die Differenz zwischen den beiden durchschnittlichen Reaktionszeiten wird als Zeitbedarf des interessierenden Teilprozesses interpretiert.

Dagegen ist einzuwenden, daß dieser Schluß nur unter der Voraussetzung der reinen Einfügung gilt, d.h., nur wenn der Unterschied beider Aufgaben auch tatsächlich den zu untersuchenden Teilprozeß in den inneren Ablauf einfügt bzw. eliminiert, ohne die anderen Teilprozesse oder die Struktur ihres Zusammenwirkens zu verändern. Jahrzehntelang wurde über diese Voraussetzung durch Introspektion entschieden, was die Methode schließlich diskreditierte. Seit Mitte der 1960er Jahre erlebt sie eine Renaissance, da dem Versuch, mit mathematischen Mitteln über die Voraussetzung der reinen Einfügung zu entscheiden, einige Teilerfolge beschieden waren. Ein modernes Verfahren, das diesem Problem entgeht, ist das →STERNBERG Paradigma. Ⓛ ASHBY & TOWNSEND 1980 *G-R*

*

DONDERS, Frans Cornelis / 1818–1889 / Ophthalmologe und Physiologe / Universität Utrecht

Dopa, Zwischensubstanz bei der Biosynthese von Noradrenalin und Adrenalin. Synthetisches Dopa (L-Dopa) wird zur Behandlung der PARKINSONschen Erkrankung eingesetzt. *J-E*

Dopamin, Gewebshormon und Zwischenprodukt bei der Biosynthese von Noradrenalin. Dopaminmangel führt zur Entstehung der PARKINSONschen Erkrankung. Auch bei psychiatrischen Erkrankungen soll Dopaminmangel oder Dopaminüberschuß (Schizophrenie) eine Rolle spielen. *J-E*

Doppelbewußtsein, das Bew., das bisweilen →Somnambule und →Hysterische zur Angabe veranlaßt, daß sie neben dem eigentlichen noch ein zweites Dasein führen oder geführt haben. In Verbindung damit das →déjà-vu oder →Spaltung der Persönlichkeit.

Doppelbilder, svw. zweifacher Gesichtseindruck. D. entstehen, wenn der gleiche Reiz auf nichtkorrespondierende (→disparate) Netzhautstellen trifft. Beim normalen Sehen entstehen D. infolge der →Querdisparation und werden in der Regel nicht bemerkt. Merkliche D. treten bei Störungen der →Akkommodation (Augenmuskellähmung, Schielen) auf. Häufig Frühsymptom der →multiplen Sklerose.

Doppelblindversuch →Blindversuch

Doppeldeutigkeit →Mehrdeutigkeit

Doppeldurchstreich-Test Ⓣ ZAZZO

Doppeleffekttheorie, Doppelursachen-Doppelwirkungslehre. →Leib-Seele-Prolem

Doppelempfindung, bei Nervenleiden mögliche Empfindungsstörungen (→Synästhesien), die auf Beeinträchtigung der sensiblen Leitungsbahnen beruhen. Ein Reiz ruft nach Zeit und Qualität getrennte Empfindungen hervor, z. B. auf Stich erst Berührungs-, später Schmerzempf.

Doppelgänger, ein einem anderen zum Verwechseln ähnlicher Mensch. Auf Grund abergläubischer Vorstellungen wirkt das Auftreten von Doppelgängern oft furchterregend und wird als böses Vorzeichen gewertet (ausgenommen bei Zwillingen). ● Im →Okkultismus werden angeblich beobachtete Doppelgängererscheinungen als dem eigenen Leib teilweise entwichene und »materialisierte« Seele betrachtet.

Doppelgängerphänomen, die halluzinatorische oder visionäre Erscheinung der eigenen Person. →Heautoskopie

Doppelgängerwahn, das Doppelgängererlebnis im psychotischen Wahn. →Heautoskopie, →Bewußtsein, alternierendes

Doppel-Ich →Bewußtsein, alternierendes, →Heautoskopie

Doppelorgane, Bez. für das Doppeltsein von Organen, speziell von Auge und Ohr. Die Bedeutung dieser Tatsache wird beim Auge in der Tiefenstaffelung und beim Ohr in der Festlegung der Schallrichtung gesehen. Die Wahrnehmungsps. benützt die D. als Grundbeispiel für diejenigen Zusammenhänge, wo trotz mehreren Reizmannigfaltigkeiten durch »Verschmelzung« dasselbe wie mit nur einem Auge bzw. einem Ohr erreicht wird (bei halber Licht- bzw. Schallenergie)

doppeltes Bewußtsein →Bewußtsein, alternierendes, →Heautoskopie

Doppeltsehen →Doppelbilder

Doppelursachentheorie →Leib-Seele-Problem

Dopplerscher Effekt, die Erscheinung, daß bei rascher Annäherung einer Schallquelle an das Ohr der Ton höher und mit ihrer Entfernung tiefer wird. Der Effekt beruht darauf, daß im ersten Fall mehr, im zweiten weniger Schallwellen in der Zeiteinheit das Ohr treffen. Beim Licht erfolgt entsprechend eine Verschiebung nach Blau bzw. Rot hin. *

Doppler, Christian / 1803–1853 / Physk., Mathematiker / Prag, Schemnitz, Wien

Doraphobie [gr. *dora* Haut, Fell], krankhafte Furcht vor dem Berühren der Haut oder auch von Tierfellen. →Phobie

Dorf-Test Ⓣ Arthus

Doromanie [gr. *doron* Geschenk], krankhafte Sucht, Geschenke zu machen

dorsal, zum Rücken *[dorsum]* oder Rückseite gehörig; dahin gewendet. Ggs. →ventral

Dotting, Zielpunktieren, →Tapping-Test

double-bind hypothesis, d.-b.-Situation, d.-b.-Kommunikation, von Bateson (1956) als der kritische Aspekt schizophrenieerzeugender Interaktion beschrieben. Kennzeichen solcher Kommunikation: (1) Widerspruch zwischen zwei Informationen, die einen wichtigen Bereich betreffen (z. B. Widerspruch zwischen →analoger und →digitaler Kommunikation, zwischen Vater und Mutter), (2) eine Reaktion ist zwingend erforderlich und (3) der Grundwiderspruch der Botschaften wird so verdeckt oder verleugnet, daß er in der Situation nicht erkannt werden kann. Laing (1967) spricht von einer Mattstellung *(position of checkmate)*. Weakland betont, daß die Situation als völlig unausweichlich erlebt werden muß. Dagegen sieht Lidz d.-b. als einen von vielen irrationalen Einflüssen, die auf ein Kind in einer schizophrenogenen Familie einwirken. Ⓛ Bateson 1956, Lidz 1965, Davison u. Neale 1980 *R-S*

Down-Syndrom, morbus Langdon Down, mongoloide Degeneration (Weygandt), eine von Down 1866 erstmals beschriebene angeborene Form eines körperlich und geistigen Störungsbildes, das bei beiden Geschlechtern auftritt. Wegen der schrägen Augenstellung und der Hautfalte über dem inneren Lidwinkel (Epikanthus) auch Mongolismus genannt.

Weitere körperliche Merkmale sind u. a.: dicke gefurchte Zunge, breite Nase und tiefe Querfurche in der Handfläche. Fehlbildungen innerer Organe, insbesondere Herzfehler sind häufig, was zu deutlich verringerter durchschnittlicher Lebenserwartung führt. Im Einzelfall ist ein Lebensalter bis ca. 65 verbürgt. Die Fortpflanzungsfähigkeit ist stark eingeschränkt. Personen mit D.-Syndrom sind wegen ihrer geistigen Behinderung nicht zu selbständiger Lebensführung fähig. Auf ca. 600 Geburten entfällt ein Kind mit D.-Syndrom. In Abhängigkeit vom Alter der Mutter (insbesondere ab dem 35. Lebensjahr) nimmt die Risikowahrscheinlichkeit für die Geburt eines Kindes mit D.-Syndrom stark zu. Deswegen werden Vorsorgeuntersuchungen dringend empfohlen. Das D.-Syndrom ist die häufigste, im Regelfall nicht vererbte →Chromosomenaberration. Nach der Art der Anomalie werden verschiedene Unterformen unterschieden: Die häufigste und als erste 1959 entdeckte Aberration betrifft das Autosom 21 (eigentlich 22), welches 3fach vorhanden ist, weshalb das D. auch Trisomie 21 genannt wird. Lagert sich das überzählige Chromosom an ein anderes an (seltener, familiär gehäuft an Chromosom 15), liegt Chromosomentranslokation vor. Kausale Therapien sind nicht möglich * *D-Y*

Down, John Langdon Haydon / 1828–1896 / engl. Arzt / London

doxogen [gr. *doxa* Vorstellung, Meinung], durch Vorstellung entstanden.

Doxologie, (allg.), →Meinungsbefragung ● (trinitarische D.) Verherrlichungsformel, meist am Schluß von Gebeten. Schluß-Strophe des Hymnus in der alten Kirche. *S-G*

DPH, *differential-probability-hypothesis* →PREMACK-Prinzip

DQ, *development quotient.* →Entwicklungsquotient

Drachen Ⓣ POPPELREUTER

Drahtbiegeprobe Ⓣ LIENERT

Drall, unwillkürliche Abweichung des Menschen von der gradlinigen Vorwärtsbewegung im Raum. Ursache der Verirrungsbögen im Nebel usw. Über 2/3 aller Menschen weichen nach links ab.

Drang, ein oft mit der Erlebnisqualität des Dumpfen verbundenes, vom Individuum als Trieb, Begierde oder Strebung erfahrbares und zur Änderung einer gegebenen Situation hinstrebendes Spannungserlebnis. LERSCH sieht im D. den Oberbegr. für alle dynamisch gerichteten Regungen. Ⓛ McDOUGALL, LERSCH

Drapetomanie [gr. *drapeteúo* ausreißen], Sucht zu vagabundieren

Draw-a-man-Test Ⓣ GOODENOUGH

Drawing Completion Test Ⓣ KINGET

Dreh-Nystagmus →Nystagmus

Drehschwindel, Schwindelempfindung, die durch häufige Drehung des Körpers um die Körperachse eintritt. Nach dem Aufhören der Drehung hat man den Eindruck, als bewege sich die Umgebung in der Drehrichtung oder als bewege man sich selbst im entgegengesetzten Sinn. Der D. wird durch Reizung der Bogengänge im Ohr hervorgerufen. →Drehstuhlversuch

Drehstuhlversuch ⟨GADE⟩, ein Verfahren zur Prüfung der Raumorientierung. Ursprünglich für die Fliegereignungsuntersuchung entwickeltes Unters.mittel, das ermöglicht, die Vp (sitzend und mit verbundenen Augen) karussellartig um ihre Achse zu drehen. Der Versuch eignet sich auch zur Diagnose auf →Suggestibilität und →Labilität. In England ist der Drehstuhl als BARANY-Stuhl bekannt. →Sinnesfunktionen (7)

Dreieck-Hypothese [engl. *triangle hypothesis*] von KELLEY und STAHELSKI (1970) vorgeschlagene Hypothese, die postuliert, daß Personen, die an verschiedenen Enden eines Kooperations-Wettstreits-Kontinuums stehen, unterschiedliche Meinungen über die anderen Verhandlungspartner bezüglich deren Stellung auf dem Kontinuum haben. Rivalisierende glauben, daß die anderen alle rivalisieren werden, während Kooperierende der Meinung sind, die anderen seien heterogen, einige werden kooperieren, andere werden rivalisieren. Der →Graph der erwarteten Orientierungen der anderen ist für die Kooperierenden und Rivalisierenden ein Dreieck. →Verhandlungsverhalten *B-S*

dreimodale Faktorenanalyse →Faktorenanalyse

dreisinnig, fehlerhafte Bez. für Taubblinde (da bei ihnen zwei von den vermeintlichen fünf Sinnen fehlen). →Sinne

Dreiwortmethode Ⓣ BINET, GIESE, MASSELON

Dressate ⟨KÜNKEL⟩, erworbene, angebildete Verhaltens- und Begegnungsschemata. Sie sollen insbes. auch ein »Durchhalten« bei inadäquater Anpassung ermöglichen. Man spricht folgerichtig von Dressat-Neurose, wenn solche Anpassung zerbricht und eine Neurose die Folge ist. Ⓛ KÜNKEL

dressing apraxia, Ankleide-Apraxie, →Apraxie

Dressur, Herstellen →bedingter Reflexe durch ein exogenes oder endogenes Reizmuster. →Konditionierung. Die D. wird vom Menschen häufig angewandt, um Tiere (→Domestikation) für wirtschaftliche Zwecke verwenden zu können z. B. Jagdhunde, Zug- und Reitpferde, Zirkustiere. *P-S*

Drill-Ich, nach SZONDI die Ich-Stufe des Kindes, in der es neben der Tendenz zur vollen Projektion lernt, Rapporte mit der Umwelt herzustellen. Dadurch wird das Ich gezügelt und die Verdrängung psychischer Inhalte bedingt.

drive [engl.], →Antrieb, →Trieb, →Instinkt

drive level, Triebspiegel. Summe der energetischen Komponenten der augenblicklichen →Motivation.

drive stimulus →Triebreiz

Droge, Stoff (Rohstoff) natürlichen, pflanzlichen oder tierischen Ursprungs, der arzneilich oder technisch verwendet wird. Durch die engl. Bez. *»drug«* für Arzneistoffe ist D. syn. für diese in der Alltagssprache geworden. Weiterhin wurde D. Bez. für Rauschgifte, insbesondere für einzelne →Psychopharmaka (Halluzinogene). →Sucht J-E

Drogenabhängigkeit →Sucht

Drogenpostulat, von EYSENCK aufgestelltes Modell zur Wirkung von psychotropen Substanzen. Stimulantien reduzieren kortikale Hemmung. Hemmende Stoffe erhöhen die kortikale Hemmung. Ⓛ EYSENCK 1963 *J-E*

Drohen, (biol.) →Signale oder Verhaltensweisen zeigen, die einen Gegner unterdrükken od. vertreiben sollen. →Kommentkampf *P-S*

DRL, engl. *differential reinforcement of low rates,* →Verstärkungsplan

Dromomanie, Dromophilie →Poriomanie

dR-Technik, eine von CATTELL vorgeschlagene Variation der →R-Technik. Bei der dR-T. werden nicht die Meßwerte, welche mittels Variablen an einer Stichprobe von Vpn gemessen werden, interkorreliert und faktoranalysiert, sondern es werden die Differenzen von Meßwiederholungen bei denselben Vpn zur Analyse herangezogen. *Hä-R*

Druckempfindung →Drucksinn

Druckpunkte, Hautoberflächenstellen, an denen Empfindlichkeit für Druckwahrnehmung besteht. Auf 1 qcm kommen am Unterschenkel: 9–10, Handgelenk 12–44, Daumenballen 111–135, Kopfhaut 115–300 D.

Drucksinn, der Sinn, der die Wahrnehmung von Berührungen des Körpers vermittelt. Die Sinnesorgane sind die MEISSNERschen Tastkörperchen und freie Nervenendigungen in der Haut (→Druckpunkte). Adäquater Reiz für die Druckempfindung ist die Deformation der Haut bei der Berührung. Der D. ist leicht ermüdbar (z. B. Gewöhnung an den Druck der Kleider). →Raumschwelle, →Ästhesiometer

Druckwaage ⟨WUNDT⟩, Vorrichtung zur Prüfung der Druckempfindlichkeit. Vgl. Schreibwaage

Drüsen, Organe, die Sekrete bilden und diese nach außen (= exokrine D. – z. B. Schweißdrüsen der Haut; Exkrete) abgeben oder ins Blut bzw. in die Lymphbahn ausschütten (= endokrine D. = D. mit innerer Sekretion – z. B. →Hypophyse; Inkrete →Hormone) *P-S*

D-S-T Ⓣ LIENERT

D-Typus →Integrationspsychologie

dual-coding-Ansatz, die Annahme, daß Wörter und Sätze zweifach (dual) im →Gedächtnis gespeichert werden, sowohl in bildlicher Verschlüsselung (imaginativ oder ikonisch) als auch linguistisch, als Wort oder Wörter (verbal-auditiv oder konzeptuell, begrifflich, als »Idee«). Das Ergebnis ist multiple →Repräsentation. *B-S*

duale Sehtheorie →Duplizitätstheorie

Dualismus, Annahme des Prinzips der Zweiheit, bes. in philosoph. Hinsicht – Gut und Böse, Geist und Materie. Ps. bedeutungsvoll ist die Zweiheitslehre als Anschauung, die weder materialistisch das Seelische auf das Körperliche noch spiritualistisch das Körperliche auf das Seelische zurückführt. Sie ist Grundlage der Annahme einer Wechselwirkung zwischen Geist und Körper, Leib und Seele wie auch des Parallelismus. (→Parallelismus, psychophysischer) Diese Anschauungen gehen letztlich auf DESCARTES (mit den Grundbegr.: ausgedehnte und denkende Substanz) zurück. →Leib-Seele-Problem Ggs. →Monismus.

Dualsystem, Zahlensystem mit der Grundzahl 2. Mit Hilfe zweier Zeichen werden alle Zahlen aus Potenzen von 2 aufgebaut. Das D. hat besondere Bedeutung für →Digitalrechner (→Code).

Dualzeichen →bit

Duktus (Handschrift) →Graphologie (Tabelle)

DUNCAN-Test, statistisches Verfahren, das für den Vergleich von Mittelwertpaaren bei Vorliegen von mehr als zwei Gruppen (Klassen der unabhängigen Variablen) im Versuchsplan einer Varianzanalyse geeignet ist. Wird zur Berechnung der Signifikanz des Unterschiedes zweier größenmäßig nicht benachbarter Mittelwerte verwendet. *M-R*

*

DUNCAN, David Beattie / * 1916 (Australien) / amerik. Statistiker / Baltimore

Dunkeladaptation [lat. *adaptare* anpassen], Anpassung der Augen, d. h. der Empfindlichkeit für Leuchtdichte, an die Dunkelheit bzw. gegenläufig an die Lichtzunahme als Helladaption. →Adaptation

Dunkelfeld-Test, Dunkelfeldtechnik, die Darbietung von Tests im verdunkelten Raum, wobei die Testvorlage allmählich hell herausgehoben wird mit der Absicht, beim Probanden eine konzentrierte, meditative Gesamtlage zu erzeugen. Zu solcher Darbietung eignen sich z. B. farbige Klecksographien. →Zentraltestmethode. Ⓣ ROEMER

Dunkelschrift, das Schreiben im verdunkelten Raum oder mit verbundenen Augen (Wegfall der optischen Regulation) kann zur Diagnose von katathymen (→Katathymie) Steuerungstendenzen und von →Primitivreaktionen dienen, auch bei pharmakopsychologischen Untersuchungen.

Duplikationstheorem, Bez. für den allg. bei menschl. Beziehungen, insbes. aber intrafamiliär zu beobachtenden Vorgang, daß jeweils solche Neubeziehungen bevorzugt sind, die früheren (gewohnten) Beziehungen gleichen (ähneln). →Familienkonstellationen.

Duplizitätstheorie ⟨J. v. KRIES, 1894⟩, psychophysiologische Theorie von der Doppelnatur der Netzhaut, die auf der morphologischen Verschiedenheit der Netzhautrezeptoren (M. SCHULTZE, 1866) einerseits und dem Unterschied von Tages- und Dämmerungssehen andererseits beruht.

Mit Einschränkungen gilt, daß die in der *fovea centralis* gelegenen Zapfen beim Tagessehen und Helladaptation die Farb- und Unbuntempfindungen, die peripher gelegenen Stäbchen beim Dämmerungssehen und Dunkeladaptation die Unbuntempfindungen vermitteln. →Hellempfindlichkeit d. menschl. Auges, →PURKINJEsches Phänomen.

• ⟨MEUMANN⟩ Die Anschauung, nach der Gefühle aus einer zentralen psychophysischen Komponente (z. B. sensorische und vasomotorische Veränderungen) und einer weiteren, dem Gefühlsinhalt, bestehen.

dura mater →Gehirn

durcharbeiten, Durcharbeitung, von FREUD 1914 in seine psa. Theorie eingeführte Ausdrücke, die sich auf eine vom Analysierten zu leistende Arbeit (vor allem wohl bei Widerständen) beziehen. Z. B. Bewußtmachen der affektiven Erlebnisse.

durchschnittliche Abweichung →mittlere Variation

Durchsetzung, *assertiveness* →Selbstsicherheit

Durchsichtigkeit, das Durchlassen von Licht ohne Schwächung und Streuung.

• Menschlicher Einsicht zugänglich sein (evtl. trotz Hindernissen oder Verschleierungen). • Objektiv Undurchsichtiges als »durchsichtig« wahrnehmen (z. B. wird dann, wenn zwei aus Papier ausgeschnittene Formen – etwa schwarzes Kreuz und weißer Balken – übereinandergelegt sind, dieser Überschneidungsbereich »durchsichtig« je nach Beachtung des Kreuzes oder des Balkens, entsprechend dem »Prinzip der guten Form«). →Gestaltgesetze

Durchstreich-Test Ⓣ BOURDON, MEILI, PRESSEY, TOULOUSE-PIERON, ZAZZO

durée [frz.], bei BERGSON die erlebte i. Ggs. zur gemessenen Zeit

Durst, Gemeingefühl mit dem Verlangen nach Flüssigkeitsaufnahme →Hunger

DWT (Differentieller Wissenstest) Ⓣ Deutsche Ges. für Personalwesen

Dyade, (allg.) Zweiheit • (sozialps.) Zweiergruppe, qualitativ herausgehobene →Kleingruppe, häufig mit besonderer Intensität der emotionalen interpersonalen Beziehungen und der Interaktion (SIMMEL 1908) *B-S*

Dynamik [gr. *dynamis* Kraft, Möglichkeit i. Ggs. zu *energeia* Wirksamkeit, Tätigkeit], Schwung, Triebkraft. Lehre von den in der Natur wirksamen Kräften. Wichtiges Kriterium der D. ist, daß sie auch da wirkt, wo keine direkte Einwirkung (wie bei Druck und Stoß der Mechanik) vorliegt.

• In der Ps. hat D. vielfältige Bedeutung: 1. D. wird analog zur Physik verstanden als die Veränderung psychischer Tatbestände unter dem Einfluß von Kräften. – 2. Am häufigsten wird D. gebraucht in der Motivationsps. Die Kräfte werden dort entweder als →Instinkte, →Libido, →Triebe, →Triebfedern, →Antriebe, →Strebungen ⟨LORENZ, FREUD, JUNG, KLAGES, KRÜGER, LERSCH⟩ aufgefaßt, oder aber, ohne Annahmen hinsichtlich ihrer spezifischen Natur zu machen, operational definiert als →Vektoren ⟨LEWIN⟩. – 3. In der Wahrnehmungsps. spricht man von D., insofern sich z. B. visuelle Gebilde unter dem Einfluß von Kräften im Sinne der jeweils herrschenden Bedingungen organisieren (z. B. →Aktualgenese, Tendenz zur guten Gestalt). – 4. Ps. Kräfte können nach dem Isomorphieprinzip ⟨WERTHEIMER, KÖHLER⟩ somatisch grundgelegt sein. Man spricht in diesem Fall von der D. des Hirnfeldes (→Isomorphismus) – 5. Von einer »dynamischen Ganzheit« spricht man, wenn sich mehrere ps. Kräfte im Rahmen gegebener Bedingungen spontan zu einem neuen Ganzen organisieren. »Dynamische Ganzheit« und »psychisches Feld« sind äquivalente Begriffe. – 6. D. als Ggs. zu starr und eindeutig bestimmten Verrichtungen (z. B. bedingter Reflex).

dynamis →Dynamik

dynamische Psychologie →Psychologie (Richtungen)

dynamisches Gefüge [*dynamic lattice*], ein von CATTELL eingeführter Begr. der Persönlichkeitsps., der die Verflechtung von triebartigen (ergischen) Energiequellen, Gesinnungen *(sentiments)* und Einstellungen *(attitudes)* bezeichnet. • Auch für die Energiequellen in der →Gruppe, d. h. für die funktionalen Zusammenhänge zwischen individuellen Zielen, Gruppenzielen und Zielen verschiedener miteinander interagierender Gruppen wird der Begr. verwendet (CATTELL 1950). Vgl. L. KRUSE 1972 1586. →Synergie *B-S*

Dynamismus, Lehre, die Sein und Geschehen auf die Wirksamkeit von Kräften zurückführt. Teils Naturkräfte, teils ps. Kräfte wie im Willensvorgang (→Voluntarismus). • Völkerps. die weitverbreitete Vorstellung einer unpersönl. Lebens- und Zauberkraft, die überall vorhanden ist, doch in einzelnen Gegenständen und Menschen besonders hervortritt.

Dynamometer, Kraftmesser. Meist eine Vorrichtung mit kräftigen Federn, die durch einen Griff zusammengepreßt werden müssen. Hierbei wird ein Zeiger über eine Skala mitbewegt, der die erzielte Druckkraft angibt. Für Handgebrauch nach COLLIN. Auch als Zuggriff. Ebenso als Arbeitsschreiber nach WEILER. D. werden zur Feststellung der Muskelkraft, aber auch zur Gewinnung von Einsichten in das Arbeitsverhalten (Übung, Ermüdung usw.) gebraucht. →Sinnesfunktionen (5a)

Ⓔ **dys...** [gr.] in Wtvb. un-, miß-, fehlerhaft, abweichend von der Norm

Dysakusis [gr. *ákusis* das Hören], Abnahme des Gehörs, Schwerhörigkeit, auch krankhafte Empfindlichkeit gegenüber bestimmten akustischen Reizen

Dysanagnosie →Dyslexie

Dysarthrie [gr. *arthroo* artikuliere], nach ARNOLD (1970) »Störungen der Aussprache infolge von Erkrankungen der zerebralen Zentren, Bahnen und Kerne der am Sprechvorgang beteiligten Nerven«. Im Unterschied zu den Lähmungen und Läsionen der peripheren Hirnnervenverläufe (→Dysglossie) fehlt bei den zentralen D. die Begleitatrophie der betroffenen Muskeln; vor allem aber verhindern die D. nicht nur die Innervation einzelner, am Sprechvorgang beteiligter Muskeln und damit die Bildung bestimmter →Artikuleme (→Phoneme), sondern sie stören die Regulation der gesamten Artikulomotorik.

Spezifische d. Störungsformen sind nach neurologisch-phoniatrischer Auffassung (BÖHME 1973) durch die Lokalisation und das Ausmaß der zentralen Schädigung, nicht aber durch die Krankheitsart bestimmt. Aus dem Versuch einer Zuordnung von klinisch beschriebenen Sprechstörungen bei Patienten mit umschriebenem Sitz von Tumoren, Erweichungsherden oder Erkrankungen (z. B. →Chorea, →PARKINSON) zu einzelnen Hirnregionen ist die neurologische Einteilung der D. im Erwachsenenalter nach hirnanatomischen Gesichtspunkten entstanden: kortikale (meist gemischt mit dysphasischen Symptomen), pyramidale (plumpe, hypertonische, spastische Artikulomotorik), extrapyramidale (Hyper- oder Hypokinesen, gestörte Prosodie mit Monotonie, Monodynamik und Propulsion, auch Palilalie oder Tachyphemie), frontopontine (Antriebsstörungen mit immer rascher und leiser werdendem Sprechen und vorzeitig endenden Bewegungen), zerebellare (Bradylalie oder Tachylalie, dysmetrische Bewegungen, Skandieren, rauh-gequetschter Stimmklang) und bulbäre D. (atonisch-schlaffe Lähmungen der Artikulationswerkzeuge bis zur Anarthrie); Mischformen sind häufig.

Unabhängig von dieser Einteilung der später erworbenen D. müssen noch diejenigen nach zerebraler Kinderlähmung unterschieden werden (→Sprachstörungen); diese machen eine strenge Abgrenzung der D. gegenüber manchen Formen der →Dysphasie problematisch. Eine dysarthrisch behinderte Artikulomotorik nach zerebraler Kinderlähmung ohne Beeinträchtigung der ges. Sprachentwicklung (→S., verzögerte) ist eine Seltenheit. *G-N*

Dysästhesie [gr.], Empfindungsstörung. Schmerzhafte oder andersartig abnorme Empfindung auf einen normalen Reiz hin. • Verminderung der Sinnesempfindlichkeit. • Überempfindlichkeit gegen alle äußeren Reize, auch das betont unangenehme Erleben insgesamt (übersteigerte Empfindsamkeit).

Dysbasie [gr. *básis* Gang], Gehstörung, erschwertes Gehen

Dysbulie [gr. *bulé* Wille], Hemmung im normalen Willensvorgang

Dyschromatopsie →Farbenblindheit

Dysergasie ⟨A. MEYER⟩ →Psychobiologie

Dysergie [gr. *dysergía* Trägheit], herabgesetzte körperliche bzw. seelische Widerstandskraft. • Abnorme Reaktionsbereitschaft gegenüber Infekten.

Dysfunktion, falsche, gestörte Funktion. Störung im funktionellen Ablauf, z. B. einer Drüsenfunktion mit den daraus entstehenden Folgen (→Hormopathie). Vgl. →funktionelle Störungen.

Dysglossie, Oberbegr. für Aussprachestörungen durch Mißbildungen, Erkrankungen, Veränderungen und Verletzungen der Sprechwerkzeuge (Lippen, Zähne, Kiefer, Zunge, Gaumen, Nase) sowie durch Lähmungen oder Läsionen im peripheren Verlauf der am Sprechen beteiligten Hirnnerven mit den daraus resultierenden Muskelatrophien (z. B. Zungenlähmung). Hiervon zu unterscheiden die →Dysarthrien. *G-N*

Dysgrammatismus, die syntaktisch-grammatikalisch (→Syntax, →Grammatik) fehlerhafte Formulierung einzelner sprachlicher Äußerungen, die fehlerhafte Kombination (de SAUSSURE 1916, JAKOBSON 1955) z. B. bei sprachlichen →Fehlhandlungen (Versprechen).

Dann auch neurologische u. phoniatrische Bez. für eine anhaltende Unfähigkeit, syntaktisch u. grammatikalisch korrekte Sätze zu sprechen, z. B. in der normalen kindlichen Sprachentwicklung bis zum Beginn des Schulalters (physiologischer D.), anhaltender bei verzögerter Sprachentwicklung (→S., verzögerte), bei Sprachschwäche, Poltern und Stottern, sowie bei Oligophrenie oder nach Hirnverletzungen oder auch -erkrankungen (Aphasie); nicht immer sauber unterschieden von →Agrammatismus. Einteilung dort in drei – schwer objektivierbare – Ausprägungsgrade (Liebmann 1900). Psycholinguistische Einteilung nach Fehlerarten wie Auslassen, Umstellen, Bilden falscher Formen, nicht beendete oder mitten im Ablauf uncodierte Sätze usw. Aufschlußreich auch die Fehler bei der Transformation von semantischen Rollen (→R., semantische) in eine syntaktisch-grammatikalische →Oberflächenstruktur, die für sich allein sogar als exakt erscheinen kann. Morphologische Fehler (nicht vollzogene Veränderungen der phonematischen Wortgestalten im syntaktischen Gefüge, z. B. »gegeht« statt »gegangen«) können als Übergangsformen zu den Fehlern der Selektion (→Paraphasie) gelten. *G-N*

Dyshormie →Antriebsstörung

Dyskalkulie, Rechenschwäche, (analog zur →LRS) akzentuiertes Lernversagen im Rechnen bei relativ gutem oder erheblich besserem Intelligenz- u. übrigen Leistungsniveau trotz normaler schulischer Verhältnisse (Verlustsyndrom, →Akalkulie). Hinter dem Erscheinungsbild können verschiedene Teilleistungsstörungen stehen:

(1) →Sprachstörungen; (2) Zuordnungslabilität: unsichere Zuordnung von Wortgestalten zu ebenfalls schlecht erfaßten Größen-, Form-, Raumlage-, Entfernungs- und Menge-Relationen bei Gegenständen und graphisch angeordneten Zeichengestalten (Positionslabilität von Ziffern, unsicheres Körperschema, →Fingeragnosie, Rechnen in falscher Richtung); (3) Codierschwächen: räumlich-figürliche und zeitliche Strukturierungsschwäche (z. B. bei Mosaik-Aufgaben bzw. Multiplikation nur durch fortlaufende Addition), ungenügende Transformation von →syntaktischen Strukturen in mathematische (Textaufgaben), Speicherschwäche (Zwischenergebnisse bzw. Reihenfolge der Rechenschritte), →Interferenzneigung (Beachtung der Rechenregel unterdrückt die Vorstellung der Zahlbegriffe) etc. Dementsprechend häufig sind Überschneidungen mit anderen Lernschwächen, z. B. LRS (Johnson u. Myklebust 1971) und deren unterschiedliche Rahmenbedingungen wie soziales Milieu, Effektivität von Lernmethoden (Borgards 1973) u. neurotische Lernhemmungen. Ⓛ Grissemann 1974, Weinschenk 1970 *G-N*

Dyskinesie, Störungen im geordneten Bewegungsablauf

Dyskolie, dyskolisch [gr. *dyskolía* Unzufriedenheit], Schwermut, Trübsinn, Ggs. →Eukolie. →Posodynik

Dyslalie [gr. *laléo* sprechen], svw. Stammeln (s. d.)

Dyslexie, Verlust von Teilfunktionen der vorher intakten Lesefähigkeit durch Hirnverletzungen oder -erkrankungen; gänzlicher Verlust wird als →Alexie bezeichnet (Luria 1970, Hécaen u. Albert 1978) • Im Engl. auch syn. zu *reading disability,* →Lese-Rechtschreib-Schwäche. *G-N*

Dyslogie, die in sämtlichen rezeptiven und produktiven Teilfunktionen mangelhafte oder fehlerhafte Sprachbenutzung bei Schwachsinn. Ⓛ O'Connor 1975 *G-N*

Dysmetrie, neurologischer Begr. für fehlerhaft regulierte →Zielbewegungen (überschießend = Hypermetrie, vorzeitig beendet = Hypometrie). Sie stehen im Syndrom der →Ataxien in Verbindung mit saccadierten (unterbrochenen) oder durch Intentionstremor (gestörtes Zusammenwirken von Agonisten und Antagonisten) verwakkelten Bewegungsabläufen sowie mit →Skandieren des Sprechens bei Funktionsstörungen des Kleinhirns. Ⓛ Poeck 1972 *G-N*

Dysmimie [gr. *mimía* Nachahmung], Störung in der Mimik, Gebärdensprache

Dysmnesie [gr. *mneme* Gedächtnis], Störung der Gedächtnisfunktion

Dysnoësie [gr. *nóesis* Wahrnehmen, Denken], Intelligenzstörung, insbes. des begrifflichen Denkens.

Dysnoia ⟨Korsakow 1891⟩, mit Zerfahrenheit und traumhafter Bew'veränderung einhergehende Psychose. Das Krankheitsbild wird heute zur →Schizophrenie (remittierende Form) gerechnet.

Dysodie →Stimmstörung

Dysorexie [gr. *orexis* Verlangen], Störung des Nahrungbegehrens, Appetitstörung. Steigerung = Hyperorexie; Minderung bis Erlöschen = →Anorexie.

Dysosmie [gr. *osmé* Geruch], Geruchsstörung, erschwertes Riechen

Dyspareunie →Sexualität (Tabelle)

Dysphasie, mitunter syn. mit →Aphasie unter Beachtung von graduellen Unterschieden. • In ausdrücklicher Abgrenzung gegen die Aphasien als Verlustsyndrome der bereits erworbenen Sprachfähigkeit (→Sprachstörungen) heute verwendete Bez. für angeborene, zentrale Hör- und Sprachstörungen (Tallal u. Piercy 1978, Cromer 1978), früher →Hörstummheit; mit stark verzögertem Einsetzen der →Sprachentwicklung und anschließend aphasieähnlichen Erscheinungsbildern von vermindertem Sprachverständnis (→Agnosie, akust.), mit hartnäckigem →Stammeln, eingeschränkter sprachl. Ausdrucksfähigkeit, anhaltendem →Dysgrammatismus, schwerer →Lese-Rechtschreib-Schwäche und häufigen Störungen des Redeflusses (→Stottern, →Poltern). Engl. Bez. häufig *developmental aphasia,* neuerdings auch dort *developmental dysphasia* (ZANGWILL 1978). Unterschieden werden eine (mehr) rezeptive und eine mehr motorisch-expressive D. Die Abgrenzung der D. gegen periphere →Hörbehinderungen, →Dysarthrien, →Oligophrenie oder →Autismus ist dringend erforderlich, differentialdiagnostisch aber schwieriger nachweisbar als das Vorliegen soziokultureller Benachteiligung und häufig erst im Kindergartenalter zuverlässig möglich. Ⓛ SEEMAN 1969, JOHNSON u. MYKLEBUST 1971, MORLEY 1972, WYKE 1978, AJURIAGUERRA et al. 1976, BARTAK u. RUTTER 1975 *G-N*

Dysphonie →Stimmstörung

Dysphorie, dysphorisch [gr. *dysphorein* traurig sein], ängstlich-bedrückte, traurige Stimmungslage, dabei gereizt und reizbar. Ggs. Euphorie.

Dysphrasie, Oberbegr. (ARNOLD 1970) für die inhomogenen und häufig sich überschneidenden Phänomene psychotischen Sprachverhaltens (→Kataphrasie). Sie sind nicht als →Symptome für jeweils umschriebene Krankheitsformen anzusehen und lassen sich weder nach linguistischen noch nach perzeptiv-motorischen Kriterien hinreichend beschreiben.

Nicht Teilfunktionen in der Benutzung der Sprache als eines Systems von Zeichen zum Informationsaustausch sind hier gestört (→Sprachstörungen, →Aphasie), sondern das Gleichgewicht der verschiedenen zentralen Aktivierungsfunktionen und Tonusregulationen (LURIA 1973), oder die zentrale Organisation von Spontaneität und Lebensfeld (HÖRMANN 1967) und damit das kommunikative, expressive, affektive und emotionale Gesamtverhalten. Die Sprachgebilde sind dabei ihres Zeichencharakters (→Semiotik) häufig entledigt. Die daraus entstehende Vielzahl psychotischer Sprachphänomene teilt SPOERRI (1964) ein in Destruktion, Reduktion oder Neoformation der Sprache und Einzelphänomene; auch Störungen der →Prosodie und psychotische →Stimmstörungen finden hier Berücksichtigung. Für das Kindesalter ist ferner die Unterscheidung zwischen frühkindlichem →Autismus (KANNER 1944, RIMLAND 1964) mit dem Kennzeichen der fehlenden →Sprachentwicklung und kindlicher Schizophrenie (VARLEY 1965) mit einem Verhaltensknick nach anfangs normaler Entwicklung notwendig. *G-N*

Dysphrenie ⟨KAHLBAUM⟩, durch anomale körperliche Bedingungen verursachte seelische Störung

dysplastisch, von der Norm echter →Biotypen abweichende Wuchsformen, bes. bei hormonal Gestörten. Mißgestaltet, unförmig.

Dysplastiker, dysplastischer Typus, Sammelbegriff für Träger von →dysplastischen Körpermerkmalen mit negativen ps. Korrelaten. →Körperbautypen, →Typologie (Konstitutionstypen)

Dyspraxie, geringer Grad der →Apraxie

Dysthymie, länger anhaltende Schwermut, Melancholie. ● Bei JUNG gleichbedeutend mit →Psychasthenie. ● Bei EYSENCK Bez. für die mit erhöhter →Inversion verbundenen Neurosen, →Phobien, →Zwangsneurosen

Dystonie, Störungen im Zusammenspielen (Spannungsverhältnis) bes. der Muskeln und Gefäße. Vegetative D.: Störungen im Zusammenspiel des veg. Nervensystems, des →Sympathikus u. →Parasympathikus-Vagus. →funktionelle Störungen

dystrophia adiposogenitalis, FRÖHLICHsche Krankheit, Symptomkombination von Fettsucht, Hypogenitalismus und (meist) Kleinwuchs

Dystrophie [gr.], Ernährungsstörung, Unterentwicklung, Wachstumsstörung

dysuria psychica [gr. *urein* harnen], Harnstottern als Unfähigkeit, in Anwesenheit anderer zu urinieren. Ursache ist Befangenheit, »Sichgenieren«.

E

E, Beleuchtungsstärke, →lichttechnische Maße

EA, Abk. für Entwicklungsalter

EAI, Abk. für *extensional agreement index* (JOHNSON)

EAM →Auslösemechanismus

EBBINGHAUS-Gesetz, die für die Merkfähigkeit und damit für das Lernen gültige Regel, daß eine nur geringe Vermehrung des zu behaltenden »Materials« die Zahl der erforderlichen Wiederholungen wesentlich stärker anwachsen läßt. Ⓛ EBBINGHAUS (1885)

EBBINGHAUS-Medaille, Verdienstauszeichnung in der DDR seit 1968 für bes. Leistungen in der Ps. *

EBBINGHAUS, Hermann / 1850–1909 / Psych., Mitbegründer der exp. Ps. (Lernen, Gedächtnis) / Breslau, Halle

Ebene, in der Denk-, Sprach-, Handlungspsychologie mehr oder weniger vieldeutig verwendet, bezeichnet einen in sich relativ konsistenten Bezugsrahmen, dem ein bestimmter Inhalt oder Vorgang zugeordnet wird, beispielsweise wenn angenommen wird, daß eine Handlung aus einem bestimmten kognitiven Kontext (etwa aus einer bestimmten Situationsauffassung heraus) gesteuert, »reguliert« wird und die Handlungseffekte auf eben diesen Kontext zurückbezogen werden (z. B. »Regulationsebenen« bei HACKER 1978; »Realitäts-« bzw. »Irrealitätsebene« bei LEWIN 1963). Vgl. Verhaltensebenen *K-I*

ebenmerklicher Unterschied, Unterschiedsschwelle, derjenige Reizunterschied (Zu- oder Abnahme gegenüber einem Ausgangsreiz), der gerade eben eine merkliche Veränderung der Empfindung bedingt. →Unterschiedsschwelle, →WEBERSCHES Gesetz. Ⓛ PAULI-ARNOLD (1972)

Echo, in ps. Beziehung das Nachahmen (Wiederholen) von Bewegungen, Worten, Gebärden, Schrift, →nachstehende Stichwörter

Echoencephalographie →Enzephalographie

Echographie, Nachschreiben in der Bedeutung »Schreiben ohne innere Beteiligung, echomäßig« (Definition von Arnold PICK, 1851–1924: PICKsche Krankheit). ● Registrieren eines Echos. →Enzephalographie

Echokinese, Echokinesie, sinnloses Nachahmen von Bewegungen und Handlungen

Echolalie, ein- oder mehrmalige artikulatorische Reproduktion gehörter sprachlicher →Zeichen vom Umfang einzelner →Silben oder →Wörter bis zu kurzen →Sätzen ohne Beachtung ihrer →semantischen und →pragmatischen Zeichenfunktion (→Semiotik) sowie ohne einen Handlungsplan (→TOTE-Einheit) zur Wiederholung.

Z. B. wird eine gestellte Frage nicht sinngemäß beantwortet, sondern es wird ihre phonematische Repräsentation (→Oberflächenstruktur) kurzschlüssig wiederholt. Tritt auf bei oligophrenen und psychotischen Sprachstörungen, bei bestimmten hirntraumatischen und senil-dementen →Aphasien sowie vorübergehend in der normalen, anhaltender in der verzögerten Sprachentwicklung vor dem Erwerb der semantisch-pragmatischen Zeichenfunktionen. E. setzt die Funktionstüchtigkeit der auditiv-artikulatorischen →Regelkreise zur ideomotorischen Nachahmung (→CARPENTER-Effekt) voraus. Besteht hingegen ein Handlungsplan zur Wiederholung, zeigt sich unter entsprechender Versuchsanordnung (CHERRY 1954) das nicht-pathologische Phänomen des →shadowing mit ebenfalls fehlendem oder stark reduziertem Sinnverständnis. Das zur Sprachdiagnostik verwendete Nachsprechen von Sätzen endlich schließt sowohl die Erfassung der Bedeutung (→Sprachrezeption, →Tiefenstruktur) als auch das Bestehen eines Handlungsplanes zur Wiederholung ein. Ⓛ BÖHME 1974, NORMAN 1973 *G-N*

Echomimie →Echopraxie

Echophrasie, →Echolalie

Echopraxie, Echokinese. Sinnloses Nachahmen von Bewegungen und Handlungen. Unterform mit Beschränkung auf bestimmte Bewegungen (besonders Gebärden) ist die Echomimie.

Echo-Speicher, ein auditives »sensorisches Register«, in dem akustisch dargebotene Information kurzzeitig gespeichert wird. →Gedächtnis *B-S*

Echosprache →Echolalie

Echothymie, →Gefühlsansteckung. Das von keiner Einsicht kontrollierte Annehmen der Gefühle und Affekte. Kinder heulen im Chor, wenn eines beginnt. Die Auswirkung (Demonstrationen, Panik usw.) ist ein eigenes massenpsychologisches Problem. →Ansteckung, psych.

Echtheit, nach LERSCH ist »echt« all das, was ursprünglich, urtümlich, innerlichkeitsgetragen und dabei spontanes, wesenhaftes

»Sichdarleben« ist. Als unecht ist das Sichdarleben dann anzusprechen, wenn es zwar innerlich »gewest werden möchte«, aber am Nichtkönnen scheitert. Bei Heuchelei und Verstellung »soll die Form des Sichdarlebens nur nach außen wirken, ohne innerlich gewest zu werden«. Ⓛ LERSCH, PFÄNDER
● Selbstkongruenz [engl. *genuineness*], Kernvariable des Therapeutenverhaltens, für den die E. nach ROGERS (1957) eine wesentliche, erleichternde Bedingung ist. Nach der TRUAX-Skala (1967, dtsch. von TAUSCH 1968) zeigt sich E., wenn der Therapeut »in hohem Maß er selbst ist, so daß seine Äußerungen mit seinem inneren Erleben zusammenfallen«. →Gesprächspsychotherapie, →Therapeutenvariablen *R-S*

EDR Abk. für *electric dermatic reaction.* →psychogalvan. Reaktion

EDV, Abk. für elektronische Datenverarbeitung

EEG, Abk. für Elektroencephalogramm. →Elektrodiagnostik

Effektanzmotivation [engl. *effectance motivation*], Wirksamkeitsmotiv, die Tendenz, bestimmte Wirkungen in der Umwelt zu erzielen, →Kompetenz zu zeigen und damit der Selbstverwirklichung zu dienen. Die E. soll schon in den beim Kind frühzeitig auftretenden sekundären →Kreisreaktionen (BALDWIN, PIAGET) zu erkennen sein. Von WHITE (1959) ist sie den durch die →Homöostase bedingten →Defizitmotiven (MASLOW) gegenübergestellt worden. *B-S*

Effekt-Gesetz, *law of effect,* syn. Gesetz der Wirkung. Wenn eine modifizierbare Verbindung zwischen Situation und Response von einem befriedigenden Zustand *(satisfying state of affairs)* begleitet wird, folgt eine Verstärkung dieser Verbindung; wenn sie dagegen von einem unbefriedigenden (unangenehmen) Zustand begleitet wird, folgt eine Schwächung der Verbindung.

Diese von THORNDIKE (1913) aufgestellte Behauptung ist zunächst eine wichtige Ergänzung des Assoziationsgesetzes oder des Gesetzes der Übung, indem auf die Notwendigkeit verwiesen wird, den Erfolg des Verhaltens zu berücksichtigen, wenn man Aussagen über die Wahrscheinlichkeit des Wiederauftretens eines Verhaltens in einer bestimmten Stituation machen will. Die Formulierung ist aber der Kritik ausgesetzt. Die Kritik am Begriff »befriedigender Zustand« ist z. T. allerdings nicht gerechtfertigt, weil THORNDIKE ihn operational definierte als einen Zustand, für den das Lebewesen nichts tut, um ihn zu vermeiden, und oft etwas tut, um ihn herbeizuführen. Die Definition ist kein logischer Zirkel, weil sie auf andere Tätigkeiten bezogen werden kann als auf die im speziellen Anwendungsfall des Gesetzes gemeinte Response.

● THORNDIKE revidierte 1932 das E. aber selbst: Belohnung, also das Herbeiführen eines befriedigenden Zustandes, verstärkt direkt die Wahrscheinlichkeit des Auftretens der belohnten Response in der bestimmten Situation, während Bestrafung (Herbeiführung eines unbefriedigenden Zustandes) dagegen nur indirekte Wirkung hat, z. B. durch Auftreten anderer Responses in der Situation, direkt aber das Auftreten der bestraften Response nicht oder nur sehr wenig schwächt. Das E. gilt heute als empirisches E. und hat durch umfangreiche exp. Untersuchungen viele Spezifizierungen erfahren. *B-S*

effektiver Stimulus, funktionaler →Stimulus, auch adäquater St. →cue

Effektivität, (arbeitsps.) Bez. für das Verhältnis von Aufwand zu Erfolg bei Arbeitsleistungen. Die E. hat motivierende Bedeutung.

Effektor [lat. *efficere* bewirken], das Wirkorgan, Erfolgsorgan (Muskel, Drüse) einer Reaktion. Endpunkt eines Reflexbogens.

effektorische Nerven, Nerven, die Impulse aus dem ZNS an die Erfolgsorgane leiten. →Nerv

Effektorkopie, Efferenzkopie →Reafferenz

Effemination →Sexualität (Tabelle)

efferente Nerven →Nerv

Efferenz, die Richtung, in der bestimmte Potentiale bei Nervenfasern, N.bahnen und Aktionspotentialen geleitet werden. Im allg. gilt: Zentrum zu Peripherie = E. = zentrifugal; Peripherie zu Zentrum = Afferenz = zentripetal

Ego [lat. ich], das Ich

egodiastolisches Triebbedürfnis [gr. *diastéllo* ausdehnen], Begr. der SZONDIschen Trieblehre. Ein im Menschen angelegtes Bedürfnis nach Steigerung und Erweiterung des eigenen Einflusses, der Macht usw.

ego-involvement [engl. *involvement* Hineingezogensein], eine Bez. von SHERIF und CANTRIL (1947) für Ich-Haltungen *(ego-attitudes)*. Als »Ich-Beteiligung« im deutschen Sprachraum verwendet, wird unter e. zumeist das Engagement einer Person an einem Objekt verstanden.

Nach SHERIF, der sich am ausführlichsten mit den Zusammenhängen von e. mit anderen sozialps. Begr. auseinandersetzte, handelt es sich um eine

»genetic formation«, die sich aus der Menge der persönlichen und sozialen Werte, die dem Individuum als Bezugsrahmen dienen, zusammensetzt. E. kann als Kontinuum und die Stärke seiner Ausprägung kann als abhängig vom Anlaß gesehen werden. Die Bedeutsamkeit eines Objektes kann somit variieren von schwachem e. in einer für die Vp wenig wichtigen Situation bis hin zu starkem Engagement in einer komplexen sozialen Situation, in die sie etwa durch Angst involviert ist. – Die Messung des e. wird erschwert durch die Abhängigkeit von der jeweiligen Situation, die im Labor beispielsweise nicht simuliert werden kann. Die meisten Untersuchungen bedienen sich einer Rating-Skala, bei der die Vp gebeten wird, die Wichtigkeit des jeweiligen Gegenstandes einzustufen. Da sich bei dieser Methode auch noch die Frage nach dem Bezugspunkt der jeweiligen Einstufung stellt, wäre die hier bisher wenig angewandte Methode d. Paarvergleichs vorzuziehen *A-T*

Egoismus, der im Ggs. zum →Altruismus stehende Standpunkt, der das eigene Ich in den Mittelpunkt stellt.

Mit LERSCH können folgende Egoismen unterschieden werden: Selbsterhaltung, Selbstbewahrung, Selbstbehauptung, Selbstdurchsetzung, Selbsterweiterung ⟨KLAGES⟩. Selbstsucht (überwertiger E.) stellt ein Verfallensein dar im Sinne anderer Süchte mit den Zügen der Gier, der Brutalität. Der gesunde E. liegt zwischen den Polen der Selbstsucht und der Selbstlosigkeit. ● In philosoph. Bedeutung ist E. auch soviel wie →Subjektivismus und →Solipsismus, d. h. das Ich ist die einzige Wirklichkeit und alles übrige nur Vorstellung.

Egokym (v. BRACKEN), in Anlehnung an den Begr. Psychokym, den BLEULER für das Gesamt der ps. Energie bildete, ist E. der Anteil des ps. Kräftepotentials, der für den Vollzug einer Handlung verfügbar ist. Svw. die »Kraft des Ichs« bei der ps. Leistungsanspannung.

ego-strength →Ichstärke

Egotismus, Tendenz, sich selbst in den Vordergrund zu stellen

egozentrisch, ein Begr., der im Unterschied zu »egoistisch« nicht auf das Handeln zielt, sondern auf die Bedeutung für das Selbst. Egoismus ist stets auch egozentrisch, doch kann eine egozentrische Haltung ohne Egoismus sein bzw. mit Selbstlosigkeit einhergehen.

egozentrische Lokalisation, ein von G. E. MÜLLER (1917) eingeführter Begriff. Er bezeichnet die Abhängigkeit der augenblicklichen Lokalisation der Vorstellung eines früher wahrgenommenen Objekts von der gegenwärtigen Stellung der Person.

Bestimmend sind die drei egozentrischen Bezugssysteme, die mit der anschaulichen Körperlichkeit des Menschen gegeben sind. Es ist das Vorne und Hinten, Links und Rechts, Oben und Unten mit seinem besonderen Ursprung im anschaulichen Ich. Wesentlich ist, auf welchen Teil des Körpers das erinnerte Objekt festgelegt ist. So wandert z. B. eine vorgestellte Zahlenreihe in dem Moment nach oben, wo sich die Vp vom Stuhl erhebt. Eine wichtige Rolle spielt die Plastizität der Vorstellung. Erscheint das Objekt ohne frühere Umgebung und im früheren Abstand, so liegt eine konservative egoz. L. vor. Von einer habituellen ist die Rede, wenn es in der L. erscheint, in der es am häufigsten gesehen wurde.

egozentrisches Sprechen, nach PIAGET (1948) ist das Sprechen 3–5jähriger Kinder zu etwa 60% egozentrisch (es verwirklicht sich in Wiederholungen, Monologen, kollektiven Monologen), es ist lediglich ein Nebenprodukt des Handelns ohne eigene kommunikative Funktion. Im Laufe der Sprachentwicklung wird egozentrisches Sprechen abgebaut, bis es mit ungefähr 8 Jahren ganz verschwunden ist. WYGOTSKI (1964) vertritt demgegenüber die Ansicht, daß das egozentrische Sprechen nicht einfach absterbe, sondern daß es das notwendige Übergangsstadium von der →sozialisierten zur inneren Sprache (→Sprache, innere) darstelle.

FLAVELL (1968) spricht dann von einer egozentrischen Kommunikation, wenn ein Sprecher einen Sachverhalt X, den er für sich selbst kodiert hat, nicht für den Hörer neu kodiert. Als ein Beispiel dafür kann der referenzlose Gebrauch von Pronomen dienen. Ⓛ GRIMM 1973 164 *G-M*

Egozentrismus des Kindes ⟨PIAGET⟩, Bez. für das wenig bewegliche und nicht differenziertanschauliche Denken des Kleinkindes, das sich nur auf wenige Dimensionen der Wirklichkeit zentriert. Es ist noch unfähig, Standpunkte und Betrachtungsweisen von anderen zu übernehmen. Ⓛ PIAGET

EGRUL [aus engl. *e. g.* (z. B.) und *rule* (Regel)] Beispiel-Regel-Methode (Technik), ein Verfahren beim →programmierten Unterricht.

Ehe, die auf Dauer gedachte Lebensgemeinschaft der Geschlechter. Als Urform der Ehe wird von manchen Autoren die Vielehe (Polygamie), von anderen die Einehe (Monogamie) angenommen. Einzelne Formen der Ehe sind: Polygamie als →Polygynie, →Polyandrie oder →Gruppenehe, und →Monogamie. Bei den Naturvölkern finden sich alle Formen der Ehe, bei den Kulturvölkern nur die Monogamie (Europäer) und die Polygynie (Orientalen). Ⓛ MIKULA u. STROEBE

Eheberatung, eine praktisch-ps. Betätigung, die interdisziplinär von Psychologen, Ärzten (Psychiater) und Juristen (Wohlfahrtspfleger) zur Klärung ps., biologischer, psychohygienischer und rechtlicher Fragen vornehmlich für Ehekandidaten, aber auch bei Ehekrisen, durchgeführt wird. →Beratung

Ehepaartherapie →Paartherapie

Ehe-Test Ⓣ HANSELMANN

EHRENFELS-Merkmale. Nach W. KÖHLERS Interpretation des EHRENFELSschen Ansatzes die beiden notwendigen und hinreichenden Bedingungen für Gestaltphänomene: 1. Übersummativität (Gestalten zeigen Merkmale die über die Eigenschaften der Teile hinausgehen) und 2. Transponierbarkeit (unabhängig sein von der Ausprägung der Teile). *R-S*

*

EHRENFELS, Christian, Frh. v. / 1859–1932 / österr. Philosoph u. Psychologe / Univ. Prag

EHRENSTEINsche Täuschung, ein von Geraden strahlenförmig durchzogenes Quadrat bietet als optische Täuschung Trapeze. →geometrisch-optische Täuschung

*

EHRENSTEIN, Walter / 1899–1961 / Psych. Ganzheitsps. / Univ. Frankfurt, Gießen, Danzig – Chicago – (1948 Dortmund)

Ehrgeiz, ein Hintergrund für menschl. Bemühen um soziale Anerkennung und Wertschätzung. →Egoismus, →Leistungsmotivation

Eich-Stichprobe, die bei der Gewinnung von Normwerten für die Testinterpretation herangezogene Stichprobe. Das im Test individuell für einen Probanden gewonnene Testergebnis wird mit den bei der Testeichung erhaltenen Werten verglichen. Bei der Organisation einer Eichstichprobe kann man die Methode der Gebietsstichprobe oder der Quotenstichprobe anwenden. →Stichprobe *Hä-R*

Eichung, *calibration,* Prüfung und Festlegung der Genauigkeit eines Maßstabes oder eines Meßinstrumentes. Innerhalb der Konstruktion eines ps. Tests wird nach der Kontrolle der Hauptgütekriterien (→Objektivität, →Reliabilität, →Validität) die Testeichung, d. h. die Festlegung von Teststatistiken (z. B. Mittelwert, Streuung), vorgenommen. →Testeichung *Hä-R*

Eidese, das Vordrängen des Vorstellbaren im Verlauf der Individualentwicklung. Nach HELLPACH für die jugendliche Entwicklung als Abschnitt zwischen →Noëse und →Thymose, aber auch für die Altersentwicklung kennzeichnend. →Entwicklungsphasen.

Eidetik [gr. *eidos* Bild], von E. R. JAENSCH geprägte Bezeichnung für seine Lehre von den subjektiven →Anschauungsbildern, den eidetischen Phänomenen.

Nachdem bereits Joh. MÜLLER, G. Th. FECHNER und V. URBANTSCHITSCH von ähnlichen Erscheinungen berichtet hatten, fanden E. R. JAENSCH und O. KROH bei jugendlichen Vpn eine eidetische Anlage, d. h. die Fähigkeit, subjektive optische Anschauungsbilder zu erzeugen. Aus den Untersuchungsbefunden zog JAENSCH weitreichende theoretische Folgerungen über Wesen und Entwicklung von Wahrnehmung und Gedächtnis. So sollen die Anschauungsbilder der genetische Ursprung von Wahrnehmung und Vorstellung sein (Theorie von der »Einheitsphase«), die eidetische Anlage soll in vielen Fällen auch dann noch wirksam sein, wenn die Fähigkeit, Anschauungsbilder zu produzieren, in der Pubertät abgeklungen war (»latente Eidetik«). Ferner soll zwischen Nachbild und Vorstellungsbild eine Reihe von »Gedächtnisstufen« bestehen, in der die Anschauungsbilder die Mitte einnehmen. Diese Vermutungen wurden durch kritische Untersuchungen erschüttert, ebenso wie eine charakterologische Typologie (Integrationspsychologie), die von individuellen Unterschieden in den Anschauungsbildern ausgegangen war, nämlich den von W. JAENSCH aufgestellten →B- und T-Typen. Die eidetischen Erscheinungen als psychische Phänomene von eigener Art sind (aus heutiger Kenntnis) noch nicht abgeklärt. Ⓛ TRAXEL

Eidetika, »Bildspender«, →Halluzinogene, →Psychopharmaka

Eidos [gr.], Urbild, Gestalt, Idee, Begriff, Wesen. In der Phänomenologie HUSSERLS ist E. als Eidetik oder Eidologie Wesenswissenschaft im Ggs. zu den Tatsachenwissenschaften.

Eigenlicht der Netzhaut, die von einer reinen Schwarzempfindung verschiedene, als Eigengrau (HERING) bezeichnete Empfindung bei Abwesenheit äußerer Reize. →Augengrau. • Lichterscheinungen, die durch →inadäquate Reizung auftreten, ohne daß von außen Licht die Netzhaut trifft. Z. B. entstehen durch Druck sog. Druckphosphene. Vgl. entoptische Erscheinungen. *Str-R*

Eigengrau →Augengrau, Eigenlicht

Eigenraum, Terminus aus der personalistischen Ps. von W. STERN. Die räumliche

E

Erstreckung der Person erfolgt zwar allseitig, aber nicht gleichförmig.

Es lassen sich drei Hauptrichtungen unterscheiden: oben – unten, vorn – hinten, links – rechts. Diese personale Dreidimensionalität ist durch und durch qualitätserfüllt (im Ggs. zum qualitätsentleerten euklidischen Raum). Innerhalb jeder Dimension sind die Pole eigenschafts- und rangmäßig untereinander abgesetzt (z. B. die Symbolik des »Obenseins«, die dynamische Aufladung des Vorn in Richtung auf ein Ziel usw.). Ein wesentlicher Zug an den genannten Hauptdimensionen ist weiter ihre Unverwechselbarkeit untereinander. →egozentrische Lokalisation, →Ausdruckstheorien (9) Ⓛ W. Stern

Eigenreflex, ein bei der gesamten quergestreiften Skelettmuskulatur vorkommender Reflex, der bewirkt, daß jede Zerrung des Muskels mit einer Kontraktion desselben beantwortet wird.

Das reizempfangende Organ (Rezeptor) sind die Muskelspindeln, die durch mechanische Einwirkung erregt werden, und ausführendes Organ ist der Muskel selbst. Die biologische Bedeutung des E. wird in der unmittelbaren Beantwortung jeder von außen kommenden mechanischen Störung einer Willkürbewegung gesehen. Stößt man z. B. bei einer Armbewegung gegen ein Hindernis, bewirkt die dadurch erzeugte Zerrung bestimmter Muskelgruppen über den E. eine sofortige ausgleichende Tonisierung. Ggs. zu E. ist der Fremdreflex, insofern Rezeptor und Effektor an verschiedenen Stellen lokalisiert sind. Vgl. Kniesehnenreflex. Ⓛ P. Hoffmann

Eigenschaften, die jedes Objekt zu einem »Eigenen« bestimmenden, ihm zugehörenden, aus ihm nur durch Abstraktion ablösbaren Bestandteile, die erkenn- und darstellbar werden an jeweils bestimmten, untereinander verschiedenen, strukturierten Merkmalsbesonderheiten. Es gibt keine eigenschaftslosen Objekte, doch ein Mehr-Minder, ein wichtiger und weniger wichtig an E. Unterscheidung nach quantitativen und qualitativen, aktuellen, habituellen und potentiellen E. sind üblich. Schon G. E. Müller und Schumann (1889) beachteten besonders die »absoluten E.« (z. B. Farbe, Größe, Ort). Wertheimer und mit ihm die Gestaltpsychologen griffen die Bedeutung der E. erneut auf mit reicher Gliederung nach »systembedingten« E., Gefügeeigenschaften, Ganzbeschaffenheiten und Wesenseigenschaften. ● In der Persönlichkeitsps. spielen E. als aus dem Verhalten erschlossene hypothetische →Konstrukte eine Rolle, die relativ überdauernde, nicht situationsspezifische Persönlichkeitsmerkmale bezeichnen. In der faktorenanalytisch orientierten Persönlichkeitsps. werden E. durch Faktoren (→Persönlichkeitsfaktor) definiert. Der wichtigste Unterschied zwischen E. und Faktor besteht dabei lediglich in der Methode ihrer Gewinnung (Herrmann, 1969; Roth, 1970).

Der Charakter wird erst faßbar in den aus »Gestaltbildern des Verhaltens« ⟨Helwig⟩ erschlossenen, relativ konstant sich erhaltenden E. Hinter diesen verbirgt sich ein höchst kompliziertes System biopsychischer Dispositionen. »Allgemeine Eigenschaften sind diejenigen Persönlichkeitsaspekte, in bezug auf welche die meisten reifen Menschen in einer gegebenen Kultur verglichen werden können« (Allport). Eine E. muß, um wissenschaftlich bestimmt zu sein, drei Kriterien erfüllen: das der Konsistenz, der Generalität und der Universalität, Lersch unterschied Leistungseigenschaften, Verhaltenseigenschaften und Wesenseigenschaften. Nach R. B. Cattell gibt es Wurzel- und Oberflächeneigenschaften. Letztere sind positiv korrelierte Eigenschaftselemente, erstere diejenigen Faktoren, die die Oberflächeneigenschaften bestimmen. Man kann diese E. – wie Meili es für die Zwecke der ps. Diagnostik getan hat – wie folgt gliedern: a) Die Fähigkeiten (Intelligenz, Aufmerksamkeit, Musikalität, Handgeschicklichkeit, Phantasie usw.); sie bestimmen die Möglichkeit, bestimmte Handlungen auszuführen. b) Die Triebe, Triebfedern, Interessen (Geiz, Pflichtgefühl, Liebebedürftigkeit, Machttrieb, Egoismus usw.); sie bestimmen die Art und Richtung der Handlungen. c) Die dynamischen oder Verlaufseigenschaften (Intensität, Erregbarkeit, Tempo usw.), die vor allem mit den Temperamenten zusammenhängen und dem, was Klages die »Struktur des Charakters« nennt. d) Moralische Eigenschaften (Ehrlichkeit, Gehorsam usw.). Ⓛ G. W. Allport 1949; Graumann 1964[4]; Meili 1955[3]; Thomae 1951; Wellek 1950.

Eigenschaften, absolute →Bezugsystem, →Absoluteindruck

eigenschaftszentrierte Persönlichkeitstheorien, diejenigen Auffassungen in der →Persönlichkeitsps., in denen →Eigenschaften verschiedener begrifflicher Fassung die zentrale Analyseeinheit darstellen. Ihnen zufolge wird →Persönlichkeit darstellbar als Summe, übersummative Struktur oder als einzigartiges Muster von Eigenschaften, auch Wesenszügen u. ä. Individuelles Verhalten wird nicht nur individuelles Erleben, und Verhalten wird als Funktion von Eigenschaften nicht nur beschreibbar, sondern auch erklärbar.

Die Schwierigkeiten, die sich vor allem in der deutschsprachigen, charakterologischen Tradition (Klages, Lersch, Wellek u. a.) wegen der aus der Umgangssprache entnommenen und daher schwer zu definierenden bzw. zu operationalisierenden E.begriffe ergab, sollte allgemein in der →Differentiellen Psychologie und im Rahmen der →Persönlichkeitsps. durch →Faktorentheorien der Persönlichkeit überwunden werden. Die Einwände gegen diese Auffassung beziehen sich darauf, daß die Kriterien der Konsistenz, Generalität und Universalität von Eigenschaften zumeist nicht erfüllt sind, daß zwischen deskriptiven und explikativen →Konstrukten nicht klar unterschieden wird und daß Merkmale von Individuen – wie immer begrifflich gefaßt – wohl notwendige, aber keine zureichenden Bedingungen für ihr Verhalten sind. *R-H*

Eigensinn, meist Bez. für starre Form des →Egoismus. Vgl. Trotz

Eigenwertstreben, im E. sucht der Mensch sein Wertbild nicht im Spiegel des Urteils seiner Mitwelt, sondern in demjenigen des eigenen Urteils. Der Mensch will sich vor sich selbst einen Rang geben, es geht um den Wertgehalt des personalen Selbst. →Selbstwertgefühl Ⓛ LERSCH

Eigenzeit, Terminus aus der personalistischen Ps. von W. STERN. Die personale Zeit ist nicht – wie die mathematische – eindimensional, d. h. sie läßt sich nicht allein durch »Dauer« charakterisieren, sie zeigt vielmehr Mehrdimensionalität in dem Tatbestand, daß bei gleicher Zeitdauer verschiedene Zeitgestalten (Rhythmen, Melodien usw.) möglich sind.

Die Breitendimension der personalen Zeit, die diesen Phänomenen zugrunde liegt, ist die Gleichzeitigkeit (Synchronizität bei JUNG). Die personale Zeit weist eine Mitte auf, die Gegenwart, der mit der Dauer eine stete Bewegung nach vorn gegeben ist, wobei sie aber ständig konkrete Gehalte (Erlebnisse) hinter sich zurückläßt. Damit sind Zukunft (werdende Gegenwärtigkeit, »Entwicklung«) und Vergangenheit (gewesene Gegenwärtigkeit, »Geschichte«) zusammen mit der aktuellen Gegenwart die Bestimmungsstücke der unteilbaren Einheit des personalen Lebensablaufs. →Zeit, psychische, →Zukunftserleben Ⓛ W. STERN *Fe-R*

Eignung, *aptitude,* das Insgesamt der im Individuum liegenden Bedingungen für das Eintreten positiv bewerteter Ereignisse im Berufsleben oder in der Schullaufbahn.

Derartige Ereignisse sind z. B. der erfolgreiche Abschluß eines Ausbildungsganges oder das Tätigbleiben im erlernten Beruf (oder in einem Beruf, in dem die erworbenen Kenntnisse und Erfahrungen verwertet werden können). E. ist auch dadurch gekennzeichnet, daß sie sich dicht an die komplexe Lebenswirklichkeit hält und sich an den durch sie nahegelegten Bewertungskategorien orientiert (stärker als die abstraktere »Fähigkeit« und die »Fertigkeit«, die einzelne Verrichtungen isoliert betrachtet). Der E.begr. ist neutral gegenüber der Entstehungsgeschichte der jeweils angesprochenen individuellen Merkmale (durch Übung erworben?, weitgehend anlagebedingt?) und gegenüber den individuell unterschiedlichen Bedingungen beim Zusammenwirken von Fähigkeiten und Fertigkeiten einerseits, Antrieben und Motiven andererseits. Er impliziert die Vorstellung von relativ zeitüberdauernden individuellen Verhaltensmerkmalen. Weiter schließt der E.begr. ein bestimmtes mittleres Maß an Abhängigkeit von den Bedingungen des Arbeitsmarktes ein: Eine Person ist einerseits für eine Tätigkeit oder Ausbildung nicht schon dadurch ungeeignet, daß keine Stelle für sie verfügbar ist, andererseits kann nicht von vorhandener E. gesprochen werden, wenn sich langfristig die Situation in einem Beruf und damit auch die von ihm gestellten Anforderungen so verändert haben, daß für Personen des betreffenden Merkmalsbildes jetzt und in absehbarer Zukunft eine Beschäftigungsaussicht nicht besteht.

Die praktische Verwendung des E.begr. ist fast immer prognostischer Art: Was in bezug auf »Eignung« interessiert, ist ein in (näherer oder fernerer) Zukunft stattfindendes Verhalten des Individuums. Bei jeder Behandlung von Fragen der Berufseignung ist die faktische Heterogenität der Berufe mit Bezug auf die Merkmale der in ihnen tätigen Personen im Auge zu behalten sowie die damit korrespondierende »Multipotentialität« der Individuen bezüglich der Berufe, die für sie in Betracht kommen: Überall findet man Menschen verschiedenster Art. Der einzelne ist in der Regel für die verschiedensten Berufswege geeignet. →differentieller Eignungstest *E-T*

Eignungsdiagnostik →Eignung, →Eignungspsychologie, →Eignungsuntersuchung

Eignungspsychologie, dasjenige Teilgebiet der angewandten Ps., dessen Gegenstand alle die Berufseignung betreffenden Fragestellungen sind.

Die eine Grundlage der Eignungspsychologie ist die genaue Kenntnis der Berufe mit allen ihren Bedingungen (Analyse der Arbeitsplätze, Berufsbilder) auf Grund systematischer Untersuchung. Hieraus werden die Eignungsanforderungen abgeleitet. Die andere Grundlage ist die Eignungsdiagnostik, die Gesamtheit der Verfahren, mit denen festzustellen ist, ob und in welchem Grade ein bestimmter Mensch auf Grund seiner einzelnen Begabungen und seiner Persönlichkeit den Anforderungen eines bestimmten Berufes entsprechen kann. Ⓛ ACH, BAUMGARTEN, GIESE, HISCHE, HUTH, MOEDE, POPPELREUTER, SIMONEIT, E. STERN

Eignungs-Tests, Bez. für diejenigen Tests, deren Ziel es ist, eine bestimmte Eignung (insbesondere die Eignung für einen Beruf) festzustellen. →Berufseignungs-Tests, →differentieller Eignungstest

Eignungsuntersuchung, die zur Beurteilung und Auslese von Menschen in der Berufsberatung, industriellen Psychotechnik usw. angewandten ps. Verfahren. Im Ggs. zu der früheren Bevorzugung apparativer »Messungen« einzelner Funktionen wird heute überwiegend das Intelligenzniveau, die Intelligenzstruktur, die Arbeitsweise (Sorgfalt, Ausdauer, Tempo, Konzentration, Belastbarkeit) sowie die Motive und die besonderen Persönlichkeitsmerkmale mit Tests, Testapparaten und Arbeitsproben ermittelt. Zusätzlich werden Prüfungen des Handgeschicks und der Sinnesfunktionen vorgenommen. Auch vielseitige Reaktionsgeräte und Prüfstände sind in Verwendung. Die Ermittlung struktureller und konstitutioneller Beziehungen als entscheidendem Fundament für die Eignung gewinnt an Bedeutung, und die entsprechenden Untersuchungsmethoden haben Eingang gefunden. Ohne eingehende Berufskunde ist keine Prognose der voraussichtlichen Bewährung oder Nichtbewährung zu erzielen. In den ersten Jahren der Anwendung der E. wurden die Berufsanforderungen vor allem physiologisch gesehen. Heute sind die Motive und Bedürfnisse zu Arbeit und Beruf wichtiger – allerdings sind dies noch vielfach offene Probleme.

Eimerprobe →Sinnesfunktionen (6)

Einbettung – Abhebung, Grundbegriffe, die das Formale am Erlebensprozeß bezeichnen. Nach W. STERN kann sich ein spezifisches Erlebnis aus der Ganzheit des Erlebens als gegliedertes Teilstück »abheben«, andererseits ist jedes spezifische Erleben als strukturell von der Ganzheit bestimmt und in sie »eingebettet«. So werden die Gestalten als die »am meisten abgehobenen Phänomene der Wahrnehmung« angesprochen, als das eine Ende einer »Reihe, die von maximaler Abgehobenheit zu maximaler Einbettung führt«. – Ihren methodischen Ausdruck findet dieses Begriffspaar in der Forderung nach Beachtung des korrelativen Zusammenhangs von Moment und Ganzheit oder von »Analyse und Ganzheitsbezug«. Ⓛ W. STERN 1935

Einbildung, die ohne reale Begründbarkeit aufgekommene Vorstellung bzw. Auslösung einer Vorstellung. E. ist weiterhin Begr. für die grundlose Selbstüberschätzung und Überheblichkeit. – Schließlich steht E. (z. B. als E.kraft) im Sinne KANTS der Phantasie nahe. →auch Imagination

Eindruck, das Gesamtbild, das man von einem Objekt (Person, Sache) gewinnt (visuell, akustisch, taktil etc.). • In der Ps. verdient der E. komplementär zum →Ausdruck und zur →Ausdrucksdeutung beachtet zu werden – die E.interpretation (E.apperzeption) ist wesentlich mitbestimmend für den Ausdruck.

Eindruck, erster, die Art, wie man von einem Menschen bei der ersten Begegnung angemutet wird. Zur Erkenntnis der Person kann der erste Eindruck oft Wesentliches beitragen, doch ist sein Wert als diagnostisches Mittel begrenzt, zumal auch Vorurteile hierbei entstehen. Ⓛ ECKSTEIN

Eindruckscharakter, Eindruckswert, zur Klärung der Frage, welche Faktoren bei physiognomischen Beurteilungen die bestimmenden sind, haben BRUNSWIK und REITER (1938) Zeichnungen mit weitestgehend schematisierten Gesichtern geboten. Die Zeichnungen unterscheiden sich in den Entfernungen zwischen den Augen, der Höhe der Augen, der Stellung der Nase, der Höhe des Mundes u. a. Die Vpn wurden aufgefordert, den Eindruckswert jedes Gesichtsschemas nach Intelligenz, Stimmung, Alter, Beruf, Schönheit u. a. zu bestimmen.

Eindrucksdifferential →semantisches Differential

Eindrucksmethode ⟨WUNDT⟩, diejenigen Verfahren zur Untersuchung der Gefühle, durch die mit Hilfe äußerer Eindrücke (Farben, Klänge, Figuren) bestimmte Gefühle ausgelöst und der Selbstbeobachtung zugänglich gemacht werden. Eine Eindrucksmethode ist z. B. die Methode der →paarweisen Vergleichung. Die Ergänzung der Eindrucksmethode bildet die →Ausdrucksmethode. Ⓛ TRAXEL

Einengung, pharmakologische, Bez. für die Reduktion der Erlebnis- und Verhaltensmöglichkeiten durch Arzneistoffe.

Einfachnorm →Normskala

Einfachsehen, die Tatsache, daß wir trotz Reizung beider Augen in der Regel nur ein Bild wahrnehmen, d. h. dann, wenn korrespondierende Netzhautstellen (identische oder Deckpunkte) gereizt werden

Einfachstruktur, *simple structure,* von L. L. THURSTONE (1935) in die multiple →Faktorenanalyse eingeführtes, vom wissenschaftlichen Ökonomieprinzip abgeleitetes Ziel der Rotation der Bezugsachsen eines Faktorensystems. Es sollen neben hohen Ladungen auch möglichst viele Nulladungen in der Faktorenmatrix auftreten. Die Faktorenstruktur erfüllt dann die Bedingung, daß nicht in jeder Beobachtungsvariablen sämtliche Faktoren mit nennenswert hohen Ladungen vertreten sind, sondern daß für jeden Faktor mindestens eine Variable existiert, in der er überhaupt nicht in Erscheinung tritt. Auf diese Weise können die Variablen des analysierten Bereiches, jede für sich, auf eine möglichst kleine Zahl zugrunde liegender Faktoren zurückgeführt werden. Ursprünglich wurde die numerische Lösung nach dem Prinzip der E. anhand einer grafischen Methode durchgeführt. Später wurden auch objektive Regeln zur Festlegung der E. aufgestellt und rein analytische Lösungen ausgearbeitet (→Quartimax-Methode, →Varimax-Methode). *M-R*

Einfluß →Macht

Einflußfeld, in LEWINS (1963) topologischer Ps. benutzter Begr. für die Kräfte induzierende Wirkung von Personen oder Werten, die selbst nicht Ziele mit umgebendem Kraftfeld sind, aber die Entstehung von Zielen veranlassen können. →Feld *B-S*

Einfühlung, →Empathie, Nacherleben, das Sichhineinversetzen in ein fremdes Erleben, das Miterleben des fremden Ichs auf Grund der Wahrnehmung des Ausdrucks oder der Mitteilung der Erlebnisse einer anderen Person bzw. der Kenntnis ihrer seelischen Situation.

Die hierbei gebildeten Vorstellungen lassen (nach LIPPS) ähnliche Erlebnisse wie die im fremden Bewußtsein in Andeutung entstehen. Dies ermöglicht das →Verstehen fremden Seelenlebens. Nach anderer Auffassung handelt es sich um Analogieschlüsse, die man aus dem Wissen um das eigene Ich auf das andere zieht. →Ausdruckstheorien ● Das Hineinverlegen eigener Gefühle und Stimmungen in leblose Gegenstände, wodurch diese einen besonderen Charakter erhalten. Die Einfühlung in diesem Sinn wird als eine Grundlage für die ästhetische Wirkung von Kunstwerken betrachtet ⟨HERDER, Fr. Th. VISCHER⟩. Ⓛ GRUHLE, WORRINGER

Einfühlungs-Tests, Bez. für Tests, die ähnlich den Tests zur →Gesinnungsprüfung (moralisches Urteil) und den →Situationstests das Sich-Versetzen in eine geschilderte Situation und eine Entscheidung fordern.

Eingang →input

eingebettete Figuren Ⓣ GOTTSCHALDT

Eingebung, das scheinbar unvermittelte Aufleuchten eines Gedankens, Gefühls usw., das insbesondere Gewißheit, Sicherheit, Lösung, Klärung, Tatbereitschaft mit sich führt und die Person, der die E. zuteil wird, entspannt, aktiviert, beflügelt.

Einheit, numerische Einheit, das Einzelne der Zahl nach, jeder Gegenstand, der als Ganzes aufgefaßt werden kann. Von der E. geht alles Zählen und Messen aus. So ist das Meter die E. der Längenmessung. ● synthetische E., eine zusammengesetzte Mannigfaltigkeit, die als solche ein geschlossenes Ganzes darstellt, z. B. die E. des Bewußtseins.

Einschachtelungstheorie →Präformation

Einsicht, das unmittelbare Verstehen eines Sachverhalts, das Erkennen der Zusammenhänge, der Ursachen und Wirkungen eines Geschehens und einer Handlung. Einsichtiges Verhalten ist das einer Aufgabe angepaßte Verhalten. Die beobachtbaren Verhaltensqualitäten der E. sind nach KÖHLER: Plötzlichkeit der Problemlösung, glatter Verlauf einer zum Ziel führenden Handlungsreihe, Verhaltens- und Ausdrucksänderung kurz vor der eigentlichen Endhandlung (das Aha-Erlebnis begleitend), subjektive Neuartigkeit der Problemlösung. W. KÖHLER untersuchte das einsichtige Handeln bei Menschenaffen auf Teneriffa. Ⓛ KÖHLER 1917, 1921 *B-S*

Einstellung, *mental set,* ein in der Ps. nicht eindeutig verwendeter Begr. ● E. ist die Art (Akzentuierung, Tönung) der →Gerichtetheit, der Ausrichtung, des selektiven Vorgehens (z. B. bei der Lösung einer Aufgabe). Vgl. →determinierende Tendenz. ● E. ist die seelische Haltung gegenüber einer Person, einer Idee oder Sache, verbunden mit einer Wertung oder einer Erwartung. ● Nach ALLPORT ist E. »ein seelischer und nervlicher Bereitschaftszustand, der – durch die Erfahrung organisiert – einen richtenden oder dynamischen Einfluß auf die Reaktionen des Individuums auf alle Objekte und Situationen ausübt, mit denen es verbunden ist« (→attitude). ● JUNG stellte die E. als grundlegende ps. Reaktionsform gegenüber Situation und Objekten bei seinen Versionstypen heraus. ● Auch sind E. diejenigen Wissensinhalte, die im jeweiligen Bewußtseinszustand »mitbewußt« (ROHRACHER) sind. ● Nach MITTENECKER sind die E. nicht scharf von Meinungen *(opinions)* trennbar. Sie sind »relativ spezifische, auf bestimmte, meist soziale Sachverhalte (vor allem soziale

Institutionen, nationale und andere Gruppen) gerichtete und zeitlich weniger stabile« Neigungen. ● Die meisten Definitionen bezeichnen E. als die Bereitschaft zur Reaktion mit unklarer Beziehung zum tatsächlichen offenen Verhalten *(responses)*. McGUIRE (1969 144f.) hat darauf hingewiesen, daß es in dieser Hinsicht aber Unterschiede gibt: Größere Nähe zur direkten Beziehung zwischen antecedenten Bedingungen (A) und Folgen (R) bei den radikal positivistischen Theoretikern (z. B. HOROWITZ 1944 oder DEFLEUR u. WESTIE 1963) gegenüber der Annahme, daß diese Beziehung indirekt, z. B. durch Klassenbildung oder durch eine intervenierende Variable, vermittelt ist.

Es können fünf Abstufungen der Definitionen der E. unterschieden werden, die alle eine Reihe von vorangehenden Bedingungen (A) auf die Response-Folgen (R) beziehen. (a) Positivistisch: Direkte Beziehung zwischen A und R, aber mit einer großen Zahl von Kombinationen dieser Beziehungen. – (b) Paradigmatisch: Die Responses, die der E. entsprechen, werden ebenfalls ohne intervenierende Variable in direkte Abhängigkeit von antecedenten Ereignissen gesehen, aber statt der vielen einzelnen Beziehungen A-R werden ein paradigmatisches Ereignis (z. B. autoritäre Erziehung) und eine paradigmatische Folge (z. B. Score auf der Antisemitismusskala) definiert und andere A und R werden in Relation zu diesem Paradigma gesetzt; (c) Mediationstheoretisch (mediationalistisch): E. ist ein vermittelndes Konstrukt, das an die antecedierenden Bedingungen und an Folgen geknüpft ist; (d) Klassifizieren oder Erklärung mit doppelter Vermittlung: Sowohl an die antecedenten Bedingungen als auch an die Folgen wird je ein vermittelndes Konstrukt gebunden, wie z. B. die inneren *(covert)* Benennungsresponses (r) und die von den Responses (R) hervorgerufenen inneren *(covert)* Reize (s) in der E.theorie von DOOB (1947) – (e) Interaktionistisch: Das vermittelnde Konstrukt wird nicht nur an einzelne antecedente Bedingungen und Folgen gebunden, vielmehr wird deren Interaktion berücksichtigt.

● Strukturen und der Zusammenhang zwischen den die E. anzeigenden verbalen Responses mit nicht-verbalem Verhalten sind wichtige Themen der E.forschung →A-R-D-System. SCOTT hat elf versch. Dimensionen der E. genannt und MEINEFELD (1977) hält die Dimensionen Zentralität, Extremität und Intensität für geeignet, den Zusammenhang zwischen E. und Handeln zu präzisieren. Ⓛ McGUIRE 1969. MITTENECKER, ROHRACHER 1964, ROTH, STROEBE, TRIANDIS, BENNINGHAUS 1976, FISHBEIN u. AJZEN 1975 *B-S*

Einstellungsänderung, neben und mit dem Problem der Konstruktvalidierung der →Einstellung (Attitüde) ist die E. ein zentrales Thema der Einstellungsforschung. Nach theoretischem Rahmen unterschieden EYFERTH u. KREPPNER (1972 1347ff.), ähnlich wie in der Darstellung von KIESLER und diese erweiternd: (a) wahrnehmungspsychologische, (b) lerntheoretische, (c) funktionalistische Ansätze und (d) Erklärungsversuche, in denen Gleichgewichts- bzw. Dissonanzaxiome verwendet werden. Eine Sonderstellung nimmt die Theorie des sozialen Urteilens von SHERIF u. HOVLAND (1961) ein, die auch →Assimilation-Kontrasttheorie genannt wird.

Exp. Pläne zur Messung der E. leiden an der meist geringen →Validität der Einstellungsmessungen und der besonders störenden Wirkung der Forderungs-Merkmale der exp. Situation bzw. des Gewahrwerdens der Versuchsleiterabsicht. In Laboratoriums- wie Feldexperimenten werden unabhängige Variable verwendet, die E. hervorrufen sollen, die ein wesentlicher Teil der Prozesse der sozialen Einflußnahme ist: (a) Suggestion, (b) Konformitätsdruck, (c) Gruppendiskussion, (d) Überzeugung (persuasive Texte, Darbietung von Argumenten) und (e) intensive Indoktrination (wie Kindererziehung, Psychotherapie und Gehirnwäsche) werden von McGUIRE (1969) genannt. Begünstigende Momente für die E. sind bestimmte Persönlichkeitseigenschaften des Empfängers der Kommunikationen, Glaubwürdigkeit des »Senders«, *primacy* und *recency*, d. h. an erster oder an letzter Stelle Stehen der wichtigen Kommunikationsteile, Berücksichtigung von Gegenargumenten, Furchterregung, explizite Schlußfolgerungen, Ablenkung u. a. Für die Stärkung des Widerstandes gegen die E. hat McGUIRE (1964) die Immunisierung durch die Impfmethode *(inoculation)*, d. h. die Darbietung von Gegenargumenten und ihrer Widerlegung, empfohlen. Ⓛ HORMUTH 1979, STROEBE 1980 *B-S*

Einstellungseffekt, Bez. für das von LUCHINS (1959) untersuchte Verharren bei einer umständlichen Methode der Bearbeitung von Aufgaben, wenn diese für vorher gelöste Aufgaben die einzig mögliche war, aber bei der »kritischen« Aufgabe auch eine einfachere Lösung zum Ziel führt. *B-S*

Einstellungsskalen, Meßverfahren, mit denen die Stellungnahme der Vp bei der Beurteilung eines Gegenstandes oder Sachverhaltes ermittelt wird. Als Instrument dienen Fragebogen. Im Ggs. zur Meinungsbefragung werden bei den E. die für den Gegenstand oder Sachverhalt vorgegebenen Stellungnahmen in der Weise quantifiziert, daß die Feststellungen Grade eines Kontinuums darstellen. Die E. werden vorwiegend nach 4 Dimensionen gemessen: Richtung, Grad, Intensität, Bedeutsamkeit.

In der Hauptsache sind fünf Arten von Skalen entwickelt worden: (1) Die Skala für soziale Distanz (→BOGARDUS-Skala), (2) die Skala nach der Methode des Paarvergleichs und der gleicherscheinenden Intervalle (→THURSTONE-Skala), (3) die Skala nach der Methode der Wertadditionen (→LIKERT-Skala), (4) die Skalenanalyse nach GUTTMAN und (5) die Skalenunterscheidungsmethode nach KILPATRICK. • Bei der Methode der gleicherscheinenden Intervalle (z. B. nach THURSTONE) ist zu berücksichtigen, daß die Zuordnung von Feststellungen *(statements, items)* zu Skalenwerten von extremen Einstellungen der Zuordner beeinflußt werden können (HOVLAND u. SHERIF 1952). Am Pol der eigenen Einstellung wird sehr gut differenziert, wogegen neutrale und entgegengesetzte Feststellungen sehr wenig differenziert werden.

Verschiebungen der Beurteilungen der Items sind verschieden erklärt worden: (1) Nach der Adaptationstheorie ist die Lage der Nullpunkte nicht nur von den Reihenreizen abhängig, sondern auch von den in der Erfahrung häufigeren Feststellungen des Pols, der einer extremen Einstellung entspricht. (2) Nach dem *range-frequency*-Modell von PARDUCCI (1965) werden die gleichen Feststellungen verschiedenen Werten zugeordnet in Abhängigkeit von der subjektiven (psychologischen) Erstreckung der Bewertungen und von den gewohnheitsmäßig festen Proportionen, in denen die Urteilskategorien verwendet werden. (3) Nach dem Gummiband-Modell von VOLKMANN (1951) bestimmt nur die subjektive Erstreckung (der Umfang der Bewertungen) die gewohnheitsmäßig benutzte Zahl der Kategorien. Da bei der Methode der Beurteiler-Einschätzung der Feststellungen (Items) sowohl die Zahl der Items als auch die Zahl der Kategorien festliegt, sind die Endpunkte der subjektiven Erstreckungen der Beurteiler entscheidend. Es kann Beurteiler geben, bei denen ein Beurteilungspol außerhalb der angebotenen Feststellungen liegt *(out of range-judges)*. STROEBE (1971) hat der Analyse dieser Modelle ein weiteres hinzugefügt, in dem berücksichtigt wird, daß die Beurteilungen der Items nicht nur auf der Dimension »Zustimmung-Ablehnung« variieren. Ⓛ SÜLLWOLD 1969, PETERMANN 1980 *Red./B-S*

Einstellungstäuschungen, durch →Einstellung i. S. von kurzfristig erzeugtem *mental set* bedingte Wahrnehmungs- und/oder Urteilstäuschung beim paarweisen Vergleich, nachweisbar als Druck-, Schallstärke-, Helligkeits-, Mengen- und Volumentäuschung im kritischen Versuch mit zwei objektiv gleichen Reizbedingungen, nachdem vorher bis 15mal ungleiche Reizbedingungen gegeben worden waren. Diese E. wurden von UZNADZE und Mitarb. der Georgischen Schule als empirische Grundlagen ihrer Einstellungstheorie beschrieben. →UZNADZES Volumentäuschung, →Ankerreiz Ⓛ UZNADZE u. a. 1976 *B-S*

Einstellungs-Tests [*attitude inventories*], subjektive Fragebogentests zur Erfassung von Einstellungen und Meinungen zu bestimmten, meist sozialen Sachverhalten. Hauptsächlich Instrument der sozialps. und päd.-ps. Forschung. Weniger zur Individualdiagnostik geeignet. →Einstellungsskalen. Ⓛ MITTENECKER *D-Y*

Einstellungstypen ⟨JUNG⟩ →Typologie

Einübung →Übung

Einübungstheorie ⟨GROOS⟩, die Annahme, daß die Bedeutung des →Spiels in der Ausbildung von Anlagen und in der Einübung lebenswichtiger Funktionen und Handlungen liege. Ⓛ K. GROOS

Ein-Wort-Satz, Holophrase, ein Satz, der nur aus einem Wort besteht.

Der Begr. geht auf STERN (1907) zurück, der die ersten Worte des Kindes als satzartige Gebilde, als Ausdruck für eine einheitliche Stellungnahme zu einem Bedeutungstatbestand faßte. Diese einzelnen Wörter sind völlig in den Kontext eingebunden und erhalten erst durch ihn ihren eigentlichen Sinn; nach STERN werden sie als Kulminationswörter gebraucht, die durch die Situation, Gebärden sowie durch paralinguistische Merkmale wie Variationen in der Tongebung ergänzt werden.

Wichtiger als die Frage, für welche Sätze im linguistischen Sinn holophrastische Äußerungen stellvertretend stehen, ist jedoch die Frage nach den semantischen Rollen, die in ihnen kodiert sind. →Sprachentwicklung, →Holophrase *G-M*

Einzelfallstudie →Fallstudie

Einzelkind →Alleinkind

Einzelrestfaktor, der aus der →Faktorenanalyse gewonnene Faktor, der nur eine Variable lädt. *Hä-R*

Eisbrecherfragen →Shock-Absorber

ejaculatio, Ejakulation [lat.] →Sexualität (Tabelle)

Ekel, das stark unlustbetonte Gefühl des Widerwillens. Ekelerregend wirken weniger stark die Wahrnehmungen (z. B. Geruch), die der Gegenstand, die Situation, der Mensch u. a. vermitteln, als vielmehr diese selbst oder die Vorstellung von diesen. Körperliche Begleiterscheinungen des Ekelgefühls sind vor allem Zusammenziehungen der Gaumen- und Rachenmuskulatur mit Speichelabsonderung.

EKG, Abk. für Elektrokardiogramm, →psychophysiol. Methodik

ekklesiogene Neurose [zu lat. *ecclesia* Kirche], die aus besonders gearteter (übersteigerter, pervertierter) religiöser Gläubigkeit entspringende (einhergehende) Neurose.

Ekklisis →Klisis (Ggs.)

eknoische Zustände [gr. *éknoos* sinnlos], sinnlose Aufgeregtheit, wie auch gefühlsbetonte Wahnvorstellungen im Entwicklungsalter.

Ekphorie, ekphorieren [gr. *ekpherein* heraustragen], der Vorgang des Erinnerns bzw. das Wiederhervorrufen eines Erinnerungsbildes, eines Engrammes (SEMON). Der dies hervorrufende Reiz ist der ekphorierende Reiz. →Abruf, →Mneme

Ekstase, ursprünglich ⟨PLOTIN⟩ Austritt aus den Grenzen der Individualität (und Verschmelzung mit dem geliebten Wesen).

Abnormer Bewußtseinszustand mit dem Gefühl der Verzückung, der Entrücktheit von der Wirklichkeit, der höchsten fanatischen Begeisterung und Ergriffenheit. Rauschzustand, in dem auch Halluzinationen gesehen und Stimmen gehört werden. Die Empfänglichkeit für Sinneseindrücke ist eingeschränkt. E. ist vor allem unter Naturvölkern weit verbreitet. Bei den Mystikern aller Zeiten und Kulturen spielt die E. eine große Rolle. Oft findet sich in der E. Zungenreden (Glossolalie). Die Zusammenhänge von Rausch, E. und Rauschgift (→Sucht) sind ein Problem hoher Aktualität auch bei den zivilisierten Völkern. Endogen bedingte E. findet sich bei Schizophrenie und genuiner Epilepsie. Die Beziehung der E. zum Sexualakt ist besonders eng: hier wie dort besteht schwindende Individuation. HEGEL deutete deshalb die Geschlechtsliebe als Zurückkehren des Lebens zu sich selbst. Und in den dionysischen Festen, in denen nach NIETZSCHE »der Bann der Individuation zersprengt und der Weg zu den Müttern des Seins« offengelegt wurde, stand zugleich geschlechtliche Zuchtlosigkeit im Vordergrund. Im dionysischen Rausch der E. offenbart sich nach NIETZSCHE der ontische Urgrund des Lebens und das Geheimnis des chthonisch-mütterlichen Prinzips. ● E. bei LERSCH →Lebensgefühl

Ⓔ **ekto...** [gr.] latinisiert *ecto,* in Wtvb. außen, außerhalb

Ektoblast [gr. *blastos* Keim], bei der Keimesentwicklung der höheren Tiere werden in der Regel zunächst drei Schichten, »Keimblätter«, angelegt. Das äußere Keimblatt wird als E. (oder Ektoderm) bezeichnet. Aus ihm entstehen während der Embryonalentwicklung z. B. die Haut und das Zentralnervensystem. →Keimesentwicklung *Sch-S*

Ektoderm →Keimesentwicklung

Ektomorphie, ektomorpher Typus ⟨SHELDON⟩ →Typologie

ektosemantisch sind sprachliche Äußerungen, die über Art, Identität und inneren Zustand des Senders informieren und/oder über die Art und Aufforderung zu einem bestimmten Verhalten. Diese →paralinguistische Funktion des Ausdrucks (Appells, Symptoms, Signals) nennt MOLES (1958) *information esthétique.* Sie informiert unabhängig vom phonematisch, lexikalisch-semantisch und syntaktisch codierten Bericht (KAINZ 1970) und wird durch Stimmklang, stimml. und sprachl. Ausdruck (TROJAN 1975) und →Prosodie vermittelt. Ⓛ HÖRMANN 1967 *G-N*

Ektropie [gr. *ektropé* Ablenkung], die noch nicht verwertete, noch in Arbeit umsetzbare Energie, im Ggs. zur →Entropie

élan vital [frz.], Lebensschwungkraft. Von BERGSON verwendeter Begr. für den Lebensdrang. Ⓛ BERGSON

elaborierter Code →Soziolinguistik, →Code

Elastizität [neulat.], »Federkraft«, Spannkraft. Der aus der Physik stammende Begriff besitzt in der Ps. die Bedeutung von seelischer »Spannkraft« oder Anpassungsfähigkeit.

Elektrakomplex, von C. G. JUNG eingeführte Bez. für die exzessive Bindung der Tochter an den Vater mit Feindschaft gegen die Mutter in Anlehnung an den Bericht aus der gr. Mythologie über ELEKTRA, die Tochter des AGAMEMNON. In Analogie zum →ÖDIPUS-Komplex ist E. bei weibl. Personen zuständig.

Elektrodiagnostik, ein Bereich der medizinischen Diagnostik, in welchem die Elektrizität zur Klärung physiol. Vorgänge und zur Krankheitserkennung herangezogen wird.

(1) Ableitung und Messung körpereigener, bioelektrischer Ströme: das Elektrokardiogramm (EKG) unter Verwendung bestimmter standardisierter Elektrodenplazierungen an den Gliedmaßen und der Brustwand. Aus der relativen Lage und Form der Zacken des EKG lassen sich sowohl Schlüsse auf die Funktionsweise des Herzens ziehen als auch Leistungs- und Stoffwechselstörungen sowie Schädigungen des Herzmuskels feststellen (→psychophysiologische Methodik). Das Elektroenzephalogramm (EEG), die mit Hilfe eines Meßgerätes (z. B. Galvanometer) über Vielfachverstärker aufgezeichnete Kurve der →Aktionsströme des Gehirns, die mittels Elektroden von Kopfhaut und Schädel unter Verwendung standardisierter Elektrodenpositionen abgeleitet

werden. Im klinischen Bereich wird im wesentlichen zwischen α-, β-, ϑ- und δ-Wellen unterschieden. Daneben gibt es Strukturelemente, Graphoelemente in den Kurvenformen, die wie auch Störungen in der rhythmischen Eigentätigkeit des Gehirns auf bestimmte zerebrale Störungen schließen lassen (Feststellung zerebraler Anfallsleiden, Hirntumoren, Schädel-Hirntraumen, Intoxikationen) (→psychophysiologische Methodik). – Das Elektromyogramm (EMG) zur Aufzeichnung der Aktionsströme eines erregten Muskels. – (2) Messung elektrischer Eigenschaften von Zellen oder Zellverbänden: hierher gehört speziell die Hautwiderstandsmessung, →psychogalvanische Reaktion. – (3) Elektr. Stimulation (ESB) mittels exakt lokalisierter Elektroden (auch Tiefenelektroden) zur Prüfung der Erregbarkeit von Geweben oder auch einzelner Zellen (→Nerv, →Neuron). Ⓛ ANDERSEN u. ANDERSSON 1968, BERGER 1938, KUGLER 1966, ROHRACHER 1967[3], BECKER-CARUS 1979 *B-C*

Elektroencephalogramm, EEG, Elektroencephalographie, →Enzephalographie, →Elektrodiagnostik, →psychophysiol. Methodik

Elektrokardiogramm, EKG, →Elektrodiagnostik, →psychophysiol. Methodik

elektrokutane Sensibilität, Sensibilität der Haut für den elektr. Strom

elektrolytischer Reiz, ein inadäquater oder abnormer Reiz, der eine sensorische Wirkung durch elektrochemische Prozesse bewirkt. Besonders beim Geschmackssinn zu beobachten.

Elektromyographie, EMG, →Elektrodiagnostik

Elektrookulographie, EOG, Bez. für die Verfahren der Registrierung der Augenbewegungen

Elektrophysiologie, jener Teil der Physiologie, der sich mit den von den Lebewesen selbst erzeugten elektrischen Strömen (→Aktionsströme) befaßt.

Da diese bei allen Lebensvorgängen auftreten, die mit Änderungen der Ionenkonzentration im Gewebe verbunden sind, speziell bei der Informationsübertragung im Nervensystem, entwickelte sich hier, nach Verfeinerung der Meßtechniken in den letzten Jahren, ein vielversprechender Weg zur Analyse der Verschaltung und Funktionsweise aller neuronalen Gewebe. ● Die Aktionsströme wurden von DUBOIS-REYMOND (1818–96) in Berlin am Muskelpräparat entdeckt und 1929 entdeckte H. BERGER (1873–1941), daß an der menschlichen Kopfhaut ständig elektrische Potentialschwankungen registriert werden können, die Rückschlüsse auf die Hirntätigkeit erlauben (Elektroencephalogramm, EEG, →Elektrodiagnostik). Man unterscheidet Ruhe-, Verletzungs- oder Demarkations- sowie Aktionsströme z. B. von Muskeln, Drüsen, Herz (Elektrokardiogramm, →Elektrodiagnostik), Nerven, Gehirn (EEG). →psychophysiologische Methodik. Ⓛ BERGER 1938, ROHRACHER 1967[3] *B-C*

Elektroretinographie (ERG), Aufzeichnung der durch lichtelektrische Prozesse in den Rezeptoren der Retina bedingten bioelektrischen Potentialänderungen.

Die Methode geht zurück auf Beobachtungen von F. HOLMGREN, 1865, J. DEWAR und J. G. MCKENDRICK, 1873, wonach sich bei Belichtung des dunkeladaptierten Auges das Ruhepotential verändert. Die Form der ERG resultiert aus einer Überlagerung mehrerer Potentialunterschiede (R. GRANIT, 1932) und hängt neben der Lichtintensität, dem Anstiegsgradienten, der Reizdauer auch ab von Wellenlängenunterschieden bei Hell- und Dunkeladaptation (A. KOHLRAUSCH, R. GRANIT). Kurvenbuckel in den spektralen Empfindlichkeitskurven der ERG lassen die Annahme zu, daß in der Retina ein trichromatisches System vorliegt, mit Wellenlängenmaxima bei 600 nm, um 560 nm und bei 460 nm (E. D. ADRIAN, 1946). →Farbensehen, Theorien des. Ⓛ MÜLLER-LIMMROTH *Str-R*

E

Elektroschock, elektrokonvulsiver Schock (EKT). Von CERLETTI u. BINI in den 30er Jahren erstmals angewandte »Therapie« bei ps. Störungen, bes. bei Depressionen, Schizophrenien, Manien, Neurosen. Über Elektroden an Schläfen oder einseitig über Temporalregion werden Spannungen bis zu 110 V und Stromstärken von 100–400 mA für mehrere Sekunden z. T. an jedem Tag 1 mal, häufig über Tage appliziert. Führt zu extremen Entladungen der Nervenzellen, ähnlich wie bei Epilepsie mit Bewußtlosigkeit und epileptischen Krämpfen. Retrograde →Amnesie unterschiedlicher Dauer ist Folge. Wiederholte Anwendung führt zu dauerhaften Schädigungen des Gehirns und der Persönlichkeit. Trotzdem wird der E. auch heute noch angewandt, obwohl Wirksamkeit nicht belegt, aber Dauerschäden vorhanden. Ⓛ BREGGIN 1980 *Bi-R*

Elektrosubkortikographie, Bez. für das Aufzeichnen der elektr. Impulse (ähnlich EEG) mit Tiefen-Elektroden, die in subkortikale Regionen implantiert sind

Elektrotonus ⟨PFLÜGER⟩, Bez. für die Erscheinungen, die bei Reizung eines Nerven mit Gleichstrom auftreten. Der stromdurchflossene Nerv zeigt an der Anode verminderte Erregbarkeit (Anelektrotonus), an der Kathode verstärkte Erregbarkeit (Katelektrotonus).

Elementargedanken ⟨BASTIAN⟩, die allen Völkern gemeinsamen Grundanschauungen. →Gleichförmigkeit

Elementargeister, die auf allen frühen, bes. der magischen Stufe der Menschheitsentwicklung den Elementen zugeordneten Wesen, z. B. zur Erde Gnome und Kobolde, zum Wasser Undinen, zur Luft Sylphen, zum Feuer Salamander

Elementarismus, die theoretische Auffassung, wonach ein Gegenstand bzw. Vorgang aus Elementen besteht, und die durch diese Auffassung begründete Forschungsweise. Solchem Zurückführen des Komplexen auf Elemente (→Reduktionismus) stand insbesondere WUNDT nahe (z. B. mit der Annahme, daß das Bew. aus Gefühls- und Empfindungslementen konstituiert sei). →Elementenpsychologie

Elementenpsychologie, die Richtungen der Psychologie, welche in ihrer Theorie des seelischen Geschehens die ausdrückliche Annahme ps. Elemente als wichtige Grundlage enthalten, insbesondere für die →Assoziationspsychologie, auch für die →Apperzeptionspsychologie. Im theoretischen Ggs. zur Elementenps. stehen die →Gestaltps. und die →Ganzheitspsychologie. →WUNDTS Elementenps.

Elemente, psycho-physische →Wurzelformen

elimination by aspects, suboptimale Entscheidungsstrategie (nach TVERSKY), bei unvollständiger Information. →Entscheidungstheorie

Elite [frz. Auswahl], das Auserlesene, die qualifizierte, führende Schicht. Die E. und insbesondere der Prozeß der Ausformung der E. ist von hohem ps. Interesse. Immer stehen in der Sozial-Integration Gruppe und Masse und von da aus Selektiv und Kollektiv einander gegenüber. HELLPACH spricht davon, daß sich der Sonderungsprozeß sowohl von der emotionalen wie der rationalen Seite her vollziehen kann. Auf der Denkseite erwächst das »Reflektions-Selektiv«: die kleine Zahl von solchen, die eine Idee aufnehmen und mit ihr sich »eins« wissen. Daneben steht gleichsam die durch Abstammung, zusätzliche »Züchtung« usw. entstandene E. (z. B. Ordensauslese, politische Auslese, Auslese der militärischen Erziehung u. a. m.) Zu beachten bleibt, wie E. und Prominenz sich voneinander absetzen. Ⓛ LASSWELL, HELLPACH, MÜHLMANN, WENKE

Elterntherapie →Familientherapie

Emanzipation [aus lat. *emancipatio* Freilassung, z. B. eines erwachsenen Sohnes oder eines Sklaven], in der Umgangssprache die Befreiung von rechtlichen und traditionellen sozialen Abhängigkeitsverhältnissen, vor allem der Frau. *B-S*

emasculatio, Entmannung bzw. Kastration

embedded figures Ⓣ GOTTSCHALDT

embedding, in der →Grammatik Bez. für die Einordnung (Einbettung) eines Satzes (des »Konstituentensatzes«) in einen anderen Satz (den »Matrixsatz«).

Mehrfach eingebettete Sätze vom Typ »Der Mann, der den Täter, der den Pfahl, der an der Straße, die nach Worms führt, steht, umgeworfen hat, ergreift, erhält eine Belohnung« sind schwer zu produzieren und zu verstehen (MILLER u. ISARD 1964). Dieser Umstand verweist neben der praktischen Begrenztheit der hierzu z. B. erforderlichen Anwendung rekursiver Regeln (→Rekursivität) auch auf die Frage der ps. Realität syntaktischer Grundformen, die ja bei eingebetteten Sätzen zerrissen sind (→Valenz). Ⓛ LEUNINGER, MILLER u. MÜLLER 1972 *T-R*

Embolophrasie [gr. *embolon* Keil, keilförmiger Einschnitt], vorausgestellte oder eingeschobene, im linguistischen Sinne nichtssagende Laute (Grunzen, Schnalzen), Phoneme (das Gaxen mit ää, mm usw.), Silben (em, ne) oder Wörter (Flickwörter wie na, also, ja, aber, außerdem), mit denen Sprechpausen und andere Unterbrechungen im Sprechfluß ausgefüllt werden. Gehäuft in ängstlicher Verlegenheit oder beim Stottern. In Unterscheidung von sprachlichen Fehlhandlungen (→Versprechen) sind die E. zu erklären als Symptome unpräziser Aktivierungs- und Stopp-Befehle in einem hierarchisch organisierten System von →TOTE-Einheiten, bei dem Artikulomotorik vor der sprachlichen →Encodierung einsetzt bzw. in den Pausen und Unterbrechungen zur Fehlerkorrektur und -vermeidung nicht ausgeschaltet wird. Der Sprecher beginnt zu artikulieren, bevor er die Wortgestalten und den Satzbau verfügbar hat; auch nach einem Versprechen und beim Bemerken, daß ein bereits begonnener Satz nicht zu einem regelrechten Ende gebracht werden kann, gaxt er herum, bis er den Neubeginn parat hat. *G-N*

Embryonalentwicklung, (biol.) auch Keimesentwicklung. Die Periode der E. reicht von der →Befruchtung der Eizelle bis zum Beginn des selbständigen Lebens durch Geburt oder Schlüpfen aus der Eihülle. *P-S*

EMG, Abk. für Elektromyogramm, →psychophysiologische Methodik

EMMERTsches Gesetz, die lineare Größe des auf einem Projektionsschirm beobachteten →Nachbildes ist proportional der Entfernung des Projektionsschirms vom Auge. Die Fläche des beobachteten Nachbildes ist also proportional dem Quadrat der Entfernung.

*

EMMERT, Emil / 1844–1911 / Ophthalmologe / Bern

Emmetropie [gr. *emmetros* im rechten Maße], Normalsichtigkeit, →Auge

Emotion, emotionales Verhalten [zu lat. *emovere* herausschaffen, erschüttern], E. ist svw. →Gefühl, jedoch im engl. Sprachgebrauch eher →Affekt. Das e. V. ist nach DUFFY mit einer Erregung (→*arousal*) des gesamtorganismischen Geschehens der Energieentladung verbunden, während LINDSLEY die Aktivierung durch E. als hirnphysiologisches Geschehen ansieht. Zu hohe Erregung ist desorientierende E., führt zu selektiver →Fokussierung der →Aufmerksamkeit, sowie zur Interferenz irrelevanter Reaktionen. – Es kann zwischen primärem und sekundärem e. V. unterschieden werden (HARRIS, KATKIN 1975). Primäre E. soll die Erregung des autonomen →Nervensystems und deren Wahrnehmung einschließen, während die sekundäre E. ein Zustand ist, zu dem nicht notwendigerweise die ANS-Erregung gehört, der aber durch die nicht wahrheitsgemäße Annahme (Kognition) eines solchen Geschehens (simuliertes →*feed back*) und durch die Interpretation des situativen Kontextes (SCHACHTER, SINGER) herbeigeführt werden kann. PLUTCHIK (1980) gründet seine Klassifikation von E. auf acht Grundemotionen, die er – ähnlich den Farben – für mischbar hält. Er hat DARWINS Frage nach der Entwicklung der E. wieder aufgegriffen, die schon F. KRUEGER u. a. beschäftigte. Ⓛ BOTTENBERG 1972, PLUTCHIK 1980, JZARD 1981 *B-S*

emotionales Alter →Alter

emotionales arousal, emotionale Erregung. →Emotion

emotionale Stabilität, Labilität →Neurotizismus

Emotionalismus, die theoretische Anschauung, daß alles Psychische emotionale Grundlagen habe

Emotionslähmung →Emotionsstupor

Emotionspsychose →Emotionsstupor

Emotionsstupor, (ps. med.) Emotionslähmung, E.schock, Schreckstarre. Durch heftige Gemütsbewegungen wie Schreck, Todesangst, Panik bedingtes abnormes Erstarren. • Bei der Emotionspsychose treten psychotische Zustände, die einer akuten →Schizophrenie mit paranoiden und katatonen Begleitvorgängen ähnlich sind, hervor. →Psychose

Emotivität, übersteigerte emotionale Erregbarkeit, krankhafter Umschlag der Stimmungslage

Empathie [engl. *empathy* Einfühlung], nach der Auffassung kognitivistischer Entwicklungspsychologen ein primäres Phänomen, das eine wesentliche Grundlage für die Entwicklung des altruistischen und moralischen Verhaltens ist. →Einfühlung Ⓛ KOHLBERG 1969 394. *B-S* • Bei FREUD Bez. für das intellektuelle Verstehen bzw. Sicheinfühlen i. Ggs. zur gefühlsmäßigen Identifikation auch dann, wenn es fremdartig ist. • Wahrnehmung von unbewußt vom Patienten in einer psa. Behandlung ausgehenden, meist averbalen Ausdrucks-Signalen durch den Psychotherapeuten. Sie stellt einen besonderen Aspekt des als Voraussetzung für das Zustandekommen eines analytischen Prozesses geforderten »einfühlenden Verstehens« seitens des Psychotherapeuten dar. *B-E*

Empfänglichkeit, die Bereitschaft zu fortlaufender und selektiver Aufnahme und dem Behalten von →Reizen. Sie gehört zur Grundausstattung der Lebewesen.

Empfindlichkeit, der Grad der Empfänglichkeit für Eindrücke, bes. für die Ansprechbarkeit eines Sinnes auf Reize. Die absolute E. (Sensitivität) ergibt sich aus der →Reizschwelle und belegt die E. gegenüber dem Reiz als solchem, die relative E. (→Sensibilität) ergibt sich aus der →Unterschiedsschwelle und belegt die E. gegenüber den Reizunterschieden. Die Bestimmung der E. erfolgt nach den Methoden der →Psychophysik.

Empfindsamkeit, die auch als Sentimentalität bezeichnete Neigung zu weicher Gef.-überbesetzung der Empfindungen und Vorstellungen. Stark emotionale Ansprechbarkeit.

Empfindung, im allg. Sprachgebrauch häufig svw. Gefühl, Affekt. • (ps.) Das bei der Einwirkung eines Reizes auf ein Sinnesorgan eintretende einfache Erlebnis, das nicht weiter definiert werden kann, da es nur

E

durch sich selbst hinreichend gekennzeichnet ist. Man unterscheidet gemäß den einzelnen Sinnesfunktionen verschiedene Arten (Modalitäten) von E.: Gesichts-, Gehörs-, Geruchs-, Tast-, Temperatur-, Schmerz-, Bewegungs-, Gleichgewichts-, Organempfindungen, dazu noch andere Arten, deren Selbständigkeit aber z.T. noch fraglich ist. Merkmale der E. sind (neben ihrer Qualität) Intensität und Dauer.

Die E. stellte sich die ältere Ps. als ps. Element vor. Dann kam die Erkenntnis hinzu, daß nach E. vermittelnden (afferenten) und motorischen Nerven zu unterscheiden ist (→Bell-Magendiesches Gesetz). Wundt unterteilte nach E. und Wahrnehmung und verstand hierbei die E. als Element und die Wahrnehmung als Komplexe solcher Elemente. Intensität und Qualität komme der E., Raum und Zeit der Wahrnehmung zu. Diese Ansicht der »Assoziationspsychologen« (die E. umgreift die Wahrnehmung) wurde bei den »Gestaltpsychologen« gegensätzlich (die Wahrnehmung umgreift die E.). Heute stehen neurophysiologische Erklärungen im Vordergrund mit der diskutierten Frage, wieweit die E. Korrelate oder gar Widerspiegelung sind zu den beim »Reizantransportorgan« (Sinnesorgan) ankommenden Reizen und Erregungen.

Die gesetzmäßigen Entsprechungen zwischen der Größe des Reizes und der Stärke der durch ihn bedingten E. bilden einen bes. Forschungsgegenstand. Doch so viel auch exp. bestätigt worden ist, so unklar ist heute noch die Frage, wie die E. bewußt werden. Vgl. aber Detektion • H. Werner (1930, 1959 66f.) nennt ursprüngliche Erlebnisweisen, in denen die »Umwelt nicht als sachliche Wahrnehmungen, sondern als ausdrucksmäßige E., welche das ganze Ich erfüllen, zum Bewußtsein...« kommen, Vitalempfindungen. Sie sind für das Erleben der Synästhetiker kennzeichnend. →Synästhesie Ⓛ Pauli-Arnold, Rohracher, Werner, Woodworth-Schlosberg. Geschichtlich: Fechner, Helmholtz, Mach, G. E. Müller, O. Neumann 1972, Stumpf, E. H. Weber *B-S*

Empfindungsdissoziation, teilweise Empf.-lähmung, Ausfallen, Verschwinden einzelner Empf.qualitäten bei Erhaltenbleiben anderer. Z.B. kann beim Aufhören der Temperatur- und Schmerzempfindung die normale Berührungsempfindung weiterbestehen (dissoziierte Anästhesie).

Empfindungsfunktion, eine der zwei irrationalen Grundfunktionen der Seele bei Jung. Zur Intuitionsfunktion gegensätzlich, ist sie die Funktion sinnlicher Wahrnehmung im Sinne bloßen Registrierens, also die Sinnesempf. schlechthin.

Empfindungskreise ⟨E. H. Weber⟩, Hautbezirke, innerhalb deren Grenze eine räumliche Unterscheidung verschiedener (Tast-) Eindrücke nicht mehr möglich ist.

Empfindungstypen →Typologie (Funktionstypen)

Empirie [gr. *empeiria* Erfahrung], die Erfahrung selbst und die auf Erfahrung beruhende Erkenntnis

Empirio-Kritizismus, die von Avenarius vertretene philosoph. Anschauung der »reinen Erfahrung« mit dem Ziele, die Philosophie von jeder metaphysischen Beimengung zugunsten eines kritischen Empirismus freizuhalten

empirische Kulturwissenschaft, neuere Bez. für Volkskunde.

empirische Untersuchung, ps. Methode zur Hypothesenüberprüfung mit Hilfe von Verf., die empirisch sind (auf geprüfter Erfahrung beruhend) und möglichst weitgehend den Prinzipien Wiederholbarkeit, Eindeutigkeit von Durchführung und Ergebnis, Objektivität und Reliabilität genügen. →Methodik *R-S*

Empirismus, philosoph. Lehre, nach der die Erfahrung die einzige Quelle des Wissens ist. Es gilt der Satz: *nihil est in intellectu quod non prius fuerit in sensu,* nichts ist im Verstand, was nicht vorher im Sinne (sinnliche Wahrnehmung) war (Bacon, Locke, Hume und Mill).

Diese erkenntnistheoretische Prämisse wurde von der →Assoziationsps. ungeprüft aufgenommen. Nach dem E. konstituiert z.B. das häufige, aber zufällige Beieinander von primären →Sinneseindrücken über den Weg der Erfahrung sekundär den →Raum. Als Beleg dafür, daß der Raum Erfahrungsprodukt ist, wurde u.a. die Augenkoordination des Säuglings herangezogen, und zwar deshalb (Helmholtz), weil sie durch Übung zu durchbrechen ist. Bei den Nativisten gilt sie als angeboren (Hering), weil sie eine von der Geburt an funktionierende Einrichtung ist, die erlaubt, ein paariges Organ so zu handhaben, daß es funktional als eines zu betrachten ist. Daß die Erfahrung keinen Erklärungsgrund für den erlebten Raum abgibt, zeigt sich a) an häufig gesehenen →Figuren, die später in anderen selten gesehenen Zusammenhängen eingebettet sind, und trotz ihrer sonstigen Häufigkeit in dem neuen Zusammenhang nicht gesehen werden, und b) an solchen zweidimensionalen Figuren, die auf Grund der →Prägnanztendenz dreidimensional als Dachspitze oder Trichter erscheinen.

● E. in Anwendung auf die Sprache, →Sprachtheorie.

empraktisch, Funktion eines Sprachzeichens (Wort), das die Mehrdeutigkeit in einer best. Situation (Umfeld) aufhebt. BÜHLER (1934 157) nennt als Beispiel den wortkargen Kaffeehausgast, der »einen schwarzen« bestellt. Mit sympraktisch bezeichnet BÜHLER »des Gleichklanges wegen« das in die Situation passende Auftreten des empraktisch gebrauchten Sprachzeichens, das grammatisch unvollständig ist. Weiter →synsematisch. *R-S*

enaktive Repräsentation →ikonische Repräsentation

Enantiodromie ⟨HERAKLIT⟩, das In-seinen-Gegensatz-Laufen aller Dinge (z. B. Leben – Tod, Wachen – Schlafen, Liebe – Haß usw.) In der Ps. von JUNG wird die E. als Prinzip aufgegriffen zur Kennzeichnung des Verhältnisses zwischen Bewußtsein und Unbewußtsein.

Encephalisation →Enzephalisation

Encephalitis →Enzephalitis

Encephalographie →Enzephalographie

Encephalon [gr.], Gehirn (Großhirn, Mittelhirn, Rautenhirn)

Encephalopathie →Enzephalopathie

Encephalose, traumatische →Enzephalose

Encheiresis naturae [gr. *encheirein* Hand an etwas legen], ein im Altertum in Medizin und Chemie gebrauchter Begr. für Operation, Handgriff, Kunstgriff der Natur, den GOETHE für die geheime Tätigkeit der Natur gebraucht, »wodurch sie Leben schafft und fördert«.

encodieren →Code

Encodierung, Enkodierung, in bezug auf sprachliche →Kommunikation das In-Sprache-Fassen mitteilungswürdiger Inhalte (→Codierung; Gegenbegriff: →Decodierung); im weiteren Sinne Sammelbezeichnung für alle Teilprozesse der →Sprachproduktion. →Code *K-I*

Encounter-Gruppen [engl. *encounter* begegnen], können als ein Versuch aufgefaßt werden, ein Sozialisationsdefizit unserer Gesellschaft zu kompensieren, das in mangelhafter Fähigkeit zur Selbstbesinnung und Wahrnehmung sozialer Beziehungen zum Ausdruck kommt. Im sozialen Mikrokosmos einer Gruppe unter emotional günstigen Randbedingungen sollen die Teilnehmer Möglichkeiten zur Selbstentfaltung finden. Die Encounter-Bewegung geht auf humanistische Therapeuten wie C. ROGERS und H. SCHUTZ in den sechziger Jahren zurück.

Es wird dabei auf Erfahrungen aus verschiedenen Therapieformen zurückgegriffen (Gesprächstherapie, Psychodrama, Gestalttherapie, Bioenergetik, auch →Sensitivity-Training). Derartige Gruppen werden sowohl für Patienten wie auch im präventiven Bereich als psychohygienische Maßnahme mit Nichtpatienten durchgeführt. Die E.-G. arbeiten im Hier und Jetzt und sollen dem Einzelnen die Möglichkeit geben, seine positiven Entwicklungstendenzen auszubauen. Dabei stehen soziale und emotionale Ausdrucksmöglichkeiten im Vordergrund. Durch entsprechende Übungen wird häufig der kognitiv-verbale Ausdruck zeitweilig zurückgestellt, um die dort wirksamen Schematisierungen und Abwehrmechanismen zu unterlaufen. In einer spielerisch verfremdeten Darstellung können unter Umständen nicht akzeptierte Bedürfnisse und Konflikte deutlich werden, die nachträglich verbal-kognitiv aufgearbeitet werden. E.-G. sind im Gegensatz zu vielen Sensitivity-Trainings personen- und nicht sachorientiert. →Trainingsgruppe, →Gruppendynamik

Ⓛ BÖDIKER u. LANGE 1975, ROGERS 1970, SCHUTZ1972 *R-F*

Endhandlung, (biol.) *consummatory act,* Verhalten, das das →Appetenzverhalten beendet. →Instinktlehre, →Vollzugshandlung *P-S*

Endlust, Ggs. →Vorlust

Ⓔ **endo...** [aus gr. *endon* innen], in Wortzusammensetzungen »innen«, »innerhalb«

Endogamie [gr. *gámos* Ehe], Verwandtenehe, auch zwischen Blutsverwandten. →Exogamie

endogen, Endogenität [zu gr. *endon* innen, *gignomai* Entstehung], aus dem Körper selbst, aus seinem So-sein und nicht durch äußere Einflüsse entstanden. Ggs. →exogen.

● Um den Schwierigkeiten zu begegnen, die damit verbunden sind, daß das Endogene weder auf Psychisches noch auf Physisches zurückführbar sein soll, wurde der Begr. »endon« eingeführt (TELLENBACH 1976), als »all das am Menschen, was sich als Einheit der Grundgestalt im Geschehen immer wieder hervorbringt, zeitigt, seine Selbigkeit«. Mehr oder weniger vergleichbare »Annahmen« sind: →Struktur, →Untergrund, →Unterbewußtes, →Unbewußtes, →endothymer Grund (LERSCH), Gefügeordnung der →Daseinsanalyse.

endogene Psychosen →Psychosen

endogener Automatismus, Begr. aus der →Instinktlehre

Endogenese, die Entstehung (Entwicklung) von Symptomen aus dem Organismus heraus

endokrine Drüsen, Drüsen mit innerer Sekretion →Drüsen, →Sekretion, →Hormone. Ggs. →exokrine Drüsen *P-S*

endokrines Psychosyndrom →Psychosyndrom, →Hormone

Endokrinologie, Lehre von den endokrinen →Drüsen und von deren physiolog. wie psycholog. Bedeutung. →Hormone, →Sekretion, →Gehirn

Endomorphie, endomorpher Typus ⟨SHELDON⟩ →Typologie

endon →endogen

endopsychisch, innerseelisch, unklare Bez. für Zustände, Vorgänge etc. »innerhalb der Seele«. Die e. Struktur umgreift tiefenps. das Ich, Es, Überich; bewußt, unbewußt, vorbewußt.

Endorphine, 1975 erstmals nachgewiesene chemische Substanzen, die in bestimmten nervösen Strukturen gebildet werden und morphinähnliche Wirkungen entfalten, insbes. analgetische und euphorisierende. E. sind →Neuropeptide. Bisher sind mehrere bekannt. Das wichtigste ist Beta-Endorphin. Ⓛ SCHMIDT u. THEWS 1980 *J-E*

endothymer Grund, von LERSCH eingeführte Bez. für die unterste tragende Schicht der seelischen Vorgänge und Zustände (Affekte, Gemütsbewegungen, Gefühle, Stimmungen, Leidenschaften, Triebe, Begierden, Strebungen), die alle »das Merkmal der Untergründigkeit und der intimen zuständlichen Innerlichkeit« besitzen. →Charakteraufbau nach LERSCH.

Enechesie, enechetisch [gr.], Bez. aus der Konstitutionsforschung von E. KRETSCHMER für das haftende, klebrige und schwerfällige Verhalten bei Athletikern und epileptoiden Typen

Enelicomorphismus →Adultomorphismus

Energetik, psychophysische ⟨W. STERN⟩, die Erscheinungen des periodischen Ablaufs geistig-körperlicher Kräfte wie Arbeit, Schlaf. Vgl. Dynamik

Energetik der Seele, der Energiehaushalt der Seele nach der Auffassung JUNGS: die Prozesse, die Progression und Regression, Extraversion und Introversion, Libidoverlagerung und Symbolbildung umschließen

Energie, Leistungs- und Wirkfähigkeit, Arbeitsfähigkeit, Arbeitsvorrat. Im physikalischen Sinne die Fähigkeit, Arbeit zu leisten. Urheber von Bewegungsvorgängen. • Im ps. Sinne soviel wie Tatkraft als der hinter der Tat liegende Antrieb (Willensantrieb). Kennzeichnend ist dabei die »Spannung«, die die E. verleiht und die »Ladung« mit E. • Von dem Heilbronner Arzt Jul. R. MAYER wurde 1842 der Satz von der Erhaltung der Energie entwickelt, der besagt, daß in einem geschlossenen physikalischen System die Gesamtmenge der Energie konstant bleibt, ungeachtet aller Umwandlungen der Energie von einer Form in die andere. • Durch FREUD erfolgte die Übertragung dieses Satzes in die Ps. Danach bleibt die in einem Individuum vorhandene ps. Energie (Libido) über lange Zeitstrecken konstant. Das Theorem werde z. B. durch die Vorgänge bei der seelischen Entwicklung bestätigt, da hier beim Durchlaufen der einzelnen Entwicklungsstufen nicht jeweils neue Libido erzeugt werde, sondern sich die vorhandene lediglich auf neue erogene Zonen verlagere. Eine andere Bestätigung findet nach Ansicht der Psychoanalyse das Theorem im Aufbau der Objektbindungen, welche in dem Ausmaße stärker werden, in dem die Libido von der eigenen Person abgezogen wird, und umgekehrt. Oder es sucht sich die durch Objektverlust freigewordene Libido neue Objekte und besetzt sie mit dem freigewordenen Betrag. Auch die →Fixation und →Regression sind dadurch gekennzeichnet, daß Libidobeträge auf früheren Entwicklungsstufen zurückgelassen bzw. auf diese zurückgeleitet werden.

Energie, vitale, von PFAHLER als Grundfunktion angesprochene, endothym gesteuerte und gespeiste Aktivität eines Menschen

energizer [engl. Anreger], Psychoenergizer, →Psychopharmaka

engagement [frz., engl.], der Einsatz für eine Sache oder Überzeugung. Das mit Hingabe verbundene innere Beteiligtsein. Ggs.: disengagement. →ego-involvement *S-G*

Enge des Bewußtseins →Bewußtsein, →Bewußtseinsenge

Englische Schule →Faktorenanalyse

Engramm [gr. Gedächtnisspur, Neurogramm], die physiol. Spur, die eine Reizeinwirkung nach R. SEMON (1904) als dauernde strukturelle Änderung im Gehirn hinterläßt. Nach neueren Untersuchungen wird zunächst eine auf bioelektrischen Grundlagen beruhende Erinnerungsspur angelegt, die dann durch »Konsolidierung« in stabile und erstaunlich widerstandsfähige »Engramme« umgewandelt wird, die in noch nicht völlig geklärter Weise biochemische Veränderungen in den Neuronen bewirken (Dauererregung von Neuronenkreisen? – J. C. ECCLES 1973. Stoffliche Natur des E.? – MCCONNELL 1963). • Die in den sekundären Zentren der Willkürmotorik in den Feldern vor der vorderen Zentralwindung im →Gehirn gewissermaßen deponierten »Muster« für zusammenhängende Bewegungsfolgen werden auch als E. bezeichnet. →Gedächtnis. Ⓛ MÖRIKE u. a. 1981[11] *B-C*

Engraphie, Aufbewahrung der Gedächtniseindrücke. SEMON hat ein Gesetz der E. aufgestellt. Es besagt, daß alle simultan einwirkenden Reize sich zwangsläufig zu einem gemeinsamen Engrammkomplex verbinden. →Engramm, →Mneme

Enkepha... [gr. *enkephalos Gehirn]* →Enzepha...

Enkephaline →Endorphine

enkodieren →Code

Enkopresis [gr. *kopros* Mist, Kot], das seelisch bedingte Einkoten i. Ggs. zum organisch bedingten. Bei Kleinkindern z. B. als Ablehnung der Reinlichkeitserziehung, bei Psychopathen, Schwachsinnigen, Epileptikern ein Symptom der Störung. ● Gelegentlich wird auch die normale Unsauberkeit des Kleinstkindes als E. bezeichnet.

Enkulturation, ein sozialpsychologischer (kulturanthropologischer) Begr. für »Einpassung in die Kultur«. Im Unterschied zur gleichartigen Bez. →Akkulturation belegt E. vor allem die Anpassung des einzelnen Individuums, Akkulturation die von Volksgruppen und Völkern.

ENNR (Extraversion, Neurotizismus, Rigidität) Ⓣ BRENGELMANN

Enquête [frz.], Umfrage, systematische Erhebung mit →Fragebogen. →Interview, →Meinungsforschung

Entartung →Degeneration

Entartungsreaktion, die bei Entartung von Nerven und Muskeln auftretenden Abweichungen in der elektr. Erregbarkeit

Entelechie [gr. *entelécheia* das, was die Vollendung in sich hat; das wirkliche Tätig- und Vorhandensein im Ggs. zum bloßen Vermögen und Können, der *dynamis,* der *potentia*]. ARISTOTELES bezeichnet die Seele als »erste Entelechie«, das gestaltende Prinzip des Leibes. Auch GOETHE und WUNDT sehen die Seele als E. Den Begriff hat DRIESCH wieder aufgenommen und als hypothetischen, nicht materiellen, seelenähnlichen, unräumlichen, teleologischen, formbildenden Lebensfaktor (Faktor E) bezeichnet, dessen Tätigkeit nicht kausal erklärbar sei.

enteroceptiv, Entero- bzw. Interozeptoren →Rezeptoren

entfaltende Tests, alle Tests kann man in zwei große Gruppen einteilen: prüfende oder metrische (= messende) Verfahren und entfaltende (oder projektive) Verfahren, wobei nicht alle Tests (z. B. HOLTZMAN) sich eindeutig in eine dieser beiden Kategorien einordnen lassen.

Erstere sind ausgerichtet auf »objektive« Erfassung einzelner Funktionen, Eigenschaften, Wesenszüge und dienen insbesondere zur Erfassung des intellektuellen Niveaus und der Vielfalt der Leistungsfähigkeiten. Letztere Verfahren sind dagegen auf die Gesamtpersönlichkeit (als solche sind sie Persönlichkeitstests), deren Struktur und Charakter ausgerichtet und fordern nicht Leistung, sondern freie Entfaltung, Einfühlung, Gestaltung, Projektion, Interessenzuwendung bzw. Stellungnahmen und »Sichoffenlegen«. Die Bez. »entfaltende Tests« wurde von R. HEISS (1950) für solche Tests eingeführt, bei denen keine scharf umrissene Aufgabe vorliegt, sondern verschiedenartige Lösungen möglich sind. →projektive Verfahren u. Persönlichkeitsfragebogen

Entfaltungsdialog →psychodiagnostisches Gespräch

Entfaltungstechnik, *unfolding,* bei der Einstellungsmessung nach COOMBS eine Rangskalierung, bei der der Urteiler mit der Aussage die Reihe beginnt, die seiner Einstellung am nächsten kommt. *R-S*

Entfernungshören →räumliches Hören

Entfernungssehen, in der visuellen Wahrnehmung werden die Dinge in einer meist gut bestimmten Entfernung wahrgenommen. Die Bedingungen hierfür sind: 1. Grad der →Akkomodation des Auges; 2. Grad der Konvergenz der Augen; 3. Licht-Schatten-Verteilung in der Umgebung des Dinges; 4. Unterschiede in der Feinheit des Oberflächenmusters zwischen Betrachter und Objekt (→GIBSON-Gradient); 5. Kontrast und Farbe (Luftperspektive); 6. wahrgenommene Größe des Dinges; 7. relative Bewegung (in der Umgebung des Dinges) zu anderen Dingen; 8. Verdeckung von Dingen durch andere Dinge. Variationen der Bedingungen können in die gleiche oder in unterschiedliche Richtungen wirken (→geometr.-opt. Täuschungen). Z. B. scheinbare Bewegung durch Einordnung in falsche Tiefe. Daß ein Ding in einer best. Entfernung wahrgenommen wird, sollte deutlich von einer Beurteilung seiner Entfernung unterschieden werden (→Mondtäuschung). →räumliches Sehen *N-L*

Entfremdung, Entfremdungserlebnis, *alienation,* Bez. für ein vages »Gefühl«, bei dem alles unvertraut und fremd erscheint. ● Störung im Ich-Bewußtsein, wobei bisher geordnete Beziehungen zur Eigen- wie zur Umwelt neu akzentuiert und als Fremdes,

E

Transparentes erlebt werden; ähnliche Bez. sind Derealisation, Depersonalisation, Depersonalisationssyndrom. • FREUD nannte E. den Vorgang, daß unbewußt gewordene (verdrängte) Vorgänge, Erlebnisse u. a. nun als »entfremdet« wirken und ggf. eine Neurose auslösen. • Sozialps. ist E. eine der Bedingungen für die →Institutionalisierung. →Anomie Ⓛ FISCHER 1970

Enthusiasmus, leidenschaftliches Erfülltsein besonders von Ideen, Idealen, höheren Werten. Kann in Fanatismus entarten. Nach KANT »eine Anspannung der Kräfte durch Ideen, welche dem Gemüte einen Schwung geben, der weit mächtiger und dauerhafter wirkt als der Antrieb durch Sinnesvorstellungen«. • Religionsgeschichtlich ist E. ein Zustand vermeintlich unmittelbarer Gotterfülltheit und rauschartigen Getriebenseins.

Entlastung, ein teleologisches Erklärungsprinzip, wonach die Funktion vieler ps. Vorgänge, wie z. B. der Gewöhnung, der Übung und des Lernens im weitesten Sinn darin besteht, dem Individuum die Auseinandersetzung mit der Umwelt mit dem geringsten Kräfteaufwand zu ermöglichen, so daß genügend Möglichkeiten freier Entscheidungen und weiterer Entfaltung gewonnen werden. Auch die im sozialen Leben entstandenen Einrichtungen und Traditionen sind im Sinn dieser Entlastungsfunktion gedeutet worden. Ⓛ GEHLEN

Entlastungsdepression, ein depressives Zustandsbild, das nicht als endogene →Depression zu bewerten ist. Begr. führte RUFFIN (1957) ein.

• Endoreaktive Dysthymie ⟨WEITBRECHT⟩, Depressionszustand, bei dem es im Unterschied zur zyklothymen Depression und ohne primäre Schuldgefühle zu einem allmählichen Hineingleiten in eine →Hypochondrie, zu vegetativen Störungen, körperlicher Schwächung und schwerer seelischer Dauerbelastung kommt. • LEMKE (1956) weist bei diesen häufig nach schwerer körperlicher Erschöpfung oder langer seelischer Dauerbelastung (Schwangerschaft, Aufgaben, Prüfung, KZ-Haft) auftretenden »vegetativen Depressionen« auf die Störungen des Zwischenhirn-Hypophysensystems hin. Nach Wegfall der »Dauerspannung« bleiben die Betroffenen »leer« zurück. M. BLEULER spricht in diesem Zusammenhang von vererblichen depressiven Zuständen als Persönlichkeitsvarianten. Ⓛ M. BLEULER, WEITBRECHT

Entlastungstrieb, Entlastungstypus →Objektion

Ⓔ **ento...** [aus gr. *entos* innen], in Wortzusammensetzungen »innen«, »innerhalb«

Entoblast, das innere der drei bei höheren Tieren embryonal zunächst vorhandenen Zellschichten (Keimblätter). Aus ihm entstehen z. B. der Darm und seine Anhangdrüsen (Leber). →Keimesentwicklung *Sch-S*

Entoderm →Keimesentwicklung

entonisch, entonische Proportion ⟨KRETSCHMER⟩ →Typologie

entoptisch, im Augeninnern gelegen.

entoptische Erscheinungen, Lichtempfindungen, die nicht auf adäquaten äußeren Reizen beruhen. →*mouches volantes,* →Photom, →Photismen

entotisch, im Ohrinnern gelegen.

entotische Erscheinungen, Wahrnehmungen von Geräuschen oder Tönen, die nicht auf äußeren Reizen beruhen, z. B. das Ohrenklingen.

Entpersönlichung →De-Individuation

Entraînement-Effekt, E.-Versuch, →Kausalitätswahrnehmung, →Tunnelphänomen

Entretien →psychodiagnostisches Gespräch

Entropie [gr. *en-trépein* nach innen wenden], physikalischer Begr.

Nach dem zweiten Grundgesetz der Thermodynamik verläuft der Wärmeaustausch nur vom wärmeren zum kälteren Körper. Dabei ist E. der Teil der Wärmeenergie, der sich nicht mehr in Arbeit umsetzen läßt. Weltanschaulich ausgeweitet: Alles Sein strebt einem »Maximum der Entropie« (einem »Wärmetod«) zu. • Die statistische Mechanik definiert E. als Zufallsverteilung aller Elementarteilchen. In dem Maße, in dem dies nicht der Fall ist, besitzt ein System Organisation. Dieser Zustand wird als negative E. bezeichnet im Ggs. zur positiven E. als vollständige Desorganisation.

• In der Informationstheorie wird der Begr. E. syn. für »Information« oder »Ungewißheit« gebraucht. Symbol H. Er ist damit von besonderer Bedeutung für alle Konzeptionen, die den Organismus als physisches System betrachten (→System).

Entscheidung, Wahl einer Handlungs- oder Reaktionsmöglichkeit in einer Situation, in der mehrere Möglichkeiten bestehen. Die Reaktionsstärken (Amplituden, Auftretenswahrscheinlichkeiten) führen zu einem →Konflikt, der bei etwa gleich großen Reaktionstendenzen am stärksten wird. Der Konflikt wird durch die E. beendet. Die →Entscheidungstheorie liefert mathematische Modelle für die rationale E. bei gegebener Bewertung und Eintrittswahrscheinlichkeit möglicher Folgen. Ⓛ CHERNOFF et al. 1959, JEFFREY 1965/67 *G-R*

Entscheidungsexperiment →Experiment, →experimentum crucis

Entscheidungsfragen Ⓣ GIESE

Entscheidungsstrategie, in der →Entscheidungstheorie die Entscheidungsfunktion.

Entscheidungstheorie, Sammelname für eine Reihe von mathematisch formulierten Theorien darüber, wie Entscheidungen gefällt werden (deskriptive E.) bzw. gefällt werden sollen (normative E.).

Von Interesse sind in der Regel nur die mit Unsicherheit (über das Eintreffen verschiedener Ereignisse oder die eigene Präferenz) behafteten Entscheidungen zwischen verschiedenen Alternativen (einfachstes Beispiel: A ... eine Wette annehmen, B ... zurückweisen). Die E. geht auf Analysen der Glücksspiele durch franz. Mathematiker des 18. Jhd. zurück, die später auch auf ökonomische Entscheidungen angewendet wurden (Nutzen-Theorie). Entscheidungsregel ist die Wahl der Alternative mit größtem erwarteten Wert (Erwartung mal Wert-Theorie). Der erwartete Wert EV einer Alternative A ist der mit den Wahrscheinlichkeiten $p_1 \ldots p_n$ der möglichen Zustände gewogene Durchschnitt der Gewinn- bzw. Verlustwerte $x_1 \ldots x_n$: $EV(A) = \sum_{i=1}^{n} p_i x_i$.

Die Werte x_i aller Entscheidungsalternativen in einer Situation werden gewöhnlich in einer »Auszahlungsmatrix« *(pay-off matrix)* dargestellt.

Beispiel einer solchen Matrix für ein Glücksspiel mit einem Würfel (gegen Einsatz von 10 Währungseinheiten können bei Fallen einer Sechs 30 Einheiten Gewinn erzielt werden):

	»sechs«	»nicht sechs«
A (sich am Spiel beteiligen)	+ 30	− 10
B (sich am Spiel nicht beteiligen)	0	0

$$EV(A) = \frac{1}{6} \cdot 30 + \frac{5}{6} \cdot (-10) = -3{,}33$$

$$EV(B) = 0$$

Die Alternative B ist zu wählen.

Schon BERNOULLI (1738) erkannte die Notwendigkeit, aus ps. Gründen anstelle der Skala der objektiven Werte x_i (meist in Währungseinheiten) eine subjektive Skala der Nutzenwerte u_i zu setzen. Er vermutete (bereits 100 Jahre vor FECHNER) eine Zunahme des subjektiven Wertes mit dem Logarithmus des objektiven Wertes.

Die neuesten Entwicklungen der Nutzentheorie nahmen ihren Ausgangspunkt von v. NEUMANN und MORGENSTERN (1947), die eine Reihe von Axiomen aufstellten, von denen – bei Zutreffen auf das Präferenzverhalten eines Individuums – eine Maximierung des erwarteten Nutzens als Entscheidungsprinzip deduziert werden kann (→Theorie der Spiele). SAVAGE (1954) entwickelte eine axiomatische Theorie, in der nicht nur der Nutzen, sondern auch die Wahrscheinlichkeiten der Ereignisklassen subjektiv definiert sind.

Von der Nutzentheorie abweichende Konzepte stammen von COOMBS (1954) und EDWARDS (1954), die von der Bevorzugung bestimmter Wahrscheinlichkeiten für gegebene Einsätze und Gewinnerwartungen ausgehen.

Für Entscheidungen bei Fehlen von Information über die Wahrscheinlichkeiten der möglichen (zukünftigen) Zustände wurde eine Reihe von rationalen Kriterien entwickelt (MILNER, THRALL et al. 1954), die von der ursprünglichen Idee von BERNOULLI, in solchen Fällen allen Zuständen gleiche Wahrscheinlichkeit zuzuschreiben, abweichen (z. B. Maximinprinzip, nach dem diejenige Alternative gewählt wird, die von allen Alternativen den größten Minimalnutzen, bzw. den geringsten Verlust bringt).

Eine andere Form der Vereinfachung des Entscheidungsmodells in komplexen Situationen, die ebenfalls nichtoptimale »Rationalität« bzw. beschränkte kognitive Informationsverarbeitungskapazität des Entscheidenden zur Kenntnis nimmt, ist das Modell von SIMON (1957), welcher das Prinzip der Maximierung des Nutzens durch das »Satisfizierungsprinzip« *(satisficing)* ersetzt. Danach wird die erstbeste Alternative gewählt, die – auf Grund einer groben Klassifikation der Einzelwerte (der möglichen Konsequenzen) in »befriedigende« und »unbefriedigende« – den Ansprüchen des Entscheidenden (z. B. »nur befriedigende« oder »überwiegend befriedigende« Konsequenzen zu akzeptieren) gerecht wird.

Neuere probabilistische entscheidungstheoretische Modelle ziehen auch die Fluktuation der Entscheidung bei Wiederholung des Wahlvorganges unter identischen Bedingungen in Betracht, und zwar durch die Annahme, daß entweder die Wahlentscheidung oder die Nutzengrößen oder beide Zufallsvariablen sind (LUCE 1959).

Zu den bisher aufgestellten E. existiert bereits eine größere Anzahl exp. Untersuchungen ihres Erklärungswertes in realen Situationen, allerdings vorwiegend unter stark vereinfachten Laboratoriumsbedingungen. Eine allgemeingültige E. bzw. die spezifischen Bedingungen, unter denen bestimmte E. adäquat sind, konnten bisher nicht herausgearbeitet werden. Ⓛ COOMBS 1970, LUCE 1957, LUCE 1965 *M-R*

Entscheidungszeit, in der →Reaktionszeit für die Wahlreaktion enthaltener Anteil für die Reizdiskrimination (= Entscheidung über die wahrgenommene Reizalternative). *G-R*

E

Entspannung, *relaxation,* kurzfristiger (phasisch) oder länger anhaltender (tonisch) Zustand reduzierter metabolischer, zentralnervöser und bewußter Aktivität. E. ist auf subjektiv-verbaler, physiol. und motorischer Ebene meß- und definierbar. E.-zustände sind nicht mit den Schlafphasen gleichzusetzen, E. geht mit wachem Verhalten einher, wenngleich auch die Schlafphasen subjektiv als entspannend erlebt werden. Muskuläre, autonome und subjektive E. müssen nicht korrelieren. *Bi-R*

Entspannungstherapien, →autogenes Training, JACOBSON Entspannungstraining (muskulär), →Meditation, →Biofeedback. E. haben sich zur Behandlung neurotischer, psychosomatischer und medizinischer Leiden nachweislich als effektiv erwiesen; Effektivitätsunterschiede zwischen den verschiedenen E. sind bisher nicht nachgewiesen. Erst nach vielen Trainingssitzungen (oft mehr als 300) sind lang anhaltende Effekte bei schweren Verhaltensstörungen zu erwarten. *Bi-R*

Entstehungsmethode →Bildverständnismethode

Enttäuschung, die unerfüllte Hoffnung oder die sich als unerfüllbar erweisende Hoffnung hat ihre gefühlsmäßige Resonanz im Erlebnis der E. Sie kann zur Resignation führen, ein Zustand, in dem man auf weitere Handlungen und weitere Wertverwirklichungen verzichtet. →Frustration • Eine Steigerung erfahren diese Zustände im Erlebnis der Verzweiflung: es präsentiert sich die Ausweglosigkeit, verbunden mit dem intensiven und belastenden Gef. des Scheiterns. Ⓛ LERSCH

Entwicklung, der Begr. bezeichnet vor allem die Veränderungen der Form und des Verhaltens von Lebewesen, einmal als Ausbildung des Organismus vom Keim bis zum erwachsenen Individuum (→Ontogenese) und zum anderen als Entfaltung der Arten (→Phylogenese). Mit H. WERNER läßt sich E. als Prozeß der fortschreitenden →Differenzierung (Ausgliederung von Teilfunktionen aus diffuseren Ganzheiten) und der gleichzeitigen Zentralisierung (vereinheitlichende Zusammenfassung der Teilfunktionen in Richtung auf ein Ziel hin) auffassen. Der Begr. E. wird sowohl auf Körperliches wie auf Seelisches angewandt. Die E. ist weiterhin Funktionsreifung insoweit, als sie für das Üben und Lernen die Voraussetzungen schafft (z. B. zum Sprechen). Die E. ist schließlich gegenläufig, denn auch der Abbau gehört zu ihr (Rückentwicklung). Die organismische Biologie (wie die von L. v. BERTALANFFY) bezeichnet die durch die E. hervorgebrachten Formen, deren Elemente ständig wechseln und ein Ineinander von Werden und Vergehen sind, auch als Fließgleichgewichte. HOFSTÄTTER hat die Aussage dieses Begriffs zu einer quantitativen Beschreibung des E.vorgangs benutzt. Ⓛ BERTALANFFY, TRAUTNER, WERNER

Entwicklung der Intelligenz →kognitive Entwicklung

Entwicklungsalter, abgekürzt EA. Der Begr. wurde erstmals 1926 von FURFEY *(developmental age)* und unabhängig davon deutschsprachig von PENNING eingeführt. E. ist der Stand der Entwicklung eines Individuums, bezogen auf das Durchschnittsniveau der gleichaltrigen Individuen seiner Art. Abweichungen von der Norm, d. h. Nichtübereinstimmung von Lebensalter und E., stellen eine Spät- oder Frühentwicklung dar (→Akzeleration, →Frühreife, →Retardation, →Spätentwickler). Das E. bezieht sich auf geistige und körperliche Tatbestände. Zur Bestimmung des E. im einzelnen Fall haben sich →Entwicklungstests bewährt. Zur Festlegung des E. in seinen körperlichen Merkmalen hat z. B. der Pädiater PIRQUET das Verhältnis des Körpergewichts zur Sitzhöhe herangezogen. →Entwicklungsphasen, →Alter

Entwicklungsaphasie, *developmental aphasia* →Aphasie, →Dysphasie

Entwicklungskorrelationen, Gesetz der ⟨MEUMANN⟩, hiernach verändert oder vervollkommnet sich eine geistige Eigenschaft niemals für sich allein, ohne auch andere dabei mitzuändern. Auch »entwicklungssteigernde Korrelation« genannt. →Mitübung, →Transfer. Ⓛ MEUMANN

Entwicklungslehre →Abstammungslehre

Entwicklungsphasen, -stufen, das Leben des Menschen verläuft in kennzeichnenden und spezifischen Phasen, die allerdings sehr unterschiedlich eingeteilt werden.

Neugeborener	bis 2 Wochen
Säugling	bis 9 Monate
Kleinstkind	bis 2 Jahre
Kleinkind	2– 6 Jahre
Kind (Schulkind)	6–12 Jahre
Jugendlicher	12–20 Jahre
Heranwachsender	18–21 Jahre
Volljähriger	ab 18 Jahre
Erwachsener	21–60 Jahre
Alternder Mensch	60–65 Jahre
Alter Mensch	65–75 Jahre
Greis	75–Tod.

Weiterhin unterscheidet man noch frühe, spätere, reife Kindheit, Vorpubertät, →Pubertät, Nachpubertät, →Adoleszenz, →Jugendalter. Zudem sind ausgegliedert worden das Robinson-Alter, als der von Ch. BÜHLER so genannte Abschnitt zwischen 11 und 13 Jahren mit besonderer Zuwendung zu abenteuerlichen Berichten und Taten, ebenso die →Trotzphasen um das 3. Lebensjahr und zur Zeit der Pubertät als bewußtes Sichabsetzen und Selbständigwerden mit Widerstand, Gehorsamsverweigerung, Kritik und Nörgelei, dann das Backfischalter (jetzt Teenagerphase) als Reifungszeit des Mädchens mit betont weiblichen Eigenarten im Selbständigkeitsbedürfnis und Wechsel zwischen Sprödigkeit und Kontaktverlangen. – In der körperlichen Entwicklung (Wachstum) wechseln Phasen der Fülle, besonders im Kleinkindalter, in der reifen Kindheit und in der Pubertät, mit Phasen der Streckung bei Beginn des Schulalters, in der Vorpubertät und Adoleszenz. Nach W. ZELLER sind ein erster und zweiter Gestaltwandel zu unterscheiden (Übergang vom kleinkindhaften Körper zum Schulkindkörper – Wachstumsverlangsamung in der beginnenden Pubertät mit Proportionsverschiebungen und Ausbildung der geschlechtlichen Reifezeichen). Schließlich ist das Alter keine genaue Aussage über den Entwicklungsstand. Es gibt Frühentwickler und Spätentwickler, ebenso wie es vorzeitig verbrauchte und erst sehr spät alternde Menschen gibt.

Ps. ist die Abfolge der Phasen vielseitig durchforscht worden. Die →Entwicklungspsychologie ist hierbei das im Vordergrund stehende Fachgebiet. Grundsätzlich werden die Abwandlungen des Erlebens und Verhaltens im Phasendurchgang und ebenso die Phasen selbst in ihrer Eigenart beachtet.

• Ch. BÜHLER unterscheidet für die Kindheit und Jugend 5 Phasen: Entwicklung des Objektbewußtseins, Erfassung der dinglichen Einheit, Gestaltung der Bewegungen (1. Lebensjahr); Hervortreten des Subjektiven, erste persönliche Stellungnahmen mit erster Trotzperiode (2.–4. Jahr); Überwiegen des Objektbezugs, realistische Haltung, soziale Einordnung (5.–8. Jahr); erneute Wendung zum Subjektiven, Isolierung des Ichs, Ablehnung der Umwelt mit zweiter Trotzperiode (9.–13. Jahr); Synthese von Subjekt- und Objektbeziehung, Festigung der Verbindung zur Wirklichkeit (14.–19. Jahr). Darüber hinaus sind für den Abschnitt zwischen 20 und 30 die Selbstbestimmung und Zielsetzung, die aber noch im Provisorischen bleibt, für den Abschnitt zwischen 30 und 50 die spezifischen Bindungen mit Überwiegen des Sachlichen, für den Abschnitt zwischen 50 und 60 das Einordnen in einen höheren Zusammenhang und für den Abschnitt ab 60 die Ablösung vom Leben kennzeichnend. • Nach HELLPACH lösen sich Evolution und Involution in folgenden Perioden ab: Kleinkindalter (1–3); Noëse (4–9); Eidese (10–17); Pubertäts-Thymose (14–17); das Suchen nach dem Unbedingten (18–28); das Wirken im Bedingten (30–50); Klimakteriumsthymose (zw. 45–60); Alterseidese (zw. 55–60); Altersnoëse – evtl. noch Verfall in Altersschwachsinn.

• Bei der Erforschung der E. haben sich noch weiterhin verselbständigt die Kinderpsychologie, (→Kind), →Jugendpsychologie, →Erwachsenenpsychologie und →Psychologie des Alterns. Ⓛ BERGIUS 1959, OERTER 1980

Entwicklungsprofil →Entwicklungsquotient, →Profile, ps.

Entwicklungspsychologie, das Teilgebiet der Psychologie, dessen Gegenstand die Erforschung und Beschreibung der seelischen Entwicklung ist, und zwar (1) in ontogenetischer Hinsicht (lebenslange Entwicklung) und (2) in phylogenetischer Hinsicht (seelische Entwicklung des Menschengeschlechts). Zwischen Entwicklungspsychologie einerseits und Tier- und Völkerpsychologie andererseits bestehen enge Beziehungen (Vergleichende Psychologie). Nach THOMAE beachtet die E. die »untereinander zusammenhängenden Änderungen im menschlichen Verhalten« und deren innere Begründung, wobei die quantitative Zunahme und Abnahme von Gehalten und Funktionen sowie die qualitativen Änderungsreihen in der Gestalt von linearen Prozessen (z. B. Metamorphosen, Differenzierungen, Spezialisierungen, Prägungen, Schichtungen) oder Kreisprozessen (d. h. Spiralbildungen) zugehörig sind. Ⓛ Ch. BÜHLER, CARMICHAEL, CONGER et al., HETZER, HÖHN, OERTER 1980[18], PIAGET, SCHMIDT, THOMAE, MÖNKS u. KNOERS 1976, NICKEL 1973–75

Entwicklungsquotient [EQ, engl. DQ = *developmental quotient*], eine in Analogie zum →IQ gebildete Beziehung zwischen Entwicklungsalter und Lebensalter

$$EQ = \frac{EA}{LA} \cdot 100$$

Das EA wird ermittelt mit dem Entwicklungsprofil (EP), wobei dem Kinde Aufgaben zu einer Reihe von Dimensionen (z. B. sinnliche Rezeption, Körperbewegungen, Betätigung an Material u. a.) gegeben und die jeweiligen Summen der gelösten Aufgaben in ein Profilschema eingetragen und miteinander verbunden werden (→Profile, ps.). Ⓛ REINERT

Entwicklungsstand, sachstruktureller, Bez. für Kenntnisse und Fertigkeiten eines Schülers, die er zu einem gegebenen Zeitpunkt seiner Entwicklung im Hinblick

E

auf den relevanten Sachbereich der gegebenen Unterrichtssituation besitzt (HECKHAUSEN) *Mü-E*

Entwicklungsstörung, Hindernis oder Ergebnis einer Behinderung der Entwicklung. Vor der Geburt und während der lebenslangen Entwicklung können hemmende Einflüsse (z. B. fehlende Reizangebote, Erwartungen, unzureichende emotionale Geborgenheit, extreme Erziehungshaltungen, Gifte, Hormon- und Stoffwechselstörungen, Verletzungen) stärker sein als individuelle oder gesellschaftliche Ausgleichsmöglichkeiten.

Ob die E. auch im Verhalten und Erleben diagnostizierbar wird, dürfte von Erwartungen und Anforderungen, der Verarbeitung von Mißerfolgen, aber auch der Empfindlichkeit des Meßinstrumentes mitbestimmt werden. – In Abhängigkeit von dem jeweiligen Entwicklungsmodell (→Entwicklung) verfolgt die Forschung neben dem Ursachenbündel Hirnstörung eine Vielzahl anderer Bedingungen. Ⓛ LEMPP 1978, RICHTER 1974, OSSOFSKY 1979, CASS u. THOMAS 1979 *R-S*

Entwicklungsstufen →Entwicklungsalter, →Entwicklungsphasen

Entwicklungs-Tests, Bez. für Tests, besonders Testreihen, die nach dem →Steigerungsprinzip (Staffelsystem) aufgebaut sind und den kindlichen Entwicklungsstand abklären helfen (ob der Norm entsprechend, darüber oder darunter, auffällige Leistungen und Mängel). Ⓣ ARTHUR, BELLAK, BINET, BÜHLER-HETZER, GESELL, HETZER, KLIMPFINGER, KUHLMANN, MERRILL-PALMER, OSERETZKY, SCHENK-DANZINGER, WECHSLER.

Entwicklungstheorien, ungenaue Bez. für versch. Auffassungen über Bedingungen und Verlauf der →Entwicklung (→Ontogenese und →Phylogenese) im S. von Anschauungsweisen. MUSSEN (1970) meint, der wissenschaftl. Wert der E. entspräche z. Zt. noch dem von physikalischen Theorien im 17. Jhd., keine umfasse die Menge der Einzelkenntnisse über die Entwicklung in einem erklärenden System (→Theorie). Trotzdem werden von vielen Autoren unterschieden: Psychoanalytische Theorie – Lerntheorie – kognitive Theorie. MÖNKS u. KNOERS (1976) nennen außer den psychodynamischen (psa.) Theorien die biologisch orientierten, in denen angenommen wird, daß Erblichkeit und Konstitution die Entwicklung fast ausschließlich bestimmen und die heute kaum noch vertreten werden. Sie nennen außerdem die Milieutheorien, die, sofern sie soziologisch orientiert sind, auch Sozialisierungstheorien genannt werden können und die Theorie des Interaktionismus, deren Hauptvertreter J. PIAGET ist, und die Theorie der Entwicklungsaufgaben mit der Nennung von HAVIGHURST, aber ohne A. PETZELT zu erwähnen, der sie wohl begründete (vgl. hierzu BERGIUS 1959 173 ff.). *B-S*

Entwöhnungskuren →Abstinenzerscheinungen

Entziehungserscheinungen →Abstinenzerscheinungen

Enuresis [gr. *en-uréin* harnen], Einnässen, Bettnässen.

Zu unterscheiden sind: E. diurna, Unfähigkeit zur Harnverhaltung am Tage, bei Kindern, bei Neurosen, Blasenlähmung, Gehirn- und Rückenmarkserkrankungen. E. nocturna, Bettnässen im Schlaf, besonders bei Kindern als Symptom seelischer Störungen (emotionale Labilität, Trotz, Protest gegen Liebesentzug, Angstträume u. dgl.), auch ganz allgemein bei →Schwachsinn, →Verwahrlosung, ferner bei Epilepsie. Einige erfolgreiche Methoden (Apparate) zur Überwindung der E. existieren. • Im Normalfall setzt die Selbstkontrolle der Ausscheidungsfunktionen beim Kind zwischen dem 1. und 3. Lbj. ein. Doch noch ca. 15% der gesunden 5–6jährigen nässen (mehr oder weniger gelegentlich) nachts ein. Vorzeitige und insbesondere strenge Reinlichkeitserziehung (-gewöhnung) kann zu Störungen des Geborgenheitsbedürfnisses des Kindes führen (METZGER, 1961). Die Psa. spricht von engen Beziehungen zwischen Charakterentwicklung und Art und Dauer, wie das Kind zur »Sauberkeit« kommt.

Environmentalismus [engl. *environmentalism, environment* Umschließung, Umwelt], Bez. für die soziologische (SEMPLE, RATZEL) und auch ps. Richtung, die vordergründig (determinierend) den Lebensraum für das gesamte menschl. Erleben und Handeln beachtet.

Enzephal- [gr. *enkephalos* Gehirn], in Wortverbindungen zum Gehirn gehörig

Enzephalisation, syn. Encephalisation, Cerebration, Cerebralisation, Zerebration.

Bez. für die »Verhirnlichung«, d. h. die im Verlauf der →Phylogenese eingetretene Verlagerung der Entwicklung vom Stammhirn (Althirn) zum Großhirn (Neuhirn) mit Zunahme des Gewichts, der Verfeinerung im Aufbau und dem Hervortreten der Rindenfunktion (Bewußtsein). Der Frankfurter Neurologe L. EDINGER (1855–1918) stellte diese Zusammenhänge heraus (EDINGERsche Regel). Vorgang der Kortikalisierung. Von Bedeutung ist bei der E. auch die Relation Hirngewicht zu Körpergewicht (E.höhe nach dem holländ. Anatomen E. DUBOIS, 1858–1940) sowie das Reifungstempo. →Gehirn. Ⓛ EDINGER, HOFSTÄTTER

Enzephalitis, Gehirnentzündung. Infektiöse (Viren, Bakterien, Parasiten) Erkrankung von Gehirngewebe, bisweilen einschl. der Hirnhäute (Meningo-E.) und des Rückenmarks (Encephalomyelitis).

• E. epidemica, E. lethargica, ECONOMOsche Erkrankung (fälschlich Kopfgrippe). Die von v. ECONOMO beschriebene Virusinfektion. Heute sind zahlreiche Virusarten bekannt. Das akute klinische Krankheitsbild zeichnet sich durch symptomatische Vielgestaltigkeit aus. Während sich die klinischen Typen mit Augenmuskellähmung und Somnolenz von solchen mit Muskelkrämpfen unterscheiden lassen, entwickeln sich in subakutem Stadium häufig Schlafstörungen, Hyperaktivität und Rededrang. Die chronischen Folgezustände treten in ausgeprägten Fällen entweder als Antriebsverminderung mit motorischer Versteifung oder als Antriebssteigerung mit motorischer Enthemmung in Erscheinung. Der erstere, der PARKINSONsche Symptomkomplex ist für das Erwachsenenalter typisch. Im Kindesalter herrschen zwanghafte Antriebe mit abruptem Stimmungswechsel und Aggressivität, auch bei erhaltener Intelligenz, vor. Außer vasomotorischen und endokrinen Störungen sind noch solche mit gesteigerter sexueller Triebhaftigkeit, Eßgier oder starkem Durst häufig. Meist ergeben sich große erzieherische und schulische Schwierigkeiten.
• Zahlreiche weitere E.formen sind bekannt. So die E. acuta hämorrhagica (STRÜMPELL, LEICHTENSTERN) nach Masern, Mumps und Keuchhusten; die E. purulenta nach Mittelohr- oder Nebenhöhlenentzündung; die E. bei Tuberkulose, die metastatische E. bei Sepsis und die Impfenzephalitis nach Pockenschutzimpfung (in etwa 2‰ der Fälle).

Enzephalographie [gr. *enkephalon* Gehirn, *graphein* zeichnen], Gehirnaufzeichnungsverfahren.

(1) Ursprünglich gleichbedeutend mit Pneum-Enzephalographie, Darstellung des Gehirns, seiner Oberfläche und der Hirnhöhlen (Ventrikel) im Röntgenbild nach Verdrängung der Gehirn-Rückenmarks-Flüssigkeit durch Einblasen von Luft nach Lumbalpunktion oder Subokzipitalpunktion, wobei die eingeblasene Luft als Kontrastmittel fungiert. – (2) Wird E. heute auch als Sammelbegriff gebraucht, der zusätzlich einschließt: (a) Echoenzephalographie – die Verwendung von Ultraschallwellen zur Schädel-Hirn-Diagnostik. Die ohne operativen Eingriff erfolgende Beschallung mit Ultraschall führt zur Reflektion (Echo) an den durch verschiedene Dichte gekennzeichneten Grenzflächen, die auf dem Oszillographen sichtbar gemacht wird. Sie läßt die Grenzflächen vom Schädel zum Hirngewebe sowie zu den mit Liquor gefüllten Ventrikeln oder auch zu Hämatomen (Blutergüssen), sowie Tumoren und damit auch Veränderungen des Gehirns, z. B. beim Hydrozephalus (Wasserkopf) erkennen. – (b) Elektroenzephalogramm (EEG) – die Aufzeichnung der mit Elektroden vom unverletzten menschlichen Schädel abgeleiteten und geeignet verstärkten elektrischen Spannungsschwankungen, die Aussagen über den Funktionszustand des Gehirns ermöglichen (→Elektrodiagnostik, →Elektrophysiologie). (c) Gamma-Enzephalographie – die Verwendung radioaktiver Isotope. Z. B. speichert Geschwulstgewebe radioaktive Strahlung und wird über die Abstrahlung erkenntlich. Ⓛ KUGLER 1966, SCHIEFER u. KAZNER 1967, BECKER-CARUS u. a. 1979 *B-C*

Enzephalon →Gehirn

Enzephalose, traumatische, Zustand geistiger und körperlicher Leistungsschwäche, durch organische Hirnschädigungen verursacht

Enzym, auch Ferment. Proteinkörper, der in lebenden Zellen chemische Reaktionen auslöst und steuert. *D-E*

EOG, Elektroolfaktographie, Registrierung der Summierung vieler kleiner →Generatorpotentiale, die von olfaktorischen Rezeptoren erzeugt werden. →Olfaktie. Ⓛ OTTOSON 1956

Eonismus →Sexualität (Tabelle)

Ⓔ **ep…, eph…, epi…** [gr.] in Wtvb. darauf (örtlich und zeitlich), darüber, oben, daneben

Ephebophilie →Sexualität (Tabelle)

EPI Ⓣ EDWARDS

EPI Ⓣ EYSENCK, Ⓣ EGGERT

Epicanthus →Epikanthus

Epidemie, psychische, die (weitgehend analog der Ausbreitung bei Infektionskrankheiten) sich ausbreitende, dabei ein bestimmtes »Thema« übersteigernde ps. Verhaltensweise.

Beachtlich ist, daß p. E. bei aller inhaltlichen Wandlung zu allen Zeiten vorkamen und -kommen. Z. B. ekstatische Riten und Exzesse bei Naturvölkern und auf einfachen Entwicklungsstufen, Flagellation und Tanzepidemien, Kinderkreuzzüge und Hexenprozesse im Mittelalter, in unserer Zeit eine durch Propaganda (und sog. *show-business*) verstärkte neurotische (hysterische) Haltung auf manchen Gebieten des Lebenszuschnitts. Voraussetzung der p. E. sind vor allem die (evtl. durch zeitbedingte Krisen verschärfte) auf Induktion und Suggestion beruhende innere Bereitschaft, sowie die starke Affektbesetzung. →Ansteckung, psychische.

Epigenese, Nachentwicklung, Weiterentwicklung. →Genese

Epikanthus [gr. *kanthos* Augenwinkel], Mongolenfalte. Angeborene, sichelförmige, vom oberen zum unteren Lidrand sich erstreckende Hautfalte, die den inneren Augenwinkel verdeckt. →DOWN-Syndrom

E

Epikrise [gr.], abschließender Bericht über einen Krankheitsverlauf

epikritische Sensibilität →Sensibilität

Epilepsie [gr. *epilambanein* anfallen], Fallsucht, *morbus sacer,* Anfälle von Bewußtlosigkeit mit Krämpfen. Ein Hauptformenkreis der Gehirnkrankheiten. E. ist heute nicht mehr Bez. für eine Krankheitseinheit, sondern Sammelbegr. für alle anfallsartig auftretenden, durch verschiedenartige Störungen im ZNS verursachten Krämpfe und Bew.veränderungen sowie die damit einhergehenden Veränderungen des Verhaltens und der Intelligenz.

Man unterscheidet herkömmlich (neben weiteren Unterformen): (1) Genuine, idiopathische E. (erbliche Fallsucht) erstes Auftreten in der Kindheit möglich, zumeist zwischen Pubertät und 20. Jahr. (2) Symptomatische E. (Krampfanfälle im Gefolge einer Hirnschädigung durch Tumor, Sklerose, Paralyse, Intoxikation u. a. – evtl. in der Anlage begründete Krampfbereitschaft) mit generalisierten Krämpfen oder in der Sonderform der →Jackson-Epilepsie. Neuere Einteilungen der E., die durch hirnelektrische Erhebungen (EEG →Elektrodiagnostik) gestützt werden, setzen an der Art der Anfälle an: partielle – unilaterale – generalisierte – erratische – unklassifizierbare Anfälle. – Der »große« epilept. Krampfanfall, das »grand mal«, wird als Leitsyndrom für die genuinen und für einen Teil der symptomatischen E. angesehen. Unvermittelt oder nach einem Prodromalstadium und →Aura treten mit Bew.-verlust, Apnoe (Atemstillstand), Hinfallen erst →tonische, dann →klonische Krämpfe auf, die häufig verbunden sind mit Aufschreien, Schaum vor dem Munde, der durch Zungenbisse blutig sein kann, Stuhl- und Urinabgang. Dieser Anfall dauert meist wenige Minuten, geht dann in Schlaf über, dem nach dem Erwachen mehr oder minder schwere Mattigkeit (Kopfschmerzen, Gedächtnisstörungen) folgt. Die Häufung solcher Anfälle wird als *status epilepticus* bezeichnet. Von epilept. Demenz spricht man, wenn ein Abbau des apperzeptiven Denkens hinzutritt. Mit der Bez. Affektepilepsie wird der Zustand belegt, bei dem heftige emotionale Erregungen und Anfälle gehäuft gekoppelt sind. – Der »kleine« epilept. Anfall, das *petit mal,* auch *E. minor, E. non convulsiva* genannt, geht auch mit Bew.verlust einher, doch sind die Krampferscheinungen sehr reduziert oder fehlen ganz. • Von bes. ps. Interesse sind bei der E. (1) die neben den Anfällen bzw. an ihrer Stelle (Ersatzanfälle) auftretenden epileptischen Äquivalente, d. h. ps. Veränderungen wie →Absencen, →Dämmerzustände, →Delirien. →Desorientierung, →Halluzinationen, grobe Fehlhandlungen, Reizbarkeit depressiv-ängstlicher Art, tätliche Angriffe, Selbstmordtendenz, →Dipsomanie, →Poriomanie; (2) die epileptische Wesensänderung, d. h. ps. Änderungen wie Umständlichkeit, Verlangsamung, affektive Auffälligkeiten, Klebrigkeit und Demenzerscheinungen. Diese Wesensänderung ist zwar häufig E.folge, dennoch ist sie nicht typisch für die E. allein, da sie auch bei anderen Hirnschädigungen vorkommmt. →Anfall, Elektrodiagnostik.

epileptiform, epilepsieartig. Krankheitsbilder, welche durch epileptische Anfälle oder durch Anfallsäquivalente charakterisiert sind, aber nicht zur epileptischen Wesensänderung und epileptischen Demenz führen und darum nicht in die Krankheitsgruppen der genuinen oder symptomatischen Epilepsie gehören und auch sonst nicht in eine andere bekannte Krankheitsgruppe eingeordnet werden können.

epileptische Äquivalente, Ersatzanfälle. Körperliche und seelische Störungen, die an Stelle des Krampfanfalles treten. →Epilepsie

epileptoid, epilepsieartig, →epileptiform. • In der Typologie Kretschmers soll die Bezeichnung e. »nur als Vergleich verstanden werden. Wir wissen zu wenig von den Bedingungen der epileptischen Anfälle und erst recht der epileptischen Wesensveränderungen, um das Verhältnis zwischen Charaktervarianten und Krankheit unmittelbar bestimmen zu können« (Kretschmer 1975 156).

epileptoider Typus →Typologie (Konstitutionstypen)

Epinephrin, syn. für Adrenalin im angloamerikanischen Schrifttum. *J-E*

Epiphänomen [gr.], Begleit-(Neben-)Erscheinung

Epiphyse, syn. *corpus pineale,* Zirbeldrüse. →endokrine Drüse, →Hormone, →Gehirn

Episitismus →Ethologie

Episkotister [gr. *epi*... u. *skotos* Dunkelheit] ⟨Aubert⟩, eine Kreisscheibe mit verstellbaren Sektoren, die, in Drehung versetzt, bei Lichtdurchfall eine Abstufung der Lichtstärke erlaubt

Episode [gr. *epeisodion* das auf den Einzug des Chores Folgende], in der Antike die Dialoge zwischen Chorgesängen. • In der Gedächtnisps. sind E. die in einem bestimmten, zeitlich und räumlich begrenzten Kontext erlebten Glieder (Items) eines Lernmaterials. Im episodischen →Gedächtnis sollen gemäß der Mehrspeichertheorie solche Inhalte recodiert gespeichert und mit bereits gespeicherten – ebenfalls zeitlich und räumlich eingeordneten – Informationen verbunden werden (Tulving). *B-S*

Epistase, epistatisch [gr. *epistatein* darüberstehen, vorstehen], Überdeckung. Eine Erbanlage, die eine andere überdeckt.

epistemische Struktur, Wissensstruktur, der Bereich der kognitiven Vergegenwärtigung (Repräsentation, →*image* bei MILLER et al. 1960/73), in dem die gelernten Operationen gespeichert sind. Die e. S. entsteht mit Hilfe der Prozesse Erkennen, Zuordnen, Benennen und Verändern. Über die e. S. hinaus gehen heuristische Strategien des Denkens. →Denken, heuristische Methoden *R-S*

Epistemologie, Wissenschaftslehre, Erkenntnistheorie der wissenschaftlichen Erkenntnis (Prinzipien, Methoden etc.). ● I. w. S. ist E. svw. Erkenntnistheorie. ● BALDWIN fordert, daß E. eine exp. Logik erstellen soll über Erkenntnisse aus der kulturellen und persönl. Entwicklung.

Epistemologie, genetische, von PIAGET entwickelte Theorie der psycho- und soziogenetischen Voraussetzungen der Entwicklung von Erkenntnis, bzw. des Wachstums von Wissen (der Begriffe und Operationen). Indem PIAGET logische und erkenntnistheoretische Fragen zum Gegenstand empirischer entwicklungsps. Forschung macht, kann die g. E. als Versuch beschrieben werden, den wissenschaftl. Beitrag von Entwicklungsps. und Biologie zur Lösung erkenntnistheoret. Probleme zu bestimmen. Ⓛ PIAGET 1953, HARTEN 1977 *Ro-R*

Epithelkörperchen, Nebenschilddrüse, Parathyreoidea. →Hormone

Epithymetikon ⟨PLATON⟩, das Begierdehafte

Epochalpsychologie, Bez. für eine in Ansätzen vorhandene ps. Forschungsrichtung mit dem Ziel, die Auswirkungen der jeweiligen geschichtlichen Epoche auf die seelisch-geistige Haltung des Menschen zu erforschen und daraus auch praktische Erkenntnisse (so etwa für die päd. Ps.) zu gewinnen. →Kohorte Ⓛ MUCHOW 1962

Epoché [gr. Anhalten], im antiken philosoph. Skeptizismus das Innehalten bei der Suche nach Wahrheit. ● In der Phänomenologie HUSSERLS das Sich-Enthalten jeder (auch der skeptischen) Stellungnahme zum Gegebenen.

EPPS Ⓣ EDWARDS

Epsilon-Bewegung →Scheinbewegung

EQ, Entwicklungsquotient (s. d.)

Equilibration →Äquilibration

equity-Theorie, Theorie der Billigkeit (Gerechtigkeit), nach der die Aufteilung von Lohn proportional zu den Leistungen der Partner in Arbeitsgruppen erfolgt (HOMANS 1961, ADAMS 1965). Leistungsstärkere tendieren entgegen der e.-T. dazu, trotz Leistungsunterschieden Gleichaufteilungen vorzunehmen. →Aufteilungsgerechtigkeit Ⓛ MIKULA u. URAY 1973 B-S

Erbbiologie, gelegentl. Bez. für →Genetik

Erbcharakterologie, ein von PFAHLER entwickelter Zweig der Charakterologie, der sich mit den angeborenen, vererbten und damit umweltunabhängigen ps. Voraussetzungen für alle Umwelterfahrung befaßt, die durch das ganze individuelle Leben nachweisbar sind. Diese Voraussetzungen werden als formale, nicht inhaltliche Grundfunktionen (Tempo, Gefühlsansprechbarkeit, vitale Energie, Weltzuwendung, Festhaltekraft) aufgezeigt. Ⓛ PFAHLER

Erbe-Umwelt-Problem, *nature-nurture-problem,* Erbe bezeichnet die Kombination der →Gene (→Genotyp), die bei der Befruchtung aus der Vereinigung von männlicher und weiblicher Keimzelle entsteht. Aus dem Zusammenwirken von Erbe und →Umwelt in der Entwicklung des Individuums entsteht der →Phänotypus. Die relative Bedeutung der Bedingungskomplexe Erbe und Umwelt für die Ausprägung ps. Merkmale war und ist eine der großen Streitfragen der Psychologie. Allerdings wird von Theoretikern, die das Zusammenwirken von Erbe und Umwelt als fortlaufende wechselseitige Beeinflussung sehen, die Frage nach der relativen Bedeutung der beiden Bedingungskomplexe als falsch gestellt beurteilt.

Historisch gesehen wurde im Anschluß an GALTONS *»hereditary genius«* (1869) die Bedeutung des Erbeinflusses durch Erforschung von Familienstammbäumen zu zeigen versucht, wobei u. a. familiäre Konzentrationen von Berühmtheit, Musikalität, mathematischer Begabung, Kriminalität und Schizophrenie nachgewiesen wurden. Da aber durch die Eltern sowohl Erbausstattung als auch Umwelt der Kinder wesentlich bestimmt ist, sind durch Familienuntersuchungen prinzipiell keine klaren Nachweise des Erbeinflusses möglich. Methodisch weniger problematisch scheint der Nachweis des Erbeinflusses durch →Zwillingsforschung zu sein (Vergleiche und statistische Analyse der Ähnlichkeiten von getrennt oder gemeinsam aufwachsenden eineiigen und zweieiigen Zwillingen bzw. von gemeinsam aufwachsenden Pflegekindern). So wurden u. a. für bestimmte Intelligenzmerkmale Erbanteile von etwa 10 bis etwa 70% berechnet (VANDENBERG 1966). EYSENCK (1951) berichtet für Suggestibilität und

Neurotizismus Erbanteile von 70 bzw. 80%. Auch für Schizophrenie, manisch-depressives Irresein und Epilepsie wurde ein bedeutender Erbeinfluß gezeigt. Eine Zusammenfassung geben Ⓛ FULLER u. THOMPSON (1967[4]).

Gegen die Methode der Zwillingsuntersuchungen im allgemeinen und insbesondere gegen einzelne Ergebnisse wurden kritische Einwände vorgebracht, die sich u. a. auf Schwierigkeiten der Datengewinnung und auf die Angemessenheit der Grundannahme und der statistischen Verfahren beziehen. Zur Interpretation eines hohen Erbanteils ist anzumerken, daß aus diesem keinesfalls auf Unbeeinflußbarkeit des Merkmals geschlossen werden darf wie u. a. durch Veränderung der hoch erbbestimmten Körpergröße durch Umweltänderungen in Nachfolgegenerationen belegt ist. In der Humangenetik haben die skizzierten Methoden und Ergebnisse der Erbanteilsschätzungen vorwiegend wissenschaftshistorische Bedeutung. In der humangenetischen Forschung werden vor allem eng umschriebene Merkmalsausprägungen (z. B. Mongolismus, metabolischer Schwachsinn) auf numerische oder strukturelle Dysbalancen des Chromosomensatzes oder auf genetisch bedingte Stoffwechseldefekte zurückgeführt. Allerdings sind auch auf diesem exakten Analyseniveau kaum deterministische Beziehungen auffindbar. Vgl. →MENDELsche Regeln, →Umwelt, →Vererbung, →Zwillingsforschung. Ⓛ ANASTASI, RITTER u. ENGEL, EYSENCK 1975, MERZ u. STELZL 1977 *W-R*

Erbgang, der Weg eines →Allels durch die →Generationen

Erbkoordination →Auslösemechanismus, →Instinkt

Erbpsychologie, syn. psychologische Genetik. Die E. untersucht, ob psychische Eigenschaften erbgenetisch bzw. konstitutionsbedingt (keine Scheidung von Kerngenetik und intrauterinem Milieu) sind und inwieweit die Peristase (Umwelt, Milieu) einen dispositionssetzenden oder -ausprägenden Einfluß hat.

Die Umweltwirkung ist in jedem Fall spezifisch, da nur solche Reize wirksam werden, für die eine erbbiologisch grundgelegte Ansprechbarkeit vorgegeben ist. Die Untersuchungen können sich auf normale ps. Eigenschaften, auf pathologische und geniale Varianten, als auch auf ps. Rasseneigentümlichkeiten erstrecken. Weiteres →Erbe-Umwelt-Problem. Ⓛ GALTON, GOTTSCHALDT, HOLZINGER, JENSEN, PFAHLER, REINÖHL, MERZ u. STELZL 1977, BOUCHARD 1981, FARBER 1981

Erbrechen, psychogenes, nervöses E., hysterisches E., bei manchen Personen, vor allem Schulkindern, wenn sie in ihren Leistungen überfordert werden. Ausweichreaktion.

erethisch [gr. *erethismos* Reiz], reizbar. Mit erhöhter Reizbarkeit einhergehend, z. B. erethischer Habitus. Beim Schwachsinn bezeichnet Erethie die reizbar-erregte Form.

Ereuthophobie [gr. *ereuthein* erröten], Furcht zu erröten, z. B. gegenüber bestimmten Personen. Vgl. Erythropobie

Erfahrung, das durch (meist wiederholtes) Wahrnehmen (Erleben, Anschauung, Empfindung) gewonnene Wissen. Spezielle Bedeutungen des Begriffs E. sind:

(1) Allgemein: Lebenserfahrung. Das im Laufe eines Lebens gewonnene, erprobte und bewährte Wissen.
(2) Die Gesamtheit der Eindrücke, die wir an unserem bisherigen Leben empfangen haben.
(3) Philosophisch: Erfahrung im Sinne von empirischer Gewißheit. Die durch die Sinne vermittelte Gewißheit der äußeren und inneren Dinge.
(4) Wissenschaftlich: E. als die durch Beobachtung bestätigte Erkenntnis. Die E. hat durch die Assoziationsps. und den Empirismus die Bedeutung eines wissenschaftlichen Erklärungsgrundes ps. Prozesse (Leistungen) bekommen. Je häufiger ein Vorgang, Ablauf usw. erfahren wird, um so wahrscheinlicher und verständlicher ist sein Wiederauftauchen. →Lernen

Erfahrungsseelenkunde, (allg.) das durch →Erfahrung gewonnene Wissen ps. Art. • Begr. wird heute als vorwissenschaftl. Konzeption gewertet für die ps. Bemühungen im Aufklärungszeitalter (entsprechend dessen Streben nach Bildung und Wissen mit Befreiung von religiösen Dogmen). Menschenbeurteilung und -behandlung, Sammlung von Daten zu normalem und pathol. Verhalten, Psychographien und Selbstbekenntnisse standen im Vordergrund.

Die →Physiognomik wurde bes. beachtet. An den schon buchtechnisch hervorragenden vier Bänden »Physiognomische Fragmente zur Beförderung der Menschenkenntnis und Menschenliebe« (1775–1778) von J. C. LAVATER nahm auch GOETHE tätigen Anteil. Und I. KANT handelte in seiner »Anthropologie« (1798) »von der Art, das Innere des Menschen aus dem Äußeren zu erkennen«. Eine erste ps. Zeitschrift »Magazin für Erfahrungsseelenkunde als ein Lesebuch für Gelehrte und Ungelehrte« gab K. P. MORITZ 1783–1795 heraus. Daneben erschienen sehr beachtete Lehrbücher der E., Repertorien, sog.

Denkwürdigkeiten und Experimental-Seelenlehren Ⓛ DORSCH 1963

Erfassungstypen →Typologie (Erlebnistypen)

Erfolg, positive Bestätigung, die sich im Erleben als aktivierende Variable auswirkt und zugleich →Motivation, →Kognition, →Lernen, →Lernerfolg u. a. beeinflußt.

Erfolgsgesetz ⟨THORNDIKE⟩ →Effektgesetz, →bedingter Reflex

Erfolgskontrolle (Testps.) →Validität

Erfolg und Mißerfolg. HOPPE und LEWIN untersuchten die Bedingungen, unter denen das Erlebnis von E. und M. auftritt. Weniger das Ergebnis einer Leistung ist bestimmend, als ihr Verhältnis zum →Anspruchsniveau. Die Grenzen des Bereiches von Schwierigkeiten, in denen E. und M. erlebt werden, decken sich etwa mit den Grenzen der tatsächlichen Leistungsfähigkeit. Bei zu schweren und zu leichten Aufgaben tritt kein Erlebnis von E. und M. mehr auf. Ferner muß der Mensch eine Handlung als von ihm vollzogen erkennen, um E. und M. zu erleben und die Bedingungen für die Leistungshöhe sich selbst zuzuschreiben (→Attribuierung). Ⓛ HOPPE 1930, HECKHAUSEN 1965, 1980

Erfordertheit →Gefordertheit

Erg, erg [gr. *ergon* Arbeit], (phys.) Maßeinheit der Arbeit. • (ps.) Begr. aus der Persönlichkeitstheorie und faktorenanalytischen Motivationsforschung von R. B. CATTELL. E. bezieht sich auf die angeborenen »Wurzeleigenschaften« *(source-traits)* und wird ähnlich dem Begr. Instinkt verwendet. →Metanerg

ERG, Elektroretinographie →Elektroretinographie, Elektroretinogramm

ergänzende Tests, Ergänzungsverfahren, Tests, die bei einer Diagnose nicht als Hauptverfahren (Leitverfahren) eingesetzt sind. Es liegt dabei nicht am Test, sondern an der Art, wie er verwendet wird, ob er Haupt- oder Ergänzungsverfahren ist. Als letzteres kann er z. B. auch »Kontrollverfahren« sein.

Ergänzungserscheinungen, die als Ergänzungen bei Wahrnehmungsstrukturen auftretenden Phänomene. Unvollständige visuelle Reize werden ganzheitlich umstrukturiert, z. B. Lücken bei der figuralen Wahrnehmung oder verdeckte Figurteile. Auch das »Ausfüllen« des blinden Flecks (→Auge), die Ergänzung des Gesichtsfeldes bei →Hemianopsie gehören hinzu. →Gestaltgesetze

Ergänzungsfarben →Komplementärfarben

Ergänzungs-Test Ⓣ EBBINGHAUS, MEILI, MINKUS

Ergasie, Ergasiologie ⟨A. MEYER⟩ →Psychobiologie

ergic tension, Bez. für eine von R. B. CATTELL faktorenanalytisch auf der →Q-Daten-Basis erfaßte Persönlichkeitsdimension. Es handelt sich dabei um den Faktor Q_4, der als nicht abgeführte Triebspannung bezeichnet wird.

ergodisch, Eigenschaft einer Sequenz von Ereignissen (→MARKOFFprozeß), in welcher die Wahrscheinlichkeiten der einzelnen Ereigniskategorien in jeder möglichen Teilmenge von Ereignissen konstant sind

Ergograph, Ergographie, Kraft-(Arbeit-)Aufzeichner. Bez. für Geräte bzw. Methoden, mit denen die Muskelleistung registriert wird. So hebt und senkt z. B. ein Finger im Takt durch Beugung und Streckung ein Gewicht. Die Arbeitsleistung wird registriert. Die Geräteentwicklung geht auf MOSSO zurück. Man verwendet den E. bei Untersuchungen zur →Ermüdung, →Leistungsmotivation u. a. →Ergometer Ⓛ PAULI-ARNOLD

Ergometer, Ergostat, Geräte (prinzipiengleich mit →Ergograph) zur Messung von Arbeitsleistung (Ergometrie), speziell bei Beteiligung größerer Muskelpartien oder des ganzen Körpers. Z. B. Fahrrad-E., Kurbel-E.

Ergometrie →Ergometer

Ergonomie [gr. *ergon* Leistung, *nomos* Gesetz, engl. *ergonomics* MURRELL 1948], technologisch zunehmend wichtiges interdisziplinäres Spezialgebiet der Arbeitswissenschaften, das mit der systematischen Erforschung und Optimierung von →Mensch-Maschine-Systemen (MMS) durch bestmögliche Anpassung der technischen Systemkomponente an den Menschen nach psycholog., physiolog., anthropolog., biomechanischen, ingenieurwissenschaftlichen etc. Kriterien befaßt ist. Größtmögliche Systemleistung, Zuverlässigkeit und Sicherheit der Funktionseinheit Mensch-Maschine unter günstigen Arbeitsbedingungen (Humanisierung) und mit wirtschaftlichem Aufwand werden erreicht durch die technisch-konstruktive Umsetzung humanwissenschaftlicher Erkenntnisse über Handlungs- und Leistungscharakteristika, Beanspruchungstoleranzen, Körpermaße und Komfortbedürfnisse der Benutzerpopulation beim Führen, Steuern, Überwachen, Prüfen, Instandhalten und -setzen von Geräten, Fahrzeugen und Anlagen. Bei technischen Produkten für den allgemeinen Gebrauch wird angestrebt, die Arbeitsanforderungen und -bedingungen im MMS für ca. 90% der Merkmals- und Qualifikationsstreubreite der arbeitsfähigen Bevölkerung auszulegen.

Innerhalb der E. haben sich versch. Schwerpunkte herausgebildet. So umfaßt der systemergonomische Bearbeitungsaspekt umfangreiche Analysen über Systemziele, MMS-Struktur, Funktionsteilung Mensch-Maschine, Betriebsarten, Funktionsabläufe, Informationsfluß, Systemdynamik etc. und führt über die Ermittlung von Realisierbarkeitsrisiken synthetischer Vermaschungsalternativen der Mensch-Maschine-Regelkreise zur Bewertung der MMS-Konzepte. Der arbeitsplatzergonomische Aspekt erstreckt sich auf die funktionelle Hardware- und Arbeitsgestaltung der Schnittstelle Mensch-Maschine im Hinblick auf Sichtverhältnisse, Arbeits- und Bewegungsraum, Sitze, Anzeigen, Steuerungssysteme, Kommunikations- und Rettungseinrichtungen. Der umweltergonomische Bearbeitungsanteil richtet sich auf die tätigkeitsorientierte Festlegung der Beleuchtung, Klimatisierung, Belüftung sowie die Festsetzung der Grenzwerte für Lärm, Schwingungen, Toxen etc. Die personalergonomische Fragestellungen beschränken sich auf die Erstellung von Anforderungsprofilen (Qualifikationsanalysen) für komplizierte und beanspruchungsintensive Maschinen-Arbeitsplätze sowie auf ausbildungstechnologische Fragen. →Arbeitspsychologie, →Arbeitswissenschaft, →Arbeitsphysiologie, →Ingenieurpsychologie, →Psychotechnik Ⓛ SCHMIDTKE 1973ff., 1975ff. *Gr-R*

Ergotherapie, syn. mit →Arbeitstherapie (Werktherapie)

ergothym, Ergothymie, im arbeitsps. Schrifttum (so bei MOEDE) verwendete Bez. für den Einfluß, den die Gefühle, Triebe, Stimmungen, Interessen auf die Arbeit haben

ergotrop, (allg.) auf die Leistungssteigerung bzw. Kraftentfaltung ausgerichtet sein. • (spez.) Aktivierung durch das adrenergische System. • (pharmakolog.) Eigenschaft bei aktivierend und mobilisierend wirkenden Stoffen. →Ergotropie

Ergotropie, ergotrop [gr. *ergon* Werk, *trepein* hinwenden], nach W. R. HESS (1938) die im allgemeinen Sinne einer Leistungssteigerung des Individuums ausgerichtete Wirkung des Sympathikus (adrenerges System), im Gegensatz zum parasympathischen (cholinergen) System, das hingegen der Schonung und Erholung des Individuums dient und als trophotrop [gr. *trophe* Ernährung] bezeichnet wird.

Die adrenerge Aktivität führt z. B. zur Steigerung der Herzfrequenz und des Blutdruckes (verbesserte Durchblutung leistungsbezogener Organe, z. B. Skelett-Muskulatur), zur Konstriktion der Hautgefäße (verminderter Blutverlust bei Verletzung), zum Nachlassen der Akkomodation und zur Pupillenerweiterung (erhöhter Lichteinfall ins Auge), ferner zur Schwellenerniedrigung in der *formatio reticularis* (→Gehirn) (erhöhte Aufmerksamkeit) sowie zu Konzentrationserhöhung von Blutzucker und freien Fettsäuren (Steigerung des Energieangebotes im Blut). Insgesamt auch als Notfallfunktion bezeichnet. – Eine ähnliche aber noch weniger gut untersuchte Unterscheidung psychophysiol. Reizbeantwortung hatten schon früher (1910) H. EPPINGER und L. HESS mit den Begr. Sympathikotonie und Vagotonie eingeführt. Ⓛ HESS 1948 *B-C*

ergotropes System, das funktionelle Untersystem des gesamten vegetativen Systems, das die Leistungsbereitschaft animaler Funktionen fördert (W. R. HESS). →Ergotropie

Erhaltung, *conservation,* Begr. von PIAGET bei Transformationen der Form und Anordnung von Menge, Gewicht, Volumen etc. →Äquilibration, →Invarianz

Erhebung, Erhebungsmethoden →Datenerhebung, →Fragebogen

Erholung, *recovery,* (allg.) Erfrischung und die dazu dienenden Verhaltensweisen. • (biol.-ps./kybernetisch) das Rückschwingen eines Systems in die Normallage. →Ergotropie

Erholungstheorie des Schlafes, die älteste »restitutive« Schlaftheorie geht auf den gr. Arzt Alkmaenon (um 520 v. Chr.) zurück und ist bis zur Gegenwart modernisiert worden. Nach ihr soll sich während der Wachaktivität ein Energiedefizit entwikkeln, erkennbar als Sauerstoffdefizit, das dann während des Schlafes wieder restituiert wird, jedoch wurde ein solches Defizit nie nachgewiesen. Neuere Beobachtungen weisen auf einen funktionellen Zusammenhang zwischen Non-REM-Schlaf, Wachstumshormon und Gewebe-Ersatz hin. So kommt es u. a. während der ersten Schlafsubperiode zu einer Plasmakonzentration des Wachstumshormons, was auf eine mögliche Rolle des Non-REM-Schlafes bei der Geweberestituierung hinweist. →Schlaf Ⓛ KOELLA 1973, BECKER-CARUS 1977 *B-C*

Erinnerung, *recollection,* ins Bew.treten, speziell in das Bew.rufen früherer Erlebnisse. →Gedächtnis

Erinnerungen, erste, frühste, aus der Kindheit dem Erwachsenen verbliebene Erinnerungen. Bei der nur langsamen Zunahme der Erinnerungsfähigkeit stammen sie selten aus dem 1., gewöhnlich aus dem 2.–4. Lebensjahr. ● (psa.) FREUD bewertet die geringe Erinnerungsfähigkeit des Kleinkindes nicht als funktionelle Unfähigkeit, sondern als →Verdrängung. →Amnesie, infantile

Erinnerungsaphasie, Erinnerungsverlust entsprechend →Amnesie

Erinnerungsassoziation, die »Verknüpfung« der wiederauftauchenden Erinnerungsglieder. Der Vorgang kann assimilativ oder sukzessiv sein.

Erinnerungsdelir, Täuschung der Erinnerung mit weitgehend freier Erfindung nicht vorgekommener bzw. nicht selbst erlebter Situationen

Erinnerungsfälschung, Erinnerungstäuschung, Mängel der Erinnerungstreue. Gedächtnislücken werden beim Nachdenken über Geschehenes durch Vermutungen, Phantasie- oder Wunschvorstellungen ausgefüllt, und die Ergänzungen dann für Wahrgenommenes gehalten. Pathologisch gesteigert sind Erinnerungsfälschungen bei *pseudologia phantastica,* Hysterie, Geisteskrankheiten und manchen organischen Gehirnleiden. Besondere Bedeutung erhalten die E. bei der Beurteilung von Zeugenaussagen. →Aussagepsychologie

Erinnerungsfelder, Bez. für →Assoziationsfelder, in der ursprünglichen Annahme, daß hier neue Lernvorgänge (Assoziationen) stattfänden. →Lokalisation. *B-C*

Erinnerungsgefühle, Gefühle, die bei der Erinnerung an affektbetonte Erlebnisse auftreten

Erinnerungsgewißheit, das sichere Wissen, daß man etwas Vorgestelltes wirklich erlebt hat, d. h., daß es keine Phantasievorstellung ist.

Erinnerungshalluzinationen, Täuschung der Erinnerung wie beim Erinnerungsdelir

Erinnerungsillusionen →Erinnerungsfälschung

Erinnerungsnachbild ⟨FECHNER⟩, eine unmittelbar nach der Wahrnehmung zu beobachtende besonders deutliche Vorstellung vom Wahrgenommenen, die nach 5–10 sec verschwindet. →Nachbilder

Erinnerungstäuschung →Erinnerungsfälschung

Erinnerungsvorstellungen, Vorstellungen, die frühere Erlebnisse zum Gegenstand haben; im Unterschied zu Phantasievorstellungen

Eristik [gr.], Kunst des Streitgesprächs, der apologetischen Gesprächsführung. →Dialog *S-G*

Erkennen, das sichere, nachweislich der →Wirklichkeit entsprechende Wissen um einen Sachverhalt. Auch der Vorgang des Wahrnehmens und Denkens, der zum Wissen von einem Sachverhalt führt. Alles Erkennen ist zugleich Zurückführen eines Unbekannten auf ein Bekanntes. In der Ps. hat im Unterschied zur ontologischen Seinserkenntnis der Philosophie das E. stärker den Charakter der Einsichtgewinnung in die Struktur der ps. Prozesse auf Grund systematischer exp. Untersuchungen. →Erkenntnistheorie.

Erkenntnistheorie, im 19. Jhd. aufgekommene und verbreitete Bez. für die (auch ältere) philos. Erörterung der Bedingungen, Möglichkeiten und Grenzen wissenschaftlichen und außerwissenschaftlichen →Erkennens.

Viele Hauptwerke der Philosophie des 17. und 18. Jhd. sind daher der E. zuzurechnen (z. B. DESCARTES 1641, LOCKE 1690, HUME 1748 oder KANT 1781). Grundprobleme der E. sind: 1.) Das Verhältnis von erkennendem Subjekt zu erkanntem Objekt, 2.) Die Realität der Außenwelt (Idealismus-Realismusproblem), 3.) Die innere Struktur des erkennenden Subjekts, 4.) Die Gewinnung und Begründung von Allgemeinaussagen durch Erfahrung und Denken (Induktionsproblem), 5.) Die Wahrheit und Gewißheit wissenschaftlicher Aussagen und 6.) Die Verankerung des Erkennens in allgemeinen Lebenszusammenhängen. Es besteht heute Konsens darüber, daß eine so verstandene E. weder als Real- noch als Formalwissenschaft möglich ist. Vielmehr werden die genannten Fragen teils einer historischen und/oder spekulativen Philosophie der Erkenntnis, teils einer exakten Metawissenschaft der erkennenden Wissenschaften, teils der empirischen Ps. als Gegenstand zugewiesen (→Wissenschaftstheorie). Ⓛ LEINFELLNER 1967 *G-R*

Erkennungs-Test Ⓣ BINET, ROSSOLIMO

Erklären, »Einordnen der uns entgegentretenden, zunächst nur einfach festgestellten Tatsachen in allgemeinere Zusammenhänge« (BAVINK, 1954).

In der Logik ist Erklären das Klären eines Begriffs durch Aufzeigen seiner Merkmale (Zeichenerklärung). In der Methodologie ist das E. die Hypothesenbildung mittels der regressiven →Reduktion, was sowohl in den Naturwissenschaften wie in den Geisteswissenschaften (z. B. Geschichte) üblich ist. Es wird eine Aussage im Rahmen eines axiomatischen Systems aus einer anderen abgeleitet und dadurch erklärt. Entweder sind die erklärenden Aussagen als Gesetze ihrem Wahrheitswert nach schon bekannt, oder sie sind es noch nicht und werden vorausgesetzt (BOCHENSKI, 1956). Das E. braucht nicht kausaler Natur zu sein. Es ist auch funktional, statistisch oder teleologisch. Die Minimalvoraussetzung ist das Aufzeigen von →Bedingungen (mindestens einer). ● In der Ps. wurde das Erklären als eine vom →Verstehen grundsätzlich verschiedene Methode angesehen. Das E. sollte im Idealfall die Auffindung eines Kausalzusammenhangs zum Inhalt haben und damit sinnfrei sein. Danach ist dem Erklären der Zugang zur erlebten Geist- und Wert-Welt schon seiner Möglichkeit nach verschlossen. Im günstigsten Fall läßt sich aber nicht ein »blindes« Aufeinanderfolgen oder das Faktum einer Korrelation konstatieren, sondern über den Weg der quantifizierenden Abstufung mit Hilfe der Mathematik eine einsichtige, sinnvolle Struktur und ihre Funktionsweise auffinden. Dadurch ist gezeigt, daß die Grenzziehung keine grundsätzliche ist. Ein Beispiel sind die →Bezugssysteme, die Werte wie groß – klein – mittel aus ihrem Struktur- und Funktionszusammenhang verständlich machen. →Verstehen, →verstehende Ps., →geisteswissenschaftliche Ps., →naturw. Ps., →Sinn

erklärende Psychologie, ps. Forschung und Lehre, die über das reine Beschreiben hinausgeht und Erklärungen gibt. ● (spez.) Bei W. DILTHEY der Gegensatz zu der von ihm vertretenen »verstehenden« (geisteswissenschaftlichen) Ps. →Verstehen, →verstehende Psychologie

Erkundungsexperiment →Experiment

Erkundungsgespräch →psychodiagnostisches Gespräch

Erleben, jegliches Innewerden von etwas, jedes Haben mehr oder weniger bewußter subjektiver, seelischer Inhalte, jeder Vorgang im Bewußtsein. Jedes E. besitzt immer nur ein begrenztes »Feld« (Erlebnisfeld), das allerdings von Mensch zu Mensch mehr breit oder eng, prägnant oder diffus, profiliert (durchgestaltet) oder flach ist. Das E. kann den Inhalten nach präsent (Wahrgenommenes, →Angetroffenes) oder repräsentiert (→Vergegenwärtigtes) sein. Weiter sind aktive und passive Erlebnisweise (ktetisches bzw. leptisches E. nach W. PETERS und gnostisches bzw. pathisches E. nach E. STRAUSS) zu unterscheiden. Aktivität bedeutet hierbei auswählen, ausrichten, profilieren usw. – im wesentlichen geistige Leistung, →auch »Nacherleben«

Erlebnis, in der Ps. jeder Inhalt des Erlebens bzw. das →Erleben selbst

Erlebnisaspekt →Aspekt

Erlebnisbeobachtung →Selbstbeobachtung

Erlebnisexperiment, eine Art des ps. →Experimentes, bei der die Vp die Aufgabe hat, die im Versuch ausgelösten Erlebnisse in der Selbstbeobachtung zu erfassen und hieraus eine Beschreibung oder ein Urteil abzugeben. Das Erlebnisexperiment entspricht der →Eindrucksmethode. Ggs. →Leistungsexperiment

Erlebnisfeld →Erleben

Erlebnispsychologie, eine Form der Psychologie, die ihre Ergebnisse vorzüglich aus der Erlebnisbeobachtung (Selbstbeobachtung) zu gewinnen sucht, im Ggs. zur Verhaltenspsychologie und zur Leistungspsychologie. Bez. stammt von K. BÜHLER. – Auch die auf DILTHEY zurückgehende geisteswissenschaftliche Ps. wird als E. bezeichnet.

Erlebnisqualität, Begr. der KRUEGERschen Strukturps., der die komplexe »Gestaltetheit« des Erlebens meint. Ⓛ KRUEGER

Erlebnisreaktion, die sinnvoll motivierte, gefühlsmäßige Antwort auf ein Erlebnis (K. SCHNEIDER)

Erlebnisreaktion, abnorme, auch Aktualneurose genannt. Es sind dies mehr oder weniger flüchtige psychogene Störungen im Anschluß an akute seelische Erschütterungen oder Konflikte.

Erlebnistypen →Typologie (Erlebnistypen)

Erleichterung, soziale [engl. *social facilitation*], bei bloßer Anwesenheit von anderen Personen gelegentlich beobachtete höhere Leistungen sollen Folgen der s. E. sein. Verschiedene Erklärungsversuche des schon in frühen Experimenten (TRIPLETT 1898) aktuell gewordenen Problems revidiert ZAJONC (1965). Die Beziehung zur →sozialen Bewertungstheorie und die Erklärung durch Verstärkungs-Kontingenzen behandeln Ⓛ SCOTT u. CHERRINGTON 1974 *B-S*

erlernte Hilflosigkeit →Hilflosigkeit

Erlernungsmethode →Gedächtnismethode

Erleuchtung, (allg.) das plötzliche Erkennen eines verborgenen oder unbekannten Sinnzusammenhangs. ● Aufleuchten bisher verborgener Wahrheit als besondere Form religiöser Erfahrung im Prophetismus, in der Mystik, im Buddhismus. *S-G*

Erlösungsmensch →Rassenpsychologie

Ermüdung, ein Folgezustand geistiger oder körperlicher Beanspruchung, der reversible

Leistungs- und Funktionsminderungen bewirkt (vereinzelt wird unter E. auch der Vorgang, d.h. die Beanspruchung durch eine Tätigkeit verstanden). Bedingt durch die Geschichte der E.forschung, die, beginnend um die Jahrhundertwende, ihren Ausgang von der Arbeitsphysiologie im Sinne einer muskulären E.forschung nahm und sich erst später durch die veränderte Arbeitswelt den vielfältigen ps. Faktoren der E. zuwandte, existiert heute eine verwirrende Fülle von unterschiedlichen Definitionen, Theorien und Einzelergebnissen. Die zahlreichen untersuchten E.formen lassen sich auf zwei Hauptbereiche der E. zurückführen: Die physische E. (Muskel-E.) und die psychische E. (auch zentrale oder nervöse E.). Von den in diesen Bereichen zusammengefaßten (objektiven) E.symptomen, Verhaltens- und Leistungsänderungen wird das »subjektive« E.gefühl (»Müdigkeitsgefühl«) unterschieden.

Die Muskelermüdung, gegeben durch den Rückgang der Kontraktionsfähigkeit eines Muskels, beruht auf mangelhafter Zufuhr von Sauerstoff und Nährstoffen oder auf einer Anhäufung von Milchsäure im Muskel, für deren Verbrennung der erforderliche Sauerstoff fehlt. Nach Aussetzen der ermüdenden Tätigkeit tritt Erholung ein. Beschaffenheit des Blutes und Leistungsfähigkeit von Kreislauf und Atmung sind daher für E. und Erholung besonders wichtig. Nach SCHMIDTKE (1965) können bei physischer Ermüdung weiterhin Störungen der peripheren Koordination sowie Rückwirkungen der Muskel-E. auf den Gesamtkörper, Veränderungen der Atmung, des Blutbildes, der Herz- und Kreislauftätigkeit eintreten. Hier zu nennende physiol. Merkmale der Ermüdung sind: Pulsbeschleunigung, Abnahme der Pulshöhe, Flacherwerden der Atmung. – Obgleich eine scharfe Abgrenzung der Gebiete nicht möglich ist, gelten als Merkmale der psychischen Ermüdung Rezeptions-, Wahrnehmungs- und Koordinationsstörungen sowie die Abnahme der Konzentrations-, Aufmerksamkeits- und Denkfähigkeit, die Arbeitsunlust, Reizbarkeit und das allgemeine »Müdigkeitsgefühl«. Die Frage nach den Ursachen der ps. E. ist weitgehend ungeklärt. Es steht jedoch fest, daß sich die affektive Grundstimmung mitsamt ihrer vegetativen Innervation und ihren Blutdruckänderungen in ihrer Wirksamkeit sowohl auf die physische E. als auch auf das Leistungsniveau insgesamt auswirkt und so mit den willkürlich und bewußt erbrachten Leistungen eng zusammenhängt. – Die E. peripherer Organe kann durch erhöhten Willenseinsatz weitgehend kompensiert werden. Damit führt die periphere E. zu einer höheren Beanspruchung zentraler Funktionen, d.h. zur zentralen E., die sich als Verschiebung der →Flimmerverschmelzungsfrequenz als ein zentralnervöses Phänomen exp. nachweisen läßt; auch die Reizstärke, die erforderlich ist, um Eigenreflexe auszulösen, nimmt hier erheblich zu. Die Rückwirkung auf den ganzen Organismus wird schließlich als Allgemeinermüdung bezeichnet, womit generell eine Änderung in der psychophysischen Struktur des Individuums infolge von Beanspruchung verstanden wird. – Die E.forschung ist ein wichtiges Gebiet der →Arbeitspsychologie. Ⓛ BARTENWERFER 1961, LEHMANN 1961, MÜLLER 1961, SCHAEFER 1970, SCHMIDTKE 1965 *B-C*

Ermüdungsmessung, die Feststellung des Ermüdungsgrades bei der Ausübung einer Tätigkeit, die bei längerer Dauer stark ermüdet. Der Grad der eintretenden Ermüdung wird entweder an dieser Tätigkeit selbst (Leistungsminderung, Zunahme der Fehler gegenüber der Anfangsleistung) gemessen oder an anderen Reaktionen der Vp festgestellt, die diese vor und nach der ermüdenden Tätigkeit ausübt. Gebräuchliche Meßmethoden der Muskelermüdung sind: (1) Ps. orientierte Methoden, wie psychomotorische Koordinationsproben, Arbeitsversuche, Leistungsproben wie fortlaufendes Rechnen (Paulitest, Konzentrationsleistungstest), Selbstbeobachtungsfragebogen (2) Physiol. orientierte Methoden: Ergographie, Messung von Pulsfrequenz, Flimmerverschmelzungsfrequenz (FVF), optischen Reaktionszeiten, psychogalvanischen Reaktionen, Atmungsrhythmik, Bestimmung von Muskeltonus, Mikrovibration, Bestimmung der oberen Hörgrenze, Elektroenzephalogramm (EEG). Vgl. psychophysiolog. Methodik. Ⓛ BARTENWERFER 1961, V. BRACKEN 1955, SCHMIDTKE 1965, BAUST 1970 *B-C*

Ermüdungs-Tests, Bez. für Tests, die besonders ermüdend wirken, wie z.B. langes Rechnen (Ⓣ KRAEPELIN). Es können jedoch viele Tests zur Daueranspannung (z.B. Ⓣ BOURDON) verwendet werden, wobei der Leistungsabfall als durch →Ermüdung bedingt interpretiert wird.

erogen →Sexualität (Tabelle)

Eros, ursprünglich das Verlangen. Einer der ältesten Naturgötter der Griechen.

Als kosmologischer E. und Sohn des Chaos das die Welt zeugende Prinzip; als Liebesgott und Sohn der Aphrodite (Amor) das in der Geschlechterliebe (bei den Griechen auch in der mann-männlichen Liebe) waltende Prinzip im Ggs. zur Agape (lat. *caritas*). Erstes Auftreten des Namens bei HESIOD. Später wird E. auch allgemein als schöpferische Begeisterung aufgefaßt. →Liebe ● FREUD belegt in seiner letzten Triebtheorie mit E. die

Gesamtheit der Lebenstriebe im Ggs. zu den Todestrieben.

Erotik, ein in seiner Wortbedeutung sehr breiter, vielumfassender Begr., der teils alle Erscheinungsformen der Liebe von den biologisch-geschlechtlichen bis zu den geistig-seelischen Formen umfaßt oder aber für Teilbedeutungen (z. B. *ars amandi* Liebeskunst) Verwendung findet. Heute bedeutet E. vorwiegend die Geschlechterliebe als geistig-sinnliche Einheit. Als Bez. für die körperlich-sinnliche Liebe wird vorwiegend der Begr. →Sexualität verwandt.

Erotomanie →Sexualität (Tabelle)

Erregbarkeit, Irritabilität, Exzitabilität, die Fähigkeit aller Lebewesen, auf Reize zu reagieren. Auf den (mechanischen oder chemischen) Reiz entsteht im Rezeptor (bzw. in dem ihm entsprechenden Leitungssystem bei niederen Tieren und Pflanzen) die Erregung, die eine reaktive Bewegung hervorruft. In psychologischer Bedeutung wird unter Erregbarkeit auch speziell die affektive Ansprechbarkeit verstanden, d. h. die mehr oder weniger starke Bereitschaft zu Gemütsbewegungen.

Erregungsniveau, Aktivationsniveau. →Aktivation (2)

Erregungsreaktion, Begr. von BECHTEREW für die durch wiederholte Reizung erzielbare Steigerung der elektr. und mechanischen Nervenerregbarkeit.

Erregungstypus →Typologie (Reaktionstypen)

Ersatzhandlung, Ersatzbefriedigung, (allg.) der Ersatz für eine eigentlich erstrebte Handlung. →Übersprunghandlung, →Mosaikbewegung. • Daß eine bestimmte Handlung an Stelle einer anderen treten kann (Ersatzbefriedigung), wurde zuerst von FREUD im Zusammenhang mit der →Regression aufgezeigt. Nach psa. Lehre strebt jedes unterdrückte Motiv nach einem Ersatzziel, das sein Ausleben dennoch ermöglicht. Neurotische Symptome können deshalb auch Ersatz sein für nicht Auslebbares. →Substitution. • In der Schule von LEWIN wurden die Bedingungen, unter denen E. auftreten, mit der Methode der →Wiederaufnahme unterbrochener Handlungen experimentell untersucht. Bevorzugt tritt Ersatzhandlung ein, wenn diese der ursprünglich intendierten sehr ähnlich ist. Statt wirklichen Handelns kann E. aber auch auf der Ebene der Phantasie oder des bloß sprachlichen Ausdruckes bzw. Denkens eintreten. Wird eine bestimmte Art von E. unmöglich gemacht, entstehen spontan andere Handlungen. Der Bereich von Handlungen, die für eine Ersatzhandlung in Frage kommen, weitet sich mit der steigenden Fähigkeit zum Erfassen abstrakter Beziehungen (erhöhtes Erkennen von Ähnlichkeiten) aus.

Erscheinung, syn. Phänomen, i. allg. das, was wahrgenommen wird. E. sind Inhalte der Sinnesempfindungen (E. erster Ordnung) und Gedächtnisbilder (E. zweiter Ordnung). →Sensation, →Wahrnehmung.

Ersparnismethode →Gedächtnismethoden

Erstarrungsgesetz, jede Schöpfung des menschlichen Geistes erstarrt. Das von HELLPACH formulierte »Gesetz« bezieht sich zusätzlich auf den Verlust der Erlebnisgrundlage in den Bindungen an die Gemeinschaft. Die Bindung existiert dann nur noch durch →Institutionalisierung oder Konventionalisierung (z. B. Sitte, Brauch). Gegengewicht zum E. ist das Erweckungsgesetz, der Motivschwund wird durch eine Motiverneuerung abgelöst. →Nivellierungsgesetz, →Primitivierungsgesetz.

erster Eindruck →Eindruck, erster

Ersterinnerung →Erinnerungen, erste

Erwachsenenpsychologie, dasjenige Teilgebiet der Ps., das sich mit dem Erwachsenenalter und seinen ihm eigentümlichen Merkmalen und Problemen beschäftigt. Begrenzt von der →Jugendpsychologie und der →Ps. des Alterns, wird die E. zumeist als die Ps. des 3. bis 6. Lebensjahrzehnts betrachtet. In das E.alter fallen die volle biologische und soziale Tüchtigkeit, die Höhe der allgemeinen Leistungsfähigkeit, über deren Zeit die Ansichten auseinandergehen, und die volle ps. Reife, die aus dem Dasein »eine Art geistig-seelische Gestalt zu runden« (THOMAE) vermag. Letzteres tritt in der Regel spät ein, womit verständlich wird, daß die Darstellung des Lebensablaufs in einer Kurve des Aufstiegs und Abstiegs nicht zutreffend sein kann. Stets erfolgt von Stufe zu Stufe ein Neubeginn – in »kreisförmigem Ablauf« werden neue Themen (im privaten oder öffentlichen Leben, Beruf, Freizeit u. a. m.) aufgegriffen und neue Formen der Lebensbewältigung gefunden. Ⓛ Ch. BÜHLER, U. LEHR, H. THOMAE

Erwartung, *expectancy,* die Vorwegnahme und zugleich Vergegenwärtigung eines kommenden Ereignisses. E. basiert stets auf vorausgegangenen Erfahrungen, besitzt aber dennoch eine gewisse zweifelnde Spannung (E.-spannung). →ROSENTHAL-Effekt

Erwartung, antizipatorische →Motivation

Erwartung, mathematische, Bez. für den →Mittelwert einer zufällig variierenden Größe.

Erwartungsfehler, ein Fehlurteil, das durch eine bestimmte Erwartungseinstellung zustande kommt. Das Erwartete wird i. allg. nach den bisher bewährten Erfahrungen beurteilt.

Erwartungsneurose, nach KRAEPELIN die Hemmung alltäglicher Leistungen wie Sprechen, Gehen, Schreiben, Lesen, Schlucken, Wasserlassen, Schlafen nach einem vorausgegangenen Mißlingen (ohne besonderen Anlaß) durch ängstliche Erwartung des Wiedermißlingens

Erwartung mal Wert →Entscheidungstheorie

erworbene Eigenschaften, nicht-vererbte Eigenschaften, die ein Organismus im Verlaufe seiner →Ontogenese erst erwirbt und nicht an seine Nachk. weitergibt. →Vererbung *P-S*

Ⓔ **erythro...** [gr.] in Wtvb. rot, rötlich

Erythrochloropie →Farbenblindheit

Erythrophobie, das Auftreten von Angst beim Sehen der Farbe Rot, wie bei der Hämatophobie (Angst beim Sehen von Blut). • Furcht, rot zu werden. →Ereuthophobie

Erythropsie, Rotsehen →Chromopsie

Erythropsin, Sehpurpur (Rhodopsin), der lichtempfindliche rote Farbstoff in der Netzhaut

Erzählmethode, Wortassoziation, verbale Gestaltungs- u. Ergänzungsverfahren, Bez. für die Tests, bei denen die Ergänzung von Wörtern, Satzanfängen, Anfängen von Geschichten, Fabeln u. a. aufgegeben wird, um die personale Struktur zu erhellen.

• Die Wortassoziation, die zuerst GALTON mit einer Reizwortliste behandelte, führte über WUNDT, KRAEPELIN, ASCHAFFENBURG, EBBINGHAUS, WERTHEIMER, JUNG, ZIEHEN u. a. zur assoziationsmethodischen →Tatbestandsdiagnostik, zum →Lügendetektor. Auch in der Psychotherapie hat die Wortassoziation noch einige Bedeutung, z. B. die Methoden von Ⓣ JUNG und das *association adjustment inventory* von BRUCE mit der Reizwortliste von Ⓣ KENT u. ROSANOFF. • Wichtiger für die ps. Diagnostik sind Tests mit Satzanfängen, unvollständigen Sätzen und angefangenen Geschichten, so die Satzanfänge nach J. UNGRICHT, der *sentence completions test* von J. B. ROHDE, der *incomplete sentences blank* von J. B. ROTTER (geschichtl. Beispiel Ⓣ ZIEHEN), dann die Erzählungsanfänge von Ⓣ WARTEGG und Ⓣ UNGRICHT, die Fabelmethoden von Ⓣ DÜSS und Ⓣ THOMAS, mit Abwandlungen von R. FINE, J. L. DESPERT (u. a.). Erzählen bzw. ergänzen von Geschichten führte 1919 der LEIPZIGER LEHRERVEREIN ein; das *story-telling* vertieften DESPERT u. POTTER (1936), WHEELER (1938). Neuartig ist die Konzeption des *test des trois-personnages* von Ⓣ M. BACKES-THOMAS.

Auf dem Wege der Assoziation Wünsche und Motive zu provozieren, ist auch versucht worden, z. B. mit der Wunschprobe von Ⓣ WILDE, dem Tsedek-Test von Ⓣ BARUK, dem *insight test* von SARGENT. Schließlich ist der Test von Ⓣ ROSENZWEIG zu erwähnen, bei dem zur Diagnose der →Frustationsreaktionen die verbale Ergänzung von Situationen verlangt wird. →Bildgeschichtenmethode. Ⓛ HILTMANN, E. STERN, Hdb. d. Ps. Bd. 6

Erziehung, im engeren Sinne (der HERBARTianer) eine absichtliche planvolle Einwirkung auf einen jungen Menschen zum Zweck der Unterweisung des Willens, vielfach gleichgesetzt mit Charakter und Gesinnung, im Gegensatz zur Unterweisung des Verstandes (= Unterricht); • im weiteren Sinne das Handeln Älterer an Jüngeren im Rahmen bestimmter Erziehungsnormen und Zielvorstellungen (→Erziehungsziele), das in der Absicht geschieht, dem Jüngeren zu eigenverantwortlicher Lebensführung zu verhelfen; • im weitesten Sinne jedes soziale Handeln, durch das andere Menschen in ihren (psychischen) Dispositionen in einer als positiv bewerteten Richtung beeinflußt, stabilisiert oder verändert (verbessert) werden sollen.

E. gilt dann als lebenslanger, nicht abschließbarer Prozeß, dessen Grundmuster auch anders benannte Formen sozialer Einflußnahme (wie z. B. Sozialarbeit, Seelsorge, Psychotherapie) umfaßt. • Die E. ist anthropologisch begründet in der Lern- und Erziehungsbedürftigkeit des Menschen, der auf Lern- und Eingliederungshilfen direkter und indirekter Art angewiesen ist. E. ist als Ergänzung, Erweiterung und Personalisierung des Sozialisationsprozesses notwendig. Sie wird gesellschaftspolitisch gerechtfertigt durch Erziehungsziele wie Mündigkeit und Postulate wie →Chancengleichheit, die freilich auf das gesellschaftliche System bezogen und mit ihm bzw. seiner Wandlung veränderlich sind. Ⓛ H. BOKELMANN 1970, W. BREZINKA 1975, E. WEBER 1969. *Mü-E*

Erziehungsberatung, diejenige Form von institutionalisierter →Beratung für Erziehungsberechtigte, die die Lösung von Erzie-

E

hungsproblemen zum Ziele hat und derzeit von einem großen Kreis recht unterschiedlich ausgebildeter Personengruppen wahrgenommen wird: von Psychologen, Pädagogen, Ärzten, Geistlichen, Fürsorgern, Frauenverbänden etc. Während noch vor wenigen Jahren die vorrangigsten Themen der E. schulische, soziale und neurotische Störungen der Kinder, richtige Aufklärung (sexuelle Frühreife), Verwahrlosung und Jugenddelinquenz waren, kommen neuerdings als wichtige Probleme die diversen Suchtgefährdungen (durch Alkohol und sonst. Drogen, wie div. Rauschgifte) sowie die Auswirkungen der negativen Züge des modernen Gesellschaftslebens (Freizeit-/Konsum-/Massen-/Leistungsgesellschaft) hinzu, für die z. T. die herkömmlichen ps. Erklärungs- und Interventionsansätze nicht mehr ausreichen.

Methodisch wird dabei sowohl die Entwicklung effektiver Kurzzeitstrategien immer dringlicher (die sich weder im unsystematischen, eher spontanen Einzelgespräch erschöpfen, noch zwingend in intensive Langzeittherapien einmünden müssen) als auch die Öffnung der Beratungsarbeit in Richtung auf Gruppentechniken und umfeld-verändernde Ansätze (z. B. durch Einbeziehung von Lehrern und/oder Ärzten und/oder Verwandten/Nachbarn). Die Dringlichkeit der Aufgaben der E. scheint in neuerer Zeit, mit ihrem Trend zur Erhöhung der Vielfalt von schon frühzeitig wirksamen, durchaus divergierenden außerfamiliären Einflüssen auf die Persönlichkeitsentwicklung der Kinder (vgl. z. B. Zunahme der Mütter-Berufstätigkeit oder diverse Frühförderungsprogramme in den Massenmedien) deutlich zuzunehmen. Ⓛ HORNSTEIN u. a. 1977, REID u. EPSTEIN 1979, AGUILERA u. MESSICK 1977, SCHMIDT 1978 *Sch-R*

Erziehungsmittel bezeichnet die intentionale Ergreifung von Maßnahmen zur direkten Einwirkung (z. B. durch das Erziehungsmittel Lob, Strafe) bzw. die Schaffung von Situationen zur indirekten Einwirkung (z. B. durch das E. Arbeit) auf den zu Erziehenden. Ziel und Kriterium für die Auswahl der E. ist die Erreichung eines bestimmten Erziehungsziels, wobei in der päd. Diskussion besonders die Frage der Legitimation z. B. in ethischer Hinsicht sowie das Problem der unerwünschten Nebenwirkungen vieler Erziehungsmittel eine zentrale Bedeutung hat. Ⓛ GEISSLER 1975 *Mu-R*

Erziehungspsychologie →Pädagogische Psychologie

Erziehungsstil, relativ einheitliche Ausprägungsform erzieherischen Verhaltens, die sich deskriptiv als typische Konfiguration von pädagogisch relevanten Verhaltensmerkmalen (Erziehungspraktiken) von anderen Ausprägungsformen abheben läßt.

Der E. scheint durch mehr oder weniger dominante und bewußte normative Vorstellungen des Erziehers (Erziehungsnormen) bestimmt, jedoch auch abhängig von der jeweiligen Erziehungssituation und -konstellation (aktuellen bzw. überdauernden Erziehungsbedingungen). Man unterscheidet E. als Individualstil (Ausdruck der individuellen Eigenart eines bestimmten Erziehers in allen Erziehungshandlungen) und Gruppenstil (Grundform pädagogischen Verhaltens z. B. bei Volksstämmen, Sozialschichten, Lehrergruppen usw.). Der Begriff E. kann als die umfassendere Kategorie aufgefaßt werden, die die Kategorien →Führungsstil und →Unterrichtsstil einschließt. Im Begr. E. ist beim Wechselbezug der pädagogischen Interaktion vorwiegend die Seite des Erziehenden akzentuiert.

In faktorenanalytischen Untersuchungen, die zunächst vorwiegend von den Typenkonzepten des Führungsstils (autokratisch: demokratisch) oder des Unterrichtsstils (dominativ: integrativ) ausgingen, wurden diese komplexen Verhaltensbilder zugunsten der an Variationsmöglichkeiten reicheren Kombination von im wesentlichen zwei orthogonalen Dimensionen (Liberalität-Kontrolle; Zuwendung-Zurückweisung) aufgegeben. Noch strenger verhaltensbezogen bleiben Untersuchungen der Erziehungswirkung, die, vom Bekräftigungsverhalten der Eltern (Bestrafung bzw. Belohnung) ausgehend, das von den Kindern als (unabhängig voneinander variierende) Strenge bzw. Unterstützung erlebt wird, zu den Dimensionen Verbotsorientierung (mit vielfältigen Kennzeichen wie Aktivitätsminderung, Risikovermeidung, Furcht vor Mißerfolg u. a. bei positiver Ausprägung) bzw. Gebotsorientierung (mit im positiven Falle hoher Aktivitätsrate, aufsuchendem Verhalten, Hoffnung auf Erfolg u. a.) in Beziehung gesetzt werden kann (HERRMANN, STAPF u. a.). In diesen neueren Forschungskonzepten sind also vor allem die Auswirkungen auf den zu Erziehenden und nicht so sehr der E. als solcher von Interesse. Ⓛ WEBER 1973, HERRMANN, STAPF und KROHNE 1971, LUKESCH 1975a, 1975b, 1976, STAPF u. a. 1972, TAUSCH, R. u. TAUSCH, A.-M. 1979[9] *Mü-E*

Erziehungswissenschaft, nach dem Zweiten Weltkrieg gegenüber der traditionellen Bezeichnung →Pädagogik bevorzugte Bezeichnung für eine wissenschaftliche Disziplin,

die in Abhebung von Nachbarwissenschaften wie Psychologie, Soziologie, Philosophie die Erziehungswirklichkeit erforscht.
Der Gegenstandsbereich Erziehungswirklichkeit wird unterschiedlich bestimmt: als das Insgesamt bewußter und unbewußter erzieherischer Wechselwirkungen, die den Menschen in allen Lebenslagen formen (RÖHRS), als die Grundsituation, in der der Mensch von anderen geformt wird und andere formt, wobei die erzieherischen Intentionen institutionell (z.B. in Elternhaus, Schule, Heim usw.) realisiert werden (LANGEVELD), als das im Erziehungsobjekt verwirklichte Ziel und die für die Zielerreichung maßgeblichen Einflüsse (PETERSEN), als die dem wissenschaftlichen Zugriff offenliegende Wirkungsweise des Erziehungssubjekts samt den konstitutiven Bedingungen (BREZINKA). • Bei der erziehungswissenschaftlichen Theoriebildung werden verschiedene Typen und Konzepte unterschieden: so der hermeneutisch-spekulative, der deskriptiv-phänomenologische und der empirisch-positivistische Theorietypus (BOKELMANN), die Konzepte einer Erziehungswissenschaft als empirische Wissenschaft, als Normwissenschaft und als Geisteswissenschaft (WELLENDORF), ähnlich als Prinzipienwissenschaft, Erfahrungswissenschaft, Geisteswissenschaft und kritische Theorie (BLANKERTZ) oder geisteswissenschaftlich-hermeneutische Pädagogik, Pädagogik als Realwissenschaft und Pädagogik als Konflikttheorie im Sinne von Gesellschaftskritik und Emanzipationsanspruch (ULICH), schließlich neben der geisteswissenschaftlichen Pädagogik die empirische E., die kritische E. und die handlungsorientierte E. (WULF). • Die Einflüsse von seiten verschiedener wissenschaftstheoretischer Konzeptionen sind deutlich, die kritischen Überprüfungen von unterschiedlichen Ansätzen aus weitergetrieben, jedoch noch nicht zu einer endgültig gegenstandsbezogenen und damit die Möglichkeit von Entscheidungen erschließenden Gegenüberstellung gelangt. →Erziehung, →Pädagogik. Ⓛ BLANKERTZ 1971, BOKELMANN 1970, BREZINKA 1978, LANGEVELD 1966, 1971, PETERSEN 1962, ULICH 1972, WELLENDORF 1969, WULF 1977 *Mü-E*

Erziehungsziel, Vorstellung von der Gesamtverfassung (z.B. »Mündigkeit« im pädagogischen Sinne) oder von Einzelqualitäten (z.B. »Kooperationsbereitschaft«) einer Persönlichkeit oder Gruppe, die mittels Beeinflussungen durch erzieherische Maßnahmen (Erziehungspraktiken) herbeigeführt oder ausgebildet werden sollen. E. sind von der gesellschaftlichen Wertorientierung und Verhaltensnormierung abhängig und zugleich als intentionale Momente des Erziehungsprozesses auf die instrumentalen Momente der Erziehungspraktiken bezogen. →Lernziel, →Erziehungswissenschaft *Mü-E*

Es, in der Tiefenpsychologie Bez. für das Unbewußte, die Sphäre der Triebe, im Unterschied zum bewußten Teil des Seelischen, dem →Ich

ESB, Abk. für *electrical stimulation of the brain,* elektr. Hirnreizung →Elektrodiagnostik

E-scale, Ethnozentrismusskala →Ethnozentrik

ESCoG →Elektrosubkortikographie

Eskapismus [zu engl. *escape* Flucht], Flucht vor der Realität. Wird auch als Abwehrmechanismus (Flucht in neurotische Symptome, hysterische Lähmung u. ä.) bezeichnet.

esoterisch, »nach innen gewandt«, Bez. einer Lehre, deren Inhalt nur nach besonderer Vorbereitung erkannt werden kann, daher nur Eingeweihten zugänglich ist. Ggs. exoterisch, für Außenstehende bestimmt, i. ü. S. allgemeinverständlich. *S-G*

ESP-Karten (ESP = *extra sensory perception*), die von J. B. RHINE in die paraps. Forschung eingeführten Karten. →Parapsychologie

ESPQ Abk. für *early school personality questionnaire.* Ⓣ CATTELL

Essay-Test, Bez. für die nur i. ü. S. als Test zu wertende Methode, zur Prüfung des Kenntnisstandes einen Aufsatz zu einem bestimmten (auch freien) Thema schreiben zu lassen. Vgl. Aufsatzanalyse

EST, *electroshock therapy,* Elektroschocktherapie (→Schocktherapie)

Eta-Verhältnis, syn. Korrelationsverhältnis. Statistischer Kennwert für das Ausmaß der Korrelation zweier Variablen mit kurvilinearer Abhängigkeit. Da bei vollkommener Linearität des Zusammenhangs das E. V. gleich dem Quadrat des Korrelationskoeffizienten (= Determinationskoeffizient) ist, kann das E. V. zur Linearitätsprüfung einer Regression herangezogen werden. *Mi-A*

Ethik [gr. *ethos* Haltung, Gepflogenheit, Sitte], Morallehre, die Lehre vom Guten und seinen Gegensätzen, von den Prinzipien des sittlichen Handelns und von den sittlichen Werten. Die Ethik ist praktische Disziplin der Philosophie. Zur Ps. der Ethik gehören sittliches Wertbewußtsein (wie das →Gewissen) und verantwortungsbewußtes Verhalten. →Wert, →Wertbildung

Ethische Einstellung Ⓣ BARUK, BAUMGARTEN, FERNALD, JACKSON, JACOBSOHN, MOERS, ROTH, SCHAEFER

Ethnographie [gr. *ethnos* Volk], weitgehend syn. mit →Ethnologie

E

Ethnologie [gr.], Völkerkunde wie Ethnographie, wobei erstere mehr die vergleichende, letztere die beschreibende Wissenschaft (vorwiegend von den naturvolklichen Gesellschaften, Primitivkulturen) belegt. Als Forschungsanliegen bevorzugen heute die beiden: materiale Kultur (Technologie), soziale Kultur, Religion und Magie, Kunst und Spiel. →Völkerps.

Ethnopsychologie [gr. *ethnos* Volk] →Völkerpsychologie

Ethnozentrik, Ethnozentrismus, Egoismus (Überbewertung) des eigenen Volkes, der Gruppe, der man zugehört. T. W. ADORNO entwickelte Einstellungsskalen zu dieser Haltung bei seinen Untersuchungen zur »autoritären Persönlichkeit«. Ⓛ BAEYER-KATTE 1972, KRUSE 1972

Ethogramm, (biol.) Verhaltensinventar, die Gesamtheit der dem Tier eigenen Verhaltensweisen. →Ethologie *P-S*

Ethologie [gr. *ethos* Sitte, Brauch], wenig gebr. Begr. für Charakterologie (Verhaltensweisen) • Lehre vom Verhalten (der Tiere). Auch svw. vergleichende Verhaltensforschung. →nächstes Stw. • Begriff wird bisweilen syn. mit →Ethik gebraucht, besonders in der engl. Literatur.

Ethologie, Lehre vom Verhalten, Verhaltensforschung. Im Mittelalter Darstellung von Charakteren durch Mimen. 1843 führte John Stuard MILL den Begriff der E. in die Wissenschaft ein. In seinem ›*Study of Logic*‹ grenzt er E. und Psychologie gegeneinander ab. E. in der heutigen Begriffsbestimmung beschrieb in Frankreich C. G. LEROY bereits 1764. Erst knapp hundert Jahre später wurde die E. durch die englische Übersetzung seines Werkes ›*The Intelligence and Affectibility of Animals from a Philosophical Point of View, with a few Letters to Man*‹ in die Kontroverse zwischen LAMARCKismus und DARWINismus einbezogen. Als Begründer der E. im Sinne einer vergleichenden Verhaltensforschung können Charles O. WHITMAN und Oskar HEINROTH angesehen werden. Unabhängig voneinander entdeckten sie um die Jahrhundertwende, daß sich ein tierischer Organismus durch seine spezifischen Bewegungen (→Ethogramm) ebenso beschreiben läßt, wie durch seine →Morphologie. Aus dem Ergebnis detaillierter Beobachtungen an Tauben und Entenvögeln schlossen sie, daß »der Homologiebegriff der morphologischen →Phylogenetik auf bestimmte Verhaltensweisen anwendbar ist«. Deskriptives Erfassen von Verhaltensweisen durch Beobachten, systematisches Ordnen und physiologische Kausalanalyse wurden von CRAIG, LORENZ, TINBERGEN und anderen als Methode der E. spezifiziert und entwickelt. Modifizierte Techniken aus Chemie, Physik und Mathematik sind für die moderne E. unerläßlich. Die vergleichende Verhaltensforschung stellt sich heute als eine eigenständige Disziplin innerhalb der Naturwissenschaften dar. Wie in der klassischen Biologie werden die Ergebnisse der E. als artspezifische Befunde gewertet. Analogieschlüsse erfolgen im Rahmen definierter Vergleichsebenen. In der Psychologie wie Soziologie wird die Aussage der E. oftmals überschätzt, indem lediglich Lehrmeinungen interpretiert werden (→Reflexologie, →Behaviorismus, LORENZ und seine Schule usw.), die nur einen Teil des Gesamtkomplexes berücksichtigen. Die vergleichende Verhaltensforschung bemüht sich vielmehr, sämtlichen Aspekten, wie Ursachen, zeitlichen Abläufen, Funktionen, →Ontogenese, →Evolution von Verhalten gerecht zu werden. Sie weist konsequent darauf hin, daß Verhalten sowohl endogen als auch exogen verursacht werden kann und sich das Ethogramm aus vererbten und erlernten Anteilen zusammensetzt (→Erbe-Umwelt-Problem). In seiner Lehre von der →Umwelt stellt Jakob v. UEXKÜLL Verhalten als Wechselwirkung zwischen Individuen und ihren Einzel-Umwelten dar (so auch J. HUXLEY). Erich v. HOLST untersuchte Verhalten auf der Ebene der →Elektrophysiologie. Durch Reizung des →Stammhirns von Hühnern konnte er bestimmte Verhaltensweisen auslösen. Er deutete Verhalten als einen bestimmten Zustand umrissener Gehirnabschnitte. Ergebnisse neurophysiologischer Versuche allein können jedoch den komplexen Vorgang eines Verhaltensmusters genauso wenig erklären wie ausschließliche Verhaltensbeschreibungen. Verhalten ist vielmehr als ein höchst kompliziertes Netz von Beziehungen zwischen hormonaler Steuerung, verhaltensmäßigen und physiologischen Veränderungen sowie äußeren Reizen zu verstehen.

Das folgende Modell versucht eine Erklärung für Verhaltensabläufe aus ethologischer Sicht zu liefern: Für jedes Verhalten besitzt der Organismus eine Handlungsbereitschaft. Sie wird durch äußere und/oder innere Reizmuster (→Schlüsselreiz, →AAM, →Hormone) erhöht bzw. erniedrigt und führt bei Überschreiten einer →Reizschwelle zum Erscheinungsbild des Verhaltens (→Endhandlung). Durch innere Zustände bedingt, tritt ein Suchverhalten nach der reizauslösenden Situation (→Appetenzverhalten) auf, das über einen Auslösevorgang zur Endhandlung führt. Diese Vorgänge sind nicht als reflexartige Abläufe zu verstehen. Exogene wie endogene Faktoren (Sinnesreize, Gedächtnis, Assoziationen usw.) wirken auf die Handlungsbereitschaft ein und passen das Verhalten an die jeweiligen Umweltbedingungen an (→Akkomodation, kognitive, →Assimilation nach PIAGET). Zunehmende Tageslänge im Frühling z. B. löst beim Stichling Fortpflanzungsstimmung aus. Die Fische wandern in Schwärmen von den Winterquartieren in das warme, flache Wasser. Solche →Biotope erhöhen beim Männchen die Handlungsbereitschaft für das →Territorialverhalten, das dann letztlich durch Umweltmerkmale und insbesondere durch buntgefärbte Artgenossen ausgelöst wird. Mit steigender Organisationshöhe wächst der Einfluß des Gehirns auf die Handlungsbereitschaft (→Enzephalisation), d. h. der Anteil vererbter Verhaltenselemente beim Menschen ist nicht mehr ohne weiteres erkennbar, weil sie von erlerntem Verhalten dominiert werden (→Humanethologie). Durch Verschränken von angeborenen und erworbenen Verhaltenselementen gewinnt das →Ethogramm eines Tieres an →Plastizität, wie z. B. beim Werkzeuggebrauch. Schimpansen lernen, mit Hilfe von Halmen und Stöckchen Termiten zu angeln. In Laborversuchen konnte bei niederen Affen in Versuchen mit Hilfsmitteln sogar abstraktes Denken nachgewiesen werden. Zur Kommunikation mit seiner tierischen Umwelt bedient sich das Individuum vielseitiger →Signale. Diese können intra- und/oder interspezifisch wirken und rufen eine positive, negative oder neutrale Reaktion hervor. Wechselseitige Signale mit darauf folgenden Reaktionen sind die Voraussetzung für jedes Zusammenleben. Sie ermöglichen die Besiedelung eines Biotops mit Individuen verschiedenster Arten. Auf diese Weise bilden sich Lebensgemeinschaften, die sich nach dem Grad ihrer Abhängigkeit klassifizieren lassen:

Synökie: Die völlig neutrale Beziehung zwischen Partnern; z. B. das Zusammenleben verschiedenartiger Huftiere in der Steppe.

Kommensalismus: Eine »Tischgemeinschaft« – die Reste einer von Großraubtieren geschlagenen Beute werden von Hyänen, Schakalen, Geiern und Insekten vertilgt.

Symbiose: Das Zusammenleben zum Vorteil beider Partner. Ein Fisch und ein Krebs bewohnen dieselbe Höhle. Während die Garnele die gemeinsame Wohnhöhle säubert, wird sie von der Grundel bewacht.

Parasitismus: Eine Lebensgemeinschaft, in der ein Partner den anderen schädigt, ohne ihn zu töten. Der Kuckuck z. B. parasitiert Singvögel, indem er sein Ei in ein fremdes Nest legt und die →Brutpflege Artfremden überläßt.

Episitismus: Das Verhältnis zwischen Beutegreifer und seiner Nahrung. Diese »Lebensgemeinschaft« ist durch einen hohen Grad an Anpassung gekennzeichnet. Während sich z. B. das Sehvermögen der Greifvögel im Laufe der Evolution immer mehr steigerte, entwickelte sich bei den Beutetieren unauffällige Körperfärbung. Verhaltensanpassungen reichen vom →Totstellverhalten, →Kataplexie bis zu von den Nachtfaltern entwickelten »Störsendern« gegen die Echoortung der Fledermäuse.

Von besonderem Interesse für die E. sind Verhaltensweisen, die ausschließlich von Artgenossen verstanden werden. Sie stehen im Dienste der Arterhaltung, selbst wenn sie aggressiven Charakter haben. Innerartliche Aggression gewährleistet, daß (a) die Art sich in dem ihr zur Verfügung stehenden Raum ausbreitet (→Territorialverhalten) und dadurch mehr Ressourcen erschließen kann und (b) nur die Erbmasse (→Genetik) der stärksten Individuen weitergegeben wird. →Ritualisierung von aggressivem Verhalten und →Fluchtverhalten verhindern eine lebensgefährliche Beschädigung des Unterlegenen und somit eine Selbstvernichtung der Art. Die innerartliche Aggression ist bei solitär lebenden Arten besonders groß. Im Verlauf des Fortpflanzungsverhaltens solitärer Spinnen z. B. wird nicht selten das Männchen vom Weibchen gefressen. In dem Maße, in dem Tiere in Gruppen leben, wird die Aggression verringert, bzw. zu Sozialverhalten umfunktioniert. Lachmöwen sind während der Brutzeit sehr aggressiv, überwinden jedoch das →Kampfverhalten gegenüber dem Brutpartner, indem das Paar gemeinsam gegen einen imaginären Eindringling droht. Innerartliche Vergesellschaftungen sind temporär, oder können ein Leben lang andauern. Es gibt unorganisierte anonyme Schwärme (Heringsschwärme, Vogelschwärme), in denen sich die Individuen überhaupt nicht kennen, Sippen, die durch einen Geruch zusammengehalten werden (Rattenpopulationen), und hoch organisierte Familien, in denen jeder jedem bekannt ist. In einer Pavianhorde z. B. wird durch Kampfverhalten eine Rangordnung geschaffen, die die Gruppe hierarchisch strukturiert.

Insektenstaaten nehmen eine Sonderstellung ein: die morphologische und ethologische Differenzierung der Individuen ist ausschließlich auf genetische Dispositionen zurückzuführen und stellt eine verhältnismäßig starre Anpassung der gesamten Population dar. Altruistisches Verhalten einzelner Gruppenmitglieder sichert den Fortbestand des Verbandes und steht im Dienste der Arterhaltung. Wenngleich soziale Leistungen der Tiere stark an das menschliche Verhalten erinnern, sind Analogieschlüsse meistens unzulässig, denn die Voraussetzungen für solche Verhaltensweisen können von Art zu Art grundverschieden sein. In der E. wie Biologie wird jede →Art als integrierender Bestandteil eines balancierten Systems (→Ökologie) verstanden. Individuen, Populationen und Spezies unterliegen der →Selektion. Morphologie wie Ethogramm stellen eine Momentaufnahme im Geschehen der Evolution dar.

So, wie das Verhalten einzelner Tiere zum Gruppenverhalten integriert wird, setzt sich komplexes Verhalten aus einzelnen Teilabläufen zusammen. Diese werden auf verschiedenen Niveaus integriert, wobei das allgemeine zu immer spezielleren Verhalten führt. TINBERGEN nimmt an, daß diese hierarchische Ordnung einer vergleichbaren Struktur funktioneller Einheiten im Gehirn entspricht. Die motorische Einheit wird von WEISS als unterste Stufe der Zentrenhierarchie postuliert. Methodische Probleme erschweren die Beschreibung und die Interpretation tierischen Verhaltens, z. B. erfolgen Zählen, Denken, Assoziieren und andere Gehirnleistungen stets unbenannt und können nur indirekt erschlossen werden. Auch ist die tierische Sinneswelt z. T. bereits auf der Ebene des →Rezeptors der menschlichen so fremd, daß sie dem Experimentator nur über aufwendige technische Apparate zugänglich ist. Das in der Navigation verwendete Radar z. B. ist lediglich eine grobe Wiedergabe des Ortungssystems der Fledermäuse. Polyfaktorielle →Erbgänge und langwierige quantitative Verhaltensanalysen erschweren die Untersuchung der →Genetik von Verhaltensweisen.

Dagegen bieten sich in der E. experimentelle Möglichkeiten, die in der Psychologie und Humanethologie aus Gründen der →Ethik abzulehnen sind. →Kaspar-HAUSER-Versuche werden in der E. durchgeführt, um zwischen angeborenen und erlernten Verhaltensweisen differenzieren zu können. In der Humanethologie ist man auf transkulturelle Vergleiche und Befunde an taubblind geborenen Kindern angewiesen, um zu entsprechenden Resultaten zu gelangen. Dennoch haben sich viele in der Tierethologie entwickelte Methoden als hilfreich für die Untersuchung des Menschen erwiesen. E. im Sinne einer vergleichenden Verhaltensforschung kann als eine integrierende Wissenschaft verstanden werden. Sie ist in zahlreichen Disziplinen verwurzelt und reicht in viele Fachbereiche; z. B. →Neurophysiologie, →Hormonphysiologie, →Kybernetik, →Ökologie, vergleichende Psychologie u.v.a.

»Die Ethologie bietet eine noch im Werden begriffene Lehre vom Aufbau des Verhaltens an, die sich erstens vom Reiz-Reaktions-Modell im Sinne der →Reflexologie und zweitens von reinen →Lern- und →Milieutheorien freimacht. Die Beteiligung von Reflexen am Aufbau des Verhaltens, von Lernprozessen und Umgebungseinflüssen wird nicht etwa bestritten, doch bekommen alte Begriffspaare wie →Reiz-Reaktion, →Begabung-Lernen, →Anlage-Umwelt neue Inhalte« (D. PLOOG). →Humanethologie, →Verhaltenssysteme Ⓛ BROWN 1975, HASSENSTEIN 1980, HINDE 1973, HOLST 1970, KEITER 1969, LORENZ 1965, PLOOG 1964, TINBERGEN 1951, UEXKÜLL 1921 *P-S*

Etikettieren →*labeling*

ETS Ⓣ Educational Testing Service

Ⓔ **eu...** [gr.] in Wtvb. gut, schön, normal, typisch, gesund

Eugenik [gr. *eugéneia* edle Abstammung], Erbhygiene, Erbpflege, die (von GALTON begründete) Lehre von den Bedingungen, durch die gesunde Nachkommenschaft erzeugt und kranke vermieden wird.

Eukolie, eukolisch [gr. *eukolia* Zufriedenheit], Heiterkeit, freudig gestimmt. Ggs. →Dyskolie, →Posodynik

EULER-VENN-Diagramm, EULERsche Kreise →VENN-Diagramm

*

EULER, Leonhard / 1707 (Basel) – 1783 (St. Petersburg) / schweizer Mathematiker in Petersburg (heute Leningrad) und Berlin

Eunuch, Eunuchismus →Sexualität (Tabelle)

eunuchoid, Eunochoidismus →Sexualität (Tabelle)

Euphorie, euphorisch [gr. *euphorein* sich wohlbefinden], Wohlbefinden, gesteigertes Lebensgefühl, heitere, glückliche Stimmung, auch das Aufleben kurz vor dem Tode. Ggs. →Dysphorie

Euphorika →Pharmakopsychologie

Eurhythmie, wörtl. schöne rhythmische Bewegung, Ebenmaß im Takt. I. ü. S. regelmäßiger Herzschlag. ● Als »Eurythmie« Bez. von R. STEINER für die von ihm entwickelte »beseelte Bewegungskunst«.

eurysom [gr. *eurys* breit, dick, *sóma* Körper], breit-(dick-)leibig, bei den →Körperbautypen syn. mit pyknisch.

Eustachische Röhre, Bez. geht auf den im 16. Jhd. lebenden Arzt B. EUSTACHIO zurück. →Ohr.

Euthanasie [gr. *thanatos* Tod, *euthanasia* leichter Tod], Erleichterung des Sterbens durch entsprechende Hilfen. • Herbeiführung des Lebensendes bei unheilbaren, schmerzgequälten Kranken. Gnadentod. • Zu Unrecht wurde mit E. die in der Zeit des Nationalsozialismus geübte Vernichtung des sog. »lebensunwerten Lebens« bezeichnet (Tötung geistig und körperlich schwerstbehinderter Insassen von Pflegeheimen). →Sterbehilfe, Sterbenshilfe

Evaluation, Bewertung, die Auswertung und Interpretation von Informationen über die Wirkung von Handlungen. E. hat zum Ziel, das Handeln zu bewerten, zu legitimieren, über es zu entscheiden und es zu verbessern. • Messen von Wirkungen der verschiedensten Interventionen oder von Aktionsprogrammen, z. B. in der Psychotherapie, in Schulen oder anderen Institutionen. Ⓛ GLASS u. ELLETT 1980

evaluation apprehension, Bewertungserwartung, -besorgnis, -bewußtsein, das Bemühen einer Vp, daß sie eine positive Bewertung vom Vl erfährt oder zumindest keinen Anlaß für eine negative Bewertung gibt. *F-R*

Evidenz, unmittelbare Einsicht in das Gegebene mit der Gewißheit der Richtigkeit. Häufig wird diese Basis, spez. in der Psychologie, als genügender Beweis für die Richtigkeit der Erkenntnis eines Vorgangs hingenommen.

Die optischen Täuschungen zeigen aber, daß z. B. metrisch objektiv gleichlange Strecken evident verschieden lang erlebt werden (MÜLLER-LYER). Ebenso kann einem phänomenalen Kausalzusammenhang, z. B. Verschiebung eines Gegenstandes durch einen anderen (MICHOTTE), kein faktischer Zusammenhang entsprechen (wie auch viele Geschicklichkeitsspiele der Zauberer zeigen). Damit ist erwiesen, daß in einer empirischen Wissenschaft wie der Psychologie die Phänomene einer Analyse unterzogen werden müssen, damit gesichert wird, ob dieser Evidenz eine funktionale Abhängigkeit entspricht. Vgl. *common sense* Ⓛ HEIDER, LAUCKEN, MICHOTTE

Eviration →Sexualität (Tabelle)

evokative Tests, Bez. für Tests, die Gedanken, Erinnerungen, Vorstellungen, Empfindungen wachrufen (evozieren) dadurch, daß sie auffordern, eine Wahl zu treffen. Bekannte Beispiele die Katalog-Tests, wo Buchtitel das »Evokat« sind.

Evolution [lat. *evólvere* entfalten], die Entfaltung des Organismus und der ps. Funktionen in Wachstum und Reifung. Ggs. →Involution. →Abstammungslehre

Evolutionstheorie →Abstammungslehre

EWALDsche Typen →Typologie (Temperamentenlehre)

*

EWALD, Gottfried / 1888–1963 / Psychiater, Neurologe /Greifswald, Erlangen, Göttingen

Exaltation, überschwengliches Wesen, krankhafte Lebendigkeit und Aufgeregtheit

Examensangst →Prüfungsangst

Examensstupor, Sperrung des Gedankengangs durch die Prüfungserregung. →Prüfungsangst.

Excitantia, syn. →Stimulantien, anregende, belebende Drogen. →Psychopharmaka

Exhaustion [zu lat. *haurire* schöpfen, engl. *exhaustion*], Erschöpfung und die damit verbundene Reizschwellenerhöhung bzw. Reaktionsverminderung (Exhaustionsschwelle). • Kriterium bei der Bewertung von Sätzen, Konstrukten und Theorien: ihre Exhaurierbarkeit (Ausschöpfbarkeit) mit Hilfe von Zusatzannahmen, wenn neu beobachtete Tatsachen zunächst mit ihnen nicht erklärt werden (DINGLER). Ⓛ MAY 1949

Exhibitionismus [zu lat. *exhibére* zeigen, darbieten], das übersteigert ich-bezogene Zur-Schau-Stellen und Preisgeben von Überzeugungen, Gefühlen, Fertigkeiten und Schwächen, vorwiegend mit Überschreiten der sozialen Konvention. Motive bilden u. a.: Erregen von Aufmerksamkeit, Kokettieren mit Besonderem, Mitleiderregen u. ä. • E. in sexueller Bedeutung →Sexualität (Tabelle). *R-S*

existentiale Interpretation, Richtung der Theologie (BULTMANN), die nicht an »objektivierte« Tatsachen glaubt, sondern den Personkern des Hörers der biblischen Botschaft dadurch erreichen will, daß die Texte »existential« interpretiert, d. h. dem Menschen unserer Zeit so aufgedeckt werden, daß dieser sich dadurch unmittelbar getroffen und vor eine exist. Entscheidung gestellt sieht. *S-G*

existentialistische Psychologie →Psychologie (Richtungen)

Existentialkreise, Bez. von U. EBBECKE für die Funktionszusammenhänge · und das wechselseitige Sichabstimmen zwischen Reiz, Situation und Verhalten (als Antwort auf »Naturbefehle« wie Sich-Nähren, Sich-Wehren, Sich-Mehren). Auch die Bez. Vitalkreise ist dafür gewählt worden. →Funktionskreis. Ⓛ EBBECKE

existentielle Psychoanalyse, eine von SARTRE geförderte (bzw. eingeführte) Psychotherapie, die davon ausgeht, daß in jedem Individuum ein bestimmtes Ziel als Wert- und Wahlentscheidung steckt und die Therapie beim Patienten dieses aufzudekken und zur Anerkennung zu bringen hat.

existentielle Psychologie →Psychologie (Richtungen)

Existenz [lat. *existere* heraustreten, da sein], das Dasein im weitesten Sinne, wobei die menschliche E. als Aufgabe oder als das Aufgegebensein und die Forderung der Daseinsbewältigung beachtet wird. • Bei der E.philosophie, die um 1930 sich ausbildete und auf sog. lebensphilosoph. Ansätze (DILTHEY, NIETZSCHE, dialektische Theologie) sich stützte, traten vor allem Karl JASPERS und Martin HEIDEGGER hervor. Ⓛ BOLLNOW. • Der Ps. und Tiefenps. kamen diese Tendenzen für weitergehende Deutungen und zur Begründung neuer oder neu ausgerichteter therapeutischer Methoden gelegen. So entstanden die Systeme der →Existenzanalyse (FRANKL), →Daseinsanalyse (BINSWANGER), →Schicksalsanalyse (SZONDI), →existentiellen Psychoanalyse und andere. Über die Genannten hinaus wurde die E. in der gesamten Tiefenps. zum Grundthema. Ⓛ BINSWANGER, BOSS, DIENELT, FRANKL, SOUCEK, SZONDI

Existenzanalyse, in engerer Bedeutung – gegenüber der breiteren, die von der allg. Existenzbeachtung ausgeht (→Existenz) – ist E. ein Begr. von Viktor E. FRANKL für die von ihm in tiefenps. Ausrichtung entwickelte Durchforschung (Analyse) der den Lebenslauf bestimmenden Daten und Zusammenhänge.

Beachtet werden diese dabei in ihrem Sinn und Wert für den Probanden. So tritt ein »Wille zum Sinn« neben den »Willen zur Macht« nach ADLER oder auch den »Willen zur Lust« nach FREUD. Der unerfüllte oder falsch erfüllte Sinn (die existentielle Frustration bei FRANKL) sind der Ansatz zur Therapie (→Logotherapie). Sinn ist in dieser E. nicht bloß das Ungestörte im Erleben, in Liebe, Beruf usw., sondern auch das Leiden, wie auch der Tod dem Leben den Sinn nicht raubt. Ⓛ FRANKL

Existenzskala, individuelle →Schicksalsanalyse (SZONDI)

Exkretion, Ausscheidung →Sekretion

EXNER-Spirale →Bewegungsnachbild

*

EXNER, Sigmund Ritter v. Erwarten / 1846–1926 / Östr. Physiologe / Wien

Exogamie [gr. *exo* heraus, *gámos* Ehe], die im Totemismus vertretene Eheregel, wonach ein Mitglied eines Clans oder dessen Totemgruppe nur Angehörige eines anderen Clans heiraten darf.

exogen, von außen entstanden, dem Körper aufgeprägt, im Ggs. zu endogen. Besonders in der Psychopathologie werden nach exogen und endogen die Krankheiten eingeteilt, z. B. endogene Psychosen und exogene traumatische und toxische Hirnschädigungen.

exokrine Drüsen, Drüsen mit äußerer Sekretion (Schweißdr., Talgdr., Salzdr. u. a.). →Drüsen, →Sekretion, Ggs. →endokrine Drüsen *P-S*

Exophthalmus [gr. *ophthalmós* Auge], Hervortreten des Auges. »Glotzauge«. Beruht auf versch. Ursachen, am bekanntesten der Zusammenhang mit →BASEDOW.

exopsychisch, außerpsychisch, unklare Bezeichnung für Eigenschaften, die nur das »Äußerliche« der Persönlichkeit betreffen sollen. Ggs. →endopsychisch

Exorzismus, Austreiben böser Geister aus sog. Besessenen. Vielfach religionsps. Erscheinung, zumal bei Bekehrungen, Taufen usw. →Besessenheit

exoterisch →esoterisch

expansiver Typus →Typologie

experiencing [engl.], Selbsterleben, Beachtung von (Körper)signalen, Variante der →Gesprächspsychotherapie. *R-S*

Experiment [lat. *experimentum* Versuch, Probe, Erfahrungsbeweis], wissenschaftl. Versuch. Das E. besteht in der absichtlichen Herbeiführung des zu untersuchenden Geschehens zum Zweck seiner Beobachtung. KANT hat das E. eine Frage an die Natur genannt. In den Naturwissenschaften hat sich das E. als ergiebigste Methode erwiesen u. zu ihrem Fortschritt entscheidend beigetragen, insbesondere auch durch seinen wechselseitigen Zusammenhang mit der →Theorie. Im E. wird stets eine unabhängige Variable verändert u. der dadurch hervorgerufene Effekt auf eine abhängige Variable beobachtet, während die übrigen am Geschehen beteiligten Variablen konstant bzw. unter →Kontrolle gehalten werden. Das beobachtete Ergebnis soll eine Hypothese über die Bedeutung der veränderten Variablen beantworten. Kennzeichen des E. sind: 1. Planmäßigkeit (auch »Willkürlichkeit«, »Absichtlichkeit« genannt), 2. Wiederholbarkeit (Replikation) u. 3. Variierbarkeit. Alle drei Merkmale begründen die Überlegenheit der experimentellen über die nur gelegentliche Beobachtung.

Planmäßigkeit bedeutet, daß man es in der Hand hat, den Vorgang, auf dessen Eintreten man sonst u. U. lange warten müßte, zu einem beliebigen u. passenden Zeitpunkt hervorzurufen, u. dies unter günstigsten, weil möglichst genau kontrollierten Verhältnissen. Damit verbindet sich die Möglichkeit, Hilfsmittel der Beobachtung rechtzeitig vorzubereiten u. störende Einflüsse fernzuhalten. Die Wiederholbarkeit (die aus der Planmäßigkeit folgt) ermöglicht die Ausschaltung von Zufallsergebnissen (→Fehler) u. die spätere Nachprüfung der Resultate durch andere Beobachter. Die Variierbarkeit (die aus der Beherrschung der Bedingungen u. der Wiederholbarkeit folgt) bedeutet, daß bei mehrfacher Ausführung des E. die Klassen der unabhängigen Variablen weiter verändert werden u. auch weitere unabhängige Variablen in das Geschehen eingeführt u. ihrerseits verändert werden können. Indem diese Variationen in geeigneter Weise isoliert u. kombiniert werden, lassen sich die Wirkungen der verschiedenen Bedingungen auf die abhängige Variable (bzw. auf mehrere abhängige Variablen) erkennen u. bei gegebenen Voraussetzungen auch quantitativ bestimmen.

Die exp. Untersuchung erfordert häufig die Anwendung technischer Hilfsmittel zur exakten Gestaltung, Beobachtung u. Registrierung des Geschehens, jedoch ist darin keine notwendige Bedingung für das E. zu sehen. Ebenso kann die mathematische Behandlung der Beobachtungsinhalte fehlen, ohne daß dadurch der exp. Charakter der Untersuchung verlorengeht. Keine Einmütigkeit besteht in der Beurteilung der Bedingungsvariation als einem unerläßlichen Wesensmerkmal des E. So werden die Tests der ps. Diagnostik meist als E. bezeichnet, obwohl hier die Bedingungsvariation notwendigerweise (Standardisierung) fehlt. Man kann jedoch alle Verfahren, bei denen wohl das betreffende Geschehen planmäßig ausgelöst wird, auf eine Variation der unabhängigen Variablen aber weitgehend oder ganz verzichtet wird, als »unvollständige E.« (PAULI) bezeichnen.

Psychologisches Experiment: In jedem ps. E. werden durch Reize bzw. Reizsituationen bestimmte ps. Prozesse hervorgerufen, die zu einem Verhalten führen, welches beobachtet werden kann. Charakteristisch für das Ps. E. ist eine Aufteilung der Rollen zwischen einem Versuchsleiter (Vl) und einer oder mehreren Versuchspersonen (Vp, Vpn).

Dem Vl obliegt die Vorbereitung des E., die Auslösung der betreffenden ps. Prozesse durch entsprechende Beeinflussung der Vp (Instruktion u. Reizdarbietung) u. die Beobachtung u. Registrierung ihrer Reaktionen, oft auch die Auswertung der Beobachtungen. Die Vp hat als Träger des untersuchten Geschehens die Aufgabe, ihre Eindrücke zu beschreiben, oder auch nur die Aufgabe, instruktionsgemäß bestimmte Handlungen zu vollziehen. Ziel des E. kann es auch lediglich sein, bestimmte unwillkürliche körperliche Reaktionen der Vp (Ausdruckserscheinungen) zu beobachten. Technische Hilfsmittel des E. können dienen zur zweckmäßigen Beeinflussung der Vp (Gedächtnisapparate, Testmaterial u. dgl.) u. zur Registrierung ihrer Äußerungen (Film- u. Tonbandgeräte, elektrische Meßinstrumente u. dgl.).

Für die Unterscheidung einzelner Arten des ps. E. sind mehrere Gesichtspunkte maßgeblich: 1. Nach der allgemeinen Zielsetzung sind sie einzuteilen in Darstellungs- oder Beschaffenheitsversuche, wobei Vorgänge nur zum Zweck ihrer genaueren phänomenalen Kenntnis ausgelöst werden, Kausal- oder Verlaufsversuche, mit denen die Abhängigkeiten des Geschehens von verschiedenen Bedingungen festgestellt werden, u. schließlich Prüfungsversuche (Tests), die dazu dienen, Informationen zu gewinnen, die zur ps. Diagnose verwendet werden. Die Unterscheidung von Darstellungs- u. Kausalversuchen stimmt im wesentlichen mit der von Erkundungs- u. Entscheidungsexperimenten (→experimentum crucis) überein. 2. Nach der Rolle der Vp im E. unterscheidet man Eindrucks- u. Ausdrucksversuche. Bei der ersten Art hat die Vp dem Vl eigene Beobachtungen (z. B. an einer geometrisch-optischen Täuschung) mitzuteilen; bei der zweiten Art stellt allein der Vl Beobachtungen (über das Verhalten der Vp) an (sprachliche od. schriftliche Lösung von Aufgaben, Anfertigen von Zeichnungen, auch absichtslose Ausdruckserscheinungen wie Mimik, Gestik gehören hierher). Beide Versuchsformen können miteinander kombiniert werden. 3. Nach dem Gesichtspunkt der rechnerischen Behandlung ist (nach METZGER) zu unterscheiden zwischen rein qualitativen Versuchen, qualitativ-auszählenden Versuchen u. quantitativen Versuchen. 4. Nach dem Wissen der Vp um Zweck und Ziel des E. wird eingeteilt in wissentliche, halbwissentliche u. unwissentliche Versuche. Eine Sonderstellung hat in diesem Zusammenhang der →Wirklichkeitsversuch, der gelegentl. die Form des Feldexperiments (→Feldstudie) hat. 5. Nach der Anzahl der gleichzeitig teilnehmenden Vpn sind Einzel- u. Gruppenversuche zu unterscheiden. Alle erwähnten Gesichtspunkte können auf jedes ps. E. angewendet werden. Welches Verfahren zu wählen ist, ergibt sich aus den jeweiligen Fragestellungen u. besonderen Verhältnissen. Die Interpretation der exper. Befunde, ihre Brauchbarkeit für die Falsifikation von →Hypothesen und die Frage der Verallgemeinerung auf komplexere Verhältnisse außerhalb des Labors sind viel diskutiert worden. Ein weiteres Problem ist die manchmal, bes. in sozialps. E., verwendete Täuschung von Vpn (vgl. IRLE 1979). BROADBENT 1973 hat die empirische Ps., in der E. gebraucht werden, mit guten Gründen verteidigt, die ethischen Probleme der exp. Forschung sind u. a. von SCHULER (1980) behandelt worden. →exp. Ps., →Versuchsplan Ⓛ

CRAFTS, FISHER, FRAISSE, KIRK, LEWIN, MEILI-ROHRACHER, METZGER, MITTENECKER, PAULI

Experimentalgruppe, Versuchsgruppe →Kontrollgruppe

experimentelle Ästhetik →Ästhetik, experimentelle

experimentelle Neurosen, in Tierversuchen künstlich hervorgerufene neuroseartige Erscheinungen. Sie werden erzeugt, indem die Versuchstiere vor für sie unlösbare Aufgaben gestellt werden, denen sie sich jedoch nicht entziehen können. Sie reagieren darauf oft mit schweren motorischen Störungen und sozialer Isolierung.

experimentelle Psychologie, »Das Experiment ist eine besondere Verfahrensweise, die experimentelle Psychologie demnach nicht ein eigenes Gebiet innerhalb oder neben der allgemeinen Psychologie, sondern lediglich eine Psychologie, die sich dieser Methode bedient, wo es angezeigt erscheint« ⟨PAULI⟩.

Andererseits ist die e. Ps. auch keine »Richtung« in der gebräuchlichen Bedeutung dieses Wortes, denn das Experiment wird in ganz verschiedenen Richtungen mit einander z. T. sogar widersprechenden Grundanschauungen angewendet (Assoziationspsychologie und Gestaltpsychologie, introspektive Psychologie und Behaviorismus). E. Ps. ist also die Bezeichnung für eine Forschungsweise und das Insgesamt ihrer Ergebnisse. – Seit ihrer Begründung durch FECHNER (1860) hat sich die e. Ps. rasch entwickelt; ihre Verfahren haben sich auf alle Gebiete der ps. Forschung und Praxis (hierzu kann man auch die Testps. rechnen) ausgebreitet. Die bis in die Gegenwart erhobenen Einwände, daß die komplexen psychischen Vorgänge (besonders Denken und Wollen) sowie Fragestellungen der Persönlichkeitskunde nicht experimentell erforschbar seien, sind durch die Entwicklung widerlegt. Die Grenzen der Anwendbarkeit des ps. Versuchs sind vor allem da gegeben, wo die experimentelle Einflußnahme nicht möglich ist (z. B. schicksalhafte Einflüsse) oder wirkungslos bleibt, oder aus ethischen Gründen zu unterbleiben hat.

Die wichtigste Fehlerquelle und Grenze des ps. Experiments, der Einfluß der Versuchssituation auf die Vp, läßt sich in vielen Fällen durch wirklichkeitsgemäße Gestaltung des Versuchs umgehen. – Ausgesprochen experimentell orientierte Psychologen oder Richtungen sind z. B.: W. WUNDT und dessen zahlreiche, bedeutende Schüler, die Denkpsychologie der Würzburger Schule, die Gestaltpsychologie, der Behaviorismus. In neuerer Zeit hat die e. Ps. durch die Verbindung mit der modernen Versuchsplanung und Statistik (R. A. FISHER u. a.) verstärkten Auftrieb erhalten. Vgl. Experiment. Ⓛ BORING, BRUNSWIK, CRAFTS u. a., FRAISSE u. PIAGET, FRÖBES, GARRETT, KLING u. RIGGS, LINDWORSKY, METZGER, PAULI, PAULI-ARNOLD, SEASHORE, SELG u. BAUER, STEVENS, VALENTINE u. WICKENS

experimentelle Psychose →Modellpsychose

experimentelle Triebdiagnostik →Triebdiagnostik, experimentelle

experimentum crucis, [lat. svw. Entscheidungsexperiment], Experiment, das die E n t s c h e i d u n g über eine oder zwischen zwei und mehr Hypothesen oder Theorien herbeiführen soll. Die Suche nach dem e. c. spielt in der Geschichte der Naturwissenschaften eine erhebliche Rolle. Heute wird die wissenschaftstheoretische Auffassung »es gibt keine entscheidenden Experimente« (LAKATOS 1974) kaum noch bestritten, da Hypothesen prinzipiell nicht verifizierbar und durch ein e i n z e l n e s Datum auch nicht falsifizierbar sind. →Falsifikation Ⓛ LAKATOS 1974 *G-R*

Explikation [lat. *explicare* auseinanderfalten], Erklärung, ausführliche Darlegung. Nach CARNAP die Präzisierung der Bedeutung eines in der Umgangssprache vage und mehrdeutig gebrauchten Begriffs. E x p l i z i t : ausführlich dargestellt, ausdrücklich. →Implikation

explikatives Konstrukt →Konstrukt

Exploration, ein aus der medizinischen Fachsprache stammender Begriff für das Eruieren psychopathologischer Erscheinungen mittels Befragung des Patienten.

In die Psychologie wurde dieser Begriff für die Ermittlung normaler psychischer Vorgänge mittels Befragung des Pb übertragen. Im angloamerikanischen Sprachraum wird die E. als *interview* bezeichnet. Je nachdem, für welche Zwecke die E. verwendet wird, unterscheidet man zwischen der in der Meinungsforschung verwendeten E. (auch Interview genannt), welche persönliche Daten oder Tatbestände ermitteln soll, der E., bei der Unklarheiten, Widersprüche und Lücken einer diagnostischen Untersuchung beseitigt werden sollen, um weitere Hinweise zur Interpretation von Testergebnissen zu erhalten, und der E. als diagnostischer Methode zur Untersuchung von Persönlichkeitseigenschaften, Interessen, Werthaltungen, Einstellungen, Problemen und Denkweisen des Pb. Wird die E. als diagnostische Methode verwendet, so läßt sich die allgemeine oder informierende E., welche Tatsachenmaterial, Daten etc. liefern soll und eventuell Hinweise für die Gestaltung der Untersuchung, der Auswahl der Tests ergibt, von der gezielten E. zur Aufhellung bestimmter Probleme und Zusammenhänge unterscheiden.

Für diesen Anwendungsbereich der E. stellen sich dann die Fragen nach den Testgütekriterien der E. →Anamnese *Hä-R*

Explosivreaktion, abnorm heftiger, dem Anlaß nicht angemessener →Affektausbruch, besonders bei Psychopathen, Psychotikern, Alkoholikern; auch bei nervöser Belastung

Exposition, in der experimentellen Ps. das Darbieten einer Vorlage (z.B. Zeichnung, Test), zu der dann später Angaben zu machen sind. – Expositionszeit ist die Zeitdauer der Darbietung.

expressive Disposition, nach KRECH et al. (1962 106f.) eine primäre interpersonale (soziale) Verhaltenseigenschaft, wie z.B. Rivalität (Nicht-Rivalität, Kooperationsneigung); Aggressivität (fehlende Aggressivität); Befangenheit durch extreme Selbstbeobachtung und Empfindlichkeit (Unbefangenheit); Angeberei (Selbstverkleinerung) u.a. *B-S*

Expressivität, Fülle des Ausdrucks, Ausdrucksflüssigkeit. • (ps.) Die individuelle, von Begabung, Temperament etc. abhängige und daher unterschiedliche (mitmenschliche) Ausdrucksfähigkeit. →Ausdruck • (biol.) Der Ausprägungsgrad bei Erbanlagen.

Exstirpation [zu lat. *exstirpare* »mit der Wurzel« herausreißen], operative Entfernung von Organen (Organteilen) insbes. Herausnahme eines Teiles des Gehirns zur Feststellung der Funktion dieses Teils auf Grund der Verhaltensausfälle (Verhaltensänderungen), die durch die operative Entfernung entstehen. →Ablation. Solche Versuche wurden zuerst von S. I. FRANZ 1902 ausgeführt. (LASHLEY u.a.). Ⓛ FLUGEL, LASHLEY, GUTTMANN

Extension [zu lat. *extendere* ausstrecken, dehnen] Ausweitung, Begriffsumfang. • (med.) Strecken (z.B. eines Muskels). →Intension

Extensionsreflex, Streckreflex (z.B. bei Gliedern)

extensive Vorstellungen ⟨WUNDT⟩, die Gruppe der räumlichen und zeitlichen Vorst. Ggs. intensive Vorst. = Sinnesvorst.

Externalisation, [engl. *externalization*], (allg.) nach außen verlegen • (ps.) Eigene Prozesse auf die Umwelt verlegen. • Der Vorgang, durch den ein Antrieb eher durch eine äußere Reizung als durch eine innere ausgelöst wird. • Der Prozeß, durch den ein Kind allmählich zwischen sich und der äußeren Umwelt unterscheiden lernt.

exteroceptiv, Exterozeptoren →Rezeptor

Exterozeptivreflex, Fremdreflex, z.B. Pupillenreflex

Extinktion, extinction [lat. *extinguere* auslöschen], das Auslöschen (Schwächen) von Gedächtnisinhalten, z.B. bei mangelnder Bekräftigung (→Verstärkung) oder Aufhören der Abhängigkeit beim →bedingten Reflex. →Auslöschung

Extrapolation, Bestimmung eines außerhalb einer Wertreihe gelegenen Wertes durch Weiterführen der innerhalb der Wertreihe gefundenen Gesetzmäßigkeit. →Interpolation

extrapyramidales System, syn. extrapyramidales motorisches S., striopallidäres S., striäres S., myostatisches S., der nicht über die Pyramidenbahnen verlaufende Teil des motorischen Systems.

Er umfaßt eine Reihe von Gebieten des Gehirns und Leitungsbahnen, die außerhalb der Pyramide in das Rückenmark absteigen. Hierzu gehören vom Cortex und von den Basalganglien kommende Strukturen. Weiterhin funktionell die Mittelhirnkerne *(nucleus ruber, substantia nigra,* sowie Teile der *formatio reticularis).* Die Fasern des e.S., die in mehr oder weniger deutlich geschlossenen Bahnen in das Rückenmark laufen, sind hier im Gegensatz zur Pyramidenbahn in der Regel mehrfach unterbrochen und zum Teil miteinander verkoppelt und enden überwiegend an den spinalen Schaltneuronen, deren Erregung dort auf die motorischen Vorderhornzellen übertragen wird. Funktionell wird das e.S. in einen die Vorderhornzellen hemmenden und einen bahnenden Anteil gegliedert. Die nur zum Teil dem Willen unterstehenden extrapyramidal-motorischen Bahnen vermitteln willkürmotorische sowie die unwillkürlichen, angeborenen und erlernten automatischen Bewegungen des Körpers und ihre unbewußte Steuerung (Regelung des Muskeltonus, Koordinierung durch Agonisten-Antagonisten-Spiel, Körperhaltung). Ⓛ MÖRIKE 1974[8] *B-C*

extrasensory perception (ESP) →außersinnliche Wahrnehmung

Extratension, extratensiver Typus →Typologie (Erlebnistypen)

Extraversion, extravertierter Typ [zu lat. *extra* außen, hinaus; *vertere* wenden] Einstellungstyp nach C. G. JUNG, komplexe Grunddimension in den →Faktorentheorien der Persönlichkeit. →Typologie (Einstellungstypen)

Extraversion – Introversion, Persönlichkeitseigenschaft, welche sich auf die Dimen-

E

sion Ich-Umwelt bezieht. Bei der E. liegt der Schwerpunkt auf der Umweltaufgeschlossenheit und der Kontaktsuche mit der Umwelt.

Bei dem Pol der I. handelt es sich um gesteigerte Ichbetonung und mangelnde Beziehung zur Außenwelt. Während EYSENCK die E. auf dem Typenniveau mittels Fragebogenitems mißt, setzt sich die Extraversionsmessung bei CATTELL auf Fragebogenniveau aus 5 Komponenten zusammen. CATTELL faßt die Fragebogenfaktoren zu einem Faktor 2. Ordnung (E.) zusammen. Auf der Basis →objektiver Tests konnte CATTELL ebenfalls einen Extraversionsfaktor (→U. I.) identifizieren.
Ⓛ PAWLIK 1968 *Hä-R*

Extremgruppenmethode, statistische Methode zur Ermittlung eines Validitätskennwertes. Man vergleicht dabei zwei Gruppen von Vpn, bei denen die eine Gruppe das zu validierende Merkmal in extrem hohem Grade und die andere Gruppe das Merkmal in extrem niedrigem Ausmaß besitzt. *Hä-R*

extrinsisch [zu engl. *extrinsic*] von außen her, aus äußerem Antrieb. Ggs. →intrinsisch.

extrinsische Motivation →autochthone Dynamik, →Motivation, →intrinsische Motivation

extrospektiv, auf Fremd- bzw. Ausdrucksbeobachtung beruhend, Fremdbeobachtung betreibend. Ggs. introspektiv. Vgl. Beobachtung

Extroversion, extrovertiert, besser →Extraversion

Exzess (Steilheit), statistische →Maßzahl zur Kennzeichnung der Steilheit einer →Verteilung. E. auch als Kurtosis bez.

Exzitabilität, Exzitation [lat. *excitare* antreiben], Reizbarkeit, Erregung, Aufregung

exzitatorisches Potential →Reaktionspotential

EYSENCK-Index →REES-EYSENCK-Index

EYSENCK-Intelligenztest Ⓣ EYSENCK

*

EYSENCK, Hans Jürgen / *1916 Berlin / Psychologe (Persönlichkeitsps., Psychometrie, Lerntheorie) / Univ. London (Maudsley Hospital)

EZ, Abk. für eineiige Zwillinge

F

Fabel-Test Ⓣ DÜSS

face-to-face-Kommunikation, unmittelbare, unvermittelte →Kommunikation, →Gruppe

face validity, Augenscheinvalidität, keine →Validität im technischen Sinne. Die f. v. bezieht sich auf das, was der Test für den Pb bzw. für denjenigen, der den Test anwendet, augenscheinlich mißt. Sie wird deshalb für einen Test gefordert, weil sie maßgeblich das Verhältnis von Pb und Test bestimmt *Hä-R*

Fachlücken-Test Ⓣ BORNEMANN

facialis [lat.], zum Gesicht gehörig, mimisch

Facialisparese, Facialislähmung →Dysglossie

Facies [lat.] Gesicht, Außenfläche, insbesondere auch Gesichtsausdruck des leidenden Menschen (f. *dolorosa*). Beispiele: f.-*composita* (das gesunde Gesicht), f. *decomposita,* syn. f. *hippocratica* (das kranke Gesicht, das schon von HIPPOKRATES beschriebene Gesicht des Sterbenden mit spitzer Nase, vortretendem Kiefer, eingesunkenen Augen), f. *mongolica* (Gesichtsausdruck bei →DOWN-Syndrom), f. *tetanica* (Starrkrampfgesicht), f. *gastrica* (Ausdruck bei chronisch Magenkranken mit tiefen Nasolabialfalten).

faciobuccolinguale Apraxie →Apraxie

FACT Ⓣ FLANAGAN

Fadenbindung →Graphologie (Tabelle)

Fadenversuch, von W. WUNDT begründeter Versuch zur →Tiefenwahrnehmung, bei dem gespannte Fäden, die durch einen Spalt vor grauem Hintergrund gesehen werden, auf gleiche Ebene einzustellen sind.

fading, Prinzip abnehmender Lernhilfen beim →programmierten Unterricht

Fähigkeit [engl. *ability*], die Gesamtheit der zur Ausführung einer bestimmten Leistung erforderlichen Bedingungen. In der Lebensgeschichte enstandene, komplexe Eigenschaften, die als »verfestigte Systeme verallgemeinerter ps. Prozesse« den Tätigkeitsvollzug steuern (HACKER 1973). • Eine Fähigkeit wird operationalisiert durch eine bestimmte Leistung in einem Test, wobei man davon auszugehen hat, daß die F. im Test nur unvollständig erfaßt werden. Zum Zwecke der Einteilung der Tests faßt CRONBACH (1970) den Begr. der F. etwas enger.

Von Tests für Fähigkeiten würde man demnach sprechen, wenn der Pb den für ihn maximal erreichbaren Testwert erhalten möchte (Fähigkeit: Perfektion). →ability *Hä-R*

Fahrtauglichkeit, syn. Fahreignung, →Verkehrspsychologie

Faktor, (allg.) Einflußgröße, Bestimmungsgröße; (math.) Kenngröße; (in der Genetik) Syn. für →Gen; (in der Versuchsplanung) Versuchsbedingung, die im Versuch variiert wird; (faktorenanalytisch) math. Größe, welche aus der Matrix der Interkorrelationen gewonnen wird. ● Der F. stellt ein hypothetisches →Konstrukt dar, welches selbst nicht beobachtbar ist. Da sich die statistischen Beziehungen zwischen einzelnen Variablen (Korrelationen) auch geometrisch als Winkelfunktion darstellen lassen, spricht man von den Faktoren auch als den Dimensionen. Dem F. wird unterschiedliche Bedeutung zugeordnet. Vom Modell her sind es Abstraktionen, die durch nicht gegebene Voraussetzungen oder Fehlervarianz als →deskriptive Konstrukte noch eingeschränkt werden müssen. Während manche faktorenanalytisch orientierte Persönlichkeits- bzw. Intelligenzforscher die Replizierbarkeit identischer Faktorenstrukturen über verschiedene Stichproben, Variablen und Situationen hinweg als einen Hinweis für die Bedeutung des F. als verursachende Größe ansehen, wird man auf Grund der Ergebnisse der faktorenanalytisch gewonnenen Dimensionen die F. eher dazu heranziehen, um Hypothesen für weitere Experimente und Untersuchungen zu gewinnen. →Faktorenanalyse, →faktorieller Versuchsplan, →Intelligenzfaktor, →Persönlichkeitsfaktor. Ⓛ PAWLIK 1976[3], ÜBERLA 1968 *Hä-R*

Faktoren →Gestaltgesetze, Faktorenanalyse

Faktorenanalyse, eine aus ps. Fragestellungen entwickelte Gruppe von Methoden der multivariaten Analyse; ihr Ziel ist es, die Vielfalt korrelativer Beziehungen zwischen einer größeren Anzahl von Variablen eines Bereiches auf eine kleinere Zahl von »Faktoren« zurückzuführen, aus denen sich die einzelnen Variablen in unterschiedlicher Weise zusammensetzen.

Die ursprüngliche Fragestellung (SPEARMAN, THURSTONE u. a.) bezog sich auf Anzahl und Art der Faktoren, welche den verschiedenartigen intellektuellen Leistungen (bzw. der großen Zahl mehr oder weniger hoch miteinander korrelierender Tests für geistige Fähigkeiten) zugrunde liegen. Das formale Modell der Faktorenanalyse geht von der (oft vereinfachenden) Voraussetzung aus, daß eine Variable z_j additiv aus einzelnen Faktoren zusammengesetzt gedacht werden kann (lineares Modell). Dabei können folgende Arten von Faktoren unterschieden werden: (1) »Gemeinsame Faktoren«, das sind solche, die in mehr als einer Variable vorkommen: (a) »Allgemeiner Faktor«, ein Faktor, den alle Variablen eines Bereiches gemeinsam haben; (b) »Gruppenfaktoren«, die in einem Teil der Variablen des gesamten Bereiches vorhanden sind; (2) »Spezifische Faktoren«, solche, die nur zu einer einzigen Variablen beitragen. Das Vorhandensein gemeinsamer Faktoren wird angezeigt durch die Korrelationen von Variablen, die mindestens je einen Faktor gemeinsam haben. Spezifische Faktoren bleiben einer Analyse, welche von den Interkorrelationen (das sind sämtliche $\frac{n(n-1)}{2}$ Korrelationen zwischen je zwei Variablen einer Menge von n Variablen) ausgeht, unzugänglich. Nach einem linearen Faktorenmodell setzt sich die Variable z_j wie folgt zusammen (sämtliche Variablen und Faktoren sind in standardisierter Form $z = \frac{X-\mu}{\sigma}$, haben somit einen Mittelwert μ von 0 und eine Standardabweichung σ von 1,0):

$$z_{ji} = a_{j1} F_{1i} + a_{j2} F_{2i} + \ldots a_{jm} F_{mi} + b_j S_{ji} + c_j E_{ji}.$$

z_{ji} ist der konkrete Skore des Individuums i in der Variable j. Er setzt sich zusammen: (a) aus Beiträgen von m Skores F_{pi} des Individuums i in den Faktoren F_{pi} (1, 2, ..., p, ..., m), die (b) mit Gewichtszahlen a_{jp} (»Faktorenladungen«) versehen sind, welche typisch für die Zusammensetzung der Variable j aus den Faktoren 1, 2, ..., m sind; (c) b_j und S_{ji} sind die entsprechenden Werte für den spezifischen Faktor, c_j und E_{ji} für den unsystematischen Rest (Zufallsfehler), der mit keinem anderen Anteil korreliert. Betrachtet man die Skores einer großen Zahl von Individuen $z_{j1}, z_{j2}, z_{j3}, \ldots, z_{ji}, \ldots, z_{iN}$, dann hat die Verteilung dieser Werte (mit Varianzen von 1,00!) eine Standardabweichung

$$\sigma_j^2 = 1 = a_{j1}^2 + a_{j2}^2 + \ldots a_{jm}^2 + b_j^2 + c^2$$

$$[+ 2 (a_{j1}a_{j2}r_{F1F2} + \ldots + a_{jm}c_j r_{F_m c_j})].$$

Der Ausdruck in eckiger Klammer fällt weg, wenn die Faktoren voneinander unabhängig sind, d. h. nicht miteinander korrelieren. Da der spezifische Faktor in der Faktorenanalyse nicht direkt in Erscheinung tritt, erhält derjenige Anteil der gesamten Varianz ($\sigma_j^2 = 1$), welcher aus gemeinsamen Faktoren besteht, eine besondere Bedeutung, er wird Kommunalität h^2 *(communality)* genannt:

$$h_j^2 = a_{j1}^2 + a_{j2}^2 + \ldots a_{jm}^2$$

Eine Faktorenanalyse gibt nicht nur über das Muster der »Faktorenladungen« Aufschluß, aus denen sich die Kommunalitäten der Beobachtungsvariablen zusammensetzen, sondern auch über die Korrelation der einzelnen Faktorenskores F_p ($p = 1, 2, \ldots, m$) mit den Skores in den Beobachtungsvariablen z_j ($j = 1, 2, \ldots, n$); diese Korrelationen $r_{z_jF_p}$ haben ebenfalls ihre Bedeutung bei der inhaltlichen Interpretation einer Faktorenanalyse. Im häufigen Falle nichtkorrelierter Faktoren entspricht $r_{z_jF_p} = a_{jp}$, d. h., die Korrelation der Faktorenskores mit den Variablenskores ist identisch mit den Faktorenladungen. Die Gesamtheit der Korrelationen der Faktorenskores mit den Variablen heißt Faktorenstruktur. Für die konkrete Durchführbarkeit einer Faktorenanalyse aus Beobachtungsdaten ist von entscheidender Bedeutung, daß sich zeigen läßt, in welcher Weise die beobachtbaren Korrelationen r der Variablen $z_1, z_2, \ldots, z_j, \ldots, z_n$ untereinander (r_{12}, r_{13}, ..., r_{jk}) mit den gemeinsamen Faktoren $a_1, a_2, \ldots, a_p, \ldots, a_m$ zusammenhängen. Die beste Näherung r'_{jk} einer jeden Korrelation r_{jk} hat im Falle unkorrelierter Faktoren eine sehr einfache Beziehung zu den Ladungen der gemeinsamen Faktoren; sie stellt nämlich die Summe der Faktorenprodukte dar:

$$r'_{jk} = a_{j1}a_{k1} + a_{j2}a_{k2} + \ldots a_{jm}a_{km}.$$

Für n verschiedene Beobachtungsvariablen gibt es nur $\frac{n(n+1)}{2}$ linear unabhängige Gleichungen

$$r'_{jk} = \sum_{p=1}^{p=m} a_{jp}a_{kp} \quad (\text{da } r_{jk} = r_{kj}),$$

dagegen $n \times n$ Größen a_{jp}. Diese können daher nicht eindeutig bestimmt werden. Das bedeutet, daß eine große Zahl von Lösungsmöglichkeiten für die Größe a_{jp} existiert; in der geometrischen Interpretation der Faktorenstruktur als Darstellung von n Vektoren in einem m-dimensionalen Raum tritt diese Unbestimmtheit als Problem der Rotation der Bezugsachsen zu einer bevorzugten Lösung auf. Diese Auswahl einer Lösung ist formal beliebig; sie kann nur auf Grund von inhaltlichen Kriterien des Forschungsgegenstandes selbst (Hypothesen über die Natur der erwarteten Faktoren) erfolgen. THURSTONE hat als erster versucht, ein allgemeingültiges Prinzip zur Bestimmung einer eindeutigen Lösung aufzustellen (»Rotation zur →Einfachstruktur«, siehe auch unten).

In der Darstellung mit Hilfe der Matrix-Algebra wird die Gesamtheit der Korrelationen r'_{jk} als Matrix R von der Größe $n \times n$ dargestellt, wobei sich in der Diagonale die Kommunalitäten h_j^2 befinden, die nach bestimmten Verfahren geschätzt werden müssen. Das fundamentale →Faktoren-Theorem THURSTONES, von dem alle rechnerischen Methoden zur Bestimmung der Faktorenstruktur ausgehen, lautet: $R = FF'$, worin F die Matrix der m Faktoren mal n Variablen, F' die transponierte Matrix ($n \times m$) bedeutet.

In der Praxis wird so vorgegangen, daß im ersten Schritt – durch seit langem bekannte mathematische Methoden zur Lösung von linearen Gleichungssystemen mit mehreren Unbekannten – irgendeine rein formal ausgezeichnete Lösung für die Faktoren-Matrix F bestimmt wird. Die bevorzugte Methode ist dabei die sog. Hauptachsenmethode; es wird zuerst ein Faktor a_1 bestimmt, dessen Beitrag zur gesamten Faktorenmatrix (d. h. zur Kommunalität der n Variablen) ein Maximum ist: $a_{11}^2 + a_{21}^2 + a_{31}^2 \ldots + a_{n1}^2 = \max$; sodann ein zweiter Faktor, dessen Beitrag zur Restkommunalität (der Kommunalität, welche nach Entnahme des ersten Faktors aus der Korrelationsmatrix übrigbleibt) wieder maximiert wird usw. Dieses Verfahren wird solange fortgesetzt, bis die gesamte Kommunalität der Variablen von der Analyse erreicht ist, bis $\sum a_{1j}^2 = h_1^2$, $\sum a_{2j}^2 = h_2^2$ usw. Eine möglichst genaue Schätzung von h^2 ist deswegen von großer Bedeutung; von ihr hängt es ab, ob die Zahl der zu extrahierenden Faktoren eindeutig bestimmt ist. Ein früher angewandtes Näherungsverfahren für die Hauptachsenmethode ist die →Centroidmethode.

Der zweite praktische Schritt einer Faktorenanalyse ist die Transformation der nach der »Hauptachsenmethode« oder einer anderen Methode erhaltenen Faktorenstruktur F in eine andere Faktorenstruktur F_2, die einerseits dem fundamentalen Faktoren-Theorem $FF' = R$ genügt (d. h. mit deren Hilfe die Korrelationen als Faktorenprodukte erklärt werden können), die andererseits aber auch eine optimale Erklärung vom Gegenstand der Untersuchung her erlaubt. Dazu hat THURSTONE, ausgehend von dem allgemeinen wissenschaftlichen Ökonomieprinzip, ein Prinzip der →Einfachstruktur formuliert.

Probleme und Voraussetzungen bei der Anwendung der Faktorenanalyse:

(1) Es muß der zu analysierende Bereich von Variablen vor der Analyse möglichst klar abgegrenzt sein.

(2) Repräsentative Auswahl aller möglichen Variablen des Gesamtbereichs. Jeder Faktor eines Bereichs muß in mindestens zwei Variablen mit nennenswerten Ladungen vertreten sein.

(3) Überprüfung der Gültigkeit der Voraussetzungen für die Faktorenanalyse: Die Variablen sind nur selten exakt normal verteilt, die Regressionen der Variablen aufeinander sind häufig nichtlinear (der Produkt-Moment-Koeffizient erfaßt jedoch nur die lineare Komponente); schließlich ist oft noch grundsätzlich zu bezweifeln, daß die den Variablen zugrundeliegenden Dimensionen, so weit es sich nicht um bloß operationale Einheiten wie in der →Cluster-Analyse handelt, additiv zusammenwirken. Alle diese Schwierigkeiten lassen vermuten, daß die Voraussetzung für die Faktorenanalyse in der Regel nicht erfüllt, ihre Anwen-

dung daher nicht legitim, ihre Ergebnisse nicht verwertbar sein werden. In einer Reihe von Analysen von konstruierten Korrelationsmatrizen, deren faktorielle Zusammensetzung a priori feststand (z. B. THURSTONE), wurden jedoch trotz absichtlicher Nichterfüllung der Voraussetzungen Ergebnisse erzielt, in denen die zugrunde liegenden Dimensionen der Zahl und Art nach noch klar erkennbar waren. Dies rechtfertigt eine vorsichtige Anwendung der Faktorenanalyse (in ihrer gegenwärtigen Form) auf komplexe Untersuchungsgegenstände, wie sie in der Psychologie und den angrenzenden Wissenschaften vorgefunden werden.

(4) Die Interpretation der Ergebnisse richtet sich in erster Linie auf die Ermittlung der »Bedeutung« der erhaltenen Faktoren; erst auf der Grundlage einer vorläufigen Vorstellung von der Natur eines Faktors können fruchtbare Hypothesen zu weiteren Kausaluntersuchungen (experimentellen und systematischen Beobachtungen) ausgearbeitet werden. Das übliche Vorgehen zur Entwicklung einer Vorstellung über die Bedeutung eines Faktors ist die Betrachtung der Variablen, welche in einem Faktor hohe, bzw. Null-Ladungen aufweisen.

Unter Kritikern der Faktorenanalyse, aber auch unter den Benutzern der Methode selbst, herrscht noch nicht Klarheit und Einigkeit über die wissenschaftstheoretische Bedeutung der Faktorenanalyse, vor allem über die Frage, ob dadurch »reale« Gegebenheiten oder bloß operationale Zusammenfassungen von beobachteten Beziehungen zwischen realen Vorgängen und Zuständen gewonnen werden. Es dürfte sich zwar um keine fundamentale Alternative zwischen »wirklichen« und operationalen oder konventionellen »Faktoren« und »Dimensionen« handeln, es sind aber viele Ergebnisse, die mittels Faktorenanalyse gewonnen werden, infolge von »Versuchsfehlern« im weitesten Sinn des Wortes mangelhaft und daher nur vorläufig interpretierbar.

Modifikationen der Anwendung der Faktorenanalyse:

Obwohl der häufigste Fall der Anwendung der Faktorenanalyse die Analyse von Interkorrelationen von n Merkmalen an N Personen ist (R-Analyse), ist sie prinzipiell nicht auf diese Art von Korrelationen beschränkt (siehe z. B. CATTELL). Es können genau so gut Interkorrelationen von n Personen an N Merkmalen (Typenanalyse →Q-Technik); von n Gelegenheiten (Zeitpunkten), zu denen Einzelmerkmale gemessen werden, an N Personen usw.; ganz allgemein Interkorrelationen von n Daten an N Einheiten analysiert werden, ohne daß irgendeine Beschränkung bezüglich Art der Daten und der Einheiten besteht, außer den schon genannten allgemeinen Voraussetzungen und der weiteren, daß n wesentlich kleiner sein soll als N. Nur unter diesen Bedingungen können eindeutige Lösungen resultieren (→Kovariationsschema). Neuerdings können mittels dreimodaler (oder trimodaler) F. (TUCKER) dreidimensionale Datenmatrizen ausgewertet werden, z. B. die Maßzahlen von n Personen in N Merkmalen in O Situationen.

Die R-Analyse wird in der ps. Forschung bislang am häufigsten im Bereich der Fähigkeiten-Analyse (seit SPEARMANS ersten Versuchen dazu, mit Auffindung eines →g-Faktors der Intelligenz, und den späteren Analysen von THURSTONE, GUILFORD und MEILI zu den »Primärfähigkeiten«) und der Persönlichkeitseigenschaften (CATTELL, GUILFORD, EYSENCK) eingesetzt. Ⓛ CATTELL 1950, EYSENCK 1947, 1953, GUILFORD, J. P. 1959, 1967, HARMAN, MEILI 1953, 1966, PAWLIK, THURSTONE 1947, ÜBERLA *M-R*

Faktorenaustausch, der Austausch von Erbanlagen zwischen väterlichen und mütterlichen Anteilen eines Chromosomenpaares. Die Annahme geht dahin, daß zuerst beide Anteile sich zusammenlegen (Conjugation, Synapsis), dann überkreuzen *(crossing over)*, dabei verkleben, anschließend aber in neuer Aufteilung wieder auseinanderbrechen.

Faktoren-Theorem, fundamentales, nach L. L. THURSTONE (1947) der Ausgangspunkt aller rechnerischen Methoden zur Bestimmung der Faktorenstruktur, welche einer Interkorrelationsmatrix zugrunde liegt. Das F. lautet: $R = FF'$, wobei R eine Matrix von n.n Korrelationen (mit den Kommunalitäten h^2 in der Diagonale), F eine Matrix von m Faktoren für n Variablen und F' die transponierte Matrix n.m bedeutet. *M-R*
→Faktorenanalyse

Faktorentheorien der Persönlichkeit, diejenigen Persönlichkeitstheorien, deren Beschreibungsdimensionen (→Persönlichkeitsfaktor) mittels der Methode der →Faktorenanalyse die untersuchten Persönlichkeitsvariablen kategorisieren. – Die gewonnenen Persönlichkeitsfaktoren hängen stark von den unterschiedlichen Ausgangsdaten (→L-Daten, →Q-Daten oder →F-Daten, →T-Daten) ab.

Die Faktorentheorie von R. B. CATTELL

CATTELL versteht unter Persönlichkeit die Gesamtheit der nicht situativen Verhaltensbedingungen, die eine Prognose darüber ermöglichen, wie sich jemand in einer gegebenen Situation verhalten wird. Die Reaktion R eines Individuums ist nicht nur eine Funktion f seiner Persönlichkeit P, sondern auch der bestimmten Situation S. Die »Verhaltensgleichung« von CATTELL berücksichtigt deshalb beide Größen

$$R = f(S\ P)$$

Um die »Gesamtsphäre der Persönlichkeit« zu erfassen, sammelt CATTELL im gesamten englischen Sprachraum alle Wörter, die Erlebnisse und Verhaltensweisen bezeichnen, reduzierte diese mittels verschiedener Techniken (z. B. →Cluster-Analyse) auf 36 verschiedene Variablen, die er *»surface-traits«* oder Oberflächeneigenschaften nennt. Die Faktorenanalyse der Interkorrelationen dieser Oberflächeneigenschaften lieferte 16 bipolare Faktoren (→Persönlichkeitsfaktor), die CATTELL als fundamentale Persönlichkeitsdimensionen, Grundeigenschaften oder *»source traits«* mehrfach und übereinstimmend aus L- und Q-Daten extrahierte. Der 16-P.F.-Test (Ⓣ CATTELL) ist ein Instrument zur Messung dieser Dimensionen.

Diese 16 fundamentalen Persönlichkeitsdimensionen sind abhängige Faktoren. Aus der zugehörigen Interkorrelationsmatrix extrahierte CATTELL Faktoren zweiter Ordnung, die z. T. mit den Grunddimensionen von EYSENCK und GUILFORD übereinstimmen. Neuere Untersuchungen (z. B. BECKER 1961, MITCHELL 1963) ermöglichten eine exakte Integration des Faktorensystems von CATTELL, EYSENCK und GUILFORD und bestätigten übereinstimmend folgende komplexe Grunddimensionen als Teilbereiche der Persönlichkeit:

(1) Extraversion vs. Introversion (CATTELL, EYSENCK, GUILFORD). Charakteristikum der Extraversion ist besondere Umweltaufgeschlossenheit, intensive Kontaktbereitschaft und erhöhte Ansprechbarkeit auf Außenreize. Introversion charakterisiert den gegensätzlichen Pol.

(2) Angst vs. emotionale Anpassung (CATTELL, GUILFORD; bei EYSENCK Bez. →Neurotizismus). Charakteristikum: Intensität und Kontrolle emotionaler Reaktionen. Diese Persönlichkeitsdimension deckt auch die Tendenz zu bestimmten Antwortstilen ab (HUNDLEBY et al.), nämlich dem Ja-Sage-Antwortstil *(»acquiescence response set«)* und dem Wertigkeits-Antwortstil *(»social desirability response set«)*.

(3) Gefühlsbestimmtheit oder Gefühlsbetontheit (CATTELL, GUILFORD). Dieser Persönlichkeitsfaktor zweiter Ordnung basiert auf dem Gegensatz zwischen einer mehr gefühlsbestimmten, phantasievollen Grundhaltung und nüchternen, korrekten Denk- und Verhaltensweise.

Als weitere, weniger komplexe Persönlichkeitsdimensionen treten hinzu: (4) Unabhängigkeit der Meinungsbildung, (5) Kooperationsbereitschaft, (6) Willenskontrolle und Persistenz.

Die Faktorentheorie von J. B. GUILFORD

Die Persönlichkeit eines Individuums besteht nach GUILFORD in einer einzigartigen Struktur von Wesenszügen oder *traits* (→Persönlichkeitsfaktor), d. h. in der Gesamtheit der Eigenschaften mit jeweils unterschiedlicher Ausprägung.

GUILFORD versteht (i. Ggs. zu CATTELL) unter *traits* nicht nur Wesenszüge des Verhaltens *(behavior traits)*, sondern auch körperliche Merkmale oder sog. somatische *traits* morphologischer und physiol. Art. Da GUILFORD von einer logischen (apriorischen) Theorie ausgeht, in die er die empirischen Ergebnisse einzugliedern versucht, teilt er die *traits* systematisch in 7 Modalitäten ein:

(a) morphol. *traits* (z. B. Größe, Gewicht etc.);
(b) physiol. *traits* (z. B. Pulsschlag, Stoffwechsel);
(c) Bedürfnisse als »konstante Wünsche nach bestimmten Zuständen« (z. B. Behagen);
(d) Einstellungen als »konstante Haltungen und Meinungen, die mit sozialen Sachverhalten zu tun haben«;
(e) Interessen als »konstante Wünsche nach bestimmten Tätigkeiten«;
(f) Eignungen beziehen sich auf die Fähigkeit zu bestimmten Tätigkeiten;
(g) Temperament beinhaltet Eigenschaften, die den »Stil« des Verhaltens und Handelns charakterisieren.

Die Gesamtheit der Arten von Wesenszügen lassen sich nach GUILFORD mit dem abgebildeten Modell verdeutlichen.

Die Wesenszüge oder *traits* sind unterteilt in sehr komplexe allgemeine *traits* und persönliche *traits*, die sich als konsistente Verhaltensweisen auf eine begrenzte Anzahl bestimmter Situationen beziehen, jedoch nicht ausschließlich auf gelernte Reiz-Reaktions-Verbindungen *(→habit)*. Deshalb führt GUILFORD einen neuen Terminus ein, nämlich *→hexis*.

Die zahlreichen empirischen Untersuchungen GUILFORDS führten zu einer Vielzahl von faktoriellen Beschreibungsdimensionen, die sich in sein Gesamtmodell der Persönlichkeit einordnen lassen:

(1) Morphol. Dimensionen (z. B. läßt sich die »Kopfgröße« als eigener, relativ unabhängiger Faktor definieren),

(2) Physiol. Dimensionen (auf der Dimension eines »autonomen« »Gleichgewichtsfaktors« unterscheiden sich die Vpn z. B. hinsichtlich ihrer sympathischen vs. parasympathischen Erregungsdominanz);

(3) Eignungsdimensionen als den Fähigkeiten zugrunde liegende Faktoren im Bereich der Wahrnehmung, der Psychomotorik und des Denkens (einschließlich Intelligenz);

(4) Temperamentsdimensionen, die das »Wie«, d. h. die Art und Weise eines bestimmten Verhaltens, beschreiben. Dabei unterscheidet GUILFORD die folgenden 14 Temperamentsdimensionen im generellen emotionalen und sozialen Verhaltensbereich (meßbar mit Hilfe des GUILFORD-ZIMMERMANN-Temperament Survey; →Persönlichkeitstets).

(a) Temperamentsfaktoren im generellen Verhaltensbereich
- (a_1) Selbstvertrauen vs. Minderwertigkeitsgefühle
- (a_2) Wachsamkeit vs. Unaufmerksamkeit
- (a_3) Impulsivität vs. Bedachtsamkeit
- (a_4) Vorsorglichkeit vs. Sorglosigkeit
- (a_5) Sachlichkeit vs. Überempfindlichkeit

(b) Temperamentsfaktoren im emotionellen Verhaltensbereich
- (b_1) Frohnatur vs. Depressivität
- (b_2) Nervosität vs. Gemütsruhe
- (b_3) Stimmungslabilität vs. Überempfindlichkeit
- (b_4) Selbstsicherheit vs. Befangenheit

(c) Temperamentsfaktoren im sozialen Verhaltensbereich
- (c_1) Durchsetzung vs. Schüchternheit
- (c_2) Geselligkeitsbedürfnis vs. Selbstgenügsamkeit
- (c_3) Soziale Initiative vs. Passivität
- (c_4) Furchtsamkeit vs. Feindseligkeit
- (c_5) Toleranz vs. Kritiksucht

Obwohl GUILFORD nur orthogonale, d. h. unabhängige Faktoren zuließ, zeigten neuere Untersuchungen (vgl. BECKER 1961, BENDIG, HUNDLEBY u. CONNOR 1968, HOLTZMANN 1965), daß GUILFORDS Primärfaktoren miteinander korrelieren, d. h. nicht unabhängig sind, wenn sie direkt gemessen werden. Die extrahierten Faktoren zweiter Ordnung lassen sich insbesondere als die Persönlichkeitsbereiche »Extraversion vs. Introversion«, »Angst vs. emotionale Anpassung« sowie »Gefühlsbestimmtheit oder Gefühlsbetontheit« identifizieren.

Die Faktorentheorie von H. J. EYSENCK

EYSENCK geht von einzelnen Verhaltensweisen aus und kommt durch systematische Zusammenfassung von verschiedenen abstrakten Verhaltensniveaus, wobei er von spezifischen Reaktionen (SR) über habituelle Reaktionen (= konsistente SR, Habit) zum Niveau der *traits* (= hochkorrelierende habituelle Reaktionen) und schließlich zum Typ-Niveau (= wenige unabhängige Faktoren zweiter Ordnung) vorstößt.

Im Gegensatz zu GUILFORD und CATTELL legt EYSENCK besonderen Wert auf die allgemeinsten Beschreibungskategorien des Typ-Niveaus, obwohl auch er eine Menge voneinander abhängiger Faktoren erster Ordnung findet. Die fundamentalsten Persönlichkeitsfaktoren sind:

(1) Extraversion vs. Introversion,
gekennzeichnet durch Faktoren (erster Ordnung) wie Selbstbewußtsein, Selbstbehauptung, soziale Spontaneität, Impulsivität vs. Minderwertigkeitsproblematik und Skrupel, Empfindlichkeit und soziale Gehemmtheit.

(2) Neurotizismus,
charakterisiert durch die Faktoren emotionale Stabilität vs. emotionale Labilität, Beharrlichkeit und Zielgerichtetheit.

(3) Psychotizismus,
differenziert klinisch und testdiagnostisch »Normale« (→Norm) von »Psychotikern« (Schizophrene und Manisch-Depressive) auf der Basis dieser Dimension hinsichtlich ihrer Konzentrationsfähigkeit, der Realitätsangemessenheit ihrer Ansprüche etc.

Zur Messung dieser Faktoren hat EYSENCK (und Mitarbeiter) mehrere Persönlichkeitsfragebogen entwickelt, u. a. MMQ *(Maudsley Medical Questionary)*, MPI *(Maudsley Personality Inventory)*, EPI *(EYSENCK Personality Inventory)*, HANES (Hamburger Neurotizismus- u. Extraversionsskala). Gerade der »Psychotizismus-Faktor« von EYSENCK betont die Abhängigkeit der Beschreibungsdimensionen nicht nur von der Methode, sondern auch von der verwendeten Population, die bei EYSENCK ein unrepräsentatives Verhältnis von »Normalen« und »klinischen Patienten« besaß. Dies führt zwangsläufig zu Persönlichkeitsdimensionen, die auf der Basis der Unterscheidung zwischen »normal vs. neurotisch« differenzieren.

Da die fundamentalen Persönlichkeitsdimensionen »Extraversion vs. Introversion« und »Neurotizismus« unabhängig voneinander sind, können »introvertierte« wie »extravertierte« Persönlichkeitstypen entweder »emotional stabil« oder »emotional labil« sein, was die folgende Darstellung von EYSENCK (1965) verdeutlicht:

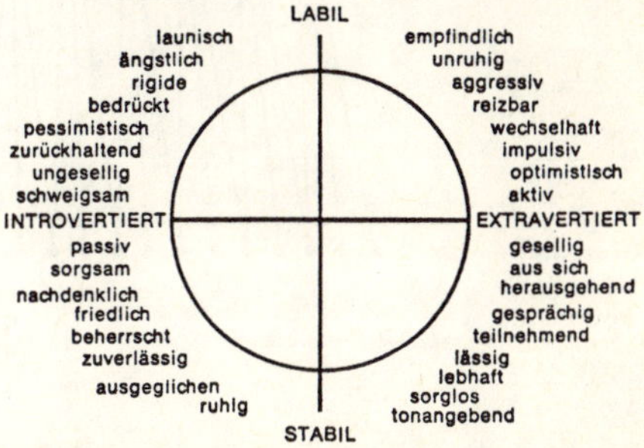

Zusammenfassung: Die Faktorentheorien der Persönlichkeit sind Produkte möglichst exakter Messungen und mathematischer Analysen. Trotz der damit verbundenen begrifflichen Präzision, der methodischen Exaktheit und der möglichen Prüfbarkeit faktorenanalytischer Persönlichkeitstheorien bleibt die Frage der Universalität abgeleiteter Persönlichkeitsfaktoren problematisch, da sie in Abhängigkeit von der Eigenart des verwendeten Untersuchungsmaterials und der Stichprobe variieren können. Neuere Untersuchungen zeigen die Möglichkeit, scheinbar uneinheitliche Persönlichkeitsfaktoren unter Berücksichtigung unterschiedlicher Ausgangsdaten und verschiedener Verfahrenstechniken aufeinander zu beziehen. Die folgende Graphik ist der Versuch eines formalen hierarchischen Modells, in das sich die Faktorentheorien der Persönlichkeit von CATTELL, GUILFORD und EYSENCK mit ihren unterschiedlichen Abstraktionsniveaus einordnen lassen.

Trotzdem bleiben schwerwiegende Einwände gegen das methodische Konzept der Faktorenanalyse bestehen, das voneinander unabhängige und additiv zusammenwirkende Bedingungen des Verhaltens voraussetzt. Da diese Annahmen tatsächlichem Verhalten nicht unbedingt entsprechen, bleibt der Verdacht aufrecht, daß Persönlichkeitsfaktoren methodische Artefakte sind. Deshalb ist das Faktorenkonzept der Persönlichkeit im Rahmen der wissenschaftlichen Bemühungen, ein konsistentes, generell und universell gültiges, dynamisches Persönlichkeitsmodell zu finden, nur zur Reduktion komplexeren Datenmaterials brauchbar. Ⓛ BECKER, BENDIG, BRENGELMANN, CATTELL, EYSENCK, GUILFORD, HERRMANN, HOLTZMANN, HUNDLEBY, MITCHELL, PAWLIK, ROTH *S-R*

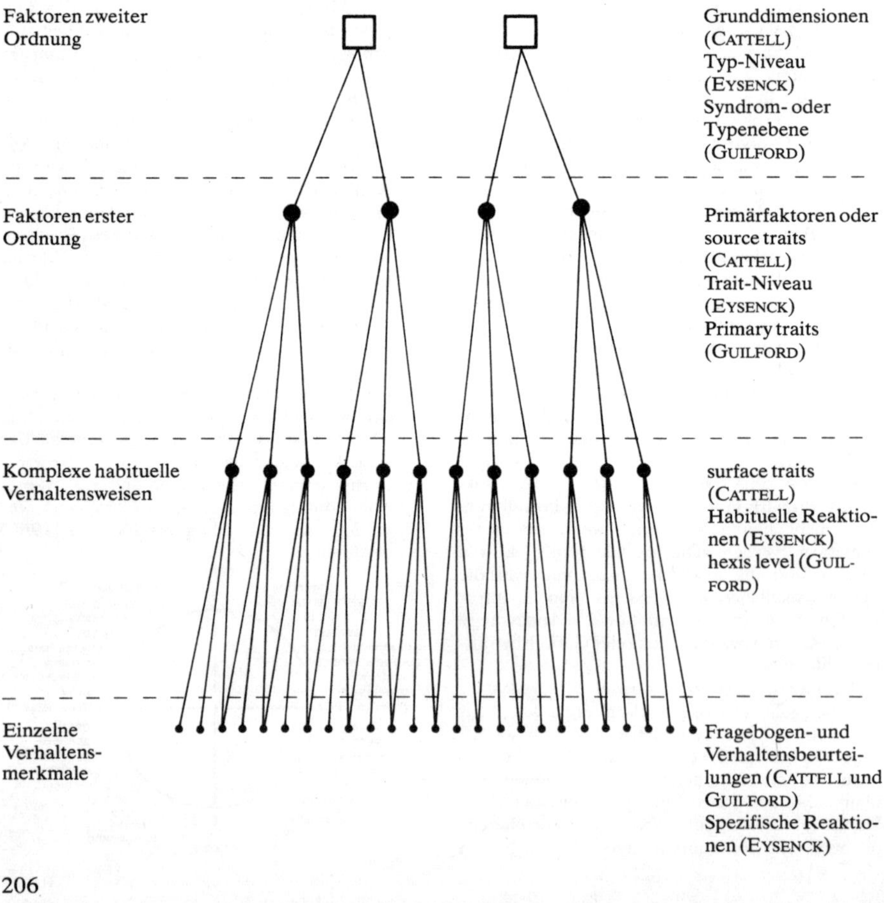

Fallazien [lat.], Fehlschlüsse, d.h. formal unrichtige Schlüsse, die entweder auf einem Irrtum beruhen (Paralogismen) oder zum Zweck der Täuschung konstruiert sind (Sophismen). →Schlußprozesse *S-G*

Fallgewicht Ⓣ SCHULTE

Fallphonometer, Vorr. zur Erzeugung abstufbarer Schalleindrücke zur Ermittlung der Hörschwelle u.a. Aus veränderlicher Höhe läßt ein Elektromagnet bei Stromöffnung eine Stahlkugel auf eine Metallplatte fallen. Heute nicht mehr gebräuchlich.

Fallstab →Reaktionszeit

Fallstudie, *case study,* eine Untersuchungsmethode vornehmlich der Persönlichkeits- und der Klinischen Psychologie mit dem Ziel, die individuelle Eigenart eines Menschen oder spezielle komplizierte Fragestellungen zu erfassen.

»(Sie) ist ... ein umfassender Rahmen, in den alle relevanten und bedeutsamen Daten, die sich auf eine Einzelpersönlichkeit beziehen, zusammengefaßt und eingeordnet werden müssen« (G. W. ALLPORT 1970). Dies erfordert ein besonders eingehendes Studium der Einzelperson, Sammeln und Verarbeiten aller erreichbaren Daten (z.B. anamnestische-biographische Daten, diagnostische Testdaten etc.). Die Ergebnisse werden entweder qualitativ (interpretativ-hermeneutisch) im Sinne der »Verstehenden Psychologie« oder quantitativ-statistisch (N = 1) im Sinne des Wissenschaftsbegriffes der exakten Natur- und Sozialwissenschaften verwendet (DUKES 1965).

● Unter den Fallstudien befinden sich so bekannte wie die von EBBINGHAUS »Über das Gedächtnis«, die Wahrnehmungsexperimente von STRATTON, die »Krankengeschichte Frl. Anna O. ...« von BREUER und FREUD, die Studie zur experimentellen Neurosenforschung von WATSON und RAYNER oder der Bericht von JACOBSON über die neuromuskuläre Aktivität und das Empfinden bei einem Amputierten. Manche von diesen Studien waren Anstöße für große Entwicklungen auf dem Gebiet der Forschung und Theorienbildung, womit schon angedeutet ist, daß es weitere, meist umfangreichere Arbeiten brauchte, um die jeweils aufgeworfenen Fragen zu klären oder um die Ergebnisse auf eine breitere Basis stellen zu können. *A-R*

In der klinischen Ps. hat sich wegen der Mängel der Gruppenuntersuchung seit langem die experimentelle Einzelfallstudie angeboten. Damit aber therapeutische Effekte auf die angewendeten Interventionen zurückführbar sind, müssen Alternativerklärungen ausgeschaltet werden können (externe oder interne Entwicklung, Sensibilisierung durch die Messung, statistische Fluktuation u.a.). Dies geschieht dadurch, daß man die Herstellbarkeit therapeutischer Effekte durch willkürliches Ein- und Absetzen der Intervention versucht nachzuweisen. Nach einer Grundlinie (→*baseline*), die so lange fortgeführt wird, bis die Veränderung aufgrund der Sensibilisierung durch die Messung und Fluktuationsphänomene sich stabilisiert haben, wird die therapeutische Intervention eingeführt bis ein deutlicher Effekt sichtbar wird. Danach wird sie wieder abgesetzt um zu zeigen, daß der Effekt auf die Intervention zurückging, um sie später wieder einzuführen und allmählich auslaufen zu lassen *(withdrawal-design).* Eine Variante dieser Versuchsanordnung ist das *reversal-design,* in dem vorzugsweise in lerntheoretisch orientierten Therapieformen therapeutische Kontingenzen nach der Grundlinie zunächst auf das Zielverhalten und dann auf ein dem Zielverhalten entgegengesetztes Verhalten (z.B. Aufmerksamkeit oder Störverhalten) angesetzt wird. Erweisen sich die Therapieeffekte als nicht reversibel, bietet sich das sog. ***multiple-baseline-design*** an, in dem dieselbe therapeutische Maßnahme entweder auf verschiedene Ausschnitte des Verhaltensspektrums, auf verschiedene Situationen oder auf verschiedene Individuen einer Klientel angewendet wird.

Ergebnisse solcher Einzelfallexperimente erlauben streng genommen keine Generalisierung über die untersuchte Person hinaus, können aber für sie als repräsentativ angesehen werden. Um trotzdem verallgemeinerungsfähige Befunde zu erhalten, bedient man sich der →Replikation und genauen Beschreibung der untersuchten Personen und stützt sich auf die Möglichkeit der logischen Generalisierung. Derartige Untersuchungen dienen nicht nur der Forschung, sondern auch der Therapiekontrolle im praktischen Einzelfall. Es ist auch möglich, derartige Ergebnisse statistisch abzusichern, wenn über den gesamten Therapieverlauf wiederholte Messungen vorliegen. Zur Auswertung läßt sich die übliche Statistik (z.B. t-Werte zwischen verschiedenen Therapie-Phasen) nicht verwenden, da die Voraussetzung der Unabhängigkeit der Meßwerte innerhalb der Phasen nicht gewährleistet ist. Die →Zeitreihenanalyse stellt diese sequentielle Abhängigkeit der Daten einer Person in Rechnung, indem sie ein Modell dafür findet (z.B. BOXS ARIMA-Modell) und dieses Modell eliminiert. Es verbleiben dann sequentielle unabhängige Residuen, auf die die üblichen Statistiken (Korrelationen, t-Werte, Varianzanalyse) angewendet werden können. Vielfach erübrigt sich die statistische Analyse von Einzelfalldaten, weil die Effekte so deutlich sind, daß sie keiner weiteren Absicherung bedürfen. Darüber hinaus sind undeutliche Effekte, die nurmehr statistisch hervortreten, für die klinische Praxis oft irrelevant. Hier kann die Statistik jedoch eine »Lupe« darstellen, mit deren Hilfe Wirkungstendenzen aufgespürt werden, die mit veränderten Maßnahmen verstärkt werden können. Ⓛ H. P. HUBER 1973 *R-F*

Falltachistoskop →Tachistoskop

falscher Alarm →Signaldetektions-Theorie

Falsifikation, Beweis der Falschheit einer singulären oder allgemeinen Aussage. Nach POPPER 1934 (1966²) sind realwissenschaftliche Hypothesen, Gesetze und Theorien logisch gesehen unbeschränkte Allaussagen, d.h. z.B. in der Ps. Aussagen mit allquantifizierten Individuenvariablen über je einen potentiell unendlichen Bereich zumindest für Zeit, Ort, Person und Situation. Solche Aussagen können aus logischen Gründen niemals als wahr (→Verifikation), sondern nur als falsch erwiesen werden. Hypothesen sind deshalb nie verifiziert, sondern immer nur in dem Maße bewährt, wie sie strenge Prüfungen, d.h. F.versuche erfolgreich überstanden haben. Dieser F.ismus ist seit Ende der 60er Jahre weitgehend methodisches Allgemeingut der deutschsprachigen empirisch arbeitenden Ps. im Westen, dürfte jedoch in absehbarer Zeit von wahrscheinlichkeitstheoretischen Konzeptionen abgelöst werden. Ⓛ GLASER 1979 *G-R*

Falsumpräparat →Leerpräparat

familiäres Unbewußtes (SZONDI) →Schicksalsanalyse

familiarity, [engl.], Vertrautheit, ist eine Eigenschaft, die in der Sprachps. Einheiten wie →Silbe oder →Wort zugeschrieben wird (→Psycholinguistik). Die f. eines →*Items* wird konstituiert durch eine hohe subjektive Auftretenswahrscheinlichkeit und durch eine in der Regel damit einhergehende positive Bewertung dieser Einheit. Die f. eines *Items* beeinflußt die Erkennens- und Behaltensleichtigkeit. →Sprachrezeption, →Lernen *E-P*

Familie, nach HELLPACH walten in der F. lebensstoffliche, lebenszeitliche und lebensräumliche Abhängigkeiten.

I.ü.S. ist die F. wie das Volk Naturtatsache, geistige Gestalt und Willensschöpfung, sie ist Sozialorganismus sowie Sozialorganisation. • Ps. hat F. als gesellschaftliche Institution ihren Erlebenscharakter als soziales Feld. Heimat, Mutterboden, Entwicklungsbedingung, Bestimmung der Entfaltungsrichtung usf. spielen mit. • Völkerps.-ethnologisch bezeichnet nach R. THURNWALD die F. das »arbeitsteilige dauernde Zusammenleben von einer Frau mit ihren Kindern unter dem Schutz und mit der Hilfe eines Mannes. Sind mehrere Frauen vorhanden, so besitzt jede Frau ihre Feuerstelle, und ihre Kinder leben mit ihr«. • Soziologisch ist F. ein Gebilde zwischenmenschlicher Vereinigung, das aus mindestens drei Gliedern besteht. →Familienkonstellationen Ⓛ HELLPACH, PARSONS, SCHELSKY, THURNWALD

Familie, (biol.) taxonomische Kategorie. • Zeitlich begrenzter oder lebenslänglicher Verband von Geschlechtspartnern vorwiegend im Dienste der →Brutpflege, H. M. PETERS (1961) teilt die F. in Eltern-, Mutter- und Vaterfamilien ein. *P-S*

Familie (test of family attitudes) Ⓣ JACKSON

Familie in Tieren Ⓣ GRÄSER

Familienkonstellationen, Bez. für die Vielzahl und Vielfalt an Beziehungen und damit verbundenen Abhängigkeiten in der Familie. Die ps. Bedeutung der F. wurde erstmals von FREUD, JUNG und ADLER erkannt. Die F. gehört heute zu jeder Erfassung der Persönlichkeit. Für psychotherapeutische Anliegen gibt es familienbezogene Gestaltungstests (→Ⓣ STAABS, GRÄSER).

Schon die »gesunde« Familie (Eltern, Kinder, Großeltern und weitere Anverwandte) zeigt wechselnde Abhängigkeiten. Je größer die Altersabstände, je schwächer die Intensität des Zusammenlebens, die Vitalität und Intelligenz der Mitglieder und auch der soziale Status, um so störender sind diese. Besonders gesteigert sind sie bei Personenverlusten (Trennung, Scheidung, dauernde Krankheit, Tod), und vor allem heißt es hinsichtlich des Kindes, daß Personenverluste »die erhöhte Bereitschaft zur Antizipation weiterer Verluste«, wie auch »schlechte Personenwahl für Dauerbeziehungen« bewirke (W. TOMAN). Das →Duplikationstheorem sei hier bestätigt. Von bes. Interesse sind bei den F. die Geschwisterprobleme, d.h. die Einflüsse, die für das einzelne Individuum aus seiner Stellung innerhalb der Geschwisterreihe (Geschwisterposition) bzw. aus den fehlenden Geschwisterbeziehungen sich ergeben. Systematisch hat TOMAN (1965) dies untersucht. Er konnte 8 Typen von Positionen und Beziehungen abgrenzen und auch spezielle Fragen, wie die durch die Geschwisterposition verursachte ps. Fehlentwicklung beobachten. So sei es z.B. günstig, wenn die jüngste Schwester von Brüdern den ältesten Bruder von Schwestern heirate. Das Einzelkind hat zwar keine Geschwisterposition, dafür ebenfalls ein Geschwisterproblem. →Familie, →Familientherapie

Familientherapie, Sonderform der →Gruppentherapie, bei der Familien als präformierte Gruppen behandelt werden. Die unterschiedlichen theoretischen und technischen Konzepte der F. basieren auf Erfahrungen der →Verhaltenstherapie, →Psychoanalyse, →Transaktionsanalyse u. a. und beziehen sich auf →Kommunikations-, →Informations-, →Spieltheorie etc.

Gemeinsame Voraussetzung ist die Annahme, daß Änderungen des familiären Beziehungssystems zu

Veränderungen im Verhalten und Erleben der einzelnen Familienmitglieder führen. Unterschieden wird zwischen symptomatischen Familienneurosen, in denen der Familienkonflikt auf einen einzelnen Symptomträger »delegiert« wird, und symptomfreien Familienneurosen, deren Funktionsfähigkeit durch Aufrechterhaltung »neurotischer Beziehungsarrangements« eingeschränkt wird. →Partnertherapie Ⓛ SAGER 1972, RICHTER 1970, SATIR 1979, MINUCHIN 1979 *E-N*

Familie-Zeichnen Ⓣ MINKOWSKA

Fanatismus [lat.], eine zumeist eifernd und sehr nachhaltig wirksame, vom Träger (z. B. einem Wahrheitsfanatiker) überwiegend positiv motivierte, ideologisch begründete, dennoch oft aus Neid und Haß gesteuerte Form von Aggression.

Fangdurchgang [engl. *catch-trial*] →Reaktionszeit

Farbatlas →Farbsysteme, anschauliche

Farbe, alle durch das Auge vermittelten Erlebnisse sind »Licht«, und dieses ist immer in einer bestimmten Qualität »Farbe« gegeben. Beide Begr. bezeichnen einen schmalen Bereich von elektromagnetischen Schwingungen und deren Strahlungsenergien (→Spektrum). Unter psychophysischem Aspekt stellen diese physikalischen Größen den für Licht- und Farberlebnisse adäquaten Reiz dar.

Über ein singuläres Quale wie »Rot« lassen sich keine beschreibenden Aussagen machen. Erst durch den Vergleich vieler Farben offenbart sich ein phänomenologischer Zusammenhang (Ähnlichkeit) zwischen Farben, der ein bestimmtes Ordnungsprinzip erkennen läßt. Es gibt zu einem bestimmten Rot z. B. ähnliche Farben, von denen sich eine Reihe mit stetigen Übergängen über Purpur dem Blau und eine andere über Orange dem Gelb nähert. Man erkennt, daß es Farben gibt, die sowohl rot als auch gelb sind, und andere, die nur rot, gelb, grün, blau sind. Die vier so ausgezeichneten Farben heißen »Urfarben« (HERING). Da andere Farben immer zwei Urfarben ähnlich sind, ist es zwingend, die Gesamtheit aller Farben ihren Ähnlichkeitsbeziehungen gemäß im Sinne einer geschlossenen Kurve (Kreis, Viereck, Dreieck u. a.) topologisch anzuordnen. Eine solche Anordnung der Farben umfaßt offensichtlich nur die »bunten« und schließt die »unbunten« aus. Letztere bilden eine Mannigfaltigkeit in stetigen Übergängen von Schwarz über Grau nach Weiß, die man geometrisch auf einer Geraden mit den Endpunkten »Schwarz« und »Weiß« darstellen kann (Unbuntreihe, Grauskala). Es finden sich aber für jede beliebige bunte Farbe zweierlei Ähnlichkeitsbeziehungen zur Unbuntreihe: 1. Rot z. B. kann in allen Übergängen zwischen Schwarz und Weiß vorgefunden werden (Schwarzverhüllung, Weißverhüllung) bzw. bei gleicher Buntheit dunkler oder heller sein, und es kann 2. bei jedem bestimmten Verhüllungs- oder Helligkeitsgrad alle Übergänge von Bunt nach Unbunt darstellen.

Es läßt sich also die Gesamtheit der bunten und unbunten Farben nach den Ähnlichkeitsbeziehungen, die sie unter sich zeigen, anordnen: (1) Farbton, *hue* (die zyklische Beziehung rot-purpur-blau-blaugrün-grün-grüngelb-gelb-orange-rot); (2) Sättigung, *satiation* (Übergang von dem jeweils ausgeprägtesten Buntheitsgrad einer beliebigen Farbe über »verweißlichte« Pastelltöne zu Unbunt); (3) Helligkeit, *lightness* (jeder Farbton kann bei gegebener Sättigung mehr oder weniger schwarz- bzw. weißverhüllt, d. h. heller oder dunkler sein). – Es ist bemerkenswert, daß sich ein dreidimensionaler Farbkörper wegen der zyklischen Struktur der Farbtonfolge nicht im Sinne von drei einfachen Erstreckungsrichtungen für die Qualitätsreihen Farbton, Sättigung und Helligkeit aufbauen läßt, sondern immer von einer Ebene ausgeht, auf deren äußerster Begrenzung die gesättigtsten Farben liegen, und auf deren Zentrum als Unbuntpunkt die Helligkeitsachse senkrecht steht (→Farbsysteme, anschauliche). – Aus dem gleichen Grund gibt es auch keine einfache Entsprechung der beiden physikalischen Dimensionen Wellenlänge und Energie und den Merkmalen Farbton, Sättigung, Helligkeit. Eine sinnvolle Beziehung zwischen Reizgrößen und dem Gesamt der anschaulichen Beziehungen zwischen Farben ergibt sich erst durch Vermittlung der Gesetze des Farbenmischens (→Farbenmischung).

Im Sinne der klassischen Psychophysik gibt es nur zwischen Strahlungsenergie und Helligkeit Funktionen, die angenähert nach dem WEBER-FECHNERschen Gesetz verlaufen. Zu Wellenlängen oder Schwingungsfrequenzen gibt es keine phänomenale Größe mit monotoner Abhängigkeit (→spektrale Unterschiedsempfindlichkeit, spektrale Sättigungskurve, Hellempfindlichkeit). Aus der Verteilung der Unterschiedsempfindlichkeit lassen sich lediglich Angaben über die Zahl der unterscheidbaren Farben ableiten. Die Schätzungen schwanken für das Spektrum unter Einschluß der Purpurfarben zwischen 250 und 500, für alle Farben liegen sie bei 7,5 Mill. (nach SCHOBER). – F. üben in ausgeprägter Weise Wirkungen aufeinander aus und zwar: örtliche (Farbenmischungen), außerörtliche (→Kontrast, Angleichung) und zeitliche Wirkungen (→Nachbild). Ⓛ SCHOBER, TRENDELENBURG *Str-R*

F

Farbe (Erscheinungsweisen) ⟨D. KATZ, 1911⟩, die bes. Beschaffenheit der Farben in komplexen Wahrnehmungssituationen, in denen die Farben außer durch die Momente Farbton, Helligkeit und Sättigung durch Feldfaktoren bestimmt sind, die in den räumlichen und zeitlichen Verhältnissen der gesamten Reizung begründet sind.

KATZ unterschied: (1) Flächenfarben. Sie sind räumlich nicht genau lokalisierbar, haben ein »lockeres Gefüge« (man kann scheinbar in sie hineinsehen). Beispiel: Himmelsblau, Farbe im Spektralapparat. (2) Oberflächenfarben. Sie werden dort lokalisiert, wo der sie tragende Gegenstand sich befindet. Sie haben ein »festes Gefüge«. Beispiel: farbiges Papier. (3) Raumfarben, die den Flächenfarben verwandt sind. Beispiel: farbige Flüssigkeiten. Als weitere Erscheinungsweisen unterscheidet man: gespiegelte Farben, das Leuchten, Glühen, Durchsichtigkeit, Glanz. →Kontrast, →Angleichung, →Konstanz. Ⓛ KATZ, KANIZSA *Str-R*

Farbe-Form-Forschung, dieser Forschungszweig der Ps. beschäftigt sich mit Problem und Verteilung von Form- bzw. Farbenreaktionen.

Eine hierfür entwickelte Versuchsanordnung ist folgende: Aus einer Reihe verschieden geformter Figuren in jeweils verschiedener Farbe, die der Vp mittels eines Projektionsapparates $^2/_{10}$ sec dargeboten werden, ist eine zuvor 10 sec gezeigte Figur von bestimmter Farbe und bestimmter Form wiederzuerkennen. Zum Entscheidungsexperiment wird der Versuch dadurch, daß die betreffende Figur jetzt eine andere Farbe hat, während die ihr ursprünglich zugehörige Farbe bei einer anderen Form erscheint. Wird bei Darbietung der Figurengruppe die Form wiedererkannt = Formreaktion – wird nur die Farbe herausgefunden = Farbreaktion. Entsprechend: Formseher – Farbseher. Diese Differenzierung wurde vielfältig untersucht. So von der Tierps. (Ergebnisse z. B.: Bei Hühnervögeln und Bienen überwiegt die Farbbeachtung, bei niederen Affen die Formbeachtung) – von der Entwicklungsps. (Ergebnisse z. B.: Überwiegen der Farbbeachtung bei Kindern, allmähliche Abnahme mit zunehmendem Alter) – von der Typenps. (Ergebnisse z. B.: Farbseher sind überwiegend zyklothym und integriert, Formseher schizothym und desintegriert). – Von Bedeutung sind die Ergebnisse der F. auch für persönlichkeitsps. Fragestellungen und Testmethoden wie z. B. RORSCHACH-Test, PFISTER-Farbpyramiden-Test u. ä. (→Testanhang). Ⓛ LINDBERG, LUTZ, SCHOLL

Farbenblindheit, bessere Bez. Farbensinnstörungen, Unvermögen, alle Farben zu erkennen oder zu unterscheiden.

Es bestehen: a) Totale F., wenn der Betroffene nur Grauschattierungen sieht (kommt selten vor). b) Partielle F., sobald er nur teilweise (z. B. rotgrün) farbenblind ist (etwa 5 % der Männer und 0,25 % der Frauen). Ersteres heißt auch Achromatop(s)ie, letzteres Dyschromatop(s)ie. Im einzelnen: Rotgrünblindheit = Xanthozyanopie. Rotblindheit = Anerythropie, Protanopie. Grünblindheit = Achloropie, Deuteranopie. Violettblindheit = Acyanopie, Tritanopie. Blaugelbblindheit = Erythrochloropie. Personen, die im Ggs. zum Normalen (Trichromaten) nur zwei Grundfarben sehen, heißen auch Dichromaten. Ermittelt wird die F. bzw. Farbentüchtigkeit in der Praxis vor allem mit den →pseudoisochromatischen Tafeln nach STILLING-HERTEL sowie nach ISHIHARA, früher mit den Farbenproben nach HOLMGREN. Genauere Feststellung mit dem →Anomaloskop. Ⓛ BETHE, HERTEL, G. E. MÜLLER, TRENDELENBURG

Farbendreieck, eine geometrische Darstellung der Farbarten zur Veranschaulichung ihrer Beziehungen (vgl. Abb. als Beispiel).

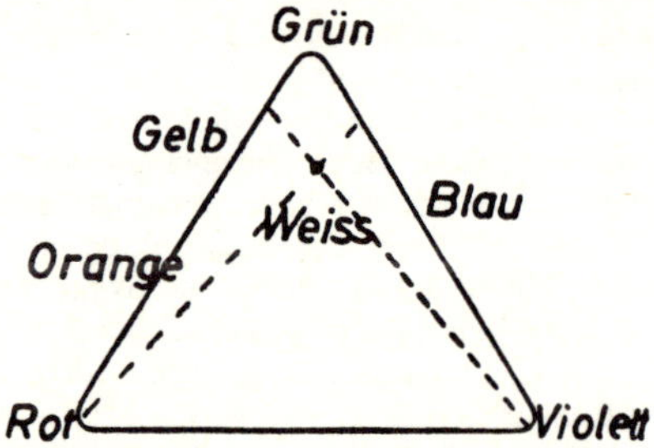

Farbendreiklang, Vereinigung von drei Farben zu einem (ästhetischen) Gesamtbild.

Farbenfibel, die Darstellung der von dem Chemiker W. OSTWALD Ⓛ für praktische Zwecke vorgenommenen Normung (und Reihung) der Farben.

Farbenhören, Erscheinung, daß dazu veranlagte Personen beim Hören zugleich bestimmte Farbvorstellungen haben, z. B. das C blau oder rosa, das G gelb, den Klang der Flöte blau, der Trompete rot, A-Dur grün empfinden. →Synästhesie

Farbenkenntnisprüfung, Untersuchung von Kindern, Jugendlichen, Mindersinnigen, Verletzten, um nach der →Wahl-, →Dekkungs- oder →Wiedererkennungsmethode Wahrnehmungen von Farben zu prüfen.

Farbenkonstanz →Konstanz

Farbenkreis ⟨HERING, OSTWALD⟩, die natürliche Anordnung der (bunten) Farben in der dem Spektrum entsprechenden Reihe oder Farbenlinie vom Rot über Orange, Gelb, Gelbgrün, Grün, Grünblau, Indigo zum Violett. Läßt sich zum Kreis schließen, indem zwischen Violett und Rot die im

Spektrum nicht vorkommende Mischfarbe Purpur mit ihren verschiedenen Tönungen eingefügt wird.

Farbenkreisel, Apparat zur Herstellung aller Mischfarben durch additive →Farbenmischung. Auf einer Achse werden kreisförmige, verschiedenfarbige Pappscheiben befestigt, die radial geschlitzt sind, so daß zwei oder mehrere ineinandergesteckt werden können (MAXWELLsche Scheiben 1853). Bei schneller Umdrehung verschmelzen die verschiedenfarbigen Felder zum einheitlichen Eindruck der Mischfarbe. • Nach J. C. FLUGEL wurden rotierende Scheiben zur Demonstration der Farbenmischung schon 1820 von MURSCHENBROEK eingeführt. →MASSONsche Scheibe

Farbenkugel, ein Ordnungssystem der bunten und unbunten Farben ähnlich dem →Farbenoktaeder

Farbenlehre, Farbtheorie, die gegenüber anderen Sinnesgebieten ausgezeichnete Bedeutung von Begr. wie »Farbenlehre« und »Farbe« ergibt sich aus der wahrscheinlich nur historisch zu verstehenden Auseinandersetzung um die Frage nach dem »Wesen« der Farben, die sich in der Tradition GOETHES über SCHOPENHAUER, HERING bis in die Gegenwart erhalten hat.

Dabei ist heute nicht strittig, ob NEWTON oder GOETHE recht hatte, sondern ob vorwiegend reizorientierte oder phänomenologische Ansätze fruchtbarer seien. Im Bereich der Theorien des Farbensehens hat sich der ursprünglich zwischen HERINGS und HELMHOLTZ' Auffassung bestehende Gegensatz weitgehend verschliffen, und man versucht, die physiologischen Befunde je nach ihrer besonderen Beschaffenheit mehr im Sinne der einen oder anderen Theorie zu interpretieren. – Schwieriger gestaltet sich die Entscheidung zwischen dem, was physikalisch begründbar ist und was nicht. Extrem physikorientierte Positionen nehmen die →Kolorimetrie und →Photometrie ein. Die Kolorimetrie versteht sich als Farbreizmetrik, die mit rein physikalischen Maßstäben mißt und die Farbempfindung methodisch und sachlich entbehren kann. Hierbei muß zwischen Definitionen unterschieden werden, die die Empfindung in ihrer Variation zugunsten der Meßgenauigkeit einschränken, und der Behauptung, die Kolorimetrie ließe sich von der Physik aus aufbauen. Soweit →Farbenmischungen ihre Grundlage sind, kann davon keine Rede sein, denn es gibt keinen physikalischen Ausdruck, der mit Hilfe von Strahlungsgrößen (Wellenlängen, Schwingungsfrequenz, Strahlungsenergie) den Vorgang der Farbenmischung beschreiben könnte. Eine Farbgleichung in Form einer Vektoradditionsgleichung $r\mathfrak{R} + g\mathfrak{G} + b\mathfrak{B}$ reduziert sich, physikalisch gesehen, auf eine Energiegleichung, in der lediglich die von den Komponenten r, g, b ausgedrückten Energiebeträge summiert werden. Die Vektoren $\mathfrak{R}\mathfrak{G}\mathfrak{B}$ bezeichnen zwar die zu mischenden Strahlungen, diese aber bleiben im Gemisch unverändert, es entsteht keine andere Wellenlänge, von der sich das Aussehen des Gemisches aus physikalischen Gründen herleiten ließe. Welche neue Farbe das Gemisch hat, kann nur eine Vp aussagen, wobei die Beschränkung auf das kolorimetrische Gleichurteil einen speziellen Fall psychophysischer Methode darstellt, aber keineswegs bedeutet, daß man auf die Farbempfindung verzichtet habe. Der aus Farbmischversuchen hergeleitete Farbraum hat infolgedessen auch keinen physikalische Sinn. Die Verwendung physikalischer Maße und Einheiten hat praktische Gründe in Gestalt einer eindeutigen Fixierung der Ausgangsgröße als Strahlungen betr. Wellenlängen in einem bestimmten Energieverhältnis.

Auf den Empfindungsvergleich kann auch die Photometrie nicht verzichten, und die Schwierigkeit bezüglich der Additivität von Helligkeiten verschieden aussehender Farben ist ein rein ps. Problem des Vergleiches (→Hellempfindlichkeit), nicht der Additivität der Strahlungsgrößen.

Es ist dabei legitim, das Problem der Helligkeit verschiedener Farben für alle praktischen Bedürfnisse durch Vereinbarung zu lösen, soweit aber »Licht« und »Farbe« Gegenstand der Erkenntnis sind, können keine Definitionen aufrechterhalten werden, die dem Phänomen nicht gerecht werden. – Die Kolorimetrie und Photometrie haben nicht das Ziel, theoretische Sätze zu formulieren. Insofern man aber die Farbenmischungen und den Helligkeitsbegriff der Photometrie als konstituierende Momente einer Farbentheorie gelten läßt, darf nicht übersehen werden, daß sie sich nicht als physikalische Vorgänge ausdrücken lassen. Dies gilt z. B. für die Psychoakustik weit weniger, denn wegen der größeren strukturellen Entsprechung der Frequenzen von Druckwellen einerseits und Tonhöheerlebnissen andererseits lassen sich die Abfolgen aller reinen Töne mit Hilfe der physikalischen Frequenzskala als logarithmische Funktion ausdrücken. Auf dem Gebiet der Farben gibt es keine entsprechende physikalische Variable, und den Farbenmischungen entspricht kein strukturgleicher physikalischer Vorgang. – Andererseits haben Psychologen ebenso wie Physiologen die Gesetze der Farbenmischungen zur Entwicklung physiologischer Hypothesen aufgegriffen (G. E. MÜLLER u. a.), aber nicht versucht, die Farbgeometrie zum Gegenstand ps. Sätze zu machen. Eigentlich ps. Untersuchungen beziehen sich meist auf →Kontrast, →Nachbilder und Farbkonstanz oder phänomenologisch beschreibend auf die Erscheinungsweisen der Farben (KATZ, HELSON, KANIZSA). Es gibt aber auch moderne Versuche, die – sich direkt an GOETHE anlehnend – in

F

phänomenologischer Schau den gesamten Zusammenhang der Farberlebnisse, ihre Wirkungen und ihre Bedeutungen zum Gegenstand machen (HEIMENDAHL). Ⓛ GRAHAM, HEIMENDAHL, KANIZSA, KATZ *Str-R*

Farbenmetrik →Kolorimetrie

Farbenmischapparat, (nach MARBE) Farbvariator, ein →Farbenkreisel, dessen farbige Sektoren während der Drehung durch ein Schneckengetriebe verändert werden können. • (nach HELMHOLTZ) Gerät, in dem zwei Farbspektren untereinander verschoben werden können, so daß die Farben unmittelbar miteinander gemischt werden. →Farbenkreisel, →MASSONsche Scheibe

Farbenmischung, additive F., jede Kombination von zwei oder mehr Farben, aus der eine bestimmte neue Farbe entsteht.

Solche Kombinationen können auf verschiedene Weise erzeugt werden: 1. Verschiedenfarbige Lichter werden an der gleichen Stelle gleichzeitig erzeugt (→Farbenmischapparat, Projektoren mit farbigen Lichtern); 2. Verschiedenfarbige Lichter werden nacheinander in so schneller Folge an der gleichen Stelle erzeugt, daß ein ruhender Lichteindruck entsteht (→Flimmerverschmelzungsgrenze, →TALBOTsches Gesetz. Geräte: →Flimmergerät, Farbkreisel); 3. Verschiedenfarbige Punkte werden so dicht nebeneinander gesetzt, daß bei Betrachtung aus hinreichender Entfernung eine einheitliche Farbe gesehen wird (Buntdruck, Farbfernsehen). Für alle diese Mischoperationen gelten die gleichen Gesetze in bezug auf das Aussehen des Gemisches (s. u.).

• Von subtraktiver F. spricht man, wenn das Aussehen eines Lichtes durch Fortnehmen bestimmter Strahlungskomponenten verändert wird. So wird z. B. ein aus allen Lichtern des Spektrums zusammengesetztes Weiß farbig, wenn es durch einen Filter geschickt wird oder auf eine bestimmt geartete Oberfläche fällt. In beiden Fällen werden je nach Beschaffenheit des Filters oder der Oberfläche Strahlungen absorbiert und andere durchgelassen bzw. zurückgeworfen. Die verbleibenden Strahlungen lassen sich wieder als Gemisch nach dem Prinzip der additiven F. auffassen.

• Gesetze der F.: Mit der F. läßt sich ein Ortesystem herstellen, das alle Farbarten nach Maßgabe ihres Aussehens enthält und eindeutig bestimmt. Hierzu sind drei Ausgangsfarben notwendig und hinreichend. Aus einem solchen System ist nach geometrischen Regeln herzuleiten, welche Farbe sich bei Mischung beliebiger anderer ergibt. NEWTON (1704) hat als erster das geometrische Prinzip angegeben, nach dem man eine Mischfarbe »durch Konstruktion« finden kann (NEWTONsche Schwerpunktkonstruktion). GRASSMANN hat die in NEWTONS Angaben enthaltenen Voraussetzungen in Form von drei Gesetzen expliziert (GRASSMANNsche Gesetze). Sie besagen: 1. Daß jeder Farbeneindruck sich in drei Momente zerlegen läßt: »den Farbenton, die Intensität der Farbe und die Intensität des beigemischten Weiß«. 2. Daß, »wenn man von den beiden zu vermischenden Lichtern das eine stetig ändert (während das andere unverändert bleibt), auch der Eindruck der Mischung sich stetig ändert«. 3. Daß »zwei Farben, deren jede konstanten Farbenton, konstante Farbenintensität und konstante Intensität des beigemischten Weiß hat, auch konstante Farbenmischung ergeben, gleichviel aus welchen homogenen Farben jene zusammengesetzt seien« (GRASSMANN, 1853). In der modernen Literatur finden sich die GRASSMANNschen Gesetze häufig in anderem Wortlaut. GRASSMANN expliziert seine Sätze, indem er zeigt, daß sich F. wie Vektoradditionen verhalten. Dabei geht er in seinen Erläuterungen von vier Grundfarben aus. Erst später hat der britische Physiker MAXWELL die heute übliche Farbtafel in Dreiecksform eingeführt, indem er sich ausdrücklich auf die physiologische Dreikomponententheorie von YOUNG beruft (→Farbensehen, Theorie des) und mittels der NEWTONschen Schwerpunktkonstruktion die erste Darstellung der Spektralfarben auf Grund von Mischungen vornahm. Dabei muß berücksichtigt werden, daß Spektralfarben sich nicht durch Mischungen erzeugen lassen (→Spektrum), sondern nur nach dem Prinzip der »uneigentlichen Farbenmischung« geometrisch darstellen lassen.

Zur Darstellung eines Gemischsystems geht man heute nicht mehr von einer Farbebene, sondern von einem Farbraum aus. Dieser ergibt sich aus den drei Einheitsvektoren $\mathfrak{R}\mathfrak{G}\mathfrak{B}$ (Rot, Grün, Blau), die aus Gründen der Einfachheit senkrecht aufeinander stehen. – Eine beliebige Farbe läßt sich als Summe dieser Vektoren mit den zu ihrer Mischung benötigten Intensitäten als Komponenten ausdrücken, parallele Schnitte durch den Farbraum ergeben Farbdreiecke, die sich nur in der Helligkeit unterscheiden. – Allgemein gilt für Gemischsysteme, daß sie sich beliebig linear ineinander transformieren lassen, man also durch Rechnung das Ergebnis einer F. finden kann oder aber auch ein anderes Farbsystem, das sich bei unterschiedenen Ausgangsfarben ergibt. Ⓛ ARENS, BOUMA, GRASSMANN *Str-R*

Farbenoktaeder, ein dreidimensionales System der Ordnung aller bunten und unbunten Farben. Auf der Außenfläche sind die Farbqualitäten zu denken in der größten Sättigung, die ihnen auf der jeweiligen Helligkeitsstufe zukommt.

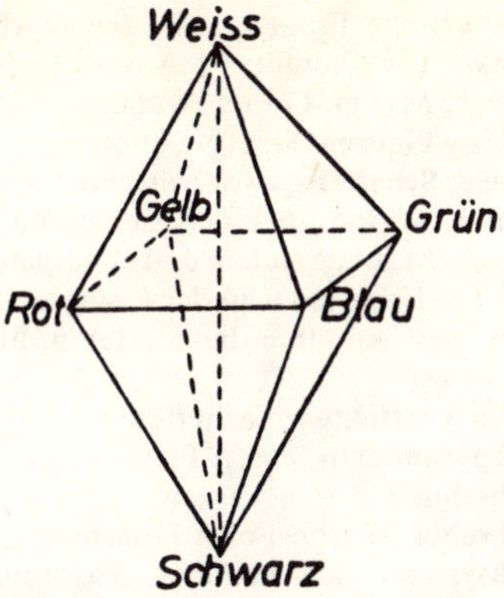

Farbenproben ⟨Holmgren⟩, farbige Wollfäden, die von der Vp in Abstufungen zu ordnen oder einzeln auszusuchen sind zur Prüfung der Farbtüchtigkeit (→Farbenblindheit)

Farbenquadrat →Urfarbenkreis

Farbschock Ⓣ Rorschach

Farbenschwäche, geringerer Grad von →Farbenblindheit

Farbensehen, Theorien des Farbensehens, die Aufgabe einer Theorie des F. besteht darin, die physiologischen Prozesse aufzuklären, die den Erscheinungen des F. zugrunde liegen.

Die Theorien unterscheiden sich im wesentlichen durch Auswahl eines ganz bestimmten geeigneten Sachverhaltes, dessen Interpretation Zahl und Art von Komponenten oder Prozessen bestimmt, die die Grundannahmen der Theorie ausmachen. So unterscheiden sich die heute einflußreichsten Theorien von →Young-Helmholtz und →Hering nicht primär durch die Zahl ihrer Komponenten, sondern durch die Zentrierung um den Sachverhalt der →Farbenmischungen einerseits und den der Urfarben andererseits, woraus verschiedene Komponentenzahlen und Prozeßformen resultieren. – Andere Ausgangsdaten sind z. B.: Differenzierung der Netzhaut in Stäbchen und Zapfen (Willmer, 1946), Reizung einzelner Netzhautelemente mit punktförmigen Lichtern (Hartridge, 1946), Ermittlung von Unterschiedsschwellen bei farbigen Reizen, die in kurzen Zeitabständen auf ein andersfarbiges Umfeld geworfen werden (Stiles, 1939, 1953). Erscheinung der Fechner-Benham-Farben (Frey, 1933; Pieron, 1931).

Aus den verschiedenen Ansätzen resultieren Annahmen über Komponentenzahlen zwischen 2 und 7. – Viele moderne Theorien erheben den Anspruch, quantitativ spezifizierte Annahmen zu machen, so daß sich z. B. der besondere Verlauf der spektralen Unterschiedlichkeits-, Sättigungs- und Hellempfindlichkeitskurven mit Hilfe von Formeln ableiten läßt.

Einen besonderen Typus von Theorien stellte J. v. Kries 1905 auf, indem er einander weitgehend widersprechende Ansätze wie die von Hering und Helmholtz insofern vereinigte, als er sie verschiedenen Zonen des gesamten Sehapparates zuordnete (→Kriessche Zonentheorie). – Lange Zeit hindurch konnte man die Theorien des F. als Lehren von hypothetischen Rezeptorsystemen, auf die aus den Leistungen des F. geschlossen worden war, ansehen. In jüngster Zeit haben rein physiologische Beobachtungsmethoden dazu geführt, die einzelnen Rezeptorarten durch direkte Messungen voneinander zu unterscheiden. Bislang konnten solche Ergebnisse keine eindeutigen Entscheidungen herbeiführen, und ihre Interpretationen sind nach wie vor von bestimmten theoretischen Voraussetzungen abhängig. – Entsprechend dem von W. Kühne (1878) entdeckten und von G. Wald (1945) als Rhodopsin bezeichneten Stäbchenstoff »Sehpurpur« wurde ein vom Rhodopsin verschiedener als Iodopsin bezeichneter Zapfensehstoff von G. v. Studnitz (1932, 1937) an stäbchenfreien Reptiliennetzhäuten nachgewiesen. Neuere Untersuchungen über das Absorptionsvermögen der Zapfenpigmente durch Messung der spektralen Reflexion des menschlichen Augenhintergrundes (W. A. H. Rushton, 1957, 1958) sowie Absorptionsmessungen an einzelnen Zapfen mit Hilfe von Mikrospektralphotometern (W. B. Marks, W. H. Dobelle, E. F. MacNichol, 1964; P. K. Brown, G. Wald, 1964) führen zu der Annahme, daß es drei verschiedene Zapfenpigmente von unterschiedlicher spektraler Empfindlichkeit gibt. – Nach H. K. Hartlines Entdeckung (1938, 1940), daß bei Belichtung des Auges neurale Wechselwirkungen zwischen verschiedenen, aus einer Anzahl von Rezeptoren und Neuronen bestehenden Elementen nachweisbar sind (*on-*, *off-* und *on-off-*Elemente), gelangte R. Granit (1947) auf Grund von Messungen mit Mikroelektroden an einzelnen Sehnervfasern zu der Dominator-Modulator-Theorie des F. Nach ihr gibt es gesonderte Helligkeitsdominatoren und Farbmodulatoren, wobei zwei Dominatorenreaktionen unterschieden werden: der skotopische Dominator für das Nachtsehen, dessen Spektralempfindlichkeitskurve mit der Absorptionskurve des Rhodopsins übereinstimmt, und der photopische Dominator für das Tagessehen, der sich wiederum aus drei Modulatoren mit unterschiedlicher spektraler Empfindlichkeit in den verschiedenen Teilen des Spektrums Rot-, Grün- und Blaumodulator zusammensetzt. Ferner konnten durch Mikroelektroden-Ableitungen von der Ganglienzellschicht der Retina (G. Svaetichin u. a., 1958; E. F. MacNichol, 1958; H. G. Wagner u. a., 1960) und Zellen des primären Sehzentrums (R. L. De Valois, 1960, 1966) elektrophysiologisch Gegenfarbenreaktionen nachgewiesen werden. Dabei sind zwei verschiedene Zelltypen zu unterscheiden: solche, die nur auf weißes Licht reagieren, und antagonistische Zellen, die mit Hemmung bzw. Bahnung auf rotes bzw. grünes und auf blaues bzw. gelbes Licht reagieren. Die Funktionsweise dieser Zellen im Sinne der HERINGschen Theorie vermag insbesondere auch die Erscheinungen des simultanen und sukzessiven →Farbkontrastes zu erklären. Ⓛ GRAHAM, TRENDELENBURG, HURVICH 1966 *Str-R*

Farbensichtigkeit →Farbenblindheit

Farbensinn, das Farbensehen, die Farbenwahrnehmung, • die Unterscheidungsfähigkeit für Farben, • das ästhetische Verständnis für das Zueinanderpassen von Farben in Farbkombinationen

Farbensymbolik, zu allen Zeiten und bei allen Völkern haben Farben symbolische Bedeutung. Allerdings fehlt Einheitlichkeit. Z. B. ist im Abendland Schwarz, in Japan aber Weiß die Farbe der Trauer. Es gilt für die westl. Kultur folgende Zuordnung: Rot (Farbe des pulsierenden Blutes) = Gefühl, Leidenschaft, Mut, Wut. Gelb (Farbe der lichtbringenden Sonne) = Intuition, Logos, Glauben, Enttäuschung, Kontaktnehmen. Grün (Farbe der Gewächse) = Freude, Empfindung, Beziehung zur Wirklichkeit. Blau (Farbe des klaren Himmels) = Denken, Geist, Weisheit (Narrheit), Wahrheit, Treue, heitere Ruhe. Weiß = Reinheit, Verlassenheit, Kälte, Unfruchtbarkeit. Schwarz = Trauer, Leid, geheimnisvolle Macht.

Farben-Test, Farbwahl-Test Ⓣ FRIELING, LÜSCHER, PFISTER

Farbentheorien →Farbensehen, →Farbenlehre

Farbentherapie, die Verwendung der Farben zu therapeutischen bzw. psychohygienischen Zwecken. Beruht auf der Annahme, daß gewisse Farben bestimmte Wirkungen erregender, anregender oder beruhigender Art haben.

Farbentüchtigkeit →Farbenblindheit

Farbenwirkung, den verschiedenen Farbqualitäten zugeschriebene emotionale Wirkung. Grün, Blau, Violett, Indigo sollen beruhigen, Rot, Orange, Gelb, Purpur erregen. →Farbensymbolik. • Die ästhetische Wirkung von Farbenkombinationen. Zusammenstellungen von Kontrastfarben (Gelb-Blau, Rot-Grün) werden meist als wohlgefällig beurteilt, Kombinationen von im Spektrum nahe benachbarten Farben (Blau-Violett) dagegen oft mißfällig gefunden. Die Wohlgefälligkeit einzelner Farben ist interindividuell sehr unterschiedlich.

Farbe-Tonforschung ⟨ANSCHÜTZ⟩, Richtung der Ps., die sich, ausgehend von den →Synästhesien, mit deren Anwendung auf künstlerische Fragen, z. B. die »Farblichtmusik« usw., befaßt. Ⓛ ANSCHÜTZ, ARGELANDER, MAYER-GROSS, WELLEK

Farbige-Figuren-Test Ⓣ SQUIRE

farbige Schatten, zwei verschiedenfarbige Lichter werfen je einen Schatten. Wenn diese dicht genug stehen und etwa gleich hell sind, erscheint jeder in der Komplementärfarbe des von ihm beschatteten Lichtes. →Kontrast.

Farbnacheffekte →Nacheffekte

Farbpyramiden-Test Ⓣ PFISTER

Farbschock Ⓣ RORSCHACH

Farbseher →Farbe-Form-Forschung

Farbsysteme, anschauliche, Farb(muster)-sammlungen mit gefärbten Farbkärtchen, die übersichtlich angeordnet sind bzw. die anschauliche Ordnung der Farben optimal wiedergeben.

Man bemüht sich, die einzelnen Muster so zu graduieren, daß sie empfindungsgemäß gleiche Abstände untereinander haben. In Deutschland ist die DIN-Farbenkarte neuerdings am gebräuchlichsten. Sie wurde auf farbvalenzmetrischer Grundlage ausgearbeitet und stellt eine empfindungsgemäße Abstufung der Farbenmuster nach 24 Farbtönen dar, von denen jeder nach ebenso gleichabständigen Stufen von Sättigungen und Dunkelstufen vorkommt. – OSTWALD ging von dem Vollfarben-, Schwarz- und Weißgehalt jeder Farbe aus. Als Farbkörper ergibt sich dabei ein Doppelkegel mit den Spitzen Schwarz und Weiß und einer gemeinsamen Basis in der Gestalt des Vollfarbenkreises. Die Sättigung aller Farben nimmt von der Schwarz-Weiß-Achse zur Peripherie hin zu. Um empfindungsgemäße Abstände zu erhalten, wurden die Unbuntstufen und die Weißbeimischung für die Sättigungsreihen logarithmisch graduiert. Der Vollfarbenkreis wurde in der Hälfte Gelb bis Rot-Blau (warme Farben) nach konstanter Zahl von Unterschiedsschwellen angeordnet, und die Abstände der zweiten Hälfte ergaben sich als →Komplementärfarben der ersten. Das OSTWALD-System findet sich in dem gängigen amerikanischen *Color Harmony Manual* realisiert. Ferner ist in Amerika besonders der MUNSELL-Atlas, der sich nach ähnlichen Prinzipien aufbaut, geläufig. *Str-R*

Farbton →Farbe

Farbvalenz →Kolorimetrie

Farbvariator →Farbenmischapparat

Farb-Wort-Interferenz, die mit dem →STROOP-Verfahren häufig untersuchte, aber empirisch und theoretisch noch wenig geklärte →Interferenzneigung, operationalisiert durch den Unterschied zwischen der Bedeutung des Wortes (z. B. rot) und der Farbe des Drucks bzw. der Unterlage (z. B. blau). *Hä-R*

Farb-Wort-Interferenz Test Ⓣ STROOP, Ⓣ MESSICK

Faschismus →Autoritarismus

Faschismusskala, ein von ADORNO und Mitarbeitern entwickelter Fragebogen zur Erfassung der Merkmale der autoritären Persönlichkeit (→Autoritarismus). Die Skala enthält Items zu den von ADORNO et al. ermittelten neun Dimensionen der autoritären Persönlichkeit. *Hä-R*

FAST, Abk. f. *facial affect scoring technique,* Emotionen-Kategorisierungs-Mimik-Test, ein von EKMAN, FRIESEN u. TOMKINS 1971 eingeführtes Verfahren, bei dem Fotografien der durch die Gesichtsmotorik verursachten Veränderungen (→Mimik) mit Standardbildern der Stirn-, Augen- und Mundpartien bei 7 Affektkategorien verglichen werden. Das Verfahren wird bei →Interaktionsanalysen eingesetzt, erfordert aber einen großen apparativen Aufwand und viel Zeit für die Beobachtung. Ⓛ OTTENSMEYER u. ZIMOLONG 1980 *B-S*

Faszination [frz. Bezauberung], (allg.) das Hingerissensein und Gebanntsein durch besonders eindrucksvolle Ereignisse. ● In der Psa. Bez. für die Anziehung und Aktivierung der Libido durch ein Symbol oder einen Archetypus. ● In der Hypnose auch Kaptation (Kaptivation) genannt. Der Zustand eines Gebundenseins an den Hypnotiseur.

Faszinationsmethode, Einleiten der Hypnose durch Anstarren eines hellen und glänzenden Gegenstandes (Metall- oder Glaskugel oder der Augen des Hypnotisierenden). F. wurde zuerst von BRAID angewandt.

FAT Ⓣ JACKSON

Fatalismus, Anschauung, daß alles Geschehen unabänderlich, schicksalhaft vorausbestimmt ist, so daß dem der menschliche Wille ohnmächtig gegenübersteht. *S-G*

fausse reconnaissance [frz. falsches, illusionäres Wiedererkennen] →*déjà vu*

Faxensyndrom, absonderliches, clownhaftes Gebaren von Schizophrenen und Psychopathen

fazialis →facialis

FDE (Fragebogen zur direktiven Einstellung) Ⓣ BASTINE

FECHNER-BENHAM-Farben, von G. TH. FECHNER (1838) und C. E. BENHAM (1895) entdeckte subjektive Farben, die beim →Flimmern von schwarz-weißen Wechselreizen entstehen. Sie werden auch als polyphäne Farben bezeichnet (R. PAULI u. A. WENZL, 1924; V. v. WEIZSÄCKER, 1948). Bei Rotation einer schwarz-weiß gefelderten Scheibe werden unterhalb der Flimmerverschmelzungsfrequenz in Abhängigkeit von der Wechselfrequenz und der Beleuchtungsstärke blaue, gelbe, rote und grüne Farben wahrgenommen. Ⓛ COHEN u. GORDON *Str-R*

FECHNERsches Gesetz, auch WEBER-FECHNERsches Gesetz, psychophysisches Grundgesetz und psychophysische Maßformel genannt. Bezeichnung für die von G. TH. FECHNER (1860) aus dem →WEBERschen Gesetz abgeleitete Gesetzmäßigkeit über das Verhältnis von Reiz und Empfindung. Demnach entspricht die Intensität der Empfindung dem Logarithmus des Reizes, bzw. das Anwachsen der Reizstärke in geometrischer Reihe bewirkt einen Anstieg der Empfindung in arithmetischer Reihe.

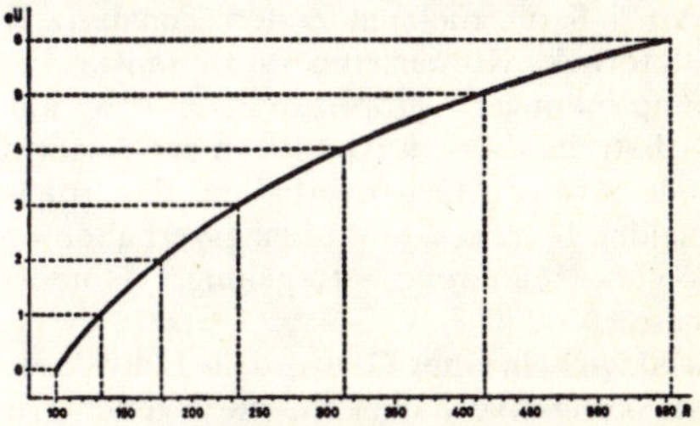

Fechnersches Gesetz
Das Anwachsen der Empfindungsstärke, in ebenmerklichen Unterschieden (eU) gemessen, mit der Stärke des Reizes (R)

FECHNER ging von der WEBERschen Formel aus:

$\frac{\Delta R}{R} =$ konstant (für den ebenmerklichen Empfindungsunterschied).

Unter der Voraussetzung, daß die einzelnen ebenmerklichen Empfindungsunterschiede untereinander gleich sind, drückt sich die Beziehung zwischen Reiz und Empfindung in FECHNERS »Fundamentalformel« aus:

$\Delta E = k \frac{\Delta R}{R}$ (k = Proportionalitätskonstante).

Die Integrierung der Gleichung ergibt den Wert für die Empfindung:

$E = k \log R + C$ (C = Integrationskonstante).

Diese Formel gestattet also, für jede Reizgröße die ihr entsprechende Empfindungsstärke zu berechnen. Für R wird der Wert der Schwelle eingesetzt, die Empfindung an der Schwelle = O. Eine Allgemeingültigkeit des FECHNERschen Gesetzes besteht insofern nicht, als er für extrem große und kleine Reizstärken nicht zutrifft. Besser als die FECHNERsche Formel entspricht den empirischen Ergebnissen nach LYSINSKI ein »berichtigtes Empfindungsgesetz«:

$$E = \frac{\log (a R + 1)}{\log b}$$

(darin sind a und b Konstanten, die aus den relativen Unterschiedsschwellen zu bestimmen sind). →Psychophysik, →psychophysische Methoden Ⓛ BORING, FECHNER, LYSINSKI, PAULI-ARNOLD, STEVENS, W. WIRTH, WOODWORTH-SCHLOSBERG

FECHNERsches Paradox, besteht darin, daß man z. B. beim Betrachten einer Landschaft einen helleren Gesamteindruck erhält, wenn man ein Auge mit einer leicht berußten Glasscheibe vollständig abdeckt, also einen Teil des Lichtes fortnimmt.

*

FECHNER, Gustav Theodor / 1801–1887 / Physk., Psych., bedeutendster Anreger der exp. Ps. im 19. Jhd. (Psychophysik, Kollektivmaßlehre) / Leipzig

feed back [engl.], Begr. der →Kybernetik. Rückführschaltung, Rückkoppelung. In der Computertechnik (bei Automaten) der vom Ausgang zum Eingang rückführende Signalfluß. ● Im biologischen Bereich und in der Ps. i. ü. S. die rückmeldenden Signale (z. B. Blutdruck, Körpertemperatur, sensorische Empfindungen) propriozeptiver bzw. kinästhetischer Art. ● Ähnlich in der Sozialps. jede Art von Gegenverhalten, das »rückmeldend« zu einem Ausgangsverhalten erfolgt. →Reafferenz, →Regelung, →Homöostase

feed back, in einer Gruppe die individuelle wie kollektive Fähigkeit, die eigenen Gefühlsreaktionen auf das Verhalten des Partners zu erspüren und sie ihm in einer beschreibenden, nicht deutenden Weise annehmbar mitzuteilen, so daß für den Partner die Möglichkeit einer Verhaltenskorrektur über eine emotionale Erfahrung *(corrective emotional experience)* besteht. *A-S*

Fehlentwicklung, der Prozeß, der zu gestörter Erlebnis- und Konfliktverarbeitung führt und meist mit körperlichen Beschwerden (mit/ohne organischer Grundlage) verbunden ist. Als Hintergrund wird vielfach eine →Angst angenommen, die aus der Sicht der Psa. auf (unbewußte) Konflikte in der frühen Kindheit zurückführt. ● ADLER nennt 3 Faktoren, die eine F. auslösen können: entweder übte auf das heranwachsende Kind zu viel Liebe oder Liebesentzug oder eine Organminderwertigkeit größeren Einfluß aus. ● Auch über Lernprozesse erfolgt F. →soziales Lernen, →Entwicklungsstörung *R-S*

Fehler, allgemein die Abweichung eines empirischen Resultates von einem wahren oder bestmöglichen Resultat. In der empirischen Forschung werden alle jene Veränderungen in der abhängigen Variablen, die nicht auf Veränderungen in den experimentell kontrollierten unabhängigen Variablen zurückgeführt werden können, als F. interpretiert. F. können verschiedenartige Ursachen haben: in der Beobachtung und den dazu verwendeten Hilfsmitteln (z. B. Meßinstrumente), im untersuchten Geschehen selbst bzw. im Aufbau der Untersuchung sowie in der weiteren Verarbeitung der unmittelbaren Befunde.

Zu unterscheiden sind systematische (konstante) und zufällige (variable) F. Die systematischen F. verschieben alle Einzelresultate (u. damit das Gesamtresultat) in einer bestimmten Richtung. In der Versuchsplanung kann ihnen durch Methoden der →Kontrolle vorgebeugt werden. Die nach Ausschaltung konstanter F. verbleibenden variablen F. heben einander bei einer größeren Anzahl von Beobachtungen in deren Mittelwert annähernd auf. Sie sind überdies durch Fehlerrechnung in ihrem Ausmaß bestimmbar, wodurch Aussagen über den Grad der →Signifikanz von Ergebnissen möglich werden. Die Tatsache, daß in ps. Untersuchungen stets variable unbekannte Faktoren (Fehlerfaktoren) in die Ergebnisse eingehen, macht die Anwendung statistischer Verfahren in der Ps. erforderlich. →Raumfehler, →Zeitfehler. *Mi-A*

Fehler erster Art, syn. Alpha-Fehler, Risiko I, Typ-I-Fehler. Als F. e. A. werden statistische Fehlentscheidungen bezeichnet, bei denen die Nullhypothese verworfen wird, obwohl sie zutrifft. Der F. e. A. hängt von der für den statistischen Test gewählten Signifikanzgrenze α ab. Beträgt diese z. B. $\alpha = 0.05$, so resultiert daraus, daß die Nullhypothese in 5% aller Fälle, in denen sie zutrifft, fälschlicherweise verworfen wird. *Mi-A*

Fehler, mittlerer, dieser Ausdruck wird einerseits als Synonym für den Begr. »wahrscheinlicher Fehler«, ein früher häufig verwendetes Maß der fehlerbedingten Variabilität von Meßwerten ($\pm$ 0.67σ) benützt, andererseits wird darunter manchmal auch die durchschnittliche Abweichung oder mittlere Variation von Meßwerten verstanden. *Mi-A*

Fehlervarianz, unterwirft man jede von zwei oder mehr Stichproben unterschiedlichen exp. Bedingungen, so läßt sich die Gesamtvarianz der aus dem Experiment resultierenden Meßwerte in zwei Komponenten unterteilen: systematische Varianz und F. (auch »Versuchsfehler« gen.).

In korrekt durchgeführten Experimenten spiegelt die systematische Varianz den Einfluß der versch.

exp. Bedingungen wider und erlaubt somit Aussagen über deren Wirkung (vgl. aber *bias*). Die F. resultiert aus den zufälligen Unterschieden der Versuchsobjekte (in der Ps. meist der Vpn). Die Wirkungen der Versuchsbedingungen dürfen nur dann als gesichert angesehen werden, wenn die systematische Varianz um ein Mehrfaches größer ist als die F. Daher wird ein Experimentator darauf achten, durch geschickte Versuchsplanung die F. möglichst klein zu halten. →Varianzanalyse

Fehler zweiter Art, syn. Beta-Fehler, Risiko II, Typ-II-Fehler, konservativer Fehler. Von einem F. z. A. wird gesprochen, wenn die Nullhypothese auf Grund eines statistischen Tests aufrechterhalten wird, obwohl sie falsch ist. Der F. z. A. ist um so größer, je geringer die Signifikanzgrenze α und damit auch der Fehler erster Art ist und hängt u. a. auch von der Stichprobengröße und von der Teststärke des verwendeten statistischen Verfahrens ab. *Mi-A*

Fehlhandlungen, Störungen oder Abweichungen im Vollzug an sich fehlerfrei durchführbarer Leistungen (z. B. Versprechen, Verlesen, Verschreiben, Verlegen, Verlieren). Sie werden verursacht durch Abgelenktheit, Ermüdung, Erregtheit. →Fehlleistung

Fehlleistung, *FREUDian slip,* von FREUD eingeführter Begr. für Handlungen, »deren ausdrücklich angestrebtes Ziel nicht erreicht, sondern durch ein anderes ersetzt wird« (LAPLANCHE, 1972). Die F. steht als →Symptomhandlung zwischen der bewußten Intention und dem Verdrängten. Die F. ist »auf einer anderen Ebene eine geglückte Handlung«.

Fehlreaktion, Fehlhandlung bei Reaktionsversuchen bzw. Handeln entgegen der Instruktion

Feindlichkeit [engl. *hostility*], Tendenz, gegenüber einer Person Wut oder Ärger zu fühlen und sie zu schädigen. In der Aggressionsforschung wird F. als einziges anzuerkennendes Motiv für Aggression erwogen (KAGAN 1972). *B-S*

Feindverhalten, (biol.) aggressive Verhaltensweisen, die sich gegen einen Artgenossen oder einen Artfremden richten können, mit dem Ziel, ihn zu vertreiben oder zu unterdrücken. →Aggression, →Territorialverhalten *P-S*

Feld, ein Begr., der häufig, bes. in der älteren Ps. (der Umgangssprache folgend), als Ausdruck für Bereich, Gebiet, Raum, z. B. Hörfeld, Sehfeld, Bew.feld, gebraucht wird.

• Im strengen Sinn ist ein F. das Ergebnis von Kräften, die dem sie umgebenden Raum eine bestimmte dynamische Beschaffenheit verleihen. So besitzt z. B. das Gebiet um einen Magneten für ein Stück Eisen eine bestimmte Struktur, indem es an jedem Punkt verschiedene Kraftwirkungen erfährt. Die Verbindungslinien aller Punkte mit entsprechenden Kraftwirkungen sind Kraft- oder Feldlinien. Verändert man eine Einzelheit, entsteht ein neues F., das mit dem vorigen keine identischen Punkte hat. Das F. reagiert also als Ganzes, d. h. es ist eine Gestalt oder dynamische Ganzheit. • Analog lassen sich in der Ps. alle Prozesse und Verhaltensweisen, die nicht mechanischen Zwangsbedingungen gehorchen (Stoß und Druck, eindeutig festgelegte Nervenbahnen) als Feldwirkungen darstellen. Jede Wahrnehmung kann als Feldgeschehen bezeichnet werden. Eine Mehrzahl optisch wahrgenommener Dinge (phänomenales F.) gliedert sich in bestimmter Weise und erfährt bei jeder Veränderung eines einzelnen Momentes vollständige Neugliederung. Ästhetisch unbefriedigende Gebilde werden in sich selbst gespannt erlebt und enthalten phänomenale Kräfte (Feldvektoren) auf einen ausgeglicheneren Zustand hin (→Prägnanz). Das Erinnern wird als ein Vorgang im Spurenfeld, das einen Bereich von bestimmter dynamischer Struktur darstellt, angesehen. Die Bewegungen des Denkens kann man sich in einem F. vorstellen, dessen Struktur durch die Auffassung der Aufgabenstellung, Denkmöglichkeiten, Widersprüche, fehlendes Wissen usw. als Feldkräfte gegeben ist. Jedes Verhalten kann als durch ein F. bedingt angesehen werden, dessen Struktur von Bedeutungen, Bedürfnissen, Aufforderungscharakteren usw. als wirksamen Kräften abhängt (Verhaltensfeld, KOFFKA; Lebensraum, LEWIN).

Es gibt in der Ps. zwei Annahmen: a) Das F. wird verstanden als im Hirnrindengebiet lokalisiertes physikalisches F., gleichbedeutend mit: physiologisches F., zentrales F., Hirnfeld (KOFFKA, KÖHLER, WERTHEIMER), und die psychischen Vorgänge werden gefaßt als die ihnen entsprechenden Nervenerregungsvorgänge, also als Feldwirkungen zwischen elektro-chemischen Kräften (→Gestalttheorie). b) Das phänomenale oder Verhaltensfeld wird direkt in mathematische Begriffe übertragen, indem in stetiger Abbildung jedem ps. Begr. ein mathematischer zugeordnet wird (→topologische und Vektor-Ps., →Lebensraum). *Str-R*

Feldabhängigkeit, *field dependence,* Konstrukt der empirischen Persönlichkeitsforschung der Wahrnehmungsstile (WITKIN), welches interindividuelle Differenzen für den Einfluß des Wahrnehmungsfeldes auf das Wahrnehmen der Figur beschreibt (→kognitive Stile).

F

Bei einem feldabhängigen Wahrnehmungsstil übt die Wahrnehmungsumgebung (→Feld) einen starken Einfluß auf die wahrgenommene Figur aus, während bei einer feldunabhängigen Wahrnehmungsweise die Wahrnehmung auf das wahrzunehmende Objekt gerichtet ist. Dieser Wahrnehmungsstil erweist sich als relativ konstant über verschiedene Bedingungen hinweg. Betrachtet man die F. als relativ konsistentes Persönlichkeitsmerkmal, so ergibt sich die Frage nach der Einordnung dieses Merkmals in andere Dimensionen. Bei entsprechenden Untersuchungen hat sich gezeigt, daß die F. Korrelate bis hin in das soziale Verhalten hat (→Konformismus). Ⓛ HERRMANN 1972[2], WITKIN et al. 1971 *Hä-R*

Feldexperiment →Feldstudie, →Experiment

Feldhandlung, ein von LEWIN eingeführter Ausdruck für Handlungen, bei denen die handelnde Person vollständig im Sinne der Feldkräfte reagiert. Ggs. ist die beherrschte Handlung, in der den von dem Umfeld ausgehenden Kräften die von der Person ausgehenden entgegengesetzt werden.

Feldmarkierungstest Ⓣ HENTSCHEL

Feldstudie, Feldforschung, empirische Sozialforschung. Oberbegriff für ps. und soziologische Untersuchungen unter »wirklichen Lebensbedingungen« (LEWIN) oder im Lebensraum. Im Unterschied zum Feldexperiment, in dem von Vl. kontrollierte Bedingungen in den Lebensraum eingeführt und variiert werden und in dem stets neben den Versuchsgruppen eine Kontrollgruppe steht, ist die F. darauf beschränkt, durch Erhebung, →Datensammlung und →Beobachtung die im wirklichen Gruppenleben (in Gemeinde, Schule, Industrie, Verein etc.) vorkommenden sozialen Vorgänge und Gegebenheiten zu beschreiben oder zugrunde liegende Kausalzusammenhänge zu erhellen.

LEWIN hat Entscheidendes für die Einführung der in der Soziologie entwickelten F. in die Sozialps. geleistet. Die wichtigsten Methoden sind neben der Fragebogenerhebung (→Fragebogen) das →Interview und die (z. T. teilnehmende) →Beobachtung. Da die Bedingungen des sozialen Geschehens im Feld nicht von Vl. eingeführt oder hergestellt, sondern von ihm vorgefunden werden, ist die Genauigkeit der Kontrolle eingeschränkt.

● Wenn Maßnahmen von sozialen Agenten (Gemeindeverwaltung, Schulbehörde, Firmenleitung etc.) auf ihre Wirksamkeit untersucht werden, spricht LEWIN von Aktionsforschung (→Handlungsforschung, →*action research*). Bei neueren Formen der Aktionsforschung werden relativ unkontrollierte Manipulationen der Forscher zur Veränderung »gesellschaftlicher Verhältnisse« von der Untersuchung der Wirkungen dieser Veränderungsbedingungen begleitet. In diesem Fall sollte der sog. Hawthorne-Effekt (→Hawthorne-Untersuchung) durch variierende Wiederholung von Einflußnahmen zu kontrollieren versucht werden. Dann nähert sich die Aktionsforschung dem Feldexperiment. Ⓛ PATRY 1981 *B-S*

Feldtheorien, psychologische, alle Betrachtungsweisen, die von den Eigenschaften der Ganzbestimmtheit, Spontanorganisation (→Organisation) und nicht-mechanistischen Natur des Psychischen ausgehend den Begr. des Feldes als grundlegende Erklärung einführen.

Erklärungen von Zusammenhängen durch elementaristische Verbindungsweisen wie Assoziationen und Reflexe werden auf weiten Gebieten als unangemessen zurückgewiesen. Die F. gehen historisch von der Gestaltps. aus oder sind kraft des gemeinsamen Ausgangspunktes verwandt mit ihr. Begründer feldtheoretischer Erklärungen ist WERTHEIMER (1912) durch seine Deutung des Phi-Phänomens als Wirkung zwischen zwei Erregungszentren im Gebiet der Hirnrinde. Dieser Ansatz wurde von KÖHLER und KOFFKA weitergeführt (→Gestalttheorie). Eine mathematische F. des Handelns entwickelte LEWIN (→Feldhandlung, →topologische und Vektor-Ps., →Lebensraum). Die Zeichen-Gestalt-Theorie *(sign-gestalt-theory)* von TOLMAN und die physiologischen Formulierungen von LASHLEY u. a. können als F. im engeren Bereich des Behaviorismus angesehen werden.

Feminierung, die körperliche und sexuelle Verweiblichung eines kastrierten männlichen Tieres durch Einpflanzen von Eierstöcken. →Effemination.

Feminismus [zu lat. *femina* Frau] (sozialps.) Verhalten der Frauen beim Anspruch auf Gleichstellung mit dem Mann. Beseitigung der »patriarchalischen Kultur«. →Emanzipation ● (sex.ps.) →Sexualität (Tabelle)

fenestra [lat.], Fenster →Ohr

FÉRÉ-Effekt →psychogalvan. Reaktion

*

FÉRÉ, Charles Samson / 1852–1907 / Psychiater, Neurologe / Paris

Ferment [lat. *fermentum* Gären, Gärstoff], syn. →Enzym, lebenswichtiger Stoff, der im Körperhaushalt von Pflanze, Tier und Mensch bestimmte chemische Prozesse auslöst oder beschleunigt, ohne selbst in die ablaufende chemische Reaktion einzugehen (katalytische Wirkung).

FERNALD-Probe Ⓣ FERNALD

Fernberatungs-Test Ⓣ WARTEGG

Fernraum →Greifraum

Fernsehen →Massenmedien

Fernsinn, Bez. für die Sinne, mit denen das weiter Entfernte wahrgenommen wird (Gesicht und Gehör) im Ggs. zu den Nahesinnen (Hautsinne, Geschmack).

• Angenommener, besonderer Sinn, der Blinden die Orientierung im Raum ermöglicht. Vermutlich gesteigerte Leistung der übrigen, intakten Sinne. • Besonderer Sinn, durch den sich manche Tiere, besonders Zugvögel, im Raum orientieren. →Heimkehrfähigkeit • Spekulativ angenommener sog. »sechster« Sinn, mit dem angeblich weit entfernte Gegenstände oder Geschehnisse wahrnehmbar sind. • Einen »7. Sinn« unterstellt man neuerdings als entwicklungsfähig im Straßen-(Auto)Verkehr. →Sinne

Fertigkeit, *proficiency, skill,* gesteigerte →Fähigkeit. Die durch »Formung« (Übung etc.) automatisierte, d. h. ohne stete Steuerung und Kontrolle durch das Bew. ablaufende Tätigkeitskomponente. Die F. entlasten höhere Regulationsebenen, als »Verfestigung« (→Rigidität) belasten sie aber auch, wenn vermehrt Umstellungen und Wechsel im Arbeitsverlauf verlangt werden. •sensumotorische F. sind »Verrichtungseinheiten, die auf relativ stereotype, sensumotorisch akzentuierte Anforderungssequenzen hin entwickelt werden und als verfestigte und automatisierte Handlungskomponenten bereitstehen« (HACKER 1973). →ability

Fertigkeit, sprachliche →Sprachproduktion, →Sprachentwicklung

Fertigkeitsschulung, geregeltes Üben anpassungsfähiger Veranlagungen (→Anlernverfahren)

Fetalisationstheorie →Retardation

Fetisch, Fetischismus [port. *feitico* Zauber], völkerps. Bez. für den Glauben an die geheimnisvolle, übersinnliche, dämonische Macht lebloser Gegenstände. Im Fetisch ruht ein gebannter Dämon. Amulett ist passiv-schützend (z. B. gegen Unfall), Talisman aktiv-helfend (z. B. Stein der Weisen, der alles zu Gold verwandelt). F. ist die ursprünglichste Form eines Kultes. • F. in sexueller Bed. →Sexualität (Tabelle)

Fetus [lat. *fetus* das Gezeugte], auch Fötus. Die Leibesfrucht beim Menschen vom 3. Schwangerschaftsmonat an. Adj.: fetal, fötal.

FFA, Abk. für *fast FOURIER analysis.* →FOURIERsches Gesetz

FI, *fixed interval,* →Verstärkungsplan

Fideismus, Anschauung, daß die geglaubte Wahrheit der vernunftgemäßen Erkenntnis entzogen und nur dem Glauben zugänglich ist *S-G*

fidelity, Fidelität, Bez. für Wiedergabegenauigkeit bzw. Präzision. Eine aus der →Informationstheorie (Informationsübertragung) in die ps. Diagnostik übertragene Bez. für die Eigenschaft eines Tests, sehr präzise, aber wenig umfassende Meßwerte zu liefern. →Bandbreite *Hä-R*

figurale Nacheffekte →figurale Nachwirkung

figurale Nachwirkung, *figural aftereffect,* eine Erscheinung auf dem Gebiet der visuellen Wahrnehmung. Es wurde bereits von VERHOFF (1922) und GIBSON (1933) darüber berichtet.

Eingehende Untersuchungen und wichtige theoretische Deutungen erfuhr das Phänomen erst durch KÖHLER (1940) und KÖHLER und WALLACH (1944) sowie OSGOOD und HEYER. Es wird ein Punkt fixiert, in dessen Nachbarschaft sich eine Figur (z. B. Quadrat) befindet. Der Abstand zwischen Fixationspunkt und Figur muß so gewählt sein, daß letztere auf ein Netzhautgebiet außerhalb der Fovea fällt. Nach einer Fixationszeit von mehreren Minuten wird das Quadrat entfernt und durch ein anderes kleineres ersetzt, welches genau an die Stelle des vorigen zu liegen kommt. Die f. N. der erstgebotenen Figur zeigt sich darin, daß die zweite kleiner und im dreidimensionalen Raum weiter entfernt lokalisiert erscheint. – Nach der Deutung von KÖHLER tritt der Nacheffekt infolge von Erregungsströmen, die anhaltend das gleiche Gebiet im Sehzentrum der Hirnrinde durchflossen haben und dadurch zu einer Polarisierung der Membranen führten (elektrotonische Veränderungen), ein. Die Erregungsströme der später dargebotenen Figur fallen in dasselbe elektrochemisch im Sinne erschwerten Stromdurchflusses veränderte Gebiet und erfahren Verzerrungen, die denen der Wahrnehmung funktional äquivalent sind. →Gestalttheorie. Ⓛ MALHOTRA

Figurenlegen Ⓣ WECHSLER

Figuren-Merk-Test Ⓣ BINET, BENTON, RANSCHBURG

Figurenordnung Ⓣ STERN

Figurenreihen-Fortsetzen Ⓣ DUNAJEWSKI

Figuren von RYBAKOW Ⓣ MEILI

Figure Reasoning Test Ⓣ DANIELS

Figur-Grund-Verhältnis, Bez. für die Wahrnehmungsorganisation. Der zuerst von E. RUBIN (1921) gebrachte Hinweis, daß das Gesichtsfeld nicht als ungegliedert, sondern als gegliedert und in sich abhebbar erlebt werde, hat in der Ps. sehr nachhaltig gewirkt. Viele Forscher griffen das Problem auf – die

F

Arbeiten von EHRENSTEIN und METZGER sind besonders bekannt.

Zuerst wurde das Problem im Optischen beachtet (→Reversionsfiguren, →geometrisch-optische Täuschungen). RUBIN glaubte auf den Begr. Aufmerksamkeit verzichten zu können, da der Effekt der Aufmerksamkeit genuin durch die Figur-Grund-Differenzierung gegeben sei. Man lernte auch die Bedingungen für die FG-Differenzierung beachten: 1. Bedingungen des Außenreizes, wenn z. B. eine Reizfeldstelle von der Umgebung stark verschieden ist; 2. Bedingungen somatisch-physiologischer Funktionsart der Sinnesorgane; 3. Bedingungen der Struktur der Person. 4. Bedingungen des Lernens sekundärer Motivation (→SCHAFER-MURPHY-Effekt). »Die Figur-Grund-Differenzierung bedeutet in phänomenaler Hinsicht Scheidung und in funktionaler Hinsicht Zusammenfassung zwischen dem, was die Rolle des Grundes und dem, was die Rolle der Figur übernimmt.

Der Figur-Grund-Zusammenhang gehört deshalb nicht zu den phänomenalen, sondern zu den funktionalen Ganzheiten« (EHRENSTEIN). Das Figur-Grund-Prinzip hat neben der optischen auch für die akustische Wahrnehmung, für die Motorik (z.B. Rechts-Linkshändigkeit), die Gefühle und nicht zuletzt (hier sogar mit besonderen Erfolgen) für das Denken Bedeutung. Ⓛ METZGER, RUBIN

Fiktion [lat. *fingere* erdichten, ersinnen], »Erdichtung«, im wissenschaftlichen Denken eine Annahme, die wahrscheinlich oder sogar gewiß nicht zutrifft, die aber als Hilfsmittel des Denkens gebildet und beibehalten wird, bis sie durch Tatsachen ersetzt werden kann (z. B. leerer Raum). Das Denken in der Fiktion entspricht (sprachlich ausgedrückt) einem »als ob«. →Hypothese

Fiktionalismus, philosoph. Lehre, nach der wesentliche Erkenntnisbegriffe als Fiktionen (d. h. »als ob« sie wahr wären) angesehen werden. Der F. ist in vielen philosoph. Systemen nachweisbar. Besonders beachtet wurde er von VAIHINGER.

Fiktionsspiele →Spiel

Filialgeneration →Generation

Film →Massenmedien

Film-Test Ⓣ GILLE, STÜCKRATH

Filter-Theorie der Aufmerksamkeit →Aufmerksamkeit (BROADBENT)

Finalattribution →Attribuierung

Finalität, Zweckbestimmtheit, Zweckgerichtetheit. Im besonderen ist die finale Erklärung von Erscheinungen, Vorgängen usw. gegensätzlich zur kausalen Erklärung. Der Vorgang wird vom Ziel, vom Ende, vom Endzweck her wesensmäßig gedeutet (→Kausalität).

Fingeragnosie, Unfähigkeit zur richtigen Benennung einzelner Finger oder deren Verwechslung bei der Zuordnung zu sprachlicher Bez. Teilleistungsschwäche nach Hirnverletzung (→GERSTMANN-Syndrom) oder während der kindl. Entwicklung (→Dyskalkulie). *G-N*

Fingeralphabet →Gehörlosensprache, →Zeichensprache, →Fingersprache, →Gehörlosigkeit

finger dexterity [engl.], Fingergeschicklichkeit, Fingerfertigkeit

finger painting [engl.], Fingermalen. Bez. für freies bildnerisches Gestalten durch Aufstreichenlassen von Farben auf Papier, Tafel oder Tischplatte mit den Fingern. F. ist vor allem als psychotherapeut. Verf. bei Kindern eingeführt.

Fingerschlüssel, bei Reaktionsversuchen benützter elektrischer Kontakthebel, ähnlich dem Telegraphentaster

Fingersprache →Daktylologie, Cheirologie

FISHER-YATES-Test, ein nichtparametrisches statistisches Verfahren zur Prüfung der Wahrscheinlichkeit des Auftretens einer beobachteten (und aller extremeren) Vierfelder-Häufigkeitsverteilungen. Der F.Y.T. kann im Gegensatz zum Vierfelder-χ^2-Test auch dann angewendet werden, wenn die Erwartungswerte in einzelnen Zellen < 5 sind. *Mi-A*

*

FISHER, Sir Ronald Aylmer / 1890–1962 / Genetiker u. Statistiker /London, Cambridge

*

YATES, Frank / *1902 / Statistiker / London

fissura calcarina [lat. *findere* spalten, *calcar* Sporn], Sehzentrum bzw. Endstelle der Sehbahn im Hinterhauptslappen (Lobus occipitalis). →Gehirn

Fixation →Auge

Fixationsbewegung, die Koordinationsbewegung der Augen beim Fixieren

Fixationspause →Pause

Fixationspunkt, der direkt gesehene (fixierte) Punkt, dessen Bild in der Mitte der Netzhautgrube *(fovea centralis)* liegt. Sein Richtungsstrahl = Gesichtslinie (→Blickfeld)

fixe Idee, im Bewußtsein in krankhafter Weise verharrende Vorstellung, die das Denken und Verhalten des Betroffenen beeinflußt und nicht zu berichtigen ist. Vorkommen bei Zwangsneurose und gesteigert bei Psychosen.

fixieren →Fixationsbewegung, →Fixationspunkt
fixierende Aufmerksamkeit →Aufmerksamkeit, →Typologie
Fixierung, FREUD spricht von F., wenn durch Verknüpfung libidinöser Partialstrebungen mit Kindheitseindrücken an einer Entwicklungsstufe festgehalten wird, die der an Jahren inadäquat ist. So bleiben die Triebobjekte und die Befriedigungsformen infantil. – Bei der Regression ist der normale »Libidofluß« durch unüberwindlich scheinende Hindernisse blockiert und wird »umgeleitet« in alte »Bahnen«: es wird auf frühere Entwicklungsstufen zurückgegriffen.
Flächenfarbe →Farbe (Erscheinungsweisen)
Flagellantismus →Sexualität (Tabelle)
Flaschenorgel →Tonvariator
flatternde Herzen, bewegt man farbige, z. B. rote herzförmige Gebilde vor einem blauen Hintergrund, so entsteht eine eigenartige Bewegungsillusion der roten Gebilde. Die Illusion beachtete schon HELMHOLTZ und führte sie auf die verschieden lange Nachdauer der Farben Rot und Blau zurück. →Scheinbewegung
Flegelalter, Bez. für den entwicklungsps. Abschnitt des männlichen Jugendlichen vor und in der Pubertät, wobei dieser seine Kräfte überschätzt und sich überheblich gibt (mit dem Flegel dreinschlägt). Auf das F. folgt das Tölpelalter mit unsicherem, befangenem Benehmen und Innewerden der Grenzen und der eigenen Unreife. Ⓛ MUCHOW, THOMAE
Flensburger Schulreifetest Ⓣ NOLTE
flexibilitas cerea [lat.], »wachsartige Biegsamkeit« der Glieder bei →Katalepsie, d. h. die Stellung, in die die Glieder des Kranken gebracht werden, wird einige Zeit beibehalten. Zuweilen wird die Lage auch willkürlich beibehalten (Pseudoflexibilitas).
Flexibilität, Umstellungsfähigkeit, in der marxistischen Ps. »Disponibilität« (eine Bez., die DUNCKER für die Verfügbarkeit von Situationsmomenten beim Problemlösen verwendet). Die Bereitschaft und Fähigkeit, das Verhalten an veränderte Umstände anzupassen (syn. Anpassungsfähigkeit). ● Die Bereitschaft zu dauerhaften Veränderungen der Persönlichkeitsstruktur. ● Umstellungsfähigkeit beim Problemlösen, also die Fähigkeit zum Umstrukturieren (→Denken) und zum Wechsel der Lerneinstellung (→Einstellungseffekt, LUCHINS u. LUCHINS 1959). Das abstrakte Verhalten ist durch F., das konkrete durch ihr Fehlen gekennzeichnet (s. d.). ● Das Fehlen starrer Einstellungen und Meinungen, die Bereitschaft, Vorurteile und Gesinnungen zu ändern (*open mindedness,* ROKEACH). →Plastizität. Ggs. →Dogmatismus *B-S*
Flexion [lat. *fléctere* beugen], Muskelbewegung, die den peripheren Körperteil dem Stamm des Körpers bzw. bei Extremitäten das distale Glied dem proximalen nähert, z. B. Unterarm dem Oberarm. Der umgekehrte Vorgang ist Extension (Streckung).
fliegende Mücken, *mouches volantes* →entoptische Erscheinungen
Fließgleichgewicht, nach BERTALANFFY (1949) Bez. für den Gleichgewichtszustand aller offenen, d. h. lebenden Systeme mit Energie- und Stoffaustausch. →Entwicklung, →Homöostase
Flimmergerät, Apparate versch. Bauweise zur Darbietung kurzdauernder einfacher Lichtreize, in wählbarer schneller Aufeinanderfolge zur Bestimmung der →Flimmerverschmelzungsfrequenz. Ⓛ PAULI-ARNOLD
Flimmern, *flicker,* diejenige Abfolge von Hell und Dunkel (auch von versch. Farben), die vom Auge nicht mehr getrennt, aber auch nicht voll verschmolzen wahrgenommen wird. →Flimmerversuch. Ⓛ BRACKEN, HAACK, LANDIS
Flimmern, farbiges →FECHNER-BENHAM-Farben
Flimmerphotometrie, Verfahren zur Messung der Helligkeit von Farben, wobei zwei verschiedenfarbige Flächen in raschem Wechsel (durch den →Farbenkreisel) dem Auge dargeboten werden. Die Flächen sind als gleich hell zu betrachten, wenn die Flimmererscheinung ein Minimum erreicht, da das Flimmern bei der Umdrehung hauptsächlich durch den Helligkeitsunterschied bedingt ist.
Flimmerskotom [gr. *skotos* Dunkelheit], durch flimmernde Ränder begrenzter zeitweiliger Gesichtsfeldausfall, der im Fixierpunkt beginnt und in die Peripherie der Netzhaut fortschreitet. Kommt besonders bei →Migräne (Augenmigräne) vor.
Flimmerverschmelzungsfrequenz, *flicker fusion frequency,* die Frequenz, bei der periodisch wiederkehrende Lichtreize als lichtgleiche Helligkeit erlebt werden.
Auf diesem Prinzip beruht die Kinematographie (16–20 Bilder pro Sekunde). Je höher die F., um so leistungsfähiger der Sehapparat. Bedingungen

für die Höhe sind: die Helligkeit der positiven Phasen, die Differenz beider Phasen, die Zeitproportion, die Ausdehnung des flimmernden Feldes, der Bereich der gereizten Retina, das Alter, der Typus und der Ermüdungszustand. Der Flimmerversuch, der sich der Abfolge von Hell und Dunkel (z. B. mit Hilfe eines →Flimmergerätes) als Reiz bedient, bietet Einblick in den Ermüdungszustand. Ⓛ Bracken

Flitterwochen, therapeutische, witzelnde Bez. für rasche Anfangserfolge bei der Psth. →Initialeffekt

floor-Effekt [engl. *floor* Boden], Testuntergrenzeneffekt, tritt auf, wenn die Schwierigkeit eines Tests so groß ist, daß auch Individuen mit einer extremen Ausprägung des im Test gemessenen Merkmals nur niedrige Testwerte erzielen. Daraus resultiert, daß zwischen diesen Individuen und solchen mit einer weniger extremen Merkmalsausprägung auf Grund dieses Tests nicht differenziert werden kann. Vgl. *ceiling*-Effekt. *Mi-A*

Florkontrast →Kontrast

FLT Ⓣ Lienert

Flucht in die Krankheit, von Freud stammende Bez. für das (mehr-minder unbewußte) Ausweichen vor einer als untragbar erlebten Realität in das Kranksein (Neurose). Auch die (älteren) Ausdrücke »Flucht in die Psychose« und »Flucht in die neurotische Krankheit« gehen auf Freud zurück.

Fluchtbewegungen, Fluchttrieb, Bewegungen (auch triebhaft gesteuert), die das Lebewesen aus dem Bereich eines unangenehmen Reizes führen sollen.

Fluchtverhalten, (biol.) Abwenden von einem bedrohenden Reizmuster. Das Fluchtverhalten beendet z. B. häufig das →Kampfverhalten. Vgl. Angst *P-S*

fluency [engl.] →Wortflüssigkeit

Fluidität, Bez. (nach Kretschmer) für den Verlauf bei Affekt und Bewegung. Z. B. schwingende, abrupte, aufstauende F.

fluktuierende Aufmerksamkeit →Aufmerksamkeitsschwankungen, →Typologie (Aufmerksamkeitstypen)

Flußdiagramm, *flow chart,* Strukturdiagramm. Schematische Darstellung von →Algorithmen, die eine Übersicht über den Programmfluß erlaubt. F. sind weitgehend unabhängig von Programmiersprachen.

Flüssigkeit ⟨Thurstone⟩ →Wortflüssigkeit

Flüstersprache →Sinnesfunktionen (2)

FNV, Finger-Nase-Versuch (s. d.)

Focaltherapie →Kurzpsychotherapie

focus gambling, Selektionsstrategie bei der Begriffsbildung. →Fokussieren

focussing strategies, Selektionsstrategien bei der Begriffsbildung. →Fokussieren

fokal... [lat. *focus* Herd, Brennpunkt], den Kern betreffend.

Fokalanalyse, Fokaltherapie, psa. Bez. für die einem einzelnen (wichtigen) Komplex zugewandte Analyse

fokussieren, Fokussierung [lat. *focus* Feuerstelle, Brennpunkt], eine Gegebenheit als Brenn- oder Sammelpunkt benutzen. ● Bruner, Goodnow, Austin (1956) nennen 1. konservatives f. als eine der Selektionsstrategien im Begriffsbildungsexperiment neben 2. dem *focus gambling,* bei dem – ausgehend von der positiven Beispielkarte – mehr als ein Attribut-Wert geändert wird, 3. dem *simultaneous scanning* (simultanen Zerlegen) und 4. *successive scanning,* bei dem mit jeder einzelnen Karten-Wahl jeweils eine Hypothese direkt geprüft wird. →Denkstrategien *B-S*

Folgeeigenschaft →Erbcharakterologie

folie à deux, folie à plusieurs, induziertes Irresein.

Follikelhormon, ein im reifenden Follikel des Ovars, aber auch im Corpus luteum und in der Plazenta gebildetes →Hormon. Das F. bewirkt das Wachstum der Uterusschleimhaut während des weiblichen →Menstruationszyklus. →Oestrus *P-S*

follow-up-study [engl.], Nachuntersuchung

forced-choice-item, *forced-choice-method,* eine Testaufgabe, bei der dem Pbn zwei Antwortmöglichkeiten vorgegeben werden. Er hat diejenige zu wählen, welche für ihn am meisten zutrifft. Er muß auch dann wählen, wenn ihn keine der beiden Antwortmöglichkeiten befriedigt. *Hä-R*

forced compliance, »forcierte Einwilligung«; eine Person wird dazu gebracht, relativ freiwillig (nicht erzwungen) eine Meinung zu vertreten, die eigentlich nicht die ihre ist. Hierdurch kommt es zu einer →Dissonanz bei der Person. Ⓛ Festinger 1978 *F-R*

forensisch [lat. *forum* Markt, Gericht], auf das Forum bezüglich, d. h. gerichtlich

Forensische Psychiatrie, der Teil der Psychiatrie, der sich mit denjenigen Geisteskrankheiten, geistigen Störungen bzw. gestörten geistigen Abläufen befaßt, die grundsätzlich oder im einzelnen Fall einen Konflikt mit dem Gesetz hervorbringen.

Forensische Psychologie, Teilgebiet der angewandten Psychologie, das sich zu Beginn des 20. Jahrhunderts aus den aussageps. Arbeiten von A. BINET und W. STERN (→Aussageps.), sowie den Bemühungen um eine →Tatbestandsdiagnostik (Assoziationsversuche von C. G. JUNG u. a.) entwickelt hat. Die F. P. wird zumeist als »Anwendung der Psychologie auf die Rechtspflege« definiert, im speziellen ist darunter das Bemühen zu verstehen, die Sachverständigentätigkeit des Psychologen in ihren wissenschaftlichen Grundlagen und in ihrer Praxis zu erforschen.

Zugehörig sind z. B. Fragen der Beurteilung der strafrechtlichen Verantwortlichkeit (Delikthaftung insbesondere junger Menschen), Schuldfähigkeit allgemein, Glaubwürdigkeit von Zeugenaussagen, Verbrechensmotivierung, Prognosen für die Bewährung bzw. weitere Kriminalität. Zunehmend hat sich die F. P. auch den ps. Perspektiven der Kriminalitätserklärung zugewandt und das Anderssein des Täters mit konstitutionellen, persönlichkeitsps., psychoanalytischen und lerntheoretischen Modellen zu erklären versucht (vgl. Kriminalps.). In der Entwicklung steht noch die Strafvollzugsps., die sich bemüht, die gewonnenen Einsichten, v. a. bezüglich der Täterpersönlichkeit, bei der Resozialisierung von Straftätern zur Anwendung zu bringen. Hierfür sind inzwischen sozialtherapeutische Anstalten eingerichtet worden. Ⓛ UNDEUTSCH 1967 LIEBEL u. USLAR 1975 *Fl-R*

FORFA, Abk. für »Forschungsinstitut für Arbeits-Psychologie und Personalwesen«, 1948 von HERWIG in Braunschweig gegründet

formal, auf die Form (nicht auf den Inhalt) bezüglich. • Formale Wissenschaften befassen sich mit den Formen des Denkens (Logik, Mathematik, Erkenntnislehre) oder benützen Formeln und vereinbarte Zeichen. Auch in der Ps. findet sich solcher Formalismus bzw. formalisierte Sprache.

formal discipline formale Bildung

formale Bildung →Bildung, →Transfer

Formalismus →formal

Formalstufentheorie, von HERBART entwickelte Lehre von der systematisch gestuften Unterrichtsgestaltung, wie Vorbereitung, Einführung, Darbietung des Neuen, Verknüpfung mit Bekanntem, Zusammenfassung und Gesamtbeurteilung. • In der Arbeitsunterweisung des →TWI neu aufgegriffen. →heuristische Regeln

Formanten, person- und phonem-spezifische Obertöne der menschlichen Sprache, die durch Resonanz des oralen (1. F.) und/oder pharingalen (2. F.) Hohlraumes entstehen. *R-S*

formatio reticularis [lat. netzförmiges Gebilde], netzförmiger, den Hirnstamm durchziehender Teil des zentralen →Nervensystems; ist wichtige Station des aufsteigenden unspezifischen Systems, d. h. die f. r. erhält unspezifische afferente Zuströme aus praktisch allen Sinnesorganen, die hier zu einer unspezifischen Erregung führen (→ARAS).

Ihre Efferenzen führen absteigend zum Rückenmark, aufsteigend über die unspezifischen Thalamuskerne zum Cortex des Gehirns, zum Hypothalamus und zum →limbischen System. Zu den vielfältigen Aufgaben der f. r. gehören: (1) Steuerung der Bewußtseinslage durch Aktivierung kortikaler Neurone und damit Teilnahme am Schlaf-Wach-Rhythmus, (2) Vermittlung affektiv-emotionaler Wirkungen sensorischer Reize (→limbisches System), (3) Regulation vegetativ-motorischer Prozesse (Atmung, Vasomotorik, sowie Schluck-, Husten-, Niesreflexe). Ⓛ SCHMIDT u. THEWS 1980 *B-C*

Formdeutverfahren →Deutungs-Tests

Formelemente-Test Ⓣ MORF

Formenanalogie-Test Ⓣ MEILI

Formenbrett, formboard Ⓣ SEGUIN

Form-Farbe-Test Ⓣ GOLDSTEIN

Formicatio [lat. *formica* Ameise], Empfindung des Ameisenlaufens, Kribbelns

Formkonstanz, Dingkonstanz, Gestaltkonstanz, →Konstanz

Formlegetest Ⓣ LIENERT, RYBAKOW

Formniveau →Graphologie (Tabelle)

Formseher →Farbe-Form-Forschung

Formvariator Ⓣ STERN

Formvisualität →Sinnesfunktionen (12)

FÖRSTER →AUBERT-FÖRSTERscher Satz

FORTRAN, Programmiersprache für →Rechenautomaten, die vorwiegend für wissenschaftliche Probleme, die sich numerisch fassen lassen, geeignet ist. Ⓛ LEDLEY, MCCRACKEN, MÜLLER-STRECKER

Foto-Hand-Test Ⓣ BELSCHNER et al.

Fortpflanzungsverhalten, *mating behavior,* (biol.) auch Paarungsverhalten. Das F. umfaßt alle Verhaltenselemente, die der Vermehrung und somit der Erhaltung der Art dienen. Wesentliche Bestandteile sind die →Paarbildung, die →Begattung und das →Brutpflegeverhalten. Das F. ist oft an ein →Territorialverhalten gebunden. *P-S*

Fortsetzungs-Test Ⓣ RUPP

Fötus →Fetus

FOURIER-Analyse, jede integrierbare periodische Funktion läßt sich durch eine trigonometrische Reihe, d. h. eine unendliche

Summe von Sinus- und Cosinusfunktionen, darstellen, deren Frequenzen bezogen auf die Grundfrequenz in der Folge der natürlichen Zahlen 1, 2, 3, ... ansteigen (FOURIER-Reihe). Schwingungen, z. B. als Töne oder Klänge wahrgenommene Luftdruckschwankungen, sind periodische Veränderungen physikalischer Variablen. Sie können deshalb mit Summanden der zugehörigen FOURIER-Reihe, die man auch als Oberschwingungen, →Harmonische oder reine Teilschwingungen bezeichnet, mathematisch beliebig genau beschrieben werden. Die Bestimmung der Harmonischen nach Betrag und Phase für eine gegebene Schwingung wird F. genannt. In der Praxis stehen dafür festverdrahtete elektronische Meßgeräte (FOURIER-Analysatoren) und schnelle Digitalrechnerprogramme (*fast-FOURIER-transform,* FFT n. TUKEY) zur Verfügung. In der Ps. gewinnt die F. überall da an Bedeutung, wo Schwingungen als Reize (Psychoakustik) oder als Verhaltensdaten (physiologische und klinische Ps.) vorkommen. *G-R*

*

FOURIER, Jean Baptiste Joseph, Baron de / 1768 (Auxerre) – 1830 (Paris) / frz. Physiker und Mathematiker

Four Pictures Test Ⓣ LENNEP

fovea centralis retinae [lat. *fovea* Grube, *réte* Netz], Netzhautgrube, Zentralgrube →Auge

FPI (Freiburger Persönlichkeits-Inventar) Ⓣ FAHRENBERG et al.

FPT Ⓣ LENNEP

FR, fixed ratio, →Verstärkerplan

Fragealter, das in der ps. Entwicklung des Kindes hervortretende Fragen nach den Namen der Dinge (sog. 1. F. um das 2. Lebensjahr) und nach dem Warum der Dinge (sog. 2., eigentliches F. ab 3. Lebensjahr). →Entwicklungspsychologie, →Kind

Fragebogen, *inventory,* Sammlung von Fragen, die für eine systematische Befragung von Personen konzipiert werden. In der Markt- und Meinungsforschung werden F. zur Ermittlung von Einschätzungen und Meinungen verwendet. Im Bereich der Persönlichkeitsdiagnostik haben F. die Funktion, mit Hilfe der Selbstbeurteilung Angaben über mehr oder weniger genau umschriebene Bereiche der Persönlichkeit zu erhalten. Während also F. als Befragungen Tatsachen direkt ermitteln, werden Persönlichkeitsfragebogen so konstruiert, daß die Antworten bzw. deren Zusammenfassung als Testwerte Aussagen über psychologisch bedeutsame Bedingungen zulassen. →Persönlichkeitsfragebogen *Hä-R*

Fragebogenmethode →Datenerhebung

Fragebogen zur Beurteilung der Suizidgefahr Ⓣ STORK

Frageformen werden in →generativen Transformationsgrammatiken über →Transformationen eingeführt. Dabei werden im Grundsätzlichen zwei verschiedene Wege beschritten: (a) die Fragetransformation operiert auf der Basiskette, d. i. der grammatischen Grundstruktur; (b) schon im tiefenstrukturellen →P(hrase)-Marker wird ein Interrogativelement eingeführt, das die entsprechende Transformationsregel auslöst. Die letzte Möglichkeit scheint heute die anerkanntere zu sein.

Es lassen sich zwei Frageformen unterscheiden: die Ja/Nein-Frage und die W-Wort-Frage; diese weisen eine unterschiedliche →Intonationskontur auf: Bei der Ja/Nein-Frage ist der Frageton am Satzende höher als am Satzanfang und bleibt auch oben; bei der W-Wort-Frage geht er am Satzende herunter. Die weiteren Operationen, die zur Interrogation führen, sind die Wortumstellung (Verb geht vor Nomen) und die Ersetzung einer Satzkonstituenten durch ein W-Wort (wie, warum, wo, was, usw.). In der →Sprachentwicklung wird die Frageform zuerst nur mittels der Operation der Intonation (als Addition), dann mittels der Intonation plus einer entsprechenden Wortumstellung gebildet (GRIMM 1973). Die ersten und häufigsten Fragen des kleinen Kindes sind nach dem Namen von Dingen (Was?) und nach dem Ort (Wo?) ausgerichtet. Erst später, nach dem Auftreten von Ja/Nein-Fragen, werden zeitliche (Wann?) und kausale (Warum?) Fragen gestellt. *G-M*

Fraktionierung [lat. *frángere* zerbrechen], Gliederung, z. B. eines Versuchsmaterials in zwei und mehr Gruppen (überdurchschnittliche Leistungen, gute, mittlere, schlechte Beobachtungen u. a.). • Eine bei den Untersuchungen der Würzburger Schule von WATT eingeführte Methode, die die Ergebnisse der Introspektion zuverlässiger machen sollte, indem immer nur über einen kleinen Ausschnitt des zu berichtenden Erlebnisses von der Vp referiert wurde. • Beim Lernen ist F. die Gliederung in kleinere Einheiten. Ⓛ WATT

frame, Programmeinheit, Lernschritt innerhalb eines Lernprogramms.

Bei linearen SKINNER-Programmen besteht ein F. jeweils aus einem zu ergänzenden Lückentest und der entsprechenden Lösung. Bei verzweigten CROWDER-Programmen besteht ein F. aus Information, einer →Mehrfachwahlaufgabe, der zugehörigen Lösung, sowie einem Verweis auf den nächsten Lernschritt. Falls nicht die richtige Lösung gewählt wurde, wird der Lerner auf einen Lernschritt verwiesen, der zur richtigen Lösung hinführt. →Lernen, programmiertes, →programmierter Unterricht *Mu-R*

frame of reference →Bezugsystem

Frankfurter Schultests Ⓣ INGENKAMP

free recall, freies Reproduzieren, Methode der behaltenen Glieder. →Gedächtnismethoden

freie Assoziation →Assoziation, freie

freie Reproduktion, Methode der behaltenen Glieder, *free recall.* →Gedächtnismethoden

Freiheitsgrad, Höchstzahl der frei und unabhängig voneinander variablen Größen eines Systems, das aus veränderl. Größen besteht.

freisteigende Vorstellungen ⟨HERBART⟩, Vorstellungen, die ins Bewußtsein treten, ohne daß aus der Selbstbeobachtung ein Anlaß durch assoziative Verbindung mit anderen Vorstellungen bzw. mit Wahrnehmungen festgestellt werden kann

Freitod →Suicid

Freiwahlmethode →Konstruktionsantwortverfahren (-Methode), vgl. Mehrfachwahlantwort-Verfahren (-Methode), →*forced choice* *Mu-R*

Freizeit, von Abhängigkeit und Zwang befreite Zeit, die freie Wahlmöglichkeiten, eigenständige Entscheidungen und soziale Mitverantwortung ermöglicht. Leider gehen die meisten Forscher von einem F.-Begriff aus, der Arbeit und F. als Gegensätze ansieht. F. bestimmt sich aus der subjektiven Interpretation und Motivation: die Handlung wird um ihrer selbst willen ausgeführt. Freizeitforschung steht im engen Zusammenhang mit der Lebensqualität, Humanisierung der Arbeitswelt und selbstbestimmter Fortbildung und geht damit deutlich über den Aspekt Erholung hinaus. Intelligenz, Zufriedenheit, Erziehungsstil, Interessenvielfalt korrelieren positiv mit F.-parametern. →Tourismusforschung Ⓛ SCHMITZ-SCHERZER, HAMMERICH *R-S*

Fremdbeobachtung →Beobachtung

Fremdbild →interpersonale Wahrnehmung, →Selbstbild

Fremdheitserlebnis →Entfremdungserlebnis

Fremdhypnose Ggs. Autohypnose, →Hypnose

Fremdneurose, seelische Fehlhaltung (Neurose), die sich beim Patienten als Wirkung der Krankhaftigkeit seiner Umwelt entwickelt hat. Die F. ist damit exogen.

Fremdreflex Ggs. Eigenreflex, →Reflex

Fremdsuggestion, Heterosuggestion, →Suggestion

Frequenzpolygon, syn. Häufigkeitsvieleck, →Häufigkeitsverteilung

Freude, nach LERSCH ein alle seelischen Bereiche durchdringendes Gefühlserlebnis der Daseinserweiterung, in dem als Oberton die Thematik des Über-sich-hinaus-Seins enthalten ist. In der F. wird ein Begegnendes als Geschenk erlebt und zeigt sich mit dem Antlitz der Helligkeit und des Lichtes. Der F. gehört als Antriebsgestalt die Gebärde des Sichöffnens, Sichverschenkens zu. Ⓛ LERSCH

FREUDsche Theorie →Psychoanalyse

*

FREUD, Sigmund / 1856 (Freiberg-Mähren) – 1939 (London) / Schöpfer der Psychoanalyse / wirkte in Wien: Nervenarzt – Zusammenarbeit mit J. BREUER – 1885 Dozent a. d. Univ. – 1902 Prof. f. Psychiatrie (Neuropathologie) – 1938 Emigration nach London

Freundschafts-Test Ⓣ MORENO

Friedensforschung, psychologische →Konfliktforschung, →Verhandeln (Verhandlungsverhalten). Ⓛ ETZIONI 1969, BERGIUS 1967

FRIEDMANNsche Krankheit →Pyknolepsie

*

FRIEDMANN, Max / 1858–1925 / Neurologe / Mannheim

FRIEDMAN-Test, syn. Rangvarianzanalyse, ein nichtparametrisches Prüfverfahren zum Vergleich von mehr als zwei (k) abhängigen Stichproben hinsichtlich ihrer zentralen Tendenz. Die Anwendung des F. T. setzt Ordinalvariablen voraus. Die k abhängigen Meßwerte werden für die N Meßobjekte (z. B. Personen) getrennt gereiht, anschließend werden die Rangplatzsummen R_j für die k Stichproben berechnet. Der kritische Wert wird nach

$$\chi^2 = \frac{12}{N \cdot k(k+1)} \sum (R_j)^2 - 3N(k+1)$$

berechnet und ist χ^2-verteilt. *Mi-A*

*

FRIEDMAN, Milton / *1912 / Wirtschaftswissenschaft / Univ. Chicago

frigid, Frigidität →Sexualität (Tabelle)

frons, frontal [lat.], Stirn, kopfseitig. Ggs. →caudal

Frontalebene, Körperebene parallel zur Stirn

Frontallappen →Gehirn

fruchtbarer Moment, nach Eduard SPRANGER der Abschnitt in der jugendlichen Entwicklung mit der optimalen Aufnahme- und

F

Verarbeitungsfähigkeit für das Bildungsgut. Der f. M. spielt auch im Denkvollzug eine wichtige Rolle. Ⓛ COPEI, SPRANGER

frühkindliches, exogenes Psychosyndrom →Psychosyndrom

Frühreife, (allg.) jedes Vorauseilen (körperlich und geistig) gegenüber der normalen Entwicklung. →Entwicklungsalter.

● F. hat die Sonderbedeutung des Wissens und Erfahrenhabens sexueller Einsichten und Erlebnisse (daraus abgestumpft, blasiert und illusionslos) in einem Alter, dem normalerweise noch die natürliche Neugierde des Heranreifenden zu eigen sein soll. ● F. ist schließlich festzustellen bei Kindern und Jugendlichen, die vorzeitig in den Berufs- und Lebenskampf hineingestellt sind (z. B. Ersetzen des fehlenden Vaters). Hier wird der Mangel an altersgemäßen Interessen (Spiel, Kameradschaft usw.) vor allem deutlich. →Akzeleration

Frust (ugs.), Täuschung einer Erwartung, Kurzwort für →Frustration.

Frustration [lat. *frustratio* Vereitelung, Nicht-Erfüllung], das Erlebnis der wirklichen oder vermeintlichen Benachteiligung, der Zurücksetzung, des Zukurzkommens bei enttäuschter Erwartung oder erlittener Ungerechtigkeit. Darüber hinaus (psychoanalytisch) der Erlebniszustand als Folge einer (exogenen) Behinderung der Trieb-Befriedigung. In exakteren Systemen ist F. eine intervenierende Motivationsvariable. Infolge von nicht-vereinbaren Reaktionstendenzen oder von Hemmung und Nicht-Bekräftigung instrumenteller Handlungen tritt eine Erhöhung des generellen Antriebes ein. Sie hat außerdem Signal-*(cue-)* Funktion in Richtung auf die Vermeidung der nicht zum Ziel führenden instrumentellen Handlung. →Aggression, vgl. AMSEL 1958 *B-S*

Frustration-Aggression-Hypothese →Aggression

Frustrations-Test Ⓣ ROSENZWEIG

Frustrationstoleranz [engl. *frustration tolerance*], ein Begr. von ROSENZWEIG (1938) für die Fähigkeit, Frustration über eine längere Periode auszuhalten in dem Sinne, daß weder der Versuch gemacht wird, die Spannungen indirekt zu mildern, noch das Motiv auf ursprüngliche Weise zu befriedigen.

Prinzipiell handelt es sich um eine erlernbare Fähigkeit, wenn auch konstitutionelle Faktoren eine erhebliche Rolle bei dem beschriebenen Verhalten spielen. ● Nach TOMAN 1968 ist F. von den interindividuell verschiedenen durchschnittlichen Lernraten einer Person (im Sinne von ESTES) abhängig, die Veränderungen der Eintrittswahrscheinlichkeit von Reaktionen in wiederkehrenden Situationen angeben. ●F r u s t r a t i o n s i n t o l e r a n z ist die Unfähigkeit, oben beschriebene Belastungen zu ertragen. Ⓛ STÄCKER 1977, TOMAN *Ma-R*

F-scale, Faschismusskala →Autoritarismus

FSDB Ⓣ FURFEY

FSS-FC (Fear Survey Schedule For Children) Ⓣ SCHERER et al.

FSS-III (Fear Survey Schedule) Ⓣ LANG et al.

F-Test, ein parametrisches Verfahren zur Prüfung der Homogenität der Varianzen zweier unabhängiger Stichproben. Der Kennwert F wird nach

$$F = \frac{s_1^2}{s_2^2}$$

berechnet, wobei s_1^2 die größere der beiden Varianzen darstellt. Die Verteilung der kritischen F-Werte liegt tabelliert vor. *Mi-A*

FTVP Ⓣ FROSTIG

fugue [frz.], Flucht, plötzliches Verlassen der gewohnten Umgebung, meist im hysterischen oder epileptischen Dämmerzustand. →Poriomanie

Fühlen, ein →Gefühl im Sinne des Lust- oder Unlust-Erlebens. ● Wahrnehmen durch die →Hautsinne (Druck, Schmerz, Temperatur), Vibrationssinn.

Fühlfunktion, eine der 4 Hauptfunktionen der Seele nach C. G. JUNG. Die F. ist die Funktion der Werterkenntnis, einer sublimen Gefühlsbewertung. Sie zählt zu den rationalen Funktionen wie das Denken, steht zu diesen aber im Ggs., da ihr Urteilen subjektiv ist. Vgl. Grundfunktion, Denk-, Empfindungs- und Intuitionsfunktion. Ⓛ JUNG

Fühlschwelle →Lautstärke

Fühlsphäre →Körperfühlsphäre

Fühltypus →Typologie (Funktionstypen)

Führung, *leadership,* in sozialen Gruppen herausgebildete Verhaltensweise einer Person mit den Hauptmerkmalen: (1) Aktivitäten zeigen, die zur Erreichung des Gruppenziels beitragen; (2) Aktivitäten zeigen, die zum Zusammenhalt (Kohärenz) der Gruppe beitragen, indem Bedürfnisse der Gruppenmitglieder befriedigt werden. (3) Vertretung der Gruppe nach außen. Der →Position, der mit F. befaßten Person, kommt in der Gruppe der höchste →Status zu. – Untersuchungen von Diskussionsgruppen durch BALES (seit 1953) haben gezeigt, daß zwei Führungsfunktionen auf zwei Personen verteilt sein können, was auch für andere Gruppen bestätigt worden ist: Die eine ist »Aufgabenspezialist«, die andere »sozial-emotionaler Spezialist« (Divergenztheorie). Vgl. HOFSTÄTTER 1957, 140ff. Ⓛ GIBB 1969, LUKASCZYK 1960, BASTINE 1972, NACHREINER 1978 *B-S*

Führungsstil, sozialps. Kategorie für unterschiedliche in sich stimmige Ausprägungsformen und -grade von Verhaltensstrukturen eines oder mehrerer Gruppenmitglieder, die positions- und funktionsmäßig herausgehoben sind und die Gruppenaktivität und Gruppenatmosphäre nachhaltig beeinflussen (Führer).

Am Anschluß an die Untersuchungen von LEWIN, LIPPITT und WHITE seit 1938 mit ihrer Unterscheidung von autokratischem, demokratischem, und *laisser-faire*-F. hat sich eine ausgedehnte Forschungstätigkeit zu den Problemkreisen Führung und F. im Rahmen der Kleingruppenforschung entwickelt, die auch auf die Pädagogische Ps. und Entwicklungsps., die Betriebsps. und die Psychotherapie übertragen wurde. Weiteres →Führung, →Erziehungsstil, →Unterrichtsstil, →LPC Skore Ⓛ BASTINE 1972 *Mü-E*

FULLERTON-CATTELLsches Gesetz, die Annahme, daß die Größe des Beobachtungsfehlers bzw. des ebenmerklichen Unterschieds proportional zur Quadratwurzel der Reizgröße zunimmt. Alternative zum →WEBERschen Gesetz.

*

FULLERTON, George Stuart / 1858–1925 / Psychol. / 1883 Univ. of Pennsylvania, 1904–1917 Columbia Univ.

*

CATTELL, James McKeen / 1860–1944 / Psychol. / Studium bei WUNDT / 1887 Univ. of Pennsylvania, 1891 Columbia Univ.

fundierte, fundierende Inhalte →Österreichische Schule

Funktion [lat. *functio* Verrichtung]. (1) Tätigkeit, vor allem die auf die Erreichung eines bestimmten Zweckes gerichtete Tätigkeit; dann aber auch die Zweckbestimmung einer Tätigkeit. (2) Leistung, vor allem die der Erfüllung einer bestimmten Aufgabe zweckdienliche Leistung; dann aber auch die durchzuführende Aufgabe selbst. Mit solchen Aufgaben sind komplizierte Anpassungsvorgänge verbunden, Systeme mit sich ständig ändernden weiteren F. (die F. des Verdauens reguliert z. B. laufend die F. der Magen-, Darmdrüsen, des Gallezuflusses etc.). – Noch kompliziertere F.systeme liegen bei den sog. »höheren« ps. F. vor. (3) F. ist eine Größe, die gesetzmäßig von einer anderen Größe abhängt. Dieses Abhängigkeitsverhältnis zwischen Größen läßt sich mathematisch folgendermaßen darstellen: $y = f(x)$. Die Formel besagt, daß mit einer Veränderung der Werte von x jeweils auch eine definierte Veränderung der Werte von y einhergeht.

• Während der Funktionsbegriff im Sinne der 3. Definition innerhalb der Ps. zur Darstellung funktionaler Gesetze verwendet wird, dient der Funktionsbegriff im Sinne der beiden ersten Definitionen zur Kennzeichnung bestimmter einzelner psychischer Vorgänge, Tätigkeiten und Leistungen. Man unterscheidet grundsätzlich vegetative, sensorische, motorische und psychische Funktionen. Psychische Funktionen im allgemeinen sind etwa die mnestischen (Gedächtnis-) Funktionen, die noetischen (Denk-)Funktionen, die bulischen (Willens-)Funktionen usw. Psychische F. im besonderen sind etwa die →Hauptfunktionen von JUNG, die →Zentralfunktionen nach KRETSCHMER, die →Ichfunktionen nach FREUD, die →Grundfunktionen nach PFAHLER oder auch die Teil- und Stellenfunktionen der Gestaltpsychologie (METZGER).

funktionale Verhaltensanalyse, wesentliches Merkmal der →Verhaltensdiagnostik. Die funktionale Verhaltensanalyse bemüht sich, Variablen und ihre Verknüpfung miteinander zu ermitteln, die für die Entstehung, das Aufrechterhalten und die Veränderung von Verhalten und Erleben eines Menschen bedeutsam sind. Das Augenmerk ist dabei auf die Beziehung zwischen Umwelt und Verhalten gerichtet: wie die Umwelt einerseits den Patienten beeinflußt und wie der Patient andererseits als Mitglied verschiedener sozialer Systeme (Familie, Freundes- und Kollegenkreis) auf seine Umwelt einwirkt. Die funktionale Analyse stützt sich auf die Annahme, daß die Beschreibung des problematischen Verhaltens, seiner kontrollierenden Faktoren und der Mittel, durch die es geändert werden kann, die beste Erklärung für das Problem abgeben. Die funktionale Verhaltensanalyse ist so gesehen problem- und nicht persönlichkeitsorientiert. Ⓛ SCHULTE 1974 *S-E*

Funktionalismus, *functionalism,* eine in Amerika entstandene ps. Richtung, die ihre explizite Formulierung in den ersten Jahren dieses Jhds. durch ANGELL erfuhr. F. umfaßte die gesamte junge amerikanische Ps. und trat in Opposition zu der damals stark vertretenen deutschen Tradition der WUNDTschen Schule, die in Amerika fast nur noch von TITCHENER aufrechterhalten wurde.

F

Letztere wurde im Ggs. zum F. Strukturalismus *(structuralism)* genannt, womit das Bestreben, das Bew. seinem Inhalt nach in letzten Elementen (Empfindungen) darzustellen, gemeint war. F. betont im Ggs. zu den – statisch aufgefaßten – Bew.inhalten die ps. Funktionen, die mehr umfassen, als was im Bew. introspektiv vorfindbar ist. So die spontane Aktivität eines Selbst ⟨JAMES⟩, die Bedeutung des Psychischen im biologischen Zusammenhang als Anpassungsfunktion *(adjustment)* des Gesamtorganismus ⟨DARWIN⟩. Einflüsse von GALTON machen sich in einem starken Interesse an differentieller Ps. geltend. DEWEYS Pragmatismus lenkt zu früher Beschäftigung mit angewandter Ps. besonders auf dem Gebiet der Pädagogik hin. Der F. hat der jungen amerikanischen Ps., die aus der WUNDTschen Schule hervorgegangen war, an ihren Ursprüngen bereits die Prägung gegeben, die für ihre ganze weitere Entwicklung charakteristisch geblieben ist. Für den F. ist nicht die Innenwelt wichtiger, sondern der Zusammenhang und die wechselseitige Abhängigkeit von Innen und Außen, zwischen Individuum und Gesellschaft. Die Hauptvertreter waren J. R. ANGELL, J. M. BALDWIN, J. MC K. CATTELL, G. St. HALL, W. JAMES. Dem Begr. F. liegt keine grundlegende Definition von »Funktion« zugrunde, er bezeichnet summarisch die angedeuteten Tendenzen. Ⓛ BORING, WERTHEIMER *Str-R*

Funktionalwert →Funktionscharakter

funktionelle Autonomie →Autonomie, funktionelle

funktionelle Entspannung →Entspannung

funktionelles System, physiol. Entsprechung (Korrelat) des Verhaltens (Bez. nach ANOCHIN). Äußere Reize (auslösende Afferenzen) führen zu Erregungen in Rezeptoren, Subkortex und Kortex (Afferenzsynthese). Es folgt das Handlungsziel und Handlungsprogramm. Bei Übereinstimmung wird die Erregung gelöscht. Vgl. TOTE-Einheit *R-S*

funktionelle Störungen, Sammelbegr. für meist flüchtige Störungen des integrativ verflochtenen psychophysischen Gesamtsystems ohne erkennbaren Befund im organischen Substrat (Ggs.: organische Störungen, bei denen stets ein ursächlich organischer Defekt nachweisbar ist). Im Vordergrund stehen starke subjektive Beschwerden einzelner Körperfunktionen, meist Organsensationen, die auch als psychosomatische Störungen (→Psychosomatik) bezeichnet werden. Sie entstehen meist auf neurotischer Grundlage, wobei eine allgemeine Regulationsschwäche des vegetativen Nervensystems mitverantwortlich sein kann. Hier können sowohl konstitutionelle Faktoren wie auch dispositionelle Momente beteiligt sein. So können Angst, Konflikte, Überforderungen wie auch Fehlkonditionierung zur Manifestation der f. S. führen. Eine weitverbreitete f. S. von Organen, die durch eine Labilität von Regelmechanismen im vegetativen Nervensystem, speziell des Vagus und Sympathicus, zustande kommt, ist die vegetative Dystonie. Sie äußert sich durch mangelnde Anpassung der Blutverteilung, des Blutdrucks, der Herzaktion und der Atmung an bestimmte körperliche Anforderungen. Es treten Herzklopfen, Beklemmung, Unruhe, Kopfschmerz, Schwindelgefühl, Magendruck u. ä. auf. Als Ursachen finden sich neben durch Zivilisation bedingten Schäden (bewußte oder unbewußte) seelische Belastung, Schlafmangel, familienbedingte Anlage, Herdinfektionen, Allergien. ● MCDOUGALL (1921) unterschied (1) dissoziative f. S. mit Spaltungssymptomen (z. B. vollständige funktionelle Anästhesie und Lähmung eines einzelnen Gliedes) (2) Störungen auf der Grundlage eines andauernden Konfliktes innerhalb der Persönlichkeit mit Verdrängungssymptomen (z. B. Tics, Bewegungsanomalien). *B-C*

funktionelle Unbestimmtheit, nach G. E. MÜLLER die verschwommenen, undeutlichen →Vorstellungen, die beim abstrakten Denken auftreten (z. B. beim Denken eines Begriffs) und erst über die von den Vorstellungen geweckten Inhalte klarer werden. Ⓛ MÜLLER

Funktionsanalyse, Suche nach Zusammenhang, Hintergründen und Bedeutung von Handlungen, Prozessen, Teilen eines Funktionsgefüges und Ereignisses. F. ist oft Motiv für die Theorienbildung. →Handlung, →TOTE-Einheit, →funktionale Verhaltensanalyse *R-S*

● (gruppenps.) Freier oder an Raster bzw. skalierende Verfahren gebundener Versuch, die persönlichen und sozialps. Aspekte eines Gruppenverlaufes, meist einer zeitlichen Einheit, zu beschreiben, etwa in Kategorien von Sympathie, Vertrauen, Machtausübung, Entwicklung von Kohäsion, Kooperationsfähigkeit etc. *A-S*

Funktionscharakter, der 1935 von KOFFKA eingeführte Begr. bezeichnet die Zweckbestimmung eines Gegenstandes, welcher zunächst einen indifferenten Charakter besitzt, aber dadurch, daß er in einem bestimmten Handlungsablauf einem bestimmten Zweck dient, einen spezifischen Funktionscharakter erhält. So ist ein Briefkasten für einen Buschmann nur ein bedeutungsloser Kasten, für einen Zivilisationsmenschen dagegen ein Kasten mit spezifischem F. Im

Unterschied zum →Aufforderungscharakter, welcher mit einem bestimmten Bedürfnis entsteht und vergeht, bleibt der F. nach seiner Bildung bestehen.

Funktionsindifferenz, nach dem Prinzip der ursprünglichen F. des Gehirns ⟨WUNDT⟩ hängen alle Unterschiede sinnlicher Bew.inhalte (Empfindung, Gefühl) von der Art der peripheren Funktion ab. Zunächst sind die Gehirnfelder sozusagen ein unbeschriebenes Blatt. Daher auch Ausgleich bei Verletzungen und Ausfall von Funktionen bei Blinden sowie Taubstummen möglich, ohne daß das Gehirn der Form nach verkümmert und entartet.

Funktionskreis, Bez. von J. v. UEXKÜLL für das Ineinandergreifen und Sichbedingen von Organismus und Umwelt. Alles, was ein Subjekt merkt, wird zu seiner Merkwelt, und alles, was es wirkt, zu seiner Wirkwelt. Beide bilden eine geschlossene Einheit (s. Abb.).

Entscheidend ist nach v. UEXKÜLL »neben der Auswahl von Reizen, welche die Rezeptoren passieren lassen und neben der Anordnung der Muskeln, die den Effektoren bestimmte Betätigungsmöglichkeiten verleiht, vor allem die Zahl und Anordnung der Merkzellen, die mit Hilfe ihrer Merkzeichen die Objekte der Umwelt mit Merkmalen auszeichnen und die Zahl und Anordnung der Wirkzellen, die mit ihren Wirkzeichen die gleichen Objekte mit Wirkmalen versehen«. Das Objekt ist nur soweit beteiligt, als es für das Subjekt einerseits Merkmalträger, andererseits Wirkmalträger ist. Ⓛ UEXKÜLL. – Vgl. die ähnlichen, wenn auch unter anderen Aspekten entwickelten Veranschaulichungen: Existenzkreise (U. EBBECKE), Gestaltkreis (V. v. WEIZSÄCKER), Funktionskreis des Erlebens (Ph. LERSCH)

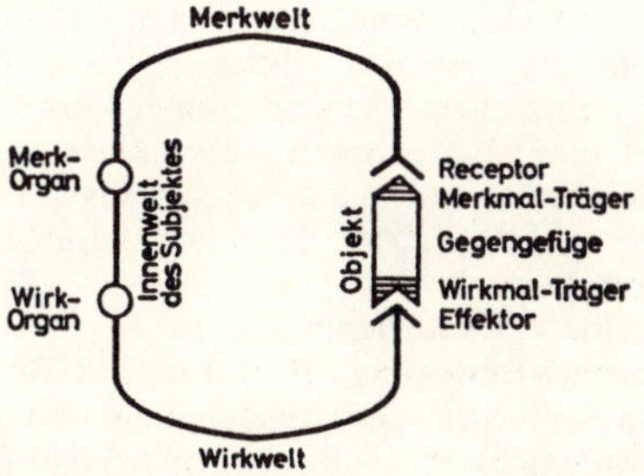

Funktionslust, Annahme K. BÜHLERS, daß das spielende Kind nicht aus Genuß- oder Schöpferfreude, sondern aus Lust an den biologischen Funktionen unermüdlich Handlungen gestalte und wiederhole (→Spiel).

Funktionspotenzen, Bez. für Fähigkeitsmuster, die die Voraussetzung für bestimmte Funktionserfüllung sind. Gelegenheit und Interesse sind dann weitere Voraussetzungen für die Realisierung der F. im →Können.

Funktionsreifung, Voraussetzung zur Vollbringung einer Leistung, z. B. für Sprechenlernen die →Reifung des sprechmotorischen Apparats etc. Reifungsvorgänge, die ohne nennenswerten Umwelteinfluß auftreten, sind z. B. Greifen und Gehen. •F. bildet auch die notwendige Voraussetzung für die →Differenzierung und Zentralisation, Verfestigung, →Kanalisierung, →Strukturierung innerhalb des →Entwicklungsvorganges. Ⓛ OERTER 1980[18] *Ma-R*

Funktionsspiele →Spiel, Funktionslust

Funktionsteilung, Bez. für die Aufteilung der Aufgaben in einer Gruppe. Die F. ist abhängig von der vorgegebenen oder sich entwickelnden Struktur, den →Funktionspotenzen der Gruppenmitglieder und der inneren Struktur der Aufgabe.

Funktionstriebe ⟨ROHRACHER⟩, Bez. für solche »Triebe«, in denen der Drang zu einer bestimmten Tätigkeit erlebt wird, z. B. nach längerer körperlicher Untätigkeit auftretendes Bedürfnis, sich zu bewegen.

Funktionstypen (JUNG) →Typologie

Funktionswort, *function word, structural (structure) word,* ist in der →Grammatik Bez. vor allem für Artikel, Pronomina, Präpositionen, Konjunktionen, Partikeln usw., d. h. für Wörter, denen im Gegensatz zu den sog. →Inhaltswörtern nur mit Mühe (oder gar nicht) eindeutig »lexikalische« →Bedeutung (als direkter Bezug auf etwas) zugeordnet werden kann, deren Funktion vielmehr darin besteht, die Inhaltswörter im →Satz bzw. Text aufeinander zu beziehen und mit ihnen den Satz/Text zu konstituieren.

Sie signalisieren »strukturelle« Bedeutung. Die F. bilden eine relativ geschlossene Klasse, sind sprachgeschichtlich alt, gering an Zahl (FRIES 1952 fand in seinem Korpus englischer Konversation nur 154 F.), kommen aber sehr häufig vor (nach FRIES ist durchschnittlich jedes dritte Wort im Text ein F.). Der satz/textstrukturellen Funktion der F. entsprechen u. a. folgende exp. Befunde: Zwischen sinnlosen Silben wurden F. besser gelernt als Inhaltswörter; innerhalb eines Textes wurden F. aus im Text weiter entfernten Wörtern besser erraten als Inhaltswörter. →Pivot-Grammatik Ⓛ HERRIOT 1974 *T-R*

Furcht, Lebensgefühl des Bedrohtseins. In einigem Umfang ist F. der Angst verwandt, aber im Ggs. zu dieser stets objektbezogen. Auch nach Art und Umfang bleibt die F. der Bedrohung angepaßter, als es die Angst ist.

F

Primäre Auslöser von F. sind nach behaviorist. Auffassung: lauter Schall, Erschütterung der Unterlage oder Stoß und Schock. Sekundäre F. ist durch →Konditionierung an einen vorher neutralen Reiz (Signal) erworbene F. (MOWRER 1960, MILLER, N. 1948) *B-S*

Furchung, synchron erfolgende Zellteilungen bei der Keimesentwicklung. Aus der →Zygote entsteht durch Einschnürungen ein 2-, 4-, 8-, 16-, ... zelliges Stadium, das sich danach bei den höheren Tieren zu den drei »Keimblättern« Ektoderm, Mesoderm und Entoderm differenziert. *Sch-S*

Furor [lat.], akuter Erregungszustand mit Symptomen wie Ärger, Zorn, Wut usw. →Wut. Als Furor epilepticus der vorübergehende Zustand der Raserei und Desorientiertheit am Ende des klassischen großen epileptischen Anfalls *(grand mal).* →Epilepsie

FU-RO-Test Ⓣ DREY-FUCHS

Fusion [lat. *fundere* gießen, verschmelzen], Verschmelzung. • Psychoanalytischer Fachausdruck. Die feste, abgestimmte Vereinigung, Legierung von →Lebens- *(eros)* und →Todestrieb *(thanatos)* in der Normalpersönlichkeit. Bei Geisteskrankheit und ähnlichen Störungen kommt es häufig zum Zerfall dieser Einheit, die Voraussetzung für die selbständige Lebensbewältigung ist.

Fusion, binoculare, Verschmelzung der Netzhautbilder beider Augen zu einem Wahrnehmungsbild. →Auge, →räumliches Sehen

Fusion, tonale →Tonverschmelzung

Fusionsbewegung →Konvergenz

future time perspective, zukunftsgerichtete →Zeitperspektive

Futurologie →Zukunftserleben

F-Verteilung, theoretische →Verteilung von Quotienten aus Varianzen

F-V-V-B (Fragebogen zur Vorgesetzten-Verhaltens-Beschreibung) Ⓣ FITTKAU-GARTHE

F-Wert →F-Test, →F-Verteilung, →Mathematische Psychologie

G

GABA, Abk. für Gamma-Aminobuttersäure. G. ist die wichtigste hemmende Transmittersubstanz (→Transmitter) im zentralen Nervensystem. • GABOB, gleicherweise Abk. für eine im Stoffwechsel des Zentralnervensystems wichtige Aminosäure. →Glutaminsäure

GALLsche Lehre →Phrenologie

*

GALL, Franz Joseph / 1758 (Tiefenbronn b. Pforzheim) – 1828 (Montrouge b. Paris) / Hirnforscher, Phrenologe / Wien, Paris

GALLUP-Methode, Verf. zur Erforschung der öffentlichen Meinung durch method. Feststellungen. →Meinungsforschung

*

GALLUP, George Horace / *1901 / Meinungsforscher / Evanston, Ill., Chicago, New York

GALTON-Pfeife, kleine, gedeckte, durch Gummiballdruck betätigte Pfeife. Mit verschieblichem Kolben werden versch. Tonhöhen erzeugt.

*

GALTON, Francis, Sir / 1822–1911 / Vererbungsforscher, Psych. (erstes Institut für Eugenik) / London

Galvanisation, die diagnostische und therapeutische Anwendung von Gleichstrom. Nach GALVANI benannt.

galvanische Hautreaktion →psychogalvanische Reaktion

Gameten [gr. *gametes* der Gatte], bei mehrzelligen Organismen die in männliche und weibliche Formen differenzierten Geschlechtszellen. G. sind immer →haploid. Bei der Befruchtung verschmelzen ein männlicher und ein weiblicher Gamet zur Zygote, die sich zu einem neuen Individuum entwickelt. *Sch-S*

GAMIN Ⓣ GUILFORD-MARTIN

Gamma-Bewegung, Bez. für den Bewegungseindruck der Ausdehnung und des Zusammenziehens, der bei einer Figur auftritt, wenn diese in dunklem Umfeld ansteigend erhellt oder abfallend wieder verdunkelt wird. →Scheinbewegung

Gamma-Enzephalographie →Enzephalographie

Gammazismus, fehlende Artikulation der g-Laute (→Stammeln); häufig ersetzt durch »d« (Paralalie).

Gang, gerichtetes, rhythmisch alternierendes Hin- und Herbewegen der Beine mit kennzeichnenden Verlaufsformen (Schritt, Trab, Galopp usw.) bei Tier und Mensch.

Untersuchungen, z. B. durch Reihenphotographien, zeigen die mechanischen Bedingungen (Drehungen und Kippungen der Gelenke, die Beschleunigung und Verzögerung der Körper- und Gliederschwerpunkte). Ähnlich versuchte man Arbeitsleistungen und pathologische Erscheinungen (Gang von Rückenmarkserkrankten) zu untersuchen. Die physiologischen Erklärungen des G. beruhen auf der Vorstellung von Kettenreflexen, die reflektorisch die Beuger und Strecker wechselweise reizen und hemmen (Taktschlagbewegung, reziproke Innervation) oder auf Innervationsregelung durch Zentren im ZNS oder Rückenmark ähnlich wie bei der Atmung. Den an »Präparaten« gewonnenen Untersuchungen stehen biologisch orientierte entgegen, die zeigen, daß gangartige Bewegung spontan auftaucht, auch wenn eine reflektorische Innervation unmöglich ist, desgl. nach Verletzung resp. Ausschaltung vermutlicher zentraler Gangzentren. Danach ist der G. eine Bewegungsganzheit mit ausgezeichneter Phasenbeziehung der bewegten Glieder (absolute →Koordination, v. HOLST) in einfachen ganzzahligen Verhältnissen, wobei mit der Veränderung der Geschwindigkeit der Bewegung in der Zeiteinheit eine Änderung der Koordination mit typischer Akzentverschiebung (Trab zu Galopp) des Bewegungsbildes einhergeht.

Diese Untersuchungen sind gleichlaufend mit psychologischen (KLEMM), wonach auch einfache wiederkehrende Bewegungen nach Gestaltgesetzen aufgebaut sind und in ihrer rhythmischen Wiederkehr eine Reihung von Bewegungsgestalten höchster Präzision zeigen (FEIGE, 1934). Den »Ausdrucksgehalt« des Ganges und damit dessen Bedeutung für die Diagnostik erforschte G. KIETZ. In Aufnahmen und eingehenden Beschreibungen wurden typische Gangformen festgehalten und deren charakterologischer Sinn gedeutet. →Ausdruckspsychologie. Ⓛ BUYTENDIJK, FEIGE, HOLST, KIETZ, KLEMM

Ganglienblocker [engl. *autonomic suppressants*], veralteter Begriff für Stoffe, die die Reizübertragung von nervöser Erregung an den Synapsen des vegetativen Nervensystems blockieren. *J-E*

Ganglienzelle [gr. *ganglion* das Knötchen], Nervenzelle, die synonyme Namengebung (Ganglienzelle und →Ganglion) rührt daher, daß in den neben dem Zentralnervensystem liegenden Knötchen (Spinalganglien) die Nervenzellen besonders gehäuft gefunden werden. →Nerv *B-C*

Ganglion, Nervenknoten, bei Mensch und mehrzelligen Tieren eine Anhäufung von Nervenzellen, die auch den Namen →Ganglienzellen tragen (→Nerv).

Die G. liegen mit Ausnahme der Basalganglien außerhalb des ZNS. Die Spinalg. der Wirbeltiere liegen als kleine Knötchen neben dem →Rückenmark in den Zwischenwirbellöchern. Ihre (pseudounipolaren) Ganglienzellen entsenden einerseits efferente Fortsätze in das Rückenmark (»hintere Wurzel«), andererseits afferent leitende Fortsätze in den Körper als reizaufnehmende (sensible) Fasern. Die autonomen Ganglien befinden sich an verschiedenen Stellen des autonomen Nervensystems im Körper. Sie vermitteln die vom Willen unabhängige Erregungsübertragung zwischen Eingeweiden und Nervensystem. Sie liegen im Kopfbereich, den Grenzsträngen sowie im Bauch- und Beckenbereich. • In der Chirurgie wird der Begr. Ganglien (Überbein) für zystenartige Ausstülpungen der Gelenkkapsel oder Sehnenscheide verwendet. Abb. →Reflex. Ⓛ SCHMIDT 1971, MÖRIKE u. a. 1981[11] *B-C*

GANSERsches Syndrom, psychogene Erkrankung mit halluzinatorischer Verwirrtheit als Ausdruck einer unterhalb der Bewußtseinsschwelle durchgeführten Simulation einer Geisteskrankheit vor sich selbst und vor der Außenwelt. Die Symptome sind: Vorbeireden (→Paraphrasie), Vorbeihandeln (→Parapraxie), Desorientiertheit mit nachfolgender ängstlich-halluzinatorischer →Amnesie, besonders auf optischem Gebiet. Anlagemäßige Disposition und schwere Belastung (z. B. Krieg, Gefangenschaft) werden als Auslöser des G. S. angenommen.

*

GANSER, Siegbert Joseph Maria / 1853–1931 / Psychiater / Dresden

Ganzbeschaffenheit →Ganzqualität

Ganzfeld, homogenes, schwer zu erzeugende Reizsituation, die dadurch gekennzeichnet ist, daß in ihr keine Inhomogenität (Ungleichartigkeit) gegeben ist, also keine Figuren, Konturen, kein →adäquater Reiz für →Detektoren. Bei Betrachtung des G. erhält die ganze Netzhaut einheitlich diffuses Licht, wie in dichtem Nebel.

Entw. werden vor den Augen je halbe Zelluloidbälle angebracht oder man sieht durch eine kl. Öffnung in zwei sich schneidende Kugeln von 1 m Durchm. oder sitzt in geeignetem Abstand vor einer entspr. Halbkugel; in Kugeln und Halbkugeln muß das Licht gut integriert sein, meist ist es auch herabgesetzt. Der Beobachter sieht keine gekrümmten Flächen sondern »leeren Raum«. Der G.eindruck wird durch die Einführung von Inhomogenitäten (Grenzen, Konturen) aufgehoben. Die G.forschung lieferte Stützen für die gestaltps. Wahrnehmungstheorie. Ⓛ METZGER 1975[5], BETZ 1974 *B-S*

Ganzheit, die sachliche und bedeutungshafte Geschlossenheit, Vollständigkeit, Unversehrtheit eines Gegenstandes, i. e. S. ein Gebilde, dessen Eigenart nicht durch Zusammensetzen der Eigenschaften seiner Teile abgeleitet werden kann. Das Ganze weist vielmehr andere Eigenschaften als seine einzelnen Komponenten auf.

So ist der Satz zu verstehen, daß »das Ganze mehr als die Summe seiner Teile« sei. Als Beispiel dient die Melodie, ein einzelner Ton erhält seinen Ausdruckswert erst durch den Zusammenhang von Tönen, in den er eingeordnet ist. Der Charakter der Melodie ist wiederum nicht aus den Qualitäten ihrer einzelnen Töne (jeder Ton für sich betrachtet) zu verstehen, sondern er wird gebildet durch die Stellung der Töne zueinander, er besteht in der →Struktur der Melodie (→Gestalt, →EHRENFELS-Merkmale). Die Glieder der G. bedingen sich gegenseitig in ihrer Eigenart. Wird eines von ihnen verändert, so verändern sich auch die anderen und damit ändert sich wieder das Wesen der G., in der sie existieren. Änderung oder Wegfall eines Gliedes kann auch Zerfall der G. bedeuten. Gegensatz zur G. ist das beziehungslose und zufällige, anorganische Nebeneinander von Teilen, die additive Anhäufung unverbundener Gegenstände (z. B. ein Haufen Steine, Namen in einem Adreßbuch). Ganzheitlich bestimmt sind insbesondere die organischen und psychischen Vorgänge; bei der Vielzahl ihrer wirksamen Bedingungen stehen sie in einem ungemein komplizierten Wirkungszusammenhang, so daß die Ganzheitsbetrachtung als eine methodische Forderung in Biologie (bzw. Medizin) und Ps. angesehen werden kann. Ganzheitliche Betrachtungsweise findet sich (neben entgegengesetzten Standpunkten) in der abendländischen Geistesgeschichte seit den griechischen Philosophen. Im 18., 19. und noch zu Beginn des 20. Jahrhunderts wurde sie in der Ps., in den Naturwissenschaften und auch in der Philosophie stark vernachlässigt, zugunsten einer mehr elementaristischen Betrachtungsweise. Nach der Jahrhundertwende erhielt das Ganzheitsdenken neuen Auftrieb, in der Naturphilosophie und Biologie durch DRIESCH (hier in Verbindung mit einem Zurückgreifen auf den aristotelischen Begriff der →Entelechie), in der Ps. durch DILTHEY, KRUEGER u. a. (→Ganzheitsps., →geisteswissenschaftl. Ps., →Gestaltps.). In der Soziologie begründete SPANN den Ganzheitsstandpunkt.

ganzheitliche Bestimmtheit, Terminus der →Ganzheitsps., wie sie besonders von W. EHRENSTEIN vertreten wird. Seelische Vorgänge einfachster und komplexer Art unterliegen der g. B.: »Ein Erlebnis haben ist also gleichbedeutend mit: ein vom Ganzen her bestimmtes Erlebnis haben.« Ⓛ EHRENSTEIN

Ganzheitskausalität →Kausalität

Ganzheitsmethode →Lesen

Ganzheitspsychologie, eine von Chr. v. EHRENFELS (als erstem Anreger), darauf fußend von F. KRUEGER u. a. begründete Schule, die die Notwendigkeit der Ganzheitsbetrachtung in der Ps. besonders nachdrücklich betont (vgl. Ganzheit, vgl. Struktur, vgl. Leipziger Schule, vgl. Gestalt). Die G. befaßt sich mit den Erscheinungsweisen psychischer Ganzheit auf allen Gebieten seelischen Lebens Ⓛ v. EHRENFELS, EHRENSTEIN, KLEMM, KRUEGER, SANDER, WELLEK, WITTE

Ganzlernmethode, syn. analytische Methode, Verf., einen einzuprägenden Stoff sich als Gesamtheit anzueignen und dann zur Analyse fortzuschreiten. Ggs. Lernen in Stücken = Teillernmethode.

Ganzqualität, Ganzbeschaffenheit, ein von F. KRUEGER (1906) und später von seinem Schüler H. VOLKELT verwendeter Begriff. Er bezeichnet die Qualität des Erlebnistotals und schließt darum sowohl die wichtige Gestaltqualität als auch die →Komplexqualität ein.

Die G. ist eine Eigenschaft, die nur aus diesem Gesamt, das über die Ganz-Teil-Relation hinausgeht, zu verstehen ist, wie z. B. die Gefühlszustände in bestimmten Situationen. Das Vorhandensein von Gestaltqualitäten ist nur ein ausgezeichneter Fall, in denen die Figur-Grund-Abhebung, spez. die Gestaltdominante, sichtbar wird. Die G. ist aber auch ohne derartige Abhebung vorhanden, wie in einem Geruch, einem Ahnen, einer Gestimmtheit usw. Ihr kommt vor der Gestaltqualität der Primat zu, da sie bereits vor jeder gestaltqualitativen Aussonderung vorhanden ist. In diesem Sinn sind Gestaltqualitäten an Ganze gebunden, nicht umgekehrt. Die G. unterscheidet sich von dem Begriff Komplexqualität dadurch, daß sie nicht die Mehrheit von Sonder- und Einzelqualitäten im Komplex, sondern im Unterschied zu ihr die Einmaligkeit der Qualität, die sich aus dem Gesamt aller Beteiligten konstituiert, betont. Ⓛ KRUEGER, VOLKELT

Gargoylismus [engl. *gargoyle* Wasserspeier], PFAUNDLER-HURLER-Syndrom, Dysostosis multiplex, Bez. kommt vom Vergleich des Gesichts des Kranken mit den meist grotesken gotischen Wasserspeiern. Auch gewisse Ähnlichkeiten mit Mongoloiden (→DOWN-Syndrom) oder Kretins: großer Kopf, eingedrückte Nase, offenstehender Mund. Es liegt eine Störung des Knochenwachstums (Stoffwechsel) vor. Die Erbkrankheit, die mit ps. Verfall und (oft) epileptischen Anfällen einhergeht, wird in eine infantile, spätinfantile und juvenile Krankheitsform eingeteilt.

Gastrula, durch Einstülpung der →Blastula entstandene, zweischichtige Hohlkugel, die während der Embryonalentwicklung bei höheren Tieren auftritt. →Keimesentwicklung *Sch-S*

GATB Ⓣ US Employment Service

gate-keeper, »Pförtner« →Kanal-Modell

Gattungsgleichheit, nach HELMHOLTZ besteht eine G. bei Empfindungen, sobald kontinuierliche Übergänge möglich sind. Im Ggs. zu Empfindungen ohne Übergänge (z. B. zwischen Farben und Tönen).

Gaumenspalte, ebenso wie die Lippenspalte und die Kieferspalte angeborene Mißbildung des Gesichtsschädels. Behindert die mechanischen Vorgänge der →Artikulation. →Näseln, →Stammeln *G-N*

GAUSSsche Kurve, Darstellung des von dem Mathematiker K. F. GAUSS entwickelten Fehlergesetzes. Die Kurve in Form einer Glocke ist durch drei Merkmale charakterisiert: Sie hat nur einen Gipfel – sie ist symmetrisch – sie steigt von beiden Seiten kontinuierlich nach der Mitte an. Bedingung für die Entstehung dieser sog. Normalverteilung ist, daß der Gegenstand der Messung von vielen zufälligen, voneinander unabhängigen, additiv wirkenden Faktoren bestimmt wird. Anschauliche Demonstration der Kurve mittels des GALTON-Brettes (über ein Nagelbrett rollen von einem Punkt aus Kugeln herab, die sich unten in Form der G. K. sammeln. →Quincunx).

*

GAUSS, Carl Friedrich / 1777–1855 / Mathematiker, Astronom, Physk. / Göttingen

GAVERST Ⓣ MÜLLER

Gaxen →Embolophrasie

Gebärde, Bewegung, die ein seelisches Geschehen ausdrückt. WUNDT unterscheidet hinweisende, nachbildende, mitbezeichnende, symbolische G. Auch willkürliche und unwillkürliche G. sind zu trennen. →Gebaren, →Gesten

Gebärdensprache (1), aus Ausdrucksbewegungen hervorgegangene Ursprache der Naturvölker. • Bei den Taubstummen wurde die G. (angereichert mit konventionellen Zeichen) zur »Verkehrssprache«. Eingeführt von Charles Michel Abbé de L'EPÉE (1770). Heute vielfach durch artikulierte Sprechverfahren ersetzt. • Neuerdings wird die G. Schimpansen beigebracht und damit die Kommunikation von Mensch u. Schimpanse zu verbessern gesucht.

Gebärdensprache (2), Verständigungssysteme, bei denen statt lautlicher oder graphischer →Symbole Haltungen und Bewegungen des Körpers bzw. von Körperteilen, speziell der Hände und des Mundes, zur →Kommunikation verwendet werden. →Gehörlose bedienen sich bestimmter G., wobei teils einzelne Buchstaben (→Graphem) nachgebildet werden (Finger-Alphabet), teils mit einzelnen Gebärden komplexere →Bedeutungseinheiten bezeichnet werden. G. wurde (z. B. von WUNDT) als eine phylogenetische Vorstufe lautsprachlicher Kommunikationssysteme des Menschen angesehen. →Sprache, →nichtverbale Kommunikation *K-I*

Gebaren, Bez. für den seelischen, expressiven Gehalt der Körperbewegungen und -haltungen. Vgl. Pantomimik, Gebärde. Der Begr. umfaßt alle Ausdrucksformen, wie Mienen, Gesten und Gebärden. Ⓛ KIENER, STREHLE, ARGYLE 1975

Gebet, Ausdruck religiösen →Glaubens in Form eines Appels an die Fürsorge (Bitte um Hilfe) Gottes. Ps. ist wichtig, daß echtes G. (im Ggs. zum Zauberspruch als naiver Wunschäußerung) nicht nur Wunsch, sondern ebenso wunschlose Anbetung, Lobpreis, Dank, Ergebung und Willen zur (guten) Tat umgreift. →Religion, →Religionspsychologie, →Glaube *S-G*

Gebundenheit, funktionale, *functional fixedness,* →heterogene funktionale Gebundenheit

Geburtstrauma, Theorie des Psychoanalytikers O. RANK, daß die Geburt als solche bereits ein traumatisches Erlebnis sei und spätere neurotische Ängste hierin ihre Wurzel haben könnten. RANK ging später von dieser Theorie wieder ab. Ⓛ KUBIE

Gedächtnis, »... die Tatsache, daß sich unter den Bewußtseinsvorgängen solche befinden, die als Nachwirkung bereits früher verlaufener Prozesse (z. B. von Empfindungen) aufzufassen sind und von dem Subjekt auch meist mit dem Bewußtsein, daß es sich um bereits gehabte Eindrücke handelt, erlebt werden« (PAULI). Leistungen des G. sind hauptsächlich: (1) Wiedererkennen, (2) Erinnern von Wahrnehmungen in Form von Vorstellungen, Wiedererkennen wird durch Auswahl zuvor gebotener Elemente aus einer Sammlung von alten und neuen Elementen geprüft, das Erinnern durch

G

Reproduzieren in der sog. freien Erinnerung oder nach paarweisem Assoziieren, wo auf das in der Prüfung gebotene erste Glied das zweite genannt (seltener gezeichnet) werden muß (→Gedächtnismethoden). Begründer der exper. G.-forschung ist H. EBBINGHAUS (1885). Über außerordentl. Gedächtnisleistungen (eines sog. Rechenkünstlers) hat u. a. KROH 1922 berichtet.

Die willentliche Einleitung der Reproduktion ist das Sich-Besinnen, das bei vermutetem Erfolg zum →Abruf (und zur Reproduktion) führt. – Die Phase zwischen der Eindrucksbildung und der Reproduktion wird Behalten genannt. – Zur Erklärung der Gedächtniserscheinungen nimmt man an, daß Erlebnisse über ihre Gegenwart hinaus Spuren hinterlassen. Die Gedächtnisspuren werden als dynamische, d. h. meist elektrische, Prozesse, wie z. B. ein umlaufendes Echo in einer kurz geschlossenen Schleife (besonders für den Kurzzeitspeicher, HEBB), oder als statische Spuren, d. h. molekulare Variantenbildungen (besonders für den Langzeitspeicher), aufgefaßt. Über die Hauptprobleme der Spurentheorien berichten GOMULICKI (1953) und HÖRMANN (1964). Zur Annahme, daß die Entstehung und Festigung (Konsolidierung) von Spuren Zeit benötigt und eine wesentliche Voraussetzung für Gedächtnisleistungen ist, wird von Spurentheoretikern die nachgewiesene Verschlechterung der Leistungen durch intensive Reize oder störende Aktivitäten unmittelbar nach der Darbietung des zu behaltenden Materials als Beweis bewertet. Die optimale Bedingung für längeres Behalten ist in dieser Hinsicht Schlaf im Anschluß an den Input (JENNINGS u. DALLENBACH 1924, zit. bei HÖRMANN 1964 234). Neurochemische Untersuchungen zielen darauf, die verschiedenen Nuklein-Moleküle (RNS) zu isolieren, die analog dem genetischen Informationsträger DNS bei der Spurenbildung beteiligt sein könnten und die eine materielle Lernübertragung von einem Organismus zum anderen ermöglichen würden (HYDEN, PAWLIK). – Der Verlauf der Reproduktion ist wesentlich mitbestimmt durch die Verbindungen der Gedächtnisinhalte untereinander und mit dem gegenwärtigen Bewußtseinsinhalt, also durch →Assoziationen. In kognitivistischen Theorien werden darüber hinaus zur Erklärung der Gedächtnisprozesse andere Faktoren genannt, wie z. B. logische Beziehungen, Sinnzusammenhänge, Regeln, Einstellungen und affektive Bewertungen gemäß der emotionalen Lage (logisches oder Sinn-G. gegenüber dem assoziativen oder mechanischen G.). – Der Vorgang der Bildung (Einprägung) von G.inhalten ist das →Lernen. Da Lernen und G. nur durch die oben genannten Leistungen geprüft werden können, ist es fast unmöglich, Lern- und G.forschung zu unterscheiden. Daher kommt es, daß entweder verbales Lernen mit G. *(memory)* gleichgesetzt wird, oder die Reproduktionsfähigkeit für frische Eindrücke, also die Merkfähigkeit mit G. verwechselt wird (in sog. G.tests). Der Umfang des G. wird etwas irreführend auch als G.spanne bezeichnet (→unmittelbares Behalten, →Kurzspeicher). Sein Maß ist die Zahl der unmittelbar nach der Darbietung reproduzierten Einheiten (durchschnittlich 7 ± 2 Ziffern oder unverbundene Wörter etc., jedoch sehr abhängig von vielen Faktoren der Darbietung, des Inhalts und des organismischen und psychischen Zustands). Auf der Merkfähigkeit beruht z. B. das Verstehen eines längeren Satzes. Von den G.erscheinungen sind zu unterscheiden die Nachempfindungen (Nachbilder). – Nach informationstheoretischer Auffassung werden →Kurz(zeit)speicher und Lang(zeit)speicher für Informationen unterschieden, aus denen bei freiem Erinnern die Informationen nach dem Zufall, wie blind aus einer Urne gezogene Kugeln, herausgegriffen werden (Bereichsbildungen sind dabei jedoch zu berücksichtigen, ALBERT). →Vergessen wird als (a) Verblassen, Zerfall der Spuren (oder einzelner Komponenten der Spuren) aufgefaßt, (b) als Interferenz anderer Erinnerungen oder (c) als Folge anderer →Hemmungen.

In Speichertheorien des G. (z. B. ATKINSON u. SHIFFRIN 1968) werden sensorisches Register (ikonisches und Echogedächtnis), Kurzzeitspeicher, der auch Arbeitsspeicher genannt wird, und Langzeitspeicher unterschieden. Der Langzeitspeicher wird in ein episodisches G. oder aktives Langzeit-Arbeitsgedächtnis (→Script) und ein semantisches G., das das gesamte individuelle Wissen von der Welt ohne noch erkenntliche Lernsituationen enthält, unterteilt. Kritik an der Mehr-Speicher-Hypothese des G. wird durch die Betonung der ursprünglich den Speichern zugeordneten Verarbeitungsniveaus geübt (CRAIK u. LOCKHART 1972), die ihrerseits durch die Integrationsversuche (z. B. BADDELEY 1978) kritisiert wird. Die *levels of processing* reichen von der sensorischen Verarbeitung bis zur semantischen Verarbeitung, wobei letztere zu besseren Behaltensleistungen führt (BREDENKAMP u. WIPPICH, 1977, S. 70 ff.). →Hologrammtheorie des Gedächtnisses.

Ⓛ BOOTH, EBBINGHAUS, ELSENHANS, FRÖBES, MEILI u. ROHRACHER, MEUMANN, G. E. MÜLLER 1917, 1924, PRIBRAM, WIECK, KLING u. RIGGS, HILGARD u. BOWER, FOPPA 1966, UNDERWOOD 1977 *B-S*

Gedächtnisapparat ⟨LIPMANN u. a.⟩, ein Hilfsmittel zu exakten experimentellen Untersuchungen von Gedächtnisleistungen. Das Gedächtnismaterial (Wörter, Zahlen, sinnlose Silben u. dgl.) wird der Vp in bestimmten Zeitabständen dargeboten.

Gedächtnisfarbe ⟨HERING⟩, die Farbe, in der man einen Gegenstand am häufigsten bzw. unter normalen Lichtverhältnissen gesehen hat und in der er daher auch unter veränderten Beleuchtungsbedingungen (künstliches Licht) wahrgenommen wird.

Die Gedächtnisfarbe ist eine Erscheinung der →Konstanz. Ⓛ KATZ, ROHRACHER

Gedächtnisgesetze, i. e. S. die schon von EBBINGHAUS entdeckten Gesetzmäßigkeiten des Verlaufs des Lernens und des Vergessens, die sich in der Form von Kurven (Gedächtniskurven) darstellen lassen. Demgemäß ist der Lernerfolg bei der ersten Einprägung am größten und wird bei den folgenden fortschreitend kleiner. Für die Menge des Behaltenen ergibt sich eine Kurve, die zunächst steil ansteigt, dann aber immer flacher wird. Umgekehrt nimmt beim Vergessen die Menge des Behaltenen über die Zeit zunächst sehr rasch, dann fortschreitend langsamer ab. ● I. w. S. bezeichnet man als G. einzelne spezielle Regeln, z. B.: 1. Die Gedächtniswirkung steigt mit der Intensität des Reizes. 2. Sinnfreies Material wird weniger schnell gelernt als sinnvolles, das durch innere Beziehungen verbunden ist. 3. Die größte Leistungsfähigkeit besitzt das Gedächtnis in der Jugend.

Gedächtnishemmung →Gedächtnis, →Hemmungen, →Vergessen

Gedächtnismethoden (Lernmethoden), die exp. Verf. zur Untersuchung des Gedächtnisses. 1. Methoden des Erlernens. Der Lernstoff wird so oft bzw. so lange dargeboten, bis er fehlerfrei beherrscht wird. Es werden also die Lernbedingungen für eine bestimmte Gedächtnisleistung gesucht. Abwandlungen dieser Grundform der Erlernungsmethode sind z. B.: a) Methode der Hilfen, *prompting method.* Nach einer oder mehreren Darbietungen beginnt die Vp mit der Reproduktion, und es wird festgestellt, wie oft dabei geholfen werden muß, bis die Leistung fehlerfrei gelingt. Dieses Verfahren entspricht dem sog. rezitierenden Lernen. b) Ersparnismethode, *saving method.* Ein Stoff wird erlernt und nach einer Pause (Zwischenzeit) wieder erlernt. Zum zweiten Erlernen sind meist weniger Einprägungen erforderlich, es ist also eine Ersparnis festzustellen, die durch das erste Erlernen bedingt ist. Die Methode eignet sich besonders zur Untersuchung des →Vergessens. c) Treffermethode (Paarwortmethode), *right associates procedure.* Die zu erlernende Reihe ist in Paare gegliedert. Zur Reproduktion nennt der Vl das erste Wort eines Paares, die Vp antwortet mit dem zweiten. Eine richtige Antwort gilt als »Treffer«. 2. Methoden des Behaltens, *retention method.* Hierbei wird die Anzahl der Darbietungen (Einprägungen) konstant gehalten und festgestellt, wieviel unter diesen Bedingungen behalten wird. Die Lernbedingungen liegen also fest, und es wird die jeweilige Größe der Gedächtnisleistung gesucht. Grundform ist die Methode der behaltenen Glieder, *retained members method,* von der es ebenfalls besondere Ausgestaltungen gibt.

● Die Gedächtnisverfahren werden noch nach einem anderen Gesichtspunkt eingeteilt: 1. Reproduktionsverfahren, *free recall.* Der Inhalt muß als solcher von der Vp angegeben, also aktiv erneuert (= reproduziert) werden. Eine bes. Form ist die →Probe-Technik. 2. Wiedererkennungsverfahren, *recognition method.* Die Vp hat aus einer Reihe von Inhalten die schon zuvor einmal dargebotenen wieder herauszufinden. ● Schließlich gibt es exp. Gedächtnismethoden, die nur die qualitative Beschreibung bezwecken: Methode der Vorstellungsbeschreibung. Sie beruht auf der Selbstbeobachtung und ergänzt die anderen Verfahren insofern, als sie über die Erlebnisseite der Gedächtnis- bzw. Lernvorgänge Aufschluß gibt. Ⓛ PAULI-ARNOLD, WOODWORTH-SCHLOSBERG

Gedächtnisprotokoll, die Niederschrift eines Ereignisses aus der Erinnerung. Effekte wie Präzisierung, Logifizierung, Auslassung u. a. müssen beachtet werden. *R-S*

Gedächtnisspanne →Aufmerksamkeitsumfang, →Gedächtnis, →Kurzzeitspeicher, →unmittelbares Behalten

Gedächtnisstörungen, Beeinträchtigungen der Gedächtnisleistungen infolge zentraler (cerebraler) Verletzungen, Blutungen, Giftwirkungen oder Abbauprozesse. Die Korrelation bestimmter anatomischer Lokalisationen der Schädigungen mit bestimmten Ausfällen in den Gedächtnisleistungen ist die Hauptstütze der Lokalisationstheorien. →Amnesie (auch als quantitative G. bezeichnet), →KORSAKOW-Symptomenkomplex (auch als qualitative G. bezeichnet).

Gedächtnistests, Testverfahren zur Messung der Gedächtnisleistung von Pbn. Die Testdesigns entsprechen denjenigen der Gedächtnisforschung; dem Pbn werden Aufgaben geboten. Die Qualität und die Quantität der Reproduktionsleistung wird nach längerer oder kürzerer Zeit geprüft. Entsprechend den mehr oder weniger unabhängigen Dimensionen des Gedächtnisses (assoziatives Gedächtnis, Gedächtnis für räumliche und zeitliche Anordnungen, kurzfristiges – mittelfristiges – langfristiges Gedächtnis, visuelles Gedächtnis, akustisch-motorisches

Gedächtnis) werden unterschiedliche Aufgaben in den Test einbezogen.

Obwohl parallel zur Gedächtnisforschung der Allg. Ps. schon sehr lange Gedächtnistests konstruiert werden, weisen diese keine sehr befriedigenden Testgütekriterien auf. Die →Reliabilität der G. hat sich als relativ niedrig erwiesen. Die Korrelationen zwischen verschiedenen G. ist außerdem sehr niedrig. Da die intellektuelle Leistungsfähigkeit durch das Gedächtnis mitbestimmt wird, enthalten diejenigen Intelligenzsysteme, welche die Intelligenzleistung aufgrund verschiedener Untertests messen (z. B. IST, HAWIE), Untertests zur Gedächtnisprüfung. Zum Zwecke der Diagnose psychopathologischer Symptome werden ebenfalls Gedächtnistests eingesetzt. Das Reproduzieren kurzzeitig dargebotener geometrischer Figuren (Ⓣ BENTON) soll sich zur Ermittlung cerebraler Schäden eignen, da bei gewissen Ausfällen die visuelle Merkfähigkeit herabgesetzt ist. Ⓣ AMTHAUER, BÄUMLER, BINET, HORN, RANSCHBURG, WECHSLER *Hä-R*

Gedanken, nach K. BÜHLER »die kleinsten Denkerlebnisstücke, d. h. dasjenige, an dem eine fortschreitende, bestimmende Analyse keine selbständigen Stücke, sondern nur noch unselbständige Teile unterscheiden kann«. G. sind danach »letzte Erlebniseinheiten unserer Denkerlebnisse«.

Gedankeneingebung, Bez. für die Denkstörung, Gedanken würden zu eigenen von außen aufgezwungen. • Phänomen (u. a.) bei Schizophrenie (K. SCHNEIDER, 1976[11]).

Gedankenentzug, Bez. für die Denkstörung, eigene Gedanken würden von außen entzogen. • Phänomen (u. a.) bei Schizophrenie (K. SCHNEIDER, 1976[11]).

Gedankenflüssigkeit, *ideational fluency*, Faktor des →divergenten Denkens. Als Test wird der Faktor durch folgende Operationalisierungen gemessen: Aufzählung von Anwendungsmöglichkeiten von Gegenständen u. a. Ggs. →konvergentes Denken. Ⓛ GUILFORD 1956 *Hä-R*

Gedankenoperation mit Figuren Ⓣ MOEDE-PIORKOWSKI

Gedankenoperation mit Würfel Ⓣ RUTHE

Gedankenübertragung →Parapsychologie

Geduldspiel-Test Ⓣ BINET

Gefahrenbenehm-Test Ⓣ GIESE

Gefangenendilemmaspiel (PDG) →prisoner-dilemma-game

Gefordertheit [aus dem engl. *requiredness*], von W. KÖHLER 1938 in die Ps. eingeführter Begriff. In den Relationen des anschaulichen Zusammenhangs – d. h. in den Gestaltgesetzen – sind hiernach nicht wertneutrale, bloß faktische Gegebenheiten zu sehen, wie der Positivismus glaubt, sondern mit den Dingen und Handlungen gehen anschauliche Qualitäten der Anziehung oder der Abstoßung einher, die von einer bestimmten Stelle des →Feldes, der Person oder den Dingen aus gefordert werden.

Die G. ist eine überörtliche, vom dynamischen System abhängige Qualität, ein Vektor, der keine bestimmte Lokalität und auch keine Existenz außerhalb des Systems hat. Es sei demnach falsch, zu sagen, das Interesse, der Antrieb, die Strebung eines Ich, einer Person usw. lege den Dingen ihren Wert zu. Vielmehr ist ein Ich »in der Form des Interesses« objektgerichtet. Die Situation hat Forderungscharakter! Die G. ist nur zu verstehen aus dem Gesamt der in die Situation eingehenden Feldkräfte: anschauliches Ich, Umfeld, Aufforderungscharakter, die sich je nach Spannung der Ichsysteme (z. B. Sättigung) ändern können. Vgl. *affordance*

Gefüge, Gefügtheit, Gefügeeigenschaft, Grundbegriffe der Ganzheitsps. Meint einerseits die Gliederung (z. B. der Erlebnisse) in Teilgebilden, andererseits auch deren inneren Zusammenhang. • G. wird in der Bedeutung des Charakter-Gefüges und der Verhältniseigenschaft nach KLAGES verwendet. →Tabelle Charakteraufbau. • Gefügeeigenschaft →Gestalt, →Tertiärqualität

Gefühl, der Begriff G. oder →Emotion läßt sich nicht definieren, sondern nur umschreiben, da sich G. auf nichts anderes zurückführen lassen. Was das Wort G. im ps. Sprachgebrauch besagt, läßt sich daher am besten durch die Aufzählung einzelner G. ausdrücken: G. sind Erlebnisse wie z. B. Freude, Ärger, Mitleid, Abscheu u. dgl. Hierin manifestieren sich persönliche Stellungnahmen des Individuums zu den Inhalten seines Erlebens (Wahrnehmungen, Vorstellungen, Gedanken), wobei meist eine Lust- oder Unlustbetonung deutlich gegeben ist; jedoch ist diese nicht für alle G. charakteristisch.

LERSCH nennt diese Seite der G. »Anmutungserlebnisse« (LEWIN: Valenzen), die Reflektion der Bedürfnisse (Strebungen) an Objekten der erlebten äußeren Welt und deren Vorstellungen sind. Eine andere Seite der G. sind die Stimmungen, die sich durch langsameren Verlauf auszeichnen und nach LERSCH »stationäre Gestimmtheiten«, d. h. Meldungen über endogene Aktivierungs- (oder Deaktivierungs-)Zustände und Nachwirkungen weiter zurückliegender ps. Prozesse, sind. Namentlich bei schwächeren Intensitätsgraden werden die G. durch die Beobachtungsabsicht leicht gestört, was ihre empirische Untersuchung erschwert. In »phänomenologischer Erhellung« gelangt LERSCH zu einer Einteilung der Gefühlsregungen. Er unterscheidet die G. des lebendigen Daseins (Schmerz, Lust, Langeweile, Überdruß, Freude und Trauer, Entzücken und Entsetzen u. a.), G.regungen des individuellen Selbst (d. h. der Selbsterhaltung, des Egoismus, des Vergeltungsdrangs und des Eigenmachtstrebens) und transitive G.regungen (d. h. mitmenschliche, noëtische, verpflichtende und enthebende G.). Die entsprechenden Gestimmtheiten sind nach LERSCH die verschiedenen Formen des Lebensgefühls und des Selbstgefühls.

In der Ethologie hat man unter »Stimmung« spezifische Aktivierungszustände des Organismus verstanden, die sich im Appetenzverhalten äußeren (Flugstimmung, Nestbaustimmung etc., HEINROTH, zit. nach LORENZ 1965 326).

Außer der Einteilung nach Gefühlsarten werden weitere formale Eigenschaften der G. festgestellt: Die Subjektivität, d. h. sie werden als Zustände des Ichs erlebt, zum Unterschied von den Inhalten der Wahrnehmung, in denen etwas Objektives, außerhalb des Subjekts Befindliches erlebt wird. Die Universalität als Kriterium der G. besagt, daß sie nicht an spezifische Reiz- und Sinnesorgane gebunden sind, daher auch nicht im Körper lokalisiert werden können. Unter Aktualität der G. versteht man schließlich ihre Eigenschaft, daß sie keine Erinnerungsbilder besitzen, sondern bei Erinnerung selbst wieder aufleben (aktuell werden). Dieses letzte Kriterium ist indessen nicht allgemein anerkannt. – In der Geschichte der G.forschung tritt eine Reihe weiterer Einteilungen entgegen (→G.theorien). Nach dualistischer Auffassung gibt es zwei Arten: Lust und Unlust, die alle Grade der Intensität erreichen können (sog. eindimensionale oder hedalgische Theorie). Die pluralistischen Theorien nehmen eine Mehrzahl von Grundqualitäten an, z. B. WUNDTS dreidimensionale Gefühlstheorie. Danach besitzen G. neben der Lust-Unlust-Qualität noch die Qualitäten Erregung–Beruhigung und Spannung–Lösung. Nach weiteren Einteilungen unterscheidet man »niedere« (sinnliche) und »höhere« (geistige), einfache und zusammengesetzte Vorstellungs- und Urteilsgefühle, empfindungs-, trieb- und persönlichkeitsbedingte G., weiterhin gibt es noch Unterteilungen nach verschiedenen Erlebnisgebieten, z. B. der geistigen G.: intellektuelle, ethische, ästhetische, religiöse G. Die Funktion der G. im seelischen Geschehen besteht vor allem darin, daß sie das Subjekt zum Handeln anregen (aktivieren). Daher sind sie von fundamentaler Bedeutung im Lebensgeschehen.

Die neuere Erforschung der G. verfolgt hauptsächlich zwei Ziele: (1) Fortsetzung der Suche nach »Dimensionen«, wie Lust–Unlust (behavioristisch: Annäherung–Meidung), Aktivität–Passivität und verschiedene Dimensionen nach sozialen Bezügen wie Dominanz–Unterwerfung, Feindlichkeit–Freundlichkeit (ARNOLD 1962, ERTEL 1964). (2) Erkennen der korrelierenden physiol. Erregungsmuster und phänomenal gegebenen (verbal beschriebenen) oder am Verhalten gedeuteten. G. SCHACHTER u. SINGER (1962) konnten überzeugend zeigen, daß die Deutung der physiol. Veränderungen in dem erlebenden Organismus entschieden von der Deutung der Situation, in der diese Veränderungen auftreten, abhängen, also von kognitiven Elementen. (FAHRENBERG 1967). – Über Methoden der Gefühlsforschung orientiert TRAXEL (1963), →Ausdrucksmethoden, Eindrucksmethoden.

● In der Umgangssprache wird der Begriff G. sowohl in seiner eigentlichen Bedeutung gebraucht wie auch unterschiedslos auf Wahrnehmungsvorgänge (»Schmerzgefühl«, »Kältegefühl«) und auf Ahnungen, unbestimmtes Erkennen und dgl. angewendet. TETENS (1777) hat den Begriff näher bestimmt und dem Denken und Wollen gegenübergestellt. Synonym zu G. ist →Emotion. ● Affekt wird oft gleichbedeutend mit intensivem G. gebraucht. Vgl. Gemeingefühl Ⓛ ANSCHÜTZ, M. B. ARNOLD 1960, BOTTENBERG, F. KRUEGER, LERSCH, SANDER 1937, SCHELER 1913, 1948, STEVENS 1951, TRAXEL 1968, YOUNG 1961, PLUTCHIK 1980 *Red./B-S*

Gefühlsansprechbarkeit, Gefühlserregbarkeit, Gefühlsbestimmtheit, wesentliche charakterologische Beschreibens- und Beurteilungskategorien. Sie betreffen den Leichtigkeitsgrad, mit dem die Gefühle ansprechen, unter Berücksichtigung des Anlasses.

● Von KLAGES als Verhältnisbeziehung von Gefühlslebhaftigkeit und Gefühlstiefe in die Charakterologie eingeführt. Als solche gibt sie das Maß der persönlichen Gefühlserregbarkeit an. ● LERSCH spricht von der Ansprechbarkeit des Erlebens. ● In der →Erbcharakterologie G. PFAHLERS ist die G. eine der vier Grundfunktionen, die unter dem Gesichtspunkt der Stärke und der Lust-Unlust-Vorherrschaft betrachtet wird. ● Zur Bedeutung des Begr. bei CATTELL, GUILFORD und EYSENCK →Faktorentheorien der Persönlichkeit.

Gefühlsansteckung, der spontane, in der Massen- oder Paniksituation oft epidemisch anwachsende Vorgang, der die Individuen in die gleiche Gefühlslage, zumeist mit intensiver Dynamik, hineinzwingt. Das so erzwungene Miteinanderfühlen hat den Charakter einer Primitivreaktion. →Ansteckung, ps., →Echothymie, →Affektaustausch

Gefühlsempfindung, ein von C. STUMPF eingeführter Kompromißbegriff. Er entstand aus der Schwierigkeit der Abtrennung von Gefühl und Empfindung bei körperli-

G

chen Erlebnissen wie Jucken, Kitzel, Hautschmerz, sexueller Wollust usw. Die als sinnliche oder als Organgefühle bezeichneten Phänomene sollen danach weder zu reinen Emotionen noch zu den Empfindungen zu zählen sein. Ⓛ STUMPF 1906

Gefühlsirradiation [lat. *irradiáre* bestrahlen, ausstrahlen], Ausbreitung von Lust (Unlust) auf Grund eines Einzelvorgangs auf die Gesamtheit anderer, zum Teil zeitlich nahestehender Inhalte (z.B. die zerstörte Stimmung eines Tages)

Gefühlslage, Gesamtstimmung einer Person, zugehörig den jeweiligen Bewußtseinsinhalten und Handlungen

Gefühlsnerven, die sensiblen Nerven

Gefühlstheorien, die Versuche, Wesen und Entstehungsweise der Gefühle zu erklären

1. Gefühle sind ursprünglich gegebene, selbständige seelische Prozesse, die nicht aus anderen seelischen oder körperlichen Vorgängen zusammengesetzt oder ableitbar sind. 2. Gefühle können auf andere Prozesse zurückgeführt werden, und zwar a) auf andere psychische Vorgänge: Gefühl ist eine besondere Betätigung der Erkenntnis (philosophische Erklärung seit ARISTOTELES). Gefühl ist Wechselwirkung der Vorstellungen (HERBART). Gefühl ist eine besondere Qualität der Empfindung (STUMPF). Gefühle sind zentral erregte Empfindungen (KÜLPE). Gefühle sind Eigenschaften des jeweiligen Bewußtseinszustandes (»Komplexqualitäten des Erlebnistotals«, KRUEGER). b) auf physische Prozesse: Gefühle sind unselbständige Begleiterscheinungen von Vorgängen des vegetativen Nervensystems, insbesondere dadurch bewirkter vasomotorischer Veränderungen (JAMES, LANGE). Gefühle sind der psychische Ausdruck des Verhältnisses von Assimilation und Dissimilation (Auf- und Abbau) der Substanzen im Organismus (LEHMANN). Die unter 1. und 2. a) genannten Erklärungsweisen sind psychologische, die unter 2. b) genannten physiologische Theorien.

Als Gefühlstheorien werden auch solche Einteilungen (Klassifikationen) der Gefühle bezeichnet, die eine Aussage über Wesensmerkmale der Gefühle enthalten, z.B. die Lust-Unlust-Theorie und die dreidimensionale (alghedonische) Gefühlstheorie von WUNDT (→Dimension). Von DARWIN stammt eine Theorie der Entwicklung der Gefühle, eine neuere hat PLUTCHIK 1980 vorgelegt. Ⓛ EWERT 1965, BÖCHER 1976, BIRBAUMER 1977

Gefühlston, der einem Wahrnehmungs- oder Vorstellungsinhalt bzw. einem Gedanken eigene Gefühlswert

Gefühlsübertragung, die →Übertragung der emotionalen Anmutung von einem Objekt (Person oder Sache) auf andere Objekte. Z.B. die G. der Abneigung gegen eine Person auf ihr befreundete Personen oder auf Gegenstände, die sie besitzt. • In der Psychotherapie »überträgt« der Patient vielfach »Gefühle« auf den Therapeuten und erlebt sie so, als gingen sie von diesem aus. • Als G. wird bisweilen auch die →Gefühlsansteckung bezeichnet.

Gefühlsverkehrung →Parathymie

Gefühlszentrum →Körperfühlsphäre

GEG, Abk. für Gamma-→Enzephalographie

Gegenfarben HERINGscher →Urfarbenkreis, →HERINGsche Gegenfarbentheorie, →Komplementärfarben

Gegenfarbenhyperbel →Komplementärfarben

Gegenkonditionieren, eine Technik in der →Verhaltenstherapie, die auf die Theorie der Gegenreaktion (GUTHRIE, ESTES) gegründet ist, nach der bei der →Auslöschung einer konditionierten Response diese durch eine andere, nicht mit ihr vereinbare (inkompatible) Response »verdrängt« wird. G. wird als systematisches →Desensibilisieren zur Angstreduktion und bei der stimuluszentrierten →Aversionstherapie (gegen Alkoholismus, Rauchen u. a. Abhängigkeiten) eingesetzt. *B-S*

Gegenstände, geistige, nach GIESE kulturgegebene geistige Inhalte, die in weitgehendem Maße seelisch beeinflussen. Beispiele: Recht, Sprache, Mythus, Religion, Kunst, Literatur, Technik, Wirtschaft.

Gegenstandsbewußtsein, das Wissen des Ich um das Objekt seines Wissens (Erlebens). Im G. treten somit Subjekt und Objekt in Beziehung.

Gegenstandswahl Ⓣ KÖHLER

Gegenwahrscheinlichkeit, Komplementärbegriff zu →Wahrscheinlichkeit

Gehemmtheit, Konstrukt zur Erklärung des Ausbleibens eines körperlich-organisch möglichen und von der sozialen Situation erlaubten Verhaltens. Vgl. Hemmung *R-S*

Gehen →Gang

Gehirn, vgl. auch Stw. mit Hirn...

Gehirn [mhd., lat. *cerebrum,* gr. *enkephalon*], bei Wirbeltieren und Mensch der innerhalb der Schädelkapsel gelegene Teil des →Nervensystems. Während die →Nerven vornehmlich zur Erregungsleitung dienen, übernimmt das G. die Aufgabe, die auf diesen Bahnen als bioelektrische Erregungen einlaufenden Informationen »sinnvoll«

zu verknüpfen, zu verarbeiten und auf entsprechenden Bahnen resultierende Informationen auszugeben (einschließlich der bewußt erlebten Bewußtseins- und Erlebnisinhalte, die an das Funktionieren bestimmter Hirnanteile gebunden sind, deren Wechselwirkung aber wissenschaftlich noch nicht geklärt ist). Zusammen mit dem kaudal anschließenden Rückenmark, das zwischen Nerven und G. vermittelt, bildet es das Zentralnervensystem (ZNS).

In der →Keimesentwicklung wird das ZNS aus dem Ektoderm als ein einfaches stabförmiges Hohlorgan (Neuralrohr) angelegt, dessen vorderer Teil sich unter Bildung dreier Bläschen (primäres Vorder-, Mittel- und Rautenhirn) und unter Verengung des Hohlraums der Hirnkammern bzw. Hirnventrikeln (*ventriculus* Ausbuchtung) zum G. entwickelt. Bei Würmern kommt es nur zur Anhäufung von Nervenzellen in der Kopfgegend, von denen die Nervenfortsätze ausgehen. Bei Insekten hat das Oberschlundganglion gehirnähnliche Größe und Form, eine bläschenartige Erweiterung findet sich erst bei den niedersten Wirbeltieren. Bei den höheren Wirbeltieren kommt es nach der primitiven Dreiteilung durch erneute Teilung von Vorder- und Rautenhirn zu fünf Abschnitten: Vorderhirn *(telencephalon)*, Zwischenhirn *(diencephalon)* – bestehend aus Hypothalamus, Thalamus, Meta- und Epithalamus –, Mittelhirn *(mesencephalon)*, Hinterhirn *(metencephalon)* und Nachhirn *(myelencephalon*, verlängertes Mark, *medulla oblongata)*. – Das Vorderhirn, bei niederen Wirbeltieren vornehmlich ein Riechhirn, differenziert sich bei den höheren Wirbeltieren zum Großhirn und überwölbt beim Menschen mit zwei Ausstülpungen (Hemisphären) oben und nach beiden Seiten als Großhirn *(cerebrum)* das Zwischen- und Mittelhirn, so daß diese innerhalb des Großhirns zu liegen kommen (→Abb. 1). Das Großhirn ist

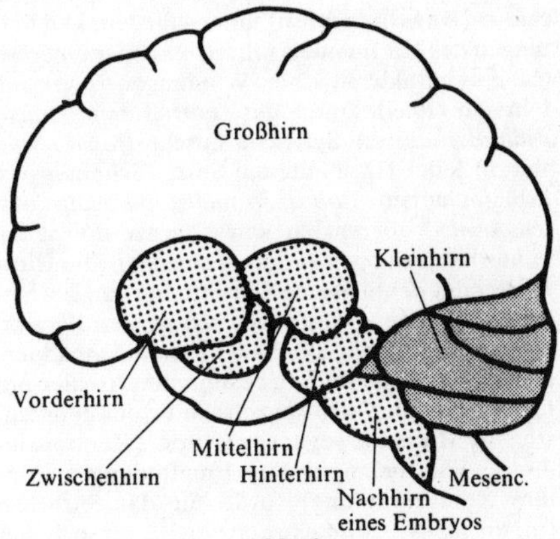

Abb. 1

beim Menschen zum Zentrum für alle Sinnesempfindungen und Willkürhandlungen geworden. Es gilt als der Sitz des Bewußtseins, des Gedächtnisses und aller geistigen und seelischen Leistungen. Die äußere, mehrfach gefaltete etwa 2,5 mm dicke Randzone, die Hirnrinde *(cortex cerebri)* ist mit mächtigen Ganglienzellgruppen angefüllt und sieht daher grau aus: graue Substanz, die insgesamt etwa 10 bis 14 Milliarden Zellen umfaßt. Diese sind durch Assoziationsbahnen untereinander, durch Projektionsbahnen mit dem Rückenmark und der Peripherie verbunden (→Abb. 2).

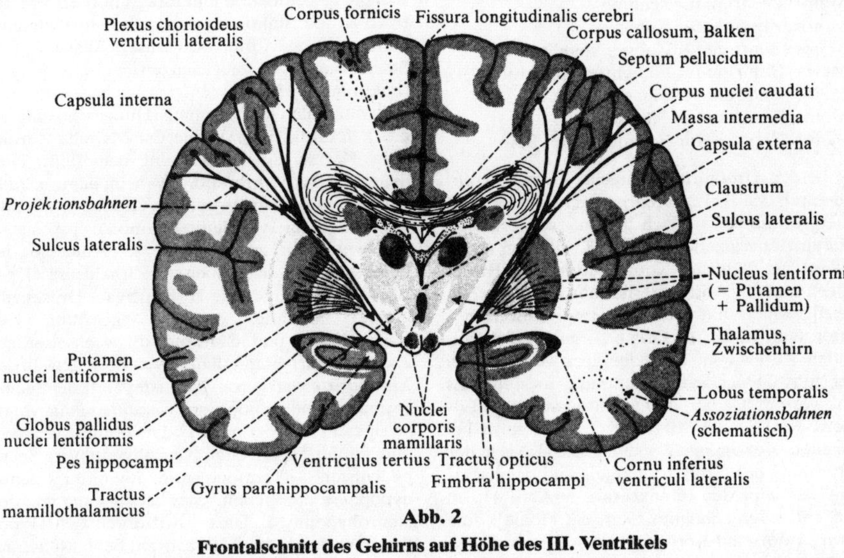

Abb. 2

Frontalschnitt des Gehirns auf Höhe des III. Ventrikels

Diese Fasermassen des Gehirns erscheinen durch die Markhaltigkeit der Nervenfasern weißlich: sie bilden die weiße Substanz. Graue und weiße Substanz werden als »Hirnmantel« *(pallium)* von den tieferen Kernen *(nucleus caudatus* und *putamen,* zusammen = Streifenhügel = corpus striatum = Basalganglien) unterschieden. Die Faltungen des Hirnmantels führen an seiner Oberfläche zu charakteristischen Windungen *(gyri)* und Furchen *(sulci)*. Durch die Zentralfurche *(sulcus centralis)* und die Sylvische Furche *(fossa sylvii)* sind in jeder Hirnhälfte ein Stirn-, Scheitel- und Schläfenlappen *(lobus frontalis, parietalis* und *temporalis)* abgrenzbar sowie ferner dorsal ein Hinterhauptslappen *(lobus occipitalis)*. Die Hirnrinde zeigt deutlich eine Schichtung von verschiedenen Zellarten, von denen die großen Pyramidenzellen, Ausgangspunkt der Pyramidenbahnen, die bekanntesten sind. In bestimmten Arealen des Cortex befinden sich spezifische Projektionszentren für Muskelbewegungen (vordere Zentralwindung), Wahrnehmung von Empfindungen (hintere Zentralwindung) sowie für das Sprechen (motorisches Sprachzentrum, sensorisches Sprachzentrum), Hören und Sehen (→Abb. 3).

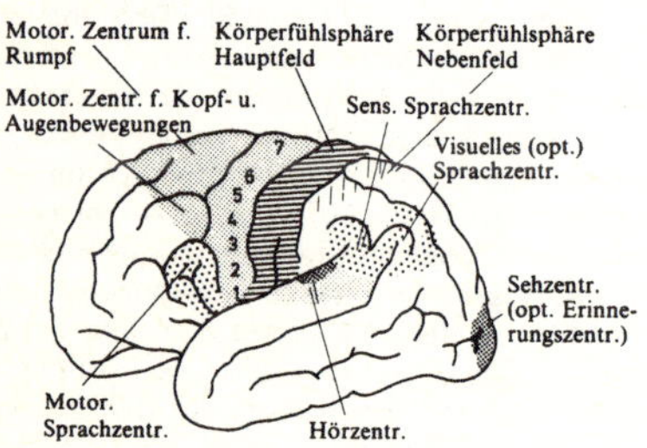

Abb. 3

1 Motor. Zentrum für Schlund
2 Motor. Zentrum für Kehlkopf
3 Motor. Zentrum für Zunge, Vokalisation
4 Motor. Zentrum für Gesichtsmuskulatur
5 Motor. Zentrum für Finger, Hand
6 Motor. Zentrum für Schulter
7 Motor. Zentrum für Rumpf, Hüfte, Bein

Die beiden Großhirnhalbkugeln (Hemisphären) sind durch den Balken *(corpus callosum)* miteinander verbunden. – Nach hinten, zum Teil vom Großhirn überlagert, folgt das Kleinhirn *(cerebellum)*. Es dient der Koordination aller Bewegungen und der Aufrechterhaltung des statischen Gleichgewichts mit Hilfe der Informationsafferenzen vom statischen Organ (→Ohr). Alle erregenden Zuflüsse in das Kleinhirn werden nach höchstens 2 Synapsen in Hemmung überführt. Es wird vermutet, daß dieses automatische »Löschen« v. a. für die Mitarbeit des Kleinhirns bei schnellen Bewegungen wichtig ist. – Nach der Entfernung des Großhirnmantels und des Kleinhirns verbleibt der Hirnstamm (→Abb. 4). Im Thalamus [gr. *thalamos* Gemach, Höhle], dem paarigen dorsalen Kerngebiet des Zwischenhirns

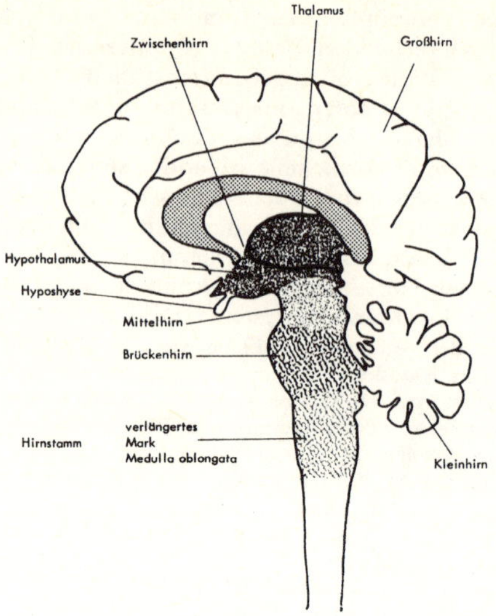

Abb. 4

(Eintrittsstelle des »Sehnerven«, der einschließlich der Retina Bestandteil des Gehirns ist) sammeln sich alle sensorischen Bahnen, wo sie das letzte Mal vor den Projektionsfeldern der Großhirnrinde umgeschaltet werden, wo sie emotional gefärbt werden, ehe sie dann im Großhirn zum Erlebnis (»Wärme«, »Ärger« u. a.) werden. Auch die elektrische Aktivität des Großhirns und damit auch die Aufmerksamkeits- und Wachheitsfunktionen werden vom Thalamus aus gesteuert. Der ventrale Teil des Zwischenhirns, der Hypothalamus, umfaßt das höchste Zentrum des autonomen (vegetativen) Nervensystems. Hier vollzieht sich die Koordination und Integration der vegetativen Körperfunktionen sowie des Hormonhaushaltes (Kohlehydratstoffwechsel, Wasser- und Salzhaushalt, Wärmegleichgewicht und Sexualfunktionen). Hier finden sich auch Zentren der motivationalen Bekräftigung (Hunger, Sexualität, u. a.). Indirekt über Kerne der Medulla werden auch Herzschlag und Atmung beeinflußt. Hier liegt auch das →limbische System, das u. a. Teile des →Hippokampus und des Großhirns umfaßt, dem ebenfalls vegetativ emotional psychische Steuerfunktion zukommt. Zwei Anhänge des Hypothalamus, nach oben die Zirbeldrüse (Epiphyse), nach unten die Hypophyse, Drüsen mit innerer Sekretion, regeln Wachstum, Geschlechtsreife und Blutdruck in wechselseitiger Zusammenarbeit mit dem Zwischenhirn. In der Zirbeldrüse wurde vor Zeiten der »Sitz der Seele« vermutet. Die Hypophyse *(glandula pituitaria)* ist zweigeteilt: Vorderlappen oder Adenohypophyse und Hinterlappen oder Neurohypophyse. Sechs bedeutsame →Hormone werden von der Adenohypophyse abgegeben, zwei bedeutsame von der Neurohypophyse. Diese wird durch den Hypothalamus gesteuert. Mittelhirn, beim Menschen urtümlich geblieben, und Rautenhirn (Rhombencephalon) mit der Brücke *(pons)* und der *medulla oblongata* leitet zum Rückenmark über. Das Rautenhirn umfaßt den größten Teil des unspezifischen Aktivierungszentrums, der →*formatio reticularis*. – Das gesamte G. wird beim Menschen umgeben von den Hirnhäuten *(meninges)*. Am Schädel liegt die der Knochenhaut entsprechende harte Hirnhaut *(dura mater)*. Darunter liegt die Flüssigkeit enthaltende polsternde Ader- oder Spinnwebenhaut *(arachnoides)* und die weiche Hirnhaut *(pia mater*, fromme Mutter, d. h. die Hirnhaut als ernährende Mutter des Gehirns), die dem Gehirn unmittelbar aufliegt und in alle Furchen eindringt. • Hirngröße und Oberflächenentfaltung wurden vielfach zur »geistigen Leistung« in Beziehung gebracht, allerdings ohne klare Gesetzmäßigkeit. Das Gehirn des Menschen mit 1300 bis 1800 p Gewicht ist weder überhaupt noch verhältnismäßig das größte: Hirngewicht beim Elefanten 5000 p. Hirngewicht zu Körpergewicht verhalten sich bei: Elefanten 1:560, Schimpansen 1:75, Menschen 1:35–40, niederen Affen 1:15–26. Beispiele für Hirngewicht beim Menschen: Bismarck 1807 p, Kant 1650 p, Schiller 1580 p, Haeckel 1550 p, Helmholtz 1440 p, Liebig 1260 p, Anatole France 1017 p. Ⓛ SCHNEIDER, SCHMIDT 1979[4] *B-C*

Gehirnwäsche, Mentizid, Bez. für die Anwendung von Methoden mit extremer körperlicher oder ps. Belastung (z. B. Dauerverhör, Schlafentzug, Isolation, sensorische →Deprivation, emotionale Desorganisation, Betäubung bis zu leiblicher und seelischer Folterung), um Geständnisse, Geheimnis- bzw. Personenverrat u. a. zu erzwingen. →*true drug*

Gehör →Ohr

Gehör, absolutes, Bez. für die besondere Gehörleistung, die Höhe eines einzeln (ohne Vergleichston) mit einem Musikinstrument (meist Klavier) dargebotenen Tones zu bestimmen oder einen Ton mit bestimmter Frequenz stimmlich zu erzeugen. Bei reinen Sinustönen (unter Fortfall von Klangfarben, Obertonschwingungen und taktil-kinästhetischen Empfindungen) besteht keine Möglichkeit, die »absolute« Tonhöhe zu identifizieren. Ⓛ WELLEK 1938 *G-N*

Gehörknöchelchen →Ohr

Gehörlosigkeit, angeborene oder vor dem Spracherwerb eintretende völlige Gehörlosigkeit verhindert den Spracherwerb ohne Hilfe (Gehörlosenbeschulung nach optischem und taktilem Prinzip). Ein Spracherwerb ist möglich, früher Taubstummensprache durch Fingeralphabet, jetzt durch Lautsprache ersetzt (Gehörlosenschule). Spätertaubung im Kindesalter kann bei fehlender Hilfe zum Verlust der bereits erworbenen Sprache führen. →Hörstörungen *Br-R*

Gehorsam, bedenkenloser, *obedience*, in der exp. soz.-ps. Forschung zuerst von MILGRAM (1963) untersuchte interpersonale Erscheinung, die Ursache für die Verwendung von Personen zur Ausführung schädigender Verhaltensweisen mit herabgesetzter oder verfälschter ethischer Kontrolle ist, (Aktionskonformität, →Konformität). Ⓛ G. SCHURZ 1985 *B-S*

Gehörsempfindungen →Hören

Gehörsvorstellungen, auditive Vorstellungen, die auf akustische Eindrücke zurückgehenden →Vorstellungen, als Erinnerungsbilder von Gehörswahrnehmungen oder Phantasievorstellungen. →Hören

Geist, ursprünglich ein philosophisch vieldeutiger Begr. In der metaphysischen Gegenüberstellung von G. und Stoff ist G. das Lebendig-Göttliche, belebte und belebende Prinzip (Weltgeist). Später in der spekulativen philosophischen Ps. meint G. die menschliche Seele (»Geistseele«), die sich von der tierischen Seele charakteristisch unterscheidet.

Die eigentliche philosophische Wurzel liegt im »nous« ⟨ANAXAGORAS⟩ und im »logos« ⟨HERAKLIT⟩ als dem Vernünftigen, d. h. einem vernünftig waltenden Ordnungsprinzip in Welt, Leben und Denken. • In der Psychologie teils gleichbedeutend mit seelisch (»seelisch-geistig« bezeichnet den Unterschied zum Körperlich-Stofflichen), teils Inbegriff höherer, nur dem Menschen als Person zukommender Fähigkeiten: Denken (z. B. in der Reflexion, Objektivierung und dem Werten) und Wollen (im bewußten, ziel- und mittelbestimmten, planmäßigen Handeln). • Grundformen des (substantialisiert gedachten) Geistes ⟨HEGEL, NIC. HARTMANN, SPRANGER, R. MEISTER⟩ sind: a) subjektivpersonaler G. (ans Bew. der Einzelperson gebunden); b) der objektive G. (das sich in Staat, Recht, Sitte, Gesellschaft, Erziehung und Bildungswesen, Religion, Kunst, Wissenschaft, Sprache u. a. Kulturbereichen niederschlagende überindividuelle Geistesleben); c) der objektivierte G. (die geistigen Schöpfungen, kulturellen Werke, in denen sich der Geist manifestiert, fixiert; d) HEGELS absoluter G. (der sich in Geistesleben und Weltgeschichte bewußt werdende göttliche G.). KLAGES faßt den G. als seelenfeindliches, für das Leben Erstarrung und Tod mit sich bringendes Prinzip (Widersacher der Seele) auf.

Geisteskrankheit →Psychose

Geistesschwäche →Schwachsinn

Geisteswissenschaft, Kulturwissenschaft oder idiographische W. Den Begriff prägte

G

WINDELBAND, der gegen den Positivismus in Geschichts-, Literatur- und Religionswissenschaft, Psychologie und Soziologie die Eigengesetzlichkeit des »Geistes« betonte, die nicht mit Naturgesetzen zu erfassen sei. Extreme Gegenposition z. B. SKINNER. Ⓛ DILTHEY 1894, 1973 *B-S*

geisteswissenschaftliche Psychologie, die von DILTHEY (1894) und SPRANGER (1914) im Ggs. zur naturwissenschaftlich-empirisch gerichteten Ps. entwickelte Darstellung des Seelischen, bezogen auf die Wertverwirklichungen des →»objektiven Geistes«. Sinn und Wert des ps. Daseins bilden den Mittelpunkt auch der Erlebnisbetrachtung. In dieser Beziehung spricht die g. Ps. von »Struktur«. Auch leitet sie »Lebensformen« der Menschen ab. Das Individuelle wird zielgemäß gerichtet gesehen und erscheinungsgemäß durch Ausdeutung und »Verstehen« bestimmbar gemacht. Mit besonderem Erfolg hat sich die g. Ps. historischen Erscheinungen zugewandt. Ⓛ OELRICH

geistige Gefühle →Gefühl

gelber Fleck, *macula lutea.* Stelle des deutlichsten Sehens. →Auge

Gelbkörperhormon, *corpus-luteum*-Hormon, Progesteron. →Hormone

GELBsches Phänomen →Tau-Phänomen

*

GELB, Adhémar / 1887 (Moskau) – 1936 (Schönberg i. Schwarzwald) / dt. Psychologe (Gestaltps.) / Univ. Frankfurt, Halle (bis 1934)

Gelenkempfindung →Kinästhesie

Gelenkprüfer, Gelenkempfindlichkeitsprüfer →Sinnesfunktionen (4)

gelernte Hilflosigkeit →Hilflosigkeit

Geltungsstreben, Geltungstrieb, im Bereich der nach Richtung und Stärke sehr vielgestaltigen charakterlichen Strebungen mit dem Ziel, das Ich gegenüber der Umwelt abzugrenzen, zu sichern und auszubreiten (Formen des Egoismus, des Selbstwertstrebens und des Machtstrebens), hat der Geltungstrieb – vorwiegend durch die Psychoanalyse und die Individualpsychologie ADLERS – besondere Beachtung gefunden. Sein gesunder und normaler Gehalt ist darauf gerichtet, dem Ich Beachtung, Anerkennung, Lob oder auch (gesteigert) Ruhm, Ehre, Beifall zu verschaffen. In überbetonter Form, d. h. als Geltungssucht, kompensiert G. zumeist ein uneingestandenes Minderwertigkeitsgefühl zur Ichaufbauschung ⟨KLAGES⟩ mit Prahlsucht, Renommisterei, Rechthaberei, Trotz.

Gemeindepsychologie, *community psychology,* in USA 1965 aufgekommener Begr. für die aus der Umwelt »Gemeinde« resultierenden Probleme, vor allem der sog. psychosozialen Gesundheit, *community-mental-health.* Zur G. gehören Maßnahmen zur Verbesserung in Familie, Schule, Behörde, Freizeit, Verkehr, Bauplanung u. a. m. Vgl. *street clinic.* →therapeutische Gemeinschaft, →Krisenintervention. Ⓛ SOMMER, G.

Gemeingefühl, Allgemeingefühl, syn. vitaler, psychosomatischer Sinn. Eng verwandt mit →Stimmung, aber auch →*arousal,* Erregung, →Aktivierung. Das aus einer Reihe von inneren Empfindungen entspringende Totalgefühl (Koinästhesie).

KRETSCHMER (1975) betonte hierbei das diffuse Zusammenfließen aller (auch der fast unmerklichen) Empfindungsqualitäten, womit das G. erlebbarer Gesamtquerschnitt unseres Befindens, d. h. zugleich Empfindungssumme und Affektlage ist.

● In der älteren Ps. gebräuchlicher Begr., der eine Äußerung der »Lebenskraft« im Bereich der Sinnlichkeit bedeutet; das G. ist das Resultat der Einwirkung aller sensiblen Nerven auf das Gehirn (WAITZ 1849). Danach sind alle Sinnesempfindungen, sofern sie alle oder in großer Menge zur Perzeption drängen, Teile des G.

● E. H. WEBER definiert das G.: »Das Bewußtsein von unserem Empfindungszustande, welches alle mit Empfindungsnerven versehenen Theile vermitteln, abgesehen von spezifischen Sinnesempfindungen, die uns außerdem manche von ihnen verschaffen.« WUNDT (1862 376–400) unterscheidet Empfindungen, die wir auf äußere Objekte beziehen (objektive Empfindungen), von »Empfindungen, die wir auf Zustände unseres eigenen Leibes beziehen (subjekte Empfindungen oder Gefühle). Die letzteren setzen vorzugsweise das G. zusammen, aber nicht ursprünglich als Empfindungen, sondern erst nachdem die Vorstellungstätigkeit erwacht ist...« Danach ist es auch ein »Totalgefühl, in welchem der gesamte Zustand unseres sinnlichen Wohl- und Übelbefindens zum Ausdruck kommt«, jedoch erst nach der bewußten Reflektion über die Trennung von objektiven und subjektiven Empfindungen (WUNDT 1862). In der neueren Ps. wird der Begr. durch ähnliche pauschale Begr. ersetzt. Vgl. Partialgefühl *Red./B-S*

gemeinsame Faktoren, die aus der →Faktorenanalyse gewonnenen Faktoren, welche zwei oder mehrere Variablen gemeinsam laden. *Hä-R*

Gemeinschaft, die im Ggs. zur Gesellschaft (als der dem »Kürwillen« entspringenden Gesellungsform) auf natürlicher Verbundenheit (dem »Wesenwillen«) beruhende, gewachsene menschliche Gesellungsweise.

Diese Sinngebung beider Termini hat manche Vorläufer, z. B. PROUDHON; erst TÖNNIES verhalf ihr zu weitester Verbreitung und Anerkennung. Er unterschied drei Typen der G.: Verwandtschaft, Nachbarschaft und Freundschaft. Die Gesellschaft ist immer eine zweckhafte Verbindung mit erzwungener Gleichrichtung, G. dagegen ist durch organisches Zusammenwachsen der Mitglieder gekennzeichnet, das sich gefühlsmäßig in intensiver Zusammengehörigkeit bekundet. Nach HELLPACH ist G. ein Sozialorganismus, →Gesellschaft aber eine Sozialorganisation. →Familie Ⓛ HELLPACH, STEINBERG, TÖNNIES

Gemeinschaftsgefühl, das mit dem Leben in einer Gemeinschaft verknüpfte Gefühl der Verbundenheit der Mitglieder untereinander, das sich aus Einzelakten der Sympathie und Zuneigung ergibt. • Die Individualps. ADLERS sieht in dem G. (wie in der Gemeinschaftsfähigkeit) die dem individuellen Machtstreben entgegenwirkende Kraft. Das G. ist mit dem Gemüt liiert. Seine Wurzeln gehen auf die Mutter-Kind-Beziehung zurück. Je geringer das Geltungsbedürfnis und Minderwertigkeitsgefühl, desto größer die Gemeinschaftsfähigkeit. Ⓛ ADLER, SPITZ

Gemini [lat.], Zwillinge

Gemüt, ein definitorisch besonders schwer faßbarer Begr. Das Insgesamt der Gefühle und Strebungen; die Gefühlsseite des Seelenlebens im Gegensatz zur intellektuellen Seite; früher auch Bezeichnung für Seele überhaupt. I. e. S. Bez. für die Gesamtheit der anteilnehmenden Gefühle (Mitfreude, Mitleid, Anhänglichkeit, Güte) oder für die »transitiven« ⟨LERSCH⟩, d. h. auf überindividuelle Werte gerichteten Gefühlsregungen.

Eine eigene Thymologie (Lehre vom G.) wurde von FRIEDMANN (1956) entwickelt. Ebenso ist von STRASSER (1956) das G. aus der besonderen Sicht der phänomenolog. Philosophie beachtet worden. Ⓛ ALBRECHT, LERSCH, RUDERT, WELLEK

Gemütslage, Einheit der ⟨WUNDT⟩, besagt, daß niemals zwei Vorstellungen nebeneinander bestehen, ohne daß ihre Gefühlselemente sich zu einem daraus folgenden gemeinsamen Gefühl verschmelzen. →Partialgefühl

Gen, Baustein der Erbsubstanz in den Chromosomen lokalisiert.

Biochemisch besteht ein Gen aus mehreren tausend Bausteinen der →Desoxyribonukleinsäure (DNS), es bewirkt immer zunächst die Ausbildung eines spezifischen Proteins, durch welches eine Reaktionskette in Gang gesetzt wird, die letztlich zu einer bestimmten Merkmalsausprägung führt. Im einfachen Fall steuert ein Gen die Ausbildung eines Merkmals, von Polygenie der Merkmale spricht man, wenn mehrere Gene bei der Ausbildung eines Merkmals beteiligt sind, von Polyphänie der Gene, wenn ein Gen die Ausbildung mehrerer Merkmale bewirkt. • Die Bez. Gen wurde eingeführt 1909 von W. JOHANNSEN für die Erbeinheit nach den MENDELschen Regeln. →Genetik. *Sch-S*

Genauigkeitsgrad →Reliabilität

General Aptitude Test Battery Ⓣ US Employment Service

Generalfaktor, allgemeiner Faktor. →Faktorenanalyse

Generalisation, Verallgemeinerung, Schluß von einem Teil auf das Ganze, von einem einzelnen Gegenstand auf eine ganze Klasse. – Im Sinne von PAWLOW wird mit G. das primitivere Erststadium bei der Herstellung eines →bedingten Reflexes bezeichnet (engl. *generalization*).

Die bedingte Reaktion ist noch nicht eindeutig auf eine eng abgegrenzte Reizgröße erfolgt, sondern auf einen gewissen Bezirk aus dem Reizkontinuum. Nach dem Stadium der G. erfolgt das der Differenzierung, d. h. die bedingte Reaktion tritt nur noch auf einen bestimmten Reiz hin ein. Neurologisch soll der G. eine Ausbreitung der Erregung im ZNS entsprechen ⟨PAWLOW u. a.⟩. Ist z. B. der →psychogalvanische Reflex auf einen Ton von bestimmter Schwingungszahl konditioniert und erfolgt die bedingte Reaktion auf mehrere ähnliche Töne auch, so zeigt sich, daß die Intensität der bedingten Reaktion auf den zum Konditionieren benutzten Ton am stärksten ist und in Richtung auf höhere und niedere Töne schwächer wird bis zu ihrem völligen Ausbleiben (Generalisations-Gradient). Solche Töne können wegen ihrer Fähigkeit, dieselbe Reaktion hervorzurufen, →äquivalente Reize ⟨KLÜVER⟩ bzw. konvergierende Reize ⟨HULL⟩ genannt werden. – Bezieht sich die G. wie im beschriebenen Fall auf die Reize, spricht man von Reiz-G. (stimulus g.). Davon zu unterscheiden ist Reaktions-G. (response g.) und die Reizreaktionen-G. (stimulus response g.), wenn auf einen Reiz jeweils unterschiedliche Reaktionen erfolgen oder wenn (im zweiten Fall) jeder Reiz eines bestimmten Bereiches des Reizkontinuums eine bestimmte Reaktion aus einem Bereich von ähnlichen Reaktionen hervorrufen kann. Von sekundärer G. spricht man, wenn Reize bestimmter Sinnesgebiete dieselbe Reaktion hervorrufen. So kann z. B. sowohl die Stimme (akustischer Reiz) als auch das Gesicht (optischer Reiz) einer Person die Erinnerung an ihren Namen hervorrufen. Hier handelt es sich nicht eigentlich um G., sondern um gelernte Reizreaktionsverbindungen.

• Der Begr. der G. ist auch zur Erklärung von Übertragungseffekten (→Transfer) herangezogen worden an Stelle der Annahme von identischen Elementen. Zeigt z. B. ein Mensch in verschiedenen Reizsituationen dieselbe konstante Verhaltensweise, etwa im Sinne einer Charaktereigenschaft, spricht DEWEY von generalisierten oder übertragbaren Gewohnheiten *(generalized habit)*. Ⓛ HOVLAND 1937

Generalisation, semantische, die Übertragung der konditionierbaren Bedeutungsanteile (→bedingte Reaktion, →Bedeutung) von einem Wort auf ein anderes. Diese geschieht entlang der Ähnlichkeit der →denotativen bzw. kognitiven Bedeutung der Wörter und nicht entlang der Ähnlichkeit der lautlichen oder schriftlichen Form der Wörter. So überträgt sich z. B. der konditionierbare Bedeutungsanteil von »Stil« auf »Mode«, aber nicht auf »Stiel«. Das Phänomen der s. G. wurde u. a. von RAZRAN (1949) untersucht. Ⓛ HÖRMANN 1967 *E-P*

Generalisationsprobe, Bez. für Tests, die das Deuten von Pointen oder der »Moral« von Fabeln fordern

general problem solver (GPS), ein von NEWELL, SHAW u. SIMON aus dem »Logical Theorist« (LT) weiterentwickeltes Computerprogramm, das ebenfalls logische Beweisprobleme, aber auch andersartige Denkprobleme lösen kann. Es wurde mit dem Anspruch der Nachbildung menschlicher Problemlöseaktivität (→Simulation) konstruiert. Ⓛ NEWELL u. SIMON 1972 *K-I*

Generation [lat. *generatio* Zeugung], die Zeugungsfolge als Summe der Nachkommen etwa eines bestimmten Vorfahren, aber auch die Gesamtheit der Menschen einer bestimmten Altersstufe (daraus z. B. »die junge Generation«, →Generationsproblem). • In der Vererbungslehre werden Parentalgeneration und erste, zweite, dritte usw. Filialgeneration unterschieden.

Generation (biol.), der vollständige Lebenszyklus eines Organismus von der befruchteten Eizelle (Zygote) bis zum geschlechtsreifen Individuum, das selbst wieder Geschlechtszellen ausbildet u. Nachkommen erzeugt. *Sch-S*

Generationsproblem, die aus dem geistig-seelischen Unterschieden zwischen den Generationen (als Altersstufen) erwachsenden Probleme. Die Spannungen zwischen Vater-Sohn-(Mutter-Tochter-)Generation, die (u. a.) aus der generationsbedingten Gegensätzlichkeit konservativer und progressiver Haltung hervorgehen.

Generationspsychosen, Geisteskrankheiten, die mit Schwangerschaft und Geburt zusammenhängen

Generationswechsel, als Heterogonie der Wechsel zwischen verschiedenen Arten geschlechtlicher Fortpflanzung (z. B. zwischen bisexueller Fortpflanzung und Parthenogenese), als Metagenese der Wechsel zwischen geschlechtlicher und ungeschlechtlicher Fortpflanzung. Es gibt Organismen mit fakultativem und solche mit obligatorischem G. Bei Wirbeltieren (einschließlich des Menschen) kommt nur fakultative Metagenese durch nachträgliche Teilung des befruchteten Eies vor (Zwillingsbildung). *Sch-S*

generative Grammatik [lat. *generare* erzeugen], wird eine Grammatik dann genannt, wenn sie nicht nur schon vorhandenen Sätzen einer Sprache eine bestimmte grammatische Struktur zuweist, sondern darauf abzielt, explizit vorauszusagen, welches die möglichen Sätze einer Sprache sind und welches nicht, d. h. wenn sie auf der Grundlage eines Systems von Regeln in der Lage ist, alle (und nur die) grammatikalischen (→Grammatikalität) Sätze einer Sprache zu erzeugen (generieren), und ihnen automatisch eine bestimmte Strukturbeschreibung zuweist. Im engeren Sinne heißt speziell die →generative Transformations-Grammatik auch g. G., da der Begriff von ihr geprägt wurde. *T-R*

generative Semantik, hat sich aus der →generativen Transformationsgrammatik entwickelt. Bedeutende (heterogene) Vertreter sind u. a. CHAFE (1970), FILLMORE (1968), MCCAWLEY (1968), LAKOFF (1971) und ROSS (1967).

In der generativen Transformationsgrammatik wird bis etwa 1970 die Bedeutung eines Satzes durch die Anwendung semantischer Regeln (→Semantik) auf die syntaktische Basis, die syntaktische →Tiefenstruktur, gewonnen. Die g. S. plädiert dagegen für eine semantische Tiefenstruktur. Nach der g. S. wird zunächst eine Bedeutungsstruktur (semantische Tiefenstruktur) erzeugt und diese dann direkt in die Oberflächenstruktur transformiert. Die g. S.er machen die Tiefenstruktur damit noch »tiefer«, noch abstrakter und versuchen, sie möglichst dicht an eine Repräsentation der Satzbedeutung heranzubringen. Entsprechend wird der Transformationsprozeß in der g. S., d. h. die Ableitung der Oberflächen- aus der Tiefenstruktur, länger und komplizierter. Ⓛ CHAFE 1970, STEINBERG u. JAKOBOVITS 1971 *E-P*

generative Transformations-Grammatik, *generative transformational grammar,* Transformationsgrammatik, im Zusammenhang mit Fragen der maschinellen Verarbeitung von Texten 1957 von CHOMSKY begründet, 1965 erheblich verändert (z. B. Aufgabe der →Kernsätze), befindet sich die g. T. bei eminentem Einfluß auf die gesamte Sprachwissenschaft einschließlich der →Psycholinguistik in ständiger Weiterentwicklung. Ihr Ziel ist im Gegensatz zur bisherigen statischen →Grammatik die Beschreibung der sprachlichen →Kompetenz des »idealen« Sprechers/Hörers (→native speaker). Insofern ist sie eine →generative Grammatik. Zu erreichen sucht sie ihr Ziel durch die Einführung eines komplizierten Systems von Regeln, nach denen in einer syntaktischen »Basis« die →Tiefenstruktur der →Sätze einer Sprache gebildet und mittels →Transformationen in ihre →Oberflächenstruktur überführt wird. Insofern ist sie eine Transformationsgrammatik.

Die g. T. soll »kein Sprechermodell und kein Hörermodell« sein, also kein Modell der →Performanz, soll aber wiederum doch von »mentaler Realität« sein, »die dem aktuellen Verhalten zugrunde liegt«. – Grundsätzliche Einwände gegen die g. T. sind folgende: (1) Sie übernimmt in der syntaktischen Basis die Prinzipien der →IC-Analyse der →Phrasenstruktur-Grammatik mit all ihren Schwächen. (2) Eine syntaktisch orientierte Tiefenstruktur wird den semantischen Tiefen-Bezügen nicht gerecht (→generative Semantik). (3) Man kann Sprache nicht »unabhängig von ihrem Gebrauch erklären« (OLLER 1974), d.h. die sprachliche Kompetenz darf nicht nur wie bei CHOMSKY formalsprachlich auf Sätze bezogen sein, sie muß darüber hinaus auch handlungsbezogen (d.h. text-, situations-, kommunikations- und gesellschafts-bezogen) sein und damit variabel. Ⓛ BRINKER 1972, MAAS 1973, S. J. SCHMIDT 1974 *T-R*

Generatorpotential, syn. Rezeptorpotential, das auf einen Reiz folgende Potentialgefälle in einer Rezeptorzelle (nicht-myelinisierte Nervenendigung). Das G. aktiviert die sensiblen Nervenfasern, die den Rezeptor mit dem ZNS verbinden. *R-S*

generell svw. allgemein – ursprünglich dem *genus,* der Gattung entsprechend, die ganze Gattung umfassend

Genese, genetisch, bedeutet allgemein Ursprung, Entstehung oder Entwicklung von Erscheinungen und Strukturen bzw. diese betreffend, speziell Entwicklung des Einzelwesens (Ontogenese), der Art oder des Stammes, psychologisch auch der Menschheit (Phylogenese), des psychischen Aktes (→Aktualgenese), weiter Entwicklung als verändernde Neubildung auf komplexerem Niveau (Epigenese) im Gegensatz zur bloßen Entfaltung des vorgegeben Angelegten (→Präformation).

In vergleichender Betrachtung werden Zusammenhänge zwischen Phylo- und Ontogenese festgestellt (1) nach Art des →biogenetischen Grundgesetzes (E. HAECKEL) von der Rekapitulationstheorie (geraffte chronologische Wiederholung der Entwicklungsstadien der Menschheitsentwicklung in der Entwicklung des Einzelwesens; bes. G. St. HALL), (2) nach Art der Evolutionstheorie gemäß den Prinzipien der Variation (Mutation) und Selektion (Ch. DARWIN) von der Nützlichkeitstheorie (Wiederauftauchen ähnlicher Funktionen, Strukturen und Inhalte bei ähnlicher Bedingungslage; bes. n. E. L. THORNDIKE) und (3) nach Art der Differenzierungs- und Integrations-(Zentralisations-)Hypothese von der Übereinstimmungstheorie (H. WERNER), die eine (bloß) formale Ähnlichkeit der »Baupläne« aller Entwicklung und ihrer Stadien behauptet. *Mü-E*

Genetik, Vererbungslehre. Forschungsrichtung der Biologie, die sich mit der Weitergabe, Struktur und Funktion der Erbanlagen beschäftigt. Die Beobachtungen von G. MENDEL begründeten im 19. Jhd. die klassische G.

Er kreuzte Erbsen, die sich in wenigen Merkmalen unterschieden. An den Ergebnissen erkannte er, daß sich die versch. Ausprägungen eines Merkmals (→Allel) überdecken können (→dominant und rezessiv) und daß die einzelnen Merkmale, aus denen das Erbgut eines Organismus zusammengesetzt ist, frei kombinierbar sind (→MENDELsche Regeln), sowie daß sie unverändert von einer Generation an die nächste weitergegeben werden. Es stellte sich heraus, daß auch bei allen höheren Organismen, den Menschen eingeschlossen, die Weitergabe der erblichen Eigenschaften von einer Generation an ihre Nachkommen auf die gleiche Weise geschieht. So wird z. B. der rezessive →Albinismus genauso vererbt wie die rezessive Samenfarbe grün bei einer Erbsenrasse, die Fähigkeit, Phenylthiocarbamid zu schmecken, wird dominant vererbt. Personen, die die rezessiven Allele besitzen, können den bitteren Geschmack nicht feststellen. Schon 1885 erkannte A. WEISMANN die Zusammenhänge zwischen den →Chromosomen und dem Erbgut. Zu Anfang dieses Jahrhunderts wurde dann von W. S. SUTTON und T. BOVERI klargestellt, daß die Chromosomen in den Kernen der Zellen als die morphologischen Träger der Erbanlagen anzusehen sind. In den Chromosomen ist die genetische Information gespeichert, die →Gene, die die morphologischen und biochemischen Eigenschaften eines Organismus bestimmen, liegen linear in den Chromoso-

G

men. Durch Kreuzungen, wie sie schon von MENDEL durchgeführt worden sind, konnte erkannt werden, daß einige Merkmale zusammen in einer Gruppe vererbt werden (Koppelungsgruppe), und die Anzahl solcher Gruppen entspricht stets der →haploiden Anzahl der Chromosomen des betreffenden Organismus. Der Mensch hat 23 versch. Chromosomentypen und 23 Koppelungsgruppen, die Taufliege *Drosophila melanogaster* hat 4 versch. Chromosomen und entsprechend 4 Koppelungsgruppen. Die Chromosomen und die in ihnen enthaltenen Erbanlagen werden unverändert von den Eltern an ihre Kinder weitergegeben und auch innerhalb eines Organismus beim Wachstum unverändert von der Mutterzelle auf ihre beiden Tochterzellen übertragen, →Mitose und →Meiose.

Über die Art der Informationsspeicherung in den Chromosomen geben die Ergebnisse der molekulargenetischen Forschung Auskunft:

1943 konnte O. T. AVERY zeigen, daß bei Bakterien die genetische Information ausschließlich in der →Desoxyribonukleinsäure enthalten ist. Diese stellte sich auch für alle höheren Organismen als Speicher der Erbinformation heraus; sie besteht aus vier versch. Bausteinen, die in beliebiger Reihenfolge zu sehr langen Ketten verbunden sind. 1953 gelang es J. D. WATSON und F. H. C. CRICK, die Struktur dieser Kettenmoleküle aufzuklären: zwei Ketten, die sich gegenüberliegen, bilden zusammen eine Schraube (Helix). Dabei stellte sich heraus, daß die Doppelkette nur dann gebildet werden kann, wenn sich jeweils zwei der Bausteine gegenüberstehen. So bilden die Bausteine *A*denosinphosphat und *T*hymidinphosphat ein solches Paar und die Bausteine *G*uanosinphosphat und *C*ytidinphosphat. In einer Doppelkette bestimmt also die Reihenfolge der Bausteine in der einen Kette zwangsläufig die Reihenfolge der Bausteine in der Partnerkette: A-T-G-C kann als Partner nur T-A-C-G haben, wenn eine Helix vorliegt, man nennt die beiden Ketten dann komplementär. Weitere Experimente zeigten, daß jeweils drei der aufeinanderfolgenden Glieder einer Kette eine Informationseinheit bilden und daß die Information, die ein Gen bildet aus etwa 100–400 solchen Einheiten besteht. Jedes Gen stellt die Information für den Aufbau eines →Proteins dar, die Proteine steuern als →Enzyme den gesamten →Stoffwechsel. →Mutation, →Chromosomenmutation, →Faktorenaustausch, →Erbe-Umwelt. Ⓛ BRESCH-HAUSMANN *D-E*

genetische Psychologie →Entwicklungspsychologie

Genfer Schule, Bez. für die seit Beginn unseres Jhd. in Genf (Institut Jean-Jacques ROUSSEAU) hervorgetretenen Psychologen (FLOURNOY, CLAPARÈDE u. a.) mit Leistungen zur angewandten Psychologie. Heute ist G. S. auch Bez. für die Arbeiten von J. PIAGET, B. INHELDER u. a. zur Entwicklungspsychologie (Intelligenz und Wahrnehmung ab 1921, genetische →Epistemologie ab 1950).

Genialität →Kreativität

Genie, Bez. für den intellektuell, insbes. schöpferisch (kreativ) Höchstbegabten. 0,5–1% der Gesamtbevölkerung

Geniologie, Hochbegabtenforschung, Lehre von Herkunft, Wesensart, Erblichkeit genialer Persönlichkeiten, s. a. Psychographie. Anstoß zu dieser Erforschung gab bes. →GALTON. Ⓛ LANGE-EICHBAUM 1928

genital →Sexualität (Tabelle)

genitale Phase, genitale Stufe, genitale Organisation, in der Theorie FREUDS (1924) die psychosexuelle Entwicklungsstufe, die zwei Abschnitte umfaßt: →phallische und →genitale Phase i. e. S. (dazwischen liegt die Latenzphase, →Latenzperiode). Die libidinöse Besetzung der Genitalien werde auf der phallischen Stufe durch das Mißverhältnis zwischen den ödipalen Forderungen und dem Grad der biolog. Entwicklung gekennzeichnet. – Die genitale Phase i. e. S. gibt in der Pubertät ein neues Sexualziel und ist Endstufe der Sexualentwicklung nach der FREUDschen Theorie. Die Objektfindung führe von der Selbstbefriedigung zum Geschlechtspartner. *R-S*

Genmutation →Mutation

Genom, Gesamtheit der in einem Organismus vorhandenen Erbanlagen *D-E*

Genommutation →Mutation

Geno-Motive ⟨STERN⟩ →Phäno-Motive

Geno-Tropismus →Tropismus

Genotyp, die Gesamtheit der Erbanlagen. Derselbe Genotyp kann durch Umwelteinflüsse zur Ausbildung verschiedener →Phänotypen führen. *Sch-S*

genuin [lat.], angeboren, ursprünglich, eigentlich, echt

geometrische Analogien Ⓣ MEILI

geometrische-Figuren-Test Ⓣ ABELSON

geometrisches Mittel →Mittelwert

geometrisch-optische Täuschung, *geometric illusion*, Augenmaßirrtümer und Fehler in der Gestalterfassung bei flächenhaften oder räumlichen, geometrischen Gebilden. Man kann voneinander trennen: 1. die »umkehrbar-perspektivischen Zeichnungen«, wie z. B. die →SCHRÖDERsche Treppe, den →WUNDTschen Serviettenring, von 2. den »Dauertäuschungen«, wie z. B. die →ZÖLLNERsche, →HERINGsche, →POGGENDORFsche, →BRENTANOsche, →DELBOEUFsche, →EHREN-

STEINsche Täuschung, von 3. den veränderlichen Strecken-, Krümmungs- und Winkeltäuschungen, wie z. B. die →SANDERsche, →OPPELsche, →MÜLLER-LYERsche Täuschung und die →Quadrattäuschung, von 4. den »veränderlichen und assoziativ bedingten Täuschungen«, wie z. B. die Kontrasttäuschung.

Ursache der Täuschung ist meist die Einordnung des der Täuschung unterliegenden Teils in den gesamten figuralen Zusammenhang, der die Wahrnehmung des Ganzen bestimmt. Weiterhin kommen Erfahrungseinflüsse in Betracht (z. B. bei →Perspektiventäuschungen) und einzelne andere Gesetzmäßigkeiten (z. B. Überschätzung der Vertikalen gegenüber der Horizontalen, Vertikalen-T., Vertikal-Horizontal-T., Mittelsenkrechtentäuschung). ● Die Beschäftigung mit den g. o. T. setzte um die Mitte des verg. Jhds. ein. Nach RAUSCH (1966, 787) stehen die Untersuchungen von J. J. OPPEL am Anfang, und ein zweites Stadium leitete 1889 MÜLLER-LYER ein, dessen Täuschungsmuster stark beachtet wurde und die Bearbeitung des Gebiets sehr erweiterte (in der Zeit 1895–1915). Nach dem 1. Weltkrieg wurde die Gestaltps. bestimmend, die die g. o. T. zu weitreichenden allg. Annahmen heranzog. Ⓛ METZGER, RAUSCH, TAUSCH

Geophagie [gr. *phagein* essen], Erdessen, besonders als pathologisches Symptom

Geopsychologie, Bez. für die Ps., die sich mit den von Wetter, Temperatur, Luftfeuchtigkeit, Klima, Luftdruck, Luftelektrizität, Landschaftsform, Farben u. a. ausgehenden und nicht bloß allgemein, sondern von Fall zu Fall auch spezifisch sehr nachhaltig wirksamen Einflüssen auf das Seelenleben befaßt.

Durch die Einbeziehung der Arktis, des Meeresgrundes u. a. gewinnt die G. weitere Bedeutung. Als ihr Begründer gilt W. HELLPACH, der auch die Begr. geopsychisch und Geopsyche prägte, als Vorläufer werden nach Gelegenheitsbeobachtungen A. QUETELET (1835), C. LOMBROSO (*Pensiero e meteore*, 1878) und E. G. DEXTER (*Weather influences*, 1904) angesehen. ● Weitgehend sind die »geopsychischen Erscheinungen« nach HELLPACH mit den Themen der Biotropie und Bioklimatik identisch. Letztere beachtet enger die physiologischen (vegetativ-nervösen) Zusammenhänge. →ökologische Ps. Ⓛ CURRY, HELLPACH 1977[8]

Geotaxis →Taxis

Geotropismus, gerichtete Wachstums- oder Turgorbewegung auf einen Schwerkraftreiz. Pflanzenwurzeln z. B. wachsen meistens in Richtung Schwerkraft der Erde. *P-S*

Geräusche, diejenigen Gehörswahrnehmungen, die durch nichtperiodische Schwingungen hervorgerufen werden, im Unterschied zu den Tönen und Klängen, die durch periodische Schwingungen bedingt sind. Geräusche sind z. B. Krach, Knall, Schlag (»explosive« Geräusche), Sausen, Dröhnen, Zischen (kontinuierliche Geräusche). Zwischen Geräusch und Ton besteht keine scharfe Grenze: Sehr kurzdauernde Töne werden als Geräusch wahrgenommen, andererseits enthalten viele Geräusche Tonkomponenten. – Geräuschvariatoren sind Apparate zur Erzeugung abstufbarer Geräusche.

gerechte Gemeinschaft, ein Demokratisierungsansatz, der auf die moralisch relevante Selbsterziehung zur demokratischen Mitwirkung innerhalb einer Institution abzielt. Die g. G. geht von der moralischen Natur menschlicher Interaktion und Kommunikation aus und betont die Rechtfertigung und Entwicklung eines moralischen Standpunktes: moralisches Argumentieren in realen Lebenssituationen. Die Haupteinwände gegen den g. G.-Ansatz des Harvard-Kreises um KOHLBERG beziehen sich auf die ethische Differenz zwischen institutioneller und sozialer Gerechtigkeit, d. h. auf den Transfer von g. G. in Schule oder Anstalt auf die gerechte Gesellschaft des politischen Zusammenlebens aller Bürger. Insofern verweisen die sozial-ethischen Probleme unserer Gesellschaft auf Problembereiche, die im Rahmen institutioneller Moralpsychologie nicht lösbar erscheinen. Ⓛ KOHLBERG 1979 *Ro-R*

Gerechtigkeit, Gerechtigkeitsprinzip →Aufteilungsgerechtigkeit, →*equity*-Theorie

Gerechtigkeitsstruktur, parallel zu den Stufen der Moralentwicklung von KOHLBERG vorgeschlagene Stufen der G. von Anstalten (Institutionen): Gewalt-, Pflicht- (Behandlungs-) und prinzipielle G. Erfahrungen wurden dazu im Gefängnis und in der Schule gesammelt (es wurde versucht, auf der Grundlage des gerechten Gemeinschaftsansatzes alternative Institutionen zu entwikkeln). Ⓛ HICKEY u. SCHARF 1980 *Ro-R*

Geriatrie [gr. *geron* Greis], med. Altersforschung, das Teilgebiet der →Gerontologie, das sich mit den Alterskrankheiten befaßt. Nach BÜRGER »gewissermaßen das Gegenstück zur Pädiatrie«.

Geriatrika, Arzneimittel zur Förderung der psychophysischen Funktionstüchtigkeit im Alter.

Gerichtliche Psychologie →Forensische Psychologie

germinal, germinativ [lat. *germen* Sproß, Keim], auf den Keim, das Geschlecht, das Keimen bezüglich.

Gerontologie, Alterskunde (etwa ab dem 60. Lebensjahr), »Alterswissenschaft« im Sinne der Auseinandersetzung mit allen Phänomenen, die Begleiterscheinung und Folge des höheren Lebensalters sind. →Gerontopsychologie

Gerontopsychologie [gr. *geron* Greis], Alten-Psychologie. Als »Psychologie der Geronten« ein wenig geeigneter Begr., da der Gegenstand gerontologischer Forschung nicht bloß das hohe Alter sein kann, sondern der Gesamtprozeß des Alterns, des Älter- und Altwerdens, sein muß. →Ps. des Alterns

GERSTMANN-Syndrom, neurops. Verlustsyndrom (LURIA 1970) mit →Fingeragnosie, Störung der Rechts-Links-Orientierung, Dysgraphie bis Agraphie, Dyskalkulie bis Akalkulie. Von GERSTMANN 1924 u. 1930 erstmals beschrieben, mehrfach angezweifelt, neuerdings faktorenanalytisch bestätigt (GLONING u. GUTTMANN 1967). Ⓛ GUTTMANN 1972, LURIA 1973 *G-N*

*

GERSTMANN, Josef / 1887–1969 / österr. Neurologe / Wien, New York

Geruch, *smell, olfaction,* Wahrnehmung verschiedenartiger Duftstoffe. Formen der G.empf.: 1. ätherische Gerüche (Apfel, Wein); 2. aromatische G. (Kampfer, Terpentin, Anis); 3. balsamische G. (Jasmin, Orange, Veilchen); 4. Moschusgerüche (Ambra, Patschuli); 5. lauchartige G. (Zwiebel, Fische, Jod, Chlor); 6. brenzlige G. (Tabak, Teer, Karbol); 7. Kaprylgerüche (Schweiß, Käse); 8. widerliche, betäubende G. (Opium, Wanzen); 9. ekelhafte, gestankähnliche G. (Fäulnis, Kot). Diese Einteilung gab ZWAARDEMAKER.

JUHASZ entdeckte bei bestimmten G. und vergleichender Betrachtung noch Geruchs-Höhen. HENNING unterschied sechs Grundqualitäten: würzig, blumig, fruchtig, harzig, brenzlig, faulig. Eine Ordnung dieser Grundgerüche wurde mit dem Schema des Geruchsprismas angestrebt. Die sechs Qualitäten sind demnach an den sechs Ecken eines Prismas stehend zu denken, dazwischen die Übergänge. Viele Teilerscheinungen erinnern an Vorgänge auf akustischem Gebiet; ein Zusammenfassen obj. nacheinanderfolgender G. tritt nicht ein. • Das den Geruch aufnehmende Organ *(regio olfactoria)* ist die in der obersten der drei Nasenmuscheln liegende bräunlich gefärbte Riechschleimhaut mit sensiblen Nervenendigungen. Die mit dem Atemzug emporströmenden Gase werden hier als G. bemerkt. Die absolute Reizschwelle ist sehr klein: für Schwefelwasserstoff z. B. 1/5000 mg in 1 l Luft. Das Riechzentrum hat seinen Sitz beim Menschen im Hippocampus und Uncus. Zum Geruchsorgan führen über den Bulbus olfactorius die Filia olfactoria (→Gehirn). Genetisch ist wahrscheinlich, daß der Geruchssinn ältester, urtümlichster Sinn auch des Menschen ist. Geruch und Gefühlsleben bleiben entsprechend nahe gebunden: der tiefere Sinn in dem Wort, daß man »jemanden nicht riechen könne«! Auch daß bei mehreren Gerüchen nicht nur der stärkere, sondern auch der gefühlsbetontere Reiz siegt, gehört hierher. →Sinnesfunktionen

Gerücht, eine nicht verifizierte, meist mündliche Mitteilung über ein angebliches Ereignis oder über Motive und Intentionen anderer. Bei der Weiterverbreitung treten oft charakteristische Veränderungen auf, die →Nivellierung, →Assimilation, →Pointierung (BARTLETT). Das G. entsteht leicht in mehrdeutigen sozialen Situationen und aus der Angst, oder es wird zu bestimmten (aggressiven) Zwecken erfunden. →Kommunikation Ⓛ ALLPORT u. POSTMAN, SCHACHTER u. BURDICK, MILGRAM, TOCH *B-S*

Gesamtperson, Bez. von SCHELER für die Personengemeinschaft, von der sich die individuelle Person abhebt und zugleich auch Glied ist. →Gruppenseele

Gesamtqualität ⟨LIPPS⟩ →Komplexqualität

Gesamtschule, integrierte, diejenige besondere Organisationsform der Gesamtschule, in die die Auflösung der bisherigen drei Schulzweige (Hauptschule, Realschule, Gymnasium) am weitesten vorgenommen, nämlich in ein Kern-/ Kurs-System übergeführt ist. Die Schüler werden nur in bestimmten (meist zwei, drei Hauptfächern) nach Leistung differenziert (Kurse), während sie in allen anderen Fächern unabhängig vom Leistungsniveau in einem Klassenverband zusammen (integriert) bleiben (Kernbereich). Zusätzlich sind Neigungskurse in größerem Ausmaß möglich. Die integrierte Gesamtschule gilt als die konsequenteste Realisierungsform der eigentlichen Gesamtschulkonzeption (während additive und kooperative Gesamtschulen nur Vorstufen oder Abschwächungsformen hiervon darstellen). →Differenzierung, →Schulversuch

Die im Rahmen der allgemeinen Reformbewegung in Schul- und Bildungswesen seit Ende der 60er Jahre angelaufenen Bemühungen um Einführung der Gesamtschule als Angebots- oder gar Regelschule (über die ursprünglich geplanten 40

Schulversuche hinaus) sind Ende der 70er Jahre durch unterschiedliche parteipolitische Langzeitperspektiven unterbrochen/abgebrochen worden, so daß z. Zt. ca. 200 Gesamtschulen bestehen. In der Frage der Entscheidung über Bewährung/Nichtbewährung dieser Schulen kommt den wissenschaftl. Begleituntersuchungen eine wichtige Rolle zu. Ⓛ MITTER u. WEISHAUPT 1979 *Sch-R*

Geschehenswahrnehmung, *event perception,* von JOHANSSON zum Unterschied von der Ruhewahrnehmung benutzte Bez. für die Wahrnehmungen, die dadurch gekennzeichnet sind, »daß sich während der Zeit des Wahrnehmens etwas ändert« (JOHANSSON 1966, 745). Das Geschehen, d. h. jede Veränderung in der Zeit, kann aperiodisch plötzlich, aperiodisch kontinuierlich, periodisch plötzlich, periodisch kontinuierlich und plötzlich bei kontinuierlich konstantem Verlauf (→quasistationärer Prozeß) sein. An der G. sind Gesicht, Gehör und Hautsinne beteiligt. Es gibt Änderungen der Intensität, Übergänge von einer Qualität zur anderen und räumliche Änderungen (Bewegungen). →Bewegungssehen, →LISSAJOUS-Figuren Ⓛ JOHANSSON 1950 *B-S*

Geschichte der Psychologie →Psychologie, Anmerkungen zur Geschichte

Geschichten ergänzen Ⓣ LEIPZIGER LEHRERVEREIN, MEUMANN, WARTEGG

Geschicklichkeit, *dexterity,* derjenige komplementäre Anteil bei Leistungen, der neben den grundsätzlich erforderlichen Voraussetzungen zur bestmöglichen (geschickten) Leistungsbewältigung führt. • Insbesondere Kennzeichen für die beste motorische Koordination bei Hand und Körper (Handgeschick, Körpergeschick). →Fertigkeit

Geschicklichkeits-Test →Sinnesfunktionen (5)

Geschlechterrollen, (sozialps.), Bez. für die Rollenverteilung im sozialen Feld. Sowohl die soziale Schichtung innerhalb der versch. Gesellschaftsformen, wie die Unterschiede nach Völkern und Rassen, haben eine hohe Variationsbreite bei der Verteilung von Vorrechten (z. B. Fürsten- und Adelsgeschlechter), in der Machtstellung, in den Besitzverhältnissen, bei der Arbeit u. a. m. zwischen den Geschlechtern hervorgebracht. Gegenbewegung →Emanzipation Ⓛ WESLEY

Geschlechtsmerkmale, Geschlechtscharaktere, Bez. für das Unterscheidende beim männlichen bzw. weiblichen Geschlecht. Primäre G. sind die Geschlechtsorgane, sekundäre G. sind z. B. Haarwuchs, Stimmlage, Körperproportionen. Beide weiter gegliedert nach äußeren, inneren, akzessorischen, auch tertiären Organen bzw. Organabweichungen.

Geschlechtstrieb →Sexualität

Geschlechtsumwandlung, Bez. für den beim Hermaphroditismus (→Sexualität, Tabelle) u. U. möglichen (Hormonbehandlung, chirurg. Eingriff), aber auch spontan eintretenden Wechsel in den dominierenden und damit auch psychisch die Geschlechtszugehörigkeit bestimmenden Merkmalen.

Geschlechtsunterschiede, psychische, die seelischen Verschiedenheiten von Mann und Frau.

Unterschiede, wie sie z. B. bei der Arbeit, im Berufsleben, in der Freizeitgestaltung, in den kulturellen Bedürfnissen i. w. S. sich auswirken. Dennoch sind das typisch Männliche und typisch Weibliche Idealtypen, die auch geschichtlichem und kulturbedingtem Wandel unterliegen und keine absoluten Unterschiede erkennen lassen. Im allg. bezeichnet man als wesentlichen Unterschied die größere Emotionalität und tiefere Erlebnisfähigkeit bei der Frau gegenüber dem Mann, was umgekehrt die stärkere Rationalität des Mannes bedingt. Auch Testuntersuchungen sind zur Klärung des Problems herangezogen worden, die das Vorwiegen mancher Fähigkeiten bei der Frau bzw. beim Mann belegen. →Geschlechterrollen, →Sozialisation Ⓛ ANASTASI, DEUTSCH, GRABER, JASPERS, LERSCH, LIPMANN, MEAD, MOERS, SPRANGER, TERMAN-MILES, TUMLIRZ, WEININGER, MERZ 1979

Geschlechtsvererbung →Chromosom

Geschmack, *taste, gustation,* Schmecksinn, wahrgenommen durch Zungenrand, Zungenspitze, Zungenwurzel und weichen Gaumen. Das Gebiet ist ringförmig ausgebreitet. Die Nervenenden der Geschmacksnerven sind sog. Geschmacksknospen *(Caliculi gustatorii),* auch Geschmacksbecher, Geschmackszwiebeln genannt. Knospenartige Epithelgebilde. →Geschmacksnerven →Geschmacksqualitäten. • G. ist i. ü. S. Wertung auf künstlerischem ästhetischem Gebiet und schließlich bedeutet G. noch Vorliebe, Gefallen. →Sinnesfunktionen

Geschmacksnerven, Schmeckfasern, sind nachgeschaltete afferente Fasern von Hirnnerven und dienen der Weiterleitung der Erregung aus den Geschmackssinneszellen der Zunge.

Da einzelne Schmeckzellen auf versch. Geschmacksqualitäten reagieren können, und eine einzelne afferente Faser die Erregungen von versch. Geschmacksknospen weiterleitet, kommt es in diesen zu spezifischen Erregungsmustern, »Geschmacksprofil«. Diese geschmacksspezifisch unterschiedliche Erregung in versch. Fasergruppen enthält die Information über die →Geschmacksqualität. Die Gesamterregung aller entsprechenden Fasern enthält die Information über die Konzentration (Reizintensität). *B-C*

Geschmacksqualitäten, Bez. für die von der Zunge etc. (→Geschmack) wahrgenommenen Qualitäten süß, sauer, salzig, bitter (hinzugerechnet werden manchmal noch metallisch und alkalisch).

I. Ggs. zu den Farben bilden die G. keine Übergänge. In der Geschmackswahrnehmung ist fast stets der Geruch wesentlich beteiligt (z. B. beim Schmecken einer Speise), wodurch erst die feineren Unterschiede der Wahrnehmung entstehen. Die absolute Reizschwelle, bezogen auf Anteile wäßriger Lösung, beträgt für Zucker 1:80, für Schwefelsäure 1:10000, für Saccharin 1:200000, für Strychnin 1:2000000. Die Perzeption erfolgt für die Qualität salzig am schnellsten, für bitter am langsamsten.

Geschmackszentren, Endpunkt der afferenten Geschmacksbahnen im Bereich des *Gyrus postcentralis* der Großhirnrinde. Die zunehmend mehr auf eine enge Geschmacksspezifität ansprechenden Neurone sind hier entsprechend der wirksamen Geschmacksqualität räumlich angeordnet. →Geschmacksnerven *B-C*

Geschwindigkeit, anschauliche, die sowohl von der Größe des bewegten Gegenstandes als auch von den gegebenen Gesamtumständen abhängige (anschaulich abgeänderte) Geschwindigkeit. Z. B.: Bei objektiv gleicher Geschwindigkeit in gleichen Ausschnitten eines Blickfeldes wirkt der kleine Gegenstand schneller bewegt. Damit die Bewegung eines Gegenstandes als adäquat erlebt wird, muß sie a) um so größer sein, je größer der Gegenstand ist, und b) bei Größenzunahme des zu durchlaufenden Beobachtungsausschnitts nochmals erhöht werden. Ⓛ J. F. Brown 1928, 1961

Geschwindigkeitsmesser →Sinnesfunktionen (1e)

Geschwindigkeitstest →*speed test*

Geschwisterprobleme →Familienkonstellationen

Geselligkeit, Gesellungsbedürfnis, *sociability,* Bez. für die »Strebung des Miteinanderseins« (Lersch). Tritt in der Tierwelt als Herdentrieb in Erscheinung. Die G. wird als sog. Grundtrieb von inter- wie intraindividuell sehr unterschiedlicher Stärke gesehen: periodisch-rhythmischer Wechsel zwischen G. und Absonderung – Naturen starker G. neben kontaktscheuen. →Affiliation • In den Systemen von Guilford und Cattell ist die G. besondere Persönlichkeitsvariable.

Gesellschaft, (1) die Menschheit insgesamt. (2) Die soziale Struktur, Beziehungen und Positionen in einer Vielfalt von Gruppierungen von Personen, aber als übergeordnete Einheit funktionierend. (3) Eine dauerhafte Vereinigung von Personen mit einer bestimmten Rechtsform (z. B. Aktiengesellschaft).

Der soziologische Begriff (2) wird möglichst von dem Begriff der »Kultur« unterschieden. Die G. hat eine bestimmte Kultur, d. h. in einer G. gelten bestimmte Gebräuche, Verhaltens-Normen und -Gesetze. (Vgl. Gesellschaft und Gemeinschaft, Tönnies.) Über die Entwicklung des soziologischen Begriffs G. unterrichtet präzis Bülow (1969). Sozialps. hat G. zwei Bedeutungen: Einerseits wird G. undefiniert und undefinierbar für die soziale Vielfalt im Gegensatz zum Individuum gebraucht und andererseits ist G. ein persönliches Konstrukt, das geeignet ist, imaginäre Ursache für eigenes Mißgeschick zu sein (die G. wie z. B. die Freimaurer, die Kommunisten, die Kapitalisten). Vgl. Gemeinschaft *B-S*

Gesellschaften, psychologische →Psychologe

Gesellschaftslehre, Gesellschaftswissenschaft →Soziologie

Gesellungsmotivation [engl. *need-affiliation*], →Affiliation, →Soziabilität

Gesetz vom Vergleichsurteil →Skalierung

Gesetzeswissenschaft, nomothetische Wissenschaft, Erkenntnisbemühung um allgemeingültige (Natur-)Gesetze, d. h. um Gesetze, die unter eindeutig und vollständig definierten Bedingungen stets gültig sind. *B-S*

Gesetz von den spezifischen Sinnesenergien →spezifische Sinnesenergien

Gesicht, das von Stirn, Augen, Nase, Mund, Wangen und Kinn eingenommene Gebiet an der vorderen Außenseite des Schädels. Es verfügt über ein besonders reiches Ausdrucksgeschehen, die →Mimik. Das G. nimmt auch teil an der →nichtverbalen Kommunikation. Und über viele Jhd. hinweg erhoffte man sich vom G. besonderen Aufschluß über den gesamten Persönlichkeitsaufbau. →Physiognomik, →FAST • Abnorme Gestaltung des Gesichts oder des Verhaltens der Gesichtsmuskulatur sind für die medizinische, besonders neurologische

Diagnostik wichtig. →Facies • »Zweites Gesicht« →Hellsehen, →Parapsychologie

Gesichtsempfindungen →Sehen

Gesichtsfeld, *visual field,* Gesamtraum, den das unbewegte Auge zu überschauen vermag. Dessen Ausdehnung ist mit dem →Perimeter meßbar. →Auge

Gesichtslinien →Blickfeld, →Fixationspunkt

Gesichtsnervenlähmung, syn. Facialislähmung, die vollständige (Paralyse) oder teilweise (Parese) Lähmung der mimischen Muskulatur, soweit sie vom *nervus facialis* versorgt wird. Herabhängende Oberlider und Mundwinkel, Mundverziehen, mangelhaftes Mundspitzen u. a. sind die besonderen Merkmale.

Gesichtsschwindel, Dreh- und Tastschwindel bei rascher Eigenumdrehung des Körpers, Scheinbewegung der Umgebung, entgegengesetzt zur eigenen (→Bogengänge, →Drehschwindel)

Gesichtssinn, Gesamtbez. für die Wahrnehmung des Auges = Helligkeit (Intensität), Farben (Qualität), Tiefen- und Bewegungswahrnehmung

Gesichtswahrnehmung, svw. Gesichtssinn

Gesichtswinkel, Winkel, unter dem die Randstrahlen eines beobachteten Gegenstandes im Auge eintreten. Je ferner ein Gegenstand, um so kleiner der G. Unter $^1/_{60}$ Grad vermag das Auge nicht mehr »aufzulösen« (d.h. 2 Strahlen getrennt zu erkennen).

Gesinnung, dem Ursprung nach eine (jeweils erwerbbare) Form affektiver Organisation mit Dispositionscharakter, die sich im Verhalten und Handeln als richtende Kraft meist mit betont moralischem Akzent zeigt. Begründet die geistig-ethische Gesamthaltung des Menschen. Gesinnungsmäßiges Handeln gehört zu den Kennzeichen einer Persönlichkeit von moralischem Format. Zur Ps. der Gesinnungen haben vor allem SHAND, MCDOUGALL und PFÄNDER beigetragen. →*attitude,* →Einstellung

Gesinnungsprüfung Ⓣ BARUK, BAUMGARTEN, FERNALD, JACKSON, JACOBSOHN, MOEDE-PIORKOWSKI, MOERS, ROTH, SCHAEFER

gespanntes System, ein Begr. aus der →topologischen und Vektor-Ps. von LEWIN. Bezieht sich auf den dynamischen Zustand einer Region relativ zu anderen Regionen.

In Spannung befindet sich eine Region, wenn ihr Energieniveau höher ist als das der Nachbarregion. Ein solches Energiegefälle schließt eine Tendenz zum Ausgleich ein, welche als eine gerichtete Kraft angesehen werden kann. Einem g. S. entspricht immer ein Aufforderungscharakter (auch Valenz genannt), von dessen positiver oder negativer Eigenschaft die Richtung der Kraft abhängt. Ist das g. S. eine Region der Person und der Aufforderungscharakter die dynamische Qualität einer Region der Umwelt, so entspricht diesen Begriffen ein Bedürfniszustand (→Bedürfnis), z. B. das Bedürfnis nach Unterhaltung, und ein Gegenstand, auf den das Bedürfnis gerichtet ist, z. B. ins Kino gehen. Ob die zwischen beiden Regionen wirkende Kraft zum Eintreten der beschriebenen Handlung führt oder nicht, entscheidet sich aus den Gesamtbedingungen des Feldes.

Gespräch, derjenige zwischenmenschliche Kontakt, bei dem über das Sprechen, Hören, Verstehen eine Begegnung, Verständigung und (wechselseitige) Einwirkung erzielt wird. Die Einwirkung kann z. B. Beeinflussung zum Zweck der Befolgung eines Rates oder auch das Aktivieren der Einsicht des Gesprächspartners sein. In der Ps. ist das G. von eminenter Bedeutung, z. B.: Exploration, Beratungsgespräch, heilpädagogisches Erziehungsgespräch, psychagogisches Gespräch, analytisch-therapeutisches Gespräch.

Gesprächspsychotherapie (GT), nichtdirektive, personzentrierte, klientenzentrierte Therapie (*client centered therapy,* CCT), therapeutischer Ansatz, der auch in der Beratung verbreitet ist. Auf der Grundlage seines Persönlichkeitsmodells einer *»fully functioning personality«* (Übereinstimmung von Ideal- und Selbstbild; Selbstaktualisierung) ging ROGERS davon aus, daß die G. Potenzen im Klienten freisetzen helfe, die zu einem Wachstumsprozeß (reifere emotionale Anpassung) führen.

1942 schilderte ROGERS Psychotherapie als soziale Interaktionssituation, die bei nichtdirektivem und akzeptierend-wertschätzendem Therapeuten im Klienten die Selbstexploration fördert. 1951 wird im klientenzentrierten Ansatz Lenkung im Rahmen der Kernvariablen des Therapeutenverhaltens (neu: Selbstkongruenz) akzeptiert. Die Bedeutung der Wahrnehmung und das Akzeptieren des Therapeutenverhaltens durch den Klienten wird betont. Die drei therapeutischen Kernvariablen *(genuineness, unconditioned positive regard, empathy)* sollen notwendige und hinreichende Bedingungen für Psychotherapie und für zufriedenstellende interpersonelle Kontakte sein. GENDLIN erweitert die G. um die Variable *»experiencing«* (gefühlsmäßig erahnte Bedeutung) und TAUSCH u. TAUSCH nennen für Lehrer wichtig die »engagierte Aktivität«. ROGERS erweitert 1977

G

die G. auf Encounter-Gruppen. FEUCHTER rückt von dem Prinzip der Wahrnehmungsstörung ab und regt eine sozialtherapeutische Erweiterung an. Ⓛ TAUSCH 1979, MINSEL u. BENTE 1980, KROPF 1976 *R-S*

Gestagene, Bez. für weibliche Sexualhormone. G. sind für Vorbereitung und Aufrechterhaltung der Schwangerschaft von Bedeutung. Wichtigstes G. ist Progesteron. Künstliche G. sind in den meisten hormonellen Verhütungsmitteln enthalten. →Sexualhormone *J-E*

Gestalt, ein Ganzes, das zu seinen Teilen in bestimmten Relationen steht. Für die Ps. bedeutsam wurde der Gestaltbegr. durch die Untersuchungen von v. EHRENFELS über Gestaltqualitäten (1890) (→Österreichische Schule).

Für diese gelten die Gestaltkriterien der Übersummativität und Transponierbarkeit. Diese bedeuten, daß z. B. eine Melodie sich nicht aus einer einfachen Zusammenfassung (Summe) ihrer Einzeltöne ableiten läßt, sondern als Neues zu den Elementen hinzutritt. Ferner ist sie von den absoluten Reizwerten (Tönen) unabhängig, denn sie bleibt auch erhalten, wenn diese verändert werden, wie dies geschieht, wenn eine Melodie in eine andere Tonart transponiert wird. ● Wie Gestaltwahrnehmungen ihrem Wesen nach entstehen, war Gegenstand mehrerer theoretischer Erörterungen. MEINONG, BENUSSI, WITASEK nahmen einen zum eigentlich sensorischen Vorgang hinzutretenden »außersinnlichen Produktionsvorgang« an, während KÖHLER, KOFFKA Gestalten bereits in der Natur der sensorischen Organisation gegeben fanden. Je nach besonderen Auffassungen haben sich aus dem Gestaltbegr. verschiedene ps. Richtungen abgeleitet. Die radikalste und bedeutendste ist die 1912 von WERTHEIMER begründete und gemeinhin als →Gestaltpsychologie bezeichnete Berliner Schule. Diese entwickelte eine →Gestalttheorie in Form bestimmter physiologischer Annahmen (physische Gestalten). Die auf der Produktionstheorie der Gestaltwahrnehmung fußende Grazer Schule wurde von MEINONG 1894 begründet (→Österreichische Schule). Ebenfalls von dem Gestaltbegr. ausgegangen ist die Leipziger Schule der Ganzheits- und Strukturps. von F. KRUEGER. Weiteres vgl. nachstehende Stichwörter. →EHRENFELS-Merkmale

Gestaltgesetze, Gestaltfaktoren, sollen nach der Auffassung der Gestaltpsychologie erklären, wie und warum weder subjektive Willkür noch bloße Reizkonfiguration die Wahrnehmung bestimmen.

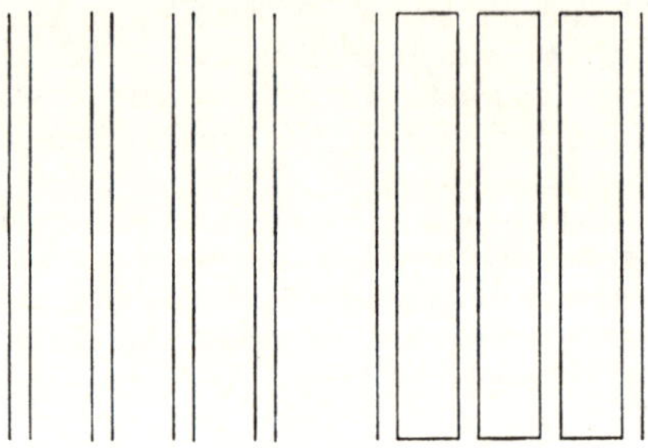

Gestaltgesetze

Konkurrenz zwischen Nähe und Geschlossenheit

Als Prinzipien des Zusammenhangs sind sie vergleichbar den Assoziationsgesetzen der älteren Ps. Sie machen deutlich, welche Erscheinungen auf welche Weise als Einheit oder Gruppierung in räumlicher oder zeitlicher Ausdehnung erlebt werden. Sie stellen die Bedingungen dar für das Zustandekommen der Ordnungen, wie sie z. B. im Gebiete der Wahrnehmung und Bewegung, beim Gedächtnis, Denken, Lernen und Handeln gegeben sind. Die wichtigsten G. sind: 1. Gesetz der guten Gestalt, 2. Gesetz der Geschlossenheit, 3. Gesetz der Gleichartigkeit, 4. Gesetz der Nähe, 5. Gesetz der guten Kurve, 6. Gesetz der Symmetrie, 7. Gesetz der Konvexität, 8. Gesetz der Stabilität, 9. Gesetz der gemeinsamen Bewegung. Eine zusammenfassende Darstellung von insgesamt 114 Gestaltgesetzen findet sich bei HELSON (1933). Ⓛ BORING, KATZ, KOFFKA, KÖHLER, METZGER, WERTHEIMER

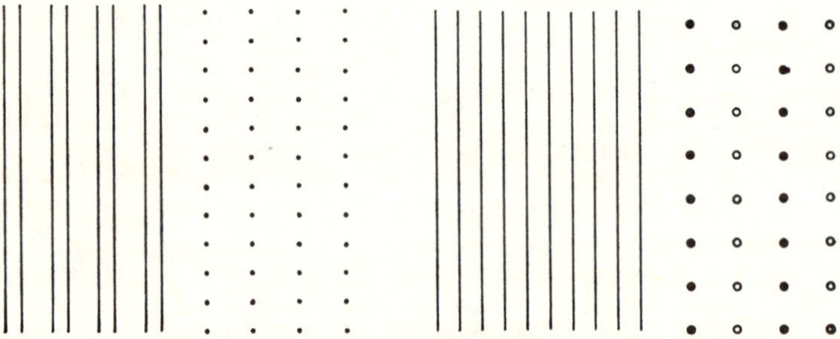

Gestaltgesetze

Gesetz der Nähe und der Gleichartigkeit

Gestaltkonstanz, Formkonstanz, →Konstanz

Gestaltkreis, die kreisartige Verbundenheit von Organismus und Umwelt. Dem neurologischen Grundschema des →Reflexbogens gegenüber betonte die Ps. seit langem die Wechselbeziehung von Aufgabe und Leistung.

Reflexapparat und Leistungsapparat gehen zusammen, aber »von keinem dieser Apparate kann man sagen, er sei das Leben selber« (JASPERS). Zu der Behandlung dieses Grundproblems hat V. v. WEIZSÄCKER (1947) die Anschauung vom Gestaltkreis beigetragen und ausführlich begründet. Das Prinzip besagt, daß Sehen und Bewegen ein Akt sind. So wird beim Gehen im unebenen Gelände der Gang ständig durch die Unebenheiten des Weges korrigiert, der Erfolg einer stattgehabten Bewegung bestimmt den Verlauf der nächsten. »Offenbar entstehen die wirklichen Leistungen in einer fortgesetzten kreisartigen Verbundenheit von Organismus und Umwelt, Umwelt und Organismus, doch nicht so, daß man beide zusammensetzen könnte wie die zwei Teile eines Ganzen. Denn immer bestimmt auch der Organismus, was von der Umwelt auf ihn einwirkt, immer die Umwelt, was vom Organismus erregt wird. Jeder Reiz ist schon eine Wahl, also eine Formung, jede Erregung schon eine Umstimmung, also wieder eine Formung«. Die Leistung (z. B. die erfolgreiche Bewegung) ist den Nervenbahnen und Reflexen übergeordnet, und das Wahrnehmen (z. B. des Geländes) und die Bewegung des Menschen stellen in jedem Akt eine Einheit dar. Wahrnehmen und Bewegen sind einander gegenseitig »verborgen« (sog. Drehtürprinzip). →Funktionskreis

Gestaltpsychologie, eine ps. Richtung, die 1912 durch WERTHEIMER (Berliner Schule) mit seinen Untersuchungen über das stroboskopische Sehen begründet wurde, nachdem der Begr. der Gestalt 1890 von v. EHRENFELS in die Ps. eingeführt war.

Die bedeutendsten Vertreter der G. sind KÖHLER, KOFFKA, LEWIN. Die hauptsächlichen Anschauungen der G. können mit Vorteil an ihrer Gegensätzlichkeit zu den Grundsätzen der folgenden Auffassungen deutlich gemacht werden: 1. Elementenps. 2. Assoziationsps. 3. Maschinentheorie. 4. Österreichische Schule. 5. herkömmliche Methodik. – Im Ggs. zur →Elementenps. zeigt die G., daß das Psychische sich nicht aus einzelnen Elementen zusammensetzt, sondern sich ursprünglich immer als Gestalt vorfindet. So ist z. B. die Erscheinungsweise eines grauen Farbflecks ganzheitlich bestimmt, d. h. der Farbfleck kann je nach Helligkeit des Umfeldes alle Nuancen von fast weiß bis fast schwarz annehmen. – Im Ggs. zur →Assoziationsps. macht die G. geltend, daß Ganzheiten nicht durch ein räumliches oder zeitliches Zusammentreffen ihrer Teile entstehen, sondern sich nach ganz bestimmten →Gestaltgesetzen organisieren. – Im Ggs. zur →Maschinentheorie entwickelt die G. die Auffassung einer sich spontan regulierenden dynamischen Ganzheit des Psychischen. Danach werden die Teile durch ganzheitliche Kräfte zu einer Ganzheit zusammengeschlossen und nicht im mechanischen Sinne durch einzelne Kraftwirkungen wie Druck oder Zug zusammengehalten. Diese Anwendung des Grundprinzips der G. auf die psychische Dynamik findet ihre treffendste Kennzeichnung in dem aus der Physik übernommenen Begr. des →Feldes. – Im Ggs. zum Gestaltbegr. der →Österreichischen Schule wies die G. nach, daß die Gestalt nicht zu den einzelnen Elementen hinzutritt, sondern genetisch und funktional vor diesen gegeben ist. – In methodischer Hinsicht ist für die G. der phänomenologische Aspekt kennzeichnend (→Phänomen, phänomenologische Methode). Prinzipiell wird von den im Erleben unmittelbar gegebenen Erscheinungen ausgegangen und niemals von Annahmen, die aus anderen Wissensgebieten abgeleitet sind.

Die theoretischen Grundbegr. der G. wurden zunächst vorwiegend auf dem Gebiet der Wahrnehmung entwickelt, wurden aber später auf alle anderen Gebiete der Ps. übertragen: Gedächtnis (KÖHLER, v. RESTORFF), Denken (WERTHEIMER, DUNCKER), Lernen (KÖHLER, LEWIN), Entwicklung (KOFFKA), Handlung (LEWIN, KOFFKA).

Zur Anwendung gestaltps. Gesichtspunkte auf das Handeln durch LEWIN wurde vor allem der Begr. des →Lebensraumes als einer dynamischen Ganzheit aller für das Handeln wirksamen Momente bedeutsam (→Topologische und Vektor-Psychologie). Die Übertragung gestaltps. Gesichtspunkte auf die Physiologie und vor allem Hirnphysiologie wurde von WERTHEIMER und KÖHLER vorgenommen. Die gestaltps. Hypothesen im Bereich der Physiologie werden dabei allgemein als Gestalttheorien bezeichnet. Auf Grund der gestaltps. Interpretation physiologischer und hirnphysiologischer Prozesse (→phänomenales Feld), kann der Zusammenhang zwischen psychischen und neurophysiologischen Prozessen nach dem Isomorphieprinzip verstanden werden, welches besagt, daß die psychischen u. physiologischen Prozesse in ihrer ganzheitlichen Struktur sich entsprechen. *Str-R*

Gestaltqualität →Ganzqualität, →Gestalt

Gestalttheorie, die Anwendung gestaltpsychologischer Gesichtspunkte in der Physiologie, vor allem der Neurophysiologie. Die Entwicklung der G. wurde von der Berliner Schule (WERTHEIMER, KOFFKA, KÖHLER) vorangetrieben.

Die grundlegenden Annahmen besagen, daß den einander entsprechenden psychischen und psychophysischen Vorgängen gewisse formale Eigenschaften gemeinsam sind, die keine konkreten

G

Qualitäten darstellen, sondern abstrakte Relationen und Strukturen sind. Die Strukturgleichheit zwischen psychischen und psychophysischen Prozessen heißt Isomorphie. Als Beispiel einer solchen Isomorphie seien die Entsprechungen zwischen bestimmten Figur-Grund-Beziehungen im Bereich der Wahrnehmung und bestimmten elektrischen Potentialunterschieden innerhalb der Großhirnrinde genannt. Vgl. Elektrophysiologie, Feldtheorien, figurale Nachwirkung. Ⓛ KÖHLER, KÖHLER-HELD, KÖHLER-WALLACH, LASHLEY *Str-R*

Gestalttherapie, Sonderform der →Psychotherapie, welche F. S. PERLS unter Verwendung von Elementen der →Psychoanalyse und des Existentialismus entwickelt hat. Der Patient soll an die Ganzheit seines leib-seelischen Erlebens herangeführt werden und dabei einen besseren Zugang zu seinen Gefühlen erhalten. Bei der praktischen Durchführung der G. stehen deshalb solche Deutungen, Arrangements und Übungen im Vordergrund, welche eine gezielte Verstärkung der sinnlichen Wahrnehmung und der Körpergefühle des Patienten ermöglichen →*awareness* Ⓛ PERLS 1974, HENLE 1978 *B-E*

Gestaltungs-Test, Tests, die zur freien (zumeist zeichnerischen, aber auch sonstigen) Gestaltung auffordern und hierüber den Zugang zur Persönlichkeitsstruktur anstreben (z. B. WARTEGG, STAABS (Sceno), Sandbaukasten)

Gestaltwandel →Reifung, körperliche

Gesten, Gestik [lat. *gestus* Gebärde], die Ausdrucksbewegungen der Gliedmaßen, besonders der Hände. →Ausdruck, →Kommunikation, →nichtverbale Kommunikation, Ausdruck, Ⓛ ARGYLE 1975, STREHLE

Gesten-Test Ⓣ GIESE

Gestimmtheit →Stimmung

Gesundheit, psychische, Zustand »seelischen« Wohlbefindens in enger Beziehung zu körperlicher und sozialer Gesundheit. Nach ROGERS Balance zwischen Organismus und Umwelt, bzw. Übereinstimmung von Selbstbild und Idealbild. →Psychohygiene, →WHO-Klassifikation *R-S*

Getriebe-Test Ⓣ LIPMANN-STOLZENBERG

Gewichteheben ⟨G. E. MÜLLER⟩, Prüfungsweise für Bewegungsempfindungen. Hochheben und Ordnen von kleinen Kästchen, die äußerlich gleich, aber von verschiedenem Gewicht sind.

gewichten →Gewichtszahlen

Gewichtsillusion, von drei Gewichten gleicher Schwere (CHARPENTIER, 1891) erscheint das mit dem kleinsten Volumen als schwerstes. Eine ähnliche Täuschung tritt ein, wenn bei gleichem Volumen, aber verschiedenem Material (Holz, Metall) verschiedenes Gewicht erwartet wird (FRIEDLÄNDER, 1920).

Gewichtszahlen, numerische Werte, die (z. B. bei einer Reihe von Meßgrößen) bei einzelnen und bestimmten Größen zugefügt werden, um diese Größen auf die gesamte Reihe auszurichten. Bei den Testserien werden hierdurch häufig die Anforderungsunterschiede innerhalb der Aufgaben ausgeglichen (die Aufgaben werden »gewichtet«, auf gleiches »Gewicht gebracht«).

Gewissen, abhängig vom »Wissen«, so daß im G. ein Appell jedenfalls ursprünglich an die Erkenntnis und erst in der Folge an das Wollen ergeht.

Daß sich im Ge-wissen lediglich das Be-wußtsein in personaler Verdichtung ausspricht, wird schon dadurch nahegelegt, daß es sprachlich der Inbegriff des Wissens ist und somit der Ge-wißheit verwandt erscheint. Seine einseitige Zuordnung zum moralischen Willen und die grundsätzliche Abschnürung von Gefühlsregungen hat sich jedoch offensichtlich erst unter dem Einfluß der neuzeitlichen Pflichtgesinnung (KANT) im alltäglichen wie im wissenschaftlichen Sprachgebrauch eingebürgert (voluntaristische Geistthese der Charakterkunde von KLAGES). Während das G. als Ausdruck geistigen Selbstseins zumeist ohne Bezug zur Tiefenschicht erfaßt wird, hat eine von BAHNSEN und KRUEGER beeinflußte Psychologie das Integrationszentrum der Seele einseitig im Gemüt erblickt und es als seinshafte Kernbildung des Gefühlslebens überhaupt gedeutet. – Zur FREUDschen Auffassung →Über-Ich.

• Aspekte des G. sind im übrigen in der Ps. als moralisches Urteil (PIAGET, KOHLBERG), moralische Lebensführung (*moral conduct*, HOGAN 1973) und moralische Werte (EYSENCK 1960) behandelt worden. Nach behavioristischer Auffassung werden die entsprechenden Verhaltensanteile *(moral behavior)*nur durch Konditionieren der Vermeidung von dem Verhalten, das in einer Gesellschaft unerwünscht ist, also durch gelernte Angst vor Strafe erworben (MOWRER). Die Entwicklung des moralischen Urteils verläuft nach kognitivistisch-entwicklungsps. Anschauung (KOHLBERG 1969, im Anschluß an PIAGET) in sechs Stadien: (1) Orientierung an der Strafe (Gehorsam), (2) naiv-egoistische Orientierung, (3) Orientierung an der sozialen Billigung (»guter Junge«), (4) Autorität und soziale Ordnung, (5) vertraglich-legalistische Orientierung und erst dann (6) die Orientierung am G., d. h. an allgemein geltenden Prinzipien. Dimensionen der moralischen Lebensführung sind nach HOGAN: (1) Kenntnis der moralischen Regeln, (2) Sozialisierung, (3) Einfühlung in den anderen *(empathy)*, (4) Autonomie (G. vs. Verantwortlichkeit) und (5) moralisches Urteil. Der behavioristischen Auffassung entsprechen weitgehend die Ergebnisse der alten Untersuchung von HARTSHORNE u. MAY (→*character-education-inquiry*). →Moralpsychologie Ⓛ ECKENSBERGER 1978 *B-S*

Gewohnheit, Gewöhnung, angelernte, gebahnte, dem bedingten Reflex vergleichbare, relativ automatisierte Reaktionsabläufe (z. B. Verrichtungsg., Verhaltensg., Anschauungsg., Denkg.). Alle nur denkbaren G. können nebeneinander bestehen und zum Bedürfnis werden, ohne sich zu stören. Die Gewöhnung bezeichnet überdies, daß die Gewohnheiten als Reaktionsverläufe mit zunehmender Wiederholung zunehmend leichter ablaufen. →*habit*

Gewohnheitspotential, G.stärke, *habit strength,* die von C. L. HULL (1884–1952) vertretene Theorie der Verstärkung von Reaktionstendenzen unterstellt ein G. als bestimmend (neben der Bedürfnisspannung) für die Wahrscheinlichkeit und Schnelligkeit der Ausführung einer Reaktion. »Die Bedürfnisspannung aktiviert die Gewohnheitspotentiale zum Reaktionspotential.« Beispiel: »Wer den Weg zu einer Gaststätte gelernt hat, wird ihn um so eher einschlagen und um so schneller durchmessen, je hungriger er ist« (HOFSTÄTTER). Ⓛ HULL →*habit*

g-Faktor, G-Faktor, genereller Faktor, Allgemeinfaktor, ● Bei SPEARMAN der im Aufbau der →Intelligenz angenommene allg. Faktor *(general factor)*. →s-Faktor, →Intelligenzfaktoren

GFT (Göttinger Formreproduktionstest) Ⓣ SCHLANGE, STEIN

GHR →psychogalvanische Reaktion

GIBSON-Gradient, Begr. aus der visuellen Wahrnehmung. Reizungskonfigurationen auf der Netzhaut zeigen Regelmäßigkeiten, die mit der räumlichen Entfernung der zugeordneten Reizquellen korrelieren. Diese Regelmäßigkeiten bestehen z. B. in einfach beschreibbaren Verläufen der Musterdichte (grob/fein entspr. nah/fern). Solche Verläufe wurden von J. J. GIBSON als entscheidende Reizmerkmale für die Wahrnehmung der räumlichen Tiefenerstreckung herausgestellt und »Gradienten« (z. B. →Texturgradient) genannt. Ⓛ J. J. GIBSON, METZGER *N-L*

*

GIBSON, James Jerome / *1904 / amerik. Psychol. / Cornell-Univ. (Ithaca NY)

*

GIBSON, Eleanore / *1910 / Psychol. / Cornell-Univ. (Ithaca NY) →Tiefenwahrnehmung, Entwicklung

GIESE-Test-System, Bez. für ein nach dem 1. Weltkrieg entwickeltes Verfahren (von DORSCH weitergeführt) zur Personalbeurteilung, insbes. zur Eignungsuntersuchung bei den Berufsberatungsstellen der Arbeitsverwaltung in Südwestdeutschland (Stuttgart). Ⓣ GIESE

*

GIESE, Fritz / 1890–1935 / Psych. (Arbeitswissenschaft, Psychotechnik) / Leipzig, Halle, Stuttgart

Gigantismus, Riesenwuchs (über 2 Meter), bedingt durch Überproduktion des Wachstumshormons der →Hypophyse während der Kindheit (d. h. vor Abschluß des Wachstums) und ausgelöst durch Störungen (Wucherung, Geschwulstbildung) im Hypophysenvorderlappen. Die ps. Begleiterscheinungen sind vor allem die geringe Kontaktfähigkeit und allg. Gehemmtheit des Betroffenen.

GILBRETH-Bewegungsstudie, bei den Bemühungen TAYLORS um →Rationalisierung der Industriearbeit waren Bewegungsstudien (Ausrichtung der Arbeitsmotorik auf »Bestbewegung«) belangvoll. F. B. GILBRETH u. Ehefrau Lillian suchten mit Kinoaufnahmen, Lichtspurverfahren *(cyclegraphy)* und Drahtmodellen diesen *»one best way«* für viele handwerkliche und industrielle Arbeiten festzulegen. →Bewegungsstudie, →Psychomotorik Ⓛ BUYTENDIJK, DORSCH 1963, KAMINSKY 1960

GILBRETH-Uhr, Vorr. zum Messen kleinster Bewegungen bei kinematographischen Aufnahmen. Die G. besitzt ein großes Zifferblatt, das, ähnlich dem →Chronoskop, kleinste Zeiteinheiten angibt und mitphotographiert wird.

*

GILBRETH, Frank Bunker / 1868–1924 / Arbeits- u. Betriebswissenschaftler / Fairfield (Maine), Montclair (NY)

Girlandenschrift →Graphologie (Tabelle)

Gitter-Technik, eine von KELLY (1955) entworfene Technik (→Rep-test), um individuelle Konstruktsysteme in bezug auf die interpersonale Umwelt eines Individuums zu erfassen. Der Vp werden eine Reihe von

Rollenkonzepten vorgelegt, bei denen angenommen wird, daß sie für das soziale Umfeld der Vp zutreffen. Die Vp soll diesen Rollenbezeichnungen konkrete Personen zuordnen, welche die jeweiligen Rollen in ihrem Leben ausfüllen. Die Vp soll jeweils drei dieser Personen miteinander vergleichen und angeben, welches Merkmal zwei dieser Personen gemeinsam haben, welches die dritte Person nicht hat. *Hä-R*

glandotrop, auf Drüsen wirkend

glandula, glandulär [lat. Diminutiv von *glans* Eichel], Drüse, zur Drüse gehörend. Ps. wichtig sind fast alle Drüsen mit innerer Sekretion. →Hormone

glandula pituitária [lat. *pitúita* Schleim], die →Hypophyse

Glanz, eine Lichtreflexion an Gegenständen mit glatten Oberflächen, die deren Farbe an Helligkeit übertrifft und als Licht aufgefaßt wird, das nicht eigentlich zur Farbe des Dings gehört. Von manchen Autoren wird Glanz als eigene Empfindungsqualität betrachtet. →auch: stereoskopischer Glanz.

Glaskörper →Auge

Glaube, (allg.) subjektives Fürwahrhalten, wobei weder eine objektive Begründung noch eine objektive Geltungsabsicherung erwartet wird.

• Im Sinne der Religionswissenschaft ist G. ein irrationaler Verstehensentwurf des Daseins, der den personalen Kern des Menschen berührt, innere Kraft gegen den Augenschein zu bewähren vermag, Ethik hervorbringt und dabei die Frage nach seiner Begründung verträgt. Aberglaube ist dagegen nicht in umfassendes Verstehen der Welt eingebettet, eher sinnlos, bruchstückhaft, ohne Ethik auf Praktiken hinauslaufend, die man »probiert«. →Aberglaube, →Religion, →Religionspsychologie *S-G*

Glaubwürdigkeit, Begr. aus der forensischen Psychologie (→Aussagepsychologie). Zu unterscheiden von der →Zeugentüchtigkeit. Auch allgemeine G. (z. B. bei gegebener Verantwortungsreife oder geringer Suggestibilität) und spezieller G. (z. B. wenn kein Motiv vorhanden ist, in einem bestimmten Fall falsch auszusagen) sind zu trennen. Die ps. Untersuchung der G. ist vor allem bei kindlichen und jugendlichen Zeugen von großer Bedeutung. Ⓛ ARNTZEN

Gleichförmigkeit, die (auffällige) Übereinstimmung ps. Verhaltens und Geschehens. So zeigt sich G. des Denkens nach BASTIAN, TAYLOR u. a. in wiederkehrenden Formen bei verschiedenen Kulturen. BASTIAN spricht daher auch von Elementargedanken der Völker. MARBE fand »Gleichförmigkeiten« des psychischen Geschehens z. B. in der Erscheinung, daß in Schätzungen verschiedener Personen bestimmte Zahlen besonders häufig auftreten.

Gleichgewicht, autonomes, die zwischen sympathischem und parasympathischem Nervensystem vermutete (aber auch bestrittene) autonome Ausgleichstendenz. Ⓛ EYSENCK

Gleichgewichtsorgan →Bogengänge

Gleichgewichtstheorien →Balance-Theorien

Gleichung, persönliche →Reaktionszeit

gleichwertige Gruppen →Parallelstichproben

Glia →Neuroglia

Glieder, Methode der behaltenen →Gedächtnismethoden

globales Lernen →Lernen

Glossolalie, [gr. *glossa* Zunge, *lalein* reden], Zungenreden.

In Ausnahmezuständen, namentlich in der →Ekstase, auftretendes Sprechen mit gehobener Stimme in einer scheinbaren Fremdsprache, die aber in pseudosprachlichen Lautgebilden besteht. Wurde häufig als religiöse Offenbarung betrachtet. • G. ist auch Bez. für schizophrenes, nicht der →Kommunikation dienendes Produzieren von unverständlichen Lauten (→Dysphrasie), die wie regelhafte fremdsprachige →Phonemfolgen anmuten, weil sie häufig wiederholt werden und eine →Prosodie aufweisen. Die Klangformen dieser Stereotypien stehen damit zwischen denen echter Sprachgebilde (→Verbigeration) und Geräuschen (→Psittazismus). Obschon diese Klangformen eine gewisse Konstanz in ihrer Wiederkehr aufweisen, scheint ihnen eine →semantische und →pragmatische →Zeichenfunktion zu fehlen. Syn. →Privatsprache *G-N*

Glossoplegie, Zungenlähmung

Glotzauge →Exophthalmus

Glutaminsäure, bei physiol. Prozessen im Gehirn beteiligt, war Gegenstand ps. Untersuchungen, mit der Frage ob und wie weit sie auf das Verhalten und die Intelligenzleistung Einfluß hat. Ⓛ KLINGMÜLLER 1955

Gnosis, Gnostizismus [gr.], »Erkenntnis«, geistige Bewegung innerhalb des Hellenismus, welche die im Glauben verborgenen Geheimnisse durch philosophisches Denken zu erkennen und denkend zur Erlösung vorzudringen suchte *S-G*

goldene Regel, schon in der Antike weit verbreitete ps. Klugheitsregel: »Tue allen Menschen, wie du wünschst, daß man dir tue.« Oft in negativer Form, schon im alten China, auch in Bibel und Koran. *S-G*

goldener Schnitt, elementarästhetisches Teilungsverhältnis von Strecken. Die Teilung muß so erfolgt sein, daß das Ganze sich zum größeren Teil verhält wie dieser zum kleineren. Von FECHNER an einfachen geometrischen Figuren als wohlgefälligste Proportion erwiesen.

GOLGI-MAZZONIsche Körperchen, zumeist als Druckrezeptoren angesehene Zellen in Gelenknähe und an Sehnenansatzstellen, die in ihrer Form den →VATER-PACINIschen Körperchen ähneln. →Hautsinne *B-C*

*

GOLGI, Camillo / 1843(44)–1926 / Pathologe / Siena, Pavia /Nobelpreis

*

MAZZONI, Vittorio / 1832–1885 /Med., Histologe / Rom

Gonaden [gr. *goné* Erzeugung] Geschlechtsdrüsen, →Keimdrüsen

Gonadendysgenesie [gr.], Gonadenmißbildung. Fehlen funktionstüchtiger Keimzellen.

gonadotrop [gr. *trópos* Wendung], auf die Keimdrüsen wirkend

Göppinger Schultests Ⓣ KLEINER

Gott, Götter, Personifikation übernatürlicher heiliger Macht, sowie Inbegriff der Vollkommenheit und Weisheit, wie auch des Schreckens und der Güte zugleich. Ps. ist bedeutsam, daß der religiöse Mensch nur →anthropomorph von G. zu sprechen und denken vermag, dabei aber jene übermenschliche Macht der Ausschließlichkeit meint, von der er sich im Leben und im Tode betroffen weiß und der gegenüber er im Glauben ein geistiges Wagnis eingeht. Dieses bedeutet ein Paradox, eine Spannung zwischen einem »Ich-bin-anheim-gegeben« und dem »Es-kommt-auf-mich-an«.

Die G.idee entspringt damit nicht nur bloßem Fürwahrhalten oder illusionären Vorstellungen des wunschhaften Begehrens oder der Furcht, sondern entspringt jener irrationalen vorfindlichen Objektivität, die dem Menschen mit dem In-der-Welt-Sein als Realität dessen gesetzt ist, was ihn (als abhängiges Wesen!) unbedingt angeht, d. h. existentiell betrifft. Bloße Göttermythen (→Mythus) sind als märchenhafte rationalistische Welterklärungen dagegen für den echten G.glauben belanglos. Ursprung des G.glaubens sind weder Magie, Zauber noch Phantasie, sondern die Erfahrung des Unbedingten, das den Menschen ergreift. Das Herz des G.glaubens schlägt daher in kultischer Anbetung und ethischer Hingabe, bedeutet ps. inneren Ringkampf, Geschehen, Verstummen vor dem Übermächtigen, Beseligung und innerste Verpflichtung gegenüber dem Heiligen (→heilig).

Philosophisch bedeutet G. das im Denken geforderte Prinzip des Ursprungs, einen Grenzbegriff, der auf die philosoph. Grunderfahrung des Geheimnisses und der Fraglichkeit der Welt hinweist und aus der Sphäre der Wissenschaft in die des Glaubens und der Ethik führt. Religionsgeschichtlich ist G. der (in vielfältigen Erscheinungsformen des Polytheismus oder Monotheismus) erfahrene übermenschlich/transzendente Partner, der Normen für das Leben setzt, zugleich aber in anbetender ritueller (oder mystischer) Verehrung beeinflußbar erscheint. Theologisch/christlich ist G. als Schöpfer, Erhalter und Erlöser der Welt weder beweisbar noch objektivierbar, sondern macht sich durch Selbstoffenbarung kund, wird ausschließlich in dem Sich-Anklammern an sein anredendes Wort im biblischen Evangelium, die »großen Taten seiner Heilsgeschichte«, im Glauben erkannt. →Religion, →Religionspsychologie. Ⓛ ALTHAUS, HEILER, JASPERS, BUBER, MANN, GUARDINI. *S-G*

Gottesgericht, in der primitiven Rechtsprechung das Verfahren, beim Zweifel an der Schuld eines einer Tat Verdächtigten eine höhere Macht anzurufen, die durch einen Eingriff ein Zeichen geben soll. So wird der Angeklagte z. B. in eine lebensgefährliche Situation gebracht, übersteht er sie, da von Gott beschützt, gilt er als unschuldig. →Ordal

Göttinger Formreproduktionstest Ⓣ SCHLANGE

GOTTSCHALDTsche Figuren Ⓣ, eine Ausführung der sog. »eingebetteten Figuren«. Dabei sind in mehrfach gegliederten Figuren bestimmte Teilfiguren zu erkennen. Test zur Visualität.

*

GOTTSCHALDT, Kurt / *1902 (Dresden) / Psychol. (Allg. Ps. u. Vererbungsps.) / Univ. Berlin, Göttingen

GPI (GORDON Personal Inventory) Ⓣ GORDON

GPII (GEIST Picture Interest Inventory) Ⓣ GEIST

GPP (GORDON Personal Profile) Ⓣ GORDON

GPS, Abk. für →*general problem solver,* allgemeiner Problemlöser. Von NEWELL, SHAW u. SIMON erstelltes Programmsystem zur →Simulation von Problemlösungen auf dem Rechenautomaten mit im wesentl. zwei heuristischen Methoden: der Mittel-Ziel-Analyse und der Vereinfachung des Problems auf seine Struktur zur Bildung einer Lösungsstrategie. →artifizielle Intelligenz *B-S*

Grace-Arthur-Test Ⓣ ARTHUR

Gradient, Gefälle, Maß für die graduelle Änderung (gradweise Zu- oder Abnahme)

einer Größe im zeitlichen oder räumlichen Verlauf. • Zielgradient, Bez. für die gradweise Aktivierung (Geschwindigkeits- oder Intensitätssteigerung, Fehlerrückgang) des Verhaltens bei Zielannäherung. Bez. stammt von HULL aus Tierversuchen.

...gramm [zu gr. *gramma* Geschriebenes, Buchstabe, Zeichen], in zusammengesetzten Wörtern svw. Aufgezeichnetes, Bild, Sinneseindruck

Grammatik, Grammatiktheorie [gr. *gramma* Buchstabe; *grammatiké* Sprachlehre], die G. beschreibt als Einzelg. die →Struktur der Sprachen, als →universelle G. die Struktur von →Sprache schlechthin. Dabei geht es einmal um die Beschreibung der Struktur der konkreten sprachlichen Äußerungen (*la parole* im Sinne SAUSSURES 1916), zum anderen um die Beschreibung des ihnen zugrunde liegenden sprachlichen Systems *(la langue)*.

Früher eine Disziplin der Sprachwissenschaft neben anderen, gilt G. bzw. G.theorie heute, oft synonym verwendet mit Linguistik, als integrativer Oberbegriff für verschiedene Ansätze struktureller Sprachbeschreibung.

Bis 1957 bestanden kaum Verbindungslinien zwischen der G. und der →Psycholinguistik. Weder die Wort- und Satzlehre (→Syntax) der an der Struktur der lateinischen Sprache orientierten traditionellen Schulg., noch die historisch-vergleichende G. oder die vorwiegend sprachliche Äußerungen beschreibende deskriptive G. boten den Sprachpsychologen Anreiz zu eigener, auf die Verwendung von Sprache abzielender, psychologischer Syntaxforschung. Die Psycholinguistik betrachtete das Sprachgeschehen, wenn überhaupt, nach den in ihr vorherrschenden assoziations- und informationstheoretischen Begriffen als nach Wahrscheinlichkeitsgesetzen (→Wahrscheinlichkeit) »von links nach rechts« ablaufenden →MARKOFF-Prozeß, in dem die vorangehenden Elemente (→Phoneme, →Morpheme, →Wörter, →Sätze) die jeweils folgenden Elemente eindeutig und vollständig bestimmen *(finite state* G.).

Erst die von CHOMSKY als System von Regeln zur Erzeugung von Sätzen (→Rekursivität) 1957 begründete, 1965 erheblich veränderte →generative Transformations-G. veranlaßte mit ihren »mentalistischen« Begriffen Regelanwendung, →Oberflächen- vs. →Tiefenstruktur, →Transformation, →Kompetenz und →Performanz die Psychologen zu verstärkter psychologischer Syntaxforschung.

Diese orientierte sich zunächst sehr stark an der linguistischen Theoriebildung und hinkte ihr dadurch stellenweise regelrecht nach. Hauptsächlich ging es um die Frage der »psychologischen Realität« der von der generativen Transformations-G. entwickelten tiefenstrukturellen Beschreibung von Sprache als der Kompetenz des →*native speaker*. Während bereits die in den →Baumdiagrammen der →Phrasenstruktur-G. aufscheinende →hierarchische Struktur der Sätze eine Sprachverwendung »von links nach rechts« und »von oben nach unten« nahelegte, d.h. die Abhängigkeit sprachlicher Elemente auch von nachfolgend geplanten Elementen (→Antizipation), wurde von CHOMSKY die eigentliche psychologische Realität der (syntaktisch konzipierten) Tiefenstruktur der Sätze zugeschrieben. Dies zu beweisen, wurde das Hauptanliegen der Psycholinguisten. Dabei gelangte man von einer anfänglich direkten Korrespondenz-Annahme zwischen linguistischer Struktur und psychologischem Prozeß allmählich zu differenzierteren Auffassungen über die Beziehungen zwischen der den Sätzen in der Linguistik zugeschriebenen Struktur einerseits und den im Sprachbenutzer ablaufenden ps. Prozessen andererseits.

Im Verlauf der linguistischen und der psycholinguistischen Forschung (insbesondere auch zu Fragen der →Sprachentwicklung) entwickelte sich aber auch ein Unbehagen an dem Konzept einer rein formalsyntaktischen, die Bedeutung ins →Lexikon verbannenden Tiefenstruktur der Sprache, wie sie die generative Transformations-G. vorschlägt. Dies führt zu einer vermehrten Einbeziehung inhaltlicher (→Bedeutung) und intentionaler (→Intention) Kategorien (→generative Semantik) in die psychologische Syntaxforschung. Hierbei gewinnt auch die Dependenzg. des europäischen Strukturalismus mit ihrer Betonung der inhaltlich bestimmten →Valenz des Verbs an Bedeutung. Ⓛ ENGELKAMP 1974, HELBIG 1971, HERRIOT 1974, HÖRMANN 1967, IVIC 1971, LEUNINGER, MILLER u. MÜLLER 1972, LIST 1972, SLOBIN 1974, WELTE 1974 *T-R*

Grammatikalität, das Ausmaß, in dem ein →Satz als nach den Regeln der →generativen Transformations-Grammatik (CHOMSKY 1965) »wohlgeformt« (»grammatikalisch«) erscheint.

Hierzu werden auch theoretisch unendlich lange Sätze (→Rekursivität) gerechnet. Die Entscheidung über den Grad der G. trifft der →*native speaker* auf Grund seiner sprachlichen →Kompetenz. Grammatikalische Sätze können unterschiedliche Grade der Akzeptabilität haben, sie können »völlig natürlich und unmittelbar verständlich« sein oder hiervon abweichen. Das gilt als eine Frage der →Performanz (der Begrenztheit des Gedächtnisses, der Intonation, der Stilistik). Die Zuordnung bestimmter Grade von G. zu bestimmten Sätzen im psycholinguistischen Experiment hängt u.a. ab von der Art der Verletzung syntaktischer, aber auch →semantischer Regeln bei der Erzeugung dieser Sätze. Je höher der Grad der G. bei Sätzen, um so leichter sind sie zu lernen. Zur Frage der Berücksichtigung des Kontextes: →Satz. Ⓛ LEUNINGER, MILLER u. MÜLLER 1972 *T-R*

grand mal →Epilepsie

Graph [der G., Plural: die Graphen], math. (1) Bez. für die →graphische Darstellung einer Funktion y = f(x) (meist als Linie in einem ebenen Koordinatensystem),
(2) Bez. für ein spezielles Relationsgebilde (X, σ), d.h. eine Menge X von Elementen x und eine Menge σ von zweistelligen Relationen R, die auf X definiert sind. Die zeichnerische Darstellung von G. hat eine besondere Bedeutung als Veranschaulichung sonst schwer überschaubarer zweistelliger Prädikationen über einer gegebenen Menge von Objekten.

Die $x \varepsilon X$ werden Knoten genannt und als Punkte gezeichnet; symmetrische Relationen werden Kanten genannt und als Verbindungslinien zwischen den Knoten gezeichnet, zwischen denen sie gelten. Asymmetrische Relationen heißen gerichtete Kanten oder Bögen und werden als Pfeile zwischen zwei Knoten dargestellt. Verläuft eine (gerichtete oder ungerichtete) Kante von einem Knoten aus in diesen selbst zurück, nennt man sie Schlinge. Enthält ein G. nur Kanten, nennt man ihn ungerichtet; enthält er nur Bögen, heißt er gerichtet. Ein G. mit Kanten und Bögen wird gemischt genannt. Strecken und Winkel sind in einem G. nicht definiert; der durch einen G. aufgespannte Raum ist topologisch, nicht metrisch, enthält also nur Orte und Wege, aber keine euklidischen Distanzen. Die mathematische G.theorie leitet die für G. gültigen Sätze ab; sie gehört zur kombinatorischen Topologie. G. eignen sich als Modelle für ps. Prozesse und Strukturen, in denen metrische Distanzen und Winkel (z.B. Korrelationen) nicht definiert werden können oder sollen.

Ihre verbreitetste ps. Anwendung finden G. in den Netzwerkmodellen des semantischen Gedächtnisses, in denen Konzepte als Knoten, Relationen zwischen Konzepten als Kanten aufgefaßt werden (NORMAN & RUMELHART 1978). Das →Soziogramm ist ein G., in dem die Personen auf die Knoten, die Wahlen auf die Kanten abgebildet werden.
• das G. [Plural: die Graphe], linguistische Bez. für Schriftzeichen als kleinste Einheiten geschriebener oder gedruckter Sprache vor der Interpretation als Buchstaben (z.B. stellen a und A zwei Graphe, aber einen Buchstaben dar). Ⓛ WAGNER 1970 *G-R*

graphische Darstellung, die Veranschaulichung von Zahlenverhältnissen durch ihre Übertragung in räumliche Beziehungen (Diagramm, *plot*). Zum Unterschied von der Darstellungsform der →Tabelle kann die g. D. auch bei großem Zahlenmaterial ihre Übersichtlichkeit behalten. Allgemein wird die g. D. so angeordnet, daß auf der Waagerechten (Abszisse) das qualitative oder quantitative Merkmal und auf der Senkrechten (Ordinate) die auf die einzelnen Merkmalsgrößen oder Kategorien entfallenden Häufigkeiten abgetragen werden. →Profil, →Säulendarstellung

graphischer Ausdruck, die Ausdruckshaltigkeit alles graphisch, schriftlich Dargelegten. M. TH. HIPPIUS, R. KRAUSS und G. JUST haben den Ausdruckscharakter einfacher Strichzeichnungen untersucht und die rein ausdrucksmäßige Zuordnung zu bestimmten Gefühlslagen festgestellt. Ⓛ KRAUSS

Graphologie [gr. *graphein* Schreiben, *logos* Wort, Lehre], jene Disziplin der →Ausdruckspsychologie, die den Zusammenhang zwischen handschriftlichen und Persönlichkeitsmerkmalen erforscht und zu psychodiagnostischen Zwecken anwendet.

Die Handschrift (HS) wird dabei als eine »sprachlich-graphisch-signikative Werkgestalt« hohen Individualitätsgrads betrachtet und als »Wesensausdruck der Person« nach praktisch bewährten Regeln ausgewertet. – Man kann innerhalb der Schriftps. verschiedene Forschungsrichtungen und Arbeitsstile unterscheiden, z.B.
(a) die auf Beobachtung und Vergleich beruhende, empirisch-induktive Betrachtungsweise MICHONS und seines mehr zur Ganzheitsbetrachtung und Systematisierung geneigten Nachfolgers CRÉPIEUX-JAMIN, Methoden, die in der »französischen Schule« weiter ausgebaut wurden;
(b) experimentelle Ansätze deutscher Psychiater und Psychologen gegen Ende des vorigen Jahrhunderts (GOLDSCHNEIDER, ERLENMEYER, KÖSTER, PREYER, MEYER und der Kreis um den Erfinder der Schriftwaage KRAEPELIN);
(c) die auf dem »Ausdrucks- und Darstellungsprinzip« und dem sogenannten »Formniveau« beruhende, »biozentrische« Methodik des in Deutschland bekanntesten Graphologen KLAGES;
(d) die eidetische, verstehende G. Sie erfaßt als Formpsychologie das Schriftbild und seine Elemente unter allgemein- und raumsymbolischen Aspekten (PULVER) oder deutet Schriftgestaltungen als Bildnerei des Unbewußten (WOLFF);
(e) die kinetische G. Sie untersucht als Bewegungspsychologie den expressiven Anteil der Schreibspur als einer automatisierten Willkürbewegung (POPHAL).
Die schriftps. Untersuchung geht zunächst von ganzheitlichen Feststellungen – wie →Eindruckscharakteren, Anmutungsqualitäten des →graphischen Ausdrucks, von der Vorherrschaft des Bewegungs-, Raum- oder Formbilds (HEISS), von

entwicklungsps. fundierten, sogenannten Versteifungsgraden (Pophal) oder von der Harmonie, dem Rhythmus und dem Eigenartsgrad oder dem Klagesschen Formniveau – aus und ermittelt den individuell-psychologischen Rahmenbefund der zu untersuchenden HS. Auf dem dadurch abgesteckten Feld werden dann zahlreiche graphische Einzelmerkmale (Tempo, Verbundenheitsgrad, Größe, Weite, Lage, Bindungsformen, Druckstärke, Anfangs- und Endbetonungen, Längenunterschiedlichkeit, Verknüpfung u. A.) in ihrem Ausprägungsgrad systematisch erfaßt und ihrem Ausdrucksgehalt gemäß interpretiert. Abschließend können vielfältige, graphische Besonderheiten das gewonnene Persönlichkeitsbild verfeinern und abrunden. Bei diesem Untersuchungsgang sind Störfaktoren zu berücksichtigen. So kann etwa der Duktus des Schreibers durch einen »Zustandsausdruck« (z. B. extreme Affekte) überlagert, durch äußere Schreibumstände beeinträchtigt, durch Krankheitseinflüsse alteriert oder durch Verstellung abgewandelt sein. Im allgemeinen wird die Auswertbarkeit der HS durch solche Einflüsse erschwert, aber nicht aufgehoben.

Gütekriterien (→Tests): Die intraindividuelle Merkmalskonstanz der HS ist relativ hoch, die Objektivität der Schriftbeschreibung – gut definierte Merkmale und geschulte Beurteiler vorausgesetzt – zufriedenstellend. Die Untersuchung der →Validität dagegen hat – ähnlich wie im Falle →projektiver Tests – bislang keine einheitlichen Ergebnisse erbracht. Problemadäquatere Forschungsansätze erscheinen daher nötig. Im Gegensatz dazu sind technische Wirtschaftlichkeit und Praktikabilität der G. nicht umstritten.

Möglichkeiten und Grenzen des Verfahrens: Die G. ist außerstande, die Wesensart Schreibungeübter zu erfassen, Alter und Geschlecht eines Schrifturhebers mit Sicherheit zu ermitteln, Spezialbegabungen zu erkennen, präzise Krankheitsdiagnosen zu stellen oder – retro- wie prospektiv – exakte Aussagen über das Verhalten eines Schrifturhebers zu machen. Dagegen vermag sie nach Müller-Enskat Feststellungen zu treffen über: »Stabilität oder Labilität des Persönlichkeitsgefüges, Akzentuierung bestimmter Funktionsbereiche, Reife, Differenziertheitsgrad, Anfälligkeit für Konflikte und die Art etwaiger innerer Gegensätze, Kontaktbereitschaft und -fähigkeit, Selbständigkeitsgrad, Interessenrichtungen, Reichhaltigkeit oder Dürftigkeit der Gesamtanlage und anderes mehr«. Dennoch

Schriftmerkmale

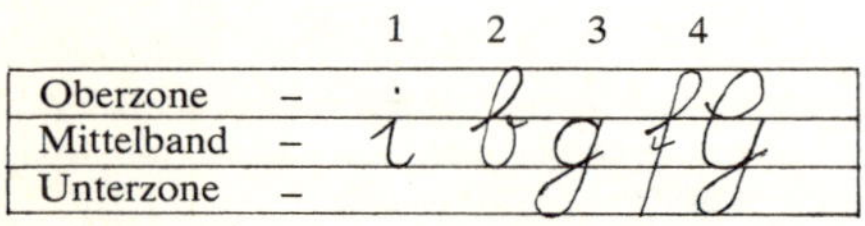

1 = Kurzlänge
2 = obere Mittellänge
3 = untere Mittellänge
4 = Langlängen

Anfangs- und Endbetonung	– bedeutet Akzentuierung der Wortanfänge und/oder -enden. Die Betonung (der graphische Akzent) kann in Bereicherung, Breite, Druck, Höhe, Lage u. dgl. zum Ausdruck kommen
Bindungsformen	– Strichführung, in der die Grundstriche der Kurzlängen miteinander verbunden sind. 4 Hauptarten: Girlande – lat. »u«, unten gerundet Arkade – lat. »n«, oben gerundet Winkel – oben und unten spitzig Faden – flache Schlangenlinie; Fehlen zielgerichteter Strichführung Im Bereich der Bindungsformen sind zahlreiche Kombinationen und Varianten möglich. Beispiele: Doppelbogen, Schleifengirlande, Winkelarkade usw.
Druckstärke	– Unterschiedlichkeit der Strichbreite zwischen Auf- und Abstrich
Größe	– Kurzlängenhöhe des Mittelbands (der »i-Höhe«)
Längenteilung	– Verhältnis der Ober- zu den Unterlängen
Längenunterschiede	– Verhältnis der Kurz- zu den Langlängen
Lage	– der Winkel des Grundstrichs zur Zeile
Regelmäßigkeit	– Konstanz des Duktus in Größe, Weite, Lage, Druck und Zeilenverlauf
Richtungscharakter	– rechts- oder linksläufige Abweichungen der Schrift, wenn sie deutlich von der Norm divergieren
Tempo	– konstitutionell verankerte Schreibgeschwindigkeit
Verbundenheitsgrad	– der Grad, in dem die Einzelbuchstaben innerhalb eines Worts miteinander verbunden sind
Verknüpfung	– die Art, in der die Schriftzeichen mehr oder minder geschickt aneinandergefügt sind
Weite (Breite)	– Relation von Grundstrichhöhe zu Grundstrichabstand (Basisbreite) der Kurzlängen

Die vorstehende Übersicht ist nur ein Bruchteil der Schriftmerkmale, mit denen der Graphologe arbeitet.

H-K

sollte sie keinesfalls als singuläres Erkenntnismittel benutzt werden. In Kombination mit Tests erweist sie sich jedoch als besonders vorteilhaft, weil dadurch ein Ausgleich der Begrenztheit beider Verfahren erfolgen kann.
Anwendungsbereiche: Am häufigsten wird die G. im industriellen Bereich eingesetzt. Nach dem Urteil kompetenter Personalpraktiker kann sie – in der Hand des graphodiagnostisch begabten, spezifisch geschulten und betriebspraktisch erfahrenen Psychologen – auf diesem Gebiet eine wesentliche Entscheidungshilfe sein. Weitere Verwendungsmöglichkeiten der G. bestehen im klinisch-ps. und psychiatrischen Sektor, in der Berufsberatung, der Jugendpsychologie, der Sozialfürsorge, der (privaten und geschäftlichen) Partnerschaftsbeurteilung, und nicht zuletzt auf geschichtswissenschaftlichem Gebiet, wo die G. die einzigartige Möglichkeit bietet, die ps. Struktur historischer Persönlichkeiten zu untersuchen.

Autoren:
BECKER, CHRISTIANSEN u. CARNAP, CRÉPIEUX-JAMIN, DAIM, DOWNEY, ERLENMEYER, HEISS, KLAGES, KNOBLOCH, KROEBER-KENETH, LOMBROSO, MORETTI, MÜLLER u. ENSKAT, PFANNE, POKORNY, POPHAL, PREYER, PULVER, SONNEMANN, TEILLARD, VICTOR, WIESER, WITTLICH, WOLFF, WORMSER *H-K*

Graphometrie, Messen der Merkmale bei den Schreibbewegungen. →Schreibwaage, →Schreibmotorik

Graphomotorik →Schreibmotorik

Graphotherapie, der Versuch, durch systematisch gesteuerte Veränderung des Schriftverlaufes charakterliche Abartigkeiten und funktionelle Störungen zu bessern oder zu heilen. (KONZ 1956). *H-K*

GRATIOLETsche Sehstrahlung, *adiatio optica,* 1858 von G. näher untersuchter Teil der →Sehbahn

*

GRATIOLET, Louis Pierre / 1815–1865 / Anatom u. Zoologe / Paris

Grauskala, die unbunten, neutralen Farben zwischen Weiß und Schwarz, →Farbe

Gravimeter [gr. Schweremesser], Aräometer, ein Gerät zur Bestimmung des spezifischen Gewichts. • Ein Testgerät zur Prüfung des Schwerefeingefühls sowie auch der Sorgfalt beim allgemeinen Arbeitsverhalten. →Gewichtheben, →Sinnesfunktionen (4)

Grazer Schule →Österreichische Schule

Greifraum, auch Nahraum genannt, Gebiet der räumlichen Orientierung beim Kinde, anschließend an die Entwicklungsphase des Oralraums. Alles im Bereich der Arme wird räumlich beobachtet. Die weitere Entwicklung führt zum Fernraum, den das Kind ungefähr vom 7. Monat an durch passive und aktive Lokomotion (Herumgetragenwerden und Herumkriechen) kennenlernt. • Arbeitspsychol. der auch als Griffeld bezeichnete Raum, in dem ohne Orts- oder Lageveränderung des Arbeitenden gegriffen werden kann.

Greifreflex, syn. Handgreifreflex, *grasping reflex.* Wird die Handfläche eines Kindes bis zu 3 Monaten oder eines stirnhirnerkrankten Erwachsenen mit einem länglichen Gegenstand berührt, so wird dieser unbewußt umklammert und festgehalten. Der Reflex ist bei Kleinkindern normal und bei Erwachsenen einem subkortikalen Mechanismus zuzuschreiben, der durch einen Herd im Stirnhirn enthemmt ist. Er wird als Rückstand aus einer älteren Entwicklungsstufe betrachtet (Anklammern des Neugeborenen an den Körper der Mutter).

Grenze, erlebte Grenze, ein wesentliches Kriterium der Gliederung der phänomenalen Welt.

Als Kontur hebt sie die Figur vom Grund ab, als Kante und Ecke betont sie die Flächen an Gegenständen und als Farbsprung trennt sie die Farben voneinander. Die G. hat innerhalb der Figur sowohl die Funktion der Bindung (dem Strukturaufbau zugehöriges Moment) als auch die der einseitigen Trennung. Umgekehrt grenzt sie den Grund nicht gegen die Figur ab! Im Falle des Farbensprungs übernimmt sie die doppelte Grenzfunktion, die eine gegen die andere Fläche abzugrenzen.

Im Erinnern und Denken spielt die G. eine ähnlich wesentliche Rolle wie in der Wahrnehmung. Z. B. ist im Denken häufig die Einbindung von Teilen als lösungserschwerender Grenzverlauf, der aufgelockert werden muß, wenn die Lösung gefunden werden soll, von Bedeutung.

Die Grenzen der Sinne sind einmal durch die Minima der Unterschiedsschwellen und zum anderen durch die Breite (z. B. der Tontiefen und -höhen) des betreffenden Sinnes gegeben. Sie sind Ausschnitt einer bestimmten Zone aus einer größeren Skala physikalischer Erscheinungen. Sie variieren von Lebewesen zu Lebewesen. Während dem Hund noch bei 35 000 Schwingungen ein Tonerlebnis gegeben ist, liegt für den Menschen die Grenze bei etwa 20 000 Schwingungen pro sec. Damit sind gleichzeitig behaviorale G. gesetzt. • In der Topologie von LEWIN spielt die Grenze als Trennung und Verbindung von Regionen im Verhaltensraum für die möglichen Lokomotionen eine Rolle. Eine Wand im Raum, eine soz. Gruppe, die Regeln des Anstands gelten als Begrenzungen für Verhaltensmöglichkeiten. Wichtig für das faktische Verhalten sind Schärfe (ob z. B. Arbeit und Spiel für ein Kind genau geschieden sind) oder Stärke (ob sie unter gewissen Umständen zu durchbrechen sind). • Nach W. KÖHLER bauen sich die phänomenalen Grenzen ähnlich auf wie die Grenzen frei aufeinander einwirkender, sich nicht mischender Flüssigkeiten in der Physik. Z. B. wenn Öl in Wasser gegossen wird (vorausgesetzt gleiche spezifische Dichte), formen die Oberflächenkräfte, die gleichzeitig die Absetzung bewirken, die Grenze so lange um, bis die Oberfläche des Öls Kugelform annimmt. • SELZ, der den Versuch eines synthetischen Aufbaus der phänomenalen Welt aus ihren Qualitäten und Verbindungsweisen dieser Qualitäten in ihren Steigerungsverhältnissen unternahm, charakterisierte die G. als ausgezeichnete Stellen in einem Kontinuuum, die ohne Vorgänger und Nachfolger sind. Ⓛ WITTE, 1952

Grenzkontrolle, Grenzregulation, *boundary regulation,* von ALTMANN (1975) eingeführtes Rahmenkonzept, das bestimmte Wechselbeziehungen zwischen dem Individuum (bzw. einer Gruppe) und seiner (bzw. ihrer) unmittelbaren räumlich-sozialen Umgebung beschreiben und interpretieren helfen soll. Zugleich sollen damit einige separat entstandene ökops. Teilkonzepte *(privacy, personal space, territory, crowding)* integriert werden.

Privacy (Privatheit; KRUSE 1980) wird darin zunächst als ein spezifischer Sollzustand aufgefaßt, in dem Wünsche nach Häufigkeit und Intensität des Kontakte-Empfangens und des Kontaktaktivität-Aussendens in ein bestimmtes Verhältnis zueinander gesetzt sind. Die jeweiligen realen (Privatheits-) Gegebenheiten können zu dem jeweiligen erwünschten Idealzustand mehr oder weniger in Diskrepanz stehen. Unter *»crowding«*-Bedingungen (»Beengtheits«-Erleben) erscheinen übliche Mechanismen zur G., d. h. zur Veränderung der Individuum-Umgebungs-Beziehungen in Richtung idealer Privatheit, nicht mehr oder nur noch begrenzt verfügbar. Sonst dienen das Beanspruchen von Territorien, bzw. eines »personalen Raums« *(personal space;* SOMMER 1969) der G. im Sinne einer Abwehr unerwünschter Kontakte. G. im entgegengesetzten Sinne würde der Vermeidung oder Beseitigung unerwünschter Isolation dienen. *K-I*

Grenzmethode, Grenzverfahren →psychophysische Methoden

Grenzstrang →Nervensystem, →Sympathikus

Griffeld →Greifraum

GRIT, *graduated reducing international tension,* eine von OSGOOD (1962) vorgeschlagene Strategie der abgestuften und wechselseitigen Initiativen zum Abbau von internationalen Spannungen. Ⓛ OSGOOD, ETZIONI (1969, 547). *B-S*

Größen-Gewichts-Täuschung →CHARPENTIER-KOSELEFF-Täuschung

Größenkonstanz →Konstanz, →Skalierung

Größenschätzung →Skalierung, →Absoluteindruck

Größentäuschung →geometrisch-optische Täuschung

Größenwahn, zu Wahnvorstellungen (vor allem bei Psychosen) übersteigerte Geltungssucht, wobei der Betroffene sinnlos übertriebene Eigenschaften, überhöhte soziale Stellungen u. a. m. sich zuschreibt

Größenwahrnehmung →Konstanz, →Skalierung

große Zahl, das »Gesetz der großen Zahl« besagt, daß mit wachsender Größe einer Stichprobe die Größe der zufällig bedingten Meßfehler abnimmt (Theorem von BERNOULLI)

Großhirn →Gehirn

Großstadt, für die Ps. ist die G. zu einem wichtigen Beobachtungsfeld geworden entsprechend den hier ausgeprägt hervortretenden spezifischen Anforderungen, Umweltsbedingungen und sozialen Schichtungen.

Als einer der ersten hat wohl W. HELLPACH 1902 auf die »Reizsamkeit« der G. in seiner Arbeit »Nervosität und Kultur« hingewiesen und später die ps. Aspekte breit dargestellt. Die Sonderbedingungen der G. sind vor allem Ultraviolettarmut des Lichts, Verunreinigung der Luft, fehlender Naturboden, Lärmeinwirkung, hetzender Verkehr. Sie erzeugen Reizbarkeit, Aktivität, Vigilität, Akzeleration, Instinktänderung, rückläufiges Gemütsleben. Beim G.kind hat C. BENNHOLDT-THOMSEN auf die besondere Empfindsamkeit im vegetativen, hormonalen und zerebralen Sinne hingewiesen. →Grenzkontrolle

groupthink, Begr. von JANIS (1972) für die Tatsache, daß in Gruppen mit hoher Solidarität und Loyalität der Wunsch nach Einmütigkeit wichtiger sein kann als die Motivation, alternative Vorgehensweisen logisch und realistisch in Erwägung zu ziehen. Die Gruppenprozesse, Entscheidungen und Ergebnisse können dadurch beeinträchtigt werden und qualitativ weniger befriedigend sein. *F-R*

Grünblindheit →Farbenblindheit

Grundeigenschaft [engl. *source trait*], eine hauptsächlich in der faktorenanalytischen Persönlichkeitsforschung gebrauchte Bez. für Eigenschaften, welche das Verhalten determinieren. G. sind hypothetische →Konstrukte.

Bei CATTELL läßt sich auf der Basis von Fragebogen menschliches Verhalten aus 16, im 16 PF zusammengefaßten Faktoren vorhersagen Ⓣ. Auch in nichtfaktoriellen Persönlichkeitstheorien wird der Begriff der G. oder seine inhaltliche Bedeutung verwendet. Als G. können z.B. die Konstanzbereiche (THOMAE) bezeichnet werden, die relativ gleichbleibende Merkmale der Person umfassen: Antriebe, Haltungen, Gefühlsansprechbarkeit u. a. Ⓛ HUNDLEBY 1972 *Hä-R*

Grundfunktionen, bei G. PFAHLER die »nach Art und Stärke angeborenen Voraussetzungen seelischen Geschehens und Wachstums«: Aufmerksamkeit, Perseveration, Ansprechbarkeit des Gefühls und vitale Energie (Aktivität).

In ihren Merkmalen ist die Aufmerksamkeit eng oder weit, fixierend oder fluktuierend, objektiv oder subjektiv, analytisch oder synthetisch, diskret oder total. Die übrigen drei G. sind jeweils stark oder schwach; die Gefühlsansprechbarkeit wird außerdem noch durch das Vorwiegen der Ansprechbarkeit nach der Lust- oder Unlustseite gekennzeichnet. Die auf den Einzelmenschen zutreffende Kombination der G. ist dessen Grundfunktionsgefüge. Zwei Haupttypen stehen im Vordergrund: Typus der festen Gehalte (enge, fixierende Aufmerksamkeit, starke Perseveration), Typus der fließenden Gehalte (weite, fluktuierende Aufmerksamkeit, geringe Perseveration). Vgl. Grundcharakter, Grundeigenschaften. Radikal, Primäreigenschaft • G. nach JUNG →Hauptfunktionen.

Grundgesamtheit →Population

Grundintelligenztest Ⓣ CATTELL

Grundrate →Basisrate

Grundrhythmus →Graphologie (Tabelle)

Grundstimmung, die überwiegende Stimmungslage, die als Haltung zu sich und zur Umwelt sich äußert. Die »Klangfarbe«, das »*timbre*« des Verhaltens. Jede Erklärung sucht auf vererbte oder vorgeburtliche, auf frühkindliche oder später erworbene Bedingungen zurückzugehen. →endogen, →Gefühl, →Grundeigenschaft, →Grundfunktionen, →Stimmung(en), →Persönlichkeit, →Temperament, →Urvertrauen

Grundton, der tiefste (Ausgangs-) Ton eines tonischen Dreiklangs in Normallage. Bei »Umkehrung« liegt der Grundton in einer anderen Stimme eines Dreiklanges oder Akkordes. Grundton heißt auch der erste Teilton einer Obertonreihe. →Akustik *Ri-R*

Gruppe [aus franz. *groupe*], Anordnung von Dingen und Menschen, zugleich Ausdruck einer inneren Beziehung. In den Sozialwissenschaften sind G. ein Spezialfall der »menschlichen Plurale« (HOFSTÄTTER 1957 S. 23).

Es genügt nicht das bloße Beisammensein von Personen als Menge bzw. als »soziales Aggregat« (PARSONS) oder die Gleichartigkeit von definierenden Merkmalen (Klasse), auch nicht, wenn in letzterem Fall das Definitionsmerkmal »gemeinsames Ziel« handlungsrelevant geworden ist (Verband). Um zwei oder mehr Personen die Bezeichnung G. zukommen zu lassen, müssen entweder – wenigstens ansatzweise – zwischen ihnen Interaktionen vorhanden sein oder sich eine Strukturierung, d.h. Ansätze zu einer Rollenverteilung eingeleitet haben. Indem die Aktion zwischen den Gruppenmitgliedern zum Kriterium gemacht wird, kann sogar die gleichzeitige (vis-à-vis-) Anwesenheit der Mitglieder vernachlässigt werden.

Als Arbeitsdefinition für G. ist vorgeschlagen worden (PROSHANSKY und SEIDENBERG 1965): »Zwei oder mehr Individuen, die kollektiv wie folgt charakterisiert werden können: Sie haben gemeinsame Normen, Überzeugungen und Werte und sie unterhalten implizit oder explizit definierte Beziehungen zueinander, so daß das Verhalten eines jeden Folgen für den anderen hat. Diese Merkmale (Eigenschaften) entstehen aus der Interaktion der Individuen und haben für sie Konsequenzen, wobei die Individuen hinsichtlich irgendeines spezifischen Gruppenziels ähnlich motiviert sind«. In diese Definition ist die Organisation oder Struktur nicht aufgenommen, obwohl diese meist auch in funktionalen Gruppen (in Interaktion) entsteht.

Soziologische Unterscheidungen von G. sind Primär- und Sekundär-G. (COOLEY), d.h. natürliche G., wie die Familie, gegenüber willkürlichen Zusammenschlüssen; Klein- vs. Groß-G., formelle vs. informelle G. (mit fließendem Gebrauch der Begriffe) für G. innerhalb einer planmäßigen Organisation oder für künstlich zusammengestellte G. gegenüber spontan sich bildenden G. sehr verschiedener Art (IRLE 1963).

Eine eher sozialps. Unterscheidung bezieht sich auf die Funktion der G. für das Individuum: Mitgliedschafts- vs. Bezugs-G. (*reference-G.*, HYMAN 1942), die entweder eine normative oder eine Vergleichsfunktion hat, d.h. die Bezugs-G. setzen für das Verhalten und Meinen des Individuums Normen, oder das Individuum, das selbst unsicher ist, vergleicht sein Verhalten mit der Bezugs-G. Letztere kann Mitgliedschafts-G., der das Individuum selbst angehört, sein oder nicht, d.h. das Individuum möchte ihr nur angehören (Nichtmitgliedschafts-G.). Eine ebenfalls ps. Beziehung

G

wird gemeint, wenn Eigen- und Fremdgruppe (*ingroup-outgroup,* SUMNER 1906) unterschieden werden. Als Dimensionen der G. gelten neben der Größe die Stabilität, die Intimität, Kohärenz, →Attraktivität und viele andere (vgl. L. KRUSE 1972). Die Gruppenstruktur kann nach dem Vorbild von MORENO graphisch dargestellt werden (→Soziogramm, →Soziometrie). Kommunikationsstrukturen in G. wurden von BAVELAS (1948) erstmalig so beschrieben, ähnlich wie Macht- bzw. Autoritätsstrukturen z. B. von OESER u. HARARI (1962, vgl. COLLINS u. RAVEN 1969). →Gruppenbildung, →Sozialpsychologie Ⓛ BERGIUS 1976, HOMANS 1950, KRUSE 1972 *B-S*

Gruppenanspruchsniveau →Anspruchsniveau

Gruppenarbeit →Gruppenpädagogik

Gruppenbildung, bei wahrgenommenen Mannigfaltigkeiten entsteht durch Nähe, Ähnlichkeit oder strukturelle Merkmale der Glieder G., Gruppierung oder Bündelung (→Chunking). Es ist ein Teilprozeß der Informationsverarbeitung, der die Speicherung und das Problemlösen beeinflußt. • G. ist auch Bez. für den sozialps. Prozeß der Umformung sozialer Aggregate zu →Gruppen durch →Interaktionen der Individuen.

G. begünstigende Faktoren – soweit empirisch untersucht – sind (a) räumliche Nähe (vgl. z. B. FESTINGER et al. 1950), (b) Ähnlichkeit der Attitüden (NEWCOMB 1959), (c) Ähnlichkeit der individuellen Ziele und Bedürfnisse besonders bei funktionalen Gruppen. Die G. führt zuerst zu folgenden Merkmalen der Gruppe: (a) Gemeinsame Ziele, (b) gemeinsame Normen, (c) Strukturierung durch Differenzierung der Mitglieder für die Besetzung bestimmter Positionen und damit Übernahme der zugeordneten Rollen und (d) Entstehung des sog. Wir-Gefühls oder der →Kohäsion. Ⓛ CARTWRIGHT u. ZANDER 1972, HARE 1962 *B-S*

Gruppendynamik nicht definierbarer Begr. für die von LEWIN so bezeichneten »Kräfte«, durch die →Lokomotionen (jede Art ps. beschreibbarer Veränderungen) innerhalb von sozialen Gruppen veranlaßt werden.

Die »dynamischen Merkmale von Regionen hinsichtlich möglicher Lokomotionen bestehen darin, daß Individuen einander näher durch Kommunikation kommen, durch Angleichungen von Haltungen und Meinungen oder daß Gruppen sich ihren Zielen nähern, soziale Hindernisse beseitigt werden oder dergleichen« (LEWIN 1936 49). • Praktisch fallen alle Themen der Gruppenforschung, wie die Gruppenbildung und die Untersuchung der Determinanten verschiedener Dimensionen der Gruppe und Führungsstile sowie der Meinungsänderungen unter den verschwommenen Begr. G. Er bezeichnet auch Prozesse, die im Verlauf sozialer Interaktionen, bei der Ausübung von Macht und Einfluß, d. h. bei allen sozialisierenden Wirkungen auf die Person vorkommen. In Weiterentwicklung von LEWINS Ansatz entstanden Vorstellungen über das Gleichgewicht innerhalb der Beziehungen zwischen Elementen der Gruppenstruktur (HEIDER 1958, CARTWRIGHT u. HARARY 1956). Danach besteht in einer zyklischen Struktur Ungleichgewicht, wenn in dem sie darstellenden →Graphen eine ungerade Zahl negativ bezeichneter Verbindungslinien zwischen den Elementen vorkommt. Es wird meist eine Dynamik in Richtung auf das Gleichgewicht angenommen. G. hat besonders in der z. T. ideologisch überbauten angewandten Sozialps. (→Gruppentherapie, →Selbsterfahrungsgruppe) eine modische Bedeutung erlangt. Ⓛ LEWIN 1936, COLLINS u. RAVEN 1969, HOFSTÄTTER *B-S*

• G. ist auch Sammelbegr. für eine Reihe von Methoden und Techniken, die im Rahmen der Jugend- und Erwachsenenbildung dem Individuum im nichttherapeutischen Feld *(therapy for normals)* zu einer verbesserten Selbst- und Fremdwahrnehmung, zu erhöhter Kommunikations- und Kooperationsfähigkeit, Verständnis für soziale Prozesse usw. verhelfen sollen.

In den verschiedenen Organisationsformen (→*sensitivity training,* →Organisationslaboratorium, →gruppendynamisches Laboratorium) angewandte Lernformen sind u. a. die →Trainingsgruppe, Arbeitsgruppen, Plan- und Rollenspiele sowie Übungen mit speziellen Lernzielen, viele davon aus anderen therapeutischen Richtungen wie Gestalttherapie, Psychodrama etc. – Hieraus haben sich eine Reihe von Theorien über Wesen und Verlauf solcher Gruppen entwickelt (BION, PAGES, SLATER), die alle erfahrungs- und nicht experimentell orientiert sind. • Mit G. wird auch eine politisch-ideologisch-religiöse Bewegung bezeichnet, die durch Erlernen bestimmter Organisations- und Leitungsformen »friedliche Koexistenz« (SBANDI) anstrebt. Ⓛ BACK 1972, BRADFORD 1972, HOFSTÄTTER 1972, RICHTER 1973, SBANDI 1973, YALOM 1974 *A-S*

gruppendynamisches Laboratorium, Organisationsform gruppendyn. Veranstaltungen, in dem sowohl die Ziele des →*sensitivity trainings* als auch des →Organisationslaboratoriums zu integrieren versucht werden *A-S*

Gruppeneffektivität, Gruppenproduktivität wird gelegentlich syn. gebraucht, meist jedoch soll G. auch gleichzeitig die Arbeitszufriedenheit und das Gruppenklima berücksichtigen. G. ist von vielen Faktoren abhängig, über die zusammenfassend z. B. SCHAR-

MANN (1972) berichtet. →Gruppe, →Kontingenz-Modell der G. *B-S*

Gruppenehe, dauernde Verbindung mehrerer Männer mit mehreren Frauen innerhalb einer Sippe, Verbindung von →Polygynie mit →Polyandrie; kommt bei einigen australischen Stämmen vor.

Gruppenentropie, Informationsgehalt (→Entropie) von Gruppenwahlen. Maß für die Übereinstimmung von gegenseitiger Wahl oder Ablehnung in einer Gruppe. Sie soll nach v. CUBE und GUNZENHÄUSER (1967) die Gruppenstruktur kennzeichnen. Ⓛ HIEBSCH 1979 *R-S.*

Gruppenentscheidung, die nach Interaktion in der Gruppe getroffene Entscheidung. Ein Teil der seit LEWINS Anregungen auf G. bezogenen Forschungen betrifft den →Risikoschub-Effekt. Verteilung und Auswahl der Informationen, Kommunikationswege, Status und Rolle der Gruppenmitglieder und deren Beziehung zur Bewertung ihrer Beiträge, Zufriedenheit mit der G. sind weitere Probleme der Forschung. Ⓛ DAVIS 1979, STASSER u. a. 1980 *B-S*

Gruppenfaktoren →Faktorenanalyse

Gruppenhomogenität, Übereinstimmung der Gruppenmitglieder in ihren Merkmalen. (Z. B. Alter, Geschlecht, Interessen, Einstellungen, Fähigkeiten). *R-S*

Gruppenintegration, Prozeß des Zusammenschlusses von Einzelpersonen zu einer Gruppe. Der Grad der G. wird Kohäsion bzw. Kohärenz genannt. Erleichtert wird die G. durch Nähe, Anziehung, Sympathie, aber auch durch gegenseitige Ergänzung und damit durch ein ausgewogenes Verhältnis von Gewinn der Gruppe durch die Mitgliedschaft einzelner und deren Gewinn durch die Mitgliedschaft in der Gruppe. *R-S*

Gruppenpädagogik, pädagog. Strömung nach dem Zweiten Weltkrieg, in der auf den einzelnen (Jugendlichen oder Erwachsenen) indirekt über den Gruppenprozeß eingewirkt wird.

Soziale Gruppenarbeit *(social group work)* und Gruppendynamik haben diese Richtung, in Deutschland seit 1949 durch das Haus Schwalbach in Wiesbaden maßgeblich vertreten, stark beeinflußt. Ziel ist (u. a.), die Kooperationsfähigkeit der Teilnehmer zu entwickeln und zu fördern, Impulse aus der Gruppe aufzugreifen und zu unterstützen, Entscheidungen durch die Gruppe fällen zu lassen. • Im heutigen Produktionsprozeß hat die Gruppenarbeit sich vielfach als notwendig erwiesen und dementsprechende pädagogische Beachtung bzw. Ausrichtung erhalten. *A-S/Red.*

Gruppenprüfung, die ps. Untersuchung mit mehreren Teilnehmern zugleich. Sie bringt Zeitersparnis, hat aber auch den Nachteil, daß der einzelne Teilnehmer weniger beobachtet und nach seinem Verhalten beurteilt werden kann. G. wurden in großem Ausmaß zuerst bei der amerik. Armee im 1. Weltkrieg durchgeführt (Ⓣ US ARMY, YERKES). →Gruppen-Test

Gruppenpsychologie →Gruppe

Gruppenseele, *group mind,* Ausdruck der (von den Individuen, die eine Gruppe bilden) unabhängigen Existenz einer Gruppe. Sie könne denken, entscheiden, Solidarität zeigen, Wertsysteme entwickeln. Eine Art sozialen Anthropomorphismus! Von MCDOUGALL (1920) formuliert, hat diese eigene Realität der Gruppe ebenso Parallelen zum »kollektiven Unbewußten« (JUNG) und zum »Eros« (FREUD), wie im »Wir-Gefühl« und der »Syntalität« (CATTELL) der heutigen →Gruppendynamik. Heftige Kritik übte F. H. ALLPORT (1962), die bei MOORE (1969) und WALLACE (1971) zum Kompromiß der »begrifflichen Realität der G.« führte. →System, soziales *R-S*

Gruppensexualität →Sexualität (Tabelle)

Gruppensituations-Test, bei diesem Test wird einer Anzahl (meist 6–8) Vpn eine bestimmte Aufgabe zur Lösung in Gemeinschaft gegeben (z. B. Brückenbauen). Das Verhalten jeder Vp und ihrer Beziehungen zu den anderen wird beobachtet. Der Test bezweckt, die »Gruppen-Eignung« wie auch die »Führungs-Eignung« zu bestimmen.

Gruppen-Test, Bez. für jeden Test, der so aufgebaut ist, daß er gleichzeitig einer größeren Probandenzahl vorgelegt werden kann (→Gruppenprüfung). Ggs. Individual-Test.

Die verschiedensten Tests können Gruppen-Tests sein, z. B. Intelligenztests, Schulreifetests, Tests zum technischen Verständnis, bestimmte Arbeitsproben. Bekannte deutsche Gruppen-Intelligenztests sind von AMTHAUER, GIESE, MEILI, HORN (vgl. bei den Namen) entwickelt worden. Dazu kommen deutsche Ausgaben amerikanischer Tests, z. B. der West Yorkshire Group Test (Ⓣ TOMLINSON). Bekannte amerikanische Gruppentests sind: »Army General Classification Test« und »Revised Beta Examination« (Ⓣ YERKES), sowie die von L. L. und T. G. THURSTONE herausgegebenen »Test of Mental Alertness« und »Primary Mental Abilities« (in den drei Ausgaben für Kinder von 5–7, 7–11, 11–17 Jahren). – Auch sprachfreie Gruppentests sind aufgebaut worden (→Sprachfreie Tests).

Gruppentherapie, auf PRATT, MORENO, SLAVSON u. a. zurückgehende, psychotherapeut., korrigierende Einflußnahme auf Verhalten und Erleben innerhalb von und durch Gruppen. Gegenüber der Einzeltherapie hervorzuheben ist die therapeutische Wirksamkeit gegenseitiger Identifizierungen, des spontanen →*feedback* und der fortlaufenden spontanen Neuverteilung gruppendynamischer Funktionen unter den Mitgliedern. Seit dem Zweiten Weltkrieg starke Verbreitung der G. in vielfältigen Formen, am häufigsten als Therapie mit 6 bis 10 Patienten unter Leitung eines Psychotherapeuten.

Ziel der G. ist die Wiederherstellung oder Verbesserung psychosozialer Gesundheit durch Korrektur individueller Fehlentwicklungen und/oder gestörter sozialer Beziehungen. Methodische Hilfsmittel sind freie Diskussion (→Interaktion), →Soziogramm, →Soziometrie und/oder Ausdruck von Empfindungen durch Handlungen u. v. a.

Unterschieden werden: Homogene (nach sozialen Merkmalen, Symptomatik usw.) und heterogene Gruppen; Artifizielle (klinische, zum Zweck der G. gebildete) und präformierte (auch außerhalb der G. bestehende) Gruppen; Geschlossene (mit konstanter) und offene Gruppen (mit wechselnder Zusammensetzung); Gruppen überwiegend auf Gesprächsbasis bzw. auf Handlungsbasis; Ambulante und stationäre Gruppen (→Psychotherapie). In Deutschland häufigste Formen der G. sind:

(1) Tiefenps. (progressionsfördernde) und analytische (Regression ermöglichende) G., bei denen neuerdings auch aus den USA stammende Ansätze der →Transaktionsanalyse und →Primärtherapie Anwendung finden, mit besonderer Gewichtung der sozialen Abläufe (»Behandlung der Gruppe«) oder der individuellen Reaktionen (»Behandlung in der Gruppe«). Spezielle Form als →Familientherapie und →Ehepaar-G.

(2) Hervorragend unter den Formen der G. auf Handlungsbasis sind das →Psychodrama und Gruppen-Verhaltenstherapien; daneben Sing-, Musik-, gymnastische, Werk-G. u. v. a. In den USA in den letzten Jahren eine Vielzahl neuer Gruppenkonzepte, z. T. mit Zielen der G.: Marathongruppen (BACH), Gestalt-Gruppen (PERLS), Aggressions-Trainings-Gruppen (BACH), *encounter*-Gruppen (MORENO), themenzentrierte Interaktionsgruppen (COHN); Übergänge zu Selbsterfahrungsgruppen mit entwicklungsfördernder Zielsetzung. →*encounter*-Gruppen, →Gruppendynamik, →*sensitivity training*, →Marathongruppe Ⓛ GRINBERG u. a. 1959, HEIGL-EVERS 1972, RUITENBEEK 1974, SLAVSON 1956, 1972[2] *E-N*

Gruppenverhalten, Sozialverhalten in der →Gruppe. →Ethologie

Gruppierung, Vorgang, bei dem unterscheidbare Einzelheiten zu Gesamtheiten (→Gestalten) zusammengefaßt werden. Die Fähigkeit zur G. ist Lernvoraussetzung und erfordert →Flexibilität des Denkens, sowie Abstraktion. →Clusteranalyse, →Faktorenanalyse. • Nach PIAGET (1947, 57) ist G. »... eine bestimmte Gleichgewichtsform der (Denk-)Operationen, d. h. der verinnerlichten und zu Gesamtstrukturen organisierten Tätigkeiten ...«. Die G. bewirkt ein Gleichgewicht »... zwischen der Assimilation der Dinge an die Tätigkeit des Subjekts und der Akkomodation der subjektiven Schemata an die Veränderung der Dinge« (PIAGET 1947, 202). →Äquilibration. • Der für die Mathematik zentrale Begr. »Gruppe« (POINCARÉ) wird auf Denkprozesse angewandt, indem bestimmte Verknüpfungen von Operationen angenommen werden.

• PIAGET beschreibt vier Systeme der G.: (1) die log. Operationen (Klassifizierung oder hierarchische Verschachtelung der Klassen, qualitative Seriation, Substitution, Reziprozität, Multiplikation der Klassen, genealogischer Stammbaum von Klassen und von Relationen); (2) infra-logische Operationen zur Konstruktion von Gegenständen und zur Erzeugung der Begr. von Raum und Zeit; (3) G. von Operationen, die Beziehungen zwischen Mitteln und Zwecken betreffen; (4) Gesamtheit der drei Operationssysteme, ausgedrückt in einfachen Aussagen. Die fünf Gleichgewichtsbedingungen der qualitativen G. sind: Komposition, Assoziativität, Identität, Reversibilität und Tautologie (PIAGET, 1947, 65–72). Ⓛ MONTADA 1970 *Red./B-S*

GSCH Ⓣ GESELL

GSR →psychogalvan. Reaktion

GT (Giessen Test) Ⓣ BECKMANN

guidance [engl. Führung, Beratung], Oberbegr. für die vielseitige, differenzierte, angew.-ps. Fürsorge- und Sozialarbeit, vor allem in der Form der →Beratung und der Therapie, speziell institutionalisiert sind: *educational g.*, *vocational g.* und →*child g.* →*child guidance clinic.* • G. ist auch psychotherapeut. Begr.

Guignol-Test Ⓣ RAMBERT

Gültigkeit →Validität

Guru, im Indischen der Seelenführer, ähnlich dem →Psychopompos. • Heilslehrer, geistiger Führer im Hinduismus. • Person mit weitgehender Drogenerfahrung.

gustativ [lat. *gustus* Geschmack], auf Geschmack bezüglich

Gutachten, ein auf wissenschaftliche Verfahren gestütztes fachmännisches Urteil sowie die zusammenfassende Darstellung der aus den angewendeten Verfahren resultierenden Diagnose. Bei ps. G. beziehen sich die Untersuchungsverfahren auf die wissenschaftlich begründeten Testverfahren sowie andere bewährte Verfahren zur Datenerhebung.

Heiss (1964) hat je nach Gutachtenzweck drei Formen unterschieden: Beim darstellenden G. werden die ermittelten Eigenschaften berichtet und gegeneinander abgehoben. Kommt das G. zu einer Stellungnahme, welche z.B. als Fragestellung definiert ist, so liegt ein sog. Prüfungs- oder Urteils-G. vor. Liegt ein solches Beurteilungskriterium nicht vor, soll jedoch ein Individuum im Hinblick auf zukünftiges Verhalten oder zukünftige Entscheidungen beraten werden, so spricht man vom beratenden G. Klopfer (1960) hat die Einteilung von G. mehr unter dem Aspekt des Methodischen vorgenommen und unterscheidet demzufolge ein theorieorientiertes, testorientiertes, problemorientiertes, persönlichkeitsorientiertes, ichpsychologisch orientiertes G. Über den Aufbau und den Stil innerhalb eines G. sind verschiedene Vorschläge gemacht worden. Da jedoch ein G. immer einen Kommunikationsprozeß zwischen G.ersteller und G.empfänger notwendig macht und dieser nicht einheitlich sein kann, gibt es keine für alle G. verbindliche Vorschriften.

Das ps. G. (der ps. Befund) ist heute kaum noch zu entbehrender Teil bei medizinischen, pädagogischen, juristischen, berufs- oder arbeitsbezogenen u. a. m. Entscheidungen. *Hä-R*

gute Gestalt →Gestaltgesetze

Gütekriterien des Tests →Testgütekriterien

Guttman-Skala, Methode zur Einstellungsmessung, bei der mit Hilfe einer Skalenanalyse homogene Skalen konstruiert werden.→Einstellungsskalen

*

Guttman, Louis A. / *1916 / Sozialps. / Cornell-Univ.

Gynagogie [gr. *gyn* Weib, *agogos* leitend, führend], die psychotherapeutische Behandlung (allein oder zusätzlich) der Frau bei Störungen aus geschlechtsspezifischen Ursachen. Ⓛ Schaetzing

Gynäkokratie [gr. *kratein* herrschen], Frauenherrschaft, Matriarchat →Mutterrecht

Gynäkophobie →Sexualität (Tabelle)

Gynandromorphie →Sexualität (Tabelle)

Gyrus [gr. Kreis], Hirnwindung, →Gehirn

H

H, $_{s}H_{R}$, Symbol für *habit strength,* »Habit-Stärke«, »Gewohnheitspotential (Hull, Spence)

h² →Kommunalität

Haab-Reflex, der auch als ideomotorischer bzw. kortikaler bezeichnete →Pupillenreflex, wonach im verdunkelten Raum die Pupillen sich stark zusammenziehen, wenn seitlich von den Augen eine Lichtquelle aufleuchtet und die Aufmerksamkeit (nicht die Blickrichtung) der Lichtquelle zugewendet wird.

*

Haab, Otto / 1850–1931 / Ophthalmologe / Zürich

hab →habit

habit [lat. *habitare* wohnen, bleiben], (1) →latente Verhaltenstendenz, (2) kleinste Lerneinheit, gleichbedeutend mit Reflex.

● Die ursprüngliche Bedeutung des Begr. wird in der amer. Ps. wegen der Festlegung der Definition im Sinne von (1) kaum noch verwendet: Gewohnheit, gewohnheitsmäßige Reaktion, also eine offenbare oder zu erschließende Handlung, die in ähnlichen Situationen immer wiederkehrt. Schon James meinte, daß die meisten *instincts* (von denen nach seiner Terminologie die Menschen sehr viele hätten) schon bei der ersten Wiederholung ihres Auftretens zu *habits* werden. In der Pädagogik von Dewey bezeichnet h. alles das im Menschen, was im Sinne von Erfahrung, als aktive und passive Anpassung im Laufe des menschlichen Lebens zu der ursprünglichen biologischen Ausstattung hinzuerworben wird. Ⓛ Hull, Thorndike *B-S*

Habitat, ökologischer Begr. für einen Lebensraum bei Organismen. ● i. ü. S. Umwelt menschl. Gemeinschaften.

habit–Familien-Hierarchie, eine gedachte (und erschlossene) Anordnung einer Reihe von latenten Verhaltenstendenzen für Mittel oder Wege zu einem Ziel. Die Integration dieser Dispositionen zu instrumentellen Handlungen in eine Reihenfolge der Wahrscheinlichkeit ihrer Erregung erfolgt nach HULL durch die differenzierende Wirkung der Verstärkergradienten bei der Konditionierung der einzelnen instrumentellen Handlungen an die Stimuli (s_g), die von den →antizipatorischen (partiellen) Zielreaktionen (r_g) gebildet werden. *B-S*

Habitualisierung, Bez. für das Zur-Gewohnheit-Werden (Habituell-Werden) eines best. Verhaltens. →habit, →Gewohnheit

Habituation, Gewöhnung, das Absinken einer Reaktion (motorisch oder sensorisch) bei wiederholter Einwirkung desselben Reizes in relativ kurzen Intervallen. Von der H. abzusetzen ist die →Auslöschung (Extinktion). H. ist der →selektiven Wahrnehmung insofern verwandt, als bedeutungslos gewordene (redundante) Reize ihre Wirkung verlieren. *B-S*

habituell, gewohnheitsmäßig, regelmäßig, bleibend

Habitus [lat.], die äußere Erscheinung, die Körperbeschaffenheit (z.B. apoplektischer H.), auch svw. körperlich-seelische Haltung der Person oder auch Erscheinungsbild eines Zeitabschnittes oder einer Gemeinschaft

Hackordnung, in tierps. Untersuchungen stellte SCHJELDERUP-EBBE beim Haushuhn eine soziale Rangordnung fest vom Hackhiebe austeilenden »Despotenhuhn« bis zum Hackhiebe nur einsteckenden »Aschenputtel«

Haftneurose (-psychose), erlebnisreaktiver Persönlichkeitswandel durch den (meist ungewohnten) Freiheitsentzug und den damit erzwungenen Verzicht auf die bisherige Lebensführung.

Je nach Veranlagung des Häftlings treten neben depressiven Zuständen mit mehr oder weniger anankastischen wie auch phobischen Zügen verschiedene Grade der Auflehnung und des Demonstrationsbedürfnisses in Erscheinung: z.B. Haftknall mit Wutanfall, Schreien und Umsichschlagen, Haftstupor (→Emotionsstupor), Simulation (→GANSER-Syndrom), Begnadigungswahn. Im Ggs. zur Lagerhaft (→Lagerneurose) bietet die Einzel- bzw. Zweipersonenhaft besondere Möglichkeiten zur Querulanz und zu Beschwerden. →Deprivation

Halbierungsmethode, eines der direkten Verfahren der →Skalierung. Die subjektive Metrik, die einem physikalischen Reizkontinuum entspricht, wird dadurch ermittelt, daß vorgegebene physikalische Größen mehrfach zu halbieren (fraktionieren) sind. →Psychophysik *D-Y*

Hälftespielraum, syn. Quartilabstand, Bez. für ein →Streuungsmaß

Halluzination [lat. *halucinari* träumen, faseln], Sinnestäuschung. Trugwahrnehmung. Wahrnehmungen ohne entsprechenden Reiz von außen, »die nicht aus realen Wahrnehmungen durch Umbildung sondern völlig neu entstanden sind und gleichzeitig mit realen Wahrnehmungen (neben diesen herlaufend) auftreten« (JASPERS).

Alles Wahrnehmbare kann zu H. werden. Daher sind sowohl akustische, wie optische, haptische, kinästhetische H. möglich und ebenso H. des Geruchs- und Geschmacksinnes, der Leibgefühle, des Gleichgewichtssinnes. Auch negative H. (das Nichtwahrnehmen) und teleologische H. (Ratschläge, Warnungen, Drohungen, Kritiken) werden unterschieden. Wichtig ist auch, daß die versch. H. auf versch. Erkrankungen schließen lassen. Optische H. belegen z.B. mehr die toxische Hirnschädigung als akustische H., die zu den sog. Symptomen ersten Ranges der Schizophrenie gehören. Nach JASPERS kennzeichnet die H. die »Leibhaftigkeit«, die →Pseudohalluzinationen dagegen die »Bildhaftigkeit«. Den Unterschied zwischen H. und →Illusion erkannte als erster ESQUIROL.

Halluzinogene, Drogen, die in geeigneter (meist schon geringer) Dosierung psychotische Symptome ohne stärkere Beeinträchtigung von Gedächtnis und Bewußtsein hervorrufen. Z.B.: LSD, Meskalin. H. werden benützt für »experimentelle Psychosen« (→Modellpsychose) wie auch als Hilfe in der Psychotherapie und schließlich als »in Mode gekommenes« Rauschmittel. →Psychopharmaka

Halluzinose, Begr. für den vorwiegend (überwiegend) durch →Halluzinationen gekennzeichneten psychopathologischen Zustand. Normales Bew. kann einhergehen (?). Von WERNICKE und KRAEPELIN eingeführt, fehlt dem Begr. noch die einheitliche Festlegung. Auch syn. für →Pseudohalluzinationen.

Halo-Effekt →Hof-Effekt

Haloperidol, psychotrope Substanz; zur Behandlung von Erregung bei Schizophrenien weit verbreitet. →Psychopharmaka *J-E*

HALSYS, Abk. für Hamburg-Lorr-Skala zur Verhaltensdiagnostik psychischer Erkrankungen. Ein Beobachtungsinventar. Ⓛ PAWLIK 1982

Haltlosigkeit, nach LERSCH die Lebensführung, die durch mangelnde innere Willensspannung charakterisiert ist. Daraus ergeben sich »die verschiedenen Persönlichkeitsformen des Stimmungs-, Affekt-, Trieb- und Gefühlsmenschen, des Menschen der Begierden und der Leidenschaften«. Je nach Grad der Antriebe stehen Passivität, Lässigkeit und Sich-gehen-Lassen oder impulsiv-ungehemmtes Tun im Vordergrund.

Haltung, der gesamtkörperliche, durch Muskelinnervation hervorgerufene Spannungszustand, der einen »Haltetonus« erzeugt: die muskuläre Grundlage der »Haltung«. Die individuelle Art der H. ist diagnostisch verwertbar. I. ü. S. spricht man auch von seelischen Haltungen (z. B. Werthaltung, →Einstellung, →Gesinnung). Ⓛ ECKSTEIN, KIETZ

Haltungseigenschaften →Betragenseigenschaften

Haltungstypen ⟨SIEVERS, RUTZ⟩ →Typologie (Sprechtypen)

HAM-Modell, Abk. für *human associative memory,* ein menschliches assoziatives Gedächtnismodell von ANDERSON u. BOWER (1973), auch Netzwerk-Modell: Konzepte (abstrakte »Ideen«) und ihre Beziehungen und Assoziationen untereinander sollen durch Sprachzergliederung (im *»linguistic parser«*) der eingehenden Propositionen (Sätze) in hierarchisch geordnete Netzwerke übersetzt werden. →mentales Lexikon Ⓛ BREDENKAMP u. WIPPICH 1977, II, 110ff. *B-S*

Hämatophobie [gr. *haima* Blut], →Erythrophobie

Hamburger Begabtenauslese Ⓣ PETERSTERN

Hamburg-Wechsler-Intelligenz-Test Ⓣ WECHSLER

Hamburg-West-Yorkshire-Gruppen-Test Ⓣ SCHULTZE-HECHT-SICKERT

Hammerprobe →Sinnesfunktionen (5b)

Hammerwerk montieren Ⓣ MOEDE

Hampton-Court-Labyrinth, das historische Labyrinth, welches in den Gärten von Hampton Court in England gefunden wurde. Modell für Tests, von W. S. SMALL in die Tierps. für Versuche mit Ratten eingeführt (1901).

Hand, in vieler Hinsicht ps. bedeutsam: Als Ausdruckshand, d. h. als gestenbildendes und gebärdendarstellendes Organ, ist die Hand ein Mittel der Verständigung sowie der Darstellung seelischer Zustände. Eine besondere Form des Ausdrucks bringt die Hand in der Schrift hervor (vgl. Graphologie).

• Als Arbeitshand ist die Hand Gegenstand arbeits- und berufspsychologischer Forschung. Hierbei sind z. B. von Bedeutung: Handkraft, Handruhe, Ziel- und Treffsicherheit der Bewegungen, Feinmotorik und die Sinnesfunktionen der Hand (Tast-, Druck-, Temperatur-, Vibrations-, Schmerzempfindungen), die z. T. besonders hohe Leistungsfähigkeit (z. B. bei der Unterscheidung von Papierdicken, Prüfung von Oberflächen) erreichen können. In der Funktion und Ausbildung der menschlichen Hand liegt eine Bedingung für die gesamte Entwicklung des Menschen zu Kultur und Zivilisation. Auch Rechts- und (oder) Linkshändigkeit lassen hierbei heute noch manche Frage offen. So ist Beidhändigkeit (Ambidextrie) als Geschickt-Sein mit beiden H. nur durch Übung erreichbar. In der Regel ist die eine H. Führungshand, die andere Hilfshand.

• Als Konstitutionshand, d. h. als für die Konstitution kennzeichnendes Organ, wird die Hand gleichfalls beachtet ⟨KÜHNEL⟩, wozu in weitestem Rahmen auch das zugezählt werden kann, was die →Chiromantik angestoßen hat. ARISTOTELES bezeichnet die Hand als »Organ der Organe« und CARUS als »merkwürdigstes Kapitel der Symbolik menschlicher Gestalt«. Ⓛ BÜRGER, CARUS, DORSCH, DUCHENNE, GIESE, KATZ, KOHLMANN, KÜHNEL.

Hand-Dominanz-Test Ⓣ STEINGRÜBER

handeln →Handlung

Handgeschicklichkeit →Sinnesfunktionen (5)

Handgeschicklichkeitstests, Tests zur Prüfung der psychomotorischen Faktoren der Handgeschicklichkeit (→Psychomotorik). Die psychomotorischen Funktionen der Hand umfassen hauptsächlich die Schnelligkeit und die Genauigkeit der Arm-Hand-Koordination.

Auf der Grundlage der Augenscheinvalidität *(→face validity)* solcher Verfahren wurden auch ohne Kenntnis der voneinander empirisch abgrenzbaren Geschicklichkeitsdimension verschiedene apparative Verfahren konstruiert. Als solches kann z. B. das →*tapping*-Verfahren genannt werden. Über ein sog. Tremometer, bei dem geometrische Figuren in einer Metallplatte mit einem Kontaktstift zu durchlaufen sind, wird die Ruhe und die Treffsicherheit der Hand gemessen. Für viele motorische Tätigkeiten ist die Koordination der beiden Hände von Wichtigkeit. Die Prüfung dieser Funktionen wird z. B. durch Zweihandprüfer, Unterstiftzeichnen oder Drahtbiegeproben quantitativ bestimmt. Für die Leistungsmessung der visuell-motorischen Koordination wird hauptsächlich der →*pursuit-rotor* verwendet. Die häufig nicht einheitlich konstruierten Apparate zur Messung der Handgeschicklichkeit haben dazu geführt, daß heute nur wenige standardisierte und auch mit ausreichenden Normen versehene H. vorliegen. Die Möglichkeit der Anwendung elektronischer Steuerung und Registrierung bei der Konstruktion von H. führte in letzter Zeit zu Neukonstruktionen solcher Verfahren. Ⓣ SCHOPPE 1972 *Hä-R*

Händigkeit, beschreibende Bez. für die funktionelle Asymmetrie im Gebrauch der Hände. Diese kann sich in der Bevorzugung einer Hand zeigen oder in der Leistungsüberlegenheit einer Hand für bestimmte Bewegungsaufgaben. Linkshändigkeit ist für sich kein Anzeichen für körperliche oder ps. Insuffizienz. Sie ist bei Männern häufiger als bei Frauen (»reine« Linkshänder ca. 5% der männl. Bevölkerung). →Lateralität, →Hand *D-Y*

Handkraft →Sinnesfunktionen (5a)

Handlesekunst, Handlinien →Chiromantik

Handlung, *action,* eine oft komplexe Abfolge von koordinierten u. umweltbezogenen Bewegungen, die ein Individuum ausführt. Von dem bloßen →Verhalten hebt sich die H. dadurch ab, daß sie auf die Erreichung eines Zieles gerichtet ist.

Das Ziel kann in einer Veränderung der Umwelt oder in einer Veränderung der Situation des Individuums in seiner Umwelt bestehen. ● Die Erforschung des Handelns gehört zu den Aufgaben jeder Ps. (Handlungspsychologie). Stets wird bei einem Handeln mit »inneren« ps. Grundlagen gerechnet, auch dann, wenn diese nicht direkt beobachtbar und erforschbar sind. Solche Grundlagen bestehen einerseits in kognitiven Prozessen, d. h. in der Aufnahme, Speicherung u. Verarbeitung von Informationen aus der Umwelt (Wahrnehmen, Lernen, Denken), andererseits in den mit diesen in Beziehung stehenden konativen (od. emotionalen) Faktoren (Bedürfnisse, Gefühle, Affekte). Die normale, kontrollierte H. geht aus einem geordneten Zusammenwirken kognitiver u. emotionaler Faktoren hervor, wobei ein Abwägen verschiedener Motive bzw. zu erwartender Handlungsfolgen stattfindet. Man hat dies auch als »Wahlhandlung« bezeichnet. Ihr gegenüber steht die direkt aus einem starken momentanen Antrieb folgende, zwar auch zielgerichtete, aber nicht durch kognitive Faktoren kontrollierte (»unüberlegte«) sog. Trieb- oder Affekthandlung.

● Exp. Unters. haben ergeben, daß für die geordnete H. ein mittleres psychophysisches Aktivitätsniveau am günstigsten ist →YERKES-DODSON-Gesetz.

Sowohl bei stark erhöhter Aktivation (affektive Erregung) wie auch bei stark erniedrigter (Schläfrigkeit) sind z. B. Reaktionszeiten erheblich verlängert. Bei höchsten Erregungsgraden ist die Orientierungsfähigkeit weitgehend aufgehoben (Panik), da kognitive Funktionen nicht mehr zum Zuge kommen. Viele H. im Alltag sind weitgehend »automatisiert«, so daß weder ihre Antriebe noch ihr Vollzug deutlich bewußt werden. →Sprach-Handlung, →TOTE-Einheit

Handlungsforschung, Aktionsforschung, →*action research,* von K. LEWIN für solche Unters. der Feldforschung eingeführter Begr., die praktische Bedeutung haben (Ggs. Grundlagenforschung). Inzwischen wandelte sich die Bedeutung. H. bedingt jetzt zusätzlich: a. die unmittelbare Beteiligung des Forschers am Unters'verlauf (Prozeß, soziale Interaktion); b. die laufende Rückmeldung über die gewonnenen Ergebnisse an möglichst alle Beteiligten noch während der Untersuchung; c. die emanzipatorische Zielsetzung (Veränderung im sozialen Feld). Ⓛ HAAG u. a. 1972, ULICH 1980, SCHUSSER 1981 *K. S.*

Handlungsprogramm, Verhaltensentwurf, →TOTE-Einheit

Handlungsrudimente, angefangene und nicht weitergeführte bzw. beendete Handlungen. Auch Initialhandlungen genannt.

Handlungsspielraum, Bereich frei wählbaren Verhaltens, der meist im Verhältnis zum »eingeschränkten« Bereich erfahren wird (→Reaktanz). Die subjektive Erfahrung des H. ist Voraussetzung für →Engagement und Lebensplanung. Vgl. Freizeit *R-S*

Handlungs-Tests, Bez. für alle Tests, bei denen die Ausführung einer Handlung (z. B. Ausführen von Besorgungen, Figurenlegen, Aufbauten) gefordert wird. Im besonderen stehen die Handlungs-Tests denjenigen Tests gegenüber, die sprachliche Formulierungen fordern. →performance, →Leistungstests

Handlungstheorie, ein System von Begriffen und fundamentalen Annahmen, das zur Interpretation von →Handlungen eingesetzt wird. Da das Konzept »Handlung« nicht nur in der Psychologie verwendet wird, sind H. im Rahmen verschiedener Disziplinen entwickelt worden (LENK).

Philosophische H. bemühen sich um die gedankliche Analyse der allgemeinsten Implikationen des Handlungsbegriffs. H. in Sozialwissenschaften wie Wirtschaftswissenschaft, Soziologie, Politologie beziehen sich auch auf Gruppen, Organisationen, Institutionen als Akteure. In handlungstheoretischen Konzeptionen der Psychologie, Pädagogik, Linguistik, Arbeits- und Sportwissenschaft erscheint dagegen zumeist primär das Individuum als Akteur.

H. konzentrieren sich teilweise auf die strukturellen Voraussetzungen von Handlungen (wobei dann Begriffe wie →Situation, →Lebensraum, →Entscheidung im Vordergrund stehen; vgl. HECKHAUSEN 1980), teilweise auf den Prozeß, den organisierten zeitlichen Ablauf der Verwirklichung einer Handlung (mit Kernbegriffen wie →Regulation, →Ebene, →hierarchische Organisation; vgl. MILLER, GALANTER u. PRIBRAM 1960, HACKER 1978).

Die mit H. zu leistende Interpretation wird teilweise als wertneutrale, deskriptiv-explanative Gegenstandsaufschließung verstanden, teilweise aber auch, beispielsweise in der Pädagogik, als eine den Interpreten normativ orientierende und somit sein pädagogisches eingreifendes Handeln vorbereitende (KAMINSKI 1979). »Handeln« wird dann als eine werthaft-ausgezeichnete, anstrebenswerte Geschehensart verstanden, die gegenüber anderen, minder wertvollen zu bevorzugen ist. Ⓛ v. CRANACH 1980, WERBIK 1978 *K-I*

Handschrift →Graphologie

Handschrift-Test Ⓣ GIESE

Hand-Test Ⓣ BRICKLIN

HANES, KJ (Hamburger Neurotizismus- und Extraversionsskala) →Faktorentheorien der Persönlichkeit. Ⓣ BUGGLE

haploid [gr. *haploos* einfach], einen einfachen Chromosomensatz enthaltend. Bei Wirbeltieren sind nur die Geschlechtszellen h. *Sch-S*

Haploskop ⟨HERING⟩, Vorrichtung zur Vereinigung zweier getrennt beobachteter Sehobjekte in ein gemeinsames Sehfeld. Ein Stereoskop ohne Linsen und Prismen.

Haptik, haptisch [gr. *haptein* berühren], Begr. für die Gesamtheit der Tastwahrnehmungen. Zum Tastsinn gehörig →Tastempfindung

haptische Umwelt ⟨ROTHACKER⟩, der Umweltbereich des Leibes, den die Person sich aufbaut, von der Wäsche und Kleidung bis zur Wohnung und der dabei gewählten Landschaft

Hara [ind. Bauch], der »Zerstörer«, Beiname des indisch. Gottes Shiva, ● in Japan als inneres Kraftzentrum verstanden, sofern der Mensch eine seelisch-leibliche Einheit bildet, d.h. frei ist von der verkrampften Vorherrschaft des Ich. Als Sitz solcher rechten »Mitte« wird der Bauch angesehen. *S-G*

Harmoniegefühle, Gefühle des Wohlgefallens, die durch harmonische Ton- oder Farbverbindungen ausgelöst werden

Harmonische, auch Teilschwingung oder Oberschwingung genannte, einer reinen Sinusfunktion entsprechende additive Komponente einer beliebigen Schwingung (→Klang). Für eine vorgegebene Schwingung werden die H. mit der →FOURIER-Analyse gewonnen; ihre Frequenzen sind ganzzahlige Vielfache der Grundfrequenz. *G-R*

harmonisches Mittel →Mittelwert

Haschisch [arab. Kraut], orientalisches Rauschmittel (bzw. Suchtstoff), das aus dem indischen Hanf gewonnen wird. →Sucht, →Cannabis, →Marihuana

Haß, intensives (intentionales) Gefühl der Abneigung. Feindseligkeit. Steigerung bis zur Vernichtung (tödlicher Haß). H. ist Gegenpol zur →Liebe; doch gibt es auch die Verschmelzung in der Haßliebe. Ⓛ EIBL-EIBESFELDT, LERSCH

Hauchseele, Schattenseele. Annahme, daß dem Atem Seelencharakter zukommt. Daher auch der Hauchzauber: Heilwirkung des Atems. Ggs. →Körperseele

Häufigkeit, in der deskriptiven Statistik die Anzahl der Elemente einer Population (oder Stichprobe), die in eine bestimmte Merkmalsklasse fallen. Setzt man die H. $f(x_i)$ einer Klasse i der Variablen x zur Gesamtzahl von N Beobachtungen in Beziehung, erhält man die relative H.: $p(x) = f(x) / N$. →Häufigkeitsverteilung *M-R*

Häufigkeitsverteilung, aus der H. ist zu ersehen, wie häufig eine Klasse einer Variablen in einem Datensatz vorkommt.

Es gibt verschiedene Möglichkeiten der →graphischen Darstellung von H. Handelt es sich bei dem untersuchten Merkmal um eine Nominalvariable, ist das Säulendiagramm die geeignete Form der graphischen Darstellung. Über jede Klasse der Variablen ist eine Säule gezeichnet, die durch ihre Höhe die Häufigkeit des Vorkommens angibt. Die Säulen berühren sich untereinander nicht. Auch das Sektorendiagramm, das die Häufigkeiten der Klassen durch unterschiedlich große Sektoren eines Kreises veranschaulicht, ist bei Nominalvariablen üblich. Bei Ordinal-, Intervall- und Verhältnis-Variablen ist das Histogramm, Treppenpolygon oder Stufendiagramm (alles synonyme Bez. für denselben Sachverhalt) üblich, bei dem die einzelnen Klassen eines Merkmals nicht (wie im Säulendiagramm) durch Zwischenräume getrennt, sondern direkt miteinander verbunden sind. Verbindet man die Klassenmittelpunkte eines Histogramms miteinander, so entsteht das Frequenzpolygon. Addiert man die Häufigkeit jeder Klasse zu jeder der vorangegangenen Klassen und zeichnet man die Summen in die Klassenmitten ein, so erhält man durch Verbindung dieser Punkte das Summenfrequenzpolygon.

Hauptachsenmethode, von HOTELLING eingeführte Methode zur Extraktion einer Matrix von Faktoren aus einer vorliegenden Interkorrelationsmatrix von n Variablen.

Die Summe der Quadrate der »Ladungen« eines Faktors a in den n Variablen, $a_1^2 + a_2^2 + \ldots + a_n^2$ wird bei jeder Extraktion maximalisiert. →Faktorenanalyse, →Centroidmethode *M-R*

Hauptfarben, die als rein/einfach erlebten Farben; die anderen Farben sind dann Zwischenfarben. HELMHOLTZ nennt drei: rot, grün und blau (die Ecken des →Farbendreiecks), HERING dagegen vier: rot, grün, gelb, blau (Basis des →Farbenoktaeders). Die →Zonentheorie versucht, die trichromatische Theorie und die Theorie der Gegenfarben zu vereinen. *R-S*

Hauptfunktionen, nach JUNG Denken, Fühlen, Intuieren (Erschauen), Empfinden. Auch als →Grundfunktionen bezeichnet. Gegliedert in zwei rationale, zwei irrationale Funktionen mit Introversion und Extraversion als Einstellungsarten. →Intuitionsfunktion

Haupt- oder Schlußaussprache →Psychodiagnostisches Gespräch

Haus-Baum-Person-Test Ⓣ BUCK

HAUSER, Kaspar →Kaspar HAUSER

haut mal [frz. großes Übel], svw. →*grand mal*

Hautpotential, die zwischen verschiedenen Stellen der Körperoberfläche bestehenden elektr. Potentialdifferenzen, die, wie der Hautwiderstand, sich ändern (im Tagesablauf, auf emotionale u.a. Einflüsse). →Hautwiderstand, →psychogalvanische Reaktion

Hautreaktion →Hautpotential, →Hautwiderstand, →psychogalvanische Reaktion

Hautsinne →Sinne, →Sinnesmodalitäten

Hautwiderstand, der elektrische Widerstand der Haut gegenüber einem durchfließenden schwachen Gleich- oder Wechselstrom. Zu klinisch-diagnostischen Zwecken wurde der Hautwiderstand besonders von REGELSBERGER (»Elektrodermatogramm«) erforscht. Auch Zuordnungen zu ps. Merkmalen wurden versucht, z.B. der affektiven Reaktionslage. →Hautpotential, →psychogalvanische Reaktion. ● Ps. bedeutsam sind die rasch eintretenden und kurz dauernden Änderungen des Hautwiderstands (vgl. psychogalvanische Reaktion). ● Der Widerstandsmessung entsprechende Methoden sind das von STEINWACHS und BOUCKE entwickelte Verfahren zur Oberflächen-Hautfeuchtigkeitsmessung und das kristallhygrometrische Verfahren von HILDEBRANDT. Ⓛ BRECHT, REGELSBERGER

HAWIE Ⓣ WECHSLER

HAWIK Ⓣ WECHSLER

HAWIVA, Hannover-WECHSLER-Intelligenztest für das Vorschulalter Ⓣ EGGERT

Hawthorne-Untersuchung, Bez. für die in den Jahren 1927–1939 von MAYO (1933, 1946) und Mitarbeitern in den Hawthorne-Werken der Western Electric Co. (USA) durchgeführte betriebsps. Untersuchung.

Mit Befragungsaktionen und in eigens geschaffenen Versuchsarbeitsräumen wurden alle Faktoren, die ps. und physiologisch den Arbeitsablauf beeinflussen, erhoben und variiert. Aus der Vielzahl der Ergebnisse ist als besonders bedeutsam der Primat der Sozialbeziehungen hervorzuheben – das sozialps. Klima ist entscheidender als äußere Faktoren, wie Pause, Arbeitszeit, Beleuchtung u.a.m. Auch die Bedeutung der »informellen Gruppe«, des Sicherheitsbedürfnisses, des persönlichen Ansehens, der »inneren« Beteiligung an der Arbeit u.a.m. wurde erhärtet. Weiteres →Betriebspsychologie

H-D-T (Handdominanz-Test) Ⓣ STEINGRÜBER

HEADsche Zonen, diejenigen Zonen der Haut, deren sensible Nervenfasern mit demselben Rückenmarksegment verbunden sind wie die eines bestimmten inneren Organs. Bei der Erkrankung solcher Organe treten in den Hautzonen reflektorische Schmerzen als Hauthyperalgesie und -hyperästhesie auf.

*

HEAD, Henry, Sir / 1861–1940 / Neurologe / London

Heautoskopie [gr. *h'eautos* sind sich selbst], Sichselbstsehen, Doppelgängererlebnis.

Der eigene Leib, die eigene Person, wird dabei (meist für wenige Sekunden) außerhalb des eigenen Ich als zweite Person wahrgenommen und die Handlungen dieser halluzinierten Person am eigenen Körper empfunden. Im Unterschied zum alternierenden Doppel-Ich (→Bewußtsein, alternierendes) mit abweichender Struktur der Zweitperson und Erinnerungslosigkeit dieser gegenüber, handelt es sich bei der H. um ein Zugleicherlebnis. Die halluzinierte Gestalt braucht nicht identisch mit dem Halluzinierenden zu sein (dieser kann sich z.B. als Greis sehen). Bekannt sind die H.erlebnisse, die GOETHE u.a. beschrieben haben.

Hebelsystem Ⓣ MEILI

Hebephrenie [gr. *hébe* Jünglingsalter], Form der →Schizophrenie, vorwiegend im Pubertätsalter schleichend einsetzend (Jugendirresein) mit Richtung auf schweren Persönlichkeitszerfall. ● Erstmals von HEKKER 1871 beschrieben und von KRAEPELIN als Form der Dementia praecox zugeordnet.

Hedonismus [gr. *hedoné* Lust], philosoph. Lehre ⟨ARISTIPP⟩, die den Sinnengenuß zum höchsten Ziel setzt.

Heerespsychologie →Wehrpsychologie

heilig, das Heilige, Bewertung, die so nur auf religiösem Gebiet vorkommt als Kategorie *»sui generis«* und die in allen Religionen ihr eigentlich Innerstes ausmacht, ohne das sie nicht »Religion« wären. Als Grund-Datum menschlichen Geistes nicht definibel im strengen Sinne, sondern nur erörterbar, anregbar, erweckbar. →*numinos*, →Religionsps. →*sensus numinis.* Ⓛ OTTO *S-G*

Heilpädagogik →Sonderpädagogik

Heilschlaf, Dämmerschlaf, durch Schlaf- und Dämpfungsmittel erreichter Schlafzustand zum Zwecke der Herabsetzung des Stoffwechsels, Dämpfung von Erregungszuständen, Entkrampfung usw., z. B. bei Tetanus, Hirnverletzungen, Schizophrenie

Heimkehrfähigkeit, die bei Tieren zu beobachtende Fähigkeit, aus größeren Entfernungen wieder an einen bestimmten Punkt (Nest) zurückkehren zu können. Erklärungsannahmen auf Grund umfassender Untersuchungen sind dargestellt bei SCHMIDT-KOENIG u. KEETON (1978 Ⓛ).

Heimkind, Gefahren ps. Fehlentwicklung des H. sind vor allem: starke Passivität und Beziehungslosigkeit zur Umwelt oder Protest und Ablehnung. →Deprivation. Die Bedeutung der mütterlichen Zuwendung schon in der frühesten Jugend ist für eine umweltangepaßte Entwicklung entscheidend. →Hospitalismus, →Depression, anaklitische

HEINE-MEDINsche Krankheit →Poliomyelitis anterior

*

HEINE, Jakob v. / 1800–1897 / Orthopäde / Stuttgart

*

MEDIN, Karl Oskar / 1847–1927 / Pädiater / Stockholm

Heiserkeit →Stimmstörungen

heißer Stuhl →hot-seat-Technik

Heldensage, kindlich-märchenhafte Erzählungen von Helden, die mit allerlei Zaubermächten im Bündnis stehen, vermengt mit geschichtlichen Ereignissen, übergehend zu religiösen Legenden und Göttersagen. Im Ggs. zum Mythenmärchen ist völkerps. die H. stets in ganz bestimmte räumliche Umgebungen und einen festen Kulturabschnitt eingeordnet. Orts-, Stammes-, Wandersagen. Beispiele für besondere Abenteuerformen, die allgemein bei Völkern verbreitet sind: Herakles und Argonautensage.

helfendes Verhalten, →P weiß, daß ein in seiner Macht stehendes Verhalten X dem →O nützt und intendiert Verhalten X auszuführen. →prosoziales Verhalten →Altruismus Ⓛ MACAULAY/BERKOWITZ 1970; BAR-TAL 1976

Heliotropismus [gr. *hélios* Licht, Sonne, *tropéin* sich wenden] →Tropismus

Helladaptation, *light adaptation*, die Anpassung des Auges an die →Heiligkeit. Vgl. Adaptation

Hellempfindlichkeit des menschlichen Auges, wird ein →Spektrum mit gleicher Energie für alle Wellenlängen ausgestrahlt, so erscheinen die an den Enden liegenden Farben deutlich dunkler als die übrigen und verlieren sich schließlich ins Schwarz, das der Grenze des sichtbaren Spektrums entspricht. Der Begr. »gleiche Helligkeit für verschiedene Farben« ist also nicht allgemein durch gleiche Strahlungsenergien ihrer Wellenlängen auszudrücken (→Helligkeit).

Helligkeit, die Intensität einer visuellen Wahrnehmung, die von der Leuchtdichte, Beleuchtungsstärke oder dem Lichtstrom und von der Wellenlänge der Strahlung abhängig ist. Die Unterschiedsempfindlichkeit für Helligkeitsänderungen ist groß; Intensitätszunahmen von ungefähr $^1/_{100}$ werden noch bemerkt. →Hellempfindlichkeit

Helligkeitskonstanz →Konstanz

Helligkeit, spezifische ⟨E. HERING, 1889⟩, die Ähnlichkeit einer Farbqualität mit Weiß bzw. Schwarz. Ein gesättigtes Gelb wirkt heller als ein gesättigtes Blau. Bei gleicher Helligkeit von Blau und Gelb erscheint entweder das Gelb schmutzig olivgrün oder das Blau ausgebleicht. HERING ordnet die Farben nach ihrer spezifischen Helligkeit in folgende Reihe: Weiß, Gelb, Rot, Grün, Blau, Schwarz. →Farbsysteme, anschauliche, →Photometrie, →Hellempfindlichkeit des menschlichen Auges *Str-R*

H

Hellsehen, angebliche Fähigkeit, Tatbestände oder Zusammenhänge in übernormaler Weise (d. h. nicht mit normaler Sinneswahrnehmung und über weite Entfernungen) aufzufassen, z. B. das Lesen verschlossener Briefe oder das Sehen von Ereignissen an anderen Orten oder auch kommende Ereignisse vorauszuschauen. H. wird auch L u z i d i t ä t und, sofern das Voraussagen einbezogen ist, P r ä k o g n i t i o n und P r o p h e t i e genannt. →Parapsychologie

HELMHOLTZsche Quadrate, zeichnet man ein Quadrat, neben zwei gleich großen, in denen die Fläche durch waagerechte bzw. senkrechte Parallelen erfüllt ist und die entsprechenden Quadratseiten nicht ausgezogen wurden, so erscheint die Fläche dieser zwei Quadrate größer als die des leeren

*

HELMHOLTZ, Hermann Ludwig Ferdinand v. / 1821–1894 / Med., Physk., Physiol. / Königsberg, Heidelberg, Berlin

Hemeralopie [von gr. *heméra* Tag], Tagsichtigkeit bzw. Nachtblindheit (weil nur bei Tag sehend). Ggs. Nyktalopie.

Ⓔ **hemi...** [gr.] in Wtvb. halb

Hemianopsie, Ausfall einer Hälfte des Sehfeldes, auch Hemiopsie (Halbblindheit) genannt; z. B. bei Hirnverletzungen

Hemiparese, einseitige Parese (leichte Lähmung), unvollständige Halbseitenlähmung

Hemiplegie [gr. *plegé* Schlag], einseitige Lähmung des Körpers, meist durch Erkrankung oder Blutung im Hirnstamm ausgelöst

Hemisphäre →Gehirn

Hemisphärenspezialisierung, unterschiedliche Informationsverarbeitung durch die beiden Hirnhälften. Bei 95% der Rechtshänder und 60% der Linkshänder ist die linke / rechte Hirnhälfte »zuständig« für: Sprache / räumliche Vorstellung; logisch-assoziatives / intuitiv-ganzheitliches Denken und Fühlen; Zeit / Raum; Vergangenheit u. Zukunft / Gegenwart. Der Dominanzannahme der linken Hirnhälfte tritt die Auffassung von der gegenseitigen Ergänzung entgegen. Die →*split-brain*-Forschung von SPERRY u. a. hat die systematische Einsicht in die H. gefördert. →funktionelle Asymmetrie, →Lateralität *R-S*

Hemmer →Pharmakopsychologie

Hemmung, *inhibition.* (1) Störung des normalen Ablaufs ps. oder auch körperlicher Funktionen. (a) H. des Vorstellungsverlaufs bzw. der Gedächtnistätigkeit, im einzelnen als assoziative (nach EBBINGHAUS: reproduktive), proaktive, →retroaktive Hemmung. Eine Form der zuletzt genannten Gedächtnishemmung ist die bes. von ROHRACHER beschriebene affektive H., die auftritt, wenn nach der Informationsaufnahme oder nach dem Lernen ein starker Affekt erregt wird. Neues Lernen kurz vor der Wiedergabe eines früher gelernten Materials erzeugt nach SEMON die ekphorische H., die mit mehr Recht eigentlich reproduktive H. genannt werden könnte. Das →RANSCHBURGsche Phänomen ist eine Ähnlichkeitshemmung. (b) Ein Reflex kann durch den Einfluß höherer Zentren gehemmt werden ebenso durch gleichzeitig auftretende andere Reize. PAWLOW: innere und äußere oder interne und externe H. (→Auslöschen, →Lernen, →Gedächtnis, →Reaktionspotential, →Verdrängung, →Vergessen). (2) Charakterologisch gilt H. als Verhaltensweise. Ursachen können sein: Angst, Minderwertigkeitsgefühle, Schuldgefühle, Beziehungsgefühle und anderes. – Die →Gehemmtheit der Antriebe hat SCHULTZ HENCKE (1940) systematisch unter tiefenps. Aspekt abgehandelt (→kaptative H., →retentive H.).

Während die unter (1) (a) genannten Beeinträchtigungen von Reproduktionsprozessen durch Interferenz von assoziativen Prozessen erklärt werden (→Transfer, negativer), sollen die unter (1) (b) aufgezählten H. selbständige Prozesse sein. Die zentrale H. besteht allerdings nach PAWLOW in einer Erregung, die sich als H. auswirkt. Die konditionierte H. (PAWLOW) soll durch neutrale Stimuli ausgelöst werden, die wiederholt mit dem konditionierten Stimulus ohne Verstärkung (unkonditionierter Stimulus) geboten worden sind (auch externe oder äußere H.). Aus der internen H. (PAWLOW), einem physiologischen Gegenprozeß zur Erregung durch den konditionierten Stimulus, der bei häufiger Darbietung des konditionierten Reizes ohne Verstärkung kumuliert und die Löschung der konditionierten Reaktion bewirkt (auch auslöschende H.), wird in HULLS Theorie die →reaktive H., ein formalneutrales (nicht-physiologisch gemeintes) Konstrukt, das auch als negativer Antrieb (I_R) oder als konditionierter negativer Antrieb ($_SI_R$) bezeichnet wird. Die gegenwärtige Gesamtmenge der kumulierten H. ist das sog. effektive Hemmungspotential ($_S\bar{I}_R$). Beim Konditionieren mit verzögerter Darbietung der Verstärkung (UCS) entsteht die zeitliche oder Verzögerungs-H. (PAWLOW), *inhibition of delay* (HULL), Überlagerungs-H. (PAWLOW 1953 460). Differenzierungs-H. und induzierte H. sind auch für PAWLOWS Erklärung des Schlafs entscheidend. Die reziproke H. erklärt nach WOLPE (1968) die Gegenkonditionierung. • Die sog. örtliche H. (auch räumliche H. genannt) oder die →laterale H. ist eine sensorische H. und wird zur Erklärung scharfer visueller Umrisse durch Kontrast in der Neurophysiologie postuliert (H.felder). Erregung in einer Region der Retina wirkt als H. in der Nachbarregion. Davon abzuheben sind die von HERNANDEZ-PEON wahrscheinlich gemachten selektiven zentralen H.mechanismen zur Erklärung der Aufmerksamkeitsprozesse (durch Filterung). Zur kollateralen H. und Habituation siehe auch SOKOLOV et al. (1970), BECKER-CARUS (1981) und BIRBAUMER (1975). • Wenn bei der antagonistischen H. von Beuge- und Streckmuskeln die hemmenden Synapsen auf die Zellen zurückwirken, von denen sie erregt werden, bezeichnet man diese H. als Feedback-H. Ein Beispiel für derartige hemmende Schaltkreise von Motoneuronen ist die RENSHAW-H. • Angeborene-Auslöse-Mechanismen (→Ethologie, →AAM) haben auch eine H.sfunktion (Block). • Die soziale H. oder berufliche H. sind analogische Termini aus der Persönlichkeitspsychologie. • Zu den H.stheorien vergleiche auch KLING u. RIGGS 1971 573–576 und BIRBAUMER 1975. *B-S*

Hemmung (persönlichkeitsps. Bedeutung), in der EYSENCKschen Persönlichkeitstheorie wird das Postulat der H. als explikatives Konstrukt zur Erklärung der Dimension Extraversion/Introversion eingeführt.

Nach EYSENCK unterscheiden sich menschliche Individuen hinsichtlich der Schnelligkeit, mit der eine →reaktive Hemmung produziert wird, in der Stärke der reaktiven H. und in der Schnelligkeit, mit der die reaktive H. verschwindet. Diese Differenzen selbst sind Eigentümlichkeiten der physischen Substrate (Postulat der individuellen Differenzen). Individuen, in denen reaktive H. schnell wächst, in denen starke reaktive H. erzeugt werden und in denen reaktive H. langsam verschwinden, neigen zur Entwicklung extravertierter Verhaltensweisen und in Fällen eines neurotischen Ausbruchs zur Entwicklung hysterischer Störungen. Auf der anderen Seite gibt es Individuen, in denen sich die reaktive H. langsam entwikkelt, in denen schwache reaktive H. produziert werden und in denen sich reaktive H. schnell vermindern. Diese sind empfänglich für die Entwicklung introvertierter Verhaltensweisen (Postulat der typologischen Relevanz). *Hä-R*

Hemmung, konditionierte →Hemmung

Hemmung, reaktive, nach der Lehre von HULL eine hypothetische Variable, die die Reduktion der Intensität und der Häufigkeit bei Reaktionen erklären soll. Nach HULL werden bei Reiz-Reaktionsvorgängen Zustände herbeigeführt, die dahin tendieren, die Erregungen zu hemmen. →Reaktionspotential

Hemmung, reziproke →Verhaltenstherapie, →Hemmung

Hemmungsneurose, die meist aus erfolgtem Versagen und nachfolgender Entmutigung eingetretene Hemmung (z. B. gesellschaftliche Hemmung, Hemmung bei einer Berufsausübung, sexuelle Hemmung) im Sinne einer negativen →Autosuggestion

Hemmungstheorie der Aufmerksamkeit ⟨WUNDT⟩, die Erklärung der Aufmerksamkeit (Konzentration) als bedingt durch Hemmung aller dem beachteten Inhalt nicht zugehörigen Eindrücke

Hemmungstypus →Typologie (Reaktionstypen)

Heredität [lat. *heréditas*], Erblichkeit

HERINGsche Gegenfarbentheorie (1875), geht aus von der phänomenalen Farbordnung (→Urfarbenkreis), in der Ur- und Gegenfarben anschaulich ausgezeichnet sind.

Jeweils zwei sich gegenseitig ausschließende Urfarben bilden ein Gegenfarbenpaar (Gelb-Blau, Rot-Grün). Diesen beiden und dem Farbenpaar Schwarz-Weiß werden drei antagonistisch wirksame Sehsubstanzen zugeordnet, von denen jede zwei entgegengesetzte Empfindungen vermittelt. Bei Zersetzung (Dissimilierung) der Sehsubstanz entstehen die Empfindungen Weiß, Gelb, Rot, bei Aufbau (Assimilierung) Schwarz, Blau und Grün. Mischfarben resultieren aus der Dissimilierung bzw. Assimilierung zweier verschiedener Substanzen, während Gleichgewicht zwischen den antagonistischen Prozessen zur Empfindung Grau führt (→Eigenlicht der Netzhaut). – Obwohl derartige Substanzen nicht bekannt sind, sprechen elektrophysiologisch nachweisbare retinale Aktivierungs- und Hemmungsmechanismen an den Synapsen für die HERINGsche Theorie (HARTLINE, 1938; KUFFLER, 1953; SVAETICHIN, 1958). Ⓛ JUNG u. KORNHUBER *Str-R*

HERINGscher Fallversuch, Kugelfallversuch. Ein Verfahren zur Untersuchung der Tiefenwahrnehmung. Der Beobachter sieht in einem sog. Tiefenwahrnehmungsapparat bei ein- und zweiäugiger Betrachtung Kugeln fallen, deren Entfernung er anzugeben hat.

HERINGsche Sternfigur, geometrisch-optische Täuschung. Die zwei Parallelen in der Mitte erscheinen ausgebogen. Vgl. Abb.

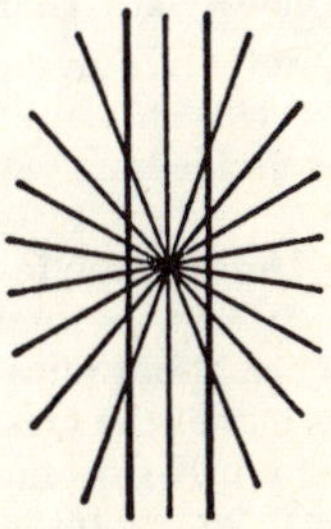

HERINGscher Farbenkreis →Urfarbenkreis

*

HERING, Ewald / 1834–1918 / Physiol. / Wien, Prag, Leipzig

Hermaphroditismus →Sexualität (Tabelle)

Hermeneutik [gr. *hermeneutiké techné*], ursprünglich theologisch Kunst der Auslegung, dann philosophisch und historisch (seit SCHLEIERMACHER) universale Lehre des

H

Verstehens und Auslegens und dies (seit DILTHEY) im Gegensatz zum (naturwissenschaftlichen) Erklären aus Gesetzes-Hypothesen.

Während philosophisch über sprachanalytische und existenz-ontologische Konzeptionen (im Anschluß an HEIDEGGER und WITTGENSTEIN) eine Radikalisierung in Richtung auf eine transzendentale H. erfolgte, konstituierte sich in Abhebung von positivistischen Theoriebildungen und empirischen Methoden die Geisteswissenschaftliche Psychologie und Pädagogik, deren Selbstverständnis vom Programm einer reflexiven und pragmatischen H., d.h. der Erschließung der vergangenen und vorfindbaren Sinngehalte der individuellen, gesellschaftlichen und erzieherischen Wirklichkeit, bestimmt ist. →Einfühlung, →Empathie, →Verstehen *Mü-E*

Heroin, halbsynthetisches Morphinderivat mit stark schmerzhemmender und euphorisierender Wirkung. H. führt sehr leicht und schnell zu Drogenabhängigkeit bzw. Sucht. →Sucht *J-E*

Herstellungsverfahren →psychophysische Methoden

Hertz, nach dem Physiker H. HERTZ benannte Maßeinheit der Schwingungszahl pro Sekunde; abgek.: Hz.

*

HERTZ, Heinrich / 1857–1894 / Physik. / Berlin (Ass. v. HELMHOLTZ), Kiel, Karlsruhe

Herzfrequenz →Pulsfrequenz

HESCHLsche Windung, auch H. Querwindung gen. Sie liegt im *Gyrus temporalis superior* und enthält die Hörsphäre.

*

HESCHL, Richard Ladislaus / 1824 (Steiermark)–1881 / Med. / Univ. Krakau, Graz, Wien

Ⓔ **hetero…, heter…** [gr. *heteros* anders, fremd], in Wortzusammensetzungen Bez. für fremd, verschieden, ungleich, Ggs. homo…

heterogamet, Heterogametie [gr. *gamétes* Gatte], ungleicherbig, besonders in bezug auf die Geschlechtschromosomen. →Heterozygot. Das männliche Geschlecht ist h., denn es besitzt ein X-Chromosom und ein Y-Chromosom; das weibliche Geschlecht ist homogamet.

heterogen, ungleichartig, verschiedene Bestandteile enthaltend, Ggs. →homogen, →Homogenität

heterogene funktionale Gebundenheit, nach DUNCKER (1935, 103) fehlt die →Verfügbarkeit über einen Gegenstand, der zur Problemlösung verwendet werden müßte, wenn er im selben Zusammenhang vorher schon einmal in einer anderen (heterogenen) Weise (Funktion) als gegenwärtig gefordert benutzt worden ist. Die Aufhebung der h.f.G. ist nur durch →Umzentrieren oder Umstrukturieren (→Denken) möglich. *B-S*

heterogene Strichprobenvarianz liegt dann vor, wenn die für zwei oder mehrere Stichproben ermittelten →Varianzen in ihrer Größe signifikant verschieden sind. Dies läßt sich mittels verschiedener statistischer Verfahren (z.B. →BARTLETT-Test, →F-Test) überprüfen. →homogene Stichprobenvarianz *Mi-A*

Heterogenität →Homogenität (Test)

Heterogonie, Entstehen von Neuem, Nichtangelegtem.

WUNDT hat als »Heterogonie der Zwecke« das Auftreten anderer als der beabsichtigten Zwecke bezeichnet. Eine ursprüngliche Zwecksetzung verändert sich nach Art, Richtung und Stärke, »bringt außer den im Motiv vorgebildeten Zwekken weitere, unmittelbare, nicht bezweckte Wirkungen hervor«. HELLPACH weist auf diese H. hin als besonderes Prinzip, das »alle synthetisierenden Prozesse im Wirklichkeitsgeschehen schon in der anorganischen Natur beherrscht«. Domäne der H. ist besonders das sozialpsychische Geschehen bei den Motivwandlungen und Triebkräfteveränderungen intensiver, extensiver, direkter und qualitativer Art. ● H. (biolog.) →Generationswechsel

Heterohypnose →Autohypnose, →Hypnose

Heteronomie, Fremdgesetzlichkeit. Die Abhängigkeit von »außen« = nicht aus sich heraus. Ggs. Autonomie.

Heteroscedastizität, syn. Varianzheterogenität. →Homoscedastizität

heterosensoriell →homosensoriell, →Assoziationsformen

heterosexuell →Sexualität (Tabelle)

Heterostase →Homöostase

Heterostereotyp →Stereotyp

heterozygot, Heterozygotie [gr. *zygon* Joch, Verbundensein], ungleichgepaart, mischerbig, ein Individuum ist in bezug auf ein bestimmtes Merkmal h., wenn die beiden →Allele des dafür zuständigen →Gens verschieden sind. Bei den Nachkommen kann daher dieses Merkmal in verschiedener Ausprägung auftreten. →homozygot *Sch-S*

HETR Ⓣ HETZER

heuristisch [gr. *heurísko* finde], etwas, das brauchbar ist zum Finden neuer Tatsachen. Z.B. kann eine Hypothese, die noch ungesichert ist, »heuristisch« brauchbar sein. →Denken, heuristische Methoden, →GPS

heuristische Regeln, (arbeitsps.) Regeln zur Verbesserung der Arbeitsplanung nach der Strategie der Ziel-Mittel-Weg-Diskussion. Vgl. die »Konferenzmethode« des →TWI sowie →Formalstufentheorie.

Hexenglaube →Dämonenglaube

hexis, Bez. von GUILFORD (1959) für eine Disposition, die bewirkt, daß sich jemand in einem begrenzten Bereich von Situationen konstant verhält. Im hierarchischen Persönlichkeitsmodell von EYSENCK entspricht das h.-Niveau demjenigen der habituellen Reaktionen (→Faktorentheorien der Persönlichkeit) *Hä-R*

HEYMANSsches Hemmungsgesetz, der Schwellenwert für einen Reiz (z. B. für einen Schallreiz) wird erhöht, wenn gleichzeitig ein anderer Reiz (z. B. ein elektrischer) gegeben wird

*

HEYMANS, Gerardus / 1857–1930 / Philos., Persönlichkeitsps. / Groningen

HEYMANS-WIERSMA-Typen →Typologie, Primärfunktion

*

WIERSMA, Enno Dirk / 1858–1940 / Psychiater

HGR →psychogalvanische Reaktion

HHL, Abk. für Hypophysenhinterlappen. →Hypophyse

HHT Ⓣ HELLERSBERG

HICKsches Gesetz, variiert man in einem Wahlreaktionszeitexperiment (→Reaktionszeit) die Zahl gleichwahrscheinlicher Reiz- und Reaktionsalternativen, so erhält man einen linearen Zusammenhang zwischen dem Logarithmus der Alternativenzahl und der Reaktionszeit, der H. genannt wird (HICK 1952).

Da sich in der →Informationstheorie für den durchschnittlichen Informationsgehalt eines mit allen seinen Alternativen gleichwahrscheinlich übertragenen Zeichens der (duale) Logarithmus der Mächtigkeit des Zeichenvorrates ergibt, wurde das H. als linearer Zusammenhang von Informationsgehalt der Wahlreaktionsaufgabe und Reaktionszeit gedeutet und auf einen im Sinne der Informationstheorie optimalen mentalen Reiz-Reaktions-Code geschlossen. Für stark überlernte und/oder hoch kompatible Reiz-Reaktionszuordnungen (z. B. Lesen von Wörtern oder einstelligen Ziffern) gilt das H. nicht; die Reaktionszeit ist hier von der Alternativenzahl unabhängig. Ⓛ MITTENECKER & RAAB 1973 *G-R*

*

HICK, William Edmund / 1912–1975 / Arzt, Psychologe u. Psychotherapeut / Univ. Cambridge (England), exp. Ps. / Privatpraxis

Hierarchie, [gr. *(h)ierarchia* Amt des Oberpriesters], Rangordnung (z. B. von Personen, Dingen, Begriffen), wobei jeder Rang dem nächsthöheren untergeordnet ist; das variable Ordnungskriterium bleibt innerhalb einer H. gleich.

● Formen der H.: Persönlichkeitsmodelle als H. von →Motiven, →Eigenschaften oder →Faktoren (erster und höherer Ordnung). ● Zentren-H.: Verhaltensmuster werden nach TINBERGEN 1951 von hierarchischen Instinkten beeinflußt (HULL 1952: Reaktions-H.) →habit-Familien-Hierarchie. ● Stimmungs-H.: das Verhalten auf den gleichen Reiz hängt von der jeweiligen Stimmung ab. ● Bedürfnis-H., Motivations-H.: das vorausgegangene Bedürfnis muß erst abklingen, bevor das neue eine dominante Rolle spielt (MASLOW). ● Betriebliche u. a. H.: Organisation nach Kompetenzbereichen mit meist autoritärer Rangordnung (z. B. nach Macht, Information etc.) ● Methodik: H.theorie der Fertigkeiten, die auf SPEARMANS Ansatz der →Tetradendifferenzen aufbaut. Ⓛ TINBERGEN, MASLOW *L-R*

● In der →Grammatik gilt allgemein die →Sprache als h. strukturiert. Die von den verschiedenen grammatischen Richtungen vertretenen unterschiedlichen Auffassungen von der h. Struktur der →Sätze werden oft mit Hilfe von →Baumdiagrammen verdeutlicht. Nach MILLER, GALANTER u. PRIBRAM (1960) ist die gesamte Organisation des →Verhaltens wie die Grammatik einer Sprache hierarchisch strukturiert. *T-R*

hierarchische Theorie der Fähigkeiten →Faktorenanalyse, →Intelligenzfaktoren

hier-und-jetzt, in →Trainingsgruppen und anderen Lernformen der angewandten →Gruppendynamik verwendetes Prinzip, daß – im Gegensatz zur analyt. Bearbeitung biographischen Materials – die konkret zwischen den Gruppenmitgliedern stattfindenden Interaktionen Gegenstand des Lernens und der Gruppenentwicklung sind. *A-S*

Hilfenmethode →Gedächtnismethoden

Hilflosigkeit, gelernte (Theorie), *learned helplessness,* von SELIGMAN 1975 begründeter Versuch, die Entstehung der reaktiven →Depression zu erklären, der ursprünglich Beobachtungen aus alten Tierexperimenten von N. F. R. MAIER (und Replikationen davon) benutzt: Versuchstiere können sich aversiven Reizen (Schocks) nicht entziehen und reagieren auf diese Erfahrung »hilflos« mit Fixierung von nicht-adaptivem Verhalten. In der humanps. Theorie, die von ABRAMSON, SELIGMAN, TEASDALE (1978) revidiert worden ist, wird mit kognitivistischen Annahmen operiert, z. B. mit der, daß Personen die Abhängigkeit oder Nicht-Ab-

H

hängigkeit der Ereignisse (Konsequenzen), auf die ihre Handlung gerichtet ist, von ihren Handlungen wahrnehmen. Wiederkehrende Wahrnehmungen von Nicht-Abhängigkeit werden generalisiert. Es handelt sich also um Nicht-→Attribuierung von Kausalität. SAUER u. MÜLLER (1980) liefern kritische Argumente gegen die Brauchbarkeit der Theorie. Ⓛ SELIGMAN 1980 *B-S*

Hilfsbereitschaft →Altruismus, →helfendes Verhalten

Hilfsfunktion →Hauptfunktion

Hināyāna [Pāli], »Kleines Fahrzeug«, Urbuddhismus, Lehre des historischen BUDDHA. Sein Heilsweg, der achtteilige »hohe Pfad«, ist ein ps. System zur Selbsterlösung. Mahayana = »großes Fahrzeug«, Bez. für den späteren Buddhismus, in dem BUDDHA zum Weltprinzip, bzw. vergöttert wurde. Ⓛ v. GLASENAPP, HEILER *S-G*

Hindernis beseitigen Ⓣ KÖHLER

Hinderniskasten [engl. *obstruction box*], ein von WARDEN 1926 zur Messung von Triebstärken eingeführter Apparat. Das Versuchstier hat, um zu einer Belohnung zu gelangen, ein elektrisches Gitter zu passieren, wobei es elektrisiert wird.

Hintergrundreaktion, ein von K. SCHNEIDER eingeführter Begr.: In besonderer, auch inadäquater Art wird reagiert, weil dahinter ein Vorgang steht, der die neue Reaktion beeinflußt. »Von dem nicht erlebten und nicht erlebbaren Untergrund der Erlebnisreaktionen ist der erlebte Hintergrund mancher Erlebnisreaktionen zu unterscheiden.«

Hinterhauptlappen, Occipitallappen →Gehirn

Hinterhirn →Gehirn

Hinweisreiz →*cue*

HIPF, Hochschule für Internationale Pädagogische Forschung in Frankfurt a. M. Jetzt →DIPF.

Hippokampus [gr.-lat. *hippos* Pferd, *kampe* Raupe. Pferd, dessen Hinterleib in einen raupenförmigen, geringelten Fischkörper und -schwanz ausgeht. Fabeltier, auch Seepferdchen, auch Ammonshorn], Teil des Gehirns, der sich von der Innenseite des Schläfenlappens bis in das Unterhorn des Seitenventrikels erstreckt.

Zugleich Teil des →limbischen Systems. Funktional wird dem H. in jüngster Zeit eine zentrale Rolle bei der Gedächtniskonsolidierung zugesprochen, speziell bei der Umkodierung und Übertragung von Informationen aus dem primären in das sekundäre Gedächtnis. So führt zunehmende Zerstörung des H. steigend zur vollständigen Unfähigkeit, neues verbales Lernmaterial zu behalten. Ⓛ SCHMIDT u. THEWS 1980, BECKER-CARUS 1981 *B-C*

HIPPOKRATische Typen →Typologie (Temperamente)

*

HIPPOKRATES, / um 460 v. Chr. (Insel Kos) – 377 (Larissa, Thessalien) /»Vater der Heilkunde«, entwickelte die ärztl. Auffassungen der klassischen Zeit der antiken Medizin

Hirnanhang →Hypophyse

Hirnentwicklung →Gehirn

Hirnfunktionen, (1) Informationsaufnahme, -speicherung, -verarbeitung; (2) Kontrolle der motorischen Reaktionen; (3) Kontrolle körpereigener Regelvorgänge. →Gehirn *R-S*

Hirnläsion, Hirnverletzung, Hirnschädigung, insbes. Bez. für solche Schäden (Gewebeveränderungen), bei denen keine oder nur vage Angaben zur Verursachung gemacht werden können oder die durch Kopfschuß entstehen (GELB u. GOLDSTEIN 1920). Vgl. Hirnschädigung

Hirnquetschung →*contusio cerebri*, →*compressio cerebri*

Hirnreizung, Bez. für die elektr. Auslösung von Verhaltensweisen über ins Gehirn implantierte Mikroelektroden

Hirnschädigung, Sammelbez. für Störungen im Zentralnervensystem versch. Genese und Auswirkung, z. B. vor der Geburt: durch Viren, Gifte, Medikamente, Vitaminmangel; bei der Geburt: durch Verletzung, Sauerstoffmangel; im weiteren Lebensablauf: durch Schädelbruch, Cerebralsklerose. Frühkindliche H., Bez. für Schäden nach Einwirkungen zwischen 6. Schwangerschaftsmonat und Ende des 1. Lebensjahres LEMPP 1978[3]

Hirnsklerose-Syndrom, von A. v. STRÜMPELL 1879 beschriebene, vorwiegend bei Kindern auftretende Krankheit. Geht u. a. mit Lähmungen, Krämpfen, intellektuellem Abbau, Taubheit, →Amaurose einher.

Hirsutismus [zu lat. *hirsutus* struppig], abnorme Körperbehaarung bei Frauen (z. B. Brustbehaarung, Bartwuchs). Zeichen bei →Virilismus

Histamin [Kurzwort aus Histidin und Amin], Gewebshormon, Neurohormon. H. spielt eine Rolle bei der Entstehung von Schmerz und Allergien. *J-E*

Histogramm →Häufigkeitsverteilung

historische Psychologie →Psychologie (Richtungen)

HIT Ⓣ HOLTZMAN

Hochschuleingangstest (HET). Das im Hochschulrahmengesetz (§ 33) formulierte Verfahren für den Hochschulzugang sieht für Studiengänge mit Zulassungsbeschränkung (wegen einer zu geringen Zahl von Studienplätzen), zusätzlich zu den allgemeinen Verfahren aufgrund von Abiturnoten, ergänzend Auswahlverfahren vor. Diese sollen dann angewandt werden, wenn unvertretbar hohe Anforderungen an die Qualifikation gestellt werden, oder wenn das allgemeine Verfahren den Studienbeginn für den Bewerber unangemessen verzögern würde. Ein solcher HET soll neben den Leistungsnachweisen über Abiturnoten für die harten Numerus-Clausus-Fächer (z. B. Medizin, Psychologie) eine studienfeldspezifische Hochschuleignung feststellen. Ein erster HET wird z. B. für das Studienfach Medizin erprobt. Ausgangspunkt für den Testentwurf bildeten empirisch ermittelte Anforderungsprofile, welche mit verschiedenen Maßen des Studienerfolges in Beziehung stehen. Da mit einem solchen Test spezifische Anforderungsmerkmale erfaßt werden müssen, wurden systematische Studienplatzanalysen durchgeführt. In einer Voruntersuchung wurden 80 Untertests auf ihre Anwendbarkeit überprüft und auf 27 reduziert. Folgende Merkmalsbereiche haben sich für den HET Medizin als relevant erwiesen: differenzierte Wahrnehmung, räumliches Vorstellen, mittelfristiges Gedächtnis, intellektuelle Fähigkeiten, Verständnis für naturwissenschaftliche Fragen, sorgfältiges Arbeitsverhalten, Hand-Fingergeschicklichkeit und Auge-Handkoordination. Im Rahmen der Testkonstruktion wurden schichtspezifische Einflüsse und Beziehungen zu Persönlichkeitseigenschaften untersucht. Beide Effekte haben sich als nicht wirksam erwiesen. Da der HET als Auslesetest keine absolute Gültigkeit hat, soll er ein zusätzlich zu anderen Kriterien verwendbares Auswahlmaß darstellen. Ⓣ TROST *Hä-R*

Hodologie [gr. *hodos* Weg], Lehre vom Weg. Von K. LEWIN eingeführter Begr. →topologische und Vektor-Psychologie, →Umweghandlung

Hof-Effekt [engl. *halo effect*], nach ALLPORT, THORNDIKE u. a. die »Überstrahlung«, die einzelne Eigenschaften, der Gesamteindruck, best. Strukturmerkmale u. ä. besitzen. Ein »guter Gesamteindruck« bessert weniger gute Eigenschaften auf.

HOFFMANNscher Reflex, syn. Fingerreflex, Knipsreflex, ein Eigenreflex, der gesteigerten Muskeltonus, evtl. auch pyramidale Schädigung nachweisen kann

*

HOFFMANN, Paul A. / 1884–1961 / Neurophysiologe / Freiburg

Hoffnung, (allg.), seelische Verfassung des Herausstrebens aus einem schwer erträglichen Zustand und Entbehren. H. richtet sich auf etwas jenseits der eigenen Reichweite. H. ist frei von Forderungen und trägt der Möglichkeit Rechnung, daß es anders kommt, als man wünscht. • H. als philosoph. Prinzip und unbestimmtes Offensein für die Zukunft vertritt (mit Ausstrahlungen bis in die Theologie hinein) heute E. BLOCH mit seinem Begr. der »prozeßhaft-konkreten Utopie«, dem »methodischen Organ für das Neue«, dem »objektiven Aggregatzustand des Heraufkommenden«. • Die christliche H. ist indessen nicht nur unbestimmtes Offensein für die Zukunft, sondern Erwartung der Parusie. Ⓛ BLOCH, JASPERS, MANN, TILLICH *S-G*

Hoffnungslosigkeit, eine Folge eines wahrgenommenen Kontrollverlusts (→Verstärkerkontrolle). STROEBE u. a. (1980) verweisen darauf, daß H. eine lebensverkürzende Wirkung haben soll. →Hilflosigkeit, gelernte, →Anomie *B-S*

HÖFLERsche Täuschung, eine →geometrisch-optische Täuschung ähnlich der HERINGschen Sternfigur

*

HÖFLER, Alois / 1853–1922 / Psych., Päd. / Prag, Wien

Höhendisparation →Querdisparation

Holismus [gr. *hólos* ganz], Ganzheits- und Zweckbetrachtung alles biologischen Geschehens. Ⓛ MEYER-ABICH

HOLMGRENsches Verfahren →Farbenproben

*

HOLMGREN, Alarik Frithiof / 1831–1897 / Physiol. / Upsala

Ⓔ **holo...** [gr.] in Wtvb. ganz, unversehrt

Hologramm →Holographie

Hologrammtheorie des Gedächtnisses, Theorie, die das Einlesen, Speichern und Reproduzieren, aber auch das Recodieren und Vergleichen von Informationen in Neuronennetzwerken wie dem Cortex mit der gleichen mathematischen Struktur erklärt, die auch für die physikalische (Licht-)→Holographie gilt.

Die H. basiert auf dem anatomischen und physiologischen Nachweis, daß die corticale Erregungs-

H

ausbreitung durch raum-zeitlich periodische Funktionen, mittels der →FOURIER-Analyse also letztlich durch sich überlagernde Sinusschwingungen analog den elektromagnetischen Schwingungen im Lichthologramm, zureichend beschrieben werden kann, die für holographische Prozesse charakteristischen raum-zeitlichen Interferenzen also im Nervengewebe grundsätzlich möglich sind. Die H. vermag wichtige kognitive Phänomene mit neurophysiologischen Gegebenheiten in Einklang zu bringen: z. B. schnelle Vergleichsprozesse, Invariantenbildung bei der Mustererkennung, Abstraktion und Speicherung des Wesentlichen bei komplexen Reizen (etwa Bildern und Texten), Scheitern des Versuches, Speicherplätze für bestimmte Gedächtnisinhalte physiologisch zu lokalisieren, Aufrechterhaltung von Funktionen bei Hirnschädigungen usw. Ⓛ PRIBRAM 1971 *G-R*

Holographie, 1948–1951 entwickeltes Verfahren, auf normalem photographischem Schwarzweißfilm hoher Auflösung räumliche Bilder von räumlichen Gegenständen ohne die in der Photographie übliche Linsenoptik zu speichern. Ein normal entwickeltes holographisch belichtetes Filmstück oder eine Filmkopie davon wird Hologramm genannt.

Der physikal. Grundgedanke ist, daß der Teil des von einem beleuchteten Körper reflektierten Lichtes, der eine zu ihrer Verbindungslinie zum Körper senkrechte Ebene durchdringt, zur Rekonstruktion eines räumlichen Bildes aus jeder durch die Ebene hindurch möglichen Perspektive ausreicht, wenn man für jeden Ebenenpunkt Amplitude und Phasenlage des reflektierten Lichtes kennt. Wird ein Körper mit kohärentem Licht (d. h. Licht mit gleichphasigen Schwingungen in der gesamten Apertur, durch Laser erzeugbar) beleuchtet, so lassen sich Intensität und Phasenlage des reflektierten Lichtes für jeden Punkt der fraglichen Ebene durch Interferenz mit einem zweiten kohärenten Lichtstrahl gleicher Frequenz sichtbar machen und auf einem in ihr angebrachten Film photographisch registrieren. Die Helligkeitsverteilung auf dem Hologramm hat unter normalem Licht betrachtet keinerlei manifeste Ähnlichkeit mit dem abgebildeten Gegenstand. Durchleuchtet man das Hologramm jedoch mit einem kohärenten Lichtstrahl der bei der Aufnahme benutzten Frequenz, so entsteht hinter dem Film die gleiche räumliche Interferenzstruktur wie bei der Aufnahme, die als virtuelles räumliches Bild des ursprünglichen Gegenstandes für einen Betrachter auf der der Lichtquelle abgewandten Seite durch den Film hindurch sichtbar wird. Zu den besonderen Eigenschaften dieses Bildes gehört es, daß sich beim Ortswechsel des Betrachters die Perspektive exakt wie bei der Wahrnehmung eines räumlichen Gegenstandes verschiebt (was mit keiner anderen stereoskopischen Technik möglich ist, →Stereoskop) und daß jedes Teil eines zerschnittenen Hologrammes das ganze Bild zu rekonstruieren erlaubt, wenn auch mit verringerter Auflösung (Schärfe) und Helligkeit. Die Ähnlichkeit dieses Phänomens mit bestimmten Eigenschaften des menschlichen Gedächtnisses (Vergessen von Details und Behalten des Wesentlichen, Erhaltung vieler Funktionen und Gedächtnisinhalte bei lokalen Schädigungen) war einer der Anstöße für die →Hologrammtheorie des Gedächtnisses. Ⓛ FRANÇON 1972 *G-R*

Holophrase, holophrastische Äußerung, nach WERNER (1959) vorlinguistische Form einer sprachlichen Äußerung bei Kleinkindern, Primitiv-Völkern u. Geisteskranken, die aus einem einzigen sprachlichen Zeichen besteht.

Dieses steht noch nicht konstant für einzelne abgegliederte Gegenstände oder Tätigkeiten, sondern drückt jeweils eine konkrete Gesamtsituation aus, die Gegenstände und Handlungsabläufe ebenso umfaßt wie emotionale Qualitäten; es sollte daher weder als Wort noch als Satz – also auch nicht als →Ein-Wort-Satz – bezeichnet werden. (Z. B. äußert ein Kind »Ball« einmal, wenn es seinen verlorenen u. dem Gesichtsfeld entschwundenen Ball wiedererlangen möchte; aber auch beim Anblick des Mondes, auf den es hinweisen möchte.) Zum Verständnis einer H. ist die Gesamtsituation, in der sie geäußert wird, als vereindeutigender →Kontext (→Bedeutung) erforderlich; zu ihrer Übersetzung in die Sprache des Erwachsenen wird ein ganzer Satz benötigt. Ein ebenfalls nur aus einem einzigen Wort bestehender Befehl (z. B. »geh!«) ist daher weder eine H. noch ein →Agrammatismus. Entwicklungs-psycholinguistische Aspekte (→Sprachentwicklung) der H. wie auch des →Telegrammstils und einer →Pivot-Grammatik bespricht BROWN (1973). Er betont die Überlegenheit einer *»rich interpretation«* (der Einbeziehung auch semantischer und pragmatischer Relationen, z. B. durch BLOOM 1970) gegenüber einer *»lean characterisation«* (der ausschließlichen Annahme einer Basis von grammatikalischen Regeln im Sinne von CHOMSKYS Kompetenz, z. B. durch MCNEILL 1966 u. 1970) bei der Erklärung dieser kleinkindlichen Sprachäußerungen. *G-N*

holotop [zu gr. *holos* ganz, *topos* Ort], bez. die Lage eines Teils (z. B. Organs) zum Ganzen

holotrop →Affinität

Hölzeln, volkstümliche Bez. für →*sigmatismus lateralis.*

HOMANS'Theorie der sozialen Prozesse →soziale Prozesse

Homburger Marionettentest, Projektionstest mit Marionetten als Testmaterial. Ähnlich dem Sceno-Test (Ⓣ STAABS).

Homeostase →Homöostase

Homilopathie, syn. Verkehrspsychose, von KRAEPELIN eingeführte Bez. für psychogene Erkrankungen im Gefolge von Auseinandersetzungen mit der Umwelt (z. B. Unfallneurose, Verfolgungswahn der Schwerhörigen)

Homo [lat. *homo* Mensch], der Mensch im umfassenden Sinne. • In der anthropologischen Systematik ist *h. sapiens* der heutige Menschentypus, *h. primigenius* der Urmenschentyp des Diluviums *(h. heidelbergensis, h. mousteriensis, h. neandertalensis).*

Homo →Sexualität (Tabelle)

Ⓔ **homo-, homoio-** [gr. *hómos, homoios* gleich, ähnlich], Vorsilben, die die Gleichartigkeit (Gleichheit, Ähnlichkeit) anzeigen. Ggs. hetero-, allo-.

Homoerotik, Homoerotismus →Sexualität (Tabelle)

homogamet, Homogametie, gleicherbig, gleichanlagig (wie →homozygot), besonders bezogen auf die Geschlechtschromosomen

homogen, gleichartig, in der Ps. wird h. sprachgebräuchlich benützt, z. B.: h. Tests, h. nach Mittelwerten, h. nach Varianz.

homogene Stichprobenvarianz liegt dann vor, wenn die für zwei oder mehrere Stichproben ermittelten →Varianzen in ihrer Größe nicht signifikant verschieden sind. Die Homogenität der Stichprobenvarianzen ist für die Anwendung verschiedener statistischer Verfahren (z. B. →Varianzanalyse) Voraussetzung und kann u. a. mittels →BARTLETT-Test und →F-Test überprüft werden. *Mi-A*

Homogenität, Gleichartigkeit. In der Statistik wird der Begr. der H. bzw. Heterogenität zur Kennzeichnung der Gleichartigkeit bzw. Ungleichartigkeit von statistischen Kennwerten (z. B. Varianzen) benutzt. • In der Testkonstruktion bezieht sich die Gleichartigkeit bzw. Ungleichartigkeit auf die einzelnen Testaufgaben bzw. auf einen gesamten Test.

»H. bedeutet dabei inhaltliche Einheitlichkeit bei vollkommen erhaltener Unabhängigkeit der einzelnen Aufgaben voneinander« (LIENERT 1969). Mit homogenen Tests lassen sich im allgemeinen nur ganz bestimmte Merkmale erfassen. Umfangreichere Konstrukte wie Intelligenz oder Persönlichkeitsmerkmale lassen sich nur mit heterogenen Aufgaben bzw. heterogenen Untertests erfassen. Als ein quantitatives Maß für die H. hat LOEVINGER einen H.index entwickelt. Er stellt eine Art Korrelationskoeffizienten dar, bei dem verschiedene Varianzen miteinander verglichen werden. Während die innere Konsistenz nur einen Aspekt der Reliabilität darstellt, ist bei der H. der Bezug zum Konstrukt, das gemessen werden soll, hergestellt. *Hä-R*

Homogenitätsindex, Maßzahl zur quantitativen Bestimmung der →Homogenität eines Tests.

Ein Test wird dann als homogen bezeichnet, wenn er sich aus gleichartigen Aufgaben zusammensetzt. Während die →Konsistenz als instrumentelle →Reliabilität bezeichnet werden kann, spricht man von der Homogenität als der funktionalen Reliabilität (LIENERT 1969). Bei einem homogenen Test würden also alle Aufgaben die gleiche Dimension messen. Ein Maß für die quantitative Ausprägung der Homogenität eines Tests stellt der H. dar. Über die Methode der →Faktorenanalyse der Aufgaben kann man ebenfalls ermitteln, ob der Test homogen oder heterogen ist. *Hä-R*

homolog [gr.], übereinstimmend

Homologie, die Übereinstimmung von Organen und Geweben in Bau und Funktion. • Entwicklungsgeschichtlich deren Übereinstimmung nach dem Ursprung • Stammesgeschichtliches Vergleichsprinzip, das die Lage unabhängig von der Funktion (dies wäre »analog«) berücksichtigt. • Weitere H.kriterien sind: spezielle Qualität der Strukturen und Stetigkeit (Verknüpfung durch Zwischenformen). *R-S*

homo ludens [lat. *ludens* spielend], der spielerische Mensch, bei dem zugleich die schöpferischen, explorativen Interessen betont sind (HUIZINGA).

Homomorphie, ein System A ist einem System B homomorph, wenn von jedem Bestandteil von A und von jeder Relation zwischen Bestandteilen von A auf einen Bestandteil von B bzw. auf eine Relation zwischen Bestandteilen von B geschlossen werden kann, jedoch nicht umgekehrt. *homomorph* heißt etwa soviel wie »grob ähnlich«. Ⓛ KLIR-VALACH

Homomorphismus (math.), →Abbildung einer Menge von Urbildern x auf eine Menge von Bildern y und zugleich von Urbildrelationen R, die zwischen einzelnen x gelten, auf Abbildrelationen S, die zwischen einzelnen y gelten.

Gilt zwischen zwei (oder mehr) Urbildern eine Urbildrelation (z. B. x_1 ist schwerer als x_2), so gilt für ihre Bilder die durch den H. der Urbildrelation zugeordnete Abbildrelation (z. B. die Fläche y_1, die in einer homomorphen graphischen Abbildung das Gewicht von x_1 repräsentiert, ist größer als die Fläche y_2, die das Gewicht von x_2 wiedergibt; die Größer-Relation für Gewichte im Urbild, R_i, wird durch die Größer-Relation für Flächen in einer Zeichnung, S_i, dargestellt). Die

H

H.relation ist asymmetrisch, d. h. ihre Umkehrung gilt im allgemeinen nicht. Untechnisch gesprochen bedeutet homomorph soviel wie vergröbert ähnlich. Das homomorphe Bild gibt also nur einen Teil der im Urbild geltenden Relationen wieder, so daß dieses aus dem Abbild nicht mehr vollständig rekonstruierbar ist. *G-R*

homonym [gr.], gleichnamig

Homonymie, bezieht sich auf die Zuordnung von →Zeichenform und Bezeichnetem bzw. →Bedeutung (→Semiotik). H. liegt vor, wenn zwei oder mehr Bezeichnete bzw. Bedeutungen dieselbe Form haben (z. B. Bergpaß und Reisepaß als Paß). H. ist damit in gewisser Weise ein Gegensatz zur →Synonymie.

Schwierigkeiten bereitet die Abgrenzung der H. von der Polysemie, jenem Fall, in dem die zwei oder mehr Bedeutungen derselben Form als Varianten einer Grundbedeutung aufgefaßt werden (z. B. Amt als Institution und Amt als Berufsrolle). In diesem Fall werden beide Bedeutungen im Lexikon (→Wörterbuch) einem Eintrag zugeordnet, im Falle der H. jedoch zwei Einträgen. Die Grundlage für die Zuordnung zweier oder mehrerer Bedeutungen zu einem bzw. mehreren lexikalischen Eintragungen bildet die etymologische Analyse der Bedeutungen. Statt von Homonymen spricht man bei lautlicher Realisierung der Sprachkörper auch von Homophonen und bei schriftlicher Realisation von Homographen. Ⓛ LEECH 1974 *E-P*

Homo-Oeconomicus-Modell, das der S-R-Verstärkertheorie (→Verstärkung) und der Theorie des sozialen Austausches (→Interaktion) zugrunde liegende Menschenbild, demzufolge das Verhalten (Handeln) fast ausschließlich durch positive Anreize (Belohnungen) bestimmt sein soll. Die »Maximierung des eigenen Nutzens« (Rationalität der Entscheidungen) wird jedoch von manchen Wirtschaftswissenschaftlern und -psychologen (z. B. KATONA) nicht als ausreichende Erklärung des Konsumverhaltens angesehen. →soziales Dilemma Ⓛ FREY u. STROEBE 1980 *B-S*

Ⓔ **homöo-, homoeo-** [gr.], in Wortvb.: ähnlich

Homöostase [gr.], Bez. für das Prinzip, daß alle Organismen gegenüber den sich verändernden Lebensbedingungen die Tendenz zeigen, das von ihnen erreichte Gleichgewicht (Fließgleichgewicht nach BERTALANFFY) zu erhalten oder wiederherzustellen.

So werden z. B. trotz dauernd wechselnder äußerer und innerer Bedingungen die Körpertemperatur oder der Zuckerspiegel des Blutes oder der osmotische Druck in engen Grenzen konstant gehalten. Die für die H. erforderlichen Regulierungen (Wärmehaltung, Sauerstoffbedarf, Wasserbedarf usw.) erfolgen auch über psychisch relevante →Bedürfnisse wie Hunger, Durst, Schlaf, usw. ● Das Prinzip wurde oft erkannt, so von G. TH. FECHNER als »Princip der Tendenz zur Stabilität« (1873) mit der Formulierung, daß jede Entwicklung einem Maximum an Stabilität zustrebe. Claude BERNARD nannte schon früher (1859) den gleichen Vorgang Konstanterhaltung des inneren Milieus. Unserer Zeit angepaßt hat W. B. CANNON das Prinzip mit seiner Arbeit »The Wisdom of the Body« (1932). Er führte auch den Begr. *homeostasis* ein. ● Mit Heterostase werden die dem homöostatischen Verhalten entgegenstehenden Tendenzen belegt, die irreversibel vom status quo wegleiten und zu neuen, sei es wieder gefestigten oder auch ungefestigten Zuständen führen (letztlich zu Abbau, Verfall, Tod). Ⓛ CANNON, MENNINGER

Homophonie, gleiche phonetische Struktur lexikalischer Einheiten (→Wörterbuch) verschiedener semantischer Bedeutung (z. B.: Rad/Rat wird beide Male als */rat/*realisiert oder im Engl. *see/sea/see/c* als */sie/*). H. ist eine Ausnahme innerhalb eines Sprachsystems, da sie die Kommunikation erschwert, die Bedeutung ist nur durch den →Kontext erfaßbar. Sie bietet innerhalb der diachronischen Linguistik (Sprachgeschichte; →Sprache) die Möglichkeit, Neutralisationen (→Phonologie), Instabilitäten und Variationen festzustellen. *K-N*

Homophonie, mnemische, von SEMON eingeführter Begr. für das Zusammenklingen einer mnemischen und einer aktuellen Erregung (Erinnerung u. Empfindung) als Voraussetzung für das Wiedererkennen bzw. Unterschiedempfinden.

Homoscedastizität, syn. →Varianzgleichheit. Wird z. B. eine Meßwertverteilung in mehrere Klassenintervalle unterteilt und sind die Streuungen in den einzelnen Klassen homogen, so spricht man von H. Liegt keine H. vor, spricht man von Heteroscedastizität. *Hä-R*

homosensorielle Reproduktionen ⟨ZIEHEN⟩, Reproduktionen aus dem gleichen Sinnesgebiet. Ggs. heterosensorielle R.

Homosexualität →Sexualität (Tabelle)

homozygot, Homozygotie [gr. *zygon* Joch, Verbundensein], gleichgepaart, reinerbig, ein Individuum ist in bezug auf ein bestimmtes Merkmal h., wenn die beiden →Allele des dafür zuständigen →Gens gleich ausgebildet sind. →heterozygot *Sch-S*

Horde, Anfang der (Volks-)Gruppenbildung. Nach WUNDT analog dem Begriff Tierhorde ein Zusammenschluß ohne spezifische innere Bindungen im Ggs. zum Stamm und Clan.

Hören, tonales Hören, *audition,* die durch die Funktion des Ohres vermittelte Wahrnehmungsart. Zu unterscheiden sind Ton- und Geräuschempfindungen.

Die sie auslösenden Reize sind die Schallwellen (Luftschwingungen). Merkmale der Gehörsempfindungen sind: (1) Intensität (Lautstärke). Sie ist bestimmt durch die Schwingungsweite (Amplitude) der Schallwellen. (2) Qualität (Höhe, Klangcharakter). Sie wird durch die Frequenz der Schwingungen bzw. durch die Überlagerung mehrerer Frequenzen bedingt. (3) Dauer. →Ohr, →Gehörvorstellungen, →räumliches Hören, →Geräusch, →Ton, →Grundton, →Obertöne, →Hörschwelle. • In die Erforschung des Hörens teilen sich Gehörphysiologie und Gehörpsychologie (hierzu auch Musikpsychologie). Ⓛ BLUME, ELSENHANS, GILDEMEISTER, HORNBOSTEL, REVESZ, ROHRACHER, SCHEMINZKY, WELLEK

Hörerforschung, psychologische, Methoden zur ps. Erforschung der Meinung der Rundfunkhörer über Sendeplan oder einzelne Sendungen. Dabei bedient sich die H. der Methoden der →Meinungsforschung. Grundmethoden sind das →Interview und der Studiotest. Neben der Ermittlung der Meinung des Rundfunkhörers über ein Sendeprogramm oder einen Sender werden Wünsche, Erwartungen, Hörstile, Höreranteil, Hörerverteilung und -zusammensetzung zu verschiedenen Zeiten oder der Beliebtheitsgrad einzelner Sendereihen oder -typen zu erfassen versucht. Hilfsmittel sind: Fragebogen, Interviews, elektromechanische Analysiergeräte, Diskussionen u. a. →Massenmedien. *B-H*

Hörfläche, wird in ein Koordinatensystem auf der Abszisse die Tonfrequenz (Hz) und auf der Ordinate der Schalldruck (Mikrobar) abgetragen und werden weiterhin →Hörschwelle und Fühlschwelle (Übergang in Schmerzempfindung) eingezeichnet, so entsteht zwischen diesen beiden Kurven die H., die den Bereich menschlichen Hörens veranschaulicht. →Lautstärke

Hörgrenzen →Hörschwelle

Hörigkeit, bis zum Verlust der Selbständigkeit gehende Abhängigkeit, besonders in geschlechtlicher Hinsicht, ohne eigentliche Perversität

Horme [gr. *hormé* Drang], nach C. v. MONAKOW ein allgemeines, dynamisches Urprinzip der lebendigen Substanz. • Das angeborene, vererbte Lebens- und Entwicklungsprogramm jedes Geschöpfes.

hormische Psychologie →Psychologie (Richtungen)

Hormone [gr. *hormao* ich treibe an], die von Drüsen mit innerer Sekretion gebildeten Stoffe, auch Inkrete genannt.

Über die Blut- bzw. Lymphwege gelangen diese zu den Organen, um deren Wirken zu beeinflussen. Der Begr. H. wurde 1905 von dem engl. Physiologen H. STARLING eingeführt. – Als h. produzierende Drüsen sind bekannt: →Hypophyse, →Schilddrüse, →Keimdrüsen, →Nebennieren, →Pankreas, →Epithelkörperchen. Die endokrine Funktion von →Thymus und →Epiphyse ist nicht sichergestellt. – Neben den Drüsen kennen wir als Bildungsstätte von H. auch Teile des Hypothalamus (Zwischenhirn). Die dort gebildeten H., z. B. Adiuretin, Oxytocin, werden über den Hypophysenstiel in den Hypophysenhinterlappen geleitet. – Als Neurohormone werden chemische Stoffe bezeichnet, die an den Nervenendigungen bei deren Erregung wirksam sind, z. B. Adrenalin, Acetylcholin. – Wie H. und Psyche aufeinander wirken ist für die Ps. höchst bedeutsam. Doch ist vieles noch offen. Der Aussage, »daß alles was einen Menschen macht – physisch, geistig, sexuell und emotionell – im größten Umfang der Tätigkeit seiner endokrinen Drüsen zuzuschreiben ist« (R. G. HOSKINS, 1933), stehen heute wesentlich vorsichtigere Annahmen gegenüber. Auch FREUD würde kaum noch die Möglichkeit einräumen, »daß eines Tages die Endokrinologie, der biologische Nachbar der Psychoanalyse, diese in ihren Ergebnissen überholen wird«. Bei vielen Störungen sagt man heute, daß »das klinische Ergebnis dasselbe sein müsse, einerlei ob das endokrine oder das zentralnervöse Substrat« der Funktionseinheit Endokrinium-Nervensystem geschädigt worden ist (M. BLEULER). Die von H. BINSWANGER aufgestellten Leitsätze entsprechen dieser Auffassung:

1. Es gibt keine spezifischen Folgen von endokrinen Störungen, wenn auch einzelne Funktionsstörungen mit Häufigkeit gewisse ps. Begleiterscheinungen erkennen lassen.
2. Nicht das ganze ps. Leben spielt mit den endokrinen Funktionen zusammen, sondern vor allem das Trieb- u. Stimmungsleben. Aber keine Stimmung ist durch *ein* hormonales Geschehen bestimmt.
3. Ein einziges H. ist kaum je allein an einer Störung beteiligt, immer ist ein gestörtes hormonales Gleichgewicht im Spiel.
4. Die ps. Wirkung im endokrinen Geschehen ist weitgehend davon abhängig, welche Persönlichkeit getroffen wird, welche Konstitution, Disposition, Situation.

Ⓛ ITIL et al. 1976, LABHARDT 1971, LESHNER 1977, 1978, MASON 1972, SACHAR 1976

H

Die vorliegende Tabelle soll nur Hinweise auf die überwiegenden somatopsychischen Wechselbeziehungen bieten. Das hormonale Geschehen ist zu vielseitig aufeinander abgestimmt, um es in einer Übersicht erschöpfend darstellen zu können.

Die Hormone und ihre Bedeutung

Organ	Hormon	Normalfunktion (NF), Überfunktion (ÜF) und Unterfunktion (UF)	Psychische Begleiterscheinungen
Hypophyse Vorderlappen Adenohypophyse HVL	1. Wachstumshormon Somatotropes H. Somatotropin STH	NF: Steuerung des Fett- u. Eiweißstoffwechsels	
		ÜF: Vor Abschluß des Wachstums: Gigantismus (Riesenwuchs) ÜF: nach Abschluß des Wachstums: Akromegalie	Geistige Eigenschaften normal. Häufig emotionale Labilität. Gehemmtheit. Geringe Soziabilität. Depressive Züge. Herabgesetztes Triebleben
		UF: Mangel an STH während des Wachstums führt zu hypophysärem Zwergwuchs	Reizbarkeit. Gesteigerte Empfindsamkeit. Verstimmbarkeit. Mißtrauen. Normale Intelligenz
	2. Adrenocorticotropes H. Corticotropin ACTH	NF: Stimuliert die Nebennierenrindenfunktion, insbesondere die Sekretion der Glucocorticoide	
	3. Thyreotropes H. Thyreotropin	NF: Stimuliert die Tätigkeit der Schilddrüse	
	4. Gonadotropine a) Follikelstimulierendes H. FSH b) Luteinisierendes H. LH. ICSH c) Luteotropes H. Prolactin	NF: Steuerung der Keimdrüsenfunktion bei Mann und Frau *Die UF des Hypophysenvorderlappens, die Hypophysenvorderlappeninsuffizienz (*SIMMONDS*sche Krankheit,* SHEEHAN-*Syndrom) führt zur sekundären Nebennierenrindeninsuffizienz, zum Myxoedem und Unterfunktion der Gonaden mit Erlöschen der Triebhaftigkeit, Vernachlässigung der Pflichten, Verwahrlosung, Gleichgültigkeit, fortschreitender Persönlichkeitszerfall, akuten Delirien, schließlich chronischen Organpsychosen*	
Hinterlappen Neurohypophyse HHL	1. Adiuretin Vasopressin ADH	NF: Förderung der Wasserrückresorption in den Nieren, Gefäßverengung	
		UF: Diabetes insipidus. Verlust enormer Harnmengen	Schwächung aller Triebe. Verminderung der Libido. Apathie. Schlafsucht. Launenhaftigkeit
	2. Ocytocin	NF: Kontraktionsreiz auf den Uterus	
Epiphyse Zirbeldrüse Corpus pineale	Das Organ ist in seiner Funktion noch weitgehend ungeklärt		

Organ	Hormon	Normalfunktion (NF), Überfunktion (ÜF) und Unterfunktion (UF)	Psychische Begleiterscheinungen
Schilddrüse Thyreoidea	Thyroxin Trijodthyronin	NF: Beschleunigung der oxydativen Prozesse sämtlicher Zellen. Wirkung auf das Zentralnervensystem, auf das vegetative Nervensystem, die Psyche, das Wachstum	
		ÜF: Hyperthyreose →BASEDOW	→BASEDOW
		UF: Hypothyreose →Myxödem	→Myxödem
		UF: Hypothyreose (angeboren) →Kretinismus	→Kretinismus
Thymusdrüse Bries	Über die Hormonbildung der →Thymusdrüse ist noch wenig bekannt. Sie steht in Wechselbeziehung zu den Keimdrüsen, hat Einfluß auf das Wachstum und wird neuerdings als primäres Immunitätsorgan bezeichnet.		
Nebenschilddrüse Parathyreoidea Epithelkörperchen	Parathormon	NF: Steuerung des Calcium- u. Phosphatstoffwechsels	
		ÜF: Hyperparathyreoidismus Ostitis fibrosa cystica. RECKLINGHAUSENsche Krankheit (erhöhter Calciumspiegel im Serum, Nierensteine, Osteoporose, Knochencysten)	Müdigkeit, Apathie, Labilität, Depression
		UF: Hypoparathyreoidismus. Tetanie (niedriger Serumcalciumspiegel, Parästhesien, tonische Muskelkrämpfe)	Reizbarkeit, emotionelle Labilität, Verstimmbarkeit.
Nebennieren-Mark Corpora suprarenalia	Adrenalin Noradrenalin	NF: Die Ausschüttung von Adrenalin und Noradrenalin bewirkt die Leistungssteigerung des Organismus (→adrenergisches System)	
		ÜF: Phäochromzytom (Tumor des Nebennierenmarks. Paroxysmale Blutdruckkrisen, chronische Hypertonie)	Durch hohen Blutdruck Erregungen u. Verstimmungen, in schweren Fällen Verwirrungen u. deliriöse Zustände
Nebennieren-Rinde	Mineralocorticoide Aldosteron	NF: Steuerung der Natriumrückresorption, der Kaliumsekretion in der Niere	
		ÜF: Primärer Hyperaldosteronismus, CONN-Syndrom (Hochdruck, Hypokaliämie)	
	Glucocortioide	NF: Eiweiß- u. Kohlehydratstoffwechsel	
		ÜF: CUSHING-Syndrom (Vollmondgesicht, Stammfettsucht. Plethora des Gesichts, Büffelnacken, Osteoporose)	Es wechseln euphorische mit depressiven Verstimmungen mit Zuständen der Angst, Erregung oder völliger Apathie, Verwirrung und Bewußtseinstrübung. Kurzdauernde Psychosen
Testes in geringen Mengen: Nebennierenrinde	Androgene	NF: Entspricht den männl. Sexualhormonen	
		ÜF: Kongenitale Form: Kongenitales adrenogenitales Syndrom, AGS.	

H

Organ	Hormon	Normalfunktion (NF), Überfunktion (ÜF) und Unterfunktion (UF)	Psychische Begleiterscheinungen
Nebennieren-Rinde (Fortsetzung)		Beim Mädchen: Pseudohermaphroditismus femininus (Virilisierungsersch. im Körperbau, Clitorishypertrophie, primäre Amenorrhoe, Ovarien u. inneres Genitale vorhanden, genetische Konstitution weiblich: XX-Chromosomen)	Häufig kindlich unreife Züge. Sexualität unterentwickelt. Intelligenz durchschnittlich
		Beim Knaben: Pseudopubertas praecox (dissoziierter Virilismus: Wachstum des Penis ohne entsprechende Entwicklung der Hoden)	
		Postnatale Form: Postnatales adrenogenitales Syndrom (vorwiegend bei Frauen. Virilisierung, sekundäre Amenorrhoe)	
		UF: Nebennierenrindeninsuffizienz →ADDISON	→ADDISON
Pankreas Inselzellen	Insulin	NF: Erhöht den Glukoseumsatz u. die Glykogenspeicherung, erniedrigt den Blutzuckerspiegel	
		UF: Diabetes mellitus (Hyperglykämie, Glykosurie, Polydipsie)	
		ÜF: Pankreasadenom, Insulom (schwere hypoglykäm. Zustände)	
	Glukagon	NF: Mobilisation von Glucose aus der Leber	
Ovarium (Eierstock)	Follikelhormon Oestrogene Corpus luteum hormon Progesteron	NF: Wesentlichster Gestalter und Erhalter der organischen und funktionellen Geschlechtsentwicklung. Follikelhormon bewirkt speziell als »Brunsthormon«: Auslösung des menstruellen Zyklus. Corpus luteum speziell Aufrechterhaltung der Schwangerschaft	Ausbildung der spezifisch weiblichen Psyche, auch im Sinne der Provokation und Intensivierung der Geschlechtsunterschiede Normabweichungen im Sinne der Steigerung oder Minderung, der verfrühten Evolution oder Involution (z.B. Frühreife, Nymphomanie, Frigidität). Vermutbare Zusammenhänge zur gesamten »Psychopathia sexualis«
		ÜF: Hypergenitalismus (z.B. Frühreife)	
		UF: Hypogenitalismus (wie Kastrationsfolgen: Ausbleiben oder Rückbildung von Geschlechtsmerkmalen und Menstruation)	
Testes (Hoden)	Testosteron Androsteron	NF ÜF UF Grundsätzlich wie bei den weiblichen Sexualhormonen	Ausbildung der spezifisch männlichen Psyche. — Normabweichungen wie bei der Frau mit entsprechend männlicher Färbung

Hormon-Typen, Charakterisierung nach der spezifischen Wirkung einzelner →Hormone oder von Hormon-Gesamtsystemen auf die →Konstitution (→Temperament).

Hormopathien, von R. BRUN eingeführte Bez. für diejenigen Neurosen, bei denen primäre Störungen des Trieblebens als Ursache nachweisbar sind. Dabei trennt BRUN nach Erkrankungen aus organischen Schädigungen (der Organe, die die Triebe auslösen, wie endokrine Drüsen und bestimmte Abschnitte des Gehirns bzw. des Gehirnstammes) und nach funktionalen Erkrankungen: Aktualneurosen (vegetative Neurosen).

HORNERscher Symptomenkomplex, die Symptomentrias mit Herabhängen des Augenlides (Ptosis), verengter Pupille (Miosis) und zurückgesunkenem Auge (Enophthalmus). Ausgelöst durch Schädigung des Hals- oder Brustsympathikus.

*

HORNER, Johannes Friedrich / 1831–1866 / Ophthalmologe / Zürich

HORNERsches Gesetz, besagt, daß die fast nur bei Männern auftretende Rotgrünblindheit im Erbgang vom Vater über meist voll farbentüchtige Töchter auf deren Söhne übertragen wird.

Hornhaut, Cornea, die durchsichtige, gewölbte Haut an der Vorderfläche des Augapfels. →Auge

Horopter [gr. *hóros* Grenze], die Gesamtheit der Punkte der Umwelt, die bei bestimmter Augenstellung auf korrespondierenden Stellen der Netzhaut zur Abbildung kommen;

vom H. weitabliegende Gegenstände müßten nach den opt. Gesetzen doppelt gesehen werden, doch ist die Wahrnehmung des Doppelbildes weitgehend unterdrückt. Im Nahesehen ist der H. eine Kugelfläche, bei fernen Objekten entspricht er einer senkrecht zum Auge stehenden Ebene. Der waagrechte Schnitt durch den idealisierten H. ist der VIETH-MÜLLER-Kreis, der durch den Fixationspunkt und beide Augen (bzw. deren Knotenpunkte) geht. Der empirische H. zeigt systematische Abweichungen vom VIETH-MÜLLER-Kreis. Diese sind erfaßt im umfassenden Modell für die metrische Struktur des gesamten Sehraumes von LUNEBURG 1947. Ⓛ DRÖSLER 1966, LUNEBURG 1947 *N-L*

Horoskop →Astrologie

Hörraum, die Raumwahrnehmung auf akustischem Wege (→Entfernungshören, Richtungshören)

Hörrest, an Taubheit grenzende Schwerhörigkeit mit der fraglichen Möglichkeit der Verbesserung des Sprachgehörs durch elektrische Verstärkung. →Audiometrie, →Hörstörung. *Br-R*

Hörschärfe, Empfindlichkeit für akustische Reize

Hörschwelle, Hörgrenze, *audibility limit,* die niedrigste und die höchste Frequenz (untere und obere Hörschwelle), die als Ton vernommen wird.

Zwischen diesen Grenzen liegt der Bereich des hörbaren Schalls, darunter der Infra-, darüber der Ultraschall. Beim Menschen liegt die untere Hörschwelle bei ungefähr 16 Hz, die obere bei 20000 Hz. Diese wird im Lauf des Lebens niedriger (bei 60 Jahren liegt sie bei 5000 Hz). Der wichtigste Frequenzbereich für das Hören liegt zwischen 30 Hz und 4000 Hz. • Die obere Hörschwelle vieler Tiere liegt höher als die des Menschen, wie durch Versuche mit dem →bedingten Reflex von der PAWLOWschen Schule festgestellt wurde (z.B. beim Hund 38000 Hz). Vgl. Presbyakustisches Gesetz. Ⓛ ROHRACHER, SCHEMINZKY

Hörstörungen, man unterscheidet nach Mittelohrschwerhörigkeit = Schalleitungsschwerhörigkeit, bedingt durch Verlegung des Gehörganges, Belüftungsstörungen des Mittelohres, Mittelohrentzündung, Otosklerose und Innenohrschwerhörigkeit, Schallempfindungsschwerhörigkeit bedingt durch Schäden in der Schnecke und am Hörnerv.

Kompletter Ausfall des Gehörs = Gehörlosigkeit. Angeborene oder frühkindlich erworbene Schwerhörigkeit führt zur Verzögerung der Sprachentwicklung = audiogene Dyslalie. Bei Gehörlosigkeit wird ohne Hilfe die Sprache nicht erworben (früher Taubstummheit). Die Spätertaubung = Eintritt der Gehörlosigkeit nach Erwerb der Sprache führt ohne Therapie im Kindesalter zum Verlust der Sprache.
Akustische Agnosie = Seelentaubheit = sensorische Hörstummheit: Sprache wird gehört, aber nicht verstanden. Beziehungen zur sensorischen Aphasie nach Spracherwerb. Partielle Lautagnosie = Phonematische Differenzierungsschwäche = Unterscheidungsschwäche für einzelne Laute. →Audiometrie, →Aphasie *Br-R*

Hörstummheit, Audimutitas, auch Alalie, ältere Bez. für das Ausbleiben der Sprachentwicklung bis über das dritte Lebensjahr hinaus bei Kindern, die in sprachfördernder Umgebung aufwachsen und bei denen weder periphere Hörbehinderungen noch →Anarthrie noch →Oligophrenie noch →Autismus nachweisbar sind; Unterformen nannte man sensorische bzw. motorische H. Diese Bez. werden heute als in sich widersprüchlich, vor allem aber als irreführend und unexakt kritisiert (nicht weil, sondern obwohl diese Kinder hören, erwerben sie so spät Sprache; und einige von ihnen sind keinesfalls völlig stumm; nur sind ihre lautlichen Äußerungen verstümmelt, völlig unverständlich und formen sich nicht zu konstantisierten Zeichengestalten). Das klinische Erscheinungsbild der hiermit bezeichneten Störungen wird umfassender und neutraler beschrieben als →verzögerte Sprachentwicklung. Zur differenzierten Eingrenzung des funktionalen Störungsbildes (keine soziokulturelle Benachteiligung, keine Hörbehinderung, Anarthrie oder Oligophrenie, kein Autismus im Hintergrund) verwendet man heute die Bez. (kongenitale) →Dysphasie mit den Unterformen perzeptive bzw. motorisch-expressive D. (Dys- meint in der deutschsprachigen Neurologie ein Erwerbsdefizit; A- hingegen das Verlustsyndrom). Engl. Bez. früher *developmental aphasia* (MORLEY 1972); heute vorwiegend *developmental dysphasia* (WYKE 1978). Ⓛ SEEMAN 1969, ARNOLD 1970, BÖHME 1974, WIRTH 1977, LEISCHNER 1979 *G-N*

Hörverlust, Maß für die Schwerhörigkeit in dB für die einzelnen hörbaren Frequenzen in Beziehung zur Hörschwelle des normal Hörenden. →Audiometrie *Br-R*

Hörzentrum →Gehirn.

HSOA (High School Objective Analytic Personality Battery) Ⓣ SCHUERGER, CATELL

Hospitalismus, Bez. für die durch Anstaltserziehung und -aufenthalt bedingten Schädigungen bei Kindern (auch Erwachsenen). Vor allem tritt bei Kindern, die ohne Mutter bzw. ohne Familienumwelt (»Nestwärme«) aufwachsen, Kontaktarmut in Erscheinung. →Depression, anaklitische. Das Laufen- und Sprechenlernen wird verzögert, und allgemeine Anpassungsschwierigkeiten (besonders in der Schule) kommen hinzu. Der Begr. H. ist nur insoweit einseitig, als bei mangelnder Geborgenheit es auch bei der Mutter zu einem »Hospitalismus« kommt, der in gutem Anstaltsaufenthalt behoben werden kann. Dem H. wird heute zu begegnen gesucht durch die Einrichtung der Kinderdörfer (PESTALOZZI-Dörfer) mit Unterbringung in Hausgemeinschaften. Der heute sog. seelische H. (Bez. von C. BENNHOLDT-THOMSEN) wurde schon Ende des vergangenen Jahrhunderts erkannt.

● H. ist auch ein moderner Begr. für die Gesamtheit der Schäden und Mängel, die im Zusammenhang mit dem Krankenhausaufenthalt stehen: besondere Anstaltsinfektionen, Einflüsse der Krankenhausatmosphäre (bes. auf Kinder), Übersteigerungen versch. Art. →Deprivation

hot-seat-Technik, Übungsform des *sensitivity*-Trainings, bei der ein Gruppenmitglied auf dem »heißen Stuhl« Rückmeldungen *(feed-back)* durch die anderen Gruppenmitglieder erhält. Er darf darauf meist nur verzögert und rituell antworten. *R-S*

Hottentottismus →Stammeln

House-tree-person-test (HTP) Ⓣ BUCK

HOYTscher Konsistenzkoeffizient →Konsistenzkoeffizient

*

HOYT, Cyril Joseph / * 1905 / Psych. / Psychometrik / Univ. of Minnesota, Minneapolis

H-Reflex →HOFFMANNscher Reflex

HSPQ, Abk. für High school personality questionnaire. Ⓣ CATTELL

H-Test →KRUSKAL-WALLIS-Test

Hugo-MÜNSTERBERG-Medaille wird seit 1981 auf den Kongressen des Berufsverbands Deutscher Psychologen für bes. Verdienste um die Angewandte Ps. verliehen. Erster Inhaber: Helmut von BRACKEN

HULLsches Gesetz, Bez. für die These, daß die Stärke eines →*habits* proportional der Anzahl bekräftigter Reiz-Reaktions-Verbindungen ist →Lernen (IV)

*

HULL, Clark Leonard / 1884–1952 / Psych. / New Haven (Yale-U.)

human, menschlich [engl. *human*], menschenfreundlich [engl. *humane*]. ● Die Ps. des Menschen wird zuweilen als Humanpsychologie bezeichnet und der Tierpsychologie gegenübergestellt.

human engineering [engl.], aus der amerik. Betriebswelt erwachsener Begr. Das Wissenschaftsgebiet, auf dem Psychologen und Ingenieure gemeinsam die Beziehungen von Mensch und Arbeit bei der Betriebsausrüstung, der Auslese, dem Anlernen und der psychophysischen Anpassung zu verbessern suchen. →Ergonomie ● Nach der geschichtlichen Entwicklung ging in den USA dem h. e. das »*social engineering*« (d. h. das ingenieurmäßige Behandeln der sozialen Gegebenheiten) voraus. Die Entwicklung hat mit dem Aufkommen und der Beobachtung weiterer betriebsps. Probleme die Begriffe »*personnel management*« (Führungsfragen) und »*human relations*« (die mitmenschlichen Beziehungen) hochgespielt. →Arbeitsps.

Humanethologie, Teilgebiet der →Ethologie, das sich mit dem menschlichen Verhalten befaßt. Abweichend von der Ps. stehen in der H. stammesgeschichtliche Zusammenhänge im Vordergrund.

Dabei werden die in der Tierethologie (→Ethologie) gewonnenen Methoden angewandt. Angeborene Verhaltensweisen können aus ethischen Gründen nur indirekt erschlossen werden; z. B. mit Hilfe des Kulturenvergleichs, durch Untersuchungen an »erfahrungsfreien« (taub-blind geborenen) Kindern und Befunden bei verhaltensgeschädigten Menschen. Ziel der H. ist es, den Menschen seinem biologischen Evolutionsstand entsprechend zu verstehen und dieses Bild in die kulturelle Entwicklung zu integrieren. Ⓛ EIBL-EIBESFELD u. LORENZ 1974 *P-S*

humanistic psychology →Psychologie (Richtungen)

Humanitätsepoche, nach der völkerps. Theorie WUNDTS die an das Heldenzeitalter sich anschließende Zeit. Weltreiche, Weltkulturen, Weltreligion, Weltgeschichte gehören dazu.

human relations, aus amerikanischem Sprachgebrauch übernommene Bez. für die besonderen menschlichen Beziehungen und Verbindungen, die im Arbeits-, Betriebs- und Wirtschaftsleben sich bilden und bedeutsam sind. Zuerst enger gefaßt und im Rahmen der Industriesoziologie entwickelt (die →Hawthorne-Untersuchungen von E. MAYO waren hierbei ein entscheidender Schritt) wird die Bez. heute recht breit und für vielerlei Beziehungen verwendet.

Humor [lat.], Feuchtigkeit, Körpersaft, auch »Säftemischung«. Daraus Humoral-Psychologie, Humoral-Pathologie als Begr. für die Ableitung des allg. ps. und besonders des charakterlichen Gefüges bzw. der Krankheiten aus dem Blut und den Körpersäften.

Schon HIPPOKRATES und GALEN begründeten diese Anschauung (→Typologie). • Übertragen bildete sich das Wort H. im 18. Jhd. zur Bez. von fröhlicher, ausgelassener Laune und Stimmung. GOETHE gebrauchte H. noch als Stimmung schlechthin. H. ist nach LERSCH die »Einstellung zum Leben, die die Menschen und menschlichen Verhältnisse, aber auch sich selbst in den Unzulänglichkeiten und Schwächen« versteht und verzeiht. →Anpassung Ⓛ BERLYNE 1969

humoral, zu den Körpersäften gehörig. →Humor

Humoral-Psychologie →Humor.

Humor-Test Ⓣ REDLICH

HUMPHREYsches Prinzip, H.-Paradoxon, ein allgemeines Prinzip, das sich auf sinngemäß gleiche Reaktionen bei variierenden Umweltbedingungen und geänderten Reizgegebenheiten bezieht. Ⓛ HUMPHREY

HUMPHREY, George / 1889–1966 / engl. Psych. / Oxford University

Hunger, ein primäres physiologisches Bedürfnis bzw. ein Antriebszustand (allerdings weitgehend erlebnis- und gefühlsmäßig überlagert und gesteuert), der in der Ps. bedeutsam ist, weil er in vielfältigen Zusammenhängen kontrolliert, gemessen und manipuliert werden kann. Die operationale Definition für die H.antriebsstärke ist die Dauer des Nahrungsentzugs abzüglich eines mit größerer Zeitdauer zunehmenden Schwächekoeffizienten (HULL). Hunger ist Defizit-Motivation. Zusammen mit Durst wird er verwendet, um die Bedeutung der Motivation überhaupt, die meist sehr komplexen Antriebs-, Bedürfnis- und Triebzustände wie auch Lernvorgänge zu erschließen. • In ü. S. bedeutet H. Erlebnishunger, Hunger nach Abwechslung etc. Ⓛ KATZ, WEINERT

HUNTINGTON-Chorea →Chorea

*

HUNTINGTON, George / 1851–1916 / Neurologe / Philadelphia

HVL, Hypophysenvorderlappen, →Hypophyse

Hybrid →Bastard (biol.)

Hybridation, Kreuzung von Individuen mit unterschiedlichen Erbanlagen

Hybridrechner, elektronische Rechenanlage, die aus einem →Digitalrechner und einem →Analogrechner oder zumindest einigen →analog arbeitenden Bausteinen besteht; der H. ist durch die neuere Entwicklung der Digitalrechner technisch überholt. *G-R*

Hydrocephalus [gr. *hýdor* Wasser, *kephalé* Kopf], Wasserkopf, verhinderter Abfluß der cerebrospinalen Flüssigkeit

Hydrokortison, syn. Cortisol (Abk. 17-OHCS), Hormon der Nebennierenrinde. Bei allen Arten von Emotionen sowie bei Depressiven wird H. vermehrt produziert. Von großer Bedeutung als Hormonindikator, da es relativ leicht im Blut und Urin nachgewiesen werden kann. *J-E*

Hydrotropismus →Tropismus

Hygiene, psychische →Psychohygiene

Hylozoismus [gr. *hyle* Materie, Stoff, ursprüngl. Wald, *zoe* Leben], Lehre der gr. Naturphilosophie von einem belebten Urstoff, der Hyle. • Der engl. Philosoph R. CUDWORTH (1617–1688) prägte als erster den Begr. H. für die Annahme, daß auch

H

anorganischen Vorgängen Leben und Seelisches eigen ist. →Monismus

Ⓔ **hyp...** →hypo

Hypalgesie [gr. *álgesis* Schmerz], Herabsetzung der Schmerzempfindlichkeit. Ggs. Hyperalgesie (Form der →Hyperästhesie).

Hypästhesie, Hypoästhesie, verminderte Empfindlichkeit, Vorstufe der →Anästhesie. Ggs. Hyperästhesie

Ⓔ **hyper...** [gr.] in Wtvb. über, übermäßig

Hyperaktivität, syn. Hyperkinese, Verhaltensstörung, die in der frühen Kindheit beginnt und gekennzeichnet ist durch fortwährende Ruhelosigkeit und Aufmerksamkeitsmängel.

Da die Kriterien zur Feststellung eines »abnorm hohen und unangemessenen Aktivitätsniveaus« nicht ausreichend geklärt sind, hängt die Diagnose »Hyperaktivität« auch sehr stark von der Toleranz der Umwelt ab (Ross 1980). Als Begleitsymptom tritt H. auch häufig bei Neurosen, Psychosen (insbesondere bei Schizophrenie) oder bei Störungen des Zentralen Nervensystems auf. Sowohl physiol., als auch ps. Theorien zur Entstehung dieser Störung gelangen zu keiner hinreichend übereinstimmenden Sichtweise. Neben einem Diathese-Streß-Modell werden v. a. widersprüchliche Vermutungen zur Über- bzw. Unteraktivierung des RAS am häufigsten diskutiert. Da aufgrund der unsicheren diagnostischen Kriterien hier mit einer wenig homogenen klinischen Population zu rechnen ist, ist es auch nicht verwunderlich, daß sowohl medikamentöse als auch ps. Behandlungsvorschläge – zumindest langfristig – mäßig erfolgreich sind. *S-E*

Hyperakusie, übergroße Schall- und Tonempfindlichkeit

Hyperalgesie Ggs. Hypalgesie

Hyperämie, Blutfülle

Hyperästhesie, Überempfindlichkeit, besonders auch gesteigerte Nerven- und Gefühlserregbarkeit, Affektivität. Ggs. →Hyp(o)ästhesie, →Anästhesie

Hyperästhetiker →Typologie (Konstitutionstypen)

Hyperboliker, sprech- und sprachcharakterologische Bez. Ggs. Hypoboliker, Litotes-Typ [gr. *litos* schlicht, einfach]. Ersterer bevorzugt in seiner Sprache drastische, bildhafte, übersteigerte Ausdrücke und einen exaltierten Sprechstil. Letzterer bleibt sprachlich sachlich, knapp, unaufdringlich.

Hyperbulie, pathologischer Betätigungsdrang

Hyperfunktion, Überfunktion, meist eines Organes, z. B. der Schilddrüse (Basedow)

hypergeometrische Verteilung, Verallgemeinerung der →Bernoulli-Verteilung für endliche Grundgesamtheiten

Hyperhedonie, Steigerung der Wollustempfindung

Hyperhormie →Antriebsstörung

Hyperkinese, übersteigerte Muskeltätigkeit, überschießende Bewegungen, →Dysarthrie, →Stimmstörungen, →Krampf

hyperlogisches und hypologisches Denken, Bez. von Erdmann für das übersprachliche bzw. unter- oder vorsprachliche Denken

Hypermetrie →Dysmetrie

Hypermetropie, syn. Hyperopie, Hyperopsie, sog. Übersichtigkeit. Die parallelen Lichtstrahlen vereinigen sich nach Akkomodation erst hinter der Netzhaut. Weitsichtigkeit des Alters = Presbyopie.

Hypermnesie, abnorme Gedächtnisstärke, gesteigerte Gedächtnisleistung in d. Hypnose

Hypermotilität, übernormal gesteigerter Bewegungsdrang, motorische Unruhe

Hyperopie →Hypermetropie

Hyperosmie, gesteigertes Geruchsvermögen

Hyperplasie, die Gewebsvergrößerung durch Zellvermehrung (nicht Zellvergrößerung) i. Ggs. zu →Hypertrophie

Hypersexualität →Sexualität

Hyperthymie, ps. Status mit heiterer Gemütslage, Selbstüberschätzung, eifriger Aktivität und gesteigerter Affektivität, jedoch ohne an die Überaktivität der →Manie heranzureichen.

Hyperthyreoidismus, Hyperthyreose, Überfunktion der Schilddrüse mit Steigerung der Stoffwechselvorgänge und Ausbildung der Basedow-Krankheit. Syn. →Thyreotoxikose

Hypertonie, vermehrter und verstärkter Tonus, speziell Muskeltonus. • Bluthochdruck. Ggs. Hypotonie.

Hypertonie, essentielle, häufigste kardiovaskuläre Erkrankung der Industriestaaten im 20. Jh. mit vorwiegend ps. Ursachen. Labile und stabile e. H. werden aufgrund des peripheren Gefäßverhaltens unterschieden: in der labilen Phase kommt es vor allem in unvorhersagbaren und unkontrollierbaren Leistungssituationen zu kurzfristigen Erhöhungen vor allem des systolischen Blutdrucks. In der stabilen Phase meist chronische Erhöhung des diastolischen Blutdrucks durch periphere Gefäßverengung ohne Veränderung der Herzfrequenz und oft unabhängig von bestehenden ps.

Konflikten. Beteiligung renaler (Nieren) Faktoren umstritten. An e. H. sind Fettsucht, →Typ A-Verhalten, genetische Faktoren, Barorezeptorenzentren u. a. beteiligt; ps. Therapien der e. H. sind →Entspannung, →Meditation und →Biofeedback. Ⓛ WEINER 1977 *Bi-R*

Hypertrophie, Vergrößerung eines Organs oder Gewebes (z. B. eines Muskels) durch Vergrößerung (nicht durch Vermehrung) seiner Zellen. Ggs. Hypotrophie, Atrophie. →Hyperplasie

hypnagoge Halluzinationen [gr. *hypnos* Schlaf], Schlummerbilder, lebhafte optische Vorstellungen, die oft vor dem Einschlafen auftreten und die Art der folgenden Träume bestimmen. →hypnopompische Visionen

hypn(o)- [gr. *Hypnos* Gott des Schlafes, Sohn der Nacht, Zwillingsbruder des Todes], in Wortverbindungen Hinweis auf Schlaf und Zustände herabgesetzter Bewußtseinsklarheit

Hypnoanalyse, eine Diagnose bzw. Psychoanalyse durch Befragung des Probanden im Dämmerzustand. Letzterer wird durch Hypnose – bei der sog. Narkoanalyse durch Betäubungsmittel – erzeugt. →*true drug*

hypnoid, hypnoseähnlich. Hypnoide Zustände sind Bewußtseinsstörungen, die besonders bei Hysterischen, zuweilen von selbst (ohne Hypnose) eintreten, wie →Katatonie, →Somnambulismus, →Lethargie, Bewußtseinseinengung.

Hypnoidtheorie →Hysterie

Hypnolepsie, Schlafsucht, Schlafanfall. →Narkolepsie

Hypnopädie, Erziehung, d. h. Einwirkung über den Schlaf bzw. die Hypnose

hypnopompische Visionen ⟨MYERS⟩, Halbschlaf-Halluzinationen, die kurz vor völligem Erwachen auftreten. Ggs. hypnagogische Halluzinationen.

Hypnose [gr. *hypnos* Schlaf, der hieraus abgeleitete Begr. H. stammt wahrscheinlich von James BRAID 1843], ein bereits von MESMER Ende des 18. Jhd. angewandtes Verfahren zur Beeinflussung des Verhaltens und verschiedener Erkrankungen, besonders zur Erzeugung von Anästhesie durch »Magnetismus«, »Trance« und andere postulierte psychische »Kräfte« des Hypnotiseurs (Hr.). Erst seit den 50er Jahren unseres Jhd. von Experimentalpsychologen, vor allem HILGARD und BARBER, systematisch erforscht.

H. wird über Instruktionen des Hr. induziert: mit monotoner Stimme wiederholt dieser z. B. Augenschwere und Verschwimmen, während die Vp einen Punkt angestrengt fixiert. Da die vorhergesagte Reaktion (»Schwere«) tatsächlich eintreten muß, kommt es zu klassischer Konditionierung (→bedingter Reflex) an die Instruktion des Hr. (»Glaube« und positive »Erwartung«, daß vorhergesagte Reize und Reaktionen eintreten werden). Danach folgt meist Instruktion von Müdigkeit und Schwere bei erhaltener Konzentration auf den Hr. Bei tiefer H. sind posthypnotische Aufträge für künftiges Verhalten außerhalb der H. möglich. Etwa 50–60% aller Menschen sind hypnotisierbar, der Rest benötigt unterschiedlich lange Trainingszeiten. →Neurotizismus, ideomotorische Tendenz und positive Beziehung zum Hr. begünstigen die Tiefe der H., die über die *Stanford Susceptibility Scale* standardisiert gemessen werden kann.

Nach BARBER besteht die H. aus 4 Phänomenen: (1) der erhöhten Reaktionsbereitschaft auf »Suggestionen« (Forderungen) wie Hitzegefühl, Armleichtigkeit, Analgesie, Halluzinationen, Amnesien, Regressionen; (2) einem tranceartigen Erleben und Gefühl; (3) Änderungen des Körpergefühls; (4) der subjektiven Aussage, hypnotisiert worden zu sein.

Die genannten Effekte sind auf die Wirkungen von 9 Eingangs- und Induktionsvariablen aus 2 Gruppen von intervenierenden Größen zurückzuführen, die noch nicht näher untersucht worden sind: (1) positive Einstellung, Motivation mit Erwartungen; (2) »Mitdenken« und lebendige Vorstellung der suggerierten Effekte.

Neun Variablen bewirken die erhöhte Reaktionsbereitschaft auf Test-Suggestionen: (1) Definition der Situation als H.; (2) Abbau von Angst und Fehlvorstellungen über H.; (3) Sicherung der Kooperationsbereitschaft; (4) Schließen der Augen; (5) Suggerieren von Entspannung, Schlaf und H.; (6) Maximierung der sprachlichen und stimmlichen Charakteristiken der Suggestion (z. B. permissiv wirksamer als autoritär); (7) Paaren der Suggestionen mit real auftretenden Ereignissen (z. B. »Verschwimmen des Fingers« u. ä.) = klass. oder operantes Konditionieren, meist beides; (8) Anregung zielgerichteter Vorstellungen (z. B. Vorstellung einer realen Situation, in der es heiß, schwer oder ruhig ist; (9) Vermeiden oder Neuinterpretation von mangelndem Suggestionserfolg.

Ein spezifischer Trancezustand ist für die H. weder notwendig noch physiologisch nachweisbar: das EEG ist z. B. leicht verlangsamt, wie bei anderen entspannten Zuständen auch. Die Effekte, die mit H.

erzielbar sind, können wahrscheinlich auch ohne H. bei Vorhandensein der oben angeführten zwei intervenierenden Größen (Erwartung und Mitdenken) erzielt werden (→Placebo). Therapeutisch wird H. erfolgreich bei →Schmerz (Anästhesie), psychosomatischen Störungen (→Psychosomatik) und in der →Verhaltensmedizin angewandt. Kontraindiziert vermutlich bei schizophrenen Psychosen und Zwangsneurosen. Ⓛ FROMM u. SHOR 1979 *Bi-R*

Theorien und Geschichte

Nach der psychoanalytischen Theorie der H. ist die Einstellung des Hypnotisierten vergleichbar der eines Kindes, das sich vertrauensvoll von den Eltern führen läßt. Dies gebe dem Hr. die Möglichkeit, die Rolle des »autoritären Vaters« oder der »begütigenden Mutter« zu übernehmen (SCHILDER-KAUDERS 1926). – Hirnanatomisch-physiologische Annahmen (VÖLGYESI) sprechen von einem bedingten Reiz (i. S. von PAWLOW), der den Intellekt vermeidet und unmittelbar die Vorstellungen, Gefühle, Affekte, Instinkte und das Vegetativum beeinflussen; die H. als eine ›reversible Dezerebration‹ (Ausschaltung des Großhirns). – Parapsychologische Theorien basieren im wesentlichen auf dem Magnetismus von MESMER (→MESMERismus). Sie werden in der Ggw. nur noch von wenigen Autoren vertreten (DUNNE 1960). – Die Tiefe der H. wurde von H. BERNHEIM 1884 in neun, von A. A. LIÉBEAULT 1891 in sechs und von A. FOREL in die lange Zeit gebräuchlichen drei Stufen eingeteilt: Somnolenz (nur Schläfrigkeit) – Hypotaxie (mit →Katalepsie, Analgesie, Halluzinationen) – Somnambulismus (mit denselben Phänomenen, doch nach dem Erwecken →Amnesie). BRAID trennte nur in »aktive H.« mit normalem oder suggestiv erhöhtem Muskeltonus und »passive H.« mit schlaffem Tonus. STOKVIS schlägt wegen der Schwierigkeit detaillierter Graduierung die Einteilung nach oberflächlicher und tiefer H. vor (Ruhezustand, Schlafzustand). – Die →Hypnotisierbarkeit ist eine normale Eigenschaft des gesunden Menschen (KLEINSORGE-KLUMBIES) doch in unterschiedlicher Intensität. Mit Tests (u. a. → Pendelversuch) und »Rückfallversuch« (Suggestion des Rückwärtsfallens führt zum Schwanken) kann sie geprüft werden. – Es können posthypnotische Aufträge ohne oder mit Zeitsetzung (→Termineingebung) bis zu einem Jahr erteilt werden. Der Auftrag ist der Person in der Zwischenzeit unbewußt und die Handlung wird ad hoc »begründet«. Das Ich-Ideal setzt der Ausführung des posth. Auftrags Grenzen, d. h. z. B.: Verbrechen werden nicht begangen, wenn die Person nicht auch ohne H. dazu hätte gebracht werden können. Die Strafprozeßordnung verbietet, Verbrechen durch H. der Tatverdächtigen aufzuklären. Ärzte wie J. H. SCHULTZ, STOKVIS u. LANGEN, die Hypnose-Therapie anwenden, betonen, daß die H. nur die →Autosuggestionen des Hypnotisierten wecken könne. Ⓛ VÖLGYESI 1950, STOKVIS 1959 *Pl-R*

Hypnoseübung, fraktionierte, in der Erkenntnis, daß in der Hypnose einfache Grundfaktoren enthalten sind (Entspannungsfaktor, Konzentrationsfaktor, Schlaffaktor) hat KRETSCHMER eine Übungsform eingeführt, die von der Entspannung durch das Autogene Training (konzentrative Selbstentspannung) ausgeht, über das Fixieren (z. B. eines leuchtenden Punktes) weiterschreitet und zum vollen hypnoiden Bewußtseinszustand gelangen kann.

Hypnotherapie, svw. Schlaftherapie

Hypnotika, syn. Schlafmittel, Bez. für (natürliche und synthetische) →Drogen, die einen schlafähnlichen Zustand herbeiführen, wobei zwischen schlaffördernden (euhypnischen) und schlaferzwingenden (hypnotischen) Mitteln unterschieden wird. Die Wirkungen von H. sind denen der →Narkotika und →Tranquillantien sehr ähnlich bei entsprechender Dosierung. →Psychopharmaka *J-E*

Ⓔ **hypo..., hyp..., hyph...** [gr.] in Wtvb. unter, darunter

Hyp(o)algesie, unterdurchschnittliche Schmerzempfindlichkeit

Hyp(o)ästhesie, [gr. *hypo* u. *aisthesis* Sinneswahrnehmung], Unterempfindlichkeit für Berührungsreize

Hypoboliker Ggs. →Hyperboliker

Hypobulie, herabgesetzte Willenskraft, Willensschwäche, bes. bezogen auf Psychopathie, Schizophrenie

hypobulische Mechanismen ⟨KRETSCHMER⟩. Das Hochkommen der »niederen« Zentren bei Versagen der »höheren« läßt in den Willensabläufen unter-willensabhängige (hypobulische) wie auch gegenüber dem Denken unter-bewußtseinsabhängige (hypo-noische) Reaktionen zutage treten: Bewegungsstürme, Schreck- und Angsthaltungen, Ekstasen, elementare Negativismen. Als Reaktionsformen sind sie außer bei Kindern und Tieren hauptsächlich bei den hysterischen Symptomkomplexen zu finden. Ⓛ KRETSCHMER

Hypochondrie [gr. *hypochondros* unter dem Brustknorpel liegend], ein Zustandssyndrom, das mit gedrückter Stimmungslage (Angstzuständen und Depressionen), meist auch übersteigerter Selbstbeobachtung und unbegründeten Krankheitseinbildungen einhergeht. ●Die H. wurde erstmals von GALEN in seiner →Melancholie-Lehre als eigene Krankheit beschrieben. FREUD deutete sie als »narzißtische Neurose«. Seit WOLLENBERG (1904) wird H. zumeist nicht mehr als eigene Krankheit betrachtet, sondern als krankhafte ps. Disposition, die bei →Depression, →Schizophrenie u. a. Störungen vorliegen kann. Ⓛ FISCHER-HOMBERGER 1970

Hypofunktion, Unterfunktion, meist eines Organes

Hypogeusie [gr. →*hypo...*, *geusis* Geschmack], Geschmacksstörung.

Hypokinese, Bewegungsarmut bei Lähmungen oder Systemerkrankungen (z. B. Paralyse). →Dysarthrie

Hypokrisie [gr. →*hypo...*, *krisis* entscheidende Wendung / *Hypokrit* Heuchler], Verstellung, Unaufrichtigkeit.

hypologisches Denken, nach B. ERDMANN das vorsprachliche Denken, das Denken des noch nicht sprachfähigen Kleinkindes und der höheren Tiere, das keinen sprachlichen Ausdruck finden kann

hypomanischer Typ →Hypomanie

Hypomanie, manische Erregung leichteren Grades. Hypomaniker sind vor allem durch Unternehmungslust (wobei sie leicht in soziale Komplikationen geraten) und erhöhtes Ausdrucksbedürfnis bei sehr fluktuierendem Vorstellungsablauf gekennzeichnet.

Hypomelancholie, unter der eigentlichen Melancholie bleibender nervöser Depressionszustand. Vgl. Zyklothymie

Hypometrie →Dysmetrie

Hypomnesie, mangelhafte Erinnerung, Gedächtnisschwäche (org. Psychose, Altersabbau)

hyponoische Mechanismen ⟨KRETSCHMER⟩, Bez. für »erhalten gebliebene phylogenetische Unterstufen«, die im Traum, in der »Sphäre« (am Rande) des Tagdenkens, in der Hypnose, im hysterischen Dämmerzustand und in den Denkstörungen der Schizophrenie eine Rolle spielen. →hypobulische Mechanismen

hypophysärer Zwergwuchs →Kleinwuchs

Hypophyse [gr. *physis* Wuchs, Bildung], *glandula pituitaria,* Hirnanhang, eine etwa bohnengroße endokrine Drüse an der Hirnbasis, in der sog. Sattelgrube *(sella turcica)* gelegen. Sie ist zweigeteilt: Vorderlappen oder Adenohypophyse und Hinterlappen oder Neurohypophyse. Dazwischen die *pars intermedia.* Sechs bedeutsame Hormone neben einigen weniger wichtigen werden von der Adenohypophyse abgegeben, zwei bedeutsame von der Neurohypophyse. Diese Tätigkeit wird durch den Hypothalamus (→Gehirn) gesteuert. →Hormone

Hypoplasie, unvollständige, verkümmert gebliebene Ausbildung einzelner Organe und Gewebe, aber auch der gesamten Konstitution, wobei die Unterentwicklung und Leistungsschwäche des Herzens, einzelner Gefäße und der Geschlechtsorgane auffällig sind. →dysplastisch

Hypostase, hypostasieren [gr. *hypóstasis* Wesen, Unterlage], verwesentlichen, d. h. verdinglichen.

Nach KANT »seine Gedanken zu Sachen machen«, bloße Vorstellungen »als wahre Dinge außer sich setzen«. • In der Ps. sind viele und wesentliche Begr. von der H. bedroht – etwa die Deutung von Denken, Fühlen, Wollen als »Vermögen« oder die Annahme von Schichten, ohne sich dabei der damit verbundenen Abstraktion bewußt zu sein, sowie von →Faktoren und →Konstrukten. • In der Medizin ist H. die Überfüllung mit Blut (Senkungsblutfülle) • In der Erblehre ist H. die Überdeckbarkeit einer Erbanlage durch eine nicht zum Erbanlagepaar gehörende Anlage.

Hypotaxie [gr. *hypó taxis* Unterwürfigkeit], die der →Ataxie nahekommenden Koordinationsmängel bei willkürlichen Bewegungen, • auch als Charme (FOREL) bezeichneter zweiter Hypnosegrad

Hypothalamus →Gehirn

Hypothese [gr.], Hilfsmittel der Forschung. Wohlerwogene, theoretisch begründete, empirisch naheliegende, aber (noch) nicht allseitig gesicherte Erklärung. Tritt die H. mit Erfahrungstatsachen in Widerspruch, so wird sie zur bloßen Fiktion. Nach der Logik ist die H. die regressive Form des deduktiven Schließens. Sie stellt die vermutliche Erklärung eines bis jetzt dem wissenschaftlichen Verständnis unzugänglichen Phänomens dar und ist der erste Schritt zur Aufstellung eines Gesetzes. →Reduktion, →Verifikation

Hypothesentheorie, Erklärung von Wahrnehmungs- und Denkvorgängen in kognitivistischen Ansätzen von BRUNSWIK, BRUNER u. a. →Denken *B-S*

hypothetische Konstruktion →Konstruktion, hypothetische

Hypotonie, verminderter Tonus, speziell Herz, Muskel. Blutniederdruck. Ggs. Hypertonie.

Hypotrophie Ggs. →Hypertrophie

Hypsophobie [gr. *hypsos* Höhe], Furcht vor hochgelegenen Orten, auch svw. Höhenschwindel

Hysterie [gr. *hystera* Gebärmutter], 1. ein ps. Zustand, bei dem neben seelischen Störungen besonders auch mannigfaltige körperliche Symptome auftreten können, ohne daß körperliche Ursachen hierfür nachweisbar sind.

Die hysterischen Erscheinungen entstehen auf der Grundlage einer ererbten oder auch erworbenen Disposition unter dem Einfluß emotional stark belastender (traumatischer) Erlebnisse, die nicht normal verarbeitet bzw. abreagiert werden, insbesondere auch durch unbewußte Konflikte. Einzelne Erscheinungen der Hysterie sind z. B. Affektausbrüche mit Krämpfen, Verwirrtheit, Dämmerzustände (→GANSERsches Syndrom), Ohnmachten, Seh- und Sprechstörungen, Lähmungen, Abasie, Astasie, Sensibilitätsstörungen, Zittern, Tics, sog. nervöse Herz- und Verdauungsstörungen. Solche Reaktionen und Symptome können u. U. auch für sich auftreten. Ebenso ist die h. Überlagerung bei org. Erkrankungen und bei Psychosen möglich. • Weiterhin kennt man den hysterischen Charakter, d.h. Persönlichkeiten, die besonders zu Hysterie neigen und durch sie gekennzeichnet sind. Merkmale sind: Emotionale Labilität, starke Affekterregbarkeit bei geringer Nachhaltigkeit der Gefühle, allgemein »Unechtheit« des Gefühlslebens, »Erlebnishunger« bei gleichzeitiger »Erlebnisunfähigkeit«, psychischer Infantilismus, stark ichbezogene (egozentrische) Einstellung, Geltungssucht, geziertes, theatralisches Gebaren, Intriganz. Die Intelligenz ist meist nicht oder nur scheinbar gestört. • Seit dem Altertum bis in die Neuzeit schrieb man die Hysterie nur dem weiblichen Geschlecht zu. PLATO äußerte die phantastische Annahme, daß die Gebärmutter als ein auf ein Kind begieriges »Tier« bei zu langdauernder Sterilität den ganzen Körper »wildgeworden« durchlaufe und die Krankheit dabei erzeuge. Lange erhielt sich die Annahme, daß die H. von »Dünsten« komme, die von der Gebärmutter zum Gehirn aufsteigen. H. als »genitale Reflexneurose« zu deuten, geschah auch noch im 20. Jhd., obgleich schon im 17. Jhd. Ärzte erkannten, daß auch Männer der H. unterliegen. Über die Forschungen von CHARCOT, JANET und FREUD ist dann die heutige Definition der H. entstanden. CHARCOT begründete dabei seine »Hypnoidtheorie«: Die hysterischen Symptome sind Produkte unterbewußter, in hypnoiden Zuständen erworbener und fixierter traumatischer Vorstellungen. Ⓛ BRUN, FREUD, JANET, JASPERS, KRETSCHMER, K. SCHNEIDER, J. H. SCHULTZ

hysterischer Reaktionstypus, nach KRETSCHMER der besonders leicht beeindruckbare Extravertierte, der auf Belastung rasch (ohne Ausdauer), dabei übertrieben ausdrucksvoll (mit demonstrativer Fassade) reagiert.

Hystero-Epilepsie, Begr. von CHARCOT (1872) für eine Form der →Hysterie, bei der motorische Symptome (Konvulsionen, Tremor, heftige Tics) vorherrschen

hysteroid, hysterieähnlich

Hysteromanie Bez. für gesteigerte Aktivität bei →Hysterie, • seltene Bez. für →Nymphomanie

Hz →Hertz

I

IA, Abk. für →Intelligenzalter

iatrogen [zu gr. *iatros* Arzt, ... *gen* entstanden], durch den Arzt verursacht (z. B. negative Auswirkung der Behandlungsmaßnahmen), • I. ü. S. die nicht bloß vom Arzt, auch von einem Berater (Psychotherapeuten) bewirkte Verschlimmerung eines Zustandes. Vgl. Therapieerfolg *R-S*

IBRO, International Brain Research Organization

IC-Analyse, *immediate constituent analysis*, Konstituentenanalyse, grundlegendes Verf. der →Phrasenstruktur-Grammatik zur Aufdeckung der →hierarchischen Struktur der →Sätze einer →Sprache.

Jeder Satz (S) wird schrittweise in seine in der Regel jeweils zwei »unmittelbaren Konstituenten«, d. h. jeweils unmittelbar zusammengehörenden Bestandteile, zerlegt. Zuerst in eine Nominalphrase (NP) und eine Verbalphrase (VP). Die NP enthält immer das Subjekt des Satzes, die VP immer das Prädikat sowie gegebenenfalls Objekte und adverbiale Bestimmungen. In weiteren Zerlegungsschritten werden die NP und die VP unter nur geringer Berücksichtigung der →Bedeutung des Satzes quasi mechanisch weiter aufgegliedert. Die graphische Darstellung geschieht häufig in einem →Baumdiagramm.

Die IC-Analyse wurde von BLOOMFIELD (1933) begründet und insbesondere von WELLS (1947) und NIDA (1966) weiterentwickelt. Als Mängel der IC-Analyse gelten: (1) die mechanische, vorwiegend binäre Zerlegung der Sätze, (2) der Mangel an eindeutigen Zerlegungsregeln, (3) die Schwierigkeit, »diskontinuierliche«, d. h. durch andere Wörter unterbrochene, Konstituenten darzustellen, (4) die ausschließliche Berücksichtigung der →Oberflächenstruktur der Sätze. →Grammatik *T-R*

ICD, *International Classification of Diseases,* internationale Klassifikation der →WHO als Diagnoseschlüssel psychiatrischer Krankheiten (9. Revision 1978, deutsch 1980). Dieses Diagnosesystem dient der Vereinheitlichung und soll die Konsistenz der Interpretation von Krankheitsbildern herbeiführen. Während die Deutsche Gesellschaft für Psychiatrie und Nervenheilkunde (DGPN) diese Klassifikation empfiehlt, hat die *American Psychiatric Association* eine eigene Form entwickelt. Ⓛ DEGKWITZ u. a.

Ich, in seiner sprachl. Wurzel soviel wie »meine Hierheit«.

Das I. ist nach philosophischer Interpretation 1. das Subjekt aller Wahrnehmungen, Vorstellungen, Gedanken, Gefühle, Handlungen (= Subjekttheorie, AUGUSTINUS, KANT), 2. eine immaterielle Substanz (= Substanztheorie, BERKELEY, DESCARTES, J. ST. MILL), 3. eine Summe oder eine Verknüpfung von Wahrnehmungen und Vorstellungen (= Komplexionstheorie, HUME, HUSSERL). • Von den psychologischen Theorien über das Ich ist im Besonderen die tiefenps. Konzeption beachtet worden. FREUD kennzeichnet das Ich als eine Instanz neben dem Über-Ich und dem Es. Diese Instanzen sind Funktionssysteme, und das Ich stellt ein System von bewußten und unbewußten Funktionen dar. Das Ich hat dabei die Aufgabe 1. der Herstellung einer Beziehung zur Außenwelt, zum Über-Ich und zum Es, 2. der Bewältigung der Ansprüche und Gefahren dieser Realitätsfaktoren und 3. der Vermittlung zwischen diesen Realitätsfaktoren (zwischen Außenwelt und Es, zwischen Außenwelt und Über-Ich und zwischen Über-Ich und Es). – Die bewußten Ich-Funktionen sind die Wahrnehmung und Erinnerung, das Denken, Planen und Lernen. Die unbewußten Ich-Funktionen sind die Abwehr gegenüber dem Es, die Abwehr gegenüber dem Über-Ich und die Bewältigung gegenüber der Außenwelt (Ich-Triebe). Neben FREUD wurde die Ich-Analyse vor allem durch folgende Autoren weitergeführt: Anna FREUD vervollständigte die Lehre von den Abwehrmechanismen, FERENCZI beschrieb die Stadien der Ich-Entwicklung, FEDERN analysierte die verschiedenen Ich-Stadien und entwickelte den Begriff der Ich-Grenzen. HARTMANN beschrieb die primär und sekundär autonomen Ich-Funktionen. SZONDI unterschied zwischen den elementaren Ich-Funktionen (Projektion, Inflation, Introjektion, Negation) und den dialektischen Ich-Funktionen (Egosystole und Egodiastole).

• Die →Gestaltpsychologie gibt mit ihren Gestaltgesetzen eine Erklärung über die Entstehung des »anschaulichen Ich« und der »anschaulichen Ich-Begrenzung«, indem die Prinzipien der Figur-Grund-Relation auf den Körper in seiner Beziehung zur Umwelt angewandt werden. • Erwähnt sei noch die ältere Gegenüberstellung von W. JAMES nach Ich (ego) und Mich (me) sowie die neuere Gliederung des Ich über die Antriebsseite nach propulsivem Ich (Drang, Sehnsucht u. ä.), impulsivem Ich (Regulationen, Triebe u. ä.) und prospektivem Ich (vorausschauende Initiative u. ä.) von THOMAE. →Person, →Persönlichkeit, →Selbst

Ich-Anachorese, Ich-Mythisierung, von W. Th. WINKLER (1954 u. 1957) eingeführte Bez. für Abwehrmaßnahmen zur Entlastung von unerträglichen Schuldgefühlen, die aber zugleich bestimmte schizophrene Formalsymptome zur Folge haben. Erstere ist der Rückzug des Ich vor nicht assimilierbaren Bew.inhalten. »Das Ich erlebt sich nicht mehr als Akteur und Initiator, sondern als Tummelplatz fremder Mächte«. Bei der Mythisierung besteht die Schuldentlastung in der Identifizierung mit einer archetypischen, mythischen Figur. Das Ich entrückt in eine »kollektivmythische, schuldfreie Existenz«. Ⓛ WINKLER 1954, 1957

Ich-Beteiligung →*ego involvement*

Ich-Bewußtsein, wird dem Gegenstandsbewußtsein gegenübergestellt und ist durch folgende Momente gekennzeichnet: 1. Aktivitätsbewußtsein, 2. Unitätsbewußtsein (Einheit des Ich im Gegensatz zur Spaltung), 3. Identitätsbewußtsein, 4. Diversitätsbewußtsein (Verschiedenheit vom Außen und andern).

Ich-Bezogenheit →Egoismus

Ich-Entwicklung, nach LOEVINGER (1976) ein stufenförmig verlaufender Prozeß, der mit der Entwicklung des moralischen Urteils (→Gewissen) verwandt ist. Wird die I-E. u. a. mit einem Satzergänzungstest gemessen, kann gezeigt werden, daß die so definierte I-E. mit der Entwicklung der →kognitiven Komplexität zusammenhängt (VETTER 1980). *B-S*

Ich-Findung, der Prozeß, mit dem das Ich-Bewußtsein erworben wird. Da sich dieser langsam ausbildet, verläuft auch die I.-F. in

Stufen vom ersten Innewerden des Ich bzw. des Subjektseins im 2. Lebensjahr bis zur Pubertät. ● Nach A. ADLER verdient nur das Innewerden des Ich im 2. Lebensjahr diese Bez.

Ich-Funktionen, Sammelbez. für die Leistungen des →Ich, wie Denken, Wahrnehmung, Gedächtnis. ● In der Psa. (nach HARTMANN) wird zwischen primär autonomen und sekundär autonomen I. unterschieden, wobei letztere die Funktionen der Reaktion, der Abwehr und Bewältigung in Konfliktsituationen besonders hervorheben.

Ich-Haftigkeit, in allg. Bedeutung svw. Ich-Bezogenheit (Egoismus). ● Im tiefenps. System KÜNKELS spielt die I.-H. eine Rolle als Gegenpol zur Sachlichkeit bzw. Wir-Haftigkeit. Letzterer zur Wirksamkeit zu verhelfen ist Ziel der KÜNKELschen Psa.

Ich-Ideal, das Vorbild und ideale Selbstbild, das die Person, ausgehend von ihren subjektiven Erfahrungen und angereichert mit Ansprüchen und Erwartungen, von sich selbst entwirft. Die Psa. setzt weitgehend das Ich-Ideal und das →Über-Ich in Parallele.

Ich-Ideal-Diskrepanz, Nichtübereinstimmen von Ich-Ideal und Ich, von idealem Selbstbild und erfahrenem Personbild. Die I.-I.-D. ist oft Ausgang zu neurotischen Spannungen. →Selbst (2)

Ich-Lähmung, Ich-Leere, Formen von Ich-erlebensstörungen, wobei der eigene Körper oder auch die eigenen Gedanken, Gefühle u. a. als fremd, aufgezwungen oder als ähnlich empfunden werden. Vgl. Entfremdung, Depersonalisation

Ich-Libido, nach FREUD die auf das Ich, die eigene Person bezogene →Libido, die narzißtische Libido

Ich-Mythisierung →Ich-Anachorese

Ich-Stärke, in der psa. Lehre der Grad, in dem das Ich Kontrolle über die Triebe hat (→Realitätsprinzip). ● KERNBERG (1973,63) ermittelte faktorenanalytisch 3 Komponenten der I.: 1. Grad der Integration, Stabilität und Flexibilität der Person (Abwehr-Zusammensetzung, Angsttoleranz, Impulskontrolle, Denkorganisation, Sublimierungsfähigkeit). 2. Grad der Realitätsnähe und Triebbefriedigung sozialer Beziehungen. 3. Grad der symptomatischen Äußerung von innerpersönlichen Fehlfunktionen. ● In der Persönlichkeitsps. ist I. die Fähigkeit, das Ich oder Selbst zu bewahren und durchzusetzen gegenüber Widerständen von außen. *B-S/R-S*

Ich-Triebe, die von FREUD in seiner ersten Triebtheorie (aufgestellt 1910–1915) erwähnten Triebe, deren Energie das Ich bei Abwehrkonflikten heranzieht. Die I.-T. sind syn. den Selbsterhaltungstrieben und gegensätzlich zu den Sexualtrieben.

ICT, *intracranial stimulation,* elektr. Hirnreizung (auch ESB)

Id [lat.], tiefenps. Bez. für das →Es und das →Unbewußte

Ⓔ**idea...** [lat. *idea* Bild, Abbild, Urbild, Gestalt], in Wtvb. Bez. für den Zusammenhang mit Bild, Gestalt, Begriff, Idee

ideagen, svw. durch Vorstellungen entstanden, im Ggs. zu thymogen, durch Gemütsbewegungen, Affekte entstanden

Ideal, Leitbild, Vorbild, Inbegriff der Vollkommenheit. Ein vom Individuum besonders bevorzugter und gepflegter Bewußtseinsinhalt. Schließlich auch das nur abstrakt Erdachte im Ggs. zur Wirklichkeit.

Idealbild, Entwurf wie eine Person selbst sein möchte (→Ich-Ideal) oder wie eine andere Person gewünscht wird (z. B. Partnerideal). *R-S*

Ideal-Ich, ein von FREUD eingeführter Ausdruck ohne genügende Unterscheidung zwischen →Ich-Ideal und Ideal-Ich. Nach LAPLANCHE (1972) definieren manche Autoren das I. als Ideal narzißtischer Allmacht, das nach dem Vorbild des infantilen Narzißmus geprägt ist (Identifizierung mit einem mit Allmacht besetzten Ideal).

Idealismus, allg. eine Lebensauffassung, die durch Ideen und Ideale bestimmt ist und mehr-minder uneigennützig den selbstgesetzten Idealen dient. Dabei sind Spielformen der ethische, der praktische und der schwärmerische Idealismus.

● Philosoph. Lehre, nach der alles Wirkliche Idee ist. Auf diesem Grundsatz haben sich sehr versch. Bedeutungen des Begriffes aufgebaut. Mit dem Satz: esse est percipi, Sein heißt Wahrgenommenwerden oder Vorgestelltsein, hat BERKELEY eine Formulierung des I. gegeben. Metaphysisch ist der theoret. I. mit der Annahme, daß nur geistige Prinzipien das Wirkliche sind, dem Spiritualismus verwandt. KANT suchte mit seinem kritischen oder transzendentalen I. nicht nur die Dinge als bloße Erscheinungen von den »Dingen an sich« zu trennen, sondern stellte zugleich auch den Prozeß des Erkennens über die a priori in uns vorhandenen anschaulichen und begrifflichen Formen der Ordnung der Empfindungen (Kategorienlehre) klar. Ggs. →Materialismus

Idealtypus →Typologie (Lebensformen). • Die I. des sozialen Handelns führte M. WEBER 1904 in die Soziologie ein, später bevorzugte er dafür die Bez. reine oder konstruierte Typen, um den Unterschied zu den vorbildlichen (idealen) Typen, die normativ gemeint sind, zu verdeutlichen.

Der I. des soz. Handelns soll ein empirischer Begr. sein, mit dem der Handlungssinn, der dem Handelnden nicht ausdrücklich bewußt zu sein braucht, eindeutig zu einem klaren, »in sich einheitlichen Gedankenbilde« (WEBER 1922, 1951², 191) gesteigert wird. Mit ihm sollen also typische soziale Handlungsverläufe oder generelle Regeln des Geschehens konstruiert werden. Der I. nach WEBER hat terminologische, klassifikatorische und heuristische Bedeutung, nur mit ihm sollen Vor- und Nachwelt der Beschreibung zugänglich sein. WEBER klassifiziert soziales Handeln als traditionelles, affektuelles, wertrationales und zweckrationales Handeln. *B-S*

ideatorisch →Apraxie

Idee, in der Philosophie bei PLATO das eigentlich Wirkliche, die Dinge sind →Abbilder der Ideen.

Bei DESCARTES und LOCKE ist die Idee svw. Vorstellung. KANT bezeichnet mit Idee einen metaphysischen Vernunftbegriff, der sich vom Verstandesbegriff (→Kategorie) und der sinnlichen Anschauung unterscheidet. Nach HEGEL ist die Idee das allein wahre und reale Sein. • In der Biologie ist I. der als Urbild, Urgestalt allen Organismen zugrunde liegende Plan. Einerseits Abstraktion, andererseits Ordnungsprinzip. GOETHES Urpflanze gehört hierzu. • Umgangssprachlich bedeutet Idee Gedanke, Vorstellung, Einfall.

Ideenassoziation →Assoziation

Ideenflucht, rascher, zusammenhangloser Ablauf von Gedanken und Vorstellungen, wobei Leit- bzw. Zielvorstellungen für den Gedankenablauf mehr oder weniger fehlen und (extrem) Klangassoziationen die Gedanken »schalten«. I. ist noch nicht Ideenzerfahrenheit, →Ideenjagd oder ideenflüchtige Verwirrtheit. bei →Delirien u. →Manie

Ideenjagd, nach BLEULER eine Denkstörung, bei der das Verhältnis der Person zum eigenen Denkablauf als abnorm, als den sich jagenden Gedanken ohnmächtig ausgeliefert empfunden wird.

Ideen, überwertige, nach WERNICKE 1892, ZIEHEN 1902/06 fixe Ideen; die infolge Affektbesetzung so übergewichtig und einseitig sich darbietenden Ideen, daß anders gerichtete Einstellungen nicht aufkommen. Der Unterschied zu einer paranoiden Haltung besteht darin, daß bei einer ü. I. immer noch Tendenzen zur realen Einsicht – und wenn auch nur vorübergehend – geweckt werden können. Deshalb sind ü. I. weder Zwangsvorstellungen noch Wahnideen. Meist sind sie Ausdruck neurotischer Fehlhaltung oder von →Psychopathie. →Wahn, →Zwang

Identifikation, Identifizierung [lat. *idem* derselbe, *facere* machen], Gleichsetzung, Verschmelzung.

• In der Ps. das von ACH aufgestellte Grundprinzip, daß, wenn zwei nicht identische Tatbestände als Verschmelzungseinheit aufgefaßt werden, ein neuer seelischer Inhalt produziert wird. So wie die nicht identischen Eindrücke des rechten und des linken Auges zu einer Einheit verschmolzen werden, so produziert das Seelische (Denken, Fühlen) neue Einheiten (Produktionsprinzip). • Nach FREUD wird die Identifikation des Ich mit dem Objekt auf dem Wege der →Introjektion des Objektes in das Ich erreicht. Die I. erfolgt also durch eine bewußte oder unbewußte Hereinnahme von Personen oder einzelnen Motiven in das Ich. Nach GRABER und CHRISTOFFEL gibt es neben dieser I. auch eine solche durch →Projektion.

Identifikation, soziale →Nachahmung

identische Elemente, Theorie der, das Erlebnis der →Ähnlichkeit zwischen visuell wahrgenommenen Figuren soll nach der Assoziationsps. darauf beruhen, daß diese identische Elemente (Winkel, Krümmungen, Farben usw.) enthalten. Gleicherweise werden die Erscheinungen der Übertragung des Lern- oder Übungseffektes von einem Sachgebiet auf ein anderes (→Mitübung, →Transfer) dadurch erklärt, daß beide identische Teilinhalte besitzen ⟨G. E. MÜLLER, 1905; THORNDIKE, 1906⟩.

• Weitergehend wird die Konsistenz von Verhaltensweisen bzw. Charaktereigenschaften in der Weise erklärt, daß eine bestimmte Reaktion hinsichtlich einer bestimmten Situation gelernt wird, wobei aber jede Situation, die mit der ursprünglichen identische Elemente hat, auch die ursprünglich gelernte Reaktion hervorruft. – Vielfach werden die Phänomene auch mit dem von PAWLOW stammenden Begriff der →Generalisation erklärt. • Die historisch wichtigste Kritik an dieser Theorie wird durch die →Gestaltps. geleistet. • ALLPORT verneint die Theorie, weil die Suche nach Elementen endlos werde, da immer schwerer faßbare identische Teilinhalte gesucht werden müßten oder auf sehr allgemeine Elemente wie »Verlangen nach Wahrheit« oder »eine Einstellung, jeder Frage auf den Grund zu gehen« zurückgegriffen werden müsse. Die Theorie sei im Ggs. zu ihrem ausdrücklichen Anspruch niemals imstande, die genaue Natur oder Lage irgendeiner Identität festzustellen. Ⓛ ALLPORT, G. E. MÜLLER, THORNDIKE

identische Lokalisierung, Bez. dafür, daß das, was in den Netzhäuten auf geometrisch ähnliche Punkte fällt, räumlich als am gleichen Ort befindlich wahrgenommen wird

identische Netzhautstellen ⟨Joh. MÜLLER⟩, auch Deckpunkte ⟨HELMHOLTZ⟩ oder korrespondierende Punkte. →Auge

identische Sehrichtungen ⟨HERING⟩, Ausdruck dafür, daß die Dinge im Sehraum so erscheinen, als wenn wir mit einem einzigen (Zyklopen-)Auge sehen würden

Identität, Selbigkeit. Die Einheit und letzthinnige Unveränderlichkeit eines »Selben« (Ding, Individuum, Begriff usw.) in seinem Selbstsein. Damit ist I. abgehoben von Gleichheit als Grenzfall der Ähnlichkeit.

● In der Ps. ist I. (phänomenale) das Fortbestehen eines anschaulich Ausgesonderten in Raum und Zeit. Neben neuerer philosophischer Bearbeitung dieses Problems durch M. HEIDEGGER liegen entscheidende Beiträge vor. So haben METZGER und TERNUS experimentelle Untersuchungen im Hinblick auf die phänomenale Vorfindbarkeit von I. im schlichten Erleben durchgeführt. Ergebnisse: Es besteht vollständige funktionale Verknüpfung zwischen der Zusammengefaßtheit von Teilen eines räumlichen Ganzen einerseits und der I. einer in der Zeit wiederholt antreffbaren Gesamtfigur andererseits, – d. h. es gibt den →Gestaltgesetzen analoge I.prinzipien. Dabei entspricht im einzelnen 1. dem Gruppierungsfaktor der Nähe das I.prinzip der geringsten Verschiebung, – 2. dem Faktor der Gleichheit (bzw. Ähnlichkeit) das Prinzip der Form-, Farb-, Größen-Konstanz, – 3. dem Faktor des Aufgehens ohne Rest das Prinzip, daß alles Spätere aus Früherem hervorgeht, – 4. dem Faktor der durchgehenden Kurve das Prinzip der glatten Bewegungsbahn sowie der stetigen Geschwindigkeit. – Daneben spielen Gestalteigenschaften des Gesamtgeschehens wie Geschlossenheit, Gleichgewicht, Symmetrie eine Rolle. – Die unter strenger Wahrung phänomenologischer Methodik experimentalps. nachgewiesene gesetzmäßige Funktion der I. als elementare Erlebnisbedingung bietet den Ansatz zu einer dem Umfang nach noch nicht abzusehenden Revision der philosophischen Fassung des Begriffs. Z. B. müssen Interpretationen der I. als »Setzung des Denkwillens« o. ä. als zweifelhaft erscheinen.

Der entwicklungsps. bzw. phylogenetische Aspekt der I. drückt sich darin aus, daß I.verhältnisse beim Primitiven – im Ggs. zum Zivilisierten, für den sie vornehmlich in bezug auf die zeitliche Folge auftreten – auch weitgehend in der räumlichen Ordnung gültig sind. So besteht etwa I. zwischen den Gliedern einer Gruppe, so daß z. B. durch Verletzung eines Mitglieds via Beeinflussungszusammenhang grundsätzlich alle betroffen werden. Ⓛ GÖLDEL, HEIDEGGER, METZGER, TERNUS *W-N*

Identitätslehre, philosoph. Lehre von der →Identität der seelischen und der körperlichen Vorgänge. Körperliches und Seelisches sind verschiedene Erscheinungsweisen derselben Wirklichkeit. Diesen →Monismus vertraten z. B. SPINOZA, SCHELLING, HEGEL, FECHNER.

Ⓔ **ideo...** [zu lat. *idea* Urbild, Idee], in Wtvb. auf eine Idee hin, durch Vorstellung ausgelöst

ideokinetisch →Apraxie

Ideologie, Lehre von den Ideen. ● Ausdruck für wirklichkeitsferne Theorien und für Verhüllung von Interessen und Tendenzen. ● Grundbegr. der Soziologie. Das einer Gesellschaft oder Interessengruppe zugehörige Denk- und Wertsystem (Weltanschauung).

Ideomotorik, Sammelbegr. für unwillkürliche Bewegungen (emotional-affektiv ausgelöst).

ideomotorisch, syn. psychomotorisch

ideomotorische Apraxie →Apraxie

ideomotorischer Reflex →HAAB-Reflex

ideomotorisches Gesetz →CARPENTER-Effekt, →Ideo-Realgesetz

ideomotorische Vorstellung ⟨JAMES⟩, die ohne besonderen Willensantrieb oder Auftrag kurzschlußartig zu Handlungen führenden Vorstellungen

Ideoplasie →Pendelversuch

Ideo-Realgesetz, den von CARPENTER erstmals beschriebenen und von JAMES als psychische Gesetzmäßigkeit ausgegebenen Vorgang des Mitvollzugs von Bewegungen (→CARPENTER-Effekt) hat HELLPACH zum I. erweitert. »Jeder subjektive Erlebnisinhalt schließt einen Antrieb zu seiner objektiven Verwirklichung ein.« Dieser Grundsatz umfaßt nicht Bewegungen allein, sondern ebenso Gefühlsansteckung, Ausdrucksübertragung, ideomotorische Vorstellungen und Handlungen, Suggestion und Hypnose. Ⓛ HELLPACH 1951[3]

Ideo-Realisation, unkontrollierter Ansatz zur Verwirklichung von Bereitschaften, meist Bewegungen. →CARPENTER-Effekt, →Ideo-Realgesetz. *R-S*

Ⓔ **idio...** [gr. *idios*] eigen, eigentümlich, selbst, besonders

Idioglossie [gr. *glossa* Zunge] unverständliches Sprechen mit Auslassungen und Lautveränderungen infolge angeborener Unfähigkeit zur Bildung der Kehl- u. Gaumenlaute

idiographisch, nach WINDELBAND sind i. die Wissenschaften, die die einmaligen, sich nicht wiederholenden Geschehnisse zum Gegenstand haben (daher auch Ereigniswissenschaften), also die historischen Wissenschaften, im Gegensatz zu den →nomothetischen (Natur-)Wissenschaften (in der Ps.: historische Auseinandersetzung zw. DILTHEY u. EBBINGHAUS).

idiographischer Begriff, die individuelle Eigenart beschreibender (personologischer) Begr., der einer Einordnung in naturgesetzliche Zusammenhänge entzogen ist und nur im »Verstehen« (→Geisteswissenschaftliche Psychologie) erschlossen wird. Ggs.: →nomothetisch

Idiolalie, erfundene Sprache, wie sie bei Kindern und Schwachsinnigen auftritt

Idiolekt, ähnlich wie sich Untergruppen einer Sprachgemeinschaft in der Verwendung einer →Sprache unterscheiden, d. h. Dialekte ausbilden, bedient sich letztlich jedes Individuum eines I., einer eigenen, individualspezifischen Variante dieser Sprache. →Privatsprache. Ⓛ LYONS 1970 *K-I*

idiopathisch, nicht auf andere Erkrankungen oder Verletzungen rückführbar, svw. primär (Primärerkrankung).

idioplastisch ⟨HELLPACH⟩, die Formung, Ausformung (Ableitung) des eigenen Selbst, des Individuellen betreffend

IDIOSCAL, *individual differences in orientation scaling,* Verallgemeinerung von →INDSCAL, Verfahren zur →MDS mit Analyse individueller Unterschiede. *M-R*

Idiosynkrasie [gr. *idios* eigentümlich, *synkrasis* Säftemischung], angeborene Überempfindlichkeit gegenüber bestimmten Stoffen bereits beim ersten Kontakt (ohne vorherige →Sensibilisierung wie bei der →Allergie). ● Im übertragenen Sinn heftige Abneigung gegen bestimmte Personen, Anschauungen u. a. m. ● Im Angelsächs. *(idiosyncrasy)* meist Bez. für ein besonderes Merkmal, durch das sich eine Person oder eine Gruppe deutlich von anderen Menschen unterscheidet.

Idiotie [gr. *idiotes* Privatmann, einfacher Mensch; ugs. abwertend Stümper, Dummkopf], Idiotismus, angeborener oder in der ersten Lebenszeit durch Gehirnkrankheiten oder Gehirnverletzungen erworbener Schwachsinn schwersten Grades. Verschiedene Formen der Idiotie sind: erethische oder versatile I., bei der ein lebhaftes Temperament und starke Zerstreutheit bestehen. Torpide I. mit schwerfälligem stumpfem, trägem Wesen. →I., amaurotische, →DOWN-Syndrom, →Demenz, →Oligophrenie, →Intelligenzquotient

Idiotie, amaurotische, syn. familiäre a. I., besondere Form einer erbbedingten Lipoidspeicherkrankheit (fermentative Störung des Zellstoffwechsels), die mit zunehmendem geistigem Verfall, zunehmender Sehverschlechterung bis zur Erblindung und epileptischen Anfällen in 5 Varianten auftritt: konnatale – infantile – spätinfantile – jugendliche – späte Form. Von der Spätform abgesehen, die langsameren Krankheitsverlauf zeigt, ist bei allen übrigen die Spanne zwischen Krankheitsbeginn und Tod kurz (max. etwa 10 Jahre).

idiotrop, svw. vegetativ

idiotropes Nervensystem, syn. für vegetatives Nervensystem

idiotypisch, Idiotypus, erblich im engsten Sinne, Erbbild, Anlagenbild. Syn. Genotypus. Ggs. zu →Phänotypus

Idiovariation, Erbabweichung im Sinne der →Mutation

Ignorieren, Nichtbeachtung →Verlernen, →*time out*

Ikon, ikonisches Zeichen, während bei vielen →Zeichen die Beziehung zwischen Zeichenform und Bezeichnetem arbiträr ist (→Bedeutung, →Semiotik), informiert bei ikonischen Zeichen (PEIRCE 1932) schon die Zeichenform über Eigenschaften des damit Bezeichneten. Das i. Z. enthält wahrnehmbar Eigenschaften, die ein Gegenstand haben muß, um durch ein solches Zeichen bezeichnet zu werden. Nichtsprachliche Beispiele: Photographien, Zeichnungen, Landkarten. Anschauliche Denkinhalte →*imagery* (PAIVIO 1971). Im Bereich der natürlichen Sprache i. Z. in der Form der →Onomatopöie oder →Lautmalerei. Ⓛ BREKLE 1972 *E-P*

ikonische Repräsentation [gr. *eikōn* Bild], die Fähigkeit, sich ein nicht vorhandenes Objekt/Ereignis durch Bilder/anschauliche Vorstellungen intern zu vergegenwärtigen und sie für den späteren Gebrauch verfügbar zu machen (→imagery). BRUNER (1956, 1966) unterscheidet von der i. R. die ontogenetisch frühere enaktive und die spätere symbolische R. (→Symbol, →Symbolfunktion).

Sie lösen einander nicht wie in einer Stufenfolge

ab, sondern sind auf verschiedenen Entwicklungsstufen unterschiedlich dominant. Während schon in den ersten Lebensmonaten beginnende Imitationen bei Anwesenheit eines Modells (→Nachahmung) als Vorläufer eigentlicher R. gelten können, wird erst die Nachahmung unabhängig von der Anwesenheit des Modells als Anzeichen eigentlicher R. angesehen.
Bei der enaktiven R. erhält die Welt durch ausgeführte (anfangs irreversible, durch sensumotorische Rückkoppelung gesteuerte) Handlungsmuster →Bedeutung. Der Übergang zur i. R. erfolgt ungefähr am Ende des ersten Lebensjahres. In der Weltorientierung dominieren dann mehr bildhaft erlebte, durch qualitative Strukturen des Wahrnehmungsfeldes vermittelte räumliche Schemata. Bei der wegen fehlender Abstraktionsmechanismen noch instabilen Wahrnehmungsorganisation bleibt das kleine Kind auf anschauliche »Oberflächenmerkmale« angewiesen. Mit der Erschließung →begrifflicher Merkmale wird das Kind auf der Stufe der symbolischen R. von der Reizgrundlage zunehmend unabhängig. Die Ordnungsform der →hierarchischen Gliederung erlaubt jetzt die Gruppierung von Ereignissen nach den Prinzipien der Einschließung, Ausschließung und Überschneidung. Die BRUNERsche Sequenz »enaktiv – ikonisch – symbolisch« schließt an PIAGET (1945) an.
BERLYNE (1965) unterscheidet die drei R.formen nach ihrer informatorischen Korrespondenz: die i. R. besitzt ihm zufolge einen hohen Grad informatorischer Korrespondenz mit dem Reizmuster (Beispiel: Landkarte) und die enaktive mit dem Reaktionsmuster (Beispiel: Geste). Die symbolische R. stellt hingegen eine völlig neue Transformation dar, wobei ein sprachliches Symbol der obersten (abstraktesten) Ebene entspricht und zusätzlich ein »symbolisches Symbol« sein kann. *G-M*

ikonischer Speicher, ein visuelles sensorisches Register, in dem optisch gebotene Information kurzzeitig gespeichert wird. →Gedächtnis

Ikonographie, Sammlung von Bildern, etwa einer Persönlichkeit, mit Erfassung der einzelnen Altersstufen

ILAE, *International League against Epilepsy*

illegaler Operator, Sammelbegriff für Lösungsversuche in einem Problemlösungsprozeß, mit denen sich ein Problemlöser über ihm vorgegebene, einschränkende Regeln oder andere Rahmenbedingungen hinwegsetzt, so daß u. U. zwar eine Erreichung des Zielzustandes bewirkt wird, die jedoch nicht als Lösung des Problems anerkannt und verwendet werden kann. →Operator Ⓛ DÖRNER 1974 *K-I*

Illokution, illokutionär [lt. *locutio* das Sprechen], kommunikative Funktion des Sprechaktes (dieser ist mit einer Aufforderung, einer Behauptung verbunden) →Sprechakttheorie

Illumination [lat. *illuminare* erleuchten, bunt ausmalen], Erleuchtung. ● Nach POINCARÉ die dritte Phase des Problemlösens, ein Aha-Erlebnis. →Inkubation, →Denken

Illusion [lat. *illudere* vortäuschen], Falschdeutung von Sinneseindrücken, meist mit starker Beteiligung der Phantasie, bei denen im Ggs. zur Halluzination objektive äußere Erscheinungen gegeben sind. ● Subjektive Scheinwelt und falsche Hoffnungen.

Illusionsspiele →Spiel

Image, vom lat. *imago* abgeleitet, ursprünglich in der →Psychoanalyse verwendet, bedeutet I. soviel wie Abbild, das Bild, das eine Person von ihrem Erlebnisgegenstand (Persönlichkeiten, Konsumartikeln, Organisationen und Institutionen) hat. Durch eine Veröffentlichung von GARDNER und LEVY fand der Begr. Eingang in die Sozialps. Deren Definition beschreibt I. als die Reduzierung eines differenzierten Sachverhaltes auf eine einfach strukturierte Formel, als einen Komplex von Ideen, Gefühlen und Haltungen.
Als wesentlicher Unterschied zu →Stereotyp sieht BERGLER (1966), der im deutschen Sprachraum als erster eine systematische Analyse des I.begr. vornahm, daß I. sich meist auf Objekte bezieht, die in einem entwicklungsmäßig relativ späten Stadium für den Menschen bedeutsam werden, nämlich auf Konsumobjekte. Für ihre Genese ist weniger die Erziehung bedeutsam als die eigene Erfahrung, gruppenspezifische Faktoren, sowie die Einflüsse verschiedener Kommunikatoren. ● In enger Verwandtschaft steht der I.begr. – als Bild, das man von einem Objekt hat – auch mit dem des →Prestiges. Die Abgrenzung ist vor allem darin zu sehen, daß I. üblicherweise neutral (auf einem Kontinuum von positiv bis negativ sind alle Möglichkeiten vorhanden) gefaßt wird, während der Begr. des sozialen Prestiges synonym für das Ansehen, das einer Person oder einem Objekt zugeschrieben wird, verwendet wird. ● Zur Messung des I. werden sowohl quantitative Verfahren wie Fragebogen, Skalen, Polaritätenprofile etc. als auch qualitative Verfahren wie freie Interviews, Assoziationstests und projektive Verfahren verwendet. Die Veröffentlichungen, die in der letzten Zeit über die Erforschung des Marken- und Waren I. der Werbung und Werbeträger sowie des I. von Politikern und Parteien hinaus sich auf die Untersuchung des I. etwa von sozialen Schichten erstrecken, ebenso wie die Untersuchung der Kultursoziologie und Familienps., zeigen die Pro-

blematik der Abgrenzung von verwandten Begr. wie →Meinung, →Stereotyp, →Vorurteil *A-T*

● Bei MILLER, GALANTER u. PRIBRAM (1960) wird I. definiert als handlungstheoretischer Sammelbegr. für alle Arten von Wissen, von kognitiven →Repräsentationen, die in der Handlungsvorbereitung (→Plan) mitverwendet und durch Effekte der Handlungsausführung erweitert bzw. modifiziert werden. *K-I*

imagery, etwa mit vorstellungshaft gegebener →Anschauung zu übersetzen

Erlebensinhalte anschaulicher und – mehr noch – unanschaulicher Art fanden in der →Würzburger Schule vorwiegend unter deskriptiven Gesichtspunkten Interesse. In der neueren anglo-am. Ps. dagegen gewinnt i. unter theoretischen und unter bedingungsanalytischen Aspekten Bedeutung. In theoretischer Hinsicht steht i. einerseits dem Begriff der (kognitiven) →Repräsentation, insbesondere dem der →ikonischen nahe, andererseits den Konzeptionen der neobehavioristischen →Vermittlungstheorie.

Für eine behavioristisch orientierte Lernforschung (→Lernen) kann die Frage nach der theoretischen Einordnung von i. und nach der Mitwirkung der i. in Lernprozessen durchaus etwas Herausforderndes haben. →Vorstellung. Ⓛ PAIVIO 1971 *K-I*

Imagination, Einbildungskraft, die Fähigkeit, sich nicht »Präsentes« zu vergegenwärtigen. →Phantasie

Imago, Bild, Urbild, Totenmaske (im alten Rom).

● In die →Tiefenps. hat JUNG den Begr. eingeführt für ein die Entscheidungen und Handlungen des Erwachsenen stark beeinflussendes inneres Bild. Abbild von Personen der frühkindlichen Umwelt, zu welchen eine triebhafte Beziehung bestanden hat. Die größte Bedeutung haben Vater- und Mutter-Imago. Bei neurotischen Personen spielen die Grenzwerte der extremen Ablehnung oder Abhängigkeit von den Eltern-Imagines vielfach eine entscheidende Rolle.

Imbezillität [lat. *imbecillus* der eines Stabes *(bacillus)* bedürftige Schwache], Schwachsinn mittleren Grades, angeboren oder früh erworben. Imbezille besitzen etwa den geistigen Entwicklungsstand eines Kindes von 6 Jahren (schulbildungsfähig?). Ein schwererer Grad des Schwachsinns ist die →Idiotie, ein geringerer die →Debilität. →Schwachsinn

Imipramin, eines der ältesten →Antidepressiva, 1958 eingeführt.

Imitation →Nachahmung

Imitationstherapie, Anwendung von Modellierungsprozeduren bei der Modifikation unangepaßter Verhaltensweisen und bei der Erweiterung des Verhaltensrepertoires. Obwohl erste Ansätze zur Heranziehung von Nachahmungsvorgängen bei der Verhaltensmodifikation schon früh zu finden sind (JONES 1924, MILLER und DOLLARD 1941) ist die I. erst auf Grund der Arbeiten von BANDURA und seinen Mitarbeitern in den sechziger Jahren zu einem festen Bestandteil der →Verhaltenstherapie geworden.

Bei der I. beobachtet der Patient, wie ein Modell (»in vivo« oder im Film) die von ihm zu lernende Verhaltensweise ausführt. Auf diese Weise kommt der Patient oft bald selbst in die Lage, die neue Verhaltensweise zeigen zu können. Anwendungsmöglichkeiten: (a) Erweiterung des Verhaltensrepertoires: Spracherwerb, Aufbau sozialer Verhaltensweisen, Erwerb motorischer Verhaltensweisen. (b) Elimination von inadäquaten Angstreaktionen durch stellvertretende systematische Desensibilisierung (Gegenkonditionierung): Der Patient hat Gelegenheit, ein Modell in zunehmend intensivem Kontakt mit dem von ihm gefürchteten Objekt zu betrachten. Methodische Variante: Kontaktdesensitivierung. Ⓛ BANDURA, JONES, MILLER und DOLLARD, RACHMAN *L-G*

imitative Bewegungen, nachahmende Bewegungen, die schon bei Tieren zu beobachten sind. Völkerps. wichtig für Gebärdensprache.

immanent, Immanenz [lat. *immanere* darin bleiben], darin bleibend, innewohnend, »einheimisch«, nicht auf einen anderen Bereich hinübergreifend; in der Erkenntnistheorie svw. innerhalb des Bereichs der Erfahrung bleibend. Ggs. →transzendent

Immunisierung →Inokulation

Imperativ →kategorischer Imperativ

Impfmethode →Inokulation

implicit response →*covert response*

Implikation [lat. *implicare* verflechten, umschlingen], das Mitenthaltensein eines Sachverhalts in einem anderen. In der Logik Bez. für eine Aussage von der Form »wenn a, dann b«.

implizit, inbegriffen, mitgemeint, unausdrücklich mitenthalten. Ggs. explicit

implizite Persönlichkeitstheorie, Persönlichkeitstheorie des Laien, die aus Angaben zum Zusammenhang von →Persönlichkeitsdimensionen erschlossen wird. Der von CRONBACH (1955) gewählte Begr. weist auf ein individuelles System von Überzeugungen hin, das bei der Wahrnehmung und Beurteilung des anderen wirksam wird. Probleme der Forschung: soziale →Stereotype; Zusammenhang mit kognitiver Komplexität; wichtige Attributionen (→interpersonale Wahrnehmung) fehlen. Ⓛ TAGIURI 1969, LAUCKEN 1974, JAHNKE 1975 *R-S*

implizite Reaktion, nicht sichtbare, innere Reaktion, reiner Stimulusakt. →*covert response*

implosive therapy →Überflutungstherapie

Imponiergehaben, -gebaren, (biol.) Ausdrucksbewegung (meist angeboren) mit Signalfunktion; Fische z. B. können durch Spreizen der Flossen und Farbänderung des Körpers dem Rivalen Kampfintention (→Kommentkampf) und dem Geschlechtspartner Paarungsbereitschaft (→Balzverhalten) signalisieren. Das I. ist bei vielen Tieren ein wichtiges, äußeres Geschlechtsmerkmal. →Beschwichtigungsgebärde *P-S*

Impotenz [lat. *impotentia* Unvermögen], (allg.) Schwäche, geistige Schwäche, Unfähigkeit zu schöpferischer Leistung. ● (sex.) →Sexualität (Tabelle)

Impression, Eindruck, Sinnesempfindung, auch emotionale Anmutung

Improvisationsübungen, freies Experimentieren aus der Situation heraus; *experiencing, sensory awareness.* ● In der Psth. dienen I. zur Auflockerung, z. B. bei ängstlichen und pedantischen Klienten. *R-S*

Impuls, Antrieb, Anreiz, Anstoß

Impulsgebung der Hand →Sinnesfunktion (5b)

Impulshandlung, affektiv-triebhaft ausgeführte Handlung, bei der die rationale Billigung (Ablehnung oder Zustimmung) – zumindest im Zeitpunkt der Ausführung – fehlt.

impulsiv, lebhaft, affektiv-triebhaft

Impulsivität, Tendenz zu spontaner Reaktion, Ggs. Reflexivität. →Denkstil

Impulsmessen →Sinnesfunktionen (5b)

impunitiv, von Ⓣ ROSENZWEIG eingeführte Bez. für das Verhalten nach Frustrationen, mit dem weder anderen noch sich selbst Vorwürfe gemacht werden.

inadäquate Reize →adäquat

Inanition [lat. *inanitas* Leere, Nichtigkeit], Bez. von M. v. PFAUNDLER(1942) für die seelische Verkümmerung des Kindes bei mangelnder »Nestwärme«. →Hospitalismus.

Incentive-(Anreiz-)Theorie →Motivation

incidentelles Lernen →Lernen, inzidentelles

Incubus [lat. *incubåre* in oder auf etwas liegen], →Alp, Alpdrücken

INDCLUS, *individual differences clustering,* Verfahren der →MDS, ähnlich →ADCLUS, das auch die Analyse individueller Unterschiede ermöglicht. *M-R*

indeterminiert, unbestimmt, frei

Indeterminismus, 1. Die philosophische Anschauung, daß das Wollen nicht kausal (durch Ursachen) bestimmt sei bzw. daß das Handeln nicht durch den Charakter und die gerade wirksamen Motive bestimmt sei, sondern daß der Mensch über sein Wollen und Handeln jederzeit frei entscheiden könne (daher auch »Autodeterminismus« genannt). Ggs. →Determinismus. →auch: Willensfreiheit. – 2. In der Physik Bez. für die Nichtvoraussagbarkeit des Verhaltens von Elementarteilchen.

Index [lat.] Liste, stat. Meßziffer, Maßzahl für einen Wirkungsgrad. ● Bez. für charakteristische körperliche Maßproportionen, z. B. Konstitutions-Indices nach KRETSCHMER, PIGNET, WESTPHAL u. a.

Index-Zeichen, gemeinsame Bez. für Zeigzeichen und Anzeichen (→Zeichen, →Semiotik). Zeigzeichen sind z. B. hinweisende →Gesten und in natürlichen Sprachen sog. »Demonstrativpronomina« (dieser, jener, da, dort usw.) (BREKLE 1972, 37).

Ihre Verbindung zu dem Bezeichneten wird durch den aktuellen Verweis in der konkreten Situation hergestellt; sie richten die Aufmerksamkeit des Zeichenempfängers auf das Bezeichnete. Sie unterscheiden sich von →ikonischen Zeichen dadurch, daß die Zeichenform hier nicht Eigenschaften des Bezeichneten enthält, sondern nur Informationen über den Ort des Bezeichneten vermittelt. Anzeichen sind solche Zeichen, bei denen eine natürliche Verbindung zwischen der Zeichenform und dem Bezeichneten besteht und die Zeichenform zugleich als Erklärung oder Index für das Bezeichnete angesehen wird, gleichgültig, ob das Bezeichnete auch beobachtbar ist (z. B. bei Rauch und Feuer) oder nicht (z. B. bei Erröten und Verlegenheit). Ⓛ KALLMEYER et al. 1974 *E-P*

Indifferenzpunkt [lat. *indifferens* gleichgültig], syn. indifferenter Bereich, z. B. für die Zeitauffassung die Größe, bei der eine Zeitstrecke weder über- noch unter-, sondern annähernd objektiv richtig geschätzt wird

Indikation [lat. *indicare* anzeigen], das, was sich als das Geeignete (für einen zu ändernden Sachverhalt) ergibt.

Indikatoren, motivationale, Reizvariable, die eine →Motivation zu einem bestimmten Verhalten bewirken (A-Variablen). ● Auch solche Variablen, die auf eine Motivation folgen, also Variablen motivierter Reaktionen, motivierten Verhaltens sind (C-Variablen). Ⓛ GRAUMANN 1969

indirektes Sehen, die Wahrnehmung aller Punkte des Gesichtsfeldes, die nicht auf der →*Fovea centralis retinae*, der Stelle des direkten Sehens, sondern auf den übrigen Netzhautstellen abgebildet werden. →Gesichtsfeld

Individualdistanz, Bez. für den charakteristischen Abstand, der von Tieren zwischen zwei Partnern eingehalten wird. Die Weite der I. ist nach HEDIGER (1940) von der jeweiligen Aktivität abhängig. →Territorialverhalten • In der →Proxemik (HALL) werden die versch. Bedeutungen und Größen der zwischen Menschen beobachteten Abstände bei versch. Gelegenheiten behandelt. *B-S*

Individualismus, die Weltanschauung und Lebensform, die die Interessen des Einzelnen überordnet bzw. sie für primär betrachtet. • Hervortreten oder starke Betonung persönlicher Eigenart in Werthaltungen, ästhetischem Geschmack, Verhaltensweisen u. dgl. • Die philosophische Auffassung, daß nur das Individuelle als selbständige Wirklichkeit existiere. Ggs. Kollektivismus.

Individualität, die Eigenart des einzelnen Wesens, die Gesamtheit der Eigenschaften und Merkmale, welche die Eigentümlichkeit, Besonderheit eines Wesens ausmachen. Die Individualität eines Menschen zeigt sich in seiner →Persönlichkeit.

Individualpsychologie, die Lehre von den individuellen seelischen Besonderheiten, wenig gebräuchliche Bezeichnung für →Differentielle Psychologie, Persönlichkeitskunde. •Eine von ALFRED ADLER begründete Richtung der Tiefenpsychologie und Psychotherapie. Nach ihr ist der Mensch aus seinem »Lebensplan« zu verstehen. Dieser besteht in dem Bestreben, soziale Anerkennung zu erreichen, und vor allem Minderwertigkeitskomplexe auszugleichen, die dem Menschen von früher Kindheit an (durch seine Hilflosigkeit, Entmutigungen, körperliche Mängel, sog. Organminderwertigkeit, soziale oder wirtschaftliche Benachteiligung, tatsächliche oder vermeintliche Geringschätzung u. dgl.) eigen sind. Diese Minderwertigkeitskomplexe versucht das Geltungs- und Machtstreben durch Erfolge zu überwinden, zu »kompensieren«. Hierbei kann es auch zur →»Überkompensation« kommen. In diesem Prozeß entwickeln sich die Charaktermerkmale und auch die neurotischen Erscheinungen, wenn der Lebensplan fehlerhaft ist, die Kompensation nicht gelingt und die Entwicklung des Gemeinschaftsgefühls gestört ist. Die gesamte seelische (auch die intellektuelle) Entwicklung wird gemäß der Milieutheorie erklärt. Ⓛ ADLER, KÜNKEL

individual-soziale Spannweite, mit diesem Begr. sucht HELLPACH (1951³) der Tatsache gerecht zu werden, daß eine Spannung zwischen dem Ich als Einzelwesen und dem Ich als Gemeinschaftswesen *(zoon politikon)* besteht. Diese i.-s. Sp. »ist um so größer, je verschiedener die beiden Iche erscheinen, das individuelle und das kollektive; um so kleiner, je mehr sie sich gleichen«. Vgl. soziales Dilemma

Individual-Tests, Bez. der für die individuelle Anwendung bestimmten Tests. Vgl. Gruppen-Tests

Individualtherapie, 1. Einzeltherapie (unterschieden von →Gruppentherapie); 2. ADLERS therapeutischer Ansatz, →Individualps.; 3. nach JUNG ein therapeutisches Vorgehen, um den →Individuationsprozeß zu fördern. *R-S*

Individuation, als Prinzip der Herausdifferenzierung des Allgemeinen zum Individuellen philosophisch schon bei ARISTOTELES, ALBERTUS MAGNUS, LEIBNIZ, SPINOZA u. a. zu finden. • Ps. die Entwicklung eines Menschen zur eigen- und selbständigen Persönlichkeit. • Die →Analyt. Ps. (JUNG) versteht unter I. einen autonom gesteuerten, längerdauernden innerseelischen Prozeß, in dem bisher unbewußte Inhalte des persönlichen und kollektiven Unbewußten von der bewußten Psyche durch Verarbeitung assimiliert werden. Der I.prozeß kann spontan und durch »Große Psychotherapie« konstelliert erfolgen. Die I. hebt die Persönlichkeit einmal vom Kollektiv ab und verstärkt zugleich die soziale Verantwortlichkeit für dieses Kollektiv. Bei der I. werden Entwicklungsstufen durchlaufen. Die erste Lebenshälfte (nach JUNG) dient der Ich-Entwicklung und -Bildung. Mit Beginn der zweiten um das 40. Lebensjahr setzt die Entwicklung des Menschen zum ps. integrierten Selbst ein. →Individuationsprozeß, →Zentroversion, →Ich-Entwicklung Ⓛ JACOBI 1959, 1965, JUNG 1964, 1972 *P-R*

Individuationsgesetz, bei embryologischen Untersuchungen an Salamanderlarven fand COGHILL (1929), daß die ersten Verhaltensäußerungen hochintegrierte Ganzbewegungen sind, die sich allmählich differenzieren (Prinzip der Individuation) und nicht umgekehrt Einzelbewegungen, die zu höherer Integration aufsteigen.

Individuationsprozeß, der Vorgang der →Individuation nach der Konzeption von C. G. JUNG: Der →Schatten ist die erste Station für den Menschen, der ins Unbewußte hinabsteigend, sich auf die Reise seiner Individuation begibt. Er gehört zum →persönlichen Unbewußten und besteht aus verdrängten Trieben und Triebanteilen. Wenn diese durch Analyse aus der Verdrängung emportauchen, sollen sie nach FREUD entweder realisiert, unterdrückt oder sublimiert werden. Für JUNG ist Realisation und »Annahme des Schattens« wichtig.

Dringt der I. weiter ins Unbewußte vor, so gelangt er über die Grenzgestalten von →Anima und →Animus, welche die gegengeschlechtlichen Tendenzen in Mann und Frau repräsentieren, ins kollektive Unbewußte, welches die →Archetypen in unübersehbar großer Zahl enthält. Als überpersönliche Bilder und Wesenheiten sind sie denen, die sie tragen, erst einmal verborgen. Nur in Grenzsituationen brechen sie in den Bewußtseinsraum ein. Die letzte Instanz des I. ist das →Selbst, das, dem Bewußtsein unendlich fern, dem umfassenden Kosmos unmittelbar verbunden, als Zentrum des ganzen ps. Systems ebenso die bewußten wie die unbewußten Schichten, bis hin zu den archetypischen Gegebenheiten potentiell, keineswegs reell, dirigiert. Je mehr der I. voranschreitet, um so mehr wird aber diese Selbstinstanz im Menschen wirksam, wodurch schließlich die individuelle Geschlossenheit und Ganzheit, die vollendete Individuation (im →Mandala symbolisiert) zustande kommt.

individuell, einem einzelnen Wesen zukommend, einzelne Wesen betreffend, vereinzelt. Gegensatz: generell.

Individuum, das Unteilbare, Untrennbare, das in sich Geschlossene, Einmalige in raumzeitlicher und qualitativer Hinsicht. I. kann Einzelding und Einzelwesen (z.B. Tier, Pflanze) sein, insbesondere wird I. aber bezogen auf den Einzelmenschen. Individualität bedeutet Heraushebung aus der Masse der Individuen (vergleichbar dem Verhältnis von Persönlichkeit zu Person) und ist höhere Stufe des Individuums. Daher ist I. im gewöhnlichen Sprachgebrauch auch gleichbedeutend mit ausgeprägtem Charakter.

Indizienverfahren, das Verfahren, eine Ausdrucksdeutung auf Grund der Analyse einzelner Ausdruckserscheinungen vorzunehmen, im Gegensatz zur Ausdrucksdeutung nach dem bloßen unreflektierten Eindruck

indolent [lat. *indoléntia* das Freisein von Schmerzen], gleichgültig gegen Schmerzen, unempfindlich, stumpf, die Dinge laufen lassend

INDSCAL, *individual scaling,* Verfahren bzw. Computer-Programm für →MDS, das auch die Analyse individueller Differenzen ermöglicht. *M-R*

Induktion [lat. *inducere* einführen, herbeiführen, veranlassen], Terminus für sehr verschiedene einzelwissenschaftliche Begriffe.

● In der Physik: Entstehung einer elektrischen Spannung in einer geschlossenen Leiterschleife bei Änderung der magnetischen Durchflutung. ● In der Genetik: Auslösen der Verwirklichung genetischer Information, z.B. induziert Licht die Bildung von Blattgrün. ● In der Erblehre: Nachwirkungen von →Modifikationen in der Elterngeneration auf die folgende Generation. ● In der Psychopathologie: seelische Beeinflussung durch Suggestion (→I.krankheiten). ●In der Mathematik vollständige I.: läßt sich ein Satz für die Zahl 1, eine beliebige natürliche Zahl n und n+1 beweisen, so gilt er für alle natürlichen Zahlen. Logisch ist die vollständige I. ein deduktiver Schluß, da sie das Bildungsgesetz der natürlichen Zahlen als Obersatz verwendet. ● In der Logik: wahrheitskonservierender Erweiterungsschluß, d.h. Schluß von beobachteten Gegebenheiten auf die (meist potentiell unendliche) Menge nicht beobachteter gleichartiger Gegebenheiten, also von Besonderem auf Allgemeines oder von Beobachtungen auf Gesetzmäßigkeiten. I.schlüsse lassen sich nicht mit einem mechanisch anwendbaren Regelsystem wie dem der deduktiven Logik (→Deduktion) begründen oder beweisen.

Das führt auf das I.problem der Erfahrungswissenschaften: wie können – wenn nicht logisch – wissenschaftliche Allgemeinaussagen gewonnen und in ihrer Geltung begründet werden? Während der logische Empirismus die Realwissenschaften als induktive Wissenschaften verstand und induktive Methoden zu entwickeln suchte, ist heute POPPERS (1934, 1966²) Lösung der Theoriegewinnung durch kreative, intuitive Verallgemeinerung und der Theorieprüfung durch Vergleich deduktiver Folgerungen mit Erfahrungsdaten weithin anerkannt. Ⓛ STEGMÜLLER 1971 *G-R*

Induktionskrankheiten, durch »Induktion«, d.h. durch besondere Umstände der Umwelt und der mitmenschlichen Beziehungen »seelisch angesteckte« Krankheiten. Zugehörig sind insbesondere Wahnideen, hysterisch bedingte Krampfanfälle, Tics. Die I. stehen dem →induzierten Irresein nahe.

industrial engineer, angelsächs. Bez. für den Arbeitsstudien-Ingenieur, REFA-Ingenieur. →Arbeitsps., →Arbeitsstudie, →REFA, →Zeitstudie

industrial engineering, angelsächs. Bez. für das Mitwirken an jederart wirtschaftlich-industrieller Zurüstung mit Betonung der arbeitswissenschaftlichen (Mensch-Maschine-) Erfahrungen. Syn. mit →Ingenieurps., →Ergonomie

Industriepsychologie, die drei Bereiche der →Arbeitspsychologie, der →Berufspsychologie und der →Betriebspsychologie (soweit sie industriebezogen sind), wobei I. selbst Teil der →Angewandten Psychologie ist.

Der Begr. der I. stammt wohl aus dem angloamerikanischen Sprachraum *(industrial psychology)* und beinhaltet das Studium des menschlichen Verhaltens in jenen Lebensbereichen, die mit Produktion, Verteilung und Nutzung von Gütern und Dienstleistungen zusammenhängen. In dieser weiten Fassung entspricht I. im deutschen Sprachgebrauch eher der →Wirtschaftsps. (Verhalten des Menschen als Produzent und Konsument). I. klammert aber d. Konsumverhalten aus. Ⓛ HAKKER 1978[2]

induzierte Bewegung →Bewegungstäuschung

induziertes Irresein, syn. *folie à deux,* symbiotische Psychose, angestecktes, d. h. übertragenes Irresein.

Für das Zustandekommen eines i. I. ist der Kontakt mit einem psychisch Kranken (Geisteskranker, insbes. Schizophrener, aber auch Psychopath oder Hysteriker) Voraussetzung. Induziert kann für kürzere oder längere Zeit das gesamte Krankheitsbild sein, auch können große Gruppen die Wahnideen Einzelner übernehmen (religiöse Flagellation im Mittelalter). • Die als Phänomen besonders geartete eingebildete Schwangerschaft (bisweilen Wunschneurose) wird als Sonderform dem i. I. zugerechnet.

Inertia-Effekt, Trägheits-Effekt, die einmal begünstigten Entscheidungsalternativen sind durch Anpassung von subjektiven Wahrscheinlichkeiten gegen widersprechende Informationen immun. →Entscheidungstheorie, →naiver Statistiker *B-S*

infantile Sexualität, (allg.) Bez. für die kindlichen, bes. frühkindlichen Sexualäußerungen. • FREUD gliederte die i. S. bei beiden Geschlechtern in eine →orale Phase (1. Lbj.), eine anale, bzw. anal-urethrale, →analsadistische Phase (2.–4. Lbj.) und →phallische Phase. Es schließt sich nach einer Latenzzeit die →genitale Phase i.e.S. als Endstufe der Sexualentwicklung an (Pubertät) • Mit i. S. wird psa. auch die Erscheinung belegt, daß unbewußte sexuelle Wünsche der Erwachsenen Wünsche aus früher Kindheit sein können und (so etwa beim Neurotiker) »durchbrechen«.

Infantilismus, Kindlichkeit, das Stehenbleiben auf kindlicher Entwicklungsstufe in körperlicher und seelischer Hinsicht mit Unterentwicklung des gesamten Körperbaues oder einzelner Organe, besonders der Geschlechtsorgane, der Behaarung, Kindlichbleiben der Stimme, Zurückbleiben der psychischen Entwicklung (im Denken wie im Gefühlsleben). Infantilismus ist ererbt oder erworben, bedingt durch Störungen der inneren Sekretion (Hypophyse, Schilddrüse, Geschlechtsdrüsen).

Infektion [lat. *inficere* hineinbringen], Ansteckung. Das Eindringen tierischer oder pflanzlicher Krankheitserreger in den Organismus. • Psychische Infektion→Ansteckung, psychische

Infektionspsychosen, Geistesstörungen, die während oder nach schweren Infektionskrankheiten auftreten, meist halluzinatorische Verwirrtheit (z. B. bei Pocken, Typhus, Cholera, Scharlach, Kindbettfieber, Pneumonie u. a.), hervorgerufen durch Bakteriengifte (Toxine)

Inferenz [engl. *inference*], ein auf andere Urteile gegründetes Urteil, logischer Schluß. Sprachverstehen ist manchmal nur durch I. möglich, d. h. es muß eine I.regel (KINTSCH 1972) angewandt werden, damit ein metaphorischer Satz richtig gedeutet werden kann. Ⓛ M. BOCK 1978

Inferenzstatistik, Teil der Statistik mit der Aufgabe, aus Stichprobenkennwerten auf die entsprechenden Populationswerte zu schließen (Bereichsschätzungen, Prüfung von Hypothesen). →Deskriptionsstatistik, →Statistik

infertil [lat.] unfruchtbar, unfähig, eine Frucht auszutragen.

Inflation, Zustand einer Art »Aufgeblasenheit«, eines Aufgeblähtseins (JUNG). Überschwemmung mit überpersönlichen, nichtindividuellen psychischen Gehalten. In der Deflation besteht dagegen ein Zustand von Gleichgültigkeit. • Bei SZONDI heißt I. diejenige Ausdehnung und Erweiterung des Ichs, die durch das Rivalisieren gleichzeitig auftretender gegensätzlicher Triebtendenzen im Bedürfnisbewußtsein entstehen.

Informations-Integration, theoretisches Konzept der Urteilsbildung, demzufolge ein Urteiler jeden Teilaspekt eines komplexen Urteilsgegenstands zunächst bewertet und danach mit unterschiedlichem Gewicht in einem Urteil vereinigt. Am häufigsten wurden Experimente zur Personwahrnehmung herangezogen, in denen der subjektive Skalenwert der Beurteilung einzelner Eigenschaften der Person in Beziehung gesetzt wurden. Eine Reihe einfacher algebraischer Modelle der I., wie Summierung oder Mittelung der gewichteten Informationen, wurde auf diese Weise überprüft, keines davon scheint jedoch allgemeingültig zu sein. Ⓛ ANDERSON 1974 *M-R*

Informationstheorie, mathematische Theorie, mit deren Hilfe Gesetzmäßigkeiten zu der Menge von Information, die von einem Sender (in weitestem Sinn) ausgeht, durch einen »Kanal« übertragen wird und bei einem Empfänger eintrifft, sowie Bedingungen, die für eine optimale Codierung (Verschlüsselung) von Information gelten, dargestellt werden.

Die I. entstand ursprünglich aus dem Bedürfnis von Nachrichtentechnikern, Probleme wie die maximale Anzahl von Nachrichteneinheiten, die ein Kommunikationsmittel unter gegebenen Umständen in der Zeiteinheit übertragen kann (Kanalkapazität), exakt zu behandeln.

Die Ausarbeitung einer mathematischen Theorie der Kommunikation durch SHANNON u. WEAVER (1949, nach Vorarbeiten von HARTLEY, NYQUIST, KÜPFMÜLLER u. a.), welche den Fall diskontinuierlicher (diskreter) Signale ausführlich behandelte, regte sehr bald Psychologen, Pädagogen, Neurophysiologen und Soziologen zur Anwendung der I. auf Kommunikationsprobleme im weiteren Sinn an. Dies führte zu Versuchen, Vorgänge der Aufnahme und Verarbeitung von Wahrnehmungsreizen, der Begriffsbildung, der sprachlichen und nichtsprachlichen Verständigung als Informationsverarbeitungsprozesse zu deuten und kommunikationstheoretische Modelle ps. Prozesse zu entwickeln (→Kybernetik).

Einfachster Anwendungsfall der I. diskreter Signale in der Ps. ist die Darstellung des Informationsgehalts einer univariaten Verteilung der relativen Häufigkeiten (als Schätzung der Wahrscheinlichkeiten p_i) von Beobachtungsdaten (z. B. die verschiedenen Antworten in einer Mehrfachwahlaufgabe).

Da der Informationsgehalt einer einzigen Nachrichtenklasse i proportional dem Kehrwert ihrer Wahrscheinlichkeit ist, ist der durchschnittliche Informationsgehalt H um so größer, je größer die Zahl i der Klassen (z. B. der möglichen Antwortarten) und je ausgeglichener die Wahrscheinlichkeiten der einzelnen Klassen sind (z. B. gleiche Häufigkeit der verschiedenen Alternativen einer Mehrfachwahlaufgabe bei Beantwortung durch eine definierte Gruppe von Personen). Das adäquate Maß liefert die SHANNON-Formel: $H = \sum_i p_i \log \frac{1}{p_i}$. Bei Benützung des Zweierlogarithmus in der SHANNON-Formel wird H bei 2 unterscheidbaren Beobachtungsklassen mit Wahrscheinlichkeiten von je 0,5 genau 1,0; diese Informationseinheit wird als 1 bit bezeichnet.

Auch bivariate Verteilungen (wie Kontingenz von Reiz- und Reaktionsklassen als Beispiel von »Informationsübertragung«) und multivariate Verteilungen können informationstheoretisch behandelt werden, wobei Parallelen zu →Varianzanalyse und zur →Regressionsanalyse bestehen.

In der Ps. wird die I. diskreter Signale auf vielen Teilgebieten der allgemeinen Ps. (Wahrnehmung, Lernen, Begriffsbildung), aber auch in der differentiellen, angewandten und Sozialps. angewendet.

Besondere Bedeutung haben die Methoden der I. im Bereich der Sprache erlangt. Jede sprachliche Mitteilung ist eine durch Codierung entstandene Zeichenabfolge, die vom Sprechenden (Schreibenden) erzeugt, zum Hörenden (Lesenden) übertragen und dort →decodiert wird. Wichtige Übertragungs-Kennwerte (z. B. Geschwindigkeit und Störanfälligkeit) stehen in direktem Zusammenhang mit dem Informationsgehalt der Sprachzeichen und ihrer Kombinationen.

GARNER und ATTNEAVE waren die ersten, welche I.maße zur Beschreibung der Struktur (des Ordnungsgrades) einsetzten, wobei vor allem der Begriff der →Redundanz (Abweichung von der maximal möglichen Information) eine große Rolle spielt.

Die I. kontinuierlicher Signale, der ursprünglich häufigere Anwendungsfall in der elektrischen Nachrichtentechnik, enthält als ein Grundtheorem den Satz, daß ein kontinuierlich variierendes Signal von T Sekunden Dauer (z. B. die Amplitude einer in einem bestimmten Frequenzbereich $W = f_{max} - f_{min}$ variierenden elektrischen oder mechanischen Größe) durch eine Stichprobe von 2 WT Werten vollkommen charakterisiert ist. Da auch bei genauestmöglicher Bestimmung (durch Meßinstrument oder Beobachter) nur eine endliche Zahl von Amplitudenstufen einer Größe unterschieden werden kann, lassen sich Probleme der I. kontinuierlicher Signale teilweise auch mit den Mitteln der I. diskreter Signale bearbeiten. In der Ps. wird die I. kontinuierlicher Signale z. B. bei der Behandlung des motorischen Verhaltens (wie Ziel-Verfolgungsaufgaben) angewendet. Ⓛ ATTNEAVE, GARNER, MITTENECKER und RAAB *M-R/Z-N*

informationsverarbeitendes System, *information processing system* = IPS, systemwissenschaftliche Darstellung sozialer Akteure (Individuen, Kleingruppen, Kollektive oder Organisationen) unter Berücksichtigung der in ihnen erfolgenden →Entscheidungen und Problemlösungen.

Ein i.S. besteht minimal aus Rezeptor, Prozessor, Speicher und Effektor. Der Speicher enthält neben den die Informationsverarbeitung steuernden Regeln (Programmen) ein Konzeptsystem mit faktischen, normativen und Wertkonzepten, die ein Modell der Umwelt des i.S. sind.

Die Kleingruppe ist – anders als das Individuum – fähig, Informationen nicht nur sequentiell, sondern auch parallel zu verarbeiten. Bei Organisationen als i.S. sind die formelle Kommunikation und die Struktur von Kommunikationskanälen von bes. Interesse. →System, soziales *B-S*

Informationsverarbeitung, *information processing,* Untersuchungsansatz, der zur Erforschung kognitiver Prozesse Computerprogramme als Modell benutzt:

Die I. geht vom Menschen als Informationsinterpret, Mehrdeutigkeitslöser und Hochrechner aus: Ziele der I. sind, bei nicht-hinreichender Information ein Problem zu lösen und aus gegebenen Einzelinformationen brauchbare Schlüsse zu ziehen.

Geistige Väter der I. sind die Kybernetik (feedback-Modelle wie z. B. das →TOTE-Modell), die Informationstheorie und die Computersimulation (NEWELL, SHAW u. SIMON). →Kognition, →Information Ⓛ LINDSAY u. NORMAN 1977, D. DÖRNER 1976, UECKERT u. RHENIUS 1979 *R-S*

informelle Gruppe →Gruppe

Infrarot →Licht

Infraschall →Hörschwelle

Ingenieurpsychologie, ein international kaum noch verwendeter Begr. für Aufgaben (Forschung und Praxis), die die Bez. →Ergonomie und →Mensch-Maschine-System besser ausweisen.

Ingenogramm →Profile

Ingratiation [eng. Einschmeicheln], instrumentelle →Konformität von P bezüglich eines minderwichtigen Gegenstandes als Taktik zur Erreichung einer wichtigeren Einstellungsänderung bei O, der Person, der geschmeichelt wird. Ⓛ JONES 1965 *B-S*

ingroup, Eigen-Gruppe, Ggs. *outgroup,* Fremdgruppe, auch Wir-Gruppe. →Gruppe

inhaltliche Validität →Validität

Inhaltsanalyse, syn.: Contentanalyse, Textanalyse, gelegentlich auch Bedeutungsanalyse, Aussagenanalyse. Sammelbez. für eine Reihe von Techniken zur systematischen Nutzung freier Sprachproduktion (Texte) als Beobachtungsbasis unter Beachtung allgemeinerer Grundsätze der analytisch-empirischen Forschungsmethodologie. Manche Autoren schließen bildliche u. a. nichtsprachliche Produktionen mit ein.

Im typischen Fall werden unter dem Gesichtspunkt der jeweiligen Fragestellung (1) zwei oder mehr Vergleichsstichproben von Texten ausgewählt, (2) Textteile als Einheiten der Analyse festgelegt (z. B. Wort oder Satz oder Abschnitt), (3) semantische (→Semantik) oder – seltener – grammatische (→Grammatik) Merkmalkategorien definiert, (4) das Vorkommen der definierten Merkmale pro Textteil kodiert (→Code), (5) die Gesamthäufigkeiten gleicher Kodierfälle pro Text ermittelt und (6) daraus quantitative Indizes, im einfachsten Falle Häufigkeitsprozente, errechnet (→Sprachstatistik). Aus dem Vergleich der Indizes verschiedener Texte bzw. Textstichproben werden (7) unter dem Gesichtspunkt der Forschungsfrage Schlüsse gezogen. Verwertbar sind geschriebene oder schriftlich protokollierte mündliche Texte, die entweder frei (ohne Kenntnis eines späteren Auswertungszwecks) oder unter Testbedingungen produziert wurden und eine jeweils notwendige Mindestlänge haben. Semantische Merkmalkategorien können Lexeme (Wörter und Wortfügungen) oder Aussagen sein (semantisch interpretierte Textstücke mehr oder weniger großen Umfangs). Auch können grammatische Merkmale wie Wortart (Adjektiv, Verb) oder Aktionsart (Aktiv, Passiv) für eine I. relevant werden. Unerläßlich ist ein Mindestmaß an Objektivität der Merkmalkodierungen, worüber quantitative Informationen zur Interkodierer-Reliabilität Aufschluß geben. Schwierigkeiten der I. ergeben sich mit der Kontextabhängigkeit der aus dem Text herauszulösenden sprachlichen Einheiten (→Kontext) und mit der Unüberschaubarkeit der die Textproduktion jeweils mitbedingenden unabhängigen Faktoren, vor allem bei nicht unter Testbedingungen geschriebenen Texten. Den Auswertungsaufwand kann u. U. der Computer erheblich reduzieren (s. Programmfamilie »*General Inquirer*« von STONE et al.). Die I. wird methodisch fruchtbar u. a. in der Motivations- und Persönlichkeitspsychologie, in der Sozialpsychologie (sprachliche Interaktionsforschung), in der Psychotherapie (Therapeut-Patient-Kommunikation), in der Politikwissenschaft (z. B. Genese internationaler Konflikte), Publizistik (Medienforschung) und Literaturwissenschaft (Stilforschung und Autorschaftsbestimmung). Die I. ist der sprachwissenschaftlich orientierten und meist nur bestandsaufnehmenden Sprachstatistik benachbart. Ⓛ HERKNER 1974, HOLSTI 1968 *E-L*

Inhaltspsychologie →Psychologie (Richtungen)

Inhaltsvalidität →Validität

Inhaltswort, *content word,* Begriffswort, in der →Grammatik Bez. für Substantive, Adjektive, Verben und Adverbien, d.h. für Wörter, denen im Gegensatz zu den sog. →Funktionswörtern eindeutig »lexikalische« →Bedeutung (als direkter Bezug auf etwas) zugeordnet werden kann. Sie bilden eine offene Klasse, machen über 90% des Wortschatzes aus und sind die eigentlichen Träger der Information im Satz bzw. Text. *T-R*

inhibieren, Inhibition [lat. *inhibere* hemmen, hindern], verbieten, Verbot, →Hemmung

Inhibition, laterale →Hemmung

Inhibitionstheorie der Persönlichkeit, die Inhibition (→Hemmung) ist in der EYSENCKschen Persönlichkeitstheorie ein allgemeines theoretisches Konstrukt bei dem Versuch, Persönlichkeitsdimensionen auf dem genotypischen Niveau zu beschreiben und zu erklären. Es zeigen sich bei der Verarbeitung der reaktiven →Hemmung kennzeichnende interindividuelle Unterschiede. Wenn diese sich schnell und stark entwickelt und langsam abgebaut wird, tendiert das Individuum eher zu extravertierten, bei umgekehrtem Verlauf eher zu introvertierten Verhaltensweisen.

initial [lat. *initium* Anfang], anfänglich, Anfangs... Initialerscheinungen werden die ersten Anzeichen von Krankheiten (z.B. Psychosen) genannt.

Initialhandlung →Handlungsrudimente

Initial-Tests, Bez. für Tests, die Ansätze (z.B. angefangene Geschichten, Zeichnungen oder Muster) bieten mit der Anweisung, das Angefangene weiterzuführen. →RUPP-Wabentest, WARTEGG-Zeichentest und -Erzähltest

Initien, Initiation [lat. *initiare* einweihen], die Reifeweihen, durch die der junge Mensch in die Erwachsenenwelt eingeführt wird. Bei den Naturvölkern mit verschiedenen Praktiken verbunden (Mutproben, Askese, Meditation, Mannbarkeitszauber). THURNWALD sieht sie als »konkrete Lehre durch Handlungen statt durch viele Worte«. Oft verbunden mit der Beschneidung. • Initiation ist auch die Einweihung in die Mysterien (Geheimbünde) – ein höheres Selbst wird gewonnen.

Inklusionsschluß (direkter Schluß), Schluß von einem Ganzen auf einen Teil. →Transponierungsschluß und Repräsentationsschluß

Inkohärenz der Ideen [lat. *cohaerére* zusammenhängen], Ideenflucht, Verwirrtheit, Aufeinanderfolge von Bewußtseinsinhalten ohne sachlich-logischen Zusammenhang, bes. bei Psychosen

Inkontinenz [lat. *incontinentia* Unenthaltsamkeit], Unvermögen, Harn und Stuhl zurückzuhalten. • Affekt-Inkontinenz →Affektstörungen

Inkorporierung der Seele, die weltanschaulich-religiöse Annahme des Übergangs des Menschen in ein anderes Lebewesen, zumal beim Tode (z.B. in Schlange, Baum, Fisch)

inkrementelles Lernen →Lernen, inkrementelles

inkrementelle Validität, Bez. von SECHREST (1963) für den Zuwachs der Validität, welcher erreicht wird, wenn zu den bisherigen diagnostischen Informationen der Test noch zusätzlich zur Erhöhung der Validität beiträgt. *Hä-R*

Inkret, von →endokrinen Drüsen gebildeter Stoff (→Hormone), der in die Blut- oder Lymphbahn abgegeben wird. →Innere Sekretion. Ggs. Exkret →Exkretion *P-S*

Inkubation [lat. *incubare* liegen, brüten, i.ü. S. im Tempel schlafen, um eine Offenbarung zu bekommen], (allg.) die Zeit der Keimentwicklung bzw. bei Infektionskrankheiten die Zeit von der Keimübertragung bis zum Krankheitsausbruch. • In der Denkps. nach POINCARÉ die zweite Phase des Problemlösens, →Denken • Der Begr. I. wurde von EYSENCK u.a. herangezogen beim Erklärungsversuch für die Zunahme der Häufigkeit bedingter Reaktionen (CS) ohne Verstärkung durch unbedingten Reiz (UCS) im Ggs. zur Auslöschung. Dieser Vorgang (auch als NAPALKOW-Phänomen bezeichnet) steht offenbar in Zusammenhang mit Erregung, Furcht und Angst. Ⓛ EYSENCK 1968

Inkubismus →Sexualität (Tabelle)

innere Hemmung →Hemmung

innere Konsistenz →Konsistenz, innere

innere Sekretion, die von CLAUDE BERNARD 1855 und BROWN-SEQUARD 1869 erkannte Sekretabgabe von Drüsen ohne Ausscheidungsöffnungen nach außen (z.B. Zirbeldrüse, Hypophyse, Schilddrüse, Thymusdrüse, Nebennieren, Bauchspeicheldrüse, Geschlechtsdrüse) direkt in das Blut. Diese Sekrete – besser Inkrete – sind als Hormone wirksam u.a. bei den Entwicklungs-, Wachstums-, Stoffwechselvorgängen und bei vielen ps. Abläufen. →Hormone

inneres Modell, abbildhafte Repräsentation eines Sachverhaltsbereichs, die ein Organismus angenommenermaßen (oder ein entsprechend konstruiertes Gerät) in sich zur Verfügung hat, um daran seine auf diesen Bereich gerichtete Aktivität im voraus oder im Verlauf zu orientieren (→operatives Abbildungssystem). Ⓛ DÖRNER 1976, HACKER 1978. *K-I*

innere Sprache →Sprache, innere

Innerlichkeit, mit diesem Begr. belegt LERSCH den »Bereich der endothymen Erlebnisse, der Stimmungen und Gefühle, der Affekte und Gemütsbewegungen, der Triebe und Strebungen«. Dieser Bereich liegt im Sinne des Schichtenaufbaus unmittelbar oberhalb des →Lebensgrundes. →Charakteraufbau

Innervation, Nervenversorgung der Organe. Durchflechtung mit Nerven. • Zuleitung der Impulse durch die Nerven zum Organ.

Innervationsänderung, Prinzip der direkten ⟨WUNDT⟩, Ersch., daß bei starken Gemütsbewegungen die motorische Innervation unmittelbar in Mitleidenschaft gezogen wird (z. B. Muskellähmung)

Innervationsempfindung, in der älteren Ps. das Insbewußtseintreten des willentlich vollzogenen Bewegungsimpulses.

Innovation, aus dem Angloamerikanischen übernommene Bez., die allgemein die Einführung und Verbreitung neuer (dem sog. Fortschritt zugeschriebener) Produkte, Inhalte, Methoden, Medien, Leistungsformen und Verhaltensmuster meint.

Im pädagogisch-psychologischen Bereich erweist sich die Unterscheidung der instrumentell-technologischen, institutionell-politischen, inhaltlich-curricularen und verhaltensbezogen-sozialen Dimension als zweckmäßig (REICHWEIN/FRECH). Der Begriff I. sollte definitorisch präzisiert werden und nur die geplante und kontrollierte Veränderung eines Systems umgreifen, durch die in Auswertung einer oder mehrerer Erfindungen und Entdeckungen neuartige Möglichkeiten realisiert und praktiziert werden (WEHLE). Die Innovationsforschung analysiert die Effizienz solcher Veränderungen und Maßnahmen und entwickelt I.strategien für die vorausweisende Planung. Ⓛ REICHWEIN u. FRECH 1971, WEHLE 1974, BAUER/ROLFF 1978 *Mü-E*

Inokulation [lat. *inoculare* einpflanzen, okulieren; engl. *inoculation,* Einimpfung], in ps. Bedeutung eine von MCGUIRE (1966) entwickelte exp. Methode zur Stärkung des Widerstandes gegen gezielte →Einstellungsänderung durch Überredung (Immunisierung, immun-machen). Vor dem Einstellungsänderungsversuch werden die Gegenargumente und ihre Widerlegung geboten. *B-S*

input, Informationseingang, Begr. der →Informationstheorie. • (allg.) die Energie, die in ein →System einfließt. • (psychol.) der aufgenommene Reiz.

Inspiration [lat. *inspiráre* einatmen], Eingebung, z. B. ein schöpferischer, künstlerischer oder wissenschaftlicher Einfall, der scheinbar unvermittelt, spontan ins Bewußtsein tritt, ps. als Quasi-Auswirkung eines Unbewußten oder einer »Sekundär-Person«

Instase, Instasis [lat.-gr.], Hineintreten, Innenschau. Verinnerlichungsprozeß des Erlebens im Ggs. zur →Ekstase.

Instinkt, Instinktlehre, Bez. für die bis in die Antike zurückreichende Annahme eines angeborenen Verhaltens oder zumindest einer grundlegenden Steuerung (endogener Automatismus) des angeborenen Verhaltens im Tierreich. Nach TINBERGEN (1956) ein »hierarchisch organisierter nervöser Mechanismus, der auf bestimmte vorwarnende, auslösende und richtende Impulse, sowohl innere wie äußere, anspricht und sie mit wohlkoordinierten lebens- und arterhaltenden Bewegungen beantwortet.« Der I.-Begriff ist heute überholt. Angeborenes Verhalten wird besser als Erbkoordination bezeichnet. Ⓛ TINBERGEN 1951, SCHLEIDT 1962, 1974 *P-S*

Instinkttheorie, Bez. für die in der angloamerikanischen Ps. bis etwa 1920 hervorgetretene Auffassung, daß menschliches Verhalten letztlich auf eine Anzahl bestimmter angeborener Handlungsschemata komplexer Art zurückgeführt werden könne.

Solche Handlungsschemata sind Triebe oder Instinkte. Über deren Anzahl und Art herrschten sehr verschiedene Auffassungen. So fand z. B. CARR (1925) in sieben bekannten Lehrbüchern zusammen 38 Triebe angeführt; BERNARD fand in der Literatur 14046 menschliche Verhaltensweisen, die als angeborene Triebe verbucht wurden. Am bekanntesten ist die Lehre von MCDOUGALL, der 18 verschiedene Grundtriebe anführte, auf die alles menschliche Verhalten zurückgeführt werden könnte. →Motivation

Instituierungsgesetz →Erstarrungsgesetz

Institut für schulpsychologische Forschung (Begabungs-Test) Ⓣ KUNZE

Institution, soziolog. Begr. für ziemlich versch. Systeme kultureller Werte und Verhaltensnormen, die Probleme des Zusammenlebens regeln; daher oft ähnlich wie Sitte oder Brauch benutzt.

So geregelte Probleme sind z. B. die Fortpflanzung (in der I. der Ehe), Güterverteilung (Marktformen), Erziehung oder Regelungen, wie das Gastrecht, die Sklaverei und die versch. Herrschaftsformen. I. ist hier ein abstraktes Normensystem. Daneben ist sie auch ein spezifisches Gebilde, wie ein Verein, eine Regierung oder Gefängnis, Universität etc. Letztere werden →*behavior settings* genannt, wenn nur die entsprechenden ökologischen Gegebenheiten gemeint sind. Beide Formen der I. induzieren institutionalisiertes Verhalten (F. H. ALLPORT 1933, →J-Kurve).

I. ist jedoch nicht gleichzusetzen mit einer aus Personen bestehenden Organisation, sondern sie ist ein System von Sinnzusammenhängen, dem kulturelle Geltung zukommt und das durch Recht und Sitte gestützt wird. I. sind für die Entstehung einer Kultur von großer Bedeutung, sie neigen aber mit der Zeit zur Erstarrung (→Erstarrungsgesetz). Der Begr. wird von G. W. ALLPORT (1968, 43) als modern verkleideter Nachkomme der »Gruppenseele« *(group mind)* angesehen. *B-S*

institutionalisiertes Verhalten →J-Kurven-Hypothese

Institutionalisierung, hoher Grad der Gewöhnung an die Verhaltensabläufe in einer Institution; Entfernung aus ihr führt zu Angstzuständen oder wenigstens zu Unbehagen. *B-S*

Instruktion, Anweisung, die Übermittlung der Aufgabenstellung an die Vp bei ps. Untersuchungen. Sie kann u. a. (non-)verbal, schriftlich oder durch räumliche Arrangements gegeben werden. Letztlich gibt die Gesamtsituation instruktive Hinweise. Die I. enthält meistens zugleich sachliche und motivierende Aufgabenhinweise. Die I. stellt eine wesentliche unabhängige Variable bei empirischem Arbeiten dar (→Experiment).

Um die Wirkung dieser Variablen konstant zu halten, wird empfohlen, die I. objektiv gleich zu geben (z. B. gleicher Text, Tonbandvorgabe). Da die I. aber von Vpn subjektiv interpretiert wird, wird auch empfohlen, die I. funktional gleich zu geben, d. h. über verschiedene Wege zu versuchen, Vpn in denselben Voraussetzungsstand zu bringen. Letzteres ist oft u. a. bei Kindern angezeigt. Um die Wirkung einer I. abschätzen zu können, empfiehlt sich, mehrere Varianten zu untersuchen. • Bei objektiven Testverfahren gehört die I. zur standardisierten Aufgabenstellung, was häufig außer acht gelassen wird. • Ethische Probleme können sich ergeben, wenn die I. andere als die eigentlichen Untersuchungsziele angibt (Täuschung) oder wesentliche Ziele verschweigt. *D-Y*

Instruktionspsychologie, Bez. für die Psychologie des →Lehrens

Instrumentalismus →Pragmatismus

Instrumentalität, Geeignetheit einer Handlungsalternative für die Erreichung eines gesetzten Zieles, wichtiger Aspekt für die Bewertung der möglichen Handlungen bei Problemlösungen und Entscheidungen. *B-S*

instrumentelles Konditionieren →bedingter Reflex, →Lernen (IV)

Insuffizienz [lat. *sufficere* genügen], ungenügende Leistungsfähigkeit, Unzulänglichkeit

Insuffizienzgefühl →Minderwertigkeitsgefühl

insula, Insel →Gehirn

Insulin [zu lat. *insula* Insel], →Hormon aus den LANGERHANSschen Inseln der Bauchspeicheldrüse, bewirkt Abbau der Kohlehydrate und Bildung von Glykogen, hält den Blutzuckerspiegel konstant

Insulinschock →Schocktherapie

Insult, Anfall (epileptischer, apoplektischer, eklamptischer A., Tobsuchtsanfall), Verletzung, Belästigung, Beleidigung. • Psychischer I. →Trauma

Integration [lat. *integer* unversehrt, ganz], (allg.) Zusammenschluß, Vereinigung, Vervollständigung, Vereinheitlichung, Vorgang der Ganzheitsbildung. • Ps. das einheitliche Zusammenwirken mit gegenseitiger Durchdringung der verschiedenen ps. Prozesse. →Integrationspsychologie. Der Begr. stammt von P. JANET. • integriert in-sich-geschlossen-sein, z. B. (sozialps.) die integrierte i. Ggs. zur desintegrierten Gruppe.

Integration, soziale, die elementare ps. Tatsache, daß die Menschen in der Interaktion eine partielle Gleichartigkeit (Homogenisierung) erleben. Von HELLPACH (1933) »Sozialintegral« genannt. Diese Vereinheitlichung zu einem »Wesen« ist vielgestaltig. HELLPACH trennt hier nach Emotions-Kollektiv, Reflektions-Selektiv u. a. m. →Gruppe. • Von spezifischen Formen der s. I., die z. B. PARSONS (1951) nennt, sind (a) die Prozesse, durch die der Einzelne sich an Standards der Gruppe anpaßt und durch die er sich harmonisch einfügt, sowie (b) die I. von Minderheiten in Wohngegenden im Gegensatz zur Segregation oder der Minderheiten- (z. B. Rassen-)Trennung zu nennen. *B-S*

Integrationspsychologie, eine von E. R. JAENSCH begründete Richtung der →Charakterkunde.

Nach dem Grad der →Integration der psychischen Vorgänge wurde versucht, die Menschen in verschiedene Typen einzuteilen. Es wurden die Typen der Integration (I_1-, I_2-, I_3-Typ) dem desintegrierten Typ (D-Typ) gegenübergestellt, dazu noch andere Formen, wie z. B. die durch ihre Labilität der Integration gekennzeichneten S-Typen (Synästhetiker) mit Unterformen wie die lytischen Typen. Der Verirrung der Zeit folgend beschrieb JAENSCH die S-Typen als kulturzersetzende Auflösungstypen (Der Gegentypus 1938) und charakterisierte dabei insbesondere die Juden. • Die Integrationstypologie nahm ihren Ausgang von Untersuchungen zur →Eidetik. Auffassungen der I. finden sich jetzt wieder in der Lehre von der →Feldabhängigkeit. Ⓛ JAENSCH

Integrität, Unversehrtheit insbes. als Makellosigkeit

Intellekt [lat. *intellectus* Einsicht, Innewerden, Erkenntnis], der Verstand, das Denkvermögen. →Intelligenz

Intellektualismus, die Anschauung, daß der Verstand, das reine Denken, und nicht Gefühl oder Wille im Seelenleben maßgebend seien bzw. sein sollten.

Intellektualistisch nennt man daher Theorien, die zur Erklärung seelischer Erscheinungen (z. B. der Aufmerksamkeit) die Verstandestätigkeit heranziehen (→kognitive, kognitivistische Ps.) oder die (in der Ethik) dem Denken, der Verstandeserkenntnis, grundlegende Bedeutung für das sittliche Handeln beimessen, ferner Lehren, die in der Erziehung für die Ausbildung des Intellekts besonders eintreten. Als Intellektualismus wird auch die seelische Haltung bezeichnet, in der das Denken gegenüber dem Gefühlsleben einseitig hervortritt. Die Bez. I. ist mitunter abwertend gemeint.

intellektuell, verstandesmäßig, geistig, auf das Denken, den Verstand bezüglich

Intelligenz, während mit dem Begriff Intellekt [lat. *intellectus* Erkenntnis, Einsicht, Sinn] der Verstand vorwiegend als Bestand, als »Denkvermögen« erfaßt wird, kennzeichnet der Begriff I. [lat. *intelligentia*] vorwiegend die mit dem Verstand verbundenen geistigen Fähigkeiten in ihrer potentiellen und dynamischen Bedeutung.

Der Begr. wird sehr unterschiedlich definiert. Gemeinsam ist indessen den meisten Definitionen, daß sie als das wesentliche Moment der Intelligenz die Fähigkeit bezeichnen, sich in neuen Situationen auf Grund von Einsichten zurechtzufinden oder Aufgaben mit Hilfe des Denkens zu lösen, ohne daß hierfür die Erfahrung, sondern vielmehr die Erfassung von Beziehungen das Wesentliche ist. So definiert z. B. W. STERN Intelligenz als die Fähigkeit, das Denken auf neue Forderungen einzustellen, bzw. als die allgemeine geistige Anpassungsfähigkeit an neue Aufgaben und Lebensbedingungen. Allgemeiner kann man unter Intelligenz die Befähigung zu Leistungen verstehen, die unmittelbar in Denkvorgängen (Beziehungserfassungen) bestehen oder eng damit zusammenhängen ⟨PAULI⟩. WENZL bezeichnet als Intelligenz die Fähigkeit zur Erfassung und Herstellung von Bedeutungen, Beziehungen und Sinnzusammenhängen. I. ist nach EBBINGHAUS die Fähigkeit zur Kombination; nach SPEARMAN ein korrelativer Zentralfaktor als eine Art niveau- und kapazitätsgemäß erschließbare Potentialität; nach GIESE das geistige Niveau (Entwicklungshöhenschicht), das nach allgemeiner, kaufmännischer, praktischer und technischer I. im Sinne der Gegenstandsrichtung aufgegliedert werden kann. • Die Leistung der I. ist eine doppelte: 1. Auffassung, Begreifen, »Kapieren« (wodurch Wichtiges und Unwichtiges, Richtiges und Falsches geschieden und differenzierter, konturierter »verfügbar« werden), 2. Weiterführende Verarbeitung des »Erfaßten«.

Über den Aufbau der I. bestehen verschiedene Theorien. →Intelligenzfaktoren • Die Frage nach der Struktur der Intelligenz wurde mit verschiedenen Methoden zu beantworten versucht. Mit den Modellen der →Faktorenanalyse wurde eine unterschiedliche Anzahl von Intelligenzdimensionen ermittelt. Ⓛ ELSENHANS, GUILFORD, JÄGER, MEILI, ROHRACHER, ROTH, SPEARMAN, STERN, THOMSON, THURSTONE, WERTHEIMER, WEWETZER. SÜLLWOLD 1976

Intelligenz-Abbau, WECHSLER versteht darunter den nicht auf Mangel an Übung zurückzuführenden Abfall oder den Verlust der intellektuellen Fähigkeiten. Kriterium ist dabei der Verlust des Funktionsniveaus im Hinblick auf Geschwindigkeit und Genauigkeit.

Eine quantitative Bestimmung des I.-A. versucht WECHSLER durch einen Vergleich der Wertpunkte der »beständigen Tests« mit denjenigen der »nicht-beständigen Tests«. Beständige Tests sind solche, die vom zunehmenden Alter am wenigsten beeinträchtigt werden (allgemeines Wissen, allgemeines Verständnis, Figuren legen, Bilder ergänzen, Wortschatztest). Nicht-beständige Tests sind solche, die vom zunehmenden Alter betroffen werden (Zahlennachsprechen, rechnerisches Denken, Zahlensymboltest, Mosaiktest, Gemeinsamkeiten finden). Wird die Differenz zwischen beständigen und nicht-beständigen Tests in Prozentwerten ausgedrückt, so handelt es sich um den →Abbau-Quotienten. Der Wert kann aber auch als Differenz beider Untertests-Wertpunktesummen berechnet werden. Ⓛ WECHSLER 1964 *Hä-R*

Intelligenzalter ⟨BINET⟩, abgekürzt IA. Der Stand der Intelligenz eines Individuums (Kindes) bezogen auf die geistige Leistungsfähigkeit des altersgemäßen Intelligenzdurchschnitts. So kann z. B. ein über- bzw. unterdurchschnittlich intelligentes Kind von 10 Jahren ein IA von 12 bzw. 8. Jahren haben (Ermittlung durch Tests). Solche Kennzeichnung wurde durch den →Intelligenzquotienten abgelöst. →Entwicklungsalter

Intelligenzfaktoren, die mit der Methode der →Faktorenanalyse gewonnenen Dimensionen intelligenten Verhaltens, welche aus Tests, Experimenten bzw. Leistungsproben aus dem Bereich des Problemlösens an meist sehr unterschiedlichem Aufgabenmaterial stammen. Die Faktorisierung von Intelligenzvariablen stellt neben derjenigen von Persönlichkeitsvariablen ein Hauptanwendungsgebiet der Faktorenanalyse dar (→Faktorentheorien der Persönlichkeit).

Historisch betrachtet ist die Intelligenzforschung mit der Faktorenanalyse durch die Namen PEARSON, SPEARMAN und THURSTONE verbunden und reicht damit bis in die Anfänge der empirischen Psychologie zurück. Während die angloamerikanische Forschung mit GALTON hauptsächlich den genetischen Aspekt berücksichtigte, bestand der deutsche Beitrag in empirischen Untersuchungen zur Denkpsychologie und zum Gedächtnis.

Innerhalb der faktorenanalytischen Betrachtung der Intelligenz gibt es eine Reihe von unterschiedlichen Modellen, die z. T. die historische Entwicklung der Faktorenanalyse widerspiegeln, aber auch auf rein methodisch begründbare Unterschiede zurückgehen.

Zwei-Faktoren-Theorie (»g«-Faktorentheorie nach SPEARMAN)

Dieses Modell wurde von Ch. SPEARMAN aus der Interkorrelationsanalyse von kognitiven Leistungsvariablen, Schulleistungsdaten und experimentell gewonnenen Parametern aufgestellt (SPEARMAN 1904). Die folgende Abb. veranschaulicht dieses Modell.

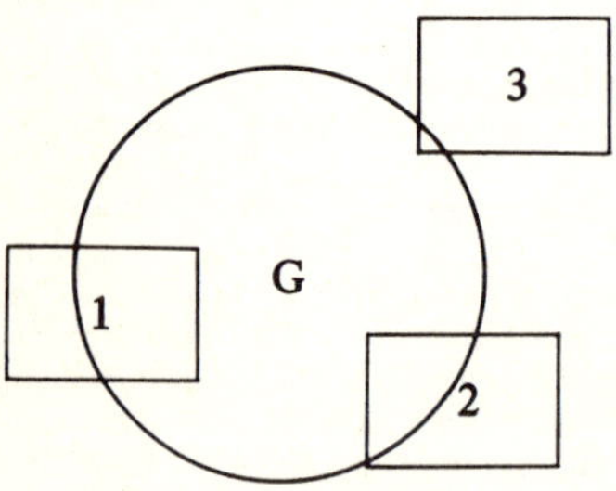

Aus allen intellektuellen Leistungen läßt sich ein *»general factor«* ableiten. Zusätzlich ergibt sich eine Vielzahl von spezifischen oder »s«-Faktoren, welche nur jeweils einer Funktion zuzuordnen sind. Mit einem auf der Basis der »g«-Faktorentheorie konstruierten Intelligenztest läßt sich dementsprechend auch nur ein solches »g«-Maß für die Intelligenz ermitteln. Ein Beispiel für einen so konzipierten Test stellt der CFT (Ⓣ CATTELL) dar.

Multiple Faktorentheorie (nach THURSTONE)

Die von SPEARMAN auf Grund der Tatsache der mittleren bis hohen Interkorrelationskoeffizienten zwischen Intelligenzvariablen abgeleitete »g«-Faktorentheorie hat THURSTONE durch folgende Beobachtung weiterentwickelt: nach Extraktion des »g«-Faktors verblieb ein beachtlicher Rest an gemeinsamer Varianz, der nicht auf spezifische Faktoren zurückzuführen war. THURSTONE hat selbst Datenerhebungen mit einer umfangreichen Zahl von Variablen durchgeführt und aus diesen Datensätzen folgende Faktoren extrahiert: Faktor S *(space)* stellt den Faktor der räumlichen

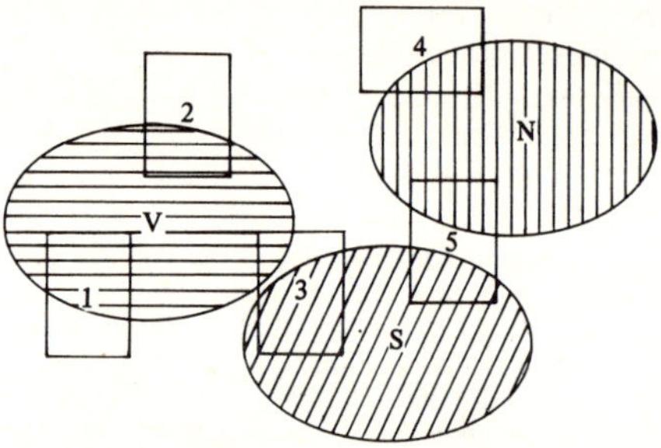

Die Ellipsen stellen nach dem multiplen Faktor-Modell den »verbalen Faktor« (V), den »numerischen Faktor« (N) und den »räumlichen Faktor« (S) dar. Die Rechtecke stellen Tests dar, die mit einzelnen oder mehreren Faktoren korrelieren.

Vorstellung dar. Die Fähigkeit, sprachliche Bedeutungen zu erfassen, wird durch den Faktor V *(verbal comprehension)* repräsentiert. Faktor W *(word fluency)* stellt den Faktor der →Wortflüssigkeit dar, während Faktor M *(memory)* das Kurzzeitgedächtnis repräsentiert. Der Faktor P *(perceptual speed)* verkörpert die Fähigkeit, schnell und genau visuelle Details wahrzunehmen. Faktor R *(reasoning)*, welcher sich in eine Komponente *»induction«* und *»deduction«* aufteilt, läßt sich weniger gut identifizieren und könnte als allgemeiner Denkfaktor bezeichnet werden. Die von THURSTONE gefundenen Faktoren sind in der Testbatterie *»Tests of Primary Mental Ability«* zusammengefaßt. Ⓣ THURSTONE. Das LPS (Ⓣ HORN) ist ebenfalls auf diesen Untersuchungen aufgebaut und stellt die deutsche Version der PMA dar.

Elementar-Faktor-Theorie

Die von THOMSON und THORNDIKE entwickelte *»sampling«*-Theorie besagt, daß für jede Leistung eine Stichprobe von Faktoren aus der Gesamtzahl von Elementarfaktoren benötigt wird.

Hierarchisches Modell der Intelligenzfaktoren

Ähnlich wie bei der →Faktorentheorie der Persönlichkeit nach EYSENCK haben BURT und VERNON ein hierarchisches Modell vorgeschlagen, welches auf den verschiedenen Ebenen unterschiedliche Faktoren aufweist.

Strukturmodell der Intelligenzfaktoren

GUILFORD (1956) hat auf der Basis der faktorenanalytischen Befunde die sehr zahlreich erarbeiteten I. systematisch zusammengefaßt (siehe Abb.) Die intellektuellen Leistungen werden nach ihrer Funktion in Denkoperationen und Gedächtnisleistungen gegliedert. Die Denkprozesse umfassen dabei die Leistungen der Kognition (Auffindung von Wissen) und diejenigen Klassen von Faktoren, welche die Leistungen der Überprüfung der Richtigkeit und Angemessenheit konstituieren. In der Klasse der Prozesse ist das →divergente und das →konvergente Denken zu unterscheiden. Zu dem in der Abb. dargestellten Dimensionsschema kam GUILFORD auf intuitiv logischem Wege. In diesem Schema werden die Inhalte intelligenten Verhaltens, die Aspekte der Operationen des Denkens und die Resultate des Denkens berücksichtigt. Diese von GUILFORD vorgenommene Einteilung nach 120 Dimensionen demonstriert die Fülle der möglichen intellektuellen Leistungen. Die Zahl der tatsächlich gefundenen Faktoren ist demgegenüber wesentlich geringer.

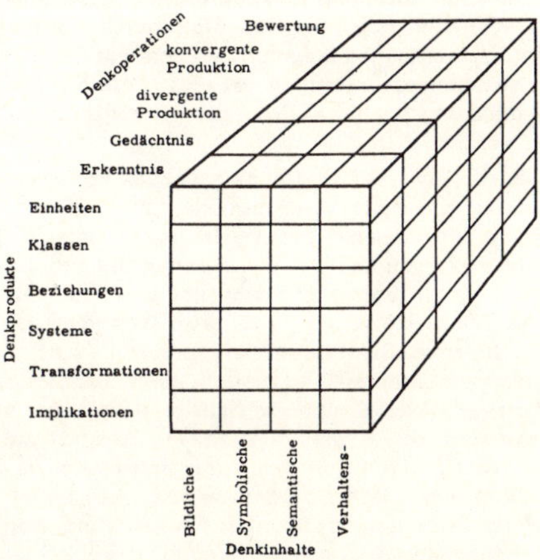

Intelligenzfaktoren 2. Ordnung

Neben den Primärfaktoren der Intelligenz lassen sich wie bei den Persönlichkeitsfaktoren (→Faktorentheorien der Persönlichkeit) auf der Basis schiefwinkliger Rotation der Primärfaktoren Faktoren 2. Ordnung bestimmen. Auf diesem Niveau lassen sich 2 Faktoren identifizieren. Mit Faktor 1 sind die Dimensionen Induktion, Deduktion und räumliches Vorstellungsvermögen repräsentiert. Sekundärfaktor 2 enthält die Dimensionen Rechenfertigkeit, logisches Denken und Sprachverständnis.

Faktorenanalyse nicht faktoriell konzipierter Intelligenztests

Für die praktische Anwendung von Intelligenztests, welche für verschiedene Funktionen unterschiedliche Untertests enthalten, die untereinander mehr oder weniger korrelieren, wurde mit Hilfe der Faktorenanalyse der Untertestkorrelationen die Struktur solcher Tests bestimmt. Je nach Anzahl der extrahierten Faktoren resultieren beim IST (Ⓣ AMTHAUER) z. B. 2–4 Faktoren. Auch für die WECHSLER-Intelligenztests wurden solche Analysen durchgeführt. Hier ergab sich eine größere Anzahl von Faktoren, die sich z. T. mit den Komponenten decken, die der Test messen soll.

Forschungstendenzen der faktorenanalytischen Intelligenzuntersuchungen

Nach JÄGER muß die faktorenanalytische Intelligenzforschung in drei Richtungen weiterentwikkelt werden: Bestimmung des Geltungsbereiches der Faktoren – Untersuchung der für die Faktoren charakteristischen Verhaltenskorrelate – Integration von Intelligenz-, Motivations- und Persönlichkeitsvariablen. Eine Acht-Faktoren-Theorie der Intelligenz ist von PAWLIK (1982) beschrieben worden. Ⓛ EYSENCK, JÄGER, MEILI PAWLIK, SPEARMAN *Hä-R*

Intelligenzprüfung →Intelligenz-Tests

Intelligenzquotient (IQ), Maß für intellektuelle Leistungsfähigkeit einer Person. Da es bis jetzt keine Absolutmaße intellektueller Leistungsfähigkeit gibt, hat man sich mit Relativmaßen beholfen: W. STERN führte 1912 den IQ als Maß zur Quantifizierung von Intelligenztestergebnissen ein (klassischer IQ). Er wird berechnet als Quotient von Intelligenzalter (IA) zu Lebensalter (LA). Das IA ist ein Äquivalent zur Anzahl der Aufgaben, die ein Proband in einem →Intelligenztest (Stufentest nach BINET) gelöst hat. Der Wert des IA sagt aus, in welchem Lebensalter die jeweilige aktuelle Leistung eines Probanden als durchschnittliche Leistung erbracht wird. Wegen verschiedener Nachteile des Maßes IQ (Bestimmung nach der Jugendzeit, Vergleich zwischen verschiedenen Altersstufen nicht möglich) wurden andere Maße eingeführt: Abweichungsmaße, die nicht mehr auf der Altersachse messen, sondern auf der Leistungsachse. Diese Maße geben die relative Stellung der Leistung eines Probanden in der Verteilung der Leistungen seiner (Alters-)Gruppe an. Hier sind mehrere, linear ineinander überführbare, Maße üblich geworden (von denen eines – trotz vollständig anderer Konzeption – ebenfalls »IQ« heißt): Standardwert, Wertpunkt, »IQ« (nach WECHSLER), Centilwert, Stanine. *N-L*

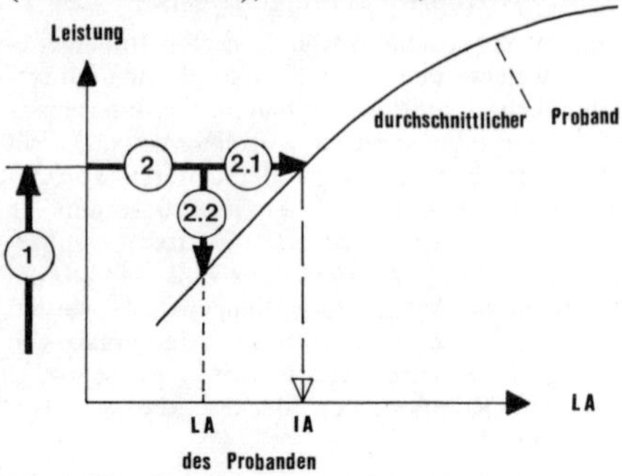

Schritt (1): Bestimmung der (absoluten) Leistung des Probanden (Rohprodukte, z. B. Zahl gelöster Testaufgaben): gleicher Schritt bei klassischem IQ und bei Abweichungsmaß

Schritt (2): Bezug der Probandenleistung auf Norm:

Form (2.1)*: Ermittlung des Alters des durchschnittlichen Probanden mit gleicher Leistung.

Form (2.2)**: Ermittlung der relativen Stellung der Probandenleistung in Leistungsverteilung seiner Bezugsgruppe.

* bei klassischem IQ ** bei Abweichungsmaß

IQ	Intelligenzgrad	% der Fälle
über 140	hervorragende Intelligenz	1,5
120–139	sehr gute Intelligenz	11,0
110–119	gute Intelligenz	18,0
90–109	durchschnittl., normale Intelligenz	48,0
80–89	geringe Intelligenz »Dummheit«	14,0
70–79	leichte Debilität	5,0
unter 69	Schwachsinn bis Idiotie	2,5

Beispiel einer überholten Einteilung

Intelligenz-Struktur, Bez. für das aus Tests u. a. erschlossene Gefüge der Faktoren, die die intellektuelle Leistung bestimmen. • Eine eigene Intelligenz-Struktur-Theorie hat GUILFORD (1967) aufgestellt. Er unterscheidet Operationen mit verschiedenen Inhalten, die an bestimmten Produkten vollzogen werden. →Intelligenzfaktor

Intelligenz-Struktur-Test Ⓣ AMTHAUER

Intelligenztests, Bez. für eine Gruppe von Tests, welche auf der Grundlage unterschiedlicher Intelligenzdefinitionen und Intelligenztheorien die intellektuelle Leistungsfähigkeit quantitativ und qualitativ bestimmen.

Die heute verwendeten I. basieren z. T. auf Entwicklungen, die um die Jahrhundertwende angeregt wurden, sind z. T. aber auch Ergebnisse neuerer ps. Forschung. Parallel zur Entwicklung der statistischen Verfahren (Abweichung vom Mittelwert, Korrelationsstatistik) wurden die ersten systematischen Versuche zur Intelligenzprüfung angeregt. Während GALTON mehr anthropometrisch orientiert war, jedoch auch schon geistige Vorstellungskraft zu messen versuchte, und hier mehr von seinen Vorstellungen über geniale Menschen geleitet wurde, hat J. MC K. CATTELL versucht, neben körperlichen und psychophysischen auch geistige Prozesse zu messen. Neben diesen psychometrischen Vorläufern der Intelligenzdiagnostik gingen in Deutschland die Bemühungen der Analyse intellektueller Leistungen von Psychiatern wie RIEGER, SOMMER oder KRAEPELIN aus. Der Schwerpunkt dieser Methode lag mehr in der qualitativen Analyse von intellektuellen Leistungen, welche durch die psychopathologischen Intelligenzstörungen angeregt wurde. Mit BINET begann dann eine Phase der systematischen Testentwicklung. Unter der Annahme einer allgemeinen Intelligenz hat BINET ein sehr viel größeres Spektrum von intellektuellen Leistungstest konzipiert. Als weitere Verbesserung kam hinzu, daß sowohl Lebensalter als auch individuelle Begabung als Determinanten der Intelligenzleistung aufgefaßt wurden. Für die verschiedenen Altersstufen wurden verschiedene Aufgaben gewählt, als Maß das →Intelligenzalter eingeführt.

Gegen das von BINET entwickelte Verfahren wurde eine Reihe von praktischen und theoretischen Einwänden geäußert, die jedoch nicht zur Ablösung, sondern zur Weiterentwicklung dieser Stufentests führte. Die bekanntesten sind die STANFORD-Revisionen. Um die Ökonomie der Intelligenzmeßverfahren zu steigern, wurden Gruppenverfahren konstruiert. Als bekannteste Version solcher Gruppenverfahren ist die *»Group Examination Alpha«* (Ⓣ YERKES) und die *»Group Examination Beta«* bekannt. Diese Verfahren wurden für Massenauslesen eingesetzt. Neue Anregungen für die Konstruktion von Intelligenztests kamen von der faktoriell orientierten Intelligenzforschung (→Intelligenzfaktoren). Auf der Basis der multiplen Faktorentheorie entwickelte THURSTONE die *Primary-Mental-Ability-Tests.* Diese Testkonstruktion wurde auch für deutsche Verhältnisse adaptiert (Leistungsprüfsystem Ⓣ HORN). Unter der Konzeption des g-Faktors hat CATTELL verschiedene Skalen zur allgemeinen Intelligenz und hier speziell zur nichtverfestigten Komponente (→Intelligenzfaktoren) entwickelt. Eine mehr von der praktischen Intelligenzdiagnostik hergeleitete Konzeption der allgemeinen Intelligenz stellen die Verfahren von WECHSLER dar. Der große Anteil der dabei verbal konzipierten Tests hat die Entwicklung von sprachfreien I. angeregt. Die relativ geringe prognostische Aussagefähigkeit von I. hat dazu geführt, die Konzeption solcher Tests kritisch zu betrachten und andere Komponenten intellektueller Leistungsfähigkeit mitzuberücksichtigen. (→Kreativitätstests). Auch die allgemeine Testkritik (→Antitestbewegung) hat die nicht adäquate Anwendung und Interpretation von solchen I.testergebnissen als problematisch herausgestellt.

Will man die Funktion von I. adäquat beurteilen, so lassen sie sich weniger am Kriterium des Mißbrauchs bewerten, sondern sind eher mit Diagnoseinstrumenten zu vergleichen, welche intellektuelle Fähigkeiten prognostizieren und diagnostizieren wollen. Ⓛ WEWETZER 1972, GROFFMANN 1963, 1971[3], BRICKENKAMP 1975 *Hä-R*

Intelligenz und Kreativität →Kreativität

Intension [zu lat. *intendere* anspannen, umspannen] Anspannung, Eifer, Sinn eines Begriffes

Intensität, Stärke, Stärkegrad, Anspannung. • In der Ps. die Stärke eines seelischen Prozesses, z. B. einer Empfindung (Grad der Helligkeit bei Licht-, der Lautheit bei Tonempfindungen usw.) oder eines Gefühls (Grad der Annehmlichkeit oder Unannehmlichkeit).

Die I. der Empfindung hängt u. a. von der Stärke des Reizes ab (bei Licht- und Tonwahrnehmungen von Schwingungsweite der Licht- und Luftwellen, bei Geruchsempfindungen von der Menge des Riechstoffes, bei Tastempfindungen von dem auf die Haut ausgeübten Druck usw.). Daneben wird die Empfindungsintensität noch durch andere, zentrale Faktoren mitbestimmt (z. B. Adaptationszustand, das Nicht-Hochkommen einer Schmerzempfindung bei starker Konzentration auf anderes). Den Zusammenhang zwischen Reizintensität und Empfindungsintensität beschreibt das →FECHNERsche Gesetz.

Neben der I. ist die →Qualität ein allgemeines Bestimmungsmerkmal der ps. Prozesse.

Intention [lat.], Absicht, aufmerksame Hinwendung, Gerichtetsein auf ein Objekt, ein Ziel.

• Mit Intentionalität wird das Gerichtetsein bezeichnet, wie es als durchgängiges Merkmal aller psychischen Akte (→Aktps.) in der Bewußtseinsphänomenologie von BRENTANO, MEINONG, HUSSERL, SCHELER herausgestellt wurde. • Von Intentionalitätsgefüge spricht A. R. GILBERT bei seiner Gliederung nach impulsiver und propulsiver Intentionalität. GILBERT nennt seine Lehre auch Neo-Intentionalismus. →Einstellung, Gerichtetsein

intentionales Lernen →Lernen, intentionales

Intentionsbewegung, (biol.) Bewegungsmuster, das in Stärke und Häufigkeit reduziert (unvollständig) auftritt. Das intendierte Ziel bleibt meist erkennbar. Eine I. kann durch eine Verhaltenshemmung oder nicht ausreichende Stimulierung (z. B. in Konfliktslage) entstehen. *P-S*

Intentionstremor, das beim Ansetzen einer intendierten willkürlichen Bewegung auftretende krankhafte Zittern (Tremor).

Interaktion [lat.], wechselseitige Beeinflussung. • Statistisch →Wechselwirkung. • Von C. L. HULL wurde die Bezeichnung »*interaction principle*« für die gegenseitige Beeinflussung afferenter Nervenimpulse eingeführt, womit er teilweise die Entdeckungen der Gestaltpsychologen berücksichtigte und die elementaristische Auffassung isolierter Stimuluswirkungen aufgab. • Soziale I.: die gegenseitige Beeinflussung von Individuen innerhalb von und zwischen Gruppen und die dadurch entstehenden Änderungen des Verhaltens oder der Einstellungen, Meinungen etc., ein weiterer Begriff als →Kommunikation, z. T. aber auch mit diesem syn.

Gelegentlich wird berücksichtigt, daß Kommunikation ein asymmetrischer Prozeß sein kann, während I. stets einen symmetrischen Prozeß meint. →P ist Stimulus für →O und O ist Stimulus für P, bzw. die Responses von O und P haben diese Funktionen. Soziale I. als »Austausch von materiellen und nicht-materiellen Gütern« (HOMANS) anzusehen, ist der Grundgedanke der verschiedenen Theorien des sozialen Austauschs *(social exchange theories)*. THIBAULT u. KELLEY (1959) verwenden in ihrem I.smodell zur Analyse der Austauschprozesse eine Matrix möglicher Handlungskonsequenzen *(pay off matrix)*, in der die Verluste *(costs)* und der Nutzen *(rewards)* als Folgen der Responses der Partner eingetragen werden. Die Auswertung der I.-Konsequenzen hängt von dem Vergleichsniveau (CL, *comparison level*), insbesondere von dem Vergleichsniveau für Alternativen (CL_{alt}) ab. JONES u. GERARD (1967) unterscheiden genauer, ob I. tatsächlich stattfindet, indem sie die Art der →Kontingenz von Reaktionen der Partner berücksichtigen (Pseudo-, asymmetrische, reaktive und wechselseitige Kontingenz). Von ARGYLE (1967, 1972) wird I. als soziale Fertigkeit beschrieben *(social skill)*. →Kosten/Nutzen-Kalkulation Vgl. Ⓛ GRAUMANN 1972, 1109ff. *B-S*

Interaktionalismus (Interaktionismus), sozialps. Richtung (C. H. COOLEY, H. MEAD, J. DEWEY): Das Individuum wird in der Wechselwirkung mit den anderen zum Selbst (oder zur Person), die Gesellschaft ist nichts als das Gesamt der verschiedenart. wechselseitigen Beziehungen zwischen den Individuen. *B-S*

Interaktionsanalyse, ein von BALES (1950) entwickeltes Kategoriensystem zur standardisierten Verhaltensbeobachtung von kleineren Gruppen. Die Beobachter klassifizieren das Verhalten nach 12 Kategorien. Ziel der Analyse ist es, Kennwerte über den Interaktionsprozeß der Gruppe zu erhalten. BALES konzentrierte sich vor allem mit dieser Methode auf sogenannte »beschlußfassende und problemlösende Konferenzgruppen«. Es gibt Weiterentwicklungen mit Berücksichtigung verschiedener Kommunikationskanäle (→nichtverbale Kommunikation); für die Mimik →FAST.

Interdependenz, wechselseitige Abhängigkeit. →Interaktion

Interdependenzanalyse, Bez. für eine Methode zur Ermittlung von Abhängigkeiten zwischen Variablen. →Dependenzanalyse

Interesse [lat. *inter esse* dabei, dazwischen sein], das Beachten eines Gegenstandes, dem ein subjektiver Wert zugeschrieben wird und der eine (theoretische oder praktische) Bedeutung für unsere Bedürfnisse hat. Es ist relativ konstant, erworben und kann als Motiv des Handelns Bedeutung bekommen.

● Den I. soll auch eine angeborene, dabei individuell recht unterschiedliche I.ansprechbarkeit zugrunde liegen, wodurch best. I.typen aufgestellt werden können. Zudem verschieben sich die I. mit den Altersstufen. Auch vielfältige Verzahnungen von Motiven und I. sind kennzeichnend. ● Nach dem Gegenstand unterscheidet man geistiges, materielles, wissenschaftliches oder künstlerisches Interesse, nach seinem Umfang allgemeines Interesse oder Sonderinteressen. In der angewandten Psychologie spricht man von den verschiedenen Berufsinteressen. Die Prüfung der Interessen geschieht durch besondere →Interessen-Tests.

Interessen-Tests, die Interessen als Persönlichkeitsmerkmale von hoher Konstanz und Situationsunabhängigkeit werden vorwiegend mit →Fragebogen (z. B. nach Methode →*multiple choice,* →*forced choice,* →*rating scale*) erhoben. Meist ist zu wählen zwischen Interessen, die durch Berufe, Buchtitel, Tätigkeiten, Hobbys u. a. repräsentiert werden. Ⓣ BAUMGARTEN, BEMELMANS, BENGE, BRAINARD, CLEETON, IRLE, JENKINS, LEE-THORPE, MITTENECKER-TOMAN, STRONG, THURSTONE, TODT, TRAMER

Interferenz, in der Lernps. die Störung der Reproduktion einer dargebotenen Ausgangsreihe durch die Folgen der Darbietung einer interpolierten Reihe. Allg.: Erschwerung oder Verhinderung der Reproduktion von Gelerntem durch nicht dazugehörige Inhalte. Es gibt I.theorien des →Vergessens, der →retroaktiven, proaktiven Hemmung und des →Transfer. Ⓛ BERGIUS, FOPPA *B-S*

Interferenzapparat [lat. *ferre* tragen, bringen], Vorr. zur Unters. von Schwebungen und Kombinationstönen, die gestattet, Teiltöne eines Klanges durch »Interferenz« (Zusammentreffen) entgegengesetzter Schwingungsphasen desselben Tones zu beseitigen

Interferenzneigung, syn. Konfliktbereitschaft, die sich in Situationen äußert, bei denen zwei antagonistische Reizaspekte vorliegen.

Die I. ist interindividuell unterschiedlich ausgeprägt, sie nimmt bis zum 60. Lebensjahr ab und steigt dann leicht an. Stimulierende Drogen können die I. senken. I. korreliert mit →Feldabhängigkeit. Nach HÖRMANN (1960) lassen sich die Unterschiede folgendermaßen erklären: »Vpn mit großer I. wären also einmal dadurch zu kennzeichnen, daß die hierarchische Gliederung der intrapsychischen Vorgänge – wenn die Vorgänge einen gewissen Grad von Antagonismus aufweisen – langsamer erfolgt, zum anderen dadurch, daß diese Gliederung unspezifischer, weniger ›kanalisiert‹ ist, ein generelles *Coding-System* darstellt«. →Farb-Wort-Interferenz, →STROOP-Verfahren *Hä-R*

Interferenzphänomen →Farb-Wort-Interferenzneigung

interindividuell, svw. zwischen verschiedenen Individuen. Gegensatz: intraindividuell.

interindividuelle Differenzen, verschiedene Menschen zeigen hinsichtlich definierter Merkmale feststellbare Unterschiede; die Ausprägung der Merkmale ist aber für die einzelnen Individuen konstant. Vgl. intraindividuelle Differenzen. Ⓛ ROTH 1969 *Ma-R*

Interjektionen [lat. *interiéctio* Einwurf], in der Sprache verbliebene, reine Naturlaute (a, ach, hem, au) = primäre I. Sie sind sekundär, wenn sie sprachlich geformt (Donnerwetter! ach Gott!) werden.

Interkorrelationen, Bez. für die Korrelationen jeder Variablen mit jeder anderen Variablen innerhalb einer Gruppe von Variablen

interkulturelle Psychologie →Völkerps.

intermediär [lat.], in der Mitte liegend, dazwischen liegend. Intermediär heißt eine

Vererbung, bei der aus zwei verschiedenen Merkmalen der Eltern in der Filialgeneration ein mittleres Merkmal entsteht (z. B. aus den Blütenfarben Rot und Weiß die Farbe Rosa)

Intermittenz [lat. *intermittere* dazwischensetzen], zeitweiliges Aussetzen. Das Auftreten von Unterbrechungen in einem Vorgang.

● In der Ps. wird der Begr. in versch. Zusammenhängen gebraucht: 1. für eine durch (meist sehr kurze) Pausen unterbrochene Darbietung eines Reizes (ISI, Abk. für *interstimulus interval*), 2. für Unterbrechungen (Schwankungen) im Verlauf ps. Prozesse, wie sie besonders bei der Wahrnehmung, bei der Konzentrationstätigkeit und auch beim Denken nachweisbar sind, 3. für mehr oder weniger regelmäßig auftretende Unterbrechungen im Ablauf einer Handlung.

intermodale Qualitäten, Bez. für Wahrnehmungs- oder Vorstellungsqualitäten, die keinem einzelnen Sinnesbereich zugehören. ● Synonym verwendeter Begriff für →Synästhesien.

intermodale Skalierung, intermodaler Vergleich [lat. *inter* zwischen, *modus* Art und Weise], auf Interaktion der Sinneskanäle beruhende Methode, den Wert auf einer Dimension eines Sinneseindrucks (z. B. Schmerz) auf einer Dimension eines anderen Sinneseindrucks (z. B. Länge einer Strecke) auszudrücken (oder z. B. Farbhelligkeit – Tonhöhe). Die i.S. ist zur Stützung des →Potenz-Gesetzes benutzt worden. *B-S*

intermodale Wahrnehmung →intermodale Qualitäten

Internalisierung, Verinnerlichung, Vorgang des Eingliederns (Sich-zu-eigen-machen) fremder Auffassungen, Werte, Normen, Erwartungen. Insbesondere ist I. auch die Regelform der Anpassung an die gegebene sozio-kulturelle Situation. →Sozialisation ● Psa. ist I. weitgehend syn. mit →Introjektion, und auch mit →Identifikation besteht ein Zusammenhang.

internationale Beziehungen (soz.-ps.), die zugehörigen Aspekte sind u. a. Gegenstände der angewandten →Sozialpsychologie. →Friedensforschung. Ⓛ FEGER 1972 1634–1637 *B-S*

Internationale Gesellschaft für angewandte Psychologie →Psychologe

Internationale Union für wissenschaftliche Psychologie →Psychologe

interoceptiv, Interozeptoren →Rezeptoren

interpersonale Kompetenz, auch soziale Intelligenz, wird die Fähigkeit genannt, Aufgaben, die im Umgang mit Personen auftreten, zu bewältigen (WEINSTEIN 1968, 755). Sie läuft auf eine (wertfrei gemeinte) Manipulation des Verhaltens anderer hinaus, sowohl zugunsten eigener Zwecke als auch in psychotherapeutischen oder sozialisierenden Bemühungen. I. K. kann rollenspezifisch oder spezifisch für bestimmte soziale Beziehungen sein. Ihre Generalität ist Gegenstand der Forschung. →Sozialkompetenz, →Selbstsicherheit *B-S*

interpersonale Wahrnehmung, gegenseitige Wahrnehmung und Beurteilung von interagierenden Personen. Das klassische Experiment von ASCH (1946) betonte als zentrale Dimension der Eindrucksbildung die »*warm-cold*«-Variable. HEIDERS →Attributionstheorie (1958) berücksichtigt die Bedeutung der Absichten, Motive und Gründe des Verhaltens, die angenommen werden. Das Konzept der →impliziten Persönlichkeitstheorie betont die Bedeutung des angenommenen Zusammenhangs zwischen Persönlichkeitsdimensionen. Weitere Bereiche der Untersuchung von i. W.: *primacy-recency*-Effekt, Halo-Effekt, Entwicklung der i. W. und kognitive Kompetenz. Eine Integration versch. mehrdimensionaler Untersuchungsansätze steht noch aus. →Interaktion, →soziale Wahrnehmung Ⓛ HEIDER, KAMINSKI 1959, TAGIURI 1969, JAHNKE 1975 *R-S*

Interphase, Zeitraum zwischen zwei →Mitosen

Interpolation, Bestimmung eines zwischen zwei anderen Werten gelegenen Wertes entweder durch eine graphische oder durch eine rechnerische Methode. →Extrapolation

Interpretament, auslegender (»interpretierender«) Zusatz, der überlieferten Texten später zugefügt wurde *S-G*

Interpsychologie, Bez. von G. TARDE für die →Soziologie bzw. →Sozialpsychologie als Wissenschaften vom zwischenmenschlichen Verhalten

Intersexualität, →Sexualität (Tabelle)

Intersexualität, (biol.) genetisch bedingte Ausprägung von Merkmalen beider Geschlechter auf Grund abnormaler Anzahlen von →Geschlechtschromosomen. Vgl. Hermaphroditismus *D-E*

Interstimulusintervall, ISI, in der exp. Ps. meist Zeitabstand zwischen dem Darbietungsende eines vorangehenden und dem Darbietungsbeginn eines folgenden Reizes. Im allgemeinen scharf unterschieden von, gelegentlich aber auch syn. mit Reizbeginnasynchronie [engl. *stimulus-onset asynchrony*, SOA], dem Zeitabstand zwischen jeweiligem Darbietungsbeginn zweier aufeinanderfolgender Reize verwendet. Ⓛ KANTOWITZ 1974 *G-R*

intersubjektiv, Intersubjektivität, dasjenige, was mehreren Personen gemeinsam gegeben ist bzw. in ihnen vorgeht, wiewohl es jeder für sich erlebt. Alles Erleben ist jeweils →intrasubjektiv, doch insofern, als mehrere Personen Gleiches wahrnehmen, sind Erlebnisse intersubjektiv. Bei allen »objektiven« Beobachtungen handelt es sich in Wirklichkeit um intersubjektive Beobachtungen. Der Begr. der Intersubjektivität ist besser geeignet als der mehrdeutige Objektivitätsbegr., wenn empirische Tatsachen gemeint sind.

Intervall [lat. *intervallum* Zwischenraum, Zwischenzeit], sehr allgemeiner Ausdruck für den Abstand zwischen räumlichen, zeitlichen oder zahlenmäßigen Gegebenheiten.

● In der Statistik Kennzeichnung einer Strecke auf der Zahlengeraden, innerhalb derer ein Parameter aufgrund von Stichprobendaten und bestimmten Wahrscheinlichkeitsüberlegungen (I.schätzung) erwartet wird (→Vertrauensi.) ● In der Statistik oft auch gleichbedeutend mit Maßzahlklassenbreite, d. h. der Distanz zwischen oberer und unterer Maßzahlklassengrenze auf dem Kontinuum der reellen Zahlen (Formelzeichen meist i). Werden z. B. natürliche Zahlen 1, 2, 3, ., n, . zur Kennzeichnung von Maßzahlklassen verwendet, so repräsentiert n das I. von n − 0,5000.. bis n + 0,5000.., dessen Mitte es darstellt. In diesem Falle ist i = n + 0,5 − (n − 0,5) = 1,000.. Für die Maßzahlklassen 3–5, 6–8, usw. beträgt i = 5,5–2,5 = 8,5–5,5 = 3,0. ● In der Nachrichtentechnik bzw. Physiologie Zeitabstand zwischen zwei Impulsen in einem Schaltkreis bzw. zwischen zwei Aktionspotentialen einer Nervenzelle. ● In der Musik Tonhöhenunterschied, definiert durch Frequenzenverhältnis oder Abstand auf der Tonleiter (Terz, Quinte usw.). ● In der Medizin Zwischenzeit zwischen wiederholten therapeutischen Eingriffen oder symptomfreie Zwischenzeit in periodischen Krankheitsverläufen. ● Lern-, übungs- oder trainingsfreie Zwischenzeit bei periodisch verteiltem Lernen, Üben oder Trainieren in Lern- und klinischer Ps., Medizin und Sport. *G-R*

Intervallskala →Skala

Intervariation, Ausmaß von Meßunterschieden zwischen Personen.

Normalmaß ist der Mittelwert. Das Verhältnis zur →Intravariation wird durch den Inter-Intraquotienten

$$\frac{\text{Inter-Var.}}{\text{Intra-Var.}}$$

ausgedrückt und bewegt sich um 1, wenn die Unterschiede zwischen vielen Personen und die Schwankungen der einzelnen gering sind. Ist der Unterschied groß, so erweist er die verhältnismäßige Gleichmäßigkeit bei der einzelnen Person, aber große Abweichungen zwischen den verschiedenen Personen. Die I. der Leistungen ist nach LIPMANN bei den Männern größer als bei den Frauen.

intervening variable →Variable, intervenierende, →Behaviorismus, →Operationismus

Interview [engl.], Einzelbefragung innerhalb der Erhebungsmethode (→Datenerhebung).

Da die Befragungen in der Ps. und in anderen Disziplinen weite und vielfältige Verwendung finden, haben sich verschiedene Interviewformen herausgebildet. Nach KAHN und CANNEL (1957) unterscheidet sich das I. durch die zweckgerichtete Thematik und den asymmetrischen Kommunikationsprozeß (einseitige Erhebungsrichtung) von anderen Gesprächsformen. Ergänzend soll die wissenschaftliche Auswertbarkeit der Antworten (Operationalisierbarkeit, Gütekriterien etc.) hervorgehoben werden. Gerade in dieser Hinsicht sind in letzter Zeit erhebliche Anstrengungen unternommen worden (ANGER 1969), wobei vier Bereiche der Verbesserung unterschieden werden können:

(a) durch die Standardisierung der Fragen in der Festlegung des Antwortspielraumes wird die Voraussetzung für die Prüfung der Fragequalität geschaffen; (b) durch die Erweiterung der Fragetechnik (u. a. neue Frageformen wie Kontrollfragen, Filterfragen, Pufferfragen etc.) und die Einbeziehung der Korrelationsstatistik wird die Möglichkeit indirekter Fragestellung gefördert; (c) durch die Übernahme der Reliabilitäts- und Validitätsprüfungen aus der Testkonstruktion wurde die Objektivität der Fragestellungen besonders im Hinblick auf die Fragefehlerforschung (z. B. über Suggestivfragen) erhöht; (d) durch die Aufstellung systematischer Trainingsprogramme für Interviewer werden die Erfahrungen anderer Forschungsgebiete genutzt. Parallel zu diesen Verbesserungen reduziert sich die Berechtigung von Einwänden gegen eine unkritische Verwendung der I.techniken.

I. werden für Forschungszwecke in allen Teilbereichen der Ps. und in praktischer Hinsicht für Zwecke der Diagnostik und Intervention in der Angew. Ps. und Klinischen Ps. verwendet. Ⓛ ANGER, KÖNIG, SEIDENSTÜCKER *B-H*

Intimsphäre, der Eigenbereich, den der Mensch meist sorgfältig abschirmt und im Ggs. zur Verdrängung zu einem ihm Gemäßen zu gestalten sucht. Dieser Bereich wird dabei um so mehr zum Intimen, je stärker Scheu, Takt, Scham, Tabus oder auch erwünschte »Heiligung« jeden fremden Einblick und jede Profanierung verbieten. Die

Gegenwart hat stärkste Einbrüche in das Recht auf I. erzwungen. →Privatheit, →KINSEY-Reporte

Intonation, melodisches Ablaufmuster bei der →Sprachproduktion, das durch Tonhöhenunterschiede im Redefluß zustande kommt.

I.konturen *(intonation contours)* sind zum Teil einzelsprachspezifisch, jedoch kann die I. unabhängig hiervon auch paralinguistische (→Paralinguistik) Information über die Gestimmtheit des einzelnen Sprechers oder über Bedeutungsaspekte (→Bedeutung) der einzelnen Mitteilung liefern: z. B. über den gemeinten Modus einer Äußerung (Aussage, →Frage, Aufforderung) oder darüber, welche Mitteilungsinhalte der Sprecher gegenüber anderen hervorheben will; schließlich kann I. eine Verstehenshilfe bei sprachlich mehrdeutigen Äußerungen sein (→Sprachrezeption). *L-T*

intonation contour →Intonation

Ⓔ **intra...** [lat.] in Wtvb. innerhalb

intraindividuell, innerhalb des gleichen Individuums. Gegensatz: interindividuell.

intraindividuelle Differenzen, die Merkmale, die ein Individuum kennzeichnen und die seinem Verhalten zugrunde liegen, wandeln sich. Die gleichen Menschen verhalten sich zu verschiedenen Zeiten und in unterschiedlichen Situationen verschieden. Vgl. interindividuelle Differenzen. Ⓛ ROTH 1969 *Ma-R*

intrapsychische Ataxie [lat. *ataxia* Unordnung] ⟨STRANSKY⟩, Störung bzw. Aufhebung des Zusammenhangs zwischen den Verstandes-, Gemüts- und Willensanteilen.

intrasubjektiv, Intrasubjektivität, Bez. für dasjenige, was dem einzelnen Subjekt gegeben ist bzw. sich in ihm abspielt. Ggs. →intersubjektiv

Intravariation, Abweichungen der Leistungen u. a. in einer und derselben Person zu verschiedenen Situationen, Zeiten usw. Hieraus folgt die persönliche Schwankung des seelischen Ablaufs. →Intervariation

Intraversion, intravertiert →Introversion

intra vitam, intravital [lat.], innerhalb des Lebens(ablaufs)

intrinsisch [zu engl. *intrinsic(al)*], innerlich, wesentlich. Ggs. extrinsisch. →nächste Stw.

intrinsische Motivation, von HUNT, HECKHAUSEN u. a. benützte Bez. für zwei unterschiedliche Motivierungen beim Lernen. Die i. M. geht von Anreizen aus, die in der Sache, der Aufgabe, dem Schwierigkeitsgrad, dem Neuigkeitsgrad, den Erfolgsaussichten u. ä. liegen. Die extrinsische Motivation bezieht ihre Anreize von außen, z. B. von der Belohnung, Strafe, der Person, des Auftragsgebers einer Aufgabe. →autochthone Dynamik, →autotelisch.

Ⓔ **intro...** [lat.] in Wtvb. nach innen, hinein

Introjektion, Aufnahme fremder Anschauungen, Motive u. dgl. in das Ich. Grundvorgang der →Identifikation.

Der Begriff der I. wurde von FERENCZI eingeführt und als Einbeziehung des Objektes in den subjektiven Interessenkreis, als Verinnerlichung eines äußeren Objektes definiert. Ggs. →Projektion. Nach FREUD steht die I. auch in einem Ggs. zur →Verdrängung, da bei der Abtrennung von einem äußeren libidobesetzten Objekt im Falle der I. dieses Objekt im Ich wieder aufgerichtet wird, im Falle der Verdrängung aber dieses Objekt ins Unbewußte versinkt.

Introspektion, wörtl. Insichhineinsehen, syn. →Selbstbeobachtung, Erlebnisbeobachtung.

introspektive Psychologie →Psychologie (Richtungen)

Introversion, introvertierter Typ, [lat. *vertere* wenden]. Einstellungstyp nach C. G. JUNG, komplexe Grunddimension in den →Faktorentheorien der Persönlichkeit, dadurch charakterisiert, daß die ps. Energie auf die Innenwelt gerichtet und das Denken, Fühlen und Handeln durch die Innenwelt determiniert ist. →Typologie (Einstellungstypen).

● Die Dimension der Introversion (bzw. →Extraversion) ist auch ein vielfach gesichertes Konstrukt in den faktorenanalytischen Systemen von EYSENCK, CATTELL und GUILFORD. Während EYSENCKS Introversions-(Extraversions-)Faktor einen Faktor auf dem Typenniveau (Faktor 2. Ordnung) darstellt, hat CATTELL mit Fragebogendaten 4–5 Primärfaktoren der Extraversion bzw. Introversion identifizieren können: nämlich A, E, F, H und Q_2. →Faktorentheorie der Persönlichkeit Ⓣ CATTELL-EBER, ⓉEYSENCK

introversiver Typus, Erlebnistypus bei RORSCHACH. →Typologie

Introzeption, der Begr. stammt von W. STERN für den Vorgang, daß kulturelle Normen, Konventionen, Ideale, Moralgebote u. a. in das persönliche System der Motive, Interessen, Werte eingebaut werden. Der religiöse Mensch »introzipiert« die Lehren seines Glaubens – macht sie sich zu eigen. Das Äußerliche und zuerst Fremde wird innerlich und dynamisch. →Identifizierung, →Internalisierung, →Introjektion, →Nachahmung. ● ALLPORT meint, daß dieser Begr. kein psychologischer sei, sondern ein ethischer, weil er die Verwandlung von »Heterotelesis« in »Autotelesis« bezeichne. Ⓛ Allport, Stern

Intuition [lat. *intuitio, intueri* genau hinsehen], ursprünglich Anschauung, Betrachtung, später svw. geistige Schau, eingebungsartige, nicht durch Erfahrung oder Überlegung, sondern durch unmittelbares Erfassen des Wesens einer Wirklichkeit gewonnene, der Offenbarung ähnliche Einsicht (→Inspiration). • In anderem Sinn wird unter Intuition auch ein Erfahrungsdenken verstanden, dessen einzelne Stationen nicht mehr voll bewußt werden, wie dies z. B. bei der med. →Diagnose der Fall sein kann (sog. klinischer Blick).

Intuitionsfunktion, eine von C. G. Jung angenommene psychische →Hauptfunktion, die von der Empfindungsfunktion unterschieden ist, aber gleich ihr als irrational bezeichnet wird. Ihr soll die Welt durch unbewußte Wahrnehmung erkennbar werden, auch soll sie die eigentliche Traumfunktion sein.

Intuitionstypus, intuitiver Typus, bei Jung Bez. für einen Funktionstypus, der vorrangig vom Intuieren (Ahnen) bestimmt ist. →Typologie

intuitives Denken, eingebungsartiges, einfallsartiges Denken (→Intuition) i. Ggs. zum →diskursiven Denken.

Invarianz, Unveränderlichkeit, Beständigkeit. Z. B. behalten trotz aller Blickbewegungen und Kopfneigungen die Gegenstände ihre Raum- und Ortswerte. • I. wird auch ungenau gebraucht für die relative →Konstanz der Größe, Helligkeit, Form und Farbe unter wechselnden Umfeld- und Wahrnehmungsbedingungen. • Piaget spricht von I. oder »Erhaltung« *(conservation)* nach Transformationen der Form und Anordnung von Menge, Gewicht, Volumen etc. als Ergebnis der →Äquilibration, die Kindern erst in einem best. Alter gelingen soll (→kognitive Entwicklung, →Gruppierung). • Die Übereinstimmung im Lebensalter, in dem diese Entwicklungsschritte eintreten, wird als I. der Stadien diskutiert (Sigel u. Hooper 1968). *B-S*

Inventar, der Bestand einer Person an Wissen, Verhaltensweisen u. a., wie er durch Exploration, Test und Beobachtung erhoben wird

Inventory [engl.], Begr. der Testps. für eine Zusammenstellung (Katalog, Liste) von Aufgaben (Fragen)

Inversion [lat. *inversus* umgekehrt], Umkehr, Umkehrbarkeit. • Wahrnehmungsps. die Umkehrbarkeit (syn. →Reversion) von Figuren bei den geometrisch-optischen Täuschungen (z. B. Schrödersche Treppe). • Die Umkehrung und Gerichtetheit des Sexualtriebes auf das gleiche Geschlecht. →Homosexualität

Involution [lat. *involvere* einwickeln], die Rückbildung des Organismus, auch einzelner Organe und der psychischen Funktionen mit dem Alter. Ggs. →Evolution.

Involutionspsychose, Rückbildungspsychose. Bez. für eine in den Rückbildungsjahren (bei der Frau in und nach dem Klimakterium, beim Manne ab dem sechsten Lebensjahrzehnt) erstmals und zumeist einmalig auftretende geistige Störung vorwiegend depressiver Art.

Inzest [lat. *incestus* moralisch und religiös unrein, Blutschande], geschlechtliche Beziehung zwischen unmittelbar verwandten Personen (Eltern–Kinder, Bruder–Schwester). • In symbolischer Hinsicht stellt der I. ein Sinnbild der Vereinigung mit dem eigenen Wesensgrund dar, was vor allem C. G. Jung für die →Individuation als wesentlich erachtet.

Inzestverbot, das Verbot der sexuellen Beziehung zwischen Vater–Tochter (Stieftochter), Mutter–Sohn und Bruder–Schwester. Über die Gründe des I. bestehen mehrere Theorien, zur Berechtigung des I. gegensätzliche Auffassungen. • Nach Freud stellt das I. das schwerstwiegende Verbot der frühkindlichen Entwicklung dar (→Inzestwunsch). Sowohl Inzestwunsch als auch das Inzestverbot versinken später ins Unbewußte. Ⓛ Bischof 1973

Inzestwunsch, der Wunsch nach Begehung des →Inzestes.

Dieser Wunsch, der schon bei den ältesten Völkerstämmen durch →Inzestverbote verdrängt wird, entsteht nach der Psychoanalyse bei jedem Menschen im Laufe seiner frühkindlichen Entwicklung. Der I. richtet sich dabei auf den gegengeschlechtlichen Elternteil, da dieser im allgemeinen den ersten gegengeschlechtlichen Partner überhaupt darstellt. Zugleich mit dieser Liebe entsteht aber ein Haß und Todeswunsch gegenüber dem gleichgeschlechtlichen Elternteil, was in der →Ödipus- bzw. Elektra-Situation seinen allgemeingültigen Ausdruck findet. Mit dem Inzestverbot ist darum aufs engste das Verbot des Vater- bzw. Muttermordes gekoppelt. Der I. und der →Todeswunsch stellen nach psa. Auffassung die frühesten und stärksten seelischen Regungen dar.

inzidentelles Lernen →Lernen, inzidentielles

Inzucht, Paarung zwischen Verwandten. In kleinen, isolierten →Populationen führt I. zu häufiger →Homozygotie →rezessiver Merkmale, z. B. Auftreten rezessiver Erbanomalien in abgelegenen Gebirgstälern. • In der Haustierzucht wird die I. benützt, um weitgehende Homozygotie zu erreichen. • Soziolog. sagt man von einer Gruppe oder Institution, sie lasse I. erkennen, wenn sie zur Stagnation tendiert, weil aktivierende Impulse fehlen. *D-E*

IPAT Ⓣ CATTELL

IPS, *information processing system,* →informationsverarbeitendes System.

IPSA, *index of problem-solving ability,* Index der Problemlösefähigkeit.

Ipsation, Ipsismus →Sexualität (Tabelle)

ipsative Messung, liegt vor, wenn Testwerte (Meßwerte) nicht von Individuum zu Individuum verglichen werden können, sondern wenn die Meßwerte nur innerhalb der bei einem Pb vorliegenden Meßwerte vergleichbar sind. Im Ggs. dazu wird bei der normativen Messung der Vergleich über den Mittelwert einer Stichprobe von Pbn vorgenommen. Ipsative Meßwerte entstehen immer dann, wenn die Punktwertsumme aus einem Test für alle Pbn gleich ist. Werden die Items über die →forced-choice-Technik formuliert, so liegt i. M. vor. Auch beim →Q-Sortierungs-Verfahren resultieren ipsative Werte. Ⓛ CATTELL 1944 *Hä-R*

IPSP, *inhibitory postsynaptic potential,* postsynapt. Hemmungspotential

IPT, *information processing theories,* Informationstheorie

IQ, Abk. für →Intelligenzquotient (engl. IQ *intelligence quotient,* frz. QÌ *quotient intellectuel*).

I_R, engl. *inhibition,* reaktive Hemmung (HULL), $_SI_R$ = konditionierte Hemmung (bei SPENCE: I)

Iris →Auge

Irradiation [lat. *irradiare* ausstrahlen], Ausstrahlung, Ausstreuung

• Kontrastphänomen. Ersch., daß ein helles Objekt auf dunklem Grund (z. B. weißer Kreis auf Schwarz) größer als ein dunkler Gegenstand auf hellem Hintergrund erscheint. • Ausstrahlen von Gefühlswerten (→Stimmung) von einem Bewußtseinsinhalt auf andere. • Ausstrahlung von Schmerzen in benachbarte Körperregionen. • Das Übergreifen bei Reizen, verbunden mit der Aktivierung von nicht angesprochenen bzw. nicht intendierten Reaktionen. →Generalisation

irrational, durch den Verstand nicht erfaßbar, den Gesetzen der Logik anscheinend nicht unterstehend, vernunftwidrig, unvernünftig, übervernünftig

Irrealitätsebene, Begr. der →topologischen Ps. Mit ihm werden →Tagträume, die als solche nicht realitätsgebunden sind, lokalisierbar und damit mathematisch repräsentierbar. Im Verhältnis zur Realitätsebene sind die →Barrieren fließender.

irreduzibles Minimum →Reaktionszeit

Irresein →Psychosen

irreversibel [lat. *revértere* umkehren], nicht umkehrbar. Bez. für Vorgänge, die nur in einer Richtung ablaufen können, z. B. der menschliche Lebensablauf.

Irrgartenversuch →Labyrinthverfahren

irritabel, Irritabilität [lat. *irritáre* reizen], reizbar, Reizbarkeit. →Erregbarkeit

Irritation, Reizung, Gereiztsein

Irrtum →Versuch und Irrtum

Irrtumswahrscheinlichkeit →Vertrauensintervall

IRT, *interresponse time* (SKINNER) →Verstärkungspläne

Ischämie [gr. *ischein* hemmen, *haima* Blut] ⟨VIRCHOW⟩, Blutleere eines Organs oder Organteiles infolge Drosselung der Blutzufuhr. Intermittierende cerebrale I. kommt oft als Frühsymptom eines drohenden Schlaganfalles (→Apoplexie) vor.

Ischophonie [gr. *ischein* haben, halten, hemmen], Stottern, Stammeln (→*Dysarthria syllabaris = Anarthria syllabaris*)

ISHIHARA-Tafeln →Farbenblindheit

*

ISHIHARA, Shinobu *1879 / Ophthalmologe / Tokio

ISI, Abk. für →Interstimulusintervall [engl. *interstimulus interval*], →Refraktärzeit, psychologische

Ⓔ **iso...** [gr.] in Wtvb. gleich

Isocortex, Bez. für die beiden Hemisphären des →Cortex cerebri. [→Gehirn] 5.

isogen, der Entstehung nach gleich. Z. B. in der Erblehre: Lebewesen mit gleichem Genotypus.

Isolation [frz.] (ps.-soziologisch) Bez. für den Zustand geringsten sozialen Kontaktes bzw. größter Distanz. Absonderung, Vereinzelung von Individuen (z. B. Einzelgänger, Psychopathen, Kranke, Verbrecher) und ganzer Bevölkerungsgruppen (z. B. Angehörige bestimmter Rassen, bestimmten Glaubens oder polit. Überzeugungen). Neben der frei gewählten I. steht die erzwungene I. (z. B. Vertreibung, Ghettozwang, Apartheid). • I. als psychotherapeutische Methode wurde von SUEDFELD (1980) bei einer Reihe von Verhaltens- und Suchtstörungen unter dem Stichwort REST *(restricted environment stimulation)* erfolgreich erprobt. *Bi-R*

Isolation, (biol.) eine Population ist isoliert, wenn ihre Mitglieder ausschließlich untereinander paaren können *D-E*

isolierende Variation, ein Wesensmerkmal des vollkommenen →Experiments; sie besteht in der Abänderung jeweils einer Bedingung bei der Wiederholung von Versuchen; hierdurch können die Wirkungen der einzelnen am Gesamtgeschehen beteiligten Bedingungen (nach Möglichkeit quantitativ) bestimmt werden.

Isolierung, nach FREUD ein →Abwehrmechanismus, der darin besteht, daß ein Gedanke oder ein Verhalten zu isolieren gesucht wird. Die Verbindung mit den sonstigen Gedanken und dem übrigen Verhalten wird abgebrochen. Ⓛ LAPLANCHE (1972)

Isomorphismus (math.), isomorph wird eine Abbildung genannt, wenn sie bijektiv (→Abbildung) und umkehrbar homomorph ist. →Homomorphismus • (ps.), die in die Gestaltps. von W. KÖHLER eingeführte Hypothese, »daß die konkrete Ordnung gegebener Erlebnisse die getreue Wiedergabe einer dynamisch-funktionellen Ordnung der zugehörigen physiologischen Hirnprozesse ist«. →Gestalttheorie • (biol.) Gleichheit des Erscheinungsbildes, Gestaltgleichheit. →Phänotypus

isophän, der Erscheinung nach gleich

I-S-T Ⓣ AMTHAUER

Istwert, der Wert, den eine Größe in einem betrachteten Zeitpunkt hat (Normblatt DIN 19226 des dt. Normenausschusses). →Regelung

item [lat.] ebenso, [dt. Adv.] also, kurzum

Item [aus dem Engl. übernommen], Aufgabe, Einzelaufgabe (bes. bei Tests und Experimenten), Einzelheit, einzelne Posten.

Itemanalyse, Aufgabenanalyse, Verfahren zur Ermittlung von Aufgaben-Kennwerten und zur Selektion von Items mit dem Ziel, die Testgütekriterien der Reliabilität und der Validität zu verbessern. Die I. wird demgemäß in der Konstruktionsphase des Tests vorgenommen. Um die Ergebnisse der I. für die spätere Anwendung des Tests wirksam werden zu lassen, ist Repräsentativität von Analysestichprobe und Anwendungspopulation notwendig.

Im Prinzip gelten für die Testaufgabe die gleichen Gütekriterien (→Testgütekriterien) wie für den Gesamttest, also z. B. →Objektivität, →Reliabilität, →Validität. Während Objektivität und Reliabilität der Aufgabe nur selten gemessen werden muß, wird die Validität der Aufgabe über die →Trennschärfe bestimmt. Ein wichtiger Kennwert für die Testaufgabe ist ihre →Schwierigkeit. Mit dem →Schwierigkeitsindex wird der Anteil der Probanden bestimmt, welcher im Verhältnis zur gesamten Stichprobe die Testaufgabe gelöst hat. Bei Persönlichkeitstests ist die Aufgabenlösung so zu verstehen, daß die Beantwortung in Richtung der zu messenden Dimension geht. Bezüglich des Verhältnisses der Gütekriterien einer Aufgabe kann festgestellt werden, daß je höher die Objektivität einer Aufgabe ist, desto höher auch ihre Reliabilität ausfällt. Schwierigkeit und Trennschärfe stehen dagegen im Verhältnis einer umgekehrten U-Kurve. Das bedeutet, daß sehr »schwierige« und sehr »leichte« Aufgaben sehr wenig trennscharf sind. Die in der Aufgabenanalyse gewonnenen Kennwerte werden für eine Aufgabenselektion bzw. eine Aufgabenrevision verwendet. Ⓛ LIENERT 1969, HORST 1971, GUILFORD 1954 *Hä-R*

Itemparameter, Kennwert(e) der Aufgaben eines Tests, vor allem →Schwierigkeitsindex, →Trennschärfe. →Itemanalyse

Iteration, [lat. *iterum* abermals], Wiederholen von →Silben, Wörtern oder Teilhandlungen.

Zeichen (a) eines noch primitiven, aber normalen Reifungsgrades der kindlichen Sprache und Motorik (SEEMAN 1969). (b) einer primitiv-motorischen Basis zum Ausfüllen von Unterbrechungen (→Sprechpausen) im Sprechfluß durch →Kloni (→Stottern) bei →Sprachschwäche, (c) von postenzephalitischen, oligophrenen oder psychotischen (→Verbigeration) →Sprachstörungen. • Math. Bez. für das mehrmalige Anwenden von Näherungswerten (bei einer Aufgabenlösung). *G-N*

I-Typ →Integrationspsychologie

IU, *interval of uncertainty* (Psychophysik), erstreckt sich von dem oberen bis zum unteren gerade noch bemerkten Unterschied (→j. n. d.). Die →Unterschiedsschwelle (DL) ist also das halbe IU.

Ixoidie [gr. *ixos* Mistel bzw. deren klebriger Saft], Begriff von STRÖMGREN (1936) für eine Steigerungsform der ixothymen Konstitution bisweilen angrenzend an Epilepsie. →visköses Temperament

Ixophrenie, Syndrom mit Fixierung der ixothymen Reaktionsbereitschaft. Eine epileptiforme Wesensänderung auf organischer, →läsioneller (traumatischer, postencephalitischer usw.) Grundlage geht damit einher.

Ixothymie, ixothym, schwerfälliges, beharrliches Temperament. →Ixoidie, →visköses Temperament

J

JACKSON-Anfälle (Rindenepilepsie), Sonderform der Epilepsie infolge Schädigung der Hirnrinde

JACKSONsches Gesetz, besagt, daß die Erinnerungen an Ereignisse unmittelbar vor Beginn der Gedächtniseinbußen am ehesten verlorengehen. Der Verlust an Gedächtnis verläuft somit entgegengesetzt seinem Erwerb.

*

JACKSON, John Hughlings / 1835(34?)–1911 / Ophthalmologe u. Psychiater-Neurologe / London

Jahresschwankungen, Verschiedenheiten der geistig-körperlichen Arbeitsleistung, die im Ablauf des Jahres mit Wetter, Jahreszeit, Luftdruck usw. zusammenhängen. →Geopsychologie, →ökologische Ps.

JAMES-LANGEsche Theorie, die von JAMES (1884) und LANGE (1885) fast zur gleichen Zeit begründete Anschauung, wonach Gefühle nur Begleiterscheinungen körperlicher Vorgänge, besonders vasomotorischer Veränderungen (Erweiterung und Verengerung der Blutgefäße) sind. Die Theorie findet ihren pointierten Ausdruck in dem Satz von JAMES: »Wir weinen nicht, weil wir traurig sind, sondern wir sind traurig, weil wir weinen.«

*

JAMES, William / 1842–1910 / Philos., Psych. / Cambridge USA

*

LANGE, Carl Georg / 1834–1900 / dänischer Philos. u. Med. / Kopenhagen (Univ.)

Jasagetendenz, die Neigung, Testfragen zustimmend zu beantworten. →*response set*, →*acquiescence*

JASTROWsche Täuschung, Bez. für eine →geometrisch-optische Täuschung, syn. Kreisring-Sektorentäuschung

*

JASTROW, Joseph / 1863 (Warschau)–1944 (New York) / Psych. / New York

JBMS Ⓣ JOEL

JEPI (Junior EYSENCK Personality Inventory) Ⓣ EYSENCK

Jeu de Guignols Ⓣ RAMBERT

J-Kurvenhypothese, aufgestellt von F. H. ALLPORT (1934) für das sozialps. Problem des Verhaltens angesichts institutionalisierter Situationen (z. B. das Verhalten von Kraftfahrern an einer Straßenkreuzung mit einer auf »rot« stehenden Verkehrsampel). Es zeigt sich, daß die Mehrheit der Menschen in einer solchen Situation konform geht und nur ganz wenige sich dem Geforderten widersetzen. Drückt man diesen Tatbestand in einer graphischen Kurve aus, so hat diese die Form eines J oder dessen Spiegelbildes. →Sanddünen-Verteilung.

JMAT Ⓣ JOHNSON

j. n. d., jnd, *just noticeable difference*, →Unterschiedsschwelle

job [engl.], Bez. für Tätigkeiten und Dienstleistungen, die ohne weitergehende Bindungen (wie herkömmlich beim Beruf) und nur für den Gelderwerb ausgeübt werden

job enlargement [engl.], Erweiterung der Arbeitsaufgabe. Dadurch soll die Monotonie abgebaut, das Interesse an der Arbeit gefördert und eine geringere Ermüdung durch Verminderung einseitiger Beanspruchung erreicht werden. *F-R*

job rotation, systematischer Wechsel der Arbeit bzw. Tätigkeiten mit ähnlichen Zielvorstellungen wie bei →job enlargement *F-R*

job training [engl. *on the job training*], praktische Ausbildung am Arbeitsplatz.

Jodopsin →Farbensehen.

JORDAN-Kurve, eine in der →topologischen Ps. LEWINS zur Veranschaulichung des →Lebensraums dienende, in sich geschlossene (sich nicht schneidende) Kurve von beliebiger Gestalt.

JOSTsche Sätze, zwei von A. JOST 1897 formulierte Gedächtnisgesetze. 1. Von zwei Assoziationen gleicher Stärke und verschiedenem Alter sinkt die ältere weniger ab, die ältere wird also besser behalten. 2. Bei zwei Assoziationen von gleicher Stärke und verschiedenem Alter hat eine Wiederholung (Neueinprägung) für die ältere größeren Wert als für die jüngere. →Primat-Rezenz-

Effekt, →Postremitäts-Prinzip. Ⓛ BERGIUS, 1971; ROHRACHER, 1971[10]; MEILI-ROHRACHER, 1968[2].

*

JOST, Adolph / 1870–1920 / Experimentalps. / Göttingen

Jugendalter, *adolescence,* steht zwischen Knabenalter und reifem (oder mittlerem) Lebensalter, umfaßt also etwa die Entwicklungsphasen Pubertät und Adoleszenz.

Wesentliche geistig-seelische Grundtatsache des J. ist nach SPRANGER »die tiefere Berührung der jugendlichen Seele mit den objektiven Geistesgebilden«. An diesem Vorgang lassen sich drei charakteristische seelische Erscheinungen unterscheiden: 1. Die Entdeckung des Ichs. – Die Tendenz zur Individuation bringt eine starke Wendung nach innen, das staunende Erleben der eigenen Innerlichkeit, die sich der übrigen Welt als eine zwar noch nicht durchgegliederte, aber besondere Welt entgegenstellen will. Das Gefühlsleben des Jugendlichen schwankt zwischen den Extremen: Einsamkeitsbedürfnis – geselliger Tatendrang, Niedergeschlagenheit – Selbsterhöhung, Verschlossenheit – brutale Offenheit, Zaghaftigkeit – Äußerung persönlichen Kraftgefühls usw. 2. Entstehung eines Lebensplanes. – Hierbei handelt es sich weniger um ein zielbestimmtes, systematisches Planen als um die Andeutung der Richtung, der sich das seelische Leben zuwendet. Gleichzeitig konstituiert sich im großen Umriß die individuelle Werthaltung. 3. Das Hineinwachsen in die einzelnen Lebensgebiete. – Dabei wirkt noch nicht das Bewußtsein der Lebenseinheit der einzelnen Teilgebiete der Kultur, sondern es treten differenzierte jugendl. Ichgefühle auf, in denen die einzelnen Sinnrichtungen noch unverbunden erscheinen. Ⓛ SPRANGER, JAIDE u. HILLE 1977

Jugendirresein →Dementia praecox

Jugendkunde, die Gesamtheit aller Wissensgebiete, die sich mit den Erscheinungen des Jugendalters befassen und die gewonnenen Erkenntnisse auf pädagogische, wirtschaftliche und rechtliche Fragen anwenden.

Jugendlicher →Entwicklungsphasen

Jugendpsychiatrie →Kinder- u. Jugendpsychiatrie

Jugendpsychologie, die um die ps. Situation und die Entwicklungsvorgänge der Jugendzeit bemühte Ps. Begrenzter als die →Entwicklungsps. ist die J. auf die Pubertät und die Adoleszenz ausgerichtet und den darin sich stellenden Problemen gewidmet (→Jugendalter). Von besonderer Bedeutung ist hierbei der schubweise Verlauf vieler Entfaltungsprozesse, was zu eigenen Fragestellungen geführt hat, die als Phasen- und Stufenlehren in der Ps. aufgegriffen wurden. →Entwicklungsphasen Ⓛ BÜHLER 1967, THOMAE 1969, NEIDHARDT et al. 1970

Jugendsexualität →Pubertät

JUKES, ein fiktiver Name für eine 1877 von DUGDAILE untersuchte degenerierte Familie im Staate New York. Die Untersuchungen wurden 1915 von ESTABROOK fortgeführt und schlossen 2820 Personen ein, von denen die Hälfte schwachsinnig war. Vgl. KALLIKAK

Jungfernzeugung →Parthenogenese

juvenil [lat. *juvenilis* jugendlich], svw. noch nicht ausgewachsen und geschlechtsreif

Juvenilismus, Begr. zur Kennzeichnung einer Entwicklungsphase. Im Ggs. zum →Infantilismus (mit der darin enthaltenen Akzentuierung des Stehenbleibens auf kindlicher Stufe) weist der Begr. J auf die normale Entfaltung der Jugendlichkeit hin.

K

K, Symbol für *incentive,* →Anreiz, Köder (HULL)

k, Symbol für Kraft (i. S. LEWINS, z. B. k_{PZ} = eine Kraft, die auf die Person (P) wirkt und eine Lokomotion auf ein Ziel (Z) verursacht).

Kachexie [gr. *kakós* schlecht, *éxis* Zustand], schlechter Ernährungszustand, Kräftezerfall bei schwerem Leiden

Kaderschulung [frz. *cadre* Stamm, fester Bestand], in der Betriebsps. die Schulung der Meister und Vorarbeiter (als der die Arbeitergruppen ausrichtenden Führungskräfte)

Käfig-Test Ⓣ BOGEN

Kairophobie [gr. *kairós* gute Gelegenheit, rechter Zeitpunkt], Gelegenheits-, Situationsangst. →Phobie

Kalkül [frz. Überschlag, Rechnungsart], im strengen Sinn eine Herstellungsvorschrift für Zeichenreihen.

In einer Zeichentabelle werden die innerhalb des K. erlaubten Zeichen festgelegt. Mit bestimmten Formregeln wird festgelegt, in welcher Weise diese Zeichen zu Formeln kombiniert werden dürfen. K. sind rein syntaktische Gebilde, in denen von der inhaltlichen Bedeutung der Zeichen oder Zeichenreihen nicht die Rede ist. Eine vollständig kalkülisierte Theorie ermöglicht es, die Folgerungen aus der Theorie durch rein schematische Operationen zu gewinnen, ohne daß irgendeine Art »Logischer Schluß« notwendig wäre (Verschärfung der →axiomatischen Methode, die die Gültigkeit bestimmter logischer Schlußregeln noch implizit voraussetzt). Ⓛ LORENZEN

KALLIKAK, fiktiver Name für eine von GODDARD (1912) untersuchte Familie, die zwei Linien von Abkommenschaft hatte, deren eine aus 496 geistig gesunden und lebenstüchtigen Mitgliedern bestand, dagegen die zweite 480 meist degenerierte und schwachsinnige Personen aufwies

Kälteempfindung, die durch die »Kältepunkte« (die KRAUSEschen Endkolben als Rezeptoren) wahrgenommenen Temperaturen. • Die K. gilt als »paradox«, wenn z. B. eine warme Nadel auf einem Kältepunkt als »kalt« empfunden wird, da ohne Ansehung des Tatbestandes die Kältepunkte stets mit »kalt« reagieren. →Temperaturpunkte

Kampfverhalten, (biol.) Verhaltensweisen, die auf das Bedrohen, Unterdrücken, Vertreiben oder Töten eines Gegners gerichtet sind. • Man unterscheidet Beschädigungs- und →Kommentkämpfe. Durch K. werden Rangordnungen oder Territoriengrenzen bestimmt. →Territorialverhalten *P-S*

Kanal, ein physikalisches System, über welches →Nachrichten übertragen werden können.

Mathematisch charakterisiert durch ein Eingangsalphabet (die Menge möglicher Eingangszeichen), ein Ausgangsalphabet (die Menge möglicher Ausgangszeichen) und eine Funktion, die jedem Eingangszeichen eine Wahrscheinlichkeitsverteilung von Ausgangszeichen zuordnet. Wirken in dem K. keine Störungen, dann wird jedem Eingangszeichen genau ein Ausgangssymbol zugeordnet. Es gibt Raumkanäle zur Übertragung von Nachrichten von einem Raumpunkt zum anderen und Zeitkanäle von einem Zeitpunkt zum anderen. Zeitkanäle sind z. B. die Speichereinheiten von Rechenautomaten. • K. bei LEWIN →Kanal-Modell

Kanalisierung [engl. *canalization*], ein aus der amerik. Sozialps. stammender Begr. für die Verfestigung bestimmter menschlicher Antriebe und Bedürfnisse, Verhaltensweisen, Formen des Benehmens und des Brauchtums durch Gesellschaft und Kultur (Sitten, Normen, Tabus, Traditionen). • Bei LEWIN und den Gestaltpsychologen ist K. das Hineinfügen der Antriebe in einen Handlungsentwurf. • In der →Kybernetik ist K. die Überleitung (Übertragung) von Informationen auf Kanäle (→Kanal).

Kanalkapazität, die maximale Informationsmenge in →bit/sec, die man störungsfrei über einen →Kanal übertragen kann

Kanal-Modell, von LEWIN (1943) am Beispiel der Analyse von Eßgewohnheiten entwickelte Darstellung der Wege, auf denen Güter (im allgemeinen Modell auch Personen und Nachrichten) Bewegungen vollziehen.

Das Modell »zeigt bestimmte, soziologisch definierte Stellen wie die Pforten und sozialen Kanäle auf, wo Haltungen für das soziale Geschehen bedeutsam sind und wo die Entscheidungen von Individuen oder von Gruppen eine besonders starke soziale Auswirkung haben« (LEWIN 1963, 222). »Pförtner« (im Haushalt z. B. die Hausfrau, in sozialen Institutionen z. B. Funktionäre) entscheiden, was gegessen oder getan wird und was nicht (*gate-keeper function*, auch mit »Schleusenwärterfunktion« übersetzt). Das K.-M. ist also ein begriffliches Hilfsmittel der ps. →Ökologie und der Ps. der Massenmedien. *B-S*

Kannibalismus [span.], Menschenfresserei, →Anthropophagie

kanonisch, der Regel entsprechend. • Beziehungen zwischen Variablen der therapeutischen Verhaltensintervention und Variablen des Gesprächsflusses in dieser Situation sind k., wenn sie kunst- und regelgerecht sind. *B-S*

kanonische Korrelation, ein Verf. der multivariaten Statistik, in dem zwei Sätze von Variablen (z. B. Prädiktoren und Kriterien) simultan in Beziehung gesetzt werden. Dabei werden für alle Prädiktoren und für alle Kriterienvariablen Gewichtungsfaktoren derart bestimmt, daß die Korrelation zwischen den Linearkombinationen ein Maximum wird. Für den Fall, daß nur ein Kriterium vorliegt, geht die k. K. in die multiple →Regression über. *Z-R*

Kapazität [lat. *capax* fassungsfähig, empfänglich], Fassungsvermögen. Leistungsfähigkeit

Kapazitätstheorien der Aufmerksamkeit, Theorien, vertreten z. B. von KAHNEMAN (1973), MASSARO (1975) und POSNER (1978), die Aufmerksamkeitsphänomene weder mit Filterungsprozessen (BROADBENT 1958, DEUTSCH & DEUTSCH 1963, NORMAN 1968 oder TREISMAN 1969), noch mit einer Aufteilung in →präattentive und synthetisierende Stufen (NEISSER 1967), sondern mit der reiz- und aufgabenabhängig steuerbaren Zuweisung nur beschränkt vorhandener unspezifischer Verarbeitungskapazität zu einzelnen Stufen der Verarbeitungskette (MASSARO) oder Verarbeitungswegen (*pathways*, POSNER) erklären. Die K. können eine Reihe von Daten besser erklären als die genannten Alternativen, z. B. die Reservekapazität (engl. *spare capacity*) und semantische Effekte in der *Shadowing*-Aufgabe. *G-R*

Kapillaren [lat. *capillus* Haar], syn. Haargefäße, feinste, dünnwandige Blutgefäße, die dem Stoffaustausch zwischen Blut und Geweben dienen

Kappa-Effekt, Bez. für die bei der Schätzung eines zeitlichen Intervalls auftretende Abhängigkeit von der räumlichen Distanz der Reize

Kappazismus, fehlende oder gestörte Artikulation der k-Laute (→Stammeln); häufig ersetzt durch »t«. →Paralalie

Kaptation [lat. *kaptátio* eifriges Greifen, Haschen] →Faszination

kaptative Hemmung, nach SCHULTZ-HENKKE eine Hemmung des Besitzstrebens (→retentive Hemmung). Der Begriff »kaptativ« beinhaltet das gleiche wie der Begriff »oral« bei FREUD, ist jedoch unabhängig von der FREUDschen Theorie zu verstehen. Die k. H. äußert sich in einer Einschränkung der Strebungen des Haben-Wollens. Ⓛ SCHULTZ-HENCKE

Kaptivation [lat. *captivus* gefangen], schlafähnlicher Zustand zu Beginn der Hypnose, auch Pseudohypnose genannt. Vgl. Faszination

Kardinaleigenschaft, eine in der Persönlichkeit beherrschend angelegte Eigenschaft. Man hat die K. auch »maßgebende Gesinnung«, »beherrschende Leidenschaft«, »hervortretenden Zug« der Persönlichkeit genannt. Die K. sei meist leicht erkennbar. In der Regel sind mehrere K. im Spiel. Ⓛ G. W. ALLPORT 1949 ● Weniger wesentliche Eigenschaften bezeichnet man als S e k u n d ä r e i g e n s c h a f t e n. Sie sind nicht so auffällig für die Person, treten auch nicht deutlich in Erscheinung.

Karma [Sanskrit: Tun, Tat], das durch Taten im vorausgegangenen Seinsablauf bewirkte Schicksal. Die indische K.lehre hängt mit der Seelenwanderungstheorie (Reinkarnation) zusammen.

Kartei-Test, ein Test, bei dem eine Kartei nach verschiedenen Ordnungsgesichtspunkten zusammenzustellen ist. Analog Katalog-Test. Beispiele Ⓣ BAUMGARTEN, GIESE, TRAMER

Kartenwechsler, Apparat für Gedächtnisversuche, bei dem Karten, die mit Worten, Figuren u. dgl. bedruckt sind, dem Betrachter nacheinander dargeboten werden

Kaspar HAUSER, der Name dieses nach Herkunft und Schicksal rätselhaften jungen Mannes (1812–1833) ist für das Phänomen der gesellschaftlichen Absonderung und ihrer Auswirkung herangezogen worden.

● K.-H.-K o m p l e x. Die von A. MITSCHERLICH beschriebene Entwicklungsstörung, die durch Isolierung und fehlende soziale Bindung hervorgerufen ist, fällt durch Gemütsarmut sowie Kontaktschwierigkeiten auf: »Der Komplex des modernen Massenmenschen ist ein Komplex im Stile Kaspar Hausers«. ● K.-H.-V e r s u c h e spielen in der Verhaltensforschung der Tierps. eine Rolle. Tiere werden in strenger Isolierung (mit Entzug jeder Erfahrungsbildung) aufgezogen. Die Versuche sollen erlauben (LORENZ), genetisch bedingte Verhaltenskomponenten zu erkennen. Ⓛ MITSCHERLICH, TINBERGEN

Kasperle-Test Ⓣ RAMBERT

Kastration [lat. *castráre* der Zeugungskraft berauben] →Sexualität

Kastrationskomplex, nach FREUD entstehen in der Ödipusphase bei Knaben und Mädchen Kastrationsphantasien als eine Antwort auf das Rätsel, das der anatomische Geschlechtsunterschied diesen aufgibt: Vorhandensein des Penis oder Penislosigkeit.

Dem Mädchen ist der Penis genommen, dem Knaben kann er genommen werden. »Der Knabe fürchtet die Kastration als Realisierung einer väterlichen Drohung und als Antwort auf seine sexuelle Aktivität; daraus entsteht bei ihm eine heftige Kastrationsangst. Beim Mädchen wird die Penislosigkeit als erlittener Nachteil empfunden, den es zu verleugnen, zu kompensieren oder zu reparieren sucht« (LAPLANCHE 1972). Der K. hat enge Beziehungen zum →Ödipuskomplex und dessen Normen und Verboten. Weitere Beziehung hat der K. zum V i r i l i t ä t s k o m p l e x der Frau, mit der Angst, nicht oder nicht ausreichend »reif« zu sein. Ⓛ BRUN, FREUD, LAPLANCHE

Kasuistik [lat. *cásus* Fall], eine Sammlung von praktischen Beispielen (Krankheitsfällen, gerichtlichen Entscheidungen u. a.), die bei der Beurteilung ähnlicher Fälle Hilfe leisten soll

Kasusgrammatik, die K. geht davon aus, daß der propositionale Kern des einfachen Satzes aus einem Prädikat besteht, mit dem ein oder mehrere Konzepte mit der semantischen Funktion von Argumenten (semantischen Kasus) verbunden sind (→Prädikat-Argument-Struktur). Diese sind für jedes Prädikat zu spezifizieren. FILLMORE (1968, 1971) unterscheidet folgende Argumente (vgl. ZIMMERMANN 1972):

1. den Initiator einer Handlung *(agent),*
2. denjenigen, der einen psychologischen Vorrang erfährt *(experiencer),*
3. das Objekt, das einer Veränderung oder Bewegung unterzogen wird, das eine Empfindung auslöst oder ein Ergebnis darstellt *(object),*
4. das Mittel, mit dem ein Handelnder etwas tut *(instrumental),*
5. den auslösenden Faktor für ein Ergebnis *(causal),*
6. den Ursprung eines Prozesses oder einer Handlung *(source),*
7. das Ziel eines Prozesses oder einer Handlung *(goal),*
8. die Lokalisierung eines Vorganges *(place),*
9. die Zeitumstände eines Vorganges *(time).*

FILLMORE (1968) nimmt an, daß die Argumente aus einer Menge universaler, vermutlich angeborener Konzepte bestehen, die bestimmten Urteilskategorien entsprechen, die der Mensch bei der Beurteilung seiner Umwelt verwendet. Über die Zahl der Kasus und ihre Benennung herrscht bis heute keine Einigkeit. →Argument *E-P*

KAT (Kinder-Angst-Test) Ⓣ THURNER et al.

Ⓔ **kata...** [gr.] in Wtvb. herab, abwärts, entlang

Katabolismus →Metabolismus

Katalepsie [gr. *katálepsis* das Erfassen], Starrsucht, Muskelspannung ohne aktive Bewegungsmöglichkeit und mit wechselndem Widerstand gegen passive Bewegungen. Kommt vor bei →Epilepsie, →Katatonie, →Hysterie. • Suggestiv-K. liegt vor, wenn die Vp auf Befehl des Hypnotiseurs die Glieder in starrer Haltung beläßt.

kataleptische Starre, auch k. Brücke genannt. Eine der →Katalepsie zugehörige, durch →Hypnose (Hysterie) erzeugte starre Körperhaltung. →Arc de cercle

Katamnese, abschließender Bericht bei der Krankenbehandlung. I. w. S. findet der Begr. auch bei der ps. Diagnose bzw. in der Psychotherapie Verwendung. →Anamnese

Kataphasie, syn. →Dysphrasie, gestörtes Sprachverhalten bei gehemmten (→Aphrasie) und erregten Schizophrenien. →Echolalie, →Verbigeration, →Glossolalie, →Psittazismus, →Neologismus, →Wortsalat, →Logorrhoe. Ⓛ LEONHARD 1961 *G-N*

Kataplexie [gr. *kataplésso* niederschlagen], Schreckstarre, Schrecklähmung, i. w. S. der durch ein emotionales Erlebnis ausgelöste vorübergehende Schwächeanfall

katathymer Wahn, Wahnbildung unter dem Einfluß bestimmter gefühlsbetonter Komplexe bzw. Affekte bei sonstiger Besonnenheit

katathymes Bilderleben, Tagtraumtechnik, von H. LEUNER (1980) entwickelte erlebniszentrierte Therapiemethode. Der Klient wird in einen traumähnlichen Zustand versetzt, in dem Imaginationen hervorgerufen werden. Katathyme Bilder sind bedeutungshaltige Bilder von Symbolcharakter, die von hintergründigen Affekten und Gefühlsmomenten abhängig sind (»hypnagoge« Imaginationen). Syn.: Symboldrama. *La-G*

Katathymie, von H. W. MAIER (1912) eingeführte Bez. für die wahnähnliche Umbildung der seelischen Inhalte unter dem Einfluß von gefühlsbetonten Komplexen bzw. Affekten. Besonders der Primitive fühle und denke katathym (magisches Denken) im Ggs. zum kausalen (dadurch affektdämpfenden) bzw. kategorialen Denken des Zivilisierten. Letzterer erlebt dagegen im Traum noch K.: von Affekten aus werden die Traumbilder gestaltet und geformt, unabhängig davon, ob sie real möglich sind oder nicht, und heterogenste Bilder werden zudem verknüpft, weil sie unter gleichem Affekt stehen.

Katatonie [gr. *katatenein* herabspannen], Spannungsirresein, begleitet von Muskel-, Schluck- und Sprachbeschwerden, starren, stereotypen Haltungsweisen des Körpers. Seelisch mit Gleichgültigkeit, Halluzinationen usw. verbunden. →Negativismus. KAHLBAUM hat den Schnauzkrampf als charakteristisch für die K. beschrieben. Form der →Schizophrenie.

Katecholamine, Gruppe von Hormonen, die von wesentlicher Bedeutung im zentralen und vegetativen Nervensystem sowie im motorischen System sind. Die 3 Hormone aus der Gruppe der K. sind →Adrenalin, →Noradrenalin und →Dopamin. *J-E*

Kategorialurteil, Gesetz vom ⟨ATTNEAVE, 1949⟩, eine Methode zur Erstellung einer

Intervallskala auf Grund von Urteilen gemäß einer Ordinalskala (Rangurteile, Vergleichsurteile, Schätzurteile). Wie beim Gesetz vom →Vergleichsurteil erfordert die Skalierung von Kategorialurteilen bestimmte vereinfachende Zusatzannahmen. Ⓛ GUILFORD, SIXTL, TORGERSON

Kategorie [gr. *kategora* Aussage], im allg. Sprachgebrauch: Art, Sorte, Klasse, Gruppe.

• In Logik und Erkenntnistheorie: Die allgemeinsten Formen von Aussagen, die man über einen Gegenstand machen kann, die allgemeinsten Bestimmungen eines Gegenstandes, die das Denken treffen kann, die »Stammbegriffe«, »Verstandesbegriffe« ⟨KANT⟩, die als Handlungen des reinen Denkens auf die Gegenstände angewendet werden, wie z. B. Qualität, Quantität, Beziehung, Modalität. • In der Gestaltpsychologie ist es vor allem die kategoriale Geformtheit des Vorgefundenen (vor aller Denkarbeit), die untersucht worden ist. Auch der Begr. »Realrelation« ⟨BENUSSI⟩ ist in diesem Zusammenhang geprägt worden (Realrelation als angetroffene Relation im Ggs. zur gedachten oder denkbaren Relation). Ⓛ METZGER, MICHOTTE, WERTHEIMER

Kategorienbildung Ⓣ ARNOLD, GOLDSTEIN, HANFMANN-KASANIN, STERN, TRIST-HARGREAVES, ZILIAN, →g-Faktor

Kategoriensystem, Bez. für Klassen von Gegenständen, die geordnet gruppiert werden. In der Soz.-Ps. z. B. das von BALES entwickelte Verfahren zur systematischen Beobachtung. →Führung, →Interaktionsanalyse, →Beschreibung *B-S*

kategorischer Imperativ, unbedingte Forderung im Ggs. zu einem bedingten, hypothetischen Imperativ. KANTS »Handle so, daß die Maxime deines Willens jeder Zeit zugleich als Prinzip einer allgemeinen Gesetzgebung gelten könnte« (Sittengesetz) ist die bekannteste Formulierung.

Kategorisierung, *categorization,* einerseits ein Grundprinzip der Reduzierung von Komplexität, nach dem Individuen (bzw. soziokulturelle Gemeinschaften) die überwältigende Fülle des in der Welt begegnenden Einzelnen in →Kategorien aufgliedern (vgl. *category, coding system* bei BRUNER, GOODNOW u. AUSTIN 1956), welche durch bestimmte Merkmalstrukturen beschreibbar sind. Andererseits der Prozeß, in dem irgendein konkretes Element (z. B. ein wahrgenommenes Objekt) vermittels seiner Merkmalsstruktur einer bestimmten Kategorie subsumiert wird. Ⓛ ROSCH u. LLOYD 1978 *K-I*

Katharsis [gr. *katharein* reinigen, engl. auch *abreaction*] ⟨BREUER, FREUD⟩, Reinigung, geistig-seelische Läuterung. Der Begr. stammt aus der Poetik des ARISTOTELES. Die Psa. griff ihn mit neuer Bedeutung auf, s. folgendes Stichwort.

kathartische Methode, das in der Psychoanalyse gehandhabte Verfahren, den Kranken von dem, was ihm einfällt, speziell auch seinen Träumen, berichten zu lassen, in der Absicht, durch dieses »Offenlegen« zum Abreagieren und damit zur Heilung zu gelangen. • J. BREUER gilt als Urheber der Methode, die ab 1880 zusammen mit FREUD weiterentwickelt worden ist. Ⓛ BREUER

Kathexis, Besetzung, Begr. aus der psychoanalytischen Schule. Bezeichnet die Konzentration psychischer Energie auf eine bestimmte Person, Sache oder Idee. Z. B. Egokathexis meint Konzentration der Libido auf das Ich (Narzißmus).

KAUFMANN-Methode, KAUFMANN-KEHRER-Methode, nach dem Mannheimer Neurologen F. K. benannte Behandlung psychogener (hysterischer) Lähmungen durch schmerzhaftes Elektrisieren und in der Form der →Protreptik (Überrumpelungsverfahren)

*

KAUFMANN, Fritz / *1875 / Neurologe / Mannheim

*

KEHRER, Ferdinand Adalbert / 1883–1966 / Neurologe / Münster

Kausalattribution →Attribuierung

Kausalgie →Schmerz

Kausalität, der Begr., der auf die Beziehung zwischen Ereignissen, Abläufen, Objekten usw. nach vorausgehender Ursache und nachfolgender Wirkung hinweist.

Die K. ist apriorische Denkform oder Realzusammenhang oder Wahrscheinlichkeitsregel u. a. m. je nach (philosophischer) Grundkonzeption. →Funktionalismus • Zur Abhängigkeit von Seele und Körper →Leib-Seele-Problem • Psychische Kausalität: Ursache-Wirkung-Zusammenhang innerhalb des ps. Geschehens; auch die Wahrnehmung und Erlebbarkeit der Kausalität als besondere Beziehungsfolge. Besonders das letztere ist vielfältig gedeutet worden: Ableitung aus der Assoziation ⟨HUME⟩, Erfassung der Kausalität als Mittel-Zweckabfolge und als Aufgabe-Erfüllungszusammenhang. Man unterschied auch drei Kausalitätsebenen: die Gleichbleibungs- oder Erhaltungskausalität, die Veranlassungs-, Auslösungs- oder Anstoßkausalität (reinste Form z. B. der Willensimpuls) und eine Ganzheitskausalität als reaktives Antworten auf jederart Anstoß.

Kausalität, phänomenale bei bestimmten Bewegungs- oder Handlungssituationen unterstellt der Beobachter entsprechenden Gegenständen (oder Personen) eine Ursachefunktion oder absichtliches Handeln. →Kausalitätswahrnehmung *B-S*

Kausalitätswahrnehmung, Bez. für die Frage, besonders ihre exp. Bearbeitung, wie der kausale Zusammenhang von einem Geschehen zu dem anderen (es bedingenden, beherrschenden) »erfahren« wird.

Die Gestaltps. hat bei der kausalen Ursache-Wirkungs-Abfolge zur Erkenntnis geführt, daß »mechanische Kausalhandlungen« ebenso unmittelbar wie die Formen oder Bewegungen (einschl. Täuschungen) wahrgenommen werden. Mit den von MICHOTTE eingeführten Experimenten, insbesondere dem Entraînement-Versuch (Fort-Schieben), dem Lancement-Versuch (Fort-Stoßen) und anderen →Tunnelphänomenen wurde gezeigt, daß die K. mit globalen, »durch die gesamte Reizkonstellation bestimmten Einheiten mit spezifischen Eigentümlichkeiten« (MICHOTTE 1966) erfolgt. →Kausalität phänomenale Ⓛ HEIDER 1958

Kausalversuch →Verlaufsversuch

KBT Ⓣ KIRSCH

Kehltonschreiber, Bez. für ein Gerät zur Aufzeichnung der feinsten Schwingungen des Kehldeckels beim Sprechen, Singen usw.

Keimbahn, bei den höheren Organismen überleben nur die Keimzellen und deren Abkömmlinge den Tod des Individuums. Unter K. versteht man die Abfolge der durch Zellteilung auseinander hervorgehenden Zellen von der →Zygote zu den Keimzellen der folgenden Individuen-Generationen. *Sch-S*

Keimblatt →Keimesentwicklung

Keimdrüsen, Geschlechtsdrüsen, Sexualdrüsen, Gonaden. Hoden und Eierstöcke (Testes, Testiculi oder Testikeln und Ovarien).

Die Keimdrüsen sind Drüsen mit äußerer (hier: germinativer) Funktion, da sie Spermien bzw. Eier produzieren, und Drüsen mit innerer Sekretion, indem sie →Hormone bilden. Das männliche Keimdrüsenhormon ist das Testosteron und seine Ausscheidungsform Androsteron (Anregung der Samenbildung, Spermiogenese, Spermatogenese). Die weiblichen Hormone sind die Follikelhormone Oestradiol, Oestriol, Oestron (sog. Brunsthormon), die die im Vierwochenzyklus verlaufende Ovulation (Eireifung und Eiausstoßung) regeln und das antagonistische Gelbkörperhormon (Corpus-luteum-Hormon) Progesteron, das während der Schwangerschaft wirksam ist. Die Keimdrüsentätigkeit wird von den übergeordneten geschlechtsunspezifischen Hormonen des Hypophysenvorderlappens, den Gonadotropinen gesteuert. • Manche Abhängigkeit zwischen den K.hormonen, dem Geschlechtstrieb und der allg. Aktiviertheit des Individuums ist noch ungeklärt, wenn auch grundsätzlich jede Störung oder der Ausfall der K.funktion eingreifende seelische Veränderungen bewirkt und die Entfernung der K. (vor der Pubertät) die Ausbildung der sekundären Geschlechtsmerkmale verhindert. →Infantilismus, →Kastration

Keimdrüsenhormone, Hormone, die in den →Keimdrüsen produziert werden.

Keimesentwicklung (bei Wirbeltieren), im ursprünglichen Fall entsteht aus der →Zygote durch Zellteilung zunächst eine →Morula, die sich im Laufe weiterer Zellteilung zu einer einschichtigen Hohlkugel umbildet (Blastula). Diese stülpt sich (im Idealfall) handschuhfingerförmig ein, wodurch eine zweischichtige Blase mit einer Öffnung entsteht (Gastrula).

Der Vorgang der Einstülpung wird als Gastrulation bezeichnet. Die beiden Zellschichten (Keimblätter) der Gastrula bilden das primäre Ektoderm (äußere Schicht) und Entoderm (innere Schicht). Durch Prozesse, die bei den einzelnen Tiergruppen sehr verschieden verlaufen können, wird zwischen Ekto- und Entoderm eine 3. Schicht ausgebildet, das 3. Keimblatt oder Mesoderm. Aus dem Ektoderm entstehen während der Embryonalentwicklung z. B. die Oberhaut, das Zentralnervensystem und die Sinnesorgane. Das Entoderm entwickelt sich zum Darm und seinen Anhängen (z. B. Lunge, Leber). Aus dem Mesoderm entstehen z. B. die Muskulatur und das Skelett. *Sch-S*

KELLY-Test →Rep-test

*

KELLY, George Alexander / 1905–1967 / amerik. Psychologe / klinische Ps., Personalistik / Ohio State Univ., B

KENDALLS τ (Tau), ein nichtparametrisches Korrelationsverfahren, dessen Anwendung Ordinalvariablen voraussetzt. Die Berechnung erfolgt nach

$$\tau = \frac{2\,S}{n\,(n-1)},$$

wobei S die Anzahl jener Rangpaare der zweiten Variablen darstellt, die in richtiger Reihenfolge stehen, wenn die erste Rangreihe in natürliche Ordnung gebracht wurde. τ ist algebraisch nicht vergleichbar mit dem SPEARMANschen und dem PEARSONschen Korrelationskoeffizienten. *Mi-A*

*

KENDALL, Maurice George / *1907 / Statistiker / London

KENDALLS W →Konkordanzkoeffizient

Kenntnisse, gespeicherte und aktualisierte Wissensbestände, die mit →Kenntnistests *(achievement tests)* gemessen werden können. K. ist ein Begriff, der mehr Bedeutung für die Pädagogik als für die Psychologie hat, weil es kaum möglich sein dürfte, eine besondere Klasse von kognitiven Strukturen als K. von anderen mit ps. Kriterien abzugrenzen.

Man kann verschiedene Arten von K. unterscheiden: (1) Sach-K., bezogen auf Dinge und Sachverhalte, die als anschauliche Vorstellungen oder als begriffliche Beziehungen gegeben sein können; (2) Verhaltens- oder Verfahrens-K., zu denen auch Fertigkeiten *(skills)* gehören und die sich auf so einfache Handlungen wie Radfahren oder Schreiben beziehen, aber auch auf komplizierte geistige Tätigkeiten, wie Prozesse des Problemlösens; (3) Norm-K., die sich z.B. in einigen sozialen Fertigkeiten mit (2) überschneiden und die von der Kultur oder Subkultur, der man angehört, erwünschte und häufig praktizierte Verhaltensweisen bestimmen (meist wird die kognitive →Repräsentation von Verhaltenskenntnissen und Regelkenntnissen Wissen, dagegen die Fähigkeit sie anzuwenden Können genannt. Vgl. Kompetenz, interpersonale Kompetenz); (4) Wert-K., die das Gesamt der übermittelten religiösen, sozialen, ästhetischen, ökonomischen, politischen Werte umfassen. K. der Resultate (KR, auch: Kenntnis des Erfolgs) sind beim Lernen von Fertigkeiten wichtige Voraussetzungen, die die Lerngeschwindigkeit, die →Motivation und die Qualität des →Lernerfolges beeinflussen (ULICH, 1964 336f.).

An K. können bestimmte allgemeine Merkmale festgestellt werden: Richtigkeit, Allgemeinheit, Konkretheitsgrad, Eingebettetheit in Systeme, Dauerhaftigkeit, Verfügbarkeit (Disponibilität) und Sinnhaftigkeit. *B-S*

Kenntnis-Tests, Verf., die den Umfang an Wissen, Fertigkeiten und Erfahrungen auf bestimmten Gebieten erkennen lassen (z.B. Rechtschreiben, Rechnen, Sprachen, Technik). Keine ps. Tests im engeren Sinne. Auch die Gleichstellung der K. mit den →Schulleistungstests ist nur eingeschränkt berechtigt.

KENT-ROSANOFF-Test Ⓣ KENT

*

KENT, Grace (Helen) / 1875–1973 / amerik. Psychol. / versch. Hospitale / Univ. Miami

*

ROSANOFF, Aaron Joshua / 1878–1943 / amerik. Psychiater / Hospitalarzt, Militärarzt / Univ. of Southern California (Los Angeles)

kephal →cephal

Kephalometrie [gr.], Messung der Kopf- und Schädelform (→Kraniometrie)

Kernneurose ⟨J. H. SCHULTZ⟩, eine Neurose, die nicht durch äußere Einflüsse, sondern durch die psychische Eigenart des Patienten bedingt ist, daher auch charakterogene Neurose genannt

Kernsatz, kernel sentence, in der 1957er Version der →generativen Transformations-Grammatik (CHOMSKY) Bez. für all jene →Sätze, die unter Anwendung ausschließlich obligatorischer →Transformationen gebildet werden, d.h. die »einfachen, deklarativen, aktiven Sätze« (z.B.: Der Junge sah den Schüler), nicht dagegen z.B. die mittels fakultativer Transformationen gebildeten Passiv-, Negativ- und Fragesätze. ● Der Begriff K. hat seitdem viel an Präzision eingebüßt und ist für die Theorie praktisch bedeutungslos. Auch die psycholinguistischen Experimente zu den K. wurden durch die linguistische Theoriebildung überholt. *T-R*

Kernschleifen →Chromosomen

Kerygma [gr. *keryx* Herold, Bote], verkündigende Anrede, Predigt *S-G*

KETR Ⓣ KLIMPFINGER

Kettenreaktion ⟨GIESE⟩, Reaktionsform, bei der auf mehrere gleichzeitig gegebene Reize mit einer Reihe von – in sich verbundenen – Reaktionen zu antworten ist. →Reaktionsversuch

Kettenreflex, zusammengesetzte Reflexbewegung, wobei jede einzelne Bewegung den Reiz für die nächste auslöst. Nach älterer Auffassung wurden die Instinkthandlungen zu den Kettenreflexen gerechnet.

Kettentheorie ⟨METZGER⟩, die im Ggs. zur Prägnanztheorie (→Prägnanztendenz) stehende (ältere, atomistische) Annahme, daß in der Wahrnehmung Gruppengebilde und Ganze dadurch zustande kommen, daß »je zwei benachbarte Teile oder Elemente auf Grund ihres Sachverhältnisses sich zusammenschließen, und durch die Fortsetzung bzw. Häufung solcher Zusammenschlüsse, auch durch mehrfache Koppelungen ... beliebig ausgedehnte Ganze entstehen«

Kettwiger Schultest Ⓣ INGENKAMP

KFP 30 (Kurzfragebogen für Problemfälle) Ⓣ MÜLLER et al.

Kieferspalte →Gaumenspalte

Kinästhesie [gr. *kinein* bewegen, *aisthesis* Empfindung], auch kinästhetischer, kinetischer Sinn, Muskelsinn, Gemeinsinn genannt. Der Begriff K. wurde von BASTIAN 1880 für Bewegungswahrnehmung geprägt. Zweifellos gibt es (nichtoptische, nichttaktile, nichtakustische) propriozeptiv (→Rezeptor) vermittelte Bewegungswahrnehmungen (Stellung, Geschwindigkeit, Beschleunigung) des eigenen Körpers oder seiner Glieder als eigene Phänomene.

Daß diesen aber ein physiologisch funktionell einheitlicher Sinn (→Sinn, →Sinnesfunktionen) entspricht, ist unwahrscheinlich. Es wurden verschiedene Sinne bzw. Rezeptoren (GOLGI-Rezeptoren, Muskelspindeln, Gelenkstellungsrezeptoren, Gleichgewichtssinn, Spannungsempfindung u. a.) als Bestandteile des kinästhetischen Sinns angenommen. An der Entstehung der Wahrnehmung einer Körper-, Gliedbewegung sind nach heutiger Auffassung efferente und afferente (sensorische) Funktionssysteme beteiligt, die Information sowohl im Zeitquerschnitt wie auch über Zeitintervalle aufbereiten. Zur Untersuchung der K. wurden verschiedene Aufgaben (z. B. Wiederauffinden optisch oder taktil aufgenommener Raumpunkte) verwendet. Faktorenanalytische Studien ergaben meistens geringe Interaufgabenkorrelationen, bzw. verschiedene »kinästhetische« Komponenten. Vgl. psychomotor. Faktoren. *D-Y*

Kinästhesiometer, Gerät zur Feststellung der Bewegungsempfindungen bzw. der kinästhetischen Genauigkeit

kinästhetische Halluzinationen, Täuschungen auf dem Gebiet des kinästhetischen Sinnes, z. B. der Eindruck, daß man sich in Bewegung befindet, der nach einer längeren Autofahrt auftreten kann

kinästhetischer Typus →Typologie (Vorstellungstypen)

Kind, Person während der Entwicklungsspanne um die Geburt (perinatal) bis zum Beginn der Erwachsenenreife (→Pubertät). Früher nahm die →Entwicklungsps. eine Einteilung nach Lebensaltern vor und konnte typische, altersabhängige Erscheinungsweisen beschreiben (z. B. bei BÜHLER, KROH, BUSEMANN, WERNER). Heute dienen Bez. wie Kind und Unterteilungen wie Säugling, Kleinkind, Kindergartenkind, Schulkind in der wissenschaftl. Literatur meist nur als Verständigungshilfen, weil die Entwicklung als »Prozeß mit nahezu unendlich vielen Freiheitsgraden« (OERTER 1980) zu betrachten ist. Alterstypische Eigenarten sind deshalb nicht mehr zwangsläufig gegeben, sondern werden als Ergebnis sich ständig mit den Ursachen ändernder, aufeinander aufbauender Funktionszusammenhänge angesehen, die von der umgebenden Kultur, der Struktur der Aufgaben (Probleme) und der Zukunftsorientierung des Individuums bestimmt werden. • Erste Beiträge zur Kinderpsychologie lieferten TIEDEMANN (1787), SIGISMUND (1856), PREYER (1882), spätere bahnbrechende Autoren sind K. und Ch. BÜHLER, GROSS, W. STERN, neben solchen Forschern, die die ps. Kinderdiagnostik förderten, wie BINET, HETZER, A. GESELL u. a., sowie solche, die die Entwicklung der grundlegenden Funktionen eingehend geklärt haben, wie PIAGET. →Kinderzeichnung Ⓛ TRAUTNER *R-S*

Kindchenschema, Körper- und Verhaltensmerkmale des kindlichen Organismus, die auf den Erwachsenen als aggressionshemmendes Reizmuster wirken. Nach K. LORENZ (1943) reagiert der Mensch – wahrscheinlich angeborenerweise (→AAM) – auf die rundlichen Proportionen und die zaghaft bis tolpatschigen Bewegungen des Kleinkindes mit einer positiven Gesamteinstellung. *P-S*

Kinder-Apperzeptions-Test Ⓣ BELLAK

Kinderaussagen, Kinderzeugenaussagen →Aussagepsychologie

Kinderdorf →Hospitalismus

Kinder-Intelligenz-Test Ⓣ ARNTZEN

Kinderpsychologie →Kind

Kinderpsychotherapie, die →Psychotherapie von Kindern, die an →Neurosen, Spiel-, Verhaltens- und Entwicklungsstörungen leiden. Die Methoden leiten sich vorwiegend von der →Psychoanalyse ab und beziehen neben dem Gespräch das Spielen (→Spieltherapie) sowie das Gestalten (Malen und Modellieren), die Musik (→Musiktherapie) und den Tanz mit ein. Bei besonderen Indikationsstellungen werden auch →verhaltenstherapeutische Methoden in die K. einbezogen. Ⓛ A. FREUD, M. KLEIN, A. DÜHRSSEN, SCHLOTTKE u. WETZEL 1980 *B-E*

Kinder- und Jugendpsychiatrie, Spezialbereich der Psychiatrie für das Kindes- und Jugendalter bis 18 bzw. 21 Jahre.

Hervorgegangen teils aus der Psychiatrie (vor allem in der Schweiz: TRAMER, LUTZ, auch in Deutschland: SCHRÖDER, EMMINGSHAUS, HOMBURGER, VILLINGER, STUTTE und in den Oststaaten: SUCHERAWA), teils aus der Pädiatrie (vor allem in Frankreich: HOYER, auch in Deutschland: BENNHOLDT-THOMSEN), teils aus der Psychoanalyse (besonders in den angloamerikanischen Ländern: A. FREUD, M. KLEIN, WINNIKOT, BENDER, aber auch KANNER). In Österreich war neben der Pädiatrie (CZERNY, ASPERGER) von Anfang eine enge Verbindung mit der Pädagogik (HELLER, AICHHORN). Entsprechend deutscher psychiatrischer Tradition bestand hier auch enge Verbindung mit der Neurologie als Neuropsychiatrie, die in der DDR und den meisten Oststaaten noch etabliert ist. In Deutschland allmähliche Trennung, jedoch nie so weitgehend wie in der

Erwachsenenpsychiatrie und -neurologie. 1974 Konstituierung einer deutschsprachigen Kinderneurologie im wesentlichen als Neonatoneurologie (Prechtl, Matthes, F. J. Schulte), unterschiedliche Abgrenzung der Altersgrenze nach oben.

Die K. u. J. umfaßt in der Regel noch die Adoleszenz mindestens bis 16 Jahre, meist bis 18 Jahre, in forensisch-psychiatrischen Fragen bis 21 Jahre (Geltungsbereich des JGG).

Klinisch stationäre Einrichtungen als Vorläufer kinderpsychiatrischer Kliniken sind Heime für minderbegabte Kinder (Saeger 1837), wahrscheinlich erste kinderpsychiatrische Abteilungen in Deutschland in Frankfurt durch H. Hoffmann (Verfasser des Struwwelpeter) (nach ihm benannt die Heinrich-Hoffmann-Medaille der Deutschen Vereinigung für Kinder- und Jugendpsychiatrie, erstmals 1957 vergeben für Verdienste um das hilfsbedürftige Kind), vor und nach dem Zweiten Weltkrieg eigene jugendpsychiatrische Landeskrankenhäuser oder Abteilungen innerhalb der psychiatrischen Landeskrankenhäuser. Erster Lehrstuhl in der BRD in Marburg 1954, erste selbständige Universitätsklinik 1958 daselbst. Fachvereinigung für K. u. J. gibt es in den meisten Kulturstaaten. 1940: Deutsche Gesellschaft für Kinderpsychiatrie und -heilpädagogik (Wagner, v. Jauregg, Schröder), wiedergegründet 1950: Deutsche Vereinigung für Kinderpsychiatrie (Villinger), seit 1971: Deutsche Vereinigung für Kinder- und Jugendpsychiatrie. International: UEP *(Union Européenne des Pédopsychiatres)* und IACPAP *(International association of child psychiatry and allied professions)*.

K. u. J. umfaßt als zentrales Arbeitsfeld die psychiatrischen Erkrankungen im Kindes- und Jugendalter, die kindlichen Psychosen und ihre Sonderform des *autismus infantum,* die Schwachsinnsformen jeder Genese und die kindlichen Neurosen einschließlich psychosomatischer Störungen, *Enuresis nocturna, Asthma bronchiale,* Pubertätsmagersucht, einschließlich ihrer speziellen Psychotherapie unter Beteiligung verschiedener Therapieformen (analytische Psychotherapie, Spieltherapie, Verhaltenstherapie, Gesprächstherapie u. a.). Aber auch die Folgen cerebraler Erkrankungen und Traumen jeden Schweregrades (frühkindliche Hirnschädigung, *minimal brain dysfunction,* posttraumatische und postencephalitische Zustände – →Psychosyndrom) mit ihrer Rehabilitation bis hin zur ärztlichen Betreuung cerebral-organisch degenerativer und Stoffwechselerkrankungen. Ein weiterer Schwerpunktbereich sind die Entwicklungsstörungen jeder Genese, die sozialen Anpassungsstörungen, die Schwererziehbarkeit, die Dissozialität und Verwahrlosung bei Kindern und Jugendlichen einschließlich Kriminalität. Besondere gutachtliche Aufgaben: Kinder- und jugendpsychiatrische Fragestellung zur Frage weiterer pädagogischer Maßnahmen, Sorgerechts- und Verkehrsregelungsfragen, strafrechtliche Fragen zu § 3 JGG und § 105 JGG (Strafreife und Jugendlichkeit), § 20 und § 21 StGB (Schuldfähigkeit), § 828 BGB (zivilrechtliche Schulfähigkeit), Glaubwürdigkeit, Entschädigungsfragen nach Impfschäden und nach Gehirnverletzung usw., Schulfähigkeit.

Das Fachgebiet der K. u. J. zeigt breite Berührungsflächen und Überschneidungen mit Nachbardisziplinen insbesondere der Pädiatrie (Neurologie und Psychosomatik), Erwachsenenpsychiatrie (Psychiatrie der Adoleszenz, Sucht, forensische Psychiatrie), Psychotherapie (Kinderpsychotherapie), Klinische Ps. (Psychodiagnostik und -therapie), Erziehungsberatung, Entwicklungsps., Pädagogische Ps., Neurops., Pädagogik, Sozialpädagogik. In kinder- und jugendpsychiatrischen Einrichtungen finden sich daher in der Regel eine größere Anzahl ps., psychotherapeutischer und pädagogischer Mitarbeiter. Die K. u. J. sieht ihr wesentliches Aufgabenbereich auch in der Psychohygiene und -prophylaxe. In sozialtherapeutischer Hinsicht ergeben sich Aufgaben im Bereich der Eltern- und Eheberatung, der Gruppenarbeit mit Eltern, Erziehern usw.

In den Jahrzehnten ihrer Entstehung übernahm die K. u. J. im wesentlichen das Lehrgebäude der Erwachsenenpsychiatrie unverändert mit Betonung der Anlagebedingtheit und Heredität psychischer Störungen. Später trat die Erkenntnis der Bedeutung und Mitwirkung organischer Psychosyndrome in den Vordergrund und schließlich eine zunehmende Beachtung psychodynamischer und soziokultureller Bedingungen. Die K. u. J. versteht sich besonders als die Disziplin, die das Zusammenwirken der einzelnen ursächlichen Komponenten, der exogen organischen, der hereditären und seelisch-reaktiven Faktoren zu klären hat. Sie muß versuchen, diese im Beginn der Fehlentwicklung zu erkennen und differentialtherapeutisch anzugehen. Ⓛ Nissen, Harbauer et al. 1974, Homburger 1926, Lutz 1972, Tramer 1964 *L-P*

Kinderzeichnung, seit etwa 100 Jahren als Teilgebiet der Ps. des Zeichnens bevorzugter Forschungs- und Demonstrationsgegenstand.

Historisch im Zusammenhang mit der reformpäd. Kunsterziehungsbewegung und der Kultur- und Kunstkritik (Rückbindung an Ursprünge: Entdeckung der K., der Kunst der Primitiven und der Geisteskranken) zunächst (1.) Sammeln und Massenuntersuchungen von K. (Fragestellungen:

Entwicklungsstufen, Geschlechtsunterschiede, Kulturvergleiche, Altersnormen bes. für Intelligenz), daneben etwa ab 1910 (2.) allgemeinps. sensumotorische und wahrnehmungsps., gestalt- und ganzheitsps. Interpretationen, ab 1925 (3.) diagnostisch: charakterologische und persönlichkeitsps. Systematik (in Anlehnung formal an graphologische, inhaltlich an psychoanalytische Deutungsprinzipien), übergehend in (4.) phänomenologische und ausdrucksps. Theorien und »klinische« Diagnose- und Prognosemuster.

In der entwicklungsps. Theorie dient die K. anfangs der Darstellung von Reifungsvorgängen unter der Annahme, daß sie als naive Gestaltung direkte Rückschlüsse auf die Art der Erlebens- und Reaktionsweisen erlaube und diese bildhaft und beispielhaft belege. Neuerdings schränkt man diese »Ausdrucksthese« ein, indem man die K. als eine sich immer ausgeprägter verselbständigende Zeichen- und Bildsprache auffaßt.

Damit ist auch die »Reifungsthese« (= gesetzliche Abfolge von Entwicklungsstufen z.B. bei Mensch- oder Baumzeichnung) weitgehend suspendiert, weil die figuralen Differenzierungsreihen einer gestaltungslogischen Strukturierung folgen, also objektbezogen und nicht personbezogen sind und mithin durchaus asynchron sein können. Wenn die frühen zeichnerischen Gestaltungen in ihrer Grundstruktur als nahezu unabhängig von kulturellen und historischen Einflüssen erscheinen (»Unabhängigkeitsthese«), so ist dies stärker durch die den motorischen Lernverlauf bestimmende Reduktion der Bewegungsvielfalt (Schematisierung) auf wenige Grundformen und nicht so sehr durch das von Umwelt und Erziehung vermittelte Auffassungs- und Bedeutungserleben bedingt. Zwar sind alle primitiven (z.T. auch archaischen) Gestaltungsstufen auf wichtige Gestaltungsmerkmale hin vergleichbar und in Differenzierungsstufen parallelisierbar (»Übereinstimmungsthese«), doch gilt dies nur hinsichtlich des Bauplanhaften und läßt nicht auf prinzipielle Gleichheit der Erlebens- und Erfahrungsstrukturen schließen.

Nicht belegbar ist, daß sich die künstlerische Darstellung im Übergang aus der kindlichen Gestaltung entwickelt (»Ursprungsthese«). Vielmehr bildet sie sich in der Begegnung mit der künstlerischen Tradition oder eigener, bereits erreichter Form. Dabei können, wie in der modernen Kunst, naive oder primitive Gestaltungsweisen für diese Auseinandersetzung von hohem Wert sein. →Kunstpsychologie, →orthoskopisches Zeichnen Ⓛ MÜHLE 1975, SEHRINGER *Mü-E*

Kindheits-Ich, nach BERNE (1967) »phänomenologische Realität« der Person, ein Ich-Zustand, der die in früher Kindheit erfahrenen Ängste und Aggressionen ausdrückt. Die anderen Zustände im Persönlichkeitsentwurf der →Transaktionsanalyse sind Eltern-Ich (kritisierend/stützend) und Erwachsenen-Ich (Informationen verrechnend). *R-S*

Kinem →Kinesik, →Artikulem, →Phonem

Kinematik, in der Physiologie die Lehre von den translatorischen, rotatorischen und zyklischen Körperbewegungen. Translatorische Bewegungen verlaufen in einer Richtung, rotatorische enthalten Richtungsänderung und zyklische kehren periodisch wieder. Die meisten Körperbewegungen sind Mischformen. Die Kinematik benützt sehr stark die Methodik der →Biomechanik (BRÜGGE 1977). *D-Y*

Kinematometer →Sinnesfunktionen (4)

Kinesik [gr. *kinesis* Bewegung, engl. *kinesics* in Anlehnung an engl. *linguistics* gebildet]. K. ist eine best. Forschungsrichtung zur Unters. von Körperbewegungen in sozialen Interaktionen. In den fünfziger Jahren von dem Anthropologen BIRDWHISTELL begründet, wird K. von ihm definiert als »die Wissenschaft vom körperlichen Kommunikationsverhalten«.

Körperbewegungen werden als erlerntes kodiertes kommunikatives System angesehen (→nichtverbale Kommunikation), aufgebaut analog der Struktur der Sprache. Alle Mitglieder einer Gesellschaft müssen es beherrschen, um erfolgreich interagieren zu können. Methodisch an die deskriptive Linguistik angelehnt, wird nach Basiseinheiten (Kine bzw. Kineme, z.B. Augenbrauen heben, Kopfnicken; →Artikulem, →Phonem) gesucht, aus denen dann größere Einheiten, hierarchisch strukturiert, gebildet werden. Diese Annahme einer der Sprache analogen Struktur körperlichen Kommunikationsverhaltens ist in der Forschung umstritten. Ⓛ BIRDWHISTELL 1968, 1970, GRAUMANN 1972, ARGYLE 1975 *B-R*

Kinesiotherapie, Sammelbez. für Bewegungstherapie versch. Art (Gymnastik, Atemübungen, Rhythmik, Entspannungsübungen)

kinetischer Sinn →Kinästhesie

KINSEY-Reporte, Bez. für die von K. an über 10000 Männern und Frauen durchgeführten Untersuchungen zum Sexualverhalten. Ⓛ KINSEY, LUTZ 1957

*

KINSEY, Alfred / 1894–1956 / Zoologe u. Sexualforscher / Indianapolis

Kippfigur →Inversion, →Reversion

KIRSCHMANNsches Kontrastgesetz, die Sättigung einer Farbe, die durch Farbkontraste induziert ist, ist dem Logarithmus der Sätti-

K

gung der Kontrast induzierenden Farbe proportional *

KIRSCHMANN, August / 1860–1932 / Psych. / Leipzig, Toronto

K-I-T Ⓣ JÄGER

Kitzel, die bei sehr schwacher Reizung von Druckpunkten auftretende Empfindung. Von manchen Autoren wird die Kitzelempfindung auch zu den Schmerzempfindungen gerechnet.

Klang, Bez. für das Gesamt eines Grundtons mit zugehörigen Obertönen. Physikalisch entsteht der K. durch periodische Schallschwingungen.

● Die eigentümliche und je nach dem klanggebenden Instrument besondere Natur wird Klangfarbe (Timbre) genannt. Sie ist spezifisch für das Instrument oder für die Instrumentation bei vielen Instrumenten. ● Eine Klangverwandtschaft liegt vor, wenn die Schwingungsverhältnisse der Grundtöne in kleinen, ganzen Zahlen ausdrückbar sind. Stark verwandt sind z. B. Oktave, Doppeloktave, Duodezime, Quinte, Quarte, große Sexte, kleine Terz.

Klanganalyse, die Zerlegung eines Tongemisches in seine Teiltöne durch das Gehör allein oder mit Unterstützung durch Hilfsmittel (Resonatoren).

Klasse, eine Gruppe mit gemeinsamen Merkmalen. In sozialer, auch sozialps. und massenps. Hinsicht wird K. als eine soziologisch relevante Vielheit von Menschen bezeichnet, deren gesellschaftliches Wesen eine weitgehende Gleichheit als Folge der Gleichheit ihrer Stellung im Produktionsprozeß aufweist. →soziale Klasse

Klassenbegriff →Klassifikation

Klassenintervall →Intervall

Klassifikation, Vollzug und Ergebnis eines →Abstraktionsvorgangs, bei dem Objekte oder Sachverhalte »auf ihren →Begriff gebracht werden«, bzw. eine Menge nach bestimmten Gesichtspunkten und unter Vernachlässigung von irrelevanten Nuancen und Details in Teilmengen aufgegliedert wird: natürliche K., wenn diese Gesichtspunkte in Merkmalen bestehen, die an den Dingen selbst beobachtbar sind (z. B. Gruppierung der Tiere nach ihren Arten); künstliche K., wenn die Prinzipien der Aufgliederung willkürlich und von außen an die Dinge herangetragen werden (z. B. Einteilung von Personen nach den Anfangsbuchstaben ihrer Namen).

Auch die gesamte Wahrnehmungs- und Orientierungstätigkeit enthält klassifikatorische Entscheidungen. Bei der →Sprachrezeption z. B. werden akustische Signale nach einem Raster von →distinktiven Merkmalen in bedeutungsunterscheidende →Phoneme sensorisch klassifiziert. Folgen von Phonemen wiederum sind durch erlernte Zuordnungen mit sprachlich repräsentierten Inhalten verbunden (→Zeichen). In fortlaufenden K.-operationen reduziert der Hörer die in akustischen Ereignissen enthaltene Mannigfaltigkeit auf diejenigen Gesichtspunkte, die für eine Sprache als System von bedeutungsvollen Zeichen wichtig sind. ● Sprachwissenschaftl. K. verfährt i. allg. nach zwei Weisen der Elementgruppierung: paradigmatische Klassen (→paradigmatische Assoziation) werden durch solche Einheiten gebildet, die an einer Stelle im sprachlichen →Kontext hinsichtlich ihrer phonologischen, syntaktischen und/oder semantischen Funktion austauschbar sind; Elemente dagegen, die im Ablauf zusammenhängender Sprache zueinandergehören, stehen in syntagmatischer Beziehung zueinander (→syntagmatische Assoziation). *L-T*

Klassifikation (diagnostischer Begr.), die Zuordnung von Pbn zu einer oder mehreren vorher festgelegten Kategorien bzw. Klassen. Wird diese Zuordnung auf der Basis eines Scores durchgeführt, so spricht man von Plazierung. *Hä-R*

Klassifikationsmethoden, Methoden der Zusammenfassung von Ereignissen in Kategorien oder Klassen. Klassifizieren von Beobachtungsdaten stellt den ersten Schritt bei der Datenverarbeitung dar. Nach Art der klassifizierten Merkmale lassen sich quantitative und qualitative K. unterscheiden. *Mi-A*

Klaustrophobie →Claustrophobie

Klebrigkeit, ein psychopathologischer Begr. für die im mitmenschlichen Kontakt auffällige Zudringlichkeit, oft verbunden mit Unterwürfigkeit. Besonderes Kennzeichen bei organischen Hirnschädigungen (Epilepsie).

Klecksbild, Klecksographie, die durch den RORSCHACH-Test geläufig gewordene Verwendung des K. als Reizvorlage für projektive Stellungnahmen bei der Persönlichkeitsdiagnose ist nicht ohne Vorläufer.

LEONARDO DA VINCI machte den Vorschlag, sich von Flecken auf der Mauer oder dgl. inspirieren zu lassen. Er begründete seinen Hinweis damit, daß durch verworrene und unbestimmte Dinge »der Geist zu neuen Erfindungen wach« werde. LEONARDO vergleicht das mit dem Hineinhören von Namen und Worten in den Klang der Glocken (Klangdeutung). Nach ihm stammt seine Anregung von BOTTICELLI. Dieselbe Idee kann bei Justinus KERNER wiedergefunden werden – diesmal literarisch ausgestaltet. Sein Büchlein von 1857 heißt: Die Klexographie (der Ausdruck stammt von einem seiner Freunde). Die Idee,

Tintenflecke als Test zu verwenden, geht wohl auf A. BINET und V. HENRI (1895) zurück. Dann entwickelten sich zwei Testlinien: die amerikanische und die russische. DEARBORN stellte 1897 die erste Kleckserie zusammen. Weitere Autoren sind: in Amerika E. KIRKPATRICK, E. SHARP, G. M. WHIPPLE, ferner der Engländer F. C. BARTLETT, der zuerst die Farben in die Kleckstechnik einführte, und die engl. Psychologin C. J. PARSON, die 1917 an Kindern experimentierte. Daneben erschien 1910 in Moskau die Arbeit von TH. RYBAKOFF: »Atlas für experimentell-psychologische Untersuchungen der Persönlichkeit«. Darin sind Tintenkleckse für die Untersuchung der Phantasie und des Vorstellungsvermögens enthalten. Der Aufschwung der Verwendung des K. zur »globalen« Pesönlichkeitsdiagnose geht aber eindeutig auf RORSCHACH zurück. (Ⓣ RORSCHACH). Ⓛ BOHM *D-H*

Klecksfiguren-Test Ⓣ DREY-FUCHS, HARROWER, HOLTZMAN, HOWARD, RORSCHACH, ZULLIGER

Kleingruppe, nach soziologischem Vorbild auch Primärgruppe (COOLEY 1909) mit quantitativ und qualitativ unterscheidenden Merkmalen der Großgruppe (Sekundärgruppe) gegenübergestellt: Überschaubarkeit für die einzelnen Mitglieder, unmittelbare *(face to face)* Kontaktmöglichkeit, Gefühl der Zusammengehörigkeit und der gemeinsamen Verantwortlichkeit werden meist als Hauptmerkmale genannt. Die →Dyade (Zweiergruppe) ist besonders auch qualitativ anders beschrieben worden als die Triade und alle darüber hinausgehenden Gruppengrößen. Als Grenze nach oben werden unterschiedliche Angaben gemacht, sie soll von verschiedenen Bedingungen abhängen (häufig 25–30 Mitglieder). →Gruppe. Ⓛ HARE 1964 *B-S*

Kleinhirn, →Cerebellum, →Gehirn

Kleinkind, Kleinkindalter, das Kind vom Ende des 1. Lebensjahrs mit Beginn des Laufens, des Sprechens und der Darstellungsfunktion (Illusionsspiele) bis zur ersten Trotzphase. →Entwicklungsphasen. Ⓛ BERGIUS

Kleinkinder-Test, Verfahren zur Prüfung der geistigen Entwicklung des Kindes vom 1. Monat an (Beobachtung des reaktiven Verhaltens gegenüber Reizen, spielerischer Betätigung und Bewältigung bestimmter Lebensfunktionen). Ⓣ BÜHLER-HETZER, GESELL, SCHOLL

Kleinstkind, das Kind (Säugling) bis zum 2. Lebensmonat. Da Ernährung und Schlafen vordergründig sind, wird der Abschnitt auch Schlafalter genannt. Erst im 3. Lebensmonat beginnt die Zuwendung zur Umwelt.

Kleinwuchs, zurückgebliebenes Größenwachstum, Endgröße bis 130 cm.

Bei K. häufig fehlende oder verzögerte oder atypische Pubertätsentwicklung. Antriebsstörungen. Besondere Empfindlichkeit. (1) Hypophysärer K. als Folge von Störungen im Vorderlappen der →Hypophyse (Wachstumshormonmangel). Normale geistige Entwicklung. (2) Greisenhafter K. als Folge von Hormonstörungen (?) mit Wachstumsstillstand und Vergreisung. Normale geistige Entwicklung. Syn.: GILFORDsches Syndrom, HUTCHINSONsches Syndrom, VARIOTscher Kleinwuchs *(nanismus senilis)*, Progeria, Senilismus. (3) Rachitischer K. als Folge von Stoffwechselstörungen (Mangel an Vitamin D). Normale geistige Entwicklung. Syn.: Englische Krankheit. (4) Chondrodystrophischer K. als Folge meist dominant-erblicher Störungen der Knorpel- und Knochenbildung. Normale geistige Entwicklung. Die meisten früheren Hofnarren und manche heutige Zirkus-Clowns sind Chondrodystrophiker. Syn.: Chondrodysplasie, Achondrodysplasie. (5) HANHART-K. als Folge von Wachstums- und Ossifikationsstörungen ab 2. Lebensjahr. Kommt in Inzuchtgebieten vor. Normale geistige Entwicklung. Syn.: Rezessiver Kleinwuchs. →Entwicklungsstörung

KLEMMsche Bauprobe Ⓣ KLEMM

*

KLEMM, Otto / 1884–1939 / Psych. (päd. Ps., Wahrnehmung) / Leipzig

Kleptomanie [gr. *klépto* stehlen], syn. Stehlsucht. Krankhafter Antrieb, zu stehlen ohne äußere Notlage. Auch Klopemanie genannt.

Klimakterium, Klimax [gr. *klimaktér* Stufe, Leitersprosse, i. ü. S. kritische Zeit] →Sexualität

Klimatologie, Lehre von den Wirkungen des Klimas. →Geops., →ökologische Ps.

KLINEFELTER-Syndrom, die von dem amerik. Arzt H. F. KLINEFELTER erstbeschriebene (1942) Mißbildung der Keimdrüsen durch →Chromosomenaberration. Primärer Hypogonadismus, die Hoden bleiben klein, fehlende Spermiogenese, dadurch Sterilität. Ursache ist eine Trisomie der Geschlechtschromosomen (XXY, i. Ggs. zum Mongolismus) oder eine Vermehrung nur der X-Chromosomen. →DOWN-Syndrom

*

KLINEFELTER, Harry Fitch / * 1912 / Med. (Endokrinologie) / Baltimore (J. Hopkins Univ.)

klinisch, *clinical* [von gr. *kliné* Bett] die Klinik (das Spezialkrankenhaus) betreffend bzw. zu diesem Bereich zugehörig sein (wie in →Klinische Psychologie). ● *Clinic* ist auch

K

weiter gefaßt: Man versteht darunter alle Institutionen, in denen Personen behandelt oder betreut (oder nur beraten) werden, die Störungen im Erleben und Verhalten aufweisen bzw. dafür gefährdet erscheinen (oder nur der »Führung« bedürfen). Dieser Wortgebrauch hat im deutschen Sprachraum zu unterschiedlichem Begriffsverständnis Anlaß gegeben. *B-O*

klinische Prognose →Prognose

Klinische Psychologie (K. Ps.), das Teilgebiet der Ps., dessen Gegenstand in Forschung und Praxis die Störung des Verhaltens und Erlebens ist. Der Begr. »Störung« wird unter Umgehung der Normproblematik pragmatisch durch zwei Bedingungen verankert: (1) Das Individuum und/oder seine soziale Umwelt bekundet nachhaltiges Leid als Folge von Eigenarten seines Verhaltens oder Erlebens (Kriterium des »Leidensdruckes«). (2) Die Prognose der weiteren Entwicklung dieses Verhaltens läßt eine andauernde Benachteiligung und Beeinträchtigung des Individuums und/oder seiner sozialen Umwelt erwarten.

Andere Definitionskriterien für den Begr. K. Ps. referiert PONGRATZ (1973): (1) Das institutionale Kriterium: K. Ps. wäre demnach das, was die ps. Wissenschaft der Klinik zu bieten hat, d. h. wie und wo der Psychologe mit der Ausrüstung, die ihm sein ps. Fachstudium gibt, die klinische Arbeit bereichern, erweitern und vertiefen kann (MEYERHOFF 1959). Diese Auffassung wird heute allgemein abgelehnt. Teile derselben kehren als Bestandteil des Begr. der Medizinischen Psychologie wieder (zum Begr. »klinisch« s. d.). (2) Das funktionale Kriterium: Danach ist von K. Ps. zu sprechen, wenn ps., d. h. im Rahmen der Ps. entwickelte und überprüfte Verfahren zur Diagnostik, Therapie, Prävention von Störungen des Verhaltens und Erlebens in Forschung und Praxis zur Anwendung kommen. Dem liegt die vielfach belegbare These zugrunde, daß derartige Störungen keine Krankheiten im medizinischen Sinn darstellen, sondern als Folge von Fehlentwicklungen zu sehen sind. (3) Das Kriterium der Wissenschaftlichkeit: Ihm zufolge hat sich die K. Ps. in Gegenstand, Forschungsmethodik, Theorien und Ergebnissen an der wissenschaftl. Ps. zu orientieren.

Historisch gesehen hat in Deutschland bereits KRAEPELIN (1856–1926) K. Ps. als die Anwendung von Ergebnissen der experimentellen Ps. für die Psychiatrie aufgefaßt (1896). Lightner WITMER (1867–1956) gründete 1896 eine ps. Klinik an der Universität Pennsylvania, in der die Psychologen diagnostische und therapeutische Aufgaben zu erfüllen hatten. In der weiteren Entwicklung dieses Faches standen jedoch lange Zeit diagnostische Tätigkeiten im Vordergrund. Da die Diagnostik nicht therapieorientiert war, lief sie Gefahr, sich in den Fragen zur Trennung der »organischen« von den »psychologischen« Störungsursachen festzufahren. Erst die Erarbeitung ps. Therapieverfahren (»nichtdirektive« Therapie, später »Gesprächspsychotherapie« genannt, und Verhaltenstherapie) bewirkte die Fortsetzung der Entwicklung in der ursprünglich intendierten Richtung und löste einen rasanten Aufschwung des Faches aus, der jedoch wesentlich durch die Wiederbesinnung auf Forschungsmethodik und inhaltliche Grundlage der akademischen Ps. mitbedingt war.

K. Ps. und →Medizinische Psychologie haben in Praxis und Forschung stark überlappende Bereiche. Während die K. Ps. sich in der Medizin bisher vorwiegend auf die Bereiche Psychiatrie, Neurologie und Psychosomatik beschränkte, hat die Med. Ps. vermehrt psychologische Fragestellungen auch in anderen Bereichen, d. h. bei primär organischen Erkrankungen aufgegriffen.

Psychologische Grundlagen der Klinischen Psychologie

Methoden und Ergebnisse der verschiedenen ps. Teilgebiete liefern die Grundlagen für Forschung und Praxis. Ihr Beitrag ist jedoch von der anschließend beschriebenen Grundlagenforschung zu unterscheiden. So lieferten Ergebnisse aus der Allgemeinen Ps., der Emotions- und Motivationsps., der Lernps., um nur einige zu nennen, vielfältige Anregung für die Theorienbildung zum klinisch-ps. Verständnis von Störungen sowie deren Diagnostik, Therapie und Prävention. Hiervon haben u. a. die Klassifikationsprobleme, die aktualgenetische Analyse von Störungen informationsverarbeitender Prozesse und die Verhaltenstherapie Anregungen erhalten. Der enge Zusammenhang zur Persönlichkeitsps. bzw. Differentialps. und zur Entwicklungsps. bzw. Sozialisationsforschung ist im Hinblick auf Fragen der Erforschung von ontogenetischen Bedingungen der Entstehung von Störungen zu erwähnen. Erst später und auch dann nur zögernd wird der Sozialps. die ihr von der Fragestellung her gebührende Beachtung zuteil. Das mag an den besonderen methodischen Schwierigkeiten und der daraus resultierenden Heterogenität dieses Teilgebietes liegen, seine Ursachen können aber auch in dem Umstand zu suchen sein, daß manche Erkenntnisse klinisch-ps. Gruppenarbeit sozialps. Theorienbildung vorausgegangen sind. Eine stärkere Berücksichtigung der systematischen Erforschung von Gruppenprozessen, der Bedingung für die Entstehung und Veränderung von Einstellungen und im weiteren der sozialen Wahrnehmung und der Kommunikationsforschung in der K. Ps. lassen maßgebliche Impulse erhoffen. Ähnliches gilt für die zunehmende Beachtung soziologischer Variablen, z. B. hinsichtlich der Stellung des psychiatrischen Patienten in der Gesellschaft oder der Prozesse, die durch die Institutionalisierung der therapeutischen Maßnahmen in Anstalten bedingt sind. Wesentliche Hinweise gewährleisten auch Physiologische Ps. und Neurops. Hierzu sind besonders Theorienbildungen im Anschluß an Befunde zur Hemisphärendominanz, zur neuronalen Grundlage der Emotion und Motivation, sowie die Möglichkeiten peripher-physiologischer Messungen klinisch relevanter Konstruktvariablen (z. B. Angst) zu nennen. Die Tiefenps., früher häufig als eigene ps. Richtung verstanden, hat viele Teilbereiche der Ps. durch ihre Thesen stark beeinflußt. Als Arbeitshypothesen haben diese auch der K. Ps. wichtige Impulse gegeben, so z. B. die Konzentration auf die Rolle frühkindlicher Sozialisationsbedingungen für die Genese von Störungen, das Konzept des »Krankheitsgewinnes« oder technische Details der Gesprächsführung im klinischen Interview.

Forschungsbereiche der Klin. Psychologie

(1) Klinisch-psychologische Grundlagenforschung: (a) Klassifikation: Unter dieser Rubrik sind die Bemühungen einzuordnen, Störungen des Erlebens und Verhaltens zu beschreiben, ein ökonomisch anwendbares System der Klassifikation zu erstellen und die Unterschiede zwischen den Kategorien auf Grund von Kenntnissen über ätiologische Modelle zu erklären. Gegenüber der in der Vergangenheit üblichen »klinischen« Methode der Bildung von Klassifikationssystemen – Zusammenfassung von häufiger gemeinsam auftretenden Merkmalen aufgrund sukzessiver, meist wenig systematischer, intuitiver Erfahrungsbildung gemäß einem vorgegebenen inhaltsbezogenen theoretischen Rahmen – wird zunehmend die Objektivierung dieses Vorganges angestrebt. Multivariate statistische Verfahren sollen beobachtbare Verhaltensweisen nach formalen Kriterien der Ähnlichkeit in ein mehrdimensionales System bringen, das die Ausarbeitung von diagnostischen Skalen ermöglicht (BAUMANN 1968). Die Validierung eines so erstellten Systems erfolgt dann nach vier Gesichtspunkten: Der unmittelbar praktisch bedeutsamste ist die differentielle Ansprechbarkeit auf eine oder mehrere Therapieformen. Langfristig betrachtet sind jedoch Kovariationen der Klassifikationskategorien mit Unterschieden in der Informationsverarbeitung (Wahrnehmung, Lernen, Denken), mit ätiologischen Merkmalen (verschiedene Ursachen unterscheidbarer Störungsgruppen) und mit der Prognose des zukünftigen Verlaufs der Störung ebenso bedeutsam. Diese Informationen sollen im einen Fall für die Planung neuer Therapieverfahren, in den anderen Fällen für den sinnvollen Einsatz primärer und sekundärer Präventionen von Störungen (Vorbeugen der Entstehung von Störungen bzw. Verhindern von Rückfällen) hilfreich sein. – Vor allem im Zuge der Kritik am medizinischen Krankheitsmodell der Psychiatrie ist von manchen Therapierichtungen eine totale Abkehr von der differentialps. Klassifikation in der K. Ps. vorgeschlagen worden. Störungen sollen individuell und je nach der latenten »Konfliktlage« (Psychoanalyse) oder nach den individuellen Lern- und Verstärkungsbedingungen (Verhaltenstherapie) analysiert und dem Modell entsprechend behandelt werden. Dies setzt jedoch eine differenzierte, der Symptomvariation angemessene Theorie voraus, die in beiden Fällen nicht vorliegt. Die Praxis der Handhabung dieser relativ normfreien Klassifikation hebt durch stillschweigende Anlehnung an klassische interindividuelle Kategoriesysteme diesen Anspruch wieder auf. Der aussichtsreichere Weg scheint nach wie vor die möglichst theoriefreie Klassifikation von Verhaltensstörungen mit nachfolgender Theorienbildung aufgrund aktueller und ätiologischer Kovariablen zu sein. Die Gefahren der differentialps. Diagnostik als einer dehumanisierenden antitherapeutischen Etikettierung, wie sie u. a. von Vertretern der »Antipsychiatrie«, z. B. COOPER 1967, beschworen werden, können vielleicht durch Konzentration auf die Diagnose von Störungen anstelle von Personen und durch erhöhte und ständig kontrollierte Selbstdisziplin des Diagnostikers reduziert werden. Versuche zur Klassifikation von sozialen Interaktionsmustern anstelle von individuellem Verhalten erscheinen vielversprechend, die empirische Überprüfung der Validitäten ist jedoch noch ausständig. (b) Experimentelle Erforschung von Störungen der Verhaltenssteuerung (exp. K. Ps. im engeren Sinne). Verschiedene elementare Variablen der Verhaltenstheorie werden hinsichtlich evtl. Unterschiede bei klinischen Stichproben untersucht. Die Ergebnisse sollen Kenntnisse über Prozeßcharakteristika des gestörten Verhaltens vermitteln und die Theorienbildung präzisieren. Ansätze dazu liegen im Be-

reich der Erforschung schizophrenen (COHEN u. MEYER-OSTERKAMP 1974), phobischen (LAZARUS 1966), autistischen (HERMELIN u. O'CONNOR 1970) und depressiven Verhaltens vor. Bevorzugt werden Variablen der Wahrnehmung (FRITH 1973), der selektiven Aufmerksamkeit (McGHIE 1969) oder des Lernens und Denkens untersucht. Der notwendige Ausbau dieses Ansatzes in Richtung von Modellkonstruktionen analog der allgemeinps. Erforschung informationsverarbeitender Prozesse ist noch ausständig. (c) Experimentelle Psychopathologie. Hierzu gehören vorwiegend Tierversuche, in denen pathogene Faktoren systematisch kontrolliert werden, z. B. bei der Untersuchung sog. »experimenteller Neurosen« (MAIER 1949) oder von Deprivationsreaktionen (HARLOW 1958).

(2) Diagnostische Forschung:
Mit der Erstellung von Klassifikationssystemen geht die Konstruktion diagnostischer Verfahren einher. Gegenüber der klassischen klinisch-ps. Diagnostik werden zunehmend Verfahren bevorzugt, die (a) therapieorientiert sind (z. B. Verhaltensanalyse, Interaktionsanalyse) und (b) über hinreichende Gütekriterien verfügen (SARRIS u. LIENERT 1974). Neben ps. Tests kommen dem Untersuchungsgegenstand entsprechend Verhaltensbeobachtung (BAYER 1974), Interviews (SEIDENSTÜCKER u. SEIDENSTÜCKER 1974), situations- und störungsspezifische Skalen (SCHULTE 1974) und peripher-physiologische Meßmethoden (BIRBAUMER 1974) stärker zur Anwendung. Besonderes Augenmerk wird neuerdings wieder den Variablen des klinischen Gesprächs gewidmet (MOSER et al. 1974), sowohl als diagnostisches wie auch als therapeutisches Verfahren.

(3) Interventionstechniken:
Therapie, präventive Maßnahmen und Rehabilitation kommen individuenzentriert (»erregerzentriert«) und/oder umweltzentriert (»reaktionszentriert«) zur Anwendung. Im einen Fall ist der Symptomträger Objekt der Intervention, im anderen die soziale Umwelt, deren Reaktionen auf ungewöhnliches Verhalten eines Individuums zum Ausbau und zur Aufrechterhaltung der Auffälligkeit wesentlich beitragen können. Während die erregerzentrierte Intervention eher durch Institutionen (Ambulanzen, stationäre Einrichtungen, Beratungsstellen) geleistet wird, bieten sich für umweltzentrierte Maßnahmen eher gemeindenahe Versorgungseinrichtungen mit präventiven und resozialisierenden Aufgaben an. Von den Interventionstechniken sind die Verfahren im Rahmen der Verhaltenstherapie und der Gesprächspsychotherapie am bekanntesten. Beiden gemeinsam ist das Prinzip, Therapieerfolge zu objektivieren und so eine empirisch begründete ständige Verfeinerung der Methoden anzustreben. Diesem Prinzip unterstellen sich auch manche Formen der Kommunikationstherapie, die zur Behandlung von Problemen sozialer Interaktion (Partnerschaftsprobleme) dient, wobei technische und theoretische Anleihen bei Verhaltenstherapie, Gesprächspsychotherapie und Psychoanalyse vorgenommen werden.

Anwendungsbereiche der Klin. Psychologie
Von der vormals insbesondere diagnostischen Tätigkeit hat sich das Schwergewicht auf ps. Therapie, Prävention und Rehabilitation/Resozialisation in den verschiedensten Lebensbereichen verlagert. Über die traditionellen Tätigkeitsfelder Erziehungsberatung und Schulpsychologie hinaus erstreckt sich der Aufgabenbereich auf therapeutische Tätigkeit in Ambulanzen und stationären Einrichtungen für ps. Gestörte, weitere Therapie und Rehabilitation verschiedener Formen ps. Abhängigkeiten (Süchte), Betreuung während des sowie Rehabilitation u. Prävention im Anschluß an den Strafvollzug, um nur einige zu nennen. Wenn auch der Forschungsstand des Faches und somit die Ausbildung den praktisch Tätigen noch in vielen der neuen Anwendungsgebiete im Stich zu lassen scheint, so ist doch durch die allgemeinen Kenntnisse über ps. Grundlagen gestörten Verhaltens und die Bereitschaft zur objektiven Kontrolle eigenen therapeutischen Handelns die Voraussetzung für einen relativ raschen und mittelbaren individuellen Erfahrungszuwachs in der Praxis gegeben. Die Ausbildung in K. Ps. erfolgt im Rahmen des Diplomstudiums. Daran anschließende berufsbegleitende Ausbildungswege bzw. universitäre Zusatzausbildungen sind im Aufbau begriffen. Ⓛ COOPER 1967, MOSER 1974, PONGRATZ 1973, SCHRAML u. BAUMANN 1975[3], 1974, SCHULTE 1974, BENESCH 1981 *B-O*

klinische Vorhersage →Prognose

Klisis, ein von MONAKOW eingeführter Begr. für die Übertragung lustbetonter Gefühlsqualitäten auf das bei der Reizsuche (→Instinkt) aufgefundene Triebobjekt. Ggs., d. h. Übertragung unlustbetonter Qualitäten, ist Ekklisis. Ⓛ BRUN

Klitrophobie [gr. *kleithron* Schloß, Riegel] →Claustrophobie

Klonus, klonisch [gr. *klonein* bedrängen, schütteln, erschüttern, in heftige Bewegung versetzen], Schüttelkrampf mit rasch folgenden und kurzzeitigen Muskelzuckungen. →Krampf

KLOPFER-Technik Ⓣ KLOPFER

Klopf-Test →Tapping-Test

K-L-T Ⓣ DÜKER

Kniesehnenreflex, syn. Patellarreflex, Eigenreflex des *musculus quadriceps femoris.* Strecken des Unterschenkels bei Beklopfen des Kniescheibenbands. Der Reflex hat diagnostische Bedeutung. Er fehlt z. B. oft bei Tabes, Neuritis; er ist meist übersteigert bei →Nervosität, →Hysterie, Spinalparalyse. →Eigenreflex

Knochenleitung →Kopfknochenleitung

Knotenpunkt des Auges, optischer Kardinalpunkt, Schnittpunkt der Richtungsstrahlen des Auges. →Blickfeld

knowledge of results →KR

Koadaptation [lat. *adaptare* anpassen], gemeinsam-wechselseitige, korrelative (biologische) Anpassung an veränderte Lebensbedingungen. Z. B. laufen Veränderungen an einem Organ oder Organteil mit »sinnvoll ergänzenden« Veränderungen an anderen Organen einher.

koartativ, koartiert Ⓣ RORSCHACH

Kodabilität →codability

Kode, Kodierung →Code, Codierung*)

Koedukation, gemeinschaftl. Erziehung beider Geschlechter in Schule u. Internaten

Koeffizient, ein statistischer Kennwert von Datenmengen zu deren Vergleich mit anderen Datenmengen, z. B. →Korrelationsk. • (mathem.) ein konstanter Wert, mit dem ein anderer Wert multipliziert wird. *Mi-A*

Koffein, das in Kaffee, Tee und Cola-Getränken enthaltene Psychostimulans (chem. mit Thein identisch). →Rauschmittel, →Psychopharmaka

Koffer-Probe Ⓣ GIESE

Kognition, [engl. *cognition*], Sammelname für alle Vorgänge oder Strukturen, die mit dem Gewahrwerden und Erkennen zusammenhängen, wie Wahrnehmung, Erinnerung (Wiedererkennen), Vorstellung, Begriff, Gedanke, aber auch Vermutung, Erwartung, Plan und Problemlösen. Die Ungenauigkeit des Begr. scheint es zu erlauben, daß er als hypothetisches →Konstrukt auch von Neobehavioristen benutzt wird, die aus methodologischen Gründen die differenzierenden K.begriffe für unbrauchbar halten. Man müßte K. als Prozeß des Kognizierens von K. als Produkt dieses Vorgangs unterscheiden. →nächstes Stw. Ⓛ KAMINSKI 1964, NEISSER 1974

Kognitionspsychologie, Sachgebiet der Ps., das sich auf alle Prozesse und Produkte der →Kognition erstreckt. Ulrich NEISSER, der 1967 mit seinem Buch »*Cognitive Psychology*« dem Gebiet den Namen gab, meint mit der K. die Beschäftigung mit der »Sinnesinformation und deren Schicksal«. →kognitive Psychologie, →Informationsverarbeitung Ⓛ WIMMER u. PERNER 1979 *B-S*

*) Zur Schreibweise: Im ps.-wissenschaftlichen Bereich wird Code (z. B. Sprachcode, genetischer Code), im technischen Bereich Kode (z. B. Zahlenkode, Fernschreibkode) bevorzugt.

kognitiv [lat.], erkenntnismäßig, auf die Erkenntnis bezogen

kognitive Dissonanz, Theorie der, von FESTINGER (1957, 1978) entwickelte Theorie über die Verarbeitung relevanter Informationen nach einer Entscheidung (EHRLICH et al. 1957). Sie geht von dem Sachverhalt aus, daß bevorzugt Informationen ausgewählt werden, die eine getroffene Entscheidung als richtig erscheinen lassen, und daß gegenteilige Informationen »abgewehrt« oder nicht beachtet werden (z. B. Reklame für eine Automarke des gekauften Exemplars gegenüber Reklame für andere Typen).

Die Theorie verallgemeinert diesen Fall: k. D. entsteht in Abhängigkeit von dem Verhältnis der Zahl nicht übereinstimmender kognitiver Elemente zu der Zahl zueinander passender Einheiten. Es bestehe die Tendenz, ein Überwiegen ersterer zu vermeiden. Dissonanz heißt sowohl die Nichtübereinstimmung von Wahrnehmungen, Meinungen oder Überzeugungen als auch die daraus abgeleitete Spannung (ein unangenehmes Gefühl). Die Theorie der k. D. ist eine Unterart der Konsistenz- und Gleichgewichtstheorien. Kognitive Elemente sind Wissenseinheiten, Meinungen oder Überzeugungen über sich selbst, andere Personen und Objekte. Die Dissonanz ist nicht nur logisch gemeint, sondern psychologisch und kann durch kulturelle Normen, eine spezifische Meinung, die in allgemeine Überzeugungen eingebettet ist, und durch frühere Erfahrung bedingt sein. Die Theorie hat viele Experimente zur →Einstellungsänderung, oft unter erzwungener Mitwirkung und Zustimmung zu fremden Überzeugungen *(forced compliance)*, Anlaß gegeben. Sie ist von BREHM u. COHEN (1962), ARONSON (1968) und IRLE 1975 revidiert und z. B. von ZAJONC (1960) oder OSGOOD (1960) kritisiert worden. Vgl. Reaktanz, →Äquilibration Ⓛ KIESLER et al. 1969, IRLE 1975, FREY 1978 *B-S*

kognitive Entwicklung, (1) ontogenetischer Aspekt: nach PIAGET vollzieht sich die Entwicklung der Intelligenz in Stadien. An die Vorstadien (elementare und intentionale Adaption der Sensumotorik) sollen sich die Stadien des symbolischen Denkens, des anschaulichen Denkens, der konkreten Operationen und der formalen Operationen anschließen. Wenn man bei der Untersuchung der Übergänge zu den zuletzt gen. Stadien sprachliche Leistungen ausschließt, ergeben sich bis zu drei Jahren frühere Altersangaben als PIAGET gefunden hat (BROWN u. DESFORGES 1977).

(2) Der phylogenetische Aspekt der k. E., d. h. die stammesgeschichtliche Ausformung der intelligenten Leistungsfähigkeit vom Urmenschen bis zur Neuzeit, ist in unterschiedlichen Ansätzen

K

immer wieder zu klären versucht worden: von WUNDT in seiner Beschreibung kollektiv-psychischer Erscheinungen, die er →Völkerps. nannte, von St. HALL mit dem Grundgedanken, daß die Entwicklungsstadien der Menschheit von der individuellen Entwicklung (Ontogenese) abgelesen werden könnten (sog. psychogenetisches Grundgesetz), von H. WERNER mit seiner Darstellung »urtümlicher Denkvorgänge« in dem vergleichend-ps. Ansatz der Entwicklungsps. und von anderen. Die bruchstückhaften Versuche hat neuerdings F. KLIX in einer umfassenden Darstellung aufgegriffen und ergänzt. Ⓛ AEBLI 1975[4], FLAVELL 1979, KLUWE u. SPADA 1980, KLIX 1980 *B-S*

kognitive Komplexität, Differenziertheit, Diskriminiertheit und Integriertheit von Begriffssystemen, erfaßt durch Satzergänzungstests, Rollenkonstrukt-Repertoire-Test (KELLY), Sortiertest (KASANIN) o. ä. • Theorien der k. K. sind Theorien der menschlichen Informationsverarbeitung (SCHRÖDER; SUEDFELD), die Begriffssystemtheorie (HARVEY) und die Theorie konzeptueller Niveaus (HUNT). Ⓛ MANDL u. HUBER 1978, SCHRODER u. SUEDFELD 1971 *B-S*

kognitive Landkarte, *cognitive map* ⟨E. C. TOLMAN⟩, die Annahme, daß der Lernvorgang nicht auf die Reiz-Reaktionsfolgen, sondern auf Strukturen sich ausrichtet. So lerne das Tier im →Labyrinthversuch nicht das Nacheinander der Bewegungen, sondern die räumlichen Beziehungen, um zum Ziele »Futter« zu kommen.

kognitive, kognitivistische Psychologie, Richtung der Ps., die in Auseinandersetzung mit dem →Paradigma des →Behaviorismus entstand. Quellen: →kognitive Entwicklung (PIAGET 1941 u. flg., BRUNER et al. 1956), kognitive Handlungstheorie (MILLER et al. 1960, dt. 1973, KAMINSKI 1964, LEONTJEW dt. 1971), Simulation kognitiver Prozesse (NEWELL/SHAW/SIMON 1960) und Problemlösungsprozesse (NEISSER 1967, dt. 1974, DÖRNER 1974). Sowohl der informationstheoretische, als auch der systemtheoretische Ansatz innerhalb dieser Richtung weisen auf Kommunikationsbrücken zu anderen Paradigmen, auch in benachbarten Wissenschaften, hin. Die k. Ps. mit »Psychologie des Erkennens« zu definieren, ist nur z. T. für den Phänomenbereich richtig. →Kognition Ⓛ die obenstehende. WIMMER u. PERNER 1979 *R-S*

kognitiver Stil →Denkstil

kognitives Schema, eine vielfältig verwendete Bez., meist für ein hypothetisch angenommenes komplexes Muster im Organismus, das sich aus Erfahrungen herausgebildet hat und das die Erkennung und Einordnung aller Erscheinungen der Umwelt ermöglichen u. erleichtern soll. • Auch Bez. für (oft unbewußte) Einstellungen und Erwartungshaltungen gegenüber Vorgängen in der Umwelt (auch bei Tieren vermutet).

kognitive Struktur →Kognition

kognitive Verhaltenstherapie, aus der frühen Kritik an der behavioristischen Basis der Lerntheorien und der Verhaltenstherapie entwickelten sich versch. Konzepte und Verfahren, die unter dem Stichwort ›k.V.‹ subsumiert wurden. 1965 hatte HOMME den Begriff ›*coverants*‹ [aus THORNDIKES Begr. »*covert response*« und aus SKINNERS »*operant*«] gebildet, der sich auf inneres, verdecktes, also nicht direkt beobachtbares Verhalten bezieht und hatte den Standpunkt vertreten, daß die Gesetze des operanten Lernens in gleicher Weise auch hier gelten. In den folgenden Jahren wurden zunehmend kognitionsps. Theorien einbezogen (KAMINSKI) und kognitive Lerntheorien sowie systemtheoretische Überlegungen (MILLER, GALANTER & PRIBRAM) integriert. Besondere Bedeutung bekamen Konzepte zum Problemlösen, zu den kognitiven Emotionstheorien und den Attributionstheorien. Für die Praxis waren vor allem die kognitive soziale Lerntheorie von BANDURA und das Konzept der Selbstregulation von KANFER von Bedeutung. Dies führte zu einer zunehmenden Einbeziehung der aktiven Teilnahme des Klienten, der in Selbsthilfe-Methoden ausgebildet und so zum eigenen Therapeuten wurde. Dies verlangte eine stärkere Berücksichtigung der aktiven, oft verzerrten Wahrnehmung der Wirklichkeit und ihrer sprachlichen Kodierung, sowie der Fähigkeit zur Situationsanalyse und Auswahl von Verhaltensalternativen. Die Reflexion von Bewertungskriterien und Normen spielte bei den Selbstregulationsansätzen und den Verfahren zur rationalen Umstrukturierung eine große Rolle. Verschiedenste Verf. wurden für unterschiedliche Problembereiche entwickelt und überprüft. Erste Systematisierungen wurden von MAHONEY (1977) und LAZARUS versucht. Empirische Untersuchungen belegen die große Bedeutung der Selbstregulationsansätze, des Selbstinstruktionstrainings und der kognitiven Umstrukturierung. Gerade bei der Behandlung von Depression stellt die kognitive Verhaltenstherapie (BECK) einen erfolgversprechenden Ansatz dar. *Zi-R*

Kohärenz [lat. Zusammenhang], die Beziehung des Ich zur Umwelt, seine Verbindung mit der Außenwelt, der Kontakt. • Die Beziehung zwischen Einzelheiten, die als zusammengehörig aufgefaßt werden. Vgl. Kohärenzfaktoren.

Kohärenzfaktoren, von G. E. MÜLLER (1917 ü. a.) festgestellte Faktoren, die bewirken, daß Einzelheiten als zusammengehörig aufgefaßt werden.

Sie können zur Gestaltbildung führen. Es werden die folgenden Faktoren unterschieden: 1. Räumliche Nachbarschaft: Es werden z. B. bei einer Reihe von Punkten mit verschiedenen Abständen die einander nahen Punkte als zusammengehörig aufgefaßt. 2. Gleichheit der Einzelheiten. 3. Ähnlichkeit der Einzelheiten. 4. Symmetrie von Form und Anordnung. 5. Kontur, die Abhebung der Figur vom Hintergrund. Je schärfer die Abgrenzung ist, desto stärker ist die Abhebung und desto fester die Kohärenz. Ⓛ METZGER

Kohärenzkriterium, in der Testps. ein Merkmal, aus dem der Vl erkennen kann, daß beim Pb die Einsicht in die ihm gegebenen Aufgaben voll erreicht ist

Kohäsion, Zusammenhalt, in der Sozialps. Zusammenhalt von Gruppen als Resultante aller Kräfte, die ein Verbleiben in der Gruppe bewirken (FESTINGER 1950). Diese Kräfte sind Funktion der Attraktivität der Gruppe, der Attraktivität einzelner Mitglieder, der Aktivitäten und Ziele der Gruppe, der Befriedigung der individuellen Bedürfnisse durch Gruppenaktivitäten, der Erschwerung des Zugangs zur Gruppe u. a. →Gruppe. *B-S*

Kohorte, umfassender Begr. für Personen, die im gleichen Zeitabschnitt geboren sind. K. ersetzt heute vielfach den Begr. →Generation. →Entwicklungsps. Bestimmungsstücke einer K. sind: Geburtszeit (Monat, Jahr, Jahrzehnt), gemeinsame Ereignisse (wirtsch. Rezession, Energiekrise ...), genetische Besonderheiten, Familienkonstellation, Erziehung. Ⓛ RUDINGER 1978, BALTES 1978 *R-S*

Koinästhesie →Gemeingefühl

Kokain, Alkaloid, das aus den Blättern des Cocastrauches hergestellt wird. K. wirkt in kleineren Dosen erregend, in höheren Dosen hemmend. K. wird als Rauschmittel verwendet und führt zu Drogenabhängigkeit. →Sucht. Wegen seiner leistungsblockierenden Effekte wird K. als Lokalanästhetikum verwendet. *J-E*

Kokainismus, Kokainsucht, eine Form der Rauschgiftsucht

Kollaps, anfallsartig plötzlich auftretender allg. Schwächezustand durch Versagen des peripheren Kreislaufs

Kollektiv [lat.], eine Anzahl von Lebewesen oder Gegenständen, die in mindestens einem Merkmal vergleichbar sind und die (insbes. zur statistischen Auswertung) zusammengefaßt werden. →Population ●Svw. Produktionsgemeinschaft.

Kollektivbewußtsein, die Bewußtseinsinhalte und Bewußtseinsakte, die dem Individuum als Teil einer Menschengruppe (Gruppenbewußtsein) oder als zugehörig zur Menschheit überhaupt (Menschheitsbewußtsein) zukommen und mehr oder weniger sozialbestimmte Bedeutung haben. →Masse, Massenpsychologie. Ⓛ BLONDEL, DURKHEIM

kollektive Auffassung, die Tatsache, daß beim Lernen jeweils mehrere Glieder, z. B. Silben, zusammen aufgefaßt werden, auch wenn sie gleichmäßig nach- oder nebeneinander dargeboten werden. Dabei sind die Silben eines solchen »Komplexes« später besonders fest im Gedächtnis verbunden. Je nach der Art der Darbietung des Lernstoffes unterscheidet man dabei kollektive Simultan- und Sukzessivauffassung.

kollektives Unbewußtes ⟨JUNG⟩ →Unbewußtes

kollektives Verhalten, in der Soziologie geprägter Begr. für Massenphänomene, die auch in der →Massenps. beschrieben werden. Grundlage des k. V. soll soziale Unruhe sein. Es tritt in sog. kritischen, undeterminierten und emotionalen Situationen auf: KRONER versucht Massenphänomene von dem k. V. abzugrenzen, indem er erstere auf das Verhalten von Personen in bestimmten Situationen *(crowd)* und auf das Verhalten von Menschenmengen beschränkt, das individuumzentriert erklärt wird. Zum k. V. gehört auch die →soziale Bewegung. *B-S*

Kollektivgegenstände ⟨FECHNER⟩, eine Gruppe oder Menge von einzelnen Individuen, Gegenständen oder Vorgängen mit einem ordnenden Merkmal, d. h. einer individuell veränderlichen Eigenschaft, nach der sie sich ordnen lassen

Kollektivmaßlehre ⟨FECHNER⟩, ein Zweig der Wahrscheinlichkeitsrechnung, der die zahlenmäßige Verteilung der Merkmalsunterschiede eines →Kollektivgegenstandes untersucht, um auf bestimmte Gesetzmäßigkeiten zu schließen. Ⓛ FECHNER

Kollektivpsychologie, das Sachgebiet der Ps., das sich mit allen Erscheinungen des Menschen als Subjekt wie als Objekt der →Masse bzw. der →Gruppe befaßt

Kollektivseele, syn. Kollektivpsyche, der im Ggs. zur Individualseele stehende Inbegriff für die der Masse (Gruppe) eigene Auffassungs-, Denk- und Verhaltensweise. Die erste Darstellung dieser Sonderartung der sog. K. stammt von E. DURKHEIM (1895). →Masse, →Massenpsychologie, →Gruppenseele

KOLMOGOROV-SMIRNOV-Test, ein nichtparametrisches Verfahren zur Prüfung der Güte der Anpassung zweier unabhängiger Verteilungen. Diese Verteilungen können entweder eine empirische und eine theoretische sein (»Einstichprobenfall«) oder zwei empirische Verteilungen (»Zweistichprobenfall«). Als Index der Güte der Anpassung wird die größte beobachtete Differenz der beiden kumulierten Verteilungen bestimmt. Der K. setzt Ordinalvariablen voraus und ist für alle Arten von Unterschieden sensitiv. *Mi-A*

*

KOLMOGOROV, Andrej Nikolajewitsch / * 1903 / Mathematiker / Moskau

*

SMIRNOV, Nikolaj Vasilevich / *1900 / Mathematiker / Moskau

Kolorimetrie (Farbenmetrik), um eine Farbe meßtechnisch zu kennzeichnen, bieten sich zwei Wege an:

1. Kennzeichnung durch die physikalischen Eigenschaften der einer Farbempfindung korrespondierenden Strahlung (Wellenlänge und Energiebetrag). 2. Ihre Darstellung als Gemisch durch drei definierte Ausgangsfarben in einem Farbenraum gemäß den Gesetzen der Farbenmischung (→Farbenmischungen). • Insofern wesentlich das Aussehen von Farben interessiert, bietet der letztgenannte Weg den Vorteil, die Gesamtheit der bunten Farben gemäß ihrer ps. Ordnung nach Farbton, Sättigung und Helligkeit darzustellen (→Farbe). Hierbei muß zwischen höherer und niederer Kolorimetrie unterschieden werden. Gegenstand der höheren ist, die Abstände zwischen den Farben geometrisch so abzubilden, wie es dem Empfindungsunterschied zwischen ihnen entspricht. Diese Bedingung ist in einem Gemischsystem nicht gegeben, es genügt aber wegen seiner Eindeutigkeit der niederen Farbenmetrik. Da die Beziehungen zwischen drei Ausgangsfarben und jeder beliebigen anderen in Form linearer Gleichungen ausgedrückt werden können, entspricht eine solche Abbildung vollkommen den Anforderungen, die an ein Maßsystem gestellt werden. • Die internationale Beleuchtungskommission CIE (= *Commission Internationale de l'Eclairage*) hat ein solches System zur Kennzeichnung von Farben festgelegt (Farbvalenzmetrik). Ⓛ ARENS, BOUMA, SCHOBER

Koma [gr.], tiefe →Bewußtlosigkeit und Betäubung, z. B. bei Schlaganfall, Epilepsie, Diabetes

Kombination, Vereinigung, Verknüpfung, Verbindung mehrerer Gegebenheiten. • In der Ps. die Kombinationsfähigkeit, ein Faktor der intellektuellen Begabung.

Man versteht darunter die Fähigkeit, gedankliche Beziehungen zu erfassen und mit ihnen zu operieren, die Fähigkeit zur »Zusammenschau« und folgerndem Denken, die eine gewisse Weite des Bewußtseins und geistige Beweglichkeit voraussetzt. • In der Vererbungslehre: die Änderung des Genotypus (Erbbildes) durch die Vereinigung verschiedener elterlicher Erbbilder bei der Kreuzung. Sie wird nach den →MENDELschen Regeln vererbt. • Ein Ausdruck aus der →Kombinatorik. Er bezeichnet die Anzahl der versch. Möglichkeiten, aus insgesamt n Elementen jeweils i Elemente zu kombinieren. Die Zahl der möglichen Kombinationen kann aus

$$_nk_i = \frac{n!}{i!\,(n-i)!}$$

berechnet werden. *Mi-A*

In der Linguistik und →Psycholinguistik bezieht sich der Begr. auf die Kombinierbarkeit von sprachlichen Einheiten. Diese wird, sofern es um die Kombinierbarkeit von →Morphemen und Wörtern in Sätzen geht, in erster Linie durch die →Syntax geregelt. Es zeigt sich jedoch, daß hierbei auch die →Semantik eine erhebliche Rolle spielt.

Während die Verletzung von syntaktischen Regeln zu grammatisch inkorrekten Sätzen führt, beeinflußt die Verletzung semantischer Selektionsrestriktionen die Akzeptabilität sprachlicher Äußerungen (→Sprachstörungen). Grob gesprochen regelt die Syntax die K. von Wortklassen und die Semantik die Selektion der einzelnen Items innerhalb dieser Klassen. K. läßt sich demnach auch unter dem Aspekt der →Selektion betrachten. Bereits vorhandene Elemente selektieren andere Elemente, die in ihrem →Kontext zulässig sind. Die Selektion in der Abfolge von Wortklassen findet in der →syntagmatischen Assoziation ihren Ausdruck, die Selektion innerhalb einer Wortklasse in der →paradigmatischen Assoziation. *E-P*

Kombinations-Test Ⓣ EBBINGHAUS, STERN

Kombinationston →Summationston, →Differenz-, Kombinationston

Kombination von Figuren Ⓣ RYBAKOW

Kombination von Stablücken Ⓣ FRIEDRICH

Kombinatorik, mathematisches Teilgebiet, das sich mit den möglichen Anordnungen einer Anzahl verschiedener Elemente befaßt. In der K. wird zwischen →Permutationen, →Kombinationen und →Variationen unterschieden. Kombinatorische Überlegungen bilden die wahrscheinlichkeitstheoretische Grundlage vieler nichtparametrischer Verfahren. *Mi-A*

Komfortverhalten, ein im Tierleben meist artspezifisches →Verhaltenssystem (z. B. Behaglichkeitssuche, Sichputzen, Gähnen, Sichstrecken), das aber vielfach nicht bloß als Bedürfnis (auch ritualisiert), sondern ebenso als →Übersprunghandlung hervortreten kann.

Kommensalismus →Ethologie

Kommentkampf, (biol.) agonistische Verhaltensweise ohne ernsthafte Beschädigung des Gegners. Im K. werden vorwiegend →Imponiergehaben geäußert, und er wird in der Regel durch eine →Demutsgebärde beendet. Ggs.: Beschädigungskampf *P-S*

Kommissur, Kommissurfasern [lat. *commissura* Verbindung], Nervenfasern, die analoge Stellen der beiden Hirnhemisphären miteinander verbinden. →Gehirn

Kommotion →Commotio

Kommotionsneurosen, Kommotionspsychosen, neurotische und ps. Störungen wie Verwirrtheit im Anschluß an Unfall oder Hirnerschütterung durch Unfall

Kommunalität, Gemeinsamkeit, in der englischsprachigen Fachliteratur über →Faktorenanalyse eingeführter Terminus (*communality*, h^2) für denjenigen Anteil der gesamten Varianz einer Variablen, der auf gemeinsame Faktoren a zurückgeführt werden bzw. durch die Faktorenanalyse aufgeklärt werden kann: $h^2 = a_1^2 + a_2^2 + \ldots + a_n^2$. →Faktorenanalyse. *M-R*

● In der Sprachps. die Übereinstimmung der assoziativen Reaktionen verschiedener Personen auf ein bestimmtes Reizwort (→Assoziation). Das Ausmaß der K. wächst mit dem Anteil einzelner Responses, z. B. der Primär- und Sekundärreaktionen, an der Gesamtzahl der Responses auf ein Reizwort.

Der K.sindex wird benutzt, um die Gleichförmigkeit der Assoziationsvorgänge in einer Gruppe von Personen zu beschreiben. Das Ausmaß der K. kann dabei mit der Zeit, sowie zwischen verschiedenen Personengruppen variieren. Besonders der letzte Gesichtspunkt verweist auf die Bedeutung dieses Maßes für die →Soziolinguistik. Untersuchungen zeigen, daß die K. von 1900 bis heute angestiegen ist. Die Menschen assoziieren zunehmend mehr das Gleiche. JENKINS (1960) führt das auf die wachsende Außengelenktheit (nach RIESMAN 1958) zurück. Auch der steigende Einfluß der Massenmedien und der Werbung wird als mögliche Ursache angeführt (HÖRMANN 1967). *E-P*

Kommunikation [lat. *communicatio* Verbindung, Mitteilung], die wichtigste Form sozialer Interaktion, der Prozeß der Informationsübertragung mit den Komponenten: Kommunikator und Kommunikant (die einseitig oder wechselseitig einwirken), den K.-mitteln (die als sprachliche oder nichtsprachliche Zeichen auftreten), den K.kanälen (die akustisch, optisch usw. – von Mensch zu Mensch oder über die sog. Massenmedien Presse, Funk, Film, Fernsehen sich bieten) und den K.inhalten aller Art.

Die unilaterale und bilaterale *(face to face)* K. geschieht durch Sprache, Blick, Mimik, Gestik, Schrift usw. Es ist dem Menschen in der Interaktion unmöglich, nicht zu kommunizieren (WATZLAWICK 1980[5]), jedes Verhalten kann als Signal dienen. ARONSON (1972) gibt ein Schema der Möglichkeiten für Mißverständnisse zwischen Kommunikator und Kommunikant (K.störungen); WATZLAWICK (1979[2]) einen Lösungsansatz (K.therapie). Weitere Darstellung: →Sprache, →Informationstheorie, →nichtverbale K., →Metakommunikation, →Psycholinguistik, →double-bind, →Verständlichkeit *R-S*

Kommunikation, tierische, Reizmuster (innerartlich u./o. zwischenartlich wirksam) im Dienste des →Sexualverhaltens, der Paar- und Gruppenbildung sowie des →Revierverhaltens. Der K. dienen akustische, geruchliche, optische, taktile und auch elektrische →Signale, →Tiersprache. *P-S*

Kommunikationsnetz, das Muster von Wegen des Nachrichtenaustausches innerhalb einer sozialen Gruppe. In sozialps. Experimenten wurde vor allem die Abhängigkeit der Gruppenleistung und der Zufriedenheit der Gruppenmitglieder von der Art des K. in kleinen Gruppen überprüft. Ⓛ BAVELAS

Kommunikationstheorie →Informationstheorie

Kommunikationstherapie, mit A. und K. H. MANDEL die Bez. für einen Behandlungsansatz, der individuelles Verhalten vorrangig als Strategie innerhalb eines Beziehungsnetzes begreift und weniger als historisch zu verstehendes Charakteristikum eines individuellen Menschen. Die Entstehung zwischenmenschlicher Konflikte wird nicht im einzelnen gesucht, vielmehr in der Gruppe, besonders dem Paar und deren Kommunikation. Eine Änderung der Regeln dieses Beziehungsnetzes soll die Aufgabe problematischer Verhaltens-Strategien zugunsten neuer, befriedigenderer Lösungen ermöglichen. In gleicher Bedeutung die strategi-

K

sche Therapie (HALEY) und die systemische Therapie (SELVINI).

Die system-theoretische Betrachtungsweise richtet den Blick auf das präsentierte Symptom, sowie auf die Eigenschaften und Regeln des umgebenden Beziehungssystems. Die Therapie ist direktiv, gegenwartsorientiert und symptom-orientiert. Veränderungen werden über positive Neuerfahrungen erwartet. Bekannt geworden sind v. a. die Verfahren der →paradoxen Intention (FRANKL) oder Symptomverschreibung (WATZLAWICK). Es wurden aber noch eine Reihe zusätzlicher Verfahren der Umattribuierung oder zum Einsatz imaginativer Methoden entwickelt. Auch zur therapeutischen Gesprächsführung, insbesondere zum Einsatz der verschiedenen Ebenen der Kommunikation im therapeut. Gespräch existieren Arbeiten.

Die Übertragung kybernetischer Denkmodelle auf menschliche Interaktion blieb nicht ohne Kritik. Die einzelnen therapeut. Verfahren sind noch wenig überprüft und nur ansatzweise systematisiert. Dennoch findet dieser Ansatz bei Sexual- und Partnerschaftstherapie zunehmend Beachtung. *Zi-R*

Kommunikator, seltene Bez. für den Sender, der Mitteilungen (Kommuniqués) an den Empfänger (Kommunikanten) ausgibt (HARTLEY u. HARTLEY 1955, 26). →Kommunikation • In der →Parapsychologie ist K., der auch als Kontrollgeist, Spirit-Kontrolle, Trancepersönlichkeit bezeichnet wird, der Geist eines Verstorbenen oder eine nichtmenschliche Wesenheit oder das Unbewußte eines anderen Lebenden u. a., der als Absender über ein →Medium einwirkt.

Kommutation, Kommutativität [lat.], Vertauschung, Vertauschbarkeit. Eigenschaft bestimmter Operationen mit Zahlen, Mengen oder logischen Ausdrücken. Kommutativ ist beispielsweise die Addition: $a + b = b + a$.

Kompensation [lat. *compensáre* ausgleichen], Ausgleich, Ersatz, wechselseitige Aufhebung entgegenwirkender Kräfte.

WUNDT bezeichnete als K.prinzip die Tatsache, daß bei Hirnverletzten andere Hirnzonen den dadurch entstandenen Ausfall ausgleichen können. Zum K.prinzip nach ACH →Identifikation. • Auch K.werte hat man hervorgehoben ⟨GIESE⟩ und verstand darunter das, was ausgleichbietend (als Beschäftigung usw.) zu anderen Lebensinhalten gepflegt werden kann. • In der Tiefenps. ist K. ein Grundbegriff, der aufzeigt, daß psychische Mängel (z. B. das Minderwertigkeitsgefühl im Sinne der Individualps. A. ADLERS) durch das Anstreben der Vollwertigkeit oder Überwertigkeit kompensiert bzw. überkompensiert werden können. • In der Persönlichkeitsps. unterscheidet man (LERSCH, 1962^8, S. 292; ALLPORT, 1959^2) zwischen K. erster, zweiter und dritter Ordnung. Angesprochen sind damit die direkte, indirekte (Weg des Protestes, des Als-ob) und sentimentale K. (Kokettieren mit dem Mangel).

kompensative Wellenlängen →Komplementärfarben

Kompetenz, *competence,* (allg.) die Zuständigkeit eines Menschen, einer Institution. • In der →generativen Transformations-Grammatik (CHOMSKY 1965) die Kenntnis des idealen Sprechers/Hörers (→*native speaker*) von seiner Sprache, d. h. seine Kenntnis des Systems von Regeln, die es ihm ermöglichen, unendlich viele neue →Sätze einer Sprache zu erzeugen (generieren) und zu verstehen.

Daraus abgeleitet die Fähigkeit, Sätze hinsichtlich ihrer lautlichen Realisation, ihrer →Bedeutung und ihrer →Grammatikalität »intuitiv« zu beurteilen, zu bewerten und zu vergleichen. Die Beschreibung der K. ist das Ziel der →Grammatik. Der K. gegenübergestellt ist die →Performanz. – K. wird neuerdings auch verwendet in den Begriffen Aktions-, kommunikative, poetische, Sozial- und stilistische K. Zum Erwerb der K. →Sprachentwicklung →interpersonale Kompetenz, →Effektanzmotivation Ⓛ WELTE 1974 *T-R*

Kompetenzmodelle, Kompetenztheorie, der Erklärung der →Sprachentwicklung dienende rationalistische Annahme über ein angeborenes und durch Erfahrung vervollständigtes Regelsystem zur Produktion von beliebig vielen neuen Sätzen (CHOMSKY). →Kompetenz, →Syntax *B-S*

Komplementärbedürfnis, Bedürfnis nach Ergänzung, in der Sozialps. verwendeter Begriff zur Erklärung der Anziehung (Freundschaft) zwischen Personen. Schweigsamkeit ist z. B. K. zu Mitteilungsbedürfnis. Vgl. dagegen Ähnlichkeit als Faktor der →Gruppenbildung. Ⓛ WINCH 1955, 1958, zit. nach MARLOWE u. GERGEN 1969 623 *B-S*

Komplementärfarben, Ergänzungsfarben. In der Literatur findet man den Ausdruck K. (Gegenfarben, Ergänzungsfarben) für alle Paare von Farben, die, in jeweils bestimmtem Verhältnis gemischt, »Weiß« ergeben.

Komplementarismus, binasaler, Sichaufheben zweier Gerüche (z. B. Rizinus-Vanille), die getrennt den zwei Nasenlöchern zugeführt werden, ohne daß chemisch ein geruchloser Körper entsteht.

Komplex [lat. *complexio* Umfassung], Vereinigung mehrerer Glieder. In der Denkps. die Gesamtgestalt eines zusammenhängen-

den Ganzen im Sinne eines Bezugssystems der Teile zueinander.
● Nach G. E. MÜLLER beim Gedächtnis die festassoziierten Glieder von Einzelgruppen, in denen wir Inhalte erlernen und erfassen. Das Gedächtnis verfügt über einen konstanten Umfang an K.; fest verbundene Vorstellungen wirken besonders komplexbildend. ●In die Tiefenps. wurde der Begr. als gefühlsbetonter K. 1902 von C. G. JUNG (→Analyt. Ps) eingeführt und durch das Assoziationsexperiment (JUNG 1904) nachgewiesen. Der bewußten Psyche inkompatible Inhalte werden verdrängt und bleiben als Fremdkörper im Unbewußten erhalten, um den sich mit gleichem Gefühlston geladene Erlebnisse gruppieren. K. laden sich energetisch auf, funktionieren autonom und reagieren wie »Partialpersönlichkeiten« je nach Dissoziation vom Ich mit erheblichen Störmomenten für die äußere Anpassung des Individuums. Auflösung der K. durch Psychotherapie schafft Bewußtseinserweiterung und Zuwachs an der dem Bewußtsein disponiblen ps. Energie. Ⓛ JACOBI 1957, JUNG 1967, WOLFF 1959 *P-R*

Komplexe Psychologie, die von C. G. JUNG seinen tiefenps.-psa. Anschauungen gegebene Bez. (genau: Psychologie der Komplexe), die sich aber nicht auf den Begr. →Komplex bezieht, sondern die Komplexität der seelischen Zusammenhänge belegen soll. Weiteres →Analytische Psychologie

Komplexionstheorie, Lehre, daß das Seelenleben organisch gearteter Natur ist und in den Bewußtseinsinhalten sich alles zu einem Ganzen verbindet.

Komplexqualität, nach F. KRUEGER eine Ganzheit, die nicht gestaltet ist bzw. keine deutliche oder erkennbare Gliederung besitzt. Komplexqualitäten sind vor allem die Gefühle.

Komplikation [lat. *complicare* zusammenlegen], die Kombination von versch. Ursachen und Wirkungen, die schwer zu entwirren ist. ● Nach HERBART die Verbindung zweier Vorstellungen verschiedener Sinnesgebiete. Wenn z.B. beim Anblick einer Speise deren Geschmack erinnert wird. ● Eine zu einer bestehenden Erkrankung neu hinzukommende Erkrankung.

Komplikationsversuch, das Verfahren zur Bestimmung der persönlichen →Gleichung. Die Vp hat auf zwei Reize zu achten, z. B. an einer sog. Komplikationsuhr den Lauf des Zeigers zu verfolgen und anzugeben, wo sich dieser gerade befand, als ein akustisches Signal gegeben wurde. Hierbei treten Abweichungen im Sinn der persönlichen →Gleichung auf. →Reaktionszeit

Komponentenmodell, Vorschrift, nach der Einstellungsobjekte hinsichtlich mehrerer Dimensionen eingeschätzt werden. →Einstellung, →Einstellungsskalen Ⓛ FEGER *B-S*

Kompromißbildung, Begr. aus der psa. Schule. K. bezeichnet einen Vorgang, durch den unbewußte Tendenzen zu einem neuen Inhalt verschmelzen.

Konation ⟨WARD, MCDOUGALL⟩, zielgerichtete ps. Aktivität, Strebung, Trieb, Antrieb, Wollen

konativ [lat. *conari* streben], svw. strebend, antriebhaft, antriebsgesteuert. Ggs. →kognitiv

Kondensation →Verdichtung

Konditionalfaktoren, in der Erblehre die Anlagen, ohne die andere nicht auftreten können

konditionierte Hemmung →Hemmung

konditionierter Reflex →bedingter Reflex

konditionierter Verstärker →sekundärer Verstärker

Konditionierung [engl. *conditioning*], die Herstellung bzw. das Entstehen einer bedingten Reaktion. →bedingter Reflex

Konfabulation [lat. *confabulari* schwatzen, plaudern], sinnlos-phantastische Ausdeutung, Erdichtung (z. B. eines beobachteten Bildes). Bei Psychosen auch auf Erinnerungstäuschungen beruhend.

Konferenz-Methode, im wesentlichen Versuche der Problemlösungen in Diskussionsgruppen mit Hilfe von Leitern, die im »demokratischen →Führungsstil« trainiert sind, mit zusammenfassenden Berichten im Plenum. →TWI Ⓛ MAIER 1963 *B-S*

Konfidenzgrenzen, definieren jenen Bereich um einen statistischen Kennwert einer Stichprobenverteilung, in dem mit einer bestimmten Wahrscheinlichkeit der entsprechende Parameter der Population liegt. Die Größe dieses Bereichs (auch →Vertrauensintervall, →Mutungsintervall) wird vom Standardfehler der Statistik (z. B. M, s, r) und dem Stichprobenumfang bestimmt. *Mi-A*

Konfiguration [lat. *configere* zusammenfügen], Form, Gestalt, Gestaltung, räumliche Anordnung; eine aus Punkten, Linien und Ebenen bestehende Figur. Auch das Beziehungsgefüge innerhalb eines Wahrnehmungsinhaltes.

Konfigurationsfrequenzanalyse (KFA), multivariates Verfahren zur Auffindung von Typen oder Syndromen. Die beim Pb vorliegenden Merkmale werden in Klassen aufgegliedert. Im Gegensatz zu der mit gleichem

Ziel arbeitenden Faktorenanalyse (→Q-Technik) muß bei der K. keine Voraussetzung an die Verteilung der Meßwerte gestellt werden. Außerdem müssen die Ausgangswerte nicht ipsativ gewonnen sein. Anwendung: Klinisch-ps. und klinisch-med. Diagnostik. Ⓛ LIENERT 1971, KRAUTH 1973, ZUBIN 1936 *Hä-R*

Konflikt, das gleichzeitige Bestehen oder Anlaufen von mindestens zwei Verhaltenstendenzen (HOFSTÄTTER 1957 182). Bereits die Untersuchungen von ACH und LEWIN (1921) mit widerstreitenden Assoziationstendenzen (von LEWIN jedoch nicht als dynamisch wirksam anerkannt) und von der Instruktion (Aufgabe) ausgehenden Reproduktionstendenzen sind in diesem Sinne K.untersuchungen. LEWIN und im Anschluß an ihn MILLER (1944) unterscheiden (a) Annäherungs-Annäherungs-K. (Buridans Esel), (b) Annäherungs-Vermeidungs-K., (c) Vermeidungs-Vermeidungs-K. (bzw. statt Annäherung: Appetenz; statt Vermeidung: Aversion). →Annäherungskonflikt

Die experimentelle Realisierung dieser K.arten durch HOVLAND u. SEARS (1938) erbrachte zwar Wirkungen des durch die zweideutige Aufgabensituation vermutlich herbeigeführten K. auf einfache Bewegungen (Verzögerungen verschiedener Stärke), zeigte aber auch die Unvollständigkeit der so gefaßten K.problematik. • Eine Weiterentwicklung des gleichen Ansatzes mit operationaler Definition durch tierexperimentelle Anordnungen vollzogen MILLER (1959) und BROWN (1948), indem sie unterschiedliche Steilheit der Annäherungs- und Vermeidungsgradienten annahmen und die Entfernung vom K. induzierenden Ziel bestimmten, in der der K. am stärksten ist. MAHER (1964) demonstrierte zeitliche Gradienten der Annäherung und Vermeidung in Ergänzung der bisher nur auf räumliche Verhältnisse bezogenen. Nach BROWN u. FARBER (1951) ist Frustration ein Unterfall von K.: Entweder wird eine aktualisierte Verhaltenstendenz von einer entgegenwirkenden »Nichtverstärkung« oder durch Blockierung von außen behindert, so daß zwei gleichzeitig aktualisierte, inkompatible Verhaltenstendenzen dazu führen, daß die intervenierende Variable »Frustration« wirksam wird (Konflikttheorie der Frustration). K. hat hier die gleiche Funktion wie Emotion oder Antrieb. • Intrapsychischer K., als Begriff in der Persönlichkeitstheorie und Neurosenlehre, z. B. nach RANK ein zur Natur des Menschen gehöriger K. zwischen der Tendenz zur Individualisierung, Vereinzelung und Trennung von dem Urgrund und einer Tendenz zur Verschmelzung, Vereinigung und zum Aufgeben aller Individualität (an HEGEL bzw. FICHTE orientiert). • Psychosozialer K., ebenfalls als Begriff der (psychoanalytischen) Persönlichkeitstheorie und Neurosenlehre: Unvermeidliche Spannung zwischen Trieben (Es-Kräften) und regulierenden, von der Gesellschaft im Sozialisierungsprozeß aufgebauten Kontrollinstanzen (Ich, Überich). Die Maximierung der Triebbefriedigung bei Minimierung der Angst vor Strafen oder Schuldgefühlen ist demnach die stets unvollkommene K.-Lösung, die nach dieser Theorie nur durch die allgegenwärtigen Abwehrmechanismen möglich sein soll. • Ethischer K., analysiert in den Entscheidungsexperimenten von THOMAE 1960. • Interpersonaler K., auch sozialer K. (LEWIN 1935) oder K. zwischen Personen oder zwischen Gruppen als Gegenstand der Sozialps. und der Angew. Sozialps. Die sozialen K. sind Interessenkonflikte oder die Folge von diskrepanten Handlungsabsichten. Sie entstehen, weil (a) Personen oder Gruppen Ziele verfolgen, die sich ausschließen, (b) Personen oder Gruppen gleiche Ziele bei begrenzten →Ressourcen verfolgen oder (c) kompetitives Verhalten das →Verhandeln der Partner, das zu einem Kompromiß führen soll, erschwert. Häufig sind allerdings die Motive der handelnden Partner »gemischt«, d. h. neben der Absicht, den individuellen Gewinn zu maximieren, besteht die Absicht, den gemeinsamen Gewinn zu maximieren (zu kooperieren →soziales Dilemma). HEIDER (1958, 211) beschrieb den interpersonalen K. als Ungleichgewicht innerhalb von Triaden (→Balance-Theorien). In der Sozialps. des Betriebs werden K. zwischen formellen Positionen, K. zwischen individuellen Eigenarten (Personenkonkurrenzprobleme), K. zwischen formellen Positionen und Gruppen, K. zwischen individuellen Eigenarten und Gruppen, K. zwischen formellen und informellen Gruppen unterschieden (FRANKE 1980, 165). • Da es so viele Möglichkeiten für widerstreitende Kräfte im seelischen Geschehen wie Themen des Verhaltens gibt, ist die Aufzählung der K.arten nur eine Auswahl, die an den vorliegenden Forschungen oder expliziten Theorien orientiert ist. Zum Teil mit den Arten verbunden, zum Teil unabhängig von ihnen sind weitere Seiten oder Merkmale von K. zu unterscheiden, wie z. B. Dauer, Bedeutsamkeit, Stärke und Gewicht der Folgen bei Nichtlösung. – Bei nicht-konformem Verhalten in der Gruppe wird (nach ASCH) K. erlebt. • Als historisch frühe Technik der K.-Forschung ist noch die »LURIA-Technik« zu nennen, die Messungen der Assoziationszeiten bei K. erregenden Stimuli und Registrierung der Feinmotorik vorsieht (kombinierte motorische Methode, LURIA 1932). Das →*prisoner-dilemma*-Spiel, das →Transport- oder Speditionsspiel und Verhandlungsspiele sind exp. Situationen, in denen interpersonale K. untersucht worden sind. →Entscheidung, →Neurose, →Verhandeln Ⓛ DEUTSCH 1973, FEGER 1965, 1972, MÜLLER 1980, ULICH 1971, PONGRATZ 1961, YATES 1962, THOMAE 1974 *B-S*

Konfliktanalyse →Denken, →Denken, heuristische Methoden

Konfliktverhalten, (biol.) werden zwei Verhaltensweisen durch einen Reiz gleichzeitig ausgelöst, so können sie pendeln (→ambivalentes Verhalten), sich gegenseitig unterdrücken oder fördern, oder das Verhalten völlig umorientieren. *P-S*

Konformismus, Konformität, das Gleichgerichtetsein, Angepaßtsein von Gruppenmitgliedern bezüglich der Normen und Ziele einer Gruppe.

● Von der bloßen Uniformität, Konventionalität (KRECH et al. 1962 505) und →Willfährigkeit (MILGRAM 1965) abgehobene Angleichung des individuellen Verhaltens (Urteile, Meinungen) unter Gruppendruck und im Konflikt zwischen der unmittelbar gewonnenen Überzeugung und den von Gruppenmitgliedern vermittelten Informationen. CAMPBELL (1961) betont besonders den bei der K. beteiligten Konflikt. ● Persönlichkeitsvariable, die K.verhalten unter Gruppendruck begünstigt. ● Geisteszustand oder modale Response der Übereinstimmung mit Normen (ROKEACH) und Veränderung eines Verhaltens oder einer Überzeugung in Richtung der Gruppenmeinung, und zwar als Ergebnis eines realen oder nur vorgestellten Gruppendruckes (KIESLER u. KIESLER 1969 2).

Eine Unterform der K. ist die ständige Negierung der Gruppenmeinung (KRECH et al. 1962: *Counterformity*), wofür Contraformität eine bessere Übersetzung wäre als die von anderen Autoren verwendete Bezeichnung Antikonformität. Ggs.: Unabhängigkeit. →J-Kurven-Hypothese, →Sanddünen-Modell. Ⓛ MARLOWE u. GERGEN 1969, SODHI 1963, COLLINS u. RAVEN 1969, WILLIS 1965 *B-S*

Konfundierung [lat. *confundere* vermischen, zusammengießen, verwechseln], die ungetrennte, schwer unterscheidbare Wirkung zweier oder mehrerer Ursachen auf einen Effekt (Konfundierungseffekt), z. B. Lernen und Reifen in der Kindesentwicklung oder Leistungsmotivation und Intelligenz bei Testleistungen. ● Um in Experimenten der K. von Versuchsbedingungen (unabhängigen Variablen) zu begegnen, benutzt man ausbalancierte komplexe Versuchspläne. →Varianzanalyse Ⓛ MITTENEKKER 1971 *B-S*

kongenital [lat. *congenitus*], angeboren, d. h. ererbt oder intrauterin erworben

Kongruenz, kognitive, Hauptbegriff der »interpersonalen Kongruenztheorie« von SECORD und BACKMAN (1961).

Es wird zwischen folgenden 3 Komponenten K. verlangt: (1) ein bestimmter Gesichtspunkt bezüglich des →Selbstkonzepts eines Individuums, (2) die Interpretation des für diesen Gesichtspunkt relevanten Verhaltens dieses Individuums, (3) die Meinung dieses Individuums darüber, wie ein zweites Individuum sich in Hinblick auf diesen Gesichtspunkt dem ersteren gegenüber verhält. Kongruenz besteht dann, wenn das Verhalten der beiden Individuen Komponenten des Selbst des einen Individuums offenbart. Ein Individuum sucht demnach Kontakt mit solchen Individuen, die ihm zur Kongruenz unter den oben genannten Bedingungen verhelfen. Ⓛ SECORD und BACKMAN 1961. *Ma-R*

Konkordanz [lat. *concordare* übereinstimmen], Übereinstimmung zwischen (von verschiedenen Beobachtern vorgenommenen) Messungen oder Schätzungen. ● Übereinstimmung in den Erbanlagen, besonders bei eineiigen Zwillingen. Ggs. Diskordanz = Nichtübereinstimmung.

Konkordanzkoeffizient, Koeffizient eines nichtparametrischen Verfahrens zur Feststellung des Grades der Übereinstimmung von mehr als zwei Rangreihen. Die Berechnung erfolgt nach

$$W = \frac{12 \Sigma D_i^2}{k^2 (N^3 - N)},$$

wobei k die Anzahl der Rangreihen, N die Zahl der Ränge und D_i die Abweichungen der Rangplatzsummen der einzelnen Elemente von der mittleren Rangplatzsumme bezeichnen. *Mi-A*

konkretes Verhalten →abstraktes Verhalten

Konkretismus, das Ausgerichtetsein (besonders des Denkens und der Gefühle) auf die sinnlich faßbare und anschauliche Wirklichkeit

Konkurrenzauslese →Auslese

konnatal [lat. *connatalis* zur Geburt gehörig], angeboren

Konnektion, Konnektionismus [engl. *connection, connectionism*], Verbindung, ps. insbesondere die Reiz-Reaktion-Verbindung. ● Bez. für die ps. Richtung, die die Reiz-Reaktion-Verbindung als Grundlage allen Verhaltens ausgibt: →S-R-Theorie (THORNDIKE u. a.).

Können [engl. *coping behavior*], Bewältigung von Anforderungen (auch bei Änderung der Bedingungen). Grundlage sind Fähigkeiten und Fertigkeiten, aber auch Einflußgrößen wie Motivation, Einstellung, Temperament, Ermüdbarkeit, Intention. Verhaltensstörung ist eingeschränktes Können. →Funktionspotenzen, →Kenntnisse, →Kompetenz, →interpersonale Kompetenz

Konnotation, konnotative Bedeutung, wird unterschiedlich definiert: (1) als affektive und emotionale →Bedeutung, (2) als eine Art Restklasse, die alles umfaßt, was nicht →Denotation ist, (3) als das, was das →semantische Differential von OSGOOD (1957) mißt. Eine Präzisierung des Begriffs ist nötig.

LEECH (1974) unterscheidet in diesem Sinne sieben Arten von Bedeutung. Nach LEECH ist K. der kommunikative Wert, den ein Wort kraft seiner Beziehung zu einem Referenten hat. Der wichtigste Aspekt der k. B. liegt darin, daß sie sich auf das Verhältnis von Zeichen und Zeichenbenutzer bezieht und damit der pragmatischen Komponente der →Semiotik zuzuordnen ist (→Pragmatik), im Gegensatz zur Denotation, die ein Begriff aus der →Semantik ist. Die wichtigste Dimension dieses Verhältnisses zwischen Zeichenbenutzer und Zeichen bzw. Bedeutung scheint diejenige einer i. w. S. affektiven Bewertung der Bedeutung zu sein. Diese Dimension wird durch die Valenz-Skalen des semantischen Differentials gemessen und ist konditionierbar (→bedingte Reaktion). Die →Valenz ist jedoch nur eine Dimension dieser Beziehung zw. Zeichenbenutzer und Bedeutung. *E-P*

Konsensus [lat.], Übereinstimmung, gleiches Verhalten bei mehreren Gruppenmitgliedern.

Konsensus-Information, die Mitteilung, daß mehrere Vpn sich gleich verhalten, z. B. gleiche →Attribuierungen von Verhaltenskausalitäten vorgenommen haben. Von vergeblichem K.-Effekt spricht man, wenn die K.-I. nicht die erwartete Wirkung hat (FIEDLER 1980). *B-S*

Konservatismus, Konservativismus, das Verharren, das Festhalten am Hergebrachten. In der Ps. (CATTELL) ein Persönlichkeitsfaktor (Radikalismus vs. K.).

Konsistenz [lat.], Festigkeit, besonders im Sinne der Beständigkeit. In solcher Bedeutung wird der Begr. in der Ps. häufig gebraucht. G. W. ALLPORT (1949) verweist auf die relative Fragwürdigkeit der K. • In der Testps. ist K. syn. mit →Reliabilität.

Konsistenzanalyse, Methode zur Schätzung der →Reliabilität. Die K. ist ein Spezialfall der →Split-half-Methode. Geprüft wird der Grad der Übereinstimmung der Items unter Berücksichtigung ihrer Trennschärfe und Schwierigkeit.

Konsistenzindex, eine Maßzahl, die angibt, in welchem Grad die Probanden einer Gruppe bei der Wiederholung einer Aufgabe oder eines Reizes die gleichen Reaktionen zeigen.

Konsistenz, innere, als »innere« K. eines Meßverfahrens wird die Homogenität seiner einzelnen »Teile« (z. B. der Testelemente) bezeichnet. Sie drückt sich in der durchschnittlichen Höhe der Interkorrelationen und in der Höhe der Korrelationen der Einzelteile mit dem Gesamtskore aus. Der K.koeffizient ist ein Reliabilitätsmaß, das von der Höhe der inneren K. berechnet wird (z. B. KUDER-RICHARDSON-Formel 20).
Ein statistischer Test wird als konsistent bezeichnet, wenn seine Teststärke $\varepsilon = 1-\beta$ mit zunehmendem N gegen 1 konvergiert, er also bei zunehmender Stichprobengröße Unterschiede mit zunehmender Sicherheit erfaßt. (→Fehler zweiter Art). *Mi-A*

Konsistenzkoeffizient, Bez. für von versch. Autoren (CRONBACH, HOYT, KUDER u. a.) entwickelte Maße für die innere →Konsistenz, d. h. den Grad der Homogenität der Aufgaben eines Testes im Hinblick auf das Merkmal, das mit dem Test erfaßt werden soll Ⓛ LIENERT

Konsistenztheorien →Konsonanztheorien

Konsonantenstammeln, die fehlerhafte Artikulation (→Stammeln) von Konsonanten. Viel häufiger als das →Vokalstammeln. Die genauere Bez. erfolgt jeweils in Anlehnung an die gr. Namen der gestammelten Laute, z. B. Rhotazismus bei dem Phonem r. *G-N*

Konsonanz [lat. *consonáre* zusammenklingen], (allg., sprachw.) Übereinstimmung, Konsonantenverbindung. • (musik.) Zusammenklang. Verschmelzung von zwei oder mehr (sukzessiv oder simultan dargebotenen) Tönen (→Akkord). Die K. stellt einen angenehmen Zusammenklang dar. →Harmonie, Ggs. Dissonanz.

Konsonanztheorien, Konsistenztheorien, Theorien der Ausgewogenheit von Einstellungen und Meinungen. Zu der unter der Bez. →Balancetheorien genannten K. gehört auch die von CARTWRIGHT/HARARY (1956) vorgestellte Variation, mit der unsymmetrische Beziehungen (z. B. P schätzt O; O schätzt P nicht), Beziehungen zwischen mehr als drei Einheiten und andere Probleme behandelt werden. Ⓛ KIESLER et al. 1969 *B-S*

Konstante, unveränderliche Größe. In der Mathematik sich irgendwie auszeichnende feste Größe; eine Größe, die im Verlauf einer Betrachtung als unveränderlich anzusehen ist im Ggs. zu den veränderlichen Größen (→Variable).

konstanter Fehler →Fehler

Konstanz, Wahrnehmungskonstanz, Begriff zur Beschreibung der Tatsache, daß Wahrnehmungen bei variierenden Reizgegebenheiten unter bestimmten Bedingungen (zumindest teilweise oder in Grenzen) invariant sind. Z. B. »Größenkonstanz«: Dinge werden gleichgroß wahrgenommen, während sich die Größe des entsprechenden →Netzhautbildes ändert. Entsprechend: »Helligkeitskonstanz«, »Farbkonstanz«, »Formkonstanz«. Erklärungstypen: (1) Mit Veränderungen von Reizmerkmalen des Netzhautbildes gehen invariante sekundäre Merkmale der Reizung einher, es bleiben z. B. Verhältnisse konstant (»Psychophysische Theorie«, GIBSON 1950). (2) Verarbeitung der unterschiedlichen Reizmerkmale auf höherer (kortikaler) Ebene führt zur Bildung von Konstanzen, z. B. durch »Korrektur«, »Kompensation«, »Rekonstruktion« (»Verrechnungstheorien«, EPSTEIN 1977). Ⓛ BISCHOF 1966 *N-L*

Konstanzannahme, nach ihr entspricht einem bestimmten Reiz unter allen Umständen konstant dieselbe Empfindung.

Zugrunde liegt die Hypothese, daß die der Reizung eines Sinnesorgans entsprechende Erregung auf einer isolierten Nervenbahn ins bewußtseinsfähige Niveau des zentralen Nervensystems gelangt und dort in ihrer Wirkung örtlich begrenzt bleibt. Tatsächlich entspricht einem objektiv gleichen Reiz durchaus nicht immer eine gleiche Empfindung. Ein gleichbleibendes Grau wird völlig verschieden erlebt, je nachdem es sich in einem hellen oder dunklen Umfeld befindet. Diesem Umstand trägt die Gestalttheorie Rechnung, indem sie überörtliche Wirkungen (Feldwirkungen) zwischen den Erregungen annimmt, die dem Graureiz und dem Umweltreiz entsprechen. Ⓛ METZGER

Konstanzbereiche ⟨THOMAE⟩, die Merkmale, Merkmalsbereiche, die trotz Wandlung der Person relativ gleich bleiben. →Grundeigenschaften

Konstanzer Fragebogen für Schul- und Erziehungseinstellungen Ⓣ KOCH

Konstanzverfahren →psychophysische Methoden

Konstellation [lat. *stella* Stern, daraus in der Astrologie die gegenseitige Stellung von Gestirnen], Gesamtheit und Gruppierung der Faktoren, die für einen Vorgang oder Zustand usw. maßgebend sind. In der Ps. bezeichnet K. die Bedingtheit des aktuellen Erlebens durch die vorhergehenden Erlebnisinhalte.

Konstellationstheorie, ein alter assoziationspsychologischer Erklärungsversuch des Denkvorgangs. Zur heutigen Anschauung →HAM-Modell

Konstituenten-Grammatik →Phrasenstruktur-Grammatik

Konstitution, Konstitutionslehre [lat. *constitútio* Beschaffenheit], in der Ps. und Medizin die körperlich-seelische Verfassung und Ausstattung.

»Eine dem Individuum vererbt oder erworben eigentümliche, ebensowohl morphologisch wie funktionell analysierbare, so gut aus dem Verhalten bestimmter Einzelfunktionen wie aus der Summe körperlicher und seelischer Zustands- und Leistungseigenschaften sich ableitende Beschaffenheit, besonders in Hinsicht auf Beanspruchbarkeit, Widerstandskraft (Krankheitsbereitschaft), Verjüngungsfähigkeit und Lebensfähigkeit des Organismus« (F. KRAUS, 1919/26). Schwerpunkt bei der K.beurteilung und K.bewertung war anfangs das körperliche und klinische Bild. Beispiel hierfür der PIGNETsche K.index. Die breiteste Forschung haben KRETSCHMER und SHELDON aufgebaut. ● I. w. S. umfaßt der K.typus zugleich auch Hormonal- und Stoffwechseltypus sowie Charakter-, Struktur- und Reaktionstyp mit körperlichem Schwerpunkt. →Körperbautypen, →Typologie

Konstriktionskoeffizient, eine Art von →Kontingenz-Maß in der →Informationstheorie. Der K. ist ein Maß des Zusammenhangs zwischen 2 Variablen, bezogen auf den aktuellen Informationsgehalt einer Variablen. *M-R*

Konstriktoren [lat. *constríngere* zusammenziehen], »Zusammenzieher«, Muskeln, die Öffnungen verkleinern oder schließen. Ggs. Dilatatoren.

Konstrukt, [lat. *construere* bauen], (a) hypothetisches (theoretisches) K., ein nicht unmittelbar operational faßbarer Begr., der sich auf nicht direkt beobachtbare oder erschließbare Entitäten oder Eigenschaften bezieht.

K. sind in der reinen Beobachtungssprache nicht definierbar, werden durch Postulate eingeführt und sind häufig nicht völlig interpretiert. K. sind nicht frei erfundene Vermutungen, sondern werden aus einem theoretischen Zusammenhang heraus sowie mit Hilfe von beobachtbaren Ereignissen erschlossen. Im Ggs. zu den hypothetischen K. sind intervenierende Variable Begr., die Beziehungen zwischen beobachtbaren Phänomenen herstellen.

(b) Personales K. (KELLY 1955) hat in Abhebung von Persönlichkeits-K. die Bedeutung von integrativen Bestandteilen der Persönlichkeit.

Es handelt sich dabei um nicht klar definierte Organisationsformen, deren Wirken nur durch die

Aktivität des Individuums (z. B. in der Wahrnehmung) zum Tragen kommt. Die damit verbundene erkenntnistheoretische Auffassung gesteht den personalen K. subjektiv ordnende und interpretative Funktion des Universums zu. Das explizite oder implizite Raster der persönlichen K. besitzt für das Individuum den Charakter von Sichtweisen und Entscheidungshilfen im Kontakt mit der Umgebung (→rep-test).

(c) Persönlichkeit kann insgesamt als hypothetisches K. aufgefaßt werden, von dem keine Existenzvoraussetzung gemacht wird, wenn man auf metaphysische Wesensaussagen verzichtet. Es stellt ein Ordnungsschema für die Empirie dar und wird von ihr bestätigt oder widerlegt. Eine endgültige begr. Bestimmung kann aufgrund des vorläufigen Charakters des K. erst am Ende der Persönlichkeitsforschung stehen.

● Deskriptive K. versuchen, konkretes Verhalten etc. in begr. Klassen beschreibend einzuordnen. Explikative K. suchen nach einer Erklärung des unterschiedlichen Verhaltens etc. von Individuen. K.validierung ist Einordnung eines Begr. in ein theoretisches Bezugssystem, aus dem empirisch prüfbare Hypothesen abgeleitet werden können. →Testtheorie, →Konstruktion, hypothetische. Ⓛ BUNGE 1967, HERRMANN 1972[2], KELLY 1955 *R-R*

Konstruktion, hypothetische, syn. hypothetisches Konstrukt, Annahme über einen nicht unmittelbar zu beobachtenden Prozeß oder eine Struktur, die als »intervenierende Variable mit zusätzlicher Bedeutung« Bedingung für das Verhalten sein soll. Aus dem theoretischen Zusammenhang wird abgeleitet, mit welchen meßbaren Größen die Bedingung kovariiert. Die Prüfung dieser Ableitung nennt man Konstrukt-Validierung. →Variable, intervenierende, →Konstrukt *B-S*

Konstruktionsantwort, Bez. für von dem Probanden selbst zu formulierende (konstruierende) Antworten auf Testaufgaben oder Fragebogen-Items. Die Richtig/Falsch-Beurteilung setzt einen vorgegebenen objektiven Auswertungsschlüssel voraus. *Mu-R*

Konstruktionshypothese, zuerst von BARTLETT 1932 begründete, später von BRANSFORD u. a. ausgebaute Erklärung des Behaltens von Texten: nur vorherrschende Einzelheiten des dargebotenen Textes werden (z. T. in Form von →Schemata) im Gedächtnis repräsentiert, die Reproduktion ist der Versuch, aus diesen Teilen den Originaltext neu aufzubauen (Konstruktion). Ⓛ BREDENKAMP u. WIPPICH 1977, II, 134 ff. *B-S*

Konstruktionskasten Ⓣ HUTH

Konstruktionsspiele →Spiele

konstruktive Apraxie →Apraxie

Konstruktvalidität, die von CRONBACH und MEEHL (1955) vorgeschlagene Bez. für eine Art der Validitätsanalyse, bei welcher die Bedeutung des Testwertes über ps. Konzepte bzw. →Konstrukte vorgenommen wird. Mit der K. versucht man, etwas über die ps. Bedeutung oder den theoretischen Hintergrund eines Tests auszusagen.

Die K. ist ein sehr umfassendes Verfahren. Während bei der kriteriumsorientierten Validität z. B. die Frage nach der Verursachung der Höhe der Korrelation zwischen Testwert und Kriteriumswert nicht gestellt wird, steht diese Frage im Mittelpunkt der K. Die K. umfaßt hauptsächlich drei Stufen des Vorgehens. Im ersten Schritt soll der Untersucher auf Grund der von ihm gewählten Theorie Hypothesen über die hohe bzw. niedrige Ausprägung von Testwerten formulieren. Im zweiten Schritt sammelt der Untersucher dann Daten zu diesen Hypothesen. In einem dritten Schritt hat der Untersucher Schlußfolgerungen darüber zu ziehen, ob die Theorie die vorliegenden Daten erklären kann. Um diese Ansprüche erfüllen zu können, umfaßt die K. eine ganze Reihe von method. Schritten. →Validität *Hä-R*

Konsumverhalten →Wirtschaftspsychologie

Kontakt [lat. *contáctus* Berührung], (allgemein) das Zusammentreffen, In-Verbindung-Treten, die Beziehungsaufnahme überhaupt zwischen zwei (oder mehreren) Lebewesen. →Interaktion

K. ist dann gegeben, wenn sich eine Beziehungsverschränkung anbahnt, wobei die Mittel und Wege, durch die sie zustande kommt, physisch-körperliche Berührung, Ausdrucksvarianten oder sprachliche Äußerungen sein können. Dabei reichen die K.variationen vom subliminalbleibenden Wahrnehmungs-K. zum derb-handgreiflichen Zugriffs-K. ● Seelischer K.: ein mitmenschlich-gegenseitiger, zumeist emotional fundierter Konnex, der sich im Beieinander einstellen, aber auch ausbleiben kann. Bedingung für das Zustandekommen ist eine gewisse Mindestdauer des Zusammenseins. Es muß also eine wenigstens partielle Beziehungsverschränkung eingetreten sein, um vom seelischen K., d. h. dem Gelingen einer K.-aufnahme, sprechen zu dürfen. BÜHLER hat besonders den K. in seiner Bedeutung bei der Affektübertragung bzw. Präsenzwirkung sowie als Schau-, Berührungs-, Hörkontakt usw. beschrieben. ● Auch im Tierleben, insbes. im Dienste der Brutpflege, ist das K.verhalten meist deutlich und artspezifisch (mit Betonung des akustischen, optischen oder taktilen K.) entwickelt. Ⓛ HARLOW 1971

Kontaktfähigkeit, ein differentialps. Begriff, der die Möglichkeit und Leichtigkeit einer mitmenschlichen Beziehungsaufnahme beschreibt, dabei erhebliche Unterschiede in der Kontakthaltung (Einstellung zum Kontakt) und -aufrechterhaltung, der -dauer, dem Schwerpunkt der -mittel, der Art der -anbahnung, der -stärke oder -schwäche, ferner geschlechtsspezifische Unterschiede umfaßt. Mangelnde Kontaktfähigkeit ist ein Symptom mancher Neurosen, Psychopathien und Psychosen. ● Die K. hat Bedeutung für die ps. Diagnostik. →Geselligkeit Ⓛ SPEER

Kontaktleiste →Sinnesfunktionen (5b)

Kontaktpendel, Pendel, das elektr. Stromschlüsse herstellt oder öffnet (heute überholt)

Kontaktpsychologie, spez. Bez. für die von E. SPEER entwickelte Psychotherapie

Kontaktverstehen →Verstehen

Kontamination [lat. *contamináre* durch Berührung, Vermischung verderben], Verschmelzung von zwei oder mehr Worten oder Sätzen zu einer meist unsinnigen Mischform; tritt bei Ermüdung, im Traum, ferner in abnormem Grade bei Schizophrenie auf. ● Diagnostisch wird die K. als Verdichtung heterogener Inhalte zu ausgefallenen Deutungen bei den Formdeutverfahren (Ⓣ RORSCHACH) benützt.

Kontent-Analyse →Inhaltsanalyse

Kontemplation [gr. Beschauung], eine Stufe des mystischen Heilswegs (→Mystik), willensmäßige Hinwendung zur transzendentalen Wirklichkeit als dem »höchsten Gut«, ps. identisch mit →Meditation *S-G*

Kontext, umgebende Umstände, die zur →Bedeutung eines Ereignisses oder einer Mitteilung beitragen. Als sprachlichen K. bezeichnet man formal diejenigen Elemente (Laute, Silben, Wörter, Sätze), die einem Sprachzeichen (→Zeichen) in gesprochener Äußerung oder geschriebenem Text vorangehen oder ihm folgen und inhaltlich die Bedeutungsbezüge, die das Verständnis eines sprachlichen Zeichens bestimmen (→Sprachrezeption). *L-T*

Kontext [lat. *contéxtus* Zusammenhang], nach JUNG das Ingesamt an Angaben zum Trauminhalt. Der K. bildet das Material zur weiteren →Amplifikation des Traumbildes.

Kontiguität [lat. *contiguus* v. *contingere* benachbart sein, berühren], das Zusammenstehen, enge Aufeinanderfolgen (zeitlich und räumlich) von Reizen bzw. Reiz und Reaktion. Eine Bedingung für das Lernen neben der →Verstärkung *(reinforcement).* →S-R-Kontiguitäts-Theorie ● K. bedeutet auch »wenn-dann« bzw. »dann-wenn-Beziehung« (z. B. psth.: wenn der Patient bestimmtes Verhalten zeigt, dann reagiert der Therapeut in best. Weise).

Kontiguitätsgesetz, die von konsequenten Assoziationstheoretikern u. Behavioristen (z. B. GUTHRIE) behauptete ausschließliche Herstellung von Assoziationen oder Reiz-Reaktionsverbindungen durch räumliches oder zeitliches Zusammenvorkommen (Berührung). →Assoziationsgesetz, vgl. Postremitäts-Prinzip *B-S*

Kontingenz, der Zusammenhang, das Miteinanderauftreten zweier qualitativer Merkmale.

Kontingenzkoeffizient, der Koeffizient einer nichtparametrischen Korrelationsmethode zur Bestimmung des Ausmaßes der Wechselbeziehung zwischen zwei mehrklassigen Variablen. Eine Art von K. läßt sich aus χ^2 bestimmen:

$$C = \sqrt{\frac{\chi^2}{N + \chi^2}}.$$

Mi-A

Kontingenzmaß, Zusammenhangsmaß, Ausmaß der Beziehung zwischen qualitativen Merkmalen.

Kontingenz-Modell der Gruppeneffektivität, nach FIEDLER (1964) ein Schema für die optimale Beziehung zwischen (a) Führermerkmalen (beaufsichtigend/kontrollierend vs. permissiv/Rücksicht nehmend), (b) dem Grad der Strukturiertheit der Gruppenaufgabe und (c) der Macht des Führers. Die Kombinationen der verschiedenen Werte für die drei Dimensionen sollen unterschiedliche Gruppenleistungen voraussagen lassen →LPC-Skore, →Führung. Ⓛ FIEDLER 1964 *B-S*

kontinuierliche Maßstäbe, Maßstäbe, bei denen alle zwischen zwei Grenzwerten liegenden Werte zumindest theoretisch vorkommen können. In der Psychologie sind k. M. selten, wenngleich häufig angenommen wird, daß auch mittels diskreter Maßstäbe gemessene Variablen eigentlich kontinuierlich sind (z. B. Gedächtnisleistung in einem Test). Allgemein bezeichnet man meßbare Variablen als kontinuierlich, bloß aus Zählungen hervorgehende als diskontinuierlich oder diskret. *Mi-A*

Kontraformität, *counterformity,* Unterform der →Konformität: ständige Negierung der Gruppenmeinung

Kontraktion [lat. *contráhere* Zusammenziehen], Zusammenziehung, z. B. eines Muskels auf einen Reiz

konträre Sexualempfindung →Sexualität

Kontraselektion, Bez. für eine scheinbar der natürlichen →Selektion entgegengerichtete Auslese, z. B. durch Krieg *S-G*

Kontrast [lat., frz.], Gegensatz. In der Sinnesps. der verstärkt empfundene Gegensatz zwischen zwei verschiedenen Wahrnehmungsinhalten des gleichen Sinnesgebietes.

Z. B. erscheinen Streifen vom gleichen Grau auf dunklem Grund heller, auf hellem Grund dunkler (Grau-Skala von HERING). Eine graue Fläche erscheint auf rotem Grund grünlich, auf grünem rötlich (Komplementärfarbe). Diese Verstärkung der Farbempfindung und des Helligkeitseindrukkes kann durch die gleichzeitige verschiedenartige Erregung benachbarter Netzhautstellen (gleichzeitiger K., Simultan-K.) oder durch eine vorangegangene Erregung der gleichen Netzhautstelle (Nachbild, Sukzessiv-K.) erfolgen. Hierher werden auch die negativen →Nachbilder gerechnet. Der erlebte Simultan-K. verstärkt sich, wenn die sich gegenseitig beeinflussenden Oberflächen mit einem durchscheinenden Papier oder Mattglas bedeckt werden (Florkontrast); der an Begrenzungsstellen (z. B. HERINGsches Gitter) auftretende Kontrast heißt Randkontrast (→Abb. Erscheinen von dunklen Stellen bei den Kreuzungen der weißen Linien).

Kontrastgitter nach HERING

Erklärungsansätze: (1) ps. Kontrasttheorie von HELMHOLTZ (widerlegt). Sie erklärte den Kontrast als eine Art →Urteilstäuschung. (2) physiol. Theorie von HERING u. a. Hiernach beruhen die Kontrasterscheinungen auf chemischen Prozessen in den Sehsubstanzen der Retina. (3) Prinzip der →lateralen Hemmung, wonach Kontrastphänomene durch neuronale Verschaltungen (zum Teil bereits in der Retina) zustande kommen. Ⓛ BEKKER-CARUS 1981, BRUNSWIK 1935, RATLIFF 1965, SCHOBER 1964 *B-C*

Kontrastfarben, andere Bez. für →Komplementärfarben

Kontrastgesetze, a) bezogen auf Assoziationen ist Kontrast das Gesetz des Gegensatzes der Assoziationen. →Assoziation, →Ähnlichkeit. b) sinnesps.: 1. Die Kontrastwirkung erfolgt stets in Richtung des größten Gegensatzes. 2. Je näher die Kontrastflächen, desto größer ist der K. 3. Die Kontrastwirkung ist bei Schwächung der Umrisse herabgesetzt. 4. Mit der Sättigung der beeinflussenden Farbe steigert sich der Kontrast. 5. Die Wirkung ist am stärksten, wo kein Helligkeitskontrast vorliegt.

Kontrastimitation, Angleichung an denjenigen, den man haßt und bekämpft

Kontrazeption →Sexualität

Kontrektationstrieb →Sexualität (Tabelle)

Kontrolle, Bez. für sämtliche Maßnahmen in Planung u. Ausführung eines Experiments, mit denen sichergestellt werden soll, daß für die Fragestellung der Untersuchung irrelevante Faktoren (→Fehler) die Ergebnisse nicht beeinflussen.

Übliche Verf. der K. sind: 1. Direkte Ausschaltung einer Störbedingung (z. B. Lärm). – 2. Systematische gleichmäßige Verteilung bekannter, aber nicht eliminierbarer Faktoren (z. B. der Tageszeit der Versuchsdurchführung) auf die versch. zu untersuchenden Bedingungen, so daß sie sich auf die zu vergleichenden Ergebnisse gleich auswirken (»Ausbalancieren«). – 3. Verteilung nicht bekannter Faktoren durch Zufallsentscheidung (z. B. Zuweisung von Vpn zu einer Versuchs- und einer Kontrollgruppe nach dem Zufall, wodurch persönl. Unterschiede bei größerer Anzahl von Vpn gleichmäßig auf beide Gruppen verteilt werden). – 4. »Parallelisieren« auf Grund eines Vorversuchs. Nach den Vortestergebnissen wird eine Rangordnung gebildet. Es werden dann die zwei (oder mehr) ersten Rangplätze herausgegriffen und ihre Inhaber nach Zufall auf zwei (oder mehr) Gruppen verteilt; es folgen die nächsten zwei (oder mehr) usw. Auf diese Weise entstehen zwei (oder mehr) nach dem Vortestmerkmal (z. B. Lernleistung) praktisch äquivalente Gruppen. Ⓛ FRAISSE, TRAXEL, ZIMNY

Kontrollgruppe, eine in einem Experiment eingeführte Bedingung, in der keine experimentelle Behandlung erfolgt. Sie unterscheidet sich dadurch von der Versuchsgruppe. Ein Vergleich der Kontrollgruppenergebnisse mit jenen der Versuchsgruppen ermöglicht eine Aussage über Ausmaß und Richtung der Wirkung der experimentellen Bedingungen. *Mi-A*

Kontrollüberzeugung →Verstärkerkontrolle

Kontrollverfahren →ergänzende Tests

Kontrollversuch, ein Experiment, in dem eine bestimmte Bedingung gegenüber dem anderen, im übrigen gleichartigen Versuch ausgelassen bzw. verändert wird, um aus dem Vergleich der Ergebnisse beider Versuche auf die Wirkung dieser Bedingungen zu schließen. Je nachdem, welche Einflüsse in ihrer Wirkung bestimmt werden sollen, werden Kontrollversuche z. B. mit anderen Versuchspersonen, anderen Geräten, zu anderen Zeiten durchgeführt. • Wiederholung eines Versuchs beim Verdacht auf nicht mehr bestimmbare methodische Mängel.

Konvariabilität, die Mitveränderlichkeit eines ps. Merkmals unter bestimmten Bedingungen (z. B. Änderung des Gedächtnisses bei verschiedenem Übungsgrad).

Außerdem ⟨STERN⟩ tritt in der K. beim Vergleich zweier konvariierender Leistungswerte der Grad der Verwandtschaft zutage, insofern, als die eine Bedingung, welche die Variation der einen Leistung (A) hervorruft, auch die andere ps. Leistung (B) unmittelbar mitvariieren läßt. Praktisch spricht man in diesem Sinne z. B. von »Mitübung«. Eine derartige K. heißt mittelbar. Bedingung ist stets, daß eine Korrelation zwischen Versuchsbedingung und Leistungsmerkmal besteht.

Konventionalismus, das starre Festhalten an Konventionen, an äußerlichen, sogar zur leeren Form gewordenen Verhaltensweisen. • Eine erkenntnistheoretische Richtung, die die Bedeutung der zweckmäßigen Übereinkunft für die Bildung und Geltung wissenschaftlicher Begriffe, Definitionen, Axiome, Hypothesen besonders stark betont. • K. wird als Charakteristikum der autoritären Persönlichkeit angesehen und hat enge Beziehung zum →Autoritarismus.

konvergentes Denken, in der GUILFORDschen Klassifikation der →Intelligenzfaktoren diejenige Untergruppe von Denkoperationen innerhalb des »produktiven Denkens«, welche die Denkleistungen bestimmt, bei denen eine richtige Antwort gefunden oder eine neue Lösung eines Problems gesucht werden muß. →divergentes Denken *Hä-R*

Konvergenz [lat. *vergere* sich neigen], beim Auge die durch unwillkürliche Drehung (Fusionsbewegung) bewirkte Stellung der Augäpfel, bei der sich im fixierten Objekt die Blicklinien schneiden und ein einfaches Bild gesehen wird (→Doppelbilder). Mit ihr ist →Akkommodation verbunden. • I. w. S. wird dieser Begr. für Entwicklungsvorgänge, persönliche Eigenschaften in ihrem jeweiligen Bezugsverhältnis, ihrem Zusammengehen und Übereinstimmen u. a. m. gebraucht. →K.theorie

Konvergenztheorie, von W. STERN vertretene Auffassung, die besagt, daß Anlage und Umwelt zusammenwirken: »Seelische Entwicklung ist nicht ein bloßes Hervortretenlassen angeborener Eigenschaften, aber auch nicht ein bloßes Empfangen äußerer Einwirkungen, sondern das Ergebnis einer Konvergenz innerer Angelegtheiten mit äußeren Entwicklungsbedingungen«. Die Anlage disponiert, die Umwelt realisiert. Ⓛ REMPLEIN, STERN

Konversion, ein von FREUD in die Psychopathologie eingeführter Begr., um die Umsetzung ps. Konflikte in somatische Symptome zu fassen. Z. B. Lähmungen als »motorischer«, schmerzende Körperstellen als »sensibler« Konfliktersatz.

Die K. bedeutet nach FREUD als mechanisches Phänomen die Verwandlung verdrängter Vorstellungen in Innervationsenergie, als symbolisches Phänomen »agieren«, »sprechen« in den körperlichen Symptomen die verdrängten, verdichteten, verschobenen Vorstellungen. • FREUD nahm zuerst an, daß Hysterie für die K. stets eine Rolle spiele (Konversionshysterie), später erweiterte er dies zur Annahme von Neurosen allgemein (Konversionsneurosen). Allerdings spielen Struktur und Konstitution der Person die entscheidende Rolle (nicht bei jedem ist ein Magenulcus eine K.). • Enge Beziehungen bestehen nach FREUD von der K. zur →Transformation, ebenso zur →Sublimation.

Konvulsionstherapie →Schocktherapie

Konzentration, Sammlung, Ausrichten der →Aufmerksamkeit auf eng umgrenzte Sachverhalte. MIERKE (1966) bez. die K. als die zuchtvolle Organisation der Aufmerksamkeit durch das Ich für das Erfassen und Gestalten bei best. Aufgaben. Die K. bedingt Spannung, Energie, Vitalität, Übung. Dagegen schränken Ermüdung, Sättigung, körperliche oder seelische Mängel, Reizüberflutung die K.fähigkeit ebenso ein, wie Interessenmangel und störende situative Umstände. →Vigilanz, →ARAS

Konzentrationsprüfgeräte, Bez. für Apparate (nach Ⓣ GIESE, MOEDE, SCHULTE u. a.), bei denen Buchstaben, Zeichen usw. in best. Abständen d. Vp dargeboten werden (auch durch Produktion) und von dieser zu reagieren ist.

Konzentrations-Tests →Aufmerksamkeits- u. Konzentrations-Tests

Konzept, jede Regel, nach der bestimmte Reize mit einer Reaktion verknüpft werden.

Eine Form des K. ist der Begriff, bei dem die Regel durch ein Wort belegt ist. Jedoch ist die Existenz eines K. nicht an die sprachliche Bezeichnung gebunden, und es sind im Handeln viele K. wirksam, denen ein sprachlicher Ausdruck fehlt. →Begriff

Konzepterwerb, das Erlernen der Regel, die ein →Konzept ausmacht. Eine Form des K. ist die →Begriffsbildung.

Konzeption [lat. *conceptio* Aufnehmen], Begriffsbildung, Begreifen, Fassen eines Gedankens, einer Idee. • Empfängnis, Befruchtung.

Konzept-Validität, Bez. von CATTELL für →Konstrukt-Validität *Hä-R*

Kooperation, Zusammenarbeit. Das Erreichen eines individuellen Ziels erhöht die Wahrscheinlichkeit, daß andere ebenfalls ein entsprechendes Ziel erreichen (nach KRAUSS 1966). Bedingung für K. innerhalb einer Gruppe kann Wettstreit zwischen verschiedenen Gruppen sein (RAVEN u. EACHUS 1963).

In Produktionsgruppen scheinen größere Leistungshöhe und Zufriedenheit Funktion der K. zu sein (JULIAN u. PERRY 1965 nach HOLLANDER 1967 183). Wichtige Determinanten der K. sind (1) Fehlen differenzierender Belohnungen für die Leistungen einzelner Gruppenmitglieder und (2) Vorhandensein funktionaler Interdependenz der Leistungen (vgl. FEGER 1972 1611). Die Erforschung der Bedingungen der K. ist mit dem Aufkommen des →Prisoner-Dilemma-Spiels belebt worden. →Entscheidungstheorie *B-S*

Koordination, als Funktion des ZNS das sinnvoll geordnete, häufig auch ökonomische Zusammenspiel von Muskeln und Muskelgruppen, wie es in jedem motorischen Handlungsvollzug nötig ist. Zu unterscheiden sind Grob- und Fein-K. Eine Korrelation zwischen der Güte dieser beiden besteht vermutlich nicht. Bei den instinktiv motorisch verlaufenden Verhaltensweisen kann die K. angeboren sein (→AAM). Einfache, lebenswichtige Bewegungs-K. wie Gehen, Augenkonvergenz oder Auge-Hand-K. setzen mit der Ausreifung der neurologischen Substrate spontan ein (→Gang). Komplizierte Bewegungen – wie beim Klavierspielen, bei handwerklichen Manipulationen oder beim Sport – müssen erlernt werden.

Das Zustandekommen der K. wird entweder nach dem Reflexmodell im Sinne von Kettenreflexen oder nach der dynamischen Regulation (→Reafferenz) verstanden. Während die Reflexlehre nicht adäquat erklärt, wie bei verschiedenen Ausgangslagen (und damit verschiedenen Reizen) das gleiche Ziel erreicht wird, kann mit dem dynamischen Modell (als Feldgeschehen) die variierende Ausgangslage als ungleichgewichtiger Anfangszustand, der über die Handlung zum gleichgewichtigen Endzustand verläuft, verstanden werden. Vgl. relative Koordination, Motorik • Das Zusammenwirken versch. sensorischer und muskulärer Systeme beim Erbringen einer Bewegungsleistung wird mit Hilfe (quasi-)kybernetischer Modelle funktional zu beschreiben versucht. Ⓛ SCHMIDT 1975 *D-Y*

Kopfbewegungsparallaxe, die →Parallaxe, die durch seitliche Drehung des Kopfes entsteht.

Kopfknochenleitung, Fortleitung des Schalls durch die Knochen zum Gehörorgan.

Kopfuhr, syn. Körperuhr, Bez. für die Fähigkeit, sich auf bestimmte Zeitpunkte im voraus »einstellen« zu können, an Aufträge sich zu erinnern, aufzuwachen u. a. Auch die Zeitschätzung scheint zugehörig. →Zeit, psychische Ⓛ CLAUSER, BÜNNING

Kophosis [gr.], Taubheit

Kopier-Test Ⓣ PRUDHOMMEAU

Koppelung, Kopplung [mhd.], (allg.) das Gekoppeltsein, Verbundensein von Merkmalen, Eigenschaften, Objekten versch. Art. • (bei →Genen), die Übertragung von Erbanlagen auf die Nachkommen in gekoppelter Form, d. h. auf demselben Chromosom. *Sch-S*

Koprolalie [gr. *kópros* Kot, *lalein* schwatzen] →Onomatolalie

Koprophagie, Kotessen gelegentlich bei Schwachsinn u. Psychose

Kopulation, [lat. *copulatio* Vereinigung], völlige Verschmelzung zweier →Gameten zu einer →Zygote. *P-S*

Kordelversuch Ⓣ SCHULZ

Körperbautypen, typische Grundformen des menschlichen Körperbaus (→Typen).

Die (früheste) HIPPOKRATES und GALEN zugeschriebene griechische Gliederung in zwei Körperbautypen (K. mit der Tendenz zum Schlagfluß = *habitus apoplecticus* / K. mit der Tendenz zur Schwindsucht = *habitus phthisicus*) und vier Temperamentstypen (→Temperament) wurde im Abendland erst Ende des 18. Jhds. durch Jean-Noël HALL (1754–1822) abgeändert. Er stellte drei Typen auf: den Muskulären als Mitteltyp, den Abdominal-Vaskulären und den Kephal-Nervösen als Pole. Seither ist die dreigliedrige oder vielgliedrige Einteilung und nur noch gelegentlich eine zweigliedrige Einteilung (mit dem Normaltyp als Mitte) vorherrschend geworden. Im Vordergrund stehen die K. von KRETSCHMER und SHELDON. In beiden Typologien werden den K. bestimmte Temperaments- und Charaktertypen, Einstellungs- und Verhaltenstypen zugeordnet.

Historische Übersicht zur körperbaulich-konstitutionellen Typologie

Autoren		Schmale Typen	Mittlere Typen	Breite Typen
Altertum:				
Inder		Gazellen	Hirschkühe	Elefantenkühe
Griechen		Habitus phthisicus	–	Habitus apoplecticus
Franzosen:				
Hallé	1797	Kephaler Typ	Muskulärer Typ	Abdominaler Typ
Rostan	1826	Type cerebral	Type musculaire	Type digestiv
Manouvrier	1902	Makroskeler Typ	Mesoskeler Typ	Brachyskeler Typ
Sigaud	1914	Type cerebral	Type musculaire u. Type respiratoire	Type digestiv
Mac Auliffe	1925	Type plat	–	Type rond
Engländer u. Amerikaner:				
Walker	1823	Mentaler Typ (Minerva)	Bewegungstyp (Diana)	Ernährungstyp (Venus)
Bryant	1913	Carnivorer Typ	Normaler Typ	Herbivorer Typ
Mills	1917	Hyposthenisch	Sthenisch	Hypersthenisch
Davenport	1923	Slender biotype	Medium biotype	Fleshy biotype
Stockard	1923	Längs-, linearer Typ	–	Quer-, lateraler Typ
Bean	1923	Hyperontomorpher Typ (Epitheliopathen)	–	Meso-ontomorpher Typ (Mesodermopathen)
Sheldon	1940	Ektomorphe Zerebrotone	Mesomorphe Somatotone	Endomorphe Viszerotone
Italiener:				
de Giovanni	1877	Phthisischer (langliniger) Habitus	Athletischer (thorakaler) Habitus	Plethorischer (abdominaler) Habitus
Viola	1909	Longitypus-mikro-splanchnisch	Normotypus-normo-splanchnisch	Brachytypus-makro-splanchnisch
Pende	1922	Katabolischer, hypovegetativer Typ		Anabolischer, hypervegetativer Typ
Russen:				
Bounak	1923	Stenoplastischer Typ	Mesoplastischer Typ	Euryplastischer Typ
Galant	1927	Stenosome Gruppe	Mesosome Gruppe	Megalosome Gruppe
Deutsche:				
Carus	1853	Cerebrale, sensible, asthenische Konstitution	Athletische Konstitution	Plethorische Konstitution (Ernährungsorgane)
Beneke, F. W.	1878	Scrophulös-phthisisch	Rachitisch	Carcinomatös
Huter	1907	Empfindungsnaturell	Bewegungsnaturell	Ernährungsnaturell
Stiller	1907	Asthenisch-atonisch	–	Apoplektisch-arthritisch-hypertonisch
Stern	1912	Hochwuchs	–	Breitwuchs
Tandler	1913	Hypotonisch	Normaltonisch	Hypertonisch
Brugsch	1918	Engbrüstig	Normalbrüstig	Weitbrüstig
Bauer	1919	Asthenischer Habitus	–	Arthritischer Habitus
Kretschmer	1921	Leptosom	Athletisch	Pyknisch
Hellpach	1922	Fränkisches Gesicht	–	Schwäbisches Gesicht
Aschner	1924	Schmale Individuen	Mittlere Individuen	Breite Individuen
Mathes	1924	Zukunftsform	–	Jugendform
Jaensch	1926	T-Typ (tetanoid)	–	B-Typ (basedowoid)
Friedenthal	1925	Hirtentypus	Jägertypus	Bauerntypus
Weidenreich	1927	Leptosom	–	Eurysom
Rautmann	1928	Hyposthenisch-leptosom	Mesosthenisch-mesosom	Hypersthenisch-pyknosom

1.: E. KRETSCHMER: Dessen K. beziehen sich auf Art und Grad der Entwicklung der allg. Körperhöhlen (Kopf, Brust und Bauch), des Bewegungsapparates (Schultergürtel und Arme, Beckengürtel und Beine), der Körperenden oder Akren (Nase, Kinn und Ohren, Hand- und Fußgelenke, Hände und Füße) sowie der Körperoberfläche (Hautbeschaffenheit und Behaarung). Der K. wird metrisch durch zahlreiche absolute und relative Maße erfaßt (z.B. PIGNET-, KRETSCHMER-, WESTPHAL-Index). Die drei Grundtypen KRETSCHMERS sind: 1. der Leptosome (Astheniker) – mager, schmal aufgeschossen, scharf profilierte Konturen. 2. der Pykniker – rundlich, gedrungen, untersetzt, kurze Gliedmaßen, Neigung zu Fettansatz. 3. der Athletiker – breit ausladende Schultern, straffer Bauch, relativ schmales Becken, betontes Muskel- und Knochenrelief. Neben diesen Grundtypen wurden eine Reihe →dysplastischer Spezialtypen beschrieben. Außerdem ergeben sich aus der Interferenz der allg. Körperkonstitution mit der Sexualkonstitution (geschlechtsspezifische Körperproportionen, Fettlokalisation, Hautbeschaffenheit, Behaarungsart und -grad) zahlreiche Varianten der Grundtypen. – Bezüglich Korrelation der K. mit den Temperaments- und Charaktertypen zeigen sich folgende Affinitäten: 1. Der Leptosome tendiert zum →schizothymen, 2. der Pykniker zum →zyklothymen, 3. der Athletiker zum ixothymen (→viskösen) Temperament. Außer den vorgenannten Affinitäten wies KRETSCHMER noch eine Affinität zu bestimmten Geisteskrankheiten nach. 1. Der Leptosome ist disponiert zur →Schizophrenie, 2. der Pykniker zur Zyklophrenie (manisch-depressives Irresein), 3. der Athletiker zur Epilepsie. –

2.: W. H. SHELDON: Seine Typen entsprechen weitgehend denen von KRETSCHMER. SHELDON geht jedoch von drei Grundkomponenten aus, die in verschiedenen Mischungsverhältnissen bei den einzelnen Individuen vorhanden sind und nach Punktskalen erfaßt werden. Diese Grundkomponenten sind: 1. Ektomorphie (entspricht dem Leptosomen), 2. Endomorphie (entspricht dem Pykniker), 3. Mesomorphie (entspricht dem Athletiker). Die drei vorgen. Bez. sind von SHELDON nach den drei embryonalen Keimblättern (→Keimesentwicklung) gebildet worden: dem äußeren Ektoderm, dem inneren Endoderm, dem mittleren Mesoderm (Mesenchym). Neben diesen Grund-Komponenten werden noch folgende sekundäre Momente registriert: d-Index = dysplastische Formunterschiede, g-Index = geschlechtsspezifische Merkmale, t-Index = Oberflächenbeschaffenheit (textural) der Haut. Die drei somatischen Grundkomponenten zeigen nun eine Affinität zu ps. Grundfaktoren: 1. Ektomorphie korreliert mit →Zerebrotonie, 2. Endomorphie mit →Viscerotonie, 3. Mesomorphie mit Somatotonie.

3.: K. CONRAD (1941, 164) führte die Bez. »metromorph« für die in der Mitte zwischen pyknomorphem und leptomorphem Pol liegende Wuchstendenz ein, um die Verwechselung mit dem athletischen Habitus zu verhindern. CONRAD folgte damit seiner Erkenntnis, daß der Athletiker kein eigener Konstitutionstypus sei (es gibt leptomorphe, wie pyknomorphe Athletiker). Der Metromorphe kann sich dem griechischen Schönheitsideal nähern, wofür CONRAD die Bez. »metroplastisch« angenommen hat.

Die Körperbautypen waren zu allen Zeiten ein Gegenstand größten Interesses, was aus beistehender Tabelle nach F. v. ROHDEN (EICKSTEDT, 1937–63) ersichtlich ist. Vgl. auch: Typologie mit Tabelle Ⓛ KRETSCHMER, SHELDON

Körperfühlsphäre, Sinneszentrum für Gefühlseindrücke. Syn. psychästhetisches Zentrum. Hirnrinde zwischen Fossa sylvii und Balken. →Gehirn

Körper-Ich, syn. Körperliches Selbst, Körpersinn, Somatopsyche (KLEIST), die Gesamtheit aller Erfahrungen vom eigenen Körper, die sich zu einer einheitlichen Vorstellung (»mein« Leib) zusammenschließen. Ⓛ SCHILDER, LOWEN

Körperlichsehen, plastisches Sehen als Wahrnehmung von Entfernung und Tiefe. →Räumliches Sehen

Körperpflege, mutuelle, (biol.) soziale Verhaltensweise zwischen adulten Vögeln oder Säugern, die der Aggressionsdämpfung dient; das menschliche Züngeln sowie der Beißkuß können als abgeleitete Körperpflegehandlungen interpretiert werden. *P-S*

Körperschema ⟨HEAD und SCHILDER⟩, das auf der Raumerfahrung des eigenen Leibes sich aufbauende schematische Raumbild unseres Körpers.

Körperseele, die Vorstellung der Primitiven, daß der Körper die Seele wie ein Gefäß in sich berge. Die losgelöste K. kann Dämon werden. Sitz der Seele sind dabei Körperteile (Organe = Organseele, wie Niere, Blut, Phallus, Haare). Ggs. →Hauchseele

Körpersprache →nichtverbale Kommunikation

Korrelation, Wechselbeziehung, Zusammenhang. In der Statistik die Wechselbeziehung zweier oder mehrerer variabler Merkmale. Die Stärke und Richtung hängt vom Grad und der Art ihres gemeinsamen Variierens (Kovarianz) ab und kommt im K.koeffizienten zum Ausdruck.

Als wesentlichste K.techniken können für bivariate Verteilungen die →Produktmoment-K., →Rang-K., →Punktvierfelder-K., →biseriale und →punktbiseriale K. gelten. Die Wahl der am besten geeigneten K.technik hängt vom Skalenniveau und der Verteilungsform der Variablen ab. Als multiple K. wird die K. von mehr als zwei Variablen bezeichnet. Auf Grund der Kenntnis der K. zwischen zwei Variablen ist es möglich, Meßwerte der einen Variablen auf Grund jener der zweiten vorherzusagen (→Regressionstechnik). *Mi-A*

Korrelationskoeffizient, statistische Größe, die das Ausmaß der Wechselbeziehung zwischen zwei oder mehreren Variablen angibt. K. variieren (mit Ausnahme des Kontingenzkoeffizienten) zwischen − 1,0 und + 1, wobei 0 völliges Fehlen einer Korrelation und die Koeffizienten − 1 und + 1 vollständige negative bzw. positive Korrelationen bezeichnen. *Mi-A*

Korrelationsverhältnis →Eta-Verhältnis

Korrelationsziffer, auch z'-Werte genannt, sind transformierte Korrelationskoeffizienten. Da sich Korrelationskoeffizienten, deren Parameter nicht gleich Null ist, nicht normal verteilen, werden sie häufig in annähernd normalverteilte K. transformiert. Die Transformationsformel lautet:

$$z' = \frac{1}{2} \ln \frac{1 + r}{1 - r}.$$

Die transformierten Werte liegen tabelliert vor und werden zur Durchführung von Signifikanzprüfungen von Korrelationskoeffizienten benützt. *Mi-A*

Korrespondenz [neulat. *correspondére* entsprechen], das Sichentsprechen. Das Gesetz der K. von Apperzeption und Fixation ⟨Wundt⟩ besagt, daß sich alle Gesichtslinien (Blicklinien →Blickfeld) selbsttätig zum Gegenstand einstellen, dem die augenblickliche Aufmerksamkeit gewidmet ist.

korrespondierende Netzhautpunkte →Auge

Korsakow-Syndrom, Meynert-Amentia, das von K. 1887, wie auch von M. 1890 beschriebene Krankheitsbild. Auch amnestischer Symptomenkomplex (und früher Korsakow-Psychose, polyneuritische Psychose) genannt. Eine org. Psychose, bei der Merkfähigkeitsstörungen im Vordergrund stehen bei mehr oder minder erhaltenem altem Gedächtnisbestand. Die Orientierung zu Ort und Zeit, in schweren Fällen auch zur Person, ist gestört. →Psychosyndrom

*

Korsakow, Sergej / 1854–1900 / Psychiater-Neurologe/ Moskau

*

Meynert, Theodor / 1833–1892 / Psychiater / Wien

Kortesche Gesetze →Scheinbewegungen

kortikal [lat. *cortex* Rinde], zur (Hirn-)Rinde gehörend.

kortikales Grau, eine Farbwahrnehmung, die nach Hering aus einem Gehirnvorgang entsteht und dann auftritt, wenn durch gleichzeitige Erregung die Einzelsubstanzen (z. B. Schwarz-weiß-, Rot-grün-Substanz usw.) künstlich gereizt oder neutralisiert werden. Theoretisch könnte nichts wahrgenommen werden, praktisch wird dagegen das k. Grau gesehen als »Farbe«. →Augengrau

kortikale Potentiale →langsame kortikale Potentiale

Kortikalperson, nach F. Kraus (1919/26) die von der Hirnrinde gesteuerte, d. h. vom →noetischen Oberbau und damit überwiegend rational bestimmte Person.

Kortikoide, Kortikosteroide, Bez. für eine Gruppe von →Hormonen, die über die ACTH-»Ausschüttung« in der Nebennierenrinde gebildet werden.

Kortisol →Hydrokortison

Kortison, Hormon der Nebennierenrinde. →Kortikoide, →Hormone

Kortikosteron →Kortikoide

Koseleff →Charpentier-Koseleff-Täuschung

kosmogonische Mythen, jene Sagen, die von der Entstehung der Erde und Welt, Geburt und Macht der Götter (theogonische M.) handeln und völkerps. typisch sind. Beispiel: Sage vom Weltchaos, Weltuntergang, Kampf der Götter, der großen Flut. →Gott, Götter

kosmogonischer Eros, nach L. Klages der bei der Entstehung der Welt schaffende Eros.

Kosten-Nutzen-Kalkulation, (allg.) die Bilanzierung des erwarteten Ausgangs von ökonomischen Vorgängen, die den Gewinn oder – neutraler – den Ertrag *(outcome)* ergibt. ● Gemäß der Theorie des sozialen Austausches (→Interaktion) die Bewertung der Entscheidungsargumente für oder gegen Handlungsalternativen. Nutzen ist jeder Wert, der Bedürfnisbefriedigung gewährt, die Kosten (oder der Aufwand) sind negative Folgen der Handlung – nicht nur monetär bestimmt – und der Nutzen, der durch den Verzicht auf alternative Handlungen verloren geht. Aus der Wirtschaftswiss. stammt die Unterscheidung von objektivem, abstrakten Nutzen (kardinal, ausgedrückt im Geldwert) und subjektivem, konkreten Nutzen (ordinal), der auf die persönliche

K

Bedürfnisbefriedigung bezogen ist. →Entscheidungstheorie, →Theorie der Spiele *B-S*

KOSTERsches Phänomen, stellt man durch Zerstreuungslinsen eine künstliche Kurzsichtigkeit her, so erscheinen bei Verkleinerung der wahrgenommenen Gegenstände die Farben satter und deutlicher unterschieden und die Helligkeitsdifferenzen vergrößert.

Kovarianz ist der Mittelwert der Abweichungsprodukte einer bivariaten Verteilung:

$$\text{cov} = \frac{\Sigma\, xy}{N},$$

wobei x die Abweichung einer Maßzahl der einen Variablen von ihrem Mittelwert und y die Abweichung einer Maßzahl der anderen Variablen von deren Mittelwert bezeichnet. Die K. kennzeichnet den Grad des »Miteinander-Variierens« zweier Verteilungen und beeinflußt durch Größe und Vorzeichen das Ausmaß und die Richtung der Korrelation zwischen beiden Variablen. *Mi-A*

Kovarianzanalyse, Erweiterung des varianzanalytischen Verfahrens, um (1) den Versuchsfehler zu verringern und (2) die Wirkung von unabhängigen Variablen auf die Kovarianz zweier abhängiger Variablen zu analysieren. Die Anwendung einer K. ist z. B. erforderlich, wenn die Wirkung zweier Lernmethoden auf die Behaltensleistung an zwei Gruppen untersucht werden soll, die sich in ihrer Intelligenz unterscheiden, da angenommen werden kann, daß Intelligenz und Behaltensleistung nicht unabhängig voneinander sind. →Varianzanalyse *Mi-A*

Kovarianzphänomen, Erscheinung, daß Eigenschaften wie Farbe, Helligkeit, Form, Lage, Größe, Bewegungszustand u. a. eine Änderung dadurch erleiden, daß sonstige Änderungen an den Wahrnehmungsgebilden vorgenommen werden. Beachtet wurden die Zusammenhänge von K. und geometrisch-optischen Täuschungen. Ebenso das Kovariantenphänomen in der Tiefenwahrnehmung (E. R. JAENSCH). Bringt man am →Haploskop drei parallele Fäden so zur Einstellung, daß sie in einer Linie zu liegen scheinen, und schiebt den einen Faden vor oder zurück, so scheint sich auch der zweite zu verschieben.

Kovariationsschema, die faktorenanalytische Methode (→Faktorenanalyse) der Reduktion einer Vielzahl korrelativer Beziehungen zwischen einer größeren Zahl von Variablen auf eine kleine Anzahl von Faktoren geht von der Interkorrelationsmatrix der Variablen aus. Die Meßwerte, welche in eine solche Datenmatrix eingehen, können auf versch. Weise gewonnen werden. Während die faktorenanalytische Technik lange Zeit nur die Kategorien der Versuchsperson und der Variablen berücksichtigt hat, hat CATTELL in dem K. verschiedene Datenebenen aufgezeigt, welche für die Faktorenanalyse verwendet werden können.

Unter Berücksichtigung der Bestimmungsgröße der Variablen, der Vpn und der Beobachtungssituation entsteht ein dreidimensionales Schema mit 3 verschiedenen Datenebenen. Datenebene 1: Variablen und Vpn, Datenebene 2: Variablen und Situationen, Datenebene 3: Vpn und Situationen.

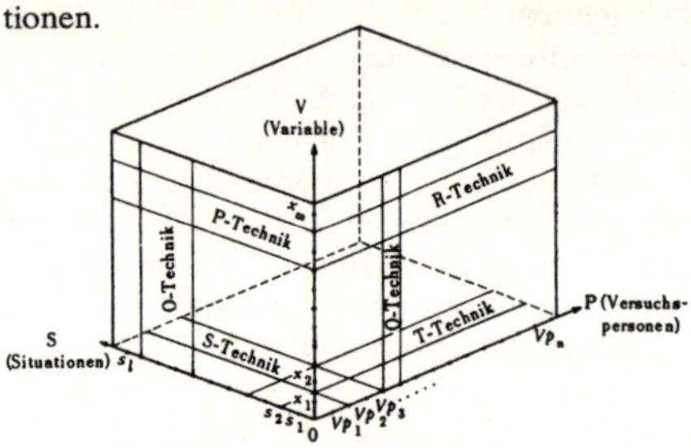

Kovariationsschema nach PAWLIK (1971[2])

Aus der Datenebene 1 ergibt sich die →R-Technik und die →Q-Technik. Bei der R-Technik werden die Variablen faktorenanalysiert, während bei der Q-Technik die Personen analysiert werden. Die Beobachtungssituation bleibt bei beiden Techniken identisch. Bei der →P- und →O-Technik werden die Vpn »konstant« gehalten, die Variablen bzw. die Situationen werden interkorreliert. Die →T- und →S-Technik hat die Konstanz der Variablen zur Voraussetzung. Die Situationen bzw. die Personen werden interkorreliert. Die R-Technik ergibt die Eigenschaftsfaktoren, die Q-Technik liefert die sog. Typenfaktoren. O- und T-Technik ergeben Situationsfaktoren, aus der P-Technik lassen sich Zustandsfaktoren gewinnen. Ⓛ CATTELL 1946, PAWLIK 1976[3] *Hä-R*

KPR Ⓣ KUDER

KR [engl. *knowledge of result* Kenntnis des Erfolgs], beim →Lernen wirksames Rückmeldungsprinzip als Urteil über die Richtigkeit der Antwort oder als eigene Beobachtung der Zielgerechtigkeit einer Bewegung, also die Rückmeldung statischer Bewegungsergebnisse (zu unterscheiden von der dynamischen Bewegungsrückmeldung auf verschiedenen Wegen). Ⓛ FITTS 1964 *B-S*

KRAEPELINsche Methode, Bez. für die von K. entwickelte →Addiermethode. ●Verfahren, den Vorstellungstypus festzustellen durch Aufschreiben aller bereitliegenden

Vorstellungen aus dem Gedächtnis in getrennten Vorstellungsreihen, geordnet nach solchen, die dem Gehör, Gesicht, Geschmack, Geruch, Getast, Gefühl zugehören • →Schreibwaage

*

KRAEPELIN, Emil / 1856–1926 / Psychiater / München, Leipzig, Dresden, Dorpat, Heidelberg 1891, München ab 1903

Kräfte, psychische, die dynamischen Ursachen im ps. Geschehen. ROHRACHER schlägt folgende Einteilung vor: 1. Ps. Kräfte = Trieb, Gefühl, Wille (dynamische Seite). 2. Ps. Funktionen, die den Kräften zur Erreichung ihrer Ziele zur Verfügung stehen = Wahrnehmung, Gedächtnis, Denken (funktionale Seite). Zum Verständnis der Art, wie diese Kräfte wirksam sind, spricht man von Kraftfeldern (→Feld, →topologische und Vektorps., →Dynamik). Ⓛ ROHRACHER

Kraftempfindung, kinästhetische Empfindung. →Kinästhesie

Kraftfahrerprüfung →Verkehrspsychologie

Krampf, Krampus, Crampus, auf einen oder einzelne Muskeln beschränkte unwillkürliche und ungeordnete Kontraktion. Unterschieden werden tonische und klonische Krämpfe. Erstere mit vorwiegend länger dauernden und gleichmäßigen, letztere mit rasch aufeinanderfolgenden und kurz dauernden Muskelkontraktionen. Mischformen kommen vor.

Krampfbehandlung →Schocktherapie

kranial [gr. *kranion* Schädel], kopfwärts, zum Kopf gehörend

Kraniologie, Schädellehre. Wissenschaft von den stammesgeschichtl. und ethnischen Unterschieden der Schädelformen (Anthropologie). • Lehre von den vermeintlichen Beziehungen zwischen Schädelform und Persönlichkeit (→Phrenologie).

Kraniometrie, Messung der Schädelform

Kranioskopie →Phrenologie

Krankheit, Beeinträchtigung des physischen oder psychischen Gleichgewichts (→Homöostase) und somit Störung der normalen Funktionen der Organe und Organsysteme. • Die Abgrenzung von K. gegenüber der →Norm erfolgt gewöhnlich durch →Symptome, wobei allerdings eine scharfe Grenzziehung nicht möglich ist. • K. ist in der Ps. besonderer Forschungsgegenstand der →Klinischen Psychologie. →Psychopathologie, →Störung, →abnormes Verhalten

Krankheitsgewinn, primärer u. sekundärer, *advantage by illness,* die aus der Krankheit erzielbare Befriedigung. • Die von FREUD entwickelte Ansicht, daß ein primärer K. oft die Neurose (als Flucht in die Krankheit oder als vorteilhafte Neubeziehung zur Umwelt durch die Krankheit) motiviert und der sekundäre K. darin besteht, daß die eingetretene Erkrankung nachträglich einen Vorteil (z. B. Beachtetwerden, Rente) bedeutet.

Krankheitsmodell →medizinisches Modell

KRAUSEsche Endkolben, Rezeptoren der Haut für Kälte. →Hautsinne

*

KRAUSE, Wilhelm / 1833–1910 / Med., Anat. / Univ. Göttingen, Berlin

Kreativität, Kreativitätsforschung, definitorisch noch nicht genügend scharf umgrenzter Begr. für ein Gefüge intellektueller und nichtintellektueller (motivationaler, einstellungs- und temperamentsmäßiger) Persönlichkeitszüge, die als Grundlage für produktive, originale, schöpferische Leistungen angesehen werden (im Sinne von Prozessen des Umordnens, Planens, Entwerfens, Erfindens, Entdeckens). Kriterien solcher Leistungen findet man z. B. in der Originalität und Neuartigkeit der Problemlösung, dem Einfallreichtum und der Flexibilität des Produzierenden, der Offenheit und Flüssigkeit des Produktionsprozesses. Vom stärker individualistischen Begr. des Schöpferischen (etwa der Reformpädagogik) unterscheidet sich der Begr. der K. durch den soziokulturellen Bezugsrahmen (Kriterium: »nützlich für die Gesellschaft«), sozialps. verweist er in seiner Bedeutung als Fähigkeit und Bereitschaft zur →Innovation auf die Interdependenz von K. und Gesellschaft.

Anstoß für den Aufbruch der Kreativitätsforschung war J. P. GUILFORDS Vortrag über *»Creativity«* vor der *American Psychological Association* (1950), Anlaß für den Durchbruch der entsprechenden Initiativen auf breiter Front der sog. Sputnik-Schock in den USA (1957). A. F. OSBORN begründete 1954 die *Creative Education Foundation,* die seit 1967 eine eigene Zeitschrift ausgibt *(The Journal of Creative Behavior, Buffalo).*

Psychologisch-pädagogische Denk- und Forschungsrichtungen lassen sich in die beiden Hauptgruppen der holistischen (ganzheitstheoretischen) und elementaristischen Auffassungen einteilen, die sich wiederum in Intuitionisten und Analytiker bzw. Strukturalisten aufgliedern. Die intuitiven Holisten (z. B. C. R. ROGERS, R. M. MOONEY) wollen sich über einfühlendes Verste-

K

hen der irgendwelchen objektiven Analysen widerstehenden einzigartigen menschlichen Erfahrung des Kreativen nähern, die holistischen Analytiker versuchen (im Anschluß an M. WERTHEIMER und K. DUNCKER, aber auch, wie V. LOWENFELD, vom künstlerischen Schaffen her) Zusammenhänge zwischen Erlebnissen, Ereignissen und kreativen Produktionen zu finden und verschiedenartige Lösungswege zu unterscheiden, was ausschließt, daß es einen einheitlichen Typus des kreativen Menschen geben könnte. Die intuitiven Elementaristen (z. B. A. F. OSBORN) fassen das kritische Denken, das mit zunehmendem Alter auf- und ausgebaut wird, als in Funktion und Ergebnis gegengerichtet zum kreativen Denken auf, das üblicherweise allmählich zurückgedrängt wird und mit den Jahren versiegt. Damit ist zugleich der Leitsatz für ein pädagogisches Programm formuliert, das von E. P. TORRANCE propagiert wird.

Die elementaristischen (positivistischen) Analytiker, größte Gruppe der Kreativitätsforscher, die bei ihren experimentellen Arbeiten ein assoziationstheoretisches Denkmodell voraussetzen (S. A. MEDNICK u. a.), unterscheiden zwischen Originalität (= Bildung neuer Kombinationen aus assoziativen Elementen) und Kreativität (= originellem Problemlöseverhalten, das zu gesellschaftlich nützlichen Resultaten führt). Vom (typologischen) Konzept zweier unterschiedlicher Assoziationsverläufe ausgehend – die nonkreative Gruppe leert auf ein Reizwort hin ihr Assoziationsreservoir rasch und mit geringer Latenzzeit, die kreative zeigt verlangsamte, aber umfangreichere und originellere Produktion –, lassen sich einerseits Kreativitätstests konstruieren (z. B. Remote Associations Test = RAT nach MEDNICK, Tests von M. A. WALLACH und N. KOGAN), andererseits didaktische Schemata für Kreativitätserziehung entwickeln.

Die Strukturtheoretiker der Intelligenz und Kreativität (bes. J. P. GUILFORD) verwerfen die assoziationstheoretische Begründung als unzureichend und ermitteln – zunächst deduktiv – aus einem Modell des Intellekts Kombinationen von Denkinhalten, Denkoperationen und Denkergebnissen, die sie faktorenanalytisch nachzuweisen und als Anweisung zur Verwendung bzw. Konstruktion entsprechender Prüfverfahren (Tests) einzusetzen trachten. Wichtigster Ansatzpunkt der Kreativitätsforschung dieser Art ist die Operation des →divergenten Denkens, häufigste Stützfunktionen die verschiedenen *fluency*-Arten (Wortflüssigkeit, Ausdrucksflüssigkeit, Gedanken- oder Vorstellungsflüssigkeit), weiter Umstellungsfähigkeit und spontane Flexibilität, Fähigkeit zur Neuformulierung von Gedanken und Definitionen und vor allem Problemsensitivität. Nach dieser Auffassung beruhen individuelle Differenzen im Problemlösen (als wesentlichem Teil des kreativen Denkens) vorwiegend auf verschiedenartigen Varianzmustern der Intellektstruktur (GUILFORD).

Von den versch. Aspekten der K. – Person, Prozeß, Produkt, Umwelt – hat die Untersuchung der involvierten Denk- und Problemlösungsvorgänge neuerdings das stärkste Interesse gefunden (ROHR 1975, KRAUSE 1977). Ältere Phasenmodelle des schöpferischen Prozesses (Präparation-Inkubation-Inspiration / Illumination-Verifikation: nach H. POINCARÉ) oder des Problemlösungsvorgangs (Schwierigkeitswahrnehmung-Problemidentifizierung-Hypothesenbildung-Abwägen der Implikationen-Akzeptieren der Lösung: nach J. DEWEY) tauchen in ähnlicher Abfolge der Operationen wieder auf, haben jedoch vorzugsweise heuristischen Wert. Nach den empirischen und exp. Befunden unterscheiden sich kreative von Problemlösungsprozessen vorab im stärkeren Anteil unbewußter und vorbewußter Prozesse, in der geringeren Determiniertheit der Aufgabe und der geringeren Abhängigkeit von erlernten instrumentellen Vorgehensmustern (SEIFFGE-KRENKE 1974). Deshalb stellt das (auch pädagogisch-didaktische) Vorbereiten und Organisieren von Lösungsstrategie und Steuerungstechniken mit dem Ziel kreativen Verhaltens ein Hauptproblem des K.trainings (SIKORA 1976) im wissenschaftlichen, wirtschaftlichen und schulischen Bereich dar. Die empfohlenen Methoden (z. B. →*brainstorming* nach OSBORN, Checklisten-Verfahren, →synektische Methoden nach GORDON) sind allesamt vorbereitende Verfahren, die die Wahrscheinlichkeit des Auftretens kreativer Einfälle erhöhen sollen, jedoch nicht garantieren können.

Untersuchungen über das Verhältnis von Intelligenz, K. und Schulleistung kommen zu widersprüchlichen Resultaten. Die aus der Kritik am Intelligenzkonzept gewonnene Ausdeutung eines Gegensatzes der Einschätzungen von intelligenten und kreativen Schülern bei vergleichbarer Schulleistung (»GETZELS-JACKSON-Phänomen«) ließ sich nicht durchgängig bestätigen, ebensowenig die als elegante Lösung imponierende Hypothese einer Intelligenzschwelle (z. B. IQ = 120), oberhalb deren die Kovariation von Intelligenz und K. verschwinden sollte. Ähnlich uneinheitlich sind die Befunde über die vermutete Beziehung zwischen Schulleistung, Intelligenz und Bravheit (= Konformismus!). Offensichtlich spielen Schulform, →Unterrichtsstil und Lehrerpersönlichkeit sowie Beeinflussung durch sozioökonomische Daten des Schülers bei der Einschätzung eine entscheidende Rolle (KRAUSE 1972). Dennoch darf man erwarten, daß die Prognose von Schulleistungen durch zusätzl. Verwendung von Kreativitätstests verbessert werden kann.

Die Vielfalt von Kreativitätsforschung und Kreativitätspädagogik beruht auf der Unklarheit und Mehrdeutigkeit des Begr. K., unterschiedlichen Vorannahmen über kreatives Verhalten, verschiedenartigen Forschungsstrategien, Divergenzen in Bezugssystemen und Kommunikationsformen und letztlich auch Zielsetzungen. Darin spiegelt sich die sachliche und begriffliche Problematik der historisch älteren →Begabungsforschung, deren bedeutsamster Aspekt sich in der Kreativitätsforschung verselbständigt und ähnlich wie jene Kritik seitens marxistischer Auffassungen (MEHLHORN 1977) gefunden hat. Ⓛ GUILFORD 1950, MÜHLE 1973, ULMANN 1973, PREISER 1976 *Mü-E*

Kreativitätstests, Bez. für Tests, welche die kreativen Leistungen (→Kreativität) messen. Die Forderung nach solchen Tests wurde erhoben, als man erkannte, daß mit den Intelligenztests mehr reproduktive als produktive Leistungen gemessen werden. GUILFORD(1950) und THURSTONE (1951) haben bereits auf verschiedene Aspekte kreativen Verhaltens hingewiesen.

Die Entwicklungen im wissenschaftlichen und technischen Bereich und die damit verbundenen Forderungen nach Wissenschaftlern und Technikern, welche zu kreativen Leistungen fähig sind, hat die Entwicklung von K. gefördert. Wenn auch bis heute nur in geringer Anzahl K. vorliegen und sich gezeigt hat, daß solche Verfahren weit schwieriger zu konstruieren sind als Intelligenztests, sind doch schon einige gute Verfahren vorhanden. Von TORRANCE und Mitarbeitern wurde der *Torrance Test of Creative Thinking* entwickelt. Der Test umfaßt 10 Untertests und gliedert sich in einen Teil, bei dem kreatives Denken mit Wörtern und kreatives Denken mit Bildern untersucht wird. Ein anderer K. wurde auf der Basis der GUILFORDschen Intelligenzfaktoren und hier vor allem für den Faktor »divergentes Denken« entwickelt. Der gesamte Test besteht ebenfalls aus einem Verbalteil mit 7 Untertests und aus einem Bilder- od. Figurenteil mit je 4 Untertests. Tests auf der Basis des →divergenten Denkens wurden ebenfalls von WALLACH und KOGAN entwickelt. Im deutschen Sprachraum wurden solche Tests von Ⓣ SCHOPPE (Verbaler Kreativitätstest) und Ⓣ MAINBERGER (Test zum Divergenten Denken) entwickelt. *Hä-R*

Kreisprozesse, Vorgänge, Abläufe (von Funktionen, Handlungen, Lernverläufen u. a.), die erkennen lassen, daß die einzelnen Glieder nicht bloß voneinander abhängen, sondern sich gegenseitig – auch rückwirkend – bedingen. Vgl. Funktionskreis, Gestaltkreis

Kreisreaktion, in den ersten Lebensmonaten auftretendes Verhalten des Kindes. Wiederholung einer Handlung, wenn diese zufällig zu einem angenehmen Ergebnis geführt hat. PIAGET und INHELDER unterscheiden die primäre K. (übendes Wiederholen zufällig ausgelöster Handlungen, z. B. Greifen und Fallenlassen eines Gegenstandes) von der sekundären K. (Generalisierung der primären K. zwischen dem dritten und neunten Lebensmonat). In der Theorie PIAGETS ein →sensumot. Schema, das eine Vorstufe der Mittel-Zweck-Relation darstellt.

Kretinismus [roman. *cretina* Kreatur, elendes Geschöpf], angeborene, fehlende oder mangelhafte Schilddrüsenfunktion mit Wachstumshemmung (Zwergwuchs, Kurzfingrigkeit, aufgestülpte Nase, dicke Zunge, Taubheit) und Schwachsinn (zurückgebliebene Sprachentwicklung). Vom K. ist das ähnlich sich auswirkende, aber nicht angeborene →Myxödem zu unterscheiden. Von endemischem K. spricht man beim gehäuften Auftreten in bestimmten Gegenden, z. B. in Gebirgstälern (Jodmangel).

Kreuzvalidierung, Verfahren zur Kontrolle der Gültigkeit von Testergebnissen durch unabhängige Replikation der →Validierung. Dieses Vorgehen wurde von MOSIER (1947) auf Grund seiner Beobachtung über die mangelhafte Replizierbarkeit von →Validitätskoeffizienten des RORSCHACH-Tests vorgeschlagen. Mit der K. werden die bei einer Stichprobe gefundenen Validitätskoeffizienten bei einer anderen Stichprobe erneut überprüft. Es kann z. B. untersucht werden, ob eine Anzahl von Testitems, welche bei einer Gruppe verschiedene Ausprägungsgrade einer Eigenschaft differenziert hat, bei einer anderen Gruppe nun ebenso differenziert. Ⓛ MCCORMACK, NORMAN

Kriegführung, psychologische, in den USA im Zweiten Weltkrieg unter der Bez. *»psychological warfare«* entwickelte Methoden (lern-, sozial-, werbe- und tiefenps. Art) mit den Zielen:

(a) (im Krieg) Herüberziehen des Gegners auf die eigene Seite, seine Brandmarkung und Verketzerung, Einschüchterung (Nervenkrieg), Paralysierung des gegnerischen Kampfwillens und Desintegration der Gruppenkohäsion durch Verunsicherung.

(b) (im Frieden) Darstellung verteidigungswerter Staatsideologien, Immunisierung gegen Fremdeinflüsse, Wecken von Vertrauen zur Führung und in die eigene Kampfkraft. *Mi-E*

Kriegsneurose, als Folge von Kriegseinwirkungen eintretende Konversionsneurose (→Konversion).

v. KRIESsche Zonentheorie, um eine Synthese der Dreikomponententheorie des Farbensehens (→HELMHOLTZ) und der Gegen-

K

farbentheorie (→HERING) bemühte sich J. v. KRIES (1905).

Die zwischen Netzhaut und Sehsphäre liegenden Einrichtungen bestehen aus mehreren, in ihrer Funktionsweise verschiedenen Zonen. Die Vorgänge in der Netzhaut (peripherer Farbensinn) seien durch die HELMHOLTZsche, die in den höheren Zentren (terminaler Farbensinn) durch die HERINGsche Theorie darstellbar. Neuere, sich widersprechende physiologische Befunde legen die Zonentheorie nahe. Danach wären die photochemischen Prozesse in den Rezeptoren (RUSHTON 1958, BROWN und WALD 1964) entsprechend der Dreikomponententheorie, die antagonistischen neuralen Prozesse nach der ersten Synapse in Retina und Gehirn (SVAETICHIN 1958, MAC NICHOL 1958, VALOIS 1966) entsprechend der Gegenfarbentheorie zu deuten. v. KRIESsche Duplizitätstheorie →Duplizitätstheorie. Ⓛ JUNG u. KORNHUBER * *Str-R*

KRIES, Johannes v. / 1853–1928 / Physiol. / Freiburg

Kriminalität, eine besondere Form des normabweichenden Verhaltens. Dieses Verhalten wird durch das Bestehen eines Verbrechensbegriffes definiert. Der Inhalt des Verbrechensbegriffes ist von sozialkulturellen Determinanten bestimmt und deshalb zeitlich und regional sehr unterschiedlich. K. ist nach KAISER (1974) »die Summe der strafrechtlich mißbilligten, also mit einem besonderen Unwerturteil belegten Rechtsbrüche oder Verbrechen. Die K. wird gewöhnlich nach Raum (national, regional, lokal) und Zeit (Tag, Monat, Jahr) sowie nach Umfang (Zahl der Delikte), Struktur (Art und Schwere der Delikte) u. Entwicklung beschrieben«. *Hä-R*

Kriminalprognose, die Vorhersage kriminellen bzw. nichtkriminellen Verhaltens. Auf empirischem Wege werden sog. Prädiktoren oder Vorhersagevariablen ermittelt, welche dann Voraussagen über die Wahrscheinlichkeit des Rückfalls zulassen.

Die formale Struktur von Prognosetafeln ist folgende: Über den Vergleich von Delinquentengruppen, welche das vorauszusagende Verhalten nicht zeigen, und solchen, welche es zeigen, werden diejenigen Variablen ermittelt, welche als Bedingungen für unterschiedliches Verhalten verantwortlich gemacht werden können. Diese Variablen (Prädiktoren) werden dann in eine sog. Prognosetafel oder Prognosetabelle aufgenommen. Mittels dieser Prädiktoren kann dann für jede individuelle, neu zu stellende Prognose ein Punktwert errechnet werden.

Bei der K. handelt es sich um eine wissenschaftliche Prognose, die eng mit dem Kontrollvorgang der Bewährung gekoppelt ist. Es handelt sich also um ein statistisches Prognoseverfahren, das auf Grund bisheriger Auftretenswahrscheinlichkeiten von Eigenschaften, Merkmalen, Verhaltensweisen oder Variablen innerhalb einer untersuchten Stichprobe Aussagen generalisiert und auf andere Individuen überträgt.

SCHNEIDER (1967) hat eine Einteilung der K. vorgenommen. Es ist zunächst üblich, zwischen der Individual- und der Kollektivprognose zu unterscheiden. Unter die Kollektivprognose würden solche Kontroll- und Bewährungsmaßnahmen fallen, welche die tatsächliche Auswirkung von strafrechtlichen Maßnahmen auf eine kollektive Zielgruppe überprüfen. Ein Beispiel aus dem Straßenverkehrsrecht wäre die Überprüfung der Wirkung von Geldstrafen auf die Verkehrsdelinquenz. Werden Voraussagen über das Zusammentreffen von Delikten, bezogen auf bestimmte Tatopfer, gemacht, so spricht man von der Opferprognose bzw. viktimologischen Prognose.

Die Erstellung von Prognosen ist im Bereich der Rechtsprechung an verschiedenen Punkten der Entscheidungsstrategie vorgesehen. Vom Strafrecht aus bzw. von den daraus abgeleiteten gerichtlichen Entscheidungen geht es im Bereich des Erwachsenenstrafrechtes vor allem um die Voraussage der Rückfallgefährdung. Auch das Jugendstrafrecht hat die Prognoseerstellung bei verschiedenen Entscheidungen vorgesehen. Innerhalb des Strafvollzugs können Entlassungsprognosen, Klassifikationsprognosen oder Behandlungsprognosen zu einer effektiveren Gestaltung der Vollzugsmaßnahmen beitragen. Während die K. lange Zeit von den methodischen Vorteilen der Testkonstruktion keinen Gebrauch machte, wurden in letzter Zeit diese auch auf die Konstruktion von Prognosetabellen angewandt. Ⓛ MEY 1967 *Hä-R*

Kriminalpsychologie [lat. *crimen* Verbrechen], ältere Bez. für den Untersuchungsbereich der Ps., bei welchem ps. Variablen mit dem Verhaltenskriterium des Verstoßes gegen eine Rechtsnorm in Beziehung gebracht werden. Die K. formuliert darüberhinaus ps. Hypothesen und Theorien zur Beschreibung und Erklärung dieses normabweichenden Verhaltens. Die K. untersucht Motive bestimmter Delikte, sowie die Ursachen der Neigung zur Kriminalität überhaupt, d. h. ihre endogenen und exogenen Faktoren. So werden z. B. strukturelle, konstitutionelle Komponenten, Milieueinflüsse, krankheitsbedingte Faktoren, soziologische Zugehörigkeit, Alter, Geschlecht, situative Gegebenheiten usw. mit Kriminalität in Beziehung gebracht.

Da jedoch der Begr. des Verbrechens sehr vielfältig determiniert ist und die übergeordneten juristischen, gesellschaftlichen und kulturellen Normen den inhaltlichen Aspekt dessen, was Verbrechen ist, bestimmen, ist der Verbrechensbegriff sehr variabel und der ps. zu untersuchende Aspekt des Verbrechens und des Verbrechers sehr komplex. Aus diesem Grunde haben sich die rein ps. Ansätze zur Beschreibung und Erklärung der Kriminalität erweitert etwa durch sozialps. Analysen oder klinische Aspekte des normabweichenden Verhaltens. Eine rein differentielle, auf bestimmte Persönlichkeitseigenschaften hin analysierende Betrachtung wird heute äußerst selten vertreten, da solche Theorien sich empirisch wenig bewährten. So überwiegen z. B. für die von EYSENCK vorgelegte Kriminalitätstheorie, welche mit dem Konstrukt der Extraversion bzw. der Konditionierbarkeit kriminelles Verhalten erklären will, solche empirischen Befunde, welche die Theorie nicht stützen und sie zu einer starken Einschränkung auf einige wenige Deliktformen zwingen. Die K. hat auch eine starke Wandlung dadurch erfahren, daß sich die →Kriminologie in umfassender und interdisziplinärer Weise mit der Kriminalität befaßt. Die Schwerpunkte, in denen sich die Psychologie heute noch mit dem Kriminellen befaßt, sind die Fragen der Prophylaxe, der Resozialisierung und den damit zusammenhängenden Maßnahmen der Therapie. Vgl. Forensische Psychologie *Hä-R*

Kriminologie, eine empirische, interdisziplinäre Wissenschaft, die sich mit den im menschlichen und gesellschaftlichen Bereich liegenden Umständen befaßt, »die mit dem Zustandekommen, der Begehung und der Verhinderung von Verbrechen sowie mit der Behandlung von Rechtsbrechern zusammenhängen. Mit interdisziplinärem, multifaktoriellem Ansatz richtet sie dabei ihre Forschungen im Erfahrungsbereich auf alles, was sowohl mit den Rechtsnormen als auch mit der Persönlichkeit des Rechtsbrechers und ihren Verhältnissen in Verbindung mit dem von der Rechtsordnung bzw. Sozialordnung mißbilligten Verhalten zusammenhängt« (GÖPPINGER 1971).

Schon Ende des vorigen Jahrhunderts befaßten sich hauptsächlich Mediziner und Juristen mit der Frage nach dem Entstehen von Verbrechen (LOMBROSO). Extreme theoretische Positionen führten aber zu keinen nennenswerten, wissenschaftlich fundierten Resultaten. Bevor die K. nach dem Zweiten Weltkrieg eine eigenständige Disziplin wurde, hat man ihre Beziehungen zu den verschiedenen Fachgebieten sehr unterschiedlich gesehen. Von einigen Autoren wird die K. als *»clearing«*-Zentrale für die Ergebnisse verschiedener traditioneller wissenschaftlicher Disziplinen gesehen (FREY 1951). MAYER bezeichnet die K. als empirische Geisteswissenschaft. Für SUTHERLAND gehört sie zu den Sozialwissenschaften. Die in Deutschland wie auch in anderen Ländern angestrebte Richtung geht dahin, daß die K. auf empirischem Weg das Verbrechen, den Verbrecher und die Verbrechensverhütung gemeinsam mit anderen Fachrichtungen untersucht. Daraus resultiert eine interdisziplinäre Zusammenarbeit von Juristen, Psychiatern, Soziologen und Psychologen. Ⓛ KAISER 1971 *Hä-R*

Krise [gr. *krisis* Entscheidung, Sichtung], der entscheidende Zeitpunkt oder auch Abschnitt im Verlauf einer Krankheit, einer charakterlichen Entwicklung, einer Psychoneurose, i. w. S. jeder Auseinandersetzung

Krisenintervention (med.-ps.), akute therapeutische Hilfe in krisenhaften Situationen, deren Prinzipien sofortiges Eingreifen, aktives Handeln des Therapeuten, Behandlung der gegenwärtigen Problematik und Einbeziehung des Milieus sind (REITER 1975). *S-T*
In der *mental health*-Bewegung ist K. der primären Prävention zuzuordnen. Die ps. Forschung zur K. geht aus von Fragen nach den relevanten Stressoren, therapeutisch wirksamen Faktoren und den Kräften zur Bewältigung (→*coping*) von Krisen. Ⓛ AGUILERA u. MESSICK 1977, MINSEL, LOHMANN u. BENTE 1980 *R-S*

Kristallvision, zu den magischen Praktiken gehört das Erzeugen illusionsartiger Bilder, indem man einen glänzenden Gegenstand (Kristall, Metall, Wasser) längere Zeit betrachtet. Auch die Schusterkugel wurde als Ansatz für solche Bilderzeugung benützt. Bei allem Wandel in den Einzelheiten – schon die Antike kennt solche »Kunst« – bleibt der Zweck meist der gleiche: Wahrsagen, die Zukunft schauen, der »Blick in jenseitige Gefilde«. Ⓛ BENDER, DRIESCH

Kriterium, ein entscheidendes Merkmal, mit dem andere Merkmale verglichen werden. So ist z. B. bei der Validitätsprüfung eines Tests (→Validität) das K. ein nicht in Frage gestelltes Maß dessen, was dieser Test messen soll. • Ein Merkmal, das zur Beurteilung der Qualität eines Sachverhalts herangezogen wird (z. B. →Testgütekriterien). • Ein kritischer Wert, bei dessen Erreichung oder Überschreitung eine alternative Entscheidung in ihr Gegenteil umschlägt (z. B. Prüfung bestanden – nicht bestanden). →Selektion *Mi-A*

kriteriumsbezogene Validität →Validität

Kriteriumsrotation, ein von Eysenck (1950) vorgeschlagenes Verfahren zur Rotation bzw. Interpretation eines Faktors (→Faktorenanalyse). In die Faktorenanalyse der Tests wird ein externes Kriterium aufgenommen, das mit dem Faktor hoch korreliert. *Hä-R*

Kritikfähigkeit [gr. *kritikós* Beurteiler], die Fähigkeit, komplexe Sachverhalte zu prüfen und sich ein eigenes Urteil darüber zu bilden, eine Teilfunktion der Intelligenz. Zu ihrer Untersuchung wurden besondere →Kritik-Tests entwickelt. • Bei Guilford entspricht der K. die Dimension der Bewertung (Evaluation).

Kritiksucht, teils übersteigerte Neigung zur Kritik, teils diejenige Scheinform des Denkens, die aus Geltungsstreben und einem »Prestige« zuliebe vorgibt, alles bemängeln zu müssen oder besser zu wissen.

Kritik-Tests, Bez. für Tests, bei denen die Vp Texte mit logischen Fehlern, absonderlichem Inhalt, sinnlosen Zwischenstücken u. ä. vorgelegt bekommt. Ⓣ Binet, Hische, Rossolimo, Stern

Kritische Psychologie →Psychologie (Richtungen)

Kritischer Idealismus →Idealismus

Kritzel-Test Ⓣ Meurisse

Krueger-Ganzheitsps. →Leipziger Schule, →Ganzheitsps.

*

Krueger, Felix / 1874–1948 / Psych. (Ganzheit, Struktur, Gefühle) / Leipzig (Buenos Aires, Halle)

Krug-Schneideprobe Ⓣ Kröber

Krümmungstäuschung →geometrisch-optische Täuschung

Kruskal-Wallis-Test, syn. H-Test, ein nichtparametrisches Prüfverfahren zum Vergleich mehrerer unabhängiger Stichproben hinsichtlich ihrer zentralen Tendenz. Die Anwendung des K. setzt Ordinalvariablen voraus. Die Beobachtungen aller k Stichproben werden in eine Rangreihe gebracht und die Rangplatzsummen (R_j) der einzelnen Stichproben verglichen. Der kritische Wert H wird nach

$$H = \frac{12}{N(N+1)} \sum \frac{R_j^2}{n_j} - 3(n+1)$$

bestimmt, er ist ab $n > 5$ χ^2-verteilt. *Mi-A*

*

Kruskal, William Henry / *1919 / Statistiker / Chicago

*

Wallis, Wilson Allen / *1912 / Wirtschaftswissenschaftler / Chicago u. a.

Ⓔ **krypt...** [gr.] in Wtvb. versteckt, verborgen, heimlich

Kryptästhesie, das Wahrnehmen kaum wahrnehmbarer Eindrücke, d. h. sehr verfeinerte Wahrnehmung. Auch svw. Hellsehen.

Kryptographie, sinnlose Schriftzeichen, die ohne Konzentration auf den Schreibvorgang und ohne bewußte Beachtung gleichsam »nebenbei« hingeschrieben oder hingekritzelt werden und als Äußerung unbewußter Vorstellungen deutbar sein sollen

Kryptomnesie, subliminale, d. h. unter der Bewußtseinsschwelle liegende Erinnerungen, die zumal bei parapsychischen Erscheinungen (z. B. mediumistischen Visionen) verhüllt zur Darstellung gelangen sollen

KT Ⓣ Brüner

Kuder-Richardson Formel 20, eine von Kuder und Richardson zur Ermittlung der Testkonsistenz entwickelte Formel, die auf der Item-Schwierigkeit (p) und der Testwertstreuung (s_x) aufbaut.

$$r_{tt} = \frac{n}{n-1}\left(\frac{s_x^2 - \Sigma pq}{s_x^2}\right)$$

Ihre Anwendung setzt voraus, daß die Item-Interkorrelationen ungefähr gleich groß sind. *Mi-A*

*

Kuder, George Frederic / * 1903 / Psych., Meßmeth. / Duke Univ.

Kugelfallversuch →Heringscher Fallversuch

Kult, Kultus, Bez. für die Gesamtheit von Volkssitten, Vorstellungen und Gebräuchen, die nach Inhalt und Ausdruck einen bestimmten, meist religiös-mythologischen Gedanken vertreten und sinngemäß als heilig gepflegt werden (z. B. der Ackerk.).

K.gesang: die beim →totemistischen K. begleitenden Gesänge. – K.handlungen: Ausdrucksformen des K. Nach Wundt sind solche Ausdrucksformen Gebet, Opfer, Heiligung (→Gebet). Opferarten sind: Geschenk-, Schuld-, Zauberopfer zur Einwirkung auf Dämonen, Götter usw. Heiligung erscheint als Reinigung und Gegenzauber (→Lustration), in Form der Besprengung des geweihten Ortes und in Form des Opfermahles. (Speisen des Opfers in Gemeinschaft mit Göttern.) →Götter

Kultur [lat. *cultúra* Pflege, *cólere* bebauen, tätig verehren], Aneignung, Veredelung und Wertsteigerung der Natur durch den Menschen.

Nach Hellpach »Ordnung aller Lebensinhalte und Lebensformen einer Menschengemeinschaft unter einem obersten, alles bestimmenden Wert (oder einer Wertegruppe)«. Auch die Erstarrung ist notwendig. Ohne sie gäbe es das Phänomen der Kultur nicht – es käme nie zu der Ruhe und

Stetigkeit, deren Kultur bedarf. THURNWALD (1939²) versteht unter K. »die Gesamtheit der Gewohnheiten und Einrichtungen, die sich auf Familie, staatliche Gestaltung, Wirtschaft, Arbeit, Moral, Sitte, Recht und Denkart beziehen. Sie sind an das Leben der Gemeinwesen gebunden, in denen sie geübt werden, und gehen mit diesen zugrunde«. • Den Umkreis der kulturellen Gegenstände teilt man herkömmlich in folgende einzelne Sachbereiche ein: 1. Wirtschaftliche K. (Ackerbau, Bergbau, Viehzucht, Technik, Industrie, Handel, Verkehr). 2. Soziale K. (Sitte, Recht, Gesellschaft, Staat, Erziehung). 3. Geistige K. (Wissenschaft, Kunst, Religion, Schrift, Sprache, Spiel). – Diese Sachbereiche sind das Ergebnis einer Ausdifferenzierung im Laufe der Entwicklung, an deren Anfang die menschlichen Urgüter standen: Sprache, Tracht, Werkzeug, Gebot und Sitte, Jenseitsvorstellungen und Erlösungssehnsucht. • Die kritische Auseinandersetzung mit dem Zustand und der Entwicklungshöhe unserer Kulturform ist oft betrieben worden: angefangen mit ROUSSEAU, folgen KIERKEGAARD, NIETZSCHE, J. BURCKHARDT, DILTHEY, JASPERS, KLAGES, SPENGLER, A. SCHWEITZER, TOYNBEE, MARCUSE u. a. →Zivilisation

Kulturanthropologie, eine hauptsächlich in den USA entwickelte Forschungsrichtung, welche Theorien und Methoden der Anthropologie, Psychologie und Soziologie in sich vereinigt. Ihre Grundthese ist, daß die Kultur eines Volkes sich nicht aus den biologischen Gegebenheiten ableiten läßt, sondern daß im Gegenteil die biologischen Gegebenheiten erst durch die Kultur ihre Prägung erfahren und immer Ausdruck einer bestimmten Kultur sind. K. ist eigentlich ethnologische →Anthropologie und versucht mit den Sitten, Gebräuchen und Institutionen das Wesen und die Struktur der Kulturen zu gewinnen und damit die für das Wesen der Menschen dieser Kulturen entscheidenden Faktoren zu erfassen. Hauptvertreter sind: A. KARDINER (1945), R. BENEDICT (1955), M. MEAD (1954), B. MALINOWSKI, C. KLUCKHOHN Ⓛ MÜHLMANN u. MÜLLER 1966, E. ROTHACKER 1948

Kulturkreis →Kulturmorphologie

Kulturmorphologie, Lehre von der ganzheitlichen, geschlossenen Gestalt (Organismus) und dem Gestaltwandel der Kultur, der sich analog zur biologischen Entwicklung aus Geburt, Jugendalter, Blütezeit, Greisenalter und Tod zusammensetzen soll: Kulturzyklentheorie (Vertreter: VICO, zuletzt SPENGLER, FROBENIUS). Bei FROBENIUS (1939) kommt noch der Begr. des Kulturkreises (best. Kulturformen in best. Lebensräumen) hinzu.

Kulturneurose →Kulturpsychopathologie

Kulturpsychologie, das Teilgebiet der Ps., das dem kulturerzeugenden Handeln, wie auch den durch die Kultur erzeugten Objekten und Objektivationen sowie der Resubjektivierung – der Wiederbelebung – von Kulturgütern, -gehalten und -werten im aufnehmenden, verstehenden, sie sich aneignenden Menschen, gewidmet ist.

Dabei können Kulturobjekte 1. körperlich selbständige Gegenstände, 2. sinnlich darstellbare, ausgeformte Vorgänge (etwa Feste, Feiern, Riten, Bräuche oder auch Rechtsnormen und Konventionen), 3. im Bedarfsfall aktualisierbare Verfügbarkeiten (wie die Sprache, Bildungsgüter, Wissensstoff) sein. • K. heißt auch die DILTHEYsche Deutung der Kultur im Sinne seiner →verstehenden Ps. • Problemstellungen der K. sind die Frage nach dem ps. Hintergrund der verschiedenen Kulturen, der ethnischen, landschaftlichen Zusammenhänge bei der Bildung von Kulturkreisen; ferner die ps. Seite der Entwicklung der menschlichen Kultur schlechthin zu ihrer heutigen differenzierten Gestalt. Zumeist aber wird K. als Ps. der einzelnen Kulturbereiche getrieben, angefangen bei der Ps. des Ackerbaus, der Technik bis hin zur Ps. der Sprache, der Religion, der Erziehung, der Wissenschaft, der Kunst, also der geistigen Wertgebiete. HELLPACH entwarf eine Ps. der Triebgüter, Spielgüter, Rauschgüter, der Nutzgüter, Zwangsgüter und Wißgüter der Kultur, abschließend dann eine solche der transrationalen Kulturgüter, des Metaphysischen, Ethischen, Religiösen, Philosophischen. KRUEGER, und nach ihm WERNER, haben die Kulturgenesen im Zusammenhang einer allgemeinen Entwicklungsps. gesehen. – Die Grenze zur →Kulturanthropologie ist in dem Teilgebiet der K. fließend, das die Kultur als eine Determinante für den Aufbau der Persönlichkeit (→Modalpersönlichkeit) behandelt. – Die Grenze zur Kulturphilosophie wird in den Werken von FREYER, SPRANGER, HUIZINGA überschritten. • Z. Zt. ist die K. teilweise durch die empirische Kulturwissenschaft abgelöst. Ⓛ BENEDICT, GEHLEN, KARDINER, LINTON, MEAD, SCHWIDETZKY, WALLACE, WUNDT, BOESCH 1980

Kulturpsychopathologie, Untersuchung der psychopathologischen Phänomene in den Kulturen und der Kulturgeschichte. Z. B. →Pathologie und geniale Persönlichkeit, Massenhysterien, Hexenverfolgungen, →Pathographien, oder das heutige Phänomen des kultur-(zivilisations-)abhängigen besonderen Unbehagens und der Angst (Kulturneurose), mitbedingt durch breite Bindungslosigkeit an Tradition und Sitte.

Kultursoziologie, Lehre von der gesellschaftlichen Bedingtheit und Bestimmtheit der Kultur und Kulturgebiete und der Rückwirkungen der Kultur auf die menschliche

Gesellschaft, insbesondere ihren Entwicklungsverlauf. • Selbständige Forschungsgebiete: Soziologie der Sprache, Religion, Kunst, Erziehung, Sitte, Moral, Technik, Wirtschaft, des Wissens, Rechts, der Umgangsformen, Mode, der öffentlichen Meinung.

Kulturwissenschaft, RICKERT stellte den Naturwissenschaften die K. gegenüber, die das historische Geschehen bearbeiten, das nicht in allgemeine Gesetze gefaßt werden kann; dabei ist ihre Erkenntnismethode individualisierend. • Empirische K. überschneidend mit Kultursoziologie hieß früher Volkskunde.

Kummer-Effekt →Hoffnungslosigkeit

Kumpan [altfrz. *compain,* Genosse], Gefährte für einen spezifischen Lebensbereich. K. LORENZ (1935) unterscheidet z. B. Eltern-, Geschlechts-, Kindkumpane. *P-S*

Kumulation, kumulative Wirkung [lat. *cúmulus* Haufen], Häufung, d. h. verstärkte Wirkung bzw. Summierung der Wirkung

Kumulation, (stat.) ein Rechenvorgang, bei dem jeder Wert eine Verteilung zur Summe der niedrigeren Werte addiert wird *Mi-A*

kumulative Häufigkeit, summierte Häufigkeiten einer Verteilung, die durch sukzessives Addieren der aufeinanderfolgenden Maßzahl- oder Klassenhäufigkeiten berechnet werden. Sie bestimmen daher die Gesamtzahl der Fälle bis zu einer bestimmten Maßzahl der Verteilung. *Mi-A*

KUNDTsche Regel, Bez. dafür, daß geteilte oder abgestufte Strecken bzw. Distanzen länger erscheinen als objektiv gleich lange ungeteilte. • KUNDTscher Teilungsversuch, versucht man bei einäugigem Sehen eine horizontale Linie in der Mitte zu teilen, zeigt sich eine Tendenz, den Mittelpunkt zur nasalen Seite hin zu legen. Auch die gegensätzliche Verschiebung wird behauptet.

*

KUNDT, August Adolph / 1839–1894 / Physk. / Zürich, Berlin

Kunstbegabungs-Tests, Tests, die die komplexe künstlerische Befähigung (bildende Kunst u. Musik) diagnostisch-prognostisch nachzuweisen suchen. Zur Kunstbegabung Ⓣ ANDERSON, GRAVES, LEWERENZ, MCADORY-WOODYARD, MEIER. Zur Musikbegabung Ⓣ ALIFERIS, DRAKE, REVESZ, SEASHORE, WHISTLER-THORPE, WING. Ⓛ WELLEK

künstliche Intelligenz →artifizielle Intelligenz

Kunstpsychologie, einerseits Teilgebiet der →Kulturps., andrerseits der Systematischen Kunstwissenschaft. Die Allg. K. gliedert sich in die Ps. des künstlerischen Erlebens und Verhaltens (von Kunstschaffenden, Interpreten und Kunstkonsumenten), der künstlerischen Persönlichkeit (und Umwelt i. w. S.) und des Kunstwerks. Die K. erforscht die auch für die speziellen K.n (→Musikps., →Literaturps., Ps. der Bildenden Kunst, des Tanzes usf.) maßgeblichen Erscheinungsformen, Bedingungen und Gesetzlichkeiten.

Historisch geht die K. auf G. TH. FECHNER (Vorschule der Ästhetik, 1876) zurück, der einer philos.-spekulativen »Ästhetik von oben« eine empirische »Ästhetik von unten« entgegenstellte, die sich unter der Bezeichnung »experimentelle Ästhetik« bis in die Gegenwart erhalten hat. Während die »Ps. der Kunst« genannten philos.-ästhetischen Meditationen über Kunst und Kunstwerk von MALRAUX (1957) außerhalb der wissenschaftlichen Ps. anzusiedeln sind, greift die an die Allg. Kunstwissenschaft angelehnte ps. Betrachtung vielfach auf antithetisch-polare oder genetisch-gestufte Begriffsprägungen (linear: malerisch; optisch: haptisch; Einfühlung: Abstraktion, usf.) zurück und integriert sie in entwicklungs- oder persönlichkeitstypologische Erklärungsschemata (z. B. WINKLER 1949). Demgegenüber sucht die eher experimentell orientierte K. unter Einbeziehung der wahrnehmungs- und motivationspsychologischen Modellvorstellungen die Wirkungsphänomene und -bedingungen aufzuhellen. Dabei sind Verknüpfungen mit rezeptions- und informationsästhetischen Prinzipien (MOLES 1971) von Bedeutung. • Die theoretischen Aspekte der K. sind v. a. aus Grundlagen und Ableitungen der →Psychoanalyse, der →Gestaltps., teilweise auch des →Behaviorismus und der →Informationstheorie gewonnen. Die psa.-tiefenps. Kunstbetrachtung geht auf S. FREUD und C. G. JUNG selbst zurück. Vorwiegend von den inhaltlichen Bezügen des Kunstschaffens und -erlebens ausgehend, versteht sie das Kunstwerk – analog der Traumdeutung – in seinem symbolischen Gehalt als →Projektion von unbewußten Motiven und Konflikten, als →Sublimierung von Triebwünschen in künstlerischen, d. h. gesellschaftlich gebilligten Ausdruck oder als Gestaltung von archetypischen Grundmustern und -tendenzen. So sehr diese Modellvorstellungen auch auf die moderne Kunst selbst wirken, die Vernachlässigung nicht nur des Formaspekts, sondern auch des Kognitiven stellt eine merkliche Verkürzung der Interpretation dar. Gestaltps. Auffassungen werden in der K. auf der Grundlage der (vormals Berliner) →Gestalttheorie, bes. von R. ARNHEIM (1977, 1978), der (vormals Leipziger) →Ganzheitsps. von A. WELLEK (1955, 1963) zur Geltung gebracht. Das Künstlerische erschließt sich danach in seinem formalen Aspekt durch die Organisationsprinzipien der Wahrnehmung (→Gestaltgesetze), in seinem Bedeutungsaspekt von den Ausdrucks- und →Anmutungsqualitäten her und in seinem Entwicklungsaspekt als wechselseitiger Differenzierungs- und Präzisierungsprozeß von Erlebnis- und Gestaltungsphänomenen. Der Beitrag des Behaviorismus zur K. bleibt auf Studien des Kunsterlebnisses als Bevorzugungs- und Geschmacksurteil oder auf solche über physiol. Reaktionen auf Kunstwerke beschränkt. Weiterführend hat BERLYNE (1974) versucht, eine Klärung des Verhältnisses von Kunsterlebnis und Erregung bzw. Neugier und Explorationsverhalten im Sinne der Theorie der →Aktivation herbeizuführen, wobei er auch informationstheoretische Gesichtspunkte für die Bestimmung der ästhetischen Reaktion heranzieht. Die Informationstheorie ermöglicht gegenüber den sonst oft nur vagen Beschreibungen von ästhetischen Strukturen und Stilen die genauere quantitative Kategorisierung der Reizkonstellationen, -abläufe und -entwicklungen, definiert in Konzepten z. B. des informativen Inhalts, der →Redundanz und des Überraschungswertes.

Die Einseitigkeit dieser aus unterschiedlichen theoretischen Systemen abgeleiteten Entwürfe einer K. versuchen KREITLER/KREITLER (1980) durch den Aufbau einer integrativen, von allgemeinsten Übereinstimmungen (wie homöostatisches Verhaltensmodell; Spannungs- und Erregungsänderung bei jedem Kunsterlebnis) ausgehenden Ps. des Kunsterlebnisses zu überwinden. ● In der Vergleichenden K. ist die gestaltende Tätigkeit im Umkreis des Psychopathologischen und Geistig-Abnormen am häufigsten untersucht worden (WIECK 1974), doch richtet sich das Interesse gelegentlich auch auf Fragestellungen ethnologischer Art, in seltenen Fällen auf solche der Tierps. und Verhaltensforschung. Ⓛ KREITLER u. KREITLER 1980, LEUNER 1976, SCHUSTER u. BEISL 1978 *Mü-E*

Kunst, psychopathologische, (umstrittene) Bezeichnung eines Teilgebiets der Psychopathologie des musischen, bes. des bildnerischen, seltener des sprachgestaltenden oder musikalischen Schaffens (vor allem psychisch oder psychosomatisch) Erkrankter. Bei der Frage nach dem ästhetischen oder Kunstrang der Produktionen besteht weitgehend Übereinstimmung darin, daß ps. Erkrankung Kreativität nicht ausschließt, doch kein Konsens hinsichtlich der Kriterien und der Bedeutung des Pathologischen in der vergleichenden Betrachtung. ● Schon die klassische Untersuchung von PRINZHORN (1922) spricht von »Bildnerei« und nicht von »Kunst« der Geisteskranken. Während man zuvor aus den Produkten (bes. schizophren) Erkrankter vorwiegend diagnostische Anhaltspunkte gewinnen wollte, betont PRINZHORN stärker die Vergleichbarkeit mit der →Kinderzeichnung, der Kunst der Primitiven, der Volkskunst, Laienkunst etc. und hebt auf eine allgemein-menschliche Gestaltungskraft sowie den generellen »Kernvorgang« der künstlerischen Schöpfung ab. Neuerdings sucht man, angelehnt an die moderne →Kreativitätsforschung, in psychopathologischen Produkten eher eine Grundlage für das Verständnis einer umfassenden Ps. der Gestaltung (BADER 1975, BADER u. NAVRATIL 1976), wobei die Gefahr besteht, über der kreativen Leistung das Spezifische der Erkrankung zu vernachlässigen (WIECK 1974). →Kunstpsychologie Ⓛ PRINZHORN 1922/1968, BADER 1975, BADER u. NAVRATIL 1976, WIECK 1974 *Mü-E*

Kunsttext, Methode, mit statistischen Verfahren Sprachzeichen-Abfolgen herzustellen, die allmählich dem Normaltext angenähert werden, →Approximation. K. werden zur systematischen Unters. des Sprachverständnisses, →Psycholinguistik, verwendet. *R-S*

Kunstverständnis Ⓣ GRAVES, MEIER

Kurbeldynamometer →Sinnesfunktion (5a)

kurrikulare Validität →Lehrplanvalidität

Kurtosis →Exzeß

Kurven-Block-Serie Ⓣ MELLENBRUCH

Kurzpsychotherapie, meist tiefenps. orientierte psychotherapeutische Verf., bei denen i. Ggs. zur psychoanalytischen →Standardbehandlung darauf verzichtet wird, die Gesamtheit der eine Neurose konstellierenden unbewußten Kindheitskonflikte bewußtzumachen und therapeutisch durchzuarbeiten, sondern nur ein gegenwärtiger Hauptkonflikt (Focus) des Patienten durchgearbeitet wird. Das Verf. wird deshalb auch Focaltherapie genannt. Insgesamt finden nur zwischen 5 und 30 Sitzungen statt. Die Abstände zwischen den Sitzungen liegen bei 1–14 Tagen, und die Analyse der Übertragung und der Träume tritt gegenüber dem psa. Standardverf. in den Hintergrund. Ⓛ BECK 1974, MALAN 1965 *B-E*

Kurzschlußhandlung, Affekthandlung. Eine reaktive Handlung, die durch emotionale Impulse ohne Überlegung und bewußtes Wollen ausgelöst wird

Kurzsichtigkeit →Myopie

Kurztherapie →Kurzpsychotherapie

Kurzzeitgedächtnis, nach einer vielfach anerkannten Auffassung von MILLER (1956) sind 7 ± 2 Codeeinheiten der Umfang des →unmittelbaren Behaltens, die Grenze des für weitere Verarbeitung einige Sekunden gespeicherten Materials. Der Verlust aus dem K. soll nicht durch →Zerfall der Spuren erfolgen, sondern durch Einspeicherung neuer Einheiten, die die älteren verdrängen. YNGVE (1960) verknüpft Annahmen über das K. mit dem Phasenstrukturmodell der Satzbildung. →Kurzzeitspeicher. *B-S*

Kurzzeitspeicher, informationstheoretische Modellvorstellung der beim Menschen beobachtbaren Fähigkeit, die Geschehnisse des unmittelbar vorausgehenden Zeitraumes erinnern zu können (unmittelbares Behalten). Die Schätzungen der begrenzten Kapazität schwanken. Vgl. Kanalkapazität, Speicherkapazität, Gedächtnis. Ⓛ FRANK, SHIFFRIN 1975 *B-S*

KVK, Konsonant, Vokal, Konsonant (engl. cvc) →Trigramm

K-V-T Ⓣ ABELS

Kybernetik [engl. *cybernetics*], der Begr. wurde von dem amerik. Mathematiker N. WIENER (1894–1964) geprägt, (1947) in Anlehnung an den von A. M. AMPÈRE 1834 gegebenen Begr. *cybernétique* [zu gr. *kybernetike techne* Steuermannskunst]. K. ist die Wissenschaft von den Steuerungs- und Regelungsmechanismen in belebten und unbelebten Systemen, also in Organismen und Maschinen, aber auch in sozialen, organisatorischen, ökonomischen und politischen Gebilden. Theoretisch bedeutsam ist, daß die K. Grundstrukturen und Grundbegriffe herausarbeitet, die unabhängig von Realisierung und Gegenstandsbereich das Zusammenwirken von Teilen und Ganzheiten und das Erreichen von Zielen bei Hindernissen und Störungen mit gegebenen Mengen möglicher Operationen beschreiben.

Wichtige Bestandteile der K. sind →Informationstheorie und Theorie des →Regelkreises. Im Grundbegriff der Information wurde von Kybernetikern die Bez. für eine dritte, den Aufbau unserer Welt neben Masse und Energie bestimmende Entität gesehen. Im Regelkreis liegt ein Modell zur Beschreibung komplex interagierender Systeme vor, das die theoretischen Leistungsgrenzen herkömmlicher Schemata wie Ursache und Wirkung überschreitet. Unter kybernetischen Aspekten wurden auch neue graphische Darstellungsformen für komplexe Zusammenhänge entwickelt: u. a. das Blockdiagramm, in dem »Blöcke« durch »Wirkungslinien« miteinander verknüpft werden. Die Blöcke repräsentieren Funktionen (Signal- und Informationswandlungen), die Wirkungslinien bilden die Zusammenschaltung der Blöcke durch informationsübertragende Kanäle zu Systemen ab (Beispiel in →Regelkreis). Als neue theoretische Weltbeschreibungsmöglichkeit hat sich die K. auf fast alle Gebiete der Ps. ausgewirkt. In der Anwendung bestehen erhebliche Auffassungsunterschiede im Abstraktions- und Mathematisierungsgrad. Umfassender Überblick unter sehr verschiedenen Aspekten bei KAMINSKI (1970) und KLIX (1971). *G-R*

kybernetische Pädagogik, das kybernetische Problem (Informations- und Regelungs- bzw. Kommunikationsabläufe in und zwischen geschlossenen Systemen) ist in der →Erziehungswissenschaft allgemeinpädagogisch und unterrichtsspezifisch gestellt.

Allgemeinpädagogisch werden →Erziehungsziele als Sollwertbestimmungen für Setzungen mit Ideologiequalität im jeweiligen sozialkulturellen Bezugsrahmen angesehen. Wird die primäre Funktion des Lehrers als Reglerfunktion bestimmt, erscheint die pädagogische Konstellation in ihrem Prozeßcharakter als prinzipiell logifizierbar und kalkulierbar (H. FRANK 1969, K. WELTNER 1970). Versuche zur Konstituierung einer kybernetischen →Didaktik haben besonders den →programmierten Unterricht gefördert, auch wurde das Regelkreisschema für die →Curriculumforschung übernommen (v. HENTIG 1965). Vor allem aber sind Lehr- und Lernprozesse in Richtung einer Redundanztheorie des Lernens und der Didaktik aufgearbeitet worden (v. CUBE 1971).

• Der Vorzug des kybernetischen Ansatzes liegt im Sichtbarmachen neuartiger Fragestellungen, der Nachteil in der begrenzten Reichweite im humanwissenschaftlichen Bereich.

Wird dies nicht beachtet, rückt die kybernetische Pädagogik in die Nachbarschaft behavioristischer Ideologie von der prinzipiellen Machbarkeit und Berechenbarkeit menschlichen Verhaltens und damit einer Technisierung der Erziehungs- und Unterrichtsprozesse. Durch die konsequente Trennung von Struktur und Inhalt des Lernens in der Redundanztheorie wird die sinnstiftende Leistung des Lernenden übersehen und die Instrumentalisierung des Lernens verabsolutiert, mithin Bildungstheorie auf Bildungstechnik reduziert. Ⓛ PONGRATZ 1978 *Mü-E*

Kymographion [gr. *kýma* Welle], Kurvenschreiber. Erstmals von C. LUDWIG konstruiert. Eine drehbare Trommel, deren Fläche mit berußtem Papier oder Schreibpapier bespannt ist. Schreibhebel (meist in Art des MAREYschen Tambours oder der →Deprezzeitmarke) verzeichnen hierauf die von der

Vp abgenommenen Reaktionsvorgänge (Bewegungsabläufe, Puls, Atmung, elektrophysiolog. Prozesse).

Kyniker, kynisch, Bez. für die nach ihrem Versammlungsort (Gründungsort) *Kynosargos* benannte gr. Philosophenschule, die Bedürfnislosigkeit forderte und zudem kulturverachtend, kulturverspottend auftrat. Bek. Vertreter DIOGENES. • Die Anspielung auf kynisch [gr. *kynikos* hündisch] ist möglich, da die K. mit ihrer Lehre ihre Mitmenschen zudringlich belästigten. Vgl. Zyniker

KYST, ein (von KRUSKAL, YOUNG, SHEPARD u. TORGERSON herausgegebenes) Computer-Programm-Paket für →MDS, beruhend auf dem räumlichen Distanzmodell. *M-R*

KZ-Neurose, KZ-Syndrom →Lagerneurose

L

L, Symbol für Leuchtdichte, →lichttechnische Maße

LA, Lebensalter, Leistungsalter

labial [lat. *labium* Lippe], zu den Lippen gehörig (z. B. Labiallaute)

labeling [von engl. *label* Etikett], Benennung, aktuelle Zuordnung einer Bezeichnung (→Zeichen, →Symbol) zu einem Objekt (auch Erlebnisinhalt) oder zu einer Objektklasse bzw. Erlernen einer solchen Zuordnung und Verwenden einer erlernten derartigen Zuordnung. Dem *l.* kommt in S-R-theoretischer Interpretation kognitiver Prozesse eine erhebliche Bedeutung zu.

Die Bezeichnung, das *label,* kann als Benennungsresponse (→*motor theory,* →Vermittlungstheorie) und somit als sehr flexible Basis für sekundäre →Generalisation, ferner für Kategorien- und →Begriffsbildung und Begriffsverwendung gedeutet werden. Sog. einsichtiges Lernen (→Einsicht) scheint dadurch teilweise S-R-theoretisch interpretierbar zu werden (DOLLARD u. MILLER 1950). Später wurde *l.* im Rahmen der Soziologie speziell auf die Zuordnung von kategorialen Bez. zu Interaktionspartnern und auf die für sie damit verbundenen (im Falle diskriminierender *labels*) negativen Auswirkungen angewendet. *K-I*

Labilität [lat. *labare* wanken, schwanken], Störbarkeit, Unsicherheit, nervöse Ansprechbarkeit, Anfälligkeit bei psychischer wie moralischer Belastung. →Neurotizismus

Laborexperiment →Experiment

Labyrinth, Bez. für einen vielfach verzweigten Irrgang (engl. *maze*). • Bez. für das Innenohr bzw. das eigentliche Sinnesorgan (knöchernes u. häutiges L. mit Vorhof, Bogengänge u. Schnecke). Die Bez. stammt von dem gr. Arzt Claudius GALENUS. →Ohr

Labyrinthtest, meist als →Papier- und Bleistifttest konzipiertes, heute aber auch schon auf der Basis elektronisch-apparativer Anordnung gebautes Verfahren, welches für die Messung der psychomotorischen Leistung einer Vp verwendet werden kann.

Der Pb hat unter *speed*-Bedingungen ein Labyrinth zu durchfahren. Er darf keine Fehler machen, indem er die Begrenzungslinien berührt oder in Sackgassen fährt. Mit L. wird die Genauigkeit und die Schnelligkeit der psychomotorischen Koordination gemessen. Die Beziehung der Testwerte zu kognitiven Variablen (Überblick, Vorausplanung) sowie auch zu Persönlichkeitsdimensionen ist nachgewiesen worden. Als sehr häufig verwendete Verfahren gelten z. B. der Ⓣ PORTEUS-*Maze-Test* und der Ⓣ CHAPUIS-Labyrinth-Test. Obwohl der PORTEUS-*Maze-Test* sehr häufig angewandt und untersucht wurde (z. B. im klinischen Bereich, zur Leistungsvorhersage, zur Diagnostik im Delinquenzbereich, zur Impulsivitätsmessung), ist der Validitätsbereich für diese Tests noch nicht genau abgesteckt. CATTELL verwendet L. innerhalb seiner objektiven Testbatterie (→objektive Tests). *Hä-R*

Labyrinthverfahren, Tier-Labyrinthversuch ⟨THORNDIKE⟩, Irrgartenversuch. Eine Methode zur Untersuchung von Lernprozessen bei Tieren. Das Tier muß, um zum Futter zu gelangen, einen Käfig durchlaufen, der zahlreiche, zum Teil blind endende Gänge enthält. Es wird festgestellt, wieviele Versuche und welche Zeit erforderlich sind, bis das Tier den Irrgang fehlerlos durchläuft. →SKINNERscher Kasten, →Versuch-Irrtum

Lächeln, erstes, Ausdrucksbewegung des Kleinkindes zw. dem 2. und 6. Monat, besonders bei der Wahrnehmung eines menschl. Gesichtes (Reaktion auf das sog.

Auge-Nase-Stirn-Schema, das wie ein Schlüsselreiz wirkt). BÜHLER (1921) bezeichnete das e. L. als erste soziale Reaktion, SPITZ (1946) als Ausdruck lustvoller Zustände.

Lachen, angeborene Ausdrucksbewegung, die meist einen heiteren und freudigen Stimmungszustand ausdrückt; vorwiegend im Dienste des Sozialverhaltens. L. läßt dabei meist Formen der Sympathie erkennen, kann aber auch eine aggressive Note (Überheblichkeit, Geringschätzung u. a.) enthalten. →ambivalentes Verhalten. • Besondere Formen sind u. a. das zwanghafte L. (Lachzwang), das sardonische L. (Gesichtsverzerrung), der Lachkrampf, die auch bei Psychosen, Erkrankungen der Nervenbahnen sowie bei Hysterie auftreten können. Vgl. Facies Ⓛ BERGSON, BERLYNE 1969, PLESSNER

LAD, *language acquisition device,* wird von CHOMSKY (1965) als abstrakter Spracherwerbsmechanismus (→Spracherwerb) beschrieben, dem der Status eines theoretischen →Konstrukts zukommt

Das LAD empfängt als *input* (Eingabe) ein Sprachkorpus, das aus grammatikalischen und ungrammatikalischen (→Grammatik), aus vollständigen und unvollständigen Äußerungen besteht. Auf dieser Grundlage formuliert er ein grammatisches System *(output),* das als Theorie über die im Korpus vorkommenden Regularitäten angesehen werden kann.

Ein Vergleich des LAD mit dem in eine Sprache hineinwachsenden Kind wird u. a. von McNEILL (1966) vorgenommen. Daraus ergibt sich u. a., daß die Grammatiktheorie als Hypothese über das LAD auch Hypothese über die angeborenen Dispositionen des Kindes für den Spracherwerb ist. *G-M*

LADD-FRANKLINsche Theorie →Farbensehen

*

LADD-FRANKLIN, Christine / 1847–1930 / amerik. Psychol. / Göttingen, Berlin, Johns Hopkins Univ., Columbia Univ.

Lagebezeichnung zwischen sich kreuzenden Figuren Ⓣ ABELSON

Lagerneurose (-psychose), erlebnisreaktiver Persönlichkeitswandel durch zwangsweise auferlegtes Lagerleben (z. B. Kriegsgefangenenlager, Internierungslager).

Der Verlust von Heimat, Familie, Besitz, Arbeitsplatz und von vielem anderen, sowie das Angewiesensein auf eine reglementierte, von Konflikten durchsetzte Umgebung, führt zu chronisch-depressiven Zuständen mit anankastischen wie auch phobischen Zügen. • Eine Sonderform der L. ist die KZ-Neurose (KZ-Psychose) mit charakteristischer Symptomhäufung von Erregung, Kontaktschwierigkeiten, Angstzuständen, Bereitschaft zum Lebensverzicht (Suizid) u. a., wobei wohl als Extremvariante das anzusehen ist, was bei Überlebenden aus den Vernichtungslagern des Hitler-Regimes erhoben werden konnte. Ⓛ OHM, REVERS, TRAUTMANN

Lageschema, nach THOMAE der »Inbegriff der einverleibten, ernstgenommenen, verarbeiteten oder des Verarbeitens für notwendig befundenen Umwelt«. Das L. faßt damit zusammen, wie die Person sich in ihrem Leben selber sieht und einordnet, wie sie die eigenen Fähigkeiten oder das eigene Naturell beurteilt, das eigene Verhältnis zum geschichtlich-politischen Geschehen, zur Familie, zur Gesundheit und Krankheit, zum Tod u. a. m. Vgl. Selbst

Lagewahrnehmung, die Wahrnehmung der jeweiligen Lage des Körpers im Raum, auch der Gliedmaßen am Körper. →Bogengänge, →Kinästhesie, →Tiefensensibilität

Lähmung, Herabsetzung oder Aufhebung der Funktion von Organen, von ganzen Körperabschnitten, insbesondere von Muskeln.

Die Vielfalt der Ausfälle hat zu einer breiten Gliederung der L. geführt: 1. Nach der Lokalisation der Störung: *periphere* L. = auf ein äußeres Innervationsgebiet begrenzt (dabei Störung im Nerven = *neuropathische* L.; im Muskel = *myopathische* L.) – *zentrale* L. = *spinale* L., wenn die Schädigung vom Rückenmark ausgeht (z. B. beide Beine oder Arme, *Paraplegie*) und *cerebrale* L., wenn sie vom Gehirn ausgeht (zumeist L. der Körperhälfte, *Hemiplegie* oder eines Gliedes, *Monoplegie*). 2. Nach dem Grad der L.: *Parese* = Schwäche, unvollständige L.; *Paralyse* = vollkommene L. 3. Nach dem Spannungszustand: *spastische* L. = erhaltene, bzw. gesteigerte Reflexe; *schlaffe* L. = geschwächte bis erloschene Reflexe. Bei einer peripheren L. tritt eine schlaffe L. auf, bei einer zentralen eine spastische. Bei der motorischen L. fällt die motorische Funktion eines Nerven, bzw. seines Erfolgsorganes aus. Bei der sensiblen L. ist die Sensibilität beeinträchtigt bis aufgehoben.

Laientherapie, Therapie, die von Nichtprofessionellen durchgeführt wird (z. T. unter Supervision). Z. B. in Selbsthilfegruppen, Telefonseelsorge, Gemeinde-Sozialarbeit. →Krisenintervention *R-S*

Laisser-faire-Prinzip, Erziehungskonzept des Geschehenlassens, das die Verhaltensmerkmale »geringe Wertschätzung« und »wenig Lenkung« besitzt. →Führungsstil, →Erziehungsstil, →Permissivität *R-S*

Lallen, Lallphase, Lallperiode, *babbling stage,* damit beginnt das Kind mit etwa 4–6

Monaten. Dabei stellt die Lallbewegung zunächst eine rein motorische Aktivität dar, die weitgehend physiologisch bestimmt ist. Gewinnt das Kind eine auditive Kontrolle über die Laute, so kann man vom rückgekoppelten L. sprechen. Ungefähr im 8. Lebensmonat kommt es dann von der zunächst noch ungenauen Produktion einzelner →Silben dazu, Silben seriell genau zu bilden, wobei Vokal-Verbindungen und/ oder Vokal-Konsonant-Verbindungen vorherrschen. Konsonantenhäufungen fehlen hingegen noch völlig.

Innerhalb der Lallperiode baut sich das Kind allmählich ein →phonologisches Regelsystem (→Phonetik) auf, das ihm die Konstruktion von Lautsequenzmustern erlaubt (→Sprachproduktion).

Die L.tätigkeit ist von der Funktionslust (BÜHLER) getragen, sie stellt aber nicht, wie oftmals behauptet, ein unbedingt notwendiges Vorstadium für die →Sprachentwicklung dar (LENNEBERG 1967). Die anfänglich beobachtbare L.tätigkeit bei gehörlosen Säuglingen verschwindet sehr bald wieder wegen der fehlenden Möglichkeit der auditiven Kontrolle ü. d. geäußerte Laute. *G-M*

Lalopathie →Sprachstörung

Lalophobie, Sprechscheu →Sprechangst

Lambdazismus, Sprechstörung bei der →Artikulation der L-Laute (→Stammeln); entweder mit Auslassen des →Phonems L, oder Ersetzen z. B. durch n (Falle klingt wie Fanne), oder z. B. →näselnden Fehlbildungen.

LAMARCKismus →Abstammungslehre

*

LAMARCK, Jean Baptiste Pierre Antoine de Monet / 1744–1829 / Naturforscher / Paris

Lancement-Effekt, Lancement-Versuch, →Kausalitätswahrnehmung, →Tunnelphänomen

LANDOLT-Ringe, Bez. für →Optotypen (Sehproben), die als Ringe von versch. Dicke, Größe und mit Aussparungen gestaltet sind. Pb hat die Lage der »Lücke« zu erkennen. Probe erfordert kein Wissen (wie Buchstaben, Zahlen).

LANDOLT, Edmund / 1876–1926 / schweiz. Ophthalmologe / Zürich, Paris

LANDscher Effekt, Untersuchungen von E. H. LAND (1959) über das Farbensehen, die im Widerspruch zu den herkömmlichen Gesetzen der Farbenmischung (NEWTON, GRASSMANN) und den darauf basierenden Theorien über das Farbensehen zu stehen scheinen.

Durch Übereinanderprojizieren zweier durch verschiedene farbige Filter photographierten Schwarz-Weiß-Diapositive, von denen eines z. B. mit rotem und das andere mit weißem Licht projiziert wird, erreicht man ein vollfarbiges Bild mit den natürlichen Farben der abgebildeten Gegenstände, obgleich reizmäßig an jedem Bildpunkt nur mehr oder weniger aufgehelltes rotes Licht nachgewiesen werden kann. Dasselbe gelingt mit anderen Komponenten farbigen Lichtes. LAND kommt zu dem Schluß, daß das »menschliche Auge« unter bestimmten Umständen nur zwei an Stelle der bisher angenommenen drei Farbreizkomponenten benötigt, um eine farbige Welt entstehen zu lassen.

*

LAND, Edwin Herbert / *1909 / amerik. Physiker u. Industrieller (Polaroid)

Langdon DOWN →DOWN-Syndrom

LANGERHANSsche Inseln, eingelagerte Zellhaufen im Pankreasgewebe. Bildungsstätte des Insulins und des Glucagon-Hormons. →Hormone

*

LANGERHANS, Paul / 1847–1888 / Anat., Pathologe / Berlin

Langeweile, eine innere, in der Person liegende »Reizarmut«, die insbesondere mit geringer Erlebnisfähigkeit und Erlebnistiefe einhergeht und auf den Menschen als »Leere seines Lebensgefühles« einwirkt. Langeweile drängt nach dem Gegenpol des erlebnismäßig Affiziert-Werdens, im Grenzfall nach »Zuständen der Sensation« ⟨LERSCH⟩. ● L. ist oft die Folge von →Monotonie. Aktivierungstheoretiker sind sich nicht darüber einig, ob L. mit erhöhter Aktivierung (BERLYNE) oder mit dem Mangel an Aktivierung (MCCLELLAND) verbunden sei. L. hat auch Beziehung zur →Sättigung und →Ermüdung und führt wie sie in Leistungen zu einer Zunahme von Fehlern, größeren Variationen der Leistung und teilw. Verlust der Selbstkontrolle. Zusammen mit L. treten in Experimenten mit sensorischer Deprivation (Reizentzug) Unruhe, Erregbarkeit, emotionale Labilität und der Wunsch, die Isolierung zu beenden auf (BEXTON et al.). *Red./B-S*

langsame kortikale Potentiale, Gleichspannungsverschiebungen des EEG über Sekunden in negativer oder positiver Richtung. Negative l. k. P. treten bei Mobilisierung des entspr. Hirnareals für Bewegung oder ps. Tätigkeiten auf. Wurden mit Biofeedback erstmals von ELBERT, ROCKSTROH, LUTZENBERGER u. BIRBAUMER (1980) operant konditioniert, wodurch sich Aufmerksamkeitsverhalten, kognitive Leistungen, Schmerz beeinflussen lassen. *Bi-R*

L

Längsdisparation →Querdisparation

Längsschnittuntersuchung (-modell), *longitudinal study,* diagnostische Untersuchung derselben Individuen mit denselben Mitteln (oder wenigstens entsprechenden) auf verschiedenen Altersstufen.

Die L. bietet Einblicke in den Entwicklungsverlauf der einzelnen Persönlichkeitsmerkmale im Altersfortschritt. Durch die Zusammenfassung der Ergebnisse (erschwert durch die lange Dauer der Untersuchung) läßt sich ein generelles Längsschnittmodell für den Aufbau wie Abbau der verschiedenen Fähigkeiten des Menschen gewinnen. Ⓛ THOMAE 1977 • Als Beispiel einer besonderen L. ist die von C. COERPER, W. HAGEN und H. THOMAE (1954) an deutschen Nachkriegskindern zu erwähnen, die die schwierigen Entwicklungsbedingungen der Zeit verdeutlichte. → Querschnittsuntersuchung, vgl. Kohorte

language disorders →Sprachschwäche

Lang(zeit)speicher, informationstheoretisches Modell für →Gedächtnis. →Lernen

Lärm, *noise,* im Gegensatz zu →Rauschen (ebenfalls *noise*) in der Regel diskontinuierliches akustisches Reizgeschehen.

Gilt ps. als leistungsmindernder situativer Störfaktor für zielbezogenes Verhalten, weil L. u. a. unkontrollierbare Aufmerksamkeitsschwankungen hervorruft und psychophysiol. unspezifisch aktivierend wirkt. Auswirkung auf die Sprachproduktion: →LOMBARD-Effekt. Physiol. kann L. nach längerer Einwirkung zu Hörschädigungen (zeitweiligen oder dauernden Schwellenverschiebungen) führen. Die Stärke des L. wird in →Phon (Einheit der an der frequenzabhängigen Empfindlichkeit des Ohres korrig. logarithmisierten Stärke des Schalldrucks) gemessen (→Audiometrie) *Z-N*

Lärmforschung, ein wichtiges interdisziplinäres Gebiet, da Lärm zu den Hauptbelastungen des Menschen durch die Umwelt zählt. Mit juristischen, physikalisch-technischen, medizinischen und sozialwissenschaftlichen Methoden werden Lärmwirkungen erforscht und Wege der Lärmvermeidung gesucht. Ⓛ SCHICK 1979 *D-Y*

Lärmschädigung, psychophysische Beeinträchtigung durch Dauerlärm (über 85–95 dB bzw. 90–100 Phon). L. bewirkt Verengung der kleinsten Gefäße, Erregung der Muskulatur, Schädigung des Gleichgewichtsapparates, Verlängerung der Reaktionszeit, bei Knall evtl. Trommelfellriß. Eine eigene Lärmforschung ist bedeutsam geworden entsprechend der zunehmenden Schädigung durch Lärm. Ⓛ SADER 1966

Lärmwirkung →Lärmschädigung

Laryngograph [gr. *lárynx* Kehlkopf], →Kehltonschreiber

Läsion [lat. Verletzung], allg. jede organische Schädigung eines Körperteiles. Im besonderen jede organische Schädigung des Gehirns. – läsionell = durch organische Schädigung bedingt. Ggs. funktionell.

lateinisches Quadrat, eine exp. Versuchsanordnung, die ebenso viele Durchgänge als Bedingungen erhält, wobei die Reihenfolge der Bedingungen systematisch variiert wird, z. B.

A	B	C
B	C	A
C	A	B

Latent-Class-Analysis, ein auf LAZARSFELDS (1950) *latent structure analysis* zurückgehendes Verfahren zur Analyse der Reaktionen von N Personen auf k zwei- (oder mehr-)klassige Variablen (Einstellungsfragen, Testitems etc.). Ziel ist die Auffindung von m in sich homogenen Gruppen von Personen.

Diese Gruppen von Personen mit gleichen Reaktionen in allen Variablen stellen unterschiedliche Ausprägungen (Klassen) der den Reaktionen zugrundeliegenden latenten Variablen dar, über welche die manifesten Variablen in der gesamten Stichprobe miteinander zusammenhängen. Hält man die Ausprägung einer latenten Variablen konstant, d. h., betrachtet man nur die Personen einer Gruppe, verschwinden sämtliche statistische Zusammenhänge zwischen den manifesten Variablen (stochastische Unabhängigkeit). Das theoretische Ziel der L. ähnelt mehr der →Faktorenanalyse (speziell der →Q-Technik) als der eher deskriptiv orientierten →Clusteranalyse. Ⓛ LAZARSFELD u. HENRY *M-R*

latente Traumgedanken, nach FREUD die den manifesten Trauminhalten zugrunde liegenden verborgenen und damit unbewußten Gedanken, Wünsche und Ängste. Die unbewußte Traumzensur verhindert das unmittelbare und unverhüllte In-Erscheinung-Treten der ursprünglichen Traumgedanken. Diese werden vielmehr durch die Traumarbeit in die mit den Forderungen des →Über-Ich zu vereinbarenden manifesten Trauminhalte verwandelt. Ⓛ FREUD, BOSS

latente Vererbung, die Übertragung von latenten, d. h. beim Überträger nicht erkennbaren Eigenschaften auf Nachkommen

latente Verhaltenstendenz, →habit, →S-R-Verbindung, →hypothetisches Konstrukt in HULLS Verhaltenstheorie in der Bedeutung eines assoziativen Gliedes innerhalb des →Reaktionspotentials. Die habit-Stärke soll nach dem Gesetz von HULL mit der Anzahl der verstärkten Reaktionen auf den bedingten Stimulus zunehmen. *B-S*

Latenz [lat. *latens* verborgen, heimlich], Zeit des Verborgenseins, Ruhezeit. • Zeitraum zwischen Reizdarbietung und Einsetzen der beobachtbaren Reaktion bzw. einer automatisierten Reaktion. HULLS System bez. L. mit $_{S}t_{R}$, →Reaktionszeit. • Zeit einer Entwicklungsperiode →Latenzperiode (Latenzphase).

Latenzperiode, nach FREUD der zwischen dem 6. und 12. Lebensjahr liegende Zeitabschnitt der seelischen Entwicklung.

Die L. beginnt mit dem vorläufigen Abschluß und Stillstand der Triebentwicklung (Lösung des →Ödipuskonfliktes und Verdrängung der genitalen Impulse am Ende der ersten →genitalen Phase) und endet mit dem Wiederbeginn und der Steigerung der Triebentwicklung in der Pubertät (Beginn der zweiten genitalen Phase). Die L. ist gekennzeichnet durch eine Entwicklung des Ich und der intellektuellen Funktionen, sowie durch eine Differenzierung und Stabilisierung der Beziehungen zur Realität und Sozietät.

Ⓔ **lateral...** [lat.] in Wtvb. seitlich

Laterale →Lautlehre

laterale Hemmung, laterale Inhibition, bezeichnet ein Prinzip der nervösen Informationsverarbeitung der Sinnessysteme, das vorwiegend der →Kontrast-Bildung dient (benachbarte Helligkeiten, benachbarte Töne). Die von den →Rezeptoren zu den Projektionsfeldern im →Gehirn laufenden spezifischen afferenten Bahnen sind (z. B.

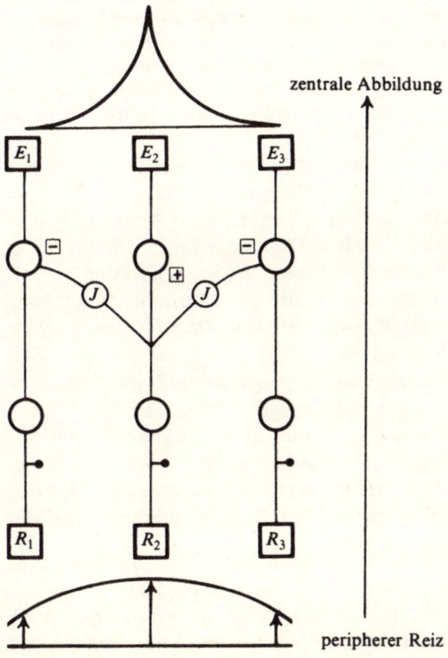

beim Auge bereits in der Retina) derart verschaltet, daß jede einzelne Rezeptorzelle mit einer Vielzahl von Neuronen der nächsthöheren Schicht über kollaterale Verbindungen »divergierend« verbunden ist (Divergenzprinzip der Erregungsleitung, siehe Abb.).

Andererseits erhält jedes Neuron der nächsthöheren Schicht seine Information (Afferenzen) gleichzeitig von einem großen Areal nächstniedrigerer Elemente z. B. den Rezeptoren (Konvergenzprinzip). L. H. kommt nun dadurch zustande, daß die gleichzeitige Erregung benachbarter Rezeptoren (R_1 R_2 R_3 in Abb.) über hemmende Interneurone (in Abb.: J) mit hemmenden Synapsen eine Hemmung der Erregung des jeweiligen Nachbarelementes zur Folge hat. Dadurch wird ein auf dem Rezeptorenareal abgebildeter Reizstärkengradient auf der nächsthöheren Ganglienzellschicht (E_1 E_2 E_3) steiler (neuronale Kontrastverschärfung). Ⓛ BECKER-CARUS 1981, KEIDEL 1971, R. F. SCHMIDT 1971 *B-C*

Lateralität [lat. *lateralis* seitlich], laterale Asymmetrie, laterale Dominanz, beschreibende Bez. für die funktionelle (Bevorzugung eines Organes) und/oder morphologische Verschiedenheit paarig angelegter Organe (z. B. Sinnesorgane: Auge, Ohr; Bewegungsorgane: Hände, Beine). Auch morphologisch einheitlich erscheinende Organe sind afferent und efferent lateralisiert innerviert, wie z. B. Zunge, Haut, Stimmbänder.

Die innervatorische L. geht auf die seitenbezogene Zuordnung des ZNS (Hirnhemisphären) zu (peripheren) Organen zurück. Viele ps. Funktionen, die nicht unbedingt an ein einheitliches morphologisches Substrat geknüpft sind (Sprache, Raumwahrnehmung, Gefühle), sind im ZNS bilateral verankert, wenn auch verschieden leistungsfähig. Ob einzelne (Unter-)funktionen angeborenerweise nur einseitig verankert sind, ist eine offene Frage. Welcher Anteil an funktionaler Asymmetrie jeweils angeborenerweise besteht und welcher sich aus Gründen der optimalen Arbeitsteilung bzw. Koordination von Funktionen durch Übung ergibt, ist ebenfalls offen. →Händigkeit Ⓛ ULLMANN 1971 *D-Y*

• Besonders deutlich tritt L. bei der Hand hervor: Links-, Rechts-händigkeit, auch Ambidexterität mit Auswirkung auf die Geschicklichkeit. Doch besteht ebenso bei Auge, Ohr, Armen, Beinen und manchen inneren Organen L., die ihrerseits mit cerebraler L. (cerebraler Dominanz) Beziehung hat. Die Forschung interessiert, wie weit (und ob) Links- und Rechtsdominanz im gleichen Individuum korrelieren. Bedeutsam ist auch der Zusammenhang von L. und Sprache, sowie Erleben und Verhalten. →Hemisphärenspezialisierung

latitude of acceptance [engl.] Annahme- oder Akzeptierungsbereich. →soziales Urteil

L

latitude of rejection [engl.] Ablehnungsbereich. →Ablehnung, soziale, →soziales Urteil

Laufbahnbeurteilung →Leistungsbewertung

Laune, charakterologisch entspricht L. der Stimmung, darüber bezeichnet sie die Auswirkung der Stimmung auf Mitmenschen und Umwelt. Launenhaftigkeit ist nach LERSCH der störbar-labile Stimmungshintergrund, der unmittelbar bestimmend wird für die Art, wie der individuelle Träger sich und andere Menschen behandelt

Laut, Sprachschall, der als eine Einheit wahrgenommen wird. Die Menge der L., die menschliche Sprechwerkzeuge hervorbringen können, ist praktisch unbegrenzt; der Anteil jedoch, der in einzelnen Sprachen als bedeutungsunterscheidende L. (→Phoneme) fungiert, ist eingeschränkt und von Sprache zu Sprache nach Art und Zahl verschieden (→Phonologie).

Man unterscheidet zwischen solchen Sprachl., die durch Hemmung des Luftstroms im Bereich der Sprechorgane gebildet werden (Konsonanten), und solchen, die durch freies Schwingen der Stimmlippen, ohne gegenseitige Berührung der Sprechorgane zustande kommen (Vokale). Eine Aufgliederung der Konsonanten erfolgt mit Hilfe der Kennzeichnung von Bewegungen, die die Sprechorgane im Mundraum ausführen (z.B. in Verschlußlaute, Reibelaute usw.), und mit Hilfe der Bezeichnung der Stellen im Mundraum, die bei der →Artikulation berührt werden (z.B. in dentale L.: Berührung der Zähne, palatale L: Berührung des Gaumens usw.). *L-T*

Lautagnosie →Agnosie, akustische

Lautäußerung, tierische, dienen vorwiegend innerartlicher u./o. zwischenartlicher →Kommunikation. Wichtig als Warn-(Droh-)Laute, bei der Paar- oder Gruppenbildung, der Brutpflege, dem Kontakt zwischen Alt und Jung und der Information über Nahrung. →Tiersprache *P-S*

lautes Denken, von CLAPARÈDE, DUNCKER u. a. verwendetes Verfahren zur Analyse von Problemlöseprozessen. Im Ggs. zur Selbstbeobachtung (der in der →Würzburger Schule bevorzugten Methode) sollen die Probanden alle, auch ganz flüchtige Einfälle verlautbaren, das Denken selbst wird dagegen nicht reflektiert. *B-S*

Lautgebärde, die motorisch-artikulatorische Bewegungsgestalt beim Aussprechen eines sinnvollen Wortes (→Artikulation), sofern die Bewegungsgestalt mit der zugehörigen Wortbedeutung zusammenhängt (WUNDT 1893). Die L. ist neben der →Lautmalerei und der →Lautsymbolik eine Form des phonetisch-semantischen Zusammenhangs.

Unmittelbar abbildend ist die L. bei Wörtern, die Mundverhaltensweisen bezeichnen (gähnen, speien), nachahmend oder anähnelnd bei Wörtern, die Bewegungen, Handlungen, Naturgeschehnisse bezeichnen (dehnen, ducken, kneten, rollen), quasi-demonstrativ bei z.B. Ortsadverbien (dort vs. hier; Zunge in Dentalstellung: Zeigegebärde). Deutungen des Einzelfalls sind oft unzuverlässig. Beweiskräftiger sind Ergebnisse von sprachvergleichenden Lautstatistiken (→Psychophonetik). →Gebärdensprache. Ⓛ ERTEL 1976, KAINZ 1941 *E-L*

Lautheit, Intensität der Schallwahrnehmung (festgelegt in Sone) im Unterschied zur →Lautstärke (Phon)

Lautlehre →Phonetik

Lautmalerei, neben →Lautgebärde und →Lautsymbolik eine Form phonetisch-semantischen Merkmalzusammenhangs.

Bei Wörtern, die Geräusche (rascheln, surren, ticken), Klänge (summen, heulen) und geräuschbegleitende Handlungen oder Ereignisse (kratzen, plumpsen) bezeichnen, ist oft eine akustische Ähnlichkeit zwischen dem Sprachlautlichen und dem sprachlich bezeichneten oder mitbezeichneten Geräuschereignis im Einzelfall evident und sprachvergleichend statistisch überzufällig. Schallabbildungen durch die Wortphonetik (Onomatopoetica, Schallwörter; →Phonetik) sind lediglich Stilisierungen, da sie sich nur im Rahmen menschlicher →Artikulation und der einzelsprachlichen →Phonologie entfalten können. Schallnachahmende Neologismen kommen spontan in der Kindersprache vor und lassen sich bei Erwachsenen experimentell studieren (WISSEMANN 1954). Die Sprachgeschichte verzeichnet zahlreiche onomatopoetische Neuschöpfungen jüngeren Datums.

Zugrunde liegt eine Tendenz zur Angleichung des lautlichen Eindrucks der Rede an das Lautliche, von dem die Rede ist. Die L. dient auch der ästhetischen Lautstilistik in Poesie und Prosa, wobei neben der Einzelwortphonetik die Satzphonetik Bedeutung erlangt (→Psychophonetik). Ⓛ ERTEL 1976, KAINZ 1941 *E-L*

Lautstärke, Lautheit, Maß für die Stärke der Schallempfindung. Als Maß für die physik. Reizstärke dient der Schalldruck (N/m^2) oder die Schallintensität (W/m^2). Die L. ist nach dem WEBER-FECHNERschen Gesetz etwa proportional dem Logarithmus der Reizstärke.

● Gemessen wird die L. in →Dezibel (dB) [logarithm. Skala, abgeleitet von lat. *decem* zehn und BELL, Miterfinder des Telephons, deren Nullpunkt an der Hörschwelle bei 1000 Hz liegt]

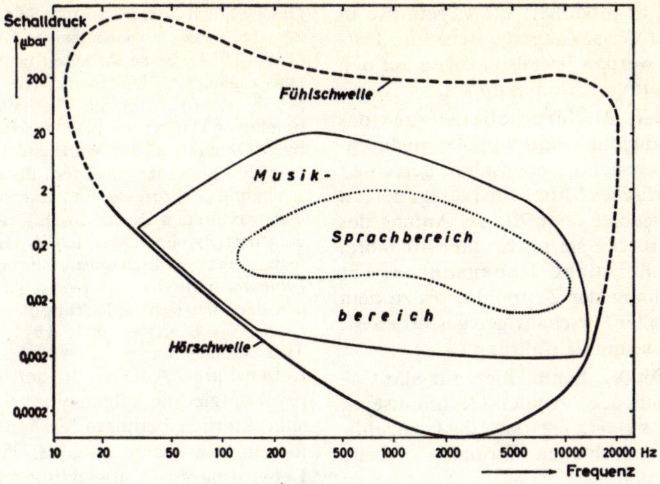

Lautstärke
Die Beziehungen zwischen Schalldruck und Frequenz

oder besser angenähert in Phon [bei 1000 Hz wie dB, bei anderen Frequenzen werden die abweichenden Hörschwellen mitberücksichtigt] oder in Sone [nach STEVENS], wobei neben den versch. Schwellen auch unterschiedliche Zuwächse in allen L.-Graden in einer Verhältnisskala ausgedrückt werden. →Abb. *R-S*

Lautsymbolik, syn. Lautmetaphorik, neben →Lautmalerei und →Lautgebärde eine Form des phonetisch-semantischen Merkmalzusammenhangs.

Es handelt sich um Gefühlswert-Ähnlichkeiten zwischen Lautgebilde und Wortbedeutung, etwa Liebe = »zart« als gesprochenes Lautgebilde und »zart« als Komponente des Bedeutungserlebnisses. Die unzuverlässige Methode der Auswahl passender Beispiele wurde durch die Methode der Zuordnung von Bedeutungsalternativen zu Wort-Lautgebilden aus unbekannten Sprachen (TSURU u. FRIES 1933), durch Lautstatistiken bei Wörtern gleicher Bedeutung aus umfangreichen Sprachstichproben (→Sprachstatistik) und durch die Methode des →semantischen Differentials ersetzt (ERTEL 1976). L. scheint universell aufzutreten, d. h. in voneinander unabhängigen Sprachen kommen gleiche bzw. ähnliche phonetische Repräsentationen für bestimmte Gefühlswerte vor. Unabhängig vom Vorkommen der L. bei sinnvollen Wörtern wurden die Gefühlswerte künstlich hergestellter sinnfreier Lautgebilde bzw. einzelner Vokale oder Konsonanten (Lautphysiognomik) experimentell untersucht (SAPIR 1929).

Die Probleme der L. sind mit denen der →Synästhesie teilidentisch. L. wird in Poesie und Prosa mit lautstilistischer Absicht verwendet. →Psychophonetik. Ⓛ BROWN 1958, ERTEL 1969, HÖRMANN 1977[2] *E-L*

law of effect →Effektgesetz, →Versuch-Irrtum

law of readiness, Gesetz der Bereitschaft →Lernbereitschaft.

L-Daten [*life records*], nach R. B. CATTELL diejenige Gruppe von Daten zur Persönlichkeitsbeschreibung (neben den →Q-Daten und den →T-Daten), die aus Erhebungen über objektive Vorgänge und Tatbestände, einschl. Daten aus der Alltagssituation des Pb (z. B. Anzahl der verursachten Unfälle, der Arbeitsstellen, der Vereinszugehörigkeiten) und aus Fremdbeurteilungen stammen. →Persönlichkeitsfaktor, →Faktorentheorien der Persönlichkeit, →*behavior ratings.* Ⓛ CATTELL 1973, HERRMANN 1972[2] *Hä-R*

learning set →Lerneinstellung, →Einstellungseffekt

Lebendigkeit, ein Beschreibungsbegriff des Verhaltens, der den Ursprung der belebten Beweglichkeit eines Individuums im biopsychischen Antriebssystem meint. WELLEK (Ⓛ) faßt L. als »die intensive Ausformung der Vitalstruktur« im Sinne vitaler Intensität auf.

Lebensalter, abgek. LA. Die Spanne der bisher gelebten Zeit. Je nach Alter gehört der Mensch zu einer bestimmten →Entwicklungsphase, Lebensphase, Altersstufe, die sein Menschsein bestimmt und die ps. charakteristisch ist. • In der Testps. ist das L. wichtig: Es entscheidet mit über die Auswahl der zur Anwendung kommenden Prüf-

L

verfahren; es moduliert die Ergebnisse in spezifischer Weise (alterstypisch); die Testleistungen werden jeweils bezogen auf den Durchschnitt von Altersgruppen.

Lebensdauer, mittlere Lebensdauer, das von den Individuen einer Population durchschnittlich erreichte Lebensalter, berechnet als arithmetisches Mittel. Sie beträgt derzeit im Bundesgebiet über 70, am Anfang des Jahrhunderts lag sie noch unter 40 Jahre. • Wahrscheinliche Lebensdauer. Für ein Individuum der Zeitpunkt, bis zu dem die Hälfte aller Gleichaltrigen gestorben ist.

Lebenserfahrung →Erfahrung

Lebensgefühl(e), Sammelbez. für alle Gefühle, die aus dem »vitalen Gestimmtsein« erwachsen. • Bei LERSCH sind die L. zugehörig zum endothymen Grund. →Tabelle »Charakteraufbau«

Lebensgrund, bei LERSCH das »Insgesamt der organischen Zustände und Vorgänge, die sich in unserem Leib abspielen«. Eine vorpsychische, dem Erleben vorgeordnete Wirklichkeit. L. ist all das, was als »Leben in einem breiten Strom dahingeht und das Erleben gleichsam auf dem Rücken trägt«.

Lebensgrundstimmung →Lebensgefühl

Lebenshälfte, die von der JUNGschen Tiefenps. vorgenommene Einteilung des menschlichen Lebensablaufs in eine erste »Hälfte« bis zum 40. Jahr mit Ich-Entwicklung und einen zweiten Abschnitt mit Selbstentwicklung. →Individuation

Lebenskraft, die zur Erklärung der Lebensvorgänge behauptete, außerhalb der physikalischen und chemischen Lebensprozesse stehende, in diesen aber wirksame besondere »Kraft« *(vis vitalis)*. Deren Annahme hat die kausale chemisch-physikalische und biologische Erforschung bis zu Anfang des 19. Jahrhunderts erschwert. →Vitalismus. – Gegenwärtig versteht man unter L. den als Tatbestand nicht weiter erklärbaren biologischen »Antrieb« schlechthin, der erst im Zusammenwirken mit anderen Tatbeständen Form und Richtung erhält. →Vitalität, vgl. Orgon-Theorie

Lebenslauf, der individuelle, einmalige, unaufhebbare Lebens- und Entwicklungsgang von der Geburt bis zum Tode. Dessen Deutung nach ps. Aspekten ist Aufgabe der L.ps. (L.analyse). Hierfür wird vorwiegend die mündliche bzw. schriftliche Befragung und Darstellung (→biographische Methode) benützt. Geschichtlich bedeutsam für die L.forschung ist der belgische Sozialstatistiker A. QUETELET (1796–1874). Seine Arbeiten machte HOFSTÄTTER zugänglich. Umfassend hat Ch. BÜHLER (1933) den L. nach der Verhaltensseite (den objektiven Daten), der Erlebnisseite (den subjektiven Daten) und der Werkseite (der Leistung) beurteilt. Sie unterschied fünf Phasen des physischen und ps. Prozesses und untersuchte Lebenslaufstrukturen. • Die heutige L.forschung ist breit gefächert. Psychoanalyse, Ich-Psychologie, Soziologie, behavioristisch-statistische Methoden, die →*humanistic psychology* (→Psychol, Richtungen) u. a. bemühen sich um Klärung dieses Zentralproblems. Ⓛ BÜHLER 1933, 1971, SCHARMANN, THOMAE, OERTER

Lebenslinie ⟨ADLER⟩, in der →Individualpsychologie die allgemeine zielgerichtete, charakterlich bedingte Verhaltensrichtung, die ein Individuum erkennen läßt

Lebensphasen →Entwicklungsphasen

Lebensplan, der zielausgerichtete Vorentwurf eines Lebens (die das Verhalten und Handeln steuernde Idee, der man sich bewußt und freiwillig verschrieben hat). Nach Meinung der →Individualps. ⟨ADLER⟩ kann man die Eigenheit eines Menschen erst dann richtig verstehen, wenn man alle seine Lebensäußerungen als sinnvoll eingefügte Glieder eines einheitlichen, finalen Lebensplanes hat erkennen können, der in der Überwindung der Minderwertigkeitsgefühle bestehen soll.

Lebenspsychologie ⟨MÜLLER-FREIENFELS⟩, die Bewußtseinsps. müsse sich an Biologie und Soziologie enger anschließen; sie soll den »Auswirkungen des Bewußtseinsgeschehens in sämtlichen Lebensakten nachgehen« und das praktische Leben mit den Augen des Psychologen sehen. Vgl. Psychobiologie

Lebensqualität, (*quality of life*, QOL), summarisches Bewertungs- und Optimierungskriterium, unter dem beurteilt wird, in welchem Maße konkrete menschliche Lebensverhältnisse in verschiedensten Detailperspektiven lebenswert bzw. unbefriedigend und verbesserungsbedürftig erscheinen. Unter dem Begriff »Umweltqualität« *(environmental quality)* werden diejenigen Teilaspekte zusammengefaßt, die sich auf (relativ überdauernde) Umgebungsbedingungen beziehen. Zur quantitativen Bestimmung von L. werden in den Sozialwissenschaften verschiedenste →Sozialindikatoren herangezogen (MANN 1977); psychologischerseits werden vor allem im Erleben ansetzende Meßverfahren beigesteuert (*perceived quality of life,* ANDREWS u. WITHEY 1976, CAMPBELL et al. 1976; *Perceived Environmental Quality Index,* PEQI) Ⓛ BELL et al. 1978 *K-I*

Lebensrad →Daedaleum

Lebensraum, der Begr. wurde 1901 von dem Geographen RATZEL geprägt und in diesem Sinne von HELLPACH als Naturlebensraum eines Volkes oder lebensräumliche Beziehungen zu bestimmten geographischen Verhältnissen verwandt. • Graf DÜRCKHEIM stellt den Ordnungsformen des Weltraums diejenigen des persönlichen Raumes gegenüber, wobei der persönliche L. das räumliche Erlebniszentrum mit persönlichem Sinn und Gewicht ist. Die eigene Wohnung stellt z. B. einen solchen dar. • LEWIN sieht im L. eine Ganzheit ps. wirksamer Faktoren. Dieser besteht immer aus der handelnden Person (P) und ihrer Umgebung (U). Jeder Vorgang oder jedes Verhalten (V) muß daher als Funktion von beiden angesehen werden: V = f(PU) bzw. V = f(L), da P und U gemeinsam den L. ausmachen.

Welche Dinge aus dem Universum des objektiv Vorhandenen im ps. Sinn als Umgebung bzw. als ps. wirksames Moment anzusehen sind, entscheidet sich nach folgenden Kriterien: a) Alles, was hinsichtlich des fraglichen Verhaltens für die fragliche Person mit ihren augenblicklichen Bedürfnissen Bedeutung hat, ist als ps. wirksam anzusehen. Es kann sich dabei prinzipiell um beliebige Dinge handeln wie um eine Hauswand, eine Stimmung oder einen Gedanken und dgl. b) Nur was gleichzeitig mit dem fraglichen Verhalten existiert, kann im strengen Sinn als ps. wirksam oder als Moment des L. angesehen werden. Die historisch-geographische Frage »Wie ist es dazu gekommen?« ist zu trennen von der konditional-genetischen Frage: »Was ist jetzt wirksam?«, d. h. der Angabe des L. in einem bestimmten Augenblick. c) Nur Konkretes, d. h. auf feststellbare Tatbestände Rückführbares kann als ein Moment des L. angesehen werden. Allgemeines wie etwa ein »Prinzip der wirkenden Seele« kann nicht konkret-psychologisch wirksam sein. – Da der L. nicht auf anschaulich-räumliche Dinge *(res extensae)* beschränkt ist, sondern auch »Innerseelisches« enthält *(res cogitans),* handelt es sich nicht um einen anschaulichen Raum, sondern um einen mathematischen Raumbegriff als Anordnungsprinzip aller für ein bestimmtes Verhalten in einem bestimmten Augenblick ps. wirksamer Momente. Gleichzeitig ist der L. ein →Feld, d. h. ein von ps. Kräften in seiner Struktur abhängiger Raum; denn jedes ps. wirksame Moment kann als Kraft angesehen werden und ihr Gesamt als dynamische Ganzheit. Mit Hilfe einer →topologischen und Vektor-Ps. hat LEWIN versucht, den L. und die darin enthaltenen dynamischen Faktoren mathematisch zu formulieren. *Str-R*

Lebensstil →Lebensplan

Lebenstrieb, mit L. oder →Eros bezeichnete FREUD den dem →Todestrieb entgegenstehenden Grundtrieb im Menschen.

Das Ziel des L. ist die Entwicklung und Erhaltung des Lebens, sowohl des Einzelnen wie der Gemeinschaft. Der L. tritt in einer Reihe von →Partialtrieben differenziert in Erscheinung und ist durch eine konstruktive und synthetische Wirkung gekennzeichnet. FREUD ersetzte mit diesem Dualismus zwischen L. und Todestrieb den ursprünglich von ihm aufgestellten Dualismus zwischen Ich-Trieben (d. h. nicht-libidinösen Trieben) und Es-Trieben (d. h. libidinösen Trieben bzw. Sexualtrieben).

LEE-Effekt, fehlerhaftes und verlangsamtes Sprechen bei künstlich herbeigeführter verzögerter akustischer Rückmeldung (VAR). • BÄUMLER (1970) fand, daß der L. entgegen vielf. Annahme nicht mit der →Interferenz erklärt werden könne. • →Audiometrie *B-S*

Leerlaufhandlung, (biol.) Verhaltensweise, die nach länger ausbleibender Reizsituation »im Leerlauf« auftritt, wobei die Reizschwelle für das als L. auftretende Verhalten erniedrigt, zugleich aber für andere Verhaltensweisen erhöht ist *P-S*

Leerpräparat, Scheinpräparat, Falsumpräparat, Placebo. Bei der ps. Wirkungsprüfung von Pharmaka verwendete Mittel, die den zu untersuchenden Mitteln äußerlich (Aussehen, Geruch, Geschmack) völlig gleichen, aber keine irgendwie wirksamen Stoffe enthalten. Durch Verabreichung der L. läßt sich erkennen, ob und in welchem Maß z. B. nur eine suggestive Wirkung eintritt. →Blindversuch. • Placebo-Reaktoren, Personen, die auf L. wie auf biologisch aktive Substanzen reagieren.

Leerversuch →Leerpräparat, Blindversuch

Legasthenie →Lese-Rechtschreib-Schwäche

Legespiel-Test Ⓣ BINET

Lehralgorithmus →Algorithmentheorie

Lehranalyse, die psa. Behandlung von späteren Psychotherapeuten zu Lehrzwecken. Die L. wird z. Zt. von allen maßgebenden nationalen und internationalen Gesellschaften für Psa. gefordert und ist ein Bestandteil der psa. Ausbildung (Dauer etwa 3–5 Jahre). Entscheidend für die Forderung der L. ist, daß der Analytiker seine eigenen psa. Probleme kennen lernt und nach der L. mit Gegenübertragungseffekten umgehen kann. Ⓛ GÖRRES

Lehr ... →Lern ...

Lehren, zunächst die planvolle Vermittlung von Inhalten, Kenntnissen, Fertigkeiten, im Zusammenhang damit i. w. S. jede intentional gesteuerte Beeinflussung, die eine Änderung des Verhaltens, des Erlebens oder der Einstellung (GAGE) anderer Personen zu erzielen sucht, i. e. S. eine bestimmte Art der Einflußnahme, deren Ziel vorab in der Entwicklung der Fähigkeit des Lernenden, frei und vernünftig zu handeln und das Handeln selbständig zu begründen (KLEIN), liegt, und die sich dadurch von →Konditionierung, →Manipulation und Indoktrinierung unterscheidet. Dieser Einfluß, der über perzeptive und kognitive Prozesse beim Adressaten (Lernenden) zur Wirkung gelangt, kann auch von Druckerzeugnissen, Filmen oder Programmen ausgehen, in denen das Lehrverhalten objektiviert ist *(frozen behavior)*.

Enger gefaßt als der unscharfe Begriff des Lehrens ist der des Unterrichtens (Instruktion). Diese beabsichtigte (unterrichtliche) Beeinflussung umfaßt das Bereitstellen und Vermitteln von Information, wobei die Vorbereitung und Ausgestaltung der Situation unter Berücksichtigung von Vorbedingungen wie Entwicklungsstand der Kenntnisse, Fertigkeiten und Einstellungen (sachstruktureller →Entwicklungsstand) entscheidend ist, um eine optimale Wirkung der Aktivitäten des Lehrenden (Unterrichtenden) beim Lernenden zu erzielen. →Lernen, →Unterricht Ⓛ GAGE 1963, KLEIN 1969, FEGER u. VAN TROTSENBURG 1970 *Mü-E*

Lehrenpasser →Sinnesfunktionen (4)

Lehrmaschinen, Lehrprogramme, kybernetische Maschinen, lehrende Automaten, Bez. für elektronische Geräte, die einen best. Lehrstoff speichern und in algorithmisch aufbereiteter (etwa auch einer Lösung näher gebrachten) Form anbieten können. Die L. sind »eine der Möglichkeiten, um die immer größer werdende Kluft zwischen der rasch zunehmenden Stoffülle in allen Wissenschaften und der für Lernzwecke zur Verfügung stehenden begrenzten Zeit zu verkleinern« (KLAUS 1969). →Algorithmus

Lehrplanvalidität, die Validität von Schultests, welche sich am Kriterium des Lehrplans orientiert. →Lernziel *Hä-R*

Lehrtheorie, Theorie des Lehrens, bislang nur in verschiedenen Ansätzen vorhandene lehrtheoretische Programme, deren Prinzipien in der Regel aus angrenzenden oder vorgeordneten Bereichen (z. B. Lernpsychologie, Logik, Modelltheorie, →Entscheidungstheorie) abgeleitet und anschließend auf das jeweilige Anwendungsgebiet (z. B. →Unterricht) ausgedehnt werden. Es lassen sich unterscheiden (nach LOSER/TERHART):

(1) Der lerntheoretische Ansatz, der (nach GAGE) für die Transformation der Lerntheorien in L. folgende Analyseeinheiten als grundlegend ansieht: (a) Typen der Lehreraktivität (wie erklären, demonstrieren, planen, bewerten, disziplinieren usw.), (b) Arten von →Lernzielen (kognitiv, affektiv, psychomotorisch u. a.), (c) Komponenten von Lernprozessen (als Zielen didaktisch-methodischer Steuerung, z. B. Aufmerksamkeit lenken, Auffassung steuern, Reaktion auslösen, Motivation anregen, Rückmeldung sichern), (d) Familien von Lerntheorien (Konditionieren, Modell- bzw. Identifikationslernen, kognitives Lernen). Eine allumfassende Theorie des Lehrens kann es nicht geben, wohl aber Kombinationen von Aktivitätstyp, Lernzielart, Lernprozedur und lerntheoretischem Modell, die der Vielfalt möglicher Lehrgegenstände, -methoden und -situationen gerecht werden können. (2) Der inhalts- und sachstrukturelle Ansatz, der die Sachlogik des Lehrgegenstandes nicht einfach in Lehrlogik transformieren, sondern dem Lernenden das Verständnis der Grundstrukturen und der sie konstituierenden Prinzipien des Lehrgegenstandes erschließen will, wobei (nach BRUNER) damit vertieftes Grundlagenverständnis, effektive Gedächtnisstrukturierung, höherer →Transfer und leichtere Aktualisierung des Gelernten erreicht werden. (3) Der modelltheoretische Ansatz als Versuch, Lehr- und Lernverfahren durch abbildende Reduktion auf Bedeutsames und perspektivische Akzentuierung in Erklärungs- und Handlungsmodellen für Planung, Kontrolle und Prognose verfügbar zu machen und zu verbessern (SALZMANN). (4) Der lehrlogische Ansatz, der grundsätzlich vom Lernenden als einem vernunftbegabten Wesen ausgeht und für die Praxis des Lehrens, das nach dieser Auffassung auf Wissen und Erkenntnis zielt, die Logik der Argumentation und des Begründens für konstitutiv hält (MEUX/SMITH). Auf philosophisch-sprachanalytische Grundlagen gestützt, beschränkt sich dieses »Vernunftmodell« (NUTHALL/SNOOK) auf die logische Regulierung der verbalen Interaktion mit dem Ziel des wissenschaftsorientierten Lernens. (5) Der lehrtheoretisch-didaktische Ansatz der sog. »Berliner Schule« (HEIMANN, SCHULZ u. a.), der seine Aufgabe in der Analyse der durch unterrichtliches Handeln mit bestimmten Prozessen unter dem Gesichtspunkt ihrer Zielstruktur (intentional / thematisch / methodisch / medientechnisch) und der Konstruktion (Planung) normgerechter und effektiver Prozesse auf verschiedenen Ebenen (von Schulgesetzgebung und →Curriculum bis zum Unterrichtsentwurf eines Lehrenden) sieht.

Unverkennbar handelt es sich bei den verschiedenen Ansätzen um bestenfalls partielle, bestimmte Teilbereiche abdeckende L. Eine die Lehr-Lern-Situation vollständig erfassende und für Planung und Praxis konstitutive L. steht noch aus. →Didaktik, →Unterricht Ⓛ BRUNER 1960 (dt. 1980[5]), GAGE 1964, LOSER u. TERHART 1977 dt., MEUX/SMITH in: LOSER, NUTHALL/SNOOK in: LOSER, SALZMANN 1972, SCHULZ 1973[4] *Mü-E*

Lehrziel, üblicherweise mit →Lernziel gleichgesetzt, doch genau genommen Ziel des Lehrenden, das er durch seine Lehrtätigkeit zu erreichen trachtet, indem er diese plant, organisiert und in Verlauf und Ergebnis kontrolliert (z. B. durch lehrzielorientierte Tests). →Lernziel, →Erziehungsziel Ⓛ KLAUER 1972, 1973 *Mü-E*

Leibgefühle, diejenigen Gefühlszustände, die an die →Organempfindungen gebunden sind und sich als körperliches Behagen oder Unbehagen, Müdigkeit, Schwäche, Spannkraft, Frische usw. zeigen

Leib-Seele-Problem, uraltes philosophisches Problem, das die Beziehung der im Leib gebundenen Körperlichkeit zur seelischen, immateriellen (unkörperlichen) Wirklichkeit zum Gegenstand hat.

Phänomenologisch als untrennbare Einheit erfahrbar, fallen beide Wirklichkeiten in der denkenden Betrachtung doch immer wieder als wesensfremd und unvereinbar auseinander. Grundauffassungen sind: 1. Das Seelisch-Geistige ist das Primäre, von dem das Leibliche abhängig ist (Idealismus – Spiritualismus); 2. im Materialismus wird die Seele zum Anhang körperlicher Vorgänge; 3. die Wechselwirkungstheorie behauptet die gegenseitige Abhängigkeit und Wechselwirkung zwischen Leib und Seele; 4. die beziehungslose Parallelität beider Geschehensbereiche wird vom psychophysischen Parallelismus vertreten; 5. die Einheits- oder Identitätsauffassung meint, daß beide Teile entweder die beiden Ansichten oder Seiten eines einheitlichen Ganzen darstellen, oder daß der Leib als materieller Grund nicht ohne gleichzeitige bildende Kräfte (als Form), die der Seele zugeschrieben werden, existieren könne. – Im Ggs. zum →Monismus (SPINOZA) hat der →Dualismus DESCARTES, der die *res extensa* von der *res cogitans* trennte, die Wechselwirkungstheorie und die Annahme eines psychophysischen Parallelismus ausgelöst. Letzterer wird allerdings auch wieder in der →Identitätslehre bei SCHELLING und FECHNER nicht mit Seele und Körper als zwei selbständigen Substanzen, sondern als zwei Seiten oder Aspekte ein und derselben Wirklichkeit aufgefaßt.

C. STUMPF (1896) und E. BECHER (1911) haben in einer Doppelursachen-Doppelwirkungs-Lehre die Wechselwirkungstheorie variiert. →Seele. Ⓛ FEIGL, HOFSTÄTTER, WENZL

Leidenschaft, extreme Emotion oder Neigung zu einer bestimmten Person, Sache oder Aktivität (→Affekte) *Ma-R*

Leipziger Schule, Bez. für die von FECHNER, WUNDT und deren Schülern vertretene ps. Richtung, wie für die von F. KRUEGER mit O. KLEMM, F. SANDER, H. VOLKELT, A. WELLEK u. a. entwickelte →Ganzheitsps.

Leistung, (phys.) die in der Zeiteinheit verrichtete Arbeit (P = W/t, bisher: L = A/t). • Im weiteren ist L. der durch Energieaufwand geschaffene Wert. • Ps. ist L. der Einsatz der dem Menschen (bzw. einem Organismus) verfügbaren Fähigkeiten wie auch dessen Ergebnis [engl. *achievement*]. Dabei kommt die L. dem Begriff der →Funktion nahe und deckt sich weitgehend mit ihr. • L. im Sinne von →Performanz ist abzuheben von →Kompetenz und ebenso vom →Lernen. L. ist nicht nur Funktion der Fähigkeit, sondern auch des Anreizes *(incentive)*. Ⓛ BUYTENDIJK 1956

Leistungsalter, das einem bestimmten Leistungsniveau (etwa ermittelt mit Tests) durchschnittlich zugehörige Lebensalter

Leistungsbewertung, Qualifikationsbewertung, Aussagen über konkret erbrachte und beobachtete sowie zugleich über weiterhin zu erwartende Arbeitsergebnisse. Bewertung nach bestimmten Merkmalen mit Hilfe von Qualifikationslisten, Fragebogen, Schätzung. Die L. ist Ausgang für die Personalbeurteilung, Laufbahnbeurteilung, Verwendungsbeurteilung. Sie hat dabei über Fähigkeiten, Interessen, Motivationen, über Kenntnisse, Fertigkeiten, Ausbildungen und Erfahrungen weitere personelle Klarstellungen zum Ziele. →Arbeitsbewertung. Ⓛ CAPOL 1965; SEELI 1961

Leistungsexperiment, ps.→Experiment, bei dem die Aufgabe der Vp darin besteht, bestimmte Leistungen zu erweisen, aus denen dann auf die daran beteiligten ps. Vorgänge (Fähigkeiten, Anlagen) geschlossen werden kann. Ggs. →Erlebnisexperiment

Leistungsgesellschaft, soziol. Begr. für die fortgeschrittene Industriegesellschaft, in der das wirtschaftl.-soziale Handeln durch →Leistung geprägt, motiviert und legitimiert ist (Prinzip des Wettbewerbs). →Leistungsmotiv, →Leistungsmotivation

Leistungsmotiv, nach MCCLELLAND (1953 79) ein vorweggenommener Affekt in Verbindung mit einer bewerteten Leistung *(need achievement, n ach)*. Das Motiv, Erfolg zu suchen, und das Motiv, Mißerfolg zu meiden, werden von HECKHAUSEN überdauernde oder aktuelle Leistungsmotivation (LM) genannt und als Hoffnung auf Erfolg (HE) bzw. Furcht vor Mißerfolg (FM) zur Gesamtmotivation (Gm = HE + FM) zusammengefaßt. Die Differenz zwischen HE und FM ergibt die sog. Netto-Hoffnung. Ⓛ HECKHAUSEN (1965, 602). *B-S*

Leistungsmotivation, wenn der Ausdruck nicht syn. mit →Leistungsmotiv benutzt wird, bezeichnet er die Gesamtheit der Determinanten des leistungsmotivierten Verhaltens.

In ATKINSONS Modell des leistungsmotivierten Verhaltens (»Risikowahl-Modell«) werden die Leistungsmotive (i. e. S.) oder überdauernden motivationalen Tendenzen, Erfolg zu suchen (M_e) bzw. Mißerfolg zu meiden (M_m), mit den Situationsparametern multipliziert. Letztere sind die Erwartung des Erfolgs (Wahrscheinlichkeit, W_e), die Erwartung des Mißerfolgs (W_m), der Anreiz des Erfolgs (A_e) und der Anreiz des Mißerfolgs (A_m). Es ergibt sich die resultierende (aktuelle) Tendenz des Leistungsverhaltens: $RT = (M_e \cdot A_e \cdot W_e) + (M_m \cdot (-A_m) \cdot W_m)$ oder $RT = T_e + T_m$ wobei T_e und T_m die aktuellen resultierenden Tendenzen, Erfolg zu suchen bzw. Mißerfolg zu meiden, sind. Vgl. K. SCHNEIDER (1973 18). • Nach HECKHAUSEN (1965) werden Erfolgs-, Mißerfolgs- und Netto-Motivation getrennt gemessen, indem einzelne Inhalte von →TAT-Geschichten als Anzeichen für Hoffnung auf Erfolg bzw. Furcht vor Mißerfolg bewertet werden. Es wird außerdem zwischen aktueller und »generalisierter« L. unterschieden.

Für die Analyse der L. ist die Attributionstheorie hilfreich, weil sie wahrgenommene Ursachen für Erfolg und Mißerfolge berücksichtigt (vgl. dazu WEINER 1972 354ff., HECKHAUSEN 1980 385ff.). →Motivation, →Leistungsmotiv *B-S*

Leistungspsychologie →Psychologie (Richtungen: Werkps.)

Leistungsquotient, Bez. für den Quotienten, der aus dem Verhältnis einer gebotenen Leistung zu der nach Lebensalter, vorausgegangener Schulung, Konstitution etc. zu erwartenden Leistung errechnet wird. Der LQ (engl. AQ = *achievement quotient*) wird meist in Prozenten angegeben.

Leistungssteigerung, reaktive, eine von DÜKER (1963) geprägte Bez. für die meist unbewußte Intensivierung der psychischen Anspannung, die bei fortlaufender Tätigkeit dann eintritt, wenn leichte, eben merkbare Hemmungen auftreten und das Individuum gegen diese im Interesse des Leistungsziels ankämpft.

Leistungstests, eine Gruppe von Tests, bei denen von der Vp eine Leistung gefordert wird. Es wird davon ausgegangen, daß die Vp die für sie typische Leistung zeigt. Der Testwert resultiert entweder aus der Zahl der Treffer bzw. der Fehler, aus einem Zeitmaß oder Qualitätsmaß. *Hä-R*

Leitbild, in der Individualps. ADLERS das einen Menschen in seinem Erleben, Handeln und Gestalten führende konkrete Vorbild

Leitbild-Prinzip →Darstellungsprinzip

Leitlinie ⟨ADLER⟩, die jeden Lebensablauf beherrschende und für jedes Individuum spezifische Zielstrebigkeit, aufgelöst in Strukturlinien, die die Einzelzüge des →Lebensplanes darstellen

Leitungsbahnen, nervöse, Nervenfasern (d. h. Neuriten), in denen die Leitung nervöser Impulse erfolgt. Nach der Leitungsrichtung unterscheidet man afferente und efferente L. →afferente Nerven, →Efferenz

Leitungs-Test Ⓣ RICHTER

leniency-Effekt [engl. *lenient* mild, nachsichtig], Milde-Effekt, ähnlich *generosity-error*, Beurteilungsfehler (z. B. bei Schätzskalen) gegenüber Personen, die dem Beurteiler bekannt oder sympathisch sind

Lenkprobe →Rollende Straße

Ⓔ **lepto...** [gr.] in Wtvb. dünn, fein, zart

Leptocephalus [gr.], Schmalkopf. →cephal

Leptomeninx [gr. *meninx* Haut], weiche Hirn- bzw. Rückenmarkshaut (L. = Spinngewebshaut und *pia mater*). →Gehirn

leptomorph, Begriff aus der Konstitutionstypologie von CONRAD (1941). Die leptomorphe Wuchstendenz ist gekennzeichnet durch geringeres »Tiefenwachstum« und stärkeres Längenwachstum.

leptosomer Typ →Körperbautypen →Typologie (Konstitutionstypen)

Lernalter →Alter

Lernbereitschaft, von THORNDIKE wurde bereits das Gesetz der L. *(law of readiness)* formuliert, das besagt, daß für den Lernerfolg jeweils ein bestimmter Zustand des Organismus gegeben sein muß. Zu ihm gehören sowohl eine der Lernaufgabe angemessene Entwicklungshöhe als auch passagere Faktoren, wie Aufmerksamkeit, Motivation, u. U. auch »geistige Neugier«. →Lernfähigkeit, →Lerndiagnostik • Untersuchungen über die L. unter Drogen- insbes. Alkoholeinfluß, sind noch selten. *B-S*

Lerndiagnostik, spezielle Art der →ps. Diagnostik. Während in dieser i. allg. konstante Merkmale des Individuums (→Eigenschaften) oder Leistungsfähigkeit (→Intelligenztests) zu bestimmen versucht werden, zielt die L. auf →Lernfähigkeit und →Lernerfolge i. S. von Verhaltensänderungen oder aus ihnen erschlossenen Bereitschaften zu Verhaltensänderungen. Das geschieht durch Messungen von Leistungen an den Zeitpunkten t_0 und t_1 (bzw. auch noch t_2, $t_3 \ldots t_n$), zwischen denen Training, Intervention, Unterricht oder natürliche Sozialisierungsprozesse liegen. Auf die →Lernfähigkeit kann aus mehrmaligen solchen Messungen geschlossen werden. *B-S*

Lerneinstellung [engl. *learning set*], ein im Laufe des Unterscheidungslernens – zuerst von HARLOW an Rhesusaffen festgestellter – erworbener Lernerfolg, der dazu befähigt, ein Unterscheidungsproblem ohne neues »Versuch-und-Irrtum«-Verhalten sofort zu lösen. Der Organismus hat zu lernen gelernt. Ⓛ MEDIN 1972, BREDENKAMP/WIPPICH 1977, I, 155ff. *B-S*

Lernen, aversives, auch aversives Konditionieren, →Aversionstherapie

Lernen, inkrementelles →inkrementelles Lernen

Lernen, Lernforschung, Sammelname für verschiedene komplexe Prozesse, die zur »latenten Verhaltensänderung durch Erfahrung« führen. Gewöhnlich werden biologische und mechanische Vorgänge wie Wachstum, Ermüdung, Altern, Einwirkung von Pharmaka, oder Verletzungen, die ebenfalls latente Verhaltensänderungen bewirken, vom L. abgegrenzt, obwohl eine exakte Grenzziehung nicht möglich ist. Diese Tatsache könnte den Begriff L. einmal überflüssig werden lassen, weil die L.forschung in der Analyse aller Ursachen für Verhaltensänderung aufgeht.

Seit den klassischen Versuchen von EBBINGHAUS (1885) ist das L. ein Hauptgegenstand zahlloser Untersuchungen. L.theorien liegen vor, wobei besonders die →Assoziationspsychologie, die →Gestaltpsychologie, der →Behaviorismus und die psa. Hypothesen (→Psychoanalyse) eigene Auffassungen über das L. vertreten haben. Von besonderem Interesse ist dabei, wie die Ausgangspositionen in sich noch weiter abgewandelt wurden. Die Assoziationsps., die zuerst gleichsam dem →sinnlosen Lernen einen Sinn abgewinnen wollte (bei EBBINGHAUS), gelangte bei THORNDIKE (1911) zur Entwicklung der →S-R-Verstärkertheorie des instrumentellen Konditionierens (→bedingter Reflex). Die Bedeutung von Lohn und Strafe und der auslesenden Wirkung des Erfolgs wird in dem Prozeß des Lernens nach →Versuch und Irrtum *(trial-and-error-learning)* hervorgehoben. HULL u. SPENCE führen diesen Ansatz weiter, während GUTHRIE (wie in der Assoziationsps.) nur die Berührungsassoziation gelten läßt (→Kontiguität, →Postremitäts-Prinzip). TOLMAN (1932) baut in den behavioristischen Ansatz Einsichten der Gestaltps. ein und vertritt eine Theorie des Zeichen-Gestaltlernens, die kognitivistisch genannt werden muß. Für die Gestaltps. deutet zuerst KÖHLER (mit RESTORFF 1933, 1937) das L. als Vorgang der Einsicht und der Organisation im Spurenfeld (KOFFKA). Strukturierung und Umstrukturierung sind wesentliche Begriffe. Mit der Bez. kognitive Lerntheorie ist die Annahme verbunden, daß kognitive Strukturen im Gegensatz zu Reiz-Reaktionsfolgen erlernt werden (→kognitive Landkarte, →Regellernen). Eine umfassende Lerntheorie, die allen Daten zugleich gerecht wird, gibt es nicht. MILLER, DOLLARD und MOWRER haben psa. Probleme unter lerntheoretischen Gesichtspunkten bearbeitet und z.B. die Lernhemmung als Folge der Verdrängung angesehen.

Zu der erstgenannten Definition von L. als

I Sammelname für nicht unmittelbar zu beobachtende Vorgänge im Organismus, die durch Erfahrung entstehen und zu Veränderungen des Verhaltens führen,

kommen folgende, an lerntheoretischen Erklärungen orientierte Definitionen hinzu:

II Herstellen von Assoziationen zwischen Vorstellungen (Assoziationsps.);

III Herstellen von bedingten Reaktionen durch Assoziation eines bedingten Reizes mit einem unbedingten, wodurch der bedingte die Fähigkeit erhält, die (natürliche) Reaktion auf den unbedingten auszulösen (klassisches Konditionieren, PAWLOW);

IV Erwerben einer neuen instrumentellen Reaktion durch Auswahl und Zusammensetzung erfolgreicher Bewegungen unter Stimulus-Kontrolle, motiviert durch den Antrieb (D) und von Verstärkungen abhängig (instrumentelles oder Operant-Konditionieren oder instrumentelles Bedingen, HULL, SKINNER);

V Neuorganisation der Situation durch die Bildung von neuen Strukturen, also Umzentrierung oder Neugliederung (Organisation) des Lernmaterials durch Klassifizierung oder »cluster«-Bildung (Gestaltps., Informationsverarbeitung).

Das populäre Verständnis von L. als »Kenntnisse erwerben«, »Memorieren«, »sich einprägen durch wiederholtes Aufsagen«, »Bewegungsabläufe wiederholen« ist irreführend, weil es den Vorgang des Übens mit dem eigentlich gemeinten umfassenderen Prozeß, der zu einer Verhaltensänderung führen kann, gleichsetzt. In der Lernforschung wird differenziert: (a) Darbieten eines Lernmaterials; (b) Üben, eine Aufgabe wiederholt zu lösen versuchen; (c) eigentlicher Lernvorgang; (d) Behalten; (e) Reproduzieren, Leistung *(performance)*; (f) Vergessen.

Nach der Art der Darbietung und Übung werden unterschieden: Beiläufiges (inzidentelles) L. und zielgerichtetes L.: auch die Erklärung des Vorgangs ist meist unterschiedlich, weil L. ohne Motivation – z. B. ohne Hunger-Antrieb über den Weg zum Futterkäfig »informiert werden« – die Erklärung mit der Verstärkertheorie des instrumentellen Lernens auszuschließen scheint (TOLMAN 1932); globales und fraktionierendes L.: das zu lernende Material wird in Teilen oder im Ganzen geboten und geübt (WEILL-FASSINA); massiertes und verteiltes L., (besser: massiertes und verteiltes Üben): das Fehlen oder Vorkommen von Pausen zwischen den Darbietungen/Übungen des ganzen Materials führt zu regelhaften Unterschieden des Lernerfolgs, was z. T. mit der Anhäufung der →reaktiven Hemmung oder mit →Sättigung erklärt wird.

Als eigentliche Lernvorgänge (c) werden von den verschiedenen Lerntheorien die unter II, III, IV und V genannten Prozesse beschrieben. Die Untersuchung des verbalen L., Behaltens, Reproduzierens und Vergessens wird auch als Gedächtnisforschung bezeichnet. Die Definitionen II, III und IV bezeichnen einen Vorgang, der vorwissenschaftlich als mechanisches L. gilt, während die Definition V eher dem L. mit Verständnis oder einsichtigen L. entspricht.

Das instrumentelle Konditionieren IV wird auch als Versuch und Irrtum L. bezeichnet. Das →Effekt-Gesetz bestimmt den Vorgang, der zu dem gradweisen Verstärken des Auftretens einer instrumentellen Handlung oder einer Endhandlung bzw. zum Abschwächen der Wahrscheinlichkeit des Auftretens einer irrelevanten Handlung führt. Diesem incrementellen L. kann das Ein-Versuch-L. gegenübergestellt werden (eine Assoziation oder keine – alles oder nichts – wird bei einer Berührung hergestellt). Instrumentelles Konditionieren heißt auch Lernen am Erfolg und erfordert positive oder negative →Verstärkungen (→Verstärkungsplan), während das latente L. der Erwerb neuer Verhaltensmöglichkeiten ohne offene Responses und folglich auch ohne Verstärkungen in der Übungsphase ist. Beobachtungs-L. wird als latentes L. von BANDURA und WALTERS u. a. zur Erklärung des Lernens im sozialen Kontext (des sozialen L.) herangezogen. Hier ist die Unterscheidung zwischen dem »Erwerb« der neuen Verhaltensleistung und »Ausführung« *(performance)* wichtig: Während das eigentliche L. ohne Verstärkung erfolgt, soll zur Ausführung Verstärkung (oder stellvertretende Verstärkung) notwendig sein. Das mentale Training ist eine systematische Form des Beobachtungs-L.: Der Lernende wird angehalten, der Ausführung von Bewegungen anderer (z. B. bei Geschicklichkeitsaufgaben) aufmerksam zuzusehen, was im folgenden Test zu einem nachweisbaren Transfer führt (ULICH 1964 338f.).

Nach der Art des Lernmaterials werden unterschieden: Perzeptives L.: U. a. gehören die Vervollkommnung der Wahrnehmungskonstanzen, das Unterscheiden (Diskriminieren) und das Umlernen von Unterscheidungen sowie das Analysieren von Ganzheiten (Differenzieren) dazu, exp. untersucht z. B. durch Beobachtungen des Wiederaufbaus von künstlich gestörten Wahrnehmungsprozessen (mit Spiegel- oder Prismenbrille, KOHLER, GIBSON, EPSTEIN) bzw. durch →Umlernaufgaben, z. B. mit Figuren, die auf n Dimensionen in n Werten variiert sind (KENDLER & KENDLER). Motorisches L. oder psychomotorisches L.: Aufbau von Geschicklichkeiten und Fertigkeiten, exp. analysiert mit Ziel- und Markenverfolgungs-Apparaten *(→pursuit rotor)*, Spiegelzeichnen, Stiftstecken und vielen anderen Übungen (ULICH, NOBLE), Vermeidungs-L. und Gefahren-Signal-L. (Entkommen-L.), sowie das L. von entsprechenden Affekten (Angst, Furcht) (vgl. Zweifaktorentheorie). Verbales L.: Buchstaben, Ziffern, sinnlose Silben (Konsonant-Vokal-Konsonant) oder Konsonanten-Trigramme, Wörter, satzähnliche künstliche Wortsammlungen, Sätze oder Texte sind das L.material; paarweise Assoziationen (vgl. Zweistufentheorie) oder Reihen werden unter standardisierten Bedingungen gebildet. Außerdem werden – im Grenzgebiet zur Linguistik – die beim L. von Bedeutungen und von syntaktischen Strukturen vorkommenden Prozesse (Assoziationen, Konditionierungen oder Regel-L.prozesse) untersucht und in der noch wenig ausgebauten angewandten L.forschung das Erlernen der Muttersprache (bes. Lesen-L.) und von Fremdsprachen (Zschr.: *Verbal learning and verbal behavior*; J. JUNG, SLAMECKA). Soziales L.: Der Prozeß der Sozialisierung (Sozialisation), d. h. die durch Verstärkungs-L., klassisches Konditionieren und →Nachahmung eines →Modells (Beobachtungs-L.) bewirkte Komponente des Vorgangs, durch den Kinder im Lauf ihrer Entwicklung zu Erwachsenen ihrer Kultur und Subkultur werden. Emotionales und Einstellungen-(Attitüden-)L. gehört hierher ebenso wie die bisher besonders viele Forschungsansätze aufweisenden L.prozesse im Zusammenhang mit der Leistungsmotivation, der Geschlechtsrollenübernahme, der Entstehung von Abhängigkeit und Selbständigkeit (Autonomie), des aggressiven und des moralischen Verhaltens (GOSLIN).

Zur Messung des Lernerfolgs [(d), (e)] muß man Schlüsse aus der Leistung in dem Test, während des Übens, nach der Übungsperiode oder aus dem

Transfer ziehen. Ob ein gelerntes Verhalten in einer Situation tatsächlich auftritt, hängt nicht nur von dem Erfolg des Lernens ab, sondern auch von der Erwartung des Erfolgs (der äußeren oder inneren Belohnung) (ROTTER). Lernerfolgsverläufe können in L.kurven dargest. werden.

Gegenwärtig ist die Lernforschung weniger auf die Verifikation umfassender Lerntheorien gerichtet, vielmehr konzentriert sie sich auf die Erforschung der neurophysiologischen Grundlagen der Lernprozesse und auf die Entwicklung mathematischer Modelle sowie auf die Anwendung lerntheoretischer Annahmen im programmierten Unterweisen sowie in der Verhaltenstherapie. Umstritten, wenn auch weit verbreitet ist die Annahme verschiedener Speicher (sensorischer Aufnahmespeicher, Kurzzeitspeicher, Langzeitspeicher) für die Aufnahme, unmittelbares Behalten, kurzes und langfristiges Behalten als Teile des Lernprozesses. →Gedächtnis Ⓛ BERGIUS 1971, BREDENKAMP u. WIPPICH 1977, FOPPA 1968[4], HILGARD u. BOWER *B-S*

Lernen, aversives, Vermeidungslernen. →Lernen

Lernen durch Versuch und Irrtum →Versuch und Irrtum

Lernen, entdeckendes, *learning by discovery, discovery learning,* im Ggs. zu mechanischem L. auf Reiz-Reaktions-Basis als Konsequenz stark lenkenden (autoritären) Lehrverhaltens ein sich an der gestaltps. Lerntheorie orientierendes, auf Eigentätigkeit im selbständigen Suchen, Finden, Kombinieren und Anwenden von Fakten, Regeln und Prinzipien aufbauendes L., das zu stabileren und leichter verfügbaren Wissens- und Fähigkeitsstrukturen auch im Erarbeiten neuer Fachgebiete und Kompetenzen führen soll. In berechtigter Kritik an traditionellen Lehrmethoden und →Erziehungsstilen konzipiert, ist allerdings weder die Definition des Entdeckens eindeutig noch die Umsetzung in Lehrstrategien zweifelsfrei praktikabel. →Lernen, Lernforschung, →Lernen, schulisches. Ⓛ NEBER 1973 *Mü-E*

Lernen, inkrementelles [zu engl. *increment* Zuwachs], kontinuierliches L., im Ggs. zum Ein-Versuch-Lernen (→Alles oder Nichts Gesetz) soll die assoziative Verbindung zwischen Reiz und Response in Schüben mit meßbaren Zuwachsraten (schrittweise) erfolgen. Mit wiederholten Versuchsdurchgängen *(trials)* wird die Stärke der Verhaltensbereitschaft *(habit-strength)* graduell oder inkrementell aufgebaut. (POSTMAN 1962, UNDERWOOD u. a. 1962) ● GUTHRIE, aber auch kognitivistisch orientierte Psychologen nehmen im Ggs. zu dieser Anschauung an, daß die Assoziation in einem Versuch entweder gebildet oder nicht gebildet wird. (→Alles oder Nichts, ROCK 1957) *B-S*

Lernen, intentionales, ein Lernen, das absichtlich, etwa gemäß einer Instruktion, erfolgt. Vgl. Lernen, inzidentelles

Lernen, inzidentelles [lat. *incidere* auf etwas fallen, nebenbei anfallen], beiläufiges Lernen. Während des absichtlichen (intentionalen) Lernens (z. B. in einem Gedächtnisversuch) werden neben denjenigen Inhalten, die eingeprägt werden sollen, auch noch andere aufgefaßt u. behalten, die nicht zu lernen waren.

Lernen, programmiertes, B. F. SKINNER kann als Begründer des p. L. bezeichnet werden. Er ging bei der Entwicklung von Lehrmaschinen von folgenden Erkenntnissen aus:

1. Charakteristisch für den Menschen ist, daß er seine Umwelt zu verändern sucht. Die Erfahrungen, die er bei diesen Aktionen macht, wirken wieder auf das folgende Verhalten zurück (operatives Verhalten).
2. Das operative Verhalten kann auf einfache Weise verstärkt werden, und zwar auf jedem kleinen Schritt, der zum Erfolg führt (operatives Konditionieren).
3. Der Effekt der Verstärkung ist abhängig von der Art, wie verstärkt wird. Es gibt effektive und weniger effektive Formen des Verstärkens.
4. Jedes Verhalten ist mehrfach determiniert, daher nicht leicht berechenbar, und die gleichen Reize lösen bei verschiedenen Individuen verschiedene Reaktionen aus.

SKINNER hat diese lernpsychologischen Erkenntnisse für ein optimales Lernen benutzt und im p. L. verwirklicht. Der Lehrstoff muß also so dargeboten werden, daß ein operatives Konditionieren möglich ist, die Verstärkung muß planmäßig erfolgen können, und jeder Schüler muß das für ihn angemessene Lerntempo wählen können. Da diese Lernformen im traditionellen Unterrichts- und Lehrsystem nicht durchführbar sind, muß der Lehrstoff nach den obengenannten Prinzipien vorher programmiert und dem Lernenden apparativ oder in anderer Programmform geboten werden. →Programmierter Unterricht, →frame Ⓛ SKINNER, CORRELL *Hä-R*

Lernen, schulisches, der Kernbereich institutionalisierter →Bildung und →Erziehung und Organisationsprinzip des auf Leistung angelegten Bildungssystems, das die Leistungsschule als Entsprechung zur Leistungsgesellschaft begreift.

Lernen in Schule und Vorschule unterscheidet sich nicht prinzipiell vom außerschulischen Lernen, wohl aber durch geplante Lenkung der Aktivität des Lernenden vermittels Instruktionen, Hilfen und Kontrollen des Lehrers. Lernprinzipien unterschiedlicher theoretischer Provenienz werden in ihrer Ergiebigkeit für die pädagogische Praxis vielfach angezweifelt oder doch als so allgemein charakterisiert, daß sie dem praktischen Erzieher als Selbstverständlichkeit erscheinen. Eher hat der Versuch von GAGNÉ, verschiedene Lerntypen in Art eines hierarchischen Systems nach Komplexitätsgraden zu ordnen – Signallernen, Reiz-Reaktionslernen, Kettenbildung, Verbalkettenbildung, multiple Diskrimination, Begriffslernen, Regellernen, Problemlösen – und für die Analyse von Wissensstrukturen bei verschiedenartigen Aufgaben zu nutzen, bei der Bestimmung des Lernverlaufs im Zusammenhang mit der Planung von Curriculumeinheiten Bedeutung. In der von AUSUBEL vorgenommenen Unterscheidung zweier grundlegender Dimensionen bei Typen von Lernprozessen (rezeptives Lernen: entdeckendes Lernen; sinnbezogenes Lernen: mechanisches Lernen) mit den vier möglichen Grenzfällen ist zugleich der Rückbezug auf die Art der Einfügung des Neugelernten in die kognitive Struktur (= Umfang, Präzision und Organisation der jeweiligen Kenntnisse) des Lernenden mitbedacht. Die Beziehung des Lernmaterials und seine Unterordnung unter bestimmte →Lernziele stellen ebenso die Effektivität des Schullernens beeinflussende Faktoren dar wie die Darbietungsform. In weitergehendem Zusammenhang mit den neueren schulreformerischen Bestrebungen hat das von CARROLL und BLOOM ausgearbeitete und von BLOCK (1974) in seinem empirischen Ertrag dargestellte Konzept des »zielerreichenden Lernens« *(mastery learning)* die Lehr-Lernforschung nachhaltig beeinflußt. Das Ziel, es (fast) allen Schülern zu ermöglichen, zumindest mit Hilfe individualisierter Förder- und Stützmaßnahmen das Unterrichtsziel zu erreichen, bestimmt Lehrereffektivität und Unterrichtsqualität nach dem Grade der Anpassung an die internen Lernvoraussetzungen des einzelnen Schülers. Als problematisch können dabei nicht nur die aufwendigen organisatorischen, zeitlichen und persönlichen Rahmenbedingungen, sondern auch mögliche unerwünschte Konsequenzen für bestimmte (z.B. besonders befähigte) Schüler bzw. Schülergruppen angesehen werden.

Kognitive Variablen wie →Intelligenz, →Begabung, sachstruktureller →Entwicklungsstand wirken sich ebenso wie affektive und soziale Variablen (→Motivation, →Unterrichtsstil, Wetteifer und Kooperation, Abhängigkeit und Selbständigkeit, Geschlechtsrolle, Sozialschicht u. dgl.) auf die Lernleistung aus. Diese ist nachprüfbar durch das Ausmaß des Behaltens bzw. Vergessens (Behaltenstest) und den erreichten Transfer (Transfertest). Die Prinzipien der retroaktiven und proaktiven →Hemmung bzw. Erleichterung lassen sich als Erklärung besonders bei mechanischem oder sinnfreiem Lernen heranziehen, während es die Unterrichtspraxis vorwiegend mit Folgen von sinnvollem Material zu tun hat, bei dem die unterschiedliche organisierende Funktion des einführend dargebotenen, nach didaktischen Gesichtspunkten ausgewählten und strukturierten Stoffes von entscheidender Bedeutung ist (Organisator; *organizer* nach AUSUBEL). Zugleich ist damit ein für die Zielsetzung eines →Curriculums wesentlicher sequentieller Transfer (= Auswirkung von vorweg oder anfangs Erlerntem auf spätere Teile einer Unterrichtssequenz) erreichbar. Der laterale Transfer (= Anwendung von in einem Bereich Gelerntem auf einen anderen schulischen oder außerschulischen Zusammenhang) und der durch hierarchische Lernkonzepte (GAGNÉ) und Aufgabenanalysen neuerdings stark beachtete vertikale Transfer (= Anwendung von auf einem Niveau einer →Taxonomie Erlerntem auf ein höheres Niveau) wie auch Fragen der Übung und der optimalen Aufbereitung des Unterrichtsmaterials (z.B. beim Programmierten Unterricht, bei Fernstudienprogrammen) stehen im Vordergrund des Interesses der schulischen Lernforschung. Jedoch muß bedacht werden, daß die Komplexität des experimentellen Designs im Schulversuch die Überprüfung und Erklärung von Ergebnissen des schulischen Lernens erschwert und die Verwertung dieser Resultate für didaktisch-methodische und erst recht für bildungspolitische Entscheidungen problematisch werden läßt. →Bildung, →Erziehung, →Lernen, →Motivation. Ⓛ AUSUBEL 1968, 1969, GAGNÉ 1969, EDELSTEIN u. HOPF 1973 *Mü-E*

Lernen, serielles, Reihen-Lernen, auch sequentielles Lernen genannt. Beim s. L. werden Glieder einer Reihe in der zuerst (oft mit Hilfe einer Gedächtnistrommel) dargebotenen Reihenfolge zu reproduzieren gelernt. Das sind entweder Wörter oder anderes verbales Material, oder es müssen Bewegungen in einer vorgeschriebenen Folge produziert werden (Wortreihen, Labyrinthe). ● Sequentielles Lernen bedeutet das Lernen einzelner Sequenzen, wie z.B. von Paar-Assoziationen in der gegebenen Reihenfolge. Es werden beim s. L. nicht isolierte Einheiten verbunden, sondern größere Gruppen des Lernmaterials werden zusammengefaßt. (vgl. BREDENKAMP/WIPPICH 1977 II, 47ff.) *B-S*

Lernen, soziales →soziales Lernen

Lernen, tierisches →Tiersprache, →Dressur

Lernerfolg, die durch die Darbietung oder durch das Üben erzielte Zunahme der Verhaltensbereitschaft (*habit*-Stärke), die im Tierversuch z.B. durch Latenzzeit der Reaktion, Häufigkeit der Reaktionen in der Zeit, Stärke (Amplitude) der Reaktionen und durch den Widerstand gegen das experimentelle Auslöschen gemessen wird. Der eigentliche L. wird nur aus der Lernleistung erschlossen. →Lernmaße *B-S*

Insofern Lernen eine unter bestimmten Bedingungen zustandegekommene Erlebens- und/oder Verhaltensänderung meint, bedeutet L. das Ausmaß oder den Betrag solcher Änderung. In enger empirisch-ps. Fassung ist L. der Differenzbetrag zwischen Nach- und Vortest nach zwischenzeitlich erfolgter (Lern-)Aktivität des Probanden (Lerners), wobei sich die beiden Testdurchführungen auf denselben »Inhalt« (Verhaltensbereich) beziehen und unter denselben Bedingungen stattfinden müssen.

Weiter gefaßt und damit päd./schulisch relevanter, meint L. den von einem Lernsubjekt erreichten Leistungsstand in Relation zum betriebenen Aufwand (Lerndauer, Ausschließlichkeitsgrad der Konzentration auf den gemeinten Lerngegenstand etc.) oder auch den erreichten Leistungsstand in Relation zur subjektiven Zielsetzung (→Anspruchsniveau) oder in Relation zum sachlich optimal möglichen Verhalten bzw. Leistungsstand. In einem eher ugs. Sinne wird L. in der Schulpraxis oftmals auch als erreichtes Leistungsniveau eines Schülers im Vergleich zu anderen Mitlernern gebraucht, also als das Ergebnis eines Konkurrenz-Lernens aufgefaßt; dabei wird unausgesprochen fälschlich angenommen, die Konkurrierenden hätten unter gleichen situativen und persönlichen Bedingungen den Lernprozeß begonnen und absolviert. *Sch-R*

Lernerfolgsmessung, das Bemühen, Lernerfolg quantitativ und qualitativ möglichst exakt zu bestimmen. Stößt je nach Lerninhalt (der von einfachsten Verhaltensweisen bis zur Ausbildung komplexester Begriffsverbindungen oder Problemlösestrategien reichen kann) auf vielfältige methodische Schwierigkeiten.

So ist z.B. bei längeren Lernprozessen keineswegs sicher, ob die in der ps. Grundlagenforschung postulierte faktorielle Entsprechung von Vor- und Nachtest tatsächlich gegeben ist. Die in der klassischen Testtheorie geltenden Gütekriterien und Indizes reichen außerdem schon deshalb nicht mehr aus, weil L. auch dann noch möglich sein muß (pädagogisch z.T. erst richtig bedeutsam wird), wenn viele Lerner (Schüler) nahe an der Zielerreichung (fast vollständige Beherrschung des Lernstoffes) angekommen sind, was in der testtheoretischen Terminologie hieße: niedriger Schwierigkeitsindex, bei dem auch das Trennschärfekriterium fragwürdig werden muß. Denn der Lehrer sollte einerseits nur dann im Lehrstoff fortfahren, wenn möglichst viele Schüler möglichst viel des bisherigen Stoffes erfolgreich gelernt haben; andererseits aber muß er trotzdem (ja gerade am Ende einer Lehrsequenz) differenziert und möglichst valide und reliabel beurteilen. Hier liegt eine der Hauptschwierigkeiten der Übertragung ps. Meßstrategien auf päd. Geschehen. →Lernen, →Lernziel, →Lernziel-orientierte Tests Ⓛ KLAUER 1972, SCHWARZER 1977, FRICKE 1974 *Sch-R*

Lernfähigkeit, von den an →Milieutheorien orientierten Ps. als Ersatzbegriff für →Begabung benutzt. Man unterscheidet hier Kapazität, Leichtigkeit des Lernens, Nachhaltigkeit, Anregbarkeit, Lernintensität und →Lernbereitschaft. L. wird in der Päd. Ps. wichtig bezügl. der defizitären Formen (→Lernschwierigkeit). *B-S*

Lerngeschwindigkeit →Lerntempo

Lerngesetze →Lernregeln

Lernhaltung →Lerneinstellung

Lernkriterium, Festlegung eines zu erwartenden →Lernerfolges, wie z.B. bei der Antizipations-Methode (→Paar-Assoziationen-Lernen) der erste fehlerfreie Lerndurchgang. Das L. soll es ermöglichen, Lernleistungen unter verschiedenen Bedingungen zu vergleichen. *B-S*

Lernkurve, graphische Darstellung des Lernerfolges (der erworbenen Verhaltensstärke) als Funktion der einzelnen Lerndurchgänge (*trials*). Die Verhaltensstärke steigt mit der Zahl der Lernversuche an, die Kurve nähert sich einem asymptotischen Wert der Verhaltensstärke und die Größe des Zuwachses ist um so kleiner, je mehr Lernversuche stattgefunden haben. Diese eben genannten Merkmale der Kurve müssen gegeben sein, wenn ein allmähliches Ansteigen des Lernerfolges angenommen wird, was man →inkrementelles Lernen nennt. (Vgl. BREDENKAMP/WIPPICH 1977, I, 20f.) Es gibt (1) lineare, (2) positiv beschleunigte, (3) negativ beschleunigte, u. (4) S-förmige L. • Die VINCENT-Kurve entsteht, wenn die individuell verschiedenen Lernleistungen der einzelnen Mitglieder einer Versuchsgruppe auf eine gleichlange Basis transformiert werden. Vgl. Lernplateau, Plateaubildung *B-S*

Lernmaschine →Programmierter Unterricht

Lernmaße, den →Lernerfolg angebende Größen, die auf verschiedene Weisen gewonnen werden: (1) In der Erinnerungsmethode durch die Zahl der Lerndurchgänge *(trials)* bis zum Erreichen des →Lernkriteriums. (2) Im Reproduktions- oder Treffer-Verfahren durch die Zahl der Treffer oder Fehler nach einer bestimmten Zahl von Lerndurchgängen. (3) In der Methode des Wiedererkennens durch die relative Anzahl der wiedererkannten Items aus einer größeren Anzahl von den gelernten gleichen oder ähnlichen Items. (4) In der Ersparnismethode durch die Verringerung der Anzahl der Durchgänge bis zum Lernkriterium beim zweiten (Wieder-)Lernversuch im Vergleich zu einem vorausgehenden ersten Lernversuch. Außerdem kann man die Zeit für verschiedene Lernversuche messen und die Zahl der Reaktionen in Zeiteinheiten. →Gedächtnismethoden. *B-S*

Lernmaterial, man unterscheidet das L. nach dem Grad der Sinnhaftigkeit. Sinnarme Lernelemente (sinnarme Silben, Konsonantsilben, Ziffern, Zeichen) werden verwendet, weil bei ihnen Bekanntheits- und Schwierigkeitsgrad leichter kontrollierbar sind als bei sinnhaftem Material. Dagegen hat die Verwendung von sinnvollem L. den Vorteil größerer Lebensnähe. →sinnlose Silben

Lernmatrix, Anordnung elektrischer Zeilen- und Spaltenleitungen in Matrixform. Die Leitungskreuzungen bilden die Zellen der →Matrix. Sie sind insofern lernfähig, als in der Lernphase gleichzeitige, positiv gepolte elektrische Aktivierung der zugehörigen Zeilen- und Spaltenleitung den Leitwert der Verbindungsstelle erhöht, negativ gepolte Aktivierung einer Leitung bei positiver der anderen den Leitwert verringert. In der Lernphase wird damit ein Codewandler generiert, der in der Kannphase zur Verfügung steht.

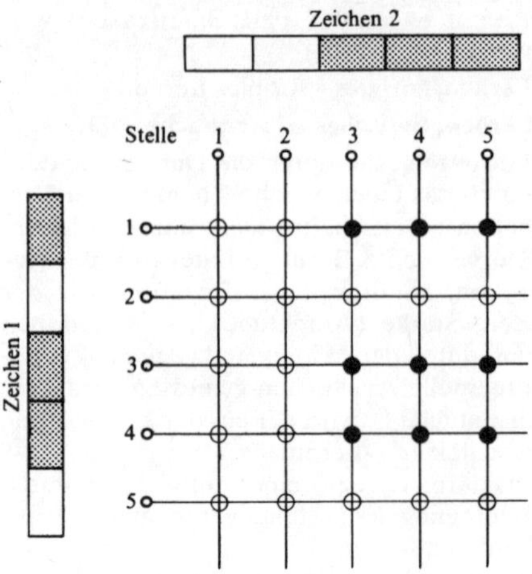

Wird in der Lernphase an die Zeilenleitungen das binär codierte Zeichen 1, an die Spaltenleitungen Binärzeichen 2 angelegt, werden die ausgefüllt gezeichneten Zellen leitfähig. Gibt man in der Kannphase ein Zeichen (1 oder 2) vor, gibt eine (nicht eingezeichnete) elektrische Extremwertbestimmungsschaltung das in der Lernphase zugeordnete zweite Zeichen aus. Weicht das in der Kannphase gebotene Zeichen von dem der Lernphase ab, so liefert die Extremwertschaltung ein Signal, dessen Ausprägung ein Maß für die Ähnlichkeit zwischen dem gebotenen Zeichen und dem gelernten darstellt. Eine entsprechende Anordnung mehrerer Lernmatrizen kann dann durch Vergleich dieser Signale einem nicht gelernten Zeichen das ähnlichste gelernte Zeichen zuordnen. Von dieser Möglichkeit versprach man sich wesentliche Fortschritte bei der automatischen Zeichenerkennung und Aufschlüsse über die Zeichenerkennung im Organismus. Neuere ps. Forschungsergebnisse legen nahe, daß in der Lernmatrix kein sehr gutes Modell für menschliche Wahrnehmungs- und Zeichenerkennungsprozesse vorliegt, obwohl die Bildung von Ähnlichkeitsklassen mit der Lernmatrix gut simuliert werden kann (Neisser 1974). Auch für die maschinelle Zeichenerkennung, etwa gesprochener oder handgeschriebener Sprache, hat die Lernmatrix die ursprünglich in sie gesetzten Erwartungen nicht erfüllt. Ⓛ Neisser 1974, Steinbuch *G-R*

Lernmethoden →Gedächtnismethoden

Lernmodelle →mathematische Lerntheorien. Nicht-mathematische →Lerntheorien als L. zu bezeichnen, kommt vor, ist aber irreführend. *B-S*

Lernmotivation, beim →intentionalen Lernen im Gegensatz zum →inzidentellen Lernen angenommene notwendige, aber nicht ausreichende Voraussetzung für den →Lernerfolg. Man hat intrinsische d. h. in der Sache selbst begründete und extrinsische, z. B. durch »von außen« kommende Belohnung bedingte L. unterschieden. W. Metzger weist im Anschluß an K. Lewin auf die weniger wirksamen »Druck-Barriere-Situationen« im Vergleich zu den »Ziel-Zug-Situationen« hin. Daß L. zum Lernen immer notwendig sei, behauptet auch C. L. Hull in seiner S-R-Verstärker-Lerntheorie, weil eine Steigerung der Habitstärke nur durch

Verminderung des Antriebs beim Auftreten der Response in der mit ihr zu verbindenden Situation vorkommen soll. *B-S*

Lernplateau, durch Leistungskonstanz gekennzeichnete Phase des Lernverlaufs, die zwischen zwei Phasen des Übungsfortschritts vor allem beim Erwerb von Fertigkeiten und bei Problemlösungsaufgaben auftritt

Lernprogramm →Programmierter Unterricht

Lernregeln, Anweisungen für das Übungs- und Lernverhalten, die aus den empirischen Lerngesetzen abgeleitet sind. Zu ihnen gehören u. a. das empirische Gesetz des Erfolgs – es ist notwendig, dem Lernenden *feed-back* (Rückmeldung über den Erfolg) zu geben; das empirische Gesetz der ungleichen Wahrscheinlichkeiten – es wird empfohlen, Gliederungen, Akzentsetzungen und Sinnverbindungen vorzunehmen; das empirische Gesetz des aktiven Übens einschließlich der variierenden Wiederholung und der Pausen beim Üben – die Regel gilt, daß *»rehearsal«* (Wiederholen) vorteilhaft ist und daß die Übungen in der Zeit gut verteilt sein sollen; das empirische Gesetz der Aktivierung – intrinsische →Lernmotivation wird oft für wirkungsvoller angesehen als extrinsische. Vgl. BERGIUS 1971 ● THORNDIKE nannte drei Lerngesetze und fünf zusätzliche Prinzipien: *law of readiness* (→Lernbereitschaft), *law of exercise* (Stärkung der Verbindung durch wiederholtes →Üben = *law of use*; Schwächung durch Nichtgebrauch = *law of disuse*), *law of effect* (→Effektgesetz) und die Prinzipien: *multiple response* (variierte Reaktion), *set or attitude* (allg. Lerneinstellung), *prepotency of elements* (Auswahl wesentlicher Elemente, auf die reagiert werden muß), *response by analogy* (Reaktion auf Elemente in neuen Situationen, die analog sind zu Elementen in bekannten Situationen), *associative shifting* (Assoziationswechsel wie beim klassischen Konditionieren). *B-S*

Lernschritt →frame, →Programmierter Unterricht

Lernstörungen, Bez. für die im Zusammenhang von Lernprozessen auftretenden Schwierigkeiten, Verzögerungen, Mängel/Fehler auf Seiten des Lerners (Schülers), so daß der »normalerweise« zu erwartende Lernfortschritt quantitativ und qualitativ verfehlt wird. L. sind somit durchaus relative Größen, je nach Bezugsnorm: Die Feststellung einer L. kann bezogen sein auf die »eigentliche« individuelle intellektuelle Leistungsfähigkeit des in Betracht stehenden Lerners, die dieser beim Vollzug eines bestimmten Lernprozesses erwartungswidrig unterschreitet (individuelle Bezugsnorm); sie kann bezogen sein auf das durchschnittliche Lerntempo bzw. den durchschnittlichen Lernumfang der ganzen Lerngruppe, welcher der betreffende Lerner (Schüler) angehört (Schulklasse, Sozialgruppen-Bezugsnorm); oder sie kann gemeint sein als nicht-altersgemäß, wobei als Bezugsnorm die entwicklungsps. festgestellte durchschnittliche Lernfähigkeit der betreffenden Jahrgangsstufe fungiert (Populations-Bezugsnorm).

Psychologisch-pädagogisch ist wohl nur der letztere Bezug tragfähig, d. h. nur so diagnostizierte Störungen lassen bes. Maßnahmen zur Behebung angezeigt erscheinen, da sich sowohl die Brauchbarkeit der individuellen Bezugsnorm (vgl. *over-/underachiever*-Problematik; WAHL 1975) als auch die der Sozialgruppen-Bezugsnorm (vgl. klasseninterner Maßstab; INGENKAMP 1972) hinsichtlich ihrer Stabilität als sehr problematisch erwiesen haben. Inhaltlich können die L. nach verschiedensten Kriterien klassifiziert werden, je nach zugrundegelegten Lerntheorien und den darin angenommenen Ursachen, situativen Bedingungen und Strukturen (z. B. hierarchischer Aufbau, i. S. GAGNÉs) der je spezifischen Lernphänomene; also z. B. L. mit Schwerpunkt in der Aufmerksamkeit, in der Konzentrationsfähigkeit, im Gedächtnis, in der Sprache (rezeptiv oder expressiv), in der Abstraktionsfähigkeit oder im motivationalen Bereich (Lernmotivationsstruktur nach HECKHAUSEN 1969). Hinsichtlich der Entstehung von L. steht neuerdings, wie generell in der Ätiologie der Verhaltensstörungen, die Wechselseitigkeit individueller (in der Fähigkeits- und Persönlichkeitsstruktur des Lerners liegender) Faktoren mit situativen (z. B. unterrichtsmethodischen) Bedingungen im Vordergrund der Theoriebildung, so daß auch die Behandlungsstrategien stets beide, sich gegenseitig ergänzenden und bedingenden Faktorenbündel berücksichtigen müssen (i. S. von Einbeziehung von Unterricht und Schule und Familie in die Einzelarbeit mit dem lerngestörten Kind). Was das Ausmaß, den Grad der Störung anlangt, so wird der Begriff L. gebraucht nur in bezug auf partielles, zeitlich begrenztes Auftreten von Beeinträchtigungen von Lernprozessen, und damit abgehoben von genereller en und zeitlich überdauernderen Störungsformen, wie Lernbehinderung oder gar geistige Behinderung. →Lernen, →Lese-Rechtschreib-Schwäche, →Sprachstörungen, →*overachievement,* →Schulversager Ⓛ HECKHAUSEN 1969, WAHL 1975, INGENKAMP 1972, ROSEMANN 1975 *Sch-R*

Lernstrategie, vom Versuchsleiter meistens nicht kontrollierte Anwendung best. Methoden des Einübens (z. B. Wiederholen des Dargebotenen – *rehearsal, cluster*-Bildung, Fraktionierung etc.) durch den Lernenden.

Lerntempo, ein →Lernmaß, bei dem die Zahl der Durchgänge bis zur Erreichung eines best. →Lernerfolgs und die dazu gebrauchte Zeit gemessen wird. *B-S*

Lerntheorien, Komplexe zusammenhängender Aussagen über Voraussetzungen, Bedingungen und Prozesse der Änderung von Verhaltensbereitschaften aus Erfahrung (→Lernen). Die einzelnen L. decken jeweils nur bestimmte Lernarten. Sie sollen in ihrem begrenzten Rahmen Voraussagen und Kontrollen des Lernens unter definierten Bedingungen erlauben.

Nur wenige sog. L. verdienen diesen Namen, und zwar nur solche, bei denen aus einer Anzahl von Postulaten falsifizierbare Hypothesen abgeleitet werden können. HILGARD und BOWER (1966) behandeln folgende Ansätze: THORNDIKES Connectivismus, PAWLOWS klassisches Konditionieren, GUTHRIES Kontiguitätstheorie (mit der Annahme des →Alles oder Nichts-Gesetzes), SKINNERS Operant-Konditionieren (obwohl SKINNER als beschreibender Behaviorist gerade keine L. darstellen will), HULLS systematische Verhaltenstheorie (auch S-R-Verstärkertheorie genannt), TOLMANS Zeichen-Lernen, die L. der Gestalttheoretiker, FREUDS psychodynamische Lehre, Funktionalismus, mathematische L., Modelle der Informationsverarbeitung und neurophysiologische L. Neuerdings wird die Begrenztheit des Erklärungswertes älterer L. betont, insbesondere weil sie auf meist sehr einfache Vorgänge im tierischen Lernen begründet sind. →Lernen, Lernforschung, →Zwei-Faktorentheorie des Lernens →Zweistufentheorie des Lernens *B-S*

Lerntheorien, mathematische →mathematische Lerntheorien

Lernziel, die durch den Lernenden intendierte und nach Abschluß des Lernvorgangs erreichte Leistung oder Verhaltensqualität, im unkomplizierten Fall übereinstimmend mit der als Lehrziel des Lehrenden oder des Lehrplans (→Curriculum) bestimmten Fertigkeit oder Einstellung. Da bei dem Begriff L. beides meist nicht unterschieden wird, betrachtet man L. als Endpunkte oder Ergebnisse einzelner Lernschritte, die in einem Curriculum oder Programm verknüpft sind. Das Erreichen des L. wird durch lernzielorientierte (korrekter: lehrzielorientierte) Tests kontrolliert. Zu beanstanden ist der undifferenzierte und wenig konsistente Gebrauch des Wortes L., das weder als korrekte Übersetzung aus dem Amerik. *(educational objective* bzw. *goal)* noch als präziser pädagogischer oder ps. Begriff gelten kann. (BREZINKA 1975, KLAUER 1972, 1973)

● Die Klassifikation von L. (→Taxonomie) erfolgt entweder inhaltsbezogen nach in der Regel herkömmlichen Sinnbereichen (theoretisch, sozial, ökonomisch etc.) oder verhaltensbezogen nach Leistungen, Fertigkeiten, Interessen, Einstellungen etc., die ps. Bereichen zugeordnet werden. Man unterscheidet im Anschluß an BLOOM und seinen Arbeitskreis L. im kognitiven, affektiven und psychomotorischen Bereich. Mehrdimensionale Klassifikationen verbinden inhalts- und verhaltensbezogene Dimensionen zu einer L.matrix.

● Die Festlegung von L. ist beeinflußt durch den Aspekt der curricularen Entscheidungen, kann also deduktiv Teil-Lernziele aus obersten oder allgemeinen normativ gesetzten L. ableiten, analytisch Teil-Lernziele aus einer Aufgabenanalyse gewinnen oder transformatorisch von der Verwendungssituation her zugehörige Qualifikationen als L. im Sinne von Verhaltensdispositionen interpretieren. In jedem Fall gilt, daß die verengende Forderung der hierarchischen Ordnung und Operationalisierbarkeit die didaktische und ps. Problemsicht nachteilig verkürzt. →Curriculum, →Erziehungsziel, →Lehrziel, →Taxonomie. Ⓛ BLOOM 1976, DAVE 1968, KLAUER 1972, KRATHWOHL 1978 *Mü-E*

lernziel-orientierte Tests, *criterion-referenced tests,* Testverfahren, bei denen i. Ggs. zu der normbezogenen Messung beim Probanden eine Leistungsmessung vorgenommen wird, welche z. B. durch ein →Lernziel vorgegeben worden ist. Bei dieser Leistungsmessung geht es darum, die individuelle Position eines Probanden in bezug auf ein definiertes Kriterium (Lernziel) festzustellen. →Lernen *Hä-R*

Lesbarkeit, mit dem perzeptiven, kognitiven und (ggf.) motorischen Aufwand beim →Lesen eines Textes zusammenhängendes Textmerkmal. Als Komponenten der L. unterscheidet man Inhaltserfassung *(comprehension)* und Lesegeschwindigkeit *(reading speed).* Im Bereich der →Sprachstatistik haben u. a. TAYLOR (1953), H. FRANK (1969) und WELTNER (1966) mit Methoden und Maßen der →Informationstheorie versucht, die L. zu formalisieren u. zu quantifizieren. →Verständlichkeit *Z-N*

Lesbarkeitsgrenze, H. FRANK nimmt aufgrund empirischer Befunde die Speicherzeit des Kurzzeitgedächtnisses mit 10 Sekunden, die Informationsaufnahme des Menschen beim Lesen mit 16 bit pro Sekunde an.

Unter der weiteren Annahme, daß gelesene Sätze nur voll verständlich sind, wenn ihre Lesedauer die genannte Speicherzeit nicht überschreitet, folgt, daß ein Satz lesbar ist, solange das Produkt der durchschnittlichen subjektiven Informationsmenge pro Zeichen mit der Zahl der Zeichen eines Satzes maximal 160 beträgt. K. WELTNER bezeichnet einen Text als lesbar, solange mindestens 90% seiner Sätze dieser Bedingung genügen. Neuere ps. Forschungen zur optischen Wahrnehmung beim Lesen wecken Zweifel an dieser einfachen Überlegung. Ⓛ FRANK 1965, SMITH *G-R*

Lesbische Liebe →Sexualität (Tabelle)

Lesen, visuelles (bei Blinden: taktiles) Wahrnehmen und Verstehen von Schriftzeichen (→Sprachrezeption).

Wie das Schreiben gehört L. zu den grundlegenden sog. Kulturtechniken, die zu Beginn des Schulunterrichts systematisch vermittelt werden. Als Lehrtechniken konkurrieren synthetische (Buchstabier-, Lautier-) und analytische (Ganzheits-)Methoden. Störungen der Lesefähigkeit bei intakter visueller Wahrnehmungsleistung und ansonsten normalem intellektuellem Leistungsniveau können infolge von Hirnschäden (→Alexie, →Sprachstörungen) auftreten; Lernschwierigkeiten beim L. und Schreiben werden allgemein unter dem Namen Legasthenie (→Lese-Rechtschreib-Schwäche) zusammengefaßt. *L-T*

LE SENNE-Typen →Typologie (Primär-Sekundär-Funktionstypen)

*

LE SENNE, René / *1882 / Psych. / Sorbonne

Leseproben →Sehproben

Lese-Rechtschreib-Schwäche, LRS, Legasthenie, engl. heute meist *dyslexia,* »Sammelbegriff für alle Defizite beim Lesen und Lesenlernen (Rechtschreiben und Rechtschreiblernen), die deutlich von einer definierten Norm abweichen« (WEINERT 1978); kein einförmiges oder isoliertes Störungs- oder Krankheitsbild, sondern:

(a) ein ganzer Katalog inhomogener Lernstörungen (ANGERMAIER 1974), Lernschwächen (JOHNSON u. MYKLEBUST 1971) oder →Teilleistungsschwächen (GRAICHEN 1973, 1979), durch die so hochintegrierte funktionelle Systeme (ANOCHIN 1967) der Sprachbenutzung wie Lesen und/oder Rechtschreiben unter verschiedenem Aspekt gestört werden. Vermeintlich einheitsstiftende Beschreibungen wie »Gestaltgliederungsschwäche« (KIRCHHOFF), »Feindetailbehaltensschwäche« (TAMM), »Deutungsschwäche« (GRISSEMANN), »Schriftsprachestörung« (BERKHAN), »Speicherschwäche« (SCHUBENZ), »gnostische Störung« (PIETROWICZ) können nicht zur Erklärung der LRS schlechthin verallgemeinert werden. Mindestens vier Syndrome mit verschiedenen funktionalen Störungsschwerpunkten sind zu unterscheiden (BENTON 1978): ein *language disorder syndrome* mit Störungen im Verständnis und Ausdruck gesprochener Sprache; ein *dyscoordination syndrome* mit artikulomotorischen Störungen; ein *visuospatial-perceptual disorder syndrome* mit visuoperzeptiven und visuokonstruktiven Störungen; und ein *dysphonemic sequencing disorder syndrome* mit Störungen der phonemischen Sequenzbildung und sequentiellen Ablaufstörungen. (b) Die unter dem Begriff LRS zusammengefaßten Defizite überlappen sich teilweise mit anderen Lern-, Gedächtnis-, Denk- und Sprachstörungen und enthalten ebenso Merkmale persönlichkeitsspezifischer Denk- und Handlungsstrategien (ANGERMAIER 1974) (→TOTE-Modell), so daß die früher (LINDER 1962) angenommene Unabhängigkeit der LRS vom allg. »Intelligenzniveau« wie auch z. B. von Rechenleistungen relativiert werden muß (WEINERT 1978). (c) Die funktionalen Störungsbilder der LRS bleiben in Abhängigkeit von zerebralorganischen Reifungsprozessen (LENNEBERG 1972) auch im Verlauf der kindlichen Entwicklung nicht gleichförmig (SATZ u. SPARROW 1970) und stützen damit die neurops. Annahme einer »dynamischen Lokalisation« von WYGOTSKI (1965) und LURIA (1973) (→Aphasie). Einer LRS vorausgegangen sind häufig verzögerte →Sprachentwicklung, →Stammeln, →Dysgrammatismus, →Stottern, →Poltern, (→Sprachschwäche) und/oder Verzögerung der motorischen Entwicklung. (d) Selbst nach Ausklammerung der Verlust-Syndrome (→Alexie, →Agraphie) wurden noch verschiedene Ursachen hinter den Störungsbildern der LRS vermutet wie Erblichkeit (HALLGREN 1950, WEINSCHENK 1965, ARNOLD 1970), frühkindliche Hirnschädigung (LEMPP 1978, GÖLLNITZ 1970) oder »subklinische Entwicklungsverzögerungen« (SATZ u. SPARROW). (e) Unterschiedliche Rahmenbedingungen sind – auch im Hinblick auf die Therapiechancen bei der LRS – zu bedenken: sprachförderndes Milieu (VALTIN 1970, 1972); Effektivität von Lehrmethoden (SCHMALOHR 1971); neurotische Lernhemmungen, die sich zwar auch im Lesen und Rechtschreiben auswirken, aber die Spezifität von LRS allein nicht erklären können. Dementsprechend sind eine multidimensionale Diagnostik und individuelle Behandlung der LRS erforderlich (KOWARIK 1979, GRISSEMANN 1980, FRITH 1980). *G-N*

Lese-Schwäche →Lese-Rechtschreib-Schwäche

Lese-Tests →Schulleistungs-Tests

Lesezentrum, NAUNYNsches Zentrum, in der linken Scheitellappenwindung des →Gehirns gelegenes Zentrum, bei dessen Erkrankung Leseunfähigkeit eintritt

letal [lat.], tödlich

Letalfaktor, (biolog.) diejenige Mutation eines →Gens, die zum Absterben des Organismus im Zeitraum zwischen der Bildung der Zygote und der Geschlechtsreife führt.

Letalfaktoren können rezessiv oder dominant sein. *D-E*

Letalität, Verhältnis der Zahl der Todesfälle zur Zahl der Erkrankungsfälle. →Morbidität, →Mortalität

Lethargie [gr. *léthe* Vergessen, *argia* = *aergia* Untätigkeit], völlige körperliche und seelische Trägheit; Unansprechbarkeit, Teilnahmslosigkeit; besonders auch Schlafsucht, aus der der Befallene nur vorübergehend und unvollkommen geweckt werden kann. Vorkommen bei Hysterie, Hypnose u. a. →Narkolepsie, →Koma

Leuchtdichte →lichttechnische Maße

Leugnung der Realität →Realitätsleugnung

Leukotomie [gr. *leukos* hell, weiß, glänzend, *tome* Schnitt, Schneiden], chirurg. Eingriff im Bereich der weißen Hirnsubstanz (bei Psychosen). →Lobotomie

LEV Ⓣ WINDHEUSER et al.

leveling →Nivellierung, →Denkstil. Ggs. Akzentuierung

level of aspiration, engl. Bez. für →Anspruchsniveau

level of processing [engl.], Verarbeitungsniveau, Begr. aus der neueren Gedächtnisforschung, der zunächst der Mehrspeicherhypothese entgegengesetzt wurde. Die zeitlichen Unterschiede im Behalten seien auf verschiedene Verarbeitungstiefen der Information zurückzuführen: von oberflächlich sensorischer Analyse bis zu versch. Graden der semantischen Elaboration (Bedeutungserfassung, Einordnung in unterschiedlich komplexe Bedeutungszusammenhänge und →Netze). Ⓛ CRAIK u. LOCKHART 1972 *B-S*

Levitation [lat. *lévitas* Leichtigkeit], subjektiv erlebbare Aufhebung der Körperschwere und scheinbares Schweben des Körpers im Raum. Kommt im Traum vor. Soll auch in somnambulen Zuständen beobachtbar sein. – In der Paraps. Bez. für das Heben von Gegenständen (z. B. des Tisches bei einer spiritistischen Sitzung). →Telekinese, →Parapsychologie

Lexem →Morphem

Lexikon, lexikalische Kategorien [gr. *léxis* Sprechen, Wort], (allg.) alphabetisch geordnete Zusammenstellung der →Wörter einer natürlichen →Sprache bzw. der Symbole und Termini einer Fachsprache.

In der →generativen Transformations-Grammatik (CHOMSKY 1965) gehört das L. zur »Basis« der syntaktischen Komponente. Es enthält in einer ungeordneten Liste von Lexikon-Eintragungen, bei denen jeweils phonologische (→Phonologie), syntaktische (→Syntax) und semantische (→Semantik) Merkmale einander zugeordnet sind, sämtliche »lexikalischen Formative«, d. h. die kleinsten, →Bedeutung tragenden sprachlichen Einheiten (→Morphem, →Wort). Zur Bildung der →Tiefenstruktur von →Sätzen müssen unter Anwendung einer Lexikon-Regel lexikalische Formative aus dem L. entnommen und in die betreffenden →P-Marker für die entsprechenden Symbole der einzelnen lexikalischen Kategorien [Adj = Adjektiv, Aux = Auxiliarkomplex (wozu u. a. Hilfsverben, aber auch z. B. Person und Tempus des Verbs gerechnet werden), Det = Determinator oder Bestimmungswort (insbes. Artikel), N = Nomen, V = Verb] eingesetzt werden. →generative Semantik *T-R*

LGT 3, Lern- und Gedächtnistest Ⓣ BÄUMLER

Libido [lat. Verlangen, Liebe], FREUD bezeichnet mit L. die allen Äußerungen der Sexualität zugrundeliegende und auf den Lustgewinn aus den erogenen Zonen gerichtete sexuelle Energie. Eine L.besetzung erfahren auch diejenigen Objekte neben den erogenen Zonen, die dem Lustgewinn dienen, z. B. orale Zone und Mutterbrust (→Objektbesetzung). Die L.entwicklung ist gekennzeichnet durch Verlagerung der L. auf neue erogene Zonen und durch Besetzung neuer Objekte mit L. Das Quantum der L. bleibe dabei konstant (Libidoquantumstheorem). ● C. G. JUNG bezeichnet mit L. die allen ps. Äußerungen (Trieben, Strebungen usw.) zugrunde liegende psychische Energie, welche von ihrer jeweiligen Erscheinung grundsätzlich zu unterscheiden ist. Sie läßt sich lediglich als allg. Lebenswille, allg. Lebenskraft definieren.

Libidotropismus ⟨SZONDI⟩ →Tropismus

Licht, diejenigen elektromagnetischen Schwingungen, die Helligkeits- und Farbempfindungen auslösen: 400–800 Billionen pro sec oder 0,00076–0,00039 mm Wellenlänge bei 300 000 km Fortpflanzungsgeschwindigkeit pro sec. Anschließend an die obere Grenze (an den sichtbaren Rotteil des Spektrums) die längeren Wellen der Wärmestrahlen (Ultrarot, Infrarot) und weiter die Radiowellen; an die untere Grenze die kürzeren Wellen: Ultraviolett, Röntgen- und Radiumstrahlen.

Lichtempfindung, die nach Stärke (Intensität), Sättigung der Farbe (Farbengrad) und Qualität (Farbton) zu trennende Wahrnehmung. Vgl. Sehen

Lichtklima, der dem Licht (ähnlich der Wärme, der Feuchtigkeit usw.) zukommende Anteil am Klima in seiner psychophysischen Zu- bzw. Abträglichkeit für den Menschen. →Klima. HELLPACH sprach gegenüber dem Lichtklima der Großstadt von der »Lichtfrische« auf dem Lande (kurzwelliges Licht).

Lichtspurverfahren, Festhalten der Körperbeweg. durch photographische Aufnahme von leuchtenden Glühlämpchen an den zu überprüfenden Körperteilen mit Ausführenlassen der Bewegungen im Dunklen.

GILBRETH (1868–1924), der dieses Verfahren entwickelte (Reihenaufnahmen hatte schon MAREY angefertigt), nannte seine Aufnahmen »Zyklogramme« (Bewegungsablauf-Schreibung). Das L. hat Anwendung zur Ermittlung der Bestbewegungen bei Arbeitsvorgängen und zur Klärung von Zeitstudien-Fragen gefunden. →Bewegungsstudie, Zeitstudie. Ⓛ BÖHRS, GILBRETH, KAMINSKY. – Wie Musik und Motorik sich binden können (Taktieren) und hierbei ausdrucksps. Aufschlüsse sich ergeben, ist über das L. erweisbar ⟨GIESE, BECKING⟩. Nachstehende Abbildung stellt als Beispiel die »Schlagfiguren« derselben Vp nach einer modernen atonalen und nach BEETHOVENscher Musik gegenüber.

lichttechnische Maße, sind photometr. Meßgrößen, die aus den physikalischen unter Berücksichtigung der physiol. Eigenschaften des menschlichen Auges abgeleitet werden (→Photometrie). Primäreinheit ist die Lichtstärke (Lichtstrom: Raumwinkel) mit der Einheit cd (Candela, lat. Kerze). Wichtige abgeleitete Größen sind der Lichtstrom (Lichtstärke × Raumwinkel) mit der Einheit lm (Lumen, lat. Leuchte), die Beleuchtungsstärke (Lichtstrom: beleuchtete Fläche) mit der Einheit lx (Lux, lat. Licht) sowie die Leuchtdichte (Lichtstärke: wirksame Fläche) mit der Einheit sb (Stilb, von gr. *stilbein* – leuchten, glänzen) und asb (Apostilb) sowie nt (Nit, von lat. *nitére* – glänzen).

Um die auf der Netzhaut wirksame Beleuchtungsstärke zu erfassen, bezieht man die Leuchtdichte auf eine Pupillenöffnung von 1 mm^2. Das dabei auf der Netzhaut erzeugte Bild hat dann die Beleuchtungsstärke 1 Trol (Troland, nach dem amerik. Psychologen L. T. TROLAND, 1889–1932). Für physiol. und ps. Zwecke stellt die Leuchtdichte die wichtigste Größe dar, da sie unmittelbar die für den Helligkeitseindruck bestimmende Reizgegebenheit beschreibt. Ⓛ HELBIG 1977[2]

L-I-D, in der angelsächsischen Ps. gebräuchliche Abkürzung für die in Tests (Fragebögen) geforderte Entscheidung (Stellungnahme) nach *like-indifferent-dislike*

Lidschlußreflex, 1. Lidschlußreaktion. Die reflektorische Erweiterung der Pupille beim Schließen des Augenlids. – 2. Kornealreflex. Lidschluß, der beim Berühren der Hornhaut (bzw. der Bindehaut) eintritt. Auch durch einen plötzlichen Luftstrom wird der Reflex ausgelöst, ebenso durch optische Reize (z. B. wenn ein Gegenstand auf das Auge zufliegt). Da der L. leicht konditionierbar ist (z. B. auf akustische oder taktile Reize), wird er häufig in Untersuchungen über den →bedingten Reflex verwendet.

Liebe, nach EMPEDOKLES sind Liebe und Haß die metaphysischen Grundkräfte des Lebens, die alle Bewegung, alle Trennung und Wiedervereinigung bestimmen.

Im Laufe der Geschichte hat der Mensch die verschiedensten Seiten und Formen der L. erfahren und benannt. Mit →Eros (PLATON) wurde die Liebe zur Schönheit bezeichnet. Unter Philia (ARISTOTELES) wurde die L. zu gleichgearteten Menschen verstanden (Gruppenbildung). Eros und Philia lieben das Liebenswerte, Agape meint dagegen die sich verschenkende, hingebende, aufopfernde Liebe auch zum Nicht-Liebenswerten, die christliche Liebe. Als Epithymia wurde das Moment der Begierde in der Geschlechtsliebe bezeichnet (Libido) und als Passio das Moment der Leidenschaft in der Liebe. Die Selbstliebe [gr. *philautia,* lat. *amor sui*] ist schon nach der Auffassung von ARISTOTELES – im Ggs. zur Selbstsucht (Egoismus) – eine wichtige Grundvoraussetzung für die L. zu anderen. • In der verstehenden Ps. ist nach LERSCH L. eine Triebfeder menschlichen Über-sich-hinaus-Seins und wird – gemäß dem Sprachgebrauch – als geschlechtliche, erotische und humane L. beschrieben. • Die empirische Forschung hat relativ selten das Thema L. zum Gegenstand, sondern viel mehr die allgemeineren Probleme der zwischenmenschlichen Anziehung und der Partnerwahl, über die z. B. MIKULA u. STROEBE (1977) einen Überblick geben. *Red./B-S*

Liebeszwang, Liebeswahn, Erotomanie →Sexualität (Tabelle)

LIEBMANN-Effekt, das Hervortreten der Konturen bei verschiedenfarbigen Flächen hängt stärker von den Helligkeitsunterschieden als von den Farbunterschieden ab. Ⓛ KANIZSA

*

LIEBMANN, Susanne Elisabeth / *1897 / Psych., Gestaltps. / Berlin

lie-detector [engl.] →Lügendetektor

Ligament [lat.], Band (zwischen Muskeln usw.)

likelihood-Funktion [engl. *likelihood* Wahrscheinlichkeit], l-F. ergibt die bedingte Wahrscheinlichkeit für eine Beobachtung unter Zugrundelegung einer Hypothese. →BAYES-Theorem ● likelihood ratio, bez. das Verhältnis der bedingten Wahrscheinlichkeiten. →Signaldetektions-Theorie

LIKERT-Skala, eine Methode zur Einstellungsmessung, bei der durch eine entsprechende Auswahl von Feststellungen (Items) und über die Berechnung von summierten Gewichtszahlen die Einstellungsstärke gemessen werden kann. →Einstellungsskalen

*

LIKERT, Rensis A. / *1903 / Psych., Soziologe / Ann Arbor (Michigan-U.)

limbisches System [lat. *limbus* Saum], Grenzsystem zu den beiden großen, blasenförmigen Ausstülpungen des Neocortex. Es besteht aus zwei ineinander gelagerten, ringartig verknüpften Systemen: innerer Ring (Allocortex) und äußerer Ring (Mesocortex). Die Strukturen des l. S. sind in multiplen Erregungskreisen organisiert und als neuronales Substrat der Emotionen und der Bildung des Gedächtnisses von Bedeutung.

Das l. S. steuert das emotionale Verhalten und damit das Motivationsgefüge von Mensch und Tier. Global dient es der Adaptation an sich laufend ändernde Umwelten. Störungen des l. S. führen zu Störungen der emotionalen Verhaltensweisen und beim Tier zu Störungen des artspezifischen Verhaltens.

Im Rahmen von Epilepsien und Psychosen kommt es beim Menschen nicht selten zu Störungen des l. S., wobei deutliche Verhaltensänderungen auftreten: Wutanfälle, Kaubewegungen, Störungen des Verständnisses, Angstgefühle, Änderung der sexuellen Erregbarkeit, Geruchshalluzinationen. Hinzu kommen vegetative Reaktionen wie Änderungen des Blutdrucks, der außer- und innersekretorischen Drüsenfunktionen. →Gehirn – Unter Vermittlung des l. S. ist es möglich, teilweise auch bewußt auf die Verstellung versch. Körperfunktionen (Puls-Atemfrequenz, periphere Durchblutung, Hauttemperatur) einzuwirken. →autogenes Training Ⓛ ISAACSON u. PRIBRAM 1975 *B-C*

lineare Beziehungen, mathematische Beziehungen zwischen zwei oder mehreren Variablen, die der Geradengleichung y = a + bx entsprechen. Für die Anwendung mancher bivariater parametrischer Verfahren stellt die Linearität der Beziehung eine Anwendungsvoraussetzung dar. *Mi-A*

lineare Regression, eine Regression, deren Funktionsgleichung der Geradengleichung y = a + bx entspricht. *Mi-A*

Lingual, Linguallaut, der mit der Zunge gebildete Laut.

Linguistik, meist als systematischer Kern der Sprachwissenschaft verstanden, entwickelt Begriffe und theoretische Konzeptionen zur Beschreibung und zur Analyse des Aufbaus und der Veränderungsgesetzlichkeiten spezieller Sprachsysteme und, in darüber hinausgehender Abstraktion, natürlicher sprachlicher Systeme überhaupt.

Ausgangsmaterial der L. sind gesprochene oder schriftlich fixierte Äußerungen, Texte. Das macht den vermutlich konsequenzenreichsten Unterschied zur Sprachps. aus (→Sprache, →Psycholinguistik), deren primärer Gegenstand sprachliche Verhaltensweisen sind, d. h. sprachliche Äußerungen, die von vornherein unter Berücksichtigung spezifisch ps. Implikationen erfahrungswissenschaftlich verarbeitet werden. Allerdings erreichen die in der L. entwickelten sprachanalytischen Konzeptionen einen Differenziertheitsgrad, der weit über denjenigen gängiger ps. Verhaltenstheorien hinaus geht. Daher empfingen die Sprachps. und die allg. ps. Verhaltenstheorie von der L. bedeutende Anregungen. Andererseits scheint die L. im Rahmen ihrer eigenen Voraussetzungen zunehmend mehr darauf aufmerksam zu werden, wie wichtig die Berücksichtigung des Entstehungszusammenhanges von sprachlichen Äußerungen für deren theoretische Analyse ist (→Texttheorie, →Pragmatik, →Sprechhandlung, →Sprechakttheorie). Damit nähert sich die L. ihrerseits spezifisch ps. Fragestellungen und Konzeptionen. Ⓛ LYONS 1970, COSERIU 1973 *K-I*

linguistisches Relativitätsprinzip →SAPIR-WHORF-Hypothese

Linienvergleich Ⓣ POPPELREUTER

Linkanalyse [engl. *link analysis, link* = Verbindung], Arbeitsablaufanalyse, Methode zur Verbesserung (Optimierung) des Ineinanderwirkens der Teile bei Instrumenten, Geräten, Maschinen etc. bzw. im →Mensch-Maschine-System.

Linkshändigkeit →Händigkeit, →Lateralität

Linksläufigkeit →Graphologie (Tabelle)

LINK-Trainer, Übungs- und Auslesegerät für Flugschüler. Im wesentlichen ein Flugzeug-Führerstand mit Steuerwerk, bei dem beliebige Flugzustände und Störungen simuliert werden können, worauf der Pb zu reagieren hat. ● Der L.-T. wurde entwickelt von A.

Edwin LINK, einem österr. Orgelbauer, der 1934 eine Flugzeugattrappe für einen Zirkus herstellte, was ihn anregte, ein Übungsgerät daraus zu konstruieren. Nach USA ausgewandert, baute L. die industrielle Produktion des Gerätes auf.

Linse →Auge

Linsen-Analogie, ein von BRUNSWIK (1950/1952 19f.) gebrauchtes Bild für die stabilisierte Verbindung zwischen fokalen Variablen (wie z. B. dem physikalischen Gegenstand und dem wahrgenommenen – psychologischen – Gegenstand), d. h. also eine durch verschiedene (vikariierende) Funktionen zustande gekommene Leistung des Organismus.

Die Linse ist nur eine Analogie für die Tatsache, daß es im Organismus verschiedene Funktionen gibt, die immer wieder verschieden zusammengesetzte Komponenten eines von außen nach innen wirkenden Ereignisses zu einer relativ konstanten Einheit, der Wahrnehmung, stabilisieren. • In der Sozialps. von HURSH u. HAMMOND eingeführtes und von BREHMER adaptiertes Modell für die Konvergenz von Urteilen, nachdem Verhandlungen stattgefunden haben, bei zunächst diverg. Strategien der Urteilsfindung. Ⓛ HAMMOND u. BREHMER (1972) *B-S*

Lippenschlüssel, Kontakt für Reaktionsversuche, der durch die Lippen (beim Sprechen) bedient wird

LIPPSsche Richtungstäuschung, geometr.-optische Täuschung, bei der parallele Linien durch eingeschobene Knickungen unparallel erscheinen.

*

LIPPS, Theodor / 1851–1914 / Psychol. (Aesthetik) / Bonn, Breslau, München

liquor cerebrospinalis [lat. *liquor* Flüssigkeit], Gehirn-, Rückenmarksflüssigkeit, der Lymphe ähnlich, ist enthalten in den Gehirnhöhlen und umgibt das Rückenmark

Lispeln, volkstümliche Bez. für die →Sigmatismen

LISSAJOUS-Figuren, i. allg. geschlossene Bewegungsmuster, die entstehen, wenn sich zwei zueinander senkrecht schwingende periodische Bewegungen überlagern. Ihre Form hängt von den Frequenzverhältnissen und vom Phasenunterschied der beiden Schwingungen ab. Die L. F. fanden Beachtung und wahrnehmungsps. Analyse durch E. MACH, V. BENUSSI 1918, G. JOHANSSON 1950. EISENLOHR konstruierte zu ihrer Erzeugung den »Zweipendelapparat«. Ⓛ JOHANSSON 1950 *B-S*

*

LISSAJOUS, Jules Antoine / 1822 (Versailles)–1880 / frz. Physiker

Listen-Vergleich Ⓣ PAULI-SCHEERER

LISTINGsches Gesetz, besagt, daß die Augen nur auf einem einzigen, vorherbestimmten Wege, nach dem »Prinzip der einfachsten Innervation« von einer in die andere Stellung übergehen. Dreht sich das Auge aus der Primärstellung, so ändert es die ursprüngliche Richtungseinstellung nicht, in welcher Richtung die Drehung auch erfolge.

*

LISTING, Johann Benedikt / 1808–1882 / Mathematiker, Physk. / Göttingen

literale Ataxie →Silbenstolpern

Literaturpsychologie, die (von DILTHEY angeregte) ps. Analyse der verschiedenen Literaturgattungen in ihrer Bezogenheit auf das »Seelenleben«, mit den Problemkreisen: Entstehung (Werden und Produzieren) der Werke, Werkanalyse, Wirkungsanalyse (Interpretation, Verstehen, bildende Wirkungen usw.), Analyse der Bevorzugung dichterischer Aussageformen und der Beziehung zur Persönlichkeit des Verfassers, Affinitäten zu bestimmten Gattungsformen, Stilanalyse; Ps. der Lyrik, des Dramas, der Prosa, des Hörspiels, Vortrags; die ps. Problematik der (Auto-)Biographie, der Übersetzung, der Widmung und anderes.

Litotes-Typ →Hyperboliker

LITTLE-Syndrom, syn. morbus LITTLE, infantile Zerebrallähmung, *diplegia spastica infantilis*, die 1862 beschriebene spastische, doppelseitige Lähmung, besonders der Beine, nach frühkindlichen Hirnschädigungen. Gleichzeitig oft →athetotische und →choreatische Bewegungs- und artikulatorische Sprechstörung. Häufig tritt durch die intrakraniellen Blutungen infolge des Geburtstraumas Schwachsinn verschiedenen Grades auf.

*

LITTLE, William John / 1810–1894 / Orthopäde / London

LIV, Abk. von *law of initial values*, →Ausgangswertgesetz von WILDER

Lobotomie, Durchschneiden von Nervenbahnen im Frontallappenbereich des Gehirns bei schwerer Schizophrenie und Zwangszuständen. →Leukotomie

Lob und Tadel →Verstärkung, →Bestrafung

Lobus [lat. Lappen] →Gehirn

locus of control ⟨ROTTER⟩, bei der Persönlichkeitsvariablen *l.o.c.* handelt es sich um generalisierte Kontrollüberzeugungen; zentral steht die Frage, ob eher internale, im Individuum selbst liegende Ursachen oder eher externale, auf andere Menschen bzw.

die Umwelt zurückgehende Ursachen im Leben eines Menschen bestimmend zu sein scheinen. →Verstärkerkontrolle *F-R*

Logasthenie, Denk- und Sprachstörungen (Vergessen und Verdrehen von Worten) bei →Aphasie, →Nervosität

Logogentheorie →mentales Lexikon

Logon →Informationstheorie

Logoklonie [gr. *klonéo* bewege heftig], krankhafte Wiederholung der Endsilben

Logopädie →Sprachtherapie

Logophobie →Sprechangst

Logorrhoe [gr. *rhein* fließen], krankhafte Geschwätzigkeit unter häufigem Auftreten von →Paraphasien; bei sensorischen →Aphasien nur im Erwachsenenalter und bei schizophrenen Psychosen. Ggs. hier →Aphrasie *G-N*

Logotherapie, Therapie zur Sinnfindung, von V. E. FRANKL begründet, hat L. nahe Beziehung zur →Existenzanalyse. Logos ist hier nicht auf Logik zu beziehen und wurzelt im Unbewußten.

Unbewußt wird von FRANKL als unreflektiert und unreflektierbar verstanden. Bei der besonderen Wertbetonung des »Geistigen« im Sinne einer »Höhenpsychologie« (analog einer Tiefenps.) will FRANKL auch das »Emotionale« und »Existentielle« berücksichtigen. Da das Geistige nur das Freie im Menschen ist, kann nach dieser Ansicht der Mensch mit dem Geist nicht krank (z.B. melancholisch) werden. Menschlicher Geist ist »bedingt«. Die Person verschließt sich der »direkten Analyse«, enthüllt sich nur einer »biographischen Exploration«, wobei jedem lebensgeschichtlichen Detail ein »personaler Ausdruckswert« zukommt. Wichtiger als das »daß« einer Krankheit ist das »wie«. Zur Vererbung und Umgebung kommt die »Entscheidung« eines Menschen. Er »ist« zwar nur in bezug auf die Notwendigkeiten, aber in einem »freien« Bezug auf sie. Die »Auswahl« des Menschen aus dem »Spektrum der Welt« entscheidet, wie auch L. »wesentlich Erziehung zur Verantwortung ist«. Aufgabe des Arztes in der Logo-»Therapie« ist Trostspenden und ärztliche Seelsorge. Beim Patienten kommt es darauf an, »Mut zum Leiden« zu haben und sein Schicksal zu bejahen (→Dereflexion). Die konkrete Aufgabe wird als persönlicher Auftrag erlebt, und »es geht nicht darum, daß wir dem Patienten einen Daseinssinn geben«, sondern »daß wir ihn instand setzen, den Daseinssinn zu finden«. Eine bes. psychotherapeutische Technik der L. ist die →paradoxe Intention. • In den USA wurde 1970 das erste logotherapeutische Forschungsinstitut gegründet.

Lohn-Strafe [engl. *reward-punishment*], Variablen der Motivbildung, bes. bei exp. Lernuntersuchungen. →Belohnung, →Bestrafung, →time out, →Verstärkung

Lokalisation, ein Problemkreis der Gehirnpathologie und →Neuropsychologie mit der Frage nach dem Ort psychischer und sensorisch-motorischer Funktionen in der Hirnrinde.

(1) Psychische Funktionen: Nach der klassischen Theorie des »engen Lokalisationismus« soll es außer den Arealen der Hirnrinde, welche Empfindungs- oder Motorikfunktionen haben, auch spezifische begrenzte Cortexbereiche geben, in denen auch die höchsten ps. Funktionen (Sprechen, Schreiben, Rechnen, Vorstellen u. a.) lokalisiert sind und deren Verletzung zum Ausfall dieser Funktionen führe. So lokalisierte GALL Anfang des 19. Jahrhunderts in der von ihm begründeten Wissenschaft →Phrenologie umfangreiche seelische »Vermögen« in begrenzten Hirnzentren. Auch BROCA sah in seiner Entdeckung des nach ihm benannten motorischen →Sprachzentrums in der linken Hemisphäre einen Beleg für die Richtigkeit dieser Vorstellung. Die gegenwärtige Wissenschaft und klinische Erfahrungen widerlegten diese Vorstellung. Begrenzte Verletzungen der Hirnrinde führen niemals zum »Ausfall« isolierter Funktionen, sondern zur Desorganisation eines ganzen Komplexes komplizierter ps. Tätigkeiten. Andererseits kann ein und dieselbe Funktion durch Verletzungen in verschiedenen Hirnarealen gestört werden. – Nach LURIA ist zu unterscheiden zwischen Funktion als Tätigkeit eines Gewebes (z.B. Sekretion einer Drüse) und Funktion im Sinne einer komplizierteren Systemfunktion wie z.B. der Vorgang des Atmens oder Sprechens. Solche komplexeren funktionalen Systeme beruhen nämlich auf der gemeinsamen Arbeit eines ganzen Komplexes neuronaler Mechanismen, die sich auf weite Teile des Gehirns, auch auf subcorticale Bereiche, verteilen können. Jede der Komponenten dieses Komplexes liefert ihren spezifischen Beitrag zur Realisierung des gesamten funktionalen Systems. So sind für den Prozeß des Schreibens z.B. erforderlich: ein bestimmter Tonus der Hirnrinde, der durch subcorticale Strukturen (→formatio reticularis) gesteuert wird, eine Analyse des Lautbestandes der zu schreibenden Wörter (ein Prozeß, der im Hörzentrum des Temporallappens abläuft), die kinästhetische Analyse der Laute (zur Vorbereitung der Artikulation) im postzentralen kinästhetischen Cortex, Bereitstellung der räumlich organisierten Seh-Schemata der zu schreibenden Buchstaben im visuellen Scheitelabschnitt des Cortex, sowie u.a. ein ständiges Umschalten der Bewegungsimpulse durch die prämotorischen Zonen der Rinde. – Durch diese neueren Vorstellungen von der Systemlokalisation der ps. Funktionen hat die neurops. Analyse lokaler Verletzungen des Gehirns als einer der wichtigsten Methoden zur Erforschung des Aufbaus ps. Prozesse entscheidende Bedeutung erlangt.

(2) Sensorisch-motorische Funktionen: Schon 1870 konnten FRITSCH und HITZIG zeigen,

daß durch elektrische Reizung der Großhirnrinde an vielen Stellen motorische Reaktionen ausgelöst werden können. Schrittweises Abtasten der Gehirnoberfläche erbrachte, daß die gesamte Körpermuskulatur in der motorischen Rinde jeder Seite doppelt repräsentiert ist. Dieses primäre motorische Feld, Ursprungsgebiet der →Pyramidenbahnen, liegt beim Menschen in der vorderen Zentralwindung (*gyrus praecentralis,* →Gehirn). Die verschiedenen Körperregionen sind hier mit den Füßen oben und dem Gesicht am unteren Ende des Gyrus repräsentiert (→Gehirn, Abb. 3). – Eine ähnlich geartete Gliederung nach Körperbezirken findet sich für die sensorischen Funktionen in der hinteren Zentralwindung (sensorische Rinde, *gyrus postcentralis*), wo die vom Thalamus zur Großhirnrinde aufsteigenden dritten Neuronen der Hinterstrangbahn u. a. sensorische Fasern enden. Hier werden die präzisesten Diskriminationen ermöglicht. Bei Zerstörung dieser primär sensiblen Felder (→Assoziationsfelder) kommt es zu erheblichen Ausfällen der Sensibilität in der Körpergegenseite. Da alle Sinne auch in mehr oder weniger großem Maße in den niedrigeren Zentren (z. B. Thalamus) repräsentiert sind, kommt es wohl noch zu Allgemeinempfindungen und zu Reflexen, aber die Erregungen gelangen nicht zum Bewußtsein (Rindenanästhesie). – Wie hieraus schon ersichtlich, hat man in beiden Fällen bei der Beantwortung der Frage nach einer festen Lokalisation mit LURIA(1970) zu beachten, daß, bildlich gesprochen, die in einem bestimmten Hafen umgeschlagenen Waren nicht notwendig auch dort produziert werden müssen. • L. von Erinnerungsbildern im Gedächtnis →MÜLLERS Lokalisationssysteme. Ⓛ GANONG 1979[4], HOUSE 1967, LURIA 1970, 1973 *B-C*

Lokalzeichen, von LOTZE (1912) eingeführter und von WUNDT (1874, 1910[6]) zu einer »Theorie der komplexen Lokalzeichen« benützter Begr. für Wahrnehmungen, die mithelfen, die räumliche Ordnung (räumliches Sehen, Tiefensehen etc.) aufzubauen. Heute weniger beachtet. →Anker, →Ankerreiz

Lokomotion, (aktiv): Selbstbewegung eines Gegenstandes, Bewegung eines Organismus durch entsprechende organische Einrichtungen. (passiv): Bewegtwerden. • In der →topologischen Ps. LEWINS gibt es physische, soziale und intellektuelle L., d. h. in der L. wird eine Veränderung der Position oder der Valenz im Lebensraum (→Feld) oder auch Veränderung der Position des Individuums im Lebensraum realisiert. • Transfer (Ortsveränderung) eines Organismus von einer Stelle in eine andere.

Lokution [lt. *locutio* das Sprechen, Sprache] →Sprechakttheorie, →Handlungstheorie

LOMBARD-Effekt, Auswirkung von →Lärm auf die Sprachproduktion: unter Lärm gesetzt, erhöht der Sprecher die Lautstärke seines Sprechens. Er verhält sich, als ob der Hörer diesem Lärm ausgesetzt sei, und erlebt die Lautstärke als normal. Nebeneffekt auf manche Stotterer: er spricht unter Lärm flüssiger. →Audiometrie *R-S*

*

LOMBARD, George Francis / *1911 / Betriebswissenschaftler / Cambridge, Mass. (Harvard-Univ), Boston

LORD-Tests, eine Gruppe statistischer Prüfverfahren, in denen die Streuungsbreite (*range,* R) als Dispersionsmaß verwendet wird. So lautet z. B. die Formel zur Prüfung der Signifikanz von Mittelwertunterschieden unabhängiger Stichproben:

$$L = \frac{M_1 - M_2}{R_1 - R_2}.$$

Die Verteilung von L. liegt tabelliert vor.

* *Mi-A*

LORD, Frederic Mather / *1912 / Psych., Psychometrik / Princeton Univ.

Löschreizmethode ⟨HELMHOLTZ⟩, Auslöschung eines (Großhirnrinden-)Erregungsvorganges durch einen nachfolgenden verstärkten Reiz. Benutzt wird die Methode z. B. am Tachistoskop, wenn man sofort nach einer Darbietung einen starken Lichtreiz folgen läßt, um das Auftreten eines Nachbildes zu verhindern. →Maskierung, optische

Löschung →bedingter Reflex, →Auslöschung

Löschungs-Verstärkungs-Verhältnis, in Verstärkerplänen (SKINNER) das variable oder fixe Verhältnis von verstärkten zu nicht verstärkten Responses. →Extinktion, →Lernen

Lösung, Gefühlsdimension. Ggs.: Spannung. →Gefühl

Lösungsstammbaum, graphische Darstellung der vorkommenden Problemlösungsschritte nach DUNCKER. →Denken

Lotto-Test Ⓣ DECROLY

Lotussitz, Yoga-Übung. Linker Fuß auf dem rechten Schenkel und der rechte, symmetrisch hierzu, auf dem linken Schenkel. Oberkörper und Kopf dabei aufgerichtet. • Lotus (Lotos), eine Seerose, deren Blume in ganz Asien Symbol der Reinheit ist. *S-G*

LPC-Skore [engl. *least preferred co-worker score* (FIEDLER 1954)], Beschreibung des am wenigsten bevorzugten Mitarbeiters auf

16–25 bipolaren →semantischen Differential-Skalen mit 8 Punkten. Niedriger Skore: extrem ungünstige Beurteilung, soll bei Gruppenführern auf eine aufgabenbezogene Führung verweisen. Eine Differenz zwischen diesem Skore und den Einschätzungen des am meisten bevorzugten Mitarbeiters wird »angenommene Ähnlichkeit zwischen Gegensätzen« genannt und als →ASO-Skore bezeichnet. Beide Maße korrelieren hoch und sollen Ausdruck für entweder permissives oder sachliches Führerverhalten sein. →Kontingenz-Modell der Gruppeneffektivität. Ⓛ BASTINE 1972, 1681 ff., RICE 1978 *B-S*

L-P-S Ⓣ HORN

LRS Abk. für →Lese-Rechtschreibe-Schwäche

LSD Abk. für →Lysergsäurediäthylamid

LTM, *long term memory* →Gedächtnis

Lückenkombination, optische Ⓣ FRANKEN, GIESE

Lückenkombination, sprachliche Ⓣ EBBINGHAUS, MINKUS

Lückenphänomen, WITTE-KÖNIG-Effekt, paradoxer Effekt des Binokularsehens, der mit der Beobachtung amodaler Ergänzung bei unvollständigem Reizangebot in Widerspruch zu stehen scheint:

Wird im Stereoskop beider Augen getrennt je eine Linie (z. B. Strecke oder Kreisring) geboten, von denen die eine unterbrochen ist, so sieht der Betrachter als Sammelbild keine im Sinne der Vervollständigung durchgehende Linie, sondern die Lücke. Diese schließt sich bei längerer Betrachtung, jedoch um so später und seltener, je kleiner sie ist. Bei horizontaler Lage der Linien tritt ein Zusatzeffekt auf (ZAJAC): Im Bereich der Lücke rücken die beiden Teile der unterbrochenen Linie in Tiefenrichtung voneinander fort. Ⓛ HELSON u. WILKINSON 1958, KÖNIG 1962, ZAJAC 1962 *K-T*

Lückentest Ⓣ EBBINGHAUS, FRANKEN, GIESE, MINKUS

Luftfahrtpsychologie, Flug- und Fliegerps., *aviation psychology,* der mit der Entwicklung der Luftfahrt einhergehende Zweig der angew. Ps. Hauptgebiete: Eignungsdiagnostik u. Selektion; psycho-physische Belastungsreaktionen auf die bes. Arbeits- u. Umgebungsbedingungen der Luftfahrt; Funktionen der Wahrnehmung, Raumorientierung u. Inform.-Verarbeitung; Funktionsmodelle des »Regler Mensch« in der Flugführung; Lernverhalten, -verfahren, -hilfen, Simulation; Unfallforschung; Humanfaktoren der Flugsicherheit; Anpassung der Systeme an den Menschen (Anthropotechnik, *human engineering*).

Als Schöpfer der L. kann Agostino GEMELLI (1878–1959) bezeichnet werden, der 1914 die Eignung zum Fliegen aus der Aufmerksamkeitsleistung zu erschließen suchte. Der Erste Weltkrieg förderte intensiv die L., zuerst in Frankreich, wo 1915 die Ärzte CAMUS und NEPPER über visuelle, akustische und taktile Reize die Reaktionszeiten ermittelten. ANDERSSON folgte 1915 in England. Gleichzeitig begannen in Amerika Untersuchungen zur Unterscheidung von guten und schlechten Piloten im U. S. Army Air Corps (unter Beteiligung von THORNDIKE, STRATTON, HENMON u. a.). In Deutschland wurden Untersuchungen zur Fliegerauslese seit 1916 durchgeführt von W. STERN, W. BENARY, E. STERN, A. KRONFELD, O. SELZ, D. KATZ, R. SOMMER u. a. Einen Drehstuhl entwickelte E. GADE. →Drehstuhlversuch – Zwischen den Weltkriegen erfolgten überall neue Testentwicklungen, mit denen die L. dem raschen Auftrieb der Luftfahrt zu folgen suchte. In dieser Periode haben in Deutschland u. a. die Autoren S. J. GERATHEWOHL, A. HERLITZKA, P. METZ, K. KREIPE, R. SKAWRAN die Entwicklung gefördert. Der wehrps. Dienst unterhielt in der Luftwaffe bis 1942 eigene Prüfstellen. In USA wurde im Zweiten Weltkrieg für die Streitkräfte unter der Leitung von J. C. FLANAGAN und J. P. GUILFORD ein großangelegtes Forschungs- und Prüf-Programm begonnen, das der L. entscheidende Impulse gegeben hat. Erst mit dem Wiederaufbau der Luftfahrt in der Bundesrepublik Deutschland (1954) nahm erstmalig die Deutsche Lufthansa einen ps. Dienst für die Auslese des fliegenden Personals in Anspruch. Im Institut für Flugmedizin der damaligen »Deutschen Versuchsanstalt f. Luftfahrt e. V. (DVL)« wurde in Hamburg eine Abt. L. gegründet. Die Deutsche Bundeswehr hat mit der Wiedereinführung eines ps. Dienstes seit 1959 eigene Prüf- und Forschungsstellen eingerichtet, u. a. die Abt. Flugps. des Flugmedizin. Instituts d. Luftwaffe in Fürstenfeldbruck. 1956 wurde in Scheveningen die »Westeuropäische Gesellschaft für Luftfahrtpsychologie« gegründet. Sie veröffentlicht Tagungsberichte u. führt die europ. Bibliographie der L. Seit ca. 1960 bemühen sich auch die deutsche Luftfahrtindustrie und die flugtechnische Forschung, die Erkenntnisse der L. vor allem im Sinne der »Anthropotechnik« zu verwerten. 1964 wurde in der »Deutschen Ges. f. Luft- u. Raumfahrt e. V.« (DGLR) ein Fachausschuß »Anthropotechnik« und 1967 das »Forschungsinstitut für Anthropotechnik« (FAT) gegr, jetzt in Werthoven. Die »Dtsche Forsch.- u. Vers.Anstalt f. Luft- u. Raumfahrt e. V.« (DFVLR) unterhält außer d. Abt. L. im Inst. für Flugmed. auch eine interdiszipl. Arb.Gruppe Anthropotechnik im Inst. für Flugführung. Die Fa. Messerschmitt-Bölkow-Blohm (MBB) betreibt in ihrer Abt. Anthropotechnik Entwicklungen zur Optimierung von Flugführungs- und Flugsicherungssystemen. Die

Dtsch. Lufthansa (DLH) unterhält ein Referat Pers.-Forschung und eine Abt. Zentrales Training. Ⓛ Außer dem Sammelwerk von GERATHEWOHL 1954 gibt es keine neuere Zusammenfassung über den Sachstand der L. Die einschlägige Literatur ist weit verstreut. Die folgenden Autoren haben maßgeblich die L. mitentwickelt und ausgebaut: BOND 1962, CASSIE 1964, FLANAGAN 1948; FLEISHMAN 1956, 1960, FITTS 1947, GAGNE 1959, 1963, GERBERT 1966, GUBSER 1960, GUILFORD 1947, MELTON 1947, PARRY 1958, SEIFERT 1963, SELLS 1961, STEININGER 1965, 1970, WELFORD 1974 *Ste-R*

Lüge, im Unterschied zum Irrtum die absichtliche unwahre Behauptung. Da der L. die unterschiedlichsten Motive zugrunde liegen können, ist unter ps. Aspekt eine einheitliche Beurteilung der L. nicht möglich. Je nachdem, ob die L. z. B. aus Angst, aus Geltungsbedürfnis oder aus Rachsucht entspringt, wird ihr jeweils eine andere ps. und diagnostische Bedeutung zukommen. • Nicht als L. zu bezeichnen sind die Äußerungen der →*pseudologia phantastica,* jedoch ist die Differentialdiagnose im konkreten Fall oft schwierig.

Lügendetektor, populäre Bez. für ein Gerät, mit dem (gewöhnlich mehrere) physische Variablen registriert werden, die der willkürlichen Kontrolle durch den Pb weitgehend entzogen sind (z. B. →psychogalvanische Reaktion, Pulsfrequenz, Atmungsfrequenz). Ein solches Gerät gestattet freilich nicht eine unmittelbare Erkennung wissentlicher Falschaussagen, wohl aber die Feststellung ps. Erregung, wie sie – außer bei vielen Anlässen – auch beim Versuch, ein bestimmtes Wissen (etwa von einem strafbaren Tatbestand) zu verheimlichen, aufzutreten pflegt. →Polygraph Ⓛ TENT

Lügen-Score, Summe der Neinantworten zu Items, die von einem aufrichtigen Pb gewöhnlich mit Ja beantwortet werden. Der L. dient als Maß der Interpretierbarkeit des Gesamtresultates eines Fragebogentests und zur Feststellung von Simulation und Dissimulation. Ⓣ EYSENCK (MMQ)

Lügen-Tests, Bez. für Tests, die das ethische Empfinden dadurch untersuchen, daß von der Vp Stellungnahmen zu Situationen, bei denen gelogen wird (auch Notlügen), verlangt werden. In diesem Sinne ist der Lügen-Test Teil der Gesinnungsprüfung →*deceit test.* • Als Mittel, um eine Lüge zu entdekken, ist der Lügen-Test nur indirekt brauchbar. Hier werden die Beachtung der →Ausdruckssymptome sowie der →Assoziationsversuch zuständig. →Lügendetektor.

Lumen →lichttechnische Maße

Lunatismus [lat. *luna* Mond] →Somnambulismus

LURIA-Test, LURIA-Technik, Verf. zur Feststellung affektiver Reaktionen. Pb hat auf Reizwörter frei zu assoziieren. Gleichzeitig muß er mit den Fingern der einen Hand einen bestimmten Druck ausüben und die Finger der anderen Hand in einer bestimmten Haltung belassen. Die Muskelreaktionen werden registriert. Ⓣ HAMSTER

*

LURIA, Alexander R. / 1902–1977 / Med. u. Psych. (Hirnforschung) / Moskau

Lust →Gefühl

Lustgewinn →Lustprinzip

Lustigkeit (Vergnügtheit), nach LERSCH eine der Lebensgrundstimmungen neben Heiterkeit, Traurigkeit (Schwermut) und Mißmut (Verdrossenheit). L. = Euphorie. Charakterologisch kennzeichnend ist – im Unterschied zur Heiterkeit –, daß L. immer eine gewisse Betriebsamkeit braucht. Der Heitere freut sich innerlich und gelassen, der Lustige braucht Stimmung und sucht sich nicht zu freuen, sondern zu vergnügen.

Lustprinzip, *pleasure principle,* nach FREUD das Grundprinzip von Handlungen, die unter dem Motiv des Lustgewinnes erfolgen (→Hedonismus). Unter den Funktionssystemen der Persönlichkeit (→Über-Ich, →Ich, →Es) arbeitet das Es ausschließlich nach dem L. Das Es ist das System der Triebe und Bedürfnisse, die zu ihrer sofortigen Befriedigung drängen und auf einen größtmöglichen Lustgewinn abzielen. Im Ggs. zum Es arbeitet das Ich nach dem →Realitätsprinzip und das Über-Ich nach dem →Moralitätsprinzip.

Lustration [lat. *lustrátio* Reinigung], Reinigung von einer Schuld, Sünde, Unreinheit durch Wasser, Feuer, magische Übertragung (→Tabu)

Lux →lichttechnische Maße

Luzidität [lat. *lucidus* leuchtend] →Hellsehen

LVT Ⓣ SCHUBERT

Lypemanie [gr. *lype* Traurigkeit], Melancholie, →Affektstörungen, →Depression

Lyse [gr. *lysis* Lösung], Auflösung, Verfall eines Zustandes. Im Ps. besonders Auflösung des charakterlichen bzw. strukturellen Gefüges.

Lysergsäurediäthylamid, LSD, eine in neuerer Zeit zu breiter Beachtung gekommene →psychotrope Substanz (halbsynthetisches Mutterkorn) mit meskalinähnlicher Wirkung (psychoseähnliche Zustände, Entfremdungserlebnisse, Halluzinationen)

Lyssophobie [gr. *lyssa* Wut, Raserei], Furcht vor Tollwut

lytischer Typus →Typologie (Integrationstypen)

LZG Langzeitgedächtnis, →Gedächtnis

M

M, arithmetisches Mittel, →Mittelwert

m, *meaningfulness,* Bedeutungshaltigkeit (z. B. von sog. sinnlosen Silben)

m', skalierte Bedeutungshaltigkeit

MA, *mental age* →Intelligenzalter.

MACHIAVELLismus, Rechtfertigung der Machtpolitik, die von ethischen Normen frei ist. • In der soz.-ps. Diagnostik auch eine Bez. der →interpersonalen Kompetenz. Ⓛ CHRISTIE u. GEIS 1970, KRAMPEN 1980 Ⓣ HENNING u. SIX

*

MACHIAVELLI, Nicolo / 1469–1527 / Politiker, Historiker / Florenz

Machismo [span.], extreme Form des Männerstereotyps in span. sprechenden Ländern. »Das diesem Bild entsprechende Verhalten ist durch Arroganz, mangelnde Selbstkontrolle, sexuelle Ausbeutung der Frau und Vergnügen an Gewalt gekennzeichnet« (LINDGREN 1973, zit. nach BERGIUS 1976, 235).

MACHsche Bänder, bandartig abgegrenzt erscheinende Helligkeitssprünge als Folge der →lateralen Hemmung.

MACHsche Trommel, Apparat zur Erzeugung von Bewegungstäuschungen

*

MACH, Ernst / 1838–1916 / Physik., Philos., Psych. / Graz, Prag, Wien

Macht [aus indogerm. Wurzel *magh* »können«, »vermögen«], ein soziol. Begriff. M. WEBER definierte ihn als »die Chance, innerhalb einer sozialen Beziehung den eigenen Willen auch gegen Widerstreben durchzusetzen, gleichviel worauf diese Chance beruht«. Von VIERKANDT werden noch M.trieb und Unterordnungstrieb für das Entstehen von M.verhältnissen verantwortlich gemacht, während bei K. MANNHEIM der Begr. der »sozialen Zwänge« auftritt. Formen der M. und ethische Bewertung der M. sind Gegenstände soziologischer und geschichtsphilosophischer Literatur, über die z. B. MÜHLMANN (1952) und MOORE (1966) berichten.

In der Sozialps. werden Phänomene der M. unter verschiedenen Aspekten behandelt: In der →Gruppenforschung bezeichnet M. jede interpersonale Beziehung, in der einige Personen das Verhalten, die Einstellungen, Überzeugungen *(beliefs)* oder andere Responses anderer Personen z. T. bestimmen (COLLINS u. RAVEN 1969 156). Syn. mit M. (oder bestimmten Aspekten der M.) werden Ausdrücke wie →Autorität, Einfluß, Kontrolle, Dominanz, Status, Prestige und Rang gebraucht. M.beziehungen werden verschieden dargestellt (a) graphisch, (b) in Matrizen, (c) mit topologischen Bildern (nach LEWIN). Eine algebraische Darstellung der M. schlägt EMERSON (1962) vor. Da die Größe der M. eine Funktion der Interaktion ist, gehören zu ihrer Bestimmung auch Grade der Unterordnung, Abhängigkeit *(dependency),* Prestigesuggestibilität und Angst. Für LEWIN (1936) kann der Raum freier Bewegung von A durch das M.feld von B eingeengt werden, indem A keine →Lokomotion in das M.feld von B vollziehen kann. Eine Person (P), die Einfluß oder M. ausübt, ist nicht selbst ein Ziel, sondern kann im anderen (O) Kräfte in Richtung auf Ziele lenken, die P setzt. LEWIN definiert, »eine Person, die über das Kind Macht hat, ist in der Lage, positive und negative Valenzen durch Befehl zu induzieren« (LEWIN 1963 299). HEIDER (1958 83ff.) benutzt M. *(power)* syn. mit Fähigkeit; die Beziehung zwischen Person und Umwelt wird von ihm mit Können *(can)* bezeichnet, der nichtmotivationale Beitrag der Person zum »can« ist ihre M. oder Fähigkeit. Dabei ist für HEIDER die M. von O eine wichtige Determinante für die Bewertung, die P einer ihr zugefügten Schädigung oder Wohltat *(benefit)* zuteil werden läßt, sowie für P.s Reaktion auf sie. Die causale Attribuierung von Schaden und Belohnung ist also davon abhängig, ob P bei O M. wahrnimmt oder nicht. Quellen der M. sind physische oder psychische

Überlegenheit oder der →Status, durch den M. institutionalisiert sein kann. Formen der M. (außer Befehl und Drohung) sind auch positive Sanktionen (Belohnungen, Wohltaten) sowie sog. »Manipulation« u. Überredung (Persuasion). Ⓛ McClelland 1975/1978, sowie die Angaben im Text *B-S*

Machtmensch (Lebensformen) →Typologie

Machtstreben, Machttrieb (auch Dominanz- oder Dominationsstreben), die nach Nietzsche als »Wille zur Macht« eingehend analysierte Tendenz, die überwiegend auf »Anblick des Unterworfenen« zielt.

Nach Lersch (1954, 1962 157f.) das zu den Antriebserlebnissen des individuellen Selbstseins gehörende Streben, »das eigene Selbst als maßgebende Wirkungsinstanz der Um- und Mitwelt entgegenzusetzen, und zwar nicht in der Verfolgung sachlich bestimmter Ziele sondern lediglich in der Absicht ... das Bewußtsein der Herrschaft und Verfügungsgewalt ... zu haben«. Adler meint M. als Kompensation von Minderwertigkeitsgefühlen erklären zu können. Rudin (1968) hat – ähnlich wie McClelland es für das Leistungsstreben getan hat – Skores für Machtmotive aus Kinderlesebüchern verschiedener Nationen berechnet und in Zusammenhang mit Häufungen von sozialpathologischen Phänomenen und Störungen (Mord, Selbstmord, Leberzirrhose) gebracht. Lasswell hält in seiner persönlichkeitszentrierten Führertheorie M. für eine notwendige Eigenschaft von Führern. *B-S*

macula lutea [lat.], gelber Fleck, →Auge

Magendie →Bell-Magendiesches Gesetz

Magersucht →anorexia nervosa

Magethos, nach Hellpach (1947) »die aus den magischen Zusammenhängen und ihren rituellen Pflichterfüllungen sich ergebende Soll-Gesinnung und -Gesittung«. M. bedeute die Brücke von der Vorreligion zur eigentlichen Religion, indem es dämonistische, mythische und magische Glaubensgebilde sammelt und ordnet.

Magie, magische Kultur [lat. *magicus,* zauberisch], völkerps. Bez. für Zauberei, wobei aber darunter nicht Kunststücke eines Gauklers, sondern die →numinose Apperzeption beliebiger Gegenstände gemeint ist, unter der der »primitive« Mensch, der des m. Kulturkreises, in seiner Phantasie eine Automatik der Kraftwirkung erfährt.

Ohne sachlichkausale Begründung wird durch bestimmte Praktiken, z. B. Berührung mit einem →manageladenen Gegenstand (Fetisch) eine nützliche oder schädliche Wirkung erzielt. »Anrufung von Geistern« tritt wohl mit M. vergesellschaftet (in m. schriftlosen Kulturen) auf, bedeutet aber →Animismus und hat mit M. phänomenologisch nichts zu tun. M. Vorstellungen erhielten sich auch in der Ps. des modernen Menschen in Form des Aberglaubens (z. B. glückbringende oder unheilvolle Gegenstände). →Aberglaube, →Fetisch, →Zauber. Ⓛ Lehmann, Bächtold/Stäubli. *S-G*

magische Gifte →Pharmakopsychologie

magisches Denken, auch primitives, archaisches D. nach Werner (1953[3]), bei Naturvölkern und Kindern anzutreffende, dem physiognomischen D. nahestehende Geisteshaltung. Orakel und Zauber, d. h. Vorhersage der Ereignisse aus geheimnisvollen Zeichen und ihre Beeinflussung durch übernatürliche Kräfte sind aus dem m. D. folgende Reaktionen. Ⓛ Kroh 1928 *B-S*

magna mater [lat.], die große Mutter, Urmutter, Muttergöttin

Magneteffekt, M-Effekt, →relative Koordination

Magnetismus, tierischer →Magnetotherapie, Mesmerismus

Magnetotherapie, Behandlung von (nervösen) Krankheiten durch Handauflegen usw. Suggestionswirkung →Mesmerismus

Mahayana →Hinayana

major tranquilizer →Psychopharmaka

Make-a-Picture-Story (MAPS) Ⓣ Shneidman

Makrobiotik, die Wissenschaft oder Kunst, das Leben zu bestmöglicher Entfaltung zu bringen (auch Orthobiotik). Historisch ist vor allem die Arbeit von Hufeland (1797) bekannt.

Makrocephalus, Großkopf durch überdurchschnittliche Gehirnausdehnung – nicht Wasserkopf. Ggs. Mikrocephalus. →cephal

Makroglossie, angeborene Zungenmißbildung; vergrößerte wulstige, an der Oberfläche zerfurchte Zunge, die die Artikulation behindert (→Stammeln). Häufig beim →Down-Syndrom. *G-N*

Makrooperator, komplexere Operationseinheit in der Handlungs- und Problemlösungsps.; entsteht als eine »Zusammenfassung von →Operatoren« zu einem »raumzeitlich organisierten Gebilde höherer Ordnung« (Dörner 1976, 118). Manchmal wird auch der Begriff →»Metaoperator« in diesem Sinne gebraucht (Dörner 1974, 66; Lüer 1973) *K-I*

Makrophonie, erhöhte Stimmstärke beim Sprechen durch →Hypertonie der Phonationsmuskeln mit gepreßtem, bisweilen meckerndem Klang bei extrapyramidalen Erkrankungen. →Stimmstörungen *G-N*

Malariaschock →Schocktherapie

M

Malteserkreuz-Test Ⓣ SQUIRE

Maltherapie, therapeut. Nutzung des zeichnerischen bzw. farbigen Gestaltens (auch Schmieren). Die M. soll u. a. klärende Auseinandersetzung mit sich und Umwelt oder auch affektives Abreagieren bieten. M. ist zu unterscheiden von der diagnostischen Nutzung des »Malens«. →Zeichenmethode

Mana, polynesische Bez. für eine numinose, magische, nützliche oder auch schädliche Macht und Lebenskraft. Das M. hat den Seelenglauben zur Voraussetzung und soll sich vorwiegend bei entwickelten Naturvölkern – auch unter anderen Namen wie Orenda, Manitu – finden. →auch Anima. →Magie, →Fetisch. Ⓛ JUNG (1931), NEUMANN (1956)

MANCOVA, Abk. für *multivariate analysis of covariance,* multivariate Kovarianzanalyse

Mandala [wörtlich »Kreis«], das in einen Kreis oder ein Vieleck eingefügte »Schaubild« (Symboldarstellung, Diagramm), das bestimmte geistige Zusammenhänge darstellen will und zur Meditation dient. Im buddhistischen Religionsraum weit verbreitet. Im Abendland fand das M. durch JUNG in der Psychoanalyse besondere Beachtung. JUNG hat Traumbilder und bildhafte Gestaltungen seiner Patienten als M. bezeichnet und als Symbole des →Selbst (1) auf dem Wege des →Individuationsprozesses interpretiert.

mand function, Befriedigungsfunktion

mands ⟨SKINNER⟩, abgeleitet von *demand, command,* fordern, befehlen; verbale Verhaltensweisen, deren Funktion darin besteht, einem Organismus eine bestimmte Bekräftigung zu verschaffen. Die *m.* stehen in der Regel unter der Kontrolle von Bedürfnissen. →*tacts* *F-R*

Manen, [lat. *manes*], ungeklärter religionsgeschichtlicher Begr. teils für mythologische Schreckgestalten (Gespenster), aber auch vergottete Ahnen (Rom, Kelten, Japan). →Mythen *S-G*

maniakalisch, älterer Ausdruck für →manisch

Manie [gr. *mania* Raserei, Wahnsinn]. In der Psychiatrie abnormer Gemütszustand mit folgenden Symptomen: a) grundlose, überströmende Heiterkeit, b) Selbstüberschätzung und unbeirrbarer Optimismus, c) Beschleunigung mit Oberflächlichkeit des Denkens (Ideenflucht), d) Triebsteigerung, besonders der Sexualität und Aggressivität, e) allg. Antriebssteigerung (Bewegungs-, Betätigungs-, Rededrang). Gegenpol zur M. ist die Depression. • Bei der bipolaren Störung (→manisch-depressive Psychose) wechseln sich Manie und Depression ab. • Abnorme (zwang- und suchtartige) Steigerung einer einzigen spezifischen Verhaltensweise (Monomanie – Bez. stammt von dem frz. Psychiater J. E. D. ESQUIROL, 1772–1840). Zu diesen Mono-Manien zählen z. B. Kleptomanie, Pyromanie, Dipsomanie, Poriomanie, Nymphomanie, Thanatomanie u. a.

manieriert, Manieriertheit [it. *maniera* Art und Weise], unechtes, unnatürliches, geziertes, verschrobenes, absonderliches Ausdrucksverhalten (in Mimik, Gestik, Sprechweise usw.), besonders von Geisteskranken, Psychopathen.

Manifestation [lat. *manifestáre* sichtbar machen], Äußerung, Offenbarung, Kundgebung, z. B. politischer Grundsätze. • In der Tiefenps. ist M. das In-Erscheinung-Treten rein körperlicher oder geistiger Wirkungen der sogenannten verdrängten »Komplexe« (des Unbewußten). Es können dies krankhafte Wirkungen sein (Stottern, Stummheit, Hysterie, Zwangserscheinungen), aber auch geistige Ersatztätigkeiten.

Maniker →Manie

Manipulation [zu lat. *manus* Hand], Handhabung, i. ü. S. Machenschaft, unscharfer Begr. für versch. Formen der Einflußnahme (Steuerung, Ausrichtung, Ausnützung). •Sozialps. ist der Begr. überwiegend in der Werbung, der Politik, auch der Pädagogik und bei Massenmedien gebräuchlich zur Kennzeichnung des »hilflosen« Ausgeliefertseins gegenüber der Wirtschaft, den Parteien usw. • Die Bez. Selbst-Manipulation wird gelegentlich verwendet für Selbsterziehung. • In der Genetik ist der Begr. gebräuchlich zur Bez. von Einflußnahmen versch. Art, z. B. Selektion, Keimbestrahlung und biochemische Experimente.

manisch, auf die Manie bezüglich, bisweilen Bez. für tobsüchtig

manisch-depressive Psychose, affektive Psychose, zirkuläres Irresein, Zyklothymie, bipolare Störung. Eine mit recht unterschiedlichem Krankheitsbild auftretende Psychose, die überwiegend bestimmt wird durch den Wechsel von depressiven und manischen Phasen. Dieser Wechsel kann auch ausbleiben und die viel häufigere

→Depression das Krankheitsgeschehen allein beherrschen. • Die Abgrenzung dieser Krankheitseinheit stammt von KRAEPELIN, der sich dabei an Vorarbeiten anschloß, die J.-P. FALRET mit der Beschreibung der *»folie circulaire«* geleistet hat.

Manismus, Verehrung der Ahnen des Volksstammes oder des eigenen Geschlechts im Kult. In der Frühzeit wurden Tierahnen verehrt, erst später Menschenahnen. Eng verbunden mit Verehrung eines Häuptlingsstammes, einer Herrscherfamilie.

Männchen-Zeichnen Ⓣ GOODENOUGH

Männerbünde, primitivreligiöse Gruppenbildung innerhalb eines Clans, einer Sippe oder Stammes (Melanesien, Polynesien, West-Afrika, Ureinwohner Nord-Amerikas). Aufnahme der Jünglinge in die Männergemeinschaft erfolgt durch rituellen Initiationsakt (→Initien). →Tabu, →Magie *S-G*

Männerkindbett →Couvade

Männerweihe →Initien, Initiation

Mannheimer Biographisches Inventar Ⓣ JÄGER

Mannheimer Intelligenztest Ⓣ CONRAD

Mannheimer Rechtschreibtest Ⓣ JÄGER

manning →undermanning

männlicher Protest, von ADLER eingeführter Begr. für die bes. im Gebiet der Sexualität an Minderwertigkeiten bzw. -gefühlen leidende Frau, die in anderer Richtung (Beruf, Sport) Höchstleistungen und Überkompensationen aus einem männlichen Protest heraus zu erreichen sucht.

Mannstollheit, syn. Nymphomanie →Sexualität (Tabelle)

MANN-WHITNEY-U-Test, ein nichtparametrisches statistisches Verfahren zum Vergleich der zentralen Tendenz zweier unabhängiger Verteilungen. Vorausgesetzt werden Ordinalvariablen. Es werden die Skores beider Verteilungen in e i n e Rangreihe gebracht und der Wert U für eine Verteilung bestimmt, der die Häufigkeit des Vorangehens eines Wertes dieser Verteilung vor Werten der anderen Verteilung angibt. Die Verteilung von U liegt für verschiedene Stichprobengrößen tabelliert vor. *Mi-A*

*

MANN, Henry-Berthold / *1905 in Österreich / amerik. Mathematiker

*

WHITNEY, Donald Ransom / *1915 / amerik. Statistiker

MANOVA, Abk. für *multivariate analysis of variance,* multivariate Varianzanalyse.

Mantik [gr. *mantiké* Wahrsagekunst], Wahrsagen mit geheimnisvoll-zauberischer Beobachtung der Begleitumstände bei besonderen Kulthandlungen, zumal bei Opfern (Beschauen der Eingeweide, Aufstieg des Rauches). • I. w. S. ist M. die mit äußeren Mitteln oder aus äußeren Zeichen erstrebte Sicht in das Undurchsichtige des menschlichen Schicksals. →Astrologie, →Chiromantik, →Nekromantik

man-to-man rating, ein Schätzverfahren, das die Beurteilung eines Pb durch dessen Vergleichen mit einer Gruppe von bekannten – insbesondere in den zu ermittelnden Eigenschaften, Funktionen, Begabungen etc. schon beurteilten – Personen vornimmt. Der Pb erhält den Rangplatz derjenigen Person, der er in den fraglichen Eigenschaften am ähnlichsten ist.

Mantra, heilige Silbe (z. B. »om«), die in Meditationen und sakralen Zeremonien gebraucht wird; mystische Formel, deren Wirkung abhängig gedacht wird von der geistigen Haltung und Erkenntnis dessen, der sie ausspricht, also nicht →magisch wirkend. *S-G*

manual, Manual, die zum Test gehörende Handanweisung, das Testhandbuch, das Angaben zur Durchführung, zur Auswertung und zur Interpretation des Tests enthält. *F-R*

MAPS Ⓣ SHNEIDMAN

Maquette-Test Ⓣ MARE

Marasmus [gr. *marasmós* das Schwachwerden], Verfall, Schwund in geistiger wie körperlicher Beziehung, besonders als Alterserscheinung

Marathongruppe, Form bei manchen →Encounter-Gruppen, die ohne Unterbrechung bis zu mehreren Tagen dauert. Die dabei geschwächten Abwehrhaltungen sollen mehr Offenheit und neue Erfahrungen (Selbstexploration) ermöglichen. Ⓛ BACH 1968, GARFIELD u. BERGIN 1979, 782f. *R-S*

MARBE-Effekt, es besteht eine logarithmische Beziehung zwischen den Reaktionszeiten beim freien Assoziieren durch einen Probanden und der Häufigkeit des Auftretens der entsprechenden Assoziationswörter in einer Probandenpopulation. Der auch als MARBE-THUMBsches Geläufigkeitsgesetz bekannt gewordene Befund ist verschiedentlich bestätigt worden, so von THUMB u. MARBE 1901; SCHLOSBERG u. HEINEMANN 1950. Vgl. auch Ⓛ OSGOOD 1962, 722f., KLING u. RIGGS 1971, 861f. *B-S*

M

MARBE, Karl / 1869–1953 / Psych. / Würzburg, Frankfurt

Märchen, ps, vor allem zu bewerten als →Projektionen. Wünsche werden erfüllt, Ängste überwunden, das Gute belohnt, das Böse bestraft. ● Die Ps. von C. G. JUNG hat sich der M. angenommen als Ergebnisse (Belege) des kollektiven Unbewußten. →Archetypus, →Mythus

MAREYsche Trommel, Gerät zur Aufzeichnung physiolog. Reaktionen. ● Zugehörig ist der M.tambour, eine Kapsel mit Gummimembran, auf der sich zur Aufzeichnung der Reaktionen ein Schreibhebel befindet.

*

MAREY, Etienne Jules / 1830–1904 / Physiol. / Paris

marginal [lat.-engl. *margo, margin* Rand, Grenze], am Rande befindlich, den Rand betreffend. Z. B. das Marginalfeld (Randfeld) der Netzhaut. ● Marginales Erleben bezeichnet das nicht zentral im Erleben liegende, damit aber auch das Unbestimmte, Ungesicherte. Auch die damit verbundene Entscheidung zwischen Ungewissem wird m. genannt. ● marginale Persönlichkeit, *[marginal man],* Kennzeichnung bei Personen, die in einer Grenzstellung sind (z. B. als Mitglied versch., sogar gegensätzlicher Parteien, zwischen verschiedenartigen Kulturen u. ä.). →Randpersönlichkeit

Marihuana, ein südamerikanisches →Rauschgift. →Cannabis

MARIOTTEscher Fleck, blinder Fleck. Eintrittsstelle des Sehnerven. →Auge

*

MARIOTTE, Edme / 1620–1684 / Physik. / Paris

marker [engl. Anzeiger, Kennzeichen, Markierung], in der →Semantik als *»semantic m.«* Bedeutungs-Merkmal der einzelnen →Wörter bzw. →Morpheme einer →Sprache (»Mädchen« hat z. B. u. a. die Bedeutungs-Merkmale: (belebt), (menschlich), (weiblich usw.), in der →generativen Transformations-Grammatik als →P-Marker bzw. →T-Marker Mittel zur Beschreibung der syntaktischen (→Syntax) →Struktur von →Sätzen (Struktur-Anzeiger). *T-R*

Marketing, Oberbegriff für alle Bemühungen, den Absatz eines Produkts oder einer Dienstleistung zu fördern. →Wirtschaftspsychologie *B-H*

Markiermagnet, ein mit einer Schreibvorrichtung verbundener Elektromagnet, der bei jedem Stromschluß eine Zeitmarke setzt

Markiertheit, linguistisches Prinzip, demzufolge bei zwei kontrastierenden Einheiten (z. B. dick-dünn) die eine positiv oder markiert, die andere neutral oder unmarkiert ist. Die unmarkierte Form ist von allgemeinerer Bedeutung und geringerer ps. Komplexität. Mit der unmarkierten Form wird die gesamte Kategorie angesprochen (z. B. Dicke des Mastschweins) und ist eine neutrale Frage möglich (z. B. wie dick ist das Buch?). Ⓛ CLARK u. CLARK 1977, GRIMM 1977 *G-M*

Markierungsbeleg, ein Datenträger, der so aufbereitet ist, daß die Eintragungen der Daten (Information) durch Striche in vorgegebene Felder erfolgt. M. werden z. B. in der Befunddokumentation, für die Kennzeichnung von Befragungsergebnissen oder für psychodiagnostische Daten verwendet. Die Übertragung der M. auf Datenträger für die elektronische Datenverarbeitung (z. B. auf Lochkarten oder Lochstreifen) erfolgt vollautomatisch über →Markierungsleser. *Hä-R*

Markierungsleser, Gerät, welches auf photoelektrischem Wege die Daten von →Markierungsbelegen auf Lochkarten überträgt. *Hä-R*

MARKOFF-Prozeß, MARKOFF-Kette, endliche oder unendliche Abfolge von Elementen (Zuständen, Ereignissen, →Zeichen), die zueinander in seriellen Wahrscheinlichkeitsrelationen stehen. Von MARKOFF-Kette spricht man, wenn die Zahl der möglichen Elemente diskret und endlich ist.

Die Verlaufstruktur eines M. ergibt sich aus der Anzahl der möglichen Element-Typen (Typen-Repertoire), aus den relativen Auftretenshäufigkeiten (→Wahrscheinlichkeit) der Elemente sowie aus den durch das Auftreten eines Elementes bedingten Wahrscheinlichkeiten für das Auftreten des Folgeelementes. Ein M. heißt →ergodisch, wenn die Wahrscheinlichkeitsrelationen der Elemente zueinander konstant bleiben. Jede (gesprochene oder geschriebene) sprachliche Mitteilung ist ein M., dessen Struktur durch Auszählung (→Sprachstatistik) der Zeichen (Buchstaben, →Silben, Wörter, →Phoneme, →Morpheme etc.) und der Zeichenkombinationen (z. B. →Digramme, →Trigramme) ermittelt werden kann. *Z-N*

*

MARKOFF, Andrej Andrejevich / 1856–1922 / Mathematiker / Leningrad

Markscheide →Nerv

Marktanalyse, -forschung, -modell →Wirtschaftsps.

Marktpsychologie, Teilgebiet der angew. Psychologie, das sich mit den ps. Gesetzlichkeiten der Nachfrage und des Angebots befaßt. Als wissenschaftliche Disziplin entwickelte sich die M. erst aus der →Werbepsychologie, ist dieser aber übergeordnet. Doch ist schon die klassische Nationalökonomie angefüllt mit marktps. Phänomenen, die sie z. T. selbst formuliert, z. T. anzuschließen versucht. Der Begr. M. wurde von SPIEGEL eingeführt. →Wirtschaftspsychologie. Ⓛ KATONA, SPIEGEL, BERGLER u. SPIEGEL *B-H*

MAS (Manifest Anxiety Scale) Ⓣ TAYLOR

Maschinensprache, eine →Programmiersprache, deren Instruktionenvorrat den von der CPU *(central processor unit)* des Computers physikalisch ausgeführten (Mikro-) Operationen entspricht.

Außer den Instruktionen enthält die M. Pseudoinstruktionen, die die Programmbearbeitung durch den Computer steuern. Die Befehle werden in mnemotechnisch an die englische Sprache angenäherten Buchstabenfolgen formuliert: z. B. LDA = *load register A*. Für die normale Arbeit mit komplexen Problemen werden Programmiersprachen höheren Niveaus verwendet, die den Programmierer von physikalischen Details der Realisierung der Rechenoperationen im Computer entlasten. *G-R*

Maschinentheorie, von W. KÖHLER gewählte Bez. für bestimmte Ansichten über die Natur physiologischer Prozesse. Nach der M. ist der Verlauf nervöser Erregung vollständig an starre Zwangsbedingungen geknüpft gemäß der Topographie des Nervensystems (→Mechanismus). Konstante Zuordnung von einzelnem Reiz und entsprechender Empfindung (→Konstanzannahme) ergibt sich aus der M. Viele Sachverhalte aus der Wahrnehmungsps. lassen sich mit einer solchen Auffassung über die Vorgänge im Nervensystem nicht vereinigen. Im Ggs. zur M. stehen alle Theorien, die die Vorgänge im Nervensystem als Spiel freier, sich selbst regulierender Kräfte ansehen.

Maske [ital.-frz., wohl zu arabisch *mashara* Scherz, Verspottung, Possenreißer], eine Art der Verkleidung (Vermummung), die den Träger unkenntlich machen, seine Identität verbergen soll. Auch Verkörperung des in der Maske Dargestellten. Grundlegend ist der Gedanke der Verwandlung. Masken sind seit der Steinzeit in allen Kulturen verbreitet. Sie hatten ursprünglich eine nur religiöse und magische Bedeutung. Kultischen Ursprungs sind auch die heute gebräuchlichen Fastnachtsmasken. • In ps. Bedeutung ist die M. ein angenommener mimischer (pantomimischer) Ausdruck mit typischem Rollenverhalten (→Rolle). Zugehörig sind das Überdecken, Verhüllen. Entsprechend haftet dem Begriff Angenommenes, Starres, Unechtes an. Der Zugang zur »eigentlichen Person« ist dann Demaskierung, Entlarvung.

Maskierung, gegenseitige, Beeinträchtigung von sensorischen bzw. perzeptorischen Prozessen durch vermehrte Unschärfe der Diskriminierbarkeit von Reizmerkmalen. M. ist vorwiegend abhängig vom Verhältnis der Intensität (Amplitude) des Signalreizes zu der des Störreizes. Sie zeigt sich als Heraufsetzung der Schwelle für den Signalreiz.

Weil der Störreiz oftmals als informationsloses →Rauschen auftritt, bezeichnet man dieses Intensitätsverhältnis auch als Signal-Rausch-Abstand. Bei der akustischen Übertragung von sprachlichen Mitteilungen kann die Verständigung durch auditive M. (→Wahrnehmung, auditive) erheblich gestört sein. Die zunächst vorwiegend im nachrichtentechnischen Bereich durchgeführten Experimente über M. hatten die Verbesserung der Übertragungskanäle zum Ziel. Demgegenüber lag der Schwerpunkt der späteren spezifisch ps. Untersuchungen auf den der M. zugrunde liegenden Prozessen im wahrnehmenden Organismus. Ⓛ HAWKINS u. STEVENS 1950 *Z-N*

Maskierung, optische, zwei zeitlich aufeinanderfolgende, an gleicher Stelle erscheinende Lichtreize beeinflussen sich in ihrer Helligkeit. Besonders ausgeprägt: *backward-masking* (Rückwärts-Maskierung), ein zweiter Reiz unterdrückt die Wahrnehmung des ersten. →Metakontrast, →Löschreizmethode *D-Y*

Maskulinismus →Sexualität (Tabelle)

Masochismus →Sexualität (Tabelle)

Masse, (ps. allg.) Bez. für die Menschenmenge, in der das Verhalten der einzelnen eine hohe Gemeinsamkeit der Willensantriebe und Gefühle zeigt. • (sozialps. und in der Soziologie) Oberbegriff für verschiedene Unterformen von Menschenansammlungen, die geringe Binnenstruktur haben, deren Mitglieder aber in irgendeiner Weise aufeinander bezogen sind, z. B. durch gleiche Aufmerksamkeitsobjekte (Publikum), gleiche expressive Tätigkeiten (festliche Massenveranstaltung) oder gleiche Affekte (Wut, Angst). Unterformen dazu sind: (a) aggressive Masse (beim Lynchen, Straßenschlacht, Aufruhr), (b) Flucht-*(Escape-)* Masse (kollektive Panik), (c) kaptative M. (Hamsterkäufe, Bankrun), (d) expressive M. (Jubel-Verhalten auf Festen) (BROWN 1954).

● M. bedeutet in der älteren M.ps. jede Menschenansammlung und damit Bedingung für den Verlust rationaler Kontrolle, Zunahme der Suggestibilität, Gefühlsansteckung, Nachahmung, Gefühl der Allmacht und Anonymität für den einzelnen (LE BON). ● M. ist in der experimentellen M.ps. (MOEDE 1920) nichts anderes als das Nebeneinander von Menschen, die gleiche Arbeiten verrichten, wodurch die Menge der Leistungen der einzelnen Mitglieder einer gegenseitigen Beeinflussung unterliegt (Erleichterung, Hemmung, Nivellierung). ● (kulturphilosophisch) ist M. wertender Begriff, z.T. abgeleitet von dem M.begriff der älteren M.ps., aber ohne aktuelles Beieinandersein der Mitglieder der M. *(dispersed mass)*.

Der M.mensch ist danach der außengelenkte (RIESMAN), manipulierte, Suggestionen der Propaganda und Mode unterworfene Zeitgenosse, der »aus zweiter Hand lebt« (Existentialismus; ORTEGA Y GASSET). An der »Fernsteuerung« von Menschen interessierte Propagandisten und Werbefachleute bedienen sich dieses Bildes der M., das ihnen nahelegt, die M. sei homogen und suggestibel, und die versuchen, das sog. Unbewußte der M. durch Symbole anzusprechen (SODHI 1958) M.phänomene sind auch als kollektives Verhalten zusammengefaßt worden (z.B. öffentliche Meinung). – Nach TURNER und KILLIAN (1963) ist es praktisch, M. als die möglichen Kombinationen von drei Dimensionen zu klassifizieren:

(a) individualistisch vs. kooperativ (d.h. im Publikum nebeneinander vs. gemeinsam handelnd, wie beim Lynchen);
(b) fokussiert vs. diffus polarisiert (d.h. auf ein Objekt, z.B. alle Neger in der Gemeinde, gerichtete Aufmerksamkeit oder Aktivität der M.);
(c) aktiv vs. expressiv (d.h. auf Ziele außerhalb der Masse gerichtet, z.B. einem aversiven Reiz entfliehen vs. auf das Verhalten als Selbstzweck gerichtet, z.B. ein Volksfest feiern). →*crowding*

Ⓛ MILGRAM u. TOCH 1969, KRONER 1972 *B-S*

Massenkommunikation →Massenmedien

Massenmedien, Sammelbez. für die »Medien, die für unpersönliche Übermittlung von Nachrichten an ein großes Publikum benutzt werden« (HOVLAND, 1954), wie Presse, Film, Rundfunk, Fernsehen, Theater, Schallplatte. →Mediaforschung. ● Die Ps. der M. umfaßt vier Hauptgebiete, die sich beziehen auf die Kommunikatoren (Analysen zur Struktur der Kommunikationsorganisationen, zu den Kommunikationsvoraussetzungen, Forschungen zum Image der Institutionen und die ps. Untersuchung der Mitarbeiter), auf den Kommunikationsvorgang (wahrnehmungs-, gedächtnis-, lern-, vorstellungs-, denk- und gefühlsps. Untersuchungen), auf den Rezipienten (persönlichkeits-, entwicklungs-, sozial-, motivationsps. Analysen und Wirkungsforschungen) sowie auf die Präsentation (ps. Untersuchungen der Aussage, der Gattung, der Stilmittel und die Analyse der Medienbeurteilung). – Die Wurzeln der Ps. der M. reichen zurück bis zur klassischen Rhetorik. Gegenwärtig stehen empirische Untersuchungen zur Film- und Fernsehps. im Mittelpunkt. →Meinungsführer, →Masse.

Ⓛ ARONS, BENESCH, FELDMANN, HIMMELWEIT, KEILHACKER, MALETZKE, STÜCKRATH, WÖLKER, BERGLER u. SIX 1979 *B-H*

Massenpsychologie, Forschungsbereich der Sozialps. über die ökologischen und ps. Entstehungsbedingungen für →Massen, das Verhalten des einzelnen in Massen und über die Massen als Bedingungen für Persönlichkeitsmodifikation.

Die sog. romanische M. (LE BON, TARDE, SIGHELE) entstand vor der Sozialps. und kann z.T. als »Ausdruck ... (der) Besorgnis um das Schicksal der kulturellen Werte in der Gesellschaft« (SODHI 1958) angesehen werden zu einer Zeit, als ungeordnete revolutionäre Formen der noch unsicheren Demokratie erprobt wurden. KRONER (1972) sieht in ihr den Versuch, das Bürgertum vor dem Sozialismus zu bewahren. Die Masse, verstanden als formloser knetbarer Teig, soll nach LE BON individuelle Unterschiede nivellieren, die Mitglieder homogen aus irrationalen Antrieben reagieren lassen, weil Nachahmung und Suggestion die entscheidenden Verhaltensmechanismen würden und weil der einzelne anonym sei und Machtrausch oder Unverantwortlichkeit erlebe. Diese Auffassungen halten logischen und ps. Analysen nicht stand, insbesondere weil mit einem sehr weiten Begriff der »Masse« gearbeitet worden ist. – »Mob« wird von E. A. ROSS (1905) nicht im Gegensatz zur Gesellschaft, sondern als unterste Stufe der gesellschaftlichen Hierarchie gesehen, an deren Spitze die organisierte, strukturierte Gruppe steht. Damit wird die Überführung der M. in die Sozialps. begonnen. In der experimentellen M. greift MOEDE (1920) die Behauptung auf, daß die Massensituation anregend auf die Anwesenden wirke, indem er den Einfluß des Nebeneinanderarbeitens in der Laborsituation auf die Leistungshöhe untersucht. Er setzt so die Überführung der M. in die Erforschung der Gruppen fort. Außerdem entwickelt sich die empirische Forschung im Sinne der oben für →Masse gegebenen Definitionen. Berichte darüber von MILGRAM und TOCH (1969), systematisierend von KRONER (1972). Beschreibungen verschiedener Menschenansammlungen *(crowds)* und agierender Massen hinsichtlich ihrer Formen und rudimentären Strukturen, Polarisierung, Ökologie und Bewegung werden in der M. gegeben; die Art der Zusammensetzung der Massen, der Informationsfluß in den Massen (Gerüchte) und die verschiedenen Erklärungen der Massenphänomene sind einige ihrer wichtigsten Gegenstände. →soziale Bewegung, →kollektives Verhalten, →*crowding* Ⓛ REIWALD 1948, P. HOFSTÄTTER 1957 und die beim Stw. Masse angegebene Literatur. *B-S*

Massenpsychose, ein fragwürdiger Begr., der zur Voraussetzung hat, daß Menschen in der →Masse psychotisch-pathologisch grenzenlos veränderbar seien. Nur i. ü. S. kann man von Massenschizophrenie oder Massenparanoia sprechen. ● M. bezeichnet auch als Beschreibungsbegriff soziale Ansteckungsphänomene.

massierte Übung, *massed practice,* Lernen von kurzzeitig aufeinanderfolgenden Inhalten. Sind die Intervalle zwischen den einzelnen Gliedern sehr kurz, so ist die Lernleistung geringer als bei längeren Pausen zwischen den Gliedern (verteilte Übung, *spaced practice*). Je umfangreicher das Lernmaterial ist, um so vorteilhafter wirkt sich die verteilte Übung gegenüber der m. Ü. aus.

Maßkorrelation →Produkt-Momentkorrelation

Maßmethoden, psychophysische, eine Gruppe von Verfahren zur Untersuchung der Beziehungen zwischen den quantitativen Änderungen eines Reizes und den ihnen entsprechenden Empfindungsänderungen, z. B. Grenz-, Herstellungs- und Konstanzverfahren. →Psychometrie. Ⓛ WIRTH, WOODWORTH-SCHLOSBERG

MASSONsche Scheibe, weiße, in Umdrehung zu setzende Scheibe, auf der ein Halbmesser als unterbrochene schwarze Linie gezeichnet ist. Bei Umdrehung entstehen zum Scheibenaußenrand hin heller werdende graue Ringe. Es wird zur Beurteilung der Grau- bzw. Weißempfindung festgestellt, welchen Ring die Vp eben noch beobachten kann.

*

MASSON, Antoine Philibert / 1806–1860 / Physiker / Paris

mass-reaction, -action [engl. gehäufte Reaktion], in der amerikanischen Literatur häufiger Begr. für die unspezifischen Reaktionen eines Säuglings oder unentwickelten tierischen Organismus auf jedweden Reiz. Sie bestehen in diffusen Bewegungen des ganzen Körpers. Neurologisch liegt dem ein noch unentwickelter Zustand des Nervensystems zugrunde. ● Der Begr. stammt von COGHILL (1929), der anhand embryologischer Untersuchungen an Salamanderlarven nachwies, daß sich die einzelnen Reflexbögen aus einem Zustand von integrierter Ganzheit herausdifferenzieren, als deren Ausdruck die m.-r. angesehen werden kann. Dieses Ergebnis widersprach Auffassungen wie der des früheren Behaviorismus und der Reflexologie hinsichtlich ihrer Voraussetzung vom Primat der einzelnen Reflexbögen.

Maßzahlen, quantitative Werte, die den Ausprägungsgrad eines untersuchten Merkmals wiedergeben. M. können auf dem Quantifizierungsniveau von Ordinal-, Intervall- oder Verhältnisskalen stehen. *Mi-A*

Maßzahlklassen, die Zusammenfassungen von Maßzahlen. Sie werden immer dann gebildet, wenn die Anzahl der möglichen Maßzahlen nicht wesentlich geringer (oder sogar größer) als die der tatsächlich vorkommenden Maßzahlen ist. M. ermöglichen besseren Überblick über die Verteilung von Maßzahlen und eine einfachere Bestimmung der Verteilungskennwerte. M. stellen eine Vergröberung des Maßstabes dar. *Mi-A*

mastery-learning [engl. zielerreichendes Lernen], →Lernen, schulisches, →ATI

mastery-Modell, das →Modell demonstriert im Vergleich zum →*coping*-Modell ausschließlich die erfolgreiche Bewältigung einer Anforderung, bei der die zum Ziel führenden Handlungsmöglichkeiten nie in Frage gestellt sind. *S-E*

Masturbation →Sexualität (Tabelle)

MAT (Motivation Analysis Test) Ⓣ CATTELL

matched groups [engl. zugeordnete Gruppen] →Parallelstichproben

matching game Ⓣ DECROLY

Materialaffinität, Materialgefühl, nach GIESE nicht bloße Neigung, sondern ein besonderes Angepaßtsein an das Material. Am Metall, Holz, Papier u. a. lassen sich derartige interindividuelle Unterschiede erkennen: hart/weich, dicht/locker, warm/kalt, glatt/rauh, duftend oder farbig u. a. m. Wie weit sensorische, d. h. taktile, optische und akustische Komponenten in emotionale Vorlieben eingehen, bedarf weiterer Untersuchung. Ⓛ GIESE, KATZ, MEILI

Materialanalyse →Denken, →Denken, heuristische Methoden

Materialcharakter, in der Beziehung Person/Welt formt sich nicht nur die Person, sondern auch deren Welt. Dabei ist Welt nicht allein das Stück objektiver Welt, das sich zufällig in der Nähe befindet, sondern auch dasjenige, »das der Mensch sich nahebringt, weil er dafür Empfänglichkeit oder Reizbarkeit besitzt«. So vollzieht sich die

Beziehung in Reaktion und Spontanaktionen. Für ersteres benützte W. STERN den Begr. M., z.B.: Ein Bildhauer, der dem Aufforderungscharakter eines Klumpens »Ton folgt, bleibt zu diesem in dynamischer Beziehung, denn jetzt wird der Klumpen zum Material, an welchem sich das Gestaltungsbedürfnis spontan zu betätigen vermag«. Vgl. Akkomodation (PIAGET)

Materialisation, parapsbs. Bez. ⟨DRIESCH⟩ für Verstofflichung, die angeblich transzendente Wesen (Geister) durch Vermittlung des Mediums vornehmen. Hinterlassen von Abdrücken der Hände, Ausströmen einer Gestalt annehmenden Masse aus dem Munde usw. Ferngebilde = Teleplasma; Außengebilde = Ektoplasma. Ggs. Dematerialisation, das Verschwinden materieller Gebilde. →Parapsychologie Ⓛ BENDER, DRIESCH, RHINE

Materialismus, philosophische Lehre, nach der die Materie die einzige Grundlage der Wirklichkeit darstellt. Der M. erblickt in der Seele eine Funktion der Materie oder diese selbst. Ggs. Spiritualismus bzw. →Idealismus.

mathematiko-deduktive Methode →Behaviorismus

mathematische Funktionenerfassung Ⓣ LIPMANN, RUTHE

mathematische Lerntheorien, Theorien, welche aus einer (meist sehr kleinen) Anzahl von Annahmen über den Lernprozeß bestehen, aus welchen mit Hilfe exakter deduktiver Methoden die (beobachtbaren) Eigenschaften von Lernprozessen abgeleitet werden. Nach ersten, empirisch nicht weiter geprüften Ansätzen in HERBARTS mathematischer Ps. wurden von THURSTONE (1930) und GULLIKSEN (1934) Vorläufer der gegenwärtigen m. L. entwickelt. Die Grundannahmen ihrer Theorien, welche in erster Linie auf die Erklärung der negativ beschleunigten funktionalen Abhängigkeit des Lernerfolges von der Zahl der (positiv bzw. negativ) verstärkten Durchgänge abzielte, beziehen sich auf die Veränderungen der Wahrscheinlichkeit, daß ein Verhalten erfolgreich bzw. erfolglos ist.

Dieser probabilistische Grundgedanke wurde in den m. L. der Gegenwart weiter ausgebaut. Jeder auf Lernen (oder Vergessen) beruhende Prozeß wird als eine Folge diskreter Einzelschritte *(trials)* aufgefaßt. Jeder Schritt besteht aus der Darbietung eines Reizes, auf den das Versuchsobjekt durch Auswahl einer unter mehreren möglichen Reaktionen unterschiedlicher Wahrscheinlichkeit reagiert; die Reaktion führt zu einem (positiven oder negativen) Resultat und damit zur Veränderung der Wahrscheinlichkeitsverteilung der Reaktionsalternativen. In den konkreten Annahmen, die diese Elementarprozesse betreffen, und im mathematischen Apparat, der zur Entfaltung des Modells benutzt wird, unterscheiden sich die verschiedenen m. L.

In »Operator-Modellen« können die Wahrscheinlichkeiten der Reaktionsalternativen bzw. die Stärken der Reaktionstendenzen beliebige Werte innerhalb bestimmter Grenzen (Wahrscheinlichkeiten z.B. zwischen 0 und 1) annehmen. Die Operatoren (= Übergangsregeln; Gleichungen, welche die Veränderung einer Wahrscheinlichkeit p von einem Schritt n zum jeweils nächsten n + 1 beschreiben) können linear sein – z.B. $p_{n+1} = p_n + a(1-p_n) = a + (1-a)p_n$ (Ausgangspunkt der stochastischen Lerntheorie von BUSH u. MOSTELLER 1951, 1955) – oder nicht linear – z.B.

$$p_n = \frac{\beta p_{n-1}}{(1-p_{n-1}) + \beta p_{n-1}}$$

(«β-Modell» von LUCE 1959).

In »endlichen Zustandsmodellen« (wie ESTES 1950, 1959) werden die Stimuli als Mengen von Elementen oder Komponenten aufgefaßt; jedes Element eines Stimulus ist mit einer und nur einer Reaktion assoziiert. Je mehr Stimuluselemente, welche mit einer bestimmten Reaktion assoziiert sind, bei einer Darbietung des Stimulus gegenwärtig sind, desto wahrscheinlicher wird das Auftreten der Reaktion sein. Die Assoziationen zwischen Stimuluselementen und Reaktionen werden je nach Verstärkungsbedingung verändert, jedoch immer nach dem Alles-oder-nichts-Prinzip. In jedem Trial ist nur eine begrenzte Anzahl von Stimuluselementen gegenwärtig oder »wirksam« (deswegen auch »*stimulus-sampling*-Theorie«). Die verschiedenen Zustandstheorien unterscheiden sich vor allem in den Annahmen betreffend die Zahl der Stimuluskomponenten, (a) aus denen insgesamt ein Reiz besteht (*small-* bzw. *N-element-models*) und (b) welche in jedem Trial wirksam werden (*component models* mit Stichprobengröße größer als 1, *pattern models* mit Stichprobengröße 1), ferner unter anderem auch danach, ob die Stichprobengröße fix ist oder variiert.

Nach der Annahme der »*pattern-models*«, daß in jedem Trial nur eine Stimuluskomponente, nämlich eine bestimmte Reizkonfiguration, als Stimulus wirksam ist, verändert sich die Gesamtzahl der mit der Reaktion konditionierten Patterns bei jedem Trial im einfachsten Fall nur um + 1 oder 0 oder − 1, je nach dem Erfolg (»*outcome*« oder *reinforcement*). Diese Eigenschaft, daß der Prozeß auf jedem Schritt nur entweder unverändert bleiben kann oder sich – mit bestimmten Wahrscheinlichkeiten – in benachbarte Zustände verändern kann, eröffnete die Möglichkeit, ihn mathematisch als MARKOFF-Kette zu interpretieren.

Solche Versuche liegen vor allem bei der Ausarbeitung von »*small element-Theorien*« mit 2 bis 4 möglichen »Zuständen« vor, wobei die Zustände inhaltlich als unkonditionierter Ausgangszustand, als Zustand im Kurzzeit- bzw. als solcher im Langzeitspeicher ausgelegt werden (ATKINSON u. CROTHERS 1964). Damit werden neuerdings Berührungspunkte zwischen m. L. und Modellen der Informationsverarbeitung und →Entscheidungstheorien geschaffen.

Für die Ps. wesentlicher, bisher nicht ausreichend geklärter Aspekt der m. L. ist die Deutung der Parameter der verschiedenen Modelle und die Prüfung der Validität der einzelnen Theorien. Bisher wurde die Anpassung der aus den verschiedenen Modelltypen (bzw. Einzelmodellen mit gegebenen Parametergrößen) berechneten an die beobachteten Daten, wie z. B. Verläufe des Lernfortschritts bzw. der Fehlerzahl (Lernkurve), asymptotischer Wert der relativen Häufigkeit von richtigen Vorhersagereaktionen bei kontinuierlicher Verstärkung (Diskriminations-Lernen) und partieller Verstärkung (*»probability matching«*), die Wahrscheinlichkeit einer Reaktionsalternative nach einer Serie gleicher Stimuli oder Reaktionen (*runs*) u. a. geprüft.

Die Entwicklung von m. L. hat zwar noch nicht zur Herausbildung eines einzigen umfassenden Modells und zur eindeutigen Interpretation seiner Parameter geführt, m. L. besitzen jedoch den methodisch nicht zu unterschätzenden Vorteil, daß alle Annahmen, die in das Modell eingehen, explizit sind und daß sich (unter bestimmten Bedingungen) exakte quantitative Voraussagen der Beobachtungsgrößen ableiten lassen. Ⓛ COOMBS 1970, LUCE 1965 *M-R*

Mathematische Psychologie, als Terminus erstmals 1960 im Titel eines Sammelbandes von LUCE (*Developments in Mathematical Psychology*). M. P. ist die Sammelbez. für die methodisch und inhaltlich sehr heterogenen Versuche, mathematische Methoden bei der Behandlung ps. Probleme einzusetzen.

In HERBARTS »Grundlagen der Psychologie« Band I (1824) werden erstmals mathematisch formulierte Modelle der »Vorstellungsmechanik« dargestellt. HERBART ging von einer kleinen Anzahl von plausibel erscheinenden Grundannahmen aus und leitete, unter Zuhilfenahme der Infinitesimalrechnung, eine große Zahl von Gesetzmäßigkeiten ab, deren empirische Gültigkeit jedoch nicht experimentell überprüft wurde. FECHNERS »Elemente der Psychophysik« (1860) stellen den Ausgangspunkt des historisch bedeutendsten Teilgebietes der M. P. dar. Die ersten Ansätze der klassischen Testtheorie und der Faktorenanalyse von Test-Interkorrelationen, beginnend mit den Arbeiten von SPEARMAN vor dem Ersten Weltkrieg, wurden in den dreißiger Jahren von THURSTONE, GULLIKSEN und anderen systematisch ausgebaut. Die letzteren machten auch Versuche, »rationale« Erklärungen für Lern- und Vergessensfunktionen zu geben, indem sie aus wenigen plausibel erscheinenden Grundannahmen Gleichungen mit empirisch bestimmbaren Parametern ableiteten. THURSTONE leistete auch entscheidende Beiträge zur Einstellungsmessung und zur Theorie der Skalierungsmethoden. Die Versuche von RASHEVSKY, im Rahmen einer großangelegten »mathematischen Biophysik« auch ps. Probleme (mit traditionellen math. Methoden) zu bearbeiten, hatten dagegen auf die Entwicklung der gegenwärtigen M. P. keinen merklichen Einfluß. Als in den Jahren nach dem Zweiten Weltkrieg eine Reihe von Forschern unter Einsatz neuer mathematischer Methoden begann, stochastische Modelle in der Lerntheorie zu entwickeln, die Theorie der Spiele, die Nutzentheorie und die Informationstheorie auf ps. Probleme verschiedener Art anzuwenden, entstand die Tendenz, solche Forscher als »mathematische Psychologen« zu bezeichnen. Bald nach dem Erscheinen des anfangs erwähnten Werkes wurde 1963 bis 1965 ein dreibändiges *»Handbook on Mathematical Psychology«* (LUCE, BUSH, GALANTER) veröffentlicht, von 1965 an erscheint ein *»J. of Mathematical Psychology«*. Im deutschen Sprachgebiet bildete sich zur gleichen Zeit eine Arbeitsgruppe mathematischer Psychologen.

Gegenwärtig stellt sich die M. P. als die Gesamtheit der Forschungsarbeiten »mathematischer Psychologen« auf verschiedensten Gebieten der Ps. dar, wobei allerdings methodisch vielfältige Querverbindungen existieren. Hauptthemen sind die axiomatischen Grundlagen des Messens (→Meßtheorie), Skalentheorie (→Skalierung), →Spieltheorie, →Entscheidungstheorie, →Signaldetektion, →Psychophysik, →mathematische Lerntheorie, →Informationstheorie und die statistische Analyse sequentieller Vorgänge (→MARKOFF-Prozeß), ferner neue Entwicklungen der →Testtheorie und der Sprachanalyse. Dagegen wird die Forschung auf den Gebieten der Entwicklung und Anwendung deskriptiver und induktiver Verfahren der →Statistik, welche die Versuchsplanung und die Auswertungsmethoden in der exp. Ps. wesentlich beeinflussen, gewöhnlich nicht der M. P. zugerechnet. Ⓛ LUCE, BUSH u. GALANTER, COOMBS, DAWES u. TVERSKY *M-R*

Matriarchat →Mutterrecht

Matrix, (allg.) jede zweidimensionale Zusammenstellung von zusammengehörigen Werten.

• (math.) Eine Darstellungsform für n Größen, die m lineare Beziehungen aufweisen. Z. B. lassen sich lineare Gleichungssysteme in einer M. darstellen. Die zahlenmäßige Lösung solcher in Matrizenform dargestellter Gleichungssysteme werden über die Determinanten bestimmt. Dafür sind eigene Rechenregeln gültig. Als transponierte M.𝔄' bezeichnet man eine M., die die gleichen Elemente wie die M.𝔄 enthält, die jedoch um die Hauptdiagonale gespiegelt wurden. • Eine inverse M. ist eine M., die bei Multiplikation mit der Ausgangsmatrix die Einheitsmatrix E liefert. Sie ist nur bei nicht-singulären Matrizen, d. h. bei Matrizen, deren Determinante ungleich Null ist, möglich. →Lernmatrix *Mi-A*

Matrizenrechnung, ein Teilgebiet der Algebra, das sich mit der formalen Behandlung von Matrizen (→Matrix) befaßt. Für die M. sind eigene Rechenregeln gültig, so ist z. B. die Multiplikation von Matrizen nicht kommutativ, d. h. $\mathfrak{A} \cdot \mathfrak{B} \neq \mathfrak{B} \cdot \mathfrak{A}$ *Mi-A*

Matrizen-Tests Ⓣ PENROSE, RAVEN

Maturationsalter →Reifealter

maturitas praecox [lat.], Frühreife des Jugendlichen. →Frühreife, →Akzeleration, →pubertas praecox

Maudsley-Tests [Maudsley Hospital in London] Ⓣ EYSENCK

»Mausefalle« Ⓣ SCHULZ

MAUT, *multi attribute utility theory* →Entscheidungstheorie

maximum-likelihood-Methode, eine Methode der statistischen Parameterschätzung, in der jener Wert als Schätzung des Parameters einer Datenmenge ausgewählt wird, bei dem die Wahrscheinlichkeit der beobachteten Datenmenge ein Maximum ist. Die m.-l.-M. liefert in vielen Fällen Schätzungen maximaler Präzision, d. h. Schätzungen mit geringstem Standardfehler. *Mi-A*

MAXWELLsche Scheibe →Farbenkreisel

*

MAXWELL, James Clerk / 1831–1879 / Physk. / Edinburgh, Aberdeen, London, Cambridge

maze-Test [engl. *maze* Labyrinth] Ⓣ PORTEUS

MAZZONI →GOLGI-MAZZONIsche Körperchen

MCNEMAR-Test, ein nichtparametrisches Verfahren zur Prüfung des Unterschiedes zwischen zwei korrelierenden Verteilungen von Alternativmerkmalen. Als Prüfstatistik wird

$$\chi^2 = \frac{(b - c)^2}{b + c}, df = 1$$

bestimmt, wobei b und c die Häufigkeiten in den Zellen der Nebendiagonale des Korrelationsschemas bezeichnen. *Mi-A*

*

MCNEMAR, Quinn / *1900 / Psycholog., Statistiker / Stanford-Univ. u. a.

Md, auch mdn, →Median

MDS →multidimensionale Skalierung, →mehrdimensionale Skalierung

me [engl.], das →Selbst

meaningfulness, Bedeutungshaltigkeit, während sich die Assoziationsforscher (→Assoziation) in erster Linie für die Enge der assoziativen Verbindung von →Begriffen und für die assoziierten Inhalte interessiert haben und versuchten, die →Bedeutung eines Wortes über die Inhalte der mit ihm verbundenen Assoziate zu fassen, hat NOBLE (1952) die Menge der verschiedenen mit einem Wort verbundenen Assoziate ins Blickfeld gerückt und ihre (in bestimmter Weise gemessene) Anzahl als Bedeutungshaltigkeit *(meaningfulness)* definiert.

Der von NOBLE konzipierte Index

$$m = \frac{1}{N} R_s$$

(wobei m = *meaningfulness,* s = ein bestimmter verbaler Reiz, R = die assoziierten Responses und N die Anzahl der in die Messung einbezogenen Vpn ist) ermittelt die durchschnittliche Anzahl verschiedener Assoziationen, die einer Vp in einer Minute zu dem betreffenden Stimuluswort einfallen. Dieser Index erweist sich als guter Indikator für die Leichtigkeit, mit der Wörter bzw. Silben in Lernexperimenten (→Lernen) behalten werden und steht in Beziehung zum →Wortfeldkonzept. Mit ihm kann auch die Bedeutungshaltigkeit sinnloser →Silben bestimmt werden. Ⓛ HÖRMANN 1967 *E-P*

Mechanical Comprehension Tests Ⓣ BENNETT, PRAK

mechanisch, auf Mechanik beruhend, nur physisch verursacht. Die m. Erklärung der Lebensprozesse führt diese nur auf physikalisch-chemische Ursachen zurück. Eine entsprechende Weltanschauung wird auch als mechanistisch bezeichnet. →Mechanismus, →Maschinentheorie

mechanisches Gedächtnis, die Einprägung eines Lernstoffes durch reines Wiederholen, auf assoziativem Wege, im Ggs. zum logischen Gedächtnis, wobei sinnvolle gedankliche Zusammenhänge für das Behalten nutzbar gemacht werden

mechanisches Lernen →Lernen

mechanisch-technisches Verständnis (Test) Ⓣ LIENERT

Mechanisierung →Automatisierung

Mechanismus, ein gesetzmäßig bestimmtes System von Bewegungen oder Geschehnissen, auch der Apparat, an dem diese ablaufen.

• Mechanistische Theorien. Anschauungen, die alles Geschehen, auch das seelische, nach Analogie physikalisch-chemischer Gesetzmäßigkeiten betrachten und daneben kein anderes Geschehensprinzip annehmen. Der Vorwurf, diese Theorie zu vertreten, wurde besonders gegenüber der Assoziationspsychologie und dem Behaviorismus erhoben. Entgegen der mechanistischen Auffassung wurde (z. B. von der Gestaltpsychologie) gegen die Annahme von Zwangsbedingungen die Wirkung relativ unabhängiger, einander selbst regulierender Kräfte (z. B. Feldkräfte) vorgeschlagen (→Feld, Dynamik, Maschinentheorie, Konstanzannahme).

Mediaforschung, Medienforschung, Teilgebiet der →Wirtschaftsps., in dem die ps. Voraussetzungen, Bedingungen und Auswirkungen der Werbeträger (z. B. Zeitungen, Fernsehen) und Werbemittel (z. B. Anzeigen, Plakate) auf die Publikumsbeeinflussung durch Werbeexponate erforscht werden. Eine der umfangreichsten Untersuchungen dieser Art ist die jährliche »Leseranalyse Zeitschriften«, in der rd. 80 Zeitschriften der Bundesrepublik auf ihre Publikumsreichweite untersucht werden. →Massenmedien *B-H*

Median, syn. Zentralwert, 50. Centil. Ein statistischer Kennwert für die zentrale Tendenz einer Verteilung, der diese im Falle nichtsymmetrischer Verteilungen besser charakterisiert als das arithmetische Mittel, da er von den Extremwerten nicht beeinflußt wird. M. ist jene Maßzahl, die die Verteilung in zwei gleich große Hälften teilt, so daß auf jeder Seite 50% der Fälle liegen. *Mi-A*

Medianebene [lat. *medius* der mittlere], Ebene, die den Körper in rechte und linke Hälfte teilt. Was in ihr liegt, liegt median. Was ihr benachbart ist, liegt medial (nach der Mitte zu). Ggs. lateral.

Mediationstheorie, mediation theory →Vermittlungstheorie

mediative Denktheorie, Mediations-(Vermittlungs-)Theorie, →Denken. Ⓛ Osgood (1953)

Medien →audiovisuelle Lehr- und Lernmittel

Medienpädagogik wird als Begriff sehr inkonsistent gebraucht und bezeichnet einerseits die Problematisierung von Medien (bes. Massenmedien) im Unterricht (bes. durch Medienanalyse, Medienvergleich, Medienproduktion), andererseits wird unter dem Begriff die mediale Gestaltung unterrichtlichen Geschehens, sowie die wissenschaftl. Erforschung bes. der Optimierung von Unterrichtsmedien verstanden. *Mu-R*

Meditation [lat. *meditatio, meditari,* nachdenken], nachdenkendes Eindringen, intensives Betrachten, Sich-Versenken (in einen Gegenstand oder in eine Gedankenwelt), das durch Schweigen, Entspannung und ein inneres Lauschen eingeübt werden kann. Ein in allen Kulturen und zu allen Zeiten verbreitetes Phänomen, das typologisch in verschiedenen Formen auftritt, so daß der Begriff M. keineswegs eindeutig ist.

Von einer Geschichte der M. kann im Grunde nicht gesprochen werden, sondern nur von deren Typologie. Gemeint sein kann zunächst (im Sinne der allgemeinen Ps.) ein besinnlicher Zustand der →Innerlichkeit, die Erfahrung des intimen »Beisich-Seins und Aus-sich-Seins der Seele« (Lersch). Dabei geht es um Entspannung und Entkrampfung des seelischen und leiblichen Lebens (unter Beteiligung von Körper und Geist). Angestrebt wird ein Eindringen in die Tiefe der Wahrheit und Wiederfinden des Selbst bzw. Einswerden mit dem Wirklichen. Als →autogenes Training und →Bio-Feedback sind solche Bemühungen in die →Psychotherapie eingedrungen.

• Ungleich bedeutsamer als diese »naturale« M. ist aber die M. als religiöse Erscheinung, als →Kontemplation, innig mit der Mystik verwoben. Am verbreitetsten ist der in Asien (besonders in Indien, Hinduismus!) geborene Typ, der auch in andere Kontinente eingedrungen ist. Er sucht einen »Weg« zum Einswerden mit der unpersönlich gedachten Gottheit. Der Mensch will hier in die unsichtbare Welt versinken, um als Endlicher eins zu werden mit dem Unendlichen (dem »All«). Von anderer Art ist der christliche Typ, der – auf Grund der monotheistisch/personhaften Gottesvorstellung – viel mit dem islamischen gemeinsam hat. Hier will der Meditierende nicht »versinken«, sondern er will er selber bleiben und als Person der als Person vorgestellten Gottheit begegnen, sich ihr zuwenden. Hier ist das Ziel nicht die Einswerdung, sondern Erweckung des Willens für Gott, Gewinnung von Kraft zu Glauben und Handeln aus Glauben in der realen Welt. »Versenkung« geschieht hier als intensives Betrachten des geoffenbarten Wortes, der heiligen Schrift, des »Gesetzes«, bzw. der »Erlösung«. – Die Gedankengänge der verschiedenen Spielarten sind nicht (wie empirische Einsichten) für jedermann zwingend, wohl aber für denjenigen evident, der innerhalb eines bestimmten gläubigen Systems transzendiert und im Endlichen auf seine Weise das Unendliche sucht. →Andacht, →Askese, →Erleuchtung, →Entspannung, →Glaube, →Gebet, →Religion, →Psychotherapie,

→Psychotechnik, →Yoga. Ⓛ Lersch, Dessoir, Heiler, Mann, J. H. Schultz, Trillhaas *S-G*

Meditationstechniken des »passiven« Bewußtseins finden in der Gegenkulturbewegung der 60er Jahre mit dem Ziel der Bewußtseinserweiterung erneute Beachtung. Ornstein (1976) empfiehlt die Ergänzung der traditionellen Ps. durch Zen- und Yoga-Techniken, um das »westliche« verbal-analytische Bewußtsein mit dem »östlichen« räumlich-visuell-ganzheitlichen – je der linken bzw. der rechten Hirnhälfte zugeordnet (→Hemisphärenspezialisierung) – zu einer kreativen Synthese zu verbinden. Tart (1969) berichtet über ps.-physiol. Untersuchungen der Hirntätigkeit bei Meditierenden. *B-S*

Medium, Mittel, Umgebung, Milieu. ● Im Okkultismus eine Mittelsperson, die bei spiritistischen Sitzungen mit Geistern in Verbindung tritt oder überhaupt »mediale«, okkultistische Fähigkeiten besitzt (→Telepathie, →Hellsehen, →Materialisation). ● Vp oder Patient bei Hypnoseversuchen bzw. Hypnotherapie.

Medizinische Psychologie (M. Ps.) läßt sich durch Akzentuierung der Lehre einerseits oder der Forschung und Praxis andererseits definieren, wodurch das Fach sehr unterschiedliche Konturen gewinnt. Die zahlreichen Definitionen der M. Ps. mit ausschließlich historischer Bedeutung werden hier ausgeklammert.

Stellt man die Lehre heraus, dann ist M. Ps. Psychologie für Mediziner, ein durch die neue Approbationsordnung für Ärzte 1970 wieder eingeführtes Pflichtfach im vorklinischen Abschnitt des Medizinstudiums. Neben Vorlesungen und Seminaren müssen die Medizinstudenten obligatorische Kurse in M. Ps. besuchen und werden in der ärztlichen Vorprüfung in diesem Fach geprüft.

Die M. Ps. soll dem Medizinstudenten sowohl die Grundkenntnisse der Ps. vermitteln, die in der Vorprüfung abgefragt werden, als auch zur Erreichung der folgenden anspruchsvolleren Lernziele beitragen (Dahme u. a. 1977): Selbst- und Fremdwahrnehmung, Problembewußtsein für med.-ps. Methodik, ps. aufgeschlossene Haltung gegenüber dem Patienten, Elemente ärztlich-ps. Handelns und professionelle Kooperation. Da die Ansiedlung der M. Ps. in der Vorklinik eine weitgehende Praxisferne bedingt und die Stundenzahl zur Vermittlung komplexer Sachverhalte zu gering ist, wird angestrebt, die M. Ps. studienbegleitend zu verankern und ihre Inhalte mit Fächern wie Psychosomatik/Psychotherapie und Psychiatrie abzustimmen (Scheer 1981). Durch die Einführung als Lehrfach ist die M. Ps. nunmehr an nahezu allen med. Fakultäten der Bundesrepublik Deutschland selbständig institutionalisiert, jedoch häufig unzureichend ausgestattet.

Sobald man die M. Ps. von der Forschung und Praxis her betrachtet, ist sie nur an wenigen Fakultäten ein theoretisches, vorklinisches Fach. Sehr viel häufiger ist sie eine Disziplin, die i. S. einer Psychologie in der Medizin diejenigen ps. Problemstellungen in der Medizin bearbeitet, die von der Klinischen Psychologie weitgehend vernachlässigt wurden. Die derzeitigen Schwerpunkte der Medizinischen im Vergleich mit der Klinischen Psychologie werden im unten stehenden Schema verdeutlicht.

Forschungsbereiche der M. Ps.: Im Mittelpunkt der Forschung stehen ps. Probleme der Arzt-Patient-Interaktion, der Krankheit, des Kranken und des Krankenhauses, eine Vielfalt von Fragestellungen, wie sie nachstehend erläutert wird (Schmidt 1978).

(a) Die Arzt-Patient-Interaktion ist ein vielschichtiger ps. Prozeß (Wildgrube 1978). Von bes. Bedeutung sind die Information und Beratung des Patienten (Schmidt 1981a) und die Befolgung ärztlicher Anordnungen, die sog. *»compliance«* (Ley 1977).

(b) Nach der bahnbrechenden Arbeit von Janis (1958) entwickelte sich eine lebhafte Forschung über die ps. Vorbereitung auf die Narkose (Dony 1981) und auf die postoperative Phase (Davies-Osterkamp 1977). Die gezielte differentielle ps. Operationsvorbereitung kann nicht nur die psychische

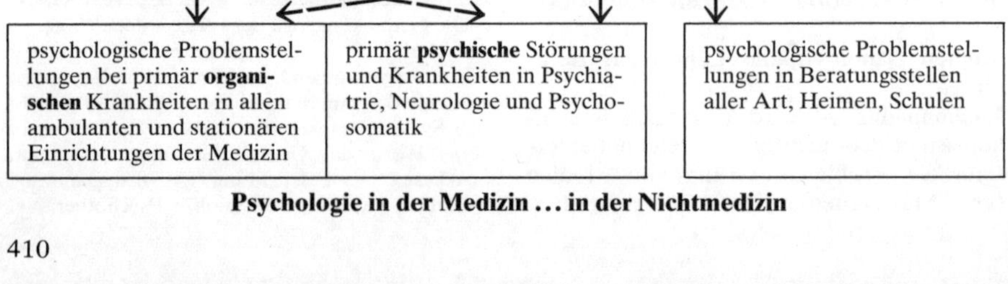

Situation des Patienten in der postoperativen Phase verbessern helfen, sondern auch zur organischen Heilungsschnelligkeit und zur Senkung des Verbrauchs von Schmerz- und Beruhigungsmitteln beitragen. Die Forschung gilt nicht der Intervention allein, sondern versucht auch grundlegende Aspekte der ps. Auseinandersetzung *(coping)* mit operativen Eingriffen zu erfassen, wie es DAVIES-OSTERKAMP u. MÖHLEN (1978) bei Herzoperationen gelungen ist.

(c) Eine äußerst große Zahl von diagnostischen und therapeutischen Maßnahmen (z. B. Injektionen, Punktionen, Endoskopien, Katheterismus) erfolgt in der Medizin und in der Zahnmedizin bei Bewußtsein. Solche Maßnahmen können bei Kindern, aber auch bei Erwachsenen, zu krisenartigen Belastungssituationen führen, weshalb die Erfassung der Auseinandersetzung mit diesen Maßnahmen und ihre ps. Vorbereitung an Bedeutung gewonnen haben (SCHMIDT 1979).

(d) Für die meisten Patienten stellt der Krankenhausaufenthalt eine erhebliche Belastungssituation dar (TEWES 1978), und vor allem Kinder müssen darauf adäquat vorbereitet werden (MELAMED 1977).

(e) Einen wichtigen Beitrag kann die ps. Forschung bei der Erfassung der dispositionellen, auslösenden und aufrechterhaltenden Bedingungen sowie der Konsequenzen von Krankheiten leisten. Dies gilt ganz besonders im Zusammenhang mit chronischen und unheilbaren Erkrankungen (CULLEN et al. 1976) und von schweren Krankheiten im Kindesalter.

(f) Die besonderen Probleme, die mit Amputationen (z. B. Mamma-Amputation, MEYEROWITZ 1980), Prothesen und Organersatz (SPEIDEL u. a. 1975) und lebenslang notwendigen therapeutischen Maßnahmen wie Hämodialyse (CZACZKES u. DE-NOUR 1978) einhergehen, werden in den letzten Jahren unter diagnostischen und therapeutischen Aspekten vermehrt ps. erforscht.

(g) Die Schmerzforschung hat in der M. Ps. zunehmende Beachtung gefunden (WEISENBERG 1977; DAVIES-OSTERKAMP u. PÖPPEL 1980). Ps. orientierte Schmerzkliniken können sogar bei chronischen Schmerzen beachtliche Erfolge aufweisen (FORDYCE 1976).

(h) Schließlich haben sich Psychologen in jüngerer Zeit auch den Grenzfragen des Sterbens und des Todes bei den Betroffenen, deren Angehörigen und den damit befaßten Fachleuten gewidmet (HERZIG 1978; KOCH u. SCHMELING 1978). →Todespsychologie.

Anwendungsbereiche und Institutionalisierung der M. Ps.: Zu den Anwendungsbereichen der M. Ps. zählen prinzipiell alle ambulanten und stationären Einrichtungen der Medizin und der Zahnmedizin (SCHMIDT 1981b). Dabei kann die Tätigkeit direkt patientenbezogen sein oder die Beratung von Ärzten und Pflegepersonal und deren Fortbildung betreffen. In der BRD ist die praktisch ps. Tätigkeit bisher auf wenige Fachgebiete der Medizin beschränkt geblieben und insbesondere in Allgemeinkrankenhäusern sind Psychologen kaum vertreten. Meist werden praktische Tätigkeiten von med. Psychologen an med. Fakultäten oder von wenigen klin. Psychologen in anderen Kliniken ausgeübt. In den USA bestehen hingegen wesentlich zahlreichere und größere Einrichtungen für M. Ps. und allmählich erhalten alle Kliniken psychosoziale Dienste (SCHMIDT 1981b). Vor allem die lerntheoretisch orientierte *»behavioral medicine«* (MELAMED u. SIEGEL 1980) hat in den letzten Jahren eine sprunghafte Entwicklung genommen. Welche Erfolge ps. Einrichtungen auch bei primär organmed. Problemen erbringen können, belegt eine Evaluationsstudie von ROSEN u. WIENS (1979). Die M. Ps. wird in der BRD vor allem von der Gesellschaft für Medizinische Psychologie (GMP) vertreten. Ⓛ RACHMAN u. PHILIPS 1976; DAHME u. a. 1977; MELAMED u. SIEGEL 1980; SCHNELLER u. a. 1980; BECKMANN u. a. 1981 *S-T*

medizinisches Modell, Krankheitsmodell, polemisch gebrauchte Bez. für Annahmen über Entstehung und Art von Verhaltensstörungen, neurotischen Symptomen und Psychosen durch (bzw. als) genetische Bedingungen, erworbene Stoffwechselstörungen oder andere ungeklärte somatische Faktoren. Psychologen verwenden gelegentlich den Ausdruck, um von den entspr. Annahmen die Hypothesen abzusetzen, nach denen überwiegend psychosoziale oder »gesellschaftliche« Bedingungen psychische oder Verhaltensstörungen verursachen oder sogar nur fälschlich diagnostizieren lassen. Die Diskussion über diese Kontroverse scheint mit manchen gegenseitigen Mißverständnissen geführt zu werden. Ⓛ KEUPP 1972, 1979

medulla oblongata [lat.], das verlängerte Rückenmark (→Gehirn, →Rückenmark)

Megalomanie [gr. *megas* groß], Größenwahn, krankhafte Überschätzung der eigenen Person

mehrdimensionale Diagnostik, Bez. von KRETSCHMER (1975[14]) für das Vorgehen bei der Diagnosestellung: Das Krankheitsbild ist von mehreren Seiten diagnostisch zu beurteilen und in mehrere nosologische Kategorien einzuordnen. Die ps. Komponenten von körperlichen Krankheiten sind mindestens als Möglichkeit zu berücksichtigen.

mehrdimensionale Skalierung, (MDS), darunter werden Modelle zusammengefaßt, die empirische Ähnlichkeits- oder Unähnlichkeitsbeziehungen zwischen Objekten (z. B. wahrgenommene Reize, Gedächtnisinhalte, Begriffe, Lösungsschritte beim Problemlösen) in dimensionalen Ordnungsräumen darstellen.

Eine Axiomatik der dimensionalen Dekomposition von als Distanzen interpretierten Unähnlichkeiten wurde von BEALS, KRANTZ, TVERSKY (1968) aufgestellt; neben empirisch prüfbaren Axiomen über Ähnlichkeitsbeziehungen zeigt die Axiomatik auch, daß nur sog. MINKOWSKI-Metriken als Distanzfunktionen zu dimensionalen Räumen führen. Wenn die Unähnlichkeitsrelationen auf Verhältnis- bzw. Intervallskalenniveau quantifiziert werden können, lassen sich die so gegebenen Distanzen in innere Produkte umrechnen und mit Hilfe von Eigenwert-Eigenvektoren-Zerlegungen dimensional darstellen (TORGERSON 1958). Wenn die Ähnlichkeits- bzw. Unähnlichkeitsrelationen lediglich ordinal vergleichbar sind, können mit Hilfe von Gradientenverfahren Funktionen für die Güte der Anpassung (*goodness of fit* im Gegensatz zu *stress*) optimiert werden, die von der jeweiligen dimensionalen Anordnung abhängig sind (SHEPARD 1962, KRUSKAL 1964). Von den MDS-Verfahren auf der Grundlage der als Distanzen interpretierten Unähnlichkeitsrelationen abzuheben sind die Inhaltsverfahren (EKMAN 1963), in denen auf Grund von Verhältnisschätzungen der Objektinhalte direkt innere Produkte zwischen objektrepräsentierenden Vektoren berechnet werden. Der dimensionale Ordnungsraum ist bei diesen Modellen auf den positiven Orthanten eingeschränkt. →multidimensionale Skalierung.

Kritiker der klassischen m. S. weisen darauf hin, daß sie Abbildungen einer empirischen Menge in den Zahlenraum liefere, ohne daß damit eine strukturverträgliche →Abbildung (ein →Morphismus) gegeben sei. *Z-R*

Mehrer →Unfäller

Mehrfachhandlung →Reaktionszeit

Mehrfachnorm →Normskala

Mehrfachschreiber →Polygraph

Mehrfachwahlantwort [engl. *multiple choice*], Aufgabentyp in ps. Tests, bei denen der Pb aus einem Angebot von mehreren Antworten die einzig richtige Antwort herauszusuchen hat. Neben dieser sog. Bestantwort werden bei diesem Aufgabentypus eine Reihe von Alternativantworten vorgegeben, die möglichst gleichwertig sein sollen. Die Testkonstruktion macht heute sehr häufig Gebrauch von der M. →Wahlantworten. *Hä-R*

Mehrstufenauswahl →Stichprobe

Meidungskonflikt →Konflikt

Meidungsverhalten, Vermeidungsverhalten, →Lernen

Meinungsbefragung, Meinungsforschung, Analyse des Entstehens, Wachsens und des Wandels der in der öffentlichen Meinung sich ausprägenden Hauptströmungen. Der Gegenstand der M. *(public opinion research)* ist vielseitig entsprechend der Vielgestalt der Felder, auf denen die öffentliche Meinung sich auswirkt. Ihren Ausgang nahm die moderne M. mit der Entwicklung einer eigenen Methode und Technik der Befragung *(poll, survey, sondage)*, die in USA an den Namen G. GALLUP anknüpft.

Seine Methode hat zahllose Nachfolger gefunden. Grundlage des Verfahrens ist jeweils ein »Miniaturmodell« der öffentlichen Meinung, indem aus allen Schichten, aus Städten verschiedener Größe und mit verschiedener Industrie, aus Landbezirken usw. eine bestimmte Zahl repräsentativer Personen befragt wird (Repräsentativbefragung). Die Methode findet heute auf allen Gebieten des öffentlichen Lebens, der Politik und Wirtschaft (auch unter den Bezeichnungen Demoskopie und Doxologie) Anwendung. Man gewinnt damit auch Hinweise für die Beeinflussung der öffentlichen Meinung. Übergänge zur →*public relation* sind deutlich. ● Bei der Durchführung von Meinungsbefragungen können sechs Stadien und ihre bes. Problematik unterschieden werden: a) aus den Programmfragen der Auftraggeber oder der Themenstellung sind Interviewfragen zu erstellen, die den zunehmend höheren wissenschaftlichen Forderungen an das →Interview gerecht werden; b) bei der Herstellung des Fragebogens müssen die vielfältigen Auswirkungen der Fragen untereinander berücksichtigt werden; c) die Erstellung der Stichprobe muß den Erwartungen an Genauigkeit und Aufwand und ihrer vertretbaren Beziehung bes. im Hinblick auf die verwendeten Auswahlverfahren (Quota, Random) Rechnung tragen; d) die Durchführung der Feldarbeit erfordert die angemessene Schulung der Interviewer sowie die Organisation und Kontrolle ihres Einsatzes; e) die Aufbereitung der gewonnenen Daten setzt eine zumeist für Datenverarbeitungsanlagen notwendige Verschlüsselung und Auswertungsform voraus; f) bei der Berichterstattung ist die deskriptions- und inferenzstatistische Analyse und die Diskussion der Ergebnisse in einem Gutachten zu unterscheiden.

Ⓛ BERNSDORF, DOMIZLAFF, FESTINGER, GALLUP, H. GROSS, HOFSTÄTTER, LENZ, SPIEGEL *B-H*

Meinungsführer, *opinion leader,* Personen, die aus der Massenkommunikation viele Aussagen aufnehmen und an weniger aktive Benutzer dieser Quellen persönlich weitergeben. Ein solcher Fluß der Informationen in zwei Schritten wird auch Zweistufentheorie der Massenkommunikation genannt; sie ist von LAZARSFELD u. a. entwickelt und von ROGERS zum Mehrstufenfluß-Modell ausgebaut worden. Ⓛ EURICH 1976, GRAUMANN 1972, 1163 *B-S*

Meiose, auch Reifeteilung oder Reduktionsteilung. Kernteilung bei der Bildung von →Gameten; in zwei aufeinanderfolgenden Teilungsschritten entstehen aus einer →diploiden Zelle vier →haploide →Gameten, Vgl. Kopulation, Mitose *D-E*

MEISSNERsche Körper, Endorgane sensibler Nerven in den Tastkörpern der Haut zur Vermittlung des Tastgefühls. Auch WAGNERsche Körper genannt.

*

MEISSNER, Georg / 1829–1905 / Physiol., Anat., Zoologe / Univ. Basel, Freiburg, Göttingen

Melancholie [gr. *mélas* schwarz, *chólos* Galle, Schwarzgalligkeit], ein schon in der antiken Anschauung über die →Temperamente und Körpersäfte (HIPPOKRATES, GALEN) beschriebener Gemützustand der schwermütigen Verstimmung. • Mit M. eine eigene Krankheit zu bez. und diese gegen psychot. Zustände wie →manisch-depressives Irresein, →Hypochondrie abzugrenzen, haben viele Psychiater sich bemüht. Weitgehend wird heute die M. mit der Depression syn. betrachtet. →Depression Ⓛ HIPPIUS u. SELBACH, TELLENBACH 1976

Melancholiker, melancholischer Typus, der schwermütige, schwerblütige, in sich gekehrte, vom Leid stärker als von der Freude ansprechbare Mensch. →Typologie (Reaktionstypen)

Meliose, syn. Miliose, von F. MÜLLER-LYER (1857–1916) stammender Begr. für »milieu«-bedingte, seelisch-moralische Schädigungen

MELLINGHOFFsche Täuschung, werden zwei horizontale, nahgelagerte Parallelen gezeichnet und in einem Mittelstück unterbrochen, so erscheinen in Richtung der unteren Parallele gesetzte Punkte nach oben verschoben

Melodie [gr. *mélos* Glied, Lied], eine zusammenhängende, zeitliche Abfolge von Tönen in einem bestimmten Rhythmus (Takt). Die Melodie ist eine Zeitgestalt und klassisches Beispiel für die Transponierbarkeit von Gestalten. Analog zur musikalischen, eigentlichen Melodie wurde der Begriff der Sprachmelodie gebildet.

membrana tympani [gr. *tympanon* Trommel], Trommelfell →Ohr

memorieren [lat. *memor* eingedenk], mechanisch auswendig lernen, Wort-für-Wort-Lernen [engl. *rote learning*]

Menarche →Menstruation

MENDELsche Regeln, die von MENDEL 1865 ohne Kenntnis der intrazellulären Vorgänge empirisch entdeckten Vererbungsregeln.

(1) Uniformitätsgesetz: Werden zwei sich in einem Merkmal unterscheidende, in bezug auf dieses Merkmal jedoch homozygote Individuen miteinander gekreuzt, so zeigen die Nachkommen der 1. Bastardgeneration alle die gleiche Ausprägung dieses Merkmals.

(2) Spaltungsgesetz: In der 2. Bastardgeneration treten 2 bzw. 3 versch. Ausprägungen dieses Merkmals auf (je nachdem ob der Erbgang dominant, rezessiv oder intermediär ist). Die in der 1. Bastardgeneration verdeckten Merkmalsausprägungen der Ausgangsgeneration treten wieder zutage.

(3) Gesetz der freien Kombination der Gene: Bei einer in mehreren Merkmalen versch. Ausgangsgeneration werden die Merkmale unabhängig voneinander kombiniert (Ausnahme: Merkmale, deren Gene auf dem gleichen Chromosom lokalisiert sind, werden gekoppelt vererbt). →Genetik *Sch-S*

*

MENDEL, Gregor Johann / 1822–1884 / Augustinerprior, Lehrer für Naturkunde / Brünn

Mengeneigenschaften →Charakteraufbau nach KLAGES

Meningen [gr. *meninx* Haut], Gehirn- und Rückenmarkshäute (→Gehirn)

Meningitis, Entzündung der Hirn- oder Rückenmarkshäute

Menopause →Menstruation

Menschenbild, übersummatives Bild vom Menschen. Die persönliche Antwort auf die Frage, was ist der Mensch – abhängig vom Selbstbild und Idealbild. →Ich, →Ich-Ideal, →Selbst • Ps. Theorien sind meist durch je versch. M. bestimmt.

Menschenführung, Gesamtheit der Aufgaben, die mit der fürsorgenden Betreuung und Beratung, mit der Arbeitsplatzzuweisung und Gruppenbildung nach Eignung und Leistung, mit der Einordnung des Einzelnen in die betriebliche Ordnung und besonders auch mit dem sog. Betriebsklima zu tun haben. Ausbildung, Anlernung und Arbeitsschulung gehören dagegen nur am Rande zur M. Der Begr. entspricht dem amerik. →*»personnel management«* – es kennzeichnet die Entwicklung, daß das Wort »Führung« (parallel zu »Betriebsführung«) herangezogen wurde. • Seltener gebraucht ist M. Bez. für die individuelle, psychagogische (auch pädagogische) Betreuung, Lenkung und Beratung.

Menschenkenntnis, das Insgesamt aller Bemühungen um die Kenntnis und Erkenntnis des Menschen. • Das unmittelbare, auf einer angeborenen Fähigkeit beruhende, zudem mehr/minder durch Erfahrung steigerungsfähige und auch mit Einfühlung und Intuition vorgehende Wissen um die charakterliche Wesensart des Menschen. • Volkstümliche, vorwissenschaftliche Form von Psychodiagnose. • Vorteilhafte Fähigkeit beim Umgang mit Menschen.

Mensch-Maschine-Dialog →Arbeitspsychologie, →Mensch-Maschine-System

Mensch-Maschine-System, (MMS), systematisches Zusammenwirken von Menschen (Operateuren) und maschinellen Anlagen zu bestimmten Zwecken, z. B. Flugsicherung, Kurssteuerung von Schiffen, Steuerung von Fertigungsstraßen usw. Operateur und Maschine werden als Elemente des MMS unter die einheitlichen formalen Begr. der →Kybernetik subsumiert. Zwischen den Elementen des MMS findet mindestens Informationsübertragung, meist zusätzlich Transport von Masse und/oder Energie statt. Der Mensch übernimmt im MMS die übergeordneten Sollwertvorgaben, wird aber auch häufig als Sollwert-Istwertvergleicher und Regler (→Regelkreis) eingesetzt.

Beim Entwurf von MMS ist auf zweckmäßige Verteilung der Aufgaben zwischen Mensch und Maschine zu achten: Menschen sind als Systemelemente den Maschinen in der Erkennung komplexer Zeichen und Problemlagen und in der Fähigkeit zur Generalisierung, Problemlösung und zum Lernen (Verhaltens- und Programmänderung) überlegen. Die physikalische Zielerreichung des MMS wird praktisch ausschließlich in Maschinen realisiert (Fertigung, Transport usw.). In der Informationsverarbeitung sind maschinelle Systemglieder dem Menschen in der Geschwindigkeit, numerischen Genauigkeit und quantitativen Ausdehnung relativ einfacher Routinen mit begrenzten Änderungsanforderungen überlegen. Die Ps. untersucht die Übertragungsfunktionen des Menschen als Element im MMS, wobei es besonders auf die Schnittstellen, die optimale Übermittlung von Informationen an den Menschen (Gestaltung von Anzeigeeinrichtungen) und vom Menschen auf die Maschine (Gestaltung von Bedienungselementen, Fahrständen, Pilotenkanzeln usw.) ankommt. Ⓛ SCHMIDTKE u. HOYOS 1970[2] *G-R*

Menses [lat. Monate] →Menstruation

Menstruation [lat. *menstruum* monatl. Regel], die bei der geschlechtsreifen Frau (auch einigen Säugetieren) in Abständen erfolgende Ausstoßung des unbefruchteten Eies (einschl. Uterusschleimhaut).

Die M. beginnt als Lebensabschnitt mit der Menarche [gr. *men* Monat, *arche* Anfang] im 10.–14. Lebensjahr und endet mit der Menopause [gr. *men* Monat, *pauein* aufhören] im 42.–54. Lebensjahr. • Im Anschluß an die M. auftretende Geistesstörungen bezeichnet man als M.psychosen. In der Regel sind sie schizophrener Art. Auch bei normalen Frauen finden sich häufig seelische Verstimmungen im Zusammenhang mit der M. Speziell in der Menopause können Depressionen und gelegentlich Wahnideen auftreten. →Pubertät

mental [lat. engl.], geistig, zum Denken gehörig. • In der angelsächs. Ps. vielfältiger Gebrauch, wie z. B. *mental test, mental work, mental set, mental disorder, mental hygiene.*

mentales Lexikon, das m. L. bezeichnet die Repräsentation lexikalischer Information im Gedächtnis. Im Zentrum stehen die Fragen nach den Einheiten des m. L. und nach den Beziehungen zwischen ihnen. Richtungweisend war zunächst die Semantiktheorie von KATZ u. FODOR (1963).

Es wurde angenommen, daß lexikalische Einheiten als hierarchisch geordnete semantische Merkmale gespeichert werden. Die Tatsache, daß verschiedene Organisationsprinzipien bei verschiedenen semantischen Bereichen wirksam sind, führte zu einer Relativierung dieser Annahme. Den Zugriff zum m. L. versuchen heute im wesentlichen drei Theorien zu erklären: die Logogentheorie von MORTON (1969), das autonome Suchmodell von FORSTER (1976) und das direkte und aktive Suchmodell von MARSLEN-WILSON u. WELSH (1978). Vgl. Lexikon Ⓛ HÖRMANN 1977[2] *E-P*

mentales Training, Beobachtung der →Übung anderer Personen, meist mit nachweisbarem Transfer auf die spätere Leistung des Beobachtenden verbunden (ULICH 1964, 338f.). →Lernen

Mental-health-Bewegung, psychohygienische Reformbewegung zur Verbesserung der gesamten Gesundheitsversorgung (speziell der psychiatrischen Versorgung); heute Teil der →Sozialpsychiatrie und des *social work (community therapy).* →therapeutische Gemeinschaft *L-R*

Mentalität, Geistesart, Denkart

mental-maze-Lernen, Labyrinth-Lernen, Lernen durch →mentales Training. →Lernen

Mentalreservation, Gedankenvorbehalt, auch Mangel an Aufrichtigkeit

Mentalsuggestion, Gedankenübertragung auf übersinnlichem Wege

mental test Ⓣ CATTELL

Mentizid →Gehirnwäsche

Meprobamat, der 1954 als erster eingeführte *tranquilizer* neuen Typs (→Tranquillantien)

Merkelsches Gesetz, als Einschränkung des Weberschen Gesetzes besagt es, daß bei großen Intervallen der Reize den jeweils gleichen und absoluten Unterschieden mehrerer Reize annähernd gleichmerkliche Empfindungsunterschiede entsprechen. Um gleichmerkliche Unterschiede von drei in großen Intensitätsintervallen stehenden Empfindungen hervorzubringen, müssen die Reize in arithmetischer Reihe zunehmen. Anders ausgedrückt: die Merklichkeitsgrade mehrerer eine Reihe bildender Empfindungen sind proportional den Reizen.

Merkfähigkeit →Gedächtnis

Merkfähigkeit für Formen, Zahlen u. a. Ⓣ Binet, Ranschburg

Merkmal, kennzeichnende Eigenschaft von Gegenständen, Vorgängen oder Individuen. In der Logik der besondere Inhalt eines Begr., durch den sich dieser von anderen Begr. unterscheidet. Als allgemeinste M. ps. Phänomene (z. B. von Gefühlen, Empfindungen) hat man Qualität, Intensität und Dauer angegeben. Als Persönlichkeitsmerkmale bezeichnet man die relativ dauerhaften Erlebens- und Handlungsdispositionen eines Menschen.

Merkmalsstadium, Qualitätsstadium →Apperzeptionskategorien

Merkwelt-Wirkwelt →Funktionskreis

Merseburger Trias →Basedow

Mesencephalon →Gehirn

Meskalin, Alkaloid einer mexikanischen Kakteenart (Peyote-Kaktus).

Von den Azteken als Rauschmittel erkannt und für kultische Zwecke (auch als Heilmittel) benützt, kam das M. im vorig. Jhd. nach Europa und wurde ob der abnormen Sinneserlebnisse und der veränderten Bewußtseinslage, die es erzeugt und die als ps. Störungen denen bei der →Schizophrenie ähneln, von Psychiatern stark beachtet (K. Beringer 1927). Neuerdings ist mit dem bedrohlichen Anstieg des Drogen-Konsums auch der M.gebrauch gewachsen – bes. bei best. Jugendgruppen (Hippies), die es in eine seltsame Lebensphilosophie einbeziehen (A. Huxley 1954). Seit 1919 wird das M. auch synthetisch gewonnen. Als Rauschmittel gehört es zur Gruppe der →Halluzinogene (Psychotomimetika). → Psychopharmakologie, →Psychopharmaka

Mesmerismus, die Lehre vom »tierischen Magnetismus« (auch animalischer, Heil-, Lebensmagnetismus genannt) und die auf ihr beruhenden Heilpraktiken. Demnach sollten besonders begabte Personen (»Magnetopathen«) durch Bestreichen oder Handauflegen ihren »Magnetismus« (magnetische Energie, Nervenkraft) auf einen Kranken übertragen (»magnetische Kur«), ggf. in »magnetischen Schlaf« versenken und ihn dadurch heilen können. Vgl. aber →Hypnose

*

Mesmer, Franz (oder Friedrich) Anton / 1734 (Iznang, Bodensee)–1815 (Meersburg) / stud. Theologie (Ingolstadt), Medizin (Wien) / prakt. in Wien u. Paris

Ⓔ **meso ... mes ...** gr. in Wtvb. mittlere, in der Mitte

Mesoblast, (biolog.) andere Bez. für das 3. Keimblatt →Keimesentwicklung

Mesocephalus, Mittelkopf, weder Schmal- noch Breitkopf

Mesoderm →Keimesentwicklung

mesomorpher Typus 〈Sheldon〉 →Typologie

Messen, das M. kann als Zuordnung von Zahlen zu Objekten verstanden werden. Dabei sollen sich in den zugeordneten Zahlen die Relationen, die zwischen den Objekten bestehen, widerspiegeln. ● Der Ps. fehlt (i. Ggs. zu anderen Disziplinen, z. B. den Naturwissenschaften) ein einheitliches Meßsystem, →Meßtheorie.

messende Tests →entfaltende Tests

Meßtheorie, Theorie des Messens, ist die logisch-mathematische Analyse der Zuordnung von Zahlen zu Beobachtungsdaten und die Aufstellung von axiomatisch begründeten Modellen des Messens.

Hauptprobleme der Meßtheorie sind (1) das der »Repräsentation«, d.i. der Aufweisung einer Isomorphie zwischen den benutzten numerischen Operationen und Relationen und den formalen Eigenschaften der empirischen Operationen und Relationen. Die Beziehungen zwischen den Beobachtungsdaten sollen sich danach in den Beziehungen der ihnen zugeordneten Zahlen (eines bestimmten Systems mit definierten Axiomen) widerspiegeln; (2) das Problem der zulässigen Transformationen von Skalen. Ein durch Transformation zustandekommendes numerisches System hat die Relationen des empirischen Systems in gleicher Weise wie das ursprüngliche numerische System abzubilden. So dürfen Intervallskalen nur linearen Transformationen von der Art $T(x) = ax + b$ (für $a > 0$) unterzogen werden (→Skala). →Abbildung

Da in der Ps. explizite Meßmodelle in vielen Fällen (z. B. Intelligenzmessung) nicht existieren, wird eine vorläufige Rechtfertigung für die Verwendung eines bestimmten numerischen Systems gesucht: (a) in der hohen empirischen Validität (z. B. optimale Vorhersage intellektueller Leistungen), (b) in

M

der differentialps. Beschreibung (z. B. Prozentrang), die jeden Meßwert zur Verteilung der Meßwerte in einer Population in Beziehung setzt, (c) in der angenommenen Fähigkeit der Vpn, numerische Werte in sinnvoller Weise zur Kennzeichnung bestimmter objektiver Beziehungen zu verwenden (z. B. Verhältnisherstellungs- u. a. Methoden »direkter« →Skalierung).

In anderen Wissenschaften ist die Entwicklung von Meßmodellen wegen der Möglichkeit der Operation der realen Verkettung (z. B. Zusammenlegen von zwei oder mehr Gewichten auf einer Seite einer Waage; Aneinanderreihen von Wegstrecken) meist unproblematisch, die resultierenden Maßsysteme sind Intervall- oder Verhältnisskalen. In der Ps. wurden erst in neuerer Zeit fundamentale Meßmodelle entwickelt, die unter bestimmten Voraussetzungen die Herstellung von Intervallskalen ermöglichen, ohne daß die Fähigkeit der Vp zu einer sehr differenzierten direkten Skalierung ungeprüft hingenommen wird. So geht die Meßtheorie von PFANZAGL (1959) von der Gleichteilungsoperation aus, die (z. B. nach Experimenten von WITTE) für viele Daten dem Bisymmetrieaxiom gehorcht. Danach muß der subjektive Gleichteilungspunkt G zwischen den Gleichteilungspunkten G (a, b) und G (c, d) identisch dem Gleichteilungspunkt zwischen den Gleichteilungspunkten G (a, c) und G (b, d) sein:

G [G (a, b), G (c, d)] = G [G (a, c), G (b, d)]

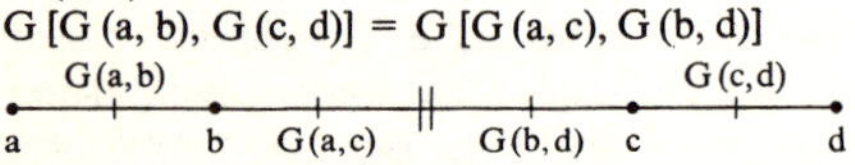

Weiters wurden Meßmodelle entwickelt, welche, von Ordinaldaten ausgehend, Intervallskalen abzuleiten gestatten, aber zum Unterschied von den älteren »indirekten« Skalierungsmethoden empirisch prüfbare Voraussetzungen enthalten, z. B. das von der Auswertung verschiedener Wirkungskombinationen mehrerer unabhängiger Variablen auf eine abhängige Variable ausgehende Modell des *»additive conjoint measurement«* (LUCE u. TUKEY 1964) →Homomorphismus, →Morphismus, →Relativ Ⓛ COOMBS, LUCE, SIXTL *M-R*

Ⓔ **meta ..., met ...** [gr.] in Wtvb. zwischen, inmitten, nach

Metabolismus [gr.], Veränderung, allg. das beim →Stoffwechsel (mit seinen dauernden Veränderungen) Entstandene, der Stoffwechsel selbst. Anabolismus ist Bez. für die Aufbauprozesse und Katabolismus für die Abbauprozesse des Stoffwechsels.

Metabolit, Produkt, das während des →Stoffwechsels auftritt

Metagenese →Generationswechsel

Metagnom, in der Paraps. eingeführte Bez. für denjenigen Menschen, der als Mittler bei okkulten Phänomenen unerläßlich ist. Die Bez. wurde von DRIESCH als Ersatz für das Wort »Medium« empfohlen.

Metakommunikation, eine →Kommunikation, in der ein Kommunikationsverhältnis als solches zum Gegenstand eines Informationsaustausches gemacht wird (→nichtverbale Kommunikation, →Metasprache) *K-I*

Metakontrast, von H. WERNER 1935 beschriebenes Phänomen, daß ein Lichtreiz (z. B. Kreisscheibe) durch einen räumlich angrenzenden, zeitlich nachfolgenden Reiz (Ring) in seiner Helligkeit verändert oder ganz unterdrückt wird. M. ist abzugrenzen von optischer →Maskierung. Weitere Kontrastarten →Kontrast. *D-Y*

Metameren [gr. *meros* Teil], die entwicklungsgeschichtlich nacheinander entstandenen Körperabschnitte. Reste sind z. B. die »metameren« →Innervationen der Haut von bestimmten Rückenmarksegmenten.

Metamorphopsie [gr. *metamorphóo* umgestalten], Verzerrtsehen von Gegenständen durch Lageveränderung der Netzhaut

Metamorphose [gr.], Umgestaltung, Verwandlung. • (ps.) strukturelle Veränderung. • (biol.) Vorgänge, bei denen ein Individuum einem grundlegenden Gestaltwandel unterworfen wird (z. B. Verwandlung einer Puppe zu einem Schmetterling) *Sch-S*

Metanerg, Begr. aus der Persönlichkeitstheorie von R. B. CATTELL. Bezeichnung für eine erworbene psychische »Wurzeleigenschaft« *(source-trait)*. Die M. umfassen die sogenannten »abgeleiteten Antriebe« wie Gesinnungen, Interessen und Einstellungen. →Erg, →*propensity*

Metanoia [gr. Sinnesänderung, Reue], bei →Initiationen das Abscheiden des alten und »Geborenwerden« eines neuen Menschen

Metaoperator, teils gleichbedeutend mit →Makrooperator, teils als Operationsmöglichkeit höherer Ordnung verstanden, beispielsweise als →Operator zur Bildung von Operatoren (DÖRNER 1976). *K-I*

Metaphysik, zuerst Titel derjenigen Schrift des ARISTOTELES, die hinter den die Physik betreffenden Schriften zu stehen kam. Da sie die Ansichten des ARISTOTELES über die »letzten Gründe« enthält, ist M. zum Inbegriff der Lehre vom Übersinnlichen, von dem über die Erfahrung Hinausgehenden geworden.

metaphysisch, überempirisch, transzendent, transphysisch

Metapsychik, Metapsychologie, analog zur Bez. Metaphysik gebildeter Begriff. Umfaßt das das Normalpsychische überschreitende Geschehen, somit das Transzendent-Psychische, bzw. das Gebiet der →Paraps. • Bei FREUD zielt der Begr. auf eine ontologische Analyse, d. h. auf die Erfassung des Seins, des Wesens und letzten Grundes der empirisch beobachtbaren Erscheinungen (z. B. Kennzeichnung des Es als des Wesensgrundes aller triebhaften und auf Lustgewinn gerichteten Erscheinungen im Denken, Fühlen und Handeln).

Metasprache, →Sprache, Verständigungssystem, mit dem über Sprache(n) gesprochen wird. Kann man mit einer »Objektsprache« beispielsweise über Objekte des alltäglichen Lebens sprechen, so werden in der M. Anteile einer Objektsprache zum Gegenstand der →Kommunikation. Ⓛ SCHNELLE 1973 *K-I*

metathetisches Kontinuum [gr. *metathesis* Umstellung; lat. *continuum* Zusammenhängendes], Begr. aus der Psychophysik; von S. S. STEVENS 1939 benannte Skala, auf der die ebenmerklichen Unterschiede (→Unterschiedsschwelle) subj. gleich groß sind (z. B. Tonhöhen). Die Zunahme soll bemerkt werden, wenn eine neue neurale Erregung eine alte ersetzt (substituiert). Dagegen bilden die nach dem →Potenzgesetz ungleichen ebenmerklichen Unterschiede (z. B. beim Gewichtheben, bei der Helligkeitswahrnehmung oder beim Geschmack) ein prosthetisches Kontinuum [gr. *prosthetos* hinzugefügt]. Hier wird angenommen, daß der Unterschied wahrgenommen wird, wenn zu einer bestehenden Erregung eine neue hinzukommt (addiert wird). *B-S*

Metatropismus, Umkehrung des dem eigenen Geschlecht entsprechenden Geschlechtsempfindens in das des anderen Geschlechts, so daß es beim Mann weiblich und bei der Frau männlich wird. Der Begr. stammt von Magnus HIRSCHFELD.

Metencephalon →Gehirn

Meteoropsychologie, Bez. für die Zusammenhänge (Abhängigkeit) ps. Vorgänge mit dem Wetter (den wetterbestimmenden Faktoren) →Geopsychologie

Methadon, Psychopharmakon aus der Gruppe der →Analgetika. M. ist in seiner Wirkung dem Morphin ähnlich und wird in den USA als »Ersatzdroge« bei der Behandlung von Heroin-Süchtigen eingesetzt. *J-E*

Methode [gr. aus *meta* und *hodos*, Nachgehen im Verfolgen eines Ziels im geregelten Verfahren], mit den Verfahren werden verschiedene Ziele verfolgt, die entweder dem Erkenntnisgewinn (Forschungsmethode) oder speziellen Anwendungserfolgen dienen (diagnostische M., Interventionsm., pädagogische M., Rehabilitionsm., Werbem. und dgl. mehr). Eine ausführliche Darstellung der Geschichte des Begr. und seiner Spezifizierungen in der Philosophie findet sich bei RITTER u. GRÜNDER (1980, 1304–1378). • Die M.-lehre (Methodologie) ist Grundlage jeder Wissenschaft. Allgemeine logische M., wie →Induktion und →Deduktion, →Analyse und Synthese, →Reduktion und Konstruktion sind allen Wissenschaften gemeinsam; die je besonderen empirischen M. werden durch die Eigenart des Gegenstands bestimmt.

Die wichtigsten empir. M. der Ps. sind Erlebnis-(Selbst-)Beobachtung (→Introspektion) und Ausdrucks-, Verhaltens- oder Fremd-Beobachtung. DILTHEY meinte, Natur- und Geisteswissenschaften seien durch den Gebrauch der erklärenden und verstehenden M. unterschieden und wollte der Ps. nur die letzteren vorbehalten. Eine der Ausgestaltungen der Verhaltensbeobachtung ist aber das →Experiment, das auch der Erklärung von Phänomenen dient; zu beiden Arten der von DILTHEY unterschiedenen M. gehört die systematische Befragung (→Exploration). Zur weiteren Bearbeitung der durch die →Beobachtung gewonnenen Daten dienen die M. der →Statistik. • Auch in der Ps. findet man die allgemeinen M.gegensätze zwischen den Positivisten und Rationalisten. Bes. erstere betonen als methodologische Forderungen (Wissenschaftskriterien) der empirischen Forschung die Bedingungskontrolle, →Intersubjektivität, Reproduzierbarkeit, →Standardisierung, Repräsentativität und Unabhängigkeit der Ergebnisse von spez. Untersuchungssituationen. Daher lassen sie nur die Verhaltensbeobachtung (und ihre Ausgestaltungen) gelten, während nichtpositivistische Forscher auch die Selbstbeobachtung, phänomenologische (→Phänomen) und →idiographische M. benutzen. • Die Ps. ist in ihrer Geschichte durch umfangreiche Erörterungen dieser und anderer methodologischen Probleme gekennzeichnet. K. BÜHLER (1927, 1929) versuchte bereits, die herrschenden M.gegensätze zu überwinden und wies außerdem auf die Notwendigkeit hin, geistige »Gebilde« zu untersuchen, also auf die hermeneutischen M. (→Hermeneutik).

Nachdem in letzter Zeit, bes. aufgrund der wechselseitigen Ergänzung von Experiment und Statistik, eine Konsolidierung der ps. Methodik sich anbahnte, wird von manchen Vertretern der →Handlungsforschung (→action research) und der kritischen Ps. (→Psychologie-Richtungen) die Berechtigung der

M

traditionellen methodologischen Wissenschaftskriterien (s. o.) diskutiert oder sogar bestritten. Vielfach (so z. B. in manchen neueren Forschungszweigen der Ps. wie der Ökologischen Ps.) wird ein Methodenpluralismus praktiziert oder empfohlen. Ⓛ BRUNSWIK 1947, EDWARDS 1970, FRAISSE 1966, HELLER u. KRÜGER 1976, KIRK 1968, MITTENECKER 1971, PAULI u. ARNOLD 1972, SELG u. BAUER 1971, TRAXEL 1974 MOSER u. a. 1974, BARTENWERFER u. RAATZ 1979 *Red./B-S*

Methode der kleinsten Quadrate, *least squares method*, eine Methode der Kurvenanpassung, bei der die Parameter der Kurve so bestimmt werden, daß die Summe der quadrierten Abweichungen der beobachteten Werte von den korrespondierenden Punkten der Kurve ein Minimum wird. Die M. d. k. Qu. wird zur optimalen Anpassung theoretischer an empirische Verteilungen verwendet. *Mi-A*

méthode des fables Ⓣ DÜSS

méthode des histoires à compléter Ⓣ THOMAS

Methodenfaktor, in der faktorenanalytischen Forschung derjenige →Faktor, der sich durch die spezielle Methode der →Datenerhebung ergibt, wenn zur Messung identischer Verhaltensbereiche verschiedene Erhebungstechniken eingesetzt werden. Beim Vergleich von Selbstbeurteilungen mit Hilfe von →Fragebogen und Verhaltensbeurteilungen durch →Ratingverfahren lassen sich solche, nur auf die Methode zurückführbaren Faktoren nachweisen. Bei M. kann es sich um reine Artefakte, aber auch um spezifische Unterschiede handeln. *Hä-R*

Metrik, Lehre von den Versmaßen, Lehre vom Takt und der Bildung von Taktperioden. Seit H. RIEMANN gehört M. zur musikalischen Satzlehre. In seinem »System der musikalischen Rhythmik und Metrik« 1903 definierte RIEMANN metrische Qualität als Unterschiede des Gewichts (leicht, schwer) und rhythmische Qualität als Unterschiede der Tondauer (kurz, lang). *Ri-R*

metrische Grundformen →Rhythmus, Hebung, Takt

metrische Stufenleiter für Bewegungsfähigkeit Ⓣ OSERETZKY, SLOAN

metrische Tests →entfaltende Tests

Metromanie [zu gr. *meter* Mutter, *metra* Gebärmutter], ältere Bez. für Nymphomanie, syn. Östromanie, Ovariomanie. →Sexualität (Tabelle) ● Metromanie [zu gr. *metron* Maß, Versmaß], Sucht zum Verseschmieden, pathol. Reimsucht [engl. *metromania*].

metromorph [zu gr. *metron* Maß, *morphe* Gestalt], maßgestaltig, mittelgestaltig →Körperbautypen (CONRAD)

Metronom [zu gr. *metron* Maß, *nomos* Gesetz, Regel], ein durch Federantrieb schwingendes, aufrecht stehendes Pendel, dessen Ausschläge durch ein verschiebbares Gewicht verändert werden können. Es wurde 1816 von dem Wiener Mechaniker J. N. MÄLZEL und zugleich wohl von dem Mechanikus HINKEL in Amsterdam für das Bestimmen des musikalischen Zeitmaßes erfunden. →Taktieren

Metta [Pāli, Sanscrit: Maitri], Liebe, im Sinne des Mitleids mit den leidenden Wesen. Einer der Verweilungszustände in der buddh. Versenkung. *S-G*

M-F-Index, Abk. aus Maskulinität-Femininität. In der Ps. die Skala zur Messung der relativen Häufungen männlicher bzw. weiblicher Persönlichkeitsmerkmale.

MHPG (Abk. für Methoxy-Hydroxy-Phenyl-Glykol), Abbauprodukt von →Noradrenalin. Der MHPG-Spiegel im Urin soll ein guter Indikator für seine Verfügbarkeit im Gehirn sein. *J-E*

M. I. Abk. für »*master-index*«. Bei der Testauswertung der →objektiven Tests von CATTELL können die Testantworten bzw. die Testleistungen mit verschiedenen Testwerten versehen werden. So kann z. B. beim objektiven Test T 1 ein M. I. für die Schreibgeschwindigkeit beim Vorwärtsschreiben berechnet werden. Ein weiterer M. I. wird dadurch bestimmt, daß ein Quotient aus der Leistung beim Rückwärtsschreiben und der Leistung beim Vorwärtsschreiben gebildet wird. *Hä-R*

Michigan Picture Test Ⓣ WALTON

microteaching, Verfahren zum Training des Lehr- und i. w. S. Lehrerverhaltens durch experimentierende Rückkoppelung mit Hilfe von Video-Aufnahmen, die Analyse und Überprüfung, Korrektur und Präzisierung des Lehrverhaltens im Hinblick auf einzelne Lehrfertigkeiten durch einen Supervisor oder in Eigenkontrolle ermöglichen *Mü-E*

Miene →Mimik

Migräne [frz.], Hemikranie, anfallsweise auftretender einseitiger heftiger Kopfschmerz mit starker Empfindlichkeit der

Sinnesorgane oder anderen Wahrnehmungsstörungen.

Migration, [lat. *migrare* wandern], Wanderung von einzelnen Individuen oder kleinen Gruppen zwischen Populationen *D-E*

Migrationstheorie, eine Annahme aus der →Abstammungslehre, derzufolge neue Arten dadurch entstanden sind, daß Lebewesen in Gebiete mit anderen Lebensbedingungen auswanderten und dort nur die Anpassungsfähigsten überlebten

Mikrobar →Lautstärke

Mikrometer →Sinnesfunktionen (1a)

Mikrophonie, verringerte Stimmstärke beim Sprechen mit Hypotonie der Phonationsmuskeln bei extrapyramidalen Erkrankungen. Häufig in Verbindung mit einer verkürzten Phonationsdauer, dem Erlöschen des Phonationsantriebs (SEEMAN 1969) und abnehmender Lautstärke (→Stimmstörungen) *G-N*

Mikropsie [gr. *mikros* klein], Verkleinertsehen von Gegenständen (Netzhautfehler usw.)

mikropsychisch ⟨A. BUSEMANN⟩, der Kleinstbereich des Erlebens, »der Bereich der ps. Wirklichkeit, die ein momentaner Blick trifft oder treffen möchte«

Mikrosoziologie, Teilbereich der Soziologie, in dem kleinste soziale Gebilde unabhängig von gesamtgesellschaftlichen Zusammenhängen untersucht werden. Insofern fast identisch mit Sozialpsychologie.

Mikrovibration, von H. ROHRACHER (1960) erstmals näher untersuchte mikroskopisch kleine Schwingungen, die an allen Stellen des menschlichen Körpers feststellbar sind und deren Frequenz zwischen 7 und 11 Hz liegt. Ursprung sind Muskelkontraktionen, die ständig alternierend stattfinden (»Muskeltonus«). Die Größe der M. steigt bei Erwartungsspannung und Angst an, bei willentlicher Entspannung nimmt sie ab. Unterschiedliches Verhalten der M. bei Warm- und Kaltblütern läßt einen Zusammenhang mit der Regelung der Körpertemperatur vermuten.

Mikrowahrnehmungen, Bez. für feinste Empfindungsunterschiede. WERNER hat beobachtet, daß schon 1/10 Tonintervalle deutlich unterschieden und zu Tonharmonien zusammengeschlossen werden können. KLEMM fand, daß bei taktilen Reizen (an symmetrischen Stellen der Zeigefinger z. B.) Zeitunterschiede von Bruchteilen einer tausendstel Sekunde eindeutig zugeordnet werden.

Mikrozephalie →Nanozephalie, →cephal

Milde-Effekt, ein bei der Beurteilung von Pbn mittels einer →Schätzskala auftretender Beurteilungsfehler, der dadurch zu erklären ist, daß der Beurteiler negative Eigenschaften des Beurteilten verharmlost und in seinem Schätzurteil nicht zum Ausdruck kommen läßt. Vielmehr wird der Skalenbereich der positiven Eigenschaften stark bevorzugt.

MILGRAM-Experiment, eine von M. durchgeführte Untersuchung zum extremen Autoritätsgehorsam. Z. B. wird einer zu Gehorsam verpflichteten Person befohlen, an einem Gerät Elektroschocks von steigender Intensität einzuschalten, ohne sich von den lauten »Schmerzreaktionen« des an das Gerät angeschlossenen »Opfers« beeindrucken zu lassen. →Gehorsam, bedenkenloser Ⓛ MILGRAM *

MILGRAM, Stanley / *1933 / Psychol. (Sozialps.) / Harvard, Yale, City University of New York

Milieu, die frz. Bez. für Mitte, Medium, Mittel, die von H. TAINE zum Begr. für die dem Individuum gegenüberstehende Natur, Kultur und sozialgesellschaftliche Umgebung (die »Umwelt«) des Menschen ausgeweitet worden ist. Seither versteht man unter M. die Summe der äußeren Einflüsse, die auf ein Lebewesen (allg.: Ding, Objekt) einwirken.

Milieutheorie, *environmentalism,* die Anschauung, daß das →Milieu und nicht das Ererbte für die seelische Entwicklung auf allen Gebieten (Intelligenz, Charakter) allein oder vorwiegend bestimmend sei. Die Milieutheorie besitzt Vorläufer in der griechischen Philosophie ⟨HIPPOKRATES, PLATON, ARISTOTELES⟩. Sie wurde besonders von A. ADLER ⟨Individualpsychologie⟩ und den Behavioristen ausgebildet und vertreten. →Umwelt

Miliose →Meliose

Militärpsychologie →Wehrpsychologie

Mill-Hill-Wortschatztest, der von Ⓣ RAVEN stammende Wortschatztest ist benannt nach dem »Mill-Hill-Hospital« (London), das im 2. Weltkrieg als Abteilung des Maudsley-Krankenhauses nervenkranke Soldaten betreute.

Mimetika →Psychomimetika

mimetisch [gr. *mimeomai* ahme nach], bewegend, erregend, nachahmend, z. B. Gebärde

M

Mimik [gr. *mimos* Schauspieler], Mienenspiel, die Ausdrucksbewegungen der Gesichtszüge, die auf aktuelles, seelisches Geschehen (Gefühle, Stimmungen, Willensregungen), besonders im sozialen Kontakt, hindeuten und meist unwillkürlich ablaufen. Aus der Mimik wird auch versucht, auf relativ konstant bleibende charakterliche Dispositionen zu schließen. →Ausdrucksps., →Physiognomik, →FAST Ⓛ DARWIN, PIDERIT, LANGE, LERSCH, STREHLE, ARGYLE

Mimikry, [engl.] durch Nachahmung von Körper- u./o. Verhaltensmerkmalen (über →Selektion entstanden) werden bestimmte Verhaltensweisen anderer Tiere zum eigenen Vorteil genutzt; z.B. imitieren einige Fliegenarten das schwarzgelbe Körpermuster der Wespen, die von vielen Vögeln gemieden werden *P-S*

mimischer Test Ⓣ KWINT

Mindersinnigkeit, das dauernde und unwiederbringliche Fehlen (auch hochgradige Schwäche) auf einem oder mehreren Sinnesgebieten (Blindheit, Taubheit, Taub-Stummheit u.a.), meist verbunden mit Kompensationsausgleich und Umstrukturierung der verbliebenen Sinnesleistungen

Minderungskorrektur, *correction for attenuation,* ein von SPEARMAN vorgeschlagenes Verfahren zur Schätzung der wahren Korrelation zwischen zwei Variablen bzw. zwischen einem Test und einem Kriterium.

Mit Hilfe der M. wird die zu Lasten der mangelnden →Reliabilität des Kriteriums gehende Minderung der Korrelation zwischen Test und Kriterium nach folgender Formel korrigiert:

$$\text{korrigiertes } r_{tc} = \frac{r_{tc}}{\sqrt{r_{cc}}}.$$

(Wobei r_{cc} den Reliabilitätskoeffizienten des Kriteriums darstellt.) Eine doppelte M. wird dann vorgenommen, wenn auch noch die Unreliabilität des Tests einbezogen werden würde. Eine M. ist z.B. dann angezeigt, wenn das Kriterium mittels subjektiver Schätzurteile gewonnen wird, d.h. immer dann, wenn angenommen werden kann, daß das Kriterium unreliabel ist. *Hä-R*

minderwertige Funktion, nach C. G. JUNG diejenige der vier →Haupt-Funktionen (Denken, Fühlen, Empfinden, Intuieren), welche nicht entwickelt wurde und darum minderwertig geblieben ist. Es handelt sich dabei immer um die der am stärksten entwickelten Funktionen polar entgegenstehende Funktion (z.B. bleibt bei einer Dominanz des Denkens das Fühlen insuffizient).

Minderwertigkeitsgefühl, M.-komplex, *inferiority feeling, inferiority complex,* Erlebnis tiefgehender seelischer oder auch körperlicher Unzulänglichkeit. Das M. hat große Bedeutung bei der Entstehung seelischer Leiden (Neurosen). Vor allem haben die Lehren ADLERS hierauf aufmerksam gemacht. Je nach Veranlagung können sowohl →endogene (z.B. Organminderwertigkeiten) wie auch →exogene Faktoren (z.B. zu harte oder zu weiche Erziehung, Unfälle) zu M.komplexen führen. Ⓛ ADLER, BRACHFELD

Miniatursituationen, bei den →objektiven Tests solche Testanordnungen, bei denen ähnliches Verhalten wie in der natürlichen Lebenssituation gefordert wird (Handlungstest) *Hä-R*

Minimaländerungen, Methode der, alte Bez. für das →Grenzverfahren

minimum audibile, Hörbarkeitsschwelle, das hörbare Minimum, Bez. für den die Reizschwelle gerade überschreitenden Reiz

Minimum, irreduzibles →Reaktionszeit

minimum separabile, Trennschärfe des Sehens, Punktsehschärfe, Maß für Visus

minimum visibile, Sichtbarkeitsschwelle, das sehbare Minimum

MINISSA, *Michigan Israel Netherlands integrated smallest space analysis,* ein Computer-Programm für →MDS, beruhend auf dem räumlichen Distanzmodell. *M-R*

Minnesota Clerical Test Ⓣ ANDREW

Minnesota Raumvorstellung Ⓣ TRABUE

Minnesota-Test Ⓣ HATHAWAY-MCKINLEY

Minorität, Teilsystem einer sozialen →Gruppe. Die M. (soziale Minderheit) ist meist gekennzeichnet durch die Ablehnung durch die umfassende Gruppe (Majorität). Das Streben nach Prestige in der Gesamtgruppe führt bei Mitgliedern der M. häufig zu verstärkter Aggression gegen die eigene Untergruppe.

minor tranquilizer →Psychopharmaka

Miosis, Zustand der verengten Pupille. HORNERscher Symptomenkomplex

Mirth Response Test Ⓣ REEDLICH

Misandrie [gr. *miséo* hassen, *anér* Mann], krankhafter Männerhaß

Misanthropie, (krankhafte) Menschenscheu, Menschenhaß

Mischgefühl, Verschmelzung verschiedener Gefühle zu einem neuen. So ist Wehmut in der Erinnerung Freude und im Hinblick auf das Vorübersein Schmerz. Weitere Beispiele: Entrüstung, Zweifel, auch Gefühle wie sie beim Komischen, Erhabenen, Tragischen auftreten, sind meist M.

Misogamie [gr. *gámos* Hochzeit], krankhafte Eheabneigung

Misogynie [gr. *gyné* Weib], krankhafter Frauenhaß

Misopädie [gr. *país* Kind], krankhafte Abneigung gegen Kinder

Misperception-Test, von R. B. CATTELL für die projektiven Techniken verwendeter Begr. Die Abweichung von der Norm-Wahrnehmung *(= misperception)* ist das durchgängige Kennzeichen.

Mißerfolg, Nicht-Erreichen eines selbstgesetzten Zieles (→Anspruchsniveau, HOPPE 1931). Eine Bestimmung des M. durch äußere Kriterien, also ohne Berücksichtigung des Anspruchsniveaus, ist seit den Arbeiten des LEWINer Kreises ein Kunstfehler, der allerdings nicht selten vorkommt. Die Nichtlösung einer als zu schwer beurteilten Aufgabe ist im ps. Sinn kein M. *B-S*

Mißerfolgsmotivation →Leistungsmotivation

Mißmut (Verdrossenheit), nach LERSCH (Ⓛ) eine der Lebensgrundstimmungen neben Heiterkeit, Lustigkeit und Traurigkeit. Kennzeichend ist wie bei der Traurigkeit eine innere Leere und Wertverarmung, doch im Unterschied zum Traurigen zeigt der Mißmutige Gereiztheit und gewisse Feindseligkeit gegen die Mitwelt. Er ärgert sich und ist nicht wie der Traurige lediglich betrübt. Zum M. gehört Ressentiment und radikale Humorlosigkeit.

Mitbewegung, unwillkürliche, oder als Begleiterscheinungen bei willkürlichen Bewegungen mitauftretende Bewegungen

Mitbewußtes, von ROHRACHER eingeführter Terminus: »Mitbewußtes ist alles, was man weiß, ohne daß man daran denkt, daß man es weiß«. Z. B. kennt man seine eigenen Personalien, seine Umgebung und viele weitere jederzeit verfügbare Wissensbestände: »wenn man sie braucht, sind sie da, ohne daß man sich an sie erinnern muß«.

Mitempfindung, Empfindungen, die als Begleiterscheinungen außerhalb des reizgetroffenen Gebietes auftreten. →Chromatismen, →Phonismen, →Photismen, →Synästhesien

Mitfühlen, Mitgefühl, Erlebnis der inneren Ergriffenheit von fremdseelischen Vorgängen. Nach LERSCH gehört das Mitfühlen zu den Gefühlsregungen des Füreinanderseins. Als Freude = Mitfreude, als Leid = Mitleid.

Mitose, Kern- und Zellteilung, bei der aus einer →diploiden Zelle zwei identische, diploide Tochterzellen entstehen *D-E*

Mittelhirn, Mesencephalon, →Gehirn

Mittelsenkrechttäuschung →geometrisch-optische Täuschung

Mittelwert, ein statistischer Kennwert der zentralen Tendenz einer Verteilung. Die bekanntesten M. sind das →arithmetische Mittel, der →Median oder Zentralwert, der →Modus, das harmonische Mittel und das geometrische Mittel. Die Wahl des zur Charakterisierung einer Verteilung geeignetsten M. hängt von der Art der untersuchten Variablen u. von der Verteilungsform ab. *Mi-A*

mittlere quadratische Abweichung →Standardabweichung, →Streuungsmaß

mittlerer Fehler →Fehler, mittlerer

mittleres Quadrat, Durchschnittswert der quadrierten Maßzahlen einer Verteilung

mittleres Quartil →Quartile

mittlere Variation, ein ungebräuchlicher statistischer Kennwert für die Dispersion oder Streuung von Verteilungen. Sie ist der Durchschnittswert der absoluten Abweichungen der Maßzahlen von ihrem Mittelwert.

$$MV = \frac{\Sigma \mid x_i - M \mid}{N}$$

Mi-A

Mitübung, EBERT und MEUMANN (1905) stellten bei Lernexperimenten fest, daß sich Übung im Erlernen von sinnlosen Silben günstig auf das Erlernen anderen Materials auswirkt, und nannten diese Erscheinung M. • G. E. MÜLLER, THORNDIKE u. a. interpretierten dies im Sinne eines Vorhandenseins von →identischen Elementen. • M. kann angesehen werden als ein Spezialfall des allgemeineren Phänomens der Übertragung (→Transfer). →Entwicklungskorrelationen

Mitwelt, während →Umwelt umfassender ist als →Milieu, ist Mitwelt der weiteste Umkreis, der wesentlich nur im Zeitlichen seine Bestimmung hat. Für den in Europa Lebenden ist der Buschneger keine Umwelt – aber Mitwelt.

Mixovariation [gr. *mixis* geschlechtliche Vereinigung], Neukombination in der Vererbung. →Variation

MKG, Abk. f. Magnetokardiogramm

MLS, Motorische Leistungsserie Ⓣ SCHOPPE

MMPI Ⓣ HATHAWAY

MMQ Ⓣ EYSENCK

Mneme [gr.], nach R. SEMON (1904) das Gedächtnis allgemein, als Funktion der »organischen Materie«, die Gesamtheit aller fortdauernden, durch bestimmte Reize verursachten Änderungen, ohne Rücksicht darauf, ob Bewußtsein damit verbunden ist oder nicht.

Die Sinneseindrücke usw. sollen in der Nervensubstanz dauernde Veränderungen, Spuren, sog. →Engramme hervorrufen. Auf den Engrammen beruhen die Erscheinungen der Vererbung, des Gedächtnisses, der Assoziationsvorgänge u. a. m. Sobald der betreffende Substanzabschnitt von Erregungen getroffen wird, werden nach SEMON gleiche organische usw. Vorgänge, die den ursprünglichen entsprechen, ausgelöst = ekphoriert. HERING hatte schon früher diese »Speicherung« von Eindrücken als allgemeine organische Fähigkeit angesehen. C. G. CARUS hat von »Leibesgedächtnis« und vom »epimetheischen Prinzip der Vitalseele« gesprochen.

Mnemismus, die Anschauung, daß die Mneme den in der Welt ursprünglich nur physikalisch-chemischen Abläufen erst »Zweckmäßigkeit« gebe und damit Leben ermögliche, hat E. BLEULER (1925) besonders herausgestellt. Die erste (niederste) Einheit hierbei ist das →Psychoid.

Mnemonik, Mnemotechnik, Gedächtniskunst. Steigerung der Gedächtnisleistungen durch Hilfsvorstellungen (→Assoziationen) nach Schema, durch systematisierte Übung, Wiederholung usw. Wissenschaftlich-psychologisch bearbeitet wurde die M. durch MEUMANN. →Gedächtnis

mnestische Störungen, Gedächtnisstörungen

modal →Modalität

Modalität [lat. *modus* Art, Weise], im weitesten Sinne die Art und Weise, wie etwas existiert, geschieht oder gedacht wird.

Modalitäten des Urteils sind (nach KANT): Möglichkeit (problematisches Urteil), Wirklichkeit (assertorisches Urteil) und Notwendigkeit (apodiktisches Urteil). • Sinnesmodalitäten ⟨HELMHOLTZ⟩ sind die Arten der Wahrnehmung (Sehen, Hören, Tasten, Riechen usw.). Modal bez. hier den jedem sensorischen Bereich eigenen spezifischen Charakter. • Die von MICHOTTE eingeführte Bez. »amodal« belegt das Fehlen der spezifischen Qualitäten.

Modalpersönlichkeit, der in einer Kultur oder einer bestimmten Gesellschaft am häufigsten vorkommende Persönlichkeitstypus bzw. Persönlichkeitsmerkmale (→Modus). Es wurde versucht, über die M. ein Konzept der Grundpersönlichkeit zu gewinnen. Die Gemeinsamkeiten oder Ähnlichkeiten ergeben sich aus dem Umstand, daß die Individuen unter ähnlichen oder vergleichbaren sozialkulturellen Verhältnissen leben; die Umweltverhältnisse *(culture pattern)* bewirken demnach Häufigkeit oder Regelmäßigkeit ihres Auftretens. Der Begr. M. wurde von LINTON (1936) eingeführt. *Ma-R*

Modalwert →Modus

Modell, ein Begr., der im wissenschaftlichen Sprachgebrauch eine ganze Reihe recht unterschiedlicher Bedeutungen besitzt.

• Die gebräuchlichste ist »analoger Realitätsausschnitt«. So wird das Wort auch in der Umgangssprache verwendet. Man spricht von Schiffsm., Flugzeugm. usw. Mit der gleichen Bedeutung findet man es in der Wissenschaft. Das Verhalten von Wasserwellen stellt ein M. für das Verhalten von Luftschwingungen dar. Das Verhalten von Wasser in Röhrensystemen ist ein M. für das Verhalten von elektrischen Schaltkreisen. •In der →Kybernetik versucht man diesen M.begriff zu präzisieren. Man unterscheidet dort Verhaltens- und Strukturm. Ein →System A ist ein Verhaltensm. eines Systems B, wenn A bei gleichen Reizen die gleichen Reaktionen zeigt wie B. Strukturm. sind Systeme, die ihren »Prototypen« nicht nur hinsichtlich des Verhaltens, sondern auch hinsichtlich des inneren Gefüges gleichen. Strukturm. sind den modellierten Realitätsausschnitten isomorph oder homomorph (→Isomorphie, →Homomorphie).

• In der Ps. und den Sozialwissenschaften hat es sich eingebürgert, Theorien, die in einer exakten Sprache formuliert sind, M. zu nennen. So spricht man von mathematischen Lernm. statt von mathematischen Lerntheorien. Der Grund für diesen Gebrauch des Wortes M. scheint das Bestreben zu sein, Theorien, die in einer exakten Sprache formuliert sind, gegen die sonst in der Ps. und den Sozialwissenschaften häufigen umgangssprachlich formulierten Theorien abzuheben. Oft jedoch findet man das Wort M. auch ohne jeden erkennbaren Unterschied wie das Wort Theorie verwendet. Im strengen Sinn sind M. in den Sozialwissenschaften aber Analogien, durch die ein beobachtetes individuelles oder soziales Verhalten (ein Phänomen, ein Prototyp) mit den Bestimmungen und Umformungsregeln eines math. →Kalküls verbunden wird. Es gibt deterministische M., die aus Gleichungen bestehen, und probabilistische oder stochastische M., in denen Wahrscheinlichkeiten des Verhaltens bestimmten Zuständen zugeordnet werden. →Abbildung, →Paradigma. • Modell bezeichnet eine Vorgabe (häufig ein bestimmtes Verhalten einer Person), die vom Beobachter mit dem Ziel erworben werden soll, sie unter definierten Bedingungen selbständig und erfolgreich einzusetzen (→Lernen, →soziales Lernen). Die Modalitäten der Modellvorgabe lassen sich nach unterschiedlichen »Realitätsgraden« gruppieren (SELG 1979): (1) reale Modelle (sie agieren authentisch vor dem Beobachter), (2) symbolisch-bildhafte M. (Video, Film u. ä.), (3) symbolisch-verbale M. (gesprochene/gelesene Anweisungen), (4) imaginäre M. (der Beobachter stellt sie sich vor).

Die Wirksamkeit eines Modells kann nicht ausschließlich aufgrund bestimmter Modellmerkmale/Modelleigenschaften abgeschätzt werden, wenngleich es sicherlich sinnvoll ist, mehr oder weniger günstige Voraussetzungen auf seiten der Modellcharakteristik zu unterscheiden (z. B. Persönlichkeitsmerkmale des Modells, Modellprägnanz, Konsequenzen für das M. u. ä.). Merkmale des Beobachters (z. B. dessen sensorische Fähigkeiten, die intellektuellen Voraussetzungen, seine Lerngeschichte u. ä.), Art und Komplexität der zu vermittelnden Fertigkeiten und ihre Bedeutung für den Beobachter sind zusätzliche wichtige Variablen für die Einschätzung der Modellwirksamkeit. Die im Zusammenhang mit klinisch-psychologischen Fragestellungen berichteten Ergebnisse zur unterschiedlichen Wirksamkeit sogenannter →Coping- und →Mastery-Modelle sind nach solchen Gesichtspunkten zu relativieren. Ⓛ BRAITHWAITE, KLIR-VALACH *S-E*

Modellernen →Lernen, →soziales Lernen, →Nachahmung

Modell, inneres →inneres Modell

Modellpsychose, syn. experimentelle Psychose, eine Psychose, die durch Einnahme eines →Halluzinogens hervorgerufen wird. Die Symptomatik zeigt Analogien zur echten (endogenen) Psychose, und die Probleme der Psychose können leichter als bei echter Psychose studiert werden.

Moderatorvariable, eine →Variable, welche einen Einfluß auf die Höhe der Beziehung zwischen zwei oder mehreren anderen Variablen ausübt. Handelt es sich bei M. um einen Test, so spricht man von Moderatortest. Berücksichtigt man die M. in ihrer Funktion für die Validität eines Tests, so kann man sie auch als eine Variable bezeichnen, welche Stichproben in Untergruppen trennt. Alter, Geschlecht, Persönlichkeitsmerkmale sind z. B. M. Ⓛ SAUNDERS 1956 *Hä-R*

Modifikation [lat. *modificare* umformen], Abänderung, Einschränkung. ●(allg.) die Abänderung, die das »Sosein«, jedoch nicht sein »Wesen« betrifft. Vgl. Dauermodifikation. ● (biol.) eine nicht erblich bedingte Variante innerhalb einer Organismusart. *Sch-S*

Modulation, Wechsel von einer Tonart in eine andere. Einleitung der Zieltonart erfolgt durch eine Kadenz, andernfalls handelt es sich nur um eine »Ausweichung« ohne Tonartwechsel. In der elektronischen Musik gibt es eine aleatorische M. mittels Filter, in Funk- und Draht-Nachrichtentechnik M. zur Übertragung von Sprache, Musik und Bild und im Kurz-, Mittel- und Langwellenbereich Amplituden-M. (AM). *Ri-R*

Modulator, hypothetisches visuelles Rezeptorsystem. In der Retina werden M. z. B. für Farbtöne und Helligkeiten angenommen. Über wieviele verschiedene M. die Retina verfügt, ist unbestimmt.

Modus, [lat. Art und Weise], syn. Modalwert, Dichtemittel. Ein statistischer Kennwert der zentralen Tendenz. Der M. ist jener Wert einer Häufigkeitsverteilung, der die größte Frequenz aufweist, der Fußpunkt der Ordinate des »Gipfels« einer Verteilung. Die Bestimmung des M. ist nur bei großen Stichproben und eingipfeligen Verteilungen sinnvoll. Der M. findet als Kennwert der zentralen Tendenz der Verteilung diskontinuierlicher Variablen Verwendung. *Mi-A*

Mogigraphie [gr. *mógis* mit Mühe] →Schreibkrampf

Mogilalie, die Form des →Stammelns, bei der ein →Phonem in der Artikulation ausgelassen wird, z. B. »affee« für »Kaffee«. →Paralalie

molar behavior, molecular behavior, eine Übertragung der chemischen Begriffe Mol und Molekül auf zwei Aspekte des Verhaltens.

Molar bezieht sich auf übergeordnete Verhaltenseinheiten, wie z. B. das »Laufen eines Tieres zum Futter«, während molekular die Betrachtung kleinster Verhaltenseinheiten, wie einzelne Reaktionselemente, Muskelkontraktionen u. dgl. bezeichnet. Die Unterscheidung stammt von E. C. TOLMAN (1932). Mit dem Begr. molar belegt dieser seinen von der Gestaltps. beeinflußten ganzheitlichen Ansatz, der das Verhalten von Mensch und Tier stets als auf ein Ziel ausgerichtet ansieht.

Moment, kleinste, noch wahrnehmbare Zeiteinheit (subjektives Zeitquant): im Mittel ca. $^{1}/_{16}$ sec. ● Die Bez. »psychisches M.« (eingeführt 1864 von K. E. v. BAER) geht von der Annahme aus, daß die gesamte menschl. Information in Einheiten von ca. 1/16 sec. aufgenommen wird. →Bewußtseinsenge. • (math.) Bez. für die Abweichung der Meßwerte vom Bezugswert. Da die Abweichungen potenziert werden können, spricht man vom ersten, zweiten bis n-ten Moment. →Zeit

Monade [gr. *monás* Einheit], Ausdruck der Einheit, so bei PYTHAGORAS für die Zahl, bei PLATO für die Ideen, bei LOTZE für die »unräumlichen Atome«, bei GOETHE für Entelechie.

Eine eigentliche M.lehre (Monadologie) schuf LEIBNIZ: Dem Sein nach unzerstörbare, unausgedehnte, immaterielle, punktuelle Kraftzentren seelischer Art (aber auch »einfache Substanzen«, »wahre Atome«). Keine M. gleicht der anderen. Jede »spiegelt« das Universum in besonderer Weise. So bieten manche M. nur »verworrenes, schlafartiges Momentanbewußtsein«, andere eigentliches Bewußtsein mit Apperzeption usw. Gott ist »Monade der Monaden«. Die M. können nicht direkt aufeinanderwirken, doch stehen sie in »prästabilierter Harmonie«. (Gott hat ihr gesetzmäßiges Neben- und Ineinander im voraus geordnet.) Ⓛ HOFFMEISTER

MONANOVA, *monotone analysis of variance,* als Computer-Programm vorliegendes Verfahren zur nichtmetrischen →Varianzanalyse, beruht auf einem Skalar-Produkt-Modell. *M-R*

monaural [lat. *aúris* Ohr], einohrig

Mondsucht →Somnambulismus

Mondtäuschung, häufig untersuchtes Phänomen – man sieht den Mond in Horizontnähe größer und beurteilt ihn näher als in Zenitnähe. Erklärung nach ROCK (1975): Gesehene Entfernung wird bei gegebenem Sehwinkel zum Bestimmungsstück gesehener Größe. Horizonthimmel erscheint weiter entfernt als Zenithimmel – also sieht man den Mond am Horizont größer. • Der Mond am Horizont wird nur dann als näher beurteilt, wenn der Beobachter ausdrücklich nach der Entfernung fragt oder gefragt wird. Die M. kann als eine spezielle Manifestation des →EMMERTschen Gesetzes angesehen werden.

Monem →Morphem

Mongolismus →DOWN-Syndrom

Monismus [gr. *mónos* eines], Annahme einer Einheit, eines einzigen Prinzips als der Grundlage alles Seins. In ps. Hinsicht ist die Lehre, daß Körper und Geist, Leib und Seele eine Einheit darstellen, monistisch. Nach der qualitativen Charakterisierung dieser Einheit ergibt sich materialistischer, spiritualistischer, idealistischer und identitätsphilosophischer M. Ggs. Dualismus.

Monoaminooxidase (Abk. MAO), Enzym, das u. a. beim Abbau von Noradrenalin, Serotonin und Dopamin beteiligt ist. Durch sog. MAO-Hemmer kann der Abbau von biogenen Aminen gehemmt werden. *J-E*

monochromatisch, einfarbig, Strahlung aus einem engen Wellenlängenbereich (ungenau: einer Wellenlänge). Monochromat: Der total Farbenblinde. Monochromasie: Totale Farbenblindheit.

monochromatische Lichter →Spektrum

Monochromatopsie, Fehlsichtigkeit, bei der keine Farben, nur Helligkeitsunterschiede wahrgenommen werden

Monodynamie, Monodynamik, eintönige Akzentuierung der Sprechweise (→Prosodie) infolge von Hörbehinderungen, Gehörlosigkeit oder bei extrapyramidalen →Dysarthrien. Dort häufig in Verbindung mit dem Abnehmen der Lautstärke während des Sprechens (→Mikrophonie). *G-N*

Monogamie [gr.], Einehe →Ehe

Monoideismus [gr.] Ggs. →Polyideismus

monokular [lat.], einäugig; auch: mit dem einen Auge

Monomanie [gr.] →Manie

Monophasie [gr.], Sprachstörung, bei der nur ein einzelner Bestandteil (Silbe, Wort) hervorgebracht wird

Monophobie [gr.], Angst beim Alleinsein, →Phobie

Monophthalmie [gr. *ophthalmós* Auge], auch Zyklopie = Einäugigkeit

monosymptomatisch [gr.], nur durch ein Kennzeichen hervortretend. Vgl. Symptom

monotisch [gr. *us, otós* Ohr] →monaural

Monotonie, Eintönigkeit, Gleichförmigkeit. • Ein durch eine länger dauernde gleichförmige »reizarme« Tätigkeit, die einen mittleren Grad geistiger Anspannung erfordert (z. B. Autofahren bei Nacht), hervorgerufener Zustand der Schläfrigkeit, geistiger Stumpfheit, mit Herabsetzung der Leistungsfähigkeit und Reaktionsfähigkeit und physiologischen Symptomen (zunehmende Vaguswirkung), der an diese Tätigkeit gebunden ist und mit ihrer Beendigung sofort aufhört.

Schon die erste größere Untersuchung zur einförmigen Industriearbeit (S. WYATT, 1924) ließ erkennen, daß M. die Leistung meist stärker drückt als →Ermüdung. Die Anfälligkeit für Monotonie ist interindividuell verschieden. Menschen mit geringer geistiger Begabung unterliegen weniger leicht der Monotonie. Die Frage der Monotonieanfälligkeit hat besonders in der Eignungsuntersuchung für bestimmte Berufe eine Bedeutung. →Vigilanz. Ⓛ BARTENWERFER. • Eintönige Sprechmelodie (→Intonation, →Prosodie) infolge von Hörbehinderungen, →Gehörlosigkeit oder bei extrapyramidalen →Dysarthrien.

Monotonieprüfer Ⓣ GIESE

Monotonieresistenz, Widerstand gegen die Wirkungen der →Monotonie, geringe Monotonieanfälligkeit

Monotonometer ⟨GIESE⟩, Apparat zur Untersuchung von ermüdend wirkender, eintönig-gleichmäßiger, mechanischer Arbeit. Beispiel: Stahlkugeln laufen schiefe Ebene herab, sind beidhändig abzufangen und in Trichter zu werfen. Von dort werden stets erneut Kugeln wieder zurückbefördert, so daß eine Folge gleicher Arbeit verlangt wird. Apparat zählt die richtig abgefangenen Kugeln und die Versager der Vp.

monotrop →Affinität

Montageprobe Ⓣ MOEDE, POPPELREUTER, SCHULZ

MONTESSORI-Pädagogik, ein nach der ital. Ärztin M. (1870–1952) benanntes Erziehungsprinzip (vor allem in der Vorschule). Ⓛ MONTESSORI

*

MONTESSORI, Maria / 1870–1952 / Med., Kindergartenpädagogin / Rom

Moral [lat. *moralis* die Sitten betreffend], Gesamtheit der das Urteil und Verhalten bestimmenden Normen. →Gewissen

moral insanity [engl.], die von dem engl. Psychiater J. C. PRICHARD (1786–1848) 1835 beschriebene »krankhafte Veränderung der Gefühle, Empfindungen und der seelischen Aktivität«. Bei intakter Intelligenz sind die sozialen Bindungen gestört. Die ältere deutsche Psychiatrie hat den Begr. gleichbedeutend mit »moralischem Defekt« verwendet. Heute ist er nur noch wenig gebräuchlich. →Psychopathie. Ⓛ PRICHARD

moralische Entwicklung ⟨PIAGET, KOHLBERG⟩, selbstregulierter kognitiver Prozeß der Entwicklungslogik moralischer Urteile bei Handlungskonflikten (was soll getan bzw. unterlassen werden). Rekonstruiert wird das moralische Urteil über moralisches Argumentieren über sozialethische Probleme auf den Ebenen Gewalt und Strafe, Recht und Ordnung, Gerechtigkeit (→Gerechtigkeitsstruktur, →gerechte Gemeinschaft). Die m. E. als zunehmender Einfluß von Moral auf die Praxis menschlichen Zusammenlebens wird in der genetisch-strukturellen →Moralpsychologie bei PIAGET und KOHLBERG in 3 Hauptstadien mit jeweils 2 Stufen dargestellt (→Ethik). In Erweiterung einer personalen Moralentwicklung wird eine institutionelle Moralentwicklung als Entfaltung von →Gerechtigkeitsstrukturen beschrieben. →Gewissen Ⓛ EKKENSBERGER 1981 *Ro-R*

moralische Lebensführung, moral conduct →Gewissen, →*character-education-inquiry*

moralisches Urteil →Gewissen

moralische Therapie ⟨BARUK⟩, Psychotherapie, deren Schwerpunkt die Stärkung der moralischen Haltung des Patienten ist

Moralitätsprinzip, Bez. FREUDS für das Grundprinzip von Handlungen, die unter dem Motiv der Moral und der sittlichen Gesetzesnormen (Gebote und Verbote) erfolgen.

Das M. entspricht dabei dem Sittengesetz KANTS. – Unter den Funktionssystemen der Persönlichkeit (Über-Ich, Ich, Es) arbeitet das →Über-Ich nach dem M. Das Über-Ich ist das System der introjizierten Gesetzesnormen, welches deren unbedingte Erfüllung vom Ich fordert und eine möglichst weitgehende Annäherung des Ich an das Ich-Ideal zu erreichen sucht. Im Ggs. zum Über-Ich arbeitet das Ich nach dem →Realitäts-Prinzip und das Es nach dem →Lustprinzip.

Moralpsychologie, Bereich der Ps., in dem die moralische Entwicklung von Individuen zu beschreiben, verstehen und zu verändern versucht wird. Die M. ist ein Standpunkt, von dem aus soziale Kognitionen, Operationen und Kooperationen auf ihre →Gerechtigkeitsstruktur hin befragt werden. Als Rahmenbedingungen wirken die ethischen und grundrechtlichen Prinzipien, die das Zusammenleben der Gesellschaft bestimmen.

MENONS Frage an SOKRATES »ist Tugend lehrbar?« wurde in der Philosophiegeschichte vielfältig zu beantworten versucht (PLATON, KANT, RAWLS). In der Ps.-Geschichte wurde diese Frage durchweg entwicklungsps. gesehen (Übersicht: JOHNSON 1962). Parallel zur Intelligenz versuchten →Moraltests schon zu Anfang ds. Jhds., den moralischen Charakter quantitativ zu erfassen (Reue, Schuld, Lüge, Gesinnung). • Die Frage der M., worauf die Achtung des Individuums vor den sozialen Normen der Gesellschaft beruht, beantwortet die naiv-ps. Theorie mit dem zeit- und situationsstabilen »moralischen Charakter« (Korb von Grundtugenden wie Treue, Ehrlichkeit, Fleiß, Zuverlässigkeit: HARTSHORNE et MAY 1928). Behavioristische Lerntheorien (ARONFREED, BERKOWITZ) betonen die Angst vor Strafe, wenn Versuchungen nicht widerstanden wurde. Nach FREUD wirkt die Internalisierung früher Vorbilder disziplinierend, zivilisierend und als Modell. DURKHEIM hebt die Anpassung an kulturell und ethisch relative Standards und Gruppennormen hervor. Nach der strukturell-genetischen Theorie (BALDWIN, MEAD, PIAGET, KOHLBERG) entwickeln sich moralisches Bewußtsein und moralisches Handeln in (den gesamten Lebenslauf umspannender) Auseinandersetzung mit den interaktiven Problemen einer sich wandelnden sozialen Umwelt zu den ethischen Prinzipien idealer Kooperation (z.B. Gerechtigkeit: RAWLS, KOHLBERG – kommunikative Ethik: HABERMAS, HAAN – moralisches Argumentieren: MILLER, OSER). Diese Entwicklung sei eine kognitiv-affektiv gesteuerte, zielorientierte →Äquilibration von Individuum und Gesellschaft. Die nichtumkehrbaren, qualitativ unterschiedlichen und streng sequentiellen Entwicklungsstufen sollen kulturunabhängig verlaufen, seien aber förder- und störbar. →Gewissen Ⓛ ECKENSBERGER 1981, OSER 1981, HARTMANN u. LIND 1981 *Ro-R*

Moral-Test (moralisch-ethische Gesinnungsprüfung), Versuch der Operationalisierung und Messung der Gewissensbildung. Ⓣ BARUK, BAUMGARTEN, FERNALD, JACKSON, JACOBSOHN, MOERS, ROTH, SCHAEFER

Morbidität, Morbilität [lat. *morbus* Krankheit], Krankheitsstand, Erkrankungsziffer. Verhältnis der Zahl der Kranken zur Zahl der Gesunden

Morbo-Tropismus ⟨SZONDI⟩, Krankheitshinwendung, -wahl. →Tropismus

MORGAN-Einheit, Begr. zu der von M. entdeckten geschlechtsgebundenen →Vererbung bzw. →Faktorenaustausch.

*

MORGAN, Thomas Hunt / 1866–1945 / amerik. Zoologe (Genetiker, Embryologe) /New York (Columbia-Univ.) / Nobelpreis 1933

MORGAN-Kanon, der Grundsatz, einen Verhaltensakt nicht unter Rückgriff auf eine höhere ps. Funktion zu formulieren, wenn dies mit Hilfe einer niedrigen möglich ist. Grundsatz der Sparsamkeit. →OCCAMS razor, →Parsemonie

*

MORGAN, Conwy Lloyd / 1852–1936 / Psychol. / London, Bristol

Moria [gr. Torheit], Witzelsucht, heitere Geschwätzigkeit

moribund [lat.], im Sterben (dem Tode nahe) sein.

MORO-Reflex, Umklammerungsreflex. Bei Neugeborenen und Säuglingen die Bewegung des Umklammerns (Ausbreiten der Arme) bei Erschrecken, Erschütterung, abrupten Lageveränderungen u. ä.

*

MORO, Ernst / 1874–1951 / Pädiater / Heidelberg

Morphem, Morphemik, Gegenstand der Morphemik ist die Zusammensetzung sprachlicher Ausdrücke aus kleinsten Zeichen, den Morphemen. Im Unterschied zu den kleinsten Lauteinheiten, den →Phonemen bzw. →Graphemen, werden M. als kleinste Bedeutung tragende Einheiten definiert (→Semantik). Dabei werden M. mit referentieller und M. mit konnexieller oder funktionaler Bedeutung unterschieden. Die ersten bezeichnet man auch als lexikalische M., die zweiten als grammatische M.

Etwas ungenau spricht man auch von →Inhalts- und →Funktionswörtern (→Wort): Wörter setzen sich aus M. zusammen und bestehen nur im Grenzfall aus einem einzigen M. Zum anderen sind Funktionswörter nur ein Teil der konnexiellen oder grammatischen M., nämlich solche, die frei vorkommen können wie Konjunktionen oder Präpositionen.

Neben der Terminologie des amerikanischen Strukturalismus gibt es noch eine andere, die von MARTINET (1963) eingeführt wurde und sich vor allem in Europa verbreitet hat. MARTINET nennt die kleinsten sprachlichen Zeichen Moneme. Moneme mit konnexieller Funktion nennt er M.e, Moneme mit referentieller Funktion nennt er Lexeme.

Während das M. eine Einheit des Sprachsystems ist, bezeichnet man seine phonologische Repräsentation in einer konkreten Äußerung als Morph, analog zu der Unterscheidung zwischen →Phonem und →Phon. Ein Morphem, das phonematisch unterschiedlich realisiert werden kann, bildet →Allomorphe. Ⓛ KALLMEYER et al. 1974 *E-P*

Morphin, Morphium (nach dem gr. Gott Morpheus), Hauptalkaloid des Opiums. M. wirkt hypnotisch, analgetisch und besitzt starke vegetative Effekte, z.B. Herzfrequenzerniedrigung, Pupillenkontraktion, Obstipation. M. führt zu Drogenabhängigkeit. →Sucht, →Morphinismus →Rauschgifte, →Endorphine *J-E*

Morphinismus, chronische Morphiumvergiftung bei länger dauernder Morphinzuführung (geistigkörperlicher Verfall).

Morphismus, in der Meßtheorie irgendeine strukturverträgliche →Abbildung eines empirischen →Relativs in ein numerisches. →Homomorphismus

Morphogenese, Form-, Gestalt-, Körperformwerdung. • morphogenetische Untersuchungen versuchen, Ursachen und Bedingungen (letztlich biochemischer und physikalischer Art) des Entstehens einer bestimmten Körperform zu erklären. *Sch-S*

Morphologie, Lehre von der Form (Körperform). Der Begr. wurde von GOETHE eingeführt. • Die vergleichende Morphologie erklärt die Ähnlichkeit homologer Strukturen durch die Abstammung von einem gemeinsamen Vorfahr und versucht, mit Hilfe der abgestuften Ähnlichkeit der Organismen deren hierarchisch gestaffelten Verwandtschaftsgrad zu ermitteln. • Die Funktionsmorphologie bemüht sich um eine Ermittlung der jeweiligen Funktion einer bestimmten Struktur. *Sch-S*

Mortalität, Sterblichkeit. Verhältnis der Zahl der Todesfälle zur Zahl der Gesamtbevölkerung

Morula, Maulbeerkeim, Stadium in der →Keimesentwicklung nach der ersten Zellteilung der Zygote, von maulbeerähnlichem Aussehen *Sch-S*

Mosaikauffassung, Annahme, daß das Seelische sich additiv, zusammengesetzt (wie Steinchen bei den Mosaiken) – im Nebeneinander der Einzelheiten – erklären und erforschen lasse. Ggs. →Gestaltpsychologie, →Ganzheit, →Struktur.

Mosaikbewegung [zu fr. *mosaïque* buntes Allerlei] Bez. für die bei Mensch und Tier neben →Übersprunghandlung und →Ersatzhandlung mögliche weitere Form von Reaktionshandlungen. Es werden zugleich mehrere Bewegungen (etwa der Abwehr, des Angriffs, der Drohung etc.) intendiert, die aber alle unvollendet bleiben. Ⓛ TINBERGEN

Mosaikspiel Ⓣ KOHS

Mosaik-Test Ⓣ LOWENFELD, WECHSLER

Mossosche Waage, Vorrichtung zur Prüfung der Blutverschiebung. Die Vp liegt auf einem Brett, das um eine waagerechte Querachse drehbar ist. Bei geistiger Arbeit, Außenreizen usw. erfolgt eine Blutverschiebung im Körper und entsprechende Gleichgewichtsänderung. *

Mosso, Angelo / 1846–1910 / Physiol. / Turin

Motilität [lat. *movére* bewegen], Beweglichkeit, Bewegungsvermögen

Motiv, Beweggrund für ein Verhalten, unterschieden von seinem konkreten Ziel (PFÄNDER 1930), also der richtunggebende, leitende antreibende seelische Hinter- und Bestimmungsgrund des Handelns (Triebfeder des Wollens). Nach den stärkeren M. richtet sich meist das Geschehen – die schwächeren werden abgedrängt. Einer Handlung geht selten ein einzelnes M., meist ein M.bündel voraus, das Wahlmöglichkeiten vorstellen hilft und mögliche Folgen erwägt usw. Dem M. kommt somit auch ein spezialisierendes Moment zu, das affektiv, emotional oder intellektuell unterbaut ist. Stark motivbildend sind Gewöhnungen, fixierte Einstellungen, Werthaltungen.

• MCDOUGALL (1937) bezeichnet das M. als »Tendenz, die nur auf dem Niveau selbstbewußter reflektierter Handlung wirksam wird. Wir sprechen nicht von den Motiven eines Tieres, weil nämlich kein Tier einer solchen Tätigkeit fähig erscheint. Auch beim Menschen ist die klare Antizipation des Ziels und der erforderlichen Mittel keineswegs die Regel. Nicht selten erscheint auch uns das Ziel nur sehr unbestimmt, und oft sind wir uns über die Schritte, die dahin führen, noch weniger klar als über das Ziel selbst.« Nach MCCLELLAND (1965), der den neueren Gebrauch des Konstrukts M. nachhaltig beeinflußt hat, ist M. die Erwartung einer Änderung des affektiven Zustands, die an ein Merkmal des gegenwärtigen Stimulus-Gesamts assoziativ geknüpft ist. Das Verhältnis von M. und →Wille ist insofern kennzeichnend für die phänomenologische Ps., als teilweise das M. zugunsten des Antriebs, des Dranges usw. vernachlässigt (PFÄNDER 1930), teils umgekehrt verfahren wird. Letzteres z. B. bei ALLPORT, KRUEGER, WELLEK. Bei ALLPORT (1949) bildet die M.forschung das zentrale Anliegen jeder »dynamischen Ps.«. HELLPACH (1951) hat eingehend die Bedeutung der M.konstanz beschrieben (im Zusammenhang mit dem Charakter ist die Verfestigung der M. nötig. Konstanz der M. = Gesinnung) ebenso wie den M.schwund, M.wandel, M.stiftung und M.verkleidung (insbesondere in der sozialen Interaktion). Ähnlich der Erlebnisermüdung nimmt die Stärke der M. mit der Zeit ab, doch wird diesem Prozeß durch stets neu einsetzende M.stiftung begegnet. →Motivation *Red./B-S*

Motivänderung →Motivationstraining

Motivation, Motivationsforschung, Annahmen über aktivierende und richtunggebende Vorgänge, die für die Auswahl und Stärke der Aktualisierung von Verhaltenstendenzen bestimmend sind. Die intervenierenden Motivationsvariablen sollen erklären, warum ein Mensch (oder Tier) sich unter bestimmten Umständen gerade so und mit dieser Intensität (Durchsetzung und Beharrlichkeit) verhält. M.variablen sind neben den Umständen (Stimulus-Bedingungen) die wichtigsten Verhaltensdeterminanten. Zielobjekte und die entspr. Zielvorstellungen sind in der Anreiz-M.theorie *(incentive motivation th.)* die entscheidenden M.variablen (Anreize).

Die geschichtlichen Wurzeln für die Auffassung der M. als

I Gesamtheit der Motive oder
II angeborene Antriebe oder
III meßbares generalisiertes Aktivierungsniveau und Anreize *(incentives)*

M

sind repräsentiert durch LEIBNIZ bzw. LOCKE; der Organismus ist entweder mit zielgerichteter Aktivität ausgestattet, oder die Reaktionen des Organismus gehorchen mechanischen Gesetzen der Ursache und Wirkung, wobei zu den Ursachen des Verhaltens neben der Tendenz zum inneren Gleichgewicht (Beseitigung von Störreizen, Homöostase) der in der Erfahrung erworbene Hinweis-Modus *(cue)* der Reize (Stimuli) gehört.

Nach anfänglicher Vernachlässigung in der Psychophysik und Assoziationsps. wurde die M. in der dynamischen Ps., bes. durch den Einfluß von DARWIN (Instinkte) und FREUD (Trieb, Libido, Es-Kräfte, meist unbewußt), zum zentralen Thema; vorher korrigierte WUNDT die assoziationsps. Auffassung durch den Voluntarismus, d. h. den Hinweis auf die vom Wollen beherrschten apperzeptiven Akte (→Apperzeption). In der →Würzburger Schule wurde M. in Form der →determinierenden Tendenz, der in Wahlreaktionsexperimenten analysierten Willenshandlungen (ACH), der »Aufgabe« (WATT) und der Einstellung (KÜLPE, BÜHLER) behandelt.

K. LEWIN kritisierte daran das vermeintliche Festhalten an assoziationsps. Grundannahmen (Zusammenhang zwischen Reiz und Reaktion auch in der determinierenden Tendenz im Sinne einer mechanischen Bindung) und betonte die im Verhalten wirksamen Kräfte und die unter Spannung stehenden →Systeme.

Der M.begriff im Sinne von angeborenen Trieben (II) wurde von FREUD (um 1900), von MCDOUGALL (1908, 1937) und auch in der Instinktlehre der Tierpsychologen benutzt, die allerdings mit dem psychohydraulischen Energiemodell den Pauschalbegriff durch differenziertere Vorstellungen ersetzten.

Die mechanische Erklärung des Ursprungs der Energie und der Gerichtetheit des Verhaltens setzte in der modernen Wissenschaft bei J. LOEB ein, der in den →Tropismen die Grundlage auch der komplexeren zielgerichteten Verhaltensweisen sah, sowie bei den Reflexologen BECHTEREW, PAWLOW und dem Behavioristen WATSON, für die M. zunächst als überflüssiger Begriff galt.

In der phänomenalen Beschreibung motivierender Erlebnisse unterschied LERSCH 3 Aspekte der Strebungen: (1) Unbefriedigtsein mit dem gegenwärtigen Zustand (Bedürfnis, Mangel), (2) Antizipation (Fragen-Suchen), (3) Vorstellung des Ziels, das einen Wert verkörpert. Wert, Normen und Attitüden sind in der Sozialpsychologie viel gebrauchte M.begriffe.

Die verschiedenen ps. Schulen haben unterschiedliche M.begriffe hinterlassen. So wird M. auch heute noch aufgefaßt als:

I Gesamtheit der Motive, die der Verwirklichung von Lebens-, Bedeutungs- und Sinnwerten dienen und damit die Thematik des individuellen Lebens enthalten (humanistische M.theorien),

II bestimmte aktionsspezifische Energien (oder Erregungszentren), die zum angeborenen Verhaltensprogramm der Organismen gehören (ethologische Triebtheorien),

III automatisch eingeleitete Aktivierungsprozesse, die außer von den Umweltreizen (Stimuli) von Deprivation und inneren (organischen) Zuständen (Bedürfnissen, *needs*, Störung der Homöostase) abhängig sind (exakte naturalistische M.theorien),

IV kognitive Repräsentation von Zielzuständen, die erwünscht sind, weil ähnliche Zustände als angenehm erlebt wurden, ausgelöst durch Situationen *(cues)* und gefolgt von dem Erleben einer Diskrepanz zwischen Ist- und Sollzustand (kognitivistische und kybernetische M.theorien),

V Vermittlung von Gründen für ein bestimmtes Verhalten, also z. B. die Tätigkeit eines Lehrers, durch die ein Schüler im Sinne von (I) aktiviert werden soll (Pädagogische Ps.).

Thematisch sind zu unterscheiden:

(a) polythematische (z. T. hierarchisch aufgebaute Antriebe, Triebe, Bedürfnisse, Strebungen, die nicht weiter zurückgeführt werden können, in verschiedener Zahl),

(b) monothematische (auf einen einzigen Grundantrieb, z. B. das Streben nach Lust, Macht oder Sexus werden alle Motive zurückgeführt) oder

(c) athematische M.lehren. In letzteren werden individuell differente Daseins-Thematiken und Daseins-Techniken (THOMAE) angenommen, die dem Gesetz der →funktionellen Autonomie (ALLPORT) unterworfen sind. Die anthropologische Besinnung, die zu dieser Einteilung der M.lehren geführt hat (LERSCH), begann mit den phänomenologischen Analysen der M. durch PFÄNDER (um 1900). Hier gilt auch die begriffliche Unterscheidung von Zwekken und konkreten Zielen gegenüber den →Motiven.

Einer der ältesten monothematischen Ansätze ist der →Hedonismus (ARISTIPP, EPIKUR), die Lehre, daß alles (auch das soziale) Verhalten auf möglichst großen Lustgewinn (bei Vermeidung von Unlust) ziele. Da der Hedonismus der Gegenwart (TROLAND) offenbar nicht haltbar ist (»um Nettogewinn zu maximieren, müssen wir oft etwas tun, was wir nicht gern tun und anderes lassen, was wir gern täten«, SKINNER 1969 39), wird im allgemeinen nur der Hedonismus der Vergangenheit und der Zukunft vertreten. THORNDIKES →Effektgesetz ist Ausdruck des Hedonismus der Vergangenheit (man tut, was früher Lust brachte) und die Incentive-(Anreiz-)M.lehren können als Hedonismus der Zukunft bezeichnet werden. Im Behaviorismus wurde jedoch jede Form des ps. Hedonismus als Erklärungsprinzip unbrauchbar. An seine Stelle traten die Überlebensmodelle, insbesondere die Annahme, daß Wiederherstellung des physiologischen Gleichgewichts (→Homöostase) das Überleben sichert. Die Verminderung der aus der Gleichgewichtsstörung resultierenden Spannung (Antriebsreduktion) soll die Wahrscheinlichkeit des Auftretens unmittelbar vorausgegangener Verhaltensweisen verstärken *(reinforcement)*. Die Erklärung der gesamten M. durch Rückgriff auf diese Defizit-Motivation (Antriebe vom Mangel-Typ) macht die gleichen Schwierigkeiten wie der ursprüngliche Hedonismus.

Im Neobehaviorismus (HULL, SPENCE, BROWN u. a.) werden folgende Kriterien für M.variablen angegeben:

(a) aktivierende Bedingungen, wie z. B. Nahrungsentzug: durch den daraus entstehenden physiologischen Zustand werden Reaktionstendenzen unterschiedlicher Art – je nach angeborener oder in der Lerngeschichte entstandener *habit*-Hierarchie – mit Energie versorgt;

(b) aversive (widrige) Ereignisse: Aufhören der Bedingungen (oder Verminderung ihrer Intensität) wirkt als Verstärkung, Beginn als Bestrafung (z. B. elektrischer Schock);

(c) attraktive Ereignisse: Beginn der Bedingung wirkt als Verstärkung, Aufhören (oder Verminderung) wirkt als Bestrafung;

(d) die Erwartung solcher Ereignisse (erschlossen aus der Tatsache, daß gegenwärtige Bedingungen die obigen Eigenschaften nicht haben können).

Ein altes, nie befriedigend gelöstes Problem war die Unterscheidung der angeborenen, primären Antriebe (oder Motive) von den erworbenen, sekundären Antrieben (oder Motiven). Trieb, Instinkt oder angeborene Tendenz (MCDOUGALL) wurden den kulturell bedingten, in der Sozialisierung erworbenen Strebungen und Gesinnungen (MCDOUGALL: *sentiments*, Attitüden) gegenübergestellt. LEWIN nennt das physiolog. begründete →Bedürfnis »objektiv« und den Vorsatz oder abgeleitete Motive »Quasibedürfnis«. In der Nähe dieser theoretischen Überlegungen findet man MURRAYS Lehre vom →need und need press. MCCLELLAND argumentierte, daß alle Motive, auch z. B. der Hunger, erlernt werden müßten, d. h. daß Assoziationen zwischen Situationen und (erwünschten) Affektveränderungen nur in der Erfahrung entstünden.

Die psychoanalytische Auffassung über die →Transformation der angeborenen Triebkraft (Libido) in den populär gewordenen nach Körperöffnungen genannten Entwicklungsphasen bot eine andere Lösung des Problems der Interaktion von erblichen und Milieufaktoren an, die i. w. klinisch erfahren, aber aus prinzipiellen Gründen nicht exakt empirisch belegt werden konnte.

Aus existenzialistischen Ansätzen folgen die versch. Selbstaktualisierungs- und Vervollkommnungslehren der M. (ALLPORT, ROGERS, MASLOW). →Bedürfnishierarchie

MASLOW (1955) meint, daß neben der Defizit-Motivation (nach dem Homöostaseprinzip) eine von ihr unabhängige Wachstums-Motivation angenommen werden müsse: Schöpferische Aktivität, Gestaltungs- und Erkenntnisstreben, Selbstaktualisierung, die allerdings auf Befriedigung der Defizit-M. angewiesen sind.

Die oben genannten beiden extremen Annahmen über die Art der Energie für das Verhalten – aktionsspezifische Triebe (Instinkte) gegen allgemeinen, unspezifischen Antrieb aus verschiedenen Quellen mit erfahrungsabhängiger Steuerung durch latente Verhaltenstendenzen – wurde durch die Entdeckung der verschiedenen Aktivierungszentren von einer vermittelnden Anschauung abgelöst. Einige Hirnstamm- und Zwischenhirnsysteme haben spezifisch aktivierende, andere nur ganz allgemein aktivierende Funktion (HESS). Das Problem des Zusammenhangs zwischen physiologischen Aktivierungssyndromen und offenem Verhalten entstand durch die Beobachtung, daß es Erregung *(arousal)* ohne Verhalten gibt und daß spezifische Erregungszustände zu verschiedenartigem Verhalten führen. Diesen Tatsachen wurden die Anreiz-M.theorien gerecht: Verhalten hängt außer von der Erregung und den Situationshinweisen entscheidend von der Erwartung bestimmter Erfolge (Belohnungen, Verstärkungen) des Verhaltens in antizipierten Situationen ab (ROTTER).

Entsprechende moderne Forschungsansätze der kognitivistischen M.theoretiker trugen auch zur Erklärung der Entwicklung der Motive bei (vgl. HECKHAUSEN 1963, WEINER 1972). KAGAN (1972) sah das Zusammenspiel der verschiedenen Quellen für relativ spezifische und für unspezifische Energie mit den richtunggebenden Faktoren besonders differenziert. Er führte die Entwicklung der Motive (Leistung, Gesellung, Macht, Abhängigkeit, Pflege, Unterwerfung) zurück auf das primäre Motiv, die Unsicherheit und Ungewißheit abzuwehren und auf den Wunsch, die auf die Unsicherheit folgende affektive Beunruhigung zu vermindern. Ob die affektive Beunruhigung auftritt, hängt davon ab, ob die Quelle der Unsicherheit assimiliert werden kann; damit ist ein Zugang zur entwicklungsps. Behandlung der Motiventstehung gegeben: Die Fähigkeit zur Bewältigung von Unsicherheit wächst nicht nur mit der Erfahrung, sondern auch mit der Entwicklung kognitiver Strukturen (i. S. von PIAGET), d. h. mit dem Gebrauch von komplizierteren Denkoperationen und mit der Erweiterung der Zeitperspektive.

Die sensorischen Motive, d. h. das Angenehmsein bestimmter Reizmuster (Geschmäcke, Aufhören von Schmerz, genitale Reize etc.), wurden somit zu einer primären M.klasse unter anderen, ebenso wie der Ärger, der Verdruß oder die Wut, die das primäre Motiv der Feindlichkeit ausmachen könnten, und das (primäre) Motiv der Vervollkommnung oder auch nur der Effektanz (WHITE).

In der gegenwärtigen M.forschung werden die M.begriffe I bis IV z. T. unkritisch verwendet, was die Situation recht unübersichtlich macht. Der »humanistische« M.begriff (I) wird als Orientierungshilfe in den exakt naturalistischen Forschungen verwendet, indem einzelne M.arten (Leistung, Aggression, Altruismus, Neugier, Gesellung, Angst) als Sammelnamen für komplexe Prozesse übernommen und experimentell analysiert werden.

Da die homöostatischen Modelle der M., die ein Überleben des Hedonismus in kybernetischer Umformung ermöglichen, viele Fragen nach spezifisch menschlichen Aktivitäten unbeantwortet lassen, wird in der kognitivistischen M.theorie auf die Aktivierung durch die Informationswerte der Stimuli hingewiesen und auf das optimale Aktivierungsniveau. Welche Reizmuster aktivieren, untersuchte BERLYNE: Komplexität, Neuheit oder, nach Auffassung anderer Autoren im Anschluß an HEBB, Erwartungs-Ereignis-Diskrepanz. Die Unterscheidung zwischen primären und sekundären Antrieben wird relativiert durch die Annahme, daß für die Entstehung aller Motive eine relevante Erfahrung notwendig sei, weil man lerne, in bestimmten Situationen Änderungen der Affekte zu erwarten (MCCLELLAND, DEMBER 1965). Durch neurophysiologische Forschungen (OLDS u. a.) hat die Verstärker-Theorie der M. eine Stütze gefunden. Ein weiterer Schwerpunkt der M.forschung ist die neurophysiologische Analyse der Antriebe vom Hunger-Typ. Auch die ethologische Forschung ist durch die Auflösung des globalen Instinktbegriffs in einzelne physiologische Prozesse gekennzeichnet (TINBERGEN, LEYHAUSEN). Schließlich gibt es im kognitivistischen Ansatz die Auffassung, daß der M.begriff (insbesondere Begriffe wie »Antrieb« und »Trieb«) durch neutrale Modelle, wie die zukünftige Zeitperspektive (z. B. Hoffnung auf Erfolg, Furcht vor Mißerfolg), Antizipation, persönliche Konstrukte etc. zu ersetzen wären (HECKHAUSEN, KELLY, NUTTIN 1980b).

Von THOMAE (1968) wird ähnlich wie von ALLPORT und anderen phänomenologisch orientierten Persönlichkeitsforschern in einer »athematischen« M.lehre die große Flexibilität der Handlungsantriebe des Menschen in Abhängigkeit von verschiedenen »Klassen des Person-Umwelt-Bezuges« postuliert. Eine Anzahl von (a) Daseinsthematiken und (b) Daseinstechniken ersetzt Begriffe wie »Triebe« und »Strebungen«. Die Varianten der regulativen Thematik sorgen für den Ausgleich von Störungen (Homöostase); zukünftig erwarteten Störungen wird durch antizipatorische Regulationen begegnet; weitere Thematiken sind die Daseinssteigerung, soziale Integration, soziale Abhebung, die kreative und die normative Thematik (vgl. LERSCH). Hier wird der Zeitbezug als Spannung von der Ausgangsqualität A (z. B. »reizarm«) zur Zielqualität B (Heterostase) statt der Kräfte des Energiestrombildes zur Darstellung der M. benutzt (vgl. BERGIUS 1957 225–231). Der Erreichung der Zielzustände dienen verschiedene »Daseinstechniken«: Die leistungsbezogene, anpassende, defensive, evasive und aggressive Technik. Sie sind also keine M.variablen, sondern instrumentelle Mechanismen. – An die M.forschung schließen die Konflikt-, Entscheidungs- und Handlungsforschungen an. Ⓛ COFER u. APPLEY 1964, GRAUMANN 1969, MADSEN 1968, 1973, THOMAE 1965, *Nebraska Symposium on Motivation.* Lincoln 1952ff., WEINER 1972, HECKHAUSEN 1980, NUTTIN 1980a *B-S*

motivationale Wahrnehmung, die Wahrnehmung wird durch das Motivationsgefüge beeinflußt (→soziale Wahrnehmung)

Motivationsdiagnostik, der Teil der →ps. Diagnostik, in dem durch geeignete Verfahren Aussagen über individuelle →Antriebe, →Bedürfnisse, →Strebungen, →Interessen, Handlungsziele u. ä. zu gewinnen versucht werden. Nachdem zunächst neben den →Interessen-Tests →projektive Verfahren (bes. Ⓣ RORSCHACH, Ⓣ MURRAY und deren Abwandlungen) im Vordergrund standen, wurden wegen deren Mängel in der →Objektivität und →Validität von CATTELL um 1959 mit dem Ⓣ CATTELL *(Motivation Analysis Test)* verschiedene Verfahren zur angebl. objektiven Messung der Motivdimension (→*Erg* u. →*Sentiment*) vorgelegt, deren Validität aber auch fraglich ist. • Bei der Verhaltenstherapie besteht die M. in dem *need assessment* und der Aufnahme des →Verhaltensinventars. *B-S*

Motivationstraining, Motivänderung, von MCCLELLAND u. WINTER (1969, 1971) eingeführte Versuche zur Steigerung der Leistungsmotivation. Übersicht bei Ⓛ KRUG u. HANEL, 1976

Motiv-Autonomie →Autonomie, funktionelle

Motodiagnostik, Bewegungsdiagnostik, Bez. für die Erfassung (meist auf der Basis von Tests) sowie quantitative oder qualitative Feststellung der Entwicklung des (kindlichen) Bewegungsverhaltens. Da die motorische Entwicklung als Indikator für die cerebrale Entwicklung angesehen werden kann, kommt der M. allgemeine diagnostische Bedeutung zu. Ⓛ SCHILLING 1973; Ⓣ OSERETZKY, KIPHARD u. SCHILLING *Hä-R*

Motographie, Bez. für die Registriertechnik, bei der die Körperbewegungen als Weg-Zeit-Kurven erfaßt werden. Über die M. kann der Ablauf einer Bewegung oder einer Bewegungsfolge erfaßt werden. Technische Verfahren der M. stellen Film- und Lichtspuraufnahmen dar. *Hä-R*

Motometrie, Bez. für die Messung von Merkmalen der Körpermotorik z. B. über Parameter der Zeit, der Genauigkeit, der Fehler usw. Ⓣ KIPHARD u. SCHILLING *Hä-R*

Motorik →Psychomotorik

motorische Aphasie →Aphasie

motorische Bahnen, →Leitungsbahnen, in denen nervöse Impulse zu den quergestreiften oder glatten Muskeln gehen und Körperbewegungen, Gefäßregulation, Darmperistaltik u. a. ausgelöst werden.

motorische Einstellung, nach G. E. MÜLLER und SCHUMANN, eine auf eine bestimmte körperliche Tätigkeit gerichtete Einstellung, die eine entsprechende Muskelinnervation bedingt. Sie zeigt sich z. B., wenn man mit der rechten Hand ein Gewicht von 700 g und mit der linken eines von 2500 g hebt und dies mehrmals wiederholt. Hebt man dann auch mit der linken Hand ein Gewicht von 700 g, so erscheint dieses wesentlich leichter als das mit der rechten Hand gehobene 700-g-Gewicht. Es hat sich eine Einstellung auf das erwartete Gewicht gebildet, die zu einem stärkeren Bewegungsimpuls geführt hat. →Einstellungstäuschungen

motorische Einstellung, best. Einstellung bei RT-Versuchen. →Reaktionszeit

motorische Funktionen →Sinnesfunktionen (5)

motorische Leistungsserie Ⓣ SCHOPPE

motorischer Typ (Motoriker), Typus, der überwiegend mit Bewegungsvorstellungen arbeitet. • Akustomotoriker: Typus, bei dem neben motorischen auch akustische Vorstellungsbilder stark vertreten sind. →Typologie (Vorstellungstypen)

motorisches Alter →Alter

motorisches Lernen, Lernen von Bewegungen, auch sensumotorisches Lernen.

motorisches Sprachzentrum →BROCAsche Windung

motorisches Zentrum →Gehirn

motorische Tests, Tests, welche Schnelligkeit, Koordination, Sicherheit und andere Merkmale von Bewegungsabläufen messen. Ⓣ HEUYER-BAILLE, SCHILLING, SCHOPPE, SLOAN

motorische Wurzeln →Rückenmark

motor theory, Klasse von Theorien, in denen »motorische Prozesse« zur Erklärung anderer, speziell kognitiver Prozesse herangezogen werden.

Die gelegentlich anzutreffende Übersetzung »motorische Theorie ...« ist sprachlich und begrifflich unbefriedigend. In der älteren, →behavioristischen Auffassungen nahestehenden m. t. des →Denkens wird angenommen, daß Denkaktivität letztlich auf Muskelaktivität, insbesondere auf rudimentäre Aktivierung von Sprechorganen, zurückgeführt werden kann (→Sprache, innere; VINACKE 1974, MCGUIGAN 1966). Die m. t. der Sprachwahrnehmung (→Sprachrezeption, →Sprachtheorie) nimmt an, daß sprechmotorische Prozesse an der Wahrnehmung speziell gesprochener Sprache wesentlich beteiligt sind (HÖRMANN 1967). *K-I*

Motoskopie, im Rahmen der →Motodiagnostik Verfahren zur Beschreibung von Bewegungs- und Haltungsmerkmalen. Die Beschreibung wird über Rating, Checklisten oder Fragebogen vorgenommen. *Hä-R*

mouches volantes [frz.], »fliegende Mükken«. Sinnestäuschung, bei der stäbchenförmige Flecken das Gesichtsfeld durcheilen. Durch Glaskörpertrübung hervorgerufene entoptische Erscheinung.

MPI Ⓣ EYSENCK

MPT Ⓣ ANDREW

MS, multiple Sklerose (s. d.)

MSAD Ⓣ MCCLEERY

MSR, motivationsspezifische Reaktion →SSR

M-T-A-S (Mathematiktest für Abiturienten und Studienanfänger) Ⓣ LIENERT et. al.

M-TAT Ⓣ MURRAY

MT-Test Ⓣ PRAK

M-T-V-T Ⓣ LIENERT

Mu, das Nichts oder das Nein. Die Beseitigung aller Vorstellungen und Begr. schafft den Zustand der Leere, der die Voraussetzung der →Erleuchtung in der →Zen-Lehre ist. *S-G*

MU, *mental unit* (Intelligenzmessung).

MÜLLER, Joh. →VIETH-MÜLLER-Kreis

MÜLLER-LYERsche Täuschung (1889), die Strecke a mit nach außen gerichteten Winkelansätzen erscheint länger als die mit nach innen gerichteten Haken b. Von zwei übereinander gezeichneten Trapezen erscheint bei gleicher Größe das untere kleiner, monokular fixiert räumlich näher. Ähnliche Täuschung bei Kreisabschnitten. →geometrisch-optische Täuschung

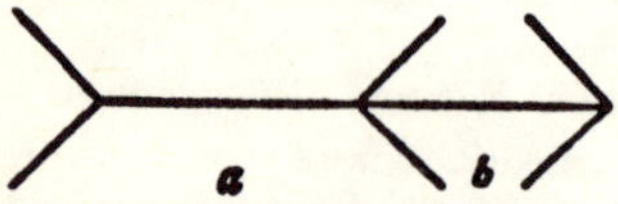

MÜLLER-LYER, Franz Carl / 1857–1916 / Psychiater, Soziologe / Straßburg, München

MÜLLERsche Lokalisationssysteme, »die bisher wohl differenzierteste Systematik funktional-räumlicher Bezugssysteme auf empirischer Basis...« (BISCHOF 1966, 372). Nach ihr sind Erinnerungsbilder entweder an der Objektumgebung lokalisiert, in der die ursprüngliche Darbietung stattfand (topomestrische Lokalisation), oder sie sind am Körper-Ich verankert (→egozentrische Lokalisation), an der Blickachse, am Kopfsystem oder am System der Standpunktkoordination. Ⓛ G. E. MÜLLER 1917 *B-S*

*

MÜLLER, Georg Elias / 1850 (Grimma)–1934 / Psychol., Psychophysik (Schwelle, Farbempfindung), Gedächtnisforschung (Komplextheorie) / Czernowitz, Göttingen

multidimensionale Skalierung, Methoden zur Strukturanalyse und dimensionalen Reduktion multivariater Datensätze. Gehen vorwiegend aus von Skalierungen von Beurteilungsgegenständen nach Ähnlichkeit, Nähe oder Präferenz. Diese Beurteilungsaspekte gestatten oft keine Ordnung der Gegenstände auf einer einzigen Dimension. Es wurden sowohl metrische (z. B. euklidisch-räumliche) wie nichtmetrische Modelle der m. S. entwickelt. →mehrdimensionale Skalierung Ⓣ AHRENS 1974 *M-R*

multidimensionale Wechselwirkung, neuere Bez. für →Feld

Multilingualismus →Bilingualismus, →Spracherlernen

multiple-baseline-design →baseline, →Fallstudie

multiple choice →Wahlantworten, →Mehrfachwahl-Aufgabe

multiple Korrelation, eine parametrische statistische Methode zur Bestimmung der Korrelation einer (Kriteriums-)Variablen mit einer (optimalen) Kombination zweier oder mehrerer anderer Variablen. Die Höhe der m. K. hängt von der Höhe der Interkorrelationen der anderen Variablen und von der Höhe der Korrelationen dieser Variablen mit der Kriteriumsvariablen ab. Die Berechnung erfolgt (für 3 Variable) nach

$$R_{1.23} = \sqrt{\frac{r_{12}^2 + r_{13}^2 - 2r_{12}r_{13}r_{23}}{1 - r_{23}^2}}.$$

Mi-A

multiple Persönlichkeit, das angebliche Vorhandensein verschiedener Systeme des Erlebens und Verhaltens in einer Person. Hiermit ist die Erscheinung des →Doppelbewußtseins zu erklären versucht worden. Ⓛ PRINCE

multiple Regression →Regressionsanalyse, →Regressionsgleichung

multiple Sklerose, Erkrankung von Rükkenmark und Gehirn. Auftreten sklerotischer Herde (Verhärtungen) im Zentralnervensystem, die zu einem Schwund der Nervenfasern mit den entsprechenden Ausfallserscheinungen führen, wie Sprach-, Bewegungs-, Sensibilitäts- u. a. Störungen. Ursache noch unbekannt, meist langsam ansteigender Verlauf mit Remissionen.

Multiplikationssatz, die Wahrscheinlichkeit P für das gemeinsame Auftreten von n Ereignissen $a_1, \ldots, a_n$, die sich nicht wechselseitig ausschließen, ist gleich

$p(a_1)\ p(a_2/a_1)\ p(a_3/a_1, a_2) \ldots p(a_n/a_1, \ldots, a_{n-1})$.

Bei statistischer Unabhängigkeit der Ereignisse gilt:

$P = p(a_1)\ p(a_2) \ldots p(a_n)$.

Beispielsweise ist die Wahrscheinlichkeit dafür, daß bei einer Münze und einem Würfel, die gleichzeitig geworfen werden, die Ereignisse 6 und Wappen auftreten, $\frac{1}{6} \cdot \frac{1}{2} = \frac{1}{12}$.

multitrait-multimethod matrix ist die Bez. für eine Matrix von Korrelationskoeffizienten zwischen mehreren unabhängigen (z. B. mittels verschiedener Methoden vorgenommenen) Messungen mehrerer verschiedener Merkmale. Die M. bildet den Ausgangspunkt für eine auf CAMPBELL u. FISKE (1959) zurückgehende Analysetechnik zur Abschätzung der konvergenten und der diskriminanten →Validität von theoretischen Konstrukten und Meßmethoden.

Während man unter konvergenter Validität die Übereinstimmung von mittels verschiedener Methoden gewonnenen Messungen desselben Konstrukts versteht, bezeichnet die diskriminante Validität die Eigenständigkeit oder Andersartigkeit eines Konstrukts gegenüber anderen Konstrukten. Die auf der M. aufbauenden Analysetechniken beruhen im wesentlichen auf Vergleichen der Höhe verschiedener Korrelationskoeffizienten mit dem Ziel, die Größe jener Kovarianzteile (→Kovarianz) zu bestimmen, die auf die verwendeten Meßmethoden und auf die gemessenen Merkmale zurückzuführen sind. Ⓛ CAMPBELL u. FISKE 1959; SCHMITT, COYLE u. SAARI 1977. *Mi-A*

multivalent, Multivalenz, mehrwertig, vielwertig. Bez. bei Tests, die nicht nur eine Richtung, Lösung, Stellungnahme intendieren, sondern mehrere.

multivariate Statistik, multivariable Statistik, der Begriff m. St. wird in der Literatur unterschiedlich verwendet. Einige Autoren benützen ihn als Sammelbezeichnung für alle statistischen Analyseverfahren, in denen die Zahl der berücksichtigten Variablen größer als zwei ist. In diesem Fall sind unter anderem die →Faktorenanalyse, die →Diskriminanzanalyse, die →kanonische und die →multiple Korrelation, die →Kovarianzanalyse, die →Pfadanalyse, die multiple →Regression sowie die komplexe und die multivariate →Varianzanalyse als Verfahren der m. St. zu klassifizieren.

Andere Autoren schränken die Verwendung der Bezeichnung auf jene statistischen Analyseverfahren ein, die auf eine gleichzeitige Erklärung der Variation mehrerer abhängiger Kriteriumsvariablen abzielen (z. B. multivariate →Varianzanalyse). Im Gegensatz zu dieser uneinheitlichen Verwendung des Begriffs m. St. wird die Bezeichnung multiple (komplexe, mehrfache) Verfahren weitgehend einheitlich nur für solche Verfahren verwendet, in denen die Auswirkungen mehrerer unabhängiger oder Prädiktorvariablen auf eine oder mehrere abhängige oder Kriteriumsvariable(n) analysiert werden. Gemeinsam ist den Verfahren der m. St. (im weiteren Sinn), daß sie alle von einer linearen Kombination mehrerer oder aller berücksichtigten Variablen ausgehen. Ⓛ GAENSSLEN u. SCHUBÖ 1973; MOOSBRUGGER 1978. *Mi-A*

Mumifikation [arab.-lat.], die Trauer um einen Verstorbenen, bei der hinterlassene Gegenstände, Lebensgewohnheiten u. a. übertrieben beachtet, erhalten und gepflegt werden. *D-H*

Münchener Schultests Ⓣ KESSINGER

Mundraum →Oralraum

MUNSELL-Farbsystem →Farbsysteme, anschauliche

*

MUNSELL, Albert Henry / 1858–1918 / Maler / USA

MÜNSTERBERG-Medaille →Hugo MÜNSTERBERG-Medaille

MÜNSTERBERGS Psychotechnik →Psychotechnik

MÜNSTERBERGS third degree, Bez. für das Eintreten von M. für die wortassoziative →Tatbestandsdiagnostik (1907).

*

MÜNSTERBERG, Hugo / 1863 (Danzig) – 1916 / Psycholog. (Wertlehre, angew. Ps., Wirtschaftsps., Psychotechnik) / Freiburg, Berlin, Cambridge (Harvard-Univ. 1892–95 u. ab 1897)

Münzen ordnen Ⓣ SCHULZ

Münz-Verstärkungs-Plan *→token-economy-system*

Musik-Begabungstest, Test für spezielle musikalische Begabung. Es liegen vor allem zwei standardisierte Testbatterien vor: Ⓣ SEASHORE, Ⓣ WING. Während der SEASHORE-Test elementare musikalische Fähigkeiten wie z. B. Unterscheiden von Tonhöhen, Klangfarbe, Intensität usw. prüft, wird beim WING-Test in drei Untertests die Unterscheidungsfähigkeit des musikalischen Gehörs getestet. In weiteren vier Untertests werden mehr ästhetische Beurteilungen verlangt. Beide Testverfahren sind standardisiert und weisen Validitätskoeffizienten von mittlerer bis niedriger Höhe auf. *Hä-R*

Musikpsychologie, Fortsetzung und teilweise Ersetzung der Ton- und Gehörpsychologie durch eine kulturps. Analyse der Struktur »Musik«. Die Bez. M. als Wissenschaftsbegriff wurde 1931 von KURTH eingeführt, aber bereits früher unsystematisch und teilweise widersprüchlich verwendet. Bei einer Definition der M. ergeben sich Abgrenzungen zu verschiedenen, teils sich aus der M. ergebenden, teils sie bedingenden verwandten Bereichen. So hat etwa die Ton- und Gehörps. mehr das Sinnesobjekt der Musik zum Inhalt, die M. hingegen versucht, das erlebende Subjekt in den Mittelpunkt des wissenschaftl. Interesses zu stellen. →Tonpsychologie

Besonders hervorzuheben ist, daß der Bezug des erlebenden Subjekts beim Kunstwerk Musik ein dreifacher ist: Bei der Komposition, bei der Interpretation und beim nachvollziehenden Zuhören. Dadurch ergeben sich für einen ps. Ansatz die vielfältigsten Möglichkeiten und zugleich eine Abhebung von der Musikästhetik, die in engem Zusammenhang mit der M. die Musik als Kunstwerk und dessen Wertung, weiter auch die Ausdrucks- und Gefühlswirkung behandelt; wiederum unterscheidbar von der Musiksoziologie, die u. a. etwa nach der Entstehung von Stilen und deren Auswirkung fragt. – Die M. sieht sich weiters vor die Aufgabe gestellt, psychologisch-pädagogisch relevante Begr. wie Musikalität, musikalische Begabung, musikalische Erlebnisfähigkeit abzuklären und einer genaueren Betrachtung zugänglich zu machen, wobei einerseits Erkenntnisse aus der Entwicklungspsychologie, andererseits der Eingang der empirischen Forschung in die Musikpädagogik zum Tragen kommen. Als bedeutsam müssen in diesem Zusammenhang auch zahlreiche in jüngster Zeit unternommene Versuche angesehen werden, physiologische Veränderungen durch aktiv ausgeübte oder intensiv erlebte Musik zu dokumentieren. So lassen sich etwa Veränderungen des Bew. durch das EEG festhalten und zeitlich kontrollieren. Auch andere erprobte Registrationen physiol. Variable scheinen für die M. wertvolle Hinweise zu liefern, wobei noch allgemein der Einfluß von Musik auf Testleistungen untersucht wird. Durch die Möglichkeit, »polygraphische Kryptogramme« mit Datenverarbeitungsanlagen rationell auswerten zu können, sind in der letzten Zeit einige wertvolle Beiträge zu dieser Thematik geliefert worden, die jedoch z. Zt. noch nicht in einem geschlossenen Kontext betrachtet werden können. – Relativ eigenständig und unabhängig von der M. zeigt sich die →Musiktherapie, die vor allem durch psychotherapeutisch ausgerichtete Psychologen vertreten wird und einer systematisierten Zusammenarbeit mit der M. bisher kaum zugänglich gemacht werden konnte. Ⓛ ADORNO 1968, BAHLE 1947, de la MOTTE-HABER 1972, GUILHOT 1964, KURTH 1947, REVERS 1970, REVESZ 1946, SEASHORE 1938, WELLEK 1963, WERBIK 1971, HARRER 1975, RAAB u. EBNER 1982 *K-L*

Musiktherapie, eine Spezial- oder Hilfstherapie in Psychiatrie, Psychotherapie, somatischer Medizin, Pädiatrie, Geriatrie, Familientherapie, Rehabilitation, Strafvollzug, bei Verhaltensauffälligen, Suchtkranken, körperlich und geistig Behinderten, Blinden, Gehörlosen u. a., deren Effizienz nur im Zusammenhang mit einem ganzheitlichen Behandlungskonzept liegt und wohl am besten im Rahmen einer →»therapeutischen Gemeinschaft« verwirklicht werden kann.

Aktive MT: 1. produktive, d. i. instrumentale und verbale Improvisation, 2. reproduzierende, d. i. instrumentales Spielen und Singen nach vorgegebenen Mustern. Rezeptive MT: Kombination von Musik und Atemtraining, AT, Muskelspannung und -entspannung, Hypnose, Malen, katathymes Bilderleben, Bewegung oder Tanz, Schlaftherapie u. a. Behandlungsziele in Gruppen oder einzeln: Evozieren von verdeckten emotionalen, schöpferischen und konstruktiven Grundwerten. Spannungsregulierende, aufdeckende Wirkung. Förderung gesunder Kräfte. Selbsterfahrung. Interaktion. Kommunikation. Suicidprophylaxe. Verhaltenskorrektur u. a.

Mittel: Körperinstrumente, Geräuscherzeuger, Phantasieinstrumente, konventionelle Instrumente, Stimme. Erfahrungen und Medien der Früherziehung und der Musikpädagogik lassen sich modifizieren und z. T. in MT therapiespezifisch anwenden. Ⓛ G. HARRER 1975, C. SCHWABE 1969 *Ri-R*

Muskel, Muskeltonus, die Muskulatur als Grundlage des gesamten Bewegungsapparates und deren Aufteilung in quergestreifte (willkürliche), sowie längsgestreifte (unwillkürliche) Muskeln ist von bes. ps. Interesse im Hinblick auf den M-Tonus (→Tonus), die →Ausdruckbewegungen und die →Psychomotorik.

Muskelrelaxantien, Drogen, die zentral oder peripher einwirkend, zur Muskelerschlaffung führen. Bekanntes Beispiel: →Curare.

Muskelsinn →Kinästhesie

muskulärer Typ →Körperbautypen, →Typologie

Muster, Begr. hat in der Ps. als Übersetzung des engl. *pattern* Eingang gefunden und wird bedeutungsgleich verwendet. →Pattern

Mustererkennung →pattern-perception-test Ⓛ HAKEN 1979, Ⓣ PERNROSE

mutagen →Mutationen erzeugend

Mutagenität, Vorgang der verändernden Einwirkung auf die →Gene. • Die M.forschung erstrebt Erkenntnisse zur Verursachung genetischer Schäden durch best. Substanzen, Strahlungen u. a.

Mutation [lat. *mutatio* Veränderung], ps. svw. plötzlich-unerwartete Änderung im Bew. oder der Haltung und Einstellung. • Gelegentlich Bez. für Stimmbruch.

Mutation, (biol.), Veränderungen im →Genom, die positive, negative oder gar keine Wirkungen auf den Organismus ausüben können.

Die Veränderung eines einzelnen Gens, die Gen-M., führt zur Bildung eines neuen →Allels. Die Veränderung der Architektur ganzer Chromosomen nennt man Chromosomen-M., die numerische Veränderung des Chromosomensatzes nennt man Genom-M.

Die M. tritt spontan mit einer Häufigkeit von durchschnittlich 10^{-5} je Gen je Generation auf (natürliche Mutationsrate). Eine M. kann außerdem durch sog. Mutagentien (chemische Substanzen wie z. B. Acridinfarbstoffe, Senfgas, Formaldehyd und salpetrige Säure, physikalische Faktoren wie z. B. Temperatur, UV-Licht und Röntgenstrahlen sowie radioaktive Strahlen) künstlich hervorgerufen werden. *D-E*

Mutationsrate, Anzahl der →Mutationen je Gen je Generation

Mutismus, vollkommene Stimm- und Sprachlosigkeit trotz bereits erworbener und noch bestehender Sprechfähigkeit; tritt nicht sehr häufig als psychogene Sprachstörung fast ausschließlich im Kindesalter auf. Deutlich zu unterscheiden vom Zustand bei noch fehlender Sprachentwicklung (→Sprachentwicklung, verzögerte, →Autismus, →*mutitas idiotica*) sowie von der schizophrenen →Aphrasie. Seltener ist totaler M. (Schweigen gegenüber sämtlichen Personen), häufiger elektiver M. (sprachliche Kommunikation nur mit einem ausgewählten Personenkreis). Oft ist auch die schriftsprachliche Kommunikation unterbrochen (SEEMAN 1969). M. wird als psychosomatische Störung (WEBER 1951) oder als Verlernen der richtigen sprachlichen Kommunikation (REID et. al.) unter entsprechender Milieueinwirkung aufgefaßt. Monate- oder jahrelange Krankheitsdauer ist keine Seltenheit. Ⓛ ARNOLD 1970. *G-N*

mutitas oligophrenica, *m. idiotica,* völlige →Stummheit bei Schwachsinn. Selbst auf den tiefsten Stufen der →Oligophrenie als Dauerzustand äußerst selten. Sehr verspätet entwickeln sich meist doch verstümmelte Sprachäußerungen oder →Echolalien. Ⓛ MORRIS 1975, SEEMAN 1969. *G-N*

Mutprüfer, von der älteren Psychotechnik konstruierte Geräte, an denen der Pb »elektrisiert« wurde. Einen Auftrag hieran konnte nur ausführen, wer die Berührung ertrug – seinen »Mut« bewies.

Mutterbindung, die emotionale Fixierung auf die Mutter mit den hieraus entspringenden Folgen. Im Extremfall die Behinderung »normaler« Beziehungen zu anderen Personen, z. B. der Ehefrau. • Nach FREUD umfaßt M. sowohl orale (Bemutterung, Betreuung) als auch anale (Körpernähe), wie auch genitale (sexuelle) Komponenten, die je nach Grad der M. versch. Folgen haben. BOWLBY (1973) hat die psa. Theorie der M. kritisiert und korrigiert. →Mutterkomplex, →Mutterimago

Mutterersatz, nach psa. Auffassung eine Frau, die bei einem Mann unbewußt die Mutter darstellt, wodurch die Ödipussituation wiederbelebt wird und die einstmals auf die Mutter gerichteten Gefühle verhältnismäßig unverändert auf die als Mutter bezeichnete Person übertragen werden. Ebenso können aber auch Institutionen oder das Vaterland in gewissem Sinne M. werden.

Mutterimago, Bez. nach C. G. JUNG für das aus dem kollektiven Unbewußten stammende Mutterbild mit allen Möglichkeiten der Einseitigkeit und Übersteigerung. →Mutterkomplex, →Mutterbindung

Mutterkomplex, das Insgesamt aller mit der →Mutterbindung einhergehenden Beziehungen, sofern diese gesteigert zu →Verdrängungen und durch →Abwehrmechanismen erzwungenen Hemmungen tendieren. Mit M. wird oft leichtfertig das Versagen i. w. S. des Mannes gegenüber Frauen begründet. →Mutterbindung, →Mutterimago

Mutterrecht, syn. Gynäkokratie, Mutterherrschaft, nach BACHOFEN (1954) nicht nur das Überwiegen der Frau im Leben der Sippe, der Familie, des Stammes. Die Frau gibt den Kindern den Namen (das sog. Matriarchat i. Ggs. zum Patriarchat). M. sei die »morgendliche Stufe« der Menschheitsentwicklung, sei mit →Monogamie verbunden und somit Abwehr gegen →Promiscuität und sei die Herrschaft des Weiblich-Stofflichen. Auch wird vermutet, daß das M. Folge frühzeitlicher Unkenntnis über die biologische Rolle des Vaters sei.

mutuell [lat. *mutuus*], wechselseitig

Mutungsintervall →Vertrauensintervall

Mydriasis, Zustand der erweiterten Pupille

Myelenzephalon [gr. *myelos* Mark, Rückenmark], *medulla oblongata,* →Gehirn

Myelogenese, Myelinisierung, Markscheidenbildung, beginnt im 4. Embryonalmonat und ist im 14. Lebensjahr abgeschlossen. Die M. und noch wesentlicher die Aussprossung von →Dendriten werden als anat. Grundlagen der ps. Entwicklung angesehen. →Nerv

Myograph [gr. *mys* Maus, Muskel], Apparat zur Registrierung der Muskelleistung

Myokinetischer Test Ⓣ MIRA

Myoklonien rasche, blitzartige Zuckungen in einzelnen Muskeln oder Teilen eines Muskels, gelegentlich ohne Bewegungseffekt

Myokymien →Zuckungen, fibrilläre

Myopie [gr.], Kurzsichtigkeit. Die aus großer Entfernung ins Auge fallenden Strahlen werden schon vor der Netzhaut vereinigt. Ggs. Hypermetropie

Mysophobie [gr. *mysos* Ekelerregendes], krankhafter Widerwille gegen jede Berührung in der Furcht vor Schmutz oder Infektion. Syn. Berührungsfurcht.

Mysterien, Mysterium [gr.], übersinnliche Geheimnisse. In Geheimkulten (Mysterienbünden) behütet und nur den Eingeweihten (Initiierten) zugängig.

Mystik [gr. *mystikós* geheimnisvoll, übervernünftig], die Geheimlehre, die teils philosophisch, teils rein ps. von alters her sich mit den okkulten Dingen beschäftigt.

• Die außerhalb des Empirismus, Rationalismus und Kritizismus stehende Erkenntnisform der inneren Schau, des gefühlsmäßigen Erlebens und der Intuition. Für das Abendland begründet teils im Dionysoskult, der das Aufgehen des Gefühls in Gott erstrebte (*enthusiasmós* = das in Gott Sein), teils in der christlichen Lehre und ausgebaut in der mittelalterlichen M. (Meister ECKHART u. a., die das Eingehen des Bewußtseins in das Wesen Gottes lehren). Diese mystische Vereinigung *(unio mystica)* bildet das höchste Ziel. Die abendländische M. hat über die Reformation und Renaissance ⟨J. BÖHME, GIORDANO BRUNO, PARACELSUS, ANGELUS SILESIUS u. a.⟩ bis in die Neuzeit gewirkt ⟨SCHELLING, SCHLEIERMACHER⟩. Im Ggs. zum Abendland ist die M. in anderen Gebieten, z. B. im indisch-buddhistischen Raum, breiter wirksam geblieben. Ⓛ BUBER, HOFFMEISTER, JASPERS, MEHLIS, OTTO

Mystizismus, übertriebene Vorliebe für das Mystische, Neigung zum verschwommenen, unscharfen Denken. *S-G*

Mythisierung →Ich-Anachorese

mythologische Theorien, Lehren zur Erklärung der Mythenentstehung: a) Entartungstheorie, Annahme, daß es sich um Entartung von Gottesideen handle; b) Fortschrittstheorie, Annahme einer Aufwärtsentwicklung (über Fetischismus und Polytheismus zum Monotheismus); c) naturalistische Theorie, Annahme, daß die Mythen aus Naturobjekten ableitbar sind; d) animistische Theorie, Annahme von Seelen, Geistern (Manismus); e) präanimistische Theorie, ursprünglich ist Zauberglaube die Ursache (Zaubertheorie); f) symbolistische Theorie, sinnbildliche Einkleidung religiöser Vorstellung; g) rationalistische Theorie, vernunftgemäße Darstellung von Tatsächlichkeiten; h) Analogietheorie, Mythen sind ein seelischer Gesamtbesitz aller Völker und unveränderlicher Art; i) Wanderhypothese, die Mythen wandern und übertragen sich dergestalt von Kultur zu Kultur; k) Illusionstheorie, Mythen entstehen als Illusion über tatsächliche Geschehnisse; l) Suggestionstheorie, soziologische Ableitung aus der Suggestionswirkung von Vorst.; m) Apperzeptionstheorie ⟨WUNDT⟩, alles wird auf die besondere Art der Erfassung mythologischer Bew.Inh. zurückgeführt.

Mythus, Mythen [gr. *mýthos* Rede, alte Sage], ursprünglich »alte, heilige Geschichte«, die es aber nicht nur mit der Vergangenheit zu tun hat, sondern (in Verbindung mit dem →Kultus) zugleich Gegenwart ist.

Z. B. ist der Karfreitag als Mythus kein Gedächtnistag – an diesem Tag stirbt Christus wieder. I. ü. S. sind Mythen sagenhafte Überlieferungen, zumal solche, die als symbolischer Ausdruck von Urerlebnissen der Menschen und Völker angesehen werden können. →kosmogonische Mythen, →Götter. – M.erzählung: Form der Überlieferung volkstümlicher M. durch Märchen, Sage, Legenden. – M.märchen: Die im →Totemismus zuerst auftauchende Form dichterischer Erzählung. Inhalt meist ein Mythus. Im Mittelpunkt steht das Tier (des Totems). Anschließend daran Himmels- und Glücksmärchen. WUNDT trennt subjektive und objektive Formgebung des M. Erstere behandelt das menschliche Schicksal (= Abenteuer, Vergeltung für Gutes und Böses, Stellen von Rätseln und Wetten), die zweite widmet sich der Natur und ihrem Verhältnis zum Menschen. →mythologische Theorien

Myxödem [gr. teigige Schwellung], primär durch Unterfunktion der Schilddrüse, sekundär durch Hypophysenvorderlappenunterfunktion bedingte Erkrankung mit den körperlichen Symptomen: trockene, ödematöse Haut, Bradykardie, Haarausfall und den ps. Veränderungen: Antriebsarmut, Stumpfheit, Störungen der Denkfähigkeit, Nachlassen von Libido u. Potenz. In 15% der Fälle treten echte Psychosen auf. Bei Kindern kommt es zusätzlich zu Wachstumsstörungen. Die angeborene Schilddrüsenunterfunktion führt nicht zu M., sondern zu →Kretinismus.

N

n., N. (statistisch) Zahl der Beobachtungen in einer Datenmenge, der Personen in einer Population. • (biol.) Abk. für →Nerv. • (C. H. HULL) Zahl der →Verstärkungen. • (THURSTONE) Abk. für »numerischer Faktor« →Intelligenzfaktoren. • Symbolzeichen für →*need*.

Nachahmung, Imitation, eine Handlung, mit der absichtlich oder unabsichtlich (mehr oder weniger genau) eine kurz vorher beob-

N

achtete Handlung (unmittelbare N.) oder eine vor längerer Zeit beobachtete Handlung (aufgeschobene N.) eines Vorbilds (→Modell) ausgeführt wird.

Eine besondere Form der N. ist der →CARPENTER-Effekt, die unwillkürliche N. von Bewegungen, Gesten oder Gebärden. Beim Beobachtungs-Lernen wird von BANDURA u. WALTERS die N. (a) als Prozeß des Erwerbs und (b) als Leistung analysiert. Es wird angenommen, daß zum Erwerb keine Verstärkungen und folglich auch keine Ausführung der später nachgeahmten Handlung notwendig sei, sondern daß, ähnlich wie im klassischen Konditionieren, die Assoziation von Stimuli ausreiche. Erst zur Ausführung der nachzuahmenden Handlung werden bei anderen wahrgenommene, selbst erhaltene oder erwartete Verstärkungen gefordert. Im Ggs. dazu hatten DOLLARD u. MILLER die N. als relativ umständlichen Prozeß beschrieben, in dem durch Zufall (Versuch und Irrtum) zustande gekommenes *»matching behavior«* (Verhalten, das dem des Vorbilds gleicht) belohnt werden mußte. Die ökonomischeren lerntheoretischen Erklärungen lösen die ursprüngliche Annahme eines N.instinktes oder N.bedürfnisses ab. Auch die spekulative Voraussetzung für die N., die →Identifikation mit dem Modell, wird von ihnen nicht mehr gefordert.

In behavioristischen Erklärungsversuchen der →Sprachentwicklung spielt die N. eine ganz entscheidende Rolle. Nach SKINNER (1957) werden verbale Formen durch einen →*shaping*-Prozeß noch ungeformter Vokalisationen mittels differentiellen Reinforcements gelernt. Muß bei ihm die Steuerung nachzuahmender Formen über eine außenstehende Person erfolgen, so geht MOWRER (1960) in seiner Autismus-Theorie des Spracherwerbs davon aus, daß ein Kind ein vom Erwachsenen ausgesprochenes Wort deshalb nachahmt, weil ihm das Hören dieses Wortes autistische Befriedigung verleiht. Dies erklärt sich aus dem sekundären Belohnungswert (→sekundärer Verstärker), der deshalb auf das Erwachsenen-Wort konditioniert wurde (→bedingte Reaktion), weil es in einer angenehmen Situation als primäres Reinforcement ausgesprochen worden ist. Die →Generalisierung auf die vom Kind selbst hervorgebrachten und gehörten Laute hält damit den Nachahmungsprozeß in Gang. – Kritik an diesen u. a. assoziationistischen Ansätzen wird von Vertretern von Hypothesen-Theorien hervorgebracht (MILLER et MCNEILL 1969). Die Bedeutung der N. ist nicht in Zweifel zu ziehen, da ohne sie eine normale Entwicklung der perzeptiv-motorischen und der auditiven Funktionen nicht möglich wäre (→Sprachstörungen). Sie genügt jedoch als alleiniges Erklärungsprinzip nicht, da das Kind tiefenstrukturelle sprachliche Relationen erwirbt (→Tiefenstruktur), die nicht gesprochen werden und damit auch nicht gehört werden können. *G-M*

Nachbilder, *afterimages,* Gesichtswahrnehmungen, die nach dem Aufhören der Einwirkung optischer Reize zu beobachten sind.

Positives Nachbild. Es besitzt die gleiche Farbqualität wie der vorhergehende Lichtreiz und ist meist (wenn der Reiz nicht von sehr starker Intensität war) nur von kurzer Dauer. Es beruht auf der kurzzeitigen Fortdauer der Nervenerregung (→Nachempfindung). Negatives Nachbild (auch Sukzessivkontrast genannt). Es tritt in der zum auslösenden Reiz komplementären Farbe auf (z. B. sieht man nach längerem Fixieren einer roten Fläche ein grünes Nachbild und umgekehrt). Es bleibt in der Regel wesentlich länger als das positive Nachbild (als Ursache sind u. a. Regenerationsvorgänge in der Netzhaut angenommen worden). – Nach starken Reizen oder langer Fixationszeit können abwechselnd positive und negative Nachbilder auftreten. →EMMERTsches Gesetz

Nacheffekte, MCCOLLOUGH nennt die von ihr entdeckten verschiedenfarbigen Nachwirkungen auf vertikalen bzw. horizontalen Streifenmustern nach der Darbietung verschiedengefärbter Streifenmuster N., um sie vom üblichen →Nachbild zu unterscheiden. →Nachempfindung Ⓛ HAJOS 1972 *B-S*

Nachempfindung, das allmählich abklingende Nachwirken einer Empfindung über die Dauer der Reizeinwirkung hinaus, dem kürzer dauernden positiven Nachbild ähnlich (Nachklang, Nachgeschmack u. a.). Beruht auf dem Weiterbestehen des Erregungszustandes im Sinnesorgan oder Nervensystem.

Nacherleben, nach LERSCH »die Nachbildung fremdseelischer Akte, die einfühlend anschauliche Vergegenwärtigung der seelischen Lage anderer Menschen«.

Nachhirn →Gehirn

n-achievement, *achievement need,* ein Motivationskonstrukt aus der Theorie von H. A. MURRAY über die Beziehung Mensch–Umwelt (→need). n-a. bedeutet das Bedürfnis nach Erfolg u. Leistung (beruflich, geschäftlich, gesellschaftlich u. a.).

Nachricht, Zeichen oder Zeichenfolge in einem Kommunikationsprozeß (→Kommunikation). Zweck einer N. ist es, den Empfänger zu einer bestimmten Reaktion zu veranlassen oder ihm eine Mitteilung über den Zustand eines Systems zu machen.

Nachrichtentheorie, Theorie der Übermittlung, Wandlung und Speicherung von Nachrichten. Sie enthält vor allem die →Informationstheorie (die Fragen der Quantifizierung von Nachrichtenmengen behandelt) und die physikalische Theorie technischer (praktisch ausschließlich elektrischer) Systeme zur Realisierung der Nachrichtenverarb. Umfassender Überblick in: Ⓛ K. STEINBUCH 1973[2]. *G-R*

Nachrichtenübertragung →Kommunikation

Nachtblindheit →Hemeralopie

Nachtwandeln →Somnambulismus

n-affiliation, *affiliation need,* ein Motivationskonstrukt aus der Theorie von H. A. MURRAY über die Beziehung Mensch-Umwelt (→need). n-a. bedeutet das Bedürfnis, sich gesellschaftlich einzugliedern, zugehörig zu sein, geliebt zu werden u. ä.

NAGELsche Proben, Tafeln zur Prüfung auf Farbenblindheit

*

NAGEL, Wilibald Arnold / 1870–1911 / Physiol. / Freiburg, Berlin, Rostock

Nähnadeln einfädeln →Sinnesfunktionen (5c)

Nahpunkt →Akkommodation

Nahraum →Greifraum

naive Psychologie →Populärpsychologie

naiver Statistiker, der mit subjektiver →Wahrscheinlichkeit schätzende Mensch, der nicht stat. Regeln befolgt und z. B. das Eintreten außergewöhnlicher Ereignisse für wahrscheinlicher hält als es ist. Ⓛ KAHNEMANN u. TVERSKY 1973 *B-S*

naive Verhaltenstheorie, der Zusammenhang, den der Laie zwischen Verhalten, Verhaltensweisen und Persönlichkeit annimmt. →implizite Persönlichkeitstheorie.

Namenzwang →Onomatomanie

Nancyer-Schule, die von H. BERNHEIM vertretene Richtung der Hypnoseforschung im Unterschied zur gleichzeitigen →Pariser-Schule unter CHARCOT. →Hypnose

Nanismus, Nanosomie [gr. *nanos* Zwerg], Zwergwuchs →Kleinwuchs

Nanozephalie [gr.], syn. Mikrozephalie. Abnorme Kleinheit des Schädels. Häufig verbunden mit Schädeldeformierung. →cephal

NAPALKOW-Phänomen →Inkubation

Narkoanalyse →Hypnoanalyse, →*true drug*

Narkolepsie [gr. Schlafdrang], paroxysmales (anfallweises) Phänomen, in dessen Verlauf es zu ps. bemerkenswerten Vorgängen kommen kann: (1) partiellem Tonusverlust (z. B. Einsinken in Nacken und/oder Knien) bei Gemütserregungen oder Lachen; (2) hypnagogen Halluzinationen (etwa: man knüpfe sich, nachdem man sich angezogen unter Schlafdrang auf eine Couch gelegt hat, die Kleidung auf), Ⓛ LAUBENTHAL 1967[8] *W-E*

Narkomanie [gr.], auch als Narkotismus bezeichnet. Krankhafte Sucht, Betäubungsmittel, wie Morphium, Kokain usw., zu sich zu nehmen.

Narkose, durch Pharmaka hervorgerufener reversibler Zustand allgemeiner Funktionshemmung des ZNS, der mit allgemeiner Ausschaltung von Empfindungen und Wahrnehmungen verbunden ist. *J-E*

Narkotika, Bez. für Pharmaka, mit denen ein schlafähnlicher Zustand mit zentraler Schmerzauslöschung erreicht werden kann (Narkosemittel). →Psychopharmaka

Narzißmus, nach dem Jüngling Narcissus der griechischen Sage, der sich in sein Spiegelbild verliebte. Insichselbstverliebtsein. Selbstliebe. Von FREUD eingeführter Begriff zur Kennzeichnung des Vorganges bzw. Zustandes, bei welchem das eigene Ich mit →Libido besetzt und damit gleichsam zum »Sexualobjekt« wird.

FREUD unterscheidet einen primären und sekundären N. Unter dem primären N. wird dabei die Art der Libido-Organisation der prägenitalen (oralen und analen) Triebentwicklungsstufen verstanden, bei welcher das Ich das alleinige Objekt der Libido darstellt. Neuerdings wird der primäre N. auch als eine von den libidinösen und aggressiven Trieben unabhängige und damit »dritte« Kraft verstanden, welche wichtige prospektive Potentiale zur späteren Selbstverwirklichung des Menschen enthält, insbesondere seiner kreativen Fähigkeiten. Beim sekundären N. dagegen handelt es sich um eine regressive Wiederbesetzung des eigenen Ich mit Libido nach einer Zurücknahme der Libido von den Objekten der Außenwelt. Zu einem solchen sekundären N. kommt es besonders nach Liebesversagungen, Selbstwertkränkungen oder nach dem Verlust von äußeren, mit Libido besetzten Objekten. Ⓛ FREUD 1914, KOHUT.

Näseln, Rhinolalie, Rhinophonie, Störung des Stimmklanges während der Artikulation durch fehlerhafte Nasenresonanz. Man unterscheidet offenes N. (Nase ist offen, wenn sie geschlossen sein sollte), geschlossenes N. (Nase ist geschlossen, wenn sie offen sein sollte) und gemischtes N. Es kann mechanisch bedingt sein (→Gaumenspalte, →Palatolalie oder Verstopfung) oder durch verschiedene Innervationsstörungen des weichen Gaumens (z. B. →Velum-Paresen). Auch Bestandteil von →Dysarthrien. *G-N*

National Intelligence Test Ⓣ HAGGERTY

native speaker, Person, die eine gegebene →Sprache als ihre Muttersprache spricht.

In idealisierter Form als »idealer Sprecher-Hörer, der in einer völlig homogenen Sprachgemeinschaft lebt, seine Sprache ausgezeichnet kennt und bei der Anwendung seiner Sprachkenntnis in der aktuellen Rede von solchen grammatisch irrelevanten Bedingungen wie: begrenztes Gedächtnis/ Zerstreutheit und Verwirrung/ Verschiebung in der Aufmerksamkeit und im Interesse/ Fehler [zufällige oder typische] nicht affiziert wird« (CHOMSKY 1969) verfügt sie über die sprachliche →Kompetenz, deren Beschreibung Ziel der →generativen Transformations-Grammatik ist. *T-R*

Nativismus [lat. *nativus* natürlich, angeboren], die Annahme, daß die Voraussetzungen der Wahrnehmung und das menschl. Verhalten sowie bestimmte Ideen und Vorstellungen angeboren sind und nicht der Erfahrung und dem Lernen entstammen (→Empirismus). ● Die Annahme hat zu sog. nativist. Theorien der Raumwahrnehmung, der Zeitwahrnehmung u. a. geführt. →Sprachtheorie

naturalistische Forschung, unter dem allgemeinen Anspruch betriebene wissenschaftliche Aktivität, etwas zur deskriptiven Erfassung und zur explanativen Aufklärung von »natürlichem« Verhalten in »natürlichen« Situationen beizutragen. Derartige Bestrebungen sind in der Ps. aus einer kritischen Einstellung gegenüber dem Erkenntnisertrag der exp. Methode entstanden. Ähnliche Entwicklungen sind auch in benachbarten Disziplinen zu bemerken (z. B. Zoologie, Soziologie, Linguistik). Ⓛ WILLEMS u. RAUSH 1969, WILLEMS 1977 *K-I*

naturalistische Methode, Studium des menschlichen Verhaltens unter lebensweltlichen Bedingungen. Ggs.: Laborexperiment. →Feldforschung, →nichtreaktive Meßverfahren Ⓛ BRANDT 1972

Naturell [frz.], das »Natürliche«, d. h. die dem Einzelnen zukommende besondere Eigentümlichkeit in der Artung seines Gefühls- und Trieblebens sowie seines Ausdrucksverhaltens. Steht dem Temperament nahe.

Naturell-Lehre, die von dem Dresdener Arzt CARL HUTER (1861–1912) aufgestellten Grundtypen: Psychisches oder Empfindungsnaturell – Physikalisches oder Bewegungsnaturell – Chemisches oder Ernährungsnaturell. Ausgehend von der Annahme, daß die Keimblätter für das Hervortreten des Naturells bestimmend sind, wurde das Grundschema durch die Aufstellung weiterer »sekundärer« Typen ausgebaut und Beziehungen zur →Physiognomik, Naturphilosophie, Folgerungen für die Heilbehandlung usw. damit verbunden.

naturwissenschaftliche Psychologie →Psychologie (Richtungen)

Nebennieren →Hormone

Nebenschilddrüse →Hormone

NECKERscher Würfel (1833), Beispiel für umkehrbare perspektivische Täuschungen. Je nach Fixation springt die eine oder andere der Kanten nach vorn oder hinten um.

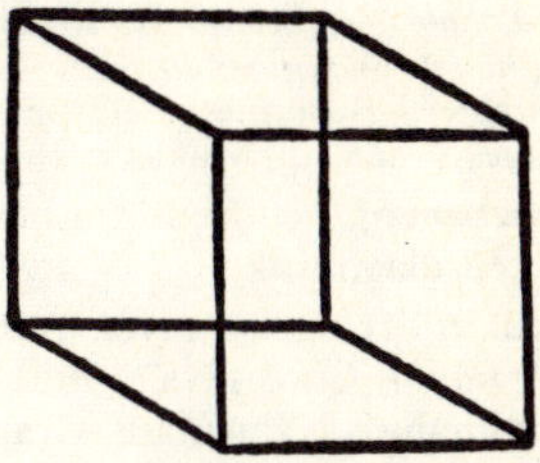

NECKER, Louis Albert de Saussure / * 1786 (Genf) / Prof. der Mineralogie und Geologie in Genf

need, need-press, in der Ps. ist die Bedeutung der Umwelt zwar lange bekannt, ihre Strukturierung aber wurde erst durch LEWIN und H. A. MURRAY erarbeitet. Letzterer führte für die inneren Spannungslagen: →Bedürfnisse, Strebungen, subjektive Wünsche und Haltungen den Begr. *need* ein. Dem stehen in der Welt mannigfache Umweltsituationen und Objekte gegenüber, die bestimmte, in der Struktur der Situation begründete Anforderungen an das Subjekt stellen und ein dementsprechendes Verhalten von ihm fordern. Den Effekt, den eine Umweltsituation oder ein Objekt auf das Subjekt haben kann, nennt MURRAY *press* (nicht mit dem negativ getönten Wort Nötigung gleichzusetzen!).

Das Bedürfnis sucht nach einer ihm adäquaten Umweltsituation. Es kommt zur Ausbildung einer projektiven Welt, die oft mit den objektiven Gegebenheiten differiert. Treffen beide zusammen, so besitzen diese Objekte und Situationen Aufforderungscharakter, im anderen Fall kann der Mensch ausweichen oder zerbrechen, aber er kann auch ausharren und sich anpassen und dadurch geprägt und umstrukturiert werden. *Need* und *press* wirken zusammen, sie bilden ein Thema. Trotz der Vielzahl der Themata kann man sie doch auf wenige grundsätzliche zurückführen, die in vielen Kombinationen auftreten. Die Themata sind verschiedenwertig, je nach ihrer vitalen Bedeutsamkeit. Die Wirkung eines Themas ist um so größer, je näher es der Geburt liegt. MURRAY hat zudem noch den Begr. *stimulus situation* geschaffen, womit er jene Teile der Umgebung bezeichnet, auf die der seelische Organismus reagiert (immer nur ein Ausschnitt der Umwelt). Nach MURRAYS Thesen kann man somit unterscheiden: eine subjektive Welt der subjektiven Spannungslagen; eine objektive Welt mit objektiven Spannungslagen; eine projektive Welt, d. h. eine virtuelle Welt von Wünschen und Befürchtungen, die das Subjekt umhüllt und zugleich die objektive Welt umdeutet; schließlich eine projektiv bestimmte Welt als der realisierte Teil der projektiven Wunschwelt. – MURRAY hat den Begr. des *press* weitgehend aufgegliedert. So unterscheidet er *alpha-* und *beta-press,* sowie *positive, negative, mobile* und *immobile press.* →Aufforderungscharakter, →Bedürfnis, →Feld, →Feldtheorie, →gespanntes System. Ⓛ MURRAY

need-assessment, Bedürfnisbewertung. →Verhaltensdiagnostik

Negation, in der →generativen Transformationsgrammatik CHOMSKYS (1965) wird die N. (Verneinung) als singuläre →Transformation mit einfacher Grundstruktur eingeführt. Es lassen sich drei verschiedene N.formen, die jeweils verschieden weite Bedeutungsbereiche verneinen, unterscheiden: (a) Subjekt-Verneinung, (b) Objekt-Verneinung, (c) Prädikatsverneinung.

Dabei ist die N. des Prädikats die allgemeinste Form, da sie die gesamte im Satz ausgedrückte Beziehung negiert (Der Vater hat das Buch NICHT gelesen).

Im Laufe der →Sprachentwicklung ist die Prädikatsverneinung auch die früheste N.form, die zunächst als bloße Addition eines N.partikels zum Prädikat (z. B. NICHT kaputtmachen, GRIMM 1973) realisiert wird. Später nimmt das N.partikel in der Subjekt-Objekt-Folge als der häufigsten Satzform dann eine mittlere Position nach dem Verb ein. Erst nach dieser Integration können weitere, spezifischere Verneinungsformen differenziert werden. *G-M*

negativ [lat.], verneinend, umgekehrt. Negative Gefühle = Unlustgefühle. Negative therapeutische Reaktion ⟨FREUD⟩ = verkehrtes, umgekehrtes Reagieren.

negative Adaptation →Adaptation, negative

negative Phase, von Charlotte BÜHLER eingeführte Bez. für den weiblichen Entwicklungsabschnitt der Vorpubertät, in dem eine mutlose Haltung überwiegt. Die n. P. folgt einer positiven, kraftvollen zwischen 10 und 12 Jahren und schließt mit dem Eintreten der Menstruation ab.

negative practice →negative Übung

negativer Transfer →Transfer

negative Übung [engl. *negative practice*], ein 1932 von DUNLAP entwickeltes und in den fünfziger Jahren vor allem von Vertretern der HULLschen Lerntheorie analysiertes Verfahren. Diese verhaltenstherapeutische Technik (→Verhaltenstherapie) beruht auf der Annahme, daß mehrmalige gezielte Wiederholung eines bestimmten Verhaltensmusters allmählich zum Verschwinden eben dieses Verhaltensmusters führt.

Der Pb muß also die sonst unwillkürlich auftretende Verhaltensweise (Tic, Sprechstörung, Nägelbeißen etc.) mehrmals hintereinander willkürlich wiederholen. Diese mehrmalige Wiederholung des störenden Verhaltensmusters erzeugt ein reaktives Hemmungspotential (Ermüdung). Die Beendigung dieser Reaktionswiederholungen wirkt belohnend (Entspannung), so daß eine neue Gewohnheit – nämlich das störende Verhaltensmuster nicht zu zeigen – gelernt wird (konditionierte Hemmung). Diese neue Gewohnheit wirkt dann der Tendenz, das störende Verhaltensmuster zu zeigen, entgegen. Anwendungsbereiche: Sprechstörungen, Bewegungsstereotypien. Vgl. paradoxe Intention Ⓛ DUNLAP, YATES *L-G*

Negativismus ⟨KAHLBAUM⟩, äußerlich gleichgültig erscheinendes, bewegungsloses Verhalten von Geisteskranken (→Katatonie) bei innerer Widerständigkeit. In gewissem Umfang auch auf normale Verhaltensweisen übertragbar. Es ist zu scheiden nach aktivem N. (es wird das Gegenteil dessen getan, was verlangt wird) und passivem N. (das Verlangte wird nicht ausgeführt →Sperrung). Ⓛ BLEULER, HOFF

Negentropie, negative →Entropie, Bez. aus der →Informationstheorie für mittleren Informationsgehalt *D-H*

Neglektion, *neglection,* Vernachlässigung (sozio-kulturelle), geringe Förderung. N. ist z. B. eine der Voraussetzungen für →Retardierung

Neid, nach LERSCH gehört der N. zu den gerichteten Gefühlen. Es ist Mißvergnügen, Ärger über die Freude des anderen. »Der Mißmutig-Verdrossene und Verbitterte ist unduldsam gegen das Lachen des Heiteren und Lustigen, weil er ihm im Grunde sein Lebensgefühl, zu dem er selbst unfähig ist, neidet.«

Neigung, als »sich hingezogen Fühlen« (emotionale Zuwendung) zu best. Interessen, Tätigkeiten, Aufgaben, auch damit in Verbindung stehenden Personen – spielt in der ps. Diagnose (bes. Beratung) eine wichtige Rolle. So geht z. B. die →Berufsberatung meist von vorhandenen Berufsneigungen aus. Fraglich ist, ob und wieweit die N. dem →Bedürfnis nahesteht. Auch ist die Frage offen, wie die Neigung die erforderliche →Eignung einschließt.

Neigungs-Struktur-Test Ⓛ Ⓣ KELLER

Nekromantik [gr. *nekrós* tot, *manteia* Weissagung], Totenorakel, Beschwörung von Toten, um sie zu befragen. In Thessalien artete die N. dahin aus, daß Menschen getötet wurden, um ihre Geister, bevor sie in die Unterwelt kamen, beschwören zu können.

Nekrophilie → Sexualität (Tabelle)

Neo-Behaviorismus →Behaviorismus

Neo-Darwinismus →Abstammungslehre

Neologismus, Wortneubildung durch ungewöhnliche Kombination von Silben mit unterschiedlicher Bedeutungshaltigkeit (→meaningfulness) wie z. B. »lamperstift«; im Traum oder in kindlichen Sprachspielen sowie gehäuft bis zum unablässigen Produzieren bei erregten Psychosen →Kataphasie, →Dysphrasie *G-N*

Neo-Positivismus →Psychologie (Richtungen)

Neo-Psychoanalyse →Psychoanalyse

Nernst-Lilliesche Theorie der Erregungsleitung, besagt, daß in der lebenden Zelle die Erregung durch eine Veränderung in der elektrischen Polarisation der Zellmembran infolge örtlichen Wechsels der Ionenkonzentration an der Membranoberfläche entsteht. Durch (daraus resultierende) sekundäre Veränderungen der Eigenschaften der Membran (z. B. Permeabilität) wird der Effekt automatisch weitergeleitet.

*

Nernst, Walter / 1864–1941 / Physiker / Berlin / Nobelpreis 1920

Nerv [lat. *nervus,* gr. *neuron,* Sehne, Nerv], strangartige Gebilde zur Reiz- und Impulsleitung bei höheren Organismen. Die Nerven sind außerhalb des ZNS (→Nervensystem) durch Bindegewebe in unterschiedlicher Anzahl zu Bündeln zusammengefaßte N.fasern. Das gesamte Nervengewebe besteht aus N.zellen, N.fasern und einem Stützgewebe (Neuroglia). Die einzelne N.zelle (Ganglienzelle) hat einen unregelmäßig sternförmigen Zellkörper mit verästelten kurzen Fortsätzen (Dendriten) und einen längeren, zunächst unverästelten Fortsatz, den Neuriten (Axon). Diese, aus einer N.zelle und ihren Fortsätzen bestehende Einheit des N.systems ist ein →Neuron. Durch die dendritische Zone (s. Abbildung), die die Rezeptormembran des Neurons darstellt, fließen der Nervenzelle Erregungen zu (*input*-Region). Im Neuriten werden die Erregungen von der Nervenzelle (nutritive Zone, Perikarion) zu anderen Nervenzellen, Muskel- oder Drüsenzellen geleitet (*output*-Region). Die Übertragung der Erregung an diese erfolgt über besondere Kontaktverbindungen, die →Synapsen. Neurofibrillen heißen die feinen fädigen Strukturen, die sich im gesamten Cytoplasma finden und die den Neuriten sowie die Dendriten durchziehen. Bei den cerebrospinalen markhaltigen Nervenfasern wird das Axon kurz nach seinem Ursprung aus dem Zellkörper von einer Myelinscheide (Markscheide) umgeben und diese wiederum von der Schwannschen Scheide. Die Myelinscheide wirkt als schlechter Leiter elektrisch isolierend. Sie umhüllt das Axon mit Ausnahme des Endes und der in etwa 1-mm-Abständen gelegenen periodischen Einschnürungen (Ranviersche Schnürringe). Die sympathischen marklosen Nervenfasern haben außer einer Schwannschen Scheide keine oder nur eine ganz zarte Markscheide. Der Neurit, der beträchtliche Längen erreichen kann, bildet mit seinen Umhüllungen (Scheiden) die Nervenfaser. – Die Nervenzellen liegen vor allem im Gehirn und Rückenmark. Von dort gehen alle Nerven aus, die willkürliche Bewegungen veranlassen. – Unterschieden wird bei den cerebrospinalen Nerven zwischen den 12 Paar vom →Gehirn ausgehenden Gehirnnerven und den 31 Paar (beim Menschen) Rückenmarks- oder Spinalnerven. Empfindungsnerven (sensorische, sensible Nerven) heißen die von den Sinnesorganen zum Gehirn oder Rückenmark führenden Nerven (afferente Bahnen); Bewegungsnerven (motorische Nerven), die vom Gehirn oder Rückenmark zu den

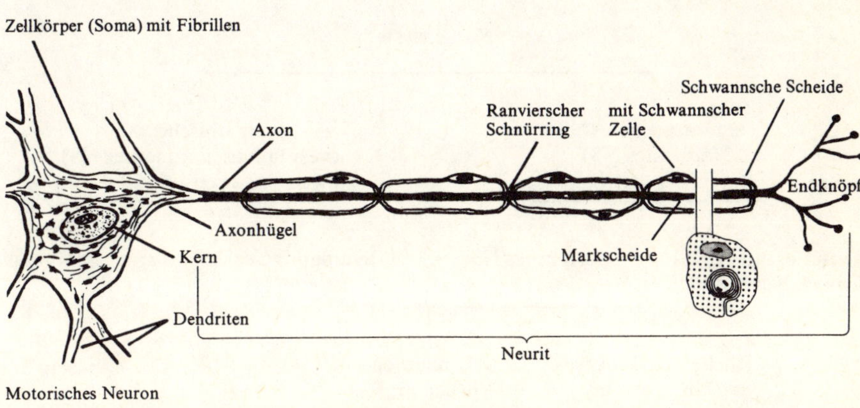

Motorisches Neuron

willkürlichen Skelettmuskeln ziehenden Nerven (efferente Bahnen). Die größeren Nervenstränge des Körpers enthalten vielfach beide Arten (gemischte Nerven). – Nervenzellen haben eine niedrige Erregbarkeitsschwelle. Der wirksame Reiz kann elektrisch, chemisch oder mechanisch sein. Die durch einen solchen Reiz ausgelöste physikochemische Störung, der Impuls, wird normalerweise entlang des Axons bis zu dessen Ende propagiert (geleitet). Die nervöse Leitung ist dabei ein aktiver, sich selbst propagierender, energieverbrauchender Vorgang, der den Impuls mit konstanter Amplitude und Geschwindigkeit (diese liegt zwischen 0,1 und 135 m/sec und ist um so größer, je dicker und markhaltiger die Nervenfaser ist) fortleitet. Im Ruhezustand ist die Nervenmembran im Inneren gegenüber außen elektrisch negativ geladen. Dieses Ruhemembranpotential beträgt bei den meisten Neuronen etwa minus 70 mV. Es wird durch aktiven Transport bestimmter Teilchen durch die Membran entgegen dem bestehenden Konzentrationsgefälle aufrechterhalten. Es werden Natrium + Ionen aus der Zelle in den Außenraum transportiert, in welchem sie im Neutralzustand bereits eine rund 10mal höhere Konzentration besitzen, und es werden Kalium + Ionen ins Zellinnere transportiert, wo die Konzentration rund 200mal höher ist als außen. Dieser energieverbrauchende Mechanismus wird als Natrium-Kalium-Pumpe bezeichnet. Im Zustand der Erregung, oberhalb eines kritischen Depolarisationswertes (Zünd- oder Membranschwelle) erfolgt eine schlagartige Na-Permeabilitätssteigerung der Membran auf das rund 500fache, durch welche das Zellinnere kurzzeitig positiv wird (rund + 30 mV) durch den Einstrom von Natriumionen in die Faser (Depolarisation). Durch den unmittelbar darauf folgenden Austritt von Kaliumionen aus der Faser kommt es zur Repolarisation der Zelle und damit zum Abschluß der Spannungsspitze, deren Initialspitze als Spitzenpotential, deren Gesamtverlauf auch als →Aktionspotential bezeichnet wird. Seine Amplitude ist für dieselbe Nervenfaser stets gleich hoch: Alles-oder-nichts-Gesetz, und pflanzt sich über das gesamte Axon fort. Bei den markhaltigen Nerven beschränkt sich dieser Natrium-Kalium-Austausch auf die RANVIERschen Schnürringe. Der Aktionsstrom verläuft hier sprunghaft und damit schneller von einem Schnürring zum anderen (saltatorische Erregungsleitung).

Nervendegeneration tritt ein, wenn ein Nerv verletzt wird. Das vom Zellkörper isolierte Stück verliert seine Erregbarkeit und zerfällt allmählich. Jedoch kann durch Nervenregeneration von der Nervenzelle aus die Faser (außer im Gehirn und Rückenmark) wieder in die alten Bahnen hineinwachsen. Ⓛ GANONG 1979[4], SCHADE 1965 *B-C*

Nervenfibrillen [lat. *fibrilla* kleine Faser], die Fasern der Nerven. Man teilt ein nach Achsenfibrillen, nackten Achsenzylindern, marklosen N., markhaltigen N. (→Nerv).

Nervenkerne, Gruppen von Nervenzellen in Gehirn und verlängertem Mark, Ursprungsstätte der Gehirnnerven

Nervenkrankheiten, organische Erkrankungen des Nervensystems neben den →Neurosen und →Psychosen. Z. B. Apoplexie, Chorea, degenerative Nerven- und Muskelerkrankungen, Encephalitis, Meningitis, Multiple Sklerose, Neuritis und Polyneuritis, Parkinson.

Nervenleitung →Leitungsbahnen, nervöse

Nervenschock, volkstümliche Bez. für eine erhebliche Störung des ps. Gesamtzustandes durch ein emotional stark belastendes Erlebnis. →Neurosen, traumatische

Nervensystem (NS), die Gesamtheit der reizleitenden und reizverarbeitenden Organe der vielzelligen Tiere und des Menschen. Zum NS gehören also nicht nur die →Neurone (Nervenzellen) als morphologische und funktionelle Einheiten des NS, sondern

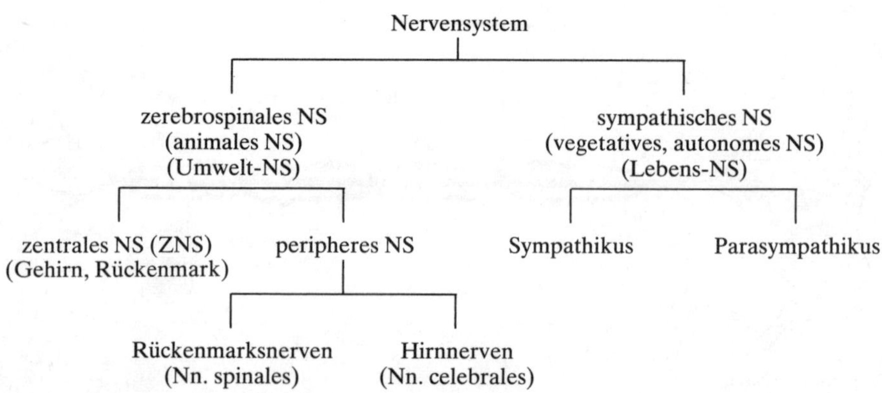

auch die Sinnes-Rezeptoren (z. B. Stäbchen und Zapfen der Retina, Hörzellen usw.).

Beim Menschen wie bei allen Wirbeltieren ist der wesentlichste Teil des NS ontogenetisch zunächst röhrenförmig angelegt. Aus ihm gehen Gehirn und Rückenmark hervor, die als Zentralnervensystem (ZNS) zusammengefaßt werden. Die von ihm ausgehenden Bewegungs- und Empfindungsnerven (cerebrospinale Nerven) bilden das periphere NS. Zusammengefaßt werden sie auch als cerebrospinales NS bezeichnet und dem, die Eingeweide versorgenden vegetativen (autonomen) NS gegenübergestellt. Beim Menschen werden →Gehirn, →Rückenmark, die cerebrospinalen Nerven und die Sinnesorgane auch als Umwelt-NS (animales NS) zusammengefaßt und dem vegetativen NS (Lebens-NS) gegenübergestellt. Dieses gliedert sich in →Sympathikus und →Parasympathikus (mit dem N. vagus als bekanntestem Nerv). Funktional ist das cerebrospinale NS zuständig für das willkürliche Handeln und die Beziehungen zwischen Organismus und Umwelt, das vegetative NS dagegen reguliert die Organfunktionen, die dem Willen weitgehend entzogen sind (daher früher auch autonomes NS). Der Sympathikus beschleunigt den Herzschlag, verengt die Blutgefäße, hemmt die Darmtätigkeit, schafft die Voraussetzungen für (sofortige) gesteigerte Leistung. Der Parasympathikus wirkt antagonistisch: hemmt den Herzschlag, erweitert die Gefäße und regt den Darm an (→Ergotropie). Der Grenzstrang, Teil des sympathischen NS, ist eine Ansammlung von Neuronen und liegt beidseits längs der Wirbelsäule. *B-C*

Nervenwurzel →Rückenmark

Nervenzelle →Neuron

Nervenzentren, bestimmte Gebiete in Gehirn und Rückenmark, von denen die einzelnen Nervenfunktionen gesteuert werden, und bei deren Ausfall die betreffenden Leistungen gestört und unterbunden werden. Es gibt motorische Zentren, von denen Bewegungen ausgehen, und sensorische, die für das Zustandekommen der Wahrnehmungen wesentlich sind. →Gehirn

Nervosität, an der Grenze des Krankhaften stehende Erregbarkeit des psychischen und psychomotorischen Systems. Eine volkstümliche Sammelbezeichnung.

nervus acusticus [lat.] →n. statoacusticus

nervus opticus [lat.] Sehnerv →Auge, →Gehirn

nervus statoacusticus [lat.], der Nerv, der als 8. Gehirnnerv die beiden Nerven des Gleichgewichtsorgans (n. vestibularis) und des Gehörorgans (n. cochlearis) vereinigt. Trennung wieder nach dem Eintritt in die →medulla oblongata. →Ohr

Nesselsucht →Psychosomatik

Nestaura [lat. *aura* Lufthauch], der der Art und Gemeinschaft eigene Geruch, an dem sich die Tiere zu erkennen scheinen. Dazu Familien- und Eigengeruch des Tieres.

Nestwärme, Familienatmosphäre geprägt durch die liebende Fürsorge (*tender loving care,* TLC), die dem Prinzip der »nichtbedingten positiven Wertschätzung« (ROGERS) nahe kommt. Die Auswirkung von N. muß im Hinblick auf negative Folgen von »Glukkenverhalten« *(overprotection)* kritisch bedacht werden.

Netze, semantische, im →HAM-Modell benutzter Begr. für die Erklärung des Aufbaues und der Funktion des →Gedächtnisses für Wortbedeutungen (semantisches Gedächtnis).

Netzhaut →Auge

Netzhautbild, die vom Sichtbaren durch die lichtbrechenden Medien des Auges auf der Netzhaut entworfene Reizanordnung, die in perspektivischer Abbildung dem Gesehenen entspricht. →Perspektive

Netzhauthorizont, der durch die Netzhaut gelegt gedachte, horizontal gelagerte Meridian (Kreislinie). →LISTINGsches Gesetz, →Primärstellung des Auges

Netzhautzonen, man unterscheidet drei konzentrische Zonen: die äußerste Zone, die nur helligkeits- und nicht farbenempfindlich ist, die mittlere, die helligkeits- und gelb-blau-empfindlich ist, und die innere, zentrale Zone, in der alle Qualitäten von Lichtempfindungen wahrgenommen werden

Netzwerk-Modell →HAM-Modell

Neugier [engl. *curiosity*], die aus dem Neugierverhalten (Orientierungsverhalten) abgeleitete Tendenz, subjektiv Neues zu erleben, zu untersuchen, zu erkunden (BERLYNE, 1960). →Aktivierung Ⓛ VOSS u. KELLER 1981

Neuralgie [gr. *algos* Schmerz], ohne feststellbare anatomische Veränderung auftretender Schmerz (anfallsweise) in der Bahn eines sensiblen oder gemischten Nerven. Zahlreiche weitere Bezeichnungen, z. B.: N. ischiadica, N. nocturna, Trigeminusneuralgie.

Neurasthenie [gr.], »Nervenschwäche«, nervöse Reizbarkeit. Geringe seelische Belastungsfähigkeit, leichte Erschöpfbarkeit. Der Begriff wurde 1879 von dem amerikanischen Arzt G. M. BEARD eingeführt. →Neurose

Neurilemm [gr. *lemma* das Abgeschälte], die sogenannte SCHWANNsche Nervenscheide (→Nerv)

Neurismus, eine physiologische Theorie, die das Nervensystem zum entscheidenden Träger aller Lebensvorgänge macht. Die Theorie hat Anschauungen von PAWLOW und dessen Schule weiterentwickelt und wird von sowjetischen Physiologen besonders gepflegt. Vgl. Bedingter Reflex, Objektive Psychologie

Neurit, der der efferenten Erregungsleitung dienende, meist langgezogene Achsenzylinderfortsatz der Nervenzelle (= Axon). →Neuron →Dendrit

Neuritis, Mononeuritis (i. Ggs. zu →Polyneuritis). Nervenentzündung. Degenerative Nervenerkrankung. Kennzeichnende lokale Sensibilitätsstörungen und motorische Störungen im versorgten Muskelbereich. Übergang von N. zu →Neuralgie oft fließend.

Neuroanatomie →Nervensystem

Neuroethologie →Ethologie

Neurodermatose [gr. *derma* Haut], nervöse Hauterkrankung, die von einer Nervenstörung ausgeht.

Neuroglia [gr. *glia* Leim], nach R. VIRCHOW die ektodermalen, bindegewebsartigen Zellen zwischen den Neuronen des →ZNS. Früher als Stützzellen aufgefaßt. Das Glianetz vermittelt den interplasmatischen Stofftransport.

Neurogramm, Ausdruck von M. PRINCE (1905) für den im Nervensystem überdauernden Eindruck, den jedes Erleben hinterlassen muß, um wieder erinnert werden zu können. →Engramm

neurohumoral, durch auf Nerven einwirkende →Hormone (z. B. →Adrenalin) veranlaßte Erregung.

Neurolepsie, die Minderung (Blockierung) der ps. Spannung bei der →Hypnose, ebenso die Spannungsdämpfung als Medikamentenfolge (Neuroleptika), die in der Regel von affektiver Entspannung bis zum →PARKINSON-Syndrom (bei Überdosis) reicht

Neuroleptika, Pharmaka mit besonderer, die vitale Situation erleichternder, Angst, Erregung und Aggression dämpfender Wirkung bei Psychosen und ps. Störungen psychotischer Art. →Psychopharmaka Ⓛ IVERSEN 1978, JANKE 1980

Neurologie, med. Disziplin, Lehre von den Nerven (Struktur und Funktion) sowie den Nervenkrankheiten

Neurom, Nervengeschwulst, aus Fasern, Ganglienzellen

Neuron [gr.], syn. Nervenzelle, Ganglienzelle, die aus einer Nervenzelle und ihren Fortsätzen bestehende funktionelle, zellige Einheit des Nervensystems. Das N. besteht aus N e r v e n z e l l k ö r p e r mit Zellkern, kurzen, der Afferenz dienenden, häufig mehrfach verzweigten D e n d r i t e n [gr. Bäumchen] und dem typischerweise relativ langen (in der Peripherie bis länger als 1 m), der effektorischen Weiterleitung dienenden A x o n mit meist mehreren synaptischen Endigungen. →Nerv, →Synapse Ⓛ SILBERNAGL u. DESPOPOULOS 1979, SCHMIDT u. THEWS 1980 *B-C*

Neuropathie, ein vieldeutiger Begr., mit N. bezeichnet die Psychiatrie »die angeborene Bereitschaft zu körperlichen Funktionsstörungen (Fehlsteuerungen), insbesondere im Bereich des vegetativen Nervensystems« ⟨KLOOS⟩.

Damit ist N. weitgehend syn. mit konstitutioneller Nervosität, Nervenschwäche und vegetativer Labilität. Neuropathen sind vegetativ Stigmatisierte. N. kann ein selbständiges Krankheitsbild abgeben, aber auch Zusatzsymptomatik bei Psychopathie oder Neuroseformen darstellen. Als Symptome werden genannt: vasomotorische Übererregbarkeit, Störungen der Drüseninnervation, funktionelle Magen-, Darm-, Blasen-, Genital-, Schlafstörungen, Hypersensibilität, Reflexstörungen.

neuropathisch, für Nervenkrankheiten erblich belastet. Der Begr. bezeichnet mehr das Dispositionelle als das Aktuelle eines Nervenleidens. Vgl. Psychopathie

Neuropathologie, Lehre von den krankhaften psychisch-neurotischen Erscheinungen (Nervenkrankheiten einschließlich Neurosen). Vgl. Psychopathologie

Neuropeptide, →Peptide, die im Nervensystem bei der Erregungsübertragung eine Rolle spielen. Die für die Ps. wichtigsten N. sind Neurohormone, insbes. sind die vom Hypothalamus gebildeten Neurohormone Peptide. Zahlreiche N. sind beteiligt an der Regulation von Verhalten. Ⓛ COLLU et al. 1979 *J-E*

Neurophysiologie [gr.], Teilgebiet der →Physiologie und der →Neurologie zur Erforschung der Tätigkeit und Funktion des zentralen und vegetativen Nervensystems mit seinen chemischen sowie elektrischen Grundlagen. Die a l l g e m e i n e N. untersucht das funktionelle Zusammenspiel der Nervenzellen und Zellverbände einschließlich der biochem. Veränderungen und der Membranpotentiale. Die spezielle N. behandelt die nervale Regulation einzelner Körperfunktionen wie Stoffwechsel-, Herzkreislaufprozesse, Aktivitätszustände, Sensorik, Motorik oder komplexe Verhaltensweisen wie die Regelmechanismen der Körpertemperatur, der Atmung, des Schlafes, des Sexualverhaltens und fragt nach dem Zusammenhang der neurophysiol. Zentren der Reiz- und Informationsverarbeitung. Bekannte Teil-Grenzgebiete sind: Muskelphysiologie, Sinnesphysiologie, vgl. Neuropsychologie, →psychophysiolog. Methodik, →Elektrophysiologie, →physiolog. Psychologie *B-C*

Neuroplegika, syn. Neuroleptika, →Psychopharmaka

Neuropsychiatrie, Bereich der →Psychiatrie, der neurophysiologische, auch neurochirurgische Befunde für diagnostische, therapeutische u. methodische Aufgaben u. Fragestellungen aufbereitet. Ⓛ GUTTMANN 1972, HAIDER 1971, LURIA 1966, dt. 1970

Neuropsychologie, Richtung der Ps., die sich mit der Erforschung der zentralnervösen Grundlagen der Bewußtseinsphänomene und des Verhaltens befaßt. Die Untersuchung vegetativer Korrelate ps. Prozesse fällt dagegen vorwiegend in den Bereich der Psychophysiologie. Beide stellen Teilgebiete der physiolog. Ps. dar. Vgl. Neurophysiologie, →physiologische Psychologie, →psychophysiologische Methodik, →Elektrophysiologie *B-C*

Neuro-Psychopharmakologie, Lehrgebiet, das sich mit den besonderen neurophysiologischen (neurochemischen) und damit auch neuropsychologischen Zusammenhängen von Organismus und Pharmaka, bes. den →Psychopharmaka, aber auch den körpereigenen Stoffen, wie den Hormonen, befaßt. Die Bez. N. wird auch syn. mit Psychopharmakologie gebraucht. Ⓛ LIPTON et al. 1978

Neurose, der Begriff stammt von dem schottischen Arzt W. CULLEN (1776). Er verstand darunter eine Nervenkrankheit ohne anatomisch-pathologischen Befund. Diese negative (ausschließende) Definition kennzeichnet auch heute noch ihre Abgrenzung: N. ist ein Sammelbegriff geblieben. Der Umfang der damit gesammelten ps. Störungen wird wesentlich von der theoretischen Position der Autoren bestimmt. Aus psa. Sicht ist N. ein unbewußter Widerstand und die neurotischen Symptome lediglich Äußerungen psychodynamischer Konflikte. Dagegen werden von verhaltenstherapeutisch orientierten Autoren die neurotischen Konflikte selbst in den Vordergrund gestellt und als gelernte Fehlsteuerungen interpretiert. Gemeinsam gilt ihnen N. als ein Nichtbewältigen fundamentaler Lebensaufgaben.

Eine grundlegende Theorie der N. stammt von FREUD. Nach ihm ist die N. das Resultat einer unvollständigen Verdrängung von Impulsen aus dem Es durch das Ich. Der verdrängte Impuls droht trotz der Verdrängung in das Bewußtsein und das Verhalten durchzubrechen. Zur erneuten Abwehr dieses Impulses wird das neurotische Symptom entwickelt, das einerseits eine Ersatzbefriedigung dieses Impulses, andererseits aber einen Versuch seiner endgültigen Beseitigung darstellt. – FREUD unterschied nach dem Kriterium der Dauer und Stärke des auslösenden Konfliktes sowie nach der Art seiner Verarbeitung:

Die Aktualneurosen mit primär vegetativen Symptomen auf Grund starker, aber unspezifischer Affektwirkungen auf das veg. System im Zusammenhang eines aktuellen Konfliktes. Hierzu zählen: (1) die Schreckneurosen, (2) die Angstneurosen, (3) die neurasthenischen Syndrome.

Die Psychoneurosen (auch Abwehrpsychoneurosen) mit psychischen und somatischen Symptomen als Folge der unvollständigen Verdrängung von inkompatiblen Triebimpulsen auf dem Hintergrund eines chronischen Triebkonfliktes. Hierzu zählen: (1) die hysterischen Syndrome (einschließlich Organneurosen), (2) die phobischen Syndrome, (3) die anankastischen Syndrome, (4) die Charakterneurosen.

Die traumatischen Neurosen mit denselben Symptomen wie die Aktual-N. und die Psycho-N., aber mit einer spezifischen Genese (Auslösung durch Unfall) und mit einer spezifischen Motivation (Sicherungstendenz). Man unterscheidet: (1) die primären Unfallneurosen und (2) die sekundären Renten-, Versicherungs- und Rechts-Neurosen (oder auch Zweckneurosen).

J. H. SCHULTZ versteht unter N. eine »im Unbewußten lagernde, seelisch begründete Fehlhaltung des gesamten Organismus, die entsprechend der Verknüpfung des nervös-seelischen Faktors mit allen Lebensfunktionen sich nun auf sämtlichen Lebensgebieten äußern kann«. Nach dem Kriterium der Tiefe der Verwurzelung des Konfliktes in der Persönlichkeit unterscheidet er: (1) exogene Fremdneurosen (von außen bedingt), (2) psychogene Randneurosen (durch somatops. Konflikte verursacht), (3) Schichtneurosen (durch innere seelische Konflikte entstanden), (4) Kernneurosen (im Charakter und seinen autopsychischen Konflikten wurzelnd).

Für SCHULTZ-HENCKE entsteht die N. durch Traumen (Mikro-Traumen), die das Antriebsleben hemmen und übersteuern, gelegentlich auch untersteuern, d. h. zu hemmungslosen Triebdurchbrüchen führen. Nach JUNG ist N. eine Selbstentzweiung und gleichzeitig ein Signal für die Wiedervereinigung von Bewußtsein und Unbewußtem. ADLER stellt die N. als ein Arrangement dar, das auf einer Überkompensation beruht. Für JASPERS ist die N. gekennzeichnet durch ein individuelles Scheitern in Grenzsituationen. Bei GEHLEN erscheint die N. als unfreiwillige Askese oder Lebensabsperrung. FRANKL sieht in der N. eine Weise geistiger Entscheidung. Für BINSWANGER handelt es sich bei der N. um einen existentiellen Konflikt zwischen Ich und Welt, wobei zu letzterem auch der eigene Leib und die Innenwelt gerechnet werden. Für SCHOTTLAENDER ist die N. eine symptomatische Wiederholung anstelle der Verwirklichung eigener Möglichkeiten oder der Realität der Welt. PAWLOW bezeichnet die N. als Störung des cerebralen Gleichgewichts. Nach WOLPE ist N. ein gelerntes emotionales *habit.* Bei EYSENCK wird die N. als gelernte Fehlanpassung dargestellt.

Nach dem von der Weltgesundheitsorganisation WHO der Vereinten Nationen herausgegebenen Katalog der *International Classification of Diseases* (ICD, Sektion V) werden im Rahmen des Oberbegriffs →psychische Störung die folgenden neurotischen Zustände zusammengefaßt: Angstneurosen und andere durch Angst bestimmte neurotische Störungen, Hysterie mit Konversionsneurose und dissoziativer Reaktion, phobische Zustände, zwangsneurotische Störung, neurotische Depression, Neurasthenie, Depersonalisation, Hypochondrie, ferner andere und unspezifische Zustände (u. a. Beschäftigungsneurose). Ⓛ BINSWANGER, BRUN, FREUD, HOFF, JASPERS, PONGRATZ, SCHOTTLAENDER, SCHRAML u. BAUMANN, SCHULTZ, SCHULTZ-HENCKE *B-H*

Neurosekretion, Ausscheidung von Sekreten (d. h. Hormonen) durch Nervenzellen, Ganglienzellen. →Hormone

Neurotensin →Endorphine

neurotisch, zur Neurose gehörig, an Neurose leidend

Neurotizismus, syn. Emotionalität bzw. emotionale Labilität-Stabilität, eine in der empirischen Persönlichkeitsforschung gut gesicherte und testdiagnostisch mit verschiedenen Erhebungstechniken meßbare Persönlichkeitseigenschaft. N. hängt mit Intensität und Kontrolle emotionaler Reaktionen und Abläufe zusammen.

Während bei CATTELL dieser Faktor auf der Basis von Fragebogen als Sekundärfaktor mit »Angst vs. emotionale Anpassung« bezeichnet wird, wird bei EYSENCK N. als Faktor auf dem Typenniveau mit Hilfe von Fragebogenitems gemessen. CATTELLS Dimension der »Angst vs. emotionale Anpassung« enthält auf dem Fragebogenniveau 5 Dimensionen, nämlich Ichstärke, Mißtrauen, Furchtsamkeit, Spannung und Selbstkontrolle. CATTELL hat den Faktor N. in objektiven Tests als Angstfaktor bezeichnet. Ⓛ PAWLIK 1968 *Hä-R*

Neurotizismus-Faktor →Faktorentheorien der Persönlichkeit.

Neurotransmitter →Transmitter

neurotrop, Neurotropie, auf die Nerven wirkend (z. B. Pharmaka)

neurovegetatives Syndrom, vegetative Regelungsstörung mit einer Reihe von organ. Beschwerden ohne nachweisbare organ. Ursache

Neutralisation, ein →Abwehrmechanismus des Ich für die Sozialisierung der allen Äußerungen der →Aggressivität zugrunde liegenden Energie und ihre sekundäre Fusionierung mit der sexuellen Energie (→Libido). Der Begr. meint bezüglich der aggressiven Energie dasselbe, was der Begr. der →Sublimierung bei der sexuellen Energie besagt.

Neu-(Neo-)Vitalismus →Vitalismus

Nexus [lat.], Verknüpfung, Zusammenhang von Ursache und Wirkung (Kausalnexus)

nicht-direktive Psychotherapie →Gesprächspsychotherapie

Nicht-Null-Summen-Spiel, ein Rivalitätsspiel wie z. B. →*prisoner-dilemma-game*

nichtparametrische Tests (Verfahren), syn. parameterfreie, verteilungsfreie Methoden. Als n. p. V. werden statistische Schlußverfahren (vor allem Signifikanztests) bezeichnet, deren Anwendung nicht das Vorliegen von Intervall- oder Verhältnisskalen-Daten voraussetzt. Sie sind jedoch auch auf Daten dieser höheren Skalenniveaus anwendbar. Da sie unabhängig vom Verteilungstyp der Daten angewendet werden können, werden sie auch als »verteilungsfreie« Verfahren bez. *Mi-A*

nichtreaktive Meßverfahren, von WEBB (1966) als *unobtrusive measures* oder *nonreactive research* bezeichnete sozialwissenschaftl. Meß- und Untersuchungsverfahren, die nicht durch den Untersucher, die Untersuchungssituation oder den Untersuchten verfälscht werden können. →naturalistische Methode

WEBB und Mitarbeiter stellen diese Meßverfahren in Gegensatz zu den häufig benutzten Methoden der Interviews und der Fragebogen, sie schlagen mehrere Verfahrensgruppen vor: Unter physischen Spuren verstehen sie solche, welche durch vergangenes Verhalten hervorgerufen wurden.

Eine weitere Gruppe sind die mehr oder weniger amtlich registrierten oder archivarisch zusammengefaßten Berichte über objektive Lebensdaten. Die dritte Gruppe enthält Berichte ohne besondere Systematik der Erstellung. Als weitere Gruppe nennen die Autoren die einfache Beobachtung. Unter geplanter Beobachtung wird jene verstanden, bei welcher das natürliche Verhalten durch die Beobachtung nicht gestört wird. Sie wird meist durch technische Hilfsmittel unterstützt. →Beobachtung, →L-Daten *Hä-R*

Nichtseßhaftigkeit, pragmatischer Erklärungsbegriff der Sozialverwaltung für die Lebensform von »Personen, die ohne gesicherte wirtschaftliche Grundlage umherziehen oder die sich zur Vorbereitung auf eine Teilnahme am Leben in der Gemeinschaft oder zur dauernden persönlichen Betreuung in einer Einrichtung der Nichtseßhaftenhilfe aufhalten.« (§ 72, BSHG).

Sozialwissenschaftlich ist N. die allgemeine Kennzeichnung des alle Bürger einer Gemeinde betreffenden sozialen Problems alleinstehender, erwachsener Mitbürger, die von struktureller Armut bedroht oder aber von struktureller Gewalt der Hilfeverweigerung und Nicht-Beseitigung ihrer Armut betroffen sind. Fremdhilfeversuche, eine spezialisierte »Nichtseßhaftenhilfe« zu entwikkeln, neben den normalen Hilfen im kommunalen Infrastrukturbereich von Arbeit, Wohnen, Gesundheit, Bildung und Sozialhilfe tragen damit zur Aufrechterhaltung von struktureller Gewalt und sozialer Ungerechtigkeit in unserer Gesellschaft bei. Psychosoziale Folge von N. ist, daß die alleinstehenden Armen von der Teilnahme am wirtschaftlichen, soziokulturellen und politischen Leben in der Gesellschaft ausgeschlossen und in Sonderanstalten (»totalen Institutionen« GOFFMAN, genauer »Institutionen der Gewalt« BASAGLIA) eingeschlossen werden.

In der naiv-psychologischen Personenwahrnehmung wird das soziale Problem alleinstehender Armer mit Worten wie »Penner, Stadtstreicher, Asozialer, Arbeitsscheuer, Gammler, Alkoholiker« bezeichnet. In dieser vorwissenschaftlichen Begriffsbildung nimmt die öffentliche Meinung aus der Konstruktion eines Bildes vom Armen in unseren Städten Verschiedenes heraus, ohne über diesen kognitiven und moralischen →Egozentrismus sprachfähig zu sein. Die naiv-psychologischen Annahmen der Praktiker der »Nichtseßhaftenhilfe« über die Persönlichkeit des »Nichtseßhaften« konnten falsifiziert werden. Auch in hoch-selektiven Samples von alleinstehenden Armen, die stationäre Einrichtungen nach § 72 BSHG anlaufen, konnten mit modernen persönlichkeitspsychologischen Tests, Beobachtungsverfahren und Fragebögen keine statistisch signifikanten Unterschiede zwischen der Persönlichkeitsstruktur des »Seßhaften« und des »Nichtseßhaften« gefunden werden (WICKERT).

N. verweist auf die Strukturdefizite in der →Gerechtigkeitsstruktur gesellschaftlicher Interaktion zwischen armen und etablierten Sozialbürgern: Nichtvorhandensein bedürfnisgerechter Sozialleistungen für diese Zielgruppe einerseits und sozialstaatlicher Anspruch auf diese Sozialleistungen andererseits. Ⓛ ALBRECHT 1979, MARCINIAK 1980, KLEE 1979, ROTHENBERGER 1981 *Ro-R*

Nichtumkehrwechsel [engl. *non reversal shift*], außerdimensionales Umlernen (→Umlernversuche). →Diskriminieren – Lernen *B-S*

nichtverbale Kommunikation, menschliche →Kommunikation ist ein vielschichtiges Geschehen. Neben der Sprache gibt es eine Fülle anderen kommunikativen Verhaltens. Es wird unter dem Begr. der n. K. zusammengefaßt; (»nichtverbales Verhalten« wird oft syn. mit »n. K.« gebraucht, ebenso die Begr. »Interaktion« und »Kommunikation« mit der Annahme, daß alles Verhalten in interpersonalen Situationen Mitteilungscharakter hat). Nichtverbale kommunikative Elemente sozialer Interaktionen sind: (a) Körperkontakt, (b) Körperbewegungen und Körperhaltung (eingeschlossen →Gesten, Gesichtsausdruck, →Mimik und Blickverhalten; →Kinesik), (c) äußere Erscheinung (Kleidung usw.), (d) nichtverbale Aspekte des Sprechens (Tonfall, Zögern, Lachen usw.; →Paralinguistik), (e) räumliche Faktoren (Distanz, Sitzposition, Umgebung usw.; →Proxemik).

Grundsituation der Erforschung n. K. ist die *face-to-face*«-Interaktion. Kommunikation wird demnach als ein Vorgang aufgefaßt, an dem der ganze Körper der K.partner beteiligt ist. Es ergeben sich dadurch Berührungspunkte zur →Ethologie und zur →Kulturanthropologie. Auch werden damit viele Phänomene, welche die →Ausdruckspsychologie untersucht hat, wieder in ihren kommunikativen Kontext gestellt. Um erfolgreich kommunizieren zu können, müssen Interaktionspartner enorme Mengen von Information verarbeiten. Um dem gerecht zu werden, wird in der Forschung versucht, das einfache nachrichtentechnische Modell der Kommunikation durch ein Multikanalmodell zu ersetzen, wobei so viele Kommunikationskanäle angenommen werden, wie der Mensch Sinnesmodalitäten hat (wichtig vor allem visueller, auditiver und taktiler Kanal). Es lassen sich 4 verschiedene Funktionen nichtverbalen kommunikativen Verhaltens unterscheiden: (a) Funktion für die →Sprachproduktion (nichtverbales Verhalten, das eng mit dem Sprechen verbunden ist, es z. B. rhythmisch begleitet, illustriert oder ersetzt), (b) regulatorische Funktion für den Ablauf der Interaktion (z. B. beim Wechsel der Sprecher-Hörer-Rolle), (c) interpersonale Funktion zur Bestimmung der Beziehung zwischen den Kommunikationspartnern (z. B. Grad der Intimität), (d) expressive Funktion zum Ausdruck von Affekten und Persönlichkeitseigenschaften.

Auf einer spezifischen Auffassung des Verhältnisses von Sprache und n. K. basiert das Konzept der Metakommunikation (WATZLAWICK). Darunter wird K. über K. verstanden. In ihr geht es um die Bestimmung der Regeln, die einer K. zugrunde liegen. Jede K. ist immer zugleich Metakommunikation, insofern der Beziehungsaspekt der K. festlegt, wie der Sender die als Inhalt übermittelte Information verstanden haben will und wie er dadurch die Beziehung zwischen Sender und Empfänger definiert. Die Information über die Beziehung ist zumeist »analog codiert« (→Codierung) und wird vor allem über den visuellen und den taktilen Kanal und durch die paralinguistischen Phänomene im auditiven Kanal übermittelt. Der Inhalt dagegen ist »digital codiert« und wird vor allem durch die Sprache übermittelt. Ⓛ ARGYLE 1972, 1975, DUNCAN 1969, GRAUMANN 1972, MEHRABIAN 1972, SCHERER 1970, WATZLAWICK 1967 *B-R*

nicht-verbale (non verbal) Tests →sprachfreie Tests

Nihilismus, absolute Verneinung als Standpunkt oder Weltanschauung. Der theoretische N. ist die Verneinung der Möglichkeit, die Wahrheit und die letzten Dinge zu erkennen. Praktisch ist der N. eine Lebenshaltung, die alle Wertmaßstäbe zu weitgehend relativiert und den Negativismus und Skeptizismus übersteigert. Ⓛ HOFFMEISTER

Nikotin, wichtigstes im Tabak enthaltenes Alkaloid. In niedrigen Dosen wirkt N. auf das ZNS erregend, in höheren hemmend.

Nirwana [Sanskrit], Auslöschen, Erlöschen, die im Buddhismus erstrebte Loslösung der Seele vom Lebenstrieb und der Materie und die dadurch erreichte selige Ruhe, Freiheit von Sünde, Leid und Leidenschaften, ein Zustand, der durch Meditation schon zu Lebzeiten erreicht werden kann. Nach dem Tode tritt dann völliges Erlöschen (Parinirwana) und damit auch die Befreiung von der Wiedergeburt ein.

Nirwana-Phantasie, Bez. von FREUD für einen typischen Tagtraum mit vollkommener Wunsch- und Affektlosigkeit sowie allumfassender Ruhe.

Nische [zu lat. *nidus* Nest], Einbuchtung. • (biol.) Ein Raum (mehr oder weniger in sich geschlossen, als Rest verblieben oder vorher nicht erschlossen), in dem die Lebensbedingungen Tieren oder Pflanzen das Überleben ermöglich(t)en.

Nischentheorie, innerhalb der →Feldtheorie gebrauchter theoret. Ansatz, um denjenigen Teil des Feldes zu charakterisieren, der die flachsten Konkurrenzgradienten aufweist. Für sozial- bzw. machtstrategische Maßnahmen leistet die N. Hilfestellung zur Abschätzung d. Erfolgschancen. Ⓛ SPIEGEL 1961 *B-H*

Nit →lichttechnische Maße

Niveau [frz.], engl. *level,* Zustand, Stufe, Höhe. Im wertenden Sinne: Rang. • In der Ps. heute oft gebrauchter Ausdruck, z. B. Begabungsniveau, Entwicklungsniveau, Anpassungsniveau, Anspruchsniveau, Verarbeitungsniveau (→level of processing). P. JANET benützte den Begr. *»niveau mental«* für ps. Spannung. • N. bei der Handschrift →Graphologie (Tabelle)

Niveau, psychophysisches, von KÖHLER (1920) eingeführte Bez. für denjenigen Abschnitt im Wahrnehmungsvorgang, wo der Gegenstand (das physikalische Objekt) zum eigentlichen Anschauungsding werde. Dieser psychophysische, bewußtseinsfähige Vorgang erfolge zum Beispiel beim Sehen im Endabschnitt des Sehvorgangs (Lichtstrahlen – Auge – Sehnerv usw.) in der Sehrinde *(area striata).* Ⓛ KÖHLER

Niveau-Test →power-Test

Nivellierung, Einebnung. In der Ps. der Vorgang, daß (z. B. in der Wahrnehmung) das wenig Beachtete jeweils weiter absinkt und verflacht. Auch der Vorgang der Bedeutungsabwertung. Im Ggs. dazu die →Akzentuierung, Pointierung (Überspitzung) des als wesentlich Angesehenen. →Denkstil

Nivellierungsgesetz, in der gemeinschaftlichen Arbeit (gemeinsam nach Art und Situation) macht sich in drei Richtungen eine gegenseitige Beeinflussung als Nivellierung geltend: Absinken der Höchstleistungen, Anstieg der niederen Leistungen und leichte Hebung des Leistungsdurchschnitts. MOEDE hat den Vorgang experimentell nachgewiesen. Sozialps. ist er von HELLPACH aufgegriffen worden. Vgl. Primitivierungsgesetz

Nockenaufgabe Ⓣ HERMANN, MOEDE

Noctambulie [lat. *nox* Nacht, *ambulare* umhergehen], Schlafwandeln, Nachtwandeln. →Somnambulismus

N

Noëm, kleinste begriffl. Einheit.

Noëma [gr.] Denkgegenstand, Gedanke, Gedachtes, der Sinn und Gehalt eines Bewußtseinsinhaltes. • Gedankeninhalt i. Ggs. zum Denkvorgang.

Noëse [gr. *nus* von *nóos* Verstand], die im Ablauf der ps. Entwicklung kennzeichnende Phase der vorherrschenden Verstandesentfaltung im Ggs. zur Phase der Phantasieentfaltung, der bildhaften Vorstellung bzw. der Gemütsentfaltung (Eidese und Thymose nach HELLPACH). • Das »Warum-Frage-Alter« etwa zwischen 4. und 10. Lebensjahr. Vgl. Entwicklungsstufen. Ⓛ HELLPACH

Noëtik, Denklehre, Erkenntnislehre

noëtisch, zum Denken gehörig

noëtische Schicht, noëtischer Oberbau, von LERSCH eingeführte Bez. für seine Anschauung, daß die individuellen Denkleistungen eine eigene »Schicht« neben dem willentlichen Oberbau beim »Aufbau des Charakters« bilden. In der späteren Fassung seiner Lehre (»Aufbau der Person«) werden die Denkleistungen als »noetischer Habitus« in den personellen Oberbau einbezogen. →Tabelle Charakteraufbau

noise →Lärm

Noktambulismus →Noctambulie

Nominal-Phrase →IC-Analyse

Nominalskala, Klassifikationsgrundlage qualitativer Daten. Die einzige Bedingung, die eine N. erfüllen muß, ist, daß Ereignis und Klasse einander eindeutig zugeordnet werden können. Zwischen den Klassen einer N. besteht qualitative Verschiedenheit, innerhalb der Klassen Gleichheit aller Fälle. Andere Beziehungen (z. B. Größenrelationen) bestehen zwischen den Klassen einer N. nicht. Die Reihenfolge d. Klassen einer N. ist bedeutungslos u. entspricht äußeren Konventionen. Beispiele: Geschlecht: männl. – weibl.; Familienstand: ledig – verheiratet – verwitwet. *Mi-A*

Nomologie, Bez. für den Teilbereich einer Einzelwissenschaft, der sich mit der Aufstellung allgemeiner Regeln und Gesetze (sog. nomologischer Hypothesen) befaßt, die für die Phänomene bestehen, mit denen sich diese Einzelwissenschaft beschäftigt. Die Aufstellung nomologischer Hypothesen ist zentrale Aufgabe einer jeden Erfahrungswissenschaft.

nomothetisch, Gesetze aufstellend. Nach WINDELBAND ist die Naturwissenschaft n. im Ggs. zur idiographischen (nur einmalige Tatsachen beschreibenden) Geschichtswissenschaft, Ereigniswissenschaft. In der Persönlichkeitsps. hat z. B. nach W. STERN G. W. ALLPORT die idiographische Beschreibung dem n. Verfahren vorgezogen.

non-drug-factors [engl.], Nicht-Pharmakon-Faktoren, d. h. für den Therapieerfolg wichtige, doch nicht spezifische Faktoren: Merkmale des Therapeuten, des Patienten (Klienten), des Behandlungsmilieus u. a. m. Ⓛ DEBUS u. JANKE *R-S*

nonverbal communication →nichtverbale Kommunikation

noogene Neurose, in Fällen, wo letztlich ein geistiges Problem, ein sittlicher Konflikt oder eine existentielle Krise der Neurose ätiologisch zugrunde liegt, spricht FRANKL von einer n. N. →Pseudoneurosen

Noopsyche ⟨STRANSKI⟩, »Geistseele«, die geistige, intellektuelle Schicht oder Seite des Seelenlebens, im Unterschied zur Thymopsyche

Noradrenalin, sog. →Katecholamin, Hormon des Nebennierenmarks und →Transmittersubstanz im ZNS. →biogene Amine, →Hormone

Norm [lat. *norma* Winkelmaß], »Richtschnur«, Regel, leitender, verbindlicher Grundsatz, Wertmaßstab, Vorschrift. • Man unterscheidet logische, ethische oder ästhetische Normen, daher heißen Logik, Ethik und Ästhetik auch die normativen Disziplinen der Philosophie. • Regel, im Sinne von Durchschnitt, das Übliche, Häufigste. • N. in der Sozialps. →Norm(en), soziale. • Nach PARSONS (1964, 163) sind N. »Regeln für bestimmte Kategorien von Einheiten in einem Wertsystem gültig für bestimmte Situationen«. Ⓛ BRANDT u. KÖHLER (1972, S. 1714)

normal →abnormes Verhalten

Normalbeobachter, Bez. für den Beobachter (als abstraktes Subjekt), der dem Mittelwert vieler Messungen an realen Einzelbeobachtern unter normierten Bedingungen entspricht

normalisieren, in der Statistik die Transformation nichtnormaler Verteilungen in eine Normalverteilung. Dabei wird folgendermaßen vorgegangen: Zuerst wird eine Flächentransformation durchgeführt, d. h. es werden die Prozentränge der einzelnen Maßzahlklassen bestimmt. Diesen werden anschließend die entsprechenden z-Werte der Standardnormalverteilung zugeordnet. Die z-Werte können noch linear weitertransformiert werden. *Mi-A*

Normalreiz →Konstanzverfahren

Normalverteilung, syn. GAUSS-Verteilung, Glockenkurve. Eine eingipfelige, symmetrische Verteilung, die sich asymptotisch der Abszisse nähert und deren mathematische Gleichung

$$y = f(x) = \frac{N}{\sigma\sqrt{2\pi}} e^{-\frac{1}{2}\left(\frac{x-\mu}{\sigma}\right)^2}$$

lautet. Eine N. entsteht, wenn die ein Merkmal verursachenden Faktoren zahlreich, voneinander unabhängig und in ihrem Zusammenwirken additiv sind. Als Standardnormalverteilung wird eine nach $\mu = 0$ und $\sigma = 1$ transformierte N. bezeichnet. *Mi-A*

normativer Geist →objektiver Geist

normative Strebungen ⟨LERSCH⟩ →transitive Strebungen

Normbewußtsein, Bereitschaft zur Befolgung von sozialen Verhaltensvorschriften (→Norm[en], soziale), die sowohl die Kenntnis der Normen, ihre positive Bewertung als auch die motivationale Bereitschaft sie zu erfüllen voraussetzt. *B-S*

Normenkenntnis →Norm(en), soziale, →Kenntnisse

Normen, testpsychologische, Bez. für Durchschnittswerte und Streuungswerte für bestimmte Leistungen u. a. (z. B. Intelligenzleistungen), die als Beurteilungsgrundlage für die einzelne Person, eine Personengruppe u. a. dienen. →Standardwert

Normskalen, Normenskalen, standardisierte Testskalen zur ökonomischen Vergleichbarkeit von Testwerten. Im Prinzip ist es möglich, auf Grund einer Verteilung von Testwerten Normen, d. h. Vergleichsmaßstäbe in Form von Rohwertverteilungen zu erstellen.

Die Vergleichbarkeit von solchen Normen zwischen verschiedenen Tests legt es jedoch nahe, N. zu entwickeln. Diese lassen sich nach verschiedenen Aspekten einteilen. Von Mehrfachnormen spricht man, wenn Normen für die gesamte Eichstichprobe und für einzelne Gruppen dieser vorliegen. Einfachnormen sind solche, welche nur über die gesamte Eichstichprobe gewonnen wurden. Von Variabilitätsnormen spricht man, wenn sich diese auf die Streuung der Eichstichprobe oder einer Untergruppe der Eichstichprobe beziehen. Äquivalentnormen liegen vor, wenn sich eine individuelle Leistung auf den Mittelwert einer Gruppe bezieht. Weiter unterscheiden sich noch die Normen darin, ob eine lineare Transformation oder eine Flächentransformation stattfindet. Für die N. werden mehrere Skalen vorgeschlagen. Erfüllt die Rohwertverteilung die Forderung nach Normalverteilung nicht, so läßt sich eine Prozentrangtransformation durchführen; die dadurch gewonnene N. ist dann der →Prozentrang (→Percentil). Durch eine einfache Transformation kann die Prozentrangskala in eine T-Skala umgewandelt werden. Der Mittelwert der T-Skala ist 50, die Standardabweichung 10. Die T-Skala kann in eine *Stanine*-Skala zurückgeführt werden. Sie wird durch die gleiche Transformation gewonnen und weist die Zahlenwerte 1 bis 9 auf. Liegen normalverteilte Rohwerte vor, so lassen sich einige lineare Transformationen durchführen. Sie gehen von der Z-Transformation (→Z-Wert) aus. Bei der Z-Skala liegt ein Mittelwert von 100 und eine Streuung von 10 vor. Beim Intelligenzquotienten handelt es sich um eine N. mit Mittelwert 100 und Streuung 15. Eine selten benutzte N. ist die Wertpunkt-Skala, welche z. B. beim HAWIE benutzt wird. Sie hat einen Mittelwert von 10 und eine Streuung von 3. Ⓛ LIENERT 1969 *Hä-R*

Norm(en), soziale, in Gruppen anerkannte Handlungs- und Werte-Standards in Form von meist ungeschriebenen Vorschriften. Die Einhaltung der s. N. wird mit positiven Sanktionen belohnt, ihre Übertretung mit negativen bestraft.

S. N. sind im Gegensatz zur absoluten Norm (Sittlichkeit) nur in bestimmten Gesellschaften geltende und tatsächlich befolgte Verhaltensregeln. Es besteht ein enger Zusammenhang mit dem Begriff →*behavior setting,* insofern als bestimmte ökologische Gegebenheiten je bestimmte s. N. bevorzugt fordern. Eine spezielle Form der s. N. sind →Rollen. Daraus ist ersichtlich, daß sie wesentlich für Verhaltenserwartungen sind und zum Gefühl der Sicherheit, Orientiertheit und folglich Angstfreiheit der Mitglieder in ihrer Gruppe beitragen. *B-S*

Norm(en)verbindlichkeit, von dem →Normbewußtsein nur insofern unterscheidbar als mit N. auch der Grad der Verinnerlichung von sozialen →Normen gemeint sein kann. Der Begr. stammt aus der →Kriminalps. *B-S*

Normung →Eichung, →Normskalen, →Standardwert

Nosographie [gr. *nosos* Krankheit], Krankheitsbeschreibung, auch Systematik der Krankheiten

Nosologie, Lehre von den Krankheitseinheiten und Krankheitsbildern. Nach KRAEPELIN ist es Aufgabe, natürliche Krankheitseinheiten (gleiche Ursache, gleicher Verlauf, gleicher Befund) aufzuspüren. Nach JASPERS »wird aber nur die Idee einer Krankheitseinheit gewonnen«. →Pathologie

Nosomanie, Krankheitswahn

Nosophilie, Krankheitsbereitschaft, Krankheitsneigung; auch Bestreben, krank zu sein

Nosophobie, die Furcht, krank zu sein

Nostalgie, Heimweh, Sehnsucht nach besseren, »heileren« Zuständen.

Der Begr. ist alt und wandelte sich in seiner Bedeutung. Erstmals bildete ihn aus *nostos* (Rückkehr ins Vaterland) und aus *algos* (Schmerz, Betrübnis) der humanistische Basler Arzt Joh. HOFER 1688 in seiner »Dissertatio medica de Nostalgia oder Heimweh«. Er besprach darin die »Krankheit«, die er an Schweizer Söldnern fern der Heimat und an Studenten beobachtete und die nur mit der Rückkehr in die altgewohnte Umgebung zu heilen war. Als »Sehnsucht nach den einfachen und unverdorbenen Sitten der ländlichen Welt« (HAUSER 1973) kommt der Begr. dann im 18. Jhd. auf bei ROUSSEAU u. a., bis er schließlich in unserer Zeit – nachdem es lange still um ihn war – als »unbestimmtes Sehnen aus einer unbewältigten Gegenwart« schon zum Modewort geworden ist.

Notenblindheit →Amusie

Notfallsfunktion, *emergency function*, CANNON-Syndrom, Bez. nach CANNON (1928) für eine vom sympathisch-adrenalen System gesteuerte psychophysische Aktivitätssteigerung. Reaktion des Sympathikus und des Nebennierenmarks. →Sympathikotonie
● Vgl. Totstellreflex

Notrufe, (biol.), angeborene oder erlernte Lautäußerungen, die Artgenossen oder Artfremde vor einem Freßfeind warnen. Vgl. Schreckstoffe *P-S*

Notwendigkeit, psychologische, die Bestimmung des Handelns oder Verhaltens aus allgemeingültig-gesetzmäßigen oder individuell gelagerter ps. →Motivation.

Noumenon [gr. *noéo* denken, erkennen], das Nur-Gedachte. Begr. ohne Gegenstand im Sinne der bloßen Idee, der kein Gegenstand entspricht. Ggs. Phänomenon. N. spielt im Neuplatonismus, dann besonders bei KANTS Vernunftkritik eine Rolle.

Nous [gr. *nus* von *nóos* Verstand], Geist, Intellekt, die denkende Seele, die der Mensch den Tieren voraus hat ⟨ARISTOTELES, PLATO⟩

Noxe [lat. *noxa* Schaden], krankheitserregende Schädigung

Nozirezeptor →Schmerzpunkte

Nozizeptivreflex, reflexhafte Abwehr von Hautschädigungen durch schnelles Ausweichen oder Zurückziehen, noch bevor die schmerzhafte Empfindung auftritt; entspricht dem Schutz-, Abwehr- und Fluchtverhalten b. Mensch u. Tier. *Ma-R*

NP, Abk. für Nominal-Phrase. →Phrasen-Struktur-Grammatik

N-Personen Spiel, Darstellung eines Spieles im Sinne der →Theorie der Spiele mit verallgemeinerter Anzahl der Spieler *G-R*

N-TAT Ⓣ BRIGGS

Nucleotid →Nucleinsäuren

Nucleus [lat.], Kern, Zellkern bzw. Kerne im Zentralnervensystem (→Gehirn)

Nukleinsäuren, von F. MIESCHER (1871) entdeckte Riesenmoleküle, die die genetische Information enthalten. Die beiden N. →Desoxyribonucleinsäure (DNS) und →Ribonucleinsäure (RNS) sind lange Ketten aus mehreren hunderttausend Nucleotiden (Moleküle aus Phosphorsäure, Zucker und einer heterozyklischen Base). Die N. enthalten die Basen: Adenin, Thymin (DNS) bzw. Uracil (RNS), Guanin und Cytosin. Jeweils drei aufeinanderfolgende Nucleotide bilden ein Triplett und stellen die kleinste genetische Informationseinheit dar. *D-E*

Nullhypothese, Abk.: H_0, statistische Hypothese, in der angenommen wird, daß sich aus Stichproben gewonnene Statistiken voneinander oder vom entsprechenden Parameter der Population nicht oder nur zufällig unterscheiden. Wird die N. auf Grund eines statistischen Tests zurückgewiesen, muß die Alternativhypothese (H_1) angenommen werden. Wird die N. verworfen, obwohl sie tatsächlich richtig ist, so spricht man von einem Fehler erster Art (Typus I, α-Fehler). Wird die N. beibehalten, obwohl sie falsch ist, dann spricht man von einem Fehler zweiter Art (Typus II, β-Fehler). *Mi-A*

Nullpunkt, physiologisch der Temperaturgrad, bei dem in einem Körperbezirk weder warm noch kalt empfunden wird (also nicht der physikalische Nullpunkt). ● Ps. der Zustand der Inaktivität, der Reizlosigkeit u. a. m.

● In der Gestaltps. (Struktur der Bezugssysteme) ist N. derjenige Bezugspunkt, von dem aus ein Mehr oder Weniger, ein Stärker oder Schwächer einer Eigenschaft bestimmbar wird, wobei noch hervorgehoben werden kann, daß der N. zwei sich ergänzende Kennzeichen hat: das Anschauliche (N. als das im Seelischen, was sich von selbst versteht) und das Funktionale (N. als das, was besonders fein differenziert ist, bzw. kleinste Unterschiedsschwellen besitzt).

Nullsummenspiel →Zweipersonen-Nullsummenspiel

Nullversuch [engl. *catch-trial*] ein Verfahren zur Überprüfung der Einstellung der Vp beim ps. Experiment. In eine Reihe ähnlicher Versuche wird ein Versuch eingeschaltet, bei dem der Vp die Lösung der Aufgabe unmöglich oder nur mit neuen Strategien möglich ist →Reaktionszeit

numerisch, nach DIN 44300 »sich auf einen Zeichenvorrat beziehend, der aus Ziffern und Sonderzeichen zur Darstellung von Zahlen besteht«

numinos [lat. *numen* einer Gottheit Wink, Wille], göttlich, heilig in seiner geheimnisvollen Mächtigkeit. Ⓛ OTTO

nutritive Energie [lat. *nutrio* säugen, ernähren], Bez. von C. G. JUNG für die den nutritiven Funktionen (d. h. mit der Nahrungsaufnahme speziell der oralen Phase verbundenen Funktionen wie Saugen, Lutschen) zugrunde liegende und auf Lustgewinn gerichtete ps. Energie

nutritive Phase, Bez. von JUNG für die →orale Phase. Bei der Bez. dieser Phase geht JUNG von den dominanten Funktionen, FREUD von der erogenen Zone aus.

Nutzen, →Entscheidungstheorie, →Theorie der Spiele, →Kosten-Nutzen-Kalkulation

Nützlichkeit als →Gütekriterium des Tests verlangt die N., daß mit ihm nicht unwesentliche oder durch andere Tests ebenso gut bzw. besser meßbare Merkm. festgestellt werden.

Nyktalopie [gr. *nyx* Nacht], Nachtsichtigkeit bzw. Tagesblindheit (weil nur bei Nacht sehend). Ggs. Hemeralopie

Nymphomanie [gr. *nymphe* Braut], auch Hysteromanie, Andromanie, Mannstollheit. →Sexualität

Nystagmus [gr. *nystagmós* das Nicken der Augen], unwillkürliches ruckartiges Zittern des Augapfels (senkrecht, waagerecht oder drehend) schon in der Ruhestellung des Auges, verstärkt bei Bewegung.

O

O (auch o), viel verwendete Abk. für *other,* der Andere, die andere Person, mit der →P interagiert

O, Organismusvariable →Verhaltensmodell

OAS Abk. für →operatives Abbildsystem

OATB (Objective Analytic Test Battery) Ⓣ CATTELL

Oberbewußtsein, das »helle« Bewußtsein im Ggs. zum Unterbewußtsein. Die definitorischen Abgrenzungen »Ober-«, »Unter«, »Un-«Bewußtes (zumal gegenüber letzterem) sind nicht eindeutig.

Oberflächenfarbe →Farbe (Erscheinungsweise)

Oberflächenstruktur, *surface structure,* nennt CHOMSKY (1965) die grammatische →Struktur, die den →Sätzen einer →Sprache von der →Phrasenstruktur-Grammatik mit Hilfe der →IC-Analyse zugeschrieben wird. Sie beschreibt im Gegensatz zur →Tiefenstruktur der →generativen Transformations-Grammatik nur die äußere, konkrete, »physikalische« Erscheinungsform der Sätze und kann dadurch Ähnlichkeiten, Unterschiede und Ambiguitäten in der →Bedeutung der Sätze oft nicht angemessen widerspiegeln. Beispiel: Der Satz »Ein Betrug des Piloten ist ausgeschlossen« erhält nach der Phrasenstruktur-Grammatik für beide Möglichkeiten der inhaltlichen Interpretation (Aktiv oder Passiv) das gleiche →Baumdiagramm. Zur Ausweitung des Begriffs: →Denken, →Grammatik. *T-R*

Oberflächenwesenszug, Oberflächeneigenschaft [engl. *surface trait*], der in der faktorenanalytischen Persönlichkeitsforschung als ein →Syndrom zusammenfaßbare Wesenszug. Ein O. liegt dann vor, wenn zu dessen Zustandekommen mehrere Faktoren beteiligt sind. Die Dimension →Neurotizismus kann als ein solcher O. verstanden werden, weil er durch verschiedene Verhaltenselemente wie z. B. Ängstlichkeit, emotionale Labilität u. a. bestimmt ist. →faktorenanalytische Persönlichkeitstheorien, →Grundwesenszug. Ⓛ HUNDLEBY 1972 *Hä-R*

Obertöne, mit dem Grundton mitklingende Töne, die sich zum Grundton, dessen Schwingungszahl 1 sei, wie 2:3:4:5 usw. verhalten.

Oberziel, für irgendwelche konkreten Handlungen bzw. Handlungsziele kann gefragt werden, welchem O., welchem allgemeineren, übergeordneten Ziel sie dienen. Motive können als Klassen inhaltlich verwandter O. aufgefaßt werden. Ⓛ HECKHAUSEN 1980, WERBIK 1978. *K-I*

Objektbeschreibungs-Tests, Bez. für Verfahren, der Vp beliebige Gegenstände vorzulegen und sie zur Beschreibung aufzufordern. Aus der Art der Beschreibung werden die bevorzugten Beobachtungsrichtungen und der Vorstellungstypus erschlossen.

Objektbesetzung, nach FREUD die Besetzung von Objekten (Personen und Dingen) mit →Libido, im Ggs. zur libidinösen Besetzung des eigenen Körpers und seiner erogenen Zonen (Autoerotismus) oder des eigenen Ich (→Narzißmus). Erst in der Adoleszenz (späte genitale Phase) kann sich die O. zu einer narzißmusfreien Objekt-Liebe (der reifsten und höchsten Form der O., wobei die Menschen und die Welt in selbstloser, ambivalenzfreier Form geliebt werden) entwickeln. Vgl. Objektion. →Objektwahl

Objekterkennungs-Test Ⓣ BRENGELMANN

Objektion, Verlegung seelischer Tatbestände (z.B. Sympathie) auf den Gegenstand, auf Vorstellungsinhalte oder andere Sachverhalte. Es gibt eine sensorielle, emotionale und voluntiale O.

Stets trägt sie finalen Charakter, unterstützt mithin die Erfüllung. ACH sieht die Ursache zur O. im Entlastungstrieb, d.h. im ps. Vorgang, »die Ichseite des Bewußtseins zu entlasten, sie infolgedessen freizumachen für andersartige Aufgaben«. Die Typen verhalten sich dabei verschieden. So hemmt z.B. die größere Perseverationstendenz des Schizothymen den Entlastungstrieb. Zyklothymie fördert ihn. Objektionsfähigkeit wird von ACH auch definiert als die Eigenschaft, eine Umgestaltung von Erlebnissen, z.B. eine Verschiebung der Objektionsgefühle von der Qualität des Angenehmen in die des Unangenehmen zu vollziehen.

Objektionsaufgabe Ⓣ HISCHE

Objektivation, Vergegenständlichung. Man objektiviert eine Vorstellung, wenn man ihr zur äußeren Gestaltung verhilft.

Objektive Psychologie, Sammelbegr. für alle ps. Richtungen, die ihre Kenntnisse auf objektiv feststellbare Erscheinungen gründen unter Verzicht auf alle Bewußtseinsdaten.

Solche Bestrebungen beginnen programmatisch formuliert etwa um die Jahrhundertwende. Als »Objektivisten« bezeichnet man z.B. von UEXKÜLL, BEER, BETHE. Erstgenannter begründete die Umweltlehre, derzufolge das Tier in seiner Eigenwelt zu betrachten sei, d.h. objektiv und ohne anthropomorphistische Begriffe. Etwas später entwickelt LOEB in Berlin seine Lehre von den →Tropismen. Etwa zu derselben Zeit tritt in Amerika die Tierps. mit der Forderung auf, streng objektiv zu sein ⟨MORGAN, YERKES und THORNDIKE⟩. WATSON (1913) verkündet in polemischer Form eine Ps. ohne Bewußtsein, die sich ausschließlich auf das Verhalten gründen soll (→Behaviorismus). Die von ihm begründete Lehre ist in abgewandelter Form bis heute in Amerika führend. – In Rußland fordert PAWLOW, der Begründer der Lehre von dem →bedingten Reflex, auch bei der Betrachtung der höchsten Funktionen des Nervensystems auf ps. Begriffe zu verzichten. Etwas später begründet BECHTEREW ebenfalls in Rußland seine →Reflexologie, die er ausdrücklich o. Ps. benennt →Neurismus. Ⓛ BECHTEREW, BORING, FLUGEL, PAWLOW, ROBACK, UEXKÜLL, WATSON

objektiver Geist, nach HEGEL der Geist in Gesellschaft, Staat, Sittlichkeit, Moral, Recht, während in Wissenschaft, Kunst, Philosophie und Religion der absolute Geist vorliegt. DILTHEY versteht unter o.G. die Gesamtheit der geistigen Äußerungen und Niederschläge alles kulturellen Lebens.

Auch die Annahme SPRANGERS ist hier zugehörig, daß ein Geistiges überpersönlich bestehe und in der Kultur ebenso wie in der Natur sich gestaltlich verwirkliche und allem Sein entsprechend sinnvolle Ziele gebe – auch dem Psychischen. • Von solchem o.G., der mit dem HEGELschen Begr. nicht mehr allzuviel gemeinsam hat, ist zu unterscheiden der »objektivierte Geist«, d.h. der gleichsam in das Objekt, in Objektives, Materielles fixierte Geist, wie er sich in Werken der Kunst, in Werkzeugen usw. darbietet. Auch ist zu unterscheiden der »normative Geist«, der sich von dem geschichtlich bedingten o.G. dadurch abhebt, daß er »die objektiven Werte begründet und daß er mit seinen idealen Forderungen (Normen), in denen das Seinsollende zum Ausdruck kommt, tief in unsere Lebenswirklichkeit hineinreicht und auf diese eine richtungweisende Funktion ausübt«. Vgl. geisteswissenschaftliche Ps. Ⓛ N. HARTMANN, OELRICH, SPRANGER

objektiver Test, objektiver Persönlichkeitstest, nach CATTELL (1958) bzw. SCHEIER (1958) ein Test, der so konzipiert ist, daß Testvorlage und Antwortgestaltung keine Verfälschung durch den Probanden zulassen.

Es wird das unmittelbare Verhalten in einer standardisierten Situation erfaßt, wobei, im Gegensatz zu den Fragebogenverfahren, der Proband sich in der Regel nicht selbst beurteilen muß. Wie SCHMIDT (1975) erwähnt, haben diese Meßverfahren keine mit der Meßintention übereinstimmende Augenscheinvalidität *(→face-validity)*, müssen aber wie die übrigen Tests die üblichen →Testgütekriterien aufweisen. Da die →Objektivität innerhalb der klassischen →Testtheorie ein Testgütekriterium darstellt, ist die Bezeichnung »o. T.« von CATTELL nicht sehr gut gewählt worden und führt häufig zu Mißverständnissen. Innerhalb der Cattellschen Terminologie taucht diese Überschneidung nicht auf, da Cattell für die Auswerteobjektivität den Begriff *conspective* benutzt.

Diese terminologischen Überschneidungen haben manche Autoren veranlaßt, o. T. anders zu benennen. So spricht z. B. Cronbach (1970) von Leistungstests zur Persönlichkeitsmessung *(performance tests of personality)*.

Wie Fahrenberg (1971[3]) darstellt, hat die Persönlichkeitsforschung auf der Basis der objektiven Testmessung bereits mit Kraepelin begonnen. In standardisierter Form wurden o. T. in den Untersuchungen von Hartshorne, May und Maller (1929) zur situationsbedingten Ausprägung von »Charaktereigenschaften« (wie z. B. Ehrlichkeit, Ausdauer usw.) angewendet. Im deutschen Sprachraum hat die exp. Typenforschung, vor allem Kretschmer und Jaensch, o. T. in größerem Umfange für diagnostische Zwecke eingesetzt. Psychomotorisches Tempo, Hautwiderstand, Schreibdruckregistrierung, motorische Leistungsprüfungen, Wahrnehmungsexperimente wie insbesondere das problematische Phänomen der →Eidetik und andere Versuchsanordnungen wurden dabei verwendet. Da diese Verfahren mit dem sehr eingeschränkten Ziel innerhalb der Typenforschung angewandt und Testgütekriterien zur Beurteilung ihrer Testgütequalitäten kaum erhoben wurden, hat die objektive Testentwicklung innerhalb der Typenforschung wenig zur weiteren Verbreitung dieser Tests beitragen können. Anregung für die Verwendung von exp. Versuchsanordnungen kamen auch aus der Allgemeinen Psychologie. Wahrnehmungsversuche (Akkommodation, Adaptation, figurale Nacheffekte, Figurerkennen u. a.), Lernexperimente (Konditionierungsversuche u. a.) sowie psychomotorische Tests *(tapping, dotting, aiming)* wurden zur Messung interindividueller Unterschiede herangezogen.

Mit dem Ziel der Erstellung einer umfassenden Persönlichkeitstheorie unter Einbeziehung der gesamten →Persönlichkeitssphäre hat Cattell diese Ansätze aufgegriffen, erweitert und mit →multivariaten statistischen Methoden, hauptsächlich der →Faktorenanalyse, verbunden (→Faktorentheorien der Persönlichkeit).

Cattell und Mitarbeiter haben viele hundert solcher Tests konstruiert, von denen 412 zu häufiger Anwendung gekommen sind. Die faktorenanalytische Auswertung dieser →T.daten führte bei Cattell zu 21 →U.I.-Faktoren, welche in unterschiedlichen Untersuchungen identifiziert werden konnten. In der →HSOA-Batterie (Ⓣ Schuerger-Cattell) sind 10 solcher U.I.-Faktoren und die dazu gehörenden o. T. zu einer Testbatterie zusammengefaßt. Im deutschen Sprachraum existiert die →objektive Testbatterie, welche in einer Vorform 50 objektive Tests beinhaltet. Für die Angstmessung hat Cattell ebenfalls eine objektive Testbatterie vorgelegt (Ⓣ Cattel). Die damit gemessene Angst entspricht derjenigen, die im klinischen Bereich diagnostiziert wird. Für den Bereich der Messung von Motivdimensionen hat Cattell einen Motivationstest für Erwachsene (Ⓣ Cattell, *motivation-analysis-test*) und den *school-motivation-analysis-test* für Kinder entwickelt.

Bei den Meßoperationen, welche Eysenck seiner Persönlichkeitstheorie zugrunde legt, haben die o. T. eine wichtige Bedeutung. Allerdings hat Eysenck nicht versucht, standardisierte Testbatterien zu entwickeln, sondern hauptsächlich sprachfreie Handlungstests als Laboratoriumsexperiment eingeführt. Die Experimente werden vorwiegend im Bereich des Lernens, der Wahrnehmung und der Psychomotorik durchgeführt.

Als Meßvariablen der Wahrnehmung hat Eysenck z. B. die Dunkeladaptation gewählt. Bei den Lern- bzw. Konditionierungsversuchen wird sowohl verbales Material gelernt, als auch z. B. Lidschlagreflex registriert. Als psychomotorischer Test ist bei Eysenck besonders der →*pursuit-rotor* für Versuchszwecke eingesetzt worden. Außerhalb faktorenanalytischer Persönlichkeitstheorien wurden o. T. für differentielle Zwecke ebenfalls als Wahrnehmungsexperimente, psychomotorische Versuche und Lernexperimente konzipiert. Mit Versuchsanordnungen für den →figuralen Nacheffekt und dem →autokinetischen Phänomen wurde an frühere Arbeiten gestaltps. oder sozialps. Fragestellungen angeknüpft. Eine besondere Bedeutung für die persönlichkeitsps. Konstrukte haben die Untersuchungen zum kognitiven Stil bekommen. Da die psychophysiol. Testverf. die Kriterien eines o. T. nur teilweise erfüllen, wurden physiologische Daten in größerem Umfang mit Persönlichkeitsvariablen in Beziehung gesetzt. Als solche kommen im Prinzip eine große Anzahl in Frage. Bisher in größerem Umfang zur Anwendung gekommen sind →psychogalvanische Reaktion (PGR), Messung von Muskelaktionspotentialen, Tonusschwankungen, Tonusmessungen der Skelettmuskulatur, Blutdruckmessungen, Parameter der Atmung. Bei der vegetativ-endokrinen Diagnostik wurden vor allem Blutwerte, Urinwerte, Speichelsekretion, Schweißsekretion, Magensäuresekretion untersucht (Fahrenberg 1971[3]). Die psychophysiol. Testverf. beinhalten heute noch eine Reihe von Problemen, weshalb man noch keine abschließende Beurteilung über ihre diagnostische Brauchbarkeit abgeben kann.

Insgesamt muß zum Stand und zur Weiterentwicklung der o. T.diagnostik vermerkt werden, daß wegen der heute noch sehr geringen Verbreitung dieser Methoden die bisher vorliegenden Daten noch nicht für eine abschließende Bewertung der Brauchbarkeit der o. T. für die Persönlichkeitsforschung und -diagnostik interpretiert werden können. *Hä-R*

objektive Testbatterie Ⓣ SCHMIDT et al.

objektive Testmethode →objektiver Test, →Objektivität

objektivierter Geist →objektiver Geist

Objektivismus, die philosophisch-erkenntnis-theoretische Richtung (im Ggs. zum Subjektivismus), die dem Erkennen die Erfaßbarkeit objektiver Ideen und realer Gegenstände zubilligt.

Objektivität, im allg. Sprachgebrauch und im Ggs. zur Subjektivität Bez. für »Sachlichkeit« bzw. »Orientierung an der Sache oder am Objekt«. Man bezeichnet einen Sachverhalt, der über die sinnliche Wahrnehmung abgesichert ist, als objektiv. ● Innerhalb des psychophysischen Urteils (→Psychophysik) wird O. als Grad der Übereinstimmung bezeichnet, der bei verschiedenen Beobachtern bei der Beurteilung eines Stimulus besteht (GUILFORD 1954).

●Mit der O. als einem Kriterium jeder wissenschaftlichen Untersuchungsmethode und den daraus stammenden Ergebnissen wird nicht nur die intersubjektive Übereinstimmung, sondern generell die intersubjektive Überprüfbarkeit verstanden. TRAXEL (1968) definiert O. als den angebbaren »Übereinstimmungsgrad der Urteile über das Objekt« und ersetzt den Begriff der O. durch den der Konkordanz, welcher dann den Vorteil aufweist, daß er ein numerisches Äquivalent hat, nämlich den →Konkordanzkoeffizienten, der die gradmäßige Ausprägung der Objektivität bzw. Konkordanz anzuzeigen in der Lage ist. ● O. als Testgütekriterium wird in der angloamerikanischen Testliteratur nicht einheitlich gebraucht. So hat z. B. CATTELL diejenigen Tests, welche im Gegensatz zu Fragebogen vom Pb von der Meßintention her nicht durchschaubar sind, als →objektive Test bezeichnet. Andere Autoren fordern von dem Testgütekriterium, daß die Testvorlage für jeden Pbn die gleiche Stimulusqualität hat. LIENERT (1969) hat für den deutschsprachigen Raum die O. als Testgütekriterium folgendermaßen definiert: »Unter Objektivität eines Tests verstehen wir den Grad, in dem die Ergebnisse eines Tests unabhängig vom Untersucher sind.« Damit ist ebenfalls die »interpersonelle Übereinstimmung« gemeint. Die Unabhängigkeit vom Untersucher spiegelt sich dann in 3 Aspekten, nämlich in der Objektivität der Durchführung, Auswertung und Interpretation. Die für den gesamten Test geforderte O. bezieht sich ebenfalls auf die einzelnen Aufgaben *(items),* aus denen sich ein Test zusammensetzt. *Hä-R*

Objektlibido →Objektbesetzung

Objektpsychologie, die auf die Objektgestaltung bezogene Ps. →Objektpsychotechnik

Objekt-Relationen-Test Ⓣ ZILIAN

Objektspsychotechnik, eine nicht mehr gebräuchliche Bez. von GIESE (1925), der er die Abgrenzung gab: »Handelt es sich um die praktische Anpassung der Umwelt an die Eigenart des menschlichen Seelenlebens, soll das Ding, die Sache angeglichen sein dem Benutzer, seiner geistigen Struktur, dann nennen wir die Gegenstandszone ›Objektspsychotechnik‹. Steht dagegen das lebendige Individuum ... im Vordergrund, sollen die psychologischen Verfahren dazu dienen, die seelische Individualität anzupassen den kulturellen Zweckaufgaben ... so haben wir eine ›Subjektspsychotechnik‹ vor uns.« Erweiterter neuer Begr. →Ergonomie

Objektstufe-Subjektstufe, für zwei verschiedene Richtungen in der Traumdeutung von C. G. JUNG gewählte Bez. Erstere betrifft die Beziehung zwischen Träumen und realer Umwelt, letztere die zwischen Träumer und seiner Innenwelt.

Objektwahl, die dritte Stufe in der Gefühlsentwicklung des Kindes, gegen Ende des 1. Jahres, in der das Kind »eine gefühlsbetonte Objektwahl« trifft (FREUD), d. h. seine Gefühle solchen Menschen zuwendet, die ihm wegen ihrer Fürsorge usw. angenehm sind, und sie von unangenehmen, Furcht oder Unlust erregenden Menschen abwendet. In dieser Phase beginnt es auch, sich selbst als Ursache von Erfolg und Mißerfolg zu empfinden.

Oblimax-Methoden, Oblimin-Methoden, Bez. für schiefwinklige Rotationsmethoden (→Rotation) der Faktorenmatrix bei der Faktorenanalyse.

Obsession [lat. *obsídere* etwas belagern, besetzen], →Zwang, Zwangsgedanke und -handlung

obstruction box →Hinderniskasten

OCCAM's razor, (Rasiermesser) ein allgemeines Gesetz des wissenschaftlichen Denkens, das besagt, man solle »Einheiten« (Erklärungsprinzipien) nicht ohne Notwendigkeit vermehren. Es entspricht dem Sparsamkeits- oder Ökonomie-Prinzip. →MORGANS Kanon, →Parsemonie

*

OCCAM, William of (Wilhelm v. OCKHAM) / 1285–1349(50) / engl. Scholastiker (Nominalismus) / Oxford, München

occipital, zum *occiput,* Hinterkopf gehörig

Occipitallappen, Hinterhauptlappen im Großhirn. →Gehirn

Od (benannt nach Odin/Wotan?), eine angeblich vom Menschen ausstrahlende »magnetische Kraft«. Der Naturforscher C. L. Freiherr v. REICHENBACH (1788–1869) behauptete u. beschrieb dessen Existenz. FECHNER (1876) schenkte der Frage Beachtung.

Ödipuskomplex, Elektrakomplex, die Sage von ÖDIPUS und ELEKTRA wurde von der Psa. aufgenommen zur Kennzeichnung bestimmter frühkindlicher Beziehungen zu den Eltern.

Diese Bez., die sich während der frühen →genitalen Phase entwickeln, bestehen bei beiden Geschlechtern in einer Liebe zum gegengeschlechtlichen Elternteil. Es kommt zu dieser Situation dadurch, daß die →Libido auf die genitale Zone verlagert wird. Der gleichgeschlechtliche Elternteil wird zum Konkurrenten und mit Abneigung und Eifersucht belegt. Aus den Versagungen in der Beziehung zum geliebten Elternteil, auch aus der Angst vor Strafe (beim Sohn Angst vor der →Kastration) ist das Kind zur →Verdrängung seiner Regungen gezwungen. Dabei benützt es den Mechanismus der →Identifikation mit den Eltern, d. h. es introjiziert die Wertungen (Gebote und Verbote) und Erwartungen der Eltern und formiert dadurch zugleich sein →Über-Ich. Nach vollzogener Verdrängung ist die Ödipus- bzw. Elektra-Situation überwunden, es beginnt die →Latenzperiode. In neuerer Zeit betrachtet die Psa. den Ö. auch unter sozial-ps. Aspekten: Infolge der Konkurrenz mit dem gleichgeschlechtlichen Elternteil tritt das Kind zu diesem Zeitpunkt aus der bisherigen dyadischen (=2-Personen-Beziehung) in die 3-Personen-Beziehung über und wird damit erstmalig in seinem Leben integrierter Bestandteil einer Gruppe, nämlich der Primärgruppe Familie. Ⓛ BRUN 1942, ERIKSON 1957, FREUD 1910, LAPLANCHE 1972 *B-E*

OEMG, Okulo-Elektromyographie

Offenheit [engl. *open mindedness*] →Flexibilität. In der →Semiotik bedeutet O., daß in dieser Form noch nicht aufgetretene Signalkombinationen gebildet und ohne weiteres verstanden werden. *B-S*

öffentliche Meinung, *public opinion* →Meinungsforschung

Ogive [frz. Spitzbogen], syn. Summenkurve, Summenfrequenzpolygon. Graphische Darstellung einer kumulierten Häufigkeitsverteilung. *Mi-A*

Ohr, Sinnesorgan sowohl zur Schallwahrnehmung wie zur Gleichgewichtsorientierung. Unter den Sinnesorganen ist diese Vereinigung zweier verschiedener Organe einmalig. Phonorezeptor.

Zu unterscheiden sind drei Abschnitte: Das äußere Ohr mit Ohrmuschel und dem äußeren Gehörgang wird durch das Trommelfell abgegrenzt vom Mittelohr. Zu diesem gehören die Paukenhöhle mit den Gehörknöchelchen, Otolithen (Hammer, Amboß, Steigbügel), ovalem und rundem Fenster, die Warzenzellen und die Verbindung der Paukenhöhle mit dem Rachen als Ohrtrompete (EUSTACHIsche Röhre). Das innere Ohr besteht aus dem knöchernen Labyrinth mit Vorhof, Schnecke und Bogengängen und dem häutigen Labyrinth mit den beiden Vorhofsäckchen (Sacculus und Utriculus), den häutigen Bogengängen und dem Schneckenkanal. Das äußere Ohr und das Mittelohr dienen der Schalleitung. Das Mittelohr dient außerdem der Regulation (Dämpfung usw.). Die Schnecke wird in ihrem ganzen spiraligen Gang von der Basilarmembran durchzogen, deren 15000–24000 Elemente enthaltende Faseranordnung (CORTIsches Organ) das nervöse Endorgan des Ohres darstellt, von dem aus die Erregungen durch den Hörnerv (Nervus cochlearis) und vereinigt mit dem Nerven des Gleichgewichtsorgans (N. vestibularis) im Nervus statoacusticus (8. Gehirnnerv) zum Gehirn geleitet werden. Sacculus, Utriculus und Bogengänge (zusammengefaßt als Vestibularapparat) dienen über den zum Gehirn leitenden Nervus vestibularis der Erhaltung des Gleichgewichts, der Kopf-Körper-Haltung und der Augenstellung (Raumsinn). Vgl. Bogengänge, Hören

oikotrop [gr.], autonom ● oikotropes Nervensystem syn. für autonomes NS

Okkasionalismus [lat. *occasio* Gelegenheit], Leugnung jedes Abhängigkeitsverhältnisses von Körper und Seele. Wenn trotzdem körperlichen Vorgängen geistige und seelische Vorgänge entsprechen und umgekehrt, so ist das Wille Gottes. Für ihn ist die »Gelegenheit« zu solcher Wirksamkeit gegeben. Daher Gelegenheitsursachen *(causae occasionales)*, da es Wirkursachen *(causae efficientes)* nicht gibt. Hauptvertreter GEULINCX (1625–1669).

Okkultismus [lat. *occultus* verborgen], Geheimlehre, die Lehre von den verborgenen, übernatürlichen, übersinnlichen, rätselhaften Dingen. Zum Okkultismus rechnet vor allem der →Spiritismus, ferner →Telepathie, →Telekinese. Die wissenschaftliche Klärung der sog. okkulten Phänomene ist Aufgabe der →Parapsychologie.

Ökologie [gr. *oikos* Haus, Heimat], Lehre von den gesamten Umweltbeziehungen (→Umwelt) der Organismen. HAECKEL, der den Begr. 1869 einführte, verstand darunter auch »die Lehre von der Ökonomie der tierischen Organismen«.

O

● Die Synökologie untersucht die Beziehungen und gegenseitigen Abhängigkeiten, durch die in einem bestimmten →Ökosystem die einzelnen Organismenarten miteinander verknüpft sind. ● Die Autökologie analysiert die Faktoren der belebten (Biozönose) und unbelebten Umwelt (Biotop), von denen eine best. Organismenart abhängig ist (Nahrung, Feinde, Parasiten, Konkurrenten, Symbionten, Temperatur, Feuchtigkeit, Bodenbeschaffenheit). *Sch-S*

ökologische Psychologie, auch ps. Ökologie, Ökopsychologie, eine noch junge Teildisziplin, die sich unter allg. ps., sozialps., auch unter praktischen Aspekten mit den Beziehungen des Menschen zu seiner engeren und weiteren räumlichen, materiellen und sozialen Umwelt befaßt.

Teilweise wird es für angemessener gehalten, von einer »ökologischen Perspektive« (o. ä.) in der Ps. zu sprechen, statt von einer ö. P. In der angloamerikanischen Ps. ist die Bezeichnung *»ecological psychology«* mit speziellen Positionen verknüpft (Barker 1968). Als weiterer Begriff wird dort daher *»environmental psychology«* verwandt (Proshansky u.a. 1970, Ittelson u.a. 1974; →Umweltpsychol.). Wesentliche Anregungen zur Entwicklung einer ö.P. gab die Feldtheorie Lewins (1963). In jüngerer Zeit waren es eher praktisch-ps. Fragestellungen vornehmlich im Bereich der Architekturps. (Sommer 1969), die zur Belebung des Interesses an einer ö. P. führten.

Charakteristisch für Perspektiven und Arbeitsweisen der ö. P. ist, daß der Mensch in seinen Beziehungen zu molaren Umweltbedingungen in natürlicher Lebenswelt gesehen wird (*»naturalistic approach«*, Willems u. Rausch 1969). Das führt einerseits zur Betonung interdisziplinärer Zusammenarbeit mit anderen »Umweltwissenschaften«, andererseits innerps. zu einer kritischen Einstellung gegenüber exp. Laborforschung, in der Umwelt im Extremfall auf wenige kontrollierte Stimuli eingeengt wird. Ö. P. ist jedoch noch weit davon entfernt, die mit diesen Perspektiven verbundenen theoretischen Aufgaben und methodischen Probleme gelöst zu haben. →psychologische Ökologie Ⓛ Kaminski u.a. 1975, Craik 1973 *K-I*

ökologische Validität, mehrdeutig verwendeter, noch nicht befriedigend geklärter Begriff, oft nicht klar unterschieden von »ökologische Repräsentativität«.

Mit →»Validität« ist auch hier (meistens) »Gültigkeit«, das Ausmaß einer Entsprechung oder Übereinstimmung gemeint. Beurteilt werden unter dem Gesichtspunkt der ö. V. jedoch nicht nur →Tests u.a. diagnostische Untersuchungsmittel, sondern auch experimentelle Versuchsanordnungen bzw. einzelne ihrer Komponenten wie Aufgabenstellungen, räumliche und zeitliche Rahmenbedingungen, ferner Untersuchungsergebnisse, Theorien u. a. m. Gefragt wird dabei nach der Entsprechung zum »Biotop« (Pawlik 1976), zu den Bedingungen in den »natürlichen« Lebensumständen (daher »ökologisch«). Diese Art von Gültigkeits- bzw. Entsprechungsfrage drängt sich insbesondere dann auf, wenn irgendwelche erfahrungswissenschaftliche Erkenntnisgewinnung von relativ »künstlichen«, spezifisch konstruierten, zum natürlichen Lebenskontext mehr oder weniger in Distanz stehenden Datenerhebungssituationen aus betrieben wird (Test-, »Labor«-Situationen). ● Bei Brunswik (1956) meint ö. V. u. a. Prognostizierbarkeit eines →distalen Stimulus von einem anderen aus. Ⓛ Kaminski u. Bellows 1981 *K-I*

Ökonomie, Testgütekriterium, welches fordert, daß ein Test in Durchführung, Auswertung und genereller Handhabung wenig Aufwand bereitet. Zunehmend wird das Kriterium der Ö. auch in der Weise gefordert, daß der Test Informationen liefern sollte, welche auf anderem Wege nicht schneller und weniger aufwendig erhalten werden können. →Testgütekriterien *Hä-R*

ökonomischer Typus →Typologie (Lebensformen)

ökonomisches Prinzip, von Alexander (1951) formuliertes Prinzip: Alle nichtsexuelle ps. Energie folgt dem Trägheits- oder Energieprinzip. Im Ggs. hierzu folgt die sexuelle Energie dem Überschußprinzip. Vgl. Homo-Oeconomicus-Modell

Ökosystem, das Beziehungsgeflecht biotischer und abiotischer Faktoren eines räumlich begrenzten, nach außen hin mehr oder weniger abgeschlossenen Gebietes *Sch-S*

OKPM, Oseretzky Kollektive Prüfung der Motorik Ⓣ Oseretzky

Okzipitallappen →Occipitallappen

olfaction colorée [frz.], Farbenempfindung bei Geruchseindrücken (→Synästhesie)

Olfaktie [lat. *olfácere* riechen], Riecheinheit der Geruchseindrücke ⟨Zwaardemaker⟩

Olfaktometer, Vorrichtung zur Untersuchung des Geruchssinnes, die es gestattet, der Nase Riechstoff in abstufbaren Mengen zuzuführen

Ⓔ **olig..., oligo...** [gr. *oligos* gering, wenig], in Wortvb. svw. gering, arm an

oligophrene Details, von Rorschach für bes. Detailantworten (D) seines Tests gegebene Bez. (Do)

Oligophrenie, nach Kraepelin Sammelbegr. für →Schwachsinn (angeboren oder früh erworben) jeder Herkunft. →Idiotie, →Imbezillität, →Debilität, →Amentia

Oligozönose →Zönose

Onanie →Sexualität (Tabelle)

Oneirodynia [gr. *óneiros* Traum, *odyne* Schmerz, Unruhe], Traumzustand, passiv als Alpdrücken, aktiv als Schlafwandeln

oneiroid, traumartig

Oneirologie, Traumlehre, Traumdeutungslehre

Oniomanie [gr. *onéomai* ich kaufe], Kaufsucht

On-Off-Antworten →rezeptive Felder

Önomanie [gr. *oínos* Wein], Säuferwahn

Onomatolalie [gr. *ónoma* Name], Zwang, Worte ständig zu wiederholen. Sind diese unsittlich, schmutzig = Koprolalie.

Onomatomanie, mit starken Angstgefühlen verbundenes zwangsmäßiges Suchen nach vergessenen Namen, Worten, Bezeichnungen; auch Namendeuterei.

onomatopoetisch, laut-, klangmalend

onomatopoetische Theorie, die Annahme über die Entstehung der menschlichen Sprache, nach der die primitiven Menschen durch Nachbildung von Lauten aus der Natur allmählich eine kommunikative Sprache entwickelt haben.

Onomatopöie [gr. *ónoma* Name, *poiētikós* dichterisch], Lautmalerie (s.d.). →Psychophonetik

Ontogenese ⟨Haeckel⟩, die Individualentwicklung von der Zygote bis zum Tod des Individuums. →Genese *Sch-S*

Ontologie [gr. *on* Wesen, das Sein], Seinswissenschaft, seit Ch. Wolff Bez. für die Metaphysik des Seins als Grundwissenschaft aller Metaphysik, bei Kant als Transzendentalphilosophie erweitert, bei Hegel die Lehre von den abstrakten Bestimmungen des Wesens. In der Gegenwart durch Seinsphilosophie und Existenzphilosophie wieder in den Vordergrund getreten.

Onychophagie [gr. *ónyx* Nagel, *phagein* essen] Gewohnheit (Trieb?), Fingernägel zu kauen

Oogenese [gr. *oon* Ei, *genesis* Entstehung], die zytologischen Vorgänge in den Geschlechtsorganen, die zur Ausbildung von Eizellen führen *Sch-S*

operant, nach Skinner (1974, 17f.) »die Reaktionsklasse, auf die ein Verstärker kontingent ist«. Das operante Verhalten ist durch seine Folgen in der Umwelt identifiziert. Obgleich das Verhalten in einer definierbaren Situation auftritt, scheint es nicht durch einen bekannten spezifischen Reiz ausgelöst zu werden. Von feststellbaren Reizen ausgelöste Reaktionen nennt Skinner »*respondents*«. →response. *B-S*

operante Konditionierungstherapien, verhaltenstherapeutische Ansätze, die aus der lerntheoretischen Schule von B. F. Skinner hervorgegangen sind. Nach Skinner (1953) werden die meisten Lernprozesse durch die Konsequenzen von Handlungen gesteuert (Lernen am Erfolg oder Mißerfolg): Die Verstärkung einer Reaktion führt zu einer Erhöhung der Wahrscheinlichkeit, daß die Reaktion erneut auftritt.

Man kann verschiedene operante Techniken unterscheiden: (a) Belohnungstherapien (Techniken der positiven Verstärkung): In der Belohnungstherapie werden positive Verstärkungen (Zuwendung, Süßigkeiten, Spielmaterial, beliebte Aktivitäten, Privilegien usw.) kontingent, d. h. in systematischen Bezug auf die erwünschten Verhaltensweisen eingesetzt. Anwendungsbereiche: Aufbau von Sprachverhalten, Sozialkontakt, Aufmerksamkeit, Selbständigkeit, Arbeits- und Studienverhalten, (b) Belohnungsentzug: Diese Technik kann (1) die übliche Form der Extinktion annehmen, in dem der Lustgewinn, den eine bestimmte unerwünschte Verhaltensweise dem Pb bisher eingebracht hat, ausbleibt. (2) Neben diesen Extinktionsverfahren werden in den letzten Jahren immer häufiger sog. »*time-out*« (TO)-Verfahren verwendet. Bei diesen TO-Behandlungsplänen wird das Auftreten einer unerwünschten Reaktion mit der Beendigung eines für den Pb positiv affektbesetzten Zustandes gekoppelt, wobei entweder der Pb selbst aus einer potentiell verstärkenden Umwelt entfernt wird oder aber verstärkende Reize aus der Situation herausgenommen werden. Anwendungsbereiche: Modifikation von aggressivem Verhalten, Wut- und Trotzanfällen, bizarrer Sprache. (c) Operante aversive Konditionierung (aversive Kontrolle): Diese Technik verwendet reaktionskontingente aversive Reize bei der Modifikation unerwünschter Verhaltensweisen. Sie sollen als Konsequenzen einer bestimmten Handlung eben diese Handlung eliminieren oder unterdrücken (Vermeidungslernen). Anwendungsbereich: Modifikation von selbstzerstörerischem Verhalten. Ⓛ Blöschl, Skinner *L-G*

operantes Konditionieren, Lernform. →operant, vgl. bedingter Reflex nach Skinner Bez. für solche Konditionierungsexp., bei denen ein Versuchstier lernen muß, bestimmte Handlungen auszuführen. Vgl. bedingter Reflex

Operation [lat.], Wirken, Betätigung, Arbeitsvorgang. • In der Ps. vor allem ein Handeln, mit dem ein Ziel erreicht werden soll. Logische O., die innere, in Gedanken und Begr. ausgeführte Handlung, die reversibel (umkehrbar) ist und in der →Gruppierung mit anderen O. zu einer strukturierten Ganzheit vereint wird. PIAGET spricht von konkreten und formalen O., bzw. von Kooperationen interaktiver Kompetenz. • In der Mathematik die Durchführung einer bestimmten Vorschrift. Wird auch verwendet für →Abbildungen mit zwei oder mehr Argumenten. Beispiele für binäre O. sind die vier Grundoperationen der Addition, Multiplikation, Subtraktion und Division, durch die jeweils einem Zahlenpaar eine Zahl zugeordnet wird.

operationale Definition →Definition, operationale

Operationalismus, Operationismus, eine in der amerik. Ps. aufgetretene Richtung, die weder an eine einzelne Schule gebunden noch selbst als solche zu bezeichnen ist.

O. geht aus von der Methode der operationalen Definition. Diese wurde 1927 durch den amerikanischen Physiker P. W. BRIDGMAN entwickelt angesichts der neuen Lage, in der die Physik nach EINSTEINS Relativitätstheorie geraten war. BRIDGMANS Vorschlag bestand darin, den Sinn bestimmter Begriffe oder die Identität der ihnen zugrunde liegenden Sachverhalte durch Rückgriff auf die Operationen, die der Messung oder Feststellung derselben dienen, festzulegen. So ist der Begr. der Länge, bezogen z. B. auf einen Tisch, eindeutig festgelegt durch die hierzu nötigen Meßoperationen. Ist »Länge« aber die Entfernung zwischen zwei Sternen, dann bekommt der Begr. eine andere Bedeutung, weil andere Meßoperationen notwendig sind (z. B. optische und mathematische). – Diese Methode wurde von den amerik. Psychologen aufgegriffen. Besonders klärend scheint sich der O. auf die direkte Erforschung (Selbstbeobachtung) von Bewußtseinsdaten ausgewirkt zu haben, deren Zulässigkeit vielfach leidenschaftlich abgestritten worden war (→Behaviorismus, →objektive Ps.). Hier war ein Ausweg dadurch gegeben, daß man an Stelle des unmittelbar gegebenen (privaten) Erlebnisses einer Vp auf die kontrollierbaren Operationen zurückgriff, die zu einer beständigen Beziehung zwischen Reizsituation und einer bestimmten »unterscheidenden Reaktion« *(discriminatory reaction)* führten (z. B. STEVENS, 1935). Auf ähnliche Weise wurden z. B. der →bedingte Reflex und der Begr. der »dazwischentretenden Variablen« (*intervening variables,* TOLMAN) operational definiert (SKINNER). Die beschriebenen Verfahren waren nicht immer neu, aber durch den O. erhielten sie eine gewisse erkenntnistheoretische Rechtfertigung. Besonders versprach man sich vom O. eine Sicherung gegen »unklare, doppeldeutige und widersprüchliche« Vorstellungen, oder man schrieb einer operationistisch vorgehenden Ps. zu, Wissenschaft der Wissenschaften sein zu können Ⓛ BORING, 1945; BRIDGMAN, 1927; ISRAEL, 1944 *Str-R*

Der Grundgedanke des O., theoretische Begriffe und Dispositionsbegriffe durch Aufnahme von (Meß-)Operationen in die Definition ohne Rückgriff auf Unbeobachtbares gewinnen zu können, hat sich wissenschaftstheoretisch schnell als unhaltbar erwiesen (CARNAP 1936/37).

Der Kern dieser Einwände lautet, daß operationale Definitionen empirische Hypothesen enthalten (über den Zusammenhang der Operation mit ihrem Resultat oder über die Metrik ihres Anwendungsbereiches) und damit nicht mehr empirisch leer sind. Für ihre logische Form, auch etwa als bedingte Definitionen, folgt daraus, daß ihr Definiendum nicht mehr bei jedem Vorkommen durch ihr Definiens eliminierbar ist. Versucht man, den Hypothesengehalt operationaler Definitionen möglichst klein zu halten, so entsteht eine Inflation inkommensurabler Begriffe niedriger Allgemeinheit (in der Physik etwa müßte man schon dem Messen mit der Schublehre einen anderen Längenbegriff zuordnen als dem Messen mit dem Meterstab usw.). Die Abhilfe besteht in der theoriegeleiteten Bildung von Begriffen (z. T. als undefinierte Grundbegriffe oder durch implizite Definition) und deren partieller empirischer Interpretation durch die Meßvorschriften. Die Angemessenheit und Brauchbarkeit der Meßinstrumente ist jetzt eine empirischer Prüfung zugängliche und bedürftige Frage, die sich nicht mehr durch Definition von selbst erledigt. Ⓛ STEGMÜLLER 1970 →Definition, →Definition, operationale *G-R*

Operationscharakteristik, *receiver operating characteristic,* ROC, bei der Signalerkennung das Verhältnis der Wahrscheinlichkeiten von richtigem Erkennen und falschem Alarm. *R-S*

operations research, Verfahren zur Unterstützung unternehmerischer Entscheidungen, um deren Konsequenzen vorauszuberechnen, systematisch zu überprüfen und damit ihr Risiko zu verringern. Verwendet werden statistische Verfahren zur Erforschung komplexer Beziehungen versch. Bereiche untereinander, wobei systematische Zusammenstellungen aller Einflüsse, ihre Abschätzung und der Aufbau eines Modells, das der Durchrechnung dient, herangezogen werden. Ⓛ COREY u. STAR 1973 *B-H*

operatives Abbildsystem, OAS, von OSCHANIN eingeführter Begr., meint soviel wie →inneres Modell. Ⓛ HACKER 1978 *K-I*

Operator, in der Mathematik wird O. meist verwendet als Bez. für eine Rechenvorschrift, durch die die Elemente einer bestimmten Menge A eindeutig den Elemen-

ten einer Menge B (die mit A identisch sein kann) zugeordnet werden. Die Zuordnung selbst heißt →Abbildung, →Funktion oder →Operation.
In der Handlungs- und Problemlösungspsychologie wird unter O. einerseits eine mögliche Veränderung eines (gedanklichen oder materiellen) →Realitätsbereichs-Zustandes in einen anderen verstanden (DÖRNER 1974), andererseits ein Veränderungsverfahren, über das der Handelnde bzw. der Problemlöser verfügt und das er in einem Realitätsbereich bzw. innerhalb eines Problemraums wirksam werden lassen kann. Dabei wird zwischen O. als allgemeiner Form und »Operation« als einer konkreten Ausführung einer Veränderung unterschieden (DÖRNER 1976, 15). Die Taxonomisierung von O. (DÖRNER 1974, 1976) macht verschiedene Typen von Denkprozessen unterscheidbar. *K-I*

Operatormodell, lineares, nicht-lineares →mathematische Lerntheorien

Opero-Tropismus ⟨SZONDI⟩ →Tropismus

Ophthalmologie [gr. *ophthalmós* Auge], Augenheilkunde

Ophthalmometer ⟨HELMHOLTZ⟩, Vorrichtung, um den Krümmungshalbmesser der Hornhaut, zumal bei Astigmatismus, zu bestimmen

Opium [gr. *opion* Mohn], aus der Mohnpflanze gewonnenes Alkaloid mit berauschender Wirkung. Vgl. Morphin, →Psychopharmaka

OPPELsche Täuschung, eine nicht unterteilte Strecke wird beim Vergleich mit einer gleichlangen unterteilten Strecke für kürzer gehalten. →geometrisch-optische Täuschung

*

OPPEL, Johann Joseph / 1815–1894 / Dr. phil., Gymnasialprofessor der Mathematik / Frankfurt

optische Lückenkombination Ⓣ FRANKEN, GIESE

optischer Typus →Typologie (Vorstellungstypen)

optischer Kardinalpunkt →Knotenpunkt

optische Täuschung →geometrisch-optische Täuschungen

Optometer, Sehweitemesser

Optotyp, Zeichen zur Sehschärfemessung. Z. B. Buchstaben, LANDOLT-Ringe

OR, *orientation response* (PAWLOW Orientierungsreflex). →Orientierungsreaktion

Orakel [lat. *oraculum*], Spruch, (a) einer Gottheit, die ihren Willen kundtut, das Schicksal enthüllt oder Entscheidungen trifft – entweder durch Vermittlung von Priestern oder durch Losorakel bzw. →Ordal; (b) einer charismatischen Persönlichkeit (Seher), die sich eines Instrumentariums bedient (Hölzer, Würfel, Eingeweideschau, Vogelflug, Gestirne). Bekannteste (altgr.) O.stätte: Apollon-Heiligtum in Delphi *S-G*

oral [lat. *os* Mund], den Mund betreffend

orale Phase, nach FREUD die (erste) Phase der seelischen Entwicklung, die von der Geburt bis etwa zum Ende des ersten Lebensjahres dauert. Sie steht unter der Dominanz des Mundes als erogener Zone und ist gekennzeichnet durch den Lustgewinn aus dieser Zone (Saugen, Lutschen, Beißen). Man unterscheidet frühe und späte Phase. →analsadistische Phase.

oraler Charakter, von ABRAHAM (1921) beschriebene Chraktertypen, die durch die Verarbeitung ihrer oralen Bedürfnisse geprägt sind. Als »Saug-Oraler« optimistisch, abhängig (Muttersöhnchen), egozentrisch, liebebedürftig; als »Beiß-Oraler« aggressiv. →Analcharakter

oral-genitaler Kontakt →Sexualität (Tabelle)

Oralraum, erste Zone des räumlichen Bewußtseins beim Kinde, bezogen auf Tast- und Bewegungsempfindungen im Munde. Auch Urraum genannt. →Greifraum

Orbita, orbital [lat. *orbita* Wagen-Geleise, Kreis], Augenhöhle, die Augenregion betreffend

Ordal, Gottesurteil. Rechtsmittel des Heldenzeitalters, ähnlich dem Schwur. Ursprünglich Zweikampf, mit der Vorstellung, daß der Träger der gerechten Sache Sieger werde. Später Zauberprobe, um unmittelbares Gottesurteil zu ermitteln, z. B. Gehen über glühende Kohlen. →Gottesgericht

Ordinalskala, eine O. oder Rangordnung stellt die einfachste Form einer Metrik dar. Sie ermöglicht Aussagen über die Größenrelationen von Beobachtungseinheiten im Sinne von »größer – kleiner«, nicht jedoch über die Größenunterschiede zwischen den verschiedenen Elementen. Ein Beispiel für eine O. stellt die Schulnotenskala dar. *Mi-A*

Ordinalvariable, eine O. ist eine auf einer Ordinalskala klassifizierte, quantitative Variable. *Mi-A*

Ordnen von Gegenständen Ⓣ GOLDSTEIN, TRIST-HARGREAVES

Ordnen von Gewichten Ⓣ BINET

Ordnen von Verbrechen und Vergehen Ⓣ JACOBSON

Ordnung →Klassifikation

Ordnungsgrad, aus der Informationstheorie stammendes diskretes Maß für die serielle Strukturiertheit von →Zeichen-Abfolgen. In der →Sprachstatistik kommt z. B. einer Abfolge von Buchstaben der O. »k« zu, wenn sich in ihr die Auftretenshäufigkeiten aller aus k aufeinanderfolgenden Buchstaben gebildeten Serien so verteilen wie in einem für die Gebrauchssprache repräsentativen Text. Eine solche Abfolge heißt dann auch →Approximation k-ter Ordnung. Der O. steht mit der →Redundanz in Zusammenhang.

Z-N

Ordnungs-Test Ⓣ BINET, GIESE, LEIPZIGER LEHRERVEREIN, STERN

orektisch, die willens- und gefühlsmäßigen Aspekte der Erfahrung: Impuls, Haltung, Wunsch, Emotion. LEWIS (1970) stellt der →kognitiven Entw. im Säuglings- und Kleinkindalter die o. als einer Mischung affektiver und antriebshafter Vorgänge gegenüber.

Aus diesen o. Anfängen erwächst dann die →Sprachentwicklung: Die ersten Sprachlaute sind noch ganz emotional und erhalten erst innerhalb der Gesamtsituation Mitteilungswert. Zur →Abstraktion von →Begriffen wird das Kind durch die Ähnlichkeit emotionaler und triebhafter Erfahrungen in verschiedenen Situationen zusammen mit der Erfahrung geführt, daß es in allen diesen Situationen dasselbe kennzeichnende Wort gebraucht. Die sich entwickelnde Sprache stellt ihrerseits wieder einen fundamentalen Faktor für die kognitive und o. Entwicklung dar. Entsprechend geht nach LEWIS sprachliche Retardierung (→Sprachentwicklung, verzögerte) mit o. Unreife einher.

G-M

Orenda, indianische Bez. für eine magische Macht. →Mana

Organ, (biol.), aus Zellen bzw. Zellverbänden (Geweben) aufgebauter Körperteil mit spezifischer Funktion (vegetatives O., animales O.). Bilden mehrere O. eine Funktionseinheit, so spricht man von einem »Apparat«, z. B. Verdauungs-, Bewegungsapparat. Eine Anzahl im Körper verstreuter O. mit gemeinschaftlicher Leistung heißt O.system.

P-S

Organempfindungen, auch als Vitalempfindungen bezeichnet. Die von der inneren Organtätigkeit (Magen, Herz, Darm) ausgelösten Empfindungen. Sie beziehen sich also nicht auf die Außenwelt, sondern auf den eigenen Körper (Hunger, Durst, Ekel, Übelkeit, Harndrang, Hustenreiz u. a. m.). Gelegentlich rechnet man auch kinästhetische und Gelenkempfindungen dazu. Vgl. Gemeingefühl

Organisation (1), die im Organismus wirksame wechselseitige und arbeitsteilige Verbindung der Einzelteile zu einem Ganzen bzw. der Einzelindividuen zu einer Ganzheit.

Hieraus i. ü. S. die entsprechende, insbesondere sinnvolle, ordnende Verteilung und Regelung von Personen und Sachen im menschlichen Zusammenleben. – Von O. i. e. S. spricht man im Sinne der spontanen O. freier Kräfte, die von starren Zwangsbedingungen im Organismus (isolierte Reizleitung) relativ unabhängig ist. Einer solchen ist in den Feldtheorien aller Art Rechnung getragen. In Anlehnung an die Physik wird vorausgesetzt, daß freie Kräfte von sich aus (spontan) Ordnung und Strukturen erzeugen können (→Feld). Allgemein handelt es sich um physikalisch-chemische Kräfte im zentralen Nervensystem (HUMPHREY, KOFFKA, KÖHLER, LASHLEY, WERTHEIMER und WHEELER). Ist O. mit Bewußtseinsvorgängen koordiniert, d. h. wird sie gleichzeitig erlebt, spricht man von manifester O., andernfalls von stiller O. (*silent organization* – KÖHLER). Ersteres geschieht stets im Bereich des Wahrnehmens und beim →Denken dort, wo es mit Einsicht verbunden ist. Die Bez. O. wird aber in der →Kognitionsps. auch für geordnete Abfolgen (Sequenzen) von Problemlösungsschritten gebraucht, die z. B. in einem Flußdiagramm schematisch dargestellt werden (LÜER 1973). Um stille O. handelt es sich z. B. bei der Koordination von Muskelbewegungen oder im Bereich des Gedächtnisses (→Spurenfeld). Ein ausgezeichneter Fall von manifester O. ist solche durch Ähnlichkeit. In der neueren Gedächtnisforschung ist O. (als Prozeß) zunächst das von G. MILLER beschriebene →Recodieren des eingehenden Materials *(input)* zu geordneten Einheiten *(→chunks)*. Bei Wörtern ist der Oberbegriff ein Organisationskern, bei Sätzen hat die Syntax Organisationsfunktion, oft ist das Subjekt der O.kern (vgl. M. BOCK 1978). Ⓛ KOFFKA, KÖHLER, WERTHEIMER

Organisation (2), Sammelbegr. unterschiedlichster sozialer Einheiten, welche Ausgangspunkt für betriebswirtschaftliche, soziologische und ps. Analysen sein können.

Je nach Fragestellung erfährt O. als Forschung wie als Lehre ihre besondere Perspektivität, vgl. Organisation (1). Übergreifendes Merkmal ist in den meisten Ansätzen der Ziel- oder Zweckbegriff; Funktion und Struktur der O. werden von vorgegebenen Zweck-/Mittelschemata abgeleitet. E. H. SCHEIN (1965, 1969) definiert O. als »die rationale Koordination der Aktivitäten einer Anzahl von Menschen, um einige gemeinsame, explizit definierte Ziele und Zwecke zu erreichen, und zwar durch Arbeits- und Funktionsteilung und eine Hierarchie der Autorität und Verantwortung«. Ps.Theorien zur O. und methodisch kontrollierte Vorgehensweisen wurden im Rahmen der →Organisationspsychologie entwickelt. *H-H*

Organisation Ⓣ ABELS, GIESE, SCHULZ

Organisationslaboratorium, Organisationsform gruppendynamischer Veranstaltungen mit dem vorwiegenden Ziel, das Entstehen von Vergesellschaftung mit ihren Formen der Organisation, Institutionalisierung, Umgang mit Macht und Abhängigkeit zu lernen *A-S*

Organisationspsychologie, relativ junges Teilgebiet der Ps., das sich Anfang der fünfziger Jahre aus der traditionellen Industrie- und Betriebsps. herauslöste. Das Verhalten des Individuums in einer Organisation wird als Resultante zahlreicher Einwirkungen des ökologisch-ps. Bedingungsgefüges verstanden. Die Funktionsweise der Organisation läßt sich als die Wechselwirkung zwischen Technologien (Produktionsanlagen und Programme zur Nutzung der Maschinen, Problemlösungstechniken, Arbeitsorganisation), Strukturen (Kommunikationskanäle, zeitliche Abfolge der Arbeiten, Autoritätssysteme) und Personen (Kenntnisse, Einstellungen, Verhaltensstile) begreifen.

Forschungsvorhaben der O. sind einerseits hinsichtlich ihrer Durchführung stark von der Bereitschaft gesellschaftlicher Institutionen und Organisationen abhängig und werden andererseits durch methodologische Hindernisse eingeschränkt. Organisationstypologien und -klassifikationen sind in der Literatur in großer Zahl vorhanden; experimentelle Untersuchungen weisen jedoch wegen der Variablen-Vielfalt einen geringen Forschungsstand auf. Hauptaufgabenbereiche der O. sind: (1) Die Veränderung und ihre Steuerung in Organisationen, (2) die Schaffung neuer Ideen und Produkte, (3) die Ausbildung eines effektiveren Managements, (4) das Zusammenführen der Ziele der Organisation und ihrer Mitglieder. Ⓛ BASS u. DEEP 1972, MORIN 1974, SCHEIN 1970, v. ROSENSTIEL u. a. 1972 *H-H*

organisch, ein Organ betreffend. • Eine natürliche Ganzheit und Einheit bildend. • Auf einer natürlich gewachsenen (entwikkelten) Einheit beruhend.

organische Krankheiten, die durch anatomisch nachweisbare Gewebsveränderungen bedingten Krankheiten. Die Bez. organisch ist wenig eindeutig, besser die Bez. →läsionelle Krankheiten im Ggs. zu den →funktionellen Störungen.

organische Psychose, Bez. für die →organisch begründete oder begründbare Psychose

organischer Symptomkomplex →Psychosyndrom, organisches

organische Weltanschauung, die Anschauung, die überall im Weltganzen die Gesetze der organischen Natur wirksam sieht

organisierte Stichproben werden so erstellt, daß sie hinsichtlich mehrerer Merkmale eine gewünschte Zusammensetzung aufweisen. Innerhalb der einzelnen Merkmalsgruppen werden die Elemente der Stichprobe nach dem Zufallsprinzip ausgewählt. Die o. St. unterscheidet sich in ihrer Herstellung von der →Zufallsstichprobe. *Mi-A*

organismisch, im Unterschied zu →organisch das dem Organismus Gleichende, nicht das ihn Bildende bzw. ihm Zugehörende

organismische Auffassung, Richtung der Biologie, die (anders als die mechanistische wie die vitalistische Auffassung) die ganzheitliche Ordnung der Lebensprozesse »dynamisch aus dem Wechselspiel der im System selbst enthaltenen Kräfte« erklärt. Die Wirklichkeit ist »ein Stufenbau, eine hierarchische Ordnung von übereinandergeschachtelten Systembildungen«. Ⓛ BERTALANFFY

Organismus, Lebewesen, leibseelisches Ganzes, lebendiges System mit wechselseitiger Verbundenheit (Aufeinanderbezogensein) aller Teile. • Im übertragenen Sinne Bezeichnung für organisierte Systeme: z. B. ein Volk, eine Sprache, ein Betrieb als O.

Organminderwertigkeit, die durch konstitutionelle Unterentwicklung bedingte Minderwertigkeit eines Organs. O. ist Grundbegr. und Ausgang der Individualpsychologie von A. ADLER. →Minderwertigkeitsgefühl. Ⓛ BRACHFELD

Organneurose, die an ein Organ gebundene Neurose im Ggs. zur Psychoneurose. →Neurose

Organpsychose, von MENG eingeführter Begriff, der das Übergreifen einer psychotischen Ich-Störung auf bestimmte Organe bezeichnet

Orgasmus →Sexualität (Tabelle)

Orgiasmus [gr. *orgiasmós* Bacchusfeier], Verzückungsrausch, z. B. in der Ekstase

Orgie [gr. *orgia* heiliges Opfer, geheime religiöse Gebräuche], ursprünglich Geheimdienst zur Verehrung einer Gottheit, dann auf kultische Handlungen der Geschlechterliebe übergreifend, ist O. heute Bez. für sexuelle u. a. »Ausschweifung«

Orgon-Theorie, die Lehre des Psychoanalytikers W. REICH, daß es eine spezifische

Energie gäbe, die das Leben ermöglicht und erhöht, ein Lebens-Energie-Fluidum (Orgon), das bei neurotischen Personen blokkiert ist. Thema: Befreiung der Sexualität, Mythologisierung des Orgasmus, durch Freisetzen der →Libido (mit den Mitteln der Atmung, der Massage, diese am nackten Patienten) die »Charakterpanzerung« (des Neurotikers) bezwingen.

Orientierung, Orientierungssinn [lat. *óriens* aufgehende Sonne], Fähigkeit, sich örtlich, zeitlich und über die sonstigen realen Gegebenheiten »im klaren« sein zu können. O. ist auch als psychiatrisch-verhaltensps. Kategorie von Bedeutung, was im Ggs. des Desorientiertseins (Verwirrtseins) deutlich wird. Zudem ist O. das praktische Sichzurechtfinden im Raum oder in Gegenden. Im Tierleben (Brieftauben, Bienen) fällt besonders der Umfang des O. auf. Vgl. Fernsinn. Ⓛ FRISCH, PETERS, ROHRACHER, SCHMIDT-KOENIG u. KEETON

Orientierungsreaktion, das komplexe Reaktionsmuster, das ein Organismus auf neue, unerwartete Umweltreize zeigt und das einen Zustand gesteigerter Aufmerksamkeit beinhaltet, was PAWLOW (1926) als »Orientierungs-Reflex« (die »was-ist-los«-Reaktion) bezeichnete. Die O. stellt nach SOKOLOV (1963) einen integrierten Teil des komplexeren exploratorischen Verhaltens dar.

Die wichtigsten Komponenten dieses vielfach (SOKOLOV) auch als Einheit angesehenen funktionalen Systems sind: (1) Erhöhte Sensibilität, Absinken der Wahrnehmungsschwellen für auditive und visuelle Reize, Pupillenerweiterung, Erhöhung der Fähigkeit, zwischen einander ähnlichen Reizen zu diskriminieren (Erhöhung der Verschmelzungsfrequenz in den sensorischen Systemen). (2) Allgemeine Veränderungen der Muskulatur. Momentan ablaufende Handlungen werden eingestellt, Steigerung des Muskeltonus und Erhöhung der elektrischen Aktivität der Muskeln. (3) Spezifische Veränderungen der Skelettmuskulatur. Je nach Organisationsstufe treten Muskeln in Tätigkeit, die die Sinnesorgane auf die Reizquelle ausrichten. (4) Veränderungen der elektrischen Hirnaktivität. EEG-Muster zeigen erhöhte Erregung, wobei schnelle Wellen mit niedriger Amplitude dominieren. Neben dieser diffusen *»arousal«*-Reaktion zeigen sich auffallende Sekundärantworten (»evozierte Potentiale«) in verschiedenen Gehirnabschnitten. (5) Viscerale Veränderungen. Konstriktion der peripheren Blutgefäße und Dilatation der Blutgefäße im Kopf und Gehirn. Veränderung des Hautwiderstands (PGR), Vertiefung und Verlangsamung der Atmung und gewöhnlich Herabsetzung der Herzfrequenz.

Der O. kommt danach eine zweifache Bedeutung zu: Die Sensibilität auf Informationsinput wird erhöht, und der Körper gleichzeitig auf eine Notfall-Situation vorbereitet. Bedingungen, die eine O. hervorrufen sind: (a) Neue oder komplexe Reize (»Überraschung«). (b) Sich widersprechende Reize (z. B. Reize, die sich widersprechende motorische Reaktionen erfordern). (c) Signifikante (Signal-)Reize, die eine besondere Bedeutung für den Organismus haben (z. B. eigener Name), lösen im Gegensatz zu dem vorgenannten auch nach mehrfacher Wiederholung eine solche Reaktion aus. Bei den meisten Reizen gewöhnt sich (habituiert) der Organismus sowohl physiologisch als auch ps. an den Reiz (10 bis 30 Wiederholungen) und reagiert nicht mehr auf ihn. Eine geringe Veränderung des Reizes (z. B. Veränderung der Tonhöhe) ruft die O. sofort wieder in unverminderter Stärke hervor. – Zur Interpretation hat SOKOLOV (1960) ein Modell vorgeschlagen, nach welchem im Gehirn ein neuronales Muster des Stimulus aufgebaut wird (»innere Spur«). Die Stärke der beobachtbaren Reaktion auf »Neuheit« (= Nichtübereinstimmung mit der Spur) stellt danach eine Funktion des Unterschiedes zwischen dem Erregungsmuster des Synapsensystems und der Reizgestalt des Teststimulus dar. Im Fall von »Neuheit« wird die *formatio reticularis* aktiviert, bei »Bekanntheit« hemmt der *hippocampus* die *formatio reticularis* und reduziert weiteren sensorischen Input. →Adaptation, →Aufmerksamkeit, →Habituation. Ⓛ BERLYNE 1961, ZIMBARDO 1978[3] *B-C*

Orientierungsstufe, eine besondere Organisationsform der Schule im Übergangsbereich von Grundschule (Primarbereich, 1.–4. Schj./6.–10. Lbj.) zu den weiterführenden Schulen Hauptschule, Realschule, Gymnasium, Gesamtschule (Sekundarbereich I, 7.–10. Schj./13.–16. Lbj.). Als eigentliche Zielsetzung der Einführung der O. gilt die Erhöhung der Chancengerechtigkeit durch verbesserte Beobachtungs- und Fördermaßnahmen. Die O. brachte bzw. unterstützte vielerlei Anstöße zu allgemeineren erziehungswissenschaftlichen Innovationen, z. B. zur Lehrplanrevision (= Betonung der sozialen Aspekte schulischen Lernens), zur Kritik der Leistungsbeurteilungsverfahren (informelle Tests) oder zu Unterrichtsmethoden (→Projektmethode). →Gesamtschule, →Bildungsplan Ⓛ HAENISCH u. ZIEGENSPECK 1977 *Sch-R*

Originalität, Selbständigkeit, Ursprünglichkeit, schöpferische Fähigkeit. Bestimmt in seinem Mehr oder Weniger entscheidend die menschliche Talent- und Genieentwicklung. »Die echte Originalität bestätigt sich darin, daß es nur eines Anstoßes bedarf, um sie aufzuregen, worauf sie dann ganz eigen und unabhängig den Weg des Wahren, Tüchtigen und Haltbaren zu verfolgen weiß« ⟨GOETHE⟩. ● O. ist bei GUILFORD ein Faktor des divergenten Denkens. →Kreativität

ORT Ⓣ PHILIPPSON

Ort der Kontrolle →Verstärkerkontrolle

Ⓔ **ortho...** [gr.] in Wtvb. aufrecht, gerade, richtig, recht

Orthogenese, die geordnete (nicht zufällige) Entwicklung. Auch das Beharren in der eingeschlagenen Entwicklung. ● Als orthogenetisches Gesetz bezeichnete Heinz WERNER (1890–1964) die den Entwicklungsprozessen eigenen Vorgänge der Differenzierung und hierarchischen Integration.

orthogone Lokalisationstendenz [gr. *gonía* Winkel], das Bestreben, Gesichtseindrücke senkrecht zur Blicklinie räumlich festzulegen. Daher die orthoskopischen Gestalten ⟨BÜHLER⟩ = Überwiegen von entsprechenden Bildvorstellungen (z. B. bei Kinderzeichnungen).

Orthopädagogik, syn. für Sonderpädagogik

orthoskopisches Zeichnen, in Kinderzeichnungen das Vorherrschen bestimmter Grundformen und Ansichten, die für den dargestellten Gegenstand charakteristisch oder in der dargestellten Form einfacher zu zeichnen sind. Dadurch kann es zur Mißachtung von Proportionen, Perspektive, Stellung usw. kommen. →Kinderzeichnung

Ortssinn →Orientierungssinn

OSMB Ⓣ OSERETZKY

Osmologie, Osphresiologie [gr. *osmé* Geruch], Lehre vom Geruchssinn

Ösophagusstimme →Stimmstörung

Österreichische Schule, Grazer Schule, Bez. für die von BRENTANO ausgehende psychol. Richtung. Zu ihr gehören Autoren wie BENUSSI, CORNELIUS, V. EHRENFELS, MACH, MEINONG, WITASEK u. a.

Die Schule datiert seit der Gründung des ersten österreichischen Laboratoriums (1894) in Graz durch MEINONG. – Die gesamte Ö. Sch. zeichnete sich durch einen gewissen Antagonismus gegen den Elementarismus von WUNDT aus. In diesem Sinne hebt BRENTANO die eigene Spontaneität des Seelischen gegenüber bloß passiver Abbildung der Reizsituation hervor. Nach ihm besteht das Eigentümliche des Seelischen in spontanen Akten. – MACHs sensualistischer Positivismus läßt ihn von der unmittelbar gegebenen Erfahrung ausgehen, welche ihn zur Anerkennung ps. Gebilde (wie umfassendere Raum- und Zeitformen) gelangen läßt. Dieser Ansatz wurde von v. EHRENFELS in seiner Lehre von den Gestaltqualitäten wesentlich schärfer formuliert. Eine solche Gestaltqualität ist z. B. eine Melodie. Sie entsteht nicht aus einer bloßen Kombination einzelner Töne, sondern ist etwas neu Hinzutretendes, zu dem die Elemente (Töne) lediglich die Grundlage abgeben. Nach ihm können Gestaltqualitäten ihrerseits wiederum als Elemente angesehen werden, als Fundamente für eine Gestaltqualität höherer Ordnung. Der v. EHRENFELSsche Gedanke wurde von MEINONG weitergeführt und fand in einer neuen Terminologie Ausdruck. Die einzelnen Elemente einer Gestaltwahrnehmung nannte er »fundierende Inhalte« und die Gestalten »fundierte Inhalte«. Diese Formulierung ist auch unter dem Namen »Produktionstheorie« bekanntgeworden und macht den hauptsächlichen Inhalt der Grazer Schule aus. Bedeutende Vertreter dieser Schule sind neben MEINONG selbst seine Schüler WITASEK und BENUSSI. – Die Formulierung v. EHRENFELS' und der Grazer Schule unterscheiden sich von der →Gestaltpsychologie wesentlich dadurch, daß erstere ein Erhaltenbleiben der Elemente als solche postulieren, zu denen die Gestaltwahrnehmung unabhängig hinzutritt, und letztere den Standpunkt vertritt, daß die Elemente völlig in der Gestalt aufgehen. MACH ist nicht in strengem Sinn zur Ö. Sch. zu zählen. Jedoch hat er, von einem konsequenten Atomismus der Empfindungen ausgehend (in seinem Buch »Analyse der Empfindungen«), das Problem aufgeworfen, ob es übergeordnete ps. Erscheinungen gebe. *Str-R*

Östrogene, weibl. Keimdrüsenhormone →Hormone

Oestrus [gr. *oistros* Bremse, Stich, Stachel, Leidenschaft], Brunst. Die vom Follikelhormon (Oestron) ausgehende Sexualperiodik. Eine Form der anomalen Steigerung ist die Oestromanie = Nymphomanie.

OSTWALD-Farbsystem →Farbsysteme, anschauliche

*

OSTWALD, Wilhelm / 1853–1932 / Chemiker, Naturphilos. / Dorpat, Riga, Leipzig / Nobelpreis 1909

Oszillation, oszillatorisch [lat.], Schwingung. In der Ps. Bez. für persönliche oder zwischenpersönliche Schwankung der Reaktionen. Bei HULL Wechsel des →Reaktionspotentials ($_SO_R$).

Oszillograph, »Schwingungsschreiber«. Instrument zur Aufzeichnung schneller Schwingungsvorgänge (elektr. Wellen bzw. Potentiale).

O-Technik, bei der O-T. der →Faktorenanalyse werden verschiedene Variablen bei einer Stichprobe von Vpn gemessen. Die

Situationen werden über die Variablen korreliert. Mit der O-T. werden Situationsfaktoren ermittelt. →P-Technik, →Kovariationsschema

Otolith →Ohr

Ouroboros →Uroboros

outgroup, Fremd-Gruppe, Ggs. *ingroup*, Eigen- oder Wir-Gruppe. →Gruppe

output, Informationsausgang, Begr. der →Informationstheorie, das Signal, das abgegeben wird. • (allg.) die Energie, die ein →System abgibt. • (psychol.) die Reaktion, die auf einen Reiz auftritt. *D-H*

Ovarium [lat.], Eierstock →Hormon, →Keimdrüsen

overachievement/underachievement, bezogen auf das individuelle Intelligenzniveau, ein »Schulleistungsüberschuß« bzw. »Schulleistungsdefizit« (WEINERT), d. h. bessere oder schlechtere Schulleistung, als vom Intelligenzniveau her erwartet werden könnte (= erwartungswidrige Schulleistung). Für diese Diskrepanz werden vorwiegend nicht-intellektuelle Faktoren (→Motivation u. a.) verantwortlich gemacht. →Leistungsmotivation. Ⓛ THORNDIKE 1963, WAHL 1973 *Mü-E*

overlearning →Überlernen

overmanning →undermanning

overt response →Response

OVSIANKINA-Effekt →Wiederaufnahme von unterbrochenen Handlungen

Ovulation, auch Eisprung, Follikelsprung. Ausstoßen des reifen Eies aus dem GRAAFschen Follikel des Eierstockes. →Keimdrüsen, →Menstruation

P

P, Symbol für die Person, auf die eine Aussage bezogen ist (→O).

PA, paarweises Assoziieren (auch PAL, *paired associate learning*)

Paar-Assoziationen-Lernen (PAL), die Untersuchung grundlegender Lernvorgänge sollte durch das Beispiel der Paar-Assoziation möglich sein – Reizsilben (S) werden je mit einer Responsesilbe (R) verbunden, indem solche Paare im Lerndurchgang dem Versuchspartner geboten werden, der im Prüfungsvorgang auf die Reizsilbe mit der richtigen Antwortsilbe reagieren soll. Die Prüfphase wird auch Antizipationsphase genannt, weil die richtigen Antworten vorweg genommen werden; falls das nicht geschieht, werden vom Vl Hilfen gegeben (Paardarbietung durch Korrektur). →Assoziationstheorie Vgl. BREDENKAMP u. WIPPICH 1977 II, 17 ff. *B-S*

Paarbildung (biol.), Zusammenschluß von Geschlechtspartnern, die P. kann schon während der Juvenilphase beginnen und bis an das Lebensende anhalten, ist aber in anderen Fällen nur auf den Zeitraum des →Fortpflanzungsverhaltens beschränkt. *P-S*

Paartherapie In der P. versucht man, Beziehungsstörungen zu beheben, die entweder auf falsche Erwartungen bei der Partnerwahl, divergente individuelle Entwicklungen der beiden Partner, veränderte Lebenssituationen oder die generelle Unfähigkeit Problemlösestrategien zu finden, zurückgehen. Die P. sucht durch das Training von Kommunikationsfertigkeiten (zuhören und verstehen, Gefühlsausdruck, Metakommunikation, nonverbaler Ausdruck) die gegenseitige Problemdarstellung zu erleichtern und abträgliche Eskalationseffekte zu verhindern. Ferner werden die gegenseitig attraktiven Seiten und Verhaltensweisen der Partner wieder herausgearbeitet. Entsprechende positive Aktivitäten werden zunächst mit Hilfe von Verschreibungen angeregt, erhalten sich jedoch später häufig selbständig aufgrund ihres gegenseitigen Verstärkerwertes.

Neben dem verhaltenstherapeutischen und kommunikationstheoretischen Aspekt der Beziehung kann das Paar oder die Familie als System betrachtet werden, in dem bestimmte Regeln sich eingeschliffen haben, die, obwohl abträglich, von den Mitgliedern des Systems im Sinne einer Homöostase aufrecht erhalten werden (Trägheitsprinzip). Solche Regeln (z. B. BERNES »Spiele der Erwachsenen«, →Transaktionsanalyse) werden von den Betroffenen häufig nicht verstanden, können aber vom Therapeuten erkannt und durch geeignete Gegenmaßnahmen zum Zusammenbrechen gebracht werden. Vom analytischen Standpunkt aus ergeben sich für die P. häufig Gesichtspunkte der Partnerwahl aufgrund von psychosexueller Fixierung oder Übertragungen aus der Konfiguration der Ursprungsfamilie. In der Partnerwahl häufig anzutreffende Komplementaritäten können dabei überzogen und zu rigide sein, so daß sie in Krisensituationen in eine neurotische Verklammerung übergehen. Symmetrische Paarbeziehungen dagegen führen per se leicht zu Konkurrenzkonflikten, die eine Abgrenzung von Interessensphären erfordern. Die P. führt zu einer Klärung der Beziehung, was häufig eine bessere Beziehung, nicht selten aber auch die Trennung der Partner nach sich zieht. Ⓛ WILLI 1978 *R-F*

Paarvergleich, paarweiser Vergleich, ein von FECHNER eingeführtes Verfahren.

Der Vp werden jeweils zwei Eindrücke (z. B. zwei Farben) dargeboten, wobei jeder Eindruck im Vergleich zum anderen beurteilt werden soll (z. B. auf seine Wohlgefälligkeit). Die Reihe der Vergleichspaare wird so zusammengestellt, daß alle möglichen Eindruckskombinationen einmal vorhanden sind. Abgesehen von dem Vergleich kann auch jede Kombination als solche beurteilt werden (z. B. ob Farben zusammenpassen oder nicht). Der P. ist eine häufig angewendete Methode der →Skalierung.

Pachymeninx [gr.], harte (dicke) Hirnhaut, →Gehirn

pacing [engl.], Tempo-Vorgabe

PACINIsche Körperchen →VATER-PACINIsche Körperchen

Packkiste Ⓣ GIESE

Ⓔ **päd...** [von gr. *pais, paidós*] in Wtvb. Kind, Knabe

Pädagogik, im herkömmlichen Sprachgebrauch die auf erzieherisches Handeln bezogene systematisierte Erkenntnis wie auch, besonders in dem abgeleiteten Adjektiv pädagogisch, dieses Handeln und Beeinflussen selber. Entsprechend umfaßt die Bezeichnung Pädagoge den Erziehungstheoretiker (Erziehungswissenschaftler) wie den Erziehungspraktiker (Lehrer, Heimerzieher, Sozialpädagoge, Heilpädagoge, aber auch nicht hauptberuflich Erziehende).

Dieser Unklarheit versucht man, durch Abgrenzung der wissenschaftlichen Disziplin, die allgemeingültige deskriptive Sätze formuliert, als →Erziehungswissenschaft von der auf präskriptiven Sätzen aufbauenden Erziehungslehre zu begegnen (LOCHNER). In der Erläuterung der stufenweisen Theoretisierung des pädagogischen Denkens ist man bestrebt, den unfruchtbaren Gegensatz von Theorie und Praxis zu überwinden, so z. B. KLAFKI durch die Staffelung vom (1) situationsgebundenen über das (2) methodisch-ordnende pädagogische Denken zur (3) →Didaktik als Erziehungs- und Bildungslehre und (4) philosophischen und metatheoretischen pädagogischen Fragen, oder BOKELMANN von der (1) Beschreibung der Erziehungswirklichkeit über die (2) pädagogische Theoriebildung i. e. S. zur (3) metatheoretischen Reflexionsebene. Mit einem der Wissenschaftslehre der Analytischen Philosophie verpflichteten Vorschlag stellt BREZINKA strengere methodologische Anforderungen an die Pädagogik und scheidet sorgfältig Erziehungswissenschaft i. w. S. (als Realwissenschaft von der Erziehung, darin enthalten Theoretische Erziehungswissenschaft als Erziehungswissenschaft i. e. S. und Historiographie der Erziehung) von Philosophie der Erziehung einerseits und Praktischer Pädagogik andrerseits als der am erzieherischen Handeln orientierten normativen Theorie der Erziehung. Schließlich erfährt auch das in der Phase neopositivistischer Orientierung nicht verlorengegangene Selbstverständnis der P. als einer an der erzieherischen Alltagswelt anknüpfenden Handlungswissenschaft (KLAFKI 1976, BENNER 1977) in der Auseinandersetzung mit ›Kritischer Theorie‹, ›Verstehender Soziologie‹ und ›Symbolischem Interaktionismus‹ eine Neubelebung, durch die die Theorie-Praxis-Diskussion wieder ins Zentrum der P. gerückt wird. →Erziehung, →Erziehungswissenschaft, →Handlungswissenschaft Ⓛ BENNER 1977, BOKELMANN 1970, BREZINKA 1978, KLAFKI 1976 *Mü-E*

Pädagogik, experimentelle →Pädagogische Psychologie

Pädagogische Psychologie (PädP), Kennzeichnung einer pädagogische und psychologische Problemkreise verknüpfenden Forschungsrichtung. Sie wird vielfach als Teilgebiet der →Angewandten Ps. angesehen, ist jedoch mit der Schwierigkeit belastet, sich nicht in bloßer Anwendung allgemeinps. Prinzipien und Ergebnisse zu erschöpfen, sondern in Fragestellung und Methode prinzipielle Eigenständigkeit zu beanspruchen und zu erfordern. Sachlich notwendige Überschneidungen u. a. mit →Entwicklungsps., →Lernps., →Sozialps. erschweren die definitorische Abgrenzung, begriffliche Sonderprägungen wie Erziehungsps., Ps. des →Lehrens (Instruktionsps.), Unterrichtsps. (→Unterrichtsforschung), pädagogische Tatsachenforschung oder empirische Pädagogik verhindern einen allgemeinen Konsens über Aspekte und Richtungen der PädP.

Ps. Themen wurden von Pädagogen immer schon bei der Darstellung ihrer Erziehungslehren abgehandelt (z. B. Entwicklungsstufen, Auffassungsweisen, Lernvorgänge). Schon vor der Prägung des Begriffs »Pädagogische Psychologie« um

1900 eröffnet J. F. HERBART der pädagogisch-ps. Forschung durch die Unterscheidung von praktisch-philosophischer (ethischer) Ziellehre und ps. Weglehre (1835) den Arbeitsbereich der Anwendung allgemeinps. Erkenntnisse auf Erziehung und Unterricht. Weiter zurück liegen Anregungen, wie sie COMENIUS, ROUSSEAU, PESTALOZZI gegeben haben. Die Übertragung experimentalps. Methoden auf pädagogische Forschungsgebiete und der Versuch der Begründung einer »experimentellen Pädagogik« durch den aus WUNDTS Institut hervorgegangenen E. MEUMANN (1905) spielt für die Konstitutierung der PädP eine bedeutsame Rolle, jedoch erst A. FISCHER (1917) erkennt der PädP in der wissenschaftlichen Erforschung der ps. Seite der Erziehung eine eigene Zielsetzung zu. Der Streit um Standort, Gegenstand und Methode der PädP führt zur Annäherung empirisch orientierter Pädagogen als Vertretern der (von MEUMANN angeregten) Pädagogischen Tatsachenforschung (P. PETERSEN, F. WINNEFELD) und pädagogischer Psychologen (O. KROH), die vorwiegend den entwicklungsps. Aspekt betonen. Versuche anderer Art, so von dem der Angewandten Ps. ebenso wie reformpädagogischen Richtungen vertrauten Aspekt der Arbeit Ansatzpunkte zur Ausgestaltung einer PädP zu gewinnen (O. KLEMM), fanden wenig Resonanz. Die Verengung der Fragestellung auf einen erbcharakterologischen Determinismus (G. PFAHLER) wurde nach dem Zweiten Weltkrieg durch die Rezeption der amerikanischen Lernpsychologie und ihrer pädagogischen Implikationen aufgehoben (H. ROTH).

Die Entwicklung der PädP außerhalb des deutschsprachigen Raumes wird durch die vorherrschenden ps. Richtungen und die dominanten Forschungsschwerpunkte bestimmt, so vor allem: Leistungsmessung und lern- und sozialps. Aufarbeitung in den USA, dazu differentialps. Untersuchungen in England und den skandinavischen Ländern, pädagogische Tatsachenforschung und Schulps. in Frankreich, Belgien und der französischen Schweiz, Erziehungsphänomenologie und klinische Methoden in den Niederlanden (THOMAE, WEINERT).

Die Nachkriegsentwicklung der PädP ist durch die Ausbildung eines weiteren Schwerpunkts der Unterrichtsforschung, des →Programmierten Unterrichts und der Einbeziehung der Kybernetik (H. FRANK, F. v. CUBE) gekennzeichnet. Für die vielfältigen Aspekte und Bestrebungen der PädP bieten globale Definitionen geringere Information als die Umschreibung der Aufgaben und Forschungsschwerpunkte. DERBOLAV sieht bei den drei Aufgabenbereichen der PädP – diagnostisch, heilpädagogisch und methodisch – die Kontrollfunktion diagnostisch vor allem in der Feststellung der normgerechten oder abweichenden Entwicklung und der Aufdeckung von Störungsquellen, ferner – heilpädagogisch – neben der Beseitigung von Störungen in der Ausarbeitung und dem Einsatz von Lernhilfen und Maßnahmen zur Leistungsförderung, schließlich – praktisch-methodisch – in der Erprobung und Effizienzkontrolle von Methoden im Blick auf Erziehungsnormen und →Erziehungsziele, die nicht von der PädP gesetzt, wohl aber kritisch beurteilt werden. Noch stärker betont HEITGER die Funktion der Realitätskontrolle des pädagogischen Handelns und der Zielkonzeptionen sowie der Ideologiekritik. Neben den bestehenden Forschungsschwerpunkten (s. o.), von denen der des menschlichen Lernens das größte Gewicht hat (WEINERT), treten neuerdings stärker hervor Fragen der Interaktion von Lehrer und Schüler (TAUSCH u. a.), Eltern und Kind und damit verbunden des →Erziehungsstils (HERRMANN; STAPF/HERRMANN), des Unterrichtsstils und – in Ansätzen – der →Lehrtheorie und Lehrstrategien, dazu der →Taxonomie der Erziehungsziele (BLOOM). Eine große Bedeutung gewinnt die pädagogisch-ps. →Begleitforschung im Bereich der →Curriculumforschung und bei Innovationen im institutionellen Sektor (Vorschule, Gesamtschule).

Entscheidend für den Fortschritt der PädP wird sein, daß ihr Verhältnis zur ps. Grundlagenforschung überprüft wird. Die (umstrittene) Anwendbarkeit allgemeinps. Gesetze und Prinzipien (z. B. der Lernps.) auf den Bereich der Erziehung ist nicht allein durch einengende Extrapolation pädagogischer Probleme von der »Grundwissenschaft« *(basic science)* her zu verbessern, sondern durch Forschung auf dem angewandten Niveau selbst (Feldforschung), d. h. auf der Ebene der Komplexität und Spezifizierung, die das Problem in der Erziehungspraxis besitzt, wodurch Fragen der Relevanz und Extrapolation gegenstandslos werden (AUSUBEL). Ⓛ RÖHRS 1971, WEINERT 1967, WEINERT u. a. 1974 *Mü-E*

pädagogischer Test, svw. →Schul-Test

Pädaudiologie →Audiometrie

Päderastie [gr. *país* Kind, Knabe, *erastés* Liebhaber], Knabenliebe. →Sexualität

Pädiatrie [gr. *iatreía* das Heilen], Kinderheilkunde

Pädologie, Paidologie, Bez. für Kinderkunde als ps., biol., soziol. etc. Gesamtlehre

Pädophilie →Sexualität (Tabelle)

PAFA, *principal axes factor analysis,* Computer-Programm, das Routineverfahren zur Durchführung von →Faktorenanalysen auf der Grundlage der →Hauptachsenmethode umfaßt. *M-R*

Paideuma ⟨FROBENIUS⟩, Kulturseele als seelenhaftes Wesen der Kultur

pair matching, paarweises Parallelisieren →Parallelstichproben

Paläencephalon [gr. *palaios* alt, urzeitlich, primitiv, *enkephalos* Gehirn], Urhirn, Althirn, Stammhirn, die entwicklungsgesch. älteren Teile des →Gehirns

paläoatavistische Qualitäten, Ausdruck von HALL (1904) für bestimmte primitive Verhaltensweisen in der Kindheit und im Jugendalter, die nach seiner Theorie als Wiederholungen von Phasen der Stammesgeschichte in der Entwicklung des einzelnen Menschen angesehen werden können. Diese Theorie entspricht etwa dem →biogenetischen Grundgesetz von HAECKEL. Ⓛ G. S. HALL

Paläopsyche, Altseele. Die an das Althirn gebundene Psyche. →Tiefenperson

Paläopsychologie, Erforschung primitiver Züge des Seelenlebens, die sich aus früheren Stufen der Menschheitsentwicklung erhalten haben. JUNG gebrauchte den Begr. für das Studium der primären Urbilder aus den tiefsten Schichten der Seele (→Archetypen).

Palatolalie, Palatophonie, Stimmklang und Artikulation bei Spaltträgern. →Gaumenspalte, →Näseln

Palilalie, das stereotype, mitunter vielmalige Wiederholen meist der ersten Silben oder Wörter in Spontansprache oder beim Antworten, nicht beim Singen oder Schreiben. Z. B. bei extrapyramidalen Erkrankungen (→Dysarthrie), →Stottern; aber nicht zu verwechseln mit den psychotischen →Verbigerationen. *G-N*

Palimnese [gr. *palin* wieder, zurück, *mnesis* Erinnerung], Wiedereinfallen von dem Gedächtnis Entschwundenem

Palingenese, die Wiederholung der Vorfahren-Entwicklung in der Embryonalentwicklung des Individuums ⟨HAECKEL⟩. →Biogenetisches Grundgesetz

Pallium →Gehirn

Palmograph [lat. *palma* Hand], Apparat zur Feststellung der Ermüdungswirkung bei Handbewegungen

Panalgie, Schmerzen im ganzen Körper

Pandämonium-Modell, ein im Zusammenhang mit der Computersimulation (→künstliche Intelligenz) von SELFRIDGE entwickeltes →Modell für die Mustererkennung, das von der Erklärung durch den →Schablonenvergleich erheblich abweicht. In ihm wird jede nur mögliche geformte Einheit (Muster, z. B. Buchstaben) durch einen kognitiven »Dämon« dargestellt, der Merkmale eines »egoistischen« Wesens haben soll und nach Selbstbestätigung suche. Andere Dämonenarten sollen bei dieser Suche behilflich sein. Ⓛ NEISSER 1974 *B-S*

Panel-Technik, von LAZARSFELD entwickeltes Verfahren zur Einstellungsmessung und →Meinungsforschung. Die Befragung wird an der gleichen Stichprobe, dem *»panel«,* mehrmals durchgeführt und gestattet eine Verlaufsanalyse von Meinungen und Einstellungen.

Panik [Bez. nach dem Hirtengott »Pan«], plötzliches heftiges Erschrecken und »Kopflos«-Werden, bei Einzelnen wie Gruppen oder Massen. Insbesondere der Angstzustand von Menschenmassen mit chaotischen Fluchtreaktionen. Kennzeichnend für die P. ist die Art der Ausbreitung: sie steckt an. →CARPENTER-Effekt, →Ansteckung, emotionale. • Auch Tiere zeigen der P. vergleichbares Verhalten.

Pankreas [gr. *pan* alles, *kreas* Fleisch], Bauchspeicheldrüse. Als exkretorische Drüse gibt sie verdauungsfördernde Fermente in den Zwölffingerdarm – als endokrine Drüse (→LANGERHANSsche Inseln) ist sie der Bildungsort des →Insulins. →Hormone

Panlogismus, Allvernunftlehre. Der Logos ist das absolut Wirkliche, und die Welt ist Verwirklichung der Vernunft.

Panphobie, Pantophobie [gr.], allgemeine Furchtstimmung, Furcht vor allen Dingen und Vorgängen

Panpsychismus, Allbeseelung der Dinge in der Natur. Vorstellung, daß auch im Nichtlebenden seelische Vorgänge vorkommen.

Pansexualismus, Erklärung der →Sexualität (der sex. Motivation) zum Auslöser in allem humanen Geschehen. Eine der Psa. (zuweilen übersteigert) zugeordnete These. P. bedeutet auch svw. übersteigerte Beachtung der Sexualität.

Pantomimik [gr. *mímeisthai* nachahmen], die dynamischen Ausdrucksgehalte (-merkmale) des ganzen Körpers, nicht bloß des Gesichts, →Ausdruckspsychologie, →Physiognomik

PANUMsches Phänomen, Täuschung des Tiefensehens. Bietet man dem einen Auge zwei senkrechte Linien, dem anderen eine senkrechte Linie dar und läßt mit Hilfe des →Stereoskops diese mit einer der beiden anderen zur Deckung bringen, so wird immer die innere, d. h. der Medianebene des

Gesichtsfeldes näher liegende Linie weiter vorne gesehen. Ⓛ WILDE

*

PANUM, Peter Ludwig / 1820–1885 / Physiol. / Kiel, Kopenhagen

Panvitalismus, die Lehre von der Belebtheit alles Seienden

Papier-Bleistift-Test, *paper-pencil test,* nicht sehr gebräuchliche und wenig informative Bez. für Tests, bei denen die Aufgaben auf Papier vorgegeben werden und die Bearbeitung mit Bleistift erfolgt. Intelligenz-, Leistungstests, Persönlichkeitsfragebogen können also P. B. T. sein, aber auch objektive Tests (z. B. ein Labyrinthtest) sind nach diesem Prinzip konstruiert. *Hä-R*

Papillarlinien [lat. *papilla* Wärzchen, Brustwarze], die an der Hand- und Fußfläche, besonders aber an den Finger- und Zehenbeeren auffallenden Relieflinien. Die P. (schon in der Keimschicht angelegt) lassen bestimmte Muster erkennen, die für das Individuum ein einzigartiges und kennzeichnendes Merkmal sind (→Daktyloskopie). Man hat die P. zum Vaterschaftsnachweis (zur Ergänzung anderer Proben, wie Blutgruppe, Ohrform, Nasenform usw.) herangezogen.

Ⓔ **par..., para...** [gr.] in Wtvb. bei, neben, gegen

Parabulie [gr. *bulé* Wille], krankhafte Willensrichtung

Paradigma [gr. *paradeigma* Beispiel, Muster], 1. (grammatikalisch) beispielhaft durchdekliniertes oder -konjugiertes Wort für analoge Formen anderer Wörter. 2. P. ist jedes Beispiel auf allen Gebieten. So ist die Methode des paarweisen Assoziierens ein P. der Bildung von →Assoziationen oder die neobehavioristische Verhaltenstheorie von HULL ein P. für Stimulus-Response-(S-R-)Theorien. 3. Nach KUHN (1967) eine ps. Schule (Vorgehensweise) mit gemeinsamen Begriffen, Fragestellungen, Kontrollen und nicht hinterfragten Postulaten.

Paradigmenkonflikt, Folgen, wenn grundsätzlich dem herrschenden →Paradigma widersprechende Annahmen (Denkkategorien) aufgestellt werden. *R-S*

paradoxe Intention, nach FRANKL, WATZLAWICK, HALEY ein Verfahren, bei dem der Klient aufgefordert wird, sein symptomatisches Verhalten nicht zu bekämpfen, sondern bewußt herbeizuführen und auszuüben. Dies kann zur Symptomreduktion führen, sofern das Zielverhalten gekennzeichnet ist durch einen Spontancharakter und insofern der Kampf gegen das Symptom eben zu seiner Aufrechterhaltung beigetragen hat (z. B. Stottern, Herzphobie, Erektionsstörungen, Einschlafschwierigkeiten etc.). Auch im Bereich der Partnertherapie werden derartige Ansätze zunehmend eingesetzt. In vielen Fällen fehlt jedoch weitgehend die empirische Absicherung. →Kommunikationstherapie, →negative Übung, →Übersättigungstherapie *Zi-R*

paradoxe Kälte →Kälteempfindung, →Temperaturpunkte

paradoxia sexualis, geschlechtliche Erregung außerhalb der physiologischen Zeit, also bei Greisen oder auch im Kindesalter

Paragnosie, Bez. für außersinnliche Wahrnehmung

Paragraphie [gr.], eine →Agraphie, bei der Worte und Buchstaben beim Schreiben verwechselt werden

Parakinese [gr. *kínesis* Bewegung], gestörte Muskelkoordination, verkehrte, unregelmäßige Bewegungen (→Koordination).

Parakusis [gr. *parakúein* falsch hören], Falschwahrnehmung akustischer Eindrükke. Ohrenklingen. Wahrnehmung tiefer Töne als hoch, starker als schwach usw.

Paralalie die Form des Stammelns, bei der ein →Phonem in der Artikulation durch einen anderen Laut ersetzt wird, z. B. »Taffee« für »Kaffee«. →Mogilalie

Paralexie [gr. *légein* lesen], Wortverwechslung beim Lesen. →Alexie, →Aphasie

Paralgesie, Störung, auch Abnormität bei der Schmerzempfindung. Schmerzhafte Reize werden u. a. als angenehm, Schmerzen ohne jeden beobachtbaren Anlaß als heftig empfunden. →Parästhesie

Paralinguistik, *paralanguage,* als Begr. eingeführt von TRAGER (1958). P. befaßt sich mit der Analyse von vokalen Phänomenen, die die Sprache begleiten, jedoch keine Funktion im phonologisch-linguistischen Kode haben (→Phonologie). Dazu gehören: Stimmqualitäten (Stimmlage, Lautstärke, Rhythmus, Tempo u. a.; →Intonation, →Prosodie, →Stimmanalyse); Vokalisationen wie Lachen, Schreien, Stöhnen, Gähnen, »äh«, »hm« u. a.; Pausen (→Sprechpausen); Vertauschungen von →Phonemen, Silben oder Worten, Kontaminationen, →Stottern u. a.

In der Literatur ist das Gebiet der P. nicht einheitlich umgrenzt, z. T. werden noch Dialekt, Akzent und temporale Phänomene wie Sprechhäufigkeit und Dauer von Äußerungen dazugezählt (→Sprachstatistik). Großes Interesse fanden in der Forschung die Unterbrechungen des Redeflusses, vor allem Pausen, wenig dagegen die Stimmqualitäten. Meist wurde der Zusammenhang der paralinguistischen Phänomene mit affektiven Zuständen (Angst u. a.) des Sprechers untersucht (→Ausdruck), noch kaum dagegen ihre kommunikative Funktion (→nichtverbale Kommunikation). Ⓛ TRAGER 1958, MAHL u. SCHULZE 1964 *B-R*

Paralipophobie [gr. *paraleípo* unbeachtet lassen] ⟨ZIEHEN⟩, Zwangsvorstellung bei Neurasthenikern, durch das Unterlassen von Handlungen (sogar belangloser und sinnloser) dritte Personen in Gefahr zu bringen

Parallaxe [gr. *parállaxis* Veränderung, Unterschied], die scheinbare relative Verschiebung zweier vom Beobachter ungleich weit entfernter Objekte, die eintritt, wenn diese von verschiedenen Standpunkten aus gesehen werden. Diese Winkelverschiebung, die z. B. bei Bewegungen des Kopfes merklich wird, ermöglicht eine Entfernungswahrnehmung auch bei einäugigem Sehen (auch monokulare P. bzw. Kopfbewegungsp.). Als binokulare Parallaxe wird die durch den Augenabstand bedingte Differenz der Sehwinkel der beiden Augen bezeichnet.

Parallelgruppen →Parallelstichproben

Parallelisieren, *matched sampling,* als P. bezeichnet man das »Herstellen« zweier oder mehrerer Stichproben (Parallelstichproben), die so zusammengestellt sind, daß die Angehörigen der Stichproben einander hinsichtlich des Ausprägungsgrades eines Kontrollmerkmales paarweise (bzw. in Tripeln etc.) zugeordnet werden können. Durch das P. werden zufällige Unterschiede im Kontrollmerkmal zwischen den Stichproben weitgehend ausgeschaltet, der Stichprobenfehler wird verringert, wodurch größere Präzision der Ergebnisse erzielt wird. *Mi-A*

Parallelismus, psychophysischer, Anschauung über das Verhältnis von Seele und Körper, nach der seelische und körperliche Vorgänge selbständig, parallel (und ohne gegenseitiges Kausalverhältnis) nebeneinander hergehen.

Folgerichtig bedingt der p. P. den Dualismus. Hauptmerkmal ist die Ablehnung der Wechselwirkung zwischen Seele und Körper. Sonderformen: der materialistische p. P., der allein der physischen Seite Kausalität zuerkennt und die ps. Vorgänge nur als begleitende Schatten (Schattentheorie) mitlaufen läßt, sowie der spiritualistische p. P., der nur der ps. Seite Kausalität zuspricht. LEIBNIZ sah den übereinstimmenden Ablauf körperlicher und seelischer Phänomene als Ergebnis einer »prästabilierten Harmonie«. ● In der Ps. ist der p. P. verschiedentlich beachtet und zur Erklärung herangezogen worden (so von W. WUNDT, J. PIAGET). Heute tritt er hervor als Betrachtung der psychophysischen Beziehungen zwischen drei Ebenen: der physiologischen Ebene, der Verhaltensebene und der Ebene des Erlebens (m. d. Vorwurf des Reduktionismus). Vgl. Leib-Seele-Problem

Parallelismus-Axiome, G. E. MÜLLER (1850–1934) nannte 1896 folgende: (1) Jeder Empfindung liegt ein materieller Vorgang zugrunde. Sie ist somit ein psychophysischer Prozeß. An diesen ist der Bewußtseinszustand geknüpft. (2) Der Gleichheit, Ähnlichkeit und Verschiedenheit der Empfindungen entspricht die Gleichheit, Ähnlichkeit und Verschiedenheit der psychophysischen Prozesse und umgekehrt. (3) Besitzen Änderungen des Empfindungsverlaufs gleiche Richtung, so gilt dies auch für die Änderungen des psychophysischen Prozesses. ●Auf der Annahme, daß geistigen stets körperliche Vorgänge entsprechen, beruht z. B. die Ausdrucks- und Eindruckstheorie.

Parallelogrammtäuschung →SANDERsche Täuschung

Parallelstichproben, *matched samples,* sind Stichproben, die hinsichtlich eines Kontrollmerkmals so organisiert sind, daß die Merkmalsträger der verschiedenen Stichproben einander paarweise zugeordnet werden können und die »Partner« innerhalb der Paare das Kontrollmerkmal in annähernd gleichem Ausmaß besitzen (→Parallelisieren). *Mi-A*

Paralleltests, Tests, die in mehreren äquivalenten (gleichwertigen) Formen vorliegen.

Solche Tests bringen Vorteile für die praktische Testdurchführung, für die Verwendung bei systematischer Bedingungsvariation im Experiment und zur Ermittlung der →Retest-Reliabilität. Für die Äquivalenz von verschiedenen Testformen sind verschiedene Kriterien aufgestellt worden. Als solche gelten: Äquivalenz der Mittelwerte, Varianzen, Häufigkeitsverteilungen, der Reliabilität und der Validität. Soll ein Test als P. gelten, so müssen diese Kriterien erfüllt sein. *Hä-R*

Paralogie, Vorbeireden, Danebenreden, Gebrauch falscher Bezeichnungen beim Benennen von Gegenständen und bei Antworten auf Fragen, meist psychogene Erscheinung (Pseudodemenz), häufig auch bei Simulanten

Paralyse [gr. *paralysis* Auflösung, Lähmung], vollständige Bewegungslähmung durch Ausfallen der Innervation. Progressive Paralyse (*Dementia paralytica*, »Gehirnerweichung«): Eine Späterscheinung der Syphilis mit fortschreitendem seelischem und körperlichem Verfall bis zur vollkommenen Verblödung. Paralysis agitans →PARKINSONsche Erkrankung

Parameter, (math.) veränderliche oder konstante Hilfsgröße. Eine Konstante, die Teil einer allg. Funktion ist, unter versch. Bedingungen aber unterschiedliche Werte annehmen kann.

● In der Statistik wird die Bez. P. vor allem für Mittelwerte, Streuungsmaße und für die Momente als Kennwerte der Grundgesamtheit gebraucht. So läßt sich z. B. die Normalverteilung durch die P.: $\mu = 0$ und $\sigma = 1$ vollständig beschreiben. Schätzungen der P. der Grundgesamtheit können aus Stichproben gewonnen werden. Dabei richtet sich die Genauigkeit der P.-Schätzung nach der Repräsentativität der Stichprobe für die Grundgesamtheit und nach der Stichprobengröße.

parameterfreie Verfahren →nichtparametrische Tests

parametrische Tests sind statistische Prüfverfahren für Stichproben von Intervall- oder Verhältnisvariablen, die bestimmte Verteilungscharakteristika der Daten voraussetzen. Sie unterscheiden sich diesbezüglich von den nichtparametrischen Verfahren (für →Rang- oder →Nominaldaten) und besitzen, wenn alle Voraussetzungen erfüllt sind, größere Effizienz als diese. *Mi-A*

Paramimie, Mißverhältnis zwischen Ausdruck und Stimmungs-Gefühls-Lage

Paramnesie, Erinnerungsfälschung. Unfähigkeit (krankhafte, psychotische), sich auch nur ausreichend korrekt zu erinnern.

Paranoia, Form der →Psychose, die durch das Auftreten eines →Wahnes bei intaktbleibender Persönlichkeit gekennzeichnet ist.

Das Auftreten wird auf einen »paranoischen Grundmechanismus« (JASPERS) zurückgeführt, der in seinem Kern in einer →Projektion von Triebimpulsen mit gleichzeitiger →Substitution des Triebobjektes besteht (FREUD). Je nach der Persönlichkeitsstruktur des Paranoikers, vor allem der Stärke seines Ich, sei die Entwicklung der P. mehr durch eine sensitive, oder mehr durch eine expansive Dynamik gekennzeichnet. In jedem Falle entspreche der Wahninhalt dem am unvollständigsten verdrängten Triebimpuls der prämorbiden Persönlichkeit. Nach der Art des projizierten Triebimpulses lassen sich drei typische Arten von Wahnideen unterscheiden: (1) Verfolgungswahn; (2) Eifersuchtswahn; (3) Querulantenwahn. – Nach der Art der Reaktion des Ich auf die projizierten Triebimpulse lassen sich zwei einander polar entgegengesetzte Reaktionsformen unterscheiden: (1) Sthenisch: Haß und Angriff, Extremfall Mord; (2) Asthenisch: Angst und Flucht, Extremfall Selbstmord. →sensitiver Beziehungswahn, →sensitiver Charakter Ⓛ BLEULER, HOFF

paranoide Schizophrenie, Form der →Schizophrenie, die durch den paranoiden Symptomkomplex gebildet wird und Symptome zeigt wie Wahnideen (Verfolgungswahn, Größenwahn, Besessenheitswahn u. a.), Sinnestäuschungen (Halluzinationen, vor allem akustischer, aber auch optischer und physikalischer Art), abnorme Empfindungen (vor allem neuartige Körperempfindungen), abnorme Gefühle (gesteigerte Angst- und Unlustgefühle oder ganz neuartige Gefühlserlebnisse).

paranormal →Parapsychologie

Parapathie [gr.] ⟨STECKEL⟩, svw. »Nebenkrankheit«, d. h. am eigentlichen Leiden vorbeigehende Krankheit. Kaum noch gebräuchliche Bez. für die Neurose.

Paraphasie, fehlerhafte Selektion von Wortgestalten; gelegentlich im alltäglichen Sich-Versprechen (→Versprechen);

als Zeichen von Sprachstörungen gehäuft bei →Aphasien und →Dysphasien. Grobe Unterscheidung in literale P. (z. B. Placht statt Pracht) und verbale P. (z. B. Jäger statt Fischer) nach der ungenügenden Beachtung der →phonemischen bzw. der →semantischen →Distinktiv-Merkmale von Wörtern. Wesentlich feinere Differenzierungen (bei den phonemischen P. z. B. zu geringe auditive Kontrolle der klanglichen vs. zu geringe kinaesthetische Kontrolle der artikulemisch-motorischen Merkmale (LURIA 1970, 1973); bei den semantischen P. z. B. zu geringe Beachtung der denotativen vs. der konnotativen und situativen Varianten der →Bedeutung) sind notwendig. P., die hinsichtlich der funktionalen Relationen im Rahmen einer Satzsemantik (ENGELKAMP 1973, 1974) auftreten, schlagen eine Brücke zu den Fehlern der →Kombination (→Dysgrammatismus). *G-N*

Paraphonie [gr. *phoné* Stimme], Wechsel der Stimmlage, »Überschnappen« der Stimme, besonders häufig in der Pubertät *(paraphonia puberum)*, auch im Zustand starker Erregung

Paraphrase [gr.-lat. Hinzusagung], Umschreibung eines Textes mit anderen Worten.

Paraphrenie, Form der →Schizophrenie, die wie die →paranoide Schizophrenie durch den paranoiden Symptomkomplex gebildet wird und also hauptsächlich durch Auftreten von Wahnideen und Sinnestäuschungen gekennzeichnet ist. Im Unterschied zur →paranoiden Schizophrenie wird die P. an spezifische Persönlichkeiten (introvertiert, sensibel, sensitiv) in spezifischem Lebensalter (zweite Lebenshälfte), in spezifischen Situationen (Belastungssituation) gebunden, sowie durch spezifischen Verlauf (allmählicher Persönlichkeitszerfall) mit spezifischem Endstadium (Autismus) charakterisiert.

Paraphysik, Bez. für das für die materiellen (nicht-mentalen) paranormalen Vorgänge zuständige Teilgebiet der →Parapsychologie

Parapraxie [gr.], Vorbeihandeln. Bez. für →Fehlhandlungen leichterer Art in der Motorik (z. B. Vergreifen, Versprechen)

Parapsychologie [gr. *para* neben, bei, überhinaus, abwegig], Bez. für alle systematischen (wissenschaftl.) Bemühungen, diejenigen Phänomene, Erlebnisse, Verhaltensweisen, die mit dem heutigen psychol., physiol., physikal. Wissen nicht vereinbar (d. h. paranormal) sind, zu überprüfen, zu sichern (oder abzulehnen) und solcherart eine eigene wissenschaftl. Forschung zu entwickeln. In Betracht kommen: (1) außersinnliche Wahrnehmungen (ASW – *extrasensory perception* ESP) bzw. mentale Wahrnehmungen wie Gedankenübertragung, →Hellsehen *(clairvoyance)*, →Psi-Funktion, →Telepathie, →Wahrtraum; (2) physische bzw. psychokinetische Erscheinungen wie →Apport, Klopftöne, →Levitation, →Materialisation, →Raps, Spuk (DRIESCH 1952, BAUER u. KORNWACHS 1980); (3) der Paraps. als Forschungsaufgabe müssen schließlich auch diejenigen Erscheinungen zugerechnet werden, die unter den Sammelbez. →Okkultismus und →Spiritismus bekannt sind: →Mysterien-Wissen, →esoterische Lehren, →Magie, Hexerei (Hexenglaube), Wahrsagerei, Geisterglaube und Kontakt mit Verstorbenen über vermittelnde →Medien.

Die Paraps. hat eine weitreichende Geschichte, in die viel Wunderglaube, Scharlatanerie und Betrug verwoben sind. Ein erster forschungsgemäßer Schritt war 1882 die Gründung der *Society for Psychical Research* in London (GAULD 1968), ein zweiter 1934 die Einrichtung eines paraps. Laboratoriums unter der Leitung von J. B. RHINE an der Duke-University in Durham (North Carolina). Seit 1954 besteht ein Lehrstuhl für die Grenzgebiete der Ps. in Freiburg/Brsg. (seit 1967 Ordinariat). Auch die Universität Utrecht hat ein solches Ordinariat, doch hat bisher keine weitere bekannte Hochschule einen eigenen paraps. Lehrstuhl errichtet. Als Berufsverband ist die 1957 gegründete *Parapsychological Association* zu bezeichnen, die alle wissenschaftl. forschenden Psychologen, Physiker u. a. (auch Laien) vereint. 1946 wurde die Bez. Psi (Buchstabe des gr. Alphabets) für die paraps. Erscheinungen vorgeschlagen (THOULESS u. WIESNER 1946), eine Bez., die sich rasch durchsetzte, aber zu einem fragwürdigen Modewort wurde. Mit hohen Erwartungen begegnete man den Kartenexperimenten von RHINE, zumal dieser hochsignifikante Ergebnisse veröffentlichte (RHINE 1934). Die Versuche erstreckten sich auf Telepathie (die Vp versucht, die Reihenfolge von Karten mit geometrischen Zeichen zu erraten, die eine zweite Vp in einem anderen Raum betrachtet), auf Hellsehen (die Vp sucht Karten zu erraten, die sich in einem Umschlag oder in einem anderen Raum befinden) und auf Präkognition (die Vp gibt Kartenfolgen, die erst später gemischt werden, zu Protokoll). RHINE führte auch Experimente zur Psychokinese durch (mit Würfeln, die freifallend oder abrollend dem »Wunsch« der Vp bei der Augenzahl folgen sollen). In der Anerkennung dieser Versuche trat bald ein Rückschlag ein (schärfster Kritiker PRICE 1955, 1972). Solche »Gegenthesen« suchte wiederum RHINE zu entkräften.

Seitdem ist die Paraps. immer noch kontrovers. Eine gewisse Klärung scheint insofern erreicht, als die bloße Orientierung an »Erfolgszahlen« abgelehnt und gefordert wird, auch alle Randbedingungen beim Auftreten bzw. Ausbleiben von Treffern zu analysieren. Man wendet sich den Persönlichkeitsstrukturen der Vl wie der Vp zu. Man erörtert den Versuchsleitereffekt (WHITE in WOLMAN 1977), man beobachtet, registriert und mißt die besondere Erwartungsspannung bei den Versuchen. Die »Wunschvorstellungen« *(Psi-missing)*, das Problem der »guten Vpn«, schließlich auch die telepathische Beeinflußbarkeit über Wachtraumvorstellungen sind experimentelle Standards in der Paraps. geworden. Erkannt bleibt, daß die paraps. Forschung nur vorankommt, wenn sie ihre Experimente zu objektivieren vermag. Vielleicht bleibt sie der exp. Kontrolle und der theoret. Klärung grundsätzlich unzugänglich. Ⓛ E. BAUER 1979, J. BELOFF 1980, H. BENDER 1976[4], W. BONIN 1976

Parasitismus, (biol.), Zusammenleben zweier oder mehrerer Organismen zum Schaden des einen und Nutzen des anderen *P-S*

Parassoziation, Fehl-Assoziation, wobei der Reiz inadäquate Reaktionen auslöst

Parästhesie [gr. *aísthesis* Wahrnehmung, Empfindung], Sensibilitätsstörungen, insbesondere auch Mißempfindungen wie Kribbeln, Ziehen, Geschmackstäuschungen, Taubsein usw., verursacht durch Degeneration von Nervenzellen (-bahnen) oder auf

→glandulärer Basis oder infolge Durchblutungsstörungen u. a. m. →Paralgesie

Parasympathikus, parasympathisches System, Untergruppe des autonomen (vegetativen) Nervensystems. In funktioneller Hinsicht antagonistisch wirkend zum Sympathikus. →Nervensystem. Hauptvertreter ist der Nervus vagus.

Parataxie, von SULLIVAN geprägter Begriff zur Bezeichnung der Verzerrung zwischenmenschlicher Beziehungen. Die Verzerrung wird durch die →Projektion subjektiver (falscher) Vorstellungen und Erwartungen auf den Partner ausgelöst. Ⓛ SULLIVAN, TOMAN

Parathymie [gr.], Gefühlsstörung, bes. als Gefühlsumkehrung. Auf Trauer wird z. B. mit Lachen, auf Zorn mit Freude reagiert.

Parathyreoidea, *glandulae parathyreoideae*, Nebenschilddrüsen, syn. Epithelkörperchen (→Hormone)

Pareidolie [gr. *eidolon* Schatten], svw. →Illusion. I. e. S. Wahrnehmungen von Gestalten, wie sie z. B. aus Klecksbildern herausgelesen werden können. Vgl. Aktualgenese, →RORSCHACH-Test

Parekphorie, Fehl-Erinnerung →Ekphorie

Parentalgeneration [lat. *paréntes* Eltern], →Generation

Parergasie [gr. *ergasía* Tätigkeit], Fehllenkung von Impulsen, z. B. Augenschließen statt Mundöffnen nach entsprechender Aufforderung bei Psychosen

Parerosie, Parhedonie [gr. *éros* Liebe, *hedoné* Lust] →paradoxia sexualis

Parese [gr.], Erschlaffung, Schwäche, unvollkommene Lähmung. →Lähmung

PARETO-Optimalität, ein Prinzip für Spielstrategien, die zu einer Menge von Ergebnissen *(outcomes)* führen, die für alle Spieler annehmbar sind.

*

PARETO, Vilfredo / 1848 (Paris) – 1923 (Céligny b. Genf) / ital. Volkswirt u. Soziologe (wendete die Mathematik auf die Theorie der Wahlakte an).

parietal [lat. *paries* Wand], nach der Körperwand hin liegend, zum Scheitelbein *(os parietale)* gehörig

Parietallappen, Scheitellappen des →Gehirns

Pariser-Schule, Bez. für die Hypnoseforschung gegen Ende des 19. Jhds. unter CHARCOT. →Salpêtrière, →Nancyer-Schule, →Hypnose

PARKINSON-Gesetz, Bez. für die von C. N. PARKINSON vorgelegte arbeitsps. und betriebssoziologische Analyse im Bereich der Verwaltung mit fast satirischen Erkenntnissen. Z. B. die Beamten und Angestellten verschaffen sich gegenseitig Arbeit (das Alibi ihrer Unabkömmlichkeit). Ⓛ PARKINSON, 1970[2]

*

PARKINSON, Cyril Northcote / * 1909 Barnard castle (Durham) / engl. Historiker und Journalist / Prof. in Singapur und an amerik. Univ.

PARKINSONismus, zusammenfassende Bez. für krankhafte Erscheinungen, die der Symptomatik der PARKINSONschen Erkrankung entsprechen, ohne deren Ursachen zu haben.

PARKINSONsche Erkrankung *(paralysis agitans*-Syndrom, erbliche Schüttellähmung), die von P. 1817 beschriebene Krankheit infolge erblicher, vorzeitiger Altersinvolution des extrapyramidalen Systems mit hypokinetisch-hypertonischen Störungen der Bewegungsabläufe.

Rigor, →Akinese, Maskengesicht, Salbengesicht, Beugehaltung des Rumpfes und der Glieder, kleinschrittiger, schlürfender Gang, monotone Sprache und Tremor der Hände (»Pillendrehen«) und des Kopfes. Gelegentlich tritt Speichelfluß auf. Reaktive depressive Verstimmung bei meist erhaltenen Intelligenzfunktionen. Dominant vererbte Anlage, Erkrankungsalter 40. bis 60. Lebensjahr. ● Davon abzugrenzen ist die erworbene Schüttellähmung (PARKINSONismus). Sie tritt auf als arteriosklerotische Muskelstarre (O. FÖRSTER, 1909) oder nach →Enzephalitis (LEICHTENSTERN, 1890), nach Infekten und Vergiftungen, nach Strangulationshypoxämie oder bei →amaurotischer Idiotie. →HUNTINGTONsches Syndrom, →CHARCOT-Syndrom

*

PARKINSON, James / 1755–1824 / Med., Chirurg, Paläontologe / Hoxton (Middlesex), London

Parorexie [gr. *órexis* Verlangen, Appetit], krankhaftes Verlangen nach ungewöhnlichen Speisen

Parosmie [gr. *osmé* Geruch], Geruchstäuschung, auch Geruchshalluzination

Parosphresie [gr. *ósphresis* Geruchssinn], Geruchstäuschung

Paroxysmus [gr. *paroxynein* verschärfen, anregen], Anfall, Höhepunkt von Krankheitserscheinungen

Parsimonie, Gesetz der, *principle of parsimony,* der allg. Grundsatz, daß in der Wissenschaft beim Auftreten von zwei Hypothesen stets die einfachere vorzuziehen ist. →OCCAMS razor, →MORGANS Kanon

pars pro toto [lat. Teil für das Ganze], gültig für →Ganze, in denen die Teile ähnliche Gewichtigkeit haben wie das Ganze

Partialgefühl, jene Einzelbestandteile von Gefühlen, die in einem gegebenen Augenblick im Ich vorhanden sind, sich aber, nach dem Prinzip der »Einheit der Gemütslage«, zum Totalgefühl zusammenschließen. Beispiel für letzteres: →Gemeingefühl.

Partialobjekt, Bez. für den von den →Partialtrieben erstrebten Objekttypus mit realem oder phantasiertem Liebesobjektbezug (z. B. zur Brust, zum Penis u. a.). Der P.träger kann (gleichsam zusätzlich) auch in seiner Ganzheit Liebesobjekt sein.

partial reinforcement, in Lernexperimenten spricht man von p. r., wenn die Erfolgsrückmeldung nur teilweise (intermittierend) erfolgt. →partielle Verstärkung

Partialtöne, die einen Ton zusammensetzenden, die Klangfarbe bedingenden Teiltöne

Partialtriebe, von FREUD geprägter Begr. für die einzelnen, in den verschiedenen Entwicklungsphasen nacheinander in Erscheinung tretenden Triebe: orale, anale, genitale Tendenzen: sowie die Tendenzen zum Beschauen (Voyeurismus) und Betasten, zum Sich-Zeigen (Exhibitionismus), zum Sadismus und Masochismus.

Diese einzelnen P. treten am Ende der frühen genitalen Phase unter den Primat der genitalen Zone und die Dominanz der genitalen Motive. Ihre Befriedigung erfolgt danach normalerweise nur noch im Rahmen der Befriedigung der genitalen Bedürfnisse, und zwar in Form von deren Präliminarien. Die →Perversion ist gekennzeichnet durch eine Entmischung dieser P. und durch die ausschließliche und zwangshafte Befriedigung eines isolierten P. →Partialobjekt

partielle Korrelation, parametrisches Verfahren zur Bestimmung der Korrelation zwischen zwei Variablen unter Ausschaltung des Einflusses anderer Variablen auf die beobachtete Korrelation. Soll der Einfluß einer Variablen (3) auf die Korrelation zwischen den Variablen (1) und (2) ausgeschaltet werden, wird die p. K. nach folgender Formel bestimmt:

$$r_{12.3} = \frac{r_{12} - r_{13} \cdot r_{23}}{\sqrt{(1 - r_{13}^2)(1 - r_{23}^2)}} .$$

Mi-A

partielle Verstärkung, Vpn oder Versuchstiere werden nicht jedesmal nach richtiger Ausführung der zu erlernenden Handlungen belohnt, sondern nur in einigen Fällen. Es zeigt sich, daß die Lerngeschwindigkeit durch p. V. nicht wesentlich verlangsamt wird. Jedoch sind Verhaltensweisen, die unter p. V. gelernt werden, vergessensresistenter als Verhaltensweisen, die jedesmal belohnt werden. →Verstärkerplan

Partil, Oberbegr. für alle Punkte, welche eine Verteilung von Rängen in bestimmte Anteile zerlegen, wie Median, Quartile, Perzentile, Dezile. →Zentil

Partizipation, Teilnahme, Anteilnahme. LEVY-BRUHL prägte diesen Terminus zur Kennzeichnung des beim Kind und beim Primitiven möglichen Sichidentifizierens mit einem Objekt. – participation mystique: die verschiedenen Dinge haben in geheimnisvoller Weise aneinander Anteil, was durch in ihnen wirksame mystische Kräfte bewirkt wird. Ⓛ LEVY-BRUHL

Partnerschafts-Test Ⓣ HANSELMANN, HENNING

Parusie [gr.], Gegenwart der Ideen in ihren Erscheinungen ⟨PLATO⟩

PASAR, Abk. für *Psychological Abstracts Search and Retrieval.* Diese neue maschinelle, über eine elektronische Datenverarbeitungsanlage ablaufende Literatursuche wurde von der →APA auf der Basis der in den →*Psychological Abstracts* enthaltenen Zusammenfassungen der wissenschaftlichen Arbeiten entwickelt. Die Suchanfrage wird in →Deskriptoren übersetzt, welche über ein Programm die im Magnetbandspeicher eingegebenen Informationen und die dazu gehörenden Dokumente abrufen. Der Erfolg *(recall)* einer solchen Recherche wird bei PASAR in Form eines Textausdruckes zur Verfügung gestellt. *Hä-R*

Passalong-Test Ⓣ ALEXANDER

Passivismus, Verzicht auf Aktivität (Quietismus). Sexualps. ist P. ein wenig gebräuchliches Syn. für Masochismus.

Pastoralpsychologie, Bez. für die in der Seelsorge (wie auch für diese) eingesetzten ps. Methoden und grundsätzlichen Annahmen

pastös [lat. *pasta* Teig], aufgeschwemmt, gedunsen. Der Begr. ist besonders für das →lymphatische Konstitutionsbild gebräuchlich.

Pastosität →Graphologie (Tabelle)

PAT Ⓣ TOMKINS

Patellarreflex [lat. *patella* Platte, Kniescheibe] →Kniesehnenreflex

Ⓔ **path . . ., patho . . ., . . . path, . . . path(isch)** [gr.] in Wtvb. Leiden, Krankheit

path [engl.], Pfad, Leitung in einem Nervengeflecht. ● Weg in einem Labyrinth. ● Bei LEWIN jeder Weg, über den →Lokomotion erfolgt.

pathisches Erleben →Erleben

patho-gen, -genese, -genie, krankheitserregend, Entstehung und Entwicklung einer Krankheit

pathognom, pathognomisch, pathognomonisch, pathognostisch, auf das Ausdrucksgeschehen oder die Ausdruckskunde bezüglich, Ausdrucks... • Für eine Krankheit (Krankheitsbild) kennzeichnend.

Pathognomik ⟨LAVATER⟩, die Lehre von der Erkennung des aktuellen seelischen Zustandes aus den Gesichts- und Körperbewegungen. →Ausdruckskunde, →Physiognomik. • In der Medizin die Lehre von den Kennzeichen der Krankheiten.

Pathographie, die der Biographie entsprechende Schilderung der Entwicklung und Leistung eines Menschen mit Beschreibung der Krankheit(en) bzw. der krankhaften Einflüsse

Pathologie, die Lehre von den Krankheiten, ihren Ursachen (Aetiologie), ihrer Entwicklung und ihrem Wesen (Pathogenese), ihren Erscheinungsformen (Symptomatologie und Nosologie) und den durch sie bewirkten Veränderungen in Organen und Geweben (Pathol. Anatomie)

pathologisch, krankheitskundlich, krankhaft. • philosophisch (bei KANT): triebhaft, nicht selbsttätig, passiv.

Pathophobie [gr.], Furcht vor Leiden, vor Krankheiten

Pathopsychologie, die Wissenschaft von den krankhaften Erscheinungen des Seelenlebens und ihren Ursachen. →Psychopathologie. • Die Lehre von den durch Krankheiten bedingten seelischen Veränderungen, »Psychologie der Krankheit«.

Pathosophie, Bez. von V. v. WEIZSÄCKER (1956) für das »Wissen vom Leiden«. →Anthropologie

Patriarchat →Mutterrecht

Pattern [engl.], Muster, Modell, Anordnung. • Verhaltensmuster, rituelles, kulturelles Muster. • Ein Muster, das zu kopieren oder nachzumachen ist. Z. B. bei Testuntersuchungen. • Bez. für Modelle (wie Denk-Modell, soziales Modell), die Wirkungs- und Reaktionsweisen zusammenfassen und dadurch anschaulich machen. • Aus der angelsächsischen Ps. haben die Begr. *excitatory pattern, sensory pattern* zur Bezeichnung bestimmter Erregungs- bzw. Empfindungskonstellationen Eingang in die deutsche Ps. gefunden. • Bei GUILFORD steht der Begr. P. für Struktur, Schema, gegliedertes Ganzes.

pattern-perception-test Ⓣ PENROSE

Paukenhöhle →Ohr

Pause (Arbeitspause), das Intervall zwischen Perioden von Tätigkeiten, das absichtlich oder unabsichtlich wegen Ermüdung, Sättigung oder Monotonie eingeschoben wird u. der Wiederherstellung der Leistungsfähigkeit dienen soll. Das Optimum der Anzahl u. Länge der P. ist von vielen Faktoren der Tätigkeit u. der arbeitenden Persönlichkeit abhängig u. wird in der →Arbeitsps. untersucht. Ⓛ s. d. • Fixationspause ist der kurze Zeitabschnitt der Ruhestellung der Pupille, während dessen die genaue Erfassung von Formen möglich ist. • Sprechpausen: s. d. *B-S*

pavor nocturnus [lat. Nachtangst, engl. *night terror*], das Aufschrecken und Schreien aus dem Schlaf, vor allem bei Kindern. Oft Anzeichen ps. Störungen. →Schlaf

PAWLOWscher Hund, Bez. für die von P. erstmals durchgeführten Versuche, mit anoperierten Ausgängen (Fisteln) für den Mundspeichel, Magensaft, die Speisen selbst, um Veränderungen bei den Absonderungen zu beobachten. Die Exp. führten zu weit ausgreifenden Klärungen. →bedingter Reflex

*

PAWLOW (PAVLOV), Ivan Petrovitch / 1849–1936/ Physiol. / Leningrad / Nobelpreis 1904

payoff-Matrix [engl. *payoff* Abrechnung], Auszahlungsmatrix. →Entscheidungstheorie, →Signaldetektions-Theorie, →Interaktion

Pb, Proband. Plural: Pbn.

PC. Abk. für *personal constant* (Intelligenzmessung)

PD, Abk. für *prisoner dilemma game* (s. d.)

PE, P. E., p. e., *probable error,* wahrscheinlicher Fehler, mittlerer Fehler.

Peabody Picture Vocabulary Test Ⓣ DUNN

*

PEABODY, George / 1795–1865 / amerik. Bankier in London / Begründer einer pädagog. Stiftung

PEARSONscher Korrelationskoeffizient, Koeffizient der →Produkt-Moment-Korrelation

*

PEARSON, Karl / 1857–1936 / Mathematiker, Statistiker / London

Pedanterie, charakterolog. Begr. für die übersteigerte Ordnungstendenz. Der Pedant erlebt sie positiv im Ggs. zur Umgebung. FREUD sieht sie im Zusammenhang mit dem Analcharakter Ⓛ SACHERL

Pedemaskop [gr. *pédema* Sprung], Bez. für eine →stroboskopische Vorrichtung

peer group, Begr. bleibt meistens unübersetzt oder wird als »Peer-Gruppe« eingedeutscht. Gemeint ist die Freundesgruppe der etwa Gleichaltrigen, die Gruppe der Alterskameraden. *F-R*

PEG, Pneumencephalogramm, →Enzephalographie

PEN (Psychotizismus, Extraversion, Neurotizismus) Ⓣ EYSENCK

Pendeln →ambivalentes Verhalten

Pendelversuch, das als »okkulte Methode« altbenützte Pendeln (siderisches Pendel) bekam in der Ps. Bedeutung als techn. Verf. zur motorischen Demonstration des Phänomens der Ideoplasie, wobei unbemerkte Bewegungen als Begleiterscheinung von Vorstellungen nachgewiesen werden. Nach J. H. SCHULTZ stammt der Versuch von GALTON (nicht von dem Marquis DE CHEVREUL, wie BAUDOUIN behauptet). Ⓛ SCHULTZ

Penisneid, nach FREUD ein Erlebnis bei Mädchen (ab der frühen genitalen Phase), die sich durch das Fehlen des männlichen Gliedes benachteiligt fühlen. P. mündet entweder in den »Wunsch nach einem Penis in sich selbst (hauptsächlich in Form des Kinderwunsches)« oder den »Wunsch nach dem Genuß des Penis beim Koitus« (LAPLANCHE, 1972).

Peptide, molekulare Verbindung von Aminosäuren. P. sind als →Neuropeptide von großer Bedeutung für die Ps. →Endorphine *J-E*

PEQI →Lebensqualität

percept, Wahrnehmungsgegenstand

perception →Perzeption, →Wahrnehmung

Perceptron →Perzeptor

perceptual defense →Wahrnehmungsabwehr

perceptual learning ⟨E. GIBSON⟩, zur Wahrnehmung gehöriges (perceptives) Lernen

Percipient, der »Empfänger« bei paraps. Versuchen (Hellsehen)

Perfektionismus [lat.], die Vervollkommnungsfähigkeit des Menschen als Ziel alles sittlichen Wollens. In diesem Sinn sind LEIBNIZ, KANT u. a. Perfektionisten.

performance [engl. Handlung, aktueller Leistungsvollzug] →Performanz

performance scale Ⓣ ARTHUR, HEALY-FERNALD, PINTNER-PATERSON, SEGUIN, WECHSLER (Handlungsteil).

Performanz, Tun, Leistung, vorwiegend der Prozeß des Leistens.

Nach CHOMSKY (1965) der aktuelle Gebrauch der Sprache (→Sprachproduktion, →Sprachrezeption) in konkreten Situationen.

Nur im Falle eines idealen Sprechers/Hörers *(→native speaker)* ergäbe sich eine direkte Widerspiegelung der sprachlichen →Kompetenz. Die zahlreichen »Fehler« in der Performanz (falsche Ansätze, Abweichungen von Regeln usw.) werden auf soziokulturelle, sozial- und individualpsychologische sowie nicht zuletzt situative Störfaktoren zurückgeführt. Andererseits kann faktisch nur aus einer Betrachtung der P. die Kompetenz erschlossen werden. Die P. zum Gegenstand der →Psycholinguistik zu erklären, wäre eine fragwürdige Unterordnung der psycholinguistischen Forschung unter die theoretische Konzeption einer Gegenüberstellung von Kompetenz und P. im Sinne CHOMSKYS. →Grammatik *T-R*

• in der Lernps. wird zwischen dem Erwerb *(acquisition)* und der P., der Ausübung des gelernten Verhaltens, als versch. Lernerfolge unterschieden. • In der Testps. ist P. der Terminus, der den Ggs. zu den Verbal-Tests betont. P-Tests sind Handlungstests (vorwiegend motorisch zu erledigende, gegenständliche Aufgaben). *→performance scales*

perinatal [gr. *peri* um-herum, über-hinaus; lat. *natus* Geburt], vor, während und nach der Entbindung. Perinatalogie, die Wissenschaft von diesem Lebensabschnitt.

perinatale Psychologie, Bereich der Entwicklungsps., der sich mit dem ps. Status (Mutter und Umwelt) in der Zeit der Geburt (des Gebärens) beschäftigt. Während die pränatale Ps., soweit sie auch lange vor der Geburtszeit forscht, viele spekulative Momente enthält, wächst die Zahl der Beobachtungen in der perinatalen Ps. rasch an. Die Auswirkungen des Geburtsvorgangs auf die spätere Entwicklung wird vor allem von psa. ausgerichteten Forschern untersucht. Ⓛ GRABER 1974 *R-S*

Periode [gr. *periodos*], Umlauf, Kreislauf. • Eine in regelmäßigen Zeitabständen eintretende Wiederkehr bestimmter Erscheinungen. • Zeitabschnitt, Zeitraum.

Periodik, Periodizität, das Auftreten einer Erscheinung in →Perioden. Man unterscheidet vor allem Tagesperiodik (Wachen und Schlafen, tägliche Leistungsschwankungen, Temperatur-, Blutdruck-, Blutzuckerschwankungen u. a.) und Monatsperiodik (Menstruation und damit verbundene seelische Veränderungen). In größeren Perioden treten z. B. das →manisch-depressive Irresein und die Quartalstrunksucht auf (→Dipsomanie)

periodisches Irresein, die in Zwischenräumen verlaufende Wiederholung von Manie und Melancholie. →manisch-depressives Irresein

periodische Trunksucht →Dipsomanie

periodische Verstärkung →Verstärkung

peripher [gr. *peripherein* umhertragen], vom Mittelpunkt entfernt sein, außenbefindlich, am Rande liegend. Ggs. zu zentral. ● p. Nerven, p. Nervensystem bezeichnet das, was außerhalb von Gehirn und Rückenmark, als dem Zentralnervensystem, liegt. ● p. Reiz ist Bez. für einen Lichtreiz, der auf Randzonen der Netzhaut abgebildet wird.

Peristase [gr. *perístasis*], Umwelt, Milieu, alle nicht vom →Gen ausgehenden Einflüsse. ● peristatisch svw. umweltbedingt

Perlenversuch, der Versuch wurde zuerst von KRAEPELIN für die Prüfung der motorischen Leistungen (bei Kindern) eingeführt. Sinnesfunktionen (5c)

Perlokution, perlokutionär [lt. *locutio* das Sprechen, Sprache] →Sprechakttheorie

Permissivität [nach engl. *permissiveness*], Duldung, Toleranz, eine akzeptierende Einstellung, durch die anderen Personen Freiheit im Handeln zugebilligt wird und die ihnen die Möglichkeit gibt, sich ungezwungen selbst zu verwirklichen. Ggs. →Autoritarismus. Die nicht ganz eindeutig zu definierende Bez. P. wird auch für den demokratischen Erziehungsstil, aber auch für das →*laisser-faire* (Geschehenlassen) verwendet. *B-S*

Permutation, Ausdruck aus der Kombinatorik. P. bezeichnet die Anzahl der möglichen Anordnungen von n Elementen in einer Reihenfolge. (Z. B. abc, acb, bac, bca, cba) Die Anzahl der möglichen P. von n verschiedenen Elementen ist n! (Fakultät). $P_n = n! = 1 \cdot 2 \cdot 3 \cdot \ldots \cdot n$. ● Bei exp.-ps. Untersuchungen werden häufig P. einzelner Bedingungen vorgenommen, z. B. bei der Abfolge von Reizen, um mögliche störende Einflüsse auszuschalten. Vgl. Kombination *Mi-A*

perniziös [lat.], verderblich, gefährlich

Persekution, Persekutionsdelirium [lat. *persecútio* Verfolgung], →Verfolgungswahn, →Paranoia, →Wahn

Perseveranz, (engl. *perseverance*) im Deutschen kaum gebrauchter Begr. für »Ausdauer«, »Beharrlichkeit«, nicht deutlich von Persistenz unterschieden. Früher im Sinne von →»Perseveration« gebraucht, jetzt davon klar abgegrenzt, da letztere ein unwillkürliches Beharren bedeutet, P. dagegen willentliche Kontrolle der →Aufmerksamkeit impliziert (MALLER 1944). *M-R*

Perseveration, Perseverationstendenz. Der Begr. wurde erstmals vom Psychiater NEISSER (F. SOELDER 1895) als allg. Terminus für die versch. patholog. Formen des »Festhaftens an früheren Funktionen«, vor allem für überlanges Andauern und für häufige Wiederkehr eines (sensorischen, mot. oder sprachl.) Vorganges, eingeführt.

Th. ZIEHEN (1898) wie G. E. MÜLLER und A. PILZECKER (1900) führten die ersten exp. Unters. zur P. (als »assoziationsloser Reproduktion«) an Kindern und normalen Erwachsenen durch (vgl. →Gedächtnis). – GROSS (1901) machte den ersten Versuch einer theoretischen Begründung der P. als »cerebraler Sekundärfunktion«, nämlich einer interindividuell versch. starken, unbewußten Nacherregung von Gehirnzellen, die für die assoziative Erlebnisverarbeitung von Bedeutung sei. In Holland wurden von WIERSMA (1906) und von HEYMANS und BRUGMANS (1913) Verf. zur Bestimmung individueller Unterschiede in der »sensorischen« Sekundärfunktion (wie z. B. Flimmerverschmelzungsfrequenz) und zur »motorischen« P.tendenz (Schreiben von Buchstaben in abwechselnder Folge) ausgearbeitet, die in ihren Modifikationen noch gegenwärtig verwendet werden. Auch in der dt. Typologie (O. KÜLPE, E. KRETSCHMER, G. PFAHLER) und in der britischen Intelligenz- und Persönlichkeitsforschung (SPEARMAN 1927) wurden Unterschiede in der P.tendenz (bzw. der »*general mental inertia*«) als wichtiger Persönlichkeitsfaktor angesehen. In späteren Unters. der Zusammenhänge zwischen versch. P.maßen (EYSENCK 1947, CATTELL u. TINER 1949 u. a.) wurde kein allg. P.faktor aufgefunden, sondern eine Mehrzahl von Faktoren, von denen der wichtigste häufig mit →»Rigidität« identifiziert wird. – Experimentalps. Unters. zur P. in der →Sprache (MITTENECKER 1953) und zur informationstheoretischen Auswertung von p.haltigen Reaktionsfolgen (MITTENECKER 1960) werden neuerdings lerntheoretisch interpretiert (Disäquilibrium der Intensitäten von Reaktionstendenzen). – Im klinisch-ps. Bereich wird die Bedeutung der P. bei Hirnverletzungen (BREIDT 1969) und bei Epileptikern (REMSCHMIDT 1968) empirisch und theoretisch untersucht. *M-R*

Person [etymolog. aus lat. *persona,* etrusk. *phersuna* Maske, genauer das Phersunhafte, d. h. das den Erdgott (phersu) Kennzeichnende, wozu vor allem die Maske gehört; die Ableitung aus *personare* durchtönen ist wohl falsch]. Der Personbegriff ist über die Jahrhunderte recht wechselnd verwendet worden. In neuerer Zeit versteht man unter P. meist nicht den Menschen als Angehörigen seiner Art schlechthin, sondern in seiner spezifischen Eigenart, als den Träger eines in sich einheitlichen bewußten →Ich bzw. →Selbst.

● Zum Historischen ist anzumerken, daß P. im alten Rom den freien Rechtsbürger auszeichnete (so bei CICERO, bei dem P. auch die Rolle bedeutet, die das Individuum spielt, sowie der Träger indiv. Eigenschaften ist). Das Mittelalter verwandelte den Begr.: *personae* sind Gott Vater – Gott Sohn – Heiliger Geist und (weitergehend) der getaufte Christ ist *persona* als Bürger im Reiche Gottes. Die deutsche Mystik entwickelte zu *»persona«* und *»personalis«* den Begr. *»personalitas«* als Persönlichkeit (der Christ ist persönlich, weil Christus in ihm wohnt). Person und Persönlichkeit sind hier die unsterbliche Seite des Menschen. Über den deutschen Idealismus und die Klassik (KANT, GOETHE u. a.) hat sich dann der heutige Wortgebrauch eingestellt: Wertschätzung des Einmaligen im Individuum schlechthin. Ⓛ M. KOCH

Persona, in der →Analytischen Psychologie ein Funktionskomplex, der aus Gründen der Anpassung an die Außenwelt zustandegekommen ist. Sie ist ein Ausschnitt aus dem Ichkomplex, der der Umwelt zugewandt ist. Sie ist »ein Kompromiß zwischen Individuum und Sozietät über das, als was einer erscheint« (C. G. JUNG). Eine gut funktionierende P. muß 3 Faktoren berücksichtigen: 1) das Wunschbild, das jeder Mensch in sich trägt, 2) das allg. Bild, das die betr. Umwelt von ihm hat und 3) die Bedingtheiten, die der Verwirklichung des Ich- bzw. Umweltideals ihre Grenzen setzen. ● Bei einem gut angepaßten Menschen ist die P. ein flexibler Schutzwall, der ihm natürliche Umgangsformen mit der Umwelt ermöglicht. Ist die P. zu starr, wird sie zur Maske, hinter der der individuelle Mensch verschwindet: hinter Amt und Titel existiert dann gleichsam »nur ein erbärmliches Menschlein«. Ⓛ JACOBI 1959, 1972 *P-R*

Personalauslese, die Auswahl von Menschen für Berufe, Stellen oder Tätigkeiten auf Grund der Eignung, die sie dafür besitzen, und unter Berücksichtigung der speziellen Bedingungen des jeweiligen Auslesefalls. →Berufseignung, →ps. Diagnostik. Ⓛ JÄGER 1970[2] *Hä-R*

Personalbogen →Beobachtungsbogen

Personal Data Sheet Ⓣ WOODWORTH, WOODWORTH-MATHEWS

personaler Raum, *personal space,* →Grenzkontrolle

Personalismus, Bez. für die besonders von W. STERN entwickelte und vertretene Richtung, die vom Menschen als →Person ausgeht und das Verhältnis von Person und Sache in den Mittelpunkt stellt. ● Die ethische Überzeugung, daß Persönlichkeitswerte die Grundlage aller anderen Werte sind, und deshalb die Vervollkommung der Persönlichkeit höchstes sittliches Ziel ist (KANT, FICHTE).

Personality Inventory Ⓣ BERNREUTER, GUILFORD-MARTIN

personeller Oberbau ⟨LERSCH⟩, der das denkende Erfassen (=noëtischer Oberbau) und die Willensvorgänge umfassende »Ichkern«. Der p. O. steht der tieferen Schicht des endothymen Grundes gegenüber. →Charakteraufbau, →Schichttheorie

Personenkult, fast kultische Verehrung von bestimmten, den Durchschnitt überragenden Personen, insbesondere auch von Volks-, Staats- oder Parteiführern sowie Stars, wobei eine solche Person (bzw. deren Ideologie oder auch Leistung und beides in Verbindung mit irrationalen Elementen) zu einer Art Ersatz-Religion, der aber das echte →Numinosum fehlt, wird. Vgl. Identifikation

Personenwahrnehmung →soziale Wahrnehmung

Personen-Zeichnen Ⓣ MACHOVER

Personifikation, Vermenschlichung, die Auffassung oder Darstellung abstrakter Begriffe oder lebloser Dinge als Personen mit bestimmten Eigenschaften (Weisheit, die einzelnen Naturgewalten u. dgl.).

persönliche Bewertung →Leistungsbewertung

persönliche Gleichung →Reaktionszeit

persönlicher Raum →Raum

persönliches Tempo →Psychomotorik

persönliches Unbewußtes, bei JUNG das dem Bewußtsein nicht Aktuelle, aber Zuführbare, wie alles Vergessene und Verdrängte. →Individuation (2)

Persönlichkeit →Person, →Persönlichkeitspsychologie

Persönlichkeitsabbau, die als Nachwirkung schwerer Erkrankungen oder im höheren Alter in Erscheinung tretenden Persönlichkeitsveränderungen (senile Degeneration). →Dementia

Persönlichkeitsentwicklung, Veränderung des komplexen Systems innerhalb eines Individuums, das sich mit der Umwelt und der Innenwelt auseinandersetzt. Die P. beginnt vor der Geburt und ist lebenslang. Gliederungsgesichtspunkte sind die →Kohorte vergleichbarer Individuen und Segmente wie Intelligenz-, Gefühls-, Motivationsentwicklung und →Sozialisation. Ⓛ ALLPORT 1958, BALTES u. KAGAN, OERTER, PIAGET, TRAUTWEIN, VIGOTSKY *R-S*

Persönlichkeitsfaktor, *personality trait*, →*trait*, in der empirischen Persönlichkeitsforschung verwendeter Begr. für analytische Einheiten der Persönlichkeit, die durch die Methode der →Faktorenanalyse (FA) gewonnen werden (→Faktorentheorien der Persönlichkeit).

Durch diese Methode bedingt und grundlegend für diesen Forschungszweig ist die Auffassung der Persönlichkeit als ein durch n-Persönlichkeitsdimensionen definierter Faktorraum (GUILFORD). P. werden daher auch gleichgesetzt mit Wesenszügen oder →Eigenschaften. Vom wissenschaftstheoretischen Standpunkt sind P. →Konstrukte. Ihrer Gewinnung nach sind sie Ordnungsbegriffe oder Beschreibungsdimensionen der Persönlichkeit. Sie werden aber auch vor allem von CATTELL kausal (Persönlichkeitsfaktoren als Quellen der Variation) interpretiert. In diesem Sinne ist auch die von ihm stammende Bezeichnung *»source trait«* zu verstehen: sie sind als faktorielle Beschreibungsdimensionen die dem Verhalten zugrunde liegenden Bedingungen. Dagegen sind *»surface traits«* (Oberflächenmerkmale) »nur« *clusters* von Variablen, aus denen sich im Falle einer Durchführung einer Faktorenanalyse mehr als ein Faktor ergeben würde. Sie sind daher keine einheitlichen Beschreibungsdimensionen. Die wichtigsten formalen Einteilungsgesichtspunkte für faktorielle Beschreibungsdimensionen, nach denen P. beurteilt werden, sind die folgenden (vgl. HERRMANN 1972[2]):

(1) Generalität und Spezifität (nach der Anzahl von Personen, die einen bestimmten Faktor aufweisen).

(2) Enge (der betreffende Faktor weist nur eine hohe →Ladung auf) und Weite (mehrere hohe Ladungen).

(3) Abhängigkeit (bei schiefwinkeliger →Rotation – hier kann eine weitere FA durchgeführt werden, wobei die Interkorrelationsmatrix aus den [korr.] Faktoren erster Ordnung [= Primärfaktoren] besteht; die extrahierten Faktoren zweiter Ordnung liegen daher auf einem wesentlich höheren Abstraktionsniveau) und Unabhängigkeit (bei rechtwinkeliger Rotation).

(4) Unipolarität (z. B. EYSENCKS Neurotizismusdimension) und Bipolarität (z. B. EYSENCKS Extra-Introversionsdimension).

(5) Arten der Interkorrelationsmatrix. Bei der R-Technik werden Variable interkorreliert und faktoranalysiert, das Ergebnis sind Eigenschaftsfaktoren *(traits)*; bei der B-Technik werden Variable interkorreliert und faktoranalysiert, die zu verschiedenen Zeitpunkten abgenommen wurden, das Resultat sind Zustandsfaktoren *(state factors)*, d. h. Faktoren der Kovariation über die Zeit; bei der Q-Technik werden Personen interkorreliert und faktoranalysiert, das Ergebnis sind Typenfaktoren, die Personengruppen gleicher Testfaktorstruktur definieren.

Eine ebenfalls sehr wichtige Bedeutung für die Beurteilung von P. kommt der Art der Ausgangsdaten zu. Man unterscheidet: L-Daten aus Fremdbeurteilungen (= VB Daten-Verhaltensbeurteilungen), Q-Daten, Selbstbeurteilung (Fragebögen), und T-Daten, objektive Tests. Durch den jeweiligen Beobachtungsmodus bedingt, werden verschiedene Bereiche der Persönlichkeit erfaßt. Es ist darauf zu achten, daß die resultierenden P. nicht direkt vergleichbar sind. P. aus T-Daten z. B. liegen schon auf einem höheren Abstraktionsniveau und sind in etwa Faktoren zweiter Ordnung aus Q-Daten vergleichbar. Die Mehrzahl der Untersuchungen beruhen aber auf Q-Daten, die mit Hilfe der R-Technik analysiert werden. Ⓛ PAWLIK 1968, 1971[2], ÜBERLA 1968 *K-H*

Persönlichkeitsfragebogen, *questionnaire, self-inventory*, besonders konstruierter Fragebogen zur Erfassung der Ausprägung von Persönlichkeitseigenschaften. Die Elemente des Fragebogens werden als Testaufgabe oder Item bezeichnet. Mit diesen Items oder Feststellungen werden keine Tatsachen erfragt, sondern der Pb soll eine Art Selbstbeurteilung vornehmen, welche dann Auskünfte über sein eigenes Verhalten, seine Gefühle, seine Gepflogenheiten usw. gibt. Im Gegensatz zu den Befragungsbogen sind die Fragen bzw. die Antworten auf die Fragen validiert, d. h. die Antworten stehen in einem geprüften Zusammenhang zu einer ps. bedeutsamen Aussage. Ein erster P. dieser Art wurde zur Messung der →Perseverationstendenz entwickelt. In größerem Umfange wurden P. zur groben Auslese für psychiatrisch auffällige Pbn eingesetzt.

Bei der Entwicklung von mehrdimensionalen P. wurde versucht, mehr oder weniger eindimensionale Skalen zu einer gesamten Testbatterie zusammenzufassen, um eine möglichst umfassende Persönlichkeitsdiagnose durchführen zu können. Ein solcher mehrdimensionaler Test ist z. B. das Ⓣ BERNREUTER-*Personality-Inventory*, welches 4 Dimensionen (neurotische Tendenz, Selbständigkeit–Abhängigkeit, Introversion–Extraversion und Dominanz–Unterordnung) enthält. Zur Diagnose psychischer Störungen wurden P. so entwickelt, daß die einzelnen Items an klinischen Gruppen im Gegensatz zu Normalen validiert

P

wurden. Auf diese Weise ist z. B. das MMPI *(Minnesota Multiphasic Personality Inventory)* entstanden. Obwohl dieser Test im klinischen Bereich konzipiert wurde und die Items auch auf entsprechende klinische Symptome hinweisen, wird der Test in großem Umfang für normale Pbn verwendet. Als die Methode der Faktorenanalyse zur Bestimmung der Dimensionalität eines Variablenbereichs von der Intelligenzmessung und -forschung auf die Persönlichkeitsanalyse übertragen wurde, begann eine sehr umfangreiche Entwicklung von P. Zunächst wurde mehr Wert darauf gelegt, die Grunddimensionen der Persönlichkeit mittels verschiedener Untersuchungstechniken zu analysieren. Erst auf Grund der so gewonnenen Dimensionen wurden dann die dafür notwendigen P. entwickelt. Als Hauptvertreter dieser faktorenanalytisch konzipierten P. gelten CATTELL, EYSENCK und GUILFORD (→Faktorentheorien der Persönlichkeit). Diese faktorenanalytisch gewonnenen P. sind viel stärker an einer Persönlichkeitstheorie orientiert. Diese Theorieorientierung hat sich z.T. als Vorteil, z. T. jedoch auch als Nachteil erwiesen. Während man P., welche ohne theoretische Orientierung konzipiert und einer empirischen Validierung unterzogen wurden, als empirische Skalen bezeichnet, kann man die mit persönlichkeitstheoretischen Vorstellungen verbundenen P. als rationale Skalen bezeichnen. Gegen die P. wurde von verschiedener Seite Kritik vorgebracht. So wurde z. B. eingewandt, daß die P. ein hohes Maß an Einschätzung der eigenen Person und ps. Kenntnisse voraussetzen würden. Da jedoch die Validierung der Fragebogenitems nicht auf Grund des Inhalts, sondern nach der Reaktion der Vp erfolgt, stellt die Fähigkeit zur Selbstbeurteilung kein Problem dar. Die Fragebogenkonstrukteure haben selbst nachweisen können, daß die P. häufig für Verfälschungsabsichten des Pb nicht stabil sind. Das Ausmaß der Verfälschung ist jedoch abhängig vom Testdurchführungsanlaß. Eine globale Einschätzung der Validität der gesamten P. ist schwer vorzunehmen, da es sehr viele und mit unterschiedlichen Testgütekriterien versehene P. gibt. Außerdem läßt sich die Frage der Validität so global nicht beantworten, da es sehr viele Situationen gibt, in denen P. durchgeführt werden. So haben sich z. B. die P. bei diagnostischen Fragestellungen im Bereich der →Klinischen Psychologie relativ gut bewährt, wogegen sie für die Voraussage des Schul- bzw. Berufserfolges kaum einen Beitrag leisten können. Verschiedene empirisch ermittelte Schwächen von P. wie z. B. niedrige Validitätskoeffizienten, mangelnde Korrelation zwischen konstruktgleichen Meßverfahren, die Problematik der Konstanz von Persönlichkeitsdimensionen usw. haben in letzter Zeit verstärkte Kritik gegenüber den P. aufkommen lassen. Sie ist insofern berechtigt, als man für diagnostische Zwecke zu hohe Erwartungen an die Testgütekriterien von P. stellte.

Geht man jedoch davon aus, daß man mit den P. einen nur umgrenzten Persönlichkeitsbereich erfassen kann, daß aber auch die P. Instrumente der empirischen Persönlichkeitsforschung sind, so stellen sie eine wertvolle Informationsquelle innerhalb der Persönlichkeitsdiagnostik und der Persönlichkeitsforschung dar. Ⓛ ANASTASI 1968, BRICKENKAMP 1975, EDWARDS 1970, MITTENECKER 1964 *Hä-R*

Persönlichkeitspsychologie (Pps.) wird sowohl als Teil der Allgemeinen Ps. als auch gleichberechtigt neben ihr, der Entwicklungsps., der Sozialps. u. ä. als eine der theoretischen Grunddisziplinen der Ps. im umfassenden Sinne verstanden. Während häufig als das Ziel der Allg. Ps. die Erstellung allgemeiner Gesetzmäßigkeiten (z. B. über Wahrnehmungsleistungen, Gedächtnisfunktionen oder Lernverläufe) dargestellt wird, in welche die immer beobachtbaren individuellen Abweichungen höchstens als Fehlerstreuungen eingehen, fragt die Pps. gerade nach den Bedingungen für die individuellen Besonderheiten.

Historisch ist die Pps. aus der Differentiellen Ps. (W. STERN 1921[3]) und – überwiegend im mitteleuropäischen Raum – aus der Charakterologie hervorgegangen.

Über eine Definition des Gegenstandes der Pps., der Persönlichkeit (P.), ist beim derzeitigen Stand der Forschung keine Einigkeit zu erzielen. Der im Begr. P. intendierte Sachverhalt variiert historisch und auch gegenwärtig von Autor zu Autor stark. P. ist nach LERSCH (1962[8]) »die Grundform menschlichen Seins«, nach WELLEK (1966[3]) ein »ganzheitliches seelisches Sein in seiner jeweiligen Einmaligkeit«, nach THOMAE (1968) der »individuelle Aspekt des Menschen«. G. H. ALLPORT zählte schon 1937 fünfzig Bedeutungskomponenten auf, die seither noch vermehrt wurden. Auch die etymologische Ableitung ist nicht eindeutig klar (→Person, KOCH 1960). HERRMANN (1972[2]) faßt P. als theoretisches bzw. hypothetisches Konstrukt auf und inhaltlich als »ein bei jedem Menschen eigenartiges, relativ stabiles und den Zeitablauf überdauerndes Verhaltenskorrelat«. In jüngerer Zeit werden – insbesondere im Anschluß an MISCHEL (1968) – sowohl reine Eigenschaftskonzeptionen (*steady trait* und *steady state*-Theorien) als auch situationistische Modelle der Erklärung individuellen Verhaltens kritisiert und die Analyse der Interaktion zwischen Individuum und Situation für die Determination individuellen Verhaltens besonders betont (vgl. ENDLER u. MAGNUSSON 1976). Noch allgemeiner, unter Einschluß sowohl von Entwicklungsaspekten als auch von Umweltbezügen und unter Ausschluß eines vorgegebenen Menschenbildes und/oder in der P.forschung anzuwendenden Methoden, läßt sich P. auffassen als der Inbegriff der Bedingungen individuellen Verhaltens. Dies legt aber die Annahme nahe, daß P. nicht als Begr., sondern erst in einer entfalteten Theorie adäquat faßbar wird.

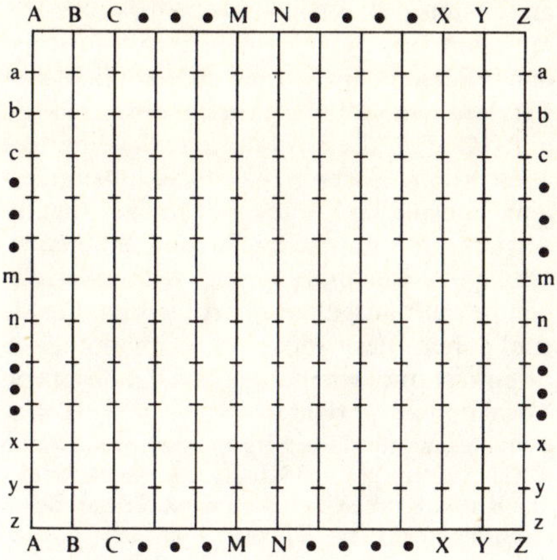

Grundschema der Methoden in der differentiellen Psychologie (nach STERN 1921[3] 17)

Dabei bedeuten:
(1) ein horizontaler Schnitt: Ein Merkmal (m) wird über viele Individuen untersucht: »Variation«;
(2) ein vertikaler Schnitt: Ein Individuum (M) wird über viele Merkmale (a–z) untersucht: »Persönlichkeitsbeschreibung«;
(3) mehrere horizontale Schnitte: Mehrere Merkmale werden über viele Individuen hinsichtlich ihres Zusammenhanges untersucht (Korrelation; Voraussetzung für Faktorenanalyse);
(4) mehrere vertikale Schnitte: Mehrere Individuen werden hinsichtlich mehrerer Merkmale miteinander verglichen; von STERN »Komparation« genannt, heute in Typologien bzw. der Q-Technik der Faktorenanalyse weitergeführt.

Methoden: Traditionell werden – zumeist parallel mit der Unterscheidung zwischen philosophisch orientierten (REVERS 1960) und empirisch akzentuierten (HERRMANN) Auffassungen der P. – »qualitative« (Wesensschau, Deutung, Hermeneutik) von »quantitativen« Methoden (Beobachtung, Messen und Tests, Experiment, Modellbildung und Simulation) unterschieden. Mit der Tendenz, weg sowohl von reiner Spekulation als auch von »blinder« Empirie, hin zu einer wissenschaftstheoretisch grundgelegten Bedingungsanalyse individuellen Verhaltens verliert diese Unterscheidung zunehmend an Bedeutung. Die methodischen Möglichkeiten der gegenwärtig überwiegenden P.forschung lassen sich am besten an den beiden Abbildungen verdeutlichen.

Ziel jeder P.theorie ist es, ihren Gegenstand nicht nur adäquat zu beschreiben, sondern auch zu erklären, d.h. auf seine Bedingungszusammenhänge zurückzuführen. Entsprechend soll eine P.theorie jegliches individuelle Erleben und Verhalten als ihren Spezialfall umfassen und – mit Kenntnis der jeweils wirkenden Bedingungen – vorhersagbar machen.

Dieses Ziel wird auf sehr verschiedenen Wegen angestrebt: Wie für die Psychologie insgesamt, lassen sich auch für die Pps. »nomothetische« Ansätze (allgemeine Gesetze aufstellende »erklärende Psychol.«) von »idiographischen« (einmalige Abläufe beschreibende, von Sinnbezügen ausgehende »verstehende Psychol.«) unterscheiden. Beispiele für nomothetische Ansätze sind die Faktorentheorien der P. (CATTELL, EYSENCK, GUILFORD), für idiographische die geisteswissenschaftlichen Typologien (SPRANGER, ALLPORT u. LINDSEY). Die Schärfe der Auseinandersetzung zwischen beiden Positionen hat mit der Erkenntnis, daß »Verstehen« individuellen Handelns am besten durch Aufdeckung seiner Bedingungszusammenhänge, die nicht nur kausaler Art zu sein brauchen, möglich wird, zu tun. – Gegenwärtig läßt sich die Vielfalt der P.theorien unterscheiden anhand der zu ihrer Erstellung angewandten Methoden (z. B. philosophische, psychoanalytische, faktorenanalytische), der in ihr als analytischer Einheit vorherrschenden Konstrukte (z. B. Eigenschaften, Faktoren, Einstellungen, Selbst), sowie der dominierenden Aspekte der Persönlichkeitsbetrachtung. Dabei lassen sich strukturale, dynamische, feld- und systemtheoretische unterscheiden: Struktur bezieht sich auf den Aufbau der P. aus den sie konstituierenden Merkmalen.

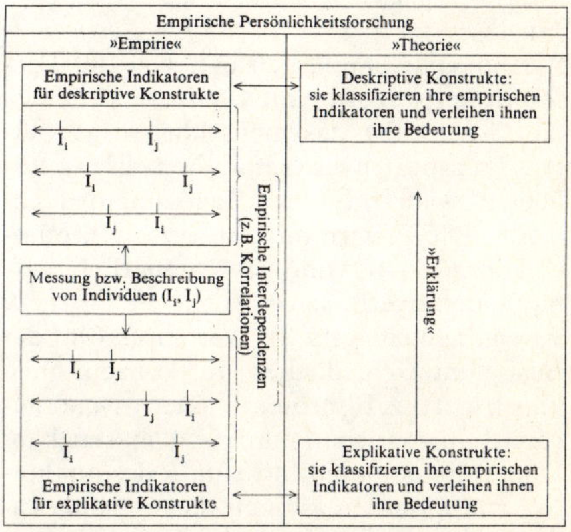

Schema der empirischen Persönlichkeitsforschung (nach HERRMANN 1972[2], S. 75)

Das Schema zeigt die Art der Verknüpfung der Empirie mit der Theorie: Ausgangspunkt ist die Messung von Individuen, die entweder hinsichtlich der Erstellung explikativer oder deskriptiver Konstrukte vorgenommen wird. Die Entscheidung aber, welche Art der genannten Konstrukte herangezogen wird, ist abhängig von einer bestimmten Theorie. Das globale Ziel der empirischen P.forschung ist die Entwicklung von Systemen deskriptiver Konstrukte (= P.beschreibung), sowie die Entwicklung von Systemen explikativer Konstrukte (= P.erklärung).

Dynamik der P. bezieht sich auf ihr Werden, zumeist aufgrund der das Verhalten antreibenden Kräfte.

Feld- und systemtheoretische Ansätze versuchen beides zu vereinigen und beziehen Interaktionen zwischen Individuum und Umwelt ein. Die Gesichtspunkte überlappen sich oft oder werden in verschiedener Weise miteinander kombiniert. Eine übergreifende, allgem. anerkannte Theorie der Pps. steht noch aus. Die Pps. ist direkt oder vermittelt und/oder zusammen mit anderen ps. Teildisziplinen (z. B. der →Diagnostik) grundlegend für breit gestreute Anwendungsbereiche: Begutachtung für die verschiedensten Zwecke, →Beratung (z. B. für Berufswahl, Erziehung, Ehe), Betreuung und Therapie. Sog. →implizite Persönlichkeitstheorien sind eine bedeutsame Fehlerquelle in der P.beurteilung, im Regelfall um so mehr, je weniger man sich ihrer bewußt ist. Ⓛ LERSCH u. THOMAE 1960, STRUBE 1977

Weiteres s. bei den Stw. Person, Persönlichkeitsfaktor, Faktorentheorien der Persönlichkeit, eigenschaftszentrierte Persönlichkeitstheorien, philosophisch orientierte Persönlichkeitstheorien, rollentheoretische Persönlichkeitsauffassungen, Selbsttheorien der Persönlichkeit, tiefenps. Persönlichkeitsmodelle, Persönlichkeitstypen und Typologie. *R-H*

Persönlichkeitssphäre, Begr. aus der Persönlichkeitstheorie von CATTELL. Mit P. ist die Gesamtheit des menschlichen Verhaltens und speziell die Gesamtheit aller Handlungen während eines Tagesablaufes gemeint. Die P. wird mit den versch. Methoden der →L-, →Q- und →T-Datenerhebungsmethoden zu erfassen versucht. *Hä-R*

Persönlichkeitstests, Testverfahren (auf der Basis unterschiedlicher Testkonzeptionen konstruiert: z. B. projektiv oder psychometrisch), mit welchen empirisch abgrenzbare Dimensionen quantitativ und/oder qualitativ erfaßt werden können. Persönlichkeitsdimensionen (in diesem engeren Sinne) stellen solche Bereiche der Person dar, welche in Abgrenzung zu allgemeinen oder spezifischen Fähigkeits- oder Leistungsdimensionen diejenigen Dimensionen erfassen, welche die Art und Weise des Vollzugs von Verhalten bestimmen. Solche Dimensionen sind je nach Persönlichkeitssystem enger oder weiter gefaßte Faktoren wie z. B. →Extraversion/Introversion, ps. Labilität/ps. Stabilität, Ich-Stärke, Dominanzstreben. *Hä-R*

Persönlichkeitstheorien, philosophisch orientierte, Bez. für Theorien, denen – sosehr sich die Konzepte im einzelnen voneinander unterscheiden – zwei Merkmale gemeinsam sind: (1) Sie gehen vom Postulat der »Person« bzw. der »Persönlichkeit« (letztere wird dabei oft verstanden als die im individuellen Lebenslauf entwickelte, die »gewordene« Person) als etwas Substantiellem, seinsmäßig Vorgegebenem aus, im Gegensatz zur empirischen Persönlichkeitsforschung, in der ontologische Voraussetzungen bewußt ausgeklammert bleiben. (2) Sie sind eher deskriptiv, phänomenologisch orientiert und weniger auf das Erklären von Verhalten ausgerichtet.

Grundlegend für diese Forschungsrichtung waren u. a. die Konzepte von KLAGES, SCHELER, STERN und KRUEGER: L. KLAGES ist charakterisiert durch seine metaphysische Theorie vom Geist als Widersacher der Seele, wobei die Persönlichkeit gleichsam Schauplatz des Widerstreits zwischen personaler Individualität (Seele) und antipersonalem, die Einmaligkeit zerstörendem Geist ist. Bei M. SCHELER ist die Personalität ebenfalls durch den Gegensatz von Leben (»Drang«) und Geistigkeit bestimmt, wobei aber der Geist nicht wie bei KLAGES Zerstörer des personalen Lebens, sondern selbst das personale Prinzip des Menschen ist. – W. STERN glaubte das Substrat des Psychischen in der »psycho-physisch neutralen« Person gefunden zu haben, die er als »individuelle, eigenartige Ganzheit, welche zielstrebig wirkt, selbstbezogen und weltoffen ist, lebt und erlebt«, bestimmt. Nach F. KRUEGERS genetischer Ganzheitslehre ist das Substrat aller ps. Phänomene die personale Struktur, d. i. das substantiell Seiende, das mit sich selbst identisch bleibt im Wandel der Entwicklung eines Menschen. – Weiterentwickelt wurde dieser Zweig der Persönlichkeitsps. dann insbesondere von LERSCH, VETTER, WELLEK, REVERS u. a.: Ph. LERSCH zieht in sein Konzept des Aufbaus der Person fast alle Bereiche der Ps. und anthropologische Sichtweisen mit ein, wenn er sagt, die Ps. der Person »charakterisiert den Menschen als Sonderwesen im Ganzen der Welt und umgreift zugleich die aktuellen seelischen Vollzüge und Inhalte, die seelische Entwicklung und die individuellen Ausprägungsformen«. – Nach A. VETTER ist die Person lebens- und geistesbestimmt, das Ewige im Menschen, seine Mitte und als solche ontologischer Grund der Persönlichkeit, die das Insgesamt des seelisch-geistigen Gefüges darstellt. – A. WELLEK bezeichnet seine Charakterologie als »induktive Ontologie«, geht es ihm doch in seiner Polaritätstheorie des Charakters um die systematische Erfassung des Strukturkerns der Persönlichkeit, nämlich des Charakters als »Seinsgrund aller individuellen Akte« und somit um die Erfassung der in der persönlichen Struktur (sensu KRUEGER) fundierten Disposition. – W. J. REVERS schließlich bestimmt die Person als »menschliches Einzelwesen, als Einheit von Geistseele und Leib in seiner unmittelbaren Einmaligkeit, das in sich selbst und über sich selbst verfügt« und »insoferne sie in einem konkret historischen Lebenslauf Wirklichkeit wurde«, bezeichnet er sie als Persönlichkeit. Philosophisch orientierte Theorien der Persönlichkeit wurden hauptsächlich in Europa, insbesondere im deutschsprachigen Raum konzipiert. Von den amerikanischen Beiträgen zur Persönlichkeitsforschung ist am ehesten G. W. ALLPORTS Persönlichkeitskonzept zur Anthropologie und Philosophie hin geöffnet. ALLPORT war es vor allem auch, durch den der Persönlichkeitsbegriff in der amerikanischen Ps. Eingang fand. ALLPORT definiert Persönlichkeit als »die dynamische Organisation derjenigen Systeme im Individuum, die sein charakteristisches Verhalten und Denken determinieren«, wobei das →»Selbst« das wichtigste System der Persönlichkeit ist. Eine teilweise Weiterentwicklung der philosophisch orientierten Theorien der Persönlichkeit kann in der in letzter Zeit in den USA auflebenden sog. →*humanistic psychology* gesehen werden (neben ALLPORT wären hier A. MASLOW, Ch. BÜHLER, C. ROGERS u. a. zu nennen). Ⓛ STRUBE 1977, MADDI 1972[2] *He-R*

Persönlichkeitstypen, Bez. für diejenigen typischen bzw. als typisch beschriebenen u. charakterisierten Erscheinungsformen der Persönlichkeit, die es gestatten, die in fließenden Übergängen vorhandenen Persönlichkeitsvariationen zu klassifizieren, d. h. zu gliedern und Einteilungen vorzunehmen. →Persönlichkeitspsychologie, →Typologie

personnel management →human engineering

personoid, persönlich, personangenähert, Vorform der Person, noch ohne ausreichende Einheit in einem Ich.

Personschicht →Schichttheorie

Personwahrnehmung, Personenwahrnehmung →interpersonale Wahrnehmung

Perspektive [lat. *perspicere* deutlich sehen], eine Gesetzmäßigkeit der räumlichen Wahrnehmung. Gegenstände im Raum erscheinen mit zunehmender Entfernung vom Standpunkt des Betrachters (Augenpunkt) verkürzt (verkleinerter Gesichtswinkel), parallele Geraden scheinen in der Ferne zusammenzutreffen (z. B. Eisenbahnschienen). Infolge der →Größenkonstanz wird allerdings die tatsächliche Verkürzung eines Objekts (Verkleinerung des Netzhautbildes) meist nicht in ihrem vollen Ausmaß wahrgenommen. – »Luftperspektive« heißt die Verhüllung weit entfernter Objekte (namentlich im Freien) durch Unreinheiten der Luft. Sie trägt zur räumlichen Auffassung ebenso bei wie die teilweise Verdeckung von Gegenständen im Raum durch davor befindliche andere und die Verteilung von Licht und Schatten im Raum. – Als »binokulare P.« wird gelegentlich die →Querdisparation bezeichnet. Vgl. räumliches Sehen

Perspektiventäuschung, eine infolge perspektivisch gezeichneter Umgebung auftretende Täuschung über das Größenverhältnis abgebildeter Gegenstände. →Abb.

perspektivisches Sehen →räumliches Sehen

Persuabilität, die Beeinflußbarkeit, Überredbarkeit des Individuums. →Persuasion

Persuasion, Persuasionstherapie [lat. *persuasio* Überredung], (allg.) die seelische Beeinflussung durch Überredung, besonders die therapeutische Behandlung durch Zureden, Belehren, Überreden, vorwiegend mit rationalen Mitteln (Einsicht in die ursächlichen Zusammenhänge des Leidens). • Die von P. C. DUBOIS entwickelte und von diesem auch als »sokratischer Dialog« und »rationelle Psychotherapie« bezeichnete Methode, beim Kranken Verständnis für seine situations- und personbedingten Schwierigkeiten zu wecken. • Der P. stehen die Methoden der →Logotherapie, der →Rationalen Psychotherapie und der →Psychagogik nahe.

Perturbation, aus dem Engl. übernommene informationstheoretische Bez. für Störungen; analog →Lärm

Perversion [lat. *pervérsus* verkehrt], (allg.) krankhafte, dem Natürlichen entgegengesetzte Abweichungen vor allem des Gefühlslebens. • Sexuelle P. →Sexualität (Tabelle)

Perzentil →Zentil, →Partil

Perzeption [lat. *perceptio* Begreifen], das Bemerken, die Auffassung, das Wahrnehmen; auch das Eintreten einer Vorstellung ins Bewußtsein. Von der P. hat besonders WUNDT die →Apperzeption unterschieden.

perzeptionelle Reaktions-Disposition *[perceptual response disposition]* ⟨POSTMAN⟩, Bez. für alle Faktoren, welche bei der subjektiven Formung des Wahrnehmungsaktes eine Rolle spielen.

Perzeptionsstrategien, bei der Begriffsbildung angewandte Formen der Informationsverarbeitung, die mit den Selektionsstrategien (→fokussieren) verglichen werden sollten. Ⓛ BRUNER 1973

Perzeptionsumfang →Bewußtseinsumfang

Perzeptor, Perceptron, kybernetisches System der Informationsverarbeitung, das »als technisches Modell organischer Nervensysteme angesehen werden kann und der Imitation von Teilprozessen der menschlichen Erkenntnis dient« (KLAUS 1969). Im wesentlichen ein System von Rezeptoren, das aus eingehenden Signalen diejenigen Signalkombinationen aussondert, die gesuchte Informationen enthalten (Beispiel: →Lernmatrix). Anwendungen: →Computerdiagnostik, →Automat. *R-S*

perzipieren, wahrnehmen, erfassen

petit mal [frz. kleines Übel], →Epilepsie. Vgl. Absence

Petrefakt, Versteinerung. In der Ps. ist der Ausdruck aufgegriffen worden, um den in der Wahrnehmung, Anschauung, beim Denkprozeß usw. zu beobachtenden Vorgang der Erstarrung bzw. das Vorhandensein erstarrter Wesenszüge zu belegen (Petrifizierung).

Pfadanalyse, *path analysis,* ein regressionsanalytisches, multivariates, statistisches Verfahren zur Analyse und Spezifikation von Kausalmodellen aufgrund der korrelativen Zusammenhänge zwischen den im Modell enthaltenen Variablen.

Sie wurde von Sewall WRIGHT bereits 1921 entwickelt, fand aber erst relativ spät Eingang in die sozialwissenschaftliche Forschung. Die in einem Modell postulierten Kausalzusammenhänge lassen sich graphisch als Pfaddiagramm und mathematisch als Satz von Strukturgleichungen (Pfadmodell) darstellen. Aufgrund der empirisch ermittelten Korrelationen zwischen den Modellvariablen können über die Strukturgleichungen die Modellparameter (Pfadkoeffizienten) geschätzt werden. Die Größe eines Pfadkoeffizienten p_{ji} entspricht jenem Teil der Standardabweichung einer Variablen Z_j, der durch eine kausal vorgeordnete Variable Z_i determiniert ist, wenn alle anderen der Variable Z_j kausal vorgeordneten Modellvariablen konstant gehalten werden. Neben diesem direkten Effekt (Pfad) läßt sich auch der indirekte Effekt bestimmen, den Z_i über eine oder mehrere zusätzliche Variablen auf Z_j ausübt. Unter bestimmten, hier nicht ausgeführten Bedingungen, kann schließlich die Vereinbarkeit der empirischen Daten mit dem postulierten Kausalmodell durch eine Reproduktion der Ausgangskorrelationen aus der pfadanalytischen Lösung bewertet und so eine Entscheidung zwischen alternativen Kausalmodellen getroffen werden. In ihrer klassischen Form ist die P. auf linear-additive und rekursive Kausalmodelle (Modelle ohne Rückkoppelungsschleifen) beschränkt und trifft bezüglich der Daten gleiche Voraussetzungen wie die multiple →Regressionsanalyse. Ⓛ BRANDSTÄTTER u. BERNITZKE 1976; KERLINGER u. PEDHAZUR 1973. *Mi-A*

PFAHLERsche Typen →Typologie

*

PFAHLER, Gerhard / 1897–1976 / Päd., Psych. / Rostock, Giessen, Göttingen, Tübingen

PF-Test, Ⓣ ROSENZWEIG

16 PF Ⓣ CATTELL

Pflanzenpsychologie, Forschung, die sich mit Vorgängen bei den Pflanzen befaßt, die psychischen vergleichbar sind. (Reizerscheinungen, Regulationen und Regenerationen der Pflanzen, Ermüdungserscheinungen, Parallelen zum FECHNERschen Gesetz bei bestimmten chemischen Reizen, Tropismen u. a.)

Pförtner [engl. *gate-keeper*] →Kanal-Modell

Pfropfneurose, Pfropfschizophrenie, path. Entwicklungen, die frühere Störungen (z. B. Schwachsinn) überlagern bzw. daraus sich entwickeln.

PGR, psychogalvanische Reaktion (s. d.)

Phagophobie [gr. *phagein* essen], Furcht vor dem Herunterschlucken

phallische Phase, nach Auffassung der Psa. der Zeitabschnitt in der Entwicklung der Sexualität des Kindes, der sich an die →anale Phase anschließt, und in dem der Geschlechtsteil die wichtigste Quelle sexuellen Lustgewinns darstellt. An die phallische schließt sich (nach der Latenzperiode) in der Pubertät die →genitale Phase als endgültiges Stadium an. →Ödipuskomplex

Phallographie, Bez. für die Benützung der Peniserektion als Indikator für »Stimmungswandlungen« (z. B. bei der Schlafforschung, zur Überprüfung verhaltenstherapeutischer Maßnahmen bei sex. Fehlhaltungen). Auch an Klitoris, Uterus und Scheide sucht man »Meßwerte« zu gewinnen.

Phallus →Sexualität (Tabelle)

Phalluskult →Sexualität (Tabelle)

Phänogenese, Merkmalsentwicklung, der entwicklungsgeschichtliche Ablauf der Wirkungen und Wechselwirkungen vom Ei bis zum Erscheinungsbild des fertigen Organismus. • K. GOTTSCHALDT hat für diese Zusammenhänge den Begr. Phänogenetik und Phänogenetik der Person verwendet.

Phänogramm, [gr. *phainesthai* erscheinen, *gramma* Aufzeichnung], übersichtliche Darstellung der an einer Person oder einem Vorgang in Erscheinung tretenden ps. und somatischen Daten. • Nach E. RAUSCH Bez. für den Versuch, das Anschauungsbild (Anschauungsraum) zu objektivieren.

Phänomen, phänomenologische Methode, alles, was sich dem Wahrnehmenden, Fühlenden oder Denkenden unmittelbar gibt, sofern er sich seinem schlichten Erleben überläßt. Ein Gegenstand, eine Stimmung, ein Einfall sowie die gesamte erlebte Welt sind in diesem Sinne P.

• Die Phänomenologie bzw. die phänomenologische Methode in der Ps. macht das P. mit aller methodischen Strenge zu ihrem ausschließlichen Ausgangspunkt. Sie unterscheidet sich hiermit prinzipiell von anderen Ansätzen, die bei nicht phänomenal gegebenen Eigenschaften und Tatbeständen ansetzen, wie dies etwa der Fall ist bei Aussagen über Funktionen des Nervensystems, elektromagnetische Wellen usw. – Erkenntnistheoretisch schließt die Phänomenologie in der Ps. keine Lehrinhalte ein, wie z. B. die Wesensschau der Philosophie HUSSERLS. Es wird für das praktische und wissenschaftliche Vorgehen ein Begr. von Wirklichkeit zugrunde gelegt, der allen Differenzierungen der erlebten Welt gerecht wird und von dort ausgehend die ganze Fülle methodisch möglicher Ansätze erlaubt. • Historisch kann man den Beginn der phänomenologischen Methode in GOETHES Farbenlehre ansetzen und die frühe Sinnesphysiologie, wie sie z. B. von Joh. MÜLLER, PURKINJE und HERING vertreten wurde, hinzunehmen. Ein folgenreicher Schritt war die Beschreibung von Gestaltqualitäten durch v. EHRENFELS (1890). Viel trug die Phänomenologie von HUSSERL (1859–1938) zum methodologischen Bewußtsein dieser Forschungsrichtung bei. Einen Höhepunkt hat dann die Phänomenologie in der Gestaltps. der Berliner Schule, d. h. in der von dieser Schule entwickelten →Gestalttheorie erreicht. In die amerik. Ps. hat McLEOD die Phänomenologie eingeführt. Ⓛ BORING, DRÜE, HUSSERL *Str-R*

phänomenale Kausalität →Kausalität, phänomenale

phänomenales Feld, bez. in terminologisch loser Verwendung des Feldbegriffes den Bereich des gleichzeitig Wahrgenommenen bzw. des gleichzeitig Erlebten (gegliedert in phänomenales Ich und phänomenales Umfeld). • Zutreffender wird der Begr. ph. F. dann gebraucht, wenn jede Wahrnehmung als dynamischer Prozeß angesehen werden soll (→Feld).

Phänomenologie →Phänomen

Phäno-Motive ⟨W. STERN⟩, da der Begr. Motiv nicht so eng gefaßt werden kann, daß er nur die im Bew. zutage tretenden Vorwegnahmen des Willenzieles umfaßt, müssen – nach STERN – »hinter diesen bewußten Anreizen des Wollens andere, halb bewußte oder unbewußte liegen, die, aus größeren Tiefen stammend, die eigentlichen Energien enthalten, aus denen die Willenstat gespeist wird«. STERN benennt diese als »erscheinende« Motive: Phäno-Motive; als »erzeugende« Motive: Geno-Motive.

Phänotypus ⟨JOHANNSEN⟩, äußeres Erscheinungsbild, die Summe der ausgebildeten Merkmale eines Organismus. Aus dem gleichen →Genotyp können durch verschiedene Umwelteinflüsse verschiedene Phänotypen hervorgehen *Sch-S*

Phantasie [gr. *phantasia,* engl. *imagination*], svw. Vorstellungskraft, ebenso die Vorstellungen, die als neu in unser Bew. treten und sich mit den vorhandenen Bew.inhalten verbinden. Entscheidend ist das Neuartige und Nicht-erlebt-Haben der P.kombination. Sie enthalten meist weder Erinnerung noch Wiedererkennen, wenn sie auch die Neuorganisation von Erfahrenem sein können.

Die P. kann absichtslos schweifen (passiv) oder planvoll (aktiv), mehr reproduzierend oder rein kombinatorisch geartet sein. Sie kann im →Traum, mit →Drogen erzeugt, bei sensorischer →Deprivation, im →Aberglauben und vor allem bei Psychosen überhandnehmen und die Persönlichkeit zerstören, aber ebenso (wie Jean PAUL meint) »das Absolute und das Unendliche der Vernunft näherführen und anschaulicher vor die sterblichen Menschen« stellen. • FREUD ordnete die P. den Primärprozessen (→Primärvorgang) zu. BLEULER führte für P. die Bez. →Autismus ein. In gewissem Umfang ist die P. durchschaubar, so bes. bei künstlerisch schaffenden Menschen, in Selbstzeugnissen, im Ausdeuten sinnloser Figuren (z. B. Ⓣ RORSCHACH) auch mehrdeutiger Darstellungen (z. B. TAT) oder auch der Analyse von Träumen.

Phantasieprüfung Ⓣ BINET, FISCHER

»Phantasie«-Tests →Projektive Tests

Phantasma [gr.], Trugbild, Sinnestäuschung, Phantasiegebilde

Phantasmie ⟨ZIEHEN⟩, syn. mit →Pseudohalluzination

Phantastika, syn. Halluzinogene, →Psychopharmaka

Phantomglied, Amputationstäuschung. Ein amputiertes Glied wird als noch vorhanden erlebt. Zur Erklärung dieser Eigenart nimmt man eine fortbestehende Wirksamkeit des →Körperschemas ⟨HEAD, SCHILDER⟩ an.

Pharmakologie, Teilgebiet der Medizin, das sich mit der Erforschung der Wirkungen von Pharmaka auf den menschlichen und tierischen Organismus befaßt. Für die Ps. besonders bedeutsam ist das Untergebiet →Psychopharmakologie. Vgl. auch →Pharmakopsychologie. Ⓛ FORTH et a. 1980, GOODMAN et al. 1980

Pharmakopsychiatrie, Teilgebiet der →Psychiatrie, das sich mit der Wirkung von Pharmaka, vor allem der →Psychopharmaka, auf das geistes- und gemütskranke Erleben und Verhalten befaßt. Auch die durch Pharmakamißbrauch entstehenden Dauerschäden (Persönlichkeitsveränderungen) werden erforscht. →Pharmakopsychologie, →Pharmakopsychopathologie Ⓛ BENKERT u. HIPPIUS 1976, KLEIN et al. 1980

Pharmakopsychologie, dasjenige Gebiet, das sich mit den ps. und mit diesen korrespondierenden physiol. Wirkungen von in den Organismus eingebrachten chemischen Substanzen auf gesunde Menschen und Tiere befaßt. P. zeigt fließende Übergänge zu verschiedenen medizinischen Disziplinen, insbesondere Psychiatrie und Pharmakologie. Von verschiedenen Autoren wird sie als Bereich der Psychopharmakologie angesehen, jenem Teilgebiet der Pharmakologie, das sich mit ps. wirksamen Stoffen, den psychotropen Substanzen, beschäftigt. Als ps. Disziplin ist P. sowohl ein Teilgebiet der angewandten als auch der physiolog. Psychologie:

als Teilgebiet der angewandten Psychologie hat sie praktische Aufgaben insbesondere in der Arbeitsps. und Verkehrsps. (Beurteilung der Beeinträchtigung der Leistungsbereitschaft und Fahrtüchtigkeit durch Alkohol, Rauschdrogen und Arzneimittel, insbesondere Schlafmittel und Tranquilizer) und in Psychiatrie bzw. klinischer Ps. (Pharmakotherapiekontrollen, Prognose therapeutischer Effizienz von Psychopharmaka und Erstellung von Verhaltenswirkungsprofilen);

als Teilgebiet der physiologischen Psychologie betreibt P. Grundlagenforschung mit der Zielsetzung, durch pharmakologisch induzierte Verhaltensänderungen Aufschlüsse über die Integration von physiol. und ps. Vorgängen zu gewinnen. Die Verabreichung von chemischen Substanzen ergänzt dabei andere Techniken zur Anregung und Hemmung des zentralen und vegetativen Nervensystems (z. B. elektrische und thermische Reizung, Läsionen). Ihr Vorteil ist die Möglichkeit, relativ schnell reversible Verhaltensänderungen zu erzielen.

Die wesentlichste Bedeutung von pharmakops. Untersuchungen liegt in der gezielten Manipulation körpereigener Substanzen durch Psychopharmaka und der Beobachtung entsprechender Verhaltensänderungen. Wichtige Erkenntnisse wurden in den letzten Jahren u. a. über die Beziehung zwischen Stimmungslage, Hunger und Durst und biogenen Aminen (insbes. den sog. Katecholaminen), Gedächtnis und Ribonukleinsäure gewonnen. Ein Großteil der pharmakops. Untersuchungen über die Zusammenhänge zwischen biochemischen Systemen und Verhalten bezieht sich jedoch nur auf Tiere, weil nur bei diesen aus ethischen Gründen exakte Kontrollen möglich sind. P. ist als Wissenschaft etwa 100 Jahre alt. Als ihr Begründer gilt der Psychiater E. KRAEPELIN, der gegen Ende des 19. Jhds. zahlreiche Untersuchungen zur Wirkung von Coffein, Alkohol, Schmerzmitteln und Schlafmitteln auf seriale Rechenleistungen, Aufmerksamkeits- und Wahrnehmungsleistungen durchführte. Weitere Untersuchungen wurden vor allem mit »Rauschmitteln«, besonders Meskalin (BEHRINGER), durchgeführt.

Die neuere P. beschäftigt sich überwiegend mit Tranquilizern, Neuroleptika und Antidepressiva, seit Anfang der fünfziger Jahre entwickelte Substanzen, die sich spezifisch bei der Therapie von Neurosen (Tranquilizer), Schizophrenien (Neuroleptika) und Depressionen (Antidepressiva) einsetzen lassen. Dementsprechend zeigt die gegenwärtige P. eine enge Beziehung zur psychiatrischen Pharmakotherapie.

Besondere Bedeutung für die Pharmakotherapie besitzen pharmakops. Befunde zur Frage interindividueller Reaktionsunterschiede auf Psychopharmaka als Ausdruck von Persönlichkeitsmerkmalen, sowie zur Abhängigkeit der Wirkung von Psychopharmaka von der Untersuchungssituation (z. B. Streß). →Pharmakologie, →Pharmakopsychiatrie, →Pharmakopsychopathologie, →Pharmakotherapie, →Psychopharmaka, →Psychopharmakologie. Ⓛ CLARIDGE 1970, CLARK u. del GUIDICE 1978, DEBUS u. JANKE 1978, 1980, 1981, DITTRICH 1974, EYSENCK 1963, JANKE 1964, JANKE u. DEBUS 1975, JANKE u. a. 1979, JANKE 1981 a u. b, LEVITT 1975, LIPTON et al. 1978, WARBURTON 1975. Ztschr.: Psychopharmacologia. Bln.: Springer, ab 1960 *J-E*

Pharmakopsychopathologie, Teilgebiet der Psychiatrie, das (wie die →Pharmakopsychiatrie) die durch Pharmaka ausgelösten abnormen bzw. krankhaften psychischen Zustände erforscht. Ⓛ Boor 1956

Pharmakotherapie, psychiatrische, diejenige Therapie, die psychische Erkrankungen (endogene Psychosen, aber auch Neurosen) mit →Psychopharmaka zu beeinflussen sucht. Die p. P. ist seit 1952 neben der →Schocktherapie und der älteren →Psychotherapie das Bemühen um die therapeutische Beeinflussung der Psychosen Ⓛ Angst u. Woggon 1980, Benkert u. Hippius 1976, Klein et al. 1980[2]

Phase [gr.], *stage,* vorübergehender Zustand. Abschnitt einer Bewegung, einer seelischen Entwicklung, eine bestimmte Entwicklungsstufe. In der Kinder- und Jugendlichenphase, aber auch für den gesamten menschlichen Lebensablauf und die Menschheitsentwicklung wurde eine Reihe ps. wichtiger Phasentheorien ⟨so von Ch. Bühler, Kroh, Schmeing, Zeller, Piaget, Kohlberg⟩ aufgestellt. ● Jaspers definiert für die Psychopathologie P. als »endogene oder auf gelegentliche Veranlassung inadäquater Art auftretende Veränderungen des seelischen Lebens, die von Wochen bis zu Monaten, bis zu Jahren dauern, die dann aber wieder verschwinden, so daß der frühere Zustand wieder hergestellt wird. Anfälle sind solche Phasen von sehr kurzer Dauer«. →Prozeß, →Schub, →Anfall – Phase – Periode.

Phasenfolge, Theorie der, *phase sequence theory,* nach der von D. O. Hebb aufgestellten Theorie sollen die physiologischen Korrelate des Erlebens wie auch des Verhaltens in der Weise funktionieren, daß Gruppen von Nervenzellen in aufeinanderfolgenden Phasen erregt werden.

Phasenraum, von Lewin (1963.236) beschriebenes Schema zur Analyse von Feldkräften in Form eines Diagramms. Die Koordinaten entsprechen den versch. Intensitäten der Eigenschaften des →Feldes in der Zeit. *B-S*

Phenylalanin, Aminosäure, Ausgangsstoff bei der Biosynthese von Dopamin, Noradrenalin und Adrenalin. Bei der sog. →Phenylketonurie wird P. nicht in die nächste Stufe (Tyrosin) umgewandelt. *J-E*

Phenylketonurie, rezessiv vererbte Unfähigkeit, Phenylalanin zu Tyrosin umzuwandeln. Bei Nichtbehandlung durch spezielle Diät kommt es zu schweren Intelligenz- und Persönlichkeitsdefekten. *J-E*

Pheromone, chemische Stoffe im Dienste der innerartlichen →Kommunikation. Das Weibchen des Seidenspinners bildet in besonderen →Drüsen einen Sexuallockstoff, auf den das Männchen reagiert. Den Exaltoliden (moschusähnlichen Substanzen) wird eine entsprechende geschlechtsspezifische Wirkung beim Menschen zugeschrieben. *P-S*

Phi-Funktion von Gamma, (φ-γ-Funktion), die Beziehung zwischen Reizgrößen und der Wahrscheinlichkeit der Abgabe von Urteilen (wie größer, schwerer u. ä.) im Versuch unter Verwendung des →Konstanzverfahrens läßt sich nach der sog. Phi-gamma-Hypothese durch die →Ogive (Integral der Normalverteilung) beschreiben, die in diesem Zusammenhang nach einer heute wenig verwendeten Nomenklatur auch als Phi-Funktion von Gamma bezeichnet wird. Üblicher ist hier die Verwendung des Begr. →psychometrische Funktion.

Phi-Koeffizient, Korrelationskoeffizient der →Punkt-Vierfelder-Korrelation

Philosophie [gr. Weisheitsliebe], in der vorsokratischen Schule aufgekommener Ausdruck für die zu allen Zeiten und in allen Kulturen und in vielfältigen Formen hervorgetretenen Bemühungen zur »Erkenntnis des Seienden oder des Ewigen und Unvergänglichen« ⟨Plato⟩. Herkömmliche Disziplinen der P. sind Logik und Erkenntnistheorie, Metaphysik, Ethik. Wie viele Wissenschaften hat sich auch die Psychologie aus der Philosophie entwickelt.

philosophische Anthropologie →Philosophische Psychologie

philosophische Psychologie, die Ps. als Teil der Philosophie ⟨Aristoteles hat erstmals die Ps. als selbständiges Thema aufgeführt⟩ und zugleich die nach philosophischen Methoden bearbeitete Ps. Im Vordergrund stehen die Grundfragen des Wesens der Seele und des leib-seelischen Zusammenhangs, Deutungen der Willensfreiheit, des Erlebens, Denkens, Fühlens und Wollens. I. w. S. bedeutet ph. Ps. auch die als philosophische →Anthropologie bezeichnete Lehre und Wissenschaft. Speziell wird die verstehende, geisteswissenschaftliche Ps. ⟨Dilthey, Spranger⟩ hier einbezogen. Ⓛ W. Stegmüller

Phi(φ)-Phänomen, von Max Wertheimer (1912) eingeführte Bez. für den Eindruck von Bewegung (→Scheinbewegungen), wenn unter best. Voraussetzungen Reize (z. B. zwei Lichtpunkte in Abstand) alternierend dargeboten werden. • Mit Phi wird auch der jeder Bewegungswahrnehmung zugrunde liegende Vorgang bezeichnet.

Phlegmatiker, phlegmatisch →Temperament

Phobie [gr. *phobos* Furcht], extreme Furcht, die zwanghaft auftretende neurotische Symptombildung, bei der die Angst (ohne wirkliche Gefahr) vor bestimmten Objekten oder Situationen Leitsymptom ist und das Verhalten einengt. Bei der P. kann ursächlich oder zusätzlich die Fixierung an echte Angsterlebnisse mitwirken (wie z. B. bei der Herzangst), es können auch kindliche Ängste eingehen (Angst vor Mäusen, Spinnen, dunkle Räume).

• Nach psa. Auffassung ist diese Objekt- oder Situationsangst ursprünglich Angst vor einer inneren Triebgefahr (Triebangst) bzw. Angst vor dem Triebdurchbruch und der Triebbefriedigung an einem bestimmten Objekt. Die P. entstehe durch Verschiebung vom ursprünglichen Triebobjekt auf ein Ersatzobjekt oder eine Ersatzsituation. • Da – lerntheoretisch gesehen – jederart Objekte und Situationen mit Angst belegt werden können, sind zahllose P. beobachtbar. Sie haben die verschiedensten Bez. gefunden, wie nachstehende Auswahl zeigt:

Agora-Phobie (Platzfurcht), Akaro- (Insekten), Aero- (schlechte Luft oder Fliegen), Akro- (Höhenangst), Algo-, Aichmo- (spitze Gegenstände), Anthropo-, Api- (Bienen), Astheno-, Astra-, Auto- (vor sich selbst), Baso-, Batho-, Bazillo-, Bronto- (Gewitter), Cancero-, Carno-, Chromato-, Claustro-, Dermato-, Dino-, Dora-, Eisotro- (Spiegel), Ereutho- (Erythro-), Ergasio- (Aktivität), Funktionsphobien (allg.), Gephyro- (Brücke), Gymno-, Gynäko-, Herz-, Hydro-, Kairo- (Situationsangst), Kankro-, Kerauno- (Blitz), Klitro-, Lalo- (Sprechen: Stottern), Myso-, Nauto-, Nekro-, Noso-, Ochlo- (Menschenmassen), Odyno-, Onomato-, Osmo-, Paralipo- (Angst, durch Unterlassung eine Fahrlässigkeit zu begehen), Patho-, Phago-, Pharmako-, Phobo-, Phono-, Photo-, Phthiseo-, Poly-, Psycho-, Pyro-, Sit(i)o- (Nahrungsaufnahme), Skop(t)o- (Betrachtetwerden, Blamage), Skoto-, Thalasso- (Meer, Schiffahrt), Topo-, Toxi (-ko)-, Trauma-, Xeno-.

Phobophobie, Angst vor Angstzuständen

Phon [gr. *phonein* einen Laut hervorbringen], Maß für die subjektive Lautstärke von Tönen und Geräuschen; bei der Frequenz 1000 Hz sind dB- und Phon-Skala identisch. • P. als Sprachlaut →Laut, →Phonetik *Br-R*

Phonation, Schallproduktion. Voraussetzung der →Artikulation von stimmhaften Sprachlauten (→Laut) *L-T*

Phonem, Bez. der Linguistik für die kleinste lautliche Einheit. →Monem. • Gehörstäuschung, Gehörshalluzination bei Geisteskranken. • Die Unterscheidung zwischen Ph. und →Laut beruht auf der Erkenntnis, daß phonetisch verschiedene Laute innerhalb eines bestimmten Toleranzbereiches dieselbe semantische Funktion (→Allophon, →Semantik) haben.

Ph. ist der Überbegr. für eine Menge solcher Laute: z. B. in Wald und Wild sind die beiden /l/ phonetisch verschieden (→Phonetik). Von ihrer Funktion im Sprachsystem her gesehen, sind sie jedoch identisch. Der semantische Unterschied zwischen Wald und Wild wird durch die Vokale /a/ und /i/ signalisiert, nicht durch das /l/. Das Ph. wird in die →distinktiven Merkmale weiter zerlegt. Suprasegmentale Ph. sind mehrere Ph. begleitende Elemente: Akzent, Ton, Rhythmus, Intonation (→Prosodie). Ⓛ JONES 1950 *K-N*

Phonematik →Phonologie

phonemic clause, eine durch Intonationskontur (→Intonation) und Grenzsignal vom →Kontext segmentierbare Phonemkette, z. B.: *he did go to school, didn't he?* (Emphase *did* durch Grenzsignal und Frage *didn't he* durch Intonationskontur und Grenzsignal aus dem Sprechkontinuum herauszutrennen. →Phonologie, →Phonem). Der Begriff ist innerhalb der →Prosodie noch nicht allgemein akzeptiert. Ähnlich definiert werden: *phonemic phrase* (HALL 1964), wobei hier jedoch noch innerhalb der Phonemkette eine besonders stark betonte Silbe vorhanden sein muß; *pause group* (PIKE 1967): eine durch eine Intonationskontur abgegrenzte Phonemkette; *phonological phrase* (CHOMSKY/HALLE 1968): sich über ganze Sätze hinspannende Intonationsstrukturen. *K-N*

Phonemik, Phonematik und Phonologie werden in der Linguistik inhaltsgleich gebraucht. →Phonologie.

Phonetik, die Wissenschaft von der Analyse, Beschreibung etc. der Sprachsignale, die ihre Produktion (artikulatorische Ph.; →Sprachproduktion), Transmission (akustische Ph.) und Perzeption (auditive Ph.; →Sprachrezeption) erklärt. Die artikulatorische Ph. untersucht Phänomene der Initiierung (Luftstrom), →Phonation (Glottisvibration) und der →Artikulation (Mund-Rachen-Nasen-Raum) der Sprachlaute (→Sprachentwicklung) in einem Apparat, der nur sekundär der Sprachproduktion dient.

Der Luftstrom passiert die Stimmbänder (Glottis) entweder, ohne von ihnen in Schwingungen versetzt zu sein (stimmlose →Laute), oder der quasiperiodische Glottisverschluß bringt die Luftsäule

zum Schwingen (stimmhafte Laute). Der Artikulationsraum besteht aus drei miteinander verbundenen (pharyngal, oral, nasal) Resonanzräumen, deren Größe von der Artikulationsstellung abhängt. Diese wird beeinflußt von Artikulationsart und -ort (PIKE 1943).
Die artikulatorischen Veränderungen können in der akustischen Ph. als Änderung der Frequenzzusammensetzungen und Energiekonzentrationen im Spektrum erkannt werden. Bei der akustischen Analyse ist die Untersuchung der Formantenstruktur (Lage der Intensitätsmaxima) bei Vokalen am aufschlußreichsten. Auch bei verschiedenen Grundfrequenzen (Mann – Frau – Kind) bleibt die Relation der Formanten zueinander gleich, was das Verständnis durch den Hörer ermöglicht (Sonagraph, *speech synthesizer* etc. sind Geräte der akustischen Ph.; LINDNER 1969).
Im ps. Sinne experimentell arbeitet die auditive Ph. (Psychoakustik, →Psychophonetik). Sie untersucht die Sprachrezeption. Die neurophysiol. Vorgänge bei der Impulsumsetzung sind noch weitgehend unbekannt.
→Lallen-Lallperiode wird das Vorsprachstadium im kindlichen Spracherwerbsprozeß genannt. In dieser Zeit ist das Kind in der Lage, alle möglichen Laute zu produzieren. Diese Fähigkeit verliert es zusehends, sobald den Lauten phonematischer Wert beigemessen wird. Ph. und →Phonologie lassen sich in ihrem Objektbereich nicht immer eindeutig abgrenzen.
Die stimmlosen Explosiva heißen auch Tenues, die stimmhaften Mediae. Nach der Stärke ihrer Expiration und Dauer unterscheidet man Fortes (t, f) und Lenes (d, w). Die Nasale, Vibranten und Laterale werden zusammengefaßt in Liquidae, im Gegensatz zu den Mutae (k, g, ch). Die dentalen und palatoalveolaren Frikative heißen auch Sibilanten. Aspirierte Verschlußlaute werden nach der Explosion behaucht (ph, kh). *K-N*

Phoniatrie [gr. ...*iatreia* Heilen], Stimmheilkunde, P. befaßt sich mit den krankhaften Vorgängen bei der Sprach- und Stimmentwicklung.

Phonismen, Gehörsempfindungen die durch keinen akustischen Reiz zustande kommen. →Photismen

Phonognomik, syn. Phonognomonik, Bez. für den Teilbereich der →Ausdruckspsychologie, der sich mit den lauthaften Äußerungen (insbesondere der Sprache) als Ausdruckserscheinung befaßt. Ⓛ RUDERT, 1965

Phonologie, auch Phonematik, Phonemik. Sie untersucht die Funktion, Struktur, Distribution, Typologie usw. der →Phoneme im Sprachsystem. In der taxonomischen und strukturellen Ph. wird der Phonembestand einer Sprache aus Minimalwortpaaren erschlossen: z. B. dt./k, p, l/ aus dem Kontrast »Franz steht auf der Kiste, Franz steht auf der Piste, Franz steht auf der Liste« usw. (TRUBETZKOY 1939). In der distributionellen Ph. werden die Phoneme auf Grund ihrer Distribution und Funktion im Wort durch Segmentation und Kommutation (Austauschbarkeit) und →Kombination der Äußerungsteile entdeckt (HARRIS 1951).
In der generativen Ph. wird das Phonem durch bestimmte Kombinationen von distinktiven Merkmalen (*→distinctive features*) definiert und bei der Regelschreibung durch diese ersetzt. Die phonologische Ebene wird nicht mehr als autonom angesehen; die Ph. wird in die →Grammatik integriert mit der Aufgabe, die phonetische Repräsentation aus der morphonologischen →Oberflächenstruktur abzuleiten. Nach dem Feststellen des Phoneminventars einer Sprache werden Teilmengen mit besonderen Beziehungen oder Abhängigkeitsverhältnissen herausgearbeitet, die Phonemkorrelationen.
Die generative Ph. stellt das Phoneminventar einer Sprache mittels einer Matrix distinktiver Merkmale auf (CHOMSKY/HALLE 1968).
Fundierungsgesetze (*laws of irreversible solidarity*) besagen, daß ein sekundärer Laut ohne den entsprechenden primären Laut nicht in das Sprachsystem aufgenommen werden kann und beim Abbau des Sprachvermögens zuerst der sekundäre und dann der primäre Laut verloren geht; z. B. setzt der Erwerb der velaren Konsonanten beim Erstsprachenerwerb (k, g) den zuvor erfolgten Erwerb der labialen oder dentalen (p, t) voraus. /k/ bedarf der Fundierung durch /p, t/. Die Fundierung ist nicht umkehrbar (JAKOBSON).
Opposition heißt die Beziehung zwischen zwei Phonemen (z. B. dt. /i/ und /a/ stehen in Opposition zueinander in den Worten bist und Bast).
Neutralisation wird das Aufheben einer Opposition zwischen zwei Phonemen genannt z. B. in dt. Rad und Rat wird am Wortende die Opposition /d, t/ aufgehoben und nur /t/ realisiert (HOCKETT 1955, PIKE 1947). *K-N*

Phonomanie [gr. *phónos* Mord], Mordsucht

Phonometer, Apparat zur Bestimmung der Hörschärfe bzw. Hörschwelle

Phononeurose →Stimmstörung

Phonophobie, Furcht vor dem Sprechen, bei Stotterern

Phonoponose →Stimmstörung

Phonopsie →Photismen

Phonorezeptor, »Schallempfänger«, d. h. Reizempfänger für Schallwellen. →Ohr

Phoronomie [gr. *phorá* schnelle Bewegung, *nómos* Gesetz], Wissenschaft des Arbeitsaufwandes bei körperlicher Bewegung. Der Aufwand wird erschlossen aus der Bestimmung der Bahnen, die die Körperschwerpunkte bei der Bewegung beschreiben. →Reihenphotographie, Lichtspurverfahren

Phosphen(e) [gr.], Lichterscheinungen (Blitze, Funken) ohne normal-visuelle Reizung, vgl. Photismen

Photismen [gr. *phos* Licht], mitauftretende Lichterscheinungen, z. B. bei Schreck oder bei elektr. Reizung der Augenumgebung. Diese Erscheinungen werden auch Synopsien genannt. Lichterscheinungen bei akustischen Eindrücken heißen Phonopsien, Tonerscheinungen bei optischen Reizen Phonismen. Die Photismen sind von den →Synästhesien zu unterscheiden.

photochromatisches Intervall, auch achromatisches Intervall (v. HELMHOLTZ) genannt. Alle farbigen Lichter erscheinen bei sehr geringer Helligkeit farblos. Der Helligkeitsbereich zwischen der absoluten Empfindungsschwelle für Lichtreize bis zur »Farbschwelle« heißt achromatisches oder photochromatisches Intervall. Seine Erklärung findet diese Erscheinung im Zusammenhang mit der →Duplizitätstheorie, indem bei sehr geringen Lichtstärken nur die Stäbchen gereizt werden, deren Leistung das farblose »Dämmerungssehen« hervorbringt.

Photom, subjektive, wenig konturierte, →entoptische Reizerscheinung (Blitz, Funke, Farbe). Form von →Halluzination. →Photismen

Photometer, Vorrichtung zur Licht(stärke)messung oder zum Vergleich der Lichtstärken verschiedener Lichtquellen

Photometrie, die vorwiegend im Dienste der Lichttechnik stehenden Maßsysteme und Meßtechniken, die es möglich machen, die physikalischen Strahlungsmaße so abzuändern, daß sie einen menschlichen Bedürfnissen angepaßten Sinn von »Licht« und »Helligkeit« definieren.

Die Grundidee der P. geht von der Tatsache aus, daß Licht entweder monochromatisch (→Spektrum) ist oder sich in monochromatische Bestandteile zerlegen läßt. Da sich Strahlungen verschiedener Wellenlängen ihrer Leistung (Watt) nach additiv verhalten, liegt die Annahme nahe, daß dies auch dann gilt, wenn die Strahlungen einzeln gemäß der Hellempfindlichkeit des menschlichen Auges bewertet sind. Die international normierte →spektrale Hellempfindlichkeitskurve (V) transformiert somit das gesamte System der physikalischen Größen in photometrische. Es gibt dann für jede aus beliebigen Strahlungen verschiedener Wellenlängen zusammengesetzte Größe immer eine zugehörige photom. Größe. *Str-R*

Photon svw. Troland, →lichttechn. Maße

Photophobie, Lichtscheu

photopisches Sehen, das auf Erregung der Zapfen beruhende Tagessehen. Im Unterschied zum ph. S. wird das durch Reizung der Stäbchen verursachte Dämmerungssehen als skotopisches Sehen bezeichnet. Vgl. Auge

Photopsien, subjektive Lichteindrücke, z. B. Funkensehen

Photorezeptor, Lichtempfänger →Auge, →Sinne

Phototaxis, durch Licht ausgelöste →Taxis

Phrasenstruktur-Grammatik, *phrase structure grammar,* Konstituentenstruktur-Grammatik, IC-Grammatik, die auf der →IC-Analyse basierende Auffassung des klassischen amerikanischen (»taxonomischen«) Strukturalismus BLOOMFIELDscher Prägung (1933) von der syntaktischen (→Syntax) →Struktur der →Sätze. Vgl. P-Marker

Sie beschreibt primär ein Korpus vorhandener (realisierter) Sätze, kann aber auch als →generative Grammatik zur Erzeugung von Sätzen verwendet werden. Dazu müssen ihre Satzzerlegungs-Regeln nur als Satzerzeugungs-Regeln (Ersetzungsregeln, *rewriting rules*) interpretiert werden. Allerdings erzeugt sie in höherem Ausmaß als die →generative Transformations-Grammatik nicht nur nicht alle in einer Sprache möglichen Sätze, sondern auch viele in der Sprache nicht mögliche Sätze. Die Verwendung des syntaktischen Strukturmodells der P. zur Bildung von Theorien der Sprachbenutzung (YNGVE 1960, JOHNSON 1965) erscheint überholt. Ⓛ TEIGELER 1972 *T-R*

Phrenitis [gr.], von HIPPOKRATES eingeführte, heute veraltete Bez. für Entzündung des Gehirns oder symptomatische Psychose

Phrenohypnotismus [gr. *phrén* Zwerchfell als Sitz der Seele, Verstand] ⟨BRAID⟩, hypnoseartige Erscheinungen, die durch Reizung einzelner Schädelabschnitte eintreten sollen

Phrenologie ⟨GALL⟩, die Lehre, aus der Schädelform den Charakter bzw. die Begabung des Menschen erweisen zu können. Auch gelegentlich Kraniologie bzw. Kranioskopie (Schädelschau) genannt.

Die Bez. P. stammt von SPURZHEIM, Ausgang ist die Lokalisationstheorie (→Lokalisation) nach der bestimmte ps. Funktionen zu bestimmten Gehirnzentren sich zuordnen lassen. FRANZ J. GALL stellte zahlreiche seelische »Vermögen« auf, z. B. Scharfsinn, Mut, Witz, Wortgedächtnis u. a. Jedes dieser Vermögen hat seinen Sitz an einer bestimmten Stelle im Gehirn. Diese Stelle soll zudem noch von außen erkennbar sein. Doch selbst bei Gültigkeit dieser Annahme (die heute für bestimmte Zentren – wenn auch nicht von außen erkenntlich

– gesichert, für zahlreiche seelische Funktionen aber beim gegenwärtigen Stand des Wissens offen bleiben muß), wäre die Ph. noch nicht gerechtfertigt. Denn die Ausbildung der Gehirnzentren bedingt nicht die gleichzeitige äußere, sichtbare Ausformung. So wurden denn auch die Annahmen GALLS und seines Schülers G. SPURZHEIM, die in der ersten Hälfte des 19. Jahrhunderts großes Aufsehen erregt hatten, sämtlich als falsch erwiesen, besonders seit FLOURENS die Lokalisationsforschung auf wissenschaftliche Grundlagen stellte und später (1870) FRITSCH und HITZIG die elektrische Reizung der Großhirnrinde einführten.

Phthisis [gr. von *phthíino* schwinden], Tuberkulose

phthisischer Habitus, schmalbrüstiger, zarter Körperbau mit schlaffer Muskulatur, fleckiger Rötung der Wangen usw.

phyletisch, phylogenetisch, →Genese

Phylogenese, Phylogenie →Genese

phylogenetisches Prinzip →biogenetisches Grundgesetz

physikalisches Weltbild ⟨PLANCK⟩, die auf physikalischen Erkenntnissen beruhenden Einsichten in den Aufbau der Welt und die daraus folgenden theoretischen Überlegungen über die letzten Zusammenhänge. Die Mechanik der Quanten und Wellen bestimmt das gegenwärtige ph. W.

physikalische Welt, der Begr. wird in der Ps. zumeist gebraucht, um den Ggs. zur Erlebniswelt eines Subjektes auszudrücken. Beide Welten decken sich niemals. Die ph. W. enthält keine Qualitäten wie Licht, Farben usw., sondern streng genommen nur Meßergebnisse, die durch bestimmte Meßoperationen definiert sind (→Operationismus).

Diese erhalten einen gewissen Sinn, indem ihnen anschauliche Modelle wie Wellen, Atommodelle usw. zugeordnet werden. Nach modernen Ansichten muß selbst hierauf verzichtet werden zugunsten einer unanschaulichen und rein mathematischen Formulierung, die allein in der Lage ist, die physikalisch beobachteten Tatsachen zu einem sinnvollen und geschlossenen System zusammenzufügen. ● Historisch gesehen, erstrebte eine Beziehung zwischen ph. W. und Erlebniswelt schon die von FECHNER begründete →Psychophysik, indem sie untersuchte, wie Erlebnisdaten (Empfindungen) und physikalische Daten (Reize) funktional voneinander abhängen. Ⓛ BISCHOF 1974

Physikalismus, kritische Bez. für eine zu weitgehende Gleichsetzung von Erlebniswelt und →physikal. Welt. ● Bez. für die Thesen R. CARNAPS (neupositivistischer »Wiener Kreis«) zur Einbeziehung jeder Wissenschaft in die physikal. Wissenschafts»sprache«.

physiogen [gr.], aus den physischen, körperlichen (nicht den seelischen) Vorgängen entstanden. Ggs. psychogen.

Physiognomie [gr.], i. e. S. das Gesicht. I. w. S. das »seelische« Antlitz, das als Ausdruck mehr ist als die gegebene Form und einen Zugang zu den Wesenszügen gestattet.

Physiognomik [gr.], wörtl. Naturerkenntnis, die Lehre von der Signatur der Dinge und damit das Erschließen innerer Zusammenhänge (z. B. Wesensart) aus äußeren Erscheinungen (z. B. Form, Gestalt). ● In der Ps. ist P. die Lehre von den statischen Ausdrucksgehalten des Gesichts und i. w. S. des gesamten Leibes gegenüber den dynamischen (=Pantomimik). P. ist ein Teilgebiet der →Ausdruckspsychologie.

Die P. hat eine reiche Geschichte, die einmündet in die Bemühungen, Beziehungen zwischen Körperbau und Charakter herauszustellen, wie es u. a. die Forschungen von KRETSCHMER und SHELDON belegen (→Körperbautypen). Ausgang der P. ist eine ARISTOTELES zu Unrecht zugeschriebene Schrift »Physiognomika« aus dem 2. Jhd. n. Chr., die nur an aristotelische Gedanken anknüpft und auf peripatetischen Schriften fußt. Tierköpfe mit charakteristischen Parallelen zur menschlichen Gesichtsform dienen als Ansätze. LEONARDO DA VINCI hat sich damit beschäftigt und Skizzen hinterlassen. Auch Joh. Baptista PORTA (de humana physiognomia 1593) ist hierfür bekannt. Neuzeitliche Ausweitung erfuhr die P. durch Joh. Kaspar LAVATER mit den »Physiognomischen Fragmenten zur Beförderung der Menschenkenntnis und Menschenliebe« (1778). Ihre Grundlegung im modern-wissenschaftlichen Sinne erhielt die P. durch C. G. CARUS (Symbolik der menschlichen Gestalt 1853), durch DARWIN (Über den Ausdruck der Gemütsbewegung bei Menschen und Tieren), durch DUCHENNE (Physiologie der Bewegungen) und PIDERIT (Mimik und Physiognomik). Während die Ausdruckserscheinungen im Mienenspiel als →Mimik, die Ausdruckserscheinungen in den Bewegungen der Extremitäten, den Gesten und den Gebärden als Pantomimik und schließlich die Ausdruckserscheinungen in der Stimmführung als Sprechweise bezeichnet werden, versteht man unter P. erstarrte Bewegung und deren Deutung. Vgl. Pathognomik. Ⓛ BEHN, CLAUSS, KRUKENBERG, LANGE, LERSCH, ROHRACHER

Physiognomischer Test Ⓣ KWINT, THOMAE

physiognomisches Auffassen, physiognomisches Wahrnehmen, von WERNER 1926 und KROH 1928 verwendete Bez. für das Kindern (unter 6–7 J.) und sog. Primitiven zugeschriebene nicht-sachliche Erfassen

P

von Dingen (»nach ihrem inneren Ausdruck«), ein Zeichen für affektiv betonte Umweltkohärenz. →magisches Denken

Physiologie [gr.], ursprünglich Naturlehre. Lehre vom Körpergeschehen. Wissenschaft der Funktionserscheinungen im normalen Tier- und Pflanzenkörper. Als allgemeine P. die Lehre von den allg. Lebensvorgängen und Lebensgesetzlichkeiten, als spezielle P. die Lehre von den Funktionen der einzelnen Organe (z.B. Sinnesphysiologie), als vergleichende P. die Lehre aus der vergleichenden Betrachtung der versch. Lebensvorgänge bei Pflanze, Tier und Mensch und deren Varianten. →Physiologische Psychologie, →Psychologie (Richtungen). Ⓛ REIN-SCHNEIDER, GANONG

physiologische Psychologie (ph. Ps.), die Wissenschaft von den physiol.-ps. Interaktionen im lebenden Organismus, von den Tätigkeiten und Reaktionen der Gewebe, Organe und Organkomplexe und dem Gesamtverhalten des Organismus in seiner Wechselwirkung mit den verschiedensten (speziell ps.-kognitiven) Umweltreizen einerseits und dem ps. Erleben andererseits.

Die ph. Ps. ist heute ein interdisziplinäres Forschungsgebiet, an dem sich zahlreiche Disziplinen beteiligen. Wesentlichen Anteil haben Biologie, Ps. und Physiol. sowie Neuroanatomie, Neurophysiol., Neuropsychopharmakologie und Neurochemie. Die so im Entstehen begriffene Gesamtdisziplin wird in den USA auch als *»biological psychology«* oder *»psychobiology«* bezeichnet. Grundproblem der ph. Ps. ist die kausalanalytische Aufklärung des Verhaltens, wobei der Problemkreis der Ps. entstammt, während die einzelnen Fragestellungen wesentlich durch die Anwendung eher physiol. Methoden mitbestimmt sind, obgleich der Begr. des Verhaltens dadurch nicht eingeschränkt sein muß, sondern jede Art umweltorientierter Aktivität oder Kommunikation mit der Umwelt einschließlich des kognitiven Informationsaustausches umfaßt. – Man kann sagen, daß die neuzeitliche ph. Ps. durch Joh. MÜLLER (1. Lehrstuhl für Physiologie, Lehrbuch der Physiologie 1838 mit einer ersten systematischen Abhandlung über ph. Ps.) begründet wurde. In der Folge fand dieses Gebiet eine starke Förderung durch die Arbeiten von W. WUNDT, der, ausgehend vom Leib-Seele-Problem der Psychophysik WEBERS und FECHNERS, eine Ps. entwickelte, die sich in wesentlichen Teilen auf physiol. Methodik gründet. Die neueren Entwicklungen der ph. Ps. vollzogen sich dagegen im wesentlichen in den USA (GROSSMAN, GREENFIELD, STERNBACH u. a.) sowie der UdSSR (LURIA, SOKOLOV). – Das Gesamtgebiet der ph. Ps. wird in die folgenden enger gefaßten Teilgebiete aufgegliedert: Neuropsychologie. Sie untersucht die Zusammenhänge zwischen Verhalten und der Aktivität des zentralen Nervensystems (ZNS), insbesondere des Gehirns. Sie arbeitet mit Methoden der →Elektrophysiologie (→psychophysiologische Methodik). – Psychophysiologie, vielfach noch synonym mit ph. Ps. Sie untersucht im wesentlichen die Beziehungen zwischen Verhalten und physiol. Prozessen, die indirekt die Tätigkeit des vegetativen Nervensystems (VNS) widerspiegeln (z.B. Herzfrequenz, Atmung, Hautwiderstandsänderung), wobei die dreifache Frage nach den physiol.-biol. Grundlagen, dem Erleben (Befinden und Bewußtsein; Interviewtechniken) und dem Verhalten (Beobachtungstechniken) im Vordergrund steht. Daher gehört zu den häufigsten Untersuchungen der Psychophysiologie die Erstellung von Korrelationen zwischen Verhalten und Aktivitäten von VNS-kontrollierten Erfolgsorganen unter verschiedenen situativen Bedingungen (GREENFIELD u. STERNBACH 1972). – Chemische Psychologie. Sie befaßt sich mit den Beziehungen zwischen Verhalten und chemischen Substanzen, die entweder von außen in den Organismus eingebracht werden (Pharmakopsychologie) oder »biogen« im Organismus selbst entstehen. Hierher gehört das Teilgebiet der Endokrinops. (Hormone und Verhalten) sowie die Neurochemops. (Verhalten und biogene Amine, Katecholamine, Neuro-Transmitter) und die molare Psychogenetik (molekularbiol. Grundlagen des Verhaltens, →Gedächtnis).

Zum Stand der Forschung: →Orientierungsreaktion, →Angst, →Hunger, →Traum, →Ermüdung, →Aktivierung, →Schlaf, →Streß. Prakt. Anwendungen finden sich in zunehmendem Maße in der →klinischen Ps. und →psychosomatischen Medizin (psychophysiol. Korrelate zur Kontrolle des Therapieerfolges), in der →Verhaltenstherapie, bei der Psychopharmakotherapie, bei →Hypnose und zur →Konditionierung vegetativer und motorischer Verhaltensmuster. Ⓛ BEKKER-CARUS 1981, DEUTSCH u. DEUTSCH 1973, FAHRENBERG 1967, GREENFIELD u. STERNBACH 1972, JANKE 1974, SCHÖNPFLUG 1969 *B-C*

physiologische Uhr, Bez. für die Zeitgliederung bei Pflanzen und Tieren, ein Vorgang der Rhythmik bzw. Periodik der Organfunktion. Ⓛ BÜNNING

Physiologismus, der von METZGER eingeführte Begr. bezeichnet das Übermaß an Ableitung und Aussagen über seelische Vorgänge aus physiologischen Tatbeständen

Physiopolygraphie, umfassende Bez. für den Einsatz von Mehrfachschreibern bei der Ableitung versch. physiol. Reaktionen. →psychophysiol. Methodik

physisch, auf die Natur bezüglich, zur Natur gehörig, natürlich, naturhaft. Gegensatz: hyperphysisch, übernatürlich. ● Körperlich i. Ggs. zu psychisch (seelisch).

Phytopsychologie [gr. *phyton* Gewächs, Pflanze] →Pflanzenpsychologie

PI, *proactive inhibition,* →Hemmung

pia mater, fromme Mutter, →Gehirn

Pica [lat. *pica* Elster: der Vogel, der Abnormes in sein Nest schleppt], perverser Geschmack. Gelüste nach Absonderlichem, z. B. Kreide zu essen

Picksche Krankheit, Picksche Gehirnatrophie, Pick-Syndrom, spezifische degenerative Erkrankung mit Persönlichkeitszerfall und →Demenz. Beruht auf erblich bedingter Hirnatrophie. *

Pick, Arnold / 1851–1924 /tschech. Psychiater-Neurologe / Debrzan, Prag

picture arrangement test, engl. Bez. für Bilderordnungstest

Picture Completion Text Ⓣ Healy

Picture Frustration Study Ⓣ Rosenzweig

Picture Story Test Ⓣ Symonds

Pigmentfarbenmischung, eine Form der Farbmischung. →Farbenmischungen

Pignetscher Konstitutionsindex →Körperbautypen *

Pignet, Maurice Charles Joseph / *1871 / Militärarzt / Lyon, Paris

p-Index, Maß der »Schwierigkeit« einer Aufgabe. Gibt die prozentuale Häufigkeit an, mit der die Aufgabe von einer Stichprobe von Pbn in einer bestimmten Weise beantwortet wird. Bei Leistungstests ist die Schwierigkeit bestimmt durch die relative Anzahl richtiger Lösungen.

PINV, Abk. für *post-imperative negative variation,* negative Gleichspannungsverschiebung des kortikalen EEGs nach Darbietung eines angekündigten imperativen Reizes, auf den motorisch oder kognitiv (z. B. mit Vorstellung) reagiert werden muß. Bes. ausgeprägt bei Personen mit psychotischen Verhaltensstörungen. Ⓛ Rockstroh et al. 1979 *Bi-R*

Piston-Effekt →Tunnelphänomen

PI-Test Ⓣ Mittenecker

Pithiatismus [gr. *peído* überrede], nach Babinski eine Bez. für die therapeutischen Suggestivverfahren, wie auch für die diesen Verfahren zugänglichen Zustände (z. B. Hysterie)

Pivot-Grammatik, Pivot-Wort, Angelpunkt-Wort, nach Braine (1963) haben die ersten Zwei-»Wort«-Sätze von Kindern vorwiegend die syntaktische Struktur »P-X« oder »X-P«: Eine geringe Anzahl von immer wieder auftretenden »Wörtern« (die *pivots,* P-Wörter), die nicht in allen Fällen auch allein auftreten, nimmt die erste (oder in einigen Fällen die zweite) Position im →Satz ein. Die komplementäre Position wird mit einer großen Anzahl weiterer »Wörter« besetzt, den X-Wörtern als dem eigentlichen Vokabular der Kinder; diese treten nicht so häufig wie die *pivots* auf, oft nur in ein oder zwei versch. Kombinationen, aber immer auch allein. Beispiele: *see baby, see pretty, see train; all broke, all clean, all done.*

Die *pivots* treten im Zuge der →Sprachentwicklung mit etwa 1; 7 J. auf, wobei Braine unter Wort allerdings auch solche Wortkombinationen versteht, deren einzelne Bestandteile (Wörter) in dem untersuchten Korpus nicht auch unabhängig voneinander, d. h. allein oder in anderen Kombinationen, auftreten, sondern immer nur zusammen, z. B. *howareyou, allgone, icecream.* Die *pivots* gelten strukturell als die »Angelpunkte« des Satzes, deren Position im Satz die Kinder lernen und an die sie nach Bedarf die übrigen »Wörter« ihres Wortschatzes anfügen. Den P-Wörtern der frühen Kindersprache entspricht nach Braine funktional und genetisch die geschlossene Klasse der →Funktionswörter der Erwachsenensprache, den X-Wörtern entsprechend die offene Klasse der →Inhaltswörter. Fraglich ist die eindeutige Definition von P- und X-Wörtern sowie die ausnahmslos an der Oberfläche (→Oberflächenstruktur) bleibende Beschreibung der Zwei-»Wort«-Sätze durch die P. Ⓛ Leuninger, Miller u. Müller 1972 *T-R*

PK-Test [PK von Psychokinese], eine in der paraps. Forschung verwendete Anordnung, mit der z. B. festgestellt werden soll, ob sich ps. Beeinflussung auf den Lauf von Kugeln oder das Fallen von Würfeln auswirken kann, was sich als eine signifikante Abweichung von der Zufallswahrscheinlichkeit (bei gesicherter Abwesenheit anderer, unbekannter Einflüsse) manifestieren müßte. →Parapsychologie

PL, *probability learning,* Wahrscheinlichkeitslernen. →Lernen

Placebo [lat. ich werde gefallen] →Leerpräparat

Plan, von Miller, Galanter u. Pribram 1960 eingeführter kognitivistischer Grundbegriff, der die Ablaufsorganisation zielgerichteter Aktivität beschreiben und erklären helfen soll. In Analogie zum »Programm«, das die Aktivität eines Computers steuert, werden Pläne als hierarchisch verschachtelte Folgen von Operationsanweisungen verstanden. Komplementärbegriff: →Image, (→TOTE-Modell). *K-I*

Planversuch, der Terminus findet vor allem auf mehrfaktorielle varianzanalytische Versuchspläne Anwendung, bei denen mehrere Fragestellungen durch Variation mehrerer unabhängiger Variablen untersucht werden können. Mit der →Varianzanalyse können dann alle Haupteffekte und die möglichen →Wechselwirkungen zwischen ihnen als Wirkungen auf die abhängige Variable auf ihre statistische Bedeutsamkeit überprüft werden.

Plasmon, Gesamtheit der nicht im Kern, sondern in der übrigen Zelle lokalisierten Erbanlagen. Vgl. Genom *D-E*

plastisches Hören →Stereophonie

plastisches Sehen [gr. *plastikós* zum Bilden gehörig] →räumliches Sehen

Plastizität [zu gr. *plastein* formen. Formbarkeit, die zu Veränderungen von Dauer führt i. Ggs. zu →Elastizität], gehört zur Fähigkeit der Organismen, sich der Umwelt in der Entwicklung und bei konkreten neuen Bedingungen anzupassen (→Anpassung). • Faktum bei der Veränderbarkeit der Organismen in genetischer Hinsicht. • Die P. des Menschen läßt es zu, daß er (durch seine Anlagen nicht voll determiniert) recht weitgehend bildsam, erziehbar ist. • P. ist eine Bez. für die →Substitution, d.h. die ersetzende Übernahme von Funktionen bei begrenzten Funktionsausfällen, insbesondere beim Gehirn (Hirnverletzung). • Nach MEILI und DUNCKER ist P. ein Intelligenzfaktor, der die besondere Umstrukturierungsfähigkeit des Denkens belegt. →Flexibilität

Plateaubildung, Auftreten eines Stillstands im Anstieg von →Lernkurven. Zeiten rascher Übungszunahme folgt für einige Zeit kein bemerkenswerter Zuwachs. Wird sowohl beim Erlernen von Sprachen als auch bei denen von Fertigkeiten beobachtet. Obwohl kein erlebnismäßiger und leistungsmäßiger Lernzuwachs vorliegt, findet eine stille Organisation *(silent organization)* statt, deren Effekt plötzliche Aufwärtssprünge der gesamten Lernkurve am Ende eines Plateaus ist ⟨THORNDIKE⟩.

Plateauphase →Sexualität (Tabelle)

Plättchen aufreihen →Sinnesfunktionen

Platzangst Agoraphobie, →Phobie

Plauderdroge →true drogue

Plazierung →Klassifikation (diagnostischer Begriff)

Plegie [gr.], Schlag, Stoß. Motorische Lähmung, z.B. Paraplegie, Hemiplegie. →Lähmung

pleomorph, Pleomorphismus [gr. *pléon* mehr], vielgestaltig. Vorkommen in mehreren Formen.

Pleonexie [gr.], Max SCHELER prägte diesen Begr. für die verbreitete Begehrlichkeit und Anmaßung des Menschen der Neuzeit, überall ohne Sachkenntnis mitzureden und sich in alles einzumischen. Verlust von Selbstkritik

plethorisch [gr. *plethein* voll sein], Bez. für Fülle, Breite, →Körperbautypen

Plethysmograph ⟨Mosso⟩, Vorrichtung zum Messen der Volumänderung eines Körperteiles (des Armes, eines Fingers), der in einem allseitig geschlossenen, wassergefüllten Gefäß gelagert wird. Volumänderungen werden durch die Verdrängung der Flüssigkeit gemessen und registriert.

Plexus, Bez. für Geflechte von Nervenbahnen bzw. -fasern

plexus solaris [lat.], Sonnen-Geflecht. Die netzartige Vereinigung von sympathischen Nerven (mit Venen, Lymphgefäßen) im Bauchraum.

Pluralismus der Gefühle, Annahme, daß es eine größere Zahl letzter, nicht weiter rückführbarer Gefühlsqualitäten gibt. Hauptvertreter: Th. LIPPS, H. VOLKELT, F. KRUEGER.

PMA, *primary mental abilities* Ⓣ THURSTONE

P-Marker, *phrase marker,* Formationsmarker, in der →Grammatik zumeist Bezeichnung für solche mit »Kategorialsymbolen« (S, NP, VP, V. N. Adj usw.; vgl. →Lexikon) sowie »Formativen« (the, boy etc.) versehenen, nach den Prinzipien der →IC-Analyse der →Phrasenstruktur-Grammatik erstellten →Baumdiagramme, die in der →generativen Transformations-Grammatik, zum Basis-P-Marker zusammengefaßt, die →Tiefenstruktur von Sätzen darstellen. Es kann aber auch jedes andere Baumdiagramm der Phrasen-Struktur-Grammatik P. genannt werden. Beispiel: *T-R*

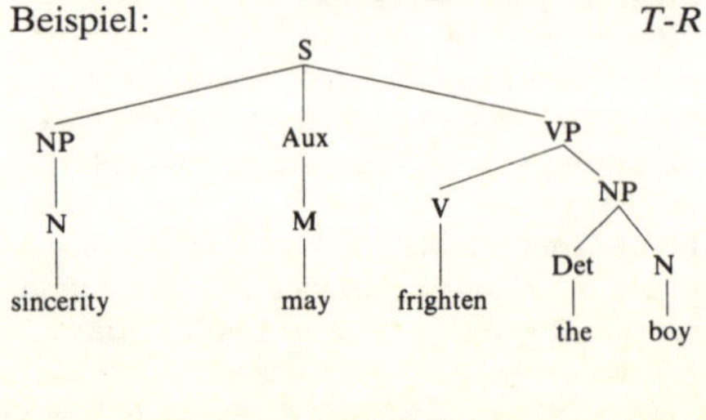

PMK Ⓣ MIRA

Pneuma [gr. *pneuma* Hauch, Atem, Luft], dasjenige Prinzip, das das Leben durchwirkt. Geist als göttliches Prinzip.

pneumatische Kammer, Über-, Unterdruckkammer, Gerät für Experimente, wie auch diagnostische Erhebungen zur Verhaltensbeobachtung unter versch. atmosphärischen Bedingungen

Pneum-Encephalographie →Enzephalographie

Pneumograph, Atemschreiber, ein dünnwandiger, luftgefüllter Gummischlauch, der an der Brustwand oder über dem Bauch befestigt wird. Bei Atembewegungen entstehen hierin Druckschwankungen, die auf einen →MAREYschen Tambour übertragen werden, der wiederum mit einer Schreibvorrichtung verbunden ist. Das Gerät dient auch zur Aufzeichnung der Herztätigkeit (Kardiogramm), soweit diese durch den Herzspitzenstoß an die Brustwand feststellbar ist. Neuerdings werden elektrisch arbeitende Atemschreiber hergestellt.

PÖTZL-Phänomen, Bez. für die subliminale Wahrnehmung, d. h. den Vorgang einer peripheren, unbemerkten, indirekten Registrierung von Gegebenheiten. O. PÖTZL experimentierte erstmals in dieser Richtung. Ⓛ GRAUMANN

*

PÖTZL, Otto / 1877–1962 / österr. Psychiater / Univ. Wien

POGGENDORFFsche Täuschung (1865), eine durch (zwei oder mehrere) parallele Linien verlaufende unterbrochene Gerade erscheint abgelenkt. Die Fortsetzung der Linie wird versetzt gesehen. →geometrisch-optische Täuschung

*

POGGENDORFF, Johann Christian / 1796–1877 / Chemiker, Physiker / Univ. Berlin

Pointierung [frz. *point* Punkt, Spitze], Überspitzung. Die allgemeinmenschliche Tendenz, Beachtetes, Wichtiges, Kennzeichnendes stärker herauszuheben →präattentiver Prozeß. Ggs. Nivellierung

POISSON-Verteilung, stark asymmetrische Zufallsverteilung seltener Ereignisse, deren Gleichung

$$f(x) = \frac{\mu^x e^{-\mu}}{x!}$$

lautet. Ein Charakteristikum der P. V. ist die Tatsache, daß ihre Varianz σ^2 gleich dem Mittelwert μ ist, durch den die P. V. daher vollständig definiert ist. Die P. V. ist ein Grenzfall der Bionomialverteilung; sie entsteht bei großem N, wenn die Elementarwahrscheinlichkeit P gegen Null geht. *Mi-A*

*

POISSON, Siméon Denis / 1781–1840 / Mathematiker, Physiker / Paris

Pokal-Profil-Muster →RUBINscher Becher, →Reversion

Pokalschnitt Ⓣ KRÖBER

Polarität, das Auseinandertreten und dadurch Gegensätzlichwerden wie bei den Polen des Magneten. So spricht man von der Polarität im Charakteraufbau (WELLEK, 1950), um das Besondere des Gegensatzes und Verbindenden zugleich, das viele Eigenschaften in ihrer gegenseitigen Abhängigkeit kennzeichnet, darzustellen.

Polaritätsprofil →semantisches Differential

Poliomyelitis anterior, Spinale Kinderlähmung, HEINE-MEDINsche Krankheit (1840), epidemisch auftretende Virusinfektion insbesondere der Vorderhörner der grauen Rückenmarksubstanz vorwiegend bei jüngeren Kindern. Neben schlaffen Lähmungen besonders der Bein- und Rumpfmuskulatur kommen in den akuten Stadien Erscheinungen wie ängstliche Unruhe, weinerliche Verstimmung, Schreckhaftigkeit oder auch Euphorie vor.

Politische Psychologie (PP), ein Zweig der wissenschaftl. und angew. Ps., der sich mit den ps. Bedingtheiten und Folgen politischen (pol.) Geschehens befaßt. Die PP erforscht – interdisziplinär mit der pol. Soziologie und anderen Wissenschaften – den personalen Faktor pol. Verhaltens von Gruppen und Individuen: Motivations-, Interaktions-, Internalisations-, Sozialisations-, Individuations- und Entscheidungsprozesse. Damit leistet sie fundamentale Beiträge für die Einstellungs-, Meinungs- und Vorurteilsforschung, für die Friedens- und Konfliktforschung, für pol. Planung und Werbung, für pol. Lagebeurteilung und Prognostizierung und vor allem auch für die pol. Bildungsarbeit. Außer mit den individuellen Bedingtheiten pol. Verhaltens (wie: Grundeinstellung, Interesse, Triebstruktur, Beeinflußbarkeit, Gehemmtheit, Mutdisposition, Kontaktbereitschaft, Rigidität etc.) befaßt sich die PP auch mit überpersonalen Erscheinungen von pol. Relevanz (wie: Gesellschaftsstruktur, Machtverschiebungen, pol. Strömungen, geltende Normen, Unterdrückungen, kollektive Entscheidungen etc.). Denn es bestehen ps. Wechselwirkungen in beiden Richtungen. – Als wissenschaftl. Erkenntniszweig ist die PP als solche in pol. Hinsicht tendenz- und normfrei, d. h. nur der Wirklichkeitserhellung verpflichtet.

Diese »Wertneutralität« als wissenschaftl. Prinzip wurde der PP allerdings eine Zeitlang bestritten: Die einen hielten sie im Hinblick auf die unbewußte pol. Befangenheit jedes Forschenden für faktisch unmöglich (man würde sie ihm stets unterstellen), die anderen erblickten in einem ideologischen Engagement den einzigen Sinn pol-ps. Forschung und Lehre: PP habe von vornherein im Dienst pol. Zwecke zu stehen (wie: Veränderungen gesellschaftlicher Zustände, Beseitigung von Ungerechtigkeiten, Bekämpfung von Kriegsursachen usw.).

Aus dem Attribut »politisch« darf indes keine Sonderstellung dieser Gegenstandsspezialisierung der Ps. herausgelesen werden. Qua Wissenschaft hat sie – ebenso wie jede andere Fachspezialisierung – größtmögliche Objektivität ihrer Erkenntnisse anzustreben; darüber hinaus – qua Anwendung – kann sie allen jenen durch Aufklärung über ps. Erkenntnisse behilflich sein, die sich um das Wohl des Menschen bemühen, – etwa um eine menschenwürdige Entfaltung im Sinne von Artikel 1 und 2 des Grundgesetzes der BRD und im Sinne der UN-Charta der Menschenrechte; inwieweit auch pol. Partialinteressen zu unterstützen sind, das unterläge jeweils der Gewissensverantwortung des einzelnen Psychologen. »Darüber hinaus« besagt: Mit der Einbeziehung eines Anwendungszweckes für die pol.-ps. Erkenntnisse entsteht – ebenso wie bei allen anderen angew. Wissenschaften – eine zusätzliche Verantwortlichkeit, die über rein wissenschaftl. Verantworten hinausgeht. Denn die Gefahr eines Mißbrauchs pol.-ps. Erkenntnisse wächst an, je bekannter z. B. indirekte (»unterschwellige«) pol. Verführungsmethoden werden.

Zur Diagnostik verwendet die PP die gleichen Methoden wie die übrige Individual- und Sozialps. Allerdings verursacht die besondere Komplexität des pol. Verhaltens und Meinens besondere diagnostische Schwierigkeiten, da einerseits geäußerte Meinungen und Stellungnahmen gerade auf pol. Gebiet sehr oft auf Selbsttäuschungen, auf Suggestion, auf Unbewußtem und Verdrängtem beruhen – und andererseits partielle faktorenanalytische Messungen und Korrelationen sehr oft nicht den komplexen, ganzheitlichen, genetisch bedingten und situativen Hintergründen eines individuellen Verhaltens oder Meinens gerecht zu werden vermögen. Wegen dieser vielschichtigen und fluktuierenden Komplexität entziehen sich Gegebenheiten wie: pol. Grundeinstellung, »Mentalität«, Dynamik, Mündigkeit, pol. Reife, persönliches Gewissen, Verantwortungsbewußtsein und ähnliche ps. Sachverhalte weitgehend dem Postulat nach exakt-naturwissenschaftl. Operationalisierung. Durch gut vorgeprüfte Fragestellungen und Verhaltensbeobachtungen konnte jedoch manche bedeutsame typologische und sozialps. Erkenntnis erarbeitet werden. Als besonders wegweisend auch für deutsche Untersuchungen erwies sich z. B. die noch vor Kriegsende in den USA begonnene Herausarbeitung des Typus »Autoritäre Persönlichkeit« (ADORNO 1950). Autoritarismus war seither als pol.-relevante Haltung immer wieder Gegenstand ps. Abhandlungen mit Differenzierungen und Modifizierungen, die etwa die Vorurteilsanfälligkeit, den Dogmatismus (ROKEACH 1960), die Aggressivität (SCHMIDT-MUMMENDEY 1973) oder andere pol.-relevante Dominanten einer Persönlichkeitsentwicklung auf ihre Bedingtheiten und Wirkungen hin untersuchten. Aufsehen erregte eine experimentell gewonnene Erkenntnis über den »Autoritätsgehorsam« (MILGRAM 1967). Über die pol. Sozialisation als Entwicklungs- und Reifungsprozeß und damit als besonders problemhaltigen Gegenstand erzieherischer Aufgaben handeln zahllose Veröffentlichungen der sechziger und siebziger Jahre (v. BAEYER-KATTE 1972). Daneben werden typische Zeiterscheinungen auf ihre ps. Komponenten hin untersucht, so etwa der Komplex der Angst (WIESBROCK 1967), des Hasses, der Konformitätsneigung, der Emanzipationsströmung – der Wandel von Parteipräferenzen und dessen Motivationen (LANE 1962) oder auch typische Haltungsausprägungen wie Konservatismus und Radikalismus (EYSENCK 1968).

In steigendem Maße sieht sich die pol. Bildungsarbeit in Schulen und anderen Bildungsstätten genötigt, pol.-ps. Bedingtheiten in Rechnung zu stellen. Zur Vermeidung von Meinungsbeeinflussung, von pol. Indoktrination, geht es hier vor allem um das Befähigen zu kritischer Reaktivität gegenüber Meinungszwängen bei gleichzeitig selbstkritischem Denken, um das Immunisieren gegen pol. Verführung, um das Freisetzen spontaner pol. Beteiligungs- u. Mitverantwortungsimpulse und um das selbständige Erarbeiten selbstverantwortlicher pol. Stellungnahmen. Welche Erziehungseinwirkungen sind auf diesem besonderen Felde nicht nur »legitim«, sondern auch entwicklungs-adäquat, welche inadäquat? (ROLOFF 1972, 1975).

Eine differenzierte Aufzählung der Anwendungsgebiete der PP findet sich in Band 1 der »Schriftenreihe Politische Psychologie« (JACOBSEN 1963); in den USA erschien 1973 ein »Handbook of Political Psychology«, das über den neueren Stand dieser Wissenschaft in den USA und einigen Ländern (außer Deutschland) unterrichtet. Ⓛ (neben den genannten) FROMM 1945, LASSWELL 1957, ALEXANDER 1947, MARCUSE 1967, 68, HARTMANN 1980, MOSER 1981 *J-N*

poll, Erhebung, Umfrage →Meinungsforschung

Pollution →Sexualität (Tabelle) • *pollution* [engl.] Befleckung, auch Umweltverschmutzung allg.

Poltern, *tumultus sermonis, cluttering,* überhastetes Sprechen (→Tachylalie) mit Beschleunigung des Sprechtempos innerhalb längerer Wörter (→Akzeleration, intraverbale), unregelmäßigem Stammeln, Auslassen, Kontaminationen und Wiederholungen (→Iteration) von Silben oder Wörtern. Verwandt mit der →Propulsion bei extrapyramidalen Erkrankungen.

Ausgehend vom Nachweis einer hohen Erblichkeit des P., entwickeln LUCHSINGER (1959) und ARNOLD (1970) das Konzept der familiären →Sprachschwäche, bei der nach einer verzögerten Sprachentwicklung, anhaltendem Stammeln und dysgrammatischer Sprechweise, u. U. nach vorübergehendem oder bei gleichzeitig anhaltendem Stottern das P. den Endzustand darstellt, in dem auch eine →LRS enthalten ist. Fehlende Musikalität sowie Links- oder Beidhändigkeit sind ebenfalls häufig bei Polterern zu beobachten. Die klassische Abgrenzung des P. gegen das Stottern, den anderen Formenkreis von zeitlichen Ablaufstörungen beim Sprechen, durch FREUND (1934) – z. B. Stotterer leidet unter der Störung, Polterer ist sich ihrer nicht bewußt; bei konzentrierter Aufmerksamkeit spricht Stotterer schlechter, Polterer besser; vor Fremden Stotterer schlechter, Polterer besser – läßt sich auf dem Hintergrund eines hierarchischen Systems von →TOTE-Einheiten mit unterschiedlichen Kontrollprozessen zur Verlaufs- und Resultatregulation (HACKER 1973) bei der →Sprachproduktion interpretieren. *G-N*

Polyandrie [gr. *polys* viel, *anér* Mann], Vielmännerei. Eheform, bei der eine Frau mehrere Männer besitzt. Vorkommen z. B. bei australischen Primitiven und auf den Südseeinseln. Eine Ursache ist der Frauenmangel durch klimatische Bedingungen, Kindermordsitten u. a. m.

Polyätiologie →Mehrfachbedingtheit

POLYCON, *polynomial conjoint analysis,* Sammlung von Computerprogrammen zur →multidimensionalen Skalierung, vereinigt die Eigenschaften anderer Verfahren (→KYST, →SSA, →INDSCAL, →MINISSA, →MONANOVA u. a.), ist an einem Modell polynomisch verbundener Meßstrukturen orientiert. *M-R*

Polydipsie, quälende Austrocknung des Mundes, dranghafter Durst; häufig psychogenen Ursprungs

Polygamie [gr. *gámos* Ehe], gleichzeitige Ehe mit mehreren. In Verbindung mit →Exogamie kommt sie vielfach vor. Auch →Polyandrie als Ausgangspunkt ist möglich. Nach WUNDT löste die P. eine vorhergehende Stufe der Monogamie ab, um ihrerseits von der Gruppenehe, dann Polygamie und endlich wieder Monogamie überwunden zu werden.

Polygraph [gr.], Mehrfachschreiber. Gerät zur gleichzeitigen Registrierung mehrerer Variablen. In der Ps. z. B. des Pulsschlags, der Atmungsbewegungen, des Blutdruckverlaufs und des elektr. Hautwiderstandes. • Da solche Geräte auch in der Tatbestandsdiagnostik Anwendung finden, hat sich dafür die volkstümliche (aber unzutreffende) Bez. »Lügendetektor« eingebürgert.

Polygynie [gr. *gyné* Weib], Vielweiberei, eheähnliche Bindung mehrerer Frauen an einen Mann, bedingt durch Herrschafts- und Besitzrechte und geschlechtliche Ansprüche des Mannes

Polyideismus [gr. *idéa* das gedachte Ding], Fülle der Gedanken und die Gesamtheit psychischer Tätigkeit. Breite des Bewußtseins. Ggs. Monoideismus als Einengung des Bewußtseins unter eine einzige leitende Vorstellung oder auch die halluzinatorische Einengung in der Hypnose.

Polykonditionalität →Mehrfachbedingtheit

polymorph ist eine Art, wenn innerhalb derselben Population verschiedene, nicht durch Übergänge verbundene Erscheinungsformen auftreten. Die verbreitetste Form des Polymorphismus ist der Geschlechtsdimorphismus. *Sch-S*

polymorph-pervers, ein Begr. FREUDS zur Kennzeichnung der Sexualität des Kleinkindes, deren Organisation noch nicht durch den Primat der Genitalität, sondern durch das isolierte Auftreten der →Partialtriebe gekennzeichnet ist

Polyneuritis, Bez. für eine entzündliche (degenerative) Erkrankung von mehreren peripheren Nerven mit entsprechenden sensiblen, motorischen oder vegetativen Störungen. Z. B. infektiöse, rheumatische, diabetische, alkoholische P.

polyneuritische Psychose, veralteter Begr. für die bei dem →KORSAKOW-Symptomenkomplex auftretende Psychoseform

Polyopie, Mehrfachsehen, Doppeltsehen mit einem Auge (monokulare Diplopie)

polyphäne Farben →FECHNER-BENHAM-Farben

Pons [lat. Brücke] →Gehirn

PONZOSCHE Täuschung, Bez. für die geometr.-opt. Täuschung, bei der von zwei in einen Winkel eingezeichneten gleichlangen Strekken die scheitelnahe Strecke länger erscheint. Ⓛ RAUSCH *

PONZO, Mario / 1882–1960 / ital. Psychologe / Turin, Rom

pooling bezeichnet das Zusammenfassen von Maßzahlen zu Klassen bei der Erstellung von Häufigkeitsverteilungen. P. wird vorgenommen, um Nullstellen oder starke Zufallsschwankungen im Verlauf der Häufigkeitsverteilungen zu vermeiden. – In der →Varianzanalyse versteht man unter P. das Zusammenfassen von Varianzkomp. *Mi-A*

Populärpsychologie, auch naive, volkstümliche, vorwissenschaftliche Psychologie. Zusammenfassende Bez. für alle nicht mit wissenschaftlichen Methoden, sondern allein aus der Alltagserfahrung gewonnenen, nicht gemäß den wissenschaftlichen Anforderungen überprüften ps. Anschauungen und Systeme (hauptsächlich Charakterlehren, Typologien).

Die P. erhält durch HEIDER 1958, 1977, der sie *common-sense ps.* oder naive Ps. nennt, verstärkte Beachtung. Nach ihm ist naive Ps. »... das unformulierte oder halbformulierte Wissen über interpersonale Beziehungen, wie es in unserer Alltagssprache und Erfahrung ausgedrückt wird« (HEIDER 1958, 4). Er gibt Regeln an, nach denen dieses Alltagswissen in kognitiven Einheiten strukturiert sei, die möglichst nach ausgewogenen Beziehungen zueinander streben sollen (→Balance-Theorien). Außerdem beschreibt HEIDER die naiven Interpretationen der Handlungen anderer durch Zuschreibung von Motiven und Ursachen (→Attribuierung interner und externer Ursachen), woraus sich die Attributionstheorien entwickelt haben. Zur P. rechnen auch die →impliziten Persönlichkeitstheorien (KELLY 1955) und die Ps. der Voraussagen des →naiven Statistikers (KAHNEMANN u. TVERSKY 1973). Vgl. common sense Ⓛ LAUCKEN 1974 *B-S*

Population, Bestand, Gesamtheit der Individuen gleicher Abstammung an einem bestimmten Standort. I. w. S. die Gesamtheit der Träger eines Merkmals bzw. aller Meßwerte, über die auf Grund der Untersuchung an einer Stichprobe Aussagen gemacht werden sollen. Syn. Grundgesamtheit. ● (biol.), Fortpflanzungsgemeinschaft innerhalb einer →Art, die durch →ökologische u./o. geographische Faktoren isoliert wurde (→Isolation).

Poriomanie [gr. *poreía* Reise], Wandertrieb. Je nach Äußerungsform auch mit der Bez. Fugue (Flucht) und Vagabundieren belegbar. Besonders der krankhafte Trieb zum Weglaufen bei Kindern, Psychopathen und auch als epileptisches Äquivalent.

Pose [frz. *pose* Stellung, *poser* hinstellen], die auf Wirkung bedachte Körperhaltung mit echtem oder auch unechtem, gewolltem →Ausdruck (Effekthascherei).

Position, üblicherweise werden die Begr. Position (oder →Status) und →Rolle als korrelative Begr. betrachtet: P. sei der statische oder kognitive Aspekt von Rolle, Rolle der dynamische von P.

Einerseits ist P. die Einheit der Gesellschaft, in deren Kultur spezifische Erwartungen ausdifferenziert werden, andererseits die Stellung des Individuums, das diese Erwartungen in seinem Verhalten realisieren soll. LINTON (1936) bezeichnet P. als den objektivierbaren Teil der Rolle, als einen Ort in einem Gefüge sozialer Beziehungen. Es wird unterschieden zwischen erworbenen und zugeschriebenen P., je nachdem, in welchem Ausmaß das Individuum durch eigenes Handeln oder eigene Leistungen P. einnehmen kann. – Zweckmäßiger ist eine Dreiteilung in angeborene, erworbene und zugeschriebene P.; in der Praxis zeigen sich allerdings auch dabei Schwierigkeiten der Zuordnung. P. werden von Individuen eingenommen, die wechselseitig miteinander interagieren.

P. wird damit definierbar als die Stellung eines Individuums in einer Interaktionsstruktur. *Ma-R*

Positionalität →Ausdruckstheorien

Positionseffekt, Reihenstelleneffekt, Auswirkung der Stellung bzw. Anordnung auf die Informationsverarbeitung. Besondere Beachtung erfuhr der P. beim sozialen Lernen und bei der subjektiven Gruppierung von Datenmengen (→Gestaltgesetze). In der Sozialps. wird u. a. der P. als »erster Eindruck« und in der Entwicklungsps. die Position in der →Geschwisterreihe beachtet. →Primat-Rezenz-Effekt *R-S*

positiv, bejahend, zutreffend, das Gesuchte aufweisend (bei einem Befund); gleichsinnig, gleichartig (z. B. beim Nachbild). Positive Zahlen: Zahlen, die größer als Null sind. Positive Gefühle: Lustbetonte, angenehme Gefühle. Ggs. →negativ

Positivismus, seit seiner Begründung durch HUME und D'ALEMBERT und seine Hauptvertretung durch COMTE die Richtung in Philosophie und Wissenschaft, die nur von Tatsachen als wahrnehmbaren Sachverhalten ausgeht und sich auf deren Feststellung und Verknüpfung beschränkt. Außer Phänomenen vermögen wir nichts zu erkennen. In der Anerkennung des Weltbildes und der Methoden der Naturwissenschaften eindeutig, ist der P. als Lehre heute verzweigt. Ps. wichtig ist der P. bei MACH, CORNELIUS,

ZIEHEN und VERWORN. Allein die Empfindungen sind gegeben. • Neopositivismus →Psychologie, Richtungen.

Posodynik, bez. in der Charakterologie von J. BAHNSEN den typolog. Unterschied nach großer und geringer Schmerzempfindlichkeit (eukolische bzw. dyskolische P.)

Postdormitium, der Schlafzustand kurz vor dem Erwachen mit geringer Schlaftiefe und leicht erinnerbaren Träumen. Vgl. Praedormitium

posthypnotische Amnesie, der Ausfall der Erinnerung (→Amnesie) für Erlebnisse und Handlungen in der →Hypnose, der meistens nach dem Auftrag des Hypnotiseurs, alles während der Hypnose Geschehene zu vergessen, eintritt

posthypnotische Suggestion, eine in der →Hypnose gegebene, aber erst nach deren Abschluß wirksam werdende Suggestion

Postremitäts-Prinzip, »Ein Reiz, der zwei oder mehr unvereinbare (inkompatible) Responses begleitet hat oder unmittelbar vor den Responses aufgetreten ist, wird nur für die in Anwesenheit des Reizes zuletzt gegebene Response ein bedingter Reiz ... Allein auf diese Weise kann ein Reiz, der eine bestimmte Response auslöst, aufhören, Auslöser für diese Response zu sein und Auslöser für eine andere Response (die letzte) werden.«

So formuliert Virginia W. VOEKS (1950) ein wichtiges Postulat in GUTHRIES Lerntheorie der →Kontiguität. Die Wirkung der →Verstärkung (Bekräftigung) wird danach als Folge der neuen Situation erklärt, d. h. die sog. Verstärkerreize sorgen dafür, daß die »verstärkte« Response die letzte auf die unmittelbar vorangegangene Reizsituation bleibt. Die letzte Response ist auch die kürzere Zeit zurückliegende und neueste Response. Das Prinzip wird aber von VOEKS nicht als Neuheitsprinzip *(recency principle)* bezeichnet, weil nicht die Kürze der verstrichenen Zeit das entscheidende Moment ist, sondern die Tatsache, daß die Wahrscheinlichkeit des Wiederauftretens der letzten mit dem Stimulus verbundenen Response allein deshalb hoch ist, weil es danach keine andere Response in Gegenw. des Stimulus gegeben hat. *B-S*

Postulat, Forderung, notwendige Annahme, die unbeweisbar ist, aber auf Grund von Tatsachen oder aus praktischen Erwägungen gemacht werden muß.

Potatorium, Potomanie [lat.], Trunksucht

Potenz [lat. *poténtia* Kraft, Wirksamkeit], Fähigkeit, bes. auch die noch latente Kraft. • Männl. Tüchtigkeit zum Geschlechtsverkehr und zur Fortpflanzung. • Potenzstörungen, syn. Impotenz, syn. Sexualstörungen. →Sexualität

Potenzfunktion (STEVENS) →Potenz-Gesetz

Potenz-Gesetz, *power law,* auch STEVENS-Gesetz genannt, eine allgemeingültige Form der Beziehung zwischen Reiz- und Empfindungsgrößen (→Psychophysik), die schon von PLATEAU (1872) und MERKEL (1888) als Alternative zum FECHNERschen Gesetz in Betracht gezogen wurde.

STEVENS (1953) zeigte, daß bei Anwendung von direkten Skalierungsmethoden (→Skalierung) auf »prosthetischen« Empfindungskontinuen (das sind solche, die den quantitativen Aspekt der Dinge, das »Wieviel« betreffen) die subjektive Größe ψ mit der n-ten Potenz der Reizgröße φ zunimmt: $\psi = k \cdot \varphi^n$, wobei k eine nur von der Definition der subjektiven Einheit abhängige Konstante ist, n beträgt z. B. für Helligkeit 0,3 bis 0,5, für Lautstärke 0,5 bis 0,7, für Zeitdauer, Druck auf die Handfläche und visuelle Länge etwa 1,0, für elektr. Schlag 3,5. Intra- und interindividuelle Variation sowie Methodenabhängigkeit der Ergebnisse sind allerdings sehr groß. Während STEVENS u. a. elektro-physiologische Transformationsvorgänge zur Erklärung des Zustandekommens der Potenzbeziehung heranzieht, sehen andere kurz- oder langfristige Lernvorgänge als wesentlich an. Ⓛ MEILI-ROHRACHER, SIXTL *M-R*

Potenzmomente, als P. werden statistische Verteilungskennwerte bezeichnet, die aus der durchschnittlichen, potenzierten Abweichung der Meßwerte von Null (1. Potenzmoment) bzw. vom Verteilungsmittelwert berechnet werden. Das arithmetische Mittel einer Verteilung ist das 1. Potenzmoment, die Varianz das 2. Potenzmoment. Das 3. Potenzmoment der standardisierten Meßwerte ist Ausdruck der Schiefe einer Verteilung und bei symmetrischen Verteilungen daher Null. Das 4. Potenzmoment kennzeichnet den →Exzess (→Steilheit, →Kurtosis) einer Verteilung. *Mi-A*

power law →Potenz-Gesetz

power-test [engl. *power* Kraft, Leistung], Tests der Leistungshöhe, bei denen eine möglichst hochwertige Lösung gefordert wird. Die Aufgaben sind deshalb meist nach ansteigender Schwierigkeit (Steigerungsprinzip) geordnet. Die Tests haben entweder keine oder eine großzügig bemessene Zeitbegrenzung. Bei p. t. spricht man auch von »level test« oder Niveautest. Ggs.: →speed-test

p-o-x-Theorie →Balance-Theorie

Präanimismus →Animismus, mythologische Theorien

präattentiver Prozeß, nach NEISSER (1967, dt. 1974) ist die Wahrnehmung kein passives Extrahieren von Informationen aus Reizgegebenheiten, sondern ein aktives Konstruieren innerhalb mit dem Reiz gesetzter Restriktionen (→»Analyse durch Synthese«).

Selektive Aufmerksamkeit wird dadurch möglich, daß sich der Syntheseprozeß gezielt auf den relevanten Teil der Reizkonfiguration richten kann. Mit dieser Hypothese entsteht das Problem, daß der kognitive Apparat eine vorgängige Analyse des Reizes benötigt, um den Analyse-durch-Synthese-Vorgang überhaupt an der richtigen Stelle einsetzen zu können. NEISSER postuliert solche Voranalysen und nennt sie p. Sie sind global, ganzheitlich und laufen parallel ab (→parallele/serielle Verarbeitung); sie grenzen als Objekte analysierbare Teile der Reizgegebenheit aus und lenken die selektive Aufmerksamkeit (auch in Form von Kopf- und Augenbewegungen). *G-R*

praecox [lat.], frühzeitig, vorzeitig, unzeitig

Prädikat, in der historischen Grammatik ist das P. eine syntaktische Grundkategorie. Der Satz besteht aus zwei obligatorischen Konstituenten, dem Subjekt und dem P., sie bilden den Kern des Satzes. Das Subjekt bezeichnet die Person oder Sache, über die etwas ausgesagt wird. Das P. enthält die Aussage, die für das Subjekt gelten soll.

Die Mehrgliedrigkeit des einfachen Satzes ergibt sich aus der Erweiterung des P. Dies führt zu der Vorstellung von einem P. im engeren Sinne, das sich nur auf das Verb bezieht, und von einem weiteren P., das seine Ergänzungen mitumfaßt (LYONS 1971, S. 340). Zunächst wurde vornehmlich das Subjekt, zunehmend aber auch das P. als das zentralere syntaktische Element angesehen (HERINGER 1970). – Die →generative Transformationsgrammatik übernimmt den traditionellen P.-begriff, schlägt jedoch eine formale Definition vor. Die syntaktische Funktion »Prädikat von« wird definiert als die Relation zwischen dem Satz und der unmittelbar von ihm dominierten Verbphase (CHOMSKY 1965). – Die →generative Semantik führt das grammatische P. auf ein ihm zugrunde liegendes propositionales P. zurück. Die Basis der generativen Semantik erzeugt →Prädikat-Argument-Strukturen oder Propositionen. Eine Prädikat-Argument-Struktur besteht aus einem propositionalen P. und seinen Argumenten (FILLMORE 1968, CHAFE 1970). Die Sprachpsychologie hat sich durchgängig dem P.-begriff der generativen Semantik angeschlossen. Sie betrachtet Propositionen als entscheidende Gedächtniseinheiten, die aus einem P. und seinen →Argumenten zusammengesetzt sind (CLARK u. CLARK 1977, ENGELKAMP 1976). →Prädikatenlogik *E-P*

Prädikat-Argument-Struktur, Propositionen, die P.-A.-S. ist eine Bedeutungseinheit und wird als eine zentrale Einheit des semantischen Gedächtnisses angesehen. Sie besteht aus einem →Prädikat und einem oder mehreren →Argumenten und wird auch Proposition genannt. Beispiel: Essen (Peter, Suppe, Löffel). P.-A.-S. repräsentieren die semantische Struktur von Sätzen.

Die Überführung von P.-A.-S. in Satzstrukturen ist möglich, da beide Strukturen dieselbe formale Natur haben. Die einzelnen Argumente werden als Argumenttypen näher gekennzeichnet. In dem obigen Beispiel sind die Argumenttypen implizit durch ihre Stellung markiert. Häufig werden sie auch explizit gekennzeichnet. Die Argumenttypen, die ein Prädikat mit sich führen, hängen von diesem ab. Als wichtigste Prädikattypen werden attributive, prozessuale und aktionale Prädikate unterschieden. Strittig ist, ob P.-A.-S. sprachabhängig zu konzipieren sind (SCHLESINGER 1977) und ob sie die einzigen oder vorherrschenden Repräsentationsformen für semantisches Wissen darstellen (KOSSLYN u. POMERATZ 1977). Ⓣ ENGELKAMP 1976 *E-P*

Prädikatenlogik, Hauptzweig der formalen Logik. Mit den Formalismen der P. ist es möglich, über die Verknüpfungen von Aussagen hinaus (→Aussagenlogik) auch die Eigenschaften von Objekten und die Beziehungen zwischen Objekten einer logischen Analyse zugänglich zu machen.

Die Gültigkeit der Folgerung »wenn x Kind von y ist und y männlich ist, so ist y Vater von x« ist rein aussagenlogisch nicht in befriedigender Weise darstellbar, wohl aber prädikatenlogisch. Die Elemente, aus denen prädikatenlogische Sätze zusammengesetzt sind, sind Zeichen für einstellige oder mehrstellige Prädikate und Zeichen für Objekte. Ein einstelliges Prädikat ist die Eigenschaft eines Objektes, ein mehrstelliges Prädikat ist die Beziehung zwischen Objekten. »Männlich« ist ein einstelliges, »Kind von« zweistelliges Prädikat. →Prädikat. Ⓛ HILBERT-ACKERMANN

Prädikation, meint im Zusammenhang logischer Analyse von Sprachverwendung den Akt, in dem einem Gegenstand ein »Prädikator« zugesprochen (oder abgesprochen) wird (KAMLAH u. LORENZEN 1967 29). Für das sprachliche Ausdrücken einer P. ist mindestens ein einfacher →Satz nötig, in Frühstadien der →Sprachentwicklung vorbereitet durch den →Ein-Wort-Satz (HERRMANN 1972 114). Ps. Prozeßkonstrukte wie Kategorisierung, Attribution wären als spezielle Formen von P. aufzufassen. *K-I*

Prädiktionslernen, falls eine Ereignisfolge ein →MARKOFF-Prozeß ist, in dem die Ereignisse unabhängig voneinander auftreten, handelt es sich um ein Lernen von Wahrscheinlichkeiten. Nach einem gegebenen

Ereignis soll das Auftreten eines folgenden vorausgesagt werden. Fehlerfreie Prädiktion gelingt, wenn Einsicht in die Struktur der Ereignisfolge gewonnen ist. *B-S*

Prädiktor, Vorhersagevariable. Soll ein Kriterium aus einer Anzahl von Variablen vorhergesagt werden, so werden die zur Vorhersage benutzten Variablen Prädiktoren genannt. Der Begriff P. spielt vor allem in der →multivariaten Statistik eine Rolle.

Prädormitium, der dem Einschlafen eigene »Zwischenzustand« mit besonderen Erinnerungseindrücken. Vgl. Postdormitium

Präformation, Präformationstheorie, Vorausbildung, insbesondere die »Vorausbildung des Lebewesens im Keim«. Nach der P.theorie (besonders im 17. und 18. Jhd.) bedeutet Entwicklung Wachstum im Sinne bloßer Vergrößerung, da im Ei bereits in kleinster Form alle Teile vorhanden sind. P. steht i. Ggs. zur →Epigenese.

prägenital – präödipal, FREUDsche Bez. für die Triebe, Organisationen und Fixierungen etc., die sich jeweils auf diejenigen Perioden der psychosexuellen Entwicklung beziehen, in denen die Genitalität bzw. der Ödipuskomplex noch nicht vorherrschen (Periode des infantilen sexuellen Lebens bzw. der Anhänglichkeit beider Geschlechter ohne Unterschied an die Mutter – Ⓛ LAPLANCHE

prägenitale Phase, die vor der →genitalen Phase liegende Phase (Periode) der seelischen Entwicklung des Kleinkindes, die von der Geburt bis etwa zum Ende des 3. Lebensjahres reicht, und sowohl die →orale Ph. (etwa 1. Lj.), als auch die →anale Ph. (etwa 2. und 3. Lj.) umfaßt. Begr. und Einteilung gehen auf FREUD zurück, greifen aber heute weiter aus, wie z. B. mit der Bez. prägenitale Neurose, prägenitaler Typus.

Pragmatik, Pragmalinguistik, wie die →Semantik und →Syntax eine Komponente der allgemeinen Zeichentheorie (→Semiotik). Sie beschäftigt sich mit der Beziehung zwischen →Zeichen und Zeichenbenutzern. Entsprechend befaßt sich die linguistische P. mit der Beziehung zwischen Sprachzeichen u. Sprachbenutzern (→Sprachrezeption, →Sprachproduktion, →Handlung).

Die ling. P. ist der bisher noch am wenigsten entwickelte Bereich der →Linguistik. Der systematische Ort, an dem der Sprachgebrauch innerhalb der Linguistik zu untersuchen ist, wird von de SAUSSURE (1916) als *»parole«*, von CHOMSKY (1965) als →Performanz und von WUNDERLICH (1972) als P. bezeichnet. Neuerdings spricht man in ähnlicher Bedeutung auch von Textlinguistik, weil in Texten die Rolle des Sprachbenutzers besonders eklatant wird. Dem Teilbereich der P. werden innerhalb der Linguistik solche Faktoren zugewiesen wie Intention oder Zweck der →Kommunikation, Rollenbezug der Kommunikationspartner, Vorwissen, Kommunikationsstrategien, d. h. alle nicht-sprachlichen Voraussetzungen und Bedingungen der Kommunikation (KALLMEYER et al. 1974). →nichtverbale Kommunikation. Die zur Zeit am stärksten bearbeiteten Bereiche innerhalb der P. sind die →Texttheorie und die →Sprechakttheorie. *E-P*

pragmatisch, im Sinne des →Pragmatismus. In weiterer Bedeutung das, was mit dem Handeln zusammenhängt (praktisch).

Pragmatismus, Lehre vom Handeln. In den USA begründete ⟨PIERCE⟩ und entwickelte philosophische Richtung, die im Handeln [gr. *pragma, praxis*] das Entscheidende sieht.

Die Zweckmäßigkeit, die Richtigkeit des Handelns und dessen Bestanpassung und alle Erfahrung sind Kriterien für die Richtigkeit und Wahrheit. Ebenso die human-ethische Zweckmäßigkeit, wie dem als »Humanismus« bezeichneten P. von F. C. S. SCHILLER. Schließlich wurde der P. auch Instrumentalismus ⟨DEWEY⟩ benannt im Hinblick darauf, daß das Denken das Instrument des Handelns ist. Weiteste Anerkennung verschafften dem P. die Arbeiten von W. JAMES.

Prägnanz [lat.], Bez. für die optimale Abhebung und Gliederung eines Gebildes aus dem Gesamt des inhaltlich Gegebenen (Klarheit und Geordnetheit eines Denkinhaltes – Wesentlichkeit – gestalthafte Deutlichkeit). P. ist »für jedes Wesen, sofern es sich überhaupt in Gefügen äußert, ein bestimmtes Gefüge, in dem es sich am reinsten und zwingendsten verwirklicht« (METZGER). →Prägnanztendenz

Prägnanztendenz, beim Bewußtsein die Tendenz zur prägnanten Gestaltung (Formung) der Bewußtseinsinhalte. • In der Wahrnehmungsps. die Eigentendenz der Wahrnehmung auf ausgezeichnete Gestalten (Richtung auf Prägnanz der Gestalt nach WERTHEIMER und KÖHLER). Z. B. ist der Kreis eine bevorzugte Gestalt, und ein kurzzeitig beobachtetes Vieleck wird deshalb leicht als Kreis gesehen. Ggs. →Kettentheorie

Prägung, *imprinting,* Begr. dafür, daß die auf den Menschen (wie allg. auf Organismen) einwirkenden Einflüsse nicht bloß als vorübergehende (befristete) Reize, sondern auch auf Dauer nachhaltig gestaltend und umgestaltend wirken. Besonders spricht man von Berufsprägung, P. des Lebensstandards u. a. • Die von SPITZ (1967) und in dessen Nachfolge angenommene kurze frühkindliche Prägungsphase erweist sich nach neueren Forschungen als plastischer: die ersten drei Jahre sind wichtig für die Entwicklung von Zutrauen, Zuneigung, Mitleid, Selbstvertrauen i. Ggs. zur »gelernten Hilflosigkeit« (HUNT 1979). Vgl. Hospitalismus, →Urvertrauen *R-S*

Prägung, (biol.) Begr. in der →Ethologie für einen Lernvorgang innerhalb bestimmter lernsensibler Phasen oder Lebensabschnitte (LORENZ 1935). Das durch P. erworbene Verhalten kann später nicht mehr verändert werden. Geprägt wird nur der →Auslöser; die P. ist irreversibel; erlernt werden Artmerkmale; die P. ist schon möglich, bevor die entsprechende Reaktionsbereitschaft vorhanden ist; die Lernbereitschaft erlischt auch dann (nach Abschluß der P.phase), wenn kein Lernen stattfand, →Sozialisierungsphase Ⓛ B. TSCHANZ, R. A. HINDE *P-S*

Präkognition →Hellsehen

praktische Intelligenz →theoretische Intelligenz

praktische Psychologie, i. w. S. dasselbe wie →Angewandte Ps., i. e. S. die Anwendung ps. Erkenntnisse und Methoden zur Beeinflussung und Anpassung des Menschen im Bereich von Arbeit und Beruf, Wirtschaft, Verkehr, Erziehung und Heilen. Weitgehend übereinstimmend mit →Psychotechnik. Schließlich hat die p. Ps. noch die Bedeutung der praktischen Anwendung der Ps. im Ggs. zur wissenschaftlichen Bearbeitung und Forschung.

prälogisch, vorlogisch, die Vorstellungen und Denkweisen der Primitiven werden nach LEVY-BRUHL beherrscht von alogischen, vorlogischen Regeln, wie insbesondere der Erscheinung der →Partizipation, der gegenseitigen Teilhabe. Die geistige Beschaffenheit (Verbindungsweise der Vorstellungen) wird als prälogisch und die Inhalte der Vorstellungen werden als mystisch bezeichnet.

Prana [ind.], die ps. Energie im altindischen Denken (Lebenskraft) *S-G*

pränatale Psychologie, Teilgebiet der →Entwicklungsps., dem die Annahme zugrunde liegt, daß ps. Einflüsse von der schwangeren Frau und der Umwelt auf das ungeborene Kind übergehen. →perinatale Psychologie

präödipal →prägenital

Präparation →Denken (Phasen des Problemlösens).

Präsentieren, sexuelles (etholog.), das Vorzeigen der Genitalregion ist wohl als Ausdrucksbewegung im Tierverhalten anzusehen. • Der →Phalluskult vieler Naturvölker kann vom Genitalpräsentieren der Herdenwächter gruppenlebender Primaten abgeleitet werden.

Präsenzzeit, *psychological present,* Dauer der Zeit, die als unmittelbare Gegenwart im Bewußtsein erlebt wird (d. h. etwa zwei Sekunden). • Nach W. STERN diejenige Zeitdauer zwischen zwei Reizen, die noch eine einheitliche Empfindung entstehen läßt (ca. 0,5 bis 7 sec.).

Prävention, die Vorbeugung gegen Krankheiten und ihre Folgen. Die P. – ein zentrales Anliegen des öffentlichen Gesundheitswesens – wurde auch auf psychische/psychiatrische Störungen übertragen, was angesichts der Problematik eines med. Krankheitsbegriffs für diesen Bereich nicht ohne Widerspruch geblieben ist (vgl. z. B. GRAHAM 1977). Im Hinblick auf die Zuordnung von P.programmen wird mit CAPLAN (1964) zwischen primärer, sekundärer und tertiärer P. unterschieden.

Primäre P. zielt danach darauf ab, das erstmalige Auftreten einer Krankheit zu verhindern; das Bemühen um frühzeitiges Erkennen einer Krankheit mit dem Ziel baldmöglichster und wirkungsvoller Behandlung, um vor unkalkulierbaren negativen Folgen zu schützen, wird unter sekundärer P. zusammengefaßt; tertiäre P. kennzeichnet das Anliegen, die Ausbildung chronischer Manifestationen mit weiteren Folgeproblemen für die einzelne Person zu verhindern, falls eine rechtzeitige Kontrolle der Krankheit nicht gelingt. Diese Klassifizierung von P.programmen nach dem zeitlichen Verlauf eines Krankheitsprozesses wurde verschiedentlich kritisiert, da diese Unterscheidungsgesichtspunkte je nach Kurzfristigkeit/Langfristigkeit der Zielsetzungen einzelner Programme nicht ausreichend trennscharf sind und sich nur am biologisch orientierten med. Krankheitsmodell ausrichten (KESSLER u. ALBEE 1975; SOMMER u. a. 1978). Zu den bemerkenswerten Alternativen gehört zweifellos der Klassifizierungsvorschlag von BUTOLLO (1977), der eine zweidimensionale Kategorisierung von P.programmen vorsieht. *S-E*

Praxernia →Autia

Praxien, Handlungseinheiten. Vgl. Handlung

Praxinoskop 〈REYNAUD〉, ein Gerät ähnlich dem →Stroboskop

PREMACK-Prinzip, ein Konditionierungs- bzw. Verstärkungs-Prinzip der →Verhaltenstherapie. Tritt von zwei Verhaltensweisen eine häufiger auf als die andere, kann durch kontingenten Einsatz jener die Auftretenswahrscheinlichkeit (bzw. Häufigkeit) der selteneren erhöht werden. *L-R*

*

PREMACK, David / *1925 / Psych. / Univ. of Pennsylvania in Philadelphia

Ⓔ **presby-** [gr. *presbys* alt, der Alte], in Wortvb.: Bez. für Erscheinungsweisen, die durch das Alter bedingt sind

Presbyakusis, Altersschwerhörigkeit

presbyakustisches Gesetz, Bez. für die Tatsache, daß die obere Hörgrenze mit zunehmendem Alter absinkt; mit 20 Jahren liegt sie bei ungefähr 20000 Hz, mit 60 Jahren und mehr bei 10000 bis 5000 Hz, die sehr hohen Töne werden also nicht mehr gehört.

Presbyophrenie, Altersschwachsinn, besondere Form der senilen Minderung der geistigen Leistung. • Nach KAHLBAUM Bez. für die Psychosen des Greisenalters.

Presbyopie, die dem Alter eigentümliche Fernsichtigkeit, Alterssichtigkeit

pre-school-test Ⓣ GESELL, MERRILL-PALMER

press →need

Presse →Massenmedien

Prestige [frz. aus lat. *praestigium* Blendwerk], in heutiger Bedeutung svw. das Ansehen, in dem Personen, Gruppen (z. B. Berufsgruppen) und Institutionen auf Grund ihrer Leistungen, ihrer sozialen Stellung (→Status, sozialer), ihres Einkommens oder ihrer Kompetenzen bei anderen Personen oder Gruppen und in der Öffentlichkeit stehen.

Das P., das von zahlreichen Bedingungen abhängt, ist wandelbar und kann sich auf einen engeren oder breiteren Bereich beziehen. Häufig erfährt das P., das eine Person auf einem einzelnen Gebiet (z. B. Beruf) erworben hat, eine Verallgemeinerung auch auf andere Bereiche. Hiermit hängt das sozialps. Phänomen der Prestigesuggestion zusammen, d. h. die durch das P. bedingte suggestive Wirkung z. B. von Meinungen bestimmter Personen. So werden z. B. gleiche Stellungnahmen von Personen mit versch. hohem allg. P. in unterschiedlichem Maß akzeptiert bzw. abgelehnt. Ⓛ ASCH (1948)

PRF *(Personality Research Form)* Ⓣ JACKSON

Priapismus →Sexualität (Tabelle)

primacy-recency-effekt →Primat-Rezenz-Effekt

primäre Antriebe, im Ggs. zu den sekundären, erworbenen A., die erblich gegebenen Energiequellen für z. T. ungelernte, aber durch Erfahrung überformte, z. T. gelernte Aktionen zur Befriedigung von lebens- und arterhaltenden Bedürfnissen: Hunger, Durst, Sauerstoffbedarf, Schlafbedürfnis, Geschlechtstrieb und Schmerzvermeidung sind allgemein anerkannte p. A. HULL unterscheidet Bedingungen des Antriebs, d. h. die objektiv beobachtbaren Phänomene, die den Antrieb bestimmen (C_D), die physiologische Antriebsstärke (D) und den Antriebsreiz (S_D). →Antrieb, →Motivation, →Trieb, →Instinkt *B-S*

Primäreigenschaften →Sekundärfaktoren

primäres Willenserlebnis ⟨BRENTANO⟩, ein Willensakt, durch den ein bestimmtes Ziel unmittelbar angestrebt wird. Ggs. →sekundäres Willenserlebnis. Ⓛ ROHRACHER

Primärfaktoren, syn. Faktoren 1. Ordnung. Sie werden aus der Faktorenanalyse einer Interkorrelationsmatrix gewonnen. Im Gegensatz zu den P. werden z. B. Faktoren 2. Ordnung aus der →Faktorenanalyse der Interkorrelationen schiefwinkelig rotierter Faktoren 1. Ordnung gewonnen. →Sekundärfaktoren *Mi-A*

Primärfaktoren der Intelligenz, von THURSTONE (1938) faktorenanalytisch ermittelte, voneinander unabhängige Intelligenzfaktoren *(primary mental abilities)*. Ⓣ THURSTONE

Primärfunktion, syn. Primärprozeß, nach GROSS (1902) die Empfindungen und Wahrnehmungen, d. h. die im unmittelbaren Zusammenhang mit der Reizwirkung auftretenden psychischen Ereignisse, während im Ggs. dazu Sekundärfunktion das Nachklingen der Eindrücke und ihre Perseveration in Vorstellungen etc. belegt. • In einer der ersten ps. Typologien (HEYMANS u. WIERSMA 1906, 1909) sind die Dominanz der Primärfunktion bzw. der Sekundärfunktion eine diskriminierende Dimension des Verhaltens. • JUNG und insbesondere EYSENCK erkannten in der Dominanz der Primärfunktion und der Sekundärfunktion Parallelen zur Extraversion und Introversion. Vgl. Primärvorgang. Ⓛ HOFSTÄTTER 1971 *B-S*

Primärgruppe →Gruppe

Primärlernen, nach D. O. HEBB die Basis für alle weiteren Lernprozesse des Erwachsenen, wobei unter dem P. vor allem die Strukturierung der Wahrnehmung im Kindesalter verstanden werden soll

Primärprozeß, Bez. der →Psychoanalyse für »Es-hafte« Vorgänge. →Primärvorgang

Primärstellung des Auges, die normale Augenstellung mit geradeaus und etwas unter den Horizont gerichtetem Blick

Primärtherapie, *primal therapy,* eine inzwischen auch in Europa praktizierte Form der Psychotherapie, welche auf die von ihrem Begründer A. JANOV entwickelte Urschrei-Theorie aufbaut.

JANOV (1973) nimmt an (im Gegensatz zu FREUD), daß der ohne Neurose und Abwehrsystem (»real«) geborene Mensch seine Bedürfnisse und Gefühle unterdrücken muß, um geliebt zu werden. Aus diesem »Urschmerz« erwächst die Neurose, von JANOV als symbolisches Ausagieren (des »irrealen Selbst«) bezeichnet. Durch therapeutisch überwachte Neuerfahrungen traumatischer Situationen (»Urerlebnis«), den »Urschmerzen«, sowie über den dem realen Selbst entspringenden, Liebe fordernden »Urschrei« *(primal scream)* wird das »gedoppelte Selbst« gesunden. *L-R*

Primärtriebe, Bez. für die im Menschen angelegten und aus ihm stammenden Triebe (Sexualtrieb, Ich-Triebe), im Ggs. zu den (erlernten) →Sekundärtrieben oder kulturellen Gegentrieben, die aus den (ethischen, ästhetischen, sozialen, kulturellen) Forderungen der Gesellschaft herrühren und sich auf Grund ihrer →Introjektion im einzelnen Menschen (als sein →Über-Ich) auswirken. Heute eher gebräuchlich: →primäre Antriebe

Primärvorgang, nach FREUD alle Gedanken, Gefühle und Handlungen, die unmittelbar und ausschließlicher Ausdruck des Es sind.

In diesem Sinne tritt der P. beim Erwachsenen in verhältnismäßig deutlicher und reiner Form nur noch bei Reduktion der Funktionen des Ich und des Über-Ich in Erscheinung, wie es z. B. im Traum der Fall ist. Der dem P. gegenübergestellte Sekundärvorgang stellt alle jene Gedanken, Gefühle und Handlungen dar, die vom Ich motiviert, an der Realität orientiert oder vom Über-Ich diktiert sind. »... der Primärvorgang kennzeichnet das System Unbewußt, der Sekundärvorgang das System Vorbewußt-Bewußt«, der Gegensatz entspricht dem zwischen »Lustprinzip und Realitätsprinzip« (LAPLANCHE 1972). Vgl. Primärfunktion

Primary Mental Abilities Ⓣ THURSTONE

Primat-Rezenz-Effekt [engl. *primacy*-Primat, Vorrang, *recency*- Neuheit, Frische], Anfangs- und Endbetonung bei Reihen von Lernmaterialien oder von Urteilsgegenständen.

Die ersten Glieder einer Reihe werden besser gelernt oder behalten als die mittleren oder letzten Glieder, wenn nach der Darbietung der zu lernenden Reihe und nach einem Behaltensintervall die Reproduktion gefordert wird (Primat-E.); die letzten Glieder werden bevorzugt, wenn sofort nach der Darbietung reproduziert wird. Zu der Wirkung der ersten bzw. der letzten Argumente bei Versuchen mit verbaler Persuasion (Überredung), die von komplexen Bedingungen abhängt, vergleiche MCGUIRE (1966). →JOSTsche Sätze *B-S*

Primeigenschaften, nach LERSCH werden bei der →strukturellen Reduktion immer grundlegendere und zentralere Eigenschaften (bzw. seelische Merkmale) erschlossen, die schließlich als charakterologische Prim-Eigenschaften bezeichnet werden können. • KRETSCHMER wählte mit gleicher Ausrichtung die Bez. →Wurzelformen der Persönlichkeit. →Radikal

priming [engl. Zündung], wird ein bestimmtes Wort in einem →Assoziations- oder →Gedächtnisexperiment produziert, so werden dadurch auch alle jene Wörter in Bereitschaft gestellt, »vorgewärmt«, mit denen dieses Wort assoziative Beziehungen hat (HÖRMANN 1967, 149). Diesen Vorgang nennt man auch assoziative Aktivierung.

P. liegt also dann vor, wenn das Auftreten eines Ereignisses A die →Wahrscheinlichkeit des Auftretens eines Ereignisses B vergrößert, das mit A assoziiert ist. Im Sinne einer Theorie, die Wortbedeutung (→Bedeutung) als Bündel →semantischer Merkmale auffaßt, läßt sich die erhöhte Produktionsbereitschaft bestimmter Wörter auch als Folge der Aktivierung jener Bedeutungselemente interpretieren, die dem produzierten Wort und den in Bereitschaft gestellten Wörtern gemeinsam sind. Das heißt, diejenigen Wörter sind durch ein bereits produziertes Wort am meisten vorgewärmt und haben damit eine erhöhte Wahrscheinlichkeit zu dem bereits produzierten Wort hinzuassoziiert zu werden, die eine maximale Anzahl von semantischen Merkmalen mit ihm gemeinsam haben (MCNEILL 1966). Von LASHLEY (1950, zit. bei HÖRMANN 1967, 149) wird *priming* als »unterschwellige Aktivierung eines ganzen Systems von Assoziationen« definiert. *E-P*

primitiver Reaktionstyp →Typologie (Reaktionstypen)

Primitivierungsgesetz, nach HELLPACH der gesetzmäßige Vorgang, daß die Gemeinschaft um so primitivere Forderungen an den Einzelnen hat, je intensiver und bindender die Forderungen an die Gemeinschaft sind. →Erstarrungsgesetz

Primitivperson →Tiefenperson

Primitivreaktion, nach KRETSCHMER diejenige Reaktionsform, wie Schreien, Wutanfall, affektiver Stupor, blinde Verzweiflung, die als unangepaßt vereinfacht oder übersteigert von dem üblichen Reaktionsverhalten sich unterscheidet

Primordialtriebe [lat. *primordium* erster Anfang] →Primärtriebe

Prinzip [lat. *principium* Anfang, Ursprung], die Grundlage, das Erste, von dem anderes abhängig ist oder abgeleitet wird (z. B. Kausalprinzip als Ausgang aller Erkenntnis). ● Die methodische Erfahrungsgrundlage und Regel (z. B. Steigerungsprinzip bei der Testanwendung). ● Der leitende Gedanke bei einer Darstellung (Leitprinzip).

Prinzipalfarben, die →Hauptfarben Rot, Gelb, Grün, Blau. Ggs.: Übergangsfarben.

Prismenbrille →Störungsexperimente

prisoner-dilemma-game, Häftlingsdilemmaspiel, P. D.-Spiel, eine Unterform der Zwei-Personen-Rivalitätsspiele (→Theorie der Spiele). Ohne Kenntnis der Entscheidung des Mitspielers kann sich der Spieler für →Kooperation oder für rivalisierendes Verhalten entscheiden.

Paradigma: Zwei Gefangene in Einzelhaft im Verhör über ihre Komplizenschaft. Je nach der Entscheidung der beiden Spieler können entweder beide Spieler ziemlich hoch gewinnen (bei Kooperation), beide mäßig verlieren (wenn beide rivalisieren) oder jeweils der eine (der Rivalisierende) am höchsten gewinnen und der andere (der kooperativ Handelnde) am meisten verlieren. Die Summe aller Verluste und Gewinne ergibt nicht Null, daher auch Nicht-Null-Summen-Spiel. Vgl. die Situation der wettrüstenden Staaten. Ⓛ RAPOPORT u. CHAMMAH 1965, FEGER 1972, 1611 *B-S*

Privatheit [nach engl. *privacy;* lat. *privatus* (der Herrschaft) beraubt, gesondert, persönlich, häuslich], im Zusammenhang mit dem →Datenschutz und mit der Persönlichkeitsdiagnostik ist P. ein Problem der Ps. und der →Ökologie geworden. KRUSE (1980) grenzt privat von öffentlich allg. ab und bezeichnet es als das Individuelle, Intime und Vertrauliche. Dazu kommt der Aspekt der Grenzziehung und -regelung, sowie der der Bewertung (Evaluation) von privaten Situationen und Verhaltensweisen. →Grenzkontrolle *B-S*

Privatsprache, in der →Sprachphilosophie wird unterschieden zwischen privaten (d. h. nicht der →Sprache der Sprachgemeinschaft angehörenden, für eigenen Gebrauch geschaffenen) Ausdrücken und Ausdrücken für Privates, für innere Erlebnisse eines Subjekts (von KUTSCHERA 1971 260). WITTGENSTEINS (1958) Kritik am Begriff P. ist umstritten (von KUTSCHERA 1971). ● In der Ps. werden mit P. auch sprachliche Ausdrücke und Verständigungsweisen bezeichnet, die in bestimmten Kleingruppen (Familie, Zwillings- u. a. Paaren) ausgebildet und nur innerhalb ihrer verwendet und verstanden werden (→Idiolekt, →Sprachentwicklung). Die gelegentlich von Zwillingen im Kleinkindalter zur Verständigung untereinander entwickelten, für Eltern und ältere Geschwister zunächst unverständlichen, aber doch regelmäßig verwendeten Lautfolgen verzögern häufig die Sprachentwicklung. ● P. auch Syn. für die schizophrene Glossolalie.

P

proaktive Hemmung →retroaktive Hemmung

Probabilismus [lat. *probabilis* billigenswert, wahrscheinlich], Lehre, wonach die auf Grund von Beobachtungen und logischen Schlüssen getroffenen Voraussagen über Ereignisse und Ereignisfolgen einen bestimmten Grad von Wahrscheinlichkeit besitzen. Im Grenzfall geht die Wahrscheinlichkeit in völlige Gewißheit über, nämlich im Fall vollständiger Kenntnis aller für das vorausgesagte Ereignis erheblichen Bedingungen.

probabilistische Hypothese, probabilistischer Funktionalismus, Bez. für den theoretischen und methodischen Ansatz von E. BRUNSWIK (1956). Danach sind die Hinweise, die vom Gegenstand (→distales Objekt) auf den Organismus wirken, mehrdeutig, nur probabilistisch auswertbar für die Wahrnehmung. In gleicher Weise ist der Zusammenhang zwischen Verhaltensäußerung und angestrebtem Verhaltensziel nicht eindeutig. Der probabilistische Funktionalismus bezieht sich auf die funktionale Relation zwischen Organismus und Umwelt, nicht auf subjektives Erleben. *D-Y*

Proband [lat. *probare* erproben, untersuchen, erweisen], der sich (z. B. in einer Testuntersuchung) in seiner Leistungsfähigkeit oder seiner Struktur usw. zu »erweisen« hat. Abk. Pb, Pbn.

Probehandeln, auf FREUD zurückgehender Begriff, mit dem auf die Möglichkeit des Menschen hingewiesen werden soll, verschiedene alternative Handlungsschritte in rein gedanklicher Antizipation, somit reversibel, auf ihre Konsequenzen hin zu erproben. →VTE Ⓛ FREUD 1945 *K-I*

Probe-Technik, Reproduktionsverfahren (→Gedächtnismethoden) in der Prüfphase eines Reihen-Lernversuchs (→Lernen, serielles), bei dem die Reproduktion von nur einem Reihenglied verlangt wird, das durch einen Hinweisreiz bezeichnet ist, dessen Position angegeben wird oder das vor oder nach einem anderen geboten worden war. Die P.-T. eignet sich zur Untersuchung des Kurzzeitgedächtnisses (Gedächtnisspanne) und kann auch mit dem →Paar-Assoziationen-Lernen verbunden werden. *B-S*

Problem, eine Art der Denkanforderung, die im Unterschied zu den Aufgaben im engeren Sinne durch drei Komponenten gekennzeichnet sein soll: (1) Unerwünschter Anfangszustand, (2) erwünschter Endzustand, (3) Barriere, die die Transformation von (1) in (2) zunächst verhindert. Aufgaben seien von Problemen als geistige Anforderungen dadurch abgegrenzt, daß für ihre Bewältigung Methoden bekannt sind (Vgl. DÖRNER, 1976, 10) *B-S*

Problemfragen für Jugendliche Ⓣ ROTH

Problemkäfig →SKINNERscher Kasten

Problem-Kasten, Auftragskasten, Bez. für solche Tests (Apparate), die eine Auftragserledigung an einem Kasten (oder auch Brett) fordern, der mit Riegeln, Schienen, Klappen, Zeigern, Vorhangschlössern usw. bestückt ist. Das Eine greift in das Andere, so daß nur systematisch vorgegangen werden kann. Gibt man nur den Auftrag, den Kasten zu öffnen (ohne nähere Instruktion), so ist der Apparat »Problemkasten«, wie ihn z. B. DECROLY herausgab. Mit Instruktion ist es mehr ein »Auftragskasten«, wie ihn z. B. MOEDE und die Reichsbahn entwickelten.

Problemlösen, besteht im Auffinden eines vorher nicht bekannten Weges von einem gegebenen Anfangszustand zu einem gewünschten und mehr oder minder genau bekannten Endzustand.

Hauptkomponenten des Problemlösungsverhaltens sind Vorwärts- und Rückwärtsplanung. Bei der Vorwärtsplanung überlegt das problemlösende Individuum, in welche Zustände sich der gegebene Anfangszustand durch den Einsatz bestimmter Operatoren umwandeln läßt. Durch Vorwärtsplanen entsteht ein »Planungsbaum«, dessen einzelne Punkte (Zustände) durch bestimmte Handlungen (Operatoren) verbunden sind. Ist ein Endpunkt des Planungsbaumes mit dem gewünschten Endzustand identisch, so ist ein Weg vom Anfangszustand zum Endzustand gefunden und damit das Problem gelöst. Die Rückwärtsplanung besteht aus dem Aufbau eines Planungsbaumes vom gewünschten Endzustand her, wobei überlegt wird, von welchem Zustand mit welchem Operator der Endzustand erreichbar ist. Vorwärts- und Rückwärtsplanung können beim P. intermittierend und einander ergänzend auftreten.

Als wesentliche Anforderungen im P., besonders – aber nicht nur – bei anschaulich gegebenen Problemen, sind von Gestaltpsychologen das Umstrukturieren (→Denken) und bes. bei informationstheoretisch analysierten P.-Vorgängen, die →Subsumtion beschrieben worden. (→Denken, heuristische Methoden) DUNKKER (1935, 89) beschreibt, »wie eine ›Lösung‹ auf Grund der Übereinstimmung zwischen der geforderten (antizipierten, signalisierten) und der dem Gesuchten innewohnenden Eigenschaft ... aufgefunden werden kann«.

Das Signalement oder Suchmodell wird durch geeignete Umformung (Transformierung) des (meist in einer Instruktion) Geforderten erst gebildet und der Suchbereich ist oft »die charakteristische ›Sphäre‹ eines bestimmten Gegenstandes«. Er verwendet damit offenbar (aber ohne Hinweis darauf) die früheren Analysen des P. durch O. SELZ (1913, 1922), dessen Beschreibung des antizipierenden →Schemas und der Lösungsmethoden (determinierte Mittelfindung, determinierte Mittelaktualisierung, die reproduktiv, zufallsbedingt oder unmittelbar sein kann) bahnbrechend war, aber selten zitiert wird. Heute sind die von SELZ dargestellten Lösungsmethoden z. T. Vorbilder für Simulationen des P. mit Hilfe von Rechenautomaten (→künstliche Intelligenz, NEWELL u. SIMON 1961). →GPS, vgl. Realitätsbereich Ⓛ SÜLLWOLD 1965, LÜER 1973, SEIDEL 1976, DÖRNER 1976, 1981 *Red./B-S*

Problemlösungslernen, Wirkungen der Erfahrungen beim Lösen von →Problemen. KATONA (1940) hat gezeigt, daß die Wirkungen des mechanischen Assoziierens weniger günstig für die Übertragung (→Transfer) auf das Lösen ähnlicher Probleme ist als die Einsicht in die Struktur des Problems, die durch Beispiele oder Regeln vermittelt wird (vgl. BERGIUS 1964, 284 ff.). *B-S*

Problemraum, der gedachte Bereich (die interne Repräsentation) des Problems, in dem →Problemlösen stattfindet und der durch eine Menge von Zuständen oder Situationen oder Objekten und durch eine Menge von →Operatoren gekennzeichnet ist (DÖRNER 1974, 25; WALCHER 1978, 131, 1–19). Vgl. Realitätsbereich *B-S*

Prodrom, Prodromalerscheinung, Frühsymptom, das den eigentlichen Krankheitserscheinungen vorausgeht

Produktionsprinzip der Identifikation ⟨ACH⟩ →Identifikation

Produktionstheorie, die Auffassung, daß die Gestalten zusätzlich Produziertes, d.h. zur Summe (der Teile) hinzukommende Inhalte seien, die auf primär gegebenen Stücken sich subjektiv aufbauen und solcherart subjektiv bedingte, beliebige Gebilde sind. Die Selbstgliederungstheorie betrachtet demgegenüber das Werden der Gestalten als einen Prozeß, bei dem ohne »Beteiligung« des Wahrnehmenden die Gestalt sich selbst ausgliedert. →Österreichische Schule

produktives Denken, syn. schöpferisches Denken, ein →Denken, das – vor allem durch Synthese von Erfahrung und Phantasie – zu neuartigen Ergebnissen (z.B. im →Problemlösen) kommt. →Kreativität

Produktivität, (allg.) Bez. für Leistung, Ertrag, gesteigerte Leistungsfähigkeit, ähnlich →Kreativität. • (arbeitsps.) hat die P. Bedeutung wie die →Effektivität.

Produkt-Moment-Korrelation, syn. PEARSON-, Maßkorrelation. Ein parametrisches Verfahren zur Bestimmung des Ausmaßes der Wechselbeziehung zwischen zwei quantitativen Variablen.

Die P-M-K wird als mittleres standardisiertes Abweichungsprodukt (standardisierte Kovarianz) nach folgender Formel berechnet

$$r = \frac{\Sigma x \cdot y}{\sigma_x \cdot \sigma_y \cdot N},$$

wobei x und y die Abweichungen der Maßzahlen X und Y von ihrem Mittelwert bezeichnen. Voraussetzung für die Anwendung der P-M-K sind das Vorliegen von Intervallvariablen und lineare Regression der beiden Variablen aufeinander. Bei nichtlinearer Regression zweier Variablen erfaßt die P-M-K nur den linearen Anteil des Zusammenhanges. *Mi-A*

Produktsumme, als P. wird in der Statistik die Summe der Produkte der zusammengehörenden Maßzahlen einer bivariaten Verteilung bezeichnet. Die P. bildet ein Glied in den Berechnungsformeln verschiedener bivariater statistischer Maße wie z.B. in der Rohwertformel der Bestimmung der Produkt-Moment-Korrelation. *Mi-A*

profan [lat. *pro fano* vor dem Tempel], weltlich, nicht religiös, nicht kultisch. Ggs. heilig, →numinos *S-G*

Profil, Profilmethode, graphische Methode zur Veranschaulichung der Ergebnisse von Messungen (z.B. der Eigenschaften eines Pb, bestimmter Leistungen einer Gruppe usw.).

Als erster hat der russische Mediziner G. I. ROSSOLIMO (1860–1928) für das Binet-Simon-Verfahren die Profildarstellung eingeführt. Im Fortgang wurden von CLAPARÈDE und GIESE Verbesserungen vorgeschlagen. BALDWIN schlug die Kreisform der Profildarstellung vor, die als »Ingenogramm« von LÄMMEL besonders ausgearbeitet worden ist. Der Vorzug der Profile ist es, mit einem Blick ein Bild von den Messungsergebnissen zu erhalten. Allerdings enthält das Verfahren auch den Nachteil, daß die Zusammenhänge zu sehr vereinfacht werden. Ⓛ BAUMGARTEN, ROSSOLIMO

Profilverfahren Ⓣ ROSSOLIMO

Progeria, Progerie [gr.], vorzeitige Vergreisung. →Kleinwuchs

Progesteron, weibliches Keimdrüsenhormon, sog. Schwangerschaftshormon. →Gestagene, →Hormone

Prognose, Vorhersage, nach MERZ (1966) kann man zwischen kausaler P. und statistischer P. unterscheiden. Eine kausale P. kann gemacht werden, wenn für das Eintreten der zukünftigen Situation eindeutige Gesetzmäßigkeiten als verursachend angenommen werden können. Von statistischer P. spricht man, wenn die Situation oder das Ereignis nur mit mehr oder weniger hoher Wahrscheinlichkeit vorausgesagt werden kann.

Im Bereich der Vorhersage des menschlichen Verhaltens auf der Grundlage von diagnostischen Daten unterscheidet man noch je nach Verarbeitungsmodus der Daten zwischen statistischer und klinischer Vorhersage. Nach MEEHL (1954) spricht man von statistischer Vorhersage, wenn die diagnostisch relevanten Informationen (Testwerte, Explorationsdaten usw.) zum Zwecke der Klassifikation von Individuen nach einem festgelegten Algorithmus verarbeitet werden und das Ergebnis in empirisch fundierten Wahrscheinlichkeitsaussagen besteht. Eine klinische Vorhersage liegt dann vor, wenn diese Wahrscheinlichkeitsaussagen nicht gemacht werden und wenn auf Grund der Beschreibung eines Individuums Hypothesen oder Vermutungen über das weitere Verhalten geäußert werden. *Hä-R*

Programm, zeitlich und sachlich geordnete Auflistung von Einzelschritten und -maßnahmen zum Erreichen eines individuellen oder kollektiven Handlungszieles. • In der →Verhaltenstherapie oft syn. mit Therapieplan.

• In der elektronischen Datenverarbeitung Folge von Instruktionen, die ein →Digitalrechner nacheinander ausführen muß, um eine Aufgabenstellung zu bearbeiten. Ein System von Instruktionen und deren Semantik und Syntax bilden eine →Programmiersprache. Das P. für einen →Analogrechner besteht in einem Schaltplan für die Verbindungen zwischen den Rechnerbausteinen. Die Kognitionsps. hat sich das Ziel gesetzt, dem menschlichen Verhalten zugrunde liegende »Pläne« zu erkennen, die in Analogie zu Computerprogrammen gedacht werden: »Für einen Organismus ist ein Plan im wesentlichen dasselbe wie ein Programm für den Computer...« (MILLER et al. 1973). *G-R*

Programmieren, Erstellen eines →Programmes für einen →Digitalrechner mit Hilfe einer →Programmiersprache. Bei →Analogrechnern und digitalen Versuchssteueranlagen ist Steckerprogrammierung verbreitet: die geforderten physikalischen Abläufe werden gesteuert, indem man Bauelemente (Verstärker, Gatter) entsprechend den zu realisierenden logischen und mathematischen Zusammenhängen durch einzelne, einadrige, mit Bananensteckern versehene Schaltkabel elektrisch miteinander verbindet. Ⓛ MÜLLER 1964 *G-R*

Programmiersprache, Menge von Instruktionen, semantischen Bedeutungszuordnungen und syntaktischen Regeln, die es erlaubt, die Ausführung einer Folge von Operationen eines Digitalrechners zu steuern.

Bei Taschen- und Tischrechnern besteht die P. aus Befehlen, die unmittelbar physikalisch realisiert werden (z.B. »+«, »−«, »speichere Inhalt des Arbeitsregisters in Speicher 1« usw.). Den Befehlen entsprechen hier Eingabetasten, durch deren Druck im Rechner die Ausführung der entsprechenden Operation ausgelöst wird. Bei der Bearbeitung komplexerer Probleme auf größeren Computern soll der Benutzer von physikalischen Details der Rechenabläufe, vor allem von der Planung der Speicherbelegung mittels Adressen und arithmetischen Mikrobefehlen, entlastet werden. Das geschieht durch eine P., deren Instruktionen und Verknüpfungsregeln eher bestimmten Problembereichen als den physikalischen Abläufen im Computer angenähert sind. Beispiele solcher P. sind FORTRAN *(FORmula TRANslation)*, ALGOL *(ALGOrithmic Language)*, COBOL *(COmmon Business Oriented Language)*, PL1 *(Programmity Language)* und BASIC *(Beginners All-purpose Symbolic Instruction Code)*. Der Computer übersetzt mit einem Compiler genannten Programm ein in höherer P. geschriebenes Programm in Maschinencode, der dann die physikalischen Abläufe des Rechners steuert. Ⓛ MÜLLER u. STREKER 1967 *G-R*

programmierter Unterricht (pU), von amerikanischen Entwicklungen ausgehend, löste die Idee des pU besonders in den sechziger Jahren auch in Deutschland eine sehr starke Bewegung aus. Der pU stellt den ersten konsequenten Versuch dar, die Ergebnisse der →Lerntheorie, besonders des SKINNERschen operanten Konditionierens, auf die Organisation menschlichen Lernens zu übertragen. Übergeordnetes Prinzip ist es, den Lerner in vorbestimmten kleinen Lernschritten *(→frame)* auf ein definiertes Verhaltensziel hinzuführen.

Dies soll durch eine lineare (SKINNER) oder verzweigte (CROWDER) Folge von Stimuli und entsprechenden Reaktionen des Lerners geschehen, über deren Richtigkeit er sofort Rückmeldung erhält (→Verstärkung). Die verbreitetste Darbietungsform des pU sind Buchprogramme; daneben wurden und werden zahlreiche Versuche unternommen, die Darbietung durch Lernmaschinen vorzunehmen. Diese Versuche reichen von sehr einfachen Geräten, die dem Lerner durch eine Sichtscheibe nur den jeweiligen Lernschritt bzw. eine Aufgabe darbieten und anschließend die Richtiglösung aufzeigen, bis zu Lernprogrammen, die über Großrechner gesteuert und ausgegeben werden (CORRELL). Vgl. Lernen, programmiertes *Mu-R*

Progressive Matrices Test Ⓣ RAVEN

progressive Paralyse →Paralyse

Projektion [lat. *proicere* vorwerfen, hervortreten lassen], svw. das Hinausverlegen (Rückverlegen) von Innenvorgängen nach Außen – so bei den Empfindungen oder dem Erleben subjektiver Qualitäten als Eigenschaften äußerer Dinge.

Die Gestalttheorie hat dagegen scharf Stellung bezogen; ● P. svw. die unbewußte Verlagerung von Triebimpulsen, eigenen Fehlern, Wünschen, Schuld- und ähnlichen Gefühlen auf andere Personen oder Situationen oder Gegenstände. FREUD hat in dieser Bedeutung (d.h. als →Verdrängung, als ein →Abwehrmechanismus) den Begriff P. im Jahre 1895 eingeführt; ● der »Mechanismus« der P. wird zu diagnostischen Zwecken ausgenützt. →projektive Tests Ⓛ HÖRMANN 1964

Projektionsfasern →Gehirn

Projektionsfelder →Assoziationsfelder →Gehirn

projektive Tests, projektive Verfahren, eine Gruppe von Tests, bei denen für das Zustandekommen der Reaktion des Pbn auf den Teststimulus der Mechanismus der →Projektion benützt wird. Die p. V. gehen davon aus, daß sich der Pb in die Deutungen und Gestaltungen, die er bei dem Test vorzunehmen hat, projiziert. Der Diagnostiker erschließt dann aus den in die Testvorlagen projizierten Inhalten die Eigenschaften, Probleme, Bedürfnisse etc. des Pbn.

Die Bez. »projektive Verfahren« stammt entgegen oft geäußerter Ansicht nicht von FRANK, der nur 1939 die Definition gab: »Das Wesen eines projektiven Verfahrens besteht darin, daß es ... hervorlockt, was ... Eigenwelt ... des Probanden ist.« Schon WRIGHT (1933) und MURRAY (1938)

verwendeten sie. Und sowohl BINET (1905), wie EBBINGHAUS (1891) testeten »projektiv«. Über das Zustandekommen der Aussagen kann nichts erschlossen werden. Es wird nur auf mutmaßliche Ursachen zu den Aussagen gefolgert. Dies veranlaßte CATTELL die Bez. →Misperceptiontest vorzuschlagen. MEILI unterscheidet zwischen affektiver Projektion (z. B. bei den Bildern des TAT) und struktureller Projektion (z. B. RORSCHACH).
Der diagnostische Schluß vom Testverhalten zum Persönlichkeitsmerkmal ist also stark interpretativ. Die Problematik liegt in dem Mechanismus der Projektion. Nach L. R. FRANK besteht, wie oben gesagt, das Wesen eines p. V. darin, daß es aus dem Pbn etwas hervorlockt, was auf verschiedene Weise Ausdruck der Eigenwelt wie der Persönlichkeit des Pbn ist. Um den Vorgang der Projektion diagnostisch auswerten zu können, wird häufig auf den klassischen Projektionsbegriff FREUDscher Herkunft zurückgegriffen, bei dem die Hauptkomponente die Verdrängung darstellt. Diese einseitige Betrachtung hat FREUD selbst nicht beibehalten. Mehr auf rein theoretischer Basis wurden von anderen Autoren verschiedene mögliche Projektionsmechanismen beschrieben. Von attributiver Projektion spricht man, wenn die eigenen Verhaltensweisen anderen zugeschrieben werden. Autistische Projektion würde vorliegen, wenn z. B. die Bedürfnisse der Person die reale Außengegebenheit überformen. Wenn das eigene Verhalten durch den Vorgang der Rationalisierung kommentiert wird, so würde man von rationalisierter Projektion sprechen. Während aus der Sicht der Psychoanalyse die die Projektion auslösende Reizgegebenheit von untergeordneter Bedeutung war, trat der Gesichtspunkt des Stimuluscharakters durch die p. V. wie z. B. beim RORSCHACH-Test und TAT mehr in den Vordergrund (HÖRMANN 1964).
Legt man an die p. V. die strengen Kriterien der Güte eines Tests, so haben sich diese Verfahren als diagnostisches Hilfsmittel wenig bewährt. Auf die sehr unbefriedigend ausgefallenen Testgütekriterien wurde argumentierend entgegnet, daß die p. V. andere Qualitäten als die durch Testgütekriterien meßbaren erfassen. Ein weiteres Argument bezog sich auf den Umfang der mit dem Verfahren erfaßten Dimensionen. Die p. V. sollten nicht einzelne Aspekte der Persönlichkeit, sondern die Gesamtpersönlichkeit erfassen. Da sie jedoch diesen Anspruch nicht aufrechterhalten können und die qualitativ anderen Dimensionen in größerem Umfange noch nicht nachweisen konnten, kommt GUILFORD z. B. zu dem Schluß, daß ihre Anwendung auf Bereiche begrenzt bleiben sollte, bei denen es um Persönlichkeitsbeschreibungen im psychoanalyt. Sinne geht. *Hä-R*

Projektmethode wird das teilweise lernps., teilweise ideologisch begründete Verfahren genannt, in dessen Mittelpunkt das »Projekt« steht. Idealtypisch ist das Projekt dadurch gekennzeichnet, daß es in einer konkreten sozialen Situation angesiedelt ist, die P. dadurch, daß sachgerichtetes, sachabhängiges, planvolles Handeln in der Regel in kooperativer Form stattfindet. *Mu-R*

Prolepsie, Prolepsis [gr. Vorwegnahme], (allg.) die vorauseilende Entwicklung wie die einzelne vorzeitige Knospe an einer Pflanze oder das vorzeitige Auftreten eines einzelnen Krankheitssymptomes. • Das Vorziehen des in einem Sprachereignis (Sprechverlauf) erst an späterer Stelle richtig plazierten Teilelementes (→Stammeln). Das Phänomen wurde von W. STERN als Zeichen noch unvollständiger Integration einzelner Sprachfunktionen in der kindlichen Sprechentwicklung angesehen, findet sich aber auch bei bestimmten Formen der →Aphasie bei Erwachsenen.

Promiskuität →Sexualität (Tabelle)

prompting, *prompt,* Lernhilfen, Denkanstoß, Signal für den →Abruf von Gedächtnisinhalten. →programmierter Unterricht

Propädeutik, Vorbereitung, Vorübung. Im Unterricht besonders der Teil, der vorbereitenden Charakter hat z. B. philosophische P.

Propaganda [lat.], ein 1622 (mit der Einsetzung der »*congregatio de propaganda fide*«) in Sprachgebrauch gekommener Begr. für alle Maßnahmen zur Ausbreitung von Ideen. Ebenso für diejenigen Handlungen, die die Handlungen anderer bestimmen oder beeinflussen sollen. Auch Meinungsäußerungen können P. sein, wenn sie das Ziel der Einwirkung auf die Meinung anderer beinhalten. • Die wirtschaftliche P. ist im wesentlichen Werbung für Verbrauch, Produkte etc. →Werbepsychologie

propensity [engl. Antrieb, Trieb, Triebkraft], ein ps. Begr. für das zielgerichtete Verhalten. Insbes. hat William MCDOUGALL diesen Begr. zur Ablösung des vieldeutigeren Wortes Instinkt eingeführt (instinct = *innate propensity*). R. B. CATTELL schlug zusätzlich die Unterscheidung nach →erg (für angeborene) und metanerg (für erworbene *propensity*) vor.

Prophet, Prophetie, Hellseher, Hellsehen (s. d.). • P. als religionsps. Kategorie ist der Seher, der entweder durch Inspiration (intuitiv) oder durch Zeichendeutung (Ordal, Orakel) Zukünftiges voraussagt (wie im Orakel der Sibyllen oder in dem von Delphi). Der P. im Alten Testament und Islam ist Kämpfer für die Wahrheit seines Gottes und ihr Verkünder. Er deutet auf Grund von

→Divination die Geschichte des Volkes, an das er sich wendet. *S-G*

Prophylaxe, Psychoprophylaxe →Psychohygiene

Proportion (math.), das zahlenmäßige Verhältnis zweier math. Größen zueinander

Proportionseindrücke ⟨BÜHLER⟩, die bei der Wahrnehmung von Raum- bzw. Zeitgestalten bedeutsamen Beachtungen der Größenverhältnisse. Für die Verhältniswerte der Raumgrößen bestehen besondere »Wohlgefälligkeitsproportionen« (Goldener Schnitt). →experimentelle Ästhetik

Proposition, Satz, Urteil, Behauptung, in der Sprachps. die Verbindung eines Prädikats mit seinen Argumenten, daher auch als →Prädikat-Argument-Struktur bezeichnet. P. konstituieren die semantische Tiefenstruktur sprachlicher Äußerungen Ⓛ GRIMM u. ENGELKAMP 1980 *G-M*

Propriorezeptor →Rezeptor

propriozeptive Empfindungen, Wahrnehmungen aus dem eigenen Körper.

propriozeptive Reflexe, Eigenreflexe, z. B. solche, die bei Muskeln, Gefäßen usw. den →Tonus steuern

Proprium [lat.] →Selbst, vgl. Ich ● G. W. ALLPORT hat den Begr. eingeführt für alle Aspekte, die die innere Einheit der Persönlichkeit ausweisen.

Propulsion [lat. *propellere* vorwärtsstoßen], Nachvorneschießen in der Körperhaltung als Folge abnormer Innervationsimpulse bei *paralysis agitans* oder bestimmten Formen der Epilepsie. Retropulsion und Lateropulsion: Neigung zum Rückwärts- und Seitwärtsschießen. ● P. äußert sich auch in beschleunigtem →Sprechtempo (→Tachylalie) bei extrapyramidalen Erkrankungen (→Dysarthrie). Die Sprech-P. hat eine funktionale Ähnlichkeit mit der intraverbalen Akzeleration (s. d.) beim →Poltern. Dagegen ist die →Tachyphemie deutlich davon zu unterscheiden. *G-N*

propulsives Ich →Ich

Prose Appreciation Test Ⓣ CARROLL

Prosencephalon [gr. *proso* nach vorn zu, *enkephalos* was im Kopf ist], Vorderhirn, →Gehirn

Prosodie, linguistische Sammelbez. für die sog. suprasegmentalen Bestandteile des lautlichen Ablaufmusters bei der →Sprachproduktion. Zu ihnen gehören z. B. Intonationsmerkmale (→Intonation), Akzentuierung, Tonhöhen, Grenzsignale, →Pausen, die für sich kein eigenes Segment (wie die →Phoneme) darstellen, sondern jeweils nur in Verbindung mit Phonemen beobachtbar und analysierbar sind. *L-T*

prosoziales Verhalten, im Sozialisierungsprozeß und im Allg.: die positiv bewerteten Verhaltensweisen i. Ggs. zu negativ bewerteten. Also: →helfendes Verhalten, →Kooperation, Teilen *(sharing),* Spenden usw. i. Ggs. zu Aggression, Zerstörung, egoistischem Verhalten. Das p. V. hat zwei Formen: altruistisches Verhalten und Wiedergutmachung *(restitution).* →Altruismus Ⓛ BAR-TAL 1976 *B-S*

prospektives Ich →Ich

prosthetisches Kontinuum →metathetisches Kontinuum

Protanopie, Nicht-Sehen der ersten Farbe des Spektrums, d. h. Rotblindheit. →Farbenblindheit

proteanisches Verhalten →Täuschungsverhalten

Protein, aus →Aminosäuren zusammengesetzte Riesenmoleküle; Hauptbestandteil aller →Enzyme und somit für jeden Organismus essentiell *D-E*

protektive Funktion [lat. *protegere* schützen], Bez. für die sehr heterogenen reflektorischen, instinktmäßigen (von den Reflexen bis zu den Ängsten reichenden) abwehrenden Funktionen, die für den Organismus eine Schutzleistung vollbringen

protensity [engl.] Bez. für das Merkmal Zeitbedarf bei geistigen Prozessen. Nicht zu verstehen als meßbare Dauer, sondern als zugehörig wie (vergleichsweise) die Ausdehnung bei Körpern.

Protokoll, die schriftliche Niederlegung der sprachlichen Äußerungen und Verhaltensweisen, Ausdruckserscheinungen einer Vp bei einem Experiment bzw. eines Probanden bei einer Exploration oder Testanwendung durch den VI

protopathische Sensibilität →Sensibilität

Prototyp, kognitionsps. Grundbegriff, dem ein bestimmtes Prinzip der strukturellen Organisation (konzeptueller wie perzeptueller) kognitiver Repräsentationen (Wissen) zugrunde liegt.

Dabei wird angenommen, daß die einer →Kategorie zu subsumierenden Elemente sich untereinander danach unterscheiden lassen, in welchem Maße sie jeweils für die Kategorie als Ganzes »typisch« (prototypisch) erscheinen (Gradstufen bzw. Kontinuum von Prototypikalität; verwandt mit dem →Prägnanzstufen-Konzept der →Gestaltpsychologie). So wird ein Schäferhund dem die Kategorie »Hund« verkörpernden Prototyp vermutlich näher stehen als ein Pekinese oder als eine Dogge. Ⓛ ROSCH u. LLOYD 1978 *K-I*

Protreptik, protreptische Therapie, Überrumpelungsverfahren, Bez. für die therapeut. Verwendung kräftiger, akzentuierter, geschrieener Befehle, wie auch (gegensätzlich) geflüsterter Worte in einem halbdunklen Raum u. a. (evtl. unterstützt durch Hilfen wie das Schütteln des Patienten, elektr. Schmerzreiz etc.), um »den Patienten in eine passive, willenlos aufnahmefähige Einstellung nach Art des Halbschlafes zu bringen« (KRETSCHMER 1975). →KAUFMANN–Methode

Proxemik, *proxemics* [von lat. *proximare* sich nähern] als Begr. in Anlehnung an *»phonemics«* (→Phonemik) durch den Anthropologen E. T. HALL eingeführt. Unter P. versteht HALL die Untersuchung der Ausnutzung des Raumes durch Interaktionspartner und der damit zusammenhängenden wahrnehmungshaften Orientierung im Raum.

Gegenüber einem allg. ökologisch-ps. Ansatz (→Ökologische Psychologie) ist die Forschungsrichtung der P. eingegrenzter. Sie versteht das Raumverhalten als ein eigenes menschliches Kommunikationssystem (→nichtverbale Kommunikation), dessen Basiseinheiten (Körperhaltung: stehen, sitzen usw.; Körperberührung: festhalten, streicheln usw.; Orientierungswinkel der Interaktionspartner: gegenüber, Seite an Seite usw.; Geruchsempfindungen u. a.) über die verschiedenen Kommunikationskanäle übermittelt werden und gemeinsam jeweils ein komplexes Pattern des Raumverhaltens bilden. Das Raumverhalten ist kulturspezifisch geformt, gleiches Verhalten kann in verschiedenen Kulturen eine unterschiedliche Bedeutung haben; einmal gelernt, wird es weithin außerhalb der bewußten Aufmerksamkeit wahrgenommen und ausgeführt. Vor allem wurden seither interpersonale Distanzen in Interaktionen untersucht. HALL unterscheidet für die amerikanische Gesellschaft 4 Distanzzonen: intime (bis 0,5 m), persönliche (0,5–1,5 m), sozial-konsultative 1,5–4 m), öffentliche (ab 4 m) Distanz. Vgl. Territorialverhalten, Individualdistanz Ⓛ HALL 1966, 1968, GRAUMANN 1972 *B-R*

proximal [lat. *proximus* der nächste], dem Rumpf nahegelegen im Ggs. zu →distal

Proximalreiz →distales Objekt

Prozent-Quotient-Methode, von G. CLOSTERMANN entwickeltes Verfahren zur Bestimmung von →Korrelationskoeffizienten (korrelativen Zusammenhängen in Psychologie, Erziehungswissenschaft, Medizin, Biologie und Soziologie). Ⓛ CLOSTERMANN

Prozentrang, mit dem P. einer Maßzahl wird der Prozentsatz jener Fälle einer Verteilung (z. B. der Eichpopulation) bestimmt, der gleich große oder kleinere Werte (Skores) als die jeweilige Maßzahl besitzt. Der P. läßt sich aus der Summenkurve über die kumulative Häufigkeit bestimmen und ist die inverse Funktion des Centils. Er findet hauptsächlich bei der Erstellung von Normen für Testverfahren Verwendung. *Mi-A*

Prozentrangnorm →Prozentrang, →Normskalen

Prozentrangskala →Normskalen

Prozeption, nach ALLPORT Bez. für die Wahrnehmung, die nicht lediglich eine Übertragung äußerer Konfigurationen auf die Erfahrung ist, sondern durch mitmenschliche und kulturelle Faktoren und durch die Persönlichkeit des Wahrnehmenden beeinflußt wird. P. bezeichnet auch den Prozeß des persönlich relevanten Verhaltens von der Wahrnehmung bis zur folgenden Handlung. Ⓛ ALLPORT (1960)

Prozeß [lat. *processus, procedere* Fortgang, fortschreiten], in der Ps. Bez. für Vorgänge (Abläufe wie Wahrnehmungs-, Lern-, Denkprozeß u. ä.), für längerfristige Veränderungen (Entwicklungs-, Pubertäts-, Reifungs-, Krankheits-, Alterungsprozeß). P. sind auch →Konstrukte und Bez. für die Informationsverarbeitung und Handlungsregulation.

Prozeßanalyse, freier oder an Raster bzw. skalierende Verfahren gebundener Versuch, die persönlichen und sozialpsychologischen Aspekte eines Gruppenverlaufes (meist einer zeitlichen Einheit) zu beschreiben, etwa in Kategorien von Sympathie, Vertrauen, Machtausübung, Entwicklung von Kohäsion, Kooperationsfähigkeit etc. *A-S*

Prozeßdiagnostik, diagnostisches Vorgehen mit ps. Verfahren, welche mit dem Ziel eingesetzt werden, bei Probanden oder Probandengruppen Veränderungen festzustellen. Vgl. Statusdiagnostik *Hä-R*

Prozeßvariable, hypothetische, die an einem Vorgang beteiligte Variable, die zwar selbst nicht direkt beobachtbar ist, auf die aber auf Grund anderer Beobachtungen geschlossen wird

PRT, *psychological refractory time,* →Refraktärzeit, psychologische

prüfende Verfahren →entfaltende Tests

Prüfungsangst, vor und während des Ablegens von Prüfungen aktualisierter beengender, nicht selten mit Ratlosigkeit und Verzweiflung einhergehender, die willens- und

verstandesgemäße Steuerung der Persönlichkeit beeinträchtigender Gefühlszustand.
Die Prüfungsangst (PA) muß einerseits als Ausdruck gewisser Unzulänglichkeiten der in unserem Schul- und Bildungssystem vorwiegend nur als Auslese- und Zuteilungsmaßnahmen fungierenden Prüfungen und als Signalfunktion für die Wirksamkeit von für den Geprüften nicht ganz durchschaubaren Herrschafts- und Machtausübungen verstanden werden; ein Aspekt, der sich schon aus der geschichtlichen Entwicklung der Leistungsbeurteilung aufdrängt (KVALE 1972). Insofern aber, selbst bei optimaler Konstruktion der in einem sozialen System eingebauten Prüfungen, ein Teil der Individuen immer eher Angstreaktionen zeigen dürfte, während andere nicht so reagieren, verweist PA andererseits auch auf die besonderen lebensgeschichtlichen und situativen Umstände des Prüflings. Beide Momente weisen PA als einen besonders wichtigen Aspekt der →Schulangst aus.
In den letzten zwei Jahrzehnten wurde eine Fülle von Erkenntnissen zu vier wesentlichen Aspekten der PA erarbeitet:
- zu den Komponenten der Prüfungssituation, die besonders angsterzeugend wirken (SARASON u. a. 1960/1971);
- zu den Auswirkungen der PA, die von momentanen Leistungsschwächen bis zu Persönlichkeitsstörungen reichen (SPERLING 1969);
- zur Abklärung der faktoriellen Struktur des Konstruktes PA, insbes. zum Zusammenhang mit →Intelligenz, →Schulleistung und →Kreativität (FLESCHER 1963), mit →Motivation (THURNER 1970), Sozialschicht und Geschlecht (SARASON u. a. 1971);
- zu Fragen der Meßbarkeit (GÄRTNER-HARNACH 1972).

Die Erforschung der PA muß als noch im Anfangsstadium befindlich betrachtet werden; praktische Ratschläge zur Vermeidung oder wenigstens Verringerung der →Angst in Prüfungssituationen fallen bislang entweder sehr vage oder radikal und unrealistisch aus (SADER u. a. 1971).
→Testangst Ⓛ FLESCHER 1970, GÄRTNER-HARNACH 1972, KROHNE 1976, KVALE 1972, SADER 1971, SARASON 1960, SPERLING 1969, THURNER 1970 *Sch-R*

Prüfungs-Experiment ⟨W. STERN⟩, eine für die differentielle Ps. charakteristische Form des ps. Experiments, in dem mit Hilfe von Tests Ausprägungsgrade bestimmter Leistungs- oder Persönlichkeitsmerkmale beim Pb festgestellt werden

Prüfungsforschung, Examensforschung, Sammelbezeichnung für empirische Untersuchungen und theoretische Erklärungsansätze aus Pädagogik, Psychologie, Soziologie und Medizin, die sich – besonders seit den dreißiger Jahren – mit der Leistungsproduktion und -bewertung in Prüfungssituationen befassen. Während in älteren Arbeiten (vgl. HARTOG u. RHODES 1936[2]) die Frage der Meßqualität von Prüfungen im Vordergrund stand (→Objektivität, →Reliabilität, →Validität), kamen später Fragen der Prüfungsgestaltung (Gruppenprüfung, Öffentlichkeit, kumulative Prüfung) sowie der gesellschaftlichen Funktion und Legitimation des Prüfwesens (vgl. KVALE 1972) hinzu.
Empirische Untersuchungen haben wiederholt gezeigt, daß die meßmethodische Qualität von in freier Form verfaßten schriftlichen Prüfungsarbeiten (Aufsätze, Essay-Tests) sowie von mündlichen Prüfungen die oft weitreichenden Konsequenzen nicht rechtfertigt, die aus ihnen abgeleitet werden. Mehrere unabhängige Beurteiler derselben Arbeit oder Prüfung korrelieren in ihren Urteilen nur mittelhoch, die Noten streuen oft über die gesamte Skala. Verschiedene Prüfungsformen (mündlich, schriftlich, *multiple choice,* praktisch) korrelieren auch beim selben Prüfungsgegenstand oder -fach nur schwach, der Vorhersagewert von Prüfungen für den späteren Ausbildungs- oder Berufserfolg ist demnach meist gering.
Unter den Faktoren, die die Leistungsproduktion beim Kandidaten (meist negativ) beeinflussen, hat die →Prüfungsangst besondere Beachtung gefunden (vgl. GÄRTNER-HARNACH 1972).
Eine Reihe von Faktoren können den Urteilsprozeß und sein Ergebnis beim Beurteiler (Prüfer, Beisitzer, Protokollant) beeinflussen, wie Vor- oder Zusatzinformationen über den Kandidaten, Abfolge der Kandidaten, Tagesschwankungen, Person und Verhalten des Mitprüfenden (ENGEMANN 1981). Die Kritik des Prüfungswesens hat bisher jedoch kaum zu faktischen Veränderungen geführt. Ⓛ KLAUER 1978, PRAHL 1976 *En-N*

Prüfverfahren →Tests, statistische

PSB (Prüfsystem für Schul- und Bildungsberatung) Ⓣ HORN

PSE, *point of subjective equality,* Punkt subjektiver Gleichheit →psychophysische Methoden

Ⓔ **pseudo...** [zu gr. *pseúdein* belügen, täuschen] in Wtvb. falsch, scheinbar, vorgetäuscht

Pseudodebilität, auf Grund emotionaler bzw. neurotischer Konflikte nicht in der Lage sein, intellektuelle Leistungen zu vollbringen. Der Begr. ist ungeschickt gewählt, da er den Terminus Debilität enthält, der hier nicht angemessen ist. • Absichtlicher (auch unbewußt simulierter) Schwachsinn ohne echten Intelligenzmangel.

Pseudoeigenschaft, nach F. BAUMGARTEN Eigenschaft, die nur dem äußeren Scheine nach, bzw. bei oberflächlicher Deutung festzustellen ist.

Pseudofovea, die Bildung einer neuen Stelle des deutlichsten Sehens anstelle der funktionell ausgefallenen anatomischen Fovea. Auch beim Schielenden wird eine P. gebildet.

Pseudohalluzinationen, Trugwahrnehmungen, die im Ggs. zu den →Halluzinationen als unwirklich erkannt werden. KANDINSKY, der sie erstmals 1885 beschrieb, nannte sie Wahrnehmungen, die »der Leibhaftigkeit« entbehren, im »inneren subjektiven Raum« erscheinen und dennoch in »voller Wahrnehmungsadäquatheit der Empfindungselemente vor dem geistigen Auge« stehen. Ⓛ JASPERS

Pseudohermaphroditismus →Sexualität (Tabelle)

pseudoisochromatische Tafeln, Tafeln, die in vielen farbigen Punkten durch unterschiedliche Färbung Zahlen oder Buchstaben erkennen lassen. Der Farbenblinde (-untüchtige) erkennt dann alle oder einzelne Zahlen (Buchstaben) nicht. →Farbenblindheit

Pseudokonditionierung, Reflexsensitivierung, eine bedingte Reaktion wird von einem neutralen Reiz ausgelöst, obgleich sie vorher nicht mit ihm gepaart worden ist.

Pseudolismus, Pseudologismus [gr. *pseudologein* falsch reden, lat. *pseudolus* der Lügner], krankhafte Lügensucht (z.B. der Psychopathen). P. erscheint gehäuft auf sexuellem Gebiet (Sichwichtigtun mit Handlungen und Erlebnissen). Der Pseudologe ist sich meist seiner erlogenen Rolle bewußt, die Abgrenzung zwischen P. und Perversion ist fließend.

pseudologia phantastica, phantastisches Lügen, wobei die Kranken selbst an die Wahrheit des Vorgebrachten glauben.

pseudologisch, Bez. für krankhaft lügnerisch. SCHNEIDER hat die »pseudologischen Geltungsbeürftigen« als bes. Psychopathen-Gruppe beschrieben.

Pseudoneurosen, Scheinneurosen. Insbesondere Bez. von V. E. FRANKL für Erkrankungen des vegetativen und endokrinen Systems mit psychogenen Überlagerungen. →noogene Neurosen, Logotherapie

Pseudopsychopathien, Persönlichkeitsveränderungen, die einer Psychopathie ähnlich sehen, jedoch durch organische Hirnprozesse (z.B. postenzephalitische) ausgelöst sind

Pseudo-Selbst, das verinnerlichte Rollenmuster, das das soziale Selbst (bei FREUD: Über-Ich; bei JUNG: Persona) vorschreibt (FROMM 1955).

Pseudoskop, Gerät zur Vertauschung der Netzhautbilder, wodurch die Reliefs der gesehenen Objekte umgekehrt erscheinen, ein Balken also als Rinne erscheint u. dgl.

Psi, ψ, der gr. Buchstabe wird als Symbol für Psychisches gebraucht. • Zunehmend auch gebräuchlich für Parapsychisches (Paranormales).

Psi-Funktion, eine für die Erklärung paraps. Phänomene angenommene psychische Funktion. →Parapsychologie

Psi-Gamma ⟨R. H. THOULESS⟩, Bez. für paranormale Erkenntnis

Psi-Kappa ⟨R. H. THOULESS⟩, Bez. für paranormale Aktion (z.B. Psychokinese)

Psilocybin, Alkaloid, in bestimmten mexikanischen Pilzen vorkommend, das zur Gruppe der Psychosomimetika bzw. Rauschmittel gehört und wie →LSD und →Meskalin Störungen des Bewußtseins hervorruft. *J-E*

Psi-Missing, Bez. dafür, daß das Ausbleiben einer erwarteten Wirkung parapsychisch zu deuten sei

Psi-System, bei S. FREUD der Oberbegr. für die verschiedenen »psychischen Mechanismen« wie Gedächtnis-System, System des Unbewußten und des Vorbewußten

Psittazismus [zu gr. *psittakos* Papagei], während bei den →Verbigerationen sprachliches Material zu autistischen Stereotypien verwendet wird, sind es beim P. artikulomotorisch produzierte Lautfolgen und Geräusche, die an Vogelzwitschern erinnern; bei →Schizophrenie *G-N*

PSR, Patellarsehnenreflex, →Kniesehnenreflex

PST, Picture Story Test Ⓣ SYMONDS

Psychagogik, »Seelenführung« mit dem Ziel der Umleitung und Umorientierung des Menschen. Erstrebt wird die Ausreifung und Vollentfaltung der Persönlichkeit.

Hierzu dienen Methoden, die an die Einsicht appellieren, sich um Selbsterkenntnis bemühen und durch Schulungs-, Übungs- und Entspannungsverfahren die Harmonisierung erreichen wollen. Auch im Rahmen der →Psychotherapie und der Pädagogik wird P. betrieben. – Die P. ist zu einer recht verzweigten und auf vielfältige erzieherische, fürsorgerische und seelsorgerische Anforderungen ausgerichteten Institution herangewachsen (Erziehungsberatung, ps. Betreuung von Kranken ohne eigentliche Psychotherapie, Kinder- und Schulkindergärten usw.). Die Fachkräfte sind in der »Vereinigung Deutscher Psychagogen« zusammengefaßt. Ⓛ KERSTEN, W. KURTH (1960), ZEISE, ZULLIGER

Psychalgien [gr. *algos* Schmerz], psychogene Schmerzzustände, die meist mit emotionalen (neurasthenischen, hysterischen) Äquivalenten einhergehen und nicht mit den anatomisch bedingten Schmerzbegrenzungen übereinstimmen. Bestimmte Kopf-, Herz-, Brustschmerzen sind bekannte Beispiele.

Psychasthenie, »Seelische Schwäche«, von P. JANET geprägter Begr. für konstitutionelle ps. Kraftlosigkeit mit Neigung zu depressiven Verstimmungen, Selbstunsicherheit, Schreckhaftigkeit, Unfähigkeit, seelischen Belastungen standzuhalten, starker Ermüdbarkeit. JANET stellte die P. der →Hysterie gegenüber.

Psychastheniker, Bez. für abnorme, durch weitgehende Unfähigkeit bei der Bewältigung der Lebensanforderungen gekennzeichnete Persönlichkeit. →Psychopath, →Psychopathie

psychasthenischer Psychopath →Psychopath, →Psychopathie

Psychästhesie, psychästhetisch, seelische Empfindlichkeit bzw. ps. empfindlich und empfindsam

psychästhetische Proportion, nach KRETSCHMER das Verhältnis, in dem beim →Schizothymen empfindliche (hyperästhetische) und kühle (anästhetische) Gemütsanteile zueinander stehen. Verhältnis von Unempfindlichkeit zu Überempfindlichkeit.

Psyche [gr. *psychein* hauchen], das Wort bedeutet ursprünglich Hauch, dann Atem. Da der Atem Kennzeichen des Lebens ist, wurde P. gleichbedeutend mit dem Leben und zuletzt mit der Seele als dem Prinzip des Lebens. Dabei bedeutet P. dann die Hauch- oder Schattenseele im Ggs. zur Körperseele. Auch heute noch ist das Wort mehrdeutig. In der Psa. steht P. für die Gesamtheit Bewußtes-Unbewußtes. Grundsätzlich ist P. gegensätzlich zum Körper *(soma)*.

psychedelisch →psychodelisch

psychedelische Behandlung, i. w. S. syn. mit →Psycholyse

Psychiatric Screening Test Ⓣ SASLOW

Psychiatrie, Teilgebiet der Medizin, das sich mit der Systematik, den Ursachen, den Verlaufsformen und der Behandlung »psychiatrischer Krankheiten« (nach der Klassifikation der WHO: →Psychosen, →Neurosen, Persönlichkeitsstörungen, →Psychopathien und andere nicht psychotische ps. Störungen, sowie →Oligophrenien) befaßt. Der Begr. Geisteskrankheiten zur Kennzeichnung des Aufgabengebietes der P. ist unzureichend. Der Begr. P. stammt von Joh. Chr. REIL (1759–1813).

Die äußere wie Problemgeschichte der P. teilt K. KOLLE in acht Etappen ein, die vom Ende des 18. Jhds. bis zur Gegenwart reichen: (1) Irrsinn wird als Krankheit erkannt (PINEL, der schon eine Einteilung nach Manie, Melancholie, Demenz und Idiotismus vornahm und bisherige »brutale« Behandlungsmethoden abschaffte); (2) Ps. Krankheit wird beschrieben (ESQUIROL, IDELER, HEINROTH); (3) Gehirn-Pathologie wird erschlossen (GRIESINGER, der Antiromantiker seiner Zeit, der die naturwissenschaftl.-positivistische Epoche der P. anbahnte, MEYNERT, WERNICKE); (4) eigene Krankheitslehre entsteht (KRAEPELIN, Mitbegründer der klinischen P., der Pharmakopsychologie, der klinischen Psychologie und der Arbeitspsychologie, E. BLEULER, BONHOEFFER); (5) Therapie wird ausgebaut: Psychoanalyse (S. FREUD), körperliche Behandlung der »Geisteskrankheiten« (WAGNER-JAUREGG, H. BERGER, KLAESI); (6) Philosophische Besinnung wird gefordert (JASPERS) und phänomenologisch-verstehende Richtungen (MEYER-GROSS, GRUHLE) werden beachtet; (7) Aufbau der Erb- und Anlagewissenschaften (RÜDIN, KRETSCHMER), Arbeitstherapie (SIMON), Schocktherapie (SAKEL, der die Insulinbehandlung Schizophrener einführte, von MEDUNA, CERLETTI, BINI); (8) trotz aller Fortschritte versagen die naturwissenschaftlichen Methoden in einem Teil der ps. Krankheiten. →Klinische Ps., →Kinderpsychiatrie, →Psychotherapie, →Sozialpsychiatrie, Ⓛ BLEULER, GRUHLE, HELMCHEN (Klassifikation d. WHO), HOFF, KOLLE

psychical research [engl.], wörtlich »psychische Forschung«. In den angelsächsischen Ländern Bez. für die →Parapsychologie.

Psychiker →Somatiker

psychisch, Ggs. zu physisch, körperlich, somatisch. Zusammenfassende Bez. für alle mehr oder weniger bewußten Prozesse des Erlebens (Wahrnehmen, Fühlen, Denken, Wollen) wie auch für die Prozesse der unbewußten Verarbeitung von Erlebtem. Nicht syn. mit »seelisch«.

psychische Beanspruchung, die Auswirkung verschiedener ps. belastender Faktoren auf die innere Anspannung. Der Grad der inneren Anspannung läßt sich unter bestimmten Voraussetzungen durch Skalierungsverfahren oder durch physiol. Messungen erfassen. Die erlebte innere Anspannung entspricht der Höhe der allgemeinen, zentralen Aktiviertheit. →Aktivation, →Stress (Def. nach DIN 33405) *Hä-R*

psychische Energie, die in den ps. Vorgängen und Abläufen hervortretende »Kraft«. Dies hat allerdings übertragene Bedeutung, da es sich nicht um eine der mechanischen vergleichbare Energieform handelt.

psychische Epidemie →Epidemie, psychische

psychische Hygiene →Psychohygiene

psychischer Insult, syn. für ps. →Trauma

psychische Sättigung, ein Zustand der nervös-unruhevollen, affektbetonten Ablehnung einer Arbeit, bei welcher das Erleben des »Auf-der-Stelle-Tretens«, des »Nicht-Weiterkommens« besteht. Repetitive Tätigkeiten können zu p. S. führen. Symptome sind: Ärgerlichkeit, Leistungsabfall und häufig auch Ermüdung. →Sättigung, psychische (Def. nach DIN 33405) *Hä-R*

psychisches Tempo →Psychomotorik

psychisches Trauma →Trauma

psychische Viskosität, Zähflüssigkeit, z. B. als epileptische Wesensveränderung

Psychismus, eine dem →Idealismus und auch dem Spiritualismus nahestehende und das Psychische zentral wertende philosophische Auffassung. Alles Wirkliche ist ps. Natur.

Psychoakustik, Sammelbez. für die Psychologie einschl. Physiologie und Physik der Schallwahrnehmung.

Psychoanaleptika, sowohl syn. für Psychotonika, wie für Antidepressiva, →Psychopharmaka

Psychoanalyse, »Seelenzergliederung«, ursprünglich ein von BREUER und FREUD Ende des 19. Jahrhunderts geschaffenes Verfahren zur Heilung seelisch bedingter Erkrankungen (→Katharsis), später von FREUD zu einer tiefenps. Lehre ausgebildet.

Nach der P. wird das seelische Leben vom →Unbewußten beherrscht. Das Unbewußte ist ein eigenes seelisches Reich mit eigenen (vor allem sexuellen) Wünschen, Ausdrucksformen und besonderen »Mechanismen«. Schon das Kind besitzt ein reichhaltiges Sexualstreben, das an bestimmte Körperteile (→erogene Zonen, →orale Phase, →anale Phase) geknüpft ist, darauf an den Geschlechtsteil (»phallisches« Stadium). Mit etwa 5 Jahren tritt eine →Latenzperiode in der Entwicklung des Geschlechtstriebs auf, bis mit der Pubertät das »genitale« Stadium erreicht wird. Bei Störungen der Sexualentwicklung kommen →»Fixierungen« auf einem bestimmten Stadium vor, ebenso →»Regressionen« (Rückfall auf eine frühere Stufe) bei seelischen Konflikten. Das Sexualstreben setzt sich über alle Schranken der Konvention hinweg. Zuerst ist es auf den eigenen Körper gerichtet (autoerotisch), später wendet es sich auf die Personen der Umwelt, namentlich auf den andersgeschlechtlichen Elternteil (→Ödipus-Komplex). Die Auseinandersetzung mit dem Ödipus-Komplex ist für die Charakterentwicklung von entscheidender Bedeutung. Die Forderungen des Geschlechtstriebes stoßen auf Widerstand, es kommt zu Konflikten, die nicht durch bewußte Entscheidung gelöst werden, und die affektgeladenen, unlustbetonten Vorstellungen werden aus dem Bewußtsein verbannt, ins Unbewußte abgedrängt, aktiv vergessen (verdrängte →Komplexe). Sie sind dadurch aber nicht ausgelöscht, sondern es kommt zu einer Aufstauung der →»Libido«, der sexuellen Energie. Die verdrängten Inhalte zeigen sich nun in allerlei Maskierungen in sog. →Fehlhandlungen, wie Vergessen, Versprechen, Verschreiben, und vor allem im →Traum. Auch im Traum ist ein →»Zensor« wirksam, wodurch die latenten Traumgedanken in den manifesten Trauminhalt umgeformt werden (Traumarbeit). Der Traum wurde FREUDS *»via regia«* zum Unbewußten. Aus den Traumsymbolen muß die eigentliche Bedeutung des Traums erschlossen werden. So erscheinen z. B. im Traum längliche und spitze Gegenstände als Symbole für das männliche, Hohlräume, Schachteln, Zimmer u. dgl. als Symbole für das weibliche Genitale. Die →Verdrängungen, die regelmäßig bis in das Kindesalter zurückführen, sind die Grundlage der Neurosen. Die aufgestaute Libido sucht einen Ausweg, die neurotischen Symptome sind der Ausdruck einer sexuellen Ersatzbefriedigung.

Von besonderer Bedeutung sind bei den Neurosen der →Ödipus-Komplex und der →Kastrationskomplex (Angst vor Strafe für unerlaubte sexuelle Wünsche und Handlungen). Bei der psa. Behandlung der Neurosen werden aus der Traumdeutung und den freien Einfällen, die der Patient bei ruhiger Selbstbesinnung äußert (freie →Assoziation), die krankheitsbildenden Ursachen rekonstruiert und ihm gegen seinen oft sehr starken Widerstand bewußt gemacht.

Hierbei tritt dann die →»Übertragung« auf, d. h. der Patient identifiziert den Analytiker mit anderen Personen (namentlich mit den Eltern) und wendet ihm daher die durch die Behandlung neu erwachten Gefühle (der Zuneigung oder Abneigung) zu, die mit der Entstehung der Neurose verbunden waren und die diesen Personen einst galten. Aufgabe des Analytikers ist es nun, den Patienten so zu führen, daß er die emotionalen

Spannungen nicht mehr verdrängt, sondern bemeistern kann. Zur Neurose wirken sie sich aus, wenn die Verdrängungen zu frühzeitig und zu stark auftreten. Beim gesunden Menschen findet die Libido einen Ausweg in ihrer →»Sublimierung«, d.h. in der Verwertung der sexuellen Energie für andere Ziele. Hieraus sind nach FREUD alle Kulturleistungen zu verstehen. Ziel der Psychoanalyse ist es daher letztlich, dem Neurotiker die Fähigkeit zur Sublimierung wieder zu verleihen. In einer späteren, spekulativen Weiterbildung seiner Lehre kam FREUD dazu, neben Sexualtrieben und Ichtrieben, die auf die Erhaltung des Lebens gerichtet sind, zerstörende, verwüstende →Todestriebe anzunehmen, deren Ziel die Vernichtung des Lebens ist. In der Struktur des Seelenlebens unterscheidet FREUD in späteren Schriften das →»Es« (in Anlehnung an GRODDECK, 1923), die Sphäre des Unbewußten, der primitiven Wünsche und Triebe, das →Ich als den Träger des bewußten Erlebens und das →Über-Ich, den Träger des Ich-Ideals und des Gewissens, als die Instanz von der die Verdrängungen ausgehen. Die von FREUD selbst in Gang gesetzte Weiterentwicklung des Psa. wurde von seinen Schülern fortgesetzt. Hervorzuheben ist insbesondere die Einführung der psa. Ich-Psychologie durch HARTMANN, KRIS und LOEWENSTEIN sowie die Begriffserweiterung und -wandlung des →Narzißmus durch KOHUT u. a. und die Einbeziehung der sozialps. und ökolog. Dimension (ERIKSON, FROMM, MITSCHERLICH u. a.). Letztere führte auf der methodischen Seite zur Entwicklung der psa. →Gruppenpsychotherapie.

Auch neue tiefenps. Richtungen haben sich von der Schule FREUDS abgezweigt. Die bedeutendsten von ihnen sind die →Individualpsychologie ADLERS und die →Analytische Psychologie C. G. JUNGS und die neofreudianischen bzw. neopsa. Schulen K. HORNEYS, S. SULLIVANS und H. SCHULTZ-HENCKES.

Die von FREUD selbst gegebene Definition lautet: »Psychoanalyse ist der Name (1) eines Verfahrens zur Untersuchung seelischer Vorgänge, welche sonst kaum zugänglich sind; (2) einer Behandlungsmethode neurotischer Störungen, die sich auf diese Untersuchung gründet; (3) einer Reihe von psychologischen, auf solchen Wegen gewonnenen Einsichten, die allmählich zu einer neuen wissenschaftlichen Disziplin zusammenwachsen.« Ⓛ ADORNO, BALLY, BIRAN, ERIKSON, FREUD, FROMM, HARTMANN, JONES, KOHUT, RAPAPORT. *Red./B-E*

Psycho-Anthropologie →Anthropologie

Psychobiologie, Biologie der Psyche. Eine Lehre, die in allen ps. Abläufen die biol. Vorgänge so entscheidend beteiligt sieht, daß sie rein biol. Erklärungen für angezeigt hält.

● Adolf MEYER (1866 Schweiz – 1950 USA, seit 1910 Prof. für Psychiatrie an der Univ. in Baltimore) stellte mit solchem System der P. der beschreibend und statistisch orientierten Nosologie der KRAEPELINschen Tradition eine dynamische Theorie entgegen. Er suchte auch der →Psychoanalyse ein homogeneres Begriffssystem zu geben. Das Wort *ergon* hat bei MEYER allgemeinste Bedeutung für Verhalten und Leistung. Ergasien bezeichnen die Einheit der somato-psychischen Gesamtfunktion des Individuums; Dysergasien sind psychiatrische Zustandsbilder (vergleichbar den akuten exogenen Reaktionstypen BONHOEFFERS). ● In der neuren amerik. Literatur wird *psychobiology* und *biological psychology* praktisch gleichbedeutend mit *physiological psychology* gebraucht →Physiologische Psychologie. ● Psychobiologie nannte auch Hans LUNGWITZ seine um 1905 entwickelte naturwissenschaftlich-medizinische Ps. Das Psychische und das Biologische sind nicht zwei voneinander unterschiedene »Welten«, die kausal aufeinander einwirken. Der Mensch ist ein rein biologisches Reflexwesen. Auf dieser Anschauung hat der Autor eine Kultur-, Krankheits- und Neurosenlehre aufgebaut.

Psychochirurgie, zusammenfassender Begr. für chirurgische Eingriffe (vor allem hirnchirurgische) zur Therapie bei einigen ps. Schädigungen oder Erkrankungen, die nur noch operativ angehbar sind (z. B. schwere Schmerzzustände, best. Depressionen, Psychosen) →stereotaktische Eingriffe

psychodelics →Psychopharmaka

psychodelisch [gr.], syn. psychedelisch, Bez. für Zustände mit besonderer (erhöhter) sensorischer Empfänglichkeit, meist begleitet von Sinnestäuschungen (Halluzinationen) und betont euphorischer bzw. depressiver Stimmungslage. ● Der Begr. dient ebenso zur Kennzeichnung von Drogen (→Halluzinogene), die die p. Zustände erzeugen, oder von Objekten und Handlungen, die diese Zustände widerspiegeln oder begleiten wie z. B. p. Malereien, p. Literatur, p. Musik.

Psychodiagnostik →psychologische Diagnostik

psychodiagnostisches Gespräch [engl. *interview*, frz. *entretien*], eine mit diagnostischer Zielsetzung und unter methodischer Kontrolle verlaufende Begegnung zwischen Pb und Untersucher.

Ohne Bindung an besondere Aufgaben wie in der Testdiagnostik, ist das pd. G. zugleich ein Explorieren (→Exploration), ein Erkunden, und ebenso ist es das Aufnehmen der →Anamnese. Die dem pd. G. nahestehenden (auch gleichbedeutenden)

Bez. Erkundungsgespräch (ARNOLD, 1957), Entfaltungsdialog (HEISS, 1949) belegen dies. Und keine individuelle Diagnostik kommt ohne zusätzlich erschließendes Gespräch aus. – Die Formen des pd. G. ergeben sich aus dem Zweck. Man unterscheidet zwischen dem Gespräch als Informationssammlung, als Instrument der Persönlichkeits- und Eignungsdiagnostik und als Mittel der Beeinflussung. Der Gesprächszweck entscheidet auch über den Freiheits- bzw. Gebundenheitsgrad des Gesprächs und über die Frage, ob es in dualer Form oder mit Partnern beim Untersucher bzw. beim Pb geführt wird. Sozialps. Determinanten (Persönlichkeit des Untersuchers, Rollenprobleme u. dgl.) sind schließlich ebenso entscheidend wie Fragen der Gesprächstechnik (Raum, Zeit, Sprache, Ausdruck, Formulierung) →Beratung. Ⓛ SCHRAML.

Psychodrama, eine von J. L. MORENO begründete Methode der →Gruppenpsychotherapie, die – neben ihren diagnostischen Möglichkeiten – szenische Darstellung (Stegreiftheater), gruppendynamisches →Setting und analytische Gruppenarbeit vereinigt.

Mit Hilfe versch. Techniken wie Rollenwechsel, Doppeln, »Leerer Stuhl«, Spiegeln usw. werden die Konflikte des einzelnen oder der Gesellschaft (Soziodrama) nicht allein verbal abgehandelt, sondern mit verteilten Rollen (Vater–Mutter etc.) in Szene gesetzt. Einmal Erlebtes oder in die Zukunft hinein Gedachtes, konflikthafte Phantasien oder Träume sollen möglichst spontan und konkret dargestellt werden *(acting out)*. Dies dient zum Konflikterlebnis und dessen Verarbeitung. Nicht nur der Hauptdarsteller (Protagonist), auch die Mitspieler (Hilfs-Ich) und die Gruppe kommen über diese Methode zur Selbst- und Du-Erfahrung. Spontaneität und Kreativität werden gefördert, auch der affektive Entlastungseffekt (Katharsis) kann zur Heilung mit beitragen. ● MORENO (1890–1974) beobachtete 1914 in Wien, wie Kinder auf dem Spielplatz im Rollenspiel ihre Konflikte, ihre Affekte agierten und bearbeiteten. Er spielte mit und ging auch in die Familien und Flüchtlingslager, um den Menschen durch Rollenspiel, wie er es bei den Kindern gesehen hatte, Hilfe zu geben. Er gründete ein Stegreiftheater und entwickelte dann, nach USA emigriert, sein Konzept der Gruppenpsychotherapie und des Psychodramas. ● Die Technik des »Leeren Stuhls« wird z.B. in der Gestalttherapie (F. PERLS) und in der Transaktionsanalyse (Eric BERNE) vielfach verwendet. ● Verhaltenstherapeuten benützen das P. zur Desensibilisierung und Konditionierung – Einüben versch. Verhaltensmuster. ● Im pädagogischen Bereich finden nun auch in Deutschland Rollenspiel und P. mehr und mehr Anwendung. Ⓛ MORENO 1959, LEUTZ 1974, WIDLÖCHER 1974 *E-S*

Psychodysleptika, syn. Halluzinogene, →Psychopharmaka

Psychoendokrinologie →Endokrinologie

Psychoenergizer, syn. für Antidepressiva und für Psychotonika, →Psychopharmaka

psychogalvanische Reaktion (PGR), auch GHR (galvanische Hautreaktion), HGR (hautgalvanische Reaktion), engl. GSR *(galvanic skin response), EDR (electro-dermatic reaction)*.

Die zuerst von G. FONTAINE beobachtete, dann von C. FÉRÉ (1888) und J. TARCHANOFF (1890) beschriebene, im Anschluß daran besonders von O. VERAGUTH untersuchte Erscheinung, daß sich die elektrische Leitfähigkeit bzw. der Widerstand, den die Haut einem durch sie geleiteten schwachen (2 bis 10 mA/cm) Gleichstrom bietet, beim Eintreten sensorischer Reize, motorischer Reaktionen oder bestimmter seelischer Prozesse in charakteristischer Form ändert: rasches Absinken (Negativierung), darauf wieder langsames Ansteigen des Widerstandes (exosomatischer galvanischer Hautreflex). Eine gleichartige Erscheinung, rasches Absinken (Negativierung), dann langsames Ansteigen, kann auch bei der Messung von Aktionspotentialen der Haut (also ohne Verwendung einer äußeren Stromquelle) beobachtet werden (endosomatische galvanische Hautreaktion). Der Entstehungsmechanismus der Erscheinungen ist noch nicht völlig geklärt. Doch scheint die Hautwiderstandsänderung im wesentlichen von der (Innervierungs-)Aktivität der Schweißdrüsen bestimmt zu sein (und nicht so sehr von der absolut produzierten Schweißmenge). Die ps. Bedeutung der PGR-Kennwerte ergibt sich aus der Steuerung der Schweißdrüsen durch den Sympathicus (→Gehirn). In der Praxis unterscheidet man: (1) Basalwiderstand (Basiswerte, Grundniveau). Langzeitige Änderungen, die sich während des Tagesablaufes, beim Lösen von Aufgaben und in Zusammenhang mit emotionalen Umstimmungen ergeben.

(2) Die PGR im engeren Sinne. Sie besteht in zusätzlichen kurzfristigen, zum Teil mehrphasigen Senkungen des Hautwiderstandes, die durch äußere oder auch innere Stimulation (»Spontanfluktuation«, »Spontanschwankungen«) ausgelöst werden können.

In der Psychophysiologie werden vor allem die kurzfristigen Änderungen zur Untersuchung z.B. des Aktivierungsniveaus oder zur Abschätzung der Intensität zugeordneter Emotionen herangezogen. Während diese phasischen Änderungen sich in der Regel nur in einem Bereich von weniger als 300 Ohm abspielen, schwanken die Änderungen des (tonischen) Grundwiderstandes sowohl zwischen Personen als auch innerhalb ein und derselben Person zwischen 10 und 500 Kilo-Ohm. – Zur besseren begr. Klärung des Phänomenbereiches schlagen VENABLES und MARTIN (1967) im englischen Sprachraum folgende eindeutigeren Bez. vor: SRR (*skin resistance response,* Hautwiderstandsreaktion). SRL (*skin resistance level,* Hautwiderstandsniveau). SCR (*skin conductance response,* Hautleitfähigkeitsreaktion; Reziprokwert des Widerstandes), SCL (*skin conductance level,* Hautleitfähigkeitsniveau; Reziprokwert des Widerstandes). SPR (*skin potential response,* Hautpotentialreaktion). SPL (*skin potential level,* Hautpotentialniveau). Ⓛ BECKER-CARUS u. a. 1979, EDELBERG 1967, VENABLES u. MARTIN 1967 *B-C*

psychogen, aus psychischen, seelischen Vorgängen entstanden. Der Begr. bezeichnet besonders körperliche Störungen und Anomalien des Verhaltens, die auf ps. Ursachen beruhen, oder denen eine eher psychol. als physiol. Verursachung zugeschrieben wird. Ggs.: physiogen, somatogen.

Psychogenesis, Entstehen bzw. Entwicklung der Seele oder des Seelenlebens (z. B. vom Kinde zum Erwachsenen, vom Primitiven zum Kulturmenschen). Syn. →Entwicklungsps.

psychogenetisches Grundgesetz, Bez. für die Annahme einer Parallele zum →biogenetischen Grundgesetz: Die ps. Ontogenese ist Wiederholung der ps. Phylogenese. Ⓛ BERGIUS, 1959

Psychognosis, die vorwissenschaftliche Seelenkunde, die über die Jahrtausende hinweg durch eine Vielzahl von Beobachtungen, Charakterbeschreibungen und Selbstbesinnungen eine wachsende Menschenkenntnis geliefert hat. M. DESSOIR (Ⓛ) griff hierfür die Bezeichnung P. auf. Nach ihm sind die Sinnsprüche der Gnomiker des 7. Jhd. v. Chr. früheste Belege der Psychognosis. THEOPHRAST und AUGUSTIN haben neben vielen anderen ebenso Anteil an der Weiterentwicklung der P. wie Balthasar GRACIAN, K. Ph. MORITZ und LICHTENBERG oder KANT und SCHOPENHAUER.

Psychognostik ⟨STERN⟩, Menschenkenntnis auf Grund psychologischer Untersuchungsweisen, wie sie die differentielle Ps. kennt. Die Psychognostik wird ergänzt durch die →Psychotechnik.

Psychogone, im →Okkultismus behauptete feinstoffliche Gebilde und Ausscheidungen der →Aura

Psychogramm, wörtl. Seelenbeschreibung. Aufzeichnung, übersichtliche Darstellung aller ps., sowie der wichtigen somatischen Daten, die an einer Person erhebbar sind, einschl. deren Interpretation bzw. Kommentierung. →Anamnese, →Psychographie, Ⓣ RORSCHACH

Psychographie, als direkter Abkömmling der differentiellen Ps. (wie ALLPORT sagt) geht die P. davon aus, daß das Individuum in seinem Aufbau, seiner Struktur, seinen charakterlichen Werten wie auch in seinen →Radikalen usw. durch Maßzahlen (Bewertungen) in einem Psychogramm deutlich gemacht werden kann.

Im allgemeinen werden in einem solchen Schema die grundlegenden biologischen Fakten (Vitalität, Körperbauform, Gesundheitsstand) die Faktoren Intelligenz, Temperament, Fähigkeiten, Fertigkeiten aufgenommen, d. h. die Frage, wie die aufgenommenen Variablen zueinander in den Wertziffern stehen und weiterhin die Bedeutung der →Schätzung mit dem damit verbundenen →»Hof-Effekt«. Allerdings bleiben eine Reihe von Eigenschaften unberücksichtigt. Ⓛ G. W. ALLPORT

psychohydraulisches Energiemodell, Zusammenfassung der doppelten Quantifizierung des Verhaltens in einem Modell durch K. LORENZ (1950). Es veranschaulicht das Zusammenwirken der Stärke der endogenen Produktion aktionsspezifischer Energie und der Reizkumulation im angeborenen →Auslösemechanismus (AAM) bei der Aktualisierung der Instinkthandlung (TEMBROCK 1961 45 f., 1964[2]). *B-S*

Psychohygiene, von C. W. BEERS und A. MEYER begründete Disziplin, deren Aufgaben in einem grundlegenden Programm schon im Jahre 1907 festgelegt wurden.

Die Hauptpunkte sind:

1. Sorge für die Erhaltung der seelischen und geistigen Gesundheit und Verhütung von Geistes- und Gemütskrankheiten.
2. Vervollkommnung der Behandlung, Pflege und Überwachung der Geistes- und Gemütskranken, der Epileptiker und Schwachsinnigen.
3. Aufklärung über die Bedeutung der seelischen und geistigen Anomalien für die Erziehung, für das Berufs- und Wirtschaftsleben, sowie für die Ausübung von Verbrechen.

Diese Aufgaben, nämlich die Behandlung und Nacherziehung des kranken Menschen, die Aufklärung seiner Umweltspersonen (negative P.) und die Erhaltung der seelischen und geistigen Gesundheit in der Gesellschaft, sowie die Verhütung von Neurosen und Psychosen, Süchten und Verbrechen durch wirksame, psychologisch fundierte pädagogische und psychagogische, soziale und politische Maßnahmen (prohibitive P., Psychoprophylaxe) bilden auch heute die Grundziele der P. Sie habe sich zu einer multidisziplinären Wissenschaft entwickelt, betont A. FRIEDEMANN (1972) und fügt den allg. Zielen die folgenden hinzu: »Entwicklung der Fähigkeit zur Selbstfindung sowohl im Selbsterlebnis als auch in der Selbsterkenntnis ... Streben nach berechtigter Selbstbestätigung ... Wiedererwerb unbefangener Objektzuwendung ... unbefangener Reifung der Liebesfähigkeit ... unbefangener Leistungsfähigkeit ... Urteilsfähigkeit ohne Vermessenheit«.

● Geschichtlich ist daran zu erinnern, daß zu allen Zeiten die geistig-seelische Gesundheit als hygienische und erzieherische Aufgabe erkannt worden ist. Sämtliche Kulturvölker des Altertums lassen entsprechende Bemühungen erkennen. Für das 19. Jhd. und Deutschland sei an HUFELAND erinnert. Der Gießener Psychiater R. SOMMER (1864–1937) betrieb die Gründung eines dt. Verbandes für ps. Hygiene. Seit 1948 sind die psychohygienischen Gesellschaften in der Weltförderation für seelische Gesundheit (WFMH – *world federation for mental health*) zusammengefaßt. P. ist auch Aufgabe der UNESCO. →therapeutische Gemeinschaft, →Gemeindepsychologie Ⓛ BREZINA, FEDERN, MENG, PFISTER-AMMENDE, TRAMER

Psychoide, vorseelische, doch seelenartige Ganzheiten. Nach JUNG diejenige »seeleähnliche« Schicht, die (teils angrenzend an die chemischen Körperabläufe, teils an den Raum des Archetypischen) der Triebwelt nahesteht.

Psychokatharsis →Katharsis

Psychokinese →PK-Test

psychokritische Pädagogik, ein von POPPELREUTER (1933) geprägter Begr., mit dem er von experimental-psychologischen Arbeiten ausgehend, auf die Grenzen jedes Verstehens und damit auch auf das Unvollkommene alles Wissens und aller Bildung ausführlich eingegangen ist. Er zeigt, wie der Mensch beim »Verstehen« den »gröbsten Selbsttäuschungen« verfällt und ständig von der Gefahr des Scheindenkens, des Scheinwissens und des Scheinschöpferischen bedroht ist. →dialektisches Scheindenken.

Psycholepsie ⟨P. JANET⟩, Bez. für den plötzlichen und kurzzeitigen Zusammenbruch der ps. Spannung mit Aussetzen des Denkens, besonders bei Psychasthenien und Schizophrenien. →Gedankenentzug

Psycholeptika, Sammelbez. für Drogen mit dämpfendem Einfluß. →Psychopharmaka

Psycholexie, Bez. für alle qualitativen Wertungen ps. Vorgänge im Ggs. zu den quantitativen, der →Psychometrie. Den Begr. hat Edouard CLAPARÈDE (Genf 1873–1940) eingeführt.

Psycholinguistik wird teilweise bereits syn. mit Sprachpsychologie (→Sprache) gebraucht, obwohl der Terminus erst 1946 gebildet und zunächst zur Kennzeichnung bestimmter interdisziplinär angelegter Forschungsaktivitäten verw. wurde (LEONT'EV 1971). In der Entwicklung der P. lassen sich einige Perioden unterscheiden, die jeweils durch die Vorherrschaft bestimmter Modellvorstellungen charakterisiert sind: In einer ersten (OSGOOD u. SEBEOK 1954, 1965^2) benutzten Linguisten, Psychologen, Ethnologen das →Kommunikationsmodell zur Integration ihrer Bemühungen. Die deskriptive →Linguistik steuerte u. a. ein differenziertes System sprachlicher Einheiten bei (→Grammatik, →IC-Analyse), die Psychologen traditionelle →behaviorisch-lerntheoretische Konzeptionen, welche →Bedeutungserwerb und Erlernen sequentieller Sprachmuster erklären helfen sollten (→Verbalverhalten, →Spracherwerb, →Spracherlernen). Die Informationstheorie half quantitative Aspekte zu präzisieren (→Sprachstatistik). Eine zweite Periode ist bestimmt durch den Einfluß von CHOMSKYS →Generativer Transformations-Grammatik, die, als linguistische →Kompetenztheorie gemeint, ps. umgedeutet und zur Generierung empirisch-ps. Fragestellungen benutzt wurde, insbesondere in der →Sprachentwicklungsps. In die Fragen nach der »ps. Realität« der von CHOMSKY beschriebenen Strukturen und Prozesse (JAKUBOWICZ 1970, MILLER u. MCNEILL 1969) mischte sich mehr und mehr Skepsis bezüglich ihrer Angemessenheit. Teilweise im Anschluß an alternative linguistische Konzeptionen vollzieht sich derzeit eine Umorientierung in der P., wobei der →Semantik im Vergleich zur →Syntax größeres Gewicht beigemessen und die Bedeutung der Generativen Transformations-Grammatik relativiert wird (ENGELKAMP 1974). Z. T. im Zusammenhang damit wächst das Interesse für →pragmatische Aspekte (→Sprechhandlung, →Sprechtätigkeit, →Soziolinguistik). In lockerer Verbindung zu dieser mehr linguistikgebundenen Entwicklung der P. wurden zahlreiche Fragestellungen aufgeworfen und untersucht, in denen sprachliche →Performanz mehr unter den Aspekten traditioneller allg.-ps. Forschungsgebiete strukturiert wird, z. B. der →Wahrnehmungsps. und der →Gedächtnisps. (→Sprachproduktion, →Sprachrezeption), wobei, verstärkt in der theoretisch weitgehend eigenständigen sowjetischen P. (LEONT'EV 1971, PRUCHA 1974), Anregungen auch von differentiell-ps. Erfahrungen (→Sprachstörungen) und praktischen, angewandt-linguistischen Aufgaben (→Spracherlernen) ausgingen. Da alle diese Forschungsansätze sich ständig ausweiten und vielenorts der P. zugerechnet werden, hat diese Bez. eine beträchtliche Bedeutungserweiterung erfahren. Ⓛ D'ARCAIS u. LEVELT 1970, LEUNINGER 1972. *K-I*

Psychologe, der die Ps. als Forscher, Lehrer (Dozent) oder Praktiker vertretende Fachmann, der eine wissenschaftlich-psychologische Ausbildung durchlaufen hat. Erst im übertragenen Sinne diejenige Persönlichkeit ohne eigentliche Fachausbildung, die etwa als Schriftsteller, Dichter, Politiker, Wirtschaftler usw. bei ihren Handlungen, in Reden, Schriften usw. ein besonderes ps. Verständnis und Wissen erkennen läßt (z. B. GOETHE als Psychologe).

Als Berufsbezeichnung wie als Berufsstand ist der P. noch jung. In Deutschland hat vor allem die seit 1941 eingeführte Diplom-Prüfung zur Konsolidierung beigetragen. Die Diplom-Prüfung (mit der Berechtigung, sich als Diplom-Psychologe zu bezeichnen) bildet den ordnungsgemäßen Abschluß des Studiums und der damit verbundenen praktischen Berufseinführung (Praktika). Die Studien- bzw. Prüfungsfächer sind: Allgemeine Ps. – Methodenlehre – Entwicklungsps. – Differentielle Ps. (Ps. der Persönlichkeit) – Sozialps. – Physiologische Ps. Dazu kommen im 2. Studienabschnitt drei Schwerpunktbereiche:

(1) Methodik (ps. Diagnose, Interventionsmethoden und weitere Techniken);

(2) Anwendung (Pädagog. Ps., Klinische Ps., Arbeitsps., Forensische Ps. oder ein weiteres Teilgebiet der Angew. Ps.);

(3) Grundlagenvertiefung (Theoret. Ps., Mathemat. Ps. oder ein Sachgebiet der Allgemeinen Ps.).

Für die in Forschung und Lehre tätigen Psychologen besteht als fachliche Vereinigung und Repräsentation die Deutsche Gesellschaft für Psychologie (gegr. 1904 als Gesellschaft für experimentelle Psychologie). Sie ist mit ihren Kongressen für das deutsche Sprachgebiet zuständig, so wie für das englische Sprachgebiet (und weltweit) die *International Union of Psychological Science* (IUPS) mit Kongressen in dreijährigem Turnus, die *International Association of Applied Psychology (Association Internationale de Psychologie Appliquée)* und weitgehend auch die *American Psychological Association (APA)* mit 13 wissenschaftlichen Fachzeitschriften. ● Die Belange des Berufsstandes und die Berufsinteressen werden in der Bundesrepublik vor allem vom Berufsverband Deutscher Psychologen e. V. (BDP gegr. 1946) vertreten. Die praktisch-berufliche Betätigung der Psychologen ist über die Sparten Forschung – Ausbildung – Beratung – Therapie so breit verzweigt, daß der BDP folgende Sektionen schuf: Arbeits- und Betriebsps. – Ausbildung in Ps. – Forensische Ps. und Kriminalps. – Freiberufliche Psychologen – Klinische Ps. – Markt- und Kommunikationsps. – Politische Ps. – Schriftps. – Verkehrsps. Erwähnung verdient noch, daß viele weitere Vereinigungen dem Psychologen Brücken bieten zu speziellen Fachgebieten wie die Deutsche Gesellschaft für Psychotherapie und Tiefenpsychologie, die Deutsche Gesellschaft für Verhaltenstherapie, die Gesellschaft für wissenschaftliche Gesprächspsychotherapie, die Gesellschaft für medizinische Psychologie, die Deutsche Vereinigung für Jugendpsychiatrie, Gesellschaften für Religionsps., für empirisch-pädagogische Forschung, für Sexualps. u. a. m. Sehr zahlreich sind schließlich noch die Zusammenschlüsse von Psychologen (und Nichtpsychologen) in Gruppen zur Lebens-, erzieherischen und auch psychotherapeutischen Führung bzw. Gestaltung.

Ⓛ Kraak 1980, Laucken, U. u. Schick, A. 1977

Psychologem, Bez. für eine ps. Behauptung, Theorie oder Lehre

Psychological Abstracts, eine monatlich in Zeitschriftenform erscheinende und von der →APA herausgegebene Sammlung von Kurzfassungen über Veröffentlichungen auf dem Gebiet der Psychologie und einiger Nachbargebiete. Die P. A. erscheinen in englischer Sprache und umfassen die Publikationen fast aller Länder der Erde. Z. Z. werden etwa 25000 Einzelpublikationen pro Jahr als Zusammenfassungen veröffentlicht. *Hä-R*

Psychologie [gr. *psyche* Leben, Seele], die alte Definition als »Wissenschaft von der Seele« oder »Seelenkunde« ist unzulänglich, da sie als bloße Übersetzung des Wortes zur Aufklärung seiner Bedeutung nichts beiträgt. Die Gegenposition, die Annahme der »Psychologie ohne Seele« (F. A. Lange, 1866), siegte erst mit den Erkenntnisfortschritten (u. a. bes. der Physiologie) im 19. Jhd. Der heutigen Auffassung entspricht besser: »Psychologie ist die Wissenschaft, welche die bewußten Vorgänge und Zustände sowie deren Ursachen und Wirkungen untersucht« (Rohracher) oder die Definition Paulis: »Die Psychologie ist die Wissenschaft von den subjektiven Lebensvorgängen, die gesetzmäßig mit den objektiven verknüpft sind«. Diese Begriffsbestimmung kennzeichnet die Psychologie als eine Erfahrungswissenschaft und beinhaltet grundlegende Prinzipien (nach Pauli): 1. Das Prinzip des Geschehens: Gegenstand der Psychologie bildet eine Gesamtheit von Vorgängen, nicht etwas Beharrendes. 2. Das Prinzip des Lebens oder des Organischen: Diese Vorgänge gehören zu den Lebenserscheinungen und besitzen daher deren allgemeine Kennzeichen: Bindung an eine Einheit (das Individuum), Abhängigkeit untereinander (»ganzheitliche« Beschaffenheit), individuelle Ausprägung, onto- und phylogenetische Entwicklung, damit Anpassung und Vererbung, weiterhin Zustände der Gesundheit und Krankheit, Erscheinungen der Zweckmäßigkeit usw. 3. Das Prinzip der Subjektivität: Es handelt sich um Vorgänge, die nur von ihrem Träger, dem Subjekt, unmittelbar erfahren werden, um »Innenzustände«, »Erlebnisse«, im Gegensatz zu den körperlichen Lebensvorgängen und den Vorgängen in der Außenwelt (Einmaligkeit der inneren Erfahrung). 4. Das Prinzip der gesetzmäßigen Verknüpfung: Die seelischen Vorgänge kommen nicht für sich allein vor, sondern stehen im Zusammenhang mit objektiven (körperlichen) Lebensprozessen. – Aus diesen Prinzipien gehen noch weitere Folgerungen, die das Wesen der Psychologie betreffen, hervor, z. B. bezüglich der Methodik: Beobachtung als allg. Grundlage, Anwendung statistischer Verfahren, Heranziehung physiologischer Methoden. Die Aufgaben der Psychologie bestehen in der Erforschung der seelischen Erscheinungen mit dem Ziel der Beschreibung oder Erklärung (reine Psychologie) und in der Anwendung der gewonnenen Erkenntnisse auf Anforderungen des kulturellen, sozialen und wirtschaftlichen Lebens (angewandte, praktische Psychologie). Vgl. Methoden, Experiment.

Einteilung nach Hauptgebieten*

I. Empirische Psychologie (hierin auch ohne feste Abgrenzung die Experimentelle Psychologie)
  1. Allgemeine Psychologie
  2. Entwicklungspsychologie
  3. Differentielle Psychologie (Persönlichkeits-, Charakterkunde)
  4. Tierpsychologie, Ethologie
  5. Vergleichende Psychologie
  6. Sozialpsychologie
  7. Völkerpsychologie
  8. Kulturpsychologie
  9. Politische Psychologie
  10. Religionspsychologie
  11. Psychopathologie
  12. Arbeits-, Berufs- und Wirtschaftspsychologie (hierzu auch Betriebs- und Werbepsychologie)
  13. Pädagogische Psychologie, Psychagogik
  14. Psychotherapie
  15. Klinische Psychologie
  16. Medizinische Psychologie
  17. Forensische Psychologie
  18. Pharmakopsychologie
  19. Sportpsychologie
  20. Wehrpsychologie
  21. Ökologische Psychologie

II. Theoretische Psychologie
Aufgabe der Theoretischen Psychologie ist es, auf Grund der empirischen Befunde und unter Überprüfung der einzelnen Theorien die allgemeinsten Gesetzmäßigkeiten des Psychischen aufzustellen, um hieraus die einzelnen Erscheinungen zu begreifen und abzuleiten. Als Beispiele seien angefügt die Feldtheorie von LEWIN (→Topologische und Vektor-Psychologie) und die Bezugssystemforschung (→Adaptation-Level, Bezugssystem).

III. Philosophische Psychologie
Sie behandelt als Teilgebiet der Philosophie die letzten Fragen nach dem Wesen des Seelischen. Hierzu gehören auch die Probleme der Unsterblichkeit der Seele, der Willensfreiheit und des Leib-Seele-Zusammenhanges. – Soweit die nicht-(bzw. vor-)empirischen Bemühungen zugehören, ist die Bez. spekulative Psychologie zuständig. – Vgl. die beigefügten Übersichten (»Grundlagen der Psychologie, Lehr-, Forschungs- und Anwendungsgebiete« sowie »Richtungen der Psychologie«), die als Orientierung über die Verzweigung der Ps. dienlich sein können.

Anmerkungen zur Geschichte

Zahlreiche ps. Ansätze finden sich bei den griechischen Philosophen im Zusammenhang mit der Behandlung des Wesens und des Verhältnisses von Geist und Materie (THALES von Milet, HERAKLIT, ANAXIMENES, ANAXIMANDER, EMPEDOKLES, ANAXAGORAS, DEMOKRIT, EPIKUR u. a.). PLATON und ARISTOTELES bildeten die Lehre von den verschiedenen Seelenteilen aus und begründeten damit eine Art Schichtentheorie.

* Aus den durch das gesamte internationale Schrifttum belegten Fachbegriffen der heutigen ps. Forschung hat die APA (American Psychological Association) eine Klassifikation erstellt, die die Psychologie in einer Ordnung von 17 Hauptgebieten dazu Nebengebieten und sehr vielen Deskriptoren veranschaulicht. Diese liegt der Literaturdokumentation der →»Psychological Abstracts« zugrunde. →PASAR

Die Psychologie, ihre Grundlagen sowie ihre Lehr-, Forschungs- und Anwendungsgebiete

Philosophisch-metaphysische Psychologie	Psychologie als selbständige Erfahrungswissenschaft (Empirische Psychologie)					
	Lehr- und Forschungsgebiete nach			*Grundannahmen und Methoden*	Lehr- und Forschungsgebiete nach	
	Gruppen (Formkreisen)	Stufen (Übergängen) und Zuständen	Anlagen (Fähigkeiten)		kultureller Hinwendung	praktischer Anwendung
Leib-Seele-Problem (Ontische) Grundlagen von: Erleben Erkennen Denken Fühlen Wollen u. a. Fragen nach: Wesen des Seelischen Philosophischen Deutungen Unsterblichkeit Willensfreiheit Verantwortlichkeit Grenzen des Psychischen »Psychoide« »Kristallseele« u. a.	Kinderpsychologie Jugendlichenpsychologie Erwachsenenpsychologie Ps. des Alterns Sozialpsychologie Völkerpsychologie Massenpsychologie Anthropologische Psychologie Rassenpsychologie Primitivenpsychologie Tierpsychologie Pflanzenpsychologie	Entwicklungspsychologie Individualpsychologie Pathopsychologie Psychopathologie Tiefenpsychologie Sexualpsychologie Parapsychologie Psychologie aller Sonderzustände, wie Suggestion, Hypnose usw.	Denkpsychologie Intelligenzpsychologie Gefühlspsychologie Willenspsychologie Charakterologie Funktionspsychologie Ausdruckskunde Sinnespsychologie Wahrnehmungspsychologie	*Assoziationspsychologie* *Strukturpsychologie* *Konstitutionspsychologie* *Schichtentheorie* *Integrationspsychologie* *Typenpsychologie* *Elementenpsychologie* *Gestaltpsychologie* *Ganzheitspsychologie* *Physiologische Psychologie u. a.* *Beschreibende (deskriptive), erklärende, vergleichende (differentielle), verstehende, geisteswissenschaftliche, naturwissenschaftliche Psychologie* *Selbstbeobachtung* *Reflexionspsychologie* *Fremdbeobachtung* *Ausdruckskundl. Deutung* *Experimentelle Psychologie* *Psychol. Diagnostik* *Psychoanalyse*	Kulturpsychologie Sprachpsychologie Religionspsychologie Geschichtspsychologie Kunstpsychologie Musikpsychologie Rechtspsychologie Politische Psychologie u. a. Pädagogische Psychologie Psychagogik Medizinische Psychologie Psychotherapie	Arbeitspsychologie Berufspsychologie Wirtschaftspsychologie Werbepsychologie Industrielle Psychologie Subjekts- und Objektspsychotechnik Sportpsychologie Luftfahrtpsychologie Pharmakopsychologie ·Psychagogik Ökopsychologie Klinische Psychologie Medizinische Psychologie Psychotherapie
Allgemeine Psychologie = Zusammenfassung der Grundtatsachen des Seelenlebens (Wahrnehmung, Denken, Fühlen, Wollen, Interaktion, Kommunikation)				*Diagnostik mit Befragung, Exploration, Analyse, Test, Apparat, Arbeitsprobe, Messungen verschiedener Art, Hypnose, Suggestion u. a.*		

Richtungen der Psychologie

(Übersicht als Versuch zur Orientierung)

Richtung	Autoren, die sie einführten	Wesentliche Kennzeichen
Aktpsychologie	F. BRENTANO C. STUMPF	→Stw.
Analytische Ps.	viele Begründer (spez.) C. G. JUNG	→Stw.
Apperzeptionspsychologie	W. WUNDT	→Stw.
Assoziationspsychologie	HOBBES, HUME u. a. J. F. HERBART	→Stw.
Atomistische Ps.	W. WUNDT u. a.	Die ps. Vorgänge werden in »Elemente« aufgeteilt und losgelöst vom Zusammenhang erforscht; a. Ps. steht im Ggs. zu →Ganzheit, Gestalt, Struktur. Der frühe Behaviorismus und die Assoziationsps. sind Mitbegründer.
Aussagepsychologie	W. STERN A. BINET	→Stw.
Behaviorismus	J. B. WATSON	→Stw.
Beschreibende Ps.	W. DILTHEY	→Stw.
Bewußtseinspsychologie		→Bewußtsein
Deskriptive Ps.		→Stw.
Dynamische Ps.	versch.	Bez. für versch. ps. Richtungen, die in der besonderen Betonung des Prozeßcharakters des Psychischen als Ausfluß von »Kräften« sich nahestehen. Die Zuwendung zur →Triebdynamik, den →Antrieben und →Motivationen ist dabei ebenso kennzeichnend für jede dyn. Ps. wie die Betonung des Lebenslaufs. Dabei bezeichnet Dynamik sowohl den Wechsel wie die Veränderung an sich, wie die Kräfte, die diese verursachen. Zur dyn. Ps. gehören geschichtlich schon Ansätze, wie sie bei HERDER und NIETZSCHE, ebenso bei DILTHEY und FREUD u. a. festzustellen sind. – Seither haben die dyn. Ps. u. a. gefördert: MCDOUGALL (hormische Ps.), LEWIN (Feld), HEISS (Charakter), THOMAE, ALLPORT (Persönlichkeit). Auch die Motivationsps. von WOODWORTH wird als d. Ps. bezeichnet.
Elementenps.	W. WUNDT G. E. MÜLLER	→Stw.
Empirische Ps.	G. TH. FECHNER H. HELMHOLTZ W. WUNDT G. E. MÜLLER	Gestützt durch das methodische Prinzip des Empirismus, die Verifizierbarkeit durch Erfahrung (Beobachtung, Experiment, Messung, Umfrage, statistische Erhebung) sicherzustellen, sind vor allem experimentelle Ps., →Behaviorismus, →Operationismus, →Reflexologie, →objektive Ps. zugehörig
Erfahrungsseelenkunde		→Stw.
Existentialistische Ps.	versch. (spez.) L. BINSWANGER	Philosoph. Richtung mit der Auffassung, daß die Gehalte der Erfahrung, die introspektiv erfaßbar sind, eigentlicher Gegenstand der Ps. seien. Enge Beziehung zum Strukturalismus (→Struktur).
Existentielle Ps.	versch.	Philosoph. Richtung der Existenzbeachtung, verbunden mit Selbstreflexion und phänomenologischem Vorgehen als Methode (Existenzanalyse, Daseinsanalyse u. a.)

Richtung	Autoren, die sie einführten	Wesentliche Kennzeichen
Funktionalismus	J. DEWEY J. R. ANGELL	Die Hauptrichtung der amerik. Ps. neben dem Strukturalismus zu Anfang des 20. Jhds. Weitere Vertreter H. CARR, E. E. THORNDIKE (Chicago-School)
Ganzheitsps.	F. KRUEGER F. SANDER u. a.	→Stw.
Geisteswissenschaftl. Ps.	W. DILTHEY E. SPRANGER	→Stw.
Gestaltps.	Chr. Frh. v. EHRENFELS M. WERTHEIMER W. KÖHLER K. KOFFKA	→Stw.
Historische Ps.	J. H. VAN DEN BERG	Die Ps. sei nur aus ihrer Geschichte erkennbar, da der Mensch sich im Laufe der Zeit wandle (vor allem in den höheren geistigen Prozessen). Verwandte Richtung: epochal-ps. Forschung (MUCHOW, THOMAE u. a.).
Hormische Ps.	W. MCDOUGALL u. a.	Im Ggs. zur einseitigen Wahrnehmungs- und Denkps. befaßt sich die h. Ps. mit den Motivationen und insbesondere den dynamischen Aspekten des Verhaltens, den fundamentalen Bedürfnissen und der organismischen Zielstrebigkeit. Die h. Ps. wird auch als teleologische Ps. bezeichnet. Vgl. dynamische Ps.
humanistic psychology	A. MASLOW	Als »3. Kraft« (MASLOW) neben der (in USA) dominierenden →Psychoanalyse und dem →Behaviorismus bemüht sich die h. ps., der gesunden und schöpferischen Persönlichkeit gerecht zu werden. Ziele sind »Selbstverwirklichung«, »Selbstaktualisierung«, »Selbsterfüllung«. Die Vertretung des humanistisch-ps. Anliegens in der →Psychotherapie von C. R. ROGERS hat zur Verbreitung wesentlich beigetragen. Nach Ch. BÜHLER (1971) wird heute als die wichtigste Aufgabe der h. ps. angesehen: »Der Theorie eine wissenschaftl. zuverlässige Basis zu geben und die bisher unzureichend entwikkelte Methode der Erfassung der Person als Ganzes gültig zu definieren.«
Individualps.	A. ADLER	→Stw.
Inhaltsps.		Die Inhalte und Gehalte des ps. Erlebens im Ggs. zu den →Funktionen werden stärker beachtet. So können die versch. Ps. mit ganzheitlicher, geisteswissenschaftlicher, tiefenps. und auch charakterkundlicher Ausrichtung als I. bezeichnet werden.
Integrationspsychologie	E. R. JAENSCH	→Stw.
Introspektive Ps.		Die in unmittelbarer »Selbstgegebenheit« vorgefundenen Phänomene werden vordergründig beachtet. Die Phänomenologie steht der i. Ps. nahe, ebenso die exp. Selbstbeobachtung.
Kognitive Ps.	versch.	→Stw.
Kritische Ps.	K. HOLZKAMP	In Auseinandersetzung mit der Studentenbewegung (FU Berlin) entwickelt, steht diese k. Ps. auf dem Boden des historischen Materialismus und versucht, Ps.forschung unter dem Gesichtspunkt der Verwertung für die Masse der Bevölkerung zu betreiben. K. Ps. stellt sich in Ggs. zur sog. bürgerlichen Ps.

Richtung	Autoren, die sie einführten	Wesentliche Kennzeichen
Leistungsps.	K. BÜHLER	→Werkps.
Naturwissenschaftl. Ps.	–	Das seelische Geschehen wird als Lebens-, d. h. Naturgeschehen aufgefaßt und vorwiegend empirisch mit exakten, systematisch entwickelten Methoden untersucht. Kennzeichnend ist die umfangreiche Verwendung von →Experiment und Statistik.
Neobehaviorismus	E. C. TOLMAN C. L. HULL B. F. SKINNER	→Stw. Behaviorismus
Neopositivismus	M. SCHLICK O. NEURATH	Nur Aussagen, die unter streng exp. Bedingungen verifizierbar (oder falsifizierbar) sind, werden als wissenschaftliche anerkannt. Der N. unterdrückt jederart Mentalismus (nicht als Handlung beobachtbar!), er steht dem →Operationalismus nahe.
Objektive Ps.	J. B. WATSON I. P. PAWLOW u. a.	→Stw.
Objektivierende Ps.		→subjektivierende Ps.
Operationalismus	P. W. BRIDGMAN	syn. Operationismus, →Stw.
Operationismus		→Stw.
Organismische Ps.	A. GELB K. GOLDSTEIN J. KANTOR	Ps. Theorien, die die Bedeutung des Organischen, des Organismus und seiner anpassenden Funktionen an die Umwelt betonen. Übergänge zur Ganzheits- und Gestaltps.
Phänomenologische Ps.	E. HUSSERL A. PFÄNDER M. SCHELER	Eine Richtung, die die phänomenologische Methode (→Phänomen) mit aller methodischen Strenge zum Ausgang hat. Sie wurde von der →Gestaltpsychologie, aber auch von anderen ps. Richtungen (→existentielle Ps.) sehr beachtet. Sie selbst bezeichnet sich als »rein deskriptive, das Feld des transzendental reinen Bewußtseins in der puren Intuition durchforschende Disziplin«.
Physiologische Ps.	J. MÜLLER W. WUNDT R. B. CATTELL	Die Ps., die den Zusammenhang zwischen seelischem und körperlichem Geschehen in Anlehnung an die Physiologie zu klären sucht. Im besonderen auch die Ps., die den Vorgängen des Nervensystems (des Gehirns) und der Sinnesorgane nachgeht. Die Psychophysiologie befaßt sich auch mit allg. psychosomatischen Problemen (Dependenzanalysen zwischen ps. und physiologischen Variablen).
Praktische Ps.		→Stw.
Reflexionsps.		Das Bemühen, ps. Erkenntnisse nur aus der Erlebnisbeobachtung abzuleiten.
Reflexologie		→Stw.
Subjektivierende Ps.		Gegenposition zu allen objektivierenden Annahmen und Theorien. Geistig-seelische (Bewußtseins-)Prozesse seien nur aus sich erklärbar. Die s. Richtungen stehen dem Mentalismus (mentalism) nahe.
Strukturalismus	W. WUNDT E. B. TITCHENER	Ps. Richtung, die von WUNDT herkommend und mit TITCHENER als Initiator in den USA (bis zum Aufkommen des Behaviorismus) neben und gegenüber dem Funktionalismus bestand. Die Analyse der Struktur mentaler Prozesse wurde gegenüber dem Funktionalismus betont. Der Verstand als Summe von Grundelementen des Bew.: Empfindungen, Vorstellungen und Gefühle.

Richtung	Autoren, die sie einführten	Wesentliche Kennzeichen
Teleologische Ps.		→Hormische Ps.
Topologische Ps.	K. LEWIN	→Topologische und Vektorps.
Vektorps.	K. LEWIN	→Topologische und Vektorps.
Vergleichende Ps.	G. KAFKA H. WERNER	Komparative Ps., deren Aufgabe es ist, die Ergebnisse einzelner Gebiete, insbesondere der Entwicklungs- und Kinderps., der Ps. der Primitiven und der Tierps., wie auch der Geisteskranken, im Hinblick auf Gemeinsamkeiten und Verschiedenheiten zu untersuchen und hieraus Einsichten zu gewinnen
Verhaltensps.	K. BÜHLER	Die auf das Verhalten reduzierte Ps., auch Bez. für den →Behaviorismus. Neuerdings greift die V. weiter aus und versteht sich als Teil der Sozialps., sowie als Wissenschaft der kulturspezifischen Verhaltensweisen
Verstehende Ps.		→Stw.
Werkps.		→Stw.
Zergliedernde Ps.		→Analytische Ps.

ARISTOTELES behandelte als erster die Psychologie in systematischer Weise, wobei er neben spekulativen Betrachtungen auch empirische Tatsachen verwertete (Assoziationsgesetze). – Das Mittelalter befaßte sich im wesentlichen mit der Ausdeutung und Weiterführung der aristotelischen Psychologie in Verbindung mit der christlichen Lehre (AUGUSTINUS, THOMAS VON AQUINO u. a.). – Dem Wort (Bezeichnung) Psychologie wurde erst im 16. Jhd. der Weg gebahnt. Philipp MELANCHTHON (1497–1560) benützte in seinen Vorlesungen als erster Ps. dafür, daß die »Seele« ein der wissenschaftl. Behandlung würdiger Gegenstand sei. Rudolf GOCLENIUS (1547–1628) hat erstmals das Wort Ps. als Buchtitel verwendet (Psychologia, 1590), und Otto CASMANN (1562–1607) veröffentlichte eine »Psychologia anthropologica« (1594). – Auf die Psychologie der Neuzeit hatte DESCARTES' Unterscheidung von *res cogitans* und *res extensa* entscheidenden Einfluß (zuvor war die Trennung nach leiblichen Vorgängen und Bewußtseinsprozessen nicht üblich). LEIBNIZ führte den Begriff der Apperzeption ein und beachtete auch die unbewußten Vorgänge *(petites perceptions)*. Chr. WOLFF schied programmatisch eine *psychologia-rationalis* von einer *psychologia empirica*. Auf J. N. TETENS geht die üblich gewordene Aufteilung der Ps. nach Denken (Vorstellen), Fühlen und Wollen zurück. Von großer Bedeutung für die weitere Entwicklung wurde die Assoziationspsychologie der englischen Empiristen LOCKE, HUME und später ihrer Nachfolger J. MILL, J. ST. MILL und BAIN.

Das 19. Jhd. führte zur modernen Psychologie in mehreren Richtungen: Die zeitgenössische Philosophie hatte die theoretischen Grundlagen gelegt, die Physiologie (besonders Nerven- und Sinnesphysiologie) gab das methodische Beispiel, sogar aus der Astronomie kamen Anregungen (persönliche Gleichung) für die empirische Erforschung des seelischen Geschehens.

HERBART forderte, Psychologie als Erfahrungswissenschaft und mit Hilfe der Mathematik zu betreiben. DROBISCH setzte sich für eine empirische Ps. nach naturwissenschaftlicher Methode ein. Die Psychologie suchte neuen und festeren Stand als »Wissenschaft ohne Seele« (LANGE). FECHNER nahm die entscheidende Verknüpfung von Experiment und Mathematik vor. Er leitete aus dem WEBERschen Gesetz sein psychophysisches Grundgesetz ab (FECHNERsches Gesetz) und schuf damit als erstes Teilgebiet der experimentellen Psychologie die Psychophysik. Die psychologische Forschung schritt nun rasch voran, zunächst besonders auf dem Gebiet der Wahrnehmungslehre. FECHNER begründete 1876 die Experimentelle Ästhetik. WUNDT richtete 1879 in Leipzig das erste psychologische Laboratorium ein und bildete die Psychologie allmählich zu einer systematischen Wissenschaft aus. Es folgten rasch – besonders durch Schüler von WUNDT – weitere Institute: 1881 Göttingen (G. E. MÜLLER), 1883 Baltimore, John-Hopkins-Univ. (G. St. HALL), 1889 Paris, Sorbonne (H. BEAUNIS u. A. BINET), 1886 Kasan (W. M. BECHTEREW). EBBINGHAUS untersuchte 1885 das Gedächtnis experimentell. Die Zeit um die Jahrhundertwende brachte weitere Bereicherungen. Zu erwähnen sind: Die experimentelle Untersuchung des Denkens und Wollens durch die Würzburger Schule, die Entdeckung der bedingten Reaktion durch PAWLOW, die ersten vergleichenden »Messungen« der Intelligenz von BINET und SIMON, die Begründung der Faktorenanalyse durch SPEARMAN. Das Interesse an der individuellen Besonderheit machte sich stärker geltend (STERN, Differentielle Psychologie). Fast gleichzeitig kamen die ersten praktischen Anwendungen der Psychologie in Pädagogik, Rechtswesen, Wirtschaft und Arbeitslehre. Es entstanden die Anfänge der Pharmakopsychologie.

Außerhalb der akademischen Psychologie begründete FREUD die Psychoanalyse. Als eine Gegenströmung zur experimentellen (naturwissenschaftlichen) Psychologie entstand die geisteswissenschaftliche Psychologie (DILTHEY, SPRANGER). Das 20. Jahrhundert brachte alsbald den Beginn der Gestaltpsychologie (WERTHEIMER, KÖHLER, KOFFKA), sowie die Begründung des Behaviorismus (WATSON), weiter die Anfänge einer empirischen Sozialpsychologie (MOEDE). In den zwanziger/dreißiger Jahren wurden die ersten der heute gebräuchlichen Persönlichkeitstests ausgebildet (RORSCHACH, MURRAY). Auch die wichtigsten Typologien entstanden in dieser Zeit (KRETSCHMER, JAENSCH, JUNG, PFAHLER).

Intensität und Umfang der ps. Arbeit haben seither auf allen Gebieten der Forschung und Praxis sehr erheblich zugenommen. In der Zeit zwischen den beiden Weltkriegen ist – u. a. infolge der Emigration bedeutender Psychologen – die führende Stellung von der deutschen auf die amerikanische Psychologie übergegangen. Das katastrophale Ende des Zweiten Weltkrieges erzwang 1945 im geteilten Deutschland einen schwierigen Weg des Wiederaufbaues der Forschung und Lehre. Dabei leistete das Ausland – besonders auch amerik. Wissenschaftler und Praktiker – wertvolle Hilfe. Für die Lehrstühle fanden sich anfangs nur schrittweise geeignete Persönlichkeiten, die keine oder nur geringe nationalsozialistische Kontakte hatten (was von den Besatzungsmächten mit einem Lehrverbot belegt wurde). Ab 1950–1955 gewann dann endlich in der BRD die Psychologie ihre (heute international) bedeutende Stellung. Die weitere Entwicklung bis zur Gegenwart läßt in der deutschen Ps. gewisse Vorzugsgebiete und (international) neue Interessenfelder erkennen, wie therapeut. Verfahren in der klinischen Ps., Psycholinguistik, ökologische Ps., psycho-physiologische Methodik. – Zur Gegenwartsentwicklung geben die jeweiligen Präsidenten der DGfPs eine Bestandsaufnahme in den Kongreßberichten. Ⓛ ANSCHÜTZ, BORING, DORSCH, FLUGEL, HEHLMANN, MAIKOWSKI u. a. 1976, METZGER, MURPHY, PONGRATZ, ROBACK, SAHAKIAN 1975, WATSON 1978, WERTHEIMER 1971

Psychologie der Aussage →Forensische Psychologie, →Wahrheit

Psychologie des Alterns, die anstelle der syn. gebrauchten Begr. Gerontologie bzw. Gero(nto-)-Psychologie angepaßtere Bez., da das Altwerden nicht auf die »Geronten« beschränkt ist. Das Altern beginnt – geläufige Definition –, wenn im Lebensablauf der Höchststand der ps.-physischen Leistungsfähigkeit überschritten wird und die regressiven Veränderungen vorherrschen. Nach BÜRGER (1960[4]) bedeutet das Altern die negative »Veränderung der lebenden Substanz als Funktion der Zeit«. Doch dieser »Altersabbau«, der exakt genommen schon mit der Geburt beginnt, verläuft sehr unterschiedlich. Das körperliche und das seelisch-geistige Altern sind bald gleich-, bald gegengerichtet: der Alte mit körperlichem Verfall neben ps. Verjüngung ist nicht Ausnahme. Und innerhalb der ps. Funktionen können sehr wohl schwindendes Gedächtnis und rückläufige Erlebnisfähigkeit neben ›Weisheit‹ und gedanklicher Klarheit auftreten. Das um 1920 in den USA entstandene Defizit-Modell (d.h. die linear verlaufende Abnahme von Qualität und Quantität der Leistung und Produktivität) ist nur pauschal als Leitlinie für das gerontologische Geschehen anzuerkennen.

Gesichert erscheint, daß jedes Altern mit der Verlangsamung aller vom ZNS gesteuerten Verhaltensreaktionen einhergeht. Die Annahme eines allg. Faktors »Verhaltensverlangsamung« hat deshalb einige Bedeutung. Sie wurde auch durch weitere Annahmen zu stützen gesucht; so erklärt die *»neural noise«*-Hypothese die Verlangsamung damit, daß die ungerichtete neurale Aktivität im Alter gesteigert ist (neurales →»Rauschen«) und die absoluten Schwellen, weniger die Unterschiedsschwellen, gestört sind (→BIRREN 1972). Nach der *»excitability«*-Hypothese soll die unterschwellige Erregung der Neuronen das altersbedingte Nachlassen des retikulären Aktivierungssystems mit verlängerten Synapsenzeiten, die Verhaltensverlangsamung auslösen (BIRREN a. a. O.).

Doch die Ps. d. A. wird heute mehr als bisher auch aus sozialps. Überlegungen zu deuten gesucht. Der alternde Mensch – so wird gesagt – altert vor allem auch durch seine sich wandelnde und zunehmend schlechter werdende sozialps. Position. Eine Austauschtheorie (HOMANS 1968, BLAU 1967[2]) besagt hierzu, daß der »soziale Austausch« (der *»do ut des«*-Mechanismus), der auf den meisten Altersstufen zum Vorteil der Partner funktioniert, dem alten Menschen gegenüber versagt. MARTIN (1971) hebt hierzu als Beispiel hervor, wie gegenwärtig nur allzuoft vor dem Ableben des alten Menschen der Austausch ehemals empfangenen Nutzens so weit abgeschlossen ist, daß der »Kosten-Nutzen-Vergleich bei den letzten Erkrankungen nicht mehr die Belastung der häuslichen Pflege rechtfertigt, sondern zur Überweisung ins Krankenhaus führt« (zit. nach SCHNEIDER 1974, 183). – Die Disengagementtheorie (CUMMING u. HENRY 1961) betont ähnlich die im Alter abnehmende Rollenaktivität. »Wenn der Alternsprozeß abgeschlossen ist, hat das Gleichgewicht, das im mittleren Erwachsenenalter zwischen dem Individuum und seiner Gesellschaft bestand, einem neuen Gleichgewicht Raum gegeben, das durch eine größere Distanz und durch einen veränderten Typus der Beziehungen gekennzeichnet ist« (a. a. O. 14). – Anders sieht die Aktivitäts-Theorie den Zusammenhang, indem sie die Möglichkeit bejaht, durch altersangepaßte Aktivitäten ›Verluste‹ auszugleichen und damit ›erfolgreiches Altern‹ zu ermöglichen (wozu jedoch kritisch zu fragen ist, wie dies in unserer Gesellschaft, die den geistig-seelischen Abbau der Alten mehr fördert als ihn zu mindern, möglich sein soll. LEHR empfiehlt die psychologische Intervention als eine neue Aufgabe der Gerontologie). – Eine →*compensatory-engagement-hypothesis* (HAVIGHURST 1969) geht von Beobachtungen aus, die zwischen Disengagementtheorie und Aktivitätstheorie vermitteln. – Die Minoritäts- und die Sozialisationstheorie beachten weitere Ausschnitte im Alternsverlauf. Die erstere mit der Betonung, daß die Alten eine Minderheit darstellen mit der generell allen Minderheiten zukommenden Negativität im sozialen Gefüge und die Sozialisationsthese hebt hervor, daß die Verhaltenssteuerung über das gesamte Leben immer neu gelernt werden muß, dieses »Lernen« aber mit zunehmendem Alter versagt. Teils weil »der Alte« versagt, teils weil die Gesellschaft die notwendige Hilfsstellung verweigert.

Die Ps. d. A. ist nicht bloß ein »akademisches« Forschungsproblem. Heute muß diese Ps. sogar wichtige praktische Aufgaben lösen helfen, sowohl im Interesse des einzelnen alten Menschen, der zumeist immer noch in aussichtsloser Abwehr gegen sein individuelles Altersschicksal angeht, wie nicht minder im Interesse der Gesellschaft, die dadurch, daß der Anteil der Alten an der Gesamtbevölkerung ansteigt, vor einer schwierigen Situation steht. Ⓛ LEHR 1977, REIMANN u. REIMANN 1974, H.-D. SCHNEIDER 1974

psychologisch, auf die Psychologie bezüglich, zur Psychologie gehörig. Vgl. psychisch

psychologische Diagnostik, die in Abgrenzung zu anderen diagnostischen Verfahren (z. B. medizinische Diagnostik) gewählte Bez. für alle Methoden und deren Anwendung, welche zur Messung bzw. Beschreibung inter- und intraindividueller ps. Unterschiede verwendet werden.

Während vereinzelte unsystematische, aber auch systematische Versuche zur Diagnose und Prognose von Verhaltensweisen bis in die frühe chinesische und urchristliche Kulturepoche zurückreichen, ist eine wissenschaftl. ps. D. in der westlichen Welt erst zu dem Zeitpunkt zu verzeichnen, als neben der am klassischen Experiment orientierten exp. Ps. die Fragestellung nach persönlichkeitsbedingten, zwischen Individuen variierenden Reaktionsweisen erkannt, als Fragestellung formuliert und systematisch untersucht wurde. Als Begründer dieser different. Betrachtung ist F. GALTON zu nennen, der den Anstoß für ps. d. Methoden gegeben hat. Für den Bereich der temperamentsbezogenen Eigenschaften wurden entsprechende Initiativen zur Entwicklung objektiver Meß- bzw. Beschreibungsverfahren durch pragmatische Fragestellungen der Systematisierung u. Ökonomisierung von psychiatrischen Klassifikationen angeregt. Obwohl die Forschungsbemühungen seit einem halben Jhd. auf diesen Gebieten intensiv vorangeschritten sind, ist zum heutigen Zeitpunkt in keiner Weise weder im Bereich der Grundlagenforschung noch in der Anwendung ein Forschungsstand erreicht, welcher als befriedigend bezeichnet werden kann. Während über längere Zeit die exp. und different. Ps. in keinem aufeinander bezogenen Verhältnis standen, wird erst heute die Beziehung von ps. D. und allg. (exp.) Ps. wieder gefordert. Diese Verbindung liegt nahe, da die formale oder logische Struktur des Experiments und des Tests gleich oder ähnlich ist. Nur die Ziele der beiden Verfahren sind unterschiedlich. Während das →Experiment über eine Anzahl von Pbn zu allg. Gesetzmäßigkeiten kommen will, soll ein Testwert bei einer Vp die Ausprägung einer Dimension oder Funktion innerhalb eines definierten Kontinuums angeben. Genau wie im Experiment ein Verhalten über eine Aufgabe provoziert wird, zielt der Test auf eine Verhaltensstichprobe ab. Von dieser Verhaltensstichprobe soll auf ein zu diagnostizierendes bzw. prognostizierendes Verhalten geschlossen werden. Dieser Schluß vom Index zum Indizierten kann nicht beliebig gezogen werden. Die empirische Sicherung der Beziehung von Testverhalten und Realverhalten wird über verschiedene Stationen der Ermittlung der →Testgütekriterien vorgenommen. Weist ein solches diagnost. Verf. die Kriterien der Standardisierbarkeit und Kontrollierbarkeit auf, so spricht man von einem Test. Eine in diesem Gesamtrahmen zu sehende Forschungssystematik ist die der Einteilung und Abgrenzung von Variablen oder Variablenbereichen. Daraus resultiert die mögliche Einteilung der psychodiagnostischen Tests nach den Variablen der →Intelligenz, der →Persönlichkeit, der →Motive und →Einstellungen. Während der Sektor der intellektuellen und allgemeinen Leistungen sowohl durch theoretisch gut fundierte als auch von der Praxis her als relevant geforderte Verfahren mit Tests gut repräsentiert ist, haben die auf die Persönlichkeitseigenschaften übertragenen Methoden zu einem wesentlich weniger befriedigenden Stand geführt. Entsprechend der im grundlagenwissenschaftlichen Bereich noch nicht weit fortgeschrittenen Motivations- bzw. Interessenanalyse sind auf diesem Gebiet nur wenige, wissenschaftl. fundierte Verfahren zu verzeichnen. Der Sachverhalt, daß psychodiagnostisch relevantes Verhalten sich in sehr verschiedenen Situationen beobachten, provozieren, auswerten und anwenden läßt und daß es sehr viele Vorstellungen und Definitionen von Persönlichkeit gibt, hat gleichfalls zur heutigen Situation beigetragen. Auch der Umstand, daß sich sehr viele Verfahren in der Standardisierung nicht bewährt oder grundsätzlich für diese nicht geeignet haben, reduziert die Vielfalt an möglichen Informationsquellen. Auf diese Weise haben sich in der Anwendung die →Persönlichkeitsfragebogen, die →objektiven Tests und die →projektiven Verfahren mit unterschiedlicher Bewährung durchgesetzt. Wenn auch die Funktion der ps. D. vorrangig als diejenige der optimalen Hilfe für die Entscheidungsfindung betrachtet werden kann, so sollte nicht unberücksichtigt bleiben, daß zwischen ps. D. und empirischer Persönlichkeitsforschung ein Interdependenzverhältnis besteht. Die Persönlichkeitsforschung erarbeitet den Rahmen, in dem sich die ps. D. beschreibend, messend, klassifizierend, prognostizierend bewegt. Auf der anderen Seite sind die Verfahren der ps. D. Meßverfahren und Hilfsmittel für die empirische Persönlichkeitsforschung. Die ps. D. muß bezüglich der von ihr zu diagnostizierenden Einheiten und der damit in Zusammenhang stehenden Meßtechniken gewisse Grundannahmen machen. Die klassische Diagnostik geht im ersten Punkt von relativ konstanten Eigenschaften und Dimensionen aus und hat für die Meßstrategien hauptsächlich die →Testtheorie zugrunde gelegt.

So haben Mißbrauch der Testverfahren, inadäquate Anwendung, die mangelnde Bereitschaft, überalterte Verfahren aufzugeben und neue, adäquate Konzeptionen zu realisieren, das Unbehagen in der ps. D. über die Grenzen der wissenschaftl. Kontrolle und Anwendung zu den von der ps. D. betroffenen Pbn und der breiten Öffentlichkeit getragen. In dem Maße jedoch, in dem auf der Grundlage von bewährten Verfahren neuere Konzeptionen mit einbezogen werden, wird sich die Qualität von wissenschaftl. fundierten und bewährten Verfahren gegenüber unqualifizierten Techniken als Vorteil herausstellen. Verbesserungen bisheriger Methoden und die Verwirklichung neuer Ansätze kennzeichnen heute bereits die ps. D. So wird z. B. zur Erhöhung der Ökonomie von diagnostischen Maßnahmen und zur Stärkung der Effektivität auf die Computerhilfe zurückgegriffen (→Computerdiagnostik). Im Bereich der Meßverfahren kommt den →objektiven Tests (speziell psychophysiol. Meßverfahren) mehr Bedeutung zu. Auch die für klinische und therapeutische Zwecke notwendige Diagnostik des Einzelfalls, z. B. speziell für therapeutische Kontrollen, wird von der ps. D. in neuerer Zeit stärker aufgegriffen. Ⓛ ANASTASI 1968, ARNOLD 1972, CRONBACH 1970, HARTMANN 1970, MEILI u. STEINGRÜBER 1978[6] *Hä-R*

psychologische Ökologie, von LEWIN vorgeschlagener Begriff (1963, 206), unter dem sich die Ps. mit bestimmten »nichtpsychologischen« Gegebenheiten befassen sollte, und zwar solchen, die »Grenzbedingungen des Lebens des Individuums und der Gruppe« mitkonstitutieren, beispielsweise Klima, Verkehrsverhältnisse, Gesetze eines Landes oder einer Organisation, und die somit gleichsam rahmenhafte Vorgaben für (ps. relevante) Situationen und Handlungen bilden. *K-I*

P

Psychologismus, einerseits die Überbewertung der Psychologie als Grundlage aller Wissenschaften, andererseits ein Urteil im abwertenden Sinne. • Im Begr. P. steckt auch die Frage, ob die Ps. eine Wissenschaft der Erkenntnis von Gesetzmäßigkeiten und Normen sei, oder ob solche Werte nicht erklärt werden können.

Psycholyse, psycholyt. Therapie, die von R. A. SANDISON u. a. in den USA eingeführten Verfahren der Ergänzung der psa. Behandlung durch Anwendung von →Halluzinogenen (LSD, Meskalin)

Psycholytika →Psychopharmaka

Psychom, Bez. für das psychische Geschehen (so bei HAECKEL und FOREL). • HELLPACH hat den Begr. auch für die seelische Verfassung im Zusammenhang mit dem körperlichen (auch krankhaften) Geschehen (unter Berufung auf HAECKELS →Genom) eingeführt. So beschreibt HELLPACH (1946) das P. des Fiebers, der Tuberkulose u. a. m. Ⓛ HELLPACH

Psychometrie, ursprünglich die Untersuchung der zeitlichen Verhältnisse in den seelischen Vorgängen, heute die Messung ps. Erscheinungen ganz allgemein, auch das Forschungsgebiet, das sich mit der Messung des Ps. beschäftigt.

Die P. hat sich aus der →Psychophysik entwickelt, ihr Gegenstand ist weit umfangreicher: Untersuchung der funktionalen Beziehungen zwischen ps. oder zwischen ps. und nichtps. Variablen und Herstellung ps. Skalen (→Skala, Skalierung). Es handelt sich dabei (a) um Beziehungen zwischen Reizen und den dadurch hervorgerufenen Erlebnissen. (Dies ist der Problemkreis der Psychophysik im herkömmlichen Sinn.) Der Ausdruck »Reiz« ist dabei weit gefaßt, es können damit alle Gegebenheiten außerhalb des Organismus gemeint sein. Weitere Forschungsbereiche bilden

(b) die Beziehungen zwischen körperlichen (physiologischen) Vorgängen und ihren ps. Korrelaten (z. B. zwischen einer körperlichen und einer emotionalen Veränderung) und (c) die funktionalen Beziehungen der ps. Variablen untereinander, z. B. zwischen der Verlaufszeit eines seelischen Vorgangs und dem Grad der Motivation. Die unter (b) und (c) genannten Problemkreise sind bis jetzt weit weniger erforscht worden, als der unter (a) angeführte, doch bildet die psychometrische Forschung einen Schwerpunkt der ps. Forschung überhaupt. Sie besitzt auch wachsende praktische Bedeutung. →Paarvergleich, →Rangordnung, →Schätzverfahren, →Wahlmethode, →Psycholexie Ⓛ GUILFORD, TORGERSON, THURSTONE, WOODWORTH-SCHLOSBERG. ● In der Parapsychologie ist P. (engl. *token object reading*) diejenige außersinnliche Wahrnehmung, die über (durch) ein Objekt möglich sein soll.

psychometrische Funktion ⟨URBAN⟩, Bez. für ermittelte Abhängigkeiten, dargestellt in einer S-förmigen, der →Ogive ähnlichen Kurve

Psychomimetika, Substanzen, durch die psychoseähnliche Symptome, sog. experimentelle Psychosen (»Modellpsychosen«) erzeugt werden. Beispiele: Meskalin, Lysergsäurediäthylamid. →Psychopharmaka

Psychomotilität →Psychomotorik

Psychomotorik, jede Bewegung aller Organismen wäre ungeregelt und unzweckmäßig, wenn sie ohne Ordnung und Organisation erfolgte.

Dabei ist diese Organisierung mehrstufig. Es gibt Bewegungen, bei denen ein gewisser Automatismus, einige Spontaneität und Koordination zu beobachten ist. Solche Bewegungen faßt man mit dem Begr. Motilität zusammen (z. B. Motilität der Magen- und Darmwände, reflektorische Motilität). In der Motorik werden demgegenüber schon Brücken zum Psychischen geschlagen. Sie ist willkürlich und zeigt bestimmte ps. durchwirkte Verlaufsformen (z. B. →Gang, →Mimik). Der Begr. Psychomotorik akzentuiert darüber hinaus weitgehend den ps. Anteil bei der Motorik. Hier sind Ausdrucksbewegungen und die Leistungsbewegungen zugehörig. – Die Erforschung aller Motorik geschieht durch Verhaltens- und Erlebnisbeobachtung einschließlich der Beachtung der anatomischen und physiologischen Vorgänge. Weitgehend werden →Bewegungsstudien zugezogen. – Alle Motorik ist abhängig von Erfahrung und Temperament. Daher auch die Möglichkeit, von einem individuellen ps. Tempo zu sprechen (persönliches Tempo). Im Vordergrund des Interesses stehen bei der Leistungsmotorik Fragen der Koordination (z. B. Beidhandkoordination), der Übung (wann, wie und in welchem Maß wird eine zweckmäßige Bewegung erreicht), des Transfers (wenn eine Bewegung beherrscht wird, beherrscht man dann auch andere), der Arbeitsökonomie (z. B. Arbeit an Kurbeln). In der Ausdrucksmotorik werden dann noch die mimischen und pantomimischen Bewegungen als Zugang zur Individualität und damit zur Persönlichkeit benutzt. →psychomot. Faktoren, →Bewegungsanalyse. Ⓛ BUYTENDIJK, FONTES, FRISCHEISEN, KAMINSKY, KLEMM

psychomotorische Faktoren, um sowohl die Anzahl der gegeneinander abgrenzbaren Dimensionen zu erheben, als auch Tests zur Vorhersage des psychomotorischen Leistungsverhaltens bei Eignungsuntersuchungen verwenden zu können, wurde mit der Methode der →Faktorenanalyse versucht, sämtliche Leistungen, bei welchen motorische Prozesse eine Rolle spielen, auf die hinter ihnen stehenden hypothetischen Konstrukte zurückzuführen.

Je nach einbezogenen psychomot. Variablen und Testverfahren wurde eine unterschiedliche Anzahl von Faktoren ermittelt, GUILFORD (1964) gibt in einer Matrix für die psychomot. Faktoren einen Überblick über bisher bekannte Dimensionen. Der Stärkefaktor resultiert aus Leistungsproben der verschiedenen Körperteile. Motorische Leistungsproben, bei denen der Kräfteeinsatz maßgeblich ist, um die Bewegung in Gang zu bringen, lassen sich unter den Faktor Beschleunigung oder Antrieb zusammenfassen. Die Schnelligkeit, mit der eine Bewegung dann weiter durchgeführt wird, bildet bezüglich der verschiedenen Gliedmaßen ebenfalls einen Faktor, den der Geschwindigkeit. Der Faktor des statischen Gleichgewichts resultiert aus Aufgaben des Balancierens. Werden bei etwas schwierigeren Bewegungsaufgaben Genauigkeitsleistungen verlangt, so lassen sich diese ebenfalls wieder faktoriell zusammenfassen (dynamischer Genauigkeitsfaktor). Je nachdem, welche Körperteile für die Koordination von Bewegungen benötigt werden, lassen sich Handgeschicklichkeitsfaktoren oder Fingerfertigkeitsfaktoren ermitteln. Die für sportliche Tätigkeiten notwendige allgemeine Beweglichkeit läßt sich auch faktorenanalytisch unter Heranziehung solcher »Flexibilitätsübungen« als Gelenkigkeitsfaktor nachweisen (→Tab.)

PAWLIK (1968) hat die verschiedenen psychomotorischen Faktoren nach dem Grad ihrer Bestätigung zusammengestellt. Mit apparativen Tests (z. B. →pursuit-rotor) konnte der Faktor der psychomotorischen Koordination gesichert werden. Der Faktor der Zielbewegungskoordination *(aiming)* wird gefunden, wenn mit Papier- und Bleistifttests Aufgaben wie *dotting* durchgeführt werden. Werden bei der Bewegungsausführung Handgelenk und Armgelenk mitbenutzt, so läßt sich der Faktor *tapping* ermitteln. Werden Arm-Hand-Bewegungen auf ihre feinmotorische Sicherheit hin beansprucht, so läßt sich aus diesen Aufgaben der Faktor der Bewegungsruhe *(stea-*

Betroffene Körperteile	Art der Befähigung						
	Stärke	Stoß-Vermögen	Schnellig-keit	Genauigkeit		Koordi-nation	Gelenkig-keit
				statische	dynam.		
molar	allg. Körper-stärke	allg. Reaktions-zeit		stat. Gleich-gewicht	dynam. Gleich-gewicht	molare Körper-koor-dination	
Rumpf	Rumpf-stärke						Rumpf-gelenkig-keit
Glieder	Glieder-stärke	Glieder-propa-gation	Armge-schwindig-keit	Arm-sicher-heit	sicheres Arm-zielen		Bein-gelenkig-keit
Hände		Klopfen	Handge-schwindig-keit		sicheres Hand-zielen	Handge-schick	
Finger			Fingerge-schwindig-keit			Finger-geschick	

Matrix für die psychomotorischen Faktoren (nach GUILFORD 1964)

diness) ableiten. Als speziellere Faktoren der Psychomotorik ist der Faktor der Händigkeit, das allgemeine motorische Tempo und die Artikulationsgeschwindigkeit aufzuführen. Unter diesen Faktoren könnten auch noch diejenigen, welche sich mit der Schreibmotorik in Beziehung bringen lassen, hinzugerechnet werden. Ⓛ FLEISHMAN 1954 *Hä-R*

psychomotorische Verblödung, Bez. von KLEIST für die →Katatonie. →affektive Verblödung

Psycho(neuro)endokrinologie, eine neuere Forschungsrichtung, die mit allen Problemen der endokrinen Verhaltenssteuerung (insbesondere bei psychopathologischen Störungen) befaßt ist. →Hormone. Ⓛ M. BLEULER

Psychoneurosen, nach FREUD diejenige Gruppe der →Neurosen, deren ps. oder somatische Symptome Ausdruck einer unvollständigen Triebverdrängung auf dem Hintergrund eines chronischen, meist schon in die frühe Kindheit zurückreichenden Triebkonflikts darstellen. Je nach der Triebabwehr und dem Triebschicksal entwickeln sich die einzelnen Formen der P. (1) hysterische Syndrome (einschließlich der →Organneurosen); (2) die phobischen Syndrome (→Phobie); (3) die anankastischen Syndrome (→Zwang); (4) die Charakterneurosen. Die P. werden von FREUD den vegetativen oder →Aktualneurosen gegenübergestellt.

psychonom, dem Bereich des Psychischen zugehörig, seelischer Gesetzmäßigkeit unterstehend. • Bez. für alles, was nur im Zusammenhang mit seelischen Erscheinungen nachweisbar ist. Ggs.: apsychonom.

psychoorganisches Syndrom →Psychosyndrom

Psychopath, wörtl. der »seelisch Leidende«, d. h. der in besonderer Weise von der Norm ps. Verhaltens Abweichende. Nach K. SCHNEIDER (1976[11]) »Persönlichkeiten, die an ihrer Abnormität leiden oder unter deren Abnormität die Gesellschaft leidet«. Jetzt wird der Begr. P. durch den der →»abnormen Persönlichkeit« ersetzt.

Psychopathia sexualis →Sexualität (Tabelle)

Psychopathie, wörtlich die »Krankheit« des →Psychopathen. 1888 wurde erstmals durch den Psychiater J. L. A. KOCH die Formgruppe »psychopathische Minderwertigkeit« abgegrenzt. Die P. bezieht sich vor allem auf eine abnorme (negative) charakterliche Abweichung (Affektivität, Willensbildung). Die Schwierigkeit der Abgrenzung der P. gegenüber Formen der Psychose und Neurose hat dazu geführt, daß der P.begriff heute vielfach gemieden wird. Man hat unterschiedliche »Formen« der P. abgegrenzt, →Tabelle; vgl. Soziopathie, medizinisches Modell

Formen der Psychopathie

anankastische	heitere
asthenische	hyperthyme
autistische	hypochondrische
depressive	hypomelancholische
dysphorische	hypothyme
dysthyme	idiopathische
emotive	kriminelle
epileptoide	paranoide
erregbare	phlegmatische
euphorische	poikilothyme
explosible	querulatorische
fanatische	schizoide
geltungssüchtige	stimmungslabile
gemütlose	triebanomale
haltlose	willenlose
heboide	zyklothyme

Psychopathologie, die Wissenschaft von den krankhaften Veränderungen des Seelenlebens (besonders von den Psychosen und Psychopathien). Sie bildet die wissenschaftliche Grundlage der Psychiatrie.

Der Entwicklung nach geht die P. entsprechend der Bedeutung ihres Themas weit zurück. Man kann THOMAS VON AQUIN mit seinem Kommentar (zum ersten ps. Lehrbuch »de anima« von ARISTOTELES) an die Spitze stellen, da dieser dort – allerdings von einem philosophischen Standpunkt ausgehend – auch ps. Störungen beschrieben hat. Neuzeitlichen Auftrieb bekam die P. jedoch erst im 19. Jhd. mit dem gleichzeitigen Wachsen der Psychiatrie und Neurologie und insbesondere durch die Erkenntnisse um die Hypnose und Suggestion, sowie um die Hysterie. Namen wie BERNHEIM, LIEBAULT, JANET, CHARCOT, RIBOT belegen dies, wozu für das 20. Jhd. die Anregungen kommen, die von S. FREUD und seinen Nachfolgern ausgehen. Nicht minder hat die Psychiatrie und ihre Wandlung auf die Entfaltung der P. gewirkt. Die »Schilderer« (wie GRIESINGER, KRAEPELIN und viele andere), ebenso die gegensätzlichen »Analytiker« (WERNICKE u. a.) sind hierbei die Anreger bis K. JASPERS dann die P. »zum Rang einer methodisch gegliederten Wissenschaft« erhob – wie KOLLE sagt. Ⓛ BASH, BLEULER, BRUN, GRUHLE, HOFF, JASPERS, KOLLE, KRETSCHMER, WYRSCH

Psychopharmaka, Substanzen (Wirkstoffe), die am ZNS (z. T. über das VNS) ansetzen und das Erleben wie das Verhalten (überwiegend reversibel) verändern. Zu den P. gehören viele Stoffe (neben den beruhigenden, anregenden und erregenden Arzneimitteln auch Genußmittel wie Kaffee, Tee und Alkohol). Vielfach läßt man heute nur noch die modernen, seit 1952 chemisch neu entwickelten und zu weltweiter Verbreitung gekommenen Stimulantien, Tranquillantien, Neuroleptika und Psychosomimetika (Halluzinogene) als P. gelten.

Die Vielzahl und die Wirkungsvielfalt hat es mit sich gebracht, daß die P. mit sehr verschiedenen Bez. belegt sind und auch nur unbefriedigend systematisch geordnet bzw. klassifiziert werden können. Faktoren wie die Dosierung, die Situation, in der sich der Patient oder Benützer befindet, aktuelle und habituelle Persönlichkeitsmerkmale variieren zudem die Substanzwirkung oft entscheidend. Dies hat auch zu unterschiedlichen Einteilungen der P. für den Bedarf einzelner Fachgebiete (Pharmakologie, Psychiatrie, Psychologie) geführt. Die beiden Tabellen 1 und 2 auf Seite 533/534 erläutern die Vielfalt der Begriffe und die gegenwärtig gebräuchlichste Einteilung.

Psychopharmakologie, Teilgebiet der →Pharmakologie, das sich mit der Erforschung physiologischer, biochemischer und ps. Wirkungen von chemischen Stoffen befaßt, insbesondere den psychotropen Substanzen. →Pharmakopsychologie, →Psychopharmaka *J-E*

Psychophonetik, neuere und randunscharfe Bez. für ein uneinheitliches Forschungsgebiet mit heterogenen ps. Fragestellungen, die mit der →Phonetik des lautsprachlichen Verhaltens (→Sprechen) zu tun haben (formal analoge Bildungen: Psychosemantik, Psychosyntaktik).

Im Rahmen einer P. kann man Probleme behandeln, die zusammenhängen (1) mit der Psychomotorik der →Artikulation; (2) mit psychisch oder zentralnervös bedingten Störungen der Artikulation (→Sprechstörungen); (3) mit der phonetischen Seite der Sprachwahrnehmung (→Sprachrezeption), insbesondere (4) mit der perzeptiven Verarbeitung phonetischer Reizmuster im internalisierten System der einzelsprachlichen →Phoneme (Lautklassen) und ihren →distinktiven Merkmalen (JAKOBSON u. HALLE 1956); (5) mit der Silbengliederung (→Silbe) des phonetischen Reizflusses; (6) mit diachronischen (sprachgeschichtlichen) Phänomenen wie Lautverschiebungen unter ps. Aspekt; (7) mit dem Zusammenhang zwischen der Lautgestalt eines Wortes und der zugeordneten Bedeutung (→Lautsymbolik, →Lautgebärde, →Lautmalerei); (8) mit intraindividuellen Varianzen der →Phonation (Realisierung des phonetisch Standardisierten) bei verschiedenen Motivations- und Affektlagen; (9) mit interindividuellen Varianzen der Phonation, insbesondere habituellem Sprechausdruck (→Sprachdiagnostik), der mit generellen Merkmalen der individuellen Persönlichkeit zusammenhängen kann (→Ausdruckspsychologie). *E-L*

P

Psychophysik, Lehre von der Beziehung zwischen Seele und Körper, insbesondere die Wissenschaft von den Beziehungen zwischen physischen Reizen und den ihnen entsprechenden Erlebnissen. Das Interesse der P. richtete sich im Laufe ihrer historischen Entwicklung auf verschiedene Teilprobleme:

Das älteste Problem der P. ist die Bestimmung von →Reizschwellen und →Unterschiedsschwellen für die verschiedenen Sinnesempfindungen. E. H. WEBER (1834) entdeckte bei Untersuchungen über den Tastsinn die nach ihm benannte Regelhaftigkeit (→WEBERsches Gesetz), daß die relative Intensitätsunterschiedsschwelle (zumindest in mittleren Reizbereichen) eine Konstante darstellt. G. Th. FECHNER und G. E. MÜLLER entwickelten die wichtigsten Methoden zur Bestimmung von Reiz- und Unterschiedsschwellen. →psychophysische Methoden

G. Th. FECHNER (1850), der als Begründer der wissenschaftlichen P. gilt, leitete aus dem WEBERschen Gesetz unter Hinzufügung der Annahme, daß eben merkliche Unterschiede über die ganze Skala der Reizgrößen hinweg subjektiv gleich groß seien, das nach ihm benannte →FECHNERsche Gesetz $E = k \log R + c$ ab, wonach die Empfindungen E in arithmetischer Reihe wachsen, wenn die Reize R in geometrischer Reihe zunehmen. PLATEAU (1872) und MERKEL (1888) gingen nicht, wie FECHNER, von Schwellenbestimmungen und Zusatzannahmen über die Größe eben merklicher Empfindungsunterschiede aus, um die Empfindungsgrößen zu skalieren (indirekte Skalierungsmethoden), sondern benützten Ver-

Tab. 1 Gruppen von psychotropen Substanzen und deren Wirkungsweise

1 Analeptika	15 Neuroplegika	29 Psychotonika
2 Analgetika	16 Phantastika	30 Psychotoxika
3 Antidepressiva	17 psychodelics	31 Relaxantien
4 Anxiolytika	18 Psychoanaleptika	32 Sedativa
5 Ataraktika	19 Psychodysleptika	33 Stimulantien
6 Eidetika	20 Psychoenergizer	34 Thymoanaleptika
7 Energetika	21 Psycholeptika	35 Thymoleptika
8 Excitantia	22 Psycholytika	36 Thymoplegika
9 Halluzinogene	23 Psychoplegika	37 Tranquilizer
10 Hypnotika	24 Psychosedativa	38 Tranquillantien
11 major tranquilizer	25 Psychosomimetika	39 true drug
12 minor tranquilizer	26 Psychostimulantien	40 Wahrheitsdroge
13 Narkotika	27 Psychotogene	41 Weckamine
14 Neuroleptika	28 Psychotomimetika	

anregend aktivierend belebend	beruhigend dämpfend entspannend	abnorme Zustände erzeugend
z. B. Nrn. 1, 3, 7, 8, 18, 20, 26, 29, 31, 33, 41	z. B. Nrn. 2, 4, 5, 10, 12, 13, 14, 15, 18, 31, 32, 36, 37, 38	z. B. Nrn. 6, 7, 9, 16, 17, 19 25, 30

Analeptika: anregende bis erregende Substanzen; Analgetika: Mittel zur Schmerzminderung bzw. -ausschaltung; Antidepressiva: Mittel zur Stimmungsaufhellung, Dämpfung der Unruhe und Agitiertheit bei Depressiven; Ataraktika: syn. mit Tranquillantien; Anxiolytika: von Angst befreiende Wirkstoffe; Eidetika: bilderspendende Wirkstoffe; Energetika: syn. mit Psychotonika; Excitantia: Atmung, Herz u. Kreislauf anregende Mittel; Halluzinogene: Halluzinationen erzeugende Stoffe; Hypnotika: Schlafmittel; major tranquilizer: syn. mit Neuroleptika; minor tranquilizer: syn. mit Tranquillantien; Narkotika: Narkoseeinleiter; Neuroleptika: vegetativ ausgleichende, psychisch dämpfende, aber ohne Bew.beeinträchtigung wirksame Mittel zur Behandlung von Schizophrenien; Neuroplegika: syn. mit Neuroleptika; Phantastika: syn. mit Halluzinogene; psychodelics: syn. mit Psycholytica; Psychoanaleptika: Substanzen mit vorwiegend anregender Wirkung (dazugehörig: Stimulantien, z. T. Antidepressiva); Psychodysleptika: syn. mit Psycholytika; Psychoenergizer: syn. mit Antidepressiva und Psychotonika; Psycholeptika: Substanzen mit vorwiegend dämpfender Wirkung (dazugehörig: Neuroleptika, Tranquilizer, Hypnotika, Narkotika); Psycholytika: syn. (mehr/minder) mit Eidetika, Depersonalisantien, Phantastika u. a. Gruppenbez. für Substanzen, die einen von der personeigenen Norm abweichenden Zustand hervorrufen; Psychosomimetika: Auslöser psychoseähnlicher Zustände; Psychotonika: Stoffe mit anregender Wirkung, syn. mit Psychostimulantien; Psychotoxika: syn. Halluzinogene, Psychosomimetika; Relaxantien: Mittel mit entspannender, ausgleichender Wirkung.

	Psycholeptika									Psychoanaleptika				Psychodysleptika	
	Neuroleptika	Tranquilizer	Hypnotika	Narkotika	Anästhetika		Analgetika		Alkohol	Antidepressiva	Stimulantien		Förderer cerebraler Aktivität	Psychotomimetika	Rauschmittel
					allg. A.	lokale A.	zentrale A.	periphere A.			zentrale Analeptika	Psychostimulantien			
Untergruppen und Präparatbeispiele	*Phenothiazine* Chlorpromazin (Megaphen [R]) *Butyrophenone* Haloperidol (Haldol [R]) *Rauwolfia-Alkaloide* Resurpin	Meprobamat (Miltaun [R]) *Benzodiazepine* Diazepam (Valium [R]) Chlordiazepoxyd (Librium [R])	*Barbiturate* Phenobarbital (Luminal [R]) *Nicht-Barbiturate* Gluthetimid (Doride [R])	*Inhalations-N.* Lachgas (= Stickoxydul) Halothan *Injektions-N.* Hexabarbital (Evipan [R])	Stickoxydul (Lachgas)	Procain (Novocain [R])	Morphin	Acetylsalicylsäure (Aspirin [R])		*Trizyklische A.* Imipramin (Tofranil [R]) *Monoaminooxidasehemmer* Iproniazid	Pentetrazol	*Amphetamine* Methamphetamin (Pervitin [R]) *Nicht-Amphetamine* Fenetyllin (Captagon [R])	Cinnazizin (Stutgeron [R]) Piracetam (Normobrain [R])	LSD Meskalin	*Kokain* *Cannabis-Derivate* (Haschisch, Marihuana) *anticholinergica* Atropin
Globales Wirkungsmerkmal	Reduktion von Erregung und psychotischer Erlebnisproduktion	Reduktion von Erregung und Angst	Schlafinduktion, in hohen Dosen Ausschaltung des Bewußtseins	Ausschaltung des Bewußtseins	Allgemeine Blockierung sensorischer Empfindungen	örtlich begrenzte	Schmerzhemmung		Dämpfung von Erregung, Sedierung	Aufhellung der Stimmung und Antriebssteigerung (bei Depression)	Erregung des ZNS	Subjektive und objektive Aktivierung, Beseitigung von Müdigkeit	Normalisierung gestörter kognitiver Funktionen	Wahrnehmungs- und Denkstörungen, Ichstörungen	Bewußtseinserweiterung
Therapeutische Anwendung	Schizophrenie	Angst; Spannung vegetative Dystonie	Schlafstörung, Erregung, Narkose	Narkose	größere Operationen	Zahnextraktion, örtliche Eingriffe	Schmerz		–	Depression	Heilkrämpfe bei therapieresistenten Depressionen und Schizophrenien	Erschöpfung	cerebrale Insuffizienz	–	–

Tab. 2 Feingliederung von Psychopharmaka, Beispielsubstanzen, globale Wirkungsmerkmale und therapeutische Anwendung nach Janke 1981a.

fahren, welche eine direkte Beurteilung der Größenbeziehungen von Empfindungen durch die Vp erforderten, heute als »direkte Skalierungsmethoden« bezeichnet (→Skalierung). So entwickelte der Erstgenannte die »Methode der mittleren Abstufung«, welche die Herstellung eines Reizes verlangt, der empfindungsmäßig in der Mitte zwischen zwei vorgegebenen Reizen liegt. Letzterer wandte bereits die sogenannte »Verhältnisherstellungsmethode« an, indem er Reizstärken subjektiv verdoppeln ließ. Die Beziehung der solcherart gewonnenen subjektiven Skalenwerte ψ zu den Reizwerten φ entsprach nicht dem FECHNERschen Gesetz, sondern, wie STEVENS (1953) für verschiedene Sinnesgebiete bestätigen konnte, einem →Potenzgesetz $\psi = k\varphi^n$. Dies ist gleichbedeutend mit einer doppelt-logarithmischen Abhängigkeit $\log \psi = n \log \varphi + k$.

Neben der Diskussion über die Diskrepanzen zwischen den beiden mittels verschiedener Methoden gewonnenen »Gesetzen« wird von Anbeginn der P. an auch eine Kontroverse über die Ursachen des Zustandekommens einer einfach- bzw. doppelt-logarithmischen Reiz-Empfindungsurteils-Beziehung geführt. Die Transformation könnte am Übergang von Reiz zu physiologischer Sinneserregung, von Sinneserregung zu Empfindung oder von Empfindung zu quantitativem Urteil stattfinden. Im Vordergrund der Auseinandersetzung steht einerseits die Hypothese einer elektrophysiologischen Transformation von Reiz zu nervöser Erregung, andererseits die Deutung im Sinn von Lernprozessen, aufgrund deren den Empfindungen unterschiedlicher Intensität bestimmte quantitativ formulierte Urteile zugeordnet werden. Vgl. Signaldetektions-Theorie, →Ankerreiz. Ⓛ FECHNER, MEILI-ROHRACHER, SIXTL, WIRTH, WOODWORTH-SCHLOSBERG, WUNDT *M-R*

Psychophysik der Arbeit ⟨MEUMANN⟩, quantitative Messung von Arbeitsleistungen in Untersuchungsreihen mit Abstufungen und Änderungen der verschiedenen Bedingungen

Psychophysiologie →physiologische Psychologie

psychophysiologische Diagnostik – werden physiol. Daten mit Persönlichkeitsvariablen in Beziehung gebracht, bzw. werden physiol. individuelle Differenzen als Persönlichkeitsmerkmale zur Beschreibung interindividueller Differenzen definiert, so spricht man von ps.-physiol. Diagnostik.

Neben physiol. Parametern werden dabei auch noch bioelektrische und biochemische Variablen herangezogen, →psychophysiol. Methodik. Für die meisten Parameter gilt, daß sie eine geringe zeitliche Stabilität aufweisen. Ebenso muß vermutet werden, daß ein großer Teil der Varianz der Meßwerte auf Fehlerquellen verschiedenster Art zurückzuführen ist. Da jedoch diese Meßqualitäten durch technische Verbesserungen und den fortschreitenden Erkenntnisstand der Psychophysiologie angehoben werden können, ist zu erwarten, daß eine Steigerung der Validität der ps.-physiol. Verfahren erreicht werden kann. Ⓛ FAHRENBERG 1967 *Hä-R*

psychophysiologische Methodik, eine spezifische Kombination bestimmter med.-physiolog. Untersuchungsverf. mit teilweise erheblich veränderter Auswertetechnik und verschiedenen Verf. der ps. Beobachtung, Diagnostik und Verhaltensmodifikation. Sie dient speziell der Beziehungserfassung zwischen beobachtbarem Verhalten, physiol. Prozessen des zentralen sowie des peripheren vegetativen Nervensystems und den subjektiven Erlebensmerkmalen des Individuums.

Nach ihrer methodischen Grundstruktur lassen sich (nach JANKE) vier Untersuchungstypen unterscheiden: (a) Induktion bestimmter Umweltvariationen (definierte Einzelreize, komplexe Situationen) und Beobachtung der damit korrespondierenden Änderungen des Verhaltens und der physiol. Vorgänge. (b) Variation der Intensität oder Qualität von Verhaltens- bzw. Erlebensmerkmalen und Beobachtung der damit verbundenen physiol. Veränderungen. (c) Variation physiol. Prozesse durch Läsionen, Reizungen oder chemische Manipulation (Pharmaka) und Beobachtung der damit korrespondierenden Änderungen der Verhaltens- und/oder Erlebensmerkmale. (d) Rückmeldung der Verlaufsstruktur einzelner oder mehrerer biologischer (physiol.) Parameter an die untersuchte Person und Registrierung (Beobachtung) der auftretenden Veränderungen (Lern- und Konditionierungsprozesse, *biofeedback*). Wichtigste Maße sind:

I. Elektrophysiologische Maße

(1) Muskuläres System: Das Elektromyogramm (EMG) dient der Erfassung von *Muskelaktionspotentialen* und stellt ein indirektes Maß für die Kontraktionsstärke von Muskeln dar. Mittels Oberflächenelektroden (Nadelelektroden sind in der Psychophysiologie selten) wird über bestimmten Muskeln bzw. Muskelgruppen (vielfach wird die Stirn- oder Nackenmuskulatur verwendet) abgeleitet, über elektronische Einheiten verstärkt, verrechnet und über einen Polygraphen in Kurvenform dargestellt, meist definiert als Zeitintegral (Amplituden-Frequenz-Produkt). Unter kontrollierten Bedingungen gilt das EMG als ausgezeichneter Indikator allg. ps. Aktiviertheit. So sind intra- und interindividuelle Vergleiche nur bei gleicher und exakter Elektrodenlokalisation möglich. Anwendung findet das EMG als Indikator für Spannungs- und Angstzustände zur Kontrolle des Therapieerfolges in der Verhaltenstherapie. – *Tremor:* Erfaßt werden mittels Tremometer die den Willkürbewegungen überlagerten unterschiedlich starken Schwingungen

(5–15 Hertz und 0,05–3 mm Amplitude im Normalzustand) an Finger oder Hand. Es bestehen signifikante, aber relativ niedrige Korrelationen zur subjektiven inneren Spannung – *Mikrovibration (Mikrotremor):* Die Ableitung dieser ständigen Schwingungen (Bereich 7–18 Hertz, Amplitude 1–5 Micron) erfolgt standardgemäß von der Dorsalseite des Unterarms z. B. durch elektromagnetische Wandler. Als Maß findet die relative Amplitude der Mikrovibration Verwendung, die sich bei allen Arten ps. Anspannung mit steigender Intensität erhöht (KUNA 1964, ROHRACHER u. INANAGA 1970). – Weitere Verfahren dienen der Erfassung der *Lidschlagfrequenz* (Elektroden- oder photoelektrische Aufnehmer) und der *Augenbewegungen* (Elektrookulogramm EOG, Elektronystagmogramm ENG).

(2) Kardiovasculäres System: *Herzfrequenz.* Erfassung der Herzaktionspotentiale mittels des Elektrokardiogramms, EKG (→Elektrodiagnostik) verschiedene Standardableitungen über Oberflächenelektroden, Verstärkung der Biosignale und Registrierung über einen Polygraphen.

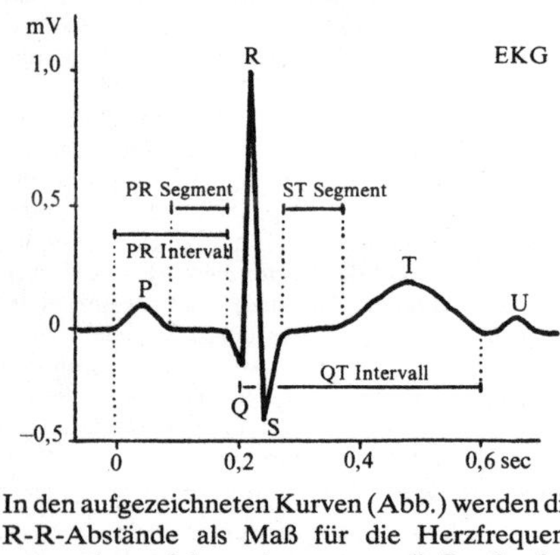

In den aufgezeichneten Kurven (Abb.) werden die R-R-Abstände als Maß für die Herzfrequenz verwendet, auf deren Auswertung die Psychophysiologie sich zumeist beschränkt. Die Herz- bzw. Pulsfrequenz ist eine der am häufigsten in Aktivierungs- und Emotionsforschungen verwendete vegetativ-physiol. Größen, da sie relativ einfach zu erfassen ist, andererseits sind die Maße des kardiovaskulären Systems in höchst komplizierter und empfindlicher Weise mit den verschiedensten Verhaltensdaten verknüpft (z. B. Steigerung der Herzfrequenz bei Inspiration oder Blutdrucksenkung) (C. G. GUNN 1972, BARTENWERFER 1969). – *Blutdruckerfassung* indirekt über Mikrophon für KOROTKOW-Geräusch oder direkt durch Druckaufnehmer in der Humanpsychophysiologie, was den Nachteil einer relativ großen Ungenauigkeit hat und darüber hinaus nicht die Möglichkeit zu kontinuierlicher Messung bietet. – Plethysmogramm dient in der Psychophysiologie der peripheren *Durchblutungs*messung zumeist als Fingerplethysmographie über Druckaufnehmer, Impedanzmesser oder photoelektrische Aufnehmer oder als Photoplethysmogramm am Ohrläppchen. Die ebenfalls über elektronische Verstärkung und einen Polygraphen erhaltenen Kurven geben als indirekte Messungen Schätzwerte des jeweiligen Pulsvolumens und seiner Änderung. Verwendung findet dieses Maß vor allem in der Aktivierungs- und Emotionsforschung.

(3) Respiratorisches System: *Atemfrequenz.* Diese kann sowohl durch ein in den Nasenraum eingeführtes Thermoelement (Thermistor), das die bei jedem Atemzug auftretende Temperaturänderung in elektrische Spannungsänderungen umsetzt, oder mit einem um den Brustkorb gelegten sog. Dehnungsmeßstreifen (Thoraxspirale, der die Brustkorbdehnung in eine entsprechende Spannungsänderung umwandelt), erfaßt werden. Die Befunde über Beziehungen zu anderen Verhaltensweisen sind oft widersprüchlich und bedürfen zumindest einer sorgfältigen Interpretation (LEGEWIE 1969). Weitere in der Psychophysiologie weniger angewandte Verfahren sind die Pneumotachographie zur Messung der *Atemströmungsgeschwindigkeit* mittels Atemmaske und Differenzdruckwandler sowie die Spirographie zur Messung des *Atemvolumens* und des *Atemgasstoffwechsels* mittels Atemmaske, Spirometer und Gasanalysatoren (Respiratorischer Quotient CO_2/O_2).

(4) Elektrische Erscheinungen der Haut: *Hautwiderstand* (Elektrodermatogramm) →psychogalvanische Reaktion (PGR). Diese Methode, die wohl die am meisten benutzte ps.-physiol. Methode darstellt, beinhaltet eine Vielzahl von Varianten auch hinsichtlich der aus ihr deduzierten Kennwerte für die elektrodermalen Erscheinungen. Durchgesetzt hat sich die Unterscheidung zwischen Grund- oder Basiswiderstand (*skin resistance level,* SRL) und der kurzzeitigen Widerstandsänderung (*skin potential response,* SPR), der eigentlichen →psychogalvanischen Reaktion. Weitere Kennwerte sind Latenz, Amplitude, Halbwertzeit und Häufigkeit der PGR. Bei allerdings sorgfältiger Kontrolle der vielfachen Fehlerfaktoren kann diese Methode durchaus als brauchbar angesehen werden, mit der bereits zahlreiche signifikante Beziehungen zu ps. Prozessen gefunden werden konnten.

(5) Zentrales Nervensystem: *Elektroenzephalogramm (EEG).* Aufzeichnung der mit Oberflächenelektroden an der Kopfhaut abgenommenen bioelektrischen Aktivität des Gehirns (Oberflächen-EEG), es stellt Summenpotentiale der corticalen Aktivität (Elektrocorticogramm ECG) dar, sowie die in neuerer Zeit erst möglich gewordene Ableitung von auch tiefer liegenden Hirnstrukturen mittels stereotaktisch implantierter Elektroden (Elektrosubcorticographie) (Tiefen-EEG). – Das in der Psychophysiologie zumeist verwendete Oberflächen-EEG erlaubt bereits vielfache Anwendung zur Diskrimination z. B. verschiedener Schlafstadien (→Schlaf) sowie innerhalb des Wachzustandes Diskrimination verschiedener Intensitäten ps. Anspannung. – *Evozierte Potentiale (EVP):* Die innerhalb der im EEG erfaßten

elektrischen Spontanaktivität verborgenen spezifischen corticalen Erregungskorrelate von verschiedenen äußeren Reizen (z. B. Licht, Ton) werden durch Summation und Mittelung aus dem Spontan-EEG einer größeren Zahl von Reizwiederholungen herausgefiltert. Ihr Verlauf scheint bei Wahrnehmungsprozessen modalitäts-, qualitäts- und intensitätsspezifisch sowie ein Korrelat von spezifischen Erlebnisqualitäten zu sein. (REGAN 1972, GUTTMANN 1972). – *Kontingente negative Variation (CNV).* Eine langsame negative Potentialschwankung, die über bestimmten Projektionsfeldern des Gehirns ebenfalls durch Summation und Mittelung aus dem Spontan-EEG herausgefiltert werden kann und als (z. B. motorische) Bereitschaftsreaktion angesehen wird (TECCE 1972).

II. Biochemische Maße

Für Verhaltensparameter bedeutsame Substanzen, deren Konzentrationsbestimmung beim Menschen zumeist auf Urin- oder Blutplasmaproben vorgenommen wird, sind *Katecholamine* (Adrenalin, Noradrenalin, Dopamin) sowie *Lipide* und verwandte Substanzen, deren Konzentration bei (nach) ps. Erregung erhöht ist. Auch die Bestimmung der *Nucleinsäuren*konzentration im Gehirn im Tierexperiment gehört hierher (Bezug zu Lernprozessen) (DEUTSCH 1973). Die Auswahl der somatischen Variablen, die zum Vergleich mit Verhaltensparametern herangezogen werden, ist im Einzelfalle abhängig von der Fragestellung der Untersuchung, von der Ökonomie und der technischen Durchführbarkeit sowie von der Meßgenauigkeit der Verfahren. Insbesondere ergeben sich dadurch bei den physiol. Methoden vielfach Einschränkungen gerade auch bei meßtechnisch zuverlässigen Verfahren, da die Untersuchungen möglichst am unbehinderten Menschen oder in einer möglichst natürlichen Situation und ohne solche Manipulationen durchgeführt werden sollen, die mehr oder weniger erhebliche ps. Nebenwirkungen verursachen.

Die ps.-physiol. Untersuchung erfolgt in der Regel in einem besonders hergerichteten Labor, in welchem nicht nur die Meßgrößen kontrolliert, sondern auch die Reizvorgabe standardisiert oder systematisch variiert werden kann oder auch die Möglichkeit besteht, die Reizvorgabe gemäß der eingehenden Meßdaten zu steuern *(biofeedback)*. Hier eröffnen sich speziell durch den Einsatz von Prozeßrechnern (Computer) neue Möglichkeiten. Anwendung finden hier Methoden der →Konditionierung vegetativer und motorischer Reaktionen, die z. B. für die →Verhaltenstherapie von Bedeutung sind. Ferner finden hier auch Methoden zur Bestimmung sensorischer Schwellen oder der →Orientierungsreaktion sowie der Habituation u. a. m. ihre Anwendung. Von besonderer Bedeutung für die ps.-physiol. Methodik ist schließlich die Entwicklung biotelemetrischer Systeme zur drahtlosen Übertragung der von in Alltagssituationen frei beweglichen Personen abgenommenen Biosignale. Ⓛ BECKER-CARUS 1981, BROWN 1967, DEMLING u. BARTMANN 1970, DEUTSCH 1973, FAHRENBERG 1967, GUTTMANN 1972, SCHÖNPFLUG 1969, VENABLES u. MARTIN 1967, LEGEWIE u. NUSSELT 1975 *B-C*

P

psychophysische Methoden, von G. T. FECHNER (Elemente der Psychophysik, 1860) zusammengestellte 3 klassische Methoden, um das Verhältnis zwischen (eindimensionalen) physikalischen Reizgrößen und ihrer Eindrucksbeurteilung (→Empfindung) zu messen. Dazu benutzte er Schwellenbestimmungsmethoden, welche verglichen mit den direkten Methoden (→Skalierung, →Psychophysik) indirekte Verfahren sind. Ferner beschrieb er wesentliche Fehlerquellen (Raum-, Zeitfehler).

1.) Methode der ebenmerklichen Unterschiede, Grenzverfahren, Methode der kleinsten wahrnehmbaren Unterschiede (engl. *method of limits*). a) Feststellung der (absoluten) Schwelle: Der physikalische Reiz (z. B. Frequenz eines Schalles) wird mehrmals in kleinen Schritten von unhörbar bis hörbar gesteigert (aufsteigendes Verfahren), bzw. von hörbar bis unhörbar verkleinert (absteigendes Verfahren). Die Vp gibt zu jedem Reiz ein Urteil ab, z. B. hörbar – nicht hörbar. Die errechneten Reizgrößen, die beim aufsteigenden und absteigenden Verfahren jeweils in der Kategorienmitte zwischen hörbar und nicht hörbar liegen, werden gemittelt und ergeben die Schwelle. Diese Methode wird primär zur Feststellung der Schwelle (z. B. untere wie obere Hörgrenze) benutzt und von dieser Grenzbestimmung leitet sich der Name Grenzverfahren ab. b) Zur Feststellung der ebenmerklichen Unterschiedsschwelle wird ein Vergleichsurteil erhoben. Ein Standardreiz wird vorgegeben. Die Vp soll vom Vl mehrmals aufsteigend oder absteigend vorgegebene Vergleichsreize danach beurteilen, ob sie größer, gleich oder kleiner sind als der Standardreiz. Die Vorgabe der Vergleichsreize erfolgt im Regelfall zeitlich versetzt zur Vorgabe des Standardreizes. Es wird ein Unsicherheitsintervall berechnet als Differenz zwischen dem Mittelwert der Reize, die in die Kategorienmitte zwischen Größer- und Gleichurteilen fallen und dem Mittelwert der Reize, die in die Kategorienmitte zwischen Kleiner- und Gleichurteilen fallen. Die Hälfte dieses Unsicherheitsintervalles ergibt die ebenmerkliche Unterschiedsschwelle. Der Mittelpunkt des Unsicherheitsintervalles ist der Punkt subjektiver Gleichheit, der theoretisch gleich dem Standardreiz sein sollte. Üblicherweise weicht er

von diesem ab. Diese Differenz wird als konstanter Fehler bezeichnet.
2.) Methode der richtigen und falschen Fälle, Konstanzverfahren (engl. *method of constant stimuli*), Frequenzmethode. a) Zur Feststellung der Schwelle wird eine Serie gleichmäßig abgestufter physikalischer Reize mehrfach einer Vp in Zufallsabfolge vorgegeben. Diese Reizverteilung wird um den vermuteten Schwellenwert liegend gewählt. Die Reize bleiben während des Verfahrens konstant (Konstanzverfahren). Die Vp muß beurteilen, ob sie den jeweiligen Reiz wahrnimmt oder nicht (richtige oder falsche Fälle). Es ergibt sich eine Verteilung der Häufigkeit (Frequenzmethode), mit der die einzelnen Reize wahrgenommen werden. Der Reiz, der in 50% der Fälle wahrgenommen wird, ist der Schwellenreiz. b) Zur Feststellung der Unterschiedsschwelle werden die Vergleichsreize mit dem Standardreiz, um den sie streuen, verglichen, ob sie diesem gleich oder ungleich sind. Es ergibt sich eine Häufigkeitsverteilung der Gleichurteile. Der Reiz, der in 50% der Fälle ein Gleichurteil erfährt, ist der Punkt subjektiver Gleichheit. Der konstante Fehler ergibt sich als Differenz zwischen Standardreizgröße und dem Punkt subjektiver Gleichheit. Die ebenmerkliche Unterschiedsschwelle ergibt sich als der (halbe) Bereich zwischen dem 1. Quartil (25% Gleichurteile entfallen auf diesen Reiz) und dem 3. Quartil (75% Gleichurteile) der Häufigkeitsverteilung. Dieser Bereich entspricht dem wahrscheinlichen Fehler. Es können auch mehrere Urteilskategorien vorgegeben werden (z. B. größer, gleich, kleiner). Die Berechnung der Unterschiedsschwelle kann auch statistisch anders erfolgen. →Signaldetektionstheorie
3.) Methode der mittleren Fehler, Herstellungsverfahren, Methode der Reizfindung, (engl. *method of average error, adjustment method*). a) Schwellenbestimmung: Die Vp selbst (Methode der Reizfindung) variiert physikalische Reize im Schwellenbereich bis sie den Reiz gerade noch wahrnimmt. Das Mittel aus mehreren Wiederholungen ist die Schwelle. b) Unterschiedsschwellenbestimmung: Die Vp variiert mehrmals einen physikalischen Vergleichsreiz solange um einen Standardreiz hin und her pendelnd, bis sie einen Gleicheindruck hat. Das Mittel der Reize, die diesem Gleicheindruck entsprechen, ist der Punkt subjektiver Gleichheit, die Standardabweichung dieser Reize entspricht der ebenmerklichen Unterschiedsschwelle. Der wichtige Unterschied zum Grenzverfahren besteht darin, daß die Pb ein Gleichurteil über Standard- und Vergleichsreiz abgibt. Die verschiedenen Methoden führen zu unterschiedlichen Schwellenmaßen. Stellt man die Funktion über den Zusammenhang zwischen den (Standard-)Reizen eines physikalischen Reizkontinuums und den jeweils zugehörigen Schwellen (Empfindungsgrößen) auf, ergibt sich das →FECHNERsche Gesetz. Das Anliegen der klassischen Psychophysik wurde weiterentwickelt bzw. verändert aufgenommen in der →Skalierung. *D-Y*

psychophysische Theorie der Wahrnehmung →Konstanz

psychophysischer Parallelismus →Parallelismus, Parallelismus-Axiome, Leib-Seele-Problem

Psychophysisches Grundgesetz →FECHNERsches Gesetz

psychophysisches Niveau →Niveau, psychophysisches

Psychoplegika →Psychopharmaka

Psychopompos [gr. *pompós* Geleiter, Begleiter, Bote], in der gr. Mythologie der die abgeschiedenen Seelen in die Unterwelt Begleitende. →Guru

Psychoprophylaxe →Psychohygiene

Psychoreflexologie ⟨BECHTEREW⟩, auch →objektive Psychologie genannte Anschauung, die die ps. Vorgänge als »neuropsychische« allein gelten läßt und subjektiven Ausdeutungen und Beobachtungen keinen Raum gewährt. Alle seelischen Vorgänge zeigen sich im Körperlichen, aus dem sie stammen.

psychoregulatives Training ist innerhalb der →Sportpsychologie ein Sammelbegriff für verschiedene Formen systematischen Einübens ps. Techniken, die ps. Bedingungen für Handlungsvorbereitung, -ablauf, -ergebnis und Ergebnisverarbeitung bei (leistungs-)sportlichen Tätigkeiten optimieren sollen. Es werden z. T. unkritisch ps. Interventionsverfahren übernommen, z. B. →mentales Training, →autogenes Training, →Biofeedback, →systematische Desensibilisierung. Empirische Hinweise auf Leistungsverbesserung durch p. T. sind spärlich. Ⓛ EBERSPÄCHER 1979 *D-Y*

Psychose, Geisteskrankheit, seelische Krankheit. Beeinträchtigung bis Aufhebung des normalen und zweckmäßigen Seelenlebens.

Der Psychiater und Neurologe W. GRIESINGER (1817–1868) nahm noch eine Einheitspsychose an. Seitdem ist besonders durch KRAEPELIN und BLEULER eine systematische Einteilung in verschiedene Psychoseformen erfolgt. Es werden unterschieden: Erschöpfungspsychosen (Kollapsdelirium, Delirium acutum, akute Verwirrtheit), Infektions- und Intoxikationspsychosen (P. bei Infektionen und Vergiftungen), Neuropsychosen (Epilepsie), Degenerationspsychosen (Dementia praecox, Paranoia, manisch-depressives Irresein), Organpsychosen (Dementia paralytica, Arteriosklerotische Psychosen, Dementia senilis), epochale Psychosen (die in Übergangsperioden auftreten wie in Adoleszenz und Menopause). Die beiden ersten Formen faßt man als exogene P. zusammen, weil die äußeren Krankheitsursachen überwiegen und stellt sie den übrigen Formen als endogene P. gegenüber, die wesentlich durch Anlagen und erbliche Belastung bedingt sind.

An Formkreisen stehen sich manischdepressives Irresein ⟨KRAEPELIN⟩, Schizophrenie ⟨BLEULER⟩ und Epilepsie gegenüber. Vgl. Einzelstichwörter. Ⓛ BLEULER, BUMKE, GRUHLE, HOFF, WYRSCH

Psychose, akute traumatische, früher Kommotions- und Kontusionspsychose genannt.

Diese akute »traumatische Ödempsychose« steht dem →Psychosyndrom BONHOEFFER nahe und unterscheidet sich von dem chronischen →organischen Psychosyndrom und seinen entzündlichen Komplikationen. Während im ersteren Falle nach der Gewalteinwirkung des Hirntraumas die Psychose einen regressiven Verlauf zeigt, läuft im zweiten Falle der psychotische Prozeß allmählich an. Bei subduralem und epiduralem Hämatom (Blutungen nahe der Hirnhäute) und zerebralen Fettembolien treten sowohl primäre als auch sekundäre Traumafolgen mit epileptischen oder choreatischen Syndromen, katatoner Sperrung, →Akinese, →Stupor, →Mutismus, →KORSAKOW ähnlichen Psychosen, →depressiven oder manischen Bildern oder Wahnpsychosen auf.

Psychosedativa →Psychopharmaka

psycho-(senso-)motorische Testmethodik, die Erfassung der →Sensomotorik und der →Psychomotorik, bzw. der psm. Persönlichkeitsvariablen durch Tests (Testapparate, Reaktionsgeräte) ist von der exp. Ps. früh aufgegriffen worden. Schwierigkeiten bereitet, daß deutliche Abgrenzungen oft unmöglich sind.

Mit den Arbeitsproben, dem Dynamometer, dem Ergographen, dem Supportapparat, dem Tapping, dem Laufsteg (Balancieren), mit Reaktions- und Determinationsgeräten und differenzierten »Prüfständen« (auch Simulatoren) verfügen wir heute über Prüfmittel zur Registrierung aller Art psychosensorischer und psychomotorischer Abläufe. Ebenso über Tests, die die Motorik unter besonderen Belastungen (Motivationskonflikte, Suggestion, Schreck, Befehl, Zwang) erkennen lassen. Von besonderer Bedeutung sind im Bereich der kindlichen Motorik die Forschungen mit Testentwicklungen von Ⓣ OSERETZKY und Ⓣ GESELL. Ⓛ FAHRENBERG

Psychosomatik, psychosomatische Medizin [gr. *psyche* Seele, *soma* Körper], medizinisch-ps. Krankheitslehre, die psychischen Prozessen bei der Entstehung körperlicher Leiden wesentliche Bedeutung beimißt.

Der heute vielbeachtete Begr. ist schon bei HEINROTH (1818) zu finden. P. bezeichnet unterschiedlich: (a) Eine begrenzte Anzahl von Krankheiten, die gleichzeitig Funktionsstörungen und somatische Befunde aufweisen (Asthma vor der Pubertät bei Jungen, Magengeschwüre, Ekzeme). (b) Eine Art ganzheitliche medizinische Philosophie, wonach Krankheit durch die Beziehung zwischen dem Individuum und seiner Umwelt entsteht, wobei nach verschiedenen Schulen den psychoanalytisch aufdeckbaren Verarbeitungsmechanismen und/oder den lerntheoretisch analysierbaren und durch Umweltfaktoren bedingten Lernprozessen des Individuums besondere Bedeutung zukommt, die sich in den Behandlungsmethoden des Arztes auswirkt. (c) Eine erweiterte Interpretation von (b), die das Gewicht auf die ökologischen und sozioökonomischen Faktoren der Gesellschaftsordnung als Auslöser psychosomatischer Erkrankungen legt.

Die P. erstrebt einerseits eine Korrektur und Erweiterung der Psychotherapie, andererseits einen Ausbau der normalen somatisch-physiologisch ausgerichteten Medizin. Der Nachweis, daß einem gehäuften Auftreten schwerer Krankheiten ein signifikanter Anstieg oft konfliktreicher Lebensumstellungen vorausging (RAHE u. ARTHUR 1965) zeigt, daß oft eine organische Krankheit sich in einer krisenhaften Lebenssituation entwickelt und daß sich bestimmte Organkrankheiten (z. B. Magengeschwür bei anhaltendem Stress) einem bestimmten ps. Befund zuordnen lassen.

Heftige Kritik erfuhr insbesondere die psa. ausgerichtete psychosomatische Medizin von seiten der Psychiatrie (H. J. WEITBRECHT 1955). Neuere Forschungsarbeiten bedienen sich zunehmend genauerer Untersuchungsmethoden sowohl zur Erfassung der ps. Variablen (psychometrische Verfahren) als auch zur fortlaufenden Registrierung physiologischer Veränderungen (→Psychophysiologie), sowie Methoden des operanten Konditionierens autonomer Funktionen zur Analyse der vielfach über das autonome Nervensystem (→Nerv) und endokrine Drüsen gesteuerten Mechanismen solcher Krankheitsentstehungen. Ⓛ ALEXANDER 1951/1971, FREYBERGER 1977, GÖRRES 1964, JORES 1965, RAHE 1968, WEITBRECHT 1955, u. WEIZSÄCKER 1947 *B-C*

*

Bei Berücksichtigung der Interaktion von körperlicher (genetischer) Disposition, gegebenen Umweltfaktoren und individueller ps. Verarbeitung (Lernprozesse, Verarbeitungsmechanismen) lassen sich noch folgende Anmerkungen zu den heute besonders beachteten »psychosomatischen Störungen« geben:

Hypertonie – Sie ist eine der häufigsten Erkrankungen überhaupt und ein Hauptrisikofaktor kardiovaskulärer Erkrankungen. Die Psychoanalyse betont die Unfähigkeit der Hypertoniker, Ärger und Aggression angemessen auszudrücken. Neuere Untersuchungen gehen eher von einem

allgemeinen Mangel an Kontrolle, sowie kulturellem Streß als pathogenetisch bedeutsamen Faktoren aus, wobei die Hypertonie als heterogene Erkrankung zu sehen ist, in deren Untergruppen verschiedene ps. Faktoren unterschiedliches Gewicht haben dürften.
Migräne – Aus der klinischen Beobachtung wurde eine sogenannte »Migränepersönlichkeit« abgeleitet, die gekennzeichnet ist durch ein überhöhtes Anspruchsniveau, eine hyperperfektionistische Einstellung, übertriebenes Kontrollbedürfnis etc. Auch hier dürften Untergruppen mit unterschiedlicher Bedeutung ps. Faktoren wesentlich sein.
Ulcus duodeni – Bei Ulcuspatienten wurden in der Vorgeschichte immer wieder Trennungserlebnisse festgestellt, so z. B. Verlust der Gruppenzugehörigkeit (Gastarbeiter), die zu intensiven Abhängigkeitsbedürfnissen führen. Von lerntheoretisch orientierten Forschern werden als wesentliche Faktoren übermäßiges Vermeidungsverhalten sowie mangelnde Kontrolle der Verhaltenskonsequenzen genannt.
Colitis ulcerosa – Erkrankung des Colons und Rectums. Als v. a. den Verlauf ungünstig beeinflussende Faktoren werden Depression und extreme Bindungs- und Abhängigkeitskonflikte genannt.
Asthma bronchiale – Als bedeutsame ps. Faktoren gelten eine starke Bindung an die Mutter, sowie gestörte Familienbeziehungen. Die Psychoanalyse sah im Asthma den »Schrei nach der Mutter«. Lerntheoretische Modelle betonen die Überlagerung einer körperlichen Disposition durch Prozesse des klassischen und operanten Konditionierens, sowie des Modellernens.
Koronare Herzerkrankung →Typ A, Typ B. Die früher überwiegend psychoanalytisch orientierte ps. Behandlung dieser Störungen wird zunehmend durch verhaltenstherapeutische Methoden ergänzt wie Biofeedback, systematische Desensibilisierung, operante Verfahren, Anti-Streß-Training etc., die erfolgversprechend scheinen. Ⓛ UEXKÜLL 1979, WEINER 1977, WILLIAMS u. GENTRY 1977 Fl-R

Psychosomatose, Organneurose →Neurose

Psychosomimetika, syn. →Halluzinogene, →Psychopharmaka

Psychostimulantien →Stimulantien

Psychosyndrom, Sammelbegriff für verschiedene organisch (zerebral) bedingte Störungen der ps. Funktionen. Der Gemeinsamkeit der Verursachung der Störungen im Organischen (es gibt eine unbegrenzte Vielzahl möglicher körperlicher Noxen) steht aber nur eine begrenzte Anzahl von in Erscheinung tretenden Krankheitsbildern (psychopathologische Syndrome) gegenüber. Eine spezifische Zuordnung von Syndrom und Noxe ist nur bedingt möglich. Es lassen sich folgende Formen unterscheiden:
(1) organisches Psychosyndrom (psychoorganisches Syndrom – Eugen BLEULER 1916). Durch chronische diffuse Gehirnschädigung entstehende Symptomentrias: Merkfähigkeitsstörung (→KORSAKOW-Syndrom), Orientierungsstörungen, Denkstörungen, besonders der Kritik- und Urteilsfähigkeit, außerdem affektive Inkontinenz. Tritt häufig ein als Folge von Hirnschädigungen durch Krankheit, äußere Einwirkung oder Alterungsprozesse.
(2) hirnlokales Psychosyndrom (Manfred BLEULER 1943), Syndrom psychischer Veränderungen nach umschriebener hirnlokaler Schädigung, bei der vor allem der Antrieb und die Affektivität betroffen sind.
(3) endokrines Psychosyndrom (Manfred BLEULER 1948), psychopathologische Symptomatik je nach der Erkrankung der endokrinen Organe: Hyperthyreose (→BASEDOWsche Erkrankung), Hypothyreose, →Myxödem, Hypoparathyreodismus, →ADDISONsche Krankheit, adrenogenitales P. und →Dystrophia adiposogenitalis. Die Störungen bestehen zumeist in der Steigerung oder Abschwächung der hormonalen Funktion. →Hormone
(4) akutes hirnorganisches Psychosyndrom (Karl BONHOEFFER 1912), akuter, exogener Reaktionstypus, somatogene Psychose. Die Krankheit ist zumeist Folge schwerer körperlicher Allgemein- und Hirnerkrankung (Infekt, Intoxikation, akute diffuse Hirnschädigung). Je nach Schwere der Erkrankung oder der individuellen ps. Eigenart treten verschiedene Symptome auf, wobei die Bewußtseinsstörung im Vordergrund steht. Zumeist rasche Remission, oft Übergang in ein residuales, organisches Psychosyndrom.
(5) frühkindliches exogenes Psychosyndrom (Reinhard LEMPP 1964), durch diffuse Schädigung des Gehirns (prä-, peri- und postnatal) hervorgerufene ps. Störungen, die sich im Laufe der Entwicklung des Kindes als erhöhte motorische Unruhe, Konzentrationsschwäche, Reizüberempfindlichkeit u. a. manifestieren und mit der Pubertät abklingen.

Psychosynthese, ein als Ergänzung bzw. im Ggs. zur Psychoanalyse gebildeter Begr. für alle synthetischen Maßnahmen der Psychotherapie. Die Selbstfindung und offene Entwicklungsmöglichkeiten (verbunden mit appellativen Verfahren) werden für wichtiger erachtet als letzte ursächliche Aufhellung.

Psychotechnik, nach W. STERN, der den Begr. einführte, Menschenbehandlung im Ggs. zur Psychognostik (Menschenkenntnis).
MÜNSTERBERG definierte anschließend den Begr. im weiteren Sinne als Anwendung ps. Verfahren auf die gesamte Kultur, so die Gesellschaftsordnung (Berufsps., Gruppenps. mit Verkehrsformen

u. Menschenkenntnis), Volksgesundheit (Psychotherapie, Psychoanalyse, Hypnose, Eugenik), Wirtschaftsleben (TAYLOR-System, Eignungsps., Reklame), Recht (Zeugenaussage, Tatbestandsdiagnostik, Verbrechensstatistik, Urteilsstatistiken), Erziehung (experimentelle Pädagogik, Unterrichtspläne, Übungsschulen, Begabtenauslese, Sonderschulwesen), Kunst (experimentelle Ästhetik, Ps. des Spiels, Kunstschaffen, Einfühlung, Gefühlsuntersuchung, Sinneswahrnehmung) und Wissenschaft (z. B. Sprachtypen, Völkerkunde, Geschichte, Musik, Vererbungswissenschaft, Kulturgeschichte).

● P. ist also nicht »Technik der Psychologie«, analog z. B. Schreibtechnik. Ebensowenig nur Ps. der Technik (etwa als Ps. im Maschinenbau, industrielle Ps.), wenn auch eingeengt gegenüber der MÜNSTERBERGschen Definition P. heute vorwiegend zur Bez. der ps. Methoden geworden ist, die im wirtschaftlichen, gewerblichen und industriellen Leben dazu dienen, die Berufseignung, die Arbeitsplatzzuteilung, die Arbeitsleistung usw. zu klären und zu verbessern.

Auch der Begr. »Technopsychologie« wurde in diesem Zusammenhang geprägt. Die weiteren, oben aufgeführten Gebiete werden heute als Aufgaben der »angewandten Psychologie« angesehen. Schon STERN definierte diese Trennungslinie wie folgt (in »Beiträge zur Ps. der Aussage« 1, 1903): »Liefert die angewandte Psychologie als Psychognostik die Hilfsmittel, persönliche Werte zu beurteilen, so liefert sie als Psychotechnik die Hilfsmittel, wertvolle Zwecke durch geeignete Handlungsweisen zu fördern ... Denn ihre Aufgabe ist: Herstellung des Optimums in dem Verhältnis von Mittel und Zweck.« GIESE hat zusätzlich die Unterscheidung eingeführt nach →Subjektspsychotechnik und →Objektspsychotechnik (heute Ergonomie genannt). Letztere hat den Auftrag, die objektiv gegebenen Bedingungen (Arbeitsplatz, Werkzeug, Beleuchtung, Lüftung usw.) den psychischen Bedingungen des Menschen bestens anzugleichen. →Angew. Psychologie, →Arbeitspsychologie, →Ergonomie

Psychotherapeut, der die →Psychotherapie ausübende Fachmann

Psychotherapie ist die Behandlung mit Hilfe der zwischenmenschlichen →Kommunikation. P. wird auch bei der medikamentösen und instrumentellen Behandlung suggestiv wirksam; i. e. S. ist P. der gezielte Einsatz zur Behandlung allein oder vorwiegend psychogen bedingter körperlicher oder seelischer Erkrankungen. P. wird somit vor allem in der Psychosomatik und in der psychodynamisch orientierten klinischen- und Sozialpsychiatrie angewendet. Man unterscheidet versch. P. je nach ihrem theoretischen Konzept und nach ihrer praktischen Durchführung. Während die →Psychoanalyse das theoretische Konstrukt »das Unbewußte« akzeptiert, lehnt die →Verhaltenstherapie dieses ab, weil es nicht zu beweisen sei, und stützt sich auf Konzepte der →Lerntheorie. In der Praxis bezieht darum der Psychoanalytiker seine Kommunikation gegenüber dem Patienten auf dessen Unbewußtes in der Form von Interpretationen, Verhaltenstherapeuten veranlassen den Patienten, neue Verhaltensweisen unter planmäßig zu verändernden Bedingungen (Variablen) zu üben. Die Gesprächpsychotherapie nimmt eine Mittelstellung ein: sie hilft dem Klienten durch verbale Rückmeldung zu lernen, seine eigenen Gefühle wahrzunehmen. Im Gegensatz zu den die Abwehr aufdeckenden psychoanalytischen Verfahren stehen die »stützenden« P. Sie arbeiten mit der Fremdsuggestion (→Hypnose) bzw. Selbstsuggestion (→autogenes Training).

Psychotherapie wird voll- oder teilstationär in Kliniken, dann gewöhnlich verbunden mit dem Prinzip →»therapeutische Gemeinschaft« (PLOEGER), oder ambulant in Polikliniken, Beratungsstellen oder Praxen, und gewöhnlich in Einzelbehandlung, also unter der Kommunikation eines Arztes mit einem Patienten, durchgeführt. Gruppenpsychotherapie ist die Behandlung von mehreren Patienten, im Durchschnitt acht, unter Nutzung der zwischen den Patienten auftretenden Kommunikationen (→Gruppendynamik). Die Indikation zu den einzelnen psychotherapeutischen Verfahren, zur stationären oder ambulanten bzw. zur Einzel- oder Gruppenpsychotherapie richtet sich nach der Erkrankungsform, dem Alter und der Persönlichkeitsstruktur, besonders der Offenheit gegenüber den Gefühlen anderer und den eigenen *(self-disclosure)*, sowie der biographischen Entwicklung und der gegenwärtigen Situation der Patienten in Beruf und Familie und ist zuletzt abhängig von der Erreichbarkeit dieser oder jener Therapiestätte. Ⓛ D. WYSS 1977[5], E. WIESENHÜTTER 1969 *Pl-R*

Psychotiker, der an einer Psychose Leidende

Psychotizismus, engl. Bez. für die psychotische Störung im Persönlichkeitsaufbau. ● Fundamentaler Faktor in der Faktorentheorie von EYSENCK.

Psychotogene →Psychopharmaka
Psychotomimetika →Psychopharmaka
Psychotonika →Psychopharmaka
Psychotoxika →Psychopharmaka

Psychotronik, psychotrone, auch bioplasmatische Energie, Bez. für eine vermutete Energieform, die paranormale Phänomene ermöglichen soll.

psychotrop, auf das Psychische wirksam, die psychischen Prozesse beeinflussend

psychotrope Substanzen, Bez. für Substanzen (Wirkstoffe, Drogen, natürliche oder synthetische), die vorwiegend ps. Veränderungen hervorrufen. Weiteres →Psychopharmaka.

P-Technik, bei der P-T. der Faktorenanalyse werden bei einer Stichprobe von Vpn zu verschiedenen Zeitpunkten dieselben Variablen gemessen. Die Variablen werden über die Situationen interkorreliert und faktoranalysiert. Die auf diesem Wege gewonnenen Faktoren nennt man Zustandsfaktoren (*state*-Faktoren). →O-Technik, →Kovariationsschema *Hä-R*

Ptosis, Herabhängen des Oberlides und Verengung der Lidspalte

PTV, praktisch-technisches Verständnis Ⓣ AMTHAUER

PU, Abk. für →programmierter Unterricht.

pubertas praecox [lat.], verfrühte Pubertät. Unter pathologischen Bedingungen, z. B. bei Tumoren der Keimdrüsen, bei Knaben auch durch Tumoren der Nebennierenrinde (vgl. Hormon-Tabelle), vorzeitig eintretende Pubertät mit rascher Ausprägung der sekundären Geschlechtsmerkmale. Reifezeichen treten bei Knaben vor dem 10., bei Mädchen vor dem 8. Lebensjahr auf. Ps. Merkmale sind dabei neben Reizbarkeit u.ä. die Rat- und Hilflosigkeit dem eigenen Körper gegenüber.

Pubertät [lat. *pubértas* Mannbarkeit], der Zeitraum im Entwicklungsverlauf, währenddem sich die sekundären Geschlechtsmerkmale und die Geschlechtsreife sowie ein Übergang zur geistig selbständigen Individualität einstellen. Einteilung: Vorpubertät ♂ 12, ♀ 10½. Pubertät und Nachpubertät ♂ 18, ♀ 16; erste Blutung etwa im 13., erste Pollution etwa im 14. Lebensjahr. Die Zeiten schwanken nach Stadt, Land, Süden, Norden, Rassen, Milieu u. a. m. An Merkmalen werden genannt: Stimmungs- und Gefühlsschwankungen, Neigung zu Reflexion, Kontaktscheu, Hervortreten einzelner Überwertigkeiten, Negativismus, aktive Auseinandersetzung mit der Wertwelt des Erwachsenen. Das Grunderlebnis wird als Sehnsucht bezeichnet. Derzeitige Themen der P.-Forschung sind der Einfluß der P. auf die →Identität (HILL u. MÖNKS 1977) und die Hinweise darauf, daß die Sturm- und Drangerscheinungen nicht zwangsläufig sind (BANDURA 1964). →Jugendalter, →Entwicklungsphasen Ⓛ ROOT 1973, JERSILD 1978 *R-S*

Pubertätsmagersucht →anorexia nervosa

public relations, »öffentliche Beziehung« im Sinne der Vertrauenswerbung bzw. der Pflege der öffentlichen Meinung. Wort, Begriff und Methoden sind in den USA entstanden. Als ihre Aufgabe wird angegeben: Mit objektiven Argumenten Unkenntnisse über eine Einrichtung des Staates, einen Betrieb usw. zu zerstreuen, den Stand einer Sache und deren Bedeutung für das öffentliche Leben klarzustellen, die Wirksamkeit dieser Sache zu beschreiben. Die p.-r.-Aktionen stellen keine Verkaufswerbung oder Anpreisung im engeren Sinne dar, sondern sollen das Zutrauen zu einem Einzelunternehmen, einer Wirtschaftsgruppe, einer Organisation oder auch staatlichen Einrichtungen und Maßnahmen fördern. Die p.-r.-Aktion appelliert weniger an Gefühle (wie die Reklame) als an den Intellekt. Häufig handelt es sich dabei um »strategisch planvolles Vorgehen«. Erst Aufmerksamkeitsweckung, dann Wohlwollen, schließlich Kontakt bzw. Bereitschaft der Öffentlichkeit, sich für das Propagierte aktiv einzusetzen, sind die Stufen der p.-r.-Aktion.

Puerilismus [lat. *puer* Knabe, Kind], kindliches Verhalten, Jungenhaftigkeit, Form des →Infantilismus, patholog. besonders bei →Hysterie, →Dementia senilis und →GANSERschem Syndrom

Pufferreiz, ein zu Anfang eines Versuches gesetzter Reiz, durch den die Vp mit dem Ablauf des Versuches vertraut gemacht werden soll.

PULFRICHsches Phänomen, eine Marke, die in einer Ebene pendelt, schwingt nur bei gleicher Beleuchtungsstärke für die beiden beobachtenden Augen ebenflächig. Stellt man eine ungleiche Beleuchtung (etwa durch verdunkelndes oder farbiges Glas vor einem Auge) her, so entsteht eine scheinbar kreisende Bewegung. →Scheinbewegung

*

PULFRICH, Carl P. / 1858–1927 / Physiker / Jena

Pulsfrequenz, Zahl der Pulsschläge in einer Minute (frei von Anstrengung oder Erregung 70–80, weite Ausschläge bei Belastung) →psychophysiol. Methodik

Pumpe, Pumpwerk Ⓣ SCHULZ

punktbiseriale Korrelation, parametrisches Verfahren zur Bestimmung des Ausmaßes der Wechselbeziehung zwischen einer quantitativen, normalverteilten Variablen und einem dichotomisierten oder Alternativmerkmal. Die Berechnung der p. K. erfolgt nach der Formel

$$r_{p\,bis} = \frac{M_p - M_q}{s} \sqrt{p \cdot q}$$

wobei M_p den Maßzahlmittelwert der Individuen in der einen, und M_q den der Individuen in der anderen Klasse des Alternativmerkmals bezeichnen. *Mi-A*

punktieren →Tapping-Test

Punktschrift →BRAILLEschrift

Punktschwanken →autokinet. Phänomen

Punkt-Vierfelder-Korrelation, parametrisches Verfahren zur Bestimmung des Ausmaßes der Wechselbeziehung zwischen zwei Alternativvariablen. Die Berechnung des P. V.-Koeffizienten, häufig als Phi-Koeffizient bezeichnet, erfolgt nach der Formel

$$r_\Phi = \frac{ad - bc}{\sqrt{(a+b)\cdot(c+d)\cdot(a+c)\cdot(b+d)}},$$

wobei ad und bc die Produkte der beiden Diagonalwerte in einem Vierfelderschema bezeichnen. Die Signifikanz von r_Φ wird über χ^2 geprüft, wobei $\chi^2 = N \cdot r_\Phi$ mit df = 1 ist. *Mi-A*

Pupille →Auge

Pupillenreflex, die Einstellung der Pupillenweite auf Lichtreize entsprechend der Lichtintensität

Pupillometer, Meßvorrichtung zur Ermittlung der Pupillenweite. Bei Lust, Schreck u. a. tritt Erweiterung auf.

Puppenspiel Ⓣ RAMBERT

PURKINJEsche Aderfigur, entoptisches Bild der Netzhautgefäße (→entoptische Erscheinung). Kommt zustande beim Betrachten einer dunklen Fläche und gleichzeitigem Hin- und Herbewegen einer Lichtquelle seitlich vom Auge.

PURKINJEsches Phänomen (1825), ein bei Dunkeladaptation heller als Rot aussehendes Blau erscheint bei Helladaptation und stärkerem Licht dunkler als das Rot. Dieser Wechsel erklärt sich aus der Verschiebung der →spektralen Hellempfindlichkeitskurve. Damit hängt auch die Erscheinung zusammen, daß Gemälde in der Dämmerung anders »leuchten« als im Hellen (Grün und Blau treten hervor). →Duplizitätstheorie, →Helligkeit, spezifische *Str-R*

*

PURKINJE, Johannes Evangelista, Ritter v. / 1787–1869 / tschech. Med., Physiol., Pathologe / Breslau, Prag

purposive behavior →Behaviorismus.

Purposivismus [engl. *purpose* Absicht, Ziel, Zweck], wörtlich svw. »Zielstrebigkeitslehre«. Bez. für den üblichen und meist gar nicht ausdrücklich vertretenen Standpunkt, wonach Handlungen durch Ziele (bzw. Zielvorstellungen) bestimmt oder beeinflußt werden. ● Spezieller ist P. im Neobehaviorismus (→Behaviorismus) die Ansicht, daß man das Verhalten von Tieren auch unter Wahrung behavioristischer Grundsätze als zielbestimmt deuten könne *(»purposive behaviorism«).* (TOLMAN).

pursuitmeter →Sinnesfunktionen (5d)

pursuit rotor, ein 1922 von KOERTH beschriebenes und zusammen mit C. E. SEASHORE entwickeltes Gerät zur Prüfung der motorischen Geschicklichkeit bei einer Auge-Hand-Koordinationsaufgabe. Der p. r. stellt eine Weiterentwicklung von →apparativen Tests dar, bei denen die Augenbewegungen beim Verfolgen von bewegten Objekten (Pendeln) oder die Auge-Hand-Koordination bei kreisenden Pendeln registriert wurde (→Sinnesfunktionen).

Beim p. r. kreist eine Scheibe mit einem Zielpunkt. Die Vp muß mit einem Griffel den Zielpunkt verfolgen. Als Maßzahl für die motorische Leistung gilt die Kontaktzeit mit dem Zielpunkt. Es gibt heute versch. technische Versionen. Während frühere Ausführungen hauptsächlich elektromechanisch funktionierten, wurde innerhalb der »Motorischen Leistungsserie« (Ⓣ SCHOPPE) eine photoelektrische Version gewählt. Der p. r. wurde außerdem in der lerntheoretisch orientierten Persönlichkeitsforschung (z. B. v. EYSENCK) als apparativer Test zum Nachweis der →reaktiven Hemmung verwendet. Wird die p. r.-Leistung unter massierter Übung gefordert, so ist der Leistungsanstieg gegenüber verteilter Übung wesentlich geringer. EYSENCK hat die Leistungswerte beim p. r. gleichzeitig zum Nachweis des →Reminiszenzeffektes benutzt. Extravertierte Vpn zeigen gegenüber Introvertierten einen höheren Reminiszenzeffekt. Ⓛ AMMONS 1955, EYSENCK 1947 *Hä-R*

putamen [lat. Schale, Hülse], →Gehirn

Puzzle-box Ⓣ HEALY-FERNALD

Puzzle-Test Ⓣ BINET

Pygmalion-Effekt, ein von ROSENTHAL und Mitarbeitern untersuchter Effekt, der die Auswirkung der →*self-fulfilling-prophecy* im Bereich pädagogischer Interaktionen beschreibt.

Für eine Reihe von Dimensionen im Bereich pädagogischer Maßnahmen wurden Daten vorgelegt, die von den Autoren dahingehend interpretiert werden, daß die von Lehrern gegenüber dem Schüler gehegten Erwartungen, Einstellungen, Überzeugungen und Vorurteile das vom Schüler gezeigte Verhalten tatsächlich beeinflussen. Gegen die von ROSENTHAL vorgelegten Ergebnisse wurden bezüglich der methodischen Anlage der Untersuchungen wie auch gegen die Interpretation der Daten kritische Einwände vorgebracht. Ⓛ ROSENTHAL u. JACOBSON 1971 *Hä-R*

Pykniker [gr. *pyknós* dicht, fest, stark], der kräftig (breit) Gewachsene, der breitwüchsige Körperbautyp ⟨KRETSCHMER⟩. →Körperbautypen, →Typologie (Konstitutionstypen)

Pyknolepsie, syn. FRIEDMANN-Syndrom, die von dem Mannheimer Neurologen Max FRIEDMANN (1858–1925) beschriebene Form der Epilepsie bei Kindern (meist 4.–9. Lbj.). Ps. Faktoren spielen bei der Auslösung und Bahnung der Absencen und Petitmal-Anfällen eine erhebliche Rolle. In etwa 50% der Erkrankungen folgen große Anfälle.

Pyknomorph, Begr. aus der Konstitutionstypologie von CONRAD. Die pyknomorphe Wuchstendenz ist gekennzeichnet durch stärkeres »Tiefenwachstum« und geringeres Längenwachstum. Ⓛ CONRAD

Pyramidenbahn, *tractus corticospinalis,* bei Mensch und Säugetieren Nervenfasern, die in den motorischen Arealen beider Großhirnhälften entspringen,

im verlängerten Mark zu 75–90% jeweils auf die Gegenseite kreuzen (Pyramidenkreuzung) und im dorsalen Quadranten des Rückenmarks als Pyramidenseitenstrangbahn weiterlaufen und zu den Skelettmuskeln führen, während der andere, kleinere Teil ungekreuzt in den vorderen mittleren Abschnitten weiterverläuft. Auf ihrem Weg in das Rückenmark geben die Axone zahlreiche Kollateralen zu den für die Motorik wichtigen Strukturen ab, u. a. zum Thalamus, zu den Kernen des Brückenhirns und von dort Moosfasern zum →Kleinhirn und wahrscheinlich auch zur →*formatio reticularis.* Die P. vermittelt die Impulse, die zur Funktion der willkürlichen Muskulatur unerläßlich sind. Eine Unterbrechung der P. führt beim Menschen zu einer oft schlagartigen Stillegung des Bewegungsmechanismus einer oder beider Körperseiten (z. B. Schlaganfall). Ⓛ SCHMIDT u. THEWS 1980 *B-C*

Pyromanie [gr. *pyr* Feuer], krankhafter Trieb, Brände zu legen und anzusehen

Pyrophobie, krankhafte Angst vor Feuer. →Phobie

Q

Q, Abk. für →Assoziationskoeffizient

Q, Abk. für →Quartil

Q [engl.], Abk. für *questionnaire (questionary)*

Q-Analyse →Q-Technik

Q-Daten, *questionary data, questionnaire data,* nach R. B. CATTELL diejenige Gruppe von Daten zur Persönlichkeitsbeschreibung (neben den →L-Daten und den →T-Daten), die aus der Selbstbeurteilung des Individuums mit Fragebogen oder Interviews erhoben werden. CATTELL hat über Q-Daten 10–12 stabile Persönlichkeitsdimensionen ermitteln können. Da die Q-Daten über Selbsteinschätzungen und Selbstbeurteilungen entstehen, sind sie gegenüber Verfälschungsabsichten nicht stabil. →16 PF, →T-Daten, →Faktorentheorien der Persönlichkeit. Ⓛ CATTELL 1973, HERRMANN 1972[2]

Q-Korrelation, von einer Q-K. wird gesprochen, wenn n Individuen über m Merkmale korreliert werden, wobei m>n. Diese Art der Korrelationstechnik, die sich in statistischer Hinsicht in keiner Weise von der üblichen R-Technik unterscheidet, geht auf STEPHENSON zurück. *Mi-A*

Q-Sortierung, Q-Methode, ein von STEPHENSON 1935 entwickeltes Verfahren zur Erforschung der Persönlichkeit. Dem Pb werden Aussagen (z. B.: Ich fühle mich unsicher) vorgelegt und er soll diese nach dem Grad des Zutreffens auf die eigene Person in (11) Kategorien einordnen.

Der Grad der freien Selbstbeurteilung wird im Regelfall aus statistischen Gründen eingeschränkt, indem die Anzahl der pro Kategorie einzuordnenden Selbstbeurteilungen vorgegeben wird. Die mit der Q-S. erhobenen Selbstaussagedaten können mit korrelationsstatistischen Methoden (Q-Technik) weiterverarbeitet werden. • ROGERS hat die Q-Methode 1951 erstmals zur Therapiekontrolle eingesetzt. Die Klienten müssen u. a. ihr reales Selbstbild (aktuelle Befindlichkeit) und ihr ideales Selbstbild mittels der Q. einschätzen. Annäherungen zwischen Real- und Idealbild im Laufe einer Therapie werden als Erfolg gewertet. *D-Y*

Q-Technik, syn. Q-Analyse, eine →Faktorenanalyse, die von Q-Korrelationen ausgeht. Da bei der Q-T. Personen faktorisiert werden, können die extrahierten Faktoren als Typen interpretiert werden. Die Faktorenmatrix einer Q-T. enthält die Faktorenladungen der einzelnen Personen in den Typenfaktoren. Zwischen R- und Q-Technik besteht insofern Reziprozität, als die Faktormatrix der R-Technik gleich der Faktorenwertmatrix der Q-Technik ist, und umgekehrt. →Kovariationsschema, →R-Technik *Mi-A*

Quadrat, griechisch-lateinisches, als Ausweitung des lateinischen Quadrats können mit dem g.-l. Q. vier Variationsquellen untersucht werden. Das Prinzip dieses varianzanalytischen Versuchsplanes ist dasselbe wie das des lateinischen Quadrats. Wie dort können auch hier nur die Haupteffekte (Zeilen, Spalten, lateinische und griechische Buchstaben) statistisch überprüft werden, nicht aber →Wechselwirkungen zwischen den untersuchten Variablen. Vgl. Quadrat, lateinisches

Quadrat, lateinisches, varianzanalytischer Versuchsplan, in dem drei Variationsquellen (verteilt auf Zeilen, Spalten und Buchstaben) realisiert werden können. Dabei steht in jeder Zeile die Kombination von drei Versuchsbedingungen. Da jede mögliche Dreierkombination von Variationsmöglichkeiten nur ein einziges Mal vorkommt, ist das 1. Q. sehr ökonomisch im Vergleich mit dem entsprechenden dreifaktoriellen Versuchsplan. Für die Anordnung der Versuchsbedingungen (jede Stufe des 3. Faktors darf nur einmal in jeder Zeile und Spalte vorkommen) gibt es immer verschiedene Möglichkeiten, die mit der Größe des Planes stark zunehmen. Mit dem l. Q. können nur Haupteffekte, aber keine →Wechselwirkungen untersucht werden.

Quadrate-Test Ⓣ HECTOR

quadratische Abweichung, syn. Abweichungsquadrat, die quadrierte Abweichung einer Maßzahl vom Mittelwert der Verteilung. Die q. A. findet bei der Berechnung verschiedener statistischer Kenngrößen Anwendung. *Mi-A*

quadratischer Trend →Trend

Quadratsumme ist die Summe der quadrierten Abweichungen der Maßzahlen von ihrem Mittelwert.

$$\Sigma x^2 = \Sigma (X - M_x)^2 = \Sigma X^2 - \frac{(\Sigma X)^2}{N}$$

Sie bildet den Zähler in der Formel zur Berechnung der Varianz.

Werden aus einer Population mehrere Stichproben entnommen, läßt sich die Q. aller Maßzahlen aus allen Stichproben (»Quadratsumme Total«), d. h. die Summe der quadrierten Abweichungen der Maßzahlen vom gemeinsamen Mittelwert, in verschiedene additive Komponenten zerlegen: (1) die »Q. innerhalb«, die mittlere Q. aus den einzelnen Stichproben, (2) die »Q. zwischen«, die Summe der Abweichungsquadrate der Stichprobenmittelwerte vom gemeinsamen Mittelwert (M_M). Über beide Q. läßt sich die Populationsvarianz genauer abschätzen als auf Grund einer einzelnen Stichprobenvarianz, da sie auf einer größeren Anzahl von Freiheitsgraden beruhen. Die Tatsache, daß in die »Q. zwischen« auch etwaige Unterschiede zwischen den Stichproben eingehen, wird in der Varianzanalyse, beim Vergleich mehrerer Stichproben hinsichtlich der zentralen Tendenz, nutzbar gemacht, und die Schätzung der Populationsvarianz auf Grund der »Q. zwischen« mit der auf Grund der »Q. innerhalb« (der Fehlervarianz) verglichen. →Varianzanalyse *Mi-A*

Quadrattäuschung, bei zwei gleich großen Quadraten, von denen das eine auf der Spitze steht, erscheint dieses größer.

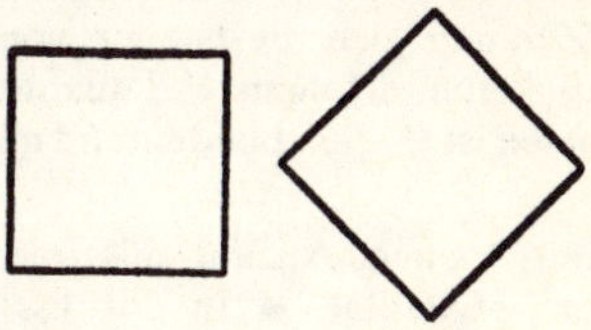

Qualifikation →Leistungsbewertung

Qualität, Eigenschaft, Beschaffenheit, Eigenart, Güte, das nicht meßbare »Wie« und »Was« i. Ggs. zur →Quantität. • In der Ps. wird unter Q. die Eigenart eines Erlebnisinhaltes verstanden, z. B. bestimmte Farbe, bestimmter Ton, bestimmtes Gefühl. Innerhalb der Qualitäten der »Empfindungen« (sensorische Informationskanäle) unterscheidet man die →Modalitäten. →auch: Intensität. • Bei FREUD sind das Bewußte, das Vorbewußte und das Unbewußte ps. Qualitäten.

qualitative Merkmale, q. M. können ausschließlich in inhaltlich verschiedene Klassen einer Nominalskala gegliedert werden, zwischen denen keine zahlenmäßigen Relationen bestehen. Nach Anzahl der möglichen Klassen wird zwischen Alternativmerkmalen (z. B. Geschlecht) u. mehrklassigen q. M. (z. B. Familienstand) unterschieden. Q. M. sind diskrete (diskontinuierliche) Variablen. →Skala *Mi-A*

Qualitätsstadium →Apperzeptionskategorien

Quantenmechanik, Mechanik der Atomelektronen. →Theorien, physikalische

Quantentheorie →Theorien, physikalische

Quantifikation, die Rückführung von Qualitativem auf Quantitatives, z. B. die Rückführung der Farbqualitäten auf die ihnen entsprechenden Schwingungszahlen. • In der naturwissenschaftlichen Forschung ist Q. ein unbedingt notwendiges Verfahren, da durch sie eine exakte Bestimmung der Erscheinungen ermöglicht wird und sie vergleichbar und überschaubar und in ihren Wirkungen und Abhängigkeiten erkennbar werden. Im übrigen ist die Q. häufig eine Voraussetzung der Theorienbildung. In der Ps. ist die Q. mit einer gewissen Vorsicht anzuwenden. Vor allem ist darauf Rücksicht zu nehmen, daß die ps. Vorgänge nicht selbst, sondern nur ihre Äußerungen exakt erfaßt werden können.

Quantifizierung, die Zuordnung von Zahlen zu Merkmalen. Handelt es sich dabei um qualitative Merkmale, kann eine Q. nur durch Zählung, d. h. Feststellen von Klassenhäufigkeiten erfolgen. Bei quantitativen Merkmalen ist Q. gleichbedeutend mit Messung. *Mi-A*

Quantität, Menge, Anzahl, allg. meßbar i. Ggs. zur →Qualität. • In der Ps. ist Q. insbesondere die Grundlage aller quantitativen Methoden.

quantitative Merkmale, variieren in ihrem Ausprägungsgrad und sind daher (grundsätzlich) einer Messung zugänglich. Es wird angenommen, daß q. M. kontinuierlich sind, dies auch dann, wenn die angewendeten Meßmethoden nur diskontinuierliche Werte ermöglichen (z. B. Gedächtnis: Anzahl der gemerkten Elemente). Je nach Art der möglichen Quantifizierung wird zwischen Ordinal-, Intervall- und Verhältnisvariablen unterschieden. *Mi-A*

Quartalstrunksucht, →Dipsomanie

Quartile, jene drei Werte einer Häufigkeitsverteilung, die diese in vier gleich große Bereiche teilen. Bis zum 1. Q. einer Verteilung liegen daher 25% aller Fälle, bis zum 2., dem Median, 50% und bis zum 3. Q. 75%. Das 1. und 3. Q. werden auch als unteres und oberes Q. bezeichnet. Q. werden zur Bestimmung von Dispersionsmaßen für Ordinalvariablen (mittleres Quartil) und zur Bestimmung der Schiefe und des Exzesses einer Verteilung verwendet. *Mi-A*

Quartimax-Methode, analytische Methode der Rotation einer Faktorenmatrix zur →Einfachstruktur. Die Varianzen der Faktorenladungen pro Variable werden maximalisiert. →Faktorenanalyse *M-R*

Quasibedürfnis, eine von LEWIN (1926) eingeführte Bez. für abgeleitete Bedürfnisse, die gewöhnlich von den ursprünglichen B. abhängig bleiben; Wirkungen von Vornahmen, Vorsätze. • Nach ZEIGARNIK sind Q. Nacheffekte unerledigter Handlungen. →ZEIGARNIK-Effekt

quasistationärer Prozeß, die Aufrechterhaltung einer Verlaufsgestalt (z. B.: Ein Fluß, der sich fortbewegt und doch eine erkennbare Gestalt behält). In der →Gestalttheorie, insbes. der Lehre vom →Isomorphismus von KÖHLER, verwendeter Begr. *B-S*

Quellenverwertungs-Test Ⓣ GIESE

Querdisparation, Bez. für die Verschiebung der Netzhautbilder in horizontaler Richtung, die beim Fixieren infolge der Konvergenz der Augen eintritt.

Alle in größerer Entfernung vor und hinter dem →Horopter liegenden Punkte werden doppelt abgebildet, nur die Horopterpunkte fallen auf identische oder korrespondierende Netzhautstellen und ergeben daher nur ein Bild. Die Doppelbilder werden gewöhnlich nicht bemerkt, da die Aufmerksamkeit nicht auf sie gerichtet ist. Fixiert man aber im Versuch bei zwei in einigem Abstand und hintereinander vor die Augen gehaltenen Bleistiften den näheren, so erscheint der fernere doppelt, wird der fernere fixiert, so erzeugt der nähere ein Doppelbild. Die Q. dient ebenso wie die in den weiteren räumlichen Dimensionen wirksamen Längsdisparation und Höhendisparation der Tiefenwahrnehmung. →Tiefenlokalisation (m. weiteren Verweisen)

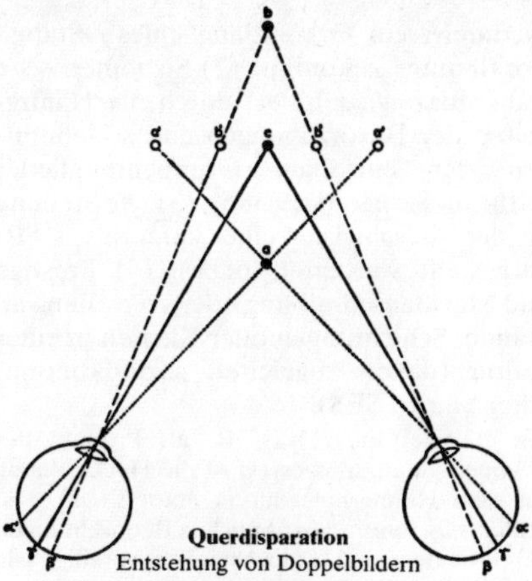

Querdisparation
Entstehung von Doppelbildern
c = fixiertes Stäbchen
b = entferntes Stäbchen,
b'b'= zugehörige Doppelbilder
$\beta\beta'$ = entspr. Netzhautpunkte
a = nahes Stäbchen
a'a'= zugehörige Doppelbilder
$\alpha\alpha'$ = entspr. Netzhautpunkte

Querschnittsuntersuchung (-modell), diagnostische Untersuchung zur Ermittlung bestimmter Fakten in den versch. Abhängigkeiten. Z. B. Ermittlung der Leistungsfähigkeit in der Abhängigkeit vom Alters- bzw. Entwicklungsfortschritt. Für generelle Aussagen (d. h. für ein Querschnittsmodell) müssen Personengruppen herangezogen werden, die für die in Frage stehenden Fakten repräsentativ sind (vgl. Kohorte). →Längsschnittuntersuchung

Querulant [lat. *queri* klagen, sich beschweren], ein Mensch, der sich leicht ins Unrecht gesetzt fühlt und dann starrsinnig auf seinem vermeintlichen oder tatsächlichen Recht besteht, wobei sein Verhalten in keinem vernunftgemäßen Verhältnis zur Situation steht.

Querulantenwahn, das auf einem →Wahn beruhende Querulieren

Questionnaire, →Fragebogen. Ein aus dem Französischen in die angelsächsische Ps. übergegangener und von dort in den dtsch. Sprachgebrauch gekommener Begr. für ein Inventar von Fragen. Meist dient er zur Ermittlung von Meinungen, Einstellungen u. ä.

Quietiv, svw. Beruhigungsmittel

Quinkunx [lat. *quincunx* – von *quinque* = 5 und *úncia* = 1/12, d. h. 5/12 – in schrägen Reihen gesetzt] ⟨GALTON⟩, Trichterapparat mit keilförmig angeordneten Stiften. Werden Schrotkugeln eingeschüttet, so ordnen sich diese beim Vorbeilaufen an den Stiften nach der sog. →GAUSSschen Kurve auf und verteilen sich nach der in der Statistik benutzten Wahrscheinlichkeitsberechnung. Apparat dient zur Darstellung der Verteilungstheorie.

Quota-Auswahl →Quoten-System

Quote [lat.], rechnungsmäßiger Anteil. Zugleich hat die Q. (z. B. als Stichprobenquote) in der Zusammensetzung, den Merkmalen usw. dem Ganzen zu entsprechen. →Stichprobe, →Quoten-System

Quoten-System, in der →Meinungsforschung gebräuchliches Prinzip der Stichprobenauswahl. Nach bevölkerungsstatist. Unterlagen erfolgt eine anteilmäßige Aufschlüsselung der Population (im allgemeinen nach den Kriterien Wohnort, Alter, Beruf, Geschlecht). Der Interviewer erhält eine Quotenanweisung, in der die Zusammensetzung der von ihm zu befragenden Stichprobe angegeben ist. Er wählt die Personen selbständig aus. →Interview

Quotenverstärkung, partielle oder intermittierende →Verstärkung mit fixem oder variablem Verhältnis *(ratio)* zwischen verstärkten und nichtverstärkten Reaktionen. Syn. Ratenverstärkung. →Verstärkungsplan *B-S*

Quotient [lat.], Ergebnis einer Divison. →Intelligenzquotient, Entwicklungsquotient

R

R, Symbol für *response,* Reaktion

R, Reiz (namentlich in der Psychophysik)

r, Abk. für Korrelationskoeffizient (s. d.)

Radikal [lat. *radix* Wurzel], zur Wurzel gehörig, von Grund aus. Als Verhaltensbezeichnung svw. übergründlich, im Sprachgebrauch auch svw. extrem. ● Struktur-psychologisch hat das R. die Bedeutung von letztlich bestimmenden Grundwerten des Charakteraufbaus. Weitgehend deckt sich solcherart das R. mit den →Primeigenschaften bei P. LERSCH bzw. →Wurzelformen bei E. KRETSCHMER. G. EWALD benützt den Begr. →Charakterradikale (→Typologie, Temperamentenlehre) und R. B. CATTELL hat in seine Persönlichkeitstheorie die Bez. Wurzeleigenschaften eingeführt. Alle sind als erblich verankert anzusehen.

RAGONI-SCINAS Kontrastversuch, zwischen zwei weißen Flächen, die senkrecht zueinander stehen, ist eine farbige Glasplatte so angebracht, daß sie zu jeder Fläche im Winkel von 45° steht. Ein auf der einen Fläche befindliches Quadrat erscheint durch das Glas betrachtet in dessen Komplementärfarbe, dagegen ein von der anderen Fläche im Glas gespiegeltes schwarzes Quadrat in der Farbe des Glases.

Randkontrast, →Kontrast

Randneurose, Bez. von J. H. SCHULTZ für eine seelische Fehlhaltung (Neurose), die beim Patienten gleichsam »außen an der Persönlichkeit« liegt, wie z. B. falsche Schlafgewohnheiten, die zur Schlaflosigkeit und darüber zu einer →Neurose führen.

Randomisierung →Zufallsauswahl

randomizer →Zufallszahlengenerator

Randpersönlichkeit [*marginal man*], von PARK geprägter und von STONEQUIST näher ausgeführter Begriff aus der Gruppenpsychologie. Die soziale Stellung der R. ist gekennzeichnet durch die gleichzeitige Zugehörigkeit zu zwei Gruppen mit starker gegenseitiger sozialer Distanz. Hierzu kommt, daß beide Gruppen einen Heterostereotyp (→Stereotyp) gegenüber der R. entwickeln. Diese soziale Einstellung äußert sich meist in Unsicherheit oder stereotypisierendem Denken der R. →marginal

Randpsychosen →Entlastungsdepression

range [engl.] →Streubreite

Rangier-Test Ⓣ GIESE, SANDERS, TRAMM

Rangkorrelationen, Bez. für alle jene Korrelationsverfahren, die auf Rangdaten aufbauen. R. wurden u. a. von SPEARMAN (→SPEARMANscher Korrelationskoeffizient) und KENDALL (→KENDALLS τ, KENDALLS W) entwickelt. *Mi-A*

Rangordnung, *rank order,* die Anordnung einer Anzahl von Individuen bzw. Daten (Schätz- oder Meßwerten) nach einer Reihenfolge.

Rangordnung, soziale, (1) durch Binnengliederung der →Gruppen entstehende hierarchische Ordnung der Positionen, denen (dadurch) ein Ort entlang eines →Status-Kontinuums zukommt. (2) Soziometrische Rangordnung, definiert durch die Häufigkeiten der Bevorzugungen und Ablehnungen der einzelnen Gruppenmitglieder (HÖHN u. SEIDEL 1969 385). (3) Die Stellung in der Geschwisterreihe kann als s. R. dargestellt werden (ADLER). (4) Prestige und Machtzuschreibung oder -verteilung an Stände, Schichtungen oder Klassen in einer Kultur (davon abgeleitet: sozioökonomischer Status, SES).

Ein Beispiel für (1), s. R. als Produkt des Gruppenbildungsprozesses, ist die Hackordnung auf dem Hühnerhof (SCHJELDERUP-EBBE). Die Schlußfolgerungen aus ähnlichen Beobachtungen bei Primaten sind wahrscheinlich voreilig, wie Gina B. KOLATO durch die Sammlung widersprechender Befunde belegt. Danach habe die R. bei Primaten keine entsprechende soziale Funktion. Beim Menschen kann der Status (wie die Position) verliehen oder erworben sein (LINTON). Eine Person kann mehrere verschieden hohe Status haben, je nach dem sozialen System, das man in Betracht zieht, die s. R. nach dem beruflichen, dem auf Freizeit-Hobby-bezogenen, dem ökonomischen oder dem bildungsmäßigen Rangordnungssystem. Die Begriffe der s. R. unter (1), (4) und evtl. (2) bestimmen jenen von KLUTH (1957 44) gemeinten Status des Menschen, der »das tragende Element seines Daseins, seines Selbstvertrauens und seiner Sicherheit ist«. – Hoher Status ist meist mit Toleranz gegenüber Normabweichungen verbunden (*idiosyncrasy credit,* HOLLANDER 1958). Eine Person mit hohem Status wird (a) bewundert, (b) mit Ehrerbietung behandelt, (c) nachgeahmt, (d) als anregend und (e) als Mittelpunkt der Anziehung erlebt. (BENOIT-SMULLYAN, nach HARTLEY u. HARTLEY 1955 383). Für die s. R. als sozioökonomische Statusverteilung werden verschiedene amerikanische Meßmethoden von MOORE (1969 311ff.) revidiert, der feststellt, daß wegen der Möglichkeit mehreren Gruppen anzugehören dieses Maß häufig kein Verhaltensprädiktor sei; Standes-(Klassen-)Zugehörigkeit ist also eine nur wenig analysierte soziologische, keine ps. Bedingung für das Verhalten. Streben nach Status und Statusverlust sind dagegen wichtige ps. Aspekte (HARTLEY u. HARTLEY 1955, 395ff.). →Prestige, soziale →Rolle. Ⓛ MOORE 1969 *B-S*

RANSCHBURGsches Phänomen, besonders ausgeprägte retroaktive (rückwirkende) →Hemmung des Lernens, Behaltens und Reproduzierens, wenn zwei unmittelbar aufeinander folgende Items gleich oder sehr ähnlich sind. Ⓛ RANSCHBURG 1905, WELLEK 1963 *B-S*

*

RANSCHBURG, Paul / 1870–1945 / ungar. Psychiater / Gedächtnis / Budapest

Ranviersche Einschnürung →Nerv

*

Ranvier, Louis Antoine / 1835–1922 / Anat. / Paris

Rapport [frz. Beziehung], die in der Hypnose zwischen Vp und Vl bestehende besondere Art von innerer Abhängigkeit und Bereitschaft zur Befehlsausführung. • Allg. ist R. die »auf Befehl« erfolgte Berichterstattung.

Raps, Begr. der →Parapsychologie für Klopftöne, unheimliche Geräusche u. ä., die bei →Spuk und →Spiritismus auftreten sollen.

Raptus [lat. *rapere* fortreißen], Bez. (besonders in der Psychiatrie) für eine abrupt einsetzende, anfallsartig auftretende, heftige, aggressive Haltung.

RAS →ARAS

Rasch-Modell, stochastisches Modell in der →Testtheorie, →verbundene Messung

*

Rasch, Georg / 1901 (Odense) bis 1980 / dän. Mathematiker (Biometrik) / Kopenhagen

Rasse, (biol.) Unterart, Subspezies, gut von anderen R.n unterscheidbare Gruppe von Populationen, die jedoch mit anderen solchen Gruppen bastardisiert und fließende Übergänge bildet, also nicht genetisch isoliert ist. →Art *Sch-S*

Rasseneinteilung, in Europa unterteilt man in: westische (mediterrane), nordische, ostische, alpine R. und Untertypen wie fälische, ostbaltische, dinarische R. Zudem sind Urrassen, Grundrassen und Mischrassen unterschieden worden. – Die mongolische Rasse umfaßt neben den Mongolen, Chinesen, Koreanern, Japanern, Malaien die Indianer, Turktataren, Eskimos und ural-altaische Völker. – Für die Einteilung spielen vor allem körperliche Merkmale wie Größe, Kopfform, Augenfarbe, Haarfarbe u. a. m. eine Rolle. Ⓛ Eickstedt

Rassenpsychologie, mit der körperlichen Differenzierung der Hominidenrassen gehen ps. Differenzierungen einher, die jedoch sehr schwer eindeutig zu fassen sind, da in alle sog. Rassenmerkmale die allgemeinen Variationen der Konstitution, Struktur, des Charakters, der äußeren Einflüsse i. w. S. hineinragen. Solche Problematik zeigt die von Clauss gegebene ps. Zuordnung: Nordische Rasse = Leistungsmensch, fälische = Verharrungsmensch, westische = Darbietungsmensch (will anderen gefallen), orientalische = Offenbarungsmensch (bezieht alles auf Gott), vorderasiatische = Erlösungsmensch (zwiespältig, hoher Idealist oder radikaler Materialist), ostische (alpine) = Enthebungsmensch. »Rassenseelische« Schematisierungen und voreilige Vereinfachungen haben – besonders bei gleichzeitigem politischem Mißbrauch – größten Schaden gestiftet. Ⓛ Clauss, Eickstedt, Klineberg, W. Peters

Ratenverstärkung →Quotenverstärkung

rater, Beurteiler

Rateversuch →Shannonscher Rateversuch

rating, Einstufung, Schätzung

rating-scale, Beurteilungsskala, Schätzskala

rationale [engl.], Prinzip, logische Grundlage, Grundannahme.

Rationale Psychotherapie, auch *rational-emotive-therapy* (RT), eine von A. Ellis in den fünfziger Jahren entwickelte Methode der Psychotherapie.

Die Annahmen der RT besagen, daß neurotisches Verhalten durch irrationale Weltanschauungen und Denkweisen bedingt sind sowie, daß Emotionen und Gefühle das Verhalten steuern. Mit Hilfe logischer Einsicht und rationaler Überzeugungskraft soll der Neurotiker zur eigenen Individualität finden, die geprägt ist durch Realitätsbezogenheit in der Erfahrungssuche, in der Kreativität, im Dialog mit seinen Mitmenschen etc. *L-R*

Rationalisierung, Rationalisation, alle praktischen, besonders technisch-wirtschaftlichen Bemühungen um die bestmögliche Leistungshebung, Ertragssteigerung, Arbeitsverbesserung (Betriebsrationalisierung), Standardisierung, Automatisierung u. a. m. • Tiefenps. bedeutet R. das verstandesmäßige Rechtfertigen eines Verhaltens. Innere Ausrede! Das Ich ersetzt aus dem Es stammende, wahre, aber nicht eingestandene Motive (vom Über-Ich verboten) durch unwahre, aber eingestandene Motive (vom Über-Ich nicht verboten).

Rationalismus, der erkenntnistheoretische Standpunkt, daß die Erkenntnis im wesentlichen auf der Vernunft, nicht auf der Erfahrung beruht. Gegensatz: Empirismus, Sensualismus. →Sprachtheorie • Die Geisteshaltung, in der die Vernunft bestimmend ist oder wenigstens vorherrscht, Ggs.: Irrationalismus.

Rationalität der Entscheidung →Entscheidungstheorie, →Homo-Oeconomicus-Modell

ratio scale →Verhältnisskala

Raum, das Medium zwischen →Grenzen, das den Lebewesen Bewegung ermöglicht. Für den Menschen im Regelfall der (Luft-)raum

R

über dem (Erd-)boden zwischen Hindernissen. Der über Sinne und Bewegungen zugängliche Raum ist dem Individuum mit vielen Verhaltens- und Erlebnismerkmalen (kognitiv) gegeben. Psychologische Untersuchungen richten sich unter phänomenaler u./o. funktionaler Betrachtungsweise einmal eher auf sensumotorisch-kognitive Vorgänge am Individuum, die »Raum« vermitteln (z. B.: →räumliches Sehen, →Greifraum, Raumbegriff nach PIAGET, räumliches Vorstellungsvermögen als →Intelligenzfaktor, →Körperschema, →Lebensraum), zum anderen eher auf Objektmerkmale des R. (z. B.: Raumqualitäten wie hallend, hohl, durchsichtig; Gestimmtheiten wie drückend). Merkmale von Raumsystemen untersucht die →Ökologische Psychologie. Affordance (GIBSON 1979) bezeichnet u. a. den Aufforderungsgehalt räumlicher Gegebenheiten, z. B. Begehbarkeit. Mehrere Betrachtungsweisen können auch gleichzeitig in die Erforschung des R. als Verhaltensfeld eingehen: →*behavior setting*, →Territorialverhalten, →Proxemics, →Habitat, →Privatheit, →kognitive Landkarte. ● R. wird als Ordnungskonzept für Relationen zwischen Variablen benützt, z. B. Problemraum, Handlungsraum (Relation der Zustände, die eine Aufgabe durchläuft, wenn ein Lösungsweg gesucht wird bzw. verfügbar ist), Farbraum, →Farbenkreis, →Urfarbenkreis.

Raum wird methodisch als mathematisch abstrakte Relation von Dimensionen aufgefaßt, auf denen Zustände von Variablen metrisch darstellbar sind, z.B. →Farbenoktaeder, →Farbenanalyse, →mehrdimensionale Skalierung, semantischer Raum (→semantisches Differential). ● Raum ist auch in anderen Wissenschaften ein z. T. zentrales Konzept. In Philosophie (Empirismus) und Physik sind Raum und Zeit Grundkategorien (ausgezeichneter Spezialfall: dreidimensionaler euklidischer Raum). Architektur kann als Gestaltungswissenschaft vom Raum aufgefaßt werden. Aus der Ethnologie (→Proxemics) und Ethologie (→Territorialverhalten, →Habitat, →Funktionskreis) wurden verschiedene Konzepte entlehnt, wobei sie z. T. einem deutlichen Bedeutungswandel unterliegen. Ⓛ BISCHOF 1966, BOLLNOW 1972², GIBSON, J. J. 1979, KRUSE 1974, PIAGET u. INHELDER 1971 *D-Y*

Raumaufteilungsbrett Ⓣ SCHULZ

Raumbild-Test Ⓣ YERKES

Raumfahrtpsychologie, *space psychology,* ein entsprechend der Entwicklung der bemannten Raumfahrt aus der Luftfahrt abgeleiteter spezieller Zweig der →Luftfahrtpsychologie. Schwerpunkte: Verhalten der Besatzungen (Astronauten, Kosmonauten, Nutzlastspezialisten) im geschlossenen System mit künstl. Atmosphäre, psychophysische Belastungsreaktionen auf extreme Umweltbedingungen (Schwerelosigkeit, Beschleunigung, Strahlung, Bewegungsarmut, Isolation, Monotonie), Training, Selektion. Anthropotechnische Anpassung der Raumfahrzeugführungs- und Arbeitssysteme an den Menschen.

Lange vor Beginn der bemannten Raumfahrt hat in den amerikanischen und russischen R.-Zentren Grundlagenforschung über die Verträglichkeit extremer und künstl. Umweltbedingungen im Hinblick auf den extraterrestrischen Einsatz begonnen. Die Autoren ALYAKRINSKIY, B. S., KUZNETSOV, O. N., GALUBINSKA, K., PARIN, V. V. und GARBOV, F. D. in UdSSR; FRASER, T. M., GERATHEWOHL, S. J., HARTMAN, B. O., SELLS, S. B. und BERRY, Ch. A. in USA haben die Entwicklung initiiert, die schließlich zu den spektakulären Mondflügen des Apolloprogramms und den orbitalen Einsätzen des amerik. Skylab- sowie des russ. Sojus-Programms geführt haben. Schwerpunkt der gegenwärtigen Raumfahrt ist die Nutzung von Orbitalflügen für wissenschaftlich-technologische Vorhaben, für die vorwiegend Wissenschafts-Astronauten eingesetzt werden. Für das Europ. Raumfahrtprogramm hat die *Europ. Space Agency* (ESA) das vom DFVLR-Inst. f. Flugmed. entwickelte med. und ps. Auswahlverfahren für Nutzlastspezialisten als verbindliche Standards herausgegeben. Ⓛ European Space Agency 1977, FLINN et al. 1963, GOETERS 1978, HARTMAN et al. 1976 *Ste-R*

Raumfehler ⟨FECHNER⟩, ein konstanter Fehler, der beim Verfahren des →Paarvergleichs u. bei verwandten Methoden auftreten kann. Wenn jeweils zwei Reize an versch. Stellen dargeboten werden (z. B. rechts u. links, oben u. unten), so kann die Stellung das Urteil beeinflussen. Der Fehler ist zu vermeiden, indem dafür gesorgt wird, daß jeder Reiz gleich häufig an jeder Stelle erscheint. Vgl. Zeitfehler

Raumkanal →Kanal

Raumkombination, räumliche Vorstellung Ⓣ AMTHAUER, FRIEDRICH, LIENERT, MEILI, RYBAKOW

räumliches Hören, jede auditive Wahrnehmung wird vom Hörer räumlich lokalisiert, entweder außerhalb oder innerhalb des Kopfes (z. B. als Summen). Dieser Hörraum als Gesamtheit der Örter, an denen Hörereignisse lokalisiert sein können, ist begrenzt (vergleichbar dem Horizont beim Sehen).

Die Lokalisation des Hörereignisses und der Ort der Schallquelle müssen nicht übereinstimmen

(z. B. über Kopfhörer »Orchesterpositionen« hören). Die Distanz des Hörereignisses erarbeitet das Gehör u. a. aus der Energie des Schalldruckes und im Bereich bis ca. 25 m aus der entfernungsabhängigen Veränderung des Frequenzspektrums eines Schalles. Die horizontale Lage (rechts; hinten) des Hörereignisses ergibt sich bei beidohrigem Hören u. a. primär aus Schalldruckpegeldifferenzen zwischen den an den Ohren ankommenden Schallen. Die vertikale Lage (Höhe) ergibt sich nach heutigem Wissen aus Veränderungen des Schalles auf Grund von Brechung und Dämpfung an der Ohrmuschel. Schallmerkmale einer Quelle, die im Ohr ankommen, können durch Kopfbewegungen variiert werden, was ihre Auswertung fördern kann. Information nicht auditiver Sinne, bzw. Wissen kann die Lokalisation eines Hör-, Schallereignisses mitbedingen. Ⓛ BLAUERT 1974 *D-Y*

räumliches Sehen, die visuelle Wahrnehmung der Sehdinge im 3-dimensionalen Raum hat recht unterschiedliche Theorien hervorgebracht, auch wenn man die Frage darauf beschränkt, wie die Transformation 2-dimensionaler Netzhautabbildungen im 3-dimensionales Sehen zu denken ist. – Für das binokulare Tiefensehen nimmt man heute an, daß die infolge von →Querdisparation nicht an Netzhautdeckstellen lokalisierten Abbildungen von Objekten der Außenwelt sich nach Weiterleitung in das Hirnfeld dort analog der ursprünglichen räumlichen Verhältnisse 3-dimensional anordnen. Anders ist es bei monokularer Tiefenwahrnehmung sowie in den Fällen, wo die Reizgrundlagen 2-dimensional (Zeichnungen, Photographien usw.) sind. Das hier zuständige Erklärungsprinzip ist das Gesetz der guten Gestalt (→Gestaltgesetze).

Hiernach erhalten die infolge der perspektivischen Verzerrung entstandenen »schlechten« Gestalten der Netzhautabbildungen im Hirnfeld eine Tendenz zur Entzerrung (unter Zuhilfenahme der dritten Dimension). Diese Entzerrung spielt auch beim binokularen Sehen dann eine Rolle, wenn bei größerer Entfernung und relativer Kleinheit der Objekte die oben geschilderten funktionalen Folgen der Querdisparation unterschwellig bleiben. – Es tragen aber wohl noch weitere Faktoren zum Erlebnis der Raumtiefe, zur Tiefenlokalisation und zum Entfernungsschätzen bei. So vor allem das Prinzip der →Wirkungsgabelung. Bedeutsam ist auch die Luftperspektive und die Bewegung der Sehdinge. Dagegen dürften im Ggs. zu früheren Annahmen Empfindungen aus anderen Sinnesgebieten und Erfahrungen nur eine Nebenbedeutung haben. Ältere Theorien versuchten, mit der Assimilation im Sinne des Hinzuassoziierens von Tiefenwerten (WUNDT, HERING) u. a. m. das räumliche Sehen zu erklären. Vgl. GIBSON-Gradient →Tiefenlokalisation (m. weiteren Verweisen) Ⓛ KÖHLER, LEWIN, LINSCHOTEN, METZGER, BISCHOF

räumliches Vorstellen, (ps.-diagnost.) eine zwar deskriptiv gut abgrenzbare, aber wenig einheitliche Fähigkeit, bei deren Erfassung auch prakt. Intelligenz, Handgeschick, techn. Verständnis u. a. hineinspielen.

Die Fähigkeit ist für viele Berufsarbeiten als wichtig erkannt. Die Tests reichen vom →Formenbrett, der von BINET eingeführten. Découpage bis zum Würfeltest (Ⓣ BLUMENFELD), den Blocktests (Ⓣ MELLENBRUCH u. Ⓣ O'CONNOR) der Bauprobe (Ⓣ KLEMM) und den Formlegetests (Puzzlemethode, Ⓣ RYBAKOW, Ⓣ LIENERT) in Papier u. a. Ebenso zahlreich sind die Beurteilungsverf. (z. B. beim Würfel: gedankliches Aufteilen des Würfels, Abwickeln, Zusammensetzen, Ergänzen, Ergänzen nach Kippen u. a. m.). Auch zwischen Raumvorstellungs- und Raumorientierungsverfahren muß unterschieden werden. Ⓣ ABELSON, BINET, FRIEDRICH, GIESE, GRÜNBAUM, KNOX, LIENERT, MEILI, PINTNER-PATERSON, POPPELREUTER, RUPP, RUTHE, RYBAKOW, SEGUIN, SCHULZ, STERN, TRAUBE, YERKES. Vgl. Sinnesfunktionen

Raum, persönlicher, *personal space,* →Grenzkontrolle

Raumphantasie, die räumliche Ausdeutung von Zeichnungen und Darstellungen durch die Phantasie, ebenso die auch nicht vom Konkreten ausgehende, auf das Räumliche bezogene Vorstellung.

Raumschwelle, in der Tastwahrnehmung die kleinste Entfernung zweier Punkte, die auf der Haut noch eben als getrennt wahrgenommen werden. Die R. ist sehr verschieden und beträgt z. B. auf der Zungenspitze 1 mm, auf dem Rücken 60 mm. • Beim Sehen ist die R. die Größe des Gesichtswinkels, bei dem vom einzelnen Auge zwei Punkte noch eben getrennt wahrgenommen werden (Auflösungsvermögen).

Raumsinn →räumliches Sehen

Raumsymbolik, Begr. für das Beachten und Deuten des Merkmals »räumliche Anordnung«. In der →Graphologie wird die R. besonders hervorgehoben. Auch bei der tiefenps. Traumdeutung wird auf die R. Wert gelegt (z. B. unten:oben = unbewußt: bewußt).

Raumtäuschung, Irrtümer im Einschätzen von Winkeln, Flächen, Strecken, Körpergrößen. →geometrisch-optische Täuschung

Raumverhalten →Proxemik

Raumwahrnehmung →Räumliches Sehen

Rausch, Zustand gesteigerter und überschießender Stimmungen und Gefühle, der sowohl durch Rauschmittel (z. B. Alkohol)

als auch durch erregende, meist begeisternde Erlebnisse hervorgerufen wird. ● Der pathologische R. ist ein vor allem durch Alkohol und →Rauschmittel hervorgerufener Dämmerzustand mit Verkennung der Umgebung und mit Sinnestäuschungen.

Rauschen, *noise,* ursprünglich in der →Akustik als Sonderfall eines →Geräusches Bez. für ein irrelevantes oder störendes Schallereignis, dessen Verlauf im Gegensatz z. B. zu →Lärm (engl. ebenfalls *noise*) hinsichtlich Frequenz und Intensität relativ kontinuierlich ist. R. gilt als wesentlicher Störfaktor bei der Nachrichtenübertragung, besonders bei der →Sprachrezeption, weil es die →Maskierung des Signals bewirkt.

Für systematische Laboruntersuchungen verwendet man ein aus allen hörbaren Frequenzen gleichverteilt zusammengesetztes R., das »Breitbandrauschen« oder – in Analogie zum Ergebnis der Mischung aller Spektralfarben – »weißes« R. genannt wird. Für R., in dem nicht alle Frequenzen gleichmäßig enthalten sind oder das nur aus einzelnen Frequenzbändern besteht, findet man gelegentlich noch die Bezeichnung »rosa« R. Eine erweiterte Bedeutung erhielt R. durch die Informationstheorie: Hier ist R. die allgemeine, nicht auf die auditive Sinnesmodalität beschränkte Störgröße, deren Ausprägung relativ zum Signal ein Maß für die Beeinträchtigung der Übertragungsqualität liefert. So weist z. B. ein verwaschenes, von einem entfernten Sender stammendes Fernsehbild einen hohen Anteil von »visuellem« R. auf. *Z-N*

Rauschgifte, -mittel, diejenigen →Drogen unterschiedlicher Provenienz und Zusammensetzung, die durch Einnehmen, Rauchen, Schnupfen, Schlucken oder Spritzen das ZNS lähmen, beruhigen, erregen, beleben bzw. die Wahrnehmung verändern, aber auch die wiederholte Anwendung und damit Suchtgefahren stimulieren. Die R. sind seit alters soziokulturelle (kultische) Fakten. Besonders bekannt und gebräuchlich: Alkohol, Kaffee, Tabak, Opium, Morphin, Heroin, Kokain, LSD, Meskalin, Haschisch. →Pharmakopsychologie

Rautenhirn →Gehirn

reaction formation [engl.] →Reaktionsbildung

readability →*readability formula,* →Verständlichkeits-Forschung

readability formula, Verständlichkeits-Formel, bes. in der älteren Verständlichkeits-Forschung (z. B. FLESCH) verwendete, empirisch gewonnene Formel zur einfachen Bestimmung der →Verständlichkeit (readability) von Texten. R. messen jedoch fast ausschließlich nur bestimmte Aspekte von Wortwahl und Satzbau (sprachliche Formulierung) und werden damit der mehr-dimensionalen Bedingtheit der Verständlichkeit von Mitteilungen nicht gerecht. Besser sind →Schätzskalen bzw. →Kategorien-Systeme zur Beurteilung der Verständlichkeit von Mitteilungen, die allerdings weitgehend noch entwickelt werden müssen. →Verständlichkeits-Forschung. Ⓛ KLARE 1963 *T-R*

reading (-readiness, -aptitude) Test, Lesetest →Schulleistungs-Tests

Reafferenz ⟨E. v. HOLST⟩, Prinzip, das die Wiederherstellung der normalen Haltung und Stellung nach passiver Veränderung als auch die willkürliche Einnahme von Sollstellungen anhand einer dynamischen Gleichgewichtstheorie verständlich macht.

Je extremer die einzunehmende Haltung von der normalen abweicht, um so mehr Energie muß aufgewandt werden, damit ein gleiches Maß an Veränderung erreicht wird, z. B. wenn bereits 10° Abweichung von der Normal-Horizontalen bei Fischen vorliegen, muß für weitere 10° Abweichung ein höherer Betrag an Energie eingesetzt werden als für die ersten 10°. Es entfällt die in der Reflexlehre nötige Zusatzannahme, daß bei Willkürhaltungen eine Hemmung der Reflexe erfolgt, und es wird im Gegensatz zu dieser Lehre der Nachweis erbracht, daß die Bewegungen (→Motorik) abhängig sind von der Impulshäufung. Werden die Statolithenapparate passiv durch Schräglage in ungleiche Erregung versetzt, erfolgt ein Ausgleich im Sinne der Balance. Bei Willkürbewegung wird eine zentralnervöse Ungleichheit niederer motorischer Zentren erzeugt, die den Körper aus der Normallage in die gewünschte Position bringt, unter der Erhöhung der Spannung im nun wieder gleichgewichtigen System. Während der Bewegungsausführung setzt ein afferenter Rückstrom ein.

Dieser Rückstrom (negativ) deckt eine angenommene Effektorkopie (positiv) im Zentralnervensystem ab. Es erfolgen so lange Korrekturen, bis beide deckungsgleich sind, und damit die Normal- oder Sollhaltung stabilisiert ist. Dies ist ähnlich wie bei einem *»feed back system«*, →Kybernetik. Z. B. ist bei gelähmten Augenmuskeln und intendierter Augenbewegung die Effektorkopie durch keinen afferenten Rückstrom gelöscht, da keine Realbewegung folgt. Obwohl keine Retinalverschiebung vorliegt, »springt« das Wahrnehmungsfeld. Gewöhnlich wird die Retinalverschiebung bei Realbewegung durch die Reafferenz gelöscht, und es erfolgt keine

Bewegung des Anschauungsraumes. Ⓛ HOLST 1950

Reakt, eine von HELLPACH eingeführte Bez. für »die einen Akt beantwortende Handlung des Mitgeschöpfs, auf welches jener gerichtet war«. Z. B. (aus der unübersehbar großen Zahl): Spiegelreakte (z. B. der Gegengruß auf einen dargebotenen Gruß), Folgereakte (z. B. Ausführung einer Anordnung), Fluchtreakte (z. B. man geht einem Bekannten, den man von weitem sieht, aus dem Weg), Schleierreakte (Überlagerung eines näherliegenden Reaktes, z. B. überlautes Reden, wenn man sich fürchtet). Ⓛ HELLPACH

Reaktanz, (1) Bez. für best. Widerstand (Blindwiderstand) bei Wechselstrom. (2) Als ps. R. gilt die in Analogie zu Vorstehendem von BREHM (1966) eingeführte Bez., mit der die Verweigerung von erbetener Hilfeleistung, dann aber auch andere negative Reaktionen auf die Bedrohung oder Einschränkung der Handlungsfreiheit erklärt werden sollen.

Gemeint ist der Widerstand einer Person gegen den von einer anderen Person ausgeübten Druck in Richtung auf eine Beschränkung der Wahl zwischen Handlungsalternativen, so z. B. gegen versuchte Einstellungsänderung (→Bumerangeffekt), gegen Verringerung der sozialen →Distanz (→Territorialverhalten), gegen Beeinflussung des Kauf-, Konsum- und politischen Verhaltens etc. (vgl. GNIECH u. GRABITZ 1978). Die Einengung der Freiheit kann besonders stark erlebt werden, falls sich die eine Person der anderen verpflichtet fühlt *(commitment)*. Die Theorie zur Erklärung der R. ist durch die Annahme erweitert worden, daß der Verlust der Kontrolle über (die Person betreffende) Ereignisse eine zusätzliche Ursache für R. sei. R. kann durch Druck auf konformes Verhalten unterdrückt werden und scheint nicht ausschließlich durch situative Momente, sondern auch persönlichkeitsspezifisch bestimmt zu sein. Ⓛ BERKOWITZ 1973, GRABITZ-GNIECH 1973 *B-S*

Reaktion, Gegenwirkung, Rückwirkung. Antwortendes Verhalten auf Reize bzw. Reizsituationen in Form von Bewegungen (z. B. Reflexen), komplizierten Handlungen oder emotionalen Äußerungen u. a.

Reaktionsbildung, (allgemeinps.) das Zustandekommen einer Reaktion, ● (psa.) ein →Abwehrmechanismus des Ich bzw. die Entwicklung einer dem ursprünglichen, aus dem Es stammenden Triebimpuls entgegengesetzten Verhaltensweise.

So wird z. B. ein ursprünglicher starker Haß gegen eine Person durch eine überzärtliche Liebe ersetzt oder eine ursprüngliche Schmutzlust durch eine übertriebene Reinlichkeit. Diese R. ist die Folge strenger Verbote des Über-Ich gegenüber diesen ursprünglichen Es-Impulsen. Die normale Abwehr durch das Ich mit der →Verdrängung reicht im Hinblick auf die Über-Ich-Strenge nicht aus und muß zur Vermeidung einer Bestrafung durch das Über-Ich durch eine Mobilisierung des gegenteiligen Impulses verstärkt werden. Alle R. sind durch eine der Realität nicht entsprechende Intensität ihres Motivs gekennzeichnet.

Reaktionseinstellung →response set

Reaktionsfähigkeit, Möglichkeit, auf Reize richtig zu antworten. Vom Informationsfluß her wird unterschieden zwischen sensorischer R., zentraler Verarbeitung und effektorischer R. (z. B. Betätigung von Tasten, →Reaktionsversuch).

Die individuelle R., von der →Psychotechnik besonders beachtet, wirkt sich bei überraschenden Situationen (eingeschränkte Handlungsantizipation) und beim Sport aus. Die R. wird durch Messung der →Reaktionszeit ermittelt, die durch Monotonie, Ermüdung und Drogen erhöht wird. Durch Behinderung wird die R. eingeschränkt (aber: Kompensationsmöglichkeiten). *R-S*

Reaktions-Generalisation →Generalisation

Reaktionsmethode, Reaktionsversuch, →Reaktionszeit

Reaktionsnorm, die (vorwiegend) ererbte Art und Weise, wie ein Organismus auf Reize seiner Umwelt antwortet.

Reaktionspotential [engl. *reaction potential,* auch *excitatory potential,* $_{S}E_{R}$], in dem theoretischen System von C. L. HULL Bez. für die hypothetisch angenommene Stärke einer Tendenz, in bestimmter Weise zu reagieren. Gedacht als Produkt aus Antrieb, Habitstärke und Stimulusdynamik unter Abzug der reaktiven und konditionierten Hemmung. Ⓛ HULL 1952 *B-S*

Reaktionsprüfgeräte Ⓣ MIERKE, KLEBELSBERG

Reaktionspsychose, von BLEULER (1930) gebrauchter Begr. für schwere seelische Störungen, die durch Umwelteinflüsse wie Gefangenschaft oder große Enttäuschungen zustandegekommen sind.

Reaktionssimulator, Bez. für Geräte, die mit einem »Schockgenerator« (Schockerzeuger) die Fehler, die die Vp im Versuch macht, mit elektrischen Stromstößen (z. B. über Fingerelektroden) »bestraft«.

A. H. BUSS (1961) hat solche Apparate zur Aggressionsmessung konstruiert. Die Spannung (Volt) gilt als Maß für die Aggression. ● MILGRAM (1963) entwickelte gleichartige Geräte zur Unter-

R

suchung des gehorsamen Verhaltens. • Zur Unfällerauslese sind Apparate, die bei Fehlverhalten einen elektr. »Schlag« versetzen, schon von den Psychotechnikern der 20er Jahre entwickelt worden. So konstruierte GIESE (1928) unter der Bez. →Rotator (Unfällerrotator) ein Gerät, bei dem Kontakte unter einem rotierenden und mit Induktionsstrom geladenen Flügelpaar zu bedienen waren.

Reaktionstypen →Typologie (Reaktionstypen)

Reaktionsversuch, Experiment oder Test, worin →Reaktionszeiten gemessen werden.

Reaktionszeit (RT) [engl. *reaction time*], Zeit, die (unter bestimmten Bedingungen) vergeht zwischen einem Signal (Reiz) und dem Beginn der mechanischen Bewegungsantwort (offen beobachtbare Reaktion) auf dieses Signal, unter der →Instruktion, möglichst schnell zu reagieren.

RT-Angaben bestehen im Regelfall aus Durchschnittswerten. Üblicherweise wird die RT auf Signale gemessen, die in einer durch ein Achtungssignal angekündigten Vorperiode (ca. 1–3 sec Dauer) zufallsverteilt erscheinen. Ist der Signalzeitpunkt vorhersagbar, so spricht man von Antizipationszeit, die 0 sec betragen kann, oder die Reaktion kann sogar vor dem Reiz erfolgen (Frühstart). Um zu verhindern, daß die Vp antizipativ reagiert, werden in die Reaktionsversuchsserie Fangdurchgänge (engl. *catch-trials*) eingestreut: es erfolgt eine Signalankündigung, aber kein Signal. RT bezieht sich auf instruierte, »willkürliche« Bewegungsantworten auf vereinbarte Signale, nicht auf physiologische Reflexe. Die Bez. Latenzzeit (→Latenz) sollte für die Zeit zwischen Reiz und habitueller, konditionierter Reaktion (behavioristisch/reflexologisch gedeutete S-R-Verknüpfung) reserviert bleiben. Ferner wird Latenzzeit zur Bez. der Dauer verschiedener physiologischer Signalleitungsprozesse benutzt. Die Bewegungszeit, Zeit zwischen Signal und Ende der Reaktion, sollte nicht als RT bezeichnet werden.

Die RT kann als Summe versch. Zeit erfordernder Teilvorgänge aufgefaßt werden, u. a. werden unterschieden der sensorische Reizleitungsteil, die zentrale, kognitive Verarbeitungszeit und die motorische Reizleitungszeit. Unter der Voraussetzung, daß die peripheren (sensorischen, motorischen) Zeiten bekannt bzw. konstant sind, kann auf die zentrale, kognitive Verarbeitungszeit geschlossen werden, was dazu führt, daß verschiedene Spielarten der RT-Messung einen wichtigen methodologischen Bestandteil der Ps. bilden. Übliche einfache Reaktionszeiten (s. u.) betragen auf einen Lichtreiz ca. 180 ms, auf einen akustischen Reiz ca. 140 ms, auf einen taktilen Reiz (z. B. Stirn berühren) ca. 130 ms. Unterscheidungsreaktionen (s. u.) und Wahlreaktionen (s. u.) dauern bis zum Vierfachen der einfachen RT. Die minimal erreichbaren Zeiten werden irreduzibles Minimum genannt.

Problemgeschichtlich geht die Untersuchung der RT auf den Astronomen BESSEL (1822) zurück. Verkürzt dargestellt: Bei der Reaktion auf einen Uhrschlag, um den Ort eines Himmelskörpers zeitlich festzustellen, gab es konstante Unterschiede zwischen verschiedenen Beobachtern. Diese Unterschiede drückt BESSEL als Differenzen aus. Solch eine Differenz wurde von ROBINSON (Astronom, 1830) persönliche Gleichung genannt. Nach der Konstruktion des Vorläufers der Stoppuhr, dem Chronoskop von HIPP (1842), wurde es möglich, nicht nur die relativen Unterschiede der Zeiten anzugeben, sondern diese absolut zu messen. Die absolute persönliche Gleichung, eine Form der RT, war meßbar geworden. Die Gründe für deren personabhängige Verschiedenheit wurden noch von J. MÜLLER (1834) als nur zentral, »kognitiv« bedingt angesehen, da er die periphere Reizleitungszeit gleich 0 sec ansah. HELMHOLTZ (1850) gelang es als erstem, die periphere Reizleitungszeit zu messen. Er nannte diese Zeit Latenzzeit. Die Beobachtungsaufgabe der Astronomen verlangte im Prinzip die Verknüpfung eines optischen und akustischen Ereignisses. Solche intermodalen Verknüpfungen hatte HERBART (1816) Komplikation genannt. WUNDT (1863) griff diese Bez. auf und untersuchte eine der astronomischen Beobachtungssituation analoge im Labor (Feststellung der Stellung eines Pendels zu einer bestimmten Zeit). Diese Versuche nannte er Komplikationsversuche, später auch Reaktionsversuche, Reaktionszeitmeßversuche, die er als prototypisch für die Untersuchung von Willenshandlungen ansah. L. LANGE (1888), ein Schüler WUNDTS, untersuchte die Wirkung der Einstellung *(set)* auf die Reaktionszeit und fand, daß die RT kürzer ist, wenn die Vp sich auf die Reaktion (motorische Einstellung) konzentriert, als wenn sie sich auf den Reiz (sensorische Einstellung) konzentriert. EXNER (1873) untersuchte die Wirkung der Aufmerksamkeit auf die RT, und er prägte den Begriff RT. Die Arbeiten von EXNER und LANGE bilden einen Beginn der experimentellen Aufmerksamkeitsforschung, die u. a. von KÜLPE u. ACH introspektiv weitergeführt wurden. J. McK. CATTELL, ein Schüler WUNDTS, promovierte 1903 über Reaktionszeiten. Er untersuchte u. a. assoziative Vorgänge mittels RT und kann als ein Vorläufer bestimmter experimenteller psycholinguistischer Methoden angesehen werden. Auf seine Zusammenarbeit mit F. GALTON geht die amerik. Tradition der Eignungsfeststellung mittels RT-Maßen zurück. Eine parallele Entwicklung verlief auch in Europa, z. B. in der deutschen

Psychotechnik. GIESE (1920) unterschied bei den Reaktionsversuchen u.a. Kettenreaktionen und Serienhandlungen (s. auch MIERKE Ⓣ). DONDERS (1868) entwickelte die Subtraktionsmethode, um den Zeitverbrauch ps. Teilvorgänge bei Reaktionsversuchen zu messen. Der Methode liegt folgender Gedanke zu Grunde: wenn die RT auf einen Reiz 200 ms dauert und die auf zwei Reize (Unterscheidungsreaktion) 240 ms, so bedarf es für die Unterscheidung 40 ms. Die Subtraktionsmethode wird heute noch vielfältigst angewendet. MERKEL (1885) untersuchte als erster systematisch Wahlreaktionen. U.a. unter Rückgriff auf MERKELS Daten formulierte HICK(1952) das nach ihm benannte Gesetz über die Abhängigkeit der RT von der Alternativenanzahl (→HICKsches Gesetz). PIERON (1919), ein Schüler BINETS, bearbeitete ebenfalls systematisch die RT-Problematik. Er entwickelte den Fallstab, eine einfache apparative Vorrichtung zur Messung der RT. Der Beginn des Fallens eines Stabes ist Reiz, die RT läßt sich errechnen aus der Länge der Strecke, die der Stab gefallen ist, bis die Vp ihn stoppt. Ⓛ BORING 1950, WOODWORTH u. SCHLOSBERG 1966 *D-Y*

Die R. kovariiert mit einer großen Anzahl ps. Variablen, außer mit der Sinnesmodalität des Reizes z.B. noch mit der Intensität des Reizes, Ort und Fläche der gereizten Netzhautstelle beim opt. Reiz, Modalität und ausführendes Organ der Reaktion (z.B. gesprochenes Reaktionswort, Tastendruck mit linker/rechter Hand, Pedaldruck mit linkem/rechtem Fuß), Aufmerksamkeit, Ermüdung, Geschwindigkeits-Genauigkeits-Abgleich (engl. *speed-accuracy-tradeoff;* WENDER, COLONIUS u. SCHULZE 1980) und Komplexität der inneren Prozesse zwischen Reiz und Reaktion. Seit DONDERS (1868) unterscheidet man die Einfach- oder a-Reaktion auf nur einen Reiz (z.B. weißes Licht) und Zuordnung einer best. Reaktion (z.B. Tastendruck) von der Wahl- oder b-Reaktion, in der die Vp nicht weiß, welche von mehreren Reizalternativen (z.B. grünes oder rotes Licht) erscheinen wird, wobei zu jeder Reizalternative eine eigene Reaktionsalternative gehört, und von der Unterscheidungs- oder c-Reaktion, in der mehreren Reizalternativen eine Reaktion zugeordnet ist, derart, daß nur auf einen Teil der Reize reagiert werden soll. Ⓛ PACHELLA 1974 *G-R*

Reaktion unter Zeitzwang Ⓣ POPPELREUTER

reaktiv [neulat.], »rückwirkend«, Bez. für ein Geschehen, das die Folgeerscheinungen eines anderen darstellt, in der Ps. für ein Verhalten, das unmittelbar auf Umweltreize hin eintritt. Ggs.: aktiv, spontan.

reaktive Anspannungssteigerung ⟨DÜKER⟩ →Leistungssteigerung, reaktive

reaktive Hemmung, die Annahme von HULL (1952), daß analog der Refraktärphase bei der Erregung von Nervenzellen nach jeder Reaktion ein mit der Zeit schwächer werdender Widerstand gegen das sofortige Wiederauftreten der gleichen Reaktion entsteht. Die r. H. wird auch als negativer Antrieb (Antrieb, nichts zu tun) klassifiziert. →Reaktionspotential, →Hemmung *B-S*

Realangst, bei FREUD Bez. für die →Angst vor einer äußeren Gefahr, äußeren Gegebenheiten, die für das Subjekt eine reale Bedrohung darstellen. Die R. steht i. Ggs. zur Triebangst, sie bezeichnet nicht die Angst selbst, sondern das, was diese erzeugt. Nach FREUD kann und muß zur R. erzogen werden, da Kinder zuerst keine kennen.

R

Realdefinition →Definition

Realisieren →Aktualisieren

Realisierung, Verwirklichung, Wirklichwerden. • I. e. S. die von KÜLPE begründete Wissenschaftsmethode der Setzung (Anerkennung) bzw. Bestimmung von Realem als Wirklichem mit Betonung der Wahrnehmung als der Erfahrungsgrundlage und des Denkens als dem Vermittler der Strukturen und der Gesetzlichkeiten des Wahrgenommenen. Eine eigene Form der Denkpsychologie wurde mit dieser Methode verbunden. (→Würzburger Schule)

Realismus, realistisch, Realität, die philosophische Richtung, die den sog. Wirklichkeitsstandpunkt zum Leitprinzip hat und damit eine außerhalb des Bewußtseins liegende Wirklichkeit behauptet. Vom naiven R. bis zum kritischen R. bestehen zahlreiche Übergänge in der Annahme der Bedeutung des real Wahrgenommenen. • I. w. S. ist Realität auch die erlebte Welt, das unmittelbar Anzutreffende gegenüber dem Vergegenwärtigten.

Realitätsbereich, fundamentaler Begriff in der Problemlösungsps., mit dessen Hilfe bestimmte Vorgegebenheiten für den Problemlöser beschreibbar und abgrenzbar gemacht werden sollen, entspricht etwa *»task environment«* (→Aufgabe).

Problemlösungen spielen sich danach innerhalb je spezifischer »Bereiche« ab, die ganz allgemein durch Zustände und alle möglichen Übergänge zwischen ihnen gekennzeichnet werden können. Sowohl die Zustände als auch die Übergänge (auch →»Operatoren«) können unter verschiedenen inhaltlichen und formalen Gesichtspunkten taxonomisiert werden. So können (DÖRNER 1974) beispielsweise die Bereiche »Schach« und »Autoreparatur« systematisch voneinander unterschieden werden. Besonders konsequenzenreich ist die Unterscheidung von statischen und »dynamischen« (sich selbständig verändernde Komponenten enthaltenden) R'bereichen. *K-I*

Realitätsleugnung, nach der →Psa. ein →Abwehrmechanismus des →Ich gegenüber der Realität, bei welchem eine Negation relevanter Fakten stattfindet. Das Ich nimmt bei der R. bestimmte bedeutsame Tatbestände oder Vorgänge einfach nicht wahr, z. B. eine Frau ignoriert den Betrug, den ihr Mann an ihr begeht, vollständig. Die R. unterscheidet sich trotz gewisser Ähnlichkeiten eindeutig von der →Projektion und der Isolation.

Realitätsprinzip, nach FREUD das Prinzip, welches die nur an dem Triebreiz orientierten und auf unmittelbare Triebbefriedigung gerichteten Impulse aus dem →Es nach ethischen und sozialen Forderungen abwandelt. So wird das Individuum davor bewahrt, in Verfolgung der nach dem →Lustprinzip ausgerichteten Triebwünsche in bedrohliche Konflikte mit der Realität zu kommen. Das →Ich und das →Über-Ich werden vom R. regiert. Ⓛ FREUD

reasoning [engl.], schlußfolgerndes Denken. →Schlußprozesse

Recency-Effekt →Primat-Rezenz-Effekt

Rechenautomat →Analogrechner, →Digitalrechner

Rechenschwäche →Dyskalkulie

Rechen-Tests, Dauer-Rechenversuch Ⓣ DÜKER, KRAEPELIN, PAULI

Rechnen, ein in der experimentellen Ps. häufig verwendetes diagnostisches Verfahren teils bei der Intelligenzuntersuchung, teils zur Ermittlung von Ermüdung, Konzentration, Aufmerksamkeitsverteilung u. a. m. (→Addiermethode)

Rechnen in fremden Systemen Ⓣ VOIGT

Rechtschreibe-Tests →Schulleistungs-Tests

Rechtsformsymbolik, eine völkerps. Bez. für die ursprünglich als magisch-zauberhaft empfundenen Sinnbilder beim Abschluß von Rechtsverhältnissen, z. B. Kreuzschlagen, Schwur, Tracht des Richters, Marksteine, Masken. Ⓛ HELLPACH

Rechtshändigkeit →Händigkeit, →Lateralität

Rechtsläufigkeit, Merkmal in der →Graphologie

Rechtspsychologie, Teil der Ps., der sich mit den seelischen Grundlagen und den vielfältigen Bedingungen der Rechtsauffassung und Rechtshandhabung befaßt. Im besonderen ist die R. der Untersuchung der Fragen gewidmet, die mit Strafe, Willensfreiheit beim Begehen der Straftaten und Strafdurchführung im Zusammenhang stehen. →Forensische Psychologie

recodieren, rekodieren [engl. *recode* neu verschlüsseln], semantische Codierung (→Code) des im Kurzzeitgedächtnis gespeicherten Inhalts; gemäß der Mehrfachspeicher-Hypothese des →Gedächtnisses ein Vorgang, der bei dem →Abruf der Items mit Hilfe von Informationen, die im Langzeitgedächtnis gespeichert sind, abläuft. (Vgl. BREDENKAMP u. WIPPICH 1977, II, 81). Produkte des r. sind aber auch die bereits von G. A. MILLER (1956) beschriebenen →*chunks* und die von BOUSFIELD beobachteten →*cluster*, überhaupt alle auf einem höheren Codierungsniveau stehenden Organisationseinheiten, die aus dem vorläufig codierten, eingegangenem Material *(input)* neu gebildet werden, um die Langzeitspeicherung zu ermöglichen und die Kapazität und Reproduktion zu verbessern. *B-S*

Redekur [engl. *talking cure*] ⟨J. BREUER⟩, die psychoanalytische Behandlungsmethode des Aussprechenlassens in der Entspannung bzw. im Dämmerzustand. Ⓛ BREUER, HUNT

Reduktion [lat. *reducere* zurückführen], sehr allgemeine Bez. für Verringerung, Verkleinerung, Verminderung, Zurückführung von Erscheinungen auf Ursachen, komplexeren Gegebenheiten auf einfachere Bedingungen oder Besonderem auf Allgemeines.

● In der →Wissenschaftstheorie werden Triaden von Sätzen wie das folgende Beispiel heute als wissenschaftliche Systematisierung bezeichnet: (1) Alle Edelmetalle sind gute Stromleiter, (2) Silber ist ein Edelmetall und (3) Silber ist ein guter Stromleiter. Die formale Logik nennt die Ableitung von (3) aus (1) und (2) einen gültigen Schluß im Modus Barbara. Die wissenschaftliche Systematisierung ist die Grundlage fast aller Argumentations- und Ableitungstechniken in den empirischen Wissenschaften. R. war lange Zeit der Oberbegriff für alle in wissenschaftlichen Systematisierungen gebräuchlichen, logisch oder methodisch begründeten Ableitungen, also für die →Deduktion [logisch gültiger Schluß von (1) und (2) auf (3)], die →Falsifikation [logisch gültiger Schluß von nicht-(3) und (2) auf nicht-(1)], die →Induktion und die →Verifikation [logisch nicht gültiger, aber methodisch zu begründender Schluß von (2) und (3) auf (1) oder von (1) und (3) auf (2)]. Der Begriff R. wird z. B. noch von BOCHENSKI ausgedehnt verwendet und erläutert, hat jedoch inzwischen an Bedeutung verloren, da man heute die spezielleren Ausdrücke Deduktion, Falsifikation usw. bevorzugt. • Die →Phänomenologie (HUSSERL) lehrt, daß der alltägliche Umgang mit den Dingen ebenso wie die empirisch-wissenschaftliche Untersuchung die Wesenserkenntnis ihrer Gegenstände geradezu systematisch verfehlen. Sie entwickelt eine erlernbare Methode anschauender Analyse, die als Wesensschau »zu den Sachen selbst« vordringen soll.

Nach phänomenologischer Auffassung ist der »reine« Gegenstand im alltäglichen und wissenschaftlichen Erkennen »immer schon« durch subjektive Einflüsse wie Erfahrungen und praktische Erwartungen, Handlungszwänge, Einstellungen und Interessen, durch ein Übergewicht der Interpretation, in die Gewußtes, Erschlossenes und theoretisch Erwartetes einfließen, über das »wirklich« Gegebene und durch Traditionen, Normen und Methoden der Gegenstandserfassung verstellt. Das Durchstoßen dieser Verdeckungen, das Vordringen zum Gegenstand selbst in einer sensiblen, streng nur dem wirklich Gegebenen zugewandten und die sich ständig aufdrängenden Deutungen immer wieder zurückweisenden, schauenden Erkenntnishaltung wird R. oder Epoché genannt (BOCHENSKI 1954, 1971^5; SEIFFERT 1970, 1977^7). *G-R*

Reduktionismus, damit werden in der Ps. häufig solche Theorien bezeichnet, die sich in ihren Grundannahmen hinsichtlich des Teil-Ganz-Verhältnisses und anderem weitgehend an der älteren Physik (klassische Mechanik) orientieren.

R. ist z. B. die isolierte Betrachtung von einzelnen Elementen, ohne ihre Verflochtenheit in einem Ganzen in Rechnung zu ziehen, oder die Beachtung der Ganzheiten als einfache (summenhafte) Zusammensetzung konstanter Einzelteile (Atome, Elemente). Ebenso liegt R. vor, sobald Prinzipien, die auf einer niedrigeren Betrachtungsebene gelten, wie einfache Lerngesetze (im Tierversuch gewonnen) ohne weitere Vorbehalte auf eine höhere Ebene und auf menschliches Lernen übertragen werden. Der →Psychologismus ist eine Form des R. Ⓛ SLOANE

Reduktionslage, Beobachtungsdaten können je nach Ausdehnung ihrer Verteilung versch. Klassen zugeordnet werden. Die Zusammenfassung zu Klassen nennt man R.

Reduktionssprache, aus einer Kultursprache durch Vereinfachung (Reduktion) entstandene Neusprache (mit Anpassung etwa auch an eine Eingeborenensprache der Farbigen). Z. B. Afrikaans, das aus Holländisch im Verkehr mit den südafrikanischen Eingeborenen entstanden ist. Verzicht auf Deklination, Personalendungen beim Verbum, Geschlechtsunterschied. Die R. zeigen Parallelen zur Kindersprache, aber auch zur pathologischen Sprachreduktion bei Schizophrenen.

Reduktionsteilung, (biol.), erste Reifeteilung der →Meiose, bei der das väterliche vom mütterlichen Chromosom der Chromosomenpaare getrennt wird. Die Aufteilung der väterlichen und mütterlichen Chromosomen auf die beiden Tochterzellen erfolgt zufallsbedingt. Vgl. Äquationsteilung *D-E*

Redundanz [lat. Überfluß], Weitschweifigkeit, Überladung einer Aussage mit überflüssigen Elementen. • Ein informationstheoretischer Begr. für nicht ausgenützte Information bzw. Abweichung von dem maximal möglichen Informationsbetrag. R. ist im einfachsten Fall ein Maß für den Grad der Abweichung einer gegebenen Verteilung von Wahrscheinlichkeiten von einer Gleichverteilung. R. wird in der Ps. häufig als Maß für Struktur, Ordnung, Abweichung von einem völlig ungeordneten Zustand verwendet. →Informationstheorie *M-R*

Die R. einer Nachricht macht zwar einen erhöhten Übertragungsaufwand erforderlich, doch bietet sie auch einen gewissen Schutz vor Übermittlungsstörungen, da die Regelhaftigkeit der Zeichenfolge Schlüsse auf das Fehlen oder auf die Fehlerhaftigkeit von Zeichen zuläßt (Kontextredundanz). Jede sprachliche Mitteilung ist schon deshalb redundant, weil die einem begrenzten Repertoire entnommenen Sprachzeichen (Buchstaben, Silben, Wörter etc.) unterschiedlich häufig auftreten und weil sie gemäß orthographischen und syntaktischen Regeln zueinander in seriellen Wahrscheinlichkeitsrelationen stehen (→Sprachstatistik, →Grammatik). *Z-N*

REES-EYSENCK-Index, ein aus den Körpermaßen Körperhöhe und Brustbreite zusammengesetzter Index zur Bestimmung der Zugehörigkeit zu einem Körperbautypus, der sich nach der Formel

$$\frac{\text{Körperhöhe} \cdot 100}{\text{Brustbreite} \cdot 6}$$

berechnet. Vgl. STRÖMGREN-Index

*

REES, William / * 1914 / Psychiater / London

*

EYSENCK, Hans Jürgen / * 1916 Berlin / Psychologe (Persönlichkeitsps., Psychometrie, Lerntheorie) / Univ. London

REFA, Abk. für »Reichsausschuß für Arbeitszeitermittlung« (ab 1936 umbenannt in »Reichsausschuß für Arbeitsstudien«).

1924 wurde dieser Ausschuß von Industriellen und Ingenieuren gegründet mit dem Ziel, die →Zeitstudie zur →Arbeitsstudie auszubauen und darüber hinaus den industriellen Arbeitsprozeß in der Vielfalt der Beziehungen zwischen Mensch und Arbeit zu beachten und zu untersuchen (Rationalisierung, Arbeitsschulung usw.).

reference-group, Bezugsgruppe →Gruppe

Reflektoplastik, Anaglyphenbilder, ineinander gezeichnete stereoskopische Bilder, von denen das eine in blauer oder grüner, das andere in roter Farbe gehalten ist. Durch eine Brille mit einem roten und einem blauen (grünen) Glas werden die Bilder betrachtet, wobei das gleichfarbige Bild ausgelöscht wird und ein räumlicher Eindruck entsteht. →Stereoskop

Reflex [lat. *reflexus,* das Zurückbeugen, aus *re* u. *flectere*], (allg.) das Zurückwerfen z. B. von Licht, Schall usw. (Reflexion).

● (physiol.) Eine auf einen bestimmten Reiz hin bei Mensch und Tier automatisch und unwillkürlich ablaufende Reaktion. Vom Eigenreflex wird der Fremdreflex unterschieden. Die vom Sinnesorgan (z. B. beim Kniesehnenreflex im Muskel bei erzwungener Dehnung) ausgehende nervöse Erregung wird im Sinnesnerv zum Rückenmark, verlängerten Mark oder Hirnstamm geleitet. Hier kommt es zur Umschaltung über eine →Synapse (= monosynaptisch beim Eigen-R.) oder über mehrere Synapsen (polysynaptischer R., Fremd-R.) auf efferente Bewegungs- oder Drüsennerven, die die Reaktion im Erfolgsorgan auslösen (→Kniesehnenreflex). Nach ihrer Entstehung unterscheiden sich von diesem natürlichen R. die →bedingten Reflexe. Bei einfachen R. wird nur ein Muskel bzw. Muskelgruppe aktiviert (Lidschluß-, Kniesehnen-R.). Als kompliziertere R. gelten z. B. Flucht-, Abwehr-, Schutz-, Begattungs-R.; als unbedingt lebenswichtig, die von der Schleimhaut des Mundes, des Rachens und der Luftröhre gesteuerten Saug-, Schluck- und Husten-R. (→Reflexbogen).

Entwicklungsps. bedeutsam sind →Greif- und →MORO-Reflex. ● Die erste klare Unterscheidung von Willkür- und Reflexhandlung vollzog der engl. Physiol. Marshall HALL (1790–1857), während der Begr. bereits ein Jhd. früher von ASTRUC eingeführt wurde. GALEN beschrieb schon den Pupillarreflex. In der →Reflexologie erfuhr der Begr. eine Ausweitung zur Gesamterklärung aller seelischen Vorgänge. *B-C*

Reflexbewegung, die unwillkürliche Bewegung auf Grund eines auslösenden Reizes, z. B. Lidschließen bei plötzlichem grellem Licht. →Eigenreflex, →Reflex

Reflexbogen, das Schema der anatomischen Grundlage des →Reflexes. Die vom Rezeptor (z. B. Sinnesorgan) bei Reizung ausgehende Erregung wird durch einen afferenten, zentripetalen, sensiblen Nerven mit bestimmten Zentren im ZNS verbunden. Dort erfolgt Umschaltung auf den efferenten, zentrifugalen Nerv (→Rückenmark), der die Erregung zu dem ausführenden, Erfolgs-Organ, dem Effektor (z. B. Muskel) führt. →Abb. *B-C*

Reflexhemmung, die willentliche Unterdrückung des Ablaufs einer Reflexbewegung (z. B. des Hustens), auch die (nicht willkürliche) Abschwächung der Reflexe durch Einflüsse aus dem Großhirn oder durch andere gleichzeitig ausgelöste Reflexbewegungen. →Hemmung

Reflexion, neben der physikalischen Wortbedeutung für das Zurückwerfen von Wellenbewegungen bezeichnet R. vor allem das »Sich-Zurückwenden« des Denkens und des Bewußtseins auf sich selbst. Allgemein hat R. die Tendenz des Sich-Innewerdens; sofern es auf das Denken bezogen wird, besteht die Definition von ARISTOTELES zu Recht, nach der R. das Wissen vom Wissen erstrebe.

Reflexionspsychologie →Psychologie (Richtungen)

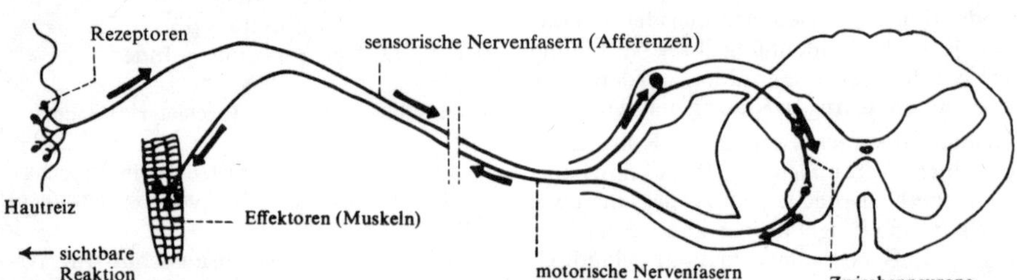

Reflexbogen

Reflexivität, Tendenz zum überlegten, besonnenen Handeln im Ggs. zur Impulsivität. →Denkstil

Reflexologie, im Sinne BECHTEREWS der Versuch, möglichst alle seelischen Inhalte aus physiologischen Reflexvorgängen zu erkennen bzw. abzuleiten (→bedingter Reflex).

Reflexzentren, Begr. ist ungebräuchlich, →Reflexbogen →Rückenmark

refraktäre Phase [lat. *refractarius* halsstarrig, unempfänglich], der auf die Kontraktion folgende Zeitabschnitt, in dem reizbares Gewebe unerregbar ist. Unterschieden werden die absolute r. Ph. (völlig unerregbar) und die relative r. Ph. (schwach oder nur durch starken Reiz erregbar).

Refraktärphase, sexuelle →Sexualität (Tabelle)

Refraktärzeit, psychologische, PRT, *psychological refractory time,* in Anlehnung an die physiologische Refraktärzeit (→refraktäre Phase) gebildeter Begriff. Soll auf zwei zeitlich dicht hintereinander folgende Reize je reagiert werden, so verändert (verlängert) sich die →Reaktionszeit auf den zweiten Reiz in Abhängigkeit von der Intervalldauer zwischen den Reizen (ISI, *interstimulus interval*). *D-Y*

Refraktion, Brechung. Der Begr. wird vor allem auf das Lichtbrechungsvermögen des Auges und dessen Anomalien (→Auge) bezogen.

Regel, wird in der Ps. als erlernbares, Verhalten steuerndes Prinzip verstanden. Insbesondere von der →Linguistik aus (→Grammatik) nahm der Begr. über die →Psycholinguistik Einfluß auf die Ps. Er sollte das für dispositionelle Organisation im Bereich der →Sprache fragwürdig gewordene Prinzip der assoziativen Verknüpfung ersetzen und neue Formen der →Hierarchisierung kognitiver Organisation modellieren helfen. Regellernen Ⓛ HERRMANN 1972 67ff., OSGOOD 1963 *K-I*

Regelkreis, bis zum ersten Drittel des 20. Jahrhunderts galt das Schema von Ursache und Wirkung als einziges methodisches Prinzip, das eine theoretische Welterkenntnis in Gesetzesaussagen erlauben sollte.

Erkenntnisse der Biologie zur Frage der Homöostase und der Ultrastabilität, d. h. wie es Organismen gelingt, physikalisch labile (Körpergleichgewicht) oder Störungen unterliegende indifferente (Körpertemperatur) Systeme zu stabilisieren, führten zur Annahme eines Denkmodells, in dem, kausal formuliert, eine Wirkung auf ihre eigene Ursache als Ursache zurückgeführt, also rückgekoppelt wird. In der Technik entstand das gleiche Problem bei der Verlagerung der Kontrolle physikalischer Zustände oder Prozesse vom Menschen auf Maschinen. Älteste Beispiele für R. sind der Fliehkraftregler der Dampfmaschinen im 18. Jahrhundert und der Thermostat.

Von einem R. kann überall da gesprochen werden, wo an einem Geschehen folgende Aspekte unterscheidbar sind:

(1) Regelgröße, eine Variable, deren Ausprägung so auf sie konstituierende Gegebenheiten zurückwirkt, daß die Einhaltung eines (nicht notwendigerweise zeitlich konstanten) Sollwertes auch beim Vorliegen von Störungen (Störgröße) in bestimmten Genauigkeitsgrenzen und mit beschreibbaren zeitlichen Übergangsfunktionen möglich ist,

(2) Regelstrecke, ein System, das in Abhängigkeit von einer oder mehreren Eingangsvariablen *(input)* die Regelgröße als Ausgangsvariable *(output)* erzeugt,

(3) Sollwert-Istwert-Vergleicher, ein System, das als Eingangsvariablen, gegebenenfalls über Meßfühler, Sollwert und Regelgröße zugeführt erhält und als Ausgang eine Information über die Sollwert-Istwert-Abweichung, in einfachen technischen Fällen deren arithmetische Differenz, liefert und

(4) Regler, ein System, das die Ausgangsinformation des Vergleichers in ein Signal umwandelt, das der Regelstrecke zugeführt wird und dort die Ausprägung der Regelgröße steuert.

Von Regelkreis spricht man, da der geschlossene Informationsfluß Regelgröße – Vergleicher – Regler – Regelstrecke – Regelgröße topologisch Kreisstruktur hat.

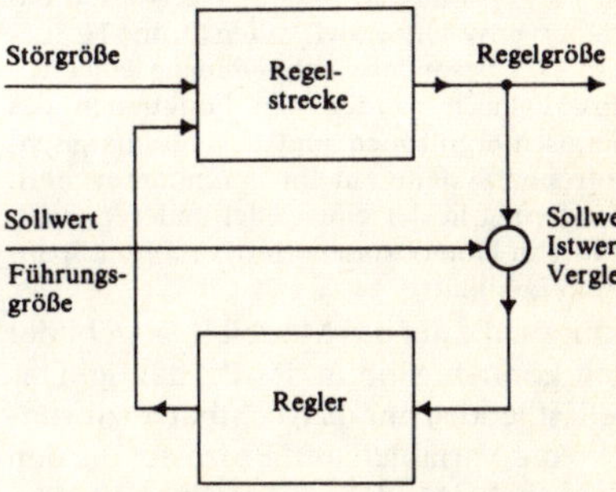

Diese Kreisstruktur wird als Rückkoppelung, engl. *feedback*, bezeichnet. Der Terminus Regelung ist für diese Kreisstrukturen vorbehalten, während die Beeinflussung von Systemen ohne Rückkoppelung als Steuerung bezeichnet wird.

Die mathematische Beschreibung des Zeitverhaltens von Regelkreisen führt in vielen einfachen Fällen auf Differentialgleichungen zweiter Ordnung, meist jedoch auf kompliziertere und nur näherungsweise auswertbare Terme. Ein wichtiges Klassifikationsschema unterscheidet zwischen Proportional-(P-), Integral-(I-) und Differential-(D-)Regelung. Kombinationen dieser Eigenschaften lassen sich durch Buchstabenkombinationen ausdrücken (z. B. PID-Regelung). Eine P-Regelung liefert bei Sollwertabweichung der Regelgröße eine Rückstelltendenz als Funktion der Sollwertabweichung. Bei der I-Regelung ist die Rückstellgeschwindigkeit eine Funktion der Sollwertabweichung, der Rückstellprozeß integriert also die Sollwertabweichung über die Zeit, und bei der D-Regelung ist die Rückstelltendenz eine Funktion des Differentialquotienten der Sollwertabweichung nach der Zeit. Im allgemeinen spricht man von R. nur bei negativer Rückkoppelung, bei einer Polung also, bei der eine Sollwertabweichung eine Gegensteuerung der Regelstrecke auslöst. Positive Rückkoppelung führt hingegen im Falle von Sollwertabweichungen zu einer Tendenz zur Vergrößerung dieser Abweichung, ein für ps. Prozesse, z. B. *circulus vitiosus*, brauchbares Modell. Auch bei negativer Rückkoppelung kann die Wiederherstellung des Sollwertes nach einer Störung unmöglich sein: wenn der Verstärkungsfaktor des Regelkreises bezogen auf die übrigen Kenngrößen (z. B. Zeitkonstanten) zu groß ist, wird der R. instabil und beginnt zu schwingen.

Die Binnenstruktur der Elemente des R. kann wiederum einen R. darstellen, die Regelgröße eines R. kann den Sollwert eines anderen R. bilden. Bei komplexem Zusammenwirken mehrerer R. spricht man von vermaschten R.

In der Auge-Hand-Koordination ist z. B. die Positionierung der Hand Regelgröße im R. Auge–Hand, Sollwert im R. Muskelfaser–ZNS. Für das Zentralnervensystem entwickelten O. und H. SELBACH (1957) besondere Vorstellungen eines R.-prinzips. Danach werden alle Funktionen des adrenergisch-ergotropen und des cholinergisch-trophotropen Systems auf ein Optimum reguliert. Überforderung in der einen oder anderen Richtung führt zu Homöostaseverlust, erhöhter Spannung und Labilität.

Strukturen, die auf das Modell R. abgebildet werden können, sind in der Ps. häufig. Das Modell ist jedoch nur da fruchtbar anzuwenden, wo die Variablen und Prozesse, die den Elementen des Modells zugeordnet werden, hinreichend identifizierbar und metrisierbar sind. Solange diese Präzisierungen nicht vorliegen, bleibt das Sprechen vom Regelkreis metaphorisch und analogisierend. Ⓛ STEINBUCH 1961, GILLE u. a. 1964 *G-R*

Regellernen, *rule learning,* Erlernen eines Prinzips, das den Zusammenhang zwischen Gliedern (Konzepten) verallgemeinert; oberste (7.) Stufe der Lernhierarchie von GAGNÉ (1977). Voraussetzungen für das R. sind, daß die Konzeptbildung verstanden wird und die Verknüpfung gelingt (Problem der unverstandenen rein verbalen Kette). Ⓛ GAGE u. BERLINER 1979, 58–69 *R-S*

regelnde Reize, auch innere oder zentrale Reize (PAULI), die Bedingungen sind für die innere Verfassung der Vp im ps. →Experiment. Zu ihnen gehört insbes. die →Instruktion. Die eingeführten unabhängigen Variablen, auf die die Vp reagieren soll, werden im Unterschied dazu auch auslösende Reize genannt. In der neueren Ps. benutzt man für letztere auch den engl. Ausdruck »*treatment*«. *B-S*

Regelung, (allg.) Bez. für die Funktion von Gesetzen und Verordnungen und für Absprachen zur Lösung von Interessenkonflikten. • In kybernetischer Betrachtungsweise Bez. für die Darstellung einer Variablen und ihres Wertes als Regelgröße in einem →Regelkreis. *G-R*

Regelungstheorie →Kybernetik, →Regelkreis

Regenbogenhaut, Iris →Auge

Regeneration, Wiederherstellung eines früheren Zustandes. Im besonderen die Wiedererzeugung bzw. Ergänzung verlorengegangener Zellen und (bei niederen Organismen) ganzer Organe.

regio olfactoria →Geruch

Region →topologische und Vektorpsychologie

Registrier-Test Ⓣ SCHULZ

Regression [lat.], das Zurückschreiten, Zurückgreifen sowohl im Sinne der Rückbildung als Atrophie, Degeneration, Dissimilation als auch des Zurückgreifens auf frühere Entwicklungsstadien. →Atavismus. • Psa. ist R. ein →Abwehrmechanismus des Ich. Das Zurückfallen von einer genetisch späteren auf eine genetisch frühere Entwicklungsstufe als Folge einer schweren →Frustration. Bei der R. verlagert sich die →Libido auf frühere erogene Zonen und werden frühere Objekte erneut mit Libido besetzt. Den Anlaß zur R. bilden endgültige schwere Versagungen von Liebeswünschen. • Statistisch bezeichnet R. die Tatsache, daß geschätzte bzw. vorhergesagte Standardwerte einer abhängigen Variablen näher dem Stichprobenmittelwert liegen als die der unabhängigen Variablen. Von F. GALTON wurde die stat. R. eingeführt. →Regressionsprinzip

Regression, atavistische →Atavismus

Regressionsanalyse, Regressionsrechnung, ein statistisches Verfahren zur Analyse und Spezifikation der funktionalen Abhängigkeit einer Variablen Y (abhängige Variable, Kriteriumsvariable) von einer oder mehreren Variablen X_i (unabhängige Variablen, Prädiktorvariablen). Je nach der Zahl der Prädiktorvariablen unterscheidet man zwischen einfacher und multipler R.

Die Art des funktionalen Zusammenhangs zwischen Y und X_i wird durch die →Regressionsgleichung und die in ihr enthaltenen →Regressionskoeffizienten festgelegt; im allgemeinen wird die Variable Y als lineare Funktion der Prädiktorvariablen X_i aufgefaßt, doch kommen auch nichtlineare Regressionen vor. Die R. erlaubt u. a. Vorhersagen beliebiger Werte der Kriteriumsvariablen Y aufgrund der Kenntnis der entsprechenden Werte der Prädiktorvariablen X_i, sowie im Falle multipler R., wenn die Prädiktorvariablen untereinander unkorreliert sind, eine Bestimmung der Beiträge, die von den einzelnen Prädiktoren zur Vorhersage der Kriteriumsvariablen geleistet werden. Die Anwendung der R. setzt u. a. Intervallskalencharakter (→Skala) und →Normalverteilung der Daten sowie →Homoscedastizität voraus. *Mi-A*

Regressionsgerade →Regressionslinie

Regressionsgleichung, die mathematische Gleichung der Regressionslinie. Sie definiert die Art des funktionalen Zusammenhangs zwischen der Kriteriumsvariablen Y und dem (den) Prädiktor(en) X_i. Im Falle einfacher linearer Regression lautet sie

$$Y' = a + bX = M_y + r_{xy}\left(\frac{s_y}{s_x}\right)(X - M_x)$$

wobei a und b die →Regressionskoeffizienten, r_{xy} die Korrelation der beiden Variablen, M_x und s_x Mittelwerte und Standardabweichung der Prädiktorvariablen und M_y und s_y die entsprechenden Statistiken der Kriteriumsvariablen bezeichnen. Für die multiple lineare Regression lautet die R. in allgemeiner Form $Y' = a + b_1X_1 + b_2X_2 + \ldots + b_kX_k$. *Mi-A*

Regressionskoeffizient, als R. bezeichnet man die beiden Koeffizienten a und b der Regressionslinie, häufig ist aber auch nur b damit gemeint. Im Falle linearer Regression bezeichnet a den Abstand des Schnittpunktes der Regressionslinie mit der Ordinate vom Koordinationsursprung, b die Steigung der Regressionslinie. Ihre Bestimmungsgleichung lautet im Falle einfacher, linearer Regression:

$$a_{YX} = M_Y - M_X b_{YX}; b_{YX} = r_{YX}\left(\frac{s_Y}{s_X}\right).$$ *Mi-A*

Regressionslinie, die durch die →Regressionsgleichung gegebene Linie im Koordinatensystem, welche die Beziehung zwischen der Kriteriumsvariablen Y und den Prädiktorvariablen X_i veranschaulicht. *Mi-A*

Regressionsprinzip, Rückschlaggesetz, besagt, daß die Nachkommenschaft im Mittel dem Durchschnitt der Bevölkerung näher steht als die (etwa hochbegabten) Eltern. Ergänzung dazu ist das Gesetz vom Ahnerbe: die Eigenschaften von Nachkommen stammen zu ½ von den Eltern, ¼ von Großeltern, ⅛ von Urgroßeltern usw.

regressiv, rückschreitend im Ggs. zu progressiv

Regulation, Regulationsfunktion, im wesentlichen aus der Tradition der sowjetischen Ps. erwachsene Begr., die an spezifische theoretische und methodische Voraussetzungen gebunden sind (RUBINSTEIN 1964, 224 ff., 240 ff.). Mit R. sind zumeist Vorgänge gemeint, die den geplanten Ablauf und Abschluß von (insbesondere zielgerichteter) Aktivität (→Handlung) gewährleisten (»Ausführungsregulation«), aber auch solche, die am Zustandekommen einer Handlung beteiligt sind (»Antriebs-« oder »Anregungsregulation«). Sowohl Reafferenzen, Signalwahrnehmungen u. a. im engeren Sinne kognitive Prozesse, als auch Emotionen können Regulationsfunktionen ausüben (→Kybernetik, →TOTE-Modell). ● Besondere Beachtung fand u. a. seit WYGOTSKIS Beobachtungen und Interpretationen von →egozentrischer Sprache die R.funktion der inneren und äußeren →Sprechtätigkeit (→Sprache, innere), die »Funktionen der Planung und der Lenkung« von Handlungen übernimmt (1964, 39). Tätigkeit kann jedoch auch durch begleitendes Sprechen beeinträchtigt werden (HACKER 1973, 181 ff., 373 ff.). *K-I*

Regulationsebene →Ebene

Rehabilitation, Wiedereingliederung. Maßnahmen zur Wiederherstellung allg. und spez. Fähigkeiten und Fertigkeiten, die vor einem Unfall, einer Krankheit bzw. einer ps.sozialen Störung vorhanden waren.

Die Bemühungen der R. (wie auch der →Sozialpsychiatrie) gehen dahin, nicht mehr nur eine relative Optimierung der Funktionstüchtigkeit anzuzielen, sondern die Gesamtpersönlichkeit in ihrem sozioökonomischen Beziehungsgefüge zu erkennen, und hierauf folgend eine, an den speziellen Gegebenheiten orientierte, umfassende Förderung der sozio-psycho-biologischen Umstände einzuleiten. U. a. um den in der konventionellen Psychiatrie häufig beobachteten »Dreh-Tür-Effekt« zu vermeiden, wird die R. schrittweise durchgeführt mit dem Einsatz auch präventiv wirksamer Maßnahmen, wie z. B. Tages- bzw. Nachtkliniken, Selbsthilfe-Gruppen, Patienten-Clubs etc. *L-R*

Reharmonisierung, Weg und Prozeß zum ps. Gleichgewicht (Balance, gute Gestalt) nach dessen zeitweisem Verlust. Beispiele: (entwicklungsps.) nach Erreichen der Geschlechtsreife (zwischen dem 14. und 18. Lbj.) zunehmende Übereinstimmung der Körperproportionen und der Motorik. (sozialps.) Widersprüche zwischen Denken und Handeln werden ausgeglichen: Reduktion der →kognitiven Dissonanz. →Äquilibration *R-S*

rehearsal [engl. Wiederholung, Probe (Musik)], bei Lernexperimenten das innere Hersagen des Lernmaterials in Intervallen zwischen der Darbietung und der Prüfung, mit oder ohne Selbstinstruktion. *B-S*

REID-Bewegungstäuschung, Bez. für die von R. L. REID angegebene, der optischen Vertikalen-Horizontalen-Täuschung entsprechende Bewegungstäuschung. Ⓛ WITTE, 1966

*

REID, Robert Leslie / * 1924 / Psychologe / Univ. von Exeter, Devon

Reife, im Unterschied zum →Jugendalter (der Zeit der Reifung) das mittlere Lebensalter. Es ist beim Menschen dadurch ausgezeichnet, daß die Suche nach den allgemeinen Lebensidealen und Zielen abgeschlossen ist und das Individuum sich auf die Erfüllung seiner Aufgaben bzw. die Bewältigung der Lebensanforderungen konzentriert. Die Reife bringt notwendigerweise eine Einschränkung der Möglichkeit weiterer Entwicklung mit sich, insofern z. B. die bestimmenden Interessen und Einstellungen ausgebildet und wichtige Entscheidungen (Berufswahl u. dgl.) vollzogen sind.

Reifeweihe →Initien, Initiation

Reifezeit →Pubertät

Reïfikation [lat.], Verdinglichung. →Hypostase

Reifung, die Ausfaltung von keimhaft angelegten Verhaltens- und Erlebnisweisen; stellt einen Teil des Entwicklungsvorganges dar.

R. ist Voraussetzung für die im Laufe der →Entwicklung zu beobachtenden Veränderungen in Leistung und Verhalten. Dazu gehört die körperliche Entwicklung im Sinne von Wachstum; für die seelische Entwicklung ist die R. des Muskel- und Nervensystems von Bedeutung sowie die altersabhängige Veränderung im Zusammenspiel der →endokrinen Drüsen. Erstere sind für die →Funktionsreifung wichtig, die Veränderungen im endokrinen System haben Einfluß auf die triebhafte und →affektive Verhaltenskomponente.

• Die für die Entwicklung entscheidenden R.prozesse liegen vorwiegend in der frühen Kindheit. R. schafft zu jeweils bestimmten Zeitpunkten optimale Lernbedingungen für bestimmte Angebote der Umwelt. Ⓛ OERTER 1972[11], SCHENK-DANZINGER 1971 *Ma-R*

Reifung, körperliche, Bez. für diejenige Veränderung der Form der Lebewesen, die spontan und aus inneren Gründen erfolgt.

• Beim Reifungsablauf des Kindes (→Altersperioden, →Entwicklungsalter) ist der damit einhergehende Gestaltwandel zu beachten. Der erste ist der Übergang von der fülligen Kleinkindform zur schlanken Schulkindform um das 6. Jahr. Beim zweiten Wandel entfalten sich mit dem Eintritt in die Geschlechtsreifung die primären und sekundären Geschlechtsmerkmale.

Reifungsteilung →Meiose

Reihenbildung (Reihung) Ⓣ STERN

Reihenphotographie, Verfahren zur Sichtbarmachung von Bewegungen durch Aneinanderreihen und auch Übereinanderkopieren von zahlreichen Einzelaufnahmen. R. ist ebenso das Verfahren der →Lichtspuraufnahme, wenn durch Unterbrechung der Lichtspur einzelne Bewegungspunkte unterscheidbar festgehalten werden. In der Untersuchung der →Psychomotorik und vor allem in der →Arbeitsps. wird die R. zur Ermittlung der optimalen Bewegung für bestimmte Arbeitsverläufe umfangreich verwendet. Die Einführung der R. ist wohl E. J. MAREY (1830–1904) zu danken.

Reihung →Vielschichtigkeit

Reime finden Ⓣ BINET

reinforcement →Verstärkung, →bedingter Reflex

reinforcement, partial, partielle Verstärkung. →Verstärkungsplan

Reinigungsriten, der besonders bei primitiven Völkern verbreitete Brauch, sich durch einen Gegenzauber von unheilvollen Einflüssen zu befreien (zu reinigen). Vor allem dem →Tabu gegenüber sind R. bei primitiven Völkern weit verbreitet.

Reinkarnation [lat. *reincarnare* wieder einkörpern], Wiedergeburt, Wiederverkörperung einer Seele. Die mit der Vorstellung der →Seelenwanderung einhergehende Annahme der Wiederholung des Individuallebens in neuer Diesseitsverkörperung.

Reinlichkeitserziehung (-gewöhnung) →Enuresis

Reiz, Stimulus, in der Psychologie die äußere oder innere Bedingung, die über →Rezeptoren (Sinnesorgane) auf einen Organismus einwirken kann.

Die Reaktionsfähigkeit des Organismus heißt Reizbarkeit (Irritabilität, Erregbarkeit) und ist allgemeines Kennzeichen des Lebendigen. Jeder Reiz braucht eine bestimmte Stärke, um eben noch bemerkt zu werden (Reizschwelle), genauer: der Reiz muß sowohl zwischen den Reizintensitätsschwellen als auch innerhalb der Reizqualitätsschwellen liegen (→Psychophysik). Beim Überschreiten einer bestimmten Intensität bewirken alle Reize eine Schmerzempfindung (Mitreizung der Schmerzrezeptoren). – Reizverarbeitung heißt der Gesamtvorgang von der Aktivierung des Rezeptors bis zur Auslösung der Empfindung oder Reaktion. Die Empfindlichkeit eines Sinnesorgans für Reize ist nicht konstant, sondern in gewissen Grenzen von dessen jeweiligem Zustand (→Adaptation, →Habituation) so wie von Einstellungen des Individuums (Konzentration, →Aufmerksamkeit, →Aktivation, →Adaptationsniveau) abhängig. – Reizgeneralisation bezeichnet den Umstand, wenn eine →bedingte Reaktion nicht mehr nur auf eine eng umschriebene Reizgröße erfolgt, sondern auch von anderen ähnlichen Reizen ausgelöst werden kann. →bedingter Reflex, vgl. Signal, Stimulus *B-C*

reizbare Schwäche, erstmals von G. M. BEARD (1879) für beschriebene Zustandsbilder und Symptome der →Neurasthenie eingeführter Begr.

Reizdiskrimination, das Erkennen von Unterschieden zwischen Reizen bzw. das unterschiedliche Reagieren auf versch. Reize. →Diskriminieren-Lernen

Reizeinstellung, im →Reaktionsversuch die auf das Erscheinen des Reizes gerichtete sensorielle Einstellung im Unterschied zur motorischen oder muskulären Einstellung.

Reizfehler →Reizirrtum

Reizgeneralisation →Generalisation

Reizhaar, Haar-Ästhesiometer, ein an einem Griff befestigtes Haar, mit dem man punktweise feinsten Druck auf die Hautoberfläche zur Ermittlung der Druckpunkte ausüben kann

Reizhandlungen, alle aus Reizen folgenden, d. h. reaktive Handlungen

Reizhöhe, diejenige Intensität eines Reizes, die noch eine Empfindung auslöst, auch als obere Reizschwelle bezeichnet. Reize, die diese Grenze übersteigen, lösen keine adäquaten Empfindungen, sondern nur noch Schmerz aus. →Schmerzschwelle

Reizirrtum [engl. *stimulus error*] ⟨TITCHENER⟩, eine Fehlerquelle der ps. Untersuchung, die in dem Vorurteil gegeben ist, daß eine Empfindung den äußeren Reizen entsprechen müsse, z. B. die Annahme, daß man das tiefste Schwarz in einem lichtlosen Raum wahrnehmen würde, während man hier tatsächlich das sog. subjektive Augengrau sieht. Das tiefste Schwarz wird dagegen nur als Kontrasterscheinung wahrgenommen, z. B. als schwarzer Fleck auf einem weißen Papier. KÖHLER nennt dieses Phänomen Objektentgleisung.

Reiz-Reaktions-Generalisation →Generalisation

Reiz-Reaktions-Psychologie →Behaviorismus

Reizschwelle, die untere Grenze, von der ab ein Sinnesorgan Reize empfindet. Darunter findet keine Wahrnehmung statt. Die R. kennzeichnet die Minimalempfindung. →psychophysische Methoden

Reizspur [engl. *stimulus trace*], von C. L. HULL gebrauchte hypothetische Bez. für die allmählich abklingende Nachwirkung eines Reizes im Organismus. →Engramm, Spurenfeld

Reizsuche, das aus der triebhaften Unruhe (im Zusammenhang mit Trieben wie Nahrungssuche, Sexualtrieb, sozialen Trieben, Aggression, Flucht) hervorgehende Suchen der Reizkomplexe, an oder mit denen der Trieb sich befriedigen könnte.

Reizsüchtige, engl. *stimulus addicts*, im Anschluß an die antagonistische Aktivierungstheorie von FISKE u. MADDI 1961 eingeführte Bez. für Personen, deren »Reizhunger« (*sensation-seeking motive*, ZUCKERMAN, 1964, 1974) besonders ausgeprägt ist, weil sie gewohnheitsmäßig zu ihrem Wohlbefinden ein hohes inneres Aktivierungsniveau brauchen, das von Umwelten mit hohem Aktivierungspotential abhängig ist. *B-S*

Reizsummation, wenn ein einzelner Reiz nicht ausreicht, eine Empfindung oder einen Reflex auszulösen, so kann wiederholte Reizung oder Einwirkung über einen gewissen Zeitraum hinweg im Sinne von Reizsummation den betreffenden Vorgang schließlich in Gang bringen (z. B. Niesreflex). Übertragend spricht man z. B. in der Reklameps. von R. dort, wo man sich durch fortgesetztes Darbieten eines bestimmten

R

Begriffs oder Zeichens eine Wirkung verspricht.

Reizsummenregel, nach A. SEITZ in der Verhaltensforschung Bez. für die Tatsache, daß →Schlüsselreize, die eine Instinkthandlung auslösen, additiv zusammenwirken.

Für das Eintreten der Reaktion ist es wesentlich, wieviel an Reizwerten im ganzen vorhanden ist, unabhängig davon, wie stark oder schwach ein einzelner Schlüsselreiz ist. Daher kann ein schwacher oder sogar fehlender Schlüsselreiz in der gesamten Reizkombination durch einen anderen, besonders starken, kompensiert werden. Man nimmt an, daß sich die von den Reizen ausgehenden Erregungen im Nervensystem (→Auslösemechanismus) rein quantitativ summieren und die Instinkthandlung auslösen (→psychohydraulisches Energiemodell). Ⓛ TINBERGEN

Reizüberflutung, Bez. für den durch Menge, Umfang und Verschiedenartigkeit der auf den Menschen einwirkenden Reize gegebenen Zustand, der durch die Möglichkeit selektiver Wahrnehmung kompensiert wird. • Vgl. auch Überflutungstherapie

Reizumfang, das Gebiet zwischen Reizschwelle und Reizhöhe, in dem der Reizänderung eine Empfindungsänderung parallel geht.

Reiz, unterschwelliger →Reizschwelle

Reizvariable, die kontinuierlich oder in Stufen veränderliche Quantität oder Qualität eines Reizes bzw. eines definierten Merkmals einer Reizsituation. Auch als S-Variable (nach lat. *stimulus* Reiz) bezeichnet. →Reiz

Reizverarmung, Abnahme der Zahl der Reize, →Deprivation.

Reizwort, der Vp akustisch oder optisch dargebotenes Wort, auf das sie eine Reaktion geben soll, die wiederum in einem Wort (Reaktionswort) oder in einer bestimmten Handlung oder in einer Ausdruckserscheinung (z.B. psychogalvanische Reaktion) bestehen kann.

Reizwortliste →Erzählmethode, →Tatbestandsdiagnostik, →Assoziationsversuche

Reklame, Reklamepsychologie →Werbepsychologie

Rekonstruktionsmethode ⟨MEUMANN, FERNALD⟩, ein experimentelles Verfahren für Gedächtnisuntersuchungen. Gelernte Eindrücke werden der Vp zur Reproduktion in einer gegenüber den früheren Darbietungen veränderten Reihenfolge zur Verfügung gestellt. Die Aufgabe der Vp besteht in der Wiederherstellung der ursprünglichen Ordnung.

Rekursionsprinzip →Rekursivität

Rekursivität [lat. *recurrere* zurücklaufen], bezeichnet die Möglichkeit, bestimmte sprachliche Elemente im →Satz bzw. Satzgefüge ständig (bis ins Unendliche) zu wiederholen.

Beispiel: »Ein kleiner, dicker, alter, freundlicher ... Mann« oder »Der Mann, der den Täter, der den Pfahl...« (*→embedding*). Eine →Grammatik, die die Erzeugung von Sätzen beschreiben will (→generative Grammatik), wird diesen Aspekt der →»Kreativität« von →Sprache, d.h. der Möglichkeit zur Bildung unendlich vieler verschiedener Sätze, durch Einführung rekursiver (Ersetzungs-) Regeln berücksichtigen müssen, die das gleiche Symbol auf beiden Seiten des Ersetzungs-Symbols enthalten (A→AB). Die praktische Anwendung rekursiver Regeln ist begrenzt. *T-R*

Relation, das sachliche oder bedeutungshafte Voneinanderabhängen, Aufeinanderangewiesensein, Aufeinanderwirken. Relationsstadium →Apperzeptionsstadium

Relationstheorie, die gegen die Annahmen der →Gestaltps. gerichtete Auffassung, daß die Gestalt durch die zwischen ihren Teilen bestehenden Beziehungen oder durch die zwischen den Elementen der die Gestalt fundierenden Reize bestehenden Beziehungen, erfaßt werde. Gestalt ist hiernach identisch mit der Erfassung von Relationen.

Relativ, Begr. in der Meßtheorie, die Menge der empirischen (beobachteten) Dinge und der dazugehörigen Relationen: empirisches R.; die Menge der numerischen Dinge (z.B. Zahlen) und ihrer Relationen: numerisches R. *B-S*

relative Häufigkeiten, die auf den Gesamtstichprobenumfang bezogenen Klassenfrequenzen einer →Häufigkeitsverteilung. Zur graphischen Darstellung von r. H. werden meist Säulen- oder Sektordarstellungen verwendet. *Mi-A*

relative Koordination, von E. v. HOLST (1936) eingeführte Bez. der zeitlichen Verhältnisse zwischen rhythmischen Bewegungen von zwei oder mehr Flossen dezerebrierter Fische. Spezialfälle: Magneteffekt, ein dominierender Rhythmus beeinflußt einen abhängigen Rhythmus im Sinne der Angleichung (absolute Koordination, Gleichheit der Rhythmen). Die Begriffe wurden auf Lokomotionsbewegungen von Vögeln und Säugern übertragen. Die theoret. Bedeutsamkeit liegt darin, daß die Koordinationsphänomene mit Reflextheorien ohne weitgehende Zusatzannahmen nicht erklärbar sind. →Kettenreflex, →Reflex, →Koordination Ⓛ HOLST *D-Y*

relative Unterschiedsschwelle →Unterschiedsschwelle

Relativität (linguistisch) →SAPIR-WHORF-Hypothese

Relativitätsprinzip, kulturelle Relativität. Bez. dafür, daß das menschl. Verhalten relativ ist zu den gegebenen Bedingungen der menschl. Gesellschaft.

Relativitätssatz, Bezeichnung für die bei zahlreichen ps. Erscheinungen aufgewiesene Tatsache, daß sich eine subjektive Größe mit einer objektiven Variablen, von der sie abhängt, derart ändert, daß sie anfangs schneller, später immer langsamer einem Grenzwert sich nähert (im Sinn der logarithmischen Kurve). Beispiele hierfür sind: Der Zusammenhang von Reiz und Empfindung (→FECHNERsches Gesetz), das Anwachsen der Gedächtnisleistung mit der Anzahl der Darbietungen (Gedächtniskurve), die Zunahme des Sprachschatzes mit dem Alter u. a. m. Ⓛ PAULI-ARNOLD

Relativitätstheorie →Theorien, physikalische

Relaxantien, Bez. für entspannende Drogen, →Psychopharmaka

Relaxation [lat. *relaxare* lockern, öffnen, erweitern], →Entspannung, Lockerung, Erschlaffung (z. B.: R. des Muskeltonus).

Relaxation, progressive, Bez. für die von E. JACOBSON (USA) 1938 eingeführte Technik, bei der mit erlernbarer Tonuskontrolle einzelner Muskelpartien →Entspannung bewirkt wird. →Desensibilisierung bei Angstzuständen. Vgl. Relaxationstherapie

Relaxationstherapie, Bez. für diejenigen psychosomatischen Verfahren wie →autogenes Training, →Yoga, auch medikamentöse Behandlung, die mit Entspannung und Ruhigstellung eine therapeutische Hilfe geben. ● Neuerdings gestatten sog. *Biofeedback*-Geräte die Eigenkontrolle von Muskelspannung (EMG), Hautwiderstand (PGR) u. a., →psychophysiol. Methodik.

Reliabilität, Zuverlässigkeit, das Gütekriterium einer Meßmethode und speziell eines standardisierten Tests, welches die Meßgenauigkeit angibt. Die R. gibt also an, wie genau ein Test das mißt, was er messen soll, ohne daß dabei die →Validität berücksichtigt wird.

Allgemein geht das Konzept der R. davon aus, daß die Messung eines Merkmals mit Meßfehlern behaftet ist. In der klassischen Testtheorie gilt, daß sich die Testrohwerte aus einem wahren Varianzanteil und aus einem Fehlervarianz-Anteil zusammensetzen:

$$s_x^2 = s_\infty^2 + s_e^2.$$

Als Zuverlässigkeitskoeffizient wird das Verhältnis der wahren Varianz zur gesamten Varianz definiert:

$$r_{tt} = \frac{s_\infty^2}{s_x^2}.$$

Je nachdem, welche Methoden zur Reliabilitätsbestimmung angewandt werden, kann man verschiedene Aspekte der R. unterscheiden.

(1) Retest-R. *(stability)*. Da in diese Methode Erinnerungseinflüsse sehr stark eingehen, kann sie um Schein-R. zu vermeiden, nur bei Tests angewendet werden, welche diesem Einfluß nicht unterliegen. Wird die Testwiederholung nach einem längeren Zeitintervall durchgeführt, so geht in die Wiederholung auch noch die Merkmalskonstanz bzw. -variabilität mit ein. *Speed*-Tests und Fragebogen eignen sich für diese Art der R.messung.

(2) Paralleltest-Methode (engl. *equivalence*). Liegen zwei äquivalente Testformen vor (→Paralleltest), so kann die R. mit dieser Methode bestimmt werden. Sie gilt als die beste Schätzung der R., jedoch kann sie nur selten durchgeführt werden, da gute Parallelformen nicht in größerer Zahl vorliegen und sich nicht für alle Testdesigns eignen.

(3) Testhalbierungsmethode oder innere Konsistenz. Sie kann dann durchgeführt werden, wenn eine Testwiederholung ausgeschlossen ist und keine Paralleltests vorliegen. Wird der Test an einer Stichprobe durchgeführt, dann in zwei äquivalente Hälften aufgeteilt und die R. des gesamten Tests geschätzt, spricht man von →*split-half*-Methode. Die →Konsistenzanalyse betrachtet jede Testaufgabe als »halbierten« Test. Die Konsistenz des Verfahrens wird mittels einer Formel unter Einbeziehung des Trennschärfekoeffizienten und des Schwierigkeitsindexes berechnet. Die Berechnung der inneren Konsistenz nach der Halbierungstechnik und der Konsistenzanalyse setzt einen homogenen Niveautest voraus. Die statistischen Kennwerte für die verschiedenen R.aspekte sind folgende: Aus der Testwiederholung resultiert ein Korrelationskoeffizient. Ein solcher liegt ebenfalls vor, wenn die *split-half*-Methode und die Paralleltest-Methode angewandt wird. Aus der Konsistenzanalyse resultiert der Konsistenzkoeffizient.

Die Höhe des R.koeffizienten ist als statistisches Maß in Form des Korrelationskoeffizienten von verschiedenen Bedingungen abhängig, die zur falschen Einschätzung der R. führen können. Die unterschiedliche Streuung bei den Testrohwerten ist z. B. eine solche Bedingung. Wird der Reliabilitätskoeffizient an einer Stichprobe gewonnen, bei welcher die Streuung der Testwerte reduziert ist, so wird der R.koeffizient mit dieser Messung unterschätzt. Ⓛ STANLEY 1971 *Hä-R*

Religion [lat. von *religare* oder *relegere*], »Bindung« im Sinne von Glaubensgebundenheit, die sich im Erlebnis des Heiligen entzündet (→Religionspsychologie) und alsbald verantwortliches Handeln in →Kultus und →Ethik hervorruft. R. lebt primär in urtümlich gewachsenen (geschichtlichen) Formen, die strukturtypisch und bezüglich ihrer Lebensmitte erhebliche Unterschiede aufweisen. Strukturtypisch ist zwischen Primitiv-(Natur-)R., Volks-R. und Welt-(Universal-)R. zu unterscheiden.

Überall steht Gottesverehrung (→Gebet, →Kult) im Mittelpunkt, sei es innerhalb von Polytheismus (Glaube an mehrere Götter) oder Monotheismus (Eingottglaube), sowie die Überwindung menschlicher Unheilssituation und Gewinnung von (verschiedenartig vorgestelltem, auch weltlichem) »Heil«. Dabei sind alle Formen der primitiven Naturreligion von →Magie, →Animismus, →Mythologie und anderen Erscheinungen der allgemeinen Völkerps. überlagert. Im Strukturtypus der antiken Volks-R. ist diese Überlagerung meist zugunsten eines ausgeprägten Götterkults durchbrochen. Dieser wird zum Nutzen und Heil eines →numinos →apperzipierten Kollektivs (Stammes- bzw. Volksgemeinschaft, identisch mit der Kultgemeinschaft!) geübt. (Opferkult, numinoser Sippenfriede, sakrales Königtum, heiliges Recht etc.). Im Typus der Welt- oder Universal-R. steht dagegen die Erlangung des »Heils« für den einzelnen im Vordergrund, der, seines persönlichen Ich bewußter geworden, d. h. aus der umgreifenden Kollektivbindung gelöst, sich personhaft in einer Unheilssituation vorfindet, die er individuell mit Hilfe eines Heilsmittlers (→Prophet, Meister), der die Wege weist, überwindet (Islam, Buddhismus). Das Christentum erhebt den Glaubensanspruch auf qualitative Andersartigkeit gegenüber den R.en, indem es zufolge spezieller Offenbarung Gottes durch Jesus Christus seine Wahrheit über alle sonstige Religionsgeschichte hinausgehoben ansieht. Ⓛ HEILER, MENSCHING, ALTHAUS, TRILLHAAS, MANN *S-G*

Religionspsychologie, Teilgebiet der Psychologie, Religionswissenschaft und Theologie. Sie erforscht historisch, systematisch und praktisch die ps. Strukturen des religiösen Bew., also Glaubensweisen und Religionsinhalte (Gottesvorst., Weltverständnis, Heilsbegriffe, Kult, Mythologie, Eschatologie etc.), wobei die Methoden genetischer, exp., religionskritischer, phänomenologisch-verstehender, pastoraltheologischer und anderer Art sind.

Als wissenschaftliche Disziplin gerät die R. immer an die Sinnfrage und den Wahrheitsanspruch der →Religionen, kann aber selbst Antworten darauf nicht geben, soweit sie als empirische Wissenschaft wertungsfrei bleiben und ihren Standort neben der Religion nehmen will.

Es gibt aber auch eine R., die aus Religion innerhalb der Religion erwächst und sich daher vor Wertungen nicht scheut. Erst beide Meth. zusammen ergeben den vollen Wissenschaftscharakter der R., weil nur so der notwendige Ganzheitsaspekt gewonnen wird. Für die sich positivistisch-behavioristisch verstehende R. wird die Religion leicht zum kritisierten Gegenstand, weniger zum Gesprächspartner. Aber das empirische Denken greift zu kurz, weil es über kein Kriterium verfügt, um die nur von innen her festzustellenden Konstanten und Variationsmöglichkeiten zu beurteilen. Um zu erkennen, welche Tiefenschichten das religiöse Bew. umgreift, genügt es nicht, deskriptiv, statistisch, exp. oder kausalistisch vorzugehen. Hierzu ist weite und tief eindringende Schau gefordert, um systematisch den Sinngehalt, das religiöse Leben der glaubenden Personen zu verstehen. Gleichwohl kann die behavioristische Methode sich damit behaupten, daß alle R. auch ein empirisches Fundament als gegebenen Grundlagenentwurf statistischer und exp. Arbeit aufweisen muß. Dazu kommt jene unentscheidbare Grundsatzfrage, die allg. die Ps. durchzieht, ob die →»Seele« als geistig zu verstehende Ordnung oder letzten Endes als Naturprodukt zu betrachten sei, bzw. inwieweit als ein Gefüge aus Anteilen beider. Daraus ergibt sich, daß keine einheitliche R. existiert. Dazu kommt die Verschiedenartigkeit der Standorte der Forscher auf Grund innerer Vorentscheidungen bezüglich der Frage, was überhaupt »Religion« sei, wo und wie sie sich manifestiert, welche Bedeutung ihr zukomme. Unkontrollierbare innere Positionen wirken in die Arbeit der R. hinein. Atheistisch orientierte, der Religion gegenüber negativ eingestellte R. wird nicht nur methodisch anders arbeiten, sondern auch zu versch. Ergebnissen gegenüber jener R. kommen, die in aktueller Begegnung mit dem Glaubensanspruch eine positive Stellung zur Religion gewinnt. Diese wird darauf verweisen können, daß alle ps. Lehren gezwungen sind, das ps. Geschehen als Ergebnis des Wirkens antagonistischer Kräfte aufzufassen und daß selbst die →naturwissenschaftliche Ps. nicht ohne Annahme eines die Psyche formenden Agens auskommt und (trotz oft großer Vorsicht der Redeweise) dieses als geistiges, auf den Stoff des Leibes wirkendes, Prinzip erkennt.

Systematisch-empirische Methoden entwickelten (um 1900) die Amerikaner STARBUCK und JAMES. In Deutschland begründete (etwa 1910) KÜLPE die »Würzburger Schule«, die das religiöse Leben exp. erforschen wollte. Vertieft wurde dieses Verf. (seit 1920) durch GIRGENSOHN und GRUEHN. Als fruchtbar erweisen sich (ab 1930) die von HUSSERL angeregte Methode des »hermeneutischen

Zirkels« (DILTHEY, SPRANGER, WOBBERMIN), besonders aber die des »Verstehens« (R. OTTO, WACH, VAN DER LEEUW, HEILER). In jüngster Zeit begann die (seit etwa 1940) aufgekommene Existenzphilosophie und die philosoph. Bedeutung der Ich-Du-Beziehung (BUBER) Einfluß auf die R. zu nehmen. Vielbeachtete Randerscheinungen waren WUNDTS →völkerps. Religionstheorie, FREUDS pansexueller Deutungsversuch und JUNGS Theorie von den →Archetypen. Durch Entdekkung des der echten Religion zugrunde liegenden »Urerlebnisses« des »Heiligen« als Kategorie *»sui generis«* in der modernen vergleichenden Religionswissenschaft des »Verstehens« (R. OTTO, WACH, MENSCHING) wurde das entscheidende religiöse Erleben als *»Mysterium tremendum et fascinans«* (→heilig, →numinos) erkannt und damit die Arbeit der R. erheblich gefördert. »Verstehen« heißt hier: religionsgeschichtliche Fakten in das eigene Leben »einschalten«, durch Vorstellung, Gefühl und Begriff zu Bew. zu bringen, um dadurch das eigentlich »Gemeinte« zu erfassen. Zugleich wurde das Wesen des Glaubens als »existentielles Betroffensein« von etwas, was den Menschen »unbedingt angeht«, erhellt (TILLICH, BULTMANN, TRILLHAAS, U. MANN u.a.). Damit wurde die Religion selbst ps. als unableitbares Urdatum erkannt, das unerklärbar mit den Menschen gesetzt ist. Damit begann die R. jene unangreifbare Wesensseite zu berücksichtigen, deren Erforschung, obwohl unmeßbar, ebenso wissenschaftliche Dignität besitzt wie die behavioristisch erforschbare: Das leidenschaftliche Wesen des Menschen, das kämpft, liebt, haßt, bewundert, naives Staunen oder numinose Ehrfurcht kennt, Fähigkeit zum Dialog, zur Hoffnung und zum Transzendieren (JASPERS) erweist.

Gegenwarts-Aufgaben und Zukunfts-Aspekte. Die oben dargelegten Grundsatzfragen tauchen hier neu auf. Bei positivistisch eingestellten Forschern wird es zur Auflösung der R. in bloße, übersteigerte Religionskritik kommen, die als Ziel die Emanzipation des einzelnen und der Gesellschaft anstrebt, spezifisch theologische Kategorien wie Schöpfung, Erlösung, Sünde, Gnade, Gesetz und Evangelium als »Dogmatismus« abwertet, aber negative Aspekte der Religionsgeschichte wie Hexenwahn, Kreuzzüge, Intoleranz etc. ps. behandelt. Dabei droht ihr die Gefahr, religiöse Entartungserscheinungen wie heilige Prostitution, Zwangsbekehrungen und pathologische Erscheinungen in den Vordergrund zu rükken, auch die R. zum Deuteprinzip für die in anderen Disziplinen stehengebliebenen Aporien und Rätsel zu machen.

Jene andere Art von R. aber, die innerhalb des religiösen Denkens erwächst, wird einwenden, mit alledem werde das Eigentümliche der Religion nicht erfaßt, man leiste nur Scheinerfüllung für konjunkturbedingte Interessenposition, ziehe sich dabei ein wissenschaftlich großartiges, aber täuschendes Kleid an. Denn es sei wissenschaftlich erforderlich, den unverfügbar hintergründigen Bereich der Lebensphänomene im Blick zu haben. Die dem Menschen innewohnende arteigene Kategorie des Religiösen sei ein Wesenselement des Seins, das wohl verkannt und unterdrückt werden kann, aber immer wieder durchbricht. Diese R. erkennt, daß bei Unterdrückung des Religiösen das menschliche Begehren nach ganzheitlicher Weltbeziehung in utopische Ideologien hineinführt, die sich zwar als Ergebnis einer progressiven Wissenschaft ausgeben, aber am Ende bei der Ersatzreligion (→Personenkult) landen, so daß die angestrebte Befreiung von der Religion im Sinne der besseren »Menschwerdung« sich als Illusion erweist. Die von innen her denkende R. will keinesfalls in das Schlepptau bestimmten Glaubens genommen sein, aber ihren wissenschaftlichen Sinn und die Ernsthaftigkeit ihrer Methode darin bewähren, daß sie das religiöse Empfinden überall, wo es lebt, in seinen Verästelungen (Heiligenkult, Askese, Opferwesen, Ahnenverehrung, religiöse Kunst, heilige Menschen, Worte, Tiere, Gegenstände etc.) bis in die Wurzeln hinein zu erkennen sucht. Sie wird dabei (gegenüber theologischen Glaubensaspekten der urtümlich gewachsenen Religionen) in der Zucht ihrer wissenschaftlichen Methode, um ihre eigenen Grenzen wissend, den Glauben als menschliches Wagnis und Geschenk respektieren.

In diesem Sinne wird es heute wie in Zukunft die Würde der R. sein, jene Grenzsituation zu erkennen und nachzuempfinden, in der der Mensch auf Grund seines Menschseins ständig den Absprung zur Transzendenz wagen und seine Hand nach der Wahrheit ausstrecken will. Die R. kennt keinen eigenen Katechismus, aber auf Grund ihres beständigen Mitdenkens und -fragens innerhalb der letzten Antriebe der Religionen kennt sie das Wesen der Menschen als einen Entwurf, der ständig unterwegs und im Grunde heimatlos ist, immer nach einem Etwas strebend, das nicht von der Welt ist.

Auf Grund dieser fundamentalen Vernahme, die sie aus dem Wahrheitsringen der Religionen heraushört, vermag sie sogar besser die Richtung zur Fundierung des Daseins zu leisten als eine »säkularisierte« Theologie. Dabei hat sie kein politisches Mandat, es sei denn als Förderung einer Kooperation im Dienste von Friedensarbeit. Auch ist es nicht ihre Aufgabe, von sich aus Konfessionsgrenzen oder Identitätskrisen von Kirchen zu überwinden. Auch hier wird sie in Selbstbescheidung ihre Grenzen kennen. Dies gilt auch für alle Versuche der →Tiefenpsychologie, →Sozialpsychologie und →Gruppendynamik. Zu konkreten Aufgaben ist sie heute und in Zukunft z.B. gerufen gegenüber dem Phänomen der Neureligionen (Japan, Afrika), deren Entstehung und Intentionen ps. nicht erhellt sind, aber auch in bezug auf die Erscheinung der »nachchristlichen

Religiosität« (Vermischung von Hinduismus, Buddhismus, Islam und Christentum). Gegenüber den (von der Theologie ausgegangenen!) Theorien vom »Ende der Religion« und der »Entsakralisierung« hätte sie die verzerrte Optik und Kurzschlüssigkeit dieser Denkweisen aufzudekken. Mit alledem leistet sie ihren spezifischen Beitrag zum besseren Verständnis des Menschen im Gesamtsystem der Wissenschaften. Ⓛ HELLPACH, JASPERS, JUNG, U. MANN, R. OTTO, THUN, TRILLHAAS, VERGOTE, WOBBERMIN *S-G*

Religionssoziologie, ein von Max WEBER begründeter Forschungszweig, dessen Hauptgegenstand die Wechselbeziehung zwischen der Eigenart und Gestaltung der Religion einerseits und den Erscheinungen des Gemeinschaftslebens andererseits bildet.

Die Untersuchung erfolgt unter den Gesichtspunkten und mit den Methoden der Soziologie, zugleich aber auch unter denen der vergleichenden Religionswissenschaft, weil das Verhältnis von Religion und profaner Gemeinschaft (Volk, Staat, Gesellschaftsordnung) auf der einen Seite, das Wesen religiöser Gemeinschafts- und Organisationsformen (Gemeinde, Kirche, Sekte) auf der anderen, mitsamt den Verfallserscheinungen religiöser Gemeinschaften und Beziehungen der Religionsgemeinschaften zueinander, zu behandeln sind. Ⓛ WACH, MENSCHING

Religionswissenschaft des Verstehens, die im Anschluß an DILTHEY und HUSSERL besonders von VAN DER LEEUW, WACH und HEILER begründeten sorgsamen Studien des Einmaligen der religiösen Phänomene, vor allem auch in ps. Hinsicht. Daher fließende Grenzen zur →Religionsps. Ihr »Verstehen« will die lebendige Intention in den objektiven und statischen Formen vergleichend erfassen, die historischen Fakten in das eigene Leben »einschalten«, um das von ihnen »Gemeinte« durch Vermittlung des Begr. zu Gefühl und Bewußtsein zu bringen. Ⓛ WACH, VAN DER LEEUW, HEILER, MANN *S-G*

religiöser Typus →Typologie (Lebensformen)

REM [engl. *rapid-eye-movement*] →Schlaf

REMD Ⓣ REY

Reminiszenz [lat.], Erinnerung, Wiedererinnern. ● Bez. für den Lernerfolgsanstieg (bei einer teilweise erlernten Aufgabe), der auf eine eingeschobene Ruhepause zurückzuführen ist. Die R. ist u. a. abhängig von der Pausenlänge, vom Lernniveau vor der Pause und von dem Grad der Massierung der Übung vor der Pause.

Die R. wird auch als Spezialfall der altbekannten Erfahrung bezeichnet, daß bei verteilter Übung mit Pausenfolgen bessere Leistungen erzielt werden als bei massierter Übung. R. kann damit auch als die Wirkung einer einzigen Pause gesehen werden. Das BALLARD-WILLIAMS-Phänomen (beschrieben von BALLARD 1913 und von WILLIAMS bestätigt 1926), wobei Gelerntes nach längerem zeitlichen Abstand seit der Einübung besser reproduziert werden kann als nach Abschluß des Lernens, wird gelegentlich auch als R. bezeichnet, verdient dies nach HOVLAND aber nicht, weil innerhalb des Abstandes vom Gelernten Gelegenheit zum Nachlernen sich bietet. Das WARD-HOVLAND-Phänomen mit Leistungsanstieg nach einem Intervall von 2 bis 10 Minuten wird als echter Reminiszenzeffekt bewertet.

Für die Erklärung der R. wird angenommen, daß die Phänomene →Ermüdung und →Perseveration eine Rolle spielen. (Die Pause bedeutet eine Erholung gegenüber der Ermüdung und die Perseveration die Fortführung des Lernprozesses.) Zur Deutung der R. kommen auch die von HULL eingeführten Hemmungskonstrukte hinzu: →reaktive Hemmung und →konditionierte Hemmung. EYSENCK (1965) versucht, die R. mit einer Dreifaktorentheorie zu erklären. *B-S*

Remission [lat. *remittere* zurücksenden], das vorübergehende Nachlassen, vor allem bei Krankheitssymptomen. Man spricht auch von R.phasen, z. B. bei Schizophrenie.

Rentenneurose →Neurose

Replikation, *replication,* (allg.) Wiederholung. ● (ps.) Unterteilung bei Experimenten in Abschnitte, von denen jeder alle wesentlichen Parameter enthält (die sog. *replica*), um die exp. Bedingungen von anderen, evtl. einflußnehmenden Bedingungen zu unterscheiden. →Paralleltest ● In der Psth. wird derjenige Patient als Replikant bezeichnet, der an →Varianzanalysen beteiligt wird.

Repräsentant, Repräsentation, der Vertreter oder auch der Darsteller für eine bestimmte Idee, Vorstellung oder Sache. Die R. ist in der Ps. ein vielfach angewandter Hilfsbegriff zur Verdeutlichung des Vorstellungsaktes (Vorstellung als Repräsentation).

Repräsentation, unter ps.-theoretischen Voraussetzungen verwendete Sammelbez. für alle Arten von Abbildungen, die in höheren tierischen Organismen und beim Menschen verwirklicht werden. Repräsentiert, in einem anderen Medium abgebildet sein, können sowohl externe Objekte und Vorgänge als auch – beim Menschen – erlebnishafte Gegebenheiten (→*symbolic processes*, →Vermittlungstheorie).

R. kann in unterschiedlichem Grade zeitlich überdauernd verwirklicht werden: perzeptiv-momentan; vorstellungsartig überdauernd (→Vorstellung, →*imagery*); zum →Handeln und zum →Problemlösen (→Denken) wird ein Feld (VAN DEGEER 1957), ein Operatives Abbild-System (OAS; HACKER 1973) aufgebaut und präsent gehalten, was durch eine Art Arbeitsgedächtnis ermöglicht zu werden scheint (→DÖRNER 1974); überdauernde R. stehen als Wissen, speziell als →Zeichen und Zeichensysteme (→Symbol) zu aktueller Verwendung zur Verfügung. Die Möglichkeiten und Formen der R. machen auch in der Ontogenese eine Entwicklung durch (→Symbolfunktion, →ikonische R., →Sprachentwicklung), wobei höher entwickelte oft summarisch als kognitive R. bezeichnet werden. Ⓛ KAMINSKI 1964 *K-I*

Repräsentationsschluß, Rückschluß, der Schluß von einem Teil aufs Ganze. Vgl. Inklusionsschluß und Transponierungschluß

repräsentativ, als r. werden Stichproben bezeichnet, die in ihrer Zusammensetzung der Population entsprechen, der sie entnommen wurden. Zur Herstellung r. Stichproben können Zufallsverfahren oder gesteuerte Verfahren verwendet werden. Auf Grund von Stichprobenergebnissen lassen sich nur dann Schlüsse auf die Population ziehen, wenn sich Stichproben, aus denen sie gewonnen sind, für die Population r. sind. *Mi-A*

Repräsentativbefragung →Meinungsforschung

Repräsentativgruppenmethode, statistische Methode zur Validitätsbestimmung eines Tests, bei der die Validierungsstichprobe mit der später zu testenden Pbn-Gruppe in den wesentlichen Merkmalen identisch ist. →Extremgruppenmethode

Repression [engl.], Bez. für →Verdrängung (gelegentlich auch für Motivzurückdrängung)

Repression-Sensitization, Bez. für den Gegensatz →Verdrängung-Sensibilisierung gegen die Verdrängung. →coping • *represser-sensitizer* bez. den Verdränger (Person mit Neigung zu hoher Angstverleugnung), i. Ggs. zum Überbetoner (Person mit Neigung zu hoher Gefühlsempfindlichkeit). Ⓛ BYRNE, KROHNE *R-S*

Reproduktion, Bez. für das Wiederhervorbringen von früher angeeigneten Bewußtseinsinhalten

Reproduktionsmethoden →Gedächtnismethoden

Reproduktion, spontane, Versuche von KÖHLER und v. RESTORFF (1933, 1937) ergaben, daß die Erinnerung an ein früher Dagewesenes erfolgen kann, ohne daß eine spezifische Einstellung darauf nötig ist.

Als Erklärung dient die optische Paarbildung, die je nach Aufbau des Zwischenfeldes und den mit dem Paar mehr oder weniger ähnlichen Gebilden, sich stärker oder schwächer vom Zwischenfeld abhebt. Ein augenblicklich gesehenes Ding tritt mit dem früheren zusammen, wodurch es dynamisch aufgeladen und reproduziert wird. Ist das rezente Ding, Geschehen usw. Unterganzes oder echter Teil eines Ganzen, so wird das größere Gesamtganze reproduziert. Entscheidende Bedingung für die sp. R. ist die Ähnlichkeit ⟨HÖFFDING, 1887⟩ des rezenten Ganzen oder Teilganzen. Die Leichtigkeit bzw. Schwierigkeit der R. hängt entscheidend von den Zwischenfeldbedingungen ab. Ist die Spur im Spurenfeld von anderen gut abgehoben, so tritt sp. R. eher ein als im umgekehrten Fall. LEWIN forderte für die sp. R. die Annahme der dynamischen Gerichtetheit, d. h. die Einstellung als reproduktiv-auslösendes Moment, damit der Prozeß aktualisiert werden kann. Neuere Untersuchungen (R. FUCHS, 1954) ergaben, daß in den von KÖHLER angeführten Experimenten Einstellungen im Sinne LEWINS wirksam sind. Die Möglichkeit sp. R. wird damit nicht verworfen.

reproduktives Denken, der Strom der Erinnerungen • Problemlösen mit Hilfe der Wissensaktualisierung im Sinne von SELZ (1913, 1923).

rep-test, role-construct-repertory-test, Rollen-Konstrukt-Repertoire-Test, von G. A. KELLY 1955 eingeführtes Verfahren zur Messung (richtiger: zur Erhebung) von personalen →Konstrukten, weiterentwickelt zu versch. Formen der *repertory-grid-technique* (Technik des Repertoire Gitters). →Gittertechnik *B-S*

Reservate, psychische ⟨ROHRACHER⟩, Bez. für diejenigen Persönlichkeitsbezirke beim Schizoiden und Schizophrenen, in denen »sich das Gefühlsleben nicht nur ungestört entwickelt« hat, sondern »meist sogar besonders gepflegt und vor allen schädigenden Einflüssen sorgsam behütet wurde«. Jedes »Berühren« dieser R. stößt meist auf heftige Reaktion.

Residuum [lat. Rest, Rückstand], Gedächtnisspur, →Engramm, Spurenfeld. • faktorenanalyt. Begr. →Restvarianz

Resignation, Entsagung, Sichfügen in das Unabwendbare. Kennzeichnend ist stets ein Verzicht.

Resonanz [lat.], Mittönen eines Körpers beim Ertönen seines Eigentons und ebenso

R

allgemein das Mitschwingen eines Körpers. In der Ps. bezeichnet man mit R. das Mitansprechen von Gefühlen bzw. den Widerhall, den Gefühle oder Gedanken in einem anderen Menschen finden.

Resonanzmethode, intuitives, auf Einfühlung beruhendes Ausdrucksverstehen.

Nach STERN alle Verfahren, die strukturelle Anlagen Verstorbener, etwa geschichtlich bedeutender Menschen, nachträglich auf Grund der hinterlassenen Werke (Dichtungen, Zeichnungen) zu ermitteln suchen. Wesentliches Hilfsmittel ist die Einfühlung und die damit verbundene motorische Einstellung beim Reproduzieren von Werken des Verstorbenen (Singen eines Liedes, Lesen eines Gedichtes, Abzeichnen einer Zeichnung usw.). →Ausdruckstheorien

Resonanztheorie ⟨HELMHOLTZ⟩, die Annahme, daß beim Hören die Fasern der Basilarmembran im Ohr wie Resonatoren auf die Töne antworten und auf eine Wellenbewegung ansprechen, sobald diese gleiche Eigenschwingungsperiode besitzen wie sie. Differenztöne erklärt HELMHOLTZ aus Bewegungen des Trommelfells und der Gehörknöchelchen. →Schallbildertheorie

Resonator, kugelförmiger oder zylindrischer hohler Metallkörper mit zwei Öffnungen, von denen die eine an die Schallquelle, die andere an das Ohr gehalten wird. R. dienen zur Analyse von Tönen, Tonverbindungen und Geräuschen. Durch ihren Rauminhalt sind sie auf einen bestimmten Ton abgestimmt, den sie verstärken.

Respiration, Atmung der Lebewesen mit Hilfe von Sauerstoffaufnahme und Kohlendioxydabgabe.

Die Atmungstätigkeit gehört zu den unwillkürlichen physiol. Reaktionsmustern, die artspezifisch, den Lebensgewohnheiten der Gattung entsprechend, ausgerichtet und mit spezifischen Anpassungsmöglichkeiten an die jeweiligen Zustände des Organismus ausgestattet sind. Bei der Sprechtätigkeit des Menschen (→Sprachproduktion) z. B. verändert sich der Atmungsrhythmus infolge eines veränderten Verhältnisses von Ein- u. Ausatmung. Ⓛ LENNEBERG 1967 *L-T*

Respirographie, Atmungsmessung, →psychophysiol. Methodik

respondent [engl.], Befragter, Interviewpartner, Proband bei Interviews, Gesprächen oder Befragungen. • Vgl. operant

response [engl. Antwort, Erwiderung, Reaktion], grundsätzlich eine zeitlich begrenzte, dabei oft auch relativ komplizierte Verhaltenseinheit innerhalb dessen, »was der Organismus auf einen Stimulus hin tut« (BERGIUS). – *conditioned response* →bedingter Reflex. *delayed response:* eine längere Zeit nach dem Verschwinden des auslösenden Reizes auftretende Reaktion. *overt response,* die im Verhalten (z. B. als Aussage) unmittelbar hervortretende R.; →*covert response,* die von einem Beobachter nicht unmittelbar festzustellende R. Vgl. Reaktion

response-bias, Antworttendenz, -verzerrung. →response set, →bias

response-cost →Verstärkerentzug

response-set, Antworttendenz, wird die Antwort eines Pbn auf die Testaufgabe eher durch die Form der Testaufgabe hervorgerufen, ist diese Antworttendenz konsistent und verfälscht sie das Testergebnis, so spricht man nach CRONBACH (1946) von r. s.

Es ließen sich eine Reihe von solchen Antworttendenzen nachweisen. Tendiert die Vp eher dazu, eine Ja-Antwort zu bevorzugen, so spricht man von →Ja-Sage-Tendenzen, Zustimmungstendenzen oder *acquiescence.* Läßt die Testantwort eine unentschiedene Antwort zu, so konnte man feststellen, daß bestimmte Vpn diese Antwortkategorie bevorzugen. Auch die Wahl extremer Antwortkategorien ist als eine solche Antworttendenz entdeckt worden. Ein sehr systematisch untersuchter r. s. ist die soziale Erwünschtheit. Sie ist dadurch gekennzeichnet, daß der Pb die seiner Meinung nach sozial erwünschte Antwort gibt. Geht das verfälschende Verhalten des Pbn über die Beantwortung von Testitems hinaus, so spricht man genereller von →Simulation bzw. →Dissimulation. Da die r. s. die Meßintention der Tests maßgeblich beeinflussen, die Fehlervarianz also erhöhen, ist man bemüht, über die Konstruktion von Testverfahren solche r. s. auszuschalten oder durch entsprechende Korrekturmaßnahmen nach der Testdurchführung zu korrigieren. So enthalten z. B. die Persönlichkeitsfragebogen MMPI (Ⓣ HATHAWAY, MCKINLEY) oder der 16PF (CATTELL u. EBER) sog. Korrekturskalen bzw. *motivation distorsion scales,* welche eine solche Korrektur zulassen. Auf Grund dieser Verfälschungsmöglichkeiten hat CATTELL für die Messung von Persönlichkeits- bzw. Motivdimensionen →objektive Tests entwickelt. Ⓛ CATTELL 1950 *Hä-R*

Ressentiment [frz. *ressentiment* heimlicher Groll, *resentir* lebhaft empfinden], wörtlich das Wiedererleben eines Gefühls, insbes. eines schmerzlichen und dabei sich verstärkenden Nachgefühls. Auch Abneigung, Vorurteil, Unterlegenheit, Neid. Vor allem NIETZSCHE führte den Begr. in den allg. Sprachgebrauch ein.

Ressource [lat. *resurgere* wiedererstehen, frz. *ressource,* engl. *resource,* meist im Plural], Hilfsquelle, Rückgriff auf Produktionsmittel wie Rohstoffe und Energieträger, aber auch Geld, Finanzen. Rohstoff- und Energiekonsum bzw. -einsparung sind Themen der →Wirtschaftspsychologie (BERGIUS 1976). →soziales Dilemma Ⓛ JOERGES 1980, PECCEI 1979 *B-S*

Ressourcen-Theorie →Aufteilungsgerechtigkeit

REST, Abk. für *restricted environmental stimulation,* beschränkte Anregung durch die Umgebung. Bei verschiedenen Verhaltensstörungen als ps. Behandlung eingesetzt. Bereits nach 24 Stunden REST, meist gekoppelt mit Selbstinstruktionen, die vom Therapeuten eingespielt werden, treten lang anhaltende Reduktionen von Rauchen, Freßsucht, Phobien, manchen kindlichen Verhaltensstörungen und psychiatrischen Störungen auf. Ⓛ Vgl. auch Deprivation (sensorische). SUEDFELD 1980 *Bi-R*

Restitution, Wiederherstellung, z. B. Abheilung intellektueller Schäden bei Hirnverletzten, Psychosen usw. Als Verfahren zur R. früherer Funktionsleistungen sind besondere Restitutions-Übungen entwickelt worden. →Rehabilitation

RESTORFF-Effekt, in einen Lernstoff eingefügte, andersartige Elemente werden besser gelernt als der umgebende, in sich homogene Lernstoff. →retroaktive Hemmung

*

RESTORFF, Hedwig von (verh. TRENDELENBURG) / 1906–1962 / Schülerin von W. KÖHLER, Psychologin, Ärztin / Berlin, Freiburg i. Br.

Restriktion [lat. *restringere* zurückbinden], Einschränkung, z. B. eines Urteils. ● In der Ps. bisweilen Bez. für Abwendung, Flucht vor der Umwelt wie vor der Innenwelt (gegensätzlich zu Aggression).

restringierter Code →Soziolinguistik

Restvarianz, als R. wird jener Teil der Gesamtvarianz von Daten bezeichnet, der nicht auf systematische, experimentelle Variation zurückzuführen ist. Die R. stellt bei der Berechnung der →Varianzanalyse die Prüfgröße dar, mit der die »Varianz zwischen« verglichen wird, wenn keine direkte Schätzung der Fehlervarianz (»Varianz innerhalb«) möglich ist. *Mi-A*

Resultante, die Vektorsumme gerichteter physikalischer Größen. ● In allg. Bedeutung: die sich aus dem Zusammenwirken mehrerer Bedingungen ergebende Folgeerscheinung, z. B. der sich aus mehreren ps. Vorgängen ergebende neue Zusammenhang (WUNDTS Prinzip der schöpferischen Resultanten).

Retardation, Retardierung, Zurückhaltung, Verlangsamung. ● In der Ps. Bez. für Entwicklungsverzögerung (z. B. Verlangsamung der Intelligenzentfaltung relativ zur Altersnorm). ● (biol.) Das Zurückbleiben in stammesgeschichtlicher, auch individualgenetischer Hinsicht (z. B. beim Vergleich von Mensch und Tier die lange Kleinkindphase). ● Retardationstheorie, syn. Fetalisationstheorie, die von dem niederländ. Anatomen L. BOLK u. a. vertretene Annahme, daß beim Menschen die körperl. Reifung zugunsten der Hirnentwicklung verzögert abläuft. Ggs.: →Akzeleration

Retention [lat.], Zurückhaltung. Nach KRETSCHMER Bez. für die Verhaltung von nicht verarbeiteten Erlebnissen. ● Nach SCHULTZ-HENCKE Bez. für die durch mangelnde Äußerungs- und Hingabefähigkeit gekennzeichnete Persönlichkeitsvariable.

retentive Hemmung, nach SCHULTZ-HENCKE wie die →kaptative Hemmung eine Hemmung des Besitzstrebens. Der Begriff »retentiv« beinhaltet das gleiche wie der Begriff »anal« bei FREUD, ist jedoch unabhängig von der FREUDschen Theorie zu verstehen. Die r. H. äußert sich in einer Einschränkung der Strebungen des Behalten-Wollens.

Retest-Methode, zur Bestimmung der Zuverlässigkeit eines Tests wird er nach einem bestimmten Zeitraum wiederholt und die Korrelation mit den Ergebnissen der ersten Untersuchung ermittelt. →Reliabilität

retikuläres System →Formatio reticularis

Retina [lat. *rete* Netz], die Netzhaut, →Auge

retrieval [engl.] →Abruf

Ⓔ **retro**... [lat.] in Wtvb. rückwärts, nach hinten

retroaktive (rückwirkende), proaktive (vorwirkende) Hemmung [lat. *retro* rückwärts], wird eine Serie sinnloser Silben gelernt und anschließend eine zweite Serie irgendwelchen Materials, so kann die zweite Serie auf die Erinnerung der vorher gelernten einen ungünstigen Einfluß ausüben (r. H.).

Entsprechend kann untersucht werden, ob vorher gelerntes Material auf die Wiedererinnerung des später Gelernten ungünstig wirkt (p. H.). Das Phänomen der r. H. wurde zuerst von G. E. MÜLLER und A. PILZECKER (1900) untersucht und als Folge der Stärke der Prozesse im Gedächtnis interpretiert. Eine andere Deutung der r. H. lieferte v. RESTORFF (1933), wonach diese durch Bereichsbildung im →Spurenfeld zustandekommt. Solche Bereiche organisieren sich nach →Ähnlichkeit der Spuren. Enthalten zwei gelernte Serien viele ähnliche Elemente, schließen sich die Spuren solcher ähnlicher Elemente aus beiden Serien zusammen, wodurch die Erinnerungshemmung verursacht werden soll.

● Das Phänomen der r. H. und p. H. kann auch im Sinne eines negativen Übertragungseffektes (→transfer) angesehen werden, vgl. DÜKER 1967. →Hemmung, →Interferenz

retroaktive Suggestion, Suggestion, die veranlaßt, Erinnerungsbilder und frühere Bewußtseinsinhalte zu aktivieren.

retrograd [lat. *gradi* schreiten, gehen], rückläufig, zurückgehend. Ggs. →anterograd

retrograde Amnesie, zurückgreifender Erinnerungsausfall, nach Unfällen auftretender, immer weiter in die Vergangenheit fortschreitender Erinnerungsverlust, der sich wieder (in umgekehrter Folge) beheben kann. Auch ein Erinnerungsausfall, der sich auf eine Zeit erstreckt, in der Auffassung und Merkfähigkeit noch normal waren und der sich nicht weiter ausbreitet. →Amnesie

Reversibilität [zu lat. *revertere* umkehren, zurückkehren], Umkehrbarkeit. Eine Operation im System kann durch ihre Umkehrung rückgängig gemacht werden (A+A'=B; B−A'=A).

Reversion, Umschlag, bezogen auf R.figuren, die bei Betrachtung »bedeutungsgemäß« umschlagen. Beispiele: →NECKERscher Würfel, →SCHRÖDERsche Treppe, →RUBINscher Becher, →WUNDTscher Serviettenring. Auch Vexier- bzw. Kippfiguren genannt.

Die R. spielt in der Ps. beim →Figur-Grundverhältnis und damit auch in der →Gestaltpsychologie eine besondere Rolle. →geometrisch-optische Täuschung. →SCHAFER-MURPHY-Effekt ● Psa. ist R. (nicht syn. mit →»Verkehrung ins Gegenteil«) ein →Abwehrmechanismus des Ich. Die Rückwendung eines aus dem Es stammenden und ursprünglich gegen ein äußeres Objekt gerichteten Triebimpulses gegen die eigene Person. Die R. ist die Folge eines den Triebimpuls betreffenden Verbotes des Über-Ichs und hat als Ziel die Selbstbestrafung des Ichs. Dabei kann die R. auch als Abwehr des Triebimpulses mittels →Verschiebung, d. h. durch →Substitution des äußeren Objektes durch das Ich interpretiert werden. Die R. des Sexualtriebs ist gleichbedeutend mit dem sekundären →Narzißmus, während die R. des Aggressionstriebes zum →Masochismus führt.

Revierverhalten syn. →Territorialverhalten

Revisions-Test Ⓣ GIESE, MARSCHNER, STENDER

reward →Belohnung

rewrite rule, Ersetzungsregel (ling.)

Rezenz-Effekt, Rezenz-Theorie →Primat-Rezenz-Effekt

Rezeption, Aufnahme, Empfangen, Übernahme, im engeren Sinn svw. Reizaufnahme, Wahrnehmung

rezeptiv, aufnehmend, empfänglich

rezeptive Felder, sich zumeist ringförmig umschließende Felder auf der →Retina, die dadurch charakterisiert sind, daß ihre →Rezeptoren (dies können mehrere hundert sein, bei einer Ausdehnung von nur wenigen Millimetern) über Zwischenneurone alle mit einem ganz bestimmten zugehörigen nachgeschalteten →Neuron funktional verbunden sind (r. F. eines Neurons).

Im erweiterten Sinn wird der Ausdruck r. F. auch für den Gesamtkomplex der hierfür charakteristischen neuronalen Verschaltung dieses Feldes gebraucht. Bei Belichtung unterscheiden sich Zentralfeld und Umfeld in ihrer Wirkung auf das zugehörige Neuron. Dieses kann bei Belichtung des Zentralfeldes mit gesteigerter Impulsrate reagieren (*on*-Antwort) und bei Belichtung des Randfeldes keine Impulse mehr liefern (*on*-Zentrum-Feld bzw. *on*-Zentrum-Neuron), oder umgekehrt, d. h. das Neuron reagiert mit einer Hemmung bei Belichtung des Zentralfeldes und mit einer Erregung bei Belichtung des Umfeldes (*off*-Antwort, *off*-Zentrum-Neuron). Die nach dem Prinzip der →lateralen Inhibition verschalteten Felder führen in ihrer Wirkung z. B. zu einer Hervorhebung der Kontrastwirkung (→Kontrast) von Grenzen zwischen dunklen und hellen Feldern, oder bei nachgeschalteten Neuronen z. B. des visuellen Cortex zur Erkennung räumlich ausgerichteter linearer Muster (Mustererkennung). Ⓛ HUBEL 1962, 1971, BECKER-CARUS 1981, LINDSAY u. a. 1981 *B-C*

Rezeptor [lat. *recipere* zurücknehmen, bekommen], Empfänger, Empfangsorgan, vielfach gleichbedeutend mit Sinnesorgan; während →»Sinne« auch als Aufnahmeorgane entsprechend den subjektiv erlebbaren Sinnesqualitäten verstanden wurden, bezeichnet Rezeptor in der →Sinnesphysiologie reizaufnehmende und verarbeitende (kodierende) Strukturen, deren Aktivität nicht unbedingt perzeptive Erlebnisse hervorruft wie z. B. die verschiedenen Chemorezeptoren im Hypothalamus oder Pressorezeptoren zur Steuerung des Blutdruckes.

R. sind demnach durch ihre biologisch kybernetische Funktion als Informationswandler gekennzeichnet. Die einzelne R.zelle, auf ein enges Reizspektrum spezialisiert, erzeugt bei Reizung ein elektrisches »Generatorpotential« (= Rezeptorpotential), das mit ansteigender Reizung zunimmt und beim Überschreiten einer jeweils bestimmten Depolarisationsgrenze (beim auf

Druck reagierenden PACINIschen Körperchen 10 mV) wird im fortleitenden sensiblen Nerven ein Aktionspotential erzeugt bzw. bei stetiger Reizung repetitive Aktionspotentiale. Bei konstanter Dauerreizung kommt es zur Abnahme der Aktionspotential-Frequenz (→Adaptation). – Bei unterschiedlicher Einteilung werden unterschieden: Telezeptoren (für entfernte Vorgänge), Exterozeptoren (für unmittelbare äußere Umgebung), Interozeptoren (für inneres Milieu), Viszerozeptoren (spezieller für den inneren Organbereich), Propriozeptoren (für jeweilige Körperlage im Raum, Muskel- und Sehnenspannungen), Chemorezeptoren (für Änderungen des chemischen Milieus), Nocizeptoren (Schmerzrezeptoren), Osmozeptoren (osmotischer Druck in Körperflüssigkeiten). Ⓛ GANONG 1979, HENSEL 1966, KEIDEL 1971, MÖRIKE u. a. 1981 *B-C*

Rezessivität, rezessiv [lat. *recēdere* zurücktreten], zurückschlagend, gedeckt, überdeckt. R. nennt die Vererbungslehre eine Eigenschaft, die wohl erbgutmäßig noch vorhanden ist, aber nicht beim individuellen Träger in Erscheinung tritt. Nur bei der Vereinigung von zwei gleichen r. Anlagen gelangt diese zur Auswirkung oder dann, wenn die r. Anlage im männlichen →Geschlechtschromosom liegt und (deswegen) keinen dominanten Partner hat.

Rezidiv, Rückfall. Eine Störung, die verschwunden war (z. B. durch Therapie), tritt wieder auf. Erklärungsversuch für das Zustandekommen: Interaktionsprozesse zwischen unbehandelter und behandelter →Verhaltensebene. Ⓛ BIRBAUMER 1979 *R-S*

Rezipienten-Variablen, die in der exp. Forschung zum →Altruismus am Empfänger (einer Hilfe oder Wohltat) isolierten Variablen. Z. B. Attraktivität, Unselbständigkeit, »Wir«- bzw. »Außen«-Gruppen-Zugehörigkeit, Einheiten der sozialen Reziprozität, tatsächliche oder attribuierte Macht u. ä. *B-S*

reziprok [lat. *reciprocare* hin und her bewegen, auf gleicher Bahn zurückbringen], wechselseitig sich bedingend

reziproke Hemmung →Hemmung

$r_G - s_G$, Symbol für die antizipierte Ziel-Teilresponse mit ihrer sensorischen Komponente, die nach HULL komplizierte Ketten von zweckvollen Handlungen erklären soll *B-S*

Rhathymia [gr. Leichtsinn, Sorglosigkeit], Bez. für eine GUILFORDsche Persönlichkeitsdimension, die hoch mit der EYSENCKschen Dimension Extraversion korreliert. Ⓣ GUILFORD

Rheinhauser Gruppentest Ⓣ SCHREIBER

Rheobase [gr. *rheos* das Fließen, Strom], das elektr. Potential, das gerade noch eine Reaktion an Nerven oder Muskeln hervorruft. Rh. ist gleichbedeutend mit galvanischer Reizschwelle. →Chronaxie

Rheotaxis [gr. *rheos* das Fließen, *taxis* Anordnung], (biol.) freie Ortsbewegung, die durch einen Strömungsreiz ausgelöst wird. Fische z. B. bewegen sich stets gegen den Wasserstrom. →Taxis, →Tropismus *P-S*

Rheotropismus, (biol.) Wachstumsbewegung, die durch einen Strömungsreiz ausgelöst wird. →Taxis, →Tropismus *P-S*

Rhesasthenie →Stimmstörung

Rhinencephalon [auch -enzephalon, -enkephalon], Riechhirn. Phylogenetisch der älteste Teil (Allocortex) des Endhirns (Telencephalon). →Gehirn

Rhinophonie, Rhinolalie →Näseln

Rhodopsin →Farbensehen, →Sehpurpur

Rhombencephalon [auch -enzephalon, -enkephalon], Rautenhirn →Gehirn

Rhotazismus, fehlende oder gestörte →Artikulation der r-Laute (→Stammeln). • Pararhotazismus ist deren Ersatz durch andere →Phoneme, z. B. durch »l«. →Paralalie

Rhythmus, (bei ARISTOTELES die stoffliche, bei ARISTOXENOS die zeitliche Ordnung) ist der Pulsschlag innerhalb eines metrischen Gerüstes und bildet die →Agogik des vorgegebenen Metrums. Zahlreiche Theorien seit der Antike. Beeinflussung biorhythmischer Vorgänge durch Rituale bei Naturvölkern. Heute: Verwendung von Rhythmus bei psychomotorischen und anderen Störungen im Sinne schöpferischer Entfaltung (Musik, Atmung, Bewegung, Gymnastik u. a.). ALKMAION, Arzt aus Kroton: »Die Gesundheit beruht auf der richtigen Proportionierung der Qualitäten«. →Takt, →Biorhythmus *Ri-R*

RI, *retroactive inhibition,* →retroaktive Hemmung

Ribonucleinsäure (RNS), Riesenmolekül in lebenden Zellen, das die in der →Desoxyribonucleinsäure gespeicherte Information zur Verwirklichung bringt. *D-E*

RIBOTsches Gesetz, Regel über den Abbau des Gedächtnisses bei Hirnschädigung und im Alter. In umgekehrter Reihenfolge wie beim Aufbau werden zuerst die jüngsten Erinnerungen, die Affekte, das Komplexe und das Ungewohnte, zuletzt dagegen die ältesten Erinnerungen, die eingewurzelten Gewohnheiten, das Einfache und das Gewohnte gelöscht.

*

RIBOT, Theodule Armand / 1839–1916 / Philos. Psychol. / Paris

R

Richtungsdisposition, da in jeder →Disposition Potenz und Tendenz zugleich enthalten seien, unterschied STERN (1935) die Richtungsdisposition von der Rüstungsdisposition. So ist die Intelligenz Rüstungsdisposition, da es auf die instrumentale Bedeutung ankommt. Interessen sind dagegen Richtungsdispositionen entsprechend dem Tendieren auf ein bestimmtes Ziel. Die sog. »praktische Intelligenz« ist gleichfalls Richtungsdisposition.

Richtungshören →räumliches Hören

Richtungshören, gestörtes, gestörte Schall-Lokalisation, die Unfähigkeit, bei binauralem Hören den Standort einer Schallquelle herauszufinden, ist wesentlicher Bestandteil einer zentralen Hörstörung. →akustische Agnosie. Ⓛ ARNOLD 1970 *G-N*

Richtungslinien, Richtungsstrahlen, soviel wie die →Visierlinien. Vgl. Auge

Richtungsvorstellung, eine Vorstellung von etwas Gesuchtem, die dieses nur undeutlich, andeutungsweise oder abstrakt enthält, z. B. die undeutliche Ausgangsvorstellung beim Vorgang des Sichbesinnens auf einen Namen. →Tatonnement

Riechen →Geruch

Rigidität [lat. *rigidus* starr], Starrheit, Unbeweglichkeit, mangelnde Elastizität vor allem ps. Funktionen. Der Begr. belegt (besonders gegenüber der ähnlichen →Perseveration) das »Nicht-loskommen-Können« von Denk- und Handlungsweisen und Einstellungen. Ggs. →Flexibilität

Auch ist R. nicht bloß eine allg. Eigenart, sondern tritt ebenso in Teil-Bezügen hervor – z. B. als motorische, affektive, kognitive R. LUCHINS u. LUCHINS 1959 geben einen kritischen Überblick über Untersuchungen der versch. Bedeutungen von R., die in der Ps. eine Rolle gespielt haben. • Physiologisch ist R. Bez. für den gespannten Muskelzustand, für die Starrheit der Muskulatur (→Rigor). Eindeutige Beispiele in der Hypnose oder bei Schädigung von Nervenbahnen.

Rigidität, habituelle, nach CATTELL die Unfähigkeit, Verhaltensweisen, die von der Person einmal angenommen und gebahnt sind, umzustrukturieren *(disposition rigidity).* Zu unterscheiden von der aus einer Trägheit der ps. Prozesse resultierenden Unfähigkeit der raschen Umstellung.

Rigor, erhöhte Ruhespannung der Muskulatur. Die Muskulatur setzt passiven Bewegungen einen zähen Widerstand entgegen. Dieser Widerstand ist gleichmäßig, vermindert sich jedoch im Schlaf und schwindet in der Narkose. Wenn →Tremor besteht, wird die Rigidität der Muskulatur ruckweise geändert, was sich bei der Prüfung der passiven Beweglichkeit als Zahnradphänomen auswirkt.

Rigorismus [lat. *rigor* Unbiegsamkeit], die starre, strenge, unnachgiebige Vertretung eines Standpunkts, z. B. ethischer R. bei KANT

Rindenbezirk →Gehirn

Rindenblindheit →Agnosie, →Sehbahn

Ringsektorentäuschung, geometr.-opt. Täuschung. Gleich große Ausschnitte einer Ringfigur erscheinen nebeneinandergelegt versch. groß.

RINNE-Versuch, dient zur Unterscheidung zwischen Mittelohr- und Innenohrschwerhörigkeit. Eine angeschlagene Stimmgabel wird dem Kopf aufgesetzt und sobald sie dort nicht mehr hörbar ist, vor das Ohr gehalten. Wird sie dort erneut gehört, ist die Schalleitung intakt, andernfalls gestört.

*

RINNE, Heinrich Adolf / 1819–1869 / Physiologe / Göttingen, Hildesheim

Risiko, das besondere Kennzeichen einer Situation, die durch mangelhafte Voraussehbarkeit des Kommenden mögliche Schäden, Verluste u. dgl. in Aussicht stellt. →Risikoverhalten

Risikoschub-Effekt, *risky shift-effect,* individuelle risikohafte Entscheidungen werden in und nach der Interaktion in der Gruppe verändert – meist in Richtung auf größere Risikobereitschaft oder Risikofreudigkeit. Die Abhängigkeit des R. von dem Status des Gruppenmitgliedes hat u. a. Gisela TROMSDORFF (1971) wahrscheinlich gemacht (vgl. auch LAMM 1969, 1970). Ⓛ KOGAN u. WALLACH 1967 *B-S*

Risikostudien/-forschung, *high-risk-studies,* haben in der Klinischen Ps. zum Ziel, solche Individuen aus einer Population herauszufinden, die mit hoher Wahrscheinlichkeit gefährdet sind, im Verlaufe ihres weiteren Lebens psychische Störungen auszubilden. Langfristiges Ziel der Risikoforschung ist es, über die Ermittlung von Risikofaktoren die Inzidenzrate psychopathologischer Erkrankungen zu verringern. Zu den Pionieren der Risikoforschung gehören KRAEPELIN und sein Mitarbeiter OEHRN (1889/1896) und in neuerer Zeit GARMEZY (1971) sowie MEDNICK und SCHULSINGER (1979); letztere sind besonders durch Arbeiten über die Vorhersage eines erhöhten Schizophrenierisikos bekannt geworden. *S-E*

Risikoverhalten (Rv.) bezeichnet Verhalten in Risikosituationen (Rs.) und bedeutet somit nicht riskantes Verhalten. Rs. können dadurch gekennzeichnet werden, daß (a) in einer bestimmten Ausgangslage verschiedene Handlungsalternativen mit entsprechenden Handlungszielen gewählt werden können und daß (b) das Nichterreichen des gewählten Handlungsziels zu einem Zustand führt, der subjektiv unerwünschter ist als die Ausgangslage. Risiko bedeutet dabei den wahrscheinlichen Anteil subjektiv negativ gewichteter Handlungsausgänge (bezogen auf die Ausgangslage) an allen möglichen Handlungsausgängen.

Rv. als besonderer Fall von Entscheidungsverhalten in Ungewißheitssituationen wurde zunächst überwiegend von Ökonomen und Mathematikern im Rahmen der Entscheidungs- und Spieltheorie untersucht. Dabei ging es vor allem um die »optimale« Entscheidung, die nach dem Grundsatz des maximalen Nutzens ermittelt werden sollte (BERNOULLI 1738). Mit fortschreitender Entwicklung dieser Forschungsrichtung fanden subjektive Momente der Entscheidungskriterien zunehmende Beachtung, so etwa im Modell der maximalen subjektiven Nutzenerwartung (SEU = *subjectively expected utility*, SAVAGE 1954), bei dem nicht mehr eine überindividuelle, »objektive« Ereigniswahrscheinlichkeit im Vordergrund steht.

Entscheidungs- und spieltheoretische Analysen des Rv. erscheinen unter ps. Gesichtspunkt nicht genügend repräsentativ für ein Verhalten in Rs., da sie sich meist auf Situationen beschränken, in denen dem Entscheidenden die Ereigniswahrscheinlichkeiten bekannt sind (z. B. Glücksspiele und Wetten). Demgegenüber zeichnen sich folgende Schwerpunkte in der Entwicklung der ps. Erforschung des Rv. ab:

(1) Untersuchungen des Rv. in Situationen mit Verlustmöglichkeiten, deren Wahrscheinlichkeiten dem Entscheidenden nicht oder nur teilweise bekannt sind und bei denen die Handlungsausgänge sowohl von außerindividuellen Verhaltensbedingungen als auch vom individuellen Verhalten abhängen. – (2) Bevorzugte Verwendung stochastischer Entscheidungsmodelle, bei denen Sachverhalte wie Inkonsistenz (unterschiedliche Entscheidungen bei gleichem Entscheidenden, gleichen Handlungsalternativen und gleichen Entscheidungsbedingungen) und Intransitivität der Alternativenbevorzugung (A wird B, B wird C, C wird A vorgezogen) mehr berücksichtigt werden als in deterministischen Entscheidungsmodellen, wo die Alternativenwahl durch den größten subjektiv erwarteten Nutzen bestimmt wird. – (3) Stärkere Einbeziehung feldtheoretischer Interpretationsmöglichkeiten, aus denen sich (im Gegensatz zum SEU-Modell) eine Wechselbeziehung zwischen subjektivem Nutzen und subjektiver Wahrscheinlichkeit ergibt (LEWIN u. a. 1944, IRWIN 1953, VAN DER MEER 1963). – (4) Bevorzugung deskriptiver Zielsetzungen (Beschreibung des Verhaltens in Rs.) gegenüber normativen Zielsetzungen (wie soll sich das Individuum in Rs. entscheiden?) und damit Betonung persönlichkeits- bzw. differentiell-ps. (KOGAN u. WALLACH 1964) und sozialps. Gesichtspunkte (z. B. das exp. und theoretisch noch umstrittene *risky-shift*-Phänomen, wonach Individuen in der Gruppe zu riskanteren Entscheidungen neigen sollen als allein; KOGAN u. WALLACH 1967). (5) Untersuchung der Beziehungen zwischen Rv. und Leistungsmotivation (insbesonders Anspruchsniveau), wobei von Wechselwirkungen zwischen Erfolgs- und Mißerfolgsmotivation, subjektiver Erfolgswahrscheinlichkeit und Aufgabenanreiz (ATKINSON 1957, vgl. SCHNEIDER 1973) ausgegangen wird. – (6) Betonung des zeitlichen Verlaufs des Rv. als Konfliktverhalten bei gegensätzlichen Leistungs- und Sicherheitstendenzen, die bis zum Entscheidungszeitpunkt beide maximiert und erst dann gewählt werden (KLEBELSBERG 1969) und/oder als informationsverarbeitendes Verhalten in Form sequentiellen Vergleichens von vier Risikodimensionen (Gewinn- und Verlustwahrscheinlichkeit, Gewinn- und Verlusthöhe; PAYNE 1973).

Zugrunde gelegte Risikobegriffe, gewählte Rs. und Untersuchungsmethoden sind möglicherweise Ursachen für die sehr unterschiedlichen Ergebnisse in der bisherigen ps. Forschung und für das Fehlen einer einheitlichen Theorie des Rv. Die vorläufigen Ergebnisse weisen auf eine überwiegend situative und weniger individuelle Bedingtheit unterschiedlichen Rv. hin. Ⓛ SCHWENKMEZGER 1977 *K-G*

Risikowahl-Modell, ein »Erwartung mal Wert-Modell« von ATKINSON (1957), das Voraussagen bei Risikowahlen macht und sich für Leistungshandeln als fruchtbar erwies. →Entscheidungstheorie, →Leistungsmotivation Ⓛ HECKHAUSEN 1980 *B-S*

risky shift →Risikoverhalten

risky shift-effect →Risikoschub-Effekt

risus sardonicus [lat. *risus* das Lachen, gr. *sardonios* höhnisch, hämisch, von *sairo* mit auseinandergezogenen Lippen grinsen], syn. *facies tetanica,* krampfhaftes Zusammenziehen der Lachmuskeln. →Lachen, vgl. Facies

Ritual, Ritualisierung [lat. *ritus* Sitte, Brauch], allg. feierlicher Brauch mit relig. oder gesellschaftl. Bedeutung, z. B. Initiationsriten bei Naturvölkern. ● Jedes stereotype Verhalten, das nicht situationsangepaßt zu sein braucht und weitgehend sinnentleert sein kann, aber eine Funktion zu erfüllen scheint, z. B. ritualisiertes Handeln bei Gefahr, bei Entspannung, bei Danksagung. • Erstarrte Verhaltensabfolge, deren Einhaltung verpflichtend ist, z. B. das Abendlied bei Kleinkindern; zwanghaftes Verhalten bei Neurosen, z. B. Waschzwang. *R-S*

Ritualisierung, (biol.) Formalisierung von Instinkthandlungen, Veränderung eines Verhaltensmusters zum →Signal. Im →Kommentkampf z. B. werden agonistische Verhaltensweisen, die den Gegner beschädigen oder töten können, zu reinen Drohgebärden ritualisiert. *P-S*

RNS [engl. RNA], Ribonukleinsäure (s. d.)

Robinson-Alter →Entwicklungsphasen

Robustheit von Prüfverfahren, das Ausmaß, in dem statistische Prüfverfahren anfällig gegen eine Verletzung ihrer Voraussetzungen sind. Sie bezeichnet also den Grad, in dem die zu ziehenden Wahrscheinlichkeitsschlüsse durch Nichterfüllen der Voraussetzungen verfälscht werden. Z. B. ist die →Varianzanalyse ziemlich robust gegen Abweichungen von der Normalverteilung, etwas weniger gegen solche der Varianzhomogenität. *Mi-A*

ROC, ROC-Kurve, Abk. für *receiver operating characteristic,* Empfänger-Verhaltenscharakteristik, →Signaldetektions-Theorie

rod-and-frame test, Stab-Rahmen-Test, eine der Verfahren zur Bestimmung der →Feldabhängigkeit (WITKIN).

Rohwert [engl. *raw score*], Bez. für die Anzahl der Punkte oder der gelösten Einzelaufgaben, die bei einer Vp bei einem bestimmten Test festgestellt wurde. Dieser Wert ist insofern »roh« bzw. ungenügend, als er keinen Ausdruck der Leistung im Vergleich zu einem allgemeinen Maßstab darstellt und auch nicht erlaubt, Leistungen bei verschiedenen Tests zu vergleichen. Die R. müssen deswegen meist in →Standardwerte transformiert werden.

Rolle (1), vom Begr. der dramat. R. des altgriechischen Schauspiels als ein durch Thema und Inhalt vorgeschriebenes Verhalten eines Akteurs abgeleitet, bedeutet R. in der →Sozialps. die Summe der von einem Individuum erwarteten Verhaltensweisen, auf die das Verhalten anderer Gruppenmitglieder abgestimmt ist.

Eine R. ist zwar von ihren möglichen Trägern abhebbar, sobald diese aber eine R. übernehmen, werden sie von Erwartungen hinsichtlich ihrer eigenen R., der Partnerrolle (den Partnerrollen) und der Art des Zusammenspiels zwischen den beiden (mehreren) R. geleitet (HOFSTÄTTER 1966). Der Begr. R. gewann um so mehr an Bedeutung, je mehr der Mensch als Person in Zusammenhang mit anderen in der Gruppe betrachtet wurde. Die R. erscheint dann als ein geordnetes Modell von Verhaltensweisen, relativ zu einer gewissen →Position des Individuums in einem interaktiven Gefüge; als ein Satz von Erwartungen (Rollenerwartungen) bezüglich des Inhabers der Position. →Rollentheoret. Persönlichkeitsauffassungen, vgl. Rangordnung, soziale *Ma-R*

Rolle (2), der Mensch kann nicht vollständig in seine R. eingehen. Er ist mehr, als er in seiner R. darstellt. Die Gruppenzugehörigkeit des Menschen erzeugt eine stete R. differenzierung und läßt ebenso R. konflikte entstehen. →Spiel, →Psychodrama

rollende Straße, Bez. für Prüfstände zur Verkehrseignung, wobei auf einem über Rollen laufenden Band durch Bedienung eines Steuerrades einer aufgezeichneten Linie (Spur) zu folgen ist. Auch ist auf weitere Reize zu reagieren. Das erste Modell konstruierte H. RUPP unter der Bez. Lenkprobe. →Reaktionssimulator

Rollendisposition, nach KRECH et al. (1962 106f.) eine primäre interpersonale (soziale) Verhaltenseigenschaft, wie z. B. Forschheit, Couragiertheit (Gegenpol: soziale Schüchternheit); Überlegenheit, Dominanz (Gegenpol: Unterwürfigkeit); Neigung zum Ergreifen sozialer Initiative (sozial passiv); Selbständigkeit, Unabhängigkeit (Unselbständigkeit) u. a. *B-S*

Rollenspiele →Psychodrama

rollentheoretische Persönlichkeitsauffassungen, aus der Tatsache, daß ein Individuum im Verlaufe des Sozialisationsprozesses in verschiedene →Positionen und →Rollen hineinwächst, die seine Eigenart kennzeichnen, ergibt sich die Möglichkeit, Persönlichkeit als »Schnittpunkt« aller Positionen, die sie in einem sozialen Gefüge innehat, bzw. als System von internalisierten Rollen zu beschreiben. Ausgangspunkt der Definition von Persönlichkeit in diesem Sinne ist somit nicht das Individuum, sondern die Kultur, die Gesellschaft bzw. die Interaktion ihrer Mitglieder. Rolle als Einheit der Kultur ist dann die strukturierte Abfolge gelernter Handlungen, ausgeführt von einer Person in einer Interaktion (SARBIN).

CATTELL spricht im Rahmen seines Persönlichkeitssystems u. a. von *»roletraits«* als einer Klasse dynamischer Merkmale des Menschen. Er versteht darunter Merkmale, die mit der Rolle einhergehen, die Menschen in der Gesellschaft bzw. in ihrer sozialen Gruppe übernehmen. Der Mensch hat bereits (als Vater, Lehrer, Taubenzüchter...), insofern er diese Rolle einnimmt, spezifische Merkmale, die sein Verhalten »determinieren«. Dem Einwand, daß die Fassung von Persönlichkeit soziale Determinanten überbetone, damit mögliche interindividuelle Differenzen vernachlässige, begegnen Vertreter der R.theorie mit der Annahme einer individuell verschiedenen »Rollenselbstdeutung« oder mit der Definition von Persönlichkeit als »Handlungssystem«, das aus der Interaktion von →Selbst und Rolle entsteht (SARBIN). *R-H*

Rollentheorie, seit SARBINS (1954) Handbuchartikel übliche Bez. für relativ heterogene Hypothesen über Inhalt und Funktion uneinheitlicher Rollenkonzepte.

BIDDLE u. THOMAS (1966) wiesen daher den Anspruch einer umfassenden Theorie zurück. HABERMAS (1973) und HAUG (1974) kritisieren die der R. immanenten Anpassungsvorgänge des Individuums an anscheinend invariant und übermächtig vorgegebene gesellschaftliche Verhältnisse, sowie die schichtenspezifischen Verlaufsformen der →Sozialisation. Untersuchungen zur mehrfachen Gruppenzugehörigkeit und den damit verknüpften Konflikten sollten zu einer Eingrenzung der Aussagen, einer zunehmenden Vereinheitlichung der Begriffbestimmung von →Rolle und evtl. zu mehreren R. mittlerer Reichweite führen. Ⓛ SARBIN u. ALLEN 1968, SECORD u. BACKMAN 1974[2], SADER 1969 *R-S*

Rolle, semantische, der Begr. s. R. definiert die →semantische Relation zwischen einem Verbum und einer nominalen Ergänzung dieses Verbums. Diese Art Relation wird im Gegensatz zur →syntaktischen Relation (z. B. Subjekt-von) semantisch definiert (z. B. Agent–Aktion, Patient–Aktion usw.).

So bezeichnet in dem Satz »Das Holz trocknet« »Holz« die syntaktische Relation Subjekt und die s. R. Patient, weil »Holz« hier von dem Vorgang des »Trocknens« betroffen wird, weil es diesen Vorgang erleidet. Die s. R. werden auch Argumente genannt. Eine Zusammenstellung von s. R. haben FILLMORE (1968) und CHAFE (1970) versucht. Über den Einfluß dieses Konzeptes auf die Satzverarb. informiert ENGELKAMP (1974) *E-P*

romantischer Charakter →Typologie (Lebensgefühl)

ROMBERG-Symptom, Schwanken bei geschlossenen Augen und dicht nebeneinandergesetzten Füßen. Anzeichen krankhafter Erscheinungen (Nervenstörungen, →Tabes dorsalis u. a. auch bei Neurotikern).

ROMBERG, Moritz Heinrich / 1795–1873 / Neurologe / Berlin

rooming in [engl.], Begr. für das Zusammensein von Mutter und Neugeborenem im Anschluß an die Geburt. Die Absicht ist: schnellere gegenseitige Bindung u. besseres Interagierenlernen. Ⓛ RAUH 1978, PAPOUSEK 1979

RORSCHACH →projektive Tests, Ⓣ RORSCHACH

*

RORSCHACH, Hermann / 1884–1922 /schwz. Psychiater / Münsterlingen, Zürich, Krukovo b. Moskau, Herisau

ROSENTHAL-Effekt, auch Pygmalion-Effekt, (1968), Theorie, wonach Erwartungen (einer Person gegenüber) tendenziell entsprechende Realisierungen bedingen; das heißt z. B. ein vom Lehrer für intelligent befundener Schüler wird gute Leistungen bringen, ein für unintelligent befundener schlechte. Vgl. *self-fulfilling-prophecy* (selbsterfüllende Prophezeiung) *L-R*

*

ROSENTHAL, Robert H. / *1933 / Psychol. (Sozialps., Kommunikation) / Harvard-Univ. (Cambridge, Mass.)

ROSSOLIMO-Profil →Profil

*

ROSSOLIMO, Grigoriy Ivanovich / 1860–1928 / Neurologe, Pädiater / Moskau

Rotation, die analytische oder graphische Transformation einer Faktormatrix zum Zweck einer inhaltlichen Interpretation der extrahierten Faktoren.

Ein häufig verwendetes Rotationskriterium ist das der faktoriellen Einfachstruktur von L. L. THURSTONE. Es fordert, daß die Faktoren derart rotiert werden, daß auf (oder nahe) ihnen möglichst viele Endpunkte der Merkmalsvektoren liegen. Bei graphischer (visueller) R. geschieht dies durch subjektive Beurteilung der Faktorenstruktur, bei analytischer R. durch die mathematische Definition von Maximum- oder Minimum-Optimalwerten. R.methoden lassen sich nach dem Winkel, den die Faktoren miteinander einschließen, in orthogonale und schiefwinkelige R. unterteilen. →Faktorenanalyse *Mi-A*

Rotationstachistoskop →Tachistoskop

Rotator, Umlaufgerät ⟨GIESE⟩ zur Feststellung der »Unfäller«, die bei Handhabungen am Apparat in die umlaufenden Teile geraten und, als Schreckreiz, dabei einen elektrischen Schlag erhalten.

Ro-Test Ⓣ RORSCHACH

Rot-Grün-Blindheit →Farbenblindheit

R-p-Diagramm (Reiz-Prozent-Diagramm) →S-p-Diagramm

RPR, Abk. für Radiusperiostreflex

R

R-S-Intervall, Response-Schock-Intervall

RSS (Reinforcement Survey Schedule) Ⓣ CAUTELA et al.

RT, *reaction time,* →Reaktionszeit

R-T (Rechtschreibungstests) Ⓣ JÄGER

R-Technik, in der R-T. der →Faktorenanalyse wird eine Interkorrelationsmatrix faktorisiert, deren Koeffizienten durch Korrelation von m Merkmalen über n Individuen berechnet wurden, wobei n > m. Sie stellt die allgemeinste Art der Korrelations- bzw. Faktorenanalysetechnik dar und ist zur →Q-Technik insofern reziprok, als ihre Faktormatrix der Faktorenwertmatrix der Q-Technik entspricht. Die auf Grund einer R-T. extrahierten Faktoren werden als Merkmalsfaktoren interpretiert. →Kovariationsschema *Mi-A*

RUBINscher Becher, die bekannte schwarzweiße Umspringfigur (1921), die je nach Beachtung des weißen Innenfeldes einen Becher (Pokal) oder der zwei schwarzen Außenfelder 2 Gesichter in Scherenschnittart (Profile) darstellt. →Reversion

*

RUBIN, Edgar John / 1886–1951 / dän. Psych. / Kopenhagen

Rückenmark [lat. *medulla spinalis*], der innerhalb des R.kanals der Wirbelsäule liegende, das verlängerte Mark fortsetzende Teil des ZNS. Das R. stellt einen walzenförmigen Strang aus grauer Substanz (innen) und einer diese mantelartig umhüllenden weißen Substanz dar, von dem die Spinalnerven ausgehen.

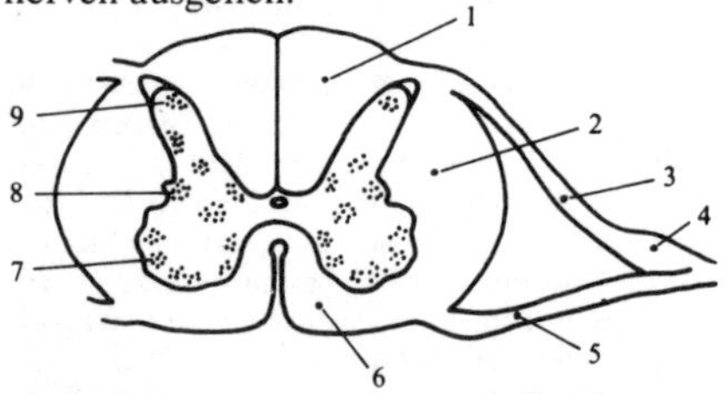

1 Hinterstrang
2 Seitenstrang
3 Hinterwurzel
4 Spinalganglion
5 Vorderwurzel
6 Vorderstrang
7 motorische Zellgruppen (Kerne) im Vorderhorn
8 vegetative Zellgruppen im Seitenhorn
9 sensible Zellgruppen (Kerne) im Hinterhorn

Das R. entsteht aus einer Einsenkung des Ektoderms, aus der auf der ganzen Rückenseite des Embryos das Neuralrohr wird. Bis auf die Gehirnbläschen am vorderen Abschnitt wird das Neuralrohr später von Knochen, den Wirbeln der Wirbelsäule umgeben. Die Säule der grauen Substanz, die hauptsächlich aus Nervenzellen besteht, während die weiße Substanz vor allem die markhaltigen Fasern (Leitungsbahnen) enthält, erscheint auf dem Querschnitt schmetterlingsförmig. Sie gliedert sich jederseits in zwei durchlaufende Vorsprünge: Vorder- und Hinterhorn (bzw. Vorder- und Hintersäule). Durch sie wird die weiße Substanz in jeder Hälfte des Querschnitts in drei Stränge gegliedert: Hinterstrang (dorsal), Seitenstrang (zwischen Hinter- und Vorderhorn) und Vorderstrang (siehe Abb.). Jede durch eine hintere Wurzel (sensibler Neurit des Spinalnervs) eintretende Erregung kann auf gleicher Ebene auf die Vorderwurzel übertragen werden, von wo sie durch die afferenten Fasern auf die Muskeln wirkt (→Reflexbogen). Jedem Wirbel entspricht je ein Wurzelpaar, nämlich 8 Halswurzeln, 12 Brust- und 5 Kreuzbeinwurzeln. – Demgegenüber verlaufen in der weißen Substanz die Nervenbahnen, die die Steuerimpulse vom Gehirn efferent auf die motorischen Nerven übertragen, das sind die im Vorder- und Seitenstrang gelegenen Pyramidenbahnen. Die in den Hintersträngen aufsteigenden afferenten Bahnen leiten die von den Empfindungsnerven aufgenommenen Eindrücke an Groß- und Kleinhirn. Ferner senden die peripheren Nerven an ihrem Beginn Verbindungsäste *(rami communicantes)* zum sympathischen (vegetativen) Nervensystem. Dadurch können Erregungen aus inneren Organen (z. B. den Eingeweiden) das Rückenmark und über die Vorderseitenstrangbahnen das Zwischenhirn erreichen. – Wie das Gehirn ist auch das Rückenmark von drei Hüllen umgeben: weiche Rückenmarkhaut, Spinnwebenhaut (zwischen ihnen die Gehirn-Rückenmarksflüssigkeit) und harte Rükkenmarkhaut, die an den Wirbeln anliegt. Ⓛ SCHMIDT u. THEWS 1980 *B-C*

Rückfallkriminalität →Kriminalprognose

Rückinformation, Erfahrung der Wirkung eines Verhaltens, die bei Vergleich mit der Erwartung als Erfolg, Mißerfolg, Hilfe (zur Verhaltensregulation) gewertet wird. →feedback, →Rückkoppelung. *R-S*

Rückkoppelung, die Rückmeldung (der Rückfluß) eines Effektsignals (Reaktion) auf das Regelkreissystem. →Regelkreis, →Biofeedback

Rückkreuzung, Kreuzung eines Bastards der ersten Generation mit einem Elternteil

Rückmeldung →feed back, →Rückkoppelung

Rückmutation, durch R. wird das mutierte Merkmal wieder zum ursprünglichen Merkmal

Rückschlagsgesetz →Regressionsprinzip

Rückverlegungshypothese, exzentrische Projektion, Ausgangspunkt für die Sinneswahrnehmung sind die Reize, die durch Rezeptoren über das ZNS in Sinneseindrükke verwandelt werden und eigentlich dort ihren Sitz haben. Sie werden über die Nervenbahnen an die Peripherie zurücktransportiert und darüber hinaus bis zum reizaussendenden Gegenstand projiziert. »Wir sehen die Sterne an den Himmel« ⟨HELMHOLTZ⟩. Diese Aussage ist nicht stichhaltig, da in ein System rein physikalischer Abhängigkeiten eine phänomenologische Kategorie eingeführt wird.

Rückwärtsplanung →Problemlösen

rückwirkende Hemmung →retroaktive Hemmung

Rudiment, rudimentär, rudimentäre Bewegungen, etwas nicht voll Ausgebildetes, z. B. ein auf früher Stufe der Stammesentwicklung stehengebliebenes Organ. Nur andeutungsweise vorhanden. Bei Bewegung, Mimik und Gebaren (d. h. in der →Ausdruckskunde) spricht man von Rudimentärformen, wenn eine Bewegung, die vormals voll ausgeprägt war, auf Andeutungen zurückgegangen oder auch über das Ansatzweise nicht hinausgekommen ist (z. B. Mundwinkel senken für Bitterkeit, Ablehnung).

RUFFINIsche Kolben, Wärmerezeptoren der Haut. →Hautsinne

*

RUFFINI, Angelo / 1864–1929 / Anat. / Siena, Bologna, Florenz

Ruhepotential, unterschiedliche Ladung zwischen Innenseite (negativ) und Außenseite (positiv) der Nervenmembran im Ruhezustand des Nervs. Ggs.: Aktionspotential. →Nerv

RULEG [aus engl. *rule* (Regel) und e. g. (Beispiel) Regel-Beispiel-Methode (Technik)], Bez. für ein Verfahren beim →programmierten Unterricht.

Rundfunk →Massenmedien

Rüstungsdisposition →Richtungsdisposition

R-z-Diagramm (Reiz-z-Wert-Diagramm) →S-z-Diagramm

S

S

S, Symbol für Stimulus, Reiz, Situation

S, Empfindungsstärke [lat. *sensus*]

s, Symbol für Spannung (LEWIN)

saccadiert, sakkadisch [frz. *saccadé*], ruckweise; nicht flüssiger Bewegungsablauf

Sacculus →Ohr

Sachdenkprobe Ⓣ ARNOLD, GOLDSTEIN, KASANIN, ZILIAN

Sachvorstellung →Wort- (Sach-)vorstellung

Sachvorstellungstypen ⟨MEUMANN⟩ →Typologie (Tabelle), →Wort- (Sach-)vorstellung

Sadismus, Begr. für eine Variante sex. Verhaltens. →Sexualität ● I. ü. Bed. eine Form des extremen Willens zur Schädigung. »Im Wehtun der Bosheit entdeckt der Wille zur Macht die letzte Möglichkeit seiner Betätigung und zwar dann, wenn er seine Überlegenheit auf anderen Wegen nicht zu erweisen vermag« (LERSCH 1956, 129). ● (psa., psth.) Sadistisches Verhalten und sadistische Zwangsgedanken als reaktive (kompensative) Äußerungen beim gehemmten Neurotiker.

Sadomasochismus →Sexualität

sado-masochistic attitude Ⓣ JACKSON

SAE (Standard Average European), von WHORF (1963 78) eingeführte Bez. für eine Gruppe vorwiegend europäischer Sprachen, die hinsichtlich ihrer →grammatischen Grundstrukturen relativ ähnlich sind. Das »Standard Durchschnitts-Europäisch« stellt er wesentlich anders strukturierten Indianersprachen gegenüber (→SAPIR-WHORF-Hypothese). *K-I*

Sage →Mythus

sagittal [lat. *sagitta* Pfeil], parallel zur Pfeilnaht des Schädels verlaufend, also von der Stirn zum Hinterhaupt, vom Bauch zum Rücken. Sagittalebene: Jede parallel zur →Medianebene durch den Körper gelegte Ebene.

Sakkade [frz. *saccade* Ruck, Stoß, engl. *saccade* der Ruck mit dem Zügel], Sprungbewegung der Augen von einem Fixationspunkt zum andern. Beim Lesen leichter Texte sollen die S. eine durchschnittliche Größe von $3^1/_2$ Grad haben. Wird der Text schwieriger, treten kleinere S. auf. Sehr kleine (etwa 15–20 Bogenmin.) werden Mikros genannt. Beim Zeilensprung beobachtet man sog. Korrekturs. Die Informationsaufnahme ist während der kurzen Dauer der S. sehr reduziert. →Augenbewegung Ⓛ HELLER 1976 *B-S*

Im Gegensatz zu unwillkürlichen, über Area 17–18–19–22 geregelte Augenbewegungen, die aus langsamen Bulbusdrehungen, schnellen S. oder Mischformen wie beim optokinetischen →Nystagmus bestehen, treten bei willkürlichen Augenbewegungen unter Normalbedingungen nur über Area 8 gesteuerte S. auf. *Gr-R*

salience [engl.], Bedeutsamkeit, das Hervortreten

salivation [engl.], Speichelbildung, für PAWLOW ein wichtiges Reaktionsmaß. →S-R-Theorie, →Lernen, →PAWLOWscher Hund.

Salpêtrière, berühmtes Hospital in Paris. CHARCOT entwickelte dort seine Theorien über Hysterie. Auch FREUD ließ sich 1886 als Assistenzarzt an der S. von CHARCOT einführen. In Verbindung mit diesen Theorien spricht man von der Salpêtrière-Schule (Pariser Schule). ● Die S. war zuerst Allgemeinkrankenhaus. Epileptiker und Hysteriker waren stark vertreten. Später (unter Ph. PINEL) wurde sie psychiatrische Klinik.

Salzburger Treffen, der erste Kongreß (1908), auf dem FREUD einem wissenschaftlichen Publikum seine Theorien vortrug und auch den ersten Kontakt mit BLEULER und JUNG aufnahm. Zwei Jahre später wurde die »Internationale Psychoanalytische Gesellschaft« gegründet (1910).

SAM, Satz-Assoziations-Methode, Bez. für alle →Satzergänzungs-Verfahren

sample [engl.] →Stichprobe

Sampling-Theorie der Intelligenz, von THOMSON und THORNDIKE entwickeltes Intelligenzmodell. Demnach liegt jeder Intelligenzleistung eine ganz bestimmte Stichprobe aus der Grundgesamtheit nicht näher identifizierter Elementarfaktoren der Intelligenz zugrunde. →Intelligenzfaktoren

Sandbaukasten, Kasten mit etwa 1 qm Fläche, darin Sand, Schaufel und verschiedene Modelle von Häuschen, Bäumen, Tieren, Fahrzeugen usw. Man veranlaßt die Vp zum freiproduktiven Schaffen auf eine angepaßte Instruktion (z.B.: Gestalte eine Landschaft). →Spieltherapie

Sanddünen-Verteilung, die von ALLPORT benutzten Daten zur Aufstellung der J-Kurven-Hypothese werden von MCDAVID und HARARI (1968) mit Hilfe einer sog. S. neu interpretiert (zit. nach BRANDT u. KÖHLER 1972) *B-S*

SANDERsche Täuschung, Parallelogrammtäuschung. Die Diagonale (vgl. Abb.) links erscheint merklich länger als die rechts, ist aber ebenso lang. Vgl. geometrisch-optische Täuschung

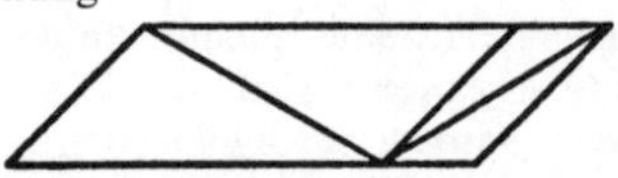

SANDER, Friedrich / 1889–1971 / Psychol. / Leipzig, Gießen, Jena, Berlin, Bonn

Sandpapierprobe →Sinnesfunktionen (4)

sanguinischer Typus →Typologie (Temperamente)

Sanktion, Bewertung eines Verhaltens durch Einzelpersonen oder Gruppen. Positive S. ist eine ausdrückliche Billigung, negative S. ist eine Mißbilligung. S. dienen der Unterscheidung zwischen erwünschtem (normangemessenem) und unerwünschtem Verhalten und haben meist eine Stabilisierung bestehender Verhältnisse zur Folge. Allerdings sind auch Gegeneffekte wie →Reaktanz oder Ablehnung der die S. aussprechenden Personen möglich. S.-formen: Strafe, Tadel, Lob. *R-S*

SAPIR-WHORF-Hypothese, ein Komplex von Behauptungen, die sich auf das Verhältnis von →Sprache und →Denken beziehen.

Der Sprachforscher WHORF (1956) behauptete, ähnlich wie sein Lehrer SAPIR, auf Grund des Vergleichs von Indianersprachen mit →SAE-Sprachen, daß angesichts der nachweisbaren erheblichen Verschiedenheiten dieser Sprachen in ihren →semantischen und →syntaktischen Charakteristika das Weltbild, damit das Denken der jeweiligen Sprachgemeinschaften unterschiedlich sein müßten. In Verallgemeinerung wird daraus das »linguistische Relativitätsprinzip«, dem implizit die Annahme eines linguistischen →Determinismus zugrunde liegt, wonach – wie schon weit früher W. v. HUMBOLDT vermutet hatte – strukturelle Merkmale einer Sprache die Welt-Sicht und das Denken ihrer Benutzer bestimmen bzw. wesentlich mitbestimmen sollen. Eine die empirische Prüfung ermöglichende Präzisierung dieses Hypothesenkomplexes erwies sich als nur sehr eingeschränkt realisierbar (→codability), so daß diese Behauptungen trotz einiger für sie günstiger Untersuchungsergebnisse umstritten bleiben (LENNEBERG 1967, dt. 1972 401ff.). Ⓛ GIPPER 1972, WHORF 1956 *K-I*

*

SAPIR, Edward / 1884–1939 / Anthropologe / Berkeley (Univ. of California)

*

WHORF, Benjamin Lee / 1897–1941 / Chemieingenieur + Linguist / u. a. Dozent a. d. Yale-Univ.

Sapphismus (nach der gr. Dichterin Sappho) →Sexualität

sardonisches Lachen →risus sardonicus

SASKA (Synonym-Antonym-Selektions-Klassifikations-Analogietest) Ⓣ Riegel

Satisfizierungsprinzip [engl. *satisficing principle*], Befriedigungsprinzip in der →Entscheidungstheorie.

Sättigung →Farbe

Sättigung, psychische, ein Erlebnis, das auftreten kann bei fortwährender Ausführung einer bestimmten Handlung, beim Anhören z. B. von Musik über einen längeren Zeitraum u. a. m.

Es tritt fast bei allen Tätigkeiten auf, gleich ob ausführend oder aufnehmend. Das Phänomen wurde von K. Lewin und A. Karsten (1927) untersucht. Vpn mußten z. B. auf einem Blatt Papier monoton kleine Striche zeichnen. Dabei zeigte sich nach einer bestimmten Zeit Gestaltzerfall und spontane Variation, bis die Versuchspersonen schließlich sich für unfähig erklärten, die Tätigkeit weiter auszuführen. Dieser Endzustand wird als ps. S. bezeichnet. Keine Ermüdung im physiologischen Sinn, denn die Vpn waren in der Lage, unmittelbar ihre Aufgabe fortzuführen, wenn man der Tätigkeit durch eine veränderte Instruktion einen anderen Sinn gab. Ferner zeigte sich, daß S. bei größerer Ichnähe der Aufgabe eher eintrat als bei relativer Ichferne. Auch in Tierversuchen läßt sich zeigen, daß bei S. infolge genügender Nahrungsaufnahme nichts mehr von demselben Futter angenommen wird, das Tier jedoch spontan wieder zu fressen beginnt, sowie anderes Futter gereicht wird bzw. nach Veränderung der gesamten Freßsituation ⟨D. Katz⟩. Ⓛ Karsten

Sättigung, semantische, der Bedeutungsverlust, den ein Wort durch massierten Gebrauch erfährt (→Bedeutung).

Läßt man z. B. ein Wort eine Zeitlang wiederholt laut von einer Person aussprechen und mißt die Wortbedeutung vor und nach dem wiederholten Aussprechen mit dem →semantischen Differential, so zeigt sich eine Bedeutungsabnahme. Das Wort wird nach dem Aussprechen bedeutungsneutraler eingestuft. Vgl. alltagssprachliche Ausdrücke wie »abgedroschen«, »sinnentleert« usw. Konditionierungstheoretisch wird die semantische Sättigung als →Extinktion des konditionierbaren Anteils einer Wortbedeutung interpretiert (→bedingte Reaktion): Die wiederholte Aussprache eines Wortes ohne die Möglichkeit zur Bekräftigung der Verbindung zwischen Wortzeichen und Bedeutung führt zu einem allmählichen Verblassen der Bedeutungsanteile, die konditionierbar sind.

Experimentelle Untersuchungen zu diesem Phänomen stammen vor allem von Lambert u. Jakobovits (z. B. 1960). Ⓛ Hörmann 1967 *E-P*

Satyriasis [gr. *sátyros* satyrhaft, Geilheit, nach Satyr, dem Begleiter des Bacchus] →Sexualität

Satz, grundlegender Begriff und Untersuchungsgegenstand der modernen →Grammatik, speziell der →Syntax, aber auch der modernen →Psycholinguistik. Wie für das →Wort fehlt bis heute eine allgemein anerkannte Definition. Der Satz gilt allgemein als die umfassendste sprachliche Einheit, in der alle Strukturmerkmale (→Struktur) der →Sprache zu finden seien.

Die moderne →Texttheorie weist allerdings darauf hin, daß Sprache primär nicht in Gestalt von Sätzen vorkommt, sondern in Gestalt von Texten mit einer kommunikativen Funktion und in einer sozialen Situation (was bes. anhand der sog. →Ein-Wort-Sätze deutlich wird), so daß auch die Untersuchung und Beschreibung von Sätzen (z. B. hinsichtlich ihrer →Bedeutung oder ihrer →Grammatikalität) nur vom Text her, von dessen kommunikativer Funktion sowie von der sozialen Situation her, in der er geäußert wird, erfolgen kann. – Die Zerlegung der Sätze führt nach der traditionellen Grammatik über die Satzglieder und die Satzgliedteile als den funktionalen Bestandteilen der Satzglieder zu den Wörtern. Zusammengehörende Wortgruppen nennt man auch Phrasen oder Syntagmen. Die Kombination von Haupt- und Nebensätzen heißt Satzgefüge. Ⓛ S. J. Schmidt 1973 *T-R*

Satzentwicklung, das Entstehen der gesprochenen Sätze in der Kindersprache. Stufenfolge: 1. Einwortsatz. 2. Sätze aus zwei (und mehr) Wörtern. 3. Einführung des Zeitwortes sowie von Deklination, Konjugation. Dauert bis zum 3. Jahr. 4. Entwicklung zum grammatikalisch und syntaktisch richtigen Satz. →Sprachentwicklung

Sätze ordnen durch Kombination Ⓣ Leipziger Lehrerverein

Satzergänzungs-Verfahren, eine Gruppe von Tests innerhalb der verbalen Ergänzungsverfahren, bei denen angefangene Sätze vollendet werden sollen. Diese Verf. beruhen auf der Projektionshypothese. Das Testresultat wird interpretativ verwertet. →verbale Ergänzungsverfahren *Hä-R*

Sauberkeitsgewöhnung →Enuresis

Säulendarstellung, Säulendiagramm, Bez. für die in aneinandergereihten Rechtecken (Säulen) gebotene graphische Darstellung. →Häufigkeitsverteilung

Saumschneideprobe Ⓣ Sander

scanning [engl. *to scan* skandieren], Zerlegung, Abtasten, Durchmustern. →fokussieren

Scedastizität [zu engl. *scedasticity*], Begr. zur Variabilität der Spalten und Zeilen eines Verteilungsdiagramms. • Homoscedastizität, Bez. für dieselbe Standardabweichung von Zeile und Spalte innerhalb der Grenzen der Zufallswahrscheinlichkeit. • Heteroscedastizität, Zeilen- und/oder Spalten-Standardabweichung ist größer als die Zufallswahrscheinlichkeit.

Sceno-Test Ⓣ STAABS

Schablonenvergleich [engl. *template matching,* SELFRIDGE u. NEISSER 1960], beim Mustererkennen sollen »Prototypen« oder »kanonische Gestalten« mit den zu erkennenden neuen Figuren zusammengehalten werden, um die Übereinstimmung zu prüfen. Sch. wird auch zur Erklärung der Sprachwahrnehmung und der visuellen Worterkennung angenommen. Ⓛ NEISSER 1974 *B-S*

Schädelbruch →*commotio cerebri,* →*contusio cerebri*

Schädelindex, Maßverhältnis am Schädel, insbesondere Verhältnis von Breite zu Länge (Breiten-Längen-Index)

Schädellehre →Phrenologie

SCHAFER-MURPHY-Effekt, die bevorzugte Wahrnehmung einer bestimmten Figur-Grund-Verteilung bei sog. Kippfiguren (→Reversion), nachdem im vorangehenden Training mit den Figurteilen auf die Darbietung des einen Teils eine Belohnung, auf die des anderen Teils eine Bestrafung gefolgt ist. Der exp. Nachweis für die Rolle der gelernten Motivation in der Wahrnehmung ist von SCHAFER u. MURPHY (1943) geliefert worden. Vgl. DEMBER 1966 327ff. *B-S*

*

SCHAFER, Roy / *1922 / Psychol. / Yale Univ.

*

MURPHY, Gardner / *1895 / Psychol. / George Washington Univ.

Schall, vom Ohr als Schallempfindung wahrnehmbare Luftschwingungen zwischen ca. 16 und 20000 Hz. Die unterhalb liegenden Schwingungen heißen Infra-Schall, die oberhalb liegenden Schwingungen Ultra-Schall.

Schallanalyse →Sprachtypen

Schallbild, graphische Darstellung des Frequenzspektrums eines Tones.

Schallbildertheorie ⟨EWALD⟩, die Annahme, daß das Hören auf der Reizung des ganzen CORTIschen Organs (und nicht bestimmter Teile) beruht. →Resonanztheorie

Schallokalisation →Richtungshören

Schallokalisation, gestörte →Richtungshören, gestörtes

Schallpendel, Vorrichtung zur Erzeugung von Schall verschiedener Intensität. Vgl. Fallphonometer

Schallplatte →Massenmedien

Schallschlüssel, ein Hilfsmittel zur Bestimmung der Reaktionszeit von sprachlichen Reaktionen (z. B. beim Assoziationsversuch)

Scham, Schamgefühl, Sich-schämen, eine angeborene Reaktionsform zum Erleben des Bloßgestelltseins, des Schuldigseins, des Versagthabens, des Prestigeverlustes u. ä. – oft einhergehend mit veget. Sensationen (Erröten, Herzklopfen).

• Die S.phänomene sind »vielgestaltig, bieten verwickelte Probleme und können nach verschiedenen ... Gesichtspunkten betrachtet und untersucht werden« (KUHN, 1973). Das Erleben der S. ist ein peinliches Gefühl mit Verlust an bejahender Beziehung zu sich selbst, zum Mitmenschen, zur Welt. Nach SCHELER (1957) hat die S. eine unersetzliche positive Bedeutung dadurch, daß sie beim Geschlechtstrieb echte Liebe und bloße Sinneslust zu unterscheiden zwingt. Man trennt nach Leibesscham und seelischer S., nach »verbergender« und »behütender« S., wobei letztere dem Menschen dazu hilft, peinliche Erfahrungen zu vermeiden (E. STRAUS 1960), Auch »rückblickende« neben »vorausblickender« S. wurden beschrieben (BOLLNOW 1947). Die Gegenwart zeigt einige Tendenz, das S.phänomen zu unterdrücken: als falsche Erziehung, ja schädliche Zutat der Erziehung, als Entstellung eines ursprünglichen Naturzustandes oder auch als verwerfliche Hemmung der normalen Sexualentwicklung. • Bez. für die äußeren weiblichen Geschlechtsteile.

Schamane, Zauberpriester (und Medizinmann) bei archaischen Völkern Zentral- und Nordasiens, der →Ekstasetechniken kennt, aber auch Opferzeremonien leitet *S-G*

Schatten, die Analytische Ps. (C. G. JUNG) versteht unter dem Schatten die bisher im Ich-Aufbau vernachlässigten Eigenschaften. Er setzt sich zusammen aus teils verdrängten, teils gar nicht gelebten psychischen Zügen des Menschen, die aus sozialen, erzieherischen oder anderen Gründen vom Mitleben ausgeschlossen wurden und darum der Verdrängung anheimfielen.

Demzufolge kann der Schatten durch positive oder negative Qualitäten gekennzeichnet sein. Es gibt (1) einen persönlichen Sch. (verdrängte

Eigenschaften der betreffenden Person), (2) einen kollektiven Sch. (vom jeweiligen Kulturkreis verdrängte Eigenschaften) und (3) einen archetypischen Sch. (die nicht mehr reduzierbare Destruktivität im Menschen).

In die →Individuation gehört als 1. Etappe das Bewußtmachen der Schatteneigenschaften und nachfolgend ihre Integration, d.h. ihre Nachreifung bzw. die bewußte Übernahme der Verantwortung für gelebte Schattenseiten (Schuld). →Individuationsprozeß Ⓛ JACOBI 1959, JACOBI 1965, JUNG 1976 *Pl-R*

Schattenseele →Hauchseele

Schätzfehler (allg.), Fehler der subjektiven Beurteilung. Z.B. bei einer Schätzung *(rating)* von Zeitstrecken als Unter- oder Überschätzung. Der S. wird meist in ± % der tatsächlichen Größe angegeben. →Milde-Effekt, →Aggravation. • (stat.) Fehler bei der Schätzung von Parametern aus Statistiken mit Differenzierung nach Standardfehler (→Stichprobenfehler) und wahrscheinlichem Fehler. →Standardschätzfehler

Schätzskala, *rating scale,* Schätzer *(rater)* beurteilen die Ausprägung eines intensionalen Merkmals (z.B. Gefühls), das sich nicht wie ein extensionales Merkmal (z.B. Distanz) mit einem Instrument (Meterstab) messen läßt, mit Hilfe einer psychometrischen Skala, auf der Intensitätsstufen (häufig von 1–7, wenig ausgeprägt – stark ausgeprägt) vorgegeben sind. So gewonnene Messungen können auf Ordinal- oder Intervallskalenniveau weiterverarbeitet werden und sind wichtiger Bestandteil der ps. Meßmethodik. • GALTON hat 1883 vermutlich als erster eine Schätzskala entwickelt, um die Lebhaftigkeit von Eindrükken zu messen. *D-Y*

Schätzung, *rating,* die qualitative oder quantitative Bestimmung eines Merkmals ohne den Gebrauch eines äußeren Maßstabes. Auch die eindrucksmäßige Feststellung einer Anzahl, ohne zu zählen.

Im Unterschied zur Messung, bei der eine Wahrnehmung (nämlich die des Meßobjekts) direkt auf eine andere (die des Maßstabs) bezogen wird, besteht die S. darin, daß an das Wahrgenommene ein »inneres« Bezugssystem herangetragen wird, das aus früheren Erfahrungen gebildet worden ist. Schätzwerte erreichen in der Regel nicht den Präzisions- und Objektivitätsgrad von Meßwerten, da sie in weit höherem Maß als diese zufälligen und systematischen Fehlern unterworfen sind. In der Ps. müssen in großem Umfang Methoden der S. angewendet werden, da zahlreiche komplexe Merkmale (z.B. viele Persönlichkeits- und Verhaltensmerkmale) nicht mit Meßinstrumenten, sondern nur eindrucksmäßig erfaßt und beurteilt werden können. Zur Erhöhung der Exaktheit der S. bedient man sich verschiedener Möglichkeiten (z.B. spezielles Training der Beobachter, Gebrauch von →Schätzskalen). Ⓛ TRAXEL

Schätzverfahren, die Beurteilung eines Merkmals auf Grund einer →Schätzskala

Schätzwert, aus endlichen Serien von Meßwerten gewonnene statistische →Maßzahl. →Parameter

Schau, in ps. Sicht eine Form des Deutens und Verstehens (Wesensschau). Je nach Ausgang und Ziel herrscht in dem Begr. mehr das Intuitive, unmittelbare Erschauen oder die logisch-begriffliche Bedeutungsschau vor.

Schaulust →Partialtriebe

Scheibenaufgabe →Turm von Hanoi

Scheinbewegungen, *apparent motions,* scheinbare Bewegung ruhender Objekte, Bewegungswahrnehmung ohne adäquate Reizgrundlage.

Die Gestaltps. hat sich ihrer im Zuge der allgemeinen Untersuchung zu den Wahrnehmungsvorgängen (optische Täuschungen usw.) angenommen. Auch die technische Verwendung der →stroboskopischen (kinematographischen) Erscheinungen hat mitgewirkt und ließ die Überlegungen und Experimente von FARADAY (1831), PLATEAU (1833), MACH (1875) oder auch das von HORNER entwickelte »Lebensrad« wieder in Beachtung treten. Die Theorien von MARBE (Reizverschmelzungs- bzw. Nachbildtheorie) und von WUNDT (reproduktive Assimilationen) entstanden. An den neuen Deutungen der S. haben sich vor allem WERTHEIMER, KOFFKA, BENUSSI und LINKE beteiligt. Eine Reihe verschiedener Verfahren wurde zur Erzeugung von S. entwickelt (z.B. die einfache Nacheinander-Exposition von Kreisbögen und Punkten, oder von sich überschneidenden Quadraten mit Punkten, wobei diese zum »Springen« gebracht werden, der →Tunnelversuch, Versuche mit Aufhellung rotierender Scheiben und vieles andere mehr). Dabei lernte man, die S. in Einzelphänomene zu zerlegen, die man mit Alpha-, Beta-, Gamma-, Delta- und Epsilon-Bewegung oder auch als sog. →KORTEschen Gesetze bezeichnet hat. WERTHEIMER, der die Bewegung als eine Erscheinung auffaßte, die so elementar ist wie die Empfindung und die nicht in einfachere Bestandteile zerlegt werden könne, benannte die S. deswegen Phi-Phänomen (Phänomen sui generis). →Bewegungsnachbild. Ⓛ ERISMANN, KOFFKA, LINKE, MACH, MARBE, METZGER, PAULI-ARNOLD, WERTHEIMER, WITTMANN, WUNDT

Scheindenken →dialektisches Scheindenken

Scheinkorrelation, als Sch. bezeichnet man eine in einem →Korrelationskoeffizienten ausgedrückte wechselseitige Beziehung zwischen zwei Variablen, die nicht auf einen

S

tatsächlich existierenden Zusammenhang der beiden Variablen zurückzuführen ist, sondern darauf, daß beide Variablen mit einer dritten und eventuell mit weiteren in der Analyse unberücksichtigten Variablen kovariieren.

Bei Kenntnis derartiger Variablen kann die Sch. u. a. durch den Einsatz des Verfahrens der →partiellen Korrelation vermieden werden. Die Sch. ist von der künstlichen Korrelation zu unterscheiden, die aufgrund einer irrepräsentativen Stichprobenauswahl entstehen kann und einen anderen (engeren oder weniger engen) Zusammenhang zwischen den Variablen anzeigt, als er in der Population tatsächlich existiert. • Der Korrelationskoeffizient ist ein Maß für den statistischen Zusammenhang zweier oder mehrerer homogener Variablenverteilungen. Dieser Zusammenhang kann fehleingeschätzt (Scheinkorrelation) werden, wenn weitere Variablen unbemerkt so mit den in die Korrelation eingehenden Variablen konfundiert sind, daß sich ein gegenüber dem eigentlichen Zusammenhang veränderter Wert ergibt. Häufige Gründe für Sch. sind Extremgruppenauswahl, Versuchsleitereinflüsse. Man spricht ebenso von Sch., wenn zwei oder mehr Variablenverteilungen nur zufällig korrelieren. *Mi-A/D-Y*

Scheitellappen →Gehirn

Schema, Mhrz. Schemata [gr. Gestalt] Form, Muster, vereinfachte anschauliche Darstellung; Gerüst, Entwurf, Plan. Die beiden Bedeutungsaspekte des Begr., die Vereinfachung durch →Abstraktion vom Individuellen und Unwesentlichen sowie die Betonung der Beziehungen zw. (auswechselbaren) Teilen, also der →Struktur von Sachverhalten, sind in der →Kognitionsps. mehrfach angewendet worden: (1) auf die →Wissensaktualisierung und Mittelfindung beim Lösen von Aufgaben (antizipierendes Sch., SELZ 1913, 1922, →Problemlösen) (2) auf die Umformung von Informationen bei der Speicherung im Gedächtnis (BARTLETT 1932) (3) auf die Koordination von →sensumotorischen Mustern oder von inneren Handlungsregeln (Operationen) mit Objekten, abhängig von der Erfahrung im Umgang mit ihnen (z. B. Saugschema, Raumschema, PIAGET 1947) →Assimilation (4) auf das informationstheoretisch erklärte Mustererkennen (ATTNEAVE 1954, 1965, später: Prototyp, →Schablonenvergleich).

Die wichtigsten Verwendungen des Begr. dürften (1), (2) und (3) sein, während (4) eine Weiterentwicklung von (2) und deren Anwendung auf die Wahrnehmung von individuell variierten Figuren und Zeichen ist. Das antizipierende Sch. beschreibt SELZ als teilw. unausgefüllten Wissenskomplex, bestehend aus den Beziehungen zw. Begriffen und Sachverhalten mit einer Leerstelle, die nach gelungenem Suchvorgang besetzt ist; es ist eine geistvolle Erweiterung des Begr. »Aufgabe« i. S. der Würzburger Schule. Die typisierende Vereinfachung von Gedächtnisinhalten erfolgt nach BARTLETT durch →Nivellierung, →Akzentuierung oder →Pointierung.

Weitere Anwendungen – mit Bedeutungsverschiebungen in versch. Kontexten – erstrecken sich (5) auf die Repräsentation des eigenen Körpers, die u. a. zum Erlebnis des →Phantomgliedes führen kann (Körperschema, SCHILDER 1923) (6) auf Instinkthandlungen bzw. deren Auslösung (angeborener →Auslösemechanismus, z. B. Kindchenschema, LORENZ, TINBERGEN) (7) auf das Lernen mit Einsicht in Strukturen (schemaorientiertes Lernen, SKEMP 1971) (8) auf die Orientiertheit über die persönlichen Lebensumstände oder eigene Lage (situatives Sch., →Lageschema, THOMAE 1951, 1968) (9) auf die soziale →Distanz oder allgemeiner auf erlebte habituelle Zusammengehörigkeitsbeziehungen (soziales Sch., KUETHE 1962). E. BRUNSWIK u. L. REITER (1938) benutzten schematisierte Gesichter (Sch.zeichnungen) in der Ausdrucksforschung (→Eindruckscharakter). Ⓛ HERRMANN 1960 *B-S*

Schema-Test Ⓣ GIESE

Schetismus, fehlerhafte Artikulation der sch-Laute (→Sigmatismus), z. B. Schule wie »Fule«.

Schicht, Schichtung [engl. *stratification*], Begr., der in der Ps. für die Annahme übernommen wurde, daß Anlagen, Fähigkeiten, Aufbau der Person, das soziale Gefüge u. a. m. in einem »geschichteten« Zusammenhang stehen. →Schichttheorie, →soziale Klasse

Schichtneurose, seelische Fehlhaltung (→Neurose), die in den »Schichten des Seelischen« und nicht im Kern der Persönlichkeit liegt bzw. von sich aus dort entwikkelt. Die Sch. ist damit psychogen. →Fremdneurose, Randneurose, Kernneurose.

Schicht, soziale →soziale Klasse

Schichttheorie, Schichtenlehre, die auf PLATO zurückgehende Vorstellung, daß das Seelische in übereinander gelagerte Schichten aufgegliedert sei und die von ARISTOTELES vertretene Annahme, daß das gesamte Sein 5-schichtig sei (Materie, Dinge, Lebewesen, Seele u. Geist), wurde in der Neuzeit unter mehreren Aspekten wieder aufgenommen.

Aus philosoph. Sicht sieht N. HARTMANN den Aufbau des Kosmos aus anorganischen, organischen und geistigen Schichten, wobei die jeweils »niedrigere Schicht« die höhere zwar trägt, aber auch wechselseitige Abhängigkeiten angenommen werden. – Aus physiol. Sicht wurde dieses Schichtmodell auf den Aufbau und die Funktion des Gehirns bezogen. F. KRAUS (1919/1926) prägte die Termini »Tiefenperson« (für die subcorticalen Bereiche) und »Corticalperson«.

Aus psa. Sicht trug das Persönlichkeitsmodell S. FREUDS (→tiefenps. Persönlichkeitsmodelle) aus Es, Ich und Überich zur Grundlegung der Schichtentheorie bei. Schließlich wurde das Schichtmodell auch auf vergleichende bzw. Entwicklungsps. übertragen (WERNER 1953). Diese Ansätze wurden vor allem in der deutschsprachigen Ps. zu Schichtmodellen der Person ausgebaut.

H. F. HOFFMANN entwickelte eine Theorie mit den vitalen Trieben, die der Befriedigung elementarer Lebensbedürfnisse dienen, als der tiefsten Schicht, darüber die strebenden Gefühle als nächsthöhere und der Geist als höchste Schicht. Einen weiterreichenden Schichtenaufbau hat E. ROTHACKER (1952^5) geboten. Er geht aus von der Unterscheidung nach Tiefenperson oder Es-Schicht und Personschicht. Die Tiefenperson (dreifach gestuft) umfaßt das »Leben im Menschen« als biologisch-vegetative Vorgänge, das »Tier im Menschen« als animale Triebe und Triebemotionen, die ausschließlich menschlich-emotionale Schicht (Seele nach KLAGES). Die Personschicht, das eigentliche Ich umfaßt die Vollzüge des Denkens und Wollens. Sie ist identisch mit dem den endothymen Grund überbauenden noëtischen Oberbau bei LERSCH. Weiterhin hat R. THIELE (1940) eine Unterscheidung aufgestellt nach somatopsychischer (vitaler) Schicht, thymopsychischer Schicht, die das höhere Gefühls- und Gemütsleben umfaßt, und poiopsychischer Schicht, die den Willen umfaßt, wie er sich in Willensakten, im Denken und im Handeln entfaltet. Eine grundsätzliche Erhellung der »vertikalen« Ordnung der seelischen Dispositionen und damit der Möglichkeit, eine Schichttheorie aufzustellen, hat STRUNZ (1942) geboten.

Der Anspruch der S., eine »integrale Psychologie« (GILBERT 1959) zu liefern, wird neuerdings stark kritisiert (EYSENCK 1959). Ⓛ MATHEY 1960 *R-H*

Schicksal, der Lebenslauf des Menschen, wie er sich aus eigenen Strebungen und äußeren Einflüssen ergibt. • I.. e. S. nur die Gesamtheit der Geschehnisse, die den Lebensweg eines Menschen entscheidend bestimmen und oft als von einer höheren Macht zugefügt bzw. als Vorherbestimmung angesehen werden.

Schicksalsanalyse, Bez. von L. SZONDI für die von ihm in tiefenps. Ausrichtung entwikkelte Durchforschung (Analyse) des Lebensablaufs.

Beachtet werden in Ausweitung der engeren Personsphäre die Familie, Freundschaften, Partner, Beruf, Krankheit. Der Begr. der individuellen Existenzskala wurde hier eingeführt. Damit hat SZONDI Faktoren ins Spiel gebracht, die von dem familiären Unbewußten (das von ihm als Annahme neu eingeführt wurde und vergleichbar ist dem »persönlichen Unbewußten« von FREUD, sowie dem »kollektiven Unbewußten« von JUNG) über die »Wahl« gelenkt werden (→Tropismus). Soweit Fehler der Wahl hervortreten, sieht die Sch. als Therapie ihre Aufgabe darin, den »wahlkranken« Menschen zu heilen. Ⓛ SZONDI

Schiefe, Schiefheit, *skewness,* Asymmetrie einer Verteilung. Schiefheitsmaß: Statistische →Maßzahl als numerischer Ausdruck für die Größe der Asymmetrie einer Verteilung.

Schielen, Strabismus, ein Stellungsfehler der Augen, wodurch die Abbildung nicht auf korrespondierende Punkte der beiden Netzhäute erfolgt. Die Augen weichen einwärts oder auswärts ab. Meist übernimmt ein Auge die Fixierung, und das Bild des abweichenden Auges wird unterdrückt. Ⓛ OHM

Schiff-Test Ⓣ KNOX

Schilddrüse, *glandula thyreoidea,* innersekret. Organ vor dem Kehlkopf. Bildungsort der S.hormone (Thyroxin). Diese fördern u. a. die Oxydationsvorgänge im ges. Organismus. Überfunktion: →BASEDOW – Unterfunktion: →Myxödem. →Hormone

Schirm-Effekt, Bez. für das besondere Phänomen in der Wahrnehmung, daß ein Objekt ein anderes teilweise verdeckt, ohne daß das verdeckte Objekt irgendwie unvollständig erscheint. →Tunnelphänomen. Ⓛ MICHOTTE, 1974^2

Ⓔ **Schizo..., Schisto...** [gr. *schizein* trennen, spalten], Vorsilbe, die allgemein den Zustand des Gespaltenseins, der Abspaltung bezeichnet.

Schizobulie, Willensspaltung

schizoid, Schizoidie, der →Schizophrenie ähnlich. • In der Typologie KRETSCHMERS Bez. für abnorme (psychopathische) Persönlichkeiten, die in ihrer seelischen Eigenart zwischen den (gesunden) Schizothymen und den Schizophrenen stehen. Schizoide Personen weisen Symptome der Schizophrenie in leichten Graden auf (z. B. Kontaktschwäche, starkes Mißtrauen).

S

Schizophasie, Bez. von KRAEPELIN (1915) für psychotisch gestörte Sprachproduktionen, bei denen ein Satzcharakter erhalten zu sein scheint, während eigene syntaktische Regeln verwendet werden und die Bedeutung der Sprachgebilde für den Hörer unverständlich bleibt. →Dysphrasie. Ⓛ SPOERRI 1964, LEONHARD 1948 *G-N*

schizophren, Schizophrener, (1) an →Schizophrenie leidend, der Schizophrenie-Kranke; (2) (umgangssprachl.) gegensätzlich, zerrissen, verrückt, absurd, idiotisch.

Schizophrenie [zu gr. *schizein* spalten, *phren* Seele, Gemüt, Zwerchfell], als Begr. von E. BLEULER 1911 eingeführt, stellt die S. ein sehr vielfältig ausdeutbares Geschehen dar, wobei die vertretbaren Annahmen vom rein biologischen Versagen (d. h. ohne wesentliche ps. Beteiligung) bis zur psychogenetischen Totalerklärung aller Vorgänge und Zustände reichen. Der Schizophreniebegriff ist nicht standardisiert, er ist nur ein Syndrom. Drei »Modelle« seien hierzu genannt: (1) S. ist eine Gruppe der endogenen Psychosen mit den Merkmalen: weitgehend erblich, früh angelegt, Lebensschicksal und Familienkonstellation haben zusätzliche Bedeutung, chronischer Verlauf in Schüben, Persönlichkeitszerfall. (2) S. ist eine in der Person tief verwurzelte Störung der Informationsverarbeitung und Kommunikation (Perseverations- und Verkettungsprozesse). (3) S. erwächst überwiegend aus Problemen beim Erleben und Verhalten. *Red.*

*

S. ist eine Gruppe von heterogenen, aber z. T. schwer unterscheidbaren extremen Verhaltensstörungen. Ca. 1% der Bevölkerung davon betroffen, ¼ bis ⅓ aller Neuaufnahmen in psychiatrischen Krankenhäusern. Nur etwa ⅓ benötigt Dauerpflege, ein Großteil der Schizophrenen ist bei günstigen sozialen Bedingungen wieder in Familie und Arbeitsleben eingliederbar (ULLMANN u. KRASNER 1975). Bezeichnung Schizophrenie (BLEULER) und Dementia Praecox (KRAEPELIN) irreführend, da weder »Spaltung« noch »frühzeitige Demenz« aus heutiger Sicht ein charakteristisches Kennzeichen darstellen.

Diagnostik der Schizophrenien ist trotz internationaler Vereinheitlichung und gestiegener Objektivität wenig reliabel und erlaubt keine klare Trennung zwischen den verschiedenen Schizophrenieformen und keine präzise Prognose über Verlauf und Therapieindikation. Interviewskalen erlauben objektive und vergleichbare Beschreibung der Hauptsymptome (z. B. PSE, *present state examination*). Hauptkennzeichen: (1) Denkstörung, einzig essentielle Störung bei allen Formen: Inkohärenz, Neologismen, lose Assoziationen, Wahn. (2) Wahrnehmungs- und Aufmerksamkeitsstörung: Depersonalisation, Körpergefühlsstörung, Halluzinationen (meist akustisch), Selektionsschwierigkeiten und Reizüberflutung. (3) Motorische Störungen: bizarres Verhalten, schnell wechselnd, katatone Immobilität oder Überaktivität. (4) Affektive Störungen: flach-anhedonisch oder unangepaßt, außerhalb Kontext oder ambivalent zwischen Extremen schwankend. (5) Soziale Isolation: kaum Freunde, wenig heterosexuelles Interesse, kontaktscheu. Diagnostische Kategorien (nach →ICD-9): Essentielle Symptome (ES) für Schizophrenie: Wahn, Halluzinationen und formale Denkstörung. Die Subtypen sind: (1) Desorganisiert, Hebephrenie (Affekt flach, simpel, inkongruent). (2) Katatonie (katatoner Stupor, Rigidität, Erregung). (3) Paranoid (Verfolgungs-, Eifersuchts- oder Größenwahn). Hauptdimension aller Subtypen: akut (weniger als 3 Monate) oder chronisch (seit 2 Jahren), praemorbid gut oder schlecht angepaßt. Partnerschaft (Ehe) verkürzt den Verlauf.

Ursachen: Multikausal, Varianzanteile (Bedeutung) der verschiedenen Ursachen z. Z. nicht klar bestimmbar: biologische, psychologische und soziale Faktoren wirken zusammen. (1) Biologische Faktoren: Vererbung, Schwangerschaft und Geburt, Jahreszeit der Empfängnis, Neurobiochemie, Psychophysiologie. Eine starke genetische Beteiligung ist durch Adoptionsstudien und getrennt aufgewachsene Zwillinge nachgewiesen. Das Risiko zu erkranken, wenn ein oder beide biologischen Eltern sch. sind, ist bis zu 30mal höher, unabhängig davon, ob Kind bei biologischen Eltern aufwächst. Geburtskomplikationen erhöhen das Risiko. 7 von 10 Schizophrenen mit niederem genetischen Risiko werden von Januar–April geboren. Gestörte Balance von Neurotransmittern und/oder Neuropeptiden in subkortikalen Hirnregionen wahrscheinlich, aber ungeklärt. Psychophysiologisch evozierte Potentiale um 100 msec erhöht, danach erniedrigt (Selektionsdefekt), Pupillen zu lange erweitert, Hautwiderstand-*recovery* bei Risikokindern beschleunigt, kortikale Gleichspannungsverschiebungen reduziert und verlängert (→CNV u. →PINV), Schlafzyklus relativ normal, aber keine →REM-Kompensation nach Deprivation. (2) Psychologische Faktoren: Selektive Aufmerksamkeit gestört, Überselektivität oder Reizüberflutung die Folge. Aufmerksamkeitsspanne zu kurz, Ablenkbarkeit daher erhöht, keine stabilen Erwartungen (*segmental set* nach SHAKOW 1979). Erhöhte Sensibilität auf Ambivalenz in Reizsituation, daher auch erniedrigte Streßtoleranz, Anhedonie (häufig bei Hebephrenie) und Körpergefühl verändert (meist bei Paranoia). (3) Sozial: Gestörte Kommunikation in Familien erhöht Risiko, wenn genetische Verletzbarkeit gegeben: Familienmitglieder stö-

ren Aufmerksamkeitsentwicklung durch selektive Nichtbeachtung, mehr negative Kommentare und mehr Aufforderungen *(emotional overinvolvement)*, amorphe statt differenzielle und fragmentarische statt integrierte Kommunikation. Kommunikation außerhalb der Familie meist normal, »kognitiver Egozentrismus« (LIDZ) bei Eltern häufig.
Therapie: Kombination aus Pharmakotherapie und Psycho- bzw. Familientherapie in einer gemeindenahen psychiatrischen Versorgung erbringt beste Prognosen: Neuroleptika + verhaltenstherapeutische Trainingsmaßnahmen + Familientherapie mit Einschränkung der pathologischen Kommunikation. Pharmako- und Psychotherapie allein sind langfristig mit negativen Seiteneffekten behaftet. Ⓛ KATSCHNIG 1977, SCHULTE u. TÖLLE 1977[4], SHAKOW 1979, WYNNE 1978 *Bi-R*

schizothymer Typus (KRETSCHMER) →Schizothymie

Schizothymie, nach KRETSCHMER eine Temperamentsform mit Affinität zum leptosomen →Körperbau. Der Grundzug der Sch. ist die Absonderung des Innenlebens von der Außenwelt, die Neigung zum Insichhineinleben, zur Ausbildung einer abgegrenzten Individualzone, einer inneren wirklichkeitsfernen Raum-, Ideen- oder Prinzipienwelt, eines pointierten Gegensatzes zwischen Ich und Außenwelt.
Je nach der Artung der Psychästhesie und Psychomotilität bzw. je nach dem Mischungsverhältnis der hierbei kontrastierenden Züge unterscheidet man hinsichtlich der Psychästhesie die Hyperästhesie (Überempfindlichkeit und Verletzbarkeit, Empfindsamkeit und Feinfühligkeit) und Anästhesie (Unempfindlichkeit und Stumpfheit, Gleichgültigkeit und Gefühlskälte, Gleichmut und Unerschütterlichkeit) und hinsichtlich der Psychomotilität die Rigidität (Zähigkeit, Ausdauer, Starrheit, Konsequenz, Systematik, Fanatismus) und Elastizität (Sprunghaftigkeit, Biegsamkeit, Wendigkeit, Haltlosigkeit, Launenhaftigkeit). Je nach dem Mischungsverhältnis erscheint der Grundzug mehr als ein empfindsames Sichzurückziehen von der Masse der Mitmenschen oder mehr als gleichgültiges kühles Verhältnis zu ihnen ohne Rücksicht und inneren Rapport. KRETSCHMER hat eine ganze Reihe von Einzeltypen beschrieben, vom feinsinnigen Schwärmer, dem weltfremden Idealisten, dem Formaristokraten, dem Klassizisten, dem weltflüchtigen Romantiker, dem tragischen Pathetiker, dem krassen Expressionisten bis herüber zum zähenergischen, unbeugsamen, prinzipiellen und konsequenten, diplomatisch-biegsamen oder kalt berechnenden Alltagsmenschen.

Schlaf, ein gewöhnlich periodisch auftretender, der Erholung dienender Zustand der Ruhe und des Sich-Abschließens von der Umwelt unter Herabsetzung oder Aufhebung des Tagesbewußtseins und der willkürlichen Bewegung. Man unterscheidet heute zumindest zwei Formen des S.: den orthodoxen (Non-REM-S., traumloser S.) und den paradoxen oder REM-S. [*rapid-eye-movement* schnelle Augenbewegungen].
Diese S.phasen, wie auch die 4 bzw. 5 Stadien der Schlaftiefe (s. Abb. 1) lassen sich mittels der S.-Elektroencephalographie unterscheiden und bestimmen, ohne den Schläfer zu wecken. Jeder reguläre S. beginnt mit orthodoxem S. geringer Schlaftiefe und führt spätestens nach 50 Min. zum ersten und meist längsten (20–30 Min.) Tiefschlafstadium (s. Abb. 2). • Im orthodoxen Tief-S. sind die meisten Körperfunktionen herabgesetzt: reduzierte Herz- und Atemfrequenz, verengte Pupille (»S.-Miose«) als Zeichen des verminderten sympathischen und vermehrten parasympathischen Tonus. Die mit dem Auftreten der Delta-Wellen (→EEG) im Tiefschlafstadium korrelierte Erhöhung des Wachstumshormonspiegels im Blutplasma weist auf eine mögliche Rolle des orthodoxen S. beim (Wieder-)Aufbau (vermehrte mitotische Zellteilungen) und der Geweberestituierung hin. Auch die Verlängerung des Non-REM-S. nach körperlichen Anstrengungen weist auf den restitutiven Charakter dieser S.phase hin. Der REM-S.zeigt bei praktisch vollständigem Erlöschen des Muskeltonus (auch bei Untertemperaturen kein Kältezittern mehr) eine stärkere Aktivierung: Herzfrequenz, Blutdruck wie auch Atmungsfrequenz steigen wieder leicht an und werden unruhiger. Die Gesamthirndurchblutung, die sich im Non-REM kaum ändert, nimmt nach autoradiographischen Untersuchungen (Katze) beim Übergang zum REM.S. um etwa 200% zu. Die REM-Phasen werden gewöhnlich mit kurzer →EMG-Aktivität (Bewegung) eingeleitet. Das EEG zeigt schnelle Wellen niederer Amplitude, und die Aktivität einzeln gemessener Neurone der Hirnrinde zeigt mindestens ebensohohe, teils etwas höhere mittlere Entladungsfrequenzen wie im aktiven Wachzustand. Die (unter geschlossenen Augen) auftretenden horizontalen oder vertikalen konjugierten raschen Augenbewegungen, die eine Unterteilung des REM-S. in einen tonischen und einen phasischen Anteil zulassen, zeigen oft Übereinstimmung mit dem Trauminhalt, der im REM-S. (= Traum-S.) seinen höchsten Grad an Organisiertheit, Emotionalität und Dramatik erhält. Die nach selektivem REM-S.-Entzug (durch gezieltes Wecken) beobachteten ps. Störungen (Hyperphagie, neurotische Reizbarkeit, Gedächtnislücken u. a.) lassen sich zur Zeit noch nicht mit Sicherheit auf den intendierten »Traumentzug« zurückführen. Dem REM-S. wird heute eine wesentliche Bedeutung für die Konsolidierung (und Umschichtung?) von Gedächtnisinhalten zugesprochen, die wir vermutlich als Traum miterleben. Während oder kurz nach dem REM-S. geweckt,

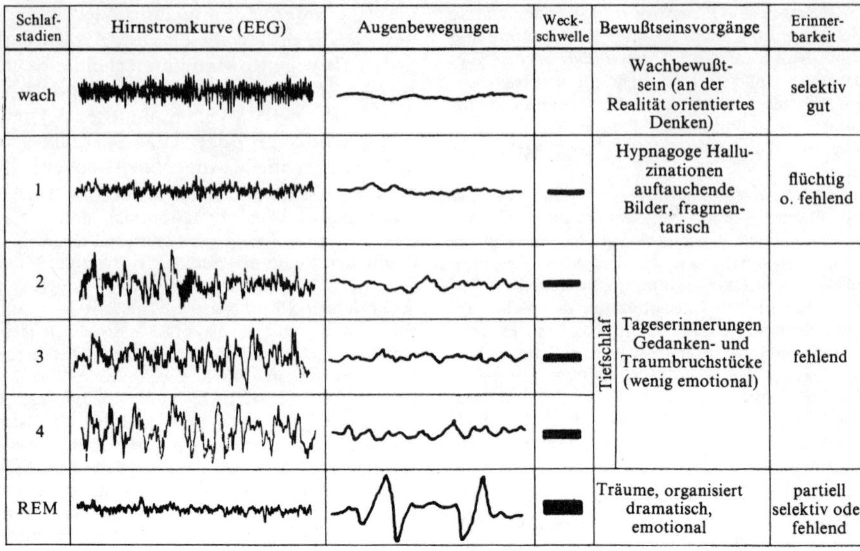

Schlafstadien	Hirnstromkurve (EEG)	Augenbewegungen	Weckschwelle	Bewußtseinsvorgänge	Erinnerbarkeit
wach				Wachbewußtsein (an der Realität orientiertes Denken)	selektiv gut
1				Hypnagoge Halluzinationen auftauchende Bilder, fragmentarisch	flüchtig o. fehlend
2				Tiefschlaf: Tageserinnerungen Gedanken- und Traumbruchstücke (wenig emotional)	fehlend
3					
4					
REM				Träume, organisiert dramatisch, emotional	partiell selektiv oder fehlend

Abb. 1: Wie im Wachen, so bestehen auch im Schlaf regelmäßige Beziehungen zwischen dem Aktivitätszustand des Gehirns – wie er sich im Elektroenzephalogramm zeigt – und dem psychischen Erleben. Die Nervenzellen des Gehirns sind auch während des Schlafs aktiv. Ein »Abschalten« gibt es nicht.

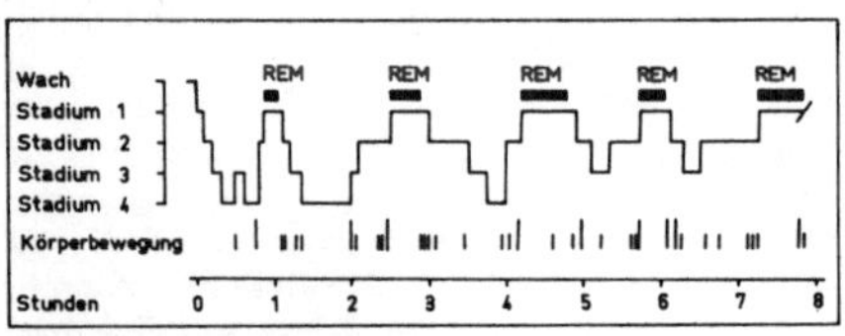

Abb. 2: Unsere Schlafenszeit gliedert sich in etwa drei bis fünf periodische Wechsel der Schlaftiefe, die zumeist mit einer REM-Phase abschließen. Die Dauer einer jeden Phase beträgt etwa 90 Minuten.

können wir über Träume berichten, die bereits nach 30 Min. nachfolgendem Non-REM-S., der die Konsolidierung zu hemmen scheint, nur noch in 8,9% der Fälle erinnert werden können. Die in der Regel 4–6 REM-S.phasen einer Nacht nehmen gegen Schlafende an Länge zu. Ihr zeitlicher Anteil am Gesamtschlaf beträgt bei Neugeborenen etwa 50%, über 80 Jahren etwa 14%. Schlafwandeln (→Somnambulismus), das insbesondere bei Adoleszenten vorkommt, tritt entgegen der früheren Ansicht, daß dies ein »somatisierter Traum« sei, nur im Stadium 3 und 4 (Tief-Schlaf) auf. Entsprechendes gilt für das Bettnässen beim Kind *(enuresis nocturna),* sowie das Sprechen im Schlaf (Somniloquie), oder die Nachtangst der Kinder *(pavor nocturnus),* die ebenfalls hauptsächlich im Stadium 4 auftritt.

Nach den neueren »aktiven S.theorien«, die auf dem experimentellen Nachweis gründen, daß der Schlaf-Wach-Rhythmus von verschiedenen Strukturen im Brückenhirn und verlängerten Mark gesteuert wird, ist der S. ein vom ZNS aktiv induzierter Vorgang. Zu den unspezifischen Hemmungsstrukturen, die sowohl indirekt hemmend auf das »ARAS« in der *formatio reticularis* als auch direkt synchronisierend auf den Cortex wirken, gehören: der *nucleus raphé,* der durch Freisetzung des Monoamins Serotonin (5-HT) den Schlaf langsamer Wellen (= orthodoxer S.) einleitet. – Der *nucleus caeruleus,* von dessen Aktivität (Freisetzung von Noradrenalin) der Übergang zum paradoxen S. abhängig ist; ferner der vordere Hypothalamus sowie der orbitale Frontalcortex. Die Wirksamkeit solcher »hypnogener« Systeme wurde durch ihre elektrische Stimulation belegt, die bei bestimmten Reizparametern (3–7 Pulse/sec im medialen Thalamus) normales Schlafverhalten auslösen. Ⓛ Becker-Carus 1981, E. Hartmann 1970, 1973, J. Jovanovic 1974 und W. Koella 1973 *B-C*

Schläfenlappen, *lobus temporalis,* →Gehirn

Schlafkur, medikamentös erzeugter, therapeutisch erwünschter Dauerschlaf von Tagen bis Wochen. Zumeist mit dem Ziel, Erregungs- und Erschöpfungszustände zu beenden bzw. einen neuen psychosomatischen Zustand zu ermöglichen. Die S. soll auf russische Anregungen bzw. die Lehren Pawlows zurückgehen.

Schlafmittel →Hypnotika

Schlaftiefe, Schlaftiefenmessung, die S. wird mit Hilfe der Stärke des erforderlichen Weckreizes bestimmt.

Bei älteren Apparaten wurden Schallreize durch Metallkugeln oder Fallpendel ausgeübt, die man aus verschiedener Höhe auf eine Unterlage auftreffen ließ (Fallphonometer) und die je nach der Höhe der Fallstrecke verschieden starke Geräusche hervorbrachten. Heute verwendet man als Weckreize meist auf Tonband aufgenommene Geräusche von genau bestimmter Lautstärke. Auch Wärme-, Kälte-, Licht-, Berührungs- und elektrische Reize werden als Weckreize verwendet. Die Schlaftiefenmessung zu verschiedenen Zeiten des Schlafs ergibt eine Schlaftiefenkurve. Außer der Bestimmung mit Hilfe von Weckreizen versucht man, die Schlaftiefe auch durch Registrierung der Körperbewegungen während des Schlafs zu erfassen, deren Häufigkeit sich umgekehrt zur Schlaftiefe verhält. Auch das Elektroenzephalogramm (EEG) liefert Anhaltspunkte über die Schlaftiefe. →Schlaf

Schlafwandeln →Somnambulismus (Noctambulie), →Schlaf

Schlafzustände, unwillkürlich und ohne eigentliche Ermüdung eintretender oder abnorm anhaltender Schlaf, besonders bei Hysterie, Epilepsie, Gehirngeschwulst u. a. Vgl. Lethargie

Schlagfertigkeitsprüfung Ⓣ GIESE

Schlankheitsschwelle ⟨BÜHLER⟩, bei der Wahrnehmung diejenige Größe, um die ein räumliches Gebilde (etwa ein Rechteck) gegenüber einem anderen von gleicher Grundlinie verändert werden muß, damit es schlanker als dieses erscheint.

Schlußantrieb, Arbeitssteigerung gegen Ende einer Tätigkeit (Endspurt)

Schlüsselerlebnis, ein von E. KRETSCHMER eingeführter Begr.: »Solche Erlebnisse, die besonders geeignet sind, aus einer bestimmten Persönlichkeit die gerade für sie bezeichnenden Reaktionen herauszuholen, nennen wir Schlüsselerlebnis. Charakter und Schlüsselerlebnis passen zusammen wie Schlüssel und Schloß.«

Schlüsselreiz, (biol.), Reizmuster, das eine mehr oder weniger spezifische (meist angeborene) Reaktion auslöst. Die wirksamen Bestandteile eines S. werden experimentell mit Hilfe von →Attrappen analysiert. *P-S*

Schlußprozesse, *syllogistic reasoning,* nach den Regeln der Logik vollzogene Denkschritte von Obersätzen (Prämissen) zur Folgerung (Konklusion), vielfach nicht nur als normative Regel der Logik, sondern auch als ps. Vorgang angesehen und als solcher z. B. von WERTHEIMER (1925, 1963) untersucht. →Deduktion *B-S*

Schmecken →Geschmack

Schmerz, unangenehme sensorische Erfahrung, die in vielen Qualitäten gegeben sein kann (z. B. stechend, ziehend, spitz, dumpf, brennend, juckend). Tritt auf bei Verletzung der Körperoberfläche (Nozirezeptoren →Schmerzpunkte), bei Reizung innerer Organe als Tiefenschmerz, meist dumpf ziehend und weit ausstrahlend (erschwert die Diagnostik eines entzündeten Organes), ferner bei überstarker Reizung eines Rezeptors (Schmerzschwelle bei sehr lauten Tönen).

Für die Schmerzentstehung werden eigene adaptationsfähige Rezeptoren und zugehörige neurale Systeme angenommen. Oberflächenschmerzen lassen sich durch gleichzeitige andere Reize hemmen (z. B. Vibration, Schlenkern eines verletzten Fingers). Die Empfindlichkeit für Schmerz ist interpersonal und situationsabhängig (Aufmerksamkeitszuwendung, Schockzustand) sehr verschieden. Neben Schmerzen auf Grund von Verletzungen gibt es vermutlich →neurohumoral ausgelöste, wie z. B. allergische Schmerzen. Zentral ausgelöste Sch. sind die z. T. extremen Phantomschmerzen, die an Stellen amputierter Gliedmassen auftreten können. I. ü. S. spricht man von Sch. bei unlustgetönten Stimmungen (seelischer Schmerz, Weltschmerz). Ⓛ GELDARD 1972, SAUERBRUCH u. WENKE 1936 *D-Y*

S. gilt im med. Krankheitsmodell als Signal für körperliche Schädigung. Klin.-ps. Erkenntnisse konzentrieren sich auf die Abhängigkeit der Schmerzerfahrung von subjektiv-ps. Bewertungskategorien (Erfahrung, Erinnerungsvermögen, Kulturkreis).

Die Schmerzreaktion wird nach FORDYCE (1976) in einem trimodalen Modell operationalisiert. Offenes Schmerzverhalten: Klagen über Schmerzen, nonverbales Schmerzverhalten (Mimik, Gestik); verdecktes Schmerzverhalten: Gedanken, Gefühle, Vorstellungen; physiologische Schmerzreaktionen: Veränderungen kardiovaskulärer Parameter, Atmung, Muskelspannung etc. Verhaltensanalytisch kann respondentes und operantes Schmerzverhalten unterschieden werden. Respondent: körperschädigende Reize rufen Schmerzen hervor; operant: negative und positive Konsequenzen kontrollieren Schmerzen (LARBIG 1980). Wesentlichen Einfluß auf Neurophysiologie und Psychotherapie des Schmerzes hat die *gate-control*-Theorie von MELZACK (1978). In den Hinterhörnern des Rückenmarks wird das *gate* (Tor, Schleuse) durch den spinalen »Tormechanismus« modifiziert. Der spinale Gate-Mechanismus steht unter der zentralen Kontrolle kognitiver Prozesse *(central control trigger)*, die über dicke schnelleitende Fasern

S

aktiviert, efferent die Nervenübertragung in den Hinterhörnern regulieren.

Die MELZACKsche Schmerztheorie bietet viele Erklärungsmöglichkeiten für die Wirkungsmechanismen verschiedener Schmerztherapien (→Akupunktur, transkutane Nervenstimulation, Hypnose, kognitive und operante Verfahren). Nach neueren Befunden der biochemischen Forschung spielen vor allem das Endorphinsystem, Substanz P, Prostaglandine und andere Neurotransmitter an der Schmerzübertragung eine wesentliche Rolle. *La-G*

Schmerzmesser →Algesimeter

Schmerzpunkte, punktförmige Hautstellen, die von Schmerznervenendigungen versorgt und daher schmerzempfindlich sind. Auch als Nozirezeptoren bezeichnet.

Schmerzschwelle, diejenige Intensität eines Reizes (z. B. eines Schall- oder Lichtreizes), bei der dieser neben der ihm entsprechenden Empfindung auch Schmerz auslöst, bzw. bei dem die adäquate Empfindung in eine Schmerzempfindung übergeht

Schnecke →Ohr

Schnelligkeitstest →Speed-Test

Schnitte entfalten Ⓣ BINET

Schock [frz. *choc,* engl. *shock* Erschütterung, Stoß, Schlag], das reflektorische plötzliche Aussetzen gewisser normaler Körperfunktionen, z. B. Puls, Bewußtsein, Atmung, bei unerwarteten Störungen (Verletzungen, innersekretorischen Vorgängen).

Man unterscheidet 1. Anaphylaktischer Sch., durch Übersensibilisierung eintretende Zyanose, Streckkrämpfe, Aussetzen der Atmung. 2. Apoplektischer Sch. nach Hirngefäßverletzungen. 3. Bauchschock: nach starkem Stoß gegen den Bauch. 4. Hypoglykämischer Sch.: Schwächegefühl mit Schweißausbruch. 5. Psychischer oder Nervenschock mit Gemütserschütterung und traumatischer Neurose. 6. Traumatischer Sch., Wundschock nach größeren Verletzungen. 7. Apperzeptiver Sch. Das Blockieren der Apperzeption durch Schockwirkung (Orientierungsverlust, Fassungslosigkeit). – In ps. Bedeutung hat der Begr. Sch. Verbreitung gefunden, um die Plötzlichkeit, das Unerwartete und die Intensität der nervösen oder auch psychischen Reaktion zu kennzeichnen. Psychischer Schock und Nervenschock können eine traumatische Neurose veranlassen. • Als Sch. werden auch best. Symptome gewertet, die bei der Beantwortung von Ⓣ RORSCHACH-Tafeln zu beobachten sind (z. B. Rot-Sch).

Schockgenerator →Reaktionssimulator

Schocktherapie, Konvulsionstherapie, Krampfbehandlung, Behandlung ps. Krankheiten (Schizophrenie, endogene Depressionen, bestimmte symptomatische und epileptische Psychosen) durch plötzliche, überfallartige Störung des beim Patienten vorhandenen neurovegetativen und ps. Zustandes.

Die S. ist der Versuch, die Heilwirkung von schockierendem Reiz und dadurch ausgelöster intensiver Reaktion zu nutzen. Auch weitere Überlegungen spielen mit. So führte die Beobachtung, daß Schizophrenie und Epilepsie fast nie zusammentreffen, dazu, mit der Einleitung eines künstlichen epileptischen Zustandes (Cardiazol) die Schizophrenie zu bessern. Bekannte, doch außer dem Elektroschock kaum noch angewandte S. sind: Amphetamin-(Pervitin-)Schock (eingeführt 1941), Cardiazol-(Metranol-)Schock (1934), Elektroschock (1937), Insulinschock (1933), Malariaschock (1917) und der Schock mit körperfremdem Eiweiß.

Die Pharmakotherapie hat die S. teils abgelöst, teils eingeschränkt. Die Elektrokrampftherapie (EKT) löst extreme Entladungen der Nervenzellen aus, ähnlich wie bei Epilepsie mit Bewußtlosigkeit und epileptischen Krämpfen. Retrograde Amnesie unterschiedlicher Dauer ist Folge. Wiederholte Anwendung kann zu dauerhaften Schädigungen des Gehirns und der Persönlichkeit führen. Deshalb ist die EKT heute umstritten. Ⓛ BREGGIN 1980

schöpferisches Denken →produktives Denken

schöpferische Synthese, nach WUNDT ein allgemeines Prinzip des ps. Geschehens. Es besagt, daß die Eigenschaften eines Zusammenhangs ps. Vorgänge nicht in der Summe der Eigenschaften seiner Komponenten bestehen, sondern daß in der Verbindung völlig neue Eigenschaften auftreten, die aus denen ihrer Elemente nicht zu erklären sind. Das Prinzip der s. S. entspricht im wesentlichen dem der →Ganzheit.

Schrankenwärtertest Ⓣ HENCKEL

Schreck, Schreckreaktion, *startle reflex, -pattern, -response,* der unlustvolle Affekt, der als Reaktion auf plötzlich Wahrgenommenes oder Vorgestelltes auftritt, wenn dieses als bedrohlich erlebt wird.

Körperliche Erscheinungen sind hierbei: Zusammenfahren, Erblassen, Schweißausbruch, gesteigerte Herzfrequenz u. a. Tiefergehende Folgen sind die Schrecklähmung bzw. die Schreckneurose. Von Bedeutung ist auch die Schreckaphasie, d. h. der plötzliche Verlust der Sprache nach Erschrecken. • Als Schrecksekunde wird (z. B. beim Autofahren) die Zeit bezeichnet, die zwischen Reiz (Auftreten der Gefahr) und Reaktion (beantwortende Handlung) liegt. Die Dauer ist je nach den Umständen unterschiedlich. In der Verkehrs-Rechtsprechung werden mindestens 0,8 sec. zugebilligt. Vgl. Reaktionszeit

Schreckstoffe, (biol.), von Tieren abgegebene chemische Substanzen, die Artgenossen oder Artfremde vor einem Freßfeind warnen oder diesem die Beute →verleiden. Verletzte Elrizen z. B. sondern einen Sch. ab, der bei anderen Fischen →Fluchtverhalten auslöst. *P-S*

Schreiben →Schreibmotorik

Schreibknötchen →Stimmstörung

Schreibkrampf, lähmungsartige oder in Zuckungen und Zittern bestehende Schreibstörung. Der Sch. kann durch Überanstrengung oder neurotisch bedingt auftreten.

Schreibmotorik, Graphomotorik, die Gesamtheit der Bewegungsabläufe beim Schreiben.

Die apparative kurvenmäßige Erfassung der Schreibdruck,- Griffdruck- sowie Schreibrhythmus-Verlaufsformen dient zur klinischen und praktischen Diagnostik, insbesondere der Funktion des Antriebs, der Affektivität und des Temperaments im normalen und pathologischen Bereich. Methodisch und apparativ wurde die Differentialdiagnostik der Feinmotorik zu einem speziellen Untersuchungsverfahren ausgebaut. Ⓛ STEINWACHS

Schreibwaage, Schriftwaage, Vorrichtung, um die Schreibdruckbewegungen auf die Schreibunterlage zu registrieren. Gleichzeitig kann das Schreibtempo von Buchstaben, Silben und Worten usw. gemessen werden. An Geräten stehen zur Verfügung: Die alte Schriftwaage nach KRAEPELIN; verfeinerte Schreibwaagen nach GILDEMEISTER und WIRTZ, KATZ (»Skriptochronograph«), LUTHE, STEINWACHS; elektrische Schreibwaagen nach v. BRACKEN und MÜHLFELD, sowie STEINWACHS und BOUCKE (Infraton-Druckkondensatoren).

Schriftpsychologie →Graphologie

SCHROEDERsche Treppe, Täuschungsfigur, die je nach Fixation als Treppe oder als

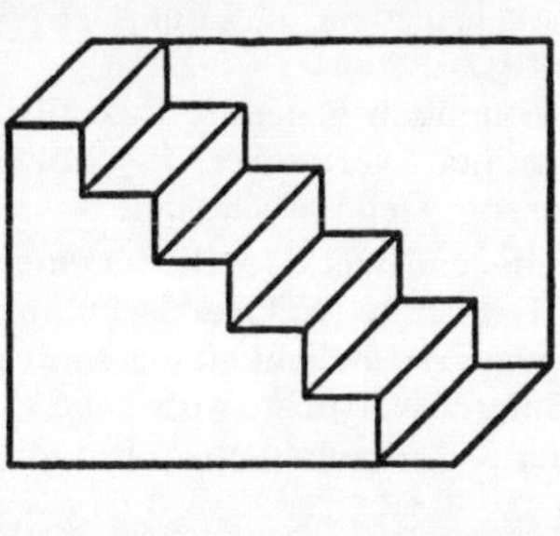

überhängende Mauer erscheint. →geometrisch-optische Täuschung.

*

SCHROEDER, Heinrich Georg Friedrich / 1810 (München) – 1885 Karlsruhe / Gymnasialprof. der Mathematik und Physik / München, Solothurn, Mannheim.

Schub, in der Ps. und Pathologie die Bezeichnung für einen Vorgang, der nicht gleichförmig fortschreitend sich entwickelt, sondern fallweise in unregelmäßigen Zeitabständen akut wird bzw. sich steigert.

In der Psychopathologie Kennzeichnung für die Entwicklungsweise der Schizophrenie, die nicht stetig ist, sondern in einzelnen, in längeren zeitlichen Abständen aufeinander folgenden Verstärkungen der Krankheitserscheinungen besteht (»schubweiser« Verlauf). JASPERS definiert Sch. als »diejenigen akuten Vorgänge, die die dauernde Veränderung oft unter stürmischen Erscheinungen herbeiführen, und alle die späteren Vorgänge, die diese Veränderung weiter verstärken«. Sie sind zu unterscheiden von →Phasen und →Reaktionen.

Schulangst, Sammelbez. für versch. vor und während des Schulbesuchs aktualisierte Formen des Erlebens von →Angst, die sich weder hinsichtlich der Ursachen noch der Erscheinungsweisen und Auswirkungen in einen geschlossenen theoretischen Bezugsrahmen fügen lassen.

Schon die definitorische Frage, was im Verhalten und Erleben eines Schülers gegeben sein muß, um ihn als schulängstlich einzustufen, stößt auf erhebliche Schwierigkeiten; es besteht bislang keine Übereinstimmung darüber, ob sich die jeweils gemeinte Symptomatik aus relativ überdauernden Persönlichkeitseigenschaften zusammensetzen soll, oder ob auch schon kurzzeitig auftretende Verhaltensauffälligkeiten – wenn sie nur angstbedingt und schulrelevant sind – die Verwendung des Begr. Sch. rechtfertigen sollen; ferner, ob der Begr. Sch. nur für angstbetonte schulisch bedingte Verhaltensstörungen (z. B. Leistungsabfall, Schulverweigern, Schulschwänzen; Schlafstörungen, Übelkeit) oder auch schon für die kaum merklichen Reaktionen (Nervosität, Handschweiß, Herzklopfen etc.) verwendet werden soll, denen (noch) keine negativen, insbes. leistungsbeeinträchtigenden Verhaltensauffälligkeiten korrespondieren.

Je nach definitorischer Abgrenzung müssen die zu konstruierenden Erhebungs- und Meßverfahren (Fragebogen, Beurteilerratings u. ä.) und die sich daraus ergebenden Daten über Auftretenshäufigkeit und -intensität von Sch. unterschiedlich ausfallen – sie schwanken zwischen 5 und 60%, wobei bei etwa 20% der Schüler angstbedingte Leistungsbeeinträchtigungen angenommen werden dürfen. Als besonders bedenklich muß gelten, daß Sch. offensichtlich im Verlaufe der Schulzeit

zunimmt und auch bei der Erprobung neuer Schulmodelle kaum zurückgeht (GÄRTNER-HARNACH 1972).
Als Ursachen für das Auftreten von Sch. werden angesehen:
- überstarke Bindung ans Elternhaus (= Angst vor dem Verlassen der familiären Geborgenheit);
- vereinzelt auftretende unangenehme Erlebnisse in der Schule, die auf Grund latenter Persönlichkeitsschwächen bzw. neurot. Dispositionen traumatische Wirkung entfalten;
- Umstellungsschwierigkeit auf ungewohnte Verhaltensvorschriften und -erwartungen in der Schule;
- Dissonanz von Unterrichts- und Erziehungsstil des Lehrers und Verhaltens- und Denkstil des Schülers;
- Leistungsdruck und -überforderungen, die unserem auf Auslese angelegten Schulsystem immanent sind (→Prüfungsangst).

Dringend geforderte therapeutische Einzelhilfe, gruppentherapeutische Behandlung sowie eine schülernahe Reformierung der Schulstruktur müssen – sollen sie Sch. abbauen – auf den Abbau der zwischen schulischem und außerschulischem Lern- und Sozialisationsklima bestehenden Diskrepanzen zielen. Ⓛ ANDREAS u. a. 1976, BÖHM 1976, FITTKAU 1969, HENRICH 1967, MÜHLE 1967, ZIELINSKI 1967 *Sch-R*

Schuljugendberater →Beratungslehrer

Schulleistungs-Tests (Schul-Lese-Schreibleistung), Bez. für Verf., die das Tatsachenwissen in Schulfächern (z. B. Lesen, Schreiben, Deutsch, Fremdsprachen, Mathematik, Physik, Geschichte, mehrere Fächer zugleich) feststellen, aber auch das aufgabengerechte Umgehen mit diesen Kenntnissen aufzeigen.

Als standardisierte Verf. sind diese Tests den üblichen mündlichen und schriftlichen Kenntniserhebungen überlegen. Breit ausgebaut ist die Beurteilung des Lesens und Schreibens (Auffassen, Geschwindigkeit, Wortbedeutung, zentraler Gedanke) sowie die Abklärung der spezifischen Lese- und Schreibschwäche (Legasthenie mit ihren Symptomen Reversion, Inversion, Umstellung). Die Tests bieten zumeist Buchstabenfolgen, Silbenfolgen, Wortreihen, Geschichten, Reihen immer schwierigerer Wörter, Zahlen u.a. Auch Spiegellesetests, Spiegelschreibtests, Lautverschmelzungstests, visuelle, akustische, visuell-auditive Wortverschmelzungstests sind entwickelt worden. Ⓣ BIGLMAIER, BUSEMANN, KUTSCHKE, SCHENK-DANZINGER, WALTER. Ⓛ INGENKAMP, SÜLLWOLD

Schullernen →Lernen, schulisches

Schulnoten-Norm →Standardwert

Schulpsychologe, der im Lebens- und Beziehungsraum der Schule (i. w. S.) tätige Psychologe, mit dem Hauptaufgabengebiet: Diagnose und Beseitigung von Problemen, die im Rahmen des schulischen Arbeitens bei Schülern und/oder Lehrern auftreten. Gemäß dieser Arbeitsbeschreibung richten sich die Aktivitäten des S. sowohl auf den Abbau von individuellen Defiziten einerseits als auch – soweit diese Defizite dadurch bedingt erscheinen – auf den Abbau von Defiziten der schulischen Institutionen. *Mu-R*

Angesichts der Komplexität dieser Aufgabenfelder gerät die Konzeption des S. als eines »Einmann-Betriebs« oder eines »Mädchens für Alles« (AURIN) – ein Psychologe je Schule, bzw. max. je 2000 Schüler – welche z. Zt. auch für den sog. »Schulpsychologischen Dienst« der Bundesländer maßgeblich ist, zunehmend unter Kritik; es laufen derzeit Bemühungen, dieses Konzept zu ergänzen durch ein System von →Beratungslehrern. →Schulpsychologie. Ⓛ M. MÜLLER 1973, ROEBER 1974, AURIN 1977 *Sch-R*

Schulpsychologie, die Anwendung ps. Erkenntnisse, insbesondere der pädagogischen und der Entwicklungsps. auf die Erfordernisse der Schule, sowie die ps. Forschung und Praxis im Bereich der Schule, z. B. die Diagnose der Ursachen von Lernschwierigkeiten und deren Behebung oder die sozial- und organisationspsychologische Analyse und Verbesserung zwischenmenschlicher Prozesse (z. B. Beliebtheitsgefüge, Befehlsketten), situativer Momente (z. B. Schulklima, Gruppenatmosphäre) und vorgegebener Strukturen (z. B. Gebäudegröße und -gestaltung, gesetzl. Regelungen etwa in bezug auf Fächerwahl oder Leistungsbeurteilg.).

Die Aufgabenbereiche differenzieren sich derzeit laufend weiter aus und sind als Ausdruck des zunehmenden Bemühens zu deuten, fachpsychologisches Wissen im schulischen Bereich zu popularisieren (WEINERT) – wie dies ähnlich auch im sozialpädagogischen Bereich geschieht. Dabei ergeben sich zunehmend fruchtbare Rückwirkungen auf Theoriebildung (insbes. im Bereich der Lernpsychol., aber auch der Sozial- und Persönlichkeitspsychol.: vgl. Einstellungs- und Angstforschung) und Forschungsmethoden (multivariate Untersuchungsdesigns, Kasuistik) der Psychologie selbst. Ⓛ ARNHOLD 1975/77

• Oft polemisch gemeinte Bez. für die an Universitäten vertretene Psychologie im Ggs. zur sog. Tiefenpsychologie. *Sch-R*

Schulreife, ein Begr., der die für eine erfolgreiche Teilnahme am Grundschulunterricht notwendige Befindlichkeit des Individuums zu definieren versucht, wobei die zum Erwerb der Kulturtechniken im Rahmen eines schulisch organisierten Unterrichts notwendigen Fähigkeiten und Fertigkeiten kognitiver, affektiver und motorischer Art als Kriterium verwandt werden. Die konkrete Feststellung der S. erfolgt durch hierfür entwickelte (Gruppen)Tests (z. B. Unterscheiden, Wiedererkennen, Zuordnen von Mengen) sowie durch die Heranziehung teilweise umstrittener äußerer Merkmale des Kindes, wie Zahnwechsel bzw. Beendigung des ersten Gestaltwandels. *Mu-R*

Schulreife-Tests, Bez. für Verf. zur Beurteilung des geistigen und sozialen Entwicklungsstandes im Hinblick auf die Einschulung.

Der S. ist somit der auf die Schulanforderungen ausgerichtete →Entwicklungstest. Die zu erfassenden schulkindcharakteristischen Fähigkeiten sind: Beobachtung (auch kritische), Konzentration, Gedächtnis, Formauffassung, Formunterscheidung, Erfassen von Größen, Mengen, Ordnungen, bildlich gebotenen Gegenständen u. Situationen, Sprachverständnis, Begriffsbildung, körperlicher Entwicklungsstand, Körperbeherrschung, Feinmotorik, soziales Verhalten. Bekannte S. sind HETZER-TENT (Weilburger Testaufgaben), KARAS-SEYFRIED (Wiener S.), KERN, KESSINGER-SCHMADERER-WALTER (Münchener Auslesetest), KLEINER (Göppinger S.), KRETSCHMER-HÖHN, MEIS (Kettwiger S.), NOLTE (Flensburger S.), PFAFFENBERGER (Visueller S.), ROTH-SCHLEVOIGT-SÜLLWOLD-WICHT (Frankfurter S.), SCHREIBER (Rheinhauser Gruppentest), STREBEL (S. für Schweizer Kinder). Amerikan. Tests: BINION-BECK, BRENNER, HILDRETH-GRIFFITH, LEE-CLARK, MONROE, MURPHY-DURELL. ● Zur grundsätzlichen Kritik an den S. vgl. Ⓛ SCHLEIFER 1971

Schul-Tests, Bez. für alle Verf., die den Erfolg von Unterricht und Erziehung deutlich machen und abklären, ob und wie weit beim einzelnen Jugendlichen (ggf. Erwachsenen) bestimmte Unterrichtsziele erreichbar sind. Man unterscheidet →Schulreifetests und →Schulleistungstests, dazu kommen schulwichtige Entwicklungs- u. a. Tests. ● Seit den ersten deutschen Schul-Tests von MOEDE-PIORKOWSKI-WOLFF (1917), PETER-STERN (1918), Otto BOBERTAG u. Erich HYLLA benützt man Ortsbezeichnungen. Eine Zusammenfassung bieten die »Deutschen Schultests«. Ⓣ INGENKAMP. Ⓛ INGENKAMP, SÜLLWOLD

Schulversager, Bez. für Schüler, die mit den schulspezifischen Verhaltenserwartungen, -vorschriften und -sanktionen ganz allgemein, mit den Leistungsanforderungen im besonderen, nicht zurechtkommen, so daß sie entweder einzelne Schuljahre wiederholen (»Sitzenbleiber«) oder gar in eine andere Schule (zumeist niedrigeren Anforderungsniveaus) wechseln müssen *(»drop-outs«)*.

Die weit verbreitete Ansicht, es handle sich dabei um den leistungsschwächeren Teil der Schülerpopulation ist irrig, da mittlerweile ausreichend belegt ist, daß ein erheblicher Teil dieser Schüler sich weniger im Leistungsniveau, als vielmehr in der qualitativen Art ihres (Leistungs-)Verhaltens vom Großteil der Schülerpopulation unterscheidet, nämlich z. B. in der Art der Phantasietätigkeit, in der Direktheit zwischenmenschlicher Kontaktnahme, im Denkstil. →Schulangst, →Schulleistungs-Tests, →Schulpsychologie, →Lernstörungen Ⓛ GLÖTZL 1979, HÖHN 1967, SCHLEIFER 1971 *Sch-R*

Schulversuch, Bez. für alle möglichen Erneuerungsansätze im bestehenden Schulsystem. Weitgefaßt: sowohl neue Konzeptionen und Erprobungen ganzer Schulen als auch Teilreformen innerhalb des trad. Schulsystems oder einzelner Schulen (z. B. Erprobung neuer Leistungsbeurteilungsverfahren in einer Jahrgangsstufe einer Schule); enger und häufiger verwendet: Erprobung neuer Konzeptionen für ganze Schulen/Schulkomplexe (Schulzentren, Orientierungsstufen etc.), wofür häufig auch die Bez. »Versuchsschule« oder »Modellschule« gebraucht wird.

Aufgabe/Funktion von S. ist es, angesichts der hinlänglich bekannten Mängel des bestehenden Schulsystems laufend Verbesserungsansätze zu planen, zu erproben und auf ihre Einführbarkeit in den Regelschulen zu überprüfen. Damit bekommen S. von Anfang an, ja prinzipiell, einen ambivalenten Status: einerseits würden sie, im Fall der Überlegenheit des Erprobten über das Bestehende, Letzteres gefährden – insofern werden sie von den Anhängern des Bestehenden stets kritisch beobachtet; andererseits, im Fall der Unterlegenheit des Erprobten gegenüber dem bestehenden System, stehen sie in Gefahr, als bloße (noch dazu teure) Spielereien notorisch Reformgläubiger abgewertet zu werden (so als hätten sie erbracht, was »man« ohnehin hätte wissen können). Die Rolle der relevanten Wissenschaften kann insofern nicht minder ambivalent ausfallen: einerseits beraten sie bei der Planung und Erprobung von S., andererseits sollen sie diese mitgetragenen Konzeptionen hinterher kontrollieren und beurteilen.

Bei der Bund-Länder-Kommission für Bildungsplanung waren bis zum 1. 1. 1973 (= Höhepunkt der Reformbewegung) insgesamt 466 »Modellversuche im Bildungswesen« angemeldet worden (seither kamen weitere hinzu), so daß in letzter Zeit zunehmend Befürchtungen geäußert werden, das Schul- und Bildungswesen könnte allmählich zu sehr einen Charakter des »permanenten Provisorismus« annehmen. Ⓛ AURIN 1973, FLITNER 1977, H.-G. ROTH 1975, SCHAFFERNICHT 1977 *Sch-R*

Schutzdämon →Dämonenglaube

Schutzhemmung →Überbelastungshemmung

Schutztrieb, als besonderer Trieb angenommenes zweckmäßiges instinktives Verhalten bei Tieren und Menschen zum Schutz des eigenen Lebens oder des Lebens der Nachkommen, das sich z. B. in der Verteidigung bei Bedrohung oder in der Flucht bei Gefahr äußert.

Schutzzauber, Abwehr der von Dämonen ausgehenden und den Menschen bedrohenden Einflüsse durch geheimnisvolle Vorkehrungen

Schwachsinn, angeborener Intelligenzmangel (= Oligophrenie) im Ggs. zur erworbenen Intelligenzherabsetzung (= Demenz) und zur neurotischen Intelligenzhemmung (= Pseudodemenz).

Der Sch. ist durch einen Mangel an geistiger Beweglichkeit, durch Armut an Vorstellungen und Begriffen, Unfähigkeit zur Bildung abstrakter Begriffe und Mangel an Übersicht, Voraussicht und Selbständigkeit im Denken gekennzeichnet. Je nach der Artung des Temperaments unterscheidet man eine torpide und eine erethische Form. Nach der qualitativen und quantitativen Beeinträchtigung der Intelligenzleistungen unterscheidet man folgende Grade:

1. Debilität: IQ 60–70. Kriterium: Unfähigkeit zum selbständigen Leben ohne Beaufsichtigung und zum selbständigen Erwerb des Lebensunterhaltes.
2. Imbezillität: IQ 50–60. Kriterium: Unfähigkeit zum Schreiben- und Lesenlernen.
3. Idiotie: IQ 0–50. Kriterium: Unfähigkeit zum Sprechen und Verstehen von Gesprochenem.

Schwankungen, die Abweichungen eines Merkmals (Zustands oder Vorgangs) von einer mittleren Lage bei dem gleichen Individuum (intraindividuelle S.) oder in einer Gruppe von Individuen (interindividuelle S.). S. sind kennzeichnend für alles Lebendige; sie finden sich bei allen ps. Merkmalen und Leistungen. Meßbare S. werden als Abweichungen von einem Mittelwert dargestellt. →Variation, →Variabilität

Schwankungsbereich →Streuungsmaß

SCHWANNscher Kern, S-Scheide →Nerv

*

SCHWANN, Theodor / 1810–1882 / dt. Anat., Physiol. / Berlin, Löwen, Lüttich

Schwebungen, rhythmische Schwankungen der Lautstärke eines Zusammenklangs von zwei Tönen, deren Schwingungszahlen sich wenig voneinander unterscheiden. Die Zahl der Schwebungen pro sec ist gleich dem Unterschied der Schwingungszahlen der Teiltöne.

Schwelle, der Grenzwert bei Empfindungen. →Reizschwelle, →Unterschiedsschwelle, →psychophysiologische Methoden. ● Als S c h w e l l e d e s B e w. wird auch jene Grenze bezeichnet, über die hinaus uns alles klar und voll bewußt erscheint (Wachbewußtsein) und unterhalb derer alle Inhalte liegen, die als unterbewußt gelten.

Schwereempfindung, Gewichtsempfindung. Beruht auf Muskel-, Gelenk- und Tastempfindung. Bei ruhender Hand beträgt der ebenmerkliche Zuwachs $^1/_3$, bei bewegter $^1/_{17}$ des ursprünglichen Gewichts.

Schwererziehbarkeit, geringe Beeinflußbarkeit im Hinblick auf eine Erziehungsnorm.

KLINK 1962, nennt S. die schwere, Erziehungsschwierigkeit die leichtere Form. Derzeit wird eher von Verhaltensauffälligkeit oder Verhaltensstörung gesprochen, um die mehrdimensionale relativ wertfreie Diskussion zu erleichtern. Bei S. werden Erwartungen im ps.-sozialen Bereich nicht erfüllt. Bedingungshintergründe, die zu erwägen sind: Überforderung, Mißerfolgserwartung, Verwöhnung, lieblose Erziehung, soziale Isolation, Konflikte mit Erziehern, andere Zielsetzung, negative Modelle, Entwicklungsstörung, Ich-Schwäche, organische Schädigung.

Psychologen sind bei S. im Rahmen der Erziehungsberatung und zunehmend auf verschiedenen Ebenen auch prophylaktisch tätig, wobei berücksichtigt wird, daß S. auch bei Erziehern und Institutionen möglich ist. Ⓛ BACH 1975, SCHMIDT, J. 1978 *R-S*

Schwerhörigensprache, Dysregulationen der →Sprachproduktion durch Einschränkung der exterozeptiven (auditiven) Rückmeldungen; zu hohe Stimmlage, kreischender und überlauter Stimmklang, (→Monotonie, →Monodynamik) sowie fehlerhafte Artikulation verschiedener Phoneme (audiogene →Dyslalie).

Angeborene oder frühkindlich erworbene →Hörstörungen behindern neben den Kontrollfunktionen die zur →Sprachentwicklung notwendige Aufnahme aller Sprachmuster aus der Umwelt (→Sprachrezeption), so daß die S. des Kindes auch anhaltenden →Dysgrammatismus und engen →Wortschatz aufweist. Früherkennung (→Audiometrie) und -behandlung (elektr. Hörhilfen, Hör- u. Sprachtraining sowie Früh-Lesenlernen) sind daher dringend notwendig. Ⓛ BIESALSKI 1973, SEEMAN 1969 *G-N*

Schwerhörigkeit →Hörstörung

SCHWERIN-Kurve, Darstellung der U-förmigen Beziehung zwischen der Gedächtniswirksamkeit von Werbematerial und dem erzeugten Gefühlston

Schwermut, das Erlebnis einer »Gedrücktheit« und der Leere. LERSCH hebt die Lichtlosigkeit der Sch. hervor als Ggs. zur Heiterkeit mit dem Erlebnis einer inneren Helle. Mattigkeit, Armut des Lebens, Müdewerden, Hinneigen zur Nachtseite und zum Tode – alles Umschreibungen der Sch., in der wohl das »unerfüllte Verlangen nach Sinngehalten der Welt, in denen das Dasein einen Halt und seine eigene Fülle findet«, zum Ausdruck kommt. Das Dasein steht vor dem Sinnleeren. →Melancholie

Schwierigkeitsabstufung →Steigerungsprinzip

Schwierigkeitsindex, p-Index, Maßzahl (Prozentwert), welcher eine Aufgabe eines Tests bezüglich ihrer Lösungswahrscheinlichkeit charakterisiert. →Itemanalyse *Hä-R*

Schwindel, Vertigo [lat.], Gefühl des gestörten Gleichgewichts (die Umgebung oder der eigene Körper scheinen sich zu drehen – Drehschw. – der Boden zu schwanken – Schwankschw.), verbunden mit Übelkeit, Schweißausbruch, Schwarzwerden vor den Augen u. a., verursacht durch Schäden bzw. Erkrankungen im Ohr, Kleinhirn, Hypotonie, Kreislauf, zerebrale Sklerose, Intoxikation (Alkohol), u. a.

Schwingungszahl, bei Tönen die Zahl der Schwingungen in der Sekunde (Frequenz). Als Normalton gilt das eingestrichene a = 440 Schwingungen/sec = Kammerton. Die Tonleitertöne verhalten sich, wenn der Grundton gleich 1 gesetzt wird, der Sch. nach wie $^9/_8$, $^5/_4$, $^4/_3$, $^3/_2$, $^5/_3$, $^{15}/_8$. Die Sch. bestimmt die Tonhöhe. Die musikalischen Töne liegen zwischen 40 und 4000 Schwingungen. Überhaupt hörbar sind solche zwischen 15 und 20000. Die →Lautstärke von Tönen ist auch von ihrer Frequenz abhängig.

schwul →Sexualität (Tabelle)

Schwundquote, *attrition,* Verhältnis der ausgefallenen zu den verbliebenen Einheiten (z. B. Kursteilnehmer am Ende des Kurses, Probanden in Nachuntersuchungen).

scientific management →TAYLOR-System

Scopolamin, anticholinergische Substanz mit starken müdemachenden Effekten in niedrigen Dosen. In höheren Dosen bewirkt S. Rauschzustände mit Halluzinationen. S. ist wie Atropin in Nachtschattengewächsen enthalten. *J-E*

score [engl., Kerbe, Rechnung, 20 Stück, Punkt], geschätzter oder gemessener Zahlwert, Meßwert, Punktzahl (z. B. bei Testergebnissen).

scoring, Zuweisen einer Maßzahl

screening, wird ein Selektionsprozeß stufenweise durchgeführt (→sequentielle Strategie), so wird die erste Phase der groben Auslese als s. bezeichnet. Dem s. folgt dann die →Selektion. Das Ergebnis des s.-Verfahrens wird als s.-Index bezeichnet. Der s.-Index ist der Prozentsatz derjenigen Pbn, welche im s.-Verfahren erkannt, ausgeschieden usw. wurden. ● Auch der Selektionsprozeß der Items bei der Testkonstruktion wird als s. bezeichnet. *Hä-R*

Script, Skript [engl. schriftliche Aufzeichnung, Drehbuch], eine Eintragung (Speicherung) im Langzeitgedächtnis (→Gedächtnis), welche die reguläre Ereignisabfolge in bestimmten (spezifischen) Situationen, Kontexten (z. B. Restaurant, Arzt, Bahnfahrt) beschreibt. Beispiel: Betreten einer Gaststätte, Platz nehmen, auswählen, bestellen, essen, bezahlen, G. verlassen. Ein S. kann Rollen (Gast, Bedienung, Wirt, andere Gäste) und Verzweigungen für speziellere Unterskripts (z. B. Art des Lokals) enthalten. Das im S. gespeicherte Wissen dient der Orientierung in häufig auftretenden Situationen. Ⓛ SCHANK u. ABELSON 1977 ● In der →Transaktionsanalyse: Lebensplan. *En-N*

SD, *standard deviation,* →Standardabweichung

SD, *social desirability,* →soziale Erwünschtheit

S^D, auch S^+, Symbol für den Trainingsreiz beim →Diskriminieren-Lernen, bei dessen Anwesenheit verstärkt wird, im Ggs. zu dem mit Nichtverstärkung verbundenen S^Δ, auch S^-. *B-S*

SDET, Entwicklungs-Test für das Schulalter Ⓣ SCHENK-DANZINGER

SE, *standard error,* Standardfehler. →Stichprobenfehler

séance [frz.], Sitzung, spiritistische Sitzung mit einem Medium

Sechster Sinn, eine Wahrnehmungsform, die außerhalb der normalen Sinnesempfindungen liegt (Gedankenlesen, Ahnungen, Hellsehen). →Fernsinn

S

Sedativa [lat. *sedare* zum Sitzen bringen, beruhigen], die zur emotionalen und motorischen Beruhigung verwendet werden. Meist niedrig dosierte Schlafmittel, →Tranquillantien oder →Neuroleptika. →Psychopharmaka

sedieren [lat.] dämpfen, beruhigen

Sedierungsschwelle, von SHAGASS eingeführter Begriff zur Kennzeichnung der Dosierung einer hemmenden Substanz (meist Amobarbital), bei der Sedierung auftritt. Als Sedierungskriterium dient u. a. das EEG und verwaschene Sprache. Die S. ist besonders hoch bei Ängstlichen und Dysthymen i. S. EYSENCKS. Ⓛ CLARIDGE 1967 *J-E*

Seele, entsprechend dem gr. *»psyche«* und dem lat. *»anima«* bedeutet Seele soviel wie Hauch, Atem, Wind (→Animismus). Als ein Bewegendes steht sie dem Leben nahe. Als ordnende Kraft, die einem Plan folgt und diese Ordnung je nach den Möglichkeiten variierend aufrechterhält, hat sie enge Beziehung zur →Entelechie. Sie steht aber auch dem thermodynamischen Begr. →Entropie nahe. Viele Umschreibungen des Begr. S. sind Abwandlungen zwischen den beiden Extremen: bewußtseinsunabhängiges Seelenwesen von übersinnlicher Art, die Materie transzendierend und in Verbindung zu Gott – andererseits S. als materielles Produkt insbesondere von Gehirnprozessen.

Bereits ARISTOTELES unterscheidet die allen Lebewesen eigene »vegetative« S., die »animalische« S. (mit der sinnlichen Wahrnehmung, dem Begehren und der Fähigkeit zur willkürlichen Bewegung) und die »vernünftige« S. als das Prinzip des Denkens und des Wollens. In ähnlicher Weise trennt PLATON die Begierde *(epithymia)* von Mut und Willen *(thymos)* und vom Verstand *(logistikon),* wobei er den drei Bereichen einmal verschiedene Regionen des Körpers (Unterleib, Brust und Kopf) und zum anderen in der Außenwelt die drei Stände (Sklaven, Krieger und Herrscher-Philosophen) zuordnet. Über die Art dieser Verbindung sind viele Spekulationen angestellt worden (→Leib-Seele-Problem), ohne daß es möglich wäre, beweisende Argumente für die eine oder andere Anschauung (Spiritualismus, Materialismus, Parallelismus, Wechselwirkungslehre, Identitätslehre) zu finden. Diese Fragen sind Gegenstand der Philosophie, ebenso wie die Probleme der Einheit, Unteilbarkeit und Unsterblichkeit der Seele. Weitere Fragen sind die nach dem »Sitz« der S. im Körper und nach dem Vorkommen von Seelischem im gesamten Bereich des Lebens, d. h. bei welchen Lebewesen außer dem Menschen (bzw. von welcher Entwicklungsstufe im Tierreich an) Seelisches anzunehmen ist. Man hat demgemäß auch Vorstufen des Seelischen, →Psychoide u. dgl., z. T. schon bei Pflanzen, vermutet. Demgegenüber ist es Aufgabe der Ps., die beobachtbaren seelischen Erscheinungen zu erforschen. In der modernen Ps. besteht die Neigung, unter S. die Gesamtheit der »Selbstwahrnehmungen« aller Lebensvorgänge und der sie überlagernden Verarbeitung zu verstehen.

Seelenanaesthesie, Tastblindheit. Verlust der Fähigkeit, etwas durch Betasten zu erkennen. →Agnosie

Seelenblindheit, Verlust der optischen Erinnerungsbilder durch Zerstörung des optischen Erinnerungsfeldes. Der Betroffene sieht zwar noch, erkennt aber das Gesehene nicht. →Agnosie, →Alexie

Seelenlähmung, nach NOTHNAGEL Verlust der Bewegungs-Erinnerungs-Bilder für eine Extremität oder Körperseite. Nach BRUN (1954³) lähmungsartiger Zustand, bei dem die aktive Beweglichkeit dadurch fehlt, daß dem motorischen Zentrum wegen Unterbrechung der →Assoziationsbahnen die sensiblen Anregungen nicht mehr zugehen. – Auf besondere Aufforderung hin können die Muskeln gebraucht werden. →Apraxie

Seelentaubheit →Agnosie, akustische

Seelenvermögen, Begr. der älteren Ps. Denken, Fühlen und Wollen wurden als selbständige »Vermögen« angesehen, ebenso grenzte man Erkenntnisvermögen, Begehrungsvermögen, Vermögen von Lust und Unlust usw. ab. →Psychologie

Seelenwanderung, Hinüberwandern der Seele b. Tode in den Körper eines neu entstehenden Wesens in menschlicher, tierischer, göttlicher (oder »höllischer«) Gestalt (Metempsychose, Transmigration, Wiederverkörperung).

Bereits bei Naturvölkern als Vorst. des Hinübergehens in den Leib einer Schwangeren und als großes metaphysisches System in allen indischen Religionen (bes. Hinduismus, Buddhismus), die den menschlichen Taten im abgelaufenen Leben eine nachwirkende Kraft (→Karma) zuschreiben. Je nach Verdienst oder Verfehlung wirkt sich das Karma bei der S. in der Art der Wiedergeburt aus. Eine philosophische S.lehre hatten griechische Philosophen entwickelt (z. B. PLATO, Pythagoreer), aber nur als Vorst. neben anderen. Danach wird die Seele (nach dem Tod) immer wieder in das »Grab des Leibes« gebannt, wenn der Mensch nicht durch sittliche Läuterung davon loskommt. Kommt er los, erfolgt die Wiedervereinigung mit dem Göttlichen (Unsterblichkeit), ohne daß dadurch die Seele ihre Individualität verliert (PLATO). Der »Neuplatonismus« der ausgehenden Antike spricht von Rückkehr der Seele in die himmlische oder geistige Welt als Ziel der Erlösung. In Europa spielt der Gedanke der S. überall dort eine Rolle, wo Geistesrichtungen philosophischer oder religiöser Art buddhistisches oder hinduistisches Gedankengut aufgenommen haben (Beispiele: SCHOPENHAUER, R. STEINER, Anthroposophie). Der christliche Gedanke der Auferstehung meint weder S. noch Unsterblichkeit sondern Neuschöpfung. →Skandha *S-G*

Segmentinnervation, die Innervation der einzelnen Körperbezirke aus bestimmten Rückenmarkssegmenten. →HEADsche Zonen.

Segmenttäuschung, zeichnet man zwei kongruente Kreissegmente oder auch Trapeze gleicher Art genau übereinander, so erscheint das eine größer, außerdem das untere, einäugig u. mit starrer Fixation beobachtet, näher.

segregation, Rassentrennung

Sehachse, →Augenachse

Sehbahn, die afferente Nervenverbindung von der Retina (→Auge) zu den Sehzentren im →Gehirn.

Die aus dem Bulbus des Auges austretenden Axone der jeweils dritten Ganglienzelle der Retina verlaufen durch den *nervus opticus* und den *tractus opticus* und enden im *corpus geniculatum laterale* (im Thalamus). Die Fasern aus den beiden nasalen Retinahälften (Abb.) kreuzen sich im

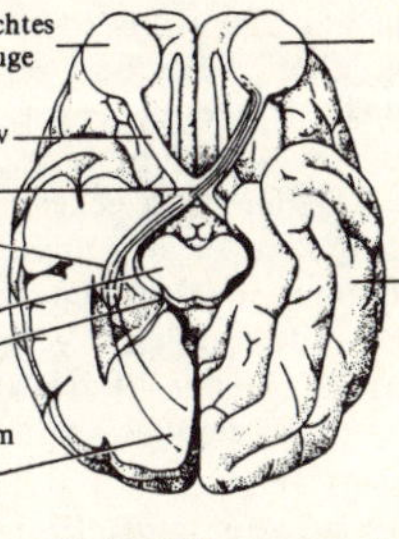

chiasma opticum, während die Fasern der temporalen Retinahälften ungekreuzt weiterlaufen (die Fasern der *foveae centrales* kreuzen teilweise). Die Fasern der nasalen Retinahälfte des einen und der temporalen Hälfte des anderen Auges werden im *corpus geniculatum laterale* über →Synapsen auf Neurone umgeschaltet, deren Axone den *tractus geniculocalcarinus* (die »GRATIOLETsche Sehstrahlung«) bilden und zum Okzipitallappen des Cortex verlaufen, wo sich die primäre Projektionsfläche des Sehens (visueller Cortex, BRODMANN-Areal 17) befindet. – Ausfälle in diesen Zentren verursachen totale Blindheit (= →Rindenblindheit) bei vollkommener Funktionsfähigkeit der Sehorgane (z. B. Pupillenreflexe). →Agnosien, →Lokalisation. Ⓛ GANONG 1979[4] *B-C*

Sehen, *vision,* die durch die Funktion des →Auges vermittelte Wahrnehmungsart; zu trennen nach der physiolog. Seite (Auge, Stäbchen, Zapfen) und der psychologischen (Wahrnehmung von Helligkeiten, Farben und Räumen), womit das Sehen je nach Aspekt als Teilvorgang oder als Gesamtleistung mit →Perzeption und →Selektion bis hin zur vollen →Informationsverarbeitung definiert werden kann. Vgl. nachstehende Stichworte u. Auge, Farbe, Sinne. Ⓛ GANONG 1974, SCHMIDT u. THEWS 1976

Sehfeld →Gesichtsfeld

Sehgröße, Größe, in der wir einen Gegenstand tatsächlich sehen, im Ggs. zur wirklichen Größe und der Größe der Netzhautbilder, die sich proportional zur Entfernung vom Objekt verkleinern. Die Größe des Wahrnehmungsbildes wird durch das »Gesetz der Konstanz der S.« bestimmt. Infolge der S. erscheinen perspektivisch richtige Zeichnungen subjektiv oft falsch.

Sehhügel, *thalamus opticus* →Gehirn

Sehlage, Richtung, die die Dinge im Raum (abgesehen von der Sehtiefe) gegenüber dem Beobachter zueinander einnehmen: links, rechts, oben, unten, vorn, hinten, senkrecht, waagrecht.

Sehproben, verschiedene Anordnungen zur Messung der Sehschärfe, z. B. Tafeln mit Buchstaben verschiedener Größe, die vom Probanden aus bestimmter Entfernung abgelesen werden sollen, oder mit →LANDOLTschen Ringen.

Sehpurpur, Rhodopsin, rötliche Substanz in den Stäbchenenden, die infolge der Lichteinwirkung »ausgebleicht« wird und im Dunkel sich wieder erholt.

Sehraum →Raum, →räumliches Sehen

Sehschärfe →Sehproben

Sehstrang, *tractus opticus* →Sehbahn

Sehwettstreit, interokularer Kontrast, die bei stereoskopischer Betrachtung auftretende Erscheinung, daß je nach Aufmerksamkeitseinstellung die rechte oder linke Hälfte zur Auffassung gelangt, wenn beide Teilbilder im Stereoskop verschieden sind, z. B. rechts senkrechte, links waagrechte Linien.

Sehwinkel, Winkel, den die von den Endpunkten eines beobachteten Objekts nach dem Auge des Beobachters gezogenen Geraden bilden.

Sehzentrum →Sehbahn, →Gehirn

Sein, Dasein, Existenz, In-der-Welt-sein, Gegebensein. • In der Ps. sind vor allem So-Sein und Sein zu unterscheiden, wobei ersteres ein bestimmtes S., eine Weise, einen Modus des Seins darstellt, dem bestimmte Eigenschaften anhaften und letzteres das »Wesen«, die Existenz als solche bezeichnet. Auch Sein und Schein sind im Ps. notwendige Unterscheidungen.

Sejunktion, von HEILBRONNER in die Psychiatrie eingeführter Begr., den dann WERNICKE gebrauchte für den Vorgang der Auflösung der Assoziationen. S. ist Zerfall der Individualität mit auftretenden Sinnestäuschungen. Ⓛ KLEIST

Sekretion, Absonderung von Drüsenprodukten (Flüssigkeiten und festen Substanzen). Äußere S. heißt die Absonderung der *exokrinen* Drüsen, z. B. Speicheldr., Magendr., weibl. Brustdr., Hautdr. • Als innere S. ⟨BERNARD, BROWN-SEQUARD⟩ wird die Absonderung chemischer Reizstoffe (Hormone) durch bestimmte *endokrine* Drüsen wie Schilddrüse, Nebennierenrinde, Teile der Bauchspeicheldrüse, Hypophyse usw. direkt in das Blut bezeichnet. →Hormone. • Zu unterscheiden von Exkretion als der Ausscheidung von »Schlacken«-Produkten.

Sektorendiagramm, graphische Darstellung der →Häufigkeitsverteilung einer Nominalvariablen (→Skala); die relativen →Häufigkeiten der Klassen werden durch entspr. große Sektoren eines Kreises veranschaulicht. *M-R*

Sekundäreigenschaften →Sekundärfaktoren

sekundäre Antriebe, die erworbenen Antriebe. →primäre Antriebe

sekundärer Verstärker, nach HULL ein Reiz, der wiederholt gleichzeitig mit einem Verstärker anwesend ist (→Verstärkung) und dadurch dessen Eigenschaft, unmittelbar vorhergehendes Verhalten in ähnlichen Situationen wahrscheinlicher zu machen, erhält. Syn. konditionierter Verstärker. Sekundäre Verstärkung wird meist angenommen, wenn Lernen ohne beobachtbare (primäre) Verstärkung, z. B. ohne Futteraufnahme, erfolgt ist. In der modernen (kognitivistischen) Ps. wird der Effekt des s. V. durch die Information erklärt, die er über die antizipierte Anwesenheit eines primären Verstärkers gibt. *B-S*

sekundäres Willenserlebnis ⟨BRENTANO⟩, das Anstreben eines Zieles, um damit ein anderes, ursprüngliches, primäres Ziel zu erreichen. Ggs. →primäres Willenserlebnis. Ⓛ ROHRACHER

Sekundärfaktoren, syn. Faktoren 2. Ordnung, Faktoren, welche aus den Interkorrelationen der Primärfaktoren extrahiert werden. Werden Variablen bzw. Testwerte interkorreliert bzw. faktoranalysiert, so erhält man Faktoren 1. Ordnung bzw. Primärfaktoren. Im Bereich der Variablen von Persönlichkeitseigenschaften spricht man dann von Primäreigenschaften.

Werden die so gewonnenen Ladungen auf der Basis der schiefwinklig rotierten Faktoren als Interkorrelationsmatrix betrachtet und einer weiteren Faktorenanalyse unterzogen, so stellen die extrahierten Faktoren S. dar. Bezieht man diese wieder auf Persönlichkeitseigenschaften, so spricht man von Sekundäreigenschaften. Faktoriell konstruierte Persönlichkeitsfragebogen lassen in der Regel die Auswertung auf dem Niveau von Primär- als auch Sekundäreigenschaften zu. *Hä-R*

Sekundärfunktion →Typologie (Primär-Sekundär-Funktionstypen). →Primärfunktion

Sekundärgruppe →Gruppe

Sekundärvorgang →Primärvorgang

Selbst (1), Ausdruck dafür, daß das erlebende Subjekt sich seiner selbst bewußt und zugleich sich selbst zum Objekt wird. Dieses »Selbst« ist Kontinuität, von den wechselnden Inhalten des Bewußtseins unabhängig, ja diesen gegenüber transzendent.

Das S. steht dem →Ich nahe. Das S.bewußtsein fordert ein Gegenstandsbewußtsein. Das Kleinkind besitzt noch Subjekt-Objekt-Einheit (analog bei Primitiven), ähnlich im Rausch und in mancher Stimmung. Die Pubertät ist das Stadium der Entfaltung des S.bewußtseins, des S.gefühls, der Entfaltung einer Selbstheit oder Ichheit. Eine charakterliche S.findung tritt später im Verlauf der Persönlichkeitsreifung hinzu. Solche »Selbstwerdung« ist aber nicht gesichert und damit das S. insoweit gefährdet, als durch S.überschätzung und S.täuschung, auch durch S.sucht eine »Verzeichnung« und krankhafte Verzerrung bzw. Verengung auf die eigenen Interessen eintreten kann oder auch, im Extremfall, die S.vernichtung (der Selbstmord) erfolgt.

Das Wechselspiel zwischen S. und Es bei den Neurosen ist Gegenstand in der Tiefenps. und Psychotherapie. Vorstellungen wie S.sabotage und S.zerstörung (z. B. derart, daß Menschen durch triebhafte Aktionen sich ständig selbst schädigen und damit bestrafen, um unterbewußt ihr Gewissen aus ihrer Triebhaftigkeit heraushalten zu können) sind dort bedeutsam. • JAMES untergliederte das S. nach Subjekt-Aspekt (zugehörig das Ego, Ich) und Objekt-Aspekt (zugehörig das *me*, Mich). Das Ego weiß, das *me* wird gewußt. Das *me* ist geistiges S. (zugehörig die Leitbilder, Religiosität, Moral u. ä.) oder materielles S. (zugehörig der Körper, die Kleidung) oder soziales S. (zugehörig die soziale Stellung, Rolle u. ä.) • Bei C. G. JUNG ist das S. die letzte Instanz im →Individuationsprozeß.

Selbst (2), begriffsanalytisch lassen sich verschiedene Bedeutungen des hypothetischen Konstrukts »Selbst« herausarbeiten, von denen beim derzeitigen Forschungsstand folgende als die relevantesten erscheinen: Das S. als personinhärentes Entwicklungsprinzip (JUNG, GOLDSTEIN, MASLOW, C. BÜHLER, REVERS u. a.), wobei das Ziel der Entwicklung in der Realisierung des »eigentlichen S.« als Urgrund des personalen Werdens zu sehen ist. In Abhebung davon das soziale S., das sich in Abhängigkeit vom Urteil der (bedeutsamen) Interaktionspartner bildet (W. JAMES, MEAD, C. ROGERS, SNYGG u. COMBS, KRECH, CRUTCHFIELD u. BALLACHEY, VERNON u. a.). Dabei ist zu unterscheiden zwischen einem S.bild (Art und Weise, wie sich ein Individuum selbst sieht bzw. welche Fähigkeiten, Rollen etc. es sich selbst zuschreibt) und einem Idealbild (als Ausdruck dafür, wie eine Person sein möchte auf Grund der internalisierten Normen und Werte seiner Bezugsgruppe). Selbst-Verwirklichung bedeutet dann u. a. das Streben nach Verringerung der Distanz zwischen S.bild und Idealbild. Eine systematisch-eklektizistische Integration dieser verschiedenen Aspekte des S. hat G. W. ALLPORT mit seinem Konzept des Proprium versucht, das sich stark an die JAMESsche Konzeption von »Ego« und »Me« anlehnt (→S.theorien d. Persönlichkeit) und somit sowohl die »personalen« wie die »sozialen« Komponenten zu einem Funktionskreis des »propriaten« Strebens nach S.verwirklichung und S.vervollkommnung vereinigt. Neben dieser grundsätzlichen Darstellung der wesentlichsten Bedeutungsgehalte des S.begriffs, denen alle anderen Auffassungen subsumiert werden können, seien an nomenklatorischen Nuancierungen als auffindbaren Definitionselementen des S.konzepts noch genannt: S.identität, S.erhöhung und -ausdehnung (Expansion), S.erfüllung, S.realisierung und Aktualisierung, S.achtung und -wertschätzung, S.ideal, S.wahrnehmung und -bewertung, S.bewußtsein, S. als Gewußtes und als Wissendes, S. als Struktur und als Prozeß, S.konsistenz und -inkonsistenz, S.integration und -desintegration, S.einsichtigkeit, Tiefen-S., soziales S., materiales S., Körper-S., geistiges S., zentrales S. (Zentralität), S.aktualität, Individualität und Subjekthaftigkeit des Selbst, Selbsterleben u. a. *He-R*

Selbst (3), in der →Analytischen Ps. ist das S. die letzte Stufe der →Individuation. Es ist (1) ein Archetyp der Ganzheit, der den →Individuationsprozeß steuert und reguliert, (2) eine annäherungsweise Vereinigung von Bewußtsein und Unbewußtem zu einer umfassenderen, vollständigeren Persönlichkeit mit hellen und dunklen Seiten und (3) eine dem Ich übergeordnete Instanz, zu der sich das Ich bewußt werdend und entscheidend oder aber passiv geschehen-lassend verhalten muß. Das S. steuert die Konstellation der →Archetypen, die die →Individuation vorantreiben. →Symbole des S. zeichnen sich durch höchste Numinosität aus und wirken persönlichkeitsverändernd, positiv-heilend oder negativ-zerstörend (in der Psychose) und können sich beispielsweise darstellen als: alter Weiser (beim Mann), große Naturmutter (bei der Frau), göttliches Kind, goldene Kugel, Kristall oder →Mandala. Ⓛ JACOBI 1959, 1965, JUNG 1976 *M-P*

Selbstaktualisierung, Selbstverwirklichung. →Selbst (2)

Selbständigkeit, soziale, Ggs.: Abhängigkeit, soziale (s. d.).

Selbstaufforderung, philosophisch-handlungstheoretischer Terminus, der, ungefähr bedeutungsentsprechend mit →Vorsatz, auch in der Handlungspsychologie Eingang gefunden hat. Ⓛ WERBIK 1978 *K-I*

Selbstaufmerksamkeit, auf das →Selbst gerichtete Aufmerksamkeit. Ausgehend von H. MEADS Auffassung über die Entstehung des Selbstkonzepts und auch von BEMS Theorie der Selbstwahrnehmung, mit der u. a. die →Einstellungen *(attitudes)* aus der Beobachtung des eigenen Verhaltens abgeleitet werden, entwickelten DUVAL u. WICKLUND 1972 eine Theorie der objektiven S. *(self-awareness)*. Durch Selbstkonfrontation (exp. z. B. mit Hilfe von Spiegel oder Tonbandgerät erzeugt) oder Selbstreflexion wird die Aufmerksamkeit von der Umwelt weg auf das eigene Selbst gelenkt. Das Hauptinteresse der exp. Forschung liegt bisher bei den Folgen des Vergleichs des Ergebnisses der Selbstwahrnehmung (Realselbst) mit einem Ideal oder mit sozialen Normen und bei der Wirkung der S. auf die Einstellungs-Verhaltens-Konsistenz (PRYOR u. a. 1977). →Selbstbeobachtung *B-S*

Selbstbehauptung →Selbstsicherheit

Selbstbeherrschung, nach PAULSEN (1921[12]) die »Kraft, durch den vernünftig-sittlichen Willen das Eigenleben im Sinne menschlicher Vollkommenheit zu gestalten, unabhängig von den Naturtrieben und Affekten«. Mäßigkeit und Tapferkeit sind die beiden Hauptformen

Selbstbekräftigung →Selbstkontrolle

Selbstbeobachtung, Introspektion, die bewußt auf seelische Vorgänge und Zustände gerichtete Aufmerksamkeit, um die verschiedenen Phasen des Ablaufs ps. Vorgänge und die Mannigfaltigkeit der Inhalte festzustellen und zu beschreiben. Systema-

S

tisch durchgeführt ist die S. eine der Forschungsmethoden der Ps. Sie gliedert sich, je nach ihrer Anwendung, in »eigene S.«, wobei sich der Forscher selbst der S. unterzieht, oder in »vermittelte S.«, bei der ps. Vorgänge anderer Personen als Ergebnisse ihrer S. mitgeteilt werden.

Als sich die Ps. im vorigen Jahrhundert mit dem Gegenstand »Bewußtsein« oder der »inneren Erfahrung« als selbständige Wissenschaft etablierte, war – da man bew. Erleben nirgendwo anders findet als in sich selbst – die S. ihr wichtigstes methodisches Instrument. Insofern Erleben als individuelle Gegebenheit an die Innenwelt seiner individuellen Träger gebunden ist, sprach man der S. auch in der Persönlichkeitsforschung eine wesentliche Bedeutung zu. – Als zureichende ps. Methode der Datengewinnung wird die S. aber wie folgt kritisiert: (a) die Gefahr der Selbsttäuschung (auf die schon BRENTANO hinweist), besonders wenn die S. zugleich eine Selbstbeurteilung provoziert oder eine moralische bzw. eine soziale Bewertung miteinschließt; (b) die Frage, ob es gelingt, trotz der unbestrittenen möglichen Rückwendung der Erkenntnisintention auf das eigene →Selbst (→Reflexion), im strengen Sinne gleichzeitig ein Erlebnis zu haben als es auch zu beobachten; (c) die Tatsache, daß jede →Beobachtung als solche das zu beobachtende Phänomen ändert; (d) das Problem, inwieweit unsere Sprache dazu ausreicht, die außerordentlich differenzierten und veränderlichen, flüchtigen ps. Vorgänge auszudrücken; (e) das wissenschaftliche Kriterium der Vergleichbarkeit kann nicht erfüllt werden. Auf Grund dieser Einwände wird die S. von vielen Forschern abgelehnt, besonders von den Behavioristen.

BRENTANO und ACH messen der S. – trotz Bedenken – neben dem Experiment eine beträchtliche Bedeutung bei, wenn sie systematisch durchgeführt wird. Für die S. spricht, daß sie für das individuelle Erleben der Wahrnehmung, des Denkens, Fühlens, des Bedürfnisses etc. den einzig möglichen direkten Zugang bildet. Die Schwächen dieser Methode können durch Ergänzungsverfahren (z. B. Ausdrucksbeobachtung, Analyse psychopathologischer Erscheinungen, Studium von Selbstbiographien) etwas gemildert werden. →Selbstaufmerksamkeit, →Selbsterkenntnis, →Beobachtung, →Fremdbeobachtung. Ⓛ ACH 1935, 1905, BRENTANO 1959, LERSCH 1962[8], PAULI 1972[7], ROHRACHER 1961[10], ROTH, E. 1969, SALBER 1960, SCHILLING 1948, BEM 1972 *S-L*

Selbstbesinnung →Reflexion

Selbstbewußtsein, im Ggs. zum Außenweltbew. das Erleben der geschlossenen Eigenheit und Einheit des persönlichen Ichs. I. ü. S. die Willenshaltung (Handlung) der Person in ihrer Beziehung zum Geltungstrieb.

Selbstbild, Selbstkonzept, die Kognitionen und Gefühle, die man sich selbst gegenüber hat. →Selbst (2). Das S. entsteht sowohl durch die →Selbstbeobachtung der eigenen Erlebnisse und des eigenen Handelns als auch durch die verschiedenen Formen der Beurteilung durch andere (Lob, Tadel, Lohn und Strafe). Letztere führt auch zu dem idealen S. und zur →Ich-Ideal-Diskrepanz. →Selbsterkenntnis

Die Beziehung zu anderen ist außerdem gegeben in dem vermuteten Fremdbild, d. h. den Annahmen, die man über das Bild macht, das vermeintlich andere von einem selbst haben. Das vermutete Fremdbild ist ein konstituierender Teil des Fremdbildes, das in der →interpersonalen Wahrnehmung entsteht, und geht über in das soziale S., das mit dem S. verglichen wird. Das vermutete fremde S. ist ebenfalls ein Teil des Fremdbildes (z. B.: »er ist eingebildet«), weil es die Kognitionen und Gefühle beschreibt, die nach eigener Meinung der andere sich selbst gegenüber hat. →Selbsttheorien der Persönlichkeit, →Q-Sortierung. Ⓛ FILIPP 1979 *B-S*

Selbstbiographie →Autobiographie

Selbsteinsicht →Selbsterkenntnis

Selbsteinstellungsmethode →Herstellungsverfahren

Selbsterfahrungsgruppe, allgemeinster Ausdruck für künstliche, auf Zeit zusammentretende Gruppen mit dem Ziel der emotionalen Erfahrung der Wirkweise der eigenen Person. Sowohl im therapeutischen als im Bildungsbereich (→Gruppendynamik, →Trainingsgruppe, →*sensitivity training*, →gruppendynamisches Laboratorium, →Organisationslaboratorium, →Gruppentherapie) verwendet. Ⓛ BACK 1972, BRADFORD 1972, SBANDI 1973 *A-S*

selbsterfüllende Prophetie →*self-fulfilling prophecy*

Selbsterhaltungstrieb, Sammelname für die Antriebe zu allen Verhaltensweisen, die für die Erhaltung des normalen Zustandes, der Gesundheit, des Lebens eines Individuums zweckmäßig sind, wie z. B. »Nahrungstrieb«, »Verteidigungstrieb« usw. →Arterhaltungstrieb

Selbsterkenntnis, Hinwendung des Erkennens auf das eigene Ich. Das Selbst als eine gestaltete und überdauernde Vorstellung in der Erfahrung des Menschen wird auf seine Eigenarten untersucht (eigenes Sein, Verhalten, Anlagen, Fähigkeiten, Einstellungen, Motivationen). Diese Vorstellung hat ihre eigene Entwicklungsgeschichte und ist jedem Individuum in je für ihn einzigartiger Weise gegeben.

Als Voraussetzung für die Entfaltung und Gestaltung der eigenen →Persönlichkeit wurde S. schon bei den Griechen der Antike als Grundlage gefordert, wie es u.a. aus der Aufschrift des Apollotempels in Delphi hervorgeht: »*Gnothi seauton*« (»Erkenne dich selbst«). Die S., das Innewerden des →Selbst, beruht einerseits auf der →Selbstbeobachtung, andererseits auf Rückempfindungen, welche aus der Konfrontation des Menschen mit Problemen in seiner Umwelt und der zwischenmenschlichen Kommunikation erfaßt werden. – Trotz der berechtigten Forderung nach S. (PASCAL, KANT) hat es an skeptischen Stimmen ihr gegenüber nie gefehlt (GOETHE, NIETZSCHE), welche auf die Neigung des Menschen hinweisen, sich (auch) vor sich selbst zu maskieren. Die →Psychoanalyse hat diese Tatsache in hinreichenden Untersuchungen bestätigt. Das andauernde Bemühen um S. als Voraussetzung für ihren Berufsauftrag wird für die Pädagogen besonders von LANGEVELD, SPRANGER und KERSCHENSTEINER, für die Psychologen besonders von HECTOR gefordert. Die tiefenps. Schulen tragen seit langem dieser Notwendigkeit Rechnung, indem sie von jedem auszubildenden Analytiker eine eigene Lehranalyse fordern. Die S., wie sie HECTOR vorschlägt, soll an kein Lehrsystem gebunden sein, mit der Übersicht über den eigenen Lebenslauf beginnen, äußere Situationen und seelische Umstände der persönlichen Entwicklung betreffen, und so eine kritische Beurteilung der Besonderheiten des eigenen gegenwärtigen seelischen Seins ermöglichen. – Da das →Selbst in ganz bestimmter Weise wahrnehmungsmäßig erkannt oder verkannt werden kann, besteht die Möglichkeit der Selbsttäuschung. Diese wiederum kann zu Schwierigkeiten bei einer realitätsnahen Anpassung an eine gegebene Umwelt führen. Die therapeutischen Bemühungen zielen auf eine Korrektur der S. und die daraus mögliche Lösung der indiv. Konflikte. Ⓛ W. ARNOLD 1969[3], BROCKDORFF 1942[2], DRIESCH 1942[2], HECTOR 1971, HOFSTÄTTER 1959, KANTHACK 1958, KATZ 1972[3], KRECH et al. 1974[6], LANGEVELD 1969[7], LITT 1948[2], SARTRE 1973, SCHELER 1919 *S-L*

Selbstgefühl →Selbst

selbstgesteuertes Lernen, beim s. L. bestimmt das Individuum sein Handeln eigenständig unter Verzicht auf Fremdsteuerung. In neobehavioristischen Ansätzen zur Verhaltensmodifikation ist s. L. auf das Konzept der Selbstkontrolle bezogen. Nach GLYNN, THOMAS u. SHEE (1973) bezeichnet Selbstkontrolle einen aus 4 Komponenten zusammengesetzten Verhaltenskomplex. (1) Selbstwahrnehmung: die Person prüft, ob sie ein bestimmtes Zielverhalten gezeigt hat. (2) Selbstregistrierung: die Person registriert die (Auftretens-)häufigkeit dieses bestimmten Verhaltens. (3) Selbstbestimmung der Verstärkung: die Person bestimmt die Art und Quote ihrer Verstärkung. (4) Selbstverabreichung von Verstärkung: die Person verabreicht sich entsprechend ihres Verstärkungsplans ihre Verstärker.

Selbstkontrolle bedeutet hier, daß die Person die Reize setzt, die ihr Verhalten kontrollieren. Demgegenüber bedeutet Kontrolle in den kognitionsps. Ansätzen Steuerung: sie bezeichnet, daß ein intelligentes System die Prozesse der Aufnahme und Verarbeitung von Reizen steuert. BROWN (1978) hat im Zusammenhang mit der Analyse von Verstehens-, Problemlöse- und Gedächtnisaufgaben 4 kognitive bzw. metakognitive Komponenten für s. L. herausgearbeitet, die hier nur verkürzt wiedergegeben werden können. (1) Metaverständnis: Was weiß ich? Was kann ich wissen? Was sollte ich wissen? (2) Vorhersage: Wie gut werde ich welches Problem lösen? (3) Planung: Wie gut und in welcher Abfolge soll ich vorgehen? (4) Überwachung, Prüfung, Bewertung: Wie gut/adäquat tue ich es gerade/habe ich es getan? Diese und ähnliche Ansätze sind bewußtseins- oder einsichtszentriert und stehen damit dem s. L. näher als neobehavioristische Konzepte. Ⓛ GLYNN et al. 1973, BROWN 1978 *M-L*

Selbstgliederungstheorie →Produktionstheorie

Selbsthilfegruppen, Kleingruppen, die ohne Mitwirkung von Therapeuten mit ihren Problemen und Konflikten umzugehen lernen sollen (MOELLER 1978). S. bestehen für psychosoziale Probleme vielfältiger Art und im Bereich der Medizin zur Verarbeitung von schweren Krankheiten und ihren Folgen. *S-T*

Selbsthypnose →Autohypnose

Selbstinstruktion, syn. verbale Selbstinstruktion (VSI), offene/verdeckte Selbstanweisungen, die verhaltensbegleitend bzw. verhaltenssteuernd auftreten bzw. eingesetzt werden. Solche Selbstinstruktionen wurden v.a. im Zusammenhang mit entwicklungsps. Fragestellungen zur vermittelnden Funktion des »inneren« Sprechens beim →Transfer- und →Diskriminationslernen und in Forschungen zum Einfluß von Selbstverbalisationen auf das Ergebnis von Problemlöseaufgaben untersucht. – Schließlich wurden Untersuchungspersonen durch externe Instruktionen dazu angehalten, bestimmte Selbstverbalisationen gezielt einzusetzen, um objektivierbare Ände-

S

rungen in ihrem Verhalten und ggf. eine Modifikation bisher eingesetzter sprachlicher Vermittler zu erreichen (→Selbstinstruktionstherapie). Ⓛ ZIVIN 1979 *S-E*

Selbstinstruktionstherapie, häufig syn. Selbstverbalisationstherapie, Selbstinstruktionstraining, eine besondere Form der →Selbstkontrolltherapie, die ganz eng mit den Forschungen von D. MEICHENBAUM verbunden ist. Bei der Konzeption des SI-Trainings nahm MEICHENBAUM v.a. die Erkenntnisse aus den Arbeiten von VIGOTSKY und LURIA auf. S. setzt an problematischer bzw. fehlender Selbstverbalisation an, die als Bedingung für das fehlgesteuerte Verhalten angesehen wird. Die theoretische Fundierung dieses Therapiekonzepts ist nicht hinreichend geklärt (JAEGGI 1979), v.a. fehlt es an Parameterstudien, die die Wirkanteile der verwendeten »Behandlungspakete« aufschlüsseln. Ⓛ KANFER u. GOLDSTEIN 1977, JAEGGI 1979 *S-E*

Selbstkontrolle, in der kognitivistischen Verhaltensmodifikation (MEICHENBAUM) gefördertes Verfahren, durch Selbstbekräftigung das eigene Erleben und Verhalten gewohnheitsmäßig zu steuern. Umgangssprachlich: Selbstbeherrschung. S. ist z.B. beim →Belohnungsaufschub notwendig. *B-S*

Selbstkontrolltherapien (Selbstkontrolle, Selbstmanagement, Selbststeuerung, Selbstregulation), zielen darauf ab, daß der Patient sein eigenes Verhalten so regulieren kann, daß sich die Auftretenswahrscheinlichkeit und/oder die Intensität des problematischen Verhaltens verringert.

Den verschiedenen Interventionsstrategien, die unter diesem Begriff zusammengefaßt werden, ist gemeinsam, daß der Therapeut den Patienten zu bestimmten Änderungen im Verhalten anregt, ihn zur Übernahme eines Programms motiviert und bei der Erstellung der einzelnen Therapieschritte sowie bei der Durchführung berät und unterstützt. Die Systematik der Beschreibung und Einordnung der Selbstkontrollverfahren fällt bei den einzelnen Forschern und Therapeuten z.T. recht unterschiedlich aus. Eine häufig benutzte Gruppierung dieser Methoden macht die Unterscheidung zwischen: (1) Techniken, die sich auf verschiedene Abschnitte des zunächst von KANFER (1971) vorgeschlagenen Arbeitsmodells zur Selbststeuerung beziehen: Selbstbeobachtung (Identifizierung des Problems), Selbstverpflichtung, Selbstbewertung, Selbstverstärkung und Selbstbestrafung; (2) Verfahren der verdeckten Konditionierung (verdeckte Verstärkung, Löschung, Desensibilisierung); (3) Methoden, die zu den →kognitiven Verhaltenstherapien i.S. von MAHONEY zu rechnen sind: Rational-Emotive-Therapie (RET) nach ELLIS, die kognitive Therapie nach BECK, MEICHENBAUMS Selbstinstruktionstherapien, das Problemlösetraining nach D'ZURILLA u. GOLDFRIED. Ⓛ KANFER 1977, KANFER u. GOLDSTEIN 1977 *S-E*

Selbstkonzept →Selbst (2)

Selbstmord →Suicid

Selbstsabotage →Selbst

Selbstsicherheit, Selbstbehauptung, *assertiveness, self-assertion,* die Fähigkeit, in definierten mikrosozialen Konflikten ohne Angst mit einem adäquaten Verhalten zu reagieren. S. wird auch als ›soziale Kompetenz‹ bezeichnet und wurde als Gegenbegriff zur ›sozialen Angst‹ in die Verhaltenstherapie eingeführt. Während früher (WOLPE 1958) mit S. alles nicht-ängstliche Verhalten gemeint war, wird heute eine deutliche Abgrenzung zu aggressivem Verhalten vorgenommen.

S. ist jedoch nicht nur durch Abwesenheit starker Angst und durch flexibles Verhaltensrepertoire zu kennzeichnen. Vielmehr muß die Fähigkeit zur Diskrimination sozialer Situationen und zur Entscheidung zwischen mehreren Verhaltensalternativen hinzukommen. Weiterhin ist eine übergreifende Normorientierung dergestalt nötig, daß sich das Individuum erlaubt, eigene Bedürfnisse zu haben und aktiv für sie einzutreten, ohne dabei andere zu beeinträchtigen oder langfristige Bindungen unmöglich zu machen. Der Begr. S. sollte auf konkrete Situationen und Verhaltensziele bezogen werden. Als situations-übergreifendes Persönlichkeitsmerkmal ist S. empirisch nicht bestätigt. Ⓛ ZIMMER 1978 *Zi-R*

Selbstsicherheitstraining, *assertiveness training,* verhaltenstherapeutische Technik, eines der bestens kontrollierten und effektivsten Breitbandverfahren, bei dem versch. Prinzipien der Verhaltenstherapie zum Einsatz kommen, um soziale Ängste, Verhaltensdefizite und Interaktionsschwierigkeiten zu behandeln.

Im engeren Sinne sind die Ziele: Reduktion von Ängsten, Aufbau und Erweiterung eines flexiblen Verhaltensrepertoires, die Fähigkeit zur Diskrimination sozialer Situationen und die Entscheidung bei der Auswahl von Verhaltensstrategien, sowie die Selbstakzeptierung eigener Bedürfnisse und rationaler Normvorstellungen. – Häufig spielen folgende Zielverhaltensklassen eine große Rolle: Angst, unberechtigte Forderungen abzulehnen; Angst, eigene Wünsche und Forderungen mit Nachdruck zu vertreten; offener und direkter Ausdruck positiver und negativer Gefühle; Kontakt-Ängste; Angst vor eigenen Fehlschlägen und Kritik anderer. In Einzeltherapien und Gruppentherapien, die zwischen 10 und 40 Sitzungen dauern, werden meist folgende Methoden angewandt: Hierarchisch abgestufte Übungen als Rollenspiele und in vivo, d. h. in der Realität, oft unter Einbeziehung realer Bezugspersonen, Instruktion, Modell-Lernen, Feedback und Verstärkung, Tonband- und Video-Feedback, Selbstregulationsverfahren und Methoden der kognitiven Umstrukturierung. Vertrauen in das eigene Verhaltensrepertoire (Kompetenz-Vertrauen oder *self-efficacy:* BANDURA) wird v. a. über real bewältigte Erfahrungen in schwierigen Situationen erreicht. Bei den teilweise mehrjährigen Katamnesen wurden positive Generalisierungseffekte auf andere Lebensbereiche beobachtet. Negative Effekte wurden v. a. von Ansätzen erzielt, die weniger prosoziales als vielmehr aggressives Durchsetzungsverhalten trainierten. Ⓛ ZIMMER 1980 *Zi-R*

Selbstsuggestion →Autosuggestion

Selbsttäuschung →Selbsterkenntnis

Selbsttheorien der Persönlichkeit, der Begr. →Selbst hat in den modernen Persönlichkeitstheorien seit W. JAMES (1890) eine zweifache Bedeutung bekommen: einerseits ist er definiert als das Total der Einstellungen und Gefühle sich selbst gegenüber, andererseits wird er interpretiert als eine Gruppe von ps. Prozessen, die das Verhalten im Sinne einer optimalen Umweltanpassung steuern. Diese zwei Auffassungen des Selbstkonzepts sind so unterschiedlich, daß es besser wäre, je einen eigenen Ausdruck einmal für das Selbst als Objekt, ein andermal für das Selbst als Prozeß (Psychoanalyse), als dynamisches Ego (JAMES), als transzendentales Ich (KANT) zu prägen.

In den gegenwärtigen Theorien wird das Selbst sowohl in der einen wie in der anderen Bedeutung gebraucht. In keiner modernen Selbsttheorie jedoch, ob sie nun das Selbst als Objekt oder als Prozeß auffaßt oder auch (in undifferenzierter Weise) als beides, hat es noch die Bedeutung eines »inneren Männchens«, welches das Verhalten steuert: als »Homunculus«, »Mann in der Brust« oder als leibunabhängige Seelensubstanz. Vielmehr versteht man unter dem Selbstbegriff das Objekt ps. Prozesse bzw. diese Prozesse selbst, die alle dem naturwissenschaftlich kausalen Erklärungsschema genügen müssen. M. a. W., das Selbst ist heute kein Begr. mehr mit metaphysischem oder religiösem Bedeutungsgehalt, sondern ein hypothetisches Konstrukt, das als (logisches) Zwischenglied zwischen der Stimulierung des Organismus und seiner Reaktion fungiert. Die modernen Selbsttheorien repräsentieren in ihrer Vielfalt heute einen ernst zu nehmenden Versuch, bestimmte Erlebens- und Verhaltensphänomene, wie sie sich aus mehr oder weniger kontrollierter Selbst- und Fremdbeobachtung ergeben, zu beschreiben und in einen wissenschaftl. Erklärungszusammenhang zu bringen. Auch in der Sicht dynamischer Selbsttheorien (vorwiegend psa. Provenienz) bedeutet das »Selbst als Tuer« (vgl. FREUDS Akt-Ich, dessen Konzeption bereits bei BRENTANO zugrunde gelegt war) nichts anderes als einen Komplex von Steuerungsprozessen. Als »phänomenales Selbst« (SNYGG u. COMBS) oder als »System persönlicher Konstrukte« (KELLY) liegen neuerdings Versuche vor, das Selbstkonzept als analytische Einheit im Bedingungssatz individuellen Verhaltens für die Weiterentwicklung der Persönlichkeitsps. fruchtbar zu machen. Auch die theoretische Integration mit den Bereichen der Wahrnehmungs-, Entwicklungs-, Sozial-, Pädagogischen und Klinischen Ps. wird in jüngsten Arbeiten mit dem Ziel einer weiteren Nutzbarmachung des Selbstkonzepts verfolgt. Das Problem einer adäquaten Operationalisierung ist allerdings bis dato noch nicht gelöst. *He-R*

Selbsttötung →Suicid

Selbstverständlichkeiten, von A. GEHLEN und P. HOFSTÄTTER bevorzugte Bez. für das, was in einer Kultur, Gruppe usw. (im Sozialisierungsprozeß) als »nicht-fragwürdig« gilt. Die Begründung der S. ist bisweilen sehr problematisch, doch dafür bieten diese weitgehend »das Gefühl der Geborgenheit des Individuums«.

Selbstverstärkung →Selbstkontrolle

Selbstvertrauen, ein auf kräftiges Eigenmachtgefühl gegründetes Gefühl, mit möglichen Schwierigkeiten fertig zu werden. Bei naivem übersteigerten Eigenmachtgefühl beruht S. auf dem Übersehen von realen Hindernissen (LERSCH). Die subjektive Erfolgswahrscheinlichkeit kann jedoch nach HECKHAUSEN (1980) nicht allein durch das →Selbstkonzept (der Begabung) erklärt werden, es müßten mit ihm vielmehr spezifische Motivparameter kombiniert werden. Das auf moralisches Handeln erstreckte S. hat seinen Grund im →Selbstwertgefühl. →Selbstsicherheit ist ein dem S. verwandter Begr., der in der Verhaltenstherapie gebraucht wird. *B-S*

Selbstverwirklichung →Selbst (2)

Selbstwahrnehmung →Selbstbeobachtung

Selbstwerdung →Selbst

Selbstwertgefühl, *self-esteem, self-regard,* neben dem Eigenmachtgefühl und der Zufriedenheit nach LERSCH eine stationäre Gestimmtheit des Selbstseins (→Selbst), mit dem der Mensch sich als Träger eines Wertes erlebt. Seine Verneinung ist das →Minderwertigkeitsgefühl. Unsicherheit im S. wird meist durch sozialen Vergleich (→Vergleichsprozesse, soziale) zu beheben versucht. • In der Persönlichkeitsps. von ROGERS und seiner →nicht-direktiven Psychother. ist unbedingte positive Hochachtung *(unconditional positive regard)* oder Akzeptierung entscheidende Voraussetzung für die Entwicklung des S., das hier unbedingte positive Selbstachtung genannt wird und bei der keine Selbsterfahrung als mehr oder weniger wert für die Selbsteinschätzung erlebt wird. Vgl. sensitiver Charakter *B-S*

selection ratio [engl. *ratio* Rate, Anteil, Verhältnis], bei Auslesen bezeichnet S. r. den Anteil der Angenommenen an der Gesamtzahl der Berücksichtigten (Beurteilten). →Ausleseverhältnis

Selektion, [lat. Auslese], (allg.) Bez. für den Prozeß und die Funktion der Auslese.

• (testdiagnostisch) Werden Pbn auf Grund von diagnostischen Daten entweder angenommen oder zurückgewiesen, werden sie also nur einer Kategorie zugeordnet, so spricht man von S. bzw. S.entscheidungen. Wird die S. sequentiell durchgeführt (→sequentielle Strategie), so werden die ersten groben Sondierungen als →*screening* bezeichnet. →Klassifikation. *Hä-R*

• (biolog.) Der für die Evolution in der Natur entscheidende Prozeß (Zuchtwahl). Einen S.vorteil besitzt eine Mutante gegenüber anderen Individuen der gleichen Art, wenn sie fähig ist, mit weniger Energieaufwand die gleiche Anzahl von ihrerseits wieder zur Fortpflanzung gelangenden Nachkommen zu erzeugen. →Abstammungslehre. *P-S*

• (sprachps.) Vor allem die Auswahl der lexikalen Einheiten, speziell bei der Produktion von Sätzen (→Sprachproduktion).

Nicht jede Einheit kann mit jeder anderen kombiniert werden. Um unzulässige →Kombinationen zu vermeiden, sieht das Lexikon (→Wörterbuch) bei den einzelnen lexikalen Eintragungen Informationen über Selektionsrestriktionen vor, das sind Angaben darüber, mit welchem →Kontext die betreffende Eintragung kompatibel ist. Die Angaben werden in Form semantischer Merkmale (Bedeutungselemente) gemacht (→Bedeutung), die der Kontext erfüllen muß. Das heißt, daß bestimmte Bedeutungskomponenten im Kontext einer lexikalen Einheit auftreten müssen, soll eine Äußerung nicht inakzeptabel werden. Eine ps. Theorie der S. liefert BROADBENT (1964). Die sprachlichen S.vorgänge können bei Aphatikern gestört sein (→Aphasie). *E-P*

Selektionsrate →Ausleseverhältnis

Selektionsrestriktion →Selektion

Selektionsstrategien bei der Begriffsbildung →fokussieren. Ⓛ BRUNER et al. 1956

selektive Wahrnehmung, eine Bez. für die Wirkung der unwillkürlichen (manchmal auch willkürlichen) →Aufmerksamkeit, d. h. für die Tatsache, daß aus der Menge der gleichzeitig vorhandenen Reize nur einige »ausgefiltert« und beachtet werden. HERNANDEZ-PEON weist sensorische →Hemmung bedeutungsloser (unwichtiger) Reize als physiol. Mechanismus der s. W. nach. *B-S*

self-awareness [engl.], Selbstwahrnehmung. →Selbstbeobachtung, →Selbstaufmerksamkeit

self efficacy [engl. Selbst-Wirksamkeit] →soziales Lernen

self-fulfilling-prophecy, selbsterfüllende Prophezeiung, die von dem Soziologen R. K. MERTON bez. Beobachtung, daß die Wahrscheinlichkeit des Verhaltens eines Menschen zunimmt, wenn dieses Ereignis bzw. dieses Verhalten erwartet wird.

MERTON ging dabei von dem sog. THOMAS-Theorem aus, nach welchem ein Ereignis real ist, wenn man es als real definiert. Als Erklärung des Phänomens wurde angenommen, daß die Erwartungen, die an das Individuum gestellt werden, vom Individuum sukzessiv als Selbstkonzept übernommen werden und verursachend für das Verhalten wirken. Sowohl die für den Nachweis der s. gewählte Methodik der exp. Anordnung als auch die von den Autoren vorgeschlagene Theorie zur Beschreibung und Erklärung der s. wurde einer ausgiebigen Kritik unterzogen. →Pygmalion-Effekt. Ⓛ MERTON 1948 *Hä-R*

Semantik, allgemeine (A. S.), *general semantics (GS)*, erstrebt eine Veränderung unseres Verhältnisses zur →Sprache und erwartet davon eine Reduzierung der menschlichen Konflikte. Ihr Ziel ist die Verbesserung der zwischenmenschlichen Beziehungen.

Das Mittel, dieses Ziel zu erreichen, ist die Bewußtmachung der linguistischen →Relativität und des linguistischen →Determinismus. Begründet wurde die A. S. in den USA durch den Polen KORZYBSKI (1933). Ihr bekanntester Vertreter ist HAYAKAWA (1949).

Im Mittelpunkt der A. S. steht die Beziehung Sprache–Denken. Nach der A. S. hält der Mensch das, was ihm die Struktur der Sprache zeigt, fälschlicherweise für die Struktur der Wirklichkeit. Diese Einstellung soll abgebaut werden. Deshalb lautet das Hauptprinzip der A. S.: Die Sprache verhält sich zur Wirklichkeit wie eine Landkarte zum Gelände. Das heißt, die Sprache bildet einzelne Aspekte der Wirklichkeit ab (Prinzip der Nicht-Identität). Das zweite Prinzip der A. S. ist das der Nicht-Vollständigkeit: was die Sprache darstellt, ist stets weniger als das Dargestellte. Die Landkarte muß immer von Einzelheiten des Territoriums absehen. Das dritte Prinzip der A. S. lautet, wir verwenden die Sprache, um über Sprache zu sprechen, wir fällen Urteile über Urteile, werten Wertungen (Prinzip der Selbstreflexivität).

Mit dem Bewußtmachen und dem Gegenwärtighalten dieser Prinzipien soll erreicht werden, daß der Mensch lernt, nicht auf die sprachlichen Etiketten, sondern auf das zu reagieren, worauf sie sich beziehen, auf die nichtverbale Realität. Damit soll der Gefahr von Vorurteilbildungen vorgebeugt und eine durch Reflexion verzögerte, an der Realität selbst orientierte Reaktionsweise erreicht werden (HÖRMANN 1967 353). Ⓛ BÜHRING 1973 *E-P*

Semantik, generative →generative Semantik

Semantik (Semiologie), Teilgebiet der allgemeinen →Semiotik; manchmal auch synonym zu →Semiotik verwandt. Der Begriff S. (bzw. seltener Semiologie) wird in verschiedenen wissenschaftl. Disziplinen wie in der Linguistik, in der mathematischen Grundlagenforschung oder in der philosophischen S. in leicht unterschiedlichen Bedeutungen verwendet. In der Linguistik taucht der Begriff S. als Übersetzung von BREALS *»la sémantique«* (1897) zuerst um die Jahrhundertwende auf. Er bezeichnet zunächst die Lehre von der Wortbedeutung, später auch die Lehre von der Satzbedeutung (→Bedeutung). In der Linguistik werden zwei Richtungen unterschieden: die historische oder traditionelle S. und die strukturelle S. Die historische S. beschäftigt sich mit der Erforschung der Grundformen und Grundbedeutungen der Wörter sowie mit ihren lautlichen und inhaltlichen Veränderungen. Soweit die Bedeutungsveränderungen betroffen sind, spricht man auch von Semasiologie.

Die strukturelle S. untersucht dagegen die Wort- und Satzbedeutung. Sie ist ein Teilgebiet der strukturellen Linguistik. DE SAUSSURE (1916) beschrieb als erster einen strukturellen Ansatz in der linguistischen S. Hiernach bekommt der einzelne Begr. seine Bedeutung durch seinen Platz relativ zu anderen Begr. in der Sprache. In Deutschland wurde der strukturelle Ansatz zuerst in der inhaltsbezogenen Linguistik vertreten. Die beiden wichtigsten methodischen Ansätze wurden von TRIER (1931) und PORZIG (1934) erarbeitet. TRIER führte den »Sinnbezirk« bzw. das →»Wortfeld« als paradigmatisches Ordnungsprinzip ein, PORZIG entwickelte das Konzept der »wesenhaften Bedeutungsbeziehungen« als syntagmatisches Ordnungsprinzip (→Assoziation).

Die strukturelle S. bemühte sich zunächst, die Bedeutung der einzelnen lexikalen Einheiten (Wörter, →Morpheme) als Bündel kleinster semantischer Bedeutungskomponenten (Bedeutungselemente, semantische Merkmale, *semantic features*) zu definieren. Eine analoge Auffassung findet sich in der Ps. z. B. bei JOHNSON (1970), der von *elementary cognitive characteristics* (ECC) spricht. Die wichtigste Methode zur Aufdeckung solcher Bedeutungskomponenten ist die Komponenten-Analyse *(componential analysis)*. Die Konstitution der Wort- bzw. Morphembedeutung durch semantische Merkmale entspricht der intensionalen Definition des Bezeichneten beim Zeichenbegriff (→Zeichen). Erst in jüngster Zeit haben die Linguisten sich ernsthaft mit dem Problem einer kombinatorischen S. auseinandergesetzt, d. h. mit der Frage, wie sich die Bedeutung größerer Einheiten, z. B. die Bedeutung eines Satzes, aus der Bedeutung der Wörter oder Morpheme, die ihn konstitutieren, ableiten läßt und welche lexikalen Einheiten miteinander kombinierbar sind (→Selektion). Die naheliegende Vorstellung, daß Satzbedeutung die Summe ihrer Wort- bzw. Morphembedeutungen ist, erweist sich als entschieden zu einfach. Gleiche Wörter ergeben z. B. nicht in jedem Fall gleiche Satzbedeutung. Dies führte dazu, die S. von der →Syntax abhängig zu machen. KATZ u. FODOR (1963) schlagen in ihrer klassischen Arbeit zu einer Theorie der S. vor, die Zusammensetzung der Wort- bzw. Morphembedeutungen zur Satzbedeutung mit Hilfe von Projektionsregeln entlang den syntaktischen Relationen der →Tiefenstruktur der generativen Transformationsgrammatik von CHOMSKY (1965) verlaufen zu lassen (→Grammatik). Dort wird die semantische Komponente der gesamten Grammatik einer Sprache so betrachtet, als funktioniere sie auf der Grundlage einer syntaktischen Tiefenstruktur, die dann durch Transformationen in eine →Oberflächenstruktur überführt wird. Praktisch bedeutet dies: die syntaktische Komponente der Grammatik erzeugt Ketten von Wortklassen, denen durch die semantische Komponente, speziell das Lexikon oder →Wörterbuch, einzelne Wörter bzw. Morpheme zugeordnet werden. Andere Linguisten nehmen dagegen an, daß zunächst mittels der semantischen Komponente der Grammatik eine Bedeutungsstruktur erzeugt wird, die dann direkt in die Oberflächenstruktur transformiert wird (→generative Semantik). Die syntaktischen Relationen werden durch →semantische Rollen ersetzt. Daneben hat besonders PAIVIO (1971) eine Theorie entwickelt, die Satzbedeutung in größte Nähe zum anschaulichen →Denken bringt.

Neben der bisher besprochenen →denotativen Bedeutung, die der S. im engeren Sinne zugeordnet wird, gibt es noch einen Bedeutungsaspekt, der eher der →Pragmatik zuzuordnen ist und der oft als →konnotative Bedeutung gekennzeichnet wird. Die Hauptdimension dieses Bedeutungsaspekts betrifft die Bewertung des durch die denotative Bedeutung erfaßten Sachverhalts; dabei generalisiert die Bewertung entlang der denotativen Bedeutung (→semantische Generalisation). Der konnotative Bedeutungsaspekt ist es auch, der bei massierter Wiederholung eines Wortes die →Sättigung erfährt. Der konnotative

S

Bedeutungsaspekt wird u. a. in der →Psychophonetik behandelt (ERTEL 1969). *E-P*

semantische Generalisation →Generalisation, semantische

semantische Sättigung →Sättigung, semantische

semantisches Differential, *semantic differential,* ein von OSGOOD entwickeltes Skalierungsverf. zur Messung der konnotativen →Bedeutung (affektiven Qualität, →Konnotation) beliebiger sprachlicher oder nichtsprachlicher Stimuli. Im deutschen Sprachbereich werden auch die Bez. Polaritäts- oder Polaritätenprofil und Eindrucksdifferential verwendet. Der Beurteiler hat vorgegebene Stimuli, z. B. Begriffe, auf einem Satz vorgegebener, meist mit Adjektiven bipolar etikettierter Rating-Skalen (→Schätzskala) vom Typ LIKERTS einzustufen.

Z. B. Liebe: rund 3-2-1-0-1-2-3 eckig. Urteilsgrundlage soll die lediglich metaphorische Beziehung, die gefühlsmäßige Affinität der Begr. sein, die denotativ (sachlich) oft nichts miteinander zu tun haben (z. B. Liebe paßt eher zu rund, hat aber mit geometrischer Form nichts zu tun). Im typischen Anwendungsfall werden nach Einstufung einer Stichprobe von Begr. auf einem Satz von Skalen die Skalen-Variablen interkorreliert und faktorenanalytisch auf zugrunde liegende Dimensionen reduziert. Sprachvergleichende Untersuchungen OSGOODS mit dem s. D. haben gezeigt, daß folgende drei Dimensionen universell auftreten: *evaluation* (Valenz, z. B. angenehm – unangenehm), *potency* (Potenz, z. B. stark – schwach), *activity* (Aktivität, Erregung, z.B. erregend – beruhigend). Diese konstituieren den affektiven »semantischen Raum« (→Semantik). Die konnotative Ähnlichkeit zwischen je zwei Begr. wird durch Distanzen zwischen Punkten in diesem Raum metrisch repräsentiert. Zu den noch ungelösten methodologischen Problemen des s. D. gehört das der Wechselwirkung zwischen Urteils- und Skalenbegriff *(concept – scale interaction)* und die Ausschaltung oder Isolierung des Einflusses denotativer Bedeutungsrelationen. Das s. D. ist als generelles (unspezifisches) Meßverfahren bei Untersuchungen zur Allg. Ps., zur Persönlichkeits- und Sozialps. verwendet worden. Es wird eingesetzt etwa bei Fragen der Emotion, der →Motivation, der →Einstellung, der →Synästhesie, der →Persönlichkeitsmessung, der →Soziometrie und bei angewandten Problemen, z. B. affektive Wirkung durch Industriewerbung, durch politische Slogans usw. Ⓛ OSGOOD et al. 1957, SNIDER u. OSGOOD 1969 *E-L*

semantisches Gedächtnis →Gedächtnis

semantisches Merkmal, ein s.M. ist eine elementare Bedeutungsdimension, die es ermöglicht, Wörter bzw. Gruppen von Wörtern zu unterscheiden. Die wichtigste Methode zur Entdeckung s.M. ist die Komponenten-Analyse (ENGELKAMP 1974 S. 80f.). Für eine Gruppe von Wörtern werden die relevanten gemeinsamen (für Mann und Frau z. B. menschlich, erwachsen) bzw. unterscheidenden Bedeutungsdimensionen (für Mann und Frau z. B. Geschlecht) gesucht. S. M. lassen sich im Hinblick auf ihre Allgemeinheit bzw. Spezifität unterscheiden. Je allgemeiner ein s.M. ist, um so umfassender ist die Klasse von Wörtern, die es beschreibt. Das Konzept des s.M. hat sich für die Sprachpsychologie als äußerst anregend erwiesen (HÖRMANN 1976). So lassen sich z. B. über das Konzept des s.M. Gruppen von Wörtern kennzeichnen, die einem gemeinsamen semantischen Feld (→Wortfeld) angehören (CLARK u. CLARK 1977, S. 429ff.). *E-P*

Semantisierung, (biol.) die Entwicklung einer Verhaltensweise zum reinen Signal, syn. →Ritualisierung.

Semasiologie →Semantik, →Semiotik

Semiologie →Semantik, →Semiotik

Semiotik, allgemeine Zeichentheorie. Sie stellt nach BREKLE (1972 26) das theoretische Paradigma für spezielle Zeichentheorien dar. Paradigma heißt, die S. kann als Metatheorie für spezielle Zeichentheorien wie z. B. für die Linguistik angesehen werden, insofern in der S. Begriffe wie →Zeichen, →Bedeutung usw. eingeführt und definiert werden, die bei der Konstruktion spezifischer Zeichentheorien als brauchbare Elemente dieser Theorien eingesetzt werden können. Die allgemeine Zeichentheorie besteht aus drei aufeinander bezogenen Komponenten, der →Syntax, der →Semantik und der →Pragmatik.

Die allgemeinste Voraussetzung für die Herstellung eines Zusammenhanges zwischen diesen Komponenten ist, daß sie alle in charakteristischen Beziehungen zu bestimmten Zeichenformen stehen. Die Syntax hat es mit den Relationen zwischen verschiedenen Zeichenformen bzw. zwischen Reihen von Zeichenformen zu tun. Diese Komponente muß jedoch notwendig durch eine semantische ergänzt werden, weil es eine wesentliche Bedingung eines semiotischen Prozesses ist, →Informationen durch Abfolgen von Zeichenformen zu vermitteln. Dies ist erst möglich, wenn die Zeichenformen etwas bedeuten, wenn eine Abbildungsbeziehung zwischen Zeichenformen und deren Abfolge einerseits und Objekten oder Sachverhalten andererseits hergestellt wird. Diese Abbildungsbeziehung geschieht durch die Regeln der semantischen Komponente. Nach BREKLE

(1972) stellt eine semantische Regel eine Abbildungsbeziehung zwischen der Menge von Objekten oder Sachverhalten ($x_1 \ldots x_n$) – deren Elemente jeweils durch die Merkmalsmenge $\{\alpha, \beta, \ldots, \gamma\}$ charakterisiert sind – und einer Zeichenform A her. Damit fungiert die begriffliche Merkmalsmenge $\{\alpha, \beta, \ldots \gamma\}$ als wesentliche Konstituente einer semantischen Regel für die Abbildung von Mengen der Art $\{x_1 \ldots x_n\}$ auf Zeichenformen der Art A. Bei der Beschreibung natürlicher (menschlicher) Sprachen geschieht die Abbildung von Zeichenformen auf Objekte oder Sachverhalte traditionell durch das Lexikon (→Wörterbuch). Die Abbildungsbeziehung zwischen einer Zeichenform und einer Menge von Objekten oder Sachverhalten heißt Zeichen. Die Zeichenformen und ihre Beziehungen zu den Objekten oder Sachverhalten können verschieden sein. Man unterscheidet nach PEIRCE (1932) →Index-Zeichen, →ikonische Zeichen (u. a. anschauliches →Denken) und →Symbole. Mit der Rolle des anschaulichen Denkens bzw. der Vorstellung bei der Verarbeitung sprachlicher Zeichen beschäftigt sich die →*»imagery«*-Forschung (PAIVIO 1971). Die pragmatische Komponente behandelt die Beziehungen zwischen Zeichenbenutzern (Sprechern – Hörern) und syntaktisch geformten und semantisch interpretierbaren Zeichenreihen. *E-P*

Sender, in der →Datenverarbeitung die Stelle der »Verschlüsselung«. →Code, →Kommunikation

Seneszenz [lat.], Altwerden, Altern, der altersbedingte körperl. und geistige Leistungsverfall. →Ps. des Alterns

senil [lat. *senilis*], greisenhaft ● Senium Greisenalter, Senilität Greisenhaftigkeit, Vergreisung, *senilitas praecox* vorzeitiges Greisenalter, insbesondere der verfrühte Verfall.

Sensation [lat. *sénsus* Sinn, Wahrnehmung], Sinnesempfindung, Sinneseindruck; auch die krankhafte Empfindung. ● Nach allg. Sprachgebrauch auch Bez. für das Aufsehenerregende.

sensibel [lat. *sensibilis* von *sentire* wahrnehmen, fühlen, empfinden], zur Empfindung gehörig, wahrnehmbar, z. B. in *mundus sensibilis* = die Welt der wahrnehmbaren Dinge. Im weiteren Sinne heißt s.: der Empfindung fähig, empfindlich, feinfühlig.

sensibilisieren, sensitivieren, die Empfindlichkeit/Empfänglichkeit für einen Reiz verbessern. Ggs. desensibilisieren, unempfindlich machen, z. B. gegenüber Angstzuständen. ● In fast allen therapeutischen Ausbildungsformen (z. B. Training in Gesprächspsychotherapie, *sensitivity-training,* T-Gruppen, →BALINT-Gruppen) wird versucht, durch Beachtung von Interaktionsmustern und -effekten Fähigkeiten zu entwickeln, die die Interaktion in Beratung und Therapie fördern soll. ● Die Sensibilität wird auch als Grundlage der →Kreativität und der →Neurose genannt. *R-S*

Sensibilisierung, HELLPACH hat den Begr. verwendet für die Tatsache, daß heftige Gemütserschütterungen eine gesteigerte Reaktivität hinterlassen können. Analog zur Pathologie, wo eine durchgemachte Affektion statt zu immunisieren anfälliger machen kann, liegt mit der S. Ähnliches im ps. Bereich vor. Ⓛ HELLPACH

Sensibilität, die Fähigkeit zur Empfindung, Feinfühligkeit. Oft wird der Begriff weiter gefaßt und die Irritabilität = Reizbarkeit einbezogen.

Unterschieden werden: Oberflächensensibilität für Berührungs-, Druck-, Schmerz-, Temperaturempf. und die Fähigkeit zur Lokalisation der Hautreize sowie Tiefensensibilität für die Empf. der Lage, Bewegung, Vibration und Muskelspannung. ● Zu unterscheiden ist auch nach epikritischer und protopathischer S. (HEAD 1905). Erstere ermöglicht feine Unterscheidungen hinsichtlich Schmerz, Druck und Temperatur, letztere vermittelt Schmerzempfindungen und starke Temperaturschwankungen in vager und schwer lokalisierbarer Form. Beide Rezeptoren leiten auf versch. Nervenbahnen weiter, beide liegen in der Haut.

Sensibilitätsstörungen, typische Ausfälle der →Sensibilität oder Reizerscheinungen mit oder ohne Beteiligung der motorischen und sekretorischen Funktionen (An-, Hyp-, Hyperästhesie, An-, Hyp-, Hyperalgesie usw.). ● Psychogene S. lassen zumeist ihre anatomische Begründbarkeit vermissen.

sensitiv, empfindsam, vor allem übermäßig empfindlich. Dementsprechend die Bezeichnung sensitive Reaktion und sensitive Reaktionstypen. Der »Sensitive« mit seiner gesteigerten Empfindsamkeit und Reaktionsbereitschaft schlägt die Brücke zum Hyperästhetiker, aber auch zum Neurotiker. Vgl. Beziehungswahn

sensitive Einstellung →sensitiver Charakter

sensitiver Beziehungswahn, der Wahn, beobachtet, verfolgt, beeinflußt zu werden, und zwar wegen einer moralischen Verfehlung. Der s. B. stellt die paranoische Reaktion des sensitiven Charakters dar. Beispiel: Auf eine sexuelle Verfehlung folgt die moralische Selbstverurteilung und verstärkt sich das Erleben der eigenen moralischen Insuffizienz. Hieraus entwickelt sich die Angst vor dem Entdecktwerden, und aus dieser

S

Angst wiederum erwächst ein Beachtungswahn und schließlich ein Verfolgungswahn.

sensitiver Charakter, die durch eine sensitive Lebenseinstellung geprägte Persönlichkeit

Die Einstellung ist nach KRETSCHMER durch eine erhöhte Empfindlichkeit und Verletzbarkeit des Selbstwertes und durch eine erhöhte Neigung zur Selbstentwertung und Selbstbeschuldigung auf dem Hintergrund einer starken Selbstwertunsicherheit gekennzeichnet. Solche Menschen besitzen ein überstarkes Bedürfnis nach Bestätigung von außen zur Stützung ihres zermürbenden Minderwertigkeitsgefühls. Sie sind in übertriebener Weise selbstkritisch, stellen an sich die höchsten Anforderungen, vor allem in moralischer Hinsicht und suchen für jeden Mißerfolg die Schuld immer bei sich. Außerdem findet sich bei ihnen eine Neigung zu Beziehungsideen. Nach KRETSCHMER entsteht die sensitive Lebenseinstellung aus der Kontrastierung der nach außen in Erscheinung tretenden asthenischen und der »inneren« sthenischen Einstellung. Den Gegensatz zur sensitiven Einstellung bildet die expansive Einstellung.

Sensitivität →sensitiv

Sensitivity-Training, neben den →Encounter-Gruppen die wichtigste gruppendynamische Trainingsform. Das S.-T. (auch *human-relations-training*) befaßt sich z. B. mit dem Interessenkonflikt zwischen Arbeitnehmer und Arbeitgeber und sucht Lösungen zur Produktionssteigerung bei gleichzeitigem Abbau der Entfremdung im Arbeitsprozeß.

Dabei wird von der Annahme ausgegangen, daß Kommunikationsstruktur und Führungsstil das Wohlbefinden der Betriebsangehörigen beeinflussen, und daß das Wohlbefinden sich auf den Arbeitsprozeß auswirkt. Zur Verbesserung der Arbeitsatmosphäre wird Gruppenarbeit statt autoritärer Lenkung und Offenheit gegenüber fassadenhaftem Rollenverhalten angestrebt. Dazu werden die Wahrnehmung für das Innenleben anderer, die Einsicht in eigene und fremde Einstellungen und Rollen, Offenheit und Rückmeldung über zwischenmenschliche Beziehungen trainiert. Sensitivity-Gruppen unterscheiden sich danach, ob sie mehr die Organisationsstruktur oder die individuelle Entwicklung in den Vordergrund stellen. Im ersten Fall nehmen die Betriebsangehörigen gemeinsam an den Trainingsprogrammen teil, im zweiten Fall können Angehörige verschiedener Betriebe in anonymen Gruppen zusammenkommen. *R-F*

Sensitization [engl. *sensitize* sensibilisieren], Sensibilisierung, empfindlich machen, gefühlsempfindlich machen. →Repression-Sensitization

sensitizer [engl.] →*represser*

Sensomotorik →sensumotorisch

sensomotorische Tests →psycho-(senso-)motorische Testmethodik

sensoriell, sensorisch, auf die Sinne bezüglich, z. B. sensorielle →Aphasie = Worttaubheit, Wortblindheit

Sensorien, Areale im Großhirn

sensorische Deprivation →Deprivation

sensorische Einstellung, best. Einstellung bei RT-Versuchen. →Reaktionszeit

sensorisches Register →Gedächtnis

sensorisches Rindenfeld →Gehirn

sensorisches Vorkonditionieren, *sensory preconditioning,* in der Periode des s. V. werden zwei bedingte Reize (→bedingter Reflex, →Lernen III u. IV) wiederholt geboten. Danach erfolgt die →Konditionierung mit einem der beiden Reize, die Prüfung mit dem anderen. Klassischer Versuch von BROGDEN (1939), vgl. SEIDEL (1959). *B-S*

sensorisch-tonische Feldtheorie [engl. *sensory-tonic field theory*], von WERNER (WERNER u. WAPNER 1949) entwickelte Wahrnehmungstheorie, die versucht, die Interaktion von sensorischen und motorischen Prozessen bei der Perzeptbildung zu integrieren. Tonisch bezieht sich in dieser Theorie sowohl auf nervöse Prozesse, wie auf die Gestimmtheit, dynamische Ausgerichtetheit des ps. Systems. *D-Y*

Sensorium [lat.], ältere Bez. für Bewußtsein, das Wahrnehmen, »Sinnesapparat«

Sensualismus, ps. und erkenntnistheoretische Anschauung, nach der alle Erkenntnis und alle Bew.inhalte von den Sinnesempfindungen abhängig sind. Seelenleben ist die Summe von Empfindungen und deren Nachwirkungen, verursacht durch innere und äußere Reize.

sensumotorisch, sensomotorisch, Bez. für Nervenprozesse, bei denen sowohl sensorische wie motorische Fasern in Tätigkeit sind, so wie für die Nervenstruktur, die der Träger dieses Prozesses ist. In entsprechendem Sinne auch Bez. für Prozesse, in denen ein unmittelbarer Zusammenhang zwischen Wahrnehmungen und Verhalten besteht, z. B. bei der Koordination von Auge- und Handbewegung (visumotorische Koordination). Solche Koordinationsprozesse können als →Wirkungsgefüge entweder genetisch weitgehend fixiert sein oder, wie die Auge-Hand-Koordination des Menschen, durch ständige Lernprozesse mit aktivem und passivem Feedback über Propriozeptoren (→Rezeptoren) adaptiv und plastisch bleiben. Ⓛ BECKER-CARUS 1969, HELD u. a. 1976 *B-C*

• Erstes Stadium der kognitiven Entwicklung nach PIAGET mit der Betonung der Koordination von Sinnesorgan und Bewegung: →Schema, →Akkomodation, →Assimilation.

sensus numinis [lat.], Sinn für das Wunderbare. Gefühl des Überweltlichen, des »Ganz anderen«. Nicht im Sinne des Grotesken oder Wunderlichen, sondern des echten Staunens und Ergriffenseins, das den Vorstellungskeim des »Übernatürlichen« impliziert. *S-G*

Sentence Completion Test →Satzergänzungs-Verfahren

Sentiment [frz., zu lat. *sentire* fühlen], Gefühl. • In der hormischen Ps. (→Ps.-Richtungen) von W. MCDOUGALL ist S. eine Art Gesinnung, die sich im Prozeß affektiver Organisation der Triebkräfte einer Persönlichkeit gegenüber bestimmten Objekten (nicht Handlungen) ausprägt. Z. B. Zu- und Abneigung, Liebe, Haß (A. F. SHAND).

Sentimentalität, Empfindsamkeit, Schwärmerei. Ein Zuviel an Gefühl, das leicht in Gefahr kommt, unecht zu werden. So meint LERSCH, daß sentimentale Traurigkeit im Grunde unecht ist wie ein sentimentales Minderwertigkeitsgefühl, dem es nur um ein Kokettieren mit Selbsterniedrigung und Servilität geht.

sequentielle Strategie, nach CRONBACH u. GLESER (1957) dasjenige Vorgehen bei der Selektion, bei dem schrittweise von Testung zu Testung entschieden wird, welche weiteren Informationen über die Pbn eingeholt werden. Während bei dem konventionellen Vorgehen *(»battery procedure«)* mehrere Testwerte von allen Pbn erhoben werden, diejenigen Pbn, welche die höchsten Testwerte erreicht haben, angenommen werden, der Rest abgewiesen wird, werden beim sequentiellen Vorgehen die Gruppen der Angenommenen, die der Abzuweisenden und diejenigen, welche weiter getestet werden, gebildet. Erst durch die neue Testuntersuchung werden weitere Entscheidungen gefällt. *Hä-R*

sequentielle Tests, →Signifikanztests, bei denen anläßlich des Ergebnisses einer jeden Einzelbeobachtung festgestellt wird, ob der Versuch fortgesetzt werden muß oder ob eine Entscheidung über die experimentelle Hypothese getroffen werden kann. s. T. finden bei Experimenten oder Beobachtungen Verwendung, die möglichst ökonomisch (mit möglichst kleinem Stichprobenumfang) durchgeführt werden sollen und die ein sukzessives Vorgehen gestatten. *M-R*

$_{S}E_{R}$, Symbol für →Reaktionspotential (ursprünglich *excitatory potential,* HULL), Symbol bei SPENCE: E

Serienhandlung, die aus bestimmten, aufeinanderfolgenden Teilhandlungen notwendig sich zusammensetzende Handlung und Gesamtheit einer Tätigkeit. Beispiel: Das Arbeiten an einer Zahlkasse, die Tätigkeit an elektrischen Schaltvorrichtungen. Im Exp. prüft man (etwa in der Arbeitsanalyse oder zur Klärung der Eignung) den Ablauf der zu einer Gesamthandlung gehörenden Teilhandlungen. Z. B. muß beim Aufleuchten eines Signallichts die Vp ein bis acht Teilhandlungen hintereinander ausführen, um die Lampe vorschriftsmäßig zum Erlöschen zu bringen. →Reaktionsversuch.

Serienhandlungsprüfer Ⓣ GIESE

Serotonin, Neurohormon und Transmittersubstanz. S. spielt eine Rolle bei der Regulation des Schlaf-Wach-Rhythmus. Nach der Serotonin-Hypothese soll bei bestimmten Depressionsformen ein Serotonin-Mangel im Gehirn bestehen. →Transmitter Ⓛ LIPTON et al. 1978 *J-E*

Serviettenringfigur →WUNDTscher Serviettenring

SES, *socioeconomic status,* →Status, sozioökonomischer

SET Ⓣ KROUT

set, Menge (math.) • In der Ps. meist svw. Ausgerichtetsein, Einstellung. Als *s.* wird die kurzzeitige Disposition eines Organismus angesehen, derzufolge die Wahrnehmung oder das Verhalten in einer bestimmten Richtung verändert wird. Die Wirkung von *s.* spielt bei der Durchführung von Experimenten oder Tests eine Rolle. Vom *s.* ist die *attitude* zu unterscheiden, womit eine langandauernde Einstellung bezeichnet wird. Da oft für beides der Begr. Einstellung verwendet wird, empfiehlt BERGIUS *s.* nicht damit zu übersetzen.

S-E-T (Gruppentest für soziale Einstellung) Ⓣ JOERGER

S

setting [engl.], Bildung von leistungshomogenen Gruppen in einzelnen Fächern unter Beibehaltung der heterogenen Zusammensetzung der Stammklasse in den übrigen Fächern, vgl. *streaming*. *F-R*

setting [das Setzen, die Anordnung], Milieu, Umgebung, Situation, Arrangement, vor allem in der sozialps. und therapeutischen Literatur, die Wert auf die Bedeutung sozioökologischer Faktoren legt. →*behavior setting*, →ökologische Ps. *R-S*

SEU/SEV, *subjective expected utility/value*, der subjektiv definierte Nutzen, der von einer von mehreren Alternativen erwartet wird. →Entscheidungstheorie, →Risikoverhalten

Sexologie, nach M. HIRSCHFELD Sammelbez. für die Beschreibung der Beziehungen des Sexuellen zum gesamten kulturell-zivilisatorischen Geschehen. Insbesondere ist S. Oberbegr. zu Sexualbiologie, -hygiene, -pädagogik, -pathologie, →-psychologie. →Sexualität

Sexualdelinquenz →Sexualverbrechen

Sexualerziehung, Sexualpädagogik, seit der Antike je nach den gesellschaftl. Auffassungen von Sexualität und entsprechenden Normen mehr oder weniger exponierter Teilbereich der Erziehung und, mit Beginn und Fortschreiten der Kriktik an der bürgerlichen Gesellschaft und ihrer Moral, der erziehungswissenschaftlichen Reflexion.

Anthropolog. und sozialwissenschaftl. Erkenntnisse, vor allem auch der Psychoanalyse, stützen die Forderung nach einer unbefangenen Bejahung der Sexualität und der Ermöglichung zugehöriger Lernprozesse mit dem Ziel einer Integration des ausgegrenzten Sexualitätsbereichs in menschliches Leben und personale Struktur. Das Gemeinsame aller modernen pädagogischen Bestrebungen ist eine emanzipatorische gegenüber einer traditionell-repressiven Sexualerziehung, erreichbar durch »Enttabuisierung« der Sexualität und des Sexualverhaltens und Vermittlung von Kenntnis ihrer Entwicklungsformen und Einsicht in ihre soziale Bedingtheit. Durch vorgängige Akzentuierung von unterschiedlichen politischen Standpunkten im Hinblick auf die Erziehungsziele der Sexualpädagogik gerät diese allerdings vielfach wieder in eine Abhängigkeit, der sie gerade entronnen zu sein glaubte. →Erziehung, →Pädagogik, →Erziehungsziel. Ⓛ HAUN 1971, KENTLER 1970, 1971, SCARBATH 1969 *Mü-E*

Sexualhormone, →Hormone, die das sexuelle Verhalten regulieren. Die entscheidend beteiligte Hormonart ist die der →Androgene, und zwar beim Mann und der Frau. →Keimdrüsen *J-E*

Sexualität [lat. *sexus* Geschlecht], ein mehrdeutiger Begr., der sowohl die reine Geschlechtlichkeit des Männlichen und Weiblichen bedeutet, wie auch den Geschlechtstrieb mit seiner besonders weitreichenden Variation und Ausstrahlung und seiner kulturellen Gestaltungskraft (→Trieb). Herkömmlich definiert man S. als die Gesamtheit aller mit dem Sexus begründeten (begründbaren) Lebensäußerungen, wobei jedoch in Grenzfällen deren sex. Zugehörigkeit nur schwer entscheidbar ist (hat z. B. das Kleinkind beim Daumenlutschen Lustgefühle sex. Art?). Der gegebenen Definition der S. wird hinzugefügt, daß sie zu den nicht-homöostatischen Regelungen (→Homöostase) gehöre. Sie besitze dafür keinen genügend eindeutigen Sättigungsmechanismus, sie ist nicht wie Hunger, Atmung, Ausscheidungsfunktionen u. ä. auf die bloße Stillung eines physiol. Bedürfnisses reduzierbar. Psychologisch ist jedes Verhalten als sex. zu werten, das zugleich die körperlich-nervliche Erregung des Geschlechtsorganes (Reizung) mit intensiver ps. Beteiligung ausweist – gleich ob dies in individuellem Alleingang, in der Begegnung zweier Geschlechter (zur Kopulation oder nur zur gegenseitigen geschlechtlichen Befriedigung) oder auch zwischen Individuen gleichen Geschlechts abläuft. Ob S. »instinktiv« dem Menschen zu eigen ist (mit allen Vorbehalten gegen die Bedeutung des →Instinktes) oder ob für sie Prinzipien der →Lerntheorien zu gelten haben (wofür z. B. die bekannten Exp. von HARLOW mit Affen sprechen) bleibt zur Klärung noch ebenso Forschungsziel wie die vielfältigen Probleme, die nach Überwindung der lange Zeit im Sexualbereich herrschenden Tabuierung aus umfassenden Erhebungen zum »Intimverhalten« (KINSEY-Reports u. a.) bekannt geworden sind. Die S. variiert in ihrer Erscheinung (Ausformung) auch noch äußerst stark mit den versch. kulturell-gesellschaftlichen Strukturen (Patriarchat, Matriarchat u. a. m.), sowie dem rituell herrschenden sex. Brauchtum (→Beschneidung, Klitorektomie, Infibulation u. a. m.). Ⓛ FORD and BEACH 1968, H. GIESE 1952, HARLOW 1962, A. C. KINSEY et al. 1948 (dt. 1954)–1953 (dt. 1954), SCHORSCH u. SCHMIDT 1975. Weiteres →nachstehende Übersicht, →Sexualpsychologie

Varianten der Sexualfunktion und des Sexualerlebens

Bezeichnungen und Bedeutungen in Übersicht
(→Stw. = siehe das Stw. im Hauptteil)

Aidoiomanie [zu gr. *aidoia* Scham], Sexualmanie, gesteigerter Geschlechtstrieb.
Algolagnie [gr. *lagneia* Wollust], Schmerzwollust, geschl. Erregung durch Ertragen oder Zufügen von Schmerzen; übergeordneter Begr. zu →Sadismus und →Masochismus. Vgl. Metatropismus
anale Phase →Stw.
Analerotik [lat. *anus* After], jene Abart des Sexualempfindens, die den After als betont erogene Zone einbezieht. • Bei FREUD bedeutet A. Fixierung auf die →analsadistische Phase
analsadistische Phase →Stw.
Anaphrodisie, Fehlen des sex. Lustgefühls (z.B. psychogen bedingt bei →Involution u. nerv. Erkrankung). A. ist benannt nach APHRODITE.
Androgynie [gr. *aner* Mann, *gyne* Frau], Zwittertum, Mannweibtum. Die A. ist die mehr als Idee erdachte Geschlechtermischung (körperlich-seelisch) i. Ggs. zur vorwiegend körperl. Doppelgeschlechtlichkeit, dem →Hermaphroditismus. • Mit A. wird auch das Auftreten männl. sekundärer Geschlechtsmerkmale bei Frauen bezeichnet. →Gynandrie
Andromanie →Nymphomanie
Andropause, Aufhören der sex. Funktion beim Manne (insbes. der sex. Aktivität). →Menopause
Androphobie, Mannesscheu, Furcht der Frau vor dem Sex.-verkehr mit dem Mann.
Anerosie, Fehlen des Geschlechtstriebes.
Anerotismus, syn. Hyposexualität, allg. Schwäche des Sexualtriebes und -erlebens.
Anhedonie →Stw.
Anorgasmie, Ausbleiben des Orgasmus. Meist Symptom neurotischer (weniger krankhafter) Störung. Unterschieden werden primäre A. (vollständiges Ausbleiben des Orgasmus) und sekundäre A. (Ausbleiben nach vorausgegangener Erlebnisfähigkeit). Die primäre A. wird auch als Präorgasmie bezeichnet.
Antikonzeption, Empfängnisverhütung.
Aphanisis →Stw.
Aphrodisie, gesteigerter Geschlechtstrieb. A. ist benannt nach APHRODITE.
Appetenz, das sex. Bedürfnis, das als primärer, angeborener Trieb ein Suchverhalten mit ausrichtenden weiteren Reizen in Gang setzt.
Asexualität, wörtl. Ungeschlechtlichkeit, Zustand unterhalb normaler sex. Erregbarkeit. Fehlen der →Libido. Auch Fehler an den Geschlechtsorganen (z.B. Rudimentärsein).
Autoerotismus, die beim Kinde oder bei auf Kindstufe narzißtisch fixierten Erwachsenen vorliegende Tendenz, Lust am eigenen Körper, also ohne Partnerbezug, zu gewinnen. Begr. stammt von Havelock ELLIS und wurde von FREUD übernommen.
Beschneidung, Circumcision, die bei Mohammedanern, Juden und afrik. Volksstämmen weit verbreitete, nach best. Vorschriften geregelte operative Entfernung der Vorhaut *(präputium),* total oder teilweise, beim Säugling oder in der Pubertät. Wenig eindeutig ist der Anlaß zur B.: Symbol der Mannbarkeitserklärung (Aufnahme des Jünglings unter die Männer) – Vorbereitungsakt auf die Sexualfunktion (erst der Beschnittene darf heiraten) – Reinlichkeitsgründe (die Verbreitung der B. in tropischen Zonen spricht dafür) – Wundheilungsgrund (die Vorverlegung der B. auf das Säuglingsalter lasse die Wunde besser ausheilen) – Rest des alten Menschenopfers (Weihe eines Teiles statt des Ganzen). • Auch die B. der Mädchen (Entfernung der Klitoris, teilweise Amputation der Schamlippen, Infibulation [lat. *infibulare* zuheften] als Verschluß des Scheideneingangs zur Beischlafverhinderung) ist bei einigen Völkern und Stämmen Sitte. Zur Begründung wird u.a. die Hemmung der weibl. Sexualität genannt.
Climacterium →Klimakterium
Coitus →Koitus
Contrectationstrieb →Kontrektationstrieb
Couvade →Stw.
Cunnilingus [zu lat. *cunnus* Scham, *lingere* lekken], Belecken von Scham und Klitoris.
Cypridophobie [gr. *kypris* (Cypern), gemeint APHRODITE nach ihrem Heiligtum auf Cypern], Furcht vor dem Geschlechtsverkehr, auch Furcht, sich eine Geschlechtskrankheit zuzuziehen (Venerophobie).
dating [engl.], sexualbezogene Verabredung und Kontaktnahme mit Partner (Bez. bei Jugendlichen).
Defemination [lat. *de femina* Entweiblichung], Verlust der weiblichen (und Auftreten männlicher) Geschlechtsmerkmale. Z.B. Tieferwerden der Stimme, Bartwuchs, Atrophie der Sexualorgane und des Sexualempfindens. Ursache: Vergreisung, org. Leiden. • D. wird auch für →Frigidität gebraucht. Vgl. Effemination, Eviration
Defloration [lat. *deflorare* Blüte abpflücken, entjungfern], Abdrängen des Hymens beim ersten Beischlaf. Die D. spielt(e) völkerps. eine Rolle.
Detumeszenztrieb [lat. *detumescere* abschwellen], nach →A. MOLL diejenige Komponente des Sexualtriebes, die zur Entspannung drängt. →Kontrektationstrieb
Deviation, sexuelle [lat. *deviare* vom Wege abweichen], zusammenfassende Bez. für sex. Abweichungen von der »Norm«.
Dyspareunie [gr. *pareúnasthai* danebenliegen], Abweichung (schmerzhafte) vom normalen Geschlechtsverkehr. Fehlen des Wollustgefühls bei der Frau infolge Mangels an Erregbarkeit oder Störung der Funktion, Abwehrkrampf.
Effemination [lat. *effeminare* weiblich machen, Verweiblichung], das Annehmen weibl. Empfin-

S

dens und weibl. Haltung beim Manne. Vgl. Defemination.

Ejakulation [lat. *ejaculare* ausstoßen], Ausstoßen des Spermas beim Orgasmus.

EONismus, ein Syn. zu →Transvestismus, nach dem Chevalier d'EON.

Ephebophilie [zu gr. *ephebos,* lat. *ephebus* Jugend, Jüngling, *philos* freundlich], Jünglingsliebe in homosex. Ausrichtung. →Homosexualität

Erektion [lat. *errigere* aufrichten], allg. Versteifung bei Organen durch Blutstauung, spez. des männl. Gliedes.

erogen [gr. *eros* Liebe, ... *gen* hervorbringend], sexuell erregbar, erregend, stimulierend. E. Körperstellen, zur Stimulation geeignete Stellen.

Eros →Stw.

Erotik →Stw.

Erotomanie [gr. *mania* Tollheit, Wahn], Liebeswahn, übersteigertes sex. Verlangen. • Eine Störung, bei der sich der Betroffene einbildet, von einer ganz fernstehenden Person geliebt zu werden.

Erregungsphase, die auf die Stimulation folgenden Reaktionen der Sexualorgane einschl. Steigerung der Herzfrequenz und des Blutdrucks.

Eunuch, Eunuchismus [gr. *eunouchos* Kämmerer, Bettschützer], der durch →Kastration zeugungsunfähig gemachte Knabe oder Mann (Verschnittene), bzw. die psycho-physischen Folgeerscheinungen solcher Kastration.

eunuchoid, Eunochoidismus, die krankhafte, unvollkommene Entwicklung der Geschlechtsorgane und die dadurch bedingte Änderung, ähnlich der bei der männlichen Kastration im Kindesalter, andere Körperfettverteilung, Fistelstimme.

Eviration [lat. *ex* u. *vir* Mann, Entmannung], Verweiblichung des Mannes. Begr. wurde von KRAFFT-EBING eingeführt (syn. →Effemination).

Exhibitionismus [lat. *exhibere* darbieten], sex. Lustgewinn durch Zur-Schau-stellen (Entblößen) der Genitalien (insbes. gegenüber dem anderen Geschlecht). Begr. wurde von dem frz. Arzt LASÈGUE (1877) eingeführt.

Fellation [lat. *fellare* saugen], Mundkontakt mit dem männl. Genital (hetero- oder homosexuell).

Feminierung, Feminisierung [lat. *femina* Weib], Verweiblichung beim Manne infolge Eingriffes in den Hormonhaushalt. →Effemination

Feminismus, Vorhandensein, auch Ausbildung sekundärer weibl. Geschlechtsmerkmale beim Manne. →Effemination

Fetischismus, Perversion der Libido mit Hinwendung zu Körperteilen neben den Sexualzonen bzw. auf Gegenstände wie Schuhe, Unterwäsche. Meist ersetzt dabei der Fetisch die Person.

Flagellantismus [lat. *flagellare* geißeln], Mißhandlung des eigenen Körpers aus religiösen Gründen oder zur geschlechtlichen Erregung (beides auch zuweilen vermischt), wobei die Schmerzen lustbetont erlebt werden.

Frigidität [lat. *frigidus* kalt], keine (oder nur beschränkte) sex. Anteilnahme (Orgasmus). Sexualstörung der Frau. →Anorgasmie, →Potenz

genital [lat. *genitalis* erzeugend], zur Zeugung gehörig, geschlechtlich.

genitale Phase →Stw.

Gruppensexualität, die wechselseitige sexuelle Betätigung unter mehreren, mindestens 3 Individuen. Zu unterscheiden sind Partnertausch und →Promiskuität.

Gynagogie →Stw.

Gynäkomastie [gr. *gyne* Weib, *mastos* Brust], starke Brustentwicklung beim Manne.

Gynäkophobie [gr. *gyne* Weib, *phobos* Furcht], neurotische Furcht vor Frauen, »Weiberscheu«.

Gynandrie [gr. *andros* Mann], Weibmanntum. Das Auftreten weibl. sekundärer Geschlechtsmerkmale beim Manne. • Mit G. wird auch das Zwittertum allg. bezeichnet. →Androgynie

Gynandromorphie [gr. *morphe* Gestalt], das zwitterhafte Auftreten männlicher oder weiblicher Geschlechtsmerkmale. • Die Ausbildung weibl. Körpermerkmale beim Manne.

Hermaphroditismus [nach HERMAPHRODITOS, Sohn des HERMES und der APHRODITE], Zwittertum. Vorkommen männl. u. weibl. Geschlechtsmerkmale im gleichen Individuum.

Hermaphroditismus verus, echtes Zwittertum. Männl. u. weibl. Keimdrüsen zugleich in einem Individuum (beim Menschen sehr selten).

Heterosexualität, die normale wechselseitige Geschlechtsbeziehung.

Homo, svw. der Homosexuelle

Homoerotik [gr. *homos* gleichgerichtet], gleichgeschlechtliche Sexualität.

Homosexualität, auch Homoerotismus, bei Männern Uranismus [nach URANOS Himmel, Himmelsgott], bei Frauen Tribadismus [zu gr. *tribein* reiben], Sapphismus [nach der gr. Dichterin SAPPHO], lesbische Liebe [nach der Insel Lesbos] genannt. Die H. ist in der Verursachung noch ungeklärt: Diskutiert wird die H. als eine (nicht abartige) sexuelle Verhaltensmöglichkeit oder als biolog. Gegebenheit oder als erworbene Fehlhaltung. Varianten sind noch: Androphilie, Ephebophilie, Pädophilie (auf Erwachsene, Jugendliche, Kinder ausgerichtete Formen der H.).

Hypergenitalismus, die übernormale Entwicklung der Geschlechtsorgane und -merkmale (schon im Kindesalter).

Hypergonadismus, die Überfunktion der Keimdrüsen (Gonaden).

Hypersexualität, allg. Bez. für gesteigerte S.

Hypogenitalismus, die unternormale Entwicklung der Geschlechtsorgane und -merkmale.

Hypogonadismus, die Unterfunktion der Keimdrüsen (Gonaden).

Hyposexualität, syn. Anerotismus, allg. Schwäche des Sexualtriebes und -erlebens.

Impotenz, Unfähigkeit zur →Kohabitation; *impotentia psychica,* Furcht vor dem Nichtkönnen; *impotentia generandi,* →Sterilität.

Infibulation →Beschneidung (Mädchen)

Inkubismus [lat. *incubare* auf etwas liegen], Bez. für das Obenaufliegen der Frau beim Geschlechtsakt.

Intersexualität, Sammelbez. für die versch. sex. Zwischenformen mit auffälligen gegengeschlechtlichen Merkmalen (angeboren oder erworben) wie bei →Androgynie, →Gynandrie, →Hermaphroditismus. Die →Homosexualität und deren Varianten als I. zu bezeichnen, ist umstritten.

Ipsation, Ipsismus [lat. *ipse* selbst], Selbstbefriedigung, →Onanie. Eine von dem polnischen Arzt KURKIEWICZ eingeführte Bez., die von M. HIRSCHFELD übernommen wurde.

Kastration [lat. *castrare* der Zeugungskraft berauben], die operative Entfernung der Hoden bzw. der Eierstöcke oder auch die Zerstörung des Keimdrüsengewebes (z. B. durch Röntgenbestrahlung). • Von der K. zu unterscheiden ist die →Sterilisation.

Kastrationskomplex →Stw.

Kinäde [gr. *kinaidos* sex. widernatürlicher Mensch], Mensch, der Unzucht treibt, z. B. →Sodomie. • Verweichlichter Mann, der sex. als Frau empfindet.

Klimakterium [gr. *klimakter* Stufe, i. ü. S. kritische Zeit], die sog. Wechseljahre der Frau verbunden mit ps. Umstellung. • Beim Manne in etwa vergleichbar das K. *virile*.

Kohabitation [lat. *cohabitare* zusammenwohnen], Begattung, Beischlaf.

Koitus [lat. *coire* zusammengehen], Begattung, Vereinigung, Beischlaf. • Koitus interruptus [lat. *interrumpere* unterbrechen, stören], der vor der Samenausstoßung abgebrochene Beischlaf.

konträre Sexualempfindung, Sammelbez. für die vom sog. Normalen abweichenden Verhaltensweisen, insbes. →Homosexualität.

Kontrazeption, Empfängnisverhütung, syn. Antikonzeption.

Kontrektationstrieb [lat. *contrectare* betasten], nach A. MOLL diejenige Komponente des Sexualtriebes, die zum körperlichen Kontakt mit dem Partner drängt. Ggs. →Detumeszenztrieb

Koprolagnie, -lalie, -philie [gr. *kopros* Kot], sex. Lustgewinn durch mehr oder weniger ekelerregende Dinge, Vorgänge, auch obszöne Worte u. dgl.

Latenzperiode (FREUD) →Stw.

Lesbische Liebe →Homosexualität

Liebe →Stw.

Lubrikation, vaginale [zu lat. *lubricus* glatt, schlüpfrig], das Feuchtwerden der Vagina als erste, einleitende Reaktion auf die sex. Stimulation.

manuell-genitaler Kontakt [lat. *manus* Hand], Berührung bzw. Reizung erogener Körperbezirke bzw. Geschlechtsteile des Partners bzw. wechselseitig.

Maskulinismus, das Auftreten männlicher Sexualmerkmale bei der Frau. Vgl. Gynandrie

Masochismus [Begr. gebildet nach einem Roman des österr. Schriftstellers SACHER-MASOCH 1836–1895], diejenige Perversion, bei der das Erleben des vollen Orgasmus mit dem Erleiden von Demütigung, Schmerz oder Qual einhergeht. • Nach FREUD erklärt sich der M. aus dem Auftreten sadistischer Impulse des Über-Ichs gegen das Ich (Strafbedürfnis) bei der Verwirklichung sexueller Tendenzen. Diese Konstellation stellt dabei eine Wiederholung der ÖDIPUSsituation dar.

Masturbation [Begr. angeblich von *manustupratio, manus* Hand, *stuprum* Schändung], Selbstbefriedigung, auch als →Ipsation und →Onanie bezeichnet.

Menstruation →Stw.

Metatropismus [zu gr. *meta* inmitten, nach, hinter, *tropein* wenden, richten], Umkehrung des dem eigenen Geschlecht entsprechenden Geschlechtsempfindens. →Effemination, →Virilismus

Misandrie [gr. *miseo* hassen, *aner* Mann], starker Männerhaß, Männerfeindlichkeit.

Misogamie [gr. *gamos* Hochzeit], starke Eheabneigung, Ehefeindlichkeit.

Misogynie [gr. *gyne* Weib], starker Frauenhaß, Frauenfeindlichkeit.

Misopädie [gr. *pais* Kind], Abneigung gegen Kinder.

Mutterbindung, Mutterkomplex →Stw.

necking, in den USA entstandene Bez. für die erste Liebesbindung (ohne geschl. Beteiligung) bei Jugendlichen.

Nekrophilie [gr. *nekros* Leichnam], perverses, auf Leichen gerichtetes sex. Verlangen. Nach KRAFFT-EBING auch Nekromanie genannt.

Nymphomanie [gr. *nymphe* Braut], syn. Andromanie, Hysteromanie, Östromanie, (krankhaft) gesteigerter heterosexueller weiblicher Geschlechtstrieb. Mannstollheit. Entspricht →Satyriasis.

Ödipuskomplex →Stw.

Onanie, syn. →Masturbation, geschlechtliche Selbstbefriedigung. Benannt nach ONAN (1. Moses 38,8–10), doch insoweit unrichtige Bez. als nach dem biblischen Bericht die »Schuld« O.s wohl im →Coitus interruptus bestand.

orale Phase →Stw.

oral-genitaler Kontakt [lat. *os, oris* Mund], sex. Reizen mit dem Mund als →Fellatio und →Cunnilingus.

Orgasmus [gr. *orgao* schwellen], ein komplexer psycho-physischer Vorgang als Kulminationsphase im Sexualverkehr mit Lustempfindung, Spannung und Spannungsentladung unter Beteiligung des ganzen Organismus.

Östromanie [lat., gr. *oestrus, oistros* Stachel, Leidenschaft, Brunst], →Nymphomanie

Päderastie [gr. *paiderastes* Knabenliebhaber], Knabenliebe des erwachsenen Mannes auch in sex. Richtung. Sonderform der →Homosexualität. Als »Liebe« zwischen Männern und geschlechtsreifen Knaben stand sie im alten Hellas in Ansehen. • P. ist nebenbei Bez. für den Analverkehr mit einem Knaben, der genauer mit →Pedikation bez. wird. Vgl. Pädophilie

Pädophilie [gr. *pais* Kind, *philein* lieben], Kinderliebe auch in sex. Hinsicht. Der typische Pädophile ist heterosexuell.

Partialtrieb [FREUD] →Stw.

Pedikation, Pedicatio [lat. *pedicare* schänden, widernatürliche Unzucht treiben], Analverkehr mit einem Knaben.
peep-show [engl. Guckkasten, *peep* verstohlener Blick], sexuell das Zurschaustellen des Körpers, d. h. von Körperstellungen und Körperzonen, die den Sexualtrieb (die sexuelle Phantasie) erregen.
Penisangst, weibl. Angst vor dem Penis und vor Objekten, die den Penis symbolisieren.
Penisneid [FREUD] →Stw.
Perversion [lat. *pervertere* umkehren, verderben], jede Form der »Verkehrung« des sex. Empfindens ins Abnorme, Abwegige, Krankhafte.
petting [engl. *to pet* knutschen], in den USA entstandene Bez. für nicht koitales, jedoch wechselseitiges manuell-genitales Sexualverhalten. →dating, →necking
phallische Phase →Stw.
Phallographie →Stw.
Phallus [gr. *phallos*], männl. Sexualglied, besonders als Symbol der Zeugungskraft.
Phalluskult, die kultische Verehrung des Gliedes als Zeichen der Fruchtbarkeit, der Schöpferkraft, bisweilen auch als Sitz der Seele. Bei den Griechen standen PRIAPOS und die Satyren dem P. nahe.
Plateauphase, nach MASTERS u. JOHNSON (1966/67) Bez. für ein best. Reaktionssyndrom bei der sex. Erregung. →Refraktärphase
Pollution [lat. *polluere* beflecken], der im Schlaf (Traum) mit einer sex. Stimulation einhergehende Samenerguß.
Pornographie [gr. *porne* Hure, *pornographos* über Huren schreiben], Darstellung (sprachl. oder bildlich) des sexuellen Aktes mit überbetonter Hervorkehrung des Genitalen.
Potenz [lat. *potentia* Kraft, erwartbares Leistungskönnen], sex. die Fähigkeit zum Geschlechtsverkehr *(p. coeundi)* bzw. Fähigkeit ein Kind zu erzeugen *(p. generandi)*. Zu unterscheiden sind Triebpotenz *(libido,* Ggs. *libido deficiens),* Lustpotenz *(p. erigendi,* Ggs. *impotentia erigendi),* Entspannungspotenz, Orgasmuspotenz u. a. ● Mit Frigidität wird meist die weibl. Impotenz bezeichnet.
prägenital - präödipal [FREUD] →Stw.
Präorgasmie →Anorgasmie
Präsentieren, in sex. Bedeutung das Vorzeigen der Sexualregion wie beim →Exhibitionismus. ● Ethologisch ein Grußzeichen, eine Demutsgebärde, eine Rangbetonung (z. B. bei Affen).
Priapismus [nach dem gr. Fruchtbarkeitsgott PRIAPOS], anhaltende, krankhafte Erektion des Gliedes (auch ohne sex. Anlaß). ● P. wird auch anstelle von →Satyriasis als Allgemeinbez. für Ausschweifung verwendet.
Promiscuität [lat. *promiscuus* gemischt], regellos wechselnder Sex-verkehr der Männer und Frauen bei Naturvölkern (Vorstufe der Gruppenehe). ● Begr. zur Kennzeichnung des gehäuften, flüchtigen, hetero- wie homosex. Verkehrs.
Pseudohermaphroditismus, scheinbarer →Hermaphroditismus, Scheinzwittertum, durch eine das Gegengeschlecht vortäuschende Entwicklung der äußeren Geschlechtsteile (bei normaler Entwicklung der Keimdrüsen) verursacht.
pubertas praecox, vorzeitige Geschlechtsreife.
Puderositas [lat. *pudere* sich schämen, *pudor* Schamempfinden], Bez. für zumeist falsches Schamgefühl.
Psychopathia sexualis, eine von KRAFFT-EBING eingeführte, veraltete Bez. für alle krankhaften Abweichungen des Geschlechtstriebes.
Refraktärphase, Zeit der Nichterregbarkeit, die auf eine Aktivitätsphase folgt. Die R. des Mannes nach dem Orgasmus ist i. allg. ausgeprägter als die der Frau, bei der die Orgasmusphase rasch in eine Plateauphase übergeht, aus der ein neuer Orgasmus möglich ist.
Sadismus [Begr. eingeführt von KRAFFT-EBING, benannt nach dem frz. Schriftsteller Marquis de SADE 1740–1814], sex. deviantes Verhalten mit Befriedigung bis zum Orgasmus durch Schmerzzufügen, Mißhandeln, Demütigen. Im Extremfall sind Blut und Mord möglich. Der S. ist die Gegenposition zum →Masochismus. ● In ü. S. wird als S. auch der ohne sex. Befriedigung durch Gewaltausübung erreichte Lustgewinn bezeichnet.
Sadomasochismus, Bez. für das Zusammenspiel von →Sadismus und →Masochismus als Ziel sex. Befriedigung im gleichen Individuum. Nur deutlich ausgeprägte Formen können damit bezeichnet werden, da (so nach FREUD) in Grenzen beide Triebrichtungen im Menschen angelegt sind.
Sapphismus →Homosexualität
Satyriasis [gr. *satyros* satyrhaft nach SATYR, dem Begleiter des BACCHUS], syn. Satyromanie, Extremsteigerung des männl. Sexualbegehrens, ähnlich der weibl. →Nymphomanie
schwul [zu schwül, unangenehm warm] homosexuell veranlagt. Der (selten die) Schwule, der Homosexuelle (→Homosexualität).
sex appeal [sex. Auffordern], der sex. Anreiz, der von einer Person oder Sache ausgeht.
sex flush, Hautrötung durch vermehrte Durchblutung bei sex. Stimulation.
sexuelle Paradoxie, die gesteigerte Sexualität zur Unzeit (z. B. beim Greis).
sexuelle Zwischenstufen, von M. HIRSCHFELD eingeführte Bez. für →Androgynie, →Gynandrie, →Hermaphroditismus, →Transvestismus, →Metatropismus und →Homosexualität.
Skopzen, Skopets (Verschnittene), vormalige russische Sekte, die die Selbst-Kastration (Penis, Hoden, Mammae) in christl. Deutung als heilbringend gebot.
Sodomie [nach der biblischen Stadt Sodom], Bez. für sex. Mensch-Tier-Beziehungen verschiedenster Art. ● Anglo-amerik. auch Bez. für den homosex. Analverkehr.
Sterilisation →Kastration
Sterilität, Unfruchtbarkeit der Frau bzw. Zeugungsunfähigkeit des Mannes.
Transsexualität, Transsexualismus, den Wechsel seines Geschlechtes begehren. Vgl. Transvestismus

Transvestismus, Travestie [lat. *trans* Übergang in andere Form, *vestire* kleiden], syn. Transvestitismus, syn. EONismus, Lustgewinn durch Tragen der Kleider des anderen Geschlechts. Auffällig nur noch bei Männern, da der Frau die männl. Kleidung zu tragen stets möglich ist.
Tribadie, Tribadismus →Homosexualität
Triolenverkehr, Dreierverkehr, Dreiecksverkehr. Hetero- oder(und) homosex. Beziehungen zwischen drei Personen. Ein Partner kann auch als →Voyeur beteiligt sein.
Uranismus →Homosexualität
Urninde, homosexuelle Frau
Urning, homosexueller Mann
Urolagnie [gr. *uron* Harn, *lagnos* wollüstig], Lustgewinn beim Zuschauen des Harnlassens des anderen Geschlechts.
Vaginismus, Kontraktion der Scheidenmuskulatur, meist im Sex-verkehr. Überwiegend psychogen ausgelöst.
Vaterbindung, Vaterkomplex →Stw.
Viraginität [lat. *virago* die mannhafte Jungfrau, Heldin], männliche Eigenschaften bei der Frau in körperlicher und ps. Hinsicht.
Virilismus, männlicher Habitus bei der Frau. Syn. →Viraginität. ● virilisieren: vermännlichen
Virilitätskomplex →Stw. Kastrationskomplex
Voyeur, Voyeurtum [frz.], Lustgewinn bis zum Orgasmus durch Zuschauen beim Geschlechtsverkehr anderer (mit oder ohne deren Wissen).
Zoophilie [gr. *zoon* Lebewesen, Tier], syn. Zooerastie. Begr. von →KRAFFT-EBING für →Sodomie.

Sexuallockstoffe →Pheromone

Sexualpsychologie, Sexualwissenschaft, Teilgebiet der Ps., das alle mit der Sexualität zusammenhängenden ps. Vorgänge und Verhaltensweisen in ihrer Verschiedenheit bei Mann und Frau und in ihrer Entwicklung sowie in ihren Erscheinungsformen zu erforschen und zu beschreiben hat.

FREUD wies in besonderer Weise und für unsere Zeit erstmals (theoretisch ausgerichtet) auf die grundlegende und über alle Lebensbereiche ausgebreitete Bedeutung der Sexualität hin. Nicht nur die Neurosenlehre, auch die allgemeine Ps., die Pädagogik, die Soziologie und nicht zuletzt die Geisteswissenschaften haben daraus Nutzen gezogen. Doch eine eigene Sexualpsychologie entstand noch nicht. Der Anstoß hierfür lag in der Interessenzuwendung einzelner Ärzte, die wie P. PENTA in Italien (1896) und M. HIRSCHFELD in Deutschland (1908) mit eigenen Veröffentlichungen hervortraten. Auch Namen wie W. FLIESS, R. KRAFFT-EBING, M. MARCUSE und A. MOLL sind zu nennen. Der Begr. Sexualwissenschaft wurde 1906 durch I. BLOCH geprägt und als selbständige Disziplin »vom Sexuellen, d. h. von den Erscheinungsformen und Wirkungen der Sexualität in körperlicher und geistiger, in individueller und sozialer Beziehung« definiert. Auf zwei vorherrschende Probleme wurde dabei verwiesen: die Bedeutung des sexuellen Chemismus und die Bedeutung der sexuellen Variabilität. Ersteres mag an die Hormonforschung jener Zeit erinnern, während letzteres darauf hinweist, wie die Deszendenztheorie, Eugenik, Fragen der Bisexualität und der sexuellen Zwischenstufen im Vordergrund des Interesses standen. Sexualps. war jener Zeit das individuelle sexuelle Erleben wohl wichtig und auch das Streben nach einer natürlichen Sexualethik war wach, aber erst in der Weiterentwicklung kam es zu einer Forschung im heutigen Sinn, die auch mit modernen Forschungsmitteln (Interviews, Fragebogen) das Wesen und die Erscheinungsformen der Sexualität zu klären sucht. Seit 1950 treten dazu Kongresse in Erscheinung. In USA ist die Sexualpsychologie wohl am stärksten von A. Ch. KINSEY durch dessen Tatbestandsaufnahmen (Sozialstatistik der körperlichen Vorgänge der Sexualität) vorangetrieben worden. Als Ertrag wurde die hohe Variabilität der sexuellen Verhaltensweisen u. damit auch die Häufigkeit vieler bisher als abwegig betrachteten sexuellen Reizsituationen erwiesen. Ⓛ BORNEMANN, FORD und BEACH, H. GIESE, KINSEY, MASTERS u. JOHNSON, MEAD, G. SCHMIDT

Sexualtherapie, die heutige Behandlung funktioneller Sexualstörungen wurde als Kurzzeittherapie besonders gefördert durch die empirischen Arbeiten von MASTERS und JOHNSON (1970). Sie beziehen erstmals Partnerschaftsprobleme mit ein und versuchen in realen Übungen, die hierarchisch strukturiert sind, Ängste abzubauen, das Verhaltensrepertoire zu erweitern und Fehlinformationen und problematische Normen zu reflektieren. Je nach der Diagnose in der Problem- bzw. Verhaltensanalyse und der therapeutischen Orientierung werden im Aufbau der S. Elemente der Psychoanalyse, der Kommunikationstherapie oder anderer Schulen angewendet.

Hauptfaktoren bei der Entstehung sexueller Funktionsstörungen sind eine sexualfeindliche Erziehung, zu der verstärkend oft hohe Leistungsnormen und Funktionsdruck kommen. Dadurch entstehen Schamgefühle und Ängste. Falsche Informationen und unreflektierte Normen können ebenso beteiligt sein wie allgemeine Probleme der Partnerschaft. Hier sind Kommunikations- und Verhaltensdefizite, aber auch wechselseitige Ablehnung, depressive Interaktionsstile und mangelnde körperliche Akzeptierung als bedeutsam gefunden worden. Ein nicht unbeträchtlicher Faktor ist in der falschen Beratung und Therapie zu suchen, über die lange Zeit Fehlinformationen verbreitet wurden. Ⓛ ARENTEWICZ u. SCHMIDT 1980, ZIMMER 1985 *Zi-R*

Sexualverbrechen, Sexualdelinquenz, Sammelbez. für die sehr verschiedenartigen sex. Handlungen, soweit sie gegen allg.-menschliche oder auch gegen bestimmte, in einem Kulturkreis oder einem Land herrschende Normen verstoßen. Für die ps. Forschung und Praxis (als Hilfe für die Prophylaxe) sind Analysen der spezifischen Deliktformen, der Delinquenten nach Personstruktur, sozialer Herkunft und Entwicklung, Tatumstände u. a. m. wichtig.

Sexualverhalten, (biol.), Sammelbegriff für Verhaltensweisen gleichartiger Tiere, die dem Sexualpartner gegenüber geäußert werden. →Fortpflanzungsverhalten *P-S*

sexuelles Trauma, starke emotionale Erschütterung, die mit sexuellen Vorgängen verknüpft ist und u. U. Grundlage einer Neurose sein kann; z. B. Erlebnis der Vergewaltigung.

S^F (auch S^-), Symbol für einen mit einer Nichtverstärkung verbundenen Reiz

s-Faktor, der von SPEARMAN angenommene und durch Faktorenanalyse aufgewiesene spezifische Faktor *(specific factor)* im Aufbau der Intelligenz. →g-Faktor, →Intelligenzfaktoren

shadowing, Nachsprechen. →Sprachtherapie

SHANNONscher Rateversuch, Verf. zur subjektiven →Information über die Erwartungswahrscheinlichkeit von →Zeichen.

SHANNON-WIENERsche Entropieformel →Informationstheorie, →Entropie

*

SHANNON, Claude Elwood / *1916 / Mathematiker (angew. Math.) /Harvard-Univ. (Cambridge, Mass.)

*

WEAVER, Warren / *1894 / Mathematiker / Univ. Chicago, New York

*

WIENER, Norbert / 1894–1964 / Mathematiker / Harvard-Univ. (Cambridge, Mass.)

shaping, von SKINNER eingeführte Verhaltensgestaltung durch →Verstärkung der dem Lernziel allmählich immer näher kommenden (approximativen) Verhaltensteile. Entscheidend ist die richtige zeitliche Anordnung *(timing)* der Verstärkungen. • *s.* wird auch in der →Verhaltenstherapie angewendet. →bedingter Reflex *B-S*

sharpening →Akzentuierung. Ggs. →Nivellierung, →Denkstil

SHELDON-Typen Körperbautypen, →Typologie (Konstitutionstypen)

SHELDON, William Herbert / *1899 / Psychol., Konstitutionsforscher / Chicago, Cambridge (Harvard-U.), New York, (Columbia-U.).

SHEPPARDsche Korrektur, eine von SHEPPARD vorgeschlagene Korrektur, die z. B. bei der Berechnung der Varianz von in Klassen zusammengefaßten Daten Anwendung findet. Da auf Grund derartiger Daten berechnete Varianzkennwerte die tatsächliche Varianz überschätzen und da die Größe des resultierenden systematischen Fehlers von der Klassenbreite B abhängt, wird die errechnete Varianz nach der Formel

$$s_{korr}^2 = s^2 - \frac{B^2}{12}$$

korrigiert. *Mi-A*

*

SHEPPARD, William Fleetwood / 1863–1936 / austral. Mathematiker / Cambridge (?)

Shock →Schock

Shock-Absorber, bei jeder ps. Diagnostik ist mit »Prüfungsunbehagen«, bisweilen »Prüfungsangst« zu rechnen. Die Schwierigkeiten können verringert werden, wenn man der eigentlichen Test-Untersuchung eine Aufgabe vorausgehen läßt, die ohne Bewertung bleibt: Shock-Absorber oder Pufferreiz.

shuttlebox [engl.], Zwei-Kammer-Käfig für Tierversuche. Die Bez. kommt vom hin- und zurücklaufenden Weberschiffchen *(shuttle).*

Sicherheitseinstellung, nach MITTENECKER die »Resultante der gesamten zu sicherem Verhalten führenden Motivation eines Menschen«. Vgl. Sicherheitsmarginal

Sicherheitsgrenze, -schranke, -schwelle →Vertrauensintervall

Sicherheitsmarginal, nach D. KATZ muß bei jeder ps. Leistung, die ihrer Natur nach die Erreichung eines bestimmten Grenzwertes fordert, dieser Grenzwert um einen wenn auch nur minimalen Betrag überschritten werden, um die Leistung sicherzustellen

siderisch [lat. *sidus* Gestirn], →Pendelversuch

Sigma [gr. Buchstabe], Symbol für die Standardabweichung. σ^2 = Varianz. →Streuungsmaße • Zeichen für $^1/_{1000}$ Sekunde. • Σ = Summe.

Sigmatismus, Lispeln, die weitverbreitete, fehlerhafte Artikulation der Zischlaute s, ch (Chitismus), sch (Schetismus) und ihrer Verbindungen mit anderen Lauten, z. B. ts (z) oder ks (x). Je nach dem jeweiligen Stellungsfehler der Zunge, der Lippen oder

Gaumensegel beschreibt man den *S. interdentalis, S. addentalis, S. lateralis* (Hölzeln), *S. labiodentalis, S. nasalis* und andere Formen. Wird der Zischlaut durch ein anderes, richtig gebildetes →Phonem ersetzt (z.B. durch f), nennt man dies Parasigmatismus (→Paralalie). Vielfältige Ursachen sind zu bedenken (→Stammeln). *G-N*

Signal, nach DIN 44300 »die physikalische Darstellung von Nachrichten oder →Daten« • Ein Ereignis, das eine von seiner Eigenart unterschiedene Bedeutung mit sich führt und dadurch bei der einseitigen oder wechselseitigen →Kommunikation zwischen Systemen als Träger von →Information wirkt.

Ein →Reiz hat deshalb nur dann den Charakter eines Signals, wenn nicht seine direkte physikalische Einwirkung, sondern seine (in der Regel gelernte) Bedeutung Verhalten auslöst und steuert (Schlüsselreiz). Diese Unterscheidung wird von PAWLOW nicht getroffen. Für ihn konstituieren alle nichtsprachlichen verhaltenswirksamen Reize (auch bei direkter physikalischer Einwirkung) das »erste Signalsystem«, während die Sprachzeichen samt Kombinationsregeln wegen ihrer die »Realität« symbolisierenden Funktion das →zweite Signalsystem bilden. *Z-N*

Signal, analoges, nach DIN 44300 »ein Signal, dessen →Signalparameter eine Nachricht oder Daten darstellt, die nur aus kontinuierlichen Funktionen besteht bzw. bestehen«

Signaldetektions-Theorie, syn. Signalentdeckungstheorie, *theory of signal detectability* (TSD), hat ihren Ursprung (1954) in der Behandlung von Problemen, die sich bei der Entwicklung von elektronischen Sensoren zur Entdeckung von Signalen bei Anwesenheit von Störungen ergaben.

Formal steht sie auch in engem Zusammenhang mit der statistischen →Entscheidungstheorie. Bereits im Jahre ihrer Veröffentlichung erschien die erste Anwendung auf Probleme der visuellen Wahrnehmung (TANNER u. SWETS). Die TSD kann jedoch grundsätzlich auch auf viele andere Entscheidungsprobleme außerhalb der Wahrnehmung, z.B. in der Diagnostik, angewendet werden. Sie geht von der Frage aus: Unter welchen Bedingungen wird das Vorhandensein eines schwachen Signals vor einem Hintergrund von Störsignalen oder gegenüber anderen Signalen, welche gelegentlich mit dem relevanten Signal verwechselt werden können, gemeldet?

Damit wird die Meldung »Signal vorhanden« bzw. »nicht vorhanden« nicht mehr als direkter Ausdruck der Empfindlichkeit bzw. Unterschiedsempfindlichkeit für die betreffende Signalart angesehen, sondern als ein Problem der Entscheidung zwischen zwei Reaktionsalternativen unterschiedlicher Wahrscheinlichkeit und unterschiedlicher (mehr oder weniger hoch bewerteter) Konsequenzen aufgefaßt.

Ausgangspunkt der Formalisierung ist die Annahme, daß eine Beobachtung x vorliegt und auf Grund der unterschiedlichen Wahrscheinlichkeit dieser Beobachtung in den einander überschneidenden Verteilungen der »Signale« bzw. der »Störung« die Entscheidung über die Reaktion »Signal« oder »kein Signal« gefällt wird. Die normative (optimale) Lösung, welcher der tatsächliche Entscheidungsvorgang nahezukommen scheint, leitet sich erstens von der Größe des »*likelihood ratio*« $l(x) = \frac{p(x|s)}{p(x|n)}$, dem Verhältnis der bedingten Wahrscheinlichkeit von x unter der Annahme der Zugehörigkeit zur Signal- bzw. Störungs-Verteilung ab. Sie hängt zweitens aber auch vom subjektiven Wert, der den richtigen Entscheidungen in beiden Richtungen (Treffern und richtigen Verneinungen) und damit auch den beiden möglichen Fehlern, die riskiert werden (falscher Alarm und Nicht-Erkennen), zugeschrieben wird, also von der *pay-off matrix* (→Entscheidungstheorie), ab. Der kritische Wert β von l(x), bei dessen Überschreitung für Anwesenheit des Signals entschieden wird, wird z.B. um so höher liegen, je größer die (negative) Bedeutung von »falscher Alarm« ist, anders ausgedrückt, je teurer einem ein falscher Alarm zu kommen scheint. Die individuelle Eigenart einer Detektionsvorrichtung bzw. eines Beobachters bei gegebenem s/n-Verhältnis wird als »*receiver operating characteristic*«, graphisch als sog. ROC-Kurve, dargestellt. In ihr ist die Wahrscheinlichkeit für »Treffer« und für »falschen Alarm« für jeden möglichen Wert von β dargestellt. Wird der Abstand der mittleren Signalintensität von der mittleren Störintensität verändert (d.h. ist das Signal im Durchschnitt leichter oder schwerer zu erkennen), dann ändert sich mit dem Parameter $d' = \frac{\mu_s - \mu_n}{\sigma_n}$ (standardisierter Abstand der Mittelwerte von Signal und Störung) auch die ROC-Kurve.

Am häufigsten wurde die TSD in der Ps. bisher in der theoretischen Analyse des Erkennens schwellennaher Unterschiede von Sinnesreizen angewendet. Exp. gefundene ROC-Kurven und Daten zur Stabilität des Parameters d' unter variierenden Bedingungen können mit den normativen Erwartungen der TSD verglichen und zur Ableitung ps. Theorien der Signalentdeckung herangezogen werden. Ⓛ COOMBS et al. (Kap. 6), GREEN u. SWETS *M-R*

Signal, digitales, nach DIN 44300 »ein Signal, dessen →Signalparameter eine Nachricht oder Daten darstellt, die nur aus Zeichen besteht bzw. bestehen«

Signale, (biol.), Reizmuster (körperliche Strukturen, Lautäußerungen, Duftstoffe, spezifische Verhaltensweisen) im Dienste der inner- u./o. zwischenartlichen →Kommunikation. S. haben meistens Auslöserfunktion. Artspezifische S. können durch →Mimikry von artfremden Tieren nachgeahmt werden. Vgl. auch Ritualisierung *P-S*

Signalementsaussagen, Zeugenangaben, die sich auf das Aussehen einer Person beziehen

Signalentdeckungstheorie →Signaldetektions-Theorie

signalisierter Abruf →Abruf

Signalparameter, nach DIN 44300 »diejenige Kenngröße des →Signals, deren Wert oder Werteverlauf die Nachricht oder die Daten darstellt«

Signalsystem, zweites →zweites Signalsystem

Signifikanz [lat. *significare* zu erkennen geben, anzeigen], Bedeutsamkeit, insbesondere die statistische Bedeutsamkeit, z. B. des Unterschieds von Mittelwerten oder eines Korrelationskoeffizienten

Signifikanzniveau, ist die Größe des tolerierten →Fehlers erster Art (α-Fehlers) bei der Interpretation von Stichprobenergebnissen. Am häufigsten wird auf dem 1%- oder auf d. 5%-S. entschieden. →Nullhypothese *M-R*

Signifikanztest, Verfahren zur Ermittlung der statistischen →Signifikanz von Stichprobenergebnissen. S. prüfen gewöhnlich die Wahrscheinlichkeit für das in der Stichprobe aufgefundene Ergebnis unter der Annahme der →Nullhypothese. *M-R*

Silbe, die kleinste Sprecheinheit, die aus dem S.träger, einem Vokal oder Diphthong, und keinem, einem oder mehreren Konsonanten besteht (BÜNTING 1971 62). S. sind wie →Morphome aus →Phonemen, den kleinsten Lauteinheiten (→Laut), aufgebaut; im Unterschied zum Morphem ist der S. jedoch keine Bedeutung streng zugeordnet. S. und Morpheme können Wörter deshalb unterschiedlich segmentieren.

Das Wort »Ho-sen« besteht z. B. aus den beiden S. »Ho-« und »sen«, aber aus den Morphemen »Hose-« und »n«, wobei das erste ein lexikalisches und das zweite ein grammatisches Morphem bildet. Während häufig dem Morphem die größere sprachps. Relevanz zugesprochen wird, darf nicht übersehen werden, daß der S. bei der lautlich-artikulatorischen →Sprachproduktion und →Sprachrezeption eine entscheidende Rolle zukommt (LENNEBERG 1972 114ff.). Kinder lallen z. B. S. und nicht Morpheme. Ebenso spielt die S. bei der →Sprachdiagnostik und in der Lernps. eine wichtige Rolle. Hier werden sinnlose S. (→Trigramme, CVC-S.n) häufig als Lernmaterial benutzt. Dabei erweisen sich die Bedeutungshaltigkeit (→*meaningfulness*), →Wahrscheinlichkeitsstruktur, sowie →*familiarity* als wirksame Eigenschaften. *E-P*

Silbenstammeln →Stammeln

Silbenstolpern, das Verdoppeln, Versetzen, Umstellen oder Auslassen von Silben und Buchstaben beim Sprechen; gehäuft bei progressiver Paralyse. Syn. literale Ataxie.

silent organization, stille Organisation. →Plateaubildung

SIMMONDSsche Krankheit, S. Kachexie. Hypophysenvorderlappeninsuffizienz. →Hormone *

SIMMONDS, Morris / 1855–1925 / Pathologe / Hamburg

Simulation [lat. *simulare* ähnlich machen, nachahmen], Vortäuschung, Verstellung, z. B. bei Aussagen oder Krankheitssymptomen (→Diagnose). • Vereinfachte Darstellung oder Abbildung eines Realitätsausschnittes durch ein Simulationsmedium (z. B. Film, Computerbildschirm) zu Vorführ-, Experimentier- oder Schulungszwekken (z. B. Pilotenausbildung). • Modellhafte Nachbildung ps. (meist kognitiver) oder sozialer Prozesse auf einem →Digitalrechner (Computersimulation) mit dem Ziel, zu einem besseren Verständnis dieser Prozesse und der sie beeinflussenden Größen zu gelangen. Das der S. zugrunde liegende Computerprogramm hat dabei den Status eines theoretischen →Modells (Computermodell). →artifizielle Intelligenz. Ⓛ LEHMAN 1977 *En-N*

Simulations-Test Ⓣ EYSENCK

simultaneous scanning, Selektionsstrategie bei der Begriffsbildung. →fokussieren

Simultankontrast →Kontrast

Simultanschwelle, die →Schwelle, die sich bei gleichzeitiger Darbietung von Reizen ergibt, insbesondere auf dem Gebiet des Tastsinns (→Raumschwelle); Ggs.: Sukzessivschwelle

Single [engl. *single*, lat. *singulus* allein, einzeln], Begr. der Sozialwissenschaften (neben anderen Bedeutungen), der aus USA in den dtsch. Sprachgebrauch gekommen ist für Personen, die bes. in den Lebensjahren 25–50 und meist vorsätzlich ohne engere Bindung an einen Partner leben.

Sinn, in jeder Wissenschaft hat der S. als das Sinnvolle, zugleich Geordnete und sich selbst Rechtfertigende hohe Bedeutung. In der Gestaltps. ist der S. besonders verbunden mit der Erfüllung von Gefordertem (→Prägnanztendenz und →Gefordertheit) wie z. B. der Art der Zusammenfassung von Teilen zu einem Ganzen oder der Wirksamkeit von →Bezugsystemen. ● Im Raum der Psychotherapie hat V. E. Frankl dem S. (als »Wille zum Sinn«) eine zentrale Bedeutung gegeben. →Existenzanalyse, →Logotherapie. →Verstehen, →Teleologie

Sinne, Sinnesorgane, dienen dem Organismus zur Aufnahme verschiedenartigster →Reize und vermitteln dem →zentralen Nervensystem die vielfältigen Informationen über das innere und äußere Milieu des Organismus. Die S. enthalten →Rezeptoren, Zellen, die spezifisch verschiedene Energieformen der Umgebung derart in nervöse Impulse umsetzen, daß die Information des Reizes durch die Impulsfrequenz und/oder die Zahl der Rezeptoren verschlüsselt wird.

Die Rezeptoren eines Sinnesorganes reagieren auf eine ausgewählte Energieform mehr oder weniger spezifisch, d. h. mit wesentlich niedrigerer Reizschwelle als andere Rezeptoren (adäquate Reize, →spezifische Sinnesenergien). So reagieren die Stäbchen und Zäpfchen des Auges vornehmlich auf Licht (adäquater Reiz), doch reagieren sie auch auf Druck, wenn auch mit einer wesentlich höheren Reizschwelle als die Druckrezeptoren in der Haut; eine Einteilung der Sinne nach ihrer Modalität, dem Sinnesorgan und den Rezeptoren gibt die beistehende Tabelle. Auch diese Einteilung nach den heute gebräuchlichsten Kriterien ist nicht voll befriedigend. Eine ältere Einteilung nach den qualitativen Unterschieden der Erlebnisse umfaßt 12 Sinne. Ⓛ Keidel 1971, Schmidt u. Thews 1980 *B-C*

Sinnenvikariat [lat. *vicarius* stellvertretend], Stellvertretung eines Sinnes durch einen anderen, z. B. Tastempfindung für fehlende optische Wahrnehmung bei Blinden

Sinnesmodalitäten und -organe (→Stw. Sinne)

Sinnesmodalität	Sinnesorgan	Einteilung Receptoren	Sinne
Gesicht	Auge		spezielle S.
Gehör	Ohr	Teleceptor	
Geruch	olfactorische Membran (Chemoreceptor)		
Geschmack	Geschmacksknospen (Chemoreceptor)	Interoceptor	
Winkelbeschleunigung	Bogengänge		
Linearbeschleunigung	Utriculus		
Schmerz	freie Nervenendigungen (Nociceptor)		Haut-Sinne
Berührung	Meissner-Körperchen etc.		
Druck	Pacini-Körperchen	Exteroceptoren	
Wärme	Ruffini-Endorgane		
Kälte	Krause-Endkolben		
Muskeldehnung	Golgi-Sehnenorgane	Proprioceptoren	viscerale S.
Muskeldehnung	Muskelspindeln		
Gelenkslage	Nervenendigungen um Gelenke		
arterieller Blutdruck	Wand von Carotissinus u. Aortenbogen		
»zentraler« Venendruck	Wand der großen Venen, Vorhöfe		
Lungendehnung	Vagusendigungen in Lunge	Interoceptoren (Viscerozeptoren)	
Bluttemperatur i. Kopf	Hypothalamuszellen		
O_2-Partialdruck	Carotis- u. Aortenkörperchen (Chemoreceptor)		
Liquor-pH	Receptoren an der ventralen Oberfläche der Med. oblong.		
osmot. Druck d. Plasmas	Receptoren im vord. Hypothalamus		
arterio-venöse Blutzuckerdifferenz	Zellen im Hypothalamus (Glucostaten)		

Sinnenwelt, die Gesamtheit der durch die Sinnesorgane vermittelten Bew.inhalte in einer wahrnehmbaren und wahrgenommenen Welt *(mundus sensibilis)*

Sinnesempfindungen →Empfindungen

Sinnesenergie →spezifische Sinnesenergie

Sinnesfunktionen, Bez. für die den Sinnesorganen (→Sinne) zukommenden Funktionen. Weiteres →Sehen, →Hören etc. • In der Ps. sind die S. bedeutsam u. a. bei der Grundlagenforschung, in der Persönlichkeitsps. und besonders bei der Diagnostik. Der nachstehende Überblick belegt die Methoden und Möglichkeiten zur Beurteilung (Messung) von sensorischen und sensumotorischen Funktionen:

1. Zur visuellen Wahrnehmung:
   a) Das Augenmaß wird geprüft mit dem Schätzen und Vergleichen von Längen, Breiten und Dicken. Linien, Kreise und Kreisbogen sind nach Größen zu ordnen, zu halbieren (dritteln), bzw. die Mittelpunkte sind einzuzeichnen. – Apparativ läßt man mit *Mikrometern* oder verstellbaren Winkeln vorgegebene Einstellungen nachstellen. Zahlreiche Geräte wurden erdacht, so u. a. *Augenmaßprüfer* (BLUMENFELD, SACHSENBERG-DOLEZAL, SCHULTE), *Kreismittelpunktbestimmer* (SCHULTE), *Optometer* (MOEDE), *Schraubenvergleichstest* (SCHULZE), *Strekkenteiler* (BAUMGARTEN), *Winkelschätzer* (MOEDE, SCHULZE).
   b) Die Tiefenwahrnehmung wird mit dem *Tiefensehapparat* geprüft. Auch das sog. *Kugelfallgerät* kommt in Betracht. Weiteres Gerät: *Entfernungsschätzprüfer* nach SCHULTE.
   c) Für die Farbtüchtigkeit bedient man sich der *pseudoisochromatischen Tafeln* von STILLING oder ISHIHARA. Die *Wollfadenprobe* von HOLMGREN ist unhandlicher.
   d) Die Formvisualität (als Befähigung zum Erfassen verwickelter optischer Gebilde wie z. B. Schnitte) bzw. die Gestaltauffassung und die räumliche Vorstellung werden geprüft mit den Tests nach ABELSON *(geometrische Figuren),* BINET *(Découpage),* BLUMENFELD *(Würfel),* FRIEDRICH *(Stablücken),* GRÜNBAUM *(Abstraktion),* KLEMM *(Bauprobe),* MEUMANN *(Symmetriezeichnen),* O'CONNOR *(Wiggly-Block),* POPPELREUTER *(Abwicklung),* RUTHE *(Würfel),* RUPP *(Abwicklung und Waben),* RYBAKOW *(Kombination),* SCHULZ *(Kordelversuch),* STERN *(Formvariator),* YERKES *(Steinhaufen).*
   e) Geschwindigkeitsmesser konstruierten GIESE, MOEDE u. a., wobei z. B. zwei aus einem Kasten (mit Antrieb) herausragende Wellen auf gleiche Drehzahl zu bringen sind.
2. Zur auditiven Wahrnehmung:
   Die Gehörprüfung geschieht bei durchschnittlichen Anforderungen an die Diagnose (etwa Berufsauslesen) mit der Flüstersprache, während eine genauere Untersuchung Spezialapparate benötigt. →Audiometrie
3. Zur Geruchs- und Geschmackswahrnehmung:
   Feststellung durch Zuordnen verschiedener Gerüche (wobei einzelne Gerüche doppelt und dreifach in neutralen Glasflaschen vertreten sind). Gleiches Verfahren mit Geschmacksproben.
4. Zur Tastwahrnehmung:
   Das *Ästhesiometer* hat seine Bedeutung in der Diagnostik eingebüßt. MOEDE konstruierte einen »*Taktometer*«, »*Tastsinnprüfer*« (zwei dicke, ineinanderlaufende Zylinder, die mit Mikrogetrieben auf gleiche Höhen einzustellen sind, wobei der Niveauunterschied zu tasten ist). Zur Tastwahrnehmung gehören auch die Tests mit *Gewichtevergleich* (BINET), sowie das *Gravimeter.* Ebenso die bekannten *Sandpapierproben* und *Metallflächenproben.* Eingehend wurden von der Psychotechnik die kinästhetischen (Bewegungs-)Empfindungen beachtet, so die Lageprüfung durch geforderte Winkeleinstellung des Armes, des Fußes oder Rumpfes, wobei dann an einem *Kinematometer* der Winkel abgelesen wurde. Auch für das Widerstandsempfinden wurden Geräte konstruiert, so der *Gelenkprüfer* und *Handgelenkprüfer* (BLUMENFELD, MOEDE, SCHULZE), *Bolzenpasser* (MOEDE), *Gelenkempfindungsprüfer* (SCHULZE), *Lehrenpasser* (MOEDE), *Druckwiderstandsprüfer* (SCHULTE).
5. Zum Handgeschick:
   a) Die Handkraft wird durch das *Dynamometer* bzw. den *Ergographen* (auch *Arbeitsschreiber*) registriert. Die »Ergographie« hat sich zu einem über die Handkraft hinausgehenden Zweig psycho-physischer Diagnostik entwickelt. Konstruktiv sind daran MOSSO, MOEDE, DUBOIS, WEILER u. a. beteiligt. MOEDE konstruierte auch einen »*Taschen-Ergographen*«.
   b) Die Impulsgebung der Hand wurde von WHIPPLE u. a. mit dem *Tapping-Test (Klopf-Test)* erforscht. Ein *Aktionsprüfer* (GIESE) und ein *Impulsmesser* (MOEDE) kamen hinzu. Das *Tremometer* als Apparat, bei dem Löcher und Linien in einer Metallplatte mit einem Kontaktstift zu durchlaufen sind und an dessen Entwicklung BAUMGARTEN, BLUMENFELD, CHRISTIAENS, BISCHOFF, MEUMANN, MOEDE, SACHSENBERG-DOLEZAL, WHIPPLE beteiligt sind, mißt die Ruhe und Treffsicherheit der Hand. Auch eine *Hammerprobe* (HEILANDT) und ein *Zuschlagprüfer* (GIESE) wurden konstruiert. MOEDE fertigte einen *Zielhammer* (Hammer mit Aufschlagdorn) sowie einen *Richtschlagprüfer,* SCHULTE einen *Treffsicherheitsprüfer* u. a.
   c) Die Zusammenarbeit der Hände (das Handgeschick i.e.S.) wird teils mit *Support-*

apparaten, Zweihandprüfern (nach BLUMENFELD, MOEDE, LAHY, SCHULZ), teils mit einem *Storchschnabel* (nach RUPP) und schließlich mit der weit bekannten *Drahtbiegeprobe* sowie dem *Streifenfalten* geprüft. Das *Unterstiftzeichnen* (POPPELREUTER), wie auch das Ausschneiden mit Schere wurden eingeführt. Letzteres in mannigfacher Form, wie die *Ausschneideprobe* nach HUTH, die *Saumschneideprobe* nach SANDER (KLEMM und HERMANN), die *Krug-Schneideprobe* nach KROEBER, das *Briefumschlag-Schneiden* nach POPPELREUTER. Auch besondere Geschicklichkeitsproben wurden erdacht und konstruiert, z. B.: *Wickelkugel* (MOEDE), *Plättchen* oder auch *Perlen aufreihen* (MOEDE, SCHULTE), *Schraubenleisten, Röhre mit Fallgewicht* (SCHULTE), *Stacheligel* (BLUMENFELD), *Nähnadeln einfädeln, Linienprisma* (MOEDE) das Testmittel *»rondelles«* von PIORKOWSKI, wobei Plättchen auf einen Halter mit drei Nadeln aufzustecken sind und der von C. B. FRISBY (England) entwickelte Versuch, wobei kleine Metallkugeln in Röhrchen einzufädeln sind (ohne und mit Pinzette).

d) Zur Leistungsmessung der visuell-motorischen Koordination wurden unter der Bez. *Pursuitmeter* bzw. →*pursuit rotor (rotary pursuit)* Geräte gebaut, bei denen der Pb den aus einem schwingenden oder kreisenden Gefäß auslaufenden Sand (Wasser) aufzufangen hat. Die aufgefangene Menge ist Leistungsmaß. Auch das Verfolgen eines markierten Punktes auf einer rotierenden Scheibe mit einem Kontaktstift gestattet die Messung der Leistung: Kontaktzeit ist Maß der Leistung.

6. Die Gesamtkörperkraft sucht POPPELREUTER mit der *Eimerprobe,* GIESE mit dem *Kurbeldynamometer* und SCHULTE mit dem *Kraftprüfer für Hubkraft* festzustellen. Auch eine Körpergeschicklichkeit hat man getestet, besonders bei den Untersuchungen auf Unfallgefährdung (Testmittel etwa das Durchkriechen durch einen engen Raum). Für Maschinenschreiberinnen hat SCHULTE einen *Anschlagprüfer* entwikkelt.
7. Die Anfälligkeit für den Drehschwindel sucht man durch den →*Drehstuhlversuch* (GADE) zu klären, bei dem die Vp sitzend und mit verbundenen Augen karussellartig mit wechselnder Geschwindigkeit und Drehrichtung um ihre Achse gedreht wird.

Sinnesorgan →Sinne

Sinnesphysiologie, die Lehre von den mit den Wahrnehmungsprozessen verknüpften physiol. Vorgängen in den Sinnesorganen (→Sinne, →Rezeptor) und den Nervenbahnen. Sie untersucht Lage, Struktur und Erregungsbedingungen der verschiedenen Rezeptoren sowie die Fortleitung und fortschreitende Integration der Erregungen im ZNS. Auch die subjektiven Empfindungen und Wahrnehmungen, die Gegenstand der →Sinnespsychologie sind, werden vielfach in der S. behandelt. Ⓛ KEIDEL 1967 *B-C*

Sinnespsychologie, der Teil der Ps., der sich mit den psychischen Erscheinungen im Bereich der Sinne befaßt. Wahrnehmungspsychologie. YOUNG, PURKINJE, JOH. VOLKMANN gelten als die Begründer der S. und FECHNER, HELMHOLTZ, HERING, WUNDT als die großen Schrittmacher. Aus der weiteren Geschichte sind zu nennen G. E. MÜLLER, STUMPF, WIRTH, EBBINGHAUS, JAENSCH, KATZ, ERISMANN, EHRENSTEIN, METZGER.

Sinnesqualität, Art (Inhalt) der Sinnesempfindung, wie rot, bitter, kalt usw.

Sinnesreize →Reiz

Sinnessystem, die zusammengehörige Gruppe von Rezeptoren (spez. Sinneszellen) und Nerven (Leitungsbahnen), die »Meldungen« (überschwellige Reize) zum Gehirn leiten. *R-S*

Sinnestäuschung, Verkennung der objektiven Gegebenheiten durch die Sinnesorgane einschl. der weitergehenden Reizverarbeitung im Gehirn. Zu unterscheiden sind →Illusion und →Halluzination. Bei ersterer ist ein Objekt vorhanden, während es sich bei der Halluzination um keine in der Außenwelt objektiv vorhandene Gegebenheiten handelt.

Sinnestypen →Typologie (Vorstellungstypen)

Sinneswahrnehmung →Sinne

Sinneszentren, Gehirnregionen, von denen anzunehmen ist, daß in ihnen bestimmte Sinneseindrücke zustandekommen. →Gehirn

Sinnkriterium, im modernen Empirismus wird dafür, daß eine synthetische Aussage als empirisch sinnvoll bezeichnet werden darf, gefordert, daß die Aussage der Nachprüfung durch die Erfahrung nicht grundsätzlich entzogen ist.

sinnliche Gefühle, die empfindungsbedingten →Gefühle, wie z. B. Unlust infolge von Schmerz, Hunger usw.

sinnlose, sinnarme Silben, CVC-Trigramme nach der Bildungsregel Konsonant, Vokal, Konsonant. Von EBBINGHAUS in die exp. Gedächtnisps. eingeführte sprachl. Einheiten (z. B. lur, vob, joz, jüf) um den Bedeutungsgehalt und Schwierigkeitsgrad des Lernmaterials kontrollieren zu können. →Trigramm *D-Y*

sinnloses Lernen, *rote learning,* rein mechanisches Lernen, bloßes Üben und Auswendiglernen. →Lernen, →sinnlose Silben

Sippe, Sippenverband, die sozialps. (als Gruppe, Verband) und vererbungsps. (durch die bestehende Blutgemeinschaft) wichtige Gemeinschaft. →Clan, →Familie

$_{S}I_{R}$ [engl.], *inhibition,* konditionierte Hemmung (HULL)

SIT, Stanford-Intelligenz-Test (BINET-Abkömmling)

Sitte, eine in einer Gemeinschaft (Stamm, Glaubensgemeinschaft, Gesellschaftsklasse) als Ausdruck einer Werthaltung geschichtlich entstandene Verhaltensform, die kein staatliches Gesetz ist, deren Befolgung aber als Verpflichtung erlebt wird, und deren Nichtbefolgung als anstößig gilt

Sittengesetz, moralisches, sittliches Gesetz, Gebot. Von ps. Interesse ist die Frage, wie weit eine Grundlage zur sog. Sittlichkeit a priori im Menschen angelegt ist. →Gewissen

sittliches Verständnis Ⓣ MOERS, ROTH

Situation, Gesamtsachlage, aus der ein bestimmtes Verhalten des Menschen folgert. Es gibt immer wiederkehrende Grund-S, wie Hunger, Tod, Besitz, Liebe, Krieg, Beruf, gesellschaftliche Lage, Naturkatastrophen usw., die artverschiedenes Verhalten hervorbringen. LEWIN gebraucht den Begriff S. für Person plus psych. Umgebung syn. mit →Lebensraum. →setting

Situationsanalyse →Denken, heuristische Methoden

Situationsangst →Angst

Situationspsychose, durch bestimmte äußere Lagen ausgelöste Psychose, z. B. →Haftpsychose

Situations-Test Ⓣ BARUK, BAUMGARTEN, MOEDE

Sixteen Personality Factor Questionnaire Ⓣ CATTELL

Sizothymie →Affektothymie

SKAGGS-ROBINSON-Hypothese, Annahme über die Auswirkung der →Ähnlichkeit von Lerninhalten auf das →Behalten

*

SKAGGS, Ernest Burton / *1893 / Psychol. / Wayne Univ.

*

ROBINSON, Edward Stevens / 1893–1937 / Psychol. / Yale Univ.

Skala, [lat.-ital. *scala* Treppe, Leiter], Stufen- oder Reihenfolge zur Charakterisierung eines Merkmals; Vorschrift, nach der Messungen oder Schätzungen ausgedrückt werden; auch die entsprechende Einteilung an einem Instrument. Nach einer S. werden meist quantitative Bestimmungen eines Merkmals angegeben; oft handelt es sich aber auch um eine nicht durch Zahlen gekennzeichnete Ordnung.

Eine S. wird z. B. für die Farbqualitäten durch den Farbenkreis, für die Töne durch die Tonleiter, für Schulleistungen durch die Notensysteme dargestellt. Viele Tests streben die Einordnung eines individuellen psychischen Merkmals in eine definierte S. an (z. B. Intelligenzhöhe, Grad der Introversion). Man unterscheidet in der Psychologie vier Typen von S., je nach der Art der Bestimmungen, die damit getroffen werden: a) Die Nominalskala. Hier handelt es sich nicht um eine Stufenfolge, sondern lediglich um eine Klassifikation von Merkmalsklassen. So wenn verschiedene Gruppen von Vpn unterschieden und miteinander verglichen werden, z. B. nach der Berufszugehörigkeit. Die Benennung der einzelnen Kategorien durch Ziffern oder Buchstaben ist willkürlich, die Folge der Kategorien ist also gleichgültig. Es kommt nur darauf an, daß die Bedeutung der Kategorien klar definiert ist und daß jeder Merkmalsträger in die Gruppe eingeordnet wird, der er zugehört. Innerhalb der Kategorien muß Identität hinsichtlich eines Teilmerkmals herrschen. Dieser S.typus stellt eine Vorform der S. im eigentlichen Sinn dar. b) Die Ordinalskala (Rangskala). Hier wird eine Abstufung im Sinn eines Mehr oder Weniger, Größer oder Kleiner u. dgl. getroffen, ohne daß dabei auf das Ausmaß der Unterschiede geachtet wird. Eine solche Folge liegt z. B. vor, wenn die Schüler einer Schulklasse nach der Güte ihrer Leistungen geordnet werden. Aus den Rangzahlen, die den einzelnen Personen zugeteilt sind, ist dann zu ersehen, welche Stellung in der Reihe der Einzelne einnimmt. Es ist jedoch aus den Zahlen nicht zu erkennen, wie groß der Abstand zwischen jeweils zwei Rangplätzen ist. So könnte z. B. der beste Schüler um sehr viel besser sein als der zweitbeste, dieser aber nur wenig besser als der drittbeste. c) Die Intervallskala. Im Unterschied zur Ordinalskala bestehen hier gleiche Abstände zwischen den Skaleneinheiten in bezug auf das gemessene Merkmal. Wird z. B. die Güte einer Leistung nach einer solchen Skala ausgedrückt, so ist eine Leistung von der Größe 10 gegenüber einer solchen von der Größe 8 um den gleichen Betrag besser wie diese gegenüber einer Leistung von der Größe 6. Hier kann man erst von »Messen« im eigentlichen Sinn sprechen. Auch die in Grad Celsius geeichte Temperaturskala entspricht diesem Skalentyp. Die Intervallskala besitzt jedoch keinen oder nur einen willkürlich festgelegten Nullpunkt. Daher erlaubt sie keine Aussagen über die Verhältnisse der danach gemessenen Größen. d) Die Verhältnisskala (auch Absolutskala genannt). Sie besitzt einen echten Nullpunkt, d. h. bei dem Skalenwert 0 ist auch das gemessene Merkmal 0. Daher bestehen nicht nur gleiche Abstände zwischen den Skalenwerten 2, 4, 6 hinsichtlich des gemessenen Merkmals, sondern es bedeutet auch 6 die dreifache Größe dieses Merkmals, 4 die doppelte gegenüber 2. Beispiele für solche S. sind die Längenmaße, aus der Psychologie das →FECHNERsche Gesetz. Zur Herstellung von S. dienen die Verfahren der →Skalierung. Vgl. auch Psychometrie, Rangordnung, Schätzskala

Skalierung, die Herstellung einer Skala, insbesondere einer Intervall- oder Verhältnisskala (→Skala) für ein zu messendes Merkmal. Zu diesem Zweck gibt es in der Psychologie zwei Gruppen von Methoden, die »indirekten« und die »direkten« Skalierverfahren.

1. Den indirekten Verfahren liegt die Annahme zugrunde, daß zwei Größen (z. B. Intensitätsgrade eines Reizes) auf der zu erstellenden Skala der Erlebnisgrößen um so näher beieinanderliegen, je häufiger sie als gleich empfunden (bzw. beurteilt) werden, und um so weiter voneinander entfernt sind, je häufiger ihre Verschiedenheit bemerkt wird. Aus den Häufigkeiten der Urteile (z. B. aus den Proportionen von »Größer«-, »Gleich«- und »Kleiner«-Urteilen beim Vergleich von Reizgrößen) wird dann auf die Stellung der Empfindungsgrößen zueinander geschlossen. So besteht z. B. zwischen den Reizgrößen A und B der gleiche Größenunterschied der Empfindung wie zwischen C und D, wenn A und B ebenso oft miteinander verwechselt werden wie C und D. FECHNER hat um 1850 als erster dieses Prinzip angewendet, indem er zur Gewinnung des nach ihm benannten Gesetzes die einzelnen ebenmerklichen Empfindungsunterschiede als untereinander gleich betrachtete und den ebenmerklichen Unterschied zur Einheit der Empfindungsstärke machte. Eine allgemeine theoretische Grundlage der indirekten Skalierung hat THURSTONE 1927 mit seinem Gesetz vom →Vergleichsurteil *(law of comparative judgment)* geschaffen. 2. Die direkten S.methoden verlangen von der Vp eine Beurteilung der Beziehungen zwischen den psychischen Größen, die unmittelbar zur Skalenbildung verwertet wird. So ist z. B. zu zwei gegebenen Graustufen eine weitere zu suchen, die bezüglich der Helligkeit genau in der Mitte zwischen den beiden liegt, oder eine Lautstärke zu finden, die doppelt oder dreimal so stark ist wie eine andere, oder es ist anzugeben, wie sich zwei Gewichtsreize in Teilen von 100 zueinander verhalten. Die Angaben über die subjektiven Größen werden dann direkt zu den Reizgrößen in Beziehung gesetzt.

Die direkten S.methoden sind nur wenig jünger als die indirekten, wurden aber zunächst nur selten angewendet (PLATEAU, MERKEL), da man lange Zeit an ihrer Exaktheit zweifelte. In neuerer Zeit hat die direkte Skalierung sehr starken Auftrieb erhalten. Die mit indirekten Verfahren aus Vergleichsurteilen gewonnenen S. besitzen keinen Nullpunkt, und es bedarf daher einer ergänzenden Information, um sie in eine Verhältnisskala umzuwandeln. Die mit Verhältnisurteilen arbeitenden direkten S.methoden führen dagegen sofort zu einer Verhältnisskala. Vgl. Psychometrie. →Psychophysik, →psychophysische Methoden Ⓛ GUILFORD, SIXTL, STEVENS, TORGERSON, THURSTONE, WOODWORTH u. SCHLOSBERG

Skalierung, multidimensionale, →multidimensionale Skalierung.

Skandha, auch Khandha (Pali), Bez. für die fünf Gruppen von Daseinsfaktoren, die (für den Buddhisten) das Individuum ausmachen: Körperlichkeit, Gefühl, Wahrnehmung, Geist, Bewußtsein.

Diese Faktoren (»Gruppen des Anhaftens«) bilden das individuelle Dasein, das ein bloßer Prozeß ist, der seit undenkbaren Zeiten schon vor unserer Geburt im Gang war und nach dem Tode sich noch lange fortsetzen wird. Diese 5 Daseinsgruppen bilden weder einzeln noch zusammengenommen eine in sich abgeschlossene Ich-Einheit oder Persönlichkeit, so daß der Glaube an eine wirkliche Ichheit als Persönlichkeit eine bloße Illusion ist. Der Mensch ist nur wie eine »Wasserblase auf dem Ganges«. →Seelenwanderung *S-G*

Skandieren, das Deklamieren von Gedichten in der →monodynamischen Akzentuierung, in der monotonen Sprechmelodie und im starren Rhythmus der Versfüße, nicht mit der reichhaltig modulierten →Prosodie natürlicher Wortfolgen. ● →Dysarthrische Sprachstörung mit einer verlangsamten (→Bradyarthrie) und oft stockenden, staccatoähnlichen Redeweise, bei der jede einzelne Silbe betont wird. Häufig in Zusammenhang mit →Ataxien bei Funktionsstörungen des Kleinhirns oder nach zerebraler Kinderlähmung. Nicht zu verwechseln mit den Sprechpausen der ungestörten Sprachproduktion. *G-N*

Skepsis, Skeptizismus [gr.], Zweifel. Die philosophische Richtung, die den Zweifel zum Prinzip des Denkens macht

Skiaskopie [gr. *skiá* Schatten], Schattenprobe. Auch Pupilloskopie ⟨LANDOLT⟩, Keratoskopie ⟨CUIGNET⟩, Retinoskopie ⟨PARENT⟩ genannt. Die Untersuchung der Brechungsverhältnisse im Auge

skill →Fertigkeit

SKINNERscher Kasten (SKINNER box), Apparat für Tierexperimente, der eine Vorrichtung enthält, mittels derer bei Druck auf einen Hebel ein Stück Futter in einen Behälter fällt.

Während das Tier gewöhnlich zunächst nur durch einen Zufall (→*trial and error*) die richtige Bewegung macht, wird sein Verhalten mit der Zeit zielgerichtet. Der Lernerfolg wird als Herstellung eines →bedingten Reflexes gedeutet. Der S. K. ist eine Weiterentwicklung einer ursprünglich von THORNDIKE (1898) zu Untersuchungen über das Lernen bei Tieren entwickelten Methode mit Puzzlebox, Problemkasten (Vexier-, Experimentierkäfig). →Labyrinthverfahren, →Vexierkasten, →Operant

*

SKINNER, Burrhus Frederic / *1904 / Päd., Psychol. / Minneapolis, Bloomington, Cambridge (Harvard-U.)

Sklera, Lederhaut des →Auges

Sklerose [gr. *skleros* trocken, spröde], krankhafte Organverhärtung

Skotom [gr. *skótos* Finsternis, Dunkelheit], zeitweiliger oder dauernder Ausfall an einer umschriebenen Stelle des Gesichtsfeldes, z. B. zentrales, peripheres, halbmondförmiges Skotom. Es wird als positives S. bezeichnet, wenn es dem Träger als Fleck oder auch als Einschränkung der Farbwahrnehmung zum Bewußtsein kommt, als negatives oder objektives S., wenn es nur durch Perimeter nachweisbar, vom Arzt festgestellt wird. →Flimmerskotom

Skotomisation, Nichtsehen der oder eines Teils der Realität. →Realitätsleugnung

Skotophobie, Furcht vor Dunkelheit. →Phobie

skotopisches Sehen, das auf Erregung der →Stäbchen beruhende Dämmerungssehen

Skript →Script

S-Kurve, Kurvenverlauf, wie er bei Integration der GAUSSschen Normalverteilung entsteht. Andere Beispiele für S-K. sind die sog. GOMPERTZ-Kurve und die logistische Funktion, die zur Beschreibung des organischen Wachstums und der Zunahme der Bevölkerung geeignet sind, sowie die →psychometrische Funktion. Auch die Durchschnittslernkurve hat man durch die S-K. zu beschreiben versucht, wogegen aber Einwände erhoben werden können.

SL, *serial learning,* Reihen-Lernen

sleeper-Effekt, die mit Hilfe von Nachrichten zu erzeugende Meinungsänderung tritt nicht sofort nach dem Nachrichtenempfang, sondern etwas später auf (WEISS 1953).

GILLIG u. GREENWALD (1974) haben nach Versuchen mit über 700 Probanden und drei verschiedenen Meinungsgegenständen das Vorhandensein des s.-E. in Frage gestellt. GRUDER u. a. halten diese Schlußfolgerung für voreilig, weil sie in der kritischen Untersuchung nach einem zu kurzen Intervall geprüft worden sei. Der s-E. wird durch die Ablösung (Dissoziation) des →Abwertungshinweises *(discounting cue),* der von der Unglaubwürdigkeit des Kommunikators ausging, von den positiven (überredenden) Argumenten für die →Einstellungsänderung erklärt (vgl. STROEBE 1980, 291). *B-S*

$_{S}L_{R}$. Symbol für Reaktionsschwelle (HULL)

SNELLENsche Tafeln, Leseproben zur Bestimmung der Sehschärfe. →Sehproben

*

SNELLEN, Herman / 1834–1908 / Ophthalmologe / Utrecht

SOA, *stimulus onset asynchronism,* Reizeinsatz-Ungleichzeitigkeit, z. B. zeitlich versetzter Beginn des relevanten und irrelevanten Reizes bei Untersuchungen zum STROOP-Phänomen. →Interstimulusintervall *B-S*

social competence →Sozialkompetenz

social desirability →soziale Erwünschtheit

social engineering →human engineering

social facilitation →Erleichterung, soziale

Social Impact Assessment (SIA), Verfahren zur antizipatorischen Abschätzung der psychosozialen Auswirkungen geplanter größerer Umweltveränderungen, beispielsweise der Errichtung größerer städtebaulicher oder technischer Projekte (auch *Technology Assessment*). Mittels verschiedenartiger Erhebungsmethoden versucht man vorherzusagen, in welchem Ausmaß Interessen der verschiedensten Betroffenen von den projektierten Veränderungen tangiert werden würden, um so für politische Entscheidungsprozesse eine breitere und zuverlässigere Informationsbasis zu bekommen. Ⓛ BELL et al. 1978 *K-I*

social-judgement-Theorie →soziales Urteil

social perception →soziale Wahrnehmung

Sodomie [nach der bibl. Stadt Sodom] →Sexualität

Solipsismus [lat. *solus ipse* allein ich selbst], theoretischer Egoismus als philosophische Richtung, die das subjektive Ich zum einzig Seienden erklärt. Ein methodischer S. dient zur Grundlegung der Erkenntnistheorie des Neo-Positivismus (CARNAP).

Sollwert, der Wert, den eine Größe im betrachteten Zeitpunkt unter festgelegten Bedingungen haben soll (Normenblatt DIN des dt. Normenausschusses)

Soma [gr.], Körper

Somästhesie, die gesamte Haut- und Tiefensensibilität (Berührung, Druck, Wärme, Kälte, Jucken, Kitzel, Schmerz u. a.)

Somatiker, in der Geschichte der →Psychiatrie vor allem des 19. Jhds. die Bez. für diejenigen Psychiater (wie GRIESINGER, MEYNERT), die im Ggs. zu den Psychikern (wie HEINROTH, IDELER) die Auffassung vertraten, daß bei den Psychosen nicht die »Seele«, sondern der Körper krank macht. These: Geisteskrankheiten sind Gehirnkrankheiten vs. die Seele macht sich selbst und den Leib krank.

somatisch, körperlich, auf den Körper bezogen im Ggs. zu psychisch

Somatisierung, der Übergang seelischer Konflikte in eine Organerkrankung (z. B. Magengeschwür). • Überleitung in Körpererlebnisse beim →autogenen Training, in der →Hypnose (J. H. SCHULTZ, 1951).

somatogen, aus körperlicher Verursachung im Ggs. zu →psychogen

Somatologie, die Lehre vom Körper und seinen Eigenschaften im Unterschied zur Psychologie

Somatopsyche →Allopsyche

Somatopsychologie, Lehre von den körperlichen Begleiterscheinungen bzw. den psychophysischen Erscheinungen

Somatotherapie, Therapie, insbesondere Psychotherapie vom Körperlichen aus (z. B. durch Atmung, Entspannung, Haltung)

Somatotypologie, svw. →Körperbautypen, körperbaulich-konstitutionelle →Typologie

Somnambulismus [lat. *somnus* Schlaf, *ambulare* umhergehen], Schlafwandeln, Nachtwandeln, Noktambulie (die Sonderform des S. zur Vollmondzeit = Mondsucht, Lunatismus).

Beim S. werden Handlungsfolgen wie Aufstehen, Ankleiden, bestimmte Erledigungen aus dem Schlaf heraus ausgeführt. Nachträglich besteht Erinnerungslosigkeit. S. kommt bei Kindern und Jugendlichen eher vor als bei neurotisch dafür geeigneten Erwachsenen. • Die Parallele zur Tiefenhypnose hat schon CHARCOT erwähnt, sie hat wohl dazu geführt, daß mit S. das Stadium tiefer Hypnose schlechthin bezeichnet wird, in dem der Hypnotisierte nach gegebenem Auftrag Handlungen ausführt. →Schlaf

Somniloquie [lat. *somnus* Schlaf, *loqui* reden], im Schlafe reden. →Schlaf

Somnolenz, Bewußtseinstrübung leichten Grades, Benommenheit, krankhafte Schläfrigkeit. • Bewußtseinseinschränkung, Schläfrigwerden im Anfangsstadium der Hypnose.

S.O.N. Ⓣ SNIJDERS

Sondererziehung →Sonderpädagogik

Sonderpädagogik, auf wissenschaftlichen Erkenntnissen vor allem auch sozialpädagogischer, psychologischer, soziologischer, psychotherapeutischer und medizinischer Art aufbauende Lehre von intensivierter Erziehungshilfe und deren Praxis bei außergewöhnlichen Schwierigkeiten der →Erziehung.

Dabei handelt es sich um solche Kinder und Jugendliche, die mit üblichen pädagogischen Mitteln nicht allseitig zu fördern sind, weil sie Behinderungen körperlicher und motorischer Art (Verkrüppelung, spastische Lähmungen u. dgl.), Mindersinnigkeit und Sinnesschwäche (blind, sehschwach, taub, schwerhörig, taubblind), Geistesschwäche (→Bildungsfähigkeit), dauernde oder nur durch längerfristige Behandlung zu behebende Verhaltensauffälligkeiten (z. B. Sprachfehler), soziale Anpassungsschwierigkeiten (Neuropathie, Psychopathie) oder Lernschwierigkeiten (Lernbehinderte) aufweisen. Ziel ist die optimale Realisierung der individuellen Möglichkeiten eines Kindes oder Jugendlichen und eine unter gegebenen Bedingungen sinnvolle, den sozialen Anforderungen entsprechende Eingliederung in gesellschaftliche und berufliche Gruppierungen und Institutionen. Das erfordert unterschiedliche, auf die Besonderheit der Fälle ausgerichtete Bildungsinstitutionen (Sonderschulen und -heime) und entsprechend ausgebildete Lehrer, Erzieher und Therapeuten. • Der syn. gebräuchliche Begr. Heilpädagogik ist wenig geeignet. Eine Heilung im speziellen Sinne ist bei dem bez. Personenkreis nicht möglich, sondern nur Hilfe, Förderung und Rehabilitation. *Mü-E*

sone [engl.] →Lautstärke

Sonometer, ein von HUGHES entwickeltes Gerät zur Bestimmung der Empfindlichkeit des Ohres. Der Apparat benützt das um 1878 erfundene Mikrophon. →Akumeter, →Audiometer

Sophisten, Sophistik [gr. *sophia* Weisheit], Weisheitslehre, gr. Philos.-Schule des 5./4. Jhd. v. Chr. Merkmale: Rhetorik (auch mit Scheinbeweisen: sophistische Haltung!), Anthropologie (PROTAGORAS: Der Mensch das Maß aller Dinge), Psychologisierung des Götterglaubens (KRITIAS), Sozialethik, Dialektik (GORGIAS).

Sopor, soporös [lat. tiefer Schlaf], Bewußtseinseinschränkung mittleren Grades, starke Benommenheit und Schläfrigkeit, die etwa zwischen →Somnolenz und →Koma liegt

$_{S}O_{R}$ ⟨ HULL ⟩ →Oszillation

SORKC →Verhaltensformel, →Verhaltensdiagnostik

Sortierapparat, Sortierkasten, Tests (Apparate), die das Aussortieren von Material verlangen. Meist Kästen mit Querwänden und Schlitzen. Der Schwierigkeitsgrad hängt vom Material bzw. dessen Abwandlungen ab. Zahlreiche Konstruktionen liegen vor. Ⓣ BLUMENFELD, GIESE, MOEDE, POPPELREUTER

Sortiertest →KASANIN

Sosein, die Beschaffenheit im Unterschied zum Dasein *(essentia-existentia).* →Sein

source trait →Persönlichkeitsfaktor

Soziabilität, Begr. zur Kennzeichnung des menschlichen Kontaktbedürfnisses (Geselligkeit), wie auch der individuellen Fähigkeit zur gesellschaftlichen An- und Einpassung

Sozialaggregat, soziales Aggregat, Bez. für das lockerste mitmenschliche Kontaktverhältnis. →Gruppe

Sozialalter →Alter

Sozialanthropologie, soziale Anthropologie, sozio-kulturelle Anthropologie, ein mehr oder weniger mit →Kulturanthropologie *(cultural anthropology),* →Ethnologie, →Ethnographie bedeutungsgleicher Begr. • S. ist auch Bez. für eine aus der naturalen Betrachtungsweise der menschlichen Gesellschaften (→Sozialdarwinismus) hervorgegangene Lehre. Ⓛ BERNSDORF 1972

Sozialarbeit, *social work,* Bereich und Tätigkeit des sozialen Dienstes in einer Gemeinschaft mit dem Ziel der Verbesserung der sozialen Situation. Mit der Umbenennung des Fachschulfaches S. in Sozialpädagogik einher geht die umstrittene Änderung der Tätigkeitsbezeichnung S. in Sozialtherapie. Aufgaben der S. sind Hilfe (Not lindern, Feldbedingungen ändern, →Innovation), Kontrolle (Schutz, Erziehungsfürsorge) und Bildung (traditionell »Pflege« genannt). Sozialarbeiter(-pädagogen) arbeiten dazu mit Psychologen, Politikern, Ärzten, Juristen u. a. zusammen. In der →Gemeindeps. arbeiten Psychologen zunehmend mit Vermittlern (Mediatoren) zusammen, die aus dem Milieu kommen und sowohl die Zielgruppenmitglieder als auch die Psychologen verstehen. →Beratung, →Interaktion, →Familientherapie. *R-S*

Sozialdarwinismus, die auf H. SPENCER (nicht auf DARWIN) zurückgehende Annahme der »natürlichen Auslese« und des »Überlebens der Tauglichsten« *(survival of the fittest)* auch bei den menschlichen Gesellschaften. Ⓛ BERNSDORF 1972

soziale Adaptation →Anpassung (c)

soziale Bewegung, als Thema der Soziologie behandelter Versuch von Gruppen, eine alte Wertordnung in einer Gesellschaft durch eine neue (vermeintlich bessere) zu ersetzen. Innerhalb der s. B. kommt es oft zu kollektiven Aktionen, wie Demonstrationen oder *sit ins.* Die Motivation einzelner zu ihnen ist auch Forschungsgegenstand in der →Massenps. Ⓛ KRONER *B-S*

soziale Bewertungs-Theorie, *social evaluation theory,* im Rahmen der sozialen Austauschtheorie (→Interaktion) werden Wettbewerb und Kooperation unter Gesichtspunkten des Wertes für den Einzelnen betrachtet (PETTIGREW 1967). *B-S*

soziale Deprivation →Deprivation

soziale Distanz →Distanz, soziale

soziale Entwicklung →Sozialisation

soziale Erleichterung →Erleichterung, soziale

soziale Erwünschtheit, *social desirability,* eine von EDWARDS untersuchte Antworttendenz bei der Beantwortung von Persönlichkeitsfragebogen oder anderen Selbsteinschätzungsverfahren. Die Vp tendiert dazu, nicht die für sie zutreffende Antwort als Ergebnis der Selbsteinschätzung zu geben, sondern diejenige, von der sie erwartet, daß sie sozial gebilligt oder erwünscht ist. Zur quantitativen Bestimmung der Neigung zu s. E. wurde von EDWARDS eine sog. SD-Skala entwickelt. →Persönlichkeitsfragebogen Ⓛ MUMMENDEY 1981 *Hä-R*

soziale Hemmung →Hemmung

soziale Intelligenz →interpersonale Kompetenz

soziale Interaktion, die Vorgänge der gegenseitigen Beeinflussung zwischen einzelnen Personen oder sozialen Gruppen sowie die dadurch entstehende Veränderung von Verhaltensweisen, Einstellungen u. dgl.

soziale Isolation →Deprivation, →Kaspar HAUSER

soziale Klasse, soziale Schicht, nicht eindeutig definierbare Begr., die in der →Soziologie für die Bez. von gesellschaftlichen Großformationen benutzt werden und die ps. Beziehungen zu Merkmalen wie →Status, →Macht und →Rangordnung haben. Die Bestimmung der Zugehörigkeit einer Person zu einer s. K. oder s. Sch. wird in der Sozialps. ersetzt durch verschiedene Methoden der Kennzeichnung des sozioökonomischen Status. →WARNER-Index *B-S*

soziale Kohäsion, der namentlich durch gemeinsame Motive und Ziele gewährleistete innere Zusammenhalt einer sozialen Gruppe.

soziale Kompetenz svw. →interpersonale Kompetenz. →Selbstsicherheit, →Sozialkompetenz

soziale Mobilität, das in versch. Gesellschaften und Kulturen unterschiedliche Ausmaß, in dem die einzelnen Angehörigen ihre Zugehörigkeit zu einer bestimmten sozialen Klasse wechseln bzw. wechseln können, sei es im Sinne eines sozialen »Aufstiegs«, sei es im Sinne eines »Abstiegs«.

soziale Motivation, Motivation bzw. Anreiz zu →Aggression, →helfendem Verhalten und sonstiger sozialer →Interaktion und außerdem die im sozialen Kontext gelernte oder beeinflußte →Motivation. Nach ZAJONC (1965) bewirkt die bloße Gegenwart von anderen Personen eine Erhöhung des allg. Antriebs (*general drive* i. S. HULLS). • BRODY (1980) berichtet über kognitivistische Kritik an dieser Auffassung. Ⓛ BERKOWITZ 1969, AJZEN u. FISHBEIN 1980 *B-S*

soziale Norm →Norm(en), soziale

Sozialepidemiologie, Wissenschaft, die die Zusammenhänge psychischer Störungen mit sozialen Fakten (Kulturunterschiede, soziale Schichtung, Urbanisierung, soziale Mobilität u. a. m.) untersucht.

soziale Prozesse, Theorie der s. P., nach G. C. HOMANS (1958, 1967) sind die grundlegenden s. P., aus denen erst die Strukturen und Systeme der Soziologie hervorgehen, Austauschprozesse: Das soziale Verhalten des Menschen sei Funktion seiner Folgen *(payoffs);* allerdings räumt HOMANS auch ein, daß die Belohnungen oder Verstärkungen der Handlungen keine absoluten Werte haben. Mit seinem dritten Grundsatz werden sie relativiert, indem anerkannt wird, daß Belohnungen mehr oder weniger wertvoll für jemanden sein können und daß die Wahrscheinlichkeit der Ausübung einer Tätigkeit von dem Wert der Belohnung für den einzelnen abhängt (vgl. GRAUMANN 1972, 1138ff.). *B-S*

soziale Rangordnung →Rangordnung, soziale

sozialer Austausch, *theories of social exchange,* →Interaktion

sozialer Motivationstest Ⓣ INGENKAMP, Deutsche Schultests IV

sozialer Status →Rangordnung, soziale

sozialer Typus (SPRANGER) →Typologie

sozialer Vergleich [engl. *social comparison*] →Vergleichprozeß, sozialer

soziales Aggregat →Gruppe

soziales Dilemma, durch zwei Wahlmöglichkeiten gekennzeichnete Situation: (1) für jeden einzelnen ist das sozial schädigende, antisoziale Verhalten dominant, weil es Gewinn bringt (z. B. Energieverschwendung); (2) das Ergebnis ist ein Gleichgewicht, weil sich kein Partner zur Änderung seines Verhaltens veranlaßt sieht, das aber defizient ist, weil alle Partner ein kooperatives (z. B. Energie sparendes) Verhalten vorziehen müßten, das für die Gesamtheit vorteilhaft wäre. Der Nutzen für das Ganze wird erzielt durch ein für das Individuum kostenreiches (altruistisches, normorientiertes) Verhalten. →*prisoner dilemma game.* Ⓛ HARDIN 1968, DAWES 1976, 1980 *B-S*

soziales Handeln →Idealtypen des sozialen Handelns

soziales Klima, in der Ökopsychologie als ein globales Charakteristikum einer Institution, einer (sozialen) Umgebung verstanden (auch *»social atmosphere«, »organizational«* oder *»environmental clima«;* MOOS 1974.). Institutionen wie Kliniken, Schulen, Universitäten können den Bedürfnissen der in ihr lebenden Menschen mehr oder weniger entgegenkommen oder widerstreiten (vgl. Führungsstil). Derartige »Passung« *(environmental fit)* kann unter verschiedenen Perspektiven, in verschiedenen Teilbereichen beurteilt und mit Hilfe von Einschätzskalen gemessen werden. *K-I*

soziales Lernen, das Lernen sozial bedeutsamer Verhaltensweisen, Inhalt des Sozialisierens. • s. L. besagt auch Lernen im sozialen Kontakt mit Vorbildern (Modellen) oder auch nur mit Verstärkungen durch Personen. • In der Revision seiner Theorie des s. L. stellt BANDURA (1977) die Selbst-Wirksamkeit *(self efficacy),* d. h. die Beurteilung der Möglichkeit eigenen Wirkens und Bewirkens durch den Lernenden in den Mittelpunkt. →Lernen Ⓛ BANDURA u. WALTERS 1963, BANDURA 1977 *B-S*

soziales Urteil, Theorie des s. U.; analog zur Zuordnung von Punkten auf dem psycholog. Kontinuum der Empfindungen zu Punkten auf dem physikalischen Kontinuum, den Reizen (Psychophysik), sollen Punkte auf einem Kontinuum von Einstellungs-Items den versch. sozialen Sachverhalten zugeordnet werden. SHERIF u. HOVLAND (1961) beschreiben u. a. die Wirksamkeit von Kontrast und Assimilation bei

S

diesen Urteilsprozessen und bezeichnen den Bereich des Kontrastes als *latitude of rejection* (Ablehnungsbereich) und den der Assimilation als *latitude of acceptance* (Annahmebereich). Einen Überblick über die Weiterentwicklung der Theorie des s. U. geben EISER u. STROEBE (1972). →Assimilation-Kontrast-Theorie, →Ablehnung, soziale, →Einstellungsskalen *B-S*

soziales Vorurteil →Vorurteil, →Stereotyp

Sozialethik, →Ethik der Normen und Prinzipien menschenwürdigen Zusammenlebens unter besonderer Berücksichtigung des Prinzips der Gerechtigkeit in sozialen Institutionen wie Familie, Schule, Betrieb, Erziehung, Moral, Recht. Mit ps. Fragestellungen und Methoden kann das Verständnis der Entstehung und Bewältigung sozialethischer Probleme gefördert werden.

Der Begr. des »sozialethischen Problems« oder der »sozialethischen Differenz« enthält das Problemverständnis: daß ein Widerspruch besteht zwischen einer ethischen Norm oder Rechtsnorm einerseits und einer historisch realisierten Praxis oder Rechtswirklichkeit andererseits; enthält weiterhin die Problemkarriere: wie die Soziogenese des Problems verlaufen ist und daß es sich aus den realisierten Praxis- oder Lebensformen herausentwickeln werde; und das Problemlösungsverständnis: daß im moralischen oder Verantwortungsdiskurs anerkannt wird, daß der Widerspruch in Richtung auf Verwirklichung der ethischen oder Rechtsnorm überwunden werden soll.

Sozialethische Probleme (z.B. im Bereich von Arbeit, Wohnen, Bildung, körperlicher und psychischer Gesundheit, sozialer Sicherheit, Umweltschutz, Umgang mit Minderheiten) stellen Herausforderungen dar an die Ps. als Wissenschaftssystem und als Anwendungssystem: einerseits gesellschaftliche Herausforderungen an das ps. Anwendungssystem, als in zunehmendem Maße Psychologen in den genannten Bereichen als Berater, Planer, Schiedsrichter oder Erzieher oder Therapeuten tätig sind; andererseits wissenschaftliche Herausforderungen an das ps. Wissenschaftssystem, insofern das Verständnis der Entstehung und Bewältigung sozialethischer Probleme die Überwindung der Dauerkrise in der Psychologie (K. BÜHLER 1927) im Zuge der Klärung theoretisch-ps. Fragen nach Lebensqualität und den Entwicklungs- und Innovationschancen im nationalen und internationalen Rahmen verspricht: Gesellschaftspolitik, Entwicklungshilfe, Weltfriede, Menschenrechte.

Im Sinne der genetischen →Epistemologie (PIAGET) können philosophische Probleme der Ethik mit entwicklungspsychologischen, speziell moralwissenschaftlichen Fragestellungen und Methoden zu lösen versucht werden. Damit wird das historische und systematische Abhängigkeitsverhältnis der Psychologie von der Philosophie vom Kopf auf die Füße gestellt. Dies kann nach PIAGET und KOHLBERG (1971) dadurch gelingen, daß die →Ontogenese der →Moralentwicklung als die entwicklungsabhängige Bereitschaft aller von einem sozialethischen Problem Betroffenen beschrieben wird, ihre interaktive Kompetenz für eine gerechte Lösung des anstehenden Konflikts einzusetzen (MILLER 1980). Ⓛ FAIRWEATHER, TORNATZKY 1977; GOODSTEIN, SANDLER 1978 *Ro-R*

soziale Wahrnehmung, eine Bez., die hinweist auf die Teilbedingtheit und Veränderung der Umweltorientierung durch soziale Interaktionen in Vergangenheit und Gegenwart und durch Erwartungen über soziale Ereignisse. Die Wahrnehmung von Personen (besser: Personenwahrnehmung) und sozialen Ereignissen stellt einen Spezialfall dar. →interpersonale Wahrnehmung.

• Unter s. W. fallen Phänomene wie die Akzentuierung (Vergrößerung, Beachtungszunahme, Selektion) von Zielgegenständen der Bedürfnisse und Absichten (BRUNER et POSTMAN), die Beeinflussung der Wahrnehmungen (meist jedoch des Wahrnehmungsurteils) unter Konformitätsdruck (ASCH) und die Untersuchungen zur Wahrnehmungsabwehr *(perceptual defence)* und Sensitivierung (ERIKSEN, BYRNE). Ⓛ GRAUMANN 1956, ALLPORT, F. H. 1955, KAMINSKI 1959, TAJFEL 1969, TAGIURI 1969, HOLZKAMP 1972 *B-S*

Sozialhygiene →Psychohygiene

Sozialindikatoren, verschiedene das Sozialleben betreffende Kenngrößen, die den Qualitätszustand einer Gesellschaft anzeigen sollen. Sowohl objektive Daten aus verschiedenen gesellschaftlichen Subsystemen (wie z.B. Arbeitslosenquote, Säuglingssterblichkeit, verschiedene bildungs- und kriminalstatistische Parameter, Grad der Luftverschmutzung, durchschnittliche Zeitaufwendung für bestimmte Freizeitbetätigungen) als auch subjektive Einschätzungen von Zufriedenheit und Wohlbefinden können als Kriterien für Planung und Evaluation von sozietalen Maßnahmen verwendet werden (→Lebensqualität). Ⓛ ANDREWS u. WITHEY 1976, MANN 1977 *K-I*

Sozialisation, Sozialisierung, gelegentl. auch Vergesellschaftung, Bez. für die Anpassung (das Hineinwachsen) des Individuums, vor allem des Kindes in die »Normen« der Gesellschaft. S. ist sowohl ein Prozeß, der aus dem Individuum entwicklungsgemäß (Anlagen, Fähigkeiten) abläuft, als auch eine Aufgabe, die erzieherisch (lenkend, führend, anleitend) von der Gesellschaft geleistet wird.

Die volle Aufnahme der Normen, wobei die Überzeugungen, Verhaltensstandards etc. der Gesellschaft als »eigen« erlebt werden, ist die →Internalisierung. S. als das vom Leben geforderte Erlernen immer neuer Rollen dauert durch alle Lebensalter. →Identifikation. • Einige Autoren führten zusätzlich den Begr. Enkulturation ein für die Aufnahme der tradierten kulturellen Werte. Ⓛ GOSLIN 1969, HURRELMANN u. ULICH 1980

sozialisierte Sprache, tritt nach PIAGET (1972) ungefähr im Alter zwischen 7 und 8 Jahren auf; zu dieser Zeit finden sich Kinder häufig in Kleingruppen zusammen und nonverbale Handlungen wie mimische und gestische Äußerungen verlieren innerhalb der Sprechsituation an Bedeutsamkeit (→nichtverbale Kommunikation).

Diese Veränderung in der →Sprachentwicklung geht der kognitiven Entwicklung voraus; das →Denken ist zu diesem Zeitpunkt immer noch →egozentrisch zu nennen, so daß eine wichtige Funktion der sozialisierten Rede in einer entsprechenden Sozialisierung kognitiver Vorgänge besteht.

Von der Unterscheidung in die zwei großen Gruppen von Äußerungen ausgehend, den egozentrischen und den sozialisierten, kommt PIAGET dazu, letztere in fünf Grundkategorien aufzuteilen, wobei der ersten eigentlich ein übergreifender Stellenwert zukommen müßte: (1) Angepaßte Information: das Kind geht auf den Standpunkt des Partners ein und will auf ihn einwirken. (2) Kritik: das Kind äußert sich über die Arbeit und das Verhalten anderer, wobei die Äußerungen eher affektiven als intellektuellen Charakter haben. (3) Befehle, Bitten, Drohungen: das Kind wirkt auf andere ein. (4) Fragen und (5) Antworten: es besteht jetzt das Bedürfnis nach echten Antworten sowie auch die Bereitschaft, diese selbst zu geben.

Ist bei PIAGET das s. Sprechen erst nach dem egozentrischen möglich, so wird bei WYGOTSKI (1964) umgekehrt die sozialisierte Rede als Vorbedingung für die egozentrische betrachtet. *G-M*

Sozialisierungsphase, Zeitraum plastischer Ansprechbarkeit auf bestimmte Sozialpartner. Daß Früherfahrungen das Verhalten von Tieren stark festlegen kann (→Prägung), zeigten Unters. von HARLOW (1962) mit Rhesusaffen, FREEDMAN (1961) mit Hunden und LORENZ bei Wasservögeln. Die Übertragbarkeit und vor allem die Irreversibilität dieser Sozialisierungswirkung beim Menschen ist umstritten (→Hospitalismus). Ⓛ BOWLBY, HESS, SCHMALOHR, SLUCKIN *R-S*

Sozialkategorie, demographische Gruppe, Personenmenge mit mehr oder weniger gleichen, insbes. sozial relevanten, Merkmalen (z. B. Gastarbeiter, geschiedene Frauen)

Sozialkompetenz, ein von E. A. DOLL verwendeter Begr. zur Beschreibung des Sozialverhaltens. Mit der S. ist vor allem die Befähigung des Individuums gemeint, sich selber helfen zu können und sozialen Kontakt zu Mitmenschen aufzunehmen. Damit verbunden ist die Verantwortung des Menschen für sich selber und für andere Individuen. – Mit der von DOLL publizierten »Vineland Social Maturity Scale« soll der Grad der Sozialreife und damit auch der S. festzustellen sein. In Analogie zum IQ schlägt DOLL die Ermittlung eines SQ (Sozialquotient) vor, der aus dem Bruch Sozialalter (Punktwert im Test) dividiert durch das Lebensalter errechnet wird. Ⓣ DOLL

Sozialmedizin, ein vieldeutiger Begr., der zusammen mit Sozialhygiene und *»preventive medicine«* gebraucht wird und vieles deckt, was als öffentliche Gesundheitspflege verstanden wird. Auch die Sozialversicherung wird als zugehörig zum Begr. S. angesehen.

Sozialökologie, *social ecology,* Sammelbezeichnung für Arbeitsrichtungen in der Ps. und in benachbarten Disziplinen, denen gemeinsam ist, daß sie sich theoretisch und empirisch mit sozialen (teils auch nichtsozialen) Einflußfaktoren befassen, wie sie in natürlichen Umgebungen wirksam werden, beispielsweise Einflüssen aus der alltäglichen und familialen oder schulischen Umgebung auf die Sozialisation. Ⓛ BRONFENBRENNER 1976, MOOS u. INSEL 1974 *K-I*

Sozialpädagogik, Begr. wurde von P. NATORP eingeführt für den Teil der →Pädagogik, der von der Gemeinschaft her bestimmt wird und die Erziehung auf die Gemeinschaft hin zum Inhalt hat. →Sozialarbeit

Sozialpathologie, ein nicht eindeutiger Begr., da er einerseits eine Sammelbezeichnung für alle Wissenschaften ist, soweit sie sich mit der sozialen Seite der Krankheiten beschäftigen und andererseits eine Bez. für diejenige Wissenschaft darstellt, die die Krankheitserscheinungen des sozialen Organismus zum Thema hat. →Soziopathie Ⓛ BERNSDORF

Sozialphysik, ein historisch gewordener Begr. von A. COMTE zur Bez. einer quantifizierenden Lehre von den gesellschaftlichen Vorgängen

Sozialphysiologie, ein historisch gewordener Begr. von SAINT-SIMON. Die Gesellschaftslehre soll Beobachtungs- und Erfahrungswissenschaft sein. Die Physiologie wurde damals und in diesem Sinne besonders hoch gewertet.

Sozialpsychiatrie [der Begr. erscheint erstmals bei L. L. BERNARD 1934], aus der Kritik am Medizinischen Modell (etikettierende Diagnose ps. Leidens nach Art körperlicher Krankheiten) entstand die moderne S.; sie betont bei Diagnose und Therapie individueller und/oder zwischenmenschlicher Störungen den Einfluß soziokultureller und ökonomischer Faktoren, welche eine schichtbezogene Chancenungleichheit bedingen. Realisierungsversuche entsprechend empirischer Forschungsergebnisse, z. B. in →therapeutischen Gemeinschaften, stoßen dabei häufig auf den Widerstand konventioneller Normensysteme. Zumindest tendenziell entwickelte sich bereits die Einsicht in die Notwendigkeit einer Pathologie der sozialen Kommunikation. →double-bind-hypothesis *L-R*

Sozialpsychologie (Sps.), Teil der Psychologie (und anderer Sozialwissenschaften) mit dem Schwerpunkt bei der Erforschung des Verhaltens (und Erlebens) des Einzelnen in →Interaktionen mit anderen. Die Definition umschreibt die Abhängigkeit individueller Prozesse und Strukturen der Person von der Wechselwirkung mit dem Verhalten anderer Personen (in Gruppen) und von der Beeinflussung durch immaterielle und materielle Produkte (i. w. S.) der anderen Menschen in Geschichte und Gegenwart; außerdem wird durch den Terminus »Wechselwirkung« auf den Beitrag der »sozialisierten« Person zu den Erzeugnissen und Strukturen der anderen (der Gesellschaft) hingewiesen.

Die Grundprobleme der Sps. werden philosophisch bereits im Altertum gesehen: Wie überträgt eine Generation ihre Kultur und ihre Denkformen auf die nächste? Was ist die soziale Natur des Menschen? (ALLPORT 1968). Die Anfänge der Sps. sind im Europa der Wende vom 19. zum 20. Jhd. zunächst als spekulative Versuche zur →Massenpsychologie (LE BON, TARDE, SIGHELE), dann als erste systematische Ansätze (ROSS 1908, MCDOUGALL 1908) zu sehen, obwohl Sps. als positivistische Wissenschaft bereits von COMTE als die letzte erklärende Wissenschaft, die auf Biologie und Soziologie aufbaut, unter der Bez. *la morale* gefordert worden ist (ALLPORT 1968 7). Wenn man *la morale* mit Verhaltenswissenschaft übersetzt, was COMTES Meinung entsprechen würde, wird deutlich, daß eine Ps. ohne Berücksichtigung der sozialen Bezüge nach seiner Auffassung unrealistisch ist.

Wenn heute die Sps. kein geschlossenes oder einheitliches Bild bietet, liegt das einerseits an den meist humanitären oder praktisch-sozialpolitischen (meliorativen) Interessen der Forscher und andererseits an der Vielfalt der theoretischen Ansätze innerhalb der →Allgemeinen Psychologie. Die ersten Sozialpsychologen sind um die Werte der Freiheit und der individuellen Rechte besorgt, die sie unter den zunehmenden Reglementierungen der industriellen Massengesellschaft bedroht sehen. Sie bemühen sich um die Kontrolle der Phänomene Führertum, Vorurteil, Gerücht, Propaganda, Kriminalität sowie auch um die Probleme der internationalen und Rassenspannungen und der politischen Meinungsbildung in der Demokratie. In ihren Forschungen benutzen sie Begr. aus jenen ps. Theorien, die ihnen gerade vertraut sind oder die sich als handlich und leicht verständlich erwiesen haben. Aus den älteren philosoph. Antworten auf Fragen nach dem Verhältnis von Individuum und Gesellschaft und nach den Motiven des Individuums für sein soziales Verhalten werden alle einmal gegebenen Antworten auch von Sozialpsychologen übernommen: Lust und Unlust (Hedonismus), Herdentrieb, Sympathie, Egoismus, Machtstreben, Nachahmung und Suggestion probieren sie als Erklärungsprinzipien durch. Im Anschluß an MCDOUGALL (1908) bildet etwa zwei Jahrzehnte hindurch die Instinktlehre den theoretischen Hintergrund der sozialps. Ansätze. Auch in dem beträchtlichen psa. Einfluß dienen die den Instinkten verwandten Triebe (Es-Kräfte) zur Erklärung der beeindruckenden Irrationalität des Verhaltens. Die Lehren von der neuentdeckten Hypnose und vom Unbewußten stehen in enger Beziehung sowohl zu den Anfängen der Massenps. als auch zu denen der psa. Theorie. Das Interesse der Sozialwissenschaften an FREUDS Lehre ist aber wohl eher durch die angebotene Erklärung für die Kontrollfunktion der Gesellschaft und den Sozialisierungsprozeß zu verstehen. Das allgemeine Prinzip, das alles erklärt, ist der Konflikt zwischen den egoistischen Trieben und der Notwendigkeit des Miteinander-auskommen-Müssens in der Gesellschaft. Sobald der Instinktbegriff als Hindernis für die Forschung angesehen wird, dringen andere Erklärungsbegriffe auch in die Sps. ein: Konditionieren, Verstärken, kognitive Organisation und schließlich Abkömmlinge des Begriffes der Gruppenseele, die →Institution und die →Rollen. Nebenher bleiben in vielen Bereichen die psa. Lehre mit der alles erklärenden Sexualität, Frustration,

Angst und den Abwehr-Mechanismen, sowie die Ich-Psychologie mit den Erklärungsbegriffen →Identität und Entfremdung »Günstlinge der Erklärung« (ALLPORT 1968). Sogar die soziale Klasse wird gelegentlich in der Sps. als ps. unabhängige Variable eingesetzt. Die Vermutung, daß inter-individuelle Persönlichkeitsunterschiede innerhalb von sozialen Klassen größer sind als die Unterschiede zwischen den durchschnittlichen Repräsentanten (»Modalpersönlichkeiten«) der verschiedenen Klassen wird bestärkt durch kritische Berichte über den Klassen-Begriff in der Sps. (MOORE 1969 310ff.). Das gleiche gilt für Rassen und Völker (KLINEBERG 1966).

Ein altes Problem, das nicht nur historische Bedeutung hat, ist die Interpretation der Wirkungen und Leistungen der sozialen Einheiten (Kulturen, Gesellschaften, Gruppen) als Effekte einer »Gruppenseele«. In Analogie zum individuellen Organismus wird das soziale Gebilde (z. B. auch der Staat) als Organismus aufgefaßt, der Seele und Geist hat. LAZARUS u. STEINTHAL wollen in ihrer Zeitschrift für Völkerpsychologie und Sprachwissenschaft (1860–1890) die Leistungen des Volksgeistes würdigen, und WUNDT schreibt darin sein Programm für seine 10bändige Völkerpsychologie, die aber erst von 1910 bis 1920 erscheint. Er sieht in der sozialen Ps., die er nur zur besseren Unterscheidung von der Soziologie eben Völkerpsychologie nennt, den Zweig der Ps., in dem die höheren und komplexeren geistigen Tätigkeiten behandelt werden. Hauptsächlich Sprache, Sitte und Mythos erklären die Entstehung der individuellen Apperzeptions-Massen, die im einzelnen bestimmen, welche Eindrücke der äußeren Welt kreativ verarbeitet werden. Die Geschichte der Sps. ist aber nicht durch WUNDTS Programm bestimmt worden (SODHI 1954 12f.), wenn auch Äquivalente für die »Volksseele« weiterhin offen oder versteckt in den Theorien vorkommen. Außer analogischen Lehren nennt ALLPORT folgende theoretische Annahmen zur Erklärung des eigenartig überdauernden Charakters der größeren sozialen Einheiten: kollektives Unbewußtes, objektiver Geist, Volksgeist, kollektive Vorstellungen und in der letzten Form den Kulturdeterminismus und die Lehren von den gemeinsamen Rollen-Segmenten.

Die exp. Sps. führt Fragestellungen der Massenps. über in die Analyse von Vorgängen in der Gruppe, insbesondere der Veränderung des Leistungsverhaltens Einzelner, die in Gegenwart von anderen arbeiten (MOEDE 1920, F. H. ALLPORT 1924).

Die Funktion des sozialen Faktors wird als soziale Erleichterung, soziale Förderung, sozialer Zuwachs angesehen. Neben der quantitativen Vermehrung der Produktion werden aber auch bei der Arbeit in Gegenwart von anderen qualitative Verschlechterungen der Leistungen und bei einzelnen Personen auch Verringerungen der Leistung festgestellt – im Vergleich zur isolierten Arbeit. Die Analyse der Bedingungen der verschiedenen Ergebnisse fördert die Theorie der sozialen Interaktion, die zunächst von MOEDE etwas vernachlässigt worden ist. Außer dem Gruppeneinfluß auf Arbeitsergebnisse werden bald noch weitere Themen exp. behandelt.

Eine kräftige Belebung erfährt die sps. Forschung wohl im Zusammenhang mit der Weltwirtschaftskrise Anfang der dreißiger Jahre und mit der Bedrohung durch totalitäre Systeme. Die weitere Entwicklung vollzieht sich im wesentlichen in Amerika. Der dort immigrierte K. LEWIN übt einen großen Einfluß aus. Mit LIPPIT und WHITE führt er den Begriff des sozialen Klimas oder der Gruppenatmosphäre ein und belebt die Erfindung von lebensnahen Labor- und Feldexperimenten zur →Gruppendynamik, Gruppenstruktur, zum Gruppenzusammenhalt und zur Gruppenentscheidung.

Die Ausweitung des Feldbegriffs vom »Lebensraum« des Individuums auf die Gruppenprozesse kann allerdings wie eine Grenzüberschreitung vom ps. zum soziologischen Raum begriffen werden. Trotzdem hat sich im Anschluß an diesen Schritt eine intensive ps. Kleingruppenforschung entwickelt. Als Weiterführung der gestaltps. Ansätze sind die kognitivistischen Gleichgewichts- bzw. Dissonanztheorien zur Erklärung von Stellungnahmen zweier Personen zu einem Objekt und von Einstellungsänderung zu sehen.

Parallel mit der hier geschilderten Entwicklung, meist ohne theoretischen Kontakt, entstehen die Einstellungsforschung, die ursprünglich auch Attitüdenforschung genannt worden ist, und die damit verbundenen Techniken der Messung (THURSTONE 1929, LIKERT 1932, GUTTMAN 1944 und BOGARDUS →Einstellungsskalen). Sps. ist gelegentlich geradezu als Wissenschaft von den sozialen Attitüden definiert worden. Das praktische Interesse von Politikern und Wirtschaftern bezieht sich in diesem Zusammenhang auf das kollektive Verhalten (Wahlen, Konsum, Mode) und fordert entsprechende Erhebungs- und Befragungstechniken (GALLUP 1936). Die mit der Sps. manchmal verwechselte kulturanthropologische Forschung (LINTON 1942, KARDINER 1945, KLUCKHOHN u. MURRAY 1948) bezieht ihre Erklärungsbegriffe im wesentlichen aus der psa. Persönlichkeitslehre (mit Betonung der Erziehungskonflikte in kritischen Perioden der Kindheit) und aus der Volksgeist-Ideologie und fördert die Auffassung von der Modalpersönlichkeit durch Rollenübernahme.

Der heutige Stand der Sps. ist entsprechend der Vielzahl der historischen Ansätze, die fast alle nachwirken, wegen der Uneinheitlichkeit in der Theorie und der Nichtübereinstimmung hinsichtlich des Forschungsgegenstandes schwer darzustellen.

Die neuesten Handbücher der Sps., herausgegeben von LINDZEY u. ARONSON (1968f., 5 Bände) und von GRAUMANN (1969, 1972), behandeln die folgenden Erklärungsansätze und Fragestellungen: S-R-theoretische, psychoanalytische, kognitivistisch-phänomenologische, feldtheoretische, rollentheoretische und system- bzw. organisationstheoretische. Davon scheinen die kognitiven »Theorien« der Sps. immer mehr Beachtung zu finden (vgl. FREY 1978).

Ziemlich häufig wird Sps. auch heute noch als Teil der Soziologie verstanden (oder wenigstens als nahe Verwandte), während sich die Besinnung auf ihre eigentliche Aufgabe nur zögernd durchzusetzen scheint: Statt auf der höheren Analyse-Ebene mit soziologischen Begriffen zu erklären, wird die Erklärung auf die ps. Analyse-Ebene zurückgeführt, d. h. mit Begriffen des individuellen Verhaltens in der Wechselwirkung mit anderen Individuen oder deren Erzeugnissen (z. B. den Symbolen, den sprachlichen Zeichen und Inhalten) gearbeitet. Man könnte Sps. als das Ganze der →Allgemeinen Ps. auffassen, weil es kein menschliches Verhalten ohne sozialen Kontext gibt. ALLPORT hält das zwar für theoretisch gerechtfertigt, aber etwas unpraktisch, weil es ps. Phänomene gebe, die man ohne explizite Berücksichtigung der sozialen Wechselwirkung behandeln könne (eigentlich bleibt nur eine etwas unmodern gefaßte Psychophysik; ALLPORT meint aber noch: sensorische Prozesse, emotionale Funktionen, Gedächtnisspanne und Persönlichkeitsintegration und sagt dazu, daß Sps. die Allgemeine Ps. überschneide, aber nicht mit ihr identisch sei).

Das Individuum im sozialen Kontext und der soziale Kontext selbst sind also Hauptthemen der Sps.

Die erste Themengruppe wird im psychophysiolog. Ansatz gesehen und wirft Probleme der sozialen Motivation, des sozialen Lernens, der sozialen Kognition, der Attitüdenstruktur, -funktion und -änderung, der Sozialisierung im Sinne der Integration sozialer und kognitiver Variablen (HARVEY, HUNT u. SCHRODER 1961), der Psycholinguistik, des Spielverhaltens und der Ästhetik auf, d. h. aller Phänomene, die auch Gegenstand der Allgemeinen Ps. und ihrer Unterdisziplinen, der Allgemeinen Entwicklungsps. sowie der Allgemeinen Persönlichkeitsps., sein können. Dazu kommen aber die Themen der zweiten Gruppe, die eigentlich Forschungsgegenstände der Soziologie sind: Wie soll man verstehen, daß Gruppen und Kulturen bestehen bleiben können, obgleich die einzelnen Mitglieder (die u. a. Gegenstand ps. Forschung sind) ausgetauscht werden können? Auch die in der →Gruppe (in Kulturen) stattfindenden Prozesse der Gruppenbildung, Rollendifferenzierung, Zielsetzung, Führung, Institutionenbildung etc. sind aber alle auf ps. Prozesse zurückführbar. Aufgabe der Sps. ist es also, globale Begriffe wie →Rolle, →Institution, →Gruppe auf ps. Variablen zu reduzieren.

Diese sicherlich sehr schwierige Arbeit macht Soziologie nicht überflüssig, sondern ist ein Bemühen auf anderer Analyseebene. (Wissenschaft kann stets auf höheren und niederen Abstraktionsebenen betrieben werden.) Auch die →Kulturpsychologie, die Nationalcharaktere, das kollektive Verhalten (Massen und soziale Bewegungen) sind legitime Themen der Sps., wenn sie entsprechend behandelt werden. Es geht um die Erklärung des Beitrags des Einzelnen zu den Gruppenphänomenen sowie der Veränderung des Einzelnen durch diese. Die Möglichkeit, Soziologie auf Psychologie zu reduzieren (HUMMEL u. OPP 1970), macht Soziologie also nicht überflüssig; im Verhältnis zur Sps. ist sie vielmehr ebenso Hilfswissenschaft wie Linguistik oder Physik und Chemie.

Die Angewandte S. ist zur Zeit deutlicher von der Allgemeinen Sps. zu trennen als in der ersten Blütezeit der Sps., die im wesentlichen durch Bearbeitung praktischer Fragen des gesellschaftlichen Lebens heraufgeführt wird: Es bleiben praktische Probleme, deren Lösungsversuche neben ihrer Bedeutung für das Überleben der Menschheit und für die Qualität dieses Überlebens auch theoretische Klärungen versprechen: Vorurteil und Beziehungen zwischen den Völkern, Wirkungen der Massenmedien, Führung und Kooperation in industriellen Betrieben, Psychologie der Wirtschaft, der Politik, der Erziehung und besonders die sps. Aspekte der internationalen Beziehungen (Verhandlungen, Änderung der Risikobereitschaft – *risky shift* – in Gruppen und bei Gruppenvertretern), der Moral, Religion und geistiger Gesundheit.

ALLPORT (1968, 68) meint, daß unter der großen Menge empirischer Befunde einige seien, die nur ein beschränktes Phänomen unter den restriktiven empirischen Bedingungen erklären, und spricht von elegant aufpolierten Trivialitäten. Als Reaktion darauf sei eine Tendenz zur umfassenden theoretischen Erklärung (zur integrativen Theorie) zu beobachten. Wenn das so ist, werden auch wieder alte Irrtümer lebendig werden, und zwar immer dann, wenn der Theoretiker die Geschichte der Sps. und die Fülle der inzwischen erarbeiteten exp. Befunde nicht genügend kennt. →weitere Stw. wie: interpersonale Kompetenz, interpersonale Wahrnehmung, prosoziales Verhalten, Soziometrie, Kommunikation. Ⓛ GRAUMANN 1969, 1972, HARTLEY u. HARTLEY 1955, HOFSTÄTTER 1967, KRECH, CRUTCHFIELD u. BALLACHEY 1962, LERSCH 1964, LINDZEY u. ARONSON 1968, IRLE 1975, BERGIUS 1976, TEDESCHI u. LINDSKOLD 1976, FRANKE 1980, STROEBE 1980 *B-S*

sozialpsychologische Diagnostik, die s. D., die vor allem Diagnostik der sozialen Einstellungen ist und es mit zwischenmenschlichen Kontakten und Beziehungen zu tun hat, wird mit sehr versch. Methoden durchgeführt.

1. Kontaktsituationen mit einem oder wenigen Partnern: Hierher gehören die Partnerversuche von Ⓣ HANSELMANN, Ⓣ HENNING, wobei es sich um Aufgaben wie gemeinsames freies Zeichnen oder Werken (Ausschneiden u. a.) handelt. Auch an Bilder oder Vorlagen anknüpfende Partnergespräche sind entwickelt worden.

2. Gruppensituationen: Anstoß gab hier die Wehrmachtsps. der 20er Jahre mit dem Bedürfnis, das sog. Führerverhalten zu ermitteln. Rundgespräche, Führerproben und sog. Befehlsreihen (d. h. Handlungstests Ⓣ RIEFFERT) wurden dafür entwickelt. In den USA trat das Office of Strategic Service (OSS) mit Debatte-Tests, Diskussions-Tests und Interview-Tests besonders hervor. – Eine weitere Möglichkeit für die Gruppensituation bietet das →Psychodrama von J. L. MORENO, dessen Rollenspielen zwar psychotherapeutisch angelegt, aber gut an die s. D. anpaßbar ist.

3. Selbst- und Fremdbeurteilung mit Fragebogen: Viele Fragebögen können zur s. D. zugezogen werden. Besondere Fragebogen-Tests lassen zwei Partner vor und nach einem Kontaktgespräch sich gegenseitig beurteilen oder fordern, wie die Vineland-Scale von Ⓣ DOLL, die Beurteilung von Verhaltens-Einheiten. Zuständig sind hier auch viele →Einstellungstests und →Einstellungsskalen (z. B. BOGARDUS-SKALA).

4. Projektive Verfahren: Auch der TAT (Ⓣ MURRAY) oder Gestaltungstests wie die von Ⓣ SHNEIDMAN, Ⓣ STAABS werden für die s. D. herangezogen. Ersterer war zudem Ausgang für Testkonstruktionen unter der Bez. »Interpersonal-Fantasy-Test«.

5. Soziometrie: Das von MORENO entwickelte →Soziogramm hat eine Reihe von Verfahren zur s. D. veranlaßt, bei denen mit dem interpersonalen Auswählen innerhalb eines bestimmten Personenkreises der Pb seine eigene soziale Einstellung offenlegt.

Mit besonderem Nutzen hat schließlich die s. D. die heutigen Techniken der Bandaufnahme und zeitlichen Registrierung herangezogen und die Analyse der Interviews und Gespräche verbessert.

Sozialquotient (SQ) →Sozialkompetenz

Sozialverhalten, (biol.), Sammelbegriff für Verhaltensmuster, die von einem Tier in einer Gruppe geäußert werden und sich von den Verhaltensweisen gegenüber fremden Artgenossen unterscheiden. Nahezu alle Elemente des S. lassen sich als ritualisierte Verhaltensweisen anderer Lebensbereiche (Brutpflege, Aggression, Körperpflege usw.) ableiten. Junge Schabrackenschakale z. B. stoßen die Eltern an die Schnauze, was bei diesen Futtervorwürgen hervorruft. Dieses Schnauzenstoßen ist bei adulten Tieren zum Begrüßungsritual geworden. →Ethologie *P-S*

Sozialwissenschaften, *social sciences,* Sammelbez. für die mit dem sozialen Verhalten im engeren (z. B. Soziologie, Psychologie, Politologie) wie auch weiteren Sinne (z. B. Sozialmedizin, soziale Anthropologie) befaßten Wissenschaften.

Soziatrie, ein als Kurzform (und auch, um den naheliegenden Rückschluß von Psychiatrie auf Geisteskrankheit hier einzudämmen) aus →Sozialpsychiatrie gebildeter Begriff

Soziodrama →Psychodrama

Soziogramm, »Landkarte, die zwischenmenschliche Beziehungen in einer Gruppe zeigt« (MORENO 1934), oder graphische Darstellung der Ergebnisse des soziometrischen Tests.

Bei dem Netz-S. werden Personen einer Gruppe mit numerierten Kreisen (Vierecken oder Dreiekken) bezeichnet und gemäß ihren Wahlen mit Pfeilen oder Linien verbunden, die bei Gegenseitigkeit der Wahl verstärkt sein können. Die Anordnung der Personen ergibt sich nie eindeutig aus dem Testergebnis und wird bei größeren Gruppen unübersichtlich. Das Zielscheiben-S. erlaubt die Zeichen für die Gruppenmitglieder nach der Zahl der erhaltenen Wahlen auf konzentrischen Kreisen anzuordnen. BJERSTEDT (1956) schlug Variationen eines Schachbrett-Diagramms vor, in denen jedes Gruppenmitglied hinsichtlich seiner Bevorzugungen, empfangenen und erwiderten Wahlen in Felder eines Schachbrettmusters eingetragen wird, d. h. es erhält einen Ort in dem Diagramm gemäß den von JENNINGS (1937) so genannten Wahl- und Zurückweisungsmustern. HÖHN u. SCHICK (1954) verwenden u. a. auch ein Kolumnen-Diagramm (Anzahl der positiven Wahlen über, der negativen unter einer Mittellinie für jedes Individuum). Die bisher genannten Formen des S. wären nur dann ps. Forschungsmittel, wenn in ihnen nur die zwischenmenschlichen Beziehungen, wie sie sich in den je einzelnen Gruppenmitgliedern darstellen, wiedergegeben würden. In dem üblichen Gebrauch gehört das S. dem soziologischen Denken an und führt zu dem fragwürdigen Konzept des sozialen Kraftfeldes zwischen Individuen. Damit könnte es als partielle Darstellung eines Aspekts der »Gruppenseele« gelten.

Auch nichtgraphische Wiedergaben zwischenmenschlicher Beziehungen sind als S. bezeichnet worden (ENGELMAYER 1952, WARTEGG 1953). Das S. nach WARTEGG ist im eigentlichen Sinne ein sozialps. Diagnostikum, denn es stellt die soziale Welt eines Einzelnen dar. Ⓛ HÖHN u. SCHICK 1964 (vgl. Soziometrie) *B-S*

Soziolekt, die in sozialen Gruppen entwikkelte Sondersprache, die abweicht von der allg. Verkehrssprache und dem geographisch abgegrenzten Dialekt.

Soziolinguistik, die Beschreibung und Systematisierung linguistischer Merkmale von gruppen-, schicht- und kulturspezifischem Sprachgebrauch in Abhängigkeit von soziologisch erfaßbaren Daten; sie beschäftigt sich demgemäß mit Gesetzlichkeiten von kollektivem Kommunikationsverhalten. Dies stellt die S. in ein komplementäres Verhältnis zur →Psycholinguistik, die ihrerseits mit den Voraussetzungen und dem Vorkommen des Sprechens als sozialer Tätigkeit von Individuen befaßt ist (→Sprachproduktion). Mit der Psycholinguistik verbindet die S. nicht nur das Interesse, mit je unterschiedlichem Schwerpunkt, am Thema →Sprache – Sprechen, sondern auch eine Parallelität in der Wissenschaftsentwicklung im jeweiligen Bereich.

In Deutschland haben S. und Psycholinguistik eine bedeutende Tradition (im Falle der S. die →Völkerpsychologie von STEINTHAL u. LAZARUS 1860/90 u. WUNDT 1911/20), und beide haben in den letzten zwei Jahrzehnten, ausgehend von anglo-amerikanischen Impulsen, eine besondere – wenn auch thematisch jeweils eingeschränkte – Aktualität gewonnen. Diese besteht bei der S. in einem sozialpolitischen Engagement: Ausgehend von der Erkenntnis, daß einerseits in hochentwikkelten Leistungsgesellschaften die Sprachfähigkeit eine entscheidende Rolle für persönliche Entfaltungsmöglichkeiten spielt, und von der Beobachtung andererseits, daß unterschiedliche Schichten der Bevölkerung über unterschiedliche sprachliche Gewohnheiten und Fertigkeiten verfügen (bei BERNSTEIN 1970: Mittelschicht: elaborierter →Code; Unterschicht: restringierter Code), wird die Forderung erhoben, durch ausgleichende bildungspolitische Maßnahmen soziale Ungerechtigkeiten zu mildern. Die sich anschließenden Fragen: wieweit »kompensatorische« Spracherziehung in Wahrheit nur eine kurzsichtige, weil aufgesetzte, Kinder ihrem sozialen Milieu entfremdende Angleichung an eine herrschende Norm des »elaborierten« Sprachverhaltens (→Sprachbarriere) bewirkte – wieweit Wertschätzungen, die in die Differenzierung von elaboriertem und restringiertem Sprachgebrauch eingehen, nicht selbst ein soziolinguistisches Problem darstellen – wie berechtigt und möglich es insgesamt erscheint, Sprachverhalten nur mit Hilfe strukturell beschreibender und quantifizierender Kategorien aus dem Zusammenhang von kollektiver sozialer Tätigkeit herauszulösen – ob S. nicht vielmehr in den umfassenderen Kontext von Sprachsoziologie zu integrieren sei – solche Fragen stimulieren die gegenwärtige Diskussion in diesem Forschungsgebiet. Ⓛ ERVIN-TRIPP 1969, OEVERMANN 1972, DITTMAR 1973, SCHLIEBEN-LANGE 1973 *L-T*

Soziologie, die Gesellschaftswissenschaft. Beschreibung und Theorie der sozialen Gebilde und des kollektiven Verhaltens. Wenn nur die →Interaktion, →Kommunikation oder →Rollen und Rollenverhalten thematisiert sind, wird S. auf der Mikroebene betrieben und ähnelt manchen Themen der Sozialps.; wenn Gruppen, Kollektive und andere soziale Kategorien behandelt werden, könnte man von der Mesoebene der S. sprechen, und die Beschäftigung mit Kulturkreisen, Schichten, Ständen und Klassen führt auf die Makroebene der S. Außerdem gibt es die speziellen S. der Familie, Jugend, des Berufs etc. (de JAGER u. MOK 1973). Im Bezug auf die Sozialps. ist S. insofern Hilfswissenschaft, als ihre Abstraktionen einige unabhängige Variable definieren, ähnlich wie es in der Psychophysik deren Hilfswissenschaft, die Physik tut.

Nach v. WIESE ist die S. die Grundwissenschaft der Sozialwissenschaften. Nach COMTE sollte die von ihm sog. S. allerdings erst zusammen mit der Biologie die letzten Erklärungen in einer neuen Wissenschaft ermöglichen, die er *la morale* nannte und die als Verhaltenswissenschaft verstanden werden muß. M. WEBER meinte, daß die S. die »Wissenschaft (sei), welche soziales Handeln deutend verstehen und dadurch in seinem Ablauf und seinen Wirkungen ursächlich erklären will«. I. w. S. schließt die S. auch die sozialen Prozesse in Tier- und Pflanzenwelt ein. Die Existenzberechtigung der S. wurde von den Nachbarwissenschaften wie Geschichte, Rechtswissenschaft, Nationalökonomie, Psychologie vielfach in Zweifel gezogen, heute beginnt die S. jedoch sich zusehends als empirische, ja experimentelle (→Soziometrie) Wissenschaft zu legitimieren. Die Möglichkeit einer relativen Grenzziehung zwischen den Arbeitsgebieten der S. und der Sozialps. bietet sich z. B. durch die Tatsache, daß sich als Ausgangspunkt der Sozialpsychologie das Individuum mit seinen zwischenmenschlich relevanten psychischen Erscheinungen ansehen läßt, während in der S. »die Gruppe, die nicht weiter ableitbare Grundkategorie, das soziologische Urphänomen« (VIERKANDT) ist. Ⓛ BERNSDORF, KÖNIG, M. WEBER, de JAGER u. MOK 1973 *B-S*

Soziologismus, Bez. für die Überbewertung des Soziologischen. Soziales wird nur durch Soziales erklärt und z. B. psychologische Begründung abgelehnt. • In der Wissenschaftssystematik bedeutet S., daß der Soziologie die zentrale Stellung innerhalb der Wissenschaften überhaupt zugewiesen wird. COMTE vertrat diese Auffassung.

Soziometrie, Bez. für jede Art quantitativer Humansoziologie oder Sozialpsychologie (vgl. BJERSTEDT 1956 15). • Bez. für die quantitative Erfassung jeder Art zwischenmenschlicher Beziehungen, »jede Messung aller Arten von sozialen Beziehungen« (MORENO 1951 7) »ein messendes und darstellendes Verfahren zur Erfassung der innergrupplichen (zwischenmenschlichen) Beziehung der Verbände« (ENGELMAYER 1952 5). Noch elf weitere Definitionen gibt darüber hinaus BJERSTEDT (1956 16–18), die sich durch genauere Angaben über die Art der zwischenmenschlichen Beziehungen (Präferenz oder allgemein), über die Art der Datengewinnung (Wahlen, Beobachtung, sprachlicher Report) und durch Ein- bzw. Ausschluß der Tiersoziometrie unterscheiden. Die gebräuchlichste Form der S. ist die von MORENO vorgeschlagene Erhebung und Darstellung der positiven Wahlen (gelegentlich auch Ablehnungen) von einem oder mehreren Partnern (mit oder ohne Festlegung der Zahl) meist für das Zusammenarbeiten, -spielen oder bloße Zusammensein in spezifischen Situationen. Nicht immer wird beachtet, daß die Wahlen anders ausfallen können, wenn sie »Ernstcharakter« haben (d. h. in der bezeichneten Situation real berücksichtigt werden), als wenn sie nur im fiktiven Papier-und-Bleistift-Test erhoben werden. Die im →Soziogramm dargestellten Ergebnisse lassen im optimalen Fall Gruppenstrukturen erkennen: Beliebtheitsführer (Star, zentrale Figur), Außenseiter, Cliquenbildung und Zusammenhalt (Kohäsion) der →Gruppe. Ⓛ HÖHN u. SEIDEL 1969, BIERSTEDT 1956, HELLER u. KRÜGER 1974 *B-S*

soziometrische Disposition, nach KRECH et al. (1962, 106f.) eine primäre interpersonale (soziale) Verhaltenseigenschaft, wie z. B. Toleranz gegenüber Personen (Gegenpol: Zurückweisung, Ablehnung); Geselligkeit (Ungeselligkeit); Freundlichkeit (Unfreundlichkeit); Mit- und Einfühlend sein (ohne Einfühlung) u. a. *B-S*

Soziopathie, gestörte Beziehung zwischen Individuum und Gesellschaft. Die beiden Extreme sind: 1. S. als Leiden der Gesellschaft an einer Person, die ein chronisch niedriges Aktivierungsniveau hat (keine Furcht vor Bestrafung) und aktive Stimulation braucht (auch mit der Gefahr wiederholter Gesetzesübertretung). 2. S. als Leiden der Person an der Gesellschaft, wobei die Etikettierung (→*labeling*, Stigmatisierung) mit zufälligen Unterschieden zu einem chronischen Kreislauf führt. →Nichtseßhafter *R-S*

space →Räumliches Vorstellen

Spaltung der Persönlichkeit, der Zerfall der Persönlichkeit bei der →Schizophrenie. • →multiple Persönlichkeit

Spaltungsgesetz →MENDELsche Regeln

Spaltungsirresein →Schizophrenie

Spannung →Dimension (Gefühle), →System in Spannung

Spannungsempfindung →Kinästhesie

Spannungsirresein →Katatonie

Sparen, provisorisches Sparen (Konsumaufschub →Belohnungsaufschub) oder definitives S. (Konsumverzicht). Nichtverbrauch von Teilen des Einkommens oder von →Ressourcen aus versch. Motiven, deren Erforschung Gegenstand der Sozial- u. Finanzpsychologie ist. Unfreiwilliger Konsumverzicht bei steigenden Preisen und geringem Einkommen heißt monetäres Zwangssparen. *B-S*

Spasmophilie, Neigung zu Muskelspasmen (Erhöhung des Muskeltonus)

Spasmus [gr. *spasmós* Krampf] →Krampf

spastisch, krampfartig

spastische Dysphonie →Stimmstörung

spastische Lähmung, nicht schlaffe, sondern mit tonischer Kontraktion verbundene Muskellähmung

Spätentwickler →Retardation

Spätertaubung →Gehörlosigkeit

S-p-Diagramm, graphische Darstellung einer Verteilung von Urteilen über Reizgrößen. Als Urteilskategorien kommen z. B. »größer« und »kleiner« in bezug auf einen Vergleichsreiz in Frage. Auf der Abszisse sind die Reize der Größe nach abgetragen, auf den Ordinaten sind die Häufigkeiten der beiden Urteilsmöglichkeiten in Prozenten angegeben. →psychometrische Funktion. Ⓛ WOODWORTH-SCHLOSBERG, TRAXEL

SPEARMAN-BROWN-Formel, Schätzformel zur Bestimmung der Gesamtreliabilität eines Tests für den Fall, daß nur ein Teil der Reliabilität bzw. inneren Konsistenz bekannt ist.

S

Die Formel wird z. B. angewandt, wenn die innere Konsistenz nach der →*split-half*-Methode berechnet wird und lautet:

$$r_{tt} = \frac{2 \cdot r_{12}}{1 + r_{12}}$$

Die Formel geht von der Voraussetzung aus, daß die Streuung der Rohwerte aus der Testhälfte 1 identisch mit der Streuung der Rohwerte aus der Testhälfte 2 ist. Die Formel wird auch »*prophecy formula*« genannt. In neuerer Zeit wurden von weiteren Autoren Formeln entwickelt, welche zum Teil weniger Voraussetzungen beinhalten, zum Teil jedoch auch präziser sind. *Hä-R*

*

SPEARMAN, Charles Edward / 1863–1945 / Psychol., stud. bei WUNDT /Univ. of London

*

BROWN, William / 1881–1952 / Psychol. / Univ. of London, Oxford Univ.

SPEARMANscher Korrelationskoeffizient, Koeffizient einer nichtparametrischen Korrelationstechnik für Ordinalvariablen, der nach

$$\rho = 1 - \frac{6 \sum D^2}{N(N^2 - 1)}$$

berechnet wird, wobei D die Differenzen der Rangplätze eines Beobachtungspaars und N die Anzahl dieser Paare symbolisieren. *Mi-A*

specimen record, eine im Rahmen von BARKERS ökologisch-psychologischem Ansatz entwickelte Methode zur detaillierten alltagssprachlichen Schilderung von Geschehensabläufen in natürlichen Situationen durch geschulte Beobachter, teilweise angewandt auf ganze Tagesabläufe bei einzelnen Personen (z. B. Kindern), teilweise auf das Geschehen innerhalb bestimmter →*behavior settings.* Ⓛ WRIGHT 1967 *K-I*

speed-test [engl. *speed* Geschwindigkeit], Tests, bei denen unter Wegfall einer Zeitbegrenzung sämtliche Aufgaben von allen Pbn gelöst bzw. richtig beantwortet werden.

Der →Schwierigkeitsindex (P) liegt also bei P = 100. Die Trennschärfe ist per Definition ebenfalls gering. Zur Messung von interindividuellen Differenzen wird ein Testskore dadurch gewonnen, daß die Testdurchführung begrenzt und die Aufgabenmenge als Leistungsmaß definiert wird, oder es wird ein Zeitskore für die Lösung bzw. Beantwortung einer Aufgabenmenge gebildet. Außer wenigen Tests für spezielle Fähigkeiten, wie z. B. Konzentration, stellen die meisten Testverfahren ein Gemisch zwischen *speed*- und →*power*-Komponenten dar. *Hä-R*

Speichelreflex →bedingter Reflex

Speicher, allg. Vorratsräume oder -gefäße; in der →Informationstheorie und →Datenverarbeitung physikalische Objekte, die Information über die Zeit hinweg bewahren (speichern) können. In der Informationstheorie hat die physikalische Realisierung eines S. sekundäre Bedeutung gegenüber dem strukturellen Aspekt der Speicherung.

Ein S. besteht aus Elementen (Zellen), die in einem relevanten physikalischen Parameter wenigstens zweier willkürlich änderbarer, ohne Eingriff aber über die Zeit hinweg beständiger Zustände fähig sind. Die Zellen sind durch Adressen (in der Regel numerische Angaben von Zeile, Spalte, Ebene in einer matrizenförmigen Anordnung) eindeutig gekennzeichnet und anwählbar. Information kann in einen S. eingeschrieben, mit oder ohne Änderung des S.inhalts gelesen oder abgerufen und gelöscht werden. Den beiden Grundformen der Datenverarbeitung, →digital und →analog, entsprechen spezielle S.ausführungen. Die Speicher moderner digitaler Anlagen basieren meist auf der Magnetisierbarkeit eisenhaltiger Materialien. Man unterscheidet die Bauformen Kernspeicher, Platten- und Trommelspeicher sowie Bandspeicher. Entscheidend für die Wahl des S. sind die Kosten pro Informationseinheit, die reziprok zur geforderten Zugriffszeit verlaufen. Neuerdings werden Kern-S. durch Halbleiter-S. ersetzt, in denen der Zustand einfacher subminiaturisierter bistabiler elektrischer Schaltungen die Information trägt. Sie sind schneller und billiger als Kern-S. Von Nachrichtentechnikern wurde die Unterscheidung von S. und Gedächtnis vorgeschlagen, die von Psychologen nicht immer durchgehalten wird. Im S. kann eine Information nur bei Angabe der Adresse durch entsprechende Befehle geschrieben, gelesen oder gelöscht werden. Der Zugriff zum Gedächtnis geschieht hingegen ohne Verwendung von Adressen nach inhaltlichen Kennzeichen (Inhaltsadressierung) der Information selbst (→Gedächtnisgesetze), Löschen ist nur partiell möglich.

S. und Gedächtnis bezeichnen die unterschiedlichen Strukturen technischer und organismischer Informationsübertragung über die Zeit hinweg. *G-R*

Speicherkapazität, Fassungsvermögen eines →Speichers. Die numerische Angabe setzt ein Maß für die Informationsmenge voraus: bei technischen Systemen die Anzahl von Binärschritten, die zur Darstellung einer Nachricht benötigt werden *(bit),* die Anzahl zusammenhängender 8-bit-Blöcke *(byte)* oder der Wörter gemäß der Wortstruktur eines bestimmten →Digitalrechners.

Als Wort bezeichnet man dabei die mit einem Maschinenbefehl zusammenhängend verarbeitete Folge von *bits* oder *bytes.* In der Ps. haben informationstheoretische Maße für die S. bzw. die Gedächtniskapazität eine geringere empirische Bedeutung als die Anzahl behaltener, reprodu-

zierter oder wiedererkannter Elemente in einer Gedächtnisaufgabe, also die Zahl von Zeichen, Wörtern, Zahlen, Reiz- und Reaktionsalternativen oder »Klumpen« (engl. →*chunk*).
Ⓛ MILLER, G. A. 1956 *G-R*

Speichertheorie →Gedächtnis

spektrale Hellempfindlichkeitskurve, die für die Zwecke der →Photometrie und →Kolorimetrie international normierte Kurve der Hellempfindlichkeit des menschlichen Auges. Sie wurde von der Internationalen Beleuchtungskommission (IBK) besonders mit Rücksicht auf das »Additivitätstheorem der Helligkeiten« (→Photometrie) festgelegt. Sie stellt den Durchschnittswert sehr vieler Beobachtungen unter normierten Bedingungen dar.

spektrale Sättigungskurve, nach der Definition haben alle Spektralfarben maximale Sättigung (→Spektrum). Nach ihrem anschaulichen Sättigungsgehalt (→Farbe) unterscheiden sich Spektralfarben jedoch erheblich voneinander. Es wirken z. B. Violett und Blau gesättigter als die folgenden Grüntöne, und Rot wirkt wiederum gesättigter als Gelb, bei welchem das anschauliche Minimum der Sättigung liegt.

Um methodische Schwierigkeiten bezüglich eines direkten Vergleichs der einzelnen Farben auf Sättigung zu umgehen, definiert man die Sättigung einer Spektralfarbe durch denjenigen Leuchtdichte-Betrag, der einem Standardweiß zugemischt werden muß, um die Empfindung »ebenmerklich farbig« hervorzurufen. Aus diesen Ergebnissen definiert man nach der Formel

$$p = \frac{L\lambda}{Lw + L\lambda}$$

(wobei L = Leuchtdichte einer bestimmten Spektralfarbe und Lw derjenigen für Standardweiß entspricht) den Begriff der »kolorimetrischen Reinheit« *(colorimetric purity)* und schreibt die für jede Wellenlänge festgestellten Werte als Ordinate über dem Spektrum als Abszisse an. Dieses Verf., ein Äquivalent zur Sättigung zu definieren, findet man hauptsächlich bei den angelsächsischen Autoren. Eine andere Möglichkeit besteht darin, für jede Spektralfarbe die Anzahl der Unterschiedsschwellen zu einem Standardweiß auszuzählen und wiederum als Funktion über dem Spektrum darzustellen. Beide Verf. stimmen in bezug auf das Minimum der Sättigung bei ca. 570 nm überein. Ⓛ GRAHAM *Str-R*

spektrale Unterschiedsempfindlichkeit, ermittelt man im psychophysischen Experiment, wie groß an jeder Stelle des Spektrums der ebenmerkliche Farbtonunterschied (→Unterschiedsschwelle) ist und schreibt diese Werte, in Wellenlängen ausgedrückt, auf der Ordinate über dem Spektrum als Abszisse an, so ergibt sich eine nichtmonotone wellenförmige Funktion. Man erkennt relative Minima im Violett und Blaugrün, Gelb und Rot (etwa 430, 490, 570, 620 nm). Entsprechende relative Maxima liegen bei 460, 530, 600 nm. Die Werte variieren erheblich nach den verschiedenen Autoren. Es ist bemerkenswert, daß die s. U. sich zur physikalischen Variablen nicht im Sinne irgendeines psychophysischen Gesetzes (→FECHNERsches Gesetz oder Exponentialgesetz) verhält. Ⓛ GRAHAM *Str-R*

Spektralfarben →Spektrum

Spektrum, schickt man einen Strahl weißen Lichtes durch ein Prisma auf eine neutral gefärbte Fläche, so erscheint ein farbiges Band mit immer gleicher Reihenfolge der Farben von Rot über Orange, Gelb, Grün, Blau bis Violett. Dieses farbige Band heißt S. [lat. Gespenst].

Als Spektralfarben bezeichnet man die im Sinne von NEWTON homogenen Lichter oder gleichbedeutend damit solche, die nur einem sehr kleinen Ausschnitt des sichtbaren S. entsprechen (häufig »Lichter einer Wellenlänge« oder monochromatische Lichter genannt). – Für die Psychophysik der Farben haben die Spektralfarben große Bedeutung, weil nur sie durch Wellenlängen physikalisch eindeutig zu kennzeichnen sind. Schwellenwertuntersuchungen (→spektrale Unterschiedsempfindlichkeit) u. ä. beziehen sich stets auf das nach Wellenlängen gestufte S. als physikalische Variable. – Von S.eichung spricht man in der →Kolorimetrie, wenn die Spektralfarben geometrisch in einem normierten Gemischsystem dargestellt werden. Die physikalische Wellenlängenskala erleidet dabei Verzerrungen und verliert ihre metrischen Eigenschaften. Der Begr. der Eichung bezieht sich hier nur auf die Ausgangsfarben des Gemischsystems. *Str-R*

spekulative Psychologie, besondere Bez. für die vorempirische Psychologie. →Psychologie

Sperrung, Unterbrechung der ps. Resonanz und Reaktion (etwa für einige Sekunden bis Minuten), vor allem bei Schizophrenen. Der »Kranke« antwortet plötzlich nicht mehr, starrt vor sich hin und scheint nichts mehr zu verstehen. Die S. ist vor allem auf affektbetonte Komplexe zurückzuführen, die während des Gesprächs berührt wurden. • Unterbrechung von angefangenen Bewegungen auf Grund eines inneren Gegenantriebs (→Negativismus)

Spezies, (in d. Ps. d. Mittelalters) Bild, Abbild, z. B. die in den Sinnesorganen erzeugten Bilder, *species sensibiles,* (biolog.) →Art

S

Spezifikationsgleichung, nach CATTELL das Verhalten (R) eines Individuums in einer bestimmten Situation als Abhängigkeit von →*traits* (T) und deren Bedeutung (s). $R = s_1 \cdot T_1 + s_2 \cdot T_2 + \ldots s_n \cdot T_n$ Ⓛ CATTELL *R-S*

spezifische Sinnesenergien, Joh. MÜLLER hat erstmals die Erscheinungen durchforscht, daß die Sinne auf Reizung nur spezifisch reagieren können. Auf Druck, Stoß, Strom u. a. reagiert z. B. das Auge nur mit Lichtempfindungen.

Sphäre [gr.], Kugel, Himmelskugel, Lebenskreis. ● Beim Denken bezeichnet S. das Mitschwingende und Mitanklingende, das wie ein »Hof« sich um die Denkabläufe legt und diese beeinflußt. ● Beim Bew. die Bez. für das im »Randbewußtsein« Liegende, in der »Peripherie des Bewußtseinsfeldes«, dabei aber zugleich mögliche Quelle für produktive Leistungen »die am besten im sphärischen Halbdunkel gedeihen« (KRETSCHMER, 1975[15]).

Sphygmograph [gr. *sphygmós* Zuckung, Puls], Pulsschreiber (Aufzeichnung der arteriellen Pulskurve)

Sphygmomanometer, Blutdruckmesser (Aufzeichnung der Blutdruckwerte)

Spiegel-Lese-Schreib-Test →Schulleistungs-Tests Ⓣ MONROE

Spiegel-Test, Spiegelzeichengerät Ⓣ MEUMANN-GIESE

Spiel, eine Aktivität von Mensch (und Tier), die ohne Zwang und Zweck um ihrer selbst willen ausgeübt wird. Jan HUIZINGA, ein mit dem Thema sehr vertrauter Autor (»homo ludens«, 1933) bezeichnet das S. als »primäre Lebenskategorie«.

Doch genügen solche Aussagen zum Phänomen S. bei weitem nicht, wenn man die ganze Vielfalt spielerischer Betätigung erwägt und dabei an das ins S. traumhaft versunkene Kind denkt, an die zahllosen sportlichen S., die Gesellschaftsspiele, die technischen Spielautomaten, das spielerische Basteln. – Man unterscheidet als Spielarten: (1) Funktionsspiele (Motiv ist der Bewegungsdrang. Beim Kind dienen sie der Einübung von Bewegungsabläufen), (2) Fiktionsspiele, Symbolspiele (Wesentlich ist die Entfaltung der Nachahmung, sich in eine andere Rolle versetzen, Herstellung des sozialen Bezugs, Entwicklung der Phantasie), (3) Konstruktionsspiele (Umgang mit Material steht im Mittelpunkt), (4) Regelspiele (Vorgegebene Regeln und Vorschriften sind einzuhalten), (5) Gruppenspiele (S., die ohne Teilnehmermehrzahl nicht durchführbar sind). – BENESCH gliedert die S. als Lebenshilfe in 12 Funktionen, darunter S. als Spannungsausgleich, als Selbstverwirklichung, als Lustgewinn, als Ausleben, als Konfrontation. – Mit der ps. Beachtung der S. ist eine sehr wechselnde Theorienbildung einhergegangen (nicht gleichbedeutend mit →Theorie der S.), die von den »energetischen Theorien« (zum S. führe Kraftüberschuß, S. sei das Aufsuchen von Spannung und Lösung – SPENCER 1855, HECKHAUSEN 1964) über lerntheoretische, kognitionstheoretische, sozialkommunikatorische u. a. Deutungen bis zu den tiefenps. Annahmen mit →Katharsis, →Projektion und →Ersatzbefriedigung reicht. PIAGETS Spieltheorie fand besondere Beachtung, da sie den Wandel im Spielverhalten vom Säugling zum Erwachsenen über drei Phasen zu deuten sucht (Assimilation, Akkomodation, Balance beider Prozesse). Das Kleinstkind spielt →sensomotorisch – es stellt die »geistige« Frage, ob sich die Dinge der Umgebung zum »Lutschen« eignen. Im zweiten Lebensjahr treten noch sehr unangepaßte Vorstellungsbilder auf, doch zunehmend verschafft sich das Kind über das S. Kenntnisse, die in der Realitätsanpassung des Erwachsenen (mit abfallendem assimilatorischen Spielbedürfnis – Pröbeln, Basteln) enden.

Eine wichtige Rolle hat heute das S. auch im therapeutischen Bereich, z. B. als Rollenspiel (→Rolle), innerhalb der →Verhaltenstherapie und im →Psychodrama, als Interaktionsspiel, in der Gruppentherapie u. a. O. (→Spieltherapie, →Transaktionsanalyse). Ⓛ BENESCH 1980, FLITNER 1973, HECKHAUSEN 1964, HUIZINGA 1933, PIAGET 1969

Spielmethode, spielerische Gestaltungsverfahren, in der ps. Diagnostik diejenigen Tests und Verf., die zum spielerischen Gestalten veranlassen und in solchem Tun Persönlichkeitsvariablen offenlegen. Die S. wird zur Entwicklungsdiagnose und zur Erfassung persönlicher Probleme in jedem Alter verwendet. Alle Spielverf. haben zum Vorteil wie Nachteil die enge Beziehung zu den →projektiven Verfahren – in einiger Hinsicht auch zur →Bildgeschichtenmethode. Einer Standardisierung sind sie wenig zugängig. Ⓛ HÖHN

Spielstrategie, in der →Theorie der Spiele der Plan eines Spielers, mit dem die Auswahl der Aktionen (oder Züge) unter Berücksichtigung der Situationen festgelegt wird und deren Ausführung. Es werden »reine« (deterministische) und »gemischte« (stochastische) S. unterschieden. →PARETO-Optimalität *B-S*

Spiel-Tests, Tests, die um 1930 meist aus psychoanalytischen Überlegungen entstanden sind und bei denen mit Material »spielerisch« umgegangen werden kann, im Unterschied z. B. zu den reinen Handlungstests.

Hauptvertreter: Sandbaukasten, Dorftest (Ⓣ ARTHUS), Sceno-Test (Ⓣ STAABS), Welt(spiel)test. Letzterer ist zuerst von M. LOWENFELD als »Weltspiel« eingeführt und von Ch. BÜHLER als »Welttest« ausgebaut worden.

Spieltheorie →Theorie der Spiele

Spieltherapie, Methode der →Psychotherapie, die versucht, auf dem Weg über das Spiel und die damit verbundene Verbalisation der konfliktgeladenen Verhaltensweisen neurotische Fehlhaltungen, Verhaltensstörungen und manifeste Neurosen kathartisch zu beseitigen.

Durch die S. können Kinder und teilweise auch Jugendliche in der Einzel- und Gruppensituation therapeutisch behandelt werden, entweder auf direktive Weise (die jeweiligen Konflikte werden von dem Therapeuten gezielt gesteuert) oder auf die von AXLINE in Amerika hervorgehobene nicht-direktive Weise (der Therapeut greift nicht in das Spielgeschehen ein, er reflektiert nur die jeweils gezeigten Verhaltensweisen). →Spiel Ⓛ AXLINE, BENESCH 1980, GINOTT, TAUSCH

spike →Spitzenpotential

Spina, spinal [lat.], Rückgrat, zum →Rückenmark gehörig. Spinalganglien = die Nervenzellen der hinteren Wurzeln der Rückenmarksnerven.

Spiralennacheffekt →Bewegungsnachbild

Spiritismus, Geisterglaube, Kontakt mit Verstorbenen, Materialisationen, Tischrükken usw. Ⓛ BENDER, DRIESCH

Spiritualismus →Idealismus

Spirometer [lat. *spirare* blasen], Apparat zur Messung der Atmungsluft (Atemvolumen, Vitalkapazität der Lungen)

Spitzenpotential, ein im Laufe des Erregungsverlaufes in einem Neuron auftretender negativer Ausschlag im Aktionspotential, der als Reaktion eines erregten Neurons zu deuten ist. Während das S. anhält, ist das entsprechende Neuron nicht weiter erregbar, auch kurze Zeit danach nicht in der sog. absoluten refraktären Phase. Der gesamte Erregungsvorgang eines Neurons dauert bis zu etwa 100 Millisekunden. →Aktionspotential

split-brain-Forschung, Hirnspaltung, Erforschung der Wirkungen bei Trennung der beiden Großhirnhemisphären durch Zerstörung des *corpus callosum*, der *commissura anterior* und der *massa intermedia* des Thalamus. Die ps. Effekte wurden erstmals von R. SPERRY, GAZZANIGA und BOGEN (1969) beschrieben. Beim Menschen zur Therapie epileptischer Erkrankungen meist nur Durchschneidung des *c. callosum*. →Hemisphärenspezialisierung, →funktionelle Asymmetrie, →Lateralität Ⓛ SPERRY 1969, GAZZANIGA 1978 *Bi-R*

split-half-Methode, Methode zur Bestimmung der →Reliabilität eines Tests. Mit ihr wird der Aspekt der inneren Konsistenz eines Tests bestimmt. Der Test wird dabei nur einmal gegeben. Die Aufgaben werden dann in zwei gleichwertige Hälften aufgeteilt, die beiden Testhälften werden interkorreliert und die Reliabilität mittels einer Schätzung für den gesamten Test bestimmt. Diese Halbierungsmethode hat zur Voraussetzung, daß der Test aus homogenen Niveauaufgaben besteht. *Hä-R*

Spontaneität, Unmittelbarkeit in der Handlungsauslösung, handeln aus »Antrieb in sich«. Bez. wie Spontanreaktion, Spontanentscheidung belegen den reaktiven Charakter der Handlung etc., wie das Fehlen von Denk- und Kontrollprozessen. →Kurzschlußhandlung

Spontanerholung, Erscheinung, daß ein bereits im Erlöschen begriffener bedingter Reflex nach einer längeren Ruhepause spontan erneut auftritt

Spontanraum Ⓣ GIESE

Spontanremission [lat. *remissio* Nachlassen, Zurückgehen], ohne Anwendung gezielter ps.-therapeutischer Maßnahmen beobachtbare Abnahme ps. Störungszeichen.

Da der Berater oder Therapeut ausgeschlossen ist, bleiben als Gründe Lebensereignisse, Persönlichkeitsfaktoren und Verlaufsphasen der Störung. Wirksame Anstöße durch Laien (Freund, Priester, Friseur ...). »Je begabter und lebenstüchtiger die prämorbide Persönlichkeit, je akuter der Krankheitsbeginn und je verstimmter und emotionell beteiligter das Zustandsbild ist, um so günstiger ist sowohl die Syndrom- als die Persönlichkeitsprognose« (ERNST u. ERNST 1968, 63). Die S-rate neurotischer Störungen liegt zwischen 30% (BERGIN) und ⅔ (EYSENCK). Seit EYSENCKS Anstoß hat die Untersuchung der S. und des →Therapieerfolgs eine grundsätzliche Wende genommen. *R-S*

Sportpsychologie, Teilgebiet der Ps., das sich mit den Voraussetzungen, Verlaufsformen und Veränderungen des Verhaltens und Erlebens im Sport beschäftigt. Die ps. Aspekte sind nur insofern von spezifischer Bedeutung, als der Sport in besonderem Maße gekennzeichnet ist durch Phänomene wie Bewegung, körperliche Anstrengung, Wetteifer und Auseinandersetzung mit speziellen Objekten (z. B. Sportgeräten) und

Medien (z. B. Wasser, Schnee) in der Einzel- und Gruppensituation. Differenziert man den Sport selbst, so kann man unterscheiden zwischen Schulsport, Breitensport, Berufssport u. a. Die Sportarten sind im Hinblick auf ihre ps. Anforderungen durch unterschiedliche Merkmale charakterisiert, je nachdem ob es sich z. B. um Individual- oder Mannschaftssportarten handelt und wie sehr sie Ausdauer, Kraft, Schnelligkeit, Geschicklichkeit oder etwa Trainingsintensität zur Ausübung erfordern.

Die Sportps. ist eine vergleichsweise junge Disziplin. In Deutschland erfuhr sie zwischen 1920 und 1940 wesentliche Entwicklungsanstöße durch die Einrichtung von sportps. Laboratorien an der Hochschule für Leibesübungen in Berlin-Spandau (R. W. SCHULTE) und in Berlin-Grunewald (H. SIPPEL). In Anlehnung an die damals verbreitete Psychotechnik stellte SCHULTE Verfahren und Geräte zur Untersuchung von Reaktionsschnelligkeit u. a. zusammen, um auf der Grundlage der Analyse sportlicher Leistungen Eignungsdiagnose zum Sport betreiben zu können. Das Ziel der Untersuchungen SIPPELS lag vor allem darin, den Zusammenhang zwischen Leibesübungen und geistigen Leistungen im Rahmen des Schulunterrichts zu klären. In Leipzig konnte O. KLEMM einen weiteren Fortschritt in der Sportps. erzielen. Ausgehend von den Ansätzen und Erkenntnissen der Ganzheits- und Gestaltps., überwand er durch Einführung des Begriffes Bewegungsgestalt und der damit verbundenen Analyse vor allem der Speerwurf-, Kugelstoß- und Diskuswurfbewegungen die zuvor übliche Gliederung der Bewegung in Teile und fand bedeutsame Zusammenhänge von Erlebnisqualitäten und motorischem Verhalten.
In den Jahren von etwa 1950 bis 1965 läßt sich ein weiterer Entwicklungsabschnitt markieren. Er ist gekennzeichnet durch einzelne Arbeiten von Sportwissenschaftlern, die die ps. Theorien namhafter Wissenschaftler auf Phänomene des Sports übertrugen. So führte z. B. K. KOHL den Ansatz von KLEMM im Rahmen der Sensomotorik weiter; H. VEIT zeigte in Anlehnung an die KRETSCHMERsche Konstitutionstypologie Zusammenhänge zwischen Körperbau, Charakter und motorischem Verhalten auf, und O. NEUMANN befaßte sich auf der Grundlage der Persönlichkeitstheorie von Ph. LERSCH mit der Persönlichkeitsstruktur von Sportlern im Vergleich zu Nichtsportlern sowie mit der leib-seelischen Entwicklung im Jugendalter unter der besonderen Fragestellung des Einflusses von Leibesübungen im Sport.

Die Entwicklung der Sportps. der letzten Jahre läßt erkennen, daß die zuvor an einzelne Personen gebundene Orientierung zugunsten einer Orientierung am traditionellen System der Ps. aufgegeben wurde. So liegen die Schwerpunkte der derzeitigen sportps. Forschung und Literatur auf dem Gebiet der Lern- und Entwicklungsps., der Motivations- und Persönlichkeitsps. sowie der Sozialps. Zentrale Themen sind: mentales Training; sensumotorisches Lernen; motorische Entwicklungstests; psychomotorische Diagnostik verhaltensgestörter Kinder; Beanspruchung und Ermüdung; Sport und ps. Streß; Motivation zur Leistung im Sport; sportspezifische Aspekte der Aggression; Sport und Persönlichkeit; Gruppenstrukturen von Mannschaften im Bereich des Fußballs, des Ruderns, des Basketballs und des Handballs. Neben der Lehre und Forschung stellen sich der Sportps. in zunehmendem Maße Aufgaben der Betreuung und Beratung vor allem im Hochleistungssport. Einzelne Athleten und Mannschaften werden in Zusammenarbeit mit ihren Betreuern auf wichtige Wettkämpfe vorbereitet, wobei Desensibilisierungsmethoden und gruppentherapeutische Maßnahmen im Vordergrund stehen.
Die derzeitige Situation der Sportps. ist zum einen gekennzeichnet durch eine zunehmende Einengung der Fragestellungen unter Herausarbeitung sportspezifischer, eigenständiger Methoden und Ansätze und zum andern durch den integrativen Versuch, das Verhalten im Sport z. B. mit Hilfe handlungstheoretischer Ansätze umfassender zu analysieren. Dieser Versuch wirft die noch ungeklärte Frage auf, inwieweit die Sportps. nicht nur als Teilgebiet der Ps., sondern auch als Teilgebiet der Sportwissenschaft aufzufassen ist. Ⓛ BÄUMLER 1972, GABLER 1972, KAMINSKI 1973, UNGERER 1973[2], VOLKAMER 1972, WITTE 1973 *Ga-R*

Sprachbarriere, die wesentlichste der sog. Bildungsbarrieren. Die S. bewirkt Minderung der sozialen Aufstiegschancen in Schule und Beruf durch Einschränkung der sprachlichen Kommunikationsfähigkeit bes. der Unterschichtkinder.

Nach soziolinguistischer Theorie der soziokulturellen Determiniertheit verfügen verschiedene gesellschaftliche Gruppen (vor allem Sozialschichten) über unterschiedliche Möglichkeiten in Sprachfähigkeit (→Kompetenz) und Sprachverwendung (→Performanz), wodurch Rollenverhalten und kognitiver Stil des Individuums geprägt werden. Der Sprachgebrauch ist durch den →Code umschrieben (nach B. BERNSTEIN: Unterschicht: Mittelschicht = restringierter: elaborierter Code). →Soziolinguistik. Ⓛ BERNSTEIN 1972, BÜHLER 1972, OEVERMANN 1974[9], LAWTON 1970 *Mü-E*

Sprachcode, Sprachkode →Soziolinguistik, →Code

Sprache ist Gegenstand mehrerer Wissenschaften: Sprachwissenschaft (→Linguistik), Philosophie (→Sprachphilosophie), Psychologie (→Psycholinguistik), Soziologie (→Soziolinguistik), Biologie, speziell Anthropologie, Mathematik, Logik, Computerwiss. (→Programmiersprache) u. a. m. (BARTSCH u. VENNEMANN 1973). Da der Phänomenbereich in ihnen jeweils unter spezifisch anderen Voraussetzungen angegangen wird, bezeichnet S., genau besehen, keinen identischen Gegenstand. Abgesehen davon wird die Bez. S. auch schon innerhalb mancher dieser Wissenschaften als mehrdeutig empfunden. Der Linguist de SAUSSURE (1916) unterschied *langue* (S. als System, als spezifische Einzel-S. wie Deutsch, Englisch), *parole* (S. als aktueller Vorgang, der sich im Rahmen der Vorgaben einer *langue* bewegt), *langage* (S. als allg. S.vermögen, als Inbegriff der Möglichkeiten, *langue* und *parole* hervorzubringen bzw. zu verwenden).

Sofern die Ps. primär an Vorgängen und deren Vorbedingungen und Effekten beim Individuum interessiert ist, stehen ihr die letzten beiden Begriffsvarianten von S. näher, während die erste eher den Voraussetzungen der Soziologie, allenfalls der Sozialps. entspricht. Sozialps. befaßt sich mit S. i. allg. im Rahmen des →Kommunikationsmodells, unter Berücksichtigung der theoretischen Implikationen allg. ps. fundierter S.psychologie. Grob wird dabei zwischen verbaler und →nichtverbaler Kommunikation unterschieden. Eine scharfe Abgrenzung zu Fragestellungen der →Soziolinguistik ist kaum möglich.

Die im Rahmen allg. ps. Voraussetzungen arbeitende S.psychologie setzt primär bei der Sprachverwendung des Individuums an (→Performanz) und interpretiert sie in allen ihren Varianten als Verhalten. Die dadurch mitgesetzten theoretischen Implikationen zeichnen bereits die wesentlichsten s.-ps. Fragestellungen vor wie auch ihre Verbindungen zu den traditionellen Forschungsgebieten der Allg. Psychologie: Sprachliche Äußerungen (→Sprachproduktion) verwirklichen sich als Kombinationen erlernter (bzw. durch Lernen überformter) Verhaltenseinheiten. Also muß es eine aktualisierbare dispositionelle Grundlage für (aktuelles) S.verhalten, organisiertes gespeichertes »S.wissen«, geben, das in Lern- bzw. Entwicklungsprozessen gemäß Lern- bzw. Entwicklungsgesetzen aufgebaut wird (→S-erwerb, →S.erlernen, →S.entwicklung, →Kompetenz). Die Aktualisierung sprachlichen Verhaltens setzt geeignete allg. motivationale Vorbedingungen voraus, ferner speziellere Zielsetzungs-, Planungs- und Entscheidungsprozesse. Plangerechte Realisierung sprachlichen Verhaltens erfordert begleitende perzeptive Eigenkontrolle. Rezeptives S.verhalten (→S.rezeption) wird außerdem bei der S.verwendung im Sozialkontakt, insbesondere beim S.erlernen nötig.

Alle genannten Teilprozesse und ihre Bedingungsgrundlagen sind Gegenstand spezifischer s.ps. Fragestellungen und Theorien. Darüber hinaus kann nach den Beziehungen zwischen Sprachverhalten und anderen Arten äußeren Verhaltens (instrumentellen, problemlösenden, affektiven Verhaltens) gefragt werden, aber auch nach den Beziehungen zwischen den s.spezifischen, S.verhalten fundierenden, kognitiven →Repräsentationen, anderen Repräsentationsformen (Anschauung, →*imagery*) und repräsentationellen Prozessen (→Denken, →Vorstellen, →Sprache, innere, →symbolische Prozesse).

Bei allen Teilprozessen sprachlichen Verhaltens und bei ihren Bedingungsgrundlagen sind intra- und/oder interindividuelle Variationen zu beobachten, für die sich die differentielle Sprachps. interessiert (→S.diagnostik). Insbesondere pathologische Varianten (→Sprachstörungen) und phylogenetischer Vergleich (→Tiersprache) lenken das Augenmerk auf biologische Grundlagen der S. (LENNEBERG 1967).

Die zentrale Besonderheit von S.verhalten ist, daß es mit überindividuell geltenden, zu S. organisierten →Zeichen operiert (→Semiotik). Als Zeichenform werden in menschlicher Kommunikation hauptsächlich lautliche und graphische Figurationen, ferner Gebärden (→Gebärden-S.) verwendet. BÜHLER (1934) unterschied 3 Modi der Verwendung von Zeichen: Ausdruck, Appell, Darstellung (→S.theorie).

Kann S.verhalten als partielle Aktualisierung von S.systemen aufgefaßt werden, dann muß seine erfahrungswissenschaftliche Analyse auf die Struktur dieser S.systeme Rücksicht nehmen. Linguistische Analyse natürlicher S. führte zur Identifizierung verschiedener Ebenen in S.systemen, die primär durch die Größenordnung und die Qualität ihrer Einheiten unterschieden werden und denen außerdem jeweils unterschiedliche Regelhaftigkeiten und Funktionen zukommen (→Grammatik, →Hierarchie). Solche Einheiten sind z. B.: →distinktives Merkmal, →Phonem, →Artikulem, →Graphem, →Morphem, →Wort, →Phrase, →Satz, Satzgefüge, Argumentationsfigur usw. Teildisziplinen innerhalb und außerhalb der Linguistik spezialisieren sich jeweils auf einzelne dieser Ebenen: →Phonetik, →Phonologie, →Psychophonetik, →Morphemik, →Semantik, →Syntax, Rhetorik, Stilistik. Insbesondere lautsprachliche Performanz wird zudem mitgestaltet und überformt durch verschiedene, ebenfalls hierarchisch organisierte →paralinguistische Prozesse: →Sprechpausen, Akzentuierung, →Intonation u. a. m. (→Prosodie, →*phonemic clause*, →Ausdruck).

S.ps. hat somit theoretisch und empirisch zu analysieren, in welcher Weise der S.verwender in rezeptivem und produktivem S.verhalten diese vielschichtige hierarchische Organisation des Sprachsystems und ihm entstammende sprachliche Äußerungen verarbeitet und handhabt (→Psycholinguistik). In keinem anderen Verhaltensbereich ist die Ps. bisher genötigt worden, Verhalten in derartigem Differenziertheitsgrad zu analysieren wie im Bereich der S. durch die Vorarbeit der Linguistik. Sie für die Analyse →nichtverbaler Kommunikation nutzbar zu machen, wurde bereits versucht (→Kinesik). Die Tendenz, S.verhalten mehr und mehr unter Berücksichtigung pragmatischer Gesichtspunkte und situationeller Umstände als Handeln im sozialen Kontext zu betrachten, hat eine weitere Komplizierung der theoretischen und empirischen Analyse zur Folge (→Handlung, →Pragmatik, →Sprechhandlung, →Sprechakttheorie). Ⓛ HÖRMANN 1967, OLDFIELD u. MARSHALL 1968, HERRIOT 1970, LEONT'EV 1971, HERRMANN 1972, LIST 1974 *K-I*

Sprache, innere, subvokales Sprechen, *covert speech, inner speech,* wird in der sowjetischen Ps. primär als lautloses Für-sich-Sprechen verstanden, das mindestens ausschnittweise erlebnishaft gegeben ist und in Vorbereitung und Begleitung verschiedenster Tätigkeiten auftreten kann.

WYGOTSKI (1964) hielt i. S. für interiorisierte, in der →Sprachentwicklung mehr und mehr →semantisch und →syntaktisch modifizierte, verdichtete →egozentrische Sprache, die u. a. der →Regulation von Tätigkeiten dient. Damit wurden auch die traditionsreichen Fragen nach der Natur des →Denkens und nach den Beziehungen zwischen →Sprache (bzw. Sprechen) und Denken berührt (→Würzburger Schule, →SAPIR-WHORF-Hypothese). In der Frage nach den psychophysiologischen Grundlagen von i. S. berührt sich die sowjetische Forschung (SOKOLOV 1972) teilweise mit der →*motor theory* des Denkens (MCGUIGAN 1966), die auf der Basis →behavioristischer Grundanschauungen Denken auf subvokale Sprechaktivität zurückzuführen tendierte und für die i. S. von vornherein mehr den Charakter einer hypothetischen Konstruktion hatte (→Vermittlungstheorie). In der sowjetischen Ps. wird i. S. theoretisch mit dem PAWLOWschen Konzept des →Zweiten Signalsystems in Verbindung gebracht. Die methodischen Schwierigkeiten der Erfassung von i. S. versucht man durch komplementäre Anwendung heterogener Methoden (introspektive, experimentell-bedingungsanalytische, psychophysiologische) zu überwinden. Ⓛ MCGUIGAN u. SCHOONOVER 1973 *K-I*

Sprachentwicklung, (I) Biologische Grundlagen. Erwerb und Entwicklung von →Sprache sind u. a. an die Entwicklung des ZNS gebunden. Dabei gibt es eine kritische Periode.

Der Beginn des Sprechens beim Kinde setzt eine gewisse neurophysiol. Reife der Gehirnmasse voraus, die sich in der entsprechenden Frequenzerhöhung des dominanten →EEG-Rhythmus anzeigt. Auch das Ende des →Spracherwerbs ist durch das zerebrale Wachstum festgelegt, nach LENNEBERG (1967) bei Erreichung von 100% der Reifungswerte. Dann ist die funktionelle Lateralisation der Sprache auf die linke Hemisphäre erfolgt und eine physiol. Reorganisation nicht mehr möglich. D. h. daß im Alter von etwa 15 Jahren sprachfreie Teile des Gehirns keine Sprachfunktionen mehr übernehmen können. Diese Reifungstheorie belegt LENNEBERG durch Beispiele von →Sprachstörungen verschiedenster Genese: Symptome erworbener →Aphasie werden innerhalb weniger Monate nach ihrem Beginn irreversibel, wenn sie nach der zerebralen Lateralisation aufgetreten sind; bei geistig Behinderten verfestigt sich ebenfalls zu diesem Zeitpunkt der erreichte Stand der S.

(II) Aspekte. (1) Phonologische Entwicklung: Ontogenetisch ist das Schreien die Urform der menschlichen Vokalisation (→Phonation); es ist prävokalisch und weist noch keinerlei kontrollierte →Artikulation auf. In der 6.–8. Lebenswoche treten dann Gurrlaute auf, die vom →Lallen abgelöst werden, wenn die dafür erforderlichen körperlichen Grundlagen (gesteuerte Atmung, Zahnbildung) geschaffen sind.

Diese Reihenfolge ist genetisch festgelegt und bildet die Basis für die spätere auditiv-symbolische Entwicklung. Das Lallstadium kann als Übergang gelten, da hier schon auditive Kontrolle der Laute erfolgt, denen allerdings zu diesem Zeitpunkt noch kein symbolischer Gehalt zukommt (→Symbol). Die wesentlichsten Merkmale der phonologischen Entwicklung sind (u. a. IRWIN, 1946): (A) in den ersten 30 Monaten werden mehr Vokale als Konsonanten gebildet; (B) bis zum 2. Lebensjahr wächst die Vokal-Frequenz ständig und steigt danach noch steiler an; (C) erst mit 2½ Jahren sind Konsonanten ebenso häufig wie Vokale. Bei den Konsonanten geht die Entwicklung von der hinteren Mundhöhle zur vorderen, umgekehrt werden Frontal-Vokale vor Hinter-Vokalen gelernt. Erst wenn die Unterscheidung in Vokal und Konsonant vorhanden ist, kann das Kind →Phonem-Kontrastierungen lernen. Dabei können nach JAKOBSON (1942) 5 aufeinanderfolgende Stufen unterschieden werden, deren entwicklungspsychologische Relevanz sich aus der Tatsache ableiten läßt, daß die Abfolge der nach →Aphasien wiedergewonnenen Oppositionen derjenigen beim ersten Erlernen der Phoneme entspricht.

(2) Semantische und syntaktische Entwicklung: Laute erhalten erst im Verlauf der weiteren Entwicklung →Bedeutung.

Erste einzelne bedeutungshaltige Wörter beginnt das Kind etwa mit 18 Monaten zu sprechen. Sie können viele verschiedene Bedeutungen haben (Ein-Wort-Satz; STERN 1907). Diese Äußerungen sind in hohem Maße auf die Stützung durch die Gesamt-Situation angewiesen; als frühe →Prädikationen sagen sie etwas über ein anwesendes Objekt aus, wobei die affektive und strebungshafte Komponente vorrangig ist (→orektisch). Größere Präzision und abnehmende Situationsbedingtheit des Ausdrucks wird dann erreicht, wenn eine Information mit zwei oder mehr Wörtern ausgedrückt werden kann. Diese werden nicht einfach aneinandergereiht, sondern ihre Konbinationen weisen nach Meinung verschiedener Forscher erste grammatische Regelmäßigkeiten (→Grammatik) auf: Nach BROWN und FRASER (1963) produzieren Kinder nicht $3^2 = 9$ verschiedene 2-Wort- bzw. $3^3 = 27$ verschiedene 3-Wort-Äußerungen, was bei rein zufälligem Kombinieren von Wörtern zu erwarten wäre, sondern sie bilden nur 4 verschiedene 2-Wort- und 8 verschiedene 3-Wort-Äußerungen, die alle als direkte Manifestationen grundlegender grammatischer Relationen aufgefaßt werden können. Auf einer solchen ersten Grammatik bauen sich nach MCNEILL (1966) weitere Subgrammatiken auf, indem sich zunächst Artikel und Demonstrativ-Pronomen, dann Adjektive und Possessiva als eigene Wortklassen aus der zunächst ungeschiedenen Klasse X herausgliedern. Erste Verknüpfungen erfolgen ohne →Funktionswörter und ohne morphologische Endungen, weshalb sie von BROWN auch als telegraphische Äußerungen (→Telegrammstil) bezeichnet wurden. Anders als in einem echten Telegramm, in dem untergeordnete Satzteile weggelassen werden, treten dabei auch prädikationsfreie Äußerungen auf, die nur durch den →Kontext zu vereindeutigen sind. Beim Übergang zu einer reiferen Grammatik sind drei die Kreativität und Produktivität der S. demonstrierende Charakteristika bemerkenswert (GRIMM 1973): (A) Übergeneralisierung (→Generalisierung) morphologischer Strukturregeln (→Morphem) (Bsp.: »Väters«, »gegeht«); (B) Bildung von Imperativ-, Interrogativ- und →Negationsformen mittels einer einfachen Additionsregel ohne Beachtung der Wortstellung (Bsp.: »Nicht kaputt machen.« »Das nicht ein Bibi?«); (C) vielseitige Verwendbarkeit einzelner Wörter (Bsp.: »Wo gehst du?« »Das ist ein Kochherd, *wo* man kochen sagt«). Die →syntaktische Entwicklung gilt mit etwa 5 Jahren im wesentlichen als abgeschlossen. Die →semantische Entwicklung verläuft sehr viel langsamer. Zwar wird bis dahin schon ein recht großer →Wortschatz erworben, doch weist das häufige Auftreten von →syntagmatischen und asemantischen →Assoziationen sowie von ungrammatischen Satzbildungen (→Grammatikalität) auf die Unvollständigkeit kindlicher Wortbedeutungen hin. Auf der Grundlage der semantischen Merkmalstheorie vermutet MCNEILL (1970) zwei sich nicht ausschließende Weiterentwicklungen des →Lexikons: (a) eine horizontale: neben dem Erwerb neuer Wörter verändert sich die Bedeutung schon erworbener; (b) eine vertikale: die Über- und Unterordnungsrelationen der erworbenen Wörter verändern sich.

(3) Kommunikative Entwicklung: Das Kind erwirbt die Sprache in der Interaktion mit anderen. Seine früheren Äußerungen haben egozentrischen Charakter, was sich besonders in der referenzlosen Verwendung von Personalpronomen, Demonstrativpronomen und Adverbialausdrücken des Orts und der Zeit zeigt.

Die kommunikative Entwicklung (→Kommunikation) vom Egozentrismus hin zur →sozialisierten Sprache wird von FLAVELL (1966) auf die Ausbildung der Fähigkeit zurückgeführt, einen Sachverhalt unter Berücksichtigung der Rollenattribute des Kommunikationspartners innerhalb der gegebenen Situation zu kodieren (→Rolle). Im Detail ist darüber noch wenig bekannt. Dabei wäre zu beschreiben und zu erklären, wie das Kind Verwendungsweisen von Sätzen lernt: wann, wo und wie es sprechen oder schweigen soll.

(4) Theorien. Ihre Aufgabe ist es, die beschriebenen Phasen aufeinander zu beziehen und zu erklären, welche Mechanismen und Prozesse für die →Spracherlernung verantwortlich sind. Dafür gibt es verschiedene Ansätze:

(A) Spracherlernen wird behavioristisch gefaßt (→Behaviorismus): die →Bedeutung eines Wortes ist die konditionierte Response (→bedingte Reaktion, →Verbalkonditionierung) auf dieses Wort. Sätze stellen →Assoziationen von Wörtern, d.h. Serien von Responses dar (WATSON 1930, SKINNER 1957).

(B) Im neobehavioristischen Ansatz wird die Bedeutung als vermittelnde Response (→Vermittlungstheorie) aufgefaßt, die jedoch wiederum Teil einer beobachtbaren Responseeinheit ist. Die Konstruktion von Sätzen wird ebenfalls mittels Assoziationen erklärt (OSGOOD 1959).

(C) Der rationalistische Ansatz hält Spracherwerb nur auf der Grundlage angeborener Dispositionen (→LAD) für möglich; die Erfahrung dient lediglich ihrer Aktivierung. Zwar ist diese Annahme in der →Psycholinguistik umstritten, jedoch wird kaum mehr bezweifelt, daß Spracherlernung Regelerlernung ist, wobei diesen →Regeln ein abstrakter Charakter zugesprochen wird (CHOMSKY 1965).

Die wichtigsten Unterschiedlichkeiten die-

S

ser Auffassungen lassen sich wie folgt umreißen: (a) Neobehavioristen leiten »Ideen« unter Benutzung von Assoziationsprinzipien aus dem beobachtbaren Verhalten ab. Rationalisten berufen sich auf abstrakte und angeborene Ideen. (b) Da für Behavioristen Ideen letztlich aus Verhaltenselementen bestehen, können sie auch nicht abstrakt sein. Aus diesem Grund müssen sie auch die Auffassung von der Sprache als einer beschränkten Anzahl von Regeln ablehnen und demgegenüber sprachliche Sequenzen im Sinne von →MARKOFF-Ketten verstehen. *G-M*

Sprachentwicklung, verzögerte, bezeichnet nur verspätetes Einsetzen der →Sprachentwicklung (erst im dritten Lebensjahr oder noch später, →Hörstummheit), ein bereits für den Laien faßbares Störungszeichen, keinesfalls ein spezifisches Krankheitsbild.

Ebenso wie beim →Stammeln müssen auch bei der v. S. das Verzögerung bedingende, funktionale Störungsbild (z. B. →Hörbehinderungen, akust. →Agnosien, auditive →Unaufmerksamkeit, Anomalien im Bau der Sprechwerkzeuge, →Dysglossien, →Dysarthrien, →Dysphasien, Mängel in den Antriebsfunktionen, →Autismus oder →Oligophrenie) und dessen Ätiologie (z. B. erbliche Faktoren wie beim →Sprachschwächetyp, frühkindliche Hirnschädigung, Stoffwechselstörung, Erkrankung, mangelhafte sprachliche Vorbilder in der Umgebung etc.) in einer multidisziplinären Sprachdiagnostik berücksichtigt werden. Vor der Annahme einer breiten Streuung im genetisch bedingten Zeitplan der Entwicklung (LENNEBERG 1972) mit anschließend normalem Verlauf ist zu warnen; hochleistungsfähige »Spätentwickler« sind Raritäten. *G-N*

Spracherlernen, die Frage danach, wie sich die Fähigkeit zur spontanen →Sprachproduktion und zum Wahrnehmen, Entschlüsseln und Interpretieren von Sprachsymbolen (→Sprachrezeption, →Symbol) entwikkelt, wurde und wird verschieden beantwortet. Im hauptsächlichen können drei verschiedene theoretische Ansätze unterschieden werden: (1) →Behaviorismus: WATSON 1924, SKINNER 1957, (2) Neobehaviorismus: OSGOOD 1953, STAATS 1968, (3) Rationalismus: CHOMSKY 1965, MCNEILL 1966, 1970.

Wird im ersten ein Einstufenmodell der →verbalen Konditionierung vertreten, so werden im zweiten →intervenierende Variablen oder →hypothetische Konstrukte als nichtbeobachtbare Zwischenglieder in das →S-R-Modell eingeführt (→Vermittlungstheorie). Die Erklärungsadäquatheit beider Systeme wird wiederum von den Vertretern des Rationalismus in Zweifel gezogen, nach denen Sätze durch Anwendung von Regeln konstruiert werden.

Setzt sich heute gegenüber dem assoziationistischen Ansatz immer mehr ein kognitionsps. durch, so wird doch nach wie vor für die Beschreibung des →Bilingualismus und Multilingualismus auf die Mediationstheorie OSGOODS (1953) zurückgegriffen.

Daß unter S. primär das →Lernen der sprachlichen Fähigkeit gefaßt wird, d. h., daß darunter Fragen zum →Spracherwerb und zur →Sprachentwicklung fallen, geht auf den in den fünfziger Jahren beginnenden Einfluß der Linguistik und der Anthropologie auf die Ps. zurück. Zwar hatte man seit EBBINGHAUS (1885) mit sog. sinnlosen Silben operiert und Anfang der dreißiger Jahre auch Interesse an Wortbedeutungen als unabhängigen Variablen gezeigt; alle diese Bestrebungen wie auch die Wortassoziationsexperimente waren jedoch primär daraufhin angelegt, bestimmte Aspekte des Lernprozesses zu untersuchen, und nicht daraufhin, wie Entwicklung des ganzen sprachlichen Systems zu verfolgen. *G-M*

Spracherwerb, *language acquisition,* S. und →Sprachentwicklung werden häufig syn. gebraucht; sowohl unter dem einen als auch unter dem anderen Begr. werden Fragen des →Spracherlernens abgehandelt. Soll ein Unterschied getroffen werden, so hat sich eine Theorie des S. wesentlich auch mit den biologischen und neurophysiol. sowie ps. und sozialps. Voraussetzungen für die Erlernung einer Sprache zu beschäftigen. Dabei muß sie sich auch damit befassen, warum trotz aller Anstrengungen der Forscher Primaten Sprache nur in sehr eingeschränktem Sinne erwerben können (→Tiersprache).

Die Frage, wie ein Kind überhaupt dazu kommt, Sprache zu erwerben, wurde seit Jahrhunderten immer wieder Anlaß, um nach dem Ursprung der →Sprache zu fragen. Die am häufigsten auftauchenden Theorien dazu hat THORNDIKE (1943) unter die drei folgenden zusammengefaßt: (1) Ding-Dong-Theorien: die Gegenstände veranlassen die Menschen zu Lauten. Wie dies aber vor sich gehen soll, bleibt im Dunkeln. (2) Wau-Wau-Theorien: die Menschen ahmen bei Tieren, Gegenständen usw. gehörte Laute nach. (3) Puh-Puh-Theorien: Sprachlaute entwickeln sich aus instinktiven Lautäußerungen wie dem Stöhnen.

Eine einleuchtendere Auffassung vertritt LANGER (1942), wenn sie die Entstehung der Sprache auf die gefühlshafte Tendenz zurückführt, die Realität symbolisch zu sehen (→Symbolfunktion). Damit gerät sie in scharfen Gegensatz zu Vertretern des Konzepts der →Verbalkonditionierung, die verbales →Lernen auf der Basis externer Faktoren der momentanen Situation und der Geschichte des →*reinforcement* erklären wollen. *G-M*

sprachfreie (= stumme, nicht-verbale, *non verbal)* **Tests,** die Testgruppe zur Intelligenz-

Diagnose, die keine oder möglichst geringe Anforderungen an das Verständnis eines Wort-Materials bzw. an den sprachlichen Ausdruck stellt (z. B. bei ausländischen Schülern, Probanden mit Leseschwierigkeiten, geistig Behinderten). • Zumeist werden Tests verwandt in der Art des Würfel-Tests von Ⓣ KOHS, des Labyrinth-Tests (Ⓣ PORTEUS), des Bildlückentests von Ⓣ HEALY, oder es sind Zahlenreihen zu ergänzen und Zeichnungen mit dem größten Unterschied herauszusuchen, einfache Figuren aus dem »Gedächtnis« zu zeichnen (Ⓣ BENTON), u. a. m. Auch Testserien sind zusammengestellt (Ⓣ ARTHUR) und Gruppentests aufgebaut worden. Ⓣ CATTELL, GOODENOUGH, SNIJDERS, TERMAN

Sprachlabor, bezeichnet zu einem Lehr-Lernsystem verbundene Tonbandmaschine und Sprachprogramme mittels derer – je nach System stärker lehrer- oder lernerzentriert – der Erwerb von Fremdsprachen in weitgehend individualisierter Form stattfindet. Das Schwergewicht der S.arbeit dürfte im Bereich der Übung und Korrektur liegen. *Mu-R*

sprachliche Lückenkombination Ⓣ EBBINGHAUS, MINKUS

Sprachphilosophie, sehr heterogene theoretische Überlegungen, denen gemeinsam ist, daß sie sich unter dem Anspruch philosophischer Grundsätzlichkeit mit →Sprache befassen. Es können dabei drei Hauptaspekte unterschieden werden (FAHRENBACH 1970 285ff.):

(1) Frage nach dem Wesen von Sprache, die ähnlich auch von der allg. Sprachwissenschaft (→Linguistik) gestellt wird; (2) kritische wissenschaftstheoretisch-methodologische Reflexion sprachwissenschaftlicher Ansätze; (3) Untersuchung der fundamentalen Bedeutung von Sprache für die Philosophie selbst, insgesamt und in ihren verschiedensten Teilgebieten und Problemstellungen. Im letztgenannten Sinne hat die Sprachthematik in der Philosophie dieses Jahrhunderts eine eminente Bedeutung gewonnen, was zu tiefgreifenden Auswirkungen auch auf viele Formal- und Realwissenschaften führt. Beispiele für Problemstellungen der S. wären: Funktion der Sprache im Erkenntnisprozeß, logische Analyse natürlicher Sprachen, Möglichkeiten des Aufbaus von Kunstsprachen, Analyse von →Grammatik- und →Bedeutungstheorien, Analyse ethischer Aussagen, Zusammenhang zwischen Sprache und Weltanschauung (→SAPIR-WHORF-Hypothese), Analyse sprachlichen Handelns (→Sprechhandlung, →Sprechakttheorie). Ⓛ v. KUTSCHERA 1971, SCHNELLE 1973 *K-I*

Sprachproduktion, bezeichnet sowohl den Vorgang wie das Ergebnis verbaler Äußerung in menschlicher →Kommunikation. Medium der S. ist das Zeichensystem der →Sprache in seiner lautlichen und graphischen, evtl. gestischen (→Zeichensprache, →Gehörlosensprache) Repräsentation. Die Ausbildung zur Fähigkeit der lautlichen S. vollzieht sich (anders als das Schreibenlernen, das Gegenstand systematischer Vermittlung ist) in der primären Sozialisation im allgemeinen ungesteuert; sie ist jedoch angewiesen auf die Möglichkeit der →Sprachrezeption: in einer Umgebung ohne Sprache (→KASPAR-HAUSER-Phänomen) oder bei organisch bedingtem Unvermögen, Sprache zu vernehmen (Taubheit, →Gehörlosigkeit) kann die Fähigkeit, selbst Sprache zu produzieren, nicht oder allenfalls durch sonderpädagogische Maßnahmen (→Sprachtherapie), nachgeholt und ausgebildet werden. Dies verweist auf die sowohl sozialen wie konstitutionellen Voraussetzungen der S.:

Zu den konstitutionellen Voraussetzungen gehören (neben der erwähnten Notwendigkeit, Sprachäußerungen der Umwelt auditiv wahrnehmen zu können) intakte motorische Fähigkeiten, die zentral gesteuert sind, und zwar sowohl die Funktionstüchtigkeit von primären motorischen Hirnleistungen (Vollzug der →Artikulationsbewegungen der Sprechorgane; Schreibbewegungen) wie auch sekundäre motorische Sprachleistungen des Gehirns (Sprachplanung und →Enkodierung in motorische Innervationsmuster). Beide Leistungen können infolge organischer Erkrankung beeinträchtigt sein oder ausfallen. Folgen von Beeinträchtigungen primärer Hirnleistungen bei der S. können vielfältige Artikulationsstörungen sein, Folgen von Dysfunktionen sekundärer Hirnleistungen (Läsionen der für die motorischen Sprachfunktionen verantwortlichen vorderen Hirnbereiche der dominanten Hemisphäre) sind die Erscheinungsformen der »motorischen« →Aphasie (→Sprachstörungen; LURIA 1973).

Die soziale Voraussetzung der S. ist – global gesprochen – die Teilhabe an den Konventionen einer Sprachgemeinschaft. Sie impliziert das Einvernehmen darüber, (1) welche Lautdifferenzierungen aus der Fülle der →Laute, die von menschlichen Artikulationsorganen hervorgebracht werden können, in einer Sprache die Funktion besitzen, Bedeutungsunterscheidungen anzuzeigen (→Phonologie, →Bedeutung); (2) welche Wörter, die mit Hilfe dieser lautdifferenzierenden Konventionen artikuliert werden, welche Sachverhalte bezeichnen (→Semantik); (3) welche Regeln der Verknüpfung von sprachlichen Elementen (→Syntax) beachtet werden müssen, damit akzeptable Äußerungen zustande kommen; schließlich

(4) welches konventionalisierte System zur graphischen (oder gestischen) Darstellung von Sprachäußerungen benutzt wird. Auf Grund solcher Kenntnisse über das Instrument der Sprache, im Lauf der individuellen →Sprachentwicklung und je nach den Bedingungen und Umständen der Sozialisation (→Soziolinguistik) allmählich erworben, bildet sich die Befähigung zum differenzierten Einsatz der S. in der sozialen Kommunikation (→Pragmatik) heraus. Als wesentliches Merkmal dieser Befähigung gilt – bei aller konkreten Unterschiedlichkeit in Sprachbeherrschung und Sprachgewohnheiten – ihr prinzipiell »kreativer« Charakter (HUMBOLDT 1827–1829, PAUL 1880, CHOMSKY 1969): Zum einen ist hiermit auf den Tatbestand abgezielt, daß jeder Sprecher in der Lage ist, für seine S. von endlich vielen Sprachmitteln unbegrenzten Gebrauch zu machen, d. h. beliebig viele neue Sätze zu bilden, die er vorher nie gehört zu haben braucht; zum andern auf die Geschichtlichkeit und Wandelbarkeit der Sprache selbst und damit auf die Möglichkeit, daß Impulse aktuellen Sprachgebrauchs sich durchsetzen und neue kollektive Äußerungsmöglichkeiten fördern können.

Ein weiteres wesentliches Merkmal der S. ist ihre charakteristische Mehrdeutigkeit und Angewiesenheit auf situative Konkretisierung: Sprachliche Äußerungen gewinnen weithin ihre umschreibbare Bedeutung erst (werden erst eindeutig) im Zusammenhang mit den konkreten Bedingungen des Anlasses, zu dem sie gesprochen werden (WITTGENSTEIN 1953). Zu den Kennzeichen der jeweils konkreten Situation müssen neben den beteiligten Kommunikationspartnern, ihrem Erfahrungshintergrund, und neben den äußeren Umständen der Sprechsituation auch die paralinguistischen (→Paralinguistik) und außersprachlichen begleitenden Handlungen beim Sprechen (→Intonation, →Mimik, →Gestik, →nichtverbale Kommunikation) zählen.

Für die funktionelle Analyse der S. lassen sich mit BÜHLER (1965) drei Gesichtspunkte hervorheben: der des →Ausdrucks, den ein Sprecher oder Schreiber in der S. seinen Einstellungen, Überzeugungen, Wünschen gibt, der des Appells, der mit einer Äußerung an die Adresse des Hörers oder Lesers gerichtet ist, und der der Darstellung von Sachverhalten; denn S. bezieht sich in der Regel auf bestimmte Inhalte, die zwischen Sprecher und Hörer übermittelt werden. Diese letzte, die Darstellungsfunktion, ist es, die S. gegenüber der Verständigung unter Tieren qualitativ hervorhebt (→Tiersprache): Über Möglichkeiten des Ausdrucks und Appells verfügen auch Tiere, hingegen nur in eingeschränktem Sinne über die Fähigkeit, sich über Sachverhalte zu verständigen, die sich zur Kommunikationssituation in räumlicher und zeitlicher Entfernung befinden.

Für die Interpretation des funktionellen Wirkungszusammenhangs von S. sind zwei Arten zu unterscheiden, in denen S. handlungssteuernde Konsequenzen hervorbringt: Einmal ist sie im sozialen Feld das Hauptinstrument der Beeinflussung, Überredung und Überzeugung, d. h. von unmittelbarer Wirkung auf Einstellungen und Handlungen der angesprochenen Kommunikationspartner. Zum andern kann man der S. (im Zusammenhang der Interaktion von Sprache und →Denken) als sog. »innerer« Sprache die Funktion einer Art »Handlungsanweisung an den Sprecher selbst« zuerkennen (→Sprache, innere). Diese Funktion und ihre Wirkungsweisen im Verlauf der Sprachentwicklung hat besonders WYGOTSKI (1964) hervorgehoben, vgl. PIAGET 1968 (→Egozentrismus). Sie spielt eine wichtige Rolle bei der Erforschung der →Begriffsbildung und insgesamt im Bereich der kognitiven Psychologie. Ⓛ BROWN 1970, HERRIOT 1970, HÖRMANN 1977, LIST 1981, MILLER, GALANTER, PRIBRAM 1960, ROMMETVEIT 1968 *L-T*

Sprachrezeption, ist eine Teilfunktion des menschlichen →Kommunikationsvorgangs, Teil also des Funktionskreises, der gebildet wird von: Äußerungsintention, Realisierung von Äußerungen, Sprachwahrnehmung, →Verstehen des Gemeinten, Entwurf und Vollzug der Antwort etc. Medium dieses Kommunikationsprozesses ist das Symbolsystem der Sprache in seiner lautlichen, graphischen, evtl. auch gestischen (→Zeichensprache) Repräsentation.

Der rezeptive Anteil läßt sich vom Gesamtgeschehen der Kommunikation schwerlich trennen, denn S. realisiert sich nur in der sozialen Interaktion mit wechselnden Rollen des Sprechens und Hörens (und – bei Aufhebung der Notwendigkeit von räumlich-zeitlichem Zusammentreffen – des Schreibens und Lesens). Ebensowenig sollte S. einfach als der passive Anteil im Gegensatz zum aktiven Teil der Mitteilung aufgefaßt werden, denn S. involviert nicht nur aktive intellektuelle Tätigkeit, es sind auch die Verflechtungen von rezeptiven und produktiven Leistungen ähnlich vielfältig wie die von →Denken und Sprechen (→Sprachproduktion). Am deutlichsten tragen diesem Tatbestand Theorien wie die des »motorischen Verstehens« (BLONSKI 1935, LIEBERMAN u. a. 1963; →*motor theory*) Rechnung, die annehmen, daß der Hörer latent für sich die Sprachproduktion des Kommunikationspartners verbalisieren muß, um über propriozeptive Rückmeldungen der eigenen Artikulationsorgane das Verstehen vollziehen zu können. Hiermit korrespondiert die Problematik, bei organisch bedingten →Sprachstörungen »reine« Rezeptionsstörungen und »reine« Produktionsstörungen zu diagnostizieren. Ähnlich schwierig ist die Differenzierung der Rezeptionsleistung selbst in ihre Teilfunktionen: hier werden gewöhnlich die reinen Wahrnehmungsvorgänge von der eigentlichen Leistung des inhaltlichen Verstehens unterschieden; jedoch hat bereits die Wahrnehmungsleistung keineswegs

ausschließlich bedeutungsindifferenten Werkzeugcharakter: sprachliche Wahrnehmung ist, wie andere auch, selektive (→Selektion) und →soziale Wahrnehmung.
Man kann sich dennoch die schwerpunkthaften Anteile der sensorischen Sprachwahrnehmung und des Verstehens veranschaulichen, indem man sie mit den aufeinanderfolgenden Arbeitsschritten einer Übersetzungstätigkeit vergleicht: Nachrichten werden mit Hilfe der sensorischen Kanäle entschlüsselt (decodiert) und anschließend in einen internen eigenen →Code übertragen: Verstehen ist somit seinerseits, wie Sprachproduktion auch, eine Form der →Encodierung und bedeutet: Sinneinheiten und Sinnzusammenhänge in den →Kontext der eigenen Erfahrung (bildlich: in die Speicher des →Gedächtnisses) einzufügen.
Beide Teilfunktionen der S. bedürfen sowohl organischer wie auch durch soziales →Lernen erworbener Voraussetzungen. →Hören und →Lesen verlangen zunächst die organische Funktionstüchtigkeit des Rezeptionsapparats.
Störungen dieser sog. »primären« sensorischen Funktionen (eingeschränkte Hör- und Sehfähigkeit, →Taubheit, Blindheit) können den Prozeß der S. erschweren oder unterbinden. Im Fortgang des Sprachverstehensprozesses sind es die sog. »sekundären«, zentralen Hirnfunktionen, die die Integration des auditiv oder visuell Wahrgenommenen zu Inhalten besorgen, die für das Individuum bedeutungsvoll sind. Diese Funktionen sind lateralisiert, nämlich in der dominanten Hemisphäre des Gehirns lokalisiert, wobei die hintere Hirnhälfte für die Verarbeitung der sensorischen Sprachreize, die vordere für die motorischen Vorgänge beim Sprechen verantwortlich ist. Läsionen in den hinteren Bereichen der dominanten Hemisphäre können zu sensorischer →Aphasie führen (LURIA 1973).
Die durch soziales Lernen erworbenen Voraussetzungen der S. betreffen die Teilhabe am kollektiven Zeichensystem der →Sprache einer Sprachgemeinschaft; denn begreiflicherweise kann Verstehen nur dann stattfinden, wenn Sprecher und Hörer über dieselben Relationen zwischen Lautbildern und den bezeichneten Sachverhalten verfügen und wenn für Sprecher und Hörer dieselben Regeln der Verknüpfung von Sprachzeichen (→Syntax) Gültigkeit haben. Dennoch kann man durchaus nicht eine völlige Übereinstimmung in der Verfügung über die Sprache bei allen Sprechern und Hörern einer Sprachgemeinschaft annehmen. Sprache ist insofern schließlich »lebendiges« Traditionsgut, als sie zwar einerseits die kollektive Lerngeschichte der Sprachgemeinschaft repräsentiert, jedoch im Zuge der Sozialisation jedes einzelnen Sprachteilnehmers neu, unter jeweils unterschiedlichen sozialen Bedingungen und im Kontext jeweils persönlicher Erfahrung angeeignet werden muß. Dies bedingt sowohl naheliegende Übereinstimmungen in den Sprachgewohnheiten bei Gruppen der Bevölkerung, die unter vergleichbaren Bedingungen leben (→Soziolinguistik), wie auch die große Vielfalt von Bedeutungsnuancen, die jedes einzelne Sprachzeichen und einzelne Äußerungen in Abhängigkeit von Redesituationen und beteiligten Gesprächspartnern besitzen können. Um dieses Problem der Bedeutungsvariation bemüht sich vor allem die ps. Bedeutungsforschung; in der Regel wird dabei eine Unterscheidung getroffen zwischen »denotativen« →Bedeutungen (die für alle Kontexte und Situationen als gleich festgelegt sind und den Untersuchungsgegenstand der traditionellen sprachwissenschaftlichen →Semantik ausmachen) und den »konnotativen« Bedeutungen (die von situativen Bedingungen und emotionalen Gestimmtheiten und Einstellungen beeinflußt sind; OSGOOD u. a. 1957).
Aus den Problemen, die die Bedeutungsvariabilität und die Situationsabhängigkeit der Sprache für die S. verursachen können, folgt, daß zum Sprachverstehen gewissermaßen auch das Schließen aus paralinguistischen (→Paralinguistik) und außersprachlichen Hinweisen der Redesituation gehört: aus →Intonation, →Sprechtempo, →Sprechpausen, begleitender →Mimik und →Gestik. Das wichtigste Instrument, das bei Unsicherheiten und Unstimmigkeiten in der sprachlichen Kommunikation eingesetzt werden kann (und das zugleich ein Charakteristikum ist, das allein für menschliche Sprache gilt), ist die Möglichkeit, →Metasprache, d. h. Sprache über Sprache, zu benutzen, beispielsweise um zurückzufragen, wie ein Sprecher eine Mitteilung gemeint habe, und um zu diskutieren, welche unterschiedlichen Bedeutungen eine Mitteilung haben könne. →Verständlichkeit Ⓛ MILLER 1951, HÖRMANN 1977, HERRMANN 1972, ROMMETVEIT 1968. *L-T*

Sprachschwäche, familiärer Sprachschwächetyp.

Verschiedene →Sprachstörungen des Kindesalters wie verzögerte Sprachentwicklung, anhaltendes →Stammeln, kaum zu überwindender →Dysgrammatismus, oft in Verbindung mit Unmusikalität und Links- oder Beidhändigkeit sind häufig beim gleichen Individuum zu beobachten und bleiben in ihren Endformen wie →Poltern, evtl. auch →Stottern und →LRS bis ins Erwachsenenalter nachweisbar; sie wurden zum Syndrom der S. zusammengefaßt (LUCHSINGER 1941, 1959, ARNOLD 1970). Gleichzeitig wird mit der Bez. familiärer S. eine erbliche, konstitutionelle Grundlage als Ätiologie für dieses Syndrom verantwortlich gemacht. Die Möglichkeit einer solchen Ätiologie ist nicht umstritten; daneben muß aber auch eine frühkindliche Hirnschädigung in Betracht gezogen werden. (BÖHME 1966, 1969). Eine einseitige Vorentscheidung dieser Frage nach der Ätiologie vermeidet die Bez. *»language disorders«* (WOOD 1959). *G-N*

Sprachspiel, ein von WITTGENSTEIN (1958) in die →Sprachphilosophie eingeführter Begr. zur Kennzeichnung des Wesens von →Sprache.

S

WITTGENSTEIN warf älteren, Wort- und Satz-→Bedeutung in den Mittelpunkt stellenden Auffassungen vor, sie würden dem differenzierten und komplizierten alltäglichen Gebrauch der Sprache nicht gerecht und träfen bestenfalls auf wenige spezielle Sprachverwendungsarten zu. Gebrauch der Sprache sei vielfältig mit Tätigkeiten verwoben und basiere auf vorgängiger Kenntnis und mannigfachem unausgesprochenem Einvernehmen, vergleichbar mit an Regeln orientierten Gemeinschaftsspielen. So bezeichnet er sowohl spezielle Sprachverwendungsarten, als auch das Gesamt von Sprache und Sprachverwendung als S. (→Sprechhandlung). *K-I*

Sprach-(Sprech-)Typen, Bez. für die typologische Gliederung nach Körperhaltung und Stimmlage beim Sprechen.

Jeder Typus ist einem Temperament zugeordnet. Zuerst von dem Juristen Ottmar RUTZ beschrieben und von dem Germanisten E. SIEVERS (1912) ausgebaut, wurde erst gegliedert nach sphärischen, parabolischen und pyramidalen Typen und dann nach: (1) Abdominaltypus = vorgeschobener Unterkörper, weichfühlendes Temperament; (2) Thorakaltypus = hervortretende Brust, kühles Temperament; (3) Deszendenztyp = Rumpfmuskelanspannung, energisch-kaltes Temperament; (4) Aszendenztyp = aufsteigend-angespannte Muskulatur, energisch-heißes Temperament. SIEVERS bezeichnete die Ermittlung der Typen als Schallanalyse. Ⓛ HEINITZ 1949, IPSEN 1928, RIEFFERT 1932

Sprachstatistik, Gesamtheit der Methoden zur quantitativen Analyse von gesprochenen und geschriebenen Texten mit dem Ziel, allgemeine Gesetzmäßigkeiten sowie sprach-, text- und individuumspezifische Unterschiede aufzuzeigen und sie (im Bereich der →Psycholinguistik) der ps. Interpretation zugänglich zu machen. Grundlage der Analyse sind Auszählungen und Schätzungen der Häufigkeiten von Sprachelementen und Elementenkombinationen. Als Elemente gelten – je nach Ziel und Komplexität der Analyse – Buchstaben, →Morpheme, →Phoneme, Silben, Wörter, Satzteile und Sätze. Aus den Häufigkeitsverteilungen und aus den daraus nach Methoden der →Informationstheorie gewonnenen Maßen lassen sich generelle und spezifische Aussagen über die Struktur von Sprachen, sprachlichen Mitteilungen und Sprachverhalten herleiten (→ZIPFsches Gesetz, Codabilität (→*codability*), →Inhaltsanalyse, →Diversifikationsquotient).

Die eine sprachliche Mitteilung bildende Abfolge von Sprachelementen kann als →MARKOFF-Prozeß derart analysiert werden, daß sich eine teilweise Entsprechung zwischen der statistisch-informationstheoretischen Struktur des Textes und den dem Sprachgebrauch unterliegenden Regeln (Wortgeläufigkeit, Grammatik, Syntax etc.) zeigt. Durch systematische Variation von sprachstatistischen Kennwerten (→Approximation, →Ordnungsgrad) gelangt man zu allgemein- und differentiell-ps. Aussagen über Lese- und Sprechverhalten. Die vorgefundene text- und autorenspezifische (in der Zeit häufig konsistente) Ausprägung solcher Kennwerte gestattet Rückschlüsse auf die Urheberschaft von Texten (Authentizitätsanalyse). Sprachstatistische Aussagen sind wegen der Vielfalt der möglichen Elementenkombinationen in der Regel nur dann zuverlässig, wenn sie auf Auszählungen sehr großer Textstichproben basieren. Deshalb ist meist der Einsatz elektronischer Datenverarbeitung unerläßlich. Ⓛ FUCKS 1955, G. A. MILLER 1951, SCHNELLE 1968 *Z-N*

Sprachstörungen, umfassender Begr. für alle Formen abnormen menschlichen Sprachverhaltens. In ihrer Vielfältigkeit spiegeln die S. das Wesen der menschlichen Sprache selbst und erhellen auf ihre Weise die Prozesse der Sprachbenutzung und -beteiligung im Denken und in der Kommunikation sowie deren innerorganismische Voraussetzungen und situative Bedingungen. Eine definitive Abgrenzung der S. gegenüber den interindividuellen und intersituativen Varianten des normalen Sprachvermögens und -verhaltens ist jedoch nicht möglich, solange dieses selbst weder qualitativ noch quantitativ bestimmt werden kann (FILLMORE 1979). Zur Beschreibung der S. müssen folgende Dimensionen unterschieden werden: (1) Erscheinungsbilder; (2) funktionale Charakteristika; (3) Arten der Verursachung (Ätiologie) und ggf. der Prolongation; (4) Zeitpunkte der Verursachung und des Auftretens im Entwicklungs- resp. Lebensverlauf.

(1) Jedes Erscheinungsbild einer S. (z. B. →verzögerte Sprachentwicklung, →auditive Unaufmerksamkeit, →Stammeln, →Paraphasie, →Dysphasie, →Dysgrammatismus, →Stottern, →Echolalie) kann durch verschiedene funktionale Störungen (Schwächen oder Fehlsteuerungen in unterschiedlichen perzeptiven, produktiven, speichernden, programmsteuernden oder aktivierenden Systemen des ZNS) hervorgerufen werden; diese Störungen können ihrerseits durch verschiedene aufbauhemmende, biologisch-toxisch-mechanisch schädigende, ungünstige erfahrungsbildende oder situativ verunsichernde Einflüsse auf den Organismus und die Persönlichkeit oder durch Abbauprozesse verursacht werden.

(2) Die vielfältigen funktionalen Charakteristika der S. sind weiterhin zu unterteilen: (2.1) sprachliche Fehlleistungen *(linguistic errors)* wie Verhören, Versprechen, Verlesen, Verschreiben; bei

gelegentlichem Auftreten, auch in Müdigkeit, unter Streß oder Alkoholeinfluß und bei leichter Korrigierbarkeit nicht pathologisch; funktionale Ähnlichkeit mit Arbeits- u. Verkehrs(beinahe)Unfällen; zu ihrer Analyse neben tiefenps. heute auch sprachstatistische (HÖRMANN 1967), kybernetische (HACKER 1973) und neurolinguistische Aspekte (FROMKIN 1980). (2.2) S. mit dem Charakter von →(Teilleistungsschwächen, neben denen andere Teilfunktionen oder funktionelle Systeme innerhalb des ZNS intakt sind. (2.2.1) Im Bereich der Sprachrezeption Störungen der Aufnahme, Transformation und Speicherung von Information (LURIA 1973), neben der Behinderung durch Gehörlosigkeit oder Schalleitungs-, Schallempfindungsschwerhörigkeit eine gestörte Schallokalisation; mangelhaftes Auflösungsvermögen für schnelle seriale Reizfolgen bei auditiver →Agnosie und kindlichen →Dysphasien (TALLAL u. PIERCY 1978); mangelhafte Transformation der auditiv-kinaesthetisch-taktilen Reizmuster in konstantisierte phonematische, sequentielle und rhythmisch-hierarchisch gruppierte Wortklanggestalten (CROMER 1978) bei rezeptiver Dysphasie, sensorischer Aphasie und manchen LRS (→Lese-Rechtschreib-Schwäche); gestörter Zugang über diese Klanggestalten zum Lexikon der semantischen Begriffsgestalten, Entfremdung des Wortsinns und Wortgedächtnisstörungen bei sensorischen und amnestischen Aphasien; verminderte Erfassung von semantisch-relationalen Tiefenstrukturen und Störungen bei deren Transformation in räumliche, zeitliche, logische, mathematische oder andere nichtsprachliche Strukturen bei semantischen Aphasien meist mit Akalkulien; gestörte Sinnerfassung bei Gedichten, Szenenbildern und Schwächen in der Beurteilung ethischer und aesthetischer Sprachaspekte und Wertungen aus sprachlichen Darstellungen (KAINZ 1970); aber auch die Verkennung der musischen Sprachfaktoren sowie des stimmlichen und sprachlichen Ausdrucks (TROJAN 1975). (2.2.2) Im Bereich der Sprachproduktion Störungen der Programmierung, Regulation und Ausführung (LURIA 1973): intentionale Störungen, verminderter Sprechantrieb bei dynamischer Aphasie sensu LURIA (1970), bei transkortikalen Aphasien, →Mutismus und →Autismus; Verflachung der ethischen und aesthetischen Sprachaspekte, Verarmung der pragmatischen Differenzierung bei expressiven Dysphasien, Degenerationsprozessen; Störungen des sprachl. u. stimml. Ausdrucks (TROJAN 1975); gestörte Transformation von nichtsprachlichen Strukturen (wie oben) und Vorstellungen *(imagery)* in syntaktisch-semantisch korrekte Sätze (Dysgrammatismus); erschwerter Abruf von phonematischen Wortgestalten der Inhalts- resp. Funktionswörter in der Zuordnung zu kognitiv gebildeten Begriffen und nichtsprachlichen Vorstellungen (Wortfindungsstörungen, Benennungsschwierigkeiten); gestörte Transformation der phonematischen Wortgestalten in sequentielle artikulomotorische oder graphomotorische Impulsabläufe bei motorischer Aphasie; Störungen der kinaesthetisch-taktilen Reafferentation der Artikulomotorik bei »afferenter« motorischer Aphasie (LURIA 1970), häufig verbunden mit facio-bucco-lingualen →Apraxien, Gesichtsapraxien (HECAEN u. ALBERT 1978); Störungen der Feinkoordination von oraler Motorik, Phonation und Atmung (HARTLIEB 1969, KEIDEL 1977), ungenügende rhythmische und sequentielle Segmentierung der Silben sowie dysmetrisch-ataktische, dyskinetische, propulsive oder verlangsamte Abläufe und andere Störungen der →Prosodie (→Monodynamik, →Monotonie, →Tachyphemie, →Bradylalie, →Skandieren) mit ungenügender Flüssigkeit und Automatisierung, zahlreichen Unterbrechungen, gestörter Pausenregulation und Kontaminationen der einzelnen Elemente bei →Dysarthrien, Poltern, Stottern und manchen LRS. Perzeptive und expressiv-motorische sowie periphere und zentrale Funktionen auf verschiedenen Niveaustufen des ZNS, aber auch sprachliche und nichtsprachliche Funktionsbereiche sind in wechselseitiger Rückwirkung miteinander verflochten; dementsprechend überschneiden sich die funktionalen Störungscharakteristika im konkreten Einzelfall (HECAEN u. ALBERT 1978, DIMOND 1980). (2.3) Untaugliche Strategien zur Überwindung mancher Schwierigkeiten aus (2.2) und Motivationsstörungen wie momentane Erhöhung des Aktivierungsniveaus, Versuche zur bewußten Analyse bei nicht-bewußtseinsfähigen Funktionsanteilen, Sprechangst, Kaschierungsversuche, Verzicht auf die Kommunikation entstellen das Störungsbild zusätzlich. (2.4) Psychotische S. (Dysphrasie, Kataphasie, Schizophasie, Aphrasie) sind eingebettet in das insgesamt gestörte Verhaltensbild bei zentraler Dysregulation von Tonus, Wachheit u. Aktivierung, in den Zerfall der ausbalancierten u. hierarchischen Organisation von Input- u. Outputprozessen, der kumulativen Gedächtnisprozesse, der Orientierungsreaktionen sowie der Ausdrucksphänomene (SPOERRI 1964); die Sprachproduktion ist dementsprechend nicht nur linguistisch fehlerhaft, sondern gestört im Realitätsbezug und in den sozialen Funktionen (VETTER 1975). (2.5) S. bei autistischen Kindern sind ebenfalls funktionale Bestandteile von breiteren, biologisch determinierten Defiziten im Bereich des Denkens und der sozialen Kontaktaufnahme und Verständigung sowie in den Prozessen der Orientierungsreaktionen und des kumulativen Gedächtnisses; sie sind gravierender und anhaltender als alle anderen Sprachentwicklungsstörungen; je nach Ausgangsniveau läßt sich selbst verhaltenstherapeutisch (HOWLIN 1980) nur begrenzt der Umfang an sozialer Sprachverwendung, nicht aber die Kompetenz in linguistischer Regelanwendung erweitern (RUTTER 1980). (2.6) Oligophrene S. (Dyslogie) zeigen eingeschränkte und fehlerhafte Sprachbenutzung in allen linguistischen Strukturebenen und pragmatischen Funktionen neben gravierenden Leistungsminderungen in allen höheren ps. Funktionen; z. B. bei DOWN-Syndrom (LENNEBERG 1964), bei schwer Retardierten (WING 1975), bei dementen Zustandsbildern. Dennoch imponiert die Seltenheit des endgültigen Stummbleibens (LENNEBERG 1967) bei Schwachsinn *(mutitas oligophrenica)*.

(3) Verursachung und Prolongation: genetische Abweichungen (Sprachschwäche); Hirnreifungsstörungen; frühkindliche Hirnschädigungen; Stoffwechselstörungen; chromosomale Abweichungen; Mißbildungen, Erkrankungen oder Verletzungen der Hör-, Stimm- und Sprechorgane oder des ZNS; mangelhafte Vorbilder in der sprachl. Umgebung; ungünstige Lernbedingungen; disharmonische Kommunikationsformen; fehlerhafte eigene und Fremd-Verarbeitung von S. sowie entmutigende Umweltreaktionen hierauf; die noch immer umstrittenen ätiologischen Faktoren der psychotischen Zustände etc.

(4) Verschiedene biographische Zeitpunkte, an denen S. verursacht werden, bedingen unterschiedliche Folgen für die Entwicklung resp. weitere Lebensbewältigung. Angeborene Gehörlosigkeit z. B. birgt umfangreichere Probleme für den Aufbau geistiger, kommunikativer und sozialer Prozesse sowie für die Differenzierung der Persönlichkeit (NAFFIN 1959, LÖWE 1979) als eine Spätertaubung an entsprechenden Veränderungen; hingegen sind bei Aphasien im Kindesalter günstigere Rehabilitationsverläufe (LENNEBERG 1967), aber auch andere funktionale Störungsbilder als bei Erwachsenen zu erwarten (REMSCHMIDT u. NIEBERGALL 1981); hierzu das neurops. Konzept einer ›dynamischen Lokalisation‹ von WYGOTSKI (1965) und LURIA (1970). Zu unterscheiden sind: (4.1) (kongenitale) Aufbau- oder Spracherwerbs-Syndrome (z. B. Stammeln, Dysphasie, Dyslexie, LRS), in der deutschsprachigen Neurologie mit der Vorsilbe Dys- gebildete Bezeichnungen; (4.2) Verlustsyndrome (z. B. Aphasie, Akalkulie, Alexie), mit der Vorsilbe A- *(alpha privativum)* gebildete Bez.; (4.3) Degenerations- und Abbausyndrome (z. B. senildemente Aphasie, S. bei PICKscher Hirnatrophie).

Entsprechend der Komplexität der Pathologie menschlichen Sprachverhaltens begegnen sich in der Erforschung der S. die Interessen von Audiologie, Phoniatrie, Neurologie, Psychiatrie, Pädiatrie, Sprachheilpädagogik, Logopädie, Ethologie, Linguistik, Neurops. und Sprachps. Ⓛ SEEMAN 1969, LUCHSINGER/ARNOLD 1970, MORLEY 1972, BIESALSKI 1973, BÖHME 1974, 1980, BECKER/SOVAK 1975, WIRTH 1977, PEUSER 1978, LEISCHNER 1979, WYKE 1978, CAPLAN 1980, GOODGLASS u. BLUMSTEIN 1973, MOREHEAD u. MOREHEAD 1976, CARAMAZZA u. ZURIF 1978 *G-N*

Sprachtheorie, der Terminus S. ist kaum weniger vieldeutig als das Wort →Sprache selbst. Seine Verwendung scheint nur dort angebracht, wo Sprache in irgendeinem Kontext als ein Gesamt in den Blick genommen und erklärungsbedürftig gefunden werden kann (es sei denn, daß bereits ein System deskriptiv-klassifikatorischer Überlegungen, in dem z. B. fundamentale Funktionen der Sprache wie Ausdruck, Appell, Darstellung unterschieden werden, als Theorie bezeichnet würde; BÜHLER 1934).

Solche Perspektive erscheint in der Philosophie, der Biologie, der Soziologie, vielleicht auch noch der Sprachwissenschaft (→Linguistik) eher möglich und sinnvoll als in der Ps., die sich von vornherein mehr mit Einzelaspekten sprachlicher Vorgänge und ihrer Bedingungsgrundlagen befaßt (→Psycholinguistik). Wo im Blick auf →Sprachentwicklung mit Begr. wie →Empirismus, →Nativismus, →Rationalismus operiert wird, werden Grundvoraussetzungen erfahrungswissenschaftlich-ps. Theoriebildung teilweise verlassen. In sog. empirischen Theorien wird angenommen, daß sprachliches Verhalten und seine spezifischen dispositionellen Grundlagen im wesentlichen durch Lernen erworben werden. Eine unter biologischen Aspekten formierte theoret. Gegenposition wird als →Nativismus bezeichnet; sie hält Wesentliches an sprachlicher →Kompetenz für angeboren (HEBB u. a. 1975). In philosoph. Perspektive (→Sprachphilosophie) erscheint die Gegenposition eher als eine rationalistische, sofern sie apriorische Komponenten der Erfahrung favorisiert. Den beiden letztgenannten Positionen liegt die Suche nach sprachlichen →Universalien besonders nahe.

Ps. Theorien beziehen sich auf spezielle Teilprozesse sprachlicher Aktivität (→Sprachproduktion, →Sprachrezeption, →*motor theory*), auf ihre Bedingungsgrundlagen und Störungen (→Sprachstörungen). Abgesehen davon wird die Interpretation sprachlicher Prozesse auch durch allgemeine ps.-verhaltenstheoretische Konzeptionen mitbestimmt. Hier stehen sich im wesentlichen →behavioristische bzw. neobehavioristische (→Verbalverhalten, →Vermittlungstheorie, →*symbolic processes*) u. kognitivistische (→TOTE-Modell, →Regel; MILLER u. MCNEILL 1969) gegenüber. *K-I*

Sprachtherapie, Therapie von →Sprachstörungen. Sie baut auf den sprachl. Entwicklungsdaten, der med. und ps. Anamnese, sowie der med. und neurops. Diagnose auf (progressive Hypothesenbildung). Die S. benützt optische und akustische Geräte (z. B. Tafeln, Tonband, Metronom, Verstärker, verzögerte Sprachrückkopplung, optische Darstellung akustischer Signale, Vorgabe von Wörtern pro Minute) und sprachheilpädagogische, logopädische sowie tiefenps. Methoden neben Verfahren der →Verhaltenstherapie.

So nutzte LOVAAS (1967) das Modellernen in Verbindung mit primärer Verstärkung bei autistischen Kindern: zunächst im Aufbau der Imitation motorischer Verhaltensweisen, dann mit Artikulations- und Sprachtraining. FLORIN (1974 470) weist aber darauf hin, daß, sobald der soziale Aspekt des Sprechens dominiert, kontingente Verstärkung zu unsinnigen Wiederholungen bzw. Schweigen führen kann. →Autismus, →Stottern, →Stammeln, →Sprechtempo, →LEE-Effekt Ⓛ BÖHME 1980 *R-S*

Sprachtypen →Sprach- (Sprech-)Typen

Sprachwahrnehmung →Sprachrezeption

Sprachzentrum, die Rindenareale des →Gehirns, bei deren Ausfall es zu →Sprachstörungen kommt: 1. motorisches S. = BROCAsches S.; 2. sensorisches S. = WERNICKE-zentrum; 3. optisches S. oder Lesezentrum. Alle in der dominanten (meist linken) Großhirnhälfte. Vgl. Lokalisation, Hemisphärenspezialisierung

Sprechakttheorie, geht davon aus, daß die sprachliche →Kommunikation sich in Form von regelgesteuerten Sprechakten vollzieht. Sprechakte sind komplexe Akte, in denen verschiedene Aktsorten unterschieden werden können:

(a) Äußerungsakte, d.h. der Sprecher äußert bestimmte Wörter einer Sprache; (b) propositionale Akte, d.h. der Sprecher verwendet die Äußerung mit einer bestimmten →Bedeutung (Referenz und Prädikation); (c) illokutionäre (bzw. illokutive) Akte, d.h. der Sprecher vollzieht in und mit dem propositionalen Akt eine bestimmte Sprechhandlung (wie Befehlen oder Behaupten); (d) perlokutionäre (bzw. perlokutive) Akte, d.h. aus der Sprechhandlung ergeben sich Konsequenzen für den weiteren Kommunikations- und Handlungsprozeß der Kommunikationspartner. Ⓛ SEARLE 1971, MAAS u. WUNDERLICH 1972 *E-P*

Sprechanalyse, besondere Bedeutung hat die individuelle Sprechweise bei der ps. Diagnostik.

Die hier angewandte Analyse des Sprechens sucht Rückschlüsse auf die Person zu gewinnen aus der Einsicht, daß das Sprechen (vergleichbar dem Schreiben) vom Seelischen unmittelbar beeinflußt ist und dementsprechend Sprechtypen sowie kennzeichnende Merkmale für die charakterliche Struktur im individuellen Sprechen vorliegen. Auch zwischen Konstitution und Sprechen sind Bindungen erkannt worden. Schließlich hat man die psychopathologische Bedeutung des Sprechens und die Sprechschulung als Therapie (Stimmbildung) eingehend behandelt. →Sprach-(Sprech-)Typen Ⓛ LUCHSINGER

Sprechangst, Logophobie, die Angst vor dem Aussprechen bestimmter, häufig mißlingender Phonemfolgen, schließlich vor dem Sprechen überhaupt ist sekundäres Störungssymptom beim Stottern. S. kann aber auch als »inneres Stottern« für sich allein vorkommen oder als Restsymptom nach überwundenem Stottern oder anderen Sprachstörungen. Dann funktionale Ähnlichkeit mit der dynamischen →Aphasie (LURIA 1970). Ⓛ ARNOLD 1970 *G-N*

Sprechen →Sprachproduktion

Sprechentwicklung →Sprachentwicklung

Sprechhandlung, (1) Sprechen selbst (→Sprachproduktion, →Sprechtätigkeit), als →Handlung, als auf ein bestimmtes Ziel (z.B. subjektiv befriedigendes Zum-Ausdruck-Bringen eines bestimmten gedanklichen Inhalts) gerichtete Aktivität interpretiert (→TOTE-Modell). (2) Mit sprachlichen Mitteln beabsichtigte Folgen (speziell bei →Kommunikationspartnern) herbeiführen. Hier wird die sprachliche Äußerung in ihrer Wirksamkeit in einem weiteren Kontext gesehen, was unter jeweils verschiedenen Voraussetzungen in der →Linguistik, speziell der Pragmalinguistik (→Texttheorie), der →Sprachphilosophie (→Sprechakttheorie, →Pragmatik), der Psychologie (→Psycholinguistik), der Soziologie (→Soziolinguistik) geschieht. Ⓛ S. J. SCHMIDT 1974, WUNDERLICH 1972 *K-I*

Sprechpausen, die Länge der Pausen innerhalb gesprochener Äußerungen bestimmt in hohem Maße die Variabilität des →Sprechtempos. S. werden in Zusammenhang gebracht mit den Entscheidungsvorgängen bei der sprachlichen →En- u. →Decodierung (HÖRMANN 1967) von Mitteilungen.

Sie sind aber auch wichtige Träger der →nonverbalen Kommunikation und somit Gegenstand von →Psycholinguistik und →Paralinguistik. Im Fehlen von S. (gestörte →Prosodie), aber auch in der gehäuften Überbrückung von S. durch sinnlose artikulatorische Aktivitäten (→Embolophrasie) zeigen sich →Sprachstörungen; ebenso in den deutlich von den S. zu unterscheidenden (stotternden) Unterbrechungen des Sprechflusses mitten in →Morphemen. *G-N*

Sprechstörungen →Sprachstörungen

Sprechtätigkeit, Sprachtätigkeit, in spezifischer Bedeutung treten diese Begr. in (übersetzter) sowjetischer Fachliteratur bzw. bei ihr nahestehenden deutschen Autoren auf (z.B. HACKER 1973).

Sie werden von verwandten Begr. aus »westlicher« sprachwissenschaftlicher Tradition wie Sprechen, →Sprechhandlung, *parole* (→Sprache) teilweise kritisch abgehoben (LEONT'EV 1971). Sie

S

sollen die Implikationen marxistischer Sprachauffassung, d. h. sowohl materialistische (morphologisch-physiologische und phylogenetische) als auch historisch-gesellschaftstheoretische (sozialkommunikative) Aspekte zur Geltung bringen, wobei im wesentlichen auf die Vorarbeit WYGOTSKIS (1964, Orig. 1934) verwiesen wird. *K-I*

Sprechtempo, die Ablaufgeschwindigkeit der →Sprachproduktion setzt sich zusammen aus der Anzahl artikulierter →Silben oder →Phoneme und aus der Anzahl und Dauer der →Sprechpausen pro Zeitabschnitt.

Die →Artikulation erreicht beim Erwachsenen mit nur geringen interindividuellen Abweichungen (LENNEBERG 1972) die hohe Geschwindigkeit von 5 bis 6 Silben bzw. etwa 14 Phonemen pro Sekunde, auch bei langfristiger Ausführung. Kinder erreichen ein langsameres S. Die individuelle Höchstfrequenz bei der serialen Erzeugung sinnloser Silben wie ta-ta-ta (artikulatorische Diadochokinese) gleicht der maximalen Geschwindigkeit beim →*tapping*. Stärkere Variierung des S. durch die unterschiedliche Dauer der Sprechpausen (GOLDMAN-EISLER 1964); z. B. innerhalb von Teilphrasen kürzer als zwischen Teilphrasen, oder bei der Beschreibung der Bedeutung eines Erlebnisses doppelt so lang wie bei der Schilderung des Ereignisses selbst und Abnahme der Pausenlänge bei Wiederholung der Darstellung. Vom S. hängen auch die ineinander verzahnten Vorgänge der →Sprachrezeption (OSGOOD 1963) mit der Transformation von akustischen in phonematische, sodann in syntaktische und semantische Strukturen ab (EPSTEIN 1962). Abweichungen vom normalen S. (→Bradyarthrie, →Bradylalie, →Tachylalie, →Propulsion, verbale →Akzeleration) und Zunahme von Unterbrechungen im Sprechfluß bei verschiedenen →Sprachstörungen, z. B. →Stottern, →Poltern, →Dysarthrie. *G-N*

Sprechtypen →Sprach-(Sprech-)Typen

Sprüche-Test Ⓣ BAUMGARTEN

SPSS, *statistical package for the social sciences,* Paket von Computerprogrammen vieler in der sozialwissenschaftlichen Forschung gebräuchlichen statistischen Verfahren. *M-R*

Spuk, übernatürliche Erscheinungen (Geisterklopfen usw.). →Parapsychologie

Spuren →Engramm, Spurenfeld

Spurenfeld, nach Auffassung der →Gestalttheorie bilden die Spuren vergangener Erlebnisse eine »dynamische Ganzheit« (→Feld), die sich nach Gestaltgesetzen organisiert.

Jeder in einem bestimmten Augenblick stattfindende Wahrnehmungsprozeß korrespondiert mit dem ihm nach dem →Ähnlichkeitsgesetz zugehörigen S. und verbindet sich mit diesem zu einer Wirkungseinheit (KÖHLER). Solche Ausbildung von in Wechselwirkung stehenden Spurenklassen in den S. wird auch als Bereichsbildung bezeichnet. ● Mit Hilfe des S. läßt sich der Einfluß vorhergegangener Erfahrungen auf gegenwärtige Prozesse erklären. Umgekehrt kann der gegenwärtige Prozeß das S. verändern. Dies geschieht z. B. bei der Vervollkommnung einer bestimmten Leistung durch Wiederholung. Dabei wird das S. im Sinne der →Prägnanztendenz verändert, wodurch spätere Wiederholungen gleichsam besser vorgeformte Bedingungen vorfinden. Letzteres entspricht dem Begr. →Bahnung. Schon lange ist bekannt (F. WULF, 1922), daß sich die Spur eines wahrgenommenen Gebildes spontan in Richtung auf größere Prägnanz verändert. Hierzu die Erfahrung, daß Partien eines eben gehörten Musikstückes sich nicht sofort, aber nach einem oder mehreren Tagen reproduzieren lassen (KOFFKA). Es läßt sich dies als Spontan-Organisation des S. auffassen (→Organisation).

Spurenzerfall →Gedächtnis

SQ, Sozialquotient, →Sozialkompetenz

SQ3R-System, Abk. für eine Methode, wissenschaftliche Texte zu erarbeiten: S = Überblick verschaffen *(survey),* Q = Fragen zum Text *(questions),* R = Lesen mit Beachtung der Fragen *(reading),* R = Wiedergeben, z. B. Laien informieren, R = Zusammenfassung von Verstandenem *(review).* Ⓛ ROBINSON 1961 *R-S*

SR (auch S-R, S↑R), in der angelsächsischen Literatur Abkürzung für die Beziehung Reiz-Reaktion *(stimulus-response)*

S-R-Kontiguitäts-Theorie, S-R-Verstärker-Theorie, Verhaltens- und Lerntheorien, die als Erklärungsprinzip die →Konditionierung von Responses an zunächst neutrale →Stimuli verwenden. Nach der S-R-K.-Theorie genügt die Kontiguität = raumzeitliche Berührung (GUTHRIE), nach der S-R-V.-Theorie sind von der Motivation abhängige Verstärkungen (Bekräftigungen) für den Erwerb der neuen Responses notwendig (HULL). →Lernen, →Kontiguität, →Verstärkung *B-S*

S-R-Theorie, Stimulus-Response-Theorie, Verhaltenstheorie, in der das Lernen ausschließlich als ein Konditionierungsprozeß aufgefaßt wird. →bedingter Reflex

SSA, *smallest space analysis,* Reihe von Verfahren bzw. Computerprogrammen für metrisch →multidimensionale Skalierung *M-R*

SSDG Ⓣ SULLIVAN

S-S-Theorie, Stimulus-Stimulus-Theorie, für verschiedene Verhaltenstheorien, in denen das Orientierungslernen und die Erwartungs- bzw. Signaleigenschaften von *cues* betont werden (z. B. TOLMAN)

SST, *stimulus sampling theory,* statistische Lerntheorie z. B. von ESTES

$s(S_Z)$, Symbol für ein unter Spannung stehendes Ziel-System (LEWIN)

Stäbchen, die lichtempfindlichen nervösen Elemente der Netzhaut, die das Dämmerungssehen vermitteln, neben den Zapfen für das Farbensehen. →Auge

Stäbchen-Test Ⓣ GOLDSTEIN

Stabilimeter, App. zur Registrierung von Körperbewegungen

stabilisiertes Netzhautbild, die Augen führen 10–100mal in der Sekunde kleinste Bewegungen aus, so daß ein Objektpunkt nie auf nur einem Punkt der Netzhaut abgebildet wird. Mit geeigneten Spiegelvorrichtungen, welche die unwillkürlichen Augenbewegungen »wegsteuern«, kann man dies jedoch erreichen – das Objekt verschwindet dann aus dem Sehfeld. ⓁDITCHBURN-FENDER

Stabilität [lat.], Beständigkeit, Standfestigkeit. • In der Gestaltps. sind S. und der Gegensatz Labilität durch bestimmte dynamische Verhältnisse gekennzeichnete Eigenschaften von Gebilden, Zuständen und Verlaufsformen (→quasistationärer Prozeß). Der S. entspricht meist ein hoher Grad von Organisiertheit, der extremste Fall von Labilität ist der chaotische Zustand. Visuell wahrgenommene Figuren werden stabil genannt, wenn sie den Forderungen an eine »gute Gestalt« entsprechen. • In der Persönlichkeitsps. werden manchmal Menschen als stabil (bzw. labil) bezeichnet, wenn bestimmte Verhaltensweisen unter wechselnden Umständen erhalten bleiben (oder nicht), gelegentlich besonders auf Emotionen bezogen. S. als Dimension der Persönlichkeit →Faktorentheorie der Persönlichkeit (EYSENCK). • Bei Tests ist S. Bez. für die Zuverlässigkeit (→Reliabilität), die mit der Testwiederholung gemessen wird (Retest-Reliabilität), sowie für die Konstanz, d. h. die Dauerbrauchbarkeit des Tests bei mehrfach wiederholter Anwendung.

Stablücken-Kombination Ⓣ FRIEDRICH

Staccato-Phänomen →Skandieren

Stacheldrahtkrankheit, die spezifischen, bei Internierten in den Konzentrationslagern, Kriegsgefangenenlagern usw. beobachtbaren ps. Schädigungen. →Haftneurose

Staffelprinzip →Steigerungsprinzip (Staffelsystem). Ⓣ BINET-SIMON, HERDERSCHÊE

Stammeln, Dyslalie [gr. *dys* schlecht, *laléo* spreche], Erscheinungsbild verbreiteter Sprachstörungen im Kindesalter, nämlich die gestörte Artikulation, bei der bestimmte Phoneme (→Artikuleme) oder Phonemgruppen völlig fehlen (→Mogilalie), durch andere Phoneme ersetzt (→Paralalie, z. B. Parasigmatismus) oder fehlerhaft gebildet werden (Dyslalie im engeren Sinne, z. B. Zunge zwischen den Schneidezähnen beim *sigmatismus interdentalis),* während sie bei manchen Arten des S. auditiv richtig unterschieden werden können.
Einteilung nach Fehlerhäufigkeit in partielles S. (Ausfall von 1 bis 2 Lauten), multiples S. (Ausfall von mehr als 2 Lauten; Verständlichkeit vermindert) und universelles S. (gesamter Lautbestand betroffen; Unverständlichkeit = Hottentottismus). Andere Formen sind ferner das Silbenstammeln und das Wortstammeln (besser unregelmäßiges S.); hierbei werden die Phoneme einzeln oder in manchen Verbindungen richtig, in anderen aber fehlerhaft ausgesprochen, ausgelassen (Elision), umgestellt (Prolepsie, Metalepsie) oder ineinander verschmolzen (→Kontamination). Wenn das S. die Periode einer noch unvollkommenen, aber normalen Sprachentwicklung des Kindes (physiologisches S.) überdauert, muß in einer multidisziplinären Sprachdiagnostik deutlich unterschieden werden zwischen den das S. bedingenden, funktionalen Störungen (z. B. Hörbehinderungen, akust. Agnosie, auditive Unaufmerksamkeit; Anomalien im Bau der Sprechwerkzeuge wie etwa Gaumenspalten; Dysglossien, Dysarthrien, Dysphasien und endlich Oligophrenien) und deren Ätiologie (z. B. frühkindliche Hirnschädigungen, erbliche Faktoren, Stoffwechselstörungen, Erkrankungen, mangelhafte sprachliche Vorbilder in der Umgebung usw.). In der späteren Entwicklung häufig LRS mit ähnlichen Fehlerarten, Poltern, Stottern oder Sprachschwäche. Behandlung möglichst frühzeitig. Ⓛ SEEMAN 1969, ARNOLD 1970, BAUER 1973 *G-N*

Stammeln, unregelmäßiges (Verwahrlosungsstammeln), Sammelbez. für Silben-, Wort-, Satzstammeln. →Stammeln *G-N*

Stammesgeschichte (Phylogenese), die Entwicklung der Arten in der Zeit. →Abstammungslehre *Sch-S*

Stammhirn →Gehirn

Standard, Muster. • In der Statistik: Durchschnitt; auch svw. genormtes Maß, genormtes Bezugssystem. →Norm

Standardabweichung, statischer Kennwert der Streuung oder Dispersion einer Verteilung. Die S. ist die positive Quadratwurzel aus dem Durchschnitt der →quadratischen Abweichungen der Maßzahlen vom Mittelwert.

$$\sigma = \sqrt{\frac{\Sigma (X_i - \mu)^2}{N}}$$

Mi-A

Standardfehler, Maß für den →Stichprobenfehler

S

Standardisierung, die Transformation von Rohdaten in Standardwerte, d.s. Maßzahlen mit einem festgelegten Mittelwert und einer festgelegten Streuung (z.B. M = 100, s = 10). Eine S. wird mit dem Ziel vorgenommen, Messungen, die auf verschiedenen Maßstäben gewonnen wurden, vergleichbar zu machen. *Mi-A*

Standardmeßfehler, aus der mangelnden Reliabilität eines Tests resultierender Meßfehler. Es handelt sich dabei um den →Stichprobenfehler des Testwertes. Durch die Berechnung des S. läßt sich die Frage nach der →Signifikanz und nach dem →Vertrauensintervall des Testwertes beantworten. Die Formel für die S. lautet:
$S_e = S_x \sqrt{1-r_{tt}}$. *Hä-R*

Standardnormen →Normskalen

Standardreiz, Bez. für den bei der psychophysischen Methode des →Konstanzverfahrens konstant gehaltenen Normalreiz

Standardschätzfehler, Fehler, der gemacht wird, wenn man von einem Testwert auf einen Kriteriumswert schließt. Er kommt zustande, weil der Kriteriumswert eine Komponente von Fehlervarianz enthält. *Hä-R*

Standardskala, normierter Vergleichsmaßstab mit dem Mittelwert 100 und der Standardabweichung 10. →Intelligenzquotient, →Normskalen, →Standardwert *R-S*

Standardwert [engl. *standard score*], zahlenmäßiger Ausdruck einer Testleitung in bezug auf die zur Standardisierung des Tests verwendete Population.

Dabei wird der Abstand des →Rohwertes (Punkte, gelöste Aufgaben), den eine bestimmte Vp erzielt hat, von dem Durchschnittswert der Standardisierungspopulation im →Streuungsmaß (=Standardabweichung) der Verteilung ausgedrückt. Der St. gibt nicht nur die Möglichkeit an die Hand, die Höhe einer einzelnen Leistung relativ zu einer repräsentativen Gruppe (→Stichprobe) etwa für eine Bevölkerung zu beurteilen, sondern es lassen sich auch beliebige Leistungen unter bestimmten Bedingungen in verschiedenen Tests miteinander vergleichen. Gebräuchliche S. für Testskalen sind: Abweichungs-IQ, C-Normen, Schulnoten-Normen, Stanine-Normen, T-Normen, Z-Normen. Vgl. Normen, Normenskalen, Normskalen

Stanford-Intelligenztest (Lückert) Ⓣ Binet

Stanford-Revisionen, für die USA standardisierte und weiterentwickelte Formen des Binet-Simon-Tests: 1. Stanford Revision 1916 von Terman; 2. Stanford Revision 1937 von Terman u. Merrill; 3. Stanford Revision 1960 von Terman u. Merrill. Benannt nach der Leland Stanford Junior University in Kalifornien. Ⓣ Binet

Stanine, statist. Begr. (aus »*standard nine*«) →Standardwert, →Normskalen

Starrheit →Rigidität

Stasobasophobie, Unvermögen zu gehen und zu stehen

Stasophobie, Angst, nicht stehen, sich nicht vom Bett erheben zu können

statisch, in Ruhe befindlich, ruhend, fest, beharrlich. Gegensatz: dynamisch. ● Auf das Stehen oder das Gleichgewicht bezüglich. ● St. Aufmerksamkeit = andauernde und relativ gleichmäßig-gespannte Aufmerksamkeit im Ggs. zur dynamischen Aufmerksamkeit.

statischer Sinn, die Wahrnehmung der Gleichgewichtsänderungen des Körpers. →Sinne

Statistik (St.), die quantitative Erfassung und Analyse von Merkmalen, deren zahlenmäßige Ausdrücke bei Meßwiederholungen (am selben Merkmalsträger oder an mehreren gleichartigen Merkmalsträgern) unter sonst gleichen Bedingungen durch nichtsystematische Zufallseinflüsse variieren. Während die Methodenlehre statistischer Verf. als mathematische St. bezeichnet wird, ist mit der allgemeinen St. die Anwendung dieser Methoden gemeint. Hier wird üblicherweise in die beschreibende St. (→Deskriptionsstatistik) und in die Schluß- und Prüfstatistik (→Inferenzstatistik) unterteilt. Mit St. wird auch ein aus den Werten einer →Stichprobe errechneter Kennwert, z.B. das arithmetische Mittel oder die →Varianz, bezeichnet. St. können als Schätzungen für die meist unbekannten →Parameter dienen. Die Zusammenstellung von erhobenen Daten über ein Merkmal in einer Tabelle wird ebenfalls St. genannt. St. im erstgenannten Sinne hat für die empirische Ps. seit ihren Anfängen – zuerst im Rahmen der Psychophysik – große Bedeutung gehabt. Heute stellt sie ein unentbehrliches Instrumentarium von teilweise recht komplexen Verfahren dar.

Die wichtigsten Anwendungsgebiete der St. in der Ps. sind (a) die Auswertung von (im Hinblick auf die in Frage kommenden Verfahren der statistischen Auswertung) sinnvoll geplanten Experimenten und systematischen Beobachtungen auf allen Teilgebieten der ps. Forschung und (b) die Konstruktion, Standardisierung und Validierung von diagnostischen Verfahren. (c) Auch bei der Ausarbeitung theoretischer Modelle in der math.

Ps. werden teilweise zur St. zählende mathematische Methoden eingesetzt.
In der beschreibenden St. (Deskriptionsstatistik) werden vor allem folgende Verfahren unterschieden:
(1) Darstellung univariater (= hinsichtlich eines Merkmals variierender) Häufigkeitsverteilungen. (a) Methoden der zahlenmäßigen (oder graphischen) Darstellung der Häufigkeiten aller Einzelklassen (»Häufigkeits-Verteilung« im engeren Sinn) und der Gesamthäufigkeiten bis zu einer bestimmten Klasse der Variablen (kumulative Häufigkeitsverteilung, graphisch: »Summenkurve«) (b) Beschreibung der Parameter der Verteilung, wie Mittelwerte und Streuungs- (oder Dispersions-)Maße. Durch Anwendung der deskriptiven Methoden kann auch entschieden werden, ob die Verteilung der Beobachtungsgröße einer der in der St. bekannten theoretischen Verteilungen (wie z. B. Normal-, POISSON-, Student-, χ^2-, F-Verteilung) entspricht oder nahekommt.
(2) Die wichtigsten Verfahren zur Deskription bivariater und multivariater Verteilungen sind die Korrelations- und Regressionsmethoden. Sie dienen vor allem der quantitativen Erfassung von Zusammenhängen (wechselseitigen Abhängigkeiten oder Ähnlichkeiten) zweier oder mehrerer Beobachtungsmerkmale.
Die Methoden der Inferenz- oder Induktions-St. gestatten es, die Wahrscheinlichkeiten abzuschätzen, mit denen bestimmte Abweichungen der Stichprobenergebnisse (»Statistiken« im zweiten Sinn) von den Parametern der Gesamtheit auftreten (Vertrauensintervall), und in der Folge, nach Festlegung auf eine bestimmte Irrtumswahrscheinlichkeit, die Entscheidung über Beibehaltung oder Verwerfung der →Nullhypothese zu fällen. Für die Praxis der Auswertung von Experimenten und Beobachtungen, die in aller Regel nur an Stichproben vorgenommen werden, sind zur Prüfung der Signifikanz der Ergebnisse (z. B. der Unterschiede zwischen Mittelwerten, der Abweichung einer Korrelation von 0) statistische Tests (→Tests, statistische) ausgearbeitet worden, deren Anwendung im einzelnen die Kenntnis ihrer Voraussetzungen (z. B. bezüglich Skalenniveau und Verteilungsform des Merkmals) erfordert. Ⓛ FERGUSON, HOFSTÄTTER-WENDT, LIENERT, MITTENECKER, PFANZAGL, WINER *M-R*

statistische Inferenz →Inferenzstatistik, →Statistik

statistische Maßzahl →Statistik

statistische Prognose →Prognose

statistische Sicherheit →Vertrauensintervall

statistische Tests →Test, statistische

statistische Vorhersage →Prognose

statoakustisches Organ, die Zusammenfassung der im →Ohr gelegenen Schnecke mit Basilarmembran, sowie →Bogengänge, Sacculus und Utriculus

Statolithen, Kalksteinchen in den Vorhofsäckchen des Ohres. Dienen der Orientierung über die Körperlage. →Bogengänge. Früher Otolithen genannt.

Statometer, Vorrichtung zur Ermüdungsmessung, wobei beidhändig über Hebel Gewichte hochzuhalten sind. Der Leistungsverlauf wird registriert.

Status, Zustand, z. B. *status psychicus*

Statusdiagnostik, diagnostisches Vorgehen mit Verfahren, welche mit dem Ziel eingesetzt werden, bei Probanden oder Probandengruppen einen Ist-Zustand festzustellen. Vgl. Prozeßdiagnostik *Hä-R*

Status, sozialer, mit einer →Position in einer Gruppe verbundenes Ansehen und verbundene Rechte, die einer Person von der eigenen Gruppe offiziell oder inoffiziell zugestanden werden. Äußerlich wird S. häufig durch bestimmte S.symbole gekennzeichnet. Unter dem S.kontinuum versteht man die →Rangordnung innerhalb einer Gruppe. Von LINTON wird S. mit Position gleichgesetzt. *B-S*

Status, sozioökonomischer, der soziale →Status, der u. a. durch das Einkommen, die Wohngegend, den Beruf und gelegentlich auch durch das Ausbildungsniveau definiert wird. →WARNER-Index *B-S*

STDCR Ⓣ GUILFORD

S-Technik, bei der S-T. der →Faktorenanalyse wird bei einer Stichprobe von Vpn eine Variable in verschiedenen Situationen gemessen. Die Vpn werden über die Situationen interkorreliert. Aus der S-T. resultieren Typenfaktoren. →T-Technik, →Kovariationsschema *Hä-R*

Steckbrett, *pegboard,* apparativer Test, bei dem Stifte in die Löcher eines Holzblocks einzustecken sind. Zuerst aufgekommen bei der Eignungsprüfung von Setzern. Ⓣ BETTS, O'CONNOR, MUSCIO, TIFFIN

Steigerungsphänomen, Bez. für die bei der Erinnerung auftretende Steigerung einer erlebten Freude, Gefahr, pers. Geltung, Kränkung u. a. m.

Steigerungsprinzip (Staffelsystem), Bez. für Tests, die so aufgebaut sind, daß die Lösungsschwierigkeit von Aufgabe zu Aufgabe ansteigt (Staffelung). Vgl. Power-Test.
● Unter Staffelsystem ist auch diejenige Testanordnung zu verstehen, die BINET eingeführt hat, um durch Verteilung der Tests mit steigenden Schwierigkeiten auf versch. Altersstufen den Entwicklungsstand des Kindes festzustellen.

S

Steinhaufen-Test Ⓣ YERKES

Stenie, stenisch [zu gr. *stenos*], Enge, Beklemmung, eng (wie in Stenokardie, Stenose). stenischer (stenoplastischer) Typus = schmalwüchsiger (leptosomer) Typus. Vgl. Sthenie

Sterbehilfe, Sterbenshilfe, (1) Euthanasie, med. Begr. für die aktive Verkürzung des Lebens von todkranken Personen durch Medikamente oder die passive Beschleunigung des Sterbens durch Absetzen der Intensivbehandlung oder Nichtbehandlung neu eintretender Komplikationen. • Die Vernichtung sog. unwerten Lebens bes. durch Nationalsozialisten sollte nicht als Euthanasie bezeichnet werden. (2) Ps. Beistand für Sterbende, der von Angehörigen, Ärzten, Krankenschwestern, Pfarrern und neuerdings auch von Psychologen gegeben werden kann. In den USA gibt es eine spezielle ps. Ausbildung für die S. (WORCESTER 1961, KASTENBAUM u. COSTA 1977). →Euthanasie Ⓛ ESER 1976, MAYER-SCHEU 1974 *B-S*

Sterben, organismisches Geschehen unmittelbar vor und bis zum Eintreten des →Todes, das auch bewußt erlebt werden kann. Die ps. Erforschung des S. ist nicht erst durch neuere medizinische Möglichkeiten der Lebensverlängerung angeregt worden, sondern hat schon immer Ärzte beschäftigt (vgl. OSLER 1904), ist jedoch bes. durch die »Interviews mit Sterbenden« (KÜBLER-ROSS 1969, dtsch. 1973) belebt worden.

Die von der amerik. Psychiaterin gefundenen S.-Phasen: Verleugnen, Zorn, Verhandeln (mit dem Schicksal), Depression und schließlich Annahme – sind wahrscheinlich nicht generell zu finden. Vielfach wird von wiederbelebten Patienten berichtet, daß sie in der vital bedrohlichen Situation der Todesnähe frei von Angst waren. Auch der sog. Körper-Austritt und das rasche Abrollen des eigenen Lebens (Lebenspanorama) kommen in solchen Berichten vor. Die Erforschung des ps. Geschehens beim S. ist Grundlage der ps. Sterbehilfe. →Todespsychologie Ⓛ HAMPE 1975, WIESENHÜTTER 1974, WITZEL 1974 *B-S*

Ⓔ **stereo...** [aus gr. *stereos* starr] in Wtvb. fest, körperlich, räumlich, dreidimensional

Stereoagnosie, Tastblindheit, Tastlähmung

Stereoanästhesie, Unempfindlichkeit, Unfähigkeit zur →Stereognostik

Stereognostik, stereognostisches Vermögen, Fähigkeit, durch Betasten die Beschaffenheit eines Gebildes festzustellen

Stereokinese, stereokinetischer Effekt, Bez. für die dreidimensionale Wahrnehmung von zweidimensionalen Objekten (Schatten von Körpern), die in best. Weise bewegt werden

Stereophonie, räumliches Hören, →Richtungshören

stereophonisch, die gleichzeitige Darbietung akustischer, z. B. sprachlicher, Information, von zwei verschieden plazierten Schallquellen aus auf beide Ohren. →monaural, →binaural, →dichotisch *G-N*

Stereoskop ⟨WHEATSTONE, 1838⟩, ein optisches Gerät, durch das die Verhältnisse des räumlichen Sehens beim Betrachten von Bildern nachgeahmt werden.

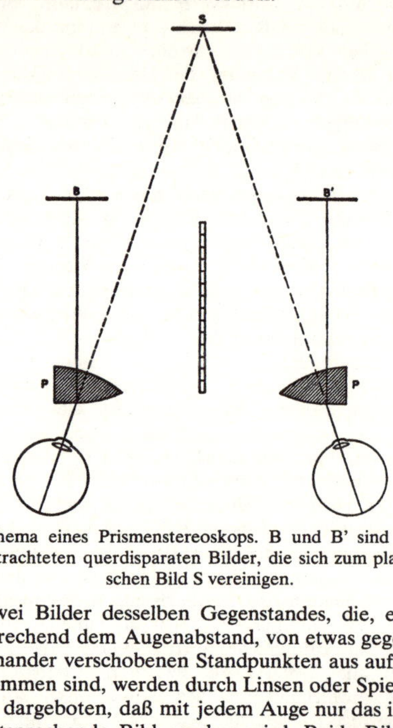

Schema eines Prismenstereoskops. B und B' sind die betrachteten querdisparaten Bilder, die sich zum plastischen Bild S vereinigen.

Zwei Bilder desselben Gegenstandes, die, entsprechend dem Augenabstand, von etwas gegeneinander verschobenen Standpunkten aus aufgenommen sind, werden durch Linsen oder Spiegel so dargeboten, daß mit jedem Auge nur das ihm entsprechende Bild gesehen wird. Beide Bilder verschmelzen zu einem einzigen und infolge der zur Geltung kommenden →Querdisparation entsteht ein plastischer, d. h. räumlicher, dreidimensionaler Eindruck. →Reflektoplastik. Ⓛ PAULI-ARNOLD

stereoskopischer Glanz, eine Erscheinung, die bei der Beobachtung verschieden heller oder verschiedenfarbiger stereoskopischer Bilder auftritt. Das vereinigte Bild scheint hinter einer durchsichtigen glänzenden Fläche zu liegen.

stereotaktische Hirneingriffe [gr. *stereos*... u. *tassein* anordnen], Stereotaxie, neurochirurgische Verfahren, bei denen nach vorausgegangener Lokalisation der Operationsstelle eine Sonde (z. B. Elektrode, Chemietrode) mit dem am Schädel festsitzenden (= stereotaktischen) Zielgerät durch kleine Bohrlöcher in der Schädelkapsel in das Innere des Gehirns geführt wird.

Das Prinzip wurde bereits um 1910 von HORSLEY u. CLARK im Tierexperiment entwickelt und fand 1947 durch SPIEGEL u. WYCIS seinen Eingang in die Humanmedizin. ● st. H. werden sowohl zu diagnostischen als auch zu therapeutischen Zwekken angewendet, z. B. bei »Schüttellähmungen« (→Parkinsonismus) oder Schizophrenien. Durch die mit Hirnatlanten genau vorherbestimmbare →Lokalisation der Elektrodenspitzen können recht gezielt bestimmte Hirnstellen z. B. durch Elektrokoagulation (Gerinnung) ausgeschaltet werden (wesentlich geringere Nebeneffekte als bei →Leukotomie). Mit chronisch implantierten Elektroden (bis zu 2 Jahren) können gleichzeitig an verschiedenen Hirnstellen die elektr. Hirnströme auch telemetrisch bei voller Bewegungsfreiheit in Korrelation zum Verhalten beobachtet werden. Es lassen sich mit chronisch implantierten Elektroden auch Anordnungen treffen, in denen sich die Patienten selbst in verschiedenen Hirnregionen elektrisch stimulieren können (hypothalamische Motivationszentren). Mit implantierten Chemietroden (Mikrokanülen) lassen sich gezielt Pharmaka auch für längere Zeit injizieren (→Psychopharmakologie) und das Verhalten sowie (über zusätzliche Dauerelektroden) Veränderungen in der Hirnaktivität beobachten. Neben den unmittelbar klinischen Wirkungen ergeben sich hier auch weitere Einsichten in die Wirkungsweise von Gehirnstrukturen. Ⓛ BECHTEREW 1969, DELGADO 1971, VALENSTEIN 1973 *B-C*

Stereotropismus, Reaktion als Hinwendung zu einem Gegenstand bzw. in eine best. Richtung. Syn. Stereotaxis.

Stereotyp, stereotyp, Bez. für Abläufe (motorisch, kognitiv, sprachlich), die starr und wie »festgefahren« erscheinen. ● Stereotypes Verhalten wird einheitlich und wenig variabel in einer bestimmten Konfliktsituation hervorgerufen und ist kaum durch Gründe oder Umstände zu ändern. ● Stereotype Bewegung: Abnorme, wiederholte oder andauernde Bewegung, Haltung oder verbale Äußerung, z. B. die starren Bewegungsabläufe bei katatonen Psychosen. ● Von LIPPMANN (1922) in die Sozialwissenschaften eingeführte Bez. für vereinfachende schematisierende und verzerrte Kognition von Aspekten der sozialen Welt (Gruppen, Klassen, Nationen, Berufen etc. sowie von sozialen Institutionen). Das S. für die eigene Gruppe wird auch Autostereotyp, das für andere Gruppen Heterostereotyp genannt.

Der Begr. wird mit recht vielen verschiedenen zusätzlichen Bedeutungen verwendet; Starrheit, d. h. geringe Beeinflußbarkeit durch die Erfahrung und die Tönung mit negativen Affekten sind meist mitgemeint. Bei Erhebungen der Auto- und Heterostereotypen von Völkern mit Hilfe von Eigenschaftenlisten (nach KATZ u. BRALY 1933) ergeben sich Methodenabhängigkeit und Widersprüche zu der ursprünglichen Definition. SODHI und Mitarbeiter (1953, 1957) übten an dem Begriff Kritik und zogen den Ausdruck »Bilder über Völker« (→Urteile über Völker) vor. MANZ (1968) vertiefte die theoretische und exp. kritische Analyse des Konstrukts. →Vorurteil →Attitüde, vgl. Perseveration Ⓛ HOFSTÄTTER 1967, BERGLER 1966, BERGLER u. SIX 1972 *Red./B-S*

STERNBERG Paradigma, auch Methode der additiven Faktoren genannt, exp. Technik zur Analyse eines zwischen Reizdarbietung und Reaktion ablaufenden kognitiven Prozesses in einzelne, hintereinandergeschaltete, empirisch unterscheidbare, durch ihre Funktion und ihren Zeitverbrauch zu kennzeichnende Verarbeitungsstufen aufgrund der Reaktionszeitmessung.

Das S. besteht in einem varianzanalytischen Versuchsplan mit der abhängigen Variablen (→Reaktionszeit), in dem mehrere (mindestens zwei) unabhängige Variablen (Faktoren), die je mindestens zwei Stufen enthalten, gekreuzt sind. Die Faktoren werden so ausgewählt, daß jeder mindestens eine der zunächst nur vermuteten Stufen mutmaßlich beeinflußt (z. B. Reizqualität – Reizencodierungsstufe, Vergleichsschwierigkeit – Vergleicherstufe usw.). Ein signifikanter Haupteffekt wird dann als Bestätigung der Existenz einer zugehörigen Stufe und ihrer Beeinflussung durch den entsprechenden Faktor, eine signifikante Zwei-Faktoren-Wechselwirkung als Beeinflussung einer Stufe durch zwei Faktoren, eine Drei-Faktoren-Wechselwirkung als Beeinflussung einer Stufe durch drei Faktoren interpretiert usw. Bedeutsam für die Methode ist vor allem auch der Umkehrschluß: wenn zwei Faktoren zwei Haupteffekte, aber keine Wechselwirkung erzeugen, ist die Existenz zweier Stufen bestätigt. Das Verfahren enthält z. T. problematische Voraussetzungen und kann deshalb nicht mechanisch angewandt werden; es hat jedoch seit Mitte der 60er Jahre in vielen gut durchdachten Versuchsreihen so bedeutsame Resultate erbracht, daß man von einem Durchbruch in der Reaktionszeitforschung sprechen kann. Ⓛ STERNBERG 1969, TAYLOR 1976, ASHBY u. TOWNSEND 1980 *G-R*

*

STERNBERG, Saul / *1933 / promov. Harvard-Univ. / leitendes Mitglied der Forschungsabt. für *»human information-processing«* der Bell Laboratories / Murray Hill (N.J.)

Steuerung →Regelung

STEVENS-Gesetz →Potenz-Gesetz

STEVENS, Stanley Smith / 1906–1973 / Psychol. (Psychophysiker) /Harvard-Univ. (Cambridge, Mass.)

STH, Abk. für somatotropes →Hormon

Sthenie, sthenisch [zu gr. *sthenos*], Stärke, Kraft, Körperkraft, sthenischer Typus= vollkräftiger Typus. sthenisches Eigenmachtsgefühl ⟨LERSCH⟩ = Unternehmungsdrang. Tatendrang. Ggs. Asthenie. Vgl. Stenie

Stichprobe [engl. *sample,* frz. *échantillon*], Teilerhebung oder Entnahme aus einer umfassenderen Grundgesamtheit, bei der die Auswahl im wesentlichen durch Zufall gesteuert wird (d.h. jedes Element muß die gleiche Chance haben, in die S. aufgenommen zu werden), und bei der der S.fehler, der durch Beschränkung auf einen Teil des Ganzen entsteht, berechenbar ist. Ziel jeder Stichprobenuntersuchung ist es, verbindliche Angaben über die Grundgesamtheit zu machen. Die S. soll repräsentativ sein, was durch die →Zufallsauswahl innerhalb gewisser Grenzen gewährleistet ist.

– Für die Erstellung einer S. sind gewisse Kenntnisse über die Grundgesamtheit notwendig (Umfang, Streuung der zu untersuchenden Merkmale, regionale Aufgliederung usw.), wofür u. U. eine Voruntersuchung erforderlich wird. – Es bieten sich verschiedene S.verfahren an: 1. einfache S.: Die Zufallsentnahme geschieht aus der ganzen Grundgesamtheit. 2. geschichtete S. (Quota-Verfahren): Die Grundgesamtheit wird aufgeteilt (z.B. regional, nach Altersgruppen u.a.m.). Die Schichtung erfolgt möglichst nach dem Prinzip, daß innerhalb der Schichten Homogenität gegeben ist. Zwischen den Schichtungen gilt a) mit festen Anteilen: jede Schicht ist gemäß ihrem Anteil an der Grundgesamtheit in der S. vertreten. b) mit variablen Anteilen: der Anteil der Schicht an der S. variiert mit der Homogenität der betreffenden Schicht. 3. Klumpen- oder Flächenstichprobenverfahren (→Gebietsstichprobe): die Grundgesamtheit wird regional aufgeteilt, eine bestimmte Anzahl dieser Regionen zufällig ausgewählt und vollständig erhoben. 4. mehrstufiges Auswahlverfahren: die Grundgesamtheit wird in mehrere Teilmengen aufgeteilt, eine bestimmte Anzahl davon zufällig ausgewählt, die dann die Grundgesamtheit zu einer neuen S. bildet. 5. Die S. wird als stratifiziert (= geschichtet, v. engl. *stratify* schichten) bezeichnet, wenn sie Untergruppen der Bevölkerung proportional repräsentiert. Ⓛ KELLERER

Stichproben-Beobachtung, *time-sampling-observation,* zur Feststellung von Verhaltensweisen und Eigenschaften kann es zweckmäßig sein, die Vp über einen langen Zeitraum bei einer bestimmten Arbeit zu beobachten. Dies geschieht in Abständen, z.B. je 5 Minuten mit halbstündiger Pause.

Stichprobenfehler, die Abweichung eines auf Grund einer Stichprobe berechneten statistischen Kennwertes vom entsprechenden Wert der Population. Die Größe zufälliger Stichprobenfehler nimmt mit steigender Stichprobengröße ab. *Mi-A*

Stichprobenverteilung, jede Verteilung von statistischen Kennwerten, die für mehrere Stichproben einer gemeinsamen Population errechnet wurden. *Mi-A*

Stick-Test Ⓣ GOLDSTEIN

Stigma [gr.], Kennzeichen, Merkmal, Wundmal (Stigmatisation). •stigmata hysterica sind die Hauptzeichen der →Hysterie wie Lähmungen, Krämpfe, Störungen der Gefäßinnervation und der Drüsentätigkeit.

stilb [aus dem gr. Wort für glänzen], Einheit für Leuchtdichte. →lichttechnische Maße

STILLINGsche Tafeln →pseudoisochromatische Tafeln

*

STILLING, Jakob / 1842–1915 / Ophthalmologe / Kassel, Straßburg

Stimmbandlähmung →Stimmstörung

Stimmbruch, Wechsel von Knaben- in Männerstimme, bedingt durch einen Wachstumsschub des Kehlkopfes in der Pubertät. Verzögerung des Stimmbruches = persistierende Knabenstimme *(mutatio tarda). Br-R*

Stimmstörung, Dysphonie (Mißklang der Stimme), Heiserkeit, belegte Stimme u.a. kann organisch bedingt sein durch Tumore, Entzündungen und Mißbildungen des Kehlkopfes, auch durch Muskelerkrankungen, zentrale und periphere Lähmungen der Kehlkopfnerven (Stimmbandlähmung). Vieldiskutierte angeborene S. bei Chromosomenaberration, *Cri du chat-Syndrom* (Katzenschrei), verbunden mit geistiger Entwicklungsstörung.

Durch Kastration kann eine Virilisierung der Stimme beim Knaben verhindert werden (Kastraten, Sängerknaben), durch Gaben von männlichem Sexualhormon kann die Stimme der Frau vermännlicht werden (Androglottie). Funktionell bedingte Dysphonie kann durch verschiedene Fehler der Stimm- und Atemtechnik (Phonoponose) oder psychogen verursacht sein (Phononeurose). Falsche Stimmtechnik kann bei Beanspruchung der Stimme zu Schreiknötchen führen. Funktionell bedingte S. nennt man beim Redner Rhesasthenie, beim Sänger = Dysodie. Zur Therapie der funktionellen S. gehören Regulierung der Stimm- und Atemtechnik. Inkompletter Stimmbruch beim Knaben ist häufig Ursache einer funktionellen Stimmstörung. Taschenfaltenstimme entweder bei falscher Stimmtechnik oder grober anatomischer Veränderung an den Stimmlippen. Spastische Dysphonie, seltene Form der S., vorwiegend bei zentralnervöser Dysfunktion. Aphonie = Stimmlosigkeit bei Verlust des Kehlkopfes oder schwersten anatomischen Veränderungen. Ersatzstimme ist erlernbar: Ösophagus-, Ructus-, Rülpsstimme. Auch Einsatz von elektrischen Sprechgeräten ist möglich. Funktionelle Aphonie meist psychogen bedingt und heilbar (Logopäde, Stimm- und Sprachartzt). Ⓛ BIESALSKI 1973, BÖHME 1974, LUCHSINGER 1970[3] *Br-R*

Stimmtherapie →Stimmstörung

Stimmung(en), *mood(s),* eine Komplexqualität, die zum Kern des Persönlichkeitsgefüges gehört (F. KRUEGER 1937[5]).

»Eine den ganzen Menschen von den niedersten bis zu den höchsten Bereichen gleichmäßig durchziehende Grundverfassung« (F. O. BOLLNOW 1956[3]). Nach LERSCH ist S. die »stationäre Form des Lebensgefühls« und differenziert sich wie dieses. Im Unterschied zum Affekt ist S. der längerdauernde Gefühlszustand, der je nach körperlicher, geistiger und seelischer Verfassung zwar stark abwandeln kann, aber doch als »Lebensgrundstimmung« die bleibende, spezifische, die Person strukturierende Komponente erkennen läßt. →Gefühl, →Lebensgefühl, →Temperament ● Als hirnphysiologische, d. h. die S. steuernde, Grundlage wird eine Region im Gebiet des Hypothalamus angesehen.

Stimmungsübertragung, (biol.), bei einer S. wird durch Verhaltensäußerungen einzelner Tiere das Verhalten einer ganzen Gruppe beeinflußt. In Abflugstimmung befindliche Graugänse z. B. beginnen umherzuwandern, schütteln den Kopf bei gestrecktem Hals und rufen, bis der gesamte Schwarm hiervon ergriffen wird und gemeinsam auffliegt. Das menschliche Gähnen kann als eine schläfrig machende S. interpretiert werden. *P-S*

Stimulantien [lat. *stimulare* anstacheln], syn. Energetika, Excitantia, Psychoanaleptika, Psychotonika, Psychostimulantien, Bez. für Stoffe sehr unterschiedlicher Struktur, nach deren Verabreichung schnell eine allgemeine Aktivitätssteigerung eintritt. In der Regel Verbesserungen von ps. und psychomotorischen Leistungen, erhöhte emotionale Ansprechbarkeit und Stimmungsverbesserung. Meistens treten vegetative Nebenwirkungen (Sympathikotonie, Tremor, Tachykardie) auf. Wichtigste Gruppen: Amphetamine (Pervitin[R], Benzedrin[R]), Xanthine (Coffein), Ritalin[R], Preludin[R]. →Psychopharmaka Ⓛ IVERSEN et al. 1978

Stimulation, sensorische, Reizung einer Sinneszelle. →Stimulus

stimulieren, anregen, reizen

Stimulus [lat. Anregung], Reiz, der eine Klasse von Verhaltensweisen auslöst oder in Gang bringt. In der →S-R-Theorie jede Umweltbedingung für ein Verhalten (S), zu der die afferente Stimulusspur (s) gehört sowie propriozeptive (von Körperzuständen ausgehende) Impulse. Es sind distale S. (entfernte Bedingungen für S.) von proximalen S. am Rezeptor wirksame Bedingungen) zu unterscheiden. Da die Wirksamkeit der S. von Zuständen des Organismus abhängt, wird das von der S-R-Theorie angestrebte Ziel, die S. als unabhängige Variable einzusetzen, oft nicht erreicht. ● S-Äquivalenz = Auslösewirkungen von physikalisch unterschiedlichen S. ● Vom Vl gesetzte S. = nominale S. (situationale, SPENCE). ● Wirksame S. = funktionale S. *(effektive,* HULL). →Reiz *B-S*

stimulus addicts →Reizsüchtige

Stimuluseigenschaften: 1. primäre S. – die sensorische Qualität und Quantität (empfindungsnah); 2. sekundäre S. – Gestaltqualitäten, wie Gliedhaftigkeit in einer Melodie; 3. →Tertiärqualitäten. *B-S*

stimulus error →Reizirrtum

stimulus-onset asynchrony, SOA, →Interstimulusintervall

stimulus-response-Schema →Behaviorismus

stimulus-sampling-theory, SST, Reiz-Stichproben-Theorie, →mathematische Lerntheorien.

Stirnhirnsyndrom, ein hirnlokales Psychosyndrom, hervorgerufen durch Schädigung im Stirnhirnbereich mit besonderen Wesensveränderungen. Vordergründig sind meist Antriebsstörungen (auch Ausfälle beim Sehen und Riechen) und eine gewisse Enthemmung.

Stirnlappen, lobus frontalis, →Gehirn

STM, *short term memory,* →Kurzzeitspeicher, →Gedächtnis

Stochastik, die an der →Wahrscheinlichkeit orientierte, somit auf das »Gesetz der großen Zahl« gründende Betrachtung empirischer Vielheiten

stochastischer Prozeß, ein Prozeß, in dem die Abfolge der einzelnen (ein- oder mehrdimensionalen) Ereignisse mehr oder minder vom Zufall abhängt.

Als st. P. können zahlreiche physikalische und biologische Prozesse beschrieben werden, z. B. der radioaktive Zerfall, Schwankungen der Ta-

S

gestemperatur und auch ps. Prozesse, wie z. B. Lernverläufe. Für die Beschreibung der in st. P. vorhandenen Gesetzmäßigkeiten wurde ein umfangreiches Inventar wahrscheinlichkeitstheoretischer Methoden entwickelt. Ein st. P. ist →ergodisch, wenn die für seinen Verlauf geltenden Wahrscheinlichkeitsgesetze konstant bleiben. →MARKOFF-Prozeß

Stock-Test Ⓣ KÖHLER

Stoff des Charakters →Charakteraufbau nach KLAGES

Stoffwechsel, die Umsetzung der Nährstoffe in körpereigene Substanz, Energie und Abfallprodukte durch biochemische Reaktionen *D-E*

stooge [engl.], Vertrauter, Mitarbeiter des Versuchsleiters ohne Wissen der Vpn.

Störbarkeit (ps.), Bez. für die inter- und intraindividuellen Unterschiede, sowie das Ausmaß, mit denen auf Störungen in den ps. Abläufen, Funktionen usw. reagiert wird (wie immer verursacht: Läsionen, path. Prozesse, Pharmaka, Blockbildung u. a. m.). →Interferenz, →Signaldetektions-Theorie. ● Von bes. Interesse die S. durch Hirndefekte (Beachtung der Zentren der Hirnrinde als Störungsfelder).

Storchschnabel →Sinnesfunktionen (5c)

Störfaktor →Störbarkeit, →Störvariable

Störungsexperimente, eine Gruppe von Versuchen in der Wahrnehmungsps. Auf künstliche Weise wird die Wahrnehmung in einen Zustand versetzt, wie er möglicherweise in der menschlichen Entwicklung durchlaufen worden ist.

Man folgert, daß diejenigen Faktoren, die die künstlich herbeigeführte Störung überwinden, die gleichen sind, die bei dem Werden und dem Aufbau der normalen Wahrnehmung mitwirken. Einen ersten derartigen Versuch führte der Amerikaner STRATTON durch. Eine Prismenbrille kehrt das Aufrechtsehen um und hebt diese Orientierung auf. Die Prismenbrille als Dauerreiz verändert das Sehen aber nur vorübergehend. Im Nacheffekt tritt die »aufrechte« Orientierung wieder ein. Die von I. KOHLER (1951), U. KRÜGER u. a. durchgeführten weiteren Experimente mit Halbprismenbrillen, Farbhalbbrillen usw. führten nicht nur dazu, daß z. B. die HERINGsche Theorie zur Erklärung der Wahrnehmung als unzureichend erkannt wurde, sondern auch zu ergänzenden Aufschlüssen für die Gestaltps., das Konstanzproblem u. a. m. Ⓛ KOHLER 1966, KOTTENHOFF

Störvariable, Störfaktor, Bez. für die Fakten, die den »normalen« ps. Ablauf, ps. Funktionen u. dgl. behindern

Stottern, Balbuties, [zu lat. *balbutire* stammeln, lallen], *stuttering,* ein weder homogener noch klar abzugrenzender Formenkreis von lange bekannten (DEMOSTHENES), verbreiteten (1–2% der gesamten Population) und quälenden →Sprachstörungen mit vielen Unterbrechungen, engl. *fluency disorders* (nicht →Sprechpausen) im Redefluß. (1) Die vielfältigen Symptome des Erscheinungsbildes zeigen klonische (rasche Phonem-, Silben-, Wortwiederholungen; →Iteration), tonische (Diskoordination und Verkrampfung der Artikulations-, Phonations- und Respirationsmotorik; vor und bei Sprecheinsatz = Initial-S., zwischen Phonemen oder Morphemen = Binnen-S.; mangelhafte motorische Selektivität, Mitinnervationen der Gesichts-, Hals-, Rumpf- u. Extremitätenmuskulatur und Parakinesen; Sprechen während Inspiration oder mit Residualluft) und gemischte Formen. Hinzu kommt eine Häufung von →Embolophrasien.

Bei kindlichen Stotterern finden sich oft Schwankungen des Störungsbildes von mehreren Wochen oder Monaten, nicht immer unter erkennbarem äußerem Auslöser. Häufig, nicht in allen Fällen, kommen situative Unterschiede ohne interindividuell festlegbare Regel hinzu; schließlich Kaschierungsversuche oder aggressives Einsetzen der Symptome, Sprechangst oder Verzicht auf Kommunikation u. andere sekundäre Störungen. Die nosologische Abgrenzung des S. gegenüber dem →Poltern (FREUND 1934, LUCHSINGER/ARNOLD 1970, SEEMAN 1969, WESTRICH 1978) bereitet Probleme, da die Symptome beider Formenkreise sich häufig im einzelnen Individuum überschneiden, periodisch miteinander abwechseln oder sich in der Entwicklung gegenseitig ablösen.

(2) Hinter den S.-Phänomenen stehen Dysregulationen der neurophysiologischen Prozesse,

die mit der Synchronisation, Rhythmisierung und Tempogestaltung sowie mit der Initiierung und Stopp-Regelung der sequentiell-hierarchischen Sprach-, Sprech-, Stimm- und Atemverläufe im Rahmen der Kommunikation befaßt sind (SEEMAN 1969, HARTLIEB 1969), und die gleichzeitig in die Regulation der Aktivierung, des Antriebs, der Aufmerksamkeit innerhalb der gesamten intra- und interpersonalen Situationserfassung verzahnt sind. Betroffen ist die Funktion bestimmter Thalamus-Kerne als Zeitgeber im Zusammenwirken mit den Stammganglien, Teilen des limbischen Systems sowie der Formatio reticularis in Koordination mit dem sprachmotorischen und frontalen Kortex auf der einen, dem zerebellären System auf der anderen Seite (KEIDEL 1977).

(3) Bezüglich der Ätiologie (Verursachung) ist zu unterscheiden zwischen Faktoren, die das neurophysiologische Störungs-

geschehen des S. (3.1) hervorrufen können; und solchen, die es (3.2) aufrechterhalten und damit den Zirkel zu einer Sprechneurose schließen können, indem negative Wechselwirkungen zwischen beiden entstehen.

(3.1) sind u.a. genetische Faktoren (→Sprachschwäche); Hirnreifungsstörungen; mechanische (Hirnblutung) oder biochemische (z.B. Anoxie, Ikterus) frühkindliche Hirnschädigungen; Stoffwechselstörungen; spätere Hirnverletzungen (aphatisches S.) oder -erkrankungen (postenzephalitisches S.); asynchrone Entwicklung in einzelnen neurophysiologischen Teilsystemen (z.B. auditive vs. taktil-kinaesthetische Rückmeldeschleifen; sprachl. Ausdruck vs. Denken); anhaltende Streßbedingungen (übersteigerte Erwartungen an die Sprachentwicklung) oder Konfliktkonstellationen mit emotionaler Belastung (Sprechbedürfnis vs. Versagens- oder Bestrafungsangst). (3.2) wären z.B. falsche Strategien, mit den Störungen fertig zu werden, die zwar nach Ansicht von JOHNSON nur durch die erwachsene Umwelt fatalerweise als S. diagnostiziert und damit fixiert werden, die aber doch primär für viele Kinder sehr quälend sind. Man findet: Umgehen von schwierigen Wörtern oder Lautkombinationen; Überhöhung des allg. Aktivierungsniveaus; ängstlicher Folgenkalkül (HACKER) mit Verschieben der Sensibilitätsschwellen in den auditiven oder taktil-kinaesthetischen Rückmeldesystemen und Verstärkung der auditiven Eigenkontrolle; Sprechangst; lerntheoretische Mechanismen mit operantem Konditionieren, Vermeidungslernen (TUNNER/FLORIN; WENDLANDT); Veränderungen der Persönlichkeit unter fehlerhaftem Erziehungsstil oder in Selbstreaktion auf das S. mit Selbstunsicherheit, Bequemlichkeit, Gehemmheit bei expressiv-affektiven Äußerungen (KRAUSE) und entsprechend untauglichem Lebensstil; triumphierendes Sammeln weiterer erfolgloser Therapeuten etc.

(4) Abgesehen von Zuständen nach frühkindlicher Hirnschädigung mit →Dysphasien, nach Enzephalitiden oder Hirntraumen und bei Oligophrenien liegen die Schwerpunkte des Einsetzens von S. gehäuft im 3./4., seltener im 7. Lebensjahr und gelegentlich erst in der Pubertät.

Das Entwicklungs-S., früher irreführend physiologisches S. genannt (BÖHME 1977), zeigt Abweichungen von normaler kleinkindlicher Sprachproduktion in Tempo, Flüssigkeit und Wiederholungstendenz, unterscheidet sich aber anderseits vom bereits fixierten, späteren S., indem tonische Verkrampfungen und sekundäre Störungen noch weitgehend fehlen. Der Verlauf zeigt im Kindesalter oft kurz- oder langperiodische Schwankungen, während Situationsabhängigkeiten meist erst später auftreten.

(5) Entsprechend der Vielfalt der Störungsbilder und der wechselseitigen Interaktion von physiol. und ps. Faktoren kann kein einzelnes therapeutisches Verfahren einen sicheren Erfolg bei allen Stotterern jeder Altersstufe und in allen kommunikativen, interpersonalen Konstellationen versprechen.

Stets muß ein altersadaequates und individuelles, mehrdimensionales Therapieziel festgelegt und dazu eine Kombination aus verschiedenen sprach/sprech-, verhaltens-, persönlichkeits- und sozialtherapeutischen Techniken ausgewählt werden (SEEMAN, van RIPER, FIEDLER/STANDOP, BÖHME, WENDLANDT). Verfügbar sind: atemtechnische Hilfen, Sprechhilfen, Sprechtraining, Mitsprechen, Kaumethode, Akzentmethode, Stopp-Training, rhythmische Sprecherziehung, biokybernetische Therapie, modifiziertes autogenes Training mit Ermutigungs- und Ertüchtigungstraining (Übersicht bei BÖHME 1980). Dazu verhaltenstherapeutische Methoden (Übersicht bei FLORIN 1979, WENDLANDT 1980) wie systematische Desensibilisierung, auch über Biofeedback, Selbstsicherheitstraining, Einstellungsänderung, Rhythmisierung, Atemmodifikation, verzögerte Sprachrückkopplung (Lee-Effekt), Masking (Lombard-Effekt), Shadowing (Nachsprechen), negative Praxis, Bestrafungs- oder Belohnungstechniken, Kontingenzveränderung in der Umgebung. Schließlich Anleitung der Eltern, Umerziehung des Kindes. Dazu wird eine medikamentöse Zusatzbehandlung (Schlafkur bei SEEMAN; Haloperidol siehe BÖHME 1980) diskutiert; und endlich sind die kürzlich entstandenen Selbsthilfeorganisationen zu bedenken. Dauerhafte Heilung oder wenigstens Besserung kann bei sorgfältiger und langfristiger Nachkontrolle auch unter Berücksichtigung von Therapeutenwechsel keinesfalls überall nachgewiesen werden, besonders wenn eine Behandlung erst jenseits des 8. Lebensjahres einsetzt (van RIPER/FOUTS 1980). Demgegenüber darf nicht übersehen werden, daß S. im Schul- u. Pubertätsalter häufig auch ohne Behandlung überwunden wird. Ⓛ SEEMAN 1969, ARNOLD 1970, van RIPER 1973, FIEDLER/STANDOP 1978, BÖHME 1977, 1980, WENDLANDT 1980, BECKER/ELSTNER 1980. *G-N*

Strabismus →Schielen

Strafe →Bestrafung

Strahlenfigur, Sternfigur, →geometrisch-optische Täuschungen (HERINGsche Täuschung)

Straßenbahnerprüfung Ⓣ MÜNSTERBERG, TRAMM

Strategie →Lernstrategie, →Denkstrategie, →Denken, →Entscheidungsstrategie, →Spielstrategie

strategische Therapie →Kommunikationstherapie

stratifizierte Stichprobe →Stichprobe

STRATTONscher Versuch →Störungsexperimente

*

STRATTON, George Malcolm / 1865–1957 / Psychol./Baltimore, Berkeley

straw polls, Probeabstimmung

streaming, Bildung von Niveauklassen mit relativ leistungshomogener Gruppierung über alle Fächer hinweg. Vgl. *setting* *F-R*

Strebungen, psychische Antriebe, die auf das Erreichen eines Ziels, die Verwirklichung bestimmter Pläne gerichtet sind; Willensrichtungen. ● Bei LERSCH entstammen die S. dem →endothymen Grund und stellen die oberste Stufe der Antriebserlebnisse dar.

Strecken- und Richtungstäuschung →geometrisch-optische Täuschungen

street clinic, Bez. für offene Häuser und Teestuben für die gemeindenahe therapeutische Versorgung vor allem von Drogengefährdeten und jugendlichen Ausreißern in den USA. Vgl. Gemeindepsychologie. *R-S*

Streifenfalten →Sinnesfunktionen (5c)

Strephosymbolie, seitenverkehrte Wahrnehmung (wie im Spiegel)

Stress [engl. Druck, Zwang], allg. eine Belastung (z.B. »*situation under stress*«). Im Organischen und Ps. jede Belastung, die als solche erlebt wird.

Ausgang der heutigen breiten Verwendung des Terminus war eine endokrinologische Untersuchung von SELYE (1948). Hier ist S. die Summe aller nichtspezifischen Erscheinungen einschl. Schädigung und Abwehr. S. kann örtlich sein (wie z.B. bei der Entzündung) oder allgemein (wie beim →Adaptationssyndrom). ● Der S.-Begr. wird zunehmend zur Kennzeichnung der extremen Belastungen benützt, denen der Mensch der Gegenwart ausgesetzt ist: nervöse Anfälligkeit, Erschöpfung, Neurosebereitschaft als Folge von seelischem Druck, Ärger, Hetze, Angst durch Häufung tragischer Ereignisse. Folgerichtig, wenn auch die Definition erschwerend, versteht LAZARUS (1966) unter S. nicht nur die belastenden Situationsmomente, sondern auch die Reaktionen auf sie. Zu ihnen gehören neben den genannten ebenso die Bewältigungsstrategien *(coping strategies)*, wie z.B. Flucht, Beseitigung der Bedrohung oder Nicht-Sehen-Wollen der Gefahr (Leugnen, Verdrängen). Ⓛ KUTASH u. SCHLESINGER 1981, J. NITSCH 1981 *Red/B-S*

Stressor, »Stressauslöser«, psycho-sozialer Belastungsfaktor →Stress

Streubreite [engl. *range*], als Dispersionsmaß gibt die S. den Gesamtstreubereich einer Variablen an. Sie wird aus der Differenz zwischen maximalem und minimalem Wert einer Datenreihe errechnet.

Streuung, allg. das Auftreten unterschiedlicher Meßwerte oder deren Abweichung vom gemeinsamen Mittelwert. Häufig wird der Begriff S. auch synonym zu Standardabweichung verwendet. *Mi-A*

Streuungsmaße, statistische Kennwerte für die Variabilität von Meßwerten bzw. für deren Abweichung von ihrem gemeinsamen Mittelwert. Zu den bekanntesten St. zählen die Standardabweichung, Varianz, Streubreite, mittlere Variation und das mittlere Quartil. *Mi-A*

Streuungszerlegung →Varianzanalyse

Striatum, corpus striatum →Gehirn

Stroboskop [gr. *strobeín* drehen], eine rotierende Trommel, auf deren Innenfläche aufeinanderfolgende Phasen einer Bewegung aufgezeichnet sind, die von außen durch Schlitze betrachtet werden können. Beim Rotieren wird eine kontinuierliche Bewegung gesehen. Vorstufe des Kinos.

stroboskopische Erscheinungen, das Entstehen scheinbarer Bewegungen bei an sich ruhend dargestellten Bildern. →Scheinbewegung, Dädaleum, Thaumatrop, Pedemaskop, Praxinoskop

Strom des Bewußtseins, nach W. JAMES das beständige Aufeinanderfolgen der ps. Vorgänge

STRÖMGREN-Index, ein aus einzelnen Körpermaßen zusammengesetzter Index zur Bestimmung der anthropologischen Typenzugehörigkeit. →REES-EYSENCK-Index

*

STRÖMGREN, Erik Robert Volter / *1909 / Neurologe, Psychiater / Aarhus, Kopenhagen, Risskov

STROOP-Verfahren, ein von STROOP 1935 beschriebenes und angewandtes Verfahren zur Messung der individuellen →Interferenzneigung (→Farb-Wort-Interferenz).

STROOP hatte dieses Verfahren im Anschluß an die Untersuchungen von WUNDT, CATTELL u.a. zu den Farbbenennungsversuchen mittels Farbvorlagen und Farb-Wort-Vorlagen entwickelt, um die in Konflikt stehenden Reize in ein und dieselbe Testaufgabe einzubeziehen. Das Originalverfahren bestand aus einer Wortkarte, einer Farbkarte und einer inkongruenten Farb-Wort-Karte. Die Wortkarte enthielt schwarze Farbnamen, die Farbkarte enthielt Farbnamen, welche mit der Farbe identisch war. Bei der Farb-Wort-Karte war die Bedeutung des Wortes von der Farbe verschieden. Als Interferenzmaß benutzte STROOP die zeitliche Differenz beim Lesen zwischen Farbkarte und Farb-Wort-Karte. In der Zwischenzeit sind verschiedene weitere Interferenzmaße und Testversionen entwickelt worden, z. B. ein Gruppenverfahren, bei welchem die Farbbenennungen über den Anfangsbuchstaben der Farbe von der Vp notiert werden oder ein erschwertes STROOP-Verfahren, bei dem das inkongruente Farbwort noch auf einer verschiedenfarbigen Unterlage geschrieben ist. Ⓛ STROOP 1935, JENSSEN u. ROHWER 1966, GLASER u. DOLT 1977, EFFLER 1981 *Hä-R*

*

STROOP, John Ridley / *1897 / Psychologe / Nashville, Parkersburg/West Va.

Struktur [lat. *structura* Bau, Ordnung], 1. die S. ist der formale Aufbau von Ordnungsverhältnissen in einem Zusammenhang.

Der Begr. ist sowohl in den Natur- wie in den Geisteswissenschaften wichtig. Ausgedehnten Gebrauch macht besonders die Chemie von ihm, indem sie den Aufbau von Molekülen in bestimmter Anordnung durch Strukturen (Strukturformeln) darstellt. 2. DILTHEY führte den Strukturbegr. in die Geisteswissenschaften ein. Er bezeichnet nach ihm das seelisch-geistige Leben als gegliedertes Gefüge (= Ganzheit), das nicht aus Teilen zusammengesetzt und ein Wirkungsgefüge von teleologischem Charakter ist und von seiner Ziel- und Zweckgerichtetheit her verstanden werden kann. Die →geisteswissenschaftliche Ps. übernahm den Strukturbegr. und baute ihn zum Aufbaugesetz der geistigen Welt aus ⟨SPRANGER⟩. Durch dieses Strukturgesetz kann sowohl die individuelle Welt eines Menschen als auch eine ganze Kultur (objektiver Geist) begriffen werden. 3. In der →Ganzheitsps. ist die S. ein denknotwendig zu den Erlebnissen hinzugedachtes Prinzip, das die Erklärung seelischer Erscheinungen vom Range der Ganzheit erst möglich macht.

4. In der →Gestaltps. ist die S. im Erleben als Aufbau, Anordnung und Gliederung sowohl der »stehenden« Gebilde (wie in der Gesichtswahrnehmung) als auch der in der Zeit verlaufenden wie Melodie, Bewegungen, Handlungen, Denkprozesse usw. direkt anschaulich gegeben. Die S. bestimmt mit ihren dynamischen Faktoren Art und Größe der durch sie gegebenen →Funktionen. 5. Der Begr. S. in der Informationstheorie (s. d.) Ⓛ DILTHEY, KÖHLER, KRUEGER, METZGER

Struktur, sprachliche, der →Grammatik geht es um die Aufdeckung der S. der →Sprache, d. h. des Verhältnisses der einzelnen sprachlichen Elemente auf den verschiedenen sprachlichen Ebenen, der phonologischen (→Phonologie), der morphologischen (→Morphem), der syntaktischen (→Syntax) und der semantischen (→Semantik) Ebene, zueinander.

Die von den einzelnen grammatischen Schulen angebotenen S.beschreibungen von Sprache unterscheiden sich allerdings beträchtlich. Gemeinsam ist ihnen die Annahme einer →hierarchischen S. der Sprache. Die mit der Einführung der Begriffe →Oberflächen-S. und →Tiefen-S. durch die →generative Transformations-Grammatik erfolgte Differenzierung zweier sprachlicher Beschreibungsebenen erweitert die Möglichkeiten struktureller Sprachbeschreibung. Syntagmatische Beziehungen (mit welchen sprachlichen Elementen zusammen, d. h. in welcher sprachlichen Umgebung, kommen die einzelnen sprachlichen Elemente vor?) und paradigmatische Beziehungen (durch welche sprachlichen Elemente lassen sich die einzelnen sprachlichen Elemente ersetzen?) werden auch im →Assoziationsversuch sichtbar. Ⓛ LEPSCHY 1969 *T-R*

Strukturalismus, auf WUNDT und besonders dessen Schüler E. B. TITCHENER zurückgehende ps. Richtung, die grundlegend beachtete und lehrte, daß ps. Einheiten in besonderer Art verbundene (strukturierte) Elemente sind.

Dieser S. fragte nach dem »Ist« i. Ggs. zur gleichzeitig herrschenden Richtung des Funktionalismus, die auf das »Wozu« zielt. Die Unterscheidung zwischen S. und Funktionalismus hatte schon JAMES getroffen. ● Zur weiteren Bedeutung des S. bei DILTHEY und SPRANGER →Struktur. Fächerübergreifende kultur- und sozialwissenschaftl. Strömung, die in der Sprachwissenschaft (→Linguistik) ihren Ausgang nahm, speziell in einer die →synchronische Analyse von Sprachen ermöglichenden Methodologie (→Struktur, sprachliche).

Allgemeines Kennzeichen strukturalistischer Arbeitsrichtungen ist, »daß menschliche Äußerungen und Verhaltensweisen nicht als isolierte Einzelerscheinungen betrachtet werden, sondern auf dem Hintergrund eines systematischen Zusammenhangs, der ihre Struktur bestimmt« (BIERWISCH 1966 78). Ⓛ SCHIWY 1969 *K-I*

strukturelle Reduktion, der von LERSCH gebildete Begr. belegt die »Rückführung aller aufweisenden Eigenschaften auf ein ursprüngliches, nicht mehr zurückführbares organisierendes Prinzip, das alle seelischen Züge eines Menschen bestimmt«. Die s. R. ist das ideale Ziel jeder strukturellen Ermittlung.

Studenten-Test-Untersuchung Ⓣ CATTELL

Student-Verteilung →t-Verteilung

Study of Values Ⓣ ALLPORT

Stufendiagramm →Häufigkeitsverteilung

Stumme Tests →Sprachfreie Tests

Stupor [lat. *stupére* betäubt sein], ps. bedingte Reaktions- und (oder) Bewegungs-

S

einschränkung, abnorme psychomotorische Hemmung mit und ohne Bew'störungen.

S-Typ →Integrationspsychologie, →Typologie

subception [engl.], unterschwellige Wahrnehmung, Reizaufnahme bei →subliminal dargebotenen Reizen

Subjekt [lat. *subiéctus* unterliegend, gegenüberliegend], ursprünglich das Zugrundeliegende, so die Substanz bei ARISTOTELES. Allmählich wurde der Begr. zum »Ich« als dem Gegenüber des »Nicht-Ich«, des Objekts.

subjektive Persönlichkeits-Tests →Persönlichkeits-Fragebogen

subjektive Tests, eine Gruppe von Tests – meist Persönlichkeitstests –, bei denen im Unterschied zu Intelligenz- und anderen Fähigkeitstests gefordert wird, daß die Vp in der Lage ist, Auskunft über das eigene Verhalten zu geben. S. T. werden in der Regel als Fragebogen konzipiert und für die Persönlichkeitsdiagnostik und die Interessenmessung verwendet. *Hä-R*

subjektive Wahrscheinlichkeit →Wahrscheinlichkeit

Subjektivismus, die philosophische Richtung, die das Bewußtsein als das primär Gegebene und als Ausgangspunkt vertritt. Im Grenzfall →Solipsismus.

Subjektivität, das Vorhandensein oder Gültigsein allein für das Subjekt, für das auffassende Bewußtsein, ein wichtiges Kennzeichen der ps. Vorgänge: sie sind nur dem gegeben, der sie hat; d. h. von niemand anderem direkt zu beobachten. • Einseitiges Urteilen vom eigenen Standpunkt aus, starke Ichbezogenheit im Urteilen. →egozentrisch

Subjektpsychotechnik →Objektpsychotechnik

Subjektstufe →Objektstufe

Sublimation, Sublimierung, bei FREUD ein →Abwehrmechanismus des Ichs. Fähigkeit, eine ausgleichende Entschädigung für den Verzicht auf verpönte Triebe bzw. Wünsche hervorbringen zu können. Neutralisierung der psycho-sexuellen Energie (→Libido) und deren Verwendung für differenzierte soziale und kulturelle Leistungen.

subliminal, unterschwellig. →Schwelle

subliminale Reize, solche, die nicht wahrgenommen, nicht bewußt aufgenommen werden (z. B. weil sie zu kurzzeitig einwirken), dennoch wirksam sind und auch registriert werden können. →*subception*

Subordinationsindex, Quotient aus allen Hauptsätzen durch alle Nebensätze, der sich als Indikator für die Sprachfähigkeit nur bedingt bewährt hat. Ⓛ GRIMM 1973 *G-M*

subsidiation [engl.], Beziehung von Mitteln zum Zweck. • Nach CATTELL die Wechselbeziehung zwischen →attitudes, →sentiments und →ergs. *B-S*

Substantialitätstheorie, Substanzialismus, die Lehre, daß die Seele eine Substanz, ein einheitliches, selbständiges Wesen sei, das den seelischen Vorgängen zugrunde liege. Die Substantialitätstheorie wurde von der rationalen Psychologie und von der Scholastik vertreten. →Substanz

Substanz, Stoff, Materie; in der Philosophie das Beharrende. • Die Ps. hat den Begr. »seelische S.« mehr und mehr aufgelockert.

Substanzstadium →Apperzeptionsstadium

Substitution [lat. *substitúere* an die Stelle setzen], Ersatz, auch Surrogat. – • Beim Reiz syn. für den konditionellen Reiz. • Bei organbedingten Funktionsausfällen (insbes. Hirnschädigungen) die ersetzende Übernahme der Funktion durch Ausgleich. • Ein →Abwehrmechanismus des Ichs. Ersetzung eines ursprünglichen Triebobjektes durch ein Ersatzobjekt.

Die S. kann eintreten, wenn die Befriedigung eines Bedürfnisses aus inneren oder äußeren Gründen unmöglich ist, bzw. verhindert werden soll. So kann z. B. die aus dem Es stammende und gegen ein äußeres Objekt (Vorgesetzter) gerichtete Aggression an einem Ersatzobjekt (Untergebener) entladen werden. Aber es kann ebenso die gegenüber einem äußeren Objekt bestehende Aggression auf das Ich zurückgewendet (→Reversion) werden und damit das äußere Objekt durch das Ich ersetzt werden. Schließlich kann auch eine aus dem Über-Ich stammende und gegen das Ich gerichtete Aggression (Selbsthaß, Selbstbeschuldigung) auf ein äußeres Objekt umgeleitet und damit das Ich durch ein äußeres Objekt (Sündenbock) ersetzt werden.

• Ersatz von Zeichen, Symbolen, Zahlen durch andere, wie z. B. beim Substitutions-Test.

Substitutions-Test Ⓣ GIESE

Substitutionstherapie [lat. *substituere* unter etwas stellen, ersetzen], Heilbehandlung durch (insbes. medikamentösen) Ersatz eines dem Körper fehlenden Stoffes

Subsumption [lat. *subsúmere* unterstellen], Zurückführen eines besonderen oder eines Einzelfalles auf das Allgemeine; das Unterstellen unter einen Oberbegriff, ein Gesetz usw.

Subsumptionstheorie des Lernens [lat. *sumptio* Annahme], betrachtet das Lernen als Einordnen (Annehmen) neuer Wissensinhalte in bereits verfügbare Konzepte (AUSUBEL 1974). →*advance organizers*

Subtraktionsmethode →DONDERSsche Subtraktionsmethode, →Reaktionszeit

subtraktive Farbenmischung →Farbenmischung

subvokales Sprechen →Sprache, innere

Succubus [lat. *succúmbere* niederliegen] →Alp, Dämonenglaube

Suchbereich →Problemlösen

Suchfeld, zur Beurteilung des praktischen Überblicks und der Konzentration im Suchakt sind schon von Ⓣ POPPELREUTER, GIESE u. a. Tafeln verwendet worden, auf denen Zahlen, Zeichen, Buchstaben (auch farbige) regellos verstreut sind. Diese sind vom Pb in aufsteigender Reihe aufzuzeigen. Ⓣ HERWIG wandelte den Test dahin ab, daß die Zahlen verschieden groß sind. Ⓣ HENTSCHEL führte eine Abwandlung damit ein, daß die Zahlenreihe nicht lückenlos ist.

Suchmethode, in seiner Untersuchung zur →Begriffsbildung entwickelte ACH (1921) eine Suchmethode, die weiterentwickelt die Probleme des Findens von Ordnungsgesichtspunkten und der Kategorienbildung erschließen half. →ACH-VIGOTSKI-Methode, →Abruf

Suchmodell →Problemlösen

Sucht [svw. Krankheit, wie in Fallsucht – gehört etymologisch zu »siech«], i. w. S. jede zwanghafte Befriedigung eines Bedürfnisses mit dem Kennzeichen physischer und ps. Abhängigkeit. Bei der S. wird ein abnormer, unerträglicher Zustand der inneren Spannung, Leere usw. stärker und zwingender erlebt als beim normalen Bedürfnis. Befriedigung hebt den Zustand nur kurzfristig auf, er wiederholt sich dann gesteigert. Zur S. kann jedes Bedürfnis entarten. So können Essen und Trinken, Arbeiten, Geschlechtstrieb, Sammeltrieb, Erwerbstrieb, Machtstreben, Geltungsstreben zur S. werden. ● I. e. S. ist S. [engl. *abuse, addiction*] ein zwanghaft gewordener Mißbrauch von Rauschmitteln (Alkoholismus, Drogenabhängigkeit, Arzneimittelsucht) zur Erzeugung erwünschter ps. Sonderzustände oder zur Beseitigung von unerträglichen seelischen oder körperlichen Belastungen.

Die →WHO definiert S. als Zustand periodischer oder chronischer Vergiftung, der für das Individuum und (oder) für die Gemeinschaft schädlich ist. Zu unterscheiden zw. Drogenabhängigkeit *(drug dependence)* und Drogenmißbrauch *(drug abuse)*, ebenso zw. psychischen und physischen Suchtfolgen, wobei empfohlen wird, den unscharfen Begr. Droge durch Suchtstoff zu ersetzen. ● Alle Suchtstoffe führen nach Eingewöhnung zum zwanghaften Verlangen nach Fortdauer des Gebrauchs, meist zur Steigerung der Dosis und oft zum Übergang auf sog. härtere Drogen. Suchtgefährdete sind vor allem labile, selbstunsichere Menschen, Psychopathen, Neurotiker, die mit dem Suchtstoff Schutz (Flucht) vor der realen Welt, Steigerung ihres Wohlbefindens und auch ihrer Leistung (wenigstens anfangs) suchen. Hinzu kommen Erlebnisneugierige jeden Alters, bes. bei Kindern und Jugendlichen, sowie sensible, auf Erlebnisintensivierung Bedachte (bekannte Beispiele BAUDELAIRE und MICHAUX) und durch besondere Ereignisse dazu Gebrachte (Schmerz, Schicksalsschläge, unerträgliche Umwelt). Die Frage der Bedingungshintergründe der S. ist monokausal nicht zu erklären, auch nicht allein aus Ich-Schwäche oder »*broken-home*«, aus verfehlter Selbstverwirklichung, aus Anomie oder mangelndem Sinnbezug und Fixierung auf den präsentischen Status mit Aufhebung der Geschichtlichkeit der Person (HEINRICH 1967). Es fehlt eine integrative ps. Theorie. →Psychopharmaka, →Pharmakopsychologie

Suchtkrankenfürsorge, eine Form der Gefährdetenhilfe, die überwiegend von den freien Wohlfahrtsverbänden, von Abstinenzorganisationen und Selbsthilfeorganisationen geleistet wird. Sie umfaßt Maßnahmen der Therapie und Rehabilitation: Kontaktaufnahme und Motivierung, körperlicher Entzug, Vorbereitung einer stationären Entziehungskur, in der mit psycho- und soziotherapeutischen Methoden, Arbeits- und Beschäftigungstherapie, Partnertherapie, Methoden der beruflichen Rehabilitation u. v. a. in 6–9monatigen Kuren gearbeitet wird; Familienfürsorge und Nachsorge über mehrere Jahre.

Bei solch umfassender Behandlung sind die Dauerbehandlungserfolge etwa 50%. In zunehmendem Maße werden (bei Bettenmangel in den Fachkliniken) Langzeitprogramme über ambulante Behandlungsstellen abgewickelt. Psychiatrische Kliniken und Landeskrankenhäuser eignen sich nur selten für eine Behandlung. →anonyme Alkoholiker. Ⓛ ANTONS u. SCHULZ 1976 *A-S*

Suggestibilität →Suggestion

Suggestion [lat. *suggerere, suggestum* unterschieben, eingeben], ein besonderer Weg der Übertragung. »Suggestion ist die Beeinflussung des Denkens, Fühlens, Wollens oder Handelns eines Menschens unter Umgehung seiner rationalen Persönlichkeitsan-

S

teile auf der Grundlage eines zwischenmenschlichen Grundvollzuges, der zur affektiven Resonanz führt« (STOKVIS-PFLANZ). Diese Definition legt das Gewicht auf die Interaktion. S. ist aber ebenso Begriff für die Fähigkeit des Suggerierenden (Suggestivität), für die suggestive Empfänglichkeit (Suggestibilität) und für den in die S. eingegebenen Inhalt. Die Psychoanalyse versteht unter S. »die Wiederbelebung früher Objektbeziehungen«, was eine →Regression voraussetzt. – Als wesentlichste Teile der S. ergeben sich demnach: 1. eine affektive Gemeinschaftsbildung, 2. die Umgehung rationaler Persönlichkeitsanteile, 3. das Bedürfnis zur →Introjektion auf seiten des Suggerendus.

Die Partnerschaft ist bei der S. vorgegeben und auf ein gemeinsames Wertziel ausgerichtet, die Partner sind durch »Rückkoppelung« verbunden und fühlen sich trotzdem frei, denn ihre Zusammenarbeit bleibt ihnen unbewußt. – Die Suggestibilität ist abhängig von der habituellen Persönlichkeitsstruktur (Denk- und Urteilsfunktion, Selbständigkeit), weiterhin vom Alter und Geschlecht (bei Kindern und Frauen angeblich erhöht) und von der aktuellen Situation (erhöht bei Angst, unbestimmtem Wahrnehmungsfeld, Mangel an mitmenschlicher Beziehung, im leichten Schlaf, unter der Wirkung bestimmter Pharmaka, in der Masse und in der Hypnose). Entgegen verbreiteter Ansicht besteht zwischen Intelligenz und Suggestibilität keine sichere Korrelation. Mehr oder weniger ist jeder Mensch suggestibel. Die Suggestibilität kann geprüft werden mit dem Körperschwanktest, dem →Pendelversuch, der optischen Täuschung, mit Persönlichkeitstests (besonders FbF im →Rorschach) oder mit →Placebos.

– Auch die Suggestivität erfordert eine herabgesetzte Kritik, ferner Sicherheit und Überlegenheit. STOKVIS und PFLANZ geben 4 Typen des Suggerierenden an: 1. suggestive Eigenschaften werden gekonnt ins Spiel gesetzt, 2. von »Natur aus« suggestiv, doch nicht im Verhalten, 3. suggestives Verhalten nur äußerlich angeeignet, 4. weder suggestive Eigenschaften noch Verhalten, doch ständig neue, erfolglose Suggestionsversuche.

Der Suggestionsinhalt muß auf die Erwartungen des Suggerendus, seine Intelligenz, Kultur und ethischen Prinzipien abgestimmt sein. – BERNHEIM und später BAUDOUIN sahen in jeder S. eine Auto-(Selbst)-Suggestion (der individuelle Aspekt der S.). MCDOUGALL, JANET und SCHILDER hielten umgekehrt jede S. für eine Heterosuggestion (der soziale Aspekt der S.). Beide Auffassungen widersprechen sich insofern nicht, als der Mensch zugleich individuelles und soziales Wesen ist. Die S. können zu Krankheiten führen in Form der Iatrogenie (Verursachung durch den Arzt, also Heterosuggestion) oder als Einbildung (Autosuggestion). Und sie können psychogene Krankheiten heilen helfen oder bei organischen Leiden Linderung vermitteln als absichtlich bzw. unabsichtlich herbeigeführte Suggestionen. Mit Heterosuggestionen arbeiten die »Überzeugungsmethode« von DUBOIS sowie die →»Protreptik« von E. und W. KRETSCHMER; mit Autosuggestionen die »Selbstsuggestivmethode« von COUÉ u. das →»autogene Training« von J. H. SCHULTZ.

Die →»paradoxe Intention« von V. E. FRANKL und die »*reciprocal inhibition*« von WOLPE und EYSENCK nutzen die negative S. therapeutisch, indem das zu behandelnde Symptom suggeriert wird.

S. sind aber trotz häufig negativer Bewertung ein »wesensmäßiger und daher notwendiger Bestandteil« aller sozialen Äußerungen, da »eine Beziehung auf die äußernde Person zugleich miterlebt« wird (E. STRAUS). Sie sind bei Massenerscheinungen (LE BON), in der Gruppendynamik (HOFSTÄTTER) und im Alltagsleben (STRAUS) als unabsichtlich unvorhergesehene Suggestionen am Werk. Die »vollkommenste Suggestion« sei nach E. STRAUS dann erreicht, »wenn die einzelne Äußerung der Sache nach verständlich ist, wenn sie echt und für den Äußernden bedeutsam ist, wenn Echtheit und Bedeutsamkeit ihm selbst bewußt sind, und wenn alle diese Momente von dem Empfänger klar verstanden werden«, also gerade das vorliegt, was auch eine rational-sachliche (scheinbar suggestionsfreie) Mitteilung kennzeichnen könnte. Ⓛ BAUDOUIN, COUÉ, E. KRETSCHMER, W. KRETSCHMER, SCHULTZ, STOKVIS u. PFLANZ, E. STRAUS *Pl-R*

Suggestion, mentale, geistige Fernwirkung im Sinne der →Telepathie

Suggestionstherapie →Suggestion

Suicid, Freitod, Selbsttötung [lat. *suus, sui* u. *caedere, cidere* sich töten]. Die Beendigung des Lebens aus »freiem Entschluß« kann bei ps. Gesunden die Auswegslosigkeit einer persönlichen Situation sein (etwa unheilbare Krankheit), sie kann ebenso mit einer psychopathischen Entwicklung in Zusammenhang stehen (Ausdruck einer angstvollen, verzweifelten Gefühlslage – S. im Affekt), wie auch mit einer Psychose einhergehen.

Nach der Auffassung der Tiefenps. stellt der S. das letzte Glied der Reihe: Selbstverurteilung – Selbstquälerei – Selbstschädigung – Selbstverstümmelung dar und damit das letzte Ziel der Selbstaggression und Selbstdestruktion. Als Gründe dieser von FREUD als Manifestation des →Todestriebes aufgefaßten Selbstdestruktion finden sich verdrängte Schuldgefühle. Der unbewußte Sinn des S. liegt in der Sühne von Schuld durch Tod. • Jean AMÉRY (selbst suizidär) sah das Entscheidende des S. darin, daß in dem Leben, das alle zum Tod und letztem Scheitern verurteilt, das »Nein« als möglich gerechtfertigt ist. Solcher Bewertung des S. stehen die als religiöses Vergehen oder als soziale Schande entgegen. • Nach der Motivstruktur sind zu unterscheiden: Kurzschluß-, Bilanz-, Opfer-S. (z. B. Versicherungs-S. für die Hinterbliebenen), sowie viele Varianten auch des S.-Versuchs (Pseudo-S.).

Die meisten S. sind Kurzschluß-S. nach einer akuten Krise (vom Entschluß bis zur Tat weniger als 6 Stunden). Nach Schätzungen der WHO sterben jährlich etwa ½ Mio. Menschen durch S. Männer begehen ihn doppelt so häufig wie Frauen, die aber häufiger S.-Versuche ausführen. Der S. nimmt bei Belastungen für alle ab (z. B. Krieg) und bei sozialem Druck zu. • Die S.-prophylaxe muß sich darum bemühen, da beim S. Opfer und Täter identisch sind, in der gleichen Person das Opfer vor dem Täter zu schützen durch psychotherapeutische, seelsorgerische, psychiatrische Maßnahmen (die Telephonseelsorge ist hier zugehörig). →Todespsychologie Ⓛ HATTEN 1977, POHLMEIER 1978, THOMAS 1980, ZWINGMANN 1965

Suicidalität, neu entstandener Begr. für die (krankhafte) Selbsttötungsgefährdung.

Sukzession, sukzessiv [lat. *succéssio* Nachfolge], Fortgang, Folge, nacheinander

Sukzessivkontrast →Kontrast

Sukzessivschwelle →Simultanschwelle

Sulcus [lat. Furche] →Gehirn

sulcus calcarinus [lat. *calcar* Sporn], Sehzentrum, bzw. Endstelle der →Sehbahn im Hinterhauptslappen (Lobus occipitalis). →Gehirn

Summation der Reize, die Erscheinung, daß eine Anzahl unterschwelliger Reize, von denen jeder einzelne keine Erregung herbeiführen würde, zusammen doch eine Erregung bzw. Empfindung auslösen

Summationston, der Ton (entstehend aus dem Zusammenklang zweier Töne) mit einer Schwingungszahl, die gleich der Summe der beiden ist. →Differenz-Kombinationston

Summativität, von der →Gestaltps. bes. beachteter und diskutierter Begr. mit den Positionen: Summativität vs. Teil-Ganzes.

Die S. ist als ein Zusammen »dann und nur dann eine reine ›Summe‹ von ›Teilen‹ oder ›Stücken‹, wenn es aus ihnen, und zwar einem nach dem anderen, hergestellt werden kann, ohne daß infolge der Zusammensetzung einer der Teile sich ändert« (KÖHLER 1920). Die Teil-Ganzes-Beziehung ist dagegen Nicht-Summativität (Über-Summativität), beim Ausscheiden eines Teiles ändert sich das Ganze (bekanntes Beispiel: dargebotene Töne). →Ganzheit, →Ganzqualität. Ⓛ RAUSCH 1937

Summenkurve, Summenfrequenzpolygon, graphische Darstellung der Summenverteilung oder kumulativen →Häufigkeitsverteilung *M-R*

Sündenbock-Theorie, *scapegoat theory,* ein exp. nicht direkt belegter Erklärungsversuch für die Entstehung von feindlichen Gefühlen zwischen Mitgliedern verschiedener Gruppen: Die innerhalb der eigenen Gruppe erlebten Ursachen für »Aggressionen« werden – zugunsten des Gruppenzusammenhalts – auf Mitglieder von Außengruppen »verschoben«. Der Ausdruck ist nicht korrekt, weil in Religionen die Tötung eines Sündenbocks den unmittelbaren Zusammenhang mit der Sühnung einer Schuld hat. Ⓛ LINDZEY 1950, ALLPORT 1952

Super-ego →Über-Ich

Superposition, Überordnung, Überlagerung

Superpositionseffekt, ein von E. v. HOLST eingeführte Bez. zu den Abläufen rhythmischer Bewegungen (Flossen bei Fischen)

Superzeichen, →Zeichen (ursprünglich im Sinne der →Informationstheorie) höherer Ordnung, das durch »Superierung«, durch (kognitiven) Zusammenschluß von mehreren elementareren Zeichen entsteht (→recodieren, »Komplexbildung« bei DÖRNER 1976). »Zeichen« wird hier jedoch in einem ausgeweiteten Sinne, etwa als Kognition, kognitive →Repräsentation, verstanden. Ⓛ FRANK 1974 *K-I*

Support, Testgerät nach Art des Supports der Drehbank. Mit zwei Kurbeln ist ein Vordruck mit Doppellinien so unter einem Stift durchzuschieben, daß die Spur des Stiftes möglichst innerhalb der beiden Linien bleibt. Das Gerät wurde mehrfach entwickelt: MOEDE, SCHULZ, LAHY →Sinnesfunktionen (5c)

Suppressor-Felder [lat. unterdrücken], Bez. für Felder der Hirnrinde, die von MCCULLOCH 1944 entdeckt wurden. Deren Reizung setzt die Aktivität anderer Felder herab, was z. B. bei der Aufmerksamkeit als Herabmindern der Empfänglichkeit für andere Eindrücke von besonderer Bedeutung ist. Ⓛ MCCULLOCH, RUCH

Suppressor-Test, ein Untertest, der eine →Suppressorvariable enthält. S. korrelieren mit dem Kriterium niedrig, aber mit einem anderen oder mehreren Tests hoch. Der S. trägt zur Validitätssteigerung einer Testbatterie bei. *Hä-R*

Suppressorvariable, eine Vorhersagevariable in einem Satz von →Prädiktoren, die mit dem Kriterium niedrig, mit einem anderen Prädikator aber hoch korreliert ist. Bei Verwendung von S. kann die multiple Gültigkeit z. B. einer Testbatterie zur Vorhersage eines Kriteriums erhöht werden, da von dem anderen Prädiktor Teile der systematischen Varianz, die nicht mit dem Kriterium korreliert sind, »unterdrückt« werden. S. erhalten ein hohes negatives β-Gewicht, jedoch sind nicht alle negativ gewichteten Variablen S.

surface trait →Persönlichkeitsfaktor, →Oberflächenwesenszug, →Persönlichkeitsstruktur

surgency, Grundwesenszug (F+) der 16 Persönlichkeitsdimensionen (Ⓣ CATTELL, 16 PF). Er charakterisiert unbekümmertes, sorgloses, lebendiges Verhalten. Der Gegenpol wird als *desurgency* (F−) bezeichnet und steht für nüchternes, kluges, schweigsames Verhalten. *Hä-R*

Surrogat →Substitution

survey research →Befragung, →Meinungsforschung, →Demoskopie

Survey-Test, Test zur Bestimmung des Leistungsstandes auf bestimmten Wissensgebieten

SVIB Ⓣ STRONG

SYDENHAMsche Chorea →Chorea

*

SYDENHAM, Thomas / 1624–1689 / Med. / Oxford, London

syllogistic reasoning [engl.], schlußfolgerndes Denken. →Schlußprozesse

Symbiose (biol.), ein direktes Zusammenleben zweier Organismusarten zum beiderseitigen Nutzen. →Ethologie *Sch-S*

Symbol [gr. *symbolon*], Zeichen, Kennzeichen, dann Sinnbild, das eine bestimmte nicht ohne Kenntnis des Zusammenhangs ersichtliche Bedeutung ausdrückt, oder sogar für einen geheimen Sinngehalt steht.

Das S. ist rational-irrational. Beispiele für solche Symbolik sind: Religiöse Zeichen (Kreuz des Christentums), viele Regeln des sozialen Lebens (Hut abnehmen beim Grüßen, Verbeugung u. a. m.), die sog. Blumensprache, Symbolgehalte im Erleben und Handeln sind besonders von der Psychoanalyse untersucht worden. So sollen bestimmte Begr. die Bedeutung von Sexualsymbolen besitzen. Eine große Rolle spielen die Symbole im Traum, in dem die latenten Traumgedanken sich in symbolisch verkleideter Form zeigen.

● Das S. »verwandelt die Erscheinung in Idee, die Idee in ein Bild, und so, daß die Idee im Bild immer unendlich wirksam und unerreichbar bleibt« (Goethe). In der →Analytischen Ps. wird das S. in diesem Sinne gesehen und deutlich unterschieden vom Zeichen, das stellvertretend steht wie z. B. die Flagge für den betreffenden Staat.

Das S. ist komplexer Natur und enthält Bewußtes und Unbewußtes, Rationales und Irrationales, ist zugleich Bild und Dynamis und spricht die 4 Funktionen Denken, Fühlen, Intuieren und Empfinden an. Wegen dieser vermittelnden Funktion hat das S. große Bedeutung im Energiehaushalt der Psyche, denn es vermag als »Energietransformator« (JUNG) vom unbewußten Bild zur bewußten Erkenntnis zu führen und als Vereinigung von Gegensätzlichem heilend zu wirken. S. begegnen uns vor allem in den Gestaltungen des Unbewußten wie Träumen, Bildern, Märchen, Mythen und in Kunst und Religion. Ⓛ JACOBI 1957, JUNG 1960, 1964 *P-R*

● Das S. ist eine spezielle Klasse von →Zeichen, bei der die Beziehung zwischen Zeichenform und Bezeichnetem (→Bedeutung) durch Konvention geregelt wird.

Die S.zeichen werden damit von allen jenen Zeichen abgehoben, bei denen eine natürliche Beziehung zwischen Zeichenform und Bezeichnetem angenommen wird, wie es beim →ikonischen Zeichen und beim →Index-Zeichen der Fall ist. Die wichtigste Gruppe der S.zeichen sind die Wörter natürlicher Sprachen. Nach dem Prinzip der Arbitrarität zwischen Zeichenform und Bedeutung bei diesen Zeichen (de SAUSSURE 1916) kann aus den Wortformen im Normalfall nicht auf Eigenschaften der durch die Wortform bezeichneten Gegenstände oder auf ihre Bedeutung geschlossen werden. Dies erklärt, warum gleichen Gegenständen oder Sachverhalten in den verschiedenen natürlichen Sprachen verschiedene Zeichenformen zugeordnet werden. *E-P*

Symbolbewußtsein für Worte, das Verständnis der Wortbedeutung, das Wissen, daß Worte Zeichen für Gegnstände sind. Es tritt beim Kind frühestens mit 1–2 Jahren auf. →Sprachentwicklung

Symbolfunktion, bei PIAGET (1945) die allg. Fähigkeit des Menschen, aber auch bestimmter höherer Tiere, bildhaft-vorstellungsartige →Repräsentationen (→Zeichen) zu entwickeln und zu verwenden. In der Ontogenese tritt die S. nach PIAGET in den letzten Entwicklungsstadien der sensomotorischen Intelligenz in Erscheinung, wobei er annimmt, bildhafte (bei ihm »symbolische«) Repräsentationen entstünden aus verinnerlichten sensomotorischen Nachahmungen. Ⓛ PIAGET 1945 (dtsch. 1969) *K-I*

symbolic processes, symbolische Prozesse, vorwiegend von neobehaviorist. (→Behaviorismus) Theoretikern (z. B. MOWRER 1960) verwendeter Sammelname für bestimmte hypothetische Konstrukte, etwa den *»representational mediation processes«* bei OSGOOD (1953) entsprechend (→Vermittlungstheorie).

Damit sollen unter →S-R-theoretischen Voraussetzungen alle diejenigen Erscheinungen und Vorgänge zusammengefaßt und interpretiert werden, die von »Kognitivisten« unter Bezeichnungen wie →Bewußtsein, →Denken u. ä. behandelt werden (→*imagery*, →zweites Signalsystem, →Sprache, innere). Die Ketten-Struktur der S-R-Theorie nötigt dazu, alle →Repräsentationen als Prozesse zu deuten, was speziell für zeitlich überdauernde Repräsentationen von HEBB (1949) als unbefriedigend angesehen und mit eigenen Konzeptionen beantwortet wurde. *K-I*

Symbolisation, ein →Abwehrmechanismus des Ichs. Die Ersetzung eines Triebobjektes durch ein Symbol und die Übertragung der ursprünglich gegenüber dem Triebobjekt bestehenden Beziehung auf dieses Symbol. Z. B. Ersetzung der Vaterautorität durch militärische Rangabzeichen und die Übertragung der ursprünglich gegenüber dem Vater bestehenden Angst auf militärische Vorgesetzte. Oder die Ersetzung der Mutterliebe durch die Tracht von Krankenschwestern und die Übertragung der ursprünglich gegenüber der Mutter bestehenden Erwartungen auf Krankenschwestern.

symbolische Repräsentation →Repräsentation

symbolischer Interaktionismus, Betonung der Rolle von Symbolen, im wesentlichen von Wörtern, in sozialen Handlungssystemen. Wörter sind Reize, die für andere Reize, die Reaktionen auslösen, stehen und dadurch selbst die Fähigkeit erlangen, Reaktionen auszulösen.

Grundlagen der Lehre von den symbolischen Interaktionen sind bei G. H. MEAD zu finden. In der Sozialisierungsforschung wird der s. I. zeitweilig überbetont im Zusammenhang mit Unterschieden sprachlicher Codierungen, die zwischen sozialen Schichten auftreten sollen (→Soziolinguistik). Experimentelle Nachweise der Rolle der sozialvermittelten verbalen Codierung gibt es schon bei BARTLETT (1932), bezogen auf →Stereotype z. B. auch bei TAJFEL u. WILKES (1963). *B-S*

Symbol-Test Ⓣ ROEMER

Symmetrie-Täuschung, ein im Optischen wie im Haptischen wirksamer wahrnehmungsdynamischer Effekt (W. WITTE 1960 456–468).

Ist eine figurale Größe *a* (Strecke, Winkel, Fläche) in eine gleichartige Größe *b* oder eine Gruppe solcher Größen mit *b* als größtem Glied radial- oder axialsymmetrisch eingebettet, so wird die eingebettete Größe gegenüber einer geometrisch gleichen, aber isolierten Größe überschätzt. Das relative Maß dieser Abweichung hängt von einer für alle Täuschungen dieser Art charakteristischen Beziehung zwischen *a* und *b* ab. Ⓛ HELLER u. WITTE 1961 *K-T*

Symmetrie-Zeichnen Ⓣ MEUMANN

sympathetisch [gr. *sympathein* mitleidend], auf →Sympathie beruhend, mystisch seelenverbunden, geheim heilkräftig.

Sympathie [gr.], Mitgefühl, durch einfühlendes Verstehen bestimmte Zuneigung, zwischenmenschliche →Anziehung, interpersonale Attraktion. Ggs. Antipathie Ⓛ MIKULA u. STROEBE 1977

Sympathikotonie, gesteigerte Erregbarkeit des Nervus sympathicus, mit →Tachykardie, Pupillenerweiterung, vasomotorischer Labilität, verstärkter Schweißabsonderung, gehemmte Darmperistaltik, erhöhter seelischer Erregbarkeit. Vgl. Notfallsfunktion, Ggs. →Vagotonie

Sympathikus →Nervensystem

sympathisches Nervensystem →Nervensystem

sympraktisch →empraktisch

Symptom [gr.], Zeichen, Anzeichen, Kennzeichen, aus dem auf etwas anderes geschlossen werden kann. Symptome sind z. B. Verhaltensweisen bzw. Leistungen, die auf bestimmte psychische Vorgänge oder Eigenschaften hinweisen; körperliche Veränderungen, die bestimmte Krankheiten erkennen lassen (Krankheitssymptom); Erscheinungen, die zukünftige Ereignisse ankündigen.

symptomatische Psychosen, Bez. für die körperlich begründbaren (durch organische Schädigung des Gehirns hervorgerufenen, nicht anlagebedingten) →Psychosen, wie symptomatische Epilepsie, sympt. Schizophrenie.

Symptomenkomplex, organischer →Psychosyndrom

Symptomhandlung ⟨FREUD⟩, anscheinend spielerisch-nebensächliche Handlung, die aber in Wirklichkeit eine unterbewußte Vorstellung andeutet. Sie tritt oft als Zwangsgewohnheit in Erscheinung.

Symptomverschiebung, Symptomsubstitution, Prozeß, der anstelle eines verschwundenen Symptoms ein anderes aufkommen läßt. Symptomwandel, wenn neues Symptom zu anderer Krankheitsklasse gehört. In den sechziger Jahren war das Thema Streitpunkt zwischen Verhaltenstherapie (Mythos S.) und Psychoanalyse (Verhaltenstherapie heilt nicht). FREUDS Erfahrungen, daß nach Hypnose S. auftreten kann, führten zur Erklärung, daß eine erhaltene neurotische Disposition und aktuelle innere Konfliktsituation Entstehungsgrundlage neuer Symptome über Abwehrmechanismen seien. Zur weiteren Entwicklung der Diskussion: →OTTO in PERREZ u. OTTO 1978. ● Lernps. Modell der S. sind Wechselwirkungen zwischen versch. →Verhaltensebenen, die therapeutisch unterschiedlich stark gelöschte Symptomreste wiederbeleben. *R-S*

Symptomverschreibung →negative Übung

Synanon-Gruppen, Selbsthilfegruppen für Drogenabhängige. 1958 in USA erstmals hervorgetreten. Alle Teilnehmer sind Süchtige oder ehemals Süchtige (→anonyme Alkoholiker). Hohe Gruppenkohäsion durch ähnliches Schicksal und wenig geglückte Außenbeziehungen. Strenge Disziplin und Anwendung verbaler Angriffe als Therapie (→Hot-Seat-Technik). Weitere Selbsthilfegruppen sind u. a. *Day-Top, Phoenix-House, Odyssey-House* *R-S*

Synapse [gr. *sýnapsis* Verbindung], Verbindungsstelle zur Erregungsübertragung von einem →Neuron auf ein anderes (→Nerv) oder auf ein Organ (z. B. Muskel). Der Begriff S. stammt von SHERRINGTON (1897) und bezeichnet die Endverzweigung des Axons, durch welche in knöpfchenförmiger Enderweiterung der Kontakt zu anderen Neuronen hergestellt wird.

Jede S. besteht aus einem präsynaptischen Teil (dem markscheidenlosen Endknopf eines Neuriten mit der präsynaptischen Membran) (s. Abb.) und dem postsynaptischen Teil bestehend aus der subsynaptischem Membran z. B. des Dendriten eines anderen Neurons. Beide haben keine direkte Verbindung miteinander, sondern sind durch den 200 bis 600 Å breiten synaptischen Spalt voneinander getrennt. Die Erregungsübertragung erfolgt an diesen »Schaltstellen« des Nervensystems durch chemische Überträgersubstanzen (→Transmitter), die in winzigen Bläschen, den synaptischen Vesikeln, in dem Endknöpfchen gespeichert sind und durch die ankommende elektrische Erregung in den Spaltraum freigesetzt werden. Das bewirkt eine Depolarisierung an der subsynaptischen Membran und führt hier zur

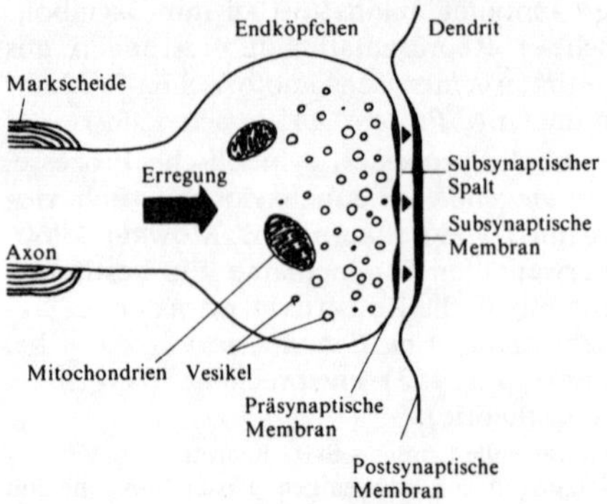

Bauplan einer Synapse

Entstehung des sog. exzitatorischen postsynaptischen Potentials (EPSP) mit relativ niedriger Amplitude (10–20 mV) und charakteristischem Zeitgang. Wird durch mehrere EPSPs am Neuron eine kritische Schwelle überschritten (Summation, Dekodierung), dann kommt es zur Erregung des gesamten Neurons und zur Entstehung eines Aktionspotentials. – Außer diesen exzitatorischen S. gibt es auch inhibitorische (hemmende) S. Bei einer ihrer Formen, der postsynaptischen Inhibition, bewirkt eine entsprechende, freigesetzte Transmittersubstanz nicht eine De-, sondern eine Hyper-Polarisation (weitere Negativierung) der subsynaptischen Membran und damit die Entstehung eines (negativen) inhibitorischen postsynaptischen Potentials (IPSP), das die Erregbarkeit der Nervenzelle herabsetzt und damit auf die Weitergabe anderer – über andere S. an der Nervenzelle ankommende – Erregungen hemmend wirkt. Eine Nervenzelle kann von wenigen bis zu einigen hundert S. angesteuert werden. Ⓛ ECCLES 1964, 1966, SCHMIDT u. THEWS 1980, BECKER-CARUS 1981 *B-C*

Synästhesie, Mitempfindung, d. h. gleichzeitiges Empfinden von zwei verschiedenen Eindrücken bei Reizung eines Sinnesorgans. Hören von Tönen bei Farbeneindruck, Sehen von Farben bei Tönen, Verbindungen zwischen Sehen und Geschmack, Geruch und Geschmacksempfindung, Ton und Geschmack u. a. m. ● Synästhetiker ist Bez. für den, der S. erlebt. →Farbenhören Ⓛ ANSCHÜTZ, ARGELANDER, MAHLING, MAYER-GROSS, WELLEK

synchronisch, bez. in der Sprachwissenschaft (→Linguistik) seit de SAUSSURE (1916) – im Unterschied zur →diachronischen – eine Betrachtungsweise, in der jeweils einzelne natürliche Sprachen in ihren Elementen und in deren systematischem Zusammenhang beschrieben und analysiert werden, so wie sie zu einem bestimmten historischen Zeitpunkt verwendet werden. Ⓛ LYONS 1970 *K-I*

Synchronizität [gr.], Gleichzeitigkeit. Insbesondere ein Prinzip in der Lehre C. G. JUNGS.

Syndrom [gr. *drómos* Lauf], Zeichengruppe, Symptomengruppe. Gruppe zusammengehörender Krankheitserscheinungen; Zusammenspiel genetisch zusammengehörender und charakteristischer Symptome. →Psychosyndrom

Synektik, synektische Methode, zu den sog. Kreativ-Methoden gehörende Technik des Vorgehens, bei der nach dem Prinzip, das Fremdartige vertraut und das Vertraute fremdartig zu machen, verschiedene, vielfach anscheinend irrelevante Elemente zusammengefügt und in Analogie gesetzt werden. Die Absicht besteht darin, für neuartige Weisen der Problemlösung das Bewußtsein zu wecken und Einsicht in die zugrundeliegenden Faktoren zu vermitteln. *Mü-E*

Synergie, syn. Synergetik, Mitwirken, Zusammenwirken verschiedener Kräfte, Faktoren, Organe zu einer Gesamtleistung; z. B. das Zusammenwirken von Muskeln bei einer Bewegung, das Zusammenspiel innersekretorischer Drüsen. Ⓛ HAKEN 1981 • Nach CATTELL die einer Gruppe zur Verfügung stehende Gesamtmenge der »Energie, die zur Erfüllung ihrer Aufgaben aufgewendet wird«: (a) *task-* oder *effective-energy* ist zur eigentlichen Aufgabenerledigung notwendig, (b) *maintenance-* oder *intrinsic-energy* für den Gruppenzusammenhalt, macht die Attraktivität für die Mitglieder aus. →dynamisches Gefüge Ⓛ KRUSE 1972, 1569 u. 1586 *B-S*

Synökie →Ethologie

Synomorphie, von BARKER (1978, 27) eingeführter Begr., bez. das Aufeinanderabgestimmtsein von konkretem Verhalten und seiner unmittelbaren Umgebung (Papier, Bleistift und eine Unterlage ermöglichen Schreiben, →Affordanz; dieses Verhalten ist seinerseits an diese Gegenstände angepaßt, →Akkomodation). Ein Gesamtkomplex aus gleichartig wiederkehrenden, überindividuellen Verhaltensmustern und der Umgebung, an und in der sie verwirklicht werden, wird *»behavior-milieu-synomorph«* oder einfach »ein Synomorph« genannt. Ein definitorisch besonders umgrenzter Spezialfall wäre ein →*behavior setting.* *K-I*

Synonymie, synonym, wird zumeist als Ähnlichkeit von →Begr. oder →Bedeutungen interpretiert. Faßt man Bedeutung als Bündel semantischer Merkmale, so sind zwei oder mehr Begr. um so synonymer, je mehr Merkmale sie miteinander teilen. S. läßt sich aber auch, wie →Homonymie, auf das Verhältnis von Zeichenform (→Zeichen) und Bezeichnetem bzw. Bedeutung beziehen.

Hiernach sind zwei Wörter s., wenn sie verschiedene Formen, aber gleiche Bedeutung haben, d. h., die gleichen Bedeutungskomponenten enthalten. Völlige S., wie sie durch den letzten Definitionsvorschlag postuliert wird, dürfte extrem selten sein, ein Luxus, den sich eine Sprache nur schlecht leisten kann (ULLMANN 1957).

Ein anderer Gesichtspunkt, der häufig in Zusammenhang mit S. diskutiert wird, ist die Unterscheidung zwischen kognitiver (→denotativer) u. emotiver (→konnotativer) Bedeutung. Hiernach werden zwei Wörter als s. betrachtet, wenn sie kognitiv identisch sind, aber emotiv unterschiedl. Reaktionen auslösen, z. B. Hund u. Köter. Dieser Zugang ist jedoch nicht unprobl., solange nicht die Beziehung zwischen kognitiver und emotiver Bedeutung hinlänglich geklärt ist. *E-P*

Synopsie, optische Mitempfindung im Sinne der →Synästhesie

synsematisch, Verwendung sprachlicher Zeichen entsprechend den grammatischen Regeln. • Im Ggs. zum sympraktischen Gebrauch (→empraktisch) ist das Zeichenverständnis unabhängig von der Sprechsituation sowie dem vorausgehenden und nachfolgenden Kontext. *R-S*

syntagmatische Assoziation →Assoziation

Syntalität, *group syntality,* von CATTELL (1948, 1951) gebrauchter Ausdruck für die »Persönlichkeit« einer Gruppe, d. h. für ihr Gesamtverhalten als Einheit im Bezug auf andere Gruppen. Ⓛ KRUSE (1972 1586) *B-S*

Syntax [gr. *syntaxis* Anordnung], Teilbereich der →Grammatik, der sich mit der →Struktur der →Sätze einer →Sprache beschäftigt, d. h. mit den Regeln, nach denen sprachliche Einheiten (→Morpheme, →Wörter) zu Satzgliedern und Sätzen zusammengefügt werden. In der →Semiotik bezeichnet S. (häufiger: Syntaktik oder syntaktische Dimension) diejenige Dimension der →Zeichen, die ihre Beziehungen untereinander darstellt. *T-R*

Synthesis, Zusammensetzung aus verschiedenen Bestandteilen, auch das Zusammenbringen gegensätzlicher Teile zu einer Einheit mit Ausgleich der Widersprüche. Ggs. Analyse = Zergliederung, Auflösung in Einzelbestandteile. • Als schöpferische S. ⟨WUNDT⟩ wird die Annahme bezeichnet, daß die aus Elementen zusammengefügten ps. Gebilde mit ihren Eigenschaften über die der Elemente hinausreichen.

Synthymie [gr. *thymos* Gemüt], nach H. W. MAYER Einheitlichkeit der Stimmungslage, des Gefühlslebens eines Menschen

Syntonie [gr. *tonos* Spannung], Bez. für ausgeglichene, einheitliche Stimmung. »Mittellage d. diathetischen Proportion« nach KRETSCHMER, der den Begr. syn. mit →Zyklothymie benützte.

System, ein Aggregat von mehreren Einzelvorgängen, die nach bestimmten Gesetzen wechselseitig aufeinander wirken, d. h. dynamisch voneinander abhängig sind, in dem Sinne, daß ein gemeinsamer Effekt erzielt wird.

Ein S. kann Untersysteme enthalten, die im Rahmen des Gesamtverbandes relativ selbständig sind. Begr. wie Gestalt und Feld sind Sonderfälle von Systemen. Es lassen sich offene und geschlossene S. unterscheiden. Das Universum wird von vielen als geschlossenes S. bezeichnet. Sonst kommen geschlossene S. im strengen Sinn in der Natur nicht vor. Organismen können als offene S. angesehen werden, die durch ständige Energieaufnahme und -abgabe einen quasistationären Zustand (negative →Entropie) aufrechterhalten. (→HUMPHREYsches Prinzip). ● Erweitert ist auch dort von S. die Rede, wo dieses nicht wie physikalische S. als Realsystem gegeben ist, sondern erlebnismäßig. Z. B. Dinge, die in der Anschauung als ähnlich erlebt werden, fügen sich zu einem S. zusammen. Auch dort, wo willkürlich gewählte Ordnungsprinzipien Zusammenhänge schaffen, spricht man von S. (LINNÉsches S. der Pflanzen).

● In der →Kybernetik bezeichnet man als S. einen Realitätsausschnitt, welcher über eine Menge X von Eingangsvariablen (Rezeptoren), eine Menge Y von Ausgangsvariablen (Effektoren) und eine Menge Z von inneren Zuständen verfügt. Der Zustand x_i aller Eingangsvariablen eines Systems zu einem bestimmten Zeitpunkt heißt Eingang *(input)*, der Zustand y_i aller Ausgangsvariablen heißt Ausgang *(output)*. x_i und y_j sind gewöhnlich mehrdimensionale Größen.

Der Eingang des »Systems« Mensch ist z. B. der Zustand aller Rezeptorzellen des Nervensystems in einem bestimmten Zeitpunkt. Die Generalität kybernetischer Beschreibungsweisen liegt wesentlich in dem allgemein anwendbaren Konzept des S. begründet. Es lassen sich mit den gleichen Mitteln der System- und Automatentheorie sowohl technische als auch biologische S. beschreiben und vergleichen. Nach der Weise, wie der Ausgang eines S. vom Eingang abhängt, unterscheidet man verschiedene Arten. Existiert eine →Abbildung der Menge der Eingangsgrößen auf die Menge der Ausgangsgrößen, so heißt das S. kombinatorisch. Die Reaktion eines kombinatorischen S. hängt eindeutig vom Eingang des S. ab. Ein Zigarettenautomat ist z. B. ein kombinatorisches S. Hängt der Ausgang eines S. nicht allein vom gegebenen Eingang, sondern zusätzlich von einer vorausgegangenen Folge von Eingangsreizen ab, so spricht man von einem sequentiellen S. In ihm muß die Folge von Eingangsreizen, die dem zu einem bestimmten Zeitpunkt gegebenen vorausging, irgendwie memoriert werden. Dies geschieht durch den inneren Zustand z des S., welcher sich in Abhängigkeit vom jeweiligen Eingang und vom vorher gegebenen inneren Zustand ändert. Der Ausgang eines sequentiellen S. hängt eindeutig ab vom gegebenen Reiz x_i und dem gegebenen inneren Zustand z_j. Ein lernfähiges S. ist notwendigerweise ein sequentielles. Das Auftreten eines →bedingten Reflexes kann z. B. als Vorgang in einem sequentiellen S. beschrieben werden. Ob der bedingte Reflex nach einem bestimmten Reiz auftritt oder nicht, hängt nicht allein von der Art des Reizes ab, sondern zusätzlich von der Reizfolge, die vorausging.

Neben der Unterscheidung von sequentiellen und kombinatorischen S. kann man determinierte und Zufallssysteme unterscheiden. Determiniert ist ein kombinatorisches oder sequentielles S., wenn sich die Abhängigkeiten zwischen Eingang, innerem Zustand und Ausgang in der angegebenen Weise durch Vektorenfunktionen ausdrükken lassen. Von einem kombinatorischen oder sequentiellen Zufallssystem spricht man, wenn sich diese Abhängigkeiten nur durch Wahrscheinlichkeitsfunktionen ausdrücken lassen. Ein kombinatorisches Zufallssystem ist dadurch gekennzeichnet, daß sich die statist. Eigenschaften des Zusammenhanges von Eingang und Ausgang im Zeitverlauf nicht ändern, während dies bei sequentiellen Zufallssystemen der Fall ist.

Ⓛ BERTALANFFY, KLIR 1972, TJADEN 1971

Systemanalyse, ermittelt die Merkmale eines Systems aus der bekannteren inneren Struktur. →Systemsynthese *R-S*

systematische Desensibilisierung, verhaltenstherapeutische Methode zur Behandlung phobischer Störungen. Dieses Verfahren wurde von WOLPE in den frühen fünfziger Jahren entwickelt; s. D. bedeutet den schrittweisen Abbau neurotischer Angstreaktionen. Ein physiolog. angsthemmender Zustand wird im Patienten aufgebaut, daraufhin wird er mit schwach angstauslösenden Reizen konfrontiert. Diese Darbietung wird so lange wiederholt, bis der Reiz seine angsterzeugende Wirkung vollständig verliert.

Als angsthemmender Zustand wird in der Regel Muskelentspannung verwendet. Der s. D. liegt das »Prinzip der reziproken Hemmung« zugrunde: Wenn es gelingt, in Gegenwart eines angstauslösenden Reizes eine Reaktion hervorzurufen, die mit Angst inkompatibel ist, so kommt es zu einer Hemmung der Angst und allmählich zu einer Schwächung der assoziativen Verknüpfung zwischen dem betreffenden Reiz und der Angstreaktion. Die angstauslösenden Reize können in der Vorstellung oder »in vivo« dargeboten werden. Neben der Muskelentspannung werden auch positive Nahrungsreaktionen u. Gefühle der Freude und Selbstsicherheit, insbes. b. der Behandlung von Kindern, als Antagonisten der Angst herangezogen. Methodische Varianten: Selbstdesensitivierung, Kurzzeitdesensitivierung, Gruppendesensitivierung. →Desensibilisierung, systematische Ⓛ RACHMAN, WOLPE *L-G*

systematischer Fehler →Fehler

Systemeigenschaft →Bezugssystem

System in Spannung, in der topologischen Ps. von LEWIN (1951, 1963) ist die Wirkung eines Vorsatzes gleichbedeutend mit der Spannung eines Systems in der Person. Anzeichen für das S. soll z. B. die Tendenz zur Wiedererinnerung oder zur Wiederaufnahme einer nicht vollendeten Aufgabenlösung sein, wobei die von der Person übernommene Aufgabe dem Spannungssystem in der Person entspricht. →ZEIGARNIK-Effekt *B-S*

systemische Therapie →Kommunikationstherapie

Systemkausalität, die in einem →System gegebene wechselseitige, dynamische Verbundenheit aller Einzelmomente kann als ein Kausalzusammenhang angesehen werden, der sich von der einfachen, mechanistischen Kausalauffassung (Stoß, Druck usw. als jeweilige Einzelursachen) dadurch wesentlich unterscheidet, daß die dynamische Konstellation des Gesamtverbandes mit allen Einzelvorgängen gewissermaßen im Sinne von Ursache–Wirkung gekoppelt ist. • In der Ps. liegt S. z. B. überall dort vor, wo von →Feld gesprochen wird. Auch der →Gestaltbegr. impliziert den der S. Ⓛ BERTALANFFY, KÖHLER, LEWIN

System, soziales, das allgemeinste und fundamentale Merkmal eines Systems ist die wechselseitige Abhängigkeit (Interdependenz) von Teilen oder Variablen (PARSONS u. SHILS 1951 107). Da mit Interdependenz eine Ordnung der Beziehungen zwischen den Komponenten (im Gegensatz zur Zufälligkeit der Variabilität) gemeint ist, trifft diese Definition auf soziale →Gruppen zu, in denen eine Tendenz zum Gleichgewicht und zur Erhaltung der Grenzen (auch bei Wechsel der einzelnen Glieder) besteht.

Daraus folgt, daß es hinsichtlich der Verträglichkeit (Kompatibilität) einzelner Teile mit dem s. S. Grenzen gibt. Die wichtigsten Prozeßtypen für die Aufrechterhaltung des Gleichgewichts sind Allocation und Integration, also eine dem Gleichgewicht dienende Anordnung der Teile und die Prozesse der Vermittlung mit der Umgebung der s. S., die bei der Variabilität der äußeren Verhältnisse Eigenschaften und Grenzen des s. S. aufrechterhalten.

Für PARSONS u. SHILS sind Persönlichkeit und s. S. zwei verschiedene Systeme, die nicht aufeinander reduzierbar sind. Es gibt aber Gemeinsamkeiten: (1) Beide Systeme sind aufgebaut aus den Komponenten der Handlung; (2) beide Systeme sind vom Typ der Grenzen bewahrenden und selbsterhaltenden Systeme; (3) beide Systeme durchdringen sich: Persönlichkeit kann nicht ohne das s. S. existieren und umgekehrt; der Prozeß der Integration von Teilen des einen und des anderen Systems ist bezeichnend für ihr Verhältnis zueinander. Der Begr. des s. S. ist die von PARSONS u. SHILS vorgeschlagene Lösung des Problems der Gruppenseele oder des Gruppengeistes (ALLPORT 1968). →informationsverarbeitendes System *B-S*

Systemsynthese, versucht ein System herzustellen, das ein gewünschtes (bekanntes) Verhalten zeigt. Der Weg führt daher vom Verhalten zur gesuchten inneren Struktur. →Systemanalyse *R-S*

Systole [gr. *systolé* Zusammenziehung], rhythmische Zusammenziehung, besonders des Herzens. →Diastole

Syzygiologie, Zusammenhangslehre. Lehre von der Persönlichkeit in ihrer Gesamtheit, körperlich wie psychisch in genotypischer und phänotypischer Beziehung, als Produkt der gesamten Vor- und Umwelt. Ⓛ BRUGSCH-LEWY, KRAUS

S_Z, Symbol für ein Ziel-System (LEWIN)

S-z-Diagramm, wie beim →S-p-Diagramm eine graphische Darstellung zur Veranschaulichung einer Urteilsverteilung über Reizgrößen. Während im S-p-D. auf der Ordinate Prozentangaben über das Vorkommen von Urteilshäufigkeit abgetragen sind, sind diese Werte im S-z-D. durch die dazugehörigen z-Werte ersetzt worden. Dadurch entsteht an Stelle einer →S-Kurve der →psychometrischen Funktion bei Normalverteilung eine Gerade, auf die die Urteilshäufigkeiten über die Reize fallen. Ⓛ WOODWORTH-SCHLOSBERG, TRAXEL

Szenario, Scenario, Szenarium [gr.-lat. Szenenbuch], ursprünglich ein nach Szenen

S

gegliedertes Verzeichnis der Personen und Requisiten eines Theaterstücks. ● S. wird heute i. ü. S. in Politik, Wirtschaft und Wissenschaft verwendet und bezeichnet ein System plausibler und in sich schlüssiger Annahmen über die Ausprägung, Wechselwirkung und zukünftige Entwicklung wichtiger politischer, ökonomischer, ökologischer und gesellschaftlicher Größen. Szenarien (auch Szenarios) werden häufig als Grundlage für formalisierte Planungs- und →Entscheidungsprozesse und in der Computersimulation (→Simulation) verwendet. Ⓛ BOSSEL 1977 *En-N*

Szenenanalyse, Szenenerkennung, ein Prozeß und ein Ergebnis, die der Musteranalyse und der Mustererkennung analog sind, aber wegen der größeren Komplexität des Gegenstandes über sie hinaus gehen. *B-S*

Szeno-Test Ⓣ STAABS

T

Tabelle, die übersichtliche Darstellung von Zahlenverhältnissen (aus statistischen Erhebungen oder Versuchsergebnissen) in der Form eines mehrfach unterteilten Rechtecks mit Spalten und Zeilen von Tabellenfächern. Die Übersichtlichkeit der T. nimmt mit steigender Anzahl der Felder ab, daher wird oft das Diagramm (→graphische Darstellung) bevorzugt.

Tabes dorsalis [lat. *tabére* schwinden, *dorsum* Rücken], die von M. H. ROMBERG 1846 beschriebene »Rückenmarksschwindsucht«. Spätform der Syphilis der Hinterwurzeln und Hinterstränge des →Rückenmarks. Mit organischem →Psychosyndrom verbunden, besonders wenn sie zusammen mit progressiver →Paralyse als Tabo-Paralyse vorkommt. →ADIE-Syndrom

Tabu [polynesisch], als Adjektiv: verboten, unberührbar. Meidungsvorschrift in einer Gesellschaft, deren Verletzung hohe Strafen nach sich zieht.

T. sind bei fast allen Naturvölkern vorhanden. Mit T. belegt (tabuiert) werden Gegenstände, Personen, Bezirke, Handlungen, denen zuviel übernatürliche Kraft (Mana) innewohnt. Neben der Erhaltung bestehender oder lebensnotwendiger Einrichtungen (Häuptling, Priester, Ritus, Tiere) dienen die T. besonders dem Schutz gefährdeter Personen (schwangere Frauen, Kranke) und geheimer Institutionen (Geheimbünde, Totems). ● FREUD erkannte die sozialps. Funktion als wirksame Einschränkung der Triebbefriedigung, die ein geregeltes soziales Leben ermöglicht. Die »T.« der modernen Gesellschaft sind vielfach in der Rechtsprechung verankert (z. B. Inzest) oder werden als Verhaltensregeln anerzogen (Sexual-, Rassen- Religions-, Todes-T.).

● Ein Konflikt bestimmter Motive mit einem T. kann zur Ursache einer Neurose werden.

Tabula rasa [lat.], die leere, unbeschriebene Tafel. Nach Anschauung des Sensualismus ist die Seele vor aller Erfahrung eine T. r. ALBERTUS MAGNUS führte die Bezeichnung ein.

Tachistoskop [gr. *táchistos* schnellste], Vorrichtung, um Objekte (Figuren, Zahlen, Buchstaben, Bilder) dem beobachtenden Auge kurzzeitig darzubieten. Die Darbietungen können bis zu Bruchteilen von Sekunden dauern. Gebräuchliche Konstruktionen sind: 1. Falltachistoskop ⟨WUNDT⟩. 2. Rotationstachistoskop ⟨WIRTH, MICHOTTE, NETSCHAJEFF⟩. 3. Pendeltachistoskop ⟨BERLINER⟩. 4. Spiegeltachistoskop ⟨DODGE⟩. 5. Elektronentachistoskop ⟨HUMPHREY⟩. 6. Auch der Verschluß photographischer Apparate ist als T. verwendbar.

Tachykardie [gr. *tachys* schnell, *kardia* Herz], Herzjagen, Herzbeschleunigung

Tachylalie, überhastetes →Sprechtempo z. B. beim →Poltern oder bei extrapyramidalen Erkrankungen (→Propulsion). Syn. Tachyphrasie, aber nicht →Tachyphemie, Ggs. →Bradylalie *G-N*

Tachyphemie, pathologisches Versiegen der →Artikulation, während die rhythmischen Basiseinheiten der Sprache, die →Silben (LENNEBERG 1972), in normalem →Sprechtempo weiterproduziert werden. Die Sprachproduktion geht in ein unverständliches Gemurmel über. Damit ist die T. deutlich abzugrenzen gegen das beschleunigte Sprechtempo (→Tachylalie, →Propulsion und intraverbale →Akzeleration). T. tritt gelegentlich bei extrapyramidalen Erkrankungen auf. Ⓛ SEEMAN 1969, BÖHME 1973. ● Nach ARNOLD (1970) ist T. syn. mit →Poltern. *G-N*

tact function, Benennungsfunktion

tacts ⟨SKINNER⟩, abgeleitet von *contacts*; verbale Verhaltensweisen, die etwas über die Verfassung der Welt aussagen. →*mands* *F-R*

Tagesblindheit, hervorgerufen durch Schädigung des fovealen Gebietes der Netzhaut, wobei das Dämmerungssehen unbeeinträchtigt bleibt

Tageskreis ⟨Ch. BÜHLER⟩, die anteilsmäßige Aufteilung frühkindlicher Verhaltensweisen im Tagesablauf. Beachtet werden die Schlaf- und Dämmerzeiten sowie die negativen und positiven Reaktionen. Auffallend sind dabei die Abnahme des Schreiens zugunsten des »Experimentierspiels« und der fallende Anteil des Schlafes während der Entwicklung vom Säugling zum Kleinkind. Ⓛ BÜHLER u. HETZER 1927

Tagesreste, in der Psychoanalyse (nach LAPLANCHE Ⓛ) »Elemente des Wachzustandes vom Vortag, die sich in der Traumerzählung und den freien Assoziationen des Träumers finden; sie stehen in mehr oder weniger losem Zusammenhang mit dem unbewußten Wunsch, der im Traum erfüllt wird.«

Tagesschwankungen, die Veränderungen in Arbeitsleistung, Blutdruck, Temperatur, Ermüdung usw., die sich im täglichen Ablauf beim Menschen zeigen (→Periodik, Arbeitskurve)

Tagtraum [syn. Wachtraum], das Ausdenken und Ausmalen von unwirklichen, gefürchteten oder gewünschten Situationen im Wachzustand. ● In der →topologischen Ps. von LEWIN werden die T. als Lokomotionen auf die Irrealitätsebene bezeichnet.

Takt bildet die meßbare Grundlage zeitlicher Proportionen und das sichtbare Zeichen der formalen Einteilung eines musikalischen Ablaufs. I. ü. S. auch heute noch Grundlage und Voraussetzung für zwischenmenschliche Beziehungen. Erst im Gefüge eines Taktmaßes mit seiner regelmäßigen Wiederkehr kann sich der Rhythmus mittels sinngemäßer Phrasierung entfalten. In der Musik der Avantgarde wird der Takt oft durch Zeitangaben (Sekunden, Minuten) für die vorgegebenen Aktionen ersetzt. →Rhythmus *Ri-R*

Taktierapparat ⟨WUNDT⟩, Vorrichtung zur Erzeugung langsamer oder rascher Schläge, die von der Vp zu rhythmischen Einheiten zusammengefaßt werden. Vgl. Rhythmus

Taktieren, Klopfen von Takteinheiten. Wird benutzt, um die Beziehung zu bestimmten Taktformen festzustellen. T. ist auch die Mitbewegung zur Musik im Sinne des Dirigierens. Dieses Taktieren kann zur Untersuchung der Motorik und der individuell bevorzugten Rhythmik verwendet werden. Hierfür eignet sich technisch das →Lichtspurverfahren.

taktil, auf den Tastsinn bezüglich. Vgl. Tastempfindung

Taktometer, Tastgefühlsprüfer. →Sinnesfunktion (4)

TALBOTsches Gesetz (TALBOT-PLATEAUsches Gesetz), eine Aussage zur Helligkeitsempfindung bei raschem (für die Wahrnehmung unterschwelligem) Wechsel von Hell und Dunkel. Mischt man auf dem rotierenden →Farbenkreisel weiße und schwarze Sektoren, so ist die Helligkeit des entstehenden Grau dieselbe, als ob die Lichtintensität des weißen Sektors gleichmäßig ausgebreitet und entsprechend abgeschwächt wäre. Vgl. Flimmerverschmelzungsfrequenz

*

TALBOT, William Henry Fox / 1800–1877 / Chemiker, Physiker / London

Talent [gr. *tálanton* Waagschale], (allg.) überdurchschnittliche Begabung; die angeborene Veranlagung für bestimmte Fähigkeiten, die aber nicht die Schöpferkraft des Genialen erreicht

Talisman [frz., span., arab., *telsam*] →Fetisch

Tambour →MAREYsche Trommel

Tangorezeptoren [lat. *tangere* berühren], die Sinnesorgane (Hautsinnesorgane) für Berührungs-, Wärme, Vibrations-Reize. Vgl. Sinne

Tanha [ind.], Durst, Gier, Begierde, die als sinnliche Begierden nach buddhistischer Vorstellung zur Wiedergeburt führen *S-G*

tantrum [engl.], Wutanfall, →Trotz

Tanz, zunächst Ausdrucksbewegung. Der Entwicklung nach steht der T. in enger Verbindung mit dem Gesang, dabei ist er gegliedert nach sinnbildlichen und religiösen Gehalten. Ursprüngliche Formen: ekstatischer T., mimische Tänze (für Saat-, Sonnen-, Erntefeste), Jagd- und Kriegstänze. Der ursprüngliche Sinn des Tanzes liegt in seiner Bedeutung als Zauber-, Kult- u. Kriegertanz zur Gewinnung und Beeinflussung höherer Mächte. Später erst wurde er mehr und mehr Kunst- oder Unterhaltungsmittel wie im modernen T. (Spieltanz). T. wird heute auch in der Psychotherapie hinzugezogen.

Tanzwut, *Chorea maior.* →*Chorea*

Tao [chines.], meist übersetzt mit »Weg«, »Sinn«, »Weltengrund«. Ein unübersetzbares Wort, das (im impersonalen Sinne) das »Letzte« meint, das die Welt im Innersten zusammenhält. →Yang *S-G*

TAOT Ⓣ SCHUBERT

Tapping-Test [engl. *to tap* klopfen], psychomotorischer Test. Pb hat so schnell er kann (oder in dem ihm gemäßen Tempo) mit Bleistift auf Papier (oder z. B. mit elektr. Kontaktstift auf Metall) beliebig (oder in vorgegebene kleine Kreise, Figurstellen u. a.) zu tippen (klopfen). Apparative Abwandlungen liegen vor. Syn.: Dotting-Test, [engl. *to dot* punktieren], wobei das Ziel-Punktieren verlangt wird. G. M. WHIPPLE soll den T. eingeführt haben. →Sinnesfunktionen (5b), →psycho-(senso-)motorische Testmethodik

TAQ (Test Anxiety Questionaire) Ⓣ MANDLER et al.

TARCHANOFF-Effekt, Bez. für die ohne Anwendung eines Hilfsstromes durch Abnahme der elektrischen Aktionspotentialdifferenzen zwischen zwei Hautstellen gemessene →psychogalvanische Reaktion

*

TARCHANOFF, Ivan Romanovitch, Fürst / 1848–1908 / Physiol. / Petersburg

Taschenfaltenstimme →Stimmstörung

Taschenuhrversuch →Richtungshören

Tastblindheit →Seelenanästhesie

Tastempfindung, durch die Haut (Fingerspitzen) vermittelte Empfindung für Oberflächen von Körpern, räumliche Entfernungen, in Verbindung mit Gelenkempfindungen. Als Tastkörper sind die sog. MEISSNERschen Nervenpapillen zu nennen, von denen bis zu 20 auf 1 qmm Haut kommen. Hier enden die Tastnerven. Sie verteilen sich am dichtesten auf Hand, Fußsohle, Lippen, Sexualorgane, am geringsten auf Rücken und Gesäß. Ⓛ ELSENHANS, KATZ, KEIDEL, REIN, WITTE 1966

Tasterzirkel →Ästhesiometer

Tastgefühlsprüfer ⟨MOEDE⟩, auch »Taktometer« genannt. Ein flacher Metallring enthält eine bewegliche, runde, kleine Mittelplatte, die mikrometrisch auf gleiche Höhe mit jenem zu bringen ist (Gleicheinstellung).

Tastkörperchen →Tastempfindung

Tastleisten →Papillarlinien

Tastquale, raumfüllendes, nach KATZ (1925) Bez. für ein Tastphänomen, das dadurch gekennzeichnet ist, daß es »nicht die Eigenschaft eines Körpers repräsentiert, an welcher dieser mit Sicherheit wiedererkannt werden könnte«. Der subjektive Pol tritt im T. stärker hervor als in der Oberflächentastung. Die bewegte Atmosphäre ist nach KATZ ein raumhaftes Tastquale.

Tastraum, der durch aktive Bewegung der Gelenke mittels des Tastsinns wahrgenommene dreidimensionale Raum, im Unterschied zum Sehraum

Tastsinn →Drucksinn. →Tastempfindung

Tastsinnprüfer →Sinnesfunktionen (4)

Tasttäuschung, Täuschung in der räumlichen Tastwahrnehmung. Z. B. scheinen die gleich entfernt bleibenden Spitzen eines Tasterzirkels beim Entlangfahren über die Haut sich einander zu nähern bzw. zu spreizen. Beim Abfühlen zweier Lineale, von denen eines auf der Kante gleichmäßige Kerben enthält, erscheint dieses beträchtlich länger.

TAT Ⓣ MURRAY

Tatbestandsdiagnostik, in der →Forensischen Ps. verschiedene Verfahren, um die Beteiligung einer Person an einer strafbaren Handlung zu ermitteln, indem aus Reaktionen der verdächtigen Person auf ihr Wissen vom fraglichen Tatbestand geschlossen wird. Die Methoden beruhen auf der Feststellung emotionaler Erregungen (z. B. Messung der →psychogalvanischen Reaktion auf Reizwörter, die z. T. den Tatbestand betreffen oder Messung der Reaktionszeiten im →Assoziationsversuch u. a. m.) oder auf der Provokation anderer verräterischer Äußerungen in Aussageversuchen. T. wird auch Spurensymptomatologie ⟨LIPMANN⟩ genannt. Vgl. true drogue. Ⓛ HELLWIG, TENT

Tätigkeit, *activity,* wird in deutschsprachiger, am Marxismus und insbesondere an sowjetischen Ansätzen orientierter Ps. als zentraler Gegenstand der Ps. angesehen (T. psychologie), wobei Arbeitst. als die für den Menschen wichtigste Form der T. erscheint. T. wird ähnlich wie →Handeln charakterisiert, als aktiv, zielgerichtet, über einfachere, reaktive Formen von Verhalten hinausgehend, von →Bewußtsein aufgabegerecht reguliert (→Regulation), verschiedene ps.

Teilaspekte integrativ vereinigend, in seinen Bewußtseinsgrundlagen gesellschaftlich bedingt. Ⓛ HACKER 1978, TOMASZEWSKI 1978 *K-I*

Tätigkeitsgefühl, Aktionsgefühl, nach WUNDT ein Gefühl, das viele ps. Vorgänge begleitet, insbesondere für Konzentrationsleistungen charakteristisch ist. Es wurde als eine Verbindung von Erregung und Spannung oder auch als eine solche von Erregung und Lösung betrachtet. →Gefühl

Tatonnement, reproduktives [frz. *tâtonner* unsicher, tappend vorgehen], beim (zunächst vergeblichen) Versuch des →Abrufs eines »vergessenen« Namens benutztes »Abtasten« mit Hilfe von »Stütznamen«, die dem Gesuchten ähnlich sind. Zuletzt von WITTE (1960) als dynamisches Phänomen analysiert und ausführlich beschrieben. →Besinnen *B-S*

Tat-tvam-asi [ind.], »Das bist du«. Jedes Einzelwesen im Grunde eins mit dem großen Urwesen der Dinge, dem Brahman, dem All. *S-G*

Taubheit →Gehörlosigkeit

Taubstummensprache →Gehörlosigkeit

Taubstummen-Test Ⓣ HERDERSCHÊE

Taucherpsychologie, unter Wasser herrschen physikalische Umgebungsbedingungen, die im Vergleich zu terrestrischen Normalverhältnissen stark verändert sind. Dabei handelt es sich hauptsächlich um Veränderungen in den optischen und akustischen Eigenschaften des umgebenden Mediums sowie um Überdruck (1 atm. pro 10 m Tauchtiefe) und um Kälteeinwirkung. Die T. beschäftigt sich mit der Wahrnehmung, dem Erleben und der Leistungsfähigkeit des Tauchers unter Wasser.

Bei speziellen Tauchverfahren ist der Einsatz von Unterwasserhäusern sinnvoll, die einen längeren Unterwasseraufenthalt ermöglichen. So beschäftigt sich die T. auch mit dem Leben in abgeschlossenen Systemen (→Kleingruppe, →Raumfahrtpsychologie). Der Taucher unterwirft sich einer Vielzahl von Entbehrungen und Gefahren. So untersucht die T. ebenfalls Motivations- und Persönlichkeitsprobleme. Taucherps. Forschung wird systematisch von verschiedenen Forschungsinstituten der US Navy betrieben. Im europäischen Ausland haben sich ADOLFSON in Schweden (Leistungsverhalten unter Überdruck) und ROSS in Schottland (Wahrnehmung) experimentell mit Fragen der T. befaßt. In der BRD hat GOETERS vom DFVLR-Institut für Flugmedizin im Rahmen des Projekts »Unterwasserlaboratorium Helgoland« Arbeiten über visuelle und akustische Wahrnehmung unter Wasser, über Leistungsbeeinträchtigungen durch Überdruck (»Tiefenrausch«) und über die Persönlichkeitsstruktur von Tauchern durchgeführt. Ⓛ ADOLFSON u. BERGHAGE 1974, GOETERS 1978, RADLOFF u. HELMREICH 1968 *G-S*

Tau-Phänomen, ein von GELB (1914) beschriebenes Phänomen.

Bietet man drei Lichtpunkte in objektiv gleichen räumlichen Abständen sukzessiv, läßt aber den dritten schneller auf den zweiten folgen, als den zweiten auf den ersten (ungleicher Zeitabstand), so scheint der zweite Punkt räumlich dichter am dritten zu liegen, d.h. der ungleiche zeitliche Abstand wirkt sich räumlich aus. Ebenso wird der objektiv gleiche Abstand zwischen zwei Linien, die sukzessiv dargeboten werden, abhängig von dem Zeitabstand der beiden Darbietungen über- bzw. unterschätzt. Ⓛ HELSON-KING

Täuschungen →geometrisch-optische Täuschungen

Täuschungsverhalten, (biol.), auch proteanisches Verhalten. Verhaltensweisen, die darauf ausgerichtet sind, einen Feind von seiner Beute abzulenken. Viele Vögel lokken ein Raubtier von der Nähe des Brutplatzes fort, indem sie sich flügellahm stellen. →Totstellverhalten. *P-S*

TAVT Ⓣ SCHUBERT

Taxis [gr. *taxis* das Ordnen], Bez. für eine durch einen Reiz ausgelöste, freie Ortsbewegung von ein- oder mehrzelligen Organismen.

Nach Art des Reizes unterscheidet man chemo-, geo-, photo- usw. taktische Bewegungen. Erfolgt auf den Reiz eine ungerichtete (Schreck-)Reaktion, spricht man von Phobotaxis, ist sie auf die Reizquelle bezogen, von Topotaxis. Hierbei unterscheidet man eine positive T. (bei Zuwendung zur Reizquelle) und eine negative T. (bei Abwendung von der Reizquelle). Den taktischen Reaktionen ist der →Tropismus – eine Wachstumsbewegung – gegenüberzustellen. *P-S*

Taxometrie, syn. →Taxonomie, numerische

Taxonomie, der Versuch einer systematischen Ordnung nach festen Regeln. Das bekannteste Beispiel ist die biologische Klassifikation des Tier- und Pflanzenreiches von LINNÉ, die gleichzeitig einen hierarchischen Aufbau impliziert. Hierarchie ist jedoch nicht notwendiges Merkmal einer T., wenngleich die wichtigste T. im erziehungswissenschaftlichen Bereich ebenfalls von einem hierarchischen Aufbau ausgeht. Lernziele im kognitiven Bereich werden nach zunehmender Komplexität (BLOOM), im affektiven Bereich nach zunehmender Internalisation (KRATHWOHL u. a.) und im psychomotorischen Bereich nach zunehmender Koordination der Leistung (DAVE) geordnet.

Im erziehungswissenschaftlichen Sinne versteht man unter T. inhaltlich neutrale, hierarchisch aufgebaute Kategorienschemata zur Beschreibung bzw. Beurteilung zu erreichender oder erreichter Lernziele. Neben der Bestimmung von Lernzielen finden T. zunehmend Verwendung bei der Klassifizierung von Medien (vgl. SCHWITTMANN). →Lernziel. Ⓛ BLOOM 1972, DAVE 1968, GLÜCK 1973, KRATHWOHL 1969, SCHWITTMANN 1973 *Mu-R*

Taxonomie, numerische, *numerical taxonomy, cluster analysis,* unter n. T. werden Verfahren zusammengefaßt, die, ausgehend von einer Matrix von Ähnlichkeiten (auch Korrelationen) zwischen Objekten oder Variablen, diese in möglichst homogene und disjunkte Klassen einteilen.

Außer in den angewendeten Homogenitätskriterien unterscheiden sich die Verfahren prinzipiell darin, ob eine →Hierarchie von Klassifikationen (z. B. JOHNSON 1967) oder nur die Klassifikation auf einer Ebene (z. B. CATTELL u. COULTER 1966) bestimmt wird. Die hierarchischen Verf. unterscheiden sich in ihrem Vorgehen zusätzlich noch darin, ob sie aufteilend (divisiv) oder zuordnend (agglomerativ) vorgehen; der Vorteil der agglomerativen Verfahren ist direkte Anwendbarkeit einfacher statistischer Prüfgrößen zur Bestimmung der Homogenität. *Z-R*

TAYLOR-RUSSELL-Tabellen, von den Autoren gleichen Namens (1939) publizierte Tabellen, welche die Beziehung der Höhe der →Validität eines Tests, der Höhe des →Ausleseverhältnisses und des Prozentsatzes derjenigen Pbn, die auch ohne die Anwendung eines Tests in der vom Kriterium geforderten Richtung sich bewährt haben, darstellen. Aus diesen Tabellen läßt sich ablesen, welchen Erfolg ein Test unter den vorgegebenen Bedingungen hat. *Hä-R*

*

TAYLOR, Harold C. / *1905 / Psychol. / USA

*

RUSSELL, James Th. / *1902 / Psychol. / USA

TAYLOR-System, Taylorismus, Gesamtheit der Verfahren zur Erzielung ökonomischer Betriebsführung in Industrie, Technik, Handel und Verkehr.

Bezeichnet nach dem amerikanischen Ingenieur F. W. TAYLOR (1856–1915), der seit 1895 Forschungen auf dem Gebiete der Betriebswissenschaft unternommen hat. Der erste Versuch, wissenschaftliche Erkenntnisse zur Bewältigung der menschlichen Probleme in der Industrie zu nützen, hat zahlreiche weitere Systeme der Rationalisierung ins Leben gerufen. TAYLOR suchte für jede Arbeitsverrichtung *»the one best way«,* die einzige und beste Verfahrensweise, die er dann festlegte und vorschrieb. Straffe Zeitausnützung, technische Vervollkommnung, Lohnregulierung, rationelle Organisierung aller Betriebsvorgänge, →Bewegungs- und →Zeitstudien waren die vorrangigen Ziele des TAYLOR-Systems, das der Autor als *»scientific management«* bezeichnet hat.

*

TAYLOR, Frederik Winslow / 1856–1915 / Ingenieur, Betriebswissenschaftler / Philadelphia

TBGB (Testbatterie für geistig behinderte Kinder) Ⓣ BONDY

T-Daten, [*test data*], nach R. B. CATTELL diejenige Gruppe von Daten zur Persönlichkeitsbeschreibung (neben den →L-Daten und den →Q-Daten), die aus Testergebnissen, Aufgabenerledigungen und Versuchen *(trials)* erschlossen und als Leistung bzw. Verhaltensbeobachtungen erhoben werden können. Der Pb wird »gemessen«. CATTELL hat 21 sog. →U.I.-Dimensionen faktorisiert, die nur in geringem Umfang mit Dimensionen, die aus Q-Daten stammen, konvergieren. →Persönlichkeitsfaktor, →Faktorentheorie der Persönlichkeit. Ⓛ CATTELL 1958, HERRMANN 1972², SCHEIER 1958

TE, *time error,* →Zeitfehler

Technik [gr. *techne* Kunst, Kunstgriff, Kunstwerk], im weitesten Sinn ist T. das bei jeder menschlichen Tätigkeit einsetzbare Prinzip zur Systematisierung, Verbesserung, Veredlung, Sicherung der Tätigkeitsformen. →technisches Verständnis, →Psychotechnik

technisches Verständnis, Bez. für das Erfassenkönnen von Ursache-Wirkungs-Zusammenhängen technischer (naturwissenschaftlicher) Art, sowie von technischen Konstruktionsprinzipien.

Man unterscheidet auch technisch-konstruktives Denken und technisch-praktisches Handeln (Findigkeit). Zur Erfassung mit Tests werden zwei Wege beschritten: das Manipulieren an Apparaten und mit mechanisch-technischem Material oder die Stellungnahme zu Abbildungen von technischen, mechanischen Vorgängen. Zum ersten z. B.: Ⓣ SCHULZsche Pumpe, Hebelsystem (MEILI), Hammerwerk (MOEDE). Zu letzterem Ⓣ BENNETT, LIENERT. Störend für die Diagnose ist die mäßige →Reliabilität vieler techn. Tests und die geringe Übereinstimmung der Ergebnisse bei Methodengruppen. Ⓛ MERZ

Technopsychologie →Psychotechnik

Teilleistungsschwächen, neurogene Leistungsminderungen einzelner Faktoren oder Glieder innerhalb eines funktionellen Systems (LURIA 1970, 1973), das zur Bewältigung einer komplexen physiol. oder ps.

Anpassungsaufgabe wie Atmung, Lokomotion, Rechtschreiben, Rechnen, Denken erforderlich ist.

Bei der Möglichkeit des vikariierenden Eintretens einzelner funktionaler Teilglieder füreinander und bei ihrer Polyvalenz, mit der sie in jeweils anderer Konstellation an der Bildung mehrerer funktioneller Systeme beteiligt sind, sind zum Nachweis von T. etliche nach wahrnehmungs-, handlungs-, lern-, gedächtnis- und aktivierungstheoretischen sowie nach neuroanatomischen und neurophysiolog. Gesichtspunkten systematisch variierte Aufgabestellungen erforderlich. In Abgrenzung zur allg. Lernunfähigkeit (Oligophrenie) finden sich neben T. andere, besser leistungsfähige Teilfunktionen im gleichen Organismus. Über die Ätiologie von T. ist mit dem Begriff nichts ausgesagt. Ⓛ GRAICHEN 1973, 1975 *G-N*

Teilzielbildung, strategisches Prinzip, mit dem sich der Problemlöser bei bestimmten Arten von →Problemen die Lösungsfindung erleichtern kann, indem er zunächst einen Zwischenzustand anstrebt. Ⓛ KLIX 1971 *K-I*

Tektonik, Aufbau, Struktur. Begr. des →Charakteraufbaues nach KLAGES. →Charakterologie

Tektopsychisches Milieu [gr. *tektaínomai* bauen] ⟨HELLPACH⟩, künstlich geschaffener Lebensschauplatz eines Individuums, bezogen auf die sogenannte »Kulturlandschaft«, d.h. Häuser, Straßen, Gärten, Plätze, Städte, Dörfer

Telästhesie [gr. *téle* fern], Bez. der Paraps. für Hellsehen, Sehen des Fernen. →Telepathie

Telegrammstil, das Weglassen von nebensächlicher (z.B. konnotativer) Information, das Vermeiden von Redundanz in der Formulierung sowie die kostensparende Verringerung der Wortanzahl in sprachlichen Mitteilungen (v. WEIZSÄCKER 1959). Ausgelassen, oder wenigstens mit einem Inhaltswort vereinigt, werden Funktionswörter; dagegen bleiben die – als Morpheme in Worteinheiten eingebundenen – Flexionsendungen erhalten, und morphematische Veränderungen werden ausgeführt (z.B. »eintrafen« statt »wir trafen ein«).

● Bez. für →Dysgrammatismus bei →Aphasien sowie für unvollkommenes Sprachvermögen bei Oligophrenie. ● Die ersten Zwei- und Mehrwortäußerungen in der normalen kindlichen Sprachentwicklung wurden ebenfalls als T. *(telegraphic speech)* bezeichnet (BROWN u. FRASER 1963, BROWN u. BELLUGI 1964). Bei Untersuchungen zum Nachsprechen einfacher Sätze hatten die Kinder die Reihenfolge der Wörter beibehalten, die Funktionswörter aber ausgelassen (daher T.); im Unterschied zum T. der ungestörten Sprachproduktion bei Erwachsenen fehlten jedoch hier (wie auch bei dem dysphatischen T.) die Flexionen. Spätere Modifikationen dieser Bez. durch BROWN (1973) unter Berücksichtigung auch der spontanen Sprachäußerungen: selbst auf dieser frühen Stufe der kindlichen Sprachentwicklung fehlen Funktionswörter nicht gänzlich. Nur einige von ihnen erscheinen nicht, andere treten in häufigen Redewendungen gelegentlich mit auf, und eine dritte Gruppe wird offenbar »voll kontrolliert« eingesetzt. Dieses unterschiedliche Auftreten der sog. Funktionswörter wird unter Anwendung einer *»rich interpretation«* (→Holophrase) in Zusammenhang gebracht mit deren sehr unterschiedlicher Ausdrucksfunktion (z.B. werden Funktoren, die nur eine semantische Modifikation wie etwa den Plural bezeichnen, eher ausgelassen als solche, die eine semantische Relation wie etwa Verschwinden oder Wiederauftauchen eines Gegenstandes ausdrücken). Aber auch vom unterschiedlichen Hervorstechen der Klangbilder von Funktoren im Prozeß der →Sprachrezeption des Kindes scheint deren Verwendung abzuhängen; z.B. treten volle und betonte Silben wie etwa engl. *»there« (milk)* häufiger auf als die in die rhythmische Einheit anderer Silben einbezogenen Formen wie etwa *»is«* in *»there (i)s milk«*. *G-N*

Telegramm-Test Ⓣ HUNNEMANN, LEIPZIGER LEHRERVEREIN

Telegraphische Sprache →Telegrammstil

Telekinese [gr. *télos* Ende, *kinesis* Bewegung], Beeinflussung der Bewegung entfernter Gegenstände durch angeblich okkulte Kräfte

Telenzephalon →Gehirn

Teleologie [gr. *télos* Ende, Ausgang, Endziel, Zweck], Lehre von der Zweckmäßigkeit und dem Zweckbestimmtsein alles menschlichen wie auch geschichtlichen und natürlichen Handelns und Geschehens.

Die teleologische Betrachtung ist metaphysisch, wenn sie in Analogie zu menschlichen Zwecken und Zielsetzungen auf Außermenschliches schließt. Die T. ist im logischen Sinn die Umkehrung der →Kausalität, da ein gegenwärtiges Phänomen aus seiner zukünftigen Bestimmung, d.h. ein zeitlich Früheres aus zeitlich Späterem, erklärt wird. Häufig wird die T. als notwendige Erkenntniskategorie der Lebenswissenschaften vom »bloß blind kausalen« physikalischen Prozeß abgehoben und als genügender Erkenntnisgrund für eine wissenschaftliche Aussage angesehen. Dazu muß aber auch über die Feststellung der Zweckmäßigkeit eines lebendigen Geschehens hinaus nach der Bedingungsanalyse gefragt werden, um festzustellen, welche funktionalen Abhängigkeiten diese oft vordergründig in Erscheinung tretende T. erst in ihrem Zustandekommen ermöglichen.

teleologisch, auf ein Ziel oder einen Zweck bezogen, einen Zweck unterstellend

teleologische Psychologie, svw. hormische Psychologie, →Psychologie (Richtungen)

Telepathie, syn. Fernfühlen, mentale Suggestion, Telästhesie (MAYR-HOFER). Die Erfassung der Bewußtseinsinhalte einer anderen Person auf anderem Weg als durch die Sinneswahrnehmung. →Parapsychologie

Teleplasma, Teleplastik →Materialisation

Teleplastie →Materialisation

Telerezeptor →Rezeptor

Temperament [lat. *temperáre* mäßigen, mischen, *temperamentum* Maß], die vorherrschende Art und die individuelle Eigenart des Ablaufs der seelischen Vorgänge. »Profil der Energetik und Affizierbarkeit, die vorzugsweisen Schwingungsbereiche« (KRETSCHMER).

Seit HIPPOKRATES bzw. GALENOS unterscheidet man vier T., die zugleich als seelischer Ausdruck der vier Hauptsäfte des Körpers aufgefaßt wurden: (1) Sanguiniker [lat. *sánguis* Blut, Kraft]: Wechselnder, unbeständiger Stimmungsmensch. (2) Melancholiker [gr. *melas* schwarz, *cholé* Galle]: Schwärmer, Hypochonder, Neigung zu Schwermut und Trübsinn. (3) Choleriker [gr. *cholé* gelbe oder weiße Galle]: Heftiger Willensmensch, aufgeregter Gefühlsmensch. (4) Phlegmatiker [gr. *phlégma* Brand, Schleim]: Langsamer, gleichgültiger bis apathischer Gefühlsablauf, willensmäßig kaltblütig. • In neuerer Zeit schuf KRETSCHMER in seiner →Typologie naturwissenschaftliche Grundlagen der T.forschung. GUILFORD untersuchte T. als einen von sieben wichtigen Teilbereichen der →Persönlichkeit: es sind jene →Eigenschaften, die den Handlungsstil bezeichnen (wie z.B. Fröhlichkeit, Impulsivität usw.). →Faktorenth. der Persönlichkeit *R-H*

Temperamentenlehre (EWALD) →Typologie

Temperamentenlehre (HIPPOKRATES) →Typologie

Temperamentsdimensionen →Faktorentheorien der Persönlichkeit (GUILFORD)

Temperaturenempfindung →Hautsinne

Temperaturpunkte, Hautstellen, die die Temperaturempfindungen vermitteln. Man unterscheidet Kälte- und Wärmepunkte. Diese geben immer die gleiche Empfindung (spezifische Sinnesempfindung). →Kälteempfindung

template matching [engl.] →Schablonenvergleich

temporal(is) [lat. *témpora* Schläfe], zur Schläfe gehörig, nach der Schläfe hin gelegen

Temporallappen, Schläfenlappen des →Gehirns

Tenazität [lat. *tenácitas* das Festhalten], Zähigkeit, Hartnäckigkeit. In der Ps. besonders T. der Aufmerksamkeit, bei Gefühlen, in der Konzentration u. a.

Tendenz [lat. *téndere* spannen, lenken], Richtung, Verlaufsrichtung, z.B. einer Reihe von Meßwerten, aus denen sich eine Kurve bilden läßt. • Die Richtung des Strebens wie z.B. allgemein die in der Struktur angelegte Richtung auf eine besondere Verhaltensweise (strukturelle Tendenz). I. ü. S. auch svw. Absicht. • Unterschieden wird zwischen determinierender T. (Begr. von ACH zu den Denk- und Willensvorgängen), antizipatorischer T. (Begr. der Lernps.) und perseverativer T.

tendenziöse Apperzeption, nach ADLER der Vorgang, daß die →Apperzeption von bestimmten Tendenzen (→Leitlinien) gesteuert wird

Tension [lat. *téndere* spannen], Spannung, (1) Spannung der Muskeln (Hyper- u. Hypo-T.), (2) T. als gesamte Aktivität, (3) emotionale T.

terminal(is), zum Ende gehörig

Termineingebung, eine →posthypnotische Suggestion, durch die einer Person aufgegeben wird, eine bestimmte Handlung zu einer bestimmten Zeit auszuführen

Territorialität, *territory,* →Grenzkontrolle

Territorialverhalten, (biol.), agonistische Verhaltensweisen, die darauf gerichtet sind, einen Raum für bestimmte Lebensbedürfnisse (z.B. Futter, Balz, Brutpflege) gegenüber Artgenossen zu behaupten. Die meisten Vögel grenzen durch ihren Gesang im Frühjahr ihre Territorien gegen Artgenossen ab. • Abgrenzendes, menschliches Verhalten in sozialen Räumen wird auch als T. bezeichnet. Es wird nur bei Mangel bzw. Einengung wahrgenommen. →Reaktanz Ⓛ GNIECH u. PREUSS 1980, GNIECH u. GRABITZ 1978 *P-S*

Territorium →Grenzkontrolle

Tertiärqualitäten (von Reizen), in der Ästhetik der →Gestaltps. gebräuchlicher Ausdruck für Reizfolgen im Erleben, die am besten mit Bez. belegt werden, wie man sie auch für →Stimmungen braucht (z.B. ein unbehaglich wirkendes Zimmer, ein freundliches Gesicht). Ⓛ W. KÖHLER 1971 *B-S*

Test (psychodiagnostisch), Verfahren zur Messung von ps. bedeutsamen Dimensionen. Solche T. müssen →Testgütekriterien in hinreichendem Maße besitzen. Sie dienen zur quantitativen Bestimmung des relativen

Grades von individuellen Merkmalsausprägungen. Psychodiagnostische T. können als Mittel zur Querschnittsdiagnose, zur Längsschnittdiagnose und als Forschungsverfahren eingesetzt werden. →Testkonstruktion *Hä-R*

Testangst, das vor und während der Durchführung von →Tests (insbes. von ps. und Schulleistungstests) auftretende Angstgefühl des Probanden/der Versuchsperson/des Schülers, das in Extremfällen zur Verzerrung des »wahren« Leistungsvermögens führen kann. Für die Testtheorie und -konstruktion stellt sich Testangst als Problem der Sicherstellung ausreichender Validität dar (die Reliabilität muß durch Testangst nicht tangiert werden, falls die Durchführungsbedingungen immer in gleicher Weise angstbesetzt sind). →Prüfungsangst, →Schulangst *Sch-R*

Testauswertung, die Gesichtspunkte, die bei der Auswertung der Tests zu berücksichtigen sind (Leistungshöhe, Fehlerzahl, Qualität der Fehler, Zeitbedarf, Alter, Geschlecht, Schulbildung u. a.) haben verschiedene Methoden der Bewertung herausgebildet. Die wichtigsten sind: das Rangreihenverfahren (Ordnen der Resultate nach Rangplätzen), die von GALTON eingeführte Bestimmung von Prozenträngen (Perzentilen) und die Transformation der Leistungsdaten in →Standardwerte.

Test-Batterie, eine Kombination von Einzeltests, welche zum Ziel hat, die →Validität des mit einem einzelnen →Test gemessenen Merkmals zu erhöhen.

Die Einzeltests werden also nicht beliebig in die Batterie aufgenommen, sondern für die Validitätssteigerung ausgesucht. Die Interkorrelation der Einzeltests orientiert sich bei der T. nach der Dimensionalität des zu messenden Merkmals. Will man mit einer T. alle Komponenten der →Intelligenz erfassen, so ist eine Anzahl von relativ heterogenen Einzeltests notwendig. Wird z. B. ein homogenes Persönlichkeitsmerkmal gemessen, so werden die Einzeltests hoch miteinander korrelieren. Bei hoher →Korrelation der Einzeltests spricht man von homogener T. Eine heterogene T. ist dadurch gekennzeichnet, daß die Einzeltests untereinander nur schwach korrelieren. Eine allg. Forderung an jede T. besteht darin, daß jeder Einzeltest möglichst hoch mit dem Gesamtscore oder mit einem Außenkriterium korrelieren soll. *Hä-R*

Test de deux barrages Ⓣ ZAZZO

Test des trois personnages Ⓣ BACKES-THOMAS

Test du gribouillage Ⓣ MEURISSE

Test du village Ⓣ ARTHUS

Testeichung, Phase bei der Testentwicklung bzw. dessen Standardisierung, bei der Normwerte gewonnen werden. Individuelle Testergebnisse können auf diese Weise mit Normwerten verglichen werden.

Bei der T. stellt die Größe und die Repräsentativität der Eichstichprobe ein gewisses Problem dar. Liegt bei einem zu eichenden Test eine nur geringe →Reliabilität vor, so führen große Eichstichproben zu keiner Verbesserung der Normwerte, da der Standardmeßfehler groß ist. Tests mit durchschnittlicher Reliabilität sollten daher die Normwerte aus Eichstichproben erhalten, welche in hohem Maße repräsentativ sind. Die Eichstichprobe wird bei der Gewinnung von Normen nach den Prinzipien der Stichprobenorganisation durchgeführt. Die aus der T. gewonnenen Vergleichswerte werden in der Regel in →Normskalen transformiert, da auf diese Weise Tests mit unterschiedlichen Rohwerten miteinander verglichen werden können. *Hä-R*

Testfairness, Forderung an einen Test, die darin besteht, daß die Testwerte für Pbn bzw. Pbn-Gruppen valide sind und zu keiner ungerechtfertigten und nur durch den Testbias bedingten Diskriminierung gegenüber anderen Gruppen führen. Ein Test weist diese T. z. B. nicht auf, wenn er die Leistung in einem Kriterium unterbewertet, obwohl die tatsächlich erbrachte Leistung höher ist und der Pb bzw. die Pbn-Gruppe dadurch benachteiligt wird. Ⓛ CLEARY 1968 *Hä-R*

Test-Film Ⓣ GILLE

Testgütekriterien, Gütekriterien für psychodiagnostische Tests. Nach LIENERT (1969³) kann man zwischen Haupt- und Nebengütekriterien unterscheiden. →Objektivität, →Reliabilität (Zuverlässigkeit) und →Validität (Gültigkeit) stellen die Hauptgütekriterien dar. Als Nebenkriterien gelten: →Ökonomie, →Nützlichkeit, Normierung (→Normskalen) →Vergleichbarkeit.

Testverfahren, welche diese Gütekriterien nicht aufweisen, können im eigentlichen Sinne nicht als Test bezeichnet werden, da ihnen die mit wissenschaftl. Methoden überprüften Grundlagen und die für eine Testkonstruktion notwendigen Kontrolluntersuchungen fehlen.

Die APA hat 1966 (1974²) die Standards, welche an Tests im Bereich der Psychologie und Pädagogik gestellt werden müssen, in einem Katalog von Anforderungen zusammengefaßt. In ähnlicher Weise hat der BDP in seinen »Berufsethischen Verpflichtungen für Psychologen« in Anlehnung an die »*Standards for Educational and Psychological Tests and Manuals*« die Anforderung an die Methoden, welche der Psychologe bei seiner diagnostischen Tätigkeit benützt, formuliert.

Während durch die klassische →Testtheorie das Kriterium der Exaktheit des Meßvorganges sehr stark in den Vordergrund gerückt wurde, werden diese Kriterien in neuerer Zeit als notwendig, aber nicht hinreichend angesehen, da festgestellt wurde, daß bei der konkreten Anwendung des Tests, z. B. in einer Auslesesituation, die Validität eines Tests durch verschiedene Faktoren beeinflußt wird (→TAYLOR-RUSSELL-Tafeln). *Hä-R*

Testikel, Testes, Testiculi, →Keimdrüsen

Test, informeller [engl. *informal test*], Bez. für einen Test, der nicht standardisiert ist

testing the limits, damit (Ausschöpfungsverfahren) wird die 4. Phase der von KLOPFER vorgeschlagenen mehrstufigen Testaufnahme des RORSCHACH-Protokolls bezeichnet. Auf die Phase der eigentlichen Aufnahme des Testprotokolls erfolgt eine nicht-direktive Befragung. Weitere Unklarheiten in der Aussage des Probanden werden über den Vergleich mit anderen Antworten zu klären versucht. In der Phase des ttl. werden gezielte Fragen gestellt um z. B. →Erfassungstypus, →Determinanten, Inhalte der Antworten zu klären. Die Methode des ttl. kann auch im Bereich von Leistungstests eingesetzt werden. In diesem Falle geht es also um eine ein- oder mehrfache Testwiederholung, welche das Ziel verfolgt, die Gültigkeit der Aussage zu erhöhen. *Hä-R*

Testkonstruktion, als T. können die gesamten Maßnahmen von der Planung eines Tests bis zur Publikation und Bereitstellung für die Anwendung bezeichnet werden. Es handelt sich dabei um einen sehr aufwendigen und vielstufigen Vorgang, bei dem sehr viele Kontrollschritte eingebaut werden, die dann ihrerseits wieder zu neuen Erprobungen führen.

In sehr umfassende Phasen zusammengefaßt, läßt sich die T. ungefähr so beschreiben: Ist das zu messende Merkmal oder →Konstrukt definiert und psychologisch analysiert, so umfassen die planerischen Vorbereitungen die Entscheidungen über das zu wählende *design* (Planung) und die in den Test aufzunehmenden Items. Gerade die Güte der ps. Merkmalsanalyse bestimmt einen wesentlichen Teil des späteren Erfolgs des Tests. Testanweisungen und Überlegungen der Antwortmodalitäten gehören in diese Planungsphase genauso herein wie die Fragen der Aufgabenbewertung oder der geeignetsten sprachlichen Formulierung einer Aufgabe. Das Ergebnis dieser Vorplanungen ist eine vorläufige Testform. Mit dieser können dann die ersten Kontrolluntersuchungen als →Aufgabenanalyse durchgeführt werden. Der Geltungsbereich für die später zu untersuchenden Pbn-Gruppe führt zur Auswahl der Stichprobe für die Aufgabenanalyse. Bei der Aufgabenanalyse (Itemanalyse) müssen diejenigen Testgütekriterien quantitativ bestimmt werden, welche auch für den Gesamttest in der Validierungsphase kontrolliert werden. Der Schwerpunkt der Aufgabenanalyse liegt in der →Schwierigkeitsanalyse und →Trennschärfebestimmung der einzelnen Aufgaben. Ziel der Analyse der Einzelaufgaben ist es, schlechte Aufgaben aus dem Test zu eliminieren und weniger geeignete zu korrigieren. Fällt die Aufgabenanalyse nicht befriedigend aus, so müssen neue Aufgaben konstruiert und die Aufgabenanalyse von neuem durchgeführt werden. Da in der Aufgabenanalyse nur die einzelnen Aufgaben für sich betrachtet werden, gilt es, in der Analyse der Rohwertverteilung die an der Analysestichprobe gewonnenen Rohwerte zu kontrollieren. Die empirisch gewonnene Rohwertverteilung muß mit der theoretisch erwarteten einigermaßen übereinstimmen. Andere Verteilungsformen sind auf ihre Andersartigkeit hin genau zu untersuchen und die Ursachen zu ermitteln. Das Ergebnis der Rohwertanalyse kann jedoch auch zu einer Testrevision führen. Sind diese Voranalyseschritte befriedigend ausgefallen, so kann man die Testendform konstruieren und die für die weitere Anwendung notwendigen äußeren Bedingungen wie Herstellung der Testhefte, der Auswertungsschlüssel usw. schaffen. Einen nächsten Schritt in der Ermittlung der Testgütekriterien stellt die Messung der →Reliabilität dar, deren Ergebnis die Reliabilitätskoeffizienten sind. Die Höhe der ermittelten Koeffizienten muß im Einklang mit dem zu messenden Merkmal stehen: Sind die Reliabilitätskoeffizienten nicht befriedigend, so müssen Maßnahmen für eine Reliabilitätsverbesserung getroffen werden. Ist die Phase der Reliabilitätsmessung abgeschlossen, so wird die →Validität des Tests kontrolliert. Da in dieser Phase in der Regel ein Außenkriterium notwendig ist, erfordert diese Phase einen großen zeitlichen und finanziellen Aufwand. Die Höhe der Validität entscheidet darüber, ob der Test in die Phase der Testeichung geht oder nicht. Um in der späteren Anwendung ein Testergebnis interpretieren zu können, benötigt man einen Maßstab, mit welchem dieses individuelle Testergebnis verglichen werden kann. Diesen Maßstab liefert die Verteilung der Testwerte bei der Eichstichprobe. Diese muß entsprechend der späteren Verwendung ausgewählt werden. Meist handelt es sich um sehr viele Eichstichproben, an denen die Normdaten ermittelt werden müssen. Da die Bereiche der Rohwertverteilungen verschiedener Tests, die evtl. miteinander verglichen werden müssen, selten übereinstimmen, ist es üblich und praktisch, die Rohwerte in Standardnormen umzuwandeln. Zusätzliche Anforderungen an einen Test (z. B. Paralleltests oder Testbatterie) machen weitere umfangreiche Untersuchungen notwendig. Den Abschluß der T. bildet die umfassende Informierung des Testanwenders über die gesamten Phasen und Ergebnisse der Testentwicklung. Ⓛ LIENERT 1969 *Hä-R*

Testkuratorium, ein von der Deutschen Gesellschaft für Psychologie (DGfPs) und dem Berufsverband Deutscher Psychologen (BDP) getragenes Gremium, das sich zur Aufgabe macht, die Öffentlichkeit vor unzureichenden diagnostischen Verfahren und unqualifizierter Anwendung solcher Verfahren zu schützen. Dazu gehören auch die Überprüfung der diagnostischen Brauchbarkeit von Tests, wissenschaftliche Testrezensionen und die Bezeichnung von Personengruppen, die zur Anwendung der geprüften Tests geeignet sind.

Test moteur Ⓣ HEUYER-BAILLE

Testobjekt, svw. Prüfgegenstand

Test of musical ability Ⓣ SEASHORE

Test of primary mental abilities Ⓣ THURSTONE

Test-Profil, die von ROSSOLIMO eingeführte graphische Darstellung der Testergebnisse mehrerer Einzeltests. Allg. bedeutet T. die Kombination von Einzeltests (LIENERT 1969).

Die Einzeltests sind dabei mehr oder weniger systematisch zusammengefaßt. Werden z. B. die Untertests eines Intelligenz-, Persönlichkeits- oder Interessentests zusammengefaßt, so spricht man dementsprechend von Intelligenz-Profil, Persönlichkeits-Profil oder Interessen-Profil. Damit das Profil diagnostisch interpretiert werden darf, ist es z. B. notwendig, daß die einzelnen Tests, aus denen das Profil zusammengesetzt ist, reliabel sind. Sie sollen möglichst niedrig untereinander korrelieren (faktoriell rein sein). Da mit der Kombination der Einzeltests im Profil eine Validitätssteigerung bezweckt wird, muß jeder Einzeltest und das gesamte Profil validiert werden. Die Forderung nach niedriger Interkorrelation der Einzeltests hat als Konsequenz zur Forderung, daß die Unterschiede zwischen den einzelnen Tests reliabel sind. In der Praxis werden häufig die an ein Profil gestellten testkonstruktiven Forderungen wenig beachtet und berücksichtigt. *Hä-R*

Test projectif d'intérêts vocationnels Ⓣ BEMELMANS

Testreihe für Kinderuntersuchungen Ⓣ ARNTZEN

Tests de caractère Ⓣ HEUYER

Tests, statistische, Signifikanzprüfungen. Bez. für sämtliche Verf. der statistischen Analyse, die zur Entscheidung über eine →Nullhypothese dienen.

Beispiele: der t-Test für Mittelwertsdifferenzen, der F-Test zur Prüfung der Verschiedenheit von Streuungen, der χ^2-Test für die Analyse einer Verteilung von Häufigkeitszahlen, die Prüfung eines Korrelationskoeffizienten gegen den Wert Null u. a. Alle stat. Tests gründen sich auf bestimmte wahrscheinlichkeitstheoretische Modelle. Zu unterscheiden sind sog. parametrische und nichtparametrische stat. Tests. Die Verf. der ersten Art gehen von der Annahme aus, daß das Merkmal, auf das die Prüfung angewendet wird, in der Grundgesamtheit einer bestimmten Verteilungsform (Normalverteilung) folgt, während in die Verf. der zweiten Art (auch »verteilungsfreie Tests« genannt) keine solchen Voraussetzungen eingehen.

Testsystem, ursprünglich gleichbedeutend mit »Testbatterie« und »Testserie«, setzen sich heutige T. aus Bestandteilen versch. Charakters (z. B. Tests, Fragebogen, Beobachtungsbogen, Protokollbogen für Interviews mit Familienangehörigen) zusammen. Die Daten werden in einer Datenbank gesammelt; es werden fortlaufend Validierungsuntersuchungen durchgeführt und deren Ergebnisse in formalisierter Weise bei der Begutachtung der nachfolgenden Untersuchungsfälle verwendet.

Verf. dieser Art sind in jüngster Zeit im Bereich der Laufbahnberatung und der klinisch-ps. wie der psychiatrischen Diagnostik entwickelt worden (→Computerdiagnostik), dabei vorzugsweise an Stellen entstanden, die über ein breites Dateneinzugsgebiet verfügen. Neue statistische Verf. werden es in Zukunft voraussichtlich möglich machen, lokale Besonderheiten in Rechnung zu stellen und die Schwierigkeiten zu überwinden, die sich aus dem relativ geringen Umfang der lokal anfallenden Daten ergeben. Voraussetzung dafür wäre die Schaffung zweckgerichteter Verbundsysteme zwischen im übrigen unabhängigen Institutionen (etwa Industrieunternehmen, Kliniken). Ⓛ ECKARDT 1976 *E-T*

T

Testtheorie, kann als dasjenige Teilgebiet der →Meßtheorie aufgefaßt werden, welches sich mit den differentialps. Meßproblemen beschäftigt.

Die diagnostische und prognostische Messung von individuell variierenden Merkmalen (wie Intelligenz, Fähigkeiten, Persönlichkeitsmerkmalen) an der Einzelperson stößt auf besondere Schwierigkeiten, da die mittels →Tests gewonnenen Meßzahlen offensichtlich ungenau sind. Dies ist teilweise dadurch bedingt, daß das Testergebnis durch eine unbekannte Anzahl irrelevanter Variablen (äußere Bedingungen wie Beleuchtung, Störgeräusche, vor allem aber innere Bedingungen wie wechselnde Motivation, Stimmung, augenblicklich begünstigte Assoziationen usw.) in einem von einer zur anderen Messung wechselnden Ausmaß mitbeeinflußt wird; dazu kommt, daß selbst die differentialps. relevanten Variablen, von denen das Testergebnis bestimmt wird, im Laufe der Zeit unsystematisch schwanken können, was für die Diagnostiker häufig nicht von Interesse ist. Das Bemühen, die genannten Ungenauigkeiten und Schwankungen bei der Beurteilung des Wertes eines Tests und der Bedeutung seiner Einzelergebnisse zu berücksichtigen, führte zur Entwicklung von Theorien der Reliabilität (→Zuverlässigkeit). Zweitens wird das Testergebnis nicht nur von derjenigen differentialps. Variablen (der Fähigkeit, der Eigenschaft bzw. deren empirisch zugänglicher Auswirkung, dem »Kriterium«) determiniert, die der Test anzuzeigen oder vorherzusagen bestimmt ist, sondern auch von anderen ps. Variablen (Fähigkeiten, Eigenschaften), an deren Auswirkung auf das Ergebnis der Testbenützer nicht interessiert ist. Auf diese Tatsache nehmen Ansätze zur Theorie der Validität (→Gültigkeit) Bezug. Mit Hilfe der Reliabilitäts- und Validitätstheorie wurde versucht, formale Prinzipien der Entwicklung von Tests (durch Zusammenstellung einer optimalen Art und Zahl von Einzelelementen oder »Items«) abzuleiten (→Aufgabenanalyse) und praktische Prüfverfahren zur Schätzung von Zuverlässigkeit und Gültigkeit zu entwickeln.

Die genannten Entwicklungen wurden erstmals in der heute als »klassisch« bezeichneten T. (z. B. GULLIKSEN 1950) zusammengefaßt. Ihren verschiedenen Varianten gemeinsam ist folgende Grundvoraussetzung: Jeder Meßwert eines Individuums kann zerlegt werden in eine »wahre Maßzahl«, welche Ausdruck einer Gesamtwirkung aller differentialps. relevanten Ursachen (einschließlich des zu messenden Merkmals) ist, und einer zufälligen Komponente, welche zu den wahren Maßzahlen (mit positivem oder negativem Vorzeichen) addiert ist.

Dies ist der Ausgangspunkt der klassischen Reliabilitätstheorie. Den Ausgangspunkt der ihr entsprechenden »Faktorentheorie der Validität« bildet folgende Annahme: Die standardisierte wahre Meßzahl ist eine gewichtete Summe der Maßzahlen für verschiedene voneinander begrifflich unabhängige ps. Dimensionen (Faktoren); das gleiche gilt für das Kriterium. Gemeinsamkeiten in der faktoriellen Zusammensetzung (→Faktorenanalyse) von Test und Kriterium bestimmen den beobachtbaren Korrelationszusammenhang zwischen ihnen.

Neue Entwicklungen in der T. stellen die sog. »stochastischen Modelle« dar. Sie gehen davon aus, daß zwischen dem Testergebnis und der zu messenden latenten Dimension von Natur aus ein Wahrscheinlichkeitszusammenhang bestehe, nicht ein deterministischer, der bloß durch das Hinzukommen von Fehlern verwischt ist. Am ausführlichsten wurde bisher das »spezielle logistische Testmodell« von RASCH (1960) bearbeitet (G. FISCHER 1975).

Es bezieht sich auf eindimensionale Messungen und geht von der allgemeinen Voraussetzung aus, daß jede Person mit einem bestimmten Wert ξ in einer latenten Dimension dieselbe Chance $f_i\xi$ hat, das Item i zu lösen. Die Abhängigkeit der Lösungswahrscheinlichkeit vom Wert in der latenten Dimension heißt »Item-Charakteristik«. Wenn sie bekannt ist oder durch Transformation in eine bestimmte Form (z. B. logistische Funktion) willkürlich gesetzt wird, besteht die grundsätzliche Möglichkeit, die Personenparameter ξ für jede Person aus dem Antwortvektor (a_{vi}) mittels Maximum-likelihood-Methode zu schätzen.

Die auf Grund der T. abgeleiteten Prinzipien der Testkonstruktion werden in der Ps. am häufigsten und einfachsten im Bereich der Fähigkeits-, Fertigkeits- und Kenntnistests angewendet. Größere Schwierigkeiten treten bei ihrer Anwendung auf Persönlichkeitstests auf. Gerade von Praktikern auf letzterem Gebiet werden überdies Einwände gegen jede rein meßtheoretische Bewertung der Qualität von Tests erhoben.

Tests können auch als Informationen, welche Entscheidungen erleichtern bzw. optimalisieren sollen, aufgefaßt werden.

Auch komplexere, dafür aber weniger zuverlässige Daten, wie etwa die Ergebnisse von projektiven Tests, könnten bei optimaler Ausnutzung der Information aus den verschiedensten Quellen evtl. von praktischem Wert sein. CRONBACH u. GLESER (1957) führten die ersten entscheidungstheoretischen Ansätze von TAYLOR u. RUSSELL (Effektivität von Tests zur Entscheidung über Annahme und Ablehnung von Bewerbern in Abhängigkeit von Validität, von der Grundquote potentiell Geeigneter und von der Selektionsquote) und von BROGDEN u. COCHRAN (Nettonutzen der Testanwendung unter Berücksichtigung seiner »Kosten« und des Nutzens bei Entscheidung ohne Tests) weiter und behandelten Entscheidungsstrategien bei Selektions-, Plazierungs- und Klassifikationsproblemen. Sie unterscheiden ein- und mehrstufige bzw. sequentielle Entscheidungsstrategien und »fixierte« (für alle Probanden gleiche) und »adaptive« Behandlung (das weitere Test- bzw. Entscheidungsverfahren wird je nach bereits vorliegenden Testwerten individuell so gestaltet, daß es den größten Nutzen verspricht). Ⓛ BUGGLE, FISCHER, GULLIKSEN, MAGNUSSON *M-R*

Tetanie, Tetanus [gr. *tétanos* Spannung, Krampf], mehrdeutiger Ausdruck, der sowohl die anhaltende Muskelspannung als Folge zahlreicher rasch aufeinanderfolgender Reizungen als auch den langdauernden tonischen Krampf bezeichnet. ● Wundstarrkrampf nach Tetanus-Bazillen-Infektion.

tetanoid →T-Typ

Tetradendifferenzen, eine früh von SPEARMAN entwickelte Methode zur Feststellung eines einzigen gemeinsamen, mathematischen →Faktors für alle Interkorrelationen von Testdaten. Als Kriterium gilt, daß alle T.

Null sein sollten (innerhalb der Zufallsgrenzen). SPEARMANS →g- und →s-Faktor-Theorie der Intelligenz basiert auf der Verwendung von T. • Diese Methode ist überholt und wurde durch die Faktorenanalyse ersetzt. →Faktorenanalyse, →Zweifaktorentheorie. Ⓛ SPEARMAN *Ma-R*

Teufelskreis, ein von F. KÜNKEL gegebener Begr. für den Vorgang, daß äußerlich überspielt wird, was innerlich gegenteilig angelegt und wirksam ist. T. gehört neben den Begr. Krisenhaftigkeit, Wir-Haftigkeit und Ich-Haftigkeit zu den wichtigsten in der Charakterkunde (Tiefenps.) von KÜNKEL. • Der T. ist als *circulus vitiosus* ein Modell zur Dynamik neurotischen Verhaltens: die inadäquate Reaktion führt zu einem ständig neuen Kreislauf von Angsterzeugung und Vermeidungsversuch. →Neurose

Textkritik-Probe Ⓣ GIESE

Textstruktur, die einem sprachlichen Text zugrunde liegende Bedeutungsstruktur. KINTSCH (1974) versteht unter T. oder Textbasis eine Sequenz von →Prädikat-Argument-Strukturen oder Propositionen.

Nicht alle Propositionen einer T. müssen in dem sprachlichen Text ihren Ausdruck finden. Propositionen können in einem sprachlichen Text implizit enthalten sein. Die T. kommt nach KINTSCH im wesentlichen durch die Überlappung der →Argumente der einzelnen Propositionen zustande. Propositionen, die ein Argument in eine T. einführen, sind für die T. bedeutsamer als solche, die Argumente aus anderen Propositionen wieder aufgreifen. – Andere Autoren z. B. RUMELHART (1977) verstehen unter T. vornehmlich ein kognitives Schema. Dieses repräsentiert die Organisationsstruktur eines Textes. Schemata sind ganzheitliche Repräsentationen von bestimmten Ereigniszusammenhängen. Das bekannteste Schema ist die sog. *story grammar* (RUMELHART 1975). Sie repräsentiert die Organisationsstruktur eines Erzähltextes. Sie bildet ein Regelsystem analog zu dem der →generativen Grammatik, das es erlaubt, die Struktur einer Erzählung *(story)* aus dem übergeordneten *story*-Symbol abzuleiten. Ⓛ BOCK 1978 *E-P*

Texttheorie, die T. versucht, die Voraussetzungen und Bedingungen konkreter Textproduktion und -rezeption in sprachlichen Kommunikationsprozessen zu erforschen.

SCHMIDT (1973) hat in diesem Zusammenhang ein Faktorenmodell der idealisierten sprachlichen →Kommunikation vorgelegt, das versucht, alle diejenigen Elemente und Relationen einzufangen, die für eine theoretische Rekonstruktion von sprachlichen Kommunikationsprozessen erforderlich sind. Unter sprachlicher Kommunikation versteht SCHMIDT sprachliches, partnerbezogenes, intentionales und informatives →Handeln, das in Form von »Texten« vollzogen wird. Sprachliches Handeln vollzieht sich in komplexen »Kommunikationsgeschichten«, die in Anlehnung an WITTGENSTEINS Begriff des →Sprachspiels Handlungsspiele genannt werden (z. B. eine Schulstunde oder eine Gerichtsverhandlung) und deren Elemente einzelne Kommunikationsakte bzw. →Sprechakte sind. →Pragmatik. Ⓛ SCHMIDT 1973 *E-P*

Texturgradient →GIBSON-Gradient

Thalamus →Gehirn

Thanatophobie [gr. *thánatos* Tod], gesteigerte Todesfurcht

Thanatopsychologie [gr. *thanatos* Tod] →Todespsychologie, →Sterben

Thanato-Tropismus →Tropismus

Thaumatrop [gr. *thauma* Wunder], Wunderscheibe, umlaufende Scheibe, auf deren beiden Seiten Objekte gezeichnet sind, die sich durch die Bewegung zu vereinigen scheinen. Nachbildwirkung.

Theater →Massenmedien

Theismus [gr. *theós* Gott], Glaube an den einzigen, persönlichen Gott als Schöpfer, Lenker und Erhalter. →Deismus, →Pantheismus

thema →need

thematisch-athematisches Zeichnen Ⓣ HORN-HELLERSBERG, KINGET, WARTEGG

Thematische Apperzeptions-Tests Ⓣ MURRAY; AMMONS, ANDREW, BACHRACH, BELLAK, BLUM, BRIGGES, JACKSON, LENNEP, SYMONDS, THOMPSON, TOMKINS

Thematisches Zeichnen Ⓣ BUCK, FAY, GOODENOUGH, KOCH, MACHOVER, MINKOWSKA

themenzentrierte Interaktion (TZI), bezeichnet ein Verfahren der Gruppenleitung und Gruppenarbeit, bei dem unter Beachtung bestimmter Regeln versucht wird, Thema, Individuum und Gruppe (die häufig konkurrierenden Größen) in Balance zu bringen. Ziel des Verfahrens der TZI ist es u. a., »lebendiges Lernen« durch angstfreie Interaktion zu ermöglichen. Ⓛ COHN 1975 *Mu-R*

theogonische Mythen, Gott, Götter →kosmogonische Mythen

Theomanie, religiöser Wahnsinn

Theomantie, Weissagung aus göttlicher Eingebung

Theopsie, Erscheinung Gottes

theoretische Intelligenz, eine wissenschaftl. unverbindliche, doch zur Personcharakterisierung für bestimmte Entscheidungen (z. B. Berufswahl) brauchbare Abgrenzung der

→Intelligenz, die vorzugsweise auf das begriffliche Denken, auf abstraktes und systematisches Erkennen gerichtet ist. Die »praktische Intelligenz« zielt auf Konkretes und auf das Handeln.

theoretischer Typus (SPRANGER) →Typologie

Theorie [gr. *theoria* Schau], ein durch das Denken gewonnenes System der Verbindung von Tatsachen zu einem widerspruchslosen Zusammenhang von Gründen und Folgen. Die T. stellen das innere Gefüge einer Wissenschaft her. Der Gegensatz zur T. ist die →Empirie (in der Alltagssprache, weniger zutreffend, die Praxis). Der Begr. wird selbst im wissenschaftlichen Sprachgebrauch häufig verwechselt mit dem der →Hypothese. Die T. wird gebildet aus der Hypothese samt der Deduktion der Erscheinungen, zu deren Erklärung die Hypothese gemacht wurde ⟨WUNDT⟩. Mit der Einordnung in ihren durch die T. geschaffenen Zusammenhang finden die einzelnen Tatsachen ihre Erklärung. Da T. gedankliche Bindeglieder der Erscheinungen sind, können sie nicht direkt empirisch bewiesen werden.

Sie erhalten daher ein höheres oder niedrigeres Maß an →Wahrscheinlichkeit, je nachdem ob viele oder wenige empirische Befunde mit ihnen übereinstimmen, im günstigsten Fall kommt ihnen fast der Charakter der Denknotwendigkeit zu. Eine T. muß den Kriterien Widerspruchslosigkeit, Unabhängigkeit in bezug auf die Grundbegriffe und Postulate (Axiome) sowie der semantischen Homogenität genügen (WEINGARTNER, 1971). Das Verhältnis der T. zur Empirie besteht in einer Wechselwirkung. (→Datenerhebung). Die großen Erfolge der Physik und Chemie sind wesentlich diesem Zusammenhang zu verdanken. Nach BAVINK (1954^{10}) sind zwei Arten von T. zu unterscheiden: 1. »Ausführende« T., die fast kein hypothetisches Element enthalten, sondern nur in der logischen Konsequenz der Tatsachen bestehen. 2. »Erklärende« T., die die Einordnung der Befunde nur mit Hilfe einer spekulativen, hypothetischen Annahme vollziehen können. Dies gilt für alle bisherigen T. der Ps.

● T. sind nach Umfang und Reichweite sehr verschieden.

Die meisten T. werden für die Erklärung einzelner, umschriebener Erscheinungen aufgestellt: z. B. des Kontrasts, der Scheinbewegung. Manche T. sind aus anderen, allgemeineren, abgeleitet: z. B. T. der Farbenblindheit aus solchen für das Farbensehen. Von relativ großem Umfang sind T., die z. B. das Lernen, das Denken oder die Motivation durch allgemeine Annahmen erklären sollen. Auf theoret. Vorstellungen von weitestem Geltungsanspruch beruhen alle sog. Richtungen: z. B. Assoziationsps., Gestaltps., Behaviorismus. Mit ihnen sind nicht nur Anschauungen über einzelne Erscheinungen, sondern meist auch über den Gegenstand der Ps. und die Wege einer Erforschung verbunden. Ein die ganze Geschichte der Ps. durchziehender Ggs. besteht zwischen psycholog. und physiologischen T.: z. B. in der Deutung des FECHNERschen Gesetzes, in der Erklärung der Emotionen.

● Die Theorienbildung (Entstehung und Gewinnung einer T.) erfolgt heute zunehmend mit Hilfe von Computer-Modellen, die anschaulicher, expliziter, leichter überprüfbar sind und eine Simulation vieler Bedingungen ermöglichen.

Theorie der Spiele [engl. *theory of games*], eine in ihren mathematischen Begriffen durch v. NEUMANN (1928, 1943) entwickelte Theorie aus dem Bereich der Kombinatorik, die aus dem Studium der Struktur von Gesellschaftsspielen (Schach, Poker usw.) erwachsen ist. Ziel der T. ist die Ermittlung der besten Strategie, die dem Teilnehmer größtmögliche Gewinnchancen sicherstellt.

In der weiteren Fortführung (z. B. durch BRAITHWAITE, 1955, 1962) wird das ps. bedeutungsvolle Problem behandelt, wie bei Verschiedenartigkeit der Ziele, aber gegebener Kooperation ein Maximum an Befriedigung (Nutzen) für den einzelnen bei fairer Verteilung auf die Partner erreicht werden kann. Hierzu werden Operationen vorgenommen – wie Aufstellung von Vorzugsskalen der Handlungsmöglichkeiten durch die Partner, Inbeziehungsetzen dieser Rangreihen, dadurch Gewinnung von numerischen Werten (nicht absoluten, sondern reinen Verhältnismaßen) – die es erlauben, ein mathematisches, geometrisches oder algebraisches Modell zu bilden, das die isomorphe Abbildung der immanenten Logik der tatsächlichen Situation darstellt. An diesem Modell lassen sich die fairen Verteilungsquoten des »Profits« für die Partner ablesen. – Die T. vermeidet den falschen Ansatz bisheriger Theorien der Produktion und Verteilung, die im Anschluß an den Utilitarismus auf der Annahme gründeten, daß der Nutzen als gemeinsame Einheit wie eine Münzeinheit behandelt werden könne. Die unzulässige Anwendung einer solchen interpersonellen Vergleichbarkeit von Vorteilen wird von der T. umgangen. Ⓛ BRAITHWAITE, LUCE-RAIFFA, NEUMANN-MORGENSTERN *W-N*

Theorien, physikalische, hier ist auf zwei Theorien hinzuweisen, die grundlegende Wandlungen des Weltbildes unserer Zeit veranlaßten. Die sich notwendig ergebenden allgemeinen wissenschaftstheoretischen und methodologischen Konsequenzen (insbesondere auch für die Ps.) sind in ihrer Tragweite noch nicht zu übersehen.

1. Quantentheorie: Die von M. PLANCK (1900) entwickelte physikalische Theorie, deren Gegenstand die Grundeinheiten von Materie und Energie sind und die die Grundlage der gesamten heutigen Atomphysik darstellt. Nach ihr wird die Strahlungsenergie nicht kontinuierlich, sondern unstetig, in diskreten Quanten abgegeben. Die mathematische Formulierung der Q. stellt nicht das Verhalten der Elementarteilchen selbst dar, sondern unsere Kenntnis dieses Verhaltens. Aussagen über die objektive Realität der Korpuskel sind damit prinzipiell unmöglich. Dieser Sachverhalt wird durch die sog. Unbestimmtheitsrelation (HEISENBERG 1944[4]) ausgedrückt, die weiter die in der Atomphysik vorauszusetzende unvollständige Kenntnis des untersuchten Systems impliziert. Diese Grundvoraussetzung sowie der experimentelle Nachweis der sowohl Wellen- als auch Teilchennatur der atomaren Materie bedingen den rein statistischen Charakter der quantentheoretischen Gesetze. Damit ist die durchgängige Gültigkeit des Kausalitäts- und Determinismusprinzips in der physikalischen Wirklichkeit in Frage gestellt, das Gesetz von Ursache und Wirkung bleibt auf Teilausschnitte der Natur beschränkt, Wahrscheinlichkeitsgesetze treten an seine Stelle. 2. Relativitätstheorie: Die von A. EINSTEIN (spezielle R. 1905, allgemeine R. 1915) begründete Theorie, die sich mit den Begriffen Raum und Zeit sowie der Struktur des Weltalls beschäftigt. Ausgehend vom Relativitätsprinzip der NEWTONschen Mechanik wurde der folgenreiche experimentelle Nachweis erbracht von der Konstanz der Lichtgeschwindigkeit, d. h. sie bleibt unverändert durch die Bewegungsgeschwindigkeit der Meßstation, die diese in Richtung auf die Lichtquelle hat. Daran anschließend wurden in weiterer Fortführung der R. durch stete Wechselwirkung zwischen Experiment und mathematischer Aufarbeitung bzw. Hypothesenbildung folgende wesentlichste Ergebnisse gewonnen: In der speziellen R.: 1. Relativierung von Raum und Zeit, d. h. diese Begriffe sind keine absoluten, sondern nur definierbar aus einem jeweiligen Bezugssystem. Raum als mögliche Ordnung materieller Objekte, Zeit als mögliche Ordnung von Einzelereignissen. 2. Identität von Masse und Energie, die zwei Erscheinungsweisen desselben Substrats darstellen. Von der allgemeinen R.: 1. Erstmaliger Fortschritt in der Gravitationstheorie über NEWTON hinaus durch die Konzeption sog. Gravitationsfelder. Von hier aus 2. die kosmologische These vom Weltall als nicht-euklidischem, gekrümmtem, unbegrenztem, aber endlichem, vierdimensionalem Raum. – Beide Theorien stehen nicht im Ggs. zur klassischen Physik, deren Vorstellungen und Gesetzmäßigkeiten lediglich als Grenzwerte betrachtet werden, die nur für einen bestimmten Erfahrungsbereich gültig sind. Ⓛ BARNETT, HEISENBERG *W-N*

Theosophie, Gottesweisheit. Der Versuch, ein Wissen von Gott und seiner Schöpfung durch unmittelbare Schau zu erreichen. Aus der Mystik hervorgegangen, wurde Th. im 19. Jhd. Bez. für Weltanschauungen, die Erkenntnisse durch Introspektion, gekoppelt mit gewissen Lebensgrundsätzen und Übungen (Atmung, Ernährung, Suggestion), zu gewinnen trachten.

Theozönose →Zönose

Therapeuteneinfluß →Therapeut-Patient-Beziehung

Therapeutenverhalten →Therapeut-Patient-Beziehung

therapeutische Gemeinschaft, versucht alle Beteiligten in den Therapieprozeß zu integrieren. Kennzeichen der t. G. sind: freie Kommunikation in jeder Richtung, gemeinsame Analyse der Gruppenprozesse, Maßnahmen zum Abbau der Hierarchie, häufige Gesamt- und Gruppentreffen.

Die t. G. entwickelte sich in unserem Kulturraum zuerst in England zur Betreuung von Frontgeschädigten des 2. Weltkriegs. Kritiker weisen darauf hin, daß der Einfluß von Verantwortung und Wissensvorsprung des Personals zu einer Kontrolle »bis in die letzten Winkel« führen könne (DEUBELIUS 1981) und die Identifikation zur *folie à deux* oder *folie à plusieurs.*

Entwicklungen, die Grundgedanken der t. G. außerhalb der Klinik verwirklichen wollen: (1) Gemeindepsychiatrie (offen, freiwillig, beläßt »Kranke« in ihrer gewohnten Umgebung), (2) Krisenintervention und (3) Antipsychiatrie, die sich richtet gegen a) Repressions- und Zwangsmaßnahmen (Sozialpsychiatrie), b) den ps. Krankheitsbegriff (Störung sei eine von vielen Seinsweisen, →Stigmatisierung, →medizinisches Modell), c) Institutionen und Fachleute: Selbstorganisation von Betroffenen und Laienhelfern (→Selbsthilfegruppen). Ⓛ BASAGLIA *R-S*

Therapeut-Patient-Beziehung, Sonderfall der helfenden sozialen Interaktion, die im Hinblick auf Therapeuten- und Klientenvariablen mit Übergangsmatrizen, bidirektionaler Kommunikations- und Sequenzanalyse untersucht wird. Alle therapeutischen Schulen nennen als notwendige Bedingung der Therapie eine positive T-P-B.

In der Psa. schreibt die Abstinenzregel vor, jede persönliche, über die Ziele der Therapie hinausgehende Kommunikation zu vermeiden. Der Therapeut solle sich passiv, gefühlsmäßig wohlwollend-neutral verhalten und gleichschwebend aufmerksam sein. Daß sich der Therapeut den neurotischen Bedürfnissen des Patienten versagt, halte den Leidensdruck als Motivationsquelle der Therapie aufrecht. Die psa. Grundregel fordert, daß der Patient alles sagen solle, was er momentan empfindet und denkt (nichts auswählt und ausläßt). Nach A. FREUD ist diese Grundregel keine

T

kaum realisierbare Ausgangsbedingung, sondern Ziel der Therapie. In der →Gesprächspsychotherapie werden Therapeutenvariablen genannt, die hilfreiche Gespräche ermöglichen: mitmenschlich warmes Akzeptieren und Einfühlen, Authentizität (Echtheit, Glaubwürdigkeit) und Transparenz wirken als positives Modell für Partner, die leicht unangepaßt, inkongruent und defensiv sind. Ob diese und andere Konzepte sich auch zukünftig halten können, wird im Handbuch von GARFIELD u. BERGIN 1978[2] stark bezweifelt. Die heutige Praxis der T-P-B zeigt sowohl in der Individualtherapie als auch in der Gruppentherapie (Körpertherapie etc.) eine große Spanne vor allem im Hinblick auf die Dominanz des Therapeuten (Guru). FREUD hatte noch gefordert, die psth. Behandlung ganz im Bereich des »Psychischen« zu belassen. Die heutigen psth. Richtungen fördern dagegen vielfach das »Agieren« – vom Wiederholen kleinkindlichen Verhaltens bis zu Sexualbeziehungen. Dabei sollte der Therapeut seine besondere Verantwortung im Hinblick auf negativen →Therapieerfolg und seine Aufgaben als analytischer Beobachter, *facilitator* (Erleichterer), Übertragungsfigur, Modell, Verstärkungsagent und Machtträger berücksichtigen. →Medizinische Psychologie, →Klinische Psychologie *R-S*

Therapie, psychol. →Klinische Psychologie

Therapieerfolg, Erreichen eines Zielzustandes durch therapeutische Unterstützung. Die Frage von EYSENCK (1960), ob die Psychotherapie die Spontanremissionsrate übertrifft, hat die Forschung zu Operationalisierungen des T. angeregt:

positive Änderungen in objektiven Persönlichkeitstests, physiol. Maße und beobachtbare Verhaltensänderungen sowie die durchschlagenden Effekte der →Therapeut-Patient-Beziehung und Untersuchungen zur differentiellen Indikation (welche Therapie bei welchem Patienten/Therapeuten?). Dazu kommt das Problem negativer Effekte, *detoriation* (gestörtes Gleichgewicht, Belohnung der Symptome, extrem hohe Erwartungen, Ich-Schwäche, Borderline-Situation und psychogener Therapeut). Während methodische Entwicklungen zu verbesserten Versuchsplänen und Meßverfahren führen (→Zeitreihenanalyse, →Doppelblindversuch, RASCH-Skalierung usw.), bleibt noch das Problem des Zielzustandes (z. B. Glück, Wohlbefinden, Freiheit von Beschwerden, mit Problemen leben können) ungenügend bearbeitet. Ⓛ BERGIN u. GARFIELD 1971, GARFIELD u. BERGIN 1978 *R-S*

Therblig, Umkehrung des Namens →GILBRETH, ein Symbolsystem zur Klassifizierung von Bewegungen. GILBRETH unterscheidet zwischen 17 grundlegenden Typen von Bewegungsarten, die er *therblig* nannte. Ⓛ GILBRETH 1921

theriomorph [gr.], tiergestaltig; im Ggs. zu →anthropomorph

thermischer Sinn, Temperatursinn, Wärmesinn

Thermorezeptoren →Hautsinne

Thermotropismus →Tropismus

Thesaurus, nach DIN 1463 »ein kontrolliertes, dynamisches Vokabular von bedeutungsmäßig und generisch verbundenen Termini, das umfassend einen spezifischen Fachbereich abdeckt. Als eine strukturierte Untermenge natürlicher Sprache dient der T. der Beschreibung des Inhalts von Dokumenten und Datensammlungen.« Mit Hilfe des T. werden die in natürlicher Sprache abgefaßten Inhalte von wissenschaftlichen Dokumenten in eine Systemsprache (Dokumentationssprache) und umgekehrt vorgenommen.

Ein T. der ps. Fachbegriffe wurde 1974 von der APA herausgegeben (KINKADE). Im ersten Teil des T. werde die →Deskriptoren in ihrer begrifflichen Beziehung zueinander dargestellt (Synonyme und Begriffe mit weiterer und engerer Bedeutung). Im alphabetischen Teil sind die Deskriptoren nach ihrer Buchstabenfolge geordnet. Die hierarchische Ordnung, welche die 17 Teilgebiete der Psychologie nach der Klassifikation der →Psychological Abstracts enthält, bildet den dritten Teil des T. ps. Fachbegriffe. *Hä-R*

Thigmo- [gr. *thigma* Berührung], in Wortverbindungen svw. Berührungs-, durch Berührung hervorgerufen, z. B. Thigmotaxis (auf Berührung hin eintretende Orientierungsreaktion)

thorakal [gr. *thórax* Panzer, Brustkorb], auf den Brustkorb bezüglich, z. B. thorakale Atmung = die Brustatmung im Ggs. zur Bauchatmung (ventrale Atmung). →Sprechtypen

THURSTONE-Skala, Bez. für eine Methode des Paarvergleichs zur Messung der Items für Einstellungsskalen.

Dabei werden Paare von Feststellungen vorgegeben. Es soll von der Vp angegeben werden, welche Aussagen im Hinblick auf den Gegenstand »günstiger« sind. Die relativen Häufigkeiten der »günstigen« Aussagen werden in einer Matrix angeordnet und dienen zur Ermittlung der Skalenwerte. THURSTONE und CHAVE haben für den Fall einer großen Anzahl von Aussagen, bei dem die Methode des Paarvergleichs sehr langwierig wäre, die Methode der gleicherscheinenden Intervalle vorgeschlagen. Die Aussagen werden nach einer bipolaren Skala mit 9 Intervallen (von »ungünstig–günstig«) skaliert. Der Median der Häufigkeitsverteilung der Zuordnung einer Aussage auf der Skala der gleicherscheinenden Intervalle wird als Skalenwert benutzt.

THURSTONE, Louis Leon / 1887–1955 / Psychol. / Pittsburgh, Chicago, Chapel Hill

Ⓔ **thymo…, …thym** [gr.] in Wtvb. Gemüt. *thymos* Seele, Mut, Wille.

Thymoanaleptika, Thymoleptika, Bez. für Drogen zur Therapie von Depressionen. Stimmungsanfeuernde Antidepressiva. →Psychopharmaka

Thymologie →Gemüt

Thymopathie, Bez. für verschiedene emotionale Störungen wie →Manie, →Melancholie, auch für →Neurosen. • Erkrankung der Thymusdrüse.

Thymoplegika →Psychopharmaka

Thymopsyche [gr.] ⟨STRANSKI⟩, der Anteil des Gemüts im Seelenleben. Entsprechende Begriffe wurden geschaffen für den Anteil des Intellekts: Noopsyche; Anteil des Körperlichen: Somatopsyche.

thymopsychische Reaktionen ⟨E. BLEULER⟩, Bez. für Primitivreaktionen wie Wut, Angst, Flucht, reaktive Charakterveränderungen

Thymose [gr. *thymosis* Zornmütigkeit], die für die Pubertät angenommene Aufwallungsform des Gemüts; Gereiztheit, Widersetzlichkeit, Verträumtsein usw. HELLPACH bezeichnet sie als die Lebenskrise zur Formung des Charakters. →Entwicklungsphasen

Thymus, Bries (beim Tier), innersekretorisches Organ hinter dem Brustbein. Steht in Wechselwirkung mit den Keimdrüsen, hat Beziehungen zum Wachstum. Nach der Pubertät Umwandlung in Fettgewebe. Neuerdings wurde seine Bedeutung als primäres Immunitätsorgan (zusammen mit Appendix und Tonsillen) erkannt. →Hormone

Thyreoidea [gr.], Schilddrüse

Thyreotoxikose, Hyperthyreodismus, Hyperthyreose. Überfunktion der Schilddrüse mit schwerer Vergiftung und Symptomen der →BASEDOWschen Krankheit.

thyreotropes Hormon →Hypophyse (Hormontabelle)

Thyroxin →Schilddrüsenhormon, →Hormone

Tic, Tick [frz. *tic* vom deutschen zucken], Bewegungsabläufe als monoton wiederkehrende, unwillkürliche, motorische Entladungen im Gebiete eines oder mehrerer Muskeln, wie etwa Stirnrunzeln, Blinzeln, Leck- und Schmatzbewegungen der Zunge, Gesichtszuckungen. T i c d o u l o u r e u x : kurzer Schmerzanfall bei chronischer Trigeminusneuralgie.

tie [engl.], Rangplatzbindung, Rangplatzgleichheit (statist.).

Tiefe der Gefühle, nach F. KRUEGER ein Merkmal der Gefühle. Die Bedeutung des Begr. erhellt am besten aus der Gegenüberstellung zu dem des »oberflächlichen« Gefühls. Während z. B. das Gefühl der Heiterkeit oberflächlich sein kann, ist das Gefühl der Glückseligkeit ein »tiefes«. An tiefen Gefühlen soll die Persönlichkeit stärker beteiligt sein als an oberflächlichen. Ⓛ KRUEGER, LERSCH

Tiefenelektroden →Elektrosubkortikographie, →Elektrophysiologie

Tiefenlokalisation, das Wahrnehmen der Entfernung eines Objekts vom Beobachter, die Einordnung eines Dinges in den Raum. Die T. des Gesichtsinnes ist beim Menschen überlegen der des Gehörs und besonders der T. der taktil-haptischen Wahrnehmung. Bei manchen Tieren ist der Geruchsinn vorrangig. →räumliches Sehen, →räumliches Vorstellen, →Querdisparation (m. Abb.), →Sinnesfunktionen, →Tiefenwahrnehmungsapparat, →Fadenversuch

Tiefenperson ⟨KRAUS⟩, der von den tieferen, d. h. »unteren« und auch entwicklungsmäßig älteren, der unmittelbaren Lebenserhaltung, dem Trieb- und Gefühlsleben dienenden Hirnteilen (Stammhirn, Althirn) gesteuerte »Personteil«. Primitivperson besagt gleiches. Kortikalperson steht dazu i. Ggs. In der Schichtentheorie nach ROTHAKKER u. a. ist T. die Es-Schicht. →Schichttheorie

Tiefenpsychologie, Sammelbegr. für die Richtung der Ps. die vorgibt, nicht an der »Oberfläche« des bewußten Seelenlebens haften zu bleiben, sondern in die unterbewußte und unbewußte Tiefe der Seele hineinzuleuchten und dabei insbesondere die Beziehung zwischen Gefühl und Willen »triebdynamisch« in den Vordergrund zu rücken. Ausgegangen von medizinischen Beobachtungen ist die T. inzwischen Therapie, Wissenschaft und Weltanschauung zugleich geworden. Die Bezeichnung T. kam etwa um 1930 auf, um sowohl alle Richtungen zu umfassen, die von FREUD, ADLER, JUNG, STEKEL u. a. ausgingen, zugleich aber auch, um eine Unterscheidung zwischen der →Psychoanalyse und den Nicht-FREUDschen Richtungen einzuführen. →Psychotherapie

tiefenpsychologische Persönlichkeitsmodelle, Bez. für alle von den Überlegungen der drei großen tiefenpsychologischen Richtun-

T

gen Psychoanalyse (FREUD), Individualpsychologie (ADLER), Analytische oder Komplexe Psychologie (JUNG) bzw. ihren Schulen ausgehenden Versuche einer Theorie der Persönlichkeit. Gemeinsam sind diesen theoretischen Ansätzen folgende Merkmale:

(1) Es handelt sich durchwegs um Modelle, die als Hilfskonstruktion für therapeutische Zwecke entstanden sind. Sie gehen daher über die reine Deskription hinaus und enthalten Elemente einer normativen Anthropologie.

(2) Sie weisen eine dynamische Konzeption auf. Die ps. Phänomene werden als Resultat von Konflikten und Kräfteverbindungen betrachtet, denen dranghafter Charakter zugeschrieben wird und die letztlich von einem Trieb (FREUD: Sexualtrieb, →Libido; ADLER: →Geltungstrieb; JUNG: →Lebensenergie, →Libido) abgeleitet werden.

(3) Die Aufbau- und Strukturmerkmale der Persönlichkeit werden unter Zuhilfenahme eines hierarchischen Schichtenmodells beschrieben (→Schichttheorie). Diese Vorstellung ist am ausgeprägtesten bei FREUD vorhanden (→Es, →Ich, →Über-Ich), aber auch bei ADLER und JUNG mit der Annahme einer der rationalen Gelenktheit nicht unmittelbar zugänglichen Tiefenschicht (→Unbewußtes), der ebenfalls dynamische Relevanz zugeschrieben wird, beibehalten. Ⓛ HOFSTÄTTER 1968[2] *A-T*

Tiefensehen →Tiefenlokalisation (m. weiteren Verweisen).

Tiefensensibilität, die in der Tiefe (des Gewebes) liegende Sensibilität, d. h. dort vorhandene Lage-, Gelenk-, Muskel-, Schwere- oder Widerstandsempfindlichkeit →VATER-PACINIsche Körperchen

Tiefenstruktur, in der →generativen Transformations-Grammatik (CHOMSKY 1965) das der konkreten →Oberflächenstruktur von →Sätzen zugrunde liegende (abstrakte) System der syntaktischen Beziehungen der einzelnen Bestandteile (Konstituenten) der Sätze zueinander, graphisch dargestellt in einem Basis-P-Marker (→P-Marker). Die T. bestimmt und repräsentiert die →Bedeutung der Sätze (sie drückt den Inhalt der Sätze aus), da sie sämtliche lexikalischen (→Lexikon) Bedeutungselemente in ihrem syntaktischen Bezug (→Syntax) enthält.

Die Überführung der abstrakten T. in die konkrete Oberflächenstruktur geschieht mit Hilfe von Transformationsregeln. So lassen sich viele von der Oberfläche her kaum erklärbare Ähnlichkeiten, Unterschiede und Ambiguitäten in der Bedeutung von Sätzen durch die Annahme unterschiedlicher →Transformationen bzw. unterschiedlicher T.en erklären. – Wenn sich auch das Konzept einer rein syntaktisch definierten T. im weiteren Verlauf der Forschung als nicht haltbar herausstellt (→generative Semantik), so ist es doch CHOMSKYS Verdienst, durch die Einführung der Dichotomie Oberflächenstruktur-T. den Anstoß gegeben zu haben, die sprachlichen Erscheinungen der Oberfläche immer auf dem Hintergrund ihnen zugrunde liegender sprachlicher oder nichtsprachlicher Beziehungen und Relationen zu diskutieren. Zur Ausweitung des Begriffs: →Denken, →Grammatik. *T-R*

Tiefenwahrnehmung →Tiefenlokalisation (m. weiteren Verweisen).

Tiefenwahrnehmung, Entwicklung, Untersuchungen an der »visuellen Klippe« *(visual cliff)* von E. GIBSON und R. WALK (1960) bei Kleinkindern (im 6. bis 14. Monat) zeigten, daß diese schon so früh Hinweisreize der Tiefe beachten können. Ⓛ WALK 1961 *R-S*

Tiefenwahrnehmungsapparat, Vorr. zur Prüfung der Tiefenwahrnehmung (→Tiefenlokalisation). Fäden mit veränderbarer Entfernung sind der Entfernung nach zu beurteilen. • Das sog. »Kugelfallgerät« ermöglicht gleichfalls die Beurteilung der Tiefenwahrnehmung. →Sinnesfunktionen (1b) →Fadenversuch Ⓛ PAULI-ARNOLD, 1972

tierischer Magnetismus, Heilmagnetismus MESMERismus. Eine angebliche »Kraft«, die aus den Händen oder dem Körper insgesamt ausströmt und zu Heilzwecken benutzt werden könne. →Mesmerismus

Tierpsychologie, nicht mehr gebräuchliche Bez. für die Physiologie des Verhaltens bei Tieren. →Ethologie *P-S*

Tiersoziologie, Erforschung des Zusammenlebens der Tiere. →Ethologie

Tiersprache, Sammelbez. für verschiedenste, bei Tieren (z. B. Ameisen, Heuschrekken, Bienen, Fischen, Vögeln, Delphinen, Menschenaffen) anzutreffende →Kommunikationssysteme. Die Angemessenheit des Begriffs →Sprache wird dabei i. allg. in Frage gestellt, vornehmlich von Linguisten negiert (LENNEBERG 1967, dt. 1972 278ff.).

Zwar gilt als nachgewiesen, daß Tiere mittels akustischer, optischer, taktiler, olfaktorischer →Signale auf das Verhalten vor allem von Artgenossen Einfluß nehmen (wobei offenbleibt, ob u. U. so etwas wie »Absichtlichkeit« angenommen werden darf), etwa im Sinne von Drohen, Warnen, Anlocken (Geschlechtspartner, Junge, Beute) u. a. m. Jedoch erscheinen dabei noch zu wenige der menschliche Sprache charakterisierenden Merkmale als erfüllt, so daß die Annahme einer einigermaßen kontinuierlichen phylogenetischen Entwicklung menschlicher Sprache aus tierischen Vorformen wenig Stützung erfährt. Allerdings vollbrachten Schimpansen in neueren Untersuchungen im Medium von →Gebärden-o. a. →Zeichensprachen teilweise überraschende sprachliche Leistungen (BROWN 1973 32ff.), die auch qualifizierteren Kriterien menschlicher Sprache (wie Fragen stellen, Verwendung syntaktischer Strukturen u. a. m.) genügen. Ⓛ HINDE 1972, MARSHALL 1974 *K-I*

time-and-motion study [engl.], Zeit- und Bewegungsstudien. →Zeitstudie

time-decay [engl. Zeitverfall], Zerfall von Gedächtnisspuren in der Zeit. →Gedächtnis, →Vergessen

time out, [engl. Auszeit, TO], Ausschluß von positiver Verstärkung.

t. o. wird von der Verhaltenstherapie neben *response-cost* (Entzug positiver Verstärker) als Strafmaßnahme eingesetzt. Probleme: kognitive Repräsentation des →*settings* (der Betroffene soll diese Maßnahme auch als verstärkerfrei erleben: keine positiven Reize im Raum oder durch die Situation) und Güterabwägung zwischen t. o. und Störung. →operante Konditionierungstherapien. *R-S*

time-sampling [engl.], Zeit-Stichproben-Nehmen. →Beobachtung, →Zeitprobentechnik

timing, richtige zeitliche Einteilung.

Tintenkleckse ausdeuten Ⓣ DREY-FUCHS, HOLTZMAN, RORSCHACH, ZULLIGER

Tischrücken →Levitation

TITCHENER-Täuschung, ein Kontrastmuster, wobei von zwei in Abstand nebeneinander stehenden gleich großen Kreisen der eine von größeren, der andere von kleineren Kreisen umgeben ist. Letzterer erscheint größer. Ⓛ RAUSCH

*

TITCHENER, Edward Bradford / 1867 (Chichester, England)–1927 (Ithaca NY) /Psychol. / stud. bei WUNDT / Cornell-Univ. (Ithaca)

Tl, Testleiter, Untersucher

TL, *terminal limen,* obere →absolute Schwelle

T-Marker, *transformation-marker,* Transformations-Marker, in der →generativen Transformations-Grammatik Bez. für die systematische Zusammenstellung der →Transformationen, die die Überführung der abstrakten →Tiefenstruktur der →Sätze einer →Sprache in ihre konkrete →Oberflächenstruktur beschreiben. 1965 läßt CHOMSKY diesen Begriff fallen. *T-R*

T-Norm →Normskalen

TO, Abk. für →*time-out*

Tod, letztes natürliches Schicksal des Menschen, der sich von allen anderen Lebewesen dadurch unterscheidet, daß er um seinen eigenen Tod weiß, zugleich aber über ihn hinaus denkt. Daher ist ps. bedeutsam, daß der Tod als Faktum die letzten philosophisch/religiösen Fragestellungen nach Transzendenz, Sinnerfüllung und Eschatologie wachhält. →Religionsps., →Todespsychologie, →Sterben *S-G*

Todespsychologie, die ps. Erforschung des mit dem →Tod zusammenhängenden Erlebens und Verhaltens. Syn. Thanatops., Ps. des Todes, Psychothanatologie. Der Begr. ist abgeleitet von dem umfassenderen Begr. Thanatologie [gr. *thanatos* Tod], der von Ilja Illjitsch MECHNIKOFF 1901 eingeführt wurde und die interdisziplinäre Befassung mit allen Problemen des Todes bezeichnet.

Zur Auseinandersetzung mit dem Tod in der Antike und in verschiedenen Kulturen weisen KASTENBAUM u. COSTA (1977) Literatur nach. Die ersten Arbeiten zum Themenbereich in der Ps. sind die von G. Th. FECHNER (Büchlein vom Leben nach dem Tod 1876), A. S. SCOTT (Über Alter und Tod 1896), G. St. HALL (*Thanatophobia and immortality* 1915), T. D. ELIOT (Über die vom Verlust [*bereavement*] betroffenen Familien 1930) oder (in der Soziologie) das berühmte Werk von E. DURKHEIM, der den →Suicid 1898 durch die soziale Desintegration (→Anomie) mitbestimmt sah, oder das Werk des Arztes Sir William OSLER, der 1904 »letzte Worte« von Sterbenden sammelte und die ärztliche Forderung des Sterbebeistandes erhob. Sie haben lange kaum Resonanz in der empirischen Ps. gehabt. S. FREUD hat um 1920 sein Konzept vom →Todestrieb entwickelt und damit psa. Überlegungen zum Thema angeregt. Die Überwindung des →Tabus, mit dem es belegt gewesen scheint, beginnt aber erst etwa in der Mitte der 50er Jahre in Amerika mit Hermann FEIFEL (1959) und besonders durch die Veröffentlichung der Psychiaterin KÜBLER-ROSS (Interviews mit Sterbenden 1969, dtsch. 1973). Die Forschung zur Suicidprävention ist besonders durch FARBEROW u. SHNEIDMAN 1965 angeregt worden. Im deutschsprachigen Gebiet gibt es zur T. zunächst weniger Veröffentlichungen als in Amerika, wie WITTKOWSKI 1978 zeigt.

Die versch. Themen der T. könnten versch. älteren Disziplinen der Ps. zugeordnet werden. Ein Grund für den Versuch, eine neue Disziplin T. auszusondern, ist wahrscheinlich die relative Vernachlässigung des Themas durch die etablierten:

(1) die Entwicklung des Todesbegriffs und der Vorstellungen über den Tod beim Kind: Für das Kind von 1–3 J. ist der Tod soviel wie bloßes Verschwinden, Abreise, vorübergehende Abwesenheit; zwischen 5 und 9 J. soll erstmals der Gedanke an den individuellen Tod auftreten, der Tod soll als Folge von Gewalt und Feindseligkeit erlebt

T

werden; zwischen dem 9. und 12. J. wird der Tod als irreversibles Geschehen erkannt. Die Entwicklung und Veränderung der Todesangst ist ein hierher gehöriges Thema der Entwicklungsps. (2) Die Einstellung zu Tod und →Sterben, zur Ungewißheit über den Zeitpunkt des Todes, die Auseinandersetzung mit dem »Allein-Sterben« und mit dem »Danach« (Jenseitsglaube und Unsterblichkeit) sind Gegenstände der Gerontops. (Ps. des Alterns) und auch der med. Geriatrie, was nicht heißt, daß diese Themen hier stets die ihnen zukommende Beachtung gefunden haben. (3) Die Angst vor dem eigenen Tod und vor dem anderer (Todesangst) sowie die Veränderung von Persönlichkeitsmerkmalen bei versch. Distanzen vom Tod sind eigentlich Forschungsgegenstände der allgemeinen und differentiellen Ps., ebenso wie die Abwehrmechanismen und deren allmählicher Abbau (vgl. WITTKOWSKI 1977). (4) Berichte über das Verhalten und über Äußerungen von Sterbenden liegen den Vermutungen über das Sterben zugrunde sowie den Vorschlägen für die ps. →Sterbehilfe, die allerdings schon früher von William WORCESTER 1961 zu geben versucht worden sind. (5) Der →Suicid und die Suicidprävention werden überwiegend von klinisch-ps. orientierten Forschern untersucht. Sie sind aber auch Themen der T. ebenso wie der →psychogene Tod (auch *Voodoo*-Tod genannt), der ohne äußerlich erkennbare Schädigung des Organismus eintreten kann und z. T. durch absolute Hoffnungslosigkeit erklärt wird (RICHTER 1965). (6) Schließlich sind Trauer und sonstige Folgen des Verlustes, d. h. also der sozialps. Aspekt des Todes von Angehörigen und Freunden als mehrfach behandelte Probleme der T. zu erwähnen (vgl. SCHOENBERG u. a. 1970). Die Ausklammerung des Todes aus der Gesellschaft, die heute weitgehend verbiete, Trauer zu zeigen (GORER 1965), habe die Geborgenheit aufgehoben, die es früher im Trauerritual gegeben habe, und zur Privatisierung der Trauer geführt. Ⓛ BITTER 1974, KASTENBAUM u. COSTA 1977, WICKERT 1975, WITTKOWSKI 1978 *B-S*

Todestrieb, Thanatos-Trieb, nach FREUD der dem →Lebenstrieb entgegenstehende Grundtrieb im Menschen.

Das Ziel des T. ist die Auflösung und Vernichtung des Lebens. Der T. tritt in Form der Aggression und Destruktion in Erscheinung und kann sowohl nach außen gegen andere Menschen (Trennung, Abstoßung, Haß, Vernichtung) als auch nach innen gegen die eigene Person (Selbsthaß, Selbstvernichtung) gerichtet sein. Zwischen T. und Lebenstrieb besteht eine →Fusion (Legierung, Verschränkung), in welcher entweder der T. oder der Lebenstrieb eine Dominanz besitzt. Dominiert der Lebenstrieb, sind diesem aggressive Komponenten beigemischt, und zwar sowohl in seiner Form als Ich-Trieb (Selbsterhaltungstrieb) für den Kampf ums Dasein als auch in seiner Form als Objekt-Trieb (Sexualtrieb) für die Eroberung des Liebesobjektes und für den Kampf mit den Rivalen. – Im Falle der Dominanz des T. überwiegen die aggressiven Komponenten des Lebenstriebs, bzw. haben sich gegenüber diesem verselbständigt und wirken sich in der Form des Ich-Triebs als Selbstvernichtungstendenz und Masochismus, und in der Form des Objekt-Triebs als Tendenz zur Vernichtung des Sexualobjektes und als Sadismus aus. Der Grund für die Dominanz des T. liegt dabei im Hinblick auf den Ich-Trieb in einer verstärkten Hemmung der Aggression durch das Über-Ich, im Hinblick auf den Objekt-Trieb in einer verstärkten Frustration der Sexualität durch das Sexual-Objekt.

Tod, psychogener, syn. Voodoo-Tod [engl. *voodoo* Zauberkult, Hexerei], Bez. für das (umstrittene) Sterben ohne körperl. Krankheit bzw. Schädigung, allein aus seelischer Ursache. →Todespsychologie ● Beim Wodu-Kult, der in einigen Primitiv-Kulturen noch lebendig ist, führt das entsprechende Besessensein mit einem bösen Geist, einem bösen Befehl u. ä. in wenigen Tagen zum Tod. Ⓛ RICHTER 1965

token-economy-system, Münz-Verstärkungs-Plan, ein von AYLLON u. AZRIN 1968 entwickeltes Verfahren innerhalb der Verhaltensmodifikation, bei dem Münzen *(tokens)* als Verstärker verwendet werden. Ein Kontrakt zwischen Therapeut und Klient (bzw. zw. Lehrer und Schüler etc.) legt einmal den Wert einer Münze fest (z. B. 5 *tokens* = 1 Kinobesuch), zum anderen die Art und Häufigkeit erwünschten und unerwünschten Verhaltens in bezug auf Erhalt bzw. Entzug von *tokens*. Angestrebt wird eine der Internalisierung dieses Systems folgende Selbstkontrolle. *L-R*

Toleranz [lat. *tolerantia* Ertragen, Geduld], Duldsamkeit und Großzügigkeit gegenüber fremden Meinungen, Glaubensüberzeugungen, ungewöhnlichen und fremdartigen Gebräuchen und Verhaltensweisen, damit ähnlich der Vorurteilslosigkeit, aber auch die Tendenz, der Unduldsamkeit aktiv gegenüberzutreten. In der Religionsps. ist mehrfach gefunden worden, daß T. gegeben ist, wenn das Individuum religiöse Lehren verinnerlicht hat. ● T. im ersten, eher umgangssprachlichen, Sinn wird z. T. erklärt durch die von FRENKEL-BRUNSWIK (1949) beschriebene T. gegenüber Mehrdeutigkeit (*tolerance* bzw. *intolerance of ambiguity* Ambiguitätstoleranz), die als Persönlichkeitsvariable mit Bezug auf Emotion und Wahrnehmung (→Denkstil) allerdings umstritten ist, ebenso wie die Zugehörigkeit des negativen Pols zum Syndrom des →Autoritarismus. Syn. das Verhältnis von T. zu Konflikten. ● T. als Ertragen von unangenehmen, schädigenden (giftigen) Einwirkungen ist einerseits ein med. Begr., andererseits →Frustrationstoleranz. ● In der Statik und Mechanik bedeutet T. den zugelassenen Betrag der Abweichung von vorgegebenen Maßen. ● Ggs. Intoleranz *B-S*

Ton, ugs. fast immer ein Klang, der sich aus Grundton und seinen Obertönen zusammensetzt. I. Ggs. zum Geräusch wird er durch regelmäßige Schwingungen hervorgebracht (Schallschwingungsgemisch). Nur ein Sinus-Ton (einfache Schallschwingung von Sinus-Form) ist ein Ton. *Ri-R*

Tonabsorption [lat.], Auslöschung von Tönen gleicher Stärke in einer Tongruppe durch einen einzelnen Ton (Beispiel: der Zwischenton).

Tönesehen, Mitempfindung bei Reizung nur eines Sinnesorgans. →Synästhesie

Tonfarbe, Klangfarbe. →Klang

Tonhöhe, *pitch,* die durch die Schwingungszahl bestimmte Qualität eines Tons. →Hören

tonisch [zu →Tonus], durch andauernde Muskel-Spannung, gekennzeichnet z. B. t. Krämpfe.

Tonmodulation [lat. *modulári* nach dem Takt abmessen], der Tonfallwechsel im Sprechen nach Tonhöhe und Tondauer. Neben der Akzentuierung (= dynamische Betonung) ist der →Rhythmus von Bedeutung.

Tonograph [gr. *tónos* Spannung] →Tonometer

Tonometer, Apparat zur Messung des Augeninnendrucks. ● Blutdruckmesser nach v. RECKLINGHAUSEN. ● T. war auch Bez. für den von v. HORNBOSTEL konstr. Tonvariator.

Tonphysiologie, naturwiss. Methode zur Untersuchung der vegetativen Vorgänge im menschlichen Körper beim Spielen, Singen und Hören. *Ri-R*

Tonpsychologie, Teilgebiet der Wahrnehmungsps. Zunächst Lehre von der Schallwahrnehmung, dann erweitert durch den Begr. Gehörps., die u. a. individuelle Gehör- und Musikbegabungen untersucht. Die angew. T. befaßt sich auch mit der rezeptiven Wirkung von Musik in →Musiktherapie, mit der Beeinflussung des Unbewußten bei Beschallung von Arbeitsplätzen, Supermärkten u. a. m. →Musikpsychologie *Ri-R*
Die T. wurde von Carl STUMPF (1848–1936) begründet. Die anfänglich sehr breite Beachtung der T., wozu auch die gründlichen, physiologisch ausgerichteten Arbeiten von HELMHOLTZ, HORNBOSTEL u. a. beitrugen, wurde mit der Entwicklung der Musikps. (s. d.) rückläufig. Die T. (von WELLEK als Gehör- oder Hörpsychologie bezeichnet) ist Grundlagenforschung zur Musikps. Ⓛ STUMPF, STEVENS u. WARSHOSSKY

Tonschwelle →Hörschwelle

Tontaubheit →Amusie

Tonus, der beim lebenden Körper dauernd vorhandene Spannungszustand von Muskeln, Gewebe, Gefäßen usw., gesteuert durch vegetative Nervenzentren und N.bahnen, die ihrerseits vagotonisch bzw. sympathikotonisch geregelt sind (→Vagotonie, →Sympathikotonie). ● Die Bez. ps. Tonus ist vorwiegend als der personbestimmende Grad der Straffung, als die mehr oder minder geschlossene oder gelöste (gelockerte) Gesamthaltung zu verstehen. →sensorisch-tonische Feldtheorie

T

Tonvariator ⟨W. STERN⟩, Vorrichtung, um reine, abstufbare Töne zu erzielen. Eine Flasche aus Metall mit verschiebbarem Boden wird von oben her gleichmäßig mit einem Luftstrom angeblasen.

Tonverschmelzung, Verbindung von Grund- und Obertönen zu einem einzigen musikalischen Ton, ferner beim Zusammenklingen von 2 einfachen Tönen gleicher Intensität.
Bei Abstufung nach Stärke der Verschmelzung steht obenan die Oktave (Schwingungsverhältnis beider Töne wie 1:2), alsdann folgen: Quinte (2:3), Quarte (3:4), große Terz (4:5), kleine Terz (5:6), große Sexte (3:5), kleine Sexte (5:8), verminderte Quinte (5:7), verminderte Septime (4:7), große Sekunde (8:9), kleine Sekunde (15:16), große Septime (8:15), kleine Septime (9:16). Nach STUMPF beruht die T. auf besonderer Form des Zusammenwirkens der die akustischen Eindrücke aufnehmenden Nervenzentren.

Tonwahrnehmung →Hören

Ⓔ **top . . ., topo . . .** [gr.] in Wtvb. Ort

Topik, seit ARISTOTELES die Lehre von den *tópoi,* den logischen »Örtern«, d. h. den allgemeinen Gesichtspunkten bei der Behandlung eines bestimmten Themas.

topisches Gedächtnis ⟨G. E. MÜLLER⟩, Gedächtnis für Ortslagen

topisches Lernen, topologische Mnemonik, das Erlernen von Inhalten mit Unterstützung von Ortsvorstellungen. Beispiel dafür sind Diagramme, Figuren, Schemata, mit deren Hilfe Inhalte eingeprägt werden.

topographischer Aspekt, Begr. der psychoanalytischen Schule. Bezeichnet die Bestimmung seelischer Vorgänge nach ihrer Lage im Schema von Ich, Es und Über-Ich.

topologische Mnemonik →topisches Lernen

topologische und Vektor-Psychologie, eine von LEWIN (1936 u. a. O.) mathematisch formulierte Feldtheorie. Es werden Grundbegriffe aus der Topologie und der Begriff des Vektors verwandt. Die Topologie handelt von allgemeinsten räumlichen Lagebeziehungen ohne Ansehung der Form und Größe räumlicher Gebilde. Vektor ist ein mathematischer Begr., mit dem gerichtetes Geschehen ausgedrückt wird. Von beiden mathematischen Hilfsmitteln dient jedes der Darstellung eines bestimmten Aspektes psychologischer Situationen: topologisch lassen sich Strukturen darstellen, d. h. die augenblicklichen gegenseitigen Beziehungen ps. wirksamer Momente. Vektoren repräsentieren die sich aus einer bestimmten Konfiguration ergebenden dynamischen Momente im Sinne gerichteter Kräfte. – Das psychologische Feld, von dem LEWIN ausgeht, ist der →Lebensraum.

Dieser umfaßt die handelnde Person sowie alle Momente, die für die augenblickliche Handlung bestimmend sind. Da solche sowohl konkrete Gegenstände als auch Bedürfnisse, Einbildungen, ideologische Tabus sein können, ist der Lebensraum nicht anschaulich, sondern mathematisch zu verstehen. Als mathematischer Raum gefaßt läßt sich auf den Lebensraum die topologische Geometrie anwenden. Dabei wird jeder ps. gegebenen Einzeltatsache eine topologische Region zugeordnet und ps. Beziehungen nach geometrischen Regeln gehandhabt. Eine solchermaßen topologisch ausgedrückte ps. Situation bedeutet eine Erklärung für das augenblickliche Verhalten eines Menschen. – Um Voraussagen über das Verhalten machen zu können, müssen die dynamischen Momente der Situation, also die Kräfte, welche eine Veränderung herbeiführen, dargestellt werden. So ist z. B. ein Bedürfnis durch eine Region mit bestimmten dynamischen Eigenschaften (d. i. ein →gespanntes System) darzustellen. Zwischen dieser Region und Regionen, die Anziehendes und Abstoßendes repräsentieren, besteht eine gerichtete Kraft. Eine Region, die z. B. ein Hindernis oder ein Verbot darstellt, ist dynamisch eine →Barriere (→auch: Wand, Wandfestigkeit). Einem jeden dieser Momente entspricht eine gerichtete Kraft, die durch einen Vektor dargestellt wird. Aus der Stellung der Vektoren in einer topologischen Darstellung läßt sich ableiten, welche Region eine Lokomotion ausführen wird, das bedeutet ps. eine bestimmte Handlung. Der topologische Weg, auf dem diese erfolgt, ist nicht ohne weiteres gegeben, sondern setzt die Möglichkeit einer Definition von Richtung voraus. Durch besondere geometrische Überlegungen kam LEWIN zur Konzeption einer →Hodologie, die eine begrifflich eindeutige Behandlung von Richtungsproblemen zuläßt.

Die Mathematisierung ps. Gegebenheiten durch die Topologie hat den Vorteil, daß Gegebenheiten dargestellt werden können, die im quantitativen Sinn nicht meßbar sind. Der Begr. Vektor erfordert strenggenommen eine Meßbarkeit ps. Kräfte, um relative Größenbeziehungen mehrerer Kräfte ausdrücken zu können. *Str-R*

Topophobie, krankhafte Angst vor bestimmten Orten. →Phobie

torpid [lat. *torpidus* erstarrt, gefühllos], empfindungslos, schlaff, träge, stumpf, mit herabgesetzter Erregbarkeit einhergehend. Beim Schwachsinn bezeichnet t. die stumpfschlaffe Form.

Torpor [lat.], Regungslosigkeit, Schlaffheit

Torsion [lat. *torquere* drehen], Drehung um die Längsachse; Abdrehung

Torsionsspasmus, Torsionsdystonie, bei dem seltenen Erbleiden kommt es infolge degenerativer Veränderung im →extrapyramidalen System zu Veränderungen des Muskeltonus und zu →Athetose. Charakteristisch sind krankhafte Überstreckungen der Wirbelsäule, die zu bizarren Körperdrehungen oder Korkzieherbewegungen des Körpers führen. Hierher gehört auch der spastische Schiefhals *(torticollis spasticus).*

TOTE-Einheit, abgek. aus *test – operate – test – exit,* analog VVR-Einheit, abgek. aus Veränderung – Vergleich – Rückkopplung, von G. A. MILLER u. a. (1960) vorgeschlagene schematische Darstellung des kybernetisch interpretierten Handlungsablaufs. Der Ist-Wert des Organismuszustandes, d. h. z. B. die gegenwärtig verfügbare Information, wird mit dem Sollwert verglichen *(test),* aus dem Ergebnis wird eine instrumentelle Handlung gefolgert *(operate),* deren wahrscheinlicher Erfolg wiederum mit dem Sollwert verglichen wird *(test)* und die bei genügender Übereinstimmung ausgeführt wird *(exit)*. KAMINSKI (1973) hat das Schema erweitert und verbessert. *B-S*

Totem, Tierahn, magisch/religiöser Glaube primitiver Naturvölker (bes. Australien, auch Amerika, Melanesien, Polynesien) an tierische Ahnen bestimmter Menschengruppen, die von einem gemeinsamen T.tier (auch Pflanze, Stein, die zugleich →Fetische bilden) abstammen. Dieses Tier (z. B. Känguruh, Vogel) darf nicht getötet werden, denn es gilt als Gefährte, Verwandter, Beschützer, Helfer. →Tabu, →Magie *S-G*

Totemismus ⟨WUNDT⟩, Bez. für die dem primitiven Menschen folgenden Zeiten, die ihrerseits abgelöst werden durch das »Zeitalter der Götter- und Heldensagen«. Völkerps. ist T. die Zeit der Stammesgliederung und Stammesorganisation, also auch der →Exogamie, der Häuptlingsherrschaft, des Stämmekampfes, des Totemkultes und einer Reihe entsprechender Gewohnheiten. →Totem

Totemtier →Totem

Totenfetisch [port. *feitico* Zauber], Körperteil oder Besitzstück eines Verstorbenen (Zahn, Haar, Herz, Kleid), das als hilfreicher Talisman (→Fetisch) bewahrt oder bei sich getragen wird. Auch als Zaubermittel bei Primitiven im Gebrauch.

Totenopfer, totemistischer Kult, darin bestehend, daß Gebrauchsgegenstände (Waffen), getötete Tiere oder gar Menschen einem Toten mit ins Grab gegeben werden.

Totstellreflex, besser **Totstellverhalten,** angeborenes →Täuschungsverhalten. Viele Jungtiere stellen auf einen elterlichen Warnruf hin sämtliche Aktivität ein und werden dank ihrer Tarnfarbe für einen Freßfeind optisch kaum auffindbar. Vgl. Notfallsfunktion *P-S*

Tötungshemmung, (biol.), angeborene Verhaltensweisen, die das Töten von Artgenossen verhindern. Bei Wölfen z. B. zeigt der in einem Kampf unterlegene eine →Demutsgebärde und löst dadurch beim Sieger eine Beißhemmung aus. *P-S*

Tourismusforschung, psychologische, eine seit zwei Jahrzehnten, zusätzlich zur bisherigen wirtschaftlichen und sozialpolitischen Beachtung des Tourismus, hervortretende ps. Aufgabe, die mit vielfältigen Analysen Fragen der Reiseaktivität, der Reisemotivierung, des Erlebens und Verhaltens, des Rollenspielens und der Gewohnheiten beim Reisen u. a. zu durchleuchten sucht. Bedeutsam ist dieser Forschungszweig auch für die Klärung medizinischer und pädagogischer Tourismusprobleme (Gesundheitswert des Reisens, Reisetherapie, Jugendtourismus u. ä.). Führend ist der »Studienkreis für Tourismus« in Starnberg (seit 1960). Ⓛ HAHN, Tagungsberichte des Studienkreises, HARTMANN 1974, FINGER 1975

Toxikose [gr. *toxikon* zum Bogen gehörig, Pfeilgift], Vergiftung bzw. durch Vergiftung erzeugte Krankheit

Toxiphobie, Toxikophobie, Furcht vor Vergiftung

TPMO-pattern [engl.], Abkürzung für das von MURRAY für die soziale Einordnung der Bedürfnisse (→*need-press*) aufgestellte Formel: *time, place, mode, object* (Zeit-Ort-Weise-Objekt). Kein Bedürfnis ist im sozialen Raum dauernd, überall, in jeglicher Form und gegenüber allem erlaubt. Die bezeichneten Faktoren schränken es ein.

tracing, *tracing-test,* ein von G. M. WHIPPLE eingeführtes Verf., wobei die Feinmotorik und die Bewegungskoordination mit dem Nachfahren von Linien bzw. zwischen Linien geprüft werden.

tracing-Versuch →Sinnesfunktionen (5d)

Tracking [engl. *track* Spur, Fährte, Geleise], das bei sog. Verfolgungsbewegungen (Führungs- und Zielbewegungen – z. B. Fahrzeugsteuern, Einstellen von Apparaten, auch das Schreiben) auftretende Zusammenspiel von Systemkomponenten (Steuerung, Regelung, →Rückkopplung, →Reafferenz u. ä.). ● T. bezeichnet auch eine Aufgabenstellung, bei der eine bewegliche Marke mit einem beweglichen Ziel deckungsgleich gemacht werden soll *(compensatory t.)*, bzw. die Marke einer vorgegebenen Weglinie nachgeführt werden soll *(pursuit t.)*. Dazu sind versch. Geräte entwickelt worden, z. B. *pursuit rotor*. Vgl. TOTE-Einheit, Training.

tracking task, Zielverfolgungsaufgabe

track-tracing, Spur-Nachfahren

Traction-Effekt, Ziehen- oder Zug-Effekt, →Tunnelphänomen, →Kausalitätswahrnehmung

tractus opticus →Sehbahn

Tradition [lat. *tradere* übergeben, anvertrauen], Überlieferung, ein Gemenge von kulturell-zivilisatorischen, geistigen Werten, Werthaltungen, Moralanschauungen und deren Äußerungsformen (Kulturvollzug). Das Wahren (Übernehmen wie Weitergeben) der T. geschieht überwiegend unreflektiert, gewohnheitsmäßig. Das »Tradierte« besitzt den Charak-

T

ter der →Selbstverständlichkeit. Ein Vorgang, der meist weitgehend durch →Tabus abgesichert ist. Je mehr Traditionsbewußtsein aufkommt, um so problematischer steht es zumeist um die T., um so stärker tritt sie in das Spannungsverhältnis zur Idee des Fortschritts. Dem meist mit Autoritätsglauben verbundenen →Traditionalismus wird erst ungläubig, dann kritisch, zuletzt revolutionär begegnet. →Moralps.

Traditionalismus, die Hochschätzung und das Festhalten an der →Tradition; auch die Überbewertung

Trägheit, Bez. für die allen Organismen zukommende Gegenhaltung zur Aktivität – vergleichbar und angenähert der →Perseveration und der →Rigidität. Ein eigener Trägheitsfaktor wird heute angenommen (z. B. von CATTELL). →Inertia-Effekt

Training [engl. Ausbildung, Übung], systemat. →Üben zu körperlicher, geistiger, seelischer Leistungs- (Erfolgs-)steigerung bzw. Fehler- (Versagens-)minderung. Entsprechend werden u. a. Funktions-T., Verhaltens-T., Anti-Havarie-T., motorisches bzw. sensumotorisches, verbales, →mentales bzw. geistiges T. unterschieden. Auch indirekte und direkte (mentale und perzeptive) T.-methoden stehen sich gegenüber. Letztere nutzen den →CARPENTER-Effekt. Gutes Beispiel für das T. nach Art und Methode ist im klinischen Bereich das →autogene T. (aktive Selbstentspannung). Vgl. psychoregulatives T., TWI. Ⓛ HACKER

Trainingsfamilie, (psth.) Ersatzfamilie, in der Jugendliche mit Ersatzeltern (Ersatzgeschwistern) für bestimmte Zeit verhaltenstherapeutisch »trainiert« werden.

Trainingsgruppe, *T-group, training group,* TG, auch →*encounter group,* im Rahmen von →*sensitivity trainings* und →gruppendynamischen Laboratorien verwendete, zentrale Lernform zur Schulung der Selbst- und Fremdwahrnehmung, Kommunikations- und Kooperationsfähigkeit. Standardmäßig 8–12 Teilnehmer mit 1–2 Trainern, die – nicht unähnlich der analytischen Selbsterfahrungsgruppe, aber stärker auf die →Hier-und-jetzt-Situation bezogen – sich die Interaktionen in der Gruppe als Aufgabe und Thema stellen. Ziel ist das sich Einspielen eines →*feedback*-Systems, das die Selbsterfahrung ermöglicht. Ⓛ BACK 1972, SBANDI 1973, YALOM 1972 *A-S*

Trainingsmethoden →Training

trait, ein relativ konstanter Wesenszug, Charakterzug, Eigenschaft einer Person. →Faktorentheorien der Persönlichkeit, →Persönlichkeitsfaktor, →Rolle

Trance [lat. *transitus* Übergang, frz. *trance*], ein mit Bewußtseinseinengung und Willensschwächung verbundener hypnoseähnlicher Zustand mit vielfach nachfolgender Erinnerungslosigkeit, bei dem aber zugleich nicht erwartete (bzw. nicht erwartbare) Aussagen oder Handlungen möglich sein können. Der Trancezustand zeigt Übergänge zur →Ekstase, →Hypnose und zum →Somnambulismus.

tranquilizer →Tranquillantien

Tranquillantien, syn. Ataraktika, Substanzen, die Aufregung, Angst und motorische Erregung beseitigen, ohne daß Müdigkeit und Leistungsminderung auftritt. Wichtige T.: Meprobamat (Miltaun®), Chlordiazepoxyd (Librium®), →Psychopharmaka Ⓛ DEBUS u. JANKE 1981a

Ⓔ **trans** [lat. *trans* über, jenseits] in Wtvb. hinüber, hindurch, übertragen

Transaktionalismus →AMESsche Räume

Transaktionsanalyse, auf BERNE (1967) zurückgehendes Konzept der Einzel- und →Gruppenpsychotherapie, das Verhalten und Erleben als Ausdruck wechselnder »Ich-Zustände« (kindliches Ich, Eltern-, Erwachsenen-Ich) auffaßt und die Beziehungen zwischen Personen auf Transaktionen zwischen diesen Ich-Zuständen zurückführt. Die T. versucht, Transaktionsmuster (»Spiele«) und Lebenspläne (auf »Botschaften« und »Entscheidungen« basierende *»scriptmuster«*) durch Erhellung zu verändern. *E-N*

Transfer, Mit-Lerneffekt [engl. *transfer* Übertragung], werden bestimmte Vorgänge beim Lernen oder Denken, die in einer ersten Aufgabe erworben sind, auf eine andere übertragen, spricht man von T. Die Übertragung kann die Erledigung der zweiten Aufgabe förderlich oder hindernd beeinflussen (positiver bzw. negativer Transfereffekt).

Ein solcher Effekt kann sich auf zeitlich Vorhergehendes sowie Folgendes beziehen (→retroaktive und proaktive Hemmung). Der Transfereffekt ist am stärksten zwischen sehr ähnlichen Situationen und wird schwächer mit abfallender →Ähnlichkeit. In den meisten Fällen zeigt sich, daß T. eintritt, wenn die Aufgabensituation zwar neu ist, ihre Erledigung aber dieselben Reaktionen erfordert wie die Ursprungssituation. Umgekehrt bleibt T. meistens aus, wenn auf die bekannte Situation mit neuen Reaktionen geantwortet werden muß. Neuerdings konnte allerdings gezeigt werden, daß auch T. im Sinne neuer Reaktionen auf alte Reize erfolgen kann (Bartlett, 1954). Bedingung dafür ist, daß die Lernsituation schwieriger ist als die Übertragungssituation und nicht umgekehrt. – Das Problem des T. hat besonders in der pädagogischen Ps. eine bedeutsame Rolle gespielt. Hier stellte sich die Frage, wieweit die Beherrschung eines Stoffgebietes die Erlernung weiterer erleichtert. Meumann und Ebert (1905) untersuchten das Problem als erste und fanden →Mitübung anderer Fähigkeiten. Die traditionelle Ansicht von der formalen Bildung, nach der die Übung jeder »geistigen Fähigkeit« sich auf alle anderen auswirkt, sah darin eine Stütze. Einwände dagegen wurden schon von G. E. Müller (1905) erhoben in dem Sinne, daß die Übertragung nicht allgemein sei, sondern auf Gemeinsamkeiten des Lernstoffes und der Lernweise eingeschränkt. Einen Schritt weiter ging Thorndike mit seiner bekannten Doktrin, daß T. nur dort stattfindet, wo mehrere Situationen identische Elemente enthalten (→identische Elemente, Theorie der). So soll Übung im Addieren sich für das Erlernen des Multiplizierens nur dadurch positiv auswirken können, daß in letzterem ersteres als ident. Element für beide enthalten ist.

Neuerdings setzt sich die Ansicht durch, daß die Bedingungen für T. dort am günstigsten sind, wo beim Lernen Einsicht in Zusammenhänge und allgemeine Verfahrensweisen erworben wird (→Generalisation). Ⓛ Bergius (1964), Postman *Str.-R*

Transfert [frz. aus lat. *transférre* hinübertragen] ⟨Charcot⟩, Übertragung von gewissen nur halbseitig auftretenden hysterisch-hypnotischen Erscheinungen (Lähmung, Muskelzusammenziehung) auf die andere Körperseite durch Suggestion, Berührung usw.

Transformation, (allg.) Umwandlung, Umformung, Umspannung. • In der Sinnespsychologie sind mit T. die den Konstanzphänomenen zugrunde liegenden Prozesse gemeint. →Konstanz • Nach Guilford (1967) ist T. Produkt (und Operation) des →Denkens (vgl. Klix 1971 637). • Psychoanalytisch ist T. ein Abwehrmechanismus des Ich und bezeichnet die Abwehr eines Triebimpulses oder Affekts durch seine Verwandlung oder Entstellung. Vgl. Konversion, Sublimation, Neutralisation. • Auch die Umwandlung (Vertauschen) mathematischer Beziehungen zwischen Elementen eines Systems wird als T. bezeichnet. →Transposition • In der →generativen Transformations-Grammatik wird mit Hilfe von T. die →Tiefenstruktur von →Sätzen in ihre →Oberflächenstruktur überführt.

Im Gegensatz zu Chomsky 1957 führen in seiner 1965er Version T., also z. B. auch die Passiv-, Negativ- und Frage-T. keine bedeutungstragenden Elemente mehr ein (diese sind bereits ausschließlich in der Tiefenstruktur erzeugt), sondern dienen, sämtlich obligatorisch, mittels Tilgung, Hinzufügung, Ersatz oder Umstellung von Konstituenten (→IC-Analyse) nur noch dem Aufeinanderbeziehen der →P-Marker sowie der syntaktischen Organisation der Sätze. →Grammatik, →generative Semantik *T-R*

Transformationsanalyse, auf Kaiser zurückgehendes, von Kristof, Sixtl (1964) und Fischer & Roppert (1965) unabhängig entwickeltes Verfahren der orthogonalen Transformation zur gegenseitigen Überführung zweier Faktorenmatrizen; T. ist ein Mittel zum Vergleich der Resultate aus verschiedenen, voneinander unabhängig durchgeführten →Faktorenanalysen. *M-R*

Transformations-Grammatik →generative Transformations-Grammatik

Transformation, statistische, jede Umformung von Variablen bzw. Meßwerten aufgrund irgendeiner Vorschrift oder Regel. T. können mit verschiedenen Zielsetzungen vorgenommen werden.

In der →Statistik werden sie oftmals eingesetzt, um Meßwerte, welche die für die Anwendung eines bestimmten Analyseverfahrens erforderlichen Voraussetzungen (z. B. Normalverteilung, Varianzhomogenität, Regressionslinearität) nicht erfüllen, mit diesen Voraussetzungen in Einklang zu bringen. In diesem Zusammenhang häufig angewandte s. T. sind u. a. die logarithmische T., die Quadratwurzel-T., die Reziprok-T. und die Winkel-T. Weiters werden s. T. zur Angleichung von Datensätzen vorgenommen, die auf einem unterschiedlichen Skalenniveau (→Skala) erfaßt wurden (z. B. T. von Meßwerten in Rangdaten), sowie dazu, um Messungen, die mittels verschiedener Maßstäbe gewonnen wurden, vergleichbar zu machen (→Standardisierung). In der →Testkonstruktion erfolgen s. T. im allgemeinen im Dienste der Erstellung von →Normskalen. Ⓛ Lienert 1962. *Mi-A*

Transfusion der Psyche [lat. *transfúndere* hinübergießen], Übertritt der Seele von einem Körper zum anderen. Übertragung z. B. durch Atemauffangen oder durch Kuß. Entspricht der Vorstellung der Hauchseele.

Transinformation, übertragene Information, die von einem Sender auf einen Empfänger übertragene Information (→Informationstheorie). In der Ps. z. B. derjenige Teil der Gesamtinformation, der einem »Reizinventar« und einem »Reaktionsinventar« gemeinsam ist. In diesem Sinne ist die T. ein Kontingenz-Maß. *M-R*

transitive Strebungen ⟨Lersch⟩, diejenigen Strebungen, die nicht an das eigene Selbst

T

gebunden, sondern mit Akten des Einsatzes und des »sich in den Dienst Stellens« verbunden sind: Schaffensdrang, Interessen, Liebe zu etwas, normative Strebungen, soziale Strebungen (Gesellungsstreben), mitmenschliche Gesinnung, Gewissen. Ⓛ LERSCH

Transitivismus, nach WERNICKE Symptom der Schizophrenie. Die Abgrenzung (Zuständigkeit) zwischen der eigenen Person und der Umgebung geht verloren. Eigenes wird auf Fremdes übertragen. →Appersonierung

transkortikale Aphasie →Aphasie

Transmissionsaufgabe Ⓣ GIESE

Transmissions-Test Ⓣ LIPMANN-STOLZENBERG

transmitter [engl.], Sender, Quelle.

Transmitter, oder auch Überträgersubstanzen, syn. Neurohormone, dienen der Übertragung und Weiterleitung nervöser Impulse an den →Synapsen im →Nervensystem.

T. ist z. B. im peripheren VNS in allen präganglionären Endigungen sowie den parasympathisch definierten postganglionären Endigungen das Acetylcholin. Dieses wird in den Vesikeln (Bläschen) der synaptischen Endigungen cholinerger Neurone gespeichert. In den meisten sympathisch definierten postganglionären Endigungen ist T. das Noradrenalin, das in den Vesikeln der synaptischen Endknöpfchen adrenerger Neurone gespeichert wird. Als weitere Transmitter kommen biogene Amine (z. B. Serotonin) in Betracht. Ⓛ PHILLIS 1970, SILBERNAGL u. DESPOPOULOS 1979 *B-C*

Transponierbarkeit →Gestalt, →Transposition →EHRENFELS-Merkmale

Transponierbarkeit von Problemlösungen ist gegeben, wenn trotz der »äußeren« Verschiedenheit der Probleme ihre gleichartige »innere« Struktur erkannt worden ist und wenn bei den Lösungen die gleichen kognitiven Operationen beteiligt sind (KATONA 1940). →Transfer *B-S*

Transponierungsschluß, Schluß von einer bekannten →Stichprobe auf eine andere elementfreie Stichprobe aus der gleichen (unbekannten) Grundgesamtheit (→Population). →Inklusionsschluß und Repräsentationsschluß

Transport-Spiel [engl. *trucking game*], auch Speditions-Spiel, von DEUTSCH u. KRAUSS (1962) benutzte sozialps. Versuchsanordnung, in der ein →Konflikt dadurch gelöst werden muß, daß zwei Spielpartner sich darüber einigen, wer jeweils eine Einbahnstraße als erster befahren darf. In dem T. sind häufig Tendenzen zu kooperierendem und zu kompetitivem Verhalten gemischt (»gemischte Motive«). →soziales Dilemma *B-S*

Transport-Test Ⓣ GIESE

Transposition, als Transponierbarkeit, d. h. Gleichbleiben z. B. der Klangfarbe und der Melodie bei wechselnder Tonhöhe, der räumlichen Form bei wechselnder Lage, Größe und Farbe u. ä., ist die T. eine wichtige und breit erörterte Gestaltqualität. • Als Verhaltenstransposition ist sie Bez. für das Reagieren auf Reizverhältnisse statt auf den absoluten Reiz. Syn. Gestalttransposition (KÖHLER). • In der Mathematik und der Logik ist die T. bedeutungsgleich mit →Transformation.

Transposition der Sinne, Sinnesübertragung. Paraps. Bezeichnung für Fälle, in denen Somnambule Sinneswahrnehmungen ohne Sinnesorgane gemacht haben wollen.

Transpositionsmethode ⟨OYAMA, 1959⟩, Verf. zur Messung →geometrisch-optischer Täuschungen

Transsexualität →Sexualität (Tabelle)

transversal, querliegend, querverlaufend, auch senkrecht zur Längsachse. Bei Schwingungen und Wellen senkrecht zur Fortpflanzungsrichtung der Welle. Gegensatz: longitudinal.

Transvestitismus [lat. *trans*... s. oben, *vestire* kleiden] →Sexualität

transzendental, ein schon in der Scholastik angelegter Begriff, der aber erst durch KANT grundlegende Bedeutung bekam. T. ist nicht das über alle Erfahrung Hinausgehende, sondern das ihr *(a priori)* Vorhergehende und die Erfahrung erst Ermöglichende.

Transzendentalphilosophie, nach KANT »ein System aller Verstandesbegriffe und Grundsätze, aber nur, sofern sie auf Gegenstände gehen, welche den Sinnen gegeben und also durch Erfahrung belegt werden können«

Transzendenz, das Überschreiten der Erfahrung und der im Bewußtsein gegebenen Grenzen; auch das Jenseits

Trapeztäuschung, geometrisch-optische Täuschung. Von zwei übereinanderliegenden gleichgroßen Trapezen scheint das eine größer zu sein.

Trauer, (allg.) eine Form der Reaktion auf einen Person-(Objekt-)Verlust. • FREUD (1915) betonte den besonderen Unterschied zwischen normaler T., pathologischer T. (wobei der Trauernde sich meist schuldig sieht am Verlust und dadurch bedroht) und der Melancholie (als Identifikation des Ich mit dem verlorenen Objekt). Die T. tendiert auf Überwindung, →Trauerarbeit.

Trauerarbeit, von FREUD (1915) eingeführter Ausdruck zum Verständnis des ps. Phänomens, daß mit jeder →Trauer die Tendenz auf Milderung des Schmerzes (im Verlust) einhergeht. »Intrapsychischer Vorgang, der auf den Verlust eines Beziehungsobjektes folgt und wodurch es dem Subjekt gelingt, sich progressiv von diesem abzulösen« (LAPLANCHE 1972).

Traum, träumen, neben Bedeutungen wie Grenzzustand des Bew., das Unwirkliche, die Lieblingsvorstellung, das Wunderschöne, bezeichnet T. (in ps. Sicht) das im Schlaf mit der Deutlichkeit von Sinneswahrnehmungen auftretende unwirkliche Erlebnis. Für den T. ist das Fehlen jeder befriedigenden Definition ebenso bezeichnend wie die im Laufe der Geschichte wechselvolle Beantwortung der Frage nach dem Wesen.

Während in ältesten Zeiten die T.deutung als Kunst gewertet wurde und der T. als Offenbarung Gottes (Bibel), als Sendbote der Götter (HOMER), als göttliche Mahnung (SOKRATES) aufgefaßt wurde, galt der T. zu Beginn des naturwissenschaftlichen 19. Jhds. nur noch als körperlicher, unnützer und vielfach auch krankhafter Vorgang (BINZ) oder als Spiegelung der während des Schlafes empfangenen äußeren Sinneseindrücke (JENSSEN) und inneren Körpersensationen, wie z. B. der nicht erloschenen Erregungen der Netzhaut (WUNDT). Als erster brach FREUD mit der Überschätzung der Leibreize für die Entstehung des T. und formulierte, daß der T. »ein sinnvolles psychisches Gebilde« sei, »welches an angebbarer Stelle in das seelische Treiben des Wachens einzureihen ist«. Er nahm weiterhin die im Bereich des Unbewußten liegenden infantilen Triebwünsche als die energetische Traumquelle an. Sie haben die zur Traumbildung notwendige Traumarbeit zu leisten. Sie bringen zunächst die einzelnen Bestandstücke des T., die latenten T.gedanken, hervor und verwandeln dann diese in die manifesten T.bilder, wobei sie außer der Umsetzung der Gedanken in Bilder, die Leistungen der →Verdichtung, der →Verschiebung sowie die sekundäre Bearbeitung vollziehen. Diese sekundäre Bearbeitung geschieht dabei im Hinblick auf die Ansprüche des wachen Bewußtseins nach logischer Ordnung und besteht in einer Zusammenfügung der einzelnen T.bilder zu einer sinnvollen Ganzheit und Einheit. Die vorhergehende T.arbeit der Verdichtung und Verschiebung bei der Verwandlung der T.gedanken in T.bilder erfolgt im Hinblick auf den Traumzensor, den Repräsentanten des Über-Ichs bzw. der moralischen Instanz im Menschen und besteht in einem Entstellen, Verhüllen und Verbergen des wahren, in den latenten Traumgedanken enthaltenen Triebwunsches, so daß dieser in einer moralisch nicht anstößigen und das Ich nicht beunruhigenden Form im manifesten T.bild in Erscheinung treten kann. Dadurch erhält der T. einen Wunscherfüllungscharakter. – Die T.deutung besteht nun in der Erhellung des eigentlich gemeinten T.sinnes, d. h. der Rekonstruktion der latenten T.gedanken aus den manifesten T.bildern. Die Tagesreste, d. h. der Niederschlag der in den dem T. vorausgegangenen Tagen aufgetretenen Erlebnisse und Erfahrungen werden erhellt. Für JUNG ist der T. eine »im Unbewußten auftretende Antizipation (Vorwegnahme) zukünftiger Leistungen, ... eine Vorübung ... und eine Vorauskombinierung der Wahrscheinlichkeit«. Später schrieb er dem T. noch die Funktion der Komplettierung und Kompensierung des bewußten Ichs durch das Unbewußte zu, und zwar im Rahmen seiner Theorie der Selbststeuerung des ps. Systems, die in Richtung eines unbewußten Individuationsprozesses ziele. Neue Einblicke in das Traumgeschehen brachten die Untersuchungen von E. ASERINSKY und N. KLEITMAN, die bei entsprechend bestimmten EEG-Anzeichen (→Enzephalographie) ihre Testschläfer weckten und sich ihre Träume erzählen ließen (→Schlaf). So wurde festgestellt, daß das Träumen regelmäßig jede Nacht und in bestimmten Phasen bei allen untersuchten Personen – auch denen, die angeben, nichts zu träumen – abläuft. →Schlaf. Ⓛ BECKER-CARUS 1981, BOSS 1975, FOULKES 1969 *B-C*

Trauma [gr.], Verletzung, Wunde. ● I. w. S. eine ps. oder nervöse Schädigung. Störung des seelischen Gleichgewichtes mit nachfolgenden ps. Veränderungen oder neurotischen Erkrankungen als Folge von plötzlich eintretendem, kurz oder länger dauerndem tiefgehendem Erlebnis (Schreck, Angst, Ekel).

Traumarbeit →Traum

traumatisch svw. durch Verletzung entstanden, auf einen seelischen Schock zurückführbar.

traumatische Neurosen, die durch einen Unfall ausgelöste und durch ein Sicherungsbedürfnis motivierte →Neurose (Unfallneurose, Rentenneurose u. a.)

Traumausdeuten Ⓣ FISCHER

Traumdeutung →Traum

Travestie, syn. Transvestitismus, →Sexualität (Tabelle) ● Lächerlichmachen, ins Scherzhafte ziehen.

treatment [engl.], Behandlung, Person oder Sache einer Handlung oder einem Ziel zuführen, ● in der exp. Ps.: Maßnahme zur systemat. Variation der Versuchsbedingungen und die Art, wie jemand den Versuchsbedingungen ausgesetzt wird, ● bei der

Entscheidungstheorie ist t. jede Entscheidungsmöglichkeit oder Handlungsalternative, • t. ist auch systematische Datenverarbeitung, • Behandlungsmethode bei der Psychotherapie. *R-S*

Treffermethode, allg. die Methode, bei Lernversuchen, Testprüfungen usw. die richtige Lösung als Treffer zu bezeichnen und zu bewerten. →Gedächtnismethoden

Treffsicherheitsprüfer →Sinnesfunktionen

Trema [gr. Punkt, Loch, Öffnung], Bez., die K. CONRAD für das →Prodromalsyndrom in der Verlaufsgestalt eines schizophrenen Schubes einführte. Allmählicher Übergang zu →Apophänie. • (sprachw.) Trennpunkte

Tremograph [gr. *trémein* zittern], Zitterbewegungsschreiber, Bez. für ein Testgerät zum Nachweis der manuellen Ruhe bzw. Unruhe (→Tremor)

Tremometer, Zitterbewegungsmeßgerät, →Sinnesfunktionen (5b)

Tremor [lat.], Bez. für ein krankhaftes, grobschlägiges Ruhezittern der unbeeinflußten Extremität, mit einer Frequenz von 3–7 Schlägen in der Sekunde.

Durch Muskelkontraktion oder -erschlaffung kann der T. in frühen Stadien verschwinden. Zielbewegungen gelingen gut im Unterschied zum beabsichtigten Zittern. Affektive Erregungen verstärken die Amplitude der Zitterbewegung. Das Zittern äußert sich in einem rasch alternierenden leichten Beugen und Strecken der Finger. Durch die Reibebewegung des Zeigefingers am Daumen wird der Eindruck des Pillendrehens erweckt. Der senile T. zeigt Übergänge zum arteriosklerotischen T. Der beim chronischen Alkoholismus anfänglich feinschlägige T. wird mit der Zeit grobschlägig. Er ist in Ruhe vorhanden, verstärkt sich bei Bewegungen und Erregungen, läßt sich aber willkürlich unterdrücken. Bei →BASEDOWscher Erkrankung findet sich ein feinschlägiges Erzittern mit der Frequenz von 16–20 Schlägen je Sekunde an den Fingern und 8–9 am Arm. →Mikrovibration

Tremulation, tremulieren, feinschlägige Zitterbewegung, besonders der Stimme

Trend [engl. Richtung, Neigung], die systematische Tendenz einer von der Variablen Zeit (oder einer anderen unabhängigen Variablen) abhängigen Reihe von Beobachtungswerten. Um die Hauptrichtung des Verlaufs der Werte erkennen zu können, werden nicht nur zufällige Schwankungen der Werte innerhalb einer Klasse der unabhängigen Variablen (z.B. eines Kalenderjahres) durch Mittelwertbildung eliminiert, sondern auch zufällige und eventuelle periodische Schwankungen zwischen den Klassen (z.B. ein Mehrjahreszyklus). Der T. wird, wenn möglich, durch eine Gleichung, bzw. graphisch als Kurve (Gerade, Polynom, Exponentialkurve etc.) dargestellt. *M-R*

Trendanalyse, Trendbestimmung, numerische oder graphische Analyse des →Trends bzw. der Komponenten (wie lineare, quadratische etc.), aus denen der gesamte Trend zusammengesetzt gedacht werden kann. *M-R*

Trend-Tests, Verfahren zur Prüfung der statistischen →Signifikanz eines in einer Stichprobe festgestellten →Trends, bzw. seiner Komponenten. *M-R*

Trennschärfeindex, Maßzahl (Korrelationskoeffizient), welche eine Aufgabe eines Tests bezüglich ihrer Möglichkeit, »gute« von »schlechten« Probanden zu unterscheiden, kennzeichnet. →Itemanalyse *Hä-R*

Trennwert, *cut-off-score,* ein bestimmter Punktwert oder Summenwert, für den die objektive oder subjektive Vereinbarung getroffen wurde, daß er trennt zwischen akzeptierten und abgelehnten Personen (u. a.) in einem Testverfahren. *R-S*

Treppenpolygon →Häufigkeitsverteilung

Triadenmethode [engl. *complete method of triads*], ein von TORGERSON (1953) entwickeltes Verfahren zur multidimensionalen →Skalierung von Ähnlichkeitsbeurteilungen, die aus →Triadenvergleichen der Reize gewonnen wurden.

Die über die THURSTONEschen Gesetze des Vergleichsurteils gewonnenen Distanzschätzungen zwischen je zwei Reizen werden in einem euklidischen Raum angeordnet, von dem durch eine →Faktorenanalyse die Dimensionen ermittelt werden, auf die die Stimuli durch senkrechte Projektionen abgebildet sind. Das Resultat ist eine Anzahl unabhängiger Faktoren, auf die die Ähnlichkeitsurteile zwischen den Reizen zurückgeführt werden.

Triadenvergleich, im T. werden drei Reize A, B und C so miteinander kombiniert, daß zu einem Ankerreiz aus den beiden verbleibenden Stimuli derjenige herausgesucht werden muß, der dem Ankerreiz z.B. am ähnlichsten ist. Soll jeder Reiz einmal Ankerreiz sein und ist n die Anzahl der Reize, so können

$$\frac{n(n-1)(n-2)}{2}$$

verschiedene Triaden gebildet werden. Vgl. Triadenmethode.

trial-and-error-learning [engl. Lernen durch Versuch und Irrtum] →Versuch und Irrtum

Tribadie, syn. Homosexualität der Frau, →Sexualität (Tabelle)

Trichromaten, die Normalfarbsichtigen. →Farbenblindheit

Trieb, eine Gruppe von ps. Fakten, die (nach ROHRACHER) folgende Hauptkennzeichen aufweisen: 1. Das Erleben eines Dranges, wobei meistens, aber nicht immer, auch eine Zielvorstellung gegeben ist. 2. Autogene Entstehung, d.h. sie treten ohne Mitwirkung des Bewußtseins, unabhängig von Wollen und Denken auf. 3. Gefühlsbegleitung: Die Befriedigung des Triebes verschafft Lust; solange sie nicht möglich ist, bzw. verhindert wird, besteht Unlust. 4. Bewußtseinsminderung: Die Klarheit des Denkens und selbst der Wahrnehmungen kann unter der Wirkung des Triebs herabgesetzt sein. Die beiden ersten Merkmale treffen auf alle Triebe zu, die beiden letzten auf die meisten. Als Triebhandlung (im Ggs. zur Wahlhandlung) bezeichnet man solche Willensvorgänge, die sich durch schnelle Aufeinanderfolge von Motiv und Handlung auszeichnen, also unüberlegte (Affekt-)Handlungen.

● Das Bemühen um Ordnung und Spezifizierung hat zu 3 Annahmen geführt. 1. monothematische T.theorie, das menschliche Seelenleben wird auf eine einzige Grundtriebfeder zurückgeführt, z.B. die Libido FREUDS und das Machtstreben ADLERS. 2. polythematische T.theorien ⟨KLAGES, MCDOUGALL⟩. Sie sind vor allem eingekleidet in die Lehre von den Instinkten im Sinne angeborener T. MCDOUGALL unterscheidet 18 solcher T.: die der Nahrungssuche, des Ekels, des Sexus, der Furcht, der Neugier, der Fürsorge, der Geselligkeit, der Selbstbehauptung, der Unterwürfigkeit, des Zornes, des Hilfesuchens, des Schaffensdranges, des Besitzenwollens, des Sich-lustig-machens, der Behaglichkeit, des Ausruhens, des Wanderns und einiger körperlicher Verrichtungen wie Husten, Niesen, Atmen, Entleerung. 3. athematische T.theorien, erkennen eine Vielzahl von Triebregungen an, halten aber eine Spezifizierung und systematische Gliederung für unmöglich, da unsere aktuellen Handlungen durch die jeweils gegebene Situation mit ihrem konkreten Inhalt bestimmt werden. →Antrieb Ⓛ ALLPORT, GEHLEN, JASPERS, KLAGES, KRETSCHMER, MCDOUGALL, ROHRACHER, SZONDI

Triebdiagnostik, experimentelle, Bez. für das Verfahren von L. SZONDI zur Diagnose der dominanten Triebvektoren und Triebbedürfnisse. Ⓣ SZONDI

Trieb-Dressur-Verschränkung, Verhaltensweisen, die sich aus erlernten und angeborenen Elementen zusammensetzen. →Erbe-Umwelt-Problem. Die jeweiligen Anteile können exakt nur exp. dargestellt werden. T. erhöht die Plastizität von Verhalten. *P-S*

Triebdynamik, die Wendung zu einer triebdynamischen Auffassung des seelischen Lebens erfolgte durch die →Psychoanalyse, die Individualps. und die hormische Ps. (→Ps. Richtung), die die Bedeutung gewisser Triebe und Strebungen betonten. ● LEWIN hat sich um die Erforschung der »dynamisch-realen Faktoren« der menschlichen Seele bemüht. Er sieht die Ursachen seelischen Geschehens in »gewissen seelischen Energien, die in der Regel auf einen Willens- und Bedürfnisdruck zurückgehen«. →topologische und Vektor-Psychologie. ● Bei SZONDI bildet die →Tropismenlehre den Ausgang zu einer besonderen Theorie der Triebdynamik.

Triebfedern →Charakteraufbau nach KLAGES

Triebreduktion, Abnahme der Triebspannung. HULL 1943, jede Reiz-Reaktionsverbindung wird verstärkt, wenn gleichzeitig mit ihr eine T. auftritt. *R-S*

Triebreiz, engl. *drive stimulus* – Abk. S_D oder *D*, Bez. für den von C. HULL hypothetisch angenommenen und durch einen Triebzustand veranlaßten (endogenen) Reiz

Triebtheorie →Trieb, →Instinkttheorie

Trigramm, als Zeichen höherer Ordnung aufgefaßte Dreierkombination von Einzelzeichen, die einer begrenzten Menge von möglichen Zeichen (Zeichenvorrat, Zeichenrepertoire) entnommen sind.

Aus dem Vorrat von 26 Buchstaben zuzüglich Leerstelle (Lücke) lassen sich $27^3 = 19683$ T. bilden (→Sprachstatistik). Zur Bestimmung der Auftretenshäufigkeiten von T. in Texten siehe sinngemäß →Digramm. Eine künstlich hergestellte Buchstaben-Abfolge, in der sich die Häufigkeiten der darin enthaltenen T. so verteilen wie in sinnvollem Text, heißt →Approximation 3. Ordnung. T. werden (insbesondere in der Abfolge »Konsonant – Vokal – Konsonant«) häufig als Material in Lern-, Assoziations- und Gedächtnisuntersuchungen verwendet. Ihre Verwendbarkeit als »sinnarme Silben« hängt von einer Reihe von Bedeutungs-Kennwerten ab, die in umfangreichen Untersuchungen ermittelt worden sind. →sinnlose, sinnarme Silben Ⓛ SCHÖNPFLUG u. VETTER 1974 *Z-N*

Trimodale Faktorenanalyse →Faktorenanalyse

Triplo-X-Syndrom, Geschlechtschromosomenanomalie

Trisomie, Anomalie der Chromosomenzahl, bei der neben dem normalen Diploidensatz ein oder mehrere →Chromosomen überzählig sind. →KLINEFELTER-Syndrom, →DOWN-Syndrom

Tritanomalie, Tritanopie [gr. *tritos* dritte], Farbensehschwäche bzw. Farbenblindheit mit eingeschränkter bzw. fehlender Wirksamkeit des dritten (blau-empfindlichen) Zapfenfarbstoffes. →duale Sehtheorie

Troland →lichttechnische Maße

Trommelfell →Ohr

Tropenkoller, Bez. für allgemeine ps. Auffälligkeiten und i. e. S. für eine gesteigerte ps. Erregbarkeit mit Neigung zu unmotivierten Wutausbrüchen. Kein scharf umschriebenes Krankheitsbild. Bei der Begriffsprägung dürften psychopathologische Phänomene bei Eingeborenen (Amok) eine Rolle gespielt haben. ● Auch für Fieberdelirien bei Malaria wird der Begr. verwendet.

trophisch [gr. *trophein* ernähren], auf die Ernährung bezüglich

trophotrop →ergotrop

Tropismenlehre, Bez. für die von Jacques LOEB (1859–1924) aufgestellte Lehre, wonach das Verhalten von Tieren in Analogie zu den Tropismen der Pflanzen zu verstehen und die Annahme von Bewußtsein also überflüssig sei.

Tropismus [gr. *trópos* Richtung], Orientierung der Wachstumsbewegungen bei Pflanzen an äußeren physikalischen Reizquellen. Führen diese zum Reiz hin, handelt es sich um positiven T., führen sie von ihm ab, um negativen T. Es gibt z. B. Geotropismus = T. auf die Erde und die Erdbewegung hin, Helio-, Phototropismus = Bewegung auf Lichtreize, Chemotropismus = Bewegung auf chemische Einflüsse, Hydrotropismus = zum Wasser hin, bei chem. Verbindungen: wasserlöslich. ● In die Ps. wurde der Begriff mit neuer Bedeutung durch SZONDI eingeführt. Geno-Tropismus ist die durch identische oder verwandte Genfaktoren wirkende Kraft, welche Menschen zueinander hinzieht. Bei Ausschaltung der genealogischen Verankerung der Triebe spricht man von Triebtropismus. Eine Triebstruktur kann sich in der Wahl eines bestimmten erotischen Partners (Libido-T.), eines Freundes (Idealo-T.), des Berufes (Opero-T.), einer Krankheit (Morbo-T.), der Todesart (Thanato-T.) u. a. bemerkbar machen. Sie wird zur unbewußten Determinante, die affine Erscheinungen erzeugt. Beim Abwehropero-T. vermag das Ich gefährliche Triebbedürfnisse durch ausgedehnte und sozial verankerte Abwehrfunktionen abzuwehren. Wirkt die Abwehrfunktion des Ichs kompromißlos und äußern sich verdrängte Bedürfnisse auch nicht mehr verkappt, so ist noch ein Ausweichen der Libido auf ältere Entwicklungsstufen mit anderen Bedürfnissen möglich (Ventilopero-T.). Von integralem Opero-T. spricht man bei gleichzeitigem Vorhandensein der 3 Formen von Opero-T., die sich in 3 scheinbar unabhängigen Gruppen von Berufswünschen äußern. Ⓛ MOSER, SZONDI

Trotz, diffuse Abwehr fremder Autoritäten ohne inhaltlich bestimmte Intentionen, häufig mit Affektausbrüchen verbunden (Wut). Die verschiedentlich vorgetragene Annahme, daß T. der Einübung des Willens diene, ist bestritten worden. Vgl. Reaktanz Ⓛ KEMMLER, KROH *B-S*

● Das Auftreten von T. beim Erwachsenen weist auf einen infantilen Status mit aufgeblähtem Selbstwertgefühl und Geltungssucht hin. Echte Autonomie ist nicht erreicht, die ps. Entwicklung ist gestört und bei einer bloß demonstrativen Pseudosouveränität des Ich stehengeblieben. →Trotzphase

Trotzalter, Bez. für die Zeit vom 3.–5. Lbj. (1. Trotzphase) und vom 12.–15. Lbj. (2. Trotzphase). →Entwicklungsphasen, →Trotzphase

Trotzphase, Begr. (so Ch. BÜHLER) für die bes. Krise in den sozialen Beziehungen des Kindes am Ende des dritten und Beginn des vierten Jahres. In der T. entdeckt das Kind, daß es selbst etwas wollen bzw. sich dem Wollen der Erwachsenen widersetzen kann. Im Verlauf der T. übt es dann diese Fähigkeit um ihrer selbst willen u. gerät in Konflikte mit der Umgebung. Zwischen dem 12. und 15. Lbj. soll nach älterer Auffassung die zweite T. liegen. Zur Zeit wird angenommen, daß vermehrter Trotz bereits im 2. Lbj. auftreten kann und daß T. in Abhängigkeit von sozialen Bedingungen auch ausbleiben können. ● Nach psa. Anschauung ist die T. der →Ödipusphase FREUDS zuzuordnen.

trouble shooting, Fehler oder Störungen suchen und beseitigen.

truancy, (Schul-)Schwänzen

true drug, syn. *truth drug,* Wahrheitsdroge, Plauderdroge, psychotrope Substanz, Narkotikum, das Hemmungen und Widerstände aufheben kann und so den Zugang zu sonst nicht erreichbaren Erlebnisinhalten ermöglicht. ● Die intra- und interindividuelle Variation bei der »Narkoanalyse« (→Hypnoanalyse) ist so groß, daß weder die Konstanz noch der Wahrheitswert der zutage geförderten Inhalte zu bestimmen ist. Die Narkoanalyse dient hauptsächlich zur Verkürzung der klassischen Psychoanalyse. Bei

Gerichtsverfahren ist sie nicht zulässig. →Psychopharmaka

Trugwahrnehmung →Sinnestäuschung

TSD, *theory of signal detectability,* →Signaldetektions-Theorie

Tsedek-Test Ⓣ BARUK

T-Skala →Normskalen

T-TAT Ⓣ THOMPSON

T-Technik, bei der T-T. der →Faktorenanalyse wird bei einer Stichprobe von Vpn zu verschiedenen Zeitpunkten eine Variable wiederholt gemessen. Die in die Faktorenanalyse eingehenden Interkorrelationen beziehen sich also auf verschiedene Situationen und stellen Situationsfaktoren dar. →S-Technik, →Kovariationsschema *Hä-R*

t-Test, statistische Prüfverfahren, die auf der t-Verteilung beruhen. Zumeist wird unter t.-T. ein parametrischer Signifikanztest für Unterschiede zwischen den Mittelwerten zweier unabhängiger oder abhängiger Stichprobenverteilungen verstanden. *Mi-A*

TTR, Abk. für *type-token-ratio,* →Diversifikationsquotient

T-Typ, nach W. JAENSCH der Konstitutionstyp, der im Grenzfall die Kennzeichen der Tetanie (Bewegungsstörung mit Muskelkrampf) besitzt. Ggs. →B-Typ.

Tuanima-Test Ⓣ REICH

tumultus sermonis →Poltern

Tunnelphänomen, -bewegung, -effekt, erzeugt man die bekannte →Scheinbewegung und stellt in einigem Abstand von der Darbietungsebene zwischen die beiden Darbietungsstellen einen undurchsichtigen Schirm, so geht die reine Bewegung in die Tunnelbewegung über, d. h. das bewegte Gebilde verschwindet auf der einen Seite hinter dem Schirm und taucht auf der anderen wieder auf.

Nimmt man den Schirm fort, ohne daß die Vp dies bemerkt (im Dunklen z. B.), so verläuft für diese die Bewegung anschaulich immer noch hinter dem Schirm. Entsprechend bleibt das Tunnel-Ph. aus, wenn der Schirm zwar vor der Bewegungsbahn steht, aber ohne Wissen der Vp dorthin gestellt worden ist. – Stellt man zwischen Anfangs- und Endpunkt der Scheinbewegung ein massives Hindernis, so wird dieser von dem bewegten Gegenstand anschaulich »durchschlagen« (ERISMANN). ● Dem T. stehen weitere, exp. durchforschte Phänomene amodalen Wahrnehmens nahe: der Piston-Effekt (*effet piston:* Kolben-Effekt) sowie der Entraînement-Effekt (Fort-Schiebe-Effekt) und der Lancement-Effekt (Fort-Stoßen-Effekt). Beide Bez. stammen von MICHOTTE. →Kausalitätswahrnehmung

Turgeszenz →Turgor

Turgor [lat. *turgéscere* anschwellen], Turgeszenz, der durch den Gehalt an Körpersäften bedingte Spannungszustand der Gewebe, Blutreichtum

TURING-berechenbar →Automat

*

TURING, Alan Mathison / 1912–1954 / Mathematiker / Manchester

Turm von Hanoi, eine Denkaufgabe (ein nach Größe angeordneter Haufen von n Scheiben soll von einem Feld A unter Benützung des Feldes B in gleicher Reihenfolge auf ein Feld C aufgesetzt werden. Die Scheiben sind einzeln zu transportieren.) Die Aufgabe eignet sich zur Analyse relativ überschaubarer Denkprozesse nach informationstheoretischem Ansatz.

TURNER-Syndrom, auch ULLRICH-TURNER-Syndrom, Bez. für die Mißbildung der Keimdrüsen, Gonadendysgenesie, durch Chromosomenaberration. Fast ausschließlich bei Mädchen. →KLINEFELTER-Syndrom, Chromosom

*

TURNER, Henry H. / 1898–1970 / amerik. Endokrinologe / Univ. Oklahoma

*

ULLRICH, Otto / dt. Kinderarzt / Bonn

t-Verteilung, theoretische, von der →Normalverteilung abweichende Verteilung in der Statistik.

Die Normalverteilung einer Gesamtheit von Daten hat die Parameter $\mu = 0$ und $\sigma = 1$, wenn standardisierte Scores $z = \frac{x - \mu}{\sigma}$ eingesetzt werden. Ist σ unbekannt und wird an seiner Stelle eine Schätzung s aus einer Stichprobe mit ν Freiheitsgraden verwendet, dann verteilen sich die standardisierten Scores $t = \frac{x - \mu}{s_\nu}$ nicht normal.

Diese Verteilung wird nach dem Pseudonym, unter dem der englische Mathematiker GOSSET sie veröffentlichte, auch Student-Verteilung genannt. Sie ist symmetrisch und glockenförmig, hat aber etwas weniger Steilheit, daher weniger Wahrscheinlichkeit im mittleren Bereich, mehr in den Ausläufern, als in der Normalverteilung. Die t-V. ist Grundlage für die t-Tests. *M-R*

TWI, Abk. für *training within industry,* eine während des Zweiten Weltkriegs in USA entwickelte Methode der »richtigen Unterweisung von Mitarbeitern«, der »besseren Gestaltung der Mitarbeiterbeziehungen« und der Arbeitsverbesserung. Kennzeichnende Merkmale sind die »Vier-Stufen-Methode« und die »Konferenzmethode«.

Erstere geht auf pädagogische Anweisungen (so von HERBART) zurück: 1. Stufe des richtigen

Vorbereitens; 2. Stufe des Vorführens des Arbeitsvorganges mit Zeigen und Erklären nach Was, Wie, Warum; 3. Stufe mit Ausführenlassen durch den Lernenden mit Befragen nach Was, Wie, Warum; 4. Stufe des Abschlusses mit Überwachen beim Alleinarbeitenlassen. Die Konferenzmethode bemüht sich durch systematische Besprechung der verschiedenen im Arbeitsleben vorkommenden Fälle um die Arbeitsverbesserung. →Formalstufentheorie, →heuristische Regeln

Typ A, Typ B, Persönlichkeitsfaktoren, die das Risiko für das Auftreten einer koronaren Herzerkrankung um das zwei- bis siebenfache erhöhen (Typ A) bzw. erniedrigen (Typ B). Von den Kardiologen FRIEDMAN und ROSENMAN 1959 erstmals beschrieben.
Typ A zeichnet sich gegenüber Typ B durch folgende Verhaltensmuster aus: spricht hastig, bewegt sich unruhig, setzt sich unter Zeitdruck, weist erhöhtes Kontrollbedürfnis vor allem in Konkurrenzsituationen auf, verfällt bei länger anhaltender Unkontrollierbarkeit aber in ein Hilflosigkeitsmuster. Damit gehen erhöhter Blutdruck und erhöhte adrenerg/noradrenerge sympathische Aktivität einher. Die Messung erfolgt durch halbstandardisierte Interviews oder Fragebögen oder Verhaltensbeobachtung und erwies sich als reliabel und objektiv. Längsschnittstudien bestätigten das erhöhte Risiko auch 10 Jahre nach der Erstmessung. →Psychosomatik Ⓛ GLASS 1977 *Bi-R*

Typenanalyse →Q-Sortierung

Typenfeststellung, »die Feststellung von Typen erfolgt durch inter-individuellen Vergleich intra-individueller Dispositionsverhältnisse« (STERN 1911 197). →Persönlichkeitsps. →Konfigurationsfrequenzanalyse

Typenfragebogen Ⓣ ALLPORT-VERNON, SCHOLL, WEISSENFELD

Typenschau-Regel, HELLPACH hat eine eigene Typenschau-Regel mit Typenwerde- und Typenschwellen-Regel formuliert, die berücksichtigt, daß generelle Voraussetzungen für das Beachten des Typischen gegeben sein müssen: »Lebewesengruppen gehen für unsere Wahrnehmung desto mehr in einem Typus auf, je ferner sie uns stehen oder je fremder sie uns sind – und lösen sich für unsere Wahrnehmung desto mehr in Individuen auf, je näher sie uns stehen oder je vertrauter sie uns sind«. Das Typoplastische (= Typenformende) läßt in seiner Wirkung nach. Ⓛ HELLPACH

type-token-ratio (TTR) →Diversifikationsquotient

Typ I-Fehler →Fehler erster Art

Typ II-Fehler →Fehler zweiter Art

Typologie, der Begr. »Typus« als Ordnungskriterium wird sowohl im alltäglichen als auch im wissenschaftlichen Bereich angewandt. Im Ggs. zu »Klasse«, »Gattung« und »Art« ist für »Typus« charakteristisch, daß die ihn determinierenden Merkmale mehr oder weniger stark vorhanden sein oder teilweise sogar gänzlich fehlen können, ohne daß eine Einteilung von Individuen in Typen verhindert werden muß.
Inhaltlich definiert wird »Typus« im allg. entweder als »eine durch einen bestimmten Merkmalskomplex charakterisierte Gruppe« von Individuen oder als »ein Mensch, der alle Merkmale seiner Gruppe in besonders ausgeprägter Weise besitzt«, sog. »reine« Typen (ROHRACHER 1965[11]). Diese Merkmale können z. B. konstitutions- (der »lange Dünne«), funktions- (der »Versonnene«), philosophisch-weltanschaulich- (der »Religiöse«) oder soziokulturell- (der »Franzose«) bezogen sein. Von einer T. spricht man, wenn bestimmte Typenkategorien systematisch auf bestimmte Verhaltensmuster bezogen werden mit dem Ziel, auf Grund beobachtbarer Kategorien nicht beobachtbare Verhaltensdeterminanten zu erschließen bzw. das Verhalten vorhersagen zu können (vgl. Persönlichkeitsdiagnostik).

Die wichtigsten Ansätze innerhalb der Ps. sind: der konstitutionspsychologische von KRETSCHMER bzw. SHELDON, der funktionstypologische von JUNG, PFAHLER, JAENSCH und der philosophisch-weltanschaulich orientierte von SPRANGER.

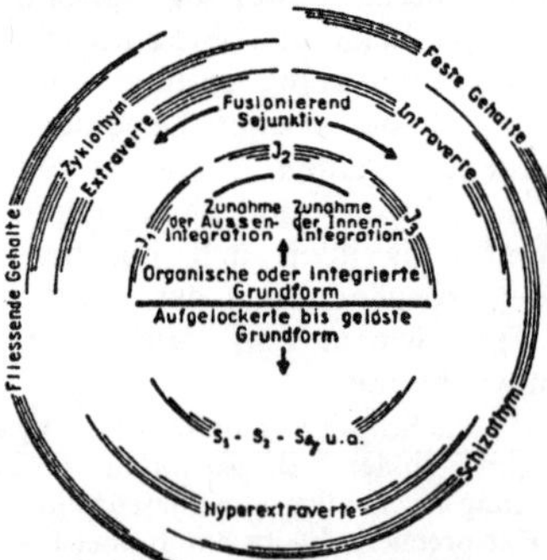

Wissenschaftshistorisch lassen sich die Bestrebungen nach Erstellung einer T. zurückverfolgen bis auf die Temperamenten- bzw. Körperbaulehre von HIPPOKRATES, von denen sich die neueren Ansätze trotz mancher Gemeinsamkeiten durch den Versuch unterscheiden, die aufgestellten Vermutungen über die Zusammenhänge zwischen Typus und Verhaltensmuster empirisch zu untermauern.
KRETSCHMER, dessen Werk auch die meisten folgenden Arbeiten nachhaltig zu beeinflussen vermochte, ging von der Beobachtung aus, daß

Psychologische Typen (Übersicht)

→auch: Körperbautypen mit Tabelle

Typenbezeichnung	Autoren	Gliederung und wesentliche Kennzeichen
Affekttypen		Typen aus der Gegensätzlichkeit von Mangel (sehr geringe affektive Ansprechbarkeit, gemütsarm, kontakt- und bindungsschwach) und Übermaß der Affekte (affektprimitive Reaktionen mit Kurzschlußhandlungen).
Anschauungstypen	A. Binet (1980) E. R. Jaensch u. a.	Ganzheitliche oder einzelheitliche Erfassung, flüchtig oder lange klebend, gefühlsbetont, sachlich u. a. Die A. stehen den →Vorstellungstypen nahe.
Aufmerksamkeitstypen		Syn. Beobachtungstypen – fixierend mit engem, detailgerichtetem Aufmerksamkeitsumfang (objektiv) – distributiv mit weitem, aufs Ganze gerichtetem Aufmerksamkeitsumfang (subjektiv) – fluktuierend
Denktypen	G. Dieter (1934) A. Wenzl (1934) H. Leisegang (1928)	Typen »typischer Denkformen«. Bei Dieter besonders das Gegenüber: formalistisch-theoretischer Typ vs. gegenständlich-praktischer Typ (Stoffdenker). Wenzl unterscheidet selbständigen vs. rezeptiven; freien vs. aufgabengebundenen; passiven vs. aktiven; diskursiven vs. intuitiv-sprunghaften; analytischen vs. synthetischen; kritisch-kontrollierenden vs. konstruktiv-schöpferischen; materialen u. signitiven D.
Einstellungstypen	C. G. Jung (1921)	Syn. Versionstypen. Introvertierter (introverter) vs. extravertierter (extraverter) Typus. Typen, die sich aus der Reaktionsbereitschaft und der Richtung der seelischen Verarbeitung ergeben. →Introversion, →Extraversion.
Erlebnistypen	H. Rorschach (1921)	Über den Test (Formdeuteverfahren) erschlossene Typen: introversiv, extraversiv (extratensiv), koartiert (koartativ), ambiäqual, dilatiert. Ⓣ Rorschach
Funktionstypen	C. G. Jung (1921)	Denktypus – Empfindungstypus – Fühltypus – Intuitionstypus, als Typen der vier seelischen Grundfunktionen Denken, Empfinden, Fühlen, Intuieren. Entscheidend mit den →Einstellungstypen verbunden.
Grundfunktionen	G. Pfahler (1929)	Typen nach Art und Stärke der Aufmerksamkeit (eng oder weit, fixierend oder fluktuierend, objektiv oder subjektiv, analytisch oder synthetisch, diskret oder total), Perseveration (stark oder schwach), Gefühlsansprechbarkeit (stark oder schwach), Aktivität (stark oder schwach) und Vorwiegen der Ansprechbarkeit nach der Lust-Unlust-Seite
Idealtypus	–	Typus als gedankliche Konstruktion, als normativ gesetzter, allgemein verbindlich gedachter Komplex von Eigenschaften, Anlagen usw. Vgl. Lebensformen
Integrationstypen	E. R. Jaensch	Typen nach Art, Grad und Richtung der →Integration: I_1-, I_2-, I_3-Typ, D-Typ, S-Typ
Intuitionstypus	–	Syn. intuitiver Typus. Funktionstypus mit stark ausgeprägtem Intuieren und schwachem Urteilen.

Fortsetzung der Tabelle auf S. 706/707.

T

Typenbezeichnung	Autoren	Gliederung und wesentliche Kennzeichen
Konstitutionstypen	E. KRETSCHMER	Die Typologie geht von beobachtbaren Kriterien (Körperbau, Krankheitsbild u. a.) aus. Sie ist dreigegliedert. Die →Körperbautypen sind Leptosomer (Astheniker), Pykniker und Athletiker. Daneben abweichende kleine Gruppen, die KRETSCHMER als dysplastische Spezialtypen bezeichnete. Die angesprochenen komplexen Biotypen sind: Zyklothymie – Schizothymie – Barykinesie. KRETSCHMER bezeichnete es als erforschtes Grundprinzip seiner Typologie, daß mit jedem Körperbautypus eine Polarität der Temperamente und ein Kontrastpaar von gegensätzlichen Temperamenten verbunden ist. Zudem haben alle Typen (nur in versch. Ausprägung) an allen Temperamenten teil. So ergibt sich (KRETSCHMER 1975 156): Normen: zyklothym (pyknisch) diathetische Proportion: gehoben, synton, gesenkt — schizothym (leptosom) psychästhetische Proportion: sensibel, trocken, kühl — barykinetisch (athletisch) entonische Proportion: abrupt, stetig, phlegmatisch, entonisch Extremvarianten: zykloid hypomanisch subdepressiv — schizoid hyperästhetisch anästhetisch — →epileptoid explosiv viskös wechselnde ps. Korrelate→dysplastischer Typen — →enechetisch Die T. von KRETSCHMER kann heute als bestausgebautes Typensystem bezeichnet werden, ohne aber den heutigen Einwänden gegen jede Typologie begegnen zu können. →Faktorentheorien der Persönlichkeit.
Konstitutionstypen	W. H. SHELDON	Die Typologie läuft sehr parallel der von KRETSCHMER mit drei konstituionellen Komponenten (Endo-, Ekto-, Mesomorphie) und drei temperamentsmäßigen Entsprechungen (Somato-, Viszero-, Zerebrotoniker). →Körperbautypen
Lebensformen	E. SPRANGER	Ästhetischer – ökonomischer – religiöser – sozialer – theoretischer Typus und Machtmensch. »Idealtypen, die als Schemata oder Normalstrukturen an die Erscheinungen ... der historischen und gesellschaftlichen Wirklichkeit angelegt werden sollen« (SPRANGER). →Lebensformen
Lebensgefühl	F. W. SCHELLING F. NIETZSCHE	Apollinischer Typ (in der Art des Apollo: maßvoll, harmonisch, ausgeglichen) vs. dionysischer Typus (in der Art des Dionysos: rauschhaft, leidenschaftlich, heroisch)
Primär-Sekundär-Funktionstypen	G. HEYMANS WIERSMA (1906–09)	In einer der ersten ps. Typologien (auch erstmals mit dem Versuch einer statistischen Absicherung: 2532 Vp) sind die Dominanz der Primärfunktion bzw. der Sekundärfunktion eine diskriminierende Dimension des Verhaltens (Emotionalität, Aktivität, Reaktionsdauer). JUNG und EYSENCK erkannten darin Parallelen zur Extraversion und Introversion. LE SENNE erweiterte

		die Typologie mit der Gliederung nach nervös, sentimental, leidenschaftlich, cholerisch, sanguinisch, phlegmatisch, amorph, apathisch. Amorpher Typus = der primäre, nicht-aktive, nicht-emotionelle T.
Reaktionstypen	–	Typen der seelischen Verarbeitung (Charaktervarianten): anankastischer (zwanghafter, obsessiver, starrer), apathischer, asthenischer, expansiver, melancholischer, sensitiver, sthenischer Reaktionstypus, Erregungstypus, Hemmungstypus. Die Akzente der R. liegen zudem in der Schnelligkeit, Stärke, Fluidität, Ökonomie des Reagierens, zudem wird als R. auch eine Gliederung nach hysterisch, primitiv u. ä. angesehen.
Romantischer Typus	W. Ostwald (1909)	Typen aus dem Vergleich von Biographien großer Naturforscher (Klassiker vs. Romantiker). »Während der erste durch die allseitige Vollendung jeder einzelnen Leistung, aber gleichzeitig durch ein zurückgezogenes Wesen und eine geringe persönliche Wirksamkeit auf seine Umgebung gekennzeichnet ist, fällt der Romantiker durch die entgegengesetzten Eigenschaften auf.«
Sprechtypen, Sprachausdruckstypen	E. Drach O. Rutz E. Sievers J. B. Rieffert	Syn. Haltungstypen. Abweichungen der Körperhaltung und Stimmlage sind Ausgang der Typologie. Drach (1928) leitet vier Typen ab: den Motoriker (antriebsstark, ungehemmt), den motorisch-visuellen (antriebsstark, gehemmt), den Vorstellungstyp und den visuellen Typ. Rieffert teilte in 2 Klassen ein, die phonetisch durch ihr Melos bzw. ihren Rhythmus charakterisiert sind. Weiteres →Sprach-(Sprech-)Typen.
Temperamentstypen	Hippokrates Galen	Aus der Antike stammende 4-Temperamenten-Lehre: sanguinisch – phlegmatisch – cholerisch – melancholisch. Der kategorische Charakter (Zuordnung nach entweder-oder) wurde erst in der modernen Typologie erkannt und überwunden. →Temperament
Temperamentenlehre	Ewald (1924)	Typen nach dem sog. Biotonus: biotonisch-quantitativer Typus / strukturell-qualitativer Typus
Vorstellungstypen	J. M. Charcot	Syn. Sinnestypen, Auffassungstypen, Typen nach Vorherrschen der Sinnesgebiete und deren Berücksichtigung z. B. bei Assoziationen, Erinnerungen etc.: visueller (auch optischer), akustischer, motorischer (auch kinästhetischer), taktiler, olfaktorischer, gustatorischer Vorstellungstypus
Weltanschauungstypen	E. Adickes W. Dilthey K. Jaspers	Bei Dilthey eine der Verschiedenartigkeit der Sinndeutung der Welt entsprechende Gliederung: Typus des Naturalismus (Materialismus, Positivismus), des Idealismus (Pantheismus), des Idealismus der Freiheit (Theismus). Bei Adickes die Typen des Theismus, des Pantheismus und des Deismus. Bei Jaspers eine Vielzahl von Geistestypen entsprechend den möglichen Einstellungen: gegenständlich – selbstreflektiert – enthusiastisch.
Wort-, Sachvorstellungstypen	E. Meumann	Typen, ähnlich den →Vorstellungstypen (Charcot).

bestimmte Formen geistiger Erkrankungen (manisch-depressives Irresein und Schizophrenie) vorzüglich bei Menschen eines bestimmten Körperbautyps (pyknisch, leptosom) auftreten. Seine Untersuchungen, die einen statistisch gesicherten Zusammenhang zwischen dem überzufällig häufigen Auftreten der Schizophrenie bei Leptosomen bzw. des manisch-depressiven Irreseins bei Pyknikern ergaben, wurden auch später im wesentlichen bestätigt; eine Aufgliederung der Kranken z. B. nach dem Lebensalter brachte allerdings bedeutende Abschwächungen der Korrelationen. Über den Zusammenhang von Körperbau und Krankheit formulierte KRETSCHMER seine Konstitutionstypen (→Zyklothymie, →Schizothymie). Bemerkenswert an seiner T. ist die Annahme, daß der Übergang vom gesunden zum kranken Menschen nicht sprunghaft, sondern kontinuierlich ist und die ps. Kräfte, die beim »Normalen« quasi harmonisch zusammenwirken, beim Kranken in einem Mißverhältnis stehen und einzelne Dimensionen scharf überzeichnet sind. SHELDON, dessen Ausgangspunkt nicht im pathologischen, sondern im normalen Bereich liegt, formulierte ebenso eine Konstitutionstypologie, deren Grundvarianten der endomorph-viscerotone, der mesomorph-somatotone und der ectomorph-cerebrotone Typus sind. Der Konstitutionsbegriff sowohl bei KRETSCHMER als auch bei SHELDON ist die Gesamtheit aller genetischen Grundlagen des Individuums. Dies bildet einen der wichtigsten Ansatzpunkte zur Kritik: für Umwelteinflüsse und Veränderungen der Konstitutionsdeterminanten etwa durch →Lernen ist kein Raum gegeben.

Ging KRETSCHMER von beobachtbaren Kriterien (Körperbau und Krankheitsbild) zur Formulierung seiner T. aus, so versuchten die Vertreter der funktionsorientierten T. spezifische Erlebnisweisen (JUNG, RORSCHACH, PFAHLER) oder Vorstellungsabläufe (JAENSCH) zur Konstruktion ihrer T. zu verwenden. Die Brüder JAENSCH unterschieden verschiedene →Integrationstypen, zwischen deren extremen Polen, dem B-(basedowoid, »überintegriert«) Typus und dem T-(tetanoid, extrem desintegriert) Typus, sie Mischformen (I_1, I_2, I_3, S_2; »Synästhetiker«) postulierten. Die T. wurde einer Reihe von Experimenten unterworfen; die nationalsozialistisch-ideologischen Verirrungen verhinderten eine Weiterentwicklung des Systems.

PFAHLER, der zwischen einem »Typus der festen inneren Gehalte« und einem »Typus der fließenden inneren Gehalte« unterscheidet, steht mit seinem System der JUNGschen Unterscheidung zwischen dem Typus der introvertierten und extravertierten Erlebnisform (RORSCHACH: introversiv und extratensiv) nahe. JUNG beachtet in seiner T. noch die Funktionen →Denken, Empfinden (→Empfindung), →Fühlen und Intuieren (→Intuition). Je nach vorherrschendem Grundtypus (→Introversion, →Extraversion) bestehen 8 Erlebnistypen.

Der bedeutsamste Vertreter der philosophisch-weltanschaulichen Typologietheoretiker ist SPRANGER. Seine 6 Grundtypen sind: der theoretische, der ökonomische, der ästhetische, der soziale und der religiöse Mensch. Das Interessante an der SPRANGERschen Theorie ist, daß diese Wertrichtungen nicht nur individuell verschieden ausgeprägt sind, sondern daß eine gegenseitige Wechselwirkung zwischen ihnen besteht. So ist bei einem Menschen, bei dem die theoretische Wertrichtung dominiert, die ökonomische am geringsten ausgeprägt, dem ökonomischen Menschen die Religion aber unbedeutend usw. Nach STRUNZ (1960) handelt es sich im wesentlichen um »Einstellungen, und zwar um ganz einseitige und hochgesteigerte Einstellungen«, welche gemessen werden können (→Einstellung, →Einstellungsmessung).

Die verschiedenen T. haben auch in der frühen →Persönlichkeitsdiagnostik ihren Niederschlag gefunden; die KRETSCHMERsche T. z. B. in der Analyse von Schriftdruckkurven durch STEINWACHS (→Schreibmotorik); der →Werteinstellungstest nach ALLPORT et al. (dt. Fassung von E. ROTH) geht auf die SPRANGERsche T. zurück.

Kritisch wäre noch zu bemerken, daß die einen Typus konstituierenden Korrelationen mehrerer Merkmale einen Schluß von einem Merkmal auf ein anderes (Körperbau – Temperament) individualdiagnostisch nicht zulassen. Ferner gilt, daß auch die neueren T. trotz oft auffälliger Gemeinsamkeiten wenig gegenseitige Vergleichbarkeit besitzen. Die typologischen Modelle der Persönlichkeit können gemeinsam mit den Ansätzen der →Differentiellen Psychologie als die wesentlichsten Ausgangspunkte der modernen →Persönlichkeitspsychologie gelten, haben jedoch nur mehr eine eher historische Bedeutung. Sind die analytischen Einheiten der typologischen Modelle zumeist Kategorien menschlicher Erscheinungsformen sowohl körperlicher als auch ps. Art, so sind diese Einheiten bei den Persönlichkeitsmodellen der neueren Ps. →Faktoren, gedacht als voneinander unabhängige →Dimensionen menschlichen Verhaltens. Vgl. Körperbautypen mit Tabelle *G-Z*

typologische Tests, Bez. für Tests und Fragebogen verschiedenster Art, mit denen die »Typenzugehörigkeit« eines Pbn bestimmt werden soll

typoplastisch →Typenschau-Regel

U

Üben, Übung, Training, *practice,* ein Verfahren zur quantitativ-qualitativen Verbesserung von Tätigkeiten, und zwar durch häufige, auch systematische Wiederholung. Vgl. Arbeitskurve.

• Es gibt nach GIESE folgende Übungsformen: Übung durch Gewohnheitsanpassung; trickähnliche Leistungsverbesserung; Ü. aus biologischer Entwicklung (Jugendliche); eigentliche Funktionsverbesserung (Fähigkeitsschulung); Fertigkeitsschulung; Wiederherstellung verlorengegangener Fähigkeiten (Rehabilitation z. B. bei Unfall- und Kriegsbeschädigten); »Paradoxübung«, d. h. Leistungsverschlechterung aus Unlust und Hemmungen; »immanente Übung« als biologisch vorhandene, aber nicht durch Leistungssteigerung zutage tretende Übung, da sie benutzt wird, unter geringem Energieaufwand der Person das leistungsübliche Maß zu erreichen. • Unter mentalem Ü. oder mentalem Training versteht man ein systematisches Verfahren für das Beobachtungslernen (ULICH). • Ü. wird umgangssprachlich auch Lernen genannt, was ps. ungenau ist. Die oben aufgeführten Formen sind z. T. Bez. für die durch Ü. angeregten Prozesse, die in der modernen Ps. durch andere Konstrukte bezeichnet werden.

Überbelastungshemmung, Schutzhemmung, Hemmung durch →Streß. Die bei Streß ausgeschütteten Hormone →Adrenalin und Noradrenalin (den Gegenspielern von Transmittern wie Acetylcholin) hemmen die Reizübertragung an den Synapsen. Beispiele: Denk- und Erinnerungsblockaden bei Prüfungen und Unfällen. *R-S*

• Nach PAWLOW ist Ü. eine angeborene unbedingte Hemmung, durch die Rindenzellen beim Auftreten überstarker Reize oder bei der wiederholten einförmigen Reizung geschützt werden sollen. Ⓛ PICKENHAIN 1955 *B-S*

Überdetermination, von FREUD geprägter Ausdruck für die Beobachtung, daß ein Symptom so gut wie immer durch eine Mehrzahl von voneinander unterscheidbaren (unbewußten) Wünschen und Motiven verursacht ist.

Übereinstimmungs-Validität →Validität

Überempfindlichkeit, gesteigerte, das Normalmaß überschreitende Empfindlichkeit gegenüber Reizen (oder Stoffen), so daß außergewöhnliche Reaktionen erfolgen. Vgl. auch Allergie, Idiosynkrasie

Überflutungstherapie, neu entwickelte verhaltenstherapeutische Methode (→Verhaltenstherapie) zur Behandlung von phobischen Zuständen, die mit der gehäuften Darbietung von angstauslösenden Reizen arbeitet.

STAMPFL u. LEVIS (1967, 499) beziehen sich bei der Beschreibung der *»implosive therapy«* auf den Extinktionsbegriff und gehen von der Hypothese aus, daß es zur Löschung von Angst genügt, »die Hinweisreize, auf die die Angstreaktion konditioniert wurde, in Abwesenheit primärer Verstärkung zu re-präsentieren, wieder einzusetzen, oder symbolisch zu reproduzieren.« Die Termini *»flooding procedures«* und *»implosive procedures«* werden zum Teil synonym verwendet, zum Teil voneinander abgehoben: Während die Implosionstherapie gewöhnlich mit der Vorstellung von angstauslösenden Reizen arbeitet, werden in der Überflutungstherapie die tatsächlich angstbesetzten Reize dargeboten. Ⓛ BLÖSCHL *L-G*

Überformung, Bez. für die Abwandlung von Verhaltensweisen, Tendenzen u. a. durch soziale oder kulturelle Angleichung (→Sozialisation). • H. THOMAE belegt mit dem gleichen Begr. auch den Vorgang, daß vermeintlich freie Entscheidungen doch durch bestimmte Normen (z. B. Sozialnormen) bestimmt sind.

Übergangswahrscheinlichkeit, →Wahrscheinlichkeit dafür, daß (z. B. in einem →MARKOFF-Prozeß) das Ereignis (der Zustand) A von dem Ereignis (Zustand) B gefolgt wird.

Sonderfall der »bedingten« Wahrscheinlichkeit (B/A) mit der Feststellung, daß A zum Zeitpunkt t_i und B zum Zeitpunkt t_j eintritt und daß $(t_j) - (t_i)$ größer als Null ist. In der →Sprachstatistik ermittelt man Ü. zwischen Sprachelementen als Prädiktoren z. B. für die Sicherheit von →Antizipationen. Ü. sind zu unterscheiden von der »Verbundwahrscheinlichkeit« p (A, B) als Wahrscheinlichkeit für das Auftreten des →Digramms AB (in der Abfolge A, B). *Z-N*

Übergeneralisierung, Übergeneralisation (Linguistik) inkorrekte →Generalisation (Verallgemeinerung), z. B. von Pluralendungen oder Tempusflexionen auf unregelmäßige Formen (kommte statt kam). In der Kindersprache, tritt Ü. erst auf, nachdem das Kind Regelmäßigkeiten der Wortbildung erkannt hat. →Sprachentwicklung *B-S*

Über-Ich, von FREUD geprägter Begr. für dasjenige Funktionssystem der Persönlich-

U

keit, das die aus der Familie und Gemeinschaft übernommenen moralischen Motive repräsentiert und nach dem →Moralitätsprinzip arbeitet.

Die teils bewußten und teils unbewußten Funktionen des Ü. sind:

1. Aufrichtung eines Wertsystems und dessen Integration im Ich-Ideal (Pflichten und Forderungen, Gebote und Verbote).
2. Ausrichtung der Einstellungen und des Verhaltens nach diesem Wertsystem.
3. Ausschaltung der diesem Wertsystem nicht entsprechenden Einstellungen und Verhaltensweisen durch Selbstkritik, Forderung nach Triebeinschränkung usw.

Das Ü. veranlaßt auf Grund dieser Funktionen das Ich zur Abwehr der inkompatiblen Es-Impulse. – Nach FREUD entwickelt sich das Ü. keimhaft schon während der oralen (Entwöhnung) und analen (Reinlichkeitserziehung) Phase, wird aber erst am Ende der frühen genitalen Phase (Ödipussituation) durch die Introjektion sozialer Gebote und Verbote zu einem autonomen Funktionssystem konstituiert. →Ich, →Es, →Gewissen

Überkompensation, Ichmechanismus, der in der Individualpsychologie ADLERS den Universalmechanismus des Ich darstellt.

Die Ü. ist ein Ausgleich und Ersatz einer körperlichen oder sozialen Unzulänglichkeit (→Organminderwertigkeit). Sie resultiert aus einem →Minderwertigkeitsgefühl, mit dem das Ich zunächst auf diese Unzulänglichkeit reagiert und ist durch das Streben nach Sicherheit, Macht und Überlegenheit motiviert. – Man unterscheidet eine direkte und eine indirekte →Kompensation. Bei der direkten K. wird die unterentwickelte Funktion selbst angegangen und überentwickelt, bei der indirekten K. dagegen wird zum Ausgleich für die minderwertige Funktion eine Ersatzfunktion in überstarkem Ausmaße entwickelt. – Die einzelnen Kompensationen und Überkompensationen können sich zur Sicherung der bedrohten Macht und Überlegenheit im Charakter verfestigen.

Überlernen, Bez. für die »Fortsetzung des Übens, nachdem das Lernkriterium 100prozentig erreicht worden ist«. Die früher übliche Erklärung des guten Behaltens durch das Ü. ist nicht zureichend (BERGIUS, 1971).

Übersättigungstherapie *(satuation-therapy),* neu entwickelte verhaltenstherapeutische Methode (→Verhaltenstherapie), die mit der gehäuften Darbietung von Reizen, die für den Klienten in unerwünschter Weise attraktiv sind, arbeitet.

Diese Technik steht in enger Nachbarschaft zur →negativen Übung, und ihre Wirkung wird auch im Rahmen der HULLschen Lerntheorie erklärt. Bei der Behandlung werden die unerwünscht attraktiven Reize nicht wie bisher entfernt, sondern im Gegenteil extrem häufig dargeboten. Die entsprechende Verhaltensweise wird stark gefördert. Unter diesen Bedingungen kann es in kurzer Zeit zu einer Elimination der betreffenden Verhaltensweise kommen. Vgl. paradoxe Intention Ⓛ BLÖSCHL 1979[5] *L-G*

Überschreitungswahrscheinlichkeit →Vertrauensintervall

Übersichtigkeit →Hypermetropie

Übersprung, Übersprungshandlung, *displacement activity,* (biol.), befinden sich Tiere in Konfliktsituationen (→Konfliktverhalten), so zeigen sie häufig Bewegungen, die keiner der einander widerstreitenden Stimmungen zugeordnet werden können. Kämpfende Hähne z. B. mit gleichzeitig geweckter Angriffs- und Fluchtintention beginnen im Übersprung gegen den Boden zu picken. Vgl. Ersatzhandlung, Mosaikbewegung *P-S*

Übersummativität →Summativität

Überträgersubstanzen, chemische Substanzen, die der Informationsübertragung dienen. Hierzu gehören: 1. Ü. an den →Synapsen. 2. →Hormone. 3. →Pheromone. Vgl. Transmittersubstanzen *P-S*

Übertragung, (allg.) eine von der Psychoanalyse beachtete zwischenmenschliche Bindung, die darin besteht, daß der Analysierte seine Erlebnisinhalte im Lauf der Behandlung in Beziehung zum Therapeuten setzt (sie auf diesen überträgt).

In der Ü. identifiziert und projiziert der Patient in den Analytiker hinein. Dies ist Voraussetzung jeder Psychotherapie, kann aber auch zur Störung der Therapie werden. Wesentlich ist die Auflösung der Ü. bei fortgeschrittener Behandlung. – Ü. und Gegenübertragung weisen auf den gegenseitigen Austausch von Erscheinungsweisen hin, in denen Arzt und Patient (Lehrer und Schüler) einen Teil ihres Selbst zum Ausdruck bringen; der Patient in der Rolle des Kindes, der Arzt in der Vater-, Mutter-Rolle fügen sich hier in ein ergänzendes Zusammenspiel. Dieses Ü.verhältnis ist nur ein Teil der vielseitigen Gefühlsbeziehungen, die eine psychotherapeutische Situation gestalten. Die Ü. findet meist auf einer primitiven Stufe statt, wobei das Wiederauftauchen von Erlebnissen aus der frühen Kindheit vorherrscht. Auf dem Ü.niveau sollen Patient und Therapeut dieselbe »Sprache« sprechen, deren Ausdrucksmittel demselben Niveau entnommen wird. Später kann dann eine Selbstbefreiung erreicht werden. ● Ausgedehnte Bedeutung hat die Ü. beim Denken und Lernen wie auch bei der Wahrnehmung. Vgl. Transfer, Gestalt →Therapeut-Patient-Beziehung

überwertige Ideen →Ideen, überwertige

überzählige Dimension →Dimension

Überzeugungswert-Matrix, *belief-value-matrix,* die Erwartungen und Valenzen (TOLMAN 1932), die jeder neuen Situation entgegengebracht werden (und auch determinierend wirksam sind). Die eingebürgerte Übersetzung ist irreführend, weil nicht der Überzeugungswert gemeint ist, sondern die Annahme (Überzeugung) über je einen Sachverhalt und der subj. Wert, den dieser Sachverhalt hat. *B-S*

Übung →Üben

Übung, gruppendynamische, gruppendynamische Spiele, verbale und nichtverbale Übungsformen, deren Technik vom →Psychodrama, den T-Gruppen, REICHianern, Interaktionisten (COHN) und Gestalt-Therapeuten (→Gruppentherapie) stammen. Das *timing* ergibt sich aus den in der Gruppe auftauchenden Problemen, die durch das Spiel verdeutlicht und angehbar gemacht werden sollen. SCHWÄBISCH u. SIEMS (1974) stellten ein Programm solcher Übungen für Gruppen ohne Leiter zusammen (Selbstmodifikation in der Gruppe).

Beispiele solcher Übungen sind das →Soziogramm, Rollenspiele, Vertrauensübungen wie »Blindenführung« und »Pendeln und Wiegen«, Feedback- und Kommunikationsübungen wie »alter ego«, »Kommunikationskette«, »heißer Stuhl« u. a. Ⓛ ANTONS, BÖDIKER u. LANGE *R-S*

Übung, massierte, →massierte Übung

Übung, negative →negative Übung

Übungseffekt, jeder quantitative oder strukturelle Leistungszuwachs, sofern er durch wiederholte Reizdarbietungen, Problemexpositionen sowie durch variierendes Antwortverhalten zustande kommt (HASELOFF 1970).

Übungstherapie, alle Maßnahmen, die Übung therapeutisch auszuwerten, wie Entspannungsübungen, autogenes Training, Gehübungen usw.

Übungsverlust, die Leistungsminderung, die eintritt, wenn eine geübte Tätigkeit nicht mehr ausgeführt bzw. unterbrochen wird.

UCR, *unconditioned response,* →response

UCS, *unconditioned stimulus,* →Stimulus

UE, Unterschiedsempfindlichkeit (s. d.)

Uhrzeiger-Vertauscher Ⓣ GODDARD

U. I., Abk. für *»universal index«.* Eine von CATTELL gewählte Bez. für das aus →objektiven Tests ermittelte Faktorensystem.

Da diese Faktoren noch nicht in so großem Umfange wie diejenigen aus →Q-Daten identifiziert werden konnten, wurden sie ursprünglich ohne genauere inhaltliche Interpretation mit der gewählten Bez. versehen. Die Faktoren-Nummern U. I. 1–15 stellen die kognitiven Faktoren dar, während U. I. 16–36 dem Persönlichkeitsbereich zugeordnet sind. Bei einem gegenseitigen Vergleich von Faktoren aus dem Bereich der Q-Daten und denjenigen der →T-Daten hat sich ergeben, daß diese im Bereich der primären Faktorenstruktur nicht verglichen werden können. Ⓣ SCHMIDT 1975. Ⓛ CATTELL 1973, CATTELL u. WARBURTON 1967 *Hä-R*

Ulkus →Psychosomatik

Ultrarot →Licht

Ultraschall →Schall

Ultraviolett →Licht

Umfang der Aufmerksamkeit, die Zahl aller Inhalte, welche die Aufmerksamkeit in einem Augenblick zugleich scharf umfaßt.

Umfang des Bewußtseins →Bewußtsein, Bewußtseinsenge

Umfeld, allgemeine Bez. für das im Feld der Person und um diese Person Liegende. →Feld. ● Als charakterologisches Umfeld bezeichnet LERSCH den Rahmen möglicher Charaktereigenschaften, der durch das Vorhandensein einer bestimmten Eigenschaft auf Grund der charakterologischen Affinitäten erschließbar ist.

Umfrage →Meinungsbefragung, →Datenerhebung

Umgebungseinflüsse →Umwelt

Umgebungs-Test, Bez. von MEUMANN für die Testmittel und Proben, die den Einfluß von Schule, Haus und Familie beim Jugendlichen klären helfen.

Umkehrbrille →Störungsexperimente

Umkehrlernen, auch Umkehrverschiebung [engl. *reversal shift*] erfolgt in einer Versuchsanordnung, bei der zuerst der Vp. beigebracht wird, anhand eines best. Merkmals des Reizes das richtige Objekt auszuwählen (z. B. »klein«), danach wird durch entsprechende Verstärkungen auf ein anderes Merkmal der gleichen Dimension (»groß«) übergewechselt. Die zuerst irrelevanten Dimensionen (Farbe, Zahl der Elemente) bleiben bei diesem →Umlernen irrelevant. →Umlernversuche, exp. *B-S*

Umkehrwechsel [engl. *reversal shift*], innerdimensionales Umlernen (→Umlernversuche, exp.). →Diskriminieren – Lernen *B-S*

Umklammerungsreflex →Greifreflex

Umlernen, ein belasteter Lernvorgang, und zwar belastet durch vorheriges Lernen, weil in ihm das Ungültigwerden (nicht unbedingt das Verlernen) einer vorher gelernten Verbindung oder Unterscheidung verlangt wird und eine neue, vorher irrelevante Verbindung oder Unterscheidung zu lernen ist. Die

U

meisten →Umlernversuche verlangen das U. von Unterscheidungen, also Diskriminierenlernen. →Hemmung *B-S*

Umlernversuche, experimentell, Entscheidungsexperimente zur Erklärung der Begriffsbildung nach der Stimulus-Response-Theorie (→S-R-Theorie) oder Mediationstheorie (→Vermittlertheorie). Eine zuerst gelernte Unterscheidung und Klassifizierung von Figuren (z.B. nach der Größe, unabhängig von der Form) aufzugeben lernen zugunsten einer anderen (z. B. nach der Form, unabhängig von der Größe) ist außerdimensionales Umlernen *(non reversal shift)*. Eine Umkehr der Werte innerhalb der einen Dimension (z.B. der Größe) ist innerdimensionales Umlernen *(reversal shift)*. Letzteres müßte nach mechanistischer S-R-Theorie schwerer gelernt werden als der Wechsel der Dimension. Gegenteilige Versuchsergebnisse legen die Erklärung mit vermittelnden Begriffen nahe. →Lernen, →Denken Ⓛ KENDLER u. KENDLER 1962, 1969 *B-S*

Umschlagfiguren, Umspringbilder →Reversion, →geometrisch-opt. Täuschung

Umstellung, der Vorgang der Einstellung auf neue Sachverhalte. Mit der U. können recht tiefgehende Spannungen verbunden sein. Von besonderer ps. Bedeutung ist die U.fähigkeit als individuell kennzeichnende Persönlichkeitsvariable, die zugleich bestimmte typologische Varianten (→Typus) aufweist. →Flexibilität

Umstimmung, Bez. für eine durch exogene oder endogene Einflüsse hervorgerufene Veränderung der emotionalen Verfassung bzw. i. w. S. einer jeden Ausgangslage für bestimmte Reaktionen. ● →Adaptation, chromatische

Umstrukturieren →Denken

Umstrukturierungsheurismus →Denkstrategie, →Denken, heuristische Methoden

Umweghandlung, Handlung zum Erreichen eines Zieles »auf einem Umweg«. Versuche an Schimpansen (KÖHLER, 1917) und an Kindern (BÜHLER) haben gezeigt, daß dort, wo weder das instinktive Repertoire und das vorhandene Wissen noch die besondere Beschaffenheit der Situation einen unmittelbaren Weg zur Erreichung eines Zieles weisen, häufig produktiv ein Umweg gefunden wird. Die U. kann als Prototyp der Intelligenzhandlung angesehen werden. Als solche qualifiziert sie sich besonders durch die Transponierbarkeit als auch durch die begleitenden (mimischen) Umstände (→Aha-Erlebnis). Vgl. Übersprung

● Der Begr. U. wurde vor allem durch LEWIN von der Intelligenzhandlung auf das Handeln im allgemeinen übertragen, also auch auf Willens- und Affekthandlungen. Dabei zeigt es sich, daß die U. entweder in einer →Ersatzhandlung zu einem Ersatzziel als dynamischem Äquivalent führt oder aber Triebbeherrschung voraussetzt, insofern die Steuerung vom Ich und nicht den →Aufforderungscharakteren des Feldes ausgehen muß (→Feldhandlung). Die sich aus dem Charakter der U. ergebenden Probleme der Richtungen der auf das Ziel zuführenden Wege (die U. macht häufig einen Weg notwendig, der scheinbar von dem Ziel fortführt) führten LEWIN zur Konzeption des hodologischen Raumes. Vgl. topologische und Vektorpsychologie

Umwegprobe Ⓣ KÖHLER

Umwelt, Gesamtheit des Lebensraums, der ein Lebewesen umgibt bzw. alle auf dieses einwirkende Einflüsse (»zusätzlich« zu den Erbanlagen und »begrenzt« darauf, daß die Einflüsse bestimmend sind für das Lebewesen).

Die Begr. →Milieu und U. stehen sich nahe, ohne gleich zu sein. ● J. v. UEXKÜLL konnte zeigen, wie sehr die U. verschiedener Lebewesen qualitative Unterschiede aufweisen. Die »Vogelwelt« ist anders als die »Maulwurfswelt« und die Welt des Hundes eine andere als die seines Herren. Je spezifische Merkwelten und Wirkwelten (→Funktionskreis) bilden die Summen der dem einzelnen Lebewesen zugänglichen Reize und Reaktionen. ● HELLPACH und viele andere sind der sozialps. Umwelt nachgegangen. ● LEWIN erforschte die U. nochmals in anderer Sicht und begründete von da aus die →topologische und Vektor-Psychologie. →Umweltps., →Feld, →Ökologie, →Ökologische Ps., →Erbe-Umwelt-Problem, →Sozialisation

Umweltbewußtsein, nach einer Def. des Rats von Sachverständigen für Umweltfragen die »Einsicht in die Gefährdung der natürlichen Lebensgrundlagen der Menschen durch diese selbst, verbunden mit der Bereitschaft zur Abhilfe«. →Umweltps. Ⓛ FIETKAU u. KESSEL

Umweltpsychologie, während sich *»environmental psychology«* im anglo-amerikanischen Sprachraum als rel. weiter Rahmenbegriff zu etablieren scheint (PROSHANSKY u.a. 1970, ITTELSON u.a. 1974), tendiert man in der dt. Ps. eher dazu, →»Ökologische Psychologie« als den weiteren Begriff zu verwenden und U. mit Rücksicht auf den allg. Sprachgebrauch als Bezeichnung für diejenigen Aktivitäten in ps. Forschung und Praxis zu reservieren, die mit den sog. Umweltproblemen (z.B. Umweltschutz, i.

S. v. Abwehr von Luft- und Wasserverschmutzung, umsichtige Nutzung von Ressourcen, Landschaftsschutz u. a. m.) in engeren Zusammenhang gebracht werden können (KAMINSKI 1973). Ⓛ KAMINSKI u. a. 1975 *K-I*

Umweltqualität →Lebensqualität

Umweltwahrnehmung, *environmental perception,* vieldeutiger Begriff, der (vor allem in seiner angloamerikanischen Form) mindestens drei verschiedene Bedeutungsnuancen annehmen kann: (1) Das Wahrnehmen der unmittelbaren Umgebung, wie es unter natürlichen Bedingungen geschieht, im Unterschied zu denjenigen (»künstlichen«) Wahrnehmungsmodalitäten, die in der exp. Wahrnehmungsforschung realisiert werden (ITTELSON 1973). (2) Perzeptives und kognitives, teils auch evaluatives Erfassen (auch Interpretieren und Speichern) von Umweltgegebenheiten, mit denen sich typischerweise die Ökops. befaßt: Architektonische und städtebauliche Einheiten, Landschaften, größere geographische Einheiten (STOKOLS 1977). (3) Nicht klar trennbar von →»Umweltbewußtsein«, das Empfänglichsein für diejenigen Aspekte von »Umwelt«, die, teilweise weltweit, zunehmend problematischer erscheinen und die im Rahmen der »ökologischen Bewegung« thematisiert werden: Umweltverschmutzung, Ressourcenverknappung, Landschaftszerstörung u. a. m. Ⓛ WHYTE 1977 *K-I*

Umzentrieren, Schwerpunktverlagerung, von M. WERTHEIMER 1920 eingeführte Bez. für »Strukturoperationen von größter Bedeutung«, die er an Lösungen von räumlichen, mathematischen, logischen und sozialen Problemen demonstrierte. Zentrierung bedeutet Herausfassung bestimmter Merkmale, Zusammenfassung von Teilen oder auch das Begreifen der Teile eines Ganzen von einem best. Teil aus. WERTHEIMER (1957, 156) beschreibt das U. auch als »Übergang von einer einseitigen Ansicht zu der Zentrierung, die von der objektiven Struktur der Situation gefordert ist«, und sieht in ihm eine Form des Umstrukturierens (→Denken). *B-S*

unanschauliches Denken, jedes Denken verläuft mit anschaulich gegebenem Vorstellungsmaterial. Aber auch unanschauliches »Material« kommt hinzu: →Bewußtheiten, →Bewußtseinslagen, Beziehungen, →determinierende Tendenzen. →anschauliches Denken

Unaufmerksamkeit, auditive, die erschwerte Auslösbarkeit einer →Orientierungsreaktion durch akustische Reize, besonders durch Sprachlaute, obwohl keine gravierenden →Hörbehinderungen vorliegen. Teilsymptom von zentralen Hörstörungen (→Agnosie, akustische), →Autismus oder →Oligophrenie; bei Kindern außerdem von Entwicklungsverzögerungen nach frühkindlicher Hirnschädigung. Ⓛ ARNOLD 1970 *G-N*

unbedingte Hemmung, reaktive Hemmung. →Hemmung

Unbewußtes, Bez. für verborgene Struktur, die dem Individuum wesenseigentümlich ist, in die es selbst aber mit Hilfe des Bew. nicht (oder nur dunkel) hineinleuchten kann.

JASPERS bot dazu folgende Übersicht: das U. kann gedacht werden a) nach seiner Herkunft aus dem Bewußtsein – dann ist es das Mechanisierte (Automatisierte), das Nichterinnerte, das Erinnerbare; b) nach dem Mangel eines Verhältnisses zur Aufmerksamkeit – dann ist es das Unbemerkte, das Ungewollte, das Unerinnerte, das nicht gegenständlich Gewordene; c) als eine Macht, als Ursprung – dann ist es das Schöpferische, der Grund und das Ziel; d) als das Sein – dann ist es das psychisch Reale oder auch das absolute Sein. – Zum U. verdient der Begr. des Unterbewußten hinzugenommen zu werden, wenn dieser auch bisweilen scharf abgetrennt wird (das vom Endothymen und nicht von der Kortikalperson Gesteuerte).

FREUD schrieb den ps. Vorgängen die drei Qualitäten zu: bewußt, vorbewußt oder unbewußt. Vorbewußt heißt bei ihm auch bewußtseinsfähig.

Als Ggs. trennte HELLPACH das »Entwußte« (das Vergessene oder Verdrängte) vom »Vorbewußten« als dem noch nie in das Bewußtsein Gedrungenen (instinkthaftes, kollektives Unbewußtes). Schon der Romantikerarzt C. G. CARUS sah den Schlüssel zur Erkenntnis des bewußten Seelenlebens in der Region des Un-Bewußtseins. Gegenüberstellungen von bewußt und unbewußt brachten auch LEIBNIZ, SCHELLING, FECHNER und HERBART. Über E. v. HARTMANN und NIETZSCHE bekam dann der Begr. des U. in der Gegenwart zentrale Bedeutung in der Tiefenps. bzw. der Psychoanalyse. Die dynamische Wechselbeziehung löste dabei das bloße Gegenüber ab. Im besonderen traten hervor: 1. die Deutung von S. FREUD (→Psychoanalyse); 2. die Deutung von C. G. JUNG als persönliches Unbewußtes (→Individuationsprozeß) bzw. als kollektives Unbewußtes (→Archetypen); 3. das familiäre Unbewußte von SZONDI. (→Schicksalsanalyse).

unbewußte Schlüsse, Bez. für die von HELMHOLTZ (1866) neben den Empfindungen angenommene Grundlage der Wahrnehmung. In der neueren Ps. entsprechen den u. S. jene Verarbeitungsprozesse *(processing)*, mit denen die *cues* zu Wahrnehmungsresultaten überführt werden. *B-S*

unbunte Farbe, *hueless color,* weiß, alle Grautöne, schwarz.

Uncus-Syndrom, Unzinatus-Krisen [*uncus gyri hippocampi*], eine Form epilept. Anfälle mit Geruchs- u. Geschmackshalluzinationen.

underachievement →overachievement

underdog-Effekt [engl. *underdog* Unterdrückter], Verlierer-Effekt, Mitleid-Effekt. Ggs. →*bandwagon*-Effekt

undermanning, in BARKERS Theorie des →*behavior setting* entwickelter, von WICKER (1979) weiter ausgearbeiteter Begriff, mit dem ein »Unterbesetztsein«, das heißt ein Zustand eines *behavior setting* charakterisiert werden soll, in dem weniger Teilnehmer *(inhabitants)* anwesend sind, als eigentlich für die minimale Erfüllung aller Funktionen und Rollen erforderlich wäre. Die u.-Theorie sagt voraus, was sich unter diesen Umständen am *behavior setting,* speziell am Verhalten der Teilnehmer, ändert, verglichen mit adäquatem *»manning«*. Entsprechend werden Voraussagen für einen Überbesetztheits-Zustand *(overmanning)* gemacht. Ⓛ BELL et al. 1978 *K-I*

Unechtheit, nach LERSCH Bez. für Äußerungen des Fühlens, Wollens oder Denkens, denen kein adäquater seelischer Gehalt entspricht. So kann man sich verpflichtet fühlen, bei einem gegebenen Anlaß Freude, Trauer, Überraschung oder Ergriffenheit zu erleben, ohne daß man die volle innere Bereitschaft hierzu besitzt. Insofern als man diese Verpflichtung sich selbst gegenüber tatsächlich erlebt, unterscheidet sich die U. von der bloßen Heuchelei oder Lüge.

Unfalldisposition, Unfalldisponiertheit, im Sinn eines explikativen Konstrukts angenommene →Disposition, die eine Person kennzeichnet, die mit erhöhter Wahrscheinlichkeit an Unfällen – im deskriptiven Sinn: aktiv und/oder passiv – beteiligt ist.

Dabei wird ein Zusammenwirken verschiedener Persönlichkeitsmerkmale im engeren Sinn (z.B. geringe Orientierung an überindividuellen Verhaltensnormen, erhöhte Ichbezogenheit, verringerte willensmäßige Verhaltenskontrolle, erhöhte ps. Gespanntheit; CATTELL, EBER u. TATSUOKA 1970) und/oder im weiteren Sinn (tätigkeitsspezifische Leistungsschwächen) angenommen. Individuelles Verhalten am Unfallkriterium zu beurteilen, erscheint aber aufgrund der starken Zufallsabhängigkeit dieses Kriteriums problematisch; dementsprechend wäre es sinnvoller, den Begriff der Unfalldisposition durch einen Begriff der Gefährdungsdisposition zu ersetzen, bei dem der verhaltensspezifische Unfall eingeschlossen, der zufallsbedingte, nicht verhaltensspezifische Unfall jedoch ausgeschlossen ist. Ⓛ HOYOS 1980, KLEBELSBERG 1981 *K-G*

Unfäller, Kennzeichnung einer Person durch eine erhöhte Anzahl von Unfällen innerhalb eines bestimmten Zeitraumes. Der Ausdruck geht auf MARBE (1926) zurück und wird von diesem Autor auch nach sog. »Einsern« und »Mehrern« differenziert und den sog. »Nullern« gegenübergestellt (ein Unfall bzw. mehrere Unfälle bzw. kein Unfall innerhalb von fünf Jahren). Der Ausdruck differenziert jedoch nicht nach der tatsächlichen Unfallhäufigkeit einer Person und dem individuellen Grad ihrer ps. →Unfalldisposition. Aufgrund der starken Zufallsabhängigkeit von Unfallereignissen eignet sich der Begriff des Unfällers in diesem Sinn nicht zur Kennzeichnung von Individuen hinsichtlich ihrer ps. Unfalldisposition. *K-G*

Unfallpersönlichkeit →Unfäller

unfreezing, nach K. LEWIN 1947 Auflockern (zur Änderung von sozialen Gewohnheiten). • *warming up,* →Auftauen, vgl. Anwärm-Effekt

Ungewißheit, subjektiv Nichtwissen über, objektiv Wahrscheinlichkeit $p<1$ für das Eintreten eines Ereignisses oder einer Ereignisalternative. Die reziproke Wahrscheinlichkeit $1/p$, eine Zahl zwischen $+1$ und $+\infty$, ist ein monoton steigendes Maß für die U. Die →Informationstheorie bezeichnet den dualen Logarithmus daraus als (partiellen) Informationsgehalt eines Ereignisses und gewinnt so ihren Grundbegriff. *G-R*

unio mystica, geheimnisvolle Vereinigung der Seele mit der Gottheit. →Mystik

uniqueness [engl. Einzigartigkeit], zerlegt man die Varianz einer Variablen im Anschluß an eine →Faktorenanalyse in verschiedene Teile, so lassen sich folgende Teile unterscheiden: Die gemeinsame, durch die Faktorenanalyse extrahierte systematische Varianz ($= h^2$), die spezifische ($=$ systematische) durch die Faktorenanalyse nicht aufgeklärte Varianz ($= s^2$) u. die unsystematische Fehlervarianz ($= e^2$). Als U. wird die spezifische Varianz plus Fehlervarianz bezeichnet: $U = s^2 + e^2 = 1 - h^2$.

univariate Versuchspläne, Versuchspläne, in denen eine abhängige Variable gemessen und hinsichtlich der variierten Stufen einer unabhängigen Variablen auf Unterschiede und/oder Gemeinsamkeiten überprüft wird.

Universalbrett Ⓣ SCHULZ

Universalien, universelle Grammatik, in der →Grammatik versteht man unter U. einerseits Eigenschaften, die allen natürlichen →Sprachen gemeinsam sind (= substantielle U.; hierzu werden in erster Linie die distinktiven Schallmerkmale gezählt; →*distinctive feature*), andererseits auch das Inventar von Grundbegriffen, welches ein Grammatiker bei der Beschreibung jeder beliebigen natürlichen Sprache erfolgreich anwenden kann (= formale U.; hier werden häufig die wesentlichen Begriffe der →generativen Transformations-Grammatik wie z. B. →Oberflächenstruktur, →Tiefenstruktur, →Transformation) genannt.

CHOMSKY (1965) postuliert eine vor dem Erlernen jeder Einzelsprache und dazu unbedingt erforderliche angeborene universelle Grammatik, da nur diese in der Lage sei, den allen Einzelsprachen gemeinsamen »kreativen« Aspekt der Sprache zu erfassen, und da nur so der sprachlichen →Kompetenz des Sprechers/Hörers voll Rechnung getragen werden könne. →Sprachentwicklung *T-R*

Universalindex 〈CATTELL〉 →U. I.

Universalität, das Allumfassende, die Allgemeingültigkeit, die Allgemeinbedeutsamkeit. U. der Gefühle ist Ausdruck für die Tatsache, daß Gefühle durch alle anderen seelischen Prozesse angeregt werden können. ● U. von Persönlichkeitsmerkmalen →eigenschaftszentrierte Persönlichkeitstheorien

universe [engl.], Gesamtheit, Grundgesamtheit (statist.).

Unlust →Gefühl

unmittelbares Behalten, *immediate memory,* die kurzzeitige Speicherung von Gedächtnisinhalten. Das u. B. scheint von anderen Gedächtnisleistungen weitgehend unabhängig zu sein. →Gedächtnis (Merkfähigkeit). →Kurzzeitspeicher

unscharfer Begriff [engl. *fuzzy concept*], von ZADEH 1965 eingeführte Bez. für →Begriffe, bei denen die ihren Inhalt bestimmenden Merkmale den zugehörigen Objekten nur in verschiedenem Grade zukommen. Die Objekte haben nicht äquivalente Merkmale. Beispiel: »genialer Schauspieler«, »Psychopath«. Ⓛ KLIX 1971, 590ff. *B-S*

Unsicherheitsintervall →psychophysische Methoden

Unterbewußtes, der dem →Unbewußten nahestehende (oder mit ihm identische) Begriff des U. wird seit dem 18. Jhd. gebraucht, um eine kausale Erklärung für Erscheinungen zu bieten, die innerhalb des Bewußtseins nicht ohne weiteres erklärt werden können. Es wird angenommen, daß ps. Inhalte untertauchen, der Träger keine Kenntnis mehr davon hat, die Inhalte jedoch latent bleiben und teils wieder auftauchen, teils bestimmende Einflüsse auf das Oberbewußtsein ausüben. →Oberbewußtsein, →Unbewußtes, →Komplex, →Tiefenpsychologie, →bewußt–unbewußt

unterbrochene Handlung →Wiederaufnahme von unterbrochenen Handlungen

Untergrund, ein von K. SCHNEIDER Ⓛ in seine phänomenologische Theorie der Erlebnisreaktionen aufgenommener Begr. für eine stets vorhandene, doch nur in bestimmten Zusammenhängen wirkende Grundlage des Erlebens. Vgl. endogen u. dort genannte weitere »Annahmen«.

Untergrunddepression, nach K. SCHNEIDER Ⓛ eine empirisch nicht näher angehbare, im »Untergrund« angelegte, nicht als krankhaft zu bezeichnende, depressive Verstimmung. →Untergrund, →endogen

Untergrundreaktion →Hintergrundreaktion

Unterricht, *instruction,* jede zwischen mindestens zwei Personen stattfindende, eigens dem Zweck des →Lehrens und →Lernens dienende, im voraus geplante, in ihren Zielen, Inhalten und Verfahren von der Gesellschaft oder einzelnen ihrer Gruppen beeinflußte und in zunehmendem Maße an Institutionen gebundene Veranstaltung (SCHULZ 1973).

Die vom Lehrenden beabsichtigte Förderung der Lernenden wird dabei weniger im Bereich des emotionalen und sozialen Erlebens und Verhaltens liegend gesehen – wofür eher der Begriff der →Erziehung gebraucht wird – als vielmehr im Bereich kognitiver Funktionen, gedächtnismäßigen Wissens und motorischer Funktionen (H. ROTH 1969); eine Abgrenzung, der allerdings nur sehr relativer Wert zukommt, denn schon HERBART betonte, daß jeder U. immer auch erzieherische Wirkung habe.

Grundsätzlich kann U. in bestimmte Komponenten oder Strukturmomente zerlegt gedacht werden (anthropogene Voraussetzungen, Intentionalität, Methodik, Medienwahl, sozialkulturelle Voraussetzungen), die wiederum jeweils verschiedene Varianten umfassen (SCHULZ 1973); analog können die im U. ablaufenden zwischenmenschlichen Prozesse nach bestimmten Dimensionen analysiert werden. Alle diese ausgrenzbaren Momente bzw. Dimensionen stehen jedoch im konkreten unterrichtl. Vollzug in einem komplexen Bedingungs- und Wirkgefüge und werden überdies in hohem Maße von situativen Faktoren beeinflußt, so daß jeder U. stets einen mehr oder weniger gewichtigen nicht-planbaren Aspekt enthält, der nur durch Spontaneität und Intuition abzudecken ist (Döring 1972) und der Rede von der »Kunst des Unterrichtens« eine gewisse Berechtigung verleiht. Hierin liegen sowohl die Grenzen der Lernbarkeit des Unterrichtens und damit die besonderen Aufgaben der Lehrerausbildung als auch die Problemstellungen der →U.forschung und →U.theorie. *Sch-R*

Unterrichtsanalyse, das Bemühen, die Komplexität/Ganzheitlichkeit von Unterricht nicht nur situativ-punktuell (anhand sog. »Momentaufnahmen«), sondern auch und gerade hinsichtlich seiner Verlaufsstruktur und Intentionalität nach den wesentlichsten Bestimmungsfaktoren gegliedert zu beschreiben, so daß daraus sowohl Aussagen zu den Auswirkungen bestimmter Unterrichtsarten (und ihrer -methoden, -inhalte, -medien) auf die Schüler, als auch Einsichten für eine verbesserte Unterrichtspraxis und Lehrerausbildung gewonnen werden können.

In den letzten 10 Jahren ist die Skepsis gegenüber empirischen Analyse-Verfahren gewachsen, vor allem, weil mit diesen kaum der multifaktoriellen Struktur von Unterricht, schon gar nicht seiner Intentionalität Rechnung getragen werden kann; stattdessen wird die Bedeutsamkeit interpretativer, sinndeutender Analysestrategien betont, die Unterricht sowohl aus der Sicht des Lehrers als auch aus derjenigen der/des Schüler(s) aufzuschließen und miteinander zu vermitteln trachten. →Unterricht, →Unterrichtsforschung, →Unterrichtstheorie, →Lehren *Sch-R*

Unterrichtsforschung (UF), Forschung, die dazu beiträgt, das mit →Unterricht bezeichnete Geschehen besser zu verstehen, vorherzusagen und zu kontrollieren. Enger: empir. Sozialforschung, die sich ausdrücklich mit den Intentionen, Themen, Methoden und Medien des Unterrichtens, den teilnehmenden Personen sowie den zugehörigen Institutionen beschäftigt; noch enger: Forschung, bei der zumindest eine Variable Verhalten oder Charakteristika von Lehrern erfaßt, wobei »Lehrer« sehr weit, auch i. S. von Lehrprogramm, verstanden wird (v. Trotsenburg 1973).

Der Beginn der UF fällt zeitlich wie auch hinsichtlich der bedeutendsten Autoren mit den Anfängen der →Pädagogischen Psychologie zusammen. Während sie in ihrer ersten Phase (bis in die dreißiger Jahre) noch sehr stark die Ganzheitlichkeit unterrichtlichen Geschehens im Blick hatte, tendierte die UF nach 1945 immer stärker zur Untersuchung einzelner Unterrichtskomponenten und -faktoren. Ende der sechziger, Anfang der siebziger Jahre tritt wieder zu Recht das Bestreben nach Integration der zu den verschiedenen Teilaspekten des Unterrichts zusammengetragenen vielfältigen Teilbefunde in den Vordergrund, so daß auch der Methodenstreit zwischen Vertretern der geisteswissenschaftlich/hermeneutischen Richtung einerseits und denjenigen der sozial- u. verhaltenswissenschaftlich/empir. Richtung andererseits angesichts der zwischen den Forschungsergebnissen und den unterrichtspraktischen Bedürfnissen bestehenden Diskrepanz an Schärfe verliert und die Notwendigkeit einer umfassenden →Unterrichtstheorie deutlich wird.

Methoden: In der UF können gemäß der gesamten Aspektivität ihres Gegenstandes alle empir./psychol.-sozialwissenschaftl. Methoden zur Anwendung kommen: verschiedene Formen der Beobachtung, Befragung, Beurteilerratings, Fragebogentechniken (inkl. Soziogramm), der Test- und experimentellen Verfahren, wobei jeder Methode je nach Arbeitsrichtung unterschiedliches Gewicht zukommt (Ingenkamp 1973). Alle diese Methoden ermöglichen jedoch keine hinreichende Erfassung des Forschungsgegenstandes (Unterricht) insofern, als sie die Begründbarkeit, die Wertbesetztheit und die Intentionalität des unterrichtlichen Handelns nur unzureichend erfassen. UF bedarf deshalb in ganz besonderem Maße auch der Akzentuierung verstehenden, sinndeutenden Vorgehens, wie es von der geisteswissenschaftlich orientierten, vorwiegend hermeneutisch arbeitenden traditionellen Pädagogik entwickelt worden ist und angesichts der immer deutlicher erkannten gesellschaftlichen Determiniertheit allen Unterrichtens auch heute ideologiekritisch erforderlich ist (Brezinka 1971, Klafki 1971, 1973).

Arbeitsrichtungen: Untersuchungen zu Fragen der Unterrichtsanalyse, -aufnahme, -mitschau und -bewertung (Meyer 1966); Auswirkungen verschiedener Unterrichtsformen und -methoden (Dohmen/Maurer, 1973, M. Fischer 1971); Erkundung verschiedener →Unterrichts- und →Erziehungsstile, ihrer Beeinfluß- und Lernbarkeit sowie ihrer Auswirkungen (Herrmann 1972[3]); Arbeiten über Auswirkungen von Lehrervorurteilen, -einstellungen und -erwartungshaltungen (Höhn 1967, Rosenthal/Jacobson 1971); Erhellung der in der Klasse bzw. Lerngruppe vorhandenen Sozialstruktur und ihrer Auswirkungen auf die einzelnen Schüler und das »Klassenklima« (Cappel 1970, Groothoff 1972); Verbesserung der schulischen Leistungsbeurteilung (Gaude/Teschner 1971, Ingenkamp 1972) und Erhellung der Relation von →Schulleistung, →Intelligenz und →Kreativität, der Bedeutung schichtspezifischer Verhaltens- und Sprachformen für den Unterricht und den Lernfortschritt der Schüler, sowie des Zusammenhangs von

Unterrichtsstil, Schülerpersönlichkeit und Lernfortschritt (b:e-Redaktion 1972; GÄRTNER-HARNACH 1972). Verbesserung der Lehrprogramme und ihrer Einsatzmöglichkeiten (GOTTSCHALDT 1972) sowie sonstiger audiovisueller Medien (z. B. Sprachlabor, schulinternes Fernsehen) und Bemühungen um eine kybernetische Deutung schulischer Lernprozesse (FRANK 1969). Gesellschaftsrelevante und -kritische Revision der Lehrpläne und Unterrichtsziele sowie der Umsetzung der fachwissenschaftlichen Strukturen in den Kanon der Schulfächer (BLANKERTZ 1973, ROBINSOHN 1972, BLOOM 1972).

Ausblick: Bei der Vielfalt der sich immer weiter ausdifferenzierenden Arbeitsrichtungen der UF wird ihr Ertrag für die Unterrichtspraxis und auch für die Lehrerausbildung sehr davon abhängen, inwieweit es gelingt, die jeweiligen wissenschaftlichen Erkenntnisse zu einer geschlosseneren Disziplin zu integrieren, künftige Forschungsunternehmen stärker i. S. von System- und Feldforschung zu betreiben sowie praktisches Tun und schulpolitische Entscheidung enger, und vor allem langfristiger, zu koordinieren. *Sch-R*

Unterrichtsstil, in der →Unterrichtsforschung Bez. für Komplexe typischer Unterrichtspraktiken, die primär auf Organisation und Regulierung von Lernprozessen ausgerichtet und in der Regel von mehr oder weniger bewußten Unterrichtsprinzipien bestimmt sind.

Die Stilbilder verschiedener Unterrichtsweisen, zunächst aus der Beobachtung vorwiegend sprachlicher Lehrer-Schüler-Interaktionen oder Äußerungen über Unterricht und Unterrichtssituationen von Lehrern und Schülern gewonnen, gehen von unterschiedlichen Alternativkonzepten (H. H. ANDERSON: dominativ:integrativ; C. W. GORDON: instrumental:expressiv:instrumental-expressiv; R. TAUSCH/A.-M. TAUSCH: autokratisch:sozialintegrativ etc.) aus und setzen dazu das Leistungs- und Sozialverhalten der Schüler in Beziehung. Die Betrachtung nach U. wird immer mehr ersetzt durch die nach Dimensionen, vorwiegend der der Lenkung, Dirigierung und Kontrolle in minimaler bis maximaler Ausprägung und der der emotionalen Wärme bis Kälte bzw. Wertschätzung bis Geringschätzung. Darin finden sich die Dimensionen des Erziehungsverhaltens (Liberalität–Kontrolle; Zuwendung–Zurückweisung) wieder. Eindeutige Ergebnisse der Erforschung der U. sind, wenn überhaupt, erst bei Einbeziehung von →Lernzielen, Unterrichtsfächern und -inhalten, also didaktischen Komponenten zu erwarten. →Erziehungsstil, →Führungsstil, →Lernziel. Ⓛ C. W. GORDON 1959, R. TAUSCH/A.-M. TAUSCH 1971[6], E. WEBER 1973[4] *Mü-E*

Unterrichtstechnologie, schwerpunktmäßig bezeichnet U. Verfahren und Theorien der Entwicklung und des Einsatzes technischer Medien im Unterricht. Das neuere Verständnis der U. bezieht sich auf jedes zweckrationale Vorgehen bei der Planung und Konstruktion von Unterricht unter Einbeziehung wissenschaftlicher Erkenntnisse und Methoden. Dies bedeutet, daß auch der Medieneinsatz an den Bedingungsfaktoren des didaktischen Feldes relativiert wird. Der Anspruch, Unterricht in seiner Gesamtheit systematisch zu planen, zu steuern und zu evaluieren (PETERS), macht den Begriff U. weitgehend zum Synonym für Didaktik. Ⓛ PETERS *Mu-R*

Unterrichtstheorie (U.), Bez. für das bislang vernachlässigte Bemühen, die Ergebnisse der →Unterrichtsforschung zu einem möglichst geschlossenen, in sich widerspruchsfreien Aussagensystem so zusammenzufassen, daß sowohl die Erfordernisse und Varianten gängiger Unterrichtspraxis miterfaßt und -erklärt als auch weiterführende Fragestellungen für die Forschung ableitbar sind; die Vernachlässigung der U. (FEGER/v. TROTSENBURG 1973) ist wohl nur vor dem Hintergrund des Fehlens einer wissenschaftlich gesicherten Theorie der Erziehung zu verstehen (BREZINKA 1969).

Als zentrale Anliegen der U. kristallisieren sich heraus: Aufzeigen der Verkürzung, Unterricht kurzerhand auf die mit →Lernen oder →Lehren oder mit →sozialer Interaktion bezeichneten Phänomene einschränken bzw. nur als Anwendungsform dieser auffassen zu wollen. Begründung und Systematisierung der Eigengesetzlichkeit unterrichtlicher Prozesse, weshalb sie sich totaler Planung entziehen (SALZMANN 1973), ja entziehen müssen (HEID 1970, DÖRING 1972), so daß jede →Unterrichtstechnologie in hohem Maße Raum lassen muß für Improvisation, Herausstellung der »teleologischen Struktur« (W. SCHULZ 1973), in Anbetracht deren einerseits die Begrenztheit der Planbarkeit nicht als Ziel- und Führungslosigkeit mißdeutet werden darf, und auf Grund deren andererseits das Lehrer-Schüler-Verhältnis einer besonderen, eben unterrichtsspezifischen, Deutung als Relation von Autorität und Partnerschaft bedarf (GAMM 1970, HEITGER 1969). Schließlich die Akzentuierung der Tatsache und ihrer Konsequenzen, daß Unterricht »veranstaltet« wird, d. h. institutionalisiert ist (FÜRSTENAU 1969, DÖRING/KUPFFER 1972).

Vor dem Hintergrund dieser Problemstellungen müssen bisherige Versuche, unterrichtliches Geschehen schematisiert abzubilden (z. B. von MITZEL, RUNKEL, RYANS, GAGE), als unzureichend angesehen werden. U. wird sich künftig ausdrücklicher der Mehrdimensionalität ihres Gegenstandes (DÖRING 1972, W. SCHULZ 1973, SCHUSSER 1972) widmen müssen, die mit dem Begriff der »Faktorenkomplexion« nicht ausreichend bezeichnet ist, und die einer eigentlichen Modelltheorie bedarf (SALZMANN 1972) – soll Unterricht weiter als originärer zentraler pädagogischer Gegenstand verstanden und als solcher immer besser gestaltet werden können. *Sch-R*

Unterscheidungsaufgabe →Diskriminationsaufgabe, →Umlernversuche

Unterscheidungsreaktion, Diskriminationsreaktion →Reaktionszeit

Unterschiedsempfindlichkeit, abgek. UE, Bez. für die individuell und situationsbedingt wechselnde Fähigkeit der Unterscheidung voneinander abweichender Reize. Vgl. spektrale Unterschiedsempfindlichkeit

Unterschiedsschwelle, derjenige Zuwachs, den ein Reiz erfahren muß, damit er gegenüber einem Ausgangsreiz als eben größer bzw. kleiner (stärker bzw. schwächer) beurteilt wird.

Die U. wird mit →psychophysischen Methoden bestimmt. Nach dem WEBERschen Gesetz ist die relative (d. h. auf den Ausgangsreiz bezogene) U. innerhalb desselben Sinnesgebietes konstant, was aber nur mit Einschränkungen gilt. Sie beträgt (bezogen auf den Ausgangsreiz) z. B. für die Helligkeit $^1/_{100}$, für gehobene Gewichte $^1/_{50}$, für die einzelnen Geschmacksqualitäten $^1/_7$ bis $^1/_4$, für auf die Hand aufgesetzte Gewichte $^1/_3$. Auch für die Stärke emotionaler Veränderungen lassen sich U. bestimmen (ausgedrückt in Einheiten physischer Korrelate). Vgl. FECHNERsches Gesetz. Ⓛ JOHANNSEN, PAULI-ARNOLD, TRAXEL, WOODWORTH-SCHLOSBERG, KLING u. RIGGS

Unterschieds-Test (Unterschiedsdefinieren) Ⓣ BINET, MEILI, POHLMANN, STERN

Unterstiftzeichnen →Sinnesfunktionen (5c) Ⓣ POPPELREUTER

unvollständige Zeichnungen erkennen Ⓣ ROSSOLIMO

Upanishaden, Geheimlehren, die um 800 v. Chr. (in Indien) den Veden angehängt wurden. Philos.-psychol. Aussagen, die Wege zur Versenkung zeigen, um Brahman, das Absolute, zu erfassen. *S-G*

UR, *unconditioned response,* auch UCR.

Uraffekte, nach G. KAFKA (1950) vier Grundformen des affektiven Erlebens, nämlich Gier, Wut, Angst u. Liebe, denen Urbewegungen entsprechen: Ingestion (»Her mit dir zu mir!«); Ejektion (»Fort mit dir von mir!«); Rezession (»Fort mit mir von dir!«); Profusion (»Hin mit mir zu dir!«).

Urangst, (allg.) die menschliche Angst um die »Seele«, den Leib (Gesundheit) und das wirtschaftl. Auskommen. • Als psa. Begr. (FREUD) die erste von den Geburtsvorgängen ausgehende Angst (Geburtstrauma). • K. HORNEY nennt U. das Gefühl der Hilflosigkeit gegenüber der feindseligen Welt.

Uranismus [nach *Uranós* Himmel, Himmelsgott, Vater der »ohne Mutter geborenen« Aphrodite], Bez. für Homosexualität. →Sexualität

Urbanisierung, der Mensch im »Banne« der Großstadt mit vielfältigen psycho-somatischen Folgen ist ein ps. bedeutsames Thema, dem wohl als erster Willy HELLPACH eine eingehende Studie gewidmet hat (1935). • Die besonderen Probleme der jugendlichen Entwicklung durch die U. haben dabei einen eigenen Zweig der Forschung und Jugendarbeit herausgebildet. →Großstadt

Urbewegungen →Uraffekte

Urbild →Idee, →Archetypus

Urfarben →Farbe, Urfarbenkreis

Urfarbenkreis ⟨E. HERING 1875⟩, die vier Farben Rot, Gelb, Grün und Blau sind im Farbenkreis durch Ähnlichkeit und Verschiedenheit hinsichtlich ihrer benachbarten Mischfarben (z. B. Blaurot und Gelbrot) anschaulich als Urfarben ausgezeichnet. Jeweils zwei Urfarben größter Unähnlichkeit liegen als Gegenfarben (Rot-Grün, Gelb-Blau) auf dem in vier Quadranten geteilten Farbenkreis (Farbenquadrat) diametral gegenüber; Gegenfarben, die mit →Komplementärfarben nicht identisch sind, schließen sich gegenseitig aus: es gibt kein gelbliches Blau, bläuliches Gelb, rötliches Grün, grünliches Rot. →HERINGsche Gegenfarbentheorie, →Farbensehen, Theorien. *Str-R*

Uroboros [gr. *oura* Schwanz, *boros* gefräßig], im Symbol die Schlange, die sich in den Schwanz beißt, oder sich in sich selbst zeugt, und damit ist U. auch der Kreis und von da aus auch das In-sich-geschlossen-Sein von Ich und Bewußtsein im mütterlichen Urschoß, im Unbewußten, im Paradies.

Uroboros-Stufe, die von E. NEUMANN (1949) in seiner Ursprungsgeschichte des Bewußtseins dargestellte Ausgangsstufe. • Im Uroboros-Inzest symbolisiert sich nach demselben Autor das Eingehen in die Mutter, in die Selbstaufgabe (vergleichsweise der »unio mystica«, der Todesromantik, dem Suchen nach Entrückung des Rauschsüchtigen).

Urolagnie →Sexualität (Tabelle)

Urphantasien, psa. Begr. für die sexuellen Phantasien der frühen Kindheit. Diese werden zuerst real genommen. →Urszene und Kastrationsangst gehen in sie ein. Sie bleiben beim Erwachsenen (bes. dem Neurotiker mehr/minder latent. ● Nach FREUD sind die U. eine archaische Erbschaft und nehmen an vielen Träumen, Märchen und Sagen (offen oder verdeckt oder als Motiv) teil. →Urszene

Ursache →Kausalität

Ursachenzuschreibung →Attribuierung, Attribution

Urszene, psa. Begr. für die Konfrontierung des Kindes mit dem Sexualverkehr der Eltern. Wird dieser nicht beobachtet, so wird er phantasiert. Nach FREUD erfaßt ihn das Kleinkind als aggressives Verhalten des Vaters gegen die Mutter. →Urphantasien

Urteil, in der Logik: Aussage, die aus Subjekt (Begriff, über den etwas ausgesagt wird), Prädikat (Begriff, der über das Subjekt etwas aussagt) und Kopula (Verbindungswort) besteht.

Nach verschiedenen Gesichtspunkten hat man Arten von U. unterschieden, so z. B. KANT nach der »Quantität«, der »Qualität«, der »Relation« und der »Modalität«. ● Der ps. Vollzug des U., der Urteilsakt, ist Gegenstand der →Denkps. Es ist zu untersuchen, welche ps. Vorgänge sich bei der Bildung eines U. abspielen. Arbeiten der →Würzburger Schule waren hierfür richtungweisend. Man läßt Vpn bestimmte Denkaufgaben lösen und die dabei auftretenden Erlebnisse beobachten und beschreiben, um daraus Einblick in allgemeine Gesetzmäßigkeiten des Urteilsvorgangs zu erhalten.

Urteile über Völker, von SODHI et al. (1957) benutzte Bezeichnung für verbales Verhalten, das Indikator für die Kognition und affektive Einstellung bezüglich ethnischer Plurale (Nationen, Völker, Rassen) ist. Mit diesen U. werden Aussagen über nationale Vorurteile, Sympathie-Einstellungen und kollektive Stereotypen gegenüber Völkern gewonnen. Psychologisch relevant sollen nur die individuellen U. sein. Trotzdem wird aus dem objektiven Verbreitungsgrad einzelner hoch verallgemeinerter Urteile auf k o l l e k t i v e S t e r e o t y p e n geschlossen.

Die Befragungsmethoden variieren von der Benutzung mit systematisch gewonnener Eigenschaftenlisten (a) mit begrenzter Zahl der auszusuchenden Items (KATZ u. BRALY 1933), (b) mit unbegrenzter Auswahl der Items (SODHI u. BERGIUS 1953, CHUNG 1970), über (c) die zusätzliche Angabe subjektiver Verallgemeinerungsgrade für alle Eigenschaften der Liste (BERGIUS et al. 1970), (d) der Benutzung des semantischen Differentials nach OSGOOD (FISCHER u. TRIER 1962) zu (e) Angaben der Präferenz bzw. Sympathieratings mit Fragebogen (KLEIN 1972), (f) verschiedenen Skalen wie Ethnozentrismusskala (ADORNO et al. 1950) und sozialer Distanzskala (BOGARDUS) sowie (g) Interviews (KOCH 1965). – Es werden verschiedene Bezugsformen der Urteile unterschieden: Ein Deutscher beurteilt Deutsche: $S_1 - (S_1)$ (A u t o s t e r e o t y p), ein Deutscher gibt Urteile ab über ein anderes Volk: $S_1 - (S_2)$ (H e t e r o s t e r e o t y p), ein Deutscher vermutet, wie Angehörige eines anderen Volkes ihr eigenes Volk beurteilen: $(S_1 - (S_2 - S_2)$ (v e r m u t e t e s A u t o s t e r e o t y p der anderen), und der Deutsche vermutet, wie die anderen das deutsche Volk beurteilen: $S_1 - (S_2 - S_1)$ (v e r m u t e t e s H e t e r o s t e r e o t y p). S steht hier für das befragte Subjekt, (S) für die beurteilten Völker. Weitere Differenzierungen der Befragungen schließen Beruf, Geschlecht, Status und Konfession der beurteilten Subjekte ein. Analysen der Komponenten der U. versuchen TRIANDIS et al. (1965), Analysen der Determinanten nimmt GÜNTHER (1975) vor. *B-S*

Urteilsfehler →Milde-Effekt, →Aggravation

Urteilstäuschung, durch Irrtümer, Gedächtnisfehler, Wünsche, Affekte, Vorurteile u. a. m. verursachte Fehlbeurteilung von Sachverhalten

Urtikaria →Psychosomatik

Urvertrauen, von ERIKSON (1950, 1971) benutzte Bez. für eine soziale Einstellung, die Folge einer stabilen Personenumgebung in der frühen Kindheit (nach psa. Auffassung in der frühen und späten →oralen Phase) sein soll. *B-S*

US, *unconditioned stimulus,* auch UCS.

U-Test →MANN-WHITNEY-U-Test

Utilitarismus [lat. *útilis* nützlich], Nützlichkeitsstandpunkt, philosophische Richtung, die den Zweck alles Handelns nach seinem Nutzen, besonders für die Allgemeinheit bewertet.

utility (1) In der Testtheorie bez. der Begr. ein kombiniertes Maß für die Brauchbarkeit eines Testes, welches Validität, Reliabilität und Ökonomie des Testes einschließt. (2) u. bez. Nutzen, →Entscheidungstheorie, →Theorie der Spiele

Utriculus →Ohr

uV, unabhängige Variable

UZNADZES Volumentäuschung, Einstellungstäuschung, d. h. durch Einstellung bedingte Wahrnehmungs- und/oder Urteilstäuschung, über den Rauminhalt (Volumen) von zwei gleichen Kugeln, nachdem vorher in einer Reihe von Einstellungsdurchgängen

U

in der einen Hand eine kleinere und in der anderen eine größere zur Beurteilung geboten waren. Im kritischen Versuch wird die Kugel für kleiner als die andere (objektiv gleiche) gehalten, die in der Hand liegt, in der vorher die größere war. →Ankerreiz Ⓛ UZNADZE u. a. 1976 * *B-S*

UZNADZE, Dimitri N. / 1880–1950 / russ. Psychologe, stud. bei WUNDT, begründete die Georgische ps. Schule.

V

V, Verhalten (auch B = *behavior*)

V, Symbol für die Dynamik der signalisierenden Reizspur (HULL)

V Vene, **Vv** Venen

Va, bei LEWIN Abk. für →Valenz

vagabundieren →Poriomanie

Vagotonie [lat. *vágus* umherschweifend, gr. *tónos* Spannung], Steigerung des Vagustonus. Übergewicht des parasympathischen Systems im nervösen Geschehen (Parasympathikotonie) mit Bradykardie, Pupillenverengung, niederem Blutdruck. Ggs. →Sympathikotonie

Vagus, der X. Hirnnerv. Aus dem Gehirn kommender Teil des parasympathischen Systems. →Nervensystem, →Parasympathikus

Valenz [lat. *valére* gelten, wert sein], Wertigkeit, Gewichtigkeit. In der Ps. auch svw. Eindrucksstärke, ein funktionales Interaktionsmerkmal. Begr. von LEWIN eingeführt mit der Unterscheidung nach positiver bzw. negativer V., syn. →Aufforderungscharakter. • In der Tierps. die affektiv erregende Wirkung von Wahrnehmungsgegenständen. • In der Testps. gebraucht MEILI die Bez. »diagnostische Valenz«, während sonst der Begr. svw. →Validität und Zulänglichkeit bedeutet.

• In der von TESNIERE begründeten (1959) Dependenz-Grammatik, die auch die Grundlage der syntaktischen (→Syntax) Strukturmodelle der »inhaltsbezogenen« deutschsprachigen Grammatiken bildet, bezeichnet V. die »Fähigkeit des Verbums, weitere Stellen im Satz zu fordern« (BRINKMANN 1962) und damit wesentlich die →Struktur des →Satzes zu bestimmen (Valenz-Theorie des Verbs). Das Verb »stellen« z. B. fordert neben dem Subjekt (z. B. »Hans«) immer noch ein Akkusativobjekt (z. B. »den Besen«) sowie eine Raumergänzung (z. B. »in den Schrank«) und bildet zusammen mit diesen »sinnotwendigen« Satzgliedern die syntaktische »Grundform« des Satzes. →Grammatik Ⓛ DUDEN 1966 *T-R*

Validierung, Bez. für die Überprüfung der →Validität eines Tests

Validität, Gültigkeit, eines der Haupttestgütekriterien, welches über die Meßgenauigkeit eines Tests im Hinblick auf ein Kriterium Aussagen macht. Die V. gibt den Grad der Genauigkeit an, mit dem ein Test »dasjenige Persönlichkeitsmerkmal oder diejenige Verhaltensweise, das (die) es messen soll oder zu messen vorgibt, tatsächlich mißt« (LIENERT). Nach den APA-Richtlinien für pädagogische und psychologische Tests unterscheidet man zwischen inhaltlicher V., kriteriumsbezogener V. und Konstrukt-V.

Inhaltliche V. liegt vor, wenn der Test bzw. die Testaufgaben bereits das zu messende Merkmal oder die Eigenschaften beinhalten. Man spricht dann auch von logischer V. Wird der in einem Test gewonnene Testwert zu einem Kriteriumswert in Beziehung gesetzt, so liegt die kriteriumsbezogene V. vor. Obwohl andere V.arten ebenfalls empirisch gewonnen werden bzw. empirisch kontrolliert werden, sprechen manche Autoren von der kriteriumsbezogenen V. als der empirischen V. Je nachdem, aus welchen Daten der Kriteriumswert herangezogen wird, spricht man von innerer bzw. von äußerer (kriteriumsbezogener) V. Wird als Kriteriumswert ein Testwert aus einem Test, der ähnliche Konstrukte oder Eigenschaften bzw. nichtähnliche Konstrukte oder Eigenschaften mißt, herangezogen, so spricht man von innerer V. Wird ein Kriteriumswert außerhalb von Testwerten gewonnen (z. B. über ein konkretes Leistungsmaß bzw. über ein Schätzurteil), so spricht man von äußerer V. Der Zeitpunkt der Erhebung von Testwert und Kriteriumswert macht es sinnvoll, zwischen Übereinstimmungs- und Vorhersage-V. zu unterscheiden. Soll ein Testwert Kriteriumswerte vorhersagen, welche erst in der Zukunft liegen, so spricht man von Vorhersage-V. Bei der Übereinstimmungs-V.

wird diese Prognose nicht gefordert. Bei der →Konstrukt-V. steht die theoretische Klärung eines Testwertes bzw. einer Variablen im Vordergrund. Sie gibt an, welche psychologische Bedeutung ein Meßwert bzw. eine Variable hat. Die V.bestimmung eines Tests ist zeitlich und finanziell aufwendig. Die Ergebnisse einer solchen Analyse müssen vom Testautor für den Benutzer bekanntgegeben werden. Die Art der Kennwerte der V. eines Tests resultiert aus der verwendeten statistischen Methode.

Wird zur Validierung die →Extremgruppen-Methode verwendet, so ergibt sich als V.maß der Unterschied zwischen Gruppenmittelwerten. Wird die →Repräsentativgruppen-Methode verwendet, so ergeben sich je nach der Art der vorliegenden Daten Korrelationskoeffizienten. *Hä-R*

Validität, ökologische →ökologische Validität

VAR, Abk. für verzögerte akustische Rückmeldung. →LEE-Effekt

Variabilität, Veränderlichkeit, in Biologie und Ps. das Ausmaß des Auftretens von →Variationen, d.h. die Häufigkeit und Größe der Abweichungen eines Merkmals von seinem Durchschnittswert. V. ist eine die lebende Natur allgemein kennzeichnende Eigenschaft.

Variabilitätskoeffizient, im V. wird die Größe der Standardabweichung einer Verteilung nach der Formel

$$V = 100 \cdot \frac{s}{M}$$

auf die Größe des Verteilungsmittelwertes bezogen und damit ein Vergleich des Streuungsmaßes zweier auf verschiedene Skalen bezogene Verteilungen ermöglicht. *Mi-A*

Variabilitäts-Konstanz-Relation, die Haupterstreckungsrichtung einer Figur ist zugleich die Richtung, in der eine Figur verändert werden kann, ohne ihr anschaulich Schaden zu tun; in der dazu queren Richtung liegt die Figur anschaulich fest. Ⓛ RAUSCH

Variabilitätsnormen, Normwerte eines standardisierten Tests, welche sich auf die Streuung der →Eichstichprobe beziehen. Es wird ermittelt, in welcher Entfernung die Leistung eines Testwertes eines Probanden vom Mittelwert der Eichstichprobe sich befindet. →Normskalen *Hä-R*

Variable, veränderliche Größe, Ggs. →Konstante

Variable, abhängige, als a. V. wird im Experiment diejenige Variable bezeichnet, die als Funktion der unabhängigen Variablen gemessen wird und über die Vorhersagen getroffen werden.

Variable, diskrete, eine auf einem diskreten Maßstab gemessene Variable. *Mi-A*

Variable, intervenierende, dazwischentretende V., d.h. zwischen vorausgehende Beobachtungen, die antezedente Bedingungen sind, und beobachtetes Verhalten einzusetzende Größe, der außer der Eigenschaft eines mathematisch definierten Funktionsgliedes in der Abhängigkeitsfunktion keine zusätzlichen Eigenschaften *(surplus meaning)* zugeschrieben wird. Diese von MCCORQUODALE und MEEHL vorgeschlagene Unterscheidung von dem hypothetischen →Konstrukt entspricht nicht dem Gebrauch der Begriffe bei TOLMAN. Vgl. Behaviorismus, Operationismus *B-S*

Variable, kontinuierliche, eine auf einem kontinuierlichen Maßstab gemessene Variable. *Mi-A*

Variable, prätherapeutische, Auswahlkriterium, das vor Beginn der Therapie für erhöhten →Therapieerfolg sorgt. Z.B. Gruppenzusammensetzung, Interventionsstil des Gruppenleiters.

Variable, qualitative →qualitatives Merkmal

Variable, quantitative →quantitatives Merkmal

Variable, stetige →Variable, kontinuierliche

Variable, unabhängige, die im Experiment planmäßig variierte Variable

Variante, Spielart. Das abgewandelte Merkmal. W. STERN nennt die Fähigkeit, Varianten zu bilden, Variativität.

Varianz, statistischer Kennwert der Streuung oder Dispersion einer Verteilung. Die V. ist gleich dem Quadrat der Standardabweichung und wird nach der Formel

$$s^2 = \frac{\sum (X - M)^2}{N}$$

berechnet. *Mi-A*

Varianzanalyse, unter der Bez. V. wird eine Gruppe statistischer Signifikanztests zur Prüfung von Mittelwertunterschieden einer abhängigen Variablen zusammengefaßt, die auf der Wirkung einer mehrklassigen unabhängigen Variablen (einfache V.) oder auf der kombinierten Wirkung mehrerer unabhängiger Variablen (komplexe V.) beruhen. Das Verfahren basiert auf einer Zerlegung der Variation (Streuungszerlegung) der abhängigen Variablen in verschiedene Varianzkomponenten, die auf bestimmte Ursachen, z.B. auf die Variation je einer unabhängigen Variablen allein oder auf die

Kombination der Klassen mehrerer unabhängiger Variablen (Wechselwirkung) oder auf Meßfehler, zurückgeführt werden können (→Quadratsumme).

Das Grundkonzept der V. soll anhand einer einfachen V. dargestellt werden: Liegt eine aus verschiedenen Gruppen (Stichproben) zusammengesetzte Datenmenge vor, so kann die Varianz der ihr zugrunde liegenden Population einerseits aus der mittleren Varianz der einzelnen Gruppen geschätzt werden (»Varianz innerhalb«) und andererseits aus der Varianz der Gruppenmittelwerte um ihren gemeinsamen Mittelwert (»Varianz zwischen«). Da die erste dieser beiden Schätzungen auf einer größeren Zahl von Daten beruht und von den zwischen den Gruppen möglicherweise bestehenden Mittelwertsunterschieden unbeeinflußt ist, stellt sie die verläßlichere Schätzung der Populationsvarianz dar. Entstammen nun die verschiedenen Gruppen einer gemeinsamen Population und unterscheiden sie sich in ihren Mittelwerten daher nicht voneinander, dann sollten beide Schätzungen der Populationsvarianz zum gleichen Resultat führen. Unterscheiden sich die Gruppen jedoch in ihren Mittelwerten, dann wird jene Varianzschätzung, die auf der Variation der Gruppenmittelwerte beruht (»Varianz zwischen«) größer ausfallen als die auf Grund der Varianzen der einzelnen Gruppen (»Varianz innerhalb«).

Rechnerisch werden die Varianzschätzungen durch eine Zerlegung der Summe der quadrierten Abweichungen aller Einzelmessungen vom gemeinsamen Mittelwert (»Quadratsumme Total«) in zwei Komponenten, nämlich in die mittlere Summe der quadrierten Abweichungen der Einzelmessungen vom jeweiligen Gruppenmittelwert (»Quadratsumme innerhalb«) und in die Summe der quadrierten Abweichungen der Gruppenmittelwerte von ihrem gemeinsamen Mittelwert (»Quadratsumme zwischen«) gewonnen. Die einzelnen Quadratsummen werden durch die ihnen zugehörigen Freiheitsgrade dividiert und so in Varianzen übergeführt. Ob die Schätzung der »Varianz zwischen« signifikant größer als die der »Varianz innerhalb« ist, wird mit dem F-Test geprüft, wobei F stets nach

$$F = \frac{\text{Varianz zwischen}}{\text{Varianz innerhalb}}$$

bestimmt wird. Ist der errechnete F-Wert signifikant, so sind zur Feststellung, welche der Gruppenmittelwerte voneinander verschieden sind, nachträglich paarweise Mittelwertsvergleiche durchzuführen. Hierfür wurden eigene Verfahren entwickelt.

Die Anwendung der V. setzt Intervallvariablen, Normalverteilung der Population und Homogenität der einzelnen Gruppenvarianzen voraus. Während das Verfahren gegenüber Abweichungen von der Normalität robust ist, ist es gegen Verletzung der Homogenität relativ sensibel. Werden die Voraussetzungen nicht erfüllt, so können anstelle einfacher V. verschiedene nichtparametrische Verfahren (z. B. KRUSKAL-WALLIS-Test für unabhängige und FRIEDMAN-Test für abhängige Stichproben) angewendet werden. Ausweitungen des ursprünglichen varianzanalytischen Verfahrens sind u. a. in der →Kovarianzanalyse zu sehen; in neuerer Zeit wurden durch gleichzeitige Berücksichtigung mehrerer abhängiger Variablen auch Parallelen zu multivariaten Verfahren wie z. B. der →Faktorenanalyse hergestellt (multivariate V.). *Mi-A*

Varianzheterogenität →heterogene Stichprobenvarianz

Varianzhomogenität →homogene Stichprobenvarianz

Variation, jede Abweichung von einem Zentral- oder Durchschnittswert. Der gesamte Spielraum, innerhalb dessen sich alle Varianten finden, heißt Variationsweite oder -breite. →Inter-, Intravariation.

● In der Vererbungslehre teilt man die V. nach a) vererbbaren Veränderungen zwischen Angehörigen derselben Sippe, hervorgegangen aus neuen Verbindungen früherer Erbanlagen = Kombination, b) Veränderungen, die nur aus den zufälligen Lebensbedingungen (Milieu, Bildung, Aufenthaltsort) folgern = unvererbbare Modifikationen. c) Änderungen, die vererbbar sind, aber aus unbekannter Ursache stammen und unvorhergesehen auftreten = Mutation.

● Als Ausdruck aus der Kombinatorik bezeichnet V. die Möglichkeit, n versch. Elemente in Kombinationen zu k Elementen zu bringen, wobei auch Wiederholungen der Elemente zulässig sind. Aus diesem Grund werden V. häufig auch als Kombination mit Wiederholung bezeichnet. Die Anzahl der möglichen Variationen von n Elementen zur k-ten Klasse bestimmt sich aus

$$_nV_k = n^k.$$ *Mi-A*

Variationsbreite, Spielraum zwischen kleinstem und größtem Wert für ein bestimmtes Merkmal usw. Auch als Schwankungsbreite bezeichnet.

Variationskoeffizient, das auf den Mittelwert bezogene Streuungsmaß.

$$V = \frac{\text{Standardabweichung} \cdot 100}{\text{Mittelwert}}.$$

Varimax-Methode, häufig angewandte analytische Methode der Rotation einer Faktorenmatrix zur →Einfachstruktur. Diese wird durch Maximalisierung der Varianzen der Faktorenladungen eines Faktors angestrebt. →Faktorenanalyse *M-R*

Vasomotoren [lat. *vas* Gefäß], Nerven, die die Weite der Blutgefäße wie auch den Blutdruck regeln

VAT Ⓣ AMMONS

Vaterbindung, Bez. für die emotionale Fixierung an den Vater (bes. der Tochter, aber auch des Sohnes) mit den daraus erwachsenden Folgerungen (Beeinträchtigung »normaler« Beziehungen zu anderen Personen, z. B. der Tochter zum Ehemann). ● Gegensätzlich zur V. ist der Vaterprotest als eine (unbewußt) zur Dauerhaltung sich verdichtende negative Einstellung zum Vater.

Vaterimago, Bez. nach C. G. JUNG für das aus dem kollektiven Unbewußten stammende Vaterbild mit allen Möglichkeiten der Übersteigerung und Einseitigkeit. →Vaterbindung, →Vaterkomplex

Vaterkomplex, bei FREUD Ausdruck zur Bez. einer der Hauptdimensionen des →Ödipuskomplexes

VATER-PACINIsche Körperchen, Lamellenkörperchen, die über die Hautnerven verteilt sind. Von VATER 1741 und später von PACINI 1840 beschrieben. Ihre Funktion besteht in der Vermittlung von Tiefensensibilität und Druck, Lageempfindungen der Gliedmaßen.

*

VATER, Abraham / 1684–1751 / Anatom, Botaniker / Wittenberg

*

PACINI, Filippo / 1812–1883 / Anatom, Histologe/ Florenz, Pisa

VBOT Ⓣ SCHUBERT

VE, *variable error,* →Fehler

VEBLEN-Effekt, bei manchen Konsumgütern steigt mit zunehmendem Preis ihr Prestigewert (→Prestige); die Nachfrage nach ihnen wird deshalb größer. *B-S*

*

VEBLEN, Thorstein / 1857–1929 / amerik. Nationalökonom und Soziologe

Vegetationskult, totemistische Verehrung von Naturereignissen (Wetter, Pflanzen). Vgl. Kult, Dämonenglaube, Zauber

vegetative Anfälle →vegetative Dystonie, →vegetative Labilität

vegetative Dystonie, der Begr. wurde 1934 von B. WICHMANN eingeführt. Nach W. SCHULTE würden sich die »verschwommenen Konturen« des Begr. festigen, wenn der Ausdruck synonym mit vegetativer Dysregulation oder veg. Betriebsstörungen gebraucht würde. ● Vegetative Syndrome bei und nach umschriebenen Krankheitsbildern und auch die →veg. Labilität auf konstitutioneller Grundlage sollten nicht zur v. D. gerechnet werden. – W. SCHULTE hebt für die v. D. die Bedeutung der Persönlichkeit, der Tiefenperson mit Einschluß der Gemüts- und Gesinnungskräfte in ihrer Kompensierungs- und Gestaltungsfähigkeit hervor. →Dystonie. Ⓛ SCHULTE

vegetative Empfindungen, die Empfindungen, die von den durch das vegetative →Nervensystem gesteuerten Prozessen (z. B. Atmung, Herztätigkeit, Verdauung, Ausscheidung) vermittelt werden.

vegetative Labilität, gesteigerte Erregbarkeit des vegetativen Nervensystems, »Sensibilität«, »Nervosität«.

Sie bildet die Grundlage zur Entwicklung vegetativer Störungen, psychosomatischer Erkrankungen und ist oft mit einer besonderen Gefährdung gegenüber Neurosen verbunden. Symptome sind u. a.: Gesteigerte Sehnenreflexe, Dermographismus, Kopfschmerzen, suggestiv provozierbares →ROMBERG-Symptom, Schreckhaftigkeit, Verdauungsstörungen, nervöses Asthma, starke Ermüdbarkeit, Neigung zu Schweißausbruch, Schlaflosigkeit, Potenzstörungen. →vegetative Dystonie

vegetatives Nervensystem →Nervensystem

Veitstanz, Nervenerkrankung →Chorea

Vektor [lat. Träger, Fahrer], eine mathematische Größe, die durch einen Zahlenwert und eine Richtung bestimmt ist.

Ein Ausdruck von der Form $(x_1, x_2, \ldots x_i \ldots x_n)$, wobei die x_i reelle Zahlen sind. In geometrischer Darstellung sind Vektoren gerichtete Strecken; als Anfangspunkt kann der Nullpunkt des Koordinatensystems angesehen werden, als Endpunkt der durch die Koordinaten x_1 bis x_j bestimmte Punkt. Beispielsweise läßt sich die Leistung von n Vpn in einem Test als Vektor im n-dimensionalen Raum ansehen. Mit den Mitteln der Vektorenrechnung lassen sich dann die Beziehungen zwischen verschiedenen Tests übersichtlich darstellen. Anwendung der V.rechnung in der Ps.: Korrelationsrechnung, Faktorenanalyse, Skalierung. Vgl. Matrix. K. LEWIN läßt in der von ihm begründeten topologischen und Vektor-Ps. die ps. Vektoren die Kräfte im ps. Feld (→Lebensraum) repräsentieren. Ⓛ HORST

Vektorpsychologie →topologische und Vektorpsychologie

Velleität [lat. *velle* wollen], Wollen, zögerndes Wollen. Willenserregung im Sinne des nur keimhaften Willensansatzes.

Velumparese, Gaumensegellähmung, zentrale (→Dysarthrie) oder periphere (→Dysglosie) Innervationsstörung im Bereich der Gaumensegel; führt zum →Näseln

Venerophobie →Phobie, →Sexualität (Tabelle)

VENN-Diagramm, in der Mengenlehre graphische Veranschaulichung von Mengen

V

durch geschlossene Linien (meist Kreise). Die Punkte der eingeschlossenen Flächen stellen die Elemente der Mengen dar. Relationen zwischen Mengen werden dabei prägnant durch die geometrischen Verhältnisse verdeutlicht: die nichtleere Schnittmenge (Und-Verbindung) durch Überschneidung der Kreise, die Mengeneinschlußrelation (Wenn-dann-Verbindung) durch das Enthaltensein einer Kreisfläche in einer anderen usw. *G-R*

*

VENN, John / 1834–1923 / zunächst Prediger, 1862 Dozent für Ethik, 1883 für Logik und Philosophie / Univ. Cambridge (England)

ventral [lat. *venter* Bauch], zur Bauchseite gehörig, bauchwärts. Die Gegenrichtung heißt dorsal.

Ventrikel [lat. *ventriculus, venter* Bäuchlein, Magen; *v. cordis* Herzkammer], Ausbuchtung im Gehirn. Gehirnkammer. →Gehirn

Verallgemeinerung, Generalisierung. →Generalisation

Veränderliche →Variable

Veränderungsschwelle, nach STERN die Unterschiedsschwelle bei der Geschwindigkeitswahrnehmung

Veranlagung, Sammelbegr. zu den erbmäßig mitgegebenen Voraussetzungen für den Charakter, die Begabung, die Intelligenz, die Person. →Anlagen, →Disposition

Verantwortungsreife, Bez. für die ethische, intellektuelle, emotionale und voluntative Sozialreife, die ein Hineingewachsensein in die soziokulturellen (zeitgebundenen) Normen, Werte und Erwartungen zur Voraussetzung hat. V. ist zugleich Rechtsreife.

verbale Kodierung, sprachliche Kodierung. →Code

verbales Lernen →Lernen

Verbalkonditionierung, *verbal conditioning,* Begriff →behavioristischer Herkunft zur Beschreibung und gegebenenfalls Erklärung von unter spezifischen Lernbedingungen beobachtbaren Veränderungen relativ einfacher Merkmale sprachlichen Verhaltens. Die mit der Erforschung des nichtsprachlichen →Lernens eingeführten Begriffe des klassischen und instrumentellen (operanten) →Konditionierens wurden beim Versuch ihrer theoretischen Generalisierung auch auf sprachliches Lernen übertragen (→Sprachentwicklung, →Spracherlernen).

Experimentelles Paradigma der klassischen V. (= Konditionieren von →Bedeutungen) ist folgende Situation (STAATS): Eine bedeutungslose Silbe (z. B. *YOF*) wird mit jeweils verschiedenen, aber hinsichtlich eines Bedeutungsmerkmals untereinander ähnlichen sinnvollen Wörtern gepaart (z. B. mit Liebe, schön, Ferien, Mutter usw.; gemeinsame Komponente: Positiver Gefühlston). Jedes sinnvolle Wort tritt mit der sinnfreien Silbe nur einmal zusammen auf, so daß keine Paarassoziationen (→Assoziation) zwischen irgendeinem dieser Wörter und der Silbe entstehen. Eine anschließende Einstufung der Silbe *YOF*, z. B. auf einem →semantischen Differential, ergibt dennoch eine im Vergleich zu einer Kontrollgruppe relativ positive Beurteilung der Silbe, selbst dann, wenn Wissentlichkeit des Versuchszwecks *(awareness)* bei den Vpn auszuschließen ist. Die Bedeutungs-Teil-Response »positiver Gefühlston« wird – unter Ausschluß assoziativer Verknüpfungen – auf die Silbe *YOF* »klassisch« konditioniert, wie beim PAWLOW-Hund die Speichel-Response auf ein Tonsignal. – Die instrumentelle oder operante V. kennt zwei klassische experimentelle Paradigmen: Nach dem GREENSPOON-Verfahren wird die Vp aufgefordert, eine Zeitlang isolierte Wörter nach freier Wahl aufzusagen. Der Vl bekräftigt das Nennen von Wörtern einer bestimmten z. B. grammatischen (Plural) oder semantischen (»menschlich«) Klasse möglichst unauffällig durch eine unmittelbar darauffolgende Äußerung wie »gut» oder »mmh«. Ein Anstieg in der Produktionshäufigkeit von Wörtern der bekräftigten Art wird als operante V. interpretiert. Nach dem TAFFEL-Verfahren erhält die Vp Karten mit einer Anzahl von Wörtern, unter denen sie zur Erledigung einer Satzbildungsaufgabe mehr oder weniger beliebig auswählen darf. Wird dann z. B. das Auswählen von Pronomen der ersten Person aus einer größeren Anzahl von Personalpronomen durch »mmh« etc. bekräftigt, dann wird ein Anstieg in der Wahlhäufigkeit der entsprechenden Wortart als V. interpretiert. Gegen die Erklärung der experimentellen Effekte durch V. wurden kognitivistische Einwände (*awareness*-Problem) erhoben (SPIELBERGER). Die V. wird z. B. für die Verhaltenstherapie anwendungsrelevant. Ⓛ STAATS 1964, SPIELBERGER 1965, KANFER 1968 *E-L*

Verbalsuggestion, die durch Worte herbeigeführte →Suggestion

Verbalverhalten, (1) in unspezifischer Bedeutung Sammelbegr. für alle Arten der Sprachverwendung, speziell der →Sprachproduktion (→Sprache, →Sprachrezeption). (2) Sofern V. als Übersetzung von *»verbal behavior«* aufzufassen ist, impliziert dieser Begriff i. allg. eine →behavioristisch-S-R-theoretische Interpretation von sprachlicher Aktivität, in extremer Form z. B. von SKINNER (1957) vertreten, von CHOMSKY (1959) heftig kritisiert. V. wird dabei im wesentlichen als →MARKOFF-Prozeß aufgefaßt (→Verbalkonditionierung, →Psycholinguistik, →Sprachtheorie). *K-I*

Verbigeration, stereotypes Wiederholen von Wörtern, einzeln oder auch in →agrammatischen und sinnlosen Kombinationen mit anderen Wörtern oder Wortteilen bei schizophrenen Psychosen (→Dysphrasie). Andere Formen solcher Stereotypien sind →Glossolalie und →Psittazismus. In Unterscheidung zu den →Echolalien können die V. über Stunden und Tage verteilt und auch nach längeren Pausen wieder auftreten; sie zeigen auch Veränderungen in der Reihenfolge ihrer Elemente. Die Silben- und Wortwiederholungen der →Palilalie hingegen münden schließlich in die Fortsetzung der Artikulation sinnvoller Mitteilungen. *G-N*

Verbindungen, psychische, die von W. WUNDT herkommende Bez. setzt ps. Elemente voraus, die dann Verbindungen eingehen und zu p. V. werden: Assoziationen (Verschmelzung, Assimilation, Komplikation, assimilative und sukzessive Erinnerungsassoziation). Apperzeptive Verbindungen (synthetisch-analytisch).

Verbomane, Verbomanie, redegewandter Mensch, dem Sprechen unbeherrschbares Bedürfnis ist. Sprechlust, Geschwätzigkeit.

Verbphrase, Verbalphrase (VP) →IC-Analyse

Verbraucherforschung →Meinungsforschung

verbundene Messung, *conjoint measurement,* neben quantitativen Variablen, die eine einfache Meßstruktur besitzen (wie z. B. wahrgenommene Schwere u. ä.), finden sich in der Ps. viele Variablen, die sich auf das Zusammenwirken von mehreren solchen einfach meßbaren Variablen zurückführen lassen (z. B. nach der Lerntheorie von HULL [1952] ist die Leistung proportional dem Produkt von Antrieb, Anreiz und *habit*-Stärke).

Die Theorie der verbundenen Messung stellt empirisch prüfbare Axiome auf, mit deren Hilfe festgestellt werden kann, ob durch monotone Transformationen der einfach meßbaren Variablen die theoretisch geforderte additive, multiplikative oder polynomiale Form des Zusammenwirkens erreicht werden kann (KRANTZ et al. 1974). Das von RASCH (1960) aufgestellte probabilistische Testmodell ist als Spezialfall einer polynomialen verbundenen Messung zu interpretieren. *Z-R*

verdeckte Sensibilisierung, *covert sensitization,* dient als Selbstkontrollverfahren dazu, übermäßig starke Auslöser zu neutralisieren (z. B. bei Alkoholismus, abartiger sexueller Orientierung oder anderen Abhängigkeiten). In der Phantasie paart der Klient den bislang als übermäßig positiv eingeschätzten Auslöser mit negativen Ereignissen bzw. das Konsumations-Verhalten wie Trinken mit negativen Konsequenzen (z. B. sich erbrechen), wodurch Vermeidungs- bzw. Flucht-Reaktionen begünstigt werden (Alkohol wegschütten). Dies wird oft in der Phantasie belohnt (verdeckte Verstärkung). v. S. hat sich als Selbstkontrollverfahren insofern bewährt, als oft externe Aversionstherapien ersetzt werden können. Ⓛ MAHONEY 1977 *Zi-R*

verdecktes Modell-Lernen, im Rahmen des →Selbstsicherheitstrainings wurde das Verfahren von CAUTELA und KAZDIN entwickelt. Es besteht darin, daß sich der Klient ein oder mehrere Modelle mit adäquatem Sozialverhalten vorstellt und so eigenes Verhalten in realen Situationen vorbereitet und erleichtert. Im Gegensatz zur Selbstinstruktion liegt die Betonung jedoch stärker auf der bildhaften Vorstellung. Ⓛ ZIMMER 1980 *Zi-R*

Verdichtung, der von FREUD eingeführte Begr. bezeichnet eine bestimmte ps. Leistung, die durch die Traumarbeit (→Traum) zustande kommt. Die V. besteht dabei in einer Abkürzungsleistung bei der Verwandlung der latenten Traumgedanken in die manifesten Traumbilder, indem

1. gewisse latente Traumgedanken überhaupt weggelassen werden,
2. manche latente Traumgedanken nur z. T. in das manifeste Traumbild übergehen, und
3. verschiedene latente Traumgedanken, die eine Gemeinschaft aufweisen, im manifesten Traumbild zu einer Einheit verschmolzen werden.

Verdrängung, *repression,* nach psa. Anschauung elementarster →Abwehrmechanismus des Ich. Der von FREUD eingeführte Begriff bezeichnet die unbewußte Unterdrückung eines Triebbedürfnisses.

Die V. ist eine Funktion des Ich und besteht in einem Abdrängen und Abschieben der aus dem Funktionssystem des Es stammenden Triebbedürfnisse aus dem Bewußtsein auf Grund der aus dem Funktionssystem des Über-Ich (Gewissen) stammenden Forderungen nach Einschränkung oder Unterdrückung dieser Bedürfnisse. Dadurch, daß etwas aus dem Bewußt-Sein geschoben ist, ist es noch nicht in seinem Sein aufgehoben. Unbewußt-Sein ist kein Nicht-Sein. Das so weiterbestehende Triebbedürfnis wird infolge seiner Nichtbefriedigung zunehmend stärker und gelangt zu einer funktionellen Dominanz. Die V. stellt im Ggs. zur bewußten Stellungnahme gegen ein Triebbedürfnis und zum entschlossenen Verzicht auf dessen Befriedigung gerade ein Ausweichen vor solcher bewußten Entscheidung dar und erfolgt aus Angst vor der im Falle einer Triebbefriedigung erfolgenden Verurteilung und Bestrafung durch das Über-Ich. Die V. steht auch im Ggs. zu einer nur vorübergehenden Aufhebung eines Triebbedürfnisses durch ein anderes, demselben Funktionssystem des Es entstammenden Triebbedürfnis (z. B. Aufhebung der Aggressivität durch Sexualität). Sie steht ferner im Gegensatz zu einem nur vorübergehenden Aufschub eines Triebbedürfnisses im Zusammenhang mit der Anpassung an die jeweilige Realität. Die V. beruht vielmehr auf den zwar aus der Realität stammenden, aber durch Introjektion in das Über-Ich eingegliederten und von dorther wirksamen inneren Forderungen, Geboten und Verboten. • Unterschiedlich zur psa. V. ist die Bez. Abdrängung. Sie belegt das bewußt-gewollte Wegschieben störender Einflüsse und Gedanken.

Vererbung, Gesamtheit aller körperlichen, intellektuellen und Persönlichkeitsmerkmale, die mit der Vereinigung von Ei- und Samenzelle des Elternpaares im Kind →genetisch festgelegt wird. Träger der genetischen Information in den →Genen sind die →Nukleinsäuren. →Chromosom, →Chromosomenaberration, →Erbe-Umwelt, →Genetik, →Ribonukleinsäure *Ma-R*

Vererbung, dominante →Dominanz

Vererbung, geschlechtsgebundene, Weitergabe von Genen, die in den →Geschlechtschromosomen liegen. So sind z. B. beim Menschen die rezessiven Allele für die Bluterkrankheit und die Rot-Grün-Blindheit im X-Chromosom. • Die Klarlegung der g. V. und des Faktorenaustausches geschah durch Th. Hunt MORGAN (Nobelpreis 1933). *D-E*

Vererbung, rezessive →Rezessivität

Verfolgungswahn, laienhafte Bez. für die wahnhafte, unkorrigierbare Überzeugung, daß die Absichten und Handlungen anderer Personen auf die Verfolgung, Beeinträchtigung, Verhöhnung, Bedrohung usw. des Wahn-Trägers gerichtet sind.

Verfügbarkeit, Reproduzierbarkeit, für den erfolgreichen →Abruf von Gedächtnisinhalten und beim →Besinnen mit Hinweisreizen *(cues)* wichtiges Merkmal des Gedächtnisinhalts. V. wird von Gestaltpsychologen und deren Nachfolger zur Erklärung des Vergessens in den Fällen gebraucht, wo später – bei passenden Abrufsignalen (Hinweismerkmalen) – wieder die Reproduktion gelingt (vgl. aber *availability*). Im Bereich der →Wahrnehmung und des Problemlösens ist Disponibilität oder Lockerheit (DUNCKER) ein ähnlicher Begriff. Ggs.: Gebundenheit. • V. über die Zeit →Freizeit *B-S*

Vergegenwärtigtes, Vergegenwärtigung, im ps. Akt der Vergegenwärtigung wird Gedachtes, Erinnertes, Erwartetes, Geahntes, Geplantes, Vermutetes, Vorgestelltes, auch begrifflich Gewußtes in das Bewußtsein gerückt. Damit wird das Gedachte usw. zu Vergegenwärtigtem im Ggs. zum →Angetroffenen.

Vergessen, bedeutet als empirischer Begr. »nicht mehr erinnern«, »nicht reproduzieren können« oder »nicht wiedererkennen« von früheren Bewußtseinsinhalten.

Wenn bedingte Reaktionen von ihren bedingten Reizen nicht mehr ausgelöst werden, spricht man von →Auslöschung oder Extinktion. Zur Erklärung des V. gibt es verschiedene Theorien. Nach verbreiteter, aber nicht allgemein anerkannter Annahme bedingt die Zeit das V. (Spurenzerfall in der Zeit). Mit ihr wird die Gedächtniswirkung vermindert, und zwar um so mehr, je größer der zeitliche Abstand vom Zeitpunkt der Aneignung des Gedächtnismaterials ist. Dies wurde sehr anschaulich schon in der ersten Untersuchung zum Gedächtnis mit der sog. Vergessenskurve (auch Behaltenskurve) von EBBINGHAUS dargestellt. Sie zeigt die jeweilige Anzahl der nach bestimmten Zeitabständen noch erinnerten, aber zuvor vollständig gelernten sinnlosen Silben. Es ist jedoch sicher, daß in der Zeit weitere für das V. spezifische Faktoren wirken:

(1) Die angehäufte →reaktive und konditionierte Hemmung.

(2) Interferenz, d. h. der Ersatz von Gedächtnisinhalten durch andere (pro- und →retroaktive Hemmung) (HÖRMANN).

(3) Störungen des →Abrufs durch verschiedene Einbettung der Abrufsignale in der Lernphase und in der Prüfphase (Paradigma: Eingebettete (GOTTSCHALDT) Figuren).

(4) Kognitive Vermeidung, d. h. absichtliche oder undeutlich-unabsichtliche Unterdrückung von Inhalten, die sich in der betr. Situation als unange-

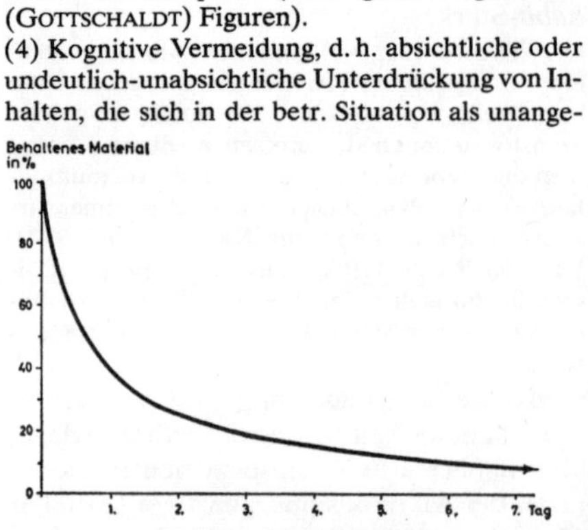

Verlauf des Vergessens

nehm (negativ verstärkt) erwiesen haben (»Verdrängung«).

Das von RIBOT (1881) aufgestellte Gesetz des Vergessens besagt, daß der Abbau der Gedächtnisinhalte in umgekehrter Reihenfolge ihres Aufbaus vor sich geht. Ⓛ EBBINGHAUS, FOPPA 1968, HÖRMANN 1964 *B-S*

Vergleichbarkeit, als Gütekriterium des Tests (→Testgütekriterien) verlangt die V., daß Parallelformen möglich sind und diese auch vergleichbare Ergebnisse liefern.

vergleichende Psychologie →Psychologie (Richtungen)

Vergleichende Schulleistungsmessung Ⓣ HYLLA

Vergleichsprozeß, sozialer [engl. *social comparison process*], nach der Theorie von FESTINGER 1954 die versch. Formen des Messens der eigenen Meinungen, Fähigkeiten und des Status an denen anderer Personen (z. B. der Mitglieder einer →Bezugsgruppe), die mit dem Versuch verbunden sind, die Wahrheit über sich selbst herauszufinden. Der s. V. ist durch sog. soziale Motivation (BERKOWITZ) bestimmt. Sein Ergebnis ist auch Grundlage für das Urteil, ob →Aufteilungsgerechtigkeit gelungen ist oder nicht. Ⓛ FESTINGER 1954 *B-S*

Vergleichsurteil, Gesetz vom, eine von THURSTONE (1927) vorgeschlagene Gleichung zur eindimensionalen Skalierung von Reizen auf einem ps. Kontinuum.

Zur Aufstellung dieser Gleichung sind folgende Grundannahmen nötig: 1. Jeder Reiz, der einer Vp dargeboten wird, ruft eine Reaktion in ihr hervor, die durch einen Skalenwert in ihrem Ausprägungsgrad auf einem ps. Kontinuum repräsentiert ist. 2. Bei mehrmaliger Darbietung des Reizes ist wegen Veränderungen im Organismus mit einer Reaktionsverteilung auf dem ps. Kontinuum zu rechnen, die die Form einer Normalverteilung hat. Der Mittelwert dieser Reaktionsverteilung ist der für den Reiz charakteristische Skalenwert auf dem Kontinuum, die Streuung gibt die Variation um den Mittelwert an. – Für zwei im →Paarvergleich dargebotene Reize lassen sich weiterhin auf Grund der Annahme einer Normalverteilung von Differenzen zwischen den Reaktionsverteilungen Skalenpositionen für die beurteilten Reize ermitteln, die in Abständen einer Intervallskala auf dem ps. Kontinuum abgebildet werden. – Die im G. v. V. aufgestellte Gleichung läßt sich ohne zusätzliche Annahmen nicht lösen. Aus diesem Grunde führte THURSTONE vereinfachende Bedingungen ein. Nimmt man an, daß auch die Kategoriegrenzen der Klassen auf dem ps. Kontinuum streuen, so läßt sich das Gesetz vom →Kategorialurteil anwenden. Ⓛ GUILFORD, SIXTL, TORGERSON

Vergleichung abgebildeter Gegenstände Ⓣ NETSCHAJEFF

Vergleichung, Methode der paarweisen →Paarvergleich

Verhalten, in seiner ursprünglichen und präzisen Bedeutung bezeichnet der Begr. jede physische Aktivität eines lebenden Organismus, die (im Ggs. zu psychischen Abläufen) grundsätzlich von anderen Beobachtern (d. h. »objektiv«) feststellbar ist.

Hierzu gehören z. B. Muskelbewegungen, Drüsensekretionen, vasomotorische Reaktionen, Laut- und Sprachäußerungen. Während beim Begriff der →Handlung meist auch deren psychische Motive unausdrücklich mitgemeint sind, muß beim Begr. des V. nicht an korrespondierende ps. Vorgänge gedacht werden. Der →Behaviorismus deklarierte das V. (engl. *behaviour*) zum eigentlichen Gegenstand der Psychologie. Damit mußte aber der Begr. V. eine Ausweitung erfahren, die seine genaue Abgrenzung schließlich unmöglich gemacht hat.

So werden auch Erlebnisprozesse (Denken, Wollen usw.) heute oft als V. bezeichnet. Die Methoden der Beobachtung des V. wurden vom Behaviorismus besonders gepflegt und weiterentwickelt. Vgl. nachfolgende Stichwörter (v. a. →Verhaltensebene, →Verhalten und Erleben

Verhalten, abnormes →abnormes Verhalten

Verhaltensanalyse, *behavior assessment*, Problemidentifikation, Diagnose im verhaltensmodifikatorischen Ansatz. →Verhaltensdiagnostik

verhaltensanalytisches Interview, syn. verhaltensdiagnostisches I. Zentrales Ziel des verhaltensanalytisch geführten Interviews ist die Hypothesengewinnung und -generierung auf dem theoretischen Hintergrund des funktionalen Ansatzes der sozialen Lerntheorie. Die in dieser Weise strukturierte Problemanalyse beschäftigt sich schwerpunktmäßig mit der Identifizierung änderungsrelevanter Erlebnis- und Verhaltensweisen, der Klärung der Rahmenbedingungen für die Entwicklung und die (»aktuelle«) Aufrechterhaltung der Störung, sowie mit der Frage nach den geeigneten Mitteln (Methoden), alternative Ziele (neue, andere Erlebnis- und Verhaltensweisen) mit dem Befragten zu erreichen.

Das verhaltensanalytische Gespräch hat immer sowohl diagnostische, als auch therapeutische Aspekte. Zu verschiedenen Zeitpunkten des diagnostisch-therapeutischen Prozesses sind sie lediglich unterschiedlich gewichtig. Die Umsetzung dieser Anforderungen wird durch funktionale Analyseschemata (Leitfäden) prinzipiell begünstigt, doch gibt es eine Reihe von Schwierigkeiten, diese Grundprinzipien im realen Gespräch zu verwirklichen. Dazu gehört ganz wesentlich die Beurteilung der subjektiv-verbalen Information hinsichtlich ihrer »Konkretheit« und der vom Klienten angebotenen Sichtweise des Problems. Die Problemkonzeption des Klienten liefert dabei in unterschiedlich expliziter Form wichtige Hinweise für Ansatzpunkte zur Änderung von Verhaltens- und Denkgewohnheiten. *S-E*

Verhaltensaspekt ⟨BÜHLER⟩ →Aspekt

Verhaltensbeobachtung →Beobachtung

Verhaltensbiologie →Ethologie

Verhaltensdeterminante, jede Bedingung für das Verhalten und die Interaktion solcher Bedingungen, z. B. funktionale Reize, Kognition der Situation, zentraler motivierender Zustand, Anreiz *(incentive)*, Kognition der möglichen Folgen des Verhaltens und der Wahrscheinlichkeit ihres Eintretens in der antizipierten Situation. *B-S*

Verhaltensdiagnostik beansprucht – in teilweisem Gegensatz zur sogenannten »traditionellen« Diagnostik – interventionsvorbereitende, -begleitende und -kontrollierende Aufgaben zu erfüllen. Die Datenerhebung orientiert sich dabei an dem Ziel »funktionale Beziehungen« zwischen einzelnen Verhaltensbereichen zu erfassen.

Verschiedene verhaltensanalytische Schemata (z. B. S-O-R-K-C-Modell nach KANFER 1969 →Verhaltensformel; multimodale Verhaltensanalyse nach LAZARUS 1973) und daraus entwickelte Legenden zur funktionalen Problemanalyse liefern Ordnungsgesichtspunkte für die Strukturierung der zu erhebenden Informationen. Das Problemverhalten wird nach Möglichkeit auf allen drei Ebenen (subjektiv-verbal, motorisch, physiologisch) erfaßt. Mit einer Konkordanz der Daten ist hier allerdings nicht in jedem Fall zu rechnen. Das Rationale der diagnostischen Urteilsbildung, insbesondere im Hinblick auf die Zuweisung eines bestimmten Patienten mit einer bestimmten Problematik zu einer ganz bestimmten Behandlungsmethode ist nicht hinreichend geklärt und bedarf weiter einer gezielten Indikations- und Therapieforschung. →funktionale Verhaltensanalyse *S-E*

Verhaltensebene, Bereich innerhalb eines Verhaltensmodells. Unterschieden wird zwischen der physiologischen, motorischen (behavioralen), verbal-subjektiven (erlebnismäßigen) V. Andere Einteilungen für V. sind: Körper (Materie und Energie), System (Organismus und Verhalten) und Erleben und Bewußtsein (Konstrukt und Handlung). Ⓛ BIRBAUMER 1975, CHARLTON u. WETZEL 1980 *R-S*

Verhaltenseigenschaft ⟨KLAGES⟩ →Charakter

Verhaltenseinheit, jeder aus dem Zusammenhang des Gesamtverhaltens auf Grund »natürlicher« Abgrenzungen herauslösbarer Verhaltensanteil. Man unterscheidet insbesondere »molare« und »molekulare« Einheiten. →molar behavior

Verhaltensformel, *behavior equation,* Formel, die wirksame Bedingungshintergründe des Verhaltens zusammenfaßt. Die V. gibt Hinweise auf veränderliche Variablen. Reize, Reaktionen, körperliche Bedingungen, Konsequenzen des Verhaltens und die Kontingenzverhältnisse (Enge der Verknüpfung) zwischen Verhalten und Konsequenzen werden von KANFER zu S-O-R-K-C (Stimulus – Organismus – Response – Kontingenz – Consequenz) zusammengefaßt. *R-S*

Verhaltensforschung, vergleichende →Ethologie

Verhaltensfrequenz, Häufigkeit eines best. Verhaltens. Ergibt sich aus der Wahrscheinlichkeit des Auftretens und den Verstärkungsbedingungen. Im Tierexperiment variiert durch →Hunger und →Verstärkungsplan. →Lernen, →Verlernen, →Motivation

Verhaltensinventar →Aktionskatalog

Verhaltenskartographie, *behavioral mapping,* typisch ökopsychologisches Datenerhebungsverfahren, bei dem in natürlichen Umgebungen beobachtet und registriert wird, welche Verhaltensarten sich (jeweils mit welcher Häufigkeit und zu welchen Zeiten) in welchen Räumen bzw. an welchen Stellen in bestimmten Räumen abspielen (z. B. Patientenverhalten in Klinikstationen). Mittels Daten dieser Art *(behavior maps)* sollen Einsichten in die Raumabhängigkeit bestimmter Verhaltensarten gewonnen werden. Ⓛ ITTELSON et al. 1974 *K-I*

Verhaltenslehre →Ethologie

Verhaltensmedizin, *behavioral medicine,* von BIRK 1973 in die Literatur eingeführte Bez. für ein interdisziplinäres Forschungsgebiet, bei dem es um die Integration experimentalpsychologischer, insbesondere lernpsychologisch-behavioraler Prinzipien und Techniken mit dem medizinischen Vorgehen bei der Erforschung von Krankheiten geht. Weiterer Schwerpunkt ist die Anwendung psychologischer – v. a. verhaltenstherapeutischer Verfahren bei der Prävention, Diagnose, Behandlung und Rehabilitation insbesondere auch organischer Störungen. Ⓛ MELAMED u. SIEGEL 1980 *Fl-R*

Verhaltensmuster, ein Komplex von →Verhalteneinheiten, die in charakteristischer Weise miteinander verbunden, gleichzeitig oder in zeitlicher Abfolge auftreten, wie z. B. das »Schreckmuster« (engl. *startle pattern*), das aus einer Anzahl bestimmter einzelner muskulärer und vegetativer Reaktionen besteht.

Verhaltensnorm →Norm(en), soziale

Verhaltensphysiologie, Teilgebiet der →Verhaltensforschung (neben z. B. Verhaltensmorphologie, kybernetische V.).

Eng verbunden mit den grundlegenden Arbeiten von E. v. HOLST, baut sie im wesentlichen auf Methoden der Biologie und Physiologie auf und untersucht nicht einfachste Verhaltensweisen wie Herzschlagmuskelreflexe, Atmung, sondern versucht in erster Linie das Verhalten des gesamten Organismus in seiner Auseinandersetzung mit der Umwelt zu erforschen mit der »messenden Erfassung bestimmter Verhaltensweisen unter systematisch variierten Versuchsbedingungen« am möglichst unbeeinträchtigten Versuchstier. Themen sind u. a. die physiologischen Grundlagen angeborener Bewegungsabläufe (→Erbkoordinationen), Mechanismen der Reizselektion (angeborene →Auslösemechanismen, K. LORENZ), Motivationsstrukturen und deren hormonelle und hirnphysiologische (Reizung) Steuerprinzipien (vgl. →Reafferenzprinzip). Ⓛ EIBL-EIBESFELDT 1969², v. HOLST 1969, 1970, MITTELSTAEDT 1961, ROEDER 1968 *B-C*

Verhaltenspsychologie →Psychologie (Richtungen)

Verhaltensrepertoire, eine Gesamtheit von Verhaltensweisen bzw. →Verhaltensmustern, die für die Reaktionsweisen einzelner Individuen oder von Gruppen (bzw. auch von Arten) kennzeichnend sind. →Ethogramm

Verhaltenssysteme, in der →Ethologie verwendete Bez. für den Zusammenschluß von (z. T.) artspezifischen Verhaltensmustern im Dienste einer ihnen gemeinsamen Funktion, d. h. also Organisationen von Verhaltensmustern auf höherem Niveau (SCOTT 1969 612).

SCOTT nennt 9 meist im Tierreich aufgefundene V.: Nahrungsaufnahme, Exploration (Erkundung), Schutz- und Behaglichkeitssuchverhalten *(comfort),* sexuelles Verhalten, Kampf, allelomimetisches Verhalten (Nachahmung, Angleichung in der Leistung an andere), epimeletisches Verhalten (Pflegeverhalten), et-epimeletisches Verhalten (pflegeforderndes Verhalten), eliminierendes Verhalten (Entleerung, Verscharren von Kot und Urin, Markieren). TEMBROCK (1961 48) hat – ebenfalls zur Vermeidung des Instinktbegriffs – für V. die Bez. Verhaltenssyndrome vorgeschlagen. *B-S*

Verhaltenstendenz →latente Verhaltenstendenz

Verhaltens-Tests, Bez. für Tests, die bestimmte, als Ausdruckssymptome und Ausdrucksbewegungen erwünschte Verhaltensweisen hervorlocken. →Vgl. Handlungs-Tests Ⓣ GESELL, HENNING, OSERETZKY, RIEFFERT

Verhaltenstherapie, Anwendung der Erkenntnisse aus der gesamten experimentell begründeten Psychologie (Lernps., Wahrnehmungsps., Sozialps., Physiolog. Ps.) in der Psychotherapie. Der Ausdruck »Verhaltenstherapie« wurde von LINDSLEY u. SKINNER eingeführt. Seine weitreichende Verbreitung ist EYSENCK (1960) zu verdanken.

Unter V. ist keine relativ klar umschriebene therapeutische Einzeltechnik, etwa in der Art der Psychoanalyse oder der Gesprächspsychotherapie, zu verstehen. Es handelt sich vielmehr um zahlreiche, zum Teil voneinander sehr verschiedene Methoden, die allerdings einen gemeinsamen Hintergrund haben – den der experimentellen Ps. Wesentlich bei der V. ist die Zentrierung auf klar umschriebene und gut operationalisierte Verhaltensweisen, Kognitionen und Emotionen, die verändert werden sollen. Die Veränderungen werden quantifiziert und die therapeutischen Interventionen experimentell kontrolliert. Die therapeutische Behandlung soll – so gut wie möglich – den Anforderungen eines Einzelfallexperimentes entsprechen. Verhaltenstherapeutische Ansätze: →systematische Desensibilisierung (Gegenkonditionierung, Therapie durch reziproke Hemmung), →operante Konditionierungstherapien, →Imitationstherapie (Modellernen, Beobachtungslernen), →negative Übung, →Selbstbehauptungstraining *(assertive training),* →Überflutungstherapie *(flooding, implosive therapy),* →Übersättigungstherapie. Vgl. Aversionstherapie. Anwendungsbereiche: Angstzustände, hysterische Störungen, psychomotorische Störungen, Zwangsvorstellungen und -handlungen, Sprachstörungen, sexuelle Störungen, psychotische Störungen, Alkoholismus und Drogen-Addiktion, Depressionen, Enuresis und Enkopresis, Delinquenz. Ⓛ BLÖSCHL, EYSENCK, KANFER, WOLPE, YATES *L-G*

Verhaltenswissenschaften [engl. *behavioural sciences*], in Amerika übliche zusammenfassende Bez. für alle Wissenschaften, die sich mit der Untersuchung des Verhaltens von Menschen und Tieren in ihrer gegenständlichen und sozialen Umwelt beschäftigen. Psychologie, Soziologie, Pädagogik, Teile der Anthropologie u. a. Wissenschaften werden hierzu gerechnet.

Verhalten und Erleben sind Ausgangspunkte und Betrachtungsebenen der Ps. Die Ausklammerung des Erlebens durch die verhaltenstheoretisch orientierte Ps. *(→black-box)* und ebenso durch extreme Gegenpositionen in der kognitiven Ps. (systematische Selbstbeobachtung) wie auch der Psychoanalyse gehören der Ps.-Geschichte an. Zunehmend wird die Notwendigkeit der Mehrebenenbetrachtung (→Verhaltensebene) oder Integration anerkannt. Beispiele: Selbstinstruktionen in der kognitiven Vehaltenstheorie; Funktionseinheit von Bewußtsein und Handlung bei RUBINSTEIN; kognitiv-soziale Lerntheorie der Persönlichkeit von MISCHEL. →Vielschichtigkeit *R-S*

Verhältnisskala, eine V. stellt die vollkommenste metrische Klassifikationsgrundlage dar. Ihre Maßeinheiten sind (wie bei der Intervallskala) konstant, ferner besitzt sie einen absoluten Nullpunkt, bei dem das gemessene Merkmal tatsächlich Null ist. Daher sind z. B. auch Aussagen wie »A ist doppelt so groß wie B« möglich. Beispiele für V. sind Gewichts- und Längenskala. *Mi-A*

Verhandeln, Verhandlungsverhalten, eine Form der sozialen Interaktion zur Lösung von Interessenkonflikten. Es wird durch folgende Merkmale gekennzeichnet: (a) Zwei oder mehr Partner (b) haben meist mehrere Strategien zur Verfügung, (c) kennen die möglichen Folgen der Anwendung von Kombinationen dieser Strategien, und (d) die Folgen dieser Kombinationen lassen sich in eine Bevorzugungsordnung bringen (RAPOPORT 1965).

Eine Lösung des Interessenkonflikts kommt zustande, wenn einige der von DEUTSCH u. KRAUSS (1962) genannten Voraussetzungen erfüllt sind. So müssen die Parteien z. B. der Meinung sein, daß es eine Vereinbarung gibt, die besser oder wenigstens nicht schlechter ist als gar keine und daß es eine Möglichkeit gibt, eine solche zu erreichen. – In soz.-ps. Untersuchungen des V. werden strukturelle Momente, wie die Symmetrie der Nutzenverteilung, die Art der Drohmöglichkeiten, die Zahl der Verhandlungspartner und der Verhandlungsgegenstände sowie situative Variablen, wie Verhandlungserfahrung, Zeitdruck und anderes und schließlich persönliche Variablen, insbesondere der Status der Verhandlungspartner, wie die Tatsache, daß ein Verhandelnder Delegierter ist oder selbständig, untersucht. Einen Überblick gibt CROTT 1972 (vgl. auch LAMM 1970, 1975; FEGER 1972, 1641; RUBIN u. BROWN 1975). →Risikoschub, →Spieltheorie *B-S*

Verharrungsmensch →Rassenpsychologie

Verhörsuggestion Ⓣ STERN

Verifikation, Verifizierung, Beweis der Wahrheit oder Richtigkeit einer wissenschaftlichen Aussage. Verifizierbar sind singuläre und allgemeine Aussagen der Formalwissenschaften Logik und Mathematik (z. B. »die Summe der Innenwinkel eines ebenen Dreiecks beträgt 180°«). In den Realwissenschaften kann man allenfalls für singuläre Aussagen (z. B. »Proband a erzielte im Test b die Maßzahl c«) den Begriff V. verwenden. Bei der Arbeit mit Texten spricht man sinnvoll von der V. eines Zitats. Der logische Empirismus suchte die V. als Methode der Geltungsbegründung realwissenschaftlicher Allgemeinaussagen, also von Hypothesen, Gesetzen und Theorien, zu etablieren. Anknüpfend an HUME (1748, →Erkenntnistheorie) wies POPPER 1934 (1966[2]) jedoch nach, daß realwissenschaftliche Allgemeinaussagen aus logischen Gründen prinzipiell nicht verifizierbar sind und entwickelte zu ihrer Geltungsbegründung die Methode des Falsifikationismus (→Falsifikation). Ⓛ POPPER 1966 *G-R*

Verkaufspsychologie, dasjenige Teilgebiet der angewandten Ps., das sich mit den Vorgängen beim Verkauf, insbesondere auch dem Verkaufsvorgang in den Handelsgeschäften mit den vielfältigen ps. Problemen der Kontaktnahme mit den Kunden beschäftigt und Methoden für diese Vorgänge entwickelt. →Wirtschaftspsychologie. Ⓛ HOBARTH-WOOD, SMITH *B-H*

Verkehrserziehung, systematische Anpassung des Menschen, bes. des Jugendlichen (Kindes) an den Straßenverkehr mit dem Ziel, ein einwandfreies Verhalten als Fußgänger, Radfahrer, Kraftfahrer usw. zu erreichen (Beherrschung der Verkehrsregeln, Bildung positiver Verkehrsgesinnung mit angemessener Hilfsbereitschaft, Vermeidung unnötigen Lärms u. a.). Träger der V.: Polizei, Verkehrsverbände, Lehrerschaft. Mittel: Unterricht mit prakt. Übungen sowie Aufklärung in Wort u. Schrift. Ⓛ GERBER u. a. 1977

Verkehrspsychologie, derjenige Zweig der angew. Ps., der sich mit der ps. Grundlagenforschung im Bereich des Verkehrsverhaltens und mit der Verwertung der Ergebnisse aus dieser Forschung für die Beantwortung praktischer Fragestellungen befaßt; als Grundlagenforschung sucht sie nach Gesetzmäßigkeiten und Erklärungsmöglichkeiten für ps. Sachverhalte des Verkehrsgeschehens*.

Obwohl sich die V. grundsätzlich auf die Bereiche des Straßen-, Eisenbahn-, Luft- und Schiffsverkehrs zu beziehen hätte, wird ihre Zuständigkeit ganz überwiegend auf den Straßenverkehr begrenzt. Die V. ist somit auch als Teildisziplin der Straßenverkehrsforschung zu sehen und dementsprechend auf enge Zusammenarbeit mit den Disziplinen der Verkehrstechnik, Kraftfahrzeugtechnik, Verkehrsrechtswissenschaft, Verkehrspädagogik und Verkehrsmedizin angewiesen. Als Arbeits-(Aufgaben-)Gebiet der V. sind zu nennen:

Verhaltensanalyse: Diese hat deshalb vorrangige Bedeutung, weil sie für andere Arbeitsgebiete die erforderliche Grundlage liefert. Sie untersucht das Verhalten verschiedener Verkehrsteilnehmergruppen teils unter Feld-, teils unter Laboratoriumsbedingungen mit dem Ziel der empirischen Ermittlung relativ allgemeiner Merkmale des Verhaltens im Straßenverkehr. Dabei ist zwischen Beobachtung im Sinn einer Verhaltensbeschreibung einerseits und Verhaltensbeurteilung andererseits zu unterscheiden. Als Beobachtungsmethoden kommen in Betracht: apparative Messungen (Registrierung von Fahrzeugbedienung, Pulsfrequenz, Blickverhalten u. a.), Beschreibung durch mitfahrende Beobachter (Skalierung), Beschreibung durch nachfahrende Beobachter (Skalierung, Filmaufnahme). Die Verhaltensbeurteilung erfolgt demgegenüber im Hinblick auf bestimmte Kriterien (Unfall, Beinahe-Unfall, Verkehrsverstoß, Fahrfehler, Verkehrsangepaßtheit).

Ergonomische Verkehrspsychologie: Diese untersucht die Auswirkungen der äußeren Verkehrsbedingungen auf das Verkehrsverhalten. Dabei handelt es sich um Verhaltensbedingungen, die durch Fahrzeug, Straße und Verkehrsordnung gegeben sind. Der enge Zusammenhang zwischen Grundlagenforschung und praxisbezogenen Folgerungen aus ihren Ergebnissen wird hier ebenso deutlich wie die unmittelbare Zusammenarbeit mit den benachbarten Fachdisziplinen. Beispiele für untersuchte Fragestellungen aus diesem Gebiet: Wahrnehmbarkeit unterschiedlicher Rücklicht-, Blinklicht- und Bremslichtanordnungen; Wahrnehmbarkeit von und Verhaltensbeeinflussung durch Verkehrszeichen; Auswirkungen von Geschwindigkeitsbeschränkungen.

Pädagogische Verkehrspsychologie: Ergebnisse der verkehrsps. Grundlagenforschung werden neuerdings auch für die Entwicklung neuer Ansätze in der Fahrausbildung und in der Verkehrserziehung und -aufklärung verwertet, wobei Möglichkeiten einer stärkeren Verflechtung dieser beiden Bereiche gesucht werden. Schwerpunkt sind dabei eine mehr als bisher auf Verkehrssicherheit ausgerichtete Fahrausbildung (Wahrnehmungs-, Defensiv-, Gefahren-Training) und eine systematische Verkehrserziehung im Vorschul- und Schulalter. Auch gruppentherapeutisch orientierte Methoden wurden auf diesem Gebiet entwickelt (z. B. *driver improvement*, Gruppengespräche für ältere Fußgänger).

Ps. Untersuchungen der Fahrtüchtigkeit: Hier werden die Einflüsse zeitvariabler individueller Bedingungen wie z. B. der Einfluß von Ermüdung, Alkohol und Drogen auf das Fahrverhalten untersucht, häufig unter Verwendung von Simulationsmethoden.

Ps. Untersuchungen der Fahreignung: Die Eignungsdiagnostik stand lange – besonders in der BRD – im Mittelpunkt der V., tritt aber wegen ihres geringen Wirkungsgrades immer mehr in den Hintergrund gegenüber der ergonomischen und pädagogischen V. Solange an einer – verkehrspolitisch zu rechtfertigenden – Kontrolle der Zulassung zur motorisierten Straßenverkehrsteilnahme festgehalten wird, ist die Bedeutung der Fahreignungsdiagnostik für den Einzelfall unter dem Gesichtspunkt der →inkrementellen Validität nicht zu bestreiten. Dabei werden Persönlichkeitsmerkmale im engeren Sinn (Charaktereigenschaften, Haltungen und Einstellungen), spezifische Leistungsmerkmale (visuelle Wahrnehmung, Psychomotorik), allgemeine Leistungsmerkmale (Intelligenz, Konzentration) und biographische Daten als Prädiktoren verwendet. Ⓛ FORBES 1972, Forschungsgemeinschaft »Der Mensch im Verkehr« – Veröffentl. ab 1965, HOYOS 1965, Kuratorium für Verkehrssicherheit – Veröffentl. ab 1962, OECD Veröffentl. ab 1968, SHAW u. SICHEL 1971, GERBER 1978, KLEBELSBERG *K-G*

Verkehrspsychologische Diagnostik (Auswahl) Ⓣ BRICKENKAMP, FINE, HENCKEL, HERWIG, KIRSCH, KLEBELSBERG, LAUER, MCGUIRE, MIERKE, MOEDE, RUPP, SCHUBERT, SCHUSTER, WILSON

Verkehrspsychose 〈KRAEPELIN〉 →Homilopathie

Verkehrung ins Gegenteil, ein →Abwehrmechanismus des Ich. Mit V. i. G. wird die Umkehrung eines Triebbedürfnisses in sein Gegenteil bezeichnet, eine Umkehrung, welche einmal durch eine Aktiv-Passiv-Umkehr des Triebbedürfnisses selbst, und zum andern durch eine Vertauschung des Triebobjektes durch das Ich (→Substitution), bei einem Gleichbleiben des Triebziels gekennzeichnet ist.

So wird etwa das Bedürfnis zu lieben in das Bedürfnis geliebt zu werden, das Bedürfnis zu quälen (Sadismus) in das Bedürfnis gequält zu

* Die gegebene Definition gilt, wenn man sich nicht an der in neuerer Zeit als unangebracht erkannten Gegenüberstellung von angewandter Ps. und ps. Grundlagenforschung orientiert, sondern an Unterschieden zwischen angewandter und nichtangewandter Ps., die sich unter den Gesichtspunkten (a) der Problemstellung und (b) der Ergebnisverwertung zusammenfassen lassen.

V

werden (Masochismus), oder das Bedürfnis jemand zu sehen in das Bedürfnis von jemand gesehen zu werden verwandelt. – Die V. i. G. steht im Ggs. zur →Reaktionsbildung, bei der bei gleichbleibendem Triebobjekt eine Veränderung des Triebziels stattfindet, sowie im Ggs. zur →Reversion, oder Wendung gegen die eigene Person, die durch eine Ersetzung des Triebobjektes durch das Ich bei gleichbleibendem Triebbedürfnis gekennzeichnet ist.

Verkleidung, Transvestie →Sexualität (Tabelle)

Verläßlichkeit →Reliabilität

Verlaufseigenschaften, auch dynamische Eigenschaften genannt, vor allem die mit dem Temperament verbundenen Eigenschaften wie Intensität, Tempo, Erregbarkeit

Verlaufsgestalt, Charakter und Persönlichkeit sind nicht nur Typus oder Struktur – sie sind auch in ihrer Dynamik zu sehen. Dies ist von KOFFKA, HEISS, THOMAE u. a. aufgegriffen worden und führte dazu, das Miteinander und Gegeneinander in den Abläufen der Antriebe, Strebungen, Gefühle usw. als Verlaufsgestalten zu verstehen und zu interpretieren. HEISS spricht von der Person als Prozeß. Die »Weise« der Daseinsentfaltung kann als V. deutlich gemacht werden, ebenso einzelne Wesenszüge.

Verlaufsversuch, Kausalversuch, Bez. für solche ps. Experimente, die zu dem Zweck angestellt werden, und deren Gestaltung es gestattet, die Bedingungen, Abhängigkeiten der beobachteten ps. Prozesse bzw. ihrer Ausdruckserscheinungen oder von Leistungen zu erkennen. →Darstellungsversuch

Verlegenheitsgebärde, (biol.), Verhaltensweise, die durch →Ritualisierung eine abgewandelte Bedeutung hat. Das teilweise Abdecken des Gesichtes mit der Hand (ritualisierte Versteckbewegung) ist beim Menschen Ausdruck von Verlegenheit. *P-S*

Verleiden, (biol.), Verhaltensäußerung, die den Freßfeind im Moment oder für die Zukunft von einer Beute ablenkt. Durch Scheinangriffe und aggressive Lautäußerungen von Friedvögeln wird z. B. einer Katze oder einem Greifvogel eine bestimmte Beute verleidet. *P-S*

Verlernen, die Wirkung (Prozeß und Endzustand) jeder Maßnahme, durch die früheres Lernen rückgängig gemacht werden soll, wie z. B. der →negativen Übung, der →paradoxen Intention oder der →Bestrafung von früher verstärkten Responses und des Gegenkonditionierens. MELTON u. IRWIN (1940) nennen V. *(unlearning)* jedoch nur den zweiten Faktor in ihrer →Zweifaktorentheorie der retroaktiven Hemmung, der darin besteht, daß zusätzlich zur eigentlichen Interferenz i. e. S. während der Darbietung der interpolierten (d. h. zwischen Darbietung der Ausgangsliste und ihre Reproduktion geschobenen) Liste aufgerufene Responses aus der Ausgangsliste – weil jetzt inkorrekt – nicht verstärkt werden, so daß ihre Reproduktion später unwahrscheinlich wird. V. ist hier also ein der →Auslöschung sehr ähnlicher Prozeß mit gleichem Ergebnis. Vgl. BREDENKAMP u. WIPPICH 1977, II, 90 ff.; KLING u. RIGGS 1971, 1090 ff. *B-S*

Verlesen, die falsche Auffassung bzw. auch (beim Lautlesen) die falsche Wiedergabe des Gelesenen. Die Lesefehler sind meist durch den Vorstellungsverlauf bedingt (z. B. beim sinnvollen Verlesen, wo für ein Wort ein anderes von ähnlicher Gestalt gelesen wird). Vgl. Fehlleistung, →Sprachstörungen, →Sprachrezeption

Verleugnung, der von FREUD eingeführte Begr. bezeichnet die Leugnung eines bestimmten unangenehmen Gefühls (Angstgefühl, Minderwertigkeitsgefühl, Unsicherheitsgefühl u. a.) vor dem eigenen Ich und vor der Umgebung. Die V. kann sowohl in der »Phantasie« als auch in »Wort und Handlung« geschehen. Die V. stellt einen Quasi-Abwehrmechanismus des Ich dar. ● V. als Leugnung der Realität →Realitätsleugnung.

Vermeidungskonflikt →Annäherungskonflikt

Vermeidungslernen, *avoidance learning,* etwas nicht zu tun lernen. ● Exp. werden aversive Reize dadurch zu vermeiden gelernt, daß auf begleitende (kontingente) zunächst neutrale Reize das Unterlassen der Annäherung konditioniert wird. Vermeidungsverhalten in Form eines neurotischen Symptoms der Angstvermeidung zeigt großen Widerstand gegen die →Auslöschung. Vom V. wird das aktive Entkommen *(escape behavior),* also das Lernen einer positiven Response, die das Aufhören der Wirkung eines aversiven Reizes zur Folge hat, unterschieden. →bedingte Reaktion, →Verhaltenstherapie, →Aversionstherapie *B-S*

Vermenschlichung →Anthropomorphismus

Vermittlungstheorie, Meditationstheorie, *mediation theory,* die Annahme vermittelnder Prozesse (»*representational mediating processes*«, OSGOOD 1953 392 ff.) soll eine neobehavioristisch-S-R-theoretische Interpretation (→Behaviorismus, →S-R-Theorie) der →Bedeutung von →Zeichen, speziell von sprachlichen →Symbolen ermöglichen (HÖRMANN 1967 185ff.; →symbolische Prozesse, →Sprache, innere, →zweites Signalsystem). In bestimmten Versionen der V. werden derartige hypostasierte vermittelnde Prozesse als interne rudimentäre sprechmotorische Vorgänge gedeutet, die zugleich die Grundlage von →Bewußtsein und →Denken sein sollen (→Repräsentation, →*imagery*, →*motor theory*). *K-I*

Vermögen →Seelenvermögen

Vermögenspsychologie →Psychologie (Richtungen)

vermutetes Fremdbild →Selbstbild

vermutetes Selbstbild →Selbstbild

Verneinung, (allg.) die Ablehnung, Verwerfung, Leugnung, Nichtanerkennung eines Tatbestandes. ● Nach FREUD stellt die Verneinung in bestimmten Zusammenhängen einen unbewußten Kompromiß zwischen affektiver Ablehnung und intellektueller Anerkennung dar (ein Quasi-Abwehrmechanismus des Ich).

Vernetztheit, Vernetzung, Grad, in dem die Komponenten eines →Systems von einander abhängig sind, ihre Zustände miteinander korrelieren. Hochvernetzte Systeme (z. B. Politik, Ökonomie, Ökologie) erfordern neben der Zielanalyse umfangreiche Nebenwirkungsanalysen vor verändernden Eingriffen. Ⓛ DÖRNER 1976, 1981 *En-N*

Vernunft, ein philosoph. Begr., nach KANT »das ganze obere Erkenntnisvermögen, neben der Sinnlichkeit ein Hauptstamm der Erkenntnis«.

Im allg. Sprachgebrauch die geistige Begabung und geistige Betätigung, die nicht so sehr auf die ursächliche Erkenntnis als auf die zweckvolle Betätigung und Einordnung in den Zusammenhang der Dinge gerichtet ist, zudem unterschiedlich zu →Intuition, auch →Instinkt, →Gefühl. ● Bei HEGEL ist die Vernunft Weltprinzip: »Was vernünftig ist, das ist wirklich, und was wirklich ist, das ist vernünftig.« GOETHE sagt, daß nie daran zu denken ist, »daß die V. populär wird. Leidenschaften und Gefühle können populär sein, aber die V. wird immer nur im Besitz einiger Vorzüglicher sein«.

Versagung, Vereitelung, →Frustration, →Deprivation

Verschiebung, *displacement,* der von FREUD eingeführte Begriff bezeichnet 1. einen →Abwehrmechanismus des Ich (→Substitution) und 2. eine Funktion des Traumzensors in der Traumarbeit (→Traum).

Die V. als Leistung der Traumarbeit besteht im Ggs. zur →Verdichtung nicht in einer Verschmelzung mehrerer latenter Traumgedanken zu einer Bildeinheit, sondern 1. in einer Vertretung eines den latenten Traumgedanken direkt repräsentierenden Traumbildes durch ein diesen latenten Traumgedanken nur indirekt repräsentierendes und auf ihn nur anspielendes Traumbild, und 2. in einer Verlagerung des psychischen Akzentes von einem wichtigen auf ein unwichtiges Element des Traumbildes.

Verschlüsselung →Code, →Sender

Verschmelzung, *fusion,* die Verbindung einer Mehrzahl von Reizen zu einem Wahrnehmungsgesamt: 1. Verschmelzung gleichzeitiger Reize, z. B. einer Anzahl von Geruchsreizen zu einem Gesamtgeruch; mehrerer, miteinander harmonisierender Töne zu einem Akkord. 2. Verschmelzung aufeinanderfolgender Reize, z. B. rasch nacheinander eintretender Tast- oder Lichtreize zu einer einheitlichen Tast- oder Lichtwahrnehmung. →Flimmerverschmelzungsfrequenz

Versehen, Form der →Fehlhandlung. ● Aberglaube, daß bei schwangeren Frauen ein Schreckerlebnis sich als Mißbildung beim Embryo auswirken könne.

Versenkung, Begriff der Mystik. Bedeutungsverwandt mit →Intuition, →Kontemplation, →Meditation

Versionstypen →Typologie (JUNG)

Verstand, Fähigkeit zu gedanklicher Verarbeitung, nach KANT »das Vermögen der Begriffe, Urteile und Regeln«; nach WUNDT »die Fähigkeit, die Gegenstände und ihre Beziehungen durch Begriffe zu denken«. Insofern ist der V. mit dem »Intellekt« identisch. Im volkstümlichen Sprachgebrauch hat V. auch noch die Bedeutung des nicht besonders begriffsbetonten Denkens, wie es im »gesunden Menschenverstand« zum Ausdruck kommt. →common sense

Verstandesbegriff →Kategorie

Verständlichkeit (1), schreibt man einer Mitteilung zu, wenn sie von demjenigen verstanden wird (→Verstehen), für den sie gedacht ist. V. ist damit keine Eigenschaft der Mitteilung an sich, sondern das Ergebnis des Zusammenspiels von (sozial-)ps. Merkmalen des jeweiligen Empfängers der Mitteilung (nämlich seiner mitteilungs-bezogenen →Fähigkeiten und →Motive sowie der →Situation, in der er sich beim Empfang der Mitteilung befindet) und von semiotischen (→Semiotik) Merkmalen der Mitteilung

V

selbst: Die Mitteilung muß 1. inhaltlich geordnet, 2. äußerlich gegliedert und 3. einfach formuliert sein; schwierige Passagen müssen 4. darüber hinaus zusätzlich verdeutlicht, langweilige 5. anregend gestaltet sein. Diesen Bedingungen genügen viele Mitteilungen in unserer Gesellschaft (Wegweiser, Gebrauchs-Anweisungen, Formulare, Lehrbücher u.a.) nur unzureichend. →Kommunikation, →Sprachrezeption, →Verständlichkeits-Forschung. Ⓛ LANGER u.a. 1974, TEIGELER 1981 *T-R*

Verständlichkeit (2), bezieht sich auf die Inhaltserfassung von Texten (→Lesbarkeit). Bei Unterrichtstexten ist die V. um so eher gegeben, je einfacher Satzbau und Wortwahl sind, je besser die äußere und innere Gliederung des Textes ist, je mehr unnötige Längen vermieden werden und je häufiger Merkmale belebender und anregender Motivation auftreten. Die Messung der V. erfolgt üblicherweise durch geschulte Beurteiler, die auf meist 5stufigen Skalen ihre Schätzurteile abgeben. Ⓛ GROEBEN 1972 *G-M*

Verständlichkeits-Forschung, untersucht die Bedingungen, unter denen Menschen Mitteilungen verstehen. Die Mitteilungen können aus →Zeichen der unterschiedlichsten Zeichen-Systeme und Kommunikations-Kanäle gebildet sein: Texte, Bilder, Bildzeichen (Piktogramme), Blindenschrift usw. Tatsächlich wird allerdings bisher fast ausschließlich nur die →Verständlichkeit sprachlicher Mitteilungen (Texte) untersucht. Die V. schreitet langsam voran. Das Interesse von Wissenschaft und Gesellschaft ist gering.

Die ältere, vornehmlich angelsächsische V. untersuchte im Zuge der Entwicklung von Verständlichkeits-Formeln (→*readability formulas*) insbesondere den Einfluß der sprachlichen Formulierung auf die Verständlichkeit *(readability)* von Texten, aber auch den Einfluß der typografischen Gestaltung von Texten auf ihre →Lesbarkeit. Die neuere V. gewann weitere Dimensionen der Verständlichkeit von Mitteilungen (inhaltliche Ordnung und äußere Gliederung sowie Verdeutlichung und Anregung) durch die verstärkte Einbeziehung der kognitiven →Lern-Theorie AUSUBELS, der motivationalen →Neugier-Theorie BERLYNES sowie der klassischen →Informations-Theorie nach SHANNON u. WEAVER (→Redundanz). Auf Seiten der Empfänger wurde insbesondere der Einfluß des Alters der Empfänger, ihrer Intelligenz, sowie der sozialen Schicht, der sie angehören, auf ihr Verstehen und damit die Verständlichkeit von Texten für sie nachgewiesen. Ⓛ GROEBEN 1978, LANGER u.a. 1974, SCHLEE 1973, TINKER 1963, URBAN 1977 *T-R*

Verstärkerentzug [engl. *response cost*], Bestrafung, bei der auf eine bestimmte Reaktion hin ein verstärkender Stimulus entfernt wird. Ⓛ KANFER u. PHILLIPS

Verstärkerkontrolle, Annahme über den Ursprung der →Verstärkung, insbesondere über seinen Ort (→*locus of control*).

Die Verstärkung kann kontingent mit dem Verhalten sein, weil sie ein äußeres Ereignis ohne Einflußmöglichkeit des Handelnden ist, oder sie kann direkt von dem Verhalten des Handelnden abhängig sein: externaler bzw. internaler *locus of control.* →Attribuierung. Die generalisierten Erwartungen bezüglich des Kontrollortes für die Verstärkungen werden z.B. mit einer Skala von ROTTER 1966, zu messen versucht. Ⓛ ROTTER 1966, 1975. KRAMPEN 1979, 1980, 1982 *B-S*

Verstärkerzentren, Strukturen des Säugetier- und Menschenhirns, die bei Reizung (z.B. elektrische Selbstreizung) Belohnung (*pleasure,* Freude) oder Strafe *(aversion)* vermitteln.

Von I. OLDS und P. MILNER (1952) durch Zufall im medialen Vorderhirnbündel (MFB) der Ratte entdeckt. Da diese Strukturen nicht mit primären Triebzentren im Hypothalamus identisch sein müssen, sondern »reine« Belohnung durch elektrische Reizung ohne Triebreduktion erzeugt werden kann, darf man sie als neuronales Substrat von Belohnung und Aversion auffassen. Beim Menschen sind Verstärkerzentren in vielen Arealen des limbischen Systems und des Extrapyramidalsystems gefunden worden. Besser als eine rein anatomische Abgrenzung dürfte die neuropharmakologische Analyse der bei Belohnung und Strafe beteiligten Transmittersysteme sein. Bei Belohnung sind kurzfristige Effekte wohl an noradrenerge Synapsen, länger anhaltende Wirkungen an Endorphinsysteme (→Endorphine) gebunden. Ⓛ BIRBAUMER 1975 *Bi-R*

Verstärkung, *reinforcement,* Bekräftigung, entweder als exp. Verfahren die planmäßige Beeinflussung der Folgen eines Verhaltens zum Zweck der Erhöhung der Wahrscheinlichkeit des Auftretens dieser Response, oder als hypothetischer innerer Vorgang die Bez. für verschiedene Prozesse: (1) Änderung des →Aktivierungszustands (ursprünglich: »Triebminderung«, HULL). (2) Änderung der Stimulussituation (→Postremitäts-Prinzip), Information, Rückmeldung über den Erfolg einer Response oder Feststellung des Eintreffens einer Erwartung (ESTES, NUTTIN). (3) Änderung der Responsemöglichkeit, die wahrscheinlichere Response verstärkt die weniger wahrscheinliche (PREMACK). Vgl. auch Bestrafung, negative Verstärkung. Ⓛ SKINNER 1974, TAPP 1969, BERLYNE u. MADSEN 1973 *B-S*

Verstärkungsplan, *schedule of reinforcement,* die vor dem Lernen am Erfolg (→Lernen IV, instrumentelles Konditionieren) festgelegte Regel, nach der Verstärkungen (Bekräftigungen) auf die Reaktion folgen oder beim klassischen Konditionieren (→Lernen III) auf die dargebotenen konditionierten Reize.

(1) Kontinuierliche Verstärkung: auf jede Reaktion bzw. auf jeden Reiz der Reihe folgt eine Verstärkung – S^R bzw. UCS. (2) Partielle oder intermittierende Verstärkung, und zwar (a) nach fixem zeitlichen Intervall, (b) nach variiertem zeitlichen Intervall, (c) mit fixem Verhältnis zwischen verstärkten und unverstärkten Reaktionen (Reizen), (d) mit variiertem Verhältnis zwischen verstärkten und unverstärkten Reaktionen (Reizen). (SKINNER: *continuous reinforcement, fixed interval schedule, variable interval schedule, fixed ratio schedule, variable ratio schedule).* Die verschiedenen V. bewirken in der Testphase unterschiedliche Responseraten, d.h. versch. lange Intervalle zwischen den Reaktionen (*inter response time,* IRT). Syn. sind: Verstärkungsprogramm, Bekräftigungsschema. Weitere Variationen und Mischungen der genannten Grundtypen der V. untersuchten FERSTER u. SKINNER (1957). Vgl. BERGIUS 1971 85f. *B-S*

Verstärkungsverzögerung, beim klassischen Konditionieren nach PAWLOW werden Verzögerungsintervalle zwischen dem bedingten Reiz (CS) und dem unbedingten Reiz (UCS) in der Dauer von 5 Sek. bis 5 Min. verwendet, die zu proportional verzögerten bedingten Reaktionen (CR) führen (*delayed conditioning,* →bedingter Reflex). Beim instrumentellen Konditionieren wirkt nach SPENCE die →verzögerte Verstärkung nur durch die Vermittlung →sekundärer Verstärker; es kann auch →abergläubisches Verhalten auftreten. Da beim Menschen die V. durch sprachliche →Mediation überbrückt werden kann, benötigen Kleinkinder eher sofortige Verstärkung, während ältere Kinder und Erwachsene auch gut bei V. lernen. *B-S*

Verstehen, verstehende Psychologie, zur allgemeinen Charakterisierung kann der in der Ps. vertraute Begriff der →Apperzeption, d.h. die im Unterschied zu bloßer Perzeption bewußte, ordnende, in den Bedeutungszusammenhang der Erfahrung einordnende Aufnahme eines Erlebnis- oder Wahrnehmungsinhalts, dienen.

Zumindest vier Varianten von V. müssen differenziert werden: (1) V. als einfühlendes Erfassen von Motiven und Begründungen menschlicher Handlungsweisen (praktische →Menschenkenntnis, die darauf beruht, daß man sich in den andern hineinzuversetzen vermag). (2) V. als Evidenz, als Begreifen von Sachzusammenhängen (dieser Sinn steht dem des »Verstandes« begrifflich am nächsten). (3) V. als Einsicht in die Bedeutung von (sprachlichen und anderen) →Zeichen (→Sprachrezeption, →Verständlichkeit). (4) V. als wissenschaftliche Erkenntnismethode (→Hermeneutik), als die Deutung von Sachverhalten und Texten aus der Einmaligkeit ihres Entstehenszusammenhangs und aus der Typik ihrer Erscheinungsformen (DILTHEY 1883, WACH 1926/1933, GADAMER 1972, APEL 1955, HABERMAS 1971).

Die Ps., die zugleich idiographisch (am Einzelfall interpretierend) und nomothetisch (gesetzbildend, von Gesetzen ableitend) verfährt, räumt prinzipiell dem V. die Rolle einer vermittelnden Kategorie im Sinn der obigen allg. Kennzeichnung als bewußte, ordnende Kognition ein, indem »naives« V. von ihr auf eine wissenschaftliche Basis gestellt werden soll.

Jedoch wird von der verstehenden Psychologie das V. eher programmatisch in Anspruch genommen, um das Studium der Psyche als geisteswissenschaftliche Domäne gegenüber naturwissenschaftlicher Erklärungspraxis abzusetzen. DILTHEY (1894) hat so die »sinnerfüllte«, beschreibende und zergliedernde als die »geisteswissenschaftliche« Ps. (die dem Gegenstand einzig angemessen sei) der »sinnfreien«, naturwissenschaftlich erklärenden Ps. (etwa der Assoziationspsychologen der zweiten Hälfte des 19. Jhds.) gegenübergestellt. In dieser geisteswissenschaftlichen Tradition stehen u.a. SPRANGER (1966), JASPERS (1971) und GRUHLE (1948).

Die Frontstellung von geisteswissenschaftlichen gegen naturwissenschaftliche ps. Verfahrens- und Erkenntnisweisen überholt sich im Zuge der Herausbildung des Selbstverständnisses der Ps. als das einer empirischen Sozialwissenschaft (HOLZKAMP 1972). *L-T*

Verstimmung, leichte, rasch vorübergehende Beeinträchtigung der Gefühlslage (der Stimmung), die durch ein Erlebnis oder durch körperliche Störungen bedingt ist (z.B. sog. schlechte Laune). • Krankhafte Veränderung der Stimmung, insbesondere beim →manisch-depressiven Irresein als grundlose Heiterkeit (→Manie) oder Niedergeschlagenheit (→Melancholie).

Versuch →Experiment

Versuchsfehler →Fehler, →Fehlervarianz

Versuchsleitereffekt, die Wirkung des Versuchsleiters (über Motivation, Einstellung, Methode u.a.) auf das Versuchsergebnis.

V

Blindversuch und Doppelblindversuch sind Ansätze zur Vermeidung solcher Wirkung. Vgl. ROSENTHAL-Effekt *R-S*

Versuchsperson (abgek. Vp), eine Person, die nach Anweisung eines Versuchsleiters (Vl) an einem psychologischen →Experiment teilnimmt. In der angewandten Psychologie wird oft auch der mit einem →Test geprüfte Proband (Pb) als Vp bezeichnet.

Versuchsplan, *experimental design,* beinhaltet nach KIRK (1968) folgende 5 Schritte bei der exp. Prüfung von Hypothesen:

(1) Formulierung der statistischen Hypothese (der prüfbaren Form der Arbeitshypothese) und Planung für das Sammeln und Analysieren von Daten. (2) Festsetzen der Entscheidungsregeln, nach denen die statistischen Hypothesen getestet werden sollen. (3) Gewinnen der Daten nach Plan. (4) Analyse der Daten nach Plan. (5) Entscheidung über die statistische Hypothese und induktive Ableitung hinsichtlich der Richtigkeit der Arbeitshypothese. Ⓛ MITTENECKER 1970 *B-S*

Versuch und Irrtum [engl. *trial-and-error-learning*], Versuch-Irrtums-Lernen, eine von L. MORGAN und THORNDIKE eingeführte Bez. für den Zugewinn positiver Verhaltensmuster.

So lernt z. B. ein Tier einen Futterkasten, der mit mehreren Riegeln verschlossen ist, die in bestimmter Reihenfolge betätigt werden müssen, zu öffnen, indem es in einer Serie von blinden Versuchen durch Zufall die richtigen Griffe anwendet. Gelernt wird die Bewältigung einer solchen Aufgabe nach THORNDIKE durch das »Gesetz der Wirkung« (engl.: *law of effect*), welches besagt, daß der erfolgreiche Ausgang eines bestimmten Vorgehens rückwirkend einen günstigen Einfluß auf das Merken desselben ausübt, während der Mißerfolg für das Merken der vorhergehenden Handlung einen ungünstigen Einfluß darstellt.

Dieser Auffassung von Lernen steht die des Lernens durch Einsicht in die Situation und somit spontaner Bewältigung der Aufgabe gegenüber. →bedingter Reflex, →Effekt-Gesetz, →SKINNERscher Kasten

verteiltes Lernen [besser: verteiltes Üben] →Lernen

verteilte Übung →massierte Übung

Verteilung, (empir.) Häufigkeit, mit der qualitativ unterschiedliche Merkmale in einem Untersuchungsmaterial beobachtet werden, oder die Häufigkeit, mit der bestimmte Meßwerte eines quantitativ bestimmbaren Merkmals auftreten. ● (theor.) Die Häufigkeit, mit der Werte einer Variablen beobachtet würden, wenn die Anzahl der Werte unendlich groß wäre und allein der Zufall die Häufigkeiten in den einzelnen Klassen bedingt hätte. ● (stat.) Innerhalb der →Statistik werden versch. Verteilungsformen math. begründet. Diese liegen versch. stat. Schlüssen zugrunde, z. B. Normal-, z-, t-Verteilung. →Interferenzstatistik

verteilungsfreie Verfahren →nichtparametrische Tests

Verteilung von Gewinnen →Aufteilungsgerechtigkeit

Vertigo [lat.] →Schwindel

Vertikalen-Täuschung, Mittelsenkrechten-Täuschung, besteht darin, daß die Vertikale im Vergleich zur Horizontalen meist überschätzt wird (besonders deutlich, wenn ihr Fußpunkt in der Mitte der Horizontalen liegt). *B-S*

Vertrauen, in soz.-ps. Anwendungen der →Theorie der Spiele die relative Sicherheit von Spielpartnern hinsichtlich des konsequenten interessengerichteten Verhaltens eines Spielers; V. ist eine wesentliche Voraussetzung für die Koalitionsbildung (LIEBERMANN 1964). →Attribuierung Ⓛ FEGER 1972 1643, DEUTSCH 1973, ROTTER 1971, THORSLUND 1976 *B-S*

Vertrauensgrenze →Vertrauensintervall

Vertrauensintervall, in der Statistik der Bereich, in dem ein Wert mit einer vorgegebenen Wahrscheinlichkeit zu erwarten ist und der durch die Vertrauens- oder Sicherheitsgrenzen (Konfidenzgrenzen) abgegrenzt wird. Die Wahrscheinlichkeit, daß der Wert innerhalb des V. liegt, wird statistische Sicherheit oder Signifikanz genannt, während die Gegenwahrscheinlichkeit (d. i. die Wahrscheinlichkeit, daß V. zu überschreiten) Grenz-, Irrtums-, Überschreitungswahrscheinlichkeit, Sicherheitsschwelle oder -schranke genannt wird.

Verursachung →Kausalität

Verwahrlosung, Prozeß und Zustand eines Verhaltens v. a. bei Kindern und Jugendlichen, das an die vorherrschenden Erwartungen unangepaßt ist. Ursprünglich war der Begr. auf nicht bewahrte Kinder bezogen: Waisen und Verarmte. Bedingungshintergründe für die V. sind: mißglückte oder fehlende Mutter-Kind-Beziehung (BOWLBY), verwahrloste Modelle und Stigmatisierung. →Schwererziehbarkeit, →abnorm. Ⓛ HERRIGER 1979 *R-S*

Verwechslungswahrscheinlichkeit [engl. *probability of confusion*], auch Verwechslungshäufigkeit, ein Maß für die Ähnlichkeit, insbes. von Buchstaben und Phonemen. In Lernexperimenten: die Wahrscheinlichkeit, mit der in der Prüfphase (Testdurchgang) Items der Ausgangsreihe mit Items der interpolierten Reihe vertauscht werden. Bei Untersuchungen zur Kapazität des →Kurzzeitspeichers (Gedächtnisspanne) ist gefunden worden, daß Buchstaben häufiger verwechselt werden als Zahlen. (Vgl. NEISSER 1974, 284). Beim Erkennen von Signalen, Zeichen und Mustern ist die V. ein Maß für die Übertragungsgüte der Information (→Informationstheorie). Wahrscheinlichkeit des »falschen Alarms« →Signaldetektionstheorie. *B-S*

Verwirrtheit, Störung des Zusammenhangs der Vorstellungen, verbunden mit der Unfähigkeit zu geordnetem, zielsicherem Denken (Zerfahrenheit) und dem Verlust der Orientierung in der Umwelt. Vorkommen bei Geisteskrankheiten (z. B. Schizophrenie), manchen Vergiftungen, seniler Demenz. Ⓛ BLEULER, HOFF

verzerrte Räume, *distorted rooms* →AMESsche Räume

verzögerte Verstärkung, *delayed reinforcement,* zwischen einer Reaktion und dem zur Verstärkung gebotenen Ereignis tritt ein Zeitintervall. Wirkungen auf das Lernen (Erwerb einer S-R-Verbindung) und auf den Widerstand gegen das Auslöschen werden beobachtet.

Die Verzögerung der Verabreichung aversiver Reize wird anders beurteilt als die Verzögerung der Kenntnis des Erfolgs (KR) (KLING u. RIGGS 1971). Im Sozialisierungsprozeß ist die v. V. eine besonders häufig vorkommende Form der Verstärkung, deren Wirksamkeit mit vermittelnden oder überbrückenden (sekundären) Mechanismen, z. B. mit der →antizipierten Ziel-Teilresponse erklärt wird (MISCHEL 1961, ARONFREED 1968). *B-S*

Verzweiflung →Enttäuschung

Vestibularapparat, Bez. für das im inneren Ohr befindl. Gleichgewichtsorgan (statisches Organ mit 3 Bogengängen, Sacculus u. Utriculus), von dem aus auch vegetative Funktionen gesteuert werden

Vestibulum [lat. Vorhof], Teil des Ohrs, →Vestibularapparat. vestibulär: zum Vestibulum (Vestibularapparat) gehörig.

Vexierkasten ⟨THORNDIKE⟩, Kasten für Tierversuche ähnlich dem Labyrinthkasten. Das Tier muß Türen in einem Käfig durch bestimmte Bewegungen (Druck gegen Klinken, Fadenziehen) öffnen lernen, um die Freiheit zu erlangen. →SKINNERscher Kasten

VI, *variable interval,* →Verstärkerplan

VIB Ⓣ STRONG

Vibrationssinn, die Fähigkeit, gröbere bis feinste Schwingungen an der Körperoberfläche wahrzunehmen. KATZ (1925) bezeichnet den Vibrationssinn als Sonderempfindung, genetisch als Stufe zwischen dem älteren (Tast-)Drucksinn und dem späteren Gehörsinn. Rezeptoren sind wahrscheinlich die Drucksinnesorgane der Haut. Durch den Vibrationssinn können auch taube Menschen Musik wahrnehmen. Die Reizempfindlichkeit liegt zwischen 50–500 Schwingungen je Sekunde. →Mikrovibration

vicarious, stellvertretend. →VTE

Vielschichtigkeit, Komplexität, Verwickeltheit, Mehrdimensionalität. Betrachtungsweise in der Ps., die den Widerspruch zwischen einfachen Modellen (→Paradigma, →MORGANS Canon), und komplexer Realität ps. Geschehens (Vorwurf des →Reduktionismus) lösen will. Sowohl in der Wahrnehmungs- (Informationsverarbeitung), Denk-, Entwicklungs- und Persönlichkeitsps. als auch in verschiedenen Praxisbereichen wird dies versucht. Aktuelle Beispiele sind Bemühungen um V. und Schulenüberwindung in der →Psychotherapie, →Systemtheorie, →ökologischen Ps., →mehrdimensionalen Skalierung, →*common sense Ps.* und Mehrebenenanalyse (am Beispiel Sozialisation: GEULEN u. HURRELMANN 1980, 60–67. →kognitive Komplexität). Ⓛ KAMINSKI 1970 *R-S*

Vierbilder-Test Ⓣ LENNEP

Vierfarbentheorie →Farbe

Vierfelderverfahren, Methode zum Bestimmen von Korrelationen

Vierstufenmethode der Unterweisung →Formalstufentheorie, →TWI

VIETH-MÜLLER-Kreis →Horopter

*

VIETH, Gerhard Ulrich Anton / 1763 (Hocksiel bei Jever) bis 1836 (Dessau) / Lehrer der Mathematik.

*

MÜLLER, Johannes Peter / 1801 (Koblenz) bis 1858 (Berlin) / Physiologe, Anatom / Bonn, Berlin / aus seiner Schule: J. HENLE, Th. SCHWANN, R. VIRCHOW, H. v. HELMHOLTZ, E. DU BOIS-REYMOND, W. v. BRÜCKE. ● M. vollzog den Übergang von der romantisch-naturphilosophischen zur naturwissenschaftlich begründeten Medizin.

Vigilanz (Wachsamkeit), man bezeichnet mit MACKWORTH als Vigilanz den Zustand oder den Grad der Bereitschaft, kleine Veränderungen, die in der Umwelt in zufallsverteilten Zeitintervallen auftreten, zu erkennen und auf sie zu reagieren. V. ist also die Beobachtungsleistung bei länger dauernden Beobachtungssituationen. Manche Autoren unterscheiden zwischen V. und Daueraufmerksamkeit. In diesem Fall wäre unter V. ein aufmerksames Beobachten zu verstehen, das selten ein Reagieren erfordert, unter Daueraufmerksamkeit eher ein aufmerksames Beobachten, wobei ein häufigeres Reagieren erforderlich ist.

Moderne industrielle Fertigung und Probleme der neuen Kriegstechnik regten V.untersuchungen schon in den dreißiger Jahren an. Dabei interessierte vor allem der Verlauf der V.kurve. In neuerer Zeit wurden auf experimentellem Weg verschiedene Bedingungen untersucht, welche die V.leistung beeinflussen, so z.B. die Dauer der Beobachtungstätigkeit, die Helligkeitsverhältnisse und die Größe, die Bewegung und die Häufigkeit der zu erwartenden und beobachtenden Signale. Zur Klärung des Leistungsabfalls in Dauerbeobachtungssituationen wurden verschiedene Theorien aufgestellt (Ermüdungstheorie, Blockierungstheorie, Aktivierungstheorie, Adaptationstheorie). Zur Feststellung der V.leistung wird im allgemeinen die Anzahl der nicht beachteten Signale oder die Länge der Reaktionszeit bei beachteten Signalen herangezogen. Optimale V.leistungen scheinen mit einer mittleren →Aktivierung zu korrelieren, Über- und Unteraktivierung beeinträchtigen die V. • Mit neurops. Erklärungen der Aktivierung hat HAIDER (1969) auch die V., d.h. Aufmerksamkeitsprozesse und Erwartungen, behandelt. Ⓛ SCHMIDTKE u. HOFFMANN, BUCKNER u. MCGRATH, FRANKMANN, HAIDER 1962 *B-S*

Vigilität, Anspannung und Lebhaftigkeit der Aufmerksamkeit

VIGOTSKY →ACH-VIGOTSKY-Methode

Vikariat →Sinnenvikariat

Viktimologie, die innerhalb der →Kriminologie untersuchte Beziehung zwischen Rechtsbrecher und Verbrechensopfer. Die V. fordert eine umfassende Analyse der Opferpersönlichkeit unter biol., ps. und sozialen Gesichtspunkten. Durch diese Analyse wird nicht nur eine fundiertere Analyse der Delinquenz überhaupt erwartet, sondern es sollen auch präventive und therapeutische Maßnahmen abgeleitet werden können. *Hä-R*

VINCENT-Kurve, -Methode, Bez. für die von S.B. VINCENT (1912) entwickelte graph. Darstellung zu Lernverläufen. →Lernkurve

Vineland Social Maturity Scale Ⓣ DOLL

Vineta-Test Ⓣ LEIPZIGER LEHRERVEREIN

Viraginität →Sexualität (Tabelle)

viril, männlich, mannhaft. Virilität: Mannbarkeit.

Virilisierung der Stimme →Stimmstörung

Virilismus →Sexualität (Tabelle)

Virilitätskomplex →Kastrationskomplex

virtuell [lat. *virtus* Kraft, Tugend], dem Vermögen, der Möglichkeit nach vorhanden, aber nicht aktuell wirksam; schlummernd, anlagemäßig

Visierlinie, die Richtung, unter der jeder Punkt eines Objekts gesehen wird. Sie wird bestimmt durch eine Gerade, die Bildpunkt und Pupillenmittelpunkt verbindet. Die vom Netzhautzentrum ausgehende Visierlinie heißt Hauptvisierlinie. Der Winkel, den die von den Grenzpunkten des Netzhautbildes gezogenen Visierlinien zueinander bilden, ist der Sehwinkel. Durch diesen wird das Maß der Erscheinungsgröße eines Objekts mitbestimmt. Vgl. Auge, Basaldistanz

Vision, Gesichtshalluzination, rein subjektive Gesichtswahrnehmungen, Erscheinungen, die Personen, zukünftige Ereignisse usw. vorspiegeln. Vorkommen im Schlaf, Halbschlaf, in Hypnose, wie allgemein in Zuständen herabgesetzten Bewußtseins. Vgl. Kristallvision, Ekstase

viskös [lat. *viscum* Mistel bzw. deren klebriger Saft, Vogelleim], klebrig, zähflüssig

visköser Typus →Typologie (KRETSCHMER)

visköses Temperament, Temperamentstyp nach KRETSCHMER mit Affinität zum athletischen →Körperbau.

Von STRÖMGREN mit →Ixothymie bezeichnet in Analogie zur →Schizothymie und →Zyklothymie. Der Grundzug des v. Temperamentes ist eine Zähflüssigkeit und Schwerfälligkeit des gesamten Innenlebens, die als Gleichmütigkeit und Gleichmäßigkeit, als Ausdauer und Zähigkeit, als intellektuelle und affektive Klebrigkeit, als mangelnde Umstellbarkeit und Wendigkeit zum Ausdruck kommt. Das v. Temperament liegt zwischen einem enechetischen und einem explosiven Pol, und je nach dem Mischungsverhältnis dieser kontrastierenden Reaktionsweisen reichen die Einzeltypen vom Phlegmatisch-Indolenten über den Ruhig-Energischen und Pflichtbewußt-Gründlichen bis zum Reizbar-Explosiblen.

Visualität, Bez. für das Gesamtgebiet der optischen Wahrnehmung, sowie deren Auffassung und Verarbeitung. In der Diagnostik gehören zur V. z.B. Formauffassung, räumliche Vorstellung, Formgedächtnis. →Sinnesfunktionen

Visual Motor Gestalt Test Ⓣ BENDER

visuell, das Sehen betreffend

visuelle Kombination Ⓣ RYBAKOW

viszeral, zu den Eingeweiden gehörig

viszerales Nervensystem →vegetatives →Nervensystem, →autonomes Nervensystem

Viszerotonie, das mit dem →Körperbautyp der Endomorphie nach SHELDON korrelierende Temperament. Ausgezeichnet durch allgemeine Entspannung in Haltung und Bewegung, bequem, liebt Behaglichkeit und das Weiche, aufgeschlossen für den Mitmenschen, besitzt ursprüngliche Toleranz, offen. Kinder zeigen viszerotone Merkmale. →Typologie (SHELDON)

Vitalempfindungen, Organempfindungen. →Gemeingefühle

Vitalgefühl, die mit den vitalen Trieben verbundenen Gefühle: Hunger, Durst, geschlechtliche Erregung u. dgl.

Vitalismus, die philosophisch-biologische Lehre, daß eine bes. Lebenskraft *(vis vitalis)* alle Lebenserscheinungen entscheidend erhält und beeinflußt.

Der V. erwies sich als hemmend für die Entwicklung der modernen Naturwissenschaft, da er die kausale Erklärung und Ableitung der Naturvorgänge erschwerte. Dennoch konnte der V. nicht gänzlich überwunden werden. In der Gegenwart ist er durch DRIESCH kritisch neu begründet worden. Als Neov. mit der Annahme zielstrebiger Richtkräfte wie auch als Psychovitalismus mit der Annahme seelenartiger Einflüsse im lebendigen Geschehen tritt er neu hervor. Vgl. Entelechie, Holismus, Psychoid, Orgon

Vitalität, Lebenskraft, die Kraft der Lebensfunktionen. • Der Begr. dient allg. u. bes. bei Charakterdiagnosen dazu, das Insgesamt der körperlich-seelischen Spannkräfte und Reserven zu kennzeichnen (Bewertung als Vitalperson).

Vitalkreise →Existentialkreise

Vl, Versuchsleiter →Versuchsperson

Vocational interest blank Ⓣ STRONG

Vokal, Ruf- oder Selbstlaut. Die Vokale nehmen eine Mittelstellung zwischen Ton und Geräusch ein. Die »hellen« Vokale haben mehr hohe, die »dunklen« mehr tiefe Teiltöne, wobei die Reihenfolge i – e – a – o – u lautet. →Phonetik

Vokaldreieck, Darstellung der Beziehungen zwischen den Vokalen nach sprachps.-akustischem Gesichtspunkt, analog dem Farbendreieck (Schema v. HORNBOSTEL)

Vokalstammeln, die seltener vorkommende, fehlerhafte Aussprache (→Stammeln) von Vokalen und Umlauten. Meist ein Hinweis entweder auf schwerere →Hörbehinderungen, auf Anomalien der Sprechwerkzeuge oder auf →Dysarthrien. →Näseln. *G-N*

Völkerpsychologie, Ethnopsychologie, die mit den ps. Aspekten und Befunden der Völkerkunde (Ethnologie = vergleichende, Ethnographie – beschreibende Völkerkunde) befaßte Psychologie. Von LAZARUS und STEINTHAL 1860 definiert als »Wissenschaft vom Volksgeist, d. h. Lehre von den Elementen und Gesetzen des geistigen Völkerlebens«. Ihr »Gegenstand sollen alle gesellschaftlichen Formen sein, die innerhalb der Volksgemeinschaft bestehenden sowie die über das Volksganze hinaus greifenden Beziehungen«. V. ist alles, »was im Leben der menschlichen Gemeinschaft geistiger Natur ist«.

Als Elemente des Volksgeistes werden genannt: Sprache, Mythologie, Religion, Kultur, Folklore, Schrift, Kunst und das praktische Leben mit der Entwicklung von Sitte, Moral und Recht. Wesen des Volksgeistes ist ein gleiches Bewußtsein vieler, mit dem Bewußtsein dieser Gleichheit, entstanden durch gleiche Abstammung und örtliche Nähe; »das, was zur Summe der Individuen noch hinzukommen muß, um aus der Vielheit eine Einheit zu machen«, »das allen einzelnen Gemeinsame der inneren Tätigkeit«. Die Annahme eines Volksgeistes fußt wissenschafts-historisch auf der Verbindung von HEGELS Geschichtsphilosophie (»objektiver Geist«) mit HERBARTS Analogie zwischen dem Einzelbewußtsein und der Gesellschaft. 1900 weist WUNDT der V. die Aufgabe einer Untersuchung der an das Zusammenleben der Menschen gebundenen ps. Vorgänge zu, »die der allgemeinen Entwicklung menschlicher Gemeinschaften und der Entstehung gemeinsamer geistiger Erzeugnisse von allgemein gültigem Wert zugrunde liegen«. Ist bei LAZARUS und STEINTHAL der Volksgeist noch ein selbständiges ps. Subjekt (d. h. die als Individualität gedachten gemeinsamen Lebens- und Kulturäußerungen eines Volkes, wie sie sich zugleich als innere Notwendigkeit und bestimmende Strukturform erweisen), so wird die WUNDTsche Volksseele zum Inbegriff der Wechselwirkung zwischen den einzelnen. Die kollektiv-psychischen Erscheinungen stellen etwas Neues und Eigenartiges dar: WUNDTS Prinzip der →schöpferischen Synthese. Seine V. ist somit keine vergleichende Charakterologie der Völker, sondern nach unseren Begriffen Kulturanthropologie. 1938 hat HELLPACH Volk als Naturtatsache, als geistige Gestalt und als Willensschöpfung gefaßt. Auch die biologischen Grundlagen des Völkerlebens, die Eingriffe schöpferischer Individuen und die Schicksale moderner Kulturvölker werden zum Unterschied von WUNDT behandelt.

Bedeutende Beiträge zur neueren V. auf Grund empirischer Untersuchungen haben in Europa die Ethnologen und Soziologen R. THURNWALD und L. LÉVY-BRUHL, in Amerika die Kulturanthropologen F. BOAS, M. MEAD und R. BENEDICT geleistet. Über Ergebnisse und Methoden der die ältere V. ersetzenden interkulturellen Forschung *(cross cultural research)* berichten z. B. WHITING 1968 und LAMBERT u. WEISBROD 1972 Ⓛ BENEDICT, BOAS, HELLPACH, LAZARUS, LÉVY-BRUHL, MEAD, STEINTHAL, THURNWALD, WUNDT

Volksgeist, Begr. stammt von HERDER, →Völkerpsychologie

Volksseele, Begr. stammt von WUNDT, →Völkerpsychologie

Volljähriger →Entwicklungsphasen

Vollzugshandlung, in der →Feldtheorie gebrauchter Ausdruck für Endhandlung (*consummatory response,* Zielhandlung)

Volumenkurve, graphische Darstellung der Schwankungen des Volumens (z. B. des Pulses)

Voluntarismus [lat. *volúntas* Wille], die Anschauung, die den Willen als entscheidende Lebensfunktion betont. Der Wille erscheint als »schöpferisches Prinzip« bei FICHTE, als »Ding an sich« bei SCHOPENHAUER

Voodoo-Tod →Tod, psychogener

vorbewußt, das Vorbewußte, *preconscious,* abgek. *Pcs,* (allg.) das Insgesamt der latenten, reproduzierbaren Gedächtnisinhalte. ● Bei FREUD »das, was dem aktuellen Bewußtsein entgeht, ohne im strengen Sinne unbewußt zu sein« (LAPLANCHE 1972). Das V. bezeichnet bei FREUD (auch) ein System, das von dem System →Unbewußt durch die Zensur (→Zensor) getrennt ist, die es »den unbewußten Inhalten und Vorgängen nicht erlaubt, ohne vorherige Umwandlungen ins Vorbewußte zu gelangen«. Vgl. bewußt-unbewußt

Vorderhirn, Prosencephalon →Gehirn

Voreingenommenheit →Vorurteil

Vorhersage →Prognose

Vorhersage-Validität →Validität

Vorkonditionieren, sensorisches →sensorisches Vorkonditionieren

Vorlust, die Lust der Erwartung, z. B. auf Motivbefriedigung. ● Bei FREUD insbesondere Charakteristikum für das sexuelle Vorspiel und den Geschlechtsakt selbst als V. gegenüber der Befriedigung im Orgasmus

Vorpubertät, die die eigentliche Pubertät vorbereitende Phase. →Pubertät →Entwicklungsphasen

Vorsatz, die auf einem Willensentschluß beruhende feste Absicht zur Ausführung einer bestimmten Handlung. Mit dem V. ist eine Zielvorstellung gegeben, die im Sinne einer →determinierenden Tendenz wirkt. LEWIN bewertet die V.bildung als Schaffung eines Quasi-Bedürfnisses, dem dann eine Reihe von Vorstellungen mit Aufforderungscharakter entsprechen.

Vorschlagswesen, (arbeitsps.) die Bemühungen in der neuzeitlichen Betriebsführung, die Betriebsangehörigen zu organisatorischen, technischen, personellen, sicherheitlichen usw. Verbesserungen anzuregen und Vorschläge in dieser Richtung je nach ihrer Brauchbarkeit zu belohnen

Vorschulerziehung, institutionalisierte Erziehung und Bildung von Kindern vor ihrem Schuleintritt, in der Regel im Kindergarten vom vierten, in Vorklassen vom sechsten Lebensjahr ab (»Elementarbereich« nach der Abgrenzung des Deutschen Bildungsrates).

Gefordert werden wegen des Anspruchs auf →Chancengleichheit kompensatorische, ausgleichende Erziehungs- und Bildungsförderung, frühe Individualisierung der Bildungsprozesse (bes. kognitive Funktionen und Sprachbildung), Weckung kreativer Fähigkeiten, Aktivierung des Sozialverhaltens und des emotionalen Bezugs und Aufbau von Selbständigkeit und Kritikfähigkeit durch repressions- und angstfreie (»antiautoritäre«) Erziehung. Diese verschiedenartigen Postulate entstammen unterschiedlichen pädagogischen Grundhaltungen und implizieren wie alle Erziehungspraxis Ziel- und Normenkonflikte. Ⓛ HÖLSTERSHINKEN (1971/1973), Strukturplan für das Bildungswesen *Mü-E*

Vorstellung, alle diejenigen anschaulichen seelischen Inhalte, die Erinnerungsbilder von →Wahrnehmungen sind. Entsprechend den einzelnen Sinnesgebieten gibt es visuelle, auditive, taktile, Geruchs-, Geschmacksvorstellungen usw.

Gemeinsam mit den Wahrnehmungen, von denen sie herrühren, haben die Vorstellungen den konkreten, anschaulichen, gegenständlichen Charakter. Sie unterscheiden sich von jenen dadurch, daß ihre Gegenstände (das Vorgestellte) nicht gegenwärtig sind, und auch mit dem Bewußtsein des Nichtgegenwärtigen, sondern nur Vergegenwärtigten erlebt werden. Weiter erscheinen die Vorstellungen undeutlicher, »blasser« als die Wahrnehmungen. Den Vorstellungen kommt im gesamten psychischen Geschehen größte Bedeutung zu, z. B. im Denken. Man unterscheidet Erinnerungsvorstellungen, die unmittelbar auf frühere Wahrnehmungen zurückgehen, und Phantasievorstellungen, die in Neukombinationen von Erinnerungsvorstellungen bestehen. →Assoziation, →Gedächtnis, →ikonische Repräsentation, →imagery

Vorstellungstypen →Wort-(Sach-)vorstellung

Vorurteil, eine dem →Stereotyp nahestehende →Einstellung (Meinungsbildung), die kaum auf Erfahrung (Information, Sachkenntnis), um so mehr auf subjektiver Eigenbildung bzw. Generalisierung von Ansichten usw. beruht. Kennzeichnend für das V. ist auch die zähe, unflexible, unreflektierte Fortdauer und die meist zerstörerische (selten förderliche) Wirkung, die es im Gemeinschaftsleben entfalten kann. Es ist ein sozialps. Problem, wie weit die V. durch persönlichkeits- bzw. gruppenspezifische Prozesse ausgelöst werden und dabei auch anerzogen (zumindest durch den sozialen Status mitbestimmt) sind. Zur testmäßigen Erfassung der V. dienen vor allem die →Einstellungsskalen. Die Problematik der V.-forschung behandeln u. a. WOLF 1978, SCHÄFER u. SIX 1978. Ⓛ ADORNO, ALLPORT, LEWIN, KARSTEN 1978 *Fe-R*

Vorversuch, ein Versuch, der der eigentlichen Untersuchung, die dann als Hauptversuch bezeichnet wird, vorausgeht und zur Überprüfung der Geeignetheit des exp. Aufbaus dient (erster Überblick über die zu erwartenden Ergebnisse bzw. über die Möglichkeit einer lohnenden größeren Untersuchung) oder den Zweck hat, die Vp mit der im Hauptversuch auszuführenden Tätigkeit vertraut zu machen bzw. ihre Eignung hierzu festzustellen.

Vorwärtsplanung →Problemlösen

Vorzeichen-Test, eines der einfachsten Verfahren zur Prüfung von Unterschieden zwischen Stichproben; die Ausgangsdaten oder ihre Kombinationen (Paare) werden zu Alternativvariablen reduziert (z. B. »überdurchschnittlich – unterdurchschnittlich«, »positive – negative Differenz«), und die aufgefundene Proportion der beiden Alternativen wird mittels Binomial-Test oder – bei großen Stichproben – mittels Normalverteilungs-Test auf ihre Abweichung von der Proportion unter d. Nullhypothese geprüft. *M-R*

vorzeitige Reaktion, eine schon vor dem Reiz erfolgende R. Oft als »antizipierende« R. bezeichnet, wenn ein Vorsignal in der Versuchsreihe dem Reiz vorangeht.

Vorzugsmethode ⟨BALDWIN, MCDOUGALL⟩, Verfahren, bei Kindern und Tieren durch spontane Wahl aus einer Reihe gleichzeitig gebotener Eindrücke einen aussuchen zu lassen, der Interesse erregt (z. B. Auswählen aus bunten Gegenständen). Weiteres →Wahlmethode.

Voyeur, Voyeurtum [frz.] →Sexualität

VP, Verbphrase →IC-Analyse

Vp (Plural: Vpn, Vpen), →Versuchsperson, Versuchspartner

VR, *variable ratio,* →Verstärkerplan

VSMS Ⓣ DOLL

VT, Verhaltenstherapie (s. d.)

VTE, *vicarious trial and error,* stellvertretender →Versuch und Irrtum. Innere Probehandlungen als Ersatz für offene Problemlösungsversuche, zuerst bei →Diskriminationsaufgaben erschlossen (MÜNZINGER 1938). Vgl. Probehandeln *B-S*

VVR-Einheit, abgek. aus Veränderung-Vergleich-Rückkoppelung-Einheit, Bez. für die funktionelle Regulationseinheit wie →TOTE-Einheit

Vygotsky-Blöcke Ⓣ VYGOTSKY

VVT (Verkehrs-Verständnis-Test) Ⓣ MÜLLER

W

W

Waben-Test Ⓣ RUPP

Wachstumshormon →Hormontabelle

Wachstumsmotive (MASLOW) →Defizitmotive →Bedürfnishierarchie

Wachsuggestion, Suggestion, die auf eine im Wachzustand befindliche Person ausgeübt wird, im Unterschied zur Suggestion in der Hypnose

Wachtraum →Tagtraum

Wachvision, eine →Vision, die im Wachzustand auftritt

WAGNERsche Körper →MEISSNERsche Körper

*

WAGNER, Rudolph / 1805 (Bayreuth)–1864 / Physiol., Anatom, Naturhistoriker / Univ. Göttingen

Wahl, Wahlhandlung →Wille

Wahlantworten, Form der gebundenen (geschlossenen) Aufgabenbeantwortung in einem Fragebogen oder diagnostischen Test. Dem Probanden werden mehrere Antwortmöglichkeiten vorgegeben. Dem Vorteil der objektiven und ökonomischen Auswertung stehen folgende Nachteile gegenüber: Bei Leistungstests muß durch Gleichwahrscheinlichkeit jeder vorgegebenen Antwort ein systematisches Erraten der Lösung vermieden werden. Bei Fragebogen der Meinungsforschung muß jede mögliche Antwort vorgegeben werden, damit eine Beeinflussung der Antwort durch die Frage vermieden wird.

Wahlmethode, aus einer Reihe verschiedener Reize sucht sich die Vp den von ihr bevorzugten aus. Auch Vorzugsmethode genannt. • W. liegt auch vor, wenn die Vp auf verschiedenartige Reize mit spezifischen Reaktionen zu antworten hat. →Wahlreaktion

Wahlmethoden (Testps.), diejenigen Verfahren, die ein Wählen (mit seinen Vorzügen zur Erkennung der Handlungstendenzen, Motivierungen usw.) vom Probanden fordern. Beispiele sind Ⓣ PFISTER (Farbwahl), Ⓣ PRESSEY (Wortwahl), Ⓣ SZONDI (Physiognomiewahl), Ⓣ TRAMER-BAUMGARTEN (Buchwahl).

Wahlreaktion →Reaktionszeit

Wahlverwandtschaft, enge Verbindung aus freier Wahl im Ggs. zur abstammungsgebundenen Blutverwandtschaft. Literarisch erschloß GOETHE den Begr. W.

Wahn, Veränderung des Realitätsbewußtseins mit nicht korrigierbaren Fehlurteilen über die Wirklichkeit (oft mit Sinnestäuschungen). Die Realität wird in veränderter Bedeutung erfahren. Je nach der Form dieser Erfahrung spricht man von Wahnstimmung, Wahnwahrnehmung, Wahnvorstellung, Wahnerinnerung, Wahnbewußtheit. Durch die Wahnarbeit können die Wahnwahrnehmungen zum Wahnsystem ausgebildet werden. Ganz allgemein wird das im Wahnerleben Gegebene als Wahninhalt und das in den verfälschten Realitätsurteilen Geäußerte als Wahnidee bezeichnet. Diese Wahnideen sind durch folgende formalen Merkmale gekennzeichnet:

1. Unbegründbarkeit, außergewöhnliche Gewißheit.
2. Unbeeinflußbarkeit, Unkorrigierbarkeit durch Erfahrung und zwingende Schlüsse.
3. Unmöglichkeit oder Unwahrscheinlichkeit des Inhaltes.

Nach der Entstehung der Wahnideen unterscheidet man:

a) die wahnhaften Ideen. Diese sind die aus Charakter und Erlebnis verstehbar sich entwickelnden Wahnideen. Das Wahnerlebnis ist hierbei aus einem anderen, nicht wahnhaften Schlüsselerlebnis ableitbar, ist also etwas Sekundäres. Hierzu gehören die melancholischen und manischen Wahnideen (Versündigungswahn, Verarmungswahn, Kleinheitswahn, Größenwahn usw.) und die überwertigen Ideen. Letztere sind stark affektbesetzte, fälschlich für wahr gehaltene und starr beibehaltene Ideen (Erfinderwahn, Eifersuchtswahn, Querulantenwahn usw.).

b) die echten Wahnideen. Diese sind nicht aus einem anderen, zeitlich vor dem Wahnerleben liegenden Erlebnis ableitbar, sondern nur im unvermittelt und plötzlich gegebenen Wahnerleben begründet. Die echten Wahnideen entspringen also unmittelbar einem nicht mehr weiter zurückführbaren Wahnerleben und sind damit etwas Primäres. Vgl. Beziehungswahn, sensitiver Beziehungswahn. Ⓛ BLEULER, HOFF, JASPERS

Wahnsinn, Störung der ps. Abläufe, bei denen Wahnvorstellungen und (pathologische) Sinnestäuschungen im Vordergrund stehen. Geisteskrankheit i. e. S. • (med.-jur.) Zustand, bei dem durch die vorliegende Psychose die Einsicht und Verantwortung gegenüber dem eigenen Tun und seinen Konsequenzen fehlen.

Wahnsystem →Wahn

Wahnvorstellung, Wahnidee →Wahn

Wahrheit, wahr, nach geläufiger Def. die »Übereinstimmung zwischen Behauptung und wirklichem Sachverhalt«. Oberstes Kriterium das objektive Sein, die Wirklichkeit. Als wahr wird auch ein Urteil genommen, wenn »das gegenteilige unmöglich evident« sein kann (BRENTANO). Vgl. Evidenz. • Unabhängig von der Frage der Gültigkeit solcher Wahrheit, die nicht bloß von philosophischem Interesse ist, hat es die Ps. mit der Bedeutung der Wahrheit gegenüber Irrtum, Lüge usw. zu tun, d. h. einerseits mit dem, was man als Wahrheitswillen bezeichnet (der sich in verschiedener Prägung – vom Sarkasmus, Wahrheitsfanatismus bis zur echten Werthaltung gegenüber dem Wahrheitserleben darbietet) und andererseits mit der Wahrheit innerhalb der Gedächtniszuverlässigkeit. Letzteres ist auch als eigenes Gebiet (Aussageps., Ps. der Aussage) besonders beachtet worden, wobei das Problem der Zeugenzuverlässigkeit eingehend behandelt worden ist. • W. STERN gab 1903–1905 eine eigene Zeitschrift »Beiträge zur Psychologie der Aussage« heraus, die sich nicht bloß mit der Bedeutung dieses Problems in der Rechtspflege, sondern auch in der Pädagogik, Psychiatrie und Geschichtsforschung befaßte. Im Zeichen des damaligen Interesses stand auch das bekannte, von dem

Strafrechtler v. LISZT durchgeführte Experiment im kriminalistischen Seminar der Berliner Universität, bei dem auf Anregung STERNS ein vorher abgesprochener Ablauf eines Streites mitten in der Vorlesung nach dem Ereignis vielfach entstellt und übertrieben von den Zeugen wiedergegeben wurde.

Wahrheitsdroge, Wahrheitsserum →*true drogue*

Wahrnehmung (1), Perzeption [engl. *perception*], Vorgang und Ergebnis der Reizverarbeitung. Das Ergebnis ist ein Abbild objektiv-realer Umwelt und der eigenen Person (Innenwelt). W. ist der aktuelle und anschauliche Teil des Erkenntnisprozesses und der Erkenntnis (und schließt in diesem erweiterten Sinne auch Vorstellungen, Vergegenwärtigtes und Nachbilder ein). Prozesse und Ergebnisse, sowie Modelle und Theorien der W. sind Gegenstände der →Wahrnehmungspsychologie. *R-S*

Wahrnehmung, (2) die Empfindungen werden in der Regel nicht als einzelne, isolierte Qualitäten und Intensitäten erlebt, sondern im Zusammenhang aufgefaßt (komplexes Ganze).

Ein Haus wird nicht als eine Summe verschiedener Farb- und Helligkeitsqualitäten, sondern als ein Gegenstand von bestimmter Beschaffenheit gesehen. Hieraus geht hervor, daß in der Wahrnehmung zu den reinen Sinnesdaten Faktoren hinzutreten, die ein sinnvolles, geordnetes Erfassen des Gegenstandes in seiner Eigenart und Bedeutung erst ermöglichen, und somit in das Wahrnehmungserlebnis konstituierend eingehen. Dies sind z. B. Gedächtnisinhalte (Vorstellungen, Erfahrungen), die die Grundlage dafür bilden, daß etwas »erkannt« wird. Daneben sind noch andere Faktoren von Bedeutung: So gliedern sich die Wahrnehmungsinhalte gemäß der Wirkung von Gestaltfaktoren. Weiterhin hat die Einstellung einen Einfluß auf die Art der Auffassung, wie dies z. B. an den Umspringbildern (→Reversion) bes. deutlich wird, indem bestimmte Teilinhalte bevorzugt beachtet werden. Die gleiche Wirkung können Interessen, Erwartungen, Stimmungen auf das Wahrnehmungserlebnis ausüben. – Die Einteilung der einzelnen Wahrnehmungsgebiete entspricht der der →Empfindungen (vgl. Sinne).

Als Elemente der W. werden Selektion (Reizauswahl), Organisation (Gestaltprinzipien und Konstanzphänomene) und Interpretation (Bedeutungszuordnung) genannt.

Wahrnehmungsabwehr [engl. *perceptual defense*], BRUNER und POSTMAN haben 1947 bei experimentellen Arbeiten entdeckt, daß bei kurzzeitiger Darbietung verschiedene Wörter unterschiedliche Auffassungszeiten hatten oder nicht in gleicher Weise richtig aufgefaßt wurden. Die Autoren stellen fest, daß abgelehnte oder uninteressante Wörter längere Auffassungszeiten hatten oder falsch erkannt wurden, und leiteten von diesen Ergebnissen die Existenz einer »Wahrnehmungsabwehr« ab. Begründet wird dies damit, daß die Wahrnehmung äußerer Reize nicht frei sein kann von der Mitwirkung innerer Bedingungen (Einstellung, Erwartung, Bedürfnis, Abwehr u. a.). →Signaldetektions-Theorie Ⓛ BRUNER u. POSTMAN, GRAUMANN 1956, 1966

Wahrnehmungsalter →Alter

Wahrnehmung, soziale →soziale Wahrnehmung

Wahrnehmungspsychologie, Teilbereich der Allgemeinen Ps., in dem die Prozesse und Ergebnisse der Reizverarbeitung in Organismen erforscht werden. Je nach Standort wurde und wird die Wahrnehmung betrachtet als

(a) Koordination elementarer Empfindungen (Elementenps.); (b) Gestaltgesetzen gehorchend (Ganzheitsps.); (c) von der Gesamtsituation mitbestimmt (AMES, BRUNSWIK, GIBSON); (d) abhängig von inneren Zuständen wie Sättigung (KÖHLER u. WALLACH); Erwartung (HEBB), Bezugssystem (HELSON, SARRIS, WITTE); (e) dynamischer Prozeß zwischen Reiz (Anreger) und Person in der →Aktualgenese (SANDER) und in der Entwicklung (H. WERNER, PIAGET); (f) Informationsfluß in einem kybernetischen System (NEISSER, KLIX), der auch aktive Informationssuche und Vergleichsprozesse durch das Gedächtnis einschließt.

● Thematischer Schwerpunkt der W. sind Wahrnehmungstäuschungen (neuerdings nicht nur beim Sehen und Hören: Figur-, Farb-, Bewegungs-, Zeit-, und soziale Wahrnehmung). Die W. hatte von Anfang an bis Mitte dieses Jhd. eine zentrale Bedeutung. →Psychophysik, →ikonische Repräsentation. Ⓛ CARTERETTE u. FRIEDMAN, SCHÜLE, HOCHBERG, METZGER 1966 *R-S*

Wahrnehmungs-Tests, Bez. für diejenigen Tests, die entweder die Wahrnehmung als solche (als Funktion) prüfen, oder einen testmäßigen Anreiz darstellen, den besonderen individuellen Wahrnehmungsgehalt hervortreten zu lassen (Ⓣ z. B. RORSCHACH, MURRAY, LENNEP, VETTER).

wahrscheinlicher Fehler, Begriff der älteren Induktionsstatistik; im Bereich um einen aus einer Stichprobe berechneten Wert S ± w ist mit 50% Wahrscheinlichkeit der wahre Wert anzunehmen; mit der gleichen Wahrscheinlichkeit liegt der wahre Wert außerhalb dieses Bereiches. Der w. F. ist somit ein Maß für die Ungenauigkeit von Stichprobenergebnissen. Der w. F. des arithmetischen Mittels ist ungefähr zwei Drittel des →Standardfehlers. Dieses Verhältnis gilt für alle Statistiken mit ungefähr normalverteilten Stichproben-Verteilungen. *M-R*

Wahrscheinlichkeit,
in die Verwendung der Ausdrücke »(sehr, einigermaßen, kaum) wahrscheinlich« und »(äußerst, ziemlich) unwahrscheinlich« sind wir unreflektiert hineingewachsen, wie in die Umgangssprache überhaupt. Seitdem man in diesen Wendungen Kategorien am Werke zu sehen glaubte, die auch für die Ansprüche der auf systematische Erkenntnisbildung gehenden Wissenschaft fruchtbar gemacht werden könnten, hat man zugleich auch die (in den obigen Klammern zum Ausdruck kommende) quasi quantitative Differenzierung beachtet. Aber man hat sich auch an einer anderen Differenzierung orientiert, die etwa in Redeweisen wie »ich halte es für wahrscheinlich, daß ...« und »nach aller Erfahrung ist dies unwahrscheinlich« zum Ausdruck kommt, also einer mehr subjektiven und einer mehr objektiven Version. Jene hat, scheint's, mehr psychologisches, diese mathematisch-naturwissenschaftliches Interesse. – Tatsächlich aber sind die Akzente sowohl historisch wie systematisch nicht so einfach gesetzt. Der Mathematiker BERNOULLI betonte, als er 1713 Wahrscheinlichkeit als Grad der Erwartung zu bestimmen suchte, ebenso ein subjektives Moment wie 1812 der Mathematiker und Naturwissenschaftler LAPLACE, als er unter W. das Verhältnis der für ein Ereignis (z.B. daß der Würfel auf 6 fällt) günstigen Fälle zu den möglichen und als gleichermaßen möglich angesehenen (im Falle des Würfels: 6) verstand und unter »gleichermaßen möglich« wiederum, daß wir über das Dasein dieser Fälle »in gleicher Unwissenheit sind«. – In der Folgezeit haben die Mathematiker den W.begriff zu objektivieren gesucht, und zwar in statistischer Form: »er sagt etwas über die Häufigkeit eines Ereignisses in langen Versuchsreihen«. So VAN DER WAERDEN 1951; aber seine nähere Ausführung dazu ist viel weniger objektivierend: »Um die Wahrscheinlichkeit eines Ereignisses empirisch zu bestimmen, sucht man dieselben Bedingungen S immer wieder zu realisieren, und zwar so, daß der Ablauf jedesmal unabhängig von den früheren Abläufen ist. Was hierbei unter ›dieselben Bedingungen‹ und ›unabhängigem‹ Ablauf zu verstehen ist, kann man nicht definieren: man muß es im Gefühl haben.« Dies Moment ist also s u b j e k t i v geblieben. Und ein weiteres, das VAN DER WAERDEN nennt, kann man zumindest nicht als ideal objektiv bezeichnen: »Nun stellt man bei n Wiederholungen fest, wie groß die Häufigkeit m/n des Ereignisses A ist, und man nimmt an, daß die Wahrscheinlichkeit P (A) sich bei großem n nur wenig von der Häufigkeit m/n unterscheidet.« Aber – und nun kommt ein ideal objektives Bestimmungsstück – aus dieser Festsetzung konnte KOLMOGOROFF 1933 die (somit ganz empirienahen) Grundannahmen ableiten, aus denen, wie er zeigen konnte, sich alles das ergibt, was man vorher ohne solche Besinnung als Lehrsätze der W.lehre entwickelt hatte. – Damit war nun eine rein mathematische W.theorie aufgebaut. Zu dieser gehört u.a. das »G e s e t z d e r g r o ß e n Z a h l e n«, gemäß dem »bei n unabhängigen Versuchen, bei denen das Eintreten des Ereignisses A jedesmal dieselbe W. p hat, diejenigen Werte der Differenz $p - m/n$, die groß gegen die mittlere Abweichung $\sigma = \sqrt{p(1-p)/n}$ sind, eine sehr kleine W. haben. Zum Beispiel haben Abweichungen größer als 3σ nur eine W. von 0,003, und indem man den Faktor 3 durch größere Faktoren ersetzt, kann man die W. beliebig klein machen« (VAN DER WAERDEN). – Dieses Gesetz scheint dem mathematischen Laien häufig die Brücke zur Anwendung der mathematischen W.theorie auf die Sachwissenschaften (Physik, Biologie, Psychologie) zu schlagen. Aber das tut es nur zusammen mit einer ebenfalls von KOLMOGOROFF formulierten nicht-mathematischen Regel: »Ist die W. eines Ereignisses sehr klein, so kann man praktisch sicher sein, daß bei einer einmaligen Realisierung der Bedingungen das Ereignis nicht eintreten wird.« Ja, VAN DER WAERDEN weist darauf hin, daß auch die empirische Bestimmung von W. dieser Regel folgt: »Aus einer Statistik bestimmt man die Häufigkeit m/n und schließt nach dem Gesetz der großen Zahlen mit Hilfe (dieser Regel), daß die W. p nicht allzusehr von m/n verschieden sein kann.« – Denkpsychologisch bemerkenswert ist nun, daß auch unter denjenigen Mathematikern, die KOLMOGOROFFS Ansatz für durchaus richtig halten, es Stimmen gibt, die ihn nicht für ursprünglich genug halten. VIETORIS z.B. meint (1951), daß man auf einfachere Grundbegriffe zurückgreifen könne. Ein solcher biete sich in der Fassung an, die LAPLACE (neben der obengenannten) seiner Wendung »gleichermaßen möglich« gegeben habe: man »habe keinen Grund zu glauben, einer der Fälle werde eher eintreten als der andere.« VIETORIS meint, den Gebrauch des »eher als« habe man vorwissenschaftlich gelernt und sei durch seine Handhabung zu einer Grundlage für den W.begriff gekommen, ohne diesen zu antizipieren, genau wie genetisch jeder Größenvergleich dem Größenbegriff Schrittmacherdienste leiste, ohne ihn vorwegzunehmen. Der Vorwurf gegen LAPLACE, er habe einen c i r c u l u s v i t i o s u s begangen, als er in seine Definition des W.begriffs das »eher als« hineinnahm, sei also unberechtigt. Und, mathematisch wichtig, KOOPMAN habe 1940 dies »eher als« durch ein (von VIETORIS 1948 noch vereinfachtes) System von Axiomen (im Prinzip von der Art wie KOLMOGOROFFS »höher« einsetzende Axiomatik) eingefangen und »daraus den W.begriff als den zugehörigen Größenbegriff mit den für ihn geltenden grundlegenden Sätzen

entwickelt«. – Das subjektive Moment, das in der Geschichte der Versuche, W. zu definieren, begegnet, und das von dem Zeitpunkt ab, wo eine von subjektiven Momenten befreite und einwandfreie Grundlegung einer rein mathematischen W.lehre gelingt, doch in deren Herleitung aus und Anwendung auf Sachgegebenheiten noch unvermeidlich scheint, wird im Erleben und Verhalten des außerwissenschaftlichen Lebens noch ungleich aufdringlicher. Man hat es in den letzten Jahren unter dem Stichwort »subjektive Wahrscheinlichkeit« zu studieren begonnen. Jedes einzelne der schon genannten subjektiven Momente kehrt hier verstärkt wieder: Unter »Wahrscheinlichkeit« versteht man im Lebensalltag noch viel mehr, als uns in den ein subjektives Moment einschließenden Fassungen des W.begriffs der frühen Mathematiker-Definition begegnet: z. B. verstehen (nach COHEN und HANSEL 1961) Jungen im Alter von 13 bis 14 Jahren darunter beginnend von gleichmäßig ausgewogenen Möglichkeiten über »fast, aber nicht ganz gewiß« usf. Übergänge bis zu »vollkommen gewiß«.

Wir halten ferner noch sehr viel anderes, als sich in Anlehnung der W. an die relative Häufigkeit (s. o.) ergibt, für wahrscheinlich, und dies nicht nur in Abhängigkeit vom Umfang der Stichprobe, sondern auch von Alter, persönlichen Antriebskräften usw. Und die Motivationsbasis für unsere subjektive W. besteht nicht einfach in erfahrungsbedingter Erwartung oder im Grad der Unsicherheit, sondern auch im Glauben an Glück, ausgleichende Gerechtigkeit und dgl. – Dabei gelingt es uns nicht einmal, die zeitlich aufeinanderfolgenden Ereignisse als unabhängig voneinander zu nehmen. Teils glauben wir dabei an gesetzmäßige Fortsetzung des bisherigen Ablaufs, teils an gesetzmäßigen Wechsel. – Die Risiken, die bei den verschiedenen Graden subjektiver W. eingegangen werden, sind je nach Person recht verschieden. – Aber, so schreiben COHEN und HANSEL: »Die Mathematiker halten es manchmal für selbstverständlich, daß ›psychologische Gesetze viel zu kompliziert sind, um sich in der Form mathematischer Wahrscheinlichkeiten ausdrücken zu lassen‹ (H. REICHENBACH). Wir haben uns die Aufgabe gestellt, nachzuweisen, daß diese Ansicht durch Experimente widerlegt werden kann.« →naiver Statistiker Ⓛ VAN DER WAERDEN (dort weitere Lit.) *W-E*

Wahrscheinlichkeit (sprachbezogen), in der →Sprachstatistik ermittelt man die Auftretenswahrscheinlichkeiten von Sprachelementen und Elementenkombinationen durch Auszählungen in Stichproben, die so groß sind, daß die Häufigkeitsrelationen weitgehend stabil (textunabhängig) werden. Die so ermittelten W.unterschiede lassen sich im Sinne der →Informationstheorie als →Redundanz der Sprache oder der sprachlichen Mitteilung interpret. Ⓛ GOLDBERG 1972 *Z-N*

Wahrscheinlichkeit-Lernen, ein Typ des Lernens, der in der *stimulus-sampling*-Theorie von ESTES (SST) eine Rolle spielt: Aus einem vorgegebenen Satz von Reaktionen *(responses)* hat die Vp eine zu wählen; pro Durchgang *(trial)* werden die einzelnen Reaktionen in einem vom Vl festgelegten Verhältnis verstärkt und nicht verstärkt und die Vp lernt die Wahrscheinlichkeit des Auftretens von Verstärkungen schätzen. Ⓛ ESTES 1964; HILGARD u. BOWER 1966 *B-S*

Wahrtraum, ein Traum, in dem Ereignisse erlebt werden, die später wirklich eintreten (prophetischer Traum), oder die sich gleichzeitig abspielen, ohne daß der Träumende davon wissen konnte. Der Wahrtraum wird zu den okkulten Phänomenen gerechnet. →Parapsychologie

WAIS Ⓣ WECHSLER

WALD-WOLFOWITZ-Test, ein nach seinen Autoren benanntes sequentielles Signifikanztestverfahren (→sequentieller Test)

*

WALD, Abraham / 1902 (Rumänien) – 1950 (USA) / Psychol., Math. Stat. / Columbia Univ.

*

WOLFOWITZ, Jacob / *1910 (Polen) / Mathematiker / Univ. of Illinois, Urbana

Wand, Wandfestigkeit, Begr. aus der →topologischen und Vektor-Ps. von LEWIN. Wand ist die Grenze zwischen Teilregionen der Person, insofern sie bestimmte dynamische Eigenschaften hat.

Diese bestehen in größerer oder geringerer Durchlässigkeit oder Festigkeit gegenüber Spannungen. Spannung in einer Teilregion (→gespanntes System) kann nur entstehen, wenn diese von einer Wand mit bestimmter Festigkeit umgeben ist, die dem Energieausgleich mit den umliegenden Systemen Widerstand entgegensetzt. Charakterologisch bedeutet Wandstärke die Fähigkeit zum Aushalten von Spannungen (Spannungsbogen, BÜHLER) und zu beherrschtem Handeln.

Wandermarkenapparat, Vorr. zur Prüfung der Konzentration. Durch Motor getriebene Streifen rollen gegenläufig oder mit versch. Geschwindigkeiten ab. Treffen die darauf verteilten Striche zusammen, so muß die Vp reagieren.

Wandertrieb →Poriomanie

WARD-HOVLAND-Phänomen →Reminiszenz

*

WARD, James / 1843–1925 / Philos., Psychol. / Cambridge, Mass. (Harvard-Univ.)

*

HOVLAND, Carl Iver / 1912–1961 / Psychol. (Sozialps.) / New Haven (Yale-Univ.)

Wärmeempfindung, eine durch die →Temperaturpunkte vermittelte Sinnesempfindung

Wärmepunkte →Temperaturpunkte

Wärmeübung, eine Stufe im →autogenen Training

Wärmezentren, die im Zwischenhirn befindlichen, die Wärmebildung regulierenden Zentren

warming-up →Anwärm-Effekt

WARNER-Index, Beurteilung des sozioökonomischen Status nach WARNER, MECKER u. EELLS. Ⓛ THOMAE 1972, 751

*

WARNER, William Lloyd / 1898–1970 / Soziologe / Cambridge, Chicago, East Lansing (Michigan State Univ.)

Warnrufe, (biol.), akustische →Signale, die Artgenossen und auch Artfremde vor einem Freßfeind warnen *P-S*

Waschzwang, Zwangshandlung, sich zu waschen, bisweilen mit besonderem Zeremoniell. Meist symptomatisch für tieferliegende neurotische Störungen. →Zwang

Wasserbehälter Ⓣ GIESE

Wasserfalleffekt, eine optische Bewegungsillusion (gegensinnige →Scheinbewegung, Bewegungssukzessivkontrast). Das Phänomen beschrieb schon ARISTOTELES, die Bez. W. erhielt es 1834 (ADDAMS). Vielseitig beobachtbar, z. B. fahrender Zug: Wasserlauf – sieht man weg auf eine helle Fläche, dann entsteht der Eindruck der Gegenläufigkeit. →Bewegungsnachbild Ⓛ PAULI-ARNOLD

Wasserrad Ⓣ MOEDE

WEBERsches Gesetz ⟨E. H. WEBER, 1834⟩, eine grundlegende Gesetzmäßigkeit der Wahrnehmungspsychologie. Es besagt, daß der Reizzuwachs, der eine eben merkliche Verstärkung der Empfindung bewirkt, in einem konstanten Verhältnis zu dem schon vorhandenen Reizbetrag steht, die relativen →Unterschiedsschwellen also konstant bleiben.

Diese Beziehung ist ausgedrückt in der Formel:

$$\frac{\Delta R}{R} = k$$

(konstant), wobei R die Größe des Ausgangsreizes ist und ΔR der Reizunterschied, der eine Veränderung der Empfindungsintensität bewirkt. Wenn z. B. eine Steigerung der Helligkeit bemerkt wird, wenn zu 100 vorhandenen Kerzen eine hinzukommt, so sind hierfür bei 200 Kerzen zwei, bei 300 Kerzen drei weitere erforderlich, da in diesem Fall

$$\frac{\Delta R}{R} = \frac{1}{100}$$

ist. Auf einem mittleren Bereich von Reizgrößen gilt das WEBERsche Gesetz in guter Annäherung, nicht jedoch bei sehr kleinen und sehr großen Reizstärken. →auch: BRETONsches Gesetz, FECHNERsches Gesetz. Ⓛ FECHNER, PAULI-ARNOLD, WIRTH, WOODWORTH-SCHLOSBERG

*

WEBER, Ernst Heinrich / 1795–1878 / Anat., Physiol. / Leipzig

WEBER-FECHNERsches Gesetz →FECHNERsches Gesetz. →WEBERsches Gesetz

Wechselverhältnis zwischen Konzentration und Distribution, ein Grundsatz, nach dem wir Vorgänge um so aufmerksamer beachten, je weniger Eindrücke im Augenblick vorliegen

Wechselwirkung, Interaktion, *interaction.* Von einer W. wird gesprochen, wenn sich zwei oder mehrere unabhängige Variablen in ihrem Einfluß auf eine abhängige Variable gegenseitig beeinflussen, wenn also die Wirkung einer unabhängigen Variablen auf die abhängige Variable bei einer Veränderung in einer oder mehreren weiteren unabhängigen Variablen wechselt. Derartige W. können u. a. mithilfe der komplexen →Varianzanalyse festgestellt werden. Nach der Zahl der unabhängigen Variablen, zwischen denen eine W. besteht, unterscheidet man zwischen W. verschiedener (erster, zweiter etc.) Ordnung. *Mi-A*

Wechselwirkung, psycho-physische, *interrelationship,* →Leib-Seele-Problem

WECHSLER →Intelligenz-Abbau, →Intelligenz-Struktur, →Intelligenztests. Ⓣ WECHSLER

*

WECHSLER, David / *1896 (Lespedi, Rumänien) / Psychologe, Psychiater /New York (Univ. u. Bellevue-Hospital)

Weckamine, leistungssteigernde und das Müdigkeitsgefühl beseitigende Pharmaka aus der Gruppe der →Amphetamine. Wichtiges W.: Methamphetamin (Pervitin®)

Weckaminpsychosen, die durch Mißbrauch von →Weckaminen hervorgerufenen Störungen

Weckreaktionszentrum, Wecksystem →Formatio reticularis

Weckschwelle, bei Schlaftiefenmessungen die Reizstärke, die nötig ist, um den Schlafenden aufzuwecken

Wehrpsychologie, Teilgebiet der angewandten Ps., das sich im weitesten Sinne mit den ps. Anforderungen des Wehrdienstes befaßt und nicht mehr wie in den Anfängen (seit dem Ersten Weltkrieg) vornehmlich auf die Feststellung der Eignung für die verschiedenen militärischen Verwendungen beschränkt ist.

Die Entwicklung der W. verläuft weitgehend parallel mit der Differenzierung der angewandten Ps. Auftrag und Einsatzschwerpunkte der W. richten sich nach der jeweiligen Bedarfssituation in den Streitkräften und nach der Leistungsfähigkeit der ps. Erkenntnismittel. So gelang es bereits ab 1915 amerikanischen Psychologen (Yerkes, Goddard, Terman) rd. 1,75 Mio. Wehrpflichtige mit Hilfe des *Army Alpha Tests* (später: *Army General Classification Test*) den Erwartungen der Truppe entsprechend zu selektieren. Eine vorübergehende Vorrangstellung genoß die deutsche W. zwischen den beiden Weltkriegen auf eignungsdiagnostischem Gebiet durch Einführung lebensnaher Situationstests (u. a. »Befehlsreihe«) und durch subtilen Ausbau der individual-diagnostisch bedeutsamen Charakterkunde (Lersch, Rudert, Eckstein, Simoneit), was bei zu geringer Beachtung forschungsstatistischer Erfordernisse zugleich ihre Schwäche war. Als Folge der rapiden Entwicklung moderner Führungs- und Waffensysteme mit ihren erhöhten Anforderungen an Wehrtechnik, Logistik und Infrastruktur und mit der notwendigen Anpassung der Streitkräfte an leistungsorientierte Gesellschaftssysteme, ergaben sich nach dem Zweiten Weltkrieg z. T. neuartige Aufgabenstellungen für die W., die je nach Tradition und Organisation in den einzelnen Ländern unterschiedlich gewichtet werden.

Zwischen den Wehrpsychologen der westlichen Welt, einschließlich bündnisfreier Länder, besteht ein z. T. vertraglich geregelter enger Erfahrungs- und Informationsaustausch, in den vornehmlich folgende Hauptbereiche einbezogen sind:

1. Personalpsychologie:
   a) Eignungs- und Verwendungsprüfungen bei Wehrpflichtigen, Freiwilligen und Offizieranwärtern mittels Paper/Pencil- und Funktionstests (Reaktionsprüfungen, Funk-Signal-Sonartests), die maschinell ausgewertet und u. a. zur Bewährungskontrolle gespeichert werden, was ein leistungsfähiges, der Wps. zugeordnetes, EDV-Informationssystem voraussetzt.
   b) Ps. Prüfungen und Untersuchungen für spezielle militärische und/oder zivile Tätigkeiten (Spezialistenauslese, Laufbahnwechsel, berufliche Umschulungsmaßnahmen) unter Verwendung von Intelligenz-Leistungs- und Persönlichkeitstests.
2. Flieger- und Flugpsychologie:
   Auswahl von Piloten, Kampfbeobachtern, Flugsicherungspersonal (u. a. mit Hilfe komplexer psychomotorischer Instrumentarien auf flugsimulatorischer Basis); Entwicklung fliegerischer Trainingstechnologien; experimentelle Psychophysiologie in Verbindung mit fliegerischer Beanspruchung; klinische Flugps. bei Flugausfällen-ängsten-phobien; Flugunfallforschung.
3. Psychologische Ergonomie:
   Im Verbund mit der med. und techn. →Ergonomie (Anthropotechnik, *human factors engineering*) Erarbeitung von Grundlagen und Richtlinien für Entwicklung und Erprobung von Waffen und Geräten (ergonomische Normen z. B. für Schiffe, Landfahrzeuge, Luftfahrtgerät); Optimierung von Bedienungselementen und Steuereinrichtungen hinsichtlich der menschl. Leistungsfähigkeit; Belastungs- und Arbeitsablaufanalysen zur Wirkungsgradsteigerung des Regelkreissystems Mensch-Maschine.
4. Klinische Psychologie:
   Klinisch-ps. Anamnesen und Therapievorschläge z. B. bei Versagens- und Versagungszuständen mit psychosomatischer Symptomatik; Rehabilitationsmaßnahmen insbesondere bei ps. bedingtem Leistungsabfall hochbeanspruchter Spezialisten wie U-Boot- und Taucherpersonal, Kampfschwimmer, Piloten; Streßforschung, sensorische Deprivationsprobleme etwa in verbunkerten Fernmeldeanlagen usw.; Früherkennung gefährdeter und gefährdender Persönlichkeitsstrukturen (Disziplinarausfälle, Risikoverhalten).
5. Sozialpsychologie:
   Untersuchungen der mitmenschl. Beziehungen in der Truppe (Gruppenkohäsion-dynamik-interaktion), Führungsstile, der Motivierung des Verhaltens in Extremsituationen; Erstellung von Situationsanalysen bestimmter Laufbahngruppen, Untersuchungen abweichenden Verhaltens; Einstellungsuntersuchungen beispielsweise zum Wehrdienst, Sozialisations- und Meinungsforschung zur Bestimmung des Verhältnisses von Streitkräften und Gesellschaft.
6. Ausbildungspsychologie:
   Entwicklung und Überprüfung von Ausbildungsmethoden, vor allem bei besonders kostenintensiven Ausbildungsgängen (Piloten, Raketenpersonal), rationelle Unterrichtsgestaltung, programmiertes Lernen; Messung des Leistungsstandards militärischer Einheiten in verschiedenen Ausbildungsstadien.

● Ergebnisse wehrpsychol. Projekte werden in militärischen Fachzeitschriften sowie in speziellen Publikationsorganen wie in der BRD »Wehrpsychologische Untersuchungen« referiert. Vgl. Kriegführung, psychologische. Ⓛ Ansbacher 1949, Flik 1969, Mitze 1971, Rieffert 1922, Simoneit 1933 *Mi-E*

W

Weilburger Schultest Ⓣ HETZER-TENT
Weitsichtigkeit →Hypermetropie
Weltanschauungstypen →Typologie
Welt-(Spiel-)Test Ⓣ BÜHLER, LOWENFELD

Werbepsychologie, *ps. of advertising,* Teilgebiet der →Wirtschaftspsychologie als Disziplin innerhalb der angew. Ps. Die Aufgabe der W. ist es, die ps. Grundlagen der Werbung zu analysieren und die Wirkungsweise von Werbungen zu prüfen.

Die Analyse der Werbung bezieht sich auf fünf Hauptgebiete: Werbeansatz (Warenbezug, Zielsetzung, Zielgruppen und -gebiete), Werbeverfahren (Werbegattungen, Werbemittel, Werbeträger), Gestaltungsmerkmale (Werbegestalt, Werbeformung, Werbestützung), Beeinflussungsformen (informierende und suggestivierende) und Rufcharakteristik (Werbe-Image, Werbewiderstände, Ps. der Werber). Im Unterschied zur vorwiegend allgemeinen ps. Werbeanalyse beschäftigt sich die ps. Werbeprüfung mit der Kontrolle der Werbeauswirkung hinsichtlich der Ansprechbarkeit (intellektuelle, emotionale etc. Reichweite) des umworbenen Publikums für Werbungen, der Wirkungsbreite (Nachwirkungen, Nebenwirkungen, Motivierungswandel) und der Aktivierung (Kenntnisse, Einstellungen, Handlungen) durch Werbungen. Die Methoden der W. (Interview-Techniken, Verhaltensregistrierungen, Sekundärinterpretationen, biotische Verfahren, projektive Tests und experimentelle Verfahren) werden für retrospektive und prognostische Zwecke der Werbeerfolgskontrolle eingesetzt. Ⓛ BENESCH, FISCHER-KOESEN, HOLZSCHUHER, KROPFF, SPIEGEL *B-H*

Werkaspekt ⟨BÜHLER⟩ →Aspekt

Werkpsychologie, Ps. des Werkes, d. h. der aus den menschlichen Werken (in der Wissenschaft, Kunst, Wirtschaft, Musik usw.) erschließbaren psychologischen Gegebenheiten (schöpferisches Schaffen, individueller und konstitutioneller Ausdruck u. a. m.) • W. ist auch Bez. für Leistungsps. →Psychologie (Richtungen).

Werktherapie →Arbeitstherapie
Werkzeichnungen ordnen Ⓣ HUTH
Werkzeugrahmen Ⓣ GIESE

Werkzeugstörungen, Minderung körperlicher Funktionen in einem Teilbereich (Sprache, Denken). →Teilleistungsschwächen, →Sprachstörungen, →Dysarthrie. *R-S*

WERNICKEsches Zentrum, der Hirnrindenbereich insbesondere im rückwärtigen Abschnitt der ersten Schläfenwindung (Temporallappen, →Gehirn), deren Schädigung nach der zuerst von WERNICKE gemachten Beobachtung zu einer extremen Störung des Sprachverständnisses führt (sensorische →Aphasie), wobei das spontane Sprechen der Patienten aber erhalten bleibt. →BROCAsche Windung *B-C*

*

WERNICKE, Carl / 1848–1905 / Psychiater-Neurologe / Breslau, Halle

Wert, eine nur aus der Beziehung eines Subjekts zum Objekt dem Objekt zugefügte und vom Subjekt als besondere Einschätzung erlebte Eigenschaft; keine objektive Eigenschaft an sich.

Den Wertbegriff führte LOTZE in die Philosophie ein. Formal sind unterscheidbar (Wertarten): positiver, negativer, relativer, absoluter, bedingter, unbedingter, subjektiv bedingter Wert. Nach inhaltlicher Unterscheidung gibt es logische, ethische, ästhetische Werte (das Wahre, das Gute, das Schöne). • Fragestellungen der Ps. sind etwa die nach der Entstehung von Wertsystemen, wieweit diese im Menschen angelegt oder erworben sind, ebenso alle Probleme des Werterlebens und die Vorgänge bei Wertungen, womit wiederum die individuelle Wertorientierung und ebenso der Aufbau der dem Individuum (den Gruppen, Kulturen usw.) eigenen Wertsysteme verbunden ist. Die von LERSCH (1962 132f.) unterschiedenen Antriebe beziehen sich auf Lebens-, Bedeutungs- und Sinnwerte. Werthaltung und Wertorientierung sind Bez. für verfestigte Wertungen oder Gesinnungen. →nachstehende Stichw.

Wertanalyse, eine Form der →Inhaltsanalyse, die z. B. von WHITE auf die Propaganda von Hitler und Roosevelt angewandt worden ist.

Wert, assoziativer →assoziativer Wert

Wertbildung, geschieht sowohl durch Imitation und Internalisation fremder Wertvorstellungen und Werte von frühester Kindheit an als auch durch graduelle positive bis negative, z. T. konditioniert entstandene Eigenerfahrungen des Individuums mit seiner mitmenschlichen und objekthaften Lebensumwelt. W. ist ein wesentlicher Teil der →Sozialisation.

Allen Arten der W. gemeinsam ist die affektiv-emotionale Befindlichkeit des Individuums während des Aufbauens von Werthaltungen und Werten. M. EBERHARDT beschreibt am ausführlichsten die Komplexität von Werteentstehung und führt den Begr. der »Werttonbewegung« ein: Das auffälligste Glied oder Element eines Erlebenskomplexes zieht den positiven oder negativen Wertton des Gesamtkomplexes auf sich und tönt (im Unterbewußten des Individuums) neue Erlebenskomplexe entsprechend ein, wenn es in ihnen auftaucht (inzwischen durch den Verf. exp. belegt).

Auf diese Weise bilden sich Haftwerte und andere Wertekategorien. OERTER (1966)

untersuchte die Entwicklung von Werthaltungen während der Reifezeit. Die W. und die Entwicklung des moralischen Urteils werden von PIAGET, KOHLBERG u. BRUNER in Zusammenhang mit der kognitiven Entwicklung gebracht. Ⓛ→Wertforschung *F-T*

Werte, in der exp. Ps. die Meßergebnisse

Werteinstellungs-Test Ⓣ ROTH

Wertende Stellungnahme zu Situationen Ⓣ GIZYCKI

Wertforschung, leitet sich zunächst aus der philosoph. Betrachtungsweise her, ist jetzt aber stärker im Bereich der Sozialwissenschaften und in geringerem Maße in der Ps. anzutreffen mit den Zielen, Verhaltensweisen von Gruppen und Individuen unter dem Aspekt der Werte als Handlungsregulative aufzuhellen und vorherzusagen (wobei vorwiegend Fragebogen- und Schätzverfahren als Meßinstrumente verwendet werden).

● Forschungsgegenstände sind überwiegend die normativen Wertvorstellungen und ihre Wirkungen als Verhaltens- und Handlungsregulative im Rahmen des von der Gesellschaft Erwarteten und Akzeptierten; gelegentlich auch differentielle Individualuntersuchungen konkreter, objektivgerichteter Werte des Gewünschten und Abgelehnten.

● Wichtig in der deutschen Wertforschung: v. CRANACH-IRLE-VETTER 1965, EBERHARDT 1950, FRIEDRICHS 1968, GRAUMANN 1965, KMIECIAK 1977; in der amerikanischen: ALLPORT 1968, CATTON 1968, DODD 1968, KLUCKHOHN 1961, PARSONS 1968, THURSTONE 1959, VERNON 1968. KÖHLER 1968 Ⓣ ALLPORT, VERNON u. LINDZEY *F-T*

Werthaltung →Einstellung, →Gesinnung

WERTHEIMER-Gestaltps. →Berliner Schule, →Gestaltps. *

WERTHEIMER, Max / 1880 (Prag)–1943 / Psychol. (Gestalt, produktiv. Denken) / Berlin, Frankfurt, New York

Wertigkeit →Valenz

Wertprobleme in der ps. Forschung bewegen sich um das Erkennen von individuellen (individuell unterschiedlichen) sowie kollektiven Werten und Wertorientierungen und deren Wirksamsein in Verhalten und Handeln. Die definitorisch notwendige Unterscheidung »Wert« oder »Wertorientierung« von »Attitüde«, »Normen«, »Motivation« und »Ziel« wird in jüngeren Arbeiten (u. a. FRIEDRICHS 1968) klarer erkannt. Attitüden sind auf bestimmte Objektheiten gerichtet. Werte (-orientierungen) sind vorbewußte Vorstellungen oder affektiv gelagerte Verhaltenspotentiale, die wiederum Attitüden beeinflussen können (THURSTONE 1959). Werte und Attitüden bleiben unbewußt, sind aber rationalisierbar. →*attitude*, →Einstellung *F-T*

Wertpunkt, die nicht mehr sehr häufig verwendete Transformation von Testrohwerten in Normwerte. Dabei wird vom Mittelwert = 10 und Streuwert = 3 ausgegangen. Die Wertpunktnormierung wird z. B. bei HAWIE und HAWIK verwendet.

Wertpunktskala ⟨WECHSLER⟩ →Normskalen

Wertung, die Einschätzung eines Gegenstandes nach seinem Wert oder Unwert, nach ihren Gründen entweder mehr unmittelbar und unreflektiert (emotionale Wertung) oder durch Überlegung (intellektuelle Wertung) gewonnen

Wesen [gr. *usia*, lat. *essentia*], vieldeutiger Begr.: 1. Einzelding, das lebend oder als lebend denkbar ist; 2. Eigenart, Sosein eines Dinges; 3. das eigentliche Sein im Ggs. zum Schein; 4. das Allgemeingültige (das Wesentliche) als Idee und Sinngehalt.

● Neben der Struktur (dem Gefüge) sowie der Ganzqualität gehört das »Wesen« zu den drei Arten von Gestalt-Eigenschaften. Alle physiognomischen (gesichthaften) oder Ausdruckseigenschaften wie Charakter, Ethos, Habitus, Stimmung, »Gefühlswelt« u. dgl. gehören zum Wesen, wobei von Bedeutung ist, wie diese drei Arten zueinanderstehen. So hat jedes Wesen ein ganz bestimmtes Gefüge, in dem es sich am reinsten bietet. Ⓛ METZGER

Wesenseigenschaft →Eigenschaften

Wesensschau →Schau

West Yorkshire Group Test of Intelligence Ⓣ TOMLINSON

WET Ⓣ WARTEGG

WETR Ⓣ BÜHLER-HETZER

Wettermensch, Wetterfühligkeit, Menschen, die gegenüber der Witterung bzw. Wetterformen wie Föhn, Gewitter, Witterungsumschläge, Zyklone, besonders empfindlich sind, gelegentlich auch Zyklonopathen genannt. Ⓛ HELLPACH 1977[8]

Wettstreit der Sehfelder →Sehwettstreit

w-Faktor, SPEARMANS »will«-Faktor, →Faktorenanalyse

WFMH, World Federation for Mental Health, →Psychohygiene

WFT Ⓣ SCHUBERT

WFT Ⓣ WARTEGG

WGTA, Wisconsin General Test Apparatus

WHERRY-DOOLITTLE-Verfahren, ein statistisches Selektionsverfahren, mit dem aus einer Anzahl von →Prädiktoren die geeignetsten zur Vorhersage eines Kriteriums ausgewählt werden können. Dieses Verfah-

W

ren wird z. B. erfolgreich in der Testkonstruktion angewandt, wenn es darum geht, aus einer Testbattereie diejenigen Untertests herauszusuchen, die zur Voraussage einer Kriteriumsvariablen eingesetzt werden können. Vgl. multivariate Statistik. →Diskriminanzanalyse

*

WHERRY, Robert James, Sr. / *1904 / Psychol., Psychometrik / Ohio State Univ.

WHO →World Health Organization

WHORF-Hypothese →SAPIR-WHORF-Hypothese

Wickelkugel →Sinnesfunktionen (5c)

Widerspruch, das Verhältnis zweier Urteile, die Entgegengesetztes behaupten und daher nicht beide zugleich wahr sein können; eines von beiden muß wahr und eines falsch sein (Satz vom Widerspruch).

Widerstand, der von FREUD eingeführte Begr. bezeichnet die Kraft, die sich beim Patienten während der psychoanalytischen Behandlung der Bewußtmachung der verdrängten aus dem Es stammenden Wünsche und Bedürfnisse, sowie der verdrängten aus dem Über-Ich stammenden Schuldgefühle entgegensetzt. Dieser W. gegen das Bewußtmachen des Verdrängten ist dabei letztlich ein W. gegen das Wirksamwerden der Behandlung. Die Analyse des W. ist (neben der Analyse der Übertragung) das Kernstück der psa. Behandlung und damit ein Kriterium zur Unterscheidung der tiefenps. von der nichttiefenps. Psychotherapie.

Wiederaufnahme von unterbrochenen Handlungen, bei Handlungsexperimenten, die von K. LEWIN angeregt waren, untersuchte M. OVSIANKINA die Wirkungen, die das Unterbrechen einer Handlung zeitigt.

Es ergab sich eine deutliche Tendenz zur Wiederaufnahme der u. H., wenn das Handlungsziel, das die Vp sich gesteckt hatte, noch nicht erreicht war. Da LEWIN jedem objektiven →Bedürfnis bzw. →Quasi-Bedürfnis, das Voraussetzung zu einer Handlung ist, ein →gespanntes System zuordnet, erklärt sich die Tendenz zur W. aus der Spannung des zugeordneten Systems, welches in LEWINS →topologischer und Vektor-Ps. ein →Vektor ist, der auf die W. oder auf entsprechende Ersatzhandlungen gerichtet ist und nach deren Abschluß mit der Spannung des Systems verschwindet. B. ZEIGARNIK zeigte, daß sich das Bestehenbleiben eines gespannten Systems bei Unterbrechung von Handlungen auch gedächtnismäßig in einer bevorzugten Erinnerung an die u. H. äußert (ZEIGARNIK-Effekt, Z.-Quotient). Neu wurde erkannt, daß der Effekt situationsabhängig ist. Ⓛ OVSIANKINA 1928, ZEIGARNIK 1927, GREEN 1963

Wiedererkennungsmethode, diejenige Methode bei den diagnostischen u. a. Verfahren, die Objekte (Bild, Wort, Ton usw.) darbietet und diese später aus einer Reihe von gleichzeitig mitgegebenen Objekten herausfinden läßt. →Gedächtnismethoden

Wiederholungszwang, (allg.) Neigung des Menschen, Handlungen, Gewohnheiten usw. mit gewisser Lustbetonung zu wiederholen.

Bei absichtlichem Unterlassen der betreffenden Handlung erfolgt Unruhe, Hemmung. ● Von FREUD eingeführter Begr. zur Kennzeichnung des generellen formalen Phänomens im Erleben und Verhalten des Neurotikers. Der W. ist eine scheinbar persönlichkeitsfremde Kraft im Leben des Neurotikers, die ihn dazu zwingt, immer wieder in dieselbe ungünstige Situation zu geraten, immer wieder dieselben leidvollen Erfahrungen zu machen und immer wieder dieselben zum Mißerfolg führenden Handlungen auszuführen. Der W. erzwingt die Wiederholung eines Traumas und bedingt die Fixierung an spezifische bionegative Erlebens- und Verhaltensformen.

Wiederverstärkung →bedingter Reflex

Wiener Determinationsgerät, Wiener Koordinationsgerät Ⓣ KLEBELSBERG

Wiener Schule, ps. bzw. tiefenps. Richtungen, die von FREUD (erster) über ADLER (zweiter) zu FRANKL (dritter Schule) reichen. ● Der Kreis um Charlotte BÜHLER (zwanziger Jahre). ● Eine Philosophengruppe um M. SCHLICK, R. CARNAP u. a. (logizistisch-empiristische Wissenschaftslehre).

Wiener Schulreifetest Ⓣ KARAS-SEYFRIED

Wiggly Block Ⓣ O'CONNOR

WILCOXON-Test, ein nichtparametrischer Signifikanztest zur Prüfung der Unterschiede der zentralen Tendenz zweier abhängiger Stichproben.

Die Anwendung des W.-T. setzt Ordinalvariablen voraus. Es werden die Differenzen der zusammengehörenden Maßzahlen gebildet und nach ihrer absoluten Größe in eine Rangreihe gebracht. Aufgrund des (ursprünglichen) Vorzeichens der Paardifferenzen werden die Rangplätze in zwei Gruppen geteilt. Die Rangplatzsumme T der kleineren Gruppe wird auf ihre Abweichung vom Erwartungswert

$$T_{pop} = \frac{N\,(N + 1)}{4}$$

geprüft. Für kleinere Stichproben sind die kritischen Werte von T tabelliert, für größere Stichproben (N>25) erfolgt die Signifikanzprüfung über die Normalverteilung. *Mi-A*

WILCOXON-WHITE-Test, ein nichtparametrischer Signifikanztest zur Prüfung der Unterschiede der zentralen Tendenz zweier unabhängiger Stichproben.

Seine Anwendung setzt Ordinalvariablen voraus. Die Meßwerte beider Stichproben werden in eine Rangreihe gebracht. Die Rangplatzsumme T der Stichprobe mit dem kleineren Umfang (N_1) wird auf ihre Abweichung vom Erwartungswert

$$T_{pop} = \frac{N_1 (N + 1)}{2}$$

geprüft. Für kleinere Stichproben liegen die kritischen Werte von T tabelliert vor, für größere (N>25) erfolgt die Signifikanzprüfung über die Normalverteilung. *Mi-A*

Wilden-Test Ⓣ SEGUIN

Wille, die Fähigkeit, sich zur Ausführung einer Handlung zu entscheiden, wozu – im Unterschied zum Trieb – die Stellungnahme des Subjekts zu den Motiven gehört.

Da der Begriff eine Auffassung im Sinne der Vermögenspsychologie (aus der er auch herrührt) nahelegt (Wille als ein besonderes »Seelenvermögen«), zieht man es in der modernen Psychologie vor, von →Wollen zu sprechen. Der Unterschied liegt darin, daß hiermit auf die empirisch erfaßbaren Erscheinungen zurückgegriffen wird, d. h. das Willenserlebnis in den Blickpunkt rückt. – Zur Erklärung des W. sind Theorien aufgestellt worden, die teils physiologisch, teils ps. dem an sich wohl unableitbaren, letztlich gegebenen Urphänomen des Willens eine Deutung zu geben suchen. Die physiologische Erklärung nimmt vorwiegend Organempfindungen und Spannungen zum Ausgang von Willensvorgängen, während die ps. Theorien entweder intellektualistisch auf Vorgänge des Vorstellens oder emotional auf Gefühlsfaktoren hinleiten. Die experimentelle Klärung der Willensvorgänge ist oft aufgegriffen worden. Stark beachtet wurden die ACHschen Experimente.

Aspekte des W. sind in der neueren Ps. als Themen der Entscheidungs- und Handlungstheorien und auch in Forschungen zum →Belohnungsaufschub behandelt worden. Ⓛ ACH, DÜKER 1975, MCDOUGALL, HEISS, KELLER, LERSCH, LEWIN, LINDWORSKY, MEUMANN, MIERKE, PFÄNDER, ROHRACHER, THOMAE

Willensfreiheit, die »eigentliche, innere spontane Fähigkeit zur Entscheidung ... Sie ist nicht bloße Freiheit der Handlung, denn die hängt an äußeren Faktoren, auch nicht Freiheit im Sinne des ›Dürfens‹ (wie rechtliche Freiheit), denn in ihrer Macht gerade steht es, das Dürfen zu überschreiten. Es ist die hinter alledem stehende, schon in der Gesinnung ansetzende Freiheit der Intention oder Initiative selbst.« (N. HARTMANN 1949[2], 162)

Der Determinismus bestreitet ganz allgemein die W., der Indeterminismus behauptet, daß der irrationale »Personkern« die letzten sittlichen Entscheidungen trifft, wenn auch das Wollen sonst weitgehend durch »äußere Faktoren« determiniert sei. W. wird für das ethisch zurechenbare Handeln (z. B. teilweise im Strafrecht) vorausgesetzt. Ps. ist das Freiheitsbewußtsein von Interesse, d. h. die Tatsache, daß die Erlebnisbeobachtung den Eindruck vermittelt, daß man auch anders hätte handeln können als man gehandelt hat; doch ist dies kein entscheidendes Argument für die W. Es wurde auch versucht, die Frage mit experimentell-ps. Mitteln zu lösen, besonders von ACH und LINDWORSKY. Ⓛ ACH, CHRISTIANSEN, HEISENBERG, HOCHE, HOFFMEISTER, JOEL, LINDWORSKY, MESSER, PLANCK *B-S*

Willenshandlungen →Wollen

Willenskraft, die Intensität des →Wollens, die Fähigkeit, »die verfügbaren Energien in Richtung auf ein Ziel zu organisieren« (LERSCH)

Willensstil, die Art und Weise, wie der Wille zur Auswirkung gelangt. Nach LERSCH ist kennzeichnend für den W., ob mehr die momentane intensive Stoßkraft oder das spannkräftige Ausharren und Durchhalten bei Willenshandlungen überwiegen.

Willfährigkeit, in der englischen Literatur →*compliance* oder *yielding* bezeichnet das relativ konfliktlose Sich-Fügen gegenüber Anordnungen und Verhaltensvorschriften, die zwar der eigenen Tendenz widersprechen, jedoch auf keinen nennenswerten Widerstand stoßen. Vgl. dagegen Konformismus, →Konformität *B-S*

WILLIAMS →BALLARD-WILLIAMS-Phänomen

Willkürhandlung, Willenshandlung, d. h. absichtliche gewollte Handlung. • In der Umgangssprache: launenhafte, ungerechtfertigte Handlung.

Winkelbindung (Handschrift) →Graphologie, Schriftmerkmale

Winkelschätzer →Sinnesfunktionen

Winkeltäuschung →Geometrisch-optische Täuschungen

WIP (Reduzierter WECHSLER Intelligenztest) Ⓣ DAHL

Wir-Bild, Wir-Bruch →Charakterkunde

Wirklichkeit, das uns Selbstverständliche »pflegt auch das Rätselvolle zu sein: so die Zeit, das Ich, so auch die Wirklichkeit« (JASPERS).

W. wird als das An-sich-Seiende definiert, das Objektive, das eigentliche Sein, das in Raum und

Zeit Seiende u. a. m. Man spricht vom W'erleben als einem nicht weiter ableitbaren Phänomen, wobei wirklich ist, was wir leibhaftig wahrnehmen, was uns Widerstand leistet und »im Seinsbewußtsein als solchem« ist (JASPERS) • Den Begr. sinnvoll zu gebrauchen, sieht METZGER fünf Möglichkeiten. 1. W. ist der Bereich physikalischer, im weiteren Sinne transphänomenaler Realität. 2. W. ist die Realität der erlebten Welt. 3. W. ist das anschaulich Vorgefundene im Unterschied zum nur Vergegenwärtigten. 4. W. bietet den Unterschied von »Etwas« und »Nichts« bzw. von »voll« und »leer«. 5. W. hebt das anschaulich Wirkliche vom anschaulichen Schein ab. Ⓛ JASPERS, METZGER, KÖHLER

Wirklichkeitsversuch, eine Art des ps. Experiments, bei der die mögliche Fehlerquelle des Einflusses der Versuchssituation ausgeschlossen ist.

Um die Lebensechtheit des Geschehens zu gewährleisten, wird den Vpen nicht nur keine Aufklärung über den Zweck des Versuchs gegeben, sondern sie erfahren zunächst auch nicht, daß sie überhaupt an einem Experiment teilnehmen. Das Wirklichkeitsexperiment wird angewendet, wenn das Wissen der Vp um den experimentellen Charakter des Geschehens die zu untersuchenden Erlebnisse oder Verhaltensweisen beeinträchtigen oder unterdrücken würde, z. B. bei der Untersuchung der Glaubwürdigkeit von Zeugenaussagen. Hierzu kann den Vpen eine vorbereitete, durchaus echt wirkende Szene (z. B. ein Streit) vorgespielt werden, anschließend werden sie nach ihren Beobachtungen gefragt. →Arbeitsprobe

Wirkungsforschung (psth.) →Therapieerfolg

Wirkungsgabelung, Prinzip der gegabelten Wirkung, die innerhalb der Wahrnehmung erfolgte Zerlegung einer Reizgrundlage in zwei anschauliche Komponenten so, daß Summe oder Produkt beider Komponenten der Reizgrundlage entsprechen. Beispiele: Größe bzw. Form des Netzhautbildes sind gegabelt in anschauliche Größe und anschauliche Entfernung des Wahrnehmungsgegenstandes; ebenso objektive Schallstärke in Lautheit und wahrgenommene Entfernung der Schallquelle u. a. Ⓛ DUNCKER, METZGER

Wirkungsgefüge, Funktionsschaltbild für das Zusammenwirken von (z. B.) durch Reizung an verschiedenen Gehirnorten aktivierbaren Teilakten (zumeist angeborener Verhaltensweisen). Der Begr. geht auf E. v. HOLST zurück und wird in der →Verhaltensphysiologie und kybernetischen Biologie zur Darstellung von Verhaltensgesetzmäßigkeiten verwendet. →Kybernetik, →System, soziales. Ⓛ HASSENSTEIN 1973, v. HOLST u. v. SAINT-PAUL 1960 *B-C*

Wirkwelt-Merkwelt →Funktionskreis

Wirre Gedanken Ⓣ LEIPZIGER LEHRERVEREIN

Wirtschaftspsychologie, Teilgebiet der angew. Ps. Trotz scheinbarer Eindeutigkeit der W. im Zusammenhang der angew. Ps. mehrfach gewandelt.

MÜNSTERBERG, der sie begründete, teilte ihr (1910) auch Gebiete zu, die heute zur Industrieps. gerechnet werden: Arbeits- und Unfallps. (Ps. des arbeitenden Menschen, der Arbeitsbedingungen und des Arbeitsverlaufs); Betriebsps. (Ps. des am Arbeitsplatz gruppenabhängigen Menschen, Menschen- und Betriebsführung); Auslese, Anlernung und Ausbildung. GIESE hat später (1927) für die W. die Definition gegeben: »Anwendung der Seelenkunde auf alle Lebensgebiete, deren Endziel ökonomischen Werten zugewendet ist«. Als Business Psychology wird die W. im englischen Sprachraum enger auf die folgenden Sachgebiete bezogen: *Business Administration, Marketing, Advertising, Distribution, Consumer Research.* BENESCH (1962) definiert die W. durch die Sachgebiete: Ps. der Ware, des Kaufs, des Käufers, des Verkäufers, des Verkaufs, des Marktes und der Werbung. Die Ps. der Ware beschäftigt sich mit der Analyse der ps. Eigenschaften von Waren aus der Sicht des Konsumenten: Merkmale der Warenbeschaffenheit, außergegenständliche Bezugsmerkmale der Waren, Merkmale der Warendienlichkeit und Darstellungsfunktionen von Waren. In der Ps. des Kaufs wird der Kaufablauf vom Kaufvorhaben über die Kaufmotivation, den Kaufentwurf, die Kaufabwicklung, die Kaufentscheidung bis zu den Kauffolgen handlungspsychologisch erörtert. Die Ps. der Käufer und Verkäufer behandelt die persönlichkeits- und sozialps. Probleme der W. Die Verkaufsps. umfaßt als Hauptgebiete: Verkaufssituation, Verkaufsgespräch, Verkaufsplanung, Verkaufsargumentation, Verkaufsschulung. Zur Marktps. gehören die Untersuchung der Marktstruktur, der Absatzorganisation, des Marktstandorts, der Marktvoraussetzungen, der Marktmerkmale und der Marktentwicklung. Die Aufgabe der →Werbepsychologie ist es, die ps. Grundlagen der Werbung zu analysieren und die Wirkungsweise von Werbungen zu prüfen. Die zahlreichen in der W. gebräuchlichen Methoden (Interview-Techniken, projektive und experimentelle Verfahren) werden unter statistischer Sicherung vorwiegend für massenps. Untersuchungen eingesetzt. Ⓛ BENESCH, BERGLER, , HOYOS u. a., ERDELYI, KROEBER-RIEL, MOEDE, MÜNSTERBERG, SCHMÖLDERS, SMITH, SPIEGEL *B-H*

WISC Ⓣ WECHSLER

Wissen, Information, Ergebnis eines Erkenntnisprozesses über Gegebenheiten (kognitive Einheiten) und deren Eigenschaften und Beziehungen zu anderen Einheiten und Eigenschaften. Letztere können

(CHAFE 1970) auf Zustände, Prozesse oder Aktionen hinweisen. Ein subjektives →Lexikon organisiert das W. und macht es im Gedächtnis verfügbar. W. bedeutet verbalsprachlich oder ikonisch, d. h. begrifflich oder bildlich kodierte Erfahrungsinhalte (Sachverhalte) und ist damit Voraussetzung für die kognitive →Repräsentation. Das Erkenntnisproblem wird in der Ps. vor allem in der Methodenlehre (z. B. HOLZKAMP 1977), in der kognitiven Ps (PIAGET) und in der Sprachps. (ENGELKAMP 1976) diskutiert. →Kenntnisse. Vgl. Wirklichkeit, Erkennen *R-S*

Wissensaktualisierung, das Zugänglichmachen von gespeicherten Wissensbeständen beim reproduktiven Denken; es wurde von SELZ (1913, 1922) analysiert. Die Voraussetzung für die W. wird auch Disponibilität (DUNCKER), →Verfügbarkeit (*availability,* KOFFKA) genannt, wozu u. a. SAUGSTAD (1955) Versuche vorlegte. →Abruf

Wissenschaftstheorie, *philosophy of science,* Metawissenschaft der erkennenden Wissenschaften, hervorgegangen aus der älteren →Erkenntnistheorie durch Beschränkung auf wissenschaftlich entscheidbare Fragen.

Als Formalwissenschaft Lehre von den logischen und statistischen Grundlagen sowie allgemeine Methodenlehre wissenschaftlicher Erkenntnisgewinnung. Als Realwissenschaft Theorie der Wissenschaftsgeschichte und -entwicklung, z. T. auch Psychologie, Soziologie usw. der Erkenntnis. Ein Hauptproblem ist das Verhältnis von normativen (W. als System methodischer Regeln, deren Beachtung erst Wissenschaft ermöglicht) zu deskriptiven (W. als rationale Rekonstruktion der Vorgehensweisen in den bestehenden Wissenschaften) Auffassungen. Ⓛ LEINFELLNER 1967 *G-R*

withdrawal-design →Fallstudie

WITTE-KÖNIG-Effekt →Lückenphänomen

*

WITTE, Wilhelm / *1915 (Hattingen) / Psychol. (Allgemeine und Angewandte) /Univ. Heidelberg, Tübingen, Münster, Regensburg

*

KÖNIG, Erich / *1927 (Mannheim) / Psychol. / München (freie Wirtschaft)

Wohngemeinschaft (sozialps.), Lebensform mit dem Ziel, der Isolation entgegenzuwirken. Mögliche weitere Ziele: Ökonomie, politische Durchsetzung, persönliches Wachstum, selbstbestimmte Arbeit, mehr Bezugspersonen für Kinder und geringere Abhängigkeit von Konsumzwängen. Ⓛ PETZOLD 1980, KORCZAK 1979 *R-S*

Wollen, *volition,* das Erlebnis des Gerichtetseins auf ein Ziel, das Bestreben, eine bestimmte Handlung auszuführen, der seelische Vorgang, der auf die Verwirklichung eines vorgestellten Erfolgs gerichtet ist. Dabei wird das Ich als Ursache dieses Verhaltens erlebt.

»Ursache des Wollens ist das Ich« ⟨ACH⟩. Kennzeichnend für das Wollen ist der Entschluß, d. h. die Bildung einer Vornahme, einer Absicht. Der Entschluß beruht auf anderen psychischen Vorgängen, den Motiven, die von emotionaler Natur sind. Auf den Entschluß folgt die ihm entsprechende Willenshandlung, d. h. seine Ausführung. Man unterscheidet bei den Willenshandlungen Triebhandlungen, die unmittelbar aus nur einem Motiv folgen, und Wahlhandlungen, die auf mehreren Motiven beruhen, von denen einem auf Grund von Überlegungen der Vorzug gegeben wird. Der seelische Vollzug des Wollens wird innere Willenshandlung genannt, das sich in körperlichen Bewegungen ausdrückende willensgesteuerte Verhalten heißt äußere Willenshandlung. DÜKER betont, daß das Wollen je nach seiner Intensität im Bewußtseinsgrad variiert, ja daß auch ein unbewußtes Wollen anzunehmen ist. Ⓛ ACH, DÜKER, LINDWORSKY, ROHRACHER

Wollprobe, ein Verfahren zur Prüfung der Farbentüchtigkeit. →Sinnesfunktionen (1c)

word fluency →Wortflüssigkeit

workshop [engl. Werkstatt], vielfach Bez. für Gruppentreffen, bei denen bestimmte Fertigkeiten eingeübt oder bestimmte Problembereiche gemeinsam und praxisnah erarbeitet werden sollen. *F-R*

World Health Organization (WHO), Weltgesundheitsorganisation der UNO für übernationale Gesundheitsfürsorge.

Wort, neben dem →Satz grundlegender Begr. der traditionellen →Grammatik sowie hauptsächlicher Untersuchungsgegenstand der älteren →Psycholinguistik bis etwa 1957; dennoch fehlt bis heute eine allgemein anerkannte Definition. Die Segmentierung (Zerlegung) der Wörter im amerikanischen Strukturalismus (BLOOMFIELD 1933) führte zum präziser abgrenzbaren Begriff des →Morphems (Monems) als der kleinsten noch bedeutungstragenden (→Bedeutung) sprachlichen Einheit (neben dem →Phonem als der kleinsten, nicht mehr bedeutungstragenden, aber bedeutungsunterscheidenden sprachlichen (Schall-)Einheit). →Silben sind demgegenüber nur kleinste (Sprech-)Einheiten auf der Ebene der Verwendung von Sprache.

Beispiel: das Wort »tragen« läßt sich zerlegen in die Morpheme »trag« und »en«, die Phoneme t, r, a, g, e, n sowie die Silben »tra« und »gen«. – Aus einem (endlichen) Grundbestand von etwa 40 Phonemen setzt sich im Deutschen die (im Prinzip unendliche) Reihe der faktisch etwa 5000–10000 Morpheme zusammen. Aus diesen lassen sich unendlich viele deutsche Wörter und Sätze bilden (→generative Grammatik). – Häufig unterscheidet man zwischen →Inhaltswörtern und →Funktionswörtern. – →Begriff. Ⓛ BÜNTING 1971, LYONS 1968 *T-R*

Wortangst, der Zustand ängstlicher Hilflosigkeit bei Sprachhemmungen (Stotterern)

Wortassoziation, Bez. für den allg. Vorgang, daß zu Wörtern (Reizwörtern) jeweils Reaktionswörter einfallen können. In der Psychodiagnostik wird hiervon Gebrauch gemacht. →Assoziationsversuch, →Erzählmethode, →Tatbestandsdiagnostik

Wortbildungs-Test Ⓣ WHIPPLE

Wortblindheit Ⓣ ALEXIE

Wörterbuch, Wörterbucheinheiten, eine →Sprache enthält eine große Zahl lexikaler Einheiten (→Wörter, →Morpheme), und es ist die Funktion eines W., sie zu listen und alle Informationen (phonologische, syntaktische, semantische usw.) darüber, wie sie in das betreffende Sprachsystem passen, bereitzustellen (→Phonologie, →Syntax, →Semantik). Es wird zwischen praktischen W. (wie sie in Bibliotheken stehen) und theoretischen W., die Bestandteil linguistischer Theorien sind und das Wissen des Sprachbenutzers über die lexikalen Einheiten der Sprache abbilden, unterschieden. Zur Unterscheidung von praktischen W. (engl. *dictionaries*) wird das theoretische W. auch Lexikon (engl. *lexicon*) genannt.

Das Lexikon ist als ungeordnete Liste lexikaler Eintragungen zu denken. Eine lexikale Eintragung enthält die eine einzelne lexikale Einheit konstituierenden Informationen. Diese Informationen sind dreifacher Art: morphologisch als Information über die Wortform (Stamm, Affixe), syntaktisch in Form der syntaktischen Merkmale der Einheit und semantisch als Information über die semantischen Merkmale, d.h. über den →Begriff. Dabei werden jene semantischen Merkmale, die die Bedeutung der betreffenden Einheit konstituieren, von jenen getrennt aufgeführt, die besagen, mit welchem Kontext die betreffende Einheit verträglich ist (→Selektion). Das Lexikon ist Teil der Semantik. Eine ps. Theorie darüber, wie das Lexikon arbeitet, gibt BROADBENT (1964). *E-P*

Worte zu einem Satz ordnen Ⓣ BINET

Wortfeld, nennt man allg. eine Menge von →Wörtern, die im Laufe der Zeit aus einer etymologischen Wurzel hervorgegangen sind oder die noch heute von einem Lexem (lexikalisches →Morphem) hergeleitet werden können.

Die Konzeption des W. (Sinnbezirk) im Sinne einer strukturalistischen Betrachtungsweise hat als erster TRIER (1931) vertreten. Im Sinne einer strukturellen →Semantik bilden solche Wörter ein W., die zentrale Bedeutungskomponenten (→Bedeutung) gemeinsam haben. Beim Aufstellen konkreter W. und beim Bestimmen der Inhalte seiner Elemente stellen sich jedoch erhebliche theoretische und methodische Schwierigkeiten. Die erfolgversprechendste Methode zur Abgrenzung von W. dürfte im Augenblick im Rekurs auf die Intuition der Sprachbenutzer bestehen, deren subjektive Urteile mittels statistischer Verfahren wie der multidimensionalen →Skalierung in einem gewissen Umfang objektiviert werden können. So gewonnene Felder können jedoch nur das Material für eingehende linguistische Analysen bilden (*→cluster, →meaningfulness*). Ⓛ GECKELER *E-P*

Wortflüssigkeit, *word fluency,* Faktor des →divergenten Denkens (THURSTONE 1938). Für die testmäßige Erfassung der W. werden Aufgaben verwendet, bei denen Wörter ergänzt oder Silben fortgeführt werden. →konvergentes Denken *Hä-R*

Worthäufigkeit, die →Wahrscheinlichkeit des Auftretens sprachlicher Einheiten z.B. von Wörtern in einer bestimmten Sprache resultiert u.a. aus der Häufigkeit, mit der diese Einheiten – für sich allein genommen – in dieser Sprache vorkommen. Durchschnittswerte ihres Auftretens und damit die W., gewonnen durch Auszählen in Rede, Zeitungen, Büchern etc. (MEIER 1964), bestimmen das Wahrscheinlichkeitsprofil, noch nicht die sequentiellen oder Übergangswahrscheinlichkeiten einer Sprache. Die W. steht in Zusammenhang mit Sicherheit u. Geschwindigkeit von Wahrnehmungs- u. Produktionsprozessen. *G-N*

Wortpaarmethode Ⓣ RANSCHBURG, RIES

Wort-Sach-Vorstellung, Bez. für die beim Assoziieren, Erinnern auftretende bzw. vorherrschende Beiehung zum Visuellen, Akustischen, Motorischen etc. CHARCOT, ebenso MEUMANN begründeten damit →Typologien, wobei letzterer die folgende Gliederung gab:

a) Reine Wortvorstellungstypen. Darunter 1. Visuelle T. (denken entweder in Bildern von geschriebenen und gedruckten Worten oder vollführen innerlich gesehene Schreibbewegungen). 2. Akustische T. (denken in Sprechbewegungen). 3. Taktil-motorische T. (denken in kinästhetischen Schreibbewegungsvorstellungen, mit oder ohne Innervation der Bewegungen); b) Gemischte Typen (aus a 1 bis 3); c) Ausfalltypen; d)

Kombinationstypen. Ggs. die Sachvorstellungstypen: a) Reine S. Hierunter 1. visuelle; 2. akustische; 3. taktilmotorische; 4. gustative; 5. olfaktorische; 6. emotionelle S., alle unterschieden je nach dem Vorstellen von Bewegungen oder Formen, verbunden mit Innervationen beim Sachvorstellen; b) Gemischte S. (aus a 1 bis 6); c) Ausfalltypen; d) Kombinationstypen. Aus Wort- und Sachvorstellungstypen ergeben sich endlich Kombinationen, so a) Visuelle Sach-, verbunden mit akusto-motorischen Wortvorstellungstypen; b) Visuelle Sach- und Wortvorstellungstypen; c) Visuelle Sach-, motorische Wortvorstellungstypen; d) Seltene Verbindungen sonstiger Art.

Wortsalat, nach FOREL ein psychopathologisches Symptom, wobei Wortreihen, denen der logisch-begriffliche Zusammenhang fehlt, gebildet werden (bei Schizophrenie)

Wortschatz, das gesamte einem Menschen zur rezeptiven und produktiven Sprachbenutzung verfügbare Repertoire an Wörtern; ist weder als endliche noch als situationsunabhängige Größe anzusehen, denn sinnvolle Wortneuschöpfungen und -neukombinationen werden spontan verstanden (LENNEBERG 1972), und die Weite der tatsächlich verwendeten Wortspektren (MEIER 1964) wechselt mit der Höhe des Aktivierungsniveaus in bestimmten Situationen. Passiver u. aktiver Wortschatz decken sich mindestens während der →Sprachentwicklung in ihrem Umfang nicht.

Auch aus sprachstatistischen Erwägungen (HOWES 1964) können absolute Grenzen des W. mit keiner Messung erreicht werden; schon gar nicht mit so begrenzten Stichproben, die zudem bei künstlich isolierter Wortvorgabe nur auf eine Wortsemantik (ENGELKAMP 1973) abheben, wie sie in W.tests verwendet werden. Selbst bei →Dysphasien und →Aphasien können nämlich Entfremdung des Wortsinns u. Wortfindungsstörungen mitunter durch die Zugabe eines der semantischen Struktur entsprechenden Kontextes →deblockiert werden. *G-N*

Wortschatztest, Test zur Messung einer Komponente der verbalen →Intelligenz (meist zusammen mit anderen Untertests). So besitzt z. B. der HAWIE einen W., der aus 40 Wörtern besteht, deren Bedeutung erklärt und definiert werden soll. Der W. liefert ein Maß für die sprachlichen Kenntnisse, den allgemeinen Vorstellungsumfang und die Lernfähigkeit des Pb. Die Testwerte des W. korrelieren sehr hoch mit dem Gesamtergebnis und sind gegenüber Altersabbau wenig anfällig. *Hä-R*

Wortstammeln →Stammeln

Worttaubheit →Agnosie, akustische

Wort-Test, Wortschatz-Test Ⓣ TERMAN, WECHSLER

Wortzauber, Vorstellung, daß von bestimmten Worten oder Sprüchen geheime Zauberkräfte ausgehen können: Beschwörungsformeln

WUNDT-Medaille, eine Plakette mit dem Bildnis W. WUNDTS, die 1905 geschaffen und von der Deutschen Gesellschaft für Psychologie an verdienstvolle Psychologen verliehen wird. Die Auszeichnung erhielten u. a.: Friedrich SCHUMANN (1938), Willy HELLPACH (1952), Karl BÜHLER (1960), Wolfgang KÖHLER (1962), Otto SELZ (1970), Heinrich DÜKER (1979).

WUNDTS Elementenpsychologie, auch atomistische Ps., Bez., die der Leistung des Begründers der neuzeitlichen Experimentalps. nur in begrenzter Sicht gerecht wird. →Elementenps., →atomistische Ps., →empirische Ps., →physiologische Ps., →Strukturalismus, →schöpferische Synthese.

WUNDTS Serviettenring, Beispiel für umkehrbare perspektivische Täuschungen. Je nach Fixation stellt sich der »Ring« anders dar. →geometrisch-optische Täuschung, →Reversion, →Figur-Grundproblem

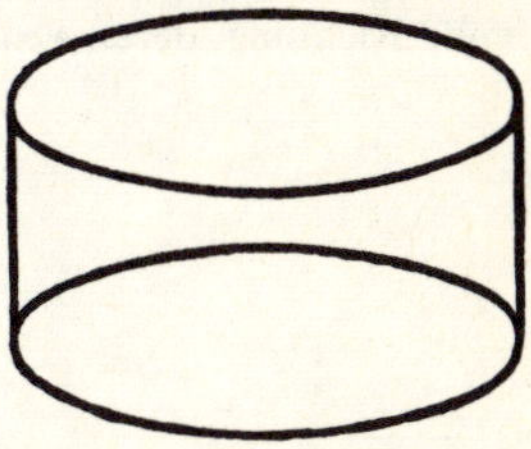

WUNDT, Wilhelm Max (Maximilian) / 1832 (Nekkarau b. Mannheim)–1920 (Großbothen b. Leipzig) / Mediziner, Psychologe, Physiologe u. Philosoph / Heidelberg 1852–73, Zürich 1874, Leipzig 1875 bis Lebensende.

WUNDT, der als zentrale Gestalt in der Psychologiegeschichte zu werten ist, hat diese als Wissenschaft der inneren, unmittelbaren Erfahrung in ihren Methoden nach naturwissenschaftlichem Modell zu verselbständigen gesucht (Experiment und Beobachtung). Hauptwerk: Grundzüge der physiologischen Psychologie. – WUNDT hat aber ebenso mit seiner 10bändigen »Völkerpsychologie« eine ps. Systematisierung der kulturellen Gemeinschaftsleistungen wie Religion, Sprache, Kunst, Mythen u. a. erstrebt. – 1879 gründete WUNDT das erste ps. Institut der Welt, dem bald viele (besonders in Amerika) folgten und aus denen sehr erfolgreiche Psychologen hervorgegangen sind. – Nach BORING hat WUNDT in 68 Jahren 53735 Druckseiten veröffentlicht.

Wunsch, das Habenwollen als Sehnsucht, das Herbeisehnen eines best. Erlebenszustandes. ● »Einer der Pole des Abwehrkonflikts der FREUDschen dynamischen Konzeption« (LAPLANCHE 1972 634). →Motivation

Wunschdenken, illusionäres, magisches, autistisches Denken, vorherrschend erlebnisbestimmend und normal im Kindesalter wie auf den Ausgangsstufen der Kulturen, mehr/minder abwegig bei infantilen Erwachsenen, seelischen Störungen und Psychosen.

Wunscherfüllung, bei FREUD »das Geheimnis des Traumes« – am 24. Juli 1895 habe er dies entdeckt (LAPLANCHE 1972 638). »Die Produktionen des Unbewußten (Traum, Symptom und besonders Phantasie) sind Wunscherfüllungen, in denen der Wunsch mehr oder weniger verhüllt ausgedrückt wird.« FREUD trennte später die Träume der Wunscherfüllung von den Angstträumen.

Wunsch-Test, Wunschprobe Ⓣ WILDE

Würfeltäuschung →NECKERscher Würfel

Würfeltests →räumliches Vorstellen

Würzburger Schule, die von KÜLPE ausgehende, Sensualismus und Assoziationsps. bekämpfende Richtung, deren exp. Untersuchungen besonders den Denkvorgängen, Urteilsformen, Zielvorstellungen usw. galten, und nachwiesen, daß die seelischen Abläufe (»Ich-Akte«) von sinnvollem, zielrichtungsbestimmtem Einfluß (determinierender Tendenz) sind. Hauptvertreter ACH, BÜHLER, LINDWORSKY, MARBE, MESSER, SELZ

Wurzelformen der Persönlichkeit, von E. KRETSCHMER (1975) gewählte Bez. für solche ps. Reaktionsweisen, die (1) einfach, d. h. nicht weiter zurückführbar sind und (2) mit Körperbautypen statistisch korrelieren. W. sind psycho-physische Elemente. →Radikal, →Primeigenschaft, →Grundfunktionen, →Grundeigenschaft

Wurzelsprachen, die ps. wichtigen einsilbigen Wortsprachen, deren Einzelwörter ohne Bindung, Abwandlung usw. aneinandergereiht und je nach Zusammenhang als Handlung, Gegenstand oder Eigenschaft aufgefaßt werden.

Wut →Lebensgefühl

wu – wei [chinesisch], »Nichtstun«, nach nichts streben, aber nicht im Sinne eines Träg- oder Passivseins, sondern als Verlangen, die unwirklichen Dinge zu lassen, um die Buddha-Natur zu erlangen. *S-G*

WZT Ⓣ WARTEGG

X

Xanthocyanopsie [gr. *xanthós* gelb], Gelbblausichtigkeit. Identisch mit Rotgrünblindheit bzw. -schwäche. →Farbenblindheit

Xanthopsie →Chromopsie

X-Chromosom, Geschlechtschromosom. →Chromosom

Xenoglossie →Glossolalie

Xenoloquie [gr. *xenos* fremd], Abweichungen der musischen Faktoren (→Prosodie) in der →Sprachproduktion, die den Eindruck einer fremdsprachigen →Akzentuierung und →Satzmelodie erwecken. X. tritt gelegentlich auf bei extrapyramidalen Erkrankungen (→Dysarthrie) oder bei psychogenen →Sprachstörungen. Ⓛ SEEMAN 1969 *G-N*

Xenophilie [zu gr. *xenos* fremd], Vorliebe (gesteigerte, auch krankhafte) für das Fremde, Fremdartige. Ggs. ist *Xenophobie* als Bez. für Furcht vor dem Fremden oder auch Haß gegenüber dem Fremden ● Bezogen auf die Sprache sind die Begr. *Xenoglossophilie* und *Xenoglossophobie* gebildet worden, um die Vorliebe bzw. Abneigung gegen fremde Sprachen, fremdartige Wörter, Laute etc. zu kennzeichnen. →Xenoloquie

X-O-Test Ⓣ PRESSEY

Y

Yang und Yin [chines.], polare Grundkräfte, die nach altchinesischer Vorstellung im Einklang mit dem →Tao als lichtes und dunkles Prinzip die Welt (als deren Ordner) durchwalten. *S-G*

Yates-Test →Fisher-Yates-Test

Y-Chromosom, Geschlechtschromosom. →Chromosom

Yerkes-Dodson-Gesetz, eine postulierte Beziehung zwischen optimaler Stärke der Motivation und Schwierigkeit der Diskriminierung-Lernaufgabe; durch Generalisierung aus Versuchen mit Ratten gewonnen, die schwierige Diskriminierung bei schwacher Motivierung rascher lernten als bei starker, während leichtere Aufgaben auch bei starker Motivierung gleich gut gelernt wurden (Broadhurst 1959). *B-S*

*

Yerkes, Robert Mearns / 1876–1956 / amerik. Psychologe / Harvard-Univ., Boston, Minneapolis, Yale-Univ.

Yoga [Sanskrit und Pali], Joch, geistige und körperliche Anspannung.

Ein aus den →Upanishaden erwachsenes (nicht nur hinduistisches, sondern auch buddhistisches) ps. System, das durch »Seelentechniken« und körperliche Praktiken zu höchster Weisheit führen will, wobei Unterdrückung der Funktionen des Bewußtseins und asketische Übungen leitend sind. Hauptlehrbuch: Die Yoga-Sutras des Pantanjali (150 v. Chr.). Der Yoga dringt heute (losgelöst von seinem urtümlichen religiösen Boden) in Form von (säkularisierten) med. Entspannungs-Techniken auch in Europa ein. Der »Yogi« ist ein Mensch, Bekenner des Yoga. Ⓛ Hellpach, Eliade *S-G*

Young-Helmholtzsche Dreikomponententheorie ⟨Th. Young 1801, H. v. Helmholtz 1852⟩, ausgehend von den Gesetzen der Farbenmischung, wonach die drei Farben Rot, Grün, Blau ausreichen, um alle anderen Farben durch Mischung herzustellen, werden drei Netzhautmechanismen (Komponenten, Absorptionspigmente, Zapfensehstoffe) angenommen,

die durch beliebige Strahlenarten in jeweils versch. Verhältnis erregt werden (Trichromatisches System). Aus der gleichzeitigen Erregung der drei Rezeptorarten resultiert die Empfindung Unbunt. Erregung des Rot- und Grünmechanismus führt zur Empfindung Gelb. – Gegen diese Theorie macht Hering (1887) geltend, daß aus den Daten der Farbenmischung keine Theorie des Farbensehens hergeleitet werden könne, und daß eine Gelbempfindung nicht als Mischfarbe zu erklären sei. →Farbensehen, →Farbenmischung, Gesetze der *Str-R*

*

Young, Thomas / 1773–1829 / Physk., Physiol. / London

Young-Householder-Theoreme, Anforderungen, die an Distanzen, die durch eine ps. →Skalierung gewonnen wurden, gestellt werden müssen, um sie im euklidischen Raum abbilden zu können. Die Y.-H.-Th. lauten: 1. Die aus den Distanzen zu bildende Matrix der Skalarprodukte muß positiv semidefinit sein (alle Eigenwerte sind positiv oder Null). 2. Die Dimensionalität der Punktekonfiguration entspricht dem Rang r der Matrix der Skalarprodukte. Ⓛ Torgerson, Sixtl

*

Householder, Alston Scott / *1904 / Mathematiker / Calif. Inst. Technol.

Z

Zahlenfeld, Zahlentafel →Suchfeld

Zahlenkarten-Ordnen Ⓣ Köhler

Zahlenquadrat-Test Ⓣ Abels

Zahlenreihen Ⓣ Lipmann, Ruthe

Zahlensortier-Test Ⓣ Abels

Zahlenvergleich Ⓣ Poppelreuter

Zahlenzwang, Zählzwang, auch Arithmomanie. →Zwang

Zahnradaufgabe Ⓣ Hermann

Zahnraderklärung Ⓣ Moede

Zahnschlüssel ⟨Meumann⟩, Metallbügel, der bei Reaktionsversuchen zwischen die

Zähne genommen wird und durch Sprechen Öffnen eines Stromkreises bewirkt, wodurch ein Chronoskop bedient wird.

Zapfen →Auge, →Duplizitätstheorie

Zauber, Zauberglaube, →Magie

Zaunphänomen ⟨ROGET⟩, stroboskopische Täuschung, die darin besteht, daß bei einem hinter einem Zaun durch die Zaunspalten gesehenen, in Bewegung befindlichen Wagenrad die Speichen in eigenartiger Weise nach oben bzw. unten gekrümmt erscheinen. Die Richtung der Krümmung ändert sich nach der Drehrichtung des Rades ⟨LINKE⟩. Das Rad selbst scheint in Ruhe zu sein.

Zeichen, nach DIN 44300 »Ein Element aus einer zur Darstellung vereinbarten endlichen Menge von verschiedenen Elementen. Die Menge wird Zeichenvorrat *(character set)* genannt. Bsp. für Zeichen sind die abstrakten Inhalte von Buchstaben des gewöhnlichen Alphabets, Ziffern, Interpunktionszeichen, Steuerzeichen und andere Ideogramme. Zeichen werden üblicherweise durch Schrift (Schriftzeichen) wiedergegeben oder technisch verwirklicht durch Lochkombinationen, Impulsfolgen u. dgl.«

Zeichen, der zentrale Begr. der →Semiotik, nach de SAUSSURE (1916) die Verbindung einer Bedeutung mit einer Z.form. Im Z. sind Z.form (*signifiant,* Bezeichnendes) und →Bedeutung (*signifié,* Bezeichnetes) einander zugeordnet; ein Z. entsteht erst durch die Verbindung einer Z.form mit einem Bezeichneten (semantische Beziehung, →Semantik). Man unterscheidet →ikonische, →Index- und →Symbol-Z.; sprachliche Z. sind meist Symbolzeichen.

Die Zuordnung von Z.form und Bezeichnetem ist in natürlichen Sprachen weitgehend beliebig, bis auf jene Fälle, die als →Lautmalerei (→Onomatopöie) bezeichnet werden können. Da Z. in der Regel nur in Z.systemen vorkommen, interessiert wie die Z. eines bestimten Systems mit anderen Z. desselben Systems in Beziehung treten (syntaktische Beziehung, →Syntax). Zwei grundsätzliche Beziehungsarten werden unterschieden: die →syntagmatische und die →paradigmatische. Eine syntagmatische Beziehung besteht zwischen den Z. einer Z.folge. Eine Z.folge wird Syntagma genannt. In paradigmatischer Beziehung stehen Z., die einander innerhalb einer bestimmten Umgebung, d. h. an bestimmten Stellen einer gegebenen Z.folge, ersetzen können. *E-P*

Zeichenalter →Alter, →Zeichenmethode

Zeichen-Gestalt-Theorie →Behaviorismus

Zeichenmethode, zeichnerische Gestaltungs- und Ergänzungsverfahren, da das Zeichnen enge Beziehungen zur Person haben kann, überrascht nicht die Häufigkeit, mit der es als Test Verwendung findet.

So interessieren – je nach dem Ziel der ps. Diagnostik – das zeichnerische Können oder die einzelnen graphischen Merkmale oder der Inhalt der Darstellung als Symbol, Thema usw. oder die motorische Funktion und der Zeichenvorgang oder das, was in die Zeichnung einfließt (als Projektion). Die Vielzahl der Zeichentests läßt sich wie folgt ordnen:

I. Abzeichnen, Nachzeichnen, Weiterzeichnen von Vorlagen, z. B. geometr. Figuren (Ⓣ BENDER, BENTON, BINET, BUSEMANN, RUPP), Bildnisphotographie (Ⓣ BENESCH).
II. Thematisches Zeichnen ohne Vorlage, z. B. Mann, Person, Mensch (Ⓣ CLOSTERMANN, GOODENOUGH, MACHOVER, SEHRINGER), Familie (Ⓣ MINKOWSKA), Frau geht spazieren (Ⓣ FAY) , Familie in Tieren (Ⓣ GRÄSER), Tiere, Blumen, Pflanzen, Baum (Ⓣ KOCH), Haus, Baum und Person (Ⓣ BUCK). Weitere Themen sind z. B.: Zeichne dich selbst, dein Körperinneres, zwei Männer u. eine Frau bzw. zwei Frauen u. einen Mann.
III. Fortführung vorgegebener Zeichen (mit bestimmtem Aufforderungscharakter) (Ⓣ HORN-HELLERSBERG, KINGET, WARTEGG, WARTEGG-BIEDMA, WARTEGG-SACHER)
IV. Freies Zeichnen Ⓣ SALFIELD
V. Zeichnen in Partnerschaft Ⓣ HANSELMANN, WEIDEMANN
VI. Kritzeln Ⓣ MEURISSE

Historisch hat sich das Interesse zuerst der Kinderzeichnung und der Bildnerei der Geisteskranken (PRINZHORN, 1921) zugewandt. Später kam die Beachtung individueller Merkmalsausprägungen hinzu. Die Zeichnung wurde »Ausdruck der Person« in der ps. Diagnostik aller Altersstufen. Auch die psychoanalytische Symbolinterpretation trat zunehmend hervor.

Zeichensprache, Sammelbez. für Verständigungssysteme (→Sprache), bei denen andere als die in natürlichen Sprachen üblichen lautlichen und graphischen →Symbole für die Bedeutungsübermittlung in der →Kommunikation verwendet werden. Eine besondere Form der Z. sind die von →Gehörlosen verwendeten →Gebärdensprachen. Genau genommen ist jede Sprache eine Z., sofern sie Zeichencharakter hat bzw. →Zeichen enthält (→Semiotik). *K-I*

Zeichentest →Vorzeichentest

Zeichnungen-Fortsetzen Ⓣ RUPP

Zeichnungsstadien →Kinderzeichnung

ZEIGARNIK-Effekt, bevorzugtes Erinnern von unterbrochenen Handlungen im Vergleich zu abgeschlossenen. →Wiederaufnahme von unterbrochenen Handlungen

ZEIGARNIK, Bluma Wulforna / *1900 Preny, Rußland / Psychol. (promov. Berlin) / Prof. Univ. Moskau

Zeigelust, Zeigetrieb →Partialtriebe

Zeit, ein mit vielfältiger Problematik beladener Begriff (ähnlich dem Begr. Raum). Neben seiner Bedeutung in der Physik (→Theorien, physikal.), in der Philosophie, für die Kausaltheorien u. a. m., liegt auf ps. Gebiet die Vorzugsbedeutung in dem Phänomen des Z.erlebens als eines besonderen Innewerdens der Z. (Vergangenheit = Erinnerungen, Gegenwart = momentane Gedanken u. Handlung, Zukunft = Erwartungen). →Zeit, psychische, →Zeitperspektive.

Zeit-Bewegungs-Studien →Zeitstudien

Zeitfehler, ein schon aus der klassischen Psychophysik stammender Begr. Es handelt sich um einen Effekt aus der Gruppe der sog. konstanten Fehler und bezieht sich auf die Reihenfolge, in der zwei Reize der Vp zum Vergleich vorgelegt werden.

Von negativen Z. spricht man, wenn der zweite der beiden sukzessiv zu beurteilenden Reize überschätzt wird. Dies führt zu einer Veränderung der Unterschiedsschwelle in Abhängigkeit von der Reihenfolge. Positiver Z., d. h. Überschätzung des zuerst dargebotenen Elementes tritt häufig auf, wenn die zwischen der Reizabfolge liegende Zeit sehr kurz ist. Ob p. Z. oder n. Z. auftritt, hängt noch von weiteren Variablen wie Figur-Grund-Relationen und Modalität (z. B. optisch oder akustisch) ab. – Die bekannteste Theorie dieser Erscheinungen stammt von KÖHLER und LAUENSTEIN, die bestimmte physiologische Prozesse im Spurenfeld zur Erklärung heranziehen. Auch die Theorie des →Adaptationsniveaus von HELSON (→adaptation level) stellt den Z. in Rechnung. – Es gibt bisher keine einzelne Theorie, die allen Erscheinungsweisen des Z. gerecht würde. Ⓛ KOFFKA, LAUENSTEIN, WOODWORTH-SCHLOSBERG

Zeitgedächtnis, Erinnerungsfähigkeit für zeitliche Beziehungen

Zeitkanal →Kanal

Zeitlage, bei ps. Versuchen gelegentlich Bez. für die Abfolge der verschiedenen Reize (vorangehender, nachfolgender Reiz; Haupt- und Vergleichsreiz)

zeitliche Hemmung →Hemmung

Zeitperspektive, der Begr. umfaßt das aktuelle Bezogensein auf Vergangenheit, Gegenwart und Zukunft.

Er geht auf K. L. FRANK zurück, der unter *time perspective* die Spannweite des zeitlichen Erlebens versteht. Amerikanische Forscher wie R. J. BERNDT, L. M. ELLIS, K. L. FRANK, D. M. JOHNSON, L. LESHAN, M. WALLACE untersuchen *time perspective* in der zeitlichen Ausdehnung und dem Umfang der Zeitspanne, in der Erinnerungen, Ziele, Erwartungen des Menschen liegen. Ähnlich definiert D. C. MCCLELLAND Z. als Spannweite des vergangenheits- und zukunftsbezogenen Erlebens. K. LEWIN hat Z. als bewußtes Bezogensein auf einen mehr oder weniger langen Zeitraum des Vergangenen und Zukünftigen interpretiert. Untersuchungen zur Z. fanden unterschiedliche Zeitbezugssysteme bei Kindern und Jugendlichen verschiedener Altersstufen, bei Menschen verschiedener sozialer Herkunft, bei Normalen und Psychotikern und bei Delinquenten und Nichtstraffälligen. P. FRAISSE spricht von dem *horizon temporel,* wenn der Mensch gelernt hat, durch Erfahrungen in der Vergangenheit sein Verhalten in der Gegenwart nach der Antizipation von Zukünftigem auszurichten. Ⓛ FRAISSE, KASTENBAUM, LEWIN, NUTTIN 1980b *Fe-R*

Zeitprobentechnik der Beobachtung [engl. *time sampling*], ist es nicht möglich, einen Vorgang während seiner gesamten Dauer zu beobachten, so teilt man die Gesamtzeit in Zeitintervalle ein und entnimmt daraus eine Stichprobe von Beobachtungszeiträumen, in denen die →Beobachtung systematisch betrieben wird.

Zeit, psychische, erlebte Dauer, Gleichzeitigkeit und zeitliche Folge (Sukzession) von Ereignissen als Funktion der Erlebnismenge (Veränderungen) pro objektive Zeiteinheit (Zeitwahrnehmung – bis etwa eine Sekunde) oder als Gedächtnisfunktion der gesamten Erlebnismenge (Zeitschätzung längerer vergangener zeitlicher Erstreckungen).

Die Untersuchung der mit der ps. Z. zusammenhängenden Probleme ist durch die Tatsache erschwert, daß keine physikalischen Objekte die direkten Reize für psychische Reaktionen sind, sondern die Anhaltspunkte für die ps. Z. sehr verschiedene sensorische und emotionale Ereignisse, von denen die ps. Z. »abgehoben« wird. Man kann feststellen, daß Zeitwahrnehmung und Zeitschätzung relativ stark von der gemessenen Uhrzeit abweicht, oder man kann darauf hinweisen, daß die Leistungen der »inneren Uhr« gelegentlich erstaunlich gut sind. »Die zeitlichen Eigenschaften der Welt werden als Realitäten angesehen ... aber sie sind Abstraktionen von Wahrnehmungen, die durch menschliche Eigenschaften den Reizen verliehen werden« (GOLDSTONE u. GOLDFARB 1966 446).

Die ps. Zeitmessung ist aber nicht die Leistung einer inneren Uhr im Sinne eines Zeitsinns, sondern ein Teilergebnis der Verarbeitung des sensorischen Inputs durch den

Organismus, indem bestimmte Eigenschaften des Input als Zeit definiert werden.

Über die entsprechende Abhängigkeit der ps. Z. von einer Reihe der bisher untersuchten unabhängigen Variablen unterrichten FRAISSE 1967[2], WALLACE u. RABIN 1960, DOOB 1971. Die Länge der metrischen Intervalle, die wahrgenommen oder geschätzt werden, die Art der Begrenzung, die Ausfüllung, aber auch die Meßmethode (verbale Kundgabe mit konventionellen Zeitbegriffen oder Reproduktion) und vieles andere haben Einfluß auf die Genauigkeit der Übereinstimmung zwischen metrischer und ps. Zeit. Dazu kommen noch die im physiologischen Zustand der Person des Probanden gegebenen Faktoren wie Körpertemperatur, Drogenwirkung, vorherige Tätigkeit und – mit unklaren Ergebnissen auch Persönlichkeitsvariablen im engeren Sinne. Die Genauigkeit des subjektiven Zeitmessens ist eine theoretisch weniger wichtige Frage als die nach der Art des zugrundeliegenden Prozesses. Eine Lokalisation wird erwogen, aber meist abgelehnt. »Änderungen im externen oder internen Milieu (besonders periodische), die für den Organismus Bedeutung haben, bringen interne Prozesse in Gang, die mehr oder weniger in Phase mit jenen Änderungen ablaufen, die nicht vollständig unabhängig von ihnen sind, die andauern können oder wenigstens nicht unmittelbar ausgelöscht werden, wenn die externen Bedingungen geändert werden und sie nicht-verbalisierte Merkmale *(cues)* vermitteln für die Entstehung des zeitlichen Motivs« (DOOB 1971 72). Als Maßeinheiten für die ps. Z. sind die →Zeitschwelle (eben wahrnehmbare Dauer), die Zeitunterschiedsschwelle, die →Präsenz-Zeit (STERN, 2–12 s) oder auch die Indifferenzzone angesehen worden. Letztere ist der Bereich, in dem die Überschätzung kurzer metrischer Zeiten in die Unterschätzung längerer metrischer Zeiten übergeht; sie liegt nach verschiedenen Angaben bei 0,6–0,8 s. – Der Moment (von BAER) als menschliche Zeiteinheit, die für die temporale Auflösung visueller Reize entscheidend ist (etwa $^1/_{18}$ s), ist tatsächlich viel variabler, als in solchen Aussagen angenommen wird, →Flimmer-Verschmelzungsfrequenz. Die Zeitschätzung wird im Laufe der Entwicklung des Zeitbegriffs und des Gebrauchs verbaler Zeichen für ihn verändert. Zwischen PIAGET und FRAISSE gibt es eine Kontroverse über die Frage, ob die Zeit eine direkte Funktion der wahrgenommenen Geschwindigkeiten ist oder ob Dauern intuitiv erfaßt werden können (Zeitbegriff). (BOVET et al. 1967) Über weitere Untersuchungen zur Wahrnehmung der Zeit durch Kinder berichten GOLDSTONE u. GOLDFARB 1966.

Zeitcharakteristika aller ps. Prozesse: Die funktionale Grundlage der ps. Z. hat eine angemessene Wirkung auf das Verhalten durch die Determination der im Verhalten verwirklichten zeitlichen Verhältnisse. Bewegungs- und Geschwindigkeitswahrnehmung, die als Geschehenswahrnehmung zusammengefaßt werden können (JOHANSSON 1950, 1966), Entstehen von figuralen Wahrnehmungen in der →Aktualgenese, zeitliche Codierung von Gedächtnisinhalten (Stellung in der Reihe) (vgl. TULVING u. MADIGAN 1970 463, UNDERWOOD 1977), verschiedene Aspekte von Lernprozessen (BREUNIG 1973), Informationsverarbeitungs- und Entscheidungszeiten sind die wichtigsten Beispiele dafür. Die Wechselwirkung zwischen der Beeinflussung der ps. Z. durch die Erlebnismenge und der Veränderung der genannten Prozesse durch die Größe der endogenen zeitlichen Einheiten erschwert die in den Anfängen steckende Forschung erheblich. Das gilt im geringeren Maße für die Rückführung der sog. Triebe und Strebungen auf zeitliche Verhältnisse im kognitivistischen Motivationsbegriff. Person-Umwelt-Bezüge werden als Spannungen zwischen gegenwärtigen und zukünftigen Zuständen angesehen. »Je stärker der im Vordergrund stehende Antrieb vor der Erreichung oder Nicht-Erreichung des relevanten Ziels ... ist, um so größer ist die Beschleunigung des zeitlichen Verhaltens *(timing)*.« DOOB (1971 131) unterscheidet damit nicht deutlich genug zwischen dem »Ausgangszustand« und »Trieb«. Die Leistung des automatischen Erwachens ist ein Spezialfall der Zeitcharakteristika von Prozessen (»Kopfuhr«, CLAUSER 1954).

Zeitorientierung (→Zeitperspektive, Zukunftserleben): Die Ansicht, die eine Person von ihrer Vergangenheit und Zukunft hat. Nach LEWIN (1963 96) »... umfaßt (die Zeitperspektive) die ps. Vergangenheit und die ps. Zukunft auf der Realitätsebene sowie den verschiedenen Irrealitätsebenen«. Sie sei wichtig für das Anspruchsniveau, die Stimmung, Konstruktivität und Initiative des Individuums. Für das Wohlbefinden des Menschen ist sein Ausblick in die Zukunft offenbar (mindestens sehr häufig) wesentlicher als die gegenwärtigen Umstände. Die Zeitperspektive ist also als gegenwärtig wirksam anzunehmen und soll nach BERGIUS (1957) nicht nur als konzeptualisierter und symbolisierter funktionaler Aspekt des Verhaltens konstruiert werden. Es werden Erstreckung, Strukturierung, Dichte und Gerichtetheit der zukünftigen Zeitperspektive unterschieden (KASTENBAUM 1965). Die Messungen der verschiedenen Dimensionen der Zeitperspektive sind methodenabhängig, was vermuten läßt, daß eher spezifische als generalisierte Zeitperspektiven praktische Konstrukte sind (MÖNKS 1967, BERGIUS 1969, KASAKOS 1971). Über den Entwicklungsaspekt der Zeitperspektive berichten WALLACE u. RABIN (1960). Ⓛ Zur Geschichte der Z.-forschung: BENOUSSI 1913; zur Phänomenologie der Z.: VOLKELT 1925 *B-S*

Zeitreihenanalyse, (1) Untersuchungsverfahren, das die →Entwicklung von Personen und →Phänomenen über eine bestimmte Zeit hinweg erhebt und mit Hilfe von →Pfadanalyse, →Kreuzkorrelationen u. ä.

auswertet. →Fallstudie →Längsschnittuntersuchung *R-S*

Zeitreihenanalyse (2), die Zerlegung von Reihen, deren Reihungsmerkmal die Zeit ist, in ihre Komponenten (Trend – zyklische Schwankung – saisonale Schwankung – irreguläre Komponente). Es gibt verschiedene Verfahren, bei denen die Verknüpfung der Komponenten entweder als additives oder als multiplikatives Modell gegeben ist. Die Z. wird u. a. auf entwicklungsps., klinisch-ps. (Therapie-)Daten und sonstiges Geschehen prozeßhaften Charakters meist in Einzelfallstudien (→Fallstudie) angewandt. Es müssen Meßdaten eines Phänomens zu mehreren aufeinander folgenden Zeitpunkten oder Zeitabschnitten vorliegen. Ⓛ GLASS u. a. 1975, REVENSTORF 1979 *B-S*

Zeitschätzung →Zeit, psychische

Zeitschwelle, (1) absolute Z., der zeitliche Abstand von zwei Reizen, die gerade noch als aufeinanderfolgend wahrgenommen werden und nicht zu einem einzigen Eindruck verschmelzen. Die a. Z. ist für die einzelnen Sinnesgebiete verschieden groß und beträgt für das Hören unter günstigsten Bedingungen etwa 0,002 sec, für das Sehen und den Tastsinn wesentlich mehr (0,01 bis 0,04 sec). (2) relative Z., Unterschiedsschwelle; derjenige Unterschied zwischen zwei Zeitstrecken, der die eine als ebenmerklich länger oder kürzer als die andere erscheinen läßt. Sie beträgt bei kleinen Zeitstrecken ca. $^1/_{20}$. Ⓛ PAULI-ARNOLD

Zeitschwellenapparat, Vorr., wie →Zeitsinnapparat, zur Untersuchung der →Zeitschwelle

Zeitsinnapparat, Hilfsmittel zur Darbietung von akustischen oder optischen Reizen in wählbaren zeitlichen Abständen oder von Reizen ganz bestimmter Dauer. Ⓛ PAULI-ARNOLD

Zeit, soziale, die Modalform der →ps. Zeit in Kulturen, Schichten oder anderen sozialen Gebilden (GURVITCH 1964) *B-S*

Zeitstudie, arbeitsps. Untersuchung des Zeitbedarfs bei Arbeitsvorgängen durch Gliederung des Gesamtvorganges in kleinere Einheiten von Bewegungen. Die Z. bildet die Grundlage für Arbeitsanweisungen, Betriebsvorschriften und Lohnberechnungen. Wird die Z. auf bestimmte Bewegungen bezogen, so spricht man auch von »Handzeit«, »Griffzeit« usw.; wird sie auf einen maschinellen Arbeitsgang bezogen, so besteht der Begriff »Maschinenzeit«. Die Z. geht auf TAYLOR und GILBRETH zurück. →Arbeitsstudie, →Bewegungsstudie, →Lichtspurverfahren, →Reihenphotographie, →REFA

Zeittäuschung, jede Über- oder Unterschätzung von Zeitstrecken. Man findet 1. zeitliche Größentäuschung. Bei Rhythmisierung (also Intensitätsänderung) wirken Betonungen von Einheiten verlängernd oder verkürzend auf die scheinbare Größe benachbarter Zeitstrecken ein. Bei ungleich langen Zeitstrecken werden erfüllte Strekken überschätzt (vgl. geometrisch-optische Täuschungen). 2. Zeitverschiebung: Die bei gleichzeitiger Darbietung zweier verschiedener Reize zutage tretende Bevorzugung des Reizes, der gegenüber dem anderen als »früher« bezeichnet wird (vgl. persönliche Gleichung, Komplikationsversuch). Positiv nennt die Zeitverschiebung, wenn der akustische später als der optische Eindruck angesetzt wird; negativ im umgekehrten Falle.

Zeitunterschiedsschwelle →Zeitschwelle

Zeitvorstellung, »Vorstellung« einer Zeitstrecke, z. B. von der Dauer eines Reizes bzw. eines Erlebnisses, oder von der Zeit, die seit einem Erlebnis vergangen ist

Zeitwahrnehmung →Zeit, psychische

Zelle, (biol.), kleinste Einheit des lebenden Organismus, die noch alle Erscheinungen des Lebens (→Stoffwechsel, Beantworten von →Reizen usw.) zeigt. Die Z. besteht aus dem Kern (→Chromosomen) und dem Zellleib mit verschiedenen Organellen (»Organe« der Zelle). *P-S*

Zell(kern)teilung →Mitose, →Meiose

Zensor, ein von FREUD aufgenommener Begr. Beim Gegenspiel von unlustvoller Realität und Triebhaftigkeit wird an der Grenze zwischen Ich und Unbewußtem ein Regulator (Zensor) angenommen, der automatisch und unbewußt funktioniert – so unbewußt wie die Reaktionsbewegungen z. B. beim Schreiben oder Autofahren – und nur soviel ins Bewußtsein zuläßt, als dem Ich zuträglich ist. Dieser Regulator, den man auch als »Reizschutzapparat« (Reizschutz gegenüber den gefährlichen Regungen des Es) bezeichnet hat, wirkt wie eine Art Zensur. Ⓛ BRUN, FREUD

Zentile (C), Intervalle einer Häufigkeitsverteilung (z. B. von Testpunkten), in denen je 1% der Fälle liegt. Die →Perzentile geben die Punktwerte an, welche den jeweiligen oberen Intervallgrenzen entsprechen (daher

100 Z., aber nur 99 Perzentile). Das 25. Z. ist das untere (1.) Quartil, das 50. der Median, das 75. Z. das obere (3.) Quartil. *R-S*

Zentraleigenschaft →Kardinaleigenschaft

zentral erregte Empfindungen, nach EBBINGHAUS die im Ggs. zu den peripheren Empfindungen unbestimmteren, farblosen, reproduzierten Inhalte. Gleichzusetzen mit Vorstellung.

Zentralfurche →Gehirn

Zentralgrube →fovea centralis

Zentralnervensystem, der Teil des Nervenganzen, mit dem die peripheren Nerven funktionell zusammenhängen und von dem sie ausgehen: Gehirn und Rückenmark (abgekürzte Bez. ZNS). →Nervensystem

Zentraltest-Methode Ⓣ ROEMER

Zentralwert →Median. ● Bei STERN der Festigkeitsgrad, mit dem (von einer Anzahl unter sich hochkorrelierter Eigenschaften) die einzelnen Merkmale am Gesamtzusammenhang beteiligt sind. Das »*global result*« ist der Rohwert aus vielen gemessenen Eigenschaften, das individuelle Durchschnittsleistungsmittel. Mit ihm, als Ausdruck der Leistungsfähigkeit der Person schlechthin, werden die Einzelwerte nochmals korreliert. Hierin liege ein Weg, experimentell zum Nachweis eines Zentralfaktors zu gelangen.

Zentren, Nervenzentren, Felder des ZNS. »Nervöse Apparaturen« ⟨W. R. HESS⟩, deren »synerg-koordinierende Funktion« bestimmte Leistungen zustande kommen läßt. Die Z. beginnen schon bei den Rezeptoren. →Lokalisation

Zentrenhierarchie, (biol.), einem als geordnete Kette ablaufender Verhaltenskomplex (z. B. das →Fortpflanzungsverhalten des Stichlings) entspricht nach N. TINBERGEN (1951) eine ebensolche Ordnung im Zentralnervensystem. *P-S*

Zentrierung, Begr. aus der Gestaltps., der auf Gewichtsverteilung, Rangordnung der konstituierenden Teile, Eigenschaften usw. des gestalthaften Gefüges hinweist. Jedes seelische Gebilde weist eine bestimmte Z. auf. →Umzentrieren Ⓛ METZGER. ● PIAGET denkt sich eine visuelle Wahrnehmung in lauter Einzelwahrnehmungen *(centrations)* zerlegt, die im Laufe der Entwicklung durch höhere Wahrnehmungsfunktionen *(activités perceptifs)* koordiniert werden *(décentration)*. Jede Zentrierung bedeutet eine subjektive Vergrößerung des betr. Bildteils. Ⓛ PIAGET (1961)

zentrifugal, syn. efferent, vgl. Reflexbogen

zentripetal, syn. afferent, vgl. Reflexbogen

Zentroidmethode →Centroidmethode

Zentroversion, ein von E. NEUMANN verwendeter Begr. für die im Menschen angelegte Tendenz zur Selbsterhaltung und Selbstgestaltung und zum Bewußtwerden des ps. Zentrums im Selbst

zerebrale Kinderlähmung →Zerebralparese

Zerebralparese, wörtl. »Hirnlähmung«, d. h. Hirnschädigung, die bei der Hirnentwicklung vor, während oder nach der Geburt entstanden ist (Hirndefekte, intrauterine Infektionen, Geburtstraumen u. a.) und mit ein- oder beidseitigen spastischen Lähmungen (→LITTLE-Syndrom), mit →Ataxie, →Athetose, Sprechstörungen, Sehstörungen, Krampfanfällen o. a. verbunden sein kann.

Zerebralsklerose, »Verhärtung« im Hirngewebe (nicht Hirnarteriosklerose).

Zerebration, →Enzephalisation

zerebrospinales Nervensystem →Nervensystem

Zerebrotonie, das mit dem →Körperbautyp der Ektomorphie nach SHELDON korrelierende Temperament. Ausgezeichnet durch Zurückhaltung, Unfähigkeit zu wirklicher Entspannung, Hemmung. Beim Zerebrotonen sind alle Reize und Reaktionen überstark, er muß sich immer von neuem ausbalancieren, besitzt aber guten Kontakt mit dem »Unbewußten«.

Zerebrum →Cerebrum

Zeremonie, Zeremoniell [lat.], feierliche Handlung; vor allem die dabei vorhandene Förmlichkeit. Die Beachtung der feierlichen Formvorschriften wird kontrolliert, Mißachtung »bestraft«.

Zerfall, Spurenzerfall, →Gedächtnis, →Vergessen

zero-sum-game, →Zweipersonen-Nullsummenspiel

Zeugenaussage →Aussagepsychologie, →Wahrheit

Zeugentüchtigkeit, wie bei der →Glaubwürdigkeit von Zeugen ist zu unterscheiden zwischen allgemeiner Z. (wenn normal ausgeprägte kognitive und sprachl. Fähigkeiten eine richtige Darstellung erwarten lassen) und spezieller Z. (bei der Annahme einer richtigen Aussage über eine ganz bestimmte Situation). In Einzelfällen kann die spezielle Z. bejaht werden, auch wenn die allgemeine

Z. abgelehnt werden muß. Ⓛ ARNOLD (1957)

Ziel, Zielstrebigkeit, »Ziel ist die vorausgenommene Vorstellung der Wirkung unseres Handelns« ⟨WUNDT⟩. Die Selbständigkeit der Zielsetzung ist von charakterologischer Bedeutung: Antriebskraft der Strebungen, Machtstreben, Selbstgefühl, Selbstwertgefühl, Entschlußkraft u. a. m. konstituieren den Grad und die Richtung der Zielstrebigkeit. Ⓛ KÖHLER, LERSCH, METZGER, TOLMAN, WEIZSÄCKER

Zielanalyse →Denken, →Denken, heuristische Methoden

Zielbewegungsapparat, Vorr. zur Prüfung freier Zielbewegungen

Zieldiskrepanz, Differenz zwischen der Höhe des →Anspruchsniveaus bei einer bestimmten Leistung und der tatsächlich erreichten (oder vom Individuum erreichbaren) Leistungshöhe

Zieldistanz, der durch eine geeignete Metrik zu beschreibende objektive Abstand eines Zustandes in einem →Problemraum von dem Zielzustand oder auch der von einem Problemlöser subjektiv erlebte bzw. abgeschätzte Abstand seiner momentanen Position in seinen Problemlösungsbemühungen vom Zielzustand. Ⓛ DÖRNER 1976 *K-I*

zielerreichendes Lernen →mastery learning, →ATI

Zielgradient →Gradient

Zielhammer →Sinnesfunktionen (5b)

Zielvorstellung, vermittelndes Zwischenglied bei intentionalen Handlungen (Willenshandlungen), insbesondere nach der Interpretation von ACH, auch nach MIERKE (1955); gut vereinbar mit der mechanistischen Erklärung zielgerichteter Handlungen durch die →antizipierte Ziel-Teilreaktion. Die Z. kann als Teilreaktion auf das Stimulusgesamt am Ziel aufgefaßt werden. *B-S*

ZIPFsches Gesetz, die Wahrscheinlichkeit, mit der ein Wort in einer Sprache auftritt, ist etwa umgekehrt proportional seinem Rangplatz in der Häufigkeitsreihenfolge. Sei p_1 die relative Häufigkeit des Wortes auf dem Rangplatz 1, dann ist nach dem ZIPFschen Gesetz $p_{100} \approx p_1/100$.

*

ZIPF, George Kingsley / 1902–1950 / Psychol., Linguist / Harvard-Univ. (Cambridge, Mass.)

Zirbeldrüse →Gehirn

zirkadianisch, syn. →circadian

zirkulär [lat.], syn. zyklisch, kreisartig, wiederkehrend, periodisch

zirkulärer Reflex, ein Reflex, durch dessen Wirkung der Reiz für ein wiederholtes Ablaufen von neuem gesetzt wird. So wird z. B. beim Säugling durch Berühren des Handtellers die Hand reflektorisch geschlossen. Beim Schließen der Hand berühren die Fingerspitzen den Handteller, wodurch der Reflex zirkulär in Gang gehalten wird.

zirkuläres Irresein, syn. zyklisches Irresein, *folie circulaire* (Bez. von Jean-Pierre FALRET, 1794–1870). →Manisch-depressives Irresein

Zirkulärreaktion →Kreisreaktion

zirkumskripte Farbenblindheit, auf einzelne Stellen im Auge beschränkte Farbenblindheit

Zivilisation, ähnlich dem Begr. Kultur eine Entwicklungsstufe, die wohlgeordnetes Zusammenwirken und damit die Voraussetzungen der Kulturentfaltung erkennen läßt. Z. wird gerne als Endphase der Kultur gewertet; so SPENGLER (»Untergang des Abendlandes«), der die Kultur als Bereich des Organisch-Lebendigen und Z. als Bereich des bloß Technisch-Mechanischen faßt. In die gleiche Richtung verweist schon das sprachliche Herkommen der beiden Begriffe (das Ursprüngliche, Einfache des Ackerbaus gegenüber dem Verfeinerten, Gesitteten des Bürgerlichen).

Z-Norm, Z-Skala →Normskalen

ZNS, Abk. für Zentralnervensystem. →Nervensystem

ZÖLLNERsche Täuschung, mit kleinen Parallelstrichen in schräger Richtung durchsetzte Parallelen a, b, c erscheinen divergent bzw. konvergent. Die Täuschung tritt auch ein, wenn nur eine der Parallelen Querstriche enthält. →geometrisch-optische Täuschung

ZÖLLNER, Johann Karl Friedrich / 1834–1882 / Astronom, Physiker / Leipzig

Zone der Zustimmung, *latitude of acceptance,* Annahmebereich, von SHERIF u. HOV-

LAND eingeführte Bez. für den Bereich auf einer Attitüden-Skala, der für den Befragten noch annehmbare Aussagen enthält. Daran schließt sich eine Zone der Indifferenz und eine Zone der Ablehnung an. Auch Akzeptierungs-, Ablehnungs- und Indifferenzbereich genannt. →Assimilations-Kontrast-Gesetz, →soziales Urteil *B-S*

Zonentheorie, Theorie des Farbensehens, die bei den Rezeptoren trichromatische Reizempfindlichkeiten, in zentralen Anteilen der Netzhaut (2. und 3. Neuron) die Theorie der Gegenfarben für angemessen hält. →Hauptfarben *R-S*

Zönose [gr. *koinós* gemeinsam], nach HELLPACH erwächst aus dem Urtrieb zur Gemeinschaft das Bedürfnis zur Gemeinde, wie zur Gefolgschaft mit allen emotionalen und rationalen Auswirkungen (Gerngläubigkeit der Masse). Je nach Gebiet spricht HELLPACH von Theozönose, Biozönose, Oligozönose. *R-S*

Zoophilie [gr. *zoon* Lebewesen, Tier, *philein* lieben], Tierliebe. ● In sex. Bedeutung →Sexualität (Tabelle)

Zoosemiotik, Forschungsrichtung, die durch den Vergleich tierischer Kommunikationssysteme mit der menschlichen Kommunikation eine biol. fundierte, umfassende Kommunikationstheorie anstrebt. *G-M*

Zorn →Lebensgefühl

Z-Skala →Normskalen

Z-Test Ⓣ ZULLIGER

Zuchtwahl, svw. Selektion →Abstammungslehre

Zuckungen, fibrilläre, Zuckungen einzelner Faserbündel eines Muskels ohne »Bewegungseffekt«. Sie laufen langsamer als myoklonische Z. (→Myoklonien) ab, sind die Folge einer Schädigung des peripheren Neurons und lassen sich durch Abkühlen und Beklopfen der Muskulatur provozieren. Myokymien (wellenartiges Muskelwogen) und die wesentlich gröberen faszikulären Z. kommen ohne Nachweis einer organischen Erkrankung vor.

Zufall, (1) Das Zusammentreffen von zwei oder mehr Einzelerscheinungen, ohne daß ein innerer Zusammenhang (Zusammengehörigkeit, kausale Abhängigkeit) besteht; im Alltag wird auch bei geringer Wahrscheinlichkeit des Zusammentreffens, unabhängig davon, ob ein innerer Zusammenhang besteht oder nicht, von Z. gesprochen. (2) Bei Massenerscheinungen ist Z. die Gesamtheit aller nicht erfaßbaren oder als unwesentlich vernachlässigten Einflüsse auf die Größe einer Beobachtungsvariablen (→Fehler). Die meisten biologischen, psychologischen und sozialen Phänomene sind so komplex, daß es nicht möglich ist, sämtliche Ursachen für die Variation von Beobachtungen zu erfassen. Mit Methoden der →Statistik wird daher versucht, den Anteil an Z. zu eliminieren (z. B. durch Bildung von →Mittelwerten) bzw. in seiner Größe zu bestimmen (z. B. →mittlerer Fehler). *M-R*

Zufallsapparat ⟨GALTON⟩ →Quinkunx

Zufallsauswahl, Randomisierung, die Auswahl von Individuen, insbesondere bei der Bildung einer →Stichprobe durch Verfahren, die jede subjektive Bevorzugung bzw. Vernachlässigung bestimmter Individuen ausschließen, also z. B. die Auswahl durch das Los, nach einer Zufallsfolge von Ziffern u. dgl.

Zufalls-(zufällige) Fehler →Fehler

Zufallsstichprobe [engl. *random sample*], durch →Zufallsauswahl gebildete Stichprobe

Zufallszahlen, Bez. für Zahlen, die in zufälliger Reihung aufeinander folgen. Sie werden mit einem →Zufallszahlengenerator hergestellt.

Zufallszahlengenerator, *randomizer,* Gerät zur Herstellung von →Zufallszahlen

Zugriffszeit, Zeit zwischen Reizaufnahme und Wiedergabe (Reproduktion) eines Gedächtnisinhaltes. Die Z. verkürzt sich mit steigender Assoziationsstärke. →Gedächtnis. vgl. Latenz, Reaktionszeit *R-S*

Zukunftserleben, Zukunftsbewußtsein, Zukunftsbezogenheit. Der Begr. bezieht sich auf alle kognitiven, konativen und affektiven Momente, die auf Kommendes oder Zukünftiges gerichtet sind.

Dazu gehören alle prospektiven und propulsiven Erlebnisformen wie Zielstrebigkeit, Hoffnung, Mut, Zuversicht, Unsicherheit, Furcht. Angst u. a. Zukunftserleben kann als Unterganzes im gesamten personellen Zeitbezugssystem betrachtet werden (→Zeitperspektive), welches die dynamischen Vorgänge im Individuum strukturiert, ordnet und lenkt. W. STERN beschrieb erstmals die Zukunftsbezogenheit der Gefühle in deren richtungsgebender und steuernder Funktion. Experimentalpsychologische Ansätze zum Zukunftsbewußtsein gehen auf H. KELLER zurück, der im Wissen von Können und im Gefaßtsein-auf-etwas dynamische steuernde Zukunftstendenzen sieht. KELLER unterscheidet Zukunft auf nahe Sicht von Zukunft auf weite Sicht. Diese Einteilung wurde von R. BERGIUS übernommen, der persönlichkeitsspezifische und weitgehend situationsunabhängige Tendenzen des Zukunftserlebens aufwies.

• Als ps. Begr. umfaßt Z. die individuellen Formen von Antizipationen, Gerichtetheiten und sonstigen von personellen Zielen ausgehenden Wirkungen. Dagegen zielt die Futurologie, eine soziologische Teildisziplin, mehr auf die Prognose der Entwicklung der Menschheit unter den verschiedenen wissenschaftlichen Aspekten. Ⓛ Bergius, Keller, Stern, Nuttin 1980b *Fe-R*

Zulänglichkeit, als Gütekriterium des Tests schreibt die Z. vor, daß das, was der Test mißt, auch repräsentativ für das ist, was gemessen werden soll. Die Z. bezeichnet also den Grad der Gemeinsamkeit zwischen Test und Kriterium, ohne daß die →Reliabilität des Tests und des Kriteriums berücksichtigt wird. Die Z. wird nicht durch einen Koeffizienten quantitativ erfaßt. Besitzt ein Test eine geringe →Validität und eine hohe Reliabilität, so weist dies darauf hin, daß er eine geringe Z. besitzt. *Hä-R*

Zungenbändchen, angewachsenes →Ankyloglossie

Zungenlähmung →Dysglossie

Zuordnungsmethode, vielfach bei Tests (besonders sprachfreien) und auch zur Prüfung der Sinnesfunktionen angewandte Methode, wobei das einer Vorlage Bedeutungsgleiche oder Ähnliche aus einem Vorrat an Material (auch Begriffe, Zeichnungen usw.) zuzuordnen ist.

Zuordnungs-Test Ⓣ Franken

Zurechnungsfähigkeit, die strafrechtliche Verantwortlichkeit eines Menschen, die sich gradweise bestimmt aus seiner Fähigkeit, die Folgen seiner Handlungen vorauszusehen. Kinder bis 7 Jahre sind nicht, Jugendliche bis 18 Jahre bedingt verantwortlich. Geisteskranke und Bewußtlose werden als nicht zurechnungsfähig betrachtet. Bewußtseinstrübung bedingt verminderte Zurechnungsfähigkeit.

Zusammensetzungsannahme geht davon aus, daß sich Entwicklung (Werden) in der Zusammensetzung der ursprünglich unverbundenen Nebeneinander zu immer umfassenderen Verbänden zeigt: assoziieren von Vorstellungen, kombinieren beim Denken, integrieren und kollektivieren bei der Persönlichkeitsentwicklung. • Gegenposition: Ausgliederungsannahme, die das einheitlichere Wahrnehmen, Ganzeigenschaft, Gruppenphänomene und Reiz prägnanter deuten kann. Ⓛ Metzger

Zuschlagprüfer →Sinnesfunktionen (5b)

Zuverlässigkeit →Reliabilität

ZÜWIE (Zürich Wechsler Intelligenztest für Erwachsene) Ⓣ Wechsler

Zwang, Zwangs-Störungen, das Leiden an persistierenden Ritualen, die oft viele Stunden andauern und deren Sinnlosigkeit von den Betroffenen erlebt wird. Unterschieden wird zwischen Z.-Verhalten (z. B. Waschzwang oder Kontrollzwang) und Z.-Gedanken (Zählzwang, Grübeln, sinnlose Wiederholung von Inhalten). Eine Unterbrechung der Rituale führt zu hoher Erregung und Unbehagen. Von der Phobie unterscheidet sich der Z. einmal dadurch, daß er meist durch interne Reize ausgelöst wird, daß er als sinnlos erlebt wird und daß kein wirklich erfolgreiches Vermeidungsverhalten existiert. Oft treten Z.-Symptome zusammen mit →Depression auf.

Ätiologie: Während die Psychoanalyse Konflikte während der Analphase vermutet, betonen lerntheoretisch orientierte Entwicklungspsychologen ein inkonsistentes Erziehungsverhalten, rigide überhöhte Ansprüche und Normen sowie unberechenbare Strafreize der Eltern in der Kindheit.

Zur Erklärung der Symptomentwicklung werden Laborexperimente zur Entwicklung abergläubischen Verhaltens (Skinner), Modell-Lernen, inkonstistente, zufällige Strafreize, Bestrafung von Vermeidungsreaktionen, Diskriminations-Unfähigkeiten und gleichzeitige Belohnung und negative Verstärkung einer Reaktion herangezogen. Aufrechterhalten werden Z. oft durch autosuggestive Problemantizipation, unmittelbare Erregungsreduktion nach dem Einzelritual (Angst- bzw. Unsicherheitsreduktion) und die Unfähigkeit, Rituale zu beenden, weil der Erfolg der Rituale nicht überprüfbar ist. Ⓛ Kallinke u. a. 1979

Behandlung von Zwangsverhalten: [engl. *compulsion*] Zur Reduktion des ineffektiven, unangepaßten Vermeidungsverhaltens ist eine Realitätsüberprüfung hinsichtlich der erwarteten Konsequenzen bei Unterbrechung bzw. Absetzen der Rituale unumgänglich. Hierzu hat sich die klassische →Desensibilisierung wenig bewährt, weil bei vielen Zwangs-Klienten sowohl eine abgestufte Entspannung als auch die Vorstellungsfähigkeit zu wenig ausgeprägt sind. Vielversprechender ist eine In-vivo-Behandlung im Sinne des »partizipierenden Modell-Lernens« (→soziales Lernen) oder der graduellen Annäherung. Oft jedoch ist eine Blockierung der Zwangsrituale nach Einwilligung des Klienten nötig *(response prevention)*, bei der ähnlich der Reizüberflutung für mehrere Tage die Ausführung der Rituale unterbrochen wird. Ein Diskriminationstraining zur Unterscheidung von Situationen bzw. Auslösern (z. B. schmutzig – nicht schmutzig) ist oft bedeutsam.

Behandlung bei Zwangsgedanken: [engl. *obsession*] Hier existieren bislang wenig empirisch abgesicherte Berichte. Als hilfreich haben sich erwiesen: Gedankenstop und Einführung von bewältigenden Alternativgedanken, Implosion (Reizüberflutung in der Vorstellung), Stimuluskontrolle (Ausübung der Rituale unter definierten Bedingungen) oder andere Formen der Symptomverschreibung (→paradoxe Intention) mit Modifikationen der Gedanken. Oft sind darüber hinaus flankierende Maßnahmen zur Behandlung von sozialen Ängsten, Depression oder Phobien nötig. *Zi-R*

Zwangsneurose, FREUDscher Begr. für die vor allem durch Zwangssymptome charakterisierte Form der →Psychoneurose. Die Z. ist aber außer durch Zwangssymptome noch durch eine Reihe weiterer Symptome gekennzeichnet, von denen die wichtigsten sind: Abnorm gesteigerte Schuldgefühle, gesteigerte Gewissenhaftigkeit, gesteigerte Gefühlsambivalenz, schwere Entschlußunfähigkeit. Der dynamische Faktor im Hintergrund dieser Symptome besteht in einer unvollständigen Verdrängung starker Aggressionen. →Zwang

Zwangsvorstellung →Zwang

Zwangswahlmethode →*forced choice method*

Zweck, einerseits dem Ziel verwandt, bezeichnet Z. zusätzlich den Sinn und die Nützlichkeit. Soweit dies dazu geführt hat, den Zweck in alles Geschehen und Sein hineinzudenken, nahm schon KANT dagegen Stellung: »Der Zweckbegriff ist ein Fremdling in der Naturwissenschaft«. Dennoch hat neben der kausalen, nur auf die Ursache schauenden Deutung des Geschehens die zweckbestimmte, d. h. finale Anschauung Berechtigung. →Handlungstheorie

Zweifaktorentheorie der Intelligenz →Intelligenzfaktoren

Zweifaktorentheorie der retroaktiven Hemmung, Bez. für den Vorgang, daß das interpolierte Lernen (d. h. das Lernen der 2. Reihe nach dem Lernen der ersten und vor dem Prüfen der ersten Reihe) an zwei Orten ansetzt: (a) während des interpolierten Lernens findet zunehmendes →Verlernen der ursprünglichen Responses statt, und (b) die nach dem interpolierten Lernen noch verfügbaren Responses leiden bei der Prüfung unter den rivalisierenden interpolierten Responses (MELTON u. IRWIN 1940). *B-S*

Zweifaktorentheorie des Lernens, Bez. nach MOWRER (1951) für die Annahme, daß klassisches Bedingen das Lernen von Emotionen etc. erkläre, dagegen instrumentelles Bedingen das Lernen von Bewegungen der Skelettmuskulatur (instrumenteller Handlungen). Vgl. BERGIUS (1964) *B-S*

Zweifaktorentheorie des Vergessens, Bez. dafür, daß die beiden Faktoren →Interferenz und →Anwärmverlust zusammenwirken bei der Prüfung des Lernerfolgs nach einem Intervall. *B-S*

Zweihandprüfer →Sinnesfunktionen (5 c)

Zweipersonen-Nullsummenspiel, ist eine Spielregel, nach der in jeder einzelnen Partie der Gewinn eines Spielers gleich dem Verlust des Gegenspielers ist. →Theorie der Spiele. *M-R*

Zwei-Personen-Test Ⓣ HANSELMANN, HENNING

zweiseitige Signifikanzprüfung, statistisches Prüfverfahren bei ungerichteter Fragestellung. Im Rahmen des Signifikanzniveaus werden beide Enden der Prüfverteilung darauf untersucht, ob die Nullhypothese angenommen werden kann. *R-S*

Zweistufentheorie der Massenkommunikation →Meinungsführer

Zweistufentheorie des Lernens, beim paarweisen Assoziieren werden a) die Paarglieder vertraut gemacht, und b) danach finden die Assoziationen statt.

zweites Gesicht, Deuteroskopie, die Fähigkeit, räumlich (und zeitlich) entfernte Ereignisse als innere Bilder zu sehen (Spökenkieker, Präkognition). →Parapsychologie *R-S*

zweites Signalsystem, die menschlichem Tätigsein zugrunde liegende Erfahrung sah der russ. Physiologe PAWLOW in zwei miteinander interagierenden Systemen organisiert: Vermittels des ersten Signalsystems (→Signal) gewinnen Objekte für den Menschen in gleicher Weise wie für das Tier spezifische →Bedeutungen. Das nur beim Menschen anzutreffende z. S., welches das erste gleichsam überlagert, soll die Grundlage für sprachliche →Kommunikation (→Sprache) und menschliches →Bewußtsein bilden. Bei der Konstituierung der Einheiten des z. S. sollen zentrale propriozeptive Komponenten der Sprechmotorik eine wesentliche Rolle spielen (SOKOLOV 1972). →Sprache, innere, →Sprachentwicklung, →Vermittlungstheorie, →*labeling*, →*symbolic processes* *K-I*

Zweiwortmethode Ⓣ MEUMANN

Zweizeilenkorrelation, syn. biseriale Korrelation. Parametrische Korrelationstechnik zur Bestimmung des Ausmaßes der Wechselbeziehung zwischen einem quantitativen und einem alternativ gemessenen, eigentlich aber kontinuierlichen und normalverteilten Merkmal.

Die Z. wird nach der Formel

$$r_{bis} = \frac{M_p - M_q}{s} \cdot \frac{p \cdot q}{y}$$

berechnet, wobei M_p den Maßzahlmittelwert der Daten in der einen und M_q den der Daten in der anderen Klasse des dichotomisierten Merkmals, s die Standardabweichung aller Maßzahlen des quantitativen Merkmals, p und q die relative Datenanzahl in den dichotomisierten Klassen und y den Ordinatenwert in der Normalverteilung bezeichnet, der ihre Fläche in die Anteile p und q trennt. Der Ausdruck $p \cdot q/y$ liegt tabelliert vor. *Mi-A*

Zwergwuchs, nicht passender Ausdruck für →Kleinwuchs.

Z-Wert, ein durch lineare statistische →Transformation gewonnener →Standardwert, der auf eine Verteilung mit einem Mittelwert M=100 und einer Standardabweichung s=10 bezogen ist. (→Normskalen) *Mi-A*

Zwillinge (Mehrlinge), in einer Schwangerschaft gleichzeitig entwickelte Kinder.

Zwillinge entstehen zweieiig (= ungleicherbig, zweikeimig), wenn 2 (bei Mehrlingen mehr) Eier durch 2 (mehr) Samenfäden befruchtet werden (= ZZ). Sie entstehen eineiig (= erbgleich, einkeimig), wenn nach der Befruchtung eine Spaltung des Keimes eintritt (= EZ). Ist das Geschlecht verschieden, spricht man von PZ (Pärchenzwillinge, Geschwisterzwillinge). Bei EZ sind PZ nicht möglich. Die Häufigkeit der EZ ist im Durchschnitt 25% aller Zwillinge (= 3 pro Mille aller Geburten, da rund 1,2% Zwillingsgeburten sind).

Zwillingsdiagnose, für die Unterscheidung nach eineiigen (= EZ) und zweieiigen (= ZZ) Zwillingen ist eine sog. Ähnlichkeitsdiagnose mit Merkmalen aufgebaut worden, die bei EZ immer oder fast immer, bei ZZ dagegen seltener übereinstimmen: Blutgruppe, Augenfarbe, Haarfarbe, Hautfarbe, Form von Nase, Ohr, Lippen, Zahnstellung, Fingerleisten u. a. Die ps. Merkmale sind für die Diagnose noch zu wenig gesichert. →Zwillingsforschung Ⓛ VANDENBERG

Zwillingsforschung, eine wichtige, allerdings umstrittene Methode zur Feststellung des Ausmaßes der Erbbedingtheit von körperlichen und ps. Merkmalen (→Erbe-Umwelt-Problem). Als Begründer der Z. gilt GALTON (1875). Die Feststellung des Erb- und Umweltanteils an der →Varianz eines bestimmten Merkmales wird häufig durch Vergleiche und statistische Analyse der →Korrelationen, d. h. der Ähnlichkeiten, zwischen eineiigen →Zwillingen (EZ) und zweieiigen →Zwillingen (ZZ) und durch Analyse der Unterschiede zwischen getrennt und gemeinsam aufwachsenden EZ durchgeführt (BOUCHARD 1981).

Es wurde u. a. gezeigt, daß EZ in Wahrnehmungsaufgaben, in motorischer Geschicklichkeit und auf mehreren kognitiven Merkmalen, jedoch nur auf wenigen der CATTELLschen Persönlichkeitsfaktoren ähnlicher sind als ZZ, was als erbliche Beeinflussung dieser Funktionen und Merkmale interpretiert wird. Die Bedeutung des Umwelteinflusses in den skizzierten methodischen Ansätzen konnte u. a. dadurch gezeigt werden, daß bei getrennt aufwachsenden EZ die IQ-Unterschiede zwischen den Zwillingen mit den Unterschieden in der kulturellen Anregung zusammenhängen. Von Kritikern der Z. wird neben spezifischen Problemen (z. B. Feststellung der Eineiigkeit, Annahme des gleichen Umwelteinflusses auf EZ- und ZZ-Paare) betont, daß der methodische Ansatz auf der Fehlkonzeption des additiven Zusammenwirkens von Erbausstattung und Umwelt beruhe und daß durch Z. lediglich das Ausmaß der Umweltstabilität von Merkmalen untersucht werden könne. Ⓛ S. FARBER, GOTTSCHALDT *W-R*

Zwischenfarben, Übergangsfarben. Vgl. Farbe, Farbenkreis, Farbenoktaeder

Zwischenhirn →Gehirn

Zwischenstufen, sexuelle, Mittelformen zwischen Mann und Frau. →Androgynie, Hermaphroditismus, Viraginität

Zwischenton, der bei Schwebungen wahrgenommene Mittelton zwischen den gegebenen Tönen. Anfänglich liegt er dem tieferen dieser sog. Primärtöne näher, verschiebt sich bei Vergröberung der Schwebung zum oberen Primärton, verschwindet endlich und wird alsdann durch einen der Primärtöne subjektiv ersetzt.

Zwischenvariable →Variable, intervenierende

Zwitter, das Dazwischenstehende; vor allem das Individuum, das männliche und weibliche Keimdrüsen besitzt und dementsprechend auch psychisch entwickelt ist. →Hermaphroditismus

Zygote [gr. *zygon* Joch], Verschmelzungsprodukt aus den →Gameten.

zyklisch [gr. *kyklos* Kreis], kreisförmig, in Perioden auftretend. →Zirkulär

Zyklographie, Zyklogramm →Lichtspurverfahren

zykloid, in der ps. Ausprägung dem zyklothymen Formkreis zugehörig. Wenn es vertretbar ist (wogegen Bedenken geltend gemacht werden), vom Gesunden zum Kranken fließende Übergänge anzunehmen, ist die Stufenabfolge: zyklothym (im gesunden Bereich) – zykloid (mehr minder krankhafte Zwischenstufe) – zyklophren, manisch-depressives Irresein (ausgesprochen pathologisch). →Zyklothymie

Zyklonopath, am Wetter leidender (wetterfühliger) Mensch. →Wetterfühligkeit

Zyklostat, Glaszylinder, der mit verschiedenen Geschwindigkeiten gedreht werden kann. Z. dient meistens zur Beobachtung des Verhaltens von Tieren während des Drehens.

Zyklothymie, Temperamentsartung nach KRETSCHMER mit Affinität zum pyknischen →Körperbau. Der Grundzug des z. Temperamentes ist das Mitschwingen mit der Außenwelt, das Aufgehen in Umwelt und Gegenwart, die Aufgeschlossenheit und Geselligkeit.

Das z. Temperament zeigt einen gleichmäßigen Ablauf und ein weiches, unmittelbar-natürliches Ansprechen auf die Ereignisse der Umwelt. Es variiert hinsichtlich der Stimmungslage zwischen den Polen der Heiterkeit (Hypomanie) und der Traurigkeit (Hypomelancholie), hinsichtlich des psychischen Tempos zwischen schnell und langsam und hinsichtlich der Psychomotilität zwischen beweglich und behäbig. Dabei sind Heiterkeit, Schnelligkeit und Beweglichkeit einerseits und Traurigkeit, Langsamkeit und Behäbigkeit andererseits miteinander gekoppelt, und es lassen sich dementsprechend unterscheiden:

1. Der flott-hypomanische Typus, der neben der eigentlich heiteren noch die zornmütige Stimmungslage aufweisen kann.
2. Der stillvergnügte Typus.
3. Der schwermütige Typus.

Bezüglich der komplexen Lebenseinstellung finden sich unter den Menschen mit z. Temperament die Typen des tatkräftigen Praktikers, des sinnenfrohen Genießers, des breitbehaglich schildernden Realisten, des gutmütig-herzlichen Humoristen, des anschaulich-beschreibenden Empirikers, des wohlwollenden und verständigen Vermittlers, des großzügigen Organisators und des derbkräftigen Draufgängers.

Zyniker, Zynismus, Ehrfurchtslosigkeit, bewußte, in Worten oder Handlungen geäußerte Mißachtung von Wertordnungen und Wertbindungen, oft vollzogen in der Absicht, die Gefühle anderer zu verletzen. Der Begr. ging wohl hervor aus der griechischen Philosophenschule der →Kyniker.

Zytoarchitektonik [gr. *kytos* Höhlung, Gefäß, Zelle], der Zellenaufbau, besonders der der Gehirnrinde. →Gehirn

ZZ, Abk. für zweieiige Zwillinge. →Zwillingsforschung

Testanhang

Vorwort zum Testanhang

Seit der 6. Auflage ist der Testanhang Bestandteil des Dorsch-Wörterbuches und seit dieser Zeit auch ein häufig benutztes Nachschlagewerk für psychologische Testverfahren.

Bei der Ausweitung des lexikalischen Teils und bei der gleichzeitig immer noch wachsenden Zahl von Testpublikationen und im Hinblick auf die Tatsache, daß die Fach-Literatur zur Beschreibung von Tests immer umfangreicher wird, war die Frage zu stellen, ob ein Testanhang mit den vielfältigen Kompromissen, die man bei der Einbeziehung des Testanhangs in ein Wörterbuch eingehen muß, noch gerechtfertigt ist.

Für die 10. Auflage wurde diese Frage von den Herausgebern erneut bejaht. Entsprechend der Konzeption und der Tradition des gesamten Wörterbuches wurde auch beim Testanhang darauf geachtet, daß der gesammelte Bestand an historischen Namen von Testautoren möglichst weitgehend erhalten bleibt. Bei diesem Vorgehen muß natürlich in Kauf genommen werden, daß Autoren bzw. Testverfahren genannt sind, welche im strengeren Sinne keinen Test darstellen. Auf der anderen Seite war es dann nicht möglich, Verfahren, welche zur Zeit den Status eines Tests noch nicht erreicht haben, in den Testanhang einzubeziehen.

Auch für die Abfassung des Testanhangs gilt das allgemeine und auch in der Testpsychologie bekannte »Bandbreite-Wiedergabegenauigkeits-Dilemma«. Bei denjenigen Verfahren, die neu in den Testanhang aufgenommen sind, wurde der Schwerpunkt auf die Beachtung der Bandbreite gelegt. Umfangbegrenzungen haben jedoch bei dieser Intention nicht dazu führen können, das gesamte Spektrum der pädagogischen Tests und der informellen Schultests einzubeziehen. In diesem Bereich muß auf entsprechende Publikationen der Testverlage oder auf Test-Distributions-Institutionen verwiesen werden. Schließlich muß ohne Einschränkung zugegeben werden, daß es sich bei den hier vorgelegten Darstellungen nirgends um Vollerhebung handeln kann. Man mußte sich auf Stichproben beschränken, wobei mit dem Verständnis derjenigen Test-Autoren gerechnet wird, die mit ihrer Arbeit nicht genannt sind.

H. Häcker

Um einen möglichst breiten Leserkreis mit unterschiedlichem Informationsniveau und -bedürfnis bei der Suche nach entsprechenden Informationen befriedigen zu können, ist es sicher angebracht, mit diesem Testanhang eine Reihe fachspezifischer Literatur zu empfehlen: Brickenkamp, R.: Handbuch psychologischer und pädagogischer Tests. Göttingen: Verlag für Psychologie 1975 – Buros, O. K.: Tests in print. Highland Park (New Jersey): The Gryphon Press 1961 flg. – Hiltmann, H.: Kompendium der psychodiagnostischen Tests. Bern: Huber 1977[3] – Schmidtchen, St.: Psychologische Tests für Kinder und Jugendliche. Göttingen: Verlag für Psychologie 1975 – Wehner, E. G. u. Durchholz, E.: Persönlichkeits- und Einstellungstests. Stuttgart: Kohlhammer 1980 – Weise, G.: Psychologische Leistungstests. Göttingen: Verlag für Psychologie 1975 (Bd. 2 Schultests, in Vorbereitung)

Testgliederung

Entwicklungstests

Kleinkindalter – Schulkindalter

Allgemeine Intelligenztests

Komplexe Erfassung mit Testserien (zu verschiedenem Niveau) – Einzelzüge der Intelligenz – Tests für Hochschulniveau und begabte Erwachsene – Tests für geistesschwache Personen
Sondergruppe: Sprachfreie (nicht verbale) Tests

Tests spezieller Fähigkeiten und Begabungen – Leistungstests

Technische Begabung – Organisatorische (kaufmännische) Begabung – Weitere Sonderbegabungen (z. B. künstlerische) – Visualität – Gedächtnis – Aufmerksamkeit und Konzentration – Sinnesfunktionen – Psychomotorische Tests (Allgemeine Motorik, Handgeschick) – Tests für bestimmte Berufseignungen

Tests besonderer Kenntnisse und Leistungen

Lebenswissens-Tests – Schulwissens-Tests – Rechentests – Sonstige Kenntnis-Einzeltests – Bestimmte Berufs-Leistungstests

Persönlichkeits-(Charakter-)tests

Handlungstests einschl. Manipulieren und Spiel mit standardisiertem Material – Graphische Gestaltung einschl. Handschrift – Erzähltests – Wähltests – Gesinnungstests – Interessentests
Projektive Verfahren (soweit nicht in den vorstehenden Gruppen aufgeführt) – Situationstests (soziometrische Tests, Soziodrama, Gruppentests) – Fragebogen-(Inventory-)-Verfahren – Autobiographie (nach Schema)

Klinische Tests

Tests zur Diagnose der Neurosen – Tests zur Diagnose der Psychosen – Tests zur Diagnose von Hirnläsionen u. a.

Jede Ordnung der Tests ist deshalb schwierig, weil es kein Ordnungsprinzip geben kann, bei dem jeder Test eindeutig nur einer Gruppe zugeordnet ist. Ohne Überschneidungen geht es nicht ab. Es ist aber möglich, eine Klassifikation dadurch zu gewinnen, daß man von den Hauptgruppen der Tests ausgeht (Intelligenztests – Fähigkeits- und Begabungstests – Kenntnis- und Leistungstests – Persönlichkeitstests) und Hauptgruppen der Probanden (Entwicklungsalter, Neurosen, Psychosen u. a.) beifügt. Im ganzen zeigen die meisten heutigen Klassifikationen solchen Aufbau und unterscheiden sich vorwiegend in der Ausführlichkeit der Aufgliederung.

Ordnungsgesichtspunkte sind auch noch die folgenden Gegenüberstellungen:

Schriftliche Tests	– Tests mit Manipulierungen (Handlungstests, Performancetests), Apparative Tests
Sprachliche (verbale) Tests	– Nicht-sprachliche (nicht verbale) Tests
Entfaltende Tests	– Determinierende Tests
Individualtests	– Gruppentests
Einzeltests	– Testbatterien

Objektive Tests	– Subjektive Tests
Homogene Tests	– Heterogene Tests
Hochstrukturierte Tests	– Niederstrukturierte Tests
Gebundene Aufgabenbeantwortung	– Freie Aufgabenbeantwortung
Realistische Tests	– Symbolische Tests

Dazu kommen Gliederungsmöglichkeiten, die erwachsen aus:

a) bezeichnenden Merkmalen
z. B. Papier-Bleistift-Test *(paper and pencil-test)*, Materialbearbeitungstest, Trick-, Spiel-, Arbeits-, Anschauungs-, Gestaltungs-, Deutungs-Test.

b) der Brauchbarkeit für bestimmte Zwecke bei der Diagnose
z. B. Vorschaltverfahren, Stichprobenverfahren, Parallelverfahren, Beobachtungsverfahren.

Testautoren

mit Erklärungen des Testaufbaus*

ABELS, Dietrich. **Konzentrations-Verlaufs-Test, (K-V-T), Zahlensortier-Test**
D 1954, 1961². Sortieren von 60 Karten mit je 36 zweistelligen Zahlen zur Diagnose der Konzentration (Verhältnis der Fehler zur Zeit) und des Arbeitsverlaufs (Qualität bzw. Zahl und Art der Fehler). Ⓛ

ABELS Ⓣ KLEMM

ABELSON, A. R. **Geometrische-Figuren-Test**
E 1911. In sich kreuzenden Kreisen, Dreiecken, Quadraten sind Lagebeziehungen zu erkennen (Vorstellen räumlicher Beziehungen).

ACH Ⓣ ZILIAN

ADAMS, Clifford R. – LEPLEY, William M. **Personal Audit**
USA 1945. AA ab 12. Persönlichkeitsfragebogen zur Erfassung von 9 Dimensionen für die soziale und berufliche Anpassung. Normen liegen ab LA 12 für verschiedene Altersgruppierungen vor.

ALEXANDER, W. P. **Alexander Performance Scale: A Performance Scale for the Measurement of Practical Ability**
E 1935–46. AA 8–18. Enthält: *The Passalong Test – A Performance Test of Intelligence* von ALEXANDER, *The Block-Design Test* von KOHS und den *Cube Construction Test* von DOLL. – Beim Passalong-Test sind farbige, quadratische bzw. rechteckige Plättchen in einem gegebenen Feld durch Verschieben nach Vorlagen anzuordnen.

ALFONSO Ⓣ BIEDMA

ALIFERIS, James. **Music Achievement Test**
USA 1954. Über Stellungnahmen zu Melodien, Harmonie und Rhythmus wird ein Urteil zur Musikalität erschlossen. Testmaterial sind Musikstücke, die auf dem Klavier oder mit Tonband vorgespielt werden.

ALLPORT, Gordon Willard. **Ascendance-Submission Test**
USA 1928. Fragebogen-Test für verschiedene Konstrukte, insbesondere zur Ermittlung des sozialen Verhaltens.

ALLPORT, Gordon W. – VERNON, Philip E. – LINDZEY, Gardner. **Study of Values (SV)**
USA 1932, 1951², 1960³. Ein im Ansatz auf E. SPRANGERS Lebensformen zurückgehender Interessentest mit den Dimensionen: theoretisch, ökonomisch, ästhetisch, sozial, politisch, religiös.

AMMONS, Robert B. – AMMONS, Helen S. **Full-Range Picture Vocabulary Test**
USA 1948. AA ab 2. Ein Bild-Wort-Test. Auf 16 Tafeln mit je 4 Abb. (Strichzeichnungen) sind mündlich gegebene Wörter (Begriffe) zuzuordnen. Einen gleichartigen Test gaben dieselben Autoren als *Quick-Test* heraus.

AMMONS, R. B. – BUTLER, Margaret N. – HERZIG, Sam A. **Vocational Apperception Test – Advanced Form (VAT – ADV)**
USA. Nach dem TAT-Prinzip aufgebauter Test zur Ermittlung der Berufsinteressenrichtung. Bilder mit Tätigkeiten aus akademischen Berufen werden vorgelegt, wozu Geschichten zu erzählen sind.

AMTHAUER, Rudolf. **Intelligenz-Struktur-Test (I-S-T)**
D 1953. Standardisierte Testreihe, die das allgemeine Intelligenzniveau (IQ) und Schwerpunkte der Begabung (Profil, Struktur der Intelligenz) erschließt. Die Untertests sind: 1. Satzergänzung, 2. Wortauswahl, 3. Analogien, 4. Gemeinsamkeiten, 5. Merkaufgaben, 6. Rechenaufgaben, 7. Zahlenreihe, 8. Figurenauswahl, 9. Würfelaufgabe. Ⓛ 1970 erschien eine 3., veränderte Auflage des I-S-T als I-S-T 70. Bei dieser Version besteht neben der Handauswertung die Möglichkeit der maschinellen Skorung der Antwortblätter über entsprechende Belegleser. Für den Anwender stehen 6 Testformen zur Verfügung, wobei jeweils 2 als Paralleltest konstruiert sind (A1 und B2, C3 und D4). Beim I-S-T 70 wurde die Anwendung auf die Pbn-Gruppe 12jährige ausgedehnt. Außerdem wurde der Untertest GE neu konstruiert.

–**Praktisch-technischer Verständnistest (P-T-V)**
D 1972. AA 13–50. Der Test besteht aus 50 Aufgaben zu technischen und physikalischen Vorgängen und Problemen. Die Aufgaben sind in Form von Zeichnungen geboten. Die Antworten sind als Wahlantworten vorgegeben. Die Eichstichprobe für die Normierung umfaßt 4000 Pbn.

ANDERSON, L. DEWEY. **Formenbrett, Formboard, Adaptationsbrett**
Paßbrett ähnlich Ⓣ SEGUIN.

ANDERSON, Rose G. **Art Test**
1948. Revision des Kunstverständnistests von Ⓣ MCADORY-WOODYARD.

ANDREW, Dorothy M. – PATERSON, D. G. – LONGSTAFF, Howard P. **Minnesota Clerical Test**
1939–59. Erstbez. *Minnesota Vocational Test for Clerical Workers*. Testaufgabe ist das Vergleichen von Zahlen bzw. Namen.

ANDREW, Gwen – HARTWELL, Samuel W. – HUTT, Max L. – WALTON, Ralph E. **Michigan Picture Test (MPT)**
1951–53. Nach dem TAT-Prinzip aufgebauter Test für Kinder von 8–14 Jahren. 12 Bilder und 9 Problemkreise (Konflikt in der Familie, in der Schule, mit Autoritätspersonen usw.).

ANGER Ⓣ INGENKAMP

* Jahreszahl = Erstveröffentlichung; Buchstabe vor den Jahreszahlen = Land: B = Belgien, D = Deutschland, E = England, F = Frankreich, H = Holland, Ö = Österreich, R = Rußland, S = Schweiz, U = Ungarn; AA = Anwendungsalter; Ⓛ Literaturhinweis

ANGERMAIER, M. **Psycholinguistischer Entwicklungstest**

D 1974. Deutsche Bearbeitung des *Illinois Test of Psycholinguistic Ability* von S. A. KIRK, James J. MCCARTHY. Testbatterie mit 10 Untertests und 2 Zusatztests zur Messung der kognitiven Entwicklung geistig behinderter Kinder. Es können sprachliche Kommunikationsschwierigkeiten und die allgemeine sprachliche Leistungsfähigkeit ermittelt werden. Die Untertests sind nach einem mehrdimensionalen Modell der psycholinguistischen Entwicklung (rezeptive Prozesse, Organisations- und Vermittlungsprozesse, expressive Prozesse, Repräsentationsstufe, Integrationsstufe usw.) konzipiert. Normwerte liegen für die Altersgruppen 3–12 Jahre vor.

ANSTEY, Edgar. **Domino-Test, Test »D 48«**

E 1943. Dominofiguren werden in bestimmten Beziehungen vorgegeben. Das »Reihengesetz« ist zu erkennen und danach weitere Dominofiguren anzufügen. Test ist aus der englischen Heerespsychologie hervorgegangen. Französische Nachbearbeitung durch P. PICHOT. – Auch Spielkarten, wobei je nach Anordnung eine oder zwei verdeckte Karten zu erkennen sind, benützt man zum Test (G. PIRE: *Test d'intelligence non verbale MGM).*

APPLEZWEIG, Mortimer H. – MOELLER, George. **The Behavior Interpretation Inventory**

1957/58. AA ab 17 u. junge Erwachsene. *4 motivation scores.*

ARNOLD, Wilhelm. **Auffassungs- und Kombinations-Test**

D. Ein der Sachdenkprobe von Ⓣ ZILIAN ähnlicher, sprachunabhängiger Test, der Erkennen und Befolgen von bestimmten »Reihungen« fordert (Fähigkeit zur Kategorienbildung). Ⓛ

ARNOLD Ⓣ HERMANN

ARNTZEN, Friedrich. **Testreihe für Kinderuntersuchungen**

D. Testreihe für Kinder von 9–14 Jahren mit Charakter-, Begabungs- und Kenntnis-Tests. Als Aufgaben sind vorhanden: Wortanalogien, Briefschreiben, Lükkenergänzen, Definitionen, Rechnen, Auswahlen aus Berufs- und Bücherliste, Alternativfragen, Wunschprobe (analog Ⓣ WILDE).

–Diagnostische Aufgabenreihe

D. Testreihe für Jugendliche und Erwachsene mit 12 Aufgaben zum Allgemeinwissen, Aufsatzaufgaben und projektiver Satzergänzung (auch Auswahlen aus Berufs- und Bücherliste, Interview entwerfen, Vortrag gliedern).

ARTHUR, Grace. **Arthur Point Scale of Performance Tests**

USA 1925–47. AA ab 10. Nichtverbale Entwicklungstestserien in 2 Ausgaben (Form I mit 10 Tests, Revised Form II mit 5 Tests). Aufgenommen sind Tests von HEALY, KNOX, KOHS, PORTEUS, SEGUIN u. a. (Formbretter, Legeaufgaben, Würfel-, Bildergänzung usw.).

ARTHUS, Henri. **Test du village, Dorftest**

F 1949. Ein Spieltest (Gestaltungstest), bei dem mit Häuschen, Kirche, Schloß, Fabrik, Rathaus, Schule, Bahnhof, menschl. Figuren u. a. ein Dorf aufzubauen ist. Das Verf. wurde zuerst in Holland (Utrecht) durch KUYPER und VAN LENNEP für die Berufsberatung entwikkelt. Ausgebaut wurde der Test für jüngere Kinder (gestützt auf Erfahrungen des Schulpsychiatrischen Dienstes Zürich) durch Ruth ZÜST (Dorfspiel 1963). Ⓛ

BAAR, E. **Sprachfreie Entwicklungstests (BSET)**

Ö 1957. AA 1–7. Für taube, schwerhörige und sprachgestörte Kinder. Das Verf. gehört zu den Wiener Entwicklungstestreihen (BÜHLER-HETZER-Gruppe).

BACHRACH, Arthur J. – THOMPSON, C. E. **Bachrach Modification of the TAT**

1949. Abwandlung des TAT (MURRAY) für Körperbehinderte.

BACKES-THOMAS, Madeleine. **Test des trois personnages**

F 1969. Ein verbaler projektiver Test für Jugendliche und Erwachsene, der fordert, sich drei Personen auszudenken und deren Lebensgeschichte zu erzählen. Fragen, die zu diesen imaginären Personen gestellt werden, sind zu beantworten. Ⓛ

BAILLE Ⓣ HEUYER

BARBER, T. X. – GLASS, D. W. **BARBER Suggestibility Scale (BSS)**

USA 1962. Eine 8-Items-Skala der Hypnotischen Suggestibilität, die sowohl mit als auch ohne *(waking suggestibility)* standardisiertem hypnotischen Induktionsverfahren angewandt werden kann. Selbst mit Tonbandinstruktion ist eine reliable Differenzierung gegeben. Die Skala lädt auf einem starken ideomotorischen Faktor und auf imaginativen Faktoren.

BARGMANN Ⓣ INGENKAMP

BARTEL Ⓣ INGENKAMP

BARUK, Henri. **Tsedek-Test, Situationstest, Test zur Ermittlung der ethischen Einstellung**

F 1945–47. (Tsedek od. Zadik: hebräische Bez. für einen gerechten und barmherzigen Menschen.) Zu 15 Situationen, in denen die problematische, moralische Lage der Gegenwart und bestimmte Handlungsweisen beschrieben sind, hat der Proband zu entscheiden, ob er die Handlung billigt.

BASS, Bernard M. **Famous Saying**

USA 1957/58. AA ab 15. 4 Skalen: *conventional mores, hostility, fear of failure, social aquiescence.*

BÄSSLER, Walter. **Sachdenkprobe**

D 1957. Eine auf den Arbeiten von Ⓣ ZILIAN aufbauende Sachdenkprobe.

BASTINE, Reiner. **Fragebogen zur direktiven Einstellung (F-D-E)**

D 1971. AA ab 14. Fragebogen mit 32 Items zur Messung der direktiven Einstellung und Extraversion. Direktive Einstellung wird als Komponente des autoritären Verhaltens verstanden, welches sich verhaltensmäßig darin äußert, daß versucht wird, Handlungen und Erlebnisweisen anderer nach eigenen Vorstellungen zu lenken und zu kontrollieren. Die Extraversionsskala wird aus Ⓛ BRENGELMANN u. BRENGELMANN(1960) entnommen.

BÄUMLER, G. **Lern- und Gedächtnistest (L-G-T 3)**

D 1974. Test zur Messung der Behaltensleistung bei »mittelfristiger« Zeitspanne zwischen Lernphase und Reproduktionsphase. Der Test liegt in 2 Parallelformen (A und B) vor. Anhand von 6 Subtests wird das

Erlernen und Behalten von figuralem, verbalem und numerischem Material geprüft.

BAUMERT, Ingrid. **WIPKI (Wechsler Intelligenztest für psychiatrisch kranke Kinder)**
S 1973. Eine Kurzform des HAWIK (Ⓣ WECHSLER). Dient insbesondere der vorläufigen, raschen Bestimmung des Intelligenzniveaus innerhalb einer mehrdimensionalen Intelligenzuntersuchung. Ⓛ

BAUMGARTEN, Franziska. **Berufskundliche-Bücher-Auswahltest**
S. Aus einer Sammlung von 310 Buchtiteln, die sich auf 100 versch. Berufe beziehen, sind die dem Interesse des Pb naheliegenden auszuwählen.

–Situationstest, Test zur Ermittlung der ethischen Einstellung
S. 12 Darstellungen mit Situationen von lobenswerten und tadelnswerten Handlungen werden mit dem Probanden (Kind) besprochen.

–Sprüchetest
S. Aus einer Sammlung von 240 Sprichwörtern, die die Arbeit und die sozialen Beziehungen zum Inhalt haben, sind 10 auszuwählen.

–Testmaterial
S 1952. Testmittel zur Prüfung der Berufseignung: Charakter, Intelligenz, Handfertigkeit.

BAUMGARTEN Ⓣ TRAMER

BAYLEY, Nancy. **California Infant Scale of Motor Development**
1935. Motorischer Entwicklungstest für die ersten 3 Lebensjahre. Körperbewegungen, Gleichgewichtsreaktionen, manuelle Koordination u. ä. sind Entwicklungskriterien (76 Items).

BECK, Max. **Reaktionsgerät**
S 1959. Ein Gerät zur Registrierung von Reaktionszeiten, bei dem akustische, optische und kombinierte Reize mit Tastendruck zu beantworten sind.

BECKMANN, D. – RICHTER, H.-E. **Giessen Test (GT)**
S 1972. Fragebogen zur Erhebung des Selbstbildes. Der Pb soll über 6 Standardskalen seine innere Verfassung und seine Umweltbeziehungen beschreiben. Die 6 Items pro Skala sprechen folgende Bereiche an: soziale Resonanz, Dominanz, Kontrolle, Grundstimmung, Durchlässigkeit, soziale Potenz. Mit diesen Skalen kann auch ein Idealselbstbild erstellt werden. Durch Itemumstellungen kann der GT zur Fremdeinschätzung verwendet werden. Der GT möchte keine Persönlichkeitsdimensionen messen, sondern ermitteln, wie sich der Pb in psychoanalytisch relevanten Kategorien in Gruppenbeziehungen darstellt. Der Test wird hauptsächlich im klinischen Bereich und bei sozialpsychologischen Fragestellungen eingesetzt. Ⓛ

BEHN-ESCHENBURG, H. **Bero-Test, Behn-Rorschach-Test**
S 1921, 1941. Parallel-Serie zum RORSCHACH-Test, die zusammen mit ZULLIGER herausgegeben wurde.

BELL, Hugh M. **Adjustment Inventory (AI)**
USA 1934. Fragebogen zur Ermittlung des Anpassungsgrades in 5 Richtungen: Familie, Gesundheit, soziale Umwelt, Emotionalität und Beruf. Fragebogenformen für Studierende und Erwachsene.

–The School Inventory (SI)
1936. Zur Abklärung der Einstellung *(attitudes)* gegenüber Schule *(High School)* und Lehrer.

BELLAK, Leopold – BELLAK, Sonya Sorel. **Children's Apperception Test (CAT)**
USA 1949. (Deutsche Bearbeitung von MOOG.) Die Prinzipien des TAT sind auf das Kind übertragen. Die Bilder zeigen sehr vermenschlichte Tierszenen mit Situationen, die dem Kind vertraut sind. 10 Bilder für Kinder von 3–10 Jahren.

–CAT – Supplement
1952. 10 Ergänzungsvorlagen.

–CAT – Human Figures
Eine Abwandlung durch menschliche Figuren.

BELSCHNER, Wilfried – LISCHKE, Gottfried – SELG, Herbert. **Foto-Hand-Test (FHT)**
D 1971. Psychometrisch konstruiertes projektives Verfahren zur Messung der Aggressivität. Der Test besteht aus 34 Fotos, welche eine männliche Hand in unterschiedlichen Stellungen zeigt. Die Vp soll angeben, welche Tätigkeit von jeder Hand gerade ausgeführt wird. Die Antworten werden nach einem 18 Kategorien umfassenden System signiert. Ⓛ SELG

BELSER Ⓣ INGENKAMP

BEMELMANS, F. **Test projectif d'intérêts vocationnels**
S 1953. Zu 30 Photos, die berufliche Betätigungen darstellen, sind zur Interessenklärung (Berufswahl) Fragen zu beantworten.

BENDER, Lauretta. **Visual Motor Gestalt Test (VMGT)**
USA 1938. Verfahren zur Prüfung der Gestaltwahrnehmung und Gestaltwiedergabe. Der Test geht von WERTHEIMERS Gestaltps. aus. 9 Figuren (meist geometrische) sind nachzuzeichnen. Wahrnehmung, optisch-motorische Koordination und Niveau sind Prüfdimensionen.

BENE, Eva – ANTHONY, James. **Family Relations Test: An Objective Technique for Exploring Emotional Attitudes in Children**
E 1957. AA 3–7, 7–15. Mit Material wird ein Abbild der Familie *(a concrete representation of the child's family)* aufgebaut. Dazu werden festgelegte Fragen gestellt.

BENGE, Eugene J. **Analysis of Choices**
1948. AA Erwachsene. 8 Skalen. BENGE gab neben einigen weiteren Tests die *Occupational Interests: Self Analysis Scale* heraus (1943. 5 Kategorien).

BENNETT, George K. **Hand-Tool Dexterity Test (HTDT)**
1946. Geschicklichkeitstest für zupackende manuelle Arbeit (Schrauben mit Schlüssel festsetzen). Vgl. CRAWFORD

BENNETT, George K. – BENNETT, Marjorie G. – WIMBURN, Wallace L. – WESMAN, Alexander G. **College Qualification Tests (CQT)**
1955–61. Intelligenz-Gruppen-Test mit den 6 Kategorien: *verbal, numerical, science information, social studies information, total information.*

BENNETT, George K. – FRY, Dinah E. – OWENS, William A. **Tests of Mechanical Comprehension (BMCT)**
USA 1940–55. 4 Formen, darunter eine für weibliche Pbn. AA ab 14, auch für Studierende. Mit Zeichnungen werden technische und physikalische Vorgänge dargestellt (in gegensätzlicher Form gegenübergestellt) und nach dem Richtig-Falsch-Besser gefragt. Zumeist handelt es sich um einfache physikalische (mathematische) Überlegungen.

BENNETT, George K. – GELINK, Marjorie. **The Short Employment Tests (SET)**
USA 1951–56. Versch. Testserien *(clerical, numerical, verbal)* zur Eignungsbestimmung bei Verwaltungsangestellten u. ä. Berufen. Eine Ausgabe ist für die *»American Bankers Association«* reserviert.

BENNET, G. K., SEASHORE, H. G. – WESMAN, A. G. **Differential Aptitude Tests**
USA 1947. Eine aus 8 Untertests für die praktische Beratung konstruierte Testbatterie. Die Untertests sind nicht faktoriell konstruiert, jedoch auf der Grundlage faktorenanalytischer Untersuchungen konzipiert. Die Untertests umfassen folgende Funktionen: sprachliches Denken, rechnerische Fähigkeiten, abstraktes Denken, Lösen von physikalisch-technischen Aufgaben, räumliches Vorstellungsvermögen, Rechtschreibleistung und grammatikalische Fähigkeiten. Die Normen wurden an über 50000 Studenten ermittelt.

BENTON, Arthur L. **Benton Visual Retention Test**
USA 1955. Test zur Erfassung verschiedener klinischer Symptome. Geometrische Figuren werden kurzzeitig dargeboten und sind entweder aus dem Gedächtnis nachzuzeichnen oder in der *multiple-choice* Form aus einer Reihe von vorgegebenen Figuren zu erkennen. Die deutsche Bearbeitung des Testmanuals liegt von O. SPREEN vor.

BERDIE, Ralph F. – LAYTON, Wilbur L. **Minnesota Counseling Inventory (MCI)**
1953–57. Ein für Ober- und Hochschüler aus dem *Minnesota Personality Scale* (1941) abgeleiteter Persönlichkeitstest mit 355 Feststellungen zu den 9 Kategorien: *Family- and social relationships, emotional stability, conformity, adjustment to reality, mood, leadership, validity, question.*

BERG Ⓣ ROTH, H.

BERNREUTER, Robert G. **Personality Inventory (BPI)**
USA 1935. Fragebogentest zur Messung von 4 Persönlichkeitsdimensionen: Introversion – Extraversion, Durchsetzungswille – Unterwürfigkeit, Neurotizismus, Selbstgenügsamkeit.

BETTS, Gilbert L. – ZIEGLER, W. A. **Minnesota Rate of Manipulation (MRMT)**
USA 1931–57. Test zur manuellen Arbeitsgeschwindigkeit. Steckbrett mit 60 Löchern, in die Stifte einzusetzen sind. Vgl. MUSCIO, O'CONNOR, TIFFIN

BIÄSCH, Hans – FISCHER, Hardi. **Testreihen zur Prüfung von Schweizer Kindern**
S 1969². AA 4–15. Völlig neu bearbeitete Ausgabe der von BIÄSCH 1939 hrsg. Testreihe (Verbaltests, räumliche, operationelle Test u. a. m.). Das aufwendige Verfahren dient der klinischen Diagnostik in Schul-, Berufs- und Erziehungsberatung und in der Kinderpsychiatrie. Entwickelt auf der Grundlage der BINET-Tests (Ⓣ BINET), beruht der Test vor allem auf den Intelligenztheorien von BINET und PIAGET. Ⓛ

BIEDMA Ⓣ WARTEGG

BIGLMAIER, Franz. **Lesetest-Serie**
D 1963. Enthält Leseabschnitte, Worttest und Wort-Unterscheidungstest. Alle in Analogie zur Lesetestserie von Ⓣ MONROE. Der Lese-Index (Quotient aus Leseleistung und Erwartungsstufe) und die qualitative Analyse der Lesefehler (auch für die heilpädagogische Beeinflussung) sind die Testziele.

BIGLMAIER Ⓣ INGENKAMP

BINET, Alfred. **Auftragstest, Auftragserledigung**
F. Gegebene Aufträge sind zu erledigen. Gleiche Tests entwickelten BOBERTAG, GIESE, POPPELREUTER u. a.

–Binetfiguren, Bildlücken ergänzen, Erkennungstest
F 1908. In Zeichnungen von Gesichtern und Gestalten fehlen Teile (Auge, Mund, Nase usw.). Diese sind zu erkennen.

–Bildbetrachtung
Bilder werden zur Beschreibung (Beobachtung) vorgelegt. Bekannteste Beispiele sind die von BOBERTAG dem Binetarium beigegebenen Bilder aus den »Münchener Bilderbogen«.

–Bildvergleich, ästhetischer
Schöne und häßliche Gesichter sind zu beurteilen.

–Definitionen
F 1908–11. Begriffe (auch deren Unterschiede) sind zu definieren. Beispiele konkreter und abstrakter Begriffe: Gabel, Tisch, Pferd, Güte, Barmherzigkeit.

–Dreiwortmethode
Aus drei Wörtern ist ein Satz zu bilden (Masselonprinzip). Die ersten drei waren: Paris, Reichtum, Fluß.

–Entfaltungstest, Découpage, Schnitte entfalten
Zur Prüfung der räumlichen Vorstellung sind gefaltete Papierbogen, an deren Faltkante ein Dreieck abgeschnitten wird, in entfaltetem Zustand zu beschreiben. Zahlreiche Abwandlungen in den BINET-Revisionen usw.

–Kritikfähigkeit, Kritik unsinniger Sätze
F 1908. In Sätzen, die sinnlose Angaben enthalten, sind diese zu erkennen. Erstes Beispiel: Ich habe drei Brüder, Paul, Ernst und ich.

–Merkfähigkeit für Formen, Zahlen u. a.
B. berücksichtigt in mehrfacher Weise die Merkfähigkeit für Zahlen, Buchstaben, Sätze usw. durch Nachsprechenlassen auf den versch. Altersstufen. Für Formen bot er Vorlagen, die vielfach auch in anderen Testzusammenstellungen anderer Autoren erscheinen oder von diesen durch neue Formen ergänzt wurden.

–Ordnen von Gewichten, Ordnungstest
Gewichte sind der Schwere nach zu ordnen.

–Puzzle-Test, Legespiel-Test, Geduldspiel-Test
Das Puzzle geht als Test auf BINET zurück, wenn es auch in seiner vielseitigen Gestaltung jetzt schon zahllose Autoren hat. Von B. stammt die Aufgabe für 5jährige, aus 2 Dreiecken ein Rechteck zu legen. Vgl. RYBAKOW

–Reime finden
Gegebene Wörter sind in Kurzzeit zu reimen.

–Worte zu einem Satz ordnen
Ungeordnete Worte sind sinnvoll zu ordnen.

BINET, A. – SIMON, Th. **Binet-Simon-Test, Binet-SimonPrüfung**
F 1908. Von BINET in Gemeinschaft mit HENRI und SIMON entwickeltes Verfahren, die Intelligenz von Kindern und Jugendlichen zu erfassen. Ursprünglich und entsprechend dem Auftrag des frz. Unterrichtsministeriums nur gedacht zur Klärung der Überweisung schwachsinniger Kinder in Hilfsschulen, wurde daraus bald eine der fruchtbarsten Arbeiten zur Intelligenzforschung, Entwicklungspsychologie, Psychopathologie und praktischen Pädagogik. BINET ordnete als erster jedem Lebensalter Tests zu, deren richtige Lösung als altersnormal, unter- oder übernormal gilt. Die Tests beziehen sich auf Sehen, Hören, Sprache, Kombination, Gedächtnis, Suggestibilität, logisches Denken, Unterschieds- u. a. Definitionen, Kritikfähigkeit, praktische Überlegungen u. a. In der ersten Fassung (1905) wurde das erwähnte »Staffelprinzip« noch nicht angewendet, sondern 30 Tests mit versch. Schwierigkeitsgrad wurden zusammengestellt und als normale Leistung vom 3jährigen 7 gelöste Tests, vom 7jährigen 15, vom 9jährigen 22 und vom über 11jährigen alle 30 Tests gelöst verlangt. Idiotie liegt nach BINET bei nur 6, Imbezillität und Debilität bei nicht mehr als 12 gelösten Tests vor. 1908 gingen BINET und SIMON dazu über, für jede Altersstufe im erwähnten Sinne Testreihen zusammenzustellen. Das Intelligenzalter (IA) wird so bestimmt, daß man von der höchsten und vollständig gelösten Jahresreihe ausgeht und alle darüber hinaus gelösten Einzeltests der folgenden Jahresreihen zu 1/5 (5 Tests pro Reihe) angerechnet werden. Das Intelligenzalter wird zum Lebensalter in Beziehung gesetzt und daraus der Intelligenzvorsprung oder -rückstand bestimmt. In der weiteren Entwicklung wurden von zahlreichen Forschern Verbesserungen eingeführt. Die wichtigsten sind: der Intelligenzquotient (IQ) durch STERN, die Überarbeitung der Testreihen für deutsche (schweizerische) Verhältnisse durch O. BOBERTAG, Josefine KRAMER u. a., für amerikanische Verhältnisse zuerst durch H. H. GODDARD, dann durch KUHLMANN (Anwendung bis zum 3 Monate alten Kind) und am bekanntesten durch L. M. TERMAN u. M. A. MERILL (sog. →Stanford-Revisionen; für deutsche Verhältnisse bearbeitet durch H.-R. LÜCKERT), außerdem hat TERMAN den *Concept Mastery Test* herausgegeben. Auch die Zusammenstellung der Testmittel in gebrauchsfertiger Form (Binetarium) hat ihre Geschichte. Die heutige deutsche Form des Binetariums geht auf Irmgard NORDEN zurück. Ⓛ GROFFMANN

BINION, H. S. – BECK, R. L. **Reading Readiness Test**
1945. Amerikan. Schulreifetest.

BLASER, Peter – GEHRING, Annemarie. **MMPI (programmierter Kurs)**
S 1972. Ein programmierter Kurs zur deutschsprachigen Ausgabe des *Minnesota Multiphasic Personality Inventory* (Ⓣ HATHAWAY–MCKINLEY). Informiert über die Anwendung des MMPI und über dessen Auswertung mit dem Computer. Zur Verfügung stehen eine Gesamtform und eine Kurzform (klinisches Profil).

BLOCH, René – MEIER, U. – SCHMID, P. **Der Mehrdimensionale Zeichentest (MDZT)**
S 1971. Klinischer Zeichentest vor allem für die Differentialdiagnose endogener Psychosen. Pb soll unter Zeitdruck (1 Zeichnung/1 min) seine freien Einfälle in 30 Zeichnungen festhalten. Diese werden ähnlich wie der RORSCHACH-Test signiert und nach tiefenpsychol. Gesichtspunkten interpretiert. Ⓛ BLOCH

BLUM, Gerald S. **Blacky Pictures Test (BP)**
USA 1950. 12 schwarzweiße Zeichnungen mit einfachen Szenen, die von Hunden dargestellt werden. Blacky ist ein junger Hund mit Hundevater, Hundemutter usw. Die Bilder sollen auch sexuelle Vorgänge symbolisieren und sind zu Geschichten auszudeuten.

BLUM, L. H. Ⓣ BURGEMEISTER

BLUMENFELD, Walter. **Würfel-Test, Würfel-Zusammensetzen (apparativer Test)**
D. Ein innen hohler Würfel von etwa 10 cm Kantenlänge ist in seine 6 Flächenstücke zerlegbar, wobei die einzelnen Stücke verschieden gefügt und gezapft sind. Prüfung der räumlichen Vorstellung. Der zusammengesetzte Würfel wird dem Probanden vorgelegt mit dem Auftrag, ihn zu zerlegen und wieder zusammenzusetzen, oder es wird nur der zerlegte Würfel geboten.

BOBERTAG Ⓣ BINET

BOBERTAG, Otto – HYLLA, Erich. **Begabtenauslese-Test**
D 1928. Testserie zur Begabungsfeststellung für den Übergang von der Grundschule zu weiterführenden Schulen.

BOGEN, Helmut. **Käfig-Test**
D. Ein Handlungstest, wobei ein Gegenstand (bei Kindern z. B. Schokolade) vor den Augen des Probanden in einen Käfig (Holzkäfig mit Stäben) getan wird und der Proband aufgefordert wird, sich den Gegenstand herauszuholen (was nur in einer bestimmten Handlungsabfolge geschehen kann). Vgl. KÖHLER

BONDY, Curt – COHEN, Rudolf – EGGERT, Dietrich – LÜER, Gerd. **Testbatterie für geistig behinderte Kinder (TBGB)**
D 1971. AA 7–12. Testbatterie, welche 6 (bzw. 7) Untertests umfaßt und speziell für geistig behinderte Kinder konstruiert wurde, um deren allgemeine Intelligenz, den Wortschatz, die Merkfähigkeit, den Entwicklungsstand, die Fein- und Grobmotorik zu messen und den sozialen Reifestand abzuschätzen. Die Untertests wurden aus folgenden Originalverfahren entwickelt: *Columbia Mental Maturity Scale (M. S. HISKEY, T. E. NEWLAND), Coloured Progressive Matrices (Ⓣ RAVEN), PEABODY Picture Vocabulary Test (Ⓣ DUNN), LINCOLN-OSERETZKY Motor Development Scale (Ⓣ SLOAN), Vineland Social Maturity Scale (Ⓣ DOLL).*

BÖNISCH Ⓣ WARTEGG

BONNARDEL, R. **B. G. 10 – Test de barrage**
F. Durchstreichtest nach dem BOURDON-Prinzip mit neuartigen Zeichen (Kreise mit Punkten, die in den 8 Richtungen der Windrose auftreten). 3 Zeichen sind zu streichen.

–Binv. 53, Test d'intelligence générale non verbale, Kategorienbildung
Ein französischer Test zur Kategorienbildung, der dem →SPEARMAN-Test sehr ähnlich ist und Muster verschiedenster Art mit drei Abwandlungen als Vorlage bietet, wozu aus sechs verschiedenen weiteren Abwandlungen das Anschlußstück auszulesen ist. Vgl. R. B. CATTELL, DUNAJEWSKI

–B.L.S. IV – Test de lois de séries géométriques fortement saturé en facteur G.
Reihenbildung an Figuren (Quadrate und Dreiecke), die sich in bestimmten Abfolgen abwandeln. Die Abwandlung ist weiterzuführen.

–B. V. 4 – Test de synonymes-antonymes
Je 2 Wörter sind darauf zu beurteilen, ob sie Gleiches oder Gegensätzliches aussagen.

–B. V. 8 – Test de compréhension du vocabulaire
Es sind Reihen mit je 6 Wörtern gegeben; jeweils ein einziges Wort paßt nicht zu den übrigen 5. Dieses ist auszustreichen.

–B. V. 16 – Test de compréhension verbale
Sinnsprüchen sind Sätze beigegeben, die die Sentenz mehr oder weniger treffend wiederholen. Zwei Sätze, die am nächsten kommen, sind anzustreichen.

BORELLI, M. – OLERON, P. **Echelle de performance**
F. Nichtsprachliche Testbatterie besonders für sprachgestörte und taubstumme Kinder von 5–8 Jahren zur Intelligenzerfassung. Würfelbauen nach Vorlage, Formbrett, Puzzle, Zusammensetzaufgabe, Nachzeichnen.

BOURDON, Benjamin. **Bourdon-Test, Durchstreich-Test, Test de barrage**
F 1895. In einer Reihung von Buchstaben, Zahlen oder Zeichen sind bestimmte Buchstaben aufzusuchen und zu streichen. Prüfung der Aufmerksamkeitsspannung. Eine geeignete Buchstabenreihe bot auch WHIPPLE. Weiterentwicklungen vgl. TOULOUSE, MEILI

BRACKEN, H. v. – MÜHLFELD, A. **Standard-Flimmer-Gerät**
D. Ein Apparat, bei dem mit verstellbaren Geschwindigkeiten eine Sektorenscheibe das Flimmern einer Lichtquelle erzeugt. Für Beziehungen zur Person (z. B. zur ps. Ermüdung) wird diejenige Geschwindigkeit aufgesucht, bei der die optische Verschmelzungsfrequenz, d. h. der Übergang vom Flimmern (*to flicker*, daher die Bez. Flicker-Test) zum kontinuierlichen Leuchten eintritt.

BRAINARD, Paul P. – BRAINARD, Ralph T. **Brainard Occupational Preference Inventory**
USA 1945–56. AA ab 14. Revision des *Specific Interest Inventory* von BRAINARD u. STEWART. Dient zur Ermittlung der Interessenausrichtung. 6 Testdimensionen: *commercial, mechanical, professional, esthetic, scientific, personal service (girls), agriculture (boys).*

BRENGELMANN, Johannes C. **Objekterkennungstest**
1953 (deutsche Ausgabe). Kurzzeitige Darbietung von komplexem Wahrnehmungsmaterial.

BRENGELMANN, J. C. – BRENGELMANN, L. **Persönlichkeitsfragebogen**
Meßdimensionen: Extraversion, Neurotizismus, Rigidität.

BRENGELMANN, J. C. – PINILLIOS, José L. **Bilderkennungstest**
1953 (deutsche Ausgabe). Kurzzeitige Darbietung von mehrdeutigem Bildmaterial. – Die Tests Objekt- u. Bilderkennung sind als Forschungsversuche und nicht für die Diagnostik entwickelt. Ⓛ PINILLIOS

BRENNER, Anton. **The Anton Brenner Developmental Gestalt Test of School Readiness (BGT)**
USA 1964. Schulreifetest für 5 bis 6jährige.

BRICKENKAMP, Rolf. **Test d 2 Aufmerksamkeits-Belastungstest**
D 1962. Ermittlung der Konzentration bei der visuellen Wahrnehmung. Pb soll Zeichen rasch und sicher unterscheiden. Test wurde im Institut für Sicherheit in Bergbau, Industrie und Verkehr des TÜV Essen entwickelt. Die Konzeption geht auf A. R. LAUER (Erfahrungen in der amerik. Armee) zurück. Der Test stellt eine Weiterentwicklung des Durchstreichtests von BOURDON dar. Ⓛ

BRICKLIN, Barry – PIOTROWSKI, Zygmunt A. – WAGNER, Edwin E. **The Hand Test**
USA 1959–62. AA ab 6. 10 Karten mit Handabbildungen, wobei der Pb aussagen soll, was jede Hand wohl tut. Der Test soll zur Abgrenzung zwischen Normalen und Neurotikern einerseits und Psychotikern andererseits sowie zur Diagnostik von Aggressionen dienlich sein. Vgl. BELSCHNER

BRIGGS, Dennie L. **Navy Personnel TAT (N-TAT)**
USA 1954. Eine Modifikation des TAT für Marineanwärter.

BROWN, Andrew W. – STEIN, Seymour P. – ROHRER, Perry L. **Chicago Non-Verbal Examination**
1936–54. AA ab 6.

BROWN, William F. – HOLTZMAN, Wayne H. **Brown-Holtzman Survey of Study Habits and Attitudes (SSHA)**
USA 1953–56. AA: *High school and college.*

BRUCE, Martin M. **Association Adjustment Inventory (AAI)**
USA 1959. AA Erwachsene. Fortentwicklung des *Kent-Rosanoff Free Association Test* von 1910 – AA ab 4. 13 Skalen: *juvenility, psychotic responses, depressed-optimistic, hysteric-nonhysteric, withdrawal-sociable, paranoid-naive, rigid-flexible, schizophrenic-objective, impulsive-restrained, sociopathic-empathetic, psychosomathic-physical contentment, anxiousrelaxed, total.* Vgl. KENT. – Weitere Tests desselben Autors: *Business Judgment Test* (1953–59), *Sales Comprehension Test* (1953–57), *Sales Motivation Inventory* (1953).

BRÜNER, H. – JOVY, D. – KLEIN, K. E. **Psychomotorischer Leistungstest (KT = Kugeltest)**
D. Ein elektrisch betriebenes Gerät, in dessen 5 verschiedene Walzenöffnungen Stahlkugeln entsprechender Größe hineingelegt werden sollen. Die Freigabe der Walzenöffnungen ist von der Umlaufgeschwindigkeit abhängig. Diese kann stufenweise so verändert werden, daß maximal 30, 40, 50, 60 oder 70 Kugeln pro Minute plaziert werden können. Wahlweise kann das Stufen-Programm (7 Min.) bzw. eine Stufe für Dauereinstellung eingeschaltet werden.

BRUNET, O. – LEZINE, I. **Echelle de Développement (BLED)**
F 1951. AA 0;1 bis 5;0. Ein verbreiteter frz. Entwicklungstest. Von GESELL sind die vier Hauptverhaltensfelder und von BÜHLER-HETZER die Verrechnung übernommen.

BRUNNER, Alfred. **Daueraufmerksamkeitstest**
D 1963. Gruppentest. Je sechs geometrische Figuren werden gleichzeitig projiziert. Es sind bestimmte Figu-

ren zu beachten und deren Anzahl auf einem Arbeitsbogen festzuhalten. Expositionszeit jeder Figurengruppe 1,8 sec. Alle 3,3 sec wird eine neue Gruppe projiziert. Insgesamt 900 Bilder. Dauer 50 Minuten. Teilzeitregistrierung je 2,5 Minuten.

BRUNNER, Werner. **Bewegungslineal**

S. Nachdem der Proband mit einem Lineal einige Striche in bestimmten Abständen sehend gezogen hat, muß er mit verbundenen Augen weitere Striche ziehen. Das Lineal ist in gleichen Abständen vorzubewegen und wird vom Vl (oder auch von der Vp) bedient.

BUCK, John N. **The House-Tree-Person-Test (H-T-P)**

USA 1948. Der Test fordert vom Probanden, ein Haus, einen Baum und einen Menschen zu zeichnen. Damit sollen Dimensionen wie Intelligenz und Affektivität erfaßt werden.

–Time Appreciation Test

1943–46. AA ab 10.

BUGGLE, F. – BAUMGÄRTEL, F. **Hamburger Neurotizismus- und Extraversions-Skala für Kinder und Jugendliche (HANES, KJ)**

D 1972. AA 8–16. Persönlichkeitstest, der auf der EYSENCKschen Persönlichkeitstheorie aufbaut und aus dem JEPI (Ⓣ EYSENCK) entwickelt wurde. Er umfaßt 68 Items, welche eine Neurotizismus-Skala (Kurz- und Langskala) und eine Extraversions-Skala konstituieren. Die Extraversions-Skala ist in eine Geselligkeitskomponente und eine Aktivitätskomponente aufgeteilt und berücksichtigt somit die Untersuchungen, welche die Dimension der Extraversion in verschiedene Komponenten zerlegen. Der Test enthält außerdem noch eine L-Skala zur Messung der Bereitschaft, den Fragebogen ehrlich zu beantworten.

BÜHLER, Charlotte. **The Toy World Test (TWT)**

USA 1941–55. AA ab 2. Erstbezeichnung *The World Test* (deutsche Ausgabe von H. HETZER und E. HÖHN). Handlungstest mit Spielzeug zur Erfassung der Struktur sowie zur Diagnose und Therapie emotionaler Störungen für Kinder und Erwachsene. Verwandt mit Sceno-Test. Der Test ist die Weiterentwicklung des »Weltspiels« von Ⓣ M. LOWENFELD.

BÜHLER, Ch. – HETZER, Hildegard. **Kleinkindertest (Entwicklungstestreihe)**

D 1932. Testreihe für den 1. Lebensmonat bis zum 6. Lebensjahr zur Entwicklungsdiagnose (sinnliche Rezeption, Körperbeherrschung, soziales Verhalten usw.).

BÜHLER, Ch. – MANSON, Morse P. **The Picture World Test (PWT)**

USA 1955/56. AA ab 5. Abwandlung des Welt-Tests, wobei an die Stelle des Materials, mit dem manipuliert und gebaut werden kann, Zeichnungen (Bilder) treten, mit denen auf dem Papier eine »Welt« entworfen wird. Anschließend ist diese zu benennen und zu schildern. 12 »Welten« (Lebensbereiche) werden vorgegeben, z.B. Stadt, Kirche, Fabrik, Gebirge, Wüste, eine Traumwelt.

BULLINGER, E. – SEYFRIED, H. **Farbstern-Test**

D 1954. Abwandlung des Farbpyramiden-Tests nach M. PFISTER. Anordnung der Farben in Sternform.

BUNDESANSTALT FÜR ARBEIT. **Einfache Eignungsuntersuchungen für den psychologischen Dienst (EEU)**

D 1954. Eine zur Prüfung der Arbeits- und Berufseignung aus 40 bisher schon bei der Berufsberatung der Arbeitsämter bewährten, aber unterschiedlich verwendeten Verfahren zusammengestellte Testbatterie. 7 davon bilden die »Kernserie«, die einheitlich vorgeschrieben ist. Die übrigen sind Ergänzungen nach Bedarf. Gliederung der Tests nach: Ganzheitl. Verfahren, Gedächtnis, begriffliches Denken, sprachfreies Denken u. prakt. Verhalten, technische Begabung, Formen- u. Farbensinn, Handfertigkeit, ergänzende Verfahren. Die meisten Tests stammen von den schon 1920–30 bekannten Autoren: BINET, BLUMENFELD, GIESE, HERMANN, HISCHE, HUTH, KLEMM, LIPMANN, MOEDE, PAULI, POPPELREUTER, RUPP, RUTHE, SCHULTE, SCHULZ. Initiator der vorliegenden Test-Organisation ist W. ARNOLD. Ⓛ MERZ. Nicht mehr in Verwendung.

–Test-Validierungs-und-Interpretations-System

D 1973. Testsystem zur ps. Begutachtung im Rahmen der beruflichen Beratung an den Arbeitsämtern in der Bundesrepublik Deutschland (Berufsberatung von Schulabgängern und Rehabilitanden, Fortbildungs- und Umschulungsberatung, Arbeitsberatung). Das Testsystem setzt sich aus der Testserie für Hauptschulabgänger (EUB), der Testserie für Abiturienten und Hochschüler (MOT) und der Erwachsenen-Test-Serie (ETS) zusammen. Die Testserien enthalten Fähigkeitstests, Selbsteinschätzungsskalen, Interessen- und Persönlichkeitsfragebogen und biographische Skalen. Testauswertung und Testbefundinterpretation (Eignungsbeurteilung für die verschiedenen Berufe u. Ausbildungsgänge) erfolgen zentral über EDV, ebenso die Speicherung der Daten. Diese bildet die Grundlage für eine fortlaufende Neuvalidierung der Testserien durch Nachverfolgung der Pbn. →Computerdiagnostik, →Testsystem. Ⓛ EKKARDT 1977, ENGELBRECHT 1975

BURDOCK, E. I. – HARDESTY, Anne S. – et al. **Behavior Rating Scales**

USA 1959–61. AA Erwachsene, bei der Skala für Kinder 1–16. Besteht aus 5 Teilen: *Ward behavior rating scale – Clinical behavior rating scale – Interview behavior rating scale – Work behavior rating scale – Children's behavior rating scale.*

–Structured Clinical Interview (SCI)

USA 1969. Erhebungsverfahren zur Erfassung psychopathologischer Befunde. Das SCI wurde aus dem *Ward Behavior Inventory* entwickelt. Über das SCI lassen sich anhand von 179 Items mit Ja/Nein-Antworten Verhaltensmerkmale zu 10 Bereichen quantifizieren: Feindseligkeit, Denkstörungen, Furcht, inkongruentes Verhalten, inkongruente Gedanken, Niedergeschlagenheit, Wahrnehmungsstörungen, körperliche Beschwerden, Selbstwertminderung, sexuelle Probleme. Die deutsche Übersetzung der amerikanischen Originalausgabe liegt ebenfalls vor.

BURGEMEISTER, B. B. – BLUM, L. H. – LORGE, I. **Columbia Mental Maturity Scale**

Nichtsprachlicher Test, besonders für sprachbehinderte Kinder von 3–12 Jahren zur Intelligenzerfassung. In Abbildungsreihen sind die nicht zugehörigen Bilder zu erkennen.

BUSEMANN, Adolf. **Abzeichentest**

D 1955. Abzeichnen einfacher Figuren (Quadrat, Rhombus, sich überschneidende Quadrate, RUPPsches Wabenmuster) zur Ergänzung der gebräuchlichen Intelligenztests und zur Ermittlung der Hilfsschulbedürftigkeit. Altersstufen 5, 7, 9, 11 u. 14. Ⓛ

–Aufzähltest

D 1955. Aufzählenlassen aller sichtbaren Gegenstände, die dem Probanden innerhalb 10 Minuten einfallen. Test ist für Erwachsene und Kinder (vom 5. Lebensjahr ab) verwendbar.

BUSWELL, G. T. – JOHN, Lenore. **Diagnostic Chart for Fundamental Processes in Arithmetic**

Seit 1925 für Kinder im Alter 7–13 gebräuchlicher amerikanischer Rechentest.

CARROLL Ⓣ INGENKAMP

CASSEL, Russel N. **The Cassel Group Level of Aspiration Test**

USA 1952–57. AA 10–21. 7 Kategorien zur Ermittlung pers. Tendenzen, bes. des Anspruchniveaus: *clinical difference, aspiration difference, first goal, psychological response to failure, level of aspiration quotient.* – Vom gleichen Autor zus. mit T. C. KAHN wurde die *Group Personality Projective Test (GPPT)* herausgegeben. AA ab 11. Tendenzen der Angst, Bedürfnisse, insbes. schädliche, verbrecherische Neigungen sollen mit dem Test abgeklärt werden.

CASTANEDA, A. – MCCANDLESS, B. R. – PALERMO, D. S. **Children Manifest Anxiety Scale (CMAS)**

USA 1956. Kinderform der *Manifest Anxiety Scale* (MAS) (Ⓣ TAYLOR). Die Skala enthält in Frageform 42 Angstitems und 11 Lügenfragen. Ⓛ

CATTELL, James McKeen. **Mental Tests**

USA 1890. C. hat als erster (neben GALTON) den Ausdruck »Test« eingeführt. Unter »*mental tests*« verstand er Streckenhalbieren nach Augenmaß, Merkfähigkeit, Minimaldistanz unterscheidbarer Hautreize, Schwellenwerte für Druckempfindung und weitere, mehr sinnesphysiologische Methoden. Mit der exakten Messung dieser einfachen Funktionen suchte er das intellektuelle Niveau zu erfassen. Daneben wurden aber schon komplexe Funktionen mit Assoziations-, Gedächtnis- und einfachen Rechenaufgaben angegangen. C. stellte als erster eine Test-Untersuchung für Studenten zusammen (*Physical and Mental Measurements of the Students of Columbia University.* PsR 3. 1896).

CATTELL, Psyche. **Cattell Infant Intelligence Scale**

USA 1940. AA 3–30 Monate. Für das Kleinkind bestimmte Form der *Revised Stanford-Binet Intelligence Scale, Second Revision.*

CATTELL, Raymond B. – WEISS, Rudolf. **Grundintelligenztest Skala 2 (CFT 2)**

D 1972. AA 9–15. Deutsche Version des Culture Fair Intelligence Test (CFT, Scale 2) von CATTELL & CATTELL. Dieser Intelligenztest wurde entwickelt, um die grundlegende geistige Leistungsfähigkeit *(general mental capacity, g-factor)* unabhängig von soziokulturellen und ausbildungsbedingten Einflüssen zu messen. CATTELL unterscheidet 2 allgemeine Grundfaktoren der Intelligenz, nämlich die »*general fluid ability*« und die »*general crystallized ability*«. Unter flüssiger allgemeiner Begabung versteht CATTELL eine aktive geistige Kapazität oder Energie, die für mehr oder weniger alle Lösungsprobleme eingesetzt werden kann. Die kristallisierte allgemeine Begabung ist diejenige, welche durch Bildungs- und Erziehungseinflüsse geprägt ist und mit dem Lösen von Problemen im verbalen und numerischen Bereich zusammenhängt. Der CFT mißt zu einem hohen Anteil die »*general fluid ability*«. Der Test ist aus 2 Testteilen mit je 46 Items aufgebaut und in je 4 Untertests aufgeteilt: Untertest 1 (*series* = Reihenfortsetzen) 12 Items, 2 (*classification* = Klassifikation) 14 Items, 3 (*matrices* = Matrizen) 12 Items, 4 (*topology* = topologische Schlußfolgerungen) 8 Items.

–Grundintelligenztest Skala 3 (CFT 3)

D 1971. AA ab 14. Deutsche Version des CFT Scale 3 von CATTELL und Mitarbeitern. Der Test ist nach der gleichen g-Faktor-Theorie aufgebaut. Er enthält ebenfalls die gleichen Untertests. Die beiden Testteile bestehen jeweils aus 50 Items.

–Grundintelligenztest Skala 1 (CFT 1) Ⓣ WEISS, Rudolf – OSTERLAND, Jürgen

CATTELL, Raymond B. und Mitautoren. **IPAT-Tests**

USA seit 1950. Vorläufer: die ab 1930 ausgegebenen »*Cattell Intelligence Tests*«. Im »*Institute of Personality and Ability Testing*« (daher IPAT) entstanden, waren die Tests zunächst für Forschungszwecke bestimmt. Ihr Anliegen ist insbesondere, den Aufbau der Person mit faktoriellen Methoden und Fragebogen zu klären und meßbar zu machen. Die (vielfach abgewandelten und auch mit den Autoren gewechselten) Tests sind z. Z.: (H. W. EBER) *Sixteen Personality Factor Questionnaire 16 PF* – (R. B. PORTER) *Children's Personality Questionnaire CPQ* – (R. W. COAN) *Early School Personality Questionnaire ESPQ* – (A. B. SWENEY) *School Motivation Analysis Test SMAT* – (H. BELOFF) *Jr.-Sr. High School Personality Questionnaire HSPQ* – (J. E. KING – A. K. SCHUETTLER) *Contact Personality Factor Test CPF* – (H. W. EBER) *Music Preference Test of Personality* – (J. L. HORN u. a.) *Motivation Analysis Test MAT* – (L. B. LUBORSKY – D. L. TOLLEFSON) *Humor Test of Personality* – (neun Autoren) *Objective-Analytic Personality Test* – (A. K. S. CATTELL) *Culture Fair Intelligence Test* – (J. E. KING – A. K. SCHUETTLER) *Neurotic Personality Factor Test NPF* – (I. H. SCHEIER) *Anxiety Scale Questionnaire* – (ders.) *Objective-Analytic* (O–A) *Anxiety Battery* – (ders.) 8-*Parallel-Form Anxiety Battery* – (ders.) *Neuroticism Scale Questionnaire NSQ.* Deutsch bearbeitet als »Denkprobe G« liegt der »*Culture Fair* (Free) Int. T.« vor. IPAT-Tests sind auch in *Multi-Aptitude Batteries* enthalten, z. B. dem »*Job-Test Program*« von KING.

–IPAT-Anxiety Scale (Q-Form)

USA 1957. Persönlichkeitsfragebogen zur Messung der Ängstlichkeit, welcher diejenigen Items des 16 PF enthält, welche den Sekundär-Faktor F (Q) II bestimmen.

CATTELL, Raymond, B. – HORN, John L. **Motivation Analysis Test (MAT)**

USA 1959. AA ab 18. Objektiver Test zur Messung von 5 Ergs und 5 Sentiments. Es handelt sich bei diesen Dimensionen um die von CATTELL und Mitarbeitern auf faktorenanalytischem Wege gewonnenen Motivdimensionen. Als Ergs werden folgende Dimensionen gemessen: *mating, assertiveness, fear, narcism-comfort, pugnacity.* Unter die Sentiments fallen: *self-concept, superego, career, sweetheart-spouse* und *home parental.* Der Test liegt in experimenteller Form in einer deutschen Übersetzung vor.

CATTELL, R. B. – SCHEIER, J. H. **Objective Analytic (O-A) Anxiety Battery**

USA 1960. AA ab 14. Testbatterie aus objektiven Tests zur Messung der Ängstlichkeit. Die Angstbatterie enthält 10 Untertests, davon sind 8 verbale Verfahren und 2 physiologische Messungen (Pulsfrequenz, systolischer Blutdruck). Die mit der Batterie gemessene Komponente der Ängstlichkeit betrifft die »freie Angst« (U I 24). Ⓛ Fahrenberg

Cattell Ⓣ Schmidt

Cautela, J. R. – Kastenbaum, R. **Reinforcement Survey Schedule**

USA 1967. Fragebogen zur Ermittlung von Verstärkern in und außerhalb der Therapiesituation. Eine deutsche Übersetzung dieser Fragebogen liegt vor. Ⓣ Windheuser-Niketta

Chapuis, Fredy. **Labyrinth-Test**

S 1959. AA ab 16. Zwei Parallelverfahren. Aus vorgedruckten Labyrinthen muß die Vp einen Ausweg finden. Der Weg wird eingezeichnet. Erfaßt werden intellektuelle und charakterologische Faktoren. Vgl. Porteus, Szymanski

Christensen, A. **Luria Neuropsychological Investigation**

Dänemark 1975. Verfahren zur Bestimmung der geistigen Beeinträchtigungen, welche durch lokale Läsionen verursacht sind. Es werden dabei die qualitativen Beeinträchtigungen über eine Syndromanalyse, welche die Organisation der höheren geistigen Tätigkeit berücksichtigt, festgestellt. Die »neurops. Untersuchungen« umfassen die Überprüfung der motorischen Funktionen, der akustisch-motorischen Funktionen sowie von Wahrnehmungsleistungen, sprachlichen Leistungen, Aufmerksamkeit und allgemeinen intellektuellen Fähigkeiten. Ⓣ Hamster

Christensen, Paul R. – Guilford, J. P. – (Merrifield, Philip R. – Wilson, R. C.). **Alternate Uses**

USA 1960. Intelligenztest für Flexibilität.

–Consequences

USA 1958. Spez. Intelligenztest für Originalität.

–Christensen-Guilford Fluency Tests

1957–59. Mit den Teilen: *Word fluency – Ideational fluency – Associational fluency – Expressional fluency.*

–Ship Destination Test

USA 1955/56. Ein »*general reasoning test*«.

Christiaens, A. G. **Tremometer, Dextérimètre**

B um 1912. Apparat zur Prüfung von Geschick und Sicherheit der Hand (→Sinnesfunktionen).

Cleeton, Glen U. **Cleeton Vocational Interest Inventory**

USA 1937–43. AA ab 15. 2 Formen für Männer und Frauen mit je 10 Kategorien (z. B. *biological sciences, mechanical, finance, creative, agricultural, office work, social service, homemaking-child care*).

Clostermann, Gerhard. **Der Mann-Zeichentest**

D 1959. Ein dem »*Draw A Man Test*« von Goodenough im Prinzip nahestehender, doch in manchen Teilaufgaben und in der Verrechnung abweichender Zeichentest. Verwendbar zur Ermittlung des Intelligenzniveaus. Ⓛ

Colarusso, Ronald P. – Hammill, Donald D. **Motor-Free Visual Perception Test**

USA 1972. Test zur Erfassung von visuellen Funktionen wie: *spatial relationship, visual discrimination, figure-ground, visual closure, visual memory.* Die Testaufgaben sind so gestaltet, daß der Proband ohne die Anwendung von graphomotorischen Leistungen die Aufgaben lösen kann.

Cole, Lawrence W. – Vincent, Leona E. **Cole-Vincent Group Intelligence Test for School Entrants**

USA 1924–28. AA Kindergarten bis 6.

Conrad, W. et al. **Mannheimer Intelligenztest (MIT)**

D 1971. AA 12–35. Intelligenztest, welcher 10 wesentliche Dimensionen der faktorenanalytischen Intelligenzforschung mißt. Über 10 Untertests wird das allgemeine intellektuelle Niveau bestimmt: Figurenreihen, Wortbedeutungen, Dominos, Buchstabengruppen, Wortverhältnisse, Mosaikaufgaben, Sprichwörter, Unmöglichkeiten.

Corman, Louis **Schwarzfuß-Test**

F 1974. Projektives Verfahren (18 Bildkarten) zur Ermittlung von Konflikten im Kindesalter. Die deutsche Übersetzung wurde 1977 durchgeführt.

Cornell, Ethel L. – Coxe, W. W. **Performance Scale**

USA 1934. Ein nichtsprachlicher Entwicklungstest mit den bekannten Aufgaben: Formbrett, Bilderganzung, Würfel, Labyrinth und Reproduktion von Zeichnungen. Der Test ist neben der Skala von Grace Arthur verwendbar zur Bestimmung eines nichtverbalen Intelligenzquotienten (Cornell-Index).

Correll Ⓣ Ingenkamp

Couvé, Richard. **Ablegeprobe, Scheibenausgeber**

D vor 1922. Zweiteilige Versuchsanordnung: Gerät, das automatisch im Abstand von 4 sec zweistellig bezifferte Nummernscheiben (je Arbeitsgang 100 Stück) an einem Auswurfschlitz auswirft. Daneben 42 × 34 cm großer senkrecht stehender Kasten, aufgeteilt in zwanzig 7 × 7 cm große weiße Felder mit zweistelligen Zahlen und jeweils einem Einwurfschlitz. Die Nummernscheiben sind in das zugehörige Feld richtig einzuwerfen. Die Leistung bestimmt die Anzahl der übriggebliebenen oder nicht richtig eingeworfenen Scheiben. Das Gerät wurde für die Prüfmittelserie der damaligen Deutschen Reichsbahn entwickelt.

v. Cranach, M. **Standardisiertes Verfahren zur Erhebung des psychopathologischen Befundes**

D 1978. Deutsche Bearbeitung des *Present State Examination* Ⓣ Wing, Cooper, Sartorius.

Crawford, John E. – Crawford, Dorothea M. **Crawford Small Parts Dexterity Test**

USA 1946–56. Geschicklichkeitstest für manuelle Feinarbeit (mit Pinzette und Schraubenzieher sind Stiftchen, Hülsen und Schrauben einzusetzen). Vgl. Bennett

Dahl, G. **Reduzierter Wechsler-Intelligenztest (WIP)**

D 1972. AA 10–79 für Normale. 15–60 für psychiatrische Patienten. Kurzform des HAWIE (Ⓣ Wechsler). Der Test enthält 2 Untertests aus dem Verbalteil des HAWIE (Allgemeines Wissen, Gemeinsamkeiten-Finden) und 2 aus dem Handlungsteil (Bilderergänzen, Mosaiktest). Ⓛ Dahl.

Damm Ⓣ Ingenkamp

DANIELS, John C. **Figure Reasoning Test**
E 1949. AA ab 11. Ein nicht-verbaler Intelligenztest. Ähnlich den Tests von →RAVEN ist zu 8 Figuren das noch fehlende 9te Stück aus beigegebenen Figuren auszuwählen.

DAVIS, Allison – EELLS, Kenneth. **Davis-Eells Games, Test of General Intelligence or Problem-Solving Ability**
USA 1952/53. Ein sprachfreier Test zur Intelligenzdiagnostik bei Kindern des Grundschulalters mit realistischen Bildszenen aus dem Kinderalltag.

DAVIS, Frederick B. – DAVIS, Charlotte Croon. **Davis Reading Test**
USA 1956–62. Lesetest in zwei Schwierigkeitsstufen: 8–11 u. 11–13jährige.

DEARBORN, Walter Fenno. **Formenbrett, Formboard**
Paßbretter ähnlich Ⓣ SEGUIN.

DECROLY, O. **Lotto-Test, Matching Game**
B. Zuordnen und Angeben von einzelnen Silhouettenbildern (z. B. eines Schirmes, Birne, Halbmond usw.) zu Karten mit mehreren und gleichen Bildern. Kindertest.

–Bilderserienverfahren
B 1913. Test analog Ⓣ STERN.

DECROLY Ⓣ MERRILL–PALMER

DEHMELT, P. – KUHNERT, W. – ZINN, A. **Diagnostischer Eltern-Fragebogen (DEF)**
Standardisierte Anamneseerhebung zur Beratung von Eltern, Lehrern usw.

DENNIS, Royce – DENNIS, Margaret. **Dennis Visual Perception Scale (DVPS)**
USA 1964. Test zur Erfassung von visuellen Funktionen wie z. B. *convergence, visual accuity, focusing, adjustment of distortion, transmission, integration.* Mit dem Test sollen Mängel in den Wahrnehmungsfunktionen erkannt werden.

DESPERT →Erzählmethode

DEUTSCHE GESELLSCHAFT FÜR PERSONALWESEN e. V. **Differentieller Wissenstest (DDT)**
D 1969. Ein Verfahren zur Ermittlung der Fachkenntnisse auf den Wissensgebieten: Sport, Technik, Chemie, Physik, Biologie, Politik, Wirtschaft, Erdkunde, Geschichte, Kunst, Literatur, Musik. AA 15. Parallelform A und B. Es liegt eine umfassende Normierung vor.

DOLL, Edgar A. **Vineland Social Maturity Scale (VSMS)**
1935–53. Sozialkompetenz (= sich in pers. Angelegenheiten selbst zu helfen) und soziale Verantwortlichkeit kennzeichnen nach DOLL die soziale Reife. Die VSMS ist die Methode, mit 117 für beide Geschlechter gültigen Verhaltens»einheiten«, die gruppiert sind nach Alter und den Kategorien: allg. Selbständigkeit, Selbständigkeit beim Ankleiden, beim Essen, Selbstbestimmung, Kommunikation, Sozialisierung, Lokomotion, Beschäftigung – und die mit einem Informanten, in absentia des Pb, bewertet werden – die Sozialreife zu bestimmen. Die VSMS hat breite Beachtung gefunden. Zahlreiche Ergebnisse mit normalen und behinderten Kindern, Erwachsenen und Alten, mit Asozialen und Verbrechern wurden veröffentlicht. Vgl. MAXFIELD. Ⓛ REINERT

DOMBROSE, Lawrence A. – SLOBIN, Morton S. **The IES Test**
USA 1956–58. AA ab 10. 4 Untertests mit 3 (5) Kategorien: *impulses, ego, superego (defense, superego plus defense).*

DORSCH Ⓣ GIESE

DRAKE, R. M. **Musical Aptitude Test**
1954. Ein Musikbegabungstest ähnlich Ⓣ ALIFERIS oder SEASHORE bzw. REVESZ

DRASGOW Ⓣ FELDMAN

DRENTH, P. J. D. **Test voor niet-verbale abstractie**
H 1965. AA ab 17. Gruppenintelligenztest.

–Amsterdamse Kinder Intelligentietest (AKIT)
Mit J. F. PETRIE. Nichtverbale Intelligenzerfassung für den Schuleintritt.

DREY-FUCHS, Christel. **Fuchs-Rorschach (Fu-Ro)-Test**
D 1958. Geeichte Parallelserie zum →Rorschach-Test, die die Möglichkeit von Kontrollversuchen in kurzen Zeitabständen bietet. Die Handanweisung behandelt neuere Deutungsphänomene wie die Dynamik-Deutungen, die Oberflächen-Material-Deutungen, den Wirrschock u. a. m. Ⓛ

DUHM Ⓣ ROSENZWEIG

DÜKER, H. – LIENERT, G. **Konzentrationsleistungstest, Dauer-Rechenversuch (K-L-T)**
D 1959. Während längerer Zeit sind Additionen und Subtraktionen zu vollziehen (Darbietung auch durch Apparat). Erprobt vor allem bei pharmakopsychologischen Versuchen. Ⓛ DÜKER-LIENERT

DUNAJEWSKI. **Charkow-Test, Figurenreihen-Fortsetzen**
R 1924. Geometrische Figurenreihe, deren Aufbau durch Zufügen oder Wegnehmen einzelner Glieder in logischer Ordnung stehen, sind um zwei oder mehr Figuren zu ergänzen. Das Aufbaugesetz der einzelnen Reihe ist zu erkennen.

DUNHAM. **Formenbrett, Formboard**
Paßbretter ähnlich Ⓣ SEGUIN.

DUNN, Lloyd M. **Peabody Picture Vocabulary Test (PPVT)**
USA 1959. AA 3–18. Intelligenztest. Zu mündlich gegebenen Reizwörtern ist jeweils aus 4 Bildern das zuständige zu bezeichnen.

DÜSS, Louisa. **Fabelmethode, Méthode des fables**
S 1940–56. Ein projektiver Test für Kinder. Kurzgeschichten (Fabeln) werden erzählt – das Kind hat Situationen zu ergänzen. Mutter-Vater-Bindung, Abstill-Komplex, Eifersucht, Kastrationskomplex u. a. sind berücksichtigt und sollen diagnostiziert werden. Ⓛ

DVORAK Ⓣ US-EMPLOYMENT SERVICE

EBBINGHAUS, Hermann. **Lückentest, Ergänzungstest, sprachliche Lückenkombination, Kombinationstest**
D 1897. Ausfüllen von Wort-(Silben-)lücken in einem Text. Erster Test war »Gullivers Reisen« für Sextaner bis Tertianer. Zahlreiche Abwandlungen. Vgl. MINKUS

EDUCATIONAL TESTING SERVICE. **School and College Ability Tests, Sequential Tests of Educational Progress**

USA seit 1954 – Princeton, N. J. Bewährte und verbreitete amerikanische Schultests. Als Modelle für die →Schulleistungstests anderer Länder vielfach vorbildlich. Ⓛ SÜLLWOLD

EDWARDS, Allen L. **Edwards Personal Preference Schedule (EPPS)**

USA 1953–67. Nichtprojektiver Charaktertest mit 15 Skalen: *achievement, deference, order, exhibition, autonomy, affiliation, intraception, succorance, dominance, abasement, nurturance, change, endurance, heterosexuality, aggression.* Zusätzlich noch *»test consistency«* und *»profile stability«*. Ⓛ MITTENECKER

EDWARDS, A. L. **Edwards Personality Inventory**

USA 1966. Persönlichkeitsfragebogen, welcher 53 Persönlichkeitsvariablen erfaßt.

EGGERT, Dietrich. **Eysenck-Persönlichkeits-Inventar (EPI)**

D 1974. AA ab 14–16. Deutsche Version des EPI von Ⓣ EYSENCK-EYSENCK. Der Test ist nach der EYSENCKschen Persönlichkeitstheorie aufgebaut und geht in seinem Testprinzip auf das MPI Ⓣ EYSENCK zurück. Er mißt die Ausprägung der Dimension Extraversion-Introversion und Neurotizismus. Er liegt in 2 parallelen Formen A und B vor.

–Lincoln-Oseretzky-Skala 18 (LOS KF 18)

D 1971. AA 5–13. Test zur Prüfung der motorischen Entwicklung geistig behinderter, lernbehinderter und normaler Kinder und zur Differentialdiagnose der motorischen Störung. Die Skala enthält 18 Aufgaben aus der Hamburger Form der LINCOLN-OSERETZKY-*Motor-Development-Scale.*

EHLERS, Beate – EHLERS, Th. – MAKUS, H. **Marburger Verhaltensliste, MVL**

D 1978. AA 6–12. Elternbefragungsbogen zur qualitativen und quantitativen Erfassung von Problemverhalten von Kindern. Mit Hilfe von 80 Items werden 5 Skalen (emotionale Labilität, Kontaktangst, unrealistisches Selbstkonzept, unangepaßtes Sozialverhalten, instabiles Leistungsverhalten) erfaßt.

ELBEL, H. **Ring-Test**

D. Eine bestimmte Zahl von Ringen wird auf einen Stab aufgesteckt. Zur Prüfung von Geschicklichkeit, Konzentration und Koordinationsleistungen.

EMMETT Ⓣ INGENKAMP

ENGELMANN, H. **Maschine zeichnen, Fadenzerreißmaschine**

D. Nach einer gegebenen Beschreibung ist der zeichnerische Entwurf einer Fadenzerreißmaschine anzufertigen.

EYSENCK, Hans Jürgen. **Body-Sway-Test**

E 1947. Experimentelle Anordnung zur Messung der Suggestibilität. Die Schwankung, mit der der Pb, der aufrecht mit verbundenen Augen steht, auf den Hinweis reagiert, daß er nach vorne falle, wird gemessen. Ⓛ FAHRENBERG

–Maudsley Persönlichkeitsfragebogen (MMQ = Maudsley Medical Questionnaire)

Fragebogen, der vorzugsweise für klinisch-psychologische Untersuchungen (Neurosen, Simulation-Dissimulation) bestimmt ist.

–Maudsley Personality Inventory (MPI)

E 1959. Fragebogen zur Bestimmung der neurotischen Tendenz und Extraversion.

EYSENCK, H. J. – EYSENCK, S. B. G. **Eysenck Personality Inventory (EPI)**

E 1964. AA ab ca. 16. Persönlichkeitsfragebogen zur Messung der Dimensionen Extraversion-Introversion und emotionale Stabilität-Labilität (Neurotizismus). Gegenüber dem MPI hat er den Vorteil, in 2 Parallelformen (A und B) vorzuliegen. Die Items sind intellektuell weniger anspruchsvoll formuliert, und die Itemselektion wurde so durchgeführt, daß Extraversion-Introversion statistisch unabhängig voneinander sind. Außerdem enthält das EPI eine L-Skala, welche die Tendenz zur Verfälschung mißt.

EYSENCK, H. J. – FREEMAN, F. **Charakter-Interpretationstest**

E/D 1954. 12 Porträtaufnahmen, die nach den Test-Autoren »eine möglichst heterogene Kollektion von Menschentypen« darstellen, werden dem Pb vorgelegt mit der Aufforderung, aus einer beigegebenen Eigenschaftsliste diejenigen Eigenschaften den photographierten Personen zuzuteilen, die diese am besten charakterisieren. Ⓛ EYSENCK 1954

EYSENCK, H. J. – STÖHR, G. **Eysenck-Intelligenztest**

D 1972. Selbsttest zur Schätzung der Intelligenz.

EYSENCK, Sybil B. G. **Junior Eysenck Personality Inventory (JEPI)**

E 1965. AA 7–16. Persönlichkeitsfragebogen zur Messung der Extraversion und des Neurotizismus nach der EYSENCKschen Persönlichkeitstheorie. Das Inventar enthält auch eine L-Skala. Eine dt. Version dieses Tests wurde von Ⓣ BUGGLE und BAUMGÄRTEL entwickelt.

FAHRENBERG, J. **Freiburger Beschwerdeliste – Gesamtform**

D 1965. Umfragebogen zur Erfassung subjektiv erlebter körperlicher Beschwerden. Die Skala umfaßt 78 Items für 11 Unterskalen, welche für die Beschreibung und zum Vergleich psychosomatisch auffälliger Gruppen geeignet ist.

FAHRENBERG, Jochen – SELG, Herbert. **ALNEV**

Ein Persönlichkeitsinventar zur Erfassung von Aggressivität (A), Offenheit (L = Lügen), Neurotizismus (N), Extra-Introversion (E) und vegetativer Labilität (V). Anwendung vor allem in klinisch-diagnostischen Untersuchungen.

–Freiburger Persönlichkeitsinventar (F-P-I)

D 1970[1], 1973[2], 1978[3]. AA ab 15. Persönlichkeitsfragebogen, welcher mit 212 Items 9 faktorenanalytisch gewonnene Dimensionen erfaßt. Die 9 auf der Basis der Selbstbeurteilung gewonnenen Dimensionen sind: Nervosität, spontane Aggressivität, Depressivität, Erregbarkeit, Geselligkeit, Gelassenheit, reaktive Aggressivität und Dominanzstreben, Gehemmtheit, Offenheit. 3 Zusatzskalen, welche aus den Grundskalen gewonnen werden, erfassen die Dimensionen Extraversion-Introversion, des Neurotizismus und der Maskulinität-Feminität. Das FPI liegt in einer Gesamtform, 2 Halbformen A und B und einer Kurzform K vor.

FARNSWORTH, Dean. **Farnsworth Dichotomous Test for Color Blindness**
1947. AA ab 12. Vom gleichen Autor stammt für die Beurteilung der Farbtüchtigkeit: *The Farnsworth-Munsell 100-Hue Test for the Examination of Color Discrimination.*

FELDMAN, Marvin J. – DRASGOW, James. **The Visual-Verbal Test (WT): A Measure of Conceptual Thinking**
1959/60. Für schizophrene bzw. in Richtung Schizophrenie auffällige Patienten.

FERGUSON, G. O. **Formenbrett, Formboard**
Paßbretter ähnlich Ⓣ SEGUIN.

FERNALD. **Ethische Einstellung, Fernald-Probe**
USA vor 1920. Wohl erster Versuch der testmäßigen Erfassung der ethischen Einstellung. Nach Art und Schwere verschiedene Vergehen und Verbrechen sind in einer Rangreihe zu ordnen. Versch. Abwandlungen, z. B. »Wohltätigkeitstest« von v. ROHDEN, wobei ein Stiftungsbetrag unter verschieden schweren Notzuständen zu verteilen ist. Vgl. BARUK, BAUMGARTEN, JACOBSOHN

FETTWEISS Ⓣ INGENKAMP

FEUERLEIN, W. – KÜFNER, H. – RINGER, Ch. – ANTONS, K. **Münchner Alkoholismus Test (MALT)**
D 1979. Fragebogen zur Erfassung der Alkoholabhängigkeit von Probanden. Der 1. Teil des MALT (F) umfaßt 7 Items zur Einschätzung der Alkoholabhängigkeit aufgrund von anamnestischen Daten durch den Arzt. 24 Items umfassen den Selbstbeurteilungstest des MALT. In diesem Teil wird das Trinkverhalten bzw. die Einstellung zum Trinken, die alkoholbedingte psychische und soziale Beeinträchtigung und somatische Störungen erfaßt.

FILE, Quentin W. – REMMERS, H. H. **How Supervise?**
USA 1943–48. Mehrere Formen. Test zur Ermittlung der Eignung zur Personalführung und Beziehungspflege.

FINE, J. L. – MALFETTI, J. L. – SCHOBEN, E. J. **Columbia Driver Judgement Test (CDJT)**
USA 1965. Zu konkreten Verkehrssituationen (z. T. mit Zeichnungen verdeutlicht) sind jeweils einige Verhaltens- und Handlungsweisen zur Wahl gestellt. Deutsche Übertragung von E. SPOERER.

FINE →Erzählmethode

FIPPINGER Ⓣ INGENKAMP

FISCH Ⓣ INGENKAMP

FITTKAU-GARTHE, H. – FITTKAU, B. **Fragebogen zur Vorgesetzten-Verhaltens-Beschreibung (F-V-V-B)**
D 1971. Fragebogen zur Einschätzung des Vorgesetztenverhaltens durch Mitarbeiter. Es werden 4 faktoriell gewonnene Dimensionen erfaßt: freundliche Zuwendung, stimulierende Aktivität, Ermöglichung von Mitbestimmung und Kontrolle.

FLANAGAN, J. C. **Flanagan Aptitude Classification Tests (FACT), Berufseignungstests**
USA 1951. Testserie zur Prüfung auf 14 verschiedene, berufscharakteristische Fähigkeiten (technisches Verständnis, Gedächtnis, Handgeschick, Sprachgefühl, Rechenfähigkeit, Urteilen, Beobachten, bürotypische Arbeiten u. a. m.) mit der Kombinationsmöglichkeit nach den für 30 Berufe angegebenen Berufselementen.

FRANKEN. **Bilderkombination, Zuordnungstest, Bildlückenergänzen**
D 1917. Zuordnung von paarweise zusammengehörigen bildlich dargestellten Objekten. Oder auch Einfügen von Bildteilen an fehlenden Stellen eines Gesamtbildes. Zahlreiche Abwandlungen und Fortsetzungen dieses »optischen Lückentests« (Einfügen von Bildteilen) liegen vor.

FRENCH, J. L. **Pictorial Test of Intelligence**
USA 1964. Individualtest zur Feststellung des allgemeinen intellektuellen Niveaus bei normalen und behinderten Kindern im Alter von 4 bis 8 Jahren. Der Test umfaßt folgende Untertests: Bilder-Wortschatz, Formunterscheidung, Information und Verständnis, Ähnlichkeiten, Mengen und Zahlen, Kurzzeitgedächtnis. Deutsche Bearbeitung → HEPPEL-HORN

FRENCH, John W. – EKSTROM, Ruth B. – PRICE, Leighton A. **Kit of Reference Tests for Cognitive Factors**
USA 1954–63. AA 11–21. Erster Titel: *Kit of Selected Tests for Reference Aptitude and Achievement Factors.* Mit je 3–5 Tests werden 24 Faktoren beurteilt, wie *Flexibility of closure, Associational fluency, Memory span, Originality* usw.

FRIEDRICH, Adolf Moritz. **Kombination von Stablücken (Raumkombination)**
D. Auf einer Vorlage sind einerseits durchbrochene Stäbe und andererseits herausgenommene Stücke abgebildet. Aufgabe ist, die Wiedereinordnung durchzuführen. Wird auch als HILLEBRANDT-Test bezeichnet.

FRIELING, E. – HOYOS, C. G. **Fragebogen zur Arbeitsanalyse (FAA)**
D 1978. Deutsche Bearbeitung des *Position Analysis Questionnaire (PAQ).* Fragebogen mit 221 Items, mit dem über Beobachtung und Befragung die verhaltenswirksamen Aspekte an Arbeitsplätzen systematisch erfaßt werden können. Bei individuellen Arbeitsplätzen werden die Arbeitsbereiche »Informationsaufnahme und Informationsverarbeitung«, »Arbeitsausführung«, »arbeitsrelevante Beziehungen« und »Umgebungseinflüsse und besondere Bedingungen« erfaßt.

FRIELING, H. – SCHMIDT, E. Th. **Frieling-Test**
D 1961. Ein Farbwahltest für »charakterologische Deutungen«. Diagnostische Aussagen, wie »verklärter Weltgewinn durch Wahrheitssuche in eigener Mission« zeigen seine eigenartige Richtung. Ⓛ HOUBEN

FRISBY, C. B. →Sinnesfunktionen (Handgeschick)

FROSTIG, Marianne. **Developmental Test of Visual Perception**
USA 1961–64. Test zur Bestimmung der Wahrnehmungsentwicklung bei Kindern von 3–9 Jahren, besonders zur Feststellung visu-perzeptiver Störungen. Formwahrnehmung mit Figur-Grund-Unterscheidung und Erfassung der räumlichen Lage, der Formkonstanz u. ä. werden überprüft. Ⓛ REINERT

FUCHS Ⓣ DREY

FURBAY, John H. – SCHRAMMEL, H. E. **Furbay-Schrammel Social Comprehension Test**

1941/42. AA 15–21. 15 Kategorien: *social calls, tea-receptionsparties, dress and personal habits u. a. m.*

FÜRNTRATT, Ernst. **Differentieller Wissenstest (D-W-T)**

D 1969. AA ab 12. Interessentest, welcher aus 11 Untertests aufgebaut ist. Es werden das Allgemeinwissen und spezielle Kenntnisse auf dem Gebiet des Sports, der Politik, Technik, Physik, Chemie, Biologie, Erdkunde, Geschichte, des Geldwesens, der Literatur, Kunst und Musik quantitativ bestimmt. Allgemeinwissen ist dabei Indikator für die Breite und Intensität des geistigen Engagements, während die Kenntnisse als Maß für die intellektuelle Aufgeschlossenheit gelten können. Der Test kann bei eignungsdiagnostischen Fragestellungen im Bereich der Schul-, Bildungs- und Studienberatung eingesetzt werden.

GADE →Sinnesfunktion (Drehstuhl)

GATES, Arthur. **Reading Tests**

1942. Amerikan. Schulreifetest in versch. Ausgaben als *»Reading Readiness Test«* und *»Reading Diagnostic Test«*.

GEIST, Harold. **Geist Picture Interest Inventory (GPII)**

USA 1959. Interessentest, bei dem die zu wählenden Berufe, Beschäftigungen und Interessen bildlich dargestellt sind. Aus 44 Gruppen mit je 3 Bildern mit Beschäftigungen sind die bevorzugten Tätigkeiten auszuwählen. – Eine Sonderform ist *Picture interest inventory for the deaf* (1962).

GELB Ⓣ GOLDSTEIN

GESELL, Arnold. **Kleinkindertests, Pre-School-Tests, Developmental Schedules**

USA 1949. Testreihen zur Entwicklungsdiagnose des Säuglings und Kleinkindes bis zum 5. Lebensjahr aus Verhaltensweisen und Körperbeherrschung. Der weitverbreitete Test liegt in mehreren Übersetzungen vor. Vgl. BÜHLER – HETZER

GIBSON, H. B. **Gibson Spiral Maze Test**

E 1965. Psychomotorischer Papier- und Bleistift-Test in Labyrinth-Form zur Messung der Geschwindigkeit, der Genauigkeit und der Art von sensomotorischen Bewegungen. Die Testdurchführung beträgt nur 2 Minuten. Es wird ein Zeit- und Fehler-Score errichtet.

GIESE, Fritz. **Giese-Test-System**

(Bearbeitet von F. DORSCH). D 1952. Verfahren zur Berufseignungsuntersuchung, gegliedert nach Intelligenz, Visualität, techn. Veranlagung, kaufm.-büromäßige Eignung u. a. – Das Verfahren wird eingeleitet mit einem Gruppen-Intelligenztest (8 aufeinander abgestimmte und sich ergänzende Aufgaben-Themen), der einen Überblick über das Intelligenzniveau des Probanden bietet. Ⓛ DORSCH

–Arbeitskasten, Arbeitsprobenkasten

D um 1920 (wie alle folgenden Tests und Arbeitsproben). Ein kleiner Kasten mit verschiedenem Inhalt, der so konstruiert ist, daß nach Anweisung eine Reihe von Arbeitsgängen wie Kordelspannen, Wägen, Sortieren, Streifenlochen u. a. m. zu verrichten ist. Die Reihenfolge der Manipulationen ist so abgestimmt, daß sie beim Einräumen des Kastens sich gegenseitig bedingen und so eine Kontrolle für den gesamten Arbeitsverlauf bieten.

–Auftragsorganisation, Besorgungs-Test

Aufträge sind an Hand eines Stadtplanes sinnvoll zu erledigen.

–Bastel-Test

Der Proband soll angeben, was man aus Garnrollen alles basteln kann.

–Chiffre-Test, Substitutions-Test

Einsetzen von Symbolen (Zeichen) für Zahlen. Vgl. GODDARD – TERMAN

–Gesten-Test

Zu Figurenschemata (Männchen) sind Bemerkungen hinzuzufügen, die »passend« erscheinen: Interjektionen, originelle Bemerkungen, Lebensformen u. a.

–Handarbeitsprobe für Mädchen

Augenmaß, Schleifenbinden, Kordeldurchziehen und Sticken sind die auf einem Karton vereinten Arbeitsanforderungen.

–Handschrift-Test

Eine wechselnd besser und schlechter lesbare Handschrift ist zu entziffern (sprachliche Lückenkombination).

–Monotonieprüfer (Apparat)

Stahlkugeln rollen eine schiefe Ebene herab und sind vom Probanden abzufangen und in einen Trichter zu werfen. Der Apparat registriert die abgefangenen wie die nicht erfaßten Kugeln und beschickt die Ebene jeweils von neuem. Man kann diese monotone Arbeit daher beliebig ausdehnen.

–Optische Lücken-Kombination

Abwandlung und Weiterentwicklung der optischen Lücken-Kombination von FRANKEN.

–Packkiste, Koffer-Test, Transport-Test (apparativer Test)

In eine Kiste sind Klötze, Installationsmaterial, Stange, Flasche u. a. einzupacken. Ermittlung der praktischen Intelligenz und des allgemeinen Verhaltens (auch körperlich, da auf dem Boden gepackt wird). Man kann den Kisteninhalt auch am Körper aufschichten und transportieren lassen.

–Quellenverwertungstest, Katalogtest, Textkritikprobe

Als Beispiele, wie schon vor 1925 auch für geistige Sonderberufe Tests gestaltet wurden, seien drei genannt: im ersten Test (etwa für werdende Redakteure) verlangt man die Bearbeitung eines Themas, z. B. Sozialfürsorge und gibt dem Probanden nur ein einbändiges Lexikon und 1 Stunde Bearbeitungszeit. Im 2. Test (etwa für werdende Bibliothekare, aber auch für Abiturienten allgemein) erhält der Proband 100–150 Katalogkarten mit Verfassern und Titeln und den Auftrag, einen Sachkatalog anzulegen. Zeit bis Fertigstellung. Im 3. Test (etwa für werdende Philologen) erhält der Proband z. B. einen norwegisch-schwedisch-dänischen Mischtext und drei kleine Sprachführer. Er muß den Text genau analysieren.

–Rangiertest (apparativer Test)

Test analog Ⓣ TRAMM.

–Rechnen als »Revision«

Auf einer handlichen Papptafel stehen in Reihen geordnet je zwei Zahlen mit Additionsergebnissen. Fehler sind eingestreut, die vom Probanden erkannt werden müssen.

–Schematest, Ordnungstest
Der Inhalt einer Darstellung, z. B. Beschreibung der verschiedenen Verkehrsmittel, ist vom Probanden als Schema (wie in einer Stammtafel) zu bieten. Aufzugliedern sind die verschiedenen Begriffe des Textes als Haupt-, Unter-, Nebenbegriff usw. Der Versuch dient zur Prüfung der Erfassung des Inhaltes und des Inhaltsverständnisses.

–Schlagfertigkeitsprüfung, Entscheidungsfragen, Gefahrenbenehm-Test
Zu einer geschilderten Situation ist sofort Stellung zu nehmen oder, wenn sie ohne Abschluß erzählt wird, die »Pointe« zu ergänzen. Oder Entscheidung sofort zu treffen (Reizwort: »Die Gardine brennt«). Oder zu handeln (Reiz: Umfallende Flasche, herabfallende Lampe usw.).

–Serienhandlungsprüfer (Apparat)
Ein Apparat, der fordert, daß elektrische Schalter bedient werden und dabei eine aus vielen Teilhandlungen bestehende Gesamthandlung beherrscht wird. Gesamthandlung ist z. B. das Ausschalten von in Abständen aufleuchtenden Lampen. Dafür sind 1–6 Teilhandlungen erforderlich.

–Spontanraum-Klappenfeld
Als erster hatte wohl G. den Gedanken, einen Raum, »in dem jemand auf Spontanäußerungen beobachtet wird, wobei aber diese Beobachtung ganz ohne sein Wissen erfolgt«, zur ps. Diagnose auszubauen. Und da es noch keine Einblickmöglichkeit durch Gläser mit Einwegdurchsicht gab, entwickelte G. nicht bloß elektrische Kontrollen derart, daß die Benützung eines Stuhles, die Wegnahme einer Zeitschrift usw. außerhalb des Raumes registriert werden konnte, sondern er konstruierte ein besonderes Klappenfeld mit Reizschildern (z. B. Henny Porten – Ein neues Auto – Pariser Schönheit), die aufgeklappt werden konnten und Abbildungen in Postkartengröße freigaben. Auswahl und Dauer der Benützung wurden ebenfalls elektrisch registriert.

–Transmissionsaufgabe
Auf einer Zeichnung mit 10 durch Transmissionen verbundenen Rädern sind die Drehrichtungen anzugeben.

–Wasserbehälter
Ein technischer Funktionszusammenhang wird als Zeichnung vorgelegt. Die Wirkungen des Wasserzuflusses und Abflusses sind zu beschreiben.

–Werkzeugrahmen (apparativer Test)
Test zur Beobachtung bei der Arbeit. An einem an der Wand befestigten Rahmen sind Werkzeuge (Hammer, Bohrer, Schraubenzieher, Zangen usw.) nach einem Vorbild (Photo) aufzuhängen.

–3-Wort-Kombination
Test analog Ⓣ MASSELON.

Weiteres zu den Tests von F. GIESE Ⓛ

GIESE Ⓣ GRÜNBAUM, KÖHLER, MEUMANN, MIERKE. →Sinnesfunktionen, Sortierapparat, Konzentrationsprüfgerät

GILLE, René. **Test-Film**
F 1953. Ein Test, der das situationsbedingte Verhalten und den sozialen Kontakt, wie auch die soziale Selbsteinschätzung untersucht. Die Vp hat zu 69 Situationsangaben (mit schematischen Zeichnungen) Stellung zu nehmen. So muß der Proband angeben, wo er am Familientisch, in der Schulklasse, im Theater sitzen, beim Fußballspiel usw. mitwirken oder beim Ausflug sich aufhalten möchte. Ⓛ

–Test mosaique
F. Intelligenztest für Kinder von 6–11 Jahren. Die Fragen werden mündlich gestellt und beziehen sich auf 62 bildliche Darstellungen. Lücken, Fehler, Figurenanalogien, Bildergänzungen, Absurditäten sind zu erkennen. Der Test wurde für eine große Untersuchung an 95 000 Schulkindern entwickelt. Ⓛ

GILLILAND, A. R. **The Northwestern Intelligence Tests: For Measuring Adaptation to the Physical and Social Environment**
USA 1943–51. AA 13–36 Wochen. Vorm.: *Gilliland-Shotwell Intelligence Scale.* Kleinkindtest, der für die Entwicklungsbeurteilung von den bei diesem Alter möglichen Verhaltensbeobachtungen (Motorik, Sehen u. Hören, Vokalisation, Kontakt zu Umwelt u. Erwachsenen) ausgeht.

GODDARD, H. H. **Formenbrett, Adaptation-Board**
USA 1912. Paßbrett ähnlich Ⓣ SEGUIN.

–Uhrzeiger-Vertauschen
Das Vertauschen der Uhrzeiger »in Gedanken« wurde von G. der Binet-Revision beigefügt. Seitdem zahlreiche Abwandlungen und auch Einführen des Uhrzeitlesens im Spiegel.

GODDARD, H. H. – TERMAN, L. M. **Chiffre Test, Diagramm Test**
USA 1911–16. Die 24 Buchstaben des Alphabets werden in 4 Liniendiagramme eingeteilt. Der Proband muß sich dies gut merken und soll dann aus dem Gedächtnis jeweils Buchstaben durch den zugehörigen Linienanteil ersetzen und daraus z. B. »Komm schnell« in solcher »Chiffrierung« schreiben.

GODDARD Ⓣ BINET-SIMON

GOLDSTEIN, Kurt – SCHEERER, Martin – ROSENBERG, Louis – GELB, Adhémar – WEIGL, F. **Tests of Abstract and Concrete Thinking**
USA 1941–51. Eine Gruppe von 5 Tests, die auf Arbeiten zurückgeht, die K. Goldstein und seine Mitarbeiter während und nach dem Ersten Weltkrieg in Deutschland für die Hirnverletzten leisteten: Goldstein-Scheerer *Cube* Test / Gelb-Goldstein *Color Sorting Test* / Goldstein-Scheerer *Object Sorting Test* / Weigl-Goldstein-Scheerer *Color Form Sorting Test* / Goldstein-Scheerer Stick-Test.

GOODENOUGH, Florence L. **Draw-A-Man Test, Männchen-Test**
USA 1926. Sprachfreier Intelligenztest für Kinder von 3 bis 13 Jahren. Thematisches Zeichnen eines Männchens ohne weitere Anweisung. Vgl. MACHOVER.

GOODENOUGH, F. L. – HARRIS, D. B. **Goodenough-Harris Drawing Test (GHDT)**
1963. AA 3–15. Fortentwicklung des *Draw-a-man-test,* erweitert durch eine *Draw-a-woman-scale* und eine *Selfdrawing-scale.*

GOODENOUGH, F. L. – MAURER, Katherine M. – VAN WAGENEN, M. J. **Minnesota Preschool Scale**
1932–40. AA ab 1½. Verbale und nicht-verbale Intelligenzerfassung des Vorschulkindes.

GORDON, Leonard V. **Gordon Personal Profile (GPP)**
USA 1953. Persönlichkeitsfragebogen mit 5 Hauptrichtungen: *Ascendancy – Responsibility – Emotional Stability – Sociability*. Dazu eine Selbsteinschätzung. Zu den Fragen ist alternativ nach »*most*« bzw. »*least*« Stellung zu nehmen.

–**Gordon Personal Inventory (GPI)**
USA 1956. Ergänzung des vorgenannten *Personal Profile* mit den Richtungen: *Cautiousness – Original Thinking – Personal Relations – Vigor*.

GOTTSCHALDT, Kurt. **Gottschaldt-Figuren**
D 1926. Für gestaltps. Versuche geschaffene einfache Figuren, in denen Teilfiguren »eingebettet« sind. Diese sind zu erkennen. Als Test dienen die Figuren zur Diagnose der Visualität; dabei sind auch Aussagen zu Persönlichkeitsvariablen möglich. Vgl. THURSTONE-JEFFRY, WITKIN

GOUGH, Harrison G. **California Psychological Inventory (CPI)**
1956/57, 1964. AA ab 12. Persönlichkeitsfragebogen, der 18 Dimensionen umfaßt, doch weder auf einer speziellen Persönlichkeitstheorie basiert noch zur Bestimmung der einzelnen Dimensionen die faktorenanalytische Technik verwendet. Im Gegensatz zum MMPI ist er nicht speziell für die klinische Diagnostik konzipiert, sondern es sollen alle Formen des sozialen Verhaltens und alle Dispositionen, welche für soziales Verhalten relevant sind, erfaßt werden. Das CPI liegt in deutscher Übersetzung in einer experimentellen Fassung vor. Ⓛ GOUGH

GRAHAM, Frances K. – KENDALL, Barbara S. **Memory-For-Designs Test (MFD)**
USA 1946–60. AA ab 8. Individualtest für Hirngeschädigte. 15 geometrische Figuren sind nach 5 sec Exposition aus dem Gedächtnis nachzuzeichnen. Vgl. BENTON

GRÄSER, Luitgard. **Familie in Tieren**
D 1956. Thematisches Zeichnen bei Kindern mit der Instruktion, die eigene Familie (Familiensituation) in Tiergestalten darzustellen.

GRASSI, Joseph R. **The Grassi Block Substitution Test (GBST): For Measuring Organic Brain Pathology**
USA 1947–53. Vorm. *Fairfield Block Substitution*. Test zur Beurteilung Hirngeschädigter.

GRAVES, Maitland. **Design Judgement Test**
USA 1948. Der Test geht von ästhetischen Prinzipien aus (Bevorzugung bestimmter Kompositionen nach Einheit, Ausgewogenheit, Symmetrie, Proportionen, Rhythmus) und bietet 90 gegenstandsfreie graphische Muster, denen jeweils ein (bzw. zwei) verschlechterte Parallelbilder gegenüberstehen.

GRAY, William S. – ROBINSON, Helen M. **Gray Oral Reading Test**
USA 1915–63. Jedes Lesealter. Individualtest. Test ist die gänzliche Neubearbeitung des verbreiteten »*Gray Standardized Oral Reading Paragraphs*« von 1915, der auch von M. WALTER 1956 als »Prüfung im mündlichen Lesen« in deutscher Bearbeitung herausgegeben wurde. 12 Lesestücke mit wachsender Schwierigkeit sind laut vorzulesen. Die deutsche Bearbeitung gehört jetzt zur Gruppe der Münchener Schultests des »Münchener Testinstitutes«.

GREUB, Werner. **Berufswahl-Modellversuch**
S 1961. Ein Ermittlungsverfahren, das die »probeweise« Berufswahl an einem Modell vollzieht. Der Proband nimmt erst – wobei er der Fiktion folgt, bei einer Überschwemmungskatastrophe durch das Rote Kreuz als Helfer eingesetzt zu werden – zu einfachen berufsdifferenzierenden Fragen Stellung. Zuletzt gelangt er bei immer weitergehender Verästelung der Fragen zu einer kleinen Auswahl für ihn geeigneter Berufe. Ⓛ

–**Stellenanzeigetest**
Gekürzte Fassung des vorstehenden Verfahrens.

GRIFFITHS, Ruth. **The Griffiths Mental Development Scale for Testing Babies from Birth to Two Years**
E 1951–55. Kleinkindertest mit 260 Verhaltenseinheiten zu den beiden ersten Lebensjahren, ausgerichtet auf die fünf Dimensionen: »*locomotor, personal-social, hearing and speech, eye and hand, performance*«.

GRIMM, Hannelore – SCHÖLER, H. **Heidelberger Sprachentwicklungstest (HST)**
D 1978. Verfahren zur Ermittlung der sprachlichen Fähigkeiten bei Kindern mit normaler und abweichender Sprachentwicklung. Die 13 Untertests sind folgenden 6 Schwerpunktbereichen zugeordnet: Satzstruktur (Verstehen, Imitation grammatischer Strukturformen), Morphologische Struktur (Plural-Singular-Bildung u. a.), Satzbedeutung (Bildung u. Korrektur von Sätzen), Wortbedeutung (Wortfindung, Begriffsklassifikation), Interaktive Bedeutung (Benennungsflexibilität u. a.), Integrationsstufe (Textgedächtnis). Vorläufige Normen: 3–9 Jahre.

GRÜNBAUM, A. A. **Abstraktion des Gleichen und des Ungleichen**
D 1908. Die von G. sowie von MOORE, WIRTH und im weiteren der Gestaltpsychologie durchgeführten Forschungsexperimente zur Abstraktion gaben frühzeitig Anlaß zur Ausarbeitung von Tests: Vergleichen von Vorlagen, auf denen Zeichen oder Linien von versch. Art abgebildet sind (auch vielstellige Zahlen oder Buchstaben wurden gegeben) und die in Kleinigkeiten voneinander abweichen. Tests boten: GIESE, HUTH, MÜNSTERBERG, POPPELREUTER. Vgl. auch NETSCHAJEFF, HUTH (Werkzeichnungen), SPEARMAN Ⓛ

GUILFORD, Joy Paul. **An Inventory of Factors STDCR**
1943–46. AA ab 16. Persönlichkeitsfragebogen mit den 5 Dimensionen: *Social introversion-extraversion, Thinking introversion-extraversion, Depression, Cycloid disposition, Rhathymia.*
Die Test-Produktion des bekannten amerikanischen Psychologen greift weit aus. So registriert allein das 6. *Mental Measurements Yearbook* (BUROS) folgende: *Ship Destination Test – Alternate Uses – Christensen-Guilford Fluency Tests – Consequences – Decorations – Kit of Reference Tests for Cognitive Factors – Making Objects – Match Problems – Pertinent Questions – Possible Jobs – Driver Attitude Survey.*

GUILFORD, Joy Paul – MARTIN, Howard G. **The Guilford-Martin Inventory of Factors GAMIN**
1943–48. AA ab 16. Bekanntes »*Inventory*«, Frageliste zur Persönlichkeitsuntersuchung, mit den 5 Skalen: *general activity* (G), *ascendance-submission* (A), *masculinity-femininity* (M), *inferiority feelings* (I), *nervousness* (N).

–**The Guilford-Martin Personnel Inventory (GMPI)**
1943–46. AA Erwachsene. Ergänzung und Abart des

vorstehenden »*Inventory*« zur Eigenbewertung der Dimensionen: *objectivity, agreeableness, cooperativeness*.

GUILFORD, Joy Paul – ZIMMERMAN, Wayne S. **The Guilford-Zimmerman Temperament Survey (GZTS)**

1949–55. AA ab 16. Aus den drei vorstehenden »*Inventories*« erarbeiteter Persönlichkeitsfragebogen zur Erfassung folgender Dimensionen: *general activity, restraint, ascendance, sociability, emotional stability, objectivity, friendliness, thoughtfulness, personal relations, masculinity*.

–The Guilford-Zimmerman Aptitude Survey

1947–56. AA ab 15.

GUILFORD, Joy Paul – SHNEIDMAN, Edwin – ZIMMERMAN, Wayne S. **The Guilford-Shneidman-Zimmerman Interest Survey**

1948. Interessentest mit 18 scores (360 items). Neben der ablehnenden Stellungnahme zu den aufgeführten Tätigkeiten usw. wird im zustimmenden Fall unterschieden, ob diese als Hobby oder als Beruf bevorzugt würden.

GUILFORD, Joy Paul – HOLLEY, J. W. **Guilford-Holley L Inventory**

1953–63. AA Erwachsene. Zur Erfassung des Führerschaftsverhaltens mit den 5 Skalen: *benevolence, ambition, meticulousness, discipline, aggressiveness*.

GUILFORD Ⓣ CHRISTENSEN

GUILFORD Ⓣ SCHUSTER

HÄCKER Ⓣ SCHMIDT

HAGGERTY, Melvin Everett. **National Intelligence Test, Haggerty Intelligence Examination**

USA 1919. Der mit Unterstützung des National Research Council von HAGGERTY, TERMAN, THORNDIKE, WHIPPLE und YERKES geschaffene Test besteht aus zwei Batterien, die beide fünf Untertests enthalten. Skala A umfaßt *arithmetical reasoning*, Satzergänzung, logische Auswahl, Auswahl nach gleich-gegensätzlich *(same-opposite)* und »*symbol-digit-test*«. Die Skala B umfaßt Rechnen, Information, Vokabular, Analogie und Vergleichungen. Die Verwandtschaft mit der damaligen Armeeuntersuchung (Ⓣ YERKES) ist deutlich.

HAMPEL, R. – SELG, H. **Fragebogen zur Erfassung von Aggressivitätsfaktoren (FAF)**

D 1975. AA 15. Ein aus dem Freiburger Persönlichkeitsinventar (FPI) entwickelter Fragebogentest zur Erfassung von Bereitschaften zu einigen aggressiven Verhaltensbereichen. Über 77 Items werden 5 Dimensionen der Aggressivität erfaßt: spontane Aggressivität, reaktive Aggressivität, Erregbarkeit (Ärger und Wut), Depressivität mit Selbstaggression, Gewissensstrenge mit Aggressionshemmungen.

HAMSTER, W. – LANGNER, W. – MAYER, K. **Tübinger-Luria-Christensen neuropsychologische Untersuchungsreihe (TÜLUC)**

D 1980. Deutsche Version des *LURIA Psychological Investigation* (CHRISTENSEN 1974). TÜLUC stellt ein multidimensionales Verfahren zur Erfassung »höherer kortikaler Funktionen« dar. Mit dem Verfahren wird eine qualitative und quantitative Analyse neuropsychischer Störungen ermöglicht.

HANFMANN Ⓣ KASANIN

HANSELMANN, Heinrich. **Bastel-Test**

S. Ein kleiner Vorrat an Draht, Schrauben, Garnrollen u. a. wird mit der Aufforderung gegeben, aus dem Material etwas herzustellen.

–Zwei-Personen-Test, Sozialtest, Ehetest

S 1946. Zwei Personen müssen gemeinsam eine Zeichnung anfertigen, wobei jeweils nach bestimmter Zeit (etwa 1 Minute) wechselweise weiterzuzeichnen ist. Prüfung auf Kontakt und soziales Zusammenspiel. Test zur Partnerschaftsberatung. Ⓛ

HARDESTY Ⓣ WECHSLER

HARGREAVES Ⓣ TRIST

HARRIS, Albert J. **Harris Test of Lateral Dominance**

USA 1947. Testverfahren mit 11 Untertests, mit dem die laterale Dominanz bei Kindern erfaßt werden kann.

HARROWER, Molly R. – STEINER, M. E. **Harrower's Group Rorschach, Harrower's Multiple Choice Test, Psychodiagnostic Inkblots**

USA 1941–60. Abwandlungen und Modifikationen des Formdeuteverfahrens von RORSCHACH, auch Änderungen der Darbietung durch Deutelisten, aus denen der Pb Deutungen ausliest (objektiv auswertbar).

HATHAWAY, St. R. – MCKINLEY, J. Ch. **Minnesota Multiphasic Personality Inventory (MMPI)**

USA 1943–51. Ein aus 566 Items bestehender Persönlichkeitsfragebogen, der für klinische Diagnosen entwickelt wurde. Mit dem Fragebogen werden krankhafte und störende ps. Auffälligkeiten erfaßt. Der Test umfaßt 10 klinische Skalen, welche nach den KRAEPELINschen psychiatrischen Klassifikationen benannt sind: D (Depression), Hy (Hysterie), Pp (Psychopathie), Mf (maskuline, feminine Interessen), Pa (Paranoia), Pt (Psychasthenie), Sc (Schizoidie), Ma (Hypomanie), Si (soziale Introversion-Extraversion). Der Test enthält 4 sog. Validitätsskalen, welche die Beziehung des Pb zum Test erfassen. Der ?-Wert gibt an, wieviele Items der Pb nicht beantwortet hat. Mit Hilfe der L-Skala wird die Tendenz des Pb, sich in ein günstiges Licht zu setzen, gemessen. Über den F-Wert erhält man Angaben dafür, ob der Pb den Test verstanden oder sorgfältig durchgeführt hat. Mit der K-Skala wird die Abwehrhaltung gegenüber seelischen Schwächen erfaßt. Die K-Skala dient als Korrekturwert, damit die übrigen Skalen schärfer diskriminieren. Die deutsche Bearbeitung des MMPI wurde von SPREEN vorgenommen. Die MMPI-Items lassen sich in eine große Zahl empirisch ermittelter Skalen aufteilen. →Computerdiagnostik, →CAT; Ⓣ BLASER-GEHRING

HEALY, William. **Bildergänzungs-(Bildlücken-) Test, Picture Completion Test**

USA 1911. Ein Bild enthält 10 weiße Stellen (oder mehrere Bilder je eine weiße Stelle), an denen ein zugehöriger Gegenstand fehlt. Aus Ergänzungsbildchen sind die passenden auszuwählen.

–Diagramm-Test

USA. In einem Diagramm sind Buchstaben verteilt und

ihrer Lage nach auswendig zu lernen. Darauf wird ein Diagramm gegeben, in dem Zeichen statt Buchstaben stehen. Die Buchstaben sind über die Zeichen zu erinnern. Vgl. GODDARD – TERMAN

HEALY – FERNALD. **Performance Scale**

USA 1911. Eine frühe Entwicklungstestserie mit *puzzle-box, picture completion, construction puzzles,* Bildgedächtnis u. a. zur Ergänzung der BINET-Serie.

HECHT Ⓣ SCHULTZE

HECKHAUSEN Ⓣ MURRAY

HECKMANN. **Farbentest, »Phantasietest«**

D etwa 1928. Eine dem RORSCHACH-Test ähnliche, aber im Ggs. dazu das Vorlageblatt ganz ausfüllende, wahllos gemischte Farbkombination (Farbkleckse). Der Test wurde zur Bestimmung der Integration nach JAENSCH besonders herangezogen und zuerst durch Fixation eines markierten Punktes ein Nachbild von der Kleckszeichnung erzeugt, dann die Betrachtung unter gewöhnlichen Bedingungen.

HECTOR, Heinz. **7-Quadrate-Test**

Ein Gestaltungstest, bei dem 7 schwarze Papierquadrate nach »ästhetischem« Belieben anzuordnen sind.

–The Gestalt Continuation Test

Südafrika 1960. Sprachfrei. Wurde in Anlehnung an das Musterfortsetzen von →RUPP für die Auslese von Bantu-Arbeitern entwickelt.

HEILBRONNER, K. **Bildserienverfahren, Bildreihen**

H 1905. Die Darstellung von Objekten (z. B. Haus, Lampe, Tisch) wird von Stufe zu Stufe vollständiger geboten. Geprüft wird, von wann ab das Objekt erkannt wird.

HEISS Ⓣ PFISTER

HELLER, K. – GAEDEKE, A. K. – WEINLÄDER, H. **Kognitiver Fähigkeitstest**

D 1976. Differentieller Intelligenztest zur Ermittlung der kognitiven Ausstattung von Schülern der 4.–13. Klasse. Der Test ist für die Bildungs- und Schullaufbahnberatung konzipiert und umfaßt folgende kognitiven Bereiche: Sprachverständnis, sprachgebundenes Denken, arithmetisches Denken, Rechenfähigkeit, anschauungsgebundenes Denken, konstruktive Fähigkeiten und kognitives Gesamtniveau.

HELLERSBERG, Elizabeth F. **Horn-Hellersberg Test (HHT)**

USA 1945–62. AA ab 3. Zeichenergänzungstest, der aus dem *»Horn Art Aptitude Inventory«* entwickelt worden ist.

HENCKEL, Ernst. **Schrankenwärter-Test**

D 1957. Eine Arbeitsprobe mit Merkmalen der späteren Berufsbetätigung: »Arbeitsplatz an der Schranke« mit Nachbildung des Bahnübergangs und des durch wandernde Lichter dargestellten Schienen- und Straßenverkehrs. Daneben der »Dienstraum« mit Fahrplan, Uhr, Fernsprecher sowie einem Werkstück, das in den »Zugpausen« auseinanderzunehmen und zusammenzusetzen ist. Ⓛ

–Kraftfahrer-Testgerät

D 1962. Ein für die Deutsche Bundesbahn neuentwickeltes Fahrgerät. Fahrerstand mit Lenkrad, Beschleunigungs- und Bremspedal, Rückspiegel und Registriereinrichtungen. Drei Meter entfernt – vom Fahrerstand aus projizierbar – die zweiteilige Fahrbahn, auf der sich Figuren, die den Gegenverkehr und Hindernisse darstellen, bewegen. In der Mitte ist die durch das Lenkrad seitlich verschiebbare Abbildung des eigenen Fahrzeuges – ebenfalls schematisiert. Straßenverkehrssituationen mit Verkehrssignalen werden in wechselnder Folge als Kulisse projiziert. Außerdem leuchten im Rückspiegel blaue und weiße Lichter auf. Der Test dauert 20 Minuten und besteht aus drei Phasen: Einarbeitungsphase (5 Min.), Hauptversuch (10 Min.) und Belastungsphase (5 Min.). In der Belastung »Reizüberflutung«.

HENMON, V. A. – NELSON, M. J. **Tests of Mental Ability**

USA. Intelligenzprüfverfahren mit 90 Aufgaben für jeden Test. Als Einzel- und Gruppenverfahren anwendbar.

HENNING, Hans. **Zwei-Personen-Test**

D um 1930. Test-Apparate, die jeweils 2 Probanden zur Zusammenarbeit zwingen (z. B. Ausschneiden mit Scheren, die nur gemeinsam bedient werden können). Ⓛ

HENTSCHEL, Herbert. **Feldmarkierungstest (FMT)**

Kleine Zeichen (wie Gabeln mit zwei Zinken) sind in großer Anzahl und teils aufrecht, teils kopfstehend aneinandergereiht. Zusätzlich sind kleine Kreise angebracht. Der Pb muß drei versch. Stellungen beachten und markieren. Das Verf. »appelliert nicht in erster Linie an Leistungsantrieb und andere charakterologische Faktoren«, sondern sucht die Konzentration graduell und qualitativ zu erfassen. Ⓛ

–Zahlentafel

Auf einer Tafel (analog Ⓣ HERWIG) befinden sich 40 Zahlen verteilt zwischen 11 und 98. Der Suchakt erfordert dadurch einen erschwerten Aufmerksamkeitseinsatz, daß zwar stets die nächtshöhere Zahl gesucht werden muß, aber nur in wechselndem Abstand eine solche als übernächste oder noch höhere Zahl gefunden werden kann.

HEPPEL, G. – HORN, R. **French – Bilder – Intelligenztest**

D 1976. Deutsche Bearbeitung des *Pictorial Test of Intelligence,* TLT FRENCH

HERDERSCHEE, D. **Intelligenzprüfung taubstummer Kinder**

H 1919. Wohl das erste Staffelsystem zur Intelligenzprüfung taubstummer Kinder von 3–16 Jahren wurde von H. entwickelt und in der Taubstummenanstalt Amsterdam erprobt. Vgl. SNIJDERS

HERMANN, E. **Zahnrad-Aufgabe**

Zu einer Zeichnung eines Zahnradmechanismus mit Hebelübertragung sind 5 Fragen mit Schwierigkeitssteigerung schriftlich zu beantworten. Abwandlung von ARNOLD.

HERMANN Ⓣ KLEMM

HERMANS, H. J. M. **Leistungsmotivationstest für Jugendliche (LMT-J)**

D 1976. Fragebogen zur Erfassung der wichtigsten Komponente der Leistungsmotivation für intellektuelle Leistungen. AA 12–16. Mit Hilfe von 81 Items werden die Dimensionen des Leistungs- und Erfolgsstrebens, der positiven Erfolgsbesorgtheit, der negativen Erfolgsbesorgtheit und das Streben nach sozial erwünschten Erscheinungsweisen erfaßt. Ursprünglich holländischer Test. Die deutsche Fassung ist bearbeitet von U. UNDEUTSCH.

HERTZKA, Alfred F. – GUILFORD, J. P. **Logical Reasoning**

USA 1955. AA ab 15. Ein für den Faktor Deduktion (nach THURSTONE) anerkannter Test, bei dem die Zuordnung (Auswahl) von deduktiven Schlüssen (Syllogismen) gefordert wird.

HERWIG, Bernhard. **Zahlentafel**

Auf einer Tafel (54:81 cm) befinden sich die Zahlen 11–50 in drei verschiedenen Größen und regellos verteilt. Der Pb hat die Zahlen in lückenloser Reihenfolge und möglichst schnell aufzufinden. →Suchfeld

HERWIG, Bernhard – HEYDT, Carl. **Bremsfahrtprobe**

D 1924. Für die Diagnose der Verkehrseignung (Reaktions- u. Dispositionsvermögen, Entschlußkraft, Risikoverhalten) geschaffenes, heute bei der Deutschen Bundesbahn und vielen Verkehrsinstituten verwendetes Prüfgerät. Auf der Glasplatte (97 × 27 cm) eines pultförmigen Kastens sind drei Fahrbahnen aufgezeichnet. Eine Wandermarke, das »Fahrzeug« darstellend, ist mittels Kurbelbetätigung (die Beschleunigung bzw. Bremsung bewirkt) so über die Mittelbahn zu führen, daß die in entgegengesetzter Richtung ablaufenden Wandermarken an den »Gefahrenstellen« nicht berührt werden.

HETZER, Hildegard. **Entwicklungstestreihe für das Schulalter**

Fortführung des Kleinkindertests von BÜHLER-HETZER für das 7. bis 13. Lebensjahr.

HETZER, Hildegard – TENT, Lothar. **Weilburger Testaufgaben zur Gruppenprüfung von Schulanfängern**

D 1951, 1958, 1967. Ermittlung der Schulreife. Getestet wird mit freiem Zeichnen, Nachzeichnen, Begriffsbildung, Bilderzuordnen, Größenvergleich, Mengenerfassen, Wiedererkennen, Randverzieren, Punktzeichnen und einem »Postspiel«. Zusammen mit der Verhaltensbeobachtung sucht der Test nach geistiger, willensmäßiger und sozialer Schulreife zu gliedern. Ⓛ

HETZER Ⓣ BÜHLER

HEUYER, G. u. a. **Fragebogen-Test, Test de caractère**

Verschiedene Fragebogen (besonders die amerikanischen von WOODWORTH – MATHEWS, PRESSEY u. a.) wurden verbessert und zu einem Verfahren zusammengestellt.

HEUYER – BAILLE, H. **Motorische Testreihe, Tests moteurs (apparativer Test)**

Aufgaben wie Muttern aufschrauben, Nadeln einfädeln, Perlen aufstecken usw.

HEYDT, Carl. **Wagenablauf**

D vor 1925. Reaktionsprobe für den Eisenbahndienst. Auf einer 128 × 189 cm großen schwarzen Tafel verlaufen senkrecht weiße Bahnen, die Geleise darstellen. Je ein gerade durchgehendes Geleis am rechten und linken Rand der Tafel und zwei Geleise in der Mitte, die sich im oberen Drittel wie bei einer Gleisharfe teilen. Insgesamt sind 6 Geleise vorhanden, die durch rote Signale gesperrt werden. Von oben nach unten fahren »Wagen«, dargestellt durch rechteckige Lichtfelder, in diese Geleise ein. Durch Ziehen der zugeordneten Hebel sind die Lichtsperren so zu beseitigen, daß die »Wagen« mit der Sperre nicht in Berührung kommen.

–Hemmschuhleger

D vor 1925. Geräteprobe zur Überprüfung des Reaktionsvermögens und der Körpergewandtheit bei Rangierern. Zwischen zwei auflegbaren Holzstäben, von denen der obere sich auf- und abwärts bewegt, sind der Reihe nach drei Klötze so zu führen, daß die Stäbe nicht abgeworfen werden. Ablauf und Tempo dieser Tätigkeit werden durch den Takt des Gerätes bestimmt. Durch stufenweise Verengung der Öffnungsweite des Gatters wird die Schwierigkeit erhöht.

HEYNIG Ⓣ POPPELREUTER

HILDRETH, G. H. – GRIFFITHS, N. L. **Metropolitan Readiness Test**

1949. Amerikan. Schulreifetest.

HILLEBRANDT Ⓣ FRIEDRICH

HILLERS, F. – WEIDLICH, S. **Diagnosticum für Cerebral-Schädigung (DCS)**

S 1972. AA 8–60. Test, welcher Hinweise für hirnorganische Schädigungen gibt. Er prüft folgende Funktion: Gestaltwahrnehmung, Gedächtnis und Merkfähigkeit, Gestaltreproduktion und deren Übertragung ins Motorische, Aufmerksamkeit und Konzentration. Die Untertests stammen aus der Entwicklungstestreihe von HETZER.

HILTMANN Ⓣ PFISTER

HISCHE, Wilhelm. **Kritiktest, Kritik unsinniger Sätze**

In einem Aufsatz »Tagesausflug« sind zahlreiche Sinnwidrigkeiten enthalten und zu erkennen.

–Objektionsaufgabe

Um 10 auf einer Zeichnung aufgeführte Rollen ist ein Band so einzuzeichnen, daß die angegebenen Drehrichtungen der Rollen gewährleistet sind.

HISKEY, Marshall S. **Nebraska Test of Learning Aptitude (NTLA)**

1941–55. AA 4–10. Ein zur Intelligenzmessung geeigneter Material-Test, der in der Revision auch für taube Kinder verwendbar wurde.

HOFER Ⓣ LIENERT

HÖHN Ⓣ BÜHLER, KRETSCHMER

HOLMGREN →Sinnesfunktionen

HOLSOPPLE, James Quinter – MIALE, Florence R. **Sentence Completion: A Projective Method for the Study of Personality**

USA 1954. Verwendung von Satzanfängen als Projektivmethode besonders für Motive, Wünsche, Konflikte.

HOLTZMAN, Wayne H. – THORPE, J. S. – SWARTZ, J. D. – HERRON, E. W. **Holtzman Inkblot Technique (HIT)**

USA 1958–61. Vielbeachtete Neuentwicklung des Rorschach-Tests. Nach SPITZNAGEL u. VOGEL Ⓛ »eine gelungene Verbindung von Kennzeichen objektiv auswertbarer Rorschach-Modifikationen und Charakteristika der originalen Rorschach-Technik«. Die HIT möchte die gleichen Bereiche der Persönlichkeit erfassen wie der Rorschach-Test. Auch der Mechanismus der Projektion wird in gleicher Weise angenommen. Gegenüber dem Rorschach unterscheidet sich die HIT in folgenden Punkten: es wurden 2 gleichartige Tafelserien über Itemanalyse geschaffen. Die Zahl der Klecksbilder wird auf 45 je Serie erhöht. Pro Tafel wird nur eine Antwort zugelassen. Die Testinstruktion und die Befragung ist völlig standardisiert. Jede Merkmalsdimension wird quantitativ und eindimensional erfaßt.

HOOPER, Elston H. **The Hooper Visual Organization Test (HVOT)**

USA 1957/58. Ein für organisch Hirngeschädigte bestimmter Visualitätstest.

HÖRMANN Ⓣ ROSENZWEIG

HORN, Wolfgang. **Begabungs-Test-System (B-T-S)**

D 1956. AA ab 8. Faktorenanalytisch konzipiertes Testsystem mit 9 Untertests. Differenziert gut im Bereich der Lernbehinderung.

–Leistungsprüfsystem (L-P-S)

D 1962. Test zur Erfassung der wichtigsten Primärfähigkeiten (im Sinne von THURSTONE) und Intelligenz-Leistungsdimensionen bei Kindern und Erwachsenen. Zwei Parallelformen. Ⓛ

–Prüfsystem für Schul- und Bildungsberatung (P-S-B)

D 1969. AA 9–20. Intelligenztest, welcher 10 Primärfaktoren aus dem THURSTONEschen Faktorensystem enthält. Er ist gegenüber dem L-P-S um diejenigen Tests reduziert, welche für die Leistung im schulischen Bereich weniger geeignet sind. Der Test liegt in 2 Parallelformen vor.

HORN Ⓣ CATTELL

HORN Ⓣ HELLERSBERG

HORN Ⓣ INGENKAMP

HOWARD, James W. **The Howard Ink Blot Test (HIBT)**

USA 1953–60. Abwandlung zum Formdeuteverfahren nach RORSCHACH mit 12 Tafeln (6 farbige). Klinisch erprobt.

HOWELLS, J. I., LICKRISH, J. R. **Familien-Beziehungs-Test (FBT)**

USA 1936. Projektives Verfahren zur Ermittlung der Beziehungsformen zwischen Familienmitgliedern. Die deutsche Bearbeitung wurde von KLÜVER 1972 vorgenommen.

HUMM, D. G. – WADSWORTH, G. W. **Humm-Wadsworth Temperament Scale**

USA 1935. Persönlichkeitsfragebogen zur Messung von 6 Komponenten der normalen Persönlichkeit. Mit diesem Fragebogen werden die Dimensionen schizoid (autistisch), schizoid (paranoid), zykloid (manisch), zykloid (depressiv), hysteroid und epileptoid gemessen.

HUNT, Howard F. **Hunt-Minnesota Test for Organic Brain Damage**

1943. AA ab 16 (Lebensalter) bzw. 8 (Intelligenzalter). Spezielle Aufgaben unter Mitverwendung der *Revised Stanford-Binet Intelligence Scale.*

HUSSLEIN, E. **Schulangst-Test (SAT)**

D 1978. Projektives Verfahren zur qualitativen Erfassung schulischer Ängste. Mit Hilfe von schulisch bedeutsamen Bildtafel-Inhalten wird über die inhaltsanalytische Auswertung der Erzählungen die emotionale Befindlichkeit, körperliche Zeichen, Ich-Abwertung, soziale Angst und zukunftsorientierte Bedrohung erfaßt.

HUTH, Albert. **Konstruktionskasten, Vorlagen nachkonstruieren (apparativer Test)**

Nach versch. Vorlagen sind gegebene Metallteile zusammenzusetzen.

–Ausschneideprobe

3 Figuren werden aus einem Bogen ausgeschnitten und aufgeklebt.

–Werkzeichnungen-Ordnen

25 Werkzeichnungen, die einander sehr ähnlich sind, sollen geordnet werden.

–Prüfverfahren

für 6–9jährige (1928) mit Tests zur Kennzeichnung des kindlichen Entwicklungsstandes.

HUTH Ⓣ GRÜNBAUM, TRAMM

HYLLA, Erich. **Vergleichende Schulleistungsmessung**

Testserie für den Leistungsvergleich im 4. u. 5. Schuljahr.

HYLLA Ⓣ BOBERTAG, INGENKAMP

IMMIG, Gustav. **Drahtbiegeprobe**

D 1920/21. Das sehr verbreitete Drahtbiegen nach einer Vorlage geht auf die Firma Carl Zeiss, Jena, bzw. deren Werkschulleiter IMMIG zurück. Ⓛ

–Papierstreifenfalten

D 1929. Auch das Falten von Papierstreifen (30 cm lang, 1,5 cm breit), wobei wechselnd nach hinten und nach vorne umzufalten ist, wurde bei der Firma Zeiss entwickelt.

INGENKAMP, Karlheinz. **Deutsche Schultests**

Bezeichnung für eine größere Gruppe von Schulreifetests, Schulleistungstests, Intelligenz-, Begabungs-, Eignungs- und Sozialtests, die unter der Leitung von K. INGENKAMP herausgegeben werden. Die Schultests haben die Aufgabe, den Leistungs- bzw. Entwicklungsstand eines Schülers bzw. von Schülergruppen in den oben genannten Bereichen zusammen mit dem Lehrerurteil mit höherer Objektivität, Zuverlässigkeit und Vergleichbarkeit zu erfassen als nur über die Lehrerbeurteilung mittels Notengebung. Die Schultests stellen eine Sammlung von einer großen Zahl von Aufgaben dar, welche repräsentativ für die zu prüfenden Unterrichtsinhalte und -ziele sind und deren Testgütekriterien bekannt oder feststellbar sind. Ⓛ G. WEISE: Schultests

IRLE, Martin. **Berufs-Interessen-Test (B-I-T)**

D 1955. Als Gruppen- wie Einzeltest verwendbar, werden bei dem Test die für den Probanden entscheidenden Berufsinteressenrichtungen dadurch abgeklärt, daß 162 mal zwischen je 4 Tätigkeiten gewählt werden muß. Vertreten sind 9 Berufsinteressenrichtungen (technisches Handwerk, gestaltendes Handwerk, technische und naturwissenschaftliche Berufe, land- und forstwirtschaftliche Berufe, kaufmännische Berufe, verwaltende Berufe, literarische und geisteswissenschaftliche Berufe, Sozialpflege und Erziehung). Jede Richtung ist durch 18 Tätigkeiten vertreten. Ⓛ

ISHIHARA →Sinnesfunktionen

ITARD Ⓣ SEGUIN

JACKSON, D. N. **Personality Research Form (PRF)**

USA 1967. Persönlichkeitsfragebogen, welcher 15 Persönlichkeitsvariablen mißt. Form A und B mit je 20 Items pro Variable sind parallel konstruiert. Form AA und Form BB enthalten weitere 7 Validitätsskalen mit je 20 Items. Die insgesamt 22 Dimensionen lassen sich in

7 Hauptgruppen zusammenfassen: *impulse impression and control, orientation towards work and play, orientation towards direction from other people, intellectual and esthetic orientation, degree of ascendancy, degree and quality of interpersonal orientation, test taking attitudes.* Die PRF zeichnet sich durch sorgfältige Itemselektions- und Itemdeskriptionsverfahren aus.

JACKSON, Lydia. **Test of Family Attitudes**
E 1952. Zu Szenenbildern, die die besonderen seelischen Bindungen des Kindes in der Familie zeigen (Vater-Mutter-Geschwister-Eifersucht-Aggression usw.) ist vom Kind Stellung zu nehmen.

–Study of Sado-Masochistic Attitude
E 1950. Zur Untersuchung minderjähriger Verwahrloster ist zu Szenenbildern grausamen und problematischen Inhalts Stellung zu nehmen.

JACOBSEN. **Riegel-Exzenter-Brett (apparativer Test)**
D. Ein Riegel ist durch überlegte Manipulationen aus seiner verkeilten Lage zu lösen.

JACOBSOHN. **Ordnung von Verbrechen und Vergehen nach Schwere**
Test analog Ⓣ FERNALD. Für Probanden von 12–18 Jahren.

JÄGER, Adolf Otto. **Rechtschreibungs-Test (R-T)**
D 1968. AA ab 13. Drei Diktate, die bei der Deutschen Ges. f. Personalwesen erprobt wurden.

JÄGER, R. u. a. **Mannheimer Biographisches Inventar (M-B-I)**
D 1973. AA 11–18. Bei diesem Test werden anamnestische Daten zur Vorhersage des Verhaltens, speziell zur Diagnose der Umwelterlebnisse, herangezogen. 110 Items werden insgesamt 11 Skalen zugeordnet: Familiensituation, Lebensgewohnheiten, soziale Aktivitäten, Schulverhalten, Arbeitsverhalten, Kreativität, Durchsetzungsvermögen, Leistungsmotivation, Angstreaktionen, allgemeine Einstellung, gesundheitliches-körperliches Empfinden.

JÄGER, R. – JUNDT, E. **Mannheimer Rechtschreibtest (M-R-T)**
D 1973. AA 13–50. Der M-R-T besteht aus 6 Untertests mit je 20 Items. Diese Untertests wurden nach einer empirischen Fehlerkategorieanalyse konzipiert und umfassen Rechtschreibaufgaben der Dehnung, Kürzung, Konsonantenverwechslung, Vokalverwechslung, Groß- bzw. Kleinschreibung und Fremdwörter. Mit dieser Untertestgliederung erfaßt der Test eine differenzierte Rechtschreibleistung.

JÄGER, R. – BEETZ, E. – ERLER, R. – WALTHER, R. **Mannheimer Schuleingangsdiagnostikum**
D 1976. Test zur Erfassung der Ausprägung der Motorik, der Intelligenz, der Konzentrationsfähigkeit, der Gliederungsfähigkeit und des Gedächtnisses für Schulanfänger.

JÄGER, R. – LISCHER, S. – MÜNSTER, B. – RITZ, B. **Biographisches Inventar zur Diagnose von Verhaltensstörungen (BIV)**
D 1976. Mehrdimensionaler Fragebogen zur Erfassung diagnostisch bedeutsamer Daten über relevante Aspekte der Biographie, der Umwelt und der Persönlichkeit des Probanden. Der Fragebogen erfaßt 8 von einander relativ unabhängige Skalen: familiäre Situation, Ich-Stärke, soziale Lage, Erziehungsverhalten, Neurotizismus, soziale Aktivitäten, psycho-physische Konstitution, Extraversion.

JANKE, W. – DEBUS, G. **Die Eigenschaftswörterliste (EWL)**
D 1978. Mehrdimensionales Verfahren zur quantitativen Beschreibung des aktuellen Befindens (Befindlichkeit). Selbstbeurteilung über Eigenschaftswörter. Die EWL liegt in einer Normalversion mit 161 und einer Kurzversion mit 123 Items vor. 15 Sub-Skalen beziehen sich auf leistungsbezogene Aktivität, allgemeine Disaktivität, Introversion-Extraversion, allgemeines Wohlbehagen, emotionale Gereiztheit und Angst.

JASTAK, Joseph F. **The Jastak Test of Potential Ability and Behavior Stability**
USA 1958/59. AA 11–14. Neben einem Allgemeinfaktor werden Gruppenfaktoren, spezifische Faktoren und »Stabilitätsfaktoren« sowie Kapazitäts-Punktwerte *(capacity scores)* beachtet. Kreis-Profilierung der Befunde. Deutsche Bearbeitung von H.-M. LEDIG (Ⓣ INGENKAMP). – Für Kinder ab 5 Jahre: *Wide Range Achievement Test: Reading, Spelling, Arithmetic from Kindergarten to College.*

JENKINS, Thomas N. **How Well Do You Know Your Interests**
1957/58. AA ab 14. 54 Skalen zur Interessenmessung

JOËL, W. **Behavior Maturity Scale**
USA 1936. AA 2–6. Beurteilungsskala zur Verhaltensreife, ausgerichtet auf das »Erwachsensein« mit den Kriterien: Soziale Einstellung, Selbstkontrolle, Unabhängigkeit. 1940 von RICHARDS überarbeitet.

JOERGER, Konrad. **Gruppentest für die soziale Einstellung (S-E-T)**
D 1968. AA 8–15. Über 10 Skalen, welche aus der Beurteilung von 16 photographisch dargestellten sozialen Situationen (Kindergruppen bei Freizeit- und Schulbeschäftigungen) über 4 Antwortalternativen resultieren, werden die Komponenten der Sozialisierung und die Art der Anpassung und der Selbstbehauptung erfaßt.

JOHNSON, H. K. – ZUCK, F. N. – WINGATE, K. **Motor Age Test**
USA 1951. Motorischer Entwicklungstest für neuromuskulär und cerebral geschädigte Kinder bis 6. Lebensjahr. Prüfung getrennt nach oberen, unteren Extremitäten und Rumpf.

JOHNSON, Roswell H. **Johnson Temperament Analysis (JTA)**
USA 1941–45. AA ab 12. Persönlichkeitstest mit Erfassung von 9 Gegensatzpaaren charakterlicher Dimensionen: *nervous – composed, depressive – gayhearted, active – quiet, cordial – cold, sympathetic – hard-boild, subjective – objective, aggressive – submissive, critical – appreciative, self-mastery – impulsive.*

JUCKER Ⓣ KOCH

JUNG, Carl Gustav. **Assoziationsexperiment**
Test analog Ⓣ ZIEHEN. 100 Reizwörter.

KAHN, Theodore C. **Kahn Intelligence Tests (KIT): Experimental Form**
USA 1960. Auch u. d. T. *Kahn Test of Symbol Arrangement.* AA ab 1 Monat.

KAMRATOWSKI Ⓣ INGENKAMP

KARAS, Edwin – SEYFRIED, Helmut. **Wiener Schulreife-Test**

Ö 1962. Ein Test zur Erfassung der intellektuellen, sozialen und körperlichen Schulreife vor der Einschulung in Gruppen- und Einzeluntersuchung. – 1967 gaben O. TIMP und M. SONNLEITNER eine Form B heraus. Ⓛ

KASANIN, Jacob – HANFMANN, Eugenia. **Concept Formation Test (CFT)**

USA 1940. AA Erwachsene. Ein Klötzchen-Sortiertest zum abstrahierenden Denken. Weiterentwicklung des Tests von VIGOTSKI. Der Pb soll herausfinden, wie eine Anzahl von Klötzchen, die sich vielfältig nach Form und Farbe unterscheiden, in Gruppen einzuteilen ist (Kategorienbildung). Vgl. ARNOLD, GOLDSTEIN, ZILIAN

KASTENBAUM Ⓣ CAUTELA

KELLER, Ulrich. **Neigungs-Struktur-Test**

S 1962, 1974². Motive des Wollens und Handelns sowie Beziehungen zu geistigen, kulturellen, wissenschaftlichen Sachgebieten, zu Materialien und zur Umwelt werden durch 190 Wahlentscheidungen zwischen Sätzen, die Beziehungen zu Sachgebieten und Tätigkeiten enthalten, freigelegt. Ⓛ

KELLEY Ⓣ BÜHLER

KELLOG Ⓣ YERKES

KENT, G. H. – ROSANOFF, A. J. **Assoziationsliste**

Eine Liste von 100 Reizwörtern für Assoziationsversuche, die an 1000 Vpn erprobt wurde. Die Antworten sind nach der Häufigkeit ihres Vorkommens in Tabellenform aufgegliedert. Diese Tabellen ermöglichen die Feststellung, ob eine Antwort üblich, individuell, auffällig usw. ist. Vgl. BRUCE

KERN, Artur. **Grundleistungstest zur Ermittlung der Schulreife**

D 1957. Die Gliederungsfähigkeit des Kindes wird als wesentliche Grundleistung beachtet. Ⓛ

–Reifetest

D 1961. Aufgaben zur Feststellung des kindlichen Entwicklungsstandes bei 7- bis 10jährigen mit Abschreiben, Zeichnen, Gliedern im optischen Raum, Fehlersuchen, Wörterinversion und Diktat. – Auch einen Schriftentwicklungstest gab der Autor heraus. Ⓛ

KESSINGER Ⓣ WALTER

KINGETT, I. M. **Drawing Completion Test (DCT), Zeichenergänzungstest**

USA 1952. Test analog Ⓣ WARTEGG-Zeichentest.

KIPHARD, E. J. – SCHILLING, F. **Körperkoordinationstest für Kinder (KTK)**

D 1974. Testverfahren zur Feststellung motorischer Defizite geschädigter und verhaltensgestörter Kinder.

KIRSCH, Helmut. **Konzentrations-Belastungstest (KBT)**

D 1960. Ein Bogen, auf dem 10 senkrechte Reihen mit je 20 Zeichen und ein zugehöriges Suchfeld (dieselben Zeichen neben Zahlen) stehen, wird mit der Instruktion gegeben, die Zahlenwerte je zweier aufeinanderfolgender Zeichen (nachdem sie über das Suchfeld festgestellt sind) zu addieren und die Summe einzuschreiben. Der Test wurde entwickelt für die Auslese von Bewerbern für den Zivil-Flugzeugführerberuf.

–Wegfiguren-Test

D. Vier mehrfach geknickten und sich auch einmal überschneidenden Linien ist gedanklich nachzugehen und zu notieren, wieviel Links- bzw. Rechtswendungen zu durchlaufen sind. Eine Abwandlung zum Dia-Gruppentest besorgte Ⓣ SCHUBERT.

KLEBELSBERG, Dieter v. – KALLINA, H. **Fahrer-Verhaltens-Rating**

Ö 1963. Für die Beobachtung des Verhaltens des Kraftfahrers durch Mitfahrer entwickelte Skalen. In der Fragestellung konkret und streng auf die Fahrzeugbedienung und die Fahrvorgänge bezogen.

KLEBELSBERG, D. v. – GHERI, Max F. **Wiener Koordinationsgerät**

Ö 1965. Für Fahreignungsuntersuchungen nach neuen technischen Konstruktionsgrundsätzen entwickelter »Fahrstand«. Die Möglichkeit der Selbstbeurteilung der eigenen Leistung durch Vergleich zur objektiven Leistung ist gegeben.

KLEBER, E. W. – KLEBER, G. **Differentieller Leistungstest – KE (DL-KE)**

D 1974. AA 5; 7–6; 6. Für die 1. Stufe der Grundschule entwickelter Konzentrations-Belastungstest. Der Test ist als Durchstreichtest aufgebaut. Die Testvorlagen enthalten kindgemäße Figuren und Zeichen.

KLEBER, E. W. – KLEBER, G. – HANS, O. **Differentieller Leistungstest – KG (DL-KG)**

D 1975. AA 7–10. Testverfahren zur Messung des Leistungsverhaltens bei konzentrierter Tätigkeit. Es wird dabei die Quantität der Leistung, die Qualität der Leistung und die Gleichmäßigkeit der Leistung erfaßt.

KLEINER, Alf – KLEINER, Ina – PAFF, Günter. **Göppinger Schulreifetest**

D ab 1953. Zur Untersuchung der Schulreife und der Qualität psych. Funktionen. Gruppen- u. Einzeltest. (Verbreitung: über 700000 ausgegeben).

–Göppinger Oberschulreifetest

D ab 1966. Zur Untersuchung der Reife zu allen weiterführenden Schulen. Gruppen- u. Einzeltest.

–Göppinger Leistungsprüfung

D ab 1958. Zur Feststellung der notwendigen Mindestkenntnisse gegen Ende des 1., 2., 3. und 4. Grundschuljahrs. Je besondere Protokollbogen. →Schulreifetest, Schulleistungstest

KLEMM, Otto. **Bauprobe, Würfelbauprobe**

D. Von KLEMM, HERMANN und BIENERT entwickeltes Testmittel zur Visualität, spez. zur räumlichen Vorstellung. Würfel, aus denen Teile herausgelassen sind, werden vorgelegt. Mit kleinen Würfelchen sind (getrennt von den Vorlagen) die Ergänzungsstücke (Komplementärstücke) aufzubauen.

–Ablegeprobe

Mit dem Ablegen von 90 Formklötzen wird ein Einblick in das Arbeitstempo (Konzentration, Willenshaltung) neben allgemeinen organisatorischen Faktoren erschlossen. D. ABELS hat den Test dadurch umgeformt und der KRAEPELIN – PAULIschen Arbeitskurve angenähert, daß 18 Formklötze in 15- bis 20facher Wiederholung abzulegen sind.

KLIMPFINGER, Sylvia. **Entwicklungstestreihe**

Ö 1949. Eine Fortsetzung der Entwicklungstestreihe von BÜHLER-HETZER für das 7. Lebensjahr. Vgl. SCHENK-DANZINGER

KLOPFER, Bruno. **Rorschach Technique**
USA 1942. Eine in den angelsächsischen Ländern weitverbreitete Fortentwicklung des RT mit umfangreichen Erweiterungen und Modifizierungen (mehrphasige Testaufnahme, Zusatzsignierungen, eigene Interpretationsmethodik und »Ich-Psychologie«). Ⓛ SPITZNAGEL u. VOGEL, KLOPFER-DAVIDSON

KNOX, H. A. **Schiff-Test (Ship Test), Würfel-Test (Cube Test)**
Zwei in den nicht-verbalen Entwicklungstestserien häufig aufgenommene Tests: zerlegbares Schiffsbild, 4 Würfel.

KOCH, C. **Fragebogen zur Abschätzung Psychosomatischen Krankheitsgeschehens (FAPK)**
D 1981. AA ab 16. Fragebogen zur Erfassung psychosomatischer und depressiver Störungen. Er enthält versch. Unterskalen (z.B. emotionale Beziehungsleere, soziale Anpassung, Abwehr sexueller Empfindungen). Der Fragebogen kann als Forschungsinstrument wie auch als Einzeldiagnostikum verwendet werden.

KOCH, J.-J. – CLOETTA, B. – MÜLLER-FOHRBRODT, G. **Konstanzer Fragebogen für Schul- und Erziehungseinstellungen (KSE)**
D 1972. AA 16–22. Einstellungs- und Interessenfragebogen mit 6 Skalen (insgesamt 92 bzw. 97 Items): Allgemeinbildung vs. Spezialisierung, Anlage vs. Umwelt, Berufung vs. Job, Druck vs. Zug, negative Reformeinstellung vs. Veränderungsbereitschaft, Selbstverständnis als Pädagoge vs. Selbstverständnis als Fachwissenschaftler.

KOCH, Karl. **Baum-Test**
S 1949. Ursprünglich von Emil JUCKER. Ein verbreiteter thematischer Zeichentest mit der Anweisung: Zeichnen Sie einen Baum, es ist gleich welchen, nur keine Tanne. Der Test bietet Hinweise zum Entwicklungsstand und zur Persönlichkeitsstruktur. Ⓛ

KÖHLER, Wolfgang, **Stocktest, Gegenstandswahl, Umwegprobe, Hindernisbeseitigen (apparativer Test)**
Ein Test, der aus den Beobachtungen und Erfahrungen der berühmten Affenversuche erwachsen ist. Eine Aufgabe ist nur zu lösen, wenn eine ausreichende Einsicht in die Möglichkeiten gewonnen ist, die die vorhandenen »Werkzeuge« bieten (z.B. mit einem Stock durch ein Gitter eine Verriegelung auslösen). In Anlehnung und Abwandlung wurden von GIESE, LIPMANN, BOGEN, E. STERN, W. STERN weitere derartige Testmittel zur Prüfung der praktischen Intelligenz entwickelt.

KOHS, S. C. **Block-Design Test, Würfel-Test, Mosaikspiel**
USA 1917. Nachlegen von geometrischen Zeichnungen durch verschiedenfarbige Würfel. Untertest des Ⓣ WECHSLER.

KORMANN, R. **Testbatterie für entwicklungsrückständige Schulanfänger**
D 1977. Testbatterie zur Erfassung von Rückständen oder Ausfällen im kognitiven und motorischen Leistungsbereich bei schulpflichtigen Kindern im Alter von 72 bis 84 Monaten. Das Verfahren kann dann angewandt werden, wenn Kinder wegen fehlender Schulreife zurückgestellt wurden.

KRAAK Ⓣ INGENKAMP

KRAMER Ⓣ BINET – SIMON

KRAEPELIN, Emil – OEHRN, A. **Dauerrechenversuch, Arbeitskurve**
D 1888. Fortlaufendes Addieren von je zwei einstelligen Zahlen über einen längeren Zeitraum (z.B. eine Stunde) mit Unterteilungen von je 3 Minuten zur Darstellung der am Arbeitsvorgang beteiligten Faktoren (Übung, Ermüdung, Antrieb usw.). Ⓣ PAULI →Arbeitskurve

KRAMPEN, G. **ICP-Fragebogen zu Kontrollüberzeugungen**
D 1981. Persönlichkeitsfragebogen zur Messung des Konstrukts *Locus of Control* (generalisierte Kontrollüberzeugung). Kontrollüberzeugungen werden in dem Fragebogen nach 3 Dimensionen gemessen: 1. Internalität, 2. Externalität (Machtlosigkeit), 3. Externalität (Fatalismus). Der ICP-Fragebogen stellt die deutsche Bearbeitung der IPC-Scales von LEVENSON dar.

KRATZMEIER Ⓣ INGENKAMP

KRETSCHMER, Ernst – HÖHN, Elfriede. **Kretschmer-Höhn-Test**
D 1951. Ein Testverfahren für die Begabtenauslese 10jähriger beim Übergang von der Grundschule in die höhere Schule.

KRÖBER. **Krug-Schneideprobe, Pokalschnitt**
Die vorgedruckte Profillinie eines halben Kruges (Pokals) ist auszuschneiden und dazu spiegelbildlich die ergänzende Linie zu schneiden.

KROUT, Johanna. **Symbol Elaboration Test (SET)**
1950–53. AA ab 6. Projektivtest.

KRÜGER Ⓣ INGENKAMP

KUDER, G. Frederic. **Kuder Preference Record – Occupational**
USA 1956–59. AA ab 14. Führender Interessenfragebogen, ausgerichtet auf 43 Berufe. – *Kuder Preference Record Vocational.* 1934–56. Dasselbe, ausgerichtet auf Berufsrichtungen. – *Kuder Preference Record Personal.* 1948–54. Skalendimensionen sind: *group activity, stable situations, working with ideas, avoiding conflict, directing others, verification.*

KUHLMANN, F. – ANDERSON, Rose G. **Kuhlmann-Anderson Intelligence Tests**
USA seit 1927. AA ab Kindergartenalter in 8 Stufen und Zusammenstellungen. Sehr beachteter, jetzt in 7. Ausgabe stehender Intelligenztest.

KUHLMANN Ⓣ BINET – SIMON

KUNZE, D. **Testserie des Instituts für schulpsychologische Forschung in Berlin**
Ein Testverfahren für Begabungs- und Leistungsfeststellungen zwischen dem 12. und 16. Lebensjahr. Knüpft an Ⓣ BOBERTAG – HYLLA an. Alle Tests verwenden die »Antwortauswahl«.

KWINT, L. A. **Physiognomische Tests, Altersinventarium der aktiven mimischen Motorik**
R 1931. Weithin beachteter motorischer Entwicklungstest für Kinder von 4–16 Jahren. 26 willkürliche Bewegungen wie Augenbrauenheben, Lidschluß, Lippenspitzen, Zähnefletschen, Wangen aufblasen u.a. in

versch. Abwandlungen, zudem verteilt auf Altersstufen, werden als Indikator für den anatomisch-physiologischen Entwicklungsstand gewertet. 26 Items. Formeln für die Norm, den Vorsprung und das Zurückbleiben. Ⓛ

LAHY, J. M. **Test d'intelligence logique**
F 1930. Ein in Frankreich noch heute ohne Abänderung gebräuchlicher Intelligenztest mit 80 Aufgaben in 8 Richtungen: Sprichwörter, Syllogismen, Wörter, die nicht zu Reihen passen, ähnliche Wörter, Zahlenreihen fortsetzen u. a.

LAHY →Sinnesfunktionen

LASZLO Ⓣ SZONDI

LAUBER Ⓣ WECHSLER

LAUER, A. R. **Lauer Driver Reaction Inventory**
1948–57. Revision des *»Driving Attitude Inventory«*.

–Rogers-Lauer Driver Rating Inventory
1935–57. Vormals *»Rogers-Lauer Driver Training Inventory«*. Zwei bekannte amerikanische Tests der Verkehrspsychologie.

LAUX, L. – GLANZMANN, P. – SCHAFFNER, P. – SPIELBERGER, C. D. **State-Trait-Angstinventar (STAI)**
D 1981. Deutsche Adaptation des *State-Trait Anxiety Inventory* zur Erfassung von Angst als Zustand (State-Angst) und Angst als Eigenschaft (Trait-Angst). Die zwei Skalen umfassen jeweils 20 Items.

LAWTON Ⓣ BERDIE

LEDIG Ⓣ INGENKAMP

LEE, Edwin A. – THORPE, Louis P. **Occupational Interest Inventory**
USA 1943–56 (1956 Revision). AA ab 12. Der Test ermittelt in den 3 Kategorien *»fields, types, level of interests«* 10 Interessenrichtungen.

–Vocational Interest Analyses: A Six-Fold Analytical Extension of the Occupational Interest Inventory
1951 (Mithrsg. E. C. ROEBER, G. G. PERIDEAUX). AA ab 14. Zu 6 Interessenrichtungen sucht der Test jeweils den speziellen Ansatz freizulegen. Z. B. bei der Interessenrichtung »Wissenschaft« die Ansätze chemische Forschung, biologische Forschung, Laboratoriumsarbeit, angewandte Chemie, Produktion, Ingenieurwesen.

LEE, J. M. – CLARK, W. W., **Reading Readiness Test (LCRRT)**
1961. Amerikan. Schulreifetest.

LEHRL, S. – GALLWITZ, A. **Erlanger Depressions-Skala (EDS)**
D 1977. Selbstbeurteilungsverfahren zur Abschätzung des Ausmaßes depressiver Stimmungen und der Expansivitätseinschränkung.

LEIBER, H. **Bildungsmotivationstest (BMT)**
D 1978. AA 15–25. Projektives Verfahren zur Erfassung der Bereitschaft von Probanden, Lernmotivation im Hinblick auf eine spätere Umwandlung in eine berufliche Leistung zu zeigen.

LEIPZIGER LEHRER-VEREIN. **Geschichte ergänzen, Geschichte ausspinnen**
D 1919. Eine Geschichte wird zu erzählen angefangen und ist weiterzugestalten.

–Sätze ordnen, »Wirre Gedanken«, Vineta-Test
D 1919. Auf Streifen gebotene Sätze sind zu ordnen. Eine im Meer versunkene Stadt Vineta ist der Inhalt der Geschichte. Die Geschichte ist in 12 Sätze (Streifen) zerlegt.

–Telegramm-Test, Finden des Wesentlichen
D 1919. Ein Brief (etwa Geschäftsbrief) wird vorgelegt und ist in ein Telegramm umzuformen.

LEITER, Russel Graydon. **Leiter International Performance Scale**
1936–52. AA 2–18. Weitere bekannte Tests desselben Autors sind: *The Leiter Adult Intelligence Scale* und *The Leiter Profile,* in denen eine Reihe weiterer Tests verarbeitet sind: *The FR-CR Test, Leiter Adaptation of Arthur's Stencil Design Test, Leiter Adaptation of the Painted Cube Test, Leiter Nomenclature Profile, Porteus Maze Test, Pathways Test.*

LENNEP, D. J. van – HOUWINK, R. **Four Picture Test (FPT), Vierbildertest**
H 1930. Vier bunte Genrebilder, die mehrdeutig und an sich unzusammenhängend sind, sollen in Sinnzusammenhang gebracht werden. Die Darstellungen sind verschwommen gehalten. Es sind vier Grundsituationen: Zusammensein mit einer fremden Person – persönliches Alleinsein – Zusammensein mit vielen Personen – soziales Alleinsein. Ansätze zu besonderen Lebens- und Konfliktsituationen werden dabei geboten. Ⓛ

LEWERENZ, A. S. **Tests in Fundamental Abilities of Visual Arts**
USA 1927. Ein Kunstbegabungstest, der auch einzelne Faktoren der künstlerischen Begabung (Gedächtnis für optische Proportionen, Farbenerkennen usw.) analysiert.

LIENERT, Gustav. **M-T-V-T, Test für mechanisch-technisches Verständnis**
D 1958. 32 zeichnerische Darstellungen über mechanische, technische und physikalische Vorgänge werden dem Probanden zur Stellungnahme vorgelegt. Vgl. BENNETT. Ⓛ

–Denksport-Test (D-S-T)
D 1964. Ein an Primanern und Primanerinnen standardisierter Test, der mit Denksportaufgaben das »Denk-Niveau« ermittelt und dabei zwischen Hochbegabten Differenzierungen ermöglicht. Ⓛ

–Der Allgemeine Büro-Arbeits-Test (A-B-A-T)
D 1967. 2 Formen. In Anlehnung an den *»Psychological Corporation General Clerical Test«* für das deutsche Sprachgebiet entwickelt und standardisiert. 6 Untertests: Karteikartensortieren, Adressenprüfen, Summenprüfen, Rechtschreibungskorrigieren, Textaufgabenlösen, Zeichensetzen.

–Drahtbiegeprobe (D-B-P)
D 1961. Fortentwicklung der Drahtbiegeprobe (Ⓣ IMMIG) zu einem standardisierten Test. Formauffassung und Sauberkeit der Ausführung ergeben die Richtung für die Auswertung. Dabei werden 29 Einzelkriterien berücksichtigt. Ⓛ

–Form-Lege-Test (F-L-T) (Marburger Formlegespiel)
D 1958. Ein im Prinzip der Puzzlemethode (Ⓣ RYBAKOW) und ebenso dem Formbrett (Ⓣ SEGUIN) naheste-

hender Test, bei dem die Aufgabe gestellt ist, 4 Flächenteile, die aus Pappe ausgestanzt sind, in vorgedruckte Figuren (z. B. Buchstabe T, Treppe, Pfeil) einzupassen. Ⓛ

LIENERT, Gustav, A. – HOFER, Manfred. **Mathematiktest für Abiturienten und Studienanfänger (M-T-A-S)**

D 1972. AA Abiturienten und Studienanfänger. Der Test prüft Mathematikkenntnisse aus den Bereichen Algebra, Geometrie und mathematische Funktionen. Die Aufgaben sind an den Lehrplänen für höhere Schulen orientiert.

LIENERT Ⓣ DÜKER

LINCOLN-OSERETSKY Ⓣ SLOAN

LINDER, H. – GRISSEMANN, H. **Zürcher Lesetest**

S 1968, 1980⁴. An 700 Kindern standardisiertes Testverfahren zur psychodiagnostischen Erfassung des Legasthenikers. Ⓛ GRISSEMANN

LIPMANN, Otto. **Mathematische Funktionserfassung**

Zahlenreihen versch. Abfolge sind um 2, 3 oder mehr Zahlen fortzusetzen (z. B. 3–9–7–13–11 . . .).

LIPMANN – STOLZENBERG. **Transmissionstest, Getriebetest**

D 1918. Von Auslesen an der Lehrlingsschule der Fa. Loewe, Berlin, stammt die vielfach abgewandelte Benützung von Modellen mit Transmissionsvorgängen bzw. von Abbildungen mit Riemenscheiben, Zahnrädern, Zahnstangen u. dgl. zur Angabe der Laufrichtung und damit zur Beurteilung des technischen Verständnisses.

–Bleche ordnen

Den vorerwähnten Auslesen entstammt auch die Prüfung der Formerfassung dadurch, daß Formbleche mit kleinen Abweichungen darauf beachtet werden müssen, welches Blech mit der Vorlage übereinstimmt.

LISCHKE Ⓣ BELSCHNER

LOCKOWANDT, O. **FROSTIGS Entwicklungstest der visuellen Wahrnehmung**

D 1974. Deutsche Adaptation des *Developmental Test of Visual Perception* von M. FROSTIG. Verfahren zur Ermittlung der visuellen Wahrnehmungsleistungen. Der Test umfaßt folgende Subtests: Visuo-motorische Koordination, Figur-Grundstrichunterscheidung, Formkonstanz-Beachtung, Erkennen der Lage im Raum, Erfassen räumlicher Beziehungen.

LONDON, P. **Children's Hypnotic Succeptibility Scale (CHSS)**

USA 1962. Eine Abwandlung der Stanforder Hypnose-Skala (Ⓣ WEIZENHOFFER SHSS) für die beiden Altersgruppen 5 bis 13 und 13 bis 17. Ein quantitatives *scoring* gestaltet sich hier allerdings schwieriger als bei der SHSS. Es werden deshalb vom Autor genaue Richtlinien für qualitative Kriterien und deren Gewichtung in einem Bereich von 0 bis 4 Punkten für jedes Item angegeben. Insgesamt wurde eine ausreichende Reliabilität erreicht.

LONGSTAFF Ⓣ ANDREW

LORGE Ⓣ BURGEMEISTER

LORR, Maurice – KLETT, James – MCNAIR, Douglas M. – LASKY, Julian J. **Inpatient Multidimensional Psychiatric Scale (IMPS)**

1953–62. Test für psychisch Kranke. Skala zur Erfassung von 10 Krankheitsdimensionen.

LOWENFELD, Margaret. **Lowenfeld Mosaic Test**

E 1948–54. Ein projektives Testverfahren, das als Material fertige Plättchen, die geometrische Figuren darstellen, verwendet. Die Plättchen sind auf ein Brett in einer von der Vp frei zu wählenden Manier aufzulegen. Der Test ist aus der Überlegung entstanden, daß das Individuum sein eigenes »Schema« des Umgangs mit solchem Material habe.

–Weltspiel

E um 1930. Ein Spielverfahren, das mit Häuschen, Menschen, Tieren u. a. Miniaturspielzeug als projektives Verfahren zuerst in der Kinderpsychiatrie Eingang fand. Vgl. BÜHLER

LÜCKERT Ⓣ BINET – SIMON

LÜSCHER, Max. **Farb-Test, Farbwahlverfahren, Lüscher-Schnell-Test**

S 1949. Zwischen Farben ist nach ihrer »Anmutung« zu wählen (Sympathie-Rangordnung).

–Lüscher-Test

D 1971. Persönlichkeitstest (Kurzform des klinischen Lüscher-Tests), der davon ausgeht, daß die Farbwahl Rückschlüsse auf die Persönlichkeit bzw. ihre Störungen zuläßt. Wegen der empirisch belegten Problematik seiner mangelhaften theoretischen Annahmen kann das Lüscher-Verfahren nicht als Test gelten.

LURIA Ⓣ CHRISTENSEN Ⓣ HAMSTER

MACHOVER, Karen. **Draw-A-Person Test (DAP), Personen-Zeichnen**

USA 1948. Spontanzeichnen menschlicher Personen mit der Anweisung »Zeichne einen Menschen«. Vgl. GOODENOUGH

MACQUARRIE, T. W. **MacQuarrie Test for Mechanical Ability**

USA 1925–54. AA ab 13. Test zur Beurteilung der technischen Begabung und Geschicklichkeit. 8 Skalen: *tracing, tapping, dotting, copying, location, blocks, pursult, total.*

MAINBERGER, U. **Test zum divergenten Denken (Kreativität) (TDK 4–6)**

D 1977. Kreativitätstest mit 5 Untertests, welche die Kreativität im Sinne des divergenten Denkens messen. Der Test stützt sich auf die von GUILFORD, WALLACH und KOGAN entwickelten Aufgaben.

MANDLER, G. – SARASON, S. D. **Test-Anxieties Questionnaire (TAQ)**

USA 1955. Fragebogentest mit 35 Testfragen zur situationsspezifischen, prüfungsbedingten Angsttendenz. Der Fragebogen, welcher noch nicht standardisiert ist, liegt auch in einer Version für Kinder vor (TASC).

MANSON Ⓣ BÜHLER

MARE, H. de – SMIT, K. **Maquette-Test**

Ein holländischer gruppenps. Test, bei dem auf einem Brett (1,4:1,1 m) mit aufgezeichneten und sich an drei Stellen kreuzenden Straßen, Bahnlinien und Autobahn,

Wiesenflächen, Baumbeständen usw. und mit Hilfe kleiner Modelle (Wohnhäuser, Bahnhof, Krankenhaus, Schulhäuser, Bäume usw.) in Gruppenarbeit von höchstens 8 Vpn mit einem Protokollführer eine Stadtanlage zu entwerfen ist. Der Test wird soziometrisch (Beteiligung jeder Vp, Außenseiter, Mitläufer, Dominierende, Solitäre, Gruppenführer), als auch leistungspsychologisch, charakterologisch und nach Motorik, Sprechweise u. a. Beobachtungen ausgewertet.

MARSCHNER, Günter R. W. **Der Büro-Test (B-T)**

D 1967. 2 Formen. Aufgaben (Arbeitsproben), die der kaufmännischen Tätigkeit entnommen und als Testaufgaben standardisiert sind, dienen zur Erfassung der praktisch-kaufmännischen Intelligenz und Anstelligkeit. Niveautest. Als Gruppentest geeignet.

–**Revisions-Test (Rev.-T.)**

D 1972. AA ab 13. Leistungstest, welcher auf ein Design von GIESE zurückgeht. Der Pb hat das Ergebnis einfacher Additionsaufgaben zu überprüfen. Es soll damit anhaltende Konzentration bei geistiger Tempoarbeit gemessen werden.

MASLOW, A. H. **Social Personality Inventory for College Women**

1942.

MASSELON, R. **Dreiwortmethode**

F 1902. Aus drei Wörtern ist ein Satz zu bilden. Eine der ältesten Testaufgaben; früher viel in Intelligenztests verwendet. Zahlreiche Abwandlungen. Ⓛ

MATHEWS Ⓣ WOODWORTH

MAXFIELD, Kathryn E. – BUCHHOLZ, Sandra. **Maxfield-Buchholz Scale of Social Maturity for Use with Preschool Blind Children**

USA 1958. AA bis 6. Abwandlung der *Vineland Social Maturity Scale* von Ⓣ DOLL.

MAY Ⓣ INGENKAMP

MCADORY, S. M. – WOODYARD, E. **Art Test**

USA 1933. Ein Kunstbegabungs- bzw. Kunstverständnistest ähnlich Ⓣ MEIER, aber mehr auf angewandte Kunst ausgerichtet.

MCCLELLAND Ⓣ MURRAY

MCGUIRE, Frederick L. **McGuire Safe Driver Interview – Safe Driver Scale**

USA 1961/62. Beide Tests (Persönlichkeitsexploration mit sozialer Anamnese und Persönlichkeitsfragebogen) werden in der verkehrsps. Forschung und zur Kraftfahrerauslese verwandt. Ⓛ U. SCHUBERT

MCKECHNIE, G. E. **Leisure Activities Blank (LAB)**

A 1975. Verfahren zur quantitativen Erfassung über Aktivitäten des Freizeit- und Erholungsverhaltens. Der Fragebogen umfaßt 120 Freizeitaktivitäten, für die der Proband angeben muß, in welchem Maße er diese in der Vergangenheit nachgefragt hat und in der Zukunft nachfragen wird.

MCKINLEY Ⓣ HATHAWAY

MEIER, Norman Charles. **The Meier Art Tests**

USA 1929–63. AA 13(15)–22. In 3 Teilen: *Art judgment – Aesthetic perception – Creative imagination.* Neben Ⓣ LEWERENZ ältester Kunstbegabungstest, der mit sehr ausgewählten, standardisierten Vorlagen Stellungnahmen in den angegebenen Richtungen provoziert.

MEILI, Richard. **Analytischer Intelligenztest (AIT)**

S um 1930, 1966. Eine Testserie, die Profildarstellung verwendet und die Intelligenz in den Faktoren: Komplexität, Plastizität, Ganzheit und Flüssigkeit zu erfassen sucht. Eine mehr analytische kann von einer mehr erfinderischen, kombinierenden Denkform und eine mehr abstrakt-formale von einer mehr konkret-anschaulichen unterschieden werden. Testmittel: Bildreihe, Zahlenreihe, Dreiwortmethode, Lückenergänzungen, Figurenelemente, Kombinieren, geometrische Analogien (Formenanalogien). Ⓛ

–**Definitionen, Definieren von Unterschieden**

S. In Erweiterung des »Binet – Stanford« ist der Unterschied von Fluß-Kanal, Hecke-Geländer, Kind-Zwerg u. a. schwierigeren Gegenüberstellungen zu definieren.

–**Durchstreichetest ohne Modell**

S 1956. Ein »Aufmerksamkeitstest«, der das von BOURDON eingeführte und von Ⓣ TOULOUSE-PIERON abgewandelte Verfahren übernimmt und kleine Bogen mit +-Zeichen in verschiedener Zusammenstellung zum Durchstreichen verwendet.

–**Figuren von Rybakoff**

S 1956. Neuausgabe als Mappe mit Anleitung, Lösungsformular und Testbogen. Vgl. RYBAKOW.

–**Hebel-Test (apparativer Test)**

S 1956. Auf einem Grundbrett sind 2 flache Schienen so zu verbinden, daß bestimmte Bewegungen möglich sind. Ⓛ

–**Würfelabwicklungen**

S 1956. Neuausgabe als Mappe mit Anleitung, Lösungsformular und Testbogen. Vgl. RUPP. Ⓛ MEILI

MEIS Ⓣ INGENKAMP

MELLENBRUCH, P. L. **Curve-Block-Series**

Miami-Oxford Curve-Block Series. USA 1946. Test ähnlich dem Wiggly-Block (Ⓣ O'CONNOR) zur Untersuchung der räumlichen Vorstellung.

MELLONE Ⓣ INGENKAMP

MERRILL, Maud A. – PALMER. **Pre-School Performance Test**

Nicht-verbale Entwicklungstestserie mit Formbrettern, Würfeln, Stiften von STUTSMAN, WOODWORTH, DECROLY u. a.

MERRILL Ⓣ BINET

MESSICK, S. **Gruppenverfahren zur Messung der individuellen Interferenzneigung**

Das Verfahren besteht aus 2 Teilen. Im ersten Teil muß die Vp Anordnungen von farbig gedruckten Sternchen mit dem Anfangsbuchstaben der dabei vorkommenden Farbe signieren. Im 2. Teil sind Farbnamen abgedruckt, wobei Farbname und Druckfarbe inkongruent sind. Der Anfangsbuchstabe der Druckfarbe muß jedem Farbwort zugeordnet werden.

MEUMANN, Ernst. **Bildverständnismethode, Entstehungsmethode**

D um 1910. Eine Reihe von Bildern, die an das kindliche Verständnis steigende Anforderungen stellen, sind zu erläutern.

–Geschichten kombinieren
D um 1910. Darbietung von Schlagwörtern, aus denen eine Geschichte zu kombinieren ist.

–Symmetriezeichnen
D um 1910. Symmetrische Ergänzung halbseitig gezeichneter Figuren.

–Zweiwortmethode (Masselonprinzip)
D 1912. Aus jeweils zwei Wörtern sind Sätze zu bilden.

MEUMANN, E. – GIESE, F. **Spiegel-Test, Spiegelzeichengerät**
Nachdem schon MEUMANN das Symmetriezeichnen im Spiegel vorschlug, konstruierte GIESE ein Gestell, bei dem der Proband seine Hände nur im Spiegel beobachten kann (Deckplatte). Auf Anweisung sind gerade Striche, besonders auch die Diagonalen, in einem vorgezeichneten Viereck einzuzeichnen. Auch das Nachfahren einer vorgegebenen Spur (zwischen gezeichneten parallelen Linien) u. ä. wird verlangt.

MEUMANN →Sinnesfunktionen

MEURISSE, R. **Kritzel-Test, Test du gribouillage**
F 1948. Spontane, freie Kritzelei – ausgehend von einem Punkt, den der Vl auf einem Blatt Papier markiert und auf das vorher der Pb in die Mitte seinen Namen geschrieben hat.

MIALE Ⓣ HOLSOPPLE

MIELKE Ⓣ INGENKAMP

MIERKE, Karl. **Determinationsgerät, Reaktionsprüfgerät (apparativer Test)**
D. Mehrzweckgerät zur Ermittlung von Reaktionen, Arbeitsverteilung, Automatisierungstendenzen usw. Zahlreiche Abwandlungen und Vorläufer: z. B. RIEFFERT-Hebelreaktionsgerät, GIESE-Serienhandlungsgerät. Das Gerät wird auch als *Kieler Determinationsgerät* bezeichnet und damit unterschieden von dem nach Vorschlägen des VERKEHRSPSYCHOLOGISCHEN INSTITUTES WIEN mit differenzierterer Registrierung und mit technischen Verbesserungen konstruierten *Wiener Determinationsgerät.* Ⓣ KLEBELSBERG

MILGRAM →Aggression

MILLER, Daniel R. **Survey of Mechanical Insight**
1945–55. AA ab 14. Vom gleichen Autor stammt eine *Survey of Object Visualization.*

MILLER, W. S. **Miller Analogies Test (MAT)**
USA 1926–60. Altbekanntes Verfahren für Ober- u. Hochschüler, das auch unter dem Titel *Advanced Personnel Test* ausgegeben wird.

MINKOWSKA, F. **Test der Familie, Familie-Zeichnen**
Thematisches Zeichnen: meine Familie – ich – mein Haus.

MINKUS. **Ergänzungstest, Lückentest**
D. Ein sprachlicher Lückentest (chinesisches Märchen), in dem logische Ergänzungen (temporale, kausale, finale usw. Konjunktionen) vorzunehmen sind.

MIRA Y LOPEZ, E. **Myokinetischer Test**
Linien (vertikale Linien, Kreislinien, Zick-Zack, Ketten usw.) sind stehend und blind sowie mit den Händen wechselnd und in versch. Richtungen nachzuziehen. Ein Persönlichkeitstest, der versucht, die »Elemente des Charakters« dadurch zu ermitteln, daß er dem Muskeltonus bei den vorgeschriebenen Bewegungen nachgeht. Der Testautor ist Psychiater in Südamerika. Ⓛ

MITTENECKER, Erich – TOMAN, Walter. **Persönlichkeits- und Interessentest (PIT)**
S 1972². AA ab 15. Der aus dem MMPI (Ⓣ HATHAWAY u. a.) entwickelte Test besteht aus 214 Fragen zu je 9 Persönlichkeits- und Interessenbereichen. Persönlichkeitsteil: Selbstkritik, soziale Einstellung, Extraversion, Neurotizismus, manische, depressive, schizoide und paranoide Tendenzen, vegetative Labilität; Interessenteil: Vorliebe für Land- oder Stadtleben, Handwerk, Wissenschaft, Verwaltung, Umgang mit Menschen in Geschäft und Wirtschaft, bildende Kunst, Sprache/Literatur, Musik, soziale Berufe. Anwendung vor allem in der Berufsberatung.

MOEDE, Walther. **Montagebrett, Hammerwerk montieren (apparativer Test)**
D um 1920 (wie auch die folgenden Tests). Zur Untersuchung der technisch-praktischen Begabung und des technisch-konstruktiven Denkens ist auf einem Holzbrett eine Montage (Hammerwerk) durchzuführen.

–Zahnraderklärung
Zeichnung von zwei Zahnstangen, die einem Zahnrad anliegen. Erklärung der versch. Wirkungen bei Verschiebung der Stangen.

–Nockenaufgabe
Auf einer Zeichnung ist an einem Rad ein Nocken so anzubringen, daß der dem Rad anliegende Balken bei der Raddrehung sich senkt und damit eine Sperrung freimacht. Vgl. HERMANN

–Wasserrad
Auf einer Zeichnung ist ein Schaufelrad abgebildet. Hieran sind Verständnisfragen zu beantworten.

–Schaltprobe mit Lampen
Auf einer 50 × 50 cm großen Tafel sind im Quadrat vier weiße Lampen angebracht. Jeder dieser Lampen ist eine Reaktionstaste zugeordnet: der rechts oberen Lampe die rechte Hand, der links oberen Lampe die linke Hand, der rechts unteren Lampe der rechte Fuß und der links unteren Lampe der linke Fuß. Außerdem ist bei Ertönen eines Summers eine Summertaste zu bedienen. Je nach den wechselnden Kombinationen, in welchen die Signallampen aufleuchten – jeweils eine bis drei – sind die zugeordneten Hand- und Fußtasten zu betätigen.
Weiteres zu den Tests von W. MOEDE Ⓛ.

MOEDE →Sinnesfunktionen, Konzentrationsprüfgeräte, Sortierapparat

MOEDE – PIORKOWSKI, Curt. **Kraftfahrerprüfung**
Von historischer Bedeutung für die Entwicklung der Heerespsychologie in Deutschland (USA vgl. YERKES) ist die Eignungsprüfung für Kraftfahrer, die bei ca. 12 000 Vpn durchgeführt wurde. Prüfungsrichtung waren die Sinnestüchtigkeit, die Aufmerksamkeit, Willensfunktionen und Arbeitsfähigkeit (Erregbarkeit, Schreckhaftigkeit u. a.).

MOEDE – PIORKOWSKI – WOLFF. **Berliner Begabtenauslese**
D 1917. Zur Auslese hochbefähigter Volksschüler für die Untertertia des Gymnasiums wurde ein Verfahren entwickelt, das (ähnlich der Hamburger Begabtenauslese Ⓣ PETER – STERN) für die damalige Breitenwirkung der Testanwendung größte Bedeutung hatte. Besondere

Beachtung fanden die im Verf. enthaltene *Gedankenoperation mit Figuren* und ein *Situationstest* (Das große Los). Ⓛ

MOERS, Martha. **Prüfung des sittlichen Verständnisses**

D 1929. In Anlehnung an die Methode von Ⓣ FERNALD wird eine Geschichte vorgelesen und der Vp aufgegeben, 7 Zettel mit Motiven zur guten Handlung in eine Rangreihe zu ordnen und ebenso mit 7 weiteren Zetteln (mit Motiven, die die gute Tat verhindert haben) zu verfahren.

MONROE, M. **Reading Aptitude Tests**

1935. Amerikan. Schultest zur Ermittlung des Leseleistungsgrades und der besonderen Lesefehler. Ⓣ BIGLMAIER

MOOG Ⓣ ROSENZWEIG

MOORE Ⓣ GRÜNBAUM

MORENO →Psychodrama, →Soziogramm

MORF, Gustav. **Formelemente-Test**

Aus der Beobachtung, daß bestimmte handschriftliche Formbildungen individuell bevorzugt werden, entwikkelte M. Formelemente (systematisch variierte, in Gegensatzpaaren aufgestellte Formbildungen), die zur Wahl vorgelegt werden mit der Frage nach dem Gefallen und dem Grund dafür.

MORTON Ⓣ YERKES

MOSS, F. A. – HUNT, T. – OMWAKE, K. T. – WOODWARD, L. G. **Social Intelligence Test (SIT): George Washington University Series**

USA ab 1930. AA ab 15. 6 Feststellungen: Beurteilung sozialer Situationen, Beobachtung menschlichen Verhaltens, Sinn für Humor u. a.

MOSSO →Sinnesfunktionen

MÜLLER, Arno. **Beurteilungsskalen (GA-VERST)**

D 1964. Ein Beurteilungssystem für das Kraftfahren mit den sieben Eigenschaften: **G**eschicklichkeit, **A**ntizipation, Einhalten von **V**orschriften, Soziale **E**inordnung, **R**isikobereitschaft, **S**tress-Intoleranz, Psychisches **T**empo. Zu jeder Eigenschaft eine Skala mit neun Stufen.

–Satzergänzungstest

D 1965. Auf den Verkehr bezogene unvollständige Sätze zur Ermittlung personaler Einstellungen (aggressiv-intolerant, überangepaßt-unecht-ausreichend-bagatellisierend, egozentrisch-utilitaristisch).

–Verkehrs-Verständnistest (VVT)

D 1973. AA ab 16. Test für die Eignung zum Führen von Kraftfahrzeugen. Der Test prüft Wissen und Einsicht in die Gefahren und Risiken beim Fahren (z. B. Gefährdung durch Alkohol) und besteht aus 28 selegierten Items. Es liegen 2 Parallelformen vor. Weitere Tests Ⓣ SCHUBERT

MÜLLER, A. – BRICKENKAMP, R. **Kurz-Fragebogen für Problemfälle (KFP 30)**

D 1970. Kurzfragebogen zur Erfassung von Verhaltensauffälligkeiten, welche in Zusammenhang mit der Auffälligkeit beim Führen eines Kraftfahrzeuges stehen.

MÜLLER Ⓣ INGENKAMP

MÜNSTERBERG, Hugo. **Berufseignungstests**

USA 1910. Es ist das Verdienst M.s, erstmals Tests für die besondere Aufgabe der Ermittlung der Berufseignung erdacht zu haben. Dabei war die Erkenntnis entscheidend, daß jeder Beruf spezifische Anforderungen stelle, die mit Tests »geprüft« werden könnten. Der erste Beruf, für den M. Tests und ein Ausleseverfahren schuf, war der des Straßenbahners, der zweite der der Telephonistin.

MÜNSTERBERG Ⓣ GRÜNBAUM

MURPHY, H. E. – DURELL, D. D. **Diagnostic Reading Readiness Tests**

1949. Amerikan. Schultest.

MURRAY, Henry Alexander. **Thematischer Apperzeptions Test (TAT)**

USA 1935–43. Eines der verbreitetsten Projektiv-Verfahren. 20 Bilder mit ausdrucksvollen, dramatischen Szenen sind zu interpretieren, indem jeweils eine Geschichte dazu erzählt wird. Via Identifikation mit den dargestellten Personen soll die Vp ihre eigenen Konflikte in den Geschichten zum Ausdruck bringen. 1958 wurde von W. J. REVERS eine deutsche Ausgabe besorgt. Ⓛ MURRAY, REVERS – Eine besondere Weiterentwicklung des TAT für eine Methode der Motivmessung haben MCCLELLAND und (in Deutschland) HECKHAUSEN und SADER geboten. Ⓛ KORNADT

MUSCIO, B. **Handgeschicklichkeitstest**

E 1922. In der von M. zusammengestellten engl. Testserie für die Auslese von Schriftsetzern wurde das Handgeschick dadurch geprüft, daß in ein Brett mit zahlreichen kleinen Löchern Stäbchen eingesteckt werden mußten. Dieser Test ist die Ausgangsform des Steckbretts. Vgl. BETTS, O'CONNOR, TIFFIN

NAKAMURA Ⓣ SCHERER

NATIONAL FOUNDATION. **National Foundation Tests**

Von der National Foundation for Educational Research in England and Wales herausgegebene Serie von Schultests *(Reading Comprehension, Verbal Tests, Non-verbal Tests, Number Tests, Arithmetic Progress Tests* u. a.) mit den Autoren BARNARD, BATE, HARRIS, HIGHFIELD, LAND, PIDGEON, SMITH, STUART, WATTS.

NELSON Ⓣ HENMON

NETSCHAJEFF. **Vergleichung abgebildeter Gegenstände**

D 1911. Zwei Tafeln mit je 12 einfachen Zeichnungen werden nacheinander vorgelegt. Die Abweichungen sind zu erkennen.

NIKETTA Ⓣ WINDHEUSER

NOLTE, Erwin. **Schulreife-Untersuchung**

D 1950. Das auch als »Flensburger Schulreifetest« bezeichnete Verfahren untersucht mit je 11 Aufgaben als Gruppen- wie als Individualprüfung die Reife des Schulanfängers.

NORDEN Ⓣ BINET – SIMON

O'CONNOR, JOHNSON. **Wiggly-Block**

USA 1928–51. AA ab 16. Ein Quader (ca. 20 cm lang), der in 9 Einzelteile mit wellenförmigen Schnittflächen zerlegt wird, soll vom Probanden wieder aufgebaut werden. Dient zur Prüfung des räumlichen Vorstellens.

–Finger Dexterity Test

USA 1920. Test nach dem Steckbrettprinzip. 3 Stifte (3 cm lang) müssen gleichzeitig mit der Hand aufgenommen und in entsprechende Löcher eines Holz- oder Metallblocks gesteckt werden. Vgl. BETTS, MUSCIO, TIFFIN

–Tweezer Dexterity Test

USA 1920. Verfahren ähnlich dem *Finger Dexterity* Test. Jeweils ein Stift muß mit einer Pinzette gefaßt und in ein Loch gesteckt werden.

OLERON Ⓣ BORELLI

OSERETZKY, N. I. (auch OSERETSKY, OZERETSKY, OSERETZKI). **Metrische Stufenleiter zur Untersuchung der motorischen Begabung**

R 1923. Test zur Bestimmung des Entwicklungsstandes der Motorik bei Kindern von 4–16 Jahren. Statische Koordination, dynamische Koordination, Bewegungsgeschwindigkeit, gleichzeitige Bewegungen, Präzision isolierter Bewegungen. Bestimmung eines »motorischen Alters«. 60 Aufgaben, 6 für jede Altersstufe.

OSERETZKY Ⓣ SLOAN

–Methodik der kollektiven Prüfung der Motorik

Ergänzung zur Durchführung der motorischen Messungen als Gruppenuntersuchung. Ⓛ REINERT

OTIS, Arthur S. **Otis Group Intelligence Scale**

USA ab 1918. E ab 1921. Dem seinerzeit beachteten und verbreiteten Test folgten 1920 *Otis General Intelligence Examination: Designed Especially for Business Institutions*, 1922 *Otis Self-Administering Tests of Mental Ability*. Im weiteren Ausbau ließ der Autor unter Einbeziehung der ausgegebenen Tests erscheinen: *Otis Classification Test* (1923). *Otis Quick-Scoring Mental Ability Tests* (1936) und *Otis Employment Tests* (1943).

PATERSON, D. G. Ⓣ ANDERSON, PINTNER, SEGUIN, TRABUE

PAULI, Richard. **Pauli-Test (PT)**

Ab 1936. Aus dem Arbeitsversuch von Ⓣ KRAEPELIN-OEHRN (fortlaufendes Addieren) entwickelter standardisierter Test mit genormten Rechenbögen, genauen Anweisungen zur Testdurchführung, Normen und Korrelationskoeffizienten. Dauer 1 Stunde. Ⓛ ARNOLD

PENROSE, L. S. **Pattern Perception Test**

E 1943. AA ab 6.

PERRET, E. – STEMMLE, Th. N. – BLÖCHLIGER, K. – STEMMLE-PÖHNER, U. **Zürich-Wechsler-Intelligenztest für Erwachsene (ZÜWIE)**

S 1970. AA 10–59. Parallelform zum Hamburg-Wechsler-Intelligenztest für Erwachsene (Ⓣ WECHSLER). Der Wortschatztest des HAWIE wurde als Untertest nicht miteinbezogen. Bei dem ZÜWIE handelt es sich um eine sehr vorläufige Form eines Paralleltests.

PETER, R. – STERN, William. **Hamburger Begabtenauslese**

D 1918. Der 1. Weltkrieg mit seinen Verlusten an begabten Menschen förderte stark die von der angew. Ps. entwickelten Intelligenz-Ausleseverfahren. Zu den bekanntesten der Zeit gehörte neben der Berliner Begabtenauslese von Ⓣ MOEDE-PIORKOWSKI (für Hochbegabte von 13 Jahren) die Hamburger Auslese (für 9–10jährige Volksschüler) mit Begriffsreihenordnen, Definitionen, Lückentest, Dreiwortmethode, Fabeltest, Kritiktest, Analogiebildung u. a. m.

PFAFFENBERGER, Hans. **Visueller Schulreife-Test (VSR-Test)**

D 1960. Die visuelle Wahrnehmung des Kindes wird danach beurteilt, ob sie einer entwicklungsmäßig frühen Auffassung, einer klar durchgliederten späten oder einer Zwischenstufe zugehört.

PFISTER, Max. **Farbpyramiden-Test, Farbwahlverfahren**

S 1975². Kleine Farbplättchen sind in eine vorgezeichnete Pyramide so einzulegen, daß die Farbkomposition subjektiv befriedigt. Das Verfahren ist durch R. HEISS und H. HILTMANN 1951 verwendungsreif gemacht worden. Für den angelsächs. Sprachraum durch K. W. SCHAIE u. R. HEISS. Ⓛ HEISS, SCHAIE, HOUBEN

PHILLIPSON, H. **Object Relations Technique**

USA 1973. Projektives Verfahren zur Erfassung der interpersonellen Beziehungen.

PICHOT Ⓣ ANSTEY

PIERON Ⓣ TOULOUSE

PINILLOS Ⓣ BRENGELMANN

PINTNER, Rudolf – CUNNINGHAM, Bess V. – DUROST, Walter N. **Pintner General Ability Tests: Verbal Series.** dgl. **Nonlanguage Series**

USA ab 1923. AA ab Kindergarten. Begabungstests mit Zusammenstellungen für das Kleinkind wie für ältere Kinder und Jugendliche.

PINTNER, R. – PATERSON, D. G. **Performance Scale**

USA 1917. Erste standardisierte, nicht-verbale Entwicklungstestserie mit Einzeltests von SEGUIN, HEALY, KNOX u. a.

PIORKOWSKI Ⓣ MOEDE

PIORKOWSKI →Sinnesfunktionen (Handgeschick)

PIRE Ⓣ ANSTEY

POHLMANN. **Definitionen, Begriffsdefinition**

D 1912. In Anlehnung und Abwandlung der BINETschen Definitionen wurden von P. Begriffe (naturwissenschaftliche, religiöse, sozialethische, von Tätigkeiten und Ereignissen, Tastqualitäten usw.) zur Definition an normale Kinder gegeben.

POPPELREUTER, Walter. **Abwicklungsmethode (»Drachen«)**

D um 1920 (wie auch die folgenden Tests). Mit aufgezeichnetem Quadratnetz versehene Blechstücke, die mehrfach abgekantet sind, sollen ohne Berühren oder seitliches Betrachten auf einem Papierbogen (mit gleichem Netzaufdruck), in die Ebene projiziert, aufgezeichnet werden.

–Briefumschlag-Schneiden

Nach 5 Vorlagen zu den einzelnen Arbeitsgängen ist ein Briefumschlag aus einem Bogen Papier herzustellen.

–Mechanismus, Montageprobe (apparativer Test)

Der Mechanismus einer Maschine wird auseinandergenommen und wieder zusammengesetzt.

–Reaktion unter Zeitzwang

Das bewußte Zweckreagieren – im Ggs. zu den »einfachen halbautomatischen Bewegungs-, speziell Greifreaktionen« – suchte P. mit einem Gerät zu prüfen, bei dem 8 Zelluloidstreifen (Kerzen genannt) und 8 Gummidruckbälle mit Schläuchen, die neben den Kerzen in Glasspitzen enden, vorhanden sind. Auf das Anzünden ist schnell der zugehörige Druckball zu bedienen, damit die brennende Kerze ausgeblasen wird. Der Ball kann aber nur durch Probieren gefunden werden, da die Schläuche sich mehrfach überkreuzen. Die Kerze brennt etwa 10 Sekunden.

–Suchfeld

Ein der Lebenspraxis nahekommender Testversuch: Aufmerksamkeit und Konzentration im Suchakt. Aufsuchen von Zahlen, z. B. 1–50, die über eine Tafel von z. B. 60:80 cm verteilt sind, dazwischen farbige Zahlen, Buchstaben u. a. Zahlreiche Abwandlungen (auch als verkleinerte Tafeln).

–Unterstiftzeichnen, beidhändige Genauigkeitsarbeit (apparativer Test)

Unter dem Stift einer Unterstiftapparatur wird der auf einem Brett aufgespannte Vordruck durchgeschoben (die Vordrucklinien sind möglichst nicht zu berühren). Abwandlungen von SCHULZ und HEYNIG.

–Zahlenvergleich, Linienvergleich

Zwei Testmittel, bei denen das Vergleichen von je 2 kleinen Tafeln mit vielstelligen Zahlen (ebenso mit Liniennetzen) und das Auffinden der nur kleinen Abweichungen gefordert wird. Vgl. GRÜNBAUM

POPPELREUTER Ⓣ GRÜNBAUM. →Sinnesfunktionen, Sortierapparat

PORTER, R. B. – CATTELL, R. B. **Children's Personality Questionnaire (CPQ)**

USA 1968. AA 8–12. Persönlichkeitstest, welcher 14 der von CATTELL und Mitarbeitern faktorenanalytisch gewonnenen Dimensionen mißt.

PORTER Ⓣ CATTELL, R. B.

PORTEUS, Stanley D. **The Porteus Maze Test (PMT)**

USA 1914–59. AA ab 3. Altbekannter Labyrinth-Test mit zahlreichen Abwandlungen (z. B. Vineland-Revisionen), der sich als Entwicklungstest bewährte.

PRAK, J. Luning. **Mathematical and Technical Test (M-T Test)**

H 1948. Testbatterie (non-verbal) in 2 Ausgaben mit je 10 Aufgaben, die teils Anforderungen an das mathematische, teils an das technische bzw. mechanische Verständnis stellen. Der Test ist breit verwendbar (entsprechend geeicht), aber vorzugsweise für Berufsauslesen, technische Ausbildung und industrielle Zwecke bestimmt.

–Test bij het schoolbegin

Zur Beurteilung der Verstandesentwicklung im Kindergartenalter und im ersten und zweiten Volksschuljahr.

–Pintner-Durost Lagere School Test

Für die dritte und vierte Volksschulklasse.

–Wiskundig-technische Proefserie

Zur Beurteilung der mathematisch-technischen Begabung.

PRAK, J. L. – MEERTENS, J. L. F. H. **Test voor verstandelijke ontwikkeling op de lagere school**

H. Test zur Beurteilung der Verstandesentwicklung von Volksschülern ab 10. Lebensjahr.

PRATT, Willis E. – YOUNG, Robert V. – COKKERILLE, Clara E. **American School Achievement Tests**

USA 1941–63. Gruppe bekannter Schulleistungstests (Tests zur Prüfung von Kenntnissen und Fertigkeiten). Von PRATT wurde auch (mit weiteren Autoren) als Fortentwicklung der *Illinois General Intelligence Scale* (1926) der *American School Intelligence Test* (1961–63) ausgegeben.

PRESSEY, S. L. – PRESSEY, L. C. **Pressey Classification and Verifying Test**

USA 1922–58. AA versch. In den Formen *Primary, Intermediate* und *Senior Classification* bzw. *Verifying.* Ein alter und für die Entwicklung der Intelligenzmessung bedeutender Test. Weitere Tests: *Interest-Attitude-Test, X-O-Test.* Die Pbn müssen aus Wortserien jeweils die Worte durchstreichen, die bei ihnen unangenehme bzw. angenehme Vorstellungen wecken. Das Angenehme bzw. Unangenehme ist mit einem Kreis zu bezeichnen bzw. durchzustreichen (daher X-O-Test).

RAMBERT, Madeleine L. **Kasperle-, Guignol-Test, Puppenspiel**

F 1938. Der Test benützt die befreiende und lösende Wirkung des Marionettenspiels beim Kind bei gleichzeitiger »Testung« und charakterologischer Erfassung. Er steht den Tests von BÜHLER und STAABS nahe. Ⓛ

RANSCHBURG, Paul. **Gedächtnis-(Merkfähigkeits-)Test**

D 1907–10. Wortpaarmethode analog Ⓣ RIES, dazu Darbietung von Aufträgen, Figuren, Personen, Zahlen u. a. zur Prüfung der Merkfähigkeit.

RAVEN, John C. **Standard Progressive Matrices (SPM), Progressiver Matrizen-Test**

E 1938, 1956. Zur Feststellung der Allgemeinbefähigung im Sinne von SPEARMANS Faktor »g«. »*A test of observation and clear thinking*« (RAVEN). Es werden Zeichen und geometrische Figuren geboten, die in bestimmter Weise als Gruppe geordnet sind und in Beziehung stehen. Eine Lücke ist gelassen, für die die allein hineinpassende Figur aus einem Vorrat weiterer Figuren auszulesen ist. 5 Problemserien mit je 12 Aufgaben sind vorhanden (für Erwachsene und Kinder ab 6 Jahre).

–Coloured Progressive Matrices (CPM)

1947, 1956. Eine gegenüber der Standardform kürzere, farbige Ausgabe für Kinder von 5–11 Jahren und geistig Behinderte. Ⓛ

–Progressive Matrices (PM)

Form 1947 in 2 Ausgaben ab 11. Lebensjahr. Speziell für Sonderanwendung, so auch für überdurchschnittlich begabte Erwachsene. Ⓛ

–The Mill Hill Vocabulary Scale

1943–48. Wortschatztest zur Ergänzung der Standardform des Matrizentests in 3 Ausgaben für 4–10-, 11–14 und über 14jährige. Mill Hill →Hauptteil

–The Crichton Vocabulary Scale

1950. Wortschatztest zur Ergänzung der farbigen Ausgabe des Matrizentests für 4- bis 11jährige. Ⓛ

REDLICH, Frederick C. – LEVINE, Jacob – SOHLER, Theodor. **Mirth Response Test, Humor-Test**
USA 1951. Testserie mit 36 Witzbildern wird vorgelegt. Der Proband soll sich äußern, die Bilder nach Gefallen oder Mißfallen sortieren usw. Ⓛ

REICH, Heinrich. **Tuanima-Psychotest**
D 1955. Ein mit »Strukturanalyse der Seele durch gegenstandsfreie Bilder« bezeichneter Versuch, wobei diese Bilder »Symbole« darstellen.

REINARTZ, Anton. **Schulleistungsprüfung lernbehinderter Schüler (S-L-S)**
D 1966. AA 3.–5. Klasse. Untersuchungsverfahren zur Feststellung der Leistungen bei der Aufnahme, sowie zur Leistungsdifferenzierung in der 3., 4. und 5. Klasse der Sonderschule für Lernbehinderte.

REMMERS, H. H. – SHIMBERG, Benjamin – DRUCKER, Arthur J. **SRA Youth Inventory**
USA 1949–56. AA 13–19. Fragebogen zur Klärung der besonderen Probleme, Nöte und Sorgen von Jugendlichen. 9 Skalen: *school, future, myself, people, home, dates and sex, health, general, basic difficulty. (SRA = Science Research Associates, Inc.)*

RENNES, Pierre. **Test non verbal de classification générale**
F. Intelligenzprüfverfahren, das Material aus den Testreihen von R. B. CATTELL und dem *Army Beta Test* (YERKES) enthält. Kurzprüfung von 20 Minuten Dauer.

–Test verbal de classification générale
F. Verbale Parallelserie zu dem nichtverbalen Intelligenzprüfverfahren.

REVERS Ⓣ MURRAY

REVESZ, Géza. **Prüfung der Musikalität**
U 1920. Ein Musikbegabungstest, der frühzeitig bei der testmäßigen Erfassung dieser Begabung sich nicht bloß an Einzelheiten hält, sondern »ganzheitliche« Methoden sucht. Vgl. ALIFERIS, DRAKE, SEASHORE. Ⓛ

REY, André. **Epreuve de motricité digitale**
F 1952. Motorischer Entwicklungstest für Kinder von 6–14 Jahren. Das Fingeranheben aus der flach aufliegenden Hand (bzw. beider Hände) ist Entwicklungskriterium (Hemmungen, Mitbewegungen usw.).

–Zeichentest
F 1941. Rechteck, Quadrat, Dreieck u. a. sind nachzuzeichnen.

RICHTER Ⓣ BECKMANN

RICHTER, R. G. **Leitungstest**
Ein schematisch dargestelltes Wasserleitungsnetz ist an vielen Punkten unterbrochen. Mit Blättchen, die Leitungswege anzeigen, sind bestimmte Verbindungen zu ordnen und damit eine bestimmte Wirkung des Netzes herzustellen.

RIEFFERT, Johann Baptist. **Befehlsreihe**
Ein Handlungstest der deutschen Heerespsychologie, bei dem der Prüfling mit Behelfsmitteln (Brettern, Seilen usw.) und mit starker körperlicher Beanspruchung eine befohlene Aufgabe (z. B. einen Steg bauen) ausführen muß.

RIEFFERT Ⓣ MIERKE

RIEGEL, Klaus F. **Der sprachliche Leistungstest (SASKA)**
D 1967. AA ab 16. Test dient zur »Abschätzung der allgemeinen und insbesondere der verbalen Intelligenz Erwachsener sowie differentieller Leistungsveränderungen«. Er umfaßt Synonym-, Antonym-, Selektions-, Klassifikations-, Analogietest (= SASKA).

ROBINSON Ⓣ GRAY

ROEMER, Georg August. **Symboltest**
1. *Stammserie.* D um 1920. 8 Testbilder, die von RORSCHACH selbst als Parallelserie anerkannt und zu 19 ausführlichen Analysen von gebildeten Probanden benützt wurden, von denen bisher nur ein Diplomaten-Befund publiziert ist. Die Bildformen sind nach der Mannigfaltigkeit (Polyvalenz) der möglichen Deutungsinhalte systematischer durchgestaltet und sollen zu Deutungen aus einer tieferen ps. Schicht als beim Rorschachtest anregen. Auch raumrhythmische Komponenten spielen eine Rolle. Einem Wunsche RORSCHACHS entsprechend werden heute 2 *Einleitungstests* (mit 4 symmetrischen und 4 asymmetrischen kinästhesiereichen Testbildern) vorgeschaltet. – 2. In der *Hauptserie* (D um 1957. 25 Bilder) konnte auf Grund langjähriger statistischer Untersuchungen der Anreiz zu symbolischen Deutungen noch erheblich gesteigert werden. Die vollkommenste Form des Tests ist der *Dunkelfeldtest,* wobei die Bilder mit einer besonderen Apparatur langsam aufgehellt werden.

–Zentraltest-Methode
Bez. für die ROEMERsche Gesamt-Untersuchung, wobei die Symboltestserie mit folgenden Tests ergänzt wird: *Milieu-Test, Objekt-Test* (fremdartige Formen), *Kritik-Test* (unmögliche oder unwahrscheinliche Darstellungen), *Personen-Test* (Darstellung von 2 Personen mit anziehender oder abstoßender Wirkung auf den Beschauer), *Test für Kombination* (surrealistisch ineinander übergehende Einzelszenen), *Kurzlicht-Test.*

ROGERS, Carl R. **Test of Personality Adjustment, Personal Adjustment Inventory (PAI)**
USA 1931. AA 9–13. Mit den Skalen: *personal inferiority, social maladjustment, family maladjustment, daydreaming.*

ROGERS Ⓣ LAUER

ROHDE →Erzählmethode

ROHMERT, W. – LANDAU, K. **Arbeitswissenschaftliches Erhebungsverfahren zur Tätigkeitsanalyse (AET)**
S 1979. Verfahren zur Einschätzung der Belastung bzw. der Beanspruchung am Arbeitsplatz.

ROLLET, B. – BARTLAM, M. **Anstrengungsvermeidungstest**
D 1977. AA 10–19. Meßverfahren zur Bestimmung von Vermeidungsstrategien gegenüber Anforderungen der sozialen Umwelt.

RORSCHACH, Hermann. **Rorschach-Test, Formdeute-Test**
S 1921. 10 Tafeln mit symmetrischen Klecksbildern, von denen 5 grau-schwarz (Tafeln 1, 4, 5, 6, 7), 2 grau mit rot (Tafeln 2, 3) und 3 mehrfarbig sind (Tafeln 8, 9, 10). Der R. ist einer der häufigst angewandten und weit verbreiteten projektiven Testverfahren (→Projektionsmethode). Der Test dient hauptsächlich im klinischen Bereich zur Persönlichkeitsdiagnose. Parallelserien und Weiterentwicklungen sind herausgegeben worden von Ⓣ

BEHN, DREY-FUCHS, HARROWER, HOLTZMAN, HOWARD, KLOPFER, ROEMER, ZULLIGER. Die 10 Tafeln des R.-Tests werden in der festgelegten Reihenfolge von Tafel 1 bis Tafel 10 der Versuchsperson vorgelegt. Die Antworten werden vom Versuchsleiter notiert. Das Testprotokoll wird nach Beendigung des Tests signiert, d. h. in Kategorien übersetzt. Die Antworten werden nach 4 Aspekten hin beurteilt und die damit korrespondierenden psychischen Merkmale bestimmt. Mit der Signierung des Erfassungsmodus wird die Art der räumlichen Erfassung der Klecksbilder festgehalten. Hier unterscheidet man Ganzantworten (G), Details (D) u. a. Das Verhältnis der Häufigkeit der im Erfassungsmodus signierten Kategorien wird als Erfassungstyp bezeichnet. Bei der Signierung der Determinanten werden die die Antwort bestimmenden Faktoren festgestellt. Diese Determinanten der Bewegungsantwort (B) und Farbantwort (FB) werden im Erlebnistyp in ein gegenseitiges Verhältnis gesetzt. Weitere Determinanten sind z. B. Form (F) oder Tiefe (Hd.). Bei der Inhaltsreihe werden die Antworten in ihrer inhaltlichen Qualität signiert. (Mensch, Menschendetail, Tier, Tierdetail, Objekt u. a.) Über die Berechnung der statistischen Häufigkeit der Antworten werden die individuellen Häufigkeiten der Antworten mit den empirisch ermittelten Inhalten verglichen. Durch diese Maßnahme läßt sich entscheiden, ob eine Antwort eine Vulgär-Antwort, eine Original-Antwort oder eine Individual-Antwort darstellt. Während der Erfassungsmodus Anhaltspunkte über die intellektuelle Struktur quantitativer und qualitativer Art liefert, vermitteln die Determinanten Aufschlüsse über die spezifische Erlebnisweise des Probanden. Aus der Inhaltsreihe lassen sich die für den Probanden charakteristischen Strebungen und Interessen entnehmen, während die aus der Häufigkeitsreihe sich ergebenden Originalitätscharakterisierungen Hinweise für Phantasie und Kreativität ergeben.

Eine besondere Berücksichtigung erfahren die besonderen Phänomene. Wichtige »besondere Phänomene« sind z. B. Versager, Farbschock, Symmetriebetonung, Perseveration u. a. Zu diesen »besonderen Phänomenen« stehen psychische Störungen in Beziehung.

Das gesamte signierte Protokoll wird in einem Verrechnungsschema zahlenmäßig dargestellt. Das Psychogramm stellt die intuitive und ganzheitliche Zusammenfassung der einzelnen Auswertungskategorien dar. Im Mittelpunkt vieler Untersuchungen zum R. stand die Bestimmung der →Testgütekriterien des Verfahrens. Die Objektivität der Protokollierung der Antworten, die Übereinstimmung der Signierung bei unterschiedlichen Testleitern waren neben der Bestimmung der Reliabilität und Validität wichtige Fragestellungen. Für die Interpretationsobjektivität läßt sich feststellen, daß sie nicht ausreichend hoch ist, wenn Einzelmerkmale berücksichtigt werden. Sie steigt jedoch an, wenn die Interpretation auf einer mehr ganzheitlichen Beurteilung beruht.

Da keine äquivalenten Parallelserien bestehen, sind Retestuntersuchungen zur Messung der Komponente der Stabilität methodisch nicht einwandfrei durchzuführen. Da bei einer Testhalbierung die beiden Testhälften kaum vergleichbar sind, ist die Halbierungstestmethode nur unter Vorbehalt anzuwenden.

Unter diesen Bedingungen sind die in der Literatur mitgeteilten sehr unterschiedlichen Angaben über die Zuverlässigkeit zu beurteilen. Es muß davon ausgegangen werden, daß einzelne Reliabilitätsangaben keine gute Schätzung der tatsächlichen Reliabilität des R. darstellen.

Auch die Bestimmung der Validität stößt auf viele methodische Probleme, die z. B. schon das Prinzip der Projektion und das damit zusammenhängende Testverhalten betreffen. Dies führt dazu, daß der Test bezüglich seiner psychometrischen Qualitäten sehr starker Kritik unterworfen ist. Um ein individuelles Testergebnis sinnvoll interpretieren zu können, muß es in Beziehung zu einer Referenzgruppe gebracht werden. Diese Forderung nach Normen trifft auch für den R. zu. Während manche RORSCHACH-Anwender das Erstellen von Normen auf Grund der Konzeption des Verfahrens als problematisch ansehen, geht die Entwicklung dahin, daß man versucht, für möglichst viele Komponenten des Tests Grobnormen aufzustellen. Während die Untersuchungen zur Ermittlung der Testgütekriterien kaum dazu beitragen konnten, die häufig noch nicht oder wenig bekannte theoretische Begründung des R. aufzuzeigen, haben sich schon seit einiger Zeit sehr viele Untersuchungen mit diesen Fragen befaßt. In diesem Zusammenhang wurde z. B. auf experimentellem Wege der Stimulus-Charakter der Tafeln untersucht oder die Bedeutung der Farbkarten für die Häufigkeit der Farbantworten ermittelt. Ⓛ RORSCHACH, BOHM, KLOPFER, CRONBACH, ZUBIN et al.

ROSANOFF Ⓣ KENT

ROSENBERG Ⓣ GOLDSTEIN

ROSENZWEIG, Saul. **Rosenzweig Picture-Frustration Study**

USA 1934–45, 50. Das vormals *Picture Association Method* genannte Verf. sucht durch Zeichnungen und Frustrationssituationen einen emotionalen Stress auszulösen. Ärgerliche Vorgänge sind dargestellt, zu denen die eine Person Vorwürfe macht oder eine Frage, eine Entschuldigung u. a. vorbringt. Vom Pb sind einer zweiten Person Äußerungen »zuzuteilen«. Das Verf. geht davon aus, daß der Pb sich mit der benachteiligten Person identifiziert. – Deutsche Bearbeitung von Erna DUHM u. Jutta HANSEN (Form für Kinder), sowie von Hans HÖRMANN u. Wolfgang MOOG (Form für Erwachsene). Ⓛ DUHM-HANSEN. HILTMANN, HÖRMANN-MOOG

ROSSOLIMO, Grigoy Ivanowic. **Profilverfahren**

R 1910. Ein Intelligenztest mit graphischer Darstellung der Untertestergebnisse. Auf der Abszisse werden die Teilfunktionen, auf der Ordinate die erreichten Punktzahlen aufgetragen und damit ein Profil gewonnen. Ordnet man die Leistungen nach 0 bis 10 Punkten (nach 10 Graden), dann erhält man ein anschauliches und besonders auch beim Vergleich mit anderen Probanden übersichtliches »Leistungsbild«.

–Kritikfähigkeit, Bilderabsurditäten

R 1911. Unwahrscheinlichkeiten sind als solche zu erkennen, z. B. ein kahlköpfiger Mann kämmt sich.

–Erkennungstest, Unvollständige Zeichnungen erkennen

R 1911. Zeichnungsrudimente (z. B. vom Hund nur Vorderpfote und Schwanz) sind zu erkennen.

ROTH, Erwin. **Werteinstellungs-Test**

S 1972. Deutsche Bearbeitung der *Study of Values* (Ⓣ ALLPORT – VERNON – LINDZEY).

ROTH, H. **Prüfung des sittlichen Urteils**

D 1915. Jugendlichen werden Geschichten mit schwierigen Konfliktsituationen vorgelesen und zur Beurteilung überlassen.

ROTH, H. – SÜLLWOLD, F. – BERG, M. **Problemfragebogen für Jugendliche**

D 1967. AA 14–19. Fassung des »SRA *Youth Inventory*« (Ⓣ REMMERS). Erhoben wird zu 8 Lebensbereichen wie Schule, Zukunft, Volk, Geschlechter, Gesundheit.

ROTH Ⓣ INGENKAMP

ROTTER →Erzählmethode

ROYCE. **Ring, Prüfung der räumlichen Vorstellung**

Falten von Papierstreifen und Drehung in Schleifenform. Die entstehenden Figuren sind aus den vorbezeichneten Drehrichtungen anzugeben.

RUPP, Hans. **Abwicklungsmethode**

D um 1919. Zur Erfassung der räumlichen Vorstellung werden geometrische Körper gezeigt; an einem wird demonstriert, welche Lösung die Abwicklung ergibt. Gleiches ist darauf von der Vp selbständig vorzunehmen.

–Lenkprobe

D. Als erster konstruierte R. den später auch als Rollende Straße bezeichneten Prüfstand, bei dem mit einem Lenkrad ein Stift zu führen ist, damit dieser einer Spur (evtl. in einem Straßenplan) folgt, die vor dem Probanden über Rollen abläuft.

–Waben-Test, Zeichnungen fortsetzen

D 1923. Angefangene Zeichnungen von Mustern (wie Sechsecke, daher Wabentest, Bogen, Treppen, Mäander) sind weiterzuführen. →Zeichenmethode

RUPP →Sinnesfunktionen

RUTHE, Paul. **Mathematische Funktionserfassung**

D um 1919. Test analog Ⓣ LIPMANN (Zahlenreihen fortsetzen).

–Würfeltest, Gedankenoperation mit Würfel

D um 1919. Ein farbiger (etwa roter) Würfel mit 4 cm Kantenlänge, auf dem weiße Linien in cm-Abstand aufgetragen sind, wird vorgezeigt. Ohne Demonstration ist dann gedanklich der Würfel in solche von 1 cm Kantenlänge zu zerlegen und anzugeben, wie viele auf 3, 2, 1, 0 Seiten rot angestrichen sind. Der Autor hat den Test als Schulrektor bei der damaligen Begabtenprüfung in Berlin eingeführt.

RYBAKOW. **Räumliche Vorstellung, visuelle Kombination**

R 1910. Die bekannte Rybakow-Methode (Puzzlemethode), wobei geometrische Figuren durch (gedankliches oder eingezeichnetes) Trennen und Umlegen zu einem Quadrat, Dreieck, Kreis usw. zu gestalten sind.

SACHER Ⓣ WARTEGG

SACHSENBERG – DOLEZAL →Mutprüfer, Sinnesfunktionen

SAMTLEBEN Ⓣ INGENKAMP

SANDER, Friedrich. **Saum-Schneideprobe**

D. Zu einer vorgedruckten Zickzacklinie ist ein gleichmäßig breiter Rand auszuschneiden.

–Bilderreihe

Von S. im Zuge der Untersuchungen zur Aktualgenese gebotenes Strichbild einer Bauersfrau mit Rechen in 15 Stufen von ersten Andeutungen bis zur vollen Zeichnung. Als Test verwendbar wie Ⓣ HEILBRONNER.

–Kontur-Test

Ein Zeichentest in drei verschiedenen Vorlagen, ähnlich dem vorstehenden. Die vorgelegten Figuren sind hier nicht unterbrochen. Eine der Figuren besteht aus runden, eine aus geraden Linien und die dritte ist gemischt.

–Phantasie-Test

Ein Zeichentest in drei verschiedenen Vorlagen. Einige wenige Striche und Andeutungen werden als Reizgrundlage gegeben und der Proband aufgefordert, aus diesen Teilstrichen wieder ein Ganzes herzustellen, das gefühlsmäßig befriedigt und in irgendeiner Form anspricht.

SANDERS, C. **Rangeertest, Rangiertest**

Test analog Ⓣ TRAMM.

SANDERS Ⓣ INGENKAMP

SAPON Ⓣ INGENKAMP

SASLOW, G. **Fragebogen-Test, Psychiatric Screening Test**

Liste mit Fragen, die vorwiegend auf affektive Erlebnisse ausgerichtet sind.

SCHÄFER Ⓣ INGENKAMP

SCHAEFER, M. **Elemente zur moralisch-psychologischen Beurteilung Jugendlicher**

D 1913. Den Probanden (Knaben und Mädchen von 12–17 Jahren) wird die Frage gestellt: Warum ist das Stehlen (Lügen u. a.) verboten? Schreibt, was ihr wollt – eine falsche Antwort gibt es nicht. Ⓛ

SCHAIE Ⓣ PFISTER

SCHEERER – WEIGL. **Ordnen von Gegenständen, Sachdenkprobe, abstraktes Denken, Form-Farbe-Test**

Gegenstände sind nach verschiedenen Gesichtspunkten zu gruppieren (Kategorienbildung). Die Kriterien sind: Form, Farbe, Zweck, Material und Situation. Oder auch: Form, Farbe der Oberfläche, Farbe der Schnittfläche u. a. m. Vgl. HANFMANN, TRIST, ZILIAN

SCHEERER Ⓣ GOLDSTEIN

SCHEIER Ⓣ CATTELL

SCHENK-DANZINGER, Lotte. **Entwicklungstestreihe für das Schulalter**

Ö 1952. Eine Fortsetzung der Entwicklungstestreihe von Ⓣ BÜHLER-HETZER für die Altersstufen von 6–11 Jahren.

SCHERER, M. W. – NAKAMURA, C. Y. **Fear Survey Schedule for Children**

Verhaltensanalytischer Test zur Feststellung von angsterregenden Situationen bei Kindern. Der Fragebogen umfaßt 80 Items.

SCHILLING, F. **Check-list motorischer Verhaltensweisen (CMV)**

D 1976. AA 7–12. Erhebungsverfahren mittels 78 Eigenschaftswörtern zur quantitativen Bestimmung und qualitativen Charakterisierung des Bewegungsverhaltens behinderter Kinder.

SCHLANGE, H. – STEIN, B. – v. BOETTICHER, I. – TANELI, S. **Göttinger Formreproduktions-Test (G-F-T)**

D 1972. AA 6–15. Test, welcher Hinweise für hirnorganische Schädigungen liefert, die medizinisch-diagnostisch abzusichern sind. Die 9 Items sind geometrische Figuren, die aus dem *Visual-Motor-Gestalt-Test* (Ⓣ BENDER) übernommen wurden.

SCHLEVOIGT Ⓣ INGENKAMP

SCHMADERER Ⓣ WALTER

SCHMALE, Hugo – SCHMIDTKE, Heinz. **Berufseignungstest (BET)**

D 1967. AA 13 bis 34, standardisiert. Der Test bietet eine deutsche Bearbeitung der amerikanischen *General Aptitude Test Battery* (GATB) für technische Berufe (z. B. Mechaniker, Schlosser, Techn. Zeichner, Elektriker), kaufmännische Berufe und bestimmte Studienberufe. Vgl. US EMPLOYMENT SERVICE. Ⓛ SCHMIDTKE

SCHMALT, H.-D. **Das LM-Gitter**

D 1976. AA 9–12. Meßverfahren zur Erfassung der Leistungsmotivation.

SCHMIDT, L. R. – HÄCKER, H. – CATTELL, R. B. **Objektive Testbatterie (OA TB 75)**

Experimentelle Form von 50 objektiven Tests (Gruppenverfahren) nach den Vorlagen von CATTELL und Mitarbeitern in deutscher Sprache. Die experimentelle Form umfaßt von der Auswahl der Untertests die wichtigsten der von CATTELL identifizierten UI-Faktoren der Persönlichkeit. Die Batterie wird zur Zeit auf ihre faktorielle Struktur hin untersucht. Weitere Phasen der Testkonstruktion sind die Bestimmung der Testgütekriterien wie z. B. Zuverlässigkeit und Kriteriumsvalidität. Ⓛ

SCHNEIDER Ⓣ INGENKAMP

SCHOLL, Robert. **Scholl-Test, Kindertest**

D 1953. Ein Kindertest mit Perlenaufreihen, Karten ordnen, Schälchen unterscheiden u. ä. zur pauschalen Erfassung des Niveaus von normalen Kindern von 1½–3 Jahren und zurückgebliebenen von 3–10 Jahren.

–Fragebogen zur Typenbestimmung

Fragen (Alternativfragen) für die Diagnose der Temperamentseigentümlichkeiten des Zyklothymen und des Schizothymen.

SCHOPPE, Karl-Josef. **Motorische Leistungsserie**

D 1972. Apparativer Test mit elektronischer Steuerung und Registrierung zur Messung der feinmotorischen Leistung. Der Test mißt 7 faktorenanalytisch ermittelte Dimensionen der Motorik: Arm-Hand-Stetigkeit (Tremor), Handgelenk-Finger-Geschwindigkeit, Präzision der Arm-Hand-Bewegung, Geschwindigkeit präziser Arm-Hand-Bewegungen, Handgeschick beim Umgang mit größeren Objekten, Fingergeschick beim Umgang mit kleinen Objekten, psychomotorische Koordination bei gleichförmigen Bewegungen (Pursuit). Als Operationalisierung sind folgende Verfahren gewählt: *Steadiness*-Test, Liniennachfahren, *Aiming, Dotting,* Umsteckaufgabe. 24 Meßwerte pro Vpn werden in einer Registriereinheit erfaßt. Standardisierungen der Testwerte sind in Vorbereitung.

–Verbaler Kreativitätstest (VKT)

D 1975. Kreativitätstest, welcher auf der Basis von Aufgaben zum divergenten Denken über 9 Untertests die Kreativität von Probanden erfaßt.

SCHOTTMAYER Ⓣ STÜCKRATH

SCHREIBER, B. **Schulreife- und Entwicklungstest**

D 1954, 1961. Das auch als »Rheinhauser Gruppentest« bezeichnete Verfahren untersucht mit 14 Aufgaben und in der Spielgruppe von 10–15 Teilnehmern die Schulreife. Die Test-Dimensionen sind: soziale Kontaktnahme, Körperbeherrschung, Lernfähigkeit, Konzentration, geistige Produktion, Arbeitsweise. Getestet wird mit Gewichtsvergleich, Würfel anordnen, Figuren aus dem Gedächtnis nachlegen, Nachzeichnen, 80 Plättchen aus- und umlegen, Falsches im Bild erkennen, Drahtbiegen, Bildgeschichte ordnen, Formbrettversuch u. a. Ⓛ

SCHRÖDER Ⓣ INGENKAMP

SCHUBERT, Günter. **Rigidität-Dominanzstreben**

D 1959. Fragebogentest zur Klärung des angepaßten Verhaltens im Verkehr.

–Mißgeschick zugeben

D 1959. Der Pb hat zu schätzen, wie oft ihm jedes der aufgeführten Mißgeschicke passiert sein mag.

–Risikofragebogen

D 1961. Der Pb hat sich zu äußern, ob er bestimmte Risiken auf sich nehmen würde.

SCHUBERT, Günter – MÜLLER, Arno. **Verkehrsfreier tachistoskopischer Auffassungsversuch (TAOT)**

D 1962. Gruppenversuch für die Verkehrs-Eignungsdiagnose. 18 Farbdias, auf denen Objekte aus dem Alltagsleben zu sehen sind, werden je 1/10 sec projiziert. Die dargestellten Objekte sind teilweise komplexer Natur (z. B. Dorffriedhof), lassen sich jedoch alle mit einem Begriff bezeichnen. Die Probanden haben auf dem Antwortbogen von drei vorgegebenen Antworten – zwei davon sind falsch – die ihrer Meinung nach richtige anzukreuzen.

–Verkehrsgebundener tachistoskopischer Auffassungsversuch (TAVT)

D 1962. Gruppenversuch. 22 Farbdias von Verkehrssituationen werden je eine Sekunde dargeboten. Der Antwortbogen enthält je Aufgabe drei Angaben, von denen eine ein verkehrswichtiges Detail des projizierten Bildes nennt. Der Proband hat die seiner Meinung nach richtige Angabe anzukreuzen.

–Verkehrsbilder ordnen (VBOT)

D 1962. Gruppenversuch. Der Test ist dem alten Prinzip des Bilderordnens nachgebaut. Vier gleichzeitig dargebotene Bilder eines Verkehrsvorganges müssen nach ihrer zeitlichen Abfolge bestimmt werden. Die Serie besteht aus 22 Dias, von denen jedes 30 Sekunden dargeboten wird.

–Wegfigurentest (WFT)

D 1962. Abänderung des von KIRSCH entwickelten Verfahrens als Dia-Gruppenversuch. Der Test besteht aus 8 Dias mit je 8 Einzelaufgaben. Die Zahl der Links- wie der Rechtswendungen ist auf einem Bogen zu notieren. Die Darbietungszeit beträgt je 50 Sekunden.

–Linienverfolgen (LVT)

D 1962. Gruppenversuch. Neun extrem gewundene Linien, die sich wiederholt kreuzen und ein verwirrendes Bild ergeben, sind in ihrem Verlauf zu verfolgen. Der Test besteht aus 11 Dias, die je 40 Sekunden dargeboten werden.

–Verkehrsgebundener tachistoskopischer Auffassungsversuch

D 1962. Einzelversuch. Im Unterschied zu dem obengenannten gleichartigen Gruppenversuch werden die 22 Farbdias von Verkehrssituationen je 1/10 sec dargeboten. Der Proband hat anzugeben, was er überhaupt gesehen hat.

SCHUERGER, J. M. – CATTELL, R. B. **The High-School Objective Analytic Personality Factor Battery (HSOA)**
USA 1970. AA 12–17. Testbatterie, welche über →Objektive Tests 10 von CATTELL und Mitarbeitern häufiger identifizierten UI-Faktoren mißt. Es handelt sich dabei um folgende UI-Faktoren Nummern: 16, 19, 20, 21, 23, 24, 25, 28, 32, 33.

SCHULTE, R. W. **Fallgewicht, Perlenaufstekken (apparativer Test)**
Zwei Tests zur Beobachtung der Reaktions- und Arbeitsweise (Handgeschick): Ein kleines Gewicht ist durch eine Röhre fallen zu lassen und wieder aufzufangen; durchbohrte Holzperlen sind auf Nadeln aufzustecken.

SCHULTE →Konzentrationsprüfgeräte, Sinnesfunktionen

SCHULTZE, Walter – HECHT, Karl – SICKERT, Otto. **Hamburg-West-Yorkshire-Gruppentest**
D 1953. Die englische Fassung des *West Yorkshire Group Test* (Ⓣ TOMLINSON) auf deutsche Verhältnisse übertragen und geeicht. Der Test dient zur Intelligenzprüfung und Begabtenauslese für Kinder von 9½–12½ Jahren. Ⓛ

SCHULZ, Walter. **Universalbrett I.** Daraus besonders: **Pumpwerk (apparativer Test)**
D um 1927 (wie die folgenden Tests). Zur Untersuchung der technisch-praktischen Begabung und des technisch-konstruktiven Denkens ist eine Montage (Pumpwerk) durchzuführen. Die »Schulz-Pumpe« wurde ursprünglich auf einem »Universalbrett« aufgebaut, das zugleich dazu diente, eine Grundplatte aus Holz, eine Metallplatte, Metallsäulen usw. zusammenzufügen und auf einem Rahmen Bleche einzupassen.

–Universalbrett II. Daraus besonders: **Kordelversuch**
Auf einem an der Wand hängenden Brett mit 100 Häkchen sind mit einer Kordel nach Vorlage Muster zu spannen. Die Muster stellen steigende Anforderungen an die Erkennung der Symmetrie, die spiegelbildliche Anordnung usw. – Die im folgenden Test genannten »Münzen« sind Bestandteil dieses Universalbretts. Sie können dazu verwendet werden, auf die Häkchen sortiert oder ohne Rücksicht auf die Reihenfolge aufgehängt zu werden.

–Münzen ordnen, Organisation (apparativer Test)
Numerierte Münzen mit den Zahlen 50 bis 149 sind so auszulegen, daß jede vom Vl aufgerufene Nummer rasch zu finden ist.

–Registrier-Test
In 10 Reihen dargebotene Zahlen sind nacheinander im daneben befindlichen Zahlenfeld zu suchen und zu streichen.

–Raumaufteilungsbrett
Die Probe soll die Ökonomie in der Materialverarbeitung erkennen lassen. 8 Brettchen von verschiedener Größe mit verschieden geformten Begrenzungslinien sind auf einem quadratischen Brett, das in 25 Quadrate aufgeteilt ist, so aufzulegen, daß möglichst wenig Quadrate bedeckt oder angeschnitten sind.

–»Mausefalle«, Geschicklichkeitsprobe
In besonderer Abwandlung der in der Psychotechnik auch sonst gebräuchlichen Vorrichtung, wobei Lochscheiben bzw. Ringe oder Ösen auf einem starken, unregelmäßig gewundenen Draht zu befördern sind, hat SCHULZ den Draht mit einem Geflecht umgeben, das so dicht ist, daß nicht mit der Hand, wohl aber mit Zangenspitzen durchgegriffen werden kann. Die Vp muß durch das korbähnliche Geflecht hindurch die Ringe manipulieren.

SCHUMACHER, G. – CATTELL, R. B. **Deutscher HSPQ (High School Personality Questionnaire)**
USA 1977. AA 13–18. Mehrdimensionaler faktorenanalytisch konzipierter Persönlichkeitsfragebogen zur Messung von 14 Primär-Faktoren der Persönlichkeit.

SCHUSTER, Donald H. – GUILFORD, J. P. **Driver Attitude Survey (DAS)**
1962. AA Erwachsene. Zur Testung des Fahrverhaltens entwickelter amerikanischer Erhebungsbogen mit den 6 Skalen: *violations, accidents, alcohol, faking, deviance, misses.*

SCHÜTT Ⓣ INGENKAMP

SCHWARZ Ⓣ INGENKAMP

SEASHORE, C. E. u. a. **Test of Musical Ability, Seashore Measures of Musical Talents, Musikbegabungstest**
Eine Schallplatte wird zur Diagnose spezifischer und relativ elementarer musikalischer Anlagen, wie Tongedächtnis, Unterscheiden von Tonhöhe, Klangfarbe, Intensität, Zeit, Rhythmus und Konsonanz verwendet. Deutsche Ausgabe 1966 von C. BUTSCH und H. FISCHER. Ähnliches Verfahren entwickelte G. REVESZ, während A. WELLEK eine Methode zur Prüfung des Intervall- und Harmoniegehörs geboten hat. Ⓛ

SEASHORE, H. G. Ⓣ BENNETT

SEGUIN, E. **Formenbrett, Formboard**
Um 1866. In einem Brett sind geometrische Figuren ausgeschnitten. Diese sind wiedereinzufügen. Von dem franz. Arzt S., der nach USA auswanderte, wurden die Formboards eingeführt und zu einer Art Training bei Schwachsinnigen benützt. Ein Vorgänger war ITARD, der um 1804 ein einfacheres Formenbrett benützte, um einen »Wilden« zu erziehen. Abwandlungen und Verbesserungen nach ANDERSON, DEARBORN, DUNHAM, FERGUSON, GODDARD, PATERSON, PINTNER, TRABUE.

SEITZ, W. – RAUSCHE, A. **Persönlichkeitsfragebogen für Kinder 9–14**
AA 9–14. Testverfahren mit 72 Items zur Erfassung der Persönlichkeit von Kindern. Der Test umfaßt Items zur Messung von Verhaltensstilen, von Motiven und des Selbstbildes.

SELG, Herbert. **F(reiburger)-Aggressionsfragebogen**
D 1968. Ausgehend von einer deutschen Übertragung des Fragebogens von A. H. BUSS und A. DURKEE sind 88 Fragen neu zusammengefaßt. Sie sind gegliedert nach körperlich-reaktiver, krimineller, sadistischer, vorgestellter, verbal-reaktiver, verbal-spontaner Aggression u. a. Faktoren (Aggression gegen Tiere, gegen Menschen usw.).

SELG Ⓣ BELSCHNER

SELG Ⓣ FAHRENBERG

SHIPLEY, Walter C. **Shipley-Institute of Living Scale for Measuring Intellectual Impairment (SILS)**

1939–46. AA Erwachsene. 4 Skalen: *vocabulary, abstractions, total, conceptual quotient.* Test hieß auch: *Shipley-Hartford Retreat Scale for Measuring Intellectual Impairment.*

SHNEIDMAN, Edwin S. **Make A Picture Story (MAPS)**

USA 1948. Ein Handlungstest. Kartonfiguren sind vor versch. Hintergründen (Wohnung, Keller, Schlafzimmer, Straße, Brücke, Friedhof) aufzustellen und eine Geschichte ist dazu zu erzählen.

SICKERT Ⓣ SCHULTZE

SIEBRECHT, Elmer B. **Siebrecht Attitude Scale**

USA 1941–58. AA ab 15. Test zur Ermittlung der Fahrverhaltensweisen.

SLOAN, William. **The Lincoln-Oseretsky Motor Development Scale**

1948–56. AA 6–14. Revision der Tests von Ⓣ OSERETSKY.

SNIJDERS, J. Th. – SNIJDERS-OOMEN, N. **Nietverbaal intelligentieonderzoek van horenden en doofstommen**

H 1939–58. AA ab 3. Sorgfältig standardisierte Testreihe, in die auch ältere Tests – so von BINET u. HERDERSCHEE – aufgenommen sind. Würfel, Stäbchen, Plättchen, Bilder u. Bildreihen, Sortierkarten, Zusammensetz- u. Ergänzungsspiele u. a. sind das Testmaterial. Deutsche Ausgabe u. d. T.: *Snijders-Oomen Nichtverbale Intelligenztestreihe (S.O.N.)* 1964[2].

SNIJDERS, J. Th. – VERHAGE, F. **Groninger intelligentie test (GIT)**

H 1962. Ein in den Niederlanden eingeführter Intelligenztest.

SPEARMAN, Charles Edward. **Spearman-Test, Kategorienbildung**

Ein Test, der lineare Muster verschiedenster Formgebung so bietet, daß jeweils 2 Gruppen mit einem prinzipiellen Unterschied sich gegenüberstehen (z. B. sind bei der ersten Gruppe alle Zeichen horizontal oder offen oder konvex, bei der zweiten Gruppe dagegen vertikal, geschlossen, konkav). Aus einem Vorrat von 8 Zeichen der beiden Arten sind die auszusuchen, die zur ersten Gruppe passen.

SPIELBERGER, Ch. D. – GORSUCH, R. L. – LUSHENE, R. E. **State-Trait-Anxiety-Inventory**

USA 1970. Meßverfahren zur Erfassung der beiden Komponenten der Angst: Eigenschaftsangst (A-*Trait*) und Zustandsangst (A-*State*). Unter Trait-Angst wird eine erworbene, zeitstabile Verhaltensdisposition verstanden, die ein Individuum veranlaßt, ein breites Spektrum an objektiv wenig gefährlichen und wenig bedrohlichen Umständen als Bedrohung wahrzunehmen. Als Zustandsangst wird die subjektive, bewußt wahrgenommene Unzulänglichkeit und das Spannungsgefühl definiert, das mit einer Erhöhung des Erregungszustandes im autonomen Nervensystem einhergeht.

SPOERER, Edgar. **Filmreaktionsversuch**

D 1967. Mit einem Verkehrsfilm werden beim Pb verkehrsspezifische Haltungen und Einstellungen sowie die Beurteilung von Fahrgewohnheiten abzuklären gesucht.

SPOERER Ⓣ FINE

SPREEN Ⓣ HATHAWAY

SQUIRE, C. R. **Malteserkreuz-Test, Farbiger Figurentest**

USA 1912. Zwei Tests zur Prüfung der Merkfähigkeit für Formen und Farben. Beim Malteserkreuz wird dieses zuerst kurz gezeigt, dann ist es aus einzelnen Teilen entsprechend den Nummern zu legen. Ähnlich wird mit farbigen Figuren verfahren.

STAABS, Gerdhild v. **Sceno-Test**

Ein Gestaltungstest mit Spielzeug (Bäume, Häuser, Tiere und besonders auch Puppen, die Eltern, Geschwister, eigene Person usw. darstellen können) zum Aufbau von beliebigen Szenen. Der Proband soll »wie ein Regisseur die Figuren miteinander agieren lassen«. Der Test war ursprünglich für kindertherapeutische Zwecke gedacht, hat sich aber inzwischen für charakterologische und tiefenps. Zwecke auch über das Kindesalter hinaus bewährt. →Spiel-Tests. Ⓛ

STEIN Ⓣ SCHLANGE

STEINGRÜBER, Hans-Joachim. **Hand-Dominanztest (H-D-T)**

D 1971. AA 6–10. Der Test mißt den Grad der Links- bzw. Rechtsdominanz mit 3 Untertests: Spurennachzeichnen, Kreispunktieren, Quadratpunktieren.

STENDER B. **Revisionstest**

D 1955. Ein Rechentest, bei dem je zwei einstellige Zahlen bereits addiert und vom Pb die gedruckten Additionen auf Richtigkeit zu überprüfen sind. Ⓛ

STENQUIST, John L. **Stenquist Assembling Test**

USA 1917–22. AA ab 14. Zusammensetzen von zerlegten techn. Objekten (z. B. Fahrradklingel). Test wurde schon bei den Armee-Auslesen im 1. Weltkrieg mitverwendet (Ⓣ YERKES). – Vom gleichen Autor ist der *Mechanical Aptitude Test,* ein Papiertest zur Ermittlung der mechanischen Begabung, bekannt geworden.

STERN, Erich Ⓣ KÖHLER, W.

STERN, George G. **Activities Index (SAI)**

USA 1950. Ein Fragebogen zur quantitativen Ermittlung der die Person bestimmenden Bedürfnisse. 42 Bedürfnisse sind mit 300 Fragen aufgenommen, z. B. Bedürfnis nach Objektivität, Vervollkommnung, Autonomie, Narzißmus, Humanismus.

–College Characteristics Index (CCI)

Ergänzung zu vorstehendem Fragebogen. Während dort die individuelle Bedürfnisstruktur ermittelt wird, soll hier der in Colleges auftretende situative Druck als Ausgang bestimmter Bedürfnisse erfaßt werden.

STERN, William. **Analogie-Test**

D. Von 3 gegebenen Worten stehen die beiden ersten in begrifflicher Beziehung. Zum dritten ist ein viertes Wort zu finden, das eine analoge Beziehung herstellt. Beispiel: Auge verhält sich zu blind, wie Ohr zu ... ? Ⓛ

–Aufsatzkritik-Test, Kritikfähigkeit

D 1917. In einem Aufsatz sind eingestreute Sinnwidrigkeiten zu erkennen.

–Begriffliche Reihenbildung (Ordnungstest)

Begriffe sind unter bestimmten Ordnungsgesichtspunkten in eine logische Reihe zu bringen.

–Bildbetrachtung
D 1904. Zu Aussage- wie Beobachtungsversuchen wurde lange das »Bauernstubenbild« verwendet. Analog Ⓣ BINET. Ⓛ

–Bilderserienverfahren
D 1917. Bilder, die geordnet eine Geschichte ergeben, werden ungeordnet geboten. Ⓛ

–Bildkombination, Kombinationstest
Zusammensetzen von Teilstücken zerschnittener Bilder.

–Definitionen
Begriffe (auch deren Unterschiede) sind zu definieren.

–Figurenordnung
Geometrische Figuren mit Unterschieden nach rund, eckig, offen, geschlossen, farbig, farblos, dunkel, hell, symmetrisch, asymmetrisch u. a. sind in Gruppen zu ordnen (Kategorienbildung). Vgl. GOLDSTEIN

–Formvariator
12 etwa 10 cm lange Metallröhrchen sind durch Gummischnüre verbunden und gestatten, zwei- und dreidimensionale Figuren herzustellen.

–Suggestibilität, Verhörssuggestion
D 1904. Ein »Bauernstubenbild« wird eine Minute gezeigt. Suggestivfragen werden nach nicht vorhandenen Gegenständen gestellt. Ⓛ

STERN, William Ⓣ KÖHLER, W.

STILLING →Sinnesfunktionen

STORK, J. **Fragebogen zur Beurteilung der Suizidgefahr**
Ö 1972. AA ab 17. Fragebogen zur Erfassung des suizidaldepressiven Persönlichkeitsbildes. Mit 52 Items wird z. T. direkt nach dem Suizidverhalten gefragt, z. T. auch Meinungen ermittelt.

STOTT, Denis H. – SYKES, E. G. **Bristol Social-Adjustment Guides (BSAQ)**
E 1956–63. AA 5–15. Bekannte und beachtete Einschätz-Skalen für Lehrer und andere Erwachsene. Unterteilt nach: *The child in school – in residential care – in the family – deliquency prediction instrument.*

STREBEL, Gertrud. **Schulreifetest für Schweizer Kinder**
S 1946, 1957. Aus 12 Aufgaben bewährter Testserien (BINET, BÜHLER-HETZER, SCHENK-DANZINGER, WINKLER) zusammengestellter Entwicklungstest für Schule und Erziehungsberatung zur Entscheidung über die Schulreife. Ⓛ

STRONG, Edward K. **Strong Vocational Interest Blank (SVIB) for Men. ...for Women**
1927(33)–59. AA ab 17. Tests gehören heute zu den meistverbreiteten und bestbearbeiteten in englischer Sprache. Zuerst für die Berufsberatung entwickelt. 60 bzw. 31 Skalen. Hunderte von Fragen zu Berufen bzw. Berufsarbeiten.

STROOP, J. R. **Verfahren zur quantitativen Bestimmung der individuellen Interferenzneigung**
Das Verfahren besteht aus 3 Teilen: Karte mit schwarz gedruckten Farbnamen zur Bestimmung der Lesegeschwindigkeit, Karte mit Farbnamen, bei denen Farbname und Druckfarbe kongruent sind (Farbkarte), Karte mit Farbnamen, bei denen Druckfarbe und Farbname inkongruent sind (Farb-Wortkarte). Als Interferenzmaß kann die Differenz der gelesenen Wörter auf Farbkarte und Farb-Wortkarte gelten. Ⓛ STROOP, JENSEN, GLASER u. DOLT

STRUVE, K. **Wolkenbildtest**
D 1930. Wolkenbilder, die sich durch große Unbestimmtheit und Fehlen von Konturen sowie Symmetrie auszeichnen. Ähnlich dem RORSCHACH-Test. Der Test wurde vor allem zum Deuten bei 14–15jährigen Kindern verwandt. Auch eine Abwandlung, bei der den Kindern in den Wolken zu sehende Formen suggeriert werden, ist möglich.

STÜCKRATH, F. – SCHOTTMAYER, G. **Hamburger Filmtest (projektiver Test)**
Ein Test, der das Filmerleben und seine Einflüsse bei Jugendlichen zu erfassen sucht. 3 Bilder mit Darstellungen von einem Jungen und einem Mädchen im Kino und beim Verlassen des Kinos sind der Ansatz zu Geschichten, die vom Probanden verlangt werden.

STUTSMAN Ⓣ MERRILL

SULLIVAN Ⓣ TIEGS

SÜLLWOLD Ⓣ INGENKAMP

SÜLLWOLD Ⓣ ROTH

SUPPRIAN, U. **Eppendorfer Stimmungs-Antriebs-Skala**
D 1976. Fragebogen zur Erfassung der depressiven Tagesschwankungen.

SWENEY, A. B. – CATTELL, R. B. – KRUG, S. E.
School Motivation Analysis Test (SMAT)
USA 1970. AA 12–17. Experimentelle Form eines psychometrischen Motivationstests, welcher 10 der von CATTELL und Mitarbeitern auf faktorenanalytischem Wege gewonnenen Motivdimensionen mißt. Dabei werden 6 *Ergs* und 4 *Sentiments* erfaßt. Eine dt. Version dieses Tests ist zur Zeit in Vorbereitung.

SWENEY Ⓣ CATTELL

SYMONDS, Percival Mallon. **Picture Story Test**
USA 1948. Zwei Bildserien mit je 10 Bildern, nach Motiv und Technik an den TAT angelehnt, für Jugendliche.

SZONDI, Leopold. **Experimentelle Triebdiagnostik, Triebtest**
S 1947. Auswahl von je 2 sympathischen und 2 unsympathischen Physiognomien aus einer Serie von 6 mal 8 Abbildungen von Menschen mit bestimmten »Trieberkrankungen« (Sadismus, Masochismus, Katatonie, Paranoia u. a.). Auch die Wahl des »Selbstprofils«, ebenso des Wunschprofils wird verwendet. 1956 erschien eine Modifikation des Tests – der L-Test von C. LASZLO. 1961 hat A. FRIEDEMANN den Gruppen-Szondi eingeführt (Diapositiv-Test). Ⓛ SZONDI, HEINELT, FRIEDEMANN

SZYMANSKI, J. G. **Labyrinth-Auskehrprobe**
D 1917. Ein Handlungstest, bei dem von 9jährigen Probanden verlangt wird, kleine Kieselsteinchen aus einem schneckenförmig gewundenen Feld herauszukehren. Das Grundbrett ist ca. 50 mal 50 cm – die Schnecke wird durch einen 5 cm hohen Streifen (Weite des Schneckenganges ca. 10 cm) gebildet. Das Auskehren erfolgt durch einen 8 cm breiten Stielbesen. Beobachtung des praktischen Verhaltens. Vgl. CHAPUIS, PORTEUS

TAYLOR, Janet. **Manifest Anxiety Scale (MAS)**

USA 1953. Eine aus dem Itempool des MMPI entwikkelte Skala mit 50 Items, welche manifeste Angst messen. Die Skala ist mit 175 Füllitems auf eine Gesamtzahl von 225 Items verlängert. Das mit dem MAS gemessene Konstrukt ist dem des »allgemeinen Triebniveaus« (HULL, SPENCE) gleichzusetzen.

TENT Ⓣ HETZER – TENT

TERMAN, Lewis M. **Ball-im-Feld-Test**

USA 1912. Man zeichnet einen Kreis mit einer Eingangsbezeichnung und erklärt dies dem Probanden als ein mit Gras bewachsenes Feld, in dem sich ein Ball befindet. Wie muß man ihn suchen? Der Weg ist mit Bleistift zu markieren.

–Buchstaben zu Worten kombinieren

Test analog Ⓣ WHIPPLE.

–Wort-Test, Wortschatz-Test

Wortschatzprüfung am Kinde durch Definierenlassen von dem kindlichen Verständnis zugängigen Wörtern.

–Terman Group Test of Mental Ability

1920 Revision: *Terman-McNemar Test of Mental Ability*. 1941/42.

–Attitude-Interest Analysis Test (AIAT)

1936 (mit C. C. MILES). Heißt auch M-F-Test *(masculinity-femininity)* zur Feststellung der geschlechtsgerichteten Inklination.

–Concept Mastery Test

1956. Für Abiturienten, Studenten, Referendare.

TERMAN Ⓣ BINET-SIMON (Stanford), GODDARD, HAGGERTY, ZIEHEN

TEWES, U. – THURNER, F. **Testbatterie grammatische Kompetenz**

D 1976. AA 10–11. Testverfahren zur Überprüfung der Sprachfähigkeit und der Sprachentwicklung. Mit dem Test wird der Ausprägungsgrad der syntaktischen Sprachfähigkeit ermittelt.

TEWES Ⓣ THURNER

THOMAE, Hans. **Physiognomie-Test**

D 1949. Ein physiognomischer Test mit Bildwahl nach sympathisch-unsympathisch. Ähnlich Ⓣ SZONDI.

THOMAS, Madeleine. **Méthode des histoires à compléter**

S 1938. Projektiver Test für Kinder von 4–12 Jahren. Einfache Situationen werden geschildert und enden mit einer Frage. Test ist ähnlich Ⓣ DÜSS, doch weniger von analytischen Vorstellungen bestimmt. Ⓛ

THOMPSON, Charles E. **Thompson Modification of the TAT**

USA 1949. Abwandlung des TAT für Neger ab 7. Lebensjahr.

THOMSON Ⓣ INGENKAMP

THORNDIKE, Edward Lee. **CAVD-Test**

USA 1926. Test-Batterie mit 4 Tests zur Intelligenz: *Completions* (Ergänzungen), *Arithmetic problems* (Rechnen), *Vocabulary* (Worterklärung) und *Directions* (Aufträge).

–Thorndike Test of Word Knowledge

1921.

–Thorndike Intelligence Examination for High School Graduates

1924.

–Thorndike-McCall Reading Scale

1920.

THORNDIKE Ⓣ HAGGERTY

THORPE Ⓣ TIEGS

THURNER, F. – TEWES, U. **Kinder-Angst-Test (K-A-T)**

D 1972. AA 9–15 Angstfragebogen mit 19 Items der aus dem CMAS (Ⓣ CASTANEDA, MCCANDLESS, PALERMO) entwickelt wurde. Der K-A-T erfaßt demgemäß diejenige Komponente der Angst, die auf innere Konflikte zurückzuführen ist und als relativ konstantes Merkmal der Person angesehen werden kann.

THURSTONE, Louis L. **Interest Schedule**

USA 1937. Interessentest, der in 100 Items mit je zwei gegenübergestellten Gebieten nach dem Überwiegen der technischen, biologischen, rechnerischen, kaufmännischen, sprachlichen, humanitären, künstlerischen, musikalischen, verwaltungsmäßigen und »Überredungs«-Interessen prüft.

–Thurstone Employment Tests

1922. *Examination in Clerical Work – Examination in Typing.*

–Thurstone Temperament Schedule (TTS)

1949–53.

THURSTONE, L. L. – THURSTONE, Thelma Gwinn. **SRA Primary Mental Abilities – Chicago Tests of Primary Abilities**

Seit 1938. Intelligenz-Gruppentest, auf eigener Faktorenanalyse aufgebaut. Bei seiner Veröffentlichung eine bedeutsame Neuerung. Die Faktoren sind: R *(Reasoning* = log. Denken) – V (*Verbal comprehension* = Sprachverständnis) – W (*Word fluency* = Wortflüssigkeit) – N (*Number* = Rechnen) – S (*Space* = Raumvorstellung) – M (*Memory, associative* = Gedächtnis) – P (*Perceptual speed* = Auffassungsgeschwindigkeit) – I (*Induction* = Schlußfolgern).

–Personality Schedule

1928–30 (für neurotische Tendenz).

–SRA Tests of Educational Ability

1957/58.

–American Council on Education Psychological Examination for College Freshmen

1924–54.

–American Council on Education Psychological Examination for High School Students

1933–54. Daraus später: *Thurstone Test of Mental Alertness, SRA Verbal Classification Form, SRA Verbal Form.*

THURSTONE, L. L. – JEFFRY, T. E. **Concealed Figures: A Test of Flexibility of Closure**

USA 1956–1959. Gemeinsam mit JEFFRY gab THURSTONE auch die nachstehenden Tests zur Erfassung einzelner »Faktoren« (Gestalt, Raum, Gewicht u. a.) heraus:

–Gestalt Completion: A Test of Speed of Closure

–Perceptual Speed

–**Flags: A Test of Space Thinking**

–**Mechanical Movements**

–**Paper Puzzles**

–**Weights and Pulleys: A Test of Intuitive Mechanics.**

TIEGS, Ernest W. **California Achievement Tests (CAT)**

–**California Test of Personality (CTP)**

–**California Test of Mental Maturity (CTMM)**

–**California Survey Series** u. a.

USA ab 1933. Vom *California Test Bureau* ausgegebene, bekannte und verbreitete Tests, die in Zusammenarbeit mit W. W. CLARK, T. W. MACQUARRIE, E. T. SULLIVAN, L. P. THORPE u. a. entstanden sind.

TIFFIN, Joseph. **Purdue Pegboard**

–**Purdue Adaptability Test**

–**Purdue Clerical Adaptability Test**

–**Purdue Mechanical Adaptability Test**

–**Purdue Hand Precision Test**

–**Purdue Industrial Supervisors Word-Meaning Test** u. a.

USA ab 1941. Von der *Purdue Research Foundation* ausgegebene Tests, die in Zusammenarbeit mit J. N. ARNOLD, R. DUNLAP, C. H. LAWSHE, H. MOORE, H. F. OWEN u. a. entstanden sind.

TODT, E. **Differentieller Interessen-Test (DIT)**

D 1967. AA 15–20. Bei 132 Tätigkeiten, 60 Berufen und 132 Buch-Zeitschriften-Titeln beantwortet der Pb in 5 Stufen (von sehr gern bis sehr ungern) den Grad seiner Zuwendung. Die erfaßbaren Interessenrichtungen sind Sozialpflege u. Erziehung, Politik, Wirtschaft, Verwaltung, Unterhaltung, Technik, exakte Naturwissenschaften, Biologie, Mathematik, Musik, Kunst, Literatur u. Sprache, Sport. Der T. ist standardisiert und faktorenanalysiert. Die diagnostische Unterscheidung voneinander unabhängiger Interessenrichtungen wird ermöglicht.

–**Differentieller Kenntnis-Test (DKT)**

Prüft im Mehrfach-Wahlverfahren die Kenntnisse in 13 Bereichen des Allgemeinwissens (Deutsche Ges. f. Personalwesen).

TOMAN Ⓣ MITTENECKER

TOMKINS, Silvan S. – HORN, Daniel – MINER, John B. **The Tomkins-Horn Picture Arrangement Test (PAT)**

USA 1942–59. Nach dem TAT-Prinzip, jedoch mit Bildwahl, aufgebauter Test.

TOMLINSON, T. P. **West Yorkshire Group Test of Intelligence**

Versch. Tests, zusammengestellt zu einem Verfahren für die Begabungsauslese zwischen 9½ und 12½ Jahren. Deutsche Bearbeitung Ⓣ SCHULTZE-HECHT-SICKERT.

TORRANCE, E. P. **Torrance Tests of Creative Thinking**

USA 1966. Testbatterie zur Erfassung von kreativen Leistungen. Die Testbatterie enthält 7 verbale und 3 figurale Aufgaben: *ask and guess, product improvement, unusual uses, unusual questions, just suppose, picture construction, lines, picture completion.*

TOULOUSE, Edouard – PIERON, Henri. **Durchstreich-Test, Test de barrage**

F 1904. Ein »Aufmerksamkeitstest« analog Ⓣ BOURDON mit geometrischen Figuren (Quadrate, die viele kleine Abweichungen durch anhängende Linien zeigen). Der Vorzug dieser Figuren soll darin bestehen, daß die Bekanntheit der Buchstaben oder Zahlen ausgeschaltet wird. Eine Weiterentwicklung hat ZAZZO geboten, der bestimmte Zeichen in einem ersten Durchgang und dann nochmals zwei Zeichen in einem zweiten Durchgang streichen läßt. Vgl. MEILI

TRABUE, M. R. – PATERSON, D. G. u. a. **Minnesota Raumvorstellung, Minnesota Spatial Relation Test**

In 4 Formbretter sind je 58 unregelmäßige Figuren einzusetzen. Test ähnlich Ⓣ SEGUIN.

TRAMER, Moritz – BAUMGARTEN, F. **Bücherkatalog-Test**

Aus einer Bücherliste mit 430 Buchtiteln, die sich auf allgemeine Gebiete und besonders auf Berufe beziehen, sind zur Interessenklärung diejenigen 10 Bücher auszuwählen, die der Pb gern lesen oder besitzen würde.

TRAMM, K. A. **Rangier-Test**

Test zur Prüfung der formalorganisatorischen Seite der Intelligenz. Auf einem Grundbrett sind Schienenwege markiert. Auf ihnen sind mit Klötzchen (als Wagen) bestimmte Rangierungen durchzuführen. Zahlreiche Abwandlungen, so von GIESE, HUTH, SANDERS.

–**Straßenbahnerprüfung**

D 1919. Von historischer Bedeutung für die Psychotechnik ist die von T. bei der Berliner Straßenbahn eingeführte und mit praxisnahen Prüfständen ausgerüstete Auslese und Schulung von Straßenbahnführern.

TRIST – HARGREAVES. **Ordnen von Gegenständen**

Test analog Ⓣ HANFMANN.

TROST, G. **Test für medizinische Studiengänge (TMS)**

Testbatterie mit 13 Untertests, welche z. Z. als Zulassungsverfahren für die Studiengänge Human-, Tier- und Zahnmedizin erprobt wird.

US AIR FORCE. **Air Crew Classification Battery**

1947. Bez. für die bei der amerikanischen Luftwaffe zur Auslese und speziellen Zuweisung verwendete Fähigkeitsbatterie.

US ARMY. **Army General Classification Test (AGCT)**

Bez. für die bei der amerikanischen Armee zur Auslese und speziellen Zuweisung verwendete Fähigkeitstestbatterie. Zur geschichtlichen Entwicklung Ⓣ YERKES.

US EMPLOYMENT SERVICE. **General Aptitude Test Battery (GATB)**

USA 1946–65. Fähigkeitstest der amerikanischen Personalbüros für Arbeiter, Angestellte u. ä. Personal. Sehr breit überprüft und erprobt. Die Richtungen der Erfassung sind: Intelligenz, verbale Begabung, rechnerische Begabung, Begabung zum räumlichen Vorstellen, Formerkennung, Schreiberkennung *(clerical perception)*, motorische Koordination, Fingerfertigkeit, Handfertigkeit.

VALENTINE, C. W. **Intelligence Tests for Children**

E 1945–58. AA 1;5–15. Verfahren, das neben eigenen Tests bewährte Aufgaben von BINET, GESELL und MERRILL-PALMER zur Intelligenzmessung verwendet.

VETTER Ⓣ WARTEGG

VIEWEGER Ⓣ INGENKAMP

VIGOTSKI Ⓣ KASANIN

VOIGT. **Anschaulich-geometrisches Denken**

In geometrischen Figuren, die aus vielen Stücken zusammengesetzt sind, sind wechselnd Teilfiguren zu sehen.

–Rechenprobe im Fünfersystem (u. a. Systemen)

Rechnen statt im Dezimal- in einem anderen System.

VOIGT Ⓣ INGENKAMP

WAGNER, Harald. **Hamburger Verhaltensbeurteilungsliste (HAVEL)**

D 1981. AA 7–14. Instrument zur Erfassung kindlicher Verhaltensauffälligkeiten. Relevante Bereiche: Dominanz – Vegetative Labilität – Gewissenhaftigkeit gegenüber schulischen Leistungsanforderungen – Arbeitshaltung.

WAGNER, H. – BAUMGÄRTEL, F. **Hamburger Persönlichkeitsfragebogen für Kinder (HAPEF)**

D 1978. AA 9–14. Mehrdimensionaler Persönlichkeitsfragebogen zur Erfassung von Neurotizismus, Extraversion, Aggressivität und Leistungsmotivation.

WAGNER Ⓣ BRICKLIN

WALLASCH, R. – **Hintergrund-Interferenz-Verfahren (HIV)**

D 1980. Verfahren zur Erfassung der Störanfälligkeit gegenüber aufgabenrelevanten Ablenkungsbedingungen bei visuell-motorischen Leistungen, welche mit dem Ⓣ BENDER-Gestalt-Test erfaßt werden.

WALTER, Max. **Münchener Schultests**

Bez. für eine Gruppe von Tests, die vom Münchener Testinstitut (vormals: Testinstitut des Schulreferates der Stadt München) unter der Leitung von M. WALTER ausgegeben werden.

–Auslesetest für Schulneulinge

(Th. KESSINGER – F. O. SCHMADERER – M. WALTER) ab 1951. Untersucht die Form-, Gestalttüchtigkeit und Intelligenz als Grundfaktoren der Schulleistung. Die Teilaufgaben sind: Formauffassung, Formwiedergabe, Formaufbau, Rechenbereitschaft, Sprach-, Situationsverständnis, freies Zeichnen. Der Test liegt in 3 Formen vor. Es folgten 1952 ein *Übertrittstest* u. 1954 ein *Entlaßtest.*

–Psychologischer Fragebogen – Zwischenmenschliches Erleben

(W. HOFFMANN – M. WALTER – E. ZORELL). 1965. Der Fragebogen zielt auf die Persönlichkeitsentwicklung des Schülers.

–Sozialkundetest

(A. BRUNNER – M. ENGLERT – H. HAMPEL – O. LEX).

WALTER Ⓣ GRAY

WALTON Ⓣ ANDREW

WARTEGG, Ehrig. **Charakterologisches Soziogramm**

Der Proband hat alle Namen zu nennen, die ihm spontan einfallen. Reihenfolge der Namen, besonders auch wichtige vergessene Namen, sowie die Stellung der Namen zum Probanden lassen Rückschlüsse (auch auf die Soziabilität) zu.

–Erzähl-Test, Erzählungs-Test

Erzählungsanfänge von planmäßig variiertem Inhalt sind vom Probanden in beliebiger Weise weiterzuschreiben. – Eine Ausführung mit Erzählungsanfängen, die eine bestimmte Strukturabklärung gestalten, stammt von R. BÖNISCH.

–Fernberatungs-Test

Ein Fragebogen-Test zur Persönlichkeitsdiagnose.

–Zeichen-Test

D 1936. Sehr verbreiteter Gestaltungstest. 8 Felder sind unter Benützung bestimmter abgebildeter Zeichnungsansätze mit Zeichnungen nach sonst freiem Belieben auszufüllen (weiterzuzeichnen).

WARTEGG – BIEDMA, Carlos José – d'ALFONSO, P. G. **Zeichen-Test**

S 1959. Eine Abwandlung des WARTEGGschen Zeichen-Tests. Ⓛ BIEDMA

WARTEGG – SACHER, Horst. **Charakterologischer Intelligenztest (CIT)**

D 1954. Umformung des Zeichentests von WARTEGG durch Wegfall der Umrandungen und andere Anordnung der Anfangszeichen.

WARTEGG – VETTER, August. **Deutungstest (Auffassungstest)**

D 1948. 6 ungegenständliche, teils schwarz-weiße, teils farbige Bilder werden zur Deutung vorgelegt.

WECHSLER, David. **Bellevue Intelligence Scale**

USA 1939–66. Mit diesem Test begann die weitest verbreitete und bestens standardisierte amerikanische Intelligenztestreihe, die auch klinisch bedeutsam geworden ist. Im Ansatz wird von BINET-SIMON ausgegangen, doch ist neben der modernen Gestaltung des Testmaterials auch der IQ neu entwickelt worden. Auch wird versucht, für den intellektuellen Altersabbau einen »*deterioration index (quotient)*« zu bestimmen durch Verrechnung von beständigen gegen unbeständige Subtests, d. h. solchen, die im Alter stabil bleiben bzw. abfallen.

An weiteren Ausgaben sind erschienen:

–Bellevue Intelligence Scale II

1939–46. AA ab 10.

–Wechsler Memory Scale

1945. AA Erwachsene (m. C. P. STONE).

–Wechsler Intelligence Scale for Children (WISC)

1949. AA 5–15.

–Wechsler Adult Intelligence Scale (WAIS)

1955. AA ab 16. Ersetzt die *Bellevue Intelligence Scale I.*

–Wechsler Pre-school and Primary Scale of Intelligence (WPPSI)
1966. AA 4–6;5.

–Abbreviated Intelligence Test (CVS)
Besteht aus den Serien *Comprehension* und *Similarities* der weiteren WECHSLER-Tests, sowie dem *Vocabulary* von THORNDIKE.

–Hamburg-Wechsler-Intelligenztest für Erwachsene (HAWIE)
1956. 1964³. Hrsg. C. BONDY. Bearbeiter A. HARDESTY u. H. LAUBER. Vgl. PERRET u. a.: ZÜWIE. Ⓛ

–Hamburg-Wechsler-Intelligenztest für Kinder (HAWIK)
1956, 1963³. Hrsg. C. BONDY. Bearbeiter F. P. HARDESTY u. H. J. PRIESTER. Ⓛ HARDESTY. Vgl. BAUMERT

WEIDLICH Ⓣ HILLERS

WEIGL Ⓣ GOLDSTEIN

WEILER →Sinnesfunktionen

WEINGARTEN, Kurt P. **Picture Interest Inventory**
AA ab 12. 9. Skalen: *interpersonal, service, natural, mechanical, business, esthetic, scientific, verbal, computational, time perspective.*

WEISS, R. – OSTERLAND, J. **Grundintelligenztest CFT 1, Skala 1. Deutsche Bearbeitung des Culture Fair Intelligence Test (CATTELL)**
Testverfahren zur Bestimmung der Intelligenz, d. h. der Fähigkeit, in neuartigen Situationen anhand von sprachfreiem, figuralem Material Denkprobleme zu erfassen und Beziehungen herzustellen sowie Regeln zu erkennen und Merkmale zu identifizieren und rasch wahrzunehmen. Der Test umfaßt 5 Untertests: Substitutionen, Labyrinthe, Klassifikationen, Ähnlichkeiten und Matrizen.

WEISS Ⓣ CATTELL

WEISSENFELD, F. **Fragebogen für die Typen-Diagnostik**
Modifizierung des SCHOLLschen Fragebogens für die konstitutionstypologische Diagnose.

WEITZENHOFFER, A. M. – HILGARD, E. R. **Stanford Hypnotic Susceptibility Scale (SHSS) Form, A, B u. C**
Die Skalen stellen im wesentlichen eine Probehypnotisierung mit standardisiertem Induktionsverfahren und anschließenden Prüfaufgaben dar. Die Alternativitems zielen auf halluzinogene Sonderleistungen, welche den Hypnotisierten typischerweise zugeschrieben werden, wie Immobilisationen oder Amnesien. Im Unterschied zu früheren Skalen, die von – eher willkürlich angenommenen – »Tiefekriterien« ausgingen, besteht das indiv. Maß bei der SHSS aus einem Summenscore, der zu stabilen Differenzierungsergebnissen führt. Faktorenanalysen erbrachten bei den Parallelformen A und B einen starken motorischen 1. Faktor, der am besten durch Immobilisationsitems repräsentiert ist und der auch auf allen anderen Items lädt. Form C – eine Weiterentwicklung der Versionen A und B – enthält, ergänzend zu den motorischen Items, einen beträchtlichen Anteil kognitiver Aufgaben, wie Amnesien, positive u. negative Halluzinationen. Hier ergab sich ebenfalls ein relativ allgemeiner Faktor ideomotorischer Art neben einem Schwierigkeitsfaktor (Trance-Faktor) und einem halluzinogenen Faktor. ● Eine deutsche Übersetzung der Formen A und B von A. ENGELHARDT und die Überprüfung einer deutschsprachigen Version der Form C durch P. HALDER liegen vor.

WEITZENHOFFER, A. M. – HILGARD, E. R. **Stanford Profile Scales of Hypnotic Susceptibility, Form I and II (SPS)**
USA 1963. Trotz eines starken gemeinsamen Faktors in allen bekannten Hypnoseskalen lassen sich vor allem bei hoch suggestiblen Probanden deutliche individuelle Differenzen mittels der SPS nachweisen. Die Skala besteht aus insgesamt 6 Untertests: 1. *agnosia* und *cognitive distortion,* 2. und 3. positive und negative Halluzinationen, 4. *dreams and regressions,* 5. *amnesia* und *posthypnotic compulsions,* 6. *loss of motor control.* Die Rohdaten werden in *standard-scores* umgerechnet und grafisch in Form eines Profils dargestellt.

WELLEK, Albert. **Diagnostik-Probe**
Um auch den diagnostizierenden Psychologen auf seine Eignung prüfen zu können, hat W. einen Test entwikkelt, der die Zuordnung zwischen Porträt, Handschriftproben und Charakterschilderungen fordert. Ⓛ

WELLEK Ⓣ SEASHORE

WELTNER Ⓣ INGENKAMP

WESMAN, Alexander G. **Personnel Classification Test (WPCT)**

–Personnel Test for Industry (PTI)

–Differential Aptitude Tests (DAT)

–Entrance Examination for Schools of Nursing (EESN) u. a.
USA ab 1942. Bearbeitet zusammen mit G. K. BENNETT, M. G. BENNETT, E. M. POTTS, H. G. SEASHORE, W. L. WALLACE. Vgl. BENNETT

WHIPPLE, Guy Montrose. **Wortbildungstest: 10 Buchstaben kombinieren**
USA 1908. Aus 10 gegebenen Buchstaben möglichst viele sinnvolle Wörter bilden.

WHIPPLE →Sinnesfunktionen

WHISTLER, H. S. – THORPE, L. P. **Musical Aptitude Test**
USA 1950. Ein Musikbegabungstest ähnlich Ⓣ ALIFERIS oder SEASHORE bzw. REVESZ.

WICHT Ⓣ INGENKAMP

WIECZERKOWSKI, W. – NICKEL, H. – JANOWSKI, A. – FITTKAU, B. – RAUER, W. **Angstfragebogen für Schüler (AFS)**
D 1974. AA 9–17. Fragebogen mit 50 Items, welcher 3 verschiedene Komponenten der Angst erfaßt: Prüfungsangst, manifeste Angst, Schulunlust und soziale Erwünschtheit. Zusätzlich enthält der AFS für die 4 Dimensionen 7stufige Einschatzskalen zur Einschätzung der Vp durch Lehrer oder Vorgesetzte.

WILDE, Kurt. **Wunschprobe, Wunschtest**
D 1950. Auf Kärtchen ist je ein Gegenstand: Pflanze, Tier u. a. notiert. Der Proband soll danach auswählen, was er gerne darstellen würde, sowie das, was er nicht gerne sein möchte.

–Wilde-Intelligenz-Test
D 1963. Eine aus 16 Subtests (Wortgewandtheit, Sprichwörter, Analogien, Zahlenreihen, Abwicklungen, Gedächtnis u. a.) bestehende Intelligenzdiagnose.

Der Test wurde nach dem Tod des Autors von A. O. JÄGER Ⓛ eingeführt und überprüft.

WILLEMSE, W. A. **Willemse Test**

Pretoria (S-A) ab 1930. Apparativer Test zur Erfassung der Persönlichkeit über eine Leistung. Auf einem schmalen und sehr langen Brett, das um die Längsachse drehbar gelagert ist, sind durch aufgenagelte Lederstreifen »Kanäle« gebildet, in denen eingelegte Stahlkugeln abrollen. Die Vp hat durch Neigen des Brettes das Abrollen zu »steuern«. Autor nannte den Test »Kugelbrett«. Ⓛ SKAWRAN

WILLOUGHBY, Raymond R. **Willoughby Neurotic Tendency Scale**

USA um 1930. Ein im Zusammenhang mit der Verhaltenstherapie (H. J. EYSENCK) beachteter Fragebogen zur Feststellung neurotischer Tendenzen.

WILSON, Clark L. **Wilson Driver Selection Test**

USA 1961. Meßverfahren zur Ermittlung der Fahrtauglichkeit mit Hilfe der Dimensionen: *visual attention, depth visualization, recognition of simple (of complex) detail, eye-hand coordination, steadiness.*

WINDHEUSER, J. – NIKETTA, R. **Liste zur Erfassung von Verstärkern (LEV)**

D 1972. Deutsche Form der *Reinforcement Survey Schedule (RSS)* von CAUTELA und KASTENBAUM. Der Fragebogen dient zur Ermittlung von Verstärkern, die für die Therapie eingesetzt werden können. Es sind 5 Antwortkategorien (von ungern bis sehr gern) vorgegeben. Der 217 Items umfassende Fragebogen ist inhaltlich in 4 Teile aufgeteilt: in Teil 1 wird nach Verstärkern für die unmittelbare Therapiesituation gefragt. Teil 2 bezieht sich auf die Verstärker außerhalb der Therapiesituation. Im 3. Teil wird nach sozialen und verbalen Verstärkern gefragt, während im 4. Teil häufig auftretende Gedanken und durchgeführte Tätigkeiten erfragt werden. Ⓛ WINDHEUSER, NIKETTA

WING, Herbert D. **Wing Standardized Tests of Musical Intelligence**

USA 1939–61. AA ab 8. Ein Musikbegabungstest, der die von REVESZ eingeführte Methodik fortsetzt. Deutsche Fassung liegt vor.

WING, J. K. – COOPER, J. E. – SARTORIUS, N. **Present State Examination**

D 1973. Standardisiertes Verfahren zur Erhebung des psychopathologischen Befundes.

WINKEL Ⓣ INGENKAMP

WINKELMANN, W. **Testbatterie zur Erfassung kognitiver Operationen (TEKO)**

D 1975. AA 5–8. Der Test ermittelt das Entwicklungsniveau verschiedener konkreter Denkoperationen nach PIAGET (→Denken). Folgende Untertests sind in der Batterie enthalten: SE (Substanzerhaltung), ZE (Zahlerhaltung), KI (Klasseninklusion), MA (Matrizen), RL (Raumlage), AS (Asymmetrische Seriation), OZ (Ordinale Zuordnung), RF (Reihenfolgen), ME (Messen).

WIRTH Ⓣ GRÜNBAUM

WITKIN, Herman A. **Embedded Figures Test (EFT)**

USA 1950–57. AA ab 10. Ⓣ GOTTSCHALDT, THURSTONE-JEFFRY

WITKIN, H. A. – OLTMAN, Ph. K. – RASKIN, E. – KARP, T. A. **Embedded Figures Test**

USA 1951–1971. Papier- und Bleistift-Test zur Messung der Feldabhängigkeit. Die Versuchsperson muß bei 24 dargebotenen komplexen geometrischen Figuren einfache Figuren, welche ihr vorher dargeboten werden, lokalisieren. Zusätzlich zu dem EFT wurde eine Kinderform (CEFT) und eine Gruppenform (GEFT) entwickelt.

WITTENBORN, Richard J. **Wittenborn Psychiatric Rating Scales**

USA 1955. Skalen für die Abgrenzung und Zuordnung krankhafter psychischer Zustände (Akute Angst, Konversionshysterie, Manie, Depression, Schizophrenie, Paranoia u. a.).

WOLFF Ⓣ MOEDE

WOLLRAB, Helmut. **Wollrab-Test**

Projektiver Test mit 6 schwarz-weißen Pastellvorlagen, die ohne Abbildetendenzen wolkenähnliche Formkompositionen enthalten. Starker räumlicher Eindruck. Gewisse Verwandtschaft mit dem RORSCHACH-Test.

WOLPE, J. – LANG, P. J. **Fear Survey Schedule (FSS III)**

Verhaltensanalytischer Fragebogen zur Bestimmung von angstauslösenden Reizen. Über 5 Antwortkategorien (gar nicht bis sehr stark) werden bei 76 Items die Reaktionen auf angstauslösende Situationen erfragt. Eine deutsche Fassung dieser Frageliste mit 72 Items liegt vor. Ⓛ WOLPE-LANG, SCHULTE

WOODWORTH, Robert S. **Personal Data Sheet**

USA 1918. Der Prototyp der sog. personality inventories (Fragebogen-Tests), der schon im Ersten Weltkrieg zur Diagnose neurotischer Störungen verwendet wurde. Vgl. Nachstehendes.

WOODWORTH – MATHEWS. **Personal Data Sheet**

USA 1923. Liste mit Fragen, die charakteristisch sein sollen zur Diagnose affektiver Störungen. Fortentwicklung Ⓣ HEUYER.

WOODWORTH Ⓣ MERRILL

WYATT, St. **Analogie-Test**

Test analog Ⓣ W. STERN

YERKES, Robert Mearns. **Army Alpha Test, Army Beta Test, Army General Classification Test (AGCT)**

Die von Y. organisierte, zusammen mit DODGE, TERMAN u. a. durchgeführte, einzigartige Massenprüfung zur Feststellung des allg. intellektuellen Niveaus bei ca 1,5 Mill. amerikanischen Soldaten des 1. Weltkrieges. Aufbau in Erweiterung des BINET-SIMON-Verfahrens. Die Testserie wurde als *»Group Examination Alpha«* bezeichnet zur Unterscheidung von der gleichzeitig ausgegebenen Beta-Reihe für des Lesens Unkundige, bzw. Fremdsprachige. – Weiterentwickelt wurde der *Army Alpha Test* in neun verbesserten Auflagen herausgegeben. Im Zweiten Weltkrieg wurden über 12 Millionen Soldaten mit dem nun AGCT benannten Test geprüft. Dann wurde er für den zivilen Gebrauch freigegeben. Er erschien als *Army General Classification Test, First Civilian Edition.* H. E. SCHRAMMEL u. E. R. WOOD gaben Revisionen als *Army Group Examination Alpha* heraus. Auch die Beta-Reihe wurde verbessert und überarbeitet (durch D. E. KELLOG, N. W. MORTON u. a.) und steht nun als *Revised Beta Examination* zur Verfügung.

–Analogie-Test
Test analog Ⓣ W. STERN

–Steinhaufentest, Würfelanalyse, Block-Counting-Test
USA. Zur Prüfung der räumlichen Vorstellung werden perspektivische Abbildungen von Aufbauten mit kleinen Würfeln vorgelegt. Die Anzahl der Würfel (die z. T. nicht sichtbar sind) ist anzugeben. Der Test gehört zum Bestand des »Army Test«. Als Abwandlung sei der Raumbild-Test aus dem »*New-California-Short-Form-Test*« erwähnt, bei dem unter je vier Darstellungen von Würfelhäufungen diejenige zu finden ist, die einer Vorlage entspricht.

YERKES Ⓣ HAGGERTY

ZAZZO, R. **Doppeldurchstreich-Test, Test de deux barrages**
F. Test analog Ⓣ TOULOUSE – PIERON.

v. ZERSSEN, D. **Die Beschwerde-Liste**
D 1976. Fragebogenverfahren zur quantitativen Erhebung subjektiver Beeinträchtigung durch überwiegend körperliche Beschwerden und Allgemein-Beschwerden. AA 20–64. Die BL liegt in 2 Parallel-Tests mit je 24 Items vor.

v. ZERSSEN, D., KOELLER, D.-M., REY, E.-R. **Befindlichkeitsskala (B-S)**
D. 1970. Skala zur Erfassung der aktuellen Gemütsverfassung. Sie besteht aus 28 gegensätzlichen Eigenschaftspaaren. Die Skala wurde für Verlaufsuntersuchungen bei affektiven Psychosen entworfen.

ZIEHEN, Theodor. **Abzeichnen**
D 1918. Das Abzeichnen einfacher Figuren wurde als Test oft verwendet (BINET und Nachfolger: Quadrat, Rhombus; TERMAN: 2 Quadrate, die sich teilweise überdecken). Z. führte ein Rechteck ein, dessen obere Seite nach innen eingeknickt ist.

–Angefangene Sätze vollenden
D. Zu einem Haupt- oder Nebensatz ist eine sinnvolle Ergänzung zu finden.

–Assoziationen, Reizworte
D. Auf Reizworte (z. B. Wald, rot, Haus, Krankheit) soll mit einem anderen in Beziehung stehenden Wort reagiert werden. Zahlreiche Abwandlungen. Vgl. JUNG. Ⓛ

ZIEHEN →Erzählmethode

ZIELKE, M. **Kieler änderungs-sensitive Symptomliste (KASSL)**
D 1979. Verfahren für die therapiebegleitende Diagnostik zur Messung von Veränderungen in bezug auf das Therapieziel. Die Therapieziele sind gesprächspsychotherapeutisch orientiert.

ZIELKE, M. – KOPF-MEHNERT, C. **Veränderungsfragebogen des Erlebens und Verhaltens (VEV)**
D 1978. Fragebogen zur Messung der Stärke und der Richtung der Veränderung im Erleben und Verhalten von Probanden nach Beendigung einer klientenzentrierten Psychotherapie.

ZILIAN, Erich. **Sachdenkprobe, Objekt-Relationen-Test**
D 1934, 1955–65. Organisations- und Ordnungsaufgabe (Fähigkeit der Kategorienbildung). Körper, die nach Form, Farbe, Größe, Oberflächenbeschaffenheit verschieden sind, werden in bestimmten Reihungen vorgegeben. Der Pb hat diese sinngemäß fortzusetzen. S. ist die Bez. »für das Prinzip einer relativ sprachunabhängigen anschauungsnahen Handlungsdenkprobe mit der Anforderung des Fortsetzens gesetzmäßig nach Merkmalsbeziehungen geordneter Reihen von Objekten. Durch systematische Differenzierung der Merkmalsverhältnisse wird der Schwierigkeitsgrad der geforderten Integrationen stetig gesteigert« (ZILIAN). An Stelle offener Reihen bzw. der Kreisanordnung oder des Mäanderbandes wird bei der letzten Revision die spiralige Anordnung benützt. Die Bezugskörper unterscheiden sich jetzt nur noch in der Form und in der Helligkeitsverteilung. Der Test hat eine Parallele in der testmäßig allerdings nicht weitergeführten *Suchmethode* von N. ACH. Ⓛ ZILIAN, ACH

ZIMMERMANN Ⓣ GUILFORD

ZULLIGER, Hans. **Der Behn-Rorschach-Test**
S 1940/41. Parallel- und Kontrollverfahren zur Rorschach-Methode mit den Tafeln von H. BEHN-ESCHENBURG. Ⓛ

–Der Zulliger-Tafeln-Test (Tafeln-Z-Test)
S 1954. Ein Rorschach-Verfahren mit drei Tafeln für individuelle Untersuchungen. Ⓛ

–Der Diapositiv-Z-Test
S 1948. Dieselben Tafeln zur Untersuchung von Gruppen über Dia-Projektion. Ⓛ

ZUNG, W. D. K. **Self-rating depression scale**
A 1976. Selbstbeurteilungsskala zur Aufdeckung und Quantifizierung depressiver Zustände. Die Skala umfaßt 20 Statements, bei denen 10 krankheitsorientiert und 10 gesundheitsorientiert sind.

ZÜST Ⓣ ARTHUS

Bibliographischer Anhang

Bibliographien und Referatenorgane

L'année psychologique. Revues critiques – analyses bibliographiques. Publ. avec le concours du C. N. R. S. Vol. 1 ff, 1894 ff
Paris: PUF 1895 ff

The Annual review of psychology. Vol. 1 ff, 1950 ff
Palo Alto: Annual Review, Inc.

BALDWIN, J. M.: Dictionary of philosophy and psychology
New York: Macmillan 1901–1905, 1925[2] (Nachdruck New York: Smith 1940–1949)

Bibliographie der deutschsprachigen psychologischen Literatur. Hrsg. von DAMBAUER, J. Bd 1/1971 ff
Frankfurt a. M.: Klostermann 1972 ff

Bibliographie der philosophischen, psychologischen und pädagogischen Literatur der Schweiz 1900–1940. Hrsg. von HEUS, E.; KAMM, P.; KUNZ, H. et al. In: Beih. Jb. Schweiz, philos. Ges. Bd 2
Supplement 1941–1944, Bearb. von ZANTOP, H. In: Jb. Schweiz. philos. Ges. Bd 5
Basel: Verlag für Recht und Gesellschaft 1944/45

Bibliographie der psychologischen Literatur des sozialistischen Auslandes. Bde 1 u. 2
Berlin: Deutsches Pädagogisches Zentralinstitut 1960/61

Bibliographie der psychologischen Literatur der sozialistischen Länder. Volksrepublik Bulgarien, CSSR, DDR, Volksrepublik Polen, Rumänische Volksrepublik, Sowjetunion, Ungarische Volksrepublik. Bd 3–8. 1960–1968
Berlin: Verlag Volk & Wissen 1962 ff
(Fortsetzung von Nr. 6)

Bibliographie deutschsprachiger ps. Dissertationen. Bd. 1–7 (Berichtsjahre 1968–1974) hrsg. von G. REINERT, Bd. 8 ff (Berichtsjahre 1975 ff) hrsg. von der »Zentralstelle für Psychologische Information und Dokumentation an der Universität Trier«. Verlag: Zentralstelle 1976–1979, Göttingen: Hogrefe (Kommissionsverlag) 1981 ff

Bollettino delle Ricerche Sociali. Bibliografia delle Scienze Sociali. Vol. 1 ff, 1960 ff
Bologna: Mulino

British humanities index. Vol. 1/1962 ff
London: British Library Assn.

Bulletin signalétique du Centre National de la Recherche Scientifique. Vol. 1/1947 ff
1947–1955: Bulletin analytique. 3e partie: Philosophie
1956–1960: Bulletin signalétique, 3e partie: Philosophie, Sciences humaines
1961–1968: Bulletin signalétique. Section 20: Psychologie, Pédagogie
1969–1970: Bulletin signalétique. Section 390: Psychologie, Psychopathologie
1971 ff: Bulletin signalétique. Section 390: Psychologie et Psychopathologie, Psychiatrie.
Paris: Centre de documentation du C. N. R. S.

Cummulative author index to Psychological index 1894–1935 and Psychological abstracts 1927–1958. Ed, by the Columbia University, Psychological Library

Boston: G. K. Hall 1960
Ist supplement 1959–1963. 2nd supplement 1964–1968
(Vgl. Nrn. 29, 30)

Cummulative subject index to Psychological abstracts 1927–1960
Boston: G. K. Hall 1966
Ist supplement 1961–1965
(Vgl. Nr. 29)

Current contents. Social and behavioral sciences. Vol. 1ff, 1969ff
Philadelphia: Institute for Science Information

Deutsche und fremdsprachige psychologische Literatur der Jahre 1889–1915. Bearb. von HIRSCHLAFF, L.; WARREN, H. C.; SCHAEFFER, K. L. et al. In: Zeitschrift für Psychologie, Bde 1/1889–77/1917
Leipzig: Barth

Deutschsprachige psychologische Literatur der Jahre 1924–1941. In: Zeitschrift für Psychologie, Bde 97/1925–155/1943
Leipzig: Barth
(Fortsetzung von Nr. 14)

Gesamtverzeichnis der deutschsprachigen psychologischen Literatur der Jahre 1942–1960. Bearb. von HERRMANN, Th.; NESSLER, G.; SADER, M. et al. Hrsg. von WELLEK, A.
Göttingen: Hogrefe 1965
(Fortsetzung von Nr. 15)

GRINSTEIN, A.: The index of psychoanalytic writings. Vol. 1–14
New York: Int. Univ. Press 1956–1971

Grundkatalog Psychologie und verwandte Wissenschaften. Bde 1964, 1968, 1972, 1975
Berlin: Elwert & Meurer

The Harvard list of books in psychology. Publ. by the Harvard University, Departments of Psychology and Social Relations
Cambridge: Harvard UP 1938, 1949, 1955, 1958, 1965, 1971

International Index. A Guide to periodical literature in the social sciences and humanities. Vol. 1ff, 1916ff
New York: The Wilson-Company

Internationale Bibliographie der Zeitschriftenliteratur. Begr. von DIETRICH, F.
Leipzig (1948ff, Osnabrück): Dietrich 1897–1964
Abt. A: Bibliographie der deutschen Zeitschriftenliteratur mit Einschluß der Sammelwerke. Bd 1–128 (1896–1963). 1897–1964
Abt. B: Bibliographie der fremdsprachigen Zeitschriftenliteratur. Répertoire bibliographique international des revues. International index to periodicals. Bd 1–22, 1911–1921/25. N. F. Bd 1–51, 1925–1964
Abt. C: Bibliographie der Rezensionen und Referate. Bd 1–77, 1900–1943

Internationale Bibliographie der Rezensionen wissenschaftlicher Literatur. Hrsg. von ZELLER, O. Bd 1ff, 1971ff
Osnabrück: Dietrich
(Fortsetzung von Nr. 21, Abt. C)

Internationale Bibliographie der Zeitschriftenliteratur aus allen Gebieten des Wissens. International bibliography of periodical literature covering all fields of knowledge. Bibliographie internationale de la littérature périodique dans tous les domaines de la connaissance. Bd 1ff, 1965ff
Osnabrück: Dietrich
(Fortsetzung von Nr. 21, Abt. A und B)

Jahreskatalog Psychologie und verwandte Wissenschaften
Berlin: Elwert & Meurer 1962ff

JOERGES, B.: Consumer energy research, an international bibliography. Berlin: Intern. Institut für Umwelt und Gesellschaft (IIUG) 1980

Koehler & Volckmar-Fachbibliographien: Psychologie und Grenzgebiete. Bde 1945–1962, 1963–1968/69
Köln: Koehler & Volckmar 1963, 1969

LOUTTIT, C. M.: Bibliography of Bibliographies on Psychology. 1900–1927. (Bulletin of the National Research Council. 65)
Washington: National Research Council 1928

LOUTTIT, C. M.: Handbook of Psychological Literature
Bloomington: Williams & Norgate 1932

Psychological abstracts. Nonevaluative summaries of the world's literature in psychology and related disciplines. Vol. 1/1927ff
Washington D. C.: Amer. Psychol. Assn. 1928ff

Psychological index: an annual bibliography of the literature of psychology and cognate subjects. Vol. 1–42, 1894–1935
Princeton: Psychological Review Co. 1895–1936

Psychological index: Abstract references
Columbus: Amer. Psychol. Assn. 1940/41

Psychologischer Index. Referatedienst über die ps. Literatur aus den deutschsprachigen Ländern. Hrsg. von der »Zentralstelle für Psychologische Information und Dokumentation an der Universität Trier«. Göttingen: Hogrefe (Kommissionsverlag) 1981 ff

Quarterly check-list of psychology. Vol. 1/1961 ff
Darien: Amer. Bibliogr. Service

RAND, B.: Bibliography of philosophy, psychology, and cognate subjects
New York: Macmillan 1905, 1949[2]

Social sciences citation index. An international multidisciplinary index to the literature of the social, behavioral and related sciences. Philadelphia: Institute for Scientific Information 1973 ff

Titelverzeichnis

ABDERHALDEN, E. (Hrsg.): Handbuch der biologischen Arbeitsmethoden. Abt. VI: Methoden der experimentellen Psychologie. Berlin: Urban & Schwarzenberg 1910 ff
ABELS, D.: Der Konzentrations-Verlaufs-Test (K-V-T). Göttingen: Hogrefe 1961[2]
ABELSON, R. P.; ROSENBERG, M. J.: Symbolic psycho-logic. Behavior Science 1958, 3, 1–13
ADOLFSON, J. A.; BERGHAGE, T. E.: Perception and performance under water. New York: Wiley 1974
AEBLI, H.: Über die geistige Entwicklung des Kindes. Stuttgart: Klett 1963, 1975[4]
– Die geistige Entwicklung als Funktion von Anlage, Reifung, Umwelt- u. Erziehungsbedingungen. In: ROTH, H. (Hrsg.) 1969, 1980[12]
ABRAHAM, K.: Psychoanalytische Studien zur Charakterbildung. Leipzig: S. Fischer 1921
ACH, N.: Über die Willenstätigkeit und das Denken. Göttingen: Vandenhoeck & Ruprecht 1905
– Über den Willensakt und das Temperament. In: Untersuchungen zur Philosophie und Psychologie, hrsg. von ACH, N. Bd. I. Leipzig: Quelle & Meyer 1910
– Über die Begriffsbildung. Bamberg: C. C. Buchner 1921
– Beiträge zur Lehre von der Perseveration. Erg. Z. Psychol. 12, 1926
– Die Analyse des Willens. In: Handbuch ABDERHALDEN, 1935
– Lehrbuch der Psychologie. Bd. 3. Bamberg: C. C. Buchner 1944
ACHTENHAGEN, F.; MEYER, H. L. (Hrsg.): Curriculumrevision – Möglichkeiten und Grenzen. München: Kösel 1972[3]
ADAMS, J. S.: Injustice in social change. In: BERKOWITZ, L. (Ed.): Advances in experimental social psychology, vol. 2. New York: Acad. Press 1965
ADLER, A.: Studie über die Minderwertigkeit von Organen. Wien: Urban & Schwarzenberg 1907
– Praxis und Theorie der Individualpsychologie. München: Bergmann 1930[4]
– Menschenkenntnis. Zürich: Rascher 1954[6]
ADORNO, T. W.: Einleitung in die Musiksoziologie. Zwölf theoretische Vorlesungen. Reinbek: Rowohlt 1968
ADORNO, T. W. et al.: The authoritarian personality. New York: Harper 1950; Wiley 1964[2]
ADORNO, T. W.; DIRKS, W. (Hrsg.): Frankfurter Beiträge zur Soziologie, Bd. 1–22, Frankfurt a. M.: Europäische Verlagsanstalt 1952–1970
AGUILERA, D. C. u. MESSICK, J. M.: Grundlagen der Krisenintervention. Freiburg: Lambertus 1977
AHRENS, H. J.: Multidimensionale Skalierung. Weinheim: Beltz 1974
AICHHORN, A.: Verwahrloste Jugend. Bern: Huber 1977[9]
AJURIAGUERRA, J. et al.: The development and prognosis of dysphasia in children. In: MOREHEAD, D. M.; MOREHEAD, A. E. (Eds.): Normal and deficient child language. Baltimore: Univ. Park Press 1976
ALBERT, D.: Freies Reproduzieren von Wortreihen als stochastisches Entleeren eines Speichers. Z. exp. angew. Psychol. 15, 1968
ALBRECHT, G.: Die Nichtseßhaftigkeit. In: BAG f. Nichtseßhaftenhilfe (Hrsg.): Grundlagen-Studie: Erscheinungsweisen, Verlaufsformen und Ursachen der Nichtseßhaftigkeit. Bielefeld: Bethel 1979, 1–76
ALBRECHT, H.: Über das Gemüt (H. 1 der Reihe »Forum der Psychiatrie«). Stuttgart: Enke 1961
ALEXANDER, F.: Irrationale Kräfte unserer Zeit. Stuttgart: Klett 1947
– Psychosomatische Medizin. (Nachdruck der Ausgabe von 1951). Berlin: de Gruyter 1971
ALLERS, R.: Temperament und Charakter. München: Ars sacra 1935

Anmerkung: Holländische Namen mit »van«, »van der« sind beim Buchstaben V aufgeführt.

ALLESCH, G. J. v.: Zur nichteuklidischen Struktur des phänomenalen Raumes. Jena: Fischer 1931
– Die Wahrnehmung des Raumes als psychologischer Vorgang. Die Gestalt. 3, 1941
ALLPORT, F. H.: Social psychology. Boston: Mifflin 1924
– Institutional behavior. Westport: Greenwood Press 1933
– The J-curve hypotheses of conforming behavior. J. soc. Psychol. 5, 1934
– Theories of perception and the concept of structures. New York: Wiley 1955
ALLPORT, G. W.: Attitudes. In C. MURCHISON (Hrsg.): Handbook of social psychology. Worcester, Mass.: Clark Univ. Press 1935. 798–884
– The use of personal documents on psychological science. New York: Soc. Sci. Res. Council 1942
– Personality, a psychological interpretation. New York: Addison-Wesley 1949
– Treibjagd auf Sündenböcke. Bad Nauheim: Christian-Verlag 1952
– The nature of prejudice. Cambridge, Mass.: Addison-Wesley 1954, dt. hrsg. u. kommentiert von C. F. GRAUMANN. Köln: Kiepenheuer/Witsch 1971
– Werden der Persönlichkeit. Bern: Huber 1958
– Persönlichkeit. Meisenheim: Hain 1959[2]
– Wahrnehmung und öffentliche Gesundheitspflege. Psychol. Beitr. 4, 1960
– The general and the unique in psychological science. J. Pers. 30, 1962, 405–422
– The historical background of modern social psychology. In: LINDZEY, G. u. ARONSON, E. (Eds.), 1, 1968
– Gestalt und Wachstum in der Persönlichkeit. Meisenheim: Hain 1970
ALLPORT, G. W.; POSTMAN, L.: The psychology of rumor. New York: Holt 1947
ALTHAUS, P.: Die christliche Wahrheit. Lehrbuch der Dogmatik. Bd. 1.2. Gütersloh: Bertelsmann 1947, 1948, Mohn 1972[8]
ALTMAN, I.: The environment and social behavior. Privacy, personal space, territory, crowding. Monterey, Calif.: Brooks/Cole 1975
ALZHEIMER, O.: Die Bedeutung hysterischer Reaktionen bei organischen Hirnerkrankungen und endogenen Psychosen. Dtsch. med. Wschr. 82, 1957
AMMONS, R. B.: Rotary pursuit apparatus. II. Effect of stylus length on performance. Psychol. Rep. 1, 1955
AMSEL, A.: The role of frustrative nonreward in noncontinuous situations. Psychol. Bull. 55, 1958
AMTHAUER, R.: Der Intelligenz-Struktur-Test (I-S-T). Göttingen: Hogrefe 1955[2]
ANASTASI, A.: Differential psychology, New York: Macmillan 1958[3], dt. Differentielle Psychologie, 2 Bde. Weinheim: Beltz 1976
– Fields of applied psychology. New York: McGraw-Hill 1964
– Psychology, psychologist, and psychological testing. Amer. Psychologist 22, 1967
– Psychological testing. London: Macmillan 1968
ANDERSEN, P.; ANDERSSON, S. A.: Physiological basis of the alpha-rhythm. New York: Appleton 1968
ANDERSON, J. E.: The prediction of adjustment over time. In: ISCOE, I.; STEVENSON, H. W. (Ed.): Personality development in children. Austin: Univ. of Texas Press 1960
ANDERSON, N. H.: Information integration theory: A brief survey. In: KRANTZ, D. H.; ATKINSON, R. S.; LUCE, R. D.; SUPPES, P. (Eds.): Contemporary developments in mathematical psychology. Vol. II. San Francisco: Freeman 1974
ANDREAS, R.; BARTL, M.; BARTL-DÖNHOFF, Gabriele; HOPF, W.: Angst in der Schule. München: Urban & Schwarzenberg 1976
ANDREWS, F. M.; WITHEY, S. B.: Social indicators of wellbeing. Americans' perceptions of life quality. New York: Plenum 1976
ANGER, H.: Befragung und Erhebung. In: Hdb. Ps., 7, 1, 1969
ANGERMAIER, M.: Sprache und Konzentration bei Legasthenie. Göttingen: Hogrefe 1974
– Psycholinguistischer Entwicklungstest PET. Weinheim: Beltz 1974
ANGST, J.; WOGGON, B.: Psychopharmakotherapie. In: KISKER, K. P.; MEYER, J. E.; MÜLLER, C.; STRÖMGREN, E. (Hrsg.): Grundlagen und Methoden der Psychiatrie, Teil 2. Berlin: Springer 1980
ANOCHIN, P. K.: Das funktionelle System als Grundlage der physiologischen Architektur des Verhaltensaktes. Jena: Fischer 1967
ANSBACHER, H.: Bleibendes und Vergängliches aus der deutschen Wehrmachtspsychologie. Mitt. Berufsverb. Dtsch. Psychologen. 3, 1949
ANSCHÜTZ, G.: Zwei neue Ergographen. Z. päd. Psychol. 15, 1914
– Farbe-Ton-Forschung. 3 Bde. Leipzig: Akad. Verlagsges. 1927ff
– Das Farbe-Ton-Problem im psychischen Gesamtbereich. Halle: Marhold 1929
– Psychologie. Hamburg: Meiner 1953
ANTONS, K.: Praxis der Gruppendynamik. Göttingen: Hogrefe 1975, 1976[3]
ANTONS, K.; SCHULTZ, W.: Normales Trinken und Suchtentwicklung. Göttingen: Hogrefe 1976
APEL, K. O.: Das Verstehen. Arch. Begriffsgesch. 1, 1955
Arbeitsgemeinschaft für Methodik und Dokumentation in der Psychiatrie: Das AMP-System. Berlin: Springer 1972
ARBUCKLE, D. S.: Counseling and psychotherapy. New York: McGraw-Hill 1967
ARENS, H.: Farbmetrik. Berlin: Akademie Verlag 1957
ARENTEWICZ, G.; SCHMIDT, G. (Hrsg.): Sexuell gestörte Beziehungen. Berlin: Springer 1980
ARGELANDER, A.: Das Farbenhören und der synästhetische Faktor der Wahrnehmung. Jena: Fischer 1927
ARGYLE, M.: Soziale Interaktion. Köln: Kiepenheuer & Witsch 1972
– Bodily communication. London: Methuen 1975
ARNHEIM, R.: Experimentell-psychologische Untersuchungen zum Ausdrucksproblem. Psychol. Forsch. 9, 1928
– Zur Psychologie der Kunst. Köln: Kiepenheuer & Witsch 1977
– Kunst und Sehen. Berlin: de Gruyter 1978

ARNHOLD, W. (Hrsg.): Texte zur Schulpsychologie und Bildungsberatung, Bd. 1 (1975) u. Bd. 2 (1977), Braunschweig: Westermann 1975/77
ARNOLD, G. E.: Die Sprache und ihre Störungen. In: LUCHSINGER, R.; ARNOLD, G. E. (Hrsg.) Bd 2. Wien: Springer 1970[3]
ARNOLD, M. B.: Emotion and personality. 2 vols. Irvington: Columbia UP 1960
ARNOLD, W.: Das Raumerlebnis in Naturwissenschaft und Erkenntnistheorie. Nürnberg: Sebaldus 1949
– Die psychol. Begutachtung der Zeugentüchtigkeit und Glaubwürdigkeit bei Kindern und Jugendlichen. Psychol. Rdsch. 3, 1952
– Person, Charakter, Persönlichkeit. Göttingen: Hogrefe 1957, 1962[2]
– Der PAULI-Test. München: Barth 1961[3]
ARNOLD, W. (Hrsg.): Psychologisches Praktikum. Bd 1: Experimentelles Praktikum. Stuttgart: Fischer 1972[7]
– Psychologisches Praktikum. Bd 2: Diagnostisches Praktikum. Stuttgart: Fischer 1972[7]
ARNTZEN, F.: Psychologie der Zeugenaussage. Göttingen: Hogrefe 1970
– Vernehmungspsychologie. München: Beck 1978
ARONFREED, J.: Conduct and conscience: The socialization of internalized control over behavior. New York: Acad. Press 1968
ARONS, L.; MAY, M. A.: Television and human behavior. New York; Appleton 1963
ARONSON, E.: Dissonance theory: progress and problems. In: ABELSON, R. P. et al. (Ed.): Theories of cognitive consistency. Chicago: Rand, McNally 1968
– The social animal. San Francisco: Freeman 1972
ARONSON, E.; LINDNER, D.: Gain and loss of esteem as determinants of interpersonal attraction. J. exp. soc. Psychol. 1, 1965
ARTHUS, H.: Le village. Test d'activité créatrice. Paris: Hartmann 1949
ASCH, S.: The doctrine of suggestion, prestige and imitation in social psychology. Psychol. Rev. 55, 1948
– Social psychology. Englewood Cliffs: Prentice-Hall 1952
ASHBY, F. G.; TOWNSEND, J. T.: Decomposing the reaction time distribution: pure insertion and selective influence revisited. J. Math. Psychol. 21, 1980, 93–123
ASPERGER, H.: Autistisches Verhalten im Kindesalter. In: Jahrbuch für Jugendpsychiatrie II. Bern: Huber 1960
ATKINSON, J. W.: Motivational determinants of risk-taking behavior. Psychol. Rev. 64, 1957
– Introduction to motivation. New York: Van Nostrand 1964
ATKINSON, J. W.; FEATHER, N. T.: A theory of achievement motivation. New York: Wiley 1966
ATKINSON, R. C.: Studies in mathematical psychology. Stanford: Stanford UP 1964
ATKINSON, R. C.; BOWER, G. H.; CROTHERS, E. J.: An introduction to mathematical learning theory. New York: Wiley 1966
ATTESLANDER, P.: Methoden der empirischen Sozialforschung. Berlin: de Gruyter 1971[2]
ATTNEAVE, F.: Informationstheorie in der Psychologie. Bern: Huber 1965, 1974[3]
AURIN, K.: Das Dilemma gegenwärtiger pädagogischer Begleitforschung. Z. f. Päd. 19, 1973, 7–23
– Beratung im Spannungsfeld zwischen Überforderung, Weiterentwicklung und Bewährung, in: ARNOLD (Hrsg.) 1977, 35–48
AUSUBEL, D. P.: Educational psychology. New York: Holt 1968 (dt.: Psychologie des Unterrichts. 2 Bde. Weinheim: Beltz 1973)
– Die Verwendung von »advance organizers« beim Lernen und Behalten von bedeutungsvollem sprachlichen Material. In: HOFER, M., WEINERT, F. E. Reader zum Funkkolleg Pädagogische Psychologie 2. Frankfurt: Fischer 1974
AUSUBEL, D. P.; ROBINSON, F. G.: School learning. New York: Holt 1969
AX, A. F.: Goals and methods of psychophysiology. Psychophysiol. 1, 1964
AXLINE, V. M.: Play therapy. Boston: Ballantine 1947

BABINSKI, J.: Sur le rôle du cervelet dans les actes volitionnels nécessitants une succession rapide de mouvements (Diadoc ou cinésie). Rev. neurol. 10, 1903
BACH, H.: Sonderpädagogik im Grundriß. Berlin 1975
BACHOFEN, J. J.: Mutterrecht und Urreligion. Stuttgart: Kröner 1954
BÄCHTOLD-STÄUBLI, H. (Hrsg.): Handwörterbuch des deutschen Aberglaubens. 11 Bde. Berlin: de Gruyter 1927–1941
BACK, K. W.: Beyond words. New York: Russel Sage Foundation 1972
BACKES-THOMAS, M.: Le test des trois personnages. Neuchâtel: Delachaux & Niestlé 1969
BADDELEY, A. D.: The trouble with levels. A reexamination of CRAIK and LOCKHART's framework for memory research. Psychol. Review, 1978, 85, 3, 139–152
BADER, A. (Hrsg.): Geisteskrankheit, bildnerischer Ausdruck und Kunst. Bern: Huber 1975
BADER, A.; NAVRATIL, L.: Zwischen Wahn und Wirklichkeit. Kunst-Psychose-Kreativität. Luzern/Frankfurt: Bucher 1976
BAEYER-KATTE, W. v.: Das Zerstörende in der Politik. Heidelberg: Quelle & Meyer 1957
– Politisches Fehlverhalten im Vergleich zur Neurose. In: Schriftenreihe »Politische Psychologie«, Bd 4. Frankfurt: Europ. Verlagsanstalt 1966
– Terror. In: Sowjetsystem und Demokratische Gesellschaft. 6 Bde. Freiburg: Herder 1966–1973
– Sozialisation im politischen Verhalten. Hdb. d. Ps. 7, 2, 1972
BAHLE, J.: Der musikalische Schaffensprozeß. Psychologie der schöpferischen Erlebens- und Antriebsformen. Konstanz: Christiani 1947[2]
BAHNSEN, J.: Beiträge zur Charakterologie mit bes. Berücksichtigung pädagogischer Fragen. 2 Bde. Leipzig 1867

BAIRSTOW, Ph. J.; LASZLO, J. I.: Perceptions of movement patterns: recall of movement. Perceptual and Motor Skills 47, 1978, 287–305
BALES, R. F.: A set of categories for the analysis of small group interaction. Amer. Sociol. Rev. 15, 1950, 146–159
BALES, R. F.; SLATER, P.: Role differentiation. In: PARSONS, T. et al: Family sozialization and interaction process. Glencoe: Free Press 1955
BALLY, G.: Einführung in die Psychoanalyse Sigmund Freuds. Reinbek: Rowohlt 1961
BALTES, P. B.; CORNELIUS, S. W.; NESSELROADE, J. R.: Kohorteneffekte in der Entwicklungspsychologie. Stuttgart: Kohlhammer 1978
BANDURA, A.: The stormy decade: fact or fiction. Psychology in the schools 1, 1964, 224–231
– Psychotherapy based upon modeling principles. In: BERGIN, A. E.; GARFIELD, S. L. (Ed.) 1971
– Aggression: A social learning analysis. Englewood Cliffs: Prentice-Hall 1973
– Self efficacy: Toward a unifying theory of behavior change. Psych. Rev. 84, 1977, 191–215
– Social learning theory. Englewood Cliffs: Prentice Hall 1977
BANDURA, A.; MISCHEL, W.: Modifications of self-imposed delay of reward through exposure to live and symbolic models. J. Pers. Soc. Psychol. 2, 1965, 698–705
BANDURA, A.; WALTERS, R. H.: Social learning and personality development. New York: Holt 1963, London 1969, 1970
BARBER, T. u. a.: Hypnosis, imagination, and human potentials. New York 1974
BARKER, R. G.: Ecological psychology. Stanford: Stanford UP 1968
BARKER, R. G. and Associates: Habitats, environments and human behavior. San Francisco: Jossey-Bass 1978
BARKER, R. G.; WRIGHT, H. F.: Midwest and its children (1954). Hamden: Shoe String 1971
BARNES, H. E.: Historical sociology. New York: McLeod 1948
BARNETT, L.: The universe and Dr. Einstein (dt.: Einstein und das Universum. Hamburg: Rowohlt 1952)
BARTAK, L.; RUTTER, M.: Language and cognition in autistic and »dysphasic« children. In: O'CONNOR, N. (Ed.) 1975
BAR-TAL, D.: Prosocial behavior. Theory and research. New York: Wiley 1976
BARTENWERFER, H.: Psychische Beanspruchung und Ermüdung. In: Hdb. d. Psychol. Bd 9, 1961, 1970
– Einige praktische Konsequenzen aus der Aktivierungstheorie. Z. exper. angew. Ps. 16, 1969, 195–222
BARTENWERFER, H.; KÖTTER, L.; SICKEL, W.: Beiträge zum Problem der psychischen Beanspruchung. II. Köln/Opladen: Westdeutscher Verlag. 1963
BARTENWERFER, H.; RAATZ, U.: Methoden der Psychologie. Wiesbaden: Akad. Verlagsges./Bern: Huber 1979
BARTLETT, F. C.: Remembering. Cambridge: Cambridge UP 1932
– Denken und Begreifen. Köln: Kiepenheuer & Witsch 1952
– The transfer of training. Bulletin of the Cambridge Institute of Education 1954
BARTLETT, M. S.: The use of transformations. Biometrics 3, 1947
BARTMANN, T.: Der Einfluß von Zeitdruck auf die Leistung und das Denkverhalten von Volksschülern. Psychol. Forsch. 27, 1963
BARTSCH, R.; VENNEMANN, T. (Hrsg.): Linguistik und Nachbarwissenschaften. Kronberg: Scriptor 1973
BASAGLIA, F.: Die negierte Institution. Frankfurt: Suhrkamp 1971
BASH, K. W.: Contribution to a theory of the hunger drive. J. comp. Psychol. 28, 1939
– Lehrbuch der allgemeinen Psychopathologie. Stuttgart: Thieme 1955
BASMAJIAN, J. V.: Muscles alive. Baltimore 1974
BASS, B. M.; DEEP, S. D.: Studies in organizational psychology. Rockleigh: Allyn & Bacon 1972
BASTINE, R.: Gruppenführung. In: Hdb. d. Psychol. Bd 7/2, 1972
BATESON, G.; JACKSON, D. D.; HALEY, J. et al.: Toward a theory of schizophrenia. Behav. Sci. 1, 1956
BATESON, J. et al.: Schizophrenie und Familie. Frankfurt: Suhrkamp 1969
BAUDOUIN, Ch.: Psychologie der Suggestion und Autosuggestion. Dresden: Reissner 1926
BAUER, E.: Kritik und Kontroversen der Parapsychologie. In: CONDRAU (Hrsg.): Psychologie des 20. Jahrhunderts. Bd 15. Zürich: Kindler 1979
BAUER, H.: Klinik der Sprachstörungen. In: BIESALSKI, BÖHME, FRANK, LUCHSINGER (Hrsg.) 1973
BAUER, K. O. u. ROLFF, H.-G. (Hrsg.): Innovation und Schulentwicklung. Weinheim, Beltz 1978
BAUMANN, R.: ALGOL-Manual der ALCOR-Gruppe. München: Oldenbourg 1965
BAUMANN, U.: Psychologische Taxometrie. Bern: Huber 1971
BAUMERT, I.: Untersuchung zur diagnostischen Valenz des HAWIK und die Entwicklung einer Kurzform (WIPKI). Bern: Huber 1973
BAUMGARTEN,F.: Die Berufseignungsprüfungen. München: Oldenbourg 1928
– Die Charakterprüfung der Berufsanwärter. Zürich: Rascher 1946[2]
– Zur Psychologie des Maschinenarbeiters. Zürich: Rascher 1947
– Die Psychologie der Menschenbehandlung im Betrieb. Zürich: Rascher 1953[3]
BAUMGARTEN, F. (Hrsg.): Fortschritte der Psychotechnik 1939–1945. Bern: Francke 1949
BÄUMLER, G.: Statistische, experimentelle und theoretische Beiträge zur Frage der Blockierungen bei fortlaufenden Reaktionstätigkeiten. Diss. Würzburg 1967
– Verzögerte Sprachrückmeldung und Interferenzneigung. Z. exp. angew. Psychol. 17, 1970
– Lern- und Gedächtnis-Test (L-G-T 3) Göttingen: Hogrefe 1974
BÄUMLER, G.; RIEDER, H.; SEITZ, W.: Sportpsychologie. Theoretische, empirische und bibliographische Beiträge. Schorndorf: Hofmann 1972
BAUST, W.: Ermüdung, Schlaf und Traum. Stuttgart: Wiss. Verlagsges. 1970
BAVELAS, A.: Communication patterns in task-oriented groups. J. Acoust. Soc. Amer. 22, 1950
BAVINK, B.: Ergebnisse und Probleme der Naturwissenschaften. Leipzig: Hirzel 1914, erw. 10. Aufl. Zürich: Hirzel 1954

BAY, E.: Aphasia and non-verbal disorders of language. Brain, 85, 1962, 411–426
BAYER, G.: Verhaltensdiagnose und Verhaltensbeobachtung. In: KRAIKER, C. (Hrsg.) 1974
BEACH, F. A. (Ed.): Sex and behavior. New York: Wiley 1968
BEALS, R.; KRANTZ, D.; TVERSKY, A.: Foundations of multidimensional scaling. Psych. Rev. 75, 1968
BECHTEREW, V. W.: La psychologie objective. 1907
BECHTEREWA, N. P. et al.: Physiologie und Pathophysiologie der tiefen Hirnstrukturen des Menschen. Berlin: Volk & Gesundheit 1969
BECK, A. T.: Depression: Clinical, experimental and theoretical aspects. New York: Harper & Row, 1967
– Cognitive therapy and the emotional disorders. New York: International Univ. Press 1976
BECK, A. T.; RUSH, A. J.; EMERY, G.; SHAW, B. F.: Kognitive Therapie der Depression. München: Urban & Schwarzenberg 1981
BECK, D.: Die Kurzpsychotherapie. Bern: Huber 1974
BECKER-CARUS, C.: Verändertes Greifen nach visueller und taktiler Adaptation. Psychol. Forsch. 33, 1969
– Sehen. In: Informa. Ingelheim: Boehringer 1975
– Wer träumt schläft besser. Stuttgart: Franckh 1977
– Grundriß der Physiologischen Psychologie. Heidelberg: Quelle & Meyer 1981, UTB 1045
BECKER-CARUS, C.; HEYDEN, Th.; ZIEGLER, G.: Psychophysiologische Methoden. Stuttgart: Enke 1979
BECKER, K. P.; ELSTNER, W. (Hrsg.): Störungen des Redeflusses. Berlin: VEB Volk u. Gesundheit 1980
BECKER, K. P.; SOVÁK, M.: Lehrbuch der Logopädie. Köln: Kiepenheuer & Witsch 1975[2]
BECKER, W. C.: A comparison of the factor structure and other properties of the 16 PF and the GUILFORD-MARTIN personality inventories. Educ. Psychol. Measmt. 21, 1961
BECKMANN, D.; DAVIES-OSTERKAMP, S.; SCHEER, J. W. (Hrsg.): Medizinische Psychologie. Berlin: Springer 1981
BECKMANN, D.; RICHTER, H. E.: Der Giessen-Test (GT). Bern: Huber 1975[2]
BECKMANN, D.; RICHTER, H. E.: Erfahrungen mit dem Giessen-Test (GT). Bern: Huber 1979
BEHN, S.: Über abstrakte Physiognomik. Psychol. Beitr. 3, 1957
BELL, P. A.; FISHER, J. D.; LOOMIS, R. J.: Environmental Psychology. Philadelphia: Saunders 1978
BEM, D. J.: Self-perception theory. In: BERKOWITZ, L. (Ed.): Advances in experimental social psychology. Vol. 6. New York: Acad. Press 1972
BENDER, H.: Psychische Automatismen. Leipzig: Barth 1936
– Unser sechster Sinn. Stuttgart: Deutsche Verlagsanstalt 1971
BENDER, H. (Hrsg.): Parapsychologie. Bremen: Schünemann 1970[2]
BENDER, L.: Visual motor gestalt test and its clinical use. New York: Amer. Orthopsychiat. Assn. 1938
BENEDICT, R.: Patterns of culture (dt.: Urformen der Kultur. Reinbek: Rowohlt 1955)
BENDIG, A. W.: The factorial validity of the Guilford-Zimmermann-temperament-survey. J. gen. Psychol. 67, 1962
BENESCH, H.: Zeichendiagnostik und Konstitution. Z. menschl. Vererb. KonstLehre 34, 1958
– Wirtschaftspsychologie. München: E. Reinhardt 1962
– Experimentelle Psychologie des Fernsehens. München: E. Reinhardt 1968
– Spiel als therapeutische Alternative. Tübingen: Tüb. Studien-Vlg. 1980[2]
– Wörterbuch der klinischen Psychologie. München: dtv/Kösel 1981
BENESCH, H.; DORSCH, F. (Hrsg.): Berufsaufgaben und Praxis des Psychologen. München: Reinhardt 1971
BENESCH, H.; SCHMANDT, W.: Manipulation und wie man ihr entkommt. Stuttgart: Deutsche Verlags Anstalt 1979
BENKERT, O.; HIPPIUS, H.: Psychiatrische Pharmakotherapie. Berlin: Springer 1976
BENNER, D. (Hrsg.): Aspekte und Probleme einer pädagogischen Handlungswissenschaft. Kastellaun: Henn 1977
BENNINGHAUS, H.: Ergebnisse und Perspektiven der Einstellungs-Verhaltensforschung. Meisenheim: Hain 1976
BENOIT-SMULLYAN, E.: Status, status types and status interrelations. Amer. Sociol. Rev. 9, 1944
BENTON, A. L.: Some conclusions about dyslexia. In: BENTON, A. L. u. PEARL, D. (Eds.): Dyslexia. An appraisal of current knowledge. New York: Oxford Univ. Press 1978
– Der Benton-Test. Bern: Huber 1981[5]
BENUSSI, V.: Psychologie der Zeitauffassung. Heidelberg: Winter 1913
BERDIE, R. F.: The 1980 counselor: applied behavioral scientist. Pers. Guid. J. 50, 1972
b: e-Redaktion: Familienerziehung, Sozialschicht und Schulerfolg. Weinheim: Beltz 1972
BERELSON, B.: Content analysis in communication research. New York: Hafner 1971
BERGER, H.: Über das Elektroencephalogramm des Menschen. 14. Mitt. Arch. Psychiat. 108, 1938
BERGIN, A. E. et al. (Ed.): Handbook of psychotherapie and behavior change. New York: Wiley 1971
BERGIUS, R.: Psychologische Untersuchungen über Wirkungen der Glutaminsäure. Jb. Psychol. Psychother. 2, 1954
– Formen des Zukunfterlebens. München: Barth 1957
– Entwicklung als Stufenfolge. In: Hdb. d. Psychol. Bd 3. 1959, 104–195
– Behavioristische Konzeptionen zur Persönlichkeitstheorie. In: Hdb. d. Psychol. Bd 4, 1960
– Übungsübertragung und Problemlösen. Hdb. d. Ps. Bd 1, 2 1964
– Behavioristische Motivationsbegriffe. Hdb. d. Ps. Bd 2, 1965 817–866
– Friede als soziales Verhalten und Erleben. In: Vom Frieden. Hannov. Btr. zur Politischen Bildung. Bd 4 (Hrsg. Hannov. Landeszentr. f. Pol. Bild.). Hannover 1967
– Vom Zeitsinn zum Verhaltensparameter Zeit. Ber. 26. Kongr. der DGfPs. Tübingen 1968 (hrsg. von M. IRLE). Göttingen: Hogrefe 1969, 1–21
– Psychologie des Lernens. Stuttgart: Kohlhammer 1971
– Sozialpsychologie. Hamburg: Hoffmann u. Campe 1976

BERGIUS, R. (Hrsg.): Lernen und Denken. Hdb. d. Psychol. Bd 1/2, 1964, 1969[2]
BERGIUS, R.; WERBIK, H.; WINTER, G. u. a.: Urteile über Völker. I–III. Psychol. Beitr. 12, 1970; 13, 1971
BERGLER, R.: Psychologie des Marken- und Firmenbildes. Göttingen: Vandenhoeck & Ruprecht 1963
– Psychologie stereotyper Systeme. Bern: Huber 1966
BERGLER, R.; SIX, B.: Stereotype und Vorurteile. In: Hdb. d. Psychol. Bd 7/2, 1972
– Psychologie des Fernsehens – Wirkungsmodelle und Wirkungseffekte unter besonderer Berücksichtigung der Wirkung auf Kinder und Jugendliche Bern: Huber 1979
BERGLER, R.; SPIEGEL, B. (Hrsg.): Marktpsychologie. Hdb. d. Ps. Bd 12, 1975
BERGSON, H.: L'évolution créatice. Paris 1907 (dt. Jena: Diederichs 1912)
– Das Lachen. Jena: Diederichs 1921[2]
Bericht über den 16. Int. Kongress für Psychologie, Bonn 1960. Amsterdam: North-Holland Publ. 1961
BERKOWITZ, L. The effects of observing violence. Scientific American 210, 1964, 35–41
– Social motivation. In: LINDZEY, ARONSON (Eds.) III. 1969
– Roots of aggression. A re-examination of the frustration-aggression hypothesis. Chicago: Aldine 1969
– Social norm, feelings, and other factors affecting helping and altruism. In: BERKOWITZ, L. (Ed.): Advances in experimental social psychology. Vol. 6. New York: Acad. Press 1972
– Reactance and the unwillingness to help others. Psychol. Bull. 79, 1973
– Words and symbols as stimuli to aggressive responses. In: KNUTSON, J. C. (Ed.): Control of aggression. Chicago: Aldine 1973
BERKOWITZ, L. (Ed.): Advances in experimental social psychology. New York: Acad. Press 1964ff
BERLYNE, D. E.: Conflict, arousal, and curiosity. New York: McGraw-Hill 1960 (dt. Konflikt, Erregung, Neugier. Stuttgart: Klett 1974)
– Conflict and the orientation action. J. exp. Psychol. 62, 1961
– Laughter, humor, and play. In: LINDZEY, ARONSON (Eds.) III, 1969
BERLYNE, D. E.; MADSEN, K. B. (Hrsg.): Pleasure, reward, preference. Their nature, determinants, and role in behavior. New York: Acad. Pr. 1973
BERNE, E.: Spiele der Erwachsenen. Reinbek: Rowohlt 1967
BERNSDORF, W. (Hrsg.): Internationales Soziologenlexikon. Stuttgart: Enke 1959
BERNSDORF, W.; BÜLOW, F.: Wörterbuch der Soziologie. Stuttgart: Enke 1955, 1969[2], Fischer Taschenb. 1972
BERNSTEIN, B.: Soziale Struktur. Sozialisation und Sprachverhalten. Aufsätze 1958–1970. Amsterdam 1970
– Studien zur sprachlichen Sozialisation. Düsseldorf: Schwann 1972
BERRY, W.: Color sequences in the afterimage of a bright light. Amer. J. Psychol. 38, 1927
BERTALANFFY, L. v.: Das biologische Weltbild. Bern: Francke 1949
– The theory of open systems in physics and biology. Science 111, 1950
BERZINS, J. I. et al.: Reappraisal of the A-B-The A-B-therapist »type« distinction in terms of the personality research. Form. Journ. Consult. & Clinic. Psychol. 36, 1971, 360.
BESSLER, H. J.: Aussagenanalyse. Düsseldorf: Bertelsmann Univ. Verlag 1972[2]
BETHE, A. (Hrsg.): Handbuch der normalen und pathologischen Physiologie. Berlin: Springer 1925ff
BETTI, E.: Zur Grundlegung einer allgemeinen Auslegungslehre. Tübingen: Mohr 1954
BETZ, D.: Psychophysiologie der kognitiven Prozesse. UTB 393. München: Reinhardt 1974
BETZEN, K.; NIPKOW, K. E. (Hrsg.): Der Lehrer in Schule und Gesellschaft. Erz. Wiss. 12, 1971
BEUNER, J. S.; OLVER, Rose, GREENFIELD; Patricia, M. et al.: Studies in cognitive growth. New York: Wiley 1966
BEXTON, H. H.; HERON, W.; SCOTT, T. H.: Effects of decreased variation in the sensory environment. Canad. J. Psychol. 8, 1954, 70–76
BIÄSCH, H.; FISCHER, H.: Testreihe zur Prüfung von Schweizer Kindern vom 4. bis 15. Altersjahr. Bern: Huber 1969[2]
BIÄSCH, S. u. a.: Angewandte Psychologie als Lebensaufgabe – Gedanken von Hans BIÄSCH. Bern: Huber 1977
BIDDLE, B. J.; THOMAS, E. J.: Role theory: Concepts and research. New York 1966
BIEDMA, C. J.; D'ALFONSO, P.: Der Wartegg-Biedma-Test. Bern: Huber 1969
BIERWISCH, M.: Strukturalismus. Geschichte, Probleme und Methoden. Frankfurt: Suhrkamp 1966
BIERWISCH, M. (Hrsg.): Psychologische Effekte sprachlicher Strukturkomponenten. München: Fink 1980
BIESALSKI, P., BÖHME, G., FRANK, F.; LUCHSINGER, R. (Hrsg.): Phoniatrie und Pädaudiologie. Stuttgart: Thieme 1973
Bildungsplan, Dt. Bildungsrat (Hrsg.): Strukturplan für das Bildungswesen (Bonn 1970) – dgl.: Bericht der Bildungskommission (Bonn 1975) – Bund-Länder-Kommission: Bildungsgesamtplan 2 Bde. (Stuttgart 1973)
BINET, A.: La science du témoignage. Annu. Rev. Psychol. 9, 1903
BINSWANGER, L.: Über Ideenflucht. Zürich: Orell Füssli 1933
– Grundformen der Erkenntnis menschlichen Daseins. Zürich: Niehans 1942
– Drei Formen mißglückten Daseins: Verstiegenheit, Verschrobenheit, Manieriertheit. Tübingen: Niemeyer 1956
– Schizophrenie, Pfullingen: Neske 1957
BIRAN, S.: Die funktionelle Analyse der neurotischen Störung. München: E. Reinhardt 1962
BIRBAUMER, N.: Zur Anwendung psychophysiologischer Methoden in der Verhaltensmodifikation. In: KRAIKER, C. (Hrsg.) 1974
– Physiologische Psychologie. Berlin: Springer 1975
– Psychophysiologie der Angst. München: Urban & Schwarzenberg 1976, 1977[2]
BIRBAUMER, N. (Hrsg.): Neuropsychologie der Angst. München: Urban & Schwarzenberg 1973
BIRDWHISTELL, R. L.: Kinesics. In: SILLS, D. L. (Ed.): International encyclopedia of the social sciences. Vol. 8. New York: Macmillan 1968 (dt.: Gruppendynamik 5, 1974)
– Kinesics and context. London: Allen Lane 1971

BIRNBAUM, A.: Some latent trait models and their use in inferring an examiner's ability. In: LORD, F. M.; NOVICK, M. R.: Statistical theories of mental test scores. Reading: Addison-Wesley 1968
BIRREN, J. E.: Psychologie des Alterns. In: Lexikon der Psychologie, Bd III. Freiburg: Herder 1972
– Altern als psychologischer Prozeß, Freiburg: Lambertus 1974
BISCHOF, N.: Psychophysik der Raumwahrnehmung. In: Hdb. d. Psychol. Bd 1/1, 1966, 1974[2]
– Erkenntnistheoret. Grundlagenprobleme etc. In: Hdb. d. Psychol. Bd 1/1, 1966, 1974[2]
– Die biologischen Grundlagen des Inzesttabus. Ber. 27. Kongr. DGfPs. Göttingen: Hogrefe 1973, 115–142
– A systems approach toward the functional connections of attachment and fear. Child Development 46, 1975, 801–817
BITTER, W. (Hrsg.): Alter und Tod – annehmen oder verdrängen? Stuttgart: Klett 1974
BJERSTEDT, Å.: Interpretations of sociometric choice status. Lund: CWK Gleerup 1956
BLANKERTZ, H.: Pädagogik unter wissenschaftstheoretischer Kritik. In: OPPOLZER, S. u. a. (Hrsg.): Erziehungswissenschaft zwischen Herkunft und Zukunft der Gesellschaft. Ernst Lichtenstein in memoriam. Ratingen: Henn 1971
– Theorien und Modelle der Didaktik. München: Juventa 1973[7]
BLASER, P.; GEHRING, A.: MMPI – Ein programmierter Kurs zur deutschsprachigen Ausgabe des Minnesota Multiphasic Personality Inventory von S. R. HATHAWAY u. J. C. MCKINLEY. Bern: Huber 1972
BLAU, P. M.: Exchange and power in social life. New York: Wiley 1967[2]
BLAUERT, J.: Räumliches Hören. Stuttgart 1974
BLEEKER, C. J.: Anthropologie religieuse. Etudes publiées sous la direction de C. E. BLEEKER, avec l'aide de l'UNESCO. Leiden 1955
BLEULER, E.: Die Psychoide als Prinzip der organischen Entwicklung. Berlin: Springer 1925
– Das autistisch-undisziplinierte Denken in der Medizin und seine Überwindung (Neudruck der 5. Aufl.). Berlin: Springer 1966
– Lehrbuch der Psychiatrie. 10. Aufl., bearb. durch BLEULER, M. Berlin: Springer 1966
BLEULER, M.: Endokrinologische Psychiatrie. In: Psychiatrie der Gegenwart. Bd I/1. Heidelberg: Springer 1964
– Endokrinologische Psychiatrie. In: KISKER, K. P.; MEYER, J. E.; MÜLLER, C.; STRÖMGREN, E. (Hrsg.): Grundlagen und Methoden der Psychiatrie, Teil 1. Berlin: Springer 1979
BLOCH, R. (Hrsg.): Bild und Persönlichkeit. Der Mehrdimensionale Zeichentest (MDZT). Bern: Huber 1971
BLOCH, W.: Arbeitsbewertung. Zürich: Verlag Industrielle Organisation 1959
BLOCK, J. H. (Hrsg.): Schools, society, and mastery learning. New York: Holt, Rinehart & Winston 1974
BLONDEL, Ch.: Einführung in die Kollektivpsychologie. Bern: Francke 1948
BLONSKI, P. P.: Gedächtnis und Denken. Moskau 1935 (russisch)
BLOOM, B. S.: Stabilität und Veränderung menschlicher Merkmale. Weinheim: Beltz 1971
BLOOM, B. S. (Ed.): Taxonomy of educational objectives. Handbook I: Cognitive domain. New York: McKay 1956 (dt.: Taxonomie von Lernzielen im kognitiven Bereich. Weinheim: Beltz 1972, 5. Aufl. 1976)
BLOOM, B. S.; HASTINGS, J. Th.; MADUS, G. F.: Handbook on formative and summative evaluation of student learning. New York: McGraw-Hill 1971
BLOOM, L.: Language development: Form and function in emerging grammars. Cambridge: M. I. T. Press 1970
BLOOMFIELD, L.: Language. London: Allen & Unwin 1933
BLÖSCHL, L.: Grundlagen und Methoden der Verhaltenstherapie. Bern: Huber 1979[5]
BLÖSCHL, L. (Hrsg.): Verhaltenstherapie depressiver Reaktionen. Bern: Huber 1981
BLUM, M. L.; NAYLOR, J. C.: Industrial psychology. New York: Harper 1968
BLUME, F. (Hrsg.): Die Musik in Geschichte und Gegenwart. Kassel: Bärenreiter 1949 ff
BOAS, F.: The mind of primitive man. New York: Macmillan 1944
BOCHENSKI, I. M.: Die zeitgenössischen Denkmethoden. Bern: Francke 1954, 1971[5]
– Logik. Freiburg: Alber 1956
BÖCHER, W.: Zur physiologischen Psychologie menschlicher Gefühle. Psychol. Beitr. 18, 1976, 143–173
BOCK, M.: Wort-, Satz-, Textverarbeitung. Stuttgart: Kohlhammer 1978
BODEN, M. A.: Artificial Intelligence and Natural Man. Hassocks, Sussex: Harvester 1977
BÖDIKER, Marie-Louise; LANGE, W.: Gruppendynamische Trainingsformen. Reinbek: Rowohlt 1975
BOESCH, E. E.: Kultur und Handlung. Einführung in die Kulturpsychologie. Bern: Huber 1980
BOGARDS, W.: Methodische Behandlung der Rechenschwäche. Berlin: Marhold 1973[4]
BOGARDUS, E. S.: The development of social thought. New York 1955[3]
– Measuring social distance. In: J. appl. Sociol. 1929.
BOHM, E,: Lehrbuch der ROHRSCHACH-Psychodiagnostik. Bern: Huber 1972[5]
– Psychodiagnostisches Vademecum. Bern: Huber 1975[3]
– Der Rorschach-Test. Bern: Huber 1974 (Taschenbuch)
BÖHM, W. (Hrsg.): Der Schüler. Bad Heilbrunn: Klinkhardt 1976
BÖHME, G.: Störungen der Sprache, der Stimme und des Gehörs durch frühkindliche Hirnschädigungen. Jena: Fischer 1966
– Stimm-, Sprach- und Hörstörungen. Jena: Fischer 1969
– Störungen der Stimme und Sprache bei neuro-psychiatrischen Erkrankungen. In: BIESALSKI, P. u. a. (Hrsg.) 1973
– Stimm-, Sprech- und Sprachstörungen. Stuttgart: Fischer 1974
BÖHME, G. (Hrsg.): Therapie der Sprach-, Sprech- und Stimmstörungen. Stuttgart: Fischer 1980
BÖHRS, H.; BRAMESFELD, E.; EULER, H.: Einführung in das Arbeits- und Zeitstudium. München: Hanser 1948
BOKELMANN, H.: Pädagogik: Erziehung, Erziehungswissenschaft. In: SPECK, J.; WEHLE, G. (Hrsg.): Handbuch pädagogischer Grundbegriffe. Bd 2. München: Kösel 1970
BOLLNOW, O. F.: Existenzphilosophie, Stuttgart: Kohlhammer 1955[4]

– Die Ehrfurcht. Frankfurt: Klostermann 1947
– Das Wesen der Stimmungen. Frankfurt: Klostermann 1956[3]
– Mensch und Raum. Stuttgart 1972[2]
BOLTE, K. M.: Sozialer Aufstieg und Abstieg. Stuttgart: Enke 1958
BOLTON, N.: The psychology of thinking. London: Methuen 1972
BOND, N. A. et al.: Aviation psychology. Los Angeles: Univ. of California 1962
BONDY, C. u. a. (Hrsg.): HAWIE, Hamburg-Wechsler-Intelligenztest für Erwachsene. Bern: Huber 1964[3] Ⓣ WECHSLER
BONDY, C. u. a. (Hrsg.): HAWIK, Hamburg-Wechsler-Intelligenztest für Kinder. Bern: Huber 1966[3] Ⓣ WECHSLER
BONHOEFFER, K.: Die symptomatischen Psychosen. Berlin: Karger 1912
BONIN, W. F.: Lexikon der Parapsychologie und ihrer Grenzgebiete. Bern; Scherz 1976
BOOR, W. de: Pharmakopsychologie und Psychopathologie. Berlin: Springer 1956
BOOTH, D. A.: Vertebrate brain ribonucleid acids and memory retention. Psychol. Bull. 68, 1967
BORCHERT, A.: Der Animismus. Studien aus dem Collegium Sapientiae zu Freiburg/Br. Bd 5. Freiburg: Geschäftsstelle des Caritasverbandes f. d. kathol. Deutschland 1900
BORING, E. G.: The physical dimensions of consciousness. New York: Appleton 1933
– Sensation and perception in the history of experimental psychology. New York: Appleton 1942
– A history of experimental psychology. New York: Appleton 1950[2]
BORING, E. G.; BRIDGMAN, P. W.; FEIGL, H. et al.: Symposium on operationism. Psychol. Rev. 52, 1945
BORING, E. G.; LANGFELD, H. S.; WELD, H. P.: Foundations of psychology. New York: Wiley 1948
BORNEMANN, E.: Sexualität. In: Handwörterbuch der Psychologie. Weinheim: Beltz 1980
BOSS, M.: Der Traum und seine Auslegung. Bern: Huber 1953
– Einführung in die psychosomatische Medizin. Bern: Huber 1954
– Psychoanalyse und Daseinsanalytik. Bern: Huber 1957
– Es träumte mir vergangene Nacht. Bern: Huber 1975
BOSSEL, H. (Ed.): Concepts and Tools of Computer-Assisted Policy Analysis. Stuttgart: Birkhäuser 1977
BOTTENBERG, E. H.: Emotionspsychologie. München: Goldmann 1972
BOUCHARD, Th. J. jr.; MCGUE, M.: Familial studies of intelligence. A review. Science 212 No 4498, 1055–1060, 1981
BOUMA, P. J.: Farbe und Farbwahrnehmung. Eindhoven: Philips' Gloeilampenfabrieken 1951
BOURNE, L. E.; RESTLE, F.: Mathematical theory of concept identification. Psychol. Rev. 66, 1959
BOUSFIELD, W. A.: The occurrence of clustering in the recall of randomly arranged associates. J. gen. Psychol. 49, 1953
BOVET M.; GRECO, P.; PAPERT, S.; VOYAT, G.: Perception et notion du temps. Paris: PUF 1967
BOWER, T. G. R.: Development in infancy. San Francisco 1974
– Human development. San Francisco 1979
BOWLBY, J.: Mütterliche Zuwendung und geistige Gesundheit. München 1973
– Bindung. Frankfurt: Fischer 1973
– Seperation. Anxiety and anger. London: Hogarth Press and the Institute of Psychoanalysis 1974 (dt. Trennung. Psychische Schäden als Folge der Trennung von Mutter und Kind. München: Kindler 1976)
BOX, G. E. P.; JENKINS, G. M.: Time series analysis, forecasting and control. San Francisco, Cal.: Holden Day 1970
BOYNTON, R. M.; WHITTEN, D. N.: Selective chromatic adaptation in primate receptors. Vision Res. 12, 1972, 529–548
BRACHFELD, O.: Minderwertigkeitsgefühl beim Einzelnen und in der Gemeinschaft. Stuttgart: Klett 1953
BRACKEN, H. v.: Typen der Sozialstruktur von Zwillingen. – Charakter 3, 1934
– Untersuchungen zur Diagnose psychischer Ermüdung. Ber. 20. Kongr. DGP. Göttingen: Hogrefe 1955
– Untersuchungen zur Signifikanz der Methode der Flimmer-Verschmelzungs-Frequenz. Ber. 18. Kongr. DGP. Marburg 1951. Göttingen: Hogrefe 1951
BRACKEN, H. v.; DAVID, H. P. (Hrsg.): Perspektiven der Persönlichkeitstheorie. Bern: Huber 1959
BRACKWEDE, D.: Das Bogus Pipeline Paradigma. Eine Übersicht über bisherige experimentelle Ergebnisse. Z. Soz. Psychol. 11, 1980, 50–59
BRADFORD, L. et al. (Hrsg.): Gruppentraining. Stuttgart: Klett 1972
BRAINE, M. D. S.: The ontogeny of English phrase structure: The first phase. Language 39, 1963
BRAITHWAITE, R. B.: Models in the empirical sciences. In: NAGEL et al. (Ed.): Logic, methodology and philosophy of science. Stanford: Stanford UP 1962
– Theory of games as a tool for the moral philosopher. London: Cambridge UP 1955
BRANDSTÄDTER, J.; BERNITZKE, F.: Zur Technik der Pfadanalyse. Psychol. Beitr. 18, 1976
BRANDT, U.; KÖHLER, B.: Norm und Konformität. In: Hdb. d. Psychol. Bd 7/2, 1972
BRÉAL, M.: Essay de sémantique. Paris: Hachette 1897
BRECHT, K.; DEININGER, W.; STEINWACHS, F.: Über die Hemmung der Schweißsekretion durch Eukliman. 1954
BREDENKAMP, J.; WIPPICH, W.: Lern- und Gedächtnispsychologie. Bd I u. II Stuttgart: Kohlhammer 1977
BREGGIN, P. R.: Elektroschock ist keine Therapie. München: Urban & Schwarzenberg 1980
BREHM, J. W.: Theory of psychological reactance. New York: Acad. Press 1966
BREHM, J. W.; COHEN, A. R.: Explorations in cognitive dissonance. New York: Wiley 1962
BREKLE, H. E.: Semantik. München: Fink 1972
BRENGELMANN, J. C.: Persönlichkeit. In: MEILI, R.; ROHRACHER, H. (Hrsg.) 1968[2], 1972[3]
BRENTANO, F. v.: Von der Klassifikation der psychischen Phänomene. Leipzig: Duncker & Humblot 1911
– Psychologie vom empirischen Standpunkt. (Nachdruck der Ausgabe 1925.) Hamburg: Meiner 1971
BRESCH, C.; HAUSMANN, R.: Klassische und molekulare Genetik. Berlin: Springer 1970[2]

BREUER, J.; FREUD, S.: Studien über Hysterie. Wien: Deuticke 1907[2]
BREUNIG, W. (Hrsg.): Das Zeitproblem im Lernprozeß. München: Ehrenwirt 1973
BREZINA, E.; STRANSKY, E. (Hrsg.): Psychische Hygiene. Wien: Maudrich 1955
BREZINKA, W.: Über Absicht und Erfolg in der Erziehung. Z. Päd. 1969
– Grundbegriffe der Erziehungswissenschaft. München: Reinhardt (1974) 1975[2] (UTB 332)
– Von der Pädagogik zur Erziehungswissenschaft. Weinheim: Beltz 1971
– Metatheorie der Erziehung. München: Reinhardt 1978
BRICKENKAMP, R.: Test d 2. Aufmerksamkeits-Belastungs-Test. Göttingen: Hogrefe 1962
BRICKENKAMP, R. (Hrsg.): Handbuch psychologischer und pädagogischer Tests. Göttingen: Hogrefe 1975
BRIDGMAN, P. W.: The logic of modern physics. New York: Macmillan 1954[3]
BRINKER, K.: Konstituentenstrukturgrammatik und operationale Satzgliedanalyse. Frankfurt: Athenaion 1972
BRINKMANN, H.: Die deutsche Sprache. Düsseldorf: Schwann 1962
BROADBENT, D. E.: Perception and communication. London: Pergamon Press 1958, 1964
– Perceptual and response factors in the organization of speech. In: REUCH, A. S. S. de; O'CONNOR, M. (Ed.): Disorders of language. Ciba Foundation Symposium. London: Churchill 1964
– Decision and stress. London: Acad. Press 1971
– In defense of empirical psychology. London: Methuen 1973
BROADHURST, P. L.: The interaction of task difficulty and motivation: The YERKES-DODSON law reviewed. Acta Psychol. 16, 1959
BROCKDORFF, C. v.: Die wissenschaftliche Selbsterkenntnis. Braunschweig 1942[2]
BRODGEN, W. J.: Sensory preconditioning. J. exp. Psychol. 25, 1939
BRODY, N.: Social motivation. Ann. Rev. Psychol. 31, 1980 143–168
BRONFENBRENNER, U.: Ökologische Sozialisationsforschung. Stuttgart: Klett 1976
BROWN, A. L.: Knowing when, where, and how to remember: A problem of metacognition. In GLASER, R. (Ed.): Advances in Instructional Psychology, Vol. 1. Hillsdale, N. J.: Erlbaum, 1978, 77–165
BROWN, C. C. (Ed.): Methods in psychophysiology. Baltimore: Williams & Wilkins 1967
BROWN, E. L.; DEFFENBACHER, R. K.: Perception and the senses. New York: Oxford Univ. Press 1979
BROWN, G.; DESFORGES, C.: Piagetian psychology and education: Time for revision. Brit. J. Educat. Psychol. 1977, 47, 7–17
BROWN, J. F.: Über gesehene Geschwindigkeiten. Psychol. Forsch. 10, 1928
– Visual sensitivity to differences in velocity. Ps. Bullet. 58, 1961
BROWN, J. L.: The evolution of behavior. New York: W. M. Norton & Company Inc. 1975
BROWN, J. S.: Gradients of approach and avoidance responses ... J. comp. physiol. Ps. 41, 1948
BROWN, J. S.; FARBER, I. E.: Secondary motivational systems. Annu. Rev. Psychol. 19, 1968
BROWN, J. W.: Aphasie, Appraxie and Agnosie. Dtsch. Übers. Stuttgart: Fischer 1975
– The neural organization of language: Aphasia and neuropsychiatry. In: American Handbook of Psychiatry, Vol. 4 (Ed. ARIETI, S.). New York: Basic Books 1975
BROWN, R.: Mass phenomena. In: Lindzey, G. (Hrsg.): Handbook of social psychology, Bd 2, Reading, Mass.: Addison-Wesley 1954
– Social psychology. New York: Free Press 1965
– Psycholinguistics. Selected papers. New York: Free Press 1970
– A first language. The early stages. Cambridge: Harvard UP 1973
BROWN, R.; BELLUGI, U.: Three processes in the acquisition of syntax. Harvard Educ. Rev. 34, 1964
BROWN, R.; FRASER, C.: The acquisition of syntax. In: COFER, C. N. (Ed.): Verbal learning and verbal behavior. New York: McGraw-Hill 1963
BROWN, R.; HERRNSTEIN, R. J.: Psychology. London: Methuen 1975
BROWN, R. W.: Words and things. Glencoe: Free Press 1957
BROWN, R. W.; LENNEBERG, E. H.: A study in language and cognition. J. abnorm. soc. Psychol. 49, 1954
BRÜGGE, A.: Die Erkrankungen des Bewegungsapparates und seines Nervensystems. Stuttgart 1977
BRUGSCH, Th.; LEWY, F. H. (Hrsg.): Die Biologie der Person. 4 Bde. Berlin: Urban & Schwarzenberg 1926–1929
BRUN, R.: Allgemeine Neurosenlehre. Basel: Schwabe 1954[3]
BRUNER, J. S.: The process of education. Cambridge, Mass.: Harvard UP 1960 (dt. Der Prozeß der Erziehung. Düsseldorf: Schwann (1970) 1980[5]
– Beyond the information given. New York: Norton 1973
BRUNER, J. S.; GOODNOW, J. J.; AUSTIN, G. A.: A study of thinking. New York: Wiley 1956
BRUNER, J. S.; OLIVER, Rose; GREENFIELD, Patricia M. et al.: Studies in cognitive growth. New York: Wiley 1966 (dt. Studien zur kognitiven Entwicklung. Stuttgart: Klett 1971)
BRUNER, J. S.; POSTMAN, L.: Emotional selectivity in perception and reaction. J. Pers. 16, 1947
BRUNSWIK, E.: Wahrnehmung und Gegenstandswelt. Leipzig: Deuticke 1934
– Experimentelle Psychologie in Demonstrationen. Wien: Springer 1935
– Systematic and representative design of psychological experiments. Berkeley: Univ. of California 1947
– The conceptual framework of psychology. Chicago: Univ. of Chicago Press 1952
– Perception and the representative design of psychological experiments. Berkeley: Univ. of California Press 1956
BRUNSWIK, E.; REITER, L.: Eindrucks-Charaktere schematisierter Gesichter. Z. Psychol. 142, 1938
BRUSH, R. F. (Ed.): Aversive conditioning and learning. New York: Acad. Press 1971
BUBER, M.: Ekstatische Bekenntnisse. Jena: Diederichs 1909
– Dialogisches Leben. Zürich: Müller 1947
BUCKE, D.; LEBOVICI, S.: Leitfaden der Erziehungsberatung. Praxis Kinderpsychol. Kinderpsychiat., Beih. 4, 1960
BUCKNER, D. N.; MCGRATH, J. J. (Hrsg.): Vigilance: A symposium. New York: McGraw-Hill 1963

BUGGLE, F.: Methoden psychologischer Diagnostik. In: Enzyklopädie der geisteswissenschaftlichen Arbeitsmethoden, 7. Lieferung. München: Oldenbourg 1969
BÜHLER, Charlotte: Der menschliche Lebenslauf. Leipzig: Hirzel 1933; Göttingen: Hogrefe 1959[2]
– Praktische Kinderpsychologie. Wien: Lorenz 1938
– Kindheit und Jugend. (1928). Göttingen: Hogrefe 1967[4]
– Das Seelenleben des Jugendlichen. (1922). Stuttgart: Fischer 1967[6]
BÜHLER, Charlotte.; ALLEN, M.: Introduction to humanistic psychology. Belmont: Brooks Cole 1971 (dt. Stuttgart: Klett 1974)
BÜHLER, Charlotte; HETZER, Hildegard: Inventar der Verhaltensweisen. In: BÜHLER u. a. (Hrsg.): Soziologische und psychologische Studien über das erste Lebendjahr. Jena: Fischer 1927
BÜHLER, H.: Sprachbarrieren und Schulanfang. Weinheim: Beltz 1972
BÜHLER, H.; MÜHLE, G. (Hrsg.): Sprachentwicklungspsychologie. Weinheim: Beltz 1973
BÜHLER, K.: Die Krise in der Psychologie. Jena: Fischer 1927
– Sprachtheorie. (1934). Stuttgart: Fischer 1965[2]
BÜLOW, F.: Gesellschaft. In: BERNSDORF, W. (Hrsg.) 1955, 1969[2]
BUMKE, O. u. a.: Lehrbuch der Geisteskrankheiten. Berlin: Springer 1948[7]
BUNGE, M.: Scientific research I, II. Berlin: Springer 1967
BÜNNING, E.: Die physiologische Uhr. Berlin: Springer 1958
BÜNTING, K.-D.: Einführung in die Linguistik. Frankfurt: Athenäum 1971
BÜRGER, M.: Altern und Krankheit als Problem der Biomorphose. Leipzig: 1960
BÜRGER, M.; KNOBLOCH, H.: Die Hand des Kranken. München: Lehmann 1956
BÜRGER-PRINZ, H.; GIESE, H. (Hrsg.): Schriftenreihe »Beiträge zur Sexualforschung«. Stuttgart: 1952ff
BÜRLI, A.: Computer-unterstützte Testdiagnostik. Schweiz. Z. Psychol. 32, 1973
BURT, C.: The genetic of intelligence. In: DOCKRELL, B. W. (Ed.): On intelligence. London: Methuen 1970
BURTON, R. W.: Generality of honesty reconsidered. Psychol. Rev. 70, 1963
BUSEMANN, A.: Stil und Charakter. Meisenheim: Hain 1948
– Der Abzeichentest. Göttingen: Hogrefe 1955
BUSS, A. H.: The psychology of aggression. New York: Wiley 1961
BUTOLLO, W.: Comment on W. YULE: The potential of behavioural treatment in preventing later childhood difficulties. Behaviour Analysis and Modification, 2, 33–38, 1977
– Chronische Angst. Theorie und Praxis der Konfrontationstherapie. München: Urban u. Schwarzenberg 1979
BUYTENDIJK, F. J. J.: Allgemeine Theorie der menschlichen Haltung und Bewegung. Berlin: Springer 1956
– Wesen und Sinn der Spiele. Berlin 1934
BYRNE, D.: Repression-sensitization as a dimension of personality. In: MAHER, B. A. (Ed.): Progress in experimental personality research. New York: Acad. Press 1964
BYRNE, D.; GRIFFIT, W.: Interpersonal attraction. Ann. Rev. Psychol. 24, 1973, 317–336

CAMPBELL, D. T.: Conformity in psychological theories of acquired behavioral dispositions. In: BERG, I. A.; BASS, B. M. (Eds.): Conformity and deviation. New York: Harper 1961
CAMPBELL, A.; CONVERSE, P.; ROGERS, W.: The quality of American life. New York: Russell Sage Foundation 1976
CAMPBELL, D. T.; FISKE, D. W.: Convergent and discriminant validation by the multitrait-multimethod matrix. Psychol. Bull. 56, 1959
CANNON, W. B.: The JAMES-LANGE theory of emotions: A critical examination and an alternative theory. Amer. J. Psychol. 39, 1927
– The wisdom of the body. New York: Routledge 1932[2]
CAPLAN, D. (Ed.): Biological studies of mental processes. Cambridge (Mass.): MIT 1980
CAPLAN, G.: Principles of preventive psychiatry. New York: Basic Books 1964
CAPOL, M.: Die Qualifikation der Mitarbeiter. Bern: Huber 1965.
CAPPEL, W.: Das Kind in der Schulklasse. Weinheim: Beltz 1970
CARAMAZZA, A.; ZURIF, E. B. (Eds.): Language acquisition and language breakdown. Parallels and divergencies. Baltimore: The John Hopkins Univ. Press 1978
CARNAP, R.: Testability and meaning. Philos. Sci. 3, 1936; 4, 1937
– The methodological character of theoretical concepts. In: FEIGL, H.; SCRIVEN, M. (Ed.): Minnesota studies in the philosophy of science. Minneapolis: Univ. of Minneapolis Press 1968
CARROLL, J. B.: Lernerfolg für alle. In: HOFER u. WEINERT: Pädagogische Psychologie 2 (Reader), Frankfurt: Fischer 1973
CARTER et al.: The behavior of leaders and other group members. J. abnorm. soc. Psychol. 46, 1951
CARTERETTE, E. D.; FRIEDMAN, M. P. (Eds.): Handbook of perception 10 Vol. New York: Academic Press 1973–1980
CARTWRIGHT, D.; HARARY, F.: Structural balance: A generalization of HEIDER's theory. Psychol. Rev. 63, 1956
CARTWRIGHT, D.; ZANDER, A. F. (Eds.): Group dynamics. Research and theory. New York: Harper 1972[3]
CARUS, C. G.: Über Grund und Bedeutung der verschiedenen Formen der Hand in verschiedenen Personen. Stuttgart 1846
– Symbolik der menschlichen Gestalt. Leipzig: 1853
CASS, L. K.; THOMAS, C. B.: Childhood pathology and later adjustment. New York: Wiley 1979
CASSIE, A.; FOKKEMA, S. D.; PARRY, J. B.: Aviation psychology. The Hague: Mouton 1964
CASTANEDA, A.; MCCANDLESS, B. R.; PALERMO, D. S.: The children's form of manifest anxiety scale. Child Development 27, 1956
CATTELL, R. B.: Psychological measurement: korsuative, ipsative, interactive. Psychol. Rev. 51, 1944

Bibliographischer Anhang

– The description and measurement of personality. New York: Yonkers 1946
– Concept and measurement of group syntality. Psychol. Rev. 55, 1948
– Personality. New York: McGraw-Hill 1950
– Personality and motivation structure and measurement. New York: Harrap 1957
– What is »objective« in »objective personality tests«. J. Counseling Psychol. 5, 1958
– Personality measurement functionally related to source trait structure. In: MESSICK, S.; ROSS, J. (Ed.): Measurement in personality and cognition. New York: Wiley 1962
– Factor theory psychology: a statistical approach to personality. In: SAHAKIAN, W. S. (Ed.): Psychology of Personality. Chicago: Rand, McNally 1965
– The scientific analysis of personality. Harmondsworth: Penguin Books 1965
– A brief survey of present knowledge and hypotheses on psychophysiological state dimensions. In: CATTELL, R. B. (Ed.) 1966
– Personality and mood by questionnaire. San Francisco: Jossey/Bass 1973
– Die empirische Erforschung der Persönlichkeit. Weinheim: Beltz 1973
CATTELL, R. B. (Ed.): Handbook of multivariate experimental psychology. Chicago: Rand, McNally 1966
CATTELL, R. B.; COULTER, M. A.: Principles of behavioral taxonomy and the mathematical basis of the taxonome computer programm. Brit. J. math. stat. Psychol. 19, 1966
CATTELL, R. B.; EBER, H. W.; TATSOUKA, M. M.: Handbook for the sixteen personality factors questionnaire (16 PF). Champaign: IPAT 1970
CATTELL, R. B.; WARBURTON, F. W.: Objective personality and motivation tests. Chicago: Univ. of Illinois Press 1967
CATTELL, R. B., WEISS, R., OSTERLAND, J.: Culture Fair Intelligence Test (CFT 1) Sprachfreier Grundintelligenztest Skala 1 Braunschweig: Westermann
CAUTELA, J. R.; KASTENBAUM, R.: A reinforcement survey schedule for use in therapy, training and research. Psychol. Rep. 20, 1967
Central Organisation for Traffic Safety in Finland: Reports from TALJA. Helsinki 1965–1973
CHAFE, W. L.: Meaning and the structure of language. Chicago: Univ. of Chicago Press 1970
CHARCOT, J. M.: Neue Vorlesungen über die Krankheiten des Nervensystems. Leipzig/Wien: Toeplitz, Deuticke 1886
CHARLTON, M.; WETZEL, H.: Anthropologische und entwicklungspsychologische Überlegungen. In: WITTLING, W. (Hrsg.): Handbuch der Klinischen Psychologie, Bd. 2, Hamburg: Hoffmann & Campe 1980, 78–101
CHAVES, J. F.; BARBER, T. X.: Acupuncture analgesia: A sixfactor theory. In: WEISENBERG, M. u. TURSKY, B. (Hrsg.): Pain. New perspectives in therapy and research. New York: Plenum Press 1976
CHERNOFF, H.; MOSES, L. A.: Elementary decision theory. New York: Wiley 1959
CHERRY, Ch.: Kommunikationsforschung. Frankfurt: S. Fischer 1967[2]
CHERRY, E. C.; TAYLOR, W. K.: Some further experiments on the recognition of speech with one and two ears. J. acoust. Soc. Amer. 26, 1954
CHOMSKY, N.: Syntactic structures. The Hague: Mouton 1957
– Buchbesprechung. Language 35, 1959
– Aspects of the theory of syntax. Cambridge, Mass.: MIT Press 1965 (dt.: Aspekte der Syntax-Theorie. Frankfurt: Suhrkamp 1969)
CHOMSKY, N.; HALLE, M.: The sound pattern of English. New York: Harper 1968
CHRISTIANSEN, B.: Willensfreiheit. Stuttgart: Reclam 1947
CHRISTIE, R. et al.: Studies in machiavellianism. New York: Acad. Press 1970
CHRISTIE, R.; JAHODA, M. J. (Ed.): Studies in the scope and method of »the authoritarian personality«. Glencoe: Free Press 1954
CHUNG, H. T.: Urteile über Völker in Korea. (Diss.) Tübingen 1970
CHURCH, J.: Language and the discovery of reality. New York: Random House 1961
CLARIDGE, G. S.: Personality and arousal. Oxford: Pergamon Press 1967
– Drugs and human behavior. New York, Praeger Publ. 1970
CLARK, H. H.; CLARK, E. V.: Psychology and language. New York: Harcourt Brace 1977
CLARK, H. M.: Word associations and linguistic theory. In: LYONS, J. (Ed.) 1970
CLARK, W. G.; GUIDICE, S. del: Principles of psycho-pharmacology. New York: Acad. Press 1970, 1978[2]
CLAUSER, G.: Die Kopfuhr. Stuttgart: Enke 1954
CLAUSS, L. F.: Von Seele und Antlitz der Rassen und Völker. München: Lehmann 1929[2]
– Die Seele des Andern. Baden-Baden: Vlg. für Kunst u. Wissenschaft 1958
CLEARY, T. A.: Test bias: Prediction of grades of negro and white students in integrated colleges. J. educ. Measmt. 5, 1968
CLORE, G. L.: HIRSCHBERG-WIGGINS, N.; ITKIN, S.: Gain and loss in attraction: attributions from nonverbal behavior. J. Pers. soc. Psychol. 31, 1975
CLOSTERMANN, G.: Die Prozent-Quotient-Methode. Münster: Aschendorff 1958
– Studien zur Testwissenschaft. Der Mann-Zeichen-Test in formtypischer Auswertung. Münster: Aschendorff 1959
– Beiträge zur mathematischen Psychologie. Münster: Aschendorff 1960
COFER, C. N.; APPLEY, M. H.: Motivation. Theory and research. New York: Wiley 1964
COGHILL, G. B.: Anatomy and the problem of behaviour. Cambridge: Cambridge UP 1929
COHEN, J.; GORDON, D. A.: The PROEVOST-FECHNER-BENHAM subjective colors. Psychol. Bull. 46, 1949
COHEN, J.; HANSEL, C. E. M.: Risk and gambling. The study of subjective probability. New York: Longmans 1956 (dt. Glück und Risiko. Die Lehre von der subjektiven Wahrscheinlichkeit. Frankfurt/M.: Europ. Verlagsanst. 1961)
COHEN, R.: Versuche der Quantifizierung von Angst. In: v. DITFURTH, H. (Hrsg.): Aspekte der Angst. Stuttgart: Thieme 1965

COHEN, R.; MEYER-OSTERKAMP, S.: Experimentalpsychologische Untersuchungen in der psychopathologischen Forschung. In: SCHRAML, BAUMANN II. 1974
COHN, R.: Von der Psychoanalyse zur Themenzentrierten Interaktion. Stuttgart 1975
COLLINS, B. E.; RAVEN, B. H.: Group structure. In: LINDZEY, ARONSON IV, 1969
COLLU, R.; BARBEAU, A.; ROCHEFORT, J.-G.; DUCHARME, J. R. (Eds.): Central nervous system effects of hypothalamic hormones and other peptides. New York: Raven Press 1979
CONGER, J.: Adolescence and youth. New York: Harper & Row 1977[2]
CONRAD, K.: Der Konstitutionstypus als genetisches Problem. Berlin: Springer 1941
– Über Begriff und Wesen der Apophänie. In: Mehrdimensionale Diagnostik. Festschrift für E. KRETSCHMER. Stuttgart: Thieme 1958
CONRAD, W.; BAUMANN, E.; MOHR, V.: Mannheimer Test zur Erfassung des physikalisch-technischen Problemlösens (M-T-P) Göttingen: Hogrefe 1980
COOLEY, W. W.; LOHNES, P. R.: Multivariate procedures from the behavioral sciences. New York: Wiley 1962
COOMBS, C. H.: A theory of data. New York: Wiley 1965
COOMBS, C. H. et al.: Mathematical psychology. Englewood Cliffs: Prentice-Hall 1970
COOPER, D.: Psychiatry and anti-psychiatry. New York: Barnes & Noble 1967
COPEI, F.: Der fruchtbare Moment im Bildungsprozeß. Heidelberg: Quelle & Meyer 1958[4]
COREY, E. R.; STAR, S. H.: Marktorientierte Unternehmensplanung. Essen: Girardet 1973
CORRELL, W.: Programmiertes Lernen und Lernmaschinen. Braunschweig: Westermann 1965
CORRELL, W.; SCHWARZE, H.: Lernpsychologie programmiert. Donauwörth: Auer 1973[5]
COSERIU, E.: Die Lage in der Linguistik. Innsbrucker Beiträge zur Sprachwissenschaft, Vorträge 9. Innsbruck 1973
COUÉ, E.: Die Selbstbemeisterung durch bewußte Autosuggestion. Basel: Schwabe 1925
COWLES, J. T.: Food token as incentives for learning by chimpanzees. Contemp. Psychol. Monogr. 4, 1937
CRAFTS, L. W.; SCHNEIRLA, T. C.; ROBINSON, E. E. et al.: Recent experiments in psychology. New York: McGraw-Hill 1950[2]
CRAIG, W.: Appetites and aversions as constituents of instincts. Biol. Bullet. 34, 1918, 91–108
CRAIK, F. J. M.; LOCKHART, R. S.: Levels of processing: A framework for memory research. J. Verb. Learn. Verb. Beh. 11, 1972, 671–684
CRAIK, K. H.: Environmental psychology. Annu. Rev. Psychol. 24, 1973
CRANACH, M. von u. a.: Zielgerichtetes Handeln. Bern: Huber 1980
CRAWFORD, J. L.; MORGAN, D. W.; GIANTURO, D. T. (Eds.): Progress in mental health information systems: Computer applications. Cambridge: Ballinger 1974
CRÉPIEUX-JAMIN, J.: Die Grundlagen der Graphologie und der Schriftexpertise. Heidelberg: Kampmann 1927
CRESPI, L. P.: Quantitative variation of incentive and performance. Amer. J. Psychol. 55, 1942
CRITES, J. O.: Vocational psychology. New York: McGraw-Hill 1969
– Career counseling: A review of major approaches. Counsel. Psychologist 4, 1974
CROMER, R. F.: The basis of childhood dysphasia: A linguistic approach. In: WYKE, M. (Ed.): Developmental dysphasia. London: Academic Press 1978
CRONBACH, L. J.: Response sets and test validity. Educ. psychol. Measmt. 6, 1946
– Further evidence on response sets and test design. Educ. psychol. Measmt. 10, 1950
– Essentials of psychological testing. New York: Harper 1970[3]
– Test validation. In: THORNDIKE, R. L. (Ed.): Washington: Amer. Council Educ. 1971[2]
CRONBACH, L. J.; GLESER, G. C.: Psychological tests and personal decisions. Urbana: Univ. of Illinois Press 1957
CRONBACH, L. J.; MEEHL, P. E.: Construct validity in psychological tests. Psychol. Bull. 52, 1955
CROTT, H. W.: Der Einfluß struktureller und situativer Merkmale auf das Verhalten in Verhandlungssituationen. Z. Sozialps. 3, 1972
CSIKSZENTMIHALYI, M.: Beyond boredom and anxiety. San Francisco: Jossey-Bass 1979
CUBE, F. v.: Was ist Kybernetik? Bremen: Schünemann 1967
– Kybernetische Grundlagen des Lernens und Lehrens. Stuttgart: Klett 1971[3]
CUBE, F. v.; GUNZENHÄUSER, R.: Über Entropie von Gruppen. Quickborn 1967
CULLEN, J. W.; FOX, B. H.; ISOM, R. N. (Eds.): Cancer: The behavioral dimensions. New York: Raven 1976
CUMMING, E.; HENRY, W. E.: Growing old. New York: Basic Books 1961
CURRY, M.: Die Steuerung des gesunden und kranken Organismus durch die Atmosphäre. Riederau-Ammersee: Amer. Bioclimat. Res. Institute 1946
CZACZKES, J. W.; DE-NOUR, A. K.: Chronic hemodialysis as a way of life. New York: Brunner/Mazel 1978

DAHL, G.: WIP – Reduzierter WECHSLER-Intelligenztest. Meisenheim: Hain 1972
DAHME, B.; EHLERS, W.; ENKE, E. u. a.: Lernziele der Medizinischen Psychologie. Empfehlungen zu den Zielen und Methoden des Unterrichts. München: Urban & Schwarzenberg 1977
DAHRENDORF, R.: Bildung ist Bürgerrecht. Hamburg: Wegner 1965
DAIM, W.: Handschrift und Existenz. Graz: Pustet 1950
DAMMANN, U.: Datenbanken und Datenschutz. Frankfurt/M.: Campus 1974
DANN, H.-D.: Aggression und Leistung. Stuttgart: Klett 1972
DANZEL, Th. W.: Symbole, Dämonen und heilige Türme. Hamburg: de Gruyter 1930
D'ARCAIS, G. W. F.; LEVELT, W. J. M. (Eds.): Advances in psycholinguistics. Amsterdam: North Holland 1970
DARWIN, Ch.: Die Entstehung der Arten durch natürliche Zuchtwahl. Stuttgart: Reclam 1963[6]
DAU, R.: Projekt »Head Start« in Kritik und Gegenkritik. Z. Päd. 17, 1971
DAVE, R. H.: Eine Taxonomie pädagogischer Ziele und ihre Beziehung zur Leistungsmessung. In: INGENKAMP, K.; MARSOLEK, Th. (Hrsg.): Möglichkeiten und Grenzen der Testanwendung in der Schule. Weinheim: Beltz 1968

DAVIES-OSTERKAMP, S.: Angst und Angstbewältigung bei chirurgischen Patienten. Med. Psychol. 3, 1977
DAVIES-OSTERKAMP, S.; MÖHLEN, K.: Postoperative Genesungsverläufe bei Patienten der Herzchirurgie in Abhängigkeit von präoperativer Angst und Angstbewältigung. Med. Psychol. 4, 1978
DAVIES-OSTERKAMP, S.; PÖPPEL, E.: Emotionsforschung in der Medizin. Göttingen: Vandenhoeck & Ruprecht 1980
DAVIES-OSTERKAMP, S.; SALM, A.: Ansätze zur Erfassung psychischer Adaptionsprozesse in medizinischen Belastungssituationen. Med. Psychol. 6, 1980
DAVIS, J. H.: Group decision and procedural justice. In FISHBEIN, M. (Hrsg.): Progress in social psychology. Hillsdale, N. J.: Erlbaum 1979
DAVISON, G. C.; NEALE, J. M.: Abnormal psychology. London: Methuen 1974, 1978[2] (dt. Klinische Psychologie. München: Urban & Schwarzenberg 1979)
DAWES, R. M.: Shallow psychology. In: CARROLL, J.; PAYNE, J. (Hrsg.): Cognition and social behavior. Hillsdale: Erlbaum 1976, 3–12
– Social dilemmas. Ann. Rev. Psychol. 31, 1980, 169–193
DEBUS, G.; JANKE, W.: Psychologische Aspekte der Psychopharmakotherapie. In: PONGRATZ, E. (Hrsg.): Handbuch der Psychologie, Bd 8/2, 1978
DEBUS, G.; JANKE, W.: Methods and methodological considerations in measuring antianxiety effects of tranquilizing drugs. Progress in Neuro-Psychopharmacology 5, 1980, 391–404
DEBUS, G.; JANKE, W.: Psychopharmacology. The German J. Ps. 2, 1981
DEESE, J.: On the structure of associative meaning. Psychol. Rev. 69, 1962
DEGKWITZ, R. u. a.: Diagnoseschlüssel und Glossar psychiatrischer Krankheiten. Deutsche Ausg. der internat. Klassifikation der Krankheiten der WHO. Berlin: Springer 1980
DEHMELT, P.; KUHNERT, W.; ZINN, A.: Diagnostischer Elternfragebogen D.E.F. Weinheim: Beltz 1981
DE JONG, R.; HOFFMANN, N.; LINDEN, M.: Verhaltensmodifikationen bei Depressionen. München: Urban & Schwarzenberg 1980
DELGADO, J. M. R.: Gehirnschrittmacher. Berlin: Ullstein 1971
DEMBER, W. N.: The new look in motivation. Amer. Scientist 53, 1965
– The psychology of perception. New York: Holt 1966[2]
DEMBER, W. N.; JENKINS, J. J.: General Psychology. Modeling behavior and experience. Englewood Cliffs (N. J.): Prentice-Hall 1970
DEMBO, T.: Der Ärger als dynamisches Problem. Psychol. Forsch. 15, 1931
DEMLING, L.; BARTMANN, K. (Hrsg.): Biotelemetrie. Stuttgart: Thieme 1970
DERBOLAV, J.: Die Stellung der Pädagogischen Psychologie im Rahmen der Erziehungswissenschaft und ihre Bedeutung für das pädagogische Handeln. In: Hdb. d. Psychol., Bd 10, 1959
DESSOIR, M.: Abriß einer Geschichte der Psychologie. Heidelberg: Winter 1911
– Der Okkultismus in Urkunden. Berlin: Ullstein 1925
– Vom Jenseits der Seele. Stuttgart: Enke 1931[6]
DEUBELIUS, W.: Therapeutische Gemeinschaft. In: REXILIUS, G.; GRUBITZSCH, S.: Handbuch psychologischer Grundbegriffe. Reinbek: Rowohlt 1981, 1114f
DEUTSCH, H.: Psychologie der Frau. 2 Bde. Bern: Huber 1948–1953
DEUTSCH, J. A.: The physiological basis of memory. New York: Acad. Press 1973
DEUTSCH, M.: The resolution of conflict. New Haven: Yale Univ. Press 1973
DEUTSCH, M.; KRAUSS, R. M.: Studies of interpersonal bargaining. J. Confl. Resol. 6, 1962
Deutsche Gesellschaft für Personalwesen e. V.: Differentieller Wissenstest (D-W-T) Göttingen: Hogrefe 1969
Deutsche Normen. DIN 44300. Informationsverarbeitung. Begriffe. Berlin: Beuth 1962
DE WIT, J.; HARTUP, W. W. (Hrsg.): Determinants and origins of aggressive behavior. Den Haag, Paris: Mouton 1974
DIEDERICH, J.: »Unterrichtsforschung«. In: GROOTHOFF; STALLMANN (Hrsg.): Neues Pädagogisches Lexikon. Stuttgart: Kreuz-Verlag 1971
DIENELT, K.: Erziehung zur Verantwortlichkeit. Wien: Österreich. Bundesverlag 1955
DILTHEY, W.: Einleitung in die Geisteswissenschaften. In: Gesammelte Schriften, Bd 1. Göttingen: Vandenhoeck & Ruprecht 1959, 1973[7]
– Ideen über eine beschreibende und zergliedernde Psychologie. (1894). In: Gesammelte Schriften, Bd 5. Göttingen: Vandenhoeck & Ruprecht 1964
DIMOND, S. J.: Neuropsychology. A textbook of systems and psychological functions of the human brain. London: Butterworths 1980
DIRKS, H.: Psychologische Faktoren der Berufsarbeit. Göttingen: Hogrefe 1958
DITCHBURN, R. W.; FENDER, D. H.: The stabilized retinal image. Ophth. Acta. 2, 1955
DITTMAR, N.: Soziolinguistik. Frankfurt: Fischer/Athenäum 1973
DITTRICH, A.: Probleme der pharmakopsychologischen Forschung. In: SCHRAML, BAUMANN II, 1976
DIXTON, T. R.; HORTON, D. L. (Ed.): Verbal behavior and general behavior theory. Englewood Cliffs: Prentice-Hall 1968
DOHMEN, G.; MAURER, F. (Hrsg.): Unterricht. München: Piper 1974[5]
DOLLARD, J. et al.: Frustration und aggression. New Haven: Yale UP 1939
DOLLARD, J.; MILLER, N. E.: Personality and psychotherapy. New York: McGraw-Hill 1950
DOMIZLAFF, H.: Die Gewinnung des öffentlichen Vertrauens. Hamburg: Dulk 1951[2]
DONDERS, F. C.: Die Schnelligkeit psychischer Prozesse. Arch. f. Anat., Physiol. u. wissensch. Medicin 1868, 657–681
DONSKOI, D. D.: Grundlagen der Biomechanik. Berlin 1975
DONY, M.: Psychologische Aspekte im Bereich der Anästhesie. In: BECKMANN u. a. 1981
DOOB, L. W.: Patterning of time. New Haven: Yale UP 1971
DÖRING, K. W.: Lehrerverhalten und Lehrerberuf. Weinheim: Beltz 1972

DÖRING, K. W.; KUPFFER, H.: Die eindimensionale Schule. Weinheim: Beltz 1972
DÖRNER, D.: Die kognitive Organisation beim Problemlösen. Bern: Huber 1974
– Problemlösen als Informationsverarbeitung. Stuttgart: Kohlhammer 1976
DÖRNER, D.; KREUZIG, H. W.; REITHER, F.; STÄUDEL, Thea (Hrsg.): Lohausen. Vom Umgang mit Unbestimmtheit und Komplexität. Forschungsbericht Lehrstuhl Ps. II der U. Bamberg 1981
DÖRNER, K.; PLOG, U.: Sozialpsychiatrie. Neuwied: Luchterhand 1972
DÖRR, R.: Allergische Phänomene. In: BETHE: Hdb. d. norm. u. pathol. Physiologie, Bd 13. Berlin: Springer 1929
DORSCH, F.: Zur Problematik der ärztlichen Berufseignung. ZVKL 29, 1950
– Das GIESE-Test-System. Stuttgart: Wolf 1952
– Eignungsuntersuchung an Abiturienten. Berufskunde 4, 1958
– Geschichte und Probleme der angewandten Psychologie. Bern: Huber 1963
DOWNEY, J. E.: Graphology and the psychology of handwriting. Baltimore 1919
DREY-FUCHS, C.: Der FUCHS-RORSCHACH-Test (Fu-Ro-Test). Göttingen: Hogrefe 1958
DRIESCH, H.: Leib und Seele. Leipzig: Reinicke 1923[3]
– Selbstbestimmung und Selbsterkenntnis. Leipzig: Pan Verlag 1942[2]
– Parapsychologie. Zürich: Rascher 1952[3]
DRÖSLER, J.: Das beidäugige Raumsehen. In: Hdb. d. Psychol. Bd 1/1. 1966, 1974[2]
DRÜE, H.: Edmund HUSSERLs System der phänomenologischen Psychologie. Berlin: de Gruyter 1962
DUCHENNE, G. B.: Mécanisme de la physionomie humaine. Paris 1862
– Physiologie des mouvements. Paris 1867
DUDEN: Grammatik der deutschen Gegenwartssprache. Bearb. P. GREBE. Mannheim: Bibliogr. Institut 1966[2]
DUFFY, E.: Activation and behavior. New York 1962
DUHM, E.: Das Beratungsgespräch als Lernsituation. Psychol. Beitr. 8, 1965
DUHM, E.; HANSEN, J.: Der ROSENZWEIG P-F Test. Form für Kinder. Göttingen: Hogrefe 1957
DÜHRSSEN, A.: Heimkinder und Pflegekinder in ihrer Entwicklung. Göttingen: Vandenhoeck & Ruprecht 1974[5]
– Psychogene Erkrankungen bei Kindern und Jugendlichen. Göttingen: Vandenhoeck & Ruprecht 1974[10]
– Psychotherapie bei Kindern und Jugendlichen. Göttingen: Vandenhoeck & Ruprecht 1974[5]
DÜKER, H.: Psychologische Untersuchungen über freie und zwangsläufige Arbeit. Erg. Z. Psychol. 20, 1931
– Über die Ablenkungsmöglichkeit bei freier und zwangsläufiger Arbeitsweise. Arch. ges. Psychol. 92, 1934
– Über Methoden und Apparaturen zur Untersuchung fortlaufender Arbeitsprozesse. Z. Psychol. 133, 1935
– Die Bedeutung experimentell-psychologischer Methoden für die Wirkungsprüfung von Pharmaka. Psychol. Rdsch. 1, 1949
– Experimentelle Untersuchungen über die Steigerung der geistigen Leistungsfähigkeit bei Minderbegabten. Z. Heilpäd. 1951
– Leistungsfähigkeit und Keimdrüsenhormone. München: Barth 1957
– Über reaktive Anspannungssteigerung. Z. exper. angew. Ps. 1963, 10, 46–72
– Untersuchungen zur Theorie der »rückwirkenden Hemmung«. Arch. ges. Ps. 119, 1967
– Untersuchungen über die Ausbildung des Wollens. Bern: Huber 1975
DÜKER, H.; LIENERT, G.: Der Konzentrations-Leistungs-Test (K-L-T). Göttingen: Hogrefe 1959
DUKES, W. F.: N = 1. Psychol. Bull. 64, 1965
DUNCAN, S.: Nonverbal communication. Psych. Bull. 72, 1969
DUNCKER, K.: Zur Psychologie des produktiven Denkens. Berlin: Springer 1935
DUNCKMANN, K.: Die Lehre vom Beruf. Berlin: Trowitz 1922
DUNLAP, K.: Habits: Their making and unmaking. New York: Liveright 1932
DUNNE, D.: Die Hypnose. Stuttgart: Günther 1960
DUNNETTE, M. D. et al.: Effect of group participation on brainstorming effectiveness for two industrial samples. J. appl. Psychol. 47, 1963
DÜRCKHEIM, K. v.: Untersuchungen zum gelebten Raum. Neue psychol. Stud. 4, 1932
DURKHEIM, E.: Les règles de la méthode sociologique (dt.: Die Regeln der soziologischen Methode. Neuwied: Luchterhand 1970[3])
DÜSS, L.: Fabelmethoden und Untersuchungen über den Widerstand in der Kinderanalyse. Bern: Huber 1956, 1976[3]
DUVAL, S.; WICKLUND, R. A.: A theory of objective self-awareness. New York: Acad. Pr. 1972

EBBECKE, U.: Physiologie des Bewußtseins in entwicklungsgeschichtlicher Betrachtung. Stuttgart: Thieme 1959
EBBINGHAUS, H.: Über das Gedächtnis. Leipzig 1885, Nachdr.: Amsterdam: Bonset 1966
EBERSPÄCHER, H.: Psychoregulatives Training. In: GABLER, H. u.a. (Hrsg.): Praxis der Psychologie im Leistungssport. Berlin 1979, 255–298
ECCLES, J. C.: The physiology of synapses. New York: Acad. Press 1964
– Cerebralsynaptic mechanisms. In: ECCLES, J. C. (Ed.): Brain und conscious experience. Berlin: Springer 1966
– The understanding of the brain. New York: McGraw Hill 1973 (dtsch. Das Gehirn des Menschen. München: Piper 1975)
ECKARDT, H. H.: Möglichkeiten des Einsatzes der elektronischen Datenverarbeitung in der psychologischen Eignungsdiagnostik. In: TRIEBE, J. K.; ULICH, E. (Hrsg.): Beiträge zur Eignungsdiagnostik. Bern: Huber 1977
ECKENSBERGER, L. H. (Hrsg.): Entwicklung des moralischen Urteilens – Theorie; Methoden; Praxis. Saarbrücken: Univ. Dr. 1978

Bibliographischer Anhang

– Entwicklung sozialer Kognition: Paradigmen, Theorien, Ergebnisse. Stuttgart: Klett 1981
ECKSTEIN, L.: Psychologie des ersten Eindrucks. Leipzig: Barth 1937
– Die Sprache der menschlichen Leibeserscheinung. München: Barth 1956[2]
EDELBERG, R.: Electric properties of the skin. In: BROWN, C. C. (Ed.) 1967
EDELSTEIN, W.; HOPF, D. (Hrsg.): Bedingungen des Bildungsprozesses. Stuttgart: Klett 1973
EDINGER, L.: Zehn Vorlesungen über den Bau der nervösen Zentralorgane. Leipzig: Vogel 1911[8]
EDWARDS, A. L.: The measurement of personality traits by scales and inventories. New York: Holt 1970
– The social desirability variable in personality assessment and research. New York: Dryden 1957
EFFLER, M.: Interferenz bei STROOP-Items in Abhängigkeit von Worthäufigkeit, Übung und Wiederholungsrate der Wortkomponenten. Z. exper. angew. Psychol. 28, 1981, 54–79
EGGERT, D. u. a. (Hrsg.): HAWIVA, Hannover-Intelligenztest für das Vorschulalter. Bern: Huber 1975 Ⓣ WECHSLER
EHLERS, B., EHLERS, Th., MAKUS, H. Marburger Verhaltensliste (MVL) Göttingen: Hogrefe 1978
EHRENFELS, Chr. v.: Über Gestaltqualitäten. Viertelj.-schr. wissensch. Philos. 14, 1890
EHRENSTEIN, W.: Untersuchungen über Figur-Grund-Fragen. Z. Psychol. 117, 1930
– Grundlegung einer ganzheitspsychologischen Typenlehre. Berlin: Juncker & Dünnhaupt 1935
– Die Entpersönlichung. Masse und Individuum im Lichte neuerer Erfahrungen. Frankfurt: Kramer 1952
– Probleme der ganzheitspsychologischen Wahrnehmungslehre. Leipzig: Barth 1954[3]
– Intelligentes Denken. In: Festschrift für Joh. WITTMANN. Dortmund: Crüwell 1956
EHRLICH, D.; GUTTMAN, J.; SCHÖNBACH, P.: Die Verarbeitung relevanter Informationen nach einer Entscheidung. In: THOMAE, H. (Hrsg.) 1965 (Orig.: J. abn. soc. Ps. 54, 1957)
EIBL-EIBESFELDT, I.: Grundriß der vergleichenden Verhaltensforschung. München: Piper 1967, 1969[2]
– Liebe und Haß. München: Piper 1970
EIBL-EIBESFELDT, I.; LORENZ, K.: Die stammesgeschichtlichen Grundlagen menschlichen Verhaltens. In: HEBERER, G.: Evolution der Organismen. Bd. III, Stuttgart: Fischer 1974[3], 572–624
EICKSTEDT, E. Frh. v.: Die Forschung am Menschen einschließlich Rassenkunde und Rassengeschichte der Menschheit. Stuttgart: Enke 1937–1963
EISER, J. R.; STROEBE, W.: Categorization and social judgement. London / New York: Acad. Press 1972
EKMAN, G.: A direct method for multidimensional ratio scaling. Psychometrika 28, 1963
ELBERT, T.; ROCKSTROH, B.; LUTZENBERGER, W.; BIRBAUMER, N.: Biofeedback of slow cortical potentials. I. Electroence. and Clin. Neurophysiol. 1980, 48, 293–301
ELIADE, M.: Das Heilige und das Profane. Reinbek: Rowohlt 1957
ELLIOT, M. A.; MERRILL, F. E.: Social disorganization. New York: Harper 1950[3]
ELSENHANS, Th.: Lehrbuch der Psychologie. 3. A., bearb. durch F. GIESE, H. W. GRUHLE u. F. DORSCH. Tübingen: Mohr 1939
EMERSON, R. M.: Power-dependence relations. Amer. soc. Rev. 27, 1962
ENDLER, N. S.; MAGNUSSON, D. (Ed.): Interactional psychology and personality. Washington: Hemisphere Publ. Corp. 1976
ENGELBRECHT, W.: Validierung einer Berufseignungstestbatterie und Verwendung der Ergebnisse für eine computerunterstützte berufsbezogene Testbefundinterpretation. Diagnostica 21, 1975
ENGELKAMP, J.: Semantische Struktur und die Verarbeitung von Sätzen. Bern: Huber 1973
– Psycholinguistik. München: Fink 1974
– Satz und Bedeutung. Stuttgart: Kohlhammer 1976
ENGELMAYER, O.: Schulkinder unter sich. Das Soziogramm in der modernen Schule. München: Kaiser 1952
ENGEMANN, A.: Handlungstheoretische Analyse des Urteilsgeschehens in mündlichen Prüfungen. Diss. Tübingen 1981
ENGLISH, H. B.; ENGLISH, A. C.: A comprehensive dictionary of psychological and psychoanalytical terms. New York: Longmans 1958
EPSTEIN, W.: A further study of the influence of syntactical structure on learning. Amer. J. Psychol. 75, 1962
– Varieties of perceptual learning. New York: McGraw-Hill 1967
EPSTEIN, W. (Ed.): Stability and constancy in visual perception. New York: Wiley 1977
ERDELYI, M.: Einführung in die Wirtschafts- und Betriebspsychologie. Göttingen: Hogrefe 1955
ERIKSON, E. H.: Jugend und Krise. Stuttgart: Klett 1970
– Kindheit und Gesellschaft. Stuttgart: Klett 1971
ERISMANN, Th.: Die Eigenart des Geistigen. Leipzig: Quelle & Meyer 1924
– Psychologie und Recht. Bern: Francke 1947
– Die Scheinbewegung und ihre Erklärung aus einer Wahrnehmungstheorie. Ber. Kongr. Prakt. Psychol. 1947
– Denken und Sein. Wien: Sexl 1950
– Sein und Wollen. Wien: Sexl 1953
– Wahrscheinlichkeit im Sein und Denken. Wien: Sexl 1954
– Allgemeine Psychologie. Berlin: de Gruyter 1958[2]
ERLENMEYER, D.: Die Schrift. Grundzüge ihrer Physiologie und Pathologie. Stuttgart 1879
ERTEL, S.: Die emotionale Natur des »semantischen« Raumes. Psychol. Forsch. 28, 1964
– Ein differentialmethodischer Versuch zum Intelligenzproblem. Psychol. Forsch. 30, 1966
– Psychophonetik. Göttingen: Hogrefe 1969
– Erkenntnis und Dogmatismus. Psychol. Rdsch. 23, 1972, 241–269
– Der malende Mund. Bern: Huber 1976
ERVIN-TRIPP, S. M.: Sociolinguistics. In: BERKOWITZ, L. (Ed.): Advances in experimental social psychology. New York: Acad. Press 1969
ESER, A. (Hrsg.): Suicid und Euthanasie als human- und sozialwissenschaftliches Problem. Stuttgart: Enke 1976

ESTES, W. K.: Probability learning. In: MELTON, A. W. (Hrsg.): Categories of human learning. New York/London: Acad. Press 1964, 90–128
ETZIONI, A.: Social-psychological aspects of international relations. In: LINDZEY, ARONSON V, 1969, 538–601
EURICH, C.: Politische Meinungsführer. München: Dokumentation 1976
Europäische Gemeinschaft für Kohle und Stahl. Hohe Behörde. Menschliche Faktoren und Arbeitssicherheit. Studienreihe Arbeitsphysiologie und Arbeitspsychologie. Köln: Bundesanzeiger Verl. Ges. 1967
EWALD, G.: Temperament und Charakter. Berlin: Springer 1924
– Neurologie und Psychiatrie. München: Urban & Schwarzenberg 1959[4]
EWERT, O.: Gefühle und Stimmungen. Hdb. d. Ps. 2, 1965, 229–271
EYFERTH, K.; KREPPNER, K: Entstehung, Konstanz und Wandel von Einstellungen. In Hdb. d. Ps. 7,2, 1972
EYFERTH, O; THIERSCH, H. (Hrsg.): Handbuch – Sozialarbeit, Sozialpädagogik, soziale Probleme. Darmstadt: Neuwied 1979
EYSENCK, B. G.; EYSENCK, H. J.: Personality structure and measurement. London: Routledge 1969
EYSENCK, H. J.: Dimensions of personality. London: Routledge 1947
– Criterion analysis – an application of the hypothetico – deductive method to factor analysis. Psychol. Rev. 57, 1950
– Neuroticism. Lewins eugen. Rev. 43, 1951
– The scientific study of personality. London: Routledge 1952
– Charakterologie, Schichtentheorie und Persönlichkeit. In: BRACKEN, DAVID 1959
– Behavior therapy and the neuroses. Oxford: Pergamon Press 1960
– The structure of human personality. London 1960[2]
– The development of moral values in children – the contribution of learning theory. Brit. J. Educ. Psychol. 30, 1960, 11–21
– Experiments with drugs. Oxford: Pergamon Press 1963
– Persönlichkeitstheorie und psychodiagnostische Tests. Diagnostica 11, 1965
– The biological basis of personality. Springfield: Thomas 1967
– The psychology of politics. London: Routledge 1968
– Crime and personality. London: Paladin 1970
– Vererbung, Intelligenz und Erziehung. Stuttgart: Sewald 1975
– Intelligenz. Berlin: Springer 1980
EYSENCK, H. J. (Ed.): The measurements of intelligence. Lancaster: Med. & Techn. Publ. 1973

FAHRENBACH, H.: Positionen und Probleme gegenwärtiger Philosophie. Teil II: Philosophie der Sprache. Theol. Rdsch. 35, 1970
FAHRENBERG, J.: Objektive Tests zur Messung der Persönlichkeit. In: Hdb. d. Psychol. Bd 6, 1964, 1966, 1971
– Psychophysiologische Persönlichkeitsforschung. Göttingen: Hogrefe 1967
FAIRWEATHER, G. W.; TORNATZKY, L. G.: Experimental methods for social policy research. Oxford: Pergamon Press 1977
FARBER, Susan L.: Identical twins reared apart: A reanalysis. New York: Basic Books 1981
FECHNER, G. Th.: Die Kollektivmaßlehre (hrsg. v. LIPPS). Leipzig. Engelmann 1897
– Elemente der Psychophysik. Leipzig: Breitkopf & Härtel 1907[2]
– Erinnerungen an die letzten Tage der Odlehre und ihres Urhebers. Leipzig 1876
FEDERN, P.: Ich-Psychologie und die Psychosen. Bern: Huber 1956
FEGER, H.: Beiträge zur experimentellen Analyse des Konfliktes. In: Hdb. d. Psychol. Bd 2, 1965
– Gruppensolidarität und Konflikt. In: Hdb. d. Psychol. Bd 7/2, 1972
– Neobehavioristische Konfliktforschung. Arch. ges. Psychol. 116, 1964
– Einstellungsstruktur und Einstellungsveränderung: Ergebnisse, Probleme und ein Komponentenmodell der Einstellungsobjekte. Z. Soz. Ps. 10, 1979, 331–349
FEGER, H.; van TROSENBURG, E.: Paradigmen für die Unterrichtsforschung. In: INGENKAMP, K. H.; PAREY, E. 1970
FEIGL, H.: Philosophical embarrassment of psychology. Amer. Psychologist 14, 1959, 115–128
FELDKAMP, M.; DANIELCIK, I.: Krankengymnastische Behandlung der cerebralen Bewegungsstörung. München 1974
FELDMANN, E.: Theorie der Massenmedien. München: E. Reinhardt 1962
FEIGE, K.: Präzisionsleistungen menschlicher Motorik. Beiträge zur Psychologie der Leibesübungen. Beih. Z. angew. Psychol. 69, 1934
FERGUSON, Ch. A.: Baby talk as a simplified register. In: SNOW, C. E.; FERGUSON, Ch. A. (Eds.): Talking to children. Cambridge: University Press 1977
FERGUSON, G. A.: Statistical analysis in psychology and education. New York: Wiley 1959
FERNAU-HORN, H.: Die Sprechneurosen. Stuttgart: Hippokrates 1969
FERSTER, C. B.; SKINNER, B. F.: Schedules of reinforcement. New York: Appleton 1957
FESTINGER, L.: Informal social communication. Psychol. Rev. 57, 1950
– A theory of social comparison processes. Hum. Relat. 7, 1954, 117–140
– A theory of cognitive dissonance. Stanford: Stanford UP 1957 (dtsch.: Theorie der kognitiven Dissonanz. Bern: Huber 1978)
FESTINGER, L. et al.: Social pressure in informal groups. New York: Harper 1950
FESTINGER, L.; KATZ, D.: Research methods in the behavioral sciences. London: Dryden 1954
FEUERLEIN, W.: Alkoholismus – Mißbrauch und Abhängigkeit. Stuttgart: Thieme 1975
FEUERLEIN, W.; KÜFNER, H.; RINGER, Ch.; ANTONS, K.: Münchner Alkoholismus Test (MALT) Weinheim Beltz 1979

FIEDLER, F. E.: Assumed similarity measures as predictors of team effectiveness. J. abnorm. soc. Psychol. 49, 1954
– A contingency model of leadership effectiveness. In: BERKOWITZ (Ed.): Advances in experimental social psychology, vol. I. New York: Acad. Press 1964
– Leader attitudes, group climate and group creativity. J. abnorm. soc. Psychol. 65, 1964
FIEDLER, K.: Kognitive Verarbeitung statistischer Information. Der »vergebliche Konsensus-Effekt«. Z. Soz. Psychol. 1980, 11, 25–37
FIEDLER, P. A.; STANDOP, R.: Stottern. München: Urban u. Schwarzenberg 1978
FIETKAU, H. J.; KESSEL, H.: Strategien zur Hebung des Umweltbewußtseins in der Bevölkerung der Bundesrepublik Deutschland. Berlin: IIUG im Wissenschaftszentrum Berlin 1979
FILIPP, S.-H. (Hrsg.): Selbstkonzept-Forschung. Probleme, Befunde, Perspektiven. Stuttgart: Klett/Cotta 1979
FILLMORE, C. J.: The case for case. In: BACH, E.; HARMS, K. (Ed.): Universals in linguistic theory. New York: Holt 1968
– On fluency. In: FILLMORE, C. J.; KEMPLER, D.; WANG, W. (Eds.): Interindividual differences in language ability and language behavior. London: Academic Press 1979
FINGER, K.; GAYLER, B.; HAHN, H.; HARTMANN, K. D.: Animation im Urlaub. Starnberg: Studienkreis für Tourismus 1975
FISCHER, Aloys: Über Begriff und Aufgabe der Pädagogischen Psychologie. Z. päd. Psychol. 18, 1917
FISCHER, Arthur: Die Entfremdung des Menschen in einer heilen Gesellschaft. München: Juventa 1970
FISCHER, G. H.: Psychologische Testtheorie. Bern: Huber 1968
– Einführung in die Theorie psychologischer Tests. Bern: Huber 1975
FISCHER, G.; ROPPERT, J.: Ein Verfahren der Transformationsanalyse faktorenanalytischer Ergebnisse. In: Lineare Strukturen in Mathematik und Statistik. Würzburg: Physika 1965
FISCHER, M.: Die innere Differenzierung des Unterrichts in der Volksschule. Weinheim: Beltz 1971[9]
FISCHER, H.; TRIER, U. P.: Das Verhältnis zwischen Deutschschweizer und Westschweizer. Bern: Huber 1962
FISCHER-HOMBERGER, E.: Hypochondrie. Bern: Huber 1970
FISCHER-KOESEN, H.: Experimentelle Werbeerfolgsprognose. München: Gabler 1967
FISHBEIN, M.; AJZEN, I.: Belief, attitude, intention and behavior. Reading (Mass.): Addison Wesley 1975
FISHER, R. A: The design of experiments. Edinburgh: Oliver 1951[6]
FISHER, S.: Body and consciousness. Englewood Cliffs: Prentice-Hall 1973
FISKE, D. W.; MADDI, S. R. (Eds.): Functions of varied experience. Homewood: Dorsey 1961
FITTKAU, B.: Dimensionen des Lehrverhaltens und ihre Bedeutung für die Auslösung von Angst und Sympathie bei Schulen, Z. EntwPsychol. u. päd. Psychol. 1, 1969
FITTS, P. M.: Perceptual-motor skill learning. In: MELTON, A. W. (Ed.): Categories of human learning. New York: Acad. Press 1964
FITTS, P. M.; JONES, R. E.: Analysis of factors contributing to 460 »pilot-error« experiences in operating aircraft controls. Mem. Rep. No. TSEAA-6944-12. Ohio: Wright-Patterson AFB 1947
FLANAGAN, J. C.: The aviation psychology program in the Army Air Forces. Rep. No. 1. Washington, D. C. 1948
FLANDERS, N. A.: Intent, action and feedback. In: NELSON, L. N. (Ed.): The nature of teaching. London: Blaisdell 1969
FLAVELL, J. H.: The development of two related forms of social cognition: Role taking and verbal communication. In: R. F. KIDD; D. RIVOIRE (Eds.): Perceptual development of children. New York: International 1966
– Kognitive Entwicklung. Stuttgart: Klett 1979
FLECHSIG, K. H.: Erziehen zur Kreativität. Neue Sammlung 6, 1966
FLECHSIG, K. H. et al.: Probleme der Entscheidung über Lernziele. Progr. Lernen 7, 1970
FLECHTNER, H. J.: Grundbegriffe der Kybernetik. Stuttgart: Wissenschaftl. Verlagsges. 1966
FLEISHMAN, E. A.: Dimensional analysis of psychomotor abilities. J. exp. Psychol. 48, 1954
FLEISHMAN, E. A.; HEMPEL, W. E.: Factorial analysis of complex psychomotor performance and related skills. J. appl. Psychol. 40, 1956
FLEISHMAN, E. A.; ORNSTEIN, G. N.: An analysis of pilot flying performance in terms of component abilities. J. appl. Psychol. 44, No. 3, 1960
FLESCHER, J.: Angst und Leistung intellektuell und kreativ begabter Kinder. In: MÜHLE, G.; SCHELL, Ch. 1970
FLIK, G.: Die Wehrpsychologie in der Bundeswehr. Wehrkunde 1, 1969
FLITNER, A.: Diskussionsbemerkungen zu den Kindergartenuntersuchungen und zu der Einstellungsskala von A.-M. TAUSCH. Z. Päd. 2, 1970
– Mißratener Fortschritt. Pädagogische Anmerkungen zur Bildungspolitik. München: Piper 1977
FLITNER, A. (Hrsg.): Das Kinderspiel. München: Piper 1973
FLORIN, I. et al.: Ansätze zur Verhaltenstherapie bei Schizophrenen. In: KRAIKER, C. (Hrsg.) 1974
FLORIN, I.: Überlegungen zur Verhaltenstherapie des Stotterns. In: LOTZMANN, G. (Hrsg.): Psychologie in der Stimm-, Sprech- und Sprachhabilitation. Stuttgart: Fischer 1979
FLORIN, I.; TUNNER, W.: Therapie der Angst. München: Urban & Schwarzenberg 1975
FLORU, R.; FRÖHLICH, W.: Psychphysiologie der Aufmerksamkeit. Bern: Huber 1979
FLÜGGE, J.: Die Entfaltung der Anschauungskraft, Heidelberg 1963
FLUGEL, J. C.: Probleme und Ergebnisse der Psychologie. Stuttgart: Klett o. J.
FOA, E. B.; FOA, U. G.: Resource theory of social exchange. In THIBAUT, J.; SPENCE, J. T.; CARSON, R. C. (Hrsg.): Contemporary topics in social psychology. Morristown: General Learning Press 1976
FOKKEN, E.: Die Leistungsmotivation nach Erfolg und Mißerfolg in der Schule. Hannover: Schroedel 1966
FONTES, V.: Entwicklung und Untersuchung der Motorik. In: STERN, E.: (Hrsg.) 1954, Bd 1
FOPPA, K.: Lernen, Gedächtnis, Verhalten. Köln: Kiepenheuer & Witsch 1966[2]
FORBES, T. W.: Human factors in highway traffic safety research. New York: Wiley 1972

FORD, C. S.; BEACH, F. A.: Formen der Sexualität. Reinbeck: Rowohlt 1968
FORDYCE, W. E.: Behavioral methods for chronic pain and illness. St. Louis: Mosby 1976
FOREL, A.: Der Hypnotismus oder die Suggestion und die Psychotherapie. Stuttgart: Enke 1921[11]
Forschungsgemeinschaft »Der Mensch im Verkehr« e. V.: Die Auswirkung von Konstitutution und Persönlichkeit auf die Unfallgefährdung im Verkehr. 5 Berichte. Köln 1965–1968
– Faktor Menschen im Verkehr. Monographien zur Verkehrspsychologie, Verkehrspädagogik und zu verwandten Gebieten. 21 Hefte. Köln 1969–1973
FORTH, W.; HENSCHLER, D.; RUNGE, W.: Allgemeine und spezielle Pharmakologie und Toxikologie. Mannheim: B. I. Wissenschaftsverlag 1980
FOULKES, D.: Die Psychologie des Schlafes. Frankfurt: S. Fischer 1969
FOURCIN, A. J.: Speech perception in the absence of speech productive ability. In: O'CONNOR, N. (Ed.) 1975
FOWLER, C. A.; TURVEY, M. T.: Skill aquisition, An event approach with special reference to searching for the optimum of a function of several variables. In: STELMACH, G. E. (Ed.): Information processing in motor control and learning. New York 1978, 2–38
FRAISSE, P.: Psychologie du temps. Paris: PUF 1957 1967[2]
– Durée de la perception et perception de la durée. In: La psychologie du temps. 15. Int. Kongr. Psychol., Brüssel 1957. Amsterdam: North-Holland 1959
– Zeitwahrnehmung und Zeitschätzung. Hdb. d. Ps. 1, 1, 1966, 1974[2]
FRAISSE, P. (hrsg. v. W. TRAXEL): Praktikum der experimentellen Psychologie. Bern: Huber 1966
FRAISSE, P.; PIAGET, J. (Ed.): Traité de psychologie expérimentale. 9 vols. Paris: PUF 1963–1966
FRANÇON, M.: Holographie. Berlin: Springer 1972
FRANK, H.: Informationspsychologie. In: Kybernetik. Brücke zwischen den Wissenschaften. Frankfurt: Umschau 1965[5]
– Kybernetische Grundlagen der Pädagogik. 2 Bde. Baden-Baden: Agis-Verlag 1969[2]
– Kybernetische Analysen subjektiver Sachverhalte. Quickborn: Schnelle 1974
FRANK, J. D.: Some psychological determinants of the level of aspiration. Amer. J. Psychol. 47, 1935
FRANK, R.; FRIEDRICH-FREISEWINKEL, G.: Entwicklung und gegenwärtiger Stand psycholog. Differentialdiagnostik. In: Hdb. d. Psychol. Bd. 8.2, 1978, 1562–1726
FRANKE, H.: Das Lösen von Problemen in Gruppen. München: Goldmann 1975
FRANKE, J.: Ausdruck und Konvention. Göttingen: Hogrefe 1967
– Sozialpsychologie des Betriebes. Erkenntnisse und Ansätze zur Förderung der innerbetrieblichen Zusammenarbeit. Stuttgart: Enke 1980
FRANKEL, M.: Personality as a response. Behaviorism. In: MADDI, S. R. (Ed.): Perspectives on personality. Boston: Little, Brown 1971
FRANKL, V. E.: Logos und Existenz. Wien: Amandus Verlag 1951
– Ärztliche Seelsorge. Wien: Deuticke 1952[6]
– Theorie und Therapie der Neurosen. Wien: Urban & Schwarzenberg 1956
– Die Psychotherapie in der Praxis. Wien: Deuticke 1961[2]
FRANKL, V. E.: GEBSATTEL, V. E.; SCHULTZ, J. H.: Handbuch der Neurosenlehre. 5 Bde. München: Urban & Schwarzenberg 1959–61
FRANKMANN, J. P.; ADAMS, J. A.: Theories of vigilance. Ps. Bullet. 59, 1962
FRENKEL-BRUNSWIK, E.: Intolerance and ambiguity as an emotional and perceptional personality variable. J. Pers. 18, 108–143, 1949
FREUD, A.: Das Ich und die Abwehrmechanismen. (Nachdruck d. Ausgabe 1936.) München: Kindler 1973[8]
– Einführung in die Technik der Kinderanalyse. München: Kindler 1975
FREUD, S.: Gesammelte Werke. Hrsg. v. A. FREUD u. a. 18 Bde. Frankfurt: S. Fischer 1948ff
– Abriß der Psychoanalyse. Ges. Werke, Bd 17
– Die Traumdeutung (1900). Ges. Werke, Bde 2/3
– Formulierungen über zwei Prinzipien des psychischen Geschehens. Ges. Werke Bd VIII. London: Imago 1945
FREUDENTHAL, H.: Einführung in die Sprache der Logik. München: Oldenbourg 1965
FREUND, H.: Zur Frage der Beziehungen zwischen Stottern und Poltern. Mschr. Ohrenheilkunde 68, 1934
FREY, B. S.; STROEBE, W.: Ist das Modell des Homo Oeconomicus »unpsychologisch«? Z. f. d. ges. Staatswiss. 1980, 136 82–97
FREY, D. (Hrsg.): Kognitive Theorien der Sozialpsychologie. Bern: Huber 1978
FREY, E.: Der frühkriminelle Rückfallverbrecher. Schweizerische criminalistische Studien, Bd 4, Basel: Verl. f. Recht u. Gesellsch. 1951
FREY, K.: Theorien des Curriculums. Weinheim: Beltz 1972
FREYBERGER, H.: Psychosomatik des Kindesalters und des erwachsenen Patienten. München 1977
FREYER, H.: Gedanken zur Industriegesellschaft. Mainz: v. Hase & Koehler 1970
FRICKE, R.: Kriteriums-orientierte Leistungsmessung. Stuttgart: Kohlhammer 1970
FRIEDEMANN, A.: Der Gruppen-SZONDI. Bern: Huber 1961
FRIEDERICI, A. D.; SCHOENLE, P. W.: Computational dissociation of two vocabulary types: evidence from aphasia. Neuropsych. 18, 1980, 11–20
FRIELING, E.; HOYOS, C.: Fragebogen zur Arbeitsanalyse (FAA). Bern: Huber 1978
FRIES, C. C.: The structure of English. London: Longman 1957
FRISCH, K. v.: Aus dem Leben der Bienen. Berlin: Springer 1933
FRISCHEISEN-KÖHLER, M.: Das persönliche Tempo. Leipzig: Thieme 1933
FRITH, C. D.: Abnormalities of perception. In: EYSENCK, H. J. (Ed.): Handbook of abnormal psychology. London: Pitman Medical 1969
FRITH, U. (Ed.): Cognitive processes in spelling. London: Academic Press 1980
FRÖBES, I.: Lehrbuch der experimentellen Psychologie. Freiburg: Herder Bd I, 1923[2], Bd II, 1920, 1929[3]

Bibliographischer Anhang

FRÖHLICH, W. D.: Angst und Furcht. In: Hdb. d. Psychol. Bd 2, 1965
FROMKIN, V. A. (Ed.): Errors in linguistic performance. London: Academic Press 1980
FROMM, E.: Escape of freedom. New York: Holt 1941
– Furcht vor der Freiheit. Zürich: Steinberg 1945 (engl.: The fear of freedom. London: Routledge 1949)
– The sane society. New York: Rinehart 1955
FROMM, E.; SHOR, R. E.: Hypnosis. Developments in research and new perspectives. New York: Aldine 1979
FUCHS, W.: Untersuchungen über das simultane Hintereinandersehen auf derselben Sehrichtung. Z. Psychol. 91, 1923
FUCKS, M.: Mathematische Analyse von Sprachelementen, Sprachstil und Sprachen. Köln/Opladen: Westdeutscher Verlag 1955
FULLER, J., THOMPSON, W.: Behavior genetics. New York: Wiley 1967[4]
FÜRSTENAU, P.: Soziologie der Kindheit. Heidelberg: Quelle & Meyer 1959

GABLER, H.: Leistungsmotivation im Hochleistungssport. Schorndorf: Hofmann 1972
GADAMER, H. G.: Wahrheit und Methode. Tübingen: Mohr 1972[3]
GAENSSLEN, H.; SCHUBÖ, W.: Einfache und komplexe statistische Analyse. UTB 274, München: Ernst Reinhard 1973
GAGE, N. L.: Theories of teaching. In: Theories of learning and instruction. 43. Yb. NSSE, ed. by HILGARD, E. R. Chicago: Univ. of Chicago Press 1964 (dt. Theorien des Lehrens. In: LOSER u. a.: Theorien des Lehrens. Stuttgart: Klett 1977)
GAGE, N. L. (Ed.): Handbook of research on teaching. Chicago: Rand, McNally 1963
GAGE, N. L.; BERLINER, C: Educational psychology. Chicago: Rand McNally 1979[2]
GAGNÉ, R. M.: Die Bedingungen des menschlichen Lernens. Hannover: Schroedel 1969 (The conditions of learning. New York: Holt, Rinehart & Winston 1977[3])
GAGNÉ, R. M. (Ed.): Psychological principles in system development. New York: Holt 1963
GALLUP, G.: A guide to public opinion polls. Princeton UP 1948[2]
GALTON, F.: The history of twins as a criterion of the relative powers of nature and nurture. J. of the anthropol. Institute, London 1875
– Inquiries into human faculty and its development. London 1883
GAMM, H.-J.: Kritische Schule. München: List 1970
GANONG, W. F.: Lehrbuch der medizinischen Physiologie. Berlin: Springer 1974, 1979[4]
GANONG, W. F.; MARTINI, L. (Eds.): Frontiers in Neuroendocrinology, Vol. 5. New York: Raven Press 1978
GARDNER, R. A.; GARDNER, B. T.: Teaching sign language to a chimpanzee. Science 165, 1969
GARDNER, R. W.: Cognitive styles in categorizing behavior. J. Pers. soc. Psychol. 22, 1953
GARDNER, R. W.; LONG, R. I.: Control, defence and concentration effect: a study of scanning behavior. Brit. J. Psychol. 53, 1962
GARFIELD, S. L.; BERGIN, A. E. (Hrsg.): Handbook of psychotherapy and behavior change. New York: Wiley 1978 (1. Aufl. hrsg. v. BERGIN u. a. 1971)
GARMEZY, N.: Vulnerability research and the issue of primary prevention. Am. J. of Orthopsychiatry, 41, 1971, 101–116
GARNER, W. R.: Uncertainty and structure as psychological concepts. New York: Wiley 1962
GARRETT, H. E.: Great experiments in psychology. New York: Appleton 1951[3]
GÄRTNER-HARNACH, V.: Angst und Leistung. Weinheim: Beltz 1973[2]
GAUDE, P.; TESCHNER, W.-P.: Objektivierte Leistungsmessung in der Schule. Frankfurt: Diesterweg 1971
GAZZANIGA, M. S.; LEDOUX, J. E.: The integrated mind. New York: Plenum Press 1978
GAZZANIGA, M. S. (Ed.): Hdb. of behavioral neurobiology 2. Neuropsychology. New York 1979
GECKELER, H.: Strukturelle Semantik und Wortfeldtheorie. München: Fink 1971
GEEN, R. G.; O'NEAL, E. C. (Hrsg.): Perspectives on aggression. New York: Academic Press 1976
GEHLEN, A.: Der Mensch. Bonn: Athenäum 1958
GEISSLER, E. E.: Erziehungsmittel, Bad Heilbrunn 1975
GELB, A.: Versuche auf dem Gebiete der Zeit- und Raumwahrnehmung. Ber. 6. Kongr. f. exper. Ps., hrsg. v. F. SCHUMANN. Leipzig: Barth 1914
– Die Farbenkonstanz der Sehdinge. In: BETHE, Bd 12, 1, 1929, 594–678
– Zur medizinischen Psychologie und philosophischen Anthropologie. Acta Ps. 3, 1937, 193–271
GELB, A.; GOLDSTEIN, K.: Psychologische Analysen hirnpathologischer Fälle auf Grund von Untersuchungen von Hirnverletzten. Leipzig: Barth 1920
GELDARD, F. A.: The human senses. New York etc. 1972[2]
GERBER, W.-D.: Der Erwachsene als Vorbild im Straßenverkehr: Einstellung und Verhalten. Frankfurt/M.: Lang 1978
GERBER, D.; HUBER, O.; LIMBOURG, M.: Verkehrserziehung im Vorschulalter. Literaturübersicht. Köln: Bundesamt f. Straßenwesen 1977
GERBERT, K.: Einführung in die Flugpsychologie. Flugmedizin. Institut der Luftwaffe, Fürstenfeldbruck, Ber. Nr. 14, 1966
– Ergebnisse flugpsychologischer Studien über die psychophysischen Belastungen von Luftfahrzeugführern und Besatzungsmitgliedern. Wehrps. Untersuchungen 8, 1973
GERGEN, K. J.: The concept of self. New York: Holt 1971
GERSTMANN, J.: Fingeragnosie: Eine umschriebene Störung der Orientierung am eigenen Körper. Wien. klin. Wschr. 37, 1924
– Zur Symptomatologie der Hirnläsionen im Übergangsgebiet der unteren Parietal- und mittleren Okzipitalwindung. Das Syndrom: Fingeragnosie, Rechts-Links-Störung, Agraphie, Akalkulie. Nervenarzt 3, 1930
GESCHWIND, N.; HOWES, D.: Quantitative studies of aphasic language. In: RIOCH, D.; WEINSTEIN, E. (Eds.):

Disorders of communication, proceedings of Association for Research in Nervous and Mental Disease, 42. Baltimore: Williams & Wilkins 1964
GESELL, A.: Das Kind von Fünf bis Zehn. Bad Nauheim: Christian 1954[2]
– Jugend – Die Jahre von Zehn bis Sechzehn. Bad Nauheim: Christian 1958
GESELL, A.; ILG, F. L. u. a.: Säugling und Kleinkind in der Kultur der Gegenwart. Bad Nauheim: Christian 1953[2]
GEULEN, D.; HURRELMANN, K.: Zur Problematik einer umfassenden Sozialisationstheorie. In: K. HURRELMANN; D. ULICH (Hrsg.): 1980
GHISELLI, E. E.: Moderating effects and differential reliability and validing. J. appl. Psychol. 47, 1963
GIBB, C. A.: Leadership. In: LINDZEY, ARONSON IV, 1969
GIBSON, Eleanor J.: Perceptual learning. Ann. Rev. Psychol. 17, 1963
GIBSON, Eleanor J.; WALK, R. D.: The »visual cliff«. Scient. Amer. April 1960
GIBSON, J. J.: Adaptation, aftereffect and contrast in the perception of curved lines. J. exp. Psychol. 16, 1933
– The perception of the visual world. Boston: Houghton-Mifflin, 1950
– The ecological approach to visual perception. Boston: Houghton-Mifflin 1979
GIEL, K.; HILLER, G.: Verfahren zur Konstruktion von Unterrichtsmodellen als Teilaspekt einer konkreten Curriculum-Reform. Z. Päd. 1970
GIESE, F.: Psychotechnisches Praktikum. Halle: Wendt & Klauwell 1923
– Die Arbeitsprobe in der Psychognostik. In: Z. angew. Psychol. 23, 1924
– Handbuch psychotechnischer Eignungsprüfungen. Halle: Marhold 1925
– Theorie der Psychotechnik. Braunschweig: Vieweg 1925
– Psychologie der Arbeitshand. In: ABDERHALDEN (Hrsg.) 1928
– Psychotechnik. Breslau: Hirt 1928
GIESE, F. (Hrsg.): Handbuch der Arbeitswissenschaft. 10 Bde. Halle: Marhold 1925 ff
GIESE, H. (Hrsg.): Wörterbuch der Sexualwissenschaft. Bonn: Instituts-Vlg. 1952
– Mensch, Geschlecht, Gesellschaft. München: Goldmann 1968[3]
GIESSLER, C. M.: Über die Vorgänge bei der Erinnerung an Absichten. Halle: Niemeyer 1895
GILBERT, A. R.: Das Schichtenmodell der Persönlichkeit. In: BRACKEN, DAVID (Hrsg.) 1959
GILBRETH, F. B.: Das ABC der wissenschaftlichen Betriebsführung. Berlin: Springer 1917
– Bewegungsstudien. Berlin: Springer 1921
GILDEMEISTER, M.: Hörschwellen und Hörgrenzen. In: BETHE, Bd 11, 1926
GILLE, J. C.; PELEGRIN, M.; DECAULNE, P.: Lehrgang der Regelungstechnik, Bd I Theorie der Regelungen. München: Oldenbourg 1964
GILLE, R.: Utilité et utilisation du test mosaïque. In: Le niveau intellectuel des enfants d'âge scolaire. La détermination des aptitudes. L'influence des facteurs constitutionnels, familiaux et sociaux. Travaux et documents, 23. Paris 1954
– Le test-film. Paris PUF 1959
GILLIG, P. M.; GREENWALD, A. G.: Is it time to lay the sleeper effect to rest? J. Pers. soc. Psychol. 29, 1974
GILMORE, S. K.: The counselor in training. New York: Appleton 1973
GINOTT, H. G.: Gruppenpsychotherapie mit Kindern. Weinheim: Beltz 1966
GINZBERG, E.: Occupational choice. New York: Columbia UP 1951
GIPPER, H.: Gibt es ein sprachliches Relativitätsprinzip? Frankfurt: S. Fischer 1972
GLASENAPP, H. v.: Die Religionen Indiens. Stuttgart: Kröner 1943
– Die Philosophie der Inder. Stuttgart: Kröner 1949
GLASER, W. R.: Statistische Entscheidungsprozeduren über Hypothesen in den Sozialwissenschaften. In: ALBERT, H. und STAPF, K. H.: Theorie und Erfahrung, Stuttgart: Klett 1979, 117–138
GLASER, W. R.; DOLT, M.: A functional model to localize the conflict underlying the STROOP-phenomenon. Ps. Res. 39, 1977, 287–310
GLASS, D. C.: Behavior patterns, stress and coronary disease. New Jersey: Lawrence Erlbaum 1977
GLASS, G. V.; ELLETT, F. S.: Evaluation research. Ann. Rev. Ps. 31, 1980, 211–228
GLASS, G. V.; WILSON, V. L.; GOTTMAN, J. M.: Design and analysis of time-series experiments. Boulder (Col.): Colorado Ass. Univ. Press 1975
GLONING, I.; GLONING, K.; GUTTMANN, G.: Eine faktorenanalytische Untersuchung des sogenannten GERSTMANN'schen Syndroms. Z. NervHeilk. 25, 1967
GLÖTZL, H.: »Das habe ich mir gleich gedacht« (Der Einfluß von Lehrerverhalten und Schulsystem auf die Ausprägung und Verfestigung abweichenden Verhaltens). Weinheim: Beltz 1979
GLÜCK, G.: Wissenschaftstheoretische Überlegung zur Konstruktion einer didaktischen Medientaxonomie. Unterrichtswissenschaft 2/3, 1973
GLYNN, E. L.; THOMAS, J. D.; SCHEE, S. M.: Behavioral selfcontrol of on-task behavior in an elementary classroom. J. Applied Beh. Analysis, 6, 105–113, 1973
GNIECH, G.; GRABITZ, H. J.: Freiheitsentzug und psychologische Reaktanz. In: FREY, D. (Hrsg.) 1978, 48–74
GNIECH, G.; PREUSS, V.: Territorialität. Über das Verhalten in »sozialen Räumen«. In: WITTE, E. H. (Hrsg.) 1980
GÖBBELS, H.: Die Asozialen. Hamburg: Nölke 1947
GOETERS, K.-M.: Persönlichkeitsstruktur von Forschungstauchern. DFVLR-FB-78-11, 1978
GOLDBERG, S.: Die Wahrscheinlicheit. Braunschweig: Vieweg 1972[3]
GÖLDEL, R.: Die Lehre von der Identität in der deutschen Logikwissenschaft seit LOTZE. Stud. Bibliogr. Gegenw-Philos. 18, 1939
GOLDMAN-EISLER, F.: Hesitation, information, and levels of speech production. In: REUCK, A. V. S. De; O'CONNOR, M. (Eds.): Disorders of language. CIBA-Foundation Symposium. London: Churchill 1964
– Psycholinguistics: experiments in spontaneous speech. New York: Acad. Press 1968
GOLDSTEIN, K.: Über Aphasie. Zürich: Orell Füssli 1927

GOLDSTEIN, K.; SCHEERER, M.: Abstract and concrete behavior. Psychol. Monogr. 53, 1941
GOLDSTEIN, M. L.: Physiological theories of emotion: a critical historical review from the standpoint of behavior theory. Ps. Bull. 68, 1968, 23–40
GOLDSTONE, S.; GOLDFARB, L.: The perception of time by children. In: KIDD; RIVOIRE (Ed.): Perceptual development in children. New York: New York UP 1966
GÖLLNITZ, G.: Neurophychiatrie des Kindes- und Jugendalters. Jena: Fischer 1970
GOMULICKI, B. R.: The development and present status of the trace theory of memory. Brit. J. Psychol. Monogr. Suppl. 29, 1953
GOODENOUGH, Florence L.: mental testing. New York: Rinehart 1949
GOODGLASS, H., BLUMSTEIN, S. (Eds.): Psycholinguistics and aphasia. Baltimore: John Hopkins UP 1973
GOODMAN, L. S.; GILMAN, A.: The pharmacological basis of therapeutics. New York: MacMillan 1970
GOODSTEIN, L. D.; SANDLER, I.: Using psychology to promote human welfare. In: Amer. Ps., Oct. 1978, 882–892
GÖPPINGER, H.: Kriminologie. München: Beck 1971
GORDON, C. W.: Die Schulklasse als soziales System. In: HEINTZ, P. (Hrsg.): Soziologie der Schule. Köln/Opladen: Westdeutscher Verlag 1959
GÖRLITZ, D.; MEYER, W.-U.; WEINER, B. (Hrsg.): Bielefelder Symposium über Attribution. Stuttgart: Klett/Cotta 1978
GÖRRES, A.: Methode und Erfahrungen der Psychoanalyse. München: Kindler 1958
GÖRRES, A. et al.: Denkschrift zur Lage der ärztlichen Psychotherapie und psychosomatischen Medizin. Wiesbaden: Steiner 1964
GOSLIN, D. A. (Ed.): Handbook of socialization theory and research. Chicago: Rand, McNally 1969
GOTTSCHALDT, K.: Über den Einfluß der Erfahrung auf die Wahrnehmung von Figuren. Psychol. Forsch. 8, 1926
– Die Methodik der Persönlichkeitsforschung in der Erbpsychologie. Leipzig: Barth 1942
– Der Aufbau des kindlichen Handelns. Beih. Z. angew. Psychol. 69, 1954[2]
– Psychologie des Programmierten Lernens. Hannover: Schroedel 1972
– Begabung und Vererbung. In: H. ROTH, 1980[12], 129–150
GÖTZ, K. O.; GÖTZ, K.: Probleme der Bildästhetik. Düsseldorf: Concept 1972
GOUGH, H. G.: An interpreters syllabus for the California psychological inventory. In: MCREYNOLDS, P. (Ed.): Advances in psychological assessment, vol. 1. Palo Alto: Science and Behavior Books 1968
GRABER, G. H.: Psychologie des Mannes. Bern: Huber 1957
GRABER, G. H. (Hrsg.): Pränatale Psychologie. München: Goldmann 1974
GRABITZ-GNIECH, G.; GRABITZ, H. J.: Psychologische Reaktanz. Theoretisches Konzept und experimentelle Untersuchungen, Z. Sozialps. 4, 1973, 19–35
GRAEBNER, F.: Das Weltbild der Primitiven. München: E. Reinhardt 1924
GRAHAM, C. H. (Ed.): Vision and visual perception. New York: Wiley 1965
GRAHAM, P. J.: Possibilities for prevention. In: GRAHAM, P. J. (Ed.): Epidemiological approaches in child psychiatry. London: Academic Press 1977
GRAICHEN, J.: Teilleistungsschwächen, dargestellt an Beispielen aus dem Bereich der Sprachbenutzung. Z. Kind. JugPsychiat. 1, 1973
– Kann man legasthenische und dyskalkulatorische Schulschwierigkeiten voraussagen? Praxis KindPsychoth. KindPsychiat. 24, 1975
– Zum Begriff der Teilleistungsstörungen. In: LEMPP, R. (Hrsg.) 1979
GRANDJEAN, E.: Physiologische Arbeitsgestaltung. München/Thun: Ott 1967[2]
GRANIT, R.: Sensory mechanisms of the retina. London: Oxford UP 1947
GRASSMANN, H.: Zur Theorie der Farbenmischung. Poggensdorfs Annalen 89, 1853
GRAUMANN, C. F.: Social perception. Z. exp. angew. Psychol. 3, 1956
– Grundzüge der Verhaltensbeobachtung. In: MEYER, E. (Hrsg.) 1966
– Motivation. Frankfurt/Bern: Akad. Verlagsges./Huber 1969
– Bewußtsein und Bewußtheit. In: Hdb. d. Psychol. Bd 1/1, 1966, 1974[2]
– Eigenschaften als Problem der Persönlichkeitsforschung. In: Hdb. d. Psychol. Bd 4, 1960
– Interaktion und Kommunikation. In: Hdb. d. Psychol. Bd 7/2, 1972
– Nicht-sinnliche Bedingungen des Wahrnehmens. In: Hdb. d. Ps. Bd. 1, 1, 1966, 1974[2]
– Experiment, Statistik, Geschichte – Wundts erstes Heidelberger Programm einer Psychologie. Ps. R., 31, 1980, 73–83
GRAUMANN, C. F. (Hrsg.): Einführung in die Psychologie in 7 Bdn. Frankfurt/Bern: Akad. Verlagsges./Huber 1969ff
– Sozialpsychologie. Hdb. d. Psychol. Bd 7, 1, 1969, 2, 1972
GRAWE, K.: Verhaltenstherapie in Gruppen. München: Urban & Schwarzenberg 1980
GRAY, J.: Angst und Streß. München: Kindler 1971
GREEN, D. M.; SWETS, J. A.: Signal detection theory and psychophysics. New York: Wiley 1966
GREEN, D. R.: Volunteering and the recall of interrupted tasks. J. abnorm. soc. Psychol. 66, 1963
GREENFIELD, N. S.; STERNBACH, R. A.: Handbook of psycho-physiology. New York: Holt 1972
GREUB, W.: Berufswahl-Modellversuch. Bielefeld: Bertelsmann 1961
GRIMM, H.: Transformation von Zufallsvariablen. Biometr. Z. 2, 1960
– Strukturanalytische Untersuchung der Kindersprache. Bern: Huber 1973
– Psychologie der Sprachentwicklung. 2 Bde. Stuttgart: Kohlhammer 1977
GRIMM, H.; ENGELKAMP, J.: Sprachpsychologie – Handbuch und Lexikon der Psycholinguistik. Berlin: E. Schmidt 1980
GRIMM, H., SCHÖLER, H.: Heidelberger Sprachentwicklungstest (H-S-E-T) Braunschweig: Westermann 1978
GRINBERG, L. et al.: Psychoanalytische Gruppentherapie. Stuttgart: Klett 1959

GRISSEMANN, H.: Legasthenie und Rechenleistungen. Bern: Huber 1974
– Klinische Sonderpädagogik am Beispiel der psycholinguistischen Legasthenietherapie. Bern: Huber 1980
– Psycholinguistische Legasthenietherapie. Eine Arbeitsmappe zum klinisch-sonderpädagogischen Einsatz. Bern: Huber 1980
GROEBEN, N.: Die Verständlichkeit von Unterrichtstexten. Münster: Aschendorff 1978[2]
GROFFMANN, K. J.: Die Entwicklung der Intelligenzmessung: In: Hdb. d. Psychol. Bd 6. 1963. 1971[3]
GROOS, K.: Die Spiele der Menschen. Jena: Fischer 1899
GROOTHOFF, H.-H.: »Pädagogische Tatsachenforschung« In: GROOTHOFF; STALLMANN (Hrsg.): Neues Pädagogisches Lexikon. Stuttgart: Kreuz-Verlag 1971
– Funktion und Rolle des Erziehers. München: Juventa 1972
GROSS, D.: Die cerebrale Sekundärfunktion. Leipzig: 1902
GROSS, H.: Moderne Meinungspflege. Düsseldorf: Droste 1952[2]
GROSSMANN, S. P.: The textbook of physiological psychology. New York: Wiley 1967
GRUHLE, H. W.: Lehrbuch der Nerven- und Geisteskrankheiten. Begr. v. W. WEYGANDT. Berlin: Marhold 1952[2]
– Verstehen und Einfühlen. Ges. Schriften. Berlin: Springer 1953
– Verstehende Psychologie. Stuttgart: Thieme 1948, 1956[2]
GRUND, O.: Die Anamnese. Leipzig: 1957
GUBISCH, W.: Hellseher, Scharlatane, Demagogen? München: E. Reinhardt 1961
GUILFORD, J. P.: Creativity. Amer. Psychologist 5, 1950
– Psychmetric methods. New York: McGraw-Hill 1954[2]
– Fundamental statistics in psychology and education. New York: McGraw-Hill 1956
– The structure of intellect. Psychol. Bull. 53, 1956
– Personality. New York: McGraw-Hill 1959 (dt: Persönlichkeit. Weinheim: Beltz 1964)
– The nature of human intelligence. New York: McGraw-Hill 1967
GUILFORD, J. P.; LACEY, J. I.: Printed classification tests. Aviation psychology program. US Army Air Forces. Rep. No. 5. Washington, D. C. 1947
GUILFORD, J. P.; ZIMMERMANN, W. S.: Fourteen dimensions of temperament. Psychol. Monogr. 70, 1956
GUILHOT, J. et al.: Musique, psychologie et psychothérapie. Paris: Ed. Sociales Françaises 1964
GULLIKSEN, H.: Theory of mental tests. New York: Wiley 1950
GUNN, C. G.; WOLF, S.; BLOCK, R. T.; PERSON, R. J.: Psychophysiology of the cardiovascular system. In: N. S. GREENFIELD; R. A. STERNBACH (Eds.): Handbook of psychophysiology. New York: Holt 1972
GÜNTHER, R.: Einige Bedingungen für Urteile über Völker. Bern: Lang 1975
GURVITCH, G.: The spectrum of social time. Dordrecht: Reidel 1964
GUTHRIE, E. R.: The psychology of learning. New York: Peter Smith 1935
GUTJAHR, W.: Zur Psychologie des sprachlichen Gedächtnisses II. Über Aktualisierungsdynamik. Z. Ps. 163, 1959, 1–108
GUTTMANN, G.: Einführung in die Neuropsychologie. Bern: Huber 1972
– Lehrbuch der Neuropsychologie. Bern: Huber 1981
GUTTMAN, L. A.: The CORNELL technique for scale and intensity analysis. Educ. psychol. Measmt. 7, 1947

HAACK, K.: Experimental-deskriptive psychologische Untersuchungen zum Flimmerproblem. Dissertation 1927. Berlin: Karger 1927
HAAG, F.; KRÜGER, H.; SCHWÄRZEL, W.; WILDT, J.: Aktionsforschung. Forschungsstrategien, Forschungsfelder und Forschungspläne. München: Juventa 1972
HÄBERLIN, P.: Der Charakter. Basel: Kober 1925
HABERMAS, J.: Der Universalitätsanspruch der Hermeneutik. In: Hermeneutik und Ideologiekritik. Frankfurt: Suhrkamp 1971
– Kultur und Kritik. Frankfurt/M.: Suhrkamp 1973
HACKER, W.: Allgemeine Arbeits- und Ingenieurpsychologie. Berlin: DVW 1973, Bern: Huber 1978[2]
HAENISCH, H.; ZIEGENSPECK, J.: Die Orientierungsstufe: Schulentwicklung zwischen Differenzierung und Integration. Weinheim: Beltz 1977
HAIDER, M.: Ermüdung, Beanspruchung und Leistung. Wien: Deuticke 1962
– Elektrophysiologische Indikatoren der Aktivierung. In: SCHÖNPFLUG, W. (Hrsg.) 1969
HAJOS, A.: Verlauf formspezifischer Farbadaptionen im visuellen System des Menschen. Ps. Beitr. 11, 1969
– Wahrnehmungspsychologie. Stuttgart: Kohlhammer 1972
HAKEN, H.: Erfolgsgeheimnisse der Natur. Synergetik: Die Lehre vom Zusammenwirken. Stuttgart: DVA 1981
HAKEN, H. (Hrsg.): Pattern formation and pattern recognition. Berlin: Springer 1979
HALL, C.: Die Wirkungen der Zivilisation auf die Massen. Leipzig: Hirschfeld 1905
HALL, E. T.: A system for the notation of proxemic behavior. Amer. Anthropologist 65, 1963, 1003–1026
– The hidden dimension. New York: Doubleday 1966
– Proxemics. Curr. Anthropol. 9, 1968
HALL, G. S.: Adolescence. New York 1904
HALL, R. A.: Introductory linguistics. Philadelphia: Chilton 1964
HALLE, M.: On the basis of phonology. In: FODOR, J. A.; KATZ, J. J.: The structure of language. Englewood Cliffs: Prentice-Hall 1964
HALLGREN, B.: Specific dyslexia: A clinical and genetic study. Acta Psychiat. Neurol. Supplmt. 65, 1950
HAMACHEK, D. E.: Encounters with the self. New York: Holt 1971
HAMBURGER, F. A.: Das Sehen in der Dämmerung. Wien: Springer 1944
HAMMOND, K. R.; BREHMER, B.: Quasi rationality and distrust. In: RAPPOPORT, L.; SUMMERS, B. A. (Eds.) 1972

HAMPE, J. C.: Sterben ist doch ganz anders. Erfahrungen mit dem eigenen Tod. Stuttgart: Kreuz 1975
HAMSTER, W., LANGNER, W., MAYER, K.: TÜLUC – Neuropsychologische Testbatterie. Weinheim: Beltz 1980
Handbook of political psychology. Ed. by KNUTSON, J. N. San Francisco: Jossey-Bass 1973
Handbuch der Angewandten Psychologie, 3 Bde., Hrsg. Berufsverband Deutscher Psychologen. Landsberg: verlag moderne industrie 1981
Handbuch der Psychologie, 12 Bde. Hrsg. von GOTTSCHALDT, K.; SANDER, F.; LERSCH, P. et al. Göttingen: Hogrefe 1959ff
Bd 1: Allgemeine Psychologie I: Der Aufbau des Erkennens; 1. Halbband: Wahrnehmung und Bewußtsein. 1966, 1974; 2. Halbband: Lernen und Denken. 1964, 1969
Bd 2: Allgemeine Psychologie II: Motivation. 1965, 1970
Bd 3: Entwicklungspsychologie. 1959, 1960, 1963, 1966, 1969, 1972
Bd 4: Persönlichkeitsforschung und Persönlichkeitstheorie. 1960, 1964, 1966, 1968
Bd 5: Ausdruckspsychologie. 1964, 1972
Bd 6: Psychologische Diagnostik. 1964, 1966, 1971
Bd 7: Sozialpsychologie; 1. Halbband: Theorien und Methoden. 1969; 2. Halbband: Forschungsbereiche. 1972
Bd 8: Klinische Psychologie; 1. Halbband 1976; 2. Halbband 1978
Bd 9: Betriebspsychologie. 1961, 1970
Bd 10: Pädagogische Psychologie. 1959, 1961, 1963, 1967, 1970
Bd 11: Forensische Psychologie. 1967
Bd 12: Marktpsychologie. 1975
HANSELMANN, H.: Über einen Sozial-Test. In: Gesundheit und Wohlfahrt, 1946. Ausdruckskunde 1954, 1
HARBORDT, S.: Computersimulation in den Sozialwissenschaften. Hamburg: Rowohlt 1974
HARDESTY, F. P.; PRIESTER, J. H.: Hamburg-WECHSLER-Intelligenztest für Kinder. Textband. Bern: Huber 1966[3]
HARDIN, G.: The tragedy of the commons. Science 162, 1968, 1243–1248
HARE, A. P.: Handbook of small group research. New York: Free Press 1962
– Interpersonal relations in the small group. In: FARIS (Ed.): Handbook of modern sociology. Chicago: Rand, McNally 1964
HARING, C.; LEICKERT, K. H.: Wörterbuch der Psychiatrie und ihrer Grenzgebiete. Stuttgart: Schattauer 1968
HARLOW, H. F.: The formation of learning sets. Ps. Rev. 56, 1949, 51–65
– Analysis of discrimination learning by monkeys. J. exp. Psychol. 40, 1950
– The nature of love. Amer. Psychologist 13, 1958
– Learning set and error factor. In: KOCH, S. (Ed.): Psychology. Vol 2. New York: McGraw-Hill 1959
– The development of affection in primate. In: BLISS, E. L. (Ed.): Roots of behavior. New York: Harper & Brother 1962
– Learning to love. San Francisco: Albion 1971
HARMAN, H. H.: Modern factor analysis. Chicago: Univ. of Chicago Press 1967[2]
HARRER, G. (Hrsg.): Grundlagen der Musiktherapie und Musikpsychologie. Stuttgart: Fischer 1975
HARRIS, Z.: Structural linguistics. Chicago: Univ. of Chicago Press 1951
HARRIS, V.; KATKIN, E. S.: Primary and secondary emotional behavior: An analysis of the role of autonomic feedback on affect, arousal and attribution. Ps. Bullet. 82, 1975
HARTLEY, E. L.; HARTLEY, R. E.: Fundamentals of social psychology. New York: Knopf 1952 (dt.: Die Grundlagen der Sozialpsychologie. Berlin: Rembrandt 1955)
HARTLIEB, K.: Praktikum der Stimm- und Sprachheilkunde aus biokybernetischer Sicht. München 1969
HARTMANN, E. L.: The functions of sleep. New Haven (Conn.): Yale Univ. Pr. 1973
HARTMANN, E. L. (Hrsg.): Sleep and dreaming. Boston: Little/Brown 1970
HARTMANN, H.: Ego psychology and the problem of adaptation. New York: Int. Univ. Press 1958
– Ich-Psychologie. Stuttgart: Klett 1972
HARTMANN, H. A.: Psychologische Diagnostik. Stuttgart: Kohlhammer 1973[2]
HARTMANN, H. A.; von ROSENSTIEL, L.: Lehrbuch der HOLTZMAN-Inkblot-Technik (HIT) I. Bern: Huber 1977
HARTMANN, K. D.: Auslandsreisen. Starnberg: Studienkreis für Tourismus 1974
HARTMANN, K. D. (Hrsg.): Politische Bildung und politische Psychologie. München: Fink 1980
HARTMANN, K. D.; LIND, G. (Hrsg.): Moralische Entwicklung und soziale Umwelt. Frankfurt/M.: Suhrkamp 1981
HARTMANN, N.: Zur Grundlegung der Ontologie. Meisenheim: Hain 1948[3]
– Das Problem des geistigen Seins. Untersuchungen zur Grundlegung der Geschichtsphilosophie und der Geisteswissenschafen. Berlin: de Gruyter 1949[2]
HARTOG, P.; RHODES, E.: An examination of examinations. London: McMillan 1936[2]
HARTSHORNE, H.; MAY, M. A.: Studies in the nature of character I. New York: Macmillan 1928
HARTSHORNE, H.; MAY, M. A.; MALLER, J. B.: Studies in the nature of character II. New York: Macmillan 1929
HARVEY, O. J.; HUNT, D. E.; SCHRODER, H. M.: Conceptual systems and personality organization. New York: Wiley 1961
HASEMANN, K.: Verhaltensbeobachtung. In: Hdb. d. Psychol. Bd 6, 1964
HASSENSTEIN, B.: Verhaltensbiologie des Kindes. München: Piper 1973
– Instinkt Lernen Spielen Einsicht. München: Piper 1980
HATTEN, C. L. et al.: Suicide. Assessment and intervention. New York 1977
HAUG, F.: Kritik der Rollentheorie. Frankfurt/M.: Fischer 1974
HAUN, R. (Hrsg.): Geschlechtserziehung heute. München: Kösel 1971

HAVIGHURST, R. J. et al. (Hrsg.): Adjustment to retirement, a crossnational study. Assen (Holland): van Gorcum 1969
HAWEL, W. (Hrsg.): Datenverarbeitung in der Psychologie. Stuttgart: Kohlhammer 1975
HAWKINS, J. E.; STEVENS, S. S.: The masking of pure tones and of speech by white noise. J. acoust. Soc. Amer. 22, 1950
HAYAKAWA, S. J.: Language in thought and action. New York: Harcourt 1949 (dt.: Semantik. Darmstadt: Darmstädter Blätter 1969)
HEBB, D. O.: Organization and behavior. New York: Wiley 1949
HEBB, D. O.; LAMBERT, W. E.; TUCKER, G. R.: Der dritte Weg in der Psycholinguistik. Psychologie heute 2, 1975
HEBBEL, G., HORN, R.: French-Bilder-Intelligenz-Test FBIT. Weinheim: Beltz 1976
HECAEN, H.; ALBERT, M. L.: Human neuropsychology. New York: Wiley 1978
HECKHAUSEN, H.: Eine Rahmentheorie. Motivation in zehn Thesen. Z. exp. angew. Psychol. 10, 1963
– Entwurf einer Psychologie des Spielens. Ps. Forsch. 27, 1964 (auch in: FLITNER, A. [Hrsg.] 1973)
– Leistungsmotivation. In: Hdb. d. Psychol. Bd 2, 1965, 1970
– Aktivierung und Leistung. 25. Kongr. DGP, Münster 1966. Göttingen: Hogrefe 1967
– Förderung der Lernmotivierung und der intellektuellen Tüchtigkeiten. In: ROTH, H. (Hrsg.): 1969, 193–227
– Interaktion der Sozialvariablen in der Genese der Leistungsmotivation. In: Hdb. d. Psychol. Bd 7/2. 1972
– Leistung und Chancengleichheit. Göttingen: Hogrefe 1974
– Leistungsprinzip und Chancengleichheit. In: ROTH, H.; FRIEDRICH, D. (Hrsg.) Stuttgart: Klett 1975, Teil I
– Motivation und Handeln. Lehrbuch der Motivationspsychologie. Berlin: Springer 1980
HECTOR, H.: Selbsterkenntnis als fehlender Psychologiebegriff. Z. prakt. Psychol. 25, 1971
HEDIGER, H.: Biologische Gesetzmäßigkeiten im Verhalten von Wirbeltieren. Mitteil. Naturf. Ges. Bern 1940, 37–55
HEFFNER, R.-M.: General phonetics. Maddison: Univ. of Wisconsin Press 1950
HEFFTER, L.: »Rechts« und »Links« und unsere Vorstellung vom Raum. Jena: Fischer 1939
HEHLMANN, W.: Geschichte der Psychologie. Stuttgart: Kröner 1963
– Wörterbuch der Psychologie. Stuttgart: Kröner 1974[11]
HEID, H.: Zur Legitimität gesellschaftlicher Verhaltenserwartungen. Z. Päd. 3, 1970
HEIDEGGER, M.: Sein und Zeit. Tübingen: Niemeyer 1953[7]
HEIDER, F.: Ding und Medium. Symposion 1, 1927
– The psychology of interpersonal relations. New York: Wiley 1958, dtsch.: Psychologie der interpersonalen Beziehungen. Stuttgart: Klett/Cotta 1977
HEIMANN, H.; GIEDKE, H. (Hrsg.): Neue Perspektiven in der Depressionsforschung. Bern: Huber 1980
HEIGL-EVERS, A.: Konzepte der analytischen Gruppentherapie. Göttingen: Vandenhoeck & Ruprecht 1972
HEIGL-EVERS, A. (Hrsg.): Gruppendynamik. Göttingen: Vandenhoeck & Ruprecht 1973
HEILER, F.: Die buddhistische Versenkung. München: E. Reinhardt 1922[2]
– Erscheinungsformen und Wesen der Religion. Stuttgart: Kohlhammer 1961
HEIMENDAHL, E.: Licht und Farbe. Berlin: de Gruyter 1961
HEINELT, G.: Bildwahlverfahren, In: Hdb. d. Psychol. Bd 6, 1964
HEISENBERG, W.: Die physikalischen Prinzipien der Quantentheorie. Leipzig: Hirzel 1944[4]
– Das Naturbild der heutigen Physik. Reinbek: Rowohlt 1955
HEISS, R.: Die Deutung der Handschrift. Hamburg: Goverts 1943
– Die Lehre vom Charakter. Berlin: de Gruyter 1949[2]
– Allgemeine Tiefenpsychologie. Bern: Huber 1964[2]
– Technik, Methodik und Problematik des Gutachtens. In: Hdb. d. Psychol. Bd 6, 1964
HEISS, R. et al. (Hrsg.): Psychologische Diagnostik, Hdb. d. Psychol. Bd 6, 1964, 1966, 1971
HEISS, R.; HALDER, P.; HÖGER, D.: Der Farbpyramidentest. Bern: Huber 1975[2]
HEITGER, M.: Die Erziehungswissenschaft in ihrem Verhältnis zur Psychologie und Soziologie. Z. Päd., Beih. 6, 1966
HEITGER, M. (Hrsg.): Erziehung oder Manipulation. München: Ehrenwirth 1969
HELBIG, E.: Grundlagen der Lichtmeßtechnik. Techn. Phys. Monogr. Bd. 26. Leipzig: Akad. Verl. Ges. 1977
HELBIG, G.: Geschichte der neueren Sprachwissenschaft. München: Hueber 1971
HELD, R.: Plasticity. In: Sensory-motor-systems. Amer. Scientist 213, 1965
HELD, R.; RICHARD, W.: Recent progress in perception. San Francisco: Freeman 1976
HELLER, D.: Über das Elektrookulogramm beim Lesen. Diss. Erlangen 1976
HELLER, K. (Hrsg.): Handbuch der Bildungsberatung. 3 Bde. Stuttgart: Klett 1976–1979
HELLER, O.; KRÜGER, H.-P.: Direkte Skalierung in der Soziometrie. Psychol. Beitr. 16, 1974
– Experimentelle Psychologie. Ein programmiertes Lehrsystem mit Selbstversuchen. Bern: Huber 1976
HELLER, O.; WITTE, W.: Kategoriensysteme und Wahrnehmungsdynamik. Ps. u. Prax. 5, 1961
HELLPACH, W.: Die Gemütserregung (Thymose) der Geschlechtsreife. Ber. IV. Kongr. DGP, Jena 1936
– Einführung in die Völkerpsychologie. Stuttgart: Enke 1938, 1954[3]
– Mensch und Volk in der Großstadt. Stuttgart: Enke 1939, 1952[2]
– Das Magethos. Schriftenreihe zur Völkerpsychologie. H. 3/4. Stuttgart 1947
– Klinische Psychologie. Stuttgart: Thieme 1946
– Geopsyche. Stuttgart: Enke 1977[8]
– Elementares Lehrbuch der Sozialpsychologie. Stuttgart: Enke 1933, 1951[3]
– Grundriß der Religionspsychologie. Stuttgart: Enke 1951
– Kulturpsychologie. Stuttgart: Enke 1953
HELLWIG, A.: Psychologie und Vernehmungstechnik bei Tatbestandsermittlungen. Stuttgart: Enke 1951
HELMCHEN, H. u. a. (Hrsg.): Diagnoseschlüssel und Glossar psychiatrischer Krankheiten. Internationale Klassifikation der WHO. Berlin: Springer 1973

HELMHOLTZ, H. v.: Handb. d. physiologischen Optik. Leipz. 1856–66
HELSON, H.: Adaptation level theory. New York: Harper 1964
HELSON, H.; KING, S.: The tau effect. J. exp. Psychol. 14, 1931
HELSON, H.; WILKINSON, A. E.: A study of the WITTE-KÖNIG paradoxical fusion-effect. Amer. J. Psychol. 71, 1958
HELWIG, P.: Die Konstitutionspsychologie W. H. SHELDONS und das Problem des Typenbegriffs. Psyche 2, 1949
– Charakterologie. Stuttgart: Klett 1952[2]
HENCKEL, E.: Die Eignung zum Schrankenwärter und ihr testmäßiger Nachweis. In: Z. VerkSich. 7, 1961
HENLE, Mary: Gestalt psychology and Gestalt therapy. J. of the History of the Behavioral Sciences 14, 1978, 23–32
HENLE, M. (Hrsg.): The selected papers of Wolfgang KÖHLER. New York: Liveright 1971
HENNIG, W.: Phylogenetic systematics. Urbana: Univ. of Illinois Press 1966
HENNING, H.: Experimentelle Charakterstudien. Z. Psychol. 104, 1927
– Psychologie der Gegenwart. Leipzig: Kröner 1931[2]
HENNING, H. J.; SIX, B.: Konstruktion einer Machiavellismus-Skala. Z. Sozialps. 8, 1977
HENRICH, H.: Die Angst des Kindes. Würzburg 1967
HENSEL, H.: Allgemeine Sinnesphysiologie, Hautsinne, Geschmack, Geruch. Berlin: Springer 1966
HENSLE, U.: Einführung in die Arbeit mit Behinderten. Heidelberg 1979
HENTIG, H. v.: Zur Psychologie der Einzeldelikte. 4 Bde. Tübingen: Mohr 1954/1959
– Der Desperado. Berlin: Springer 1956
– Das Verbrechen. Bd I/II. Berlin: Springer 1961/1962
– Die Schule im Regelkreis. Stuttgart: Klett 1965
HENTSCHEL, H.: Der Feldmarkierungstest (FMT). Bern: Huber 1972
HENTSCHEL, H.; EHER, A.: Arbeitspsychologie. In: BAADER et al. (Hrsg.): Handbuch der gesamten Arbeitsmedizin. Bd V. München: Urban & Schwarzenberg 1961
HERBART, J. F.: Umriß pädagogischer Vorlesungen (1835). Paderborn: Schöningh 1957
HERKNER, W.: Inhaltsanalyse. In: KOLLWIJK, J. v.; WIEKEN-MAYER, M. (Hrsg.): Techniken der empirischen Sozialforschung, Bd 3. München: Oldenbourg 1974
HERKNER, W. (Hrsg.): Attribution – Psychologie der Kausalität. Bern: Huber 1980
HERMANN, E.: Das einzige Kind. München: E. Reinhardt 1966
HERMELIN, B.; O'CONNOR, N.: Psychological experiments with autistic children. Oxford: Pergamon Press 1970
HERON, W.: The warming-up effect in learning nonsense syllables. J. gen. Psychol. 35, 1928
HERON, W.; DOANE, B. K.; SCOTT, T. H.: Visual disturbances after prolonged perceptual isolation. Canad. J. Psychol. 10, 1956
HERRIGER, N.: Verwahrlosung. München: Kindler 1979
HERRIOT, P.: An introduction to the psychology of language. London: Methuen 1970 (dt.: Einführung in die Psychologie der Sprache. München: List 1974)
HERRMANN, T.: Der Schema-Begriff in der Denkpsychologie. In: THOMAE, H. (Hrsg.): Ber. 22. Kongr. d. D. Ges. Ps. in Heidelberg 1959. Göttingen: Hogrefe 1960, 115–132
– Psychologie der kognitiven Ordnung. Berlin: de Gruyter 1965
– Lehrbuch der empirischen Persönlichkeitsforschung. Göttingen: Hogrefe 1969, 1972[2]
– Sprache. Einführung in die Psychologie, Bd 5. Frankfurt/Bern: Akad. Verlagsges./Huber 1972
HERRMANN, T. (Hrsg.): Psychologie der Erziehungsstile. Göttingen: Hogrefe 1972[3]
HERRMANN, T.; STÄCKER, K. H.: Sprachpsychologische Beiträge zur Sozialpsychologie. In: Hdb. d. Psychol. Bd 7/1, 1969
HERRMANN, T.; STAPF, A.; KROHNE, H. W.: Die Marburger Skalen zur Erfassung des elterlichen Erziehungsstils. Diagnostica 17, 1971, 118–131
HERNÁNDEZ-PEÓN, R.: Physiological mechanisms in attention. In: RUSSEL, R. W. (Ed.): Frontiers in physiological psychology. New York: Acad. Press 1966
HERTEL, E.: Farbenproben zur Prüfung des Farbensinnes. 20. Auflage der STILLINGschen Tafeln. Leipzig: Thieme 1939
HERWIG, B.: Psychotechnische Methoden im Verkehrswesen. In: ABDERHALDEN, E. (Hrsg.) VI, Teil C1, 1928
– Psychologie der Arbeit. In: ACH, N., Bd 3, 1944
– Möglichkeiten und Probleme der heutigen Betriebspsychologie. Psychol. Rdsch. 1, 1950
HERZIG, E. A. (Hrsg.): Betreuung Sterbender. Basel: Rocom 1978
HESS, E. H.: Prägung. München: Kindler 1975
HESS, W. R.: Die funktionelle Organisation des vegetativen Nervensystems. Basel: Schwabe 1948
HETZER, Hildegard: Kind und Jugendlicher in der Entwicklung. Hannover: Schroedel 1961[8]
HETZER, H.; TENT, L.: Der Schulreifetest. Weinheim: Beltz 1967[2]
HEYMANS, G.: Über Depersonalisation und Fausse Reconnaissance. Z. Psychol. 36/43, 1904/1906
HICK, W. E.: On the rate of gain of information. Quart. J. exp. Ps. 4, 1952, 11–26
HICKEY, J. E.; SCHARF, P. L.: Toward a just correctional system. San Francisco: Jossey-Bass 1980
HIEBSCH, H.; VORWERG, M.: Sozialpsychologie. Berlin: Dt. Verlag d. Wissenschaften 1979
HIEDEN-SOMMER, H.: Zum Problem des Kurzzeitgedächtnisses. Z. exp. angew. Psychol. 19, 1972
HILBERT, D.; ACKERMANN, W.: Grundzüge der theoretischen Logik. Berlin: Springer 1959[4]
HILGARD, E. R.: Hypnotic susceptibility. New York 1965
– Consciousness in contemporary psychology. Ann. Rev. Ps. 31, 1980, 1–26
HILGARD, E. R.; BOWER, G. H.: Theories of learning. New York: Appleton 1966 (dt.: Theorien des Lernens. Stuttgart: Klett 1970/1972)
HILGARD, E. R.; MARQUIS, D. G.: Conditioning and learning. London: Appleton 1940
HILL, J.; MOENKS, F.: Adolescence and youth in prospect. New York: Humanities Press 1977

HILL, K. T.; SARASON, S. B.: The relation of test anxiety and defensiveness to test and school performance over the elementary school years. Monogr. Society for Research in Child Developmt. 31, 1966
HILTMANN, H.: Kompendium der psychodiagnostischen Tests. Bern: Huber 1977[3]
– Wortassoziation und verbale Ergänzungsverfahren. In: Hdb. d. Psychol. Bd 6, 1964
HILTMANN, H.; WEWETZER, K. H.; TEIRICH, H. R.: Gruppenpsychotherapie. Bern: Huber 1957
HIMMELWEIT, H. T. et al.: Television and child. London: Oxford UP 1958
HINCKLEY, R. G.; HERMANN, L. M.: Gruppenbehandlung in der Psychotherapie. Zürich: Rascher 1954
HINDE, R. A.: Some recent trends in ethology. In: KOCH, S. (Ed.): Psychology Vol. 2. New York: McGraw-Hill 1959
– Animal behavior. A synthesis of ethology and comparative psychology. New York: McGraw-Hill 1970[2] (dt.: Das Verhalten der Tiere. Frankfurt: Suhrkamp 1973, 1975)
HINDE, R. A. (Ed.): Nonverbal communication. Cambridge: Cambridge UP 1972
HIPPIUS, H.; SELBACH, H. (Hrsg.): Das depressive Syndrom. München: Urban & Schwarzenberg 1969
HIRZEL, M.: Partnerarbeit im programmierten Unterricht. Stuttgart: Klett 1969
HISCHE, W.: Arbeitspsychologie. Hannover: Weidmann 1950
HOBART-WOOD: Verkaufsdynamik. Essen: Girardet 1955
HOCHBERG, J. E.: Wahrnehmung. Wiesbaden: Westermann 1977
HOCHE, A. E.: Die Freiheit des Willens v. Standpunkt der Psychopathologie. Wiesbaden: Bergmann 1902
– Aus der Werkstatt... München: Lehmann 1950[7]
HOCKETT, C. F.: A manual of phonology. Bloomington: Indiana UP 1955
HOFER, M.: Die Schülerpersönlichkeit im Urteil des Lehrers. Weinheim: Beltz 1969
HOFF, H. et al.: Lehrbuch der Psychiatrie. Basel: Schwabe 1955
HOFFMANN, P.: Die psychologischen Eigenschaften der Eigenreflexe. EgPhl 36, 1934
HOFFMEISTER, J.: Wörterbuch der philosophischen Begriffe. Hamburg: Meiner 1955[2]
HÖFLER, A.: Grundlehren der Psychologie. Wien: Freytag 1908[4]
HOFSTÄTTER, P. R.: Einführung in die Tiefenpsychologie. Wien: Braumüller 1948
– Über die Ähnlichkeit. Psyche 9, 1955
– Entwicklung. In: Fischer Lexikon Psychologie. Frankfurt: S. Fischer 1957ff.
– Gruppendynamik. Reinbek: Rowohlt 1957, 1971[2]
– Über Selbsterkenntnis. Z. exp. angew. Psychol. 6, 1959
– Sozialpsychologie. Berlin: de Gruyter 1967, 1973[5]
– Differentielle Psychologie. Stuttgart: Kröner 1971
– Tiefenpsychologische Persönlichkeitstheorien. In: Hdb. d. Psychol. Bd 4, 1960, 1968
HOFSTÄTTER, P. R.; WENDT, D.: Quantitative Methoden der Psychologie. Berlin: Springer 1965
HOGAN, R.: Moral conduct and moral character: A psychological perspective. Ps. Bullet. 79, 1973, 217–232
HÖHN, E.: Der schlechte Schüler. München: Piper 1967
– Spielerische Gestaltungsverfahren. In: Hdb. d. Psychol. Bd 6, 1964
HÖHN, Elfriede; SCHICK, C. P.: Das Soziogramm. Göttingen: Hogrefe 1964[2]
HÖHN, E.; SEIDEL, G.: Soziometrie. In: Hdb. d. Psychol. Bd 7/1, 1969
HOKANSON, J. E. et al.: Modification of autonomic responses during aggressive interchange. J. Person. 36, 1968
HOLLAND, H. C.: The spiral after-effect. Oxford: Pergamon 1966
HOLLANDER, E. P.: Conformity, status, and idiosyncrasy credit. Psychol. Rev. 65, 1958
– Principles and methods of social psychology. Oxford: Oxford UP 1967, 1971[2]
HOLST, E. v.: Versuche zur Theorie der relativen Koordination. Pflüg. Arch. 237, 93–121, 1936
– Die relative Koordination als Phänomen und als Methode zentralnervöser Funktionsanalyse. Erg. Physiol. 1939, 42, 228–306
– Entwurf eines Systems der lokomotorischen Periodenbildung bei Fischen. ZvPhl 26, 1941
– Das Reafferenzprinzip. Naturwissenschaften 1950
– Zur Verhaltensphysiologie bei Tieren und Menschen. Ges. Abhandlungen, Bd 1/2. München: Piper 1969/1970
HOLST, E. v.; SAINT-PAUL, U. v.: Vom Wirkungsgefüge der Triebe. Naturwissenschaften. 1960
HOLSTI, O. R.: Content analysis. In: LINDZEY, ARONSON II, 1968
HÖLTERSHINKEN, D.: Vorschulerziehung. 2 Bde. Freiburg: Herder 1971/1973
HOLTZMANN, W. H.: Personality structure. Annu. Rev. Psychol. 16, 1965
HOLZINGER, K. J. et al.: Twins. A study of heredity and environment. Chicago: Univ. of Chicago Press 1937
HOLZKAMP, K.: Theorie und Experiment in der Psychologie. Berlin 1964
– Soziale Kognition. In: Hdb. d. Psychol. Bd 7/2, 1972
– Kritische Psychologie. Frankfurt: S. Fischer 1972
– Sinnliche Erkenntnis. Frankfurt: S. Fischer 1973
– Begabung – Intelligenz. In: WULF, Ch. (Hrsg.): Wörterbuch der Erziehung. München: Piper (1974) 1978[4]
HOLZSCHUHER, L. v.: Praktische Psychologie. Seebruck: Heering 1949
– Psychologische Grundlagen der Werbung. Essen: Girardet 1956
HOMANS, G. C.: Theorie der sozialen Gruppe. Köln/Opladen: Westdeutscher Verlag 1960, 1965[2] (Orig.: The human group. New York: Harcourt 1950)
– Human behavior as exchange. Amer. J. Ps. 63, 1958, 597–606
– Fundamental social processes. In: SMELSER, N. J. (Ed.) 1967, 30–78
– Elementarformen sozialen Verhaltens. Köln/Opladen: Westdeutscher Verlag 1968 (Orig.: New York 1961)
HOMBURGER, A.: Vorlesungen über Psychopathologie des Kindesalters. Berlin: Springer 1926
HOPPE, F.: Erfolg und Mißerfolg. Psychol. Forsch. 14, 1930
HOPF, D.: Differenzierung in der Schule, Stuttgart: Klett 1974
HOPPOCK, R.: Occupational information. New York: McGraw-Hill 1967

Bibliographischer Anhang

HORD, D. J.; JOHNSON, C. C.; LUBIN, A.: Differential effect of the law of initial value (LIV) on autonomic variables. Psychophysiology 1, 1964
HÖRMANN, H.: Konflikt und Entscheidung. Göttingen: Hogrefe 1960
– Psychologie der Sprache. Berlin: Springer 1967, 1977²
– Bedingungen für das Behalten, Vergessen und Erinnern. In: Hdb. d. Psychol. Bd 1/2, 1964
– Theoretische Grundlagen der projektiven Tests. In: Hdb. d. Psychol. Bd 6, 1964
HÖRMANN, H.; MOOG, W.: Der ROSENZWEIG P-F Test. Form für Erwachsene. Göttingen: Hogrefe 1957
HORMUTH, S. E. (Hrsg.): Sozialpsychologie der Einstellungsänderung. Königstein/T.: A. Hain 1979
HORN, K. (Hrsg.): Aktionsforschung: Balanceakt ohne Netz? Frankfurt: Syndikat 1979
HORN, W.: Das Leistungsprüfungssystem (L-P-S). Göttingen: Hogrefe 1962
– Das Begabungstestsystem (B-T-S). Göttingen: Hogrefe 1972²
HORNBOSTEL, E. v.: Psychologie der Gehörerscheinungen. In: BETHE, Bd 11, 1926
HORNEY, K.: Der neurotische Mensch unserer Zeit. München: Kindler 1951
HORNSTEIN, W., BASTINE, R., JUNKER, H., WULF, Ch.: Beratung in der Erziehung, Bd 1 u. 2 (Funk-Kolleg), Frankfurt a. M. Fischer-TB 1977
HOROWITZ, E. L.: »Race« attitudes. In: KLINEBERG, O. (Ed.): Characteristics of the american negroe. New York: Harper 1944
HORST, P.: Matrix algebra for social scientists. New York: Holt 1963
– Messung und Vorhersage. Weinheim: Beltz 1971
HOSKINS, R. G.; SLEEPER, F. H.: Organic functions in schizophrenia. Arch. Neur. Psychiat. 30, 1933, 123–140
HOUBEN, A. M. J.: Farbwahl- und Farbgestaltungsverfahren. In: Hdb. d. Psychol. Bd 6, 1964
HOVLAND, C.: The generalization of conditioned responses I, II. J. gen. Psychol. 17, 1937
– Effects of the mass media on communication. In: LINDZEY, G. A. (Ed.): Handbook of social psychology. Cambridge: Addison-Wesley 1954
HOVLAND, C.; SEARS, R. R.: Experiments on motor conflict. J. exper. Ps. 23, 1938
HOVLAND, C.; SHERIF, M.: Judgmental phenomena and scales of attitude measurement. J. abn. soc. Psychol. 47, 1952
HOWES, D. H.: Application of the word-frequency concept to aphasia. In: REUCH, A. S. S. de; O'CONNOR, M. (Eds): Disorders of language. Ciba Foundation Symp. London: Churchill 1964
– Some experimental investigations of language in aphasia. In: GOODGLASS; BLUMENSTEIN (Eds.) 1973
HOWLIN, P.: The home treatment of autistic children. In: HERSOV, L. A.; BERGER, M., NICOL, A. R. (Eds.): Language and language disorders in childhood. Oxford: Pergamon Press 1980
HOYOS, C. Graf: Zur Methodik der Bewährungskontrolle in der Berufseignungsprüfung. Psychol. Rdsch. 7, 1956
– Psychologie des Straßenverkehrs. Bern: Huber 1965
– Arbeitspsychologie. Stuttgart: Kohlhammer 1974
– Psychologische Unfall- und Sicherheitsforschung. Stuttgart: Kohlhammer 1980
HOYOS, C. Graf; KROEBER-RIEHL, W.; ROSENSTIEL, L. v.; STRÜMPEL, B. (Hrsg.): Grundbegriffe der Wirtschaftspsychologie. München: Kösel 1980
HRUSCHKA, E.: Versuch einer theoretischen Grundlegung des Beratungsprozesses. Meisenheim: Hain 1969
HUBEL, D. H.: The visual cortex of the brain. In: CHALMERS, N.; CRAWLEY, R.; ROSE, S. P. R.: The biological basis of behavior. London: Harper 1971
HUBEL, D. H.; WIESEL, T. N.: Receptive fields, binocular interaction and functional architecture in the cat's visual cortex. J. Physiol. 160, 1962
HUBER, H. P.: Psychometrische Einzelfalldiagnostik. Weinheim: Beltz 1973
HUIZINGA, J.: Der Mensch und die Kultur. Stockholm: Bermann-Fischer 1938
HULL, C. L.: Principles of behavior. New York: Appleton Crofts 1943
– Essentials of behavior. New Haven: Yale UP 1951
– A behavior system. New Haven: Yale UP 1952
– Quantitative Aspekte der Begriffsentwicklung. In: GRAUMANN, C. F. (Hrsg.): Denken, Köln: Kiepenheuer & Witsch 1965
HUMBOLDT, W. v.: Über die Verschiedenheit des menschlichen Sprachbaus. Berlin: 1836; Darmstadt: Claassen & Roether 1949, Werke in 5 Bänden, Bd 3. Darmstadt: Wiss. Buchgesellschaft 1963
HUMPHREY, G.: The nature of learning in its relation to the living system. New York: Harcourt 1933
– Thinking. New York: Wiley 1951
– Der bedingte Reflex und das Phi-Phänomen. Psychol. Beitr. 1956
HUNDLEBY, J. D.: Structure of personality: surface and source traits. In: DREEGER, R. M. (Ed.): Multivariate personality research. Baton Rouge: Claitors 1972
HUNDLEBY, J. D.; CONNOR, W. H.: Interrelationship between personality inventories: The 16 PF, the MMPI, and the MPI. J. consult. clin. Psychol. 32, 1968
HUNDLEBY, J. D.; PAWLIK, K.; CATTELL, R. B.: Personality factors in objective test devices. San Diego: Knapp 1965
HUNT, E. B.: Concept learning. New York: Wiley 1962
HUNT, E. B.; MARTIN, J.; STONE, P. J.: Experiments in induction. New York: Acad. Press 1966
HUNT, J. MCV.: Intrinsic motivation and its role in psychological development. In: LEVINE, D. (Ed.): NEBRASKA Symposium on motivation. Lincoln: Univ. of Nebraska Press 1965
– Psychological development: Early experience. In: Ann. Rev. Ps. 30. 1979. 103–143
HUNT, J. McV. (Ed.): Personality and the behavior disorders. A Handbook based on experimental and clinical research. New York: Ronald 1944
HUNTINGTON, E.: Civilization and climate (1948). Hamden: Shoe String 1951
HURLOCK, E. B.: Adolescent development. New York: McGraw-Hill 1949
– Personality development. New York: McGraw-Hill 1974

HURRELMANN, K.; ULICH, D. (Hrsg.): Handbuch der Sozialisationsforschung. Weinheim: Beltz 1980
HURVICH, L. M. u. JAMESON, D.: Theorie der Farbwahrnehmung. Hdb. d. Ps. 1,1 1966, 1974[2]
HUSÉN, T.: Psychological twin research. Stockholm: Almquist/Wiksell 1959
– Begabung und Bildungspolitik. Hannover: Schrödel 1975
HUSSERL, E.: Logische Untersuchungen. Bd 1ff. Halle: Niemeyer 1900f.
– Ideen zu einer reinen Phänomenologie und phänomenologischen Philosophie. Bd 1ff. Halle: Niemeyer 1913–1954
HUSSLEIN, E.: Der Schulangst-Test (SAT) Göttingen: Hogrefe 1978
HUTH, A.: Handbuch psychologischer Eignungsuntersuchungen. Speyer: Pilger 1953
HYDEN, H.: Activation of nuclear RNA in neurons and glia in learning. In: KIMBLE, D. P. (Ed.): Learning, remembering and forgetting. New York: Gordon 1968
HYMAN, H. H.: The psychology of status. Arch. Psychol. (N.Y.) No 269, 1942

IMMIG, G.: Die Prüfung der Hilfsarbeiterinnen bei Firma Carl Zeiss, Jena. Indust. Psychotechn. 6, 1929
– Die Arbeitsprobe. Prakt. Psychol. 2, 1920/21
INGENKAMP, K.: Psychologische Tests für die Hand des Lehrers. Weinheim: Beltz 1963
– Tests in der Schulpraxis. Weinheim: Beltz 1971
– Die Fragwürdigkeit der Zensurengebung. Weinheim: Beltz 1972
– Beobachtung und Analyse von Unterricht. Weinheim: Beltz 1973
– Schätzen und Messen in der Unterrichtsforschung. Weinheim: Beltz 1973
– Strategien der Unterrichtsforschung. Weinheim: Beltz 1973
INGENKAMP, K. (Hrsg.): Lese- und Rechtschreibschwäche bei Schulkindern. Kongreßbericht. Weinheim: Beltz 1967[3]
INGENKAMP, K.; PAREY, E. (Hrsg.): Handbuch der Unterrichtsforschung. Weinheim: Beltz 1970ff
IPSEN, G.; KARG, F.: Schallanalytische Versuche. Heidelberg: Winter 1928
IRLE, M.: Der Berufs-Interessen-Test (B-I-T). Göttingen: Hogrefe 1955
– Soziale Systeme. Göttingen: Hogrefe 1963
– Lehrbuch der Sozialpsychologie. Göttingen: Hogrefe 1975
– Das Instrument der »Täuschung« in der Verhaltens- und sozialwissenschaftlichen Forschung. Z. f. Sozialps. 10, 1979, 305–330
IRWIN, F. W.: Stated expectations as functions of probability and desirability of outcomes. J. Pers. 21, 1953
IRWIN, O. C.; CHEN, H.: Development of speech during infancy: Curve of phonemic types. J. exper. Ps. 36, 1946
ISAACSON, R. L.; PRIBRAM, K. H.: The hippocampus. Vol. 1: Structure and Development. Vol. 2: Neurophysiology and behavior. New York: Plenum Press 1975
ISRAEL, H.; GOLDSTEIN, B.: Operationism in psychology. Psychol. Rev. 51, 1944
ITIL, T. M.; LAUDAHN, G.; HERRMANN, W. M. (Eds.): Psychotropic action of hormones. New York: Spectrum 1976
ITTELSON, W. H. (Ed.): Environment and cognition. New York: Seminar Press 1973
ITTELSON, W. H.; PROSHANSKY, H. M. et al.: An introduction to environmental psychology. New York: Holt 1974, dt.:. Einführung in die Umweltpsychologie. Stuttgart: Klett/Cotta 1977
IVERSEN, L. L.; IVERSEN, S. D. (Eds.): Handbook of psychopharmacology. III: Human psychopharmacology. Neuroleptics and schizophrenia, Vol 10. Stimulants, Vol 11. New York: Plenum 1978
IVIC, M.: Wege der Sprachwissenschaft. München: Hueber 1971
IZARD, C. E.: Die Emotionen des Menschen. Weinheim: Beltz 1981

JACOBI, J.: Komplex, Archetyp, Symbol. Zürich: Rascher 1957
– Die Psychologie von C. G. Jung. Zürich: Rascher 1959
– Der Weg zur Individuation. Zürich: Rascher 1965
– Die Seelenmaske. Olten: Walter 1972
JAEGGI, E.: Kognitive Verhaltenstherapie. Weinheim: Beltz 1979
JAENSCH, E. R.: Grundformen menschlichen Seins. Berlin: Elsner 1929
– Der Gegentypus. Psychologisch-anthropologische Grundlagen deutscher Kulturphilosophie ausgehend von dem was wir überwinden wollen. Leipzig: J. A. Barth 1938
JAENSCH, E. R. et al.: Über die Wahrnehmung des Raumes. Erg. Z. Psychol. 6, 1911
– Über den Aufbau der Wahrnehmungswelt und die Grundlagen der menschlichen Erkenntnis. Leipzig: Barth 1927–1931
JAENSCH, W.: Grundzüge einer Physiologie und Klinik der psychophysischen Persönlichkeit. Berlin: Springer 1926
JAGER, H. de; MOK, A. L.: Grundlegung der Soziologie. Köln: Bachem 1973
JÄGER, O.: Der WILDE-Test. Z. exp. angew. Psychol. 10, 1963
– Prognose und Bewährung in der Eignungsdiagnostik. In: HOLZKAMP, K.; JÄGER, A. O.; MERZ, F.: Prognose und Bewährung in der psychologischen Diagnostik. Göttingen: Hogrefe 1966
– Dimension der Intelligenz. Göttingen: Hogrefe 1967
– Personalanalyse. In: Hdb. d. Psychol. Bd 9, 1970[2]
JÄGER, R.: Praxis der Psychologie. Weinheim: Beltz 1975
JÄGER, R., LISCHER, S., MÜNSTER, B., RITZ, B.: Biographisches Inventar zur Diagnose von Verhaltensstörungen (BIV). Göttingen: Hogrefe 1976
JAHNKE, J.: Interpersonale Wahrnehmung. Stuttgart: Kohlhammer 1975

Jahrbuch für Jugendpsychiatrie und ihre Grenzgebiete. Hrsg. von STUTTE, H., red. von HARBAUER, H. Bde I–VIII. Bern: Huber 1956–1971
JAIDE, W.: Die Berufswahl. München: Juventa 1961
JAIDE, W.; HILLE, Barbara (Hrsg.): Jugend im doppelten Deutschland. Opladen: Westdt. Verl. 1977
JAKOBSON, R.: Kindersprache, Aphasie und allgemeine Lautgesetze. Universitets Årsskrift Uppsala 9, 1941
JAKOBSON, R.; FANT, G.; HALLE, M.: Preliminaries to speech analysis. Cambridge: MIT Press 1952
JAKOBSON, R., HALLE, M.: Fundamentals of language. The Hague: Mouton 1956 (dt.: Grundlagen der Sprache. Berlin Akademie-Verlag 1960)
JAKUBOWICZ, C.: Recherches récentes en psycholinguistique. Année psychol. 70, 1970
JANET, P.: L'état mental des hystériques. Paris 1892
JANIS, I. L.: Psychological stress – psychoanalysis and behavioral studies of surgical patients. New York: Academic Press 1958
– Victims of groupthink. Boston: Houghton Mifflin 1972
JANIS, I. L. (Ed.): Counseling on personal decisions. Theory and field research on helping relationships. New Haven (Conn.): Yale University Press 1981
JANKE, W.: Experimentalpsychologische Untersuchung zur Wirkung von Ataraktika auf die motorische Leistungsfähigkeit. Mitt. Dt. Ges. Verkehrsmed. 8, 1960
– Experimentelle Untersuchungen zur Abhängigkeit der Wirkung psychotroper Substanzen von Persönlichkeitsmerkmalen. Frankfurt: Akad. Verlagsgesellschaft 1964
– Psychophysiologische Grundlagen des Verhaltens. In: KEREKJARTO, M. v. (Hrsg.): Medizinische Psychologie. Berlin: Springer 1976
– Psychometric and psychophysiological actions of antipsychotics in men. In: HOFFMEISTER, F.; STILLE, G. (Eds.): Handbook of experimental psychology, Vol. 55/1. Psychotropic Agents: Antipsychotics and antidepressants, S. 305–336. Heidelberg: Springer 1980
– Probleme pharmakopsychologischer Forschung. In: REY, E. R. (Hrsg.): Klinische Psychologie, S. 167–178. Stuttgart: Fischer 1981a
JANKE, W. (Ed.): Response variability to psychotropic drugs. Oxford: Pergamon Press 1981b
JANKE, W.; DEBUS, G.: Pharmakopsychologische Untersuchungen an gesunden Probanden zur Prognose der therapeutischen Effizienz von Psychopharmaka. Arzneimittelforsch. 25, 1975, 1185–1195
– Die Eigenschaftswörterliste (EWL). Göttingen: Hogrefe 1978
JANKE, W.; DEBUS, G.; LONGO, N.: Differential psychopharmacology of tranquilizing and sedating drugs. In: BOISSIER, J. R. (Ed.): Modern problems of pharmacopsychiatry, Bd. 14, S. 13–98. Basel: Karger 1979
JANKE, W.; SCHMATZER, E.: Experimentalpsychologische Untersuchungen zur Wirkung einer Prothipendyl/Cyclobarbital-Calcium-Kombination im Vergleich zu Cyclobarbital-Calcium und Placebo. Arzneimittelforsch. 12, 1962
JANOV, A.: Der Urschrei. Frankfurt: S. Fischer 1973
JANZ, W.: Beschäftigungstherapie in der Psychiatrie. In: JENTSCHURA 1974
JASPERS, K.: Der philosophische Glaube. München: Piper 1958
– Psychologie der Weltanschauung. Berlin: Springer 1960[5], 1971[6]
– Allgemeine Psychopathologie. Berlin: Springer 1965[8], 1973[9]
JEFFREY, R. C.: The logic of decision. New York: McGraw-Hill 1965 (dt.: Logik der Entscheidungen. München: Oldenbourg 1967)
JELLINEK, E. M.: The disease concept of alcoholism. New Haven: Yale center of alcohol studies 1960
JENKINS, J. J.: Commonality of associations as an indicator of more general patterns of verbal behavior. In: SEBEOK, T. A. (Ed.): Style in language. Cambridge: MIT Press 1960
JENSEN, A.: How much can we boost IQ and scholastic achievement? Cambridge: Harvard UP 1969 (dt.: Wie sehr können wir Intelligenzquotient und schulische Leistung steigern? In: SKOWRONEK, H. [Hrsg.]: Umwelt und Begabung. Stuttgart: Klett 1973)
JENSEN, A.; ROHWER, W. D.: The STROOP color word test: a review. Acta Psychol. 25, 1966
JENTSCHURA, G. (Hrsg.): Beschäftigungstherapie. Grundlagen und Praxis. Stuttgart: Thieme 1974[2]
JERSILD, A. T.; BROOK, J. S.; BROOK, D. W.: The psychology of adolescence. New York: McMillan 1978[3]
JETTER, K.: Kindliches Handeln und kognitive Entwicklung. Bern: Huber 1975
JOEL, K.: Der freie Wille. München: Bruckmann 1908
– Wandlungen der Weltanschauung. 2 Bde. Tübingen: Mohr 1928/1934
JOERGES, B.: Consumer energy research, an international bibliography. Berlin: Intern. Institut f. Umwelt und Gesellschaft 1980
JOHANNSEN, D. E.: The principles of psychophysics. New York 1941
JOHANSSON, G.: Configurations in event perception. Uppsala: Almqvist 1950
– Geschehenswahrnehmung. In: Hdb. d. Psychol., Bd. 1, 1, 1966, 745–775
JOHNSON, D. J.; MYKLEBUST, H. R.: Lernschwächen. Ihre Formen und ihre Behandlung. Stuttgart: Hippokrates 1971
JOHNSON, M. G.: A cognitive-feature model of compound free associations. Psychol. Rev. 77, 1970
JOHNSON, N. F.: Linguistic models and functional units of language behavior. In: S. ROSENBERG (Hrsg.): Directions in psycholinguistics. New York: MacMillan 1965, 29–65
JOHNSON, S. C.: Hierarchical clustering schemes. Psychometrika 32, 1967
JOHNSON, W.: Language and speech hygiene. Gen. Semant. Monogr. 1941 Nr. 1 (zit. nach HERRMANN, Th.; STÄCKER, K. H. 1969)
JONES, D.: The phoneme: Its nature and use. Cambridge: Heffer 1950
JONES, E.: Das Leben und Werk von Sigmund FREUD. 3 Bde. Bern: Huber 1960, 1978[2]
JONES, E. E.: Conformity as a tactic of integration. Science 149, 1965
JONES, E. E. et al.: Attribution. Morristown: General Learning Corp. 1971
JONES, E. E.; GERARD, H. B.: Foundations of social psychology. New York: Wiley 1967

JONES, E. E.; SIGALL, H.: The bogus pipeline. A new paradigma for measuring affect and attitude. Ps. Bullet. 1971, 76 349–364
JONES, M. C.: The elimination of children's fears. J. exp. Psychol. 7, 1924
JORES, A.: Der Mensch und seine Krankheit. Stuttgart: Klett 1963[3]
– Praktische Psychosomatik. Bern: Huber 1976
JOVANOVIĆ, U. J.: Schlaf und Traum, physiologische und psychologische Grundlagen, Störungen und ihre Behandlung. Stuttgart: Fischer 1974
JUNG, C. G.: Die psychologische Diagnose des Tatbestandes. Halle: Marhold 1906
– Psychologische Abhandlungen. 12 Bde. Zürich: Rascher 1914–1957
– Über psychische Energetik und das Wesen der Träume. Zürich: Rascher 1948[2]
– Die Beziehungen zwischen dem Ich und dem Unbewußten. Zürich: Rascher 1950[5]
– Über Synchronizität. Zürich: Rascher 1952
– Von den Wurzeln des Bewußtseins. Zürich: Rascher 1954
– Gesammelte Werke. 18 Bde. Zürich: Rascher 1957ff
– Psychologische Typen. Zürich: Rascher 1960[9]
– Zwei Schriften über Analytische Psychologie. Zürich: Rascher 1964
– Symbole der Wandlung. Ges. Werke, Bd 5. Zürich: Rascher 1964
– Die Dynamik des Unbewußten. Ges. Werke, Bd 8. Zürich: Rascher 1967
– Mysterium Coniunctionis I u. II. Ges. Werke, Bd 14. Olten: Walter 1972
– Aion – Ges. Werke Bd 9, II. Olten: Walter 1976
– Experimentelle Untersuchungen. Olten: Walter 1976
JUNG, J.: Cued versus non cued incidental recall of successive word association. Canad. J. Psychol. 21, 1967
– Verbal learning. New York: Holt 1968
JUNG, R.; KORNHUBER, H. (Hrsg.): Neurophysiologie und Psychophysik des visuellen Systems. Berlin: Springer 1961
JUNGERMANN, H.: Entscheidungshilfe: Ansätze zur Therapie, Beratung und Analyse unter dem Aspekt der Entscheidung. In: W. MICHAELIS (Hrsg.): Ber. 32. Kongr. d. DGfPs Zürich 1980, 2. Bd. Göttingen: Hogrefe 1981, 465–472

KAGAN, J.: Individual differences in the resolution of response of uncertainty. J. Pers. soc. Psychol. 2, 1965
– Motives and development. J. Pers. soc. Psychol. 22, 1972
KAGAN, J.; MOSS, H.: Birth to maturity: A study in psychological development. New York: Wiley 1962
KAHNEMAN, D.: Attention and effort. Englewood Cliffs, N. J.: Prentice Hall 1973
KAHNEMAN, D.; TVERSKY, A.: On the psychology of prediction. Ps. Rev. 80, 1973, 237–251
KAINZ, F.: Psychologie der Sprache. 5 Bde. Stuttgart: Enke 1941–1957
– Einführung in die Sprachpsychologie. Wien: Sexl 1946
– Psychologie der Sprache. In: LUCHSINGER, R.; ARNOLD, G. E. Bd 2. 1970[3]
KAISER, G.: Kriminologie. Karlsruhe: Müller 1971
KALLINKE, D.; LUTZ, R.; RAMSAY, R. (Hrsg.): Die Behandlung von Zwängen. München: Urban & Schwarzenberg 1979
KALLMEYER, W. et al.: Lektürekolleg zur Textlinguistik. Bd 1. Frankfurt: Athenäum 1974
KAMINSKI, G.: Das Bild vom Andern. Berlin: Lüttke 1959
– Verhaltenstheorie und Verhaltensmodifikation. Stuttgart: Klett 1970
– Bewegungshandlung als Bewältigung von Mehrfachaufgaben. Sportwissenschaft 3, 1973, 233–250
– Umweltschutz aus der Sicht der Psychologie. Umschau 73, 1973
– Ordnungsstrukturen und Ordnungsprozesse. In: Hdb. d. Psychol. Bd 1/2 1964, 1969[2]
– Die Bedeutung von Handlungskonzepten für die Interpretation sportpädagogischer Prozesse. Sportwissenschaft 9, 9–21, 1979
KAMINSKI, G. et al.: Symposium »Umweltpsychologie«. In: Ber. 29. Kongr. DGP. Bd 2. Göttingen: Hogrefe 1975
KAMINSKI, G. u. BELLOWS, S.: Feldforschung in der Ökologischen Psychologie. In: J.-L. PATRY (Hrsg.) 1981
KAMINSKY, G.; SCHMIDTKE, H.: Arbeitsablauf- und Bewegungsstudien. Grundlagen des Arbeits- u. Zeitstudiums. Bd 5. München 1960
KAMLAH, W.; LORENZEN, P.: Logische Propädeutik. Mannheim: Bibliogr. Institut 1967
KANFER, F. H.: Verbal conditioning: A review of its current status. In: DIXON, T. R.; HORTON, D. L. (Ed.): Verbal behavior and general behavior theory. Englewood Cliffs: Prentice-Hall 1968
– Self-management methods. In: F. H. KANFER u. A. P. GOLDSTEIN (Eds.): Helping people change, a textbook of methods. New York: Pergamon 1975, 1980
– Selbstregulation und Selbstkontrolle. In: ZEIER, H. (Hrsg.): Pawlow und die Folgen, Ps. d. 20. Jhdts. Band IV. Zürich: Kindler 1977
KANFER, F. H.; GOLDSTEIN, A. P.: Möglichkeiten der Verhaltensänderung. München: Urban & Schwarzenberg 1977
KANFER, F. H.; GRIMM, L. G.: Managing clinical change. Beh. Modification, 5, 1980, 419–444
KANFER, F. H.; NAY, R.: Behavioral Assessment. In: FRANKS, C. M. u. WILSON, G. T. (Eds.): Behavior therapy and its foundations. New York: Guilford 1981
KANFER, F. H.; PHILLIPS, J. S.: Learning foundations of behavior therapy. New York: Wiley 1970
KANIZSA, G.: Die Erscheinungsweisen der Farben. In: Hdb. d. Psychol. Bd 1/1, 1966, 1974
KANNER, L.: Autistic disturbance of affective contact. Nerv. Child 2, 1943
– Early infantile autism. J. Pediat. 24, 1944
KANTHACK, K.: Vom Sinn der Selbsterkenntnis. Berlin: de Gruyter 1958

KANTOWITZ, B. H.: Double stimulation. In: KANTOWITZ: Human Information Processing. Tutorials in Performance and Cognition. S. 83–131. New York: Erlbaum 1974
KARAS, E.; SEYFRIED, H.: Der Schulreifetest. Wien: Ketterl 1962
KARDINER, A.: Psychological frontiers of psychology. New York: Columbia UP 1945
KARSTEN, A.: Psychische Sättigung. Psychol. Forsch. 10, 1928
KARSTEN, A. (Hrsg.): Vorurteil. Ergebnisse psychologischer und sozialpsychologischer Forschung. Darmstadt: Wiss. Buchges. 1978
KASAKOS, B. G.: Zeitperspektive, Planungsverhalten und Sozialisation. München: Juventa 1971
KASTENBAUM, R.: The direction of time perspective: The influence of affective set. J. gener. Ps. 73, 1965
KASTENBAUM, R.; COSTA, P. T.: Psychological perspectives on death. Ann. Rev. Ps. 28, 1977, 225–249
KATONA, G.: Organizing and memorizing. New York: Columbia Univ. Press 1949
– Das Verhalten der Verbraucher und der Unternehmer. Tübingen: Mohr 1960
KATSCHNIG, H. (Hrsg.): Die andere Seite der Schizophrenie. München: Urban & Schwarzenberg 1977
KATZ, D.: Die Erscheinungsweisen der Farben und ihre Beeinflussung. Erg. Z. Psychol. 7, 1911
– Der Aufbau der Tastwelt. Erg. Z. Psychol. 11, 1925
– Gestaltpsychologie. Basel: Schwabe 1948[2]
– Mensch und Tier. Zürich: Conzett & Huber 1948
– Die Psychologie des Sicherheitsmarginals. Nervenarzt 22, 1951
– Studien zur experimentellen Psychologie. Basel: Schwabe 1953
KATZ, D.; BRALY, K. W.: Racial stereotypes of 100 college students. J. abnorm. soc. Psychol. 28, 1933
KATZ, D.; KATZ, R. (Hrsg.): Kleines Handbuch der Psychologie. Basel: Schwabe 1959[2], 1972[3]
KATZ, J. J.; FODOR, J. A.: The structure of a semantic theory. Language 39, 1963
KAUFMANN, H.: Aggression and altruism. New York: Holt 1970
KAYSER, E.: Der Stellenwert der Gerechtigkeit, individueller und kollektiver Rationalität. Z. Sozialps. 11, 1980, 112–123
KEHRER, H. E. (Hrsg.): Kindlicher Autismus. München 1978
KEIDEL, W. D.: Kurzgefaßtes Lehrbuch der Physiologie. Stuttgart: Thieme 1967
– Sinnesphysiologie. Teil 1: Allgemeine Sinnesphysiologie, visuelles System. Berlin: Springer 1971
– Biokybernetische Aspekte bei Hör-, Sprach- und Stimmstörungen. Sprache-Stimme-Gehör 1, 1977, 6–17
KEILHACKER, M.: Charakterologische Aufsatzuntersuchungen. Z. angew. Psychol. 50, 1936
– Entwicklung und Aufbau der menschlichen Gefühle. Regensburg: Habbel 1947
KEILHACKER, M. et al. (Hrsg.): Filmische Darstellungsformen im Erleben des Kindes. München: E. Reinhardt 1967
KEITER, F. (Hrsg.): Verhaltensforschung im Rahmen der Wissenschaft vom Menschen. Göttingen: 1969
KELLER, H.: Psychologie des Zukunftsbewußtseins. Z. Psychol. 124, 1932
KELLER, H. (Hrsg.): Geschlechtsunterschiede. Weinheim: Beltz 1979
KELLER, U.: Neigungs-Struktur-Test. Bern: Huber 1974[2]
KELLER, W.: Psychologie und Philosophie des Wollens. München: Reinhart 1954
KELLERER, H.: Theorie und Technik des Stichprobenverfahrens. München: Deutsche Statist. Gesellschaft 1953
KELLEY, H. H.; STAHELSKI, A. J.: The social interaction basis of cooperators' and competitors' beliefs about others. J. Pers. soc. Psychol. 16, 1970
KELLEY, H. H.; MICHELA, J. L.: Attribution, theory and research. Ann. Rev. Ps. 31, 1980, 457–501
KELLY, G. A.: The psychology of personal constructs. New York: Norton 1955
KEMMLER, L.: Untersuchungen über den frühkindlichen Trotz. Ps. Forsch. 25, 1957, 279–338
KENDLER, H. H.; KENDLER, T. S.: Vertical and horizontal processes in problem solving. Psychol. Rev. 69, 1962
– Reversal-shift-behavior, some basic issues. Ps. Bullet. 72, 1969, 229–232
KENTLER, H.: Sexualerziehung. Reinbek: Rowohlt 1970
KENTLER, H. et al.: Für eine Revision der Sexualpädagogik. München: Juventa 1971[5]
KERLINGER, F. N.; PEDHAZUR, E. J.: Multiple regression in behavioral research. New York: Holt, Rinehart & Winston 1973
KERN, A.: Der Grundleistungstest zur Ermittlung der Schulreife. Koblenz/Weinheim: Krueger 1957
– Der Reifetest. Koblenz 1961
KERNBERG, O. F.: Summary and conclusions of »Psychotherapy and psychoanalysis, final report of the Menninger Foundation's psychotherapy research project«. Intern. J. of Psychiatry 1973, 11, 62–76
KERSTEN, O.: Praxis der Erziehungsberatung. Stuttgart: Enke 1941
KERTESZ, A.: Aphasia and associated disorders. Taxonomy, localization and recovery. New York: Grune and Stratton 1979
KESSLER, M.; ALBEE, G. W.: Primary prevention. Ann. Rev. Ps., 26, 557–591, 1975
KEUPP, H. (Hrsg.): Der Krankheitsmythos in der Psychopathologie. Darstellung einer Kontroverse. München: Urban & Schwarzenberg 1972
KEUPP, H. (Hrsg.): Normalität und Abweichung. München: Urban & Schwarzenberg 1979
KIENER, F.: Hand, Gebärde und Charakter. München: E. Reinhardt 1961
– Empirische Kontrolle psychoanalytischer Thesen. Hdb. d. Ps. Bd. 8, 2. 1978, 1200–1241
KIESLER, C. A.; COLLINS, B. E.; MILLER, N.: Attitude change: A critical analysis of theoretical approaches. New York: Wiley 1969
KIESLER, C. A.; KIESLER, S.: Conformity. Reading: Addison-Wesley 1969
KIETZ, G.: Der Ausdrucksgehalt des menschlichen Ganges. Z. Psychol. 93, 1948
KILPATRICK, F. P.: Exploration in transactional psychology. New York: Holt 1961
KINKADE, R. G.: Thesaurus of psychological index terms. Washington: Amer. Psychol. Assn. 1974
KINSEY, A. C. et al.: Sexual behavior in the human male. Philadelphia: Saunders 1948 (dt.: Das sexuelle Verhalten des Mannes. Frankfurt: S. Fischer 1955)

– Sexual behavior in the human female. Philadelphia: Saunders 1953 (dt.: Das sexuelle Verhalten der Frau. Frankfurt: S. Fischer 1954)
KIPHARD, E. J.: Bewegungs- und Koordinationsschwächen im Grundschulalter. Schriftenreihe zur Praxis der Leibeserziehung und des Sports Bd 39, Schorndorf o. J.
KIPHARD, E. J.; SCHILLING, F.: Körper – Koordinationstest für Kinder (KTK) Weinheim: Beltz 1974
KIRCHHOFF, R.: Allgemeine Ausdruckslehre. Göttingen: Hogrefe 1957
KIRCHHOFF, R. (Hrsg.): Ausdruckspsychologie. Hdb. d. Psychol. Bd 5, 1964, 1972
KIRK, R. E.: Experimental design. Procedures for the behavioral sciences. Belmont (Cal.): Brooks/Cole 1968
KITTEL, G.: Mißbildung mit Hör-, Sprach- und Stimmstörungen. In: BIESALSKI et al. (Hrsg.) 1973
KLAFKI, W.: Die Stufen des pädagogischen Denkens. In: RÖHRS, H. (Hrsg.): Erziehungswissenschaft und Erziehungswirklichkeit. Frankfurt: Akad. Verlagsgesellschaft 1964
– Studien zur Bildungstheorie und Didaktik. Weinheim: Beltz 1967
– Erziehungswissenschaft als kritisch-konstruktive Theorie. Z. Päd. 2, 1971
– Handlungsforschung im Schulfeld. Z. Päd. 4, 1973
– Aspekte kritisch-konstruktiver Erziehungswissenschaft. Weinheim. Beltz 1976
KLAGES, L.: Vom Wesen des Rhythmus. Kampen: Kampmann 1934
– Graphologisches Lesebuch. Leipzig: Barth 1943[4]
– Die Sprache als Quell der Seelenkunde. Zürich: Hirzel 1948
– Handschrift und Charakter. Bonn: Bouvier 1949[21]
– Grundlegung der Wissenschaft vom Ausdruck: Bonn: Bouvier 1950[7]
– Grundlagen der Charakterkunde. Bonn: Bouvier 1952[11]
– Der Geist als Widersacher der Seele. Bonn: Bouvier 1960[4]
KLAGES, W.: Der menschliche Antrieb. Stuttgart: Thieme 1967
KLARE, G. R.: The measurement of readability. Ames: Iowa State University Press 1963
KLASEN, E.: Das Syndrom der Legasthenie. Bern: Huber 1970, 1971[2]
KLAUER, K. J.: Revision des Erziehungsbegriffs. Düsseldorf: Schwann 1973
KLAUER, K. J. (Hrsg.): Handbuch der Pädagogischen Diagnostik. (4 Bde.) Düsseldorf: Schwann 1978
KLAUER, K. J. u. a.: Lehrzielorientierte Tests. Düsseldorf: Schwann 1972
KLAUS, G.; LIEBSCHER, H. (Hrsg.): Wörterbuch der Kybernetik. 2 Bde. Frankfurt: S. Fischer 1979
KLEBER, E. W., KLEBER, G.: Differentieller Leistungstext-KG (DL-KG). Braunschweig: Westermann 1975
KLEBELSBERG, D.: Risikoverhalten als Persönlichkeitsmerkmal. Bern: Huber 1969
– Verkehrspsychologie. Heidelberg: Springer i. Dr.
KLEE, K.: Pennbrüder und Stadtstreicher. Nichtseßhaften-Report. Frankfurt: Fischer 1979
KLEIN, D. F.; GITTELMAN, R.; QUITKIN, F.; RIFKIN, A.: Diagnosis and drug treatment of psychiatric disorders. Baltimore: Williams and Wilkins 1980[2]
KLEIN, G. S.: The personal world through perception. In: BLAKE, R. R.; RAMSEY, G. V. (Ed.): Perception. New York: Ronald 1951
KLEIN, J. Th.: The presuppositions of teaching. Educational Theory 19 (1969), H. 3, 299–311, dt.: Die Voraussetzungen des Begriffs »Lehren«. In: LOSER, F. u. TERHART, E. (Hrsg.) 1977, 104–115
KLEIN, M.: Die Psychoanalyse des Kindes. München: E. Reinhardt 1971, 1975
KLEIN, P.: Änderung des Deutschlandbildes junger Franzosen. Psychol. Beitr. 14, 1972
KLEINMUNTZ, B. (Ed.): Concepts and structure of memory. New York: Wiley 1967
– Essentials of abnormal psychology. New York: Harper 1974
KLEINSORGE, H.; KLUMBIES, G.: Technik der Hypnose für Ärzte. Jena: Fischer 1962
KLEIN-VOGELBACH, S.: Funktionelle Bewegungslehre. Berlin 1977
KLEIST, K.: Fortschritte der Psychiatrie. (Aufs. u. Reden d. Senckenberg. Naturforsch. Ges. 4.) Frankfurt: Kramer 1947
– Carl WERNICKE. In: KOLLE, K. Bd 2. Stuttgart: Thieme 1959
KLEMM, O.: Pädagogische Psychologie. Breslau: Hirt 1933
– Ganzheit und Struktur. Festschrift F. KRUEGER. Neue psychol. Stud. 12. 1. 1934
KLINEBERG, O.: Race differences. New York: Harper 1936
– Die menschlichen Dimensionen in den internationalen Beziehungen. Bern: Huber 1966
KLING, J. W.; RIGGS, L. A. (Eds.): WOODWORTH & SCHLOSBERG's experimental psychology. New York: Holt 1971[3]
KLINGMÜLLER, V.: Biochemie, Physiologie und Klinik der Glutaminsäure. Aulendorf: Editio Cantor 1955
KLIR, G. J.: Trends in general system theory. New York: 1972
KLIR, J.; VALACH, M.: Cybernetic modelling. London: Iliffe 1967
KLIX, F.: Information und Verhalten. Bern: Huber 1971, 1976[3]
– Erwachen des Denkens. Eine Entwicklungsgeschichte der menschlichen Intelligenz. Berlin: VEB Deutscher Verl. d. Wissenschaften 1980
KLOPFER, B.; DAVIDSON, H. H.: Das RORSCHACH-Verfahren. Bern: Huber 1974[3]
KLOPFER, W. G.: The psychological report. New York: Grune & Stratton 1960
– Current status of the RORSCHACH. In: MCREYNOLDS, P. (Ed.): Advances in psychological assessment. Vol. 1. Palo Alto: Science and Behavior Books 1971
KLUCKHOHN, C.: Culture and behavior. New York: Foll Press 1962
KLUCKHOHN, C.; MURRAY, H. A.: Personality in nature, society and culture. New York: Knopf 1948, 1953
KLUTH, H.: Sozialprestige und sozialer Status. Stuttgart: Enke 1957
KLUWE, R.; SPADA, H. (Hrsg.): Studien zur Denkentwicklung. Bern: Huber 1980
KMIECIAK, P.: Plädoyer für die Wertforschung. Analysen und Prognosen 1977, H. 52, 19–22
KNOBLOCH, H.: Die Lebensgestalt der Handschrift. Saarbrücken: West-Ost-Verlag 1950
– Graphologie. Düsseldorf: Econ 1971
KOCH, J. L. A.: Die psychopathischen Minderwertigkeiten. Ravensburg 1891

KOCH, K.: Der Baumtest. Bern: Huber 1976[7]
KOCH, M.: Das Deutschlandbild der Österreicher. In: Ber. 24. Kongr. DGP. Göttingen: Hogrefe 1965
– Die Begriffe Person, Persönlichkeit und Charakter. In: Hdb. d. Psychol. Bd 4, 1960, 1974
KOCH, U.; SCHMELING, C.: Umgang mit Sterbenden – ein Lernprogramm für Ärzte, Medizinstudenten und Krankenschwestern. Med. Ps. 4, 1978
KOELLA, W.: Physiologie des Schlafes. Stuttgart: Kohlhammer 1973 (Urban-Tb.)
KOFFKA, K.: Die Grundlagen der psychischen Entwicklung. Osterwieck/Harz: A. W. Zickfeld 1925[2]
– Principles of gestalt psychology. London: Harcourt 1950[3]
KOGAN, N.; WALLACH, M. A.: Risk taking. New York: Holt 1964
– Risk taking as a function of the situation, the person and the group. In: NEWCOMB, T. M. (Ed.): New directions in psychology III. New York: Holt 1967
KOHLBERG, L.: Stage and sequence: The cognitive-developmental approach to socialization. In: GOSLIN, D. A. (Ed.) 1969
– From Is to Ought: How to commit the naturalistic fallacy and get away with it in the study of moral development. In: MISCHEL, T. (Ed.): Cognitive development and epistemology. New York: Academic Press 1971
KOHLER, Ch.; KIESEL, A.: Bewegungstherapie bei funktionellen Störungen und Neurosen. Leipzig 1972
KOHLER, I.: Der Brillenversuch in der Wahrnehmungspsychologie mit Bemerkungen zur Lehre von der Adaptation. Z. exp. angew. Psychol. 3, 1956
– Zusammenarbeit der Sinne und Adaptation. In: Hdb. d. Psychol. Bd 1/1, 1966
KÖHLER, W.: Intelligenzprüfungen an Anthropoiden. Berlin: Preuss. Akad. Wiss. 1917, Berlin: Springer 1921, Nachdr. 1963
– Die physischen Gestalten in Ruhe und im stationären Zustand. Braunschweig: Vieweg 1920, Erlangen: Vlg. d. Philos. Akademie Erlangen 1924
– Psychologische Probleme. Berlin: Springer 1933
– The place of value in a world of facts. New York: Liveright 1938, dt: Werte und Tatsachen, Berlin: Springer 1968
– Dynamics in psychology. New York: Liveright 1940
– Gestalt psychology. New York: Liveright 1947
– Dynamische Zusammenhänge in der Psychologie. Bern: Huber 1959
– Die Aufgabe der Gestaltpsychologie. Berlin/New York: Gruyter 1971
– The selected papers (hrsg. von Mary HENLE). New York: Liveright 1971
KÖHLER, W.; HELD, R.: The cortical correlate of pattern vision. Science 110, 1949
KÖHLER, W.; HELD, R.; O'CONNEL, D. N.: An investigation of cortical currents. Proc. amer. philos. Soc. 96, 3, 1952
KÖHLER, W.; RESTORFF, H. v.: Analyse von Vorgängen im Spurenfeld. I. Über die Wirkung von Bereichsbildung im Spurenfeld. II. Zur Theorie der Reproduktion. Psychol. Forsch. 18, 1933; 21, 1937
KÖHLER, W.; WALLACH, H.: Figural after-effects. Proc. amer. philos. Soc. 88, 1944
KOHLMANN, Th.: Linkshändigkeit. Wien. Z. Nervenheilk. Grenzgeb. 3, 1950
– Die Psychologie der motorischen Begabung. Wien: Braumüller 1958
KOHUT, H.: Narzißmus. Frankfurt: Suhrkamp 1974
KOLATO, Gina B.: Primate behavior: Sex and the dominant male. Science 191, No. 4222, 1976
KOLLE, K.: Große Nervenärzte. 3 Bde. Stuttgart: Thieme 1956, 1959, 1962
– Einführung in die Psychiatrie. Stuttgart: Thieme 1962[2]
– Psychiatrie. Berlin: Urban & Schwarzenberg 1970
KÖNIG, E.: Experimentelle Beiträge zur Theorie des binokularen Einfach- und Tiefensehens. Meisenheim: Hain 1962
KÖNIG, R. (Hrsg.): Beobachtung und Experiment in der Sozialforschung. Köln: Kiepenheuer & Witsch 1967[5]
KOERTH, W.: A pursuit apparatur: eye-hand coordination. Psychol. Monogr. 31, 1922
KONZ, F.: Graphotherapie. Ausdruckskunde, 6, 1956, 260ff.
KORCZAK, D.: Neue Formen des Zusammenlebens. Frankfurt: Fischer TB 4016, 1979
KORNADT, H.-J.: Thematische Apperzeptionsverfahren. In: Hdb. d. Psychol. Bd 6, 1964, 1966, 1971
KORNADT, H.-J. (Hrsg.): Aggression und Frustration als psychologisches Problem. 2 Bde. Darmstadt: Wiss. Buchges. 1. Bd 1981. 2. Bd im Dr.
– Aggressionsmotiv und Aggressionshemmung. Bd 1. Bern: Huber 1981
KORNMANN, R.: Testbatterie für entwicklungsrückständige Schulanfänger TES. Weinheim: Beltz 1977
KORZYBSKY, A.: Science and sanity. (1933). Lancaster: International Non-Aristotelian Library 1958
KOTTENHOFF, H.: Situational and personal influences on space perception with experimental spectacles. Acta Psychol. 13, 1957
– Die Versuchsbrille in der praktischen Psychologie. Psychol. Praxis 13, 1957
– Was ist richtiges Sehen mit Umkehrbrillen und in welchem Sinne stellt sich das Sehen um? Meisenheim: Hain 1961
KOWARIK, O.: Behandlung der Lese-Rechtschreibeschwäche (Legasthenie). In: Handbuch der Behindertenpädagogik. Bd 2. München: Kösel-Verlag 1979
KRAAK, B.: Ausbildung in Psychologie. In: R. ASANGER; G. WENNINGER (Hrsg.): Handwörterbuch d. Ps. Weinheim: Beltz 1980, 43–49
KRAEPELIN, E.: Der psychologische Versuch in der Psychiatrie. Ps. Arb. (hrsg. von E. Kraepelin) Bd 1, 1896
– Die Arbeitskurve. Leipzig: Engelmann 1902
– Psychiatrie. Leipzig: Barth 1915[8]
KRAIKER, C. (Hrsg.): Handbuch der Verhaltenstherapie. München: Kindler 1974
KRAMPEN, G.: Differenzierungen des Konstrukts der Kontrollüberzeugung (locus of control). Z. exper. angew. Ps. 26, 1979, 573–595

– Machiavellismus und Kontrollüberzeugung als Konstrukte der generalisierten Instrumentalitätserwartungen. Ps. Beitr. 22, 1980, 128–144
– Differentialpsychologie der Kontrollüberzeugungen. Göttingen: Hogrefe 1982
KRANTZ, D. H. et al. (Eds.): Contemporary developments in mathematical psychology. Vol. 2. San Francisco: Freeman 1974
KRANTZ, D. H.; LUCE, R. D.; SUPPES, P.; TVERSKY, A.: Foundations of measurement. Vol. I: Additive and polynomial representations. New York: Acad. Press 1971
KRANZ, H. W.: Die Gemeinschaftsunfähigen. Giessen: Christ 1940
KRAPP, A.: Prognose und Entscheidung. Weinheim: Beltz 1979
KRAPPMANN, L.: Soziologische Dimensionen der Identität. Stuttgart: Klett 1971, 1978[5]
KRASNER, L.; ULLMANN, L. P.: Behavior, influence, and personality. The social matrix of human action. New York: Holt 1973
KRASNER, L.; ULLMANN, L. P. (Hrsg.): Research in behavior modification. New York: Holt 1965
KRATHWOHL, D. R.; BLOOM, B. S.; MASIA, B. B.: Taxonomy of objectives: The classification of educational goals. Handbook II: Affective domain. New York: McKay 1964, 1969[6] (dt.: Taxonomie von Lernzielen im affektiven Bereich. Weinheim: Beltz 1975, 1978[2]
KRAUSE, R.: Kreativität. München: Goldmann 1972
– Produktives Denken bei Kindern. Untersuchungen über Kreativität. Weinheim: Beltz 1977
KRAUS, F.: Allgemeine und spezielle Pathologie der Person. 2 Bde. Leipzig: Thieme 1919/1926
KRAUS, H.: »Casework« in USA. Frankfurt: Metzner 1950
KRAUSS, R.: Über graphischen Ausdruck. Beih. Z. angew. Psychol. 48, 1930
KRAUSS, R. M.: Structural and attitudinal factors in interpersonal bargaining. J. exp. soc. Psychol. 1966
KRAUSS, R. M.; DEUTSCH, M.: Communication in interpersonal bargaining. J. Pers. soc. Psychol. 1966
KRAUTH, J.; LIENERT, G. A. (Hrsg.): KFA. Konfigurationsfrequenzanalyse und ihre Anwendung in Psychologie und Medizin. Freiburg: Alber 1973
KRECH, D.; CRUTCHFIELD, R. S.: Grundlagen der Psychologie. 2 Bde. Weinheim: Beltz 1968, 1971, 1974[6]
KRECH, D.; CRUTCHFIELD, R. S.; BALLACHEY, E. L.: Individual in society. New York: McGraw-Hill 1962
KREFT, D., MIELENZ, I.: Wörterbuch soziale Arbeit. Weinheim: Beltz 1980
KREITLER, H.; KREITLER, Shulamith: Psychologie der Kunst. Stuttgart: Kohlhammer 1980
KRETSCHMER, E.: Über gestufte aktive Hypnoseübung und den Umbau der Hypnosetechnik. Dtsch. med. Wschr. 71, 1946
– Hysterie, Reflex und Instinkt. Stuttgart: Thieme 1948[5]
– Der sensitive Beziehungswahn, ein Beitrag zur Paraonoiafrage und zur psychiatrischen Charakterlehre. Berlin: Springer 1950[3]
– Körperbau und Charakter. Berlin: Springer 1961[24]
– Medizinische Psychologie. Stuttgart: Thieme 1975[14]
KRETSCHMER, W.: Protreptik. In: FRANKL, V. E. et al. Bd IV, 1959
KROEBER-KENETH, L.: Buch der Graphologie. Düsseldorf: Econ 1968
KROEBER-RIEHL, W.: Konsumentenverhalten. München: Vahlen 1980[2]
KROH, O.: Subjektive Anschauungsbilder bei Jugendlichen. Göttingen: Vandenhoeck & Ruprecht 1922
– Eine einzigartige Begabung und deren psychologische Analyse. Göttingen: Vandenhoeck & Rupprecht 1922
– Methodische Erschließung spezifischer Begabungsgrade und -richtungen. In: JUST, G. (Hrsg.): Handbuch der Erbbiologie des Menschen. Bd 1. Berlin: Springer 1939
– Entwicklungspsychologie des Grundschulkindes. Langensalza: Beyer 1928, 1944[13–19]
– Psychologie der Oberstufe. Langensalza: Beyer 1944[10]
KROHNE, H. W.: Theorien zur Angst. Stuttgart: Kohlhammer 1976
KRONER, B.: Massenpsychologie und kollektives Verhalten: In: Hdb. d. Psychol. Bd 7/2, 1972
KRONFELD, A.: Lehrbuch der Charakterkunde. Berlin: Springer 1932
KROPF, D.: Grundprobleme der Gesprächspsychotherapie. Göttingen: Hogrefe 1976
KROPFF, H. F. J.: Neue Psychologie in der neuen Werbung. Stuttgart: Poeschel 1951
– Die Werbemittel und ihre psychologische, künstlerische und technische Gestaltung. Essen: Girardet 1953
– Angewandte Psychologie und Soziologie in Werbung und Vertrieb. Stuttgart: Poeschel 1960[3]
KRUEGER, F.: Über Entwicklungspsychologie. In: Arbeiten zur Entwicklungspsychologie 1, 1. Leipzig: Engelmann 1914
– Das Wesen der Gefühle. Arch. ges. Psychol. 65, 1928
– Zur Psychologie und Philosophie der Ganzheit. Hrsg. HEUSS, E. Berlin: Springer 1953
KRUG, S. u. HANEL, J.: Motivänderung. Erprobung eines theoriegeleiteten Trainingsprogramms. Z. f. Entwicklungsps. u. päd. Ps. 8.4, 1976, 274–287
KRUKENBERG, H.: Der Gesichtsausdruck des Menschen. Stuttgart: Enke 1923[4]
KRUMBOLTZ, J. D.: Revolution in counseling, implications of behavioral science. New York: Houghton Mifflin 1966
– A second look at the revolution in counseling. Personnel and Guidance Journal, March 1980, 463–466
KRUSE, L.: Räumliche Welt. Berlin 1974
– Gruppen und Gruppenzugehörigkeit. In: Hdb. d. Psychol. Bd 7/2. 1972
– Privatheit als Problem und Gegenstand der Psychologie. Bern: Huber 1980
KRUSKAL, J. B.: Multidimensional scaling by optimizing the goodness-of-fit to a nonmetric hypothesis. Psychometrika 29, 1964
KUBIE, L. S.: Psychoanalyse ohne Geheimnis. Reinbek: Rowohlt 1956
KUETHE, J. L.: Social schemas. J. abn. soc. Ps. 64, 1962
KUFFLER, S. W.: Discharge patterns and functional organization of mammalian retina. J. Neurophysiol. 16, 1953
KUGLER, J.: Elektroencephalographie in Klinik und Praxis. Stuttgart: Thieme 1966

KUHN, R.: Scham. In: MÜLLER, C. (Hrsg.): Lexikon der Psychiatrie. Berlin: Springer 1973
KUHN, T.: Die Struktur wissenschaftlicher Revolutionen. Frankfurt: Suhrkamp 1967
KÜHNEL, G.: Die Konstitutionsformen der Hand. ZNPt 141, 1932
KÜLPE, O.: Versuche über Abstraktion. In: Ber. 1. Kongr. exp. Psychol., Giessen 1904. Hrsg. von SCHUHMANN, F. Leipzig: Barth 1904
– Die Realisierung. 3 Bde. Leipzig: Hirzel 1912–1923
– Vorlesungen über Psychologie. Leipzig: Hirzel 1922
KÜNKEL, F.: Einführung in die Charakterkunde. Zürich: Hirzel 1950[11]
– Die Arbeit am Charakter. Konstanz: Bahn Verlag 1951
– Ringen um Reife. Konstanz: Bahn Verlag 1955
Kuratorium für Verkehrssicherheit: Arbeiten aus dem Verkehrspsychologischen Institut. 5 Bde. Wien: Österreich. Bundesverlag 1962–1972
KURTH, E.: Musikpsychologie. Bern: Krompholz 1947[2]
KURTH, W.: Psychotherapie. München: E. Reinhardt 1960
KUTASH, I. L.; SCHLESINGER, L. B. u. a. (Hrsg.): Handbook on stress and anxiety. Contemporary knowledge, theory, and treatment. London: Jossey/Bass 1981
KUTSCHERA, F. v.: Sprachphilosophie. München: Fink 1971
KVALE, S.: Prüfung und Herrschaft. Weinheim: Beltz 1972
KWINT, L.: Die Evolution der mimischen Psychomotorik. Z. Kinderforsch. 38, 1931

LABHARDT, A.: Klinik der inneren Sekretion. Berlin: Springer 1971
LADEFOGED, P.: Preliminaries to linguistic phonetics. Chicago: Univ. of Chicago Press 1971
LAING, R. D.: Phänomenologie der Erfahrung. Frankfurt/M.: Suhrkamp 1969
LAKATOS, I.: Falsifikation und die Methodologie wissenschaftlicher Forschungsprogramme. In: LAKATOS, I. u. MUSGRAVE, A. (Hrsg.): Kritik und Erkenntnisfortschritt. Braunschweig: Vieweg 1974
LAKOFF, G.: On generative semantics. In: STEINBERG, D. D.; JAKOBOVITS, L. A. (Eds.) 1971
LAMBERT, W. E.; JAKOBOVITS, L. A.: Verbal satiation and changes in the intensity of meaning. J. exp. Psychol. 60, 1960
LAMBERT, W. W.; WEISBROD, R. (Hrsg.): Comparative perspectives on social psychology. Boston: Little/Brown 1972
LAMM, H.: Analyse des Verhandelns. Stuttgart: Enke 1975
LAMM, H.; TROMMSDORF, G.: Group versus individual performance on tasks requiring ideational proficiency (brainstorming). Europ. J. soc. Psychol. 3, 1973
LANDAU, K.; ROHMERT, W.: Fallbeispiele zur Arbeitsanalyse. Bern: Huber 1981
LANDIS, C.: Annoted bibliography of the flicker fusion phenomena, covering the period 1740–1952. Univ. of Michigan. By the author: 722 W. 168th st., New York 32
LANE, R. E.: Political life: Why people get involved in politics. New York: Free Press 1959
– Political ideology: why the American common man believes what he does. New York: Free Press 1962
LANGE, F.: Sprache des menschlichen Antlitzes. München: Lehmann 1956[4]
LANGE, F. A.: Geschichte des Materialismus. Iserlohn: Baedeker 1866
LANGE, H.-J.: Algorythmische Diagnostik. Münch. med. Wschr. 2, 1971
LANGE-EICHBAUM, W.: Genie, Irrsinn und Ruhm. München: 1928
LANGEN, D.: Die gestufte Aktivhypnose. Stuttgart: Thieme 1967[2]
LANGER, I.; SCHULZ VON THUN, F.; TAUSCH, R.: Verständlichkeit in Schule, Verwaltung, Politik und Wissenschaft. München: Reinhardt 1974
LANGEVELD, M. J.: Einführung in die theoretische Pädagogik. Stuttgart: Klett 1969[7]
– Erziehungskunde und Wirklichkeit. Braunschweig: Westermann 1971
LAPLANCHE, J.; PONTALIS, J.-B.: Das Vokabular der Psychoanalyse. Frankfurt: Suhrkamp 1972
LARBIG, W.: Schmerzforschung und Schmerzbehandlung. In: WITTLING, W. (Hrsg.) 1980, Bd 6, 289–340
LASHLEY, K. S.: Brain mechanisms and intelligence. Chicago: Univ. of Chicago Press 1929
– An examination of the »continuity theory« as applied to discriminative learning. J. gen. Psychol. 26, 1942
– Physiological mechanisms in animal behaviour. New York: Acad. Press 1950
– In search of the engram. Symposia of the Soc. exp. Biol. Great Britain 1950
LASHLEY, K. S.; CHOW, K. L.; SEMMES, J.: An examination of the electrical field theory of cerebral integration. Psychol. Rev. 58, 1951
LASSWELL, H. D.: Politik und Moral. Stuttgart: Ring-Verlag 1957
LASSWELL, H. D. et al.: Comparative studies of elites. In: Stanford University, Hoover Institute and Library on war, revolution and peace: Studies series B: Elite studies. Stanford: Stanford UP 1952
LATANÉ, B.; DARLEY, J. M.: Social determinants of bystander intervention in emergencies. In: MACAULAY; BERKOWITZ 1970
LAUBENTHAL, F. (Hrsg.): Sucht und Mißbrauch. Stuttgart: Thieme 1964
LAUBENTHAL, F.; SCHLIACK, H.: Leitfaden der Neurologie. Stuttgart: Thieme 1967
LAUCKEN, U.: Naive Verhaltenstheorie. Stuttgart: Klett 1974
LAUCKEN, U.; SCHICK, A. (Hrsg.): Didaktik der Psychologie. Stuttgart: Klett 1977
LAUX, L., GLANZMANN, P., SCHAFFNER, P., SPIELBERGER, C. D.: Das State-Trait-Angstinventar STAI. Weinheim: Beltz 1981
LAUENSTEIN, O.: Ansatz zu einer physiologischen Theorie des Vergleichs und der Zeitfehler. Psychol. Forsch. 17, 1933
LAUTERBACH, W.; SARRIS, V. (Hrsg.): Beiträge zur psychologischen Bezugssystemforschung. Bern: Huber 1980
LAWRENCE, D. H.; FESTINGER, L.: Deterrents and reinforcement: The psychology of insufficient reward. Stanford: Tavistock 1962

LAWTON, D.: Soziale Klasse, Sprache und Erziehung. Düsseldorf: Schwann 1970
LAZARSFELD, P. F.; HENRY, N. W.: Latent structure analysis. Boston: Houghton Mifflin 1968
LAZARUS, A.: Multimodale Verhaltenstherapie. Frankfurt/M.: Klotz 1979
LAZARUS, R. S.: Adjustment and personality. London: McGraw-Hill 1961
– Psychological stress and the coping process. New York: McGraw-Hill 1966
LEAVITT, H. J.: Some effects of certain communication patterns on group performance. J. abnorm. soc. Psychol. 46, 1951
LE BON, G.: Psychologie des foules. Paris 1895. dt.: Psychologie der Massen. In versch. Ausgaben
LEDLEY, R. S.: FORTRAN IV programming. New York: Holt 1966
LEECH, G.: Semantics. Harmondsworth: Penguin 1974
LEGEWIE, H.; NUSSELT, L. (Hrsg.): Biofeedback-Therapie. München: Urban & Schwarzenberg 1975
LEHMANN, F. R.: Mana. Der Begriff des »außerordentlich Wirkungsvollen« bei Südseevölkern. Leipzig: Voigtländer 1922
LEHMANN, G.: Energetik des arbeitenden Menschen. In: BAADER, E. W. (Hrsg.): Hdb. der gesamten Arbeitsmedizin, Bd 1. Berlin: Urban & Schwarzenberg 1961
LEHMANN, G.; SCHMIDTKE, H.: Die Arbeitszeit. In: BAADER, E. W. (Hrsg.): Hdb. d. gesamten Arbeitsmedizin, Bd 1. Berlin: Urban & Schwarzenberg 1961
LEHMAN, R. S.: Computer simulation and modeling. Hillsdale, N. J.: Erlbaum 1977
LEHR, U.: Psychologie des Alterns. Heidelberg: Quelle & Meyer 1972, 1977[3]
LEIBER, H.: Bildungsmotivationstest (BMT). Göttingen: Hogrefe 1978
LEINFELLNER, W.: Einführung in die Erkenntnis- und Wissenschaftstheorie. Mannheim: Bibliographisches Institut 1967
LEISCHNER, A.: Aphasien und Sprachentwicklungsstörungen. Stuttgart: Thieme 1979
LEMKE, R.: Neurologie u. Psychiatrie. Lpz.: Barth 1956
LEMON, N.: Attitudes and their measurement. London: Batsford 1973
LEMPP, R.: Frühkindliche Hirnschädigung und Neurose. Bern: Huber 1978[3]
LEMPP, R. (Hrsg.): Teilleistungsstörungen im Kindesalter. Bern: Huber 1979
LENK, H. (Hrsg.): Handlungstheorien interdisziplinär. Bde I, II/1, II/2, IV. München: Fink 1977–1980
LENNEBERG, E. H.: Biological foundations of language. New York: Wiley 1967 (dt.: Biologische Grundlagen der Sprache. Frankfurt: Suhrkamp 1972)
LENNEBERG, E. H. et al.: Primitive stages of language development in mongolism. Disord. Commun. 42, 1964
LENZ, F.: Über öffentliche Meinung und Meinungsforschung. Europa Archiv 1950
– Werden und Wesen der öffentlichen Meinung. München: Pohl 1956
LEONHARD, K.: Grundlagen der Psychiatrie. Stuttgart: Enke 1948
LEONT'EV, A. A.: Sprache, Sprechen, Sprechtätigkeit. Stuttgart: Kohlhammer 1971
– Probleme der Entwicklung des Psychischen. Frankfurt: Athenäum 1973
LEPSCHY, G. C.: Die strukturale Sprachwissenschaft. München: Nymphenburger 1969
LERSCH, P.: Gesicht und Seele. München: E. Reinhardt 1961[4]
– Vom Wesen der Geschlechter. München: E. Reinhardt 1961[4]
– Aufbau der Person. München: Barth 1954, 1962[8]
– Der Mensch als soziales Wesen. München: Barth 1964
LERSCH, P.; THOMAE, H. (Hrsg.): Persönlichkeitsforschung und Persönlichkeitstheorie. Hdb. d. Psychol. Bd 4, 1960, 1964, 1966, 1968
LE SENNE, R.: Traité de caractérologie. Paris: PUF 1949[3]
LESHNER, A. I.: Hormones and emotions. In: CANDLAND, D. K.; FELL, J. P.; KEEN, E.; LESHNER, A. I.; TARPY, R. M.; PLUTCHIK, R. (Eds.): Emotion, 85–148. Belmont, Cal.: Wadsworth Publ. 1977
– An introduction to behavioral endocrinology. New York: Oxford Univ. Press 1978
LEUNER, B.: Psychoanalyse und Kunst. Köln: DuMont Schauberg 1976 (dumont kunst tb 36)
LEUNER, H. K.: Die experimentelle Psychose. Berlin: Springer 1962
LEUNER, H. (Hrsg.): Katathymes Bilderleben. Bern: Huber 1980
LEUNINGER, Helen; MILLER, M. H.; MÜLLER, F.: Psycholinguistik. Ein Forschungsbericht. Frankfurt/M.: Athenäum 1972
LEUTZ, G. A.: Das klassische Psychodrama nach J. L. MORENO. Berlin: Springer 1974
LEVITT, E. E.: Psychologie der Angst. Stuttgart: Kohlhammer 1967
LEVITT, R. A.: Psychopharmacology. New York: Wiley 1975
LEVY-BRUHL, L.: L'âme primitive. Paris: F. Alean 1927 (dt.: Die Seele der Primitiven. Wien: Braumüller 1930)
LEWIN, K.: Das Problem der Willensmessung und das Grundgesetz der Assoziation. Psychol. Forsch. 1; 2, 1921, 1922
– Untersuchungen zur Handlungs- und Affektpsychologie. Psychol. Forsch. 7, 1926
– Vorsatz, Wille und Bedürfnis. Psychol. Forsch. 7, 1926
– Gesetz und Experiment in der Psychologie. Symposion. Erlangen: Palm & Enke 1927
– Die psychologische Situation bei Lohn und Strafe. Leipzig: Hirzel 1931
– A dynamic theory of personality. New York: McGraw-Hill 1935
– Principles of topological psychology. New York: McGraw-Hill 1936, dt. Grundzüge der topologischen Psychologie. Bern: Huber 1969
– Field theory and experiment in social psychology. Amer. J. soc. Psychol. 44, 1939
– Action research and minority problems. J. soc. Iss. 2, 1946
– Frontiers in group dynamics: I. Concept, method, and reality in social science; social equilibria and social change. Hum. Rel. 1, 1947 (dt. in: LEWIN, K. 1963, Kap. IX)
– Resolving social conflicts. New York: Harper 1948

– Field theory in social science. New York: Harper 1951, dt: Feldtheorie in den Sozialwissenschaften. Bern: Huber 1963
– Die Lösung sozialer Konflikte. Bad Nauheim: Christian Vlg. 1953
– Behavior and development as a function of the total situation. In: CARMICHAEL, L. (Hrsg.) Manual of Child Psychology. Wiley, New York 1954
– Werke (hrsg. v. C.-F. GRAUMANN) Bd 1 Wissenschaftstheorie I (hrsg. v. A. MÉTRAUX). Bern/Stuttgart: Huber/Klett 1981
LEWIN, K.; DEMBO, T. et al.: Level of aspiration. In: HUNT, J. McV. (Ed.) 1944
LEWIN, K.; LIPPITT, R.; WHITE, R. K.: Patterns of aggressive behavior in experimentelly created »social climates«. J. soc. Psychol. 10, 1939
LEWIS, E. C.: The psychology of counseling. New York 1970
LEY, P.: Psychological studies of doctor-patient communication. In: S. RACHMAN (Ed.) Contributions to medical psychology, Vol. 1. Oxford: Pergamon 1977
LEYHAUSEN, P.: Das Motivationsproblem in der Ethologie. In: Hdb. d. Psychol. Bd 2, 1965, 1970
LIBERMAN, A. M. et al.: A. motortheory of speech perception. Proc. Speech Comm. Seminar 2, 1962. Stockholm 1963
LIDZ, T.; FLECK, S.; CORNELISON, A. R.: Schizophrenia and the family. New York: Int. Univ. Press 1965
LIEBEL, H.; USLAR, W. v.: Forensische Psychologie. Stuttgart: Kohlhammer 1975 (Urban-Tb.)
LIEBERMAN, B.: i-trust: A notion of trust in three-person games and international affairs. J. Confl. Resol. 8, 1964
LIEBERT, R.: Television violence and children's aggression: The weight of evidence. In: DE WIT, J.; HARTUP, W. W. (Hrsg.) 1974, 525–532
LIEBERT, R.; NEALE, J.; DAVIDSON, E.: The early window: Effects of television on children and youth. New York: Pergamon, 1973
LIENERT, G. A.: Mechanisch-technischer Verständnistest (M-T-V-T). Göttingen: Hogrefe 1958
– Über die Auswertung von Variablen-Transformationen in der Psychologie. Biometrische Zeitschrift 4, 1962
– Denksport-Test (D-S-T). Göttingen: Hogrefe 1964
– Die Draht-Biege-Probe (D-B-P). Göttingen: Hogrefe 1967[2]
– Testaufbau und Testanalyse. Weinheim: Beltz 1969[3]
– Die Konfigurationsfrequenzanalyse I. Z. klin. Psychol. Psychother. 19, 1971
– Verteilungsfreie Methoden in der Biostatistik. Bd 1. Meisenheim: Hain 1973[2]
LINDBERG, B. J.; Experimental studies of colour and non-colour attitude in school-children and adults. Kopenhagen: Munksgaard 1938
LINDEN, M.: Psychiatrische und psychologische Klassifikation depressiver Störungen. In: HAUTZINGER, M.; HOFFMANN, N. (Hrsg.): Depression und Umwelt. Salzburg: Otto-Müller 1979
LINDER, M.: Lesestörungen bei normalbegabten Kindern. Zürich: Schweiz. Lehrerverein 1962
LINDER, M.; GRISSEMANN, H.: Zürcher Lesetest. Bern: Huber 1981[4]
LINDNER, G.: Einführung in die experimentelle Phonetik. München: Hueber 1969
LINDWORSKY, J.: Der Wille. Leipzig: Barth 1925[3]
– Experimentelle Psychologie. München: Kösel 1931[5]
– Theoretische Psychologie im Umriß. Leipzig: Barth 1932[4]
– Psychologie der Aszese. Freiburg: Herder 1935
LINDSAY, P. H.; NORMAN, D. A.: Human information processing. New York: Academic Press 1977[2], dt.: Einführung in die Psychologie, Informationsaufnahme und Verarbeitung beim Menschen. Berlin: Springer 1981
LINDSLEY, O. R.; SKINNER, B. F.; SOLOMON, H. C.: Studies in behavior therapy. Status report I. Waltham, Mass.: Metropolitan State Hosp. 1953
LINDZEY, G.: An experimental examination of the scapegoat theory of prejudice. J. abn. soc. Ps. 45, 1950
LINDZEY, G.; ARONSON, E. (Eds.): Handbook of social psychology. 5 vols. Reading: Addison-Wesley 1968, 1969
LINDZEY, G.; BYRNE, D.: Measurement of social choice and interpersonal attractiveness. In: LINDZEY, ARONSON II, 1968
LINKE, P. F.: Grundfragen der Wahrnehmungslehre. München: E. Reinhardt 1918
LINSCHOTEN, J.: Strukturanalyse der binokularen Tiefenwahrnehmung. Göttingen: Hogrefe 1956
LINTON, R.: The study of man. New York: Appleton 1936
LIPMANN, O.: Psychische Geschlechtsunterschiede. 2 Tle. Beih. Z. angew. Psychol. 1924
LIPPMANN, W.: Public opinion. New York 1922
LIPPS, T.: Ästhetik. Psychologie des Schönen und der Kunst. 2 Bde. Leipzig: Voss 1923[3]
LIPTON, M. A.; DIMASCIO, A.; KILLAM, K. F. (Eds.): Psychopharmacology. A Generation of Progress. New York: Raven Press 1978
LIST, G.: Psycholinguistik. Stuttgart: Kohlhammer 1972, 1981[2]
– Syntagmatische Sprachpsychologie. Stuttgart: Kohlhammer 1974
LITT, T.: Philosophie und Zeitgeist. Hamburg: Meiner 1948[2]
– Die Selbsterkenntnis des Menschen. Hamburg: Meiner 1948[2]
LITTLE, A. D.: The state of the art of traffic safety. New York: Praeger 1970
LITTLE, W. J.: On the influence of abnormal parturition, difficult labours, premature birth and asphyxia neonatorum on the mental and physical conditions of the child, especially in relation to deformities. Transact. obstetric. Soc., London 3, 1862
LOCHNER, R.: Deutsche Erziehungswissenschaft. Meisenheim: Hain 1963
LOEVINGER, Jane: Ego development. San Francisco: Jossey Bass 1976
LOHMANN, H. (Hrsg.): Gesamtschule – Diskussion und Planung. Weinheim: Beltz 1969
LOMBROSO, C.: Grafologia. Mailand 1893

LORENZ, K.: Die angeborenen Formen möglicher Erfahrung. Z. Tierpsychol. 5, 1943
– Ganzheit und Teil in der tierischen und menschlichen Gesellschaft. Stud. gen. 3, 1950
– Das sogenannte Böse. Wien: Borotha-Schoeler 1965[11]
– Über tierisches und menschliches Verhalten. Gesammelte Abhandlungen, 2 Bde. München: Piper 1965
LORENZEN, P.: Formale Logik. Berlin: Springer 1958
LOSER, F.: Programmiertes Lehren und Lernen. Voraussetzungen – Möglichkeiten – Grenzen. In: Willmann-Institut (Hrsg.): Der Lernprozeß. Freiburg: Herder 1969
– Die Unterrichtsgrundsätze der Lebensnähe und der Anschauung und ihr Beitrag für eine pädagogische Theorie des Lehrens und Lernens, Bildung und Erziehung 22, 1969
LOSER, F.; TERHART, E. (Hrsg.): Theorien des Lehrens. Stuttgart: Klett 1977
LÖSSL, E.: Arbeitszufriedenheit im Spiegel wissenschaftlicher Forschung. WiSt 1978, Teil I, 6–10, Teil II, 55–60
LOTZE, H.: Grundzüge der Psychologie. Leipzig: Hirzel 1912
LOVAAS, O. I. et al.: The establishment of imitation and its use. Behav. Res. Ther. 5 1967
LÖWE, A.: Gehörlose und Schwerhörige. In: Handbuch der Behindertenpädagogik, Bd 2. München: Kösel 1979
LOWEN, A.: Bioenergetik. Reinbek: Rowohlt 1979
LUCE, R. D.; BUSH, R. R.; GALANTER, E.: Handbook of mathematical psychology. New York: Wiley 1965
LUCE, R. D.; RAIFFA, H.: Games and decisions: Introduction and critical survey. New York: Wiley 1957
LUCHINS, A. S.; LUCHINS, E. H.: Rigidity of behavior. Eugene (Oregon): Univ. of Oregon books 1959
LUCHSINGER, R.: Die erbbiologische Untersuchung der Stimme und Sprache. Arch. SprachStimmheilk. 1941
– Stimmphysiologie und Stimmbildung. Wien: Springer 1951
– Die Vererbung von Sprach- und Stimmstörungen. Folia phoniat. 11, 1959
LUCHSINGER, R.; ARNOLD, G. E.: Lehrbuch der Stimm- und Sprachheilkunde. Wien: Springer 1959[2], 1970[3]
LÜCKERT, H. R.: Konfliktpsychologie. München: E. Reinhardt 1958
LÜCKERT, H. R. (Hrsg.): Handbuch der Erziehungsberatung. 2 Bde. München: E. Reinhardt 1964
LÜER, G.: Gesetzmäßige Denkabläufe beim Problemlösen. Weinheim: Beltz 1973
LUKASCZYK, K.: Zur Theorie der Führerrolle. Psychol. Rdsch. 9, 1960
LUKESCH, H.: Erziehungsstile. Stuttgart: Kohlhammer 1975a
– Elterliche Erziehungsstile. Stuttgart: Kohlhammer 1976
LUKESCH, H. (Hrsg.): Auswirkungen elterlicher Erziehungsstile. Göttingen: Hogrefe 1975b
LUNEBURG, R. K.: Mathematical analysis of binocular vision. Princeton, N. J.: Dartmouth Eye Institute 1947
LUNGWITZ, H.: Die Entdeckung der Seele. Berlin: de Gruyter 1974[5]
LURIA, A. R.: The nature of human conflicts. New York: Liveright 1932
– Die höheren kortikalen Funktionen des Menschen und ihre Störungen bei örtlichen Hirnschädigungen. Berlin: DVW 1970
– The working brain. Harmondsworth: Penguin Books 1973
LUTZ, A.: Teilinhaltliche Beachtung, Auffassungsumfang und Persönlichkeitstypus. Erg. Z. f. Ps. 14, 1929, 7–85
LUTZ, H.: Das Menschenbild der KINSEY-Reporte. Stuttgart: Enke 1957
LUTZ, J.: Kinderpsychiatrie. Zürich: Rotapfel 1961
LYONS, J.: Theoretical linguistics. London: Cambridge UP 1968 (dt.: Einführung in die moderne Linguistik. München: Beck 1971)
LYONS, J. (Ed.): New horizons in linguistics. Harmondsworth: Penguin 1970 (dt.: Neue Perspektiven der Linguistik. Reinbek: Rowohlt 1974)
LYSINSKI, E.: Berichtigung des WEBER-FECHNERschen Gesetzes. Psychol. Beitr. 2, 1956

MACAULAY, J.; BERKOWITZ, L. (Ed.): Altruism and helping behavior. New York: Acad. Press 1970
MCCAWLEY J. D.: The role of semantics in grammar. In: BACH, E.; HARMS, K. (Ed.): Universals in linguistic theory. New York: Holt 1968
MCCLELLAND, D. C.: Toward a theory of motive acquisition. Amer. Psychologist 5, 1965
– Power. The inner experience. New York: Irvington 1975 dtsch.: Macht als Motiv. Stuttgart: Klett-Cotta 1978
MCCLELLAND, D. C. et al.: The achievement motive. New York: Appleton 1953
MCCONNELL, J. V.: The modern search for the engram. In: CORNING, W. C. and BALABAN, M. (Eds): The mind, biological approaches to the function. New York: Wiley 1968
MACCOBY, Eleanor E.: Die Wirkung des Fernsehens auf Kinder. In: W. SCHRAMM (Hrsg.): Grundfragen der Kommunikationsforschung. München: Juventa 1963, 1968[2]
MACCOBY, Eleanor E.; WILSON, W.: Identification and observational learning from films. J. abn. soc. Ps. 55, 1957
MCCORMACK, R. L.: An evaluation of two methods of cross validation. Psychol. Rep. 5, 1959
MACCORQUODALE, K.; MEEHL, P. E.: On a distinction between hypothetical constructs and intervening variables. Psychol. Rev. 55, 1948
MCCRACKEN, D.: A guide to ALGOL programming. New York: Wiley 1962
– A guide to FORTRAN IV programming. New York: Wiley 1965
MCCULLOCH, W. S.: Cortico-cortical connections. In: BUCY, P. C. (Ed.): The precentral motor cortex. Urbana: Univ. of Illinois Press 1944
MCCULLOCH, W. S.; PITTS, W.: A logical calculus of the ideas immanent in nervous activity. Bull. math. Biophysics 5, 1943
MCDAVID, J. W.; HARARI, H.: Social psychology. New York: Harper 1968 (zit. nach BRANDT u. KÖHLER 1972)
MCDOUGALL, W.: The group mind. New York: Putnam 1921
– Aufbaukräfte der Seele. Stuttgart: Thieme 1947[2]

– An introduction to the social psychology. London: Methuen 1908, 1950[30]
McGhie, A.: Pathology of attention. Harmondsworth: Penguin 1969
McGuigan, F. J.: Thinking. Studies of covert language processes. New York: Appleton 1966
McGuigan, F. J.; Schoonover, R. A. (Eds.): The psychophysiology of thinking. New York: Acad. Press 1973
McGuire, W.: Attitudes and opinions. Annu. Rev. Psychol. 17, 1966
– The nature of attitudes and attitude change. In: Lindzey, Aronson III. 1969
Mackworth, J. F.: Vigilance and attention. Harmondsworth: Penguin Books 1970
McNeil, E. B. (Ed.): The nature of human conflict. Englewood Cliffs: Prentice-Hall 1965
McNeill, D.: Developmental psycholinguistics. In: Smith, F.; Miller, G. (Eds.): The genesis of language. Cambridge: MIT Press 1966
– A study of word association. J. verb. Learn. verb. Behav. 5, 1966
– The development of language. In: Mussen, P. (Ed.) 1970
Maas, U.: Grundkurs Sprachwissenschaft. Teil I: Die herrschende Lehre. München: List 1973
Maas, U.; Wunderlich, D.: Pragmatik und sprachliches Handeln. Frankfurt: Athenäum 1972
Mach, E.: Grundlinien der Lehre von den Bewegungsempfindungen. Leipzig: 1875
– Beiträge zur Analyse der Empfindungen. Jena: Fischer 1922[9]
Mackintosh, N. J.: Selective attention in animal discrimination learning. Psychol. Bull. 64, 1965
Maddi, S. R.: Personality theories. A comparative analysis. Homewood: Dorsey 1968, 1972[2]
Madsen, K. B.: Theories of motivation. Kopenhagen: Munksgaard 1968[4]
– Modern theories of motivation. Kopenhagen: Munksgaard 1973
– Berlyne's Theory. In: Day, Hy. J. (Ed.): Advances in intrinsic motivation and aesthetics. New York: Plenum 1981
Magnusson, D.: Test-Theorie. Wien: Deuticke 1969
Maher, B. A.: Delusional thinking and perceptual disorders. J. indiv. Psychol. 30, 1974
Maher, B. A. et al.: The determinants of oscillation points in a temporal decision conflict. Psychol. Sci. 1, 1964
Mahl, G. F.; Schulze, G.: Psychological research in the extralinguistic area. In: Sebeok, T. A. et al.: (Eds.): Approaches to semiotics. The Hague: Mouton 1964
Mahling, F.: Das Problem der »Audition colorée«. Farbe-Ton-Forschung 1, 1927
Mahoney, M. J.: Kognitive Verhaltenstherapie. München: Pfeiffer 1977
Maier, H. W.: Über katathyme Wahnbildung und Paranoia. Z. Neurol. Psychiat. 1912
Maier, N. R. F.: Frustration: The study of behavior without a goal. Ann Arbor: Univ. of Michigan Press 1961
– Problem-solving discussions and conferences – leadership methods and skills. New York: McGraw-Hill 1963
Maikowski, R.; Mattes, P.; Rott, G.: Psychologie und ihre Praxis. Materialien zur Geschichte und Funktion einer Einzelwissenschaft in der Bundesrepublik. Frankfurt: Fischer 1976
Malan, D. H.: Psychoanalytische Kurztherapie. Bern/Stuttgart: Huber/Klett 1965
Maletzke, G.: Psychologie der Massenkommunikation. Hamburg: Hans Bredow Institut 1963
Malhotra, M. K.: Figuraler Nacheffekt. Psychol. Forsch. 30, 1966/67
Malinowski, B.: A scientific theory of culture. Chapel Hill: Univ. of Calif. Pr. 1935
Malmo, R. B.: Activation: A neurophysiological dimension. Ps. Rev. 66, 1959
Malraux, A.: Psychologie der Kunst. Hamburg: Rowohlt 1957
Mandel, A.; Mandel, K. H.; Stadter, E.; Zimmer, D.: Einübung in Partnerschaft durch Kommunikationstherapie und Verhaltenstherapie. München: Pfeiffer 1976[9]
Mandl, H.: Kognitive Entwicklungsverläufe von Grundschülern. München: Oldenbourg 1975
Mandl, H.; Huber, G. L. (Hrsg.): Kognitive Komplexität. Bedeutung-Weiterentwicklung-Anwendung. Göttingen: Hogrefe 1978
Mandl, H.; Zimmermann, A.: Intelligenzdifferenzierung. Stuttgart: Klett 1976
Mangoldt, H. v.; Knopp, K.: Einführung in die höhere Mathematik, Bd 3. Stuttgart: Hirzel 1958[10]
Mann, R. D.: A review of the relationship between personality and performance in small groups. Psychol. Bull. 56, 1959
Mann, St. H.: The use of social indicators in environmental planning. In: I. Altman; J. F. Wohlwill (Eds.): Human behavior and environment, Vol. 2. New York: Plenum 1977, S. 307–330
Mann, U.: Einführung in die Religionspsychologie. Darmstadt: Wiss. Buchgesellschaft 1973
Manz, W.: Das Stereotyp. Meisenheim: Hain. 1968
Marbe, K.: Experimentalpsychologische Untersuchungen über das Urteil. Leipzig: Engelmann 1901
– Theorie der kinematographischen Projektionen. Leipzig: Barth 1910
– Grundzüge der forensischen Psychologie. München: Beck 1913
– Die Gleichförmigkeit der Welt. München: Beck 1916
– Praktische Psychologie der Unfälle und Betriebsschäden. München/Berlin: Oldenbourg 1926
Marciniak, K. H.: Nichtseßhafte. In: Evangelisches Soziallexikon 1980
Marcuse, H.: Der eindimensionale Mensch. Neuwied: Luchterhand 1967
– Psychoanalyse und Politik. Frankfurt: Europ. Verlagsanstalt 1968
Marcuse, L.: Sigmund Freud. München: Kindler 1964
Marcuse, M. (Hrsg.): Handwörterbuch der Sexualwissenschaft. Berlin: de Gruyter 1926[2]
Marek, J.; Stent, T.: Driver behaviour, training, and traffic environment. Trondheim 1911
Marett, R. R.: Preanimistic religion. Folklore 11, 1900
– The threshold of religion. London 1909
Marler, P.; Hamilton, W. J.: Mechanisms of animal behavior. New York: Wiley 1966
Marlowe, D; Gergen, K. J.: Personality and social interaction. In: Lindzey, Aronson III, 1969
Marshall, J. C.: Biologische Aspekte der menschlichen und tierischen Kommunikation. In: Lyons, J. (Hrsg.): Neue Perspektiven in der Linguistik. Reinbek: Rowohlt 1974
Martin, J. D.: Power dependence and the complaints of the elderly. In: Aging and Human Development, 2, 1971

MARTINET, A.: Grundzüge der allgemeinen Sprachwissenschaft. Stuttgart: Kohlhammer 1963
MASLOW, A. H.: Motivation and personality. New York: Harper 1954
– Deficiency motivation and growth motivation. In: JONES, M. R. (Ed.): Nebraska symposium on motivation. Lincoln: Univ. of Nebraska Press 1955
– The farther reaches of human nature. New York: Viking 1971
MASON, J. W.: Organization of psychoendocrine mechanisms: A review and reconsideration of research. In: GREENFIELD, N. S.; STERNBACH, R. A. (Eds.) 1972, 3–91
MASSARO, D. W.: Experimental psychology and information processing. Chicago: Rand McNally 1975
MASSELON, R.: Psychologie des déments précoces. Paris 1902
MASSERMAN, J. H.: The hypothalamus and psychiatry. Amer. J. Psychol. 5, 1942
MASTERS, W. H.; JOHNSON, V. E.: Human sexual response. London: Churchill 1966 (dt.: Die sexuelle Reaktion. Reinbek: Rowohlt 1970)
MATARAZZO, J.: Die Messung und Bewertung der Intelligenz Erwachsener nach WECHSLER. Bern: Huber 1981
MATHEY, F. J.: Zur Schichttheorie der Persönlichkeit. Hdb. d. Ps., Bd. 4, 1960
MAY, E.: Induktion und Exhaustion. Methodos 1, 1949, 137–140
MAY, R.: Der verdrängte Eros. Hamburg: Wegner 1969
MAYER, A.: Die soziale Rationalisierung des Industriebetriebes. München/Düsseldorf: Steinebach 1951
– Die gegenwärtige Problematik der Arbeits- und Betriebspsychologie. Psychol. Rdsch. 6, 1955
MAYER, A.; HERWIG, B. (Hrsg.): Betriebspsychologie. Hdb. d. Psychol. Bd 9, 1961, 1970
MAYER, A.; ORTH, J.: Zur qualitativen Untersuchung der Assoziationen. Z. Psychol. 26, 1901
MAYER-GROSS, W.: Über Synästhesien im Meskalinrausch. Farbe-Ton-Forschungen 3, 1931
MAYER-SCHEU, J.: Bedingungen einer Sterbenshilfe im Krankenhaus. In: BITTER 1974, 59–70
MAYR, E.: Artbegriff und Evolution. Berlin: Parey 1967
MEAD, G. H.: Geist, Identität und Gesellschaft aus der Sicht des Sozialbehaviorismus. Frankfurt: Suhrkamp 1968
MEAD, M.: Sex and temperament. New York: McClelland 1930
– Mann und Weib. Konstanz: Diana 1954
MEDIN, D. L.: Role of reinforcement in discrimination learning set in monkeys. Ps. Bullet 1972, 77, 305–318
MEDNICK, S. A.; SCHULSINGER, F. & VENABLES, P. H.: Risk research and primary prevention of mental illness. Intern. J. of Mental Health, 7, 1979, 150–164
MEEHL, P. E.: Clinical versus statistical prediction. Minneapolis: Univ. of Minnesota Press 1954
MEHLHORN, G.; MEHLHORN, H.-G.: Zur Kritik der bürgerlichen Kreativitätsforschung. Berlin: VEB Deutscher Verlag der Wissenschaften 1977
MEHLIS, G.: Die Mystik in der Fülle ihrer Erscheinungsformen in allen Zeiten und Kulturen. München: Bruckmann 1927
MEHRABIAN, A.: Nonverbal communication. Chicago: Aldine 1972
MEICHENBAUM, D.: Cognitive behavior modification. New York/London: Plenum Pr. 1977
MEIER, H.: Deutsche Sprachstatistik. Hildesheim: Olms 1964
MEILI, R.: Der Stand der faktorenanalytischen Forschung. Ber. 17. u. 18. Kongr. d. DGfPs. Göttingen: Hogrefe 1953, 83–91
– Figuren von RYBAKOFF. Bern: Huber 1956
– Durchstreichetest ohne Modell. Bern: Huber 1956
– Anfänge der Charakterentwicklung. Bern: Huber 1957
– Analytischer Intelligenztest (AIT). Bern: Huber 1971²
MEILI, R.; ROHRACHER, H. (Hrsg.): Lehrbuch der experimentellen Psychologie. Bern: Huber 1968², 1972³
MEILI, R.; STEINGRÜBER, H.-J.: Lehrbuch der psychologischen Diagnostik. Bern: Huber 1978⁶
MEINEFELD, W.: Einstellung und soziales Handeln. Reinbek: Rowohlt 1977
MEINONG, A.: Zur Psychologie der Komplexionen und Relationen. Z. Psychol. 2, 1891
MELAMED, B. G.: Psychological preparation for hospitalization. In: S. RACHMAN (Ed.) Contributions to medical psychology, Vol. 1. Oxford: Pergamon 1977
MELAMED, B. G.; SIEGEL, L. J.: Behavioral medicine. New York: Springer 1980
MELTON, A. W.: Apparatus tests. Aviation psychology program. Rep. No. 4. US Army Air Forces. Washington, D. C. 1947
MELTON, A. W.; IRWIN, J. M.: The influence of degree of interpolated learning on reactive inhibition. Amer. J. Psychol. 53, 1940
MELTON, A. W.; MARTIN, E. (Eds.): Coding processes in human memory. Washington: Winston 1972
MELZACK, R.: Das Rätsel des Schmerzes. Stuttgart: Hippokrates 1978
MENG, H.: Psyche und Hormon. Bern:. Huber 1960
MENG, H. (Hrsg.): Psychohygiene. Wissenschaft und Praxis. Basel: Schwabe 1939 ff
MENNINGER, K.: Das Leben als Balance. München: Piper 1968
MENSCHING, G.: Metaphysik des Ich. Berlin: Töpelmann 1934
– Vergleichende Religionswissenschaft. Heidelberg: Quelle & Meyer 1949
– Soziologie der Religion. Bonn: Röhrscheid 1968²
MERLEAU-PONTY, M.: Phänomenologie der Wahrnehmung. Berlin: de Gruyter 1974
MERTON, R. K.: The self-fulfilling prophency. Antinoch. Rev. 8, 1948
– Social theory and social structure. Glencoe (Ill.): Free Press 1957
MERZ, F.: Prognose und Bewährung. In: HOLZKAMP, K.; JÄGER, A. O.; MERZ; F.: Prognose und Bewährung in der psychologischen Diagnostik. Göttingen: Hogrefe 1966
– Aggression und Aggressionstrieb. In: Hdb. d. Psychol. Bd 2, 1965, 1970
– Tests zur Prüfung spezieller Fähigkeiten. In: Hdb. d. Psychol. Bd 6, 1971³
– Geschlechterunterschiede und ihre Entwicklung. Göttingen: Hogrefe 1979

Bibliographischer Anhang

MERZ, F.; KALVERAM, K. T.: Kritik der Differenzierungshypothese der Intelligenz. Arch. Ps. 117, 1965, 287–295
MERZ, F.; STELZL, I.: Einführung in die Erbpsychologie. Stuttgart: Kohlhammer 1977
MESSER, A.: Das Problem der Willensfreiheit. Göttingen: Vandenhoeck & Ruprecht 1923[3]
– Empfindung und Denken. Leipzig: Quelle & Meyer 1924[2]
– Psychologie. Leipzig: Meiner 1934[5]
METZGER, W.: Beobachtungen über phänomenale Identität. Psychol. Forsch. 19, 1934
– Die Grundlagen der Erziehung zu schöpferischer Freiheit. Frankfurt: Kramer 1949
– Zum gegenwärtigen Stand der Psychophysik. Stud. gen. 4/5, 1950
– Das Experiment in der Psychologie. Stud. gen. 5, 1952
– Gesetze des Sehens. Frankfurt: Kramer 1953[2]
– Psychologie. Darmstadt: Steinkopff 1954[2], 1975[5]
– Stimmung und Leistung. Münster: Aschendorff 1957
– Geleitwort. In: STEGAT, H.: Enuresis. Berlin: Springer 1973
– Das einäugige Tiefensehen. In: Hdb. d. Psychol. Bd 1/1, 1966, 1974[2]
METZGER, W. (Hrsg.): Wahrnehmung und Bewußtsein. Hdb. d. Ps. Bd. 1, 1 1966, 1974[2]
MEUMANN, E.: Methoden zur Feststellung des Vorstellungstypus. Z. exp. Päd. 4, 1907
– Vorlesungen zur Einführung in die experimentelle Pädagogik. 3 Bde. Leipzig: Engelmann 1911–1914
MEUMANN, E.; EBERT, E.: Über einige Grundfragen der Psychologie der Übungsphänomene im Bereich des Gedächtnisses. Arch. ges. Psychol. 1905
MEUX, M.; SMITH, B. O.: Logical dimensions of teaching behavior. In: BIDDLE, B. J.; ELLENA, W. J. (Ed.): Contemporary research on teacher effectiveness. New York: Holt, Rinehart & Winston 1964 (dt. Logische Dimensionen des Lehrerverhaltens. In: LOSER u. a. [Hrsg.] 1977)
MEY, H.-G.: Prognostische Beurteilung des Rechtsbrechers: Die deutsche Forschung. In: Hdb. d. Psychol. Bd 11, 1967
MEYER, A.: Krisenepochen und Wendepunkte des biologischen Denkens. Jena: Fischer 1935
MEYER, E.: Fernsehen in der Lehrerbildung. München: Manz 1966
MEYER, J. E.: Depersonalisation. Darmstadt: Wiss. Buchgesellschaft 1968
MEYER-ABICH, A.: Ideen und Ideale der biologischen Erkenntnis. Bios, Bd I. Leipzig: Barth 1934
MEYERHOFF, H.: Leitfaden der Klinischen Psychologie. München: E. Reinhardt 1959
MEYEROWITZ, B. E.: Psychological correlates of breast cancer and its treatment. Ps. Bull. 87, 1980
MICHEL, L.: Allgemeine Grundlagen psychometrischer Tests. In: Hdb. d. Psychol. Bd 6, 1963, 1971[3]
MICHOTTE, A.: Etude expérimentale sur le choix volontaire et ses antécédants immédiats. Arch. psychol. 10, 1910
– Sur la perception des formes. In: Ber. 8. Int. Kongr. Psychol. Groningen 1926
– L'étude morphologique des réactions motrices. Paris 1938
– Le caractère de »réalité« des projections cinématographiques. Cahiers du Bureau Intern. de Filmologie No 1, 1948
– La préfiguration dans les données sensorielles de notre conception spontanée du monde physique. In: Ber. 12. Int. Kongr. Psychol., Edinburgh 1948. Edinburgh: Oliver & Boyd 1948
– La perception de la causalité. Paris: PUF 1954
– Die Kausalitätswahrnehmung. In: Hdb. d. Psychol. Bd 1/1, 1966, 1974[2]
MICHOTTE, A.; BURKE, L.: Une nouvelle énigme de la psychologie de la perception: le »donné amodal« dans l'expérience sensorielle. In: Ber. 13. Int. Kongr. Psychol., Stockholm 1951. Stockholm: Nordiska 1961
MICHOTTE, A.; THINES, G.; CRABGE, G.: Die amodalen Ergänzungen von Wahrnehmungsstrukturen. In: Hdb. d. Psychol. Bd 1/1, 1966, 1974[2]
MIDDENDORF, W.; SCHNITZERLING, M.; JUNG, H.: Praktische Bewährungshilfe, Neuwied: Luchterhand 1958
MIERKE, K.: Wille und Leistung. Göttingen: Hogrefe 1955
MIKULA, G.; URAY, H.: Die Vernachlässigung individueller Leistungen bei der Lohnaufteilung in Sozialsituationen. Z. SozPsychol. 4, 1973
MIKULA, G. (Hrsg.): Gerechtigkeit und soziale Interaktion. Bern: Huber 1980
MIKULA, G.; STROEBE, W. (Hrsg.): Sympathie, Freundschaft und Ehe. Bern: Huber 1977
MILGRAM, S.: Liberating effects of group pressure. J. Pers. soc. Ps. 1965, 1, 127–134
– Einige Bedingungen des Autoritätsgehorsams und seiner Verweigerung. Frankfurt: Europäische Verlagsanstalt 1967
– Obedience to authority. New York: Harper 1974
MILGRAM, S.; TOCH, H.: Collective behavior: Crowds and social movements. In: LINDZEY, ARONSON IV. 1969
MILLER, G. A.: Language and communication. New York: McGraw-Hill 1951
– The magical number seven. Psychol. Rev. 63, 1956, 81–97
MILLER, G. A.; GALANTER, E.; PRIBRAM, K. H.: Plans and the structure of behavior. New York: Holt 1960 (dt.: Strategien des Handelns. Stuttgart: Klett 1973)
MILLER, G. A.; ISARD, S.: Free recall of self-embedded English sentences. Inform. Control 7, 1964
MILLER, G. A.; MCNEILL, D.: Psycholinguistics. In: LINDZEY, ARONSON III, 1969
MILLER, M.: Learning how to contradict and still pursue a common end – the ontogenesis of moral argumentation. Ms. des Max-Planck-Instituts für Sozialwissenschaft, Starnberg. 1980
MILLER, N. E.: Experimental studies of conflict. In: HUNT, J. McV. (Hrsg.) 1944
– Liberalization of basic S-R concepts. In: S. KOCH (Ed.): Psychology: A study of a science. Bd. 2 New York: McGraw-Hill 1959
– Studies of fear as an acquirable drive: I. Fear as motivation and fear reduction as reinforcement in the learning of new responses. J. exp. Psychol. 38, 1948
MILLER, N. E.; DOLLARD, J.: Social learning and imitation. New Haven: Yale UP 1941
MINAS, S.: Memory coding for movement. Perc. Motor Skills 1977, 45, 787–790

MINSEL, W.: Praxis der Gesprächspsychotherapie. Wien: Böhlau 1974
MINSEL, W. R.; BENTE, G.: Gesprächspsychotherapie. In: WITTLING, W.: Handbuch der Klinischen Psychologie. Bd. 2. Hamburg: Hoffmann u. Campe 1980, 138–164
MINSEL, W. R.; LOHMANN, J.; BENTE, G.: Krisenintervention. In: WITTLING, W. (Hrsg.): Handbuch der Klinischen Psychologie, Bd. 2, Hamburg: Hoffmann & Campe 1980, 78–101
MINUCHIN, S.: Familie und Familientherapie. Freiburg i. Br. 1979[3]
MIRA y LOPEZ, E.: Myokinetische Psychodiagnostik. Bern: Huber 1965
MISCHEL, W.: Preference for delayed reinforcement and social responsibility. J. abnorm. soc. Psychol. 62, 1961
– Personality and assessment. New York: Wiley 1968
– Processes in delay of gratification. In: BERKOWITZ, L. (Ed.): Advances in experimental social psychology, Bd. 7. New York: Academic Press 1974
MISSENARD, A.: Klima und Lebensrhythmus. Meisenheim: Hain 1949
– Der Mensch und seine klimatische Umwelt. Stuttgart: Deutsche Verlagsanstalt 1938
MITCHELL, K.: A comparison of the first and second order dimensions of the 16 PF and CPI inventories. J. soc. Psychol. 61, 1963
MITSCHERLICH, A.: Ödipus und Kaspar Hauser. Der Monat 3, 1950
MITTELSTAEDT, H.: Die Regelungstheorie als methodisches Werkzeug der Verhaltensanalyse. Naturwissenschaften 48, 1961
MITTENECKER, E.: Perseveration und Persönlichkeit. Z. exp. angew. Psychol. 1, 1953
– Die informationstheoretische Auswertung des Zeigeversuchs bei Psychotikern und Neurotikern. Z. exp. angew. Psychol. 7, 1960
– Methoden und Ergebnisse der psychologischen Unfallforschung. Wien: Deuticke 1962
– Planung und statistische Auswertung von Experimenten. Wien: Deuticke 1966[6], 1970[8], 1971[9]
– Subjektive Tests zur Messung der Persönlichkeit. In: Hdb. d. Psychol. Bd 6, 1964
MITTENECKER, E.; TOMAN, W.: Persönlichkeits- und Interessen-Test (PIT). Bern: Huber 1972[2]
MITTENECKER, E; RAAB, E.: Informationstheorie für Psychologen. Göttingen: Hogrefe 1973
MITTER, W. u. WEISHAUPT, H. (Hrsg.): Strategien und Organisationsformen der Begleitforschung (Deutsches Institut für Internat. Päd. Forschg., Frankfurt 1979)
MITZE, W.: Psychologen in der Bundeswehr. In: BENESCH, H. u. DORSCH, F. (Hrsg.) 1971
MOEDE, W.: Experimentelle Massenpsychologie. Leipzig: Hirzel 1920
– Lehrbuch der Psychotechnik. Berlin: Springer 1930
– Arbeitstechnik. Stuttgart: Enke 1935
– Eignungsprüfung und Arbeitseinsatz. Stuttgart: Enke 1943
MOEDE, W.; PIORKOWSKI, C.; WOLFF, G.: Die Berliner Begabtenschule, ihre Organisation und experimentellen Methoden der Schülerauswahl. Langensalza: Beyer 1918
MOELLER, M. L.: Selbsthilfegruppen. Reinbek: Rowohlt 1978
MOERS, M.: Das weibliche Seelenleben. Berlin: Dümmler 1941
MOLES, A.: Théorie de l'information et perception esthétique. Paris: Flammarion 1958, dt. Informationstheorie und ästhetische Wahrnehmung. Köln: Du Mont Schauberg 1971
MOLL, A.: Untersuchungen über die Libido sexualis. Berlin: Fischers med. Buchhandlung 1898
MÖLLER, Ch.: Technik der Lernplanung. Weinheim: Beltz 1973
MONAKOW, C. v.; MOURGUE, R.: Biologische Einführung in das Studium der Neurologie und Psychopathologie. Stuttgart: Hippokrates 1930
MÖNKS, F.: Jugend und Zukunft. Berlin: Springer 1967
– Zeitperspektive als psychologische Variable. Arch. ges. Psychol. 119, 1967
MÖNKS, F.; KNOERS, M. P.: Entwicklungspsychologie. Stuttgart: Kohlhammer 1976
MONTADA, L.: Die Lernpsychologie Jean PIAGETs. Stuttgart: Klett 1970
MONTESSORI, M.: Das Kind in der Familie. Stuttgart 1954
– Kinder sind anders. Stuttgart 1971[9]
MONTY, R. A.; SENDERS, J. W. (Hrsg.): Eye movements and psychological process. New York: Wiley 1976
MOORE, B.: Zur Geschichte der politischen Gewalt. Frankfurt: Suhrkamp 1966
MOORE, O. K.; ANDERSON, A. R.: Autotelic folk models. Sociol. Quart. 1, 1960
MOORE, W. E.: Social structure and behavior. In: LINDZEY, ARONSON IV. 1969
MOOS, R. H.; INSEL, P. M. (Eds.): Issues in social ecology. Human milieus. Palo Alto (Calif.): National Press 1974
MOOSBRUGGER, H.: Multivariate statistische Analyseverfahren. Stuttgart: Kohlhammer 1978
MORAY, N.: Attention: Selective processes in vision and learning. Harmondsworth: Penguin 1969
MOREHEAD, D. M.; MOREHEAD, A. E. (Eds.): Normal and deficient child language. Baltimore: Univ. Park Press 1976
MOREL, J.; MELEGHY, T.; PREGLAU, M. (Hrsg.): Führungsforschung. Göttingen: Hogrefe 1980
MORENO, J. L.: Das Stegreiftheater. Potsdam: Kiepenheuer 1922
– Sociometry in relation to other social sciences. Sociometry 1, 1937
– Psychodrama. New York: Beacon Press 1946
– Sociometry, experimental method and the science of society. New York: Beacon House 1951
– Who shall survive? Foundations of sociometry, grouppsychotherapy and sociodrama. New York: Beacon House 1953, (1. Aufl. Washington, D. C. 1934)
– Die Grundlagen der Soziometrie. Köln: Westdeutscher Verlag 1954
– Gruppentherapie und Psychodrama. Stuttgart: Thieme 1959
MORETTI, G. M.: Trattato di Grafologia. Padova 1955
MÖRIKE, K. D.; BETZ, E.; MERGENTHALER, W.: Biologie des Menschen. Heidelberg: Quelle & Meyer 1973[7], 1974[8], 1981[11]
MORIN, P.: Einführung in die angewandte Organisationspsychologie. Stuttgart: Klett 1974

Bibliographischer Anhang

MORLEY, M. E.: The development and disorders of speech in childhood. London: Williams & Wilkins 1972[3]
MORRIS, G. P.: Language and memory in the severely retarded. In: O'CONNOR, N. (Ed.) 1975
MORTON, J.: Interaction of information in word cognition. Ps. Rev. 76, 1969, 165–178
MORUS (R. LEWINSOHN): Die Enthüllung der Zukunft. Reinbek: Rowohlt 1958
MORUZZI, G.; MAGGOUN, H. W.: Brain stem reticular formation and activation of the EEG. Clin. Neurophysiol. 1, 1949
MOSER, H. (Hrsg.): Fortschritte der Politischen Psychologie. Bd 1, Weinheim: Beltz 1981
MOSER, U.: Psychologie der Arbeitswahl und der Arbeitsstörungen. Bern: Huber 1953, 1965[2]
– Psychologie der Partnerwahl. Bern: Huber 1957, 1965[2]
MOSER, U.; SEIDENSTÜCKER, G.; SEIDENSTÜCKER, E.: Interviewforschung: Modelle des klinischen Gesprächs. In: SCHRAML, BAUMANN II. 1974
MOSIER, Ch. I.: Problems and designs of cross-validation. Educ. psychol. Measmt. 11, 1971
MOTTE-HABER, H. de la: Musikpsychologie. Köln: Gerig 1972
MOUNIER, E.: Traité du caractère. Paris: Seuil 1947
MOUSTAKES, C. E.: The self: Explorations in personal growth. New York: Harper 1956
MOWRER, O. H.: Stimulus-response analysis of anxiety and its role as a reinforcing agent. Psychol. Rev. 46, 1939
– Learning theory and the symbolic processes. New York: Wiley 1960
MUCHOW, H. H.: Flegeljahre. Beiträge zur Psychologie und Pädagogik der »Vorpubertät«. Ravensburg: Maier 1954[2]
– Jugend und Zeitgeist. Reinbek: Rowohlt 1962
MÜHLE, G.: Furcht und Angst unter entwicklungspsychologischem Aspekt. In: WIESBROCK, H. (Hrsg.) 1967
– Definitions- und Methodenprobleme der Begabungsforschung. In: ROTH, H. (Hrsg.) 1969, 1980[12]
MÜHLE, G.; SCHELL, D. H.: Kreativität und Schule. München: Piper 1970
MÜHLMANN, W. E.: Rassen- und Völkerkunde. Braunschweig: Vieweg 1936
– Geschichte der Anthropologie (Geschichte d. Wissenschaften, hrsg. v. ROTHACKER). Bonn: Schmidt 1948ff
– Aspekte einer Soziologie der Macht. Arch. Recht. Soz. Philos. 40, 1952/53
MÜHLMANN, W. E.; MÜLLER, E. W. (Hrsg.): Kulturanthropologie. Köln/Berlin: Kiepenheuer & Witsch 1966
MÜLLER, D.: Programmierung elektronischer Rechenanlagen. Mannheim: Bibliogr. Institut 1964
MÜLLER, E. A.: Die physische Ermüdung. In: BAADER, E. W. (Hrsg.): Hdb. der gesamten Arbeitsmedizin, Bd 1. Berlin: Urban & Schwarzenberg 1961
MÜLLER, G. E.: Zur Grundlegung der Psychophysik. Berlin 1878
– Zur Analyse der Gedächtnistätigkeit und des Vorstellungsverlaufs. Erg. Z. Ps. 5, 1911, 8, 1917, 9, 1924
– Über die Farbempfindungen. Erg. Bd. Z. f. Ps. (2 Bd) 17, 18, 1930
MÜLLER, G. F.: Interpersonales Konfliktverhalten. Vergleich und experimentelle Untersuchung zweier Erklärungsmodelle. Z. Sozialps. 1980, 11, 168–180
MÜLLER, K. H.; STREKER, I.: FORTRAN IV Programmieranleitung. Mannheim: Bibliogr. Institut 1967
MÜLLER, M.: Die Schulpsychologische Beratungsstelle. München: Reinhardt 1973
MÜLLER, W. H.; ENSKAT, A.: Graphologie gestern und heute. Stuttgart: Altendorfer 1951
– Graphologische Diagnostik. Bern: Huber 1961, 1973[2]
MÜLLER-ECKARD, H.: Grundlagen der Geschlechtserziehung. Stuttgart: Klett 1956[2]
MÜLLER-LIMMROTH, W.: Elektrophysiologie des Gesichtssinnes. Berlin: Springer 1959
MÜLLER-LUCKMANN, Elisabeth: Gerichtliche Psychologie. Neuwied/Berlin 1962
MÜLLER-REISSMANN, K. F.; BOSSEL, H.: Zur Simulation kognitiver Prozesse bei Entscheidungen. In: KLAGES, A.; KMIECIAK, P.: Wertwandel und gesellschaftlicher Wandel. Frankfurt/M.: Campus 1979, 539–555
MUMMENDEY, H. D.: Methoden und Probleme der Kontrolle sozialer Erwünschtheit (Social Desirability). Z. Differ. Diagn. Ps. 2, 1981
MUMMENDEY, H. D.; BOLTEN, H.-G.: Die Veränderung von Social-Desirability-Antworten bei erwarteter Wahrheitskontrolle (Bogus-Pipeline-Paradigma). Z. Differ. Diagn. Ps. 2, 1981
MÜNSTERBERG, H.: Grundzüge der Psychotechnik. Leipzig: Barth 1914
– Psychologie und Wirtschaftsleben. Leipzig: Barth 1922[5]
MURPHY, G.: Historical introduction to modern psychology. New York: Harcourt 1949[2]
MURRAY, H. A.: Explorations in personality. Oxford: Wiley 1963[3]
– Thematic apperception test. Cambridge: Harvard UP 1943. Bern: Huber (Kommissionsvlg.)
MUSSEN, H. (Ed.): CARMICHAEL's Manual of child psychology. Vol. 1, 2. New York: Wiley 1970
MUSSEN, P. H.; CONGER, J. J.; KAGAN, J.: Child development and personality. New York: Harper & Row 1978[5]
MUTSCHLER, D.: Kreativität und Intelligenz. Z. Päd. 2, 1969

NACHREINER, F.: Die Messung des Führungsverhaltens. Bern: Huber 1978
NAFFIN, P.: Die psychologischen Voraussetzungen der Erziehung des taubstummen Kindes. In: Hdb. d. Psychol. Bd 10, 1959
NEBER, H. (Hrsg.): Entdeckendes Lernen. Weinheim: Beltz 1973
NEIDHARDT, F. u. a.: Jugend im Spektrum der Wissenschaften. München: Juventa 1970
NEISSER, U.: Cognitive Psychology. New York: Appleton Century Crofts 1967 (dt.: Kognitive Psychologie. Stuttgart: Klett 1974)
NEUBAUER, W. F.: Selbstkonzept und Identität im Kinder- und Jugendalter. München: Reinhardt 1976
NEUBERGER, O.; ALLERBECK, M.: Messung und Analyse von Arbeitszufriedenheit, Erfahrungen mit dem »Arbeitsbeschreibungs-Bogen (A B B)«. Bern: Huber 1978
NEUMANN, E.: Die Mutter. Zürich: Rhein-Verlag 1956
NEUMANN, J. v.; MORGENSTERN, O.: Theory of games and economic behavior. Princeton: Princeton UP 1947[2], dt.: Spieltheorie und wirtschaftliches Verhalten. Würzburg: Physika 1967[2]

NEUMANN, O.: Empfindung. In: RITTER, J. (Hrsg.): Historisches Wörterbuch der Philosophie, Bd 2. Basel: Schwabe 1972
NEWCOMB, T. M.: Varieties of interpersonal attraction. In: CARTWRIGHT, D.; ZANDER, A. (Ed.) 1959, 1968, 1972[3]
NEWELL, A.; SIMON, H. A.: Human problem solving. Englewood Cliffs, N. J.: Prentice Hall 1972
NEWELL, K. M.: Some issues on action plans. In: STELMACH, G. E. (Ed.): Information processing in motor control and learning. New York 1978
NEWMAN, O.: Defensible space. Crime prevention through urban design. New York: MacMillan 1976[2]
NICKEL, H.: Entwicklungspsychologie des Kindes- und Jugendalters. 2 Bde. Bern: Huber 1976, 1979[3]
NICKEL, K.: ALGOL-Praktikum. Karlsruhe: Braum 1964
NICKEL, P.; RUOFF, B. A.; SCHLOTTKE, P. F.: Technisch-theoretische Funktionsanalyse eines Geräts zur Registrierung von Blickbewegungen (NAC III). Medizinal-Markt/Acta medico-technica, 23, 1975, 431–436
NICKLIS, W. S.: Handwörterbuch der Schulpädagogik. Bad Heilbrunn: Klinckhardt 1973
NIDA, E. A.: A synopsis of English syntax. The Hague: Mouton 1966[2]
NIPKOW, K. E.: Allgemeindidaktische Theorien der Gegenwart, Z. Päd. 1968
NISSEN, G.: Der kindliche Autismus. In: HARBAUER, H. u. a.: Lehrbuch der speziellen Kinder- und Jugendpsychiatrie. Berlin: Springer 1974[2]
NITSCH, J.: Theorie und Skalierung der Ermüdung. (Phil. Diss.) Berlin TU 1971
NITSCH, J. (Hrsg.): Streß. Theorien, Untersuchungen, Maßnahmen. Bern: Huber 1981
NOBLE, C. E.: An analysis of meaning. Psychol. Rev. 59, 1952
– The learning of psychomotor skills. Annu. Rev. Psychol. 19, 1969
NOHL, H.: Charakter und Schicksal. Frankfurt: Schulte-Bulmcke 1959[5]
NORMAN, D. A.: Aufmerksamkeit und Gedächtnis. Weinheim: Beltz 1973
NORMAN, D. A., RUMELHART, D. E.: Strukturen des Wissens, Wege der Kognitionsforschung. Stuttgart: Klett-Cotta 1978
NORMAN, W. T.: Double-split cross validation. J. appl. Psychol. 49, 1965
NUTHALL, G.; SNOOK, I.: Contemporary models of teaching. In: TRAVERS, R. M. W. (Ed.): Second handbook of research on teaching. Chicago: Rand McNally 1973 (dt. Modelle des Lehrens. In: LOSER u. a.: Theorien des Lehrens. Stuttgart: Klett 1977)
NUTTIN, J.: Théorie de la motivation humaine, du besoin au projet d'action. Paris: Presses Univ. de France 1980a
– Motivation et perspective d'avenir. Louvain: Presses Univ. de Louvain 1980b

O'CONNOR, N. (Ed.): Language, cognitive deficits, and retardation. London: Butterworth 1975
OECD (Organisation for economic cooperation and development): Alcohol and drugs. Paris: OECD 1968
– Driver behaviour. Paris: OECD 1970
– Pedestrian safety. Paris: OECD 1970
– Road safety campaigns. Paris: OECD 1971
– Speed limits outside built-up areas. Paris: OECD 1972
OEHRN, A.: Experimentelle Studien zur Individualpsychologie. Diss. Dorpat 1889, Ps. Arb. (hrsg. v. E. KRAEPELIN) Bd 1, 1896
OELRICH, W.: Geisteswissenschaftliche Psychologie und Bildung des Menschen. Stuttgart: Klett 1950
OERTER, R.: Psychologie des Denkens. Donauwörth: Auer 1972[3]
– Moderne Entwicklungspsychologie. Donauwörth: Auer 1980[18]
– Die Entwicklung von Werthaltungen während der Reifezeit. Reinhardt: München 1966
OESTERREICH, T. K.: Die Besessenheit. Langensalza: Wendt & Klauwell 1921
OEVERMANN, U.: Sprache und soziale Herkunft. Frankfurt: Suhrkamp 1972, 1980
– Schichtenspezifische Formen des Sprachverhaltens und ihr Einfluß auf die kognitiven Prozesse. In: ROTH, H. (Hrsg.) 1969, 1974[9], 1980[12]
OGBURN, W. F., NIMKOFF, M. R.: Sociology. Boston: Mifflin 1950[2]
OGDEN, C. K.; RICHARDS, I. A.: The meaning of meaning. London: Routledge 1923
OHM, A.: Persönlichkeitswandel unter Freiheitsentzug. Berlin: de Gruyter 1964
OHM, J.: Nystagmus und Schielen bei Sehschwachen und Blinden. Stuttgart: Enke 1958
OLDFIELD, R. C.; MARSHALL, J. P. (Ed.): Language. Harmondsworth: Penguin 1968
OLDS, J.: Physiological mechanisms of reward. In: JONES, M. R. (Ed.): Nebraska symposium on motivation. Lincoln: Univ. of Nebraska Press 1955
OLDS, J. u. MILNER, P.: Positive reinforcement produced by electrical stimulation of septal area and other regions of the rat brain. J. Comp. Phys. Ps. 47, 1954, 419–427
OLLER, J. W.: Über die Beziehung zwischen Syntax, Semantik und Pragmatik. In: SCHMIDT, S. J. (Hrsg.) 1974
ORATA, P. T.: The theory of identical elements. Columbus: Ohio State Univ. 1928
ORNSTEIN, R.: Die Psychologie des Bewußtseins. Frankfurt/M.: Fischer 1976
OSBORN, A. F.: Applied imagination. New York: Scribner 1957[2]
OSGOOD, C. E.: The nature and measurement of meaning. Psychol. Bull. 49, 1952
– Cognitive dynamics in the conduct of human affairs. Publ. Opin. Quart. 24, 1960
– Method and theory in experimental psychology. London: Oxford UP 1953, 1962[3]
– An alternative to war or surrender. Urbana: Univ. of Illinois Press 1962
– On understanding and creating sentences. Amer. Psychologist 18, 1963
OSGOOD, C. E.; SEBEOK, Th. A.: Psycholinguistics. Bloomington: Indiana UP 1954, 1965[2]
OSGOOD, C. E.; SUCI, G. J.; TANNENBAUM, P. H.: The measurement of meaning. Urbana: Univ. of Illinois Press 1957

OSGOOD, C. E.; TANNENBAUM, P. H.: The principle of congruity in the prediction of attitude change. Ps. Rev. 62, 1955, 42–55
OSSOFSKY, J. D.: Handbook of infant development. New York: Wiley 1979
OSTWALD, W.: Energetische Grundlagen der Kulturwissenschaft. Leipzig: Klinckhardt 1909
– Große Männer. Leipzig: Akad. Verlagsges. 1909
– Der energetische Imperativ. Leipzig: Akad. Verlagsges. 1912
– Die Farbenfibel. Leipzig: Unesma 1917
– Die Farbenlehre. 4 Bde. Leipzig: Teubner 1918–1940
– Die Harmonie der Farben. Leipzig: Unesma 1918
– Schriftenverzeichnis zur Farbenlehre. Großbothen: W. Ostwald-Archiv 1936
OTTENSMEYER, H.; ZIMOLONG, B.: Ein mimisches Klassifikationsverfahren für Interaktionsanalysen. Ps. Beitr. 22, 1980, 458–467
OTTO, R.: Das Heilige. Gotha: Klotz 1926
– West-östliche Mystik. Gotha: Klotz 1929[2]
– Das Gefühl des Überweltlichen (Sensus Numinis). München: Beck 1932
OVSIANKINA, M.: Die Wiederaufnahme von unterbrochenen Handlungen. Psychol. Forsch. 11, 1928
OYAMA, T.: A new psychophysical method. Method of transposition or equal appearing relations. Ps. Bullet. 56, 1959

PACHELLA, R. G.: The interpretation of reaction time in information processing research. In: KANTOWITZ, B. H. (Ed.): Human information processing: Tutorials in performance and cognition. Hillsdale, N. J.: Erlbaum 1974
PAIVIO, A.: Imagery and verbal processes. New York: Holt 1971
PAPOUŠEK, H. u. M.: Lernen im ersten Lebensjahr. In: L. MONTADA (Hrsg.): Brennpunkte der Entwicklungspsychologie. Stuttgart: Kohlhammer 1979, 194–212
PARDUCCI, A.: Category judgment: A range-frequency model. Psychol. Rev 72, 1965
PARKINSON, C. N.: PARKINSONS Gesetz und andere Untersuchungen über die Verwaltung. Reinbek: Rowohlt 1970[2]
PARRY, J. B.; FOKKEMA, S. D. (Ed.): Aviation psychology in Western Europe. Amsterdam 1958
PARSONS, T.: Beiträge zur soziologischen Theorie. Neuwied: Luchterhand 1964
– The structure of social action. Vol. 1, 2. New York: Free Press 1968
– The social system. London: Routledge 1970
PARSONS, T.; BALES, R. F.: Family, socialization and interaction process. Glencoe: Free Press 1955
– Family. London: Free Press 1956
PARSONS, T.; SHILS, E. A. (Eds.): Toward a general theory of action. Cambridge: Havard UP 1951, 1954[3]
PATRY, J. L. (Hrsg.): Feldforschung. Bern: Huber 1981
PAUL, H.: Prinzipien der Sprachgeschichte. Halle/S.: Niemeyer 1886[2], 1937[5]
PAULI, R.: Über psychische Gesetzmäßigkeit, insbesondere über das WEBERsche Gesetz. Jena: Fischer 1920
– Einführung in die experimentelle Psychologie. Leipzig: Quelle & Meyer 1927
– Der Arbeitsversuch als charakterologisches Prüfverfahren. Seine sachgemäße Durchführung. Leipzig: Barth 1933
PAULI, R.; ARNOLD, W. (Hrsg.): Psychologisches Praktikum. Stuttgart: Fischer 1957[6], 1972[7]
PAWLIK, K.: Dimensionen des Verhaltens. Bern: Huber 1968, 1971[2], 1976[3]
– Tierexperimentelle Untersuchungen zur RNS-Theorie des Lernens. In: 27. Ber. Kongr. DGP, 1970. Göttingen: Hogrefe 1973
– Ökologische Validität: Ein Beispiel aus der Kulturvergleichsforschung. In: G. KAMINSKI (Hrsg.): Umweltpsychologie. Perspektiven – Probleme – Praxis. Stuttgart: Klett 1976, 59–72
PAWLIK, K. (Hrsg.): Multivariate Persönlichkeitsforschung. Bern: Huber 1982
PAWLOW, I. P.: Die höchste Nerventätigkeit (das Verhalten) von Tieren. München: Bermann 1926
– Sämtliche Werke. Bd III/2. Berlin: Zeller 1953
PECCEI, A. (Hrsg.): Das menschliche Dilemma. Zukunft und Lernen. Wien: Molden 1979
PEIRCE, C. S.: Collected papers. Bd 2. Cambridge: Harvard UP 1932
PERLS, F. S.: Gestalt-Therapie in Aktion. Stuttgart 1974
PERRET, E. u. a. (Hrsg.): ZÜWIE, Zürich-Wechsler-Intelligenztest für Erwachsene. Bern: Huber 1970 Ⓣ WECHSLER
PERREZ, M.; OTTO, J. (Hrsg.): Symptomverschiebung. Salzburg 1978
PETERMANN, F. (Hrsg.): Einstellungsmessung – Einstellungsforschung. Göttingen: Hogrefe 1980
PETERS, H. M.: Grundfragen der Tierpsychologie. Stuttgart: Enke 1948
– Über die Beziehungen der Tiere zu ihrem Lebensraum. Stud. gen. 10, 1957
PETERS, O.: Was leistet das Konzept der Unterrichtstechnologie? Aula 6, 1971
PETERS, W.: Begabungsprobleme. Z. päd. Psychol. 26, 1925
– Die Vererbung geistiger Eigenschaften und die psychologische Konstitution. Jena: Fischer 1925
– Rassenpsychologie. In: Rasse und Geist. Leipzig: Barth 1932
– Vorurteile. Psychol. Beitr. 2, 1956
PETERSEN, P.: Führungslehre des Unterrichts. Braunschweig: Westermann 1953
– Allgemeine Erziehungswissenschaft. Müllheim/Ruhr: Setzkorn-Scheifhacken 1924, 1962[2]
– Der kleine Jena-Plan. Weinheim: Beltz 1974[55]
PETTIGREW, T. F.: Social evaluation theory: Convergences and application. In: LEVINE, D. (Ed.): Nebraska Symposium on Motivation. Lincoln: Univ. of Nebraska Press 1967
PETZOLD, H. u. VORMANN, G.: Therapeutische Wohngemeinschaften. München: Pfeiffer 1980
PEUSER, G. (Hrsg.): Brennpunkte der Patholinguistik. München: Fink 1978a

– Aphasie: Eine Einführung in die Patholinguistik. München: Fink 1978b
– Studien zur Sprachtherapie. München: Fink 1979
PFAHLER, G.: Vererbung als Schicksal. Leipzig: Barth 1932
– Warum Erziehung trotz Vererbung. Leipzig: Teubner 1943[5]
– System der Typenlehre. Leipzig: Barth 1943[4]
– Der Mensch und sein Lebenswerkzeug. Stuttgart: Klett 1954
– Der Mensch und seine Vergangenheit. Stuttgart: Klett 1958[4]
PFÄNDER, A.: Zur Psychologie der Gesinnung. 2 Bde. Halle: Niemeyer 1922/1930
– Grundprobleme der Charakterologie. Charlottenburg: Pan Verlag 1925
– Phänomenologie des Wollens. Leipzig: Barth 1930[2], 1963[3]
PFANNE, H.: Lehrbuch der Graphologie. Berlin: de Gruyter 1961
– Handschriftenverstellung. Bonn: Grundmann 1973
PFANZAGL, J.: Allgemeine Methodenlehre der Statistik I: Elementare Methoden unter Berücksichtigung der Anwendungen in den Wirtschafts- und Sozialwissenschaften. Berlin: de Gruyter 1966[3]
– Allgemeine Methodenlehre der Statistik II: Höhere Methoden unter besonderer Berücksichtigung der Anwendung in Naturwissenschaft, Medizin und Technik. Berlin: de Gruyter 1966[2]
PFAUNDLER, M. v. (Hrsg.): Handbuch der Kinderheilkunde. Berlin: Springer 1942
PFEIFFER, W.: Transkulturelle Aspekte pathologischen Verhaltens. In: Hdb. d. Psychol. Bd 8.2, 1978
PFISTER-AMMENDE, M. (Hrsg.): Die Psychohygiene. Bern: Huber 1949
PHILLIPS, B. S.: Empirische Sozialforschung. Wien: Springer 1970
PHILLIS, J. W.: The pharmacology of synapses. Oxford: Pergamon 1970
PIAGET, J.: Le développement des quantités chez l'enfant. Neuchâtel: Delachaux & Niestlé 1941
– La formation du symbole chez l'enfant. Neuchâtel: Delachaux & Niestlé 1945
– Les notions de mouvement et de vitesse chez l'enfant. Paris: Bibl. philos. contemp. 1946
– Le jugement et le raisonnement chez l'enfant. Neuchâtel: Delachaux & Niestlé 1947
– La représentation du monde chez l'enfant. Paris: PUF 1947
– Le langage et la pensée chez l'enfant. Neuchâtel: Delachaux & Niestlé 1948, 1968[7]
– La naissance de l'intelligence chez l'enfant. Neuchâtel: Delachaux & Niestlé 1948, dt. Stuttgart: Klett 1969
– La construction du réel chez l'enfant. Neuchâtel: Delachaux & Niestlé 1949[2]
– Von der genetischen Psychologie zur Epistemologie. Diogenes 1, 1953
– Gesammelte Werke – Studienausgabe in 10 Bdn. Stuttgart: Klett 1957ff
– Les mécanismes perceptifs. Paris: PUF 1961
– Psychologie de l'intelligence (dt.: Psychologie der Intelligenz. Zürich: Rascher 1947/48, 1966[2])
– Die Äquilibration der kognitiven Strukturen. Stuttgart: Klett 1976
PIAGET, J. et al.: La causalité physique chez l'enfant. Paris: Alcan 1927
PIAGET, J.; INHELDER, Bärbel: Die Entwicklung des räumlichen Denkens beim Kinde. Stuttgart 1971, orig.: La représentation de l'espace chez l'enfant. Paris: PUF 1948
– La génèse de l'idée de hasard chez l'enfant. Paris: PUF 1951
PIAGET, J.; SZEMINSKA, A.: La génèse du nombre chez l'enfant. Neuchâtel: Delachaux & Niestlé 1953[2]
PICHT, G.: Die deutsche Bildungskatastrophe. Olten: Walter 1964
– Vom Bildungsnotstand zum Notstand der Bildungspolitik. Z. Päd. 5, 1973
PICKENHAIN, L.: Die höhere Nerventätigkeit. In GOTTSCHICK, J.: Die Leistungen des Nervensystems. Jena: Fischer 1955, 696–748
PIDERIT, T.: Grundsätze der Mimik und Physiognomik. Detmold: Meyersche Hofbuchhandlung 1919[3]
PIKE, K. L.: Phonetics. Ann Arbor: Univ. of Michigan Press 1943, 1947
– Language in relation to a unified theory of human behavior. The Hague: Mouton 1967
PILISUK, M. et al.: War hawks and peace doves: alternate resolutions of experimental conflicts. J. conflict resolution: 1965, 9, 491–508
PINILLIOS, J. L.; BRENGELMANN, J. C.: Der Bilderkennungstest. Göttingen: Hogrefe 1953
PINTHER, A.: Grundprobleme der Beobachtungsmethode. In: FRIEDRICH, W. (Hrsg.): Methoden der marxistisch-leninistischen Sozialforschung. Berlin: DVW 1970
PLAGENHOEF, St.: Patterns of human motion. Englewood Cliffs, N. J.: Prentice Hall 1971
PLANCK, M.: Scheinprobleme der Wissenschaft. Leipzig: Barth 1947
– Das Weltbild der neuen Physik. Leipzig: Barth 1947[10]
– Vom Wesen der Willensfreiheit. Leipzig: Barth 1948[5]
PLESSNER, H.: Lachen und Weinen. Bern: Francke 1961
PLOOG, D.: Verhaltensforschung und Psychiatrie. In: GRUHLE, H. W. et al. (Hrsg.): Psychiatrie der Gegenwart, Bd I/1b. Berlin: Springer 1964
PLUTCHIK, R.: Emotion. A psychoevolutionary synthesis. New York: Harper/Row 1980
POECK, K.: Modern trends in neuropsychology. In: BENTON, A. L. (Ed.): Contributions to clinical neuropsychology. Chicago: Aldine 1969
POFFENBERGER, A. T.: Principles of applied psychology. New York: Appleton 1942
POINCARÉ, J. H.: Science et méthode. Paris: 1908
POKORNY, R.: Hebräische Graphologie. In: »Hakidmah«, Tel Aviv, 26. 12. 1952
– Die moderne Handschriftendeutung. Berlin: de Gruyter 1963
POHLMEIER, H.: Selbstmord und Selbstmordverhütung. München: Urban & Schwarzenberg 1978
POMERANZ, D.: Do endorphins mediate acupuncture analgesia? In: COSTA, E. u. TRABUCCHI, M. (Eds.): The Endorphins. New York: Raven Press 1978, S. 351–359
PONGRATZ, L. J.: Psychologie menschlicher Konflikte – Phänomenologie und Theorie. Göttingen: Hogrefe 1951
– Problemgeschichte der Psychologie. Bern: Francke 1967
– Lehrbuch der Klinischen Psychologie. Göttingen: Hogrefe 1973

– Zur Kritik kybernetischer Methodologie in der Pädagogik. (Europäische Hochschulschriften. Bd XI/58) Frankfurt: Lang 1978
POPHAL, R.: Graphologie in Vorlesungen, Bd 1: Die Schrift und das Schreiben. Der Schreiber. Stuttgart: Fischer 1965
– Graphologie in Vorlesungen, Bd II: Eidetische Graphologie. Stuttgart: Fischer 1966
POPP, W.: Die Funktion von Modellen in der didaktischen Theorie. In: DOHMEN, G.; MAURER, F.; POPP, W. (Hrsg.): Unterrichtsforschung und didaktische Theorie. München: Piper 1970
POPPELREUTER, W.: Psychokritische Pädagogik. Leipzig: Beck 1933
POPPER, K. R.: Logik der Forschung. Tübingen: Mohr 1966
PORT, K.: Die Enge des Bewußtseins. Eßlingen: K. Port 1956
PORTEUS, S. D.: New applications of the PORTEUS maze test. Perc. Mot. Skills 27, 1968
PORTMANN, A.: Das Problem der Urbilder in biologischer Sicht. Eranos-Jahrbuch 1950. Zürich: Rhein-Verlag
PORZIG, W.: Wesenhafte Bedeutungsbeziehungen. Beitr. Gesch. dt. Sprache Lit. 58, 1934
POSNER, M. I.: Chronometric explorations of mind. Hillsdale, N. J.: Erlbaum 1978
POSTMAN, L.: Repetition and paired-associated learning. Amer. J. Psychol. 75, 1962, 372–389
– Verbal learning and memory. Ann. Rev. Ps. 26, 1975
POSTMAN, L. u. a.: Studies of learning to learn. I–VII, J. Verb. Learn. Verb. Beh. 3–7, 1964–1968
PRAHL, H.-W.: Hochschulprüfungen. Sinn oder Unsinn. München: Kösel 1976
PREISER, S.: Kreativitätsforschung. Darmstadt: Wiss. Buchgesellschaft 1976
PREMACK, D.: Toward empirical behavior laws. A positive reinforcement. Psychol. Rev. 66, 1950
– Reinforcement theory. In: JONES, M. R. (Ed.): Nebraska symposium on motivation. Lincoln: Univ. of Nebraska Press 1965
– Language in chimpanzee? Science 172, 1971
PREYER, W.: Zur Psychologie des Schreibens. Leipzig: Voss 1928
PRIBRAM, K. H.: Languages of the brain. Englewood Cliffs, N. J.: Prentice Hall 1971
PRIBRAM, K. H. (Ed.): Memory mechanisms. In: Brain and Behaviour 3. Harmondsworth: Penguin 1969
PRICHARD, J. C.: A treatise on insanity and other disorders affecting the mind. London 1835
PRIESTER, H.-J.: Die Standardisierung des Hamburg-Wechsler-Intelligenztests für Kinder (HAWIK). Bern: Huber 1958
PRINCE, M.: The dissociation of a personality. New York: 1905
PRINZHORN, H.: Bildnerei der Geisteskranken. Berlin: Springer 1923[2], Neudr. Berlin/Bern: Gemeinschaftsprod. Springer/Huber. 1968
– Wege zur Charakterologie. Charlottenburg: Pan Verlag 1926
PROSHANSKY, H. M.; ITTELSON, W. H.; RIVLIN, L. G. (Ed.): Environmental psychology. New York: Holt 1970
PROSHANSKY, H. M.; SEIDENBERG (Ed.): Basic studies in psychology. New York: Holt 1965
PRUCHA, J.: Sowjetische Psycholinguistik. Düsseldorf: Schwann 1974
PRYOR, J. B. u. a.: Self-focussed attention and self-report validity. J. Pers. 45, 1977
PULVER, M.: Trieb und Verbrechen in der Handschrift. Zürich: Orell Füssli 1934
– Intelligenz im Schriftausdruck. Zürich: Orell Füssli 1949
PURDY, D. MCL.: The BEZOLD-Brücke phenomenon and contours of constant hue. Amer. J. Psychol. 49, 1937

RACHMAN, S.: Clinical applications of observational learning, imitation, and modelling. Behav. Ther. 3, 1972
– Verhaltenstherapie bei Phobien. München: Urban & Schwarzenberg 1972[2]
RACHMAN, S. J.; PHILIPS, C.: Arzt und Psychologe. München: Urban & Schwarzenberg 1976
RADLOFF, R.; HELMREICH, R.: Groups under stress. Psychological research in SEALAB II. New York: Appleton-Century-Crofts 1968
RAHE, R. H.; ARTHUR, R. J.: Life-change patterns surrounding illness experience. J. psychosom. Res. 11, 1968
RAMBERT, M. L.: Une nouvelle technique en psychanalyse infantile: Le jeu de guignols. Rev. franç. Psychanal. 10, 1938
RANSCHBURG, P.: Über die Bedeutung der Ähnlichkeit beim Erlernen, Behalten und bei der Reproduktion. Z. Psychol. Neurol. (Leipzig), 5, 1905
RAPAPORT, D.: Die Struktur der psychoanalytischen Theorie. Stuttgart: Klett 1959
RAPOPORT, A.: Game theory and human conflict. In: MCNEIL, E. B. (Ed.) 1965
RAPOPORT, A.; CHAMMAH, A. M.: Prisoner's dilemma. Ann Arbor: Univ. of Michigan Press 1965
RAPPOPORT, L.; SUMMERS, B. A. (Ed.): Human judgment and social interaction. New York: Holt 1972
RASCH, G.: Probalistic models for some intelligence and attainment tests. Kopenhagen: Paedagogiske Institut 1960
RASCH-BAUER, H.: Therapeutische Gruppenpädagogik. Wiesbaden: Vlg. f. Jugendpflege u. Gruppenschrifttum 1957
RATLIFF, F. et al.: Quantitative studies on neural networks in the retina. San Francisco: Holden-Day 1965
Rat von Sachverständigen für Umweltfragen: Umweltgutachten 1978. Stuttgart: Kohlhammer 1978
RAUCHFLEISCH, U.: Handbuch zum Rosenzweig Picture Frustation Test (PFT). 2 Bde. Bern: Huber 1979
RAUH, H.: Der Wandel von der traditionellen zur modernen Entwicklungspsychologie. In: Handbuch für Entwicklungspsychologie. Stuttgart: Klett 1978
RAUSCH, E.: Struktur und Metrik figural-optischer Wahrnehmung. Frankfurt: Kramer 1952
– Probleme der Metrik (Geometrisch-optische Täuschungen) Hdb. d. Psychol. 1, 1 1966
– Über-Summativität und Nichtsummativität. Ps. Forsch. 21, 1937 u. Darmstadt: Wiss. Buchges. 1967
RAVEN, B. H.; EACHUS, H. T.: Cooperation and competition in means-interdependent triads. J. abnorm. soc. Psychol. 67, 1963
RAVEN, J. C.: Guide to using progressive matrices. London: Lewis 1956
– Guide to using the coloured progressive matrices. London: Lewis 1958

RAZRAN, G.: Semantic and phonetographic generalizations of salivary conditioning to verbal stimuli. J. exp. Psychol. 39, 1949
REDLICH, F. C.; LEVINE, J.; SOHLER, T. P.: A mirth response test. Amer. J. Orthopsychiat. 2, 1951
REEB, O.: Grundlagen der Photometrie. Karlsruhe 1962
REGELSBERGER, H.: Das Elektrodermatogramm und seine Messung. Med. Klin. 26, 1949
REICHWEIN, R.; FRECH, H. W.: Lehrerbildung: Verführung zur Anpassung oder Befähigung zur Innovation Erziehung 4, 1971
REID, W. J., EPSTEIN, L.: Gezielte Kurzzeitbehandlung in der Sozialen Einzelfallhilfe, Freiburg i. Br., Lambertus-Verlag 1979
REIMANN, H.; REIMANN, H. (Hrsg.): Das Alter. München: Goldmann 1974
REINECKER, H. (Hrsg.): Bestrafung. Experimente und Theorien. Salzburg: Otto Müller 1980
REINERT, G.: Entwicklungstests. In: Hdb. d. Psychol. Bd 6, 1963, 1966, 1971
REINÖHL, F.: Die Vererbung der geistigen Begabung. München: Lehmann 1943[3]
REITER, L.: Krisenintervention. In: H. STROTZKA (Hrsg.) Psychotherapie: Grundlagen, Verfahren, Indikationen. München: Urban & Schwarzenberg 1975
REIWALD, P.: Vom Geist der Massen. Zürich: Pan Verlag 1948[3]
REMPLEIN, H.: Der Aufbau des Seelenlebens bei Mensch und Tier. München: E. Reinhardt 1950
– Psychologie der Persönlichkeit. München: E. Reinhardt 1956[2]
– Die seelische Entwicklung in der Kindheit und Reifezeit. München: E. Reinhardt 1965[13]
REMSCHMIDT, H.: Das Anpassungsverhalten der Epileptiker. (Diss.) Tübingen: 1968
REMSCHMIDT, H.; NIEBERGALL, G.: Störungen des Sprechens und der Sprache. In: REMSCHMIDT, H.; SCHMIDT, M. (Hrsg.): Neuropsychologie des Kindesalters. Stuttgart: Enke 1981
RENSING, L.: Biologische Rhythmen und Regulation. Stuttgart: 1973
RESTORFF, Hedwig v.: Über die Wirkung von Bereichsbildung im Spurenfeld. Ps. Forsch. 18, 1933
REVENSTORF, D.: Zeitreihenanalyse für klinische Daten. Weinheim: Beltz 1979
REVERS, W. J.: Persönlichkeit und Vermassung. Eine psychologische und kulturanthropologische Studie. Würzburg: Schöningh 1947
– Das Musikerlebnis. Düsseldorf: Econ 1970
– Der thematische Apperzeptionstest (TAT). Bern: Huber 1979[4]
– Philosophisch orientierte Theorien der Persönlichkeit. In: Hdb. d. Psychol. Bd 4, 1960, 1968
REVESZ, G.: Einführung in die Musikpsychologie. Bern: Francke 1946
RHINE, J. B.: Neuland der Seele. Stuttgart/Zürich o. J.
RHINE, J. B.; PRATT, J. G.: Parapsychologie. Bern: Francke 1962
RHODE, A. R.: The sentence completion method. New York: Ronald 1957
RICE, R. W.: Construct validity of the least prefered co-worker score. Ps. Bullet. 85, 6, 1978, 1199–1237
RICHTER, C. P.: The phenomenon of unexplained sudden death in animals and man. In: H. FEIFEL (Ed.): The meaning of death. New York: McGraw-Hill 1965
RICHTER, H. E.: Patient Familie. Reinbek: Rowohlt 1970
– Die Gruppe. Reinbek: Rowohlt 1972
RICHTER, U. et al.: Grundriß der Farbenlehre der Gegenwart. Ann Arbor: Edwards 1946
RIEDEL, H.: Psychostruktur. Hamburg: Quickborn 1967
RIEDER, H.: Sport als Therapie. Berlin 1971
RIEFFERT, J. B.: Psychotechnik im Heer. Bericht über den VII. Kongreß f. exp. Psychol. in Marburg 1921. Jena: Fischer 1922
– Sprechtypen. In: 12. Kongreß der D.G.f.Ps. 1932
RIEMANN, F.: Grundformen der Angst. München: E. Reinhardt 1967[3]
RIESMAN, D.: Die einsame Masse. Reinbek: Rowohlt 1958
RIMLAND, B.: Infantile autism: the syndrome and its implication for a neural theory of behavior. New York: Appleton 1964
RINGGER, P.: Das Problem der Besessenheit. Zürich: Neue Wissenschaft 1953
RIPER, C. van: The treatment of stuttering. Englewood-Cliffs: Prentice-Hall 1973
RIPER, C. van; FOUTS, A. P.: Der Standpunkt Van Ripers zur Therapie bei kleinen Kindern im Initialstadium des Stotterns. In: BECKER, K. P.; ELSTNER, W. (Hrsg.): Störungen des Redeflusses. Berlin: VEB Volk u. Gesundheit 1980
RITTER, H.; ENGEL, W.: Genetik und Begabung. In: ROTH, H. (Hrsg.), 1969, 1980[12]
RITTER, J. (Hrsg.): Historisches Wörterbuch der Philosophie. Neuausgabe von EISLER, R. (Hrsg.): Wörterbuch der philosophischen Begriffe. Basel: Schwabe 1971 ff
ROBACK, A. A.: A history of American psychology. New York: Macmillan 1964
ROBINSOHN, S. B. (Hrsg.): Curriculumentwicklung in der Diskussion. Stuttgart: Klett 1972
ROBINSON, F. P.: Effective study. New York: Harper & Row 1961
ROCK, I.: The role of repetition in associative learning. Amer. J. Psychol. 1957, 70, 186–193
– An Introduction to Perception. New York: Macmillan 1975
ROCKSTROH, B., ELBERT, T., LUTZENBERGER, W. u. BIRBAUMER, N.: Slow cortical potentials under conditions of uncontrollability. Psychophysiology, 16, 374–380, 1979
ROEBER, E. C.; SMITH, G. E. u. ERICKSON, C. E.: Schulische Beratungsdienste (Aufbau u. Verwaltung). Freiburg: Lambertus 1974
ROEDER, K. D.: Neurale Grundlagen des Verhaltens. Bern: Huber 1968
ROEDER, P.-M.: Versuche einer kontrollierten Unterrichtsbeobachtung. Psychol. Beitr. 8, 1965
ROGERS, C. R.: Counseling and psychotherapy. Boston: Mifflin 1952, dtsch.: Die nicht-direktive Beratung. München: Kindler 1978
– Client-centered therapy. Boston: Mifflin 1951
– On encounter groups. Middlesex: Penguin 1974, dtsch. Encounter Gruppen. München: Kindler 1976

ROHDE-DACHSER, Christa: Das Borderline-Syndrom. Bern: Huber 1979
ROHMERT, W.; LANDAU, K.: Das Arbeitswissenschaftliche Erhebungsverfahren zur Tätigkeitsanalyse (AET). Bern: Huber 1979
ROHR, A. R.: Kreative Prozesse und Methoden der Problemlösung. Weinheim: Beltz 1975
ROHRACHER, H.: Mechanische Mikroschwingungen des menschlichen Körpers. Wien: Urban & Schwarzenberg 1949
– Die Arbeitsweise des Gehirns und die psychischen Vorgänge. München: Barth 1953; Berlin: Springer 1967[4]
– Methoden zur Registrierung und Auswertung der Mikrovibration. Psychol. Beitr. 4, 1960
– Einführung in die Psychologie. München/Wien: Urban & Schwarzenberg 1963, 1971[10]
– Steuerung des Verhaltens durch Einstellung: In: Ber. 24. Kongr. DGP, Wien 1964. Göttingen: Hogrefe 1964
– Kleine Charakterkunde. Wien: Urban & Schwarzenberg 1969[12]
ROHRACHER, H.; INANAGA, K.: Die Mikrovibration. Bern: Huber 1970
RÖHRLE, B. und SCHLOTTKE, P.: Verhaltenstheoretisch orientierte Diagnostik. Salzburg: O. Müller 1981
RÖHRS, H.: Forschungsmethoden in der Erziehungswissenschaft. Stuttgart: Kohlhammer 1968
– Allgemeine Erziehungswissenschaft. Weinheim: Beltz 1973[3]
RÖHRS, H. (Hrsg.): Der Aufgabenkreis der Pädagogischen Psychologie. Frankfurt: Akad. Verlagsges. 1971
ROKEACH, M.: The open and closed mind. New York: Free Press 1960
– The nature of human values. New York 1973
ROLOFF, E. A.: Erziehung zur Politik. 2 Bde. Göttingen: Schwartz 1972, 1974
– Politische Bildung in Stufen. Polit. Didakt. 1975
ROLLETT, B.; BARTRAM, M.: Anstrengungsvermeidungstest AVT. Braunschweig: Westermann 1977
ROMMETVEIT, R.: Words, meanings and messages. New York: Acad. Press 1968
ROOT, A. W.: Endocrinology of puberty I. Journal of Pediatries, 1973, 83, 1–19
RORSCHACH, H.: Psychodiagnostik. Methodik und Ergebnisse eines wahrnehmungsdiagnostischen Experiments. Bern: Bircher/Huber 1921, 1972[9]
– Psychodiagnostics. Bern: Huber 1975[8]
ROSCH, E. u. LLOYD, B. B. (Eds.): Cognition and categorization. Hillsdale, N. J.: Erlbaum 1978
ROSEMANN, H.: Lern- und Verhaltensstörungen (Arbeitshefte für Psychologie, Bd 15). Berlin: Polerz 1975
ROSEMANN, H.: Intelligenztheorien. Reinbek: Rowohlt 1979 (rororo sachbuch 7254)
ROSEN, J. C.; WIENS, A. N.: Changes in medical problems and use of medical services following psychological intervention. Amer. Psychologist 34, 1979
ROSENSTIEL, L. v.; MOLT, W.; RÜTTINGER, B.: Organisationspsychologie. Stuttgart: Kohlhammer 1972
ROSENTHAL, R.; JACOBSON, L.: Pygmalion im Unterricht. Weinheim: Beltz 1971
ROSENZWEIG, S.: A general outline of frustration. Char. and Pers. 7, 1938, 151–160
– Frustration theory. In: HUNT, J. McV. 1944
ROSS, C. A.: Berufseignung und Berufseinsatz. Köln: Westdeutscher Verlag 1958
ROSS, E. A.: Foundations of sociology. New York 1905
– Social psychology. New York: Macmillan 1908
ROSS, J. R.: Constraints on variables in syntax. (Diss.) Cambridge 1967
ROSSOLIMO, G.: Die psychologischen Profile. Klin. psych. nerv. Krank. 6, 1911; 7, 1912
ROTH, E.: Persönlichkeitspsychologie. Stuttgart: Kohlhammer 1969, 1970[2]
– Einstellungen als Determination individuellen Verhaltens. Göttingen: Hogrefe 1967
– Der Werteinstellungs-Test. Bern: Huber 1972
ROTH, E.; OSWALD, W. D.; DAUMENLANG, K.: Intelligenz. Stuttgart: Kohlhammer 1971
ROTH, H.: Pädagogische Psychologie des Lehrens und Lernens. Hannover: Schroedel 1969[11]
– Die realistische Wendung in der pädagogischen Forschung. In: ROTH, H.: Erziehungswissenschaft, Erziehungsfeld und Lehrerbildung. Hannover: Schroedel 1967
– Erziehung aus der Sicht der Pädagogischen Anthropologie. In: WEBER, E. (Hrsg.) 1969
– Pädagogische Anthropologie. Bd 1. Hannover: Schroedel 1971[3]
– 25 Jahre Bildungsreform in der Bundesrepublik. Bilanz und Perspektiven. Bad Heilbrunn: Klinkhard 1975
ROTH, H. (Hrsg.): Begabung und Lernen. Stuttgart: Klett 1969, 1980[12]
ROTH, H.-G.; FRIEDRICH, D. (Hrsg.): Bildungsforschung. (Deutscher Bildungsrat. Gutachten und Studien der Bildungskommission Bd 50/51). Stuttgart: Klett 1975
ROTHACKER, E.: Probleme der Kulturanthropologie. Bonn: Bouvier 1948
– Die Schichten der Persönlichkeit. Bonn: Bouvier 1952[5]
ROTHE, R.: Höhere Mathematik für Mathematiker, Physiker, Ingenieure, Teil II. Stuttgart: Teubner 1958[11]
ROTHENBERGER, B.: Was ist Nichtseßhaftigkeit? Praxiszugänge zur Armut Alleinstehender. In: BECKER-CARUS u. a. (Hrsg.): Innovationschancen stationärer Einrichtungen nach § 72 BSHG. Bielefeld: Verlag Soziale Hilfe 1981
ROTTER, J. B.: Generalized expectancies for internal vs. external control of reinforcement. Psychol. Monogr. 80, 1966
– Generalized expectencies for interpersonal thrust. Amer. Psychol. 1971, 26, 443–452
– Some problems and mis-conceptions related to the construct of internal versus external control of reinforcement. J. clinic. consult. Psychol. 1975, 43, 56–67
ROUTTENBERG, A.: Biology of reinforcement. New York: Academic Press 1980
RUBIN, E.: Visuell wahrgenommene Figuren. Berlin: Universitas, Deutsche Verlags AG 1921
RUBIN, J. Z.; BROWN, B. R.: The social psychology of bargaining and negotiation. New York: Acad. Press 1975
RUBINSTEIN, S. L.: Sein und Bewußtsein. Berlin: Akademie-Verlag 1970; Darmstadt: Wiss. Buchgesellschaft 1973
RUCH, F. L.; ZIMBARDO, P. G.: Lehrbuch der Psychologie. Berlin: Springer 1974 (1978[3] als ZIMBARDO; RUCH) amer. 1980[10] → ZIMBARDO
RUCH, T. C.: Motorsystem. In: STEVENS, S. S. (Ed.) 1951

RUDDER, B. de: Grundriß einer Meteorobiologie des Menschen. Berlin: Springer 1952[3]
RUDERT, J.: Kasuistischer Beitrag zur Lehre von der funktionalen Asymmetrie der Großhirnhemisphären. Neue Psychol. Stud. 1, 1926
– Zum Problem der Triebe und Antriebe des Menschen. Z. angew. Psychol. 63, 1942
– Vom Ausdruck der Sprechstimme. In: Handb. der Psychol. Bd. 5, 1965, 422–464
RUDIN, S. A.: The psychology of nations. Discovery 26, 1965
– National motives predict psychogenic death rates. 25 years later. Science 160, 1968
RUDINGER, G.: Erfassung von Entwicklungsveränderungen im Lebenslauf. In: Jahrbuch für Entwicklungspsychologie 1, 1979, 167–175. Stuttgart: Klett 1978
RUFFIN, H.: Melancholie. Dtsch. med. Wschr. 82, 1957
RUITENBEEK, H. M.: Die neuen Gruppentherapien. Stuttgart: Klett 1974
RUMELHART, D. E.: Notes on a schema for stories. In: D. G. BOBROW; A. COLLINS (Eds.): Representation and understanding. New York: Acad. Pr. 1975
RUMPF, H.; MESNER, R.: Anatomie einer empirischen Untersuchung. Z. Päd. 4, 1971
RÜSSEL, A.: Arbeitspsychologie. Bern: Huber 1961
– Psychomotorik. Darmstadt: Steinkopf 1976
RUTTER, M.: Language training with autistic children: How does it work and what does it achieve? In: HERSOV, L. A.; BERGER, M.; NICOL, A. R. (Eds.): Language and language disorders in childhood. Oxford: Pergamon Press 1980

SACHAR, E. J. (Ed.): Hormones, behavior and psychopathology, S. 95–103. New York: Raven Press 1976
SACHERL, K.: Die Pedanterie. Göttingen: Hogrefe 1957
SADER, M.: Lautheit und Lärm. Göttingen: Hogrefe 1966
– Rollentheorie. In: Hdb. d. Psychol. Bd 7/1, 1969
SADER, M. et al.: Kleine Fibel zum Hochschulunterricht. München: Beck 1971
SAGER, C. J. et al. (Hrsg.): Handbuch der Ehe-, Familien- und Gruppentherapie. München: Kindler 1972
SAHAKIAN, W. S.: History and systems of psychology. New York: Wiley & Sons (Halsted Press) 1975
SALBER, W.: Qualitative Methoden der Persönlichkeitsforschung. In: Hdb. d. Psychol. Bd 4, 1960
SALTER, A.: Conditioned reflex therapy. New York: Creative Age Press 1950
SALZINGER, K.; PORTNOY, S.; FELDMAN, R. S.: The effect of order of approximation to the statistical structure of English on the emission of verbal responses. J. exp. Psychol. 64, 1962
SALZMANN, Ch.: Gedanken zur Bedeutung des Modellbegriffs in Unterrichtsforschung und Unterrichtsplanung. Päd. Rdsch. 26, 1972
– Unterrichtsplanung. In: Wörterbuch der Schulpädagogik. Freiburg: Herder 1973
SANDER, F.: Funktionale Struktur. Erlebnisganzheit und Gestalt. Arch. ges. Psychol. 85, 1932
– Gestaltwerden und Gestaltzerfall. BOREAS Festschr., Athen 1939
SANDER, F.; VOLKELT, H.: Ganzheitspsychologie. Grundlagen, Ergebnisse, Anwendungen. München: Beck 1962, 1967[2]
SANFORD, N.: Self and society. New York: Atherton Press 1966
SARASON, S. B. et al.: Anxiety in elementary school children. New York: Wiley 1960 dt.: Angst bei Schulkindern. Stuttgart: Klett 1971
SARBIN, T. R.: Role theory. In: LINDZEY, G. (Ed.): Hdb. of social ps. Reading 1954
SARBIN, T. R.; ALLEN, V. L.: Role theory. In: G. LINDZEY; E. ARONSON (Eds.) I. 1968
SARRIS, V.: Wahrnehmung und Urteil. Bezugssystemeffekte in der Psychophysik. Göttingen: Hogrefe 1971, 1975[2]
SARRIS, V.; LIENERT, G. A.: Konstruktion und Bewährung von klinisch-psychologischen Testverfahren. In: SCHRAML, BAUMANN II. 1974
SARTRE, J. P.: Bewußtsein und Selbsterkenntnis. Reinbek: Rowohlt 1973
SATIR, V.: Familienbehandlung. Freiburg i. B.: 1979[4]
SATZ, P.; SPARROW, S. S.: Specific developmental dyslexia: A theoretical formulation. In: BAKKER, D. J. (Ed.): Specific reading disability. Rotterdam: Rotterdam UP 1970
SAUER, C.; MÜLLER, M.: Die Theorie der gelernten Hilflosigkeit. Eine hilfreiche Theorie? Z. Sozialps. 11, 1980, 2–24
SAUERBRUCH, F.; WENKE, H.: Wesen und Bedeutung des Schmerzes. Berlin: Junker & Dünnhaupt 1936
SAUGSTAD, P.: Problem solving as dependent upon availability of functions. Brit. J. Psychol. 19, 1955
SAUNDERS, D. R.: Moderator variables in prediction. Educ. psychol. Measmt. 16, 1956
SAUSSURE, F. de: Cours de linguistique générale. Paris: Payot 1916 (dt. Berlin: de Gruyter 1931)
SAVAGE, L. J.: The foundations of statistics. New York: Wiley 1954
SBANDI, P.: Gruppenpsychologie. München: Pfeiffer 1973
SCARBATH, H.: Geschlechtserziehung. Heidelberg: Quelle & Meyer 1969[2]
SCHACHTER, S.: The psychology of affiliation. Stanford, Calif.: Stanford Univ. Pr. 1959
SCHACHTER, S., BURDICK, H.: A field experiment on rumor transmission and distortion. J. abnorm. soc. Psychol. 50, 1955, 363–372
SCHACHTER, S.; SINGER, J. E.: Cognitive, social, and physiological determinants of emotional state. Psychol. Rev. 69, 1962
SCHADÉ, J. P.; FORD, D. H.: Basic neurology. London: Blackwell 1971[2]
SCHAEFER, H.: Ermüdung und Müdigkeit. In: BAUST, W. (Hrsg.) 1970
SCHAEFER, M.: Elemente zur moral-psychologischen Beurteilung Jugendlicher. Z. päd. Psychol. 14, 1913
SCHÄFER, B.; SIX, B.: Sozialpsychologie d. Vorurteils. Stuttgart: Kohlhammer 1978
SCHAFER, R.; MURPHY, G.: The role of autism in a visual figure-ground relationship. J. exp. Psychol. 32, 1943

SCHAFFERNICHT, A.: Schulversuche und ihre wissenschaftliche Begleitung. Eine Dokumentation. Weinheim: Beltz 1977
SCHAIE, K. W.; HEISS, R.: Color and personality. Bern: Huber 1964
SCHALLER, G.: The mountain gorilla. Ecology and behavior. Chicago: Univ. of Chicago Press 1963
SCHANK, R.; ABELSON, R.: Scripts, plans, goals, and understanding. Hillsdale: Erlbaum 1977
SCHARMANN, Th.: Arbeit und Beruf. Tübingen: Mohr 1956
– Leistungsorientierte Gruppen. In: Hdb. d. Psychol. Bd 7/2, 1972
SCHAETZING, E.: Die verstandene Frau. München: Lehmann 1963[3]
SCHEER, J. W.: Psychologie in der medizinischen Ausbildung. In: D. BECKMANN u. a. 1981
SCHEIER, J. H.: What is an »objective« test? Psychol. Rep. 4, 1958
SCHEIER, M. F.; CARVER, Ch. S.: Self focussed attention and experience of emotion. Attraction, repulsion, elation and depression. J. Pers. Soc. Psychol. 32, 1977, 625–636
SCHEIN, E.: Organizational psychology. Englewood Cliffs: Prentice-Hall 1970
SCHELER, M.: Die Idole der Selbsterkenntnis. Leipzig: »Der Neue Geist« 1919
– Über Scham und Schamgefühl. Schriften aus dem Nachlaß. Bd I Bern: Francke 1957
SCHELL, H.: Angst und Schulleistung. Göttingen: Hogrefe 1972
SCHELSKY, H.: Wandlungen der deutschen Familie in der Gegenwart. Dortmund: Ardey Verlag 1953
SCHEMINSKY, F.: Die Welt des Schalles. Salzburg: Bergland-Buch 1943[2]
SCHENK-DANZINGER, L.: Entwicklungspsychologie. Wien: Österreich. Bundesverlag 1971[5]
– Begabung und Entwicklung. In: Hdb. d. Psychol. Bd 3, 1959
SCHERER, K. R.: Non-verbale Kommunikation: Ansätze zur Beobachtung und Analyse der außersprachlichen Aspekte von Interaktionsverhalten. Hamburg: Buske 1970
SCHICK, A.: Schallwirkung aus psychologischer Sicht. Stuttgart 1979
SCHIEFER, W.; KAZNER, E.: Klinische Echo-Encephalographie. Berlin: Springer 1967
SCHILDER, P.: Das Körperschema. Berlin: Springer 1923
SCHILLER, P. v.: Aufgabe der Psychologie. Wien: Springer 1948
SCHILLING, A.: Sprech- und Sprachstörungen. In: BERENDES et al. (Hrsg.): Hals-Nasen-Ohren-Heilkunde, Bd II/2. Stuttgart: Thieme 1963
SCHILLING, F.: Checklist motorischer Verhaltensweisen (CMV) Braunschweig: Westermann 1976
SCHILLING, F.; GADOW, E. v.: Selbstbeobachtungen im Hungerzustand: Stuttgart: Enke 1968
SCHIWY, G.: Der Französische Strukturalismus. Reinbek: Rowohlt 1969
SCHLEE, J.: Sozialstatus und Sprachverständnis. Düsseldorf: Schwann 1973
SCHLEIDT, W. M.: Reaktionen von Truthühnern auf fliegende Raubvögel und Versuche zur Analyse ihrer AAMs. Z. f. Tierpsychol. 18, 1961
– Die historische Entwicklung der Begriffe »Angeborener Auslösemechanismus« und »Angeborenes auslösendes Schema« in der Ethologie. Z. Tierpsychol. 19, 697–722, 1962
– How »fixed« is the fixed action pattern? Z. Tierpsychol. 36, 184–211, 1974
SCHLEIFER, H.: Zur Diagnose von Schulversagern. Stuttgart: Klett 1971
SCHLIEBEN-LANGE, B.: Soziolinguistik. Stuttgart: Kohlhammer 1973
SCHLOSBERG, H.; HEINEMAN, G.: The relationship between two measures of response strength. J. exp. Psychol. 40, 1950
SCHLOSBERG, H.; SOLOMON, R. L.: Latency of response in a choice discrimination. J. exper. Psychol. 33, 1943, 361–372
SCHLOTTKE, P.; WETZEL, H.: Psychologische Behandlung von Kindern und Jugendlichen. München: Urban & Schwarzenberg 1980
SCHMALE, H.; SCHMIDTKE, H.: BET. Berufseignungstest. Bern: Huber 1967
SCHMALOHR, E.: Psychologie des Erstlese- und Schreibunterrichts. München: E. Reinhardt 1971[2]
– Frühe Mutterentbehrung bei Mensch und Tier. München: Kindler 1972
SMALT, H.-D.: Das LM-Gitter. Göttingen: Hogrefe 1976
SCHMËING, K.: Der Sinn der Reifungsstufen. Leipzig: Barth 1939[2]
SCHMIDBAUER, W.: Die sogenannte Aggression. Die kulturelle Evolution und das Böse. Hamburg: Hoffmann/Campe 1972
SCHMIDT, G. u. a. (Hrsg.): Tendenzen der Sexualforschung. Stuttgart: Enke 1976
SCHMIDT, H.-D.: Allgemeine Entwicklungspsychologie. Berlin: DVW 1970
SCHMIDT, J.: Einführung in die Erziehungsberatung. Darmstadt: Wiss. Buchges. 1978
SCHMIDT, L. R.: Testing the limits im Leistungsverhalten: Möglichkeiten und Grenzen. In: DUHM, E. (Hrsg.): Praxis der klinischen Psychologie, Bd 2. Göttingen: Hogrefe 1971
– Objektive Persönlichkeitsmessung in diagnostischer und klinischer Psychologie. Weinheim: Beltz 1975
– Psychologie in der Medizin. Mat. Med. Nordmark 30, 1978
– Psychologische Vorbereitung auf belastende medizinische Maßnahmen, die bei Bewußtsein erfolgen. Med. Psychol. 5, 1979
– Psychologische Aspekte der Information und Vorbereitung des Patienten. In: H. JUNG; H.-L. SCHREIBER (Hrsg.) Arzt und Patient zwischen Therapie und Recht. Stuttgart: Enke 1981a
– Praxis der Medizinischen Psychologie. In: BECKMANN u. a. 1981b
SCHMIDT, L. R.; KESSLER, B. H.: Anamnese: Methodische Probleme und Erhebungsstrategien. Weinheim: Beltz 1976
SCHMIDT, P.: Dunkle Mächte. Frankfurt: Knecht 1958[2]
SCHMIDT, R. A.: A schema theory of discrete motor skill learning. Ps. Rev. 1975, 82, 225–260
SCHMIDT, R. F.; THEWS, G. (Hrsg.): Physiologie des Menschen. Berlin: Springer 1980
SCHMIDT, S. J. (Hrsg.): Texttheorie. München: Fink 1973
– Pragmatik I. München: Fink 1974
SCHMIDT-MUMMENDEY, A.; SCHMIDT, H. D. (Hrsg.): Aggressives Verhalten. München: Juventa 1971, 1973[2]

SCHMIDTKE, H.: Psychische Ermüdung. Zentralbl. Arb. Wiss. 11, 1957
– Die Ermüdung. Bern: Huber 1965
– Ergonomie. München: Hanser 1973ff.
SCHMIDTKE, H.; Bundesamt für Wehrtechnik und Beschaffung (Hrsg.): Handbuch der Ergonomie. München: Hanser 1975ff.
SCHMIDTKE, H.; HOFFMANN, H.: Untersuchungen über die Dauerbeanspruchung der Aufmerksamkeit bei Überwachungstätigkeiten. Köln: Westdeutscher Verlag 1964
SCHMIDTKE, H.; HOYOS, C. Graf: Psychologische Aspekte der Arbeitsgestaltung in Mensch-Maschine-Systemen. In: Hdb. d. Psychol. Bd 9, 1970[2]
SCHMIDTKE, H.; SCHMALE, H.: Arbeitsanforderung und Berufseignung. Bern: Huber 1961
SCHMIDT-KOENIG, K.; KEETON, W. T. (Eds.): Animal migration, navigation, and homing. Berlin etc.: Springer 1978
SCHMITT, N.; COYLE, B. W.; SAARI, B. B.: A review and critique of analyses of multitrait-multimethod matrices. Multivariate Behavior Research 12, 1977
SCHMITZ-SCHERZER, R. (Hrsg.): Freizeit. Frankfurt: Akad. Verlagsg. 1973
SCHMÖLDERS, G.: Verhaltensforschung im Wirtschaftsleben. Reinbek: Rowohlt 1978
SCHNEIDER, E.: Psychodiagnostisches Praktikum für Psychologen und Pädagogen. Bern: Huber 1953[4]
SCHNEIDER, H.-D.: Aspekte des Alterns. Ergebnisse sozialpsychologischer Forschung. Frankfurt: Athenäum/Fischer 1974
SCHNEIDER, H. J.: Viktimologie. Tübingen: Mohr 1974
– Prognostische Beurteilung des Rechtsbrechers: Die ausländische Forschung. In: Hdb. d. Psychol. Bd 11, 1967
SCHNEIDER, Kurt: Zur Einführung in die Religionspsychopathologie. Tübingen: Mohr 1928
– Die psychopathischen Persönlichkeiten. Wien: Deuticke 1950[9]
– Klinische Psychopathologie. Stuttgart: Thieme 1976[11]
SCHNEIDER, Klaus: Motivation unter Erfolgsrisiko. Göttingen: Hogrefe 1973
SCHNEIDER, M.: Einführung in die Physiologie des Menschen. Begr. von REIN, H. Berlin: Springer 1966[15]
SCHNELLE, H.: Methoden mathematischer Linguistik. In: Enzyklopädie der geisteswissenschaftlichen Arbeitsmethoden: Methoden der Sprachwissenschaft. München: Oldenbourg 1968
– Sprachphilosophie und Linguistik. Reinbek: Rowohlt 1973
SCHNELLER, T. u. a. (Hrsg.): Medizinische Psychologie III. Die Integration psychologischer Konzepte in die Medizin. Stuttgart: Kohlhammer 1980
SCHNELLER, T. u. WILDGRUBE, K.: Medizinisch-psychologische Interventionsmöglichkeiten im kurativen Bereich. In: SCHNELLER u. a. 1980
SCHOBER, H.: Das Sehen. 2 Bde. Leipzig: Fachbuchverlag 1964
SCHOLL, R.: Die teilinhaltliche Beachtung von Form und Farbe und ihre typologische Bedeutung. Z. Ps ychol. 101, 1927
SCHÖNPFLUG, W. (Hrsg.): Methoden der Aktivierungsforschung. Bern: Huber 1969
SCHÖNPFLUG, W.; VETTER, G. H.: Kennwerte von Trigrammen. Meisenheim: Hain 1974
SCHOPPE, K. J.: Das MLS-Gerät. Ein neuer Testapparat zur Messung feinmotorischer Leistungen. Diagnostica 20, 1974
– Verbaler Kreativitätstest (VKT). Göttingen: Hogrefe 1975
SCHORB, A. O.: Unterrichtsmitschau – Fernsehanlagen im Dienste pädagogischer Ausbildung und Forschung. Bonn: Dürr 1965
SCHORSCH, E.; SCHMIDT, G. (Hrsg.): Ergebnisse der Sexualforschung. Köln: Kiepenheuer & Witsch 1975
SCHOTTLAENDER, F.: Die Welt der Neurose. Eine Einführung in die Problematik der Psychotherapie. Stuttgart: Hippokrates 1950
– Die Mutter als Schicksal. Stuttgart: Klett 1961[5]
SCHRAML, W. J.: Abriß der Klinischen Psychologie. Stuttgart: Kohlhammer 1969
– Das klinische Gespräch in der Diagnostik. In: SCHRAML, BAUMANN I
SCHRAML, W. J.; BAUMANN, U. (Hrsg.): Klinische Psychologie I und II. Bern: Huber 1975[3], 1976
SCHREIBER, B.: Ein Schulreife- und Entwicklungstest. Neue Deutsche Schule 1954
SCHRODER, H. M.; SUEDFELD, P. (Eds.): Personality theory and information processing. New York: Ronald 1971
SCHUBART, W.: Religion und Eros. München: Beck 1966
SCHUBERT, U.: Die Auslese des sicheren Kraftfahrers mit Hilfe eines Persönlichkeitsfragebogens. Z. VerkSich. 34, 1964
SCHUELL, H.: Aphasia theory and therapy: Selected lectures and papers of H. SCHUELL. Baltimore: University Park Press 1974
SCHÜLE, W. (Hrsg.): Wahrnehmungspsychologie. Frankfurt: Fachbuchhandlung f. Ps. 1978
SCHULER, H.: Ethische Probleme psychologischer Forschung. Göttingen: Hogrefe 1980
SCHULTE, D.: Der diagnostisch-therapeutische Prozeß in der Verhaltenstherapie. In: BRENGELMANN, TUNNER (Hrsg.): Behavior Therapy. München: Urban & Schwarzenberg 1973
– Ein Schema für Diagnose und Therapieplanung in der Verhaltenstherapie. In: D. SCHULTE (Hrsg.) 1976[2]
SCHULTE, D. (Hrsg.): Diagnostik in der Verhaltenstherapie. München: Urban & Schwarzenberg 1974, 1976[2]
SCHULTE, W.: Klinik der »Anstalts«-Psychiatrie. Stuttgart: Thieme 1962
SCHULTE, W.; TÖLLE, R.: Psychiatrie. Berlin: Springer 1977[4]
SCHULTZ, J. H.: Bionome Psychotherapie. Stuttgart: Thieme 1951
– Psychotherapie. Leben und Werk großer Ärzte. Stuttgart: Hippokrates 1952
– Die seelische Krankenbehandlung. Stuttgart: Fischer 1952[6], 1963[8]
– Grundfragen der Neurosenlehre. Stuttgart: Thieme 1955
– Das autogene Training. (1932) Stuttgart: Thieme, 1979[16]

– Hypnose-Technik. Stuttgart: Fischer 1959[4], 1979[7]
SCHULTZ-HENCKE, H.: Der gehemmte Mensch. Stuttgart: Thieme 1947[2]
– Lehrbuch der analytischen Psychotherapie. Stuttgart: Thieme 1951
SCHULTZE, W.; HECHT, K.; SICKERT, O. (Hrsg.): Der Hamburg-West Yorkshire Gruppentest. Göttingen: Hogrefe 1953
SCHULZ, W.: Aufgaben der Didaktik. In: KOCHAN, D. C. (Hrsg.): Allgemeine Didaktik – Fachdidaktik – Fachwissenschaft. Darmstadt: Wiss. Buchges. 1970
– Grundzüge der Unterrichtsanalyse. In: DOHMEN, G.; MAURER, F. (Hrsg.): Unterricht. München: Piper 1973[4]
– Die Wissenschaft vom Unterricht. In: DOHMEN, G.; MAURER, F. (Hrsg.): Unterricht. München: Piper 1973[4]
– Wörterbuch der Schulpädagogik. Freiburg: Herder 1973
SCHUMACHER, G.; CATTELL, R. B.: Deutscher HSPQ (High School Personalitty Questionnaire). Bern: Huber 1977
SCHUSSER, G.: Lehrererwartungen. München: Goldmann 1972
– Die wissenschaftliche Begleitung der Gesamtschulversuche in der Bundesrepublik zwischen Anspruch und Wirklichkeit. Weinheim: Beltz 1981
SCHUSTER, M.; BEISL, H.: Kunstpsychologie. Köln: DuMont Schauberg 1978 (dumont kunst tb 61)
SCHUTZ, W. D.: Freude – Gruppentherapie, Sensitivitätstraining, Ich-Erweiterung. Reinbek: Rowohlt 1973
SCHWABE, C.: Musiktherapie bei Neurosen und funktionellen Störungen. Jena: VEB Fischer 1969
SCHWÄBISCH, L.; SIEMS, M.: Anleitung zum sozialen Lernen. Reinbek: Rowohlt 1974
SCHWARZER, Chr. u. SCHWARZER, R.: Praxis der Schülerbeurteilung. München: Kösel 1977
SCHWARZER, R.; STEINHAGEN, K. (Hrsg.): Adaptiver Unterricht. München: Kösel 1975
SCHWENKMEZGER, P.: Risikoverhalten und Risikobereitschaft. Weinheim: Beltz 1977
SCHWIDETZKY, J.: Grundzüge der Völkerbiologie. Stuttgart: Enke 1950
SCHWITTMANN, D.: Ansätze zur Medientaxonomierung. Unterrichtswissenschaft 2/3, 1973
SCHWÖBEL, G.: Die Lehre vom allergiekranken Menschen. Bern: Huber 1956
SCOTT, J. P.: The social psychology of infrahuman animals. In: LINDZEY, ARONSON IV, 1969
SCOTT, W. E.; CHERRINGTON, D. J.: Effects of competitive, cooperative, and individualistic reinforcement contingencies, J. Pers. soc. Psychol. 30, 1974
SCOTT, W. H.: Attitude measurement. In: LINDZEY; ARONSON (Hrsg.) 1968 II 204–273
SEARLE, J. R.: Sprechakte. Frankfurt: Suhrkamp 1971
SEASHORE, C. E.: Psychology of music. New York: Peter Smith 1938[2]
– Seashore-Test für musikalische Begabung. Bern: Huber 1966
SEASHORE, R. H. (Ed.): Fields of psychology. New York: Holz 1942
SECHREST, H.: Incremental validity: a recommendation. Educ. psychol. Measmt. 23, 1963
SECORD, P. F.; BACKMAN, C. W.: Personality theory and the problem of stability and change in individual behavior. Ps. Rev. 68, 1961
– Social psychology. New York: McGraw-Hill 1974[2] (dt.: Frankfurt/M.: Fachbuchhdl. Psychol. 1976)
SEELI, P.: Die persönliche Bewertung. Bern: Huber 1961
SEEMAN, M.: Sprachstörungen bei Kindern. Berlin: Volk & Gesundheit 1969[3]
SEIBERT, U.: Soziale Arbeit als Beratung. Weinheim: Beltz 1978
SEIDEL, R.: Denken – Psychologische Analyse der Entstehung und Lösung von Problemen. Frankfurt a. M.: Campus 1976
SEIDEL, R. J.: A review of sensory preconditioning. Psychol. Bull. 56, 1959
SEIDENSTÜCKER, E.; SEIDENSTÜCKER, G.: Interviewforschung. In: SCHRAML, BAUMANN II. 1974
SEIF, L.: Wege der Erziehungshilfe. München: Lehmann 1940
SEIFERT, E. (Ed.): Aviation psychology research. Rep. 5th Conf. Aviat. Psychol., Bad Godesberg 1963
SEIFERT, H.: Erziehungswissenschaft im Umriß. Stuttgart: Kohlhammer 1969
– Einführung in die Wissenschaftstheorie. Bd 2: Geisteswissenschaftliche Methoden. München: Beck 1970, 1977[7]
SEIFERT, K. H. (Hrsg.): Handbuch der Berufspsychologie. Göttingen: Hogrefe 1977
SEIFFGE-KRENKE, I.: Probleme und Ergebnisse der Kreativitätsforschung. Bern: Huber 1974
SEILER, B. (Hrsg.): Kognitive Strukturiertheit. Stuttgart: Kohlhammer 1973
SEITZ, W.; RAUSCHE, A.: Persönlichkeitsfragebogen für Kinder zwischen 9 und 14 (PFK 9–14). Braunschweig: Westermann
SELBACH, H.: Zur Regelkreis-Dynamik psychischer Funktionen. In: HILTMANN u. VONESSEN: Dialektik und Dynamik der Person. Köln: Kiepenheuer & Witsch 1963
SELG, H. (Hrsg.): Zur Aggression verdammt? Stuttgart: Kohlhammer 1971
SELG, H.; BAUER, W.: Forschungsmethoden der Psychologie. Stuttgart: Kohlhammer 1971
SELG, H.; MEES, U.: Menschliche Aggressivität. Göttingen: Hogrefe 1976[2]
SELIGMAN, M. E. P.: Helplessness, on depression, development and death. San Francisco: Freeman 1975
– Gelernte Hilflosigkeit. München: Urban & Schwarzenberg 1980
SELLS, S. B.; BERRY, Ch. A. (Ed.): Human factors in jet and space travel. New York: Ronald 1961
SELYE, H.: Stress of life. New York: McGraw-Hill 1956
SELZ, O.: Über die Gesetze des geordneten Denkablaufs. Stuttgart: Spemann 1913
– Zur Psychologie des produktiven Denkens und des Irrtums. Bonn: Cohen 1922
– Gestalten und Steigerungsphänomene. Arch. ges. Psychol. 91, 1934
SHAKOW, D.: Adaption in schizophrenia. New York: Wiley 1979
SHANNON, C. E.; WEAVER, W.: Mathematical theory of communication. Urbana: Univ. of Illinois Press 1949
SHAW, L.; SICHEL, H.: Accident proneness. Oxford: Pergamon 1971
SHELDON, W. H.: The varieties of human physique. New York: Harper 1948

SHEPARD, R. N.: Analysis of proximities: multidimensional scaling with an unknown distance function. Psychometrika 27, 1962
SHERIF, M.: A study of some special factors in perception. Arch. Psychol. 187, 1937
SHERIF, M.; CANTRIL, H.: The psychology of ego-involvement. New York 1947
SHERIF, M.; HOVLAND, C. I.: Social judgment. New Haven: Yale UP 1961
SHERTZER, B.; STONE, S. C.: Fundamentals of counseling. Boston: Mifflin 1968
SHIFFRIN, R. M.: Short-term store: the basis for a memory system. In: RESTLE F. u. a. (Eds.): Cognitive theory I. Hillsdale: Erlbaum 1975
SIEBECK, R. et al.: Über seelische Krankheitsentstehung. Leipzig: Thieme 1939
SIGAUD, C.: La forme humaine. Paris 1914
SIGEL, J. E.; HOOPER, F. H. (Hrsg.): Logical thinking in children. Research based on PIAGET's theory. New York: Holt 1968
SIKORA, J.: Handbuch der Kreativ-Methoden. Heidelberg: Quelle & Meyer 1976
SILBERER, H.: Probleme der Mystik und ihrer Symbolik. Wien: Heller 1914
SILBERNAGL, S.; DESPOPOULOS, A.: Taschenatlas der Physiologie. Stuttgart: Thieme 1979
SIMMEL, G.: Soziologie. Untersuchungen über die Formen der Vergesellschaftung. Berlin: Duncker & Humblot 1968[5]
SIMON, H.: Aktivere Krankenbehandlung in der Psychiatrie. Allg. Z. Psychiat. 87, 1927; 90, 1929
SIMON, H. A.: Models of man. New York: Wiley 1957
SIMONEIT, M.: Wehrpsychologie. Ein Abriß ihrer Probleme und politischen Folgerungen. Berlin 1933
– Charakterologische Symptomlehre. Stuttgart: Testverlag 1953
SINGER, R. N.: Motor learning and human performance. New York 1968, 437–452
SIXTL, F.: Ein Verfahren zur Rotation von Faktorenladungen nach einem vorgegebenen Kriterium. Arch. ges. Ps. 116, 1964
– Meßmethoden der Psychologie. Weinheim: Beltz 1967
SKAWRAN, P. R.: Leistung und Einstellung zur Leistung als Grundlage zur Erfassung der Persönlichkeit. Z. exp. angew. Psychol. 13, 1966
SKEMP, R.: Schema-orientiertes Lernen im Bereich der Mathematik. In: LUNZER, E. A.; MORRIS, J. F. (Hrsg.): Das menschliche Lernen und seine Entwicklung. Stuttgart: Klett 1971, 434–459
SKINNER, B. F.: Superstition in the pigeon. J. exper. Psychol. 38, 1948
– Science and human behavior. New York: Macmillan 1953
– Verbal behavior. London: Appleton 1957
– Verbal behavior. Language 35, 1959
– Beyond freedom and dignity. New York: Knopf 1971 (dt. Reinbek: Rowohlt 1973)
– Cumulative record. New York: Appleton 1971
– Die Funktion der Verstärkung in der Verhaltenswissenschaft. München: Kindler 1974 (Orig. 1969)
SKOWRONEK, H. (Hrsg.): Umwelt und Begabung. Stuttgart: Klett 1973
SLAMECKA, N. J. (Ed.): Human learning and memory. London: Oxford UP 1967
SLAVSON, S. R.: Einführung in die Gruppentherapie von Kindern und Jugendlichen. Göttingen: Vandenhoeck & Ruprecht 1972[2]
SLOANE, E. H.: Reductionism. Psychol. Rdsch. 52, 1945
SLOBIN, D. J.: Einführung in die Psycholinguistik. Kronberg: Scriptor 1974
SLUCKIN, W.: Imprinting and early learning. Chicago 1973
SMEDSLUND, J.: Becoming a psychologist. Theoretical foundation for a humanistic psychology. Oslo: Universitetsforlaget 1972
SMELSER, N. J. (Ed.): Sociology. An introduction. New York: Wiley 1967
SMITH, F.: Understanding reading, a psycholinguistic analysis of reading and learning to read. New York: Holt 1978[2]
SMITH, G. H.: Warum Kunden kaufen. München: Verlag Moderne Industrie 1955
SNIDER, J. G.; OSGOOD, C. E.: Semantic differential technique. Chicago: Aldine 1969
SNYGG, D.; COMBS, A. W.: Individual behavior. New York: Harper 1949
SODHI, K. S.: Urteilsbildung im sozialen Kraftfeld. Göttingen: Hogrefe 1953
– Mittel- und westeuropäische Sozialpsychologie. Ber. 19. Kongr. DGP. Göttingen: Hogrefe 1954
– Zur Problematik der Massenpsychologie. Köln. Z. Soziol. Sozialps. 10, 1958
– Sozialpsychologie. In: MEILI, R.; ROHRACHER, H. (Hrsg.) 1963, 1972[3]
SODHI, K. S. et al.: Urteile über Völker. Psychol. Beitr. 7, 1957
SODHI, K. S.; BERGIUS, R.: Nationale Vorurteile. Berlin: Duncker & Humblot 1953
SOKOLOV, E.: Neuronal models and the orienting reflex. In: BRAZIER, M. A. (Ed.): The central nervous system and behavior. New York: Macy 1960
– Perception and conditioned reflex. Oxford: Pergamon 1963
SOKOLOV, E.; ARAKELOV, G. G.; LEVINSON, L. B.: Neuronal mechanism of habituation. In: RUSINOV, V. S. (Ed.): Electrophysiology of the central nervous system. New York: Plenum 1970
SOLMS, H.: Die Behandlung des Alkoholismus. In: GRUHLE, H. W. et al. (Hrsg.): Psychiatrie der Gegenwart, Bd 2. Berlin: Springer 1960
SOMMER, G. u. a.: Gemeindepsychologie. Hdb. d. Ps. 8,2, 2913–2971, 1978
SOMMER, R.: Personal space. Englewood Cliffs: Prentice-Hall 1969
SONNEMANN, U.: Handwriting analysis. New York: Grune & Stratton 1950
SOUCEK, W.: Die Existenzanalyse Frankls. Dtsch. med. Wschr. 1948
SPEARMAN, C.: Theory of two factors. Psychol. Rev. 21, 1914
– The nature of »intelligence« and principles of cognition. London: Macmillan 1923
– The abilities of man. New York: Macmillan 1927
SPEER, E.: Der Arzt der Persönlichkeit: Thieme 1949

– Die Liebesfähigkeit (Kontaktpsychologie). München: Lehmann 1953[4]
SPEIDEL, H.; v. KEREKJARTO, M.; KNAUF, B.; PROBST, P.: Psychische und psychosoziale Probleme bei Prothesenträgern. Med. Psychol. 1, 1975
SPENCE, K. W.: An experimental test of the continuity and noncontinuity theories in discrimination learning. J. exp. Psychol. 35, 1945
– Behavior theory and conditioning. New Haven: Yale UP 1956
SPERLING, E.: Die akademische Prüfung als institutionelles und persönliches Problem. Blickpunkt Hochschuldidaktik 1, 1969
SPERRY, R. W.: A modified concept of consciousness. Ps. Rev. 76, 1969, 532–636
SPERRY, R. W.; GAZZANIGA, M. S.; BOGEN, J. E.: Interhemisperic relationships: The neocortical commissures; syndromes of hemispere disconnection. In: VINKEN, P. J.; BRUYN, G. W. (Eds.): Handbook of clinical neurology. Amsterdam: North Holland 1969
SPIEGEL, B.: Werbepsychologische Untersuchungsmethoden. Berlin: Duncker & Humblot 1958
– Die Struktur der Meinungsverteilung im sozialen Feld. Bern: Huber 1961
– Über die Notwendigkeit biotischer Versuchsansätze in der Verhaltensforschung. In: Ber. 24. Kongr. DGP., Wien 1964. Göttingen: Hogrefe 1965
SPIELBERGER, D. C.: Theoretical and epistemological issues in verbal conditioning. In: ROSENBERG, S. (Ed.): Directions in psycholinguistics. New York: Macmillan 1965
SPIELBERGER, D. C. (Ed.): Anxiety and behavior. New York: Academic Press 1966
– Anxiety: Current trends in theory and research. New York: Acad. Press 1972
SPITZ, R.: Anaclitic depression. Psychoanalytic study of the child 2, 1946
– Vom Säugling zum Kleinkind. Stuttgart: Klett 1967
SPITZNAGEL, A.; VOGEL, H.: Formdeuteverfahren. In: Hdb. d. Psychol. Bd 6, 1964, 1966, 1971
SPOERRI, T.: Sprachphänomene und Psychose. Basel: Karger 1964
SPRANGER, E.: Die Frage nach der Einheit in der Psychologie. Berlin: de Gruyter 1926
– Lebensformen, Tübingen: Niemeyer 1950[8], 1966[9]
– Psychologie des Jugendalters. Heidelberg: Quelle & Meyer 1925, 1957[25]
– Probleme der Kulturmorphologie. Berlin: (Kleinere Schriften 7) 1936
SPREEN, O. (Hrsg.): MMPI Saarbrücken. Bern: Huber 1963, 1977
SROLE, L.: Social integration and certain collorallies. Amer. Sociol. Rev. 21, 1956
STAABS, G. v.: Der Sceno-Test. Bern: Huber 1978[5]
STAATS, A. W.: Human learning. New York: Holt 1964
– Learning, language and cognition. New York: Holt 1968
– Social behaviorism and human motivation: Principles of the attitude-reinforcer-discriminative system. In: GREENWALD, A. G. u. a. (Eds.): Psychological foundations of attitudes. New York: Acad. Press 1968
STÄCKER, K. H.: Frustration. Stuttgart: Kohlhammer 1977
STAMPFL, T. G.; LEVIS, D. J.: Essentials of implosive therapy: A learning-theory-based psychodynamic behavioral therapy. J. abnorm. soc. Psychol. 72, 1967
Standards for educational und psychological tests. Washington: Amer. Psychol. Assn. 1966
STANLEY, J. C.: Reliability. In: THORNDIKE, R. L. (Ed.): Educational measurement. Washington: Amer. Council on Education 1971
STAPF, K. H.; HERRMANN, T.; STAPF, A. et al.: Psychologie des elterlichen Erziehungsstils. Bern/Stuttgart: Huber/Klett 1972
STASSER, G.; KERR, N. L.; DAVIS, J. H.: Social influence and group decision making. In: PAULUS, P. (Ed.): Psychology of group influence. Hillsdale, N. J.: Erlbaum 1980
STEFFLRE, B.: Function and present status of counseling theory. In: STEFFLRE, B. (Ed.): Theories of counseling. New York: McGraw-Hill 1965
STEGMÜLLER, W.: Hauptströmungen der Gegenwartsphilosophie. Stuttgart: Kröner 1965[3], Bd 2 1975[5]
– Probleme und Resultate der Wissenschaftstheorie und analytischen Philosophie. Bd 1–4. Berlin: Springer 1969, 1970, 1973, 1974
– Das Problem der Induktion: HUMEs Herausforderung und moderne Antworten. In: LENK, H. (Hrsg.): Neue Aspekte der Wissenschaftstheorie, Braunschweig: Vieweg 1977, S. 13–74
STEINBERG, D. D.; JAKOBOVITS, L. A. (Ed.): Semantics. London: Cambridge UP 1971
STEINBUCH, K.: Die Lernmatrix. Kybernetik 1, 1961
– Automat und Mensch. Berlin: Springer 1965[3]
STEINBUCH, K. (Hrsg.): Taschenbuch der Nachrichtentechnik. Berlin: Springer 1973[2]
STEINHAUSEN, D.; LANGER, K.: Clusteranalysen. Berlin: de Gruyter 1977
STEININGER, K.: Funktionen des Piloten in komplexen Systemen de r Flugführung. Z. Flugwiss. 13, 1965
– Psychologische Aspekte der Ausbildung von Piloten. Arb. Leist. 24, 1970
STEINTHAL, H.; LAZARUS, M. (Hrsg.): Zeitschrift für Völkerpsychologie und Sprachwissenschaft. Berlin 1860–1890
STEINWACHS, F.: Die verfeinerte mechanische Schreibwaage. Arch. Psychiat. Z. Neurologie 187, 1952
STELLAR, E.; SPARGUE, J. M. (Eds.): Progress in physiological psychology. 3 vols. New York: Acad. Press 1967–1970
STENDER, B.: Diagnostische Strukturanalyse mit Hilfe des Revisionstests. (Diss.) Braunschweig 1955
STEPHENSON, W.: Correlating persons instead of tests. Char. Pers. 4, 1935
– The inverted factor technique. Brit. J. Psychol. 26, 1936
STERN, C.: Grundlagen der Humangenetik. Stuttgart: Fischer 1968
STERN, Clara; STERN, W.: Monographien über die seelische Entwicklung des Kindes. 1. Bd: Die Kindersprache. Leipzig: Barth 1907, 1922[3]
STERN, E. (Hrsg.): Die Tests in der klinischen Psychologie. 2 Bde. Zürich: Rascher 1954/55
STERN, W.: Angewandte Psychologie. Beitr. Psychol. Aussage 1, 1903

– Die differentielle Psychologie. Leipzig: Barth 1911[2]
– Psychologie der frühen Kindheit. Leipzig: Quelle & Meyer 1914, 1927[4]
– Begabungsforschung und Begabungsdiagnose. In: PETERSEN, P. (Hrsg.): Der Aufstieg der Begabten. Leipzig: Teubner 1916
– Allgemeine Psychologie auf personalistischer Grundlage. Den Haag: Nijhoff 1935, 1950[2]
STERNBACH, R. A.: Principles of psychophysiology. New York: Acad. Press 1966
STERNBERG, S.: The discovery of processing stages: extensions of Donders' method. Acta Psychol. 30, 1969, 276–315
STEVENS, S. S.: The operational basis of psychology. Amer. J. Psychol. 47, 1935
– On the new psychophysics. Scand. J. Psychol. 1, 1960
STEVENS, S. S. (Ed.): Handbook of experimental psychology. New York: Wiley 1951
STEVENS, S. S.; DAVIS, H.: Hearing: Its psychology and physiology. New York: Wiley 1938
STOKOLS, D. (Ed.): Perspectives on environment and behavior. Theory, research, and applications. New York: Plenum 1977
STOKVIS, B.: Hypnose in der ärztlichen Praxis. Basel: Karger 1955
– Suggestion, Hypnose. In: FRANKL, V.; GEBSATTEL, V. E.; SCHULTZ, J. H. (Hrsg.) 1959/61
STOKVIS, B.; PFLANZ, M.: Suggestion. Stuttgart: Hippokrates 1961
STONE, J. E.; HOKANSON, L. J.: Arousal reduction via self-punitive behavior. J. Pers. soc. Psychol. 12, 1969
STONE, P. J.; DUNPHY, D. C.; SMITH, M. S. et al.: The general inquirer: A computer approach to content analysis. Cambridge: MIT Press 1966
STOODLEY, B. H. (Ed.): Society and self. New York: Free Press 1962
STORCH, A.: Das archaisch-primitive Erleben und Denken der Schizophrenen. Berlin: Springer 1922
STRASSER, S.: Das Gemüt. Freiburg: Herder 1956
STRAUS, E.: Wesen und Vorgang der Suggestion. Berlin: Karger 1925
– Die Scham als historiologisches Problem. In: Psychologie der menschlichen Welt. Berlin: Springer 1960
STREBEL, G.: Schulreifetest. Solothurn: Antonius 1957[3]
STREHLE, H.: Vom Geheimnis der Sprache. München: E. Reinhardt 1956
– Mienen, Gesten und Gebärden. München: E. Reinhardt 1956
STROEBE, W.: The effect of judges' attitudes on ratings of attitude statements. A theoretical analysis. Europ. J. soc. Psychol. 1, 1971
– Grundlagen der Sozialpsychologie I. Stuttgart: Klett-Cotta 1980
STROEBE, W.; STROEBE, M.; GERGEN, K.; GERGEN, M.: Der Kummer-Effekt: Psychologische Aspekte der Sterblichkeit von Verwitweten. Psychol. Beitr. 22, 1980, 1–26
STROOP, J. R.: Studies of interference in serial verbal reactions. J. exp. Psychol. 18, 1935
STROTZKA, H.: Einführung in die Sozialpsychiatrie. Reinbek: Rowohlt 1972
STRUBE, G. (Hrsg.): Die Psychologie des 20. Jahrhunderts. Bd. V, BINET und die Folgen. Zürich: Kindler 1977
STRUNZ, K.: Das Problem der Persönlichkeitstypen. In: Hdb. d. Psychol. Bd 4, 1960, 1964, 1966, 1968
STUBENRAUCH, H.: Die Gesamtschule im Widerspruch des Systems. München: Juventa 1971
STÜCKRATH, F.; SCHITTMAYER, G.: Fernsehen und Großstadtjugend. Braunschweig: Westermann 1967
STUMPF, C.: Tonpsychologie. 2 Bde. Leipzig: Hirzel 1883/1890
– Erscheinungen und psychische Funktionen. Abhdl. Preuß. Akad. Wiss. Berlin 1906
SUEDFELD, P.: Restricted environmental stimulation. New York: Wiley 1980
SULLIVAN, H. S.: Conceptions of modern psychiatry. Washington: William Alanson White psychiatric foundation, 1711 Rhode Island av., 1947
– The interpersonal theory of psychiatry. New York: Norton 1953
SÜLLWOLD, F.: Schultests, In: Hdb. d. Psychol. Bd 6, 1964, 1966, 1971
– Bedingungen und Gesetzmäßigkeiten des Problemlösungsverhaltens. In: GRAUMANN, C. F. (Hrsg.): Denken. Köln: Kiepenheuer & Witsch 1965, 273–295
– Theorie und Methodik der Einstellungsforschung. In: Hdb. d. Psychol. Bd 7/1. 1969
SÜLLWOLD, F. (Hrsg.): Begabung und Leistung. Hamburg: Hoffmann & Campe 1975
SUMMER, W. G.: Folkways: A study of the sociological importance of usages, manners, customs. Boston: Ginn 1907
SUPER, D. E.: The psychology of careers. New York: Harper 1957
SUPER, D. E.; BOHN, M. J.: Occupational psychology. London: Tavistock 1971
SUPPES, P.: Introduction to logic. New York: van Nostrand 1957
– A probabilistic theory of causality. Amsterdam: North Holland Publ. Comp. 1970
SUPPRIAN, U.: Eppendorfer Stimmungs-Antriebs-Skala (ESTA). Weinheim: Beltz 1981
SÜSS, H. J. et al.: Gestalttherapie. In: Hdb. d. Psychol. Bd 8/2, 1978
SWETS, J. A.; KRISTOFFERSON, A. B.: Attention. Ann. Rev. Psychol. 21, 1970
SYMONDS, P. M.: Nature of conduct. London: Macmillan 1928
– The dynamics of human adjustment. New York: Appleton 1946
Symposium on psychological aspects of driver behaviour. Nordwijkerhout 1971
SZASZ, T. S.: The myth of mental illness. New York: Harper 1961 (dt.: München: Kindler 1975)
SZONDI, L.: Schicksalsanalyse. Basel: Schwabe 1948[2]
– Triebpathologie, Bd 1/2. Bern: Huber 1952, 1977[2]
– Lehrbuch der experimentellen Triebdiagnostik, Bd 1–3. Bern: Huber 1966
– Lehrbuch der experimentellen Triebdiagnostik. Textband. Bern: Huber 1972[3]
SZONDI, L. (Hrsg.): Heilwege der Tiefenpsychologie. Bern: Huber 1956

TAGIURI, R.: Person perception. In: LINDZEY, ARONSON III. 1969
TAJFEL, H.: Social and cultural factors in perception. In: LINDZEY, ARONSON III. 1969

TAJFEL, H.; WILKES, A. L.: Classification and quantitative judgement. Brit. J. Psychol. 54, 1963
TALLAL; PIERCY, M.: Defects of auditory perception in children with developmental dysphasia. In: WYKE, M. (Ed.): Developmental dysphasia. London: Academic Press 1978
TAPP, J. T. (Ed.): Reinforcement and behavior. New York: Acad. Press 1969
TART, Ch. T. (Ed.): Altered states of consciousness. New York: Wiley 1969
TAUSCH, A.; FITTKAU, B.: Zur Situation empirischer Erforschung des Erzieherverhaltens. Z. Päd. 5, 1970
TAUSCH, R.: Optische Täuschungen als artifizielle Effekte der Gestaltungsprozesse von Größen- und Formenkonstanz. Psychol. Forsch. 24, 1954
TAUSCH, R. u. TAUSCH, A. M.: Gesprächspsychotherapie. Göttingen: Hogrefe 1960, 1981[8]
– Kinderpsychotherapie in nicht-direktivem Verfahren. Göttingen: Hogrefe 1956
– Erziehungspsychologie: Göttingen: Hogrefe 1963, 1979[9]
TAYLOR, D. A.: Stage analysis of reaction time. Psychol. Bull. 83, 1976, 161–191
TAYLOR, H. C.; RUSSELL, J. R.: The relationship of validity coefficient to the practical effectiveness of tests in selection: discussion and tables. J. appl. Psychol. 23, 1939
TAYLOR, W. L.: »Cloze Procedure«: A new tool for measuring readability. Journalism Quart. 30, 1953
TECCE, J. J.: Contingent negative variation (CNV) and psychological process in man. Ps. Bullet. 77, 1972, 73–108
TEDESCHI, J. T.; LINDSKOLD, S.: Social psychology. New York: Wiley 1976
TEIGELER, P.: Satzstruktur und Lernverhalten. Bern: Huber 1972
– Verständlich sprechen, schreiben, informieren. Bad Honnef: Bock & Herchen 1981
TEILLARD, A.: Handschriftendeutung auf tiefenpsychologischer Grundlage. München: Francke 1952
TELLENBACH, H.: Melancholie. Berlin: Springer 1976[3]
TEMBROCK, G.: Verhaltensforschung. Jena: Fischer 1964[2]
TENT, L.: Untersuchungen zur Erfassung des Verhältnisses von Anspannung und Leistung bei vorwiegend psychisch beanspruchenden Tätigkeiten. Arch. ges. Psychol. 115, 1963
– Psychologische Tatbestandsdiagnostik. In: Hdb. d. Psychol. Bd 11, 1967
TERMAN, L. M.; MILES, C. C.: Sex and personality. New York: McGraw-Hill 1936
TERNUS, J.: Experimentelle Untersuchungen über phänomenale Identität. Psychol. Forsch. 7, 1926
TERSTIEGE, H.: Untersuchungen zum Persistenz- und Koeffizientensatz. Diss. (Phil. Fak.) Berlin 1966
TESNIÈRE, L.: Eléments de syntaxe structurale. Paris: Klincksieck 1959
TETENS, I. N.: Philosophische Versuche über die menschliche Natur und ihre Entwicklung. 2 Bde. 1776/77
TEWES, U., THURNER, F.: Testbatterie Grammatische Kompetenz (TGK). Braunschweig: Westermann 1976
TEWES, U.: Soziale Interaktion im Krankenhaus. In: H.-D. BASLER u. a. (Hrsg.) Medizinische Psychologie II. Soziale Aspekte der Medizin. Stuttgart: Kohlhammer 1978
THIBAUT, J. W.; KELLEY, H. H.: The social psychology of groups. New York: Wiley 1959
THIEME, K. (Hrsg.): Judenfeindschaft, Darstellung und Analysen. Frankfurt: Fischer 1963
THOMAE, H.: Persönlichkeit, eine dynamische Interpretation. Bonn: Bouvier 1951
– Die biographische Methode in den anthropologischen Wissenschaften. Stud. gen. 5, 1952
– Der Lebenslauf und die biographische Methode in der Psychologie. In: Moderne Entwicklungspsychologie – Schriften zur wissenschaftlichen Weltorientierung. Berlin: Lüttke 1956
– Bemerkungen über die Entwicklung der Pädagogischen Psychologie in andern Ländern. Anhang zu: HILLEBRAND, M. J.: Begriffsbestimmung und geschichtliche Entwicklung der Pädagogischen Psychologie. In: Hdb. d. Psychol. Bd 10, 1959
– Entwicklung und Prägung. In: Hdb. d. Psychol., Bd 3, 1959
– Der Mensch in der Entscheidung. München: Barth 1960
– Das Individuum und seine Welt. Göttingen: Hogrefe 1968
– Ansätze zu einer Theorie der Reifezeit. In: THOMAE, H. (Hrsg.): Vita humana. Frankfurt/M.: Athenäum 1969
– Kulturelle Systeme als Sozialisationsvariablen. In: Hdb. d. Ps. 7, 2. 1972
– Soziale Schichten als Sozialisationsvariablen. In: Hdb. d. Ps. Bd. 7, 2, 1972
– Konflikt, Entscheidung, Verantwortung. Stuttgart: Kohlhammer 1974
– Fallstudie und Längsschnittstudie. In: STRUBE, G. (Hrsg.) 213–235, 1977
THOMAE, H. (Hrsg.): Entwicklungspsychologie. Hdb. d. Psychol. Bd 3. 1959
– Motivation. Hdb. d. Psychol. Bd 2. 1965
– Die Motivation menschlichen Handelns. Köln: Kiepenheuer & Witsch 1965
THOMAE, H.; FEGER, H.: Hauptströmungen der neueren Psychologie. Frankfurt/Bern: Akad. Verlagsges./Huber 1969
THOMAS, K.: Warum Angst vor dem Sterben? Freiburg: Herder 1980
THOMAS, M.: Méthode des histoires à compléter pour le dépistage des complexes et des conflits affectifs enfantins. Arch. Psychol. 26, 1938
THOMSON, G. H.: The factorial analysis of human ability. London: Univ. of London Press 1946
THORNDIKE, E. L.: Animal intelligence. New York 1911
– Fundamentals of learning. New York: AMS Press 1932, 1971[2]
THORNDIKE, E. L.; WOODWORTH, R. S.: The influence of improvement in one mental function upon the efficiency of other functions. Psychol. Rev. 8, 1901
THORNDIKE, R. L.: The concepts of over- and underachievement. New York: Teacher's College Press 1963
THORSLUND, G.: Interpersonal thrust; a review and examination of the concept. Psychol. Rep. (Göteborg) 6, 1976
THUMB, A.; MARBE, K.: Experimentelle Untersuchungen über die psychologischen Grundlagen der sprachlichen Analogiebildung. Leipzig: Engelmann 1901
THURNER, F.: Ängstlichkeit: Eine Persönlichkeitsvariable und ihre Auswirkungen. Psychol. Rdsch. 21. 1970

THURNWALD, R.: Psychologie des primitiven Menschen. In KAFKA, G. (Hrsg.): Handbuch der vergleichenden Psychologie, Bd 1. München: E. Reinhardt 1922
– Werden, Wandel und Gestaltung von Familie, Verwandtschaft und Bünden im Lichte der Völkerforschung. Berlin: de Gruyter 1932
THURNWALD, R. (Hrsg.): Lehrbuch der Völkerkunde. Stuttgart: Enke 1939[2]
THURSTONE, L. L.: The nature of intelligence. New York 1924
– A law of comparative judgment. Psychol. Rdsch. 34, 1927
– The measurement of attitude. Chicago: Univ. of Chicago Press 1929
– The measurement of change in social attitude. J. soc. Psychol. 2, 1931
– The vectors of mind. Psychol. Rev. 41, 1934
– Primary mental abilities. Chicago: Univ. of Chicago Press 1938
– Multiple-factor analysis. Chicago: Univ. of Chiacago Press 1947
– Creative talent. Proc. 1950 Int. Conf. Testing Problems. 1951
– The measurement of values. Chicago: Univ. of Chicago Press 1959, 1967
TINBERGEN, N.: The study of instinct. London: Oxford Univ. Press 1951 (dt.: Instinktlehre. Vergleichende Erforschung angeborenen Verhaltens. Berlin: Parey 1956, 1972[5])
TINKER, M. A.: Legibility of print. Ames: Iowa State University Press 1963
TIPPELT, H.: Welche Beziehungen hat die Allgemeingegebenheit zur Aktualgenese? (Zul. Arbeit zur Diplomvorprüfung f. Psychologen.) Heidelberg 1952
TITCHENER, E. B.: Lectures on the experimental psychology of the thougt processes. New York: Macmillan 1909
TJADEN, K. H. (Hrsg.): Soziale Systeme. Neuwied: Luchterhand 1971
TOCH, H.: The social psychology of social movements. New York: Holt 1965
TODT, E.: Differentieller Interessen-Test (DIT). Bern: Huber 1967
TOLMAN, E. C.: A behavioristic theory of ideas. Psychol. Rdsch. 33, 1926
– Purposive behavior in animals and men. New York: Century 1932
TOMAN, W.: Einführung in die moderne Psychologie. Wien: Humboldt 1951
– Familienkonstellationen. Ihr Einfluß auf den Menschen und seine Handlungen. München: 1965, 1974[2]
– Motivation, Persönlichkeit, Umwelt. Göttingen: Hogrefe 1968
TOMASZEWSKI, T.: Tätigkeit und Bewußtsein. Beiträge zur Einführung in die polnische Tätigkeitspsychologie. Weinheim: Beltz 1978
TORGERSON, W. S.: Theory and method of scaling. New York: Wiley 1958
TRAGER, G. L.: Paralanguage. Stud. Ling. 13, 1958
TRAMER, M.: Allgemeine Psychohygiene. Basel: Schwabe 1960
TRANKEL, A.: Der Realitätsgehalt von Zeugenaussagen. Methoden der Aussagepsychologie. Göttingen: Vandenhoeck & Ruprecht 1971
Transport und road research 1972. London: Transport and Road Res. Lab. 1973
TRAUTNER, H. M.: Lehrbuch der Entwicklungspsychologie. Göttingen: Hogrefe 1978
TRAVERS, R. M. W.: Essentials of learning. New York: Macmillan 1967
TRAXEL, W.: Grundzüge eines Systems der Motivierungen. Arch. ges. Psychol. 115, 1962
– Kritische Untersuchungen zur Eidetik. Arch.ges. Psychol. 114, 1962
– Gefühl und Gefühlsausdruck. In: MEILI; ROHRACHER (Hrsg.) 1963 (1968[2])
– Einführung in die Methodik der Psychologie. Bern: Huber 1964
– Über Gegenstand und Methode der Psychologie. Bern: Huber 1968
– Grundlagen und Methoden der Psychologie. Bern: Huber 1974[2]
TREISMAN, A. M.: Verbal responses and contextual restraints in language. J. verb. Learn, verb. Behav. 4, 1965
– Strategies and models of selective attention. Psychol. Rev. 76, 1969
TRENDELENBURG, W.: Der Gesichtssinn. In: TRENDELENBURG, SCHÜTZ (Hrsg.)
TRENDELENBURG, W.; SCHÜTZ E. (Hrsg.): Lehrbuch der Physiologie in Einzeldarstellungen. Berlin: Springer 1961[2]
TRIANDIS, H. C.: Einstellungen und Einstellungsänderungen. Weinheim: Beltz 1975
– Interpersonal behavior. Monterey (Calif.): Brooks/Cole 1977
TRIANDIS, H. C.; TRIANDIS, L. M.: Some studies of social distance. In: STEINER, J.; FISHBEIN, M. (Ed.): Current studies in social psychology. New York: Holt 1965
TRIER, J.: Der deutsche Wortschatz im Sinnbezirk des Verstandes. Heidelberg: Winter 1931
TRILLHAAS, W.: Die innere Welt. Religionspsychologie. München: Kaiser 1953[2]
TRIPLETT, N.: The dynamogenic factors in pace making and competition. Amer. J. Psychol. 9, 1898
TROJAN, F.: Biophonetik. Mannheim: Bibliogr. Institut 1975
TROMMSDORFF, Gisela: Intra- und Inter-Gruppenprozesse beim Verhandeln. Z. SozPsychol. 2, 1971
TROTSENBURG, E.: Paradigmen für die Unterrichtsforschung. In: INGENKAMP, K. (Hrsg.): Strategien der Unterrichtsforschung. Weinheim: Beltz 1973
TRUAX, C.; CARKHUFF, R. R.: Toward effective counseling and psychotherapy. Chicago: Aldine 1969
TRUBETZKOY, N. S.: Grundzüge der Phonologie. Göttingen: Vandenhoeck & Ruprecht 1962
TSCHANZ, B.: Prägung. In: Lexikon der Psychologie Bd 2. Freiburg: Herder 1972, 1980
TSURU, S.; FRIES, K. S.: A problem in meaning. J. gen. Psychol. 8, 1933
TULVING, E.: Theoretical issues in free recall. In: T. R. DIXON; D. L. HORTON: Verbal behavior and general behavior theory. Englewood Cliffs: Prentice Hall 1968
TULVING, E.; MADIGAN, St. A.: Memory and verbal learning. Ann. Rev. Ps. 21, 1970
TUMLIRZ, O.: Probleme der Charakterologie. Langensalza: Beyer 1928
– Die seelischen Unterschiede zwischen den Geschlechtern in der Reifezeit und ihre Bedeutung für den gemeinsamen Unterricht. (Manns Päd. Magazin.) Langensalza: Beyer 1928
TUNNER, W.: Analyse und Modifikation des Stotterns. In: KRAIKER, C. (Hrsg.) 1974

TURNER, R. H.; KILLIAN, L. M.: Collective behavior. Englewood Cliffs: Prentice-Hall 1957
TYLER, L. E.: The next twenty years. The Counseling Psychologist, 1980, 8, 19–21

ÜBERLA, K.: Faktorenanalyse. Berlin: Springer 1968
UECKERT, T. H.; RHENIUS, D. (Hrsg.): Komplexe menschliche Informationsverarbeitung. Bern: Huber 1979
UEXKÜLL, J. v.: Umwelt und Innenwelt der Tiere. Berlin: Springer 1921
– Bedeutungslehre. Leipzig: Barth 1940
– Das allmächtige Leben. Hamburg: Wegner 1950
UEXKÜLL, Th. v. (Hrsg.): Lehrbuch der psychosomatischen Medizin. München: Urban & Schwarzenberg 1979
ULICH, D.: Konflikt und Persönlichkeit. München: Oldenbourg 1971
– Theorie und Methode der Erziehungswissenschaft. Weinheim: Beltz 1972
– Pädagogische Interaktion. Weinheim: Beltz 1976
– Handlungstheoretische Ansätze. In: Hdb. der Sozialisationsforschung 94ff. Weinheim: Beltz 1980
ULICH, E.: Das Lernen sensumotorischer Fertigkeiten. In: Hdb. d. Psychol. Bd 1, 2. 1964, 1969
ULLMANN, J. F.: Psychologie lateraler Dominanz. Bern: Huber 1971
ULLMANN, L. P.; KRASNER, L.: A psychological approach to abnormal behavior. Englewood Cliffs: Prentice-Hall 1969, 1975[2]
ULLMANN, S.: Principles of semantics. Oxford: Blackwell 1957
ULLRICH, R.; ULLRICH, R. (Hrsg.): Soziale Kompetenz. Bd 1. München: Pfeiffer 1978
ULLRICH, R.; ULLRICH, R.; GRAWE, K.; ZIMMER, D.: Soziale Kompetenz. Bd 2. München: Pfeiffer 1980
ULMANN, Gisela (Hrsg.): Kreativitätsforschung. Köln: Kiepenheuer & Witsch 1973
UNDERWOOD, B. J.: Temporal codes for memories: Issues and problems. Hillsdale, N. J.: Erlbaum 1977
UNDERWOOD, B. J.; REHULA, R.; KEPPEL, G.: Item selection in paired associate learning. Amer. J. Psychol. 75, 1962, 353–371
UNDEUTSCH, U.: Zum Problem der begabungsgerechten Auslese beim Eintritt in die Höhere Schule während der Schulzeit. In: ROTH, H. (Hrsg.) 1969, 1980[12]
UNDEUTSCH, U. (Hrsg.): Forensische Psychologie. Hdb. d. Psychol. Bd 11, 1967
UNGERER, D.: Zur Theorie des sensomotorischen Lernens. Schorndorf: Hofmann 1973[2]
URBAN, K. K.: Verstehen gesprochener Sprache. Düsseldorf: Schwann 1977
UTITZ, E.: Charakterologie. Charlottenburg: Pan-Verlag 1925
UTZ, H. E.: Empirische Untersuchungen zum Belohnungsaufschub. Ein Beitrag zur Konstruktvalidierung. München: Minerva 1979
UZNADZE, D. N.; PRANGISVTLI, A. S.: Einstellungspsychologie (hrsg. von M. VORWERG). Berlin: Volk u. Wissen 1976

VALENSTEIN, E.: Brain control. New York: Wiley 1973
VALENTIN, H. et al.: Arbeitsmedizin: Stuttgart: Thieme 1971
VALENTIN, R.: Untersuchungen zur Ätiologie der Legasthenie. Z. Päd. 16, 1970
– Empirische Untersuchungen zur Legasthenie. Hannover: Schrödel 1972
VALENTINE, W. L.; WICKENS, D. D.: Experimental foundations of general psychology. New York: Holt 1949[3]
van de GEER, J. P.: A psychological study of problem solving. Leiden 1957
VANDENBERG, St. G.: Contributions of twin research to psychology. Psychol. Bull. 66, 1966
van der LEEUW: Phänomenologie der Religion. Tübingen: Mohr 1966[2]
van der MEER: Decision-making: the influence of probability preference, variance preference and expected value on strategy in gambling. Acta psychol. 21, 1963
van der WAERDEN, B. L.: Der Begriff der Wahrscheinlichkeit. Stud. gen. 4, 1951
van der WILDT, G.; BOUMAN, A. M.: The dependence of the BETZOLD-Brücke hue shift on spatial intensity distribution. Vision Res. 8, 1968
van HEERDEN, P. J.: A new method of storing and retrieving information. Appl. Optics 2, 1963
van LAWICK-GOODALL, J.: Wilde Schimpansen. Reinbek: Rowohlt 1971
van LENNEP, D. J.: Four picture test. Den Haag: Nijhoff 1948
VARLEY, J. E.: The autistic child. Speech Pathol. Ther. 1965
VENABLES, P. H.; MARTIN, I. (Eds.): Manual of psychophysiological methods. Amsterdam: North-Holland 1967
VERRES, R.; SOBEZ, I.: Ärger, Aggression und soziale Kompetenz. Stuttgart: Klett 1980
VETTER, H. J.: Psychopathology and atypical language development. In: AARONSON, D.; RIEBER, R. W. (Eds.): Developmental psycholinguistics and communication disorders. New York 1975
VETTER, Michaela: Ich-Entwicklung und kognitive Komplexität. Z. Entw.-ps. u. Pädag. Ps. 12, 1980, 126–143
VICTOR, F.: Die Handschrift, eine Projektion der Persönlichkeit. Zürich: Rascher 1955
VINACKE, W. E.: The psychology of thinking. New York: McGraw-Hill 1974[2]
VOEKS, V. W.: Formalization and clarification of a theory of learning. J. Psychol. 30, 1950
VOLCK, G.; REIBER, H. (Red.): Schulsonderturnen in der Diskussion. Schorndorf: Hofmann 1977
VÖLGYESI, F. A.: Hypnosetherapie und psychosomatische Probleme. Stuttgart: Hippokrates 1950
VOLKAMER, M.: Experimente in der Sportpsychologie. Schorndorf: Hofmann 1972
VOLKELT, H.: Grundbegriffe. Neue psychol. Stud. 12, 1934
VOLKELT, J.: Die Gefühlsgewißheit. München: Beck 1922
– Phänomenologie und Metaphysik der Zeit. München: Beck 1925
VOLKMAN, J.: Scales of judgment and their implication for social psychology. In: ROHRER; SHERIF (Eds.): Social psychology at the crossroads. New York: Harper 1951
VOSS, H.-G.; KELLER, H. (Hrsg.): Neugierforschung. Weinheim: Beltz 1981

VROOM, V. H.: Industrial social psychology. In: LINDZEY, ARONSON V, 1969
VYGOTSKI →WYGOTSKI

WACH, J.: Das Verstehen. Tübingen: Mohr 1926–1933
WAGNER, H., BAUMGÄRTEL, F.: Hamburger Persönlichkeitsfragebogen für Kinder (HAPEF-K). Göttingen: Hogrefe 1978
WAGNER, K.: Graphentheorie. Mannheim: Bibliographisches Institut 1970
WAHL, D. F.: Das Konstrukt der erwartungswidrigen Schulleistungen (Diss.). Tübingen 1973
– Erwartungswidrige Schulleistungen. Weinheim: Beltz 1975
WAIDNER, G.; STURM, J.; BAUER, K. W.: Methodik der Arbeitsberatung. Stuttgart: Kohlhammer 1980
WAITZ, Th.: Lehrbuch der Psychologie als Naturwissenschaft. Braunschweig 1849
WALCHER, K. P.: Objektive Beschaffenheit einer Denkaufgabe und interne Repräsentation ihres Lösungszustands. Arch. Psychol. 131, 1978
WALK, R. D.; GIBSON, Eleanor J.: Visual depth perception in infants. Ps. Monogr. 75, 1961
WALLACE, A. F. C.: Culture and personality. New York: Random House 1961
WALLACE, M.; RABIN, L. Z.: Temporal experience. Psychol. Bull. 57, 1960
WALLASCH, R.: Hintergrund-Interferenzverfahren für den Bender Gestalt Test (HIV). Weinheim: Beltz 1980.
WARBURTON, D. M.: Brain, behavior and drugs. London: Wiley 1975
WATSON, J. B.: Psychology from the standpoint of a behaviorist. Philadelphia: Lippincott 1919
– Der Behaviorismus. Stuttgart: Deutsche Verlagsanstalt 1930
WATSON, R. J.: The history of psychology and behavioral science, a bibliographic guide. New York: Springer 1978
WATT, J. J.: Experimentelle Beiträge zur Theorie des Denkens. Arch. ges. Psychol. 1905
WATTENBERG, W. W.: The adolescent years. New York: Harcourt 1955
WATZKA, M.: Kurzes Lehrbuch der Histologie und mikroskopischen Anatomie des Menschen. Stuttgart: Schattauer 1964
WATZLAWICK, P.; BEAVIN, J. H.; JACKSON, D. D.: Pragmatics of human communication. New York: Norton 1967, dt.: Menschliche Kommunikation. Bern: Huber 1980[5]
WATZLAWICK, P.; WEAKLAND, J. H.; FISH, R.: Lösungen. Bern: Huber 1979[2]
WEBB, E. G.; CAMPBELL, D. T.; SCHWARTZ, R. D. et al.: Unobtrusive measures. Chicago: Rand, McNally 1966
WEBER, D.: Der frühkindliche Autismus. Bern: Huber 1970
WEBER, E.: Grundriß der biologischen Statistik. Leipzig: Fischer 1961[4]
– Der Erziehungs- und Bildungsbegriff im 20. Jahrhundert. Bad Heilbrunn: Klinckhardt 1969
– Erziehungsstile. Donauwörth: Auer 1973[4]
WEBER, M.: Gesammelte Aufsätze zur Wissenschaftslehre. Tübingen: Mohr 1922, 1951[2].
– Soziologie. Stuttgart: Kröner 1956
WECHSLER, D.; HARDESTY, A.; LAUBER, L.: Die Messung der Intelligenz Erwachsener. Bern: Huber 1964[3]
WEGENER, H.: Die Minderbegabten und ihre sonderpädagogische Förderung. In: ROTH, H. (Hrsg.) 1969
WEGENER, H.; DÖRNER, D.: Simulation als Forschungstechnik. In: REINERT, G. (Hrsg.): Ber. 27. Kongr. d. DGP in Kiel 1970. Göttingen: Hogrefe 1973
WEHLE, G.: Innovation: Modewort oder erziehungswissenschaftlicher Begriff. Westermanns päd. Beitr. 26, 1974
WEIDLICH, S.; LAMBERTI, G.: DCS/Diagnosticum für Cerebralschädigung. Bern: Huber 1980[2]
WEIGL, E.; BIERWISCH, M.: Neuropsychology and linguistics: Topics of common research. Found. of Lang., 6, 1970, 1–18
WEIGL, I.: Interdependenz neuropsychologischer und psycholinguistischer Faktoren in der Aphasie. In: BIERWISCH, M. (Hrsg.) 1980
WEILL-FASSINA, A.: La planification des actions d'apprentissage. In: LEPLAT, J. et al. (Eds.): La formation par l'apprentissage. Paris: PUF 1970
WEINER, B.: Theories of motivation. Chicago: Rand, McNally 1972 (z. T. übers. Stuttgart: Klett 1976)
WEINER, H.: Psychobiology and human disease. Amsterdam: Elsevier 1977
WEINERT, F.: Hunger und Durst. In: Hdb. d. Psychol. Bd 2, 1965, 1970
– Legasthenieforschung – Defizitäre Erforschung defizienter Lernprozesse? In: Deutsche Forschungsgemeinschaft (Hrsg.): Zur Lage der Legasthenieforschung. Boppard: Harald Boldt Verlag 1978
WEINERT, F. (Hrsg.): Pädagogische Psychologie. Köln: Kiepenheuer & Witsch 1967
WEINERT, F.; GRAUMANN, C. F.; HECKHAUSEN, H.; HOFER, M.: Funk-Kolleg: Pädagogische Psychologie. (Fischer TB) Frankfurt/M. 1974/Grundlagentexte zum Funk-Kolleg (Fischer TB) Frankfurt/M. 1973
WEINGARTNER, P.: Wissenschaftstheorie I. Einführung in die Hauptprobleme. Stuttgart/Bad Cannstatt: Fromann-Holzboog 1971
WEININGER, O.: Geschlecht und Charakter. Wien: Braumüller 1903, 1947[28]
WEINSCHENK, C.: Die erbliche Lese-Rechtschreibschwäche und ihre sozialpsychiatrischen Auswirkungen. Bern: Huber 1965[2]
– Rechenstörungen. Bern: Huber 1975[2]
WEINSTEIN, E. A.: The development of interpersonal competence. In: GOSLIN, D. A. (Ed.) 1969
WEISE, G.: Psychologische Leistungstests. Bd 1: Intelligenz. Konzentration. Spezielle Fähigkeiten. Bd 2: Schultests. Göttingen: Hogrefe 1975
WEISENBERG, M.: Pain and pain control. Psychol. Bull. 84, 1977
WEISS, P.: Self-differentiation of the basic patterns of coordination. Comporative Psychol. Monographs 17, S. N. 88, 1942
WEISS, W.: A sleeper effect in opinion change. J. abnorm. soc. Psychol. 48, 1953
WEITBRECHT, H. J.: Kritik der Psychosomatik. Stuttgart: Thieme 1955

– Psychiatrie im Grundriß. Berlin: Springer 1979[4]
WEIZSÄCKER, C. F. v.: Sprache als Information. In: Die Sprache. Vortragsr. Bayr. Akad. d. schönen Künste. München: Oldenbourg 1959
WEIZSÄCKER, V. v.: Der Gestaltkreis. Stuttgart: Thieme 1947
– Körpergeschehen und Neurose. Stuttgart: Klett 1947
– Pathosophie. Göttingen: Vandenhoeck & Ruprecht 1956
WELFORD, A. T.: Aging and human skill. London 1958
– Man under stress. London: Halsted Press 1974
WELLEK, A.: Das absolute Gehör und seine Typen. Leipzig: Barth 1938
– Die Polarität im Aufbau des Charakters. Bern: Francke (1950) 1966[3]
– Diagnostik-Probe. Ein Verfahren zur Messung psychodiagnostischer Fähigkeiten. Psychol. Rdsch. 4, 1953
– Ganzheitspsychologie und Strukturtheorie. Bern: Francke 1955
– Gehörpsychologie. In BLUME, F. (Hrsg): Die Musik in Geschichte und Gegenwart. Kassel: Bärenreiter 1955
– Musikpsychologie und Musikästhetik. Grundriß der systematischen Musikwissenschaft. Frankfurt: Akad. Verlagsges. 1963
– Ranschburg-Hemmung und absolutes Gehör in der Persönlichkeitsdiagnose. Arch. Psychol. 115, 1963
– Das Problem des seelischen Seins. Meisenheim: Hain 1963[2]
WELLENDORF, F.: Ansätze zur erziehungswissenschaftlichen Theoriebildung in der BRD. In: GOLDSCHMIDT, D. et al. (Hrsg.): Erziehungswissenschaft als Gesellschaftswissenschaft. Heidelberg: Quelle & Meyer 1969
WELLS, R. S.: Immediate constituents. Language 23, 1947
WELTE, W.: Moderne Linguistik. München: Hueber 1974
WELTNER, K.: Über die empirische Bestimmung subjektiver Informationswerte. Grundlagenstudien aus Kybernetik und Geisteswissenschaft 7, 1966
– Informationstheorie und Erziehungswissenschaft. Quickborn: Schnelle 1970
WENDER, K. S.; COLONIUS, H.; SCHULZE, H. H.: Modelle des menschlichen Gedächtnisses. Stuttgart: Kohlhammer 1980
WENDLANDT, W.: Resozialisierung erwachsener Stotternder. Berlin: Marhold 1972
– Verhaltenstherapie des Stotterns. Weinheim: Beltz 1980
WENIGER, E.: Die Theorie der Bildungsinhalte und des Lehrplans. Weinheim: Beltz 1965
WENKE, H.: Die Elitebildung in unserer Zeit. In: Wissenschaft und Erziehung. Beiträge zur Pädagogik und Kulturpolitik. Heidelberg: Quelle & Meyer 1952
WENZL, A.: Das Leib-Seele-Problem. Leipzig: Meiner 1933
– Theorie der Begabung. Leipzig: Meiner 1934
WEPMAN, J. M.; JONES, L. V.: Studies in aphasia: Classification of aphasic speech by the noun-pronoun ratio. Brit. J. Dis. Commun. 1966
WERBIK, H.; Informationsgehalt und emotionale Wirkung von Musik. Mainz: Schott 1971
– Theorie der Gewalt. München: Fink 1974
– Handlungstheorien. Stuttgart: Kohlhammer 1978
WERNER, H.: Das Problem des Empfindens und die Methoden seiner experimentellen Prüfung. Z. Psychol. 114, 1930
– Einführung in die Entwicklungspsychologie. Leipzig 1926, München: Barth 1953[3], 1959[4]
WERNER, H.; WAPNER, S.: Sensory-tonic field theory of perception. J. Pers. 18, 1949
WERTHEIMER, Max: Experimentelle Studien über das Sehen von Bewegung. Z. Psychol. 61, 1912
– Über Schlußprozesse im produktiven Denken: In: Festschrift C. STUMPF. Berlin: Vereinigung wiss. Verleger 1920 und in: WERTHEIMER 1925, 1963
– Drei Abhandlungen zur Gestalttheorie. Erlangen: Palm/Enke 1925 u. Darmstadt: Wiss. Buchges. 1963
– Produktives Denken. Frankfurt: Kramer 1957
WERTHEIMER, Michael: Kurze Geschichte der Psychologie. München: Piper 1971
WESLEY, F.; WESLEY, C.: Das Rollendiktat. Frankfurt 1978
WESTRICH, E.: Sprach- und Sprechstörungen. Hdb. d. Ps. 8, 2, 1978
WETZEL, H.: Konzepte der Normalität und Abnormalität des Verhaltens. In: WITTLING, G. (Hrsg.) Handbuch der Klinischen Psychologie, Bd 3. Hamburg: Hoffmann u. Campe 1980
WEWETZER, K. H.: Zur Differenzierung der Leistungsstruktur bei verschiedenem Intelligenzgrad. In: Ber. 21. Kongr. DGP, Bonn 1957. Göttingen: Hogrefe 1958
– Intelligenz und Intelligenzmessung. Darmstadt: Wiss. Buchgesellschaft 1972
WHITE, R. K.: Value-analysis: the nature and use of the method. Glen Gardiner, N. J.: Libertarian Press 1951
WHITE, R. W.: Motivation reconsidered: The concept of competence. Psychol. Rev. 1959, 66, 297–333
WHITING, J. W. M.: Methods and problems in cross-cultural research. In: G. LINDZEY; E. ARONSON (Eds.) Vol. 2, 1968, 693–728
WHORF, B. L.: Language, thought and reality. Cambridge: Wiley 1956 (dt.: Reinbek: Rowohlt 1963)
WHYTE, A. V. T.: Guidelines for field studies in environmental perception. MAB Technical Notes 5. Paris: UNESCO 1977
WICKER, A. W.: An introduction to ecological psychology. Monterey, Ca.: Brocks/Cole 1979
WICKERT, J.: Psychologische Gerontologie. Habil. Schr. Tübingen 1975
WIDLÖCHER, D.: Das Psychodrama bei Jugendlichen. Olten: Walter 1974
WIECK, H. H.: Zur Psychologie und Psychopathologie der Erinnerungen. Stuttgart: Thieme 1955
WIECK, H. H. (Hrsg.): Psychopathologie musischer Gestaltungen. Stuttgart: Schattauer Verlag 1974
WIECZERKOWSKI, W. et al.: Verminderung von Angst und Neurotizismus bei Schülern durch positive Bekräftigung von Lehrern im Schulunterricht. Z. EntwPsychol. päd. Psychol. 1, 1969
WIENER, N.: Kybernetik. Reinbek: Rowohlt 1968
WIERSMA, E.: Die Sekundärfunktion bei Psychosen. Z. Psychol. Neurol. 8, 1906

WIESBROCK, H.: Die politische und gesellschaftliche Rolle der Angst. Frankfurt: Europ. Verlagsanstalt 1967
WIESE, L. v.: System der Allgemeinen Soziologie. 1933[2]
WIESENHÜTTER, E.: Grundbegriffe der Tiefenpsychologie. Darmstadt: Wissenschaftliche Buchgesellschaft 1969
– Blick nach drüben. Selbsterfahrungen im Sterben. Hamburg: Furche 1974
WIESER, R.: Grundriß der Graphologie. München: E. Reinhardt 1973
WILDE, K.: Das Panum-Phänomen und die Entstehung der Kernebene. Z. exp. angew. Psychol. 4, 1957
WILDER, J.: Das »Ausgangswert-Gesetz«, ein unbeachtetes biologisches Gesetz und seine Bedeutung für Forschung und Praxis. Z. Neurol. 137, 1931
WILDGRUBE, K.: Die Arzt-Patient-Beziehungen. In: H.-D. BASLER u. a. (Hrsg.) Medizinische Psychologie II. Soziale Aspekte der Medizin. Stuttgart: Kohlhammer 1978
WILLEMS, E. P.: Behavioral ecology. In: D. STOKOLS (Ed.) 1977, 39–68
WILLEMS, E. P.; RAUSH, H. L. (Ed.): Naturalistic viewpoints in psychological research. New York: Holt 1969
WILLI, J.: Therapie der Zweierbeziehung. Reinbek: Rowohlt 1978
WILLIAMS, R. B. jr.; GENTRY, W. D. (Eds.): Behavioral approaches to medical treatment. Cambridge (Mass.): Ballinger 1977
WILLIS, R. H.: Conformity, independence, and anticonformity. Hum. Rel. 18, 1965
WILLKE, E.: Psychotherapie durch Sport. Sportunterricht 25, 1976, 72–77
WIMMER, H.; PERNER, J.: Kognitionspsychologie. Stuttgart: Kohlhammer 1979 (Urban-Tb.)
WINDHEUSER, J.; NIKETTA, R.: Eine deutsche Form der »Reinforcement Survey Schedule« von CAUTELA und KASTENBAUM. Vortrag. 4. Kongr. Verhaltenstherapie, Münster 1972
WINER, B. J.: Statistical principies in experimental design. New York: McGraw-Hill 1962
WING, J. K.: Frühkindlicher Autismus. Weinheim: Beltz 1973
WING, L.: A study of language impairments in severely retarded children. In: O'CONNOR, N. (Ed.) 1975
WINKLER, W.: Psychologie der modernen Kunst. Tübingen: Mohr 1949
WINKLER, W. Th.: Zum Begriff der »Ich-Anachorese« beim schizophrenen Erleben. Archiv f. Psychiatrie 192, 1954
– Dynamische Phänomenologie der Schizophrenien als Weg zur gezielten Psychotherapie. Ztschr. f. Psychotherapie 7. 1957
WINNEFELD, F.: Pädagogischer Kontakt und pädagogisches Feld. München: E. Reinhardt 1957
WINTER, G. et al.: Urteile über Völker in Relation zu Kontakten am Arbeitsplatz und in der Freizeit. In: Ber. 27. Kongr. DGP. Göttingen: Hogrefe 1973
WIRTH, G.: Sprech- und Sprachstörungen. Köln: Deutscher Ärzte-Verlag 1977
WIRTH, W.: Psychophysik. Leipzig: Hirzel 1912
WISSEMANN, H.: Untersuchungen zur Onomatopoesie. 1. Teil: Die sprachpsychologischen Versuche. Heidelberg: Winter 1954
WITKIN, H. A. u. a.: Personality through perception. New York: Harper 1954
– Psychological differentiation. New York: Wiley 1962
WITTE, E. H. (Hrsg.): Beiträge zur Sozialpsychologie. Weinheim: Beltz 1980
WITTE, W.: Das Erlebnis der Grenze und die Grenzen des Erlebens und Verhaltens. Stud. gen. 5, 1952
– Zur Geschichte des psychologischen Ganzheits- und Gestaltsbegriffes. Stud. gen. 5, 1952
– Die Methodik der experimentellen Charakterologie (Habilitationsschrift 1944). Ber. 19. Kongr. DGP, Köln 1953. Göttingen: Hogrefe 1954
– Zur Struktur von Bezugssystemen. Ber. 20. Kongr. DGP, Berlin 1955. Göttingen: Hogrefe 1956
– Experimentelle Untersuchungen von Bezugssystemen. I. Struktur, Dynamik und Genese von Bezugssystemen. Ps. Beitr. 4, 1960
– Mnemische Determination und Dynamik des reproduktiven Tatonnements. Psychol. Beitr. 4, 1960
– Haptik. Hdb. d. Ps. Bd 1, 1 1966
– Bezugssystem. In: Historisches Wörterbuch der Philosophie, hrsg. v. RITTER et al., Bd I. Basel: Schwabe 1971
– Sportpsychologische Anregungen der Spiele zur Feier der XX. Olympiade. Ps. Beitr. 15, 1973, 1–50
WITTGENSTEIN, L.: Philosophical investigations. Oxford: Blackwell 1953, 1958 dt.: Philosophische Untersuchungen. Frankfurt: Suhrkamp 1967
WITTKOWSKI, J.: Tod und Sterben. Ergebnisse der Thanatopsychologie. UTB 766. Heidelberg: Quelle u. Meyer 1978
WITTLICH, B.: Angewandte Graphologie. 2 Bde. Berlin: de Gruyter 1948, 1951[2]
– Wörterbuch der Charakterkunde. München: Barth 1950[3]
– Graphologische Charakterdiagramme. München: Barth 1956
– Graphologische Praxis. Berlin: de Gruyter 1961
– Konfliktzeichen in der Handschrift. München: E. Reinhardt 1971
WITTLING, W. (Hrsg.): Handb. d. Klinischen Psychologie, 6 Bde. Hamburg: Hoffmann & Campe 1980
WITTMANN, B.: Vom Sinn und Unsinn der Hausaufgaben. Neuwied: Luchterhand 1972
WITTMANN, J.: Über das Sehen von Scheinbewegungen und Scheinkörpern. Leipzig: Barth 1921
WITZEL, L.: Das Verhalten Sterbender. In: W. BITTER (Hrsg.) 1974, 81–96
WOLF, H. E.: Zur Problemsituation der Vorurteilsforschung. In: St. ROKKAN et al.: Wahlverhalten, Vorurteile, Kriminalität. Stuttgart: Enke 1978[2], 102–191
– Kritik einer Vorurteilsforschung. Stuttgart: Enke 1979
WOLFF, T.: Studien zu C. G. JUNGS Psychologie. Zürich: Rhein Verlag 1959
WOLFF, W.: The expression of personality. New York: Harper 1943
– Diagrams of the unconscious. New York: Grune & Stratton 1948
WÖLKER, H.: Das Problem der Filmwirkung. Bonn: Bouvier 1957[2]
WOLPE, J.: Praxis der Verhaltenstherapie. Bern: Huber 1972, 1981[2]

WOLPE, J.; LANG, P. J.: A fear survey schedule for use in behavior therapy. Beh. Res. Ther. 2, 1964
WOOD, N. E.: Language disorders in children. Chicago 1959
WOODWORTH, R. S.: Dynamic psychology. New York: Columbia UP 1918
– Dynamics of behavior. New York: Holt 1958
WOODWORTH, R. S.; SCHLOSBERG, H.: Experimental psychology. New York: Holt 1954[2], London: Methuen 1966 →KLING, J. W.; RIGGS, L. A. (Eds.) 1971[3]
World Health Organisation (WHO): Diagnoseschlüssel und Glossar psychiatrischer Krankheiten. Berlin: Springer 1973[3]
WORMSER, P.: Die Beurteilung der Handschrift in der Psychiatrie. Zürich: Rascher 1947
WORRINGER, W.: Abstraktion und Einfühlung. München: Piper 1958
WRIGHT, H. F.: Recording and analyzing child behavior. New York: Harper u. Row 1967
WULF, C.: Theorien und Konzepte der Erziehungswissenschaft. München: Juventa 1977
WULF, Ch.: Planung und Durchführung der Evaluation von Curricula und Unterricht. In: K. FREY (Hrsg.), Curriculum-Handbuch. München: Piper 1975
WUNDERLICH, D. (Hrsg.): Linguistische Pragmatik. Frankfurt: Athenäum 1972
WUNDT, W.: Beiträge zur Theorie der Sinneswahrnehmung. Leipzig/Heidelberg 1862
– Völkerpsychologie. 10 Bde. Leipzig: Engelmann 1900–1920
– Logik. Stuttgart: Enke 1906[3]
– Grundzüge der physiologischen Psychologie. Leipzig: Engelmann 1893, 1911[6]
– Grundriß der Psychologie. Leipzig: Kröner 1922[15]
– Einführung in die Psychologie. Bonn: Dürr 1950[7]
WYGOTSKI, L. S.: Denken und Sprechen. Frankfurt: S. Fischer 1969, 1972[4] (dt. Originalausgabe: Berlin: Akademie-Verlag 1934)
– Psychology and localization of functions. Neuropsych. 3, 1965, 381–386
WYKE, M. A. (Ed.): Developmental Dysphasia. London: Academic Press 1978
WYNNE, L. C.; CROMWELL, R. L.; MATTHYSSE, S. (Eds.): The nature of schizophrenia. New York: Wiley 1978
WYRSCH, J.: Gesellschaft, Kultur und psychische Störung. Stuttgart: Thieme 1960
WYSS, D.: Die tiefenpsychologischen Schulen von den Anfängen bis zur Gegenwart. Göttingen: Vandenhoeck & Ruprecht 1961, 1977[5]

YALOM, I. D.: The theory of group psychotherapy. London: Basic Books 1970, dt. München: Kindler 1974
YATES, A. J.: Behavior therapy. New York: Wiley 1970
YATES, A. J. (Ed.): Frustration and conflict. New York: van Nostrand 1962
YNGVE, V.: A model and a hypothesis for language structure. Proceeding Amer. Philosoph. Soc. 104, 1960, 444–466
YOUNG, P. T.: Motivation and emotion. New York: Wiley 1961

ZAHL, P. A. (Ed.): Blindness. Modern approaches to the unseen environment. Princeton: University Press 1950
ZAJAC, J. L.: Stereoscopic depth phenomena with WITTE-KÖNIG-effect. J. Psychol. 54, 1962
ZAJONC, R. B.: Social facilitation. Science 149, 1965
ZANGWILL, O. L.: The concept of developmental dysphasia. In: WYKE, M. (Ed.) 1978
ZEIGARNIK, B.: Über das Behalten von erledigten und unerledigten Handlungen. Psychol. Forsch. 9, 1927
ZEISE, L.: Anthropologische Grundkonzeption der Psychagogik. Ber. 21. Kongr. DGP, Bonn 1957. Göttingen: Hogrefe 1958
ZELLER, W.: Der erste Gestaltwandel des Kindes. Leipzig: Barth 1936
– Konstitution und Entwicklung. Göttingen: Hogrefe 1952
ZIEHEN, T.: Prinzipien und Methoden der Intelligenzprüfung. Berlin 1897
ZIELENSKI, W.: Beziehungen zwischen Ängstlichkeit, schulischer Aktivität und Schulleistung bei 9–11jährigen Volksschülern. Schul.Psychol. 1967
ZIELKE, M.: Kieler Änderungssensitive Symptomliste (KASSL). Weinheim: Beltz 1979
ZIELKE, M., KOPF-MEHNERT, C.: Veränderungsfragebogen des Erlebens und Verhaltens VEV. Weinheim: Beltz 1978
ZILIAN, E.: Objekt-Relationen-Test. Diagnostica 2, 1956
ZIMBARDO, P.: The human choice: Individuation, reason, and order versus deindividuation, impulse, chaos. In: ARNOLD, W. J.; LEVINE, D. (Hrsg.): Nebraska symposium on motivation (vol 17). Lincoln: Univ. Nebr. Press 1969
– Psychology and Life. Glenview, Ill.: Scott, Foresman 1980[10]
ZIMMER, D.: Die Entwicklung des Begriffes der Selbstsicherheit und der sozialen Kompetenz in der Verhaltenstherapie. In: ULLRICH, R.; ULLRICH, R. (Hrsg.) 1978
– Empirische Studien zur Effektivität des Selbstsicherheitstrainings und zur Bedeutung einzelner therapeutischer Elemente – eine Übersicht. In: ULLRICH, R. u. a. 1980
ZIMNY, G. H.: Method in experimental psychology. New York: Ronald 1961
ZIPF, G. K.: Human behavior and the principle of least effort. Cambridge: Hafner 1949
ZIVIN, G. (Ed.): The development of self-regulation through private speech. New York: Wiley 1979
ZUBEK, J. P. (Ed.): Sensory deprivation: Fifteen years of research. New York: Appleton 1969
ZUBIN, J.: Technique of pattern analysis. Psychol. Bul. 46, 1936
ZUBIN, J.; ERON, L. D.; SCHUMER, F.: An experimental approach to projective techniques. New York: Wiley 1965
ZUCKERMANN, M.: The sensation-seeking motive. In: B. MAHER (Ed.): Progress in experimental personality research. Vol. 7. New York: Acad. Pr. 1974

ZUCKERMANN, M. et al.: Development of a sensation-seeking scale. J. consult. Psychol. 28, 1964, 477–482
ZULLIGER, H.: Der BEHN-RORSCHACH-Test. Bern: Huber 1952[3]
– Der Diapositiv-Z-Test. Bern: Huber 1955[2]
– Schwierige Kinder. Bern: Huber 1977[7]
– Praxis der Zulliger Tafeln- und Diapositiv-Tests. Bern: Huber 1966
– Der ZULLIGER-Tafeln-Test (Tafeln-Z-Test). Bern: Huber 1977[4]
ZÜST, R.: Das Dorfspiel. Diagnostische und therapeutische Auswertung eines Testverfahrens nach H. ARTHUS. Bern: Huber 1963
ZWINGMANN, C. (Hrsg.): Selbstvernichtung. Frankfurt: Akad. Verlagsgesellschaft 1965

Im Titelverzeichnis benutzte Abkürzungen von Zeitschriften und Periodica

Acta Ps.	Acta psychologica (Den Haag/Amsterdam, seit 1935)
Amer.J.Psychol.	American journal of psychology (Ithaca, N.J.)
Amer.Ps.	American psychologist (A.P.A., Washington DC)
Amer.Soc(iol).Rev.	American sociological review (New York, seit 1936)
Ann(u).Rev.Ps(ychol).	Annual review of psychology (Palo Alto)
Appl. Optics	Applied optics (Washington DC)
Arch.ges.Ps. = Arch.Ps. Arch.Psychiat.Z.Neurol.	Archiv für Psychiatrie und Nervenkrankheiten (vereinigt mit Zeitschrift für die gesamte Neurologie und Psychiatrie)
Arch.Ps(ychol).	Archiv für die gesamte Psychologie (1903–1969, Leipzig, Frankfurt/M.) Archiv für Psychologie, archives of psychology (1970 ff. Frankfurt/M., Wiesbaden) Organ der DGfPs
Arch.Psychol.(N.Y.)	Archives of psychology (New York)
Arch.psychol.	Archives de psychologie (Genève)
Arch.Recht.Soz. Philos.	Archiv für Rechts- und Sozialphilosophie (Wiesbaden)
b : e	betrifft: erziehung. Forum für Bildungspolitik u. Erziehungswissenschaft (Beltz, Weinheim)
Beh.Res.Ther.	Behavior research and therapy. An international multidisciplinary journal (Oxford)
Behav.Sci.	Behavioral Science. Journal of the society for general systems research (Baltimore)
Beh.Ther.	Behavior therapy (New York)
Biol.Bull.	Biological bulletin (Lancaster, Pa., seit 1899)
Biometr.Z.	Biometrische Zeitschrift (Berlin, seit 1959)
Brit.J.Educ. Ps(ychol).	Britisch journal of educational psychology (Edinburgh)
Brit.J.math.stat.Ps.	British journal of mathematical and statistical psychology
Bull.math.Biophysics	Bulletin of mathematica biophysics (Ann Arbor)
Canad.J.Psychol.	Canadian journal of psychology (Toronto)
Clin.Neurophysiol.	Clinical neurophysiology
Contemp.Psychol. Monogr.	Contemporary psychology monographs
Curr.Anthropol.	Current anthropology: A world journal of the science of man (Chicago, New York, seit 1969)
Char.and Pers.	Character and personality: An international quarterly of psychodiagnostics and allied studies (London 1932–1945) Forts. J. Pers.
DFVLR-FB	Deutsche Forschungs- und Versuchsanstalt für Luft- und Raumfahrt – Forschungsberichte
Dtsch.med.Wschr.	Deutsche medizinische Wochenschrift (Stuttgart)

Educ.Psychol.Measmt.	Educational and psychological measurement (Baltimore, seit 1941)
Europ.J.soc.Psychol.	European journal of social psychology (The Hague, Paris, seit 1971)
EgPhl. = Erg.Physiol.	Ergebnisse der Physiologie, biologischen Chemie und experimentellen Pharmakologie (Wiesbaden, seit 1902) auch: Reviews of physiology etc.
Folia phoniat.	Folia phoniatrica. International journal of phoniatrics and speech therapy (Basel)
Hum.Rel.	Human Relations (London, seit 1947)
Indust.Psychotechn.	Industrielle Psychotechnik
Inform.Control	Information and control (New York, seit 1958)
J.abn(orm).soc.Psychol.	Journal of abnormal and social psychology (1922–1965)
J.Acoust.Soc.Amer.	Journal of the acoustical society of America (Lancaster, seit 1929)
J.appl.Beh.Anal.	Journal of applied behavior analysis (New York)
J.appl.Psychol.	Journal of applied psychology (A.P.A., Washington DC)
J.appl.Soc.	Journal of applied sociology
Jb.Psychol.Psychother.	Jahrbuch für Psychologie, Psychotherapie und medizin. Anthropologie (Freiburg) Forts.Zeitschrift für klinische Psychologie und Psychotherapie
J.comp.physiol.Psychol.	Journal of comparative and physiological psychology (Baltimore, seit 1921)
J.Confl.Resol.	Journal of conflict resolution
J.consult.& clin. Psychol.	Journal of consulting and clinical psychology
J.exp.Psychol.	Journal of experimental psychology (seit 1975 mit folgenden drei Ausgaben: Human learning and memory – Human perception and performance – Animal behavior processes) – (A.P.A., Washington DC)
J.exp.soc.Psychol.	Journal of experimental social psychology (New York)
J.gen.Psychol.	The journal of general psychology (Provincetown, seit 1927)
J.math.Ps(ychol).	Journal of mathematical psychology (New York)
J.Pediat.	Journal of pediatrics (St. Louis)
J.Pers.	Journal of personality (Durham, NC, seit 1945)
J.Pers.Soc.Psychol.	Journal of personality and social psychology (A.P.A., Washington DC, seit 1965)
J.psychosom.Res.	Journal of psychosomatic research (Oxford)
J.Physiol.	Journal of physiology (London, seit 1914)
J.soc.Iss.	Journal of social issues (AnnArbor)
J.soc.Psychol.	The journal of social psychology (Provincetown, seit 1929)
J.verb.Learn.verb.Beh.	Journal of verbal learning and verbal behavior (New York, London)
Köln.Z.Soziol. Sozialps.	Kölner Zeitschrift für Soziologie und Sozialpsychologie (früher Vierteljahrsschrift für Soziologie)
Mat.med.Nordmark	Materia medica Nordmark (Hamburg)
Med.Klin.	Medizinische Klinik (München)
Med.Ps(ychol).	Medizinische Psychologie
Münch.med.Wschr.	Münchener medizinische Wochenschrift
Neuropsych.	Neuropsychologia (Oxford)
Perc.Motor Skills	Perceptual and motor skills (Missoula)
Pers.Guid.J.	Personal guidance journal
Pflüg.Arch.	Pflügers Archiv für die gesamte Physiologie des Menschen und der Tiere (Berlin)

Ps(ychol).Beitr.	Psychologische Beiträge. Vierteljahrsschrift für alle Gebiete der Psychologie (Meisenheim, seit 1953) Organ der DGfPs.
Ps(ychol).Bull.	Psychological Bulletin (A.P.A., Washington DC)
Ps(ychol).Forsch.	Psychologische Forschung (Berlin 1921–1938); Zeitschrift für Psychologie und ihre Grenzwissenschaften (Berlin etc. 1949–1965); Zeitschrift für Allgemeine Psychologie, Ethologie und medizinische Psychologie (Berlin, etc. 1966/67); Empirische Untersuchungen von Grundproblemen der Psychologie (Berlin etc. 1967–1974); Psychological research (Berlin etc. seit 1974)
Ps(ychol).Monogr.	Psychological Monographs
Ps(ychol).R(dsch).	Psychologische Rundschau. Überblick über Fortschritte der Psychologie in Deutschland, Österreich und in der Schweiz. (Göttingen, seit 1949) Organ der DGfPs. und d. B.D.P.
Ps(ychol).Rep.	Psychological reports
Ps(ychol).Rev.	Psychological review (A.P.A., Washington DC)
Psychol.Sci.	Psychonomic science
Psych.u.Prax.	Psychologie und Praxis. Zeitschrift für Anwendungsgebiete der Psychologie (Stuttgart)
Quart.J.exp.Ps.	Quarterly journal of experimental psychology
Rev.franç.Psychanal.	Revue française
Rev.neurol.	Revue neurologique (Paris)
Scand.J.Ps(ychol).	Scandinavian journal of psychology (Stockholm)
Scient.Amer.	Scientific american (New York, seit 1845) Spectrum der Wissenschaft, seit 1978
Sociol.Quart.	Sociological quarterly
Stud.gen.	Studium generale. Zeitschrift für die Einheit der Wissenschaft im Zusammenhang ihrer Begriffsbildungen und Forschungsmethoden. (Berlin etc.)
Stud.Ling.	Studia linguistica: revue de linguistique générale et comparée (Lund)
The German.J.Ps.	The german journal of psychology. A quarterly of abstracts and review articles (Toronto)
Theol.Rdsch.	Theologische Rundschau (Tübingen)
Viertelj.schr.wiss. Philos.	Vierteljahrsschrift für wissenschaftliche Philosophie
Vision Re.	Vision research (Oxford)
Wien.klin.Wschr.	Wiener klinische Wochenschrift (Wien, seit 1888)
Wien.Z.Nervenheilk. Grenzgeb.	Wiener Zeitschrift für Nervenheilkunde und deren Grenzgebiete (Wien, seit 1948)
Z.angew.Ps(ychol).	Zeitschrift für angewandte Psychologie und psychologische Sammelforschung, Leipzig 1907–1933 ... und Charakterkunde, 1934–1945; s. a. Z.Ps(ychol).
Z.Differ.Diagn.Ps.	Zeitschrift für Differentielle und Diagnostische Psychologie (Weinheim, Basel, seit 1980)
Z.Entw.Psychol.u.Päd. Psychol.	Zeitschrift für Entwicklungspsychologie und Pädagogische Psychologie (Göttingen etc., seit 1969)
Z.exper.angew.Ps(ychol).	Zeitschrift für experimentelle und angewandte Psychol. (Göttingen, seit 1953) Organ der DGfPs
Z.Heilpäd.	Zeitschrift für Heilpädagogik (Nienburg) Organ des Verbandes deutscher Sonderschulen
Z.Kind.Jug.Psychiat.	Zeitschrift für Kinder- und Jugendpsychiatrie (Bern, seit 1973)

Z.Nerv.Heilk.	Zeitschrift für Nervenheilkunde (Z. f. Neurologie)
Z.Neurol.Psychiat.	Zeitschrift für die gesamte Neurologie und Psychiatrie (Berlin, Heidelberg)
Z.Päd.	Zeitschrift für Pädagogik (Weinheim)
Z.päd.Ps(ychol).	Zeitschrift für pädagogische Psychologie und experimentelle Pädagogik (Leipzig, 1907–1942)
Z.prakt.Ps(ychol).	Zeitschrift für praktische Psychologie (Paderborn) Organ der Studienges. f. prakt. Psychol.
Z.Ps(ychol).	Zeitschrift für Psychologie und Physiologie der Sinnesorgane (Leipzig 1890–1906); Zeitschrift f. Psychologie (Leipzig 1906–1944); Zeitschr. f. Sinnesphysiologie (Leipzig, 1906–1937); Zeitschrift für Psychologie mit Zeitschrift für Angewandte Psychologie (Leipzig seit 1954)
ZVKL Z.menschl.Vererb.-KonstLehre	Zeitschrift für menschliche Vererbungs- und Konstitutionslehre
Z.soz.Ps(ychol).	Zeitschrift für Sozialpsychologie (Bern, seit 1969)
Z.v.Phl.	Zeitschrift für vergleichende Physiologie (Berlin, 1924–1972)
Z.Verk.Sich.	Zeitschrift für Verkehrssicherheit (TÜV)

Ergänzungsteil

Die Redaktion nimmt mit Interesse Anregungen, Anfragen, Ergänzungen und Kritik entgegen: Redaktion DORSCH, Kolberger Str. 13, 7406 Mössingen 3

A

abasement [MURRAY] Bedürfnis nach Unterordnung, Untertanengeist als Ausgleich für ein Zukurzgekommensein.

aberrant, abweichend, →abnormes Verhalten

abgeleitete Liste [EBBINGHAUS], aus einer Original-Reihe I_1, I_2, I_3 .... I_{15} gebildete neue Silbenreihe in anderer Reihenfolge (z. B. I_1, I_3, I_5 .... I_{15}, I_2, I_4 ....) zur Prüfung der Assoziationsstärken zwischen Items, die in der Original-Reihe nicht benachbart waren. Kritische Überprüfung der Methode durch G. BÄUMLER 1974 *B-S*

Abiose, [engl. *abiosis],* Lebensuntüchtigkeit, Schwierigkeiten bei der Bewältigung des Alltags, →coping

Ablutomanie [lat. *ablutio* Abwaschung], Waschzwang

absolving [engl.] →Ablösung, z. B. von Mutter, Familie, Berufsleben. Fragestellung der Entwicklungsps. im Zusammenhang mit →Erziehungsstil, Erzieherverhalten und der Ps. des Alters.

Absonderung, *detachment,* [HORNEY] Bedürfnis nach emotionaler und räumlicher Distanz zur sozialen Umgebung, das zur Isolation führe und von Enttäuschung begleitet sei.

abweichendes Verhalten →Devianz

ACT [J. R. ANDERSON 1976], *Adaptive Control of Thought,* Weiterentwicklung von →HAM, aber mehr als ein bloßes Gedächtnismodell, eher ein generelles Modell menschlicher Kognition. Es besteht aus drei Gedächtnissen: dem Arbeitsgedächtnis, dem deklarativen Gedächtnis und dem Produktionsgedächtnis. Fundamental ist die Unterscheidung von deklarativem Faktenwissen und prozeduralem Wissen. Ⓛ J. R. ANDERSON 1983 *B-S*

additive Nutzenregel, →Entscheidungsheuristik, bei der der Gesamtnutzen einer Alternative aus der Summe der Partialnutzen gebildet wird. Partialnutzen ist die Bewertung der Alternativen auf einer Dimension, multipliziert mit dem zugehörigen Dimensionsgewicht. Die Alternative mit dem höchsten Gesamt-Nutzenwert wird gewählt. *B-S*

ADM, Stichprobenplan, vom Arbeitskreis Deutscher Marktforschungsinstitute erstelltes komplexes Stichprobendesign. →Stichprobe

adverbiale Modifikatoren →Modifikatoren, adverbiale

Affektambivalenz →Ambivalenz

agreement [engl.], Zustimmung, Übereinkunft

Aktivierungsvariablen, von M. W. EYSENCK (1982) werden aufgezählt: Hautleitwert, Herzfrequenz, Pulsvolumen, Pulsamplitude, Elektromyogrammwerte, Lidschlagfrequenz, EEG-Werte, Atemaktivität; als selbstskalierte Veränderungen die (1) des Herzklopfens, (2) der Anspannung, (3) des Ärgers, (4) der Hilflosigkeit, (5) der Anstrengungsbereitschaft. *B-S*

ALLBUS, Abk. für Allgemeine Bevölkerungsumfrage der Sozialwissenschaften; ein Forschungsprogramm zur Erhebung aktueller und repräsentativer Primärdaten, das Mitte der 70er Jahre von ZUMA (Zentrum für Umfragen, Methoden und Analysen, Mannheim) und dem Zentralarchiv für empirische Sozialforschung (Univ. Köln) als gemeinsames Unternehmen entwickelt worden ist. Hauptziel: wissenschaftliche Untersuchung des sozialen Wandels in der Bundesrepublik. *B-S*

Allmende-Klemme →soziales Dilemma

Alphaposition, Stellung des Gruppenführers, Leittiers (Alphatier)

als ob, *as if,* Hypothese, die vorläufige Grundlage von Experimenten und Schlußfolgerungen ist. Erkenntnistheoretische Position des Positivismus, daß die meisten wissenschaftlichen Prinzipien hypothetisch sind. Rollen- und Phantasiespiele von Kindern. [ADLER] der schon mit 5 Jahren relativ festgelegte individuelle Rollensatz, Grundlage für den späteren Lebensstil, der einem Leitbild zustrebt, das dem Neurotiker unbewußt bleibt: er verhält sich unangepaßt und glaubt, angepaßt zu sein (wird zum Opfer). Das a. o. ist dann der Eindruck, das Machtstreben sei erfüllt. *R-S*

anchoring and adjustment (SLOVIC 1972) [Verankerung und Anpassung], aus der Urteils- und Meßtheorie, eine Beurteilung nach einer auffälligen Stimulusdimension, der die Beurteilung anderer Dimensionen abgepaßt werden. Vgl. Hof-Effekt *B-S*

Anforderungsmerkmale →demand characteristics

Angemutetsein →Anmutung

Anstrengungsvermeidungsmotiv, als Reaktion auf frustrierende Erfahrungen angenommene Tendenz, Anstrengungen in bestimmten Bereichen aus dem Wege zu gehen. A. wird gegen eigenschaftstheoretische (»faul«) und einseitig kognitivistische Konzepte abgegrenzt; es wird (von ROLLET u. BARTRAM 1977, 1981[2]) als eigenständiges Motiv neben dem Leistungsmotiv angesehen. *B-S*

Anstrengungskalkulation, kognitiver Prozeß, in dem die Person bestimmt, wie groß die Anstrengung sein soll, die für eine bevorstehende Aufgabenbearbeitung vorzusehen ist. Nach KULKA (1972) sollen dabei Aufwand und Ertrag abgewogen werden. Ⓛ BOSSONG 1982 *B-S*

Antinomianismus, Ansatz, der die Nutzlosigkeit moralischer Gesetze betont.

Antionomie [gr. *antinomia* Widerspruch mit sich], logischer Widerspruch zwischen jeweils für sich gültigen Sätzen.

Aporie [gr. *poros* Weg, Brücke], Ausweglosigkeit, Ratlosigkeit, alle Lösungsmöglichkeiten werden negativ bewertet. →Antinomie

Äquifinalität [engl. *equifinality*], die →Äquivalenz einer Verhaltenseinheit *(responses)* mit einer oder mehreren anderen bezüglich der Erreichung derselben Zielklasse.

Arbeitslosenforschung, untersucht werden v. a. psychophysiol. Veränderungen des Gesundheitszustandes der von Arbeitslosigkeit Betroffenen, kognitive Vorgänge bei der Schuld/Verantwortungsattribution, Störungen des Gefühlslebens (Depressionen, Apathie) sowie Auswirkungen auf Familie und Partnerschaft. Ⓛ KIESELBACH u. WACKER 1985, PELZMANN 1985 *Wt-R*

Arbeitslosigkeit, anknüpfend an ältere Untersuchungen (Marienthaler Studien, JAHODA et al. 1933) über die Folgen langfristiger unfreiwilliger Ausgrenzung aus dem Arbeitsleben sind in den 70er und 80er Jahren – veranlaßt durch konjunkturelle Rezessionen und/oder strukturelle technolog. Umstellungen in Betrieben und Dienstleistungsunternehmen – ps. Fragestellungen wieder aufgegriffen und mit Hilfe neuer theor. Ansätze und Meth. differenziert worden. Ⓛ ASCHENBACH u. FREY 1987 *Wt-R*

array [engl.], geordnete Darstellung von Wahrnehmung • Tabelle und Grafik.

arrest [engl.] Anhalten, Beendigung eines ps. Prozesses (z.B. Bewegung, Entwicklung).

Artifizielle Intelligenz, artificial intelligence (AI) →künstliche Intelligenz

as if [engl.] →als ob

ASL *[American Sign Language],* Ameslan, →Gebärdensprache von Gehörlosen

assessment [engl.], Persönlichkeitsbeurteilung im Sinn einer dynamisch orientierten Diagnostik.

ATN, *Augmented Transition Network,* Prinzip zur automatischen Sprachanalyse, Modell des menschlichen Sprachverstehens nach WOODS 1970.

Attonität – [lat. attonitus betäubt], Sperrung, Regungslosigkeit des Körpers bei erhaltenem Bewußtsein als extreme Folge depressiver Hemmung.

Ausdruck, *expression* Vor allem von DARWIN ausgehend wurde dessen A.konzept von der Humanethologie und der mit ihr verbundenen Entwicklungsps. weiterentwickelt. Auch in neueren Emotionstheorien (TOMKINS, PLUTCHIK, IZARD, EKMAN, SCHERER) hat das A.konzept einen zentralen Platz. In diesen neueren Entwicklungen wird vor allem →Nichtverbales Verhalten als Ausdruck von Stimmungen, Antrieben, Emotionen oder Affekten betrachtet, d. h. als ein dynamischer Ablauf. Von der klassischen A.psychologie werden dagegen stärker die Beziehung von statisch-morphologischen Phänomenen des Körpers (KRETSCHMER, SHELDON) oder Mimik (LERSCH) zu überdauernden psychischen Gegenheiten (→Persönlichkeitsmerkmalen) hervorgehoben. *E-G*

Ausdrucksforschung, befaßt sich in der Regel mit Eindrucksprozessen, speziell der bewußten Interpretation von Elementen oder Gesamtheiten komplexer Ausdruckserscheinungen. Die e.A. versucht, durch Zuordnen (z. B. der Handschrift zur Sprechweise einer Person) die Eindeutigkeit des Eindrucks zu überprüfen. Sie untersucht weiterhin den »Findewert« durch Zuordnen des Eindrucks zu Persönlichkeitsmerkmalen, z. B. »Personencharakter« zur Sprechweise. →Sprachtypen (ARNHEIM). In der Weiterentwicklung dieses Ansatzes durch die →Nichtverbale Kommunikation versucht man, individuelle Differenzen der nonverbalen Sensitivität durch entsprechende Testverfahren festzustellen (PONS-Test – Profile of Nonverbal Sensitivity von ROSENTHAL). Die Untersuchungen von Eindrucksprozessen bei nichtverbalem Verhalten werden auch als Decodierungsstudien bezeichnet. *E-G*

Aussage, mit dem Anspruch der Richtigkeit gemachte Bekundung über einen selbst erlebten realen Vorgang.

Aussagepsychologie, Teilgebiet der Ps., in dem die einer →Aussage zugrundeliegenden Vorgänge des Wahrnehmens, des Speicherns, der Reproduktion und der sprachlichen Wiedergabe der aufgenommenen Informationen erforscht werden. Anfänge bei BINET (1900) und W. STERN (1903). Sehr bald wurde ihre Bedeutung für die Beurteilung des Beweiswertes von Zeugenaussagen erkannt. In den ersten Jahrzehnten und jetzt wieder in der seit 1970 einsetzenden angloamerikanischen Forschung stand der Leistungsaspekt (Vollständigkeit und Richtigkeit der angegebenen Details) im Vordergrund, seit 1953 rückte UNDEUTSCH den Aspekt des Wahrheitsgehalts der Aussage in den Vordergrund (→Realitätskriterien). →Erinnerungsfälschung, →Lügendetektor, →Forensische Psychologie Ⓛ UNDEUTSCH 1967, I. LOFTUS *U-H*

Austauschforschung, ein Sammelbegriff für sprach- und sozialwiss., hist. und päd. Untersuchungen zu interkultureller Kommunikation und Fremdverstehen. Im dtsch. Sprachraum sind seit etwa 1980 verstärkte Bemühungen registrierbar, Bedingungen, Verlauf und Effekte interkult. Begegnungen im Kontext einer Angew. Soz. ps. zu erforschen und für die Praxis einer Integration dtsch. Spätaussiedler, ausländischer Arbeitnehmer und Studenten, für den Schüler- und Studentenaustausch, die Planung und Durchführung internat. Jugendbegegnungsveranstaltungen, die Auswahl und Vorbereitung dtsch. Entwicklungshelfer und anderer Arbeitskräfte für deren Tätigkeit im Ausland, nicht zuletzt auch für eine sensibilisierende landeskundliche Information und Einstellungsbildung dtsch. Touristen und zur Reiseleiterschulung fruchtbar zu machen. Ⓛ THOMAS 1983, 1984, 1985, BREITENBACH 1986 *Wt-R*

Ausweglosigkeit →Aporie

autonomes Verhalten, weitgehend unabhängiges, selbstgesteuertes Verhalten

autonome Veränderungen (→autochtone Dynamik) systematische Veränderungen von Gedächtnisinhalten, die auf Gestalt-Gesetze (F. WULF) bzw. eine Tendenz zur Herausbildung stabiler Organisation von Gedächtnisinhalten zurückzuführen sind. Nach K. KOFFKA haben stabile Organisationsformen einen »höheren Überlebenswert« als ungeordnete, ›chaotische‹ Formen. Spezielle Organisationsformen sind →Schemata, in denen allgemeine Regeln und individuelle Erfahrungen die Gedächtnisinhalte beeinflussen (F. BARLETT, K. KOFFKA, D. E. RUMELHART), *›frames‹* (M. MINSKY) bzw. *›scripts‹*

(R. C. SCHANK & R. P. ABELSON), d. h. drehbuchartig festgelegte Ereignisabläufe, in denen nur an vorgegebenen Stellen die spezifischen Erinnerungen eingeordnet werden können, und *›story grammars‹*, d. h. quasisyntaktische Regeln für die Generierung und Reproduktion von Geschichten, die den jeweiligen kulturellen Normen genügen (J. MANDLER, G. THORNDIKE). Ⓛ GOLDMEIER 1982 *Z-R*

avoidance [engl.] →Abwehr, Vermeidung

B

baby-talk [engl.] →Ammensprache

background [engl.], Hintergrund, soziale Herkunft • →Figur-Grundverhältnis, →Ankerreiz

BALDWIN-Täuschung, zwei objektiv gleichlange Strecken, von denen eine durch große, die andere durch kleine Quadrate begrenzt wird, scheinen verschieden lang zu sein; die erstere erscheint kürzer als die zweite. Die Täuschung verschwindet bei kurzen Strekken und bei Fixierung aus 1 m Entfernung. Ⓛ BREDENKAMP 1982 *B-S*

BALINT-Gruppe, benannt nach dem englischen Arzt und Analytiker Michael BALINT. Ursprünglich vor allem Gruppen für Ärzte mit dem Ziel, die affektiven Komponenten der Arzt-Patient-Beziehung der Teilnehmer zu reflektieren und zu verbessern. Die Gruppenarbeit geht von Fallbesprechungen aus der eigenen Praxis aus und ist überwiegend analytisch orientiert. Mittlerweile gibt es BALINT-Gruppen für viele andere, vorwiegend soziale Berufsgruppen und Studenten (Junior-BALINT-Gruppen). *S-T*

ballyhoo [engl.], übertriebene Werbung, Reklamerummel

Bedeutungsstruktur [engl. *meaning structure*], nach LUNDH 1981, 1982 Klassen von →äquivalenten Reizen oder äquifinalen Handlungen. →Äquifinalität

Begriff, behavioristisch u. kognitiv, behavioristisch ist der B. eine durch Reiz-Generalisierung gelernte gemeinsame Response auf verschiedene Reize (HULL 1920, FIELD 1923). Dagegen PIAGET 1951, BRUNER, GOODNOW u. AUSTIN 1956, SELLARS 1963, 1981: Der B. befähigt zum Denken und Operieren. B. ist ein Netz von Interferenzen, die durch einen Akt des Kategorisierens ins Spiel gebracht werden können. Vom B. »Dreieck« kann z. B. abgeleitet werden, daß es 3 Seiten, spitze Ecken etc. hat. Tiere klassifizieren nur, Menschen können durch die Kategorisierung neue Schlüsse ziehen, Aussagen ableiten.

berufliche Selbstinformation in Berufsinformationszentren (BIZ) dient einer objektivierten und vertieften Berufsinformation. Das dort vorhandene vielseitige Medienangebot zwingt den Benutzer, seine Informationswünsche selbst zu artikulieren, die Quellen der Information selbst zu finden und die Ergebnisse – deren Umfang und Qualität von seinen Aktivitäten abhängt – selbst zusammenzutragen und auszuwerten. Die in diesen Einrichtungen der Arbeitsämter gewährte Anonymität des Benutzers ist ein weiterer Gewinn, der von vielen geschätzt und gerne angenommen wird. *Sch-L*

Besetzung →Kathexis

Bestätigungstendenz [engl. *confirmation bias*], beim Testen einer Hypothese werden bevorzugt Informationen gesucht und verarbeitet, die geeignet sind, die Hypothese zu bestätigen; auch *mechanism of self-confirmation of hypothesis* (KOCIELECKI 1966), *confirmatory strategy* (SANDER u. SWANN 1978). GADENNE 1982 bezweifelt mit Gründen, daß menschl. Denken allgemein durch die B. bestimmt sei, d. h. aber auch, daß nichts stets →kognitive Dissonanz zu vermeiden versucht werde. *B-S*

Beten, ps. dasjenige in der Religion, was in der Philosophie das Denken ist, d. h. religiöser Prozeß in seiner unmittelbaren Wirklichkeit. B. ist lebendiger innerer Austausch mit dem gegenwärtig geglaubten heiligen Gott, der Atem aller Frömmigkeit, Herzpunkt des religiösen Glaubens, Hinwendung zum göttlichen Du. Wesen und Gegenstand des B.s sind immer Bitte, Lobpreis, Dank, Verehrung, Fürbitte, Verlangen nach reinerem, wertvollen Leben. Niemals ist echtes B. eudämonistisch/abergläubisch erstarrt. B. kann im Augenblicksaffekt individuell geboren sein oder auch agendarisch/liturgisch erfolgen. Das B. erspart keine Tat, aber es fördert sie. →Gebet, →Meditation, →heilig. *S-G*

Betroffenheit, im Zusammenhang mit →Umweltbewußtsein bei FIETKAU 1981 (1) Belastung oder Beeinträchtigung z. B. durch Lärm oder (2) Sammelbegriff für gefühlsbetonte Aussagen im Zusammenhang mit Umweltfragen. B. als transaktionales Konzept: erzeugt durch Ereignisse, die ps. räumlich nah, zeitlich nah, unerwartet, intensive Sinneseindrücke erzeugend und mit zentralen Aspekten des Selbst (z. B. Werten) assoziiert sind. B. ist ein Kognition und Emotion verknüpfendes Konzept und sollte abgegrenzt werden gegen Interesse, Streß, Angst, *ego involvement* und *centrality*. *B-S*

Bewegungswahrnehmung, die Wahrnehmung einer sich teilweise bewegenden Umwelt oder die Wahrnehmung der Umwelt durch einen sich bewegenden Beobachter. v. HOLST hat gezeigt, daß mittels des Reafferenzprinzips (→Reafferenz) die Unterscheidung dieser beiden für den wahrnehmenden Organismus unterschiedlichen aber hinsichtlich der Netzhautabbildungen identischen Situationen möglich ist. Dieser reafferente Verarbeitungsmechanismus proximaler Bewegungsreize weist auf zentrale und damit prinzipiell durch Erfahrung beeinflußbare Prozesse der B. hin; gleichzeitig betonen die Ergebnisse von W. A. BALL UND E. TRONICK hinsichtlich der Wahrnehmung von Scheinbewegungen bei Säuglingen sowie die Entdeckung von Bewegungs- und Richtungsdetektoren in den →rezeptiven Feldern, daß B. zum Teil auf angeborenen Mechanismen beruht. G. JOHANNSONS Dekompensations-Modell für komplexe zyklische Bewegungen weist in die gleiche Richtung. Experimente mit Umkehrbrillen u. ä. weisen aber darauf hin, daß die basalen Mechanismen in kurzer Zeit zentral neu koordiniert werden können, so daß die B. auch dann eine korrekte Bewegungssteuerung (→Bewegungskontrolle) ermöglicht. In J. J. GIBSONS →ökologischer Optik stellt B. den Normalfall von visueller Wahrnehmung dar. Jede Einschränkung der Bewegung reduziert die unmittelbare Informationsaufnahme und führt daher potentiell zu Täuschungen. Ⓛ GIBSON 1979 *Z-R*

Beziehungsfalle →*double-bind hypothesis*

Blick(bewegungs)registrierung →Augenbewegung

bogus erudition [engl.], Scheingelehrsamkeit, vgl. Salonblödsinn

bolstering [engl. *to bolster up* = unterstützen, etwas künstlich zu halten versuchen] (JANIS 1958), durch Gegeninformation »bedrohte« Einstellungen, Meinungen und Präferenzen mit Hilfe neu gesuchter positiver Aspekte zu stützen versuchen. *B-S*

bonding [engl.], gegenseitige soziale Bindung

bounded rationality, begrenzte Rationalität; das Prinzip der b.R. wurde in den 50er Jahren von H. A. SIMON als Kritik der ökonomischen Theorien menschlichen Verhaltens (→Homo-Oeconomicus-Modell) aufgestellt und besagt, daß sich Menschen beim →Problemlösen und Entscheiden (→Entscheidung) immer nur rational in bezug auf ihr vereinfachtes Modell der Realität verhalten. Aufgrund ihrer begrenzten Informationsverarbeitungskapazität sind sie zur Rationalität im Hinblick auf die objektiven Erfordernisse bei komplexen Problemen nicht in der Lage. Ⓛ SIMON 1957 *En-N*

Burnout [engl.], Ausbrennen. Syndrom, das bei professionellen Helfern als Folge von Überlastung auftritt, u. a. gekennzeichnet durch emotionale Erschöpfung, Dehumanisierung (zynisch abwertende Haltung gegenüber dem Hilfesuchenden) und das Gefühl, der beruflichen Aufgabe nicht mehr gewachsen zu sein. Es gibt einen standardisierten Fragebogen zur Erfassung des Syndroms: Maslach Burnout Inventory (MBI). Ⓛ MASLACH 1982 *D-Y*

bystanding [engl.] →helfendes Verhalten

byte [engl.], eine Zahl von BITS, die eine Einheit bilden. Auch nachdem Computer mehr als 8 bit gleichzeitig übertragen (16 bzw. 32) blieb die Vereinbarung 8 bit = 1 byte.

C

CAD, Abk. für *Computer Aided Design,* computergestütztes Entwickeln, Zeichnen und Konstruieren, wobei der Bildschirm des Computers gewissermaßen als Reißbrett fungiert.

CAM, Abk. für *Computer Aided Manufactoring,* computergestützte Arbeitsplanung.

CANNON-BARD-Theorie →Emotionstheorien

BARD, Philip 1898–1977 / Psychol. / Cambridge (Harvard U.)

cant [engl.], Ausrede, Beweisführung, die nur so tut als ob.

catch trial [engl.], Prüfdurchgang, z. B. bei der Erprobung eines Tests. →Testkonstruktion

CD theory [*conceptual dependency* = begriffliche Abhängigkeit, *dependency* eigentl. herrschaftliches Gebiet, Kolonie], eine Theorie des Verstehens natürlicher Sprache von SCHANK 1972. Eine Theorie der Repräsentation der Bedeutung von Sätzen. Grundsatz: für zwei Sätze, die gleiches bedeuten, sollte es – unabhängig von ihrer Form – nur eine Repräsentation geben. Ⓛ SCHLANK u. ABELSON 1977 *B-S*

centrality [engl. Mittenhaftigkeit, Zentralität], vgl. *ego involvement*

choice-dilemma Situation [engl. Wahl-Dilemma], eine Entscheidungssituation, in der zwischen (mindestens) einer risikoreichen und einer risikoarmen Option zu wählen ist.

choice-shift [engl. Wahl-Schub], Unterschied zwischen Entscheidungen in der Gruppe (*risky shift;* oder *conservative shift*) →Risikoschub-Effekt. Ⓛ BORCHERDING u. KISTNER 1982

Chronometrie, Methoden bzw. Theorieansätze, in denen über den beobachtbaren Zeitverlauf von Handlungen 1. die Komplexität der zugrundeliegenden mentalen Prozesse (→DONDERsche Subtraktionsmethode) 2. die Beziehungen zwischen verschiedenen Prozessen abgeschätzt werden. Das 2. Problem hat zu vielfachen Modellen geführt, in denen stochastrische und chronometrische Komponenten verknüpft sind, im einfachsten Fall zu →*horse-race*-Modellen. ⓁPOSNER 1978 *Z-R*

clean [engl. sauber], Zustand nach Entzug oder Therapie bei Drogenabhängigkeit: Körper und Psyche sind c.

client-centered-therapy →Gesprächspsychotherapie

cognitive appraisal [engl.], kognitive Einschätzung; die persönliche Bedeutung eines Ereignisses bestimmt die Emotion ganz erheblich. →Emotionstheorien.

commons-dilemma [engl. Gemeinde-Dilemma, Allmende Klemme] →soziales Dilemma

conceptual-dependency-Theorie →CD theory

confirmation bias [engl.] →Bestätigungstendenz

consciousness [engl.] →Bewußtsein, während *awareness* [engl.], Bewußtheit

consummatory act (response) [engl. *consummate* = beenden, vollziehen], →Endhandlung

Controthymie, Gefühlsunterdrückung, v. a. bei Personen mit einem hohen rationalen Anspruch an sich. Die C. kann bis zur →Athymie (Gefühlslosigkeit) führen.

coping, eine Vielzahl von Strategien und Verhaltensweisen der Auseinandersetzung mit Stressoren und belastenden Situationen. Eine die Vielfalt der Prozesse nicht hinreichend abbildende, sehr breite Coping-Dimension ist *Repression* (Vermeidung) vs. *Sensitization* (Vigilanz). Die Coping-Konstrukte sind schwer von Persönlichkeitskonstrukten und anderen Mechanismen der Abwehr bzw. der Adaptation abzugrenzen und drohen in einigen Bereichen – insbesondere in der →Med. Psychologie – begrifflich auszufern. Ⓛ LAZARUS 1981, PRYSTAV 1981, HEIM et al. 1983, GIL 1984, MOOS 1984, SCHMIDT 1984. *S-T*

CPU, Abk. für *Central Processing Unit,* Zentraleinheit eines Computers, sie verarbeitet mit Hilfe des Speichers die Befehle eines Programms.

cross-over-design [engl. Überkreuzungsplan], Mehrgruppen-Versuchsplan mit systematischem Austausch der unabhängigen Variablen zur Ausschaltung unspezifischer Effekte. →Versuchsplan

CRS *[continuous reinforcement schedule],* Verstärkerplan mit kontinuierlicher Verstärkung, Ggs. intermittierende Verstärkung

crystallized intelligence [engl.], CATTELS Erfahrungsintelligenz, d. h. der Bereich, der durch Faktenwissen und Umgang mit Fakten bestimmt ist. Da der Gegensatz, die *fluid intelligence,* auch abstrakte Intelligenz genannt werden kann, wird c.i. auch konkrete Intelligenz genannt; sie soll weniger anlagebedingt sein.

décalage [frz. Verschiebung, Ausweitung], PIAGET unterscheidet horizontale, vertikale und schräge d. im Sinne von Verzögerungen des Umgangs mit Operationen innerhalb desselben oder verschiedener Stadien. Als Hintergrund für die d. werden unterschiedliche Bewältigungsschwierigkeiten angenommen. *R-S*

decision analysis [engl.] →Entscheidungsanalyse

Deliktfähigkeit, die subjektiven Voraussetzungen, die gegeben sein müssen, um einen Minderjährigen für einen von ihm angerichteten Schaden zum Schadenersatz heranziehen zu können. Ⓛ UNDEUTSCH 1967, HOMMERS *U-H*

DES *[Differential Emotion Scale],* Gefühls-Skala. IZARD 1977, dtsch. 1981

dexterity [engl. von lat. *dexter* richtig] →Geschicklichkeit, v. a. manuelle und beim Problemlösen.

Diade →Zweierbeziehung

Dilemma [gr. zweiteilige Annahme], Wahl zwischen zwei Optionen, für die etwa gleichwichtige Gründe sprechen, Zwangslage, Klemme. D.-Situationen wurden als ethischer Test von BARUK verwendet. Im Anschluß an FERNALD und BARUK benutzte KOHLBERG in seiner Dissertation 1958 ein halbstandardisiertes Interview, in dem Kinder aufgefordert werden, zwischen zwei moralischen Urteilen zu wählen, von denen z. B. eins der Gesetzes-Moral, das andere einer Gewissensentscheidung entspricht. →Gewissen →soziales Dilemma →*prisoner dilemma game* *B-S*

discharge [engl.], Entladung, →Abfuhr

Diskette, [engl. *floppy disk*], flexible Kunststoffscheibe, die eine Magnetbeschichtung trägt und von einer Schutzhülle aus Karton oder Plastik umgeben ist. D. dienen als externe Speicher insbes. bei Mikrocomputern; gebräuchliche Größen sind hier 8, 5¼ und 3½ Zoll Durchmesser. *S-F*

displacement [engl. Ortsverlagerung eines Gegenstandes] →Übertragung, →Übersprung

Dissozialität, frühere Bez. für Werthaltungen und Verhalten, die den Interessen oder Normen der jeweiligen sozialen Umwelt widersprechen.

Disstreß →Streß

distractor [engl./lat. Ablenker], bei Tests: Zwischenaufgabe, die das *rehearsal* unterbinden soll, sowie eine Füllitem (Zwischenaufgabe) mit dem alleinigen Zweck, daß die Testperson das Testziel nicht zu deutlich erkennt. →objektiver Text

Distanzzonen, unterscheidbare, interpersonelle Entfernungsbereiche, deren Unter- wie Überschreitung als unangenehm empfunden wird: Intimdistanz (0–40 cm), persönliche Distanz (0,4–1,2 m), Sozialdistanz (1,2–4 m), öffentliche Distanz (4–8 m) jeweils mit persönlichen und kulturellen Abweichungen. Ⓛ ALTMAN 1975 *R-S*

Dominanzheuristik, →Entscheidungsheuristik, bei der die Alternative gewählt wird, die auf allen Dimensionen besser (oder mindestens gleich gut) bewertet wird als alle in Betracht kommenden anderen Alternative. »Die Gewählte Alternative wird also auf keiner Dimension von irgendeiner anderen Alternative dominiert.« JUNGERMANN 1985 *B-S*

Dominanzregel →Entscheidungsstrategie

Doppelbindung →*double-bind hypothesis*

DSM-III, D*iagnostic and* **S**tatistical **M***anual of Mental Disorders*. →ICD

Dyskinästhesie, Störung des Körpersinns, →Kinästhesie

E

EDRA, Abk. für *Environmental Design Research Association*. Die EDRA ist ein interdisziplinärer Fachverband mit eigenem Publikationsorgan von sozialwissenschaftlich orientierten Forschern, die Umweltfragen bearbeiten. →IAPS

EEPROM, Abk. für *Electrically Erasable Programmable Read-Only-Memory,* elektrisch löschbarer programmierbarer Festwertspeicher.

Eheberatung, *[marriage counseling],* häufigste Form der Partnerberatung *(couples counseling)* bzw. Paarberatung der Beratungsstellen. Meist kommen die Partner gemeinsam, manchmal auch mehrere Paare gemeinsam (Gruppenberatung). Der Berater richtet sein Augenmerk auf die Beziehung zwischen den Partnern (konstruktiver Streit, »Spiele«, Video-Rückmeldung). Die E. geht auf Initiative der Ratsuchenden zurück, erst sekundär versuchen Berater diese unter tiefen-, verhaltens-, kommunikations- und system-theoretischen Gesichtspunkten zu verstehen und anzugehen. →Ehetherapie *R-S*

Eigensteuerung →Selbstkontrolle

Einflußdiagramm →Entscheidungsanalyse

Einschübe, *intrusions,* das Auftreten von Inhalten beim freien Reproduzieren, die nicht im ursprünglichen Lernstoff enthalten sind. E. werden z. B. in Lernlisten durch die implizite Organisation des Lernstoffs und in Erzählungen durch Schemata i. S. von F. Bartlett verursacht. →autonome Veränderungen *Z-R*

Eltern-Ich →Transaktionsanalyse

Emergenz [lat.], aus der neueren engl. Philosophie: »Auftauchen« höherer Seinsformen aus niederen durch Differenzierung und Neukomposition (z. B. evolutionäre E. von Normen). *B-S*

Von G. H. Lewes (1817–1878) geprägter Begriff für das Auftreten von Systemen, deren Gesetzmäßigkeiten nicht auf die Gesetzmäßigkeiten der sie konstituierenden Teile/ bzw. Antezedentien zurückgeführt werden können. Gegensatz zu →Reduktionismus. *Z-R*

Emotion [zu lat. *emovere* herausschaffen, erschüttern], svw. →Gefühl, →Gemüt(sbewegung), →Empfindung, in der Psychoanalyse eher →Affekt. Während in der Alltagssprache die Begriffe verständlich gebraucht werden, herrscht in der Wissenschaftssprache darüber verwirrende Uneinigkeit. Klassifikationsversuche und →Emotionstheorien sind daher von Extrempositionen gekennzeichnet, wie z. B. dem wiederholten Vorschlag, den Begriff E. aus der Wissenschaftssprache zu streichen.

Eine Möglichkeit der Klassifikation von Emotionsbegriffen ist die Reduktion auf wenige grundlegende →Emotionsdimensionen, im Extremfall auf die Dimension der →Aktivation. Auch Einteilungen von E. in Klassen sind häufig. Erneute Popularität genießt derzeit die Reduktion auf wenig sog. primäre E., wie Angst, Ärger und Neugier. In der Alltagssprache wird oft unterschieden zwischen Gefühlen, die sich auf den eigenen körperlichen Zustand (Körpergefühle wie Hunger, Durst, Schmerz), auf äußere Ereignisse (z. B. Angst, Ärger) oder auf kognitive Geschehnisse (z. B. Taktgefühl, Selbstwertgefühl, Intuition) beziehen.

Ewert (1983) unterscheidet zwischen Gefühlsregungen als akuten Zuständen, Erlebnistönungen i. S. v. affektiven Bewertungsreaktionen, und →Stimmungen als relativ überdauernden Gesamtbefindlichkeiten.

Insbesondere bei bestimmten Gefühlen (z. B. Angst) hat sich eine Unterscheidung in Gefühl als kurzzeitigen Zustand und Gefühlsneigung als habituelle Persönlichkeitseigenschaft durchgesetzt und als zweckmäßig erwiesen, z. B. Zustandsangst *(state anxiety)* gegenüber Ängstlichkeit als Eigenschaftsangst *(trait anxiety)*.

In der wissenschaftlichen Ps. herrschen entweder theoriebezogene oder syndromische Definitionen vor. Theoriebezogene Definitionen betonen einzelne Aspekte, z. B. früher überwiegend die disruptive Wirkung von E., heute eher die adaptive Funktion. Syndromische Definitionen umfassen mehrere Komponenten, zumeist eine subjektive Komponente (den erlebten Gefühlszustand, oft auch als →Gefühl bezeichnet), eine kognitive Komponente (zumeist Einschätzungen oder engl. *appraisals*), eine physiologische Komponente (→Aktivierung, Erregung) sowie motivationale und aktional-expressive Komponenten (Verhaltenstendenzen und →Ausdrucksbewegungen). Die subjektive Komponente wird vielfach als wesensbestimmend erachtet. Die Komponenten treten in der Regel, aber nicht notwendigerweise, zusammen auf. Ein Beispiel für eine syndromische Definition wäre: Eine E. ist ein Reaktionskomplex auf subjektiv wichtige Ereignisse, der in der Regel eine physiologische Erregung, emotionsspezifische Kognitionen, Verhaltenstendenzen, Ausdruckserscheinungen und besonders ein spezifisches subjektives Erleben beinhaltet.

Die wissenschaftliche Forschung hat das Thema E. lange vernachlässigt und erst in letzter Zeit rehabilitiert (»emotionale Wende«). Folgende Schwerpunkte kennzeichnen die gegenwärtige Diskussion: Eine Betonung differentieller statt reduktionistischer Ansätze (Betonung spezifischer, unterscheidbarer Emotionen statt Reduktion auf bestimmte Emotionsdimensionen); eine adaptive statt dysfunktionale Betrachtung (Emotion als zweckmäßiger Anpassungsmechanismus anstatt Störfaktor); eine Thematisierung der Entwicklung der Emotion (phylogenetische, kulturgeschichtliche, ontogenetische und aktualgenetische Entwicklung); eine systemtheoretische Betrachtung, bei der das Zusammenwirken von Emotion, Kognition und Motivation thematisiert wird, vielfach unter evolutionärer Perspektive (z. B. Emotion als stammesgeschichtlicher Vorläufer statt als Gegenspieler der Vernunft).

Besonders der Diskussion der Beziehung zwischen Emotion und Kognition wird derzeit breiter Raum gewidmet. Ⓛ BUCK 1985; ECKENSBERGER u. LANTERMANN 1985; EULER u. MANDL 1983; EWERT 1983; IZARD 1977; IZARD, KAGAN u. ZAJONC 1984; KUHL 1983; MANDL u. HUBER 1983; PLUTCHIK 1980; PLUTCHIK u. KELLERMAN 1980, 1983, 1986; SCHERER u. EKMAN 1984; ULICH 1982 *E-R*

Emotionsdimensionen, Versuch der Ordnung der Vielfalt von Emotionsbegriffen. WUNDT nahm neben der altbekannten Dimension der Lust–Unlust die Dimensionen der Erregung–Beruhigung und Spannung–Lösung an. In verschiedenen faktoranalytischen Untersuchungen konnten seitdem die Dimensionen Lust–Unlust und Erregung–Beruhigung ebenfalls gefunden werden. Diesen Dimensionen entsprechen auch Befunde der Hirnforschung.

Das retikuläre System scheint an Erregung (→Aktivierung) entlang einer Intensitätsdimension maßgeblich beteiligt zu sein, das hypothalamische Verstärkungs-Bestrafungs-System an der Bewertung nach angenehm-unangenehm (Lust–Unlust). Daneben finden sich im →Hypothalamus und im →limbischen System neurochemische Systeme, die mit unterschiedlichen emotionalen und motivationalen Zuständen wie Furcht, Angst, sexuelle Erregung assoziiert sind. Dies beinhaltet, daß sowohl eine Einteilung nach grundlegenden kontinuierlichen Emotionsdimensionen als auch nach diskreten Emotionsarten oder -klassen sinnvoll sein könnte. Ⓛ TRAXEL 1983 *E-R*

Emotionstheorien, mit der Erklärung der Entstehung von Emotionen beschäftigen sich verschiedene theoretische Ansätze mit jeweils besonderen Traditionen. In der ersten Hälfte dieses Jahrhunderts waren peripheralistische E. einflußreich, welche auf JAMES und LANGE zurückgehen.

Danach entstand eine Emotion aufgrund der Rückempfindung derjenigen Reaktionen peripherer Körperorgane (Muskeln und Eingeweide), welche durch eine Stimulussituation herbeigeführt wurden (JAMES: »Wir sind traurig, weil wir weinen«). In späteren vergleichbaren Theorien wurde die Rolle der Ausdrucksbewegung, besonders der Gesichtsmuskulatur, für die Emotionsentstehung hervorgehoben (TOMKINS 1962/63). Diese *facial-feedback*-Hypothese ist in ihrer strengen Form (›keine Emotion ohne Gesichtsausdruck‹) nicht haltbar. Eine abgeschwächte Form dieser Hypothese ist die Vorwärtsmeldung *(feed-forward)*-Hypothese (LEVENTHAL 1980), nach der nicht die Rückmeldung von der Gesichtsmuskulatur, sondern die zeitlich vorausgehende →efferente Information über den auszuführenden Gesichtsausdruck Emotionen verursacht. Schließlich dürfen behavioristische Emotionstheorien (z. B. MOWRER 1960) wegen ihres situativen Ansatzes hier genannt werden, demgemäß Reizbedingungen oder Reiz-Reaktions-Relationen zur Unterscheidung und Entstehungserklärung von Emotionen dienen.

Im Gegensatz zu peripheralistischen E. stehen zentralistische E.

CANNON (1927) widerlegte die JAMES-LANGE-Theorie und betonte statt dessen die Rolle zentraler subkortikaler Systeme: Emotionen entstehen aufgrund →hypothalamischer Erregung. Spätere Theoretiker verweisen auf die Rolle des →limbischen Systems (PAPEZ 1937), auch in seiner Eingebundenheit in ein dreigeschichtetes Gehirn (MACLEAN 1973). Der zentralistische Ansatz ist in verschiedenen zeitgenössischen neuroanatomischen und -biologischen Emotionstheorien wiederzufinden (DELGADO 1966, PRIBRAM 1984).

Erneuter Beliebtheit erfreuen sich evolutionäre E. Sie gehen auf DARWIN (1872) zurück und sagen, daß Emotionen ein Produkt der Evolution sind und innerhalb jeder Spezies die jeweiligen überlebenserfordernisse widerspiegeln.

Zumindest sog. primäre Emotionen sind demgemäß biologisch vorprogrammiert und spezies-universell; sie beruhen auf neuro-chemischer Aktivität des Zentralnervensystems und können durch Lernen modifiziert werden. Verschiedene Versionen evolutionärer E. sind unterscheidbar: neurokulturelle (EKMAN 1984), ethologische (EIBL-EIBESFELDT 1980), differentielle (IZARD 1977). Typischerweise werden eine begrenzte Anzahl primärer Emotionen wie Angst, Ärger, Freude, Trauer, Überraschung angenommen (z. B. PLUTCHIK 1980, IZARD 1977). Die Vielfalt der Emotionen wird durch Mischung bzw. Ableitung von primären Emotionen erklärt. Emotionen haben in evolutionären Ansätzen zumeist eine grundlegende Bedeutung für die Entstehung anderer psychischer Prozesse, auch für kognitiv-rationale, deren evolutionärer Vorläufer sie sind.

Kognitive E. betonen die wesensbestimmende Bedeutung kognitiver Prozesse bei der Entstehung von Emotionen,

z. B. verschiedene Phasen von Einschätzungen *(appraisals)* bei LAZARUS (1966), →Attributionen bei WEINER (1982), aufeinanderfolgende Stufen der Informationsverarbeitung (SCHERER 1984) oder Bewertungen von unterbrochenen Handlungsabläufen (MANDLER 1975). Eine ältere Form kognitiver Theorien ist die Zwei-Faktoren-Theorie von SCHACHTER und SINGER (1962), nach der Emotionen aus dem Zusammenwirken zweier Faktoren entstehen: einer unspezifischen physiologischen Erregung, welche die Gefühlsintensität bestimmt, und der kognitiven Bewertung der erregungsauslösenden Situation, welche für die Art des Gefühls verantwortlich ist.

Übergänge zwischen verschiedenen theoretischen Ansätzen sind üblich. Besonders zeitgenössische E. haben oft systemtheoretischen Charakter, indem sie die wechselseitige Verflechtung und das dynamische Zusammenwirken emotionaler, kognitiver und motivationaler Prozesse betonen (z. B. KUHL 1983) oder sind integrativer Art (z. B. BUCK 1985). Schließlich sind psychoanalytische Theorieansätze (KUTTER 1983) zu erwähnen, welche sich aber uneinheitlich darstellen und in unterschiedlicher Nähe zu den vorher erwähnten theoretischen Ansätzen stehen.

Theorien, die sich mit der Auswirkung von Emotionen beschäftigen, sind üblicherweise weniger umfassend. Sie betrachten oft nur einzelne Gefühle (z. B. Angst, Ärger, Trauer) in ihren Wirkungen auf Aspekte wie Wahrnehmung, Problemlösen, Schulleistung, Therapiemerkmale, Persönlichkeit und soziale Prozesse.

Ⓛ GARDINER, METCALF u. BEEBE-CENTER 1970; EULER u. MANDL 1983; PLUTCHIK 1980; PLUTCHIK u. KELLERMAN 1980; SCHERER u. EKMAN 1984 *E-R*

enmeshment [engl. *to enmesh* = in einem Netz umfangen], starke gegenseitige Abhängigkeit, ein Familienmerkmal, das bei Psychosomatikern als einer der Prädiktoren für psychosomat. Störungen gilt. Ⓛ MINUCHIN 1978 *B-S*

Entscheidungsanalyse, eine Sammlung von Techniken mit dem Ziel, rationale Entscheidungen im Sinne der →multiattributen Nutzentheorie herbeizuführen.

Die E. A. umfaßt fünf Schritte: 1. Voranalyse: Abgrenzung des Problems und Identifizierung der Handlungsalternativen. 2. Strukturanalyse: Analyse des Zusammenhangs zwischen unmittelbar möglichen Handlungen und deren späteren Konsequenzen (Entscheidungsbaum, Einflußdiagramm). 3. Analyse der Unsicherheiten: den möglichen Konsequenzen werden Wahrscheinlichkeiten zugeordnet. 4. Nutzenanalyse: der Nutzen der möglichen Konsequenzen wird beurteilt und 5. Optimierungsanalyse: es wird die Handlungsmöglichkeit mit dem maximalen Erwartungsnutzen bestimmt. Ⓛ KEENEY u. RAIFFA 1976 *En-N*

Entscheidungsbaum →Entscheidungsanalyse

Entscheidungskontext, z. B. Irreversibilität (Endgültigkeit, Unumkehrbarkeit) einer Entscheidung. Freiheit oder Zwang, Zeitdruck, Verantwortlichkeit beeinflussen die Wahrscheinlichkeit, eine optimale Entscheidungsstrategie zu wählen. →Kontingenzmodell für die Wahl von Entscheidungsstrategien. *B-S*

Entscheidungs-Q-Sort (EQS) von WOFRAM im Psychodiagnostischen Zentrum der HUMBOLDT-Universität entwickeltes Verf. zur Diagnose des Entscheidungsverhaltens auf den Dimensionen (1) Unentschlossenheit/Entscheidungsunsicherheit (2) Rationalität vs. Emotionalität in Entscheidungssituationen (3) Risikoverhalten. Normen für 18–55 J. Stichprobe 300 Pers. *B-S*

Entscheidungsstrategie, in der empirisch-psychologischen Entscheidungsforschung ein →Plan über den Ablauf des Informationsverarbeitungsprozesses vor Entscheidungen, der beschreibt welche Informationen in welcher Reihenfolge abgearbeitet werden, und wie der Entscheider zur Auswahl einer Alternative gelangt; häufig gleichbedeutend mit Entscheidungsheuristik oder Entscheidungsregel verwendet.

Die empirische Entscheidungsforschung hat neben der klassischen additiven Nutzenregel rund 20 weitere einfache Entscheidungsheuristiken oder -strategien beschrieben und nachgewiesen, z. B. das →Satisfizierungsprinzip, die Dominanzregel, *›elimination by aspects‹,* oder die Majoritätsregel. Ⓛ HUBER 1982 *En-N*

Entscheidungsunterstützungssysteme, *(decision support systems),* Computerprogramme, die im Dialog mit einem Anwender Teilaufgaben bei der Lösung von Entscheidungsproblemen (→Entscheidung), z. B. Zielstrukturierung, Finden von Handlungsalternativen, Festlegung und Gewichtung von Bewertungskriterien, Ermittlung und Bewertung von Handlungsalternativen, übernehmen oder erleichtern. Während einige E.U.S. inhaltsunabhängige Strukturierungshilfen anbieten (→MAUD), beziehen andere bereichsbezogenes Wissen mit ein (→Expertensysteme, →künstliche Intelligenz). *En-N*

Epidemiologie [von gr. *epidemios* über das Volk (verbreitete Krankheit)]. Die E. erforscht vornehmlich mit sozialstatistischen Methoden die räumlich zeitliche Verteilung von ansteckenden (Seuchen) und nichtansteckenden (auch psychischen) Krankheiten und ihren physischen, sozialen und verhaltensbedingten Entstehungs-, Ausbreitungsbedingungen. Mit Prävalenz (lat. *praevalere,* vorherrschen) wird die Häufigkeit des Vorkommens einer Krankheit oder eines Symptoms in einer Population zu bestimmter Zeit in bestimmtem Raum bezeichnet. Inzidenz (lat. *incidere,* über etwas herfallen) bezeichnet entsprechend die Häufigkeit des Neuauftretens einer Krankheit. Ⓛ KEUPP 1974, SCHEPANK 1986, *D-Y*

Erfolgskontrolle, Ergebnisbewertung, Messen von Wirkungen der verschiedensten Maßnahmen (Intervention, Beratung, Therapie, exp. Veränderung). →Evaluation

Erleichterung, statistische, *statistical facilitation* →Wettlaufmodell

ERP →SEP

Erregungsleitung, Reizleitung, →Nerv

Erschöpfung →Exhaustion

Erschöpfungsreaktion, asthenische Reaktion, nach erbrachter Leistung, die als sinnlos oder Werten widersprechend erlebt wird: reizbar, Entspannung fällt schwer, oft Anlaß für Lebensberatung.

erworben [*acquired* gelernt], →Erbe-Umwelt-Problem

EU, Abk. für Eignungsuntersuchung • *Expected Utility,* erwarteter Nutzen. →Entscheidungstheorie, →SEU

Eurobarometer, eine im Auftrag europ. Behörden regelmäßig durchgeführte Meinungsbefragung über Einstellungen der Bürger von EG-Mitgliedsstaaten zu Sachverhalten von transnationalem Interesse, z. B. Sympathie für die Europäische Gemeinschaft, nationale Stereotypen gegenüber Mitgliedsstaaten. Ⓛ DANCKWORTT u. DANCKWORTT *Wt-R*

Exazerbation [lat. *acer* spitz, streng, heftig; *acerbare* verschärfen], das Wiederaufbrechen eines (zumeist unguten) Zustandes, der überwunden schien. Z. B. Wiederkehr einer Depression. *D-H*

exchange theory [engl.], Austauschtheorie, →Interaktion

ex iuvantibus [lat. *iuvare* helfen], Schlüsse auf die Art einer Störung (Erkrankung) aus der Wirksamkeit spezifischer Methoden, die zur Beseitigung der Störung angewandt worden sind. Aus der Med. in die Klin. Ps. übernommen.

Experiencing, Erfahrungen machen, die von persönlicher Bedeutung sind. Methodisches Prinzip erlebnisorientierter Therapie.

Expertensystem, *expert system,* ein Computerprogramm, das →Inferenzen auf der Grundlage von →Wissen ausführen kann und damit zu Schlußfolgerungen (Diagnosen, Entscheidungen) kommt, die sonst nur durch einen menschlichen Experten oder Praktiker möglich wären. E. S. gehören zu den wichtigsten Anwendungsgebieten der →künstlichen Intelligenz (KI), sie werden heute bereits praktisch eingesetzt zur medizinischen und technischen Diagnose, Konstruktion, Konfiguration von technischen Systemen (z. B. Rechneranlagen). Eine Sonderform der E. S. sind →Entscheidungsunterstützungssysteme. Ⓛ HARMON u. KING 1986 *En-N*

Exponentialverteilung, theoretische →Verteilung, die wegen ihrer mathematischen Handlichkeit oft bei der Formalisierung kognitiver Vorgänge benutzt wird und deren mathematische Gleichung $f(t) = \alpha \cdot e^{-\alpha t}$ lautet, wobei $t \geq 0$ die Zeit und $\alpha \geq 0$ ein freier Parameter – auch Rate oder Intensität genannt – ist.

Mittelwert und →Standardabweichung dieser Verteilung sind identisch, d. h. $\mu = \sigma = \frac{1}{\alpha}$. Die E. kann man auch als das kontinuierliche Analogon der geometrischen Verteilung betrachten. Die wichtigste mathematische Eigenschaft der E. ist ihre ›Gedächtnislosigkeit‹; diese kann man folgendermaßen beschreiben: Die Dauer T eines Prozesses sei exponentialverteilt mit der Dichte $f_T(t) = \alpha \cdot e^{-\alpha t}$. Ist der Prozeß bis zu einem beliebigen Zeitpunkt c noch nicht abgeschlossen, so ist die noch verbleibende Dauer T^* ebenfalls exponentialverteilt mit $f_{T^*}(t) = \alpha \cdot e^{-\alpha t}$. Die Summe unabhängiger exponentialverteilter Zufallsvariablen folgt der allgemeinen Erlangschen Verteilung. Ⓛ TOWNSEND und ASHBY 1983 *Ul-H*

externale Kontrollüberzeugung →Verstärkerkontrolle

externer Speicher, bezeichnet in der Gedächtnispsych. die Verlagerung aufzunehmender und später wiederzugebender Informationen nach »außen« in Form des Anlegens von Notizen, Tonbandaufzeichnungen u. dgl. Ⓛ MUTHIG u. SCHÖNPFLUG 1981.

Extremscheueffekt, Beurteilungsfehler, bei dem die Tendenz zu mittleren Urteilen (zentrale Tendenz) auf eine Scheu vor Härte und Eindeutigkeit zurückgeführt werden. →Beobachtungsfehler *R-S*

F

FACS, Abk. f. *Facial Action Coding System,* ein von EKMAN u. FRIESEN 1978 entwickeltes, auf den schwedischen Anatomen HJORTSJÖ 1970 zurückgehendes System zur Beschreibung der Mimik. Anhand von 33 *Action Units* und *Action Descriptors* können Elemente mimischer Veränderungen auf funktional anatomischer Basis beschrieben werden. Ein Anheben der inneren und äußeren Augenbrauen ist z. B. AU 1 + 2, ein offenes Lachen die AU 6 + 12 + 26. Das Verfahren wird mit Hilfe eines Lehrfilms und eines ausführlichen Manuals erlernt; durch einen abschließenden Text wird von EKMAN u. FRIESEN der Lernerfolg kontrolliert. Das Verfahren erfordert Beobachtung im Zeitlupentempo von Film oder Video und ist daher äußerst zeitaufwendig. Es liefert allerdings einen der wenigen Zugänge, die weitgehend interpretationsfrei die Beschreibung auch komplexen mimischen Geschehens erlauben (Vorläufer →FAST). *E-G*

Fallsucht →Epilepsie

Fehlschluß, individualistischer, auch atomistischer Fehlschluß, Umkehrung des →ökologischen Fehlschlusses, fehlerhafte Schlußfolgerung von Beziehungen, welche zwischen den Daten auf der Ebene von Individuen beobachtet werden, auf Beziehungen zwischen Kollektiven von Individuen. *S-F*

Flipflop, bistabile Kippschaltung, die zum Aufbau von Registern oder Zählern verwendet werden kann, wobei das Schalten der alternativen Zustände durch Auslösesignale erfolgt. *S-F*

foot-in-the-door-technique [engl. Fuß-in-der-Tür-Technik]. Zuerst eine Einwilligung zu einer geringfügigen Hilfeleistung (oder anderen Handlung, die mäßige »Kosten« verursacht) erlangen, um danach eine kostspieligere, mehr Anstrengung erfordernde zu erhalten. Die Wirksamkeit der Technik wird mit dem Prinzip der minimalen (externen) Rechtfertigung (ARONSON 1968) erklärt. Ⓛ LEPPER 1983 *B-S*

Forensische Psychologie [lat. *forum* Marktplatz, Gerichtsstätte], Teil der Angewandten Ps., in dem psychol. Methoden und Erkenntnisse, insbesondere die diagnostischen Möglichkeiten der Ps., der Rechtspflege zur Verfügung gestellt werden, damit diese in den Stand versetzt wird, »richtiges Recht« (LARENZ, 1979) zu sprechen. Sie behandelt die wissenschaftlichen Grundlagen der Tätigkeit des ps. Sachverständigen in Gerichtsverfahren. Im Bereich der Strafrechtspflege werden Psychol. als Sachverständige zugezogen, vor allem zur Beurteilung der Glaubhaftigkeit von Zeugenaussagen, der Zuverlässigkeit einer Wiedererkennung, der Beurteilung der Verantwortungsreife bei Jugendlichen, des Entwicklungsstandes bei heranwachsenden und der Schuldfähigkeit, gelegentlich auch für die Identifizierung des Urhebers eines anonymen oder pseudonymen Schreibens (→Schriftexpertise). Im Bürgerlichen Recht sind es vor allem familienrechtliche Fragen (Sorgerechtszuerteilung, Besuchsrechtsregelung) und die Frage nach dem Vorliegen der subjektiven Voraussetzungen der →Deliktfähigkeit. Im Verwaltungsrecht werden Psycholog. zugezogen zur Beurteilung der Kraftfahreignung. →Aussagepsychologie, vgl. Kriminalpsychologie Ⓛ UNDEUTSCH 1967, WEGENER 1981 *U-H*

frame Datenstruktur zur Darstellung einer stereotypen Situation *(→behavior setting).* Mit jedem »Rahmen« sind je andere Arten von Informationen verbunden. Ein Teil davon betrifft die Art und Weise, wie man den Rahmen benutzt (AEBLI 1970, 85).

Beim Verstehen natürlicher Sprache sind *frames* die Wissensstrukturen, die an Sätze herangetragen werden und die damit eine Interpretation erlauben, die über nur wörtliches Verständnis hinausgeht. (Beispiel: »ich liebe Äpfel« wird als »ich esse Äpfel gern« verstanden, weil an »Äpfel« das Handlungsschema »essen« herangetragen wird, MINSKY 1975, RUMELHART 1975; →Schema

free riding [engl. Schwarzfahren] →soziales Dilemma

fuzzy set [engl. unscharfe Menge], eine Klasse von Elementen, die der Menge in verschiedenen Ausprägegraden zugehören können. Im Unterschied zur klassischen Mengenlehre wird also nicht davon ausgegangen, daß ein Element der Menge nur zugehören oder nicht zugehören kann, sondern daß die Zugehörigkeit graduell abgestuft ist. In der Psych. wird z. Zt. diskutiert, inwieweit natürliche Begriffe wie Möbel, Fahrzeug usw. im Rahmen der Theorie unscharfer Mengen darstellbar sind. Ⓛ ZADEH 1965, MEDIN u. SMITH 1984, S. 132f.

G

Gamma-GT, [gr./lat. Gamma-Glutamyl-Transferase, Gamma-Glutamyl-Transpeptidase), ein zellständiger Biokatalysator, der z. B. in Niere, Pankreas und Leber zu finden und ständig im Blut nachzuweisen ist.

Die G. tritt bei einer Beeinträchtigung von Zellfunktionen, etwa bei einer degenerierten Leber oder »Fettleber«, vermehrt ins Blut über und wird deshalb als internistisches Diagnostikum alkoholbedingter Leberschädigungen verwendet. (Normbereiche« Männer 6–28 u/l, Frauen 5–18 U/l) Im Rahmen der psychodiagnostischen Eignungsbegutachtung für Straßenverkehrsbehörden und Verwaltungsgerichte wird die Gamma-GT in jüngerer Zeit verstärkt als objektiver Indikator bei der Beurteilung anamnestischer Angaben vor allem wiederholt alkoholbedingt verkehrsauffälliger Kraftfahrer verwendet. Ⓛ GEISELBRECHT et al. 1978, GROSSE-ADLENHÖVEL 1984 *S-F*

Geburtsangstskala (G-A-S) (LUKESCH 1983) Beschreibung von Situationen, die für schwangere Frauen angstauslösend wirken. Fragebogen in der Verhaltenstherapie.

Gedächtnissysteme, TULVING 1985 meint mit anderen, »das Gedächtnis« sei keine einheitliche Funktionseinheit, sondern bestehe aus drei monohierarchisch verschachtelten Systemen: dem proceduralen S. (Verbindungen zwischen *Stimuli* und *Responses* erzeugend und bewahrend), dem semantischen S. (innere Repräsentationen von Weltzuständen, die nicht permanent gegenwärtig sind, ermöglichend) und dem episodischen S. (für den Erwerb und das Bewahren von persönlich erfahrenen Ereignissen) →Episode. TULVING nennt noch neun mehr oder weniger ähnliche Ansätze. *B-S*

Gefühl. Die Begriffe G. *(feeling)* und →Emotion werden derzeit zumeist als Synonyme verwendet. Manche Autoren betrachten Emotion als Oberbegriff, dessen subjektive Komponente des Erlebens als G. bezeichnet wird. In älteren Darstellungen überwiegt der Begriff G.

Gegenüberstellung →Wiedererkennung (Forensische Psychologie)

Geizhals, kognitiver, von SHELLEY u. TAYLOR 1981 benutzte Metapher für jemanden, der vereinfachte Urteilsbildung anwendet, indem er Schemata und einfache Urteilsheuristiken (z. B. nach KAHNEMANN u. TVERSKY 1974) gebraucht. Vgl. SCHWARZ 1982 *B-S*

Generalisierungsgradient, Funktion der Generalisierungsstärke in Abhängigkeit der Ähnlichkeit von gelerntem Reiz und neuem Testreiz. R. N. SHEPARD hat für G. aus Tier- und Humanexperimenten festgestellt, daß es sich um negativ beschleunigte exponentielle Funktionen in Abhängigkeit von der wahrgenommenen Distanz zwischen den beiden Reizen handelt. Daraus folgt für die Generalisation, daß es sich um einen Zufallsprozeß handelt. Dies stimmt mit den Modellen sich ausbreitender Aktivierung *(›spreading activation‹* →Repräsentation, interne) in →assoziativen Netzwerken überein, soweit konfigurale Faktoren vernachlässigt werden können. *Z-R*

Geringere Variabilität-Heuristik [*least variability heuristic* – LEASTVAR], →Entscheidungsheuristik, bei der die Alternative gewählt wird, die zwischen der höchsten und der niedrigsten Bewertung auf den Dimensionen die geringste Differenz aufweist. *B-S*

Gesetz des geringsten Aufwandes, *Law of least effort,* eine Grundannahme der klassischen Physik, auf die sich Phänomene von der Strömungsmechanik bis zur Optik (SNELLsches Gesetz der Lichtbrechung) zurückführen lassen. Die von W. KÖHLER (1920) postulierten ›physischen Gestalten‹ (z. B. Seifenblasen) basieren auf dieser Tendenz zum minimalen Aufwand für die Aufrechterhaltung eines Zustandes; in Analogie dazu wird von W. KÖHLER die →Prägnanztendenz erklärt (→ZIPFsches Gesetz).

Gesundheit, psychische, Überwiegen der protektiven, kompensatorischen Anteile und der Umweltstabilisierungen im individuellen System einer Persönlichkeit gegenüber den konstitutionellen Vulnerabilitäten und den Umweltbelastungen (BECKER 1982). Diese Definition kommt ohne die von der WHO eingeführten, an der Idealnorm orientierten Forderungen nach »vollkommenem« Wohlbefinden aus.

BECKER (1982) und BECKER u. MINSEL (1986) nennen eine Reihe von Kriterien bzw. Indikatoren, die zur ps. Stabilisierung oder zur Krankheitsentstehung beitragen. Solche Kriterien orientieren sich u. a. an Persönlichkeitstheorien und unterliegen der ständigen Auseinandersetzung mit den Grundwerten und Normen von Gesellschaften und deren Veränderungen. Wie SCHEPANK (1986) zusammenfassend feststellt, ist die lebenslange, aber auch die Punktprävalenz stärkerer Abweichungen von der ps. Gesundheit sehr groß. Dadurch wird die Forderung nach Prävention einerseits und psychologisch fundierter Intervention andererseits unterstrichen. Prävention und Versorgung von ps. Störungen und Krankheiten unterliegen einer besonderen Vielfalt von oft divergierenden Interessen, da neben den gesellschaftlichen die berufsständischen Normen mit eingehen. Ⓛ SCHMIDT 1982; TRESS 1986 *S-T*

gewichtete Pros *[Weightpro]*, →Entscheidungsheuristik, gemäß der für jede Alternative die Anzahl der »Pro-Dimensionen«, also der Dimensionen, auf denen die Alternative besser bewertet wird als alle anderen, ermittelt wird. Dann werden die Gewichte der »Pro-Dimensionen« für jede Alternative zu einem Gesamtwert addiert und die mit dem höchsten Gesamtwert wird gewählt. *B-S*

Gewinnaufteilung →Aufteilungsgerechtigkeit

Glaubhaftigkeit, Beweiswert der Zeugenaussage. Hängt ab von der Aussagetüchtigkeit des Zeugen und seiner Bereitschaft, die Wahrheit zu sagen (→Aussage-Ps).

Glaubwürdigkeit, angenommene Eigenschaft der Zeugenpersönlichkeit. Veraltetes Konstrukt, da es für die Rechtsprechung nur auf die Glaubhaftigkeit der Aussage ankommt. Ⓛ UNDEUTSCH 1967 *U-H*

Graphospasm →Schreibkrampf

Gridtechnik →Gitter-Technik

H

Handlungskontrolle →Selbstkontrolle

Handlungsmolekül, (SCHANK 1972), besteht aus Handlungsatomen, am einfachsten aus P (*purpose* = Absicht), A (*action* = Handlung) und S (*state* = Zielzustand). Ⓛ ABELI 1980

Heuristik, *heuristic,* allg.: Finderegel, so z. B. bei G. POLYA verwendet. Eine H. besteht aus vereinfachenden Annahmen, mit deren Hilfe ein Problem schneller gelöst werden kann als ohne Vereinfachung.

Die Nachteile einer solchen Vereinfachung bestehen darin, daß eine H. zwar schnell ist, aber nicht mit Sicherheit zur korrekten Lösung führt (Gegensatz zu Lösungsalgorithmus). Verallgemeinerte und in das Verhaltensinventar bei Urteilsprozessen fest eingegangene H. sind z. B. die von D. KAHNEMAN und A. TVERSKY systematisch untersuchten H. der Repräsentativität und Zugänglichkeit (*›representativeness‹* und *›availability‹*). Der Repräsentativitätsh. liegt die implizite Annahme zugrunde, daß Ereignisse, die für einen Prozeß typischer sind, auch wahrscheinlicher sind (z. B. beim Roulette die Sequenz ›RRSRSS‹ gegenüber, ›RRRSSS‹). Die Zugänglichkeitsh. basiert darauf, daß leichter erinnerbare Ereignisse als wahrscheinlicher angenommen werden. D. KATTNEMAU und A. TVERSKY setzen diese H. in Beziehung zu →geometrisch-optischen Täuschungen. Ein Spezialfall der Repräsentativität ist die Monte-Carlo-Täuschung. Ⓛ KAHNEMAN, SLOVIC und TVERSKY 1982 *Z-R*

Hodometer (gr. *hodos* Weg), eine von BECHTEL (1967) entwickelte apparative Vorrichtung, welche das Umherlaufen von Vpn in einem Raum registriert. Unter den Fußbodenplatten sind in kleinen Abständen elektr. Schalter installiert, die auf den Druck durch das Betreten reagieren. In Kombination mit einer Uhr kann der von einer Vp zurückgelegte Weg exakt registriert werden. Das H. wurde z. B. in umweltpsychol. Studien zur Feststellung der Wege und der Verweildauer vor Bildern von Besuchern in einem Museum eingesetzt. Ⓛ BECHTEL 1967 *S-F*

hooked [engl. am Haken], abhängig von harten Drogen. →Abhängigkeit

I

IAPS, Abk. für The *International Association for the Study of People and their Physical Sourroundings.* →EDRA

idiot savant [frz. wissender Dummkopf], schwachsinniger Mensch, der auf einem speziellen Gebiet (z. B. Geschichtszahlen) überdurchschnittliche Leistungen zeigt. Wenn die praktische Intelligenz auffällig abfällt, wird umgangsspr. von Fachidioten gesprochen; dessen Testintelligenz ist aber durchweg mindestens durchschnittlich. vgl. Teilleistungsschwächen, →Abiose

Infantizid, Kindestötung, das Töten von Jungtieren durch die Eltern wird unter schlechten Ernährungsbedingungen beobachtet. Eine weitere Form des I. kommt bei haremsbildenden Säugetieren (z. B. Löwen) vor, wenn ein fremdes Männchen den bisherigen Haremsinhaber besiegt und die von diesem abstammenden Jungtiere nach der Haremsübernahme tötet. *S-F*

inkrementelle Sprachproduktion geht davon aus, daß die grundlegenden Prozesse der Sprachproduktion (Konzeptualisierung, Formulierung und Artikulation; vgl. Garrett, 1980) nicht sukzessiv, sondern zeitlich versetzt parallel verlaufen. Sprecher können bereits beginnen, erste Teile einer Äußerung zu artikulieren, bevor sie die konzeptuelle und sprachliche Planung einer Äußerung im Detail abgeschlossen haben. Vielmehr können diese Prozesse fortgesetzt und vervollständigt werden, während der Sprecher gleichzeitig vorangehende Teile der Äußerung bereits artikuliert. *P-N*

Interaktionsanalyse, untersucht wird die sequentielle Struktur der Kommunikation bei Tieren und insbes. beim Menschen, z. B. die von Partnern oder von Klient und Therapeut. Dazu wird das nonverbal und das verbale Verhalten in intersubjektiv eindeutige Beobachtungskategorien eingeteilt und kodiert.

Dies geschieht entweder nach einem Zeitraster (etwa in 10 sec.) oder nach Sinn-Einheiten (abgeschlossene Sätze, Wechsel des Wortführers u. a.). Die resultierenden Interaktionssequenzen werden daraufhin untersucht, ob bestimmte Muster wiederkehren, z. B. Eskalationsmuster (wie alternierende Kritik der Partner), ob sich bestimmte Kategorien durch Intervention verändern (z. B. Pflegeverhalten bei Affen nach einem Dominanzwechsel oder positives Eingehen auf den anderen nach einem entsprechenden Training). Außerdem kann der Informationsfluß von Interesse sein, um die Redundanz der Kommunikation und die Transinformation zwischen den Partnern zu bestimmen.

Hauptanwendungsgebiete sind: Verhaltensforschung (ALTMANN 1965), Paartherapie (REVENSDORF et al. 1980), die therapeutische Beziehung (SCHINDLER u. HOHENBERGER-SIEBER 1987). *R-F*

Inzidenz Epidemiologie

IWF, Abk.: *Institut für den wissenschaftlichen Film,* Göttingen. Das »Verzeichnis der wissenschaftlichen Filme Psychologie«, herausgegeben vom IFW (Ausgabe 1986), enthält ca. 330 für Lehrzwecke ausleihbare (Video-)Filme aus unterschiedlichen Bereichen der Ps.

K

Kohortentheorie, Theorie der auditiven Worterkennung, die davon ausgeht, daß bei der Wahrnehmung des Beginns eines Wortes eine Kohorte von Wörtern aktiviert wird, die alle mit dem gehörten Phonem beginnen. Mit zunehmendem sprachlichem Input scheiden immer mehr Wortkandidaten aus, bis ein Punkt erreicht wird, an dem nur noch ein Kandidat, das erkannte Wort, übrig bleibt. Ⓛ MARSLEN-WILSON u. TYLER 1980 *P-N*

Komplementarität, psychophysische, ursprünglich von N. BOHR (1927) in seinem Lösungsvorschlag für das Wellen-Teilchen-Paradoxon der physikalischen Optik geprägt. R. N. SHEPARD schlägt die Annahme der ps. ph. K. als Lösung für das Dilemma von Dualismus (→Parallelismus, psychophysischer) und Monismus vor. Er postuliert, daß die Welt entsprechend den internen Bedingungen des Beobachters wahrgenommen wird, daß sich aber diese internen Bedingungen im Verlauf der Evolution und in Wechselwirkung mit eben dieser Welt herausgebildet haben. Experimentelle Belege dafür in R. N. SHEPARD 1981.

Konfusionsmatrix, Matrizen von beobachteten bedingten relativen Häufigkeiten, die als Schätzungen der Wahrscheinlichkeiten angenommen werden, daß auf Reiz S_j die Reaktion R_i erfolgt. Das Konstanzverfahren (→psychophysische Methoden) resultiert z. B. in quadratischen K.: im Regelfall ist jedoch die Anzahl der Antwortkategorien kleiner als die zu beurteilenden Reize und die resultierenden K. sind rechteckig. Modelle zur Analyse von K. sind seit D. LUCE (1959) systematisch entwickelt worden und ermöglichen nicht nur die Bestimmung metrischer Beziehungen von Reaktionen und Reizen, sondern auch die Analyse systematischer Reaktionsverzerrungen, die z. B. bei der Konstanzmethode zu asymmetrischen K. führen, wobei die Asymmetrie systematisch ist (z. B. Oktavverwechslungen bei Tonhöhebestimmungen) und daher nicht durch Mittelung ausgeglichen werden kann. Ⓛ TOWNSEND und ASHBY 1983 *Z-N*

Konstanzer Wanne, in Konstanz untersuchte Auswirkung des Praxisschocks bei Junglehrern, die nach einer pädagogischen Bankrotterklärung zu radikalen Einstellungs- und Verhaltensänderungen führe: der studentische Liberalismus wird aufgegeben. Ⓛ CLOETTA *R-S*

Konstruktionismus, sozialer, moderne Form und Ausbau des Rationalismus in der Erkenntnistheorie: sozialwiss. Erkenntnis ist nicht das Ergebnis von Induktion, sondern resultiert aus den Begriffen, die in sozialer Interaktion entstehen. Die Welt wird in Form von sozialen Artefakten verstanden und mit Hilfe von Begriffen, die in historisch bestimmten Austauschprozessen zwischen Personen gebildet worden sind. Vgl. Konstruktivismus. Ⓛ BERGER u. LUCKMANN 1966, GERGEN 1985 *B-S*

Konstruktivismus, eine Wahrnehmungslehre (z. B. von PIAGET), nach der die Welt vom Wahrnehmenden nicht »gespiegelt« abgebildet sondern konstruiert wird. Vgl. Konstruktionismus

Kontrasteffekt →CRESPI-EFFEKT

Kontrollattribution, Kognitionen (Annahmen) z. B. von Patienten, die angeben, welche therapeutischen Schritte bzw. Behandlungen zur Heilung ihrer Beschwerden führen können. →Kausalattribution *B-S*

Kriminalpsychologie [lat. *crimen* Verbrechen], Teildisziplin sowohl der Ps. als auch der Kriminologie. Sie umfaßt ps. Beiträge zur Kriminalitätsthematik wie Theorien über die Bedingungen von Straftaten und Delinquenzentwicklungen, präventive und rehabilitive Maßnahmen und die Strafvollzugs-Ps. Ⓛ LÖSEL 1983 *U-H*

künstliche Intelligenz (KI), artifizielle, maschinelle Intelligenz (AI), Teilgebiet der Computerwissenschaft, Informatik. Ziel ist die Programmierung von →Computern für Aufgaben, deren Bewältigung durch Menschen als intelligente Leistung bezeichnet würde.

Wichtige Forschungs- und Anwendungsgebiete der AI sind: maschinelles →Problemlösen und Planen, Bedeutungsanalyse natürlicher Sprachen (z. B. für das maschinelle Übersetzen), optische Erfassung und Erkennung von Gegenständen und Mustern (z. B. zur Steuerung von Robotern in der industriellen Fertigung), automatische Programmierung und Fehlererkennung bei Computerprogrammen, logische →Deduktion und Beweisführung (z. B. in der Mathematik), intelligente Spiele. In den letzten Jahren haben die wissensbasierten →Expertensysteme eine besonders gewichtige Rolle bekommen, von denen man sich in Zukunft breite praktische Verwendbarkeit erhofft.

Obwohl in der KI-Forschung die intelligente Leistung als solche, nicht das Nachbilden des menschlichen Denkens, im Vordergrund steht, gibt es breite Überschneidungen und Ähnlichkeiten mit der →Simulation kognitiver Prozesse. Beide bedienen sich bei der Lösung komplexer Probleme oft ähnlicher →Heuristiken. *En-N*

L

Laien-Epistemologie [gr. *epistemos* = wissend, kundig], eine ps. Theorie des Wissenserwerbs, orientiert an POPPERS Nichtrechtfertigungsposition, die besagt, daß unser Wissen potentiell fehlerhaft und zwangsläufig voreingenommen ist. Ⓛ KRUGLANSKI 1980

LBA-Modell [engl. *Limited Binaural Additivity*] →binaural

LCD, Abk. für *Liquid Crystal Display,* Flüssigkristall-Anzeige, die vorwiegend in batteriebetriebenen Geräten verwendet wird, da sie sich durch einen sehr geringen Stromverbrauch auszeichnet.

Lebhaftigkeit, vividness-Effekt

LED, Abk. für *Light Emitting Diode,* Leuchtdiode

Lernrate, Erinnerungsleistung oder Lernerfolg pro Übungszeit oder Lernzeit. →Lerntempo

level of factuality [engl.], Tatsachenübereinstimmung, Gegenstand der →Aussage-ps., einem Teilbereich der →Forensischen Ps. und der Erkenntnistheorie (→Abbildung).

lexikalische Entscheidung, experimentelle Methode, bei der einer Vp entweder ein Wort oder ein Nicht-Wort (z. B. Kuti) dargeboten wird. Die Vp hat die Aufgabe, so schnell wie möglich zu entscheiden, ob der Stimulus ein Wort der Sprache ist oder nicht. Mit dieser Methode untersucht man die Zeit des lexikalischen Zugriffs auf einzelne Wörter (z. B. unter Bedingungen des →Primings). *P-N*

Lexikographische Heuristik (LEX), →Entscheidungsheuristik, bei der die Alternative gewählt wird, die auf der wichtigsten Dimension den höchsten Nutzenwert erreicht. Werden zwei oder mehr Alternativen auf dieser Dimension mit dem höchsten Wert bewertet, wird geprüft, welche auf der nächstwichtigen Dimension den höchsten Wert aufweist und so fort, bis keine Dimension mehr zur Verfügung steht. *B-S*

LISP Abk. für *List Processing,* höhere Programmiersprache, die für nicht-numerische Problemstellungen entwickelt wurde.

LOEVINGER-Homogenitätsindex →Homogenität, LOEVINGER, Jane / *1918- / Psychologin (Entwicklungstheorien) / Univ. Berkeley, Washington

LSA, *Latent-Structure-Analysis* →Latent-Class-Analysis. Eine von LAZARSFELD 1950 eingeführte und von GOODMAN 1970 verbesserte Analyse der Beziehungen zwischen Variablen, von denen einige manifest, andere latent sind. Ⓛ LANGE-HEINE 1982 *B-S*

Lüge, absichtliche wahrheitswidrige Darstellung, die gegeben wird, als ob es eine wahrheitsgemäße Darstellung wäre und ohne das Einverständnis des Berichtsempfängers zum Getäuschtwerden. Ihre zwei Formen sind: Falschbekundung und Verschweigen. Die ps. Forschung befaßt sich mit den Vorgängen beim Lügen und mit den Möglichkeiten, aufgrund von Ausdruckserscheinungen und von unwillkürlichen körperlichen Begleiterscheinungen das Lügen zu erkennen. Ⓛ P. EKMAN 1985 *U-H*

Lügendetektion →Lüge und →Polygraph

M

Majoritätsheuristik, →Entscheidungsheuristik, bei der wie bei →gewichteten Pros für jede Alternative die Anzahl der Dimensionen gesucht wird, auf denen diese Alternative die anderen Alternativen dominiert (»Pro-Dimensionen«). Die Alternative mit den meisten Pro-Dimensionen, unabhängig von deren Gewicht, wird gewählt. *B-S*

maturation [engl.] →Reifung

MAXDIFF, Größte Differenz-Heuristik *[Greatest attractiveness, difference heuristic],* →Entscheidungsheuristik, bei der zunächst die Dimension mit der größten Differenz zwischen dem höchsten und dem niedrigsten Wert bei allen Alternativen ermittelt wird. Die Alternative, die auf dieser Dimension die höchste Bewertung hat, wird gewählt. *B-S*

MAXDOM-Heuristik →Entscheidungsheuristik, bei der die →Dominanz-Heuristik auf die größte Differenz-Heuristik (→MAXDIFF) angewendet wird.

MAXIMAX-Heuristik →Entscheidungsheuristik, bei der die Alternative gewählt wird, die die absolut höchste Bewertungsausprägung hat, unabhängig davon, auf welcher Dimension dieser Wert liegt.

MAXIMIN-Heuristik →Entscheidungsheuristik, bei der die Alternative gewählt wird, deren niedrigster Wert (Minimum auf irgendeiner Dimension) höher ist als das Minimum bei den anderen Alternativen.

Max-kon-Min-Regel, nach KERLINGER (1973) die Strategie des Experimentators bei der Planung eines →Experiments, 1. die Wirkung der unabhängigen →Variablen auf die abhängige Variable zu *max*imieren, 2. die Einflüsse der unerwünschten systematischen (Stör-)Variablaen auf die abhängige Variable zu *kon*trollieren und 3. die Effekte von unsystematischen (Zufalls-)Variablen zu *mini*mieren. *S-F*

MAUD *(Multi-attribute Utility Decomposition),* ein interaktives Computerprogramm, das dem Anwender hilft, Entscheidungsalternativen und ihre Merkmale zu strukturieren und nach der →multiattributen Nutzentheorie zu bewerten (→Entscheidungsunterstützungssysteme). Ⓛ HUMPHREYS et al. 1983 *En-N*

MBI, Abk. für *Maslach Burnout Inventory* →Burnout

means-ends analysis [engl.], Ziel-Mittel-Analyse, eingeführt durch das Simulationsprogramm – *general problem solver:* jedes Zwischenziel wird als Mittel für die Endzielerreichung betrachtet. →Entscheidung, →Heuristik

MEMOD [engl. *memory model*], Gedächtnismodell. Computermodell für die Abbildung der Theorie des aktiven, strukturellen, semantischen Netzwerkes des Wissens. Ⓛ NORMAN u. RUMELHART 1975/78 *B-S*

mentale Modelle, subjektive Funktionsmodelle für technische, physikalische und auch soziale Prozesse sowie für komplexe Gegebenheiten (z. B. syllogistische Schlußfolgerungsregeln). Kennzeichen von m. M. sind die Reduktion quantitativer Beziehungen auf qualitative Relationen, die Reduktion der Komplexität durch Einschränkung auf leicht überschaubare Stichprobengrößen (P. N. JOHNSON-LAIRD und der Rückgriff auf bekannte Sachverhalte mittels Analogiebildung (D. GENTNER). Besondere Bedeutung haben die m. M. der ›qualitativen Physik‹ für die Ausbildung menschlicher Operateure für komplexe Systeme. Ⓛ HOBBS und MOORE 1985

Mignon delusion [frz./engl.], Mignon-Wahn, häufige Vorstellung von Kindern, daß ihre »eigentlichen« Eltern Berühmtheiten sind.

Minimax-Strategie, bez. eine Strategie des Spielers, die von der ungünstigsten Situation oder der ungünstigsten Entscheidung des Gegners ausgeht und unter dieser Voraussetzung die größtmögliche Auszahlung garantiert →Entscheidungs-/Spieltheorie *S-F*

MILLSA [engl. *Maximum Likelihood Latent Structure Analysis*], Programm für die latente Strukturanalyse. →LSA

Modifikatoren, adverbiale, bei Umfragen mit →Magnitude-Messungen benutzte Adverbien, wie z. B. »sehr«, »ziemlich«, »etwas«, die folgende Adjektive, wie z. B. »wichtig«, »angenehm«, »sicher« o. ä. in ihrem Ausmaß verändern (modifizieren) sollen. Die Wirkungsstärke der a. M. wurde zunächst nach dem →CLIFFschen Gesetz zu bestimmen versucht (vgl. KRISTOF), ist aber nach WEBER 1980 kontextabhängig und auf Individualdaten zu beziehen. *B-S*

Modularität, Annahme, daß das menschliche Informationsverarbeitungssystem teilweise aus einzelnen, voneinander unabhängigen Modulen besteht. Kognitive Teilsysteme sind modular, (1) wenn sie beim Eintreten bestimmter Bedingungen automatisch und unabwendbar arbeiten, (2) wenn übergeordnete Instanzen auf ihre Verarbeitungsprozesse keinen Einfluß nehmen können, (3) wenn sie nur für ganz spezifische Aufgaben zuständig sind, (4) wenn ihre Prozesse sehr schnell verlaufen, (5) wenn ein Zusammenbrechen ihrer Prozesse nach einem spezifischen Muster erfolgt und (6) wenn sich ihre ontologische Entwicklung in bestimmten, interindividuell gleichen Schritten vollzieht. ⓁFODOR 1983 *P-N*

Motivationsforschung, experimentelle, in der exp. orientierten M.forschung der Gegenwart ist in vielen Bereichen der Bezug zu einer M.theorie mit universalistischem Gültigkeitsanspruch, wie er etwa noch in den Ansätzen von FREUD, MCDOUGALL, LEWIN, HULL, ALLPORT und MASLOW angestrebt wurde, aufgegeben worden.

Forschung und Theoriebildung vollzieht sich in den einzelnen Bereichen (Daseinstechniken) relativ isoliert voneinander, wobei häufig die spezifischen Anliegen solcher Bereiche – etwa Aggression, Leistungsmotivation, Gelernte Hilflosigkeit etc. – in den Vordergrund rücken. Eine vergleichende Sichtung der Theorie- und Empiriebestände (etwa: HECKHAUSEN, SCHNEIDER und SCHMALT) macht jedoch auch auf einige gemeinsame Entwicklungslinien aufmerksam, die zugleich die Hauptströmungen der zeitgenössischen M.ps. kennzeichnen:

1. Motivation wird konzipiert als ein Verlauf, der unter Mitwirkung einer ganzen Reihe von Subprozessen zustande kommen und unter bestimmten Bedingungen eine erhebliche zeitliche Erstreckung aufweisen kann. Während es in früheren exp. orientierten Ansätzen üblich war, ein einziges Motiv, mit oder ohne Zuhilfenahme einer Situationsvariablen, heranzuziehen und Vorhersagen auf ein einziges episodisches Verhaltensdatum zu machen, werden nun die auf das Verhalten ausrichtenden Subprozesse selbst zum Gegenstand der Forschung.

2. Die Sachverhalte können summarisch als Informationsverarbeitungsprozesse bezeichnet werden. Unter motivationsps. Perspektive sind die folgenden Funktionen von herausgehobener Bedeutung: – Wahrnehmung: überdauernde Motivdisposition oder aber momentan angeregte M.zustände können die Wahrnehmung im Sinne der angesprochenen Motivthematik (Daseinstechnik) verzerren.

– Denken/Gedächtnis: Aufnahme und Wiedergabe von Informationen (Lernen/Gedächtnis), aber auch die jeweilige Art der Verarbeitung der Information (Problemlösen) können durch die spezifischen angestrebten Zielzustände bzw. den vorherrschenden M.zustand beeinflußt werden (ANDERSON, BOWER).

– Kognition/Emotion: Aspekte des deklarativen und evaluativen Wissens werden in der Weise ausgelenkt, daß sie der Erreichung angestrebter und Vermeidung unerwünschter Ziele dienlich sind. Es sind diejenigen Prozesse, die für die Aufnahme einer Handlung, deren Beendigung sowie deren begleitender Aufrechterhaltung verantwortlich sind (LEVENTHAL, WEINER).

3. Eine große Anzahl motivationspsychol. Sachverhalte ist mit einem allgemeinen Verhaltensmodell vereinbar, in dem davon ausgegangen wird, daß das Verhalten von zwei Grundparametern geleitet wird: bewerteten Zielzuständen (Valenzen) und von der Wahrscheinlichkeit, einen solchen Zielzustand herzustellen (Erwartung) (FEATHER, SCHNEIDER u. SCHMALT).

Eine solche Erwartung-Wert-Konzeption der M. ist indes nicht neu und ist in ganz verschiedenartigen Forschungstraditionen bereits angelegt. So etwa in dem willenpsychol. Ansatz von ACH, in dem gestaltpsychol. Ansatz von LEWIN und ebenso in dem Ansatz des (kognitiven) Behaviorismus (TOLMAN, BOLLES). Die oben unter 1. und 2. angesprochenen Subprozesse beziehen sich im wesentlichen auf diese Valenzen und Erwartungen. Sie werden hierbei natürlich unter den einzelnen Daseinstechniken eigentümlichen Gesetzmäßigkeiten analysiert, was für die auf den ersten Blick verwirrende Vielzahl auseinanderstrebender Entwicklungen verantwortlich sein dürfte. Ⓛ ANDERSON 1985, BOLLES 1975, BOWER 1981, FEATHER 1982, LEVENTHAL 1982, SCHNEIDER und SCHMALT 1981, WEINER 1986 *Sch-T*

multiattribute Nutzentheorie, *multiattribute utility theory* (MAUT), beschreibt die Bestimmung des Gesamtnutzens von Handlungsalternativen, die sich in mehreren Gesichtspunkten (Kriterien, Dimensionen) unterscheiden.

Die Forschung zur MAUT befaßte sich vor allem mit drei Bereichen: 1. →Skalierung des Nutzens der einzelnen Dimensionen, 2. Gewichtung der Dimensionen und Aufstellung von Nutzenfunktionen und 3. die Zusammenfassung der Einzelwerte (Partialnutzen) in einen Gesamtwert. (→Entscheidungstheorie) Ⓛ KEENEY und RAIFFA 1976 *En-N*

multiple mothering [engl.], Mitwirken mehrerer Mutterfiguren (auch Männer) bei der Kleinkindbetreuung, z. B. im Kibbuz.

N

New-Age, Wassermannzeitalter, Bewegung, Paradigma der verknüpfenden, systemischen, verschiedene Wissenschaftsdisziplinen integrierenden Weltbetrachtung.

Entwickelt hat sich der N. Ansatz aus der Kritik am mechanistischen Denken des kartesianischen Weltbildes.

Experimentelle Befunde wie DOERNERS Lohausen, Probleme wie Rüstungskontrolle, Tschernobyl (Restrisiko), Hunger und Aggression werden als Hinweis auf die Untauglichkeit gängiger Paradigmen gesehen. →Paradigmenkonflikt.

Damit steht N. in der Tradition der Gestaltps., von Integrationsbemühungen von C. G. JUNG, EIBL-EIBESFELDT (Humanethologie), sowie Ansätzen wie Psychobiologie, Verhaltensmedizin, Informations- und Systemtheorie und aktuellen Computermodellen. Reine Zuwendung zum Okkulten steht im Widerspruch zur Grundidee der Integration (Antirationalismus als Mißverständnis).

Das N. sieht den einzelnen als im Bewußtsein handelnd an, als Teil eines Gefüges in dem auch sein Handeln an jedem Punkt Veränderungen auslösen kann, die auf das Ganze wirken. *R-S*

nicht-euklidische Raumwahrnehmung. Theorien, wonach die visuelle Raumwahrnehmung den Axiomen (speziell dem Parallelenaxiom) der euklidischen Geometrie nicht entspricht. Teilweise werden in diesen Theorien alternative Geometrien postuliert (z. B. T. REID die sphärische G. oder R. K. LUNEBURG bzw. A. A. BLANK die hyperbolische G. mit konstanter Krümmung), teilweise wird angenommen, daß der visuell wahrgenommene Raum hinsichtlich der Geometrie inhomogen sei (J. M. Foley, R. N. Shepard).

Euklid hatte in seiner ›Optik‹ eine Wahrnehmungstheorie postuliert, die den Axiomen seiner ›Geometrie‹ entsprach. Diese Position wurde bis ins 19. Jh. mit Ausnahme von T. REID (1764) als a-priori wahr angenommen. H. HELMHOLTZ (1868) griff B. RIEMANNS (1854) Hypothesen über die Fundierung der Geometrie auf und zeigte, daß physikalische (und damit implizit auch wahrgenommene) Räume die freie Beweglichkeit fester Körper voraussetzen; damit reduzieren sich die dafür möglichen Geometrien auf die euklidische, die sphärische und die hyperbolische. In W. BLUMENFELDS (1913) Experimenten zu parallelen bzw. äquidistanten Alleen wurde die Frage der Geometrie des Wahrnehmungsraumes zum ersten Mal systematisch untersucht. Unter Geltung der euklidischen Geometrie sind diese Alleen gleich; die experimentellen Ergebnisse weisen jedoch systematische Abweichungen auf, die eine Verletzung des Parallelenaxioms implizieren. Auf diesen Ergebnissen aufbauend hat R. K. LUNEBURG (1947) seine Theorie der binokularen Wahrnehmung entwikkelt, die auf der Annahme eines hyperbolischen RIEMANNschen Raums mit konstanter Krümmung basiert.

Die experimentellen Ergebnisse von J. M. FOLEY über räumliche Relationen (Strecken und Winkel) bzw. von R. N. SHEPARD über Scheinbewegungen legen die Annahme eines hinsichtlich der Geometrie inhomogenen Wahrnehmungsraumes nahe, der lokal euklidisch oder hyperbolisch, aber global sphärisch ist. Ⓛ SIPPES 1977 *Z-R*

Nichtverbale Kommunikation umschreibt den Teil menschlicher →Kommunikation, der sich für den Informationsaustausch anderer als sprachlicher Mittel bedient. (Gelegentlich werden die Begriffe »nichtverbales Verhalten«, »Kommunikation«, »Interaktion«, syn. mit »NK« gebraucht unter der Annahme, daß alles Verhalten in interpersonalen Situationen Mitteilungscharakter hat.) Als nichtverbale **vokale** Modalitäten oder Elemente der Kommunikation werden a) stimmliche Merkmale (→Stimme), b) Merkmale des Sprech-Pausen-Verhaltens (Zögerpausen, *»on-off pattern«* der Sprechaktivität) und c) paralinguistische Merkmale, wie Lachen etc. (→Paralinguistik) unterschieden. Als nichtverbale **sichtbare** Modalitäten oder Elemente der Kommunikation werden d) die Mimik, e) das Blickverhalten, f) die Gestik, g) die Körperhaltung und Körperbewegung (f und g →Kinesik), h) räumliche Aspekte (Körperkontakt, Distanz, Sitzpositionen →Proxemik).

Ferner werden gelegentlich auch thermische und olfaktorische Informationen als Teil der »NK« betrachtet, ebenso wie Merkmale und Objekte, die über die damit verbundene Person etwas aussagen könnten (Haartracht, Kleidung, allgemeines Äußeres, aber auch Wohneinrichtungen, Gebäudestrukturen etc.) Entsprechend den bei der Informationsübertragung beteiligten Sinnesmodalitäten wird zwischen akustisch-auditivem, optisch-visuellem, haptisch-taktilem, olfaktorischem, gustatorischem und thermischem Kanal unterschieden. Ⓛ SCHERER 1982, SCHERER u. EKMAN 1982, SCHERER u. WALBOTT 1979 *E-G*

O

ökologischer Fehlschluß [engl. *ecological fallacy*], auch Gruppenfehlschluß, fehlerhafte Schlußfolgerung von den beobachteten Beziehungen zwischen Kollektivdaten, z. B. einer Personenstichprobe, auf Beziehungen zwischen den Merkmalen der Elemente des Kollektivs, also den Personen →Fehlschluß, individualistischer *S-F*

ökologische Optik, zentraler Begriff der Wahrnehmungstheorie J. J. GIBSONS (1904–1979), nach der das in der Evolution entstandene Wahrnehmungssystem darauf ausgerichtet ist, im Normalfall (d. h. ohne einschränkende Bedingungen) direkt Informationen aus der Umwelt (Ökologie) aufzunehmen *(direct information pickup)*.
Im Gegensatz zu den auf H. HELMHOLTZ (1821–1894) zurückgehenden Wahrnehmungstheorien bezieht Gibson die visuelle Wahrnehmung nicht auf die physikalische Optik, sondern die ö. O., in der ein gegebener Punkt (mit oder ohne Beobachter) allseits (daher *›ambient point‹*) von einem nicht-leeren (d. h. in der Regel informationshaltigen) optischen Feld umgeben ist. Im Gegensatz zur physikalischen O. ist die Bewegung des o. g. Punktes nicht relativ (→Bewegungswahrnehmung), sondern absolut. Daher kann durch Lokomotion die räumliche Information im optischen Feld durch Verschiebung bzw. Verdeckung (›occlusion‹) direkt aufgenommen werden. Ⓛ GIBSON 1979 *Z-R*

Organisationspsychologie, Gegenstand der O. ist die Beschreibung, Erklärung, Prognose und Veränderung der Interaktionen von Menschen in Organisationen (Beispiele: Industriebetriebe, Behörden, Schulen, Krankenhäuser, Gefängnisse, Vereine). In der interdisziplinären Untersuchung organisationalen Verhaltens werden Organisationen als »offene soziale Systeme« betrachtet, die ständige Austauschbeziehungen mit der Organisationsumgebung und ihren Merkmalen aufweisen (wie z. B. statische vs. dynamische Marktsituation). Die Gesamtheit der Aufgaben und Regeln in der Organisation oder allgemein die Menge der intendierten und beobachtbaren Interaktionen wird als Organisationsstruktur bezeichnet. Strukturmerkmale sind: (1) Zentralisierung vs. Dezentralisierung (oder Autonomie) von Entscheidungen, (2) Spezialisierung (oder Arbeitsteilung), (3) Formalisierung oder Strukturierung von Verhaltensregeln sowie (4) Konfiguration (Ein- vs. Mehrliniensystem, Matrix-Organisation usw.).
Die subjektive Wahrnehmung der Struktur oder die Einstellung der Organisationsmitglieder dazu wird durch Fragebögen zum sogenannten Organisationsklima untersucht. Die typischen Arbeitstechniken oder Verfahren der Organisation nennt man Organisationstechnologien (z. B. Fertigungstechnologien, Automatisierungsgrad). Organisationsstrukturen und -technologien dienen dazu, die Organisationsmitglieder zu beeinflussen, die Ziele der Organisation zu verfolgen.
Konzepte und Theorien der O. dienen zur Erhöhung der Effektivität der Organisation sowie gleichzeitig zur Verbesserung von Zufriedenheit und Wohlbefinden der Mitglieder oder zur Förderung der Persönlichkeitsentwicklung. – Ps. Methoden der Organisationsanalyse oder Organisationsdiagnostik basieren in der Regel auf einer Beteiligung der betroffenen Organisationsmitglieder. Praktische Interventionsmethoden können sowohl an einer Veränderung der Mitglieder und ihres Verhaltens, als auch an umfassenderen Strukturen oder Prozessen ansetzen und werden als Organisationsentwicklung bezeichnet. Ⓛ GEBERT u. v. ROSENSTIEL 1981, GREIF 1983, GREIF, HOLLING u. NICHOLSON 1987, KIESER u. KUBICEK 1977, SCHEIN 1970. *G-F*

Ostrazismus (gr. *ostrakon* Tonscherbe), Scherbengericht, Ächtung eines Gruppenmitgliedes oder Androhung von Ächtung durch Konsensbildung in Gruppen mit hoher →Kohäsion. • Ursprünglich bez. O. eine antike Form der Volksabstimmung v. a. in Athen mittels beschriebener Tonscherben *(ostraka)* über eine zehnjährige Verbannung von Bürgern aus politischen Gründen. *S-F*

overprotective [engl.], überbehütende Haltung eines Erziehers gegenüber Kind, Behindertem, Kranken. Begründet wird diese Haltung mit Angst, Verantwortung und einem kritischen Menschenbild. →Ablösung

P

Panazee [engl. *panacea*], Allheilmittel, Universalmittel (Stein der Weisen)

parse [engl.], grammatisch zerlegen, analysieren. *Parser:* Teil des Rechenautomaten, durch den natürliche Sprache in die syntaktischen oder semantischen Merkmale (*features* →Semantik, Semiologie) zerlegt wird, die jedem Wert im Satz zukommen. Manche betonen die impliziten Merkmale, die nicht der Semantik, sondern der Pragmatik angehören. *B-S*

Pastoralpsychologie, die in der Seelsorge (wie auch für diese) eingesetzten ps. Methoden und grundsätzlichen Annahmen.

Deren sind viele entwickelt worden (z. B. »Transzendental-Ps.« bei WOBBERMIN, »Glaubensps.« bei E. PFENNIGSDORF u. IHMELS). Solche konnten nur bescheidene Hilfsdienste leisten. Jede Art der Verwendung von induktiv/empirischer Religionsps. innerhalb der P. zeigt Grenzen, weil hier Wahrheit, Normen und Zielsetzungen keineswegs einen besonderen Stil des zur Schau getragenen Glaubens oder eine vage Methode ertragen. P. muß sich in mutmachender, unbefangener menschlich/brüderlicher Bezeugung der Geheimnistiefe der biblischen Offenbarung erschöpfen. Diese ist nicht von der Erkenntnis höherer Welten (metaphysischer Überwelt) geleitet, die in ps. Methode pastoral vermittelt werden könnte, sondern allein von der (oft auch »naiv« geltenden) charismatischen Glaubenshaltung, die inmitten der Zwiespältigkeit der Welt, der Unauflöslichkeit und Rätsel der menschlichen Schicksale das »Wort« in Krippe, Kreuz und Ostermorgen zu verkündigen wagt. In diesem Sinne bedeutet P. eine religionsps. Durchdringung der gesamten Theologie. →Beten, →Gebet Ⓛ KÜHNNETH *S-G*

Phonem-Monitoring, experimentelle Methode, bei der einer Vp ein bestimmtes →Phonem vorgegeben wird. Anschließend hört die Vp sprachliche Äußerungen. Sobald sie das vorgegebene Zielphonem hört, soll sie so schnell wie möglich (in der Regel durch das Drücken einer Taste) reagieren. Man kann damit vor allem den Einfluß des vorangegangenen Kontexts auf die Phonemerkennung untersuchen. Eine Vp wird um so schneller reagieren können, je stärker sie damit rechnet, ein Wort mit einem bestimmten Phonem oder ein Phonem an einer bestimmten Stelle zu hören. Wenn als Zielreiz nicht ein Phonem, sondern ein Wort vorgegeben wird, spricht man von Wort-Monitoring. *P-N*

Polygraph [griech. *poly* viel, *graphein* schreiben, Mehrkanalschreiber], Instrument, das gleichzeitig mehrere Variable mißt und fortlaufend aufzeichnet →psychophys. Math.

In der Ps. zumeist im engeren Sinne gebraucht für ein (zumeist in einen Leichtmetallkoffer eingebautes transportables) Instrument, welches peripherphysiologische Variable aufzeichnet und eingesetzt wird zur Aufklärung von Verbrechen oder anderer unerlaubter Handlungen. Volkstümliche, aber unzutreffende Bezeichnung: Lügendetektor. Der Anstoß zur Benutzung peripher-physiologischer Variablen zur Aufdeckung der Täterschaft eines Verdächtigen kam von LOMBROSO, M. WERTHEIMER und C. G. JUNG. Die Methode wird heute im großen Umfang benutzt in den USA, Kanada und Israel. Sie hat in lebensnahen Experimenten eine Treffsicherheit von 95 bis 98% bewiesen. Ⓛ TENT 1967, UNDEUTSCH 1983. U-H

Popularitätsindex, Prozentsatz der Zustimmungen bei einem Fragebogenitem

POSNER-Paradigma, Versuch zur Unterscheidung von visueller und phonetischer Kodierung von Buchstaben, in dem Gleichheitsurteile über zwei physikalisch identische, zwei namensgleiche oder zwei verschiedene Buchstaben gefordert und die Reaktionszeiten gemessen werden. *B-S*

postevent information, eingeführt von E. LOFTUS für den Vorgang der Aufnahme von Informationen nach dem Erleben eines Ereignisses. Die nachträglich aufgenommene Information verschmilzt im Erinnerungsbild mit dem ursprünglichen Erlebnis und verändert dieses dadurch. Ⓛ E. LOFTUS 1983 *U-H*

Potlatsch, indianisches Geschenkfest (Vancouver/Kanada), bei dem zur Prestigeerhöhung Besitz verschenkt bzw. zerstört wird. Ⓛ BENEDICT *R-S*

Präsupposition, das, was ein Sprecher bei der Äußerung eines Satzes als dem Hörer bekannte und wahre Information voraussetzt. So liegt beispielsweise dem Satz ›Sebastian scheiterte beim Lösen der Aufgabe‹ die Päsupposition zugrunde, daß Sebastian vorher versucht hat, die Aufgabe zu lösen. Ⓛ ENGELKAMP 1976 *P-N*

Prävalenz →Epidemiologie

Problemkomplexität, DÖRNER et al. 1983 nennen als Maße für die P. die Anzahl der beteiligten Variablen, die Vernetztheit der Variablen und deren Transparenz, die Eigendynamik des Systems und die Präzision der Zieldefinition. *B-S*

Problemschwierigkeit, wird bestimmt durch Problemmerkmale (Umfang, →Problemkomplexität, Barrieretyp) und Personmerkmale (Faktenwissen, Operationswissen. Ⓛ HUSSY 1985 *B-S*

process tracing [engl.], Prozeßverfolgung, experimentelle Techniken, mit denen versucht wird, die von einem Entscheider (→Entscheidung) oder Problemlöser (→Problemlösung) verwendeten →Operatoren möglichst lückenlos und in der richtigen Reihenfolge zu erfassen. Wichtige Methoden des p.t. sind 1. die Konstruktion spezifischer Entscheidungs- oder Lösungsalternativen, deren Wahl Rückschlüsse auf den Prozeß zuläßt, 2. die Registrierung der Informationsaufnahmesequenzen, z. B. durch Analyse der Blickbewegungen oder Informationsabfragen am →Computer und 3. die Analyse von verbalen Denkprotokollen (→lautes Denken). Ⓛ HUBER 1982 *En-N*

Produktionssystem →Netzwerk-Modell →ACT

Professiographie, analytische Methode der →Berufskunde

Prospect-Theorie, von KAHNEMAN und TVERSKY (1982) entwickelte Alternative zur →SEU-Theorie mit folgenden Annahmen: 1) der subjektive Nullpunkt für den Nutzen ist bezugssystemabhängig (›*framing*‹ bei D. Kahneman und A. Tversky), 2) die Funktionen im positiven Teil und im negativen Teil der Nutzenfunktion sind unterschiedlich steil, so daß bei positivem N. das Verhalten risikoaversiv ist und bei negativem N. risikofreudig, 3) anstelle der subjektiven Wahrscheinlichkeiten tritt eine gekrümmte Gewichtsfunktion, die für Werte nahe 0 und 1 nicht definiert ist. *Z-R*

Psychodrama, ist eine von J. L. MORENO begründete Methode der →Gruppenpsychotherapie oder Einzelpsychotherapie (Monodrama), die neben ihren diagnostischen Möglichkeiten gruppendynamisches →Setting und analytische Gruppenarbeit vereinigen kann und auch in der Pädagogik mehr und mehr Anwendung findet. P. ist Beziehungstherapie, Interaktionstherapie, eine konkrete Situationstherapie.

P. ist eine Möglichkeit, durch szenische Darstellung intrapsychische sowie extrapsychische Beziehungen und Interaktionen zu bearbeiten. Mit Hilfe verschiedener Techniken, wie Rollenwechsel, Doppeln, Leerer Stuhl, Spiegeln und vielen anderen Möglichkeiten werden die gerade anstehenden Probleme, Konflikte, Fragen des einzelnen oder der Gesellschaft –Soziodrama) nicht allein verbal abgehandelt, sondern mit verteilten Rollen (z. B. Vater – Mutter, auch Tiere, wichtige Gegenstände, Parteien, Ideen) in Szene gesetzt. Einmal Erlebtes oder in die Zukunft hinein Gedachtes, Phantasien, Träume, Märchen oder Symbolinhalte werden möglichst spontan und konkret dargestellt *(acting out)*. Dies dient über das Erlebnis zur Bewußtwerdung und Verarbeitung auch von Inhalten aus dem kollektiven Unbewußten, zur Selbsterfahrung und zum Kennenlernen eigener Lebensmöglichkeiten. Nicht nur der Hauptdarsteller (Protagonist), auch die Mitspieler und die Gruppe, kommen über diese Methode zur Selbst- und Du-Erfahrung, besonders auch über die Gruppenspiele, bei denen ein bestimmtes Thema gemeinsam bearbeitet wird. Spontaneität und Kreativität, ein wichtiges menschliches Potential, werden gefördert, auch der affektive Entlastungseffekt →(Katharsis), kann zur Heilung mit beitragen. • MORENO (1890–1974) beobachtete 1914 in Wien, wie Kinder auf dem Spielplatz im Rollenspiel ihre Konflikte, ihre Affekte agierten und bearbeiteten. Er spielte mit und ging auch in die Familien und Flüchtlingslager, um den Menschen durch Rollenspiele, so wie er dies bei den Kindern gesehen und erlebt hatte, Hilfe zu geben. Er gründete ein Stegreiftheater und entwickelte dann, nach USA emigriert, sein Konzept der Gruppenpsychotherapie und des P., des Soziodramas und der →Soziometrie.

Heute findet P. in Deutschland Anwendung als alleinstehende, ambulante Psychotherapieform oder in Verbindung mit anderen Psychotherapien, wie z. B. →analytischer Psychotherapie. P. wird als wirkungsvolle Psychotherapiemöglichkeit genutzt in der klinischen Psychotherapie, in psychotherapeutischen Kliniken, in Suchtkliniken, in der Psychiatrie und bei Behinderten-Behandlungen. Auch für die psychotherapeutische Behandlung von Kindern und Jugendlichen ist P. sehr geeignet. Die Technik des Leeren Stuhls wird z. B. in der →Gestalttherapie (F. PERLS) und in der →Transaktionsanaylse (Eric BERNE) vielfach verwendet.

Verhaltenstherapeuten benützen das P. zur Desensibilisierung und Konditionierung und zum Einüben verschiedener Verhaltensmuster. Im pädagogischen Bereich findet nun auch in Deutschland P. und Rollenspiel mehr und mehr Anwendung. Ⓛ MORENO 1959, 1981, LEUTZ 1974, 1980, PETZOLD 1978. *E-S*

psychologische Nähe, räumliche N.; zeitliche N.; soziale N., mit m.o.w. Sicherheit, mit selbstdefinierenden Konzepten, mit m.o.w. Zentralität assoziiert. →Betroffenheit, →Distanz, soziale, →ego-involvement *B-S*

Purdue pegboard →Steckbrett

Ergänzungsteil

R

race model [engl.] →Wettlaufmodell

RAM, Abk. für *Random Access Memory,* Speicher im Computer mit wahlfreiem Zugriff zur vorübergehenden Speicherung, in den Daten hineingeschrieben oder aus dem Daten herausgelesen werden können.

Rapport, intensive Therapeut-Klient-, Hypnotiseur-Hypnotisierter-, Vl-Vp-Beziehung, die sich auf Vertrauen gründet, aber auch Ablösungsschwierigkeiten (in der Psa. als Übertragungsbeziehung intensiv durchgearbeitet) beinhalten kann. *R-S*

Rationalität, (1) kognitive R.: Strategie der Informationsverarbeitung, die am besten dazu geeignet ist, zu einem korrekten Urteil zu gelangen. (2) R. der Entscheidungsfindung: Berücksichtigung aller Information zu dem Zweck, eine Entscheidung zu treffen, die optimal alle beteiligten Interessen berücksichtigt, d. h. eine Entscheidung für die Option mit der günstigsten Kosten-Nutzen-Bilanz. Irrationalität der Urteilsbildung kann jedoch zum rationalen Verhalten gehören, wenn die Person durch Fehlurteile Konflikte vermeidet. *B-S*

Realitätskriterien, Kennzeichen von Aussagen, um ihren Realitätsgehalt oder Wahrheitsgehalt abzuschätzen. In die Aussagepsychologie eingeführt von UNDEUTSCH 1953 und TRANKELL 1959. Ⓛ UNDEUTSCH 1967, 1983 *U-H*

Realnorm, statistische Norm, das am häufigsten Vorkommende, beeinflußt die Erwartung; vgl. abnormes Verhalten.

Rechtspsychologie, behandelt insbesondere sozialpsychische Probleme des Rechtswesens, der Prozeßbeteiligten, der Urteilsbildung im Gerichtsverfahren, der gesellschaftlichen Wirkung gesetzgeberischer Maßnahmen und gerichtlicher Entscheidungen, →Justiz-Ps. *U-H*

Referenz, zentrale Funktion der Sprache (oder eines anderen Zeichensystems, z. B. der Gestik), die beinhaltet, daß man mit einem oder mehreren sprachlichen Zeichen auf etwas Außersprachliches verweisen kann. Ziel ist dabei, die Aufmerksamkeit eines Hörers/Lesers auf einen bestimmten Gegenstand, eine bestimmte Person etc. zu lenken. Dazu muß auf das Gemeinte so verwiesen werden, daß der Hörer/Leser es nicht mit anderen Alternativen verwechseln kann. *P-N*

Repräsentation, interne bzw. mentale, Zentraler Begriff der →Kognitiven Psychologie, der nicht nur die Organisationsformen individuellen Wissens umfaßt, sondern auch die Prozesse der Veränderung dieses Wissens (→autonome Veränderungen), der Ableitung neuen Wissens mittels bewußter oder unbewußter Schlußfolgerungsprozesse und der Generierung von Handlungsplänen.

Die o. g. Problemkomplexe werden z. Z. in Anlehnung an den Sprachgebrauch der Informatik bzw. in Analogie zur maschinellen Informationsverarbeitung modelliert; so wurden hinsichtlich der Organisationsformen unterschiedliche ›Formate‹ postuliert (deklarativ vs. prozedural; semantisch vs. imaginal; propositional vs. episodisch; etc.) In modernen Assoziationstheorien (J. R. ANDERSON und G. BOWERS: HAM; J. R. ANDERSON →ACT) werden analog zur elektronischen Speicherung in Netzwerken Relationen und Prozesse postuliert (üblicherweise in Form von Produktionsregeln), in denen sich durch ausbreitende Aktivierung (›*spreading activation*‹) Gedächtnis-, Schlußfolgerungs- und Plangenerierungsphänomene beschreiben lassen.

Die Notwendigkeit, eine von der unmittelbaren Wahrnehmung abstrahierte mentale Repräsentation anzunehmen, geht auf I. KANTS Schematheorie zurück (›Schema als kognitiver Mechanismus, der ein Bild dem Begriff zuordnet‹) bzw. auf H. HOEFFDINGS Problem der Zuordnung von Reiz und Wahrnehmung. *Z-R*

Repräsentivitätsheuristik *[representativeness heuristic],* einfache Suchmethode für die Entscheidung, ob ein Ereignis A Element der Population B sei gemäß der Ähnlichkeit zwischen A und B (statt gemäß der Wahrscheinlichkeit) Ⓛ KAHNEMANN u. TVERSKY 1973 *B-S*

requisite decision models, Strukturierung und Darstellung eines Entscheidungsproblems so, daß er nach Form und Inhalt von einer Gruppe von Personen akzeptiert und für die Lösungsfindung als ausreichend betrachtet werden kann. R.d.m. haben anders als empirisch-deskriptive →Modelle →›heuristische‹ Funktion beim Lösen eines konkreten Problems und beanspruchen keine →Validität über die konkrete Situation hinaus. Ⓛ PHILLIPS 1984 *En-N*

research [engl.], Untersuchung, systematischer Versuch einer Antwort auf eine Fragestellung. →Methoden wissenschaftlicher Forschung beschreibt die Methodenlehre.

Resignation, dynamische/neurotische, Unterscheidung von KAREN HORNEY, bei der **dynamischen** R. wird die Niederlage nicht zugegeben und auf eine bessere Gelegenheit gewartet, bei der **neurotischen** R. erfolgt ein Rückzug vor einem Konflikt durch bleibende R., oberflächliche Lebensweise oder neurotische Rebellion gegen sich oder die Gesellschaft. *R-S*

retinal fixierte Bilder von R. M. PRITCHARD entwickelte Technik, bei der mittels einer Kopplung von Projektoren und Kontaktlinsen sichergestellt wird, daß trotz Sakkaden und sonstigen Blickbewegungen ein Bild stets auf den gleichen Bereich der Retina projiziert wird. Nach spätestens 60–90 sec werden Teile des Bildes nicht mehr wahrgenommen, am Ende das gesamte Bild. Dies geschieht jedoch nicht zufällig, sondern in sinnvollen Teilen und in Abhängigkeit von der Aufmerksamkeit. D. A. NORMAN hat gezeigt, daß ein vergleichbarer Vorgang auch bei nicht r. f. B. auftritt, wenn die Konturen unscharf sind. Diese Ergebnisse werden als Beleg für *›chunking‹* im Prozeß der visuellen Wahrnehmung interpretiert. *Z-R*

Retinex-Theorie, von E. LAND aufgestellte Theorie der Farbwahrnehmung unter natürlichen Bedingungen, d. h. bei wechselnden Beleuchtungen. Die dabei auftretenden Phänomene von Helligkeits- und Farbkonstanz sind für Land keine erklärungsbedürftigen Sonderfälle der Farbwahrnehmung, sondern der Regelfall für das gekoppelte *Retina*-Cort*ex*-System (daher Retinex), in dem die relative Reflektanz von Objekten unabhängig von der Strahlungsenergie bewertet wird. Die Pigmente der Retina werden als sensitiv für lange, mittlere und kurze Wellen angenommen, die dementsprechend auch die Achsen des Retinex (→Farbraum) darstellen. Aus diesem Code von der retinalen Reizverteilung wird im Cortex die wahrgenommene Helligkeit bzw. Farbe konstruiert. Technisch kann dieser Konstruktionsprozeß durch die Berechnung des Verhältnisses der Integrale des Produkts von Zäpfchen-Absorption, Reflektanz und Beleuchtung für angrenzende Flächen simuliert werden. Ⓛ LAND 1977 *Z-R*

RNS-Theorie des Gedächtnisses, besagt, daß die Bildung von →Engrammen durch die Änderung der Abfolge der Sprossenknoten (oder Basen) der Ribonucleinsäure bewirkt sei. HYDEN 1968

Rollendivergenz, geringe Korrelation zwischen dem leistungsmäßigen Beitrag zur Erreichung von Gruppenzielen und der Beliebtheit bei den übrigen Gruppenmitgliedern (Tüchtigkeit vs. Beliebtheit) gibt es nicht nur für die →Führung. *B-S*

Rollen-Konstrukt-Repertoire-Test →reptest

ROM, Abk. für *Read Only Memory,* Festwertspeicher des Computers, der zur Langzeitspeicherung von Daten dient und aus dem Daten nur herausgelesen werden können.

R-R-Gruppen, Rotations-Reflexions-Gruppen, zentrales Konzept in W. R. GARNERS informationstheoretischem Zugang zur Mustererkennung; danach bemißt sich die Redundanz eines Musters nach der Anzahl von Rotationen und Reflexionen, die das ursprüngliche Muster unverändert lassen (→Symmetrie). Ⓛ GARDNER 1974 *Z-R*

S

Salonblödsinn, höherer Schwachsinn, nach HOCHE eine Störung der geistigen Verarbeitung, durch Urteilsschwäche und geringe Kritik gekennzeichnet. Bei gutem Wissen und wortgewandtem Auftreten Schwierigkeiten im praktischen Handeln und beim Durchhalten von Plänen. →*bogus erudition*

Satzverifikation, Technik zur Identifikation zugrundeliegender Begriffsstrukturen, in der Sätze der Form »Objekt X ist ein K« verwendet werden, wobei für K verschieden abstrakte Oberbegriffe eingesetzt werden. Die Zeiten für die Bejahung eines korrekten Satzes korrespondieren in etwa mit der Anzahl notwendiger Abstraktionsschritte (A. M. COLLINS und M. R. QUILLIAN 1972) (→Chronometrie), wenn Objekte gleicher →Typikalität verwendet werden. Ist K eine basale Kategorie, dann ist dafür die S. schneller als bei Unter- und Oberbegriffen für K. Ⓛ HOFFMANN 1982 *Z-R*

Ergänzungsteil

scapegoat [engl.], Sündenbock, →Sündenbock-Theorie

Schleusenwärterfunktion →Kanal-Modell

Schnittstelle [engl. *interface*]. Bei der konzeptuellen oder funktionalen Analyse von (informationsverarbeitenden) Systemen kann es zweckmäßig sein das Gesamtsystem in Untersysteme »aufzuschneiden«. An solchen S. passen Systemteile funktional zusammen, können sie interagieren. Entspricht einer Paßstelle zwischen Teilsystemen ein physisch unabhängiges Element, so wird auch dieses S. genannt, z. B. serielle Schnittstelle. Bei der Untersuchung von Mensch-Computersystemen sind Fragen nach der Gestaltung der Benutzer S., den Informationsübergabestellen zwischen Mensch und Maschine (z. B. Bildschirminhalt, Dateneingabevorrichtungen) zentral. Ⓛ DZIDA 1983, CARD, MORAN und NEWELL 1983 *D-Y*

Schreibstörung →Agraphie, Lese-Rechtschreibschwäche

Schriftexpertise, →Ermittlung des Urhebers einer Schrift durch Vergleich der fraglichen Schrift mit Schriften bekannter Urheber. Ⓛ PFANNE *U-H*

Schriftvergleich →Schriftexpertise

Schüchternheit, Hemmung in sozialen Situationen, sich entsprechend der eigenen oder fremder Erwartung zu verhalten; meist mit Körperreaktionen (Erröten, beschleunigter Puls, Schwitzen) verbunden. ZIMBARDO entwickelte dazu eine diagnostische und therapeutische Grundlage. Ⓛ ZIMBARDO *R-S*

Schuldfähigkeit, Begriff für strafrechtliche Verantwortlichkeit. Ein Täter ist nicht schuldfähig, wenn er infolge unvollkommener Entwicklung seiner geistigen und seelischen Fähigkeiten (§ 3 JGG) oder infolge krankhafter seelischer Störung, Schwachsinns, tiefgreifender Bewußtseinsstörung oder einer anderen schweren seelischen Abartigkeit nicht in der Lage war, das Unrecht der Tat einzusehen oder nach dieser Einsicht zu handeln (§ 20 St.S.B). Psycholog. werden als Sachverständige zugezogen zur Beurteilung der Frage, ob im Augenblick der tatbestandsmäßigen Ausführung der Tat beim Täter ein hochgradiger Affekt vorgelegen hat und welche Auswirkungen dieser gegebenenfalls auf die Einsichts- und die Steuerungsfähigkeit gehabt haben kann. Ⓛ UNDEUTSCH 1974 *U-H*

Schweigepflicht →Vertraulichkeit

Sehtäuschungen →geometrisch-optische Täuschungen

Seitigkeit →Lateralität

Selbstexploration, von TRUAX eingeführte Klientenvariable. Der Klient setzt sich mit den eigenen Empfindungen, Haltungen und Bedürfnissen auseinander, um seiner eigenen Zielpersektive näher zu kommen. Hohe S. ist ein wichtiger Bestandteil der Klient-Therapeuten-Interaktion. Ⓛ GARFIELD u. BERGIN 1978 *R-S*

Selbsthilfegruppen, Kleingruppen, die ohne dauernde Mitwirkung von professionellen Therapeuten mit ihren Problemen und Konflikten umgehen lernen sollen (MOELLER 1978, 1984). S. bestehen für psychosoziale Probleme vielfältiger Art und im Bereich der Medizin zur Verarbeitung von schweren Krankheiten und ihren Folgen. Nach DAUM u. a. (1982) kann man unterscheiden zwischen Gruppen, die äußere Selbsthilfe leisten (Veränderung der Lebenssituation, med., technische oder rechtliche Hilfe) und solchen, die innere Selbsthilfe, vor allem psychotherapeutische Zielsetzungen, anstreben. *S-T*

Selbstkongruenz →Echtheit

Selbstkontrolle, eine ursprünglich schwächere Verhaltenstendenz dominant zu machen (z. B. Mäßigung vs. Eßlust). Bei SKINNER die Annahme, daß die Person aus verschiedenen (mindestens zwei) Reaktionssystemen bestehe, die sich gegenseitig wie physisch selbständige Personen beeinflussen können.

Selbstreizung, bei Reizentzug (→Deprivation) auftretende bis zur Selbstverstümmelung reichende Versuche, aus der Mangelsituation zu kommen.

self-monitoring [engl. Selbstüberwachung] →Metakognition

Selbststeuerung →Selbstkontrolle, →Selbstinstruktion

SEP, sensorische evozierte Potentiale. Elektrische Gehirnreaktionen auf Einzelreize, auch ERP = *event-related potentials*.

separate-activation model →Wettlaufmodell

shadowing [engl. beschatten, überdecken], eine auf E. C. CHERRY (1953) zurückgehende exp. Technik zur Untersuchung der selektiven →Aufmerksamkeit, bei der einer Vp mittels Lautsprecher oder Kopfhörer für jedes Ohr verschiedene akustische Reize dargeboten werden.

Die akustischen Reize (Töne oder Sprache) können

sich in der Lautstärke oder in der Tonhöhe, nach der Stimmlage des Sprechers oder nach dem Textinhalt unterscheiden. Die Aufgabe der Vp besteht darin, nur einen an einem Ort ertönenden Reiz bzw. Text zu beachten und begleitend nachzusprechen oder sich zu merken, hingegen den am anderen Ohr ertönenden Reiz bzw. die andere Information auszublenden. Geprüft wird, wieviel und welche Information mit demjenigen Ohr *(shadowed ear)* aufgenommen und verarbeitet bzw. nachgesprochen wurde, mit dem die Reize gemäß der Instruktion beachtet werden sollten. →Cocktailpartyphänomen. Ⓛ CHERRY 1953, MORAY 1970 *S-F*

Siebung, Grobauslese, →*screening*

Sinistralität [lat. *sinistra,* links], Linkshändigkeit, →Lateralität, →Händigkeit

Sinntherapie →Logotherapie

slots [engl. Schlitz, Eingabeöffnungen an Automaten], Leerstellen in Schemata, in die Werte eingesetzt werden können.

Software-Ergonomie, beschäftigt sich speziell mit der Analyse, Gestaltung und Bewertung von Software, bzw. softwareabhängiger Schnittstellen in produktiven Systemen. Der DIN-Entwurf (DIN 66234) enthält folgende Beurteilungskriterien für Software: Aufgabenangemessenheit, Selbsterklärungsfähigkeit, Steuerbarkeit, Verläßlichkeit, Fehlertoleranz und Fehlertransparenz. →Ergonomie, →Schnittstelle. Ⓛ Hdb. der mod. Datenverarbeitung 1985 *D-Y*

Es spielen die Funktion von →mentalen Modellen, Analogien, Metaphern und Bildzeichen (Icons) und andererseits Fragen der Gedächtniskapazität (Ⓛ Kurzzeitgedächtnis) und der Organisation interner Repräsentation eine besondere Rolle. Ⓛ NORMAN und DRAPER 1986 *Z-R*

soziale Kognition, ein neueres Thema der Sozialps., das die gesamte Informationsaufnahme und -verarbeitung bezüglich der sozialen Welt des Individuums und ihrer Beziehungen umfaßt, also im Schnittpunkt von Kognitions- und Sozialps., steht. →interpersonale Wahrnehmung →soziales Urteil →soziales Vorurteil →Einstellung →Vergleichsprozeß, soziale →Balancetheorien →Geizhals, kognitiver • Name einer seit 1982 bestehenden Zeitschrift. *B-S*

Soziales Netzwerk [engl. *social network*], Bezeichnung für Interaktionsstrukturen mit materiell, emotional unterstützenden und Sinndeutungsmuster festlegenden Funktionen (vgl. →Gruppe). SN. ist ein Schlüsselkonzept der →Gemeindepsychologie, das deskriptiv, funktionalistisch und kausalistisch verwendet wird.

SN. wird häufig zusammen mit dem Konzept soziale Unterstützung [engl. *social support]* verwendet, wobei die Betonung auf institutionellen, materiell-physischen Aspekten der Umwelt liegen kann. Beide Begriffe werden zusammengezogen zu Unterstützungsnetzwerk, dessen angemessene Gestaltung in der Gemeindeps. Voraussetzung zur Lösung der meisten →Krisen darstellt. →Krisenintervention. Ⓛ GOTTLIEB 1981, RÖHRLE 1985 *D-Y*

soziale Unterstützung →soziales Netzwerk

Soziobiologie, parallel zur →Psychobiologie und →Humanethologie entwickelte Richtung des Sozialdarwinismus. Ⓛ WILSON, EIBL-EIBESFELDT 1984

Spurverfolgen →Tracking

SSR, Stimulus spezifisches Reaktionsmuster im Aktivierungsprozeß →Aktivierung Ⓛ FOERSTER u. SCHNEIDER 1982

Störexperimente, neuere Experimente von ROCK u. HARRIS (1971) stehen im Kontext des Nativismus-Epirismus-Problems. Sie zeigen die Möglichkeit auf, daß in den Versuchen mit Prismenbrillen nicht der Gesichtssinn adaptiert, sondern andere →Sinne wie der →Tastsinn. Die Dominanz des Gesichtssinnes in diesen Versuchen steht im Widerspruch zu Auffassungen des englischen Empirismus.

Stimmung *[mood],* nach EWERT (1983) diffuse Gefühlserlebnisse, in denen sich die Gesamtbefindlichkeiten ausdrückt. Im Unterschied zu Gefühlen im engeren Sinne erstrecken sich S. über eine längere Zeit, stellen den Hintergrund dar, von dem sich Erlebnisse quasi als Figur abheben und bilden so eine Dauertönung des Erlebnisfeldes.

Dadurch können sie vielfältige und z. T. tiefgreifende Auswirkungen auf verschiedene Prozesse wie Wahrnehmung, Denken und soziales Verhalten haben. Stimmungen sind zudem Zustandserlebnisse und daher weniger auf äußere Sachverhalte gerichtet. Sie sind pharmakologisch und in Grenzen auch neurochirurgisch beeinflußbar.

Die gegenwärtige Forschung beschäftigt sich neben der Frage nach Klassifikation und Diagnose von Stimmungen insbesondere mit neurochemischen Fragen und dem Verhältnis von S. und →Gedächtnis (z. B. BOWER 1981).

In der Ethologie bezeichnet S. einen hierarchisch organisierten motivationalen Zustand, der sich im Appetenzverhalten äußert (z. B. Brutpflegestimmung).

Die zusätzliche alltagssprachliche Bedeutung von S. als Gruppenatmosphäre z. B. »Bombenstimmung«) ist in der Wissenschaftssprache nicht gebräuchlich. *E-R*

story grammar →Textstruktur

STRUGHOLD, Hubertus-Strughold-Preis, von

der Deutschen Gesellschaft für Luft- und Raumfahrtmedizin gestiftet für verdienstvolle Wissenschaftler; er wurde 1982 an den Luftfahrtpsychologen Siegfried J. GERATHEWOHL verliehen.

Stufe (stage, Stadium), abgrenzbarer, charakteristischer Zeitraum in einem sich weiterentwickelnden Prozeß. Niveau bezeichnet einen bestimmten Punkt der Entwicklung. Dazu müssen sich die Entwicklungsschritte qualitativ unterscheiden, die Veränderung abrupt, synchron, notwendig, festgelegt (Invarianz) in der Reihenfolge und zu einem stabilen Gleichgewicht führen. Phase wird meist gleichbedeutend mit S. gebraucht, beinhaltet aber i.e.S. einen zyklischen Verlauf, wie z. B. in PIAGET's Entwicklungsmodell. Sequenz ist eine Abfolge von S., die für alle späteren S. notwendige und hinreichende Entwicklungbedingungen sind. →Entwicklungsphasen, →Individuation Ⓛ BERGIUS 1959, 104–195, HOPPE-GRAF 1983, 55–60 *R-S*

Stufentheorie, Entwicklungsmodell, das als erklärendes Entwicklungskonstrukt die Stufe benutzt. Beispiele: GESELL (Sensumotorik), PIAGET (Kognition), KOHLBERG (Moral)

STVM [engl. *short-term visual memory*], visueller →Kurzzeitspeicher

subception-Forschung, der Begriff der unterschwelligen Wahrnehmung scheint ein Widerspruch in sich zu sein; denn nach der Definition einer absoluten →Reizschwelle löst ein unterschwelliger Reiz keine Empfindung aus. Dieser Widerspruch scheint sich aufzulösen, wenn aufgrund von Experimenten, die im Rahmen der →Signaldetektions-Theorie durchgeführt werden, davon auszugehen ist, daß es die absolute Schwelle nicht gibt. Dann gibt es auch die unterschwellige Wahrnehmung nicht. Andererseits muß der Begriff der unterschwelligen Wahrnehmung nicht an den Begriff der absoluten Schwelle in der klassischen Psychophysik gekoppelt werden. Mehrfach wurde experimentell belegt, daß schwache Signale, die nicht im Bewußtsein repräsentiert werden, das Verhalten beeinflussen. Hierbei handelt es sich nicht um Signale, die bei der Hälfte der Darbietungen im Sinne des Konzepts einer absoluten Schwelle entdeckt werden können, sondern um Reize, zu denen ein Proband niemals eine Wahrnehmung anzeigt. Ⓛ VELDEN 1982, S. 59ff.

Symmetrie, exakte Entsprechung von Größe und Position korrespondierender Teile bezogen auf eine Referenzachse (z. B. bei Spiegelungss./Reflexionss.) oder einen Referenzpunkt (z. B. bei Drehs./Rotationss.) bzw. bei Wiederholung.

Spiegelungss., Drehs. und Wiederholungss. treten – zumindest annähernd – bei vielen natürlichen Objekten auf (Kristalle, Pflanzen, Tiere); darüber hinaus spielt die Zentrals, für die Raum- und Bewegungsorientierung (→ Bewegungssehen) eine besondere Rolle. Formal gesehen handelt es sich bei den verschiedenen Arten von S. um ineinander überführbare Gruppenstrukturen (H. WEYL). Physikalisch betrachtet, werden bei symmetrischen Formen Minima für die zu ihrer Aufrechterhaltung notwendigen Energien erreicht (W. KÖHLER).

Die vor allem von Gestaltpsychologen postulierte Tendenz zur S. bezieht sich in der visuellen Wahrnehmung vor allem auf die Zentrals. und die Spiegelungss. (vor allem mit senkrechter Referenzachse), im akustischen Bereich, speziell bei der Sprach- und Musikwahrnehmung, zeigt sich dagegen eine Tendenz zur Wiederholungss. Ⓛ STEVENS 1984, ZIMMER 1984 *Z-R*

Symlog, *system for the multiple level observation of groups,* ein System für die Mehrebenen-Beobachtung von Gruppen nach BALES und COHEN 1979

Systemtheorie versucht im Gegensatz zu einzelwissenschaftlichen Theorien, →Systeme unabhängig von ihrer materiellen Realisierung aufgrund der formalen Merkmale ihrer Komponenten und der Art ihres Zusammenspiels zu beschreiben. Unter S. T. werden eine Reihe recht heterogener theoretischer und praktischer Ansätze zusammengefaßt: die auf L. v. BERTALANFFY zurückgehende »Allgemeine S.«, die »kybernetische S.« von N. WIENER (→Kybernetik), →Systemanalyse, Systemsimulation (→Simulation) u. a. Ⓛ LENK u. ROPOHL 1978 *En-N*

Szenario, Scenario, Szenarium [gr.-lat., Szenenbuch], ursprünglich ein nach Szenen gegliedertes Verzeichnis der Personen und Requisiten eines Theaterstücks. ● S. wird heute i. ü. S. in Politik, Wirtschaft und Wissenschaft verwendet und bezeichnet ein System in sich schlüssiger Annahmen über die Ausprägung, Wechselwirkung und zukünftige Entwicklung wichtiger politischer, ökonomischer, ökologischer und gesellschaftlicher Größen. Die Annahmen eines S. sind hypothetisch, keine Prognosen. Szenarien (auch Szenarios) werden häufig als Grundlage für formalisierte Planungs- und →Entscheidungsprozesse und in der Computersimulation (→Simulation) verwendet. Ⓛ JUNGERMANN 1985 *En-N*

T

tag [engl. Gepäckzettel, Anhänger, *label*], → labeling

Target [engl.], Zielreiz

Tatbestandsdiagnostik, eingeführt von M. WERTHEIMER und J. KLEIN (1904) zur Bezeichnung einer ps. Methode, mit deren Hilfe gezielt untersucht werden kann, ob der Untersuchte eine bestimmte ihn betreffende Tatsache (z. B. Ausführung einer kriminellen oder unerlaubten Handlung, ein bestimmtes Wissen um etwas u. dgl.) verheimlicht. Die gebräuchlichsten Verfahren sind der →Assoziationsversuch und die Untersuchung mit dem →Polygraphen. Ⓛ M. WERTHELMER 1933, C. G. JUNG 1979 *U-H*

Taucherpsychologie (Erg.), in der BRD wird Forschung in T. u. a. im Rahmen der Tieftauchsimulationsanlagen TITAN (Köln-Proz) und GUSI (Geesthacht) betrieben. Dabei geht es hauptsächlich um mentale und motorische Leistungsbeeinträchtigungen bei Tiefen von mehreren hundert Metern und den dabei notwendigen veränderten Atemgasgemischen (Helium statt Stickstoff). *G-S*

Täuschung, zum Erkennen der T. dienen meist nichtverbale *cues* (nichtverbale Kommunikation). →Personwahrnehmung *→double bind*. Ⓛ FUGITA u. a. 1980

Teratologie [gr. *teras, teratos* Wunderzeichen, außergewöhnliche Naturerscheinung; Mißgeburt, dazu die Neubildung *teratogen* Mißbildungen erzeugend], Lehre von Mißbildungen der Lebewesen • Verhaltens-Teratologie *(behavioral teratology)* die Untersuchung der physiol. Grundlagen von Verhaltensdeformationen. Ⓛ LARSSON u. HÅRD 1982 *B-S*

Terminal, Bez. aus der elektronischen Datenverarbeitung (EDV) für ein Datengerät oder einen Datenendplatz.

Testdecke →ceiling-Effekt

Tinnitus [lat.], gleichbleibendes Ohrgeräusch – z. T. ohne gleichzeitigen Hörverlust – oft ein hohes Pfeifen, das sehr lästig sein kann.

tomboy [engl.], Mädchen zwischen 8 u. 12 J., das sich wie ein aktiver Junge verhält. Ⓛ DALSIMER 1979

tradeoff [engl.], in der →Entscheidungstheorie das gegenseitige Verrechnen oder Kompensieren von in ihrem Nutzen entgegengesetzten Dimensionen einer Handlungsalternative, z. B. wieviel mehr ist man bereit, für eine komfortablere Ausstattung eines Autos zu bezahlen. (→multiattribute Nutzentheorie). Ⓛ KEENEY u. RAIFFA 1976 *En-N*

tragedy of the commons [engl. Tragödie des Gemeindelandes, Allmende-Klemme], →soziales Dilemma

Transfer von Kontrolle, klassisch konditionierte Reize (CS) können instrumentelles Verhalten beeinflussen (audikonditionierte Unterdrückung, ESTES u. SKINNER 1941) Ⓛ GRABITZ u. HAMMERL 1985

Transitivität, formal: R ist eine t. Relation, wenn gilt: (aRb) und (bRc) →(aRc). Beispiele für R sind »größer als« oder »schwerer als« (formal: $(a > b)$ und $(b > c)$ →$(a > c)$.

Sind a, b, c z. B. physische Objekte (d. h. ein empirisches Relativ), dann kann wegen der Möglichkeit des Vorliegens identischer Objekte nur schwache T. gegeben sein (formal: $a) \geqslant b)$ und $(b \geqslant c)$ →$(a \geqslant c)$. Schwache T. ist eine notwendige Voraussetzung eindimensionaler Meßstrukturen (→Meßtheorie).

Liegen den Relationen R stochastische Prozesse zugrunde oder werden sie empirisch bestimmt und sind daher fehlerbehaftet, resultieren Meßstrukturen mit stochastischer T. Ⓛ FALMAGNE 1985 *Z-R*

transpersonale Psychologie, ps. Richtung, in der Erfahrungen der Hypnose und Meditationen mit orientalischer Mystik, westlicher →Parapsychologie und Spiritismus vereinigt sind. Ⓛ TART 1969, 1978

Typikalität, nach E. ROSCH der Grad, inwieweit ein Begriff oder Gegenstand zu einer Kategorie paßt. Beeinflußt z. B. →Wiedererkennen und →Satz-Verifikation, speziell wenn es sich um basale Kategorien (z. B. Hund, Stuhl) handelt im Gegensatz zu allgemeinen (z. B. Lebewesen, Möbel). Modelle für die Wirkung von T. haben E. ROSCH, E. E. SMITH / J. SHOBEN / L. J. RIPS, D. MEDIN u. E. E. SMITH und J. HOFFMANN entwikkelt. Ⓛ HOFFMANN 1982 *Z-R*

Ergänzungsteil

U

Umstrukturieren, wie →Umzentrieren, ein Gefüge ändern oder eine Struktur neu sehen. Der von Gestaltpsychologen (1) bei der Analyse des Problemlösens eingeführte Begr. (→Denken) wird auch (2) in Untersuchungen zur →Feldabhängigkeit verwendet und hat schließlich (3) Eingang in gesprächstherapeutische Verfahren gefunden (Umstrukturierungstherapie nach GOLDFRIED u. GOLDFRIED 1977). *B-S*

unerledigte Handlung →ZEIGARNIK-Effekt

unfolding →Entfaltungstechnik

unilateral [lat. einseitig], →funktionelle Asymmetrie

Unterdrückung →Repression

Unvulnerable, Nichtverletzbare, Personen, die trotz starker Belastung (kritische Lebensereignisse) gesund bleiben. →Gesundheit, psychische, →coping Ⓛ KATSCHNIG 1980 *R-S*

Unwichtigstes Minimum *[Least important minimum – LEASTIMP]* →Entscheidungsheuristik, bei der die Entscheidung allein auf der »unwichtigsten« Dimension beruht. Gewählt wird die Alternative, deren Ausprägung mit dem geringsten Wert auf der unwichtigsten Dimension liegt. *B-S*

Urschrei →Primärtherapie

UZG, Ultrakurzzeitgedächtnis, sensorisches →Gedächtnis

V

VELTEN-Technik →Stimmung(en)

Verfügbarkeitsheuristik *[availability heuristic],* einfache Suchmethode in Urteilsprozessen: die Wahrscheinlichkeit (Häufigkeit) eines Ereignisses wird nach der Lebendigkeit, Bildhaftigkeit und Vordergründigkeit von Beispielen für diese Ereignisklasse beurteilt, d. h. also nach der Leichtigkeit mit der es erinnert wird. Ⓛ KAHNEMANN u. TVERSKY 1973 *B-S*

Verhaltens-Teratologie →Teratologie

veridikal, [engl. *veridical*], mit der Wirklichkeit übereinstimmend, wahrheitsgetreu, glaubhaft

Verinnerlichung →Internalisierung

Vernetztheit, ein Merkmal komplexer →Realitätsbereiche oder Situationen und bedeutet, daß zwischen deren Komponenten vielfältige Abhängigkeiten bestehen, so daß die Manipulation einer Komponente Veränderungen anderer nach sich zieht. In der →Systemtheorie werden solche Systeme auch als integriert bezeichnet. Ⓛ DOERNER et al. 1983 *En-N*

Verschränkung →Instinkt-Dressur-Verschränkung

Versprecher *[slip of the tongue],* häufigste →Fehlleistung neben »Verschreiben« und »Verlesen«. Ⓛ CUTLER 1982

Vier-Gruppen-Versuchsplan, der von SOLOMON (1949) entwickelte Versuchsplan stellt eine Kombination zweier Kontrollgruppen-Versuchspläne mit und ohne Vortest dar.

Bereits der Kontrollgruppen-Versuchsplan mit Vortest (Vorher-Nachher-Messung) gestattet, Störvariablen zu kontrollieren, welche die interne Validität von Vortest und unabhängiger Variablen abschätzen und damit eine wichtige Störbedingung kontrollieren, welche die externe Validität gefährdet. Schematisch läßt sich dieser Versuchsplan wie folgt darstellen:

		Vortest		Nachtest	
I	R	0_1	X	0_2	Kontrollgruppen-Versuchsplan mit Vortest
II	R	0_3		0_4	
III	R		X	0_5	Kontrollgruppen-Versuchsplan ohne Vortest
IV	R			0_6	

Die Symbole haben folgende Bedeutung: R weist darauf hin, daß die vier Versuchsgruppen I–IV per Randomisierung gebildet wurden, 0 bezeichnet einen Beobachtungs- bzw. Meßvorgang und X symbolisiert, daß eine Gruppe einer experimentellen Variablen unterworfen wurde, deren Auswirkungen gemessen werden sollen. Ⓛ CAMPBELL und STANLEY 1963 *S-F*

Vignette [frz. Titelbild, Randverzierung], Grundelement von →Skripts (ABELSON), die Codierung eines Ereignisses von kurzer Dauer im Gedächtnis.

vividness-Effekt [engl. Lebhaftigkeit, Lebendigkeit, Anschaulichkeit], die Wirkung der »Lebendigkeit«, d. h. der besonders leichten Abrufbarkeit und Vordergründigkeit von Wisseneinheiten bei suboptimalen Entscheidungen. Die Bildhaftigkeit von Ereignissen kann dazu führen, daß die Wahrscheinlichkeit ihres Vorkommens überschätzt wird. Eine kurze Zeit nach der letzten Erinnerung an das Ereignis kann auch zu seiner Lebendigkeit beitragen. *B-S*

Vorbild →Modell

Vorurteilsforschung, →Vorurteil, →Stereotyp, →Urteile über Völker. Ⓛ STAPF, STROEBE und JONAS 1986

Vulnerabilitätsfaktoren [lat. *vulnus,* Wunde, engl. *vulnerability,* Verletzlichkeit] Bedingungen bzw. Ereignisse, die verletzlich machen und in der Vorgeschichte ps. Erkrankter häufig gefunden werden wie Mißhandlung, Verlust oder Scheidung der Eltern, Alkoholismus, ps. Erkrankung in der Familie. →Unvulnerable *R-S*

W

Wachbewußtseinszustände, veränderte →Bewußtsein

Wachsamkeit, hohe Aufmerksamkeit →Vigilanz

Wahlkonfrontation →Gegenüberstellung

Wertmaßstäbe/höhere Werte, In Philosophie und religiösen Ethiken verstanden als kollektive Ausrichtung menschlicher Entscheidungen und Handlungen an sogenannten »vorgegebenen, starren Gebotstafeln ewiger oder bleibender Werte« nach Normgesetzen der Logik, angesiedelt in einem dem Menschen entzogenen, idealisierten Raum (N. HARTMANN, HUSSERL, KANT, NIETZSCHE, SCHELER)

Die erste systematische Diskussion des Wertbegriffs z. B. in der Soziologie durch THOMAS und ZNANIECKI (1927) hat zu dem heute häufig gebrauchten Begriff der »Normen menschlichen Sozialverhaltens« geführt.

M. EBERHARDT (1950) hat gegenüber starren Globalwerten die interindividuell unterschiedliche, reiz- und situationsabhängige Prozeßhaftigkeit in der Entstehung menschlicher Werte u. Wertorientierungen nachgewiesen. *F-T*

Wertwandel, die seit Ende der 60er Jahre vor allem von INGLEHART (1977) sowie KLAGES und KMIECIAK (1979) vertretene Auffassung einer durchgreifenden Änderung materialistischer in postmaterialistische Werte in westlichen Industriegesellschaften. Während sich materialistische Werte hauptsächlich auf Arbeitstugenden, phys. und ökon. Sicherheit, auf Selbstbeherrschung und Sparsamkeit beziehen, dominieren bei postmaterialistischer Wertorientierung Partizipationsbedürfnisse, Gruppenzugehörigkeit und Solidarität, Selbstverwirklichungstendenzen und hedonistische Lebensweisen. Die zur These eines W. vor allem an Jugendlichen und jungen Erwachsenen durchgeführten Untersuchungen (JAIDE 1983) blieben nicht ohne Widerspruch. Kritisiert wurde u. a. die schmale, nicht sehr zuverlässige empirische Datenbasis des behaupteten W., die ungenügende Trennung von Kohorten-, Lebenszyklus- und aktuellen wirtschaftlichen Anpassungseffekten sowie der zu kurze Erhebungszeitraum für die angestellten Vergleiche (lediglich 6–8 Jahre, keine wirklichen Längsschnittstudien). Ⓛ INGLEHART 1977, KLAGES u. KMIECIAK 1979, STIKSRUD 1984 *Wt-R*

Wettlaufmodell [engl. *race model, separate – activation model*]. Die ursprüngliche Idee des W. geht auf RAAB 1962 zurück. Es erklärt das Phänomen, daß einfache →Reaktionszeiten bei der gleichzeitigen Darbietung zweier Signale (S_x und S_y) kürzer sind, als bei der Darbietung nur eines Signals (nur S_x oder nur S_y). Das W. kann man mit drei Annahmen charakterisieren: (a) Jedes Signal wird in einem separaten Kanal verarbeitet. (b) Die Verarbeitungszeiten X und Y von S_x und S_y sind Zufallvariablen. (c) Das Signal, das *zuerst* verarbeitet ist, löst die motorische Reaktion aus. Die Reaktionszeit RT_{sy} in der Doppelsignalbedingung entspricht daher der kürzeren Verarbeitungszeit von X bzw. Y zuzüglich einer motorischen Verarbeitungszeit B, d. h. $RT_{sy} = \min(X, Y) + B$. Wird nur S_x *bzw.* S_y dargeboten, so gilt entsprechend: $RT_x = X + B$ bzw. $RT_y = Y + B$. Das W. sagt nun kürzere Reaktionszeiten in der Doppelsignalbedingung vorher, da der Erwartungswert $E[\min(X, Y)]$ des Minimums von X bzw. Y kleiner oder zumindest gleich groß sein muß wie der Erwartungswert der Verarbeitungszeit für den schnelleren Kanal: $E[\min(X, Y)] \leq \min(E[X], E[Y])$. Diese Eigenschaft wird in der Literatur auch als statistische Erleichterung bezeichnet. Ⓛ COLONIUS 1986, ULRICH und GIRAY 1986. *Ul-H*

Wiedererkennung, in der →Forensischen Ps. Wiedererkennung des Täters einer strafbaren Handlung, meist aufgrund seines Aussehens, gelegentlich aber auch von Stimme und Sprechweise, meist im Wege der Gegenüberstellung im Rahmen einer Wahlkonfrontation. Ⓛ SHEPHERD *U-H*

Wiener kinderpsychologische Schule, Ch. BÜHLER u. H. HETZER 1922–1938 Ⓛ HETZER 1982

Willensruck, auch das »Fiat« des Wollens (N. ACH), die tatsächliche Durchführung einer Handlung, zu der man sich im vorangegangenen Entscheidungsprozeß entschlossen hat. Ⓛ SJÖBERG 1980

Z

Zahnradphänomen →Rigor

Zerstörungslust →Vandalismus

Zoophobie, extreme Angst *(Phobie)* vor Tieren. Von der Verhaltenstherapie wurde ausführlich die →Desensibilisierung der Schlangenphobie dokumentiert. Ⓛ EYSENCK 1960

Zukunftserleben (Erg.) MÜLLER 1973 konstruierte eine Optimismus-Pessimismus-Skala, GJESME 1980 stellte einen Zusammenhang des Z. mit der Testängstlichkeit her und LAMM, SCHMIDT u. TROMMSDORF revidierten die älteren Annahmen über Geschlecht und soziale Klasse als Determinanten des Z., schließlich haben auch FÜCHSLE, TROMMSDORF u. BURGER 1980 ein Meßinstrument entwickelt, mit dem versucht wird, interindividuelle Unterschiede des Z. zu erfassen.

Zuneigung →Sympathie

Zurechnungsfähigkeit →Schuldfähigkeit

Zweierbeziehung, Hauptform menschlicher →Interaktion, Paartherapie

Literatur zum Ergänzungsteil

ABELSON, R. P.: Computer simulation of »hot« cognitions. In: TOMPKINS, S. u. MESSINK, S.: Computer simulation of personality. New York: Wiley 1963

ALTHAUS, P.: Die christliche Wahrheit. Lehrbuch der Dogmatik. Bd 1. 2. Gütersloh: Bertelsmann 1947, 1948, Mohn 1972[8]

ALTMAN, I.: The Environment and social behavior. Monteray: Brooks/Cole 1975

ALTMANN, S. A.: Social biology of Rhesus Monkeys II. Stochastics of Social Communication. Journal of theoretical Biology, 8, 1965, S. 490–522

AMMAN, A. N.: Aktive Imagination. Olten: Walter 1978

ANDERSON, J. R.: The architecture of cognition. Cambridge, Mass. u. London: Harvard Univ. Press 1983

ANDERSON, J. R.: Language, memory and tought. Hillsdale, N. J.: Erlbaum 1976

ANDERSON, J. R.: Cognitive psychology and its implications. Second edition. New York: Freeman 1985

ANDERSON, N. H.: Information integration theory: A brief survey. In: KRANTZ, D. H.; ATKINSON, R. S.; LUCE, R. D.; SUPPES, P. (Eds.): Contemporary developments in mathematical psychology. Vol. II. San Francisco: Freeman 1974 ANDERSON, N. H. Foundations of information integration theory. New York: Academie Press 1981

ANDREAS, R.; BARTL, M.; BARTL-DÖNHOFF; HOPF, W.: Angst in der Schule. München: Urban & Schwarzenberg 1976

ASANGER, R; WENNINGER, G. (Hrsg.): Handwörterbuch der Psychol. Weinheim: Beltz 1980

ASCHENBACH, G. u. FREY, D.: Arbeitslosigkeit. In: Frey, D. u. Greif, S. (Hrsg.): Sozialpsychologie. München u. Weinheim: Verlags-Union 1987. S. 529–542

BAEYER-KATTE, Wanda v.; CLAESSENS, D.; FEGER, H. u. NEIDHARDI, F.: Gruppenprozesse (Analysen zum Terrorismus, Bd. 3. Opladen, Wiesbaden: Westdeutscher Verl. 1982

BADER, A. (Hrsg.): Geisteskrankheit, bildnerischer Ausdruck und Kunst. Bern: Huber 1975

BADER, A.; NAVRATIL, L.: Zwischen Wahn und Wirklichkeit. Kunst-, Psychose-, Kreativität. Luzern/Frankfurt: Bucher 1976

BAEYER-KATTE, Wanda v.: Sozialisation im politischen Verhalten. Hdb. d. Ps. 7, 2, 1972

BALES, R. F. u. COHEN, S. P.: Symlog. A system for the multiple level observation of groups. New York: The Free Press 1979, dtsch. von SCHNEIDER u. ORLIK, Stuttgart: Klett-Cotta 1982

BAUER, E.: Kritik und Kontroversen der Parapsychologie. In: CONDRAU (Hrsg.): Psychologie des 20. Jahrhunderts. Bd 15. Zürich: Kindler 1979

BÄUMLER, G.: ein experimenteller Beitrag zum EBBINGHAUS-Paradigma der »abgeleiteten Listen«. Zeitschrift für experimentelle und angewandte Psychol. 21, 4, 499–510, 1974

BAVINK, B.: Ergebnisse und Probleme der Naturwissenschaften. Leipzig: Hirzel 1914, erw. 10. Aufl. Zürich: Hirzel 1954

BECKER, P.: Psychologie der seelischen Gesundheit, Band 1. Göttingen: Hogrefe 1982

BECKER, P.; MINSEL, B.: Psychologie der seelischen Gesundheit, Band 2. Göttingen: Hogrefe 1986

BECKER-CARUS, C.; HEYDEN, Th.; ZIEGLER, G.: Psychophysiologische Methoden. Stuttgart: Enke 1979

BERGER, P.; LUCKMANN, T.: The social construction of reality. Garden City, NY: Doubleday 1966

BERGLING, K.: Moral development: the validity of KOHLBERGS theory. Stockholm: Almquist & Wiksell 1981

BERKOWITZ, M. W.; OSER, F. (Eds.): Moral education: theory and application. Hillsdale: Erlbaum 1985

BIERHOFF, H.-W.: Sozialer Kontakt als Determinante der wahrgenommenen Gerechtigkeit etc. Zeitschrift für Sozialpsychologie 13, 2, 66–78, 1982

BIRREN, J. E.; SCHAIE, K. W. (Eds.): Handbook of the psychology of aging. New York: Van Nostrand 1985[2]

BOLLES, R. C.: Theory of motivation (2. Aufl.). New York: Harper & Raw, 1975

BORCHERDING, Katrin; KISTNER, K.: Entwicklung und Überprüfung eines Modells zur Gruppeneinigung in Choice-Dilemma-Situationen. Zeitschrift für Sozialpsychologie 13, 323–332 1982

BORG, J.; BERGERMAIER, R.: Degenerationsprobleme beim Unfolding und ihre Lösung. Zeitschrift für Sozialpsychologie 13, 287–299, 1982

BOSSONG, B. Trägheitseffekte bei der Anstrengungskalkulation. Zeitschrift für experimentelle u. angewandte Psychologie 1982, 29, 3, 386–394

BOUCHARD, Th. J.; MCGUE, M.: Familystudies of intelligence: A review. Science Mai 1981

BOWER, G. H.: Mood and memory. American Psychologist 36, 1981, 129–148

BRAND, J.; CLOTZ, Barbara: Zum Begriff der Externalität. Eine Gegenüberstellung von SCHACHTERS Adipositustheorie, ROTTERS Kontrollerwartungskonzept und Attributionstheorie. Psychologische Beiträge, Bd 24, 1982, 181–198

BREDENKAMP, J. Eine Analyse der FVF als Ermüdungsindikator. Zeitschrift für experimentelle und angewandte Psychologie 13, 199–221, 1966

BREDENKAMP, J.: Psychophysikalische Analysen von Wahrnehmungstäuschungen. Psychologische Beiträge, 24, 3, 322–325, 1982

BREHM, S. S.; BREHM, J.W.: Psychology of reactance. A theory of freedom and control. New York: Acad. Press 1981

BREITENBACH, D. et al. (Hrsg.): Kontinuität und Fortschritt. SSIP-Bulletin 57, Saarbrücken: Breitenbach 1986

BROMAN, S.; BIEN, E.: Low achieving children. Hillsdale: Erlbaum 1985

BROZEK, J.; PONGRATZ, L. J.: (Eds.): Historiography of modern psychology. Aims, resources-approaches. Toronto: Hogrefe 1980

BUCK, R.: Prime theory: An integrated view of motivation and emotion. Psychological Review 92, 1985, 389–413

CAMPBELL, D. T. u. STANLEY, J. C.: Experimental and quasi-experimental design for research on teaching. In GAGE, N. L. (Eds.): Handbook of research on teaching. Chicago: Rand McNally 1963, 171–246

CANNON, W. B.: The James-Lange theory of emotions: A critical examination and an alternative theory. American Journal of Psychology 39, 1927, 106–124

CAMPBELL, D. T. u. STANLEY, J. C.: Experimental and quasi-experimental design for research on teaching. In GAGE, N. L. (Eds.): Handbook of research on teaching. Chicago: Rand McNally 1963, 171–246

CARROL, J. S.; PAYNE, J. W. (Eds.): Cognition and social behavior. Hillsdale, N. J., New York: Erlbaum & Wiley 1976

CHAMBLESS, D. L.; GOLDSTEIN, A. J. (Eds.): Multiple perspectives on theory and treatment (Wiley Series on Personal Processes) Chichester 1982

CHAPMANN, A. J.; JONES, D. M. (Eds.): Models of man. Hilsdale, N. J.: Erlbaum 1980

CLOETTA, B. et al.: Berufsrelevante Einstellungen als Ziele der Lehrerausbildung. Zeitschrift für Pädagogik 19, 919–941, 1973

CHERRY, E. C.: Some experiments on the recognition of speech, with one and with two ears. J. Acoust. Soc. Amer. 1953, 25, 975–979

COHEN, J.; CHESNICK, E. J.; HARAN, D.: A confirmation of the inertia psi effect in sequential choice and decision. British Journal of Psychology 63, 41–46, 1972

COHEN, J.; HANSEL, C. E. M.: Risk and gambling. The study of subjective probability. New York: Longmans 1956 (dt. Glück und Risiko. Die Lehre von der subjektiven Wahrscheinlichkeit. Frankfurt/M.: Europ. Verlagsanst. 1961)

COLONIUS, H.: Measuring channel dependence in separate-activation models. Perception und Psychophysics, 40, 251–255, 1986

COOPER, J. R.; BLOOM, F. E.; ROTH, R. H.: The biochemical basis of neuropharmacology. Oxford, New York: Oxford Univ. Press 1982[4]

CRAIK, K. J. W.: The nature of explanation. Cambridge: Univ. Press 1943

CUTLER, A. (Ed.): Slips of the tongue and language production. Amsterdam: Mouton 1982

DALSIMER, Katharine: From preadolescent tomboy to early adolescent girl. In: Psychoa. St. of the child 1979, 34, 475–461

DANCKWORTT, D. u. DANCKWORTT, H.: Eurobarometer registriert Einstellungen der Deutschen 1986. Informationsdienst Austausch Nr. 1305. Baden-Baden: Nomos 1986

DARWIN, C.: The expression of emotions in man and animals. London: John Murray 1872. (dt. Der Ausdruck der Gemüthsbewegungen bei dem Menschen und den Thieren. Stuttgart: Schweizerbart'sche Verlagshandlung 1872, Neuauflage: Nördlingen: Greno Verlagsgesellschaft 1986)

DAUM, K.-W.; MATZAT, J.; MOELLER, M. L.: Selbsthilfegruppen für chronisch Kranke. In: D. BECKMANN u. a. (Hrsg.) Medizinische Psychologie. Berlin: Springer 1982

DELGADO, J. M. R.: Emotions. Dubuque, Iowa: Brwon 1966

ECKENSBERGER, L. H.; LANTERMANN, E.-D. (Hrsg.): Emotion und Reflexivität. München: Urban & Schwarzenberg 1985

DITTMANN, W.: Intelligenz beim DOWN-Syndrom. Heidelberg: Schindele 1982

DÖRNER, D.; KREUZIG, H. W.; REITHER, F.; STÄUDEL, T. (Hrsg.): Lohhausen. Vom Umgang mit Unbestimmtheit und Komplexität. Bern, Stuttgart: Huber, 1983

DÜKER, H. Über unterschwelliges Wollen. Experimentelle Beiträge zur Theorie der Handlung. Göttingen etc.: Hogrefe 1983

DUVAL, S.; WICKLUND, R. A.: A theory of objective self-awareness. New York: Acad. Pr. 1972

DZIDA, W.: Das IFIP-Modell für Benutzerschnittstellen. Office Management, Sonderheft März 1983, 36–39;

CARD, S. K.; MORAN, T. P. u. NEWELL, A.: The Psychology of Human-Computer Interaction. Hillsdale, N. J.: Erlbaum 1983

ECKENSBERGER, L. H. (Hrsg.): Entwicklung sozialer Kognition: Paradigmen, Theorien, Ergebnisse. Stuttgart: Klett 1981

ECKES, Th.; SIX, B.: Prototypenforschung: Ein integrativer Ansatz zur Analyse der alltagssprachlichen Kategorisierung von Objekten, Personen und Situationen. Zeitschrift für Sozialpsychologie 15, 2–17, 1984

EIBL-EIBESFELDT, J.: Strategies of social interaction. In PLUTCHIK, R.; KELLERMAN, H. (Eds.): Emotion: Theory, research, and experience, Vol. 1. Theories of emotion, 57–80. New York: Academic Press 1980

EIBL-EIBESFELD, J.: Die Biologie des menschlichen Verhaltens. München: Piper 1984

EKMAN, P.: Expression and the nature of emotion. In SCHERER, K. R.; EKMAN, P. (Eds.): Approaches to emotion, 319–344. Hillsdale, N. bJ.: Erlbaum

EKMAN, P.; FRIESEN, W. V.: Facial Action Coding System. Palo Alto, Calif.: Consulting Psychologists Press 1978

ERICSON, K. A.; SIMON, H. A.: Verbal reports as data. Psychological Review 87, 215–251, 1980

EULER, H. A.; MANDL, H. (Hrsg.): Emotionspsychologie. Ein Handbuch in Schlüsselbegriffen. München: Urban & Schwarzenberg 1983

EWERT, O.: Ergebnisse und Probleme der Emotionsforschung. In THOMAE, H. (Hrsg.): Motivation und Emotion. 1. Band.: Theorien und Formen der Motivation, 398–452. Göttingen: Hogrefe 1983

FALMAGNE, J. C. (1985). Elements of psychophysical theory. Oxford: Claredon Press

FEATHER, N. T.: Expectations and actions. Expectancy-value models in psychology. Hillsdale, N. J.: Erlbaum 1982

FOERSTER, F.; SCHNEIDER, J.: Individualspezifische, stimulusspezifische und motivationsspezifische Reaktivierungsmuster... Zeitschrift für experimentelle und angewandte Psychologie 29, 598–612, 1982

FREY, E.: Der frühkriminelle Rückfallverbrecher. Schweizerische criminalistische Studien, Bd 4, Basel: Verl. f. Recht u. Gesellsch. 1951

FÜCHSLE, Traudl; FRÖHLICH, Gabriele; BURGER, Christine: Nachgebeentscheidungen als Reaktion auf Unausgewogenheit in dyadischen Beziehungen... Zeitschrift für Sozialpsychologie 13, 312–322, 1982

FÜCHSLE, Traudl; TROMMSDORF, Gisela u. BURGER, Christine: Entwicklung eines Meßinstrumentes zur Erfassung der Zukunftsorientierung. Diagnostica 26, 186–197, 1980

FUGITA, St. S.; HOGREBE, M. C.; WEXLEY, K. N.: Perceptions of deception: Perceived expertise in detecting deception... Personality and Socialpsychology Bulletin 6, 4, 637–643, 1980

GADENNE, V.: Der Bestätigungsfehler und die Rationalität kognitiver Prozesse. Psychologische Beiträge 24, 1, 11–25, 1982

GARFIELD, S. L.; BERGIN, A. E. (Hrsg.): Handbook of psychotherapy and behavior change. New York: Wiley 1978 (1. Aufl. hrsg. v. BERGIN u. a. 1971)

GARNER, W. R. (1974). The processing of information and structure. Hillsdale, N. J.: Erlbaum

GEISELBRECHT, W.; KRÜGER, D.; WINKEL, M.: Die Gamma-Glutamyl-Transferase als Diagnostikum im forensischen Bereich am Beispiel der Eignungsuntersuchungen alkoholauffälliger Kraftfahrer. Blutalkohol 15, 1978, 370–375

GERGEN, K. J.: The social constructionist movement in modern psychology. American Psychologist 40, 266–275, 1985

GEULEN, D.; HURRELMANN, K.: Zur Problematik einer umfassenden Sozialisationstheorie. In: HURRELMANN, K.; ULICH, D.(Hrsg.): 1980

GIBSON, J. J.: The ecological approach to visual perception. Boston: Houghton-Mifflin 1979

GIBSON, J. J.: Wahrnehmung und Umwelt. Der ökologische Ansatz in der visuellen Wahrnehmung (Übers. u. Vorwort von LÜCKE, G. u. KOHLER J.), München etc.: Urban & Schwarzenberg 1982

GIGERENZER, G.: Messung und Modellbildung in der Psychologie. München: Reinhardt (UTB) 1981

GIGERENZER, G.; SARRIS, V. (Hrsg.): Psychophysik heute: Aktuelle Probleme und Ergebnisse. Psychologische Beiträge 24, 3, 313–351, 1982

GIGERENZER, G.; STRUBE, G.: Axiomatische Analyse der Binarischen Additivität. In: GIGERENZER u. SARRIS (Hrsg.) 1982, 326–329

GIL, K. M.: Coping effectively with invasive medical procedures: A descriptive model. Clin. Psychol. Rev. 4, 1984

GILLE, J. C.; PELEGRIN, M.; DECAULNE, P.: Lehrgang der Regelungstechnik, Bd. I. Theorie der Regelungen. München: Oldenbourg 1964

GJESME, T.: Dimension of future time orientation in test anxious individuals. Archiv für Psychologie 133, 4, 277–291, 1980

GOLDFRIED, M. R.; GOLDFRIED, A. P.: Kognitive Methoden der Verhaltensänderung. In: KANFER, F. H.; GOLDSTEIN, A. P. (Hrsg.), 1977

GOLDMEIER, E. (1982). The memory trace: its formation and its fate. Hillsdale, N. J.: Erlbaum

GOTTLIEB, B. H. (Hrsg.): Social networks and social support. Sage Studies in Community Mental Health, Vol. 4. Beverly Hills, London: Sage 1981

RÖHRLE, B.: Zur Ökologie sozialer Stützsysteme. In: DAY, P., FUHRER, U. u. LAUCKEN, U. (Hrsg.): Umwelt und Handeln. Tübingen: Attempto 1985, 166–188

GROEBEN, N.: Leserpsychologie: Textverständnis und Textverständlichkeit. Münster: Aschendorf 1982

GROSSE-ALDENHÖVEL, H.: Erhöhte Serumaktivitäten von Gamma-GT und Transasminsasen im Rahmen verkehrsmedizinischer Eignungsuntersuchungen alkoholauffälliger Kraftfahrer: einige differential-diagnostische Gesichtspunkte. Blutalkohol 21, 1984, 471–478

– Kultur und Kritik. Frankfurt/M.: Suhrkamp 1973

HAMMOND, K. R.; STEWARD, T. R., BREHMER, B.; STEINMAN, D.: Social judgment theory. In: KAPLAN, M. v. SCHWARTZ, S. (Eds): Human Judgment and Decision processes. New York. Academic Press 1975 (271–312)

Handbuch der modernen Datenverarbeitung. Software-Ergonomie. Wiesbaden: Forkel Verlag 1985

HARMON, P. und KING, D.: Expertensysteme in der Praxis. München: Oldenbourg, 1986

HARTMANN, E. L.: The functions of sleep. New Haven (Conn.): Yale Univ. Pr. 1973

HARTMANN, E. L. (Hrsg.): Sleep and dreaming. Boston: Little/Brown 1970

HARTMANN, K. D.; KOEPPLER, K. (Hrsg.): Fortschritte der Marktpsychologie, Bd. 1. Frankfurt: Fachbuchhandlung für Psychologie 1977

HARTMANN, K. D.; LIND, G. (Hrsg.): Moralische Entwicklung und soziale Umwelt. Frankfurt/M.: Suhrkamp 1981

HAYNES, R. B.; TAYLOR, D. W.; SACKETT, D. L. (Hrsg.): Compliance Handbuch. München: Oldenbourg 1982

HEIM, E.; AUGUSTINY, K. F.; BLASER, A.: Krankheitsbewältigung (Coping) – ein integriertes Modell. Psychother. Med. Pychol. 33, 1983

HELBIG, E.: Grundlagen der Lichtmeßtechnik. Techn. Phys. Monogr. Bd. 26. Leipzig: Akad. Verl. Ges. 1977

HELD, R.; RICHARD, W.: Recent progress in perception. San Francisco: Freeman 1976

HERZOG, Walter: Modell und Theorie in der Psychologie. Vorarbeiten zu einer reflexiven Psycholgie. Göttingen etc.: Hogrefe 1983

HETZER, Hildegard: Kinder- und jugendpsychologische Forschung im Wiener Psychologischen Institut von 1922–1938. Zeitschrift für Entwicklungspsychologie und Pädagogische Psychologie 14, 3, 175–224, 1982

HJORTSJOE, C.-H.: Man's face and mimic language. Malmoe: Nordens Boktrycker 1970

HOBBS, J. R., und MOORE, R. C. (Eds.). (1985). Formal theories of the commonsense of the world. N. J.: Ablex Publishing Corporation

HOEFERT, H.-W. (Hrsg.): Person und Situation. Interaktionspsychologische Untersuchungen. Göttingen etc.: Hogrefe 1982

HOFFMANN, J. (1982). Das aktive Gedächtnis. Berlin: Deutscher Verlag der Wissenschaften

HOFSTÄTTER, P. R.: Psychologie zwischen Kenntnis und Kult. München: Oldenbourg 1984

HOLMES, David S.: Meditation and somatic arousal reduction. A review of the expermental evidence. American Psychologist, 39, 1, 1–10, 1984

HOPPE-GRAFF, S.: »Stufe« und »Sequenz« als beschreibende und erklärende Konstrukte der Entwicklungspsy-

chologie. In: SILBEREISEN, R. K. u. MONTADA, L. Entwicklungspsychologie. München: Urban & Schwarzenberg 1983, 55–60
HOVLAND, C.; SEARS, R. R.: Experiments on motor conflict. J. exper. Ps. 23, 1938
HUBER, O.: Entscheiden als Problemlösen. Eine Annäherung. Bern: Huber, 1982
HUMPHREYS, P.; SYENSON, O. G.; Vari, A. (Eds.): Analysing and Aiding Decision Processes. Amsterdam: North-Holland 1983
INGLEHART, R.: The silent revolution. Princeton: Princeton University Press 1977
INGHAM, R. J.: Stuttering and behavior therapy. San Diego: College-Hill Press 1984
IZARD, C. E.: Die Emotionen des Menschen. Weinheim: Beltz 1981
IZARD, C. E.: Human emotions. New York: Plenum Press 1977. (dt. Die Emotionen des Menschen: Eine Einführung in die Grundlagen der Emotionspsychologie. Weinheim: Beltz 1981)
GARDINER, H. M.; METCALF, R. C.; BEEBE-CENTER, J. G.: Feeling and emotion. A history of theories. Westport, Conn.: Greenwood Press 1970
IZARD, C. E.; KAGAN, J.; ZAJONC, R. B. (Eds.): Emotions, cognition, and behavior. Cambridge: Cambridge University Press 1984
JACOBI, Jolande: Die Psychologie G. G. JUNGS. Rascher: Zürich 1959
JAHODA, M. et al.: Marienthal: The sociography o an unemployed community (Engl. Übersetzung 1972). London: Tavistock Publications 1933
JAIDE, W.: Wertwandel? Opladen: Leske u. Budrich 1983
JUNGERMANN, H.: Entscheidungshilfe: Ansätze zur Therapie, Beratung und analyse unter dem Aspekt der Entscheidung. In: W. MICHAELIS (Hrsg.): Ber. 32. Kongr. d. DGfPs Zürich 1980. 2. Bd. Göttingen: Hogrefe 1981, 465–472
JUNGERMANN, H.: Psychological aspects of scenarios. In : COVELLO, V. T.; MUMPOWER, J. L.; STALLEN, P. J. M. und UPPULURI V. R. R. (Eds.), Environmental Impact Assessment, Technology Assessment, and Risk Analysis. New York, Heidelberg: Springer 1985.
KAHNEMAN, D.; SLOVIC, P. und TVERSKY, A. (Eds.). (1982) Judgment under uncertainty: Heuristics and biases. Cambridge: Cambridge University Press
KAHNEMAN, D. u. TVERSKY, A. (1979). Prospect theory: An analysis of decision under risk. Econometrica, 47 (2), 262–291
KAMINSKI, G. (Hrsg.): Ordnung und Variabilität im Alltagsgeschehen. Göttingen etc.: Hogrefe 1985
KATCHNIG, H.; KONIECZNA, T.: Notfallpsychiatrie und Krisenintervention. In: KISKER, K. P. u. a. (Hrsg.) Krisenintervention, Suizid, Konsiliarpsychiatrie (= Psychiatrie der Gegenwart 2). Berlin: Springer 1986
PRYSTAV, G.: Psychologische Copingforschung: Konzeptbildungen, Operationalisierungen und Meßinstrumente. Diagnostica 27, 1981
KAYSER, Egon: Alltagskonflikte zwischen zwei Personen: Vorschlag eines Analysemodells. Zeitschrift für Sozialpsychol. 13, 278–286, 1982
KEENEY, R. L. und RAIFFA, H.: Decisions with Multiple Objectives: Preferences and Value Tradeoffs. New York: Wiley, 1976
KEUPP, H. (Hg.): Verhaltensstörungen und Sozialstruktur. Epidemiologie: Empirie, Theorie, Praxis. München, Berlin, Wien: Urban & Schwarzenberg 1974
KIESELBACH, T. u. WACKER, A.: Konzeption und Ergebnisse des Symposiums »Arbeitslosigkeit – Psychologische Theorie und Praxis«. In: KIESELBACH, T. u. WACKER, A. (Hrsg.): Individuelle und gesellschaftliche Kosten der Massenarbeitslosigkeit. Weinheim u. Basel: Beltz 1985, XVII–XXVI
KLAGES, H. u. KMIECIAK, P. (Hrsg.): Wertwandel und gesellschaftlicher Wandel. Frankfurt/M.: Campus 1979
KLUWE, R. H.: Metakognition. Habil. Schrift München 1981
KRAAK, B.: Ausbildung in Psychologie. In: ASANGER, R.; WENNINGER, G. (Hrsg.): Handwörterbuch d. Ps. Weinheim: Beltz 1980, 43–49
KRISTOF, W.: Das Cliffsche Gesetz im Deutschen. Psychologische Forschung 29, 22–31, 1966
KRUG, Siegbert: Motivförderungsprogramme. Möglichkeiten und Grenzen, Zeitschrift f. Entwicklungspsychologie u. Pädagogik. Psychologie 1983, XV, 4, S. 317–346
KRUGLANSKI, A. W.: Lay epistemo-logic process and contents. Psychological Review 87, 70–87, 1980
KUHL, J. E.: Emotion, Kognition und Motivation: I. Auf dem Wege zu einer system-theoretischen Betrachtung der Emotionsgene. II. Die funktionale Bedeutung der Emotion für das problemlösende Denken und für das konkrete Handeln. Sprache und Kognition 2, 1983, 1–27 und 228–253
KUHL, J.: Motivation, Konflikt und Handlungskontrolle Berlin etc.: Springer 1983
KUKLA, A.: Foundations of an Atributional theory of performance. Psychological Review 1972, 79, 454–470
KUTTER, P.: Psychoanalytische Ansätze. In EULER, H. A.; MANDL, H. (Hrsg.): Emotionspsychologie. Ein Handbuch in Schlüsselbegriffen, 52–59. München: Urban & Schwarzenberg 1983
LAMM, H.; SCHMIDT, R. W.; TROMMSDORF, Gisela: Sex and social class as determinants of future orientation (time perspective) in adolescents. Journal of Personality and Social Psychology 34, 3, 317–326, 1976
LAND, E. H. (1977). The retinex theory of color vision. Scientific American, 237 (6), 108–130
LANGEHEINE, R.: Kausalanalyse qualitativer Daten mit manifesten und latenten Variablen. Zeitschrift für Sozialpsychologie 13, 163–176, 1982
LARSSON, K.; HÅRD, E.: Some aspects of behavioral teratology research. Scandinavian Journal of Psychology, Suppl. 1, 97–103, 1982
LAZARUS, R. S.: Psychological stress and the coping process. New York: McGraw-Hill 1966
LEDERER, Katrin (Ed.) Human needs. A contribution to the currant debate. Königstein i. T.: Anton Hain 1980
LAZARUS, R. S.: Streß und Streßbewältigung – ein Paradigma. In: FILIPP, S. H. (Hrsg.) Kritische Lebensereignisse. München: Urban & Schwarzenberg 1981
LEE, W.: Decision theory and human behaviour. New York: Wiley 1971 (dtsch.: Psycholgische Entscheidungstheorie. Weinheim etc.: Beltz 1977)
LEFCOURT, H. M. (Ed.): Research with the locus of control construct. New York: Academic Press 1981

LEHMAN, R. S.: Computer simulation and modeling. Hillsdale, N. J.: Erlbaum 1977
LEMPP, R. (Hrsg.): Teilleistungsstörungen im Kindesalter. Bern: Huber 1979
LENK, H. und ROPOHL, G. (Hrsg.): Systemtheorie als Wissenschaftsprogramm. Königstein/Ts.: Athenäum 1978
LEON, G. R.: Case histories of deviant behavior. Boston: Allyn u. Bacon 1984[3]
LEPPER, M.: Social control processes, attributions of motivation, and the internalization of social values. In: HIGGINS, T.; RUBLE, D.; HARTUP, W. (Eds.): Social cognition and social behavior: a dvelopmental perspective. San Francisco: Jossey Bass 1984
LERNER, M. J.; LERNER, S. C.: The justice motive in social behavior. New York: Plenum 1981
LEUNINGER, Helen; MILLER, M. H.; MÜLLER, F.: Psycholinguistik. Ein Forschungsbericht. Frankfurt/M.: Athenäum 1972
LEUTZ, G. A.: Psychodrama, Theorie und Praxis. Heidelberg: Springer 1974
– v. OBERBOHRBECK, K. W.: Psychodrama. Göttingen: Vandenhoeck u. Rupprecht 1980
LEVENTHAL, H.: Toward a comprehensive theory of emotion. In BERKOWITZ, L. (Ed.): Advances in experimental social psychology, Vol. 13, 139–207. New York: Academic Press 1980
LEVENTHAL, H.: The integration of emotion and cognition: A view from the perceptual-motor theory of emotion. In CLARK, M. S. u. Annual Carnegie Symposium on Cognition. Hillsdale, N. J.: Erlbaum, 1982, 121–156
LEYHAUSEN, P.: Biologie von Ausdruck und Eindruck. Psychologische Forschung 31, 113–176, 1967
LILLI, W.; REHM, J.: Theoretische und empirische Untersuchungen zum Phänomen der »illusorischen Korrelation« (illusory correlation) I. Zeitschrift für Sozialpsychologie 14, 251–261, 1983
LINDSLEY, O. R.; SKINNER, B. F.; SOLOMON, H. C.: Studies in behavior therapy. Status report I. Waltham, Mass.: Metropolitan State Hosp. 1953
LUNDH, L.-G.: The mind considered as a system of meaning structures. Scandinavian Journal of Psychology 1981, 22, 145–150 Vgl. II concepts and representations. Scandinavian J. of Psychol. 1982, 23, 225–242
MCALLISTER, D. W.; MITCHELL, T. R.; BEACH, L.: The contingency model for the selection of decision strategies. Organisational Behavior and Human Performence 24, 228–244, 1979
MACCOBY, Eleanor E.: Die Wirkung des Fernsehens auf Kinder. In: SCHRAMM, W. (Hrsg.): Grundfragen der Kommunikationsforschung. München: Juventa 1963, 1968[2]
MACCOBY, Eleanor E.; WILSON, W.: Identification and observational learning from films. J. abn. soc. Ps. 55, 1957
MACLEAN, P. D. A.: A triune concept of the brain and behaviour. Toronto: University of Toronto Press 1973
MASLACH, C.: Burnout: the cost of caring. Englewood Cliffs, N. J.: Prentice-Hall 1982
MATHEY, F. J.: Zur Schichttheorie der Persönlichkeit. Hdb. d. Ps., Bd 4, 1960
MATLIN, M.; STANG, D.: The Pollyanna principle. Selectivity in language memory, and thought. Cambridge, Mass.: Schenkman 1978
MECKENBRÄUKER, Silvia; HAGER, Willi: Zur experimentellen Variation von Stimmungen: Ein Vergleich einer deutschen Adaptation der selbstbezogenen VELTEN-Aussagen mit einem Musikverfahren. Zeitschrift für experimentelle und angewandte Psychologie, 33, 1, S. 71–94, 1986
MEDIN, D. L.; SMITH, E. E.: Concepts and conceptformation. Annual Review of Psychology 35, 113–138, 1984
MIELKE, R. (Hrsg.): Interne/externe Kontrollüberzeugung. Bern etc.: Huber 1982
MIERKE, K.: Wille und Leistung. Göttingen: Hogrefe 1955
MINSKY, M.: A framework for representing knowledge. In: P. H. WINSTON (Ed.): The psychology of computer vision. New York: McGraw-Hill 1975
MOELLER, M. L.: Selbsthilfegruppen. Reinbek: Rowohlt 1978
MOELLER, M. L.: Psychologisch-therapeutische Selbsthilfegruppen. Stuttgart: Kohlhammer 1984
MOOS, R. H. (Hrsg.): Coping with physical illness. 2: New perspectives. New York: Plenum 1984
MORAY, N.: Attention: Selective processes in vision and hearing. New York. Academic Press 1970
MORTON, J.: Interaction of information in word cognition. Ps. Rev. 76, 1969, 165–178
MOSER, H. (Hrsg.): Fortschritte der Politischen Psychologie. Bd 1, Weinheim: Beltz 1981
MÜLLER, S.: Untersuchungen zur Messung pessimistischer und optimistischer Zukunftserwartungen. Köln/Bonn: Hanstein 1973
MUMMENDEY, H. D.; BOLTEN, H.-G.; ISERMANN-GERKE, Margret: Experimentelle Überprüfung des Bogus-Pipeline-Paradigmas: Einstellungen gegenüber Türken, Deutschen und Holländern. Zeitschrift für Sonderpsychologie 13, 300–311, 1982
MUTHIG, K. P.; SCHÖNPFLUG, W.: Externe Speicher und rekonstruktives Verhalten. In MICHAELIS, W. (Hrsg.) Bericht 32. Kongr. DGfP Zürich 1980, Göttingen: Hogrefe 1981
NISBETT, R. u. ROSS, L.: Human inference: Strategies and short comings of social judgement. Englewood Cliffs, N. J.: Prentice-Hall 1980
PAPOUŠEK, H. u. M.: Lernen im ersten Lebensjahr. In: MONTADA, L. (Hrsg.): Brennpunkte der Entwicklungspsychologie. Stuttgart: Kohlhammer 1979, 194–212
PARASURAMAN, R.; DAVIS, R.; BEATTY, J. (Eds.): Varieties of attention. New York: Academic Press 1984
PELZMANN, L.: Wirtschaftspsychologie. Empirische Ergebnisse der Arbeitslosenforschung. Wien/New York: Springer 1985
PHILLIPS, L. D.: A theory of requisite decision models. Acta Psychologica, 1984, 29–48
PLESSEN, U.: Verlaufs- und Erfolgskontrolle im psychotherapeutischen Prozeß. Göttingen etc.: Hogrefe 1983
POPE, H.G.; HUDSON, J. I.: New hope for binge eaters: advances in the understanding and treatment of bulimia. New York: Harper & Row 1984
POPPER, K. R.: Das Ich und sein Gehirn. München: Piper 1982
POSNER, M. I. (1978). Chronometric explorations of mind: The third Paul M. Pitts lectures. Hillsdale, N. J.: Erlbaum
PRUITT, D. G.: Negotiation behavior. New York: Academic Press 1981
PRYOR, J. B. u. a.: Self-focussed attention and self-report validity. J. Pers. 45, 1977

RAAB, D. H.: Statistical facilitation of simple reaction time. Transaction of the New York Academy of Sciences, 24, 574–590, 1962
RAAB, E.; EBNER, H.: Rhythmus und musikalisches Erleben. Zeitschrift f. experimentelle und angewandte Psychologie, 29, 2, 315–342, 1982
RAUH, H.: Der Wandel von der traditionellen zur modernen Entwicklungspsychologie. In: Handbuch für Entwicklungspsychologie. Stuttgart: Klett 1978
– Bild und Wahrnehmung. Frankfurt/M.: Kramer 1982
REISNER, M. L.; KOHLI, G.; SCHINDLER, L.; HAHLWEG, K. u. REVENSTORF, D.: KPZ: Kategoriensystem zur Beobachtung partnerschaftlicher Interaktion. Unv. Manuskript, München 1980
REITER, L.: Krisenintervention. In: STROTZKA H. (Hrsg.) Psychotherapie: Grundlagen, Verfahren, Indikationen. München: Urban & Schwarzenberg 1975
REVENSDORF, D.; HAHLWEG, K.; SCHINDLER, L.: Interaktionsanalyse von Paar-Konflikten. Zeitschrift für Sozialpsychologie 10. 1979. S. 183–196
REVERS, W. J.: Persönlichkeit und Vermassung. Eine psychologische und kulturanthropologische Studie. Würzburg: Schöningh 1947
ROCK, I.; HARRIS, C. S.: Vision and touch. In ATKINSON, R. C. (Ed.): Contemporary Psychology. San Francisco: Freeman 1971
ROGHMANN, K.: Dogmatismus und Autoritarismus, Mersenheim: Hain 1966
ROSENTHAL, R.; HALL, J. A.; DIMATTEO, M. R.; ROGERS, P. L.; ARCHER, D.: Sensitivity to nonverbal communication: The PONS test. Baltimore: Johns Hopkins Univ. Press 1979
SANDLER, J. (with A. FREUD): The analysis of defense: The ego and the mechanisms of defense revisited. New York: University Press 1985
SAUP, W.: Barkers Behavior Setting-Konzept und seine Weiterentwicklung Psychologische Rundschau 34, 3, 134–146, 1983
SAVORY, S. E. (Hsgr.): Künstliche Intelligenz und Expertensysteme. München: Oldenbourg, 1985
SCHÄFER, B.; SIX, B.: Sozialpsychologie des Vorurteils. Stuttgart: Kohlhammer 1978
SCHAEFER, H.; BLOHMKE, M.: Sozialmedizin. Stuttgart: Thieme 1978
SCHANK, R. C.: Conceptual dependency: a theory of natural language understanding. Cognitive Psychology 51, 97–104, 1972
SCHARZENAU, P.: Das göttliche Kind. Stuttgart: Kreuz 1984
SCHENK-DANZINGER, Lotte: Legasthenie. München/Basel: Reinhard 1984
SCHEPANK, H.: Epidemiologie psychogener Störungen. In: K. P. KISKER (Hrsg.) Neurosen, psychosomatische Erkrankungen, Psychotherapie (= Psychiatrie der Gegenwart 1). Berlin: Springer 1986
SCHERER, K. R. Vokale Kommunikation. Nonverbale Aspekte des Sprachverhaltens. Weinheim. Beltz 1982
SCHERER, K. R. u. EKMAN, P. (Hrsg.): Approaches to emotion, Hillsdale, N. J.: Lawrence Erlbaum 1984
SCHERER, K. R.; EKMAN, P. (Eds.): Handbook of methods in nonverbal behavior research. Cambridge: Cambridge Univ. Press 1982
SCHERER, K. R.; WALLBOTT, H. G.: Nonverbale Kommunikation: Forschungsberichte zum Interaktionsverhalten. Weinheim: Beltz 1979
SCHINDLER, L.; HOHENBERGER-SIEBER, E.: Interaction patterns of client and therapist. Journal of Consulting and Clinical Psychology. (im Druck)
SCHLEGEL, L.: Grundriß der Tiefenpsychologie, Bd. IV, München: Francke 1973
SCHLEIFER, H.: Zur Diagnose von Schulversagern. Stuttgart: Klett 1971
SCHLOTTKE, P. F. u. WAHL, D.: Streß und Entspannung im Unterricht, Trainingshilfen für Lehrer. Mit Toncassette. München: Max Hueber Verl. 1983
SCHMIDT, G. u. a. (Hrsg.): Tendenzen der Sexualforschung Stuttgart: Enke 1976
SCHMIDT, L. R.: Organmedizinische und psychosoziale Krankheitsmodelle: ein Gegensatz? In: MINSEL, W.-R.; SCHELLER, R. (Hrsg.) Psychologie und Medizin. München: Kösel 1982
SCHMIELAU, F.: Binokulare Summation und die V2-Hypothese. In: GIGERENZER u. SARRIS (Hrsg.) 1982 330–335
SCHNEIDER, K. u. SCHMALT, H.-D.: Motivation. Stuttgart: Kohlhammer, 1981
SCHOSTAK, M. W.; STERNBERG, R. J.: Evaluation of evidence in consal inference. Journal of Expressnental Psychology, General 10, 101–120, 1981
SCHWARZ, N.: Homo Heuristikus: Zur Psychologie des kognitiven Geizhalses. Zeitschrift für Sozialpsychologie 13, 343–347, 1982
SECORD, P. F.; BACKMAN, C. W.: Personality theory and the problem of stability and change in individual behavior. Ps. Rev. 68, 1961
SELBACH, H.: Zur Regelkreis-Dynamik psychischer Funktionen. In: HILTMANN u. VONESSEN: Dialektik und Dynamik der Person. Köln: Kiepenheuer & Witsch 1963
SHEPARD, R. N. (1981). Psychophysical Complementarity. In M. KUBOVY u. POMERANTZ, J. R. (Eds.), Perceptual organization (pp. 279–341). Hillsdale, New Jersey: Erlbaum
SIMON, H. A.: Models of Man. New York, Wiley: 1957
SIXTL, F.: Ein Verfahren zur Rotation von Faktorenladungen nach einem vorgegebenen Kriterium. Arch. ges. Ps. 116, 1964
SJÖBERG, L.: Logical versus psychological necessity: A discussion of the role of common sense in psychological theory. Scandinavian Journal of Psychology 23, 65–78, 1982
SMITH, H. W.: Territorial spacing on a beach revisited: a crossnational exploration. Soc. Psychol. Quart., 1981, 44, 132
– Zur Problematik der Massenpsychologie. Köln. Z. Soziol. Sozialps. 10 1958
SOKOLOV, E.: Perception and conditioned reflex. Oxford: Pergamon 1963
SOLOMON, R. L.: An extension of control group design. Psychological Bulletin, 1949, 46, 137–150

STAPF, K. H.; STOEBE, W.; JONAS, K.: Amerikaner über Deutschland und die Deutschen – Urteile und Vorurteile. Opladen/Wiesbaden: Westdeutscher Verlag 1986
STAUB, E.: Entwicklung prosozialen Verhaltens. München: Urban & Schwarzenberg 1981
STEGMÜLLER, W.: Das Problem der Induktion: HUMES Herausforderung und moderne Antworten. In: LENK, H. (Hrsg.): Neue Aspekte der Wissenschaftstheorie, Braunschweig: Vieweg 1977, S. 13–74
STEINHAUSEN, D.; LANGER, K.: Clusteranalysen. Berlin: de Gruyter 1977
STEININGER, K.: Luftfahrtpsychologie in Deutschland. Psychologische Rundschau 33, 265–288, 1982
STERN, Clara; STERN, W.: Monographien über die seelische Entwicklung des Kindes. 1. Bd: Die Kindersprache. Leipzig: Barth 1907, 1922[3]
STEVENS, P. S. (1984). Handbook of regular patterns. An introduction to symmetry in two dimensions. Cambridge, London: The MIT Press
STIKSRUD, A. (Hrsg.): Jugend und Werte. Fortschritte der Politischen Psychologie, Bd 7. Weinheim u. Basel: Beltz 1984
SULS, J. (Ed.): Psychological perspectives on the self. Vol. I, Hillsdale, N. J.: Erlbaum 1982
SUPPES, P. (1977). Is visual space euclidean? Synthese. 35, 397–421
TART, Ch. T.: Transpersonale Psychologie Bern: Olten 1978
TAYLOR, Schelley: The interface of cognitive and social psychology. In HARVEY, J. H. (Ed.): Cognition, social behavior, and the environment. Hillsdale, N. J.: Erlbaum 1981, 189–211
TAYLOR, S. E.; THOMSON, S. S.: Stalking the elusive »vividness« effect. Psychological Review 89, 155–181, 1982
TECCE, J. J.: Contingent negative variation (CNV) and psychological process in man. Ps. Bullet. 77, 1972, 73–108
THOMAS, A.: Psychologische Aspekte interkulturellen Handelns. In THOMAS, A. (Hrsg.): Erforschung interkultureller Beziehungen: Forschungsansätze und Perspektiven, SSIP-Bulletin 51. Saarbrücken: Breitenbach 1983. S. 33–41
THOMAS, A.: Aspekte der Integration von wissenschaftlichem Erkennen und praktischem Handeln im Bereich des interkulturellen Personenaustauschs. In: THOMAS, A. (Hrsg.): Interkultureller Personenaustausch in Forschung und Praxis. SSIP. Bulletin 54. Saarbrücken: Breitenbach 1984. S. 27–39
THOMAS, A. (Hrsg.): Interkultureller Austausch als interkulturelles Handeln. SSIP-Bulletin 56. Saarbrücken: Breitenbach 1985
TOWNSEND, J. T. UND ASHBY, F. G.: Stochastic modeling of elementary psychological processes. Cambridge: Cambridge University Press, 1983
TRESS, W.: Das Rätsel der seelischen Gesundheit. Göttingen: Vandenhoeck & Ruprecht 1986
TVERSKY, A.; KAHNEMANN, D.: Availability: A heuristic for judging frequency and probability. Cognitive Psychology 5, 1973, 207–232
TULVING, E.: How many memory systems are there? American Psychologist 40, 4, 385–398, 1985
TUGGLE, F. D.; BARRON, N.: A theory of human decision making. In: SJÖBERG, et al. (Ed.) 163–178, 1983
ULRICH, R. UND GIRAY, M.: Separate-activation Models with variable base times: Testability and checking of cross-channel dependency. Perception u. Psychophysics, 39, 248–254, 1986.
VELDEN, M.: Die Signalentdeckungstheorie in der Psychologie. Stuttgart: Kohlhammer 1982
WEGENER, B.: Magnitude-Messung in Umfragen: Kontexteffekte und Methode. Zumanachrichten 6, 4–40, 1980
WEGENER, B., FAULBAUM, F.; MAAG, G.: Die Wirkung adverbialer Modifikatoren. In: GIRGENZER, G. u. SARRIS, V. (Hrsg.) 1982, 343, 345
WEINER, B.: An attributional theory of motivation and emotion. New York: Springer, 1986
WENDER, K. S.; COLONIUS, H.; SCHULTZE, H. H.: Modelle des menschlichen Gedächtnisses. Stuttgart: Kohlhammer 1980
WHITING, J. W. M.: Methods and problems in cross-cultural research. In: LINDZEY, G.; ARONSON E. (Eds.) Vol. 2, 693–728, 1968
WILHELM, R. Das Geheimnis der goldenen Blüte. Olten: Walter 1973
WILLI, J.: Therapie der Zweierbeziehung. Reinbek: Rowohlt 1978
WITTE, E. H. (Hrsg.): Beiträge zur Sozialpsychologie. Weinheim: Beltz 1980
WITTE, E. H.; MELVILLE, P.: Experimentelle Kleingruppenforschung: Methodologische Anmerkungen und eine empirische Studie. Zeitschrift für Sozialpsychologie 13, 109–124 1982
WITTLING, W. (Hrsg.): Handb. d. Klinischen Psychologie, 6 Bde. Hamburg: Hoffmann & Campe 1980
WOODS, W. A.: Transition network grammars for natural language analysis. Communication of the ACM, 13, S. 591–606, 1970
ZADEH, L. A.: Fuzzy sets. Information and Control 8, 338–353, 1965
ZAJONC, R. B.: Feeling and thinking: Preferences need no inferences. American Psychologist 35, 151–175, 1980
ZERSSEN, D. v.: Methoden der Konstitutions- und Typenforschung. In: THIEL, M. (Hrsg.): Enyzklopädie der geisteswissenschaftlichen Arbeitsmethoden. München: Oldenbourg, 35–144, 1973
ZIMMER, A. C.: Foundations for the measurement of phenomenal symmetry. GESTALT THEORY, 6 (2), 118–157, 1984.
ZIMMER, D.: Sexualität und Partnerschaft. Grundlagen und Praxis psychologischer Behandlung. München: Urban & Schwarzenberg 1985
ZINNECKER, J.: Jugendliche Subkulturen. Zeitschrift für Pädagogik 3, 421–440, 1981